Shriman MAHĀBHĀRATAM

Part IV

7. DROṆAPARVA

8. KARṆA PARVA

WITH

Bharata Bhawadeepa By Nīalkaṇṭha.

NAG PUBLISHERS

11A/U.A. (POST OFFICE BUILDING) JAWAHAR NAGAR, DELHI-7.

This publication has been brought out with the financial assistance from the Govt. of India, Ministry of Human Resource Development.

[If any defect is found in this book please return per V.P.P. for postage expences for exchange of free of cost].

© **NAG PUBLISHERS**

(i) **11A/U.A. (POST OFFICE BUILDING), JAWAHAR NAGAR, DELHI-110 007**

(ii) **8A/U.A.-3, JAWAHAR NAGAR, DELHI-110 007**

(iii) **JALALPUR MAFI (CHUNAR-MIRZAPUR) U.P.**

I S B N : 81-7081-186-4

I S B N : 81-7081-182-1 (7 Vols Set)

R E P R I N T

1988

PRICE Rs.   7 Vols. Set

PRINTED IN INDIA

Published by : NAG SHARAN SINGH FOR NAG PUBLISHERS

11A/U.A., Jawahar Nagar, Delhi-110 007 and Printed at New Gian Offset Printers

495. D.D.A. Complex, Shahzada Bagh Extn., Daya Basti, Delhi.

श्रीमन्महाभारतम्

चतुर्थ खण्ड

७. द्रोणपर्व

८. कर्णपर्व

चतुर्धरवंशावतंसश्रीमन्नीलकण्ठविरचितभारतभावदीपाख्यटीकया समेतम् ।

NAG PUBLISHERS

नाग प्रकाशक

११ ए/यू. ए., जवाहर नगर, दिल्ली-७

नाग पब्लिशर्स

१. ११ए/यू. ए. (पोस्ट आफिस बिल्डिग),
जवाहरनगर, दिल्ली ११०००७

२. ८ए/यू. ए. ३ जवाहरनगर दिल्ली ११०००७

३. जलालपुरमाफी (चुनार-मिर्जापुर) उ० प्र०

पुनर्मुद्रित
१९८८

नागशरण सिंह द्वारा नाग पब्लिशर्स, जवाहर नगर, दिल्ली-७ के लिए प्रकाशित तथा न्यू ज्ञान आफसेट प्रिंटर्स, ४९५ डी० डी० ए० कम्पलेक्स, शाहजादा बाग एक्सटेंशन, दयाबस्ती, दिल्ली-३५ द्वारा मुद्रित।

अथ श्रीमहाभारते द्रोणपर्व प्रारभ्यते.

द्रोण पर्व. ७

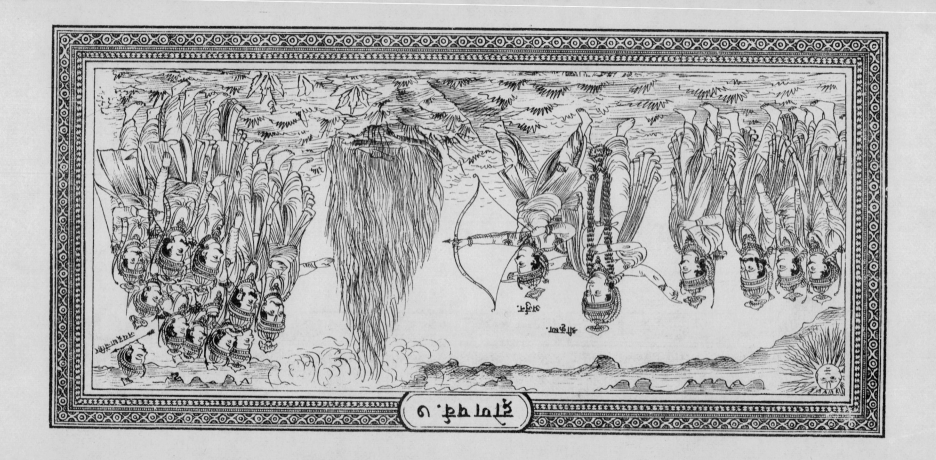

॥ महाभारतम् ॥

द्रोणपर्व ।

—७—

विषयानुक्रमणिका ।

अध्यायः विषयः पृष्ठम् ।

(१) द्रोणाभिषेकपर्व

१ भीष्महननानन्तरं धृतराष्ट्रादयः किमकार्षुरिति जनमेजयप्रश्ने वैशंपायनस्योत्तरम्—निशि शिबिराद्धास्तिनापुरमागतं सञ्जयं प्रति विलापपूर्वकं भीष्मं संशोच्य कुरवः किमकार्षुरिति धृतराष्ट्रप्रश्नः । सञ्जयस्योत्तरम्--स्वधर्ममनुसरन्तो राजानो भीष्माय शरैरुपधानादिकं प्रकल्प्य वाद्यघोषे प्रवृत्ते युद्धस्थानमाजग्मुः । भीष्मरहितानामागतानां कौरवाणां भीष्मसादृश्येन कर्णं स्मृतवतां कर्ण कर्णेत्याक्रोशः । 'अर्धरथः कर्णः' इत्यादिभीष्मोक्त्यनुवादपूर्वकं कर्णकृतयुद्धत्यागादिप्रतिज्ञानुवादः कौरवकृतः । पुनर्धार्तराष्ट्रकृतं कर्णस्मरणादि कथयन्तं सञ्जयं प्रति धृतराष्ट्रवाक्यम् १

२ भीष्मं हतं श्रुत्वा आगत्य भीष्मप्रशंसादिकं कुर्वति कर्णे कौरवा आक्रोशपूर्वकमश्रु मुमुचुः । कर्णः कौरवानुपहसन्भवत्सु तिष्ठत्सु कथं भीष्मो निपातित इत्याद्युक्त्वा 'समाहितं चात्मनि भारमीदृशम्' इत्याद्युवाच। कर्णो युधिष्ठिरादीनामजय्यत्वादि कथयित्वा स्वसारथिं प्रति 'मित्रद्रोहो न मर्षणीयः' इत्याद्यभिधाय शत्रून्हत्वा दुर्योधनाय राज्यं दास्यामीत्युवाच। सूतं प्रति 'निबध्यतां मे कवचम्' इत्यादिना युद्धसामग्रीसज्जीकरणपूर्वकं रथसज्जीकरणमादिश्य रथमारुह्य भीष्मं प्रति जगाम कर्णः १

३ कर्णः शरतल्पस्थं भीष्मं दृष्ट्वा रथादवतीर्य तत्समीपं गत्वा स्तुतिभिस्तं प्रसादयामास। 'अद्यप्रभृति

संक्रुद्धाः' इत्यादिनाऽर्जुनं प्रशस्य
तं जेतुं त्वां विना कः समर्थ
इत्याद्यभिधाय 'तमद्याहं पाण्ड-
वम्' इत्यादिनाऽऽत्मशूरत्वं ख्या-
पयति स्म कर्णः २
४ एवं प्रलपन्तं कर्णं प्रति देशका-
लानुगुणं वदन् भीष्मस्तत्कृत-
नग्नजिदादिपराजयकथनपूर्वकं
'दुर्योधनवत् त्वमपि कौरवाणां
गतिर्भव' 'गच्छ शत्रुभिः सह
युद्धयस्व' इत्याद्याह। भीष्मवचनं
श्रुत्वा तस्य चरणावभिवाद्य चा-
गतं कर्णं कौरवाः सिंहनादा-
दिना समपूजयन् ३
५ कर्णं दृष्ट्वा दुर्योधने त्वया सना-
थमेतद्बलमित्युक्तवति तं प्रोत्साह-
यन् कर्णो वयं तव वचः श्रोतु-
कामा इत्युवाच। दुर्योधनोऽपि
सेनापतौ भीष्मे दिवं गते माम-
केषु सर्वेष्वन्यं सेनापतिं पश्येति
कर्णमुवाच। कर्णः सर्वेषां राज्ञां
सेनापतित्वे योग्यतामुद्भाव्य
सर्वयोधानामाचार्यो द्रोणः से-
नापतिः कर्तव्य इत्याह ३
६ कर्णोपदेशाद्दुर्योधनो द्रोणं
गत्वा तदुत्साहजनकानि वा-
क्यान्युक्त्वा त्वयि सेनापतावहं
युधिष्ठिरं जेष्यामीत्युवाच।
दुर्योधनोक्तं श्रुत्वा सर्वे द्रोणं
प्रति जयेत्युचुः... ... ... ३
७ द्रोणः स्वगुणान् ख्यापयन् पाण्ड-
वान् योधयिष्यामीत्युक्त्वा म-
द्वधार्थं सृष्टं धृष्टद्युम्नं न हनिष्या-
मीति चाभिधाय सर्वान् सोम-
कान् नाशयन् सैन्यानि योधयि-
ष्यामीत्युवाच। दुर्योधनेन सेना-
पत्येऽभिषिक्तो द्रोणः सैन्यं व्यूह्य
युद्धार्थं निर्जगाम। तमनु सैन्ध-
वादयस्तद्दक्षिणपार्श्वादौ स्थिताः
सन्तो निर्ययुः। सर्वधन्विनामग्रे
प्रस्थितं कर्णं दृष्ट्वा सर्वे योधाः
'पाण्डवा रणे न स्थास्यन्ति'
इत्यादिवचनेन तं समानया-
मासुः। द्रोणेन शकटव्यूहे रचि-
ते धर्मराजः क्रौञ्चव्यूहं चकार।
तदग्रे कृष्णार्जुनयोरवस्थानम्।
अत्रैव कर्णार्जुनौ परस्परं ददृशतुः

एकादशदिवसयुद्धम्।

ततो द्रोणागमनानन्तरं योधाना-
मार्तनादो विविधाश्चोत्पाता
उत्पन्नास्तदनु युद्धारम्भश्च संजा-
त इति सञ्जयः प्राह। द्रोणेन
विक्षोभ्यमाणा सा पाण्डवानां
महती चमूरपि व्यशीर्यतेति कथ-
नम्। ततो याज्ञसेनेर्धृष्टद्युम्नस्य
द्रोणेन साकं संग्रामः ३
८ घ्नन्तं द्रोणं दृष्ट्वा युधिष्ठिरवाक्या-
दर्जुनादिषु युद्धयत्सु पुनरपि स
क्रुधा युयुधे। द्रोणः स्वनाम श्रा-
वयन्नात्मनो रौद्रं रूपं कृत्वा सकु-
अरपत्त्यश्वान् पञ्चालाञ्जघान।
क्रमेण द्रोणः पाण्डवैः सह तुमुलं
युद्धं कुर्वन् याज्ञसेनिना पातितः
स्वर्गं जगाम। आचार्ये युधि नि-
हते सति भूतानां धिगिति शब्दः
समभवत् पाण्डवानां च हर्षः ४
९ द्रोणनिधनं श्रुत्वा धृतराष्ट्रस्य
तद्गुणानुवर्णनपूर्वकं शोचनम् ५
१० द्रोणमरणश्रवणमूर्छितस्य धृत-
राष्ट्रस्य परिचारकादिभिर्ज-
लसेचनादिना समुद्बोधनम्।
पुनः पृच्छन् धृतराष्ट्रो युधिष्ठिरा
दीनां घटोत्कचान्तानां प्रशंसा-
पूर्वकमेकैकमुद्दिश्य 'कस्तं द्रो-
णादवारयत्' इत्याद्युवाच। कृष्ण-
व्यपाश्रयात्पाण्डवानामजेयत्वं
श्रुत्वा तस्य दिव्यानि कर्माण्य-
भिधातुं प्रतिजज्ञे ६
११ धृतराष्ट्रः प्रसङ्गाद्भक्त्युद्रेकेण
केशिवधमारभ्य पारिजातहरणा

द्रोणपर्व विषयानुक्रमणिका।

न्तं श्रीकृष्णचरित्रं कथयति स्म। धृतराष्ट्रेण बहुधा विचिन्त्य सञ्जयं प्रति युद्धकथनचोदना ७

१२ श्रीकृष्णस्यार्जुनेन सहैकात्मतादिकथनम्। द्रोणचोदितेन दुर्योधनेन युधिष्ठिरस्य जीवग्राहं ग्रहणवरणम्। एतदभिप्रायजिज्ञासया द्रोणेन पृष्टो दुर्योधनः पुनर्द्यूतक्रीडाकरणादिरूपं स्वाभिप्रायमाविश्चकार। द्रोणेनार्जुनासान्निधाने तद्ग्रहणे प्रतिज्ञाते युधिष्ठिरं धृतमिव मत्वा दुर्योधनेन सैन्येषु तदुद्धोषणम् ८

१३ अर्जुनेन द्रोणप्रतिज्ञाभीतस्य युधिष्ठिरस्य समाश्वासनम्। उभयोः सैन्ययोरुपगतयोर्युद्धे प्रसक्ते बाणैः पाण्डवांस्त्रासयतो द्रोणस्य स्वरूपवर्णनम् ९

१४ तुमुलं युद्धं कुर्वन्तं द्रोणं प्रति युधिष्ठिरादिष्वागतेषु तान् प्रति कुरुसेनानामागमनम्। शकुनिसहदेवप्रभृतीनां चेकितानानुविन्दान्तानां द्वन्द्वयुद्धवर्णनम्। पौरवसौभद्रयोर्युद्ध्यतोः सौभद्रेण पराभूतं पौरवं दृष्ट्वा आगतेन जयद्रथेन सह स युयुधे। जयद्रथेनाच्छिन्नखड्गेऽभिमन्यौ स्वरथमारुह्य नदति सति तं प्रति शल्यः शक्तिं चिक्षेप। अभिमन्युरुत्प्लुत्य तां शक्तिं गृहीत्वा प्रक्षिप्तया तयैव शल्यसारथिं जघान। तद्दृष्ट्वा विराटादयस्तं प्रशशंसुः... ...९

१५ शल्यसौभद्रयोर्युद्धं कथंकारमभूदिति धृतराष्ट्रप्रश्ने सञ्जयस्योत्तरम्--गदां गृहीत्वा रथादवप्लुत्याभिधावन्तं शल्यं प्रति गदाहस्तो भीम आगत्य गदाग्रहणपूर्वकं शल्यमाह्वयन्तमभिमन्युं निवारयामास। गदायुद्धं कुर्वतोर्भीमशल्ययोः परस्पराघातेन पतितयोः सतोर्मूर्छितं शल्यं गृहीत्वा कृतवर्माऽपययौ। गदाहस्तस्य भीमस्य संदर्शनेन हर्षितैः पाण्डवैरर्द्यमानानां कौरवाणां पलायनम्.. १०

१६ वृषसेने रथिनः पातयति सति तेन सह युद्ध्यतः शतानीकस्य साहाय्यार्थं द्रौपदेयेष्वागतेषूभयोः सेनयोस्तुमुलं युद्धम्। युधिष्ठिरं प्रति गच्छन्द्रोणो मध्येमार्गं पाञ्चालेन कुमारेण निवारितः शिखण्डिप्रभृतीन्प्रति बाणान्मुमोच। युधिष्ठिरपरीप्सया विराटादिषु बाणान्प्रक्षिपत्सु द्रोणः सिंहसेनव्याघ्रदत्तयोः शिरसी छित्त्वा युधिष्ठिररथसमीपे तस्थौ। पाण्डवसेनानामार्तनादं श्रुत्वाऽऽगतेऽर्जुने बाणैर्दिश आच्छादयति द्रोणादयोऽवहारं चक्रुः ११

(२) संशप्तकवधपर्व २६–५३

१७ उभयसेनानां स्वस्वशिबिरगमनानन्तरमर्जुनसान्निधौ युधिष्ठिरग्रहणमशक्यमतः कश्चिदाहूयार्जुनं प्रकर्षत्विति द्रोणवचनम्। द्रोणवाक्यं निशम्य त्रिगर्तादयस्तदङ्गीकृत्यार्जुनवधार्थं शपथं कृत्वा तमाह्वयामासुर्युद्धाय। संशप्तकैराहूतस्यार्जुनस्य युधिष्ठिररक्षणे सत्यजितं नियोज्य तान्प्रति युद्धाय गमनम्। युधिष्ठिरानुज्ञयाऽर्जुने संशप्तकान्प्रति गते दुर्योधनसैन्यानि जहृषुः। ... १२

द्वादशदिवसयुद्धम्।

१८ अर्धचंद्राकारं व्यूहं रचयतां त्रिगर्तादीनां हर्षं विलोक्य फाल्गुनेन शंखे वादिते त्रिगर्तसैन्यानां त्रासः। संशप्तकार्जुनयोर्मिथो महति युद्धे प्रवृत्तेऽर्जुनबाणप्रहारेण सुधन्वनो नाशे पलायमाना त्रिगर्तसेना तद्वाक्यात्परावबृते १३

१९ पुनरागतान्त्रिगर्तान्दृष्ट्वाऽर्जुनेन प्रेरिते श्रीकृष्णे तान्प्रति रथं नीतवता पुनस्तैः सह युद्धम्। दुःखितस्य श्रीकृष्णस्य वाक्यादर्जुनो वायव्यास्त्रेण ताञ्जघान। एतदन्तरे द्रोणो युधिष्ठिरग्रहणार्थे यत्नमकरोत् १३

२० प्रभातायां रात्र्यां द्रोणेन रचितं सुपर्णव्यूहं दृष्ट्वा युधिष्ठिरोऽर्धमण्डलव्यूहं रचयामास। कौरवव्यूहं दृष्ट्वा 'यथा ब्राह्मणस्य वशं नाहमियां तथा नीतिर्विधीयताम्' इत्याद्युक्तवन्तं युधिष्ठिरमाश्वास्य धृष्टद्युम्नो द्रोणमुपाद्रवत्। तत्र धृष्टद्युम्नदुर्मुखयोर्युद्धे प्रवृत्ते द्रोणः पुनरपि निर्मर्यादं युद्धं कृत्वा युधिष्ठिरमधावत् १४

२१ युधिष्ठिरं जिघांसोर्द्रोणस्य सत्यजिता निरोधः। द्रोणेन वृकेण सह सत्यजिति निहते तेन साकं युधिष्ठिररक्षणार्थमागतानां पञ्चालादीनां युद्धम्। द्रोणो युद्धार्थमागतं विराटभ्रातरं शतानीकं हत्वा मत्स्यादीञ्जित्वा च पाण्डवसैन्यं नाशयञ्शोणितनदीं प्रावर्तयत्। बाणांस्त्यजत्सु शिखण्डिप्रभृतिषु द्रोणेन जितेषु युधिष्ठिरे च पलायमाने स पाञ्चाल्यं राजपुत्रं जघान १५

२२ द्रोणपराक्रमहृष्टेन दुर्योधनेन कर्णं संबोध्य भीमसेनाद्यवज्ञाने कृते कर्णेन भीमादीनां प्रशंसनपूर्वकं तदनवज्ञत्वकथनम्। पुनर्निवृत्य युद्ध्यमानान्भीमादीन् दृष्ट्वा दुर्योधनः कर्णवाक्याद्द्रोणरथं जगाम १६

२३ पाण्डवानां रथहयध्वजजिज्ञासोर्धृतराष्ट्रस्य प्रश्ने सञ्जयकृतं तत्कथनम्। भीष्मादीनां शिखण्डिप्रभृतीनां च पाण्ड्यद्रोणसाहितानां रथादिचिह्नान्यभिधाय युधिष्ठिरादीनां धनुर्लक्षणानि कथयति स्म सञ्जयः... ... १७

२४ धृतराष्ट्रेण पुत्रान्प्रति शोचनपूर्वकं सञ्जयं प्रति युद्धकथनचोदना १८

२५ भीमदुर्मर्षणप्रभृतिघटोत्कचालम्बुषान्तानां द्वन्द्वशो युद्धं कथयन् सञ्जयस्तत्प्रशशंस ... १९

२६ गजानीकैः सहागतस्य दुर्योधनस्य बाणैर्नागान्तकं पीडयता भीमेन सह युद्धम्। दुर्योधनसाहाय्यार्थमागतेऽङ्गराजे गजसहितेन भीमेन हते कौरवसैन्यस्य पलायनम्। सैन्यभङ्गं दृष्ट्वा, आगतस्य भगदत्तस्य हस्तिना व्याकुलीकृते भीमेऽपयाते तं हतं मत्वा युधिष्ठिरादय आगत्य बाणान्ववृषुः। सात्यकिं प्रति भगदत्तेन प्रेरितो हस्ती यदा तद्रथं चिक्षेप तदा तस्मिन्पलायिते पाण्डवसैन्येषु च भग्नेषु पुनर्भगदत्तं प्रति भीमस्यागमनम्। भगदत्तेन रुचिपर्वणि हते तं प्रत्यागतान्सौभद्रादीन् क्षिपंस्तद्धस्ती पाण्डवांस्त्रासयामास २०

२७ गजशब्दं श्रुत्वाऽर्जुनेन प्रेरितः श्रीकृष्णो भगदत्तयुद्धस्थाने यावद्रथं प्रेरयति तावत्संशप्तकास्तमाह्वयन्ति स्म। उभयकार्यप्रसङ्गव्याकुलोऽर्जुनः परावृत्य संशप्तकैःसह तुमुलं युद्धं कुर्वन्सहस्रशस्तान्हत्वा भगदत्ताय याहीत्युवाच श्रीकृष्णम् ... २१

२८ द्रोणानीकं प्रति रथं प्रेरयति श्रीकृष्णे मध्य आगतं सुशर्माणं दृष्ट्वाऽर्जुनप्रेरणया रथं पुनः परावर्तयति च सुशर्मप्रभृतिभिः पुनरर्जुनस्य युद्धम्। सुशर्माणं मोहयित्वा कौरवान् प्रत्यागत्य भगदत्तसमीपं गतस्यार्जुनस्य तेन सह युद्धम्। अर्जुनकृष्णयोर्नाशार्थं भगदत्तेन प्रेरितो हस्ती

द्रोणपर्व विषयानुक्रमणिका । ५

यदा पाण्डवगजादीन्नाशयामास, तदा चुक्रोधार्जुनः ... २२
२९ क्रुद्धोऽर्जुनः किमकरोदिति धृतराष्ट्रप्रश्ने भगदत्तार्जुनयोर्युद्धं कथयति स्म सञ्जयः। उभयोर्युद्ध्यमानयोर्भगदत्तेन प्रेरितं वैष्णवास्त्रं श्रीकृष्णो वक्षसि दधार। तद्दृष्ट्वाऽर्जुनेनाक्षिप्तः श्रीकृष्णो वैष्णवास्त्रवृत्तान्तमकथयत्। कृष्णवाक्याद्बाणवृष्टिं कुर्वन्नर्जुनो बाणेन हस्तिनं निपात्यापरेण बाणेन हृदि भगदत्तं विव्याध, स च विभिन्नहृदयो गतासुः पपात... ... २२
३० गांधारराजसुताभ्यां युद्ध्यमानोऽर्जुनः पञ्चशतगान्धारवीरान्नाशयित्वा वृषकाचलावप्यनाशयत्। वृषकाचलौ हतौ दृष्ट्वा शकुनिना माययोत्पाद्य प्रेषितान्खरोष्ट्रादीन् जघानार्जुनः। मायाविना शकुनिना युद्ध्यमानेऽर्जुने, तद्भयात्पलायिते शकुनौ कौरवसैन्यं भग्नमभूत्। सञ्जयः कौरवाणामसामर्थ्यं कथयन्नर्जुनपराक्रमप्रशंसापूर्वकं युद्धभूमिशोभां वर्णयति स्म २३
३१ भग्नसैन्यस्यावस्थानविषयके धृतराष्ट्रप्रश्ने सञ्जयस्योत्तरम्। द्रोणमुद्दिश्योभयसेनयोस्तुमुले युद्धे प्रवृत्ते तद्युद्धं सञ्जयः प्रशशंस। कौरवसैन्यनाशार्थमागते नीलेऽश्वत्थाम्ना हते पाण्डवसैन्यानां स्वजीवितचिन्ता २४
३२ द्रोणकर्णौ प्रति बाणान्वर्षन्भीमो युगपद्द्रोणादिभिस्त्यक्तान् बाणान्निवार्य तान्प्रति बाणांस्तत्याज। भीमरक्षणार्थं युधिष्ठिरेण सैन्ये प्रेषिते सात्यकिप्रभृतिभिर्द्रोणादीनां निर्मर्यादं युद्धमवर्तत। सेनापतिवाक्यादागतं पाण्डवसैन्यं निवार्य नाशयति द्रोणोऽर्जुनः संशप्तकान्विजित्य तमभ्यगात्। कौरवसैन्यं नाशयत्यर्जुने आर्तस्य तस्य सैन्यस्य कर्ण कर्णेत्याद्याक्रोशं श्रुत्वा कर्णः संमुखमाजगाम। कर्णार्जुनयोर्युद्ध्यमानयोरर्जुनः शत्रुञ्जयादींस्त्रीन् कर्णभ्रातॄञ्जघान। भीमश्च पञ्चदश तत्पक्षीयाञ्जघान। धृष्टद्युम्नेन चन्द्रवर्मबृहत्क्षत्रयोर्निहतयोः सतोः कर्णसाहाय्यार्थमागतैर्दुर्योधनादिभिर्धृष्टद्युम्नादीनां संकुलं युद्धम्। ततो भृशलुलिते बले दिवाकरमस्तंगिरिमास्थितं दृष्ट्वा शिबिराय प्रयाते। अत्रैव द्वादशदिनयुद्धं समाप्तम् २४

३) अभिमन्युवधपर्व

३३ अवहारानन्तरं प्रभाते युधिष्ठिरस्याग्रहणाद्दुर्मनायमानं दुर्योधनं प्रति द्रोणेनार्जुननिस्सारणपूर्वकं कस्यचिन्महारथस्य हननप्रतिज्ञा। सञ्जयेन धृतराष्ट्रं प्रति संक्षेपतोऽभिमन्युवधकथनम्। पुनर्विस्तारेणाभिमन्युविक्रीडितशुश्रूषोर्धृतराष्ट्रस्य प्रश्ने सञ्जयस्तत्कथयितुं प्रतिजज्ञे २६
३४ क्रमेण पाण्डवाननुवर्ण्याभिमन्युं वर्णयन् सञ्जयो धृतराष्ट्रेण पुनः पृष्ट उत्तरं वदन् द्रोणस्य चक्रव्यूहनिर्माणमभिवदति स्म... २६
३५ चक्रव्यूहभेदनार्थं युधिष्ठिरेणोक्तेऽभिमन्यौ 'प्रवेशं जानामि न निर्गमम्' इत्युक्तवति तं प्रति युधिष्ठिरभीमौ 'त्वं द्वारं जनय वयमनुयास्यामः' इत्यूचतुः। तच्छ्रुत्वा शत्रुक्षयकरणं प्रतिज्ञातवन्तमभिमन्युं युधिष्ठिरः प्रोत्साहयति स्म २७

त्रयोदशदिवसयुद्धम् ।

३६ व्यूहं भेत्तुमुद्यतोऽभिमन्युः 'अतिभारोऽयमायुष्मन्' इत्याद्युक्तवन्तं स्वसारथिं प्रति 'सारथे को न्वयं द्रोणः' इत्याद्युक्त्वा

द्रोणानीकं याहीत्युवाच। अभि-
यान्तमभिमन्युं प्रति द्रोणादिष्वा-
गतेषूभयोः सैन्ययोस्तुमुलं युद्धम्।
पश्यतो द्रोणस्य व्यूहं भित्त्वा
प्रविष्टोऽभिमन्युः कौरवसैन्यं
ममन्थ २७
३७ भग्नां चमूं दृष्ट्वाऽऽगतं दुर्योधन-
मन्वागतेषु द्रोणादिष्वभिमन्युः
कौरवसेनां प्रति शरान्प्रक्षिपन्न-
श्मकेश्वरं जघान। पुनः कर्णादि-
भिर्युध्यमानः सुषेणादींस्त्रीन्
हत्वा शल्यं मोहयति स्म ... २८
३८ मोहितं शल्यं दृष्ट्वाऽऽगतं तद्भ्रा-
तरं हत्वा तत्सैन्यं मर्दयति स्मा-
भिमन्युः। २९
३९ युध्यमानमभिमन्युं दृष्ट्वा हर्षेण
कृपं प्रत्युक्तं द्रोणवाक्यं श्रुत्वा दु-
र्योधनेन कर्णं प्रत्युक्तं वाक्यमाक-
र्ण्य दुःशासनोऽभिमन्युवधप्रति-
ज्ञां कृत्वा सौभद्रमभ्ययात्।
अभिमन्युदुःशासनयुद्धम् ... २९
४० 'दिष्ट्या पश्यामि संग्रामे'
इत्याद्युक्तवताऽभिमन्युना सह
दुःशासनस्य युद्धे प्रसक्तेऽभि
मन्युबाणेन मूर्छितं दुःशासनं
सारथिरपोवाह। पाण्डवसैनि-
केषु द्रोणानीकं प्रति गतेष्वभि-
मन्युकर्णयोर्युद्धे प्रसक्तेऽभिमन्यु-
ना व्याकुलीकृतं कर्णं दृष्ट्वा
तद्भ्राता आजगाम ३०
४१ कर्णभ्रातुः शिरश्छित्त्वा कर्णं
विमुखीकृत्य कौरवसैन्यं बभञ्जा-
भिमन्युः ३०
४२ सञ्जयेन धृतराष्ट्रं प्रति अभिम-
न्युमनुगतानां पाण्डवानां जयद्र-
थेन निरोधकथनम्। तथा जयद्र-
थस्य रुद्रात् पाण्डवनिरोधनरूप-
वरलाभकथनम् ३१
४३ पाण्डवसेनां रुन्धञ्जयद्रथो यो
यो व्यूहं भेत्तुं यत्नमकरोत्तं तं
रुरोध ३१
४४ अभिमन्युः कौरवसेनां विलोड्य
तुमुलं युद्धं कुर्वन्नवसातीयं जघान
... ... ३२
४५ सत्यश्रवसमाक्षिप्य बलं विलो-
डयत्यभिमन्यौ युद्धार्थमागतः
शल्यपुत्रो रुक्मरथस्तेनाहन्यत।
रुक्मरथवयस्याञ्शतं राजपुत्रान्
निहत्याभिमन्युना विलोड्यमानं
स्वबलं दृष्ट्वाऽऽगतो दुर्योधनस्त-
च्छरताडितो विमुखो बभूव...३३
४६ स्वबलं भग्नमवलोक्यागतेषु द्रो-
णादिषु युध्यमानोऽभिमन्युर्दुर्यो-
धनपुत्रं लक्ष्मणं क्राथपुत्रं च जघान
... ... ३३
४७ द्रोणादिभिः सह विपुलं युद्धं
कुर्वन्नभिमन्युर्वृन्दारकं बृहद्बलं
चावधीत ... ... ३३.
४८ कर्णेन सह युध्यमानोऽभिमन्यु-
स्तस्य षट् सचिवान् हत्वाऽश्वके-
त्वादींश्च जघान। युध्यमानं दौःशा-
सनिं शल्यं च विमुखीकृत्य शत्रु-
ञ्जयादीन्पञ्च हत्वा सौबलं बाणै-
र्विव्याध। अभिमन्युवधोपायं
चिन्तयितुं शकुनौ दुर्योधनं प्रति
वदति सति कर्णो द्रोणं प्रत्युवा-
च। द्रोणेनाभिमन्युप्रशंसापूर्वकं
कथितं तद्वधोपायमवलम्ब्य,
प्रथमं कर्णेन तस्य धनुषि छिन्ने
भोजोऽश्वानवधीत्; कृपश्च पार्ष्णि-
सारथिं जघान। ततः खड्गच-
र्मणी गृहीत्वा विचरत्यभिमन्यौ
द्रोणः खड्गं कर्णश्च चर्म चिच्छेद।
ततश्चक्रं गृहीत्वा द्रोणमभ्यधाव-
दभिमन्युः ३३
४९ बहुभी राजाभिर्मिलित्वा चक्रे
छिन्नेऽभिमन्युर्गदां गृहीत्वा तयाऽ-
श्वत्थाम्नो रथादीन् प्रमथ्य का-
लिकेयादींश्च हत्वा दौःशासनिं
विरथं चकार। सगदेन दौःशा-
सनिना सह गदायुद्धं कुर्वत्यभि-
मन्यावुभयोरपि परस्परगदा-
घातात्पतितयोः प्रथममुत्थितो

द्रोणपर्वणि विषयानुक्रमणिका ।

दौःशासनिरुत्तिष्ठन्तमभिमन्युं मू-
र्ध्न्यैताडयत् । दौःशासनिना
ताडितोऽभिमन्युर्गतचेताः पपा-
त । पतितेऽभिमन्यौ शोकाकुलं
स्वबलं तत्पराक्रमवर्णनपुरःसर-
माश्वासयामास युधिष्ठिरः... ३४

५० अभिमन्युहननानन्तरं शरप्री-
डितानां कौरवाणां शिबिरगम-
नमभिधाय युद्धभूमिं वर्णयामास
सञ्जयः । अत्र त्रयोदशदिनयुद्धं
समाप्तम् ... ३५

५१ अभिमन्युमुद्दिश्य युधिष्ठिरस्य
विलापः ३५

५२ विलपन्तं युधिष्ठिरमालक्ष्या-
गतेन द्वैपायनेन कृतं तत्प्रबोध-
नम् । युधिष्ठिरेण- ' कस्य मृत्युः
कुतो मृत्युः कथं संहरते प्रजाः ।
हरत्यमरसङ्काश तन्मे ब्रूहि पिता-
मह ' इति प्रश्ने कृते तदुत्तरं वद-
न्व्यासोऽकम्पनराजवृत्तान्तमभि-

धातुसुपचक्रमे –" युद्धे शत्रुभिर्हतं
पुत्रमुद्दिश्य शोचन्तमकम्पनमवे-
क्ष्यागतं नारदं प्रति तेन मृत्यु-
स्वरूपे पृष्टे तदुत्तरमाह नारदः।
असंहृतं जगद्दृष्ट्वा रुद्रस्य ब्रह्मण
इन्द्रियेभ्य उत्पन्नेनाग्निना जग-
ति दह्यमाने तद्रिरक्षया आगतं
शिवं प्रति ' किं कुर्मः ' इत्यादि
स उवाच ३६

५३ ब्रह्मणाग्न्युत्पत्तिकारणे कथिते
शिवप्रार्थनयाग्निं शमयति तार्ष्मि-
स्तदीन्द्रियेभ्यो निर्गता स्त्री वि-
स्मिता सती दक्षिणां दिशमाश्रि-
त्रियो। तां 'मृत्यो' इत्याहूय प्रजा-
संहारं कर्तुमाज्ञापयति ब्रह्मणि
रुद्यास्तस्या अश्रूण्यञ्जलौ धृत्वा
पुनस्तामनुनयति स्म पितामहः
... ... ३७

५४ प्रजासंहारकातरा मृत्युर्विनय-
पूर्वकं धेनुकाश्रमं गन्तुं प्रार्थयति

प्रजापतिप्रसादनानन्तरं धेनु-
काश्रमादौ गत्वा परमं तपश्च-
चार। तपसा तुष्टः प्रजापतिः
संहारमनिच्छन्तीं तां प्रति तत्प्र-
कारमुपादिशति स्म, सा च तम-
ङ्गीचकार । एवं मृत्यूपाख्यानं
कथयित्वाऽकम्पनं परिसान्त्वय
नारदो जगाम।" भगवान्व्यास
इममितिहासमुक्त्वा युधिष्ठिरं
युद्धार्थमुद्योजयति स्म... ...३७

५५ पुनः प्राचीनराजचरितशुश्रूषो-
र्युधिष्ठिरस्य प्रश्ने व्यासस्तत्कथय-
न्नादौ शैब्यपुत्रस्य सृञ्जयस्य चरि-
तमभिदधति स्म—" नारदपर्व-
ताभ्यां सहासीने सृञ्जये वराभि-
लाषेण समीपागतां तत्कन्यां
दृष्ट्वा पर्वतेन कस्येयमिति
सावित्रकं पृष्टः स ममेयमित्याह।
तदवसरे भार्यार्थं कन्यां याचित-
वति नारदे राजा तदानञ्जीचि-
कार। नारदपर्वतयोः परस्परं

शापं दत्वा तत्रैव स्थितयोः सतो-
सृञ्जयेन पुत्रकामनया पूजितानां
ब्राह्मणानुज्ञया नारदवरदाना-
त्तस्य स्वर्णष्ठीविपुत्रलाभः । पुत्र-
मूलिकां राजसंपत्तिं दृष्ट्वा चौरै-
स्तस्य स्वर्णष्ठीविनो नाशे कृते
विलपन्तं सृञ्जयं प्रति शोकापन-
यार्थमुक्तिः—
नारदकथितो मरुत्तवृत्तान्तः ३८

५६ सुहोत्रराजोदन्तः ३८
५७ पौरवराजकथा ३९
५८ शिबिराजाख्यानम् ४०
५९ रामस्य दाशरथेर्वृणनम् ... ४०
६० भगीरथचरित्रम् ४०
६१ दिलीपस्यैलविलस्य प्रभावः ४१
६२ मान्धातृचरिताभिधानम् ... ४१
६३ ययातिप्रवृत्तिः ४१
६४ नारदेन सृञ्जयं प्रत्यम्बरीषविभ-
वाभिधानम् ... ४२
६५ शशबिन्दुयशोऽनुवर्णनम् ... ४२
६६ गयराजगुणानुवर्णनम् ... ४२

महाभारते—

६७ रन्तिदेवकथासंकीर्तनम् ... ४३
६८ भरतवार्ताकथनम् ४३
६९ पृथुराजोदन्तनिर्वचनम् ... ४३
७० परशुरामप्रभावसंकीर्तनम् ...४४
७१ एतच्छ्रुत्वा तूष्णींभूतः सञ्जयो
वरं वृणीष्वेति नारदेनोक्तो
नैव प्रतीतोऽहमित्याद्युवाच। सूतं
पुत्रं ददानीत्युक्तवति नारदे त-
त्कालाविर्भूतस्य पुत्रस्य संगेन
प्रीतिमानभूत सञ्जयः।" अभिम-
न्युना प्रासांलोकान्कथयित्वा
युधिष्ठिरमाभ्वास्योपदिश्य चान्त-
र्दधे ह्यास.... ... ... ४५

(४) प्रतिज्ञापर्वे
७२ संशप्तकान्हत्वा शिबिरमागच्छ-
न्नर्जुनः श्रीकृष्णं प्रत्याकस्मिकानि
दुःस्वप्नानि कथयंस्तेनाश्वासितः
शिबिरं प्रविवेश। शिबिरस्थान्
सर्वान्निरुत्साहान्दृष्ट्वा सौभद्रमप्-
श्यन्विषण्णोऽर्जुनस्तद्वधमाशंक-

मानः "स्वर्गतोऽभिमुखः संख्ये"
इत्यादि विललाप। पुत्रशोका-
र्दितोऽर्जुनः श्रीकृष्णेन 'सर्वेषा-
मेष वै पन्थाः ? इत्यादिनाऽऽश्वा-
सितस्तद्धधवृत्तान्तशुश्रूषुः पाण्ड-
वानधिचक्षेप ४५

७३ अभिमन्युवधवृत्तान्तं कथयन्यु-
धिष्ठिरः स्वीयानां द्रोणनिवार-
णासामर्थ्यमभिधायास्मद्धाक्या-
द्यहं प्रविष्टमभिमन्युमनुप्रविश-
त्स्वसासु जयद्रथेन रुद्रवरप्रभा-
वाद्वारितेषु द्रोणादयः सप्त महा-
रथा मिलित्वा तमभ्यघ्ननीति
कथयति स्म। युधिष्ठिरवाक्यं
श्रुत्वा हा पुत्रेत्यादि वदन् मूर्छां
प्राप्य पुनर्लब्धसंज्ञोऽर्जुनः शपथ-
करणपूर्वकं जयद्रथवधं प्रति-
जज्ञे, श्रीकृष्णोऽपि पाञ्चजन्यं
दध्मौ ४७

७४ अर्जुनप्रतिज्ञां श्रुत्वा भीतो जय-

द्रथः सभामागत्य तां कथयित्वा
ऽऽत्मरक्षां प्रार्थयन्गन्तुमियेष।
दुर्योधनेनाश्वासितो जयद्रय-
स्तेन सह द्रोणं प्रति गतस्तेना-
प्याश्वासितो निर्भयो बभूव कौ-
रवसैन्यानि नु जह्रुषः..... ४५

७५ श्रीकृष्णोऽर्जुनं प्रति 'भ्रातॄणां
मतमाज्ञाय त्वया वाचा प्रति-
श्रुतम्। सैन्धवं चास्मि हन्तेति
तत्साहसमिदं कृतम्'इत्याद्युक्त्वा
कौरवाणां सिंहनादादिकथन-
पूर्वकं द्रोणकृताश्वासनं कर्णादी-
नामविषह्यत्वं चाह.... ...४५

७६ अर्जुनः स्वपराक्रमं कथयन् पुनः
प्रतिज्ञां विधाय गाण्डिवादिकं
प्रशंसन् रथसज्जीकरणार्थं कृष्ण-
मादिदेश ४५

७७ रात्रौ निर्निद्रौ कुद्धौ वासुदेवा-
र्जुनौ ज्ञात्वा देवेषु चिन्तयत्सु रु-
क्षवातादीनि दुर्निमित्तान्यभूवन्।

सुभद्राश्वासनार्थमर्जुनेन प्रेरितः
श्रीकृष्णस्तद्गृहं गत्वा तां समा-
श्वासयामास ४६

७८ विलपन्तीं सुभद्रां भीमबलाचा-
क्षेपपूर्वकं स्नुषामुद्दिश्य विलपन्तीं
सती पुत्रस्योत्तमलोकप्राप्तिमा-
शास्ते स्म। वैराटीसाहिताया
द्रौपद्या आगताया दर्शनेन मूर्छि-
तां सुभद्रामाश्वास्य श्रीकृष्णोऽ-
र्जुनसमीपमाजगाम ५०

७९ श्रीकृष्णेन रात्रावर्जुनेन ह्यम्ब-
काय बलिप्रदापनम्। कृष्णदारुक-
संभाषणम् ५०

८० स्वप्रतिज्ञां स्मरन् शोकसन्तप्तोऽ-
र्जुनः स्वप्ने स्वसमीपागतस्य कृष्ण-
स्योपदेशेन शिवं मनसा चिन्त-
यामास। कृष्णार्जुनौ हिमालयैक-
देशगमनानन्तरं पर्वतश्रृङ्गे
ध्यानर्थं शंकरं दृष्ट्वा प्रणामपूर्वकं
स्तुत्वा पुनरस्त्रप्राप्ये प्रसादया-
मासतुः ५१

द्रोणपर्व विषयानुक्रमणिका. ९

८१ अर्जुनेन पाशुपतास्त्रे प्रार्थिते शिववाक्याद्धनुर्बाणानयनार्थं तन्निर्दिष्टं सरः प्रति कृष्णार्जुनौ जग्मतुः। सरसि गतौ कृष्णार्जुनौ प्रथमं नागरूपौ पश्चाच्छिन्नप्रभावाद्धनुर्बाणौ गृहीत्वा शिवाय ददतुः। ततो महादेवादर्जुनस्य पाशुपतास्त्रलाभपूर्वकं वरलाभानन्तरं कृष्णार्जुनौ स्वशिबिरमाजग्मतुः... ... ... ५३

८२ प्रातर्मागधादिभिर्बोधितो युधिष्ठिर आवश्यकं कृत्वा स्नातोऽग्न्यगारं प्रविश्य होमं विधाय ब्राह्मणेभ्यः काञ्चनादीनि ददौ। ब्राह्मकक्षायामासन उपविश्य भूषणग्रहणादिकं युधिष्ठिरो यावत्करोति तावद्द्वारपालेन कृष्णागमने निवेदिते तमानाययामास ५३

८३ कृष्णयुधिष्ठिरयोः परस्परं कुशलप्रश्नानन्तरं विराटादिष्वागतेषु तत्समक्षमुभयोरुक्तिप्रत्युक्ती ५४

८४ सभायामागतो युधिष्ठिरेणालिङ्गितोऽर्जुनः स्वप्ने शिवदर्शनपूर्वकं पुनः पाशुपतास्त्रप्राप्तिवृत्तान्तं कथयामास। युधिष्ठिरानुज्ञया सर्वेषु युद्धार्थं निर्गतेषु सात्यकिकृष्णयोरर्जुनेन सह तद्गृहमागतयोः सतोः कृष्णेन सज्जीकृते रथे त्रिष्वप्यारूढेषु शुभनिमित्तानि दृष्टवताऽर्जुनेन प्रेरितः सात्यकिर्युधिष्ठिररक्षणार्थं गच्छति स्म ५४

(५) जयद्रथवधपर्व

८५ धृतराष्ट्रेण सञ्जयं प्रति पुत्रान्प्रतिशोचनपूर्वकमभिमन्युनिधनानन्तरीयकयुद्धकथनचोदना ५५

८६ सञ्जयेन धृतराष्ट्रोपालम्भनपूर्वकं युद्धकथनोपक्रमः ... ५६

८७ स्वसेनां व्यूहितुं द्रोणे प्रवृत्ते सति उभयसैन्येषु परस्परं प्रति गर्जनादि कुर्वत्सु द्रोणो जयद्रथमाश्वासयामास। द्रोणेन रचितं शकट-चक्र-पद्म-सूच्याख्यव्यूहचतुष्टयात्मकं महाव्यूहं दृष्ट्वा कौरवादयो हृष्टा बभूवुः ... ५६

८८ युद्धभूमावर्जुने आगच्छति शतानीकधृष्टद्युम्नौ व्यूहं रचयामासतुः। सर्वसेनाग्रे दुर्मर्षणे स्वशौर्यगर्भं वाक्यं ब्रुवति कृष्णार्जुनाभ्यां शङ्खनादने कृते तद्ध्वनिश्रवणेन कौरवाणां त्रासादि ... ५७

८९ अर्जुनवाक्याच्छ्रीकृष्णेन तद्रथे दुर्मर्षणसमीपं नीते युद्धमारभमाणोऽर्जुनः स्वबाणावच्छिन्नैः शत्रुशिरोभिः पृथ्वीमाच्छादयामास। भयेन सर्वत्रार्जुनमेव पश्यतां तद्बाणपीडितानां तं द्रष्टुमसमर्थानां कौरवाणां पलायनम् ५७

९० भग्ने सैन्ये के वीरा धनञ्जयं प्रत्युदीयुरिति धृतराष्ट्रप्रश्ने सञ्जयोऽर्जुनं प्रति दुःशासनगमनादि कथयति स्म। दुःशासनेन सहार्जुनस्तुमुलं युद्धं कुर्वन् गजादींश्छित्त्वा सैन्यानि पातयन्युद्धभूमिं यावच्छोभयति तावत्तद्भयाद्दुःशासनो द्रोणसमीपं जगाम ५८

९१ द्रोणानीकं प्रति गतोऽर्जुनो द्रोणं प्रति विनयपूर्वकं 'शिवेन ध्याहि माम्' इत्यादि वदन् 'मामजित्वा न बीभत्सो' इत्यादिना तेनोक्त इतस्तेन सह महद्युद्धं चकार। उभयोर्युद्ध्यमानयोः श्रीकृष्णवाक्यादर्जुनो द्रोणं प्रदक्षिणीकृत्य युधामन्यूत्तमौजोभ्यामनुगम्यमानो जयकृतवर्मादिभिर्महद्युद्धं चकार ५९

९२ पुनरग्रे गच्छन्नर्जुनोऽश्वादीन् पातयन्युद्ध्यमानं द्रोणं परित्यज्य

कृतवर्मादीन् प्रति गतः कृतवर्मणा
युयुधे । श्रीकृष्णवाक्यात्कृतव-
र्माणं मोहयित्वाऽर्जुने काम्बोजा
न्प्रति गते युधामन्यूत्तमौजसौ
कृतवर्मणा युयुधाते । पुनरग्रे ग-
च्छन्नर्जुनः श्रुतायुधेन युद्ध्यमान-
स्तस्याश्वान्सारथिं च जघान ।
अयुद्ध्यमाने श्रीकृष्णे श्रुतायुधेन
परित्यक्ता वरुणदत्ता गदा परा-
वृत्ता सती तमेव जघान । श्रुता-
युधे हते हाहाकृत्वा कौरवसैन्ये
पलायमाने आगत्य युद्धमानं
काम्बोजपुत्रं सुदक्षिणं जघाना-
र्जुनः ५९
९३ आगतया कौरवसेनया सह
युद्ध्यमानोऽर्जुनो युद्ध्यमाना-
नामभीषाहादीनां शिरोभिर्महीं
तस्तार । अर्जुनस्य श्रुता-
युरच्युतायुर्भ्यां महति युद्धे प्रसक्ते
श्रुतायुषा परिक्षिप्तेन तोमरेण
मोहितमर्जुनं प्रत्यच्युतायुः शूलं
चिक्षेप । श्रीकृष्णेन प्रत्याश्वा-
सितोऽर्जुनः श्रुतायुरच्युतायुर्भ्यां
महद्युद्धं कुर्वंस्तौ जघान । पुन-
रग्रे गच्छन्नर्जुनो युद्धार्थमागतौ
तत्पुत्रौ नियतायुर्दीर्घायुषौ हत्वा
हतैः सैन्यैः पृथ्वीं तस्तार ।
बाणान्वर्षन्तो यवनपारदादीन्
हत्वाऽर्जुनो रुधिरनदीं प्रावर्तयत् ।
पुनः सेनां प्रविशन्नर्जुनो युद्धार्थ-
मागताभ्यां श्रुतायुरम्बष्ठाभ्यां
सह युद्ध्यमानः सन्नुभौ
जघान ६१
९४ सुदक्षिणादिषु हतेषु दुर्योधनो
द्रोणमागत्याक्षेपपूर्वकमुवाच ।
दुर्योधनवाक्यं श्रुत्वाऽर्जुनस्या-
जेयत्वकथनादिपूर्वकं व्यूहमुखे
संप्राप्तां पाण्डववाहिनीं त्यक्त्वा
नाहमर्जुनेन योत्स्ये, त्वमेव गत्वा
तेन सह युद्ध्यस्वेत्याद्युवाच
द्रोणः । अर्जुनेन सह युद्धार्थं
स्वस्यासामर्थ्यं[?]युद्धावयति दुर्यो-
धने कवचबन्धनं प्रतिज्ञाय तद्वृ-
त्तान्तकथनपूर्वकं तत्प्राप्तिपरंपरां
कथयित्वा दुर्योधनशरीरे तत्क-
वचं बबन्ध द्रोणः । कवचं बद्ध्वा
द्रोणेन प्रेरितो दुर्योधनोऽर्जुन-
समीपं जगाम ६२
९५ कुरुपाण्डवसेनयोस्तुमुले युद्धे
प्रवृत्ते धृष्टद्युम्नद्रोणयोर्युद्ध्यमान
योर्धृष्टद्युम्नः कौरवसेनां द्रोणः पा-
ण्डवसेनां च मोहयति स्म । भीम-
निवारणार्थं विविंशतिप्रभृतिषु
यत्नं कुर्वत्सु बाल्हीकराजद्रौपदे-
यादयो द्वन्द्वशो युयुधिरे । कृपा-
दीनां जयद्रथरक्षित्वकथनम् ६३
९६ सञ्जय उभययुद्धकथनं प्रतिज्ञा
य विन्दानुविन्दविराटप्रभृतीनां
द्वन्द्वशो युद्धं कथयामास... ६४
९७ जलसन्धादीनां भीमादिभि-
र्युद्धे प्रवृत्ते धृष्टद्युम्नो द्रोणमधावत् ।
द्रोणेन सह युद्ध्यमानो धृष्टद्युम्नो
द्रोणरथेन सह स्वरथं संयोज्य
खड्गं गृहीत्वा द्रोणरथस्य युगमा-
रुरोह । धृष्टद्युम्नस्य खड्गं छित्त्वाऽ-
श्वादींश्च विद्ध्वा तद्धननार्थं
द्रोणेन प्रेरितं बाणं सात्यकिश्चि-
च्छेद ६५
९८ सात्यकिद्रोणयोर्युद्धशुश्रूषया
धृतराष्ट्रप्रश्ने सञ्जयस्य तत्कथनम् ।
क्रुद्धं द्रोणमागतं दृष्ट्वा सात्यकिः
स्वसूतं प्रेरयित्वा तत्समीपमाज
गाम । उभयोस्तुमुले युद्धे प्रवृत्ते
तद्दर्शनार्थमन्येषां योधानां युद्धा-
दुपरमो ब्रह्मादीनामागमनं च ।
सात्यकिना धनुषां शते
छिन्ने द्रोणो मनसा तं प्रशशंस ।
क्रुद्धस्य द्रोणस्य सात्यकिना सह
दिव्यास्त्रयुद्धे प्रवृत्ते सर्वेषु विष-
ण्णेषु युधिष्ठिरादयः सात्यकि-
रक्षार्थं यत्नं चक्रुः दुःशासनादयश्च
द्रोणरक्षार्थम् ... ६५
९९ अवतरति दिवसकरे जयद्रथ-
वधार्थमर्जुनवासुदेवयोर्गच्छतो-

रागताभ्यामावन्त्याभ्यां बिन्दानु-
विन्दाभ्यां सह युध्यमानोऽर्जुनो
द्वावपि जघान । जयद्रथं दूरस्थं
दृष्ट्वा हयानां विशल्यकरणार्थ-
मर्जुनेन प्रार्थितः श्रीकृष्णस्तदङ्गी-
चकार । ' अहमावारयिष्यामि
सर्वसैन्यानि ' इति प्रतिज्ञाय
रथादवरूढमर्जुनं प्रति कौरवयो-
धेषु बाणान्वर्षत्सु तान्सर्वान्स्व-
भुजबलेन निवारयामास । ' अ-
श्वानां पानादियोग्यं जलमत्र
नास्ति ' इति श्रीकृष्णेनाभिहि-
तोऽर्जुनो बाणेन मेदिनीं भित्त्वा
सरो निर्ममे तत्परितः शरगृहं च
चकार ... ६६

१०० अदृष्टपूर्वं सरो दृष्ट्वा सिद्धादिषु
साधुवादं वदत्सु बाणान्वर्षत्स्व-
सर्वे राजानोऽर्जुनमव्यथितं दृष्ट्वा
प्रशशांसुः । श्रीकृष्णेन विशल्य-
करणपूर्वकं जलपानादि कार-
यित्वा योजितेष्वश्वेषु पुन

रथमारुह्य यान्तमर्जुनं दृष्ट्वा
कौरवा विमनस्काः सन्तो 'धिग-
स्मान्' इत्याद्यूचुः । दुर्योधनं
निन्दत्सु कौरवसैन्येष्वश्वान् प्रेर-
यित्वा श्रीकृष्णेन पाञ्चजन्ये वा-
दितेऽर्जुनं प्रति दुर्योधनादय
आजग्मुः ६७

१०१ श्रान्तानामपि कौरवबलानां
धैर्येणार्जुनसमीपं गतानां पुनर-
निवर्तनं कृष्णार्जुनौ दृष्टवताम-
न्येषां जयद्रथजीवितनिराशत्वं
चाह सञ्जयः । जयद्रथं दृष्ट्वा
कृष्णार्जुनयोर्नदतोः सतोस्तौ
प्रत्यागतं दुर्योधनं दृष्ट्वा कौरव
सैन्यानि जघ्नुः ... ६८

१०२ दुर्योधनं दृष्ट्वा तन्निन्दापूर्वकं
'यथाऽयं जीवितं जह्यात्तथा
कुरु' इति श्रीकृष्णवाक्येऽर्जु-
नेनाङ्गीकृते तौ दुर्योधनं प्रति रथं
प्रेषयामासतुः । निर्भयमर्जुनस-
मीपं गतं दुर्योधनं दृष्ट्वाऽऽलपतां

सैन्यानां तत्कृतमाश्वासनमर्जुनं
प्रति तस्य प्रौढिवादश्च ... ६९

१०३ दुर्योधनार्जुनयोः परस्परं बा-
णप्रहारे प्रवृत्तेऽर्जुनबाणानां नै-
ष्फल्यं दृष्ट्वा कृष्णेन पृष्ठः स द्रोण-
दत्ताभेद्यकवचवृत्तान्तं कथयति
स्म । स्वबाणानां नैष्फल्यं दृष्ट्वा-
र्जुनः कवचानावृतं दुर्योधनाङ्गं
निर्णीय तस्य हयान्हत्वा हस्त-
वापं च छित्त्वा हस्ततलयोर्नख-
मांसान्तरे च विद्याध । तथा
विद्धे दुर्योधने पलायनपरे स-
तितद्रक्षिभिरावृतोऽर्जुनस्तत्सैन्यं
नाशयति स्म । आगच्छन्तमर्जुनं
दृष्ट्वा जयद्रथरक्षिणः सिंहनादा-
दिकं चक्रुः ६९

१०४ कौरववीरैरर्जुनं प्रत्यागतेषु
भूरिश्रवःप्रभृतिभिः शङ्खवादनं
कृते कृष्णार्जुनावपि शङ्खवादनं
चक्रुः । दुर्योधन-द्रोण-कर्णादि-
भिरर्जुनस्य तुमुलं युद्धम् ... ७०

१०५ ध्वजानां विशेषज्ञानार्थं धृत-
राष्ट्रप्रश्ने सञ्जयोऽर्जुनादीनां ध्वज-
लक्षणानि कथयित्वा धृतराष्ट्र-
क्षेमपूर्वकमर्जुनं प्रशशांस ... ७१

१०६ "पञ्चालाः कुरुभिः साधं
किमकुर्वत" इति धृतराष्ट्रप्रश्ने
सञ्जयस्योत्तरम् । द्रोणादिभिः
पञ्चालानां तुमुले युद्धे प्रवृत्ते बृह-
त्क्षत्रक्षेमधूर्त्यादीनां युद्धं, तत्र
विशेषेण द्रोणयुधिष्ठिरयोर्युध्य-
मानयोर्विरथो युधिष्ठिरः सह-
देवरथमारुह्यापायात् ... ७२

१०७ बृहत्क्षत्रक्षेमधूर्त्योर्युध्यमानयो-
र्बृहत्क्षत्रः क्षेमधूर्तिं जघान ।
धृष्टकेतुवीरधन्वनोर्युध्यमानयो-
र्धृष्टकेतुः शक्त्या वीरधन्वानं जघा-
न सहदेवदुर्मुखयोर्युद्धं कुर्वतोर-
रथे दुर्मुखे निरमित्ररथारूढे सति
सहदेवो निरमित्रं हतवान् । सा-
ल्यकि व्याघ्रदत्तयोर्युद्धे साल्य-

ना ध्याघ्रदत्ते हते तं प्रति मागधा आजग्मुः । मागधैः सह युद्धं कुर्वता सात्यकिना सैन्ये विद्राविते तं प्रति द्रोण आजगाम ७३

२०८ द्रौपदेयैः सोमदत्ते युद्धे प्रसक्ते साहदेविः सौमदत्तिं जघान । भीमालम्बुषयोर्युद्धे प्रवृत्ते मायया शस्त्रवृष्टिं कुर्वन्नलम्बुषो भीमप्रेरितेन त्वाष्ट्रास्त्रेण पीडितः पलायनं चकार ... ७३

२०९ अलम्बुषघटोत्कचयोस्तुमुले युद्धे प्रवृत्ते भीमादिष्वागतेषु सर्वैः सह युद्धं कुर्वन्तमलम्बुषं घटोत्कचो न्यवधीत् । तस्मिन्हते पाण्डवाः सिंहनादादि कृत्वा घटोत्कचं संमानयामासुः ७४

२१० सात्यकिर्द्रोणं कथं न्यवारयदिति धृतराष्ट्रप्रश्ने सञ्जयस्य तत्कथनम् । द्रोणसात्यकेर्युद्ध्यमानयोः सात्यकिं विषण्णं दृष्ट्वा कौरवा हर्षेण सिंहवद्व्यनदन् । कौरवनादं श्रुत्वा युधिष्ठिरः सैन्यं धृष्टद्युम्नं च संप्रेर्य सात्यकिरक्षणार्थमाययौ । द्रोणस्तैः सह युद्धं कुर्वन्पञ्चालादीञ्जिगाय । एतदन्तरे पाञ्चजन्यध्वनिं श्रुत्वा गाण्डीवशब्दमश्रृण्वन्व्याकुलो युधिष्ठिरः सात्यकिं प्रति तत्प्रशंसादिपूर्वकमर्जुनसाहाय्यार्थं प्रेरयति स्म ७५

१११ अर्जुनं प्रति गच्छतेति युधिष्ठिरचोदितेन सात्यकिना तं प्रति स्वस्यार्जुनेन तद्रक्षणाय नियोगाभिधानपूर्वकं स्वेन तस्यापरित्याज्यत्वकथनम् । युधिष्ठिरेण भीमादिभिः स्वस्य रक्षणकथनपूर्वकं पुनः सात्यकेरर्जुनं प्रति गमने नियोजनम् ... ७७

११२ युधिष्ठिरोक्तं श्रुत्वा चिन्तयन्सात्यकिरर्जुनसमीपगमनं प्रतिज्ञाय कौरवसैन्यमारणं तदन्तर्गतकिरातादिमारणं च प्रतिज्ञाय रथसज्जीकरणमभिदधाति स्म । सज्जीकृतं रथमारूढः सात्यकिः सहागच्छन्तं भीमं परावर्त्य कौरवसैन्यं प्रविवेश ... ७८

११३ सात्यकौ गते धृष्टद्युम्नादयो द्रोणं प्रति जग्मुः । कौरवसैन्यनाशनपूर्वकमर्जुनं जिगमिषुः सात्यकिं द्रोणेन वारितः संस्तेन सह युयुधे । द्रोणेन सक्रोधमुक्तः सात्यकिर्विनयेनार्जुनकृतिमवलम्ब्य द्रोणं प्रदक्षिणीकृत्य स्वसारथिं प्रेरयन्भारतीं सेनां प्रविवेश । प्रविष्टः सात्यकिरागतेन कृतवर्मणा युद्ध्यमानस्तं बाणैराच्छाद्य तत्सारथिं हत्वा काम्बोजसैन्यं जगाम । सात्यकिं प्रति जिगमिषुं द्रोणं पाण्डवसेना निवारयामास ७९

११४ सञ्जयं प्रति धृतराष्ट्रो विस्मयपूर्वकं वदन्नर्जुनसात्यक्योः प्रशंसारूपं वाक्यमुक्त्वा तावुभौ सेनाप्रविष्टौ दृष्ट्वा दुर्योधनः किमकरोदिति पप्रच्छ । पुनर्धृतराष्ट्रः पुत्राणां शोकं संभावयन्नर्जुनसात्यक्योः सेनाप्रवेशेनानुतप्यमानः सन् द्रोणयुद्धं जयद्रथवधवृत्तान्तं च शुश्रूषुः पृच्छति स्म । आगतैर्भीमादिभिः सह युद्ध्यमानः कृतवर्मा शिखण्डिना युद्धं कुर्वंस्तं बाणैर्मोहयामास । शिखण्डिनं मोहितं दृष्ट्वा कौरवेषु कृतवर्माणं पूजयत्सु शिखण्डिसारथिस्तमपोवाह । कृतवर्मणा पराजिताः पाण्डवसैनिका विमुखाः समपद्यन्त ८०

११५ कौरवाणां निनादं श्रुत्वा सात्यकिः कृतवर्माणमेत्य युद्ध्यमानस्तं विरथं कृत्वा सारथिं प्रेरयंस्त्रिगर्तसैन्यसमीपं जगाम । त्रिगर्तैःसह युद्धं कुर्वतः सात्यकेर्बाणप्रहारैः पीडिते गजसैन्ये पला-

यिते तं प्रति जलसन्धे आजगाम। जलसन्धेन सह युद्ध्यमानः सात्यकिस्तस्य बाहुद्वयं छित्त्वा शिरश्चिच्छेद । जलसन्धे हते भग्नं सैन्यं दृष्ट्वा कौरवसहितो द्रोणः सात्यकिमाजगाम ... ८२

११६ द्रोणादिषु सप्तसु महारथेषु युगपद्बाणान्वर्षत्सु तान्प्रति सात्यकिर्बाणान्ववर्ष। सात्यकिर्दुर्योधनेन युद्धं कुर्वंस्तस्य सारथिं जघान। ततस्तस्मिंश्चित्रसेनरथमारुह्य पलायिते आर्तनादं श्रुत्वा कृतवर्मा पुनराजगाम। सात्यकिः कृतवर्मणा युद्धं कुर्वंस्तं विजित्यार्जुनदर्शनार्थं गच्छति स्म.. ८३

११७ सात्यकिना सैन्ये पीड्यमाने द्रोणः सात्यकिं प्रति बाणान्समवाकिरत्। सात्यकिना द्रोणस्य सारथौ हते विद्रवन्तं तद्रथं प्रति सैन्ये गते स व्यूहद्वारमागत्य तस्थौ ८४

११८ द्रोणादीञ्जित्वा सात्यकिः सैन्यमध्ये गच्छन् सुदर्शनेन युयुधे। सात्यकिः सुदर्शनस्य हयादीन्निहत्य तं च हत्वाऽर्जुनमार्गेणाजगाम ८५

११९ सात्यकिः स्वसारथिं प्रत्यर्जुनहतसैन्यं दर्शयित्वा दुर्योधनादीन्प्रति रथं नेतुमाज्ञापयन् प्रथमं मुण्डनाशार्थं तान् प्रत्यश्वान् प्रेरयेत्याज्ञापयति स्म । रथे प्रेरिते यवनैः सह युद्ध्यमानः सात्यकिस्तान् हत्वा काम्बोजादीन् जघान ८५

१२० अर्जुनसमीपं गच्छन् सात्यकिर्मध्ये दुर्योधनादिभिर्वारितस्तैः सह तुमुलं युद्धं कुर्वन् दुर्योधनस्य सारथिं जघान। हतसारथौ दुर्योधने पलायिते तमनु तत्सैन्येऽपि द्रुते सात्यकिरर्जुनरथं जगाम ८६

१२१ यान्तं सात्यकिं दृष्ट्वा मत्पुत्राः किमकुर्वतेति धृतराष्ट्रप्रश्ने सञ्जयः 'शृणुष्वावहितो भूत्वा' इत्याद्युवाच। आगतैर्दुर्योधनादिभिः सह युद्धं कुर्वन्सात्यकिस्तद्बलं नाशयन्हस्त्यश्वादीञ्जघान। दुःशासनप्रेरितैः पाषाणयोधिभिः पार्वतीयैर्युद्धं कुर्वन्सात्यकिस्तान्हतवान्। कौरवबलस्यार्तध्वनिं श्रुत्वा यावद्द्रोणस्तत्सारथिश्च मिथः संवदतस्तावद्भीमं कौरवबलं द्रोणरथं प्रत्याययौ .. ८७

१२२ आगते सैन्ये दुःशासनरथं दृष्ट्वा दुःशासनं प्रत्याक्षेपवचनपूर्वकं पाण्डवैः शमकरणार्थं वदन्तं द्रोणं प्रत्युत्तरमदत्वा स सात्यकिं जगाम। पाण्डवसैन्ये प्रविष्टो द्रोणो युद्धार्थमागतं पञ्चालपुत्रं वीरकेतुं जघान, तद्दृष्ट्वा आगतांस्तद्भ्रातॄंश्चित्रकेतुप्रभृतीनपि जघान। पञ्चालान् हतान् दृष्ट्वा आगतस्य धृष्टद्युम्नस्य द्रोणेन सह महति युद्धे प्रवृत्ते द्रोणबाणेन सूते हते धृष्टद्युम्ने च पलायिते द्रोणः पुनर्व्यूहद्वारमाययौ ८८

१२३ सात्यकिं प्रति गते दुःशासने उभयोस्तुमुले युद्धे प्रवृत्ते दुःशासनसाहाय्यार्थं त्रिगर्ता आजग्मुः। आगतैस्त्रिगर्तैः सह युद्ध्यमानः सात्यकिस्तदीयान्पञ्चशतवीरान्निहत्य गच्छन्मध्ये निवारयन्तं दुःशासनमपि जित्वाऽर्जुनरथं प्रति जगाम ... ८९

१२४ किं मत्सेनायां सात्यकेर्निवारयिता कोऽपि नास्तीत्यादिके धृतराष्ट्रप्रश्ने सञ्जयस्योत्तरम्। सेनासमूहं द्रोणव्यूहं च प्रशस्य सेनासंबन्धिनं तुमुलं शब्दं च शंसन् भीमादीनामाक्रन्दनमाह सञ्जयः। अर्जुनसात्यक्योः सुखेन जयद्रथसमीपगमनार्थं युधिष्ठिरादिभिः प्रेरितायां पाण्डव-

सेनायां कौरवबलं नाशयन्त्यां
दुर्योधन आजगाम। भीमादिभिः
सह युद्ध्यमानस्य दुर्योधनस्य
युधिष्ठिरेण सह युद्धे प्रसक्ते
युधिष्ठिरं प्रत्यागतैः पञ्चालैः सह
द्रोणस्य संकुलं युद्धम् ... ९०
१२५ पराक्रमं प्रकाशयन्युद्धार्थमा-
गतं बृहत्क्षत्रं हत्वा शिशुपालपुत्रं
धृष्टकेतुं जघान। द्रोणा धृष्टकेतौ
हते आगतं तत्पुत्रं हत्वा जारा-
सन्धि च निहत्य पाण्डवसैन्यं
यावन्नाशयति तावत्पञ्चालादय-
स्तमाजग्मुः। द्रोणेन चेदिश्रेष्ठेषु
हतेषु भीतानां पञ्चालानां द्रोण-
प्रशंसारूपं वाक्यं श्रुत्वा क्षत्र-
धर्मा तं प्रत्याजगाम। क्षत्र-
धर्मणि हते कम्पमानेषु पञ्चालेषु
चेकितानेन सह युद्ध्यमानेन द्रो-
णेन तत्सारथौ हते तद्धयेषु त्वप-
लायमानेषु द्रुपदस्तमाजगाम ९१
१२६ व्यूहं भित्त्वा पार्थेषु प्रा ष्टेषु श-
रणमपश्यंश्चिन्तयानो युधिष्ठिरो
गाण्डीवशब्दमशृण्वन् सा यार्किं
चापश्यन् भीमसमीपमागत्य 'यः
सदेवान्सगन्धर्वान् दैत्यांश्चैकर-
थोऽजयत्। तस्य लक्ष्म न पश्या-
मि भीमसेनानुजस्य ते' इत्यु-
वाच। सान्त्वनं कुर्वन्तं भीमं
युधिष्ठिरोऽर्जुनं हतमाशङ्क्य तत्स-
मीपगमनार्थं प्रेरयित्वा सात्यक्य-
र्जुनौ दृष्ट्वा संविदं कुर्वित्याह ९२
१२७ युधिष्ठिरमनुनीय तद्वाक्यम-
ङ्गीकृत्यार्जुनसमीपं गच्छन् भीमो
धृष्टद्युम्नं तद्रक्षार्थमादिश्य निर्जगा
म। पाञ्चजन्यध्वनिं श्रुत्वा पुनर्यु-
धिष्ठिरेण प्रेरितः पञ्चालादिभिर-
नुगम्यमानो भीमो मध्ये प्राप्तान्दुः-
शलादीनतीत्य द्रोणसमीपं गतो
गजानीकमवधीत्। अर्जुनसरणि-
मालम्ब्य गच्छेति द्रोणेनोक्तो
भीमस्तदनङ्गीकुर्वन् गदया तद्रथं
चूर्णयामास अन्यं रथमास्थाय
द्रोणे व्यूहद्वारि स्थिते दुःशलादि-
भिर्युद्ध्यमानो भीमो वृन्दारकादीं-
स्त्वत्पुत्रान् हत्वा सिंहनादादिकं
चकार ९३
१२८ द्रोणे निवारयितुमिच्छति स
भीमो गदया युद्ध्यमानः कौरवान्
विद्राव्य चमूं प्रविष्टः सन्द्रोणेन
महद्युद्धमकरोत्। द्रोणस्य रथं
क्षिप्त्वा व्यूहं प्रविष्टो भीमो भो-
जानीकं प्रमथ्य दरदादीनतीत्य
गच्छन् सात्यक्यर्जुनौ दृष्ट्वा सिंह-
नादं चकार। भीमनादं श्रुत्वा
कृष्णार्जुनसात्यकिष्वपि नदत्सु स
र्वेषां शब्दं श्रुत्वा युधिष्ठिरो हृष्टः
सन् मनसा भीमादीन्प्रशशंस ९४
१२९ नर्दन्तं भीमं के पर्यवारयान्निति
धृतराष्ट्रप्रश्ने सञ्जयस्योत्तरम्।
गमनमार्गं रुन्धता कर्णेन सह
तुमुले युद्धे प्रसक्ते भीमस्तस्य
सारथ्यादीन् हत्वा तं निर्जित्य
सिंहनादं चकार। तच्छ्रवणाद्युधि-
ष्ठिरो जहर्ष... ... ... ९५
१३० दुर्योधनेन शीघ्रमागत्याक्षिप्तो
द्रोणो द्यूताद्यनुवादपूर्वकं तं
तिरस्कृत्य जयद्रथरक्षणार्थं ग-
च्छेत्यादिदेश। द्रोणेनादिष्टो
दुर्योधनो युधामन्यूत्तमौजोभ्यां
युद्ध्यमानस्ताभ्यां विरथीकृतो
गदया तयोरपि रथौ भङ्-
क्त्वा शल्यरथमारुरोह। ताव
प्यन्यरथारूढावर्जुनं जग्मतुः ९६
१३१ कर्णे भीमं प्रति पुनरागते
तद्युद्धश्रवणार्थं धृतराष्ट्रप्रश्ने
सञ्जयस्योत्तरम्। कर्णं त्यक्त्वाऽ-
र्जुनं गन्तुकामो भीम आक्षेपयुक्तं
तदाह्वानमसहमानः कर्णेन युद्धं
कुर्वंस्तत्सारथ्यादीन्हत्वा तं परा-
जिग्ये... ... ... ९७
१३२ विमुखं कर्णं दृष्ट्वा दुर्योधनः
किमब्रवीदित्यादिके धृतराष्ट्रप्रश्ने
सञ्जयस्योत्तरम्। रथान्तरमारुह्य
पुनरागतस्य कर्णस्य भीमेन सह

तुमुले युद्धे प्रसक्ते द्यूतादिसंभ-
वान् क्लेशान्स्मृत्वा सक्रोधो
भीमः कर्णं प्रत्यधावत् । कर्ण-
भीमौ परस्परपराक्रमप्रदर्शन-
पूर्वकंयुयुधाते उभयसैन्यं व्यनाश-
यताम्... ... ... ८९

१३३ भीमयुद्धश्रवणेन विस्मितो
धृतराष्ट्रः कर्णपराजयं श्रुत्वा-
नुतप्तो दुर्योधनमाक्षिपन्भीम-
कर्णयोर्युद्धं शुश्रुषुः प्रश्नं चकार ।
तनुजः कर्णभीमयोर्युध्यमानयोर्भीमे-
न कर्णस्य सारथ्यादिहनने कृते
विरथः स बभौ । मोहिते कर्णे दु-
र्योधनेन प्रेरितः सभ्राता दुर्जयो
भीमेन युध्यमानस्तेन हतः ८९

१३४ रथान्तरमारुह्य पुनरागतं कर्णं
युध्यमानो भीमो विरथं चकार ।
दुर्योधनप्रेरणया आगतेन तद्भ्रा-
त्रा दुर्मुखेन युद्धं कुर्वन् भीमस्तं
जघान । हतं दुर्मुखं प्रदक्षिणी-
कृत्य कर्णस्तद्रथमारुह्य शोचन्

भीमबाणपीडितो रणादपायात्
... ... ९९
१३५ कर्णपलायनं श्रुत्वानुतप्यमानं
दुर्योधनोक्तकर्णप्रशंसादिस्मरण-
पूर्वकं भीमं स्तुत्वा दुर्योधनं
निन्दन्तं धृतराष्ट्रं सञ्जयो भर्त्सयां-
चक्रे । कर्णेपयाते आगतान्दुः-
र्शनादीन्पञ्च दुर्योधनभ्रातृन् पुन-
रागतस्य कर्णस्य समक्षं भीमो
जघान १००

१३६ दुर्मर्षणादिहनेननाधिकं क्रुद्धः
कर्णो भीमेन सह तुमुलं युद्धं
कुर्वंस्तद्भ्रयात्पुनः पलायनं चक्रे ।
कर्णेपयाते दुर्योधनेन प्रेषितां-
श्चित्रोपचित्रादीन् षट् स्वभ्रातृन्
भीमः एकैकेन बाणेन जघ्निवान् ।
तान्निहतांश्च पुनरागते कर्णे
पुनरुभयोर्युद्धे प्रसक्ते भीमपरा-
क्रमदर्शनेन कौरवा विमनसो-
भूवन् १०१

१३७ भीमस्यातलनिस्वनं श्रुत्वा

क्रुद्धः कर्णः पुनर्युयुधे । तुमुलशब्दं
श्रुतवता दुर्योधनेन सेनया सह
प्रेषितेषु सप्तसु भ्रातृषु सर्वे कर्ण-
रक्षणार्थं यत्नं चक्रुः । भीमसेनः
कर्णसमक्षं शत्रुञ्जयादीन् सप्त
दुर्योधनभ्रातृन् हत्वा तन्मध्ये
हतं विकर्णमनुशोचन् सिंहनादं
चकार । तं श्रुत्वा युधिष्ठिरस्तु-
तोष । एकत्रिंशद्भ्रातृहनानान्तरं
विदुरवाक्यं स्मृतवतो दुर्यो-
धनस्य मूकीभावं कथयित्वा
दुर्योधनादीन्निन्दन् धृतराष्ट्रमा-
चिक्षेप सञ्जयः ... १०१

१३८ पुनः शोकसंतप्ते धृतराष्ट्रे
पृच्छति सञ्जयः कर्णभीमयोर्युद्धं
शशंस । भीमबाणपीडिते सैन्ये प-
लायमाने योधा बाणपातमाति-
क्रम्य युद्धदर्शनार्थं तस्थुःसञ्जयो-
रुधिरनदीप्रवहणं हतैमनुष्यादि-
भिर्युद्धभूमिशोभां चारणादीनां
हर्षं च कथयति स्म ... १०२

१३९ कर्णभीमयोः पुनर्युद्धे प्रवृत्ते
भीमबाणप्रहारेण मोहितः कर्णः
संज्ञां लब्ध्वा पुनर्युयुधे । बाण-
वर्षेणाकाशं छादयित्वा नादं कुर्व-
न्तावुभौ प्रति देवर्ष्यादयः पुष्पवृ-
ष्ट्यादि चक्रुः । कर्णेन भीमस्य धनु-
रादिषु छिन्नेषु भीमत्यक्तां शक्तिं
चिच्छेद कर्णः । भीमः खड्गप्रक्षे-
पेण कर्णस्य धनुश्छित्त्वा वि-
शस्त्रो मृतहस्त्यादींस्तं प्रति क्षिप-
न्नर्जुनप्रतिज्ञां स्मृत्वा तं न ज-
घान । कर्णोऽपि कुन्तीवाक्यं
स्मृत्वा तं न जघान । धनुष्को-
ट्या कर्णेन स्पृष्टस्य भीमस्य
तस्य च परस्पराधिक्षेपपूर्वक-
मुक्तिप्रयुक्ती । भीमस्य बाहुयुद्ध-
विषयकं मतमाज्ञाय युद्धान्निवृत्तं
विकत्थमानं कर्णं प्रत्यर्जुने बाणा-
न्निक्षिपति तद्बाणपीडितः सोऽ-
पयांचक्रे । कर्णं प्रत्यर्जुनमुक्ताबा-
णांश्छिन्दन्द्रोणपुत्रोऽर्जुनबाणपी-

डितः स सैन्यमध्यं प्रविवेश १०३
१४० विलापपूर्वकं सात्यकियुद्धशुश्रूषोर्धृतराष्ट्रस्य प्रश्ने सञ्जयस्योत्तरम्। सैन्यमध्यं प्रविशन्ननिवार्यः सात्यकिरागतेनालम्बुषेण युद्धं कुर्वंस्तं जघान। दुःशासनमग्रतः कृत्वा आगतान्दुर्योधनभ्रातृन्निवार्य गच्छन्तं सात्यकिं दृष्ट्वाऽर्जुनो जहर्ष १०५
१४१ दुःशासनरथं प्रति गच्छन्सात्यकिस्त्रिगर्तराजप्रभृतिभिर्निवारितस्ताञ्जित्वा भारतीं सेनां प्रविवेश। युद्धविशारदः सात्यकिः शूरसेनसेनां जित्वा कलिङ्गसैन्यं जिगाय। सात्यकिं दृष्ट्वा तं प्रशंसन्तं श्रीकृष्णं प्रति तत्कृतयुधिष्ठिरत्यागेन दुःखितस्यार्जुनस्योक्तिः १०५
१४२ आगच्छन्तं सात्यकिं प्रति भूरिश्रवस्यागते उभयोरुत्तरप्रत्युत्तरपूर्वकं युद्धं कर्तुं प्रवृत्तयोस्ततस्सर्वे सैनिका ददृशुः। परस्परं हयनाशनेन विरथावुभावसियुद्धं कुर्वन्तौ परस्परमसिचर्मणी छित्त्वा बाहुयुद्धं चक्रतुः। कृष्णार्जुनयोः पश्यतोर्भूरिश्रवसा सात्यकावास्फाल्य भूमौ पातिते एनं रक्षेत्युवाचार्जुनं कृष्णः। उरसि पादप्रहारं कृत्वा केशान् धृत्वा शिरश्छेत्तुं प्रवृत्तस्य भूरिश्रवसः सासिं बाहुं श्रीकृष्णवाक्यादर्जुनश्चिच्छेद १०६
१४३ भूरिश्रवा अर्जुनं निन्दंस्तस्य प्रत्युत्तरं श्रुत्वा प्रायोपवेशनं चकार। निन्दां कुर्वतः कौरवान्प्रत्याक्षेपवाक्यं वदन्नर्जुनो भूरिश्रवस उत्तमलोकप्राप्तिमाशास्ते स्म श्रीकृष्णश्च स्वसारूप्यप्राप्तिमनुजज्ञे। उत्थितः सात्यकिः कृष्णादिभिर्वार्यमाणोऽपि भूरिश्रवसः शिरश्चिच्छेद। देवेषु भूरिश्रवसं स्तुवत्सु सात्यकिं निन्दन्तः कौरवाः सात्यकिवाक्यं श्रुत्वा निरुत्तरबभूवुः १०७
१४४ द्रोणादिभिरनिगृहीतःसात्यकिर्भूरिश्रवसा कथं निगृहीत इति धृतराष्ट्रप्रश्ने सात्यकिभूरिश्रवसोरुत्पत्तिं कथयन्सञ्जयः शिनिपर्यन्तं चन्द्रवंशपरंपरामह। देवक्यर्थं स्वयंवरे वसुदेवार्थं शिनिना देवक्यां हृतायां तदसहमानो युद्ध्यमानः सोमदत्तस्तेन पराभूतो महादेवं प्रसाद्य तस्माच्छिनिपुत्रहन्तारं भूरिश्रवसं पुत्रमवाप। भूरिश्रवसोर्जन्म कथयित्वा सात्यकेरजेयत्वं कथयन् वृष्णीन् प्रशशंस सञ्जयः ... १०९
१४५ पुनर्युद्धवृत्तान्तं शुश्रूषोर्धृतराष्ट्रस्य प्रश्ने सञ्जयस्योत्तरम्। अश्वप्रेषणार्थं श्रीकृष्णं प्रेरयत्यर्जुने तन्निवारणार्थं दुर्योधनादय आजग्मुः। जयद्रथवधोद्यतमर्जुनं दृष्ट्वा सैन्धवरक्षणार्थं वदन्तं दुर्योधनमाश्वासयति स्म कर्णः। कौरवसैन्यं निघ्नन्नर्जुनो दुर्योधनादिभिर्वारितोऽश्वत्थामप्रभृतिभिर्युद्धं कुर्वन्कर्णं विरथं चकार, स च द्रौणिं रथमारुरोह। पुनः कर्णादिभिरर्जुनस्य संकुलं युद्धम् १०९
१४६ गाण्डीवशब्दं श्रुत्वा क्षुब्धे कौरवसैन्येऽर्जुन ऐन्द्रास्त्रेण कौरवसैन्यं नाशयञ्शोणितनदीं प्रावर्तयत्। अर्जुनः कौरवमहारथानतिक्रम्य द्रौण्यादीन्प्रति बाणान्वर्षञ्जयद्रथेन युद्ध्यमानस्तत्सारथिं नाशयामास। सूर्याच्छादनार्थं तमः सृष्ट्वा 'पश्य सिन्धुपतिं वीरम्' इत्याद्युक्तवति श्रीकृष्णेऽऽर्जुनः कृपादीन्प्रति बाणवर्षं कृत्वा जयद्रथमधावत्। अर्जुनमुक्तशरजालेन जयद्रथरक्षिषु पलायमानेषु पुनरर्जुनः

कृपादीन् व्याकुलीकृत्य जयद्रथं हन्तुमखं जग्राह । श्रीकृष्णकथितं जयद्रथवृत्तान्तं श्रुत्वार्जुनो बाणेन जयद्रथशिराश्छित्वा बाणैरूर्ध्वमुत्क्षिपंस्तत्पितुरुत्सङ्गे तत्पातयामास । उत्सङ्गाद्यः पतिते शिरसि तत्पितुः शिरोऽपि शतधा बिभेद । तदर्जुनस्य कर्म दृष्ट्वा सैन्येषु विस्मितेषु कृष्णदत्तोत्तमः सञ्जहार । जयद्रथनाशं दृष्ट्वा दुर्योधनादिषु दुःखितेषु वासुदेवादीनां शङ्खशब्दं श्रुत्वा युधिष्ठिरो जहर्ष, सोमकाश्च द्रोणेन सह युयुधिरे ... ११६

१४७ जयद्रथे हते मामकाः किंकुर्वतेति धृतराष्ट्रप्रश्ने सञ्जयस्योत्तरम् । जयद्रथे हते कृपद्रौणिभ्यामर्जुनस्य युद्धे प्रसक्ते वाणप्रहारेण मूर्च्छितं कृपं दृष्ट्वा विलपन्तमर्जुनं प्रति कर्ण आद्रवत् । कर्ण प्रति पाञ्चाल्याभ्यां सह सात्यका-

वागते ऽर्जुनकृष्णयोरुक्तिप्रत्युक्ती । सात्यकिकर्णयोर्युद्धं शुश्रूषोर्धृतराष्ट्रस्य प्रश्ने तदुत्तरं वदन्सञ्जयः श्रीकृष्णार्जुनौ प्रशशंस । विरथसात्यकिदर्शनानन्तरं श्रीकृष्णेन शङ्खे वादिते तद्ध्वनिं श्रुत्वा दारुकेणानीतं रथमारुह्य सात्यकिः कर्ण प्रति जगाम । कर्णसात्यक्योस्तुमुले युद्धे प्रवृत्ते सात्यकिना विरथीकृतं कर्ण दृष्ट्वा वृषसेनादयो आयुर्विह्वलाः कर्णश्च दुर्योधनरथमारुरोह । सात्यकिर्द्रौणिप्रभृतीन्विजित्य दारुकभ्रात्रा आनीतमन्यं रथमारुह्य कौरवसैन्यं प्रत्युपाद्रवत् । कर्णोऽपि रथान्तरमारुह्य रिपुसैन्यं प्रत्यधावत् ११३

१४८ भीमः किमकार्षीदिति धृतराष्ट्रप्रश्ने भीमयुद्धवृत्तान्तं सञ्जयः कथयति स्म । भीमेन निवेदितं कर्णवाग्बाणप्रहारादि श्रुत्वार्जु-

नेन कर्णसमीपे तत्सुतवधे प्रतिज्ञाते रथिनस्तुमुलं शब्दं चक्रुः। अस्तंगते सूर्येऽर्जुनं प्रशंसंस्तेन च स्तुतः श्रीकृष्णस्तस्मै तद्रतसैन्यानि युद्धभूमिं च प्रदर्श्य शङ्खं वादयित्वा युधिष्ठिरमागत्य जयद्रथवधं कथयति स्म ... ११५

१४९ पादवन्दनपूर्वकं 'दिष्ट्या वर्धसि राजेन्द्र' इत्याद्युक्तवति श्रीकृष्णे युधिष्ठिरो रथादवप्लुत्योभावालिङ्ग्य 'प्रियमेतदुपश्रुत्य' इत्याद्युक्त्वा श्रीकृष्णं तुष्टाव । तौ च तं तुष्टुवतुः । अभिवन्दनं कुर्वन्तौ सात्यकिभीमौ प्रति 'दिष्ट्या पश्यामि वाम्' इत्याद्युवाच युधिष्ठिरः ... ११६

१५० सैन्धवे निहते शोचन्दुर्योधनो मनसार्जुनं प्रशस्य कौरवान्प्रति विलापवाक्यमुक्त्वा द्रोणं प्रत्युवाच ... ११७

१५१ दुर्योधनेनोक्तो द्रोणः किमब्रवी-

दिति धृतराष्ट्रप्रश्ने सञ्जय उत्तरं जगाद । दुर्योधनोक्तं श्रुत्वा दुःखितो द्रोणो घूताऽनुवादपूर्वकं तं प्रत्याक्षेपवाक्यान्युक्त्वा 'नाहत्वा सर्वपञ्चालान् कवचस्य विमोक्षणम्' इत्यादि प्रतिजज्ञे । अश्वत्थामानं प्रति वक्तव्यं संदेशं दुर्योधनं प्रत्युक्तवा पाण्डवसैन्याभ्यागाम द्रोणः ... ११८

१५२ पुनर्युद्धोद्योगं कुर्वन्दुर्योधनः कर्णं प्रति द्रोणनिन्दारूपं वाक्यमवादीत् । परं कर्णो द्रोणस्य निर्दोषत्वं कथयित्वा येनास्मत्पौरुषं नाशितं तदेवास्य कर्मेत्याद्युवाच । ततस्तावकानां परेषां च पुनरुद्यारम्भ इति सञ्जयः प्राह अत्र चतुर्दशदिवसयुद्धं समाप्तम् । अतःपरं रात्रियुद्धम् ... ११९

(६) घटोत्कचवधपर्व

रात्रियुद्धम्

१५३ पञ्चालैः कौरवाणां युद्धे प्रसक्ते जयद्रथवधसंतप्तो दुर्योधनः पाण्डवसैन्यमवजगाहे । भीमादीन्प्रति बाणान्वर्षन्दुर्योधनो युधिष्ठिरेण युयुधे । युधिष्ठिरबाणेन दुर्योधनस्य मूर्छा । अथ द्रोणसाहाय्येन प्रमुदिते दुर्योधने पुनश्चासीत्संग्रामः इत्याद्युवाच सञ्जयः ११९

१५४ कुपित आचार्यो यदा पाण्डून् प्राविशत्तदा पाण्डवास्तं कथं पर्यवारयन् ? इत्यादिप्रश्ने सञ्जयस्योत्तरम् । सायाह्ने द्रोणं प्रत्यर्जुनादिषु गतेषु रात्रावुभयोस्तुमुले युद्धे प्रवृत्ते द्रोणः पाण्डवसैन्यं विमुखं चकार ... १२०

१५५ तस्मिन्प्रविष्टे दुर्धर्षे इत्यादिके धृतराष्ट्रप्रश्ने सञ्जयस्योत्तरम् । द्रोणं प्रति पाण्डवेषु गतेषु स केकयादीन्हत्वा सैन्यानि नाशयञ्शिबिराजं जघान । युद्ध्यमानो भीमो मुष्टिना कलिङ्गसुतान्हत्वा कौरवसैन्यं नाशयन्युद्धार्थमागतौ दुर्मुखदुष्कर्णौ दुर्योधनभ्रातरौ जघान ... १२१

१५६ पुत्रशोकसंतप्ते क्रुद्धे सोमदत्ते सात्यकिं प्रत्यागत्याधिक्षेपवाक्यमुक्त्वा तद्वधार्थं शपथं चकार। सोमदत्तसाहाय्यार्थं दुर्योधनादिष्वागतेषु सात्यकिसाहाय्यार्थं ससैन्ये धृष्टद्युम्ने चागते उभयोस्तुमुलं युद्धम् । सात्यकिबाणप्रहारेण सोमदत्ते मोहिते तत्सारथिनापवाहिते सात्यकिं प्रत्यायान्तं द्रोणं युधिष्ठिरादय आजग्मुः। द्रोणे बाणान्वर्षति विद्रुतं सैन्यं दृष्ट्वाऽर्जुने आगते पाण्डवैः सार्धं तुमुले युद्धे प्रवृत्ते पञ्चालादय आजग्मुः । सात्यकिं प्रत्यायान्तमश्वत्थामानं प्रत्यागतस्य घटोत्कचस्य युद्धं दृष्ट्वा सकर्णाः कौरवाः प्रदुद्रुवुः । द्रौणिघटोत्कचयोर्युद्धे प्रसक्ते युद्ध्यमानं घटोत्कचपुत्रं द्रौणिर्जघान । पुत्रवधं दृष्ट्वा आगतस्य शोकसन्तप्तस्य घटोत्कचस्याश्वत्थाम्ना सहोक्तिप्रत्युक्ती । द्रौणिं प्रति सक्रोधवाक्यमुक्त्वा तेन सह युद्ध्यमानस्य मायाविनो घटोत्कचस्य युद्धं दृष्ट्वा दुर्योधनो निषसाद । अश्वत्थाम्ना समाश्वासितस्य दुर्योधनस्य प्रेरणया शकुनिः ससैन्यः पाण्डवाञ्जगाम । द्रौणिघटोत्कचयोस्तुमुले युद्धे प्रवृत्ते घटोत्कचप्रेरिते राक्षसैः सह युद्धं कुर्वन्द्रौणिरद्भुतं पराक्रमं प्रकटयति स्म । द्रौणिं प्रति घटोत्कचेन प्रेरिता अशनिं द्रौणिनोत्प्लुत्य गृहीत्वा प्रक्षिप्ता, सैव घटोत्कचरथं नाशयामास । विरथे घटोत्कचे धृष्टद्युम्नरथमारूढे उभयोर्बाणान्वर्षतोर्द्रौणी राक्षसादीन् पातयन् युद्धभूमिं शोभयित्वा शोणितनदीं प्रावर्तयत । भीमादीन्प्रति बाणान् वर्षन्नश्वत्थामा द्रुपदपुत्रान् सुरथादीञ्श्रुताह्वयादीनन्यांश्च जघान । अश्वत्थाम्ना घटोत्कचे पराजिते धृष्टद्युम्नादिषु च विमुखेषु सिद्धादयोऽश्वत्थामानं प्रशशंसुः..१२२

१५७ द्रुपदपुत्रादीनां नाशं दृष्ट्वा युधिष्ठिरादिषु संकुलं युद्धं कुर्वत्सु सात्यक्यादीनां बाणैः सोमदत्तो मोहितोऽभूत । सोमदत्तं मोहितं दृष्ट्वाऽऽगतेन बाल्हीकेन सह युद्धं कुर्वन्भीमस्तं जघान । नागदत्तप्रभृतिभिर्दशभिर्दुर्योधनभ्रातृभिर्युध्यमानो भीमस्ताञ्जघान । सैन्यानि नाशयतो युधिष्ठिरस्य द्रोणेन सह युद्धे प्रवृत्ते सैनिकास्तत्प्रशशंसुः । युधिष्ठिरं विमुच्य

द्रोणपर्वविषयानुक्रमणिका।

पञ्चालान् गच्छन्तं द्रोणं प्रत्याग-
तयोर्भीमार्जुनयोर्बाणैर्व्यथिता कौ
रवसेना व्यशीर्यत ... १२५

१५८ दुर्योधनेन युद्धकरणार्थं प्रार्थितः
कर्णस्तमाभ्यासयति स्म । कर्ण-
वाक्यं श्रुत्वा तन्निर्भर्त्सनां कुर्व-
न्तं कृपं प्रति कर्णः स्वप्रागल्भ्यं
प्रकाशयन्नुवाच । पुनः स्वाक्षेप-
पूर्वकं पाण्डवान्प्रशंसन्तं कृपं कौ-
रवप्रशंसापूर्वकमधिचिक्षेप कर्णः
... ... १२६

१५९ कृपाधिक्षेपेण क्रुद्धं कर्णाधिक्षेपं
कुर्वन्तमश्वत्थामानं दुर्योधनो नि-
वारयति स्म । कर्णाश्वत्थाम्नो-
रुक्तिप्रत्युक्त्यनन्तरं दुर्योधनेन
प्रार्थितोऽश्वत्थामा प्रससाद । यु-
द्धार्थमागतस्य कर्णस्य पाण्डवैः
सह युध्यमानस्य पराक्रमं दृष्ट्वा
तुष्टो दुर्योधनोऽश्वत्थामानं प्रति
कर्णं प्रशंसन्नुवाच । कर्णरक्षणार्थ-
मश्वत्थामप्रभृतिष्वागतेषु सत्सु

पञ्चालैः सहार्जुने चागत उभयो-
स्तुमुलं युद्धम् । अर्जुनेन धनुरादि
छित्वा विरथीकृते कर्णे कृपरथ-
मारूढे सैन्ये च पलायमाने तदा-
श्वासनं कृत्वाऽऽत्मश्लाघापूर्वकं
युद्धार्थं गच्छन्तं दुर्योधनं कृपप्रे-
रितोऽश्वत्थामा निवारयति स्म ।
दुर्योधनोऽश्वत्थामानं प्रति सखे-
दवाक्यमुक्त्वा पाण्डवसेनाना-
शार्थं प्रेरयंस्तं प्रशंस ... १२७

१६० पाण्डवसेनां नाशयितुं यत्नं
कुर्वतोऽश्वत्थाम्नो दुर्योधनमधि-
क्षिप्य केकयपञ्चालादिभिः सह
युद्धकरणं प्रतिज्ञातवतस्तैः सह
तुमुलं युद्धम् । द्रवतः पञ्चाला-
दीन्दृष्ट्वा आगतस्य धृष्टद्युम्नस्या-
श्वत्थाम्ना सह सक्रोधोक्तिप्रत्यु-
क्त्यनन्तरं तुमुलं युद्धम् । उभयो-
र्युद्धदर्शने हृष्टेषु सैन्येष्वश्वत्थामा
धृष्टद्युम्नस्य ध्वजादिकं छित्वा
ननाद १२९

१६१ अश्वत्थामानं प्रत्यागतानां
युधिष्ठिरादीनां दुर्योधनादिभिः
सह युद्धे प्रवृत्ते भीमार्जुनाभ्यां
स्वष्टादिषु हतेषु द्रोणे च पञ्चा-
लान् प्रति भीमार्जुनभयेन कौरव-
सैन्यं पलायति स्म ... १३०

१६२ सोमदत्तेन सह तुमुलं युध्यमानः
सात्यकिर्बाणेन तं जघान, तं
दृष्ट्वा कौरवयोधा आजग्मुः ।
द्रोणयुधिष्ठिरयोस्तुमुले युद्धे प्र-
सक्ते युधिष्ठिरः श्रीकृष्णवाक्या-
त्स्थानान्तरं जगाम ... १३०

१६३ रात्रियुद्धवृत्तान्तं कथयन्तं सञ्जयं
प्रति 'कथं प्रकाशस्तेषां वा' इत्या-
दिके धृतराष्ट्रप्रश्ने स कौरवव्यूह-
रचनाकथनपूर्वकं दीपादीनां व्य-
वस्थामाह १३१

१६४ सर्वत्र दीपप्रकाशे सति परस्पर-
वधेच्छया आगतेषु योधेषु दीपा-
दिभिः शोभितायां युद्धभूमा-
वर्जुनः कौरवसैन्यं व्यधमत् ।

'तस्मिन्प्रविष्टे' इत्यादिके धृत-
राष्ट्रप्रश्ने सञ्जयस्योत्तरम् । दुर्यो-
धनेन द्रोणरक्षणार्थं भ्रातृप्रभृतिषु
प्रेरितेषूभयोस्तुमुलं युद्धम्... १३२

१६५ द्रोणसमीपगमनार्थं युधिष्ठिरेण
सैन्ये प्रेरिते योधानां परस्परं द्वन्द्व-
शो युद्धे प्रवृत्ते कृतवर्मशरैः पीडि-
तस्य युधिष्ठिरस्य रणादपया-
नम् १३३

१६६ भूरिसात्यक्योस्तुमुलं युध्यमा-
नयोः सात्यकिः शक्त्या भूरिं
जघान, तं हतं दृष्ट्वा आगच्छतोऽ-
श्वत्थाम्नो घटोत्कचेन युद्धे प्रसक्ते
तच्छराहतोऽश्वत्थामा मुमोह ।
पुनर्लब्धसंज्ञस्य द्रोणेः शराघातेन
विमूढे घटोत्कचे सारथिनाप-
वाहिते भीमदुर्योधनयोस्तुमुले
युद्धे प्रसक्ते भीमगदया चूर्णित-
रथो दुर्योधनो नन्दकरथमारु-
रोह १३३

१६७ सहदेवकर्णयोस्तुमुले युद्धे प्रवृत्ते

कर्णेन पराजितस्तद्भ्राकशल्यपीडि-
तः सहदेवो जनमेजयरथमारुरोह।
विराटशल्ययोस्तुमुले युद्धे प्रवृत्ते
शल्येन विरथीकृतं दृष्ट्वा आगतं
शतानीकं तद्भ्रातरं शल्यो जघा-
न। शतानीकरथमारुह्य युद्ध्य-
माने विराटे शल्यबाणपीडिते
युद्धादपयाते कृष्णार्जुनौ शल्य-
समीपमाजग्मतुः । अलम्बुषार्जुन-
योर्युद्धे प्रसक्तेऽर्जुनोऽलम्बुषं वि-
जित्य द्रोणान्तिकं जगाम...१३५
१६८ शतानीकचित्रसेनयोर्युद्धे प्रवृत्ते
विरथश्चित्रसेनो हार्दिक्यरथ-
मारुरोह । द्रुपदवृषसेनयोर्युद्धे
प्रवृत्ते वृषसेनबाणप्रहारेण मो-
हिते द्रुपदे तत्सारथिनाऽपवा-
हिते पाण्डवसैन्यं निर्जित्य वृष-
सेनो युधिष्ठिरं जगाम । प्रति-
विन्ध्यदुःशासनयोर्युद्ध्यमानयो-
र्दुःशासनेन विरथीकृतं प्रतिवि-
न्ध्यं दृष्ट्वा तद्भ्रातर आजग्मुः १३५
१६९ नकुलसौबलयोर्युद्ध्यमानयोर्न-
कुलबाणपीडिते सौबलेऽपयाते
नकुलो द्रोणसमीपमाजगाम।
शिखण्डिकृपयोस्तद्रक्षणार्थमाग-
तयोरुभयसैन्ययोश्च तुमुलं यु-
द्धम् १३६
१७० धृष्टद्युम्नद्रोणयोर्युद्धे प्रवृत्ते द्रो-
णरक्षणार्थमागतैः कर्णादिभि-
र्धृष्टद्युम्नस्य युद्धम् । द्रुमसेनेन
युद्ध्यमानो धृष्टद्युम्नस्तं हत्वा क-
र्णादिभिर्युयुधे, तदा तं प्रति सा-
त्यकिराजगाम। सात्यकिना सह
तुमुलं युद्धं कुर्वतो गाण्डीवध्वनिं
श्रुतवतः कर्णस्य वाक्याद्दुर्योधनेन
प्रेरितः शकुनिः ससैन्योऽर्जुनं
प्रति जगाम। शकुनौ प्रयाते कर्णा-
दयो बाणान्वर्षन्तः सात्यकि-
मावव्रुः १३७
१७१ कर्णादिभिर्युद्ध्यमानः सात्यकि-
र्यावत्कौरवबलं नाशयति ताव-
दागतो दुर्योधनो युद्धं कुर्वंस्तेन
विरथीकृतः कृतवर्मरथमारुरोह।
शकुनिधनञ्जययोर्युद्ध्यमानयोः स्व-
बाणच्छिन्नसैन्यभुजादिभिर्भूमि-
माच्छादयता धनञ्जयेन वि-
रथीकृते शकुनावुलूकरथमारूढे
सैन्यं सर्वा दिशः प्रदुद्राव। धृष्ट-
द्युम्नद्रोणयोर्युद्धे प्रवृत्ते धृष्टद्यु-
म्नो द्रोणं निवार्य तत्सेनां व्यध-
मत, तदा पाण्डवसैन्यानि शङ्खा-
न्दध्मुः १३८
१७२ स्वबलं विद्रुतं दृष्ट्वा क्रुद्धेन दुर्यो-
धनेन प्रेरितौ द्रोणकर्णौ पाण्ड-
वान्प्रत्याजग्मतुः, द्रोणादिषु सा-
त्यकिं प्रति बाणान्वर्षत्सु द्रोणं
प्रत्यागतेषु पञ्चालादिषु तेन भ-
ग्नेषु दीनमनाः श्रीकृष्णोऽर्जुनं
प्रति वदति स्म । पलायमानां
स्वसेनां यावत्कृष्णार्जुनावाश्वा-
सयतस्तावदागच्छन्तं भीमं दृष्ट्वा
उभावपि द्रोणकर्णौ न जग्मतु-
स्तदाऽऽश्वस्ता युधिष्ठिरादयोऽप्या
जग्मुः। ततः पुनरुभयोः सेनयोः
संकुलं युद्धम् १३९
१७३ धृष्टद्युम्नकर्णयोस्तुमुले युद्धे प्र-
वृत्ते कर्णेन पराजितं धृष्टद्युम्नं दृष्ट्वा
आगताः पञ्चालादयो द्रोणकर्णा-
भ्यां पीडिताः प्रदुद्रुवुः। स्वसैन्यं
विद्रुतं दृष्टवतो युधिष्ठिरस्य
'पश्य कर्णं महेष्वासम्' इत्यादि
वाक्यं श्रुत्वाऽर्जुनः श्रीकृष्णं प्रति
'भीतः कुन्तीसुतो राजा'
इत्याद्युवाच। कर्णं प्रति घटो-
त्कचप्रेषणार्थं श्रीकृष्णेन प्रेरितोऽ
र्जुनस्तमाजुहाव । कर्णं प्रति ग-
मनार्थं कृष्णार्जुनाभ्यां प्रेरितो
घटोत्कच उभावाश्वास्य कर्णं
प्रति जगाम १४०
१७४ कर्णसमीपे राक्षसं दृष्ट्वा दुर्यो-
धनो यावद्दुःशासनं प्रेरयति ता-
वत्पाण्डवान्हन्तुं प्रार्थयमानो जा-
टासुरिरलम्बुषो दुर्योधनवाक्या-

द्रोणपर्वविषयानुक्रमणिका। २१

द्धटोत्कचं जगाम। कर्णालम्बुषाभ्यां युद्धं कुर्वन्घटोत्कचोऽलम्बुषं हत्वा दुर्योधनं प्रति 'एष ते निहतो बन्धुः' इत्याद्युक्त्वा कर्णं जगाम १४१

१७५ कर्णघटोत्कचयोर्युद्धं शुश्रूषोर्धृतराष्ट्रस्य प्रश्ने सञ्जयो घटोत्कचरूपादि वर्णयन् कर्णं प्रति तस्य गमनमाह। आगतेन घटोत्कचेन सह तुमुलं युद्धं कुर्वन्कर्णस्तस्य प्रगल्भवाक्यानि श्रुत्वा पुनर्युद्ध्यमानस्तत्सेनां नाशयन् दुर्निरीक्ष्यः शुशुभे। मायानिर्मितं रथमारुह्यागते घटोत्कचे नानारूपाणि धृत्वा तुमुलं युद्धं कुर्वति कर्णः स्वास्त्रेण तस्य मायां नाशयति स्म, स च पुनरन्तर्दधे १४२

१७६ एतदन्तरे अलायुध आगत्य 'विदितं ते महाराज' इत्याद्युक्त्वा दुर्योधनेनानुमोदितो भीमेन सह युद्धार्थं गच्छति स्म, तदा घटोत्कचसदृशः स बभौ ... १४४

१७७ राक्षसं दृष्ट्वा हृष्टेषु कौरवेषु कर्णघटोत्कचयोर्युद्ध्यमानयोरार्तं कर्णं दृष्ट्वा दुर्योधनेन प्रेरितोऽलायुधो घटोत्कचं जगाम। अलायुधघटोत्कचयोस्तुमुले युद्धे प्रवृत्ते घटोत्कचसाहाय्यार्थमागतस्य भीमस्यालायुधेन सह तुमुलं युद्धम्। उभयोर्घोरं युद्धं दृष्टवता श्रीकृष्णेन प्रेरितोऽर्जुनो यथायथं सैनिकान्योजयति स्म पुनरलायुधभीमौ तुमुलं युयुधाते १४४

१७८ अलायुधग्रस्तं भीमं दृष्टवता श्रीकृष्णेन प्रेरितो घटोत्कचोऽलायुधेन युयुधे। अलायुधसैन्येन सह सात्यक्यादिषु युद्ध्यमानेषु तेन सह तुमुलं युद्धं कुर्वन्घटोत्कचोऽलायुधं हत्वा तच्छिरो दुर्योधनसमीपे चिक्षेप। अलायुधं हतं दृष्ट्वा पञ्चालादिषु सिंहवन्नदत्सु दुर्योधन उद्विविजे ... १४५

१७९ पञ्चालादिभिर्युद्धं कुर्वता कर्णेन स्वबलं भग्नं दृष्ट्वा आगतो 'घटोत्कचस्तेन सह तुमुलं युद्धं कृत्वाऽन्तर्दधे। ततो मदीयैः किं कृतमिति धृतराष्ट्रप्रश्ने सञ्जयो 'घटोत्कचनाशार्थं कौरवा मन्त्रयामासुः' इत्याह। घटोत्कचस्य मायायुद्धं दृष्ट्वा दुर्योधनादिषु भीतेषु सैन्ये च भग्ने सत्यपि कर्णो धैर्येणामोहितस्तस्थौ।'घटोत्कचं हन्तुं शक्तिं प्रेरय' इत्यतिनिर्बन्धपूर्वकं कौरवैः प्रेरितः कर्णस्तं प्रतीन्द्रदत्तां शक्तिं चिक्षेप। शक्त्या हतो घटोत्कचः पतन्स्वदेहेन कौरवाणामेकामक्षौहिणीं सेनां नाशयति स्म। १४६

---

१८० घटोत्कचे हते पाण्डवेषु शोचत्सु हृष्टं श्रीकृष्णमालोक्यार्जुनस्तं प्रति 'अतिहर्षोऽयमस्थाने तवाद्य मधुसूदन' इत्याद्युवाच। श्रीकृष्णो हर्षकारणं कथयञ्शक्तिसहितस्य कर्णस्याजेयत्वं तत्पराक्रमं च कथयित्वा तद्वधोपायादिकमाचख्यौ १४७

१८१ जरासन्धादयः कथं हता इत्याद्यर्जुनप्रश्ने श्रीकृष्णो 'युष्माकं जयोपकाराय' इत्याद्युक्त्वा जरासन्धादिपराक्रममाख्यातवान् १४८

१८२ 'कर्णोऽर्जुनं परित्यज्य घटोत्कचे कथं शक्तिं मुमोच' इति धृतराष्ट्रप्रश्ने सञ्जयस्योत्तरम्। प्रतिदिनं रात्रावस्माभिरर्जुने शक्तिप्रक्षेपार्थं प्रेरितः कर्णस्तत्क्षेपं निश्चित्य प्रातर्युद्धार्थं गतः संस्तद्विस्मरणमवाप। 'सति प्रत्यये कर्णेनार्जुनं प्रति शक्तिः कथं न मुक्ता' इति सात्यकिना

पृष्टः श्रीकृष्णो दुःशासनादिभिः प्रेरितोऽपि कर्णो मया मोहितत्वान्न चिक्षेप इत्याद्याह ... १४९

१८३ 'कृष्णेऽर्जुने वा शक्तिः कथं न त्यक्ता' इति पुनर्धृतराष्ट्रप्रश्ने सञ्जयः शक्तित्यागविषये सर्वेषां विस्मृतिरित्याद्याह। अनुतप्तस्य धृतराष्ट्रस्य युद्धशुश्रूषया पुनः प्रश्ने सञ्जयस्योत्तरकथनम्। कर्णपराक्रमभयात्कौरवसैन्यनिवारणार्थं भीममादिश्य दुःखितं युधिष्ठिरं श्रीकृष्ण आश्वासयामास। कृष्णेनाश्वासितोऽपि घटोत्कचवधेनाभिमन्युवधस्मरणेन चानुतप्यमानो युधिष्ठिरो द्रोणकर्णयोर्वधविषये तं प्रत्युक्त्वा कर्णं हन्तुं स्वयं निर्जगाम। कर्णेन सह योद्धुं गच्छन्तं युधिष्ठिरं दृष्ट्वा श्रीकृष्णेन प्रेरितेऽर्जुने तमनुधावति व्यास आगत्य युधिष्ठिरमाश्वासयति स्म १४९

(७) द्रोणवधपर्व

१८४ व्यासोपदेशात्कर्णवधान्निवृत्तस्य द्रोणवधार्थं धृष्टद्युम्नमादिशतो युधिष्ठिरस्य प्रेरणया द्रोणवधार्थं निर्गतेषु पाण्डवसैन्येषूभयसेनयोस्तुमुलं युद्धम्। रात्रियुद्धेन श्रान्ता निद्राव्याकुलाः सैनिका अर्जुनेन दत्तानुज्ञाः शयनं कुर्वन्तस्तमाशिषाऽभ्यनन्दन्। सर्वेषां निद्रास्थानवर्णनपूर्वकं चन्द्रोदयं वर्णयति स्म सञ्जयः ... १५१

१८५ अधिक्षिपन्तं दुर्योधनं प्रति क्रुद्धो द्रोणोऽर्जुनं प्रशंसन्नुवाच। अर्जुनप्रशंसया क्रुद्धं विकत्थनवाक्यानि वदन्तं दुर्योधनं प्रत्युपहासपूर्वकं भर्त्सनरूपं द्रोणवाक्यम् ... १५२

१८६ रात्रिविशेषेऽरुणोदयसमये सर्वेषां जयाद्यनन्तरं द्वैधीभूतं सैन्यमालोक्य द्रोणकर्णयोरपसव्यकरणार्थं कृष्णेन प्रेरितो भीमेन च तथैवानुमोदितोऽर्जुनस्तावतिचक्राम। दुर्योधनादिभिरर्जुनस्य युद्धे प्रवृत्ते द्रोणदर्शनेन त्रस्ते पाण्डवसैन्ये आगतयोर्विराटद्रुपदयोर्द्रोणेन सह युद्धम्। द्रोणं दृष्ट्वा तद्वधार्थं धृष्टद्युम्नेन शपथे कृते भीमेन सक्रोधमुक्तः स तेन सह द्रोणेन युद्धं कर्तुं जगाम १५२

पञ्चदशदिवसयुद्धम्।

१८७ सूर्योदये युद्धप्रवृत्तौ दुर्योधनकर्णद्रोणदुःशासनादिषु चतुर्षु चतुर्भिः पाण्डवैर्युद्ध्यमानेषु नकुलदुर्योधनयोर्युद्धम् ... १५३

१८८ सहदेवदुःशासनयोर्भीमकर्णयोश्च युद्धम्। द्रोणार्जुनयोर्युद्ध्यमानयोस्तद्दर्शनार्थं देवेष्वागतेषु सिद्धादिषु च विस्मितेषूभयोरुभौ प्रति ब्रह्मास्त्रप्रक्षेपः ... १५४

१८९ दुःशासनधृष्टद्युम्नयोर्युद्ध्यमानयोर्दुःशासनं पराजित्य द्रोणं प्रति गच्छन्तं धृष्टद्युम्नं प्रति युद्धार्थमागतस्य कृतवर्मणस्तेन तत्सहोदराभ्यां च सह छलादिरहितं तुमुलं युद्धम्। युद्धार्थं सङ्गतयोर्दुर्योधनसात्यक्योः संवदतोः प्रियवाक्यानि वदन्तं दुर्योधनं प्रति 'एवं वृत्तं सदा क्षात्रम्' इत्याद्युवाच सात्यकिः। दुर्योधनसात्यक्योस्तुमुले युद्धे प्रवृत्ते दुर्योधनसाहाय्यार्थमागतेन कर्णेन सह भीमस्य युद्धम्। युधिष्ठिरप्रेरिताः सैनिका द्रोणं प्रत्यागत्य युयुधिरे १५५

१९० पञ्चालैः सह द्रोणस्य युद्धे प्रवृत्ते द्रोणबाणपीडितांस्तान् दृष्ट्वा श्रीकृष्णोऽर्जुनं प्रति 'नैष युद्धेन संग्राम' इत्याद्युवाच। श्रीकृष्णवाक्यं श्रुत्वा भीमो मालवेन्द्रगजमश्वत्थामनामानं हत्वा द्रोणस्याग्रे 'अश्वत्थामा हतः' इत्याह। भीमवाक्येन क्रुद्धं युद्ध्यमान

द्रोणं प्रति विश्वामित्रादय आग-
त्य 'अधर्मतः कृतं युद्धम्' इ-
त्याद्यूचुः । ऋषिवाक्यं भीमवा-
क्यं च श्रुत्वा सत्यवादिन्यावि-
श्वासात्स्वपुत्रं हत वाऽहत वेति
युधिष्ठिरं प्रति पप्रच्छ । श्रीकृष्ण-
वाक्याद्भीमवाक्याच्च युधिष्ठिरे-
णोक्तमश्वत्थामा हत इति व्यक्तं
गज इत्यव्यक्तं च वाक्यं श्रुत्वा
द्रोणो विषण्णोऽभूत ... १५६

१९१ विषण्णेन द्रोणेन सह धृष्टद्युम्न-
स्य तुमुले युद्धे प्रसक्ते धृष्टद्युम्नह-
नार्थं द्रोणेन प्रेषितं बाणं सात्यकि-
श्छित्वा धृष्टद्युम्नं मोचयति
स्म ... १५७

१९२. आगतैर्दुर्योधनादिभिः सात्यकि-
युद्धे प्रसक्ते युधिष्ठिरः 'स्वसेनां
प्रति अभिद्रवत संयत्ताः' इत्याद्यु-
वाच । युद्धार्थं प्रवृत्ते द्रोणे भू-
कम्पादिषु दुर्निमित्तेषु जातेषु
भीमप्रोत्साहितेन धृष्टद्युम्नेन सह

युध्यमानं द्रोणं प्रति भीमो 'यदि
नाम न युध्येरन्' इत्याद्युवाच ।
भीमवाक्यं श्रुत्वा कर्णादीनाह्-
वयास्त्राणि त्यक्त्वा रथोपस्थ उप-
विश्य सर्वभूतेभ्योऽभयं दत्वा
योगधारणां चकार द्रोणः । यो-
गधारणया ब्रह्मलोकं गतस्य
द्रोणस्य धृष्टद्युम्नेन शिरसि छिन्ने
कौरवेषु पलायमानेषु पाण्डवेषु
च सिंहवन्नदत्सु भीमस्तं प्रश-
शंस ... १५८

(८) नारायणास्त्रमोक्षपर्व

१९३ द्रोणे हते पलायमानेषु शकुनि-
कर्णादिषु बलं भग्नं दृष्ट्वाश्वत्था-
मा तद्विषये दुर्योधनं पप्रच्छ ।
पितृवधकथनार्थं दुर्योधनेन प्रे-
रितः कृपोऽश्वत्थामानं प्रति द्रो-
णवधवृत्तान्तं कथयति स्म, स
च चुक्रोध तच्छ्रुत्वा ... १५९

१९४ द्रोणं प्रशंसन्धृतराष्ट्रो धृष्टद्युम्ने-

नाधर्महतं पितरं श्रुत्वाश्वत्थामा
किमब्रवीदिति पप्रच्छ सञ्जयं
प्रति ... १६०

१९५ शोचन्निपतृवधेनाश्वत्थामा यु-
धिष्ठिरविषये दुर्योधनसमीपे
शपथं कृत्वाऽस्मान् श्लाघयन्नारा-
यणास्त्रप्राप्तिवृत्तान्तं कथयित्वा
तत्प्रयुयोज ... १६१

१९६ अश्वत्थाम्ना नारायणास्त्रे प्रमुक्ते
दुर्निमित्तान्यभूवन् । धृष्टद्युम्नं
रक्षितुं पाण्डवाः किं मन्त्रयामा-
सुरित्यादिके धृतराष्ट्रप्रश्ने सञ्जय-
स्योत्तरम् । कुरुसेनारवश्रवण-
भातेन युधिष्ठिरेण पलायितसे-
नाप्रतिनिवर्तकप्रश्ने अर्जुनेन त-
त्कथनपूर्वकं द्रोणवधोपेक्षणाद-
र्त्मोपालम्भः ... १६२

१९७ साधिक्षेपमश्वत्थामतो युधिष्ठिरं
भीषयन्तं पार्थं प्रति भीमेन साम-
षर्मात्मबलवर्णनादिपूर्वकं खेना-

श्वत्थामादिविजयप्रतिज्ञानम् ।
धृष्टद्युम्नेनाप्यर्जुनं प्रति सक्रोधं
क्षात्रधर्मादिकथनपूर्वकं खकृत-
द्रोणवधस्य धार्मिकत्वकथनम्
... ३२२

१९८ क्षत्रधर्मानिन्दापूर्वकं धृतराष्ट्रे पृ-
च्छति सञ्जय आह । धृष्टद्युम्नवा-
क्यं श्रुत्वा सर्वेषु तूष्णीं भूतेष्व-
र्जुने च क्रुद्धे धृष्टद्युम्नं निनिन्द
सात्यकिः । सात्यकिमाक्षिप्य
कौरवनिन्दावाक्यं वदति धृष्ट-
द्युम्ने स गदामादाय तं गच्छति
स्म । श्रीकृष्णप्रेरितेन भीमेन
निवारितं सात्यकिं प्रति सह-
देवः सविनयमुवाच । सात्यकिं
क्षमापयन्तं भीमं प्रति सोपहासं
वाक्यं वदति धृष्टद्युम्ने कृष्णयुधि-
ष्ठिरावुभावपि निवारयतुः १६४

१९९ सैन्यनाशपूर्वकं दुर्योधनसमीपे
पुनः प्रतिज्ञां कुर्वत्यश्वत्थाम्नि कुरु-
पाण्डवसेनयोः समागमं कथय-

ऽसञ्जयो नारायणास्त्रप्रभावं कथ-
यति स्म । द्रोणमारणरुष्टेनाश्व-
त्थाम्ना वैरिसेनायां नारायणास्त्र-
प्रयोगः । अस्त्रतेजसा पीड्यमा-
नानां कृष्णवचनाद्यानावरोहण-
शस्त्रन्यासादिनाऽऽत्मरक्षणम् ।
भीमे एकस्मिन्नेव शस्त्रधारणपू-
र्वकं प्रतियुद्ध्यमाने सति तन्म-
स्तकेऽस्त्रस्य प्रज्वलनम् ... १६५
२०० नारायणास्त्रेणावेष्टितं दृष्ट्वा
कृष्णार्जुनाभ्यां हस्ततः शस्त्रापक-
र्षणपूर्वकं रथादपकृष्टे तस्मिन्नस्त्र-
स्य प्रशमनम् । सञ्जयेन दुर्यो-
धनाश्वत्थाम्नोरुक्तिप्रत्युक्तिकथना-
नन्तरं 'तस्मिन्नस्त्रे प्रतिहते
द्रौणिः किमकरोत्?' इति धृत-
राष्ट्रप्रश्ने सञ्जयस्योत्तरम् । धृष्ट-
द्युम्नाश्वत्थाम्नोर्युद्ध्यमानयोर्धृष्टद्यु-
म्नं पीडितं दृष्ट्वाऽऽगतः सात्य-
किः कृपादिभिर्युद्धं कुर्वन्नश्वत्था-
मसहितान्सर्वान्विरथांश्चकार ।

रथान्तरमारुह्यागतेनाश्वत्थाम्ना
सर्वपञ्चालवधं प्रतिज्ञाय बाणेन
विद्धः सात्यकिर्मुमोह, तं च रणा-
दपोवाह सारथिः । द्रौणिबाण-
प्रहारेण मूर्च्छितं धृष्टद्युम्नमालो-
क्यागतैरर्जुनादिभिस्तस्य युद्धम् ।
पौरवादीनां नाशं दृष्ट्वा क्रुद्धस्य
भीमस्याश्वत्थाम्ना युद्धं कुर्वतस्त-
द्बाणप्रहारेण हयेषु प्रद्रुतेषु तद-
पयानं दृष्ट्वा पञ्चालादयोऽपि प्रदु-
द्रुवुः ... १६६
२०१ नारायणास्त्रे विफलीकृते पुनर
श्वत्थाम्नाऽऽग्नेयप्रयोगः । तदपि
पार्थेन व्यर्थीकृते दूयमानेन द्रौ-
णिना शस्त्रन्यासपूर्वकं रणाङ्ग-
णान्निर्गमनम् । निर्गच्छता च
तेन यदृच्छासमागतं व्यासं
प्रति निजास्त्रवैफल्यकारणप्रश्नः ।
व्यासेन कृष्णार्जुनयोर्नरनाराय-
णात्मकथनप्रसङ्गेन शतरुद्रीयक-

थनपूर्वकं तं प्रत्युपदेशः । व्यासवा-
क्यं श्रुत्वा द्रौणिना सेनावहारे
कृते पाण्डवा अपि स्वसैन्यान्यव-
जह्रुः । इति पञ्चदशदिनयुद्धम् १६९
२०२ द्रोणे हते मामकाः पाण्डवाश्च
किमकुर्वन्निति धृतराष्ट्रेण पृष्टः
सञ्जय आह । यदृच्छागतं व्यासं
प्रत्यर्जुनो 'युद्धे योऽयं मदग्रे
शूलहस्तोऽतितेजस्वी पुरुषो ग-
च्छन्दृश्यते स कः' इति पप्रच्छ ।
तदुत्तरं वदन्व्यासो महादेवस्व-
रूपं तत्पारिषदानां नामानि
महादेवस्य स्तोत्रं च कथयित्वा
त्रिपुरजयवृत्तान्तं कथयति स्म ।

पार्वती स्वाङ्के बालं धृत्वा कोऽ-
यमिति देवान्पप्रच्छ, तदाऽसूय-
या तं प्रति वज्रं प्रहरिष्यत इन्द्र-
स्य बाहू स्तंभयामास प्रभुः ।
इन्द्रमोचनार्थं ब्रह्मणा स्तुतो महा-
देवः प्रससाद । पशुपतिप्रभृतीनां
नाम्नां निर्वचनान्यभिधाय महा-
देवस्तवश्रवणादिफलं च कथ-
यित्वा व्यासो जगाम । सञ्जय-
कथितो द्रोणपर्वकथोपसंहार-
स्तच्छ्रवणफलकथनं, भविष्य-
त्पर्वसंसूचनपूर्विका द्रोणपर्वस-
माप्तिश्च १७१

॥ समाप्तेयं द्रोणपर्वविषयानुक्रमणिका ॥

श्रीगणेशायनमः ॥ ॥ प्रणम्यपरमात्मानंप्राचीनाचार्यवर्त्मना ॥ द्रोणपर्वणिसंक्षेपाद्भावदीपोवितन्यते ॥ १ ॥ पूर्वस्मिन्पर्वणिविश्वरूपप्रदर्शनंतद्विदांचाचिरादिमार्गापेक्षाचभीष्मकृतकालप्रती
क्षयादर्शिता । तत्रैव निष्कलंरूपं तमेवशरणंगच्छ तमेवचाद्यंपुरुषंप्रपद्ये उत्तमःपुरुषस्त्वन्यइत्यादिनाउक्तं तदधिगमवतांचनास्तितन्मार्गापेक्षेतिद्रोणनिर्वाणनिदर्शनेनदर्शयिष्यन्द्रोणपर्वसमारभते तमप्र
तिमसत्वौजइत्यादिना । तत्राख्यायिकायोधोत्साहार्था महतामपिमृत्युरस्तीत्यादिनाजगदनित्यत्वप्रदर्शनार्थाच । तत्रसत्वंधैर्यंमहत्यपिदुःखकारणेवैकल्यराहित्यं ओजोमानसंबलं बलंशरीरदार्ढ्यं वीर्यमुत्साहा
दिहेतुः पराक्रमःपराभिभवसामर्थ्यं १ । २ । ३ केतौचिन्हभूते एवंभूतोधनुर्धरोनभवतीत्यन्येषामभिज्ञापके ४ चिताध्येयविषयेमनोवृत्तिप्रवाहः शोकइष्टस्यपुनःपुनर्मनसिनिवेशनम् ५ दुःखंदुःखहेतुम्

श्रीगणेशायनमः ॥ ॥ श्रीवेदव्यासायनमः ॥ ॥ नारायणंनमस्कृत्यनरंचैवनरोत्तमम् ॥ देवींसरस्वतींचैवततोजयमुदीरयेत् ॥ १ ॥ जनमेजयउवाच ॥ तम
प्रतिमसत्वौजोबलवीर्यपराक्रमम् ॥ हतंदेवव्रतंश्रुत्वापांचाल्येनशिखंडिना १ धृतराष्ट्रस्ततोराजाशोकव्याकुललोचनः ॥ किमचेष्टतविप्रर्षेहतेपितरिवीर्यवान् २ तस्य
पुत्रोहिभगवान्भीष्मद्रोणमुखैरथैः ॥ पराजित्यमहेष्वासान्पाण्डवान्राज्यमिच्छति ३ तस्मिन्हतेतुभगवन्केतौसर्वधनुष्मताम् ॥ यदचेष्टतकौरव्यस्तन्मेब्रूहितपोधन
४ ॥ वैशंपायनउवाच ॥ निहतंपितरंश्रुत्वाधृतराष्ट्रोजनाधिपः ॥ लेभेनशान्तिंकौरव्यश्चिन्ताशोकपरायणः ५ तस्यचिन्तयतोदुःखमनिशंपार्थिवस्यतत् ॥ आजगाम
विशुद्धात्मापुनर्गावल्गणिस्तदा ६ शिबिरात्संजयंप्राप्तंनिशिनागाह्वयंपुरम् ॥ आंबिकेयोमहाराजधृतराष्ट्रोऽन्वपृच्छत ७ श्रुत्वाभीष्मस्यनिधनमप्रहृष्टमनाभृशम् ॥
पुत्राणांजयमाकांक्षन्विललापातुरोयथा ८ ॥ धृतराष्ट्रउवाच ॥ संशोच्यतुमहात्मानंभीष्मंभीमपराक्रमम् ॥ किमकार्षुःपरंतातकुरवःकालचोदिताः ९ तस्मिन्विनिहते
शूरेदुराधर्षेमहात्मनि ॥ किंनुस्वित्कुरवोऽकार्षुर्निमग्नाःशोकसागरे १० तदुदीर्णंमहत्सैन्यंत्रैलोक्यस्यापिसंजय ॥ भयमुत्पादयेत्तीव्रंपाण्डवानांमहात्मनाम् ११ कोहि
दौर्योधनेसैन्येपुमानासीन्महारथः ॥ यंप्राप्यसमरेवीरानत्रस्यंतिमहाभये १२ देवव्रतेतुनिहतेकुरूणामृषभेतदा ॥ किमकार्षुर्नृपतयस्तन्ममाचक्ष्वसंजय १३ ॥
॥ संजयउवाच ॥ शृणुराजन्नेकमनावचनंब्रुवतोमम ॥ यत्तेपुत्रास्तदाऽकार्षुर्हतेदेवव्रतेमृधे १४ निहतेतुतदाभीष्मेराजन्सत्यपराक्रमे ॥ तावकाःपाण्डवेयाश्चप्राध्यायंत
पृथक्पृथक् १५ विस्मिताश्चप्रहृष्टाश्चक्षत्रधर्मंनिशम्यते ॥ स्वधर्मंनिंद्यमानास्तेप्रणिपत्यमहात्मने १६ शयनंकल्पयामासुर्भीष्मायामितकर्मणे ॥ सोपधानंनरव्याघ्र
शरैःसन्नतपर्वभिः १७ विधायरक्षांभीष्मायसमाभाष्यपरस्परम् ॥ अनुमान्यचगांगेयंकृत्वाचापिप्रदक्षिणम् १८ क्रोधसंरक्तनयनाःसमवेत्यपरस्परम् ॥ पुनर्युद्धायनि
र्जग्मुःक्षत्रियाःकालचोदिताः १९ ततस्तूर्यनिनादैश्चभेरीणांनिनदेनच ॥ तावकानामनीकानिपरेषांचविनिर्ययुः २० व्यावृत्तेऽर्यम्णिराजेन्द्रपतितेजाह्नवीसुते ॥ अम
र्षवशमापन्नाःकालोपहतचेतसः २१

६ शिबिरात्तद्गतःकुरुक्षेत्रात् । पृच्छेर्द्विकर्मकत्वात्पुत्राणांजयंअन्वपृच्छतेतिसंबंधः ७ । ८ । ९ । १० । ११ । १२ । १३ । १४ प्राध्यायंतपृथक्पृथक् एकेपराजयंप्राप्ताःस्मइति अन्येजयंप्राप्स्यंत
इतिचध्यानंकृतवंतः १५ विस्मितागुरुवधेऽपिदोषाभावात् । प्रहृष्टामहाफलत्वाद्युद्धमरणस्य १६ । १७ । १८ । १९ । २० अर्यम्णिसूर्ये व्यावृत्तेअपराह्णावलंबिनि २१

२२ मोहाज्जयाशारूपात् शांतनवस्यवधाद्विशेषेरेषांबलवत्त्वात् मृत्युसाद्भूतामृत्युवशाः मृत्युनाहूताइत्यपिपाठः २३ । २४ द्यौरिवनिःश्रीका खमिवशून्या २५ विपन्नसस्येवनिःसारा असंस्कृतावाग्यथाकर्तव्ये असमर्था आसुरीवसेनाव्याकुला इवशब्दोवाक्यालंकारे २६ विधवेवनिरलंकारा शुष्कतोयेवनिरुपयोगा वृकैरिवनिरुद्धाआसन्नमरणापृषतीचित्रमृगी २७ । २८ विष्वग्वाताअनेकदिग्वाता २९ । ३० तस्यां

अनादृत्यवचःपथ्यंगाङ्गेयस्यमहात्मनः ॥ निर्ययुर्भरतश्रेष्ठाःशस्त्राण्यादायसत्वराः २२ मोहात्तवसपुत्रस्यवधाच्छांतनवस्यच ॥ कौरव्यामृत्युसाद्भूताःसहिताःसर्वराजभिः २३ अजाऽवयइवागोपावनेश्वापदसंकुले ॥ भृशमुद्विग्नमनसोहीनादेवव्रतेनते २४ पतितेभरतश्रेष्ठेबभूवकुरुवाहिनी ॥ द्यौरिवापेतनक्षत्राहीनंखमिववायुना २५ विपन्नसस्येवमहीवाक्चैवासंस्कृतातथा ॥ आसुरीवयथासेनानिगृहीतेनृपेबलौ २६ विधवेववरारोहाशुष्कतोयेवनिम्नगा ॥ वृकैरिववनेरुद्धापृषतीहतयूथपा २७ शरभाहतसिंहेवमहतीगिरिकंदरा ॥ भारतीभरतश्रेष्ठेपतितेजान्हवीसुते २८ विष्वग्वाताहतारुग्णानौरिवासीन्महार्णवे ॥ बलिभिःपांडवैर्वीरैर्लब्धलक्षैर्भृशार्दिता २९ सातदाऽऽसीद्भृशंसेनाव्याकुलाश्वरथद्विपा ॥ विपन्नभूयिष्ठनराकृपणाध्वस्तमानसा ३० तस्यांत्रस्तानृपतयःसैनिकाश्चपृथग्विधाः ॥ पातालइवमज्जन्तोहीनादेवव्रतेनते ३१ कर्णंहिकुरवोऽस्मार्षुःसहिदेवव्रतोपमः ॥ सर्वशस्त्रभृतांश्रेष्ठंरोचमानमिवातिथिम् ३२ बंधुमापद्गतस्येवतमेवोपागमन्मनः ॥ चुक्रुशुःकर्णकर्णेतितत्रभारतपार्थिवाः ३३ राधेयंहितमस्माकंसूतपुत्रंतनुत्यजम् ॥ सहिनायुध्यततदादशाहानिमहायशाः ३४ सामात्यबंधुःकर्णोवैतमानयतमाचिरम् ॥ भीष्मेणहिमहाबाहुःसर्वक्षत्रस्यपश्यतः ३५ रथेषुगण्यमानेषुबलविक्रमशालिषु ॥ संख्यातोऽर्धरथःकर्णोद्विगुणःसन्नरर्षभः ३६ रथातिरथसंख्यायांयोऽग्रणीःशूरसंमतः ॥ सासुरानपिदेवेशान्रणेयोयोद्धुमुत्सहेत् ३७ सतुतेनैवकोपेनराजन्गांगेयमुक्तवान् ॥ त्वयिजीवतिकौरव्यनाहंयोत्स्येकदाचन ३८ त्वयातुपांडवेयेषुनिहतेषुमहामृधे ॥ दुर्योधनमनुज्ञाप्यवनंयास्यामिकौरव ३९ पांडवैर्वाहतेभीष्मेत्वयिस्वर्गमुपेयुषि ॥ हंताऽस्म्येकरथेनैवकृत्स्नान्यान्मन्यसेरथान् ४० एवमुक्त्वामहाबाहुर्दशाहानिमहायशाः ॥ नायुध्यततःकर्णःपुत्रस्यतवसंमते ४१ भीष्मःसमरविक्रान्तःपांडवेयस्यभारत ॥ जघानसमरेयोधानसंख्येयपराक्रमः ४२ तस्मिंस्तुनिहतेशूरेसत्यसन्धेमहोजसि ॥ त्वत्सुताःकर्णमस्मार्षुस्तर्तुकामाइवप्लवम् ४३ तावकास्तवपुत्राश्चसहिताःसर्वराजभिः ॥ हाकर्णइतिचाक्रन्दन्कालोऽयमितिचाब्रुवन् ४४ एवंतेस्महिराधेयंसूतपुत्रंतनुत्यजम् ॥ चुक्रुशुःसहितायोधास्तत्रतत्रमहाबलाः ४५ जामदग्न्याभ्यनुज्ञातमस्त्रेदुर्वारपौरुषम् ॥ अगमन्नोमनःकर्णंबंधुमात्ययिकेष्विव ४६ सहिशक्तोरणेराजंस्त्रातुमस्मान्महाभयात् ॥ त्रिदशानिवगोविन्दःसततंसुमहाभयात् ४७ ॥ वैशंपायनउवाच ॥ तथातुसंजयंकर्णंकीर्तयन्तंपुनःपुनः ॥ आशीविषवदुच्छ्वस्यधृतराष्ट्रोऽब्रवीदिदम् ४८

सेनायां ३१ रोचमानं विद्यातपोभ्यामितिशेषः ३२ । ३३ । ३४ । ३५ । ३६ । ३७ । ३८ । ३९ । ४० । ४१ । ४२ । ४३ आक्रंदन्नाहूतवंतः कालोयंत्वत्पराक्रमस्येतिशेषः ४४ । ४५ जामदग्न्येनअभ्यनुज्ञातंशिक्षितं नःअस्मत्संबंधिनाम् ४६ । ४७ । ४८

तनुत्यजंदेहव्ययेनाप्यस्मद्धितैषिणं अपश्यतयूयमितिशेषः ४९ ततअस्मदीयानांचिवितै ५० भीष्मेविनिहतेसतितत्वतदायदपाकृतंन्यूनंतत्पूरयांचक्रेअपीत्यन्वयः ५१ खंडंरिक्तं ५२ कृतवान्नवेतिशेषः
५३ ॥ इतिद्रोणपर्वणिटीकायांप्रथमोऽध्यायः ॥ १ ॥ हतमिति। विदित्वाचारमुखात उपयायादित्यपकृष्यते १ श्रुत्वायोधमुखात् अच्युतंअस्खलितव्रतादिं २ । ३ चंद्रमसिलक्ष्मेवयस्मिन्धृत्यादिकं

धृतराष्ट्रउवाच ॥ यत्तद्वैकर्त्तनंकर्णमगमद्योमनस्तदा ॥ अप्यपश्यतराधेयंसूतपुत्रंतनुत्यजम् ४९ अपितन्नमृषाऽकार्षीत्कच्चित्सत्यपराक्रमः ॥ संभ्रांतानांतदार्त्ता
नांत्रस्तानांत्राणमिच्छताम् ५० अपितत्पूरयांचक्रेधनुर्धरवरोयुधि ॥ यत्तद्विनिहतेभीष्मेकौरवाणामपाकृतम् ५१ तत्खण्डंपूरयन्कर्णःपरेषामादधद्भयम् ॥ सहि
वैपुरुषव्याघ्रोलोकेसंजयकथ्यते ५२ आर्त्तानांबांधवानांचक्रन्दतांचविशेषतः ॥ परित्यज्यरणेप्राणांस्तत्त्राणार्थंचशर्मच ॥ कृतवान्ममपुत्राणांजयाशांसफलामपि
५३ ॥ इतिश्रीमहाभारतेद्रोणपर्वणिद्रोणाभिषेकपर्वणिधृतराष्ट्रप्रश्नेप्रथमोऽध्यायः ॥ १ ॥ ॥ संजयउवाच ॥ हतंभीष्ममथाधिरथिर्विदित्वाभिन्नांनावमि
वात्यगाधेकुरूणाम् ॥ सोदर्यवद्व्यसनात्सूतपुत्रःसंतारयिष्यंस्तवपुत्रस्यसेनाम् १ श्रुत्वातुकर्णःपुरुषेन्द्रमच्युतंनिपातितंशांतनवंमहारथम् ॥ अथोपयायात्स
हसाऽरिकर्षणोधनुर्धराणांप्रवरस्तदानृप २ हतेतुभीष्मेरथसत्तमेपरैर्निमज्जतींनावमिवार्णवेकुरून् ॥ पितेवपुत्रांस्त्वरितोऽभ्ययात्ततःसंतारयिष्यंस्तवपुत्रस्यसेनाम्
३ ॥ कर्णउवाच ॥ यस्मिन्धृतिर्बुद्धिपराक्रमौजःसत्यंस्मृतिर्वीरगुणाश्चसर्वे ॥ अस्त्राणिदिव्यान्यथसंनतिर्ह्रीःप्रियाचवागनसूयाचभीष्मे ४ सदाकृतज्ञेद्विज
शत्रुघातकेसनातनंचन्द्रमसीवलक्ष्म ॥ सचेत्प्रशांतःपरवीरहन्तामन्येहतानेवचसर्ववीरान् ५ नेहध्रुवंकिंचनजातुविद्यतेलोकेह्यस्मिन्कर्मणोऽनित्ययोगात् ॥ सूर्यो
दयेकोहिविमुक्तसंशयोभावंकुर्वीतार्यमहाव्रतेहते ६ वसुप्रभावेवसुवीर्यसंभवेगतेवसूनेववसुंधराधिपे ॥ वसूनिपुत्रांश्चवसुंधरांतथाकुरूंश्चशोचध्वमिमांचवाहिनीम्
७ ॥ संजयउवाच ॥ महाप्रभावेवरदेनिपातितेलोकेश्वरेशास्तरिचामितौजसि ॥ पराजितेषुभरतेषुदुर्मनाःकर्णोभृशंन्यश्वसदश्रुवर्त्तयन् ८ इदंचराधेयव
चोनिशम्यसुताश्चराजंस्तवसैनिकाश्चह ॥ परस्परंचुक्रुशुरार्तिजंमुहुस्तदाऽश्रुनेत्रैर्मुमुचुश्चशब्दवत् ९ प्रवर्त्तमानेतुपुनर्महाहवेविगाह्यमानासुचमूषुपार्थिवैः ॥
अथाब्रवीद्धर्षकरंतदावचोरथर्षभान्सर्वमहारथर्षभः १० जगत्यनित्येसततंप्रधावतिप्रचिन्तयन्नस्थिरमद्यलक्षये ॥ भवत्सुतिष्ठत्स्विहपातितोमृधेगिरिप्रकाशःकुरु
पुंगवःकथम् ११ निपातितेशांतनवेमहारथेदिवाकरेभूतलमास्थितेयथा ॥ नपार्थिवाःसोढुमलंधनंजयंगिरिप्रवोढारमिवानिलंद्रुमाः १२ हतप्रधानंत्वि
दमार्त्तरूपंपरैर्हतोत्साहमनाथमद्यवै ॥ मयाकुरूणांपरिपाल्यमाहवेबलंयथातेनमहात्मनातथा १३ समाहितंचात्मनिभारमीदृशंजगत्तथाऽनित्यमिदंचलक्षये ॥
निपातितंचाहवशौण्डमाहवेकथंनुकुर्यामहमीदृशेभयम् १४

सनातनंसार्वकालिकमितिद्वयोरन्वयः ४ । ५ महाव्रतेदृढब्रह्मचर्येहतेसतिश्वःसूर्योदयोभविष्यतीतिकस्यनिश्चयःस्यात मृत्युजयिनोऽपिमृत्युश्चेत्काऽस्माकंजीविताशेत्यर्थः ६ वसुवीर्यसंभवेवसूनामिववीर्यं
यस्यशांतनोस्तस्मात्संभवोजन्मयस्य ७ । ८ इदंयस्मिन्धृतिरित्यादिपूर्वोक्तमवधेयंवचनं ९ । १० प्रधावतिमृत्यवेस्थिरंनकिमपीतिलक्षये ११ । १२ । १३ । १४

प्रवेशयन्प्रापयन् । प्रवेरयन्निति पाठेऽपि सएवार्थः । विभाव्यप्रकाश्य वर्तितास्थाता १५ धृतिमतिसत्यसत्ववान् नित्ययोगेमतुप् १६ तद्बलंअभ्युपेयिवान्कापुरुषोननिवर्तते तत्रदृष्टांतःमृत्युमुखादिति लुप्तोपमेयं असुभृत्प्राणी १७ नाहंकापुरुषइत्याह तपइति १८ एवंमनस्यनुकूलेसति एषांशत्रूणां गत्वैवगमनानंतरं तान्शत्रून् १९ सत्पुरुषाणांयोग्यमार्यकर्मश्रेष्ठकार्यं २० संप्राक्रुष्टेयेनकेनापिरक्षरक्षेत्युक्तेसति

अहंतुतान्कुरुवृषभानजिह्मगैःप्रवेशयन्यमसदनंचरन्रणे ॥ यशःपरंजगतिविभाव्यवर्तितापरैर्हतोभुविशयिताथवापुनः १५ युधिष्ठिरोधृतिमतिसत्यसत्ववान्वृकोदरोग जशततुल्यविक्रमः ॥ तथार्जुनस्त्रिदशवरात्मजोयुवानतद्बलंसुजयमिहामरैरपि १६ यमौरणेयत्रयमोपमौबलेससात्यकिर्यत्रचदेवकीसुतः ॥ नतद्बलंकापुरुषोऽभ्यु पेयिवान्निवर्त्ततेमृत्युमुखान्नचासुभृत् १७ तपोऽभ्युदीर्णंतपसैवबाध्यतेबलंबलेनैवतथामनस्विभिः ॥ मनश्चमेशत्रुनिवारणेध्रुवंस्वरक्षणेचाचलवद्व्यवस्थितम् १८ एवंचैषांबाधमानःप्रभावंगत्वैवाहंतान्जयाम्यद्यसूत ॥ मित्रद्रोहोमर्षणीयोनमेऽयंभग्नेसैन्येयःसमेयात्समित्रम् १९ कर्त्तास्म्येतत्सत्पुरुषार्यकर्मत्यक्त्वाप्राणाननु यास्यामिभीष्मम् ॥ सर्वान्संख्येशत्रुसंघान्हनिष्येहतस्तैर्वावीरलोकंप्रपत्स्ये २० संप्राकुष्टेरुदितस्त्रीकुमारेपराहतेपौरुषेधार्त्तराष्ट्रे ॥ मयाकृत्यमितिजानामिसूत तस्माद्राज्ञस्त्वद्यशत्रून्विजेष्ये २१ कुरून्रक्षन्पांडुपुत्रान्जिघांसंस्त्यक्त्वाप्राणान्घोररूपेरणेऽस्मिन् ॥ सर्वान्संख्येशत्रुसंघान्निहत्यदास्याम्यहंधार्त्तराष्ट्रायराज्यम् २२ निबध्यतांमेकवचंविचित्रंहैमंशुभ्रंमणिरत्नावभासि ॥ शिरस्त्राणंचार्कसमानभासंधनुःशरांश्चाग्निविषाहिकल्पान् २३ उपासंगान्षोडशयोजयंतुधनूंषिदिव्या नितथाहरन्तु ॥ असींश्चशक्तीश्चगदाश्चगुर्वीःशंखंचजांबूनदचित्रनालम् २४ इमांरौक्मींनागकक्ष्यांविचित्रांध्वजंचित्रंदिव्यमिंदीवरांकम् ॥ श्लक्ष्णैर्वस्त्रैर्वि प्रमृज्यानयंतुचित्रांमालांचारुबद्धांसलाजाम् २५ अश्वान्र्याग्र्यान्पांडुराभ्रप्रकाशान्पुष्टान्स्नातान्मंत्रपूताभिरद्भिः ॥ तप्तैर्भांडैःकांचनैरभ्युपेतान्शीघ्रान्शीघ्रंसूत पुत्रानयस्व २६ रथंचाग्र्यंहेममालावनद्धंरत्नैश्चित्रंसूर्यचंद्रप्रकाशैः ॥ द्रव्यैर्युक्तंसंप्रहारोपपन्नैर्वाहैर्युक्तंतूर्णमावर्त्तयस्व २७ चित्राणिचापानिचवेगवंति ज्याश्चोत्तमाःसन्नहनोपपन्नाः ॥ तूणांश्चपूर्णान्महतःशराणामासाद्यगात्रावरणानिचैव २८ प्रायात्रिकंचानयताशुसर्वंदध्नापूर्णंवीरकांस्यंचहैमम् ॥ आनी यमालामवबध्यचांगेप्रवादयंत्वाशुजयायभेरीः २९ प्रयाहिसूताशुयतःकिरीटीवृकोदरोधर्मसुतोयमौच ॥ तान्वाहनिष्यामिसमेत्यसंख्येभीष्मायगच्छामिहतो द्विषद्भिः ३० यस्मिन्राजासत्यधृतिर्युधिष्ठिरःसमास्थितोभीमसेनार्जुनौच ॥ वासुदेवःसात्यकिःसृंजयाश्चमन्येबलंतदजय्यंमहीपैः ३१ तंचेन्मृत्युःसर्वहरोऽ भिरक्षेत्सदाऽप्रमत्तःसमरेकिरीटिनम् ॥ तथापिहंतास्मिसमेत्यसंख्येयास्यामिवाभीष्मपथायमाय ३२ नत्वेवाहंनगमिष्यामितेषांमध्येशूराणांतत्रचाहंब्रवीमि ॥ मित्रद्रुहोदुर्बलभक्तयोयेपापात्मानोनममैतेसहायाः ३३

मयाकृत्यंकार्यंयुद्धमितिशेषः २१ । २२ शुभ्रंमुदीप्तं २३ उपासंगान्शरपूर्णांस्तूणान् २४ नागकक्ष्यांशृंखलां जैत्रंजयख्यापकं इंदीवरांकंकमलचिन्हं २५ तप्तैरारोपितवर्णकैर्भांडैरलंकारैः २६ संप्रहारोपपन्नैर्युद्धोचितैः आवर्तयस्वआनय २७ गात्रावरणानिकवचानि २८ प्रायात्रिकंप्रयाणायुद्धार्थंप्रयाणंतत्रार्हम् २९ भीष्मायकर्मणिचतुर्थी ३० । ३१ यमाययमंद्रष्टुं ३२ । ३३

३४ । ३५ । ३६ । ३७ ॥ इतिद्रोणपर्वणिटीकायांद्वितीयोध्यायः ॥ २ ॥ ॥ ॥ ॥ ॥ शरतल्पेइति १ । २ । ३ ४ । ५ ककुदंश्रेष्ठं ६ । ७ । ८

संजयउवाच ॥ समृद्धिमंतंरथमुत्तमंदृढंसकूबरंहेमपरिष्कृतंशुभम् ॥ पताकिनंवातजवैर्हयोत्तमैर्युक्तंसमास्थायययौजयाय ३४ संपूज्यमानःकुरुभिर्महात्मारथर्षभो
देवगणैर्यथेन्द्रः ॥ ययौतदायोधनमुग्रधन्वायत्रावसानंभरतर्षभस्य ३५ वरूथिनामहतासध्वजेनसुवर्णमुक्तामणिरत्नमालिना ॥ सदश्वयुक्तेनरथेनकर्णोमेघस्वनेना
र्कइवामितौजाः ३६ हुताशनाभःसहुताशनप्रभेशुभःशुभेवैस्वरथेधनुर्धरः ॥ स्थितोरराजाधिरथिर्महारथःस्वयंविमानेसुरराडिवास्थितः ३७ इतिश्रीमहाभारते
द्रोणपर्वणिद्रोणाभिषेकपर्वणिकर्णनिर्याणेद्वितीयोऽध्यायः ॥ २ ॥ ॥ ॥ ॥ संजयउवाच ॥ शरतल्पेमहात्मानंशयानममितौजसम् ॥ महावातस
मूहेनसमुद्रमिवशोषितम् १ दृष्ट्वापितामहंभीष्मंसर्वक्षत्रांतकंगुरुम् ॥ दिव्यैरस्त्रैर्महेष्वासंपातितंसव्यसाचिना २ जयाशातवपुत्राणांसंभग्नाशर्मवर्मच ॥ अपाराणा
मिवद्वीपमगाधेगाधमिच्छताम् ३ स्रोतसायामुनेनेवशरौघेणपरिप्लुतम् ॥ महेन्द्रेणेवमैनाकमसह्यंभुविपातितम् ४ नभश्च्युतमिवादित्यंपतितंधरणीतले ॥ शतक्र
तुमिवाचिन्त्यंपुरावृत्रेणनिर्जितम् ५ मोहनंसर्वसैन्यस्ययुधिभीष्मस्यपातनम् ॥ ककुदंसर्वसैन्यानांलक्ष्मसर्वधनुष्मताम् ६ धनंजयशरैर्व्याप्तंपितरंतेमहाव्रतम् ॥
तंवीरशयनेवीरंशयानंपुरुषर्षभम् ७ भीष्ममाधिरथिर्दृष्ट्वाभरतानांमहाद्युतिः ॥ अवतीर्यरथादार्तोबाष्पव्याकुलिताक्षरम् ८ अभिवाद्यांजलिंबध्वावंदमानो
ऽभ्यभाषत ॥ कर्णोऽहमस्मिभद्रंतेवदमामभिभारत ९ पुण्ययाक्षेम्ययावाचाचक्षुषाचावलोकय ॥ ननूनंसुकृतस्येहफलंकश्चित्समश्नुते १० यत्र
धर्मपरोवृद्धःशेतेभुविभवानिह ॥ कोशसंचयनेमन्त्रेव्यूहेप्रहरणेषुच ११ नाहमन्यंप्रपश्यामिकुरूणांकुरुपुंगव ॥ बुद्ध्याविशुद्धयायुक्तोयःकुरूंस्तारयेद्भयात् १२
योधांस्तुबहुधाहत्वापितृलोकंगमिष्यति ॥ अद्यप्रभृतिसंक्रुद्धाव्याघ्राइवमृगक्षयम् १३ पांडवाभरतश्रेष्ठकरिष्यंतिकुरुक्षयम् ॥ अद्यगांडीवघोषस्यवीर्यज्ञाःसव्यसा
चिनः १४ कुरवःसंत्रसिष्यंतिवज्रपाणेरिवासुराः ॥ अद्यगांडीवमुक्तानामशनीनामिवस्वनः १५ त्रासयिष्यतिबाणानांकुरूनन्यांश्चपार्थिवान् ॥ समिद्धोऽग्निर्यथा
वीरमहाज्वालोद्रुमान्दहेत् १६ धार्तराष्ट्रान्प्रधक्ष्यंतितथाबाणाःकिरीटिनः ॥ येनयेनप्रसरतोवाय्वग्नीसहितौवने १७ तेनतेनप्रदहतोभूरिगुल्मतृणद्रुमान् ॥ यादृ
शोग्निःसमुद्भूतस्तादृक्पार्थोनसंशयः १८ यथावायुर्नरव्याघ्रतथाकृष्णोनसंशयः ॥ नदतःपांचजन्यस्यरसतोगांडिवस्यच १९ श्रुत्वासर्वाणिसैन्यानित्रासंयास्यंति
भारत ॥ कपिध्वजस्योत्पततोरथस्यामित्रकर्षिणः २० शब्दंसोढुंनशक्ष्यन्तित्वामृतेवीरपार्थिवाः ॥ कोह्यर्जुनंयोधयितुंत्वदन्यःपार्थिवोर्हति २१ यस्यदिव्यानिक
र्माणिप्रवदंतिमनीषिणः ॥ अमानुषैश्चसंग्रामस्त्र्यंबकेणमहात्मना २२ तस्माच्चैववरंप्राप्तोदुष्प्रापमकृतात्मभिः ॥ कोऽन्यःशक्तोरणेजेतुंपूर्वंयोनजितस्त्वया २३ जि
तोयेनरणेरामोभवतावीर्यशालिना ॥ क्षत्रियान्तकरोघोरोदेवदानवदर्पहा २४

९ । १० । ११ । १२ । १३ । १४ । १५ । १६ । १७ । १८ रसतःशब्दंकुर्वतः १९ । २० । २१ अमानुषैर्निवातकवचादिभिः २२ । २३ । २४

२५ ॥ इतिद्रोणपर्वणिटीकायांतृतीयोऽध्यायः ॥ ३ ॥ ॥ ॥ तस्येति १ । २ । । ३ । ४ । ५ । ६ । ७ । ८ । ९ । १० । ११ । १२ । १३ । १४ । १५ । १६ । १७ । १८

तमद्याहंपांडवंयुद्धशौण्डममृष्यमाणोभावताचानुशिष्टः ॥ आशीविषंदृष्टिहरंसुघोरंशूरःशक्ष्याम्यस्त्रबलान्निहंतुम् २५ ॥ इतिश्रीमहाभारतेद्रोणपर्वणि द्रोणाभिषेकपर्वणि कर्णवाक्येतृतीयोऽध्यायः ॥ ३ ॥ संजयउवाच ॥ तस्यलालप्यमानस्यकुरुवृद्धःपितामहः ॥ देशकालोचितंवाक्यमब्रवीत्प्रीतमानसः १ समुद्रइवसिन्धूनांज्योतिषामिवभास्करः ॥ सत्यस्यचयथासन्तोबीजानामिवचोर्वरा २ पर्जन्यइवभूतानांप्रतिष्ठासुहृदांभव ॥ बान्धवास्त्वानुजीवन्तुसहस्राक्षमिवामराः ३ मानहाभवशत्रूणां मित्राणांनंदिवर्धनः ॥ कौरवाणांभवगतिर्यथाविष्णुर्दिवौकसाम् ४ स्वबाहुबलवीर्येणधार्त्तराष्ट्रजयैषिणा ॥ कर्णराजपुरंगत्वाकाम्बोजानिर्जितास्त्वया ५ गिरिव्रजगताश्चापिनग्नजित्प्रमुखान्नृपाः ॥ अंबष्ठाश्चविदेहाश्चगांधाराश्चजितास्त्वया ६ हिमवद्दुर्गनिलयाःकिरातारणकर्कशाः ॥ दुर्योधनस्यवशगास्त्वयाकर्णपुराकृताः ७ उत्कलामेकलाःपौण्ड्राःकलिंगांध्राश्चसंयुगे ॥ निषादाश्चत्रिगर्ताश्चबाह्लीकाश्चजितास्त्वया ८ तत्रतत्रचसंग्रामेदुर्योधनहितैषिणा ॥ बहवश्चजिताःकर्णत्वयावीरामहौजसा ९ यथादुर्योधनस्तातसज्ञातिकुलबांधवः ॥ तथात्वमपिसर्वेषांकौरवाणांगतिर्भव १० शिवेनाभिवदामित्वांगच्छयुद्ध्यस्वशत्रुभिः ॥ अनुशाधिकुरून्संख्येधत्स्वदुर्योधनेजयम् ११ भवान्पौत्रसमोऽस्माकंयथादुर्योधनस्तथा ॥ तवापिधर्मतःसर्वेयथातस्यवयंतथा १२ यौनात्सम्बन्धकाल्लोकेविशिष्टंसंगतंसताम् ॥ सद्भिःसहनरश्रेष्ठप्रवदंतिमनीषिणः १३ ससत्यसंगतोभूत्वाममेदमितिनिश्चितः ॥ कुरूणांपालयबलंयथादुर्योधनस्तथा १४ निशम्यवचनंतस्यचरणावभिवाद्यच ॥ ययौवैकर्त्तनःकर्णःसमीपंसर्वधन्विनाम् १५ सोऽभिवीक्ष्यनरौघाणांस्थानमप्रतिमंमहत् ॥ व्यूढप्रहरणोरस्कंसैन्यंतत्समबृंहयत् १६ हृषिताःकुरवःसर्वेदुर्योधनपुरोगमाः ॥ उपागतंमहाबाहुंसर्वानीकपुरःसरम् १७ कर्णंदृष्ट्वामहात्मानंयुद्धायसमुपस्थितम् ॥ क्ष्वेडितास्फोटितरवैःसिंहनादरवैरपि ॥ धनुःशब्दैश्चविविधैःकुरवःसमपूजयन् १८ ॥ इतिश्रीमहाभारतेद्रोणपर्वणिद्रोणाभिषेकपर्वणि कर्णाश्वासेचतुर्थोऽध्यायः ॥ ४ ॥ संजयउवाच ॥ रथस्थंपुरुषव्याघ्रंदृष्ट्वाकर्णमवस्थितम् ॥ हृष्टोदुर्योधनोराजन्निदंवचनमब्रवीत् १ सनाथमिवमन्येऽहंभवतापालितंबलम् ॥ अत्रकिंनुसमर्थंयद्धितंतत्संप्रधार्यताम् २ ॥ कर्णउवाच ॥ ब्रूहिनःपुरुषव्याघ्रत्वंहिप्राज्ञतमोनृप ॥ यथाचार्थपतिःकृत्यंपश्यतेनतथेतरः ३ तेस्मसर्वेतववचःश्रोतुकामानरेश्वर ॥ नान्याय्यंहिभवान्वाक्यंब्रूयादितिमतिर्मम ४ ॥ दुर्योधनउवाच ॥ भीष्मःसेनाप्रणेतासीद्वयसाविक्रमेणच ॥ श्रुतेनचोपसंपन्नःसर्वैर्योधगणैस्तथा ५ तेनातियशसाकर्णघ्नताशत्रुगणान्मम ॥ सुयुद्धेनदशाहानिपालिताःस्ममहात्मना ६ तस्मिन्नसुकरंकर्मकृतवत्यास्थितेदिवम् ॥ कंनुसेनाप्रणेतारंमन्यसेतदनंतरम् ७ नविनानायकंसेनामुहूर्तमपितिष्ठति ॥ आहवेष्वाहवश्रेष्ठनेतृहीनेवनौर्जले ८

॥ इतिद्रोणपर्वणिटीकायांचतुर्थोऽध्यायः ॥ ४ ॥ ॥ ॥ रथस्थमिति १ । २ अर्थपतिःप्रधानस्वामी ३ । ४ । ५ । ६ । ७ नेताकर्णधारः ८

९ अदेशिकोऽग्रेसररहितः १० । ११ । १२ । १३ संहननंशरीरम् १४ । १५ । १६ । १७ शुक्रांगिरसदर्शनाच्छुक्रबृहस्पाततुल्यात् १८ । १९ । २० । २१ ॥ इतिद्रोणपर्वणिटीकायांपंचमो

यथाह्यकर्णधारानौरथश्चासारथिर्यथा ॥ द्रवेद्यथेष्टंतद्वत्स्यादृतेसेनापतिंबलम् ९ अदेशिकोयथासार्थःसर्वःकृच्छ्रंसमृच्छति ॥ अनायकातथासेनासर्वान्दोषान्समर्छति
१० सभवान्वीक्ष्यसर्वेषुमामकेषुमहात्मसु ॥ पश्यसेनापतिंयुक्तमनुशांतनवादिह ११ यंहिसेनाप्रणेतारंभवान्वक्ष्यतिसंयुगे ॥ तंवयंसहिताःसर्वेकरिष्यामोनसंशयः
१२ ॥ कर्णउवाच ॥ सर्वएवमहात्मानइमेपुरुषसत्तमाः ॥ सेनापतित्वमर्हन्तिनात्रकार्याविचारणा १३ कुलसंहननज्ञानैर्बलविक्रमबुद्धिभिः ॥ युक्ताःश्रुतज्ञाधीमंत
आहवेष्वनिवर्तिनः १४ युगपन्नतुतेशक्याःकर्तुंसर्वेपुरःसराः ॥ एकएवतुकर्तव्योयस्मिन्वैशेषिकागुणाः १५ अन्योऽन्यस्पर्धिनांह्येषांयद्येकंयंकरिष्यसि ॥ शेषाविम
नसोव्यक्तंनयोत्स्यंतिहितास्तव १६ अयंचसर्वयोधानामाचार्यःस्थविरोगुरुः ॥ युक्तःसेनापतिःकर्तुंद्रोणःशस्त्रभृतांवरः १७ कोहितिष्ठतिदुर्धर्षेद्रोणेशस्त्रभृतांवरे ॥
सेनापतिःस्यादन्योऽस्माच्छुक्रांगिरसदर्शनात् १८ नचसोऽप्यस्तितेयोधःसर्वराजसुभारत ॥ द्रोणंयःसमरेयांतमनुयास्यतिसंयुगे १९ एषसेनाप्रणेतॄणामेषशस्त्र
भृतामपि ॥ एषबुद्धिमतांचैवश्रेष्ठोराजन्गुरुस्तव २० एवंदुर्योधनाचार्यमाशुसेनापतिंकुरु ॥ जिगीषंतोसुरान्संख्येकार्तिकेयमिवामराः २१ ॥ इतिश्रीमहाभारतेद्रोण
पर्वणिद्रोणाभिषेकपर्वणि कर्णवाक्ये पंचमोऽध्यायः ॥५॥ संजयउवाच ॥ कर्णस्यवचनंश्रुत्वाराजादुर्योधनस्तदा ॥ सेनामध्यगतंद्रोणमिदंवचनमब्रवीत् १ ॥ दुर्योधन
उवाच ॥ वर्णश्रैष्ठ्यात्कुलोत्पत्त्याश्रुतेनवयसाधिया ॥ वीर्याद्दाक्ष्यादधृष्यत्वादर्थज्ञानान्नयाज्जयात् २ तपसाचकृतज्ञत्वाद्वृद्धःसर्वगुणैरपि ॥ युक्तोभवत्समोगोप्ताराज्ञा
मन्योनविद्यते ३ सभवान्पातुनःसर्वान्देवानिवशतक्रतुः ॥ भवन्नेत्राःपरान्जेतुमिच्छामोद्विजसत्तम ४ रुद्राणामिवकापालीवसूनामिवपावकः ॥ कुबेरइवयक्षाणांमरु
तामिववासवः ५ वसिष्ठइवविप्राणांतेजसामिवभास्करः ॥ पितॄणामिवधर्मेन्द्रोयादसामिवचांबुराट् ६ नक्षत्राणामिवशशीदितिजानामिवोशनाः ॥ श्रेष्ठःसेनाप्रणेतॄणां
सनःसेनापतिर्भव ७ अक्षौहिण्योदशैकाचवशगाःसंतुतेऽनघ ॥ ताभिःशत्रून्प्रतिव्यूह्यजहीन्द्रोदानवानिव ८ प्रयातुनोभवानग्रेदेवानामिवपावकिः ॥ अनुयास्यामहे
त्वाऽऽजौसौरभेयाइवर्षभम् ९ उग्रधन्वामहेष्वासोदिव्यंविस्फारयन्धनुः ॥ अग्रेभवंत्वांतुदृष्ट्वानार्जुनःप्रहरिष्यति १० ध्रुवंयुधिष्ठिरंसंख्येसानुबन्धंसबांधवम् ॥ जेष्या
मिपुरुषव्याघ्रभवान्सेनापतिर्यदि ११ ॥ संजयउवाच ॥ एवमुक्तेततोद्रोणंजयेत्यूचुर्नराधिपाः ॥ सिंहनादेनमहताहर्षयंतस्तवात्मजम् १२ सैनिकाश्चमुदायुक्तावर्धयं
तिद्विजोत्तमम् ॥ दुर्योधनंपुरस्कृत्यप्रार्थयंतोमहद्यशः ॥ दुर्योधनंततोराजन्द्रोणोवचनमब्रवीत् १३ ॥ इतिश्रीमहाभारतेद्रोणपर्वणिद्रोणाभिषेकपर्वणि द्रोणप्रोत्साह
ने षष्ठोऽध्यायः ॥ ६ ॥ द्रोणउवाच ॥ वेदंषडंगंवेदाहमर्थविद्यांचमानवीम् ॥ त्रैयम्बकमथेष्वस्त्रंशस्त्राणिविविधानिच १

ऽध्यायः ॥ ५ ॥ कर्णस्येति १ । २ । ३ भवन्नेत्रंनेतायेषांते ४ । ५ धर्मेन्द्रोयमः अंबुराट्वरुणः ६ । ७ । ८ पावकिःस्कंदः ९ । १० । ११ । १२ । १३ ॥ इतिद्रोणपर्वणिटीकायांषष्ठोऽध्यायः ॥ ६ ॥ वेदमिति १

म.भा.टी. ॥ २ । ३ । ४ । ५ । ६ । ७ । ८ सुभगानांतैतैःसौभाग्यवतीनृत्यैः ९ । १० । ११ । १२ । १३ । १४ । १५ । १६ । १७ । १८ । १९ । २० । २१ द्रोण. अ० ६

॥ ४ ॥ येचाप्युक्तामयिगुणाभवद्भिर्जयकांक्षिभिः ॥ चिकीर्षुस्तानहंसर्वान्योधयिष्यामिपाण्डवान् २ पार्षतंतुरणेराजन्नहनिष्येकथंचन ॥ सहिसृष्टोवधार्थायममैवपुरुषर्षभः
३ योधयिष्यामिसैन्यानिनाशयन्सर्वसोमकान् ॥ नचमांपांडवायुद्धेयोधयिष्यंतिहर्षिताः ४ ॥ संजयउवाच ॥ सएवमभ्यनुज्ञातश्चक्रेसेनापतिंततः ॥ द्रोणंतवसु
तोराजन्विधिदृष्टेनकर्मणा ५ अथाभिषिषिचुर्द्रोणंदुर्योधनमुखान्नृपाः ॥ सैनापत्येयथास्कन्दंपुराशक्रमुखाःसुराः ६ ततोवादित्रघोषेणशंखानांचमहास्वनैः ॥ प्रादुरा
सीत्कृतेद्रोणेहर्षःसेनापतौतदा ७ ततःपुण्याहघोषेणस्वस्तिवादस्वनेनच ॥ संस्तवैर्गीतशब्दैश्चसूतमागधबंदिनाम् ८ जयशब्दैर्द्विजाग्र्याणांसुभगानर्त्तितैस्तथा ॥
सत्कृत्यविधिनाद्रोणंमेनिरेपांडवान्जितान् ९ ॥ संजयउवाच ॥ सैनापत्यंतुसंप्राप्यभारद्वाजोमहारथः ॥ युयुत्सुर्व्यूह्यसैन्यानिप्रायात्तवसुतैःसह १० सैन्धवश्चक
लिंगश्चविकर्णश्चतवात्मजः ॥ दक्षिणंपार्श्वमास्थायसमतिष्ठंतदंशिताः ११ प्रपक्षःशकुनिस्तेषांप्रवरैर्हयसादिभिः ॥ ययौगांधारकैःसार्धंविमलप्रासयोधिभिः १२
कृपश्चकृतवर्माचचित्रसेनोविविंशतिः ॥ दुःशासनमुखायत्ताःसव्यंपक्षमपालयन् १३ तेषांप्रपक्षाःकांबोजाःसुदक्षिणपुरःसराः ॥ ययुरश्वैर्महावेगैःशकाश्चयवनैःसह
१४ मद्रास्त्रिगर्ताःसांबष्ठाःप्रतीच्योदीच्यमालवाः ॥ शिबयःशूरसेनाश्चशूद्राश्चमलदैःसह १५ सौवीराःकितवाःप्राच्यादाक्षिणात्याश्चसर्वशः ॥ तवात्मजंपुरस्कृत्य
सूतपुत्रस्यपृष्ठतः १६ हर्षयन्तःस्वसैन्यानिययुस्तवसुतैःसह ॥ प्रवरःसर्वयोधानांबलेषुबलमादधत् १७ ययौवैकर्त्तनःकर्णःप्रमुखेसर्वधन्विनाम् ॥ तस्यदीप्तोमहाका
यःस्वान्यनीकानिहर्षयन् १८ हस्तिकक्ष्योमहाकेतुर्बभौसूर्यसमद्युतिः ॥ नभीष्मव्यसनंकश्चिद्दृष्ट्वाकर्णममन्यत १९ विशोकाश्चाभवन्सर्वेराजानःकुरुभिःसह ॥ हृष्टा
श्चबहवोयोधास्तत्राजल्पंतवेगतः २० नहिकर्णंरणेदृष्ट्वायुधिस्थास्यंतिपांडवाः ॥ कर्णोहिसमरेशक्तोजेतुंदेवान्सवासवान् २१ किमुपांडुसुतान्युद्धेहीनवीर्यपराक्र
मान् ॥ भीष्मेणतुरणेपार्थाःपालिताबाहुशालिना २२ तांस्तुकर्णःशरैस्तीक्ष्णैर्नाशयिष्यतिसंयुगे ॥ एवंब्रुवंतस्तेऽन्योन्यंहृष्टरूपाविशांपते २३ राधेयंपूजयंतश्च
प्रशंसंतश्चनिर्ययुः ॥ अस्माकंशकटव्यूहोद्रोणेनविहितोऽभवत् २४ परेषांक्रौञ्चएवासीद्व्यूहोराजन्महात्मनाम् ॥ प्रीयमाणेनविहितोधर्मराजेनभारत २५ व्यूहप्रमु
खतस्तेषांतस्थतुःपुरुषर्षभौ ॥ वानरध्वजमुच्छ्रित्यविष्वक्सेनधनंजयौ २६ ककुदंसर्वसैन्यानांधामसर्वधनुष्मताम् ॥ आदित्यपथगःकेतुःपार्थस्यामिततेजसः २७
दीपयामासतत्सैन्यंपाण्डवस्यमहात्मनः ॥ यथाप्रज्वलितःसूर्योयुगांतेवैवसुंधराम् २८

२५ । २६ आदित्यपथगः आकाशगः २७ । २८ ॥ ४ ॥

२९ । ३० । ३१ । ३२ । ३३ । ३४ । ३५ । ३६ । ३७ । ३८ । ३९ । ४० । ४१ । ४२ । ४३ । ४४ । ४५ । ४६ । ४७ । ४८ । ४९ ५० ५१ ५२ । ५३ ह्लादनंयोद्धुरानंदजननम् ५४

दीप्यन्दृश्येतहितथाकेतुःसर्वत्रधीमतः ॥ योधानामर्जुनःश्रेष्ठोगांडीवंधनुषांवरम् २९ वासुदेवश्चभूतानांचक्राणांचसुदर्शनम् ॥ चत्वार्येतानितेजांसिवहन्श्वेत
हयोरथः ३० परेषामग्रतस्तस्थौकालचक्रमिवोद्यतम् ॥ एवंतौसुमहात्मानौबलसेनाग्रगावुभौ ३१ तावकानांमुखेकर्णःपरेषांचधनंजयः ॥ ततोजयाभिसंर
ब्धौपरस्परवधैषिणौ ३२ अवेक्षेतांतदान्योन्यंसमरेकर्णपांडवौ ॥ ततःप्रयातेसहसाभारद्वाजेमहारथे ३३ आर्त्तनादेनघोरेणवसुधासमकंपत ॥ ततस्तुमुलमा
काशमावृणोत्सदिवाकरम् ३४ वातोद्धूतंरजस्तीव्रंकौशेयनिकरोपमम् ॥ ववर्षद्यौरनभ्रापिमांसास्थिरुधिराण्युत ३५ गृध्राःश्येनाबकाःकंकावायसाश्चसहस्रशः ॥
उपर्युपरिसेनांतेतदापर्यपतन्नृप ३६ गोमायवश्चप्राक्रोशन्भयदान्दारुणान्रवान् ॥ अकार्षुरपसव्यंचबहुशःपृतनांतव ३७ चिखादिषंतोमांसानिपिपासंतश्चशोणि
तम् ॥ अपतद्दीप्यमानाचसनिर्घातासकंपना ३८ उल्काज्वलंतीसंग्रामपुच्छेनावृत्यसर्वशः ॥ परिवेषोमहांश्चापिसविद्युत्स्तनयित्नुमान् ३९ भास्करस्याभवद्राजन्प्र
यातेवाहिनीपतौ ॥ एतेचान्येचबहवःप्रादुरासन्सुदारुणाः ४० उत्पातायुधिवीराणांजीवितक्षयकारिणः ॥ ततःप्रववृतेयुद्धंपरस्परवधैषिणाम् ४१ कुरुपांडवसैन्या
नांशब्देनापूरयज्जगत् ॥ तेत्वन्योन्यंसुसंरब्धाःपांडवाःकौरवैःसह ४२ अभ्यघ्नन्निशितैःशस्त्रैर्जयगृद्धाःप्रहारिणः ॥ सपांडवानांमहतींमहेष्वासोमहाद्युतिः ४३ वेगेनाभ्य
द्रवत्सेनांकिरन्शरशतैःशितः ॥ द्रोणमभ्युद्यतंदृष्ट्वापांडवाःसहसृंजयैः ४४ प्रत्यगृह्णंस्तदाराजञ्छरवर्षैःपृथक्पृथक् ॥ विक्षोभ्यमाणाद्रोणेनभिद्यमानामहाचमूः ४५ व्यशी
र्यतसपांचालावातेनेवबलाहकाः ॥ बहूनीहविकुर्वाणोदिव्यान्यस्त्राणिसंयुगे ४६ अपीडयत्क्षणेनैवद्रोणःपांडवसृंजयान् ॥ तेवध्यमानाद्रोणेनवासवेनेवदानवाः ४७
पंचालाःसमकंपतधृष्टद्युम्नपुरोगमाः ॥ ततोदिव्यास्त्रविच्छूरोयाज्ञसेनिर्महारथः ४८ अभिनच्छरवर्षेणद्रोणानीकमनेकधा ॥ द्रोणस्यशरवर्षाणिशरवर्षेणपार्षतः ४९
सन्निवार्यततःसर्वान्कुरूनप्यवधीद्बली ॥ संयम्यतुततोद्रोणःसमवस्थाप्यचाहवे ५० स्वमनीकंमहेष्वासःपार्षतंसमुपाद्रवत् ॥ सबाणवर्षंसुमहदसृजत्पार्षतंप्रति ५१
मघवान्समभिक्रुद्धःसहसादानवानिव ॥ तेकंप्यमानाद्रोणेनबाणैःपांडवसृंजयाः ५२ पुनःपुनरभज्यन्तसिंहेनेवेतरेमृगाः ॥ तथापर्यचरद्द्रोणःपांडवानांबलेबली ॥ अ
लातचक्रवद्राजंस्तदद्भुतमिवाभवत् ५३ खचरनगरकल्पंकल्पितंशास्त्रदृष्ट्याचलदनिलपताकंह्लादनंवल्गिताश्वम् ॥ स्फटिकविमलकेतुंत्रासनंशात्रवाणांरथवरमधिरू
ढःसंजहारारिसेनाम् ५४ ॥ इतिश्रीमहाभारतेद्रोणपर्वणिद्रोणाभिषेकपर्वणिद्रोणपराक्रमेसप्तमोऽध्यायः ॥ ७ ॥ ॥ संजयउवाच ॥ तथाद्रोणमभिघ्नंतंसाश्वसूत
रथद्विपान् ॥ व्यथिताःपांडवादृष्ट्वानचैनंपर्यवारयन् १ ततोयुधिष्ठिरोराजाधृष्टद्युम्नधनंजयौ ॥ अब्रवीत्सर्वतोयत्तैःकुंभयोनिर्निवार्यताम् २ तत्रैनमर्जुनश्चैवपार्षत
श्चसहानुगः ॥ प्रत्यगृह्णात्ततःसर्वेसमापेतुर्महारथाः ३

इतिद्रोणपर्वणिटीकायांसप्तमोऽध्यायः ॥ ७ ॥ ॥ ॥ ॥ तथेति १ । २ । ३

४ । ५ । । ६ । ७ । ८ । ९ । १० । ११ भीमःशब्दइतिसंबंधः १२ । १३ । १४ । १५ । १६ । १७ । १८ । १९ । २० २१ । २२ । २३ । २४

केकयाभीमसेनश्चसौभद्रोऽथघटोत्कचः ॥ युधिष्ठिरोयमौमत्स्याद्रुपदस्यात्मजास्तथा ४ द्रौपदेयाश्चसंहृष्टाधृष्टकेतुःससात्यकिः ॥ चेकितानश्चसंक्रुद्धोयुयुत्सुश्च
महारथः ५ येचान्येपार्थिवाराजन्पांडवस्यानुयायिनः ॥ कुलवीर्यानुरूपाणिचक्रुःकर्माण्यनेकशः ६ संरक्ष्यमाणांतांदृष्ट्वापांडवैर्वाहिनींरणे ॥ व्यावृत्यचक्षुषीकोपाद्भारद्वाजोऽन्ववैक्षत ७ सतीव्रंकोपमास्थायरथेसमरदुर्जयः ॥ व्यधमत्पांडवानीकमभ्राणीवसदागतिः ८ रथानश्वान्नरान्नागानभिधावन्नितस्ततः ॥ चचारोन्मत्तवद्द्रोणोवृद्धोऽपितरुणोयथा ९ तस्यशोणितदिग्धांगाःशोणास्तेवातरंहसः ॥ आजानेयाहयाराजन्नविश्रांताध्रुवंययुः १० तमंतकमिवक्रुद्धमापतंतंयतव्रतम् ॥
दृष्ट्वासंप्राद्रवन्योधाःपांडवस्यततस्ततः ११ तेषांप्राद्रवतांभीमःपुनरावर्त्ततामपि ॥ पश्यतांतिष्ठतांचासीच्छब्दःपरमदारुणः १२ शूराणांहर्षजननोभीरूणांभयवर्धनः ॥
द्यावापृथिव्योर्विवरंपूरयामाससर्वतः १३ ततःपुनरपिद्रोणोनामविश्रावयन्युधि ॥ अकरोद्रौद्रमात्मानंकिरञ्छरशतैःपरान् १४ सतथातेष्वनीकेषुपांडुपुत्रस्यमारिष ॥ कालवद्व्यचरद्द्रोणोयुवेवस्थविरोबली १५ उत्कृत्यचशिरांस्युग्रान्बाहूनपिसुभूषणान् ॥ कृत्वाशून्यान्रथोपस्थानुदक्रोशन्महारथान् १६ तस्यहर्षप्रणादेनबाणवेगेनवाविभो ॥ प्राकम्पतरणेयोधागावःशीतार्दिताइव १७ द्रोणस्यरथघोषेणमौर्वीनिष्पेषणेनच ॥ धनुःशब्देनचाकाशेशब्दःसमभवन्महान् १८
अथास्यधनुषोबाणानिश्चरंतःसहस्रशः ॥ व्याप्यसर्वादिशःपेतुर्नागाश्वरथपत्तिषु १९ तंकार्मुकमहावेगमस्त्रज्वलितपावकम् ॥ द्रोणमासादयांचक्रुःपंचालाःपाण्डवैःसह २० तान्सकुंजरपत्त्यश्वान्प्राहिणोद्यमसादनम् ॥ चक्रेऽचिरेणचद्रोणोमहींशोणितकर्दमाम् ॥ २१ तन्वतापरमास्त्राणिशरान्सततमस्यता ॥ द्रोणेनविहितंदिक्षुशरजालमदृश्यत २२ पदातिषुरथाश्वेषुवारणेषुचसर्वशः ॥ तस्यविद्युदिवाभ्रेषुचरन्केतुरदृश्यत २३ सकेकयानांप्रवरांश्चपंचपंचालराजंचशरैःप्रमथ्य ॥
युधिष्ठिरानीकमदीनसत्वोद्रोणोभ्ययात्कार्मुकबाणपाणिः २४ तंभीमसेनश्चधनंजयश्चशिनेश्चनप्ताद्रुपदात्मजश्च ॥ शैब्यात्मजःकाशिपतिःशिबिश्चहृष्टानदन्तोव्यकिरञ्छरौघैः २५ तेषामथद्रोणधनुर्विमुक्ताःपतत्रिणःकांचनचित्रपुंखाः ॥ भित्वाशरीराणिगजाश्वयूनांजग्मुर्महींशोणितदिग्धवाजाः २६ सायोधसंघैश्चरथैश्चभूमिःशरैर्विभिन्नैर्गजवाजिभिश्च ॥ प्रच्छाद्यमानापतितैर्बभूवसमावृताद्यौरिवकालमेघैः २७ शैनेयभीमार्जुनवाहिनीशंसौभद्रपांचालसकाशिराजम् ॥ अन्यांश्चवीरान्समरेममर्दद्रोणःसुतानांतवभूतिकामः २८ एतानिचान्यानिचकौरवेन्द्रकर्माणिकृत्वासमरेमहात्मा ॥ प्रताप्यलोकानिवकालसूर्योद्रोणोगतःस्वर्गमितोहिराजन् २९ एवंरुक्मरथःशूरोहत्वाशतसहस्रशः ॥ पांडवानांरणेयोधान्पार्षतेननिपातितः ३० अक्षौहिणीमभ्यधिकांशूराणामनिवर्तिनाम् ॥ निहत्यपश्चाद्धृतिमानगच्छत्परमांगतिम्
३१ पांडवैःसहपंचालैरशिवैःक्रूरकर्मभिः ॥ हतोरुक्मरथोराजन्कृत्वाकर्मसुदुष्करम् ३२

२५ । । २६ । २७ । २८ । २९ । ३० । ३१ । ३२

३३ । ३४ । ३५ ३६ । ३७ ॥ इतिद्रोणपर्वणिटीकायामष्टमोऽध्यायः ॥ ८ ॥ ॥ किंकुर्वाणमिति १ अस्यतःशरानितिशेषः २ । ३ । ४ । ५ । ६ इष्वस्त्रधराचार्यंधनुर्धराचार्यम

ततोनिनादोभूतानामाकाशेसमजायत ॥ सैन्यानांचततोराजन्नाचार्येनिहतेयुधि ३३ द्यांधरांखंदिशोवाऽपिप्रदिशश्चानुनादयन् ॥ अहोधिगितिभूतानांशब्दः
समभवद्भृशम् ३४ देवताःपितरश्चैवपूर्वेयेचास्यबांधवाः ॥ ददृशुर्निहतंतत्रभारद्वाजंमहारथम् ३५ पाण्डवास्तुजयंलब्ध्वासिंहनादान्प्रचक्रिरे ॥ सिंहनादे
नमहतासमकम्पतमेदिनी ३६ ॥ इतिश्रीमहाभारतेद्रोणपर्वणिद्रोणाभिषेकपर्वणिद्रोणवधश्रवणेअष्टमोऽध्यायः ॥ ८ ॥ धृतराष्ट्रउवाच ॥ किंकुर्वाणंरणेद्रोणं
जघ्नुःपाण्डवसृंजयाः ॥ तथानिपुणमस्त्रेषुसर्वशस्त्रभृतामपि १ रथभंगोबभूवास्यधनुर्वाशीर्यतास्यतः ॥ प्रमत्तोवाऽभवद्द्रोणस्ततोमृत्युमुपेयिवान् २ कथंनु
पार्षतस्तातशत्रुभिर्दुष्प्रधर्षणम् ॥ किरन्तमिषुसंघातान्रुक्मपुंखाननेकशः ३ क्षिप्रहस्तंद्विजश्रेष्ठंकृतिनंचित्रयोधिनम् ॥ दूरेषुपातिनंदान्तमस्त्रयुद्धेषुपारगम् ४
पांचालपुत्रोन्यवधीद्दिव्यास्त्रधरमच्युतम् ॥ कुर्वाणंदारुणंकर्मरणेयत्तंमहारथम् ५ व्यक्तंहिदैवंबलवत्पौरुषादितिमेमतिः ॥ यद्द्रोणोनिहतःशूरःपार्षतेनमहा
त्मना ६ अस्त्रंचतुर्विधंवीरेयस्मिन्नासीत्प्रतिष्ठितम् ॥ तमिष्वस्त्रवराचार्यंद्रोणंशंससिमेहतम् ७ श्रुत्वाहतंरुक्मरथंवैयाघ्रपरिवारितम् ॥ जातरूपपरिष्कारंनाद्य
शोकमुपाददे ८ ननूनंपरदुःखेनम्रियतेकोऽपिसंजय ॥ यत्रद्रोणमहंश्रुत्वाहतंजीवामिमंदधीः ९ दैवमेवपरंमन्येनन्वनर्थंहिपौरुषम् ॥ अश्मसारमयंनूनं
हृदयंसुदृढंमम १० यच्छ्रुत्वानिहतंद्रोणंशतधानविदीर्यते ॥ ब्राह्मेदैवेतथेष्वस्त्रेयमुपासन्गुणार्थिनः ११ ब्राह्मणाराजपुत्राश्चसकथंमृत्युनाहृतः ॥ शोषणंसागरस्येव
मेरोरिवविसर्पणम् १२ पतनंभास्करस्येवनमृष्येद्रोणपातनम् ॥ दुष्टानांप्रतिषेद्धाऽसीद्धार्मिकाणांचरक्षिता १३ योऽहासीत्कृपणस्यार्थेप्राणानपिपरंतपः ॥ मंदानां
ममपुत्राणांजयाशायस्यविक्रमे १४ बृहस्पत्युशनसस्तुल्योबुद्ध्यासनिहतःकथम् ॥ तेचशोणाबृहंतोऽश्वाश्छन्नाजालैर्हिरण्मयैः १५ रथेवातजवायुक्ताःसर्वशस्त्राति
गारणे ॥ बलिनोह्रेषिणोदान्ताःसैन्धवाःसाधुवाहिनः १६ दृढाःसंग्राममध्येषुकच्चिदासन्नविह्वलाः ॥ करिणांबृंहतांयुद्धेशंखदुन्दुभिनिःस्वनैः १७ ज्याक्षेपशरवर्षाणां
शस्त्राणांचसहिष्णवः ॥ आशंसन्तःपरान्जेतुंजितश्वासाजितव्यथाः १८ हयाःपराजिताःशीघ्राभारद्वाजरथोद्वहाः ॥ तेस्मरुक्मरथेयुक्तानरवीरसमाहताः १९ कथंना
भ्यतरंस्तातपांडवानामनीकिनीम् ॥ जातरूपपरिष्कारमास्थायरथमुत्तमम् २० भारद्वाजःकिमकरोद्युधिसत्यपराक्रमः ॥ विद्यांयस्योपजीवंतिसर्वेलोकधनुर्धराः २१
ससत्यसंधोबलवान्द्रोणःकिमकरोद्युधि ॥ दिविशक्रमिवश्रेष्ठंमहामात्रंधनुर्भृताम् २२ केनुतंरौद्रकर्माणंयुद्धेप्रत्युद्ययूरथाः ॥ ननुरुक्मरथंदृष्ट्वाप्राद्रवंतिस्मपांडवाः २३
दिव्यमस्त्रंविकुर्वाणंरणेतस्मिन्महाबलम् ॥ उताहोसर्वसैन्येनधर्मराजःसहानुजः २४ पांचाल्यप्रग्रहोद्रोणंसर्वतःसमवारयत् ॥ नूनमावारयत्पार्थोरथिनोऽन्यान
जिह्मगैः २५

७ । ८ । ९ अश्मसारोलोहं १०
विसर्पणंक्षेपणं ११ । १२ । १३ । १४ । १५ बलिनस्तेजस्विनः १६ । १७ । १८ । १९ । २० । २१ महामात्रंप्रधानं २२ । २३ । २४ पांचाल्यप्रग्रहःपांचाल्यःप्रग्रहोबंधनरज्जुर्यस्य २५

शुष्मिणस्तेजस्विनः २६ अपसदोऽधमः २७ । २८ आख्यानंपुराणभारतादि २९ । ३० । ३१ । ३२ । ३३ । ३४ । ३५ । ३६ । ३७ । ३८ । ३९ । ४० । ४१ । ४२ । ४३ । ४४ । ४५ ॥ इति

ततोद्रोणंसमारोहत्पार्षतःपापकर्मकृत् ॥ नह्यहंपरिपश्यामिवधेकंचनशुष्मिणः २६ धृष्टद्युम्नादृतेरौद्रात्पाल्यमानात्किरीटिना ॥ तैर्वृतःसर्वतःशूरःपांचाल्यापसद
॥ ॥६॥ स्ततः २७ केकयैश्चेदिकारूषैर्मत्स्यैरन्यैश्चभूमिपैः ॥ व्याकुलीकृतमाचार्यंपिपीलैरुरगंयथा २८ कर्मण्यसुकरेसक्तंजघानेतिमतिर्मम ॥ योधीत्यचतुरोवेदान्सांगा अ०
नाख्यानपंचमान् २९ ब्राह्मणानांप्रतिष्ठाऽऽसीत्स्रोतसामिवसागरः ॥ क्षत्रंचब्रह्मचैवेहयोभ्यतिष्ठत्परंतपः ३० सकथंब्राह्मणोवृद्धःशस्त्रेणवधमाप्तवान् ॥ अमर्षिणा ९०
मर्षितवान्क्लिश्यमानान्सदामया ३१ अनर्हमाणान्कौन्तेयान्कर्मणस्तस्यतत्फलम् ॥ यस्यकर्मानुजीवंतिलोकेसर्वधनुर्भृतः ३२ ससत्यसन्धःसुकृतीश्रीकामैर्निहतः
कथम् ॥ दिविशक्रइवश्रेष्ठोमहासत्वोमहाबलः ३३ सकथंनिहतःपार्थैःक्षुद्रमत्स्यैर्यथातिमिः ॥ क्षिप्रहस्तश्चबलवान्दृढधन्वाऽरिमर्दनः ॥ ३४ नयस्यविजया
कांक्षीविषयंप्राप्यजीवति ॥ यंद्वौनजहतःशब्दौजीवमानंकदाचन ३५ ब्राह्मश्चवेदकामानांज्याघोषश्चधनुष्मताम् ॥ अदीनंपुरुषव्याघ्रंह्रीमन्तमपराजितम् ३६
नाहंमृष्येहतंद्रोणंसिंहद्विरदविक्रमम् ॥ कथंसंजयदुर्धर्षमनाधृष्ययशोबलम् ३७ पश्यतांपुरुषेन्द्राणांसमरेपार्षतोऽवधीत् ॥ केपुरस्तादयुध्यंतरक्षंतोद्रोणमंति
कात् ३८ केनुपश्चादवर्त्तन्तगच्छतोदुर्गमांगतिम् ॥ केऽऽरक्षन्दक्षिणंचक्रंसव्यंकेचमहात्मनः ३९ पुरस्तात्केचवीरस्ययुध्यमानस्यसंयुगे ॥ केचतस्मिंस्तनूं
स्त्यक्त्वाप्रतीपंमृत्युमाव्रजन् ४० द्रोणस्यसमरेवीराःकेऽकुर्वन्तपरांधृतिम् ॥ कच्चिन्नैनंभयान्मन्दाःक्षत्रियाव्यजहन्रणे ४१ रक्षितारस्ततःशून्येकच्चित्तैर्नहतःपरैः ॥
नसपृष्ठमरेस्त्रासाद्रणेशौर्यात्प्रदर्शयेत् ४२ परामप्यापदंप्राप्यसकथंनिहतःपरैः ॥ एतदार्येणकर्तव्यंकृच्छ्रास्वापत्सुसंजय ४३ पराक्रमेद्यथाशक्त्यातच्चतस्मिन्प्र
तिष्ठितम् ॥ मुह्यतेमेमनस्तातकथातावन्निवार्यताम् ४४ भूयस्तुलब्धसंज्ञस्त्वांपरिपृच्छामिसंजय ४५ ॥ इतिश्रीमहाभारतेद्रोणपर्वणिद्रोणाभिषेकपर्वणिधृतरा
ष्ट्रशोकेनवमोऽध्यायः ॥ ९ ॥ वैशंपायनउवाच ॥ एतत्पृष्ट्वासूतपुत्रंहृच्छोकेनार्दितोभृशम् ॥ जयेनिराशःपुत्राणांधृतराष्ट्रोऽपतत्क्षितौ १ तंविसंज्ञंनिपति
तंसिषिचुःपरिचारिकाः ॥ जलेनात्यर्थशीतेनवीजंत्यःपुण्यगंधिना २ पतितंचैनमालोक्यसमंताद्भरतस्त्रियः ॥ परिवव्रुर्महाराजमस्पृशंश्चैवपाणिभिः ३ उत्था
प्यचैनंशनकैराजानंपृथिवीतलात् ॥ आसनंप्रापयामासुर्बाष्पकण्ठ्योवराननाः ४ आसनंप्राप्यराजातुमूर्छयाऽभिपरिप्लुतः ॥ निश्चेष्टोऽतिष्ठततदावीज्यमानः
समन्ततः ५ सलब्ध्वाशनकैःसंज्ञांवेपमानोमहीपतिः ॥ पुनर्गावल्गणिंसूतंपर्यपृच्छद्यथातथम् ६ ॥ धृतराष्ट्रउवाच ॥ यःसउद्यन्निवादित्योज्योतिषाप्रणुदं
स्तमः ॥ अजातशत्रुमायांतंकस्तंद्रोणादवारयत् ७ प्रभिन्नमिवमातंगंयथाक्रुद्धंतरस्विनम् ॥ प्रसन्नवदनंदृष्ट्वाप्रतिद्विरदगामिनम् ८ वासितासंगमेयद्वदजय्यंप्र
तियूथपैः ॥ निजघानरणेवीरान्वीरःपुरुषसत्तमः ९ योह्येकोहिमहावीर्योनिर्दहेद्घोरचक्षुषा ॥ कृत्स्नंदुर्योधनबलंधृतिमान्सत्यसंगरः १०

द्रोणपर्वणिटीकायांनवमोऽध्याय ॥ ९ ॥ एतदिति १ । २ । ३ । ४ । ५ । ६ सःप्रसिद्धः तमजातशत्रुंआयांतंदृष्ट्वाद्रोणात्कःअवारयेदित्यन्वयः सार्धश्लोकद्वयमेकंवाक्यं ७ । ८ । ९ । १०

११ । १२ यदाअयात् यदाचदुर्योधनपुरोगमान्गार्ध्रपत्रैरभ्यषिंचत्तदावोमनःकीदृशमभूदितिषष्ठेनान्वयः १३ । १४ । १५ । १६ । १७ । १८ । १९ । २० । २१ । २२ । २३ । २४ । २५ । २६ । २७

चक्षुर्हर्णंजयेसक्तमिष्वासधरमच्युतम् ॥ दान्तंबहुमतंलोकेकेश्शूराःपर्यवारयन् ११ केदुष्प्रघर्षराजानमिष्वासधरमच्युतम् ॥ समासेदुर्नरव्याघ्रंकौन्तेयंतत्रमामकाः १२
तरसैवाभिपद्याथयोवैद्रोणमुपाद्रवत् ॥ यःकरोतिमहत्कर्मशत्रूणांवैमहाबलः १३ महाकायोमहोत्साहोनागायुतसमोबले ॥ तंभीमसेनमायान्तंकेशूराःपर्यवारयन् १४
यदायाज्जलदप्रख्योरथःपरमवीर्यवान् ॥ पर्जन्यइवबीभत्सुस्तुमुलामशनींसृजन् १५ विसृजञ्छरजालानिवर्षाणिमघवानिव ॥ अवस्फूर्जन्दिशःसर्वास्तलनेमिस्वनेनच
१६ चापविद्युत्प्रभोघोरोरथगुल्मबलाहकः ॥ सनेमिघोषस्तनितःशरशब्दातिबंधुरः १७ रोषनिर्जितजीमूतोमनोभिप्रायशीघ्रगः ॥ मर्मातिगोबाणधरस्तुमुलःशोणि
तोदकैः १८ संप्लावयन्दिशःसर्वामानवैरास्तरन्महीम् ॥ भीमनिःस्वनितोरौद्रोदुर्योधनपुरोगमान् १९ युद्धेऽभ्यषिंचद्विजयोगार्ध्रपत्रैःशिलाशितैः ॥ गांडीवंधारयन्
धीमान्कीदृशंवोमनस्तदा २० इषुसंबाधमाकाशंकुर्वन्कपिवरध्वजः ॥ यदाऽयात्कथमासीत्तुतदापार्थंसमीक्षताम् २१ कच्चिद्गांडीवशब्देननप्रणश्यतिवैबलम् ॥ यद्वः
सभैरवंकुर्वन्नर्जुनोभृशमन्वयात् २२ कच्चिन्नापानुदत्प्राणानिषुभिर्वोधनंजयः ॥ वातोवेगादिवाविध्यन्मेवान्शरगणैर्नृपान् २३ कोहिगांडीवधन्वानंरणेसोढुंनरोऽर्हति ॥
यमुपश्रुत्यसेनाग्रेजनःसर्वोविदीर्यते २४ यत्सेनाःसमकंपन्तयद्वीरानस्पृशद्भयम् ॥ केतत्रनाजहुर्द्रोणंकेक्षुद्राःप्राद्रवन्भयात् २५ केवातत्रतनूस्त्यक्त्वाप्रतीपंमृत्यु
मात्रजन् ॥ अमानुषाणांजेतारंयुद्धेष्वपिधनंजयम् २६ नचवेगंसिताश्वस्यविसहिष्यंतिमामकाः ॥ गांडीवस्यचनिर्घोषंप्रावृड्जलदनिःस्वनम् २७ विष्वक्से
नोयस्ययंतायस्ययोद्धाधनंजयः ॥ अशक्यःसरथोजेतुंमन्येदेवासुरैरपि २८ सुकुमारोयुवाशूरोदर्शनीयश्चपांडवः ॥ मेधावीनिपुणोधीमान्युधिसत्यपराक्रमः २९
आरावंविपुलंकुर्वन्व्यथयन्सर्वसैनिकान् ॥ यदाऽयान्नकुलोद्रोणंकेशूराःपर्यवारयन् ३० आशीविषइवक्रुद्धःसहदेवोयदाऽभ्ययात् ॥ कदनंकरिष्यन्शत्रूणांतेजसादुर्ज
योयुधि ३१ आर्यव्रतममोघेषुंह्रीमंतमपराजितम् ॥ सहदेवंतमायांतंकेशूराःपर्यवारयन् ३२ यस्तुसौवीरराजस्यप्रमथ्यमहतींचमूम् ॥ आदत्तमहिषींभोजांकाम्यां
सर्वांगशोभनाम् ३३ सत्यंधृतिश्चशौर्यंचब्रह्मचर्यंचकेवलम् ॥ सर्वाणियुयुधानेऽस्मिन्नित्यानिपुरुषर्षभे ३४ बलिनंसत्यकर्माणमदीनमपराजितम् ॥ वासुदेवसमंयुद्धे
वासुदेवादनंतरम् ३५ धनंजयोपदेशेनश्रेष्ठमिष्वस्त्रकर्मणि ॥ पार्थेनसममस्त्रेषुकस्तंद्रोणादवारयत् ३६ वृष्णीनांप्रवरंवीरंशूरंसर्वधनुष्मताम् ॥ रामेणसममस्त्रेषुयश
साविक्रमेणच ३७ सत्यंधृतिर्मतिःशौर्यंब्राह्मंचास्त्रमनुत्तमम् ॥ सात्वतेतानिसर्वाणित्रैलोक्यमिवकेशवे ३८ तमेवंगुणसंपन्नंदुर्वारमपिदैवतैः ॥ समासाद्यमहेष्वासंके
शूराःपर्यवारयन् ३९ पंचालेषूत्तमंवीरमुत्तमाभिजनप्रियम् ॥ नित्यमुत्तमकर्माणमुत्तमौजसमाहवे ४० युक्तंधनंजयहितेममानर्थार्थमुत्थितम् ॥ यमवैश्रवणादित्य
महेन्द्रवरुणोपमम् ४१ महारथंसमाख्यातंद्रोणायोद्यतमाहवे ॥ त्यजन्तंतुमुलेप्राणान्केशूराःसमवारयन् ४२

३ २८ । २९ । ३० । ३१ । ३२ । ३३ युयुधानेसात्यकौ ३४ । ३५ । ३६ । ३७ सात्वतेसात्यकौ ३८ । ३९ । ४० । ४१ । ४२

म.भा.टी. ॥ ७ ॥ ४३ । ४४ । ४५ । ४६ । ४७ । ४८ । ४९ । ५० । ५१ । ५२ ५३ । ५४ । ५५ । ५६ । ५७ । ५८ । ५९ । ६० । ६१ । ६२ । ६३ । ६४ । ६५ । ६६ । ६७ स्थास्नुचारिषुस्थावरजंगमा द्रोण. अ० १०

एकोऽपसृत्यचेदिभ्यःपांडवान्यःसमाश्रितः ॥ धृष्टकेतुंसमायान्तंद्रोणंकस्तंन्यवारयत् ४३ योऽवधीत्केतुमान्वीरोराजपुत्रंदुरासदम् ॥ अपरांतगिरिद्वारेद्रोणात्कस्तंन्य
वारयत् ४४ स्त्रीपुंसयोर्नरव्याघ्रोयःसवेदगुणागुणान् ॥ शिखंडिनंयाज्ञसेनिमम्लानमनसंयुधि ४५ देवव्रतस्यसमरेहेतुंमृत्योर्महात्मनः ॥ द्रोणायाभिमुखंयांतंकेशूराः
पर्यवारयन् ४६ यस्मिन्नभ्यधिकावीरेगुणाःसर्वेधनंजयात् ॥ यस्मिन्नस्त्राणिसत्यंचब्रह्मचर्यंचसर्वदा ४७ वासुदेवसमंवीर्येधनंजयसमंबले ॥ तेजसाऽऽदित्यसदृशंबृह
स्पतिसमंमतौ ४८ अभिमन्युंमहात्मानंव्यात्ताननमिवान्तकम् ॥ द्रोणायाभिमुखंयान्तंकेशूराःसमवारयन् ४९ तरुणस्तरुणप्रज्ञःसौभद्रःपरवीरहा ॥ यदाऽभ्यधावद्वै
द्रोणंतदासीद्वोमनःकथम् ५० द्रौपदेयान्नरव्याघ्राःसमुद्रमिवसिन्धवः ॥ यद्द्रोणमाद्रवन्संख्येकेशूरास्तान्न्यवारयन् ५१ एतेद्वादशवर्षाणिक्रीडामुत्सृज्यबालकाः ॥
अस्त्रार्थमवसन्भीष्मेबिभ्रतोव्रतमुत्तमम् ५२ क्षत्रंजयःक्षत्रदेवःक्षत्रवर्माचमानदः ॥ धृष्टद्युम्नात्मजावीराःकेतान्द्रोणादवारयन् ५३ शताद्विशिष्टंयंयुद्धेसममन्यन्तवृष्ण
यः ॥ चेकितानंमहेष्वासंकस्तंद्रोणादवारयत् ५४ वार्धक्षेमिःकलिंगानांयःकन्यामाहरद्युधि ॥ अनाधृष्टिरदीनात्माकस्तंद्रोणादवारयत् ५५ भ्रातरःपंचकैकेयाधार्मि
काःसत्यविक्रमाः ॥ इन्द्रगोपकसंकाशारक्तवर्मायुधध्वजाः ५६ मातृष्वसुःसुतावीराःपांडवानांजयार्थिनः ॥ तान्द्रोणंहन्तुमायातान्केवीराःपर्यवारयन् ५७ यंयोधयंतो
राजानोनाजयन्वारणावते ॥ षण्मासानपिसंरब्धाजिघांसन्तोयुधांपतिम् ५८ धनुष्मतांवरंशूरंसत्यसन्धंमहाबलम् ॥ द्रोणात्कस्तंनरव्याघ्रंयुयुत्सुंपर्यवारयत् ५९ यःपुत्रं
काशिराजस्यवाराणस्यांमहारथम् ॥ समरेस्त्रीषुगृध्यन्तंभल्लेनापाहरद्रथात् ६० धृष्टद्युम्नंमहेष्वासंपार्थानांमंत्रधारिणम् ॥ युक्तंदुर्योधनानर्थेसृष्टंद्रोणवधायच ६१ निर्द
हन्तंरणेयोधान्दारयन्तंचसर्वतः ॥ द्रोणाभिमुखमायांतंकेशूराःपर्यवारयन् ६२ उत्संगइवसंवृद्धंद्रुपदस्यास्त्रवित्तमम् ॥ शैखंडिनंक्षत्रगुप्तंकेचद्रोणादवारयन् ६३ यइमां
पृथिवींकृत्स्नांचर्मवत्समवेष्टयत् ॥ महतारथघोषेणमुख्यारिघ्नोमहारथः ६४ दशाश्वमेधानाजह्रेस्वन्नपानाप्तदक्षिणान् ॥ निरर्गलान्सर्वमेधान्पुत्रवत्पालयन्प्रजाः ६५
गंगास्रोतसियावत्यःसिकताअप्यशेषतः ॥ तावतीर्गाददौवीरउशीनरसुतोऽध्वरे ६६ नपूर्वेनापरेचक्रुरिदंकेचनमानवाः ॥ इतीदंचुक्रुशुर्देवाःकृतेकर्मणिदुष्करे ६७ पश्या
मस्त्रिषुलोकेषुनतंसंस्थास्नुचारिषु ॥ जातंचापिजनिष्यन्तंद्वितीयंचापिसांप्रतम् ६८ अन्यमौशीनराच्छैब्याद्धुरोवोढारमित्युत ॥ गतिंयस्यनयास्यंतिमानुषालोकवा
सिनः ६९ तस्यनप्तारमायांतंशैब्यंकःसमवारयत् ॥ द्रोणायाभिमुखंयत्तंव्यात्ताननमिवांतकम् ७० विराटस्यरथानीकंमत्स्यस्यामित्रघातिनः ॥ प्रेप्सन्तंसमरेद्रोणंके
वीराःपर्यवारयन् ७१

त्मकेषु समितिपस्यव्यवहितेनपश्यामइत्यनेनसंबंधः ६८ । ६९ । ७० । ७१

१. ‘विसृष्टा दक्षिणायस्यगंगाजलमवारयत्’ इत्यधिकार

॥ ७ ॥

७२ । ७३ । ७४ । ७५ । ७६ । ७७ ॥ इतिद्रोणपर्वणिटीकायांदशमोऽध्यायः ॥ १० ॥ ॥ शृण्विति १ । २ हयराजंकेशिनम् ३ । ४ । ५ विक्रमेणैवअस्त्रंविना ६ । ७ । ८ । ९ । १०

सद्योवृकोदराज्जातोमहाबलपराक्रमः ॥ मायावीराक्षसोवीरोयस्मान्ममहद्भयम् ७२ पार्थानांजयकामंतंपुत्राणांममकण्टकम् ॥ घटोत्कचंमहात्मानंकस्तंद्रोणा
दवारयत् ७३ एतेचान्येचबहवोयेषामर्थायसंजय ॥ त्यक्तारःसंयुगेप्राणान्किंतेषामजितंयुधि ७४ येषांचपुरुषव्याघ्रःशार्ङ्गधन्वाव्यपाश्रयः ॥ हितार्थीचापि
पार्थानांकथंतेषांपराजयः ७५ लोकानांगुरुरत्यर्थंलोकनाथःसनातनः ॥ नारायणोरणेनाथोदिव्योदिव्यात्मकःप्रभुः ७६ यस्यदिव्यानिकर्माणिप्रवदंतिमनी
षिणः ॥ तान्यहंकीर्त्तयिष्यामिभक्त्यास्थैर्यार्थमात्मनः ७७ ॥ इतिश्रीमहाभारतेद्रोणपर्वणिद्रोणाभिषेकपर्वणिधृतराष्ट्रवाक्येदशमोऽध्यायः ॥ १० ॥
॥ धृतराष्ट्रउवाच ॥ शृणुदिव्यानिकर्माणिवासुदेवस्यसंजय ॥ कृतवान्यानिगोविन्दोयथानान्यःपुमान्क्वचित् १ संवर्धतागोपकुलेबालेनैवमहात्मना ॥ विख्या
पितंबलंबाह्वोस्त्रिषुलोकेषुसंजय २ उच्चैःश्रवस्तुल्यबलंवायुवेगसमंजवे ॥ जघानहयराजंतंयमुनावनवासिनम् ३ दानवंघोरकर्माणंगवांमृत्युमिवोत्थितम् ॥ वृष
रूपधरंबाल्येभुजाभ्यांनिजघानह ४ प्रलंबंनरकंजंभंपीठंचापिमहासुरम् ॥ मुरुंचांतकसंकाशमवधीत्पुष्करेक्षणः ५ तथाकंसोमहातेजाजरासंधेनपालितः ॥ विक्र
मेणैवकृष्णेनसगणःपातितोरणे ६ सुनामारणविक्रांतःसमग्राक्षौहिणीपतिः ॥ भोजराजस्यमध्यस्थोभ्राताकंसस्यवीर्यवान् ७ बलदेवद्वितीयेनकृष्णेनामित्रघातिना ॥
तरस्वीसमरेदग्धःससैन्यःशूरसेनराट् ८ दुर्वासानामविप्रर्षिस्तथापरमकोपनः ॥ आराधितःसदारेणसचास्मैप्रददौवरान् ९ तथागांधारराजस्यसुतांवीरःस्वयंवरे ॥
निर्जित्यपृथिवीपालानावहत्पुष्करेक्षणः १० अमृष्यमाणाराजानोयस्यजात्याहयाइव ॥ रथेवैवाहिकेयुक्ताःप्रतोदेनकृतव्रणाः ११ जरासंधंमहाबाहुमुपायेनजनार्दनः॥
परेणघातयामाससमग्राक्षौहिणीपतिम् १२ चेदिराजंचविक्रान्तंराजसेनापतिंबली ॥ अर्घेविवदमानंचजघानपशुवत्तदा १३ सौभंदैत्यपुरंखस्थंशाल्वगुप्तंदुरासदम् ॥
समुद्रकुक्षौविक्रम्यपातयामासमाधवः १४ अंगान्वंगान्कलिंगांश्चमागधान्काशिकोसलान् ॥ वात्स्यगार्ग्यकरूषांश्चपौण्ड्रांश्चाप्यजयद्रणे १५ आवंत्यान्दाक्षिणात्यां
श्चपार्वतीयान्दशेरकान् ॥ काश्मीरकानौरसिकान्पिशाचांश्चसमुद्गलान् १६ कांबोजान्वाटधानांश्चचोलान्पांड्यांश्चसंजय ॥ त्रिगर्त्तान्मालवांश्चैवदरदांश्चसुदुर्जयान्
१७ नानादिग्भ्यश्चसंप्राप्तान्खशांश्चैवशकांस्तथा ॥ जितवान्पुण्डरीकाक्षोयवनंचसहानुगम् १८ प्रविश्यमकरावासंयादोगणनिषेवितम् ॥ जिगायवरुणंसंख्येसलिलां
तर्गतंपुरा १९ युधिपंचजनंहत्वादैत्यंपातालवासिनम् ॥ पांचजन्यंहृषीकेशोदिव्यंशंखमवाप्तवान् २० खांडवेपार्थसहितस्तोषयित्वाहुताशनम् ॥ आग्नेयमस्त्रंदुर्धर्षं
चक्रंलेभेमहाबलः २१ वैनतेयंसमारुह्यत्रासयित्वाऽमरावतीम् ॥ महेंद्रभवनाद्वीरःपारिजातमुपानयत् २२ तच्चमार्षितवान्शक्रोजानंस्तस्यपराक्रमम् ॥ राज्ञांचाप्य
जितंकंचित्कृष्णेनेहनशुश्रुम २३ यच्चतन्महदाश्चर्यंसभायांममसंजय ॥ कृतवान्पुण्डरीकाक्षःकस्तदन्यइहार्हति २४

११ परेणभीमेन १२ । १३ । १४ । १५ । १६ । १७ । १८ । १९ । २० । २१ । २२ । २३ । २४

म.भा.टी. २५।२६।२७।२८।२९।३०।३१।३२।३३।३४।३५।३६।३७।३८।३९।४०।४१।४२।४३।४४।४५।४६।४७।४८।४९।५०।५१ ॥ इतिद्रोणपर्वणिटी द्रोण० अ० ११ ॥ ८ ॥

यच्चभक्त्याप्रसन्नोऽहमद्राक्षंकृष्णमीश्वरम् ॥ तन्मेसुविदितंसर्वंप्रत्यक्षमिवचागमम् २५ नांतोविक्रमयुक्तस्यबुद्ध्यायुक्तस्यवापुनः ॥ कर्मणांशक्यतेगंतुंहृषी
केशस्यसंजय २६ तथागदश्चसांबश्चप्रद्युम्नोऽथविदूरथः ॥ अगावहोऽनिरुद्धश्चचारुदेष्णःससारणः २७ उल्मुकोनिशठश्चैवझिल्लीबभ्रुश्चवीर्यवान् ॥ पृथुश्चविपृ
थुश्चैवशमीकोऽथारिमेजयः २८ एतेऽन्येबलवन्तश्चवृष्णिवीराःप्रहारिणः ॥ कथंचित्पांडवानीकंश्रयेयुःसमरेस्थिताः २९ आहूतावृष्णिवीरेणकेशवेनमहात्म
ना ॥ ततःसंशयितंसर्वंभवेदितिमतिर्मम ३० नागायुतबलोवीरःकैलासशिखरोपमः ॥ वनमालीहलीरामस्तत्रयत्रजनार्दनः ३१ यमाहुःसर्वपितरंवासुदेवं
द्विजातयः ॥ अपिवाह्येषपांडूनांयोत्स्यतेऽर्थायसंजय ३२ सयदातातसंनह्येत्पांडवार्थायसंजय ॥ नतदाप्रतिसंयोद्धाभवितातत्रकश्चन ३३ यदिस्मकुरवःसर्वेजये
युर्नामपाण्डवान् ॥ वार्ष्णेयोऽर्थायतेषांवैगृह्णीयाच्छस्त्रमुत्तमम् ३४ ततःसर्वान्नरव्याघ्रोहत्वानरपतीन्रणे ॥ कौरवांश्चमहाबाहुःकुन्त्यैदद्यात्समेदिनीम् ३५ यस्य
यन्ताहृषीकेशोयोद्धायस्यधनंजयः ॥ रथस्यतस्यकःसंख्येप्रत्यनीकोभवेद्रथः ३६ नकेनचिदुपायेनकुरूणांदृश्यतेजयः ॥ तस्मान्मेसर्वमाचक्ष्वयथायुद्धमवर्त्तत
३७ अर्जुनःकेशवस्यात्माकृष्णोऽप्यात्माकिरीटिनः ॥ अर्जुनेविजयोनित्यंकृष्णेकीर्त्तिश्चशाश्वती ३८ सर्वेष्वपिचलोकेषुबीभत्सुरपराजितः ॥ प्राधान्येनैवभूयिष्ठ
ममेयाःकेशवेगुणाः ३९ मोहाद्दुर्योधनःकृष्णंयोनवेत्तीहकेशवम् ॥ मोहितोदैवयोगेनमृत्युपाशपुरस्कृतः ४० नवेदकृष्णंदाशार्हमर्जुनंचैवपाण्डवम् ॥ पूर्वदे
वौमहात्मानौनरनारायणावुभौ ४१ एकात्मानौद्विधाभूतौदृश्येतेमानवैर्भुवि ॥ मनसाऽपिहिदुर्धर्षौसेनामेतांयशस्विनौ ४२ नाशयेतामिहेच्छन्तौमानुषत्वाच्चने
च्छतः ॥ युगस्येवविपर्यासोलोकानामिवमोहनम् ४३ भीष्मस्यचवधस्तातद्रोणस्यचमहात्मनः ॥ नह्येवब्रह्मचर्येणनवेदाध्ययनेनच ४४ नक्रियाभिर्नचास्त्रेण
मृत्योःकश्चिन्निवार्यते ॥ लोकसंभावितौवीरौकृतास्त्रौयुद्धदुर्मदौ ४५ भीष्मद्रोणौहतौश्रुत्वाकिंनुजीवामिसंजय ॥ यांतांश्रियमसूयामःपुरादृष्ट्वायुधिष्ठिरे ४६
अद्यतामनुजानीमोभीष्मद्रोणवधेनह ॥ मत्कृतेचाप्यनुप्राप्तःकुरूणामेषसंक्षयः ४७ पक्वानांहिवधेसूतवज्रायंतेतृणान्युत ॥ अनंतमिदमैश्वर्यंलोकेप्राप्तोयुधिष्ठिरः
४८ यस्यकोपान्महात्मानौभीष्मद्रोणौनिपातितौ ॥ प्राप्तःप्रकृतितोधर्मोनधर्मोमामकान्प्रति ४९ क्रूरःसर्वविनाशायकालोऽसौनातिवर्त्तते ॥ अन्यथाचिंतिता
ह्यर्थानरैस्तातमनस्विभिः ॥ अन्यथैवप्रपद्यंतेदैवादितिमतिर्मम ५० तस्मादपरिहार्येऽर्थेसंप्राप्तेकृच्छ्रउत्तमे ॥ अपारणीयेदुश्चिंत्येयथाभूतंप्रचक्ष्वमे ५१
॥ इतिश्रीमहाभारतेद्रोणपर्वणिद्रोणाभिषेकपर्वणि धृतराष्ट्रविलापेएकादशोऽध्यायः ॥ ११ ॥ ॥ संजयउवाच ॥ हंततेकथयिष्यामिसर्वंप्रत्यक्षदर्शि
वान् ॥ यथासन्यपतद्द्रोणःसूदितःपांडुसृंजयैः १ सेनापतित्वंसम्प्राप्यभारद्वाजोमहारथः ॥ मध्येसर्वस्यसैन्यस्यपुत्रंतेवाक्यमब्रवीत् २

कायांएकादशोऽध्यायः ॥ ११ ॥ ॥ ॥ ॥ हंतेति १।२

॥ ८ ॥

३ । ४ । ५ । ६ । ७ ८ एतांवधरूपांक्रियांमत्तोनाशंससिनसंभावयसि ९ । १० । ११ सुजातंशोभनंजन्म १२ । १३ । १४ । १५ । १६ । १७ । व्यक्तंनियतं १८ । १९ । २० आमर्षयामिउत्सहे २१

यत्कौरवाणामृषभादापगेयादनन्तरम् ॥ सेनापत्येनयद्राजन्मामद्यकृतवानसि २ सदृशंकर्मणस्तस्यफलंप्राप्नुहिभारत ॥ करोमिकामंकंतेऽद्यप्रवृणीष्वयमिच्छसि
४ ततोदुर्योधनोराजाकर्णदुःशासनादिभिः ॥ संमन्त्र्योवाचदुर्धर्षमाचार्यंजयतांवरम् ५ ददासिचेद्वरंमह्यंजीवग्राहंयुधिष्ठिरम् ॥ गृहीत्वारथिनांश्रेष्ठंमत्समीपमिहा
नय ६ ततःकुरूणामाचार्यःश्रुत्वापुत्रस्यतेवचः ॥ सेनांप्रहर्षयन्सर्वामिदंवचनमब्रवीत् ७ धन्यःकुन्तीसुतोराजन्यस्यग्रहणमिच्छसि ॥ नवधार्थंसुदुर्धर्षवरमद्य
प्रयाचसे ८ किमर्थंचनरव्याघ्रनवधंतस्यकांक्षसे ॥ नाशंससिक्रियामेतांमत्तोदुर्योधनध्रुवम् ९ आहोस्विद्धर्मराजस्यद्वेष्टातस्यनविद्यते ॥ यदीच्छसित्वंजीवन्तंकु
लंरक्षसिचात्मनः १० अथवाभरतश्रेष्ठनिर्जित्ययुधिपांडवान् ॥ राज्यंसंप्रतिदत्वाचसौभ्रात्रंकर्तुमिच्छसि ११ धन्यःकुंतीसुतोराजासुजातंचास्यधीमतः ॥ अजातश
त्रुतासत्यातस्ययत्स्निह्यतेभवान् १२ द्रोणेनचैवमुक्तस्यतवपुत्रस्यभारत ॥ सहसानिःसृतोभावोयोऽस्यनित्यहृदिस्थितः १३ नाकारोगूहितुंशक्योबृहस्पतिसमै
रपि ॥ तस्मात्तवसुतोराजन्प्रहृष्टोवाक्यमब्रवीत् १४ वधेकुंतिसुतस्याजौनाचार्यविजयोमम ॥ हतेयुधिष्ठिरेपार्थाहन्युःसर्वान्हिनोध्रुवम् १५ नचशक्यारणेसर्वे
निहंतुममरैरपि ॥ यएवतेषांशेषःस्यात्सएवास्मान्नशेषयेत् १६ सत्यप्रतिज्ञेत्वानीतेपुनर्द्यूतेननिर्जिते ॥ पुनर्यास्यंत्यरण्यायपांडवास्तमनुव्रताः १७ सोऽयंमम
जयोव्यक्तंदीर्घकालंभविष्यति ॥ अतोनवधमिच्छामिधर्मराजस्यकर्हिचित् १८ तस्यजिह्ममभिप्रायंज्ञात्वाद्रोणोऽर्थतत्त्ववित् ॥ तंवरंसांतरंतस्मैददौसंचिन्त्यबुद्धि
मान् १९ ॥ द्रोणउवाच ॥ नचेद्युधिष्ठिरंवीरःपालयत्यर्जुनोयुधि ॥ मन्यस्वपांडवश्रेष्ठमानीतंवशमात्मनः २० नहिशक्योरणेपार्थःसेन्द्रैर्देवासुरैरपि ॥ प्रत्युद्यातु
मतस्तातनैतदामर्षयाम्यहम् २१ असंशयंसमेशिष्योमत्पूर्वश्चास्त्रकर्मणि ॥ तरुणःसुकृतैर्युक्तएकायनगतश्चह २२ अस्त्राणींद्राच्चरुद्राच्चभूयःससमवाप्तवान् ॥ अम
र्षितश्चतेराजंस्ततोनामर्षयाम्यहम् २३ सचापक्रम्यतांयुद्धाद्येनोपायेनशक्यते ॥ अपनीतेततःपार्थेधर्मराजोजितस्त्वया २४ ग्रहणेहिजयस्तस्यनवधेपुरुषर्षभ ॥ एते
नचाप्युपायेनग्रहणंसमुपैष्यसि २५ अहंगृहीत्वाराजानंसत्यधर्मपरायणम् ॥ आनयिष्यामितेराजन्वशमद्यनसंशयः २६ यदिस्थास्यतिसंग्रामेमुहूर्तमपिमेग्रतः ॥
अपनीतेनरव्याघ्रेकुन्तीपुत्रेधनंजये २७ फाल्गुनस्यसमीपेतुनहिशक्योयुधिष्ठिरः ॥ ग्रहीतुंसमरेराजन्सेन्द्रैरपिसुरासुरैः २८ ॥ संजयउवाच ॥ सांतरंतुप्रतिज्ञातेरा
ज्ञोद्रोणेननिग्रहे ॥ गृहीतंतममन्यंततवपुत्राःसुबालिशाः २९ पांडवेयेषुसाक्षेपंद्रोणंजानातितेसुतः ॥ ततःप्रतिज्ञास्थैर्यार्थंसमंत्रोबहुलीकृतः ३० ततोदुर्योधनेना
पिग्रहणंपांडवस्यतत् ॥ सैन्यस्थानेषुसर्वेषुसुघोषितमरिंदम ३१ ॥ इतिश्रीमहाभारतेद्रोणपर्वणिद्रोणाभिषेकपर्वणिद्रोणप्रतिज्ञायांद्वादशोऽध्यायः ॥ १२ ॥ ॥ ॥

मत्पूर्वः अहंपूर्वोगुरुर्यस्य एकायनगतःजयमरणान्यतरनिश्चयवान् २२ । २३ । २४ । २५ । २६ । २७ । २८ । २९ बहुलीकृतःप्रतिज्ञांनत्यजेदितिबहुधुप्रकाशितः ३० । ३१ ॥ इतिद्रोणपर्वणिटिकायां द्वादशोऽध्यायः ॥ १२ ॥

म. भा. टी. ॥ ॥ ९ ॥ द्रोण अ० १३

सांतरेइति १ । २ । ३ । ४ । ५ । ६ । ७ । ८ । ९ । १० । ११ । १२ । १३ । १४ । १५ । १६ । १७ । १८ । १९ । २० । २१ संप्रसुप्तेकृतपत्रसंकोचे २२ वरूथिनारथेन २३ । २४ । २५

॥ संजयउवाच ॥ सांतरेतुप्रतिज्ञातेराज्ञोद्रोणेननिग्रहे ॥ ततस्तेसैनिकाःश्रुत्वातंयुधिष्ठिरनिग्रहम् १ सिंहनादरवांश्चक्रुर्बाहुशब्दांश्चकृत्स्नशः ॥ तच्चसर्वंयथान्यायं धर्मराजेनभारत २ आप्तैराशुपरिज्ञातंभारद्वाजचिकीर्षितम् ॥ ततःसर्वान्समानाय्यभ्रातॄनन्यांश्चसर्वशः ३ अब्रवीद्धर्मराजस्तुधनंजयमिदंवचः ॥ श्रुतंतेपुरुषव्याघ्र द्रोणस्याद्यचिकीर्षितम् ४ यथातन्नभवेत्सत्यंतथानीतिर्विधीयताम् ॥ सांतरंहिप्रतिज्ञातंद्रोणेनामित्रकर्षिणा ५ तच्चान्तरंमहेष्वासत्वयितेनसमाहितम् ॥ सत्वमद्य महाबाहोयुध्यस्वमदनंतरम् ६ यथादुर्योधनःकामंनेमंद्रोणादवाप्नुयात् ॥ अर्जुनउवाच ॥ यथामेनवधःकार्यआचार्यस्यकदाचन ७ तथातवपरित्यागोनमेराजंश्चिकीर्षितः ॥ अप्येवंपांडवप्राणानुत्सृजेयमहंयुधि ८ प्रतीपोनाहमाचार्येभवेयंवैकथंचन ॥ त्वांनिगृह्याहवेराज्यंधार्त्तराष्ट्रोऽयमिच्छति ९ नसतंजीवलोकेऽस्मिन्कामंप्राप्स्यतेकथंचन ॥ प्रपतेत्द्यौःसनक्षत्रापृथिवीशकलीभवेत् १० नत्वांद्रोणोनिगृह्णीयाज्जीवमानेमयिध्रुवम् ॥ यदितस्यरणेसाह्यंकुरुतेवज्रभृत्स्वयम् ११ विष्णुर्वासहितोदेवैर्नत्वांप्राप्स्यत्यसौमृधे ॥ मयिजीवतिराजेन्द्रनभयंकर्तुमर्हसि १२ द्रोणादस्त्रभृतांश्रेष्ठात्सर्वशस्त्रभृतामपि ॥ अन्यच्चब्रूयांराजेंद्रप्रतिज्ञांममनिश्चलाम् १३ नस्मराम्यनृतंतावन्नस्मरामिपराजयम् ॥ नस्मरामिप्रतिश्रुत्यकिंचिदप्यनृतंकृतम् १४ ॥ संजयउवाच ॥ ततःशंखाश्चभेर्यश्चमृदंगाश्चानकैःसह ॥ प्रावाद्यंतमहाराजपांडवानांनिवेशने १५ सिंहनादश्चसंजज्ञेपांडवानांमहात्मनाम् ॥ धनुर्ज्यातलशब्दश्चगगनस्पृक्सुभैरवः १६ श्रुत्वाशंखस्यनिर्घोषंपांडवस्यमहौजसः ॥ त्वदीयेष्वप्यनीकेषु वादित्राण्यभिजघ्निरे १७ ततोव्यूढान्यनीकानितवतेषांचभारत ॥ शनैरुपेयुरन्योन्यंयोध्यमानानिसंयुगे १८ ततःप्रववृतेयुद्धंतुमुलंलोमहर्षणम् ॥ पांडवानांकुरूणांचद्रोणपांचाल्ययोरपि १९ यतमानाःप्रयत्नेनद्रोणानीकविशातने ॥ नशेकुःसृंजयायुद्धेतद्धिद्रोणेनपालितम् २० तथैवतवपुत्रस्यरथोदाराःप्रहारिणः ॥ नशेकुःपांडवींसेनांपाल्यमानांकिरीटिना २१ आस्तांतेस्तिमितेसेनेरक्षमाणेपरस्परम् ॥ संप्रसुप्तेयथानक्तंवनराज्यौसुपुष्पिते २२ ततोरुक्मरथोराजन्नर्केणेवविराजता ॥ वरूथिनाविनिष्पत्यव्यचरत्पृतनामुखे २३ तमुद्यतंरथेनैकमाशुकारिणमाहवे ॥ अनेकमिवसंत्रासान्मेनिरेपांडुसृंजयाः २४ तेनमुक्ताःशराघोराविचेरुःसर्वतोदिशम् ॥ त्रासयंतोमहाराजपांडवेयस्यवाहिनीम् २५ मध्यंदिनमनुप्राप्तोगभस्तिशतसंवृतः ॥ यथादृश्येतवर्मांशुस्तथाद्रोणोऽप्यदृश्यत २६ नचैनंपांडवेयानांकश्चिच्छक्नोतिभारत ॥ वीक्षितुंसमरेकुद्धंमहेंद्रमिवदानवः २७ मोहयित्वाततःसैन्यंभारद्वाजःप्रतापवान् ॥ धृष्टद्युम्नबलंतूर्णंव्यधमन्निशितैःशरैः २८ सदिशःसर्वतोरुद्धासंवृत्यखमजिह्मगैः ॥ पार्षतोयत्रतत्रैवममृदेपांडुवाहिनीम् २९ ॥ इतिश्रीमहाभारतेद्रोणपर्वणिद्रोणाभिषेकपर्वणिअर्जुनकृतयुधिष्ठिराश्वासनेत्रयोदशोऽध्यायः ॥ १३ ॥

२६ । २७ । २८ । २९ इतिद्रोणपर्वणिटीकायांत्रयोदशोऽध्यायः ॥ १३ ॥

ततइति १ । २ । ३ । ४ शुचिसंक्षयेग्रीष्मांते ५ । ६ । ७ । ८ । ९ । १० । ११ । १२ । १३ । १४ । १५ प्राणिनएवत्राजिनःपक्षिणः १६ । १७ । १८ । १९ । २० । २१

॥ संजयउवाच ॥ ततःसपांडवानीकेजनयन्सुमहद्भयम् ॥ व्यचरत्पृतनांद्रोणोदहन्कक्षमिवानलः १ निर्दहंतमनीकानिसाक्षादग्निमिवोत्थितम् ॥ दृष्ट्वारुक्मरथंकु
द्धंसमकम्पन्तसृंजयाः २ सततंकृष्यतःसंख्येधनुषोऽस्याशुकारिणः ॥ ज्याघोषःशुश्रुवेत्यर्थंविस्फूर्जितमिवाशनेः ३ रथिनःसादिनश्चैवनागानश्वान्पदातिनः ॥
रौद्राहस्तवतामुक्ताःसंमृद्नन्तिस्मसायकाः ४ नानद्यमानःपर्जन्यःप्रवृद्धःशुचिसंक्षये ॥ अश्मवर्षमिवावर्षत्परेषामावहद्भयम् ५ विचरन्सतदाराजन्सेनांसंक्षोभयन्प्रभुः ॥
वर्धयामाससंत्रासंशात्रवाणाममानुषम् ६ तस्यविद्युदिवाभ्रेषुचापंहेमपरिष्कृतम् ॥ भ्रमद्रथांबुदेचास्मिन्दृश्यतेस्मपुनःपुनः ७ सवीरःसत्यवान्प्राज्ञोधर्मनित्यः
सदापुनः ॥ युगांतकालवद्घोरांरौद्रांप्रावर्तयन्नदीम् ८ अमर्षवेगप्रभवांक्रव्यादगणसंकुलाम् ॥ बलौघैःसर्वतःपूर्णांध्वजवृक्षापहारिणीम् ९ शोणितोदांरथावर्तां
हस्त्यश्वकृतरोधसम् ॥ कवचोडुपसंयुक्तांमांसपंकसमाकुलाम् १० मेदोमज्जास्थिसिकतामुष्णीषचयफेनिलाम् ॥ संग्रामजलदापूर्णांप्रासमत्स्यसमाकुलाम् ११
नरनागाश्वकलिलांशरवेगौघवाहिनीम् ॥ शरीरदारुसंघट्टांरथकच्छपसंकुलाम् १२ उत्तमांगैःपंकजिनींनिस्त्रिंशझषसंकुलाम् ॥ रथनागह्रदोपेतांनानाभरणभू
षिताम् १३ महारथशतावर्तांभूमिरेणूर्मिमालिनीम् ॥ महावीर्यवतांसंख्येसुतरांभीरुदुस्तराम् १४ शरीरशतसंबाधांगृध्रकंकनिषेविताम् ॥ महारथसहस्राणिनयं
तींयमसादनम् १५ शूलव्यालसमाकीर्णांप्राणिवाजिनिषेविताम् ॥ छिन्नक्षत्रमहाहंसांमुकुटांडजसेविताम् १६ चक्रकूर्मांगदानक्रांशरक्षुद्रझषाकुलाम् ॥ बकगृ
ध्रसृगालानांघोरसंघैर्निषेविताम् १७ निहतान्प्राणिनःसंख्येद्रोणेनबलिनारणे ॥ वहन्तीपितृलोकायशतशोराजसत्तम १८ शरीरशतसंबाधांकेशशैवलशाद्व
लाम् ॥ नदींप्रावर्त्तयद्राजन्भीरूणांभयवर्धिनीम् १९ तर्जयंतमनीकानितानितानिमहारथम् ॥ सर्वतोऽभ्यद्रवन्द्रोणंयुधिष्ठिरपुरोगमाः २० तानभिद्रवतःशूरांस्तावका
दृढविक्रमाः ॥ सर्वतःप्रत्यगृह्णंस्ततदभूल्लोमहर्षणम् २१ शतमायस्तुशकुनिःसहदेवंसमाद्रवत् ॥ सनियंतृध्वजरथंविव्याधनिशितैःशरैः २२ तस्यमाद्रीसुतःकेतुंधनुः
सूतंहयानपि ॥ नातिक्रुद्धःशरैश्छित्वाषष्ट्याविव्याधसौबलम् २३ सौबलस्तुगदांगृह्यप्रचस्कन्दरथोत्तमात् ॥ सतस्यगदयाराजन्रथात्सूतमपातयत् २४ तत
स्तौविरथौराजन्गदाहस्तौमहाबलौ ॥ चिक्रीडतूरणेशूरौसशृंगाविवपर्वतौ २५ द्रोणःपांचालराजानंविद्ध्वादशभिराशुगैः ॥ बहुभिस्तेनचाभ्यस्तस्तंविव्याधततो
ऽधिकैः २६ विविंशतिंभीमसेनोविंशत्यानिशितैःशरैः ॥ विद्ध्वानाकंपयद्वीरस्तदद्भुतमिवाभवत् २७ विविंशतस्तुसहसाव्यश्वकेतुशरासनम् ॥ भीमंचक्रेमहाराज
ततःसैन्यान्यपूजयन् २८ सतन्नममृषेवीरःशत्रोर्विक्रममाहवे ॥ ततोऽस्यगदयादांतान्हयान्सर्वानपातयत् २९ हताश्वात्सरथाद्राजन्गृह्यचर्ममहाबलः ॥ अभ्याया
द्भीमसेनंतुमत्तोमत्तमिवद्विपम् ३०

२२ । २३ । २४ । २५ अभ्यस्तोविद्धः २६ । २७ । २८ । २९ । ३०

३१ । ३२ । ३३ । ३४ । ३५ । ३६ । ३७ । ३८ । ३९ । ४० । ४१ । ४२ । ४३ । ४४ । ४५ । ४६ । ४७ । ४८ । ४९ । ५० । ५१ । ५२ । ५३ । ५४ । ५५ उद्ववर्ह उत्क्षकर्ष शरावरंचर्म

शल्यस्तुनकुलंवीरःस्वस्रीयंप्रियमात्मनः ॥ विव्याधप्रहसन्बाणैर्लालयन्कोपयन्निव ३१ तस्याश्वानातपत्रंचध्वजंसूतमथोधनुः ॥ निपात्यनकुलःसंख्येशंखंदध्मौ
प्रतापवान् ३२ धृष्टकेतुःकृपेणास्तान्छित्वाबहुविधाञ्छरान् ॥ कृपंविव्याधसप्तत्यालक्ष्मचास्याहरत्त्रिभिः ३३ तंकृपःशरवर्षेणमहतासमवारयत् ॥ विव्याधचरणे
विप्रोधृष्टकेतुममर्षणम् ३४ सात्यकिःकृतवर्माणंनाराचेनस्तनांतरे ॥ विद्ध्वाविव्याधसप्तत्यापुनरन्यैःस्मयन्निव ३५ तंभोजःसप्तसप्तत्याविद्ध्वाऽऽशुनिशितैःशरैः ॥ ना
कंपयतशैनेयंशीघ्रोवायुरिवाचलम् ३६ सेनापतिःसुशर्माणंभृशंमर्मस्वताडयत् ॥ सचापितंतोमरेणजत्रुदेशेऽभ्यताडयत् ३७ वैकर्तनंतुसमरेविराटःप्रत्यवारयत् ॥
सहमत्स्यैर्महावीर्यैस्तदद्भुतमिवाभवत् ३८ तत्पौरुषमभूत्तत्रसूतपुत्रस्यदारुणम् ॥ यत्सैन्यंवारयामासशरैःसन्नतपर्वभिः ३९ द्रुपदस्तुस्वयंराजाभगदत्तेनसंगतः ॥
तयोर्युद्धंमहाराजचित्ररूपमिवाभवत् ४० भगदत्तस्तुराजानंद्रुपदंनतपर्वभिः ॥ सनियंतृध्वजरथंविव्याधपुरुषर्षभः ४१ द्रुपदस्तुततःक्रुद्धोभगदत्तंमहारथम् ॥ आज
घानोरसिक्षिप्रंशरेणानतपर्वणा ४२ युद्धंयोधवरौलोकेसौमदत्तिशिखंडिनौ ॥ भूतानांत्रासजननंचक्रातेऽस्त्रविशारदौ ४३ भूरिश्रवारणेराजन्याज्ञसेनिंमहारथम् ॥
महतासायकौघेनच्छादयामासवीर्यवान् ४४ शिखंडीतुततःक्रुद्धःसौमदत्तिंविशांपते ॥ नवत्यासायकानांतुकंपयामासभारत ४५ राक्षसौरौद्रकर्माणौहैडिम्बालंबुषा
वुभौ ॥ चक्रातेऽत्यद्भुतंयुद्धंपरस्परजयैषिणौ ४६ मायाशतसृजौदृप्तौमायाभिरितरेतरम् ॥ अंतर्हितौचेरतुस्तौभृशंविस्मयकारिणौ ४७ चेकितानोनुविन्देनयुयुधेचाति
भैरवम् ॥ यथादेवासुरेयुद्धेबलशक्रौमहाबलौ ४८ लक्ष्मणःक्षत्रदेवेनविमर्दमकरोद्भृशम् ॥ यथाविष्णुःपुराराजन्हिरण्याक्षेणसंयुगे ४९ ततःप्रचलिताश्वेनविधिवत्क
ल्पितेनच ॥ रथेनाभ्यपतद्राजन्सौभद्रंपौरवोनदन् ५० ततोऽभ्ययात्सत्वरितोयुद्धाकांक्षीमहाबलः ॥ तेनचक्रेमहद्युद्धमभिमन्युररिंदमः ५१ पौरवस्त्वथसौभद्रंशर
व्रातैरवाकिरत् ॥ तस्यार्जुनिर्ध्वजंछत्रंधनुश्चोर्व्यामपातयत् ५२ सौभद्रःपौरवंत्वन्यैर्विद्ध्वासप्तभिराशुगैः ॥ पंचभिस्तस्यविव्याधहयान्सूतंचसायकैः ५३ ततःप्रहर्षय
न्सेनांसिंहवद्विनदन्मुहुः ॥ समादत्तार्जुनिस्तूर्णंपौरवान्तकरंशरम् ५४ तंतुसंधितमाज्ञायसायकंघोरदर्शनम् ॥ द्वाभ्यांशराभ्यांहार्दिक्यश्चिच्छेदसशरंधनुः ५५ तदु
त्सृज्यधनुश्छिन्नंसौभद्रःपरवीरहा ॥ उद्ववर्हसितंखड्गमाददानःशरावरम् ५६ सतेनानेकतारेणचर्मणाकृतहस्तवत् ॥ भ्रांतासिनाचरन्मार्गान्दर्शयन्वीर्यमात्मनः ५७
भ्रामितंपुनरुद्भ्रांतमाधूतंपुनरुत्थितम् ॥ चर्मनिस्त्रिंशयोराजन्निर्विशेषमदृश्यत ५८ सपौरवरथस्येषामाक्रुत्यसहसानदन् ॥ पौरवंरथमास्थायकेशपक्षेपरामृशत् ५९
जघानास्यपदासूतमसिनापातयद्ध्वजम् ॥ विक्षोभ्यांभोनिधिंतार्क्ष्यस्तंनागमिवचाक्षिपत् ६० तमागलितकेशान्तंददृशुःसर्वपार्थिवाः ॥ उक्षाणमिवसिंहेनपात्यमानम
चेतसम् ६१ तमार्जुनिवशंप्राप्तंकृष्यमाणमनाथवत् ॥ पौरवंपातितंदृष्ट्वानामृष्यतजयद्रथः ६२

५६ । ५७ । ५८ । ५९ । ६० । ६१ । ६२

६३ । ६४ । ६५ । ६६ । ६७ । ६८ । ६९ । ७० । ७१ । ७२ । ७३ । ७४ । ७५ । ७६ । ७७ । ७८ । ७९ । ८० । ८१ । ८२ । ८३ । ८४ । ८५ । ८६ परामर्वंप्रेक्ष्येतिशेषः ८७ ॥ इतिद्रोणप

सबर्हिबर्हावततांकिंकिणीशतजालवत् ॥ चर्मचादायखङ्गंचनदन्पर्यपतद्रथात् ६३ ततःसैन्धवमालोक्यकार्ष्णिरुत्सृज्यपौरवम् ॥ उत्पपातरथात्तूर्णंश्येनवन्निपपात
च ६४ प्रासपट्टिशनिस्त्रिंशाञ्छत्रुभिःसंप्रचोदितान् ॥ चिच्छेदचासिनाकार्ष्णिश्चर्मणासंरुरोधच ६५ सदर्शयित्वासैन्यानांस्वबाहुबलमात्मनः ॥ तमुद्यम्यम
हाखड्गंचर्मचाथपुनर्बली ६६ वृद्धक्षत्रस्यदायादंपितुरत्यंतवैरिणम् ॥ ससाराभिमुखःशूरःशार्दूलइवकुंजरम् ६७ तौपरस्परमासाद्यखङ्गदंतनखायुधौ ॥ हृष्टव
त्संप्रजह्रातेव्याघ्रकेसरिणाविव ६८ संपातेष्वभिघातेषुनिपातेष्वसिचर्मणोः ॥ नतयोरन्तरंकश्चिद्ददर्शनरसिंहयोः ६९ अवक्षेपोऽसिनिर्ह्रादःशस्त्रांतरनिदर्शनम् ॥
बाह्यांतरनिपातश्चनिर्विशेषमदृश्यत ७० बाह्यमाभ्यंतरंचैवचरन्तौमार्गमुत्तमम् ॥ ददृशातेमहात्मानौसपक्षाविवपर्वतौ ७१ ततोविक्षिपतःखङ्गंसौभद्रस्ययशस्वि
नः ॥ शरावरणपक्षान्तेप्रजहारजयद्रथः ७२ रुक्मपत्रान्तरेसक्तस्तस्मिंश्चर्मणिभास्वरे ॥ सिंधुराजबलोद्धूतःसोऽभज्यतमहानसिः ७३ भग्नमाज्ञायनिस्त्रिंशमव
प्लुत्यपदानिषट् ॥ अदृश्यतनिमेषेणस्वरथंपुनरास्थितः ७४ तंकार्ष्णिसमरान्मुक्तमास्थितंरथमुत्तमम् ॥ सहिताःसर्वराजानःपरिवव्रुःसमंततः ७५ ततश्चर्मच
खङ्गंचसमुत्क्षिप्यमहाबलः ॥ ननादार्जुनदायादःप्रेक्षमाणोजयद्रथम् ७६ सिंधुराजंपरित्यज्यसौभद्रःपरवीरहा ॥ तापयामासतत्सैन्यंभुवनंभास्करोयथा ७७
तस्यसर्वायसींशक्तिंशल्यःकनकभूषणाम् ॥ चिक्षेपसमरेघोरांदीप्तामग्निशिखामिव ७८ तामवप्लुत्यजग्राहविकोशंचाकरोदसिम् ॥ वैनतेयोयथाकार्ष्णिःपतंतमु
रगोत्तमम् ७९ तस्यलाघवमाज्ञायसत्वंचामिततेजसः ॥ सहिताःसर्वराजानःसिंहनादमथानदन् ८० ततस्तामेवशल्यस्यसौभद्रःपरवीरहा ॥ मुमोचभुजवीर्ये
णवैदूर्यविकृतांशिताम् ८१ सातस्यरथमासाद्यनिर्मुक्तभुजगोपमा ॥ जघानसूतंशल्यस्यरथाच्चैनमपातयत् ८२ ततोविराटद्रुपदौधृष्टकेतुर्युधिष्ठिरः ॥ सात्य
किःकेकयाभीमोधृष्टद्युम्नशिखंडिनौ ८३ यमौचद्रौपदेयाश्चसाधुसाध्वितिचुक्रुशुः ॥ बाणशब्दाश्चविविधाःसिंहनादाश्चपुष्कलाः ८४ प्रादुरासन्हर्षयन्तःसौभद्रम
पलायिनम् ॥ तन्नामृष्यंतपुत्रास्तेशत्रोर्विजयलक्षणम् ८५ अथैनंसहसासर्वेसमन्तान्निशितैःशरैः ॥ अभ्याकिरन्महाराजजलदाइवपर्वतम् ८६ तेषांचप्रिय
मन्विच्छन्सूतस्यचपराभवम् ॥ आर्त्तायनिरमित्रघ्नःक्रुद्धःसौभद्रमभ्ययात् ८७ ॥ इतिश्रीमहाभारतेद्रोणपर्वणिद्रोणाभिषेकपर्वणिअभिमन्युपराक्रमेचतुर्दशो
ऽध्यायः ॥ १४ ॥ ॥ ॥ धृतराष्ट्रउवाच ॥ बहूनिसुविचित्राणिद्वन्द्वयुद्धानिसंजय ॥ त्वयोक्तानिनिशम्याहंस्पृहयामिसचक्षुषाम् १ आश्चर्यभूतं
लोकेषुकथयिष्यंतिमानवाः ॥ कुरूणांपाण्डवानांचयुद्धंदेवासुरोपमम् २ नहिमेतृप्तिरस्तीहशृण्वतोयुद्धमुत्तमम् ॥ तस्मादार्त्तायनेर्युद्धंसौभद्रस्यचशंसमे ३
॥ संजयउवाच ॥ सादितंप्रेक्ष्ययन्तारंशल्यःसर्वायसींगदाम् ॥ समुत्क्षिप्यनदन्क्रुद्धःप्रचस्कंदरथोत्तमात् ४

र्वणिटीकायांचतुर्दशोऽध्यायः ॥ १४ ॥ ॥ ॥ ॥ बहूनीति ॥ १ । २ । ३ । ४

म.भा.टी. ५ । ६ । ७ । ८ । ९ । १० । ११ । १२ । १३ । १४ । १५ । १६ । १७ । १८ । १९ । २० वइत्यर्थे २१ । २२ । २३ । २४ । २५ । २६ । २७ । २८ । २९ । ३० । ३१ । ३२ द्रोण०

तंदीप्तमिवकालाग्निंदण्डहस्तमिवांतकम् ॥ जवेनाभ्यपतद्भीमःप्रगृह्यमहतींगदाम् ५ सौभद्रोऽप्यशनिप्रख्यांप्रगृह्यमहतींगदाम् ॥ एह्येहीत्यब्रवीच्छल्यंयत्नाद्भी
मेनवारितः ६ वारयित्वातुसौभद्रंभीमसेनःप्रतापवान् ॥ शल्यमासाद्यसमरेतस्थौगिरिरिवाचलः ७ तथैवमद्रराजोऽपिभीमंदृष्ट्वामहाबलम् ॥ ससाराभिमुखस्तू
र्णंशार्दूलइवकुंजरम् ८ ततस्तूर्यनिनादाश्चशंखानांचसहस्रशः ॥ सिंहनादाश्वसंजज्ञुर्भेरीणांचमहास्वनाः ९ पश्यतांशतशोह्यासीदन्योऽन्यमभिधावताम् ॥
पाण्डवानांकुरूणांचसाधुसाध्वितिनिःस्वनाः १० नहिमद्राधिपादन्यःसर्वराजसुभारत ॥ सोढुमुत्सहतेवेगंभीमसेनस्यसंयुगे ११ तथामद्राधिपस्यापिगदावेगंमहा
त्मनः ॥ सोढुमुत्सहतेलोकेयुधिकोन्योवृकोदरात् १२ पट्टैर्जाम्बूनदैर्बद्धाबभूवजनहर्षणी ॥ प्रजज्वालतदाविद्धाभीमेनमहतीगदा १३ तथैवचरतोमार्गान्मंड
लानिचसर्वशः ॥ महाविद्युत्प्रतीकाशाशल्यस्यशुशुभेगदा १४ तौवृषाविवनर्दन्तौमंडलानिविचेरतुः ॥ आवर्त्तितगदाशृंगावुभौशल्यवृकोदरौ १५ मंडलावर्तमा
र्गेषुगदाविहरणेषुच ॥ निर्विशेषमभूद्युद्धंतयोःपुरुषसिंहयोः १६ ताडिताभीमसेनेनशल्यस्यमहतीगदा ॥ साग्निज्वालामहारौद्रातदातूर्णमशीर्यत १७ तथैव
भीमसेनस्यद्विषताऽभिहतागदा ॥ वर्षाप्रदोषेखद्योतैर्वृतोवृक्षइवाबभौ १८ गदाक्षिप्तातुसमरेमद्रराजेनभारत ॥ व्योमदीपयमानासाससृजेपावकंमुहुः १९ तथै
वभीमसेनेनद्विषतेप्रेषितागदा ॥ तापयामासतत्सैन्यंमहोल्कापततीयथा २० तेगदेगदिनांश्रेष्ठेसमासाद्यपरस्परम् ॥ श्वसंत्योनागकन्येवससृजातेविभावसुम्
२१ नखैरिवमहाव्याघ्रौदन्तैरिवमहागजौ ॥ तौविचेरतुरासाद्यगदाग्र्याभ्यांपरस्परम् २२ ततोगदाग्र्याभिहतौक्षणेनरुधिरोक्षितौ ॥ ददृशातेमहात्मानौकिंशु
काविवपुष्पितौ २३ शुश्रुवेदिक्षुसर्वासुतयोःपुरुषसिंहयोः ॥ गदाभिघातसंह्रादःशक्राशनिरवोपमः २४ गदयामद्रराजेनसव्यदक्षिणमाहतः ॥ नाकंपततदा
भीमोभिद्यमानइवाचलः २५ तथाभीमगदावेगैस्ताड्यमानोमहाबलः ॥ धैर्यान्मद्राधिपस्तस्थौवज्रैर्गिरिरिवाहतः २६ आपेततुर्महावेगौसमुच्छ्रितगदावुभौ ॥
पुनरंतरमार्गस्थौमंडलानिविचेरतुः २७ अथाप्लुत्यपदान्यष्टौसन्निपत्यगजाविव ॥ सहसालोहदंडाभ्यामन्योऽन्यमभिजघ्नतुः २८ तौपरस्परवेगाच्चगदाभ्यांचभृ
शाहतौ ॥ युगपत्पेततुर्वीरौक्षिताविंद्रध्वजाविव २९ ततोविह्वलमानंतंनिःश्वसन्तंपुनःपुनः ॥ शल्यमभ्यपतत्तूर्णंकृतवर्मामहारथः ३० दृष्ट्वाचैनंमहाराजगदयाऽभि
निपीडितम् ॥ विचेष्टंतंयथानागंमूर्च्छयाऽभिपरिप्लुतम् ३१ ततःस्वरथमारोप्यमद्राणामधिपंरणे ॥ अपोवाहरणात्तूर्णंकृतवर्मामहारथः ३२ क्षीबवद्विह्वलोवीरोनि
मेषात्पुनरुत्थितः ॥ भीमोऽपिसुमहाबाहुर्गदापाणिरदृश्यत ३३ ततोमद्राधिपंदृष्ट्वातवपुत्राःपराङ्मुखम् ॥ सनागपत्त्यश्वरथाःसमकंपंतमारिष ३४ तेपांडवैरर्द्य
मानास्तावकाजितकाशिभिः ॥ भीतादिशोऽन्वपद्यन्तवातनुन्नाघनाइव ३५

क्षीबवन्मत्तवत् ३३ । ३४ । ३५ ॥११॥

३६ । ३७ ॥ इतिद्रोणपर्वणिटीकायांपंचदशोऽध्यायः ॥ १५ ॥ ॥ तद्विति । अस्त्रमायया अस्त्रकौशलेन १ । २ । ३ । ४ । ५ । ६ । ७ । ८ । ९ । १० । ११ । १२ कथंयुयुधिरेइत्यस्योत्तरं

निर्जित्यधार्तराष्ट्रांस्तुपाण्डवेयामहारथाः ॥ व्यरोचंतरणेराजन्दीप्यमानाइवाग्नयः ३६ सिंहनादान्भृशंचक्रुःशंखान्दध्मुश्चहर्षिताः ॥ भेरीश्चवादयामासुर्मृदंगां श्चानकैःसह ३७ ॥ इतिश्रीमहाभारतेद्रोणपर्वणिद्रोणाभिषेकपर्वणिशल्यापयानेपंचदशोऽध्यायः ॥ १५ ॥ ॥ संजयउवाच ॥ तद्बलंसुमहद्दीर्णंत्वदीयंप्रे क्ष्यवीर्यवान् ॥ दधारैकोरणेराजन्वृषसेनोऽस्त्रमायया ॥ १ शरादशदिशोमुक्तावृषसेनेनसंयुगे ॥ विचेरुस्तेविनिर्भिद्यनरवाजिरथद्विपान् २ तस्यदीप्तामहा बाणाविनिश्चेरुःसहस्रशः ॥ भानोरिवमहाराजघर्मकालेमरीचयः ३ तेनार्दितामहाराजरथिनःसादिनस्तथा ॥ निपेतुरुर्व्यांसहसावातभग्नाइवद्रुमाः ४ हयौघां श्चरथौघांश्चगजौघांश्चमहारथः ॥ अपातयद्रणेराजन्शतशोऽथसहस्रशः ५ दृष्ट्वातमेकंसमरेविचरंतमभीतवत् ॥ सहिताःसर्वराजानःपरिवव्रुःसमंततः ६ नाकु लिस्तुशतानीकोवृषसेनंसमभ्ययात् ॥ विव्याधचैनंदशभिर्नाराचैर्मर्मभेदिभिः ७ तस्यकर्णात्मजश्चापंछित्वाकेतुमपातयत् ॥ तंभ्रातरंपरीप्संतोद्रौपदेयाःसम भ्ययुः ८ कर्णात्मजंशरव्रातैरदृश्यंचक्रुरंजसा ॥ तान्नदन्तोऽभ्यधावंतद्रोणपुत्रमुखारथाः ९ छादयन्तोमहाराजद्रौपदेयान्महारथान् ॥ शरैर्नानाविधैस्तूर्णंपर्व तान्जलदाइव १० तान्पाण्डवाःप्रत्यगृह्णंस्त्वरिताःपुत्रगृद्धिनः ॥ पंचालाःकेकयामत्स्याःसृंजयाश्चोद्यतायुधाः ११ तद्युद्धमभवद्घोरंसुमहल्लोमहर्षणम् ॥ त्वदी यैःपांडुपुत्राणांदेवानामिवदानवैः १२ एवंयुयुधिरेवीराःसंरब्धाःकुरुपांडवाः ॥ परस्परमुदीक्षन्तःपरस्परकृतागसः १३ तेषांददृशिरेकोपाद्वपूंष्यमिततेजसाम् ॥ युयु त्सूनामिवाकाशेपतत्रिवरभोगिनाम् १४ भीमकर्णकृपद्रोणद्रौणिपार्षतसात्यकैः ॥ बभासेसरणोद्देशःकालसूर्यइवोदितः १५ तदासीत्तुमुलंयुद्धंनिघ्नतामितरेतरम् ॥ महाबलानांबलिभिर्दानवानांयथासुरैः १६ ततोयुधिष्ठिरानीकमुद्धूतार्णवनिःस्वनम् ॥ त्वदीयमवधीत्सैन्यंसम्प्रद्रुतमहारथम् १७ तत्प्रभग्नंबलंदृष्ट्वाशत्रुभिर्भृशमर्दि तम् ॥ अलंद्रुतेनवःशूराइतिद्रोणोऽभ्यभाषत १८ ततःशोणहयःक्रुद्धश्चतुर्दन्तइवद्विपः ॥ प्रविश्यपांडवानीकंयुधिष्ठिरमुपाद्रवत् १९ तमाविध्यच्छितैर्बाणैःकंकपत्रै र्युधिष्ठिरः ॥ तस्यद्रोणोधनुश्छित्वातंद्रुतंसमुपाद्रवत् २० चक्ररक्षःकुमारस्तुपंचालानांयशस्करः ॥ दधारद्रोणमायांतंवेलेवसरितांपतिम् २१ द्रोणंनिवारितंदृष्ट्वा कुमारेणद्विजर्षभम् ॥ सिंहनादरवोह्यासीत्साधुसाध्वितिभाषितम् २२ कुमारस्तुततोद्रोणंसायकेनमहाहवे ॥ विव्याधोरसिसंक्रुद्धःसिंहवच्चानदन्मुहुः २३ संवार्यचर णेद्रोणंकुमारस्तुमहाबलः ॥ शरैरनेकसाहस्रैःकृतहस्तोजितश्रमः २४ तंशूरमार्यव्रतिनंमंत्रास्त्रेषुकृतश्रमम् ॥ चक्ररक्षंपरामृद्नात्कुमारंद्विजपुंगवः २५ समध्यंप्राप्य सैन्यानांसर्वाःप्रविचरन्दिशः ॥ तवसैन्यस्यगोप्ताऽऽसीद्भारद्वाजोद्विजर्षभः २६ शिखंडिनंद्वादशभिर्विंशत्याचोत्तमौजसम् ॥ नकुलंपंचभिर्विद्ध्वासहदेवंचसप्तभिः २७

एवंयुयुधिरेइति १३ पतत्रिवरभोगिनामिव पतत्रिवरोगरुडः भोगिनःसर्पाः १४ । १५ । १६ । १७ द्रुतेनपलायितेन १८ । १९ । २० । २१ । २२ । २३ । २४ । २५ । २६ । २७

युधिष्ठिरंद्वादशभिर्द्रौपदेयांस्त्रिभिस्त्रिभिः ॥ सात्यकिंपंचभिर्विद्ध्वामत्स्यंचदशभिःशरैः २८ व्यक्षोभयद्रणेयोधान्यथामुख्यमभिद्रवन् ॥ अभ्यवर्त्ततसंप्रेप्सुःकुन्तीपुत्रंयुधिष्ठिरम् २९ युगंधरस्ततोराजन्भारद्वाजंमहारथम् ॥ वारयामाससंक्रुद्धंवातोद्धतमिवार्णवम् ३० युधिष्ठिरंसविद्ध्वातुशरैःसन्नतपर्वभिः ॥ युगंधरंतुभल्लेनरथनीडादपातयत् ३१ ततोविराटद्रुपदौकेकयाःसात्यकिःशिबिः ॥ व्याघ्रदत्तश्चपांचाल्यःसिंहसेनश्ववीर्यवान् ३२ एतेचान्येचबहवःपरीप्संतोयुधिष्ठिरम् ॥ आववुस्तस्यपंथानंकिरन्तःसायकान्बहून् ३३ व्याघ्रदत्तस्तुपांचाल्योद्रोणंविव्याधमार्गणैः ॥ पंचाशताशितैराजंस्ततउच्चुकुशुर्जनाः ३४ त्वरितंसिंहसेनस्तुद्रोणंविद्ध्वामहारथम् ॥ प्राहसत्सहसाहृष्टस्त्रासयन्वैमहारथान् ३५ ततोविस्फार्यनयनेधनुर्ज्यामवमृज्यच ॥ तलशब्दंमहत्कृत्वाद्रोणस्तंसमुपाद्रवत् ३६ ततस्तुसिंहसेनस्यशिरःकायात्सकुण्डलम् ॥ व्याघ्रदत्तस्यचाक्रम्यभल्लाभ्यामाहरद्बली ३७ तान्प्रमृज्यशरव्रातैःपांडवानांमहारथान् ॥ युधिष्ठिररथाभ्याशेतस्थौमृत्युरिवांतकः ३८ ततोऽभवन्महाशब्दोराजन्यौधिष्ठिरेबले ॥ हतोराजेतियोधानांसमीपस्थेयतव्रते ३९ अब्रुवन्सैनिकास्तत्रदृष्ट्वाद्रोणस्यविक्रमम् ॥ अद्यराजाधार्त्तराष्ट्रःकृतार्थोवैभविष्यति ४० अस्मिन्मुहूर्तेद्रोणस्तुपांडवंगृह्यहर्षितः ॥ आगमिष्यतिनोनूनंधार्त्तराष्ट्रस्यसंयुगे ४१ एवंसंजल्पतांतेषांतावकानांमहारथः ॥ आयाज्जवेनकौन्तेयोरथघोषेणनादयन् ४२ शोणितोदांरथावर्तांकृत्वाविशसनेनदीम् ॥ शूरास्थिचयसंकीर्णांप्रेतकूलापहारिणीम् ४३ तांशरौघमहाफेनांप्रासमत्स्यसमाकुलाम् ॥ नदीमुत्तीर्यवेगेनकुरून्विद्राव्यपाण्डवः ४४ ततःकिरीटीसहसाद्रोणानीकमुपाद्रवत् ॥ छादयन्निषुजालेनमहतामोहयन्निव ४५ शीघ्रमभ्यस्यतोबाणान्सन्दधानस्यचानिशम् ॥ नांतरंददृशेकश्चित्कौन्तेयस्ययशस्विनः ४६ नदिशोनांतरिक्षंचनद्यौर्नैवचमेदिनी ॥ अदृश्यंतमहाराजबाणभूताइवाभवन् ४७ नादृश्यततदाराजंस्तत्रकिंचनसंयुगे ॥ बाणांधकारेमहतिकृतेगांडीवधन्वना ४८ सूर्येचास्तमनुप्राप्तेतमसाचाभिसंवृते ॥ नाज्ञायततदाशत्रुर्नसुहृन्नचकश्चन ४९ ततोऽवहारंचकुस्तेद्रोणदुर्योधनादयः ॥ तान्विदित्वापुनस्त्रस्तानयुद्धमनसःपरान् ५० स्वान्यनीकानिबीभत्सुःशनकैरवहारयत् ॥ ततोभितुष्टुवुःपार्थंप्रहृष्टाःपांडुसृंजयाः ५१ पंचालाश्चमनोज्ञाभिर्वाग्भिःसूर्यमिवर्षयः ॥ एवंस्वशिबिरंप्रायाज्जित्वाशत्रून्धनंजयः ५२ पृष्ठतःसर्वसैन्यानांमुदितोवैसकेशवः ५३ मसारगल्वर्कसुवर्णरूप्यैर्वज्रप्रवालस्फटिकैश्चमुख्यैः ॥ चित्रेरथेपांडुसुतोबभासेनक्षत्रचित्रेवियतीवचन्द्रः ५४ ॥ इतिश्रीमहाभारतेद्रोणपर्वणिद्रोणाभिषेकपर्वणि प्रथमदिवसावहारेषोडशोऽध्यायः ॥ १६ ॥ ॥ समाप्तंचद्रोणाभिषेकपर्व ॥ ॥ ॥ अथसंशप्तकवधपर्व ॥ ॥ संजयउवाच ॥ तेसेनेशिबिरंगत्वान्यविशेतांविशांपते ॥ यथाभागंयथान्यायंयथागुल्मंचसर्वशः १

मसारइंद्रनीलः गल्वर्कःपद्मरागः ५४ इतिद्रोणपर्वणिटीकायांषोडशोऽध्यायः ॥ १६ ॥ ॥ ॥ ॥ तेसेनेइति १

२ । ३ । ४ योगेनउपायेन ५ । ६ । ७ । ८ । ९ । १० । ११ । १२ । १३ । १४ । १५ । १६ । १७ । १८ । १९ । २० । २१ । २२ । २३ लोक्याःपुण्यलोकार्हाः २४ ब्रह्मचर्यंवेदव्रताचरणंश्रुतिर्वे

कृत्वाऽवहारंसैन्यानांद्रोणःपरमदुर्मनाः ॥ दुर्योधनमभिप्रेक्ष्यसव्रीडमिदमब्रवीत् २ उक्तमेतन्मयापूर्वंनतिष्ठतिधनंजये ॥ शक्योग्रहीतुंसंग्रामेदेवैरपियुधिष्ठिरः ३
इतितद्वःप्रयततांकृतंपार्थेनसंयुगे ॥ माविशंकीर्वचोमह्यमजेयौकृष्णपाण्डवौ ४ अपनीतेतुयोगेनकेनचिच्छ्वेतवाहने ॥ ततएष्यतितेराजन्वशमेषयुधिष्ठिरः
५ कश्चिदाहूयतंसंख्येदेशमन्यंप्रकर्षतु ॥ ॥ तमजित्वानकौन्तेयोनिवर्तेतकथंचन ६ एतस्मिन्नंतरेशून्येधर्मराजमहंनृप ॥ ग्रहीष्यामिचमूंभित्वाधृष्टद्युम्नस्यप
श्यतः ७ अर्जुनेनविहीनस्तुयदिनोत्सृजतेरणम् ॥ मामुपायांतमालोक्यगृहीतंविद्धिपाण्डवम् ८ एवंतेऽहंमहाराजधर्मपुत्रंयुधिष्ठिरम् ॥ समानेष्यामिसग
णंवशमद्यनसंशयः ९ यदितिष्ठतिसंग्रामेमुहूर्त्तमपिपाण्डवः ॥ अथापयातिसंग्रामाद्विजयात्तद्विशिष्यते १० ॥ संजयउवाच ॥ द्रोणस्यतद्वचःश्रुत्वात्रिगर्त्ता
धिपतिस्तदा ॥ भ्रातृभिःसहितोराजन्निदंवचनमब्रवीत् ११ वयंविनिकृताराजन्सदागांडीवधन्वना ॥ अनागःस्वपिचागस्तत्कृतमस्मासुतेनवै १२ तेवयंस्मरमाणा
स्तान्विनिकारान्पृथग्विधान् ॥ क्रोधाग्निनादह्यमानानशेमहिसदानिशि १३ सनोदिष्ट्याऽस्त्रसंपन्नश्चक्षुर्विषयमागतः ॥ कर्तारःस्मवयंकर्मयच्चिकीर्षामहृद्ग
तम् १४ भवतश्चप्रियंयत्स्यादस्माकंचयशस्करम् ॥ वयमेनंहनिष्यामोनिकृष्यायोधनाद्बहिः १५ अद्यास्त्वनर्जुनाभूमिरत्रिगर्त्ताऽथवापुनः ॥ सत्यंतेप्रतिजा
नीमोनैतन्मिथ्याभविष्यति १६ एवंसत्यरथश्चोक्त्वासत्यवर्माचभारत ॥ सत्यव्रतश्चसत्येषुःसत्यकर्मातथैवच १७ सहिताभ्रातरःपंचरथानामयुतेनच ॥ न्यवर्त
तमहाराजकृत्वाशपथमाहवे १८ मालवास्तुंडिकेराश्चरथानामयुतैस्त्रिभिः ॥ सुशर्माचनरव्याघ्रस्त्रिगर्त्तःप्रस्थलाधिपः १९ मावेल्लकैर्ललित्थैश्चसहितोमद्रकैरपि ॥
रथानामयुतेनैवसोगमद्भ्रातृभिःसह २० नानाजनपदेभ्यश्चरथानामयुतंपुनः ॥ समुत्थितंविशिष्टानांशपथार्थमुपागमत् २१ ततोज्वलनमानर्च्यहुत्वासर्वेपृथक्
पृथक् ॥ जगृहुःकुशचीराणिचित्राणिकवचानिच २२ तेचबद्धतनुत्राणाघृताक्ताःकुशचीरिणः ॥ मौर्वीमेखलिनोवीराःसहस्रशतदक्षिणाः २३ यज्वानःपुत्रिणो
लोक्याःकृतकृत्यास्तनुत्यजः ॥ योक्ष्यमाणास्तदात्मानंयशसाविजयेनच २४ ब्रह्मचर्यश्रुतिमुखैःक्रतुभिश्चाप्तदक्षिणैः ॥ प्राप्यान्लोकान्सुयुद्धेनक्षिप्रमेवयियासवः २५ ब्राह्मणांस्तर्पयित्वाचनिष्कान्दत्वापृथक्पृथक् ॥ गाश्चवासांसिचपुनःसमाभाष्यपरस्परम् २६ प्रज्वाल्यकृष्णवर्त्मानमुपागम्यरणव्रतम् ॥ तस्मि
न्नग्नौतदाचक्रुःप्रतिज्ञांदृढनिश्चयाः २७ शृण्वतांसर्वभूतानामुच्चैर्वाचोबभाषिरे ॥ सर्वेधनंजयवधेप्रतिज्ञांचापिचक्रिरे २८ येवैलोकाश्चाव्रतिनांयेचैवब्रह्मघातिनाम्
॥ मद्यपस्यचयेलोकागुरुदाररतस्यच २९ ब्रह्मस्वहारिणश्चैवराजपिंडापहारिणः ॥ शरणागतंचत्यजतोयाचमानंतथाघ्नतः ३० अगारदाहिनांचैवयेचगां
निघ्नतामपि ॥ अपकारिणांचयेलोकायेचब्रह्मद्विषामपि ३१

दाध्ययनं तेएवमुखंप्रधानंयेषुतैःकर्मभिरितिशेषः २५ । २६ । २७ । २८ । २९ । ३० । ३१

म.भा.टी. आत्मापहारिणांस्वजातिगोपकानां ३२ श्रुतंप्रतिज्ञातं ३३ । ३४ । ३५ । ३६ । ३७ अपदांतरमव्यवहितं ३८ । ३९ । ४० । ४१ । ४२ । ४३ । ४४ । ४५ । ४६ । ४७ । ४८ । ४९ द्रोण.

स्वभार्यामृतुकालेषुमोहाद्वैनाभिगच्छताम् ॥ श्राद्धमैथुनिकानांचयेचाप्यात्मापहारिणाम् ३२ न्यासापहारिणांयेचश्रुतंनाशयतांचये ॥ क्लीबेनयुध्यमानानांये अ० ॥ १३ ॥
चनीचानुसारिणाम् ३३ नास्तिकानांचयेलोकायेऽग्निमातृपितृत्यजाम् ॥ तानाप्नुयामहेलोकान्येचपापकृतामपि ३४ यद्यहत्वावयंयुद्धेनिवर्त्तेमधनंजयम् ॥
तेनचाभ्यर्दितास्त्रासाद्भवेमहिपराङ्मुखाः ३५ यदित्वसुकरंलोकेकर्मकुर्यामसंयुगे ॥ इष्टांल्लोकान्प्राप्नुयामोवयमद्यनसंशयः ३६ एवमुक्त्वातदाराजंस्तेऽभ्यवर्तन्त १८
संयुगे ॥ आह्वयंतोऽर्जुनंवीराःपितृजुष्टांदिशंप्रति ३७ आहूतस्तैर्नरव्याघ्रैःपार्थःपरपुरंजयः ॥ धर्मराजमिदंवाक्यमपदांतरमब्रवीत् ३८ आहूतोननिवर्त्तेयमि
तिमेव्रतमाहितम् ॥ संशप्तकाश्चमांराजन्नाह्वयंतिमहामृधे ३९ एषचभ्रातृभिःसार्धंसुशर्माऽऽह्वयतेरणे ॥ वधायसगणस्यास्यमामनुज्ञातुमर्हसि ४० नैतच्छक्नोमि
संसोढुमाह्वानंपुरुषर्षभ ॥ सत्यंतेप्रतिजानामिहतान्विद्धिपरान्युधि ४१ ॥ युधिष्ठिरउवाच ॥ श्रुतंतेतत्त्वतस्तातयद्द्रोणस्यचिकीर्षितम् ॥ यथातदनृतंतस्यभवेत्तत्त्वं
समाचर ४२ द्रोणोहिबलवाञ्शूरःकृतास्त्रश्चजितश्रमः ॥ प्रतिज्ञातंचतेनैतद्ग्रहणंमेमहारथ ४३ ॥ अर्जुनउवाच ॥ अयंवैसत्यजिद्राजन्नद्यत्वांरक्षितायुधि ॥ ध्रियमा
णेचपांचाल्येनाचार्यःकाममाप्स्यति ४४ हतेतुपुरुषव्याघ्रेरणेसत्यजितिप्रभो ॥ सर्वैरपिसमेतैर्वानस्थातव्यंकथंचन ४५ ॥ संजयउवाच ॥ अनुज्ञातस्ततोराज्ञापरि
ष्वक्तश्चफाल्गुनः ॥ प्रेम्णादृष्टश्चबहुधाह्याशिषश्चास्ययोजिताः ४६ विहायैनंततःपार्थस्त्रिगर्त्तान्प्रत्ययाद्बली ॥ क्षुधितःक्षुद्विघातार्थेसिंहोमृगगणानिव ४७ ततोदौ
र्योधनंसैन्यंमुदापरमयायुतम् ॥ ऋतेऽर्जुनंभृशंक्रुद्धंधर्मराजस्यनिग्रहे ४८ ततोऽन्योन्येनतेसैन्येसमाजग्मतुरोजसा ॥ गंगासरय्वौवेगेनप्रावृषीवोल्बणोदके ४९
इतिश्रीमहाभारतेद्रोणपर्वणिसंशप्तकवधपर्वणि धनंजययानेसप्तदशोऽध्यायः ॥ १७ ॥ ॥ संजयउवाच ॥ ततःसंशप्तकाराजन्समेदेशेव्यवस्थिताः ॥ व्यूह्यानी
कंरथैरेवचंद्राकारंमुदायुताः १ तेकिरीटिनमायांतंदृष्ट्वाहर्षेणमारिष ॥ उदक्रोशन्नरव्याघ्राःशब्देनमहतातदा २ सशब्दःप्रदिशःसर्वादिशःखंचसमावृणोत् ॥ आवृ
तत्वाच्चलोकस्यनासीत्तत्रप्रतिस्वनः ३ सोतीवसंप्रहृष्टांस्तानुपलभ्यधनंजयः ॥ किंचिदभ्युत्स्मयन्कृष्णमिदंवचनमब्रवीत् ४ पश्यैतान्देवकीमातर्मुमूर्षूनद्यसं
युगे ॥ भ्रातृंस्त्रैगर्त्तकानेवंरोदितव्येप्रहर्षितान् ५ अथवाहर्षकालोऽयंत्रैगर्त्तानामसंशयम् ॥ कुनरैर्दुरवापान्हिलोकान्प्राप्स्यंत्यनुत्तमान् ६ एवमुक्त्वामहाबाहुर्हृषी
केशंततोऽर्जुनः ॥ आससादरणेव्यूढांत्रिगर्तानामनीकिनीम् ७ सदेवदत्तमादायशंखंहेमपरिष्कृतम् ॥ दध्मौवेगेनमहताघोषेणापूरयन्दिशः ८ तेनशब्देनवित्र
स्तासंशप्तकवरूथिनी ॥ विचेष्टावस्थितासंख्येह्यश्मसारमयीयथा ९ वाहास्तेषांविवृत्ताक्षाःस्तब्धकर्णशिरोधराः ॥ विष्टब्धचरणामूत्रंरुधिरंचप्रसुस्रुवुः १० उपलभ्य
ततःसंज्ञामवस्थाप्यचवाहिनीम् ॥ युगपत्पांडुपुत्रायचिक्षिपुःकंकपत्रिणः ११

॥ इतिद्रोणपर्वणिटीकायांसप्तदशोऽध्यायः ॥ १७ ॥ ॥ ततइति ॥ १ । २ । ३ । ४ । ५ । ६ । ७ । ८ । ९ । १० । ११ ॥ १३ ॥

१२ । १३ । १४ । १५ । १६ । १७ । १८ । १९ । २० । २१ । २२ । २३ । २४ । २५ । २६ । २७ । २८ । २९ । ३० । ३१ ॥ इतिद्रोणपर्वणिटीकायामष्टादशो

तान्यर्जुनःसहस्राणिदशपंचभिराशुगैः ॥ अनागतान्येवशरैश्चिच्छेदाशुपराक्रमी १२ ततोऽर्जुनंशितैर्बाणैर्दशभिर्दशभिःपुनः ॥ प्राविध्यंततःपार्थस्तानविध्यत्रिभि
स्त्रिभिः १३ एकैकस्तुततःपार्थंराजन्विव्याधपंचभिः ॥ सचतान्प्रतिविव्याधद्वाभ्यांद्वाभ्यांपराक्रमी १४ भूयएवतुसंक्रुद्धास्त्वर्जुनंसहकेशवम् ॥ आपूरयन्शरैस्तीक्ष्णै
स्तडागमिववृष्टिभिः १५ ततःशरसहस्राणिप्रापतन्नर्जुनंप्रति ॥ भ्रमरगणामिवव्राताःफुल्लंद्रुमगणंवने १६ ततःसुबाहुस्त्रिंशद्भिरद्रिसारमयैःशरैः ॥ अविध्यदिषुभिर्गाढं
किरीटेसव्यसाचिनम् १७ तैःकिरीटीकिरीटस्थैर्हेमपुंखैरजिह्मगैः ॥ शातकुंभमयापीडोबभौसूर्यइवोत्थितः १८ हस्तावापंसुबाहोस्तुभल्लेनयुधिपांडवः ॥ चिच्छेद
तंचैवपुनःशरवर्षैरवाकिरत् १९ ततःसुशर्मादशभिःसुरथस्तुकिरीटिनम् ॥ सुधर्मासुधनुश्चैवसुबाहुश्चसमार्पयत् २० तांस्तुसर्वान्पृथग्बाणैर्वानरप्रवरध्वजः ॥ प्रत्यवि
ध्यद्ध्वजांश्चैषांभल्लैश्चिच्छेदसायकान् २१ सुधन्वनोधनुश्छित्वाहयांश्चास्यावधीच्छरैः ॥ अथास्यसशिरस्त्राणंशिरःकायादपातयत् २२ तस्मिन्निपतितेवीरेत्रस्तास्तस्य
पदानुगाः ॥ व्यद्रवंतभयाद्भीतायत्रदौर्योधनंबलम् २३ ततोजघानसंक्रुद्धोवासविस्तांमहाचमूम् ॥ शरजालैरविच्छिन्नैस्तमःसूर्यइवांशुभिः २४ ततोभग्नेबलेतस्मि
न्विप्रलीनेसमंततः ॥ सव्यसाचिनिसंक्रुद्धेत्रैगर्त्तान्भयमाविशत् २५ तेवध्यमानाःपार्थेनशरैःसन्नतपर्वभिः ॥ अमुह्यंस्तत्रतत्रैवत्रस्तामृगगणाइव २६ ततस्त्रिगर्त्तराट्
क्रुद्धस्तानुवाचमहारथान् ॥ अलंद्रुतेनवःशूरानभयंकर्तुमर्हथ २७ शप्त्वाऽथशपथान्घोरान्सर्वसैन्यस्यपश्यतः ॥ गत्वादौर्योधनंसैन्यंकिंवैवक्ष्यथमुख्यशः २८ नाव
हास्याःकथंलोकेकर्मणाऽनेनसंयुगे ॥ भवेमसहिताःसर्वेनिवर्तध्वंयथाबलम् २९ एवमुक्तास्तुतेराजन्नुदक्रोशन्मुहुर्मुहुः ॥ शंखांश्चदध्मिरेवीराहर्षयन्तःपरस्परम् ३० तत
स्तेसंन्यवर्तंतसंशप्तकगणाःपुनः ॥ नारायणाश्चगोपालामृत्युंकृत्वाऽनिवर्त्तनम् ३१ ॥ इतिश्रीमहाभारतेद्रोणपर्वणिसंशप्तकवधपर्वणि सुधन्ववधेअष्टादशोऽध्यायः ॥
१८ ॥ संजयउवाच ॥ दृष्ट्वातुसंनिवृत्तांस्तान्संशप्तकगणान्पुनः ॥ वासुदेवंमहात्मानमर्जुनःसमभाषत १ चोदयाश्वान्हृषीकेशसंशप्तकगणान्प्रति ॥ नैतेहास्यंतिसंग्रामं
जीवंतइतिमेमतिः २ पश्यमेऽस्त्रबलंघोरंबाह्वोरिष्वसनस्यच ॥ अद्यैतान्पातयिष्यामिक्रुद्धोरुद्रःपशूनिव ३ ततःकृष्णःस्मितंकृत्वाप्रतिनंद्यशिवेनतम् ॥ प्रावेशयतदु
र्धर्षोयत्रयत्रैच्छदर्जुनः ४ सरथोभ्राजतेऽत्यर्थमुह्यमानोरणेतदा ॥ उह्यमानमिवाकाशेविमानंपांडुरैर्हयैः ५ मंडलानिततश्चक्रेगतप्रत्यागतानिच ॥ यथाशक्ररथोराजन्
युद्धेदेवासुरेपुरा ६ अथनारायणाःक्रुद्धाविविधायुधपाणयः ॥ छादयंतःशरव्रातैःपरिवव्रुर्धनंजयम् ७ अदृश्यंचमुहूर्तेनचक्रुस्तेभरतर्षभ ॥ कृष्णेनसहितंयुद्धेकुंतीपुत्रं
धनंजयम् ८ क्रुद्धस्तुफाल्गुनःसंख्येद्विगुणीकृतविक्रमः ॥ गांडीवंधनुरामृज्यतूर्णंजग्राहसंयुगे ९ बध्वाचभ्रुकुटिंवक्त्रेक्रोधस्यप्रतिलक्षणम् ॥ देवदत्तंमहाशंखंपूरयामा
सपांडवः १० अथास्त्रमरिसंघघ्नंत्वाष्ट्रमभ्यस्यदर्जुनः ॥ ततोरूपसहस्राणिप्रादुरासन्पृथक्पृथक् ११

ऽध्यायः ॥ १८ ॥ १ । २ । ३ । ४ । ५ । ६ । ७ । ८ । ९ । १० । ११

१ यूपइवोच्छ्रितः इतिपाठः

१२ । १३ । १४ । १५ । १६ । १७ । १८ । १९ । २० । २१ । २२ । २३ । २४ । २५ । २६ । २७ । २८ । २९ सोत्तरायुधिनः उपरिगतैर्योधैःसहिताः ३० । ३१ । ३२ । ३३ । ३४ । ३५ । ३६

आत्मनःप्रतिरूपैस्तैर्नानारूपैर्विमोहिताः ॥ अन्योऽन्येनार्जुनंमत्वास्वमात्मानंचजघ्निरे १२ अयमर्जुनोऽयंगोविंदइमौपांडवयादवौ ॥ इतिब्रुवाणाःसंमूढाजघ्नुरन्यो
न्यमाहवे १३ मोहिताःपरमास्त्रेणक्षयंजग्मुःपरस्परम् ॥ अशोभंतरणेयोधाःपुष्पिताइवकिंशुकाः १४ ततःशरसहस्राणितैर्विमुक्तानिभस्मसात् ॥ कृत्वातदस्त्रंतान्वी
राननयद्यमसादनम् १५ अथप्रहस्यबीभत्सुर्ललित्थान्मालवानपि ॥ मावेल्लकांस्त्रिगर्तांश्चयौधेयांश्चार्दयच्छरैः १६ तेहन्यमानावीरेणक्षत्रियाःकालचोदिताः ॥ व्य
सृजञ्छरजालानिपार्थेनानाविधानिच १७ नध्वजोनार्जुनस्तत्रनरथोनचकेशवः ॥ प्रत्यदृश्यतघोरेणशरवर्षेणसंवृतः १८ ततस्तेऽलब्धलक्षत्वादन्योन्यमभिचुक्रुशुः ॥
हतौकृष्णावितिप्रीत्यावासांस्यादुधुवुस्तदा १९ भेरीमृदंगशंखांश्चदध्मुर्वीराःसहस्रशः ॥ सिंहनादरवांश्चोग्रांश्चक्रिरेतत्रमारिष २० ततःप्रसिष्विदेकृष्णःखिन्नश्चार्जुनम
ब्रवीत् ॥ क्वासिपार्थनपश्येत्वांकच्चिज्जीवसिशत्रुहन् २१ तस्यतद्भाषितंश्रुत्वात्वरमाणोधनंजयः ॥ वायव्यास्त्रेणतैरस्तांशरवृष्टिमपाहरत् २२ ततःसंशप्तकव्रातान्साश्व
द्विपरथायुधान् ॥ उवाहभगवान्वायुःशुष्कपर्णचयानिव २३ उह्यमानास्तुतेराजन्बह्वशोभंतवायुना ॥ प्रडीनाःपक्षिणःकालेवृक्षेभ्यइवमारिष २४ तांस्तथाव्याकुली
कृत्यत्वरमाणोधनंजयः ॥ जघाननिशितैर्बाणैःसहस्राणिशतानिच २५ शिरांसिभल्लैरहरद्बाहूनपिचसायुधान् ॥ हस्तिहस्तोपमांश्चोरूञ्शरैरुर्व्यामपातयत् २६ पृष्ठ
च्छिन्नान्विचरणान्बाहुपार्श्वेक्षणाकुलान् ॥ नानांगावयवैर्हीनांश्चकारारीन्धनंजयः २७ गंधर्वनगराकारान्विधिवत्कल्पितान्रथान् ॥ शरैर्विशकलीकुर्वंश्चक्रेव्यश्वरथ
द्विपान् २८ मुंडतालवनानीवतत्रतत्रचकाशिरे ॥ छिन्नारथध्वजव्राताःकेचित्तत्रक्वचित्क्वचित् २९ सोत्तरायुधिनोनागाःसपाताकांकुशध्वजाः ॥ पेतुःशक्राशनिहता
द्रुमवंतइवाचलाः ३० चामरापीडकवचाःस्रस्तांत्रनयनास्तथा ॥ सारोहास्तुरगाःपेतुःपार्थबाणहताःक्षितौ ३१ विप्रविद्धासिनखराश्छिन्नवर्मर्ष्टिशक्तयः ॥ पत्तयश्छि
न्नवर्माणःकृपणाःशेरतेहताः ३२ तैर्हतैर्हन्यमानैश्चपतद्भिःपतितैरपि ॥ भ्रमद्भिर्निष्टनद्भिश्चक्रूरमायोधनंबभौ ३३ रजश्चसुमहज्जातंशांतंरुधिरवृष्टिभिः ॥ महीचाप्य
भवद्दुर्गाकबंधशतसंकुला ३४ तद्बभौरौद्रबीभत्संबीभत्सोर्यानमाहवे ॥ आक्रीडमिवरुद्रस्यघ्नतःकालात्ययेपशून् ३५ तेवध्यमानाःपार्थेनव्याकुलाश्वरथद्विपाः ॥ तमे
वाभिमुखाःक्षीणाःशक्रस्यातिथितांगताः ३६ साभूमिर्भरतश्रेष्ठनिहतैस्तैर्महारथैः ॥ आस्तीर्णासंबभौसर्वाप्रेतीभूतैःसमंततः ३७ एतस्मिन्नन्तरेचैवप्रमत्तेसव्यसाचिनि ॥
व्यूढानीकस्ततोद्रोणोयुधिष्ठिरमुपाद्रवत् ३८ तंप्रत्यगृह्णंस्त्वरिताव्यूढानीकाःप्रहारिणः ॥ युधिष्ठिरंपरीप्संतस्तदासीत्तुमुलंमहत् ३९ ॥ इतिश्रीमहाभारतेद्रोणपर्वणि
संशप्तकवधपर्वणिअर्जुनसंशप्तकयुद्धेऊनविंशोऽध्यायः ॥ १९ ॥ ॥ ॥

३७ । ३८ । ३९ ॥ इतिद्रोणपर्वणिटीकायांऊनविंशोऽध्यायः ॥ १९ ॥ ॥ ॥ ॥ ॥

१. अर्जुनप्रतिरूपैरितिपाठ.

परिणाम्येति १ । २ । ३ । ४ । ५ । ६ । ७ । ८ । ९ । १० । ११ । १२ । १३ । १४ । १५ उष्णगेघर्मात्यये १६ । १७ पौर्णमास्यांकृत्तिकायोगयुक्तेनइंदुना शारदपूर्णचंद्रेणेत्यर्थः १८ । १९

॥ संजयउवाच ॥ परिणाम्यनिशांतांतुभारद्वाजोमहारथः ॥ उक्तासुबहुराजेन्द्रवचनंवैसुयोधनम् १ विधाययोगंपार्थेनसंशप्तकगणैःसह ॥ निष्क्रांतेचतदापा
र्थेसंशप्तकवधंप्रति २ व्यूढानीकस्ततोद्रोणःपाण्डवानांमहाचमूम् ॥ अभ्ययाद्भरतश्रेष्ठधर्मराजजिघृक्षया ३ व्यूढंदृष्ट्वासुपर्णंतुभारद्वाजकृतंतदा ॥ व्यूहेनमंडला
र्धेनप्रत्यव्यूहद्युधिष्ठिरः ॥ मुखंत्वासीत्सुपर्णस्यभारद्वाजोमहारथः ४ शिरोदुर्योधनोराजासोदर्यैःसानुगैर्वृतः ॥ चक्षुषीकृतवर्मासीद्गौतमश्चास्यतांवरः ५ भूतश
र्मांक्षेमशर्मांकरकाशश्चवीर्यवान् ॥ कलिंगाःसिंहलाःप्राच्याःशूराभीरादशेरकाः ६ शकायवनकांबोजास्तथाहंसपथाश्चये ॥ ग्रीवायांशूरसेनाश्चदरदामद्रकेकयाः
७ गजाश्वरथपत्त्योघास्तस्थुःपरमदंशिताः ॥ भूरिश्रवास्तथाशल्यःसोमदत्तश्चबाह्लिकः ८ अक्षौहिण्यावृतावीरादक्षिणंपार्श्वमास्थिताः ॥ विंदानुविंदावा
वन्त्यौकांबोजश्चसुदक्षिणः ९ वामंपार्श्वंसमाश्रित्यद्रोणपुत्राग्रतःस्थिताः ॥ पृष्ठेकलिंगाःसांबष्ठामागधाःपौण्ड्रमद्रकाः १० गांधाराःशकुनाःप्राच्याःपार्वतीयावसा
तयः ॥ पुच्छेवैकर्त्तनःकर्णःसपुत्रज्ञातिबांधवः ११ महत्यासेनयातस्थौनानाजनपदोत्थया ॥ जयद्रथोभीमरथःसंपातिर्ऋषभोजयः १२ भूमिंजयोवृषक्राथो
नैषधश्चमहाबलः ॥ वृताबलेनमहताब्रह्मलोकपरिष्कृताः १३ व्यूहस्योरसितेराजन्स्थितायुद्धविशारदाः ॥ द्रोणेनविहितोव्यूहःपदात्यश्वरथद्विपैः १४ वातो
द्धूतार्णवाकारःप्रवृत्तइवलक्ष्यते ॥ तस्यपक्षप्रपक्षेभ्योनिष्पतंतियुयुत्सवः १५ सविद्युत्स्तनितामेघाःसर्वदिग्भ्यइवोष्णगे ॥ तस्यप्राग्जोतिषोमध्येविधिवत्कल्पितं
गजम् १६ आस्थितःशुशुभेराजन्नंशुमानुदयेयथा ॥ माल्यदामवताराजन्श्वेतच्छत्रेणधार्यता १७ कृत्तिकायोगयुक्तेनपौर्णमास्यामिवेंदुना ॥ नीलांजनचयप्रख्यो
मदांधोद्विरदोबभौ १८ अतिवृष्टोमहामेघैर्यथास्यात्पर्वतोमहान् ॥ नानानृपतिभिर्वीरैर्विविधायुधभूषणैः १९ समन्वितःपार्वतीयैःशक्रोदेवगणैरिव ॥ ततोयुधि
ष्ठिरःप्रेक्ष्यव्यूहंतमतिमानुषम् २० अजय्यमरिभिःसंख्येपार्षतंवाक्यमब्रवीत् ॥ ब्राह्मणस्यवशंनाहमियामद्ययथाप्रभो ॥ पारावतसवर्णाश्वतथानीतिर्विधीयताम्
२१ ॥ धृष्टद्युम्नउवाच ॥ द्रोणस्ययतमानस्यवशंनैष्यसिसुव्रत ॥ अहमावारयिष्यामिद्रोणमद्यसहानुगम् २२ मयिजीवतिकौरव्यनोद्वेगंकर्त्तुमर्हसि ॥ नहि
शक्तोरणेद्रोणोविजेतुंमांकथंचन २३ ॥ संजयउवाच ॥ एवमुक्त्वाकिरन्बाणान्द्रुपदस्यसुतोबली ॥ पारावतसवर्णाश्वःस्वयंद्रोणमुपाद्रवत् २४ अनिष्टदर्शनं
दृष्ट्वाधृष्टद्युम्नमवस्थितम् ॥ क्षणेनैवाभवद्द्रोणोनातिहृष्टमनाइव २५ तंतुसंप्रेक्ष्यपुत्रस्तेदुर्मुखःशत्रुकर्षणः ॥ प्रियंचिकीर्षुर्द्रोणस्यधृष्टद्युम्नमवारयत् २६ ससंप्रहारस्तु
मुलःसुघोरःसमपद्यत ॥ पार्षतस्यचशूरस्यदुर्मुखस्यचभारत २७ पार्षतःशरजालेनक्षिप्रंप्रच्छाद्यदुर्मुखम् ॥ भारद्वाजंशरौघेणमहतासमवारयत् २८

२० । २१ । २२ । २३ । २४ अनिष्टदर्शनंस्वन्मृत्युहेतुत्वात् २५ । २६ । २७ । २८

म. भा. टी. भृशायस्तोऽतिप्रयत्नवान् २९ । ३० । ३१ । ३२ । ३३ । ३४ । ३५ । ३६ । ३७ । ३८ । ३९ । ४० । ४१ । ४२ । ४३ । ४४ । ४५ । ४६ एकचराःद्विपांतरदर्शनासहाः ४७ । ४८ । ४९ द्रोण

द्रोणमावारितंदृष्ट्वाभृशायस्तस्तवात्मजः ॥ नानालिंगैःशरव्रातैःपार्षतंसममोहयत् २९ तयोर्विषक्तयोःसंख्येपांचाल्यकुरुमुख्ययोः ॥ द्रोणोयौधिष्ठिरंसैन्यंबहु
धाव्यधमच्छरैः ३० अनिलेनयथाऽभ्राणिविच्छिन्नानिसमंततः ॥ तथापार्थस्यसैन्यानिविच्छिन्नानिक्वचित्क्वचित् ३१ मुहूर्तमिवतद्युद्धमासीन्मधुरदर्शनम् ॥
ततउन्मत्तवद्राजन्निर्मर्यादमवर्तत ३२ नैवस्वेनपरेराजन्नाज्ञायंतपरस्परम् ॥ अनुमानेनसंज्ञाभिर्युद्धंतत्समवर्तत ३३ चूडामणिषुनिष्केषुभूषणेष्वपिवर्मसु ॥ तेषा
मादित्यवर्णाभारश्मयःप्रचकाशिरे ३४ तत्प्रकीर्णपताकानांरथवारणवाजिनाम् ॥ बलाकाशबलाभ्राभंददृशेरूपमाहवे ३५ नरानेवनराजघ्नुरुदग्राश्चहयाहयान् ॥
रथांश्चरथिनोजघ्नुर्वारणावरवारणान् ३६ समुच्छ्रितपताकानांगजानांपरमद्विपैः ॥ क्षणेनतुमुलोघोरःसंग्रामःसमपद्यत ३७ तेषांसंसक्तगात्राणांकर्षतामितरेत
रम् ॥ दंतसंघातसंघर्षात्सधूमोऽग्निरजायत ३८ विप्रकीर्णपताकास्तेविषाणजनिताग्नयः ॥ बभूवुःखंसमासाद्यसविद्युतइवांबुदाः ३९ विक्षिपद्भिर्नदद्भिश्चनिपत
द्भिश्चवारणैः ॥ संबभूवमहीकीर्णामेघैर्द्यौरिवशारदी ४० तेषामाहन्यमानानांबाणतोमरऋष्टिभिः ॥ वारणानांरवोजज्ञेमेघानामिवसंप्लवे ४१ तोमराभिहताःकेचि
द्बाणैश्चपरमद्विपाः ॥ वित्रेसुःसर्वनागानांशब्दमेवापरेऽव्रजन् ४२ विषाणाभिहताश्चापिकेचित्तत्रगजागजैः ॥ चक्रुरार्तस्वनंघोरमुत्पातजलदाइव ४३ प्रतीपाः
क्रियमाणाश्चवारणावरवारणैः ॥ उन्मथ्यपुनराजग्मुःप्रेरिताःपरमांकुशैः ४४ महामात्रैर्महामात्रास्ताडिताःशरतोमरैः ॥ गजेभ्यःपृथिवींजग्मुर्मुक्तप्रहरणांकुशाः
४५ निर्मनुष्याश्चमातंगाविनदंतस्ततस्ततः ॥ छिन्नाभ्राणीवसंपेतुःसंप्रविश्यपरस्परम् ४६ हतान्परिवहंतश्चपतितान्पतितायुधान् ॥ दिशोजग्मुर्महानागाःके
चिदेकचराइव ४७ ताडितास्ताड्यमानाश्चतोमरर्ष्टिपरश्वधैः ॥ पेतुरार्तस्वनंकृत्वातदाविशसनेगजाः ४८ तेषांशैलोपमैःकायैर्निपतद्भिःसमंततः ॥ आहतासह
साभूमिश्चकम्पेचननादच ४९ सादितैःसगजारोहैःसपताकैःसमंततः ॥ मातंगैःशुशुभेभूमिर्विकीर्णैरिवपर्वतैः ५० गजस्थाश्चमहामात्रानिर्भिन्नहृदयारणे ॥ रथि
भिःपातिताभल्लैर्विकीर्णांकुशतोमराः ५१ क्रौञ्चवद्विनदंतोऽन्येनाराचाभिहतागजाः ॥ परान्स्वांश्चापिमृद्नंतःपरिपेतुर्दिशोदश ५२ गजाश्वरथयोधानांशरीरौघ
समावृता ॥ बभूवपृथिवीराजन्मांसशोणितकर्दमा ५३ प्रमथ्यचविषाणाग्रैःसमुत्क्षिप्ताश्चवारणैः ॥ सचक्राश्चविचक्राश्चरथैरेवमहारथाः ५४ रथाश्चरथिभिर्हीनानिर्म
नुष्याश्चवाजिनः ॥ हतारोहाश्चमातंगादिशोजग्मुर्भयातुराः ५५ जघानात्रपितापुत्रंपुत्रश्चपितरंतथा ॥ इत्यासीत्तुमुलंयुद्धंनप्राज्ञायतकिंचन ५६ आगुल्फेभ्योऽवसी
दंतेनरालोहितकर्दमैः ॥ दीप्यमानैःपरिक्षिप्तादावैरिवमहाद्रुमाः ५७ शोणितैःसिच्यमानानिवस्त्राणिकवचानिच ॥ छत्राणिचपताकाश्चसर्वैरक्तमदृश्यत ५८ हयौ
घाश्चरथौघाश्चनरौघाश्चनिपातिता । संक्षुण्णाःपुनरावृत्त्यबहुधारथनेमिभिः ५९ सगजौघमहावेगःपरासुनरशैवलः ॥ रथौघतुमुलावर्तःप्रबभौसैन्यसागरः ६०

६१ अचित्ततांमोहं आहतलक्षणोध्वस्तचिह्नः ६२ । ६३ ॥ इतिद्रोणपर्वणिटीकायांविंशो ऽध्यायः ॥ २० ॥ ॥ ॥ ततइति १ । २ । ३ । ४ । ५ । ६ । ७ । ८ । ९ । १०

तंवाहनमहानौभिर्योधाजयधनैषिणः ॥ अवगाह्याथमज्जन्तोनैवमोहंप्रचक्रिरे ६१ शरवर्षाभिवृष्टेषुयोधेष्वंचितलक्ष्मसु ॥ नतेष्वचित्ततांलेभेकश्चिदाहतलक्षणः ६२
वर्त्तमानेतथायुद्धेघोररूपेभयंकरे ॥ मोहयित्वापरान्द्रोणोयुधिष्ठिरमुपाद्रवत् ६३ ॥ इतिश्रीमहाभारतेद्रोणपर्वणिसंशप्तकवधपर्वणि संकुलयुद्धेविंशोऽध्यायः
॥ २० ॥ संजयउवाच ॥ ततोयुधिष्ठिरोद्रोणंदृष्ट्वांतिकमुपागतम् ॥ महताशरवर्षेणप्रत्यगृह्णादभीतवत् १ ततोहलहलाशब्दआसीद्यौधिष्ठिरेबले ॥ जिघृक्षति
महासिंहेगजानामिवयूथपम् २ दृष्ट्वाद्रोणंततःशूरःसत्यजित्सत्यविक्रमः ॥ युधिष्ठिरमभिप्रेप्सुराचार्यंसमुपाद्रवत् ३ ततआचार्यपांचाल्यौयुयुधातेमहाबलौ ॥
विक्षोभयंतौतत्सैन्यमिन्द्रवैरोचनाविव ४ ततोद्रोणंमहेष्वास सत्यजित्सत्यविक्रमः ॥ अविध्यन्निशिताग्रेणपरमास्त्रंविदर्शयन् ५ तथास्यसारथेःपंचशरान्सर्पविषो
पमान् ॥ अमुंचदन्तकप्रख्यान्संमुमोहास्यसारथिः ६ अथास्यसहसाऽविध्यद्धयान्दशभिराशुगैः ॥ दशभिर्दशभिःक्रुद्धउभौचपार्ष्णिसारथी ७ मण्डलंतुसमावृत्त्य
विचरन्पृतनामुखे ॥ध्वजंचिच्छेदचक्रुद्धोद्रोणस्यामित्रकर्षणः ८ द्रोणस्तुतत्समालोक्यचरितंतस्यसंयुगे ॥ मनसाचिंतयामासप्राप्तकालमरिंदमः ९ ततःसत्यजितं
तीक्ष्णैर्दशभिर्मर्मभेदिभिः ॥ अविध्यच्छीघ्रमाचार्यश्छित्वाऽस्यसशरंधनुः १० सशीघ्रतरमादायधनुरन्यत्प्रतापवान् ॥ द्रोणमभ्यहनद्राजंस्त्रिंशताकंकपत्रिभिः ११
दृष्ट्वासत्यजिताद्रोणंग्रस्यमानमिवाहवे ॥ वृकःशरशतैस्तीक्ष्णैःपांचाल्योद्रोणमार्दयत् १२ संछाद्यमानंसमरेद्रोणंदृष्ट्वामहारथम् ॥ चुक्रुशुःपांडवाराजन्वस्त्राणिदुधु
वुश्चह १३ वृकस्तुपरमक्रुद्धोद्रोणंषष्ट्यास्तनांतरे ॥ विव्याधबलवान्राजंस्तदद्भुतमिवाभवत् १४ द्रोणस्तुशरवर्षेणच्छाद्यमानोमहारथः ॥ वेगंचक्रेमहावेगः
क्रोधादुद्वृत्यचक्षुषी १५ ततःसत्यजितश्चापंछित्वाद्रोणोवृकस्यच ॥ षड्भिःससूतंसहयंशरैर्द्रोणोऽवधीद्वृकम् १६ अथान्यद्धनुरादायसत्यजिद्वेगवत्तरम् ॥ साश्वं
ससूतंविशिखैर्द्रोणंविव्याधसध्वजम् १७ सतन्नममृषेद्रोणःपांचाल्येनार्दितोमृधे ॥ ततस्तस्यविनाशायसत्वरंव्यसृजच्छरान् १८ हयान्ध्वजंधनुर्मुष्टिमुभौचपार्ष्णि
सारथी ॥ अवाकिरत्ततोद्रोणःशरवर्षैःसहस्रशः १९ तथासंछिद्यमानेषुकार्मुकेषुपुनःपुनः ॥ पांचाल्यःपरमास्त्रज्ञःशोणाश्वंसमयोधयत् २० ससत्यजितमालोक्य
तथोदीर्णंमहाहवे ॥ अर्धचंद्रेणचिच्छेदशिरस्तस्यमहात्मनः २१ तस्मिन्हतेमहामात्रेपंचालानांमहारथे ॥ अपायाज्जवनैरश्वैर्द्रोणात्त्रस्तोयुधिष्ठिरः २२ पंचालाः
केकयामत्स्याश्चेदिकारूषकोसलाः ॥ युधिष्ठिरमभीप्संतोदृष्ट्वाद्रोणमुपाद्रवन् २३ ततोयुधिष्ठिरंप्रेप्सुराचार्यःशत्रुपूगहा ॥ व्यधमत्तान्यनीकानितूलराशिमिवानलः
२४ निर्दहंतमनीकानितानितानिपुनःपुनः ॥ द्रोणंमत्स्यादवरजःशतानीकोऽभ्यवर्तत २५ सूर्यरश्मिप्रतीकाशैःकर्मारपरिमार्जितैः ॥ षड्भिःससूतंसहयंद्रोणं
विद्ध्वाऽनदद्भृशम् २६

११ । १२ । १३ । १४ । १५ । १६ । १७ । १८ । १९ । २० । २१ । २२ । २३ । २४ । २५ । २६

२७ । २८ । २९ । ३० । ३१ । ३२ । ३३ । ३४ । ३५ । ३६ । ३७ । ३८ । ३९ । ४० । ४१ । ४२ । ४३ । ४४ । ४५ । ४६ । ४७ । ४८ । ४९ । ५० । ५१ । ५२ । ५३ । ५४

क्रूरायकर्मणेयुक्तश्चिकीर्षुःकर्मदुष्करम् ॥ अवाकिरच्छरशतैर्भारद्वाजंमहारथम् २७ तस्यनानदतोद्रोणःशिरःकायात्सकुंडलम् ॥ क्षुरेणापाहरत्तूर्णंततोमत्स्याःप्रदुद्रुवुः
२८ मत्स्यान्जित्वाऽजयच्चेदीन्करूषान्केकयानपि ॥ पंचालान्सृंजयान्पांडून्भारद्वाजःपुनःपुनः २९ तंदहंतमनीकानिक्रुद्धमग्निंयथावनम् ॥ दृष्ट्वारुक्मरथंवीरंसमकंपंत
सृंजयाः ३० उत्तमंह्याददानस्यधनुरस्याशुकारिणः ॥ ज्याघोषोनिघ्नतोऽमित्रान्दिक्षुसर्वासुशुश्रुवे ३१ नागानश्वान्पदातींश्चरथिनोगजसादिनः ॥ रौद्राहस्तवतामुक्ताः
प्रमथ्नंतिस्मसायकाः ३२ नानद्यमानःपर्जन्योमिश्रवातोहिमात्यये ॥ अश्मवर्षमिवावर्षत्परेषांभयमादधत् ३३ सर्वादिशःसमचरत्सैन्यंविक्षोभयन्निव ॥ बलीशूरो
महेष्वासोमित्राणामभयंकरः ३४ तस्यविद्युदिवाभ्रेषुचापंहेमपरिष्कृतम् ॥ दिक्षुसर्वासुपश्यामोद्रोणस्यामिततेजसः ३५ शोभमानांध्वजेचास्यवेदीमद्राक्ष्मभारत ॥
हिमवच्छिखराकारांचरतःसंयुगेभृशम् ३६ द्रोणस्तुपांडवानीकेचकारकदनंमहत् ॥ यथादैत्यगणेविष्णुःसुरासुरनमस्कृतः ३७ सशूरःसत्यवाक्प्राज्ञोबलवान्सत्य
विक्रमः ॥ महानुभावःकल्पान्तेरौद्रांभीरुविभीषणाम् ३८ कवचोर्मिध्वजावर्त्तांमर्त्यकूलापहारिणीम् ॥ गजवाजिमहाग्राहामसिमीनांदुरासदाम् ३९ वीरा
स्थिशर्करांरौद्रांभेरीमुरजकच्छपाम् ॥ चर्मवर्मप्लवांघोरांकेशशैवलशाद्वलाम् ४० शरौघिणींधनुःस्रोतांबाहुपन्नगसंकुलाम् ॥ रणभूमिवहांतीव्रांकुरुसृंजयवाहि
नीम् ४१ मनुष्यशीर्षपाषाणांशक्तिमीनांगदोडुपाम् ॥ उष्णीषफेनवसनांविकीर्णान्त्रसरीसृपाम् ४२ वीरापहारिणीमुग्रांमांसशोणितकर्दमाम् ॥ हस्तिग्रा
हांकेतुवृक्षांक्षत्रियाणांनिमज्जनीम् ४३ क्रूरांशरीरसंघट्टांसादिनक्रांदुरत्ययाम् ॥ द्रोणःप्रावर्त्तयत्तत्रनदीमंतकगामिनीम् ४४ क्रव्यादगणसंजुष्टांश्वशृगालगणा
युताम् ॥ निषेवितांमहारौद्रैःपिशिताशैःसमंततः ४५ तंदहन्तमनीकानिरथोदारंकृतांतवत् ॥ सर्वतोऽभ्यद्रवन्द्रोणंकुन्तीपुत्रपुरोगमाः ४६ तेद्रोणंसहिताः
शूराःसर्वतःप्रत्यवारयन् ॥ गभस्तिभिरिवादित्यंतपन्तंभुवनंयथा ४७ तंतुशूरंमहेष्वासंतावकाऽभ्युद्यतायुधाः ॥ राजानोराजपुत्राश्चसमन्तात्पर्यवारयन् ४८
शिखंडीतुततोद्रोणंपंचभिर्नतपर्वभिः ॥ क्षत्रवर्माचविंशत्यावसुदानश्चपंचभिः ४९ उत्तमौजास्त्रिभिर्बाणैःक्षत्रदेवश्चसप्तभिः ॥ सात्यकिश्चशतेनाजौयुधामन्यु
स्तथाऽष्टभिः ५० युधिष्ठिरोद्वादशभिर्द्रोणंविव्याधसायकैः ॥ धृष्टद्युम्नश्चदशभिश्चेकितानस्त्रिभिःशरैः ५१ ततोद्रोणःसत्यसंधःप्रभिन्नइवकुंजरः ॥ अभ्यतीत्यरथा
नीकंदृढसेनमपातयत् ५२ ततोराजानमासाद्यप्रहरंतमभीतवत् ॥ अविध्यन्नवभिःक्षेमंसहतःप्रापतद्रथात् ५३ समध्यंप्राप्यसैन्यानांसर्वाःप्रविचरन्दिशः ॥
त्राताह्यभवदन्येषांनत्रातव्यःकथंचन ५४ शिखंडिनंद्वादशभिर्विंशत्याचोत्तमौजसम् ॥ वसुदानंचभल्लेनप्रैषयद्यमसादनम् ५५ अशीत्याक्षत्रवर्माणंषड्विंशत्यासु
दक्षिणम् ॥ क्षत्रदेवंतुभल्लेनरथनीडादपातयत् ५६ युधामन्युंचतुःषष्ट्यात्रिंशताचैवसात्यकिम् ॥ विद्ध्वारुक्मरथस्तूर्णंयुधिष्ठिरमुपाद्रवत् ५७

उभयत्रविद्धेतिशेषः ५५ । ५६ । ५७

पांचाल्योनाम्रा ५८ । ५९ । ६० । ६१ । ६२ । ६३ । ६४ । ६५ । ६६ ॥ इतिद्रोणपर्वणि टीकायांएकविंशोऽध्यायः ॥ २१ ॥ ॥ ॥ ॥ भारद्वाजेति १ । २ । ३

ततोयुधिष्ठिरःक्षिप्रंगुरुतोराजसत्तमः ॥ अपायाज्जवनैरश्वैःपांचाल्योद्रोणमभ्ययात् ५८ तंद्रोणःसधनुष्कंतुसाश्वयंतारमाक्षिणोत् ॥ सहतःप्रापतद्भूमौरथा
ज्ज्योतिरिवांबरात् ५९ तस्मिन्हतेराजपुत्रेपंचालानांयशस्करे ॥ हतद्रोणंहतद्रोणमित्यासीन्निःस्वनोमहान् ६० तांस्तथाभृशसंरब्धान्पंचालान्मत्स्यकेकयान् ॥
सृंजयान्पाण्डवांश्चैवद्रोणोव्यक्षोभयद्बली ६१ सात्यकिंचेकितानंचधृष्टद्युम्नशिखंडिनौ ॥ वार्धक्षेमिंचैत्रसेनिंसेनाबिंदुंसुवर्चसम् ६२ एतांश्चान्यांश्चसुबहून्नाना
जनपदेश्वरान् ॥ सर्वान्द्रोणोऽजयद्युद्धेकुरुभिःपरिवारितः ६३ तावकाश्चमहाराजजयंलब्ध्वामहाहवे ॥ पाण्डवेयान्रणेजघ्नुर्द्रवमाणान्समन्ततः ६४ तेदानवा
इवेन्द्रेणवध्यमानामहात्मना ॥ पंचालाःकेकयामत्स्याःसमकम्पन्तभारत ६५ ॥ इतिश्रीमहाभारतेद्रोणपर्वणिसंशप्तकवधपर्वणि द्रोणयुद्धेएकविंशोऽध्यायः ॥
॥ २१ ॥ ॥ ॥ ॥ धृतराष्ट्रउवाच ॥ भारद्वाजेनभग्नेषुपाण्डवेषुमहामृधे ॥ पंचालेषुचसर्वेषुकश्चिदन्योऽभ्यवर्त्तत १ आर्यांयुद्धेमतिंकृत्वाक्षत्रियाणांय
शस्करीम् ॥ असेवितांकापुरुषैःसेवितांपुरुषर्षभैः २ सहिवीरोन्नतःशूरोयोभग्नेषुनिवर्त्तते ॥ अहोनाऽऽसीत्पुमान्कश्चिद्दृष्ट्वाद्रोणंव्यवस्थितम् ३ जृंभमाणमिव
व्याघ्रंप्रभिन्नमिवकुंजरम् ॥ त्यजंतमाहवेप्राणान्सन्नद्धंचित्रयोधिनम् ४ महेष्वासंनरव्याघ्रंद्विषतांभयवर्धनम् ॥ कृतज्ञंसत्यनिरतंदुर्योधनहितैषिणम् ५ भारद्वा
जंतथानीकेदृष्ट्वाशूरमवस्थितम् ॥ केशूराःसंन्यवर्त्तन्ततन्ममाचक्ष्वसंजय ६ ॥ संजयउवाच ॥ तान्दृष्ट्वाचलितान्संख्येप्रणुन्नान्द्रोणसायकैः ॥ पंचालान्पाण्डवा
न्मत्स्यान्सृंजयांश्चेदिकेकयान् ७ द्रोणचापविमुक्तेनशरौघेणाशुहारिणा ॥ सिंधोरिवमहौघेनह्रियमाणान्यथाप्लवान् ८ कौरवाःसिंहनादेननानावाद्यस्वनेनच ॥
रथद्विपनरांश्चैवसर्वतःसमवारयन् ९ तान्पश्यन्सैन्यमध्यस्थोराजास्वजनसंवृतः ॥ दुर्योधनोऽब्रवीत्कर्णंप्रहृष्टःप्रहसन्निव १० ॥ दुर्योधनउवाच ॥ पश्यराधे
यपंचालान्प्रणुन्नान्द्रोणसायकैः ॥ सिंहेनेवमृगान्वन्यांस्त्रासितान्दृढधन्वना ११ नैतेजातुपुनर्युद्धमीहेयुरितिमेमतिः ॥ यथातुभग्नाद्रोणेनवातेनेवमहाद्रुमाः १२
अर्द्यमानाःशरैरेतेरुक्मपुंखैर्महात्मना ॥ पथानैकेनगच्छंतिघूर्णमानास्ततस्ततः १३ सन्निरुद्धाश्चकौरव्यैर्द्रोणेनचमहात्मना ॥ एतेऽन्येमंडलीभूताःपावकेनेव
कुंजराः १४ भ्रमरैरिवचाविष्टाद्रोणस्यनिशितैःशरैः ॥ अन्योन्यंसमलीयन्तपलायनपरायणाः १५ एषभीमोमहाक्रोधीहीनःपाण्डवसृंजयैः ॥ मदीयैरावृतो
योधैःकर्णनंदयतीवमाम् १६ व्यक्तंद्रोणमयंलोकमद्यपश्यतिदुर्मतिः ॥ निराशोजीवितान्नूनमद्यराज्याच्चपाण्डवः १७ ॥ कर्णउवाच ॥ नैषजातुमहाबाहुर्जीवन्ना
हवमुत्सृजेत् ॥ नचेमान्पुरुषव्याघ्रसिंहनादान्सहिष्यति १८ नचापिपाण्डवायुद्धेभज्येरन्नितिमेमतिः ॥ शूराश्चबलवन्तश्चकृतास्त्रायुद्धदुर्मदाः १९

४ । ५ । ६ । ७ । ८ । ९ । १० । ११ । १२ । १३ । १४ । १५ । १६ । १७ । १८ । १९

२० । २१ । २२ । २३ । २४ । २५ । २६ । २७ कोकोवृकः २८ । २९ । ३० ॥ इतिद्रोणपर्वणिटीकायां द्वाविंशोऽध्यायः ॥ २२ ॥ ॥ सर्वेषामिति ॥ रथचिन्हानिरथशब्दोहयोपलक्षणं रथान्हयान् चिन्हानिध्वजांश्चेत्यर्थः १ व्यायच्छंतंनिवर्तमानं २ 'सितनीलारुणोवर्णःसारंगसदृशश्च तः' ३ 'पारावतकपोताभःसितनीललमन्वयात्' ४ शोणःकोकनदच्छविः ५ मल्लिकाक्षान्निर्मलेक्षणान् ६ 'म

विषाग्निद्यूतसंक्लेशान्वनवासंचपाण्डवाः ॥ स्मरमाणानहास्यंतिसंग्राममिमितिमेमतिः २० निवृत्तोहिमहाबाहुरमितौजावृकोदरः ॥ वरान्वरान्हिकौन्तेयोरथोदारान्हनिष्यति २१ असिनाधनुषाशक्त्याहयैर्नागैर्नरैरथैः ॥ आयसेनचदण्डेनव्रातान्व्रातान्हनिष्यति २३ तमेनमनुवर्त्ततेसात्यकिप्रमुखारथाः ॥ पंचालाःकेकयामत्स्याःपांडवाश्चविशेषतः २२ शूराश्चबलवंतश्चविक्रांताश्चमहारथाः ॥ विनिघ्नन्तश्चभीमेनसंरब्धेनाभिचोदिताः २४ तेद्रोणमभिवर्तंतेसर्वतःकुरुपुंगवाः ॥ वृकोदरंपरीप्संतःसूर्यमभ्रगणाइव २५ एकायनगताह्येतेपीडयेयुर्यतव्रतम् ॥ अरक्षमाणंशलभायथादीपंमुमूर्षवः २६ असंशयंकृतास्त्राश्चयत्ताश्चापिवारणे ॥ अतिभारमहंमन्येभारद्वाजेसमाहितम् २७ शीघ्रमनुगमिष्यामोयत्रद्रोणोव्यवस्थितः ॥ कोकाइवमहानागंमावैहन्युर्यतव्रतम् २८ ॥ संजयउवाच ॥ राधेयस्यवचःश्रुत्वाराजादुर्योधनस्ततः ॥ भ्रातृभिःसहितोराजन्प्रायाद्द्रोणरथंप्रति २९ तत्रारावोमहानासीदेकंद्रोणंजिघांसताम् ॥ पांडवानांनिवृत्तानांनानावर्णैर्हयोत्तमैः ३० ॥ इतिश्रीमहाभारतेद्रोणपर्वणि संशप्तकवधपर्वणिद्रोणयुद्धेद्वाविंशोऽध्यायः ॥ २२ ॥ ॥ ॥ धृतराष्ट्रउवाच ॥ सर्वेषामेवमेब्रूहिरथचिह्नानिसंजय ॥ येद्रोणमभ्यवर्तन्तक्रुद्धाभीमपुरोगमाः १ ॥ संजयउवाच ॥ ऋक्षवर्णैर्हयैर्दृष्ट्वाव्यायच्छन्तंवृकोदरम् ॥ रजताश्वस्ततःशूरःशैनेयःसंन्यवर्त्तत २ सारंगाश्वोयुधामन्युःस्वयंप्रत्वरयन्हयान् ॥ पर्यवर्त्ततदुर्धर्षःक्रुद्धोद्रोणरथंप्रति ३ पारावतसवर्णैस्तुहेमभाण्डैर्महाजवैः ॥ पांचालराजस्यसुतोधृष्टद्युम्नोन्यवर्त्तत ४ पितरंतुपरिप्रेप्सुःक्षत्रधर्मायतव्रतः ॥ सिद्धिंचास्यपरांकांक्षन्शोणाश्वःसंन्यवर्त्तत ५ पद्मपत्रनिभांश्चाश्वान्मल्लिकाक्षान्स्वलंकृतान् ॥ शैखंडिःक्षत्रदेवस्तुस्वयंप्रत्वरयन्ययौ ६ दर्शनीयास्तुकांबोजाःशुकपत्रपरिच्छदाः ॥ वहंतोनकुलंशीघ्रंतावकानभिदुद्रुवुः ७ कृष्णास्तुमेघसंकाशाअवहन्नुत्तमौजसम् ॥ दुर्धर्षायाभिसंधायक्रुद्धंयुद्धायभारत ८ तथातित्तिरिकल्माषाहयावातसमाजवे ॥ अवहंस्तुमुलेयुद्धेसहदेवमुदायुधम् ९ दंतवर्णास्तुराजानंकालवालायुधिष्ठिरम् ॥ भीमवेगानरव्याघ्रमवहन्वातरंहसः १० हेमोत्तमप्रतिच्छन्नैर्हयैर्वातसमैर्जवे ॥ अभ्यवर्त्तंतसैन्यानिसर्वाण्येवयुधिष्ठिरम् ११ राज्ञस्त्वनंतरोराजापांचाल्योद्रुपदोऽभवत् ॥ जातरूपमयच्छत्रःसर्वैस्तैरभिरक्षितः १२ ललामैर्हरिभिर्युक्तःसर्वशब्दक्षमैर्युधि ॥ राज्ञांमध्येमहेष्वासःशांतभीरभ्यवर्तत १३ तंविराटोऽन्वयाच्छीघ्रंसहसर्वैर्महारथैः ॥ केकयाश्चशिखंडीचधृष्टकेतुस्तथैवच १४ स्वैःस्वैःसैन्यैःपरिवृतामत्स्यराजानमन्वयुः ॥ तंतुपाटलिपुष्पाणांसमवर्णाहयोत्तमाः १५

हाललाटजघनस्कंधवक्षोजवाहयाः ॥ दीर्घग्रीवायताहस्वमुष्काःकाम्बोजकाःस्मृताः' शुकपत्रपरिच्छदाःशुकपत्राभरोमाणः ७ । ८ । ९ दंतवर्णाःगजदंतगौराः १० । ११ । १२ 'श्वेतंललाटमध्यस्थंतारारूपंहयस्ययत् । ललामंचापितंप्राहुर्ललामोऽश्वस्तदन्वितः ॥ सकेसराणिरोमाणिपुरर्णाभानियस्यतु ॥ हरिःसवर्णतोऽश्वस्तुपीतकौशेयसन्निभः' १३ । १४ पाटलिपुष्पाणांसमवर्णाःश्वेतरक्ताः १५

१६ विराटराजस्यपुत्रंउत्तरम् १७ । १८ आमपात्रनिकाशाः मल्लिनश्वेताः १९ । २० २१ सारगशबलाः सारंगाएवअंतरेबिंदुचिताः २२ । २३ पलालधूमसंकाशाःविशदनीलाः । 'दीर्घग्रीवामुखालंब मेहनाःपृथुलोचनाः ॥ महांतस्तनुरोमाणोबलिनःसैन्धवाहयाः' । पद्मवर्णाः । 'सितरक्तसमायोगात्पद्मवर्णःप्रकीर्त्यते ॥ कांबोजसमसंस्थानाबाल्हिजाताश्चवाजिनः ॥ विशेषःपुनरेतेषांदीर्घपृष्ठांगतोच्यते' २४ कौशेयसदृशाःसितपीताः २५ क्षमावंतोविनीताः । 'सितलोमकेसराढ्याःकृष्णत्वग्गुह्यलोचनोष्ठखुराः । येस्युर्मुनिभिर्वाहानिर्दिष्टाःक्रौञ्चवर्णास्ते' २६ प्रेष्यकराःइच्छानुविधायिनः २७ माषपुष्पसवर्णाआपांडु

वहमानाव्यराजंतमत्स्यस्यामित्रघातिनः ॥ हरिद्रासमवर्णास्तुजवनाहेममालिनः १६ पुत्रंविराटराजस्यसत्वरंसमुदावहन् ॥ इंद्रगोपकवर्णैश्चभ्रातरःपंचकेकयाः १७ जातरूपसमाभासाःसर्वेलोहितकध्वजाः ॥ तेहेममालिनःशूराःसर्वेयुद्धविशारदाः १८ वर्षन्तइवजीमूताःप्रत्यदृश्यन्तदंशिताः ॥ आमपात्रनिकाशास्तुपांचाल्यममितौजसम् १९ दत्तास्तुम्बुरुणादिव्याःशिखंडिनमुदावहन् ॥ तथाद्वादशसाहस्राःपंचालानांमहारथाः २० तेषांतुषट्सहस्राणियेशिखंडिनमन्वयुः ॥ पुत्रंतुशिशुपालस्यनरसिंहस्यमारिष २१ आक्रीडंतोवहंतिस्मसारंगशबलाहयाः ॥ धृष्टकेतुस्तुचेदीनामृषभोऽतिबलोदितः २२ कांबोजैःशबलैरश्वैरभ्यवर्ततदुर्जयः ॥ बृहत्क्षत्रंतुकैकेयंसुकुमारंहयोत्तमाः २३ पलालधूमसंकाशाःसैन्धवाःशीघ्रमावहन् ॥ मल्लिकाक्षाःपद्मवर्णाबाल्हिजाताःस्वलंकृताः २४ शूरंशिखंडिनःपुत्रमृक्षदेवमुदावहन् ॥ रुक्मभांडप्रतिच्छन्नाःकौशेयसदृशाहयाः २५ क्षमावंतोवहन्संख्येसेनाबिंदुमरिन्दमम् ॥ युवानमवहन्युद्धेक्रौञ्चवर्णाहयोत्तमाः २६ काश्यस्याभिभुवःपुत्रंसुकुमारंमहारथम् ॥ श्वेतास्तुप्रतिविन्ध्यंतंकृष्णग्रीवामनोजवाः ॥ यंतुःप्रेष्यकराराजन्राजपुत्रमुदावहन् २७ सुतसोमंतुयःसौम्यंपार्थःपुत्रमजीजनत् ॥ माषपुष्पसवर्णास्तमवहन्वाजिनोरणे २८ सहस्रसोमप्रतिमोबभूवपुरेकुरूणामुदयेन्दुनाम्नि ॥ तस्मिन्जातःसोमसंक्रंदमध्येयस्मात्तस्मात्सुतसोमोऽभवत्सः २९ नाकुलिंतुशतानीकंशालपुष्पनिभाहयाः ॥ आदित्यतरुणप्रख्याःश्लाघनीयमुदावहन् ३० कांचनापिहितैर्योक्त्रैर्मयूरग्रीवसन्निभाः ॥ द्रौपदेयंनरव्याघ्रंश्रुतकर्माणमाहवे ३१ श्रुतकीर्तिंश्रुतनिधिंद्रौपदेयंहयोत्तमाः ॥ ऊहुःपार्थसमंयुद्धेचाषपत्रनिभाहयाः ३२ यमाहुरध्यर्धगुणंकृष्णात्पार्थाच्चसंयुगे ॥ अभिमन्युंपिशंगास्तंकुमारमवहन्रणे ३३ एकस्तुधार्त्तराष्ट्रेभ्यःपांडवान्यःसमाश्रितः ॥ तंबृहन्तोमहाकायायुयुत्सुमवहन्रणे ३४ पलालकांडवर्णास्तुवार्धक्षेमिंतरस्विनम् ॥ ऊहुःसुतुमुलेयुद्धेहयाःकृष्णाःस्वलंकृताः ३५ कुमारंशितिपादास्तुरुक्मचित्रैरुरच्छदैः ॥ सौचित्तिमवहन्युद्धेयंतुःप्रेष्यकराहयाः ३६ रुक्मपीठावकीर्णास्तुकौशेयसदृशाहयाः ॥ सुवर्णमालिनःक्षांताःश्रेणिमंतमुदावहन् ३७ रुक्ममालाधराःशूराहेमपृष्ठाःस्वलंकृताः ॥ काशिराजंनरश्रेष्ठंश्लाघनीयमुदावहन् ३८

पीताः २८ सहस्रसोमप्रतिमः सोमसहस्रसमःसौम्यतमइत्यर्थः । तस्मिन्उदयेंदुनाम्निउदयेंदुपर्यायेपुरेशक्रप्रस्थएव सोमसंक्रंदः सोमाभिषवणंतस्यमध्ये तमधिकृत्यतत्फेनेनेत्यर्थस्तस्माद्धेतोः २९ शालपुष्पनिभाः रक्तपीताः ३० योक्त्रैरावंधैः मयूरग्रीवोमरकतविशेषः ३१ । ३२ पिशंगाःकपिलाः ३३ । ३४ पलालकांडोनिष्फलव्रीहिदंडस्तद्वर्णाइतिपूर्वेणान्वयः ३५ । ३६ रुक्मपीठेनरुक्मवर्णेनपीठेनपृष्ठेनावकीर्णाःव्याप्ताः ३७ हेमपृष्ठाःश्वेताएव ३८

अरुणाअव्यक्तरागाः ३९ धृष्टद्युम्नस्यपुनर्वचनंद्रोणहंतृत्वदृढीकरणार्थम् ४० । ४१ । ४२ । ४३ । ४४ बभ्रुकौशेयवर्णाः पिंगगौराः ४५ इंद्रायुधसवर्णैस्त्रिवर्णैः ४६ अंतरिक्षसवर्णानीलाः ४७ कर्बुराश्चित्राः ४८ । ४९ शशलोहितवर्णाः सितारुणाः ५० । ५१ माषवर्णाः मलिनश्यामाः ५२ भद्रकाःशोभनशिरसः शरकांडनिभाःसितगौराः ५३ रासभारुणवर्णाअरुणमलिनाः मूषिकप्रभा

अस्त्राणांचधनुर्वेदेब्राह्मेवेदेचपारगम् ॥ तंसत्यधृतिमायांतमरुणाःसमुदावहन् ३९ यःसपांचालसेनानीर्द्रोणमंशमकल्पयत् ॥ पारावतसवर्णास्तंधृष्टद्युम्नमुदावहन् ४०
तमन्वयात्सत्यधृतिःसौचित्तिर्युद्धदुर्मदः ॥ श्रेणिमान्वसुदानश्चपुत्रःकाश्यस्यचाभिभूः ४१ युक्तैःपरमकांबोजैर्जवनैर्हेममालिभिः ॥ भीषयंतोद्विषत्सैन्यंयमवैश्रवणो
पमाः ४२ प्रभद्रकास्तुकांबोजाःपट्सहस्राण्युदायुधाः ॥ नानावर्णैर्हयैःश्रेष्ठैर्हेमवर्णरथध्वजाः ४३ शरव्रातैर्विधुन्वंतःशत्रून्विततकार्मुकाः ॥ समानमृत्यवोभूत्वाधृष्टद्युम्नं
समन्वयुः ४४ बभ्रुकौशेयवर्णास्तुसुवर्णवरमालिनः ॥ ऊहुरम्लानमनसश्चेकितानंहयोत्तमाः ४५ इंद्रायुधसवर्णस्तुकुंतिभोजोहयोत्तमैः ॥ आयात्सदश्वैःपुरुजिन्मा
तुलःसव्यसाचिनः ४६ अंतरिक्षसवर्णास्तुतारकाचित्रिताइव ॥ राजानंरोचमानंतेहयाःसंख्येसमावहन् ४७ कर्बुराःशितिपादास्तुस्वर्णजालपरिच्छदाः ॥ जारासंधिं
हयाःश्रेष्ठाःसहदेवमुदावहन् ४८ येतुपुष्करनालस्यसमवर्णाहयोत्तमाः ॥ जवेश्येनसमाश्चित्राःसुदामानमुदावहन् ४९ शशलोहितवर्णास्तुपांडुरोद्गतराजयः ॥ पांचा
ल्यंगोपतेःपुत्रंसिंहसेनमुदावहन् ५० पंचालानांनरव्याघ्रोयःख्यातोजनमेजयः ॥ तस्यसर्षपपुष्पाणांतुल्यवर्णाहयोत्तमाः ५१ माषवर्णाश्चजवनाबृहंतोहेममालिनः ॥
दधिपृष्ठाश्चित्रमुखाःपांचाल्यमवहन्द्रुतम् ५२ शूराश्चभद्रकाश्चैवशरकांडनिभाहयाः ॥ पद्मकिंजल्कवर्णाभांदण्डधारमुदावहन् ५३ रासभारुणवर्णाभाःपृष्ठतोमूषिक
प्रभाः ॥ वल्गंतइवसंयत्ताव्याघ्रदत्तमुदावहन् ५४ हरयःकालकाश्चित्राश्चित्रमाल्यविभूषिताः ॥ सुधन्वानंनरव्याघ्रंपांचाल्यंसमुदावहन् ५५ इन्द्राशनिसमस्पर्शाइंद्र
गोपकसन्निभाः ॥ कायेचित्रांतराश्चित्राश्चित्रायुधमुदावहन् ५६ बिभ्रतोहेममालास्तुचक्रवाकोदराहयाः ॥ कोसलाधिपतेःपुत्रंसुक्षत्रंवाजिनोऽवहन् ५७ शबलास्तुबृहं
तोश्वादान्ताजाम्बूनदस्रजः ॥ युद्धेसत्यधृतिंक्षेमिमवहन्प्रांशवःशुभाः ५८ एकवर्णेनसर्वेणध्वजेनकवचेनच ॥ अश्वैश्चधनुषाचैवशुक्लैःशुक्लोन्यवर्त्तत ५९ समुद्रसे
नपुत्रंतुसामुद्रारुद्रतेजसम् ॥ अश्वाःशशांकसदृशाश्चंद्रसेनमुदावहन् ६० नीलोत्पलसवर्णास्तुतपनीयविभूषिताः ॥ शैब्यंचित्ररथंसंख्येचित्रमाल्यावहन्हयाः ६१
कलायपुष्पवर्णास्तुश्वेतलोहितराजयः ॥ रथसेनंहयश्रेष्ठाःसमूहुर्युद्धदुर्मदम् ६२ यंतुसर्वमनुष्येभ्यःप्राहुःशूरतरंनृपम् ॥ तंपटच्चरहंतारंशुकवर्णावहन्हयाः ६३ चित्रा
युधंचित्रमाल्यंचित्रवर्मायुधध्वजम् ॥ ऊहुःकिंशुकपुष्पाणांसमवर्णाहयोत्तमाः ६४ एकवर्णेनसर्वेणध्वजेनकवचेनच ॥ धनुषारथवाहैश्चनीलैर्नीलोऽभ्यवर्तत ६५
नानारूपैरत्नचित्रैर्वरूथरथकार्मुकैः ॥ वाजिध्वजपताकाभिश्चित्रैश्चित्रोऽभ्यवर्तत ६६

मलिनश्वेताः ५४ कालकाःकृष्णमस्तकाः ५५ चित्रांतराविचित्रावकाशाः चित्राअद्भुतदर्शनाः ५६ चक्रवाकोदराईषच्छ्वेताः ५७ । ५८ । ५९ । ६० । ६१ कलायपुष्पवर्णाः मिश्रश्यामाः ६२ पटच्चरणामसुरविशेषाणांहंतारंसमुद्राधिपम् ६३ । ६४ । ६५ । ६६

६७ योधायुद्धक्षमाः भद्रकाराः शोभनक्रियाः शरदण्डःशरप्रकांडइवअनुदण्डिः पृष्ठवंशोयेषां सितगौरष्टष्ठाइत्यर्थः ६८ कपाटेनगरविशेषे ६९ । ७० । ७१ । ७२ । ७३ आटरूषकवर्णाभाः आटरूषकस्यवास
येतुपुष्करवर्णस्यतुल्यवर्णाहयोत्तमाः ॥ तेरोचमानस्यसुतंहेमवर्णमुदावहन् ६७ योधाश्वभद्रकाराश्वशरदण्डानुदण्डयः ॥ श्वेताण्डाःकुक्कुटाण्डाभादण्डकेतुंहयावहन् ६८
केशवेनहतेसंख्येपितर्यथनराधिपे ॥ भिन्नेकपाटेपाण्ड्यानांविद्रुतेषुचबंधुषु ६९ भीष्मादवाप्यचास्त्राणिद्रोणाद्रामात्कृपात्तथा ॥ अस्त्रैःसमत्वंसम्प्राप्यरुक्मिकर्णार्जुनाच्युतैः
७० इयेषद्वारकांहन्तुंकृत्स्नांजेतुंचमेदिनीम् ॥ निवारितस्ततःप्राज्ञैःसुहृद्भिर्हितकाम्यया ७१ वैरानुबन्धमुत्सृज्यस्वराज्यमनुशास्तियः ॥ ससागरध्वजःपांड्यश्चंद्ररश्मिनिभैर्हयैः ७२ वैडूर्यजालसंछन्नैर्वीर्यद्रविणमाश्रितः ॥ दिव्यंविस्फारयंश्चापंद्रोणमभ्यद्रवद्बली ७३ आटरूषकवर्णाभाहयाःपाण्ड्यानुयायिनाम् ॥ अवहन्रथमुख्यानामयुतानिचतुर्दश ७४ नानावर्णेनरूपेणनानाकृतिमुखाहयाः ॥ रथचक्रध्वजंवीरंघटोत्कचमुदावहन् ७५ भरतानांसमेतानामुत्सृज्यैकोमतानियः ॥ गतोयुधिष्ठिरंभक्त्यात्यक्त्वासर्वमभीप्सितम् ७६ लोहिताक्षंमहाबाहुंबृहन्तंतमरट्टजाः ॥ महासत्वामहाकायाःसौवर्णस्यंदनेस्थितम् ७७ सुवर्णवर्णाधर्मज्ञमनीकस्थंयुधिष्ठिरम् ॥ राजश्रेष्ठंहयश्रेष्ठाःसर्वतःपृष्ठतोऽन्वयुः ७८ वर्णैरुच्चावचैरन्यैःसदश्वानांप्रभद्रकाः ॥ संन्यवर्त्तन्तयुद्धायबहवोदेवरूपिणः ७९ तेयत्ताभीमसेनेनसहिताःकांचनध्वजाः ॥ प्रत्यदृश्यंतराजेन्द्रसेन्द्राइवदिवौकसः ८० अत्यरोचततान्सर्वान्धृष्टद्युम्नःसमागतान् ॥ सर्वाण्यतिचसैन्यानिभारद्वाजोऽप्यरोचत ८१ अतीवशुशुभेतस्यध्वजःकृष्णाजिनोत्तरः ॥ कमंडलुर्महाराजजातरूपमयःशुभः ८२ ध्वजंतुभीमसेनस्यवैदूर्यमणिलोचनम् ॥ भ्राजमानंमहासिंहंराजन्तंदृष्टवानहम् ८३ ध्वजंतुकुरुराजस्यपाण्डवस्यमहौजसः ॥ दृष्टवानस्मिसौवर्णंसोमंग्रहगणान्वितम् ८४ मृदंगौचात्रविपुलौदिव्यौनन्दोपनन्दकौ ॥ यंत्रेणाहन्यमानौचसुस्वनौहर्षवर्धनौ ८५ शरभंपृष्ठसौवर्णंनकुलस्यमहाध्वजम् ॥ अपश्यामरथेऽस्युग्रंभीषयाणमवस्थितम् ८६ हंसस्तुराजतःश्रीमान्ध्वजेघण्टापताकवान् ॥ सहदेवस्यदुर्धर्षोद्विषतांशोकवर्धनः ८७ पंचानांद्रौपदेयानांप्रतिमाध्वजभूषणम् ॥ धर्ममारुतशक्राणामश्विनोश्चमहात्मनोः ८८ अभिमन्योःकुमारस्यशार्ङ्गपक्षीहिरण्मयः ॥ रथेध्वजवरोराजंस्तप्तचामीकरोज्ज्वलः
८९ घटोत्कचस्यराजेन्द्रध्वजेगृध्रोऽप्यरोचत ॥ अश्वाश्वकामगास्तस्यरावणस्यपुरायथा ९० माहेन्द्रंचधनुर्दिव्यंधर्मराजेयुधिष्ठिरे ॥ वायव्यंभीमसेनस्यधनुर्दिव्यमभून्नृप ९१ त्रैलोक्यरक्षणार्थायब्रह्मणासृष्टमायुधम् ॥ तद्दिव्यमजरंचैवफाल्गुनार्थायवैधनुः ९२ वैष्णवंनकुलायाथसहदेवायचाश्विजम् ॥ घटोत्कचायपौलस्त्यंधनुर्दिव्यंभयानकम् ९३ रौद्रमाग्नेयकौबेरंयाम्यंगिरिशमेवच ॥ पंचानांद्रौपदेयानांधनूरत्नानिभारत ९४ रौद्रंधनुर्वरंश्रेष्ठंलेभेयद्रोहिणीसुतः ॥ तत्तुष्टःप्रददौरामःसौभद्रायमहात्मने ९५ एतेचान्येचबहवोध्वजाहेमविभूषिताः ॥ तत्रादृश्यन्तशूराणांद्विषतांशोकवर्धनाः ९६

कस्यकुसुमंतद्वर्णसदृशवर्णाः ७४ । ७५ योऽत्रहंतः ७६ हयाअवहन्नइतिपूर्वस्मादनुकृष्यते ७७ सुवर्णवर्णाइतिपूर्वोत्तरान्वयि ७८ । ७९ । ८० । ८१ । ८२ । ८३ नन्दोपनन्दकौनाम्ना ८४ । ८५ । ८६
८७ । ८८ । ८९ । ९० । ९१ । ९२ । ९३ । ९४ । ९५ । ९६

१. युयुत्सुंमकरध्वजमितिपाठः

१७ । १८ ॥ इतिद्रोणपर्वणिटीकायांत्रयोविंशोऽध्यायः ॥ २३ ॥ व्यथयेयुरिति १ संप्रयुक्तःसंबद्धः भवतिउत्पद्यते तस्मिन्नदिष्टएव २ अत्रोदाहरणमाह दीर्घमिति ३ ममपुत्रस्ययदभवद्राज्यंअर्थात्तदपिदैव

तदभूद्ध्वजसंबाधमकापुरुषसेवितम् ॥ द्रोणानीकंमहाराजपटेचित्रमिवार्पितम् १७ शुश्रुवुर्नामगोत्राणिवीराणांसंयुगेतदा ॥ द्रोणमाद्रवतांराजन्स्वयंवरइवाहवे १८
॥ इतिश्रीमहाभारतेद्रोणपर्वणि हयध्वजादिकथनेत्रयोविंशोऽध्यायः ॥ २३ ॥ धृतराष्ट्रउवाच ॥ व्यथयेयुरिमेसेनांदेवानामपिसंजय ॥ आहवेयेन्यवर्त्तन्तवृकोदर मुखान्नृपाः १ संप्रयुक्तःकिलैवायंदिष्टैर्भवतिपूरुषः ॥ तस्मिन्नेवचसर्वार्थाःप्रदृश्यन्तेपृथग्विधाः २ दीर्घंविप्रोषितःकालमरण्येजटिलोऽजिनी ॥ अज्ञातश्चैवलोकस्यविज हारयुधिष्ठिरः ३ सएवमहतींसेनांसमावर्तयदाहवे ॥ किमन्यद्दैवसंयोगान्ममपुत्रस्यचाभवत् ४ युक्तएवहिभाग्येनध्रुवमुत्पद्यतेनरः ॥ सतथाऽऽकृष्यतेतेननयथास्वय मिच्छति ५ द्यूतव्यसनमासाद्यक्लेशितोहियुधिष्ठिरः ॥ सपुनर्भागधेयेनसहायानुपलब्धवान् ६ अद्यमेकेकयालब्धाःकाशिकाःकोसलाश्चये ॥ चेदयश्चापरेवंगामामे वसमुपाश्रिताः ७ पृथिवीभूयसीतातममपार्थस्यनोतथा ॥ इतिमामब्रवीत्सूतमंदोदुर्योधनःपुरा ८ तस्यसेनासमूहस्यमध्येद्रोणःसुरक्षितः ॥ निहतःपार्षतेनाजौ किमन्यद्भागधेयतः ९ मध्येराज्ञांमहाबाहुंसदायुद्धाभिनंदिनम् ॥ सर्वास्त्रपारगंद्रोणंकथंमृत्युरुपेयिवान् १० समनुप्राप्तकृच्छ्रोऽहंमोहंपरममागतः ॥ भीष्मद्रोणौहतौ श्रुत्वानाहंजीवितुमुत्सहे ११ यन्मांक्षत्ताऽब्रवीत्तातप्रपश्यन्पुत्रगृद्धिनम् ॥ दुर्योधनेनतत्सर्वंप्राप्तंसूतमयासह १२ नृशंसंतुपरंतुस्यात्त्यक्त्वादुर्योधनंयदि ॥ पुत्रशेषंचि कीर्षेयंकृत्स्नंनमरणंव्रजेत् १३ योहिधर्मंपरित्यज्यभवत्यर्थपरोनरः ॥ सोऽस्माच्चहीयतेलोकात्क्षुद्रभावंचगच्छति १४ अद्यचाप्यस्यराष्ट्रस्यहतोत्साहस्यसंजय ॥ अव शेषंनपश्यामिककुदेमृदितेसति १५ कथंस्यादवशेषोहिधुर्ययोरभ्यतीतयोः ॥ यौनित्यमुपजीवामःक्षमिणौपुरुषर्षभौ १६ व्यक्तमेवचमेशंसयथायुद्धमवर्त्तत ॥ केऽयु ध्यन्केव्यपाकुर्वन्केक्षुद्राःप्राद्रवन्भयात् १७ धनंजयंचमेशंसयद्यच्चक्रेरथर्षभः ॥ तस्माद्भयंनोभूयिष्ठंभ्रातृव्याच्चवृकोदरात् १८ यथाऽऽसीच्चनिवृत्तेषुपांडवेयेषुसंजय ॥ ममसैन्यावशेषस्यसन्निपातःसुदारुणः १९ कथंववोमनस्तातनिवृत्तेष्वभवत्तदा ॥ मामकानांचयेशूराःकेकांस्तत्रन्यवारयन् २० ॥ इतिश्री० द्रोणप० संशप्तकव० धृतराष्ट्रवाक्येचतुर्विंशोऽध्यायः ॥ २४ ॥ संजयउवाच ॥ महद्भैरवमासीन्नःसन्निवृत्तेषुपांडुषु ॥ दृष्ट्वाद्रोणंछाद्यमानंतैर्भास्करमिवांबुदैः १ तैश्चोद्धूतंरजस्तीव्रमवचक्रे चमूंतव ॥ ततोहतमभंस्यामद्रोणंदृष्टिपथेहते २ तांस्तुशूरान्महेष्वासान्क्रूरंकर्मचिकीर्षतः ॥ दृष्ट्वादुर्योधनस्तूर्णंस्वसैन्यंसमचूचुदत् ३ यथाशक्तियथोत्साहंयथा सत्वंनराधिपाः ॥ वारयध्वंयथायोगंपांडवानामनीकिनीम् ४

संयोगादित्यनुषंगः ४ । ५ । ६ । ७ । ८ । ९ । १० । ११ । १२ दुर्योधनंत्यक्त्वायदिपुत्रशेषंचिकीर्षेयंतत्परकेवलंनृशंसंस्यात्कृत्स्नंमरणंतुनभवेदित्यन्वयः १३ । १४ । १५ । १६ । १७ भ्रातृव्याद मित्रात् १८ । १९ । २० ॥ इतिद्रोणपर्वणिटीकायांचतुर्विंशोऽध्यायः ॥ २४ ॥ ॥ ॥ ॥ महदिति । भीरोर्भावोभैरवंभयमितियावत् १ । २ । ३ । ४

५ । ६ । ७ । ८ । ९ । १० । ११ । १२ । १३ । १४ । १५ । १६ । १७ । १८ । १९ । २० उत्पिंजलकमत्यंताकुलं २१ भूतकर्मासभापतिरितिद्विनामा २२ । २३ । २४ । २५

ततोदुर्मर्षणोभीममभ्यगच्छत्सुतस्तव ॥ आराद्दृष्ट्वाकिरन्बाणैर्जिघृक्षुस्तस्यजीवितम् ५ तंबाणैरवतस्तारक्रुद्धोमृत्युरिवाहवे ॥ तंचभीमोऽतुदद्बाणैस्तदासीत्तुमु
लंमहत् ६ तईश्वरसमादिष्टाःप्राज्ञाःशूराःप्रहारिणः ॥ राज्यंमृत्युभयंत्यक्त्वाप्रत्यतिष्ठन्परान्युधि ७ कृतवर्माशिनेःपौत्रंद्रोणंप्रेप्सुंविशांपते ॥ पर्यवारयदायां
तंशूरंसमरशोभिनम् ८ तंशैनेयःशरव्रातैःक्रुद्धःक्रुद्धमवारयत् ॥ कृतवर्माचशैनेयंमत्तोमत्तमिवद्विपम् ९ सैन्धवःक्षत्रवर्माणमायांतंनिशितैःशरैः ॥ उग्रधन्वाम
हेष्वासंयत्तोद्रोणादवारयत् १० क्षत्रवर्मासिंधुपतेश्छित्वाकेतनकार्मुके ॥ नाराचैर्दशभिःक्रुद्धःसर्वमर्मस्वताडयत् ११ अथान्यद्धनुरादायसैन्धवःकृतहस्तवत् ॥
विव्याधक्षत्रवर्माणंरणेसर्वायसैःशरैः १२ युयुत्सुंपाण्डवार्थाययतमानंमहारथम् ॥ सुबाहुर्भारतंशूरंयत्तोद्रोणादवारयत् १३ सुबाहोःसुधनुर्बाणावस्यतःपरिघो
पमौ ॥ युयुत्सुःशितपीताभ्यांक्षुराभ्यामच्छिनद्भुजौ १४ राजानंपाण्डवश्रेष्ठंधर्मात्मानंयुधिष्ठिरम् ॥ वेलेवसागरंक्षुब्धंमद्रराट्समवारयत् १५ तंधर्मराजोबहु
भिर्मर्मभिद्भिरवाकिरत् ॥ मद्रेशस्तंचतुःषष्ट्याशरैर्विध्वाऽनदद्भृशम् १६ तस्यनानदतःकेतुमुच्चकर्तचकार्मुकम् ॥ क्षुराभ्यांपाण्डवोज्येष्ठस्ततउच्चुक्रुशुर्जनाः १७
तथैवराजाबाह्लीकोराजानंद्रुपदंशरैः ॥ आद्रवन्तंसहानीकःसहानीकंन्यवारयत् १८ तद्युद्धमभवद्घोरंवृद्धयोःसहसेनयोः ॥ यथामहायूथपयोर्द्विपयोःसंप्रभिन्नयोः
१९ विन्दानुविन्दावावन्त्यौविराटंमत्स्यमार्च्छताम् ॥ सहसैन्यौसहानीकंयथेन्द्राग्नीपुराबलिम् २० तदुत्पिंजलकंयुद्धमासीद्देवासुरोपमम् ॥ मत्स्यानांकेकयैःसार्धं
मभीताश्वरथद्विपम् २१ नाकुलिंतुशतानीकंभूतकर्मासभापतिः ॥ अस्यंतमिषुजालानियांतंद्रोणादवारयत् २२ ततोनकुलदायादस्त्रिभिर्भल्लैःसुसंशितैः ॥
चक्रेविबाहुशिरसंभूतकर्माणमाहवे २३ सुतसोमंतुविक्रांतमायांतंतंशरौघिणम् ॥ द्रोणायाभिमुखंवीरंविविंशतिरवारयत् २४ सुतसोमस्तुसंक्रुद्धःस्वपितृव्यम
जिह्मगैः ॥ विविंशतिंशरैर्भित्वानाभ्यवर्ततदंशितः २५ अथभीमरथःशाल्वमाशुगैरायसैःशितैः ॥ षड्भिःसाश्वनियंतारमनयद्यमसादनम् २६ श्रुतकर्माण
मायान्तंमयूरसदृशैर्हयैः ॥ चैत्रसेनिर्महाराजतवपौत्रंन्यवारयत् २७ तौपौत्रौतवदुर्धर्षौपरस्परवधैषिणौ ॥ पितॄणामर्थसिद्ध्यर्थंचक्रतुर्युद्धमुत्तमम् २८ तिष्ठंतमग्रे
तंदृष्ट्वाप्रतिविंध्यंमहाहवे ॥ द्रौणिर्मानंपितुःकुर्वन्मार्गणैःसमवारयत् २९ तंक्रुद्धंप्रतिविव्याधप्रतिविन्ध्यःशितैःशरैः ॥ सिंहलांगूललक्ष्माणंपितुरर्थेव्यवस्थितम्
३० प्रवपन्निवबीजानिबीजकालेनरर्षभः ॥ द्रौणायनिंद्रौपदेयाःशरवर्षैरवाकिरन् ३१ आर्जुनिंश्रुतकीर्तिंतुद्रौपदेयंमहारथम् ॥ द्रोणायाभिमुखंयान्तंदौःशास
निरवारयत् ३२ तस्यकृष्णसमःकार्ष्णिस्त्रिभिर्भल्लैःसुसंशितैः ॥ धनुर्ध्वजंचसूतंचच्छित्वाद्रोणांतिकंययौ ३३ यस्तुशूरतमोराजन्नुभयोःसेनयोर्मतः ॥
तंपटच्चरहंतारंलक्ष्मणःसमवारयत् ३४ सलक्ष्मणस्येष्वसनंछित्वालक्ष्मचभारत ॥ लक्ष्मणेशरजालानिविसृजन्बह्वशोभत ३५

भीमरथोराजभ्राता २६ । २७ । २८ । २९ । ३० । ३१ । ३२ । ३३ । ३४ । ३५

३६ । ३७ । ३८ । ३९ । ४० । ४१ । ४२ । ४३ । ४४ । ४५ । ४६ । ४७ । ४८ । ४९ शलाकयाशंकुना ५० । ५१ । ५२ । ५३ । ५४ । ५५ । ५६ । ५७ अयोघनालगुडाः कडंगरैर्दण्डैः ५८ । ५९ आतुदन्व्यथयन् प्ररुज

॥ २० ॥ विकर्णस्तुमहाप्राज्ञोयाज्ञसेनिंशिखंडिनम् ॥ पर्यवारयदायांतंयुवानंसमरेयुवा ३६ ततस्तमिषुजालेनयाज्ञसेनिःसमावृणोत् ॥ विधूयतद्बाणजालंबभौतवसु
तोबली ३७ अंगदोऽभिमुखंवीरमुत्तमौजसमाहवे ॥ द्रोणायाभिमुखंयांतंशरौघेणन्यवारयत् ३८ ससंप्रहारस्तुमुलस्तयोःपुरुषसिंहयोः ॥ सैनिकानांचसर्वेषां
तयोश्चप्रीतिवर्धनः ३९ दुर्मुखस्तुमहेष्वासोवीरंपुरुजितंबली ॥ द्रोणायाभिमुखंयांतंवत्सदन्तैरवारयत् ४० सदुर्मुखंभ्रुवोर्मध्येनाराचेनाभ्यताडयत् ॥ तस्यत
द्विबभौवक्त्रंसनालमिवपंकजम् ४१ कर्णस्तुकेकयान्भ्रातॄन्पंचलोहितकध्वजान् ॥ द्रोणायाभिमुखंयातान्शरवर्षैरवारयत् ४२ तेचैनंभृशसंतप्ताःशरवर्षैरवा
किरन् ॥ सचतांश्छादयामासशरजालैःपुनःपुनः ४३ नैवकर्णोनतेपंचददृशुर्बाणसंवृताः ॥ साश्वसूतध्वजरथाःपरस्परशराचिताः ४४ पुत्रास्तेदुर्जयश्चैवज
यश्चविजयश्चह ॥ नीलकाश्यजयत्सेनांस्त्रयस्त्रीन्प्रत्यवारयन् ४५ तद्युद्धमभवद्घोरमीक्षितृप्रीतिवर्धनम् ॥ सिंहव्याघ्रतरक्षूणांयथर्क्षमहिषर्षभैः ४६ क्षेमधूर्ति
बृहंतौतुभ्रातरौसात्वतंयुधि ॥ द्रोणायाभिमुखंयांतंशरैस्तीक्ष्णैस्ततक्षतुः ४७ तयोस्तस्यचतद्युद्धमत्यद्भुतमिवाभवत् ॥ सिंहस्यद्विपमुख्याभ्यांप्रभिन्नाभ्यांय
थावने ४८ राजानंतुतथांबष्ठमेकंयुद्धाभिनंदिनम् ॥ चेदिराजःशरानस्यन्क्रुद्धोद्रोणादवारयत् ४९ ततोऽम्बष्ठोऽस्थिभेदिन्यानिरभिद्यच्छलाकया ॥ सत्यक्त्वा
सशरंचापंरथाद्भूमिमुपागमत् ५० वार्धक्षेमिंतुवार्ष्णेयंकृपःशारद्वतःशरैः ॥ अक्षुद्रःक्षुद्रकैर्बाणैःक्रुद्धरूपमवारयत् ५१ युध्यंतौकृपवार्ष्णेयौयेऽपश्यंश्चित्रयो
धिनौ ॥ तेयुद्धासक्तमनसोनान्यांबुबुधिरेक्रियाम् ५२ सौमदत्तिस्तुराजानंमणिमंतमतंद्रितम् ॥ पर्यवारयदायांतंयशोद्रोणस्यवर्धयन् ५३ ससौमदत्तेस्त्व
रितश्छित्त्वेष्वसनकेतने ॥ पुनःपताकांसूतंचच्छत्रंचापातयद्रथात् ५४ अथाप्लुत्यरथात्तूर्णंयूपकेतुरमित्रहा ॥ साश्वसूतध्वजरथंतंचकर्त्तवरासिना ५५ रथंचस्वंसमास्था
यधनुरादायचापरम् ॥ स्वयंयच्छन्हयान्राजन्व्यधमत्पांडवींचमूम् ५६ पांड्यमिंद्रमिवायांतमसुरान्प्रतिदुर्जयम् ॥ समर्थःसायकौघेनवृषसेनोन्यवारयत् ५७
गदापरिघनिस्त्रिंशपट्टिशायोघनोपलैः ॥ कडंगरैर्भुशुंडीभिःप्रासैस्तोमरसायकैः ५८ मुसलैर्मुद्गरैश्चक्रैर्भिन्दिपालपरश्वधैः ॥ पांसुवाताग्निसलिलैर्भस्मलोष्ठतृणद्रुमैः
५९ आतुदन्प्ररुजन्भंजन्निघ्नन्विद्रावयन्क्षिपन् ॥ सेनांविभीषयन्नायाद्द्रोणप्रेप्सुर्घटोत्कचः ६० तंतुनानाप्रहरणैर्नानायुद्धविशेषणैः ॥ राक्षसंराक्षसःक्रुद्धःसमाज
घ्नेह्यलंबुषः ६१ तयोस्तदभवद्युद्धंरक्षोग्रामणिमुख्ययोः ॥ तादृग्यादृक्पुरावृत्तंशंबरामरराजयोः ६२ एवंद्वंद्वशतान्यासन्रथवारणवाजिनाम् ॥ पदातीनांचभद्रंतेतव
तेषांचसंकुले ६३ नैतादृशोदृष्टपूर्वःसंग्रामोनैवचश्रुतः ॥ द्रोणस्याभावभावेतुप्रसक्तानांयथाऽभवत् ६४ इदंघोरमिदंचित्रमिदंरौद्रमितिप्रभो ॥ तत्रयुद्धान्यदृश्यंतप्रत
तानिबहूनिच ६५ ॥ इतिश्रीमहाभारतेद्रोणपर्वणि संशप्तकवधपर्वणिद्वंद्वयुद्धेपंचविंशोऽध्यायः ॥ २५ ॥ ॥ २० ॥

न्विध्यन् भंजन् आमर्दयन् निघ्नन्मारयन् विद्रावयन्पलाययन् क्षिपन्प्रेरयन् ६० । ६१ । ६२ । ६३ अभावभावेमारणेरक्षणेच ६४ । ६५ ॥ इतिद्रोणपर्वणिटीकायांपंचविंशोऽध्यायः ॥ २५ ॥

तेष्वित्ति १ । २ । ३ । ४ । ५ । ६ । ७ । ८ ९ । १० ११ । १२ । १३ । १४ । १५ १६ आवर्जितःपतनप्रवणोनागोयस्य १७ । १८ । १९ । २० संहतेनसंकुचितेन

॥ धृतराष्ट्रउवाच ॥ तेष्वेवंसन्निवृत्तेषुप्रत्युद्यातेषुभागशः ॥ कथंयुयुधिरेपार्थामामकाश्चतरस्विनः १ किमर्जुनश्चाप्यकरोत्संशप्तकबलंप्रति ॥ संशप्तकावापार्थ
स्याकिमकुर्वतसंजय २ ॥ संजयउवाच ॥ तथातेषुनिवृत्तेषुप्रत्युद्यातेषुभागशः ॥ स्वयमभ्यद्रवद्भीमंनागानीकेनतेसुतः ३ सनागइवनागेनगोवृषेणवगोवृषः ॥
समाहूतःस्वयंराज्ञानागानीकमुपाद्रवत् ४ सयुद्धकुशलःपार्थोबाहुवीर्येणचान्वितः ॥ अभिनत्कुंजरानीकमचिरेणैवमारिष ५ तेगजागिरिसंकाशाःक्षरंतःसर्वतो
मदम् ॥ भीमसेनस्यनाराचैर्विमुखाविमदीकृताः ६ विधमेदभ्रजालानियथावायुःसमुद्धतः ॥ व्यधमत्तान्यनीकानितथैवपवनात्मजः ७ सतेषुविसृजन्बाणान्
भीमोनागेष्वशोभत ॥ भुवनेष्विवसर्वेषुगभस्तीनुदितोरविः ८ तेभीमबाणाभिहताःसंस्यूताविबभुर्गजाः ॥ गभस्तिभिरिवार्कस्यव्योम्निनानाबलाहकाः ९ त
थागजानांकदनंकुर्वाणमनिलात्मजम् ॥ क्रुद्धोदुर्योधनोऽभ्येत्यप्रत्यविध्यच्छितैःशरैः १० ततःक्षणेनक्षितिपंक्षतजप्रतिमेक्षणः ॥ क्षयंनिनीषुर्निशितैर्भीमोवि
व्याधपत्रिभिः ११ सशराचितसर्वांगःक्रुद्धोविव्याधपांडवम् ॥ नाराचैरर्करश्म्याभैर्भीमसेनंस्मयन्निव १२ तस्यनागंमणिमयंरत्नचित्रध्वजेस्थितम् ॥ भल्लाभ्यां
कार्मुकंचैवक्षिप्रंचिच्छेदपांडवः १३ दुर्योधनंपीड्यमानंदृष्ट्वाभीमेनमारिष ॥ चुक्षोभयिषुरभ्यागादंगोमातंगमास्थितः १४ तमापतंतंनागेन्द्रमंबुदप्रतिमस्वनम् ॥
कुंभांतरेभीमसेनोनाराचैरार्दयद्भृशम् १५ तस्यकायंविनिर्भिद्यन्यमज्जद्धरणीतले ॥ ततःपपातद्विरदोवज्राहतइवाचलः १६ तस्यावर्जितनागस्यम्लेच्छ
स्याधःपतिष्यतः ॥ शिरश्चिच्छेदभल्लेनक्षिप्रकारीवृकोदरः १७ तस्मिन्निपतितेवीरेसंप्राद्रवतसाचमूः ॥ संभ्रान्ताश्वद्विपरथापदातीनवमृद्नती १८ तेष्वनीके
षुभग्नेषुविद्रवत्सुसमंततः ॥ प्राग्ज्योतिषस्ततोभीमंकुंजरेणसमाद्रवत् १९ येननागेनमघवानजयद्दैत्यदानवान् ॥ तदन्वयेननागेनभीमसेनमुपाद्रवत् २० सनाग
प्रवरोभीमंसहसासमुपाद्रवत् ॥ चरणाभ्यामथोद्धाभ्यांसंहतेनकरेणच २१ व्यावृत्तनयनःक्रुद्धःप्रमथन्निवपांडवम् ॥ वृकोदररथंसाश्वमविशेषमचूर्णयत् २२
पद्भ्यांभीमोऽप्यथोधावंस्तस्यगात्रेष्वलीयत ॥ जानन्नंजलिकावेधंनापाक्रामतपांडवः २३ गात्राभ्यन्तरगोभूत्वाकरेणाताडयन्मुहुः ॥ लालयामासतंनागंवधाकां
क्षिणमव्ययम् २४ कुलालचक्रवन्नागस्तदातूर्णमथाभ्रमत् ॥ नागायुतबलःश्रीमान्कालयानोवृकोदरम् २५ भीमोऽपिनिष्क्रम्यततःसुप्रतीकाग्रतोऽभवत् ॥
भीमंकरेणावनम्यजानुभ्यामभ्यताडयत् २६ ग्रीवायांवेष्टयित्वैनंसगजोहंतुमैहत ॥ करवेष्टंभीमसेनोभ्रमंदत्वाव्यमोचयत् २७ पुनर्गात्राणिनागस्यप्रविवेशवृको
दरः ॥ यावत्प्रतिगजायातंस्वबलेप्रत्यवेक्षत २८ भीमोऽपिनागगात्रेभ्योविनिःसृत्यापयाज्जवात् ॥ ततःसर्वस्यसैन्यस्यनादःसमभवन्महान् २९ अहोधिग्नि
हतोभीमःकुंजरेणेतिमारिष ॥ तेननागेनसंत्रस्तापांडवानामनीकिनी ३० सहसाऽभ्यद्रवद्राजन्यत्रतस्थौवृकोदरः ॥ ततोयुधिष्ठिरोराजाहतंमत्वावृकोदरम् ३१

२१ । २२ । २३ । २४ । २५ । २६ । २७ । २८ । २९ । ३० । ३१

म. भा. टी. ॥ २१ ॥

द्रोण अ० २६

३२ । ३३ । ३४ । ३५ तिर्यग्यातेनपार्श्वतोगामिना ३६ । ३७ । ३८ व्यवच्छिद्यविध्द्वा ३९ । ४० । ४१ पर्यवर्ततभ्रांतवान् ४२ । ४३ समुत्थाप्यस्थिरीकृत्य ४४ । ४५ । ४६ । ४७ । ४८ । ४९

भगदत्तंसपांचाल्यःसर्वतःसमवारयत् ॥ तंरथंरथिनाश्रेष्ठाःपरिवार्यपरंतपाः ३२ अवाकिरँञ्छरैस्तीक्ष्णैःशतशोऽथसहस्रशः ॥ सविघातंपृषत्कानामंकुशेनस
माहरन् ३३ गजेनपांडुपंचालान्व्यधमत्पर्वतेश्वरः ॥ तदद्भुतमपश्यामभगदत्तस्यसंयुगे ३४ तथावृद्धस्यचरितंकुंजरेणविशांपते ॥ ततोराजादशार्णानांप्रा
ग्ज्योतिषमुपाद्रवत् ३५ तिर्यग्यातेननागेनसमदेनाशुगामिना ॥ तयोर्युद्धंसमभवन्नागयोर्भीमरूपयोः ३६ सपक्षयोःपर्वतयोर्यथासद्रुमयोःपुरा ॥ प्राग्ज्यो
तिषपतेर्नागःसन्निवृत्यापसृत्यच ३७ पार्श्वेदशार्णाधिपतेर्भित्वानागमपातयत् ॥ तोमरैःसूर्यरश्म्याभैर्भगदत्तोऽथसप्तभिः ३८ जघानद्विरदस्थंतंशत्रुंप्रचलिता
सनम् ॥ व्यवच्छिद्यतुराजानंभगदत्तंयुधिष्ठिरः ३९ रथानीकेनमहतासर्वतःपर्यवारयत् ॥ सकुंजरस्थोरथिभिःशुशुभेसर्वतोवृतः ४० पर्वतेवनमध्यस्थोज्वलन्नि
वहुताशनः ॥ मंडलंसर्वतःश्लिष्टंरथिनामुग्रधन्विनाम् ४१ किरतांशरवर्षाणिसनागःपर्यवर्तत ॥ ततःप्राग्ज्योतिषोराजापरिगृह्यमहागजम् ४२ प्रेषयामास
सहसायुयुधानरथंप्रति ॥ शिनेःपौत्रस्यतुरथंपरिगृह्यमहाद्विपः ४३ अभिचिक्षेपवेगेनयुयुधानस्त्वपाक्रमत् ॥ बृहतःसैन्धवानश्वान्समुत्थाप्याथसारथिः ४४
तस्थौसात्यकिमासाद्यसंप्लुतस्तंरथंप्रति ॥ सतुलब्ध्वान्तरंनागस्त्वरितोरथमंडलात् ४५ निश्चक्रामततःसर्वान्परिचिक्षेपपार्थिवान् ॥ तेत्वाशुगतिनातेनत्रास्य
मानानरर्षभाः ४६ तमेकंद्विरदंसंख्येमेनिरेशतशोद्विपान् ॥ तेगजस्थेनकाल्यन्तेभगदत्तेनपाण्डवाः ४७ ऐरावतस्थेनयथादेवराजेनदानवाः ॥ तेषांप्रद्रवतां
भीमःपंचालानामितस्ततः ४८ गजवाजिकृतःशब्दःसुमहान्समजायत ॥ भगदत्तेनसमरेकाल्यमानेषुपांडुषु ४९ प्राग्ज्योतिषमभिक्रुद्धःपुनर्भीमःसमभ्ययात् ॥
तस्याभिद्रवतोवाहान्हस्तमुक्तेनवारिणा ५० सिक्त्वाव्यत्रासयन्नागस्तेपार्थमहरंस्ततः ॥ ततस्तमभ्ययात्तूर्णंरुचिपर्वाकृतीसुतः ५१ समवंञ्छरवर्षेणरथस्थो
ऽन्तकसन्निभः ॥ ततःसरुचिपर्वाणंशरेणानतपर्वणा ५२ सुपर्वापर्वतपतिर्निन्येवैवस्वतक्षयम् ॥ तस्मिन्निपतितेवीरेसौभद्रोद्रौपदीसुतः ५३ चेकितानोधृष्ट
केतुर्युयुत्सुश्चार्दयन्द्विपम् ॥ तएनंशरधाराभिर्धाराभिरिवतोयदाः ५४ सिषिचुर्भैरवान्नादान्विनदन्तोजिघांसवः ॥ ततःपार्ष्ण्यंकुशांगुष्ठैःकृतिनाचोदितोद्विपः
५५ प्रसारितकरःप्रायात्स्तब्धकर्णेक्षणोद्रुतम् ॥ सोऽधिष्ठायपदावाहान्युयुत्सोःसूतमारुजत् ५६ युयुत्सुस्तुरथाद्राजन्नपाक्रामत्स्वरान्वितः ॥ ततःपाण्डवयोधास्ते
नागराजंशरैर्द्रुतम् ५७ सिषिचुर्भैरवान्नादान्विनदन्तोजिघांसवः ॥ पुत्रस्तुतवसंभ्रांतःसौभद्रस्याप्लुतोरथम् ५८ सकुंजरस्थोविसृजन्निषूनरिपुपार्थिवः ॥ बभौर
श्मीनिवादित्योभुवनेषुसमुत्सृजन् ५९ तमार्जुनिर्द्वादशभिर्युयुत्सुर्दशभिःशरैः ॥ त्रिभिस्त्रिभिर्द्रौपदेयाधृष्टकेतुश्चविव्यधुः ६० सोऽतियत्नार्पितैर्बाणैराचितोद्वि
रदोबभौ ॥ संस्यूतइवसूर्यस्यरश्मिभिर्जलदोमहान् ६१

५० । ५१ । ५२ । सुपर्वाशोभनांगसंधिः ५३ । ५४ । ५५ । ५६ । ५७ । ५८ । ५९ । ६० । ६१

॥ २१ ॥

६२ । ६३ । ६४ । ६५ वियदाकाशं द्यांस्वर्गम् ६६ । ६७ । ६८ ऽ इतिद्रोणपर्वणिटीकायांषर्ड्विंशोऽध्यायः ॥ २६ ॥ ॥ ॥ यदिति १ विकुर्वाणेत्रिविधाःक्रियाःकुर्वाणे २ । ३ । ४

नियंतुःशिल्पयत्नाभ्यांप्रेरितोऽरिशरार्दितः ॥ परिचिक्षेपतान्नागःसरिपून्सव्यदक्षिणम् ६२ गोपालइवदण्डेनयथापशुगणान्वने ॥ आवेष्टयततांसेनांभगदत्तस्तथामुहुः
६३ क्षिप्रंश्येनाभिपन्नानांवायसानामिवस्वनः ॥ बभूवपांडवेयानांभृशंविद्रवतांस्वनः ६४ सनागराजःप्रवरांकुशाहतःपुरासपक्षोऽद्रिवरोयथानृप ॥ भयंतदारिपुपुस
मादधद्भृशंवणिग्जनानांक्षुभितोयथार्णवः ६५ ततोध्वनिर्द्विरदरथाश्वपार्थिवैर्भयाद्द्रवद्भिर्जनितोऽतिभैरवः ॥ क्षितिंवियद्द्यांविदिशोदिशस्तथासमावृणोत्पार्थिवसं
युगेततः ६६ सतेननागप्रवरेणपार्थिवोभृशंजगाहेद्विषतामनीकिनीम् ॥ पुरासुगुप्तांविबुधैरिवाहवेविरोचनोदेववरूथिनीमिव ६७ भृशंववौज्वलनसखोवियद्रजः
समावृणोन्मुहुरपिचैवसैनिकान् ॥ तमेकनागंगणशोयथागजान्समन्ततोद्रुतमथमेनिरेजनाः ६८ इतिश्रीमहाभारतेद्रोणपर्वणिसंशप्तकवधपर्वणि भगदत्तयुद्धेषर्ड्वि
शोऽध्यायः ॥ २६ ॥ ॥ संजयउवाच ॥ यन्मांपार्थस्यसंग्रामेकर्माणिपरिपृच्छसि ॥ तच्छृणुष्वमहाबाहोपार्थोयदकरोद्रणे १ रजोदृष्ट्वासमुद्भूतंश्रुत्वाचगजनिः
स्वनम् ॥ भगदत्तेविकुर्वाणेकौन्तेयःकृष्णमब्रवीत् २ यथाप्राग्जोतिषोराजागजेनमधुसूदन ॥ त्वरमाणोविनिष्क्रान्तोध्रुवंतस्यैषनिःस्वनः ३ इंद्रादनवरःसंख्ये
गजयानविशारदः ॥ प्रथमोगजयोधानांपृथिव्यामितिमेमतिः ४ सचापिद्विरदश्रेष्ठःसदाऽप्रतिगजोयुधि ॥ सर्वशस्त्रातिगःसंख्येकृतकर्माजितक्लमः ५ सहःशस्त्र
निपातानामग्निस्पर्शस्यचानघ ॥ सपांडवबलंसर्वमद्यैकोनाशयिष्यति ६ नचावाभ्यामृतेऽन्योऽस्तिशक्तस्तंप्रतिबाधितुम् ॥ त्वरमाणस्ततोयाहियतःप्राग्जोतिषा
धिपः ७ दृप्तंसंख्येद्विपबलाद्वयसाचापिविस्मितम् ॥ अद्यैनंप्रेषयिष्यामिबलहंतुःप्रियातिथिम् ८ वचनादथकृष्णस्तुप्रययौसव्यसाचिनः ॥ दीर्यतेभगदत्ते
नयत्रपाण्डववाहिनी ९ तंप्रयान्तंततःपश्चादाह्वयंतोमहारथाः ॥ संशप्तकाःसमारोहन्सहस्राणिचतुर्दश १० दशैवतुसहस्राणित्रिगर्त्तानांमहारथाः ॥ चत्वारिच
सहस्राणिवासुदेवस्यचानुगाः ११ दीर्यमाणांचमूंदृष्ट्वाभगदत्तेनमारिष ॥ आहूयमानस्यचतैरभवद्धृदयंद्विधा १२ किंनुश्रेयस्करंकर्मभवेदद्येतिचिंतयन् ॥ इहवा
विनिवर्त्तेयंगच्छेयंवायुधिष्ठिरम् १३ तस्यबुद्ध्याविचार्यैवमर्जुनस्यकुरूद्वह ॥ अभवद्भूयसीबुद्धिःसंशप्तकवधेस्थिरा १४ ससन्निवृत्तःसहसाकपिप्रवरकेतनः ॥
एकोरथसहस्राणिनिहंतुंवासवीरणे १५ साहिदुर्योधनस्यासीन्मतिःकर्णस्यचोभयोः ॥ अर्जुनस्यवधोपायेतेनद्वैधमकल्पयत् १६ सतुदोलायमानोऽभूद्द्वैधीभावेन
पाण्डवः ॥ वधेनतुनराग्र्याणामकरोत्तांमृषातदा १७ ततःशतसहस्राणिशराणांनतपर्वणाम् ॥ असृजन्नर्जुनेराजन्संशप्तकमहारथाः १८ नैवकुंतीसुतःपार्थोनैवकृष्णो
जनार्दनः ॥ नहयानरथोराजन्दृश्यन्तेस्मशरैश्चिताः १९ तदामोहमनुप्राप्तःसिष्विदेहिजनार्दनः ॥ ततःस्तान्प्रायशःपार्थोब्रह्मास्त्रेणनिजघ्निवान् २०

अप्रतिगजइतिच्छेदः ५ सहःसोढापचायत् ६ । ७ विस्मितंरूढाहंकारं ८ । ९ समारोहन्संव्रतवंतः १० । ११ । १२ । १३ । १४ । १५ । १६ । १७ । १८ । १९ । २०

२१ । २२ । २३ । २४ । २५ । २६ । २७ । २८ । २९ । ३० । ३१ ॥ इतिद्रोणपर्वणिटीकायांसप्तविंशोऽध्यायः ॥ २७ ॥ ॥ यियासतइति १ । २ । ३ । ४ । ५ । ६ । ७ । ८ । ९ । १०

शतशःपाणयश्छिन्नाःसेषुज्यातलकार्मुकाः ॥ केतवोवाजिनःसूतारथिनश्चापतन्क्षितौ २१ द्रुमाचलाग्रांबुधरैःसमकायाःसुकल्पिताः ॥ हतारोहाःक्षितौपेतुर्द्वि
पाःपार्थशराहताः २२ विप्रविद्धकुथानागाश्छिन्नभांडाःपरासवः ॥ सारोहास्तुरगेपेतुर्मथितामार्गणैर्भृशम् २३ सर्ष्टिप्रासासिनखराःसमुद्गरपरश्वधाः ॥ विच्छि
न्नाबाहवःपेतुर्नृणांभल्लैःकिरीटिना २४ बालादित्यांबुजेन्दूनांतुल्यरूपाणिमारिष ॥ संछिन्नान्यर्जुनशरैःशिरांस्युर्व्यांप्रपेदिरे २५ जज्वालालंकृतासेनापत्रिभिः
प्राणिभोजनैः ॥ नानारूपैस्तदाऽमित्रान्क्रुद्धेनिघ्नतिफाल्गुने २६ क्षोभयंतंतदासेनांद्विरदंनलिनीमिव ॥ धनंजयंभूतगणाःसाधुसाध्वित्यपूजयन् २७ दृष्ट्वात
त्कर्मपार्थस्यवासवस्येवमाधवः ॥ विस्मयंपरमंगत्वाप्रांजलिस्तमुवाचह २८ कर्मैतत्पार्थशक्रेणयमेनधनदेनच ॥ दुष्करंसमरेयत्तेकृतमद्येतिमेमतिः २९ युगप
च्चैवसंग्रामेशतशोऽथसहस्रशः ॥ पतिताएवमेदृष्टाःसंशप्तकमहारथाः ३० संशप्तकांस्ततोहत्वाभूयिष्ठायेव्यवस्थिताः ॥ भगदत्ताययाहीतिकृष्णंपार्थोऽभ्यनोद
यत् ३१ ॥ इतिश्रीमहाभारतेद्रोणपर्वणिसंशप्तकवधपर्वणि संशप्तकवधेसप्तविंशोऽध्यायः ॥ २७ ॥ ॥ ॥ संजयउवाच ॥ यियासतस्ततःकृष्णः
पार्थस्याश्वान्मनोजवान् ॥ संप्रैषीद्धेमसंच्छन्नान्द्रोणानीकायसत्वरन् १ तंप्रयांतंकुरुश्रेष्ठंस्वान्भ्रातॄन्द्रोणतापितान् ॥ सुशर्माभ्रातृभिःसार्धंयुद्धार्थीपृष्ठतोऽन्व
यात् २ ततःश्वेतहयःकृष्णमब्रवीदजितंजयः ॥ एषमांभ्रातृभिःसार्धंसुशर्माऽह्वयतेऽच्युत ३ दीर्यतेचोत्तरेणैवतत्सैन्यंमधुसूदन ॥ द्वैधीभूतंमनोमेऽद्यकृतंसंशप्त
केरिदम् ४ किंनुसंशप्तकान्हन्मिस्वान्रक्षाम्यहितार्दितान् ॥ इतिमेत्वंमतंवेत्सितत्रकिंसुकृतंभवेत् ५ एवमुक्तस्तुदाशार्हःस्यंदनंप्रत्यवर्तयत् ॥ येनत्रिगर्ताधिपतिः
पाण्डवंसमुपाह्वयत् ६ ततोऽर्जुनःसुशर्माणंविद्ध्वासप्तभिराशुगैः ॥ ध्वजंधनुश्चास्यतथाक्षुराभ्यांसमकृंतत ७ त्रिगर्ताधिपतेश्चापिभ्रातरंषड्भिराशुगैः ॥ साश्वंस
सूतंपरितःपार्थःप्रैषीद्यमक्षयम् ८ ततोभुजगसंकाशांसुशर्माशक्तिमायसीम् ॥ चिक्षेपार्जुनमादिश्यवासुदेवायतोमरम् ९ शक्तिंत्रिभिःशरैश्छित्वातोमरंत्रिभिर
र्जुनः ॥ सुशर्माणंशरव्रातैर्मोहयित्वान्यवर्तयत् १० तंवासवमिवायांतंभूरिवर्षशरौघिणम् ॥ राजंस्तावकसैन्यानांनोग्रंकश्चिदवारयत् ११ ततोधनंजयोबाणैः
सर्वानेवमहारथान् ॥ आयाद्विनिघ्नन्कौरव्यान्दहन्कक्षमिवानलः १२ तस्यवेगमसह्यंतंकुंतीपुत्रस्यधीमतः ॥ नाशक्नुवंस्तेसंसोढुंस्पर्शमग्नेरिवप्रजाः १३ संवेष्ट
यन्ननीकानिशरवर्षेणपांडवः ॥ सुपर्णपातवद्राजन्नायात्प्राग्ज्योतिषंप्रति १४ यत्तदाऽनामयज्जिष्णुर्भरतानामपापिनाम् ॥ धनुःक्षेमकरंसंख्येद्विषतामश्रुवर्धनम् १५
तदेवतवपुत्रस्यराजन्दुर्द्यूतदेविनः ॥ कृतेक्षत्रविनाशायधनुरायच्छदर्जुनः १६ तथाविक्षोभ्यमाणासापार्थेनतववाहिनी ॥ व्यशीर्यतमहाराजनौरिवासाद्यपर्वतम् १७

भूरिवर्षमितिवाणवर्षविशेषणं ११ । १२ । १३ । १४ । १५ आयच्छद्गृहीतवान् यदेवार्जुनस्यधनुर्भरतानांक्षेमकरमासीत्तदेवतत्पुत्रनिमित्तंक्षत्रक्षयकरमभवदितिवाक्यार्थः १६ । १७

१८ । १९ । २० । २१ । २२ । २३ । २४ । २५ । २६ । २७ । २८ । २९ । ३० ॥ इतिद्रोणपर्वणिटीकायामष्टाविंशोऽध्यायः ॥ २८ ॥ ॥ ॥ ॥ तथाक्रुद्धइति १ । ३ । ४

ततोदशसहस्राणिन्यवर्त्तन्तधनुष्मताम् ॥ मतिंकृत्वारणेक्रूरांवीराजयपराजये १८ व्यपेतहृदयत्रासाआववुस्तंमहारथाः ॥ आर्च्छत्पार्थोगुरुंभारंसर्वभारसहो
युधि १९ यथानलवनंक्रुद्धःप्रभिन्नःषष्टिहायनः ॥ मृद्गीयात्तद्वदायस्तःपार्थोऽमृद्गाच्चमूंतव २० तस्मिन्प्रमथितेसैन्येभगदत्तोनराधिपः ॥ तेननागेनसहसा
धनंजयमुपाद्रवत् २१ तंरथेननरव्याघ्रःप्रत्यगृह्णाद्धनंजयः ॥ ससन्निपातस्तुमुलोबभूवरथनागयोः २२ कल्पिताभ्यांयथाशास्त्रंरथेनचगजेनच ॥ संग्रामेचे
रतुर्वीरौभगदत्तधनंजयौ २३ ततोजीमूतसंकाशान्नागाद्दिंद्रइवप्रभुः ॥ अभ्यवर्षच्छरौघेणभगदत्तोधनंजयम् २४ सचापिशरवर्षंतंशरवर्षेणवासविः ॥ अप्राप्त
मेवचिच्छेदभगदत्तस्यवीर्यवान् २५ ततःप्राग्ज्योतिषोराजाशरवर्षंनिवार्यतत् ॥ शरैर्जघ्नेमहाबाहुंपार्थंकृष्णंचमारिष २६ ततस्तुशरजालेनमहताऽभ्यवकी
र्यतौ ॥ चोदयामासतंनागंवधायाच्युतपार्थयोः २७ तमापतंतंद्विरदंदृष्ट्वाक्रुद्धमिवांतकम् ॥ चक्रेऽपसव्यंत्वरितःस्यंदनेनजनार्दनः २८ संप्राप्तमपितेनेयेषपरा
वृत्तंमहाद्विपम् ॥ सारोहंमृत्युसात्कर्तुंस्मरन्धर्मंधनंजयः २९ सतुनागोद्विपरथान्हयांश्चामृद्यमारिष ॥ प्राहिणोन्मृत्युलोकायततःक्रुद्धोधनंजयः ३० ॥
॥ इतिश्रीमहाभारतेद्रोणपर्वणिसंशप्तकवधपर्वणि भगदत्तयुद्धे अष्टाविंशोऽध्यायः ॥ २८ ॥ ॥ ॥ धृतराष्ट्रउवाच ॥ तथाक्रुद्धःकिमकरोद्भगद
त्तस्यपाण्डवः ॥ प्राग्ज्योतिषोवापार्थस्यतन्मेशंसयथातथम् १ ॥ संजयउवाच ॥ प्राग्ज्योतिषेणसंसक्तावुभौदाशार्हपाण्डवौ ॥ मृत्युदंष्ट्रांतिकंप्राप्तौसर्वभू
तानिमेनिरे २ तथातुशरवर्षाणिपातयत्यनिशंप्रभो ॥ गजस्कंधान्महाराजकृष्णयोःस्यंदनस्थयोः ३ अथकार्ष्णायसैर्बाणैःपूर्णकार्मुकनिःसृतैः ॥ अविध्यद्देवकीपुत्रं
हेमपुंखैःशिलाशितैः ४ अग्निस्पर्शसमास्तीक्ष्णाभगदत्तेनचोदिताः ॥ निर्भिद्यदेवकीपुत्रंक्षितिंजग्मुःसुवाससः ५ तस्यपार्थोधनुश्छित्वापरिवारंनिहत्यच ॥ लालय
न्निवराजानंभगदत्तमयोधयत् ६ सोऽर्करश्मिनिभांस्तीक्ष्णांस्तोमरान्वैचतुर्दश ॥ अप्रेषयत्सव्यसाचीद्विधैकैकमथाच्छिनत् ७ ततोनागस्यतद्वर्मव्यधमत्पाक
शासनिः ॥ शरजालेनमहतातच्चशीर्यतभूतले ८ शीर्णवर्मासतुगजःशरैःसुभृशमर्दितः ॥ बभौधारानिपाताक्तोव्यभ्रःपर्वतराडिव ९ ततःप्राग्ज्योतिषःशक्तिं
हेमदंडामयस्मयीम् ॥ व्यसृजद्वासुदेवायद्विधातामर्जुनोऽच्छिनत् १० ततश्छत्रंध्वजंचैवच्छित्वाराज्ञोऽर्जुनःशरैः ॥ विव्याधदशभिस्तूर्णमुत्स्मयन्पर्वतेश्वरम् ११
सोतिविद्धोऽर्जुनशरैःसुपुंखैःकंकपत्रिभिः ॥ भगदत्तस्ततःक्रुद्धःपाण्डवस्यजनाधिपः १२ व्यसृजत्तोमरान्मूर्ध्निश्वेताश्वस्योन्ननादच ॥ तैरर्जुनस्यसमरेकिरीटंपरि
वर्तितम् १३ परिवृत्तंकिरीटंतंयमयन्नेवपाण्डवः ॥ सुदृष्टःक्रियतांलोकइतिराजानमब्रवीत् १४ एवमुक्तस्तुसंक्रुद्धःशरवर्षेणपाण्डवम् ॥ अभ्यवर्षत्सगोविंदंध
नुरादायभास्वरम् १५ तस्यपार्थोधनुश्छित्वातूणीरान्सन्निकृत्यच ॥ त्वरमाणोद्विसप्तत्यासर्वमर्मस्वताडयत् १६

५ । ६ । ७ । ८ । ९ । १० । ११ । १२ । १३ । १४ । १५ । १६

१७।१८।१९।२०।२१।२२।२३।२४।२५।२६ एकामूर्तिर्बदरिकाश्रमेनारायणरूपा अपरापरमात्मरूपा २७ अपराक्षेत्रज्ञरूपा अपराजलशायिनी २८ । २९ । ३० । ३१ । ३२

विद्धस्ततोऽतिव्यथितोवैष्णवास्त्रमुदीरयन् ॥ अभिमंत्र्यांकुशंक्रुद्धोव्यसृजत्पाण्डवोरसि १७ विसृष्टंभगदत्तेनतदस्त्रंसर्वघातिवै ॥ उरसाप्रतिजग्राहपार्थंसंछाद्यके शवः १८ वैजयंत्यभवन्मालातदस्त्रंकेशवोरसि ॥ पद्मकोशविचित्राढ्यासर्वर्तुकुसुमोत्कटा १९ ज्वलनार्केन्दुवर्णाभापावकोज्ज्वलपल्लवा ॥ तयापद्मपलाशि न्यावातकंपितपत्रया २० शुशुभेऽभ्यधिकंशौरिरतसीपुष्पसन्निभः ॥ ततोऽर्जुनःक्लांतमनाःकेशवंप्रत्यभाषत २१ अयुध्यमानस्तुरगान्संयन्तास्मीतिचानघ ॥ इत्यु क्त्वापुंडरीकाक्षप्रतिज्ञांस्वांनरक्षसि २२ यद्यहंव्यसनीवास्यामशक्तोवानिवारणे ॥ ततस्त्वयैवंकार्यंस्यान्नतत्कार्यंमयिस्थिते २३ सबाणःसधनुश्चाहंससुरासुर मानुषान् ॥ शक्तोलोकानिमाञ्जेतुंतच्चापिविदितंतव २४ ततोऽर्जुनंवासुदेवःप्रत्युवाचार्थवद्वचः ॥ शृणुगुह्यमिदंपार्थपुरावृत्तंयथाऽनघ २५ चतुर्मूर्त्तिरहंश श्वल्लोकत्राणार्थमुद्यतः ॥ आत्मानंप्रविभज्येहलोकानांहितमादधे २६ एकामूर्त्तिस्तपश्चर्यांकुरुतेमेभुविस्थिता ॥ अपरापश्यतिजगत्कुर्वाणंसाध्वसाधुनी २७ अपराकुरुतेकर्ममानुषंलोकमाश्रिता ॥ शेतेचतुर्थीत्वपरानिद्रांवर्षसहस्रिकम् २८ याऽसौवर्षसहस्रांतेमूर्त्तिरुत्तिष्ठतेमम ॥ वरार्हेभ्योवरान्श्रेष्ठांस्तस्मिन्कालेददा तिसा २९ तंतुकालमनुप्राप्तंविदित्वापृथिवीतदा ॥ आयाचतवरंयन्मांनरकार्थायतच्छृणु ३० देवानांदानवानांचअवध्यस्तनयोऽस्तुमे ॥ उपेतोवैष्णवास्त्रेणत न्मेत्वंदातुमर्हसि ३१ एवंवरमहंश्रुत्वाजगत्यास्तनयेतदा ॥ अमोघमस्त्रंप्रायच्छंवैष्णवंपरमंपुरा ३२ अवोचंचैतदस्त्रंवैह्यमोघंभवतुक्षमे ॥ नरकस्याभिरक्षार्थेनैनं कश्चिद्वधिष्यति ३३ अनेनास्त्रेणतेगुप्तःसुतःपरबलार्दनः ॥ भविष्यतिदुराधर्षःसर्वलोकेषुसर्वदा ३४ तथेत्युक्त्वागतादेवीकृतकामामनस्विनी ॥ सचाप्यासीद्दु राधर्षोनरकःशत्रुतापनः ३५ तस्मात्प्राग्ज्योतिषंप्राप्तंतदस्त्रंपार्थमामकम् ॥ नास्यावध्योऽस्तिलोकेषुसेन्द्ररुद्रेषुमारिष ३६ तन्मयात्वत्कृतेचैतदन्यथाव्यपनामितम् विमुक्तंपरमास्त्रेणजहिपार्थमहासुरम् ३७ वैरिणंजहिदुर्धर्षंभगदत्तंसुरद्विषम् ॥ यथाहंजघ्निवान्पूर्वंहितार्थेनरकंतथा ३८ एवमुक्तस्तदापार्थःकेशवेनमहात्मना ॥ भगदत्तंशितैर्बाणैःसहसासमवाकिरत् ३९ ततःपार्थोमहाबाहुरसंभ्रांतोमहामनाः ॥ कुंभयोरंतरेनागंनाराचेनसमार्पयत् ४० ससमासाद्यतंनागंबाणोवज्रइवाचलम् ॥ अभ्यगात्सहपुंखेनवल्मीकमिवपन्नगः ४१ सकरीभगदत्तेनप्रेर्यमाणोमुहुर्मुहुः ॥ नकरोतिवचस्तस्यदरिद्रस्येवयोषिता ४२ सुतुविष्टभ्यगात्राणिदंताभ्यामवनिं ययौ ॥ नदन्नार्त्तस्वनंप्राणानुत्ससर्जमहाद्विपः ४३ ततोगांडीवधन्वानमभ्यभाषतकेशवः ॥ अयंमहत्तरःपार्थपलितेनसमावृतः ४४ वलीसंछन्ननयनःशूरःपरमदु र्जयः ॥ अक्ष्णोरुन्मीलनार्थायबद्धपट्टोह्यसौनृपः ४५ देववाक्यात्प्रचिच्छेदशरेणभृशमर्जुनः ॥ छिन्नमात्रेंशुकेतस्मिन्रुद्धनेत्रोबभूवसः ४६

३३ । ३४ । ३५ । ३६ । व्यपनामितंस्वार्थेणिच् व्यपनीतमित्यर्थः ३७ । ३८ । ३९ । ४० । ४१ योषिताभागुरिमतेटाप् ४२ । ४३ । ४४ । ४५ । ४६

४७ । ४८ । ४९ । ५० । ५१ ॥ इतिद्रोणपर्वणिटीकायांएकोनत्रिंशोऽध्यायः ॥ २९ ॥ प्रियमिति १ । २ । ३ । ४ । ५ । ६ । ७ । ८ । ९ वर्षशब्दोऽयमृतुवचनः निदाघर्तुसंबंधिनावित्यर्थः

तमोमयंजगन्मेनेभगदत्तःप्रतापवान् ॥ ततश्चंद्रार्धबिम्बेनबाणेननतपर्वणा ४७ बिभेदहृदयंराज्ञोभगदत्तस्यपांडवः ॥ सभिन्नहृदयोराजाभगदत्तःकिरीटिना ॥ ४८
शरासनंशरांश्चैवगतासुःप्रमुमोचह ॥ शिरसस्तस्यविभ्रष्टंपपातचवरांशुकम् ॥ नालताडनविभ्रष्टंपलाशंनलिनादिव ४९ सहेममालीतपनीयभाण्डात्पपातनागाद्गिरि
सन्निकाशात् ॥ सुपुष्पितोमारुतवेगरुग्णोमहीधराग्रादिवकर्णिकारः ५० निहत्यतंनरपतिमिन्द्रविक्रमंसखायमिंद्रस्यतदैन्द्रिराहवे ॥ ततोऽपरांस्तवजयकांक्षिणोनरा
न्बभंजवायुर्बलवान्द्रुमानिव ५१ इतिश्रीमहाभारतेद्रोणपर्वणिसंशप्तकवधपर्वणिभगदत्तवधेएकोनत्रिंशोऽध्यायः ॥ २९ ॥ संजयउवाच ॥ प्रियमिंद्रस्यसततंसखा
यममितौजसम् ॥ हत्वाप्राग्ज्योतिषंपार्थःप्रदक्षिणमवर्तत १ ततोगांधारराजस्यसुतौपरपुरंजयौ ॥ अर्देतामर्जुनंसंख्येभ्रातरौवृषकाचलौ २ तौसमेत्यार्जुनंवीरौपुरः
पश्चाच्चधन्विनौ ॥ अविध्येतांमहावेगैर्निशितैराशुगैर्भृशम् ३ वृषकस्यहयान्सूतंधनुश्छत्रंरथंध्वजम् ॥ तिलशोव्यधमत्पार्थःसौबलस्यशितैःशरैः ४ ततोऽर्जुनःशर
व्रातैर्नानाप्रहरणैरपि ॥ गांधारानाकुलांश्चक्रेसौबलप्रमुखान्पुनः ५ ततःपंचशतान्वीरान्गांधारानुद्यतायुधान् ॥ प्राहिणोन्मृत्युलोकायक्रुद्धोबाणैर्धनंजयः ६ हता
श्वात्तुरथात्तूर्णमवतीर्यमहाभुजः ॥ आरुरोहरथंभ्रातुरन्यच्चधनुराददे ७ तावेकरथमारूढौभ्रातरौवृषकाचलौ ॥ शरवर्षेणबीभत्सुमविध्येतांमुहुर्मुहुः ८ स्यालौतवमहा
त्मानौराजानौवृषकाचलौ ॥ भृशंविजघ्नतुःपार्थमिन्द्रंवृत्रबलाविव ९ लब्धलक्षौतुगांधारावहतांपांडवंपुनः ॥ निदाघवार्षिकौमासौलोकंघर्मांशुभिर्यथा १० तौरथस्थौ
नरव्याघ्रौराजानौवृषकाचलौ ॥ संश्लिष्टांगौस्थितौराजन्जघानैकेषुणाऽर्जुनः ११ तौरथात्सिंहसंकाशौलोहिताक्षौमहाभुजौ ॥ राजन्संपेततुर्वीरौसोदर्यावेकलक्षणौ
१२ तयोर्भूमिंगतौदेहौरथाद्बंधुजनप्रियौ ॥ यशोदशदिशःपुण्यंगमयित्वाव्यवस्थितौ १३ दृष्ट्वाविनिहतौसंख्येमातुलावपलायिनौ ॥ भृशंमुमुचुरश्रूणिपुत्रास्तवविशां
पते १४ निहतौभ्रातरौदृष्ट्वामायाशतविशारदः ॥ कृष्णौसंमोहयन्मायांविदधेशकुनिस्ततः १५ लगुडायोगुडाश्मानःशतघ्न्यश्चसशक्तयः ॥ गदापरिघनिस्त्रिंशशूलमुद्गर
पट्टिशाः १६ सकंपनर्ष्टिनखरामुसलानिपरश्वधाः ॥ क्षुराःक्षुरप्रणालीकावत्सदंतास्थिसंधयः १७ चक्राणिविशिखाःप्रासाविविधान्यायुधानिच ॥ प्रपेतुःशतशोदिग्भ्यःप्रदि
ग्भ्यश्चार्जुनंप्रति १८ खरोष्ट्रमहिषाःसिंहाव्याघ्राःसृमरचित्रकाः ॥ ऋक्षाःशालावृकागृध्राःकपयश्चसरीसृपाः १९ विविधानिचरक्षांसिक्षुधितान्यर्जुनंप्रति ॥
संक्रुद्धान्यभ्यधावंतविविधानिवयांसिच २० ततोदिव्यास्त्रविच्छूरःकुंतीपुत्रोधनंजयः ॥ विसृजन्निषुजालानिसहसातान्यताडयत् २१ तेहन्यमानाःशूरेणप्रवरैःसाय
कैर्दृढैः ॥ विरुवंतोमहारावान्विनेशुःसर्वतोहताः २२

घर्मांशुभिस्तीक्ष्णकिरणैः १० । ११ । १२ । १३ । १४ । १५ । १६ कंपनायष्टयः । क्षुराःक्षुराकृतिफलकाः । क्षुरप्रास्तूग्रमध्यफलकाः । नालीकानलिकयाक्षेप्याः । वत्सदंतागोपोतकदंताकार फलकाः । अस्थिसंधयोऽस्थिमयफलकाः १७ विशिखाः फणित्राकारफलकाः १८ सृमरागवयाः चित्रकोव्याघ्रभेदः शालावृकाःश्वानः १९ । २० । २१ । २२

२३ । २४ । २५ । २६ । २७ । २८ । २९ । ३० एनमर्जुनं ३१ । ३२ । ३३ । ३४ । ३५ । ३६ । ३७ ३८ । ३९ । ४० शराभिसृष्टैर्बाणाभिहतैः आयोधशिरोरणांगनं ४१ । ४२ ॥ इति

ततस्तमः प्रादुरभूदर्जुनस्यरथंप्रति ॥ तस्मान्नतमसोवाचःक्रूराःपार्थमभर्त्सयन् २३ तत्तमोभैरवंघोरंभयकर्तृमहाहवे ॥ उत्तमास्त्रेणमहताज्योतिषेणार्जुनोऽवधीत् २४ हतेतस्मिन्जलौघास्तुप्रादुरासन्भयानकाः ॥ अंभसस्तस्यनाशार्थमादित्यास्त्रमथार्जुनः २५ प्रायुंक्तांभस्ततस्तेनप्रायशोऽस्त्रेणशोषितम् ॥ एवंबहुविधामायाःसौबलस्य कृताःकृताः २६ जघानास्त्रबलेनाशुप्रहसन्नर्जुनस्तदा ॥ तदाहतासुमायासुत्रस्तोऽर्जुनशराहतः २७ अपायाज्जवनैरश्वैःशकुनिःप्राकृतोयथा ॥ ततोऽर्जुनोऽस्त्रविच्छ्रैष्ठ्यंदर्श यन्नात्मनोऽरिपु २८ अभ्यवर्षच्छरौघेणकौरवाणामनीकिनीम् ॥ साहन्यमानापार्थेनतवपुत्रस्यवाहिनी २९ द्वैधीभूतामहाराजगंगेवासाद्यपर्वतम् ॥ द्रोणमेवान्वपद्यंतके चित्तत्रनरर्षभाः ३० केचिद्दुर्योधनंराजन्नर्द्यमानाःकिरीटिना ॥ नापश्यामततस्त्वेनंसैन्यंवैरजसावृतं ३१ गांडीवस्यचनिर्घोषःश्रुतोदक्षिणतोमया ॥ शंखदुन्दुभिनिर्घो षंवादित्राणांचनिःस्वनम् ३२ गांडीवस्यतुनिर्घोषोव्यतिक्रम्यास्पृशद्दिवम् ॥ ततःपुनर्दक्षिणतःसंग्रामश्चित्रयोधिनाम् ३३ सुयुद्धंचार्जुनस्यासीदहंतुद्रोणमन्वियाम् ॥ यौधिष्ठिराण्यनीकानिप्रहरंतिततस्ततः ३४ नानाविधान्यनीकानिपुत्राणांतवभारत ॥ अर्जुनोव्यधमत्कालेदिवीवाभ्राणिमारुतः ३५ तंवासवमिवायांतंभूरिवर्षंशरौ घिणम् ॥ महेष्वासानरव्याघ्रानोग्रंकेचिदवारयन् ३६ तेहन्यमानाःपार्थेनत्वदीयाव्यथिताभृशम् ॥ स्वानेवबहवोजघ्नुर्विद्रवन्तस्ततस्ततः ३७ तेऽर्जुनेनशरामुक्ताःकंक पत्रास्तनुच्छिदः ॥ शलभाइवसंपेतुःसंवृण्वानादिशोदश ३८ तुरगंरथिनंनागंपदातिमपिमारिष ॥ विनिर्भिद्यक्षितिंजग्मुर्वल्मीकमिवपन्नगाः ३९ नचद्वितीयंव्य सृजत्कुंजराश्वनरेषुसः ॥ पृथगेकशरारुग्णानिपेतुस्तेगतासवः ४० हतैर्मनुष्यैर्द्विरदैश्चसर्वतःशराभिसृष्टैश्चहयैर्निपातितैः ॥ तदाश्वगोमायुबलाभिनादितंविचित्रमायो धशिरोबभूवतत् ४१ पितासुतंत्यजतिसुहृद्वरंसुहृत्तथैवपुत्रःपितरंशरातुरः ॥ स्वरक्षणेकृतमतयस्तदाजनास्त्यजंतिवाहानपिपार्थपीडिताः ४२ ॥ इतिश्रीमहाभारते द्रोणपर्वणिसंशप्तकवधपर्वणिशकुनिपलायनेत्रिंशोऽध्यायः ॥ ३० ॥ ॥ ॥ ॥ धृतराष्ट्रउवाच ॥ तेष्वनीकेषुभग्नेषुपांडुपुत्रेणसंजय ॥ चलितानांद्रुतानांच कथमासीन्मनोहिवः १ अनीकानांप्रभग्नानामवस्थानमपश्यताम् ॥ दुष्करंप्रतिसंधानंतन्ममाचक्ष्वसंजय २ ॥ संजयउवाच ॥ तथाऽपितवपुत्रस्यप्रियकामाविशां पते ॥ यशःप्रवीरालोकेषुरक्षंतोद्रोणमन्वयुः ३ समुद्यतेषुचास्त्रेषुसंप्राप्तेचयुधिष्ठिरे ॥ अकुर्वन्नार्यकर्माणिभैरवेसत्यभीतवत् ४ अंतरंभीमसेनस्यप्रापतन्नमितौजसः ॥ सात्यकेश्चैववीरस्यधृष्टद्युम्नस्यवाविभो ५ द्रोणंद्रोणमितिक्रूराःपंचालाःसमचोदयन् ॥ माद्रोणमितिपुत्रास्तेकुरून्सर्वानचोदयन् ६ द्रोणंद्रोणमितिह्येकेमाद्रोणमिति चापरे ॥ कुरूणांपांडवानांचद्रोणद्यूतमवर्तत ७

द्रोणपर्वणिटीकायांत्रिंशोऽध्यायः ॥ ३० ॥ ॥ ॥ तेष्विति १ । २ । ३ ४ अंतरंछिद्रं प्रापतन्सतवंतः ५ । ६ । ७

१ दुर्युद्धैर्बिन्नाः [illegible] ॥ उत्तरक्रियाभिःशितांःतीक्ष्णान्शरान्क्षिपतिगांडिवंर्यामत्यधिकम्

॥ २४ ॥

८ समासदन्प्रतिगतवंतः ९ । १० न्यवर्तंतभयेभ्योनिवृत्ताः ११ । १२ । १३ । १४ । १५ । १६ । १७ । १८ । १९ । २० । २१ । २२ । २३ । २४ । २५ । २६ । २७ । २८ । २९

यंयंप्रमथतेद्रोणःपंचालानांरथव्रजम् ॥ तत्रतत्रतुपांचाल्योधृष्टद्युम्नोऽभ्यवर्तत ८ तथाभागविपर्यासैःसंग्रामेभैरवेसति ॥ वीराःसमासदन्वीरान्कुर्वन्तोभैरवंरवम् ९ अक
म्पनीयाःशत्रुणांबभूवुस्तत्रपांडवाः ॥ अकम्पयन्ननीकानिस्मरंतःक्लेशमात्मनः १० तेत्वमर्षवशंप्राप्ताह्रीमंतःसत्वचोदिताः ॥ त्यक्त्वाप्राणान्यवर्त्ततघ्नन्तोद्रोणंमहाहवे ११
अयसामिवसंपातःशिलानामिवचाभवत् ॥ दीव्यतांतुमुलेयुद्धेप्राणैरमिततेजसाम् १२ नतुस्मरंतिसंग्राममपिवृद्धास्तथाविधम् ॥ दृष्टपूर्वंमहाराजश्रुतपूर्वमथापिवा
१३ प्राकम्पतेवपृथिवीतस्मिन्वीरावसादने ॥ निवर्तताबलौघेनमहताभारपीडिता १४ घूर्णतोऽपिबलौघस्यदिवंस्तब्ध्वेवनिःस्वनः ॥ अजातशत्रोस्तत्सैन्यमाविवेशसु
भैरवः १५ समासाद्यतुपांडूनामनीकानिसहस्रशः ॥ द्रोणेनचरतासंख्येप्रभग्नानिशितैःशरैः १६ तेषुप्रमथ्यमानेषुद्रोणेनाद्भुतकर्मणा ॥ पर्यवारयदासाद्यद्रोणंसेनाप
तिःस्वयम् १७ तदद्भुतमभूद्युद्धंद्रोणपांचालयोस्तथा ॥ नैवतस्योपमाकाचिदितिमेनिश्चितामतिः १८ ततोनीलोऽनलप्रख्योददाहकुरुवाहिनीम् ॥ शरस्फुलिंगश्चा
पार्चिर्दहन्कक्षमिवानलः १९ तंदहंतमनीकानिद्रोणपुत्रःप्रतापवान् ॥ पूर्वाभिभाषीसुश्लक्ष्णंस्मयमानोऽभ्यभाषत २० नीलकिंबहुभिर्दग्धैस्तवयोधैःशरार्चिषा ॥
मयैकेनहियुद्ध्यस्वक्रुद्धःप्रहरचाशुमाम् २१ तंपद्मनिकराकारंपद्मपत्रनिभेक्षणम् ॥ व्याकोशपद्माभमुखोनीलोविव्याधसायकैः २२ तेनापिविद्धःसहसाद्रौणिर्भल्लैः
शितैस्त्रिभिः ॥ धनुर्ध्वजंचच्छत्रंचद्विषतःसन्यकृंतत २३ सप्लुतःस्यंदनात्तस्मान्नीलश्चर्मवरासिभृत् ॥ द्रौणायनेःशिरःकायाद्धर्तुमैच्छत्पतत्रिवत् २४ तस्योन्नतांसं
सुनसंशिरःकायात्सकुंडलम् ॥ भल्लेनापाहरद्द्रौणिःस्मयमानइवानघ २५ संपूर्णचन्द्राभमुखःपद्मपत्रनिभेक्षणः ॥ प्रांशुरुत्पलपत्राभोनिहतोन्यपतद्भुवि २६ ततःप्रविव्य
थेसेनापांडवीभृशमाकुला ॥ आचार्यपुत्रेणहतेनीलेज्वलिततेजसि २७ अचिंतयंश्चतेसर्वेपांडवानांमहारथाः ॥ कथंनोवासविस्त्रायाच्छत्रुभ्यइतिमारिष २८ दक्षिणेन
तुसेनायाःकुरुतेकदनंबली ॥ संशप्तकावशेषस्यनारायणबलस्यच २९ ॥ इतिश्रीमहाभारतेद्रोणपर्वणिसंशप्तकवधपर्वणिनीलवधेएकत्रिंशोऽध्यायः ॥ ३१ ॥ ॥
॥ संजयउवाच ॥ प्रतिघातंतुसैन्यस्यनामृष्यतवृकोदरः ॥ सोभ्याहनद्गुरुंषष्ट्याकर्णंचदशभिःशरैः १ तस्यद्रोणःशितैर्बाणैस्तीक्ष्णधारैरजिह्मगैः ॥ जीवितांतमभि
प्रेप्सुर्मर्मण्याशुजघानह २ आनंतर्यमभिप्रेप्सुःषड्विंशत्यासमार्पयत् ॥ कर्णोद्वादशभिर्बाणैरश्वत्थामाचसप्तभिः ३ षड्भिर्दुर्योधनोराजाततएनमथाकिरत् ॥ भीमसेनो
ऽपितान्सर्वान्प्रत्यविध्यन्महाबलः ४ द्रोणंपंचाशतेषूणांकर्णंचदशभिःशरैः ॥ दुर्योधनंद्वादशभिर्द्रौणिमष्टाभिराशुगैः ५ आरावंतुमुलंकुर्वन्नभ्यवर्त्ततताव्रणे ॥
तस्मिन्संत्यजतिप्राणान्मृत्युसाधारणीकृते ६ अजातशत्रुस्तान्योधान्भीमंत्रातेत्यचोदयत् ॥ तेययुर्भीमसेनस्यसमीपममितौजसः ७

९ इतिद्रोणपर्वणिटीकायामेकत्रिंशोऽध्यायः ॥ ३१ ॥ ॥ ॥ ॥ प्रतिघातमिति १ । २ । ३ । ४ । ५ मृत्युसाधारणीकृतेमरणतुल्यावस्थांगमिते ६ । ७

८ । ९ । १० । ११ कटुकस्यपरुषस्योदयोयत्र १२ । १३ । १४ । १५ अवनिंगत्वाअभिहत्य विषाणालग्नसंश्रयैः दंतलग्नैकदेशैः १६ । १७ गृध्रपक्षाधिवासांसिगृध्रपक्षास्तरणानि १८ । १९

युयुधानप्रभृतयोमाद्रीपुत्रौचपांडवौ ॥ तेसमेत्यसुसंरब्धाःसहिताःपुरुषर्षभाः ८ महेष्वासवरैर्गुप्ताद्रोणानीकंबिभित्सवः ॥ समापेतुर्महावीर्याभीमप्रभृतयोरथाः ९ तान्प्रत्यगृह्णाद्व्यग्रोद्रोणोऽपिरथिनांवरः ॥ महारथानतिबलान्वीरान्समरयोधिनः १० बाह्यंमृत्युभयंकृत्वातावकान्पांडवाययुः ॥ सादिनःसादिनोऽभ्यघ्नंस्तथैवरथिनोरथान् ११ आसीच्छक्त्यसिसंपातोयुद्धमासीत्परश्वधैः ॥ प्रकृष्टमसियुद्धंचबभूवकटुकोदयम् १२ कुंजराणांचसंपातेयुद्धमासीत्सुदारुणम् ॥ अपतत्कुंजरादन्योहयादन्यस्त्ववाक्शिराः १३ नरोबाणविनिर्भिन्नोरथादन्यश्चमारिष ॥ तत्रान्यस्यचसंमर्देपतितस्यविवर्मणः १४ शिरःप्रध्वंसयामासवक्षस्याक्रम्यकुंजरः ॥ अपरांश्चापरेमृद्नन्वारणाःपतितान्नरान् १५ विषाणैश्चावनिंगत्वाव्यभिंदन्रथिनोबहून् ॥ नरांत्रैःकेचिदपरेविषाणालग्नसंश्रयैः १६ बभ्रमुःसमरेनागामृद्नंतःशतशोनरान् ॥ कार्ष्णायसतनुत्राणान्नराश्वरथकुंजरान् १७ पतितान्पोथयांचक्रुर्द्विपाःस्थूलनलानिव ॥ गृध्रपत्राधिवासांसिशयनानिनराधिपाः १८ ह्रीमंतःकालसंपर्कात्सुदुःखान्यनुशेरते ॥ हंतिस्मात्रपितापुत्रंरथेनाभ्येत्यसंयुगे १९ पुत्रश्चपितरंमोहान्निर्मर्यादमवर्तत ॥ रथोभग्नोध्वजश्छिन्नश्छत्रमुर्व्यांनिपातितम् २० युगार्द्धंछिन्नमादायप्रदुद्रावतथाहयः ॥ सासिर्बाहुर्निपतितःशिरश्छिन्नंसकुंडलम् २१ गजेनाक्षिप्यबलिनारथःसंचूर्णितःक्षितौ ॥ रथिनाताडितोनागोनाराचेनापतत्क्षितौ २२ सारोहश्चापतद्वाजीगजेनाभ्यहतोभृशम् ॥ निर्मर्यादंमहद्युद्धमवर्ततसुदारुणम् २३ हाताततहापुत्रसखेक्वासितिष्ठक्वधावसि ॥ प्रहराहरजह्येनंस्मितक्ष्वेडितगर्जितैः २४ इत्येवमुच्चरंतिस्मश्रूयन्तेविविधागिरः ॥ नरस्याश्वस्यनागस्यसमसज्जतशोणितम् २५ उपाशाम्यद्रजोभौमंभीरून्कश्मलमाविशत् ॥ चक्रेणचक्रमासाद्यवीरोवीरस्यसंयुगे २६ अतीतेषुपथेकालेजहारगदयाशिरः ॥ आसीत्केशपरामर्शोमुष्टियुद्धंचदारुणम् २७ नखैर्दन्तैश्चशूराणामद्वीपेद्वीपमिच्छताम् ॥ तत्राच्छिद्यतशूरस्यसखड्गोबाहुरुद्यतः २८ सधनुश्चापरस्यापिसशरःसांकुशस्तथा ॥ आक्रोशदन्यमन्योऽत्रतथाऽन्योविमुखोऽद्रवत् २९ अन्यःप्राप्तस्यचान्यस्यशिरःकायादपाहरत् ॥ सशब्दमद्रवच्चान्यःशब्दादन्योऽत्रसद्भृशम् ३० स्वानन्योऽथपरानन्योजघाननिशितैःशरैः ॥ गिरिशृंगोपमश्चात्रनाराचेननिपातितः ३१ मातंगोन्यपतद्भूमौनदीरोधइवोष्णगे ॥ तथैवरथिनंनागःक्षरन्गिरिरिवारुजन् ३२ अभ्यतिष्ठत्पदाभूमौसहाश्वंसहसारथिम् ॥ शूरान्प्रहरतोदृष्ट्वाकृतास्त्रान्रुधिरोक्षितान् ३३ बहूनप्याविशन्मोहोभीरून्हृदयदुर्बलान् ॥ सर्वमाविग्नमभवन्नप्राज्ञायतकिंचन ३४ सैन्येनरजसाध्वस्तंनिर्मर्यादमवर्तत ॥ ततःसेनापतिःशीघ्रमयंकालइतिब्रुवन् ३५ नित्याभित्वरितानेवत्वरयामासपांडवान् ॥ कुर्वन्तःशासनंतस्यपांडवाबाहुशालिनः ३६

२० । २१ । २२ । २३ । २४ समसज्जतघनतामगमत् २५ । २६ अतीतःइषुपथःशराबकाशोयत्र २७ अद्वीपेनिराश्रयेद्वीपमाश्रयं २८ आक्रोशत्आहूतवान् २९ । ३० । ३१ क्षरन्मदमितिशेषः रथिनंतथैवसहाश्वंसहसारथिंअर्थाद्रथंचपदाआरुजन्भूमौअभ्यतिष्ठदित्यन्वयः ३२ । ३३ । ३४ । ३५ । ३६

विभीताअभीताः ३७ दुर्धर्षस्यद्रोणस्य ३८ आर्यधर्मेणसंरब्धाःसोढमाः ३९ । ४० । ४१ । ४२ । ४३ । ४४ । ४५ । ४६ । ४७ । ४८ । ४९ । ५० । ५१ । ५२ । ५३ विदुधाव

सरोहंसाइवापेतुर्घ्नन्तोद्रोणरथंप्रति ॥ गृह्णीताद्रवतान्योन्यंविभीताविनिकृंतत ३७ इत्यासीत्तुमुलःशब्दोदुर्धर्षस्यरथंप्रति ॥ ततोद्रोणःकृपःकर्णोद्रौणीराजाज
यद्रथः ३८ विन्दानुविन्दावावन्त्यौशल्यश्चैतान्यवारयन् ॥ तेत्वार्यधर्मसंरब्धादुर्निवारादुरासदाः ३९ शरार्त्तानजहुर्द्रोणंपंचालाःपाण्डवैःसह ॥ ततोद्रोणोऽति
संक्रुद्धोविसृजन्शतशःशरान् ४० चेदिपंचालपांडूनामकरोत्कदनंमहत् ॥ तस्यज्यातलनिर्घोषःशुश्रुवेदिक्षुमारिष ४१ वज्रसंह्लादसंकाशस्त्रासयन्मानवान्ब
हून् ॥ एतस्मिन्नंतरेजिष्णुर्जित्वासंशप्तकान्बहून् ४२ अभ्यायात्तत्रयत्रासौद्रोणःपांडून्प्रमर्दति ॥ तान्शरौघान्महावर्त्तान्शोणितोदान्महाह्रदान् ४३ तीर्णः
संशप्तकान्हत्वाप्रत्यदृश्यतफाल्गुनः ॥ तस्यकीर्तिमतोलक्ष्मसूर्यप्रतिमतेजसः ४४ दीप्यमानमपश्यामतेजसावानरध्वजम् ॥ संशप्तकसमुद्रंतमुच्छोष्यास्त्रगभ
स्तिभिः ४५ सपांडवयुगांतार्कःकुरूनप्यभ्यतीतपत् ॥ प्रददाहकुरून्सर्वानर्जुनःशस्त्रतेजसा ४६ युगांतेसर्वभूतानिधूमकेतुरिवोत्थितः ॥ तेनबाणसहस्रौ
घैर्गजाश्वरथयोधिनः ४७ ताड्यमानाःक्षितिंजग्मुर्मुक्तकेशाःशरार्दिताः ॥ केचिदार्त्तस्वनंचक्रुर्विनेशुरपरेपुनः ४८ पार्थबाणहताःकेचिन्निपेतुर्विगतासवः ॥
तेषामुत्पतितान्कांश्चित्पतितांश्चपराङ्मुखान् ४९ नजघानार्जुनोयोधान्योधव्रतमनुस्मरन् ॥ तेविकीर्णरथाश्चित्राःप्रायशश्चपराङ्मुखाः ५० कुरवःकर्णकर्णे
तिहाहेतिचविचुक्रुशुः ॥ तमाधिरथिराक्रंदंविज्ञायशरणैषिणाम् ५१ माभैष्टेतिप्रतिश्रुत्ययययावभिमुखोऽर्जुनम् ॥ सभारतरथश्रेष्ठःसर्वभारतहर्षणः ५२ प्रादु
श्चक्रेतदाऽऽग्नेयमस्त्रमस्त्रविदांवरः ॥ तस्यदीप्तशरौघस्यदीप्तचापधरस्यच ५३ शरौघान्शरजालेनविदुधावधनंजयः ॥ तथैवाधिरथिस्तस्यबाणान्ज्वलिततेजसः
५४ अस्त्रमस्त्रेणसंवार्यप्राणदद्विसृजन्शरान् ॥ धृष्टद्युम्नश्चभीमश्चसात्यकिश्चमहारथः ५५ विव्यधुःकर्णमासाद्यत्रिभिस्त्रिभिरजिह्मगैः ॥ अर्जुनास्त्रंतुराधेयःसं
वार्यशरवृष्टिभिः ५६ तेषांत्रयाणांचापानिचिच्छेदविशिखैस्त्रिभिः ॥ तेनिकृत्तायुधाःशूरानिर्विषाभुजगाइव ५७ रथशक्तीःसमुत्क्षिप्यभृशंसिंहाइवानदन् ॥
ताभुजाग्रैर्महावेगानिसृष्टाभुजगोपमाः ५८ दीप्यमानामहाशक्त्योजग्मुराधिरथिंप्रति ॥ तानिकृत्यशरव्रातैस्त्रिभिस्त्रिभिरजिह्मगैः ५९ ननादबलवान्कर्णःपा
र्थायविसृजन्शरान् ॥ अर्जुनश्चापिराधेयंविद्ध्वासप्तभिराशुगैः ६० कर्णादवरजंबाणैर्जघाननिशितैःशरैः ॥ ततःशत्रुंजयंहत्वापार्थःषड्भिरजिह्मगैः ६१ जहारस
द्योभल्लेनविपाटस्यशिरोरथात् ॥ पश्यतांधार्त्तराष्ट्राणामेकेनैवकिरीटिना ६२ प्रमुखेसूतपुत्रस्यसोदर्यानिहतास्त्रयः ॥ ततोभीमःसमुत्पत्यस्वरथाद्वैनतेयवत् ६३
वरासिनाकर्णपक्षान्जघानदशपंचच ॥ पुनस्तुरथमास्थायधनुरादायचापरम् ६४ विव्याधदशभिःकर्णंसूतमश्वांश्चपंचभिः ॥ धृष्टद्युम्नोऽप्यसिवरंचर्मचादायभा
स्वरम् ६५ जघानचंद्रवर्माणंबृहत्क्षत्रंचनैषधम् ॥ ततःस्वरथमास्थायपांचाल्योऽन्यच्चकार्मुकम् ६६

खंडितवान् ५४ । ५५ । ५६ । ५७ । ५८ । ५९ । ६० । ६१ । ६२ । ६३ । ६४ । ६५ । ६६

६७ । ६८ । ६९ ७० । ७१ । ७२ प्राणांस्त्यक्त्वायुद्ध्यताभितिशेषः ७३ । ७४ अभीतानामभिमुखागतानांभयहीनानांवा ७५ । ७६ । ७७ बहुकरणैरनेकप्रक्रियैः रथमुखानांरथमुख्यानांनेमिभिश्चक्रांतैः

आदायकर्णंविव्याधत्रिसप्तत्यानदन्रणे ॥ शैनेयोऽप्यन्यदादायधनुरिंदुसमद्युतिः ६७ सूतपुत्रंचतुःषष्ट्याविद्ध्वसिंहइवानदन् ॥ भल्लाभ्यांसाधुमुक्ताभ्यांछित्वा
कर्णस्यकार्मुकम् ६८ पुनःकर्णंत्रिभिर्बाणैर्बाह्वोरुरसिचार्पयत् ॥ ततोदुर्योधनोद्रोणोराजाचैवजयद्रथ ६९ निमज्जमानंराधेयमुज्जह्रुःसात्यकार्णवात् ॥ पत्त्यश्व
रथमातंगास्त्वदीयाःशतशोऽपरे ७० कर्णमेवाभ्यधावंतत्रास्यमानाःप्रहारिणः ॥ धृष्टद्युम्नश्चभीमश्चसौभद्रोऽर्जुनएवच ७१ नकुलःसहदेवश्चसात्यकिंजुगुपू
रणे ॥ एवमेषमहारौद्रःक्षयार्थंसर्वधन्विनाम् ७२ तावकानांपरेषांचत्यक्त्वाप्राणानभूद्रणः ॥ पदातिरथनागाश्वागजाश्वरथपत्तिभिः ७३ रथिनोनागपत्त्यश्वैर
थपत्तीरथद्विपैः ॥ अश्वैरश्वागजैर्नागारथिनोरथिभिःसह ७४ संयुक्तासमदृश्यंतपत्तयश्चापिपत्तिभिः ॥ एवंसुकलिलंयुद्धमासीत्क्रव्यादहर्षणम् ॥ महद्भिस्तैरभी
तानांयमराष्ट्रविवर्धनम् ७५ ततोहतानररथवाजिकुंजरैरनेकशोद्विपरथपत्तिवाजिनः ॥ गजैर्गजारथिभिरुदायुधारथाहयैर्हयाःपत्तिगणैश्चपत्तयः ७६ रथैर्द्विपाद्वि
रदवरैर्महाहयाहयैर्नरावररथिभिश्चवाजिनः ॥ निरस्तजिह्वादशनेक्षणाःक्षितौक्षयंगताःप्रमथितवर्मभूषणाः ७७ तथापरैर्बहुकरणैर्वरायुधैर्हतागताःप्रतिभयदर्शनाःक्षि
तिम् ॥ विपोथिताहयगजपादताडिताभृशाकुलारथमुखनेमिभिःक्षताः ७८ प्रमोदनेश्वापदपक्षिरक्षसांजनक्षयेवर्त्ततितत्रदारुणे ॥ महाबलास्तेकुपिताःपरस्परं
निषूदयंतःप्रविचेरुरोजसा ७९ ततोबलेभृशलुलितेपरस्परंनिरीक्षमाणेरुधिरौघसंप्लुते ॥ दिवाकरेऽस्तंगिरिमास्थितेशनैरुभेप्रयातेशिबिरायभारत ८० ॥
॥ इतिश्रीमहाभारतेद्रोणपर्वणिसंशप्तकवधपर्वणि द्वितीयदिवसावहारेद्वात्रिंशोऽध्यायः ॥ ३२ ॥ समाप्तंचसंशप्तकवधपर्व ॥ अथाभिमन्युवधपर्व ॥ संजयउवाच॥
पूर्वमस्मासुभग्नेषुफाल्गुनेनामितौजसा ॥ द्रोणेचमोघसंकल्पेरक्षितेचयुधिष्ठिरे १ सर्वेविध्वस्तकवचास्तावकायुधिनिर्जिताः ॥ रजस्वलाभृशोद्विग्नावीक्षमाणा
दिशोदश २ अवहारंततःकृत्वाभारद्वाजस्यसंमते ॥ लब्धलक्ष्यैःशरैर्भिन्नाभृशावहसितारणे ३ श्लाघमानेषुभूतेषुफाल्गुनस्यामितान्गुणान् ॥ केशवस्यचसौहार्दे
कीर्त्यमानेऽर्जुनंप्रति ४ अभिशस्ताइवाभूवन्ध्यानमूकत्वमास्थिताः ॥ ततःप्रभातसमयेद्रोणंदुर्योधनोऽब्रवीत् ५ प्रणयादभिमानाच्चद्विषद्वृद्ध्याचदुर्मनाः ॥
शृण्वतांसर्वयोधानांसंरब्धोवाक्यकोविदः ६ नूनंवयंवध्यपक्षेभवतोद्विजसत्तम ॥ तथाहिनाग्रहीःप्राप्तंसमीपेऽद्ययुधिष्ठिरम् ७ इच्छतस्तेनमुच्येतचक्षुःप्राप्तोरणेरिपुः॥
जिघृक्षतोरक्ष्यमाणःसामरैरपिपांडवैः ८ वरंदत्वाममप्रीतःपश्चाद्विकृतवानसि ॥ आशाभंगंनकुर्वंतिभक्तस्यार्याःकथंचन ९ ततोऽप्रीतस्तथोक्तःसन्भारद्वाजोऽब्रवी
न्नृपम् ॥ नार्हसेमांतथाज्ञातुंघटमानंतवप्रिये १० ससुरासुरगंधर्वाःसयक्षोरगराक्षसाः ॥ नालंलोकारणेजेतुंपाल्यमानंकिरीटिना ११

॥२६॥

७८ । ७९ । ८० ॥ इतिद्रोणपर्वणिटीकायांद्वात्रिंशोऽध्यायः ॥ ३२ ॥ पूर्वमिति १ रजस्वलाधूलिव्याप्ताः२ । ३ । ४ । ५ । ६ । ७ । ८ विकृतवानन्यथाकृतवान् ९ । १० । ११

१२ । १३ । १४ । कलाभिःसहितंसकलं इतोऽस्मत्तः ततोऽन्यतः १५ । १६ । १७ । १८ । १९ षट्सुद्रोणद्रौणिकृपकर्णभोजशल्येषु २० । २१ । २२ धर्मकर्तृभिर्मन्वादिभिः २३ । २४ । २५

विश्वसृग्यत्रगोविंदःपृतनानीस्तथाऽर्जुनः ॥ तत्रकस्यबलंक्रामेदन्यत्रत्र्यंबकात्प्रभोः १२ सत्यंतातब्रवीम्यद्यनैतज्जात्वन्यथाभवेत् ॥ अद्यैकंप्रवरंकंचित्पातयिष्ये
महारथम् १३ तंचव्यूहंविधास्यामियोऽभेद्यस्त्रिदशैरपि ॥ योगेनकेनचिद्राजन्नर्जुनस्त्वपनीयताम् १४ नह्यज्ञातमसाध्यंवातस्यसंख्येऽस्तिकिंचन ॥ तेनह्युपा
त्तंसकलंसर्वज्ञानमितस्ततः १५ द्रोणेनव्याहृतेत्वेवंसंशप्तकगणाःपुनः ॥ आह्वयन्नर्जुनंसंख्येदक्षिणामभितोदिशम् १६ ततोऽर्जुनस्याथपरैःसार्धंसमभवद्रणः ॥
तादृशोयादृशोनान्यःश्रुतोदृष्टोऽपिवाक्वचित् १७ तत्रद्रोणेनविहितोव्यूहोराजन्व्यरोचत ॥ चरन्मध्यंदिनेसूर्यःप्रतपन्निवदुर्दृशः १८ तंचाभिमन्युर्वचनात्पितुर्ज्ये
ष्ठस्यभारत ॥ बिभेददुर्भिदंसंख्येचक्रव्यूहमनेकधा १९ सकृत्वादुष्करंकर्महत्वावीरान्सहस्रशः ॥ षट्सुवीरेषुसंसक्तोदौःशासनिवशंगतः २० सौभद्रःपृथिवी
पालजहौप्राणान्परंतपः ॥ वयंपरमसंहृष्टाःपांडवाःशोककर्शिताः ॥ सौभद्रेनिहतेराजन्नवहारमकुर्महि २१ ॥ धृतराष्ट्रउवाच ॥ पुत्रंपुरुषसिंहस्यसंजयाप्राप्त
यौवनम् ॥ रणेविनिहतंश्रुत्वाभृशंमेदीर्यतेमनः २२ दारुणःक्षत्रधर्मोऽयंविहितोधर्मकर्तृभिः ॥ यत्रराज्येप्सवःशूराबालेशस्त्रमपातयन् २३ बालमत्यंतसुखि
नंविचरंतमभीतवत् ॥ कृतास्त्राबहवोजघ्नुर्ब्रूहिगावल्गणेकथम् २४ बिभित्सतारथानीकंसौभद्रेणामितौजसा ॥ विक्रीडितंयथासंख्येतन्ममाचक्ष्वसंजय २५
॥ संजयउवाच ॥ यन्मांपृच्छसिराजेन्द्रसौभद्रस्यनिपातनम् ॥ तत्तेकार्त्स्न्येनवक्ष्यामिशृणुराजन्समाहितः २६ विक्रीडितंकुमारेणयथानीकंबिभित्सता ॥ आरु
ग्णाश्चयथावीरादुःसाध्याश्चापिविप्लवे २७ दावाग्न्यभिपरीतानांभूरिगुल्मतृणद्रुमे ॥ वनौकसामिवारण्येत्वदीयानामभूद्भयम् २८ ॥ इतिश्रीमहाभारतेद्रोणपर्व
णिअभिमन्युवधसंक्षेपकथनेत्रयस्त्रिंशोऽध्यायः ॥ ३३ ॥ ॥ संजयउवाच ॥ समरेऽत्युग्रकर्माणःकर्मभिर्व्यजितश्रमाः ॥ सकृष्णाःपांडवाःपंचदेवैरपिदुरासदाः
१ सत्वकर्मान्वयैर्बुद्ध्याकीर्त्याचयशसाश्रिया ॥ नैवभूतोनभवितानैवतुल्यगुणःपुमान् २ सत्यधर्मरतोदांतोविप्रपूजादिभिर्गुणैः ॥ सदैवत्रिदिवंप्राप्तोराजाकिल
युधिष्ठिरः ३ युगांतेचांतकोराजन्जामदग्न्यश्चवीर्यवान् ॥ रथस्थोभीमसेनश्चकथ्यंतेसदृशास्त्रयः ४ प्रतिज्ञाकर्मदक्षस्यरणेगांडीवधन्वनः ॥ उपमांनाधिगच्छा
मिपार्थस्यसदृशींक्षितौ ५ गुरुवात्सल्यमत्यन्तंनैभृत्यंविनयोदमः ॥ नकुलेऽप्रातिरूप्यंचशौर्यंचनियतानिषट् ६ श्रुतगांभीर्यमाधुर्यसत्यरूपपराक्रमैः ॥ सदृ
शोदेवयोर्वीरःसहदेवःकिलाश्विनोः ७ येचकृष्णेगुणाःस्फीताःपांडवेषुचयेगुणाः ॥ अभिमन्यौकिलैकस्थादृश्यंतेगुणसंचयाः ८ युधिष्ठिरस्यवीर्येणकृष्णस्यचरि
तेनच ॥ कर्मभिर्भीमसेनस्यसदृशोभीमकर्मणः ९ धनंजयस्यरूपेणविक्रमेणश्रुतेनच ॥ विनयात्सहदेवस्यसदृशोनकुलस्यच १०

२६ । २७ । २८ ॥ इतिद्रोणपर्वणिटीकायांत्रयस्त्रिंशोऽध्यायः ॥ ३३ ॥ ॥ ॥ ॥ समरइति १ कीर्तिःसाधुतयाऽन्यैःकथनं यशःपरचित्तचमत्कृतोगुणौघः २ । ३ । ४ । ५
नैभृत्यंकृतकर्तव्याप्रकाशनं अप्रातिरूप्यंसौन्दर्यम् ६ । ७ । ८ । ९ । १०

१ सदेहस्त्रिदिव मितिपाठः २ रणस्थोभीमसेनश्चेतिपाठः

म. भा. टी.

॥२७॥

१९। १२। १३। १४। १५। १६। १७। १८। १९। २० प्रमुखेद्रे सैन्यस्यनायकोद्रोणः अवस्थितेतिच्छंदोऽनुरोधाद्विसर्गलोपः २१। २२। २३। २४। २५॥ इतिद्रोणपर्व

द्रोण

अ०

१५

धृतराष्ट्र उवाच॥ अभिमन्युमहंसूतसौभद्रमपराजितम्॥ श्रोतुमिच्छामिकास्तेन्येनकथमायोधनेहतः ११॥ संजय उवाच॥ स्थिरोभवमहाराजश्शोकंधारयदुर्धरम्॥ महान्तंबंधुनाशंतेकथयिष्यामितच्छृणु १२ चक्रव्यूहोमहाराजआचार्येणाभिकल्पितः॥ तत्रशक्रोपमाःसर्वेराजानोविनिवेशिताः १३ आरास्थानेषुविन्यस्ताः कुमाराःसूर्यवर्चसः॥ संघातोराजपुत्राणांसर्वेषामभवत्तदा १४ कृताभिसमयाःसर्वेसुवर्णविकृतध्वजाः॥ रक्ताम्बरधराःसर्वेसर्वेरक्तविभूषणाः १५ सर्वेरक्तपताः काश्चसर्वेवैहेममालिनः॥ चंदनागुरुदिग्धांगाःस्रग्विणःसूक्ष्मवाससः १६ सहिताःपर्यधावंतकार्ष्णिप्रतियुयुत्सवः॥ तेषांदशसहस्राणिबिभूवुर्दृढधन्विनाम् १७ पौत्रं तवपुरस्कृत्यलक्ष्मणंप्रियदर्शनम्॥ अन्योन्यसमदुःखास्तेअन्योन्यसमसाहसाः १८ अन्योन्यंस्पर्धमानाश्चअन्योन्यस्यहितेरताः॥ दुर्योधनस्तुराजेन्द्रसैन्यमध्ये व्यवस्थितः १९ कर्णदुःशासनकृपैर्वृतोराजामहारथैः॥ देवराजोपमःश्रीमान्श्वेतच्छत्राभिसंवृतः २० चामरव्यजनाक्षेपैर्हृद्यन्निवभास्करः॥ प्रमुखेतस्यसैन्य स्यद्रोणोऽवस्थितनायकः २१ सिंधुराजस्थाऽतिष्ठच्छ्रीमान्मेरुरिवाचलः॥ सिंधुराजस्यपार्श्वस्थाअश्वत्थामपुरोगमाः २२ सुतास्तवमहाराजत्रिंशत्रिदशस न्निभाः॥ गांधारराजःकितवःशल्योभूरिश्रवास्तथा २३ पार्श्वतःसिंधुराजस्यव्यराजंतमहारथाः॥ ततःप्रवव्रतेयुद्धंतुमुलंलोमहर्षणम् २४ तावकानांपरे षांचमृत्युंकृत्वानिवर्त्तनम् २५॥ इतिश्रीमहाभारतेद्रोणपर्वणिअभिमन्युवधपर्वणिचक्रव्यूहनिर्माणेचतुस्त्रिंशोऽध्यायः॥ ३४॥ ॥ संजय उवाच॥ तदनी कमनाधृष्यंभारद्वाजेनरक्षितम्॥ पार्थाःसमभ्यवर्त्तन्तभीमसेनपुरोगमाः १ सात्यकिश्चेकितानश्चधृष्टद्युम्नश्चपार्षतः॥ कुंतिभोजश्चविक्रांतोद्रुपदश्चमहारथः २ आर्जुनिःक्षत्रधर्माचब्रहत्क्षत्रश्चवीर्यवान्॥ चेदिपोधृष्टकेतुश्चमाद्रीपुत्रौघटोत्कचः ३ युधामन्युश्चविक्रांतःशिखंडीचापराजितः॥ उत्तमौजाश्चदुर्धर्षोविराटश्च हारथः ४ द्रौपदेयाश्चसंरब्धाःशैशुपालिश्चवीर्यवान्॥ केकयाश्चमहावीर्याःसृंजयाश्चसहस्रशः ५ एतेचान्येचगणाःकृतास्त्रायुद्धमदाः॥ समभ्यधावन्स हसाभारद्वजंयुयुत्सवः ६ समीपेवर्त्तमानांस्तान्भारद्वाजोऽतिवीर्यवान्॥ असंभ्रांतःशरौवेणमहतासमवारयत् ७ महौघःसलिलस्येवगिरिमासाद्यदुर्भिदम्॥ द्रोणंतेनाभ्यवर्त्तन्तवेलामिवजलाशयाः ८ पीड्यमानाःशरैराजन्द्रोणचापविनिःसृतैः॥ नशेकुःप्रमुखेस्थातुंभारद्वाजस्यपांडवाः ९ तद्दृत्तमपश्यामद्रोणस्यभुजयो र्बलम्॥ यदेनंनाभ्यवर्त्तन्तपंचालाःसृंजयैःसह १० तमायांतमभिकुद्धंद्रोणंदृष्ट्वायुधिष्ठिरः॥ बहुधाचिंतयामासद्रोणस्यप्रतिवारणम् ११ अशक्यंतुतमन्येन्द्रो णंमत्वायुधिष्ठिरः॥ अविषह्यंगुरुंभारंसौभद्रेसमवासृजत् १२ वासुदेवादनवरंफाल्गुनाच्चामितौजसम्॥ अब्रवीत्परवीरघ्नमभिमन्युमिदंवचः १३

णिटीकायांचतुस्त्रिंशोऽध्यायः॥ ३४॥   ॥   ॥   ॥ तङनीकमिति १। २। ३। ४। ५। ६। ७। ८। ९। १०। ११। १२। १३

॥२७॥

१४ । १५ मातुलानांसात्यकिप्रभृतीनाम् १६ । १७ । १८ योगउपायोयुक्तिर्वा १९ । २० प्रणिधायप्रविश्य २१ । २२ । २३ । २४ । २५ । २६ । २७ । २८ । २९ । ३० । ३१ । ३२ ॥

एत्यनोनार्जुनोगर्हेद्यथातातत्तथाकुरु ॥ चक्रव्यूहस्यनवयंविद्मोभेदंकथंचन १४ त्वंवाऽर्जुनोवाकृष्णोवाभिंद्यात्प्रद्युम्नएववा ॥ चक्रव्यूहंमहाबाहोपंचमोनोपप
द्यते १५ अभिमन्योवरंतातयाचतांदातुमर्हसि ॥ पितृणांमातुलानांचसैन्यानांचैवसर्वशः १६ धनंजयोहिनस्तातगर्हयेदेत्यसंयुगात् ॥ क्षिप्रमस्त्रंसमादायद्रोणानी
कंविशातय १७ ॥ अभिमन्युरुवाच ॥ द्रोणस्यदृढमत्युग्रमनीकप्रवरंयुधि ॥ पितृणांजयमाकांक्षन्नवगाहेऽविलंबितम् १८ उपदिष्टोहिमेपित्रायोगोऽनीक
विशातने ॥ नोत्सहेहिविनिर्गंतुमहंकस्यांचिदापदि १९ ॥ युधिष्ठिरउवाच ॥ भिंध्यनीकंयुधांश्रेष्ठद्वारंसंजनयस्वनः ॥ वयंत्वाऽनुगमिष्यामोयेनत्वंतातया
स्यसि २० धनंजयसमंयुद्धेत्वांवयंतातसंयुगे ॥ प्रणिधायानुयास्यामोरक्षंतःसर्वतोमुखाः २१ ॥ भीमउवाच ॥ अहंत्वाऽनुगमिष्यामिधृष्टद्युम्नोऽथसात्यकिः ॥
पंचालाःकेकयामत्स्यास्तथासर्वेप्रभद्रकाः २२ सकृद्भिन्नंत्वयाव्यूहंतत्रतत्रपुनःपुनः ॥ वयंप्रध्वंसयिष्यामोनिघ्नमानावरान्वरान् २३ ॥ अभिमन्युरुवाच ॥
अहमेतत्प्रवेक्ष्यामिद्रोणानीकंदुरासदम् ॥ पतंगइवसंक्रुद्धोज्वलितंजातवेदसम् २४ तत्कर्माद्यकरिष्यामिहितंयद्वंशयोर्द्वयोः ॥ मातुलस्यचयत्प्रीतिंकरिष्यति
पितुश्चमे २५ शिशुनैकेनसंग्रामेकाल्यमानानिसंघशः ॥ द्रक्ष्यंतिसर्वभूतानिद्विषत्सैन्यानिवैमया २६ नाहंपार्थेनजातःस्यांनचजातःसुभद्रया ॥ यदिमेसंयु
गेकश्चिज्जीवितोनाद्यमुच्यते २७ यदिचैकरथेनाहंसमग्रंक्षत्रमंडलम् ॥ नकरोम्यष्टधायुद्धेनभवाम्यर्जुनात्मजः २८ ॥ युधिष्ठिरउवाच ॥ एवंतेभाषमाणस्य
बलंसौभद्रवर्धताम् ॥ यत्समुत्सहसेभेत्तुंद्रोणानीकंदुरासदम् २९ रक्षितंपुरुषव्याघ्रैर्महेष्वासैर्महाबलैः ॥ साध्यरुद्रमरुत्तुल्यैर्वस्वग्न्यादित्यविक्रमैः ३० ॥ संजय
उवाच ॥ तस्यतद्वचनंश्रुत्वासयंतारमचोदयत् ३१ सुमित्राश्वान्रणेक्षिप्रंद्रोणानीकायचोदय ३२ ॥ इतिश्रीमहाभारतेद्रोणपर्वण्यभिमन्युवधपर्वण्यभिमन्युप्र
तिज्ञायांपंचत्रिंशोऽध्यायः ॥ ३५ ॥ ॥ संजयउवाच ॥ सौभद्रस्तद्वचःश्रुत्वाधर्मराजस्यधीमतः ॥ अचोदयतयंतारंद्रोणानीकायभारत १ तेनसंचोद्य
मानस्तुयाहियाहीतिसारथिः ॥ प्रत्युवाचततोराजन्नभिमन्युमिदंवचः २ अतिभारोऽयमायुष्मन्नाहितस्त्वयिपांडवैः ॥ संप्रधार्यक्षणंबुद्ध्याततस्त्वंयोद्धुमर्हसि
३ आचार्योहिकृतीद्रोणःपरमास्त्रेकृतश्रमः ॥ अत्यंतसुखसंवृद्धस्त्वंचायुद्धविशारदः ४ ततोऽभिमन्युःप्रहसन्सारथिंवाक्यमब्रवीत् ॥ सारथेकोन्वयंद्रोणःसम
ग्रंक्षत्रमेववा ५ ऐरावतगतंशक्रंसहामरगणैरहम् ॥ अथवारुद्रमीशानंसर्वभूतगणार्चितम् ॥ योधयेयंरणमुखेनमेक्षत्रेऽद्यविस्मयः ६ नममैतद्द्विषत्सैन्यंकला
मर्हतिषोडशीम् ॥ अपिविश्वजितंविष्णुंमातुलंप्राप्यसूतज ७ पितरंचार्जुनंयुद्धेनभीर्मामुपयास्यति ॥ अभिमन्युश्चतांवाचंकदर्थीकृत्यसारथेः ८

१०

॥ इतिश्रीमहाभारतेद्रोणपर्वणिटीकायांपंचत्रिंशोऽध्यायः ॥ ३५ ॥ ॥ ॥ सौभद्रइति ॥ १ । २ । ३ । ४ । ५ । ६ । ७ । ८

९ । १० । ११ । १२ विंशतिरितिव्यूहपर्यायः तदुक्तं 'विंशत्यंगतयाव्यूहोविंशतिर्व्यपदिश्यते' इति विंशवेःपदेरक्षणे 'पदंव्यवसितत्राणस्थानलक्ष्मांघ्रिवस्तुषु'इत्यमरः १३ । १४ । १५ । १६ क्ष्वेडितंध्वनिवि

याहीत्येवाब्रवीदेनंद्रोणानीकायमाचिरम् ॥ ततःसंनोदयामासहयानाशुत्रिहायनान् ९ नातिहृष्टमनाःसूतोहेमभांडपरिच्छदान् ॥ तेप्रेषिताःसुमित्रेणद्रोणानी
कायवाजिनः १० द्रोणमभ्यद्रवन्राजन्महावेगपराक्रमम् ॥ तुमुदीक्ष्यतथायांतंसर्वेद्रोणपुरोगमाः ॥ अभ्यवर्त्तन्तकौरव्याःपांडवाश्चतमन्वयुः ११ सकर्णि
कारप्रवरोच्छ्रितध्वजःसुवर्णवर्मार्जुनिरर्जुनाद्वरः ॥ युयुत्सयाद्रोणमुखान्महारथान्समासदत्सिंहशिशुर्यथाद्विपान् १२ तेविंशतिपदेयत्ताःसंप्रहारंप्रचक्रिरे ॥ आसी
द्गांगइवावर्त्तोमुहूर्त्तमुदधाविव १३ शूराणांयुध्यमानानांनिघ्नतामितरेतरम् ॥ संग्रामस्तुमुलोराजन्प्रावर्ततसुदारुणः १४ प्रवर्तमानेसंग्रामेतस्मिन्नतिभयंकरे ॥
द्रोणस्यमिषतोव्यूहंभित्वाप्राविशदार्जुनिः १५ तंप्रविष्टंविनिघ्नन्तंशत्रुसंघान्महाबलम् ॥ हस्त्यश्वरथपत्त्यौघाःपरिवव्रुरुदायुधाः १६ नानावादित्रनिनदैःक्ष्वे
डितोत्कुष्टगर्जितैः ॥ हुंकारैःसिंहनादैश्चतिष्ठतिष्ठेतिनिःस्वनैः १७ घोरैर्हलहलाशब्दैर्मागास्तिष्ठैहिमामिति ॥ असावहममित्रेतिप्रवदंतोमुहुर्मुहुः १८ बृंहितैः
सिंजितैर्हासैःकरनेमिस्वनैरपि ॥ सन्नादयंतोवसुधामभिदुद्रुवुरार्जुनिम् १९ तेषामापततांवीरःशीघ्रयोधीमहाबलः ॥ क्षिप्रास्त्रोन्यवधीद्राजन्मर्मज्ञोमर्मभेदिभिः
२० तेहन्यमानाविवशानानालिंगैःशितैःशरैः ॥ अभिपेतुःसुबहुशःशलभाइवपावकम् २१ ततस्तेषांशरीरैश्चशरीरावयवैश्चसः ॥ संतस्तारक्षितिंक्षिप्रंकुशैर्वेदिमिवाध्वरे
२२ बद्धगोधांगुलित्राणान्सशरासनसायकान् ॥ सासिचर्मांकुशाभीषून्सतोमरपरश्वधान् २३ सगदायोगुडप्रासान्सर्ष्टितोमरपट्टिशान् ॥ सभिंदिपालपरिघा
न्सशक्तिवरकंपनान् २४ सप्रतोदमहाशंखान्सकुंतान्सकचग्रहान् ॥ समुद्गरक्षेपणीयान्सपाशपरिघोपलान् २५ सकेयूरांगदान्बाहून्हृद्यगंधानुलेपनान् ॥ सं
चिच्छेदार्जुनिस्तूर्णंत्वदीयानांसहस्रशः २६ तैःस्फुरद्भिर्महाराजशुशुभेभूःसुलोहितैः ॥ पंचास्यैःपन्नगैश्छिन्नैर्गरुडेनेवमारिष २७ सुनासाननकेशान्तैरव्रणैश्चारु
कुंडलैः ॥ संदष्टोष्ठपुटैःक्रोधात्क्षरद्भिःशोणितंबहु २८ सचारुमुकुटोष्णीषैर्मणिरत्नविभूषितैः ॥ विनालनलिनाकारैर्दिवाकरशशिप्रभैः २९ हितप्रियंवदैःकाले
बहुभिःपुण्यगंधिभिः ॥ द्विषच्छिरोभिःपृथिवींसवैतस्तारफाल्गुनिः ३० गंधर्वनगराकारान्विधिवत्कल्पितान्रथान् ॥ वीषामुखान्वित्रिवेणून्न्यस्तदंडकबंधरान्
३१ विजंघाकूबरांस्तत्रविनेमिदशनानपि ॥ विचक्रोपस्करोपस्थान्भग्नोपकरणानपि ३२ प्रपातितोपस्तरणान्हतयोधान्सहस्रशः ॥ शरैर्विशकलीकुर्वन्दिक्षुसर्वा
स्वदृश्यत ३३ पुनर्द्विपान्द्विपारोहान्वैजयन्त्यंकुशध्वजान् ॥ तूणान्वर्माण्यथोकक्ष्याग्रैवेयांश्चसकंबलान् ३४ घण्टाःशुण्डाविषाणाग्रान्छत्रमालाःपदानुगान् ॥
शरैर्निशितधाराग्रैःशात्रवाणामशातयत् ३५ वनायुजान्पार्वतीयान्कांबोजानथबाह्लिकान् ॥ स्थिरवालधिकर्णाक्षान्जवनान्साधुवाहिनः ३६ आरूढान्शिक्षितै
र्योधैःशक्तिऋष्टिप्रासयोधिभिः ॥ विध्वस्तचामरमुखान्विप्रविद्धप्रकीर्णकान् ३७

शेषः उत्क्रुष्टमाह्वानं गर्जितंहन्यंतांहन्यंतामितिवचः १७ । १८ । १९ । २० । २१ । २२ । २३ । २४ कचग्रहोऽङ्कुशः २५ । २६ । २७ । २८ । २९ । ३० । ३१ उपस्थोरथक्रोडः ३२ । ३३ । ३४ । ३५ । ३६ । ३७

यक्तकालखंडम् ३८ । ३९ । ४० । ४१ । ४२ । ४३ । ४४ । ४५ । ४६ ॥ इतिद्रोणपर्वणिटीकायांषट्त्रिंशोऽध्यायः ॥ ३६ ॥ ॥ ॥ तामिति १ । २ । ३ । त्रास्यमानाःपालयिष्यंतः

निरस्तजिह्वानयनान्निष्कीर्णांत्रयकृद्धनान् ॥ हतारोहांश्छिन्नवंटान्क्रव्यादगणमोदकान् ३८ निकृत्तचर्मकवचान्शकृन्मूत्रासृगाप्लुतान् ॥ निपातयन्नश्ववरांस्ता
वकान्सव्यरोचत ३९ एकोविष्णुरिवाचिन्त्यंकृत्वाकर्मसुदुष्करम् ॥ तथानिर्मथितंतेनत्र्यंगंतवबलंमहत् ४० यथाऽसुरबलंघोरंत्र्यंबकेनमहौजसा ॥ कृत्वाकर्म
रणेऽसह्यंपरैरार्जुनिराहवे ४१ अभिनत्पदात्योघांस्त्वदीयानेवसर्वशः ॥ एवमेकेनतांसेनांसौभद्रेणशितैःशरैः ४२ भृशाविप्रहतांदृष्ट्वास्कंदेनेवासुरींचमूम् ॥ त्वदी
यास्तवपुत्राश्चवीक्षमाणादिशोदश ४३ संशुष्कास्याश्चलन्नेत्राःप्रस्विन्नारोमहर्षिणः ॥ पलायनकृतोत्साहानिरुत्साहाद्विषज्जये ४४ गोत्रनामभिरन्योन्यंक्रन्दन्तो
जीवितैषिणः ॥ हतान्पुत्रान्पितॄन्भ्रातॄन्बंधून्संबंधिनस्तथा ४५ प्रातिष्ठंतसमुत्सृज्यत्वरयंतोहयद्विपान् ४६ ॥ इतिश्रीमहाभारतेद्रोणपर्वणिअभिमन्युवधप
र्वणि अभिमन्युपराक्रमेषट्त्रिंशोऽध्यायः ॥ ३६ ॥ संजयउवाच ॥ तांप्रभग्नांचमूंदृष्ट्वासौभद्रेणामितौजसा ॥ दुर्योधनोभृशंक्रुद्धःस्वयंसौभद्रमभ्ययात् १ ततोराजा
नमावृत्तंसौभद्रंप्रतिसंयुगे ॥ दृष्ट्वाद्रोणोऽब्रवीद्योधान्परीप्सध्वंनराधिपम् २ पुराऽभिमन्युर्लक्ष्यंनःपश्यतांहंतिवीर्यवान् ॥ तमाद्रवतमाभैष्टक्षिप्रंरक्षतकौरवम् ३ ततः
कृतज्ञाबलिनःसुहृदोजितकाशिनः ॥ त्रास्यमानाभयाद्वीरंपरिवव्रुस्तवात्मजम् ४ द्रोणोद्रौणिःकृपःकर्णःकृतवर्माचसौबलः ॥ बृहद्बलोमद्रराजोभूरिर्भूरिश्रवाःशलः
५ पौरवोवृषसेनश्चविसृजंतःशितान्शरान् ॥ सौभद्रंशरवर्षेणमहतासमवाकिरन् ६ संमोहयित्वातमथदुर्योधनममोचयन् ॥ आस्याद्ग्रासमिवाक्षिप्तंममृषेनार्जुना
त्मजः ७ तान्शरौघेणमहतासाश्वसूतान्महारथान् ॥ विमुखीकृत्यसौभद्रःसिंहनादमथानदत् ८ तस्यनादंततःश्रुत्वासिंहस्येवामिषैषिणः ॥ नामृष्यंतसुसंरब्धाः
पुनर्द्रोणमुखारथाः ९ तएनंकोष्ठकीकृत्यरथवंशेनमारिष ॥ व्यसृजन्निषुजालानिनानालिंगानिसंघशः १० तान्यंतरिक्षेचिच्छेदपौत्रस्तेनिशितैःशरैः ॥ तांश्चै
वप्रतिविव्याधतदद्भुतमिवाभवत् ११ ततस्तेकोपितास्तेनशरैराशीविषोपमैः ॥ परिवव्रुर्जिघांसंतःसौभद्रमपराजितम् १२ समुद्रमिवपर्यस्तंत्वदीयंतंबलार्णवम् ॥
दधारैकोऽर्जुनिर्बाणैर्वेलेवभरतर्षभ १३ शूराणांयुध्यमानानांनिघ्नतामितरेतरम् ॥ अभिमन्योःपरेषांचनासीत्कश्चित्पराङ्मुखः १४ तस्मिंस्तुघोरेसंग्रामेवर्तमाने
भयंकरे ॥ दुःसहोनवभिर्बाणैरभिमन्युमविध्यत १५ दुःशासनोद्वादशभिःकृपःशारद्वतस्त्रिभिः ॥ द्रोणस्तुसप्तदशभिःशरैराशीविषोपमैः १६ विविंशतिस्तु
सप्तत्याकृतवर्माचसप्तभिः ॥ बृहद्बलस्तथाऽष्टाभिरश्वत्थामाचसप्तभिः १७ भूरिश्रवास्त्रिभिर्बाणैर्मद्रेशःषड्भिराशुगैः ॥ द्वाभ्यांशराभ्यांशकुनिस्त्रिभिर्दुर्योधनो
नृपः १८ सतुतान्प्रतिविव्याधत्रिभिस्त्रिभिरजिह्मगैः ॥ नृत्यन्निवमहाराजचापहस्तःप्रतापवान् १९ ततोऽभिमन्युःसंक्रुद्धस्त्रास्यमानस्तवात्मजैः ॥ विदर्शय
न्वैसुमहच्छिक्षौरसकृतंबलम् २०

४ । ५ । ६ । ७ । ८ । ९ । १० । ११ । १२ पर्यस्तंउत्क्रांतमर्यादम् १३ । १४ । १५ । १६ । १७ । १८ । १९ शिक्षौरसकृतंअभ्यासकृतंनिसर्गजंच २०

१ चतुरंगबलमितिपाठः ।

२१ । २२ । २३ । २४ । २५ । २६ । २७ । २८ । २९ । ३० । ३१ । ३२ । ३३ । ३४ । ३५ । ३४ । ३५ । ३६ । ३७ ॥ इतिद्रोणपर्वणिटीकायांसप्तत्रिंशोऽध्यायः ॥ ३७ ॥

गरुडानिलरंहोभिर्यन्तुर्वाक्यकरैर्हयैः ॥ दान्तैरश्मकदायादस्त्वरमाणोह्यवारयत् २१ विव्याधदशभिर्बाणैस्तिष्ठतिष्ठेतिचाब्रवीत् ॥ तस्याभिमन्युर्दशभिर्हयान्सूतंध्व
जंशरैः २२ बाहूधनुःशिरश्चोर्व्यांस्मयमानोऽभ्यपातयत् ॥ ततस्तस्मिन्हतेवीरेसौभद्रेणाश्मकेश्वरे २३ संचचालबलंसर्वंपलायनपरायणम् ॥ ततःकर्णःकृपो
द्रोणोद्रौणिर्गांधारराट्शलः २४ शल्योभूरिश्रवाःक्राथःसोमदत्तोविविंशतिः ॥ वृषसेनःसुषेणश्चकुण्डभेदीप्रतर्दनः २५ वृन्दारकोललित्थश्चप्रबाहुर्दीर्घलोचनः ॥
दुर्योधनश्चसंक्रुद्धःशरवर्षैरवाकिरन् २६ सोऽतिविद्धोमहेष्वासैरभिमन्युरजिह्मगैः ॥ शरमादत्तकर्णायवर्मकायावभेदिनम् २७ तस्यभित्त्वातनुत्राणंदेहंनिर्भिद्य
चाशुगः ॥ प्राविशद्धरणींवेगाद्वल्मीकमिवपन्नगः २८ सतेनातिप्रहारेणव्यथितोविह्वलन्निव ॥ संचचालरणेकर्णःक्षितिकंपेयथाऽचलः २९ तथान्यैर्निशितै
र्बाणैःसुषेणंदीर्घलोचनम् ॥ कुंडभेदिंचसंक्रुद्धस्त्रिभिस्त्रीनवधीद्बली ३० कर्णस्तंपंचविंशत्यानाराचानांसमार्पयत् ॥ अश्वत्थामाचविंशत्याकृतवर्माचसप्तभिः ३१
सशराचितसर्वांगःक्रुद्धःशक्रात्मजात्मजः ॥ विचरन्ददृशेसैन्येपाशहस्तइवांतकः ३२ शल्यंचशरवर्षेणसमीपस्थमवाकिरत् ॥ उदक्रोशन्महाबाहुस्तवसैन्यानि
भीषयन् ३३ ततःसविद्धोऽस्त्रविदामर्मभिद्भिरजिह्मगैः ॥ शल्योराजन्रथोपस्थेनिषसादमुमोहच ३४ तंहिदृष्ट्वातथाविद्धंसौभद्रेणयशस्विना ॥ संप्राद्रवच्चमूः
सर्वाभारद्वाजस्यपश्यतः ३५ संप्रेक्ष्यतंमहाबाहुंरुक्मपुंखैःसमावृतम् ॥ त्वदीयाःप्रपलायंतेमृगाःसिंहार्दिताइव ३६ सतुरणयशसाऽभिपूज्यमानःपितृसुरचारण
सिद्धयक्षसंघैः ॥ अवनितलगतैश्चभूतसंघैरतिविबभौहुतभुग्यथाज्यसिक्तः ३७ ॥ इतिश्रीमहाभारतेद्रोणपर्वणिअभिमन्युवधपर्वणिअभिमन्युपराक्रमेसप्तत्रिंशोऽ
ध्यायः ॥ ३७ ॥ ॥ धृतराष्ट्रउवाच ॥ तथाप्रमथमानंतंमहेष्वासानजिह्मगैः ॥ आर्जुनिंमामकाःसंख्येकेत्वेनंसमवारयन् १ ॥ संजयउवाच ॥ ॥ शृणु
राजन्कुमारस्यरणेविक्रीडितंमहत् ॥ बिभित्सतोरथानीकंभारद्वाजेनरक्षितम् २ मद्रेशंसादितंदृष्ट्वासौभद्रेणाशुगैरणे ॥ शल्यादवरजःक्रुद्धःकिरन्बाणान्सम
भ्ययात् ३ सविद्ध्वादशभिर्बाणैःसाश्वयंतारमार्जुनिम् ॥ उदक्रोशन्महाशब्दंतिष्ठतिष्ठेतिचाब्रवीत् ४ तस्यार्जुनिःशिरोग्रीवंपाणिपादंधनुर्हयान् ॥ छत्रंध्वजंनियं
तारंत्रिवेणुंतल्पमेवच ५ चक्रंयुगंचतूणीरंह्यनुकर्षंचसायकैः ॥ पताकांचक्रगोप्तारौसर्वोपकरणानिच ६ लघुहस्तःप्रचिच्छेददद्दशेतंनकश्चन ॥ सपपातक्षितौ
क्षीणःप्रविद्धाभरणांबरः ७ वायुनेवमहाशैलःसंभग्नोऽमिततेजसा ॥ अनुगास्तस्यवित्रस्ताःप्राद्रवन्सर्वतोदिशः ८ आर्जुनेःकर्मतद्दृष्ट्वासंप्रणेदुःसमंततः ॥ नादे
नसर्वभूतानिसाधुसाध्वितिभारत ९ शल्यभ्रातर्यथारुग्णेबहुशस्तस्यसैनिकाः ॥ कुलाधिवासनामानिश्रावयन्तोऽर्जुनात्मजम् १०

तथेति १ । २ । ३ । ४ तल्पंरथगतशय्यां ५ । ६ । ७ । ८ । ९ अधिवासोनिवासः १०

११ । १२ । १३ । १४ । १५ अविशेषवत्तुल्यमित्यर्थः १६ । १७ । १८ । १९ । २० । २१ । २२ । २३ । २४ ।। इतिद्रोणपर्वणिटीकायामष्टत्रिंशोऽध्यायः ॥ ३८ ॥ द्वैधीति १ । २ । ३ । ४ । ५ । ६

अभ्यधावंतसंक्रुद्धाविविधायुधपाणयः ।। रथैरश्वैर्गजैश्चान्येपद्भिश्चान्येबलोत्कटाः ११ बाणशब्देनमहतारथनेमिस्वनेनच ।। हुंकारैःक्ष्वेडितोत्क्रुष्टैःसिंहनादैः
सगर्जितैः १२ ज्यातलत्रस्वनैरन्येगर्जंतोऽर्जुननंदनम् ।। ब्रुवंतश्चननोजीवन्मोक्ष्यसेजीवितादिति १३ तांस्तथाब्रुवतोदृष्ट्वासौभद्रःप्रहसन्निव ।। योयोऽस्मैप्राह
रत्पूर्वंतंतंविव्याधपत्रिभिः १४ संदर्शयिष्यन्नस्त्राणिविचित्राणिलघूनिच ।। आर्जुनिःसमरेशूरोमृदुपूर्वमयुध्यत १५ वासुदेवादुपात्तंयदस्त्रंयच्चधनंजयात् ।। अद
र्शयततत्कार्ष्णिःकृष्णाभ्यामविशेषवत् १६ दूरमस्यगुरुंभारंसाध्वसंचपुनःपुनः ।। संदधद्विसृजंश्चेषून्निर्विशेषमदृश्यत १७ चापमंडलमेवास्यविस्फुरद्दिक्ष्वदृश्य
त ।। सुदीप्तस्यशरत्कालेसवितुर्मंडलंयथा १८ ज्याशब्दःशुश्रुवेतस्यतलशब्दश्चदारुणः ।। महाशनिमुचःकालेपयोदस्येवनिःस्वनः १९ ह्रीमानमर्षीसौभद्रो
मानकृत्प्रियदर्शनः ।। संमिमानयिषुर्वीरानिष्वस्त्रैश्चाप्ययुध्यत २० मृदुर्भूत्वामहाराजदारुणःसमपद्यत ।। वर्षाभ्यतीतोभगवान्शरदीवदिवाकरः २१ शरान्वि
चित्रान्सुबहून्रुक्मपुंखान्शिलाशितान् ।। मुमोचशतशःक्रुद्धोगभस्तीनिवभास्करः २२ क्षुरप्रैर्वत्सदंतैश्चविपाठैश्चमहायशाः ।। नाराचैरर्द्धचंद्राभैर्भल्लैरंजलि
कैरपि २३ अवाकिरद्रथानीकंभारद्वाजस्यपश्यतः ।। ततस्तत्सैन्यमभवद्विमुखंशरपीडितम् २४ ।। इतिश्रीमहाभारतेद्रोणपर्वणिअभिमन्युवधपर्वणिअभिम
न्युपराक्रमेअष्टत्रिंशोऽध्यायः ।। ३८ ।। ।। धृतराष्ट्रउवाच ।। द्वैधीभवतिमेचित्तंभियातुष्ट्याचसंजय ।। ममपुत्रस्ययत्सैन्यंसौभद्रःसमवारयत् १ विस्तरेणै
वमेशंससर्वंगावल्गणेपुनः ।। विक्रीडितंकुमारस्यस्कंदस्येवासुरैःसह २ ।। संजयउवाच ।। हंततेसंप्रवक्ष्यामिविमर्दमतिदारुणम् ।। एकस्यचबहूनांचयथासी
त्तुमुलोरणः ३ अभिमन्युःकृतोत्साहःकृतोत्साहानरिंदमान् ।। रथस्थोरथिनःसर्वांस्तावकानभ्यवर्षयत् ४ द्रोणंकर्णंकृपंशल्यंद्रौणिंभोजंबृहद्बलम् ।। दुर्योधनं
सौमदत्तिंशकुनिंचमहाबलम् ५ नानानृपान्नृपसुतान्सैन्यानिविविधानिच ।। अलातचक्रवत्सर्वांश्चरन्बाणैःसमार्पयत् ६ निघ्नन्नमित्रान्सौभद्रःपरमास्त्रैःप्रताप
वान् ।। अदर्शयततेजस्वीदिक्षुसर्वासुभारत ७ तद्दृष्ट्वाचरितंतस्यसौभद्रस्यामितौजसः ।। समकंपंतसैन्यानित्वदीयानिसहस्रशः ८ अथाब्रवीन्महाप्राज्ञोभारद्वा
जःप्रतापवान् ।। हर्षेणोत्फुल्लनयनःकृपमाभाष्यसत्वरम् ९ घट्टयन्निवमर्माणिपुत्रस्यतवभारत ।। अभिमन्युंरणेदृष्ट्वातदारणविशारदम् १० एषगच्छतिसौभद्रः
पार्थानांप्रथितोयुवा ।। नंदयन्सुहृदःसर्वान्राजानंचयुधिष्ठिरम् ११ नकुलंसहदेवंचभीमसेनंचपांडवम् ।। बंधून्संबंधिनश्चान्यान्मध्यस्थान्सुहृदस्तथा १२
नास्ययुद्धेसमंमन्येकंचिदन्यंधनुर्धरम् ।। इच्छन्हन्यादिमांसेनांकिमर्थमपिनेच्छति १३ द्रोणस्यप्रीतिसंयुक्तंश्रुत्वावाक्यंतवात्मजः ।। आर्जुनिंप्रतिसंक्रुद्धोद्रोणं
दृष्ट्वास्मयन्निव १४ अथदुर्योधनःकर्णमब्रवीद्बाह्लिकंनृपः ।। दुःशासनंमद्रराजंतांस्तथाऽन्यान्महारथान् १५

७ । ८ । ९ । १० । ११ । १२ । १३ । १४ । १५

१६ अंकेऽल्पत्रयायां १७ धर्मिणाधितिसोल्लुण्ठं १८ आत्मसंभावितोऽहमेवेतिसंभावनामारूढः १९ । २० । २१ । २२ । २३ । २४ । २५ । २६ । २७ । २८ । २९ । ३० । ३१ ॥

सर्वमूर्धाभिषिक्तानामाचार्योब्रह्मवित्तमः ॥ अर्जुनस्यसुतंमूढंनायंहन्तुमिहेच्छति १६ नह्यस्यसमरेयुद्ध्येदन्तकोऽप्याततायिनः ॥ किमङ्गपुनरेवान्योमर्त्यःसत्यंब्रवी
मिवः १७ अर्जुनस्यसुतंत्वेषशिष्यत्वादभिरक्षति ॥ शिष्याःपुत्राश्चदयितास्तदपत्यंचधर्मिणाम् १८ संरक्ष्यमाणोद्रोणेनमन्यतेवीर्यमात्मनः ॥ आत्मसंभा
वितोमूढस्तंप्रमथ्नीतमाचिरम् १९ एवमुक्तास्तुतेराज्ञासात्वतीपुत्रमभ्ययुः ॥ संरब्धास्तेजिघांसन्तोभारद्वाजस्यपश्यतः २० दुःशासनस्तुतच्छ्रुत्वादुर्योधनवच
स्तदा ॥ अब्रवीत्कुरुशार्दूलदुर्योधनमिदंवचः २१ अहमेनंहनिष्यामिमहाराजब्रवीमिते ॥ मिषतांपांडुपुत्राणांपंचालानांचपश्यताम् २२ ग्रसिष्याम्यद्यसौ
भद्रंयथाराहुर्दिवाकरम् ॥ उत्क्रुश्यचाब्रवीद्वाक्यंकुरुराजमिदंपुनः २३ श्रुत्वाकृष्णौमयाग्रस्तंसौभद्रमतिमानिनौ ॥ गमिष्यतःप्रेतलोकंजीवलोकान्नसंशयः २४
तौचश्रुत्वामृतौव्यक्तंपाण्डोःक्षेत्रोद्भवाःसुताः ॥ एकाह्नासमुहृद्वर्गाःक्लैब्याद्धास्यंतिजीवितम् २५ तस्मादस्मिन्हतेशत्रौहताःसर्वेऽहितास्तव ॥ शिवेनमांध्याहिरा
जन्नेवहन्मिरिपूंस्तव २६ एवमुक्त्वाऽनदद्राजन्पुत्रोदुःशासनस्तव ॥ सौभद्रमभ्ययात्क्रुद्धःशरवर्षैरवाकिरन् २७ तमतिक्रुद्धमायांतंतवपुत्रमरिंदमः ॥ अभिम
न्युःशरैस्तीक्ष्णैःषड्विंशत्यासमार्पयत् २८ दुःशासनस्तुसंक्रुद्धःप्रभिन्नइवकुंजरः ॥ अयोधयतसौभद्रमभिमन्युश्चतंरणे २९ तौमंडलानिचित्राणिरथाभ्यांसव्यद
क्षिणम् ॥ चरमाणावयुद्ध्येतांरथशिक्षाविशारदौ ३० अथपणवमृदंगदुंदुभीनांक्रकचमहानकभेरिझर्झराणाम् ॥ निनदमतिभृशंनराःप्रचक्रुर्लवणजलोद्भवसिंहना
दमिश्रम् ३१ ॥ इतिश्रीमहाभारतेद्रोणपर्वणिदुःशासनयुद्धे एकोनचत्वारिंशोऽध्यायः ॥ ३९ ॥ ॥ ॥ संजयउवाच ॥ शरविक्षतगात्रस्तुप्रत्य
मित्रमवस्थितम् ॥ अभिमन्युःस्मयन्धीमान्दुःशासनमथाब्रवीत् १ दिष्ट्यापश्यामिसंग्रामेमानिनंशूरमागतम् ॥ निष्ठुरंत्यक्तधर्माणमाक्रोशनपरायणम् २ यत्स
भायांत्वयाराज्ञोधृतराष्ट्रस्यशृण्वतः ॥ कोपितःपरुषैर्वाक्यैर्धर्मराजोयुधिष्ठिरः ३ जयोन्मत्तेनभीमश्चबह्वबद्धंप्रभाषितः ॥ अक्षकूटंसमाश्रित्यसौबलस्यात्मनोबलम्
४ तत्त्वयेदमनुप्राप्तंतस्यकोपान्महात्मनः ॥ परवित्तापहारस्यक्रोधस्याप्रशमस्यच ५ लोभस्यज्ञाननाशस्यद्रोहस्यात्याहितस्यच ॥ पितॄणांममराज्यस्यहरण
स्योग्रधन्विनाम् ६ तत्त्वयेदमनुप्राप्तंतत्कोपाद्वैमहात्मनाम् ॥ सतस्योग्रमधर्मस्यफलंप्राप्नुहिदुर्मते ७ शासितास्म्यद्यतेबाणैःसर्वसैन्यस्यपश्यतः ॥ अद्याहम
नृणस्तस्यकोपस्यभवितारणे ८ अमर्षितायाःकृष्णायाःकांक्षितस्यचमेपितुः ॥ अद्यकौरव्यभीमस्यभवितास्म्यनृणोयुधि ९ नहिमेमोक्ष्यसेजीवन्यदिनोत्सृज
सेरणम् ॥ एवमुक्त्वामहाबाहुर्बाणंदुःशासनांतकम् १० संदधेपरवीरघ्नःकालाग्न्यनिलवर्चसम् ॥ तस्योरस्तूर्णमासाद्यजत्रुदेशेविभिद्यतम् ११ जगामसहपुंखे
नवल्मीकमिवपन्नगः ॥ अथैनंपंचविंशत्यापुनरेवसमार्पयत् १२

इतिद्रोणपर्वणिटीकायां एकोनचत्वारिंशोऽध्यायः ॥ ३९ ॥ ॥ शरेति १ । २ । ३ । ४ । ५ अत्याहितस्यजीवानपेक्षकर्मणः साहसस्येतियावत् ६ । ७ । ८ । ९ । १० । ११ । १२

१३ । १४ । १५ । १६ । १७ । १८ । १९ । २० । २१ । २२ । २३ । २४ । २५ । २६ । २७ । २८ । २९ । ३० । ३१ । ३२ । ३३ । ३४

शरैरग्निसमस्पर्शैराकर्णसमचोदितैः ॥ सगाढविद्धोव्यथितोरथोपस्थउपाविशत् १३ दुःशासनोमहाराजकश्मलंचाविशन्महत् ॥ सारथिस्त्वरमाणस्तुदुःशास
नमचेतनम् १४ रणमध्यादपोवाहसौभद्रशरपीडितम् ॥ पांडवाद्रौपदेयाश्चविराटश्चसमोक्ष्यतम् १५ पंचालाःकेकयाश्चैवसिंहनादमथानदन् ॥ वादित्राणिच
सर्वाणिनानालिंगानिसर्वशः १६ प्रावादयंतसंहृष्टाःपांडूनांतत्रसैनिकाः ॥ अपश्यन्स्मयमानाश्चसौभद्रस्यविचेष्टितम् १७ अत्यंतवैरिणंदृप्तंदृष्ट्वाशत्रुंपराजितम् ॥
धर्ममारुतशक्राणामश्विनोःप्रतिमास्तथा १८ धारयंतोध्वजाग्रेषुद्रौपदेयामहारथाः ॥ सात्यकिश्चेकितानश्चधृष्टद्युम्नशिखंडिनौ १९ केकयाधृष्टकेतुश्चमत्स्याः
पंचालसृंजयाः ॥ पांडवाश्चमुदायुक्तायुधिष्ठिरपुरोगमाः २० अभ्यद्रवंतत्वरिताद्रोणानीकंबिभित्सवः ॥ ततोऽभवन्महायुद्धंत्वदीयानांपरैःसह २१ जय
माकांक्षमाणानांशूराणामनिवर्तिनाम् ॥ तथातुवर्तमानेवैसंग्रामेऽतिभयंकरे २२ दुर्योधनोमहाराजराधेयमिदमब्रवीत् ॥ पश्यदुःशासनंवीरमभिमन्युवशंगतम् २३
प्रतपंतमिवादित्यंनिघ्नंतंशात्रवान्रणे ॥ अथचैतेसुसंरब्धाःसिंहाइवबलोत्कटाः २४ सौभद्रमुद्यतास्त्रातुमभ्यधावंतपांडवाः ॥ ततःकर्णःशरैस्तीक्ष्णैरभिमन्युंदुरा
सदम् २५ अभ्यवर्षतसंक्रुद्धःपुत्रस्यहितकृत्तव ॥ तस्यचानुचरांस्तीक्ष्णैर्विव्याधपरमेषुभिः २६ अवज्ञापूर्वकंशूरःसौभद्रस्यरणाजिरे ॥ अभिमन्युस्तुराधेयंत्रिसप्तत्या
शिलीमुखैः २७ अविध्यत्त्वरितोराजन्द्रोणंप्रेप्सुर्महामनाः ॥ तंतथानाशकत्कश्चिद्द्रोणाद्वारयितुंरथी २८ आरुजंतंरथाव्रातान्वज्रहस्तात्मजात्मजम् ॥ ततःकर्णो
जयप्रेप्सुर्मानीसर्वधनुष्मताम् २९ सौभद्रंशतशोऽविध्यदुत्तमास्त्राणिदर्शयन् ॥ सोऽस्त्रैरस्त्रविदांश्रेष्ठोरामशिष्यःप्रतापवान् ३० समरेशत्रुदुर्धर्षमभिमन्युमपी
डयत् ॥ सतथापीड्यमानस्तुराधेयेनास्त्रवृष्टिभिः ३१ समरेऽमरसंकाशःसौभद्रोनव्यशीर्यत ॥ ततःशिलाशितैस्तीक्ष्णैर्भल्लैरानतपर्वभिः ३२ छित्त्वाधनूंषि
शूराणामार्जुनिःकर्णमार्दयत् ॥ धनुर्मंडलनिर्मुक्तैःशरैराशीविषोपमैः ३३ सच्छत्रध्वजयंतारंसाश्वमाशुस्मयन्निव ॥ कर्णोऽपिचास्यचिक्षेपबाणान्सन्नतपर्वणः
३४ असंभ्रांतश्चतान्सर्वानगृह्णात्फाल्गुनात्मजः ॥ ततोमुहूर्तात्कर्णस्यबाणेनैकेनवीर्यवान् ३५ सध्वजंकार्मुकंवीरश्छित्त्वाभूमावपातयत् ॥ ततःकृच्छ्रगतंकर्णंदृष्ट्वा
कर्णादनंतरः ३६ सौभद्रमभ्ययात्तूर्णंदृढमुद्यम्यकार्मुकम् ॥ ततउच्चुक्रुशुःपार्थास्तेषांचानुचराजनाः ॥ वादित्राणिचसंजघ्नुःसौभद्रंचापितुष्टुवुः ३७ ॥ इतिश्री
महाभारतेद्रोणपर्वणिअभिमन्युवधपर्वणिकर्णदुःशासनपराभवेचत्वारिंशोऽध्यायः ॥ ४० ॥ संजयउवाच ॥ सोऽतिगर्जन्धनुष्पाणिर्ज्यांविकर्षन्पुनःपुनः ॥
तयोर्महात्मनोस्तूर्णंरथांतरमवापतत् १ सोऽविध्यद्दशभिर्बाणैरभिमन्युंदुरासदम् ॥ सच्छत्रध्वजयंतारंसाश्वमाशुस्मयन्निव २ पितृपैतामहंकर्मकुर्वाणमति
मानुषम् ॥ दृष्ट्वाऽर्पितंशरैःकार्ष्णिंत्वदीयाहृषिताऽभवन् ३ तस्याभिमन्युरायम्यस्मयन्नेकेनपत्रिणा ॥ शिरःप्रच्यावयामासतद्रथात्प्रापतद्भुवि ४

३५ । ३६ । ३७ । इतिद्रोणपर्वणिटीकायांचत्वारिंशोऽध्यायः ॥ ४० ॥ ॥ ॥ ॥ सइति १ । २ । ३ । ४

म.भा.टी. ५ । ६ । ७ । ८ । ९ । १० । ११ । १२ । १३ । १४ । १५ । १६ । १७ । १८ । १९ । २० । २१ । २२ । २३ । २४ । २५ । २६ ॥ इतिद्रोणपर्वणिटीकायांएकचत्वारिंशोऽध्याय ॥ ४१ ॥ द्रोण.

कर्णिकारमिवाधूतंवातेनापतितंनगात् ॥ भ्रातरंनिहतंदृष्ट्वाराजन्कर्णोव्यथांययौ ५ विमुखीकृत्यकर्णंतुसौभद्रःकंकपत्रिभिः ॥ अन्यानपिमहेष्वासांस्तूर्णमेवा
भिदुद्रुवे ६ ततस्तद्वितंसैन्यंहस्त्यश्वरथपत्तिमत् ॥ क्रुद्धोऽभिमन्युरभिनत्तिग्मतेजामहारथः ७ कर्णस्तुबहुभिर्बाणैरर्द्यमानोऽभिमन्युना ॥ अपायाज्जवनैरश्वै
स्ततोऽनीकमभज्यत ८ शलभैरिवचाकाशेधाराभिरिवचावृते ॥ अभिमन्योःशरैराजन्नप्राज्ञायतकिंचन ९ तावकानांतुयोधानांवध्यतांनिशितैःशरैः ॥ अन्यत्रसैंधवा
द्राजन्नस्मकश्चिदतिष्ठत १० सौभद्रस्तुततःशंखंप्रध्माप्यपुरुषर्षभः ॥ शीघ्रमभ्यपतत्सेनांभारतींभरतर्षभ ११ सकक्षेग्निरिवोत्सृष्टोनिर्दहंस्तरसारिपून् ॥ मध्यंभारत
सैन्यानामार्जुनिःप्रववर्तत १२ रथनागाश्वमनुजानर्दयन्निशितैःशरैः ॥ संप्रविश्याकरोद्भूमिंकबंधगणसंकुलाम् १३ सौभद्रचापप्रभवैर्निकृत्ताःपरमेषुभि ॥ स्वानेवाभि
मुखान्घ्नन्तःप्राद्रवन्जीवितार्थिनः १४ तेघोरारौद्रकर्माणोविपाठाबहवःशिताः ॥ निघ्नंतोरथनागाश्वाञ्जग्मुराशुवसुंधराम् १५ सायुधाःसांगुलित्राणाःसगदाःसाग
दारणे ॥ दृश्यंतेबाहवश्छिन्नाहेमाभरणभूषिताः १६ शराश्चापानिखड्गाश्चशरीराणिशिरांसिच ॥ सकुंडलानिस्रग्वीणिभूमावासन्सहस्रशः १७ सोपस्करैरधिष्ठानैरी
षादंडैश्चबंधुरैः ॥ अक्षैर्विमथितैश्चक्रैर्बहुधापतितैर्युगैः १८ शक्तिचापासिभिश्चैवपतितैश्चमहाध्वजैः ॥ चर्मचापशरैश्चैवव्यवकीर्णैःसमंततः १९ निहतैःक्षत्रियैर
श्चैर्वारणैश्चविशांपते ॥ अगम्यरूपापृथिवीक्षणेनासीत्सुदारुणा २० वध्यतांराजपुत्राणांक्रंदतामितरेतरम् ॥ प्रादुरासीन्महाशब्दोभीरूणांभयवर्धनः २१ सशब्दो
भरतश्रेष्ठदिशःसर्वाव्यनादयत् ॥ सौभद्रश्चाद्रवत्सेनांघ्नन्वराश्वरथद्विपान् २२ कक्षमग्निरिवोत्सृष्टोनिर्दहंस्तरसारिपून् ॥ मध्योभारतसैन्यानामार्जुनिःप्रत्यदृश्यत
२३ विचरंतंदिशःसर्वाःप्रदिशश्चापिभारत ॥ तंतदानानुपश्यामःसैन्येचरजसाऽऽवृते २४ आददानंगजाश्वानांनृणाचायूंषिभारत ॥ क्षणेनभूयःपश्यामःसूर्यंमध्यंदिने
यथा २५ अभिमन्युंमहाराजप्रतपंतंद्विषद्गणान् ॥ सवासवसमःसंख्येवासवस्यात्मजात्मजः ॥ अभिमन्युर्महाराजसैन्यमध्येव्यरोचत २६ ॥ इतिश्रीमहाभारते
द्रोणपर्वं० अभिमन्युवधपर्वणिअभिमन्युपराक्रमेएकचत्वारिंशोऽध्यायः ॥ ४१ ॥ धृतराष्ट्रउवाच ॥ बालमत्यंतसुखिनंस्वबाहुबलदर्पितम् ॥ युद्धेषुकुशलं
वीरंकुलपुत्रंतनुत्यजम् १ गाहमानमनीकानिसदश्वैश्चत्रिहायनैः ॥ अपियौधिष्ठिरात्सैन्यात्कश्चिद्न्वपतद्बली २ ॥ संजयउवाच ॥ युधिष्ठिरोभीमसेनःशिखं
डीसात्यकिर्यमौ ॥ धृष्टद्युम्नोविराटश्चद्रुपदश्चसकेकयः ३ धृष्टकेतुश्चसंरब्धोमत्स्याश्चाभ्यपतन्रणे ॥ तेनैवतुपथायांतःपितरोमातुलैःसह ४ अभ्यद्रवन्परीप्संतो
व्यूढानीकाःप्रहारिणः ॥ तान्दृष्ट्वाद्रवतःशूरांस्त्वदीयाविमुखाऽभवन् ५ ततस्तद्विमुखंदृष्ट्वातवसूनोर्महद्बलम् ॥ जामातातवतेजस्वीसंस्तंभयिपुराद्रवत् ६

बालमिति १ । २ । ३ । ४ । ५ । ६ ॥ ३१ ॥

७ प्रवणान्निम्नप्रदेशंप्राप्य ८ । ९ बलंसामर्थ्यं शौर्यमुत्साहः वीर्यंप्रभावम् १० । ११ । १२ । १३ । १४ । १५ । १६ । १७ । १८ । १९ । २० । २१ । २२ ॥ इतिद्रोणपर्वणिटीकायांद्विचत्वा

सैन्धवस्यमहाराजपुत्रोराजाजयद्रथः ॥ सपुत्रगृद्धिनःपार्थान्सहसैन्यानवारयत् ७ उग्रधन्वामहेष्वासोदिव्यमस्त्रमुदीरयन् ॥ वार्धक्षत्रिरुपासेधत्प्रवणादिवकुञ्जरः ८ ॥ धृतराष्ट्रउवाच ॥ अतिभारमहंमन्येसैन्धवेसंजयाहितम् ॥ यदेकःपांडवान्क्रुद्धान्पुत्रप्रेप्सूनवारयत् ९ अत्यद्भुतमहंमन्येबलंशौर्यंचसैंधवे ॥ तस्यप्रब्रूहिमेवीर्यंकर्म चाग्र्यंमहात्मनः १० किंदत्तंहुतमिष्टंवाकिंसुतप्तमथोततः ॥ सिंधुराजोहियेनैकःपांडवान्समवारयत् ११ ॥ संजयउवाच ॥ द्रौपदीहरणेयत्तद्भीमसेनेननिर्जितः ॥ मानात्सतप्तवान्राजावरार्थीसुमहत्तपः १२ इंद्रियाणींद्रियार्थेभ्यःप्रियेभ्यःसन्निवर्त्यसः ॥ क्षुत्पिपासातपसहःकृशोधमनिसंततः १३ देवमाराधयच्छर्वंगृणन्ब्रह्मसनातनम् ॥ भक्तानुकंपीभगवांस्तस्यचक्रेततोदयाम् १४ स्वप्नांतेऽप्यथचैवाहहरःसिंधुपतेःसुतम् ॥ वरंवृणीष्वप्रीतोऽस्मिजयद्रथकिमिच्छसि १५ एवमुक्तस्तुशर्वेण सिंधुराजोजयद्रथः ॥ उवाचप्रणतोरुद्रंप्रांजलिर्नियतात्मवान् १६ पांडवेयानहंसंख्येभीमवीर्यपराक्रमान् ॥ वारयेयंरथेनैकःसमस्तानितिभारत १७ एवमुक्तस्तुदेवेशो जयद्रथमथाब्रवीत् ॥ ददामितेवरंसौम्यविनापार्थंधनंजयम् १८ वारयिष्यसिसंग्रामेचतुरःपांडुनंदनान् ॥ एवमस्त्वितिदेवेशमुक्त्वाऽबुध्यतपार्थिवः १९ सतेनवरदानेन दिव्येनास्त्रबलेनच ॥ एकःसंवारयामासपांडवानामनीकिनीम् २० तस्यज्यातलघोषेणक्षत्रियान्भयमाविशत् ॥ परांस्तुतवसैन्यस्यहर्षःपरमकोऽभवत् २१ दृष्ट्वातु क्षत्रियाभारंसैंधवेसर्वमाहितम् ॥ उत्क्रुश्याभ्यद्रवन्राजन्येनयौधिष्ठिरंबलम् २२ ॥ इतिश्रीमहाभारतेद्रोणपर्वणिअभिमन्युवधपर्वणि जयद्रथयुद्धेद्विचत्वारिंशो ऽध्यायः ॥ ४२ ॥ ॥ संजयउवाच ॥ यन्मांपृच्छसिराजेंद्रसिंधुराजस्यविक्रमम् ॥ शृणुतत्सर्वमाख्यास्येयथापांडूनयोधयत् १ तमूहुर्वाजिनोवश्याःसैंधवाः साधुवाहिनः ॥ विकुर्वाणाबृहंतोश्वाःश्वसनोपमरंहसः २ गंधर्वनगराकारंविधिवत्कल्पितंरथम् ॥ तस्याभ्यशोभयत्केतुर्वाराहोराजतोमहान् ३ श्वेतच्छत्रपताकाभि श्चामरव्यजनेनच ॥ सबभौराजलिंगैस्तैस्ताराधिपतिरिवांबरे ४ मुक्तावज्रमणिस्वर्णैर्भूषितंतमयस्मयम् ॥ वरूथंविबभौतस्यज्योतिर्भिःखमिवावृतम् ५ सविस्फार्यमह च्चापंकिरन्निषुगणान्बहून् ॥ तत्खंडंपूरयामासयद्व्यदारयदार्जुनिः ६ ससात्यकिंत्रिभिर्बाणैरष्टभिश्चवृकोदरम् ॥ धृष्टद्युम्नंतथाषष्ट्याविराटंदशभिःशरैः ७ द्रुपदंपंचभि स्तीक्ष्णैःसप्तभिश्चशिखंडिनम् ॥ केकयान्पंचविंशत्याद्रौपदेयांस्त्रिभिस्त्रिभिः ८ युधिष्ठिरंतुसप्तत्याततःशेषानपानुदत् ॥ इषुजालेनमहतातदद्भुतमिवाभवत् ९ अथास्य शितपीतेनभल्लेनादिश्यकार्मुकम् ॥ चिच्छेदप्रहसन्राजाधर्मपुत्रःप्रतापवान् १० अक्ष्णोर्निमेषमात्रेणसोऽन्यदादायकार्मुकम् ॥ विव्याधदशभिःपार्थंतांश्चैवान्यांस्त्रि भिस्त्रिभिः ११ तत्तस्यलाघवंज्ञात्वाभीमोभल्लैस्त्रिभिस्त्रिभिः ॥ धनुर्ध्वजंचच्छत्रंचक्षितौक्षिप्रमपातयत् १२

रिंशोऽध्यायः ॥ ३२ ॥ ॥ ॥ ॥ यदिति १ । २ । ३ । ४ वरूथंरथवेष्टनम् ५ । ६ । ७ । ८ । ९ आदिश्यएषच्छिनद्मीत्युद्दिश्य १० । ११ । १२

१३ । १४ । १५ । १६ । १७ । १८ । १९ ॥ इतिद्रोणपर्वणिटीकायांत्रिचत्वारिंशोऽध्यायः ॥ ४३ ॥ ॥ ॥ ॥ सैंधवेनेति १ । २ । ३ । ४ । ५ । ६ । ७ । ८ । ९ । १० । ११

सोऽन्यदादायबलवान्सज्जंकृत्वाचकार्मुकम् ॥ भीमस्यापातयत्केतुंधनुरश्वांश्चमारिष १३ सहताश्वादवप्लुत्यच्छिन्नधन्वारथोत्तमात् ॥ सात्यकेराप्लुतोयानंगिर्यग्रमिवके
सरी १४ ततस्त्वदीयाःसंहृष्टाःसाधुसाध्वितिवादिनः ॥ सिंधुराजस्यतत्कर्मप्रेक्ष्याश्रद्धेयमद्भुतम् १५ संक्रुद्धान्पांडवानेकोयद्दधारास्त्रतेजसा ॥ तत्तस्यकर्मभूतानिस
र्वाण्येवाभ्यपूजयन् १६ सौभद्रेणहतैःपूर्वंसोत्तरायोधिभिर्द्विपैः ॥ पांडूनांदर्शितःपंथाःसैंधवेननिवारितः १७ यतमानास्तुतेवीरामत्स्यपंचालकेकयाः ॥ पाण्डवाश्चा
न्वपद्यंतप्रतिशेकुर्नसैंधवम् १८ योयोहियततेभेत्तुंद्रोणानीकंतवाहितः ॥ तंतमेववरंप्राप्यसैंधवःप्रत्यवारयत् १९ ॥ इतिश्रीमहाभारतेद्रोणपर्वणिअभिमन्युवधपर्वणि
जयद्रथयुद्धेत्रिचत्वारिंशोऽध्यायः ॥ ४३ ॥ ॥ संजयउवाच ॥ सैंधवेननिरुद्धेषुजयगृद्धिषुपांडुषु ॥ सुघोरमभवद्युद्धंत्वदीयानांपरैःसह १ प्रविश्याथार्जुनिःसे
नांसत्यसंधोदुरासदः ॥ व्यक्षोभयततेजस्वीमकरःसागरंयथा २ तंतथाशरवर्षेणक्षोभयंतमरिंदमम् ॥ यथाप्रधानाःसौभद्रमभ्ययूरथसत्तमाः ३ तेषांतस्यचसंमर्दोदारु
णःसमपद्यत ॥ सृजतांशरवर्षाणिप्रसक्तममितौजसाम् ४ रथव्रजेनसंरुद्धस्तैरमित्रैस्तथार्जुनिः ॥ वृषसेनस्ययंतारंहत्वाचिच्छेदकार्मुकम् ५ तस्यविव्याधबलवान्शरै
रश्वानजिह्मगैः ॥ वातायमानैरथतैरश्वैरपहृतोरणात् ६ तेनांतरेणाभिमन्योर्यंताऽपासारयद्रथम् ॥ रथव्रजास्ततोहृष्टाःसाधुसाध्वितिचुक्रुशुः ६ तंसिंहमिवसंक्रुद्धंप्रम
थ्नंतंशरैररीन् ॥ आरादायातमभ्येत्यवसातीयोऽभ्ययाद्द्रुतम् ८ सोऽभिमन्युंशरैःषष्ट्यारुक्मपुंखैरवाकिरत् ॥ अब्रवीच्चनमेजीवन्जीवतोयुधिमोक्ष्यसे ९ तमयस्मयवर्मा
णमिषुणादूरपातिना ॥ विव्याधहृदिसौभद्रःसपपातव्यसुःक्षितौ १० वसातीयंहतंदृष्ट्वाक्रुद्धाःक्षत्रियपुंगवाः ॥ परिवव्रुस्तदाराजंस्तवपौत्रंजिघांसवः ११ विस्फारयंत
श्चापानिनानारूपाण्यनेकशः ॥ तद्युद्धमभवद्रौद्रंसौभद्रस्यारिभिःसह १२ तेषांशरान्सेष्वसनान्शरीराणिशिरांसिच ॥ सकुंडलानिस्रग्वीणिक्रुद्धश्चिच्छेदफाल्गुनिः
१३ सखड्गाःसांगुलित्राणाःसपट्टिशपरश्वधाः ॥ अपश्यंत भुजाश्छिन्नाहेमाभरणभूषिताः १४ स्रग्भिराभरणैर्वस्त्रैःपातितैश्चमहाभुजैः ॥ वर्मभिश्चर्मभिर्हारैर्मुकुटैश्छत्र
चामरैः १५ उपस्करैरधिष्ठानैरीषादंडकबंधुरैः ॥ अक्षैर्विमथितैश्चक्रैर्भग्नैश्चबहुधायुगैः १६ अनुकर्षैःपताकाभिस्तथासारथिवाजिभिः ॥ रथैश्चभग्नैर्नागैश्चहतैःकीर्णाऽभव
न्मही १७ निहतैःक्षत्रियैःशूरैर्नानाजनपदेश्वरैः ॥ जयगृद्धैर्वृताभूमिर्दारुणासमपद्यत १८ दिशोविचरतस्तस्यसर्वाश्चप्रदिशस्तथा ॥ रणेऽभिमन्योःक्रुद्धस्यरूपमंतर
धीयत १९ कांचनंयद्यदस्यासीद्वर्मचाभरणानिच ॥ धनुषश्चशराणांचतदपश्यामकेवलम् २० तंतदानाशकत्कश्चिच्चक्षुर्भ्यामभिवीक्षितुतम् ॥ आददानंशरैर्योधान्म
ध्येसूर्यमिवस्थितम् २१ ॥ इतिश्रीमहाभारतेद्रोणपर्वणिअभिमन्युवधपर्वणि अभिमन्युपराक्रमेचतुश्चत्वारिंशोऽध्यायः ॥ ४४ ॥ ॥ ॥

१२ । १३ । १४ । १५ । १६ । १७ । १८ । १९ । २० । २१ ॥ इतिद्रोणपर्वणिटीकायां चतुश्चत्वारिंशोऽध्यायः ॥ ४४ ॥ ॥ ॥

आददानइति १ । २ । ३ । ४ । ५ । ६ ७ । ८ । ९ । १० । ११ । १२ । १३ । १४ । १५ १६ । १७ । १८ । १९ । २० आयच्छत्प्रयुक्तवान् रथमार्यांकुर्वद्रथचर्यांशिक्षां

॥ संजयउवाच ॥ आददानस्तुशूराणामायूंष्यभवदार्जुनिः ॥ अंतकःसर्वभूतानांप्राणान्कालइवागते १ सशक्रइवविक्रांतःशक्रसूनोःसुतोबली ॥ अभिमन्यु
स्तदानीकंलोडयन्समदृश्यत २ प्रविश्यैवतुराजेंद्रक्षत्रियेंद्रांतकोपमः ॥ सत्यश्रवसमादत्तव्याघ्रोमृगमिवोल्बणः ३ सत्यश्रवसिचाक्षिप्तेत्वरमाणामहारथाः ॥
प्रगृह्यविपुलंशस्त्रमभिमन्युमुपाद्रवन् ४ अहंपूर्वमहंपूर्वमितिक्षत्रियपुंगवाः ॥ स्पर्धमानाःसमाजग्मुर्जिघांसंतोऽर्जुनात्मजम् ५ क्षत्रियाणामनीकानिप्रद्रुतान्यभि
धावताम् ॥ जग्राहतिमिरासाद्यक्षुद्रमत्स्यानिवार्णवे ६ येकेचनगतास्तस्यसमीपमपलायिनः ॥ नतेप्रतिन्यवर्त्तंतसमुद्रादिवसिंधवः ७ महाग्राहगृहीतेववात
वेगभयार्दिता ॥ समकंपतसासेनाविभ्रष्टानौरिवार्णवे ८ अथरुक्मरथोनाममद्रेश्वरसुतोबली ॥ त्रस्तामाश्वासयन्सेनामत्रस्तोवाक्यमब्रवीत् ९ अलंत्रासेनवः
शूरानैषकश्चिन्मयिस्थिते ॥ अहमेनंग्रहीष्यामिजीवग्राहंनसंशयः १० एवमुक्त्वातुसौभद्रमभिदुद्राववीर्यवान् ॥ सुकल्पितेनोह्यमानःस्यंदनेनविराजता ११
सोऽभिमन्युंत्रिभिर्बाणैर्विद्ध्वावक्षस्यथानदत् ॥ त्रिभिश्चदक्षिणेबाहौसव्येचनिशितैस्त्रिभिः १२ सतस्येष्वसनंछित्वाफाल्गुनिःसव्यदक्षिणौ ॥ भुजौशिरश्चस्वक्षि
भ्रुक्षितौक्षिप्रमपातयत् १३ दृष्ट्वारुक्मरथंरुग्णंपुत्रंशल्यस्यमानिनम् ॥ जीवग्राहंजिघृक्षंतंसौभद्रेणयशस्विना १४ संग्राममदुर्मदाराजन्राजपुत्राःप्रहारिणः ॥ वय
स्याःशल्यपुत्रस्यसुवर्णविकृतध्वजाः १५ तालमात्राणिचापानिविकर्षंतोमहाबलाः ॥ आर्जुनिंशरवर्षेणसमंतात्पर्यवारयन् १६ शूरैःशिक्षाबलोपेतैस्तरुणैरत्यम
र्षणैः ॥ दृष्ट्वैकंसमरेशूरंसौभद्रमपराजितम् १७ छाद्यमानंशरव्रातैर्हृष्टोदुर्योधनोऽभवत् ॥ वैवस्वतस्यभवनंगतंह्येनममन्यत १८ सुवर्णपुंखैरिषुभिर्नानालिंगैः
सुतेजनैः ॥ अदृश्यमार्जुनिंचक्रुर्निमेषात्तेनृपात्मजाः १९ ससूताश्वध्वजंतस्यस्यंदनंतंचमारिष ॥ आचितंसमपश्यामश्वाविधंशललैरिव २० सगाढविद्धःक्रुद्ध
श्चतोत्रैर्गजइवार्दितः ॥ गांधर्वमस्त्रमायच्छद्रथमायांचभारत २१ अर्जुनेनतपस्तप्त्वागंधर्वेभ्योयदाहृतम् ॥ तुंबुरुप्रमुखेभ्योवैतेनामोहयताहितान् २२ एकधा
शतधाराजन्दृश्यतेस्मसहस्रधा ॥ अलातचक्रवत्संख्येक्षिप्रमस्त्राणिदर्शयन् २३ रथचर्यास्त्रमायाभिर्मोहयित्वापरंतपः ॥ बिभेदशतधाराजन्शरीराणिमहीक्षिताम्
२४ प्राणाःप्राणभृतांसंख्येप्रेषितानिशितैःशरैः ॥ राजन्प्रापुरमुंलोकंशरीराण्यवनिंययुः २५ धनूंष्यश्वान्नियंतॄंश्चध्वजान्बाहूंश्चसांगदान् ॥ शिरांसिचशितैर्बाणै
स्तेषांचिच्छेदफाल्गुनिः २६ चूतारामोयथाभग्नःपंचवर्षःफलोपगः ॥ राजपुत्रशतंतद्वत्सौभद्रेणनिपातितम् २७ क्रुद्धाशीविषसंकाशान्सुकुमारान्सुखोचितान्
एकेननिहतान्दृष्ट्वाभीतोदुर्योधनोऽभवत् २८ रथिनःकुंजरानश्वान्पदातींश्चापिमज्जतः ॥ दृष्ट्वादुर्योधनःक्षिप्रमुपायात्तममर्षितः २९ तयोःक्षणमिवापूर्णःसंग्रामःसम
पद्यत ॥ अथाभवत्तेविमुखःपुत्रःशरशताहतः ३० ॥ इतिश्रीमहाभारतेद्रोणपर्वणिअभिमन्युवधपर्वणिदुर्योधनपराजयेपंचचत्वारिंशोऽध्यायः ॥ ४५ ॥

२१ । २२ । २३ । २४ । २५ । २६ फलोपगःफलोन्मुखः २७ । २८ । २९ । ३० ॥ इतिद्रोणपर्वणिटीकायांपंचचत्वारिंशोऽध्यायः ॥ ४५ ॥

यथेति १ । २ प्रतिपत्तिंप्रतिविधानं ३ । ४ । ५ । ६ । ७ । ८ । ९ विष्वग्वातोऽशेषदिग्वातः १० । ११ । १२ । १३ १४ । १५ । १६ केशान्तंकेशैर्मनोहरं ' अंतःप्रांतेऽतिकेमध्येस्वरूपेचमनोहरे,

॥ धृतराष्ट्रउवाच ॥ यथावदसिमेसूतएकस्यबहुभिःसह ॥ संग्रामंतुमुलंघोरंजयंचैवमहात्मनः १ अश्रद्धेयमिवाश्चर्यंसौभद्रस्याथविक्रमम् ॥ किंतुनात्यद्भुतं तेषांयेषांधर्मोव्यपाश्रयः २ दुर्योधनेचविमुखेराजपुत्रशतेहते ॥ सौभद्रेप्रतिपत्तिंकांप्रत्यपद्यंतमामकाः ३ ॥ संजयउवाच ॥ संशुष्कास्याश्चलन्नेत्राःप्रस्विन्नालो महर्षणाः ॥ पलायनकृतोत्साहानिरुत्साहाद्विषज्जये ४ हतान्भ्रातॄन्पितॄन्पुत्रान्सुहृत्संबंधिबांधवान् ॥ उत्सृज्योत्सृज्यसंजग्मुस्त्वरयंतोहयद्विपान् ५ तान्प्रभ ग्नांस्तथादृष्ट्वाद्रोणोद्रौणिर्बृहद्बलः ॥ कृपोदुर्योधनःकर्णःकृतवर्माऽथसौबलः ६ अभ्यधावन्सुसंक्रुद्धाःसौभद्रमपराजितम् ॥ तेतुपौत्रेणतेराजन्प्रायशोविमुखी कृताः ७ एकस्तुसुखसंवृद्धोबाल्याद्दर्पाच्चनिर्भयः ॥ इष्वस्त्रविन्महातेजालक्ष्मणोऽर्जुनिमभ्ययात् ८ तमन्वगेवास्यपितापुत्रगृद्धीन्यवर्तत ॥ अनुदुर्योधनंचा न्येन्यवर्तंतमहारथाः ९ तंतेऽभिषिषिचुर्बाणैर्मेघागिरिमिवांबुभिः ॥ सतुतान्प्रममाथैकोविष्वग्वातोयथाऽम्बुदान् १० पौत्रंतवचदुर्धर्षंलक्ष्मणंप्रियदर्शनम् ॥ पितुःसमीपेतिष्ठंतंशूरमुद्यतकार्मुकम् ११ अत्यंतसुखसंवृद्धंधनेश्वरसुतोपमम् ॥ आससादरणेकार्ष्णिर्मत्तोमत्तमिवद्विपम् १२ लक्ष्मणेनतुसंगम्यसौभद्रःपर वीरहा ॥ शरैःसुनिशितैस्तीक्ष्णैर्बाह्वोरुरसिचार्पयत् १३ संक्रुद्धोवैमहाराजदंडाहतइवोरगः ॥ पौत्रस्तवमहाराजतवपौत्रमभाषत १४ सुदृष्टःक्रियतांलोको ह्यमुंलोकंगमिष्यसि ॥ पश्यतांबांधवानांत्वांनयामियमसादनम् १५ एवमुक्त्वाततोभल्लंसौभद्रःपरवीरहा ॥ उद्बबर्हमहाबाहुर्निर्मुक्तोरगसन्निभम् १६ सतस्य भुजनिर्मुक्तोलक्ष्मणस्यसुदर्शनम् ॥ सुनसंसुभ्रुकेशांतंशिरोऽहार्षीत्सकुंडलम् १७ लक्ष्मणंनिहतंदृष्ट्वाहाहेत्युच्चुकुशुर्जनाः ॥ ततोदुर्योधनःक्रुद्धःप्रियेपुत्रेनिपा तिते १८ हतैनमितिचुक्रोशक्षत्रियान्क्षत्रियर्षभः ॥ ततोद्रोणःकृपःकर्णोद्रोणपुत्रोबृहद्बलः १९ कृतवर्माचहार्दिक्यःषड्रथाःपर्यवारयन् ॥ तांस्तुविध्द्वाःशि तैर्बाणैर्विमुखीकृत्यचार्जुनिः २० वेगेनाभ्यपतत्क्रुद्धःसैंधवस्यमहद्बलम् ॥ आववुस्तस्यपंथानंगजानीकेनदंशिताः २१ कलिंगाश्चनिषादाश्चक्राथपुत्रश्चवीर्य वान् ॥ तत्प्रसक्तमिवात्यर्थंयुद्धमासीद्विशांपते २२ ततस्तत्कुंजरानीकंव्यधमद्धृष्टमार्जुनिः ॥ यथावायुर्नित्यगतिर्जलदान्शतशोऽम्बरे २३ ततःक्राथःशर व्रातैरार्जुनिंसमवाकिरत् ॥ अथेतरेसन्निवृत्ताःपुनर्द्रोणमुखारथाः २४ परमास्त्राणिधुन्वानाःसौभद्रमभिदुद्रुवुः ॥ तान्निवार्यार्जुनिर्बाणैःक्राथपुत्रमथार्दयत् २५ शरौघेणाप्रमेयेणत्वरमाणाजिघांसया ॥ सधनुर्बाणकेयूरौबाहूसमुकुटंशिरः २६ सच्छत्रध्वजयंतारंरथंचाश्वान्न्यपातयत् ॥ कुलशीलश्रुतिबलैःकीर्त्याचास्त्रबले नच ॥ युक्तेतस्मिन्हतेवीराःप्रायशोविमुखाऽभवन् २७ ॥ इतिश्रीमहाभारतेद्रोणपर्वणिअभिमन्युवधपर्वणिलक्ष्मणवधे षट्चत्वारिंशोऽध्यायः ॥ ४६ ॥
॥ धृतराष्ट्रउवाच ॥ तथाप्रविष्टंतरुणंसौभद्रमपराजितम् ॥ कुलानुरूपंकुर्वाणंसंग्रामेष्वपराजितम् १

१७ १८ । १९ । २० । २१ । २२ धृष्टंप्रगल्भम् २३ । २४ । २५ । २६ । २७ ॥ इतिद्रोणपर्वणिटीकायांषट्चत्वारिंशोऽध्यायः ॥ ४६ ॥ ॥ तथेति १

२ । ३ । ४ । ५ । ६ । ७ । ८ । ९ । १० । ११ । १२ । १३ । १४ । १५ । १६ । १७ । १८ । १९ । २० । २१ । २२ २३ । २४ ॥ इतिद्रोणपर्वणिटीकायां सप्तचत्वारिंशोऽध्यायः ॥ ४७ ॥

आजानेयैःसुबलिभिर्यातमश्वैस्त्रिहायनैः ॥ प्लवमानमिवाकाशेकेशूराःसमवारयन् २ ॥ संजयउवाच ॥ अभिमन्युःप्रविश्यैतांस्तावकान्निशितैःशरैः ॥ अक
रोत्पार्थिवान्सर्वान्विमुखान्पांडुनंदनः ३ तंतुद्रोणःकृपःकर्णोद्रौणिश्चसबृहद्बलः ॥ कृतवर्माचहार्दिक्यःषड्रथाःपर्यवारयन् ४ दृष्ट्वातुसैंधवेभारमतिमात्रंसमाहि
तम् ॥ सैन्यंतवमहाराजयुधिष्ठिरमुपाद्रवत् ५ सौभद्रमितरेवीरमभ्यवर्षन्शरांबुभिः ॥ तालमात्राणिचापानिविकर्षंतोमहाबलाः ६ तांस्तुसर्वान्महेष्वासान्सर्ववि
द्यासुनिष्ठितान् ॥ व्यष्टंभयद्रणेबाणैःसौभद्रःपरवीरहा ७ द्रोणंपंचाशताऽविध्यद्विंशत्याचबृहद्बलम् ॥ अशीत्याकृतवर्माणंकृपंषष्ट्याशिलीमुखैः ८ रुक्मपुंखैर्महावेगै
राकर्णसमचोदितैः ॥ अविध्यद्दशभिर्बाणैरश्वत्थामानमार्जुनिः ९ सकर्णंकर्णिनाकर्णेपीतेनचशितेनच ॥ फाल्गुनिर्द्विषतांमध्येविव्याधपरमेषुणा १० पातयित्वाकृप
स्याश्वांस्तथोभौपार्ष्णिसारथी ॥ अथैनंदशभिर्बाणैःप्रत्यविध्यत्स्तनांतरे ११ ततोवृंदारकंवीरंकुरूणांकीर्तिवर्द्धनम् ॥ पुत्राणांतववीराणांपश्यतामवधीद्बली १२ तंद्रौ
णिःपंचविंशत्याक्षुद्रकाणांसमार्पयत् ॥ वरंवरममित्राणामारुजंतमभीतवत् १३ सतुबाणैःशितैस्तूर्णंप्रत्यविध्यतमारिष ॥ पश्यतांधार्तराष्ट्राणामश्वत्थामानमार्जुनिः
१४ षष्ट्याशराणांतंद्रौणिस्तिग्मधारैःसुतेजनैः ॥ उग्रैर्नाकंपयद्विध्द्वामैनाकमिवपर्वतम् १५ सतुद्रौणिंत्रिसप्तत्याहेमपुंखैरजिह्मगैः ॥ प्रत्यविध्यन्महातेजाबलवानप
कारिणम् १६ तस्मिन्द्रोणोबाणशतंपुत्रगृद्धीन्यपातयत् ॥ अश्वत्थामातथाऽष्टौचपरीप्सन्पितरंरणे १७ कर्णोद्वाविंशतिंभल्लान्कृतवर्माचविंशतिम् ॥ बृहद्बलस्तुपंचा
शत्कृपःशारद्वतोदश १८ तांस्तुप्रत्यवधीत्सर्वान्दशभिर्दशभिःशरैः ॥ तैरर्द्यमानःसौभद्रःसर्वतोनिशितैःशरैः १९ तंकोसलानामधिपःकर्णिनाऽताडयद्धृदि ॥ सतस्या
श्वान्ध्वजंचापंसूतंचापातयत्क्षितौ २० अथकोसलराजस्तुविरथःखड्गचर्मभृत् ॥ इयेषफाल्गुनेःकायाच्छिरोहर्तुंसकुंडलम् २१ सकोसलानामधिपंराजपुत्रंबृहद्बलम् ॥
हृदिविव्याधबाणेनसभिन्नहृदयोऽपतत् २२ बभंजचसहस्राणिदशराज्ञांमहात्मनाम् ॥ सृजतामशिवावाचःखड्गकार्मुकधारिणाम् २३ तथाबृहद्बलंहत्वासौभद्रोव्यच
रद्रणे ॥ व्यष्टंभयन्महेष्वासोयोधांस्तवशरांबुभिः २४ ॥ इतिश्रीमहाभारतेद्रोणपर्वणिअभिमन्युवधपर्वणिबृहद्बलवधे सप्तचत्वारिंशोऽध्यायः ॥ ४७ ॥ ॥
॥ संजयउवाच ॥ सकर्णंकर्णिनाकर्णेपुनर्विव्याधफाल्गुनिः ॥ शरैःपंचाशताचैनमविध्यत्कोपयन्भृशम् १ प्रतिविव्याधराधेयस्तावद्भिरथतंपुनः ॥ शरैराचितस
र्वांगोबह्वशोभतभारत २ कर्णंचाप्यकरोत्क्रुद्धोरुधिरोत्पीडवाहिनम् ॥ कर्णोपिविबभौशूरःशरैश्छिन्नोऽसृगाप्लुतः ३ तावुभौशरचित्रांगौरुधिरेणसमुक्षितौ ॥ बभूवतु
र्महात्मानौपुष्पिताविवकिंशुकौ ४ अथकर्णस्यसचिवान्षट्शूरांश्चित्रयोधिनः ॥ साश्वसूतध्वजरथान्सौभद्रोनिजघानह ५ ॥ ॥

सकर्णमिति १ । २ । ३ । ४ । ५

म.भा.टी. ६ । ७ । ८ । ९ ।१०।११। १२ ।१३ ।१४ ।१५। १६। १७ नवधंवधोपायम् १८ । १९ ।२०। २१। २२। २३। २४।२५। २६ ।२७ ।२८ द्रोण० अ० ४८

॥ ३४ ॥ तथेतरान्महेष्वासान्दशभिर्दशभिःशरैः ॥ प्रत्यविध्यदसंभ्रांतस्तदद्भुतमिवाभवत् ६ मागधस्यतथापुत्रंहत्वाषड्भिरजिह्मगैः ॥ साश्वंससूतंतरुणमश्वकेतुमपातयत् ७
मार्तिकावतकंभोजंततःकुंजरकेतनम् ॥ क्षुरप्रेणसमुन्मथ्यननादविसृजन्शरान् ८ तस्यदौःशासनिर्विध्द्वाचतुर्भिश्चतुरोहयान् ॥ सूतमेकेनविव्याधदशभिश्चार्जुनात्म
जम् ९ ततोदौःशासनिकार्ष्णिर्विध्द्वासप्तभिराशुगैः ॥ संरंभाद्रक्तनयनोवाक्यमुच्चैरथाब्रवीत् १० पितातवाहवंत्यक्त्वागतःकापुरुषोयथा ॥ दिष्ट्यात्वमपिजानीषेयोद्धुं
नत्वद्यमोक्ष्यसे ११ एतावदुक्त्वावचनंकर्मारपरिमार्जितम् ॥ नाराचंविससर्जास्मैतंद्रौणिस्त्रिभिराच्छिनत् १२ तस्यार्जुनिर्ध्वजंछित्वाशल्यंत्रिभिरताडयत् ॥ तंश
ल्योनवभिर्बाणैर्गार्ध्रपत्रैरताडयत् १३ हृदयसंभ्रांतवद्राजंस्तदद्भुतमिवाभवत् ॥ तस्यार्जुनिर्ध्वजंछित्त्वाहत्वोभौपार्ष्णिसारथी १४ तंविव्याधायसैःषड्भिःसोपाक्रामद्रथां
तरम् ॥ शत्रुंजयंचंद्रकेतुंमेघवेगंसुवर्चसम् १५ सूर्यभासंचपंचैतान्हत्वाविव्याधसौबलम् ॥ तंसौबलस्त्रिभिर्विध्द्वादुर्योधनमथाब्रवीत् १६ सर्वएनंविमथ्नीमःपुरैकैकंहि
नस्तिनः ॥ अथाब्रवीत्पुनर्द्रोणंकर्णोवैकर्तनोरणे १७ पुरासर्वान्प्रमथ्नातिब्रूह्यस्यवधमाशुनः ॥ ततोद्रोणोमहेष्वासःसर्वांस्तान्प्रत्यभाषत १८ अस्तिवाऽस्यांतरंकिंचि
त्कुमारस्याथपश्यत ॥ अण्वप्यस्यांतरंह्यद्यचरतःसर्वतोदिशम् १९ शीघ्रतांनरसिंहस्यपांडवेयस्यपश्यत ॥ धनुर्मंडलमेवास्यरथमार्गेषुदृश्यते २० संदधानस्यविशि
खान्शीघ्रंचैवविमुंचतः ॥ आरुजन्नपिमेप्राणान्मोहयन्नपिसायकैः २१ प्रहर्षयतिमांभूयःसौभद्रःपरवीरहा ॥ अतिमांनंदयत्येषसौभद्रोविचरन्रणे २२ अंतरंयस्यसं
रब्धानपश्यंतिमहारथाः ॥ अस्यतोलघुहस्तस्यदिशःसर्वामहेषुभिः २३ नविशेषंप्रपश्यामिरणेगांडीवधन्वनः ॥ अथकर्णःपुनर्द्रोणमाहार्जुनिशराहतः २४ स्थात
व्यमितितिष्ठामिपीड्यमानोऽभिमन्युना ॥ तेजस्विनःकुमारस्यशराःपरमदारुणाः २५ क्षिण्वंतिहृदयंमेऽद्यघोराःपावकतेजसः ॥ तमाचार्योऽब्रवीत्कर्णंशनकैःप्रहस
न्निव २६ अभेद्यमस्यकवचंयुवाचाशुपराक्रमः ॥ उपदिष्टामयाचास्यपितुःकवचधारणा २७ तामेषनिखिलांवेत्तिध्रुवंपरपुरंजयः ॥ शक्यंत्वस्यधनुश्छेत्तुंज्यांचबाणैः
समाहितैः २८ अभीषूंश्चहयांश्चैवतथोभौपार्ष्णिसारथी ॥ एतत्कुरुमहेष्वासराधेययदिशक्यते २९ अथैनंविमुखीकृत्यपश्चात्प्रहरणंकुरु ॥ सधनुष्कोनशक्योऽय
मपिजेतुंसुरासुरैः ३० विरथंविधनुष्कंवकुरुष्वैनंयदीच्छसि ॥ तदाचार्यवचःश्रुत्वाकर्णोवैकर्तनस्त्वरन् ३१ अस्यतोलघुहस्तस्यपृषत्कैर्धनुराच्छिनत् ॥ अश्वान
स्यावधीद्भोजोगौतमःपार्ष्णिसारथी ३२ शेषास्तुच्छिन्नधन्वानंशरवर्षैरवाकिरन् ॥ त्वरमाणास्त्वराकालेविरथंषण्महारथाः ३३ शरवर्षैरकरुणाबालमेकमवाकिरन्॥
सच्छिन्नधन्वाविरथःस्वधर्ममनुपालयन् ३४ खड्गचर्मधरःश्रीमानुत्पपातविहायसा ॥ मार्गैःसकौशिकाद्यैश्चलाघवेनबलेनच ३५ ॥ ॥

२९ । ३०। ३१ । ३२। ३३ । ३४ कौशिकंसर्वतोभद्रम् ३५. ॥ ३४ ॥

३६ । ३७ । ३८ । ३९ । ४० । ४१ ॥ इतिद्रोणपर्वणिटीकायांअष्टचत्वारिंशोऽध्यायः ॥ ४८ ॥ ॥ ६ ॥ विष्णोरिति १ । २ । ३ । ४ । ५ । ६ । ७ । ८

आर्जुनिर्व्यचरद्व्योम्निभृशंवैपक्षिराडिव ॥ मय्येवनिपतत्येषसासिरित्यूर्ध्वदृष्टयः ३६ विव्यधुस्तंमहेष्वासंसमरेछिद्रदर्शिनः ॥ तस्यद्रोणोऽच्छिनन्मुष्टौखड्गंमणि
मयत्सरुम् ३७ क्षुरप्रेणमहातेजास्त्वरमाणःसपत्नजित् ॥ राधेयोनिशितैर्बाणैर्व्यधमच्चर्मचोत्तमम् ३८ व्यसिचर्मेषुपूर्णांगःसोंतरिक्षात्पुनःक्षितिम् ॥ आस्थित
श्चक्रमुद्यम्यद्रोणंक्रुद्धोऽभ्यधावत ३९ सचक्ररेणूज्वलशोभितांगोबभावतीवोज्वलचक्रपाणिः ॥ रणेऽभिमन्युःक्षणमासरौद्रःसवासुदेवानुकृतिंप्रकुर्वन् ४० स्रुतरुधिर
कृतैकरागवक्त्रोभ्रुकुटिपुटाकुलितोतिसिंहनादः ॥ प्रभुरमितबलोरणेऽभिमन्युर्नृपवरमध्यगतोभृशंव्यराजत् ४१ ॥ इतिश्रीमहाभारतेद्रोणपर्वणिअभिमन्युवध
पर्वणिअभिमन्युविरथकरणेअष्टचत्वारिंशोध्यायः ॥ ४८ ॥ ॥ संजयउवाच ॥ विष्णोःस्वसुर्नंदकरःसविष्णवायुधभूषणः ॥ रराजातिरथःसंख्येजनार्दनइवा
परः १ मारुतोद्धूतकेशान्तमुद्यतारिवरायुधम् ॥ वपुःसमीक्ष्यपृथ्वीशादुःसमीक्ष्यंसुरैरपि २ तच्चक्रंभृशमुद्विग्नाःसंचिच्छिदुरनेकधा ॥ महारथस्ततःकार्ष्णिःसंजग्रा
हमहागदाम् ३ विधनुःस्यंदनासिस्तैर्विचक्रश्चारिभिःकृतः ॥ अभिमन्युर्गदापाणिरश्वत्थामानमार्दयत् ४ सगदामुद्यतांदृष्ट्वाज्वलंतीमशनीमिव ॥ अपाक्रामद्र
थोपस्थाद्विक्रमांस्त्रीन्नरर्षभः ५ तस्याश्वान्गदयाहत्वातथोभौपार्ष्णिसारथी ॥ शराचितांगःसौभद्रःश्वाविद्वत्समदृश्यत ६ ततःसुबलदायादंकालिकेयमपोथयत् ॥
जघानचास्यानुचरान्गांधारान्सप्तसप्ततिम् ७ पुनश्चैववसातीयान्जघानरथिनोदश ॥ केकयानांरथान्सप्तहत्वाचदशकुंजरान् ८ दौःशासनीरथंसाश्वंगदयासमपो
थयत् ॥ ततोदौःशासनिःक्रुद्धोगदामुद्यम्यमारिष ९ अभिदुद्रावसौभद्रंतिष्ठतिष्ठेतिचाब्रवीत् ॥ तावुद्यतगदौवीरावन्योन्यवधकांक्षिणौ १० भ्रातृव्यौसंप्रजह्रातेपुरेव
त्र्यंबकांधकौ ॥ तावन्योन्यंगदाग्राभ्यामाहत्यपतितौक्षितौ ११ इंद्रध्वजाविवोत्सृष्टौरणमध्येपरंतपौ ॥ दौःशासनिरथोत्थायकुरूणांकीर्तिवर्धनः १२ उत्तिष्ठमानं
सौभद्रंगदयामूर्ध्न्यताडयत् ॥ गदावेगेनमहताव्यायामेनचमोहितः १३ विचेतान्यपतद्भूमौसौभद्रःपरवीरहा ॥ एवंविनिहतोराजन्नेकोबहुभिराहवे १४ क्षोभयित्वा
चमूंसर्वांनलिनीमिवकुंजरः ॥ अशोभतहतोवीरोव्याधैर्वनगजोयथा १५ तंतथापतितंशूरंतावकाःपर्यवारयन् ॥ दावंदग्ध्वा यथाशांतंपावकंशिशिरात्यये १६
विमृद्यनगशृंगाणिसन्निवृत्तमिवानिलम् ॥ अस्तंगतमिवादित्यंतप्त्वाभारतवाहिनीम् १७ उपप्लुतंयथासोमंसंशुष्कमिवसागरम् ॥ पूर्णचंद्राभवदनंकाकपक्षवृता
क्षिकम् १८ तंभूमौपतितंदृष्ट्वातावकास्तेमहारथाः ॥ मुदापरमयायुक्ताश्चुक्रुशुःसिंहवन्मुहुः १९ आसीत्परमकोहर्षस्तावकानांविशांपते ॥ इतरेषांतुवीराणांनेत्रेभ्यः
प्रापतज्जलम् २० अंतरिक्षेचभूतानिप्राक्रोशंतविशांपते ॥ दृष्ट्वानिपतितंवीरंच्युतंचंद्रमिवांबरात् २१ द्रोणकर्णमुखैःषड्भिर्धार्त्तराष्ट्रमहारथैः ॥ एकोऽयंनिहतःशेते
नैषधर्मोमतोहिनः २२

९ । १० । ११ । १२ । १३ । १४ । १५ । १६ । १७ उपप्लुतंराहुग्रस्तं १८ । १९ । २० । २१ । २२

२३ । २४ । २५ । २६ । २७ । २८ । २९ । ३० । ३१ । ३२ । ३३ । ३४ । ३५ । ३६ । ३७ । ३८ । ३९ ॥ इतिश्रीमहाभारतेद्रोणपर्वणिटीकायांएकोनपंचाशत्तमोऽध्यायः ॥ ४९ ॥

तस्मिन्विनिहतेवीरेबह्वशोभतमेदिनी ॥ द्यौर्यथापूर्णचंद्रेणनक्षत्रगणमालिनी २३ रुक्मपुंखैश्चसंपूर्णारुधिरौघपरिप्लुता ॥ उत्तमांगैश्चशूराणांभ्राजमानैःसकुंडलैः २४ विचित्रैश्चपरिस्तोमैःपताकाभिश्चसंवृता ॥ चामरैश्चकुथाभिश्चप्रविद्धैश्चांबरोत्तमैः २५ तथाश्वनरनागानामलंकारैश्चसुप्रभैः ॥ खड्गैःसुनिशितैःपीतैर्निर्मुक्तैर्भुजगैरिव २६ चापैश्चविविधैश्छिन्नैःशक्त्यृष्टिप्रासकंपनैः ॥ विविधैश्चायुधैश्चान्यैःसंवृताभूरशोभत २७ वाजिभिश्चापिनिर्जीवैःश्वसद्भिःशोणितोक्षितैः ॥ सारोहैर्विषमाभूमिःसौभद्रेणनिपातितैः २८ सांकुशैःसमहामात्रैःसवर्मायुधकेतुभिः ॥ पर्वतैरिवविध्वस्तैर्विशिखैर्मथितैर्गजैः २९ पृथिव्यामनुकीर्णैश्चव्यश्वसारथियोधिभिः ॥ ह्रदैरिवप्रक्षुभितैर्हतनागैरथोत्तमैः ३० पदातिसंघैश्चहतैर्विविधायुधभूषणैः ॥ भीरूणांत्रासजननीघोररूपाऽभवन्मही ३१ तंदृष्ट्वापतितंभूमौचंद्रार्कसदृशद्युतिम् ॥ तावकानांपराप्रीतिःपांडूनांचाभवद्व्यथा ३२ अभिमन्यौहतेराजन्शिशुकेऽप्राप्तयौवने ॥ संप्राद्रवच्चमूःसर्वाधर्मराजस्यपश्यतः ३३ दीर्यमाणंबलंदृष्ट्वासौभद्रेविनिपातिते ॥ अजातशत्रुस्तान्वीरानिदंवचनमब्रवीत् ३४ स्वर्गमेषगतःशूरोयोहतोनपराङ्मुखः ॥ संस्तंभयतमाभैष्टविजेष्यामोरणेरिपून् ३५ इत्येवंसमहातेजादुःखितेभ्योमहाद्युतिः धर्मराजोयुधांश्रेष्ठोब्रुवन्दुःखमपानुदत् ३६ युद्धेह्याशीविषाकारान्राजपुत्रान्रणेरिपून् ॥ पूर्वंनिहत्यसंग्रामेपश्चादार्जुनिरभ्ययात् ३७ हत्वादशसहस्राणिकौसल्यंचमहारथम् ॥ कृष्णार्जुनसमःकार्ष्णिःशक्रलोकंगतोध्रुवम् ३८ रथाश्वनरमातंगान्विनिहत्यसहस्रशः ॥ अवितृप्तःससंग्रामादशोच्यःपुण्यकर्मकृत् ॥ गतःपुण्यकृतांलोकान्शाश्वतान्पुण्यनिर्जितान् ३९ ॥ इतिश्रीमहाभारतेद्रोणपर्वणिअभिमन्युवधपर्वणिअभिमन्युवधेएकोनपंचाशत्तमोऽध्यायः ॥ ४९ ॥ ॥ संजयउवाच ॥

वयंतुप्रवरंहत्वातेषांतैःशरपीडिताः ॥ निवेशायाभ्युपायामःसायाह्नेरुधिरोक्षिताः १ निरीक्षमाणास्तुवयंपरेचायोधनंशनैः ॥ अपयातामहाराजग्लानिंप्राप्ताविचेतसः २ ततोनिशायादिवसस्यचाशिवःशिवारुतेःसंधिरवर्तताद्भुतः ॥ कुशेशयापीडनिभेदिवाकरेविलंबमानेऽस्तमुपेत्यपर्वतम् ३ वरासिशक्त्यृष्टिवरूथचर्मणाविभूषणानांचसमाक्षिपन्प्रभाः ॥ दिवंचभूमिंचसमानयन्निवप्रियांतनुंभानुरुपैतिपावकम् ४ महाभ्रकूटाचलशृंगसन्निभैर्गजैरनेकैरिववज्रपातितैः ॥ सवैजयंत्यंकुशवर्मयंतृभिर्निपातितैर्नष्टगतिश्चिताक्षितिः ५ हतेश्वरैश्चूर्णितपत्त्युपस्करैर्हताश्वसूतैर्विपताककेतुभिः ॥ महारथैर्भूःशुशुभेविचूर्णितैःपुरैरिवामित्रहतैर्नराधिप ६ रथाश्ववृंदैःसहसादिभिर्हतैःप्रविद्धभांडाभरणैःपृथग्विधैः ॥ निरस्तजिह्वादशनांत्रलोचनैर्धराबभौघोरविरूपदर्शना ७ प्रविद्धवर्माभरणांबरायुधाविपन्नहस्त्यश्वरथानुगानराः ॥ महार्हशय्यास्तरणोचितास्तदाक्षितावनाथाइवशेरतेहताः ८

वयंत्विति १ । २ । ३ समाक्षिपन्संहरन् समानयन्नेकतांनयन् ४ । ५ पत्तयःपादरक्षाः उपस्कराउपकरणानि ६ । ७ । ८

९ । १० । ११ । १२ । १३ । १४ । १५ ॥ इतिद्रोणपर्वणिटीकायांपंचाशत्तमोऽध्यायः ॥५०॥ हतेइति १ । २ । ३ असंबाधंअप्रतीघातम् ४ । ५ । ६ । ७ । ८ असमंजसमयुक्तरूपम् ९ । १० । ११

अतीवहृष्टाःश्वशृगालवायसाबकाःसुपर्णाश्ववृकास्तरक्षवः ॥ वयांस्यसृक्पान्यथरक्षसांगणाःपिशाचसंत्राश्वसुदारुणारणे ९ त्वचोविनिर्भिद्यपिबन्वसामसृक्तथैवम
ज्जाःपिशितानिचाश्नुवन् ॥ वपांविलुंपंतिहसंतिगांतिचप्रकर्षमाणाःकुणपान्यनेकशः १० शरीरसंघातवहाह्यसृग्जलारथोडुपाकुंजरशैलसंकटा ॥ मनुष्यशीर्षोपलमां
सकर्दमाप्रविद्धनानाविधशस्त्रमालिनी ११ भयावहावैतरणीवदुस्तराप्रवर्त्तितायोधवरैस्तदानदी ॥ उवाहमध्येनरणाजिरेभृशंभयावहाजीवमृतप्रवाहिनी १२ पिबंति
चाश्नंतिचयत्रदुर्दशाःपिशाचसंघास्तुनदंतिभैरवाः ॥ सुनंदिताःप्राणभृतांक्षयंकराःसमानभक्षाःश्वसृगालपक्षिणः १३ तथातदायोधनमुग्रदर्शनंनिशामुखेपितृपतिरा
ष्ट्रवर्धनम् ॥ निरीक्षमाणाःशनकैर्जहुर्नराःसमुत्थितानृत्तकबंधसंकुलम् १४ अपेतविध्वस्तमहार्हभूषणंनिपातितंशक्रसमंमहाबलम् ॥ रणेऽभिमन्युंददृशुस्तदाजनाव्य
पोढहव्यंसदसीवपावकम् १५ ॥ इतिश्रीमहाभारतेद्रोणपर्वणिअभिमन्युवधपर्वणि तृतीयदिवसावहारेसमरभूमिवर्णनेपंचाशत्तमोऽध्यायः ॥ ५० ॥ संजयउवाच ॥
हतेतस्मिन्महावीर्येसौभद्रेरथयूथपे ॥ विमुक्तरथसन्नाहाःसर्वेनिक्षिप्तकार्मुकाः १ उपोपविष्टाराजानंपरिवार्ययुधिष्ठिरम् ॥ तदेवयुद्धंध्यायंतःसौभद्रगतमानसाः २
ततोयुधिष्ठिरोराजाविललापसुदुःखितः ॥ अभिमन्यौहतेवीरेभ्रातुःपुत्रेमहारथे ३ द्रोणानीकमसंबाधंममप्रियचिकीर्षया ॥ भित्वाव्यूहंप्रविष्टोऽसौगोमध्यमिवकेसरी
४ यस्यशूरामहेष्वासाःप्रत्यनीकगतारणे ॥ प्रभग्नाविनिवर्त्ततेकृतास्त्रायुद्धदुर्मदाः ५ अत्यंतशत्रुरस्माकंयेनदुःशासनःशरैः ॥ क्षिप्रंह्यभिमुखःसंख्येविसंज्ञोविमुखी
कृतः ६ सतीर्त्वादुस्तरंवीरोद्रोणानीकमहार्णवम् ॥ प्राप्यदौःशासनिंकार्ष्णिःप्राप्तोवैवस्वतक्षयम् ७ कथंद्रक्ष्यामिकौन्तेयंसौभद्रेनिहतेऽर्जुनम्॥ सुभद्रांवामहाभागां
प्रियंपुत्रमपश्यतीम् ८ किंस्विद्वयमपेतार्थमक्लिष्टमसमंजसम् ॥ तावुभौप्रतिवक्ष्यामोहृषीकेशधनंजयौ ९ अहमेवसुभद्रायाःकेशवार्जुनयोरपि ॥ प्रियकामोजयाकां
क्षीकृतवानिदमप्रियम् १० नलुब्धोबुध्यतेदोषाँल्लोभान्मोहात्प्रवर्त्तते ॥ मधुलिप्सुर्हिनापश्यंप्रपातमहमीदृशम् ११ योहिभोज्येपुरस्कार्योयानेषुशयनेषुच ॥ भूषणे
षुचसोऽस्माभिर्बालोयुधिपुरस्कृतः १२ कथंहिबालस्तरुणोयुद्धानामविशारदः ॥ सदश्वइवसंबाधेविषमेक्षेममर्हति १३ नोचेद्धिवयमप्येनंमहीमनुशयीमहि ॥
बीभत्सोःकोपदीप्तस्यदग्धाःकृपणचक्षुषा १४ अलुब्धोमतिमान्ह्रीमान्क्षमावान्रूपवान्बली ॥ वपुष्मान्मानकृद्वीरःप्रियःसत्यपराक्रमः १५ यस्यश्लाघंतिविबुधाः
कर्माण्यूर्जितकर्मणः ॥ निवातकवचान्जघ्नेकालकेयांश्ववीर्यवान् १६ महेंद्रशत्रवोयेनहिरण्यपुरवासिनः ॥ अक्ष्णोर्निमेषमात्रेणपौलोमाःसगणाहताः १७ परेभ्यो
ऽप्यभयार्थिभ्योयोददात्यभयंविभुः ॥ तस्यास्माभिर्नशकितस्त्रातुमप्यात्मजोबली १८ ॥ ॥ ॥

१२ संबाधेगहने १३ एनंअभिमन्युंअनुचेन्नमहींशयीमहितदाक्रोधदीप्तस्यबीभत्सोःकृपणेनावसन्नेनचक्षुषादग्धाभवेमहीत्यन्वयः १४ । १५ वपुष्मांस्तेजस्वी १६ । १७ । १८

१९ । २० । २१ ॥ इतिद्रोणपर्वणिटीकायांएकपंचाशत्तमोऽध्यायः ॥ ५१ ॥ ॥ अथैनंविलपंतंतमित्यादेःशीघ्रंयोद्धुमुपाक्रामदित्यंतस्यग्रंथस्यतात्पर्यं 'ह्यस्तनोऽद्यतनोवापिकामरोगादिरूपभृत् ॥ स्वदोषःपुरुषंहंतिनशस्त्ररिपुमृत्यवः'इति १ । २ । ३ । ४ द्वारंसंजनयस्वेतिमयाउक्तइतिसंबंधः निवारिताःतमनुप्रविशंतइतिशेषः ५ । ६ । ७ । ८ । ९ । १० विधिःस्वकर्म सएवमृत्युः ११ । १२ । १३

भयंतुसुमहत्प्राप्तंधार्त्तराष्ट्रान्महाबलान् ॥ पार्थःपुत्रवधात्क्रुद्धःकौरवान्शोषयिष्यति १९ क्षुद्रःक्षुद्रसहायश्चस्वपक्षक्षयकारकः ॥ व्यक्तंदुर्योधनोदृष्ट्वाशोचन्हास्यति जीवितम् २० नमेजयःप्रीतिकरोनराज्यंनचामरत्वंनसुरैःसलोकता ॥ इमंसमीक्ष्याप्रतिवीर्यपौरुषंनिपातितंदेववरात्मजात्मजम् २१ ॥ इतिश्रीमहाभारतेद्रोणपर्वणि अभिमन्युवधपर्वणियुधिष्ठिरप्रलापेएकपंचाशत्तमोऽध्यायः ॥ ५१ ॥ ॥ संजयउवाच ॥ अथैनंविलपंतंतंकुंतीपुत्रंयुधिष्ठिरम् ॥ कृष्णद्वैपायनस्तत्रआजगाममहानृषिः १ अर्चयित्वायथान्यायमुपविष्टंयुधिष्ठिरः ॥ अब्रवीच्छोकसंतप्तोभ्रातुःपुत्रवधेनच २ अधर्मयुक्तैर्बहुभिःपरिवार्यमहारथैः ॥ युध्यमानोमहेष्वासैःसौभद्रो निहतोरणे ३ बालश्चबालबुद्धिश्चसौभद्रःपरवीरहा ॥ अनुपायेनसंग्रामेयुध्यमानोविशेषतः ४ मयाप्रोक्तःससंग्रामेद्वारंसंजनयस्वनः ॥ प्रविष्टेऽभ्यंतरेतस्मिन्सैंधवेननिवारिताः ५ ननुनामसमंयुद्धमेष्टव्यंयुद्धजीविभिः ॥ इदंचैवासमंयुद्धमीदृशंयत्कृतंपरैः ६ तेनास्मिभृशसंतप्तःशोकबाष्पसमाकुलः ॥ शमंनैवाधिगच्छामि चिंतयानःपुनःपुनः ७ ॥ संजयउवाच ॥ ॥ तंतथाविलपंतंवैशोकव्याकुलमानसम् ॥ उवाचभगवान्व्यासोयुधिष्ठिरमिदंवचः ८ ॥ व्यासउवाच ॥ ॥ युधिष्ठिरमहाप्राज्ञसर्वशास्त्रविशारद ॥ व्यसनेषुनमुह्यंतित्वादृशाभरतर्षभ ९ स्वर्गमेषगतःशूरःशत्रून्हत्वाबहून्रणे ॥ अबालसदृशंकर्मकृत्वावैपुरुषोत्तमः १० अनतिक्रमणीयोवैविधिरेषयुधिष्ठिर ॥ देवदानवगंधर्वान्मृत्युर्हरतिभारत ११ ॥ युधिष्ठिरउवाच ॥ इमेवैपृथिवीपालाःशेरतेपृथिवीतले ॥ निहताःपृतनामध्येमृतसंज्ञामहाबलाः १२ नागायुतबलाश्चान्येवायुवेगबलास्तथा ॥ तएतेनिहताःसंख्येतुल्यरूपानरैर्नराः १३ नैषांपश्यामिहंतारंप्राणिनांसंयुगेक्वचित् ॥ विक्रमेणोपसंपन्नास्तपोबलसमन्विताः १४ जेतव्यमितिचान्योन्यंयेषांनित्यंहृदिस्थितम् ॥ अथचेमेहताःप्राज्ञाःशेरतेविगतायुषः १५ मृताइतिचशब्दोऽयंवर्त्ततेचततोऽर्थवत् ॥ इमेमृतामहीपालाःप्रायशोभीमविक्रमाः १६ निश्चेष्टानिरभीमानाःशूराःशत्रुवशंगताः ॥ राजपुत्राश्चसंरब्धावैश्वानरमुखंगताः १७ अत्रमेसंशयःप्राप्तःकुतःसंज्ञामृताइति ॥ कस्यमृत्युःकुतोमृत्युःकथंसंहरतेप्रजाः १८ हरत्यमरसंकाशतन्मेब्रूहिपितामह ॥ संजयउवाच ॥ ॥ तंतथापरिपृच्छंतंकुंतीपुत्रंयुधिष्ठिरम् ॥ आश्वासनमिदंवाक्यमुवाचभगवानृषिः १९ ॥ व्यासउवाच ॥ ॥ अत्राप्युदाहरंतीममितिहासंपुरातनम् ॥ अंकपनस्यकथितंनारदेनपुरानृप २० सचापिराजाराजेंद्रपुत्रव्यसनमुत्तमम् ॥ अप्रसह्यतमंलोकेप्राप्तवानितिमेमतिः २१ ॥ ॥ ॥ ॥

१४ अथेति । विगतायुषइतिशब्देनदेहवियोगेपुरुषस्यपारतंत्र्यंप्रतीयते १५ मृताइतिशब्देनधात्वर्थानुगमात् प्राणत्यागेपुरुषस्यास्वातंत्र्यंप्रतीयते ततःपुरुषंकिमन्योमारयति उतस्वयमेवस्वात्मानंमारयतीतिप्रश्नार्थः १६ । १७ कस्यमृत्युःकइतिशेषः अंतिमपक्षेकुतोहेतोःपुमान्स्वयंस्वस्यमृत्युर्भवतीत्यर्थः १८ । १९ । २० । २१

२२ । २३ । २४ । २५ । २६ । २७ । २८ । २९ । ३० । ३१ । ३२ । ३३ । ३४ । ३५ । ३६ । ३७ । ३८ । ३९ । खेभ्यःश्रोत्रादिच्छिद्रेभ्यः ४० । ४१ । ४२ । ४३ । ४४ । ४५

तदहंसंप्रवक्ष्यामिमृत्योःप्रभवमुत्तमम् ॥ ततस्त्वंमोक्ष्यसेदुःखात्स्नेहबंधनसंश्रयात् २२ समस्तपापराशिघ्नंशृणुकीर्तयतोमम ॥ धन्यमाख्यानमायुष्यंशोकघ्नं
पुष्टिवर्धनम् २३ पवित्रमरिसंघघ्नंमंगलानांचमंगलम् ॥ यथैववेदाध्ययनमुपाख्यानमिदंतथा २४ श्रवणीयंमहाराजप्रातर्नित्यंनृपोत्तमैः ॥ पुत्रानायुष्मतोराज्य
मीहमानैःश्रियंतथा २५ पुराकृतयुगेतातआसीद्राजाह्यकंपनः ॥ सशत्रुवशमापन्नोमध्येसंग्राममूर्धनि २६ तस्यपुत्रोहरिर्नामनारायणसमोबले ॥ श्रीमानृकृ
तास्त्रोमेधावीयुधिशक्रोपमोबली २७ सशत्रुभिःपरिवृतोबहुधारणमूर्धनि ॥ व्यस्यन्बाणसहस्राणियोधेषुचगजेषुच २८ सकर्मदुष्करंकृत्वासंग्रामेशत्रुतापनः ॥
शत्रुभिर्निहतःसंख्येपृतनायांयुधिष्ठिर २९ सराजाप्रेतकृत्यानितस्यकृत्वाशुचान्वितः ॥ शोचन्नहनिरात्रौचनालभत्सुखमात्मनः ३० तस्यशोकंविदित्वातुपुत्र
व्यसनसंभवम् ॥ आजगामाथदेवर्षिर्नारदोऽस्यसमीपतः ३१ सतुराजामहाभागोदृष्ट्वादेवर्षिसत्तमम् ॥ पूजयित्वायथान्यायंकथामकथयत्तदा ३२ तस्य
सर्वंसमाचष्टयथावृत्तंनरेश्वरः ॥ शत्रुभिर्विजयंसंख्येपुत्रस्यचवधंतथा ३३ ममपुत्रोमहावीर्यइंद्रविष्णुसमद्युतिः ॥ शत्रुभिर्बहुभिःसंख्येपराक्रम्यहतोबली ३४
कएषमृत्युर्भगवन्किंवीर्यबलपौरुषः ॥ एतदिच्छामितत्त्वेनश्रोतुंमतिमतांवर ३५ तस्यतद्वचनंश्रुत्वानारदोवरदःप्रभुः ॥ आख्यानमिदमाचष्टपुत्रशोकापहंमहत्
३६ ॥ नारदउवाच ॥ शृणुराजन्महाबाहोआख्यानंबहुविस्तरम् ॥ यथावृत्तंश्रुतंचैवमयाऽपिवसुधाधिप ३७ प्रजाःसृष्ट्वातदाब्रह्माआदिसर्गेपितामहः ॥
असंहृतंमहातेजादृष्ट्वाजगदिदंप्रभुः ३८ तस्यचिंतासमुत्पन्नासंहारंप्रतिपार्थिव ॥ चिंतयन्नह्यसौवेदसंहारंवसुधाधिप ३९ तस्यरोषान्महाराजखेभ्योऽग्निरुदति
ष्ठत ॥ तेनसर्वादिशोव्याप्ताःसांतर्देशादिधक्षता ४० ततोदिवंभुवंचैवज्वालामालासमाकुलम् ॥ चराचरंजगत्सर्वंददाहभगवान्प्रभुः ४१ ततोहतानिभूतानिच
राणिस्थावराणिच ॥ महताक्रोधवेगेनत्रासयन्निववीर्यवान् ४२ ततोरुद्रोजटीस्थाणुर्निशाचरपतिर्हरः ॥ जगामशरणंदेवंब्रह्माणंपरमेष्ठिनम् ४३ तस्मिन्नाप
तितेस्थाणौप्रजानांहितकाम्यया ॥ अब्रवीत्परमोदेवोज्वलन्निवमहामुनिः ४४ किंकुर्मकामंकामार्हकामाज्जातोऽसिपुत्रक ॥ करिष्यामिप्रियंसर्वंब्रूहिस्थाणोय
दिच्छसि ४५ ॥ इतिश्रीमहाभारतेद्रोणपर्वणिअभिमन्युवधपर्वणिद्विपंचाशत्तमोऽध्यायः ॥ ५२ ॥ ॥ स्थाणुरुवाच ॥ ॥ प्रजासर्गनिमित्तं
हिकृतोयत्नस्त्वयाविभो ॥ त्वयासृष्टाश्चवृद्धाश्चभूतग्रामाःपृथग्विधाः १ तास्तवेहपुनःक्रोधात्प्रजादह्यंतिसर्वशः ॥ तादृष्ट्वाममकारुण्यंप्रसीदभगवन्प्रभो २ ॥
ब्रह्मोवाच ॥ संहर्तुंनचमेकामएतदेवंभवेदिति ॥ पृथिव्याहितकामंतुततोमांमन्युराविशत् ३

१.३

॥ इतिद्रोणपर्वणिटीकायां द्विपंचाशत्तमोऽध्यायः ॥ ५२ ॥ ॥ ॥ ॥ प्रजेति १ कारुण्यंजातमितिशेषः २ । ३

४ अप्रमेयस्यानंतस्यजगतइतिशेषः अहिंस्यस्येतिवार्थः ५ संहार्थमारुषः रोषंमाकार्षीः किन्तुप्रसीदस्व ६ तवेति अनागतादिप्रकारत्रययुक्तंसर्वंदैवजगदस्तुनत्वस्यनिरन्वयोच्छेदःकार्यइत्याशयः ७ । ८ । ९ तवरोषोनस्यादिति ममममंवरोस्त्वितियोजना १० । ११ उत्सन्नजननाःप्रक्षीणसंतानाः १२ आदीति मांलोकसंतानेनियोज्यकथंलोकान्नाशयसीत्यर्थः १३ । १४ । १५ प्रवृत्तंकर्म

इयंहिमांसहादेवीभारार्त्तासमचूचुदत् ॥ संहारार्थंमहादेवभारेणाभिहतासती ४ ततोऽहंनाधिगच्छामितथाबहुविधंतदा ॥ संहारमप्रमेयस्यततोमांमन्युराविशत् ५ ॥ रुद्रउवाच ॥ संहारार्थंप्रसीदस्वमारुषोवसुधाधिप ॥ माप्रजाःस्थावराश्चैवजंगमाश्चव्यनीनशः ६ तवप्रसादाद्भगवन्निदंवर्त्तेत्रिधाजगत् ॥ अनागतमतीतंचयच्चसंप्रतिवर्त्तते ७ भगवन्क्रोधसंदीप्तःक्रोधादग्निमवासृजत् ॥ सदहत्यश्मकूटानिद्रुमांश्चसरितस्तथा ८ पल्वलानिचसर्वाणिसर्वंचैवतृणोलपाः ॥ स्थावरंजंगमंचैवनिःशेषंकुरुतेजगत् ९ तदेतद्भस्मसाद्भूतंजगत्स्थावरजंगमम् ॥ प्रसीदभगवन्सत्वंरोषोनस्याद्वरोमम १० सर्वेहिसृष्टानश्यंतितवदेवकथंचन ॥ तस्मान्निवर्त्ततांतेजस्त्वय्येवेदंप्रलीयताम् ११ तत्पश्यदेवसुभृशंप्रजानांहितकाम्यया ॥ यथेमेप्राणिनःसर्वेनिर्वर्त्तेरंस्तथाकुरु १२ अभावंनेहगच्छेयुरुत्सन्नजननाःप्रजाः ॥ आदिदेवनियुक्तोऽस्मित्वयालोकेषुलोककृत् १३ माविनश्येज्जगन्नाथजगत्स्थावरजंगमम् ॥ प्रसादाभिमुखंदेवंतस्मादेवंब्रवीम्यहम् १४ ॥ ॥ नारदउवाच ॥ श्रुत्वाहिवचनंदेवःप्रजानांहितकारणे ॥ तेजःसंधारयामासपुनरेवांतरात्मनि १५ ततोऽग्निमुपसंहृत्यभगवाँल्लोकसत्कृतः ॥ प्रवृत्तंचनिवृत्तंचकथयामासवैप्रभुः १६ उपसंहरतस्तस्यतमग्निंरोषजंतथा ॥ प्रादुर्बभूवविश्वेभ्योगोभ्योनारीमहात्मनः १७ कृष्णरक्तातथापिंगरक्तजिव्हास्यलोचना ॥ कुंडलाभ्यांचराजेन्द्रतप्ताभ्यांतप्तभूषणा १८ सानिःसृत्यतथाखेभ्योदक्षिणांदिशमाश्रिता ॥ स्मयमानाचसाऽवेक्ष्यदेवौविश्वेश्वरावुभौ १९ तामाहूयतदादेवोलोकादिनिधनेश्वरः ॥ मृत्योइतिमहिपालजहिचेमाःप्रजाइति २० त्वंहिसंहारबुद्ध्याऽथप्रादुर्भूतारुषोमम ॥ तस्मात्संहरसर्वास्त्वंप्रजाःसजडपंडिताः २१ ममत्वंहिनियोगेनततःश्रेयोह्यवाप्स्यसि ॥ एवमुक्तातुसातेनमृत्युःकमललोचना २२ दध्यौचात्यर्थमबलाप्ररुरोदचसुस्वरम् ॥ पाणिभ्यांप्रतिजग्राहतान्यश्रूणिपितामहः ॥ सर्वभूतहितार्थायतांचाप्यनुनयत्तदा २३ ॥ इतिश्रीमहाभारतेद्रोणपर्वणिअभिमन्युवधपर्वणिमृत्युकथनेत्रिपंचाशत्तमोऽध्यायः ॥ ५३ ॥ ॥ नारदउवाच ॥ विनीयदुःखमबलाआत्मन्येवप्रजापतिम् ॥ उवाचप्रांजलिर्भूत्वालतेवावर्जितापुनः १ ॥ मृत्युरुवाच ॥ त्वयासृष्टाकथंनारीईदृशीवदतांवर ॥ क्रूरंकर्माहितंकुर्यांतदेवकिमुजानती २ बिभेम्यहमधर्माद्धिप्रसीदभगवन्प्रभो ॥ प्रियान्पुत्रान्वयस्यांश्चभ्रातॄन्मातॄःपितॄन्पतीन् ३ अपध्यास्यंतिमेदेवमृतेष्वेभ्योबिभेम्यहम् ॥ कृपणानांहिरुदतांयेपतंत्यश्रुबिंदवः ४ ॥ ॥ ॥ ॥ ॥

सृष्टिहेतुं निवृत्तंकर्ममोक्षहेतुंकथयामास१६गोभ्यइंद्रियच्छिद्रेभ्यः१७।१८ देवौब्रह्मरुद्रौ १९ देवोब्रह्मा मरणंमृत्प्राणवियोगस्तमन्यस्येच्छतीतिमृत्युरित्यर्थः इतिआहेतिशेषः२० रुषोरोषात् २१।२२।२३ इतिद्रोणपर्वणिटीकायांत्रिपंचाशत्तमोऽध्यायः॥ ५३ ॥ विनीयेति । लतेवेति त्वदेकशरण्यत्वेदृष्टांतः१।२।३प्रियादीनघ्नन्तीमितिशेषः तत्संबंधिनःअपध्यास्यंति परानिष्टचिंतनमपध्यानं मृतेषुमयामारितेषुलोकेषुसत्सु मेमाम्४

यमःशास्ता मृत्युःप्राणवियोगकर्त्रीदेवता ५ उदग्रनखेनअंजलिनाविनयोपेता शरणागतास्मीत्यर्थः ६ । ७ । ८ । ९ । १० । ११ । १२ । १३ अपमन्युनागताऽमर्षेणेत्यर्थः १४ । १५

तेभ्योऽहंभगवन्भीताशरणंत्वाऽहमागता ॥ यमस्यभवनंदेवगच्छेयंनसुरोत्तम ५ कायेनविनयोपेतामूर्ध्नोदग्रनखेनच ॥ एतदिच्छाम्यहंकामंत्वत्तोलोकपितामह
६ इच्छेयंत्वत्प्रसादाद्धितपस्तप्तुंप्रजेश्वर ॥ प्रदिशेमंवरंदेवत्वंमह्यंभगवन्प्रभो ७ त्वयाह्युक्तागमिष्यामिधेनुकाश्रममुत्तमम् ॥ तत्रतप्स्येतपस्तीव्रंतवैवाराधनेरता
८ नहिशक्ष्यामिदेवेशप्राणान्प्राणभृतांप्रियान् ॥ हर्तुंविलपमानानामधर्मादभिरक्षमाम् ९ ॥ ब्रह्मोवाच ॥ मृत्योसंकल्पिताऽसित्वंप्रजासंहारहेतुना ॥ गच्छ
संहरसर्वास्त्वंप्रजामातेविचारणा १० भवितात्वेतदेवंहिनैतज्जात्वन्यथाभवेत् ॥ भवत्वनिंदितालोकेकुरुष्ववचनंमम ११ ॥ नारदउवाच ॥ एवमुक्ताऽभवत्प्रीता
प्रांजलिर्भगवन्मुखी ॥ संहारेनाकरोद्बुद्धिंप्रजानांहितकाम्यया १२ तूष्णीमासीत्तदादेवःप्रजानामीश्वरेश्वरः ॥ प्रसादंचागमत्क्षिप्रमात्मनैवप्रजापतिः १३ स्मय
मानश्चदेवेशोलोकान्सर्वानवेक्ष्यच ॥ लोकास्त्वासन्यथापूर्वंदृष्टास्तेनापमन्युना १४ निवृत्तरोषेतस्मिंस्तुभगवत्यपराजिते ॥ साकन्याऽपिजगामाथसमीपात्तस्य
धीमतः १५ अपसृत्याप्रतिश्रुत्यप्रजासंहरणंतदा ॥ त्वरमाणाचराजेन्द्रमृत्युर्धेनुकमभ्यगात् १६ सातत्रपरमंतीव्रंचचारव्रतमुत्तमम् ॥ सातदाह्येकपादेनतस्थौपद्मानि
षोडश १७ पंचचाब्दानिकारुण्यात्प्रजानांतुहितैषिणी ॥ इंद्रियाणींद्रियार्थेभ्यःप्रियेभ्यःसन्निवर्त्यसा १८ ततस्त्वेकेनपादेनपुनरन्यानिसप्तवै ॥ तस्थौपद्मानिषट्
चैवसप्तचैकंचपार्थिव १९ ततःपद्मायुतंतातमृगैःसहचचारसा ॥ पुनर्गत्वाततोनंदांपुण्यांशीतामलोदकाम् २० अप्सुवर्षसहस्राणिसप्तचैकंचसाऽनयत् ॥ धार
यित्वातुनियमंनंदायांवीतकल्मषा २१ सापूर्वंकौशिकींपुण्यांजगामनियमैधिता ॥ तत्रवायुजलाहाराचचारनियमंपुनः २२ पंचगंगासुसापुण्याकन्यावेतसकेषुच ॥
तपोविशेषैर्बहुभिःकर्षयद्देहमात्मनः २३ ततोगत्वातुसागंगांमहामेरुंचकेवलम् ॥ तस्थौचाश्मेवनिश्चेष्टाप्राणायामपरायणा २४ पुनर्हिमवतोमूर्ध्नियत्रदेवाःपुराऽयजन्
तत्रांगुष्ठेनसातस्थौनिखर्वंपरमाशुभा २५ पुष्करेष्वथगोकर्णेनैमिषेमलयेतथा ॥ अपाकर्षत्स्वकंदेहंनियमैर्मानसप्रियैः २६ अनन्यदेवतानित्यंदृढभक्तापित
महे ॥ तस्थौपितामहंचैवतोषयामासधर्मतः २७ ततस्तामब्रवीत्प्रीतोलोकानांप्रभवोऽव्ययः ॥ सौम्येनमनसाराजन्प्रीतःप्रीतमनास्तदा २८ मृत्योकिमिद
मत्यंततपांसिचरसीतिह ॥ ततोऽब्रवीत्पुनर्मृत्युर्भगवंतंपितामहम् २९ नाहंहन्यांप्रजादेवस्वस्थाश्चाक्रोशतीस्तथा ॥ एतदिच्छामिसर्वेशत्वत्तोवरमहंप्रभो
३० अधर्मभयभीताऽस्मिततोहंतपआस्थिता ॥ भीतायास्तुमहाभागप्रयच्छाभयमव्यय ३१ आर्त्ताचानागसीनारीयाचामिभवमेगतिः ॥ तामब्रवीत्ततो
देवोभूतभव्यभविष्यवित् ३२ ॥ ॥ ॥ ॥ ॥

अप्रतिश्रुत्यानंगीकृत्य १६ पद्मशतंकोस्योत्तर्षाणितानिषोडशपंचच १७ । १८ । १९ । २० । २१ । २२ । २३ । २४ । २५ । २६ । २७ । २८ । २९ । ३० । ३१ । ३२

३३ । ३४ । ३५ । ३६ । ३७ । ३८ । अन्योन्यपरुषात्रागितिशेषः । ३९ । ४० । ४१ । ४२ । ४३ । ४४ । प्रायणांतेआयुष्यकर्मणोऽवसाने ४५ सर्वेइति । देवाइंद्रियाणि प्राणिभिःजीवैःसहगत्वातत्रै वपरलोकेष्टत्त्वावृत्तवंतः पुनर्भूत्वासन्निवृत्ताभवंति मर्त्यभावार्थाएव देवाइंद्रादयः मर्त्यवदेवगत्वावृत्ताभवंति नतुनिवृत्ताभवंतिमर्त्यभावाय कर्मदेवाएवनिवर्त्तते नत्वाजानदेवास्तेपांक्रममुक्तियोग्यत्वा

अधर्मोनास्तितेमृत्योसंहरंत्याइमाःप्रजाः ॥ मयाचोक्तंमृषाभद्रेभवितानकथंचन ३३ तस्मात्संहरकल्याणिप्रजाःसर्वाश्चतुर्विधाः ॥ धर्मःसनातनश्चत्वांसर्वथापाव यिष्यति ३४ लोकपालोयमश्चैवसहायाव्याधयश्चते ॥ अहंचविबुधाश्चैवपुनर्दास्यामतेवरम् ३५ यथात्वमेनसामुक्ताविरजाःख्यातिमेष्यसि ॥ सैवमुक्तामहा राजकृतांजलिरिदंविभुम् ३६ पुनरेवाब्रवीद्वाक्यंप्रसाद्यशिरसातदा ॥ यद्येवमेतत्कर्तव्यंमयानस्याद्विनाप्रभो ३७ तवाज्ञामूर्ध्निमेन्यस्तायत्तेवक्ष्यामितच्छृणु ॥ लोभः क्रोधोभ्यसूयेर्ष्याद्रोहोमोहश्चदेहिनाम् ३८ अह्रीश्चान्योन्यपरुषादेहंभिंद्युःपृथग्विधाः ॥ ब्रह्मोवाच ॥ तथाभविष्यतेमृत्योसाधुसंहरभोःप्रजाः ॥ अधर्मस्तेनभ वितानापध्यास्याम्यहंशुभे ३९ यान्यश्रुबिंदूनिकरेममासंस्तेव्याधयःप्राणिनामात्मजाताः ॥ तेमारयिष्यंतिनरान्गतासून्नाधर्मस्तेभवितामास्मभैषीः ४० नाध मस्तेभविताप्राणिनांवैत्वंवैधर्मस्त्वंहिधर्मस्यचेशा ॥ धर्म्याभूत्वाधर्मनित्याधरित्रीतस्मात्प्राणान्सर्वथेमान्नियच्छ ४१ सर्वेषांवैप्राणिनांकामरोषौसंत्यज्यत्वंसंहरस्वेहजी वान् ॥ एवंधर्मस्त्वांभविष्यत्यनंतोमिथ्यावृत्तान्मारयिष्यत्यधर्मः ४२ तेनात्मानंपावयस्वात्मनात्वंपापेऽऽत्मानंमज्जयिष्यंत्यसत्यात् ॥ तस्मात्कामंरोषमप्यागतं त्वंसंत्यज्यांतःसंहरस्वेतिजीवान् ४३ ॥ नारदउवाच ॥ सावैभीतामृत्युसंज्ञोपदेशाच्छापाद्भीताबाढमित्यब्रवीत्तम् ॥ साचप्राणंप्राणिनामन्तकालेकामक्रोधौत्यज्य हरत्यसक्ता ४४ मृत्युस्त्वेषांव्याधयस्तत्प्रसूताव्याधीरोगोरुज्यतेयेनजंतुः ॥ सर्वेषांचप्राणिनांप्रायणांतेतस्माच्छोकंमाकृथानिष्फलंत्वम् ४५ सर्वेदेवाःप्राणिभिः प्रायणांतेगत्वावृत्ताःसन्निवृत्तास्तथैव ॥ एवंसर्वेप्राणिनस्तत्रगत्वावृत्तादेवामर्त्यवद्राजसिंह ४६ वायुर्भीमोभीमनादोमहौजाभेत्तादेहान्प्राणिनांसर्वगोऽसौ ॥ नोवा वृत्तिंनैववृत्तिंकदाचित्प्राप्नोत्युग्रोऽनंततेजोविशिष्टः ४७ सर्वेदेवामर्त्यसंज्ञाविशिष्टास्तस्मात्पुत्रंमाशुचोराजसिंह ॥ स्वर्गंप्राप्तोमोदतेतेतनूजोनित्यंरम्यान्वीरलोका नवाप्य ४८ त्यक्त्वादुःखंसंगतःपुण्यकृद्भिरेषामृत्युर्देवदिष्टाप्रजानाम् ॥ प्राप्तेकालेसंहरंतीयथावत्स्वयंकृताप्राणहराप्रजानाम् ४९ आत्मानंवैप्राणिनोघ्नन्तिसर्वेनै तान्मृत्युर्दंडपाणिर्हिनास्ति ॥ तस्मान्मृतान्नानुशोचंतिधीरामृत्युंज्ञात्वानिश्चयंब्रह्मसृष्टम् ॥ इत्थंसृष्टिंदेवकृप्तांविदित्वापुत्रान्नष्टाच्छोकमाशुत्यजस्व ५०

दितिभावः ४६ प्राणवायोरेवगत्यागतीतदुपहितेप्राणिनिउपचर्येते नतुप्राणेभ्योनिष्क्रष्टस्यतस्यतेस्तइत्याह वायुरिति । प्राणिनश्चेतनस्यदेहानेवभिनत्तिनतुतं यतोऽसौसर्वगः अतएवावृत्त्यादिरहितश्चेतिभावः ४७ सर्वेदेवाइति । मर्त्यत्वंमरणधर्मत्वंब्रह्मादीनामपिस्वाभाविकमस्त्यतोऽनर्थकःशोकइत्यर्थः ४८ स्वयमेवस्वस्येवमृत्युः अथापिजनानांप्राणहरामृत्युर्जनादन्येतिकल्पनाकृताअनभिज्ञैरितिशेषः ४९ एतदेवाह आत्मानमिति । नष्टावजातमितिशेषः ५० ॥ ॥ ॥ ॥ ॥ ॥ ॥

५१।५२।५३।५४।५५ ५६ । ५७ । ५८ ॥ इतिद्रोणपर्वणिटीकायांचतुःपंचाशत्तमोऽध्यायः ॥ ५४ ॥ श्रुत्वेति १ ननुमृत्योःस्वाभाविकत्वेऽपिगुणवत्पुरुषवियोगोदुःखयत्येवेत्याशंक्य 'दुःखेदुःखाधिकान्
पश्येत्तेनशोकोऽपनीयते' इत्युक्तेः शोकापनोदार्थंअतीतान्गुणवत्तरान्पृच्छतिगुरवइति । सतिशोभनेस्थानेसत्यलोकादौपुण्यकर्माणोगुरवोवसंतीतिशेषः अवादिनःमौनिनः २ गुणवत्तरत्वबुभुत्सयातेषांकर्माणिपृ
च्छतिभूयइति ३ । ४ । ५ । ६ । ७ तत्सलिंगाभिस्तस्यानुरूपाभिः अभितःपार्श्वतः ८ । ९ । १० । ११ । १२ । १३ हृदयेनेति । मदवज्ञानान्मानुषीवरणाच्चस्वर्गतिस्तेप्रतिबद्धेत्यर्थः १४ मनोवागितिवरल

द्वैपायनउवाच ॥ एतच्छ्रुत्वार्थवद्वाक्यंनारदेनप्रकाशितम् ॥ उवाचाकंपनोराजासखायंनारदंतथा ५१ व्यपेतशोकःप्रीतोस्मिभगवन्नृषिसत्तम ॥ श्रुत्वेतिहासं
त्वत्तस्तुकृतार्थोस्म्यभिवादये ५२ तथोक्तोनारदस्तेनराज्ञाऋषिवरोत्तमः ॥ जगामनंदनंशीघ्रंदेवर्षिरमितात्मवान् ५३ पुण्यंयशस्यंस्वर्ग्यंचधन्यमायुष्यमेवच ॥
अस्येतिहासस्यसदाश्रवणंश्रावणंतथा ५४ एतदर्थपदंश्रुत्वातदाराजायुधिष्ठिरः ॥ क्षत्रधर्मंचविज्ञायशूराणांचपरांगतिम् ५५ संप्राप्तोऽसौमहावीर्यःस्वर्गलोकंमहा
रथः ॥ अभिमन्युःपरान्हत्वाप्रमुखेसर्वधन्विनाम् ५६ युध्यमानोमहेष्वासोहतःसोऽभिमुखोरणे ॥ असिनागदयाशक्त्याधनुषाचमहारथः ५७ विरजाःसोमसूनुः
सपुनस्तत्रप्रलीयते ॥ तस्मात्परांधृतिंकृत्वाभ्रातृभिःसहपांडव ॥ अप्रमत्तःसुसन्नद्धःशीघ्रंयोद्धुमुपाक्रम ५८ ॥ इतिश्रीमहाभारतेद्रोणपर्वणिअभिमन्युवधपर्वणिमृत्यु
प्रजापतिसंवादेचतुष्पंचाशत्तमोऽध्यायः ॥ ५४ ॥ ॥ संजयउवाच ॥ श्रुत्वामृत्युसमुत्पत्तिंकर्माण्यनुपमानिच ॥ धर्मराजःपुनर्वाक्यंप्रसाद्यैनमथाब्रवीत् १
॥ युधिष्ठिरउवाच ॥ गुरवःपुण्यकर्माणःशक्रप्रतिमविक्रमाः ॥ स्थानेराजर्षयोब्रह्मन्ननघाःसत्यवादिनः २ भूयएवतुमांतथ्यैर्वचोभिरभिबृंहय ॥ राजर्षीणांपुराणानां
समाश्वासयकर्मभिः ३ कियंत्योदक्षिणादत्ताःकैश्चदत्तामहात्मभिः ॥ राजर्षिभिःपुण्यकृद्भिस्तद्भवान्प्रब्रवीतुमे ४ व्यासउवाच ॥ शैब्यस्यनृपतेःपुत्रःसृंजयोनामना
मतः ॥ सखायौतस्यचैवोभौऋषीपर्वतनारदौ ५ तौकदाचिद्गृहंतस्यप्रविष्टौतद्दिदृक्षया ॥ विधिवच्चार्चितौतेनप्रीतौतत्रोषतुःसुखम् ६ तंकदाचित्सुखासीनंताभ्यांसह
शुचिस्मिता ॥ दुहिताऽभ्यागमत्कन्यासृंजयंवरवर्णिनी ७ तयाऽभिवादितःकन्यामभ्यनंदद्यथाविधि ॥ तत्सलिंगाभिराशीर्भिरिष्टाभिरभितःस्थिताम् ८ तांनिरी
क्ष्याब्रवीद्वाक्यंपर्वतःप्रहसन्निव ॥ कस्येयंचंचलापांगीसर्वलक्षणसंमता ९ उताहोभाःस्विदर्कस्यज्वलनस्यशिखात्वियम् ॥ श्रीर्ह्रीःकीर्तिर्धृतिःपुष्टिःसिद्धिश्चंद्रमसः
प्रभा १० एवंब्रुवाणंदेवर्षिंनृपतिःसृंजयोऽब्रवीत् ॥ ममेयंभगवन्कन्यामत्तोवरमभीप्सति ११ नारदस्त्वब्रवीदेनंदेहिमह्यमिमांनृप ॥ भार्यार्थंसुमहच्छ्रेयःप्राप्तुंचेदिच्छ
सेनृप १२ ददानीत्येवसंहृष्टःसृंजयःप्राहनारदम् ॥ पर्वतस्तुसुसंक्रुद्धोनारदंवाक्यमब्रवीत् १३ हृदयेनमयापूर्वंवृतांवैवृतवानसि ॥ यस्माद्वृतात्वयाविप्रमागाःस्वर्गं
यथेप्सया १४ एवमुक्तोनारदस्तंप्रत्युवाचोत्तरंवचः ॥ मनोवाग्बुद्धिसंभाषादत्ताचोदकपूर्वकम् १५ ॥ ॥ ॥

क्षणं वरणंवरः कन्यापरिग्रहस्तस्यलक्षणंसाधकंप्रथितंसप्तविधंप्रसिद्धं । तत्रवरस्यमनोवचोभ्यांदातुर्बुद्ध्याउभयोःसंभाषयालौकिकंवरवध्वोःसंधानं । उदकपूर्वकंदानेनपाणिग्रहणेनचमंत्रवद्वैदिकंसंधानंभवति ।
एषाषड्विधाऽपिमुख्यानिष्ठानभवति किंतुसप्तमैवनिश्चितानिष्ठा । 'पाणिग्रहणमंत्राणांनिष्ठास्यात्सप्तमेपदे' इतिवचनात् सप्तमोद्देशेनभार्यात्वंभवतिनततःप्रागितिभावः १६

म.भा.टी.

१६ । १७ । १८ । १९ । २० द्विजैरुक्तोनारदस्तथेत्युक्त्वासृंजयमब्रवीदित्यन्वयः २१ यस्यमूत्रादिकंकांचनंतंपुत्रंवव्रेइतिसंबंधः २२ क्लेदः श्लेष्मादिः २३ सुवर्णष्ठीविरित्यनेनगंडूषादिकमपिकांचनंभवतीति

॥ ३९ ॥ पाणिग्रहणमंत्राश्चप्रथितंवरलक्षणम् ॥ नत्वेषांनिश्चितानिष्ठानिष्ठासप्तपदीस्मृता १६ अनुत्पन्नेचकार्यार्थेमांत्वंव्याहृतवानसि ॥ तस्मात्त्वमपिनस्वर्गंगमिष्यसिमयाविना १७ अन्योन्यमेवंशप्त्वावैतस्थतुस्तत्रतौतदा ॥ अथसोऽपिनृपोविप्रान्पानाच्छादनभोजनैः १८ पुत्रकामः परंशक्त्यायत्नाच्चोपाचरच्छुचिः ॥ तस्यप्रसन्नाविप्रेंद्राःकदाचित्पुत्रमीप्सवः १९ तपःस्वाध्यायनिरतावेदवेदांगपारगाः ॥ सहितानारदंप्राहुर्देह्यस्मैपुत्रमीप्सितम् २० तथेत्युक्तोद्विजैरुक्तःसृंजयंनारदोऽब्रवीत् ॥ तुभ्यंप्रसन्नाराजर्षेपुत्रमीप्संतिब्राह्मणाः २१ वरंवृणीष्वभद्रंतेयादृशंपुत्रमीप्सितम् ॥ तथोक्तःप्रांजलीराजापुत्रंवव्रेगुणान्वितम् २२ यशस्विनंकीर्तिमंतंतेजस्विनमरिंदमम् ॥ यस्यमूत्रंपुरीषंचक्लेदःस्वेदश्चकांचनम् २३ सुवर्णष्ठीविरित्येवंतस्यनामाभवत्कृतम् ॥ तस्मिन्वरप्रदानेनवर्धयत्यमितंधनम् २४ कारयामासनृपतिःसौवर्णंसर्वमीप्सितम् ॥ गृहप्राकारदुर्गाणिब्राह्मणावसथान्यपि २५ शय्यासनानियानानिस्थालीपिठरभाजनम् ॥ तस्यराज्ञोऽपियद्वेश्मबाह्याश्चोपस्कराश्चये २६ सर्वंतत्कांचनमयंकालेनपरिवर्धितम् ॥ अथदस्युगणाःश्रुत्वादृष्ट्वाचैनंतथाविधम् २७ संभूयतस्यनृपतेःसमारब्धाश्चिकीर्षितुम् ॥ केचित्तत्राब्रुवन्राज्ञःपुत्रंगृह्णीमवैस्वयम् २८ सोऽस्याकरःकांचनस्यतस्ययत्नंचरामहे ॥ ततस्तेदस्यवोलुब्धाःप्रविश्यनृपतेर्गृहम् २९ राजपुत्रंतथाऽऽजह्रुःसुवर्णष्ठीविनंबलात् ॥ गृहीत्वैनमनुपायज्ञानीत्वाऽरण्यमचेतसः ३० हत्वाविशस्यचापश्यन्लुब्धावसुनकिंचन ॥ तस्यप्राणैर्विमुक्तस्यनष्टंतद्वरदंवसु ३१ दस्यवश्चतदाऽन्योन्यंजघ्नुर्मूर्खाविचेतसः ॥ हत्वापरस्परंनष्टाःकुमारंचाद्भुतंभुवि ३२ असंभाव्यंगताघोरंनरकंदुष्टकारिणः ॥ तंदृष्ट्वानिहतंपुत्रंवरदत्तंमहातपाः ३३ विललापसुदुःखार्तोबहुधाकरुणंनृपः ॥ विलपंतंनिशम्याथपुत्रशोकहतंनृपम् ३४ प्रत्यदृश्यतदेवर्षिर्नारदस्तस्यसन्निधौ ॥ उवाचचैनंदुःखार्तंविलपंतमचेतसम् ३५ सृंजयंनारदोऽभ्येत्यतन्निबोधयुधिष्ठिर ॥ कामानामवितृप्तस्त्वंसृंजयेहमरिष्यसि ३६ यस्यचैतेवयंगेहेउषिताब्रह्मवादिनः ॥ आविक्षितंमरुत्तंचमृतंसृंजयशुश्रुम ३७ संवर्त्तोयाजयामासस्पर्धयावैबृहस्पतेः ॥ यस्मैराजर्षयेप्रादाद्धनंसभगवान्प्रभुः ३८ हैमंहिमवतःपादंयियक्षोर्विविधैःसवैः ॥ यस्यसेंद्रामरगणाबृहस्पतिपुरोगमाः ३९ देवाविश्वसृजःसर्वेयजनांतेसमासते ॥ यज्ञवाटस्यसौवर्णाःसर्वेचासन्परिच्छदाः ४० यस्यसर्वंतदाह्यन्नंमनोऽभिप्रायगंशुचि ॥ कामतोबुभुजुर्विप्राःसर्वेचान्नार्थिनोद्विजाः ४१ पयोदधिघृतंक्षौद्रंभक्ष्यंभोज्यंचशोभनम् ॥ यस्ययज्ञेषुसर्वेषुवासांस्याभरणानिच ४२ ईप्सितान्युपतिष्ठंतेप्रहृष्टान्वेदपारगान् ॥ मरुतःपरिवेष्टारोमरुत्तस्याभवन्गृहे ४३ आविक्षितस्यराजर्षेर्विश्वेदेवाःसभासदः ॥ यस्यवीर्यवतोराज्ञःसुवृष्टयासस्यसंपदः ४४ ॥ ॥ ॥ ॥ ॥ ३९ ॥

सूचितं २४ । २५ । २६ । २७ चिकीर्षितुमपकारंकर्तुं कुहीनायामित्यस्यरूपं २८ । २९ । ३० । ३१ । ३२ । ३३ । ३४ । ३५ । ३६ । ३७ । ३८ सवैः यज्ञैः ३९ । ४० । ४१ । ४२ । ४३ । ४४

४५ । ४६ । ४७ । ४८ चतुर्भद्रतरः धर्मज्ञानवैराग्यैश्वर्याणिचत्वारिभद्राणि धर्मार्थकामबलानीत्यन्ये । 'वित्तंदानसमेतंज्ञानमगर्वंक्षमान्वितंशौर्यं । भोगःसंगविहीनोदुर्लभमेतच्चतुर्भद्रम्' इतिवा त्वयात्वत्तः ४९ तुभ्यंतव मरुत्तास्त्वंनिर्गुणस्त्वत्तोऽपिनिर्गुणस्त्वत्पुत्रइतिनतदर्थंशोकोयुक्तइतिभावः अयज्वानमदाक्षिण्यंपुत्रमभिलक्ष्यमानुतप्यथाः हेश्वैत्यश्वित्यपुत्रइतिव्याहरन्नारदःसृंजयंप्रतीति

हविर्भिस्तर्पितायेनसम्यक्कॢप्तैर्दिवौकसः ॥ ऋषीणांचपितॄणांचदेवानांसुखजीविनाम् ४५ ब्रह्मचर्यश्रुतिमुखैःसर्वैर्दानैश्चसर्वदा ॥ शयनासनपानानिस्वर्णराशीश्च दुस्त्यजाः ४६ तत्सर्वममितंवित्तंदत्तंविप्रेभ्यइच्छया ॥ सोऽनुध्यातस्तुशक्रेणप्रजाःकृत्वानिरामयाः ४७ श्रद्दधानोजितांल्लोकान्गतःपुण्यदुहोऽक्षयान् ॥ सप्र जःसनृपामात्यःसदारापत्यबांधवः ४८ यौवनेनसहस्राब्दंमरुत्तोराज्यमन्वशात् ॥ सचेन्ममारसृंजयचतुर्भद्रतरस्त्वया ४९ पुत्रात्पुण्यतरस्तुभ्यंमापुत्रमनुतप्यथाः ॥ अयज्वानमदाक्षिण्यमभिश्वैत्येतिव्याहरन् ५० इतिश्रीमहाभारतेद्रोणपर्वणिअभिमन्युवधपर्वणि षोडशराजकीयेपंचपंचाशत्तमोऽध्यायः ॥ ५५ ॥ नारदउवाच ॥ सुहोत्रंनामराजानंमृतंसृंजयशुश्रुम ॥ एकवीरमशक्यंतममरैरभिवीक्षितुम् १ यःप्राप्यराज्यंधर्मेणऋत्विग्ब्रह्मपुरोहितान् ॥ अपृच्छदात्मनःश्रेयःपृष्ट्वातेषांमते स्थितः २ प्रजानांपालनंधर्मोदानमिज्याद्विषज्जयः ॥ एतत्सुहोत्रोविज्ञायधर्मेणैच्छद्धनागमम् ३ धर्मेणाराधयन्देवान्बाणैःशत्रूञ्जयंस्तथा ॥ सर्वाण्यपिचभू तानिस्वगुणैरप्यरंजयत् ४ योभुक्त्वेमांवसुमतींम्लेच्छाटविकवर्जिताम् ॥ यस्मैववर्षपर्जन्योहिरण्यंपरिवत्सरान् ५ हैरण्यास्तत्रवाहिन्यःस्वैरिण्योऽव्यवहन्पुरा ॥ ग्राहान्कर्कटकांश्चैवमत्स्यांश्वविविधान्बहून् ६ कामान्वर्षतिपर्जन्योरूपाणिविविधानिच ॥ सौवर्णान्यप्रमेयाणिवाप्यश्चक्रोशसंमिताः ७ सहस्रंवामनान्कुब्जा न्नक्रान्मकरकच्छपान् ॥ सौवर्णान्विहितान्दृष्ट्वाततोऽस्मयतवैतदा ८ तत्सुवर्णमपर्यंतंराजर्षिःकुरुजांगले ॥ ईजानोविततेयज्ञेब्राह्मणेभ्योह्यमन्यत ९ सोऽश्व मेधसहस्रेणराजसूयशतेनच ॥ पुण्यैःक्षत्रिययज्ञैश्चप्रभूतवरदक्षिणैः १० काम्यनैमित्तिकाजस्रैरिष्टांगतिमवाप्तवान् ॥ सचेन्ममारसृंजयचतुर्भद्रतरस्त्वया ११ पुत्रात्पुण्यतरस्तुभ्यंमापुत्रमनुतप्यथाः ॥ अयज्वानमदाक्षिण्यमभिश्वैत्येतिव्याहरन् १२ ॥ इतिश्रीमहाभारतेद्रोणपर्वणिअभिमन्युवधपर्वणिषोडशराजकीयेषट्पं चाशत्तमोऽध्यायः ॥ ५६ ॥ नारदउवाच ॥ राजानंपौरवंवीरंमृतंसृंजयशुश्रुम ॥ सहस्रंयःसहस्राणांश्वेतानश्वानवासृजत् १ तस्याश्वमेधेराजर्षेर्देशाद्देशात्स मीयुषाम् ॥ शिक्षाक्षरविधिज्ञानांनासीत्संख्याविपश्चिताम् २ वेदविद्याव्रतस्नातावदान्याःप्रियदर्शनाः ॥ सुभिक्षाच्छादनगृहाःसुशय्यासनभोजनाः ३ नटनर्त कगंधर्वैःपूर्णकैर्वर्धमानकैः ॥ नित्योद्योगैश्चक्रीडद्भिस्तत्रस्मपरिहर्षिताः ४ यज्ञेयज्ञेयथाकालंदक्षिणाःसोऽत्यकालयत् ॥ द्विपादशसहस्राख्याःप्रमदाःकांचनप्रभाः ५

व्यासवाक्यम् ५० इतिद्रोणपर्वणिटीकायांपंचपंचाशत्तमोऽध्यायः ॥ ५५ ॥ ॥ ॥ सुहोत्रमिति १ । २ । ३ । ४ । ५ । हैरण्याहिरण्मयाग्राहादयोऽपि वाहिन्योनद्यः स्वैरिण्यःसर्वजनोप
९४ योग्याः ६ । ७ । ८ । ९ । १० । ११ । १२ ॥ इतिद्रोणपर्वणिटीकायांषट्पंचाशत्तमोऽध्यायः ॥ ५६ ॥ ॥ ॥ राजानमिति १ । २ । ३ पूर्णकैः स्वर्णचूडैः डांकुलता इतिदाक्षिणा त्यप्रसिद्धैः वर्धमानकैरारार्तिकहस्तैः ४ । ५ ॥ ॥ ॥ ॥ ॥

६ धूर्युजाश्वाः ७ । ८ । ९ १० । ११ १२ इतिद्रोणपर्वणिटीकायांसप्तपंचाशत्तमोऽध्यायः ॥ ५७ ॥ ॥ ॥ शिबिमिति । पर्यवेष्टयत्स्वाधीनामकरोत् १ । २ । ३ । ४ । ५ । ६ । ७

॥ ४० ॥

सध्वजाःसपताकाश्चरथाहेममयास्तथा ॥ यःसहस्रंसहस्राणिकन्याहेमविभूषिताः ६ धूर्युजाश्वगजारूढाःसगृहक्षेत्रगोशताः ॥ शतंशतसहस्राणिस्वर्णमालीमहात्मनाम्
७ गवांसहस्रानुचरान्दक्षिणामत्यकालयत् ॥ हेमशृंग्योरौप्यखुराःसवत्साःकांस्यदोहनाः ८ दासीदासखरोष्ट्रांश्चप्रादादाजाविकंबहु ॥ रत्नानांविविधानांचविविधां
श्चान्नपर्वतान् ९ तस्मिन्संविततेयज्ञेदक्षिणामत्यकालयत् ॥ तत्रास्यगाथागायंतियेपुराणविदोजनाः १० अंगस्ययजमानस्यस्वधर्माधिगताःशुभाः ॥ गुणो
त्तरास्तुक्रतवस्तस्यासन्सार्वकामिकाः ११ सचेन्ममारसृंजयचतुर्भद्रतरस्त्वया ॥ पुत्रात्पुण्यतरस्तुभ्यंमापुत्रमनुतप्यथाः ॥ अयज्वानमदाक्षिण्यमभिश्वैत्येतिव्याह
रन् १२ ॥ इतिश्रीमहाभारतेद्रोणपर्वणिअभिमन्युवधपर्वणिषोडशराजकीयेसप्तपंचाशत्तमोऽध्यायः ॥ ५७ ॥ ॥ नारदउवाच ॥ ॥ शिबिमौशीनरंचापि
मृतंसृंजयशुश्रुम ॥ यइमांपृथिवींसर्वांचर्मवत्पर्यवेष्टयत् १ साद्रिद्वीपार्णववनांरथघोषेणनादयन् ॥ सशिबिर्वैरिपून्नित्यंमुख्यान्निघ्नन्सपत्नजित् २ तेनयज्ञैर्बहुविधैरि
ष्टंपर्याप्तदक्षिणैः ॥ सराजावीर्यवान्धीमानवाप्यवसुपुष्कलम् ३ सर्वमूर्धाभिषिक्तानांसंमतःसोऽभवद्युधि ॥ अयजच्चाश्वमेधैर्योविजित्यपृथिवीमिमाम् ४ निरर्गलैर्ब
हुफलैर्निष्ककोटिसहस्रदः ॥ हस्त्यश्वपशुभिर्धान्यैर्मृगैर्गोजाविभिस्तथा ५ विविधांपृथिवींपुण्यांशिबिर्ब्राह्मणसात्करोत् ॥ यावत्योवर्षतोधारायावत्योदिवितारकाः
६ यावत्यःसिकतागांग्योयावन्मेरोर्महोपलाः ॥ उदन्वतिचयावंतिरत्नानिप्राणिनोऽपिच ॥ तावतीरददद्गावैशिबिरौशीनरोऽध्वरे ७ नोयंतारंधुरस्तस्यकंचिदन्यंप्रजा
पतिः ॥ भूतंभव्यंभवंतंवानाध्यगच्छन्नरोत्तमम् ८ तस्यासन्विविधायज्ञाःसर्वकामैःसमन्विताः ९ हेमयूपासनगृहाहेमप्राकारतोरणाः ॥ शुचिस्वाद्वन्नपानंचब्राह्मणाः
प्रयुतायुताः १० नानाभक्ष्यैःप्रियकथाःपयोदधिमहाह्रदाः ॥ तस्यासन्यज्ञवाटेषुनद्यःशुभ्रान्नपर्वताः ११ पिबतस्नातखादध्वमितियद्रोचतेजनाः ॥ यस्मैप्रादाद्वरं
रुद्रस्तुष्टःपुण्येनकर्मणा १२ अक्षयंददतोवित्तंश्रद्धाकीर्तिस्तथाक्रियाः ॥ यथोक्तमेवभूतानांप्रियत्वंस्वर्गमुत्तमम् १३ एताँल्लब्ध्वावरानिष्टान्शिबिःकालेदिवंगतः ॥
सचेन्ममारसृंजयचतुर्भद्रतरस्त्वया १४ पुत्रात्पुण्यतरस्तुभ्यंमापुत्रमनुतप्यथाः ॥ अयज्वानमदाक्षिण्यमभिश्वैत्येतिव्याहरन् १५ ॥ इतिश्रीमहाभारतेद्रोणपर्वणि
अभिमन्युवधपर्वणि षोडशराजकीये अष्टपंचाशत्तमोध्यायः ॥ ५८ ॥ ॥ ॥ नारदउवाच ॥ रामंदाशरथिंचैवमृतंसृंजयशुश्रुम ॥ यंप्रजाअन्वमोदंतपिता
पुत्रानिवौरसान् १ ॥ ॥ ॥ ॥ ॥

त्रैकालिकेपुराजमुतदन्यंराजानं तस्यशिबेर्धुरःकार्यभारस्ययंतारंवोढारं प्रजापतिःस्रष्टास्वसृष्टौनाध्यगच्छत् ८ । ९ । १० । ११ । १२ । ददतोराज्ञोवित्तादिकमक्षयमस्त्वितिरुद्रोवरंददावितिसंबंधः ॥
१३ । १४ । १५ ॥ इतिद्रोणपर्वणिटीकायामष्टपंचाशत्तमोऽध्यायः ॥ ५८ ॥ ॥ राममिति । प्रजानांपुत्रवत्प्रियोऽभूदित्यर्थः १

॥ ४० ॥

२ । ३ । ४ । ५ । ६ । ७ । ८ । ९ । १० । ११ पृथिव्यांमानुषाणामप्रत्यक्षादेवादयोविचरंतिपुण्यातिशयात् १२ प्राणोबलं प्राणादयश्चतदन्यथाप्राणाद्यन्यथाभावेननाहीयंतअतिश्वासानिःश्वासादयोरोगा
नाभवन्नित्यर्थः १३ । १४ । १५ निष्पूर्त्तंतटाकारामादि हुतमिष्टं १६ । १७ । १८ । १९ । २० । २१ । २२ राममभिरामम् २३ । २४ । २५ ॥ इतिद्रोणपर्वणिटीकायामेकोनषष्टितमोऽध्यायः ॥ ५९ ॥

असंख्येयागुणायस्मिन्नासन्नमिततेजसि ॥ यश्चतुर्दशवर्षाणिनिदेशात्पितुरच्युतः २ वनेवनितयासार्धमवसल्लक्ष्मणाग्रजः ॥ जघानचजनस्थानेराक्षसान्मनुजर्षभः
३ तपस्विनांरक्षणार्थंसहस्राणिचतुर्दश ॥ तत्रैववसतस्तस्यरावणोनामराक्षसः ४ जहारभार्यांवैदेहींसंमोह्यैनंसहानुजम् ॥ तमागस्कारिणंरामःपौलस्त्यमजितं
परैः ५ जघानसमरेक्रुद्धःपुरेवत्र्यंबकोऽन्धकम् ॥ सुरासुरैरवध्यंतंदेवब्राह्मणकंटकम् ६ जघानसमहाबाहुःपौलस्त्यंसगणंरणे ॥ सप्रजानुग्रहंकृत्वात्रिदशैरभिपू
जितः ७ व्याप्यकृत्स्नंजगत्कीर्त्यासुरर्षिगणसेवितः ॥ सप्राप्यविविधंराज्यंसर्वभूतानुकंपकः ८ आजहारमहायज्ञंप्रजाधर्मेणपालयन् ॥ निरर्गलंसजारूथ्यम
श्वमेधंचतंविभुः ९ आजहारसुरेशस्यहविषामुदमाहरत् ॥ अन्यैश्चविविधैर्यज्ञैरीजेबहुगुणैर्नृपः १० क्षुत्पिपासेऽजयद्रामःसर्वरोगांश्चदेहिनाम् ॥ सततंगुणसंप
न्नोदीप्यमानःस्वतेजसा ११ अतिसर्वाणिभूतानिरामोदाशरथिर्बभौ ॥ ऋषीणांदेवतानांचमानुषाणांचसर्वशः ॥ पृथिव्यांसहवासोऽभूद्रामेराज्यंप्रशासति १२
नाहीयततदाप्राणःप्राणिनांनतदन्यथा ॥ प्राणोऽपानःसमानश्चरामेराज्यंप्रशासति १३ पर्यदीप्यंततेजांसितदाऽनर्थाश्चनाभवन् १४ दीर्घायुषःप्रजाःसर्वायुवान
म्रियतेतदा ॥ वेदैश्चतुर्भिःसुप्रीताःप्राप्नुवंतिदिवौकसः १५ हव्यंकव्यंचविविधंनिष्पूर्त्तंहुतमेवच ॥ अदंशमशकादेशानष्टव्यालसरीसृपाः १६ नाप्सुप्राणभृतां
मृत्युर्नाकालेज्वलनोऽदहत् ॥ अधर्मरुचयोलुब्धामूर्खावानाभवंस्तदा १७ शिष्टेष्टप्राज्ञकर्माणःसर्वेवर्णास्तदाऽभवन् ॥ स्वधांपूजांचरक्षोभिर्जनस्थानेप्रणाशिता
म् १८ प्रादान्निहत्त्यरक्षांसिपितृदेवेभ्यईश्वरः ॥ सहस्रपुत्राःपुरुषादशवर्षशतायुषः १९ नचज्येष्ठाःकनिष्ठेभ्यस्तदाश्राद्धान्यकारयन् ॥ श्यामोयुवालोहिताक्षो
मत्तमातंगविक्रमः २० आजानुबाहुःसुभुजाःसिंहस्कंधोमहाबलः ॥ दशवर्षसहस्राणिदशवर्षशतानिच २१ सर्वभूतमनःकांतोरामोराज्यमकारयत् ॥ रामोरामोरामइ
तिप्रजानामभवत्कथा २२ रामाद्रामंजगदभूद्रामेराज्यंप्रशासति ॥ चतुर्विधाःप्रजारामःस्वर्गंनीत्वादिवंगतः २३ आत्मानंसंप्रतिष्ठाप्यराजवंशमिहाष्टधा ॥
सचेन्ममारसृंजयचतुर्भद्रतरस्त्वया २४ पुत्रात्पुण्यतरस्तुभ्यंमापुत्रमनुतप्यथाः ॥ अयज्वानमदाक्षिण्यमभिश्वैत्येतिव्याहरन् २५ इतिश्रीमहाभारतेद्रोणपर्वणि
अभिमन्युवधपर्वणिषोडशराजकीयेएकोनषष्टितमोऽध्यायः ॥ ५९ ॥ नारदउवाच ॥ भगीरथंचराजानंमृतंसृंजयशुश्रुम ॥ येनभागीरथीगंगाचयनैःकाञ्चनैश्चिता
१ यःसहस्रंसहस्राणांकन्याहेमविभूषिताः ॥ राज्ञश्चराजपुत्रांश्चब्राह्मणेभ्योह्यमन्यत २

भगीरथमिति । चयनैःकांचनैश्चितास्वर्णेष्टकमयैःक्रत्वर्थस्थंडिलैर्व्याप्ता चयनैरिष्टकासोपानैर्वा कूलद्वयेउद्गमात्संगमपर्यंतंनिचितेतिवार्थः १ राज्ञश्चराजपुत्रांश्चातिक्रम्येतिशेषः ब्राह्मणेभ्यःअमन्यतदत्तवान् ॥ २ ॥

३ । ४ येनहेतुना उपह्वरेसमीपेभूयसीर्दक्षिणाददत्राजाआस्ते तेनहेतुनागंगा।जनौघभारेणआक्रांतावेत्रयष्टिवत्तीरप्रदेशेनतिभ्रांतासती अतिव्यथिताऽतस्तस्यांकेनिषसादह दक्षिणाभारेणतीरप्रदेशेऽवनतेप्रवा
हांबुराज्ञोंकपर्यन्तमागतमित्यर्थः ५ तथातेनप्रकारेणगंगाउरूंभारमश्नुतइतिवा राज्ञऊरुमश्नुतेइतिवायोगात् उर्वशीअभवत् । द्वितीयपक्षेपृषोदरादित्वादादेर्हस्वत्वं । पुत्रत्वंनरकात्राणकर्तृत्वं ६ । ७ । ८ । ९
वशीयोगीयोगप्रभावात् योयत्रदेशेयदइच्छेत्सतत्रप्राप्नुयादित्यर्थः १० । ११ येनेति । पादपामरीचिपाऋषयोयेनकारणेनयदर्थंयातौउदितौ मखौकर्मयज्ञयोगयज्ञौमुखेप्राप्तिद्वारभूतौययोस्तौमखमुखौ
सूर्यतदंतर्यामिणौ अवस्थातुमुपस्थातुमिच्छंति तेनैवप्रयोजनेनतंभगीरथंअवस्थातुमिच्छंति तत्रहेतुद्वयं गत्वाराजमितीश्वरमितिच गच्छतीतिगत्वात्रिजगतीतस्याराजतइतिगत्वाराजःसूर्योनृपश्चईश्वरःईशन

सर्वारथगताःकन्यारथाःसर्वेचतुर्युजः ॥ रथेरथेशतंनागाःसर्वेवैहेममालिनः ३ सहस्रमश्वाश्चैकैकंगजानांपृष्ठतोऽन्वयुः ॥ अश्वेअश्वेशतंगावोगवांपश्चादजाविक
म् ४ तेनाक्रांताजनौघेनदक्षिणाभूयसीर्ददत् ॥ उपह्वरेऽतिव्यथितातस्यांकेनिषसादह ५ तथाभागीरथीगंगाउर्वशीचाभवत्पुरा ॥ दुहितृत्वंगताराज्ञःपुत्रत्वम
गमत्तदा ६ तांतुगाथांजगुःप्रीतागंधर्वाःसूर्यवर्चसः ॥ पितृदेवमनुष्याणांशृण्वतांवल्गुवादिनः ७ भगीरथंयजमानमैक्ष्वाकुंभूरिदक्षिणम् ॥ गंगासमुद्रगादेवीवव्रेपि
तरमीश्वरम् ८ तस्यसेंद्रैःसुरगणैर्देवैर्यज्ञःस्वलंकृतः ॥सम्यक्परिगृहीतश्चशांतविघ्नोनिरामयः ९ योयइच्छेतविप्रोवैयत्रयत्रात्मनःप्रियम् ॥ भगीरथस्तदाप्रीतस्त
त्रतत्राददद्वशी १० नादेयंब्राह्मणस्यासीद्यस्ययत्स्यात्प्रियंधनम् ॥ सोऽपिविप्रप्रसादेनब्रह्मलोकंगतोनृपः ११ येनयातौमखमुखौदिशाशाविहपादपाः ॥ तेनाव
स्थातुमिच्छंतितंगत्वाराजमीश्वरम् १२ सचेन्ममारसृंजयचतुर्भद्रतरस्त्वया ॥ पुत्रात्पुण्यतरस्तुभ्यंमापुत्रमनुतप्यथाः १३ अयज्वानमदाक्षिण्यमभिश्वैत्येतिव्याहरन्
१४ ॥ इतिमहाभारतेद्रोणपर्वणिअभिमन्युवधपर्वणिषोडशराजकीयेषष्टितमोऽध्यायः ॥ ६० ॥ ॥ नारदउवाच ॥ दिलीपंचैदैलविलंमृतंसृंजयशुश्रुम ॥ यस्य
यज्ञशतेष्वासन्प्रयुतायुतशोद्विजाः ॥ तंत्रज्ञानार्थसंपन्नायज्वानःपुत्रपौत्रिणः १ यइमांवसुसंपूर्णांवसुधांवसुधाधिपः ॥ ईजानोविततेयज्ञेब्राह्मणेभ्योह्यमन्यत २
दिलीपस्यतुयज्ञेषुकृतःपंथाहिरण्मयः ॥ तंधर्मइवकुर्वाणाःसेंद्रादेवाःसमागमन् ३ सहस्रंयत्रमातंगागच्छंतिपर्वतोपमाः ॥ सौवर्णंचाभवत्सर्वंसदःपरमभास्वरम् ४
रसानांचाभवन्कुल्याभक्ष्याणांचापिपर्वताः ॥ सहस्रव्यामान्नृपतेयूपाश्चासन्हिरण्मयाः ५ चषालंप्रचषालंचयस्ययूपेहिरण्मये ॥ नृत्यंतेऽप्सरसस्तस्यषट्सहस्राणि
सप्तधा ६ यत्रवीणांवादयतिप्रीत्याविश्वावसुःस्वयम् ॥ सर्वभूतान्यमन्यंतराजानंसत्यशीलिनम् ७ रागखांडवभोज्यैश्चमत्ताःपतिषुशेरते ॥ तदेतदद्भुतंमन्ये
अन्यैर्नसदृशंनृपैः ८ यदप्सुयुध्यमानस्यचक्रेनपरिपेततुः राजानंदृढधन्वानंदिलीपंसत्यवादिनम् ९ ॥ ॥ ॥

शीलस्तदंतर्यामीनृपश्च । अयंभावः यत्सूर्यदर्शनेनफलंपापनाशादितदस्यदर्शनेनभवति यच्चसूर्यांतर्यामिणःउपासनेनफलंसत्यसंकल्पत्वादितदस्योपासनेनभवतीतिमरीचिपादीनामयमेवद्रष्टव्यउपास्यश्चजा
तइति १२ । १३ । १४ इतिद्रोणपर्वणिटीकायांषष्टितमोऽध्यायः ॥ ६० ॥ ॥ ॥ दिलीपमिति तत्रक्रिया सार्द्धश्लोकः १ । २ पंथाहिरण्मयः हिरण्मय्यःस्रुचोभवंतीतिविधिमार्गस्तत
आरभ्यप्रवृत्तइत्यर्थः धर्मेनिमित्तेपुण्योत्पत्त्यर्थमिवदेवास्तमलंकुर्वतीत्यर्थः ३ । ४ । ५ । ६ । ७ रागखांडवंगुडोदनं पर्पटिकेतिवैदर्भाः ८ अप्सुनपरिपेततुःनममज्जतुः ९ ॥

खट्वांगइति ऐलविलस्यदिलीपस्यैवनामांतरं १० । ११ । १२ ॥ इतिद्रोणपर्वणिटीकायांएकषष्टितमोऽध्यायः ॥ ६१ ॥ ॥ ॥ मांधातेति १ । २ । ३ । ४ । ५ । ६ । ७ । ८ द्वादशसमो
द्वादशवार्षिकः शयइतिपाठेद्वादशहस्तः व्यजीजयद्विजितवान् ९ । १० । ११ । १२ । रोहितान्लोहितान्लोहितभूप्रदेशान्पद्मरागखनिमतोवा मत्स्यान्देशविशेषान् हैरण्यान्स्वर्णाकरयुक्तान्जनोत्सेधान्जनेषु

येऽपश्यन्भूरिदाक्षिण्यंतेऽपिस्वर्गजितोनराः॥ पंचशब्दानजीर्यैतिखट्वांगस्यनिवेशने १० स्वाध्यायघोषोज्याघोषःपिबताश्नीतखादत ॥ सचेन्ममारसृंजयचतुर्भद्रतरस्त्व
या ११ पुत्रात्पुण्यतरस्तुभ्यंमापुत्रमनुतप्यथाः ॥ अयज्वानमदाक्षिण्यमभिश्वैत्येतिव्याहरन् १२ ॥ इतिश्रीमहाभारतेद्रोणपर्वणिअभिमन्युवधपर्वणिषोडश
राजकीयेएकषष्टितमोऽध्यायः ॥ ६१ ॥ नारदउवाच ॥ मांधातायौवनाश्वोमृतःसृंजयशुश्रुम ॥ देवासुरमनुष्याणांत्रैलोक्यविजयीनृपः १ यंदेवावश्विनौ
गर्भात्पितुःपूर्वंचकर्षतुः ॥ मृगयांविचरन्राजातृषितःक्लांतवाहनः २ धूमंदृष्ट्वाऽगमत्सत्रंपृषदाज्यमवापसः ॥ तंदृष्ट्वायुवनाश्वस्यजठरेसूनुतांगतम् ३ गर्भाद्धिजह
तुर्देवावश्विनौभिषजांवरौ ॥ तंदृष्ट्वापितुरुत्संगेशयानंदेववर्चसम् ४ अन्योन्यमब्रुवन्देवाःकमयंधास्यतीतिवै ॥ मामेवायंधयत्वग्रेइतिहस्माहवासवः ५ ततोंगुलिभ्यो
हींद्रस्यप्रादुरासीत्पयोऽमृतम् ॥ मांधास्यतीतिकारुण्याद्यदिंद्रोह्यन्वकंपयत् ६ तस्मात्तुमांधातेत्येवंनामतस्याद्भुतंकृतम् ॥ ततस्तुधारांपयसोघृतस्यचमहात्मनः ७
तस्यास्येयौवनाश्वस्यपाणिरिंद्रस्यचास्रवत् ॥ अपिबत्पाणिमिंद्रस्यसचाप्यह्नाभ्यवर्धत ८ सोऽभवद्द्वादशसमोद्वादशाहेनवीर्यवान् ॥ इमांचपृथिवींकृत्स्नामेकाह्नासव्य
जीजयत् ९ धर्मात्माधृतिमान्वीरःसत्यसंधोजितेंद्रियः ॥ जनमेजयंसुधन्वानंगयंपूरुंबृहद्रथम् १० असितंचनृगंचैवमांधातामनुजोऽजयत् ॥ उदेतिचयतःसूर्योयत्र
चप्रतितिष्ठति ११ तत्सर्वंयौवनाश्वस्यमांधातुःक्षेत्रमुच्यते ॥ सोऽश्वमेधशतैरिष्ट्वाराजसूयशतेनच १२ अददद्रोहितान्मत्स्यान्ब्राह्मणेभ्योविशांपते ॥ हैरण्यान्योजनो
त्सेधानायतान्शतयोजनम् १३ बहुप्रकारान्सुस्वादून्भक्ष्यभोज्यान्नपर्वतान् ॥ अतिरिक्तंब्राह्मणेभ्योभुंजानोहीयतेजनः १४ भक्ष्यान्नपाननिचयाःशुशुभुस्त्वन्नप
र्वताः ॥ घृतह्रदाःसूपपंकादधिफेनागुडोदकाः १५ रुरुधुःपर्वतान्नद्योमधुक्षीरवहाःशुभाः ॥ देवासुरानरायक्षागंधर्वोरगपक्षिणः १६ विप्रास्तत्रागताश्चासन्वेदवेदांग
पारगाः ॥ ब्राह्मणाऋषयश्चापिनासंस्तत्राविपश्चितः १७ समुद्रांतांवसुमतींवसुपूर्णांतुसर्वतः ॥ सतांब्राह्मणसात्कृत्वाजगामास्तंतदानृपः १८ गतःपुण्यकृतांलोका
न्व्याप्यस्वयशसादिशः ॥ सचेन्ममारसृंजयचतुर्भद्रतरस्त्वया १९ पुत्रात्पुण्यतरस्तुभ्यंमापुत्रमनुतप्यथाः ॥ अयज्वानमदाक्षिण्यमभिश्वैत्येतिव्याहरन् २० ॥
इतिश्रीमहाभारतेद्रोणपर्वणिअभिमन्युवधपर्वणिषोडशराजकीयेद्विषष्टितमोऽध्यायः ॥ ६२ ॥ ॥ नारदउवाच ॥ ययातिंनाहुषंचैवमृतंसृंजयशुश्रुम ॥ राजसूय
शतैरिष्ट्वासोऽश्वमेधशतेनच १ पुंडरीकसहस्रेणवाजपेयशतैस्तथा ॥ अतिरात्रसहस्रेणचातुर्मास्यैश्चकामतः ॥ अग्निष्टोमैश्चविविधैःसत्रैश्चप्राज्यदक्षिणैः २ ॥

उत्सेधउच्छ्रायोयेषांतान् मत्स्यदेशोत्पन्नेहिनद्यावद्यापिपरंपरयापूर्वापरौसमुद्रौगच्छतइतितेषामुच्छिन्नत्वंप्रसिद्धं १३ । अतिरिक्तमवशिष्टंभुंजानोजनएवहीयतेनत्वन्नमित्यर्थः १४ । १५ । १६ । १७ १८
१९ । २० इतिद्रोणपर्वणिटीकायांद्विषष्टितमोऽध्यायः ॥ ६२ ॥ ॥ ॥ ययातिमिति १ । १ प्राज्यदक्षिणैःबहुदक्षिणैः २

अब्राह्मणानांब्राह्मणद्वेषिणांम्लेच्छानामितियावत् परिसंख्यायअपहृत्य ३ । ४ चतुर्भ्यःऋत्विग्भ्यः प्राचीदिग्घोतुर्दक्षिणाध्वर्योरित्यादिश्रुतेः ५ । ६ । ७ । ८ । ९ । १० । ११ ॥ इतिद्रोणपर्वणिटीकायां त्रिषष्टितमोऽध्यायः ॥ ६३ ॥ ॥ ॥ नाभागमिति १ । २ । ३ । ४ । ५ । ६ । ७ । ८ । ९ मादनीयानिमदकराणिसुरादीनि पापानिपापहेतूनीतिज्ञात्वापिसुखलिप्सवःपिबंतीत्यर्थः

॥ ४२ ॥ अब्राह्मणानांयद्वित्तंपृथिव्यामस्तिकिंचन ॥ तत्सर्वंपरिसंख्यायततोब्राह्मणसात्करोत् ३ सरस्वतीपुण्यतमानदीनांतथासमुद्राःसरितःसाद्रयश्च ॥ ईजानायपुण्य तमायराज्ञेघृतंपयोदुदुहुर्नहुषाय ४ व्यूढेदेवासुरेयुद्धेकृत्वादेवसहायताम् ॥ चतुर्धाव्यभजत्सर्वांचतुर्भ्यःपृथिवीमिमाम् ५ यज्ञैर्नानाविधैरिष्ट्वाप्रजामुत्पाद्यचोत्त माम् ॥ देवयान्यांचौशनस्यांशर्मिष्ठायांचधर्मतः ६ देवारण्येषुसर्वेषुविजहारामरोपमः ॥ आत्मनःकामचारेणद्वितीयइववासवः ७ यदानाभ्यगमच्छांतिंकामानां सर्ववेदवित् ॥ ततोगाथामिमांगीत्वासदारःप्राविशद्वनम् ८ यत्पृथिव्यांव्रीहियवंहिरण्यंपशवःस्त्रियः ॥ नालमेकस्यतत्सर्वमितिमत्वाशमंव्रजेत् ९ एवंकामान्परि त्यज्यययातिर्धृतिमेत्यच ॥ पूरुंराज्येप्रतिष्ठाप्यप्रयातोवनमीश्वरः १० सचेन्ममारसृंजयचतुर्भद्रतरस्त्वया ॥ पुत्रात्पुण्यतरस्तुभ्यंमापुत्रमनुतप्यथाः ॥ अयज्वान मदाक्षिण्यमभिश्वैत्येत्यव्याहरन् ११ ॥ इतिश्रीमहाभारतेद्रोणपर्वणिअभिमन्युवधपर्वणिषोडशराजकीयेत्रिषष्टितमोऽध्यायः ॥ ६३ ॥ ॥ नारदउवाच ॥ नाभा गमंबरीषंचमृतंसृंजयशुश्रुम ॥ यःसहस्रंसहस्राणांराज्ञांचैकस्त्वयोधयत् १ जिगीषमाणाःसंग्रामेसमंताद्वैरिणोऽभ्ययुः ॥ अस्त्रयुद्धविदोघोराःसृजंतश्चाशिवागिरः २ बललाघवशिक्षाभिस्तेषांसोऽस्त्रबलेनच ॥ छत्रायुधध्वजरथांश्छित्वाप्रासान्गतव्यथः ३ तएनंमुक्तसन्नाहाःप्रार्थयन्जीवितैषिणः ॥ शरण्यमीयुःशरणंतवास्मइति वादिनः ४ सतुतान्वशगान्कृत्वाजित्वाचेमांवसुंधराम् ॥ ईजेयज्ञशतैरिष्टैर्यथाशास्त्रंतथाऽनघ ५ बुभुजुःसर्वसंपन्नमन्नमन्येजनाःसदा ॥ तस्मिन्यज्ञेतुविप्रेंद्राःसं तृप्ताःपरमार्चिताः ६ मोदकान्पूरिकापूपान्स्वादुपूर्णाश्चशष्कुलीः ॥ करंभान्पृथुमृद्वीकाअन्नानिसुकृतानिच ७ सूपान्मैरेयकापूपान्रागखांडवपानकान् ॥ मृष्टा न्नानिसुयुक्तानिमृदूनिसुरभीणिच ८ घृतंमधुपयस्तोयंदधीनिरसवंतिच ॥ फलंमूलंचसुस्वादुद्विजास्तत्रोपभुंजते ९ मादनीयानिपापानिविदित्वाचात्मनःसुखम् ॥ अपिबंतयथाकामंपानपागीतवादितैः १० तत्रस्मगाथागायंतिक्षीबाहृष्टाःपठंतिच ॥ नाभागस्तुतिसंयुक्तानन्नृतुश्चसहस्रशः ११ तेषुयज्ञेष्वंबरीषोदक्षिणामत्य कालयत् ॥ राज्ञांशतसहस्राणिदशप्रयुतयाजिनाम् १२ हिरण्यकवचान्सर्वान्श्वेतच्छत्रप्रकीर्णकान् ॥ हिरण्यस्यंदनारूढान्सानुयात्रपरिच्छदान् १३ ईजानोविततेय ज्ञेदक्षिणामत्यकालयत् ॥ मूर्धाभिषिक्तांश्चनृपान्राजपुत्रशतानिच १४ सदंडकोशनिचयान्ब्राह्मणेभ्योह्यमन्यत ॥ नैवंपूर्वेजनाश्चक्रुर्नकरिष्यंतिचापरे १५ यदंबरीषो नृपतिःकरोत्यमितदक्षिणः ॥ इत्येवमनुमोदंतेप्रीतायस्यमहर्षयः १६ ॥ ॥ ॥ ॥ ४२ ॥

१० । ११ अत्यकालयद्दातुंनिष्कासितवान् जिताराजानएवमोपस्करदक्षिणात्वेनदत्ताः तेषांराज्यानितेराजानश्चब्राह्मणसात्कृताइत्यर्थः १२ । १३ । १४ । १५ । १६

सचेन्ममारसृंजयचतुर्भद्रतरस्त्वया ॥ पुत्रात्पुण्यतरस्तुभ्यंमापुत्रमनुतप्यथाः ॥ अयज्वानमदाक्षिण्यमभिश्वैत्येतिव्याहरन् १७ ॥ इतिश्रीमहाभारतेद्रोणपर्वणि अभिमन्युवधपर्वणिषोडशराजकीये चतुःषष्टितमोऽध्यायः ॥ ६४ ॥ ॥ नारदउवाच ॥ शशिबिंदुंचराजानंमृतंसृंजयशुश्रुम ॥ ईजेसविविधैर्यज्ञैःश्रीमान्सत्यपराक्रमः १ तस्यभार्यासहस्राणांशतमासीन्महात्मनः ॥ एकैकस्यांचभार्यायांसहस्रंतनयाभवन् २ तेकुमाराःपराक्रान्ताःसर्वेनियुतयाजिनः ॥ राजानःक्रतुभिर्मुख्यैरीजानावेदपारगाः ३ हिरण्यकवचाःसर्वेसर्वेचोत्तमधन्विनः ॥ सर्वेऽश्वमेधैरीजानाःकुमाराःशशिबिंदवः ४ तानश्वमेधेराजेन्द्रोब्राह्मणेभ्योऽददत्पिता ॥ शतंशतंरथगजाएकैकंपृष्ठतोऽन्वयुः ५ राजपुत्रंतदाकन्यास्तपनीयस्वलंकृताः ॥ कन्यांकन्यांशतंनागानागेनागेशतंरथाः ६ रथेरथेशतंचाश्वाबलिनोहेममालिनः ॥ अश्वेअश्वेगोसहस्रंगवांपंचाशदाविकाः ७ एतद्धनमपर्याप्तमश्वमेधेमहामखे ॥ शशिबिंदुर्महाभागोब्राह्मणेभ्योह्यमन्यत ८ वार्क्षाश्चयूपायावंतअश्वमेधेमहामखे ॥ तेतथैवपुनश्चान्येतावंतःकांचनाभवन् ९ भक्ष्यान्नपाननिचयाःपर्वताःक्रोशमुच्छ्रिताः ॥ तस्याश्वमेधेनिर्वृत्तेराज्ञःशिष्टास्त्रयोदश १० तुष्टपुष्टजनाकीर्णांशांतविघ्नामनामयाम् ॥ शशिबिंदुरिमांभूमिंचिरंभुक्त्वादिवंगतः ११ सचेन्ममारसृंजयचतुर्भद्रतरस्त्वया ॥ पुत्रात्पुण्यतरस्तुभ्यंमापुत्रमनुतप्यथाः ॥ अयज्वानमदाक्षिण्यमभिश्वैत्येतिव्याहरन् १२ ॥ इतिश्रीमहाभारतेद्रोणपर्वणिअभिमन्युवधपर्वणिषोडशराजकीये पंचषष्टितमोऽध्यायः ॥ ॥ ६५ ॥ ॥ नारदउवाच ॥ गयंचामूर्त्तरयसंमृतंसृंजयशुश्रुम योवैवर्षशतंराजाहुतशिष्टाशनोभवत् १ तस्मैह्यग्निर्वरंप्रादात्ततोवव्रेवरंगयः॥ तपसाब्रह्मचर्येणव्रतेननियमेनच २गुरूणांचप्रसादेनवेदानिच्छामिवेदितुम् ॥ स्वधर्मेणाविहिंस्यान्यान्धनमिच्छामिचाक्षयम् ३ विप्रेषुददतश्चैवश्रद्धाभवतुनित्यशः ॥ अनन्यासुसवर्णासुपुत्रजन्मचमेभवेत् ४ अन्नंमेददतःश्रद्धाधर्मेमेरमतांमनः ॥ अविघ्नंचास्तुमेनित्यंधर्मकार्येषुपावक ५ तथाभविष्यतीत्युक्त्वातत्रैवांतरधीयत ॥ गयोह्यवाप्यतत्सर्वंधर्मेणारीनजीजयत् ६ सदर्शपौर्णमासीभ्यांकालेष्वाग्रयणेनच ॥ चातुर्मास्यैश्चविविधैर्यज्ञैश्चावातदक्षिणैः ७ अयजच्छ्रद्धयाराजापरिसंवत्सरान्शतम् ॥ गवांशतसहस्राणिशतमश्वशतानिच ८ शतंनिष्कसहस्राणिगवांचाप्ययुतानिषट् ॥ उत्थायोत्थायसप्रादात्परिसंवत्सरान्शतम् ९ नक्षत्रेषुचसर्वेषुददन्नक्षत्रदक्षिणाः ॥ ईजेचविविधैर्यज्ञैर्यथासोमोऽङ्गिरायथा १० सौवर्णांपृथिवींकृत्वायइमांमणिशर्करां ॥विप्रेभ्यःप्राददद्राजासोऽश्वमेधेमहामखे ११ जांबूनदमयायूपाःसर्वेरत्नपरिच्छदाः ॥ गयस्यासन्समृद्धास्तुसर्वभूतमनोहराः १२ सर्वकामसमृद्धंचप्रादादन्नंगयस्तदा ॥ ब्राह्मणेभ्यःप्रहृष्टेभ्यःसर्वभूतेभ्यएवच १३ ॥ ॥ ॥ ॥

१४ । १५ । १६ । १७ । १८ । १९ । २० । २१ ॥ इतिद्रोणपर्वणिटीकायांषट्षष्टितमोऽध्यायः ॥ ६६ ॥ सांकृतिमिति १ । २ । ३ । ४ । ५ । ६ । ७ । ८ । ९ पारिभाषिकंनिष्कमाह

ससमुद्रवनद्वीपनदीनदवनेषुच ॥ नगरेषुचराष्ट्रेषुदिविव्योम्निचयेऽवसन् १४ भूतग्रामाश्चविविधाःसंतृप्तायज्ञसंपदा ॥ गयस्यसदृशोयज्ञोनास्त्यन्यइतितेऽब्रुवन् १५षट्त्रिंशद्योजनायामात्रिंशद्योजनमायता ॥ पश्चात्पुरश्चतुर्विंशद्वेदीह्यासीद्धिरण्मयी १६ गयस्ययजमानस्यमुक्तावज्रमणिस्तृता ॥ प्रादात्सब्राह्मणेभ्योथवासांस्याभरणानिच १७ यथोक्तादक्षिणाश्चान्याविप्रेभ्योभूरिदक्षिणः ॥ यत्रभोजनशिष्टस्यपर्वताःपंचविंशतिः १८ कुल्याःकुशलवाहिन्योरसानामभवंस्तदा ॥ वस्त्राभरणगंधानांराशयश्चपृथग्विधाः १९ यस्यप्रभावाच्चगयस्त्रिषुलोकेषुविश्रुतः ॥ वटश्चाक्षय्यकरणःपुण्यंब्रह्मसरश्चतत् २० सचेन्ममारसृंजयचतुर्भद्रतरस्त्वया ॥ पुत्रात्पुण्यतरस्तुभ्यंमापुत्रमनुतप्यथाः ॥ अयज्वानमदाक्षिण्यमभिश्वैत्येतिव्याहरन् २१ ॥ इतिश्रीमहाभारतेद्रोणपर्वणिअभिमन्युवधपर्वणि षोडशराजकीयेषट्षष्टितमोऽध्यायः ॥ ६६ ॥ ॥ नारदउवाच ॥ सांकृतिंरंतिदेवंचमृतंसृंजयशुश्रुम ॥ यस्यद्विशतसाहस्राआसन्सूदामहात्मनः १ गृहानभ्यागतान्विप्रानतिथीन्परिवेषकाः ॥ पक्वापक्वंदिवारात्रंवरान्नममृतोपमम् २ न्यायेनाधिगतंवित्तंब्राह्मणेभ्योह्यमन्यत ॥ वेदानधीत्यधर्मेणयश्चक्रेद्विषतोवशे ३ उपस्थिताश्चपशवःस्वयंयंशंसितव्रतम् ॥ बहवःस्वर्गमिच्छंतोविधिवत्सत्रयाजिनम् ४ नदीमहानसाद्यस्यप्रवृत्ताचर्मराशितः ॥ तस्माच्चर्मण्वतीपूर्वमग्निहोत्रेऽभवत्पुरा ५ ब्राह्मणेभ्योऽददन्निष्कान्सौवर्णान्सप्रभावतः ॥ तुभ्यंनिष्कंतुभ्यंनिष्कमितिहस्मप्रभाषते ६ तुभ्यंतुभ्यमितिप्रादान्निष्कान्निष्कान्सहस्रशः ॥ ततःपुनःसमाश्वास्यनिष्कानेवप्रयच्छति ७ अल्पंदत्तंमयाद्येतिनिष्ककोटिंसहस्रशः ॥ एकाह्नादास्यतिपुनःकोऽन्यस्तत्संप्रदास्यति ८ द्विजपाणिवियोगेनदुःखंमेशाश्वतंमहत् ॥ भविष्यतिनसंदेहएवंराजाददद्वसु ९ सहस्रशश्चसौवर्णान्वृषभान्गोशतानुगान् ॥ साष्टंशतंसुवर्णानांनिष्कमाहुर्धनंतथा १० अध्यर्धमासमददद्ब्राह्मणेभ्यःशतंसमाः ॥ अग्निहोत्रोपकरणंयज्ञोपकरणंचयत् ११ ऋषिभ्यःकरकान्कुंभान्स्थालीःपिठरमेवच ॥ शयनासनयानानिप्रासादांश्चगृहाणिच १२ वृक्षांश्चविविधान्दद्यादन्नानिचधनानिच ॥ सर्वंसौवर्णमेवासीद्रंतिदेवस्यधीमतः १३ तत्रास्यगाथागायन्तियेपुराणविदोजनाः ॥ रंतिदेवस्यतांदृष्ट्वासमृद्धिमतिमानुषीम् १४ नैतादृशंदृष्टपूर्वंकुबेरसदनेष्वपि ॥ धनंचपूर्यमाणंनःकिंपुनर्मनुजेष्विति १५ व्यक्तंवस्वोकसारेयमित्यूचुस्तत्रविस्मिताः ॥ सांकृतेरंतिदेवस्ययांरात्रिमतिथिर्वसेत् १६ आलभ्यंततदागावःसहस्राण्येकविंशतिः ॥ तत्रस्मसूदाःक्रोशंतिसुमृष्टमणिकुंडलाः १७ सूपंभूयिष्ठमश्नध्वंनाद्यमांसंयथापुरा ॥ रंतिदेवस्ययत्किंचित्सौवर्णमभवत्तदा १८ तत्सर्वंविततेयज्ञेब्राह्मणेभ्योह्यमन्यत ॥ प्रत्यक्षंतस्यहव्यानिप्रतिगृह्णंतिदेवताः १९ ॥ ॥ ॥ ॥ ॥ ॥

सहस्रशइति १० अध्यर्धमासंपक्षेपक्षेइत्यर्थः शतंसमाइतिवाक्यशेषात् ११ । १२ । १३ । १४ । १५ वस्वोकसारा मलोपआर्पः कनकमयानिओकांसिसारोयस्याःसातथा १६ । १७ । १८ । १९

२० । २१ ॥ इतिद्रोणपर्वणिटीकायांसप्तषष्टितमोऽध्यायः ॥ ६७ ॥ दौष्यंतिमिति १ । २ क्रूरानिति। यथामनःशिलामयाःशिलाःजतुराशिभिर्लाक्षापुंजैर्युक्तास्तत्सदृशान्रक्तबिंदुयुक्तान् रक्तपीतवर्णान्व्याघ्रविशेषान् वशेऽकरोदित्यर्थः ३ । ४ । ५ कृच्छ्रप्राणंसंकटगतंयथास्यात्तथाबद्ध्वा ६ माविजीजहिमाहिंसीः ७ । ८ । ९ । १० । ११ व्यामोहस्तचतुष्टयं परिणाहेनदैर्घ्येण १२ ।

कव्यानिपितरःकालेसर्वकामान्द्विजोत्तमाः ॥ सचेन्ममारसृंजयचतुर्भद्रतरस्त्वया २० पुत्रात्पुण्यतरस्तुभ्यंमापुत्रमनुतप्यथाः ॥ अयज्वानमदाक्षिण्यमभिश्वैत्येति व्याहरन् २१ ॥ इतिश्रीमहाभारतेद्रोणपर्वणिअभिमन्युवधपर्वणि षोडशराजकीयेसप्तषष्टितमोऽध्यायः ॥ ६७ ॥ ॥ नारदउवाच ॥ दौष्यंतिंभरतंचापिमृतंसृंजयशुश्रुम ॥ कर्माण्यसुकराण्यन्यैःकृतवान्यःशिशुर्वने १ हिमावदातान्यःसिंहान्नखदंष्ट्रायुधान्बली ॥ निर्वीर्यांस्तरसाकृत्वाविचकर्षबबंधच २ क्रूरांश्चोग्रतरान्व्याघ्रान्दमित्वाचाकरोद्वशे ॥ मनःशिलाइवशिलाःसंयुक्ताजतुराशिभिः ३ व्यालादींश्चातिबलवान्सुप्रतीकान्गजानपि ॥ दंष्ट्रासुगृह्यविमुखान्शुष्कास्यानकरोद्वशे ४ महिषानप्यतिबलोबलिनोविचकर्षह ॥ सिंहानांचसुदृप्तानांशतान्याकर्षयद्बलात् ५ बलिनःसृमरान्खड्गान्नानासत्वानिचाप्युत ॥ कृच्छ्रप्राणंवनेबद्ध्वादमयित्वाप्यवासृजत् ६ तंसर्वदमनेत्याहुर्द्विजास्तेनास्यकर्मणा ॥ तंप्रत्यषेधज्जननीमासत्वानिविजीजहि ७ सोश्वमेधशतेनेष्ट्वायमुनामनुवीर्यवान् ॥ त्रिशताश्वान्सरस्वत्यांगंगामनुचतुःशतान् ८ सोऽश्वमेधसहस्रेणराजसूयशतेनच ॥ पुनरीजेमहायज्ञैःसमाप्तवरदक्षिणैः ९ अग्निष्टोमातिरात्राभ्यामिष्ट्वाविश्वजिताअपि ॥ वाजपेयसहस्राणांसहस्रैश्चसुसंवृतैः १० इष्ट्वाशाकुंतलोराजातर्पयित्वाद्विजान्धनैः ॥ सहस्रंयत्रपद्मानांकण्वायभरतोददौ ११ जांबूनदस्यशुद्धस्यकनकस्यमहायशाः ॥ यस्ययूपःशतव्यामःपरिणाहेनकांचनः १२ समागम्यद्विजैःसार्धंसेन्द्रैर्देवैःसमुच्छ्रितः ॥ अलंकृताभ्राजमानान्सर्वरत्नैर्मनोहरैः १३ हैरण्यानश्वान्द्विरदान्रथानुष्ट्रानजाविकम् ॥ दासीदासंधनंधान्यंगाःसवत्साःपयस्विनीः १४ ग्रामान्गृहांश्चक्षेत्राणिविविधांश्चपरिच्छदान् ॥ कोटीशतायुतांश्चैवब्राह्मणेभ्योह्यमन्यत १५ चक्रवर्तीह्यदीनात्माजितारिर्ह्यजितःपरैः ॥ सचेन्ममारसृंजयचतुर्भद्रतरस्त्वया १६ पुत्रात्पुण्यतरस्तुभ्यंमापुत्रमनुतप्यथाः ॥ अयज्वानमदाक्षिण्यमभिश्वैत्येतिव्याहरन् १७ ॥ इतिश्रीमहाभारतेद्रोणपर्वणिअभिमन्युवधपर्वणि षोडशराजकीयेअष्टषष्टितमोऽध्यायः ॥ ६८ ॥ ॥ नारदउवाच ॥ पृथुंवैन्यंचराजानंमृतंसृंजयशुश्रुम ॥ यमभ्यषिंचन्साम्राज्येराजसूयेमहर्षयः १ यत्नतःप्रथितेत्यूचुःसर्वानभिभवन्पृथुः ॥ क्षतान्नस्त्रास्यतेसर्वानित्येवंक्षत्रियोऽभवत् २ पृथुंवैन्यंप्रजादृष्ट्वारक्ताःस्मेतियदब्रुवन् ॥ ततोराजेतिनामास्यअनुरागादजायत ३ अकृष्टपच्यापृथिवीआसीद्वैन्यस्यकामधुक् ॥ सर्वाःकामदुघागावःपुटकेपुटकेमधु ४ आसन्हिरण्मयादर्भाःसुखस्पर्शाःसुखावहाः ॥ तेषांचीराणिसंवीताःप्रजास्तेष्वेवशेरते ५ फलान्यमृतकल्पानिस्वादूनिचमधूनिच ॥ तेषामासीत्तदाऽऽहारोनिराहाराश्चनाभवन् ६ ॥ ॥ ॥

१३ । १४ । १५ । १६ । १७ ॥ इतिद्रोणपर्वणिटीकायामष्टषष्टितमोऽध्यायः ॥ ६८ ॥ पृथुमिति १ प्रथितापृथ्वीअनेनेतिपृथुरित्यर्थः २ । ३ । ४ तेषांदर्भाणामेवचीराणिवल्कलानियैःप्रजाःसंवीतास्तान्येवपरिधानीयानिशयनानिचेत्यर्थः ५ । ६ ॥ ॥ ॥ ॥

७ । ८ । ध्वजभंगस्तोरणादिना ९ । १० । ११ । १२ । १३ । १४ । १५ । १६ । १७ । १८ दोग्धेतिचाह्वस्तोऽपि देववत्समिर्यदुग्धं पात्रमप्यर्थान्मनएवेतिकल्प्यं ग्रंथांतराद्वावत्सपात्रे

अरोगाःसर्वसिद्धार्थामनुष्याह्यकुतोभयाः ॥ न्यवसंतयथाकामंवृक्षेषुचगुहासुच ७ प्रविभागोनराष्ट्राणांपुराणांनाभवत्तदा ॥ यथासुखंयथाकामंतथैतामुदिताः
प्रजाः ८ तस्यसंस्तंभिताह्यापःसमुद्रमभियास्यतः ॥ पर्वताश्चददुर्मार्गंध्वजभंगश्चनाभवत् ९ तंवनस्पतयःशैलादेवासुरनरोरगाः ॥ सप्तर्षयःपुण्यजनागन्धर्वाप्स
रसोऽपिच १० पितरश्चसुखासीनमभिगम्येदमब्रुवन् ॥ सम्राडसिक्षत्रियोऽसिराजागोप्तापिताऽसिनः ११ देह्यस्मभ्यंमहाराजप्रभुःसन्नीप्सितान्वरान् ॥ यैर्वयं
शाश्वतीस्तृप्तीर्वर्त्तयिष्यामहेसुखम् १२ तथेत्युक्त्वापृथुर्वैन्योगृहीत्वाऽऽजगवंधनुः ॥ शरांश्चाप्रतिमान्घोरांश्चिंतयित्वाऽब्रवीन्महीम् १३ एह्येहिवसुधेक्षिप्रमेभ्यः
कांक्षितंपयः ॥ ततोदास्यामिभद्रंतेअन्नंयस्ययथेप्सितम् १४ ॥ वसुधोवाच ॥ दुहितृत्वेनमांवीरसंकल्पयितुमर्हसि ॥ तथेत्युक्त्वापृथुःसर्वंविधानमकरोद्वशी
१५ ततोभूतनिकायास्तांवसुधांदुदुहुस्तदा ॥ तांवनस्पतयःपूर्वंसमुत्तस्थुर्दुधुक्षवः १६ साऽतिष्ठद्वत्सलावत्संदोग्धृपात्राणिचेच्छती ॥ वत्सोऽभूत्पुष्पितःशालःप्लक्षो
दोग्धाऽभवत्तदा १७ छिन्नप्ररोहणंदुग्धंपात्रमौदुंबरंशुभम् ॥ उदयःपर्वतोवत्सोमेरुर्दोग्धामहागिरिः १८ रत्नान्योषधयोदुग्धंपात्रमश्ममयंतथा ॥ दोग्धाचा
सीत्सदादेवोदुग्धमूर्जस्करंप्रियम् १९ असुरादुदुहुर्मायामामपात्रेतुतेतदा ॥ दोग्धाद्विमूर्धातत्रासीद्वत्सश्चासीद्विरोचनः २० कृषिंचसस्यंचनरादुदुहुःपृथिवी
तले ॥ स्वायंभुवोमनुर्वत्सस्तेषांदोग्धाऽभवत्पृथुः २१ अलाबुपात्रेचतथाविषंदुग्धावसुंधरा ॥ धृतराष्ट्रोऽभवद्दोग्धातेषांवत्सस्तुतक्षकः २२ सप्तर्षिभिर्ब्रह्म
दुग्धातथाचाक्लिष्टकर्मभिः ॥ दोग्धाबृहस्पतिःपात्रंछंदोवत्सश्चसोमराट् २३ अंतर्धानंचामपात्रेदुग्धापुण्यजनैर्विराट् ॥ दोग्धावैश्रवणस्तेषांवत्सश्चासीद्वृषध्वजः
२४ पुण्यगंधान्पद्मपात्रेगंधर्वाप्सरसोऽदुहन् ॥ वत्सश्चित्ररथस्तेषांदोग्धाविश्वरुचिःप्रभुः २५ स्वधांरजतपात्रेषुदुदुहुःपितरश्चताम् ॥ वत्सोवैवस्वतस्तेषांयमोदोग्धां
तकस्तदा २६ एवंनिकायैस्तैर्दुग्धापयोऽभीष्टंहिसाविराट् ॥ यैर्वर्त्तयंतितेह्यद्यपात्रैर्वत्सैश्चनित्यशः २७ यज्ञैश्चविविधैरिष्ट्वापृथुर्वैन्यःप्रतापवान् ॥ संतर्पयित्वाभू
तानिसर्वैःकामैर्मनःप्रियैः २८ हैरण्यानकरोद्राजायंकेचित्पार्थिवाभुवि ॥ तान्ब्राह्मणेभ्यःप्रायच्छदश्वमेधेमहामखे २९ षष्टिनागसहस्राणिषष्टिनागशतानिच ॥
सौवर्णानकरोद्राजाब्राह्मणेभ्यश्चतान्ददौ ३० इमांचपृथिवींसर्वांमणिरत्नविभूषिताम् ॥ सौवर्णीमकरोद्राजाब्राह्मणेभ्यश्चतान्ददौ ३१ सचेन्ममारसृंजयचतुर्भद्रत
रस्त्वया ॥ पुत्रात्पुण्यतरस्तुभ्यंमापुत्रमनुतप्यथाः ३२ अयज्वानमदाक्षिण्यमभिश्वैत्येतिव्याहरन् ३३ इतिश्रीम०द्रो०अभिमन्युवधपर्वणिषोडशराजकीयेएको
नसप्ततितमोऽध्यायः ॥ ६९ ॥ नारदउवाच ॥ रामोमहातपाःशूरोवीरलोकनमस्कृतः ॥ जामदग्न्योऽप्यतियशाअवितृप्तोमरिष्यति १ ॥

ज्ञेये एवमन्यत्रापि १९ । २० २१ । २२ । २३ । विराट्पृथिवी २४ । २५ । २६ । २७ । २८ पार्थिवाःपृथ्वीसंबंधिपदार्थाः २९ । ३० । ३१ । ३२ । इतिद्रोणपर्वणि
टीकायामेकोनसप्ततितमोऽध्यायः ॥ ६९ ॥ ॥ ॥ येभूतास्तेऽतीता येवर्तमानास्तेऽपिमरिष्यंत्येवेत्याह रामइति १ ॥ ॥ ॥ ॥

योरामः इमांपृथ्वींसुखामनुपद्रवांकुर्वन् आद्यमादियुगविहितंधर्ममनुपर्येतिस्म अनुप्रवर्तितवानित्यर्थः २ क्षत्रियैःकार्तवीर्यपुत्रैः अब्रुवन्नविकत्थयन् ३ मृत्योर्मृत्युमवधीकृत्य ४ तस्मिंस्तन्मध्येएवदंतकूरंतदेशा

यःस्माऽऽद्यमनुपर्येतिभूमिंकुर्वन्निमांसुखाम् ॥ नचासीद्विक्रियायस्यप्राप्यश्रियमनुत्तमाम् २ यःक्षत्रियैःपरामृष्टेवत्सेपितरिचाब्रुवन् ॥ ततोऽवधीत्कार्तवीर्यमजितं
समरेपरैः ३ क्षत्रियाणांचतुःषष्टिमयुतानिसहस्रशः ॥ तदामृत्योःसमेतानिएकेनधनुषाऽजयत् ४ ब्रह्मद्विषांचाथतस्मिन्सहस्राणिचतुर्दश ॥ पुनरन्यान्निजग्राहदं
तकूरंजघानह ५ सहस्रंमुसलेनाहन्सहस्रमसिनावधीत् ॥ उद्बंधनात्सहस्रंचसहस्रमुदकेधृतम् ६ दंतान्भंक्त्वासहस्रस्यकर्णान्नासान्यकृंतत ॥ ततःसप्तसहस्राणांकटु
धूपमपाययत् ७ शिष्टान्बद्ध्वाचहत्वावैतेषांमूर्ध्निविभिद्यच ॥ गुणावतीमुत्तरेणखांडवाद्दक्षिणेनच ॥ गिर्यंतेशतसाहस्राहैहयाःसमरेहताः ८ सरथाश्वगजावीरानि
हतास्तत्रशेरते ॥ पितुर्वधामर्षितेनजामदग्न्येनधीमता ९ निजघ्नेदशसाहस्रान्रामःपरशुनातदा ॥ नह्यमृष्यतताःवाचोयास्तैर्भृशमुदीरिताः १० भृगोरामाभिधावेति
यदाऽऽक्रंदन्द्विजोत्तमाः ॥ ततःकाश्मीरदरदान्कुंतिक्षुद्रकमालवान् ११ अंगवंगकलिंगांश्चविदेहांस्ताम्रलिप्तकान् ॥ रक्षोवाहान्वीतिहोत्रांस्त्रिगर्त्तान्मार्तिकाव
तान् १२ शिबीनन्यांश्चराजन्यान्देशान्देशान्सहस्रशः ॥ निजघानशितैर्बाणैर्जामदग्न्यःप्रतापवान् १३ कोटीशतसहस्राणिक्षत्रियाणांसहस्रशः ॥ इंद्रगोपकवर्णस्य
बंधुजीवनिभस्यच १४ रुधिरस्यपरीवाहैःपूरयित्वासरांसिच ॥ सर्वानष्टादशद्वीपान्वशमानीयभार्गवः १५ ईजेक्रतुशतैःपुण्यैःसमाप्तवरदक्षिणैः ॥ वेदीमष्टनलोत्से
धांसौवर्णांविधिनिर्मिताम् १६ सर्वरत्नशतैःपूर्णांपताकाशतमालिनीम् ॥ ग्राम्यारण्यैःपशुगणैःसंपूर्णांचमहीमिमाम् १७ रामस्यजामदग्न्यस्यप्रतिजग्राहकश्यपः ॥
ततःशतसहस्राणिद्विपेन्द्रान्हेमभूषणान् १८ निर्दस्युंपृथिवींकृत्वाशिष्टेष्टजनसंकुलाम् ॥ कश्यपायददौरामोहयमेधेमहामखे १९ त्रिःसप्तकृत्वःपृथिवींकृत्वानिः
क्षत्रियांप्रभुः ॥ इष्ट्वाक्रतुशतैर्वीरोब्राह्मणेभ्योह्यमन्यत २० सप्तद्वीपांवसुमतींमारीचोऽगृह्णतद्द्विजः ॥ रामंप्रोवाचनिर्गच्छवसुधातोममाज्ञया २१ सकश्यपस्यवच
नात्प्रोत्सार्यसरितांपतिम् ॥ इषुपातेयुधांश्रेष्ठःकुर्वन्ब्राह्मणशासनम् २२ अध्यावसद्गिरिश्रेष्ठंमहेन्द्रंपर्वतोत्तमम् ॥ एवंगुणशतैर्युक्तोभृगूणांकीर्तिवर्धनः २३ जाम
दग्न्योह्यतियशामरिष्यतिमहाद्युतिः ॥ त्वयाचतुर्भद्रतरःपुण्यात्पुण्यतरस्तव २४ अयज्वानमदाक्षिण्यंमापुत्रमनुतप्यथाः ॥ एतेचतुर्भद्रतरास्त्वयाभद्रशताधिकाः ॥
मृतानरवरश्रेष्ठमरिष्यंतिचसंजय ॥ २५ ॥ इतिश्रीमहाभारतेद्रोणपर्वणिअभिमन्युवधपर्वणिषोडशराजकीयेसप्ततितमोऽध्यायः ॥ ७० ॥ ॥ व्यासउवाच ॥
पुण्यमाख्यानमायुष्यंश्रुत्वाषोडशराजिकम् ॥ अव्याहरन्नरपतिस्तूष्णीमासीत्ससंजयः १ तमब्रवीत्तथाऽऽसीनंनारदोभगवानृषिः ॥ श्रुतंकीर्तयतोमह्यंगृहीतंतेमहा
द्युते २ आहोस्विदंततोनष्टंश्राद्धंशूद्रीपताविव ॥ सएवमुक्तःप्रत्याहप्रांजलिःसंजयस्तदा ३ ॥ ॥ ॥

धिपतिं ५ उद्बंधनाद्वृक्षशाखावलंबनात् ६ । ७ । ८ । ९ तैराश्रमवासिभिः १० । ११ । १२ । १३ । १४ । १५ अष्टनलेत्यत्रनलशब्दश्चतुर्हस्तवचनः १६ । १७ । १८ । १९ । २० । २१
२२ । २३ । २४ । २५ ॥ इतिद्रोणपर्वणिटीकायांसप्ततितमोऽध्यायः ॥ ७० ॥ ॥ पुण्यमाख्यानमिति १ । २ । ३

विस्मयेनपुण्याख्यानश्रवणजनितचित्तविस्तारेण ४ । ५ । ६ प्रतीतःप्रीतः ७ । ८ । ९ । १० साम्नाहिकःयुद्धोद्यतः ११ । १२ । १३ । १४ अप्राप्यमीहितमीप्सितंकिंचिदपिनशक्यंनसुलभं १५ । १६ अंतान्मरणात् भागवतःसंपत्प्राप्तः द्विजोचितांद्विजैरभिमतां १७ । १८ अघंदुःखं १९ अभिमानंमानातिशयं चिंतयन्नभिलषन्शोकंनकुर्यादितीतिशेषः नशोकःशोकउच्यते किंत्वात्मैवशोकइत्यर्थः २० । २१

एतच्छ्रुत्वामहाबाहोधन्यमाख्यानमुत्तमम् ॥ राजर्षीणांपुराणानांयज्वनांदक्षिणावताम् ४ विस्मयेनहृतेशोकेतमसीवार्कतेजसा ॥ विपाप्मास्म्यव्यथोपेतोब्रूहि
किंकरवाण्यहम् ५ ॥ नारदउवाच ॥ दिष्ट्याऽपहृतशोकस्त्वंवृणीष्वेहयदिच्छसि ॥ तत्तत्प्रपत्स्यसेसर्वंनमृषावादिनोवयम् ६ ॥ सृंजयउवाच ॥ ॥ एतेनैवप्रती
तोऽहंप्रसन्नोयद्भवान्मम ॥ प्रसन्नोयस्यभगवान्नतस्यास्तीहदुर्लभम् ७ ॥ नारदउवाच ॥ ॥ मृतंददानितेपुत्रंदस्युभिर्निहतंवृथा ॥ उद्धृत्यनरकात्कष्टात्पशुव
त्प्रोक्षितंयथा ८ ॥ व्यासउवाच ॥ ॥ प्रादुरासीत्ततःपुत्रःसृंजयस्याद्भुतप्रभः ॥ प्रसन्नेनार्षिणादत्तःकुबेरतनयोपमः ९ ततःसंगम्यपुत्रेणप्रीतिमानभवन्नृपः ॥
ईजेचक्रतुभिःपुण्यैःसमाप्तवरदक्षिणैः १० अकृतार्थश्चभीतश्चनचसान्नाहिकोहतः ॥ अयज्वात्वनपत्यश्चततोऽसौजीवितःपुनः ११ शूरोवीरःकृतार्थश्चप्रताप्यारीन्सह
स्रशः ॥ अभिमन्युर्गतोवीरःपृतनाभिमुखोहतः १२ ब्रह्मचर्येणयान्कांश्चित्प्रज्ञयाचश्रुतेनच ॥ इष्टैश्चक्रतुभिर्यांतितांस्तेपुत्रोऽक्षयान्गतः १३ विद्वांसःकर्मभिःपुण्यैः
स्वर्गमीहंतिनित्यशः ॥ नतुस्वर्गादयंलोकःकाम्यतेस्वर्गवासिभिः १४ तस्मात्स्वर्गगतंपुत्रमर्जुनस्यहतंरणे ॥ नचेहानयितुंशक्यंकिंचिदप्राप्यमीहितम् १५
यांयोगिनोध्यानविविक्तदर्शनाःप्रयांतियांचोत्तमयज्विनोजनाः ॥ तपोभिरिद्धैरनुयांतियांतथातामक्षयांतेतनयोगतोगतिम् १६ अंतात्पुनर्भागवतोविराजतेराजे
ववीरोह्यमृतात्मरश्मिभिः ॥ तामैन्दवीमात्मतनुंद्विजोचितांगतोऽभिमन्युर्नसशोकमर्हति १७ एवंज्ञात्वास्थिरोभूत्वाजह्यरीन्धैर्यमाप्नुहि ॥ जीवंतएवनःशोच्यानतु
स्वर्गगतोनघ १८ शोचतोहिमहाराजअघमेवाभिवर्धते ॥ तस्माच्छोकंपरित्यज्यश्रेयसेप्रयतेद्बुधः १९ प्रहर्षमभिमानंचसुखप्राप्तिंचचिंतयन् ॥ एतद्बुद्ध्वाबुधाः
शोकंनशोकःशोकउच्यते २० एवंविद्वन्समुत्तिष्ठप्रयतोभवमाशुचः ॥ श्रुतस्तेसंभवोमृत्योस्तपांस्यनुपमानिच २१ सर्वभूतसमत्वंचचंचलाश्वविभूतयः ॥ सृंजय
स्यतुतंपुत्रंमृतंसंजीवितंपुनः २२ एवंविद्वन्महाराजमाशुचःसाधयाम्यहम् ॥ एतावदुक्त्वाभगवांस्तत्रैवांतरधीयत २३ वागीशानेभगवतिव्यासेव्यभ्रनभःप्रभे ॥
गतेमतिमतांश्रेष्ठेसमाश्वास्ययुधिष्ठिरम् २४ पूर्वेषांपार्थिवेन्द्राणांमहेन्द्रप्रतिमौजसाम् ॥ न्यायाधिगतवित्तानांतांश्रुत्वायज्ञसंपदम् २५ संपूज्यमनसाविद्वान्विशो
कोऽभूद्युधिष्ठिरः ॥ पुनश्चाचिंतयद्दीनःकिंस्विद्वक्ष्येधनंजयम् २६ ॥ इतिश्रीमहाभारतेद्रोणपर्वणिअभिमन्युवधपर्वणिषोडशराजकीयेएकसप्ततितमोऽध्यायः ७१ ॥
समाप्तमभिमन्युवधपर्व ॥ अथप्रतिज्ञापर्व ॥ ॥ संजयउवाच ॥ ॥ तस्मिन्नहनिनिर्वृत्तेघोरेप्राणभृतांक्षये ॥ आदित्येऽस्तंगतेश्रीमान्संध्याकालउपस्थिते १
व्यपयातेषुवासायसर्वेषुभरतर्षभ ॥ हत्वासंशप्तकव्रातान्दिव्यैरस्त्रैःकपिध्वजः २ ॥ ॥ ॥ ॥

सृंजयस्यपुत्रमुद्दिश्यचंचलाविभूतयश्चश्रुताईतिशेषानुषंगः २२ । २३ । २४ । २५ । २६ ॥ इतिद्रोणपर्वणिटीकायामेकसप्ततितमोऽध्यायः ॥ ७१ ॥ ॥ तस्मिन्निति १ । २ ॥

३ । ४ श्लिष्टमनुबद्धं ५ । ६ । ७ । ८ । ९ । १० आडंबरैस्तूर्यरवैः ११ । १२ । १३ । १४ । १५ । १६ । १७ । १८ । १९ । २० । २१ । २२

प्रायात्सशिबिरंजिष्णुर्जैत्रमास्थायतंरथम् ॥ गच्छन्नेवचगोविन्दंसाश्रुकंठोऽभ्यभाषत ३ किंनुमेहृदयंत्रस्तंवाक्सज्जतिकेशव ॥ स्यंदंतिचाप्यनिष्टानिगात्रंसीदति
चाप्युत ४ अनिष्टंचैवमेश्लिष्टंहृदयान्नापसर्पति ॥ भुवियेदिक्षुचाप्युग्राउत्पातास्त्रासयंतिमाम् ५ बहुप्रकारादृश्यन्तेसर्वएवाघशंसिनः ॥ अपिस्वस्तिभवेद्राज्ञः
सामात्यस्यगुरोर्मम ६ ॥ वासुदेवउवाच ॥ व्यक्तंशिवंतवभ्रातुःसामात्यस्यभविष्यति ॥ माशुचःकिंचिदेवान्यत्तत्रानिष्टंभविष्यति ७ ॥ संजयउवाच ॥ ततः
संध्यामुपास्यैववीरौवीरावसादने ॥ कथयंतौरणेवृत्तंप्रयातौरथमास्थितौ ८ ततःस्वशिबिरंप्राप्तौहतानंदंहतत्विषम् ॥ वासुदेवोऽर्जुनश्चैवकृत्वाकर्मसुदुष्करम् ९
ध्वस्ताकारंसमालक्ष्यशिबिरंपरवीरहा ॥ बीभत्सुरब्रवीत्कृष्णमस्वस्थहृदयस्ततः १० नदंतिनाद्यतूर्याणिमंगल्यानिजनार्दन ॥ मिश्रादुंदुभिनिर्घोषैःशंखा
श्चाडंबरैःसह ११ वीणानैवाद्यवाद्यंतेशम्यातालस्वनैःसह ॥ मंगल्यानिचगीतानिनगायंतिपठंतिच १२ स्तुतियुक्तानिरम्याणिममानीकेषुबंदिनः ॥
योधाश्चापिहिमांदृष्ट्वानिवर्तन्तेह्यधोमुखाः १३ कर्माणिचयथापूर्वंकृत्वानाभिवदंतिमाम् ॥ अपिस्वस्तिभवेदद्यभ्रातृभ्योमममाधव १४ नहिशुद्ध्यतिमेभावो
दृष्ट्वास्वजनमाकुलम् ॥ अपिपांचालराजस्यविराटस्यचमानद १५ सर्वेषांचैवयोधानांसामग्र्यंस्यान्ममाच्युत ॥ नचमामद्यसौभद्रःप्रहृष्टोभ्रातृभिःसह ॥ रणा
दायांतमुचितंप्रत्युद्यातिहसन्निव १६ ॥ संजयउवाच ॥ एवंसंकथयंतौतौप्रविष्टौशिबिरंस्वकम् ॥ ददृशातेभृशास्वस्थान्पांडवान्नष्टचेतसः १७ दृष्ट्वाभ्रातॄंश्च
पुत्रांश्चविमनावानरध्वजः ॥ अपश्यंश्चैवसौभद्रमिदंवचनमब्रवीत् १८ मुखवर्णोऽप्रसन्नोवःसर्वेषामेवलक्ष्यते ॥ नचाभिमन्युंपश्यामिनचमांप्रतिनन्दथ १९ मया
श्रुतश्चद्रोणेनचक्रव्यूहोविनिर्मितः ॥ नचवस्तस्यभेत्तास्तिविनासौभद्रमर्भकम् २० नचोपदिष्टस्तस्यासीन्मयाऽनीकाद्विनिर्गमः ॥ कच्चिन्नबालोयुष्माभिःपरा
नीकंप्रवेशितः २१ भित्त्वानीकंमहेष्वासःपरेषांबहुशोयुधि ॥ कच्चिन्ननिहतःसंख्येसौभद्रःपरवीरहा २२ लोहिताक्षंमहाबाहुंजातंसिंहमिवाद्रिषु ॥ उपेंद्रसदृ
शंब्रूतकथमायोधनेहतः २३ सुकुमारंमहेष्वासंवासवस्यात्मजात्मजम् ॥ सदाममप्रियंब्रूतकथमायोधनेहतः २४ सुभद्रायाःप्रियंपुत्रंद्रौपद्याःकेशवस्यच ॥ अंबा
याश्चप्रियंनित्यंकोऽवधीत्कालमोहितः २५ सदृशोवृष्णिवीरस्यकेशवस्यमहात्मनः ॥ विक्रमश्रुतमाहात्म्यैःकथमायोधनेहतः २६ वार्ष्णेयीदयितंशूरंमयासत
तलालितम् ॥ यदिपुत्रंनपश्यामियास्यामियमसादनम् २७ मृदुकुंचितकेशांतंबालंबालमृगेक्षणम् ॥ मत्तद्विरदविक्रांतंसिंहपोतमिवोद्गतम् २८ स्मिताभिभा
षिणंदांतंगुरुवाक्यकरंसदा ॥ बाल्येप्यतुलकर्माणंप्रियवाक्यममत्सरम् २९ महोत्साहंमहाबाहुंदीर्घराजीवलोचनम् ॥ भक्तानुकंपिनंदांतंनचनीचानुसारिणम् ३०
कृतज्ञंज्ञानसंपन्नंकृतास्त्रमनिवर्तिनम् ॥ युद्धाभिनंदिनंनित्यंद्विषतांभयवर्धनम् ३१

१६

२३ । २५ । २४ । २६ । २७ । २८ । २९ । ३० । ३१

३२ । ३३ । ३४ । ३५ । ३६ । ३७ । ३८ । ३९ । ४० । ४१ । ४२ । ४३ यथेति कथमर्थे ४४ । ४५ । ४६ । ४७ । ४८ । ४९ यदिमेपितास्यात्तदामेत्राणंस्यादित्यन्वयः

स्वेषांप्रियहितेयुक्तंपितॄणांजयगृद्धिनम् ॥ नचपूर्वंप्रहर्त्तारंसंग्रामेनष्टसंभ्रमम् ३२ यदिपुत्रंनपश्यामियास्यामियमसादनम् ॥ रथेषुगण्यमानेषुगणितंतंमहार
थम् ३३ मयाऽध्यर्धगुणंसंख्येतरुणंबाहुशालिनम् ॥ प्रद्युम्नस्यप्रियंनित्यंकेशवस्यममैवच ३४ यदिपुत्रंनपश्यामियास्यामियमसादनम् ॥ सुनसंसुललाटांतं
स्वक्षिभ्रूदशनच्छदम् ३५ अपश्यतस्तद्वदनंकाशांतिर्हृदयस्यमे ॥ तंत्रीस्वनसुखंरम्यंपुंस्कोकिलसमध्वनिम् ३६ अशृण्वतःस्वनंतस्यकाशांतिर्हृदयस्यमे ॥
रूपंचाप्रतिमंतस्यत्रिदशेश्वापिदुर्लभम् ३७ अपश्यतोहिवीरस्यकाशांतिर्हृदयस्यमे ॥ अभिवादनदक्षंतंपितॄणांवचनेरतम् ३८ नाद्याहंयदिपश्यामिकाशां
तिर्हृदयस्यमे ॥ सुकुमारःसदावीरोमहार्हशयनोचितः ३९ भूमावनाथवच्छेतेनूनंनाथवतांवरः ॥ शयानंसमुपासंतियंपुरापरमस्त्रियः ४० तमद्यविप्रविद्धांगमुपा
संत्यशिवाःशिवाः ॥ यःपुराबोध्यतेसुप्तःसूतमागधबंदिभिः ४१ बोधयंत्यद्यतंनूनंश्वापदाविकृतैःस्वनैः ॥ छत्रच्छायासमुचितंतस्यतद्वदनंशुभम् ४२
नूनमद्यरजोध्वस्तंरणरेणुःकरिष्यति ॥ हापुत्रकावितृप्तस्यसततंपुत्रदर्शने ४३ भाग्यहीनस्यकालेनयथामेनीयसेबलात् ॥ साचसंयमनीनूनंसदासुकृ
तिनांगतिः ४४ स्वभाभिर्मोहितारम्यात्वयात्यर्थंविराजते ॥ नूनंवैवस्वतश्चत्वांवरुणश्चप्रियातिथिम् ४५ शतक्रतुर्धनेशश्चप्राप्तमर्चन्त्यभीरुकम् ॥ एवं
विलप्यबहुधाभिन्नपोतोवणिग्यथा ४६ दुःखेनमहताऽऽविष्टोयुधिष्ठिरमपृच्छत ॥ कच्चित्सकदनंकृत्वापरेषांकुरुनंदन ४७ स्वर्गतोऽभिमुखःसंख्येयुध्य
मानोनरर्षभैः ॥ सनूनंबहुभिर्यत्तैर्युध्यमानोनरर्षभैः ४८ असहायःसहायार्थीमामनुध्यातवान्ध्रुवम् ॥ पीड्यमानःशरैस्तीक्ष्णैःकर्णद्रोणकृपादिभिः ४९ नानालिं
गैःसुधौताग्रैर्ममपुत्रोऽल्पचेतनः ॥ इहमेस्यात्परित्राणंपितेतिसपुनःपुनः ५० इत्येवंविलपन्मन्येनृशंसैर्भुविपातितः ॥ अथवामत्प्रसूतःसस्वस्रीयोमाधवस्यच
५१ सुभद्रायांचसंभूतोनचैवंवक्तुमर्हति ॥ वज्रसारमयंनूनंहृदयंसुदृढंमम ५२ अपश्यतोदीर्घबाहुंरक्ताक्षंयन्नदीर्यते ॥ कथंबालेमहेष्वासानृशंसामर्मभेदिनः ५३
स्वस्रीयेवासुदेवस्यममपुत्रेऽक्षिपन्शरान् ॥ योमांनित्यमदीनात्माप्रत्युद्गम्याभिनंदति ५४ उपायांतंरिपून्हत्वासोऽद्यमांकिंनपश्यति ॥ नूनंसपातितःशेतेधरण्यां
रुधिरोक्षितः ५५ शोभयन्मेदिनींगात्रैरादित्यइवपातितः ॥ सुभद्रामनुशोचामियापुत्रमपलायिनम् ५६ रणेविनिहतंश्रुत्वाशोकार्तावैविनंक्ष्यति ॥ सुभद्रावक्ष्य
तेकिंमामभिमन्युमपश्यती ५७ द्रौपदीचैवदुःखार्तेतेचवक्ष्यामिकिंत्वहम् ॥ वज्रसारमयंनूनंहृदयंयन्नयास्यति ५८ सहस्रधावधूंदृष्ट्वारुदतींशोककर्शिताम् ॥ दृप्तानां
धार्तराष्ट्राणांसिंहनादोमयाश्रुतः ५९ युयुत्सुश्चापिकृष्णेनश्रुतोवीरानुपालभन् ॥ अशक्नुवंतोबीभत्सुंबालंहत्वामहारथाः ६० ॥ ॥

५० । ५१ । ५२ । ५३ । ५४ । ५५ । ५६ । ५७ । ५८ । ५९ । ६०

किंमोदध्वमधर्मज्ञाःपांडवंदृश्यतांबलम् ॥ किंतयोर्विप्रियंकृत्वाकेशवार्जुनयोर्मृधे ६१ सिंहवन्नदथप्रीताःशोककालउपस्थिते ॥ आगमिष्यतिवःक्षिप्रंफलंपापस्यक
र्मणः ६२ अधर्मोहिकृतस्तीव्रःकथंस्यादफलश्चिरम् ॥ इतितान्परिभाषन्वैवैश्यापुत्रोमहामतिः ६३ अपायाच्छस्त्रमुत्सृज्यकोपदुःखसमन्वितः ॥ किमर्थमेतन्ना
ख्यातंत्वयाकृष्णरणेमम ६४ अधाक्षंतानहंक्रूरांस्तदासर्वान्महारथान् ॥ संजयउवाच ॥ पुत्रशोकार्दितंपार्थंध्यायंतंसाश्रुलोचनम् ६५ निगृह्यवासुदेवस्तंपुत्राधिभिर
भिष्टुतम् ॥ मैवमित्यब्रवीत्कृष्णस्तीव्रशोकसमन्वितम् ६६ सर्वेषामेषवैपंथाःशूराणामनिवर्तिनाम् ॥ क्षत्रियाणांविशेषेणयेषांयुद्धेनजीविका ६७ एषावैयुध्यमाना
नांशूराणामनिवर्तिनाम् ॥ विहितासर्वशास्त्रज्ञैर्गतिर्मतिमतांवर ६८ ध्रुवंहियुद्धेमरणंशूराणामनिवर्तिनाम् ॥ गतःपुण्यकृतांलोकानभिमन्युर्नसंशयः ६९ एतच्चसर्व
वीराणांकांक्षितंभरतर्षभ ॥ संग्रामेऽभिमुखोमृत्युंप्राप्नुयादितिमानद ७० सचवीरान्रणेहत्वाराजपुत्रान्महाबलान् ॥ वीरैराकांक्षितंमृत्युंसंप्राप्तोऽभिमुखंरणे ७१
माशुचःपुरुषव्याघ्रपूर्वैरेषसनातनः ॥ धर्मकृद्भिःकृतोधर्मःक्षत्रियाणांरणेक्षयः ७२ इमेतेभ्रातरःसर्वेदीनाभरतसत्तम ॥ त्वयिशोकसमाविष्टेनृपाश्चसुहृदस्तव ७३ एतां
श्चवचसासाम्नासमाश्वासयमानद ॥ विदितंवेदितव्यंतेनशोकंकर्तुमर्हसि ७४ एवमाश्वासितःपार्थःकृष्णेनाद्भुतकर्मणा ॥ ततोऽब्रवीत्तदाभ्रातॄन्सर्वान्पार्थःसगद्गदान्
७५ सदीर्घबाहुःपृथ्वंसोदीर्घराजीवलोचनः ॥ अभिमन्युर्यथावृत्तःश्रोतुमिच्छाम्यहंतथा ७६ सनागस्यंदनहयान्द्रक्ष्यध्वंनिहतान्मया ॥ संग्रामेसानुबंधांस्तान्ममपु
त्रस्यवैरिणः ७७ कथंचवःकृतास्त्राणांसर्वेषांशस्त्रपाणिनाम् ॥ सौभद्रोनिधनंगच्छेद्वज्रिणापिसमागतः ७८ यद्येवमहमज्ञास्यमशक्तान्रक्षणेमम ॥ पुत्रस्यपांडुपं
चालान्मयागुप्तोभवेत्ततः ७९ कथंचवोरथस्थानांशरवर्षाणिमुंचताम् ॥ नीतोऽभिमन्युर्निधनंकदर्थीकृत्यवःपरैः ८० अहोवःपौरुषंनास्तिनचवोऽस्तिपराक्रमः ॥ य
त्राभिमन्युःसमरेपश्यतांवोनिपातितः ८१ आत्मानमेवगर्हेयंयदहंवैसुदुर्बलान् ॥ युष्मानाज्ञायनिर्यातोभीरूनकृतनिश्चयान् ८२ आहोस्विद्भूषणार्थायवर्मशस्त्रायु
धानिवः ॥ वाचस्तुवक्तुंसंसत्सुममपुत्रमरक्षताम् ८३ एवमुक्त्वाततोवाक्यंतिष्ठंश्चापवरासिमान् ॥ नस्माशक्यतबीभत्सुःकेनचित्प्रसमीक्षितुम् ८४ तमंतकमिवक्रु
द्धंनिःश्वसंतंमुहुर्मुहुः ॥ पुत्रशोकाभिसंतप्तमश्रुपूर्णमुखंतदा ८५ नभाषितुंशक्नुवंतिद्रष्टुंवासुहृदोऽर्जुनम् ॥ अन्यत्रवासुदेवाद्वाज्येष्ठाद्वापांडुनंदनात् ८६ सर्वास्ववस्था
सुहितावर्जुनस्यमनोनुगौ ॥ बहुमानात्प्रियत्वाच्चतावेनंवक्तुमर्हतः ८७ ततस्तंपुत्रशोकेनभृशंपीडितमानसम् ॥ राजीवलोचनंक्रुद्धंराजावचनमब्रवीत् ८८ ॥ इति
श्रीमहाभारतेद्रोणपर्वणि प्रतिज्ञापर्वणिअर्जुनकोपेद्विसप्ततितमोऽध्यायः ॥ ७२ ॥ ॥ ॥ ॥

॥ इतिद्रोणपर्वणिटीकायांद्विसप्ततितमोऽध्यायः ॥ ७२ ॥ ॥ ॥ ॥ ॥ ॥ ॥ ॥

म.भा.टी. त्वयीति १ । २ । ३ । ४ । ५ । ६ । ७ । ८ । ९ कौसल्योबृहद्बलः १० । ११ । १२ । १३ । १४ । १५ । १६ । १७ । १८ । १९ । २० । २१ द्रोण० अ० ७३

॥ ४७ ॥ युधिष्ठिरउवाच ॥ त्वयियातेमहाबाहोसंशप्तकबलंप्रति ॥ प्रयत्नमकरोत्तीव्रमाचार्योग्रहणेमम १ व्यूढानीकावयंद्रोणंवारयामःस्मसर्वशः ॥ प्रतिव्यूढ्यरथानीकंयत मानंतथारणे २ सवार्यमाणोरथिभिर्मयिचापिसुरक्षिते ॥ अस्मानभिजगामाशुपीडयन्निशितैःशरैः ३ तेपीड्यमानाद्रोणेनद्रोणानीकंनशक्नुमः ॥ प्रतिवीक्षितुमप्याजौभेत्तुंतत्कुतएववतु ४ वयंत्वप्रतिमंवीर्येसर्वेसौभद्रमात्मजम् ॥ उक्तवंतःस्मतंतातभिंध्यनीकमितिप्रभो ५ सतथानोदितोऽस्माभिःसदश्वइववीर्यवान् ॥ असह्यमपितंभारंवोढुमेवोपचक्रमे ६ सतवास्त्रोपदेशेनवीर्येणचसमन्वितः ॥ प्राविशत्तद्बलंबालःसुपर्णइवसागरम् ७ तेनुयातावयंवीरंसात्वतीपुत्रमाहवे ॥ प्रवेष्टुकामास्तेनैवयेन सप्राविशच्चमूम् ८ ततःसैन्धवकोराजाक्षुद्रस्तातजयद्रथः ॥ वरदानेनरुद्रस्यसर्वान्नःसमवारयत् ९ ततोद्रोणःकृपःकर्णोद्रौणिःकौसल्यएवच ॥ कृतवर्माचसौभद्रंषड्रथाः पर्यवारयन् १० परिवार्यतुतैःसर्वैर्युधिबालोमहारथैः ॥ यतमानःपरंशक्त्याबहुभिर्विरथीकृतः ११ ततोदौःशासनिःक्षिप्रंतथातैर्विरथीकृतम् ॥ संशयंपरमंप्राप्यदिष्टांतेनाभ्ययोजयत् १२ सतुहत्वासहस्राणिनराश्वरथदंतिनाम् ॥ अष्टौरथसहस्राणिनवदंतिशतानिच १३ राजपुत्रसहस्रेद्वेवीरांश्चालक्षितान्बहून् ॥ बृहद्बलंचराजानंस्वर्गेणाजौप्रयोज्यह १४ ततःपरमधर्मात्मादिष्टांतमुपजग्मिवान् ॥ एतावदेवनिर्वृत्तमस्माकंशोकवर्धनम् १५ सचैवंपुरुषव्याघ्रःस्वर्गलोकमवाप्तवान् ॥ ततोऽर्जुनोवचःश्रुत्वाधर्मराजेनभाषितम् १६ हापुत्रइतिनिःश्वस्यव्यथितोन्यपतद्भुवि ॥ विषण्णवदनाःसर्वेपरिवार्यधनंजयम् १७ नेत्रैरनिमिषैर्दीनाःप्रत्यवैक्षन्परस्परम् ॥ प्रतिलभ्यततःसंज्ञांवासविःक्रोधमूर्च्छितः १८ कंपमानोज्वरेणेवनिःश्वसंश्चमुहुर्मुहुः ॥ पाणिंपाणौविनिष्पिष्यश्वसमानोऽश्रुनेत्रवान् १९ उन्मत्तइवविप्रेक्षन्निदंवचनमब्रवीत् ॥ अर्जुनउवाच ॥ सत्यंवःप्रतिजानामिश्वोऽस्मिहंताजयद्रथम् ॥ नचेद्वधभयाद्भीतोधार्तराष्ट्रान्प्रहास्यति २० नचास्मान्शरणंगच्छेत्कृष्णंवापुरुषोत्तमम् ॥ भवंतंवामहाराजश्वोऽस्मिहंताजयद्रथम् २१ धार्तराष्ट्रप्रियकरंमयिविस्मृतसौहृदम् ॥ पापंबालवधेहेतुंश्वोऽस्मिहंताजयद्रथम् २२ रक्षमाणाश्चतंसंख्येयेमांयोत्स्यंतिकेचन ॥ अपिद्रोणकृपौराजन्छादयिष्यामितान्शरैः २३ यद्येतदेवंसंग्रामेनकुर्यांपुरुषर्षभाः ॥ मास्मपुण्यकृतांल्लोकान्प्राप्नुयांशूरसंमतान् २४ येलोकामातृहंतॄणांयेचापिपितृघातिनाम् ॥ गुरुदारगतानांयेपिशुनानांचयेसदा २५ साधूनसूयतांयेचयेचापिपरिवादिनाम् ॥ येचनिक्षेपहर्तॄणांयेचविश्वासघातिनाम् २६ भुक्तपूर्वांस्त्रियंयेचविंदतामघशंसिनाम् ॥ ब्रह्मघ्नानांचयेलोकायेचगोघातिनामपि २७ पायसंवायवान्नंवाशाकंकृसरमेववा ॥ संयावापूपमांसानियेचलोकाश्नृथाऽश्नताम् २८ ॥ ॥ ॥ ॥ ॥ ॥ ४७ ॥

२२ । २३ । २४ । २५ । २६ । भुक्तपूर्वामन्योपभुक्तां विंदतांस्वीकुर्वताम् २७ । २८ ॥ ॥ ॥ ॥

२९ । ३० । ३१ । ३२ आत्मापहारिणांआत्मानमन्यथाप्रकाशयता मिथ्याभिशंसिनांअसद्दोषोत्त्यापरान्दूषयतां संदिश्यमानानांनियुज्यमानानां ३३ । ३४ । ३५ वृषलीशूद्रा कन्याभावेर

तानह्यायाधिगच्छेयंनचेद्धन्यांजयद्रथम् ॥ वेदाध्यायिनमत्यर्थंसंशितंवाद्विजोत्तमम् २९ अवमन्यमानोयान्यातिवृद्धान्साधून्गुरूंस्तथा ॥ स्पृशतोब्राह्मणं गांचपादेनाग्निंचयाभवेत् ३० याप्सुश्लेष्मपुरीषंचमूत्रंवामुंचतांगतिः ॥ तांगच्छेयंगतिंकष्टांनचेद्धन्यांजयद्रथम् ३१ नग्नस्यस्नायमानस्ययाचवंध्यातिथेर्गतिः ॥ उत्कोचिनांमृषोक्तीनांवंचकानांचयागतिः ३२ आत्मापहारिणांयाचयाचमिथ्याभिशंसिनाम् ॥ भृत्यैःसंदिश्यमानानांपुत्रदाराश्रितैस्तथा ३३ असंविभज्यक्षुद्राणांया गतिर्मिष्टमश्नताम् ॥ तांगच्छेयंगतिंघोरांनचेद्धन्यांजयद्रथम् ३४ संश्रितंचापियस्त्यक्त्वासाधुंतद्वचनेरतम् ॥ नबिभर्तिनृशंसात्मानिंदतेचापकारिणम् ३५ अर्हतेप्रातिवेश्यायश्राद्धंयोनददातिच ॥ अनर्हेभ्यश्चयोदद्याद्वृषलीपतयेतथा ३६ मद्यपोभिन्नमर्यादःकृतघ्नोभर्तृनिंदकः ॥ तेषांगतिमियांक्षिप्रंनचेद्धन्यांजयद्रथम् ३७ भुंजानानांतुसव्येनउत्संगेचापिखादताम् ॥ पालाशमासनंचैवतिंदुकैर्दंतधावनम् ३८ येचावजयतांलोकाःस्वपतांचतथोषसि ॥ शीतभीताश्चयेविप्रारणभीता श्चक्षत्रियाः ३९ एककूपोदकग्रामेवेदध्वनिविवर्जिते ॥ षण्मासंतत्रवसतांतथाशास्त्रंविनिंदताम् ४० दिवामैथुनिनांचापिदिवसेपुचशेरते ॥ अगारदाहिनां चैवगरदानांचयेमताः ४१ अग्न्यातिथ्यविहीनाश्चगोपानेषुचविघ्नदाः ॥ रजस्वलांसेवयंतःकन्यांशुल्केनदायिनः ४२ याचवैबहुयाजिनांब्राह्मणानांश्ववृत्तिनाम् ॥ आस्यमैथुनिकानांचयेदिवामैथुनेरताः ४३ ब्राह्मणस्यप्रतिश्रुत्ययोवैलोभाद्ददातिन ॥ तेषांगतिंगमिष्यामिश्वोनहन्यांजयद्रथम् ४४ धर्मादपेतायेचान्येमयानात्रानु कीर्तिताः ॥ येचानुकीर्तितास्तेषांगतिंक्षिप्रमवाप्नुयाम् ४५ यदिव्युष्टामिमांरात्रिंश्वोनहन्यांजयद्रथम् ॥ इमांचाप्यपरांभूयःप्रतिज्ञांमेनिबोधत ४६ यद्यस्मिन्नह तेपापेसूर्योऽस्तमुपयास्यति ॥ इहैवसंप्रवेष्टाहंज्वलितंजातवेदसम् ४७ असुरसुरमनुष्याःपक्षिणोवोरगावापितृरजनिचरावाब्रह्मदेवर्षयोवा ॥ चरमचरमपी दंयत्परंचापितस्मात्तदपिममरिपुंतंरक्षितुंनैवशक्ताः ४८ यदिविशतिरसातलंतदग्र्यंवियदपिदेवपुरंदितेःपुरंवा ॥ तदपिशरशतैरहंप्रभातेभृशमभिमन्युरिपोः शिरोऽभिहर्ता ४९ एवमुक्त्वाविचिक्षेपगांडीवंसव्यदक्षिणम् ॥ तस्यशब्दमतिक्रम्यधनुःशब्दोऽस्पृशद्दिवम् ५० अर्जुनेनप्रतिज्ञातेपांचजन्यंजनार्दनः ॥ प्रद ध्मौतत्रसंक्रुद्धोदेवदत्तंचफाल्गुनः ५१ सपांचजन्योऽच्युतवक्त्रवायुनाभृशंसुपूर्णोदरनिःसृतध्वनिः ॥ जगत्सपातालवियद्दिगीश्वरंप्रकंपयामासयुगात्ययेयथा ५२ ततोवादित्रघोषाश्चप्रादुरासन्सहस्रशः॥ सिंहनादश्चपांडूनांप्रतिज्ञातेमहात्मना ५३ ॥ इतिश्रीमहा०द्रोणप०प्रतिज्ञापर्वणिअर्जुनप्रतिज्ञायांत्रिसप्ततितमोऽध्यायः ७३

जस्वलावा ३६ । ३७ । ३८ । ३९ । ४० । ४१ । ४२ । ४३ । ४४ । ४५ । ४६ । ४७ तदपितेपीत्यर्थः ४८ दितेरिति । कार्यकारणोपचाराद्दैत्यानामित्यर्थः ४९ शब्दंशब्दांतरम् ५० । ५१ । ५२ ५३ ॥ इतिद्रोणपर्वणिटीकायांत्रिसप्ततितमोऽध्यायः ॥ ७३ ॥ ॥ ॥ ॥ ॥

श्रुत्वेति १ । २ । ३ । ४ किलेत्यरुचौ ५ । ६ । ७ । ८ । ९ । १० । ११ । १२ । १३ । १४ । १५ । १६ । १७ । १८ । १९ अक्षौहिण्यइतिप्रत्यक्षौहिणीशेषमादाषोक्तम्

॥ संजयउवाच ॥ श्रुत्वातुतंमहाशब्दंपांडूनांजयगृद्धिनाम् ॥ चारैःप्रवेदितेतत्रसमुत्थायजयद्रथः १ शोकसंमूढहृदयोदुःखेनाभिपरिप्लुतः । मज्जमा
नइवागाधेविपुलेशोकसागरे २ जगामसमितिंराज्ञांसैन्धवोविमृशन्बहु ॥ सतेषांनरदेवानांसकाशेपर्यदेवयत् ३ अभिमन्योःपितुर्भीतःसव्रीडोवाक्यमब्रवीत् ॥
योऽसौपांडोःकिलक्षेत्रेजातःशक्रेणकामिना ४ सनिनीषतिदुर्बुद्धिर्मांकिलेकंयमक्षयम् ॥ तत्स्वस्तिवोऽस्तुयास्यामिस्वगृहंजीवितेप्सया ५ अथवास्त्रप्र
तिबलास्त्रातमांक्षत्रियर्षभाः ॥ पार्थेनप्रार्थितंवीरास्तेसंदत्तममाभयम् ६ द्रोणदुर्योधनकृपाःकर्णमद्रेशबाल्हिकाः ॥ दुःशासनादयःशक्तास्त्रातुंमामंतकार्दितम्
७ किमंगपुनरेकेनफाल्गुनेनजिघांसता ॥ नत्रायेयुर्भवंतोमांसमस्ताःपतयःक्षितेः ८ प्रहर्षंपांडवेयानांश्रुत्वामममहद्भयम्॥ सीदंतिममगात्राणिमुमूर्षोरिवपार्थिवाः ९
वधोनूनंप्रतिज्ञातोममगांडीवधन्वना ॥ तथाहिहृष्टाःक्रोशंतिशोककालेऽपिपांडवाः १० तन्नदेवानगंधर्वानासुरोरगराक्षसाः ॥ उत्सहंतेऽन्यथाकर्तुंकुतएवनराधिपाः
११ तस्मान्मामनुजानीतभद्रंवोऽस्तुनरर्षभाः ॥ अदर्शनंगमिष्यामिनमांद्रक्ष्यंतिपांडवाः १२ एवंविलपमानंतंभयाद्व्याकुलचेतसम् ॥ आत्मकार्यगरीयस्त्वाद्रा
जादुर्योधनोऽब्रवीत् १३ नभेतव्यंनरव्याघ्रकोहित्वांपुरुषर्षभ ॥ मध्येक्षत्रियवीराणांतिष्ठंतंप्रार्थयेद्युधि १४ अहंवैकर्त्तनःकर्णश्चित्रसेनोविविंशतिः ॥ भूरिश्रवाः
शलःशल्योवृषसेनोदुरासदः १५ पुरुमित्रोजयोभोजःकांबोजश्चसुदक्षिणः ॥ सत्यव्रतोमहाबाहुर्विकर्णोदुर्मुखश्चह १६ दुःशासनःसुबाहुश्चकालिंगश्चाप्युदा
युधः ॥ विंदानुविंदावावंत्यौद्रोणोद्रौणिश्चसौबलः १७ एतेचान्येचबहवोनानाजनपदेश्वराः ॥ ससैन्यास्त्वाऽभियास्यंतिव्येतुतेमानसोज्वरः १८ त्वंचा
पिरथिनांश्रेष्ठःस्वयंशूरोऽमितद्युते ॥ सकथंपांडवेयेभ्योभयंपश्यसिसैन्धव १९ अक्षौहिण्योदशैकाचमदीयास्तवरक्षणे ॥ यत्तायोत्स्यंतिमाभैस्त्वंसैंधवव्येतुतेभयम्
२० ॥ संजयउवाच ॥ एवमाश्वासितोराजन्पुत्रेणतवसैन्धवः ॥ दुर्योधनेनसहितोद्रोणंरात्रावुपागमत् २१ उपसंग्रहणंकृत्वाद्रोणायसविशांपते ॥ उपोपविश्य
प्रणतःपर्यपृच्छदिदंतदा २२ निमित्तेदूरपातित्वेलघुत्वेदृढवेधने ॥ ममब्रवीतुभगवान्विशेषंफाल्गुनस्यच २३ विद्याविशेषमिच्छामिज्ञातुमाचार्यतत्त्वतः ॥
अर्जुनस्यात्मनश्चैवयाथातथ्यंप्रचक्ष्वमे २४ द्रोणउवाच ॥ ॥ सममाचार्यकंतातवचैवार्जुनस्यच ॥ योगाद्दुःखोषितत्वाच्चतस्मात्त्वत्तोऽधिकोऽर्जुनः २५
नतुतेयुधिसंत्रासःकार्यःपार्थात्कथंचन ॥ अहंहिरक्षितातातभयात्त्वांनात्रसंशयः २६ नहिमद्बाहुगुप्तस्यप्रभवंत्यमराअपि ॥ व्यूहयिष्यामितंव्यूहंयंपार्थोनतरिष्यति
२७ तस्माद्युद्धयस्वमाभैस्त्वंस्वधर्ममनुपालय ॥ पितृपैतामहंमार्गमनुयाहिमहारथ २८ ॥ ॥ ॥

२० । २१ । उपसंग्रहणंपादाभिवंदनं २२ निमित्तेलक्ष्यभेदने २३ । २४ योगादभ्यासात् । २५ । २६ । २७ । २८ ॥ ॥

२९ । ३० । ३१ । ३२ । ३३ । ३४ । ३५ । ॥ इतिद्रोणपर्वणिटीकायांचतुःसप्ततितमोऽध्यायः ॥ ७४ ॥ ॥ ॥ ॥ प्रतिज्ञातइति १ अशब्दोनिषेधेअज्ञात्वेत्यर्थः २

अधीत्यविधिवद्वेदानग्नयःसुहुतास्त्वया ॥ इष्टंचबहुभिर्यज्ञैर्नतेमृत्युर्भयंकरः २९ दुर्लभंमानुषैर्मन्दैर्महाभाग्यमवाप्यतु ॥ भुजवीर्यार्जिताँल्लोकान्दिव्यान्प्राप्स्य
स्यनुत्तमान् ३० कुरवःपांडवाश्चैववृष्णयोऽन्येचमानवाः ॥ अहंचसहपुत्रेणअध्रुवाइतिचिंत्यताम् ३१ पर्यायेणवयंसर्वेकालेनबलिनाहताः ॥ परलोकंगमिष्या
मःस्वैःस्वैःकर्मभिरन्विताः ३२ तपस्तप्त्वातुयाँल्लोकान्प्राप्नुवंतितपस्विनः ॥ क्षत्रधर्माश्रितावीराःक्षत्रियाःप्राप्नुवंतितान् ३३ एवमाश्वासितोराजाभारद्वाजेन
सैन्धवः ॥ अपानुदद्भयंपार्थाद्युद्धायचमनोदधे ३४ ततःप्रहर्षःसैन्यानांतवाप्यासीद्विशांपते ॥ वादित्राणांध्वनिश्चोग्रःसिंहनादरवैःसह ३५ ॥ इतिश्रीमहाभा
रतेद्रोणपर्वणिप्रतिज्ञापर्वणिजयद्रथाश्वासेचतुःसप्ततितमोऽध्यायः ॥ ७४ ॥ ॥ ॥ संजयउवाच ॥ प्रतिज्ञातेतुपार्थेनसिंधुराजवधेतदा ॥ वासुदेवोमहाबाहु
र्धनंजयमभाषत १ भ्रातॄणांमतमज्ञायत्वयावाचाप्रतिश्रुतम् ॥ सैन्धवंचास्मिहंतेतितत्साहसमिदंकृतम् २ असंमंत्र्यमयासार्धमतिभारोऽयमुद्यतः ॥ कथंतुसर्व
लोकस्यनावहास्याभवेमहि ३ धार्त्तराष्ट्रस्यशिबिरेमयाप्रणिहिताश्चराः ॥ तइमेशीघ्रमागम्यप्रवृत्तिंवेदयंतिनः ४ त्वयावैसंप्रतिज्ञातेसिंधुराजवधेप्रभो ॥ सिंहना
दःसवादित्रःसुमहानिहतैःश्रुतः ५ तेनशब्देनवित्रस्ताधार्तराष्ट्राःससैन्धवाः ॥ नाकस्मात्सिंहनादोऽयमितिमत्वाव्यवस्थिताः ६ सुमहान्शब्दसंपातःकौरवाणां
महाभुज ॥ आसीन्नागाश्वपत्तीनांरथघोषश्चभैरवः ७ अभिमन्योर्वधंश्रुत्वाध्रुवमार्त्तोधनंजयः ॥ रात्रौनिर्यास्यतिक्रोधादितिमत्वाव्यवस्थिताः ८ तैर्यतद्भिरियं
सत्याश्रुतासत्यव्रतस्तव ॥ प्रतिज्ञासिंधुराजस्यवधेराजीवलोचन ९ ततोविमनसःसर्वेत्रस्ताःक्षुद्रमृगाइव ॥ आसन्सुयोधनामात्याःसचराजाजयद्रथः १० अथो
त्थायसहामात्यैर्दीनःशिबिरमात्मनः ॥ आयात्सौवीरसिंधूनामीश्वरोभृशदुःखितः ११ समंत्रकालेसंमंत्र्यसर्वैनैःश्रेयसींक्रियाम् ॥ सुयोधनमिदंवाक्यमब्रवी
द्राजसंसदि १२ मामसौपुत्रहंतेतिश्वोऽभियाताधनंजयः ॥ प्रतिज्ञातोहिसेनायामध्येतेनवधोमम १३ तांनदेवानगंधर्वानासुरोरगराक्षसाः ॥ उत्सहंतेऽन्यथा
कर्तुंप्रतिज्ञांसव्यसाचिनः १४ तेमांरक्षतसंग्रामेमावोमूर्ध्निधनंजयः ॥ पदंकृत्वाऽऽप्नुयाल्लक्ष्यंतस्मादत्रविधीयताम् १५ अथरक्षानमेसंख्येक्रियतेकुरुनंदन ॥
अनुजानीहिमांराजन्गमिष्यामिगृहान्प्रति १६ एवमुक्तस्त्ववाक्शीर्षोविमनाःससुयोधनः ॥ श्रुत्वातंसमयंतस्यध्यानमेवान्वपद्यत १७ तमार्तमभिसंप्रेक्ष्य
राजाकिलससैन्धवः ॥ मृदुचात्महितंचैवसापेक्षमिदमुक्तवान् १८ नेहपश्यामिभवतांतथावीर्येधनुर्धरम् ॥ योऽर्जुनस्यास्त्रमस्त्रेणप्रतिहन्यान्महाहवे १९ वासुदेव
सहायस्यगांडीवंधुन्वतोधनुः ॥ कोऽर्जुनस्याग्रतस्तिष्ठेत्साक्षादपिशतक्रतुः २० ॥ ॥ ॥ ॥

३ । ४ । ५ । ६ । ७ । ८ । ९ । १० । ११ । १२ । १३ । १४ विधीयतांरक्षेतिपरतःसंबध्यते १५ । १६ । १७ । १८ । १९ । २०

२१ । २२ । २३ । २४ संविधानंप्रतिविधानम् २५ । २६ पद्मव्यूहः पश्चार्धेपश्चाद्भागेयस्य सूचीसूचीमुखोव्यूहः २७ । २८ । २९ । ३० ॥ इतिद्रोणपर्वणिटीकायांपंचसप्ततितमोऽध्यायः ॥ ७५॥

महेश्वरोऽपिपार्थेनश्रूयतेयोधितःपुरा ॥ पदातिनामहावीर्योगिरौहिमवतिप्रभुः २१ दानवानांसहस्राणिहिरण्यपुरवासिनाम् ॥ जघानैकरथेनेवदेवराजप्रचोदितः २२ समायुक्तोहिकौन्तेयोवासुदेवेनधीमता ॥ सामरानपिलोकांस्त्रीन्हन्यादितिमतिर्मम २३ सोऽहमिच्छाम्यनुज्ञातुंरक्षितुंवामहात्मना ॥ द्रोणेनसहपुत्रेण वीरेणयदिमन्यसे २४ सराज्ञास्वयमाचार्योभृशमत्रार्थितोऽर्जुन ॥ संविधानंचविहितंरथाश्चकिलसज्जिताः २५ कर्णोभूरिश्रवाद्रौणिर्वृषसेनश्चदुर्जयः ॥ कृपश्चमद्रराजश्चषडेतेऽस्यपुरोगमाः २६ शकटःपद्मकश्चार्धोव्यूहोद्रोणेननिर्मितः ॥ पद्मकर्णिकमध्यस्थःसूचीपार्श्वेजयद्रथः २७ स्थास्यतेरक्षितोवीरैःसिंधुराट्ससुदुर्मदः ॥ धनुष्यस्त्रेचवीर्येचप्राणेचैवतथौरसे २८ अविषह्यतमाह्येतेनिश्चिताःपार्थषड्रथाः ॥ एतानजित्वाषड्रथान्नैवप्राप्योजयद्रथः २९ तेषामेकैकशोवीर्यंषण्णांत्वमनुचिंतय ॥ सहिताहिनरव्याघ्रनशक्याजेतुमंजसा ३० भूयस्तुमंत्रयिष्यामिनीतिमात्महितायवै ॥ मंत्रज्ञैःसचिवैःसार्धंसुहृद्भिःकार्यसिद्धये ३१ ॥ इतिश्रीमहाभारतेद्रोणपर्वणिप्रतिज्ञापर्वणिकृष्णवाक्येपंचसप्ततितमोऽध्यायः ॥ ७५ ॥ अर्जुनउवाच ॥ षड्रथान्धार्तराष्ट्रस्यमन्यसेयान्बलाधिकान् ॥ तेषांवीर्यंममार्धेननतुल्यमितिमेमतिः १ अस्त्रमस्त्रेणसर्वेषामेतेषांमधुसूदन ॥ मयाद्रक्ष्यसिनिर्भिन्नंजयद्रथवधैषिणा २ द्रोणस्यमिषतश्चाहंसगणस्यविलप्यतः ॥ मूर्धानंसिंधुराजस्यपातयिष्यामिभूतले ३ यदिसाध्याश्चरुद्राश्चवसवश्चसहाश्विनः ॥ मरुतश्चसहेन्द्रेणविश्वेदेवाःसहेश्वराः ४ पितरःसहगंधर्वाःसुपर्णाःसागराद्रयः ॥ द्यौर्वियत्पृथिवीचेयंदिशश्चसदिगीश्वराः ५ ग्रामारण्यानिभूतानिस्थावराणिचराणिच ॥ त्रातारःसिंधुराजस्यभवंतिमधुसूदन ६ तथापिबाणैर्निहतंश्वोद्रष्टाऽसिरणे मया ॥ सत्येनचशपेकृष्णतथैवायुधमालभे ७ यस्यगोप्तामहेष्वासस्तस्यपापस्यदुर्मतेः ॥ तमेवप्रथमंद्रोणमभियास्यामिकेशव ८ तस्मिन्द्यूतमिदंबद्धंमन्यतेससुयोधनः तस्मात्तस्यैवसेनाग्रंभित्त्वायास्यामिसैन्धवम् ९ द्रष्टाऽसिश्वोमहेष्वासान्नाराचैस्तिग्मतेजितैः ॥ शृंगाणीवगिरेर्वज्रैर्दार्यमाणान्मयायुधि १० नरनागाश्वदेहेभ्योविस्रविष्यतिशोणितम् ॥ पतद्भ्यःपतितेभ्यश्चविभिन्नेभ्यःशितैःशरैः ११ गांडीवप्रेषिताबाणामनोऽनिलसमाजवे ॥ नृनागाश्वान्विदेहासून्कर्त्तारश्चसहस्रशः १२ यमात्कुबेराद्वरुणादिंद्राद्रुद्राच्चयन्मया ॥ उपात्तमस्त्रंघोरंतद्द्रष्टारोऽत्रनरायुधि १३ ब्राह्मेणास्त्रेणचास्त्राणिहन्यमानानिसंयुगे ॥ मयाद्रष्टासिसर्वेषांसैन्धवस्याभिरक्षिणाम् १४ शरवेगसमुत्कृत्तैराज्ञांकेशवमूर्धभिः ॥ आस्तीर्यमाणांपृथिवींद्रष्टाऽसिश्वोमयायुधि १५ क्रव्यादांस्तर्पयिष्यामिद्रावयिष्यामिशात्रवान् ॥ सुहृदोनंदयिष्यामिप्रमथिष्यामिसैन्धवम् १६ बह्वागस्कृत्कुसंबंधीपापदेशसमुद्भवः ॥ मयासैन्धवकोराजाहतःस्वान्शोचयिष्यति १७ ॥

षड्रथानिति १ । २ । ३ । ४ । ५ । ६ । ७ । ८ । तस्मिन्द्रोणे द्यूतंयुद्धद्यूतं बद्धमिवबद्धमेकांतजयेनस्थिरीकृतम् ९ । १० । ११ । १२ । १३ । १४ । १५ । १६ १७

१८ । १९ । २० । २१ । २२ । २३ नजीयेयंनकेनापिजितोऽस्मि २४ । २५ । २६ । २७ ॥ इतिद्रोणपर्वणिटीकायांषट्सप्ततितमोऽध्यायः ॥ ७६ ॥ ॥ ॥ ॥ तामिति १

सर्वक्षीरान्नभोक्तारंपापाचाररंरणाजिरे ॥ मयासराजकंबाणैर्भिन्नंद्रक्ष्यसिसैंधवम् १८ तथाप्रभातेकर्त्तास्मियथाकृष्णसुयोधनः ॥ नान्यंधनुर्धरंलोकेमंस्यतेमत्स
मंयुधि १९ गांडीवंचधनुर्दिव्यंयोद्धाचाहंनरर्षभ ॥ त्वंचयन्ताहृषीकेशकिंनुस्यादजितंमया २० तवप्रसादाद्भगवन्किंनावाप्तंरणेमम ॥ अविषह्यंहृषीकेशकिंजान
न्मांविगर्हसे २१ यथालक्ष्मस्थिरंचंद्रेसमुद्रेचयथाजलम् ॥ एवमेतांप्रतिज्ञांमेसत्यांविद्धिजनार्दन २२ माऽवमंस्थाममास्त्राणिमाऽवमंस्थाधनुर्दृढम् ॥
माऽवमंस्थावलंबाह्वोर्माऽवमंस्थाधनंजयम् २३ तथाऽभियामिसंग्रामंनजीयेयंजयामिच ॥ तेनसत्येनसंग्रामेहतंविद्धिजयद्रथम् २४ ध्रुवंवैब्राह्मणेसत्यंध्रुवासा
धुषुसन्नतिः ॥ श्रीर्ध्रुवाऽपिचयज्ञेषुध्रुवोनारायणेजयः २५ ॥ संजयउवाच ॥ एवमुक्त्वाहृषीकेशंस्वयमात्मानमात्मना ॥ संदिदेशार्जुनोनर्दन्वासविःकेशवंप्रभुम्
२६ यथाप्रभातांरजनींकल्पितःस्याद्रथोमम ॥ तथाकार्यंत्वयाकृष्णकार्यंहिमहदुद्यतम् २७ ॥ इतिश्रीमहाभारतेद्रोणपर्वणि प्रतिज्ञापर्वणिअर्जुनवाक्येषट्
सप्ततितमोऽध्यायः ॥ ७६ ॥ ॥ ॥ ॥ संजयउवाच ॥ तांनिशांदुःखशोकार्तौनिःश्वसंताविवोरगौ ॥ निद्रांनैवोपलेभातेवासुदेवधनंजयौ १ नरनारा
यणौक्रुद्धौज्ञात्वादेवाःसवासवाः ॥ व्यथिताश्चिंतयामासुःकिंस्विदेतद्भविष्यति २ ववुश्चदारुणावातारूक्षाघोराभिशंसिनः ॥ सकबंधस्तथाऽऽदित्येपरिघःसमदृ
श्यत ३ शुष्काशन्यश्चनिष्पेतुःसनिर्घाताःसविद्युतः ॥ चचालचापिपृथिवीसशैलवनकानना ४ चुक्षुभुश्चमहाराजसागरामकरालयाः ॥ प्रतिस्रोतःप्रवृत्ताश्चतथा
गंतुंसमुद्रगाः ५ रथाश्वनरनागानांप्रवृत्तमधरोत्तरम् ॥ क्रव्यादानांप्रमोदार्थंयमराष्ट्रविवृद्धये ६ वाहनानिशकृन्मूत्रेमुमुचूरुरुदुश्चह ॥ तान्दृष्ट्वादारुणान्सर्वानुत्पा
तान्लोमहर्षणान् ७ सर्वेतेव्यथिताःसैन्यास्त्वदीयाभरतर्षभ ॥ श्रुत्वामहाबलस्योग्रांप्रतिज्ञांसव्यसाचिनः ८ अथकृष्णंमहाबाहुरब्रवीत्पाकशासनिः ॥ आश्वास
यसुभद्रांत्वंभगिनींस्नुषयासह ९ स्नुषांचास्यावयस्याश्चविशोकाःकुरुमाधव ॥ साम्नासत्येनयुक्तेनवचसाऽऽश्वासयप्रभो १० ततोऽर्जुनगृहंगत्वावासुदेवःसुदुर्मनाः ॥
भगिनींपुत्रशोकार्त्तामाश्वासयतदुःखिताम् ११ ॥ वासुदेवउवाच ॥ माशोकंकुरुवार्ष्णेयिकुमारंप्रतिसस्नुषा ॥ सर्वेषांप्राणिनांभीरुनिष्ठैषाकालनिर्मिता १२
कुलेजातस्यधीरस्यक्षत्रियस्यविशेषतः ॥ सदृशंमरणंह्येतत्तवपुत्रस्यमाशुचः १३ दिष्ट्यामहारथोधीरःपितुस्तुल्यपराक्रमः ॥ क्षात्रेणविधिनाप्राप्तोवीराभिलषितां
गतिम् १४ जित्वासुबहुशःशत्रून्प्रेषयित्वाचमृत्यवे ॥ गतःपुण्यकृतांलोकान्सर्वकामदुहोऽक्षयान् १५ तपसाब्रह्मचर्येणश्रुतेनप्रज्ञयाऽपिच ॥ संतोयांगतिमिच्छं
तितांप्राप्तस्तवपुत्रकः १६ वीरसूर्वीरपत्नीत्वंवीरजावीरबांधवा ॥ माशुचस्तनयंभद्रेगतःसपरमांगतिम् १७ ॥ ॥

२ । ३ । ४ । ५ । ६ । ७ । ८ । ९ । १० । ११ । १२ । १३ । १४ । १५ । १६ । १७ ॥

म.भा.टी.

 अवलेपस्यापराधस्य १८ । १९ । २० । २१ । २२ । २३ । २४ । २५ अभियांतिरक्षिष्यंति २६ ॥ इतिद्रोणपर्वणिटीकायांसप्तसप्ततितमोऽध्यायः ॥ ७७ ॥ ॥ ॥ ॥ ॥

द्रोण०

॥५०॥ प्राप्स्यतेचाप्यसौपापःसैन्धवोबालघातकः ॥ अस्यावलेपस्यफलंससुहृद्गणबांधवः १८ व्युष्टायांतुवरारोहेरजन्यांपापकर्मकृत् ॥ नहिमोक्ष्यतिपार्थात्तसप्रविष्टो अ०

ऽप्यमरावतीम् १९ श्वःशिरःश्रोष्यसेतस्यसैन्धवस्यरणेहृतम् ॥ समंतपंचकाद्बाह्यंविशोकाभवमारुदः २० क्षत्रधर्मंपुरस्कृत्यगतःशूरःसतांगतिम् ॥ यांगतिंप्रा ७८

प्नुयामेहयेचान्येशस्त्रजीविनः २१ व्यूढोरस्कोमहाबाहुरनिवर्तीरथप्रणुत् ॥ गतस्तववरारोहेपुत्रःस्वर्गंज्वरंजहि २२ अनुयातश्चपितरंमातृपक्षंचवीर्यवान् ॥

सहस्रशोरिपून्हत्वाहतःशूरोमहारथः २३ आश्वासयस्नुषांराज्ञिमाशुचःक्षत्रियेभृशम् ॥ श्वःप्रियंसुमहच्छ्रुत्वाविशोकाभवनंदिनि २४ यत्पार्थेनप्रतिज्ञातंतत्त

थानतदन्यथा ॥ चिकीर्षितंहितेभर्तुर्नभवेजातुनिष्फलम् २५ यदिचमनुजपन्नगाःपिशाचारजनिचराःपतगाःसुरासुराश्च ॥ रणगतमभियांतिसिंधुराजंनस

भवितासहतैरपिप्रभाते २६ ॥ इतिश्रीमहाभारतेद्रोणपर्वणिप्रतिज्ञापर्वणिसुभद्राश्वासनेसप्तसप्ततितमोऽध्यायः ॥ ७७ ॥ ॥ संजयउवाच ॥ एतच्छ्रुत्वा

वचस्तस्यकेशवस्यमहात्मनः ॥ सुभद्रापुत्रशोकार्त्ताविललापसुदुःखिता १ हापुत्रममंदायाःकथमेत्यासिसंयुगम् ॥ निधनंप्राप्तवांस्ताातपितुस्तुल्यपराक्रमः

२ कथमिंदीवरश्यामंसुदंष्ट्रंचारुलोचनम् ॥ मुखंतेदृश्यतेवत्सगुंठितंरणरेणुना ३ नूनंशूरंनिपतितंत्वांपश्यंत्यनिवर्तिनम् ॥ सुशिरोग्रीवबाह्वंसंव्यूढोरस्कंन

तोदरम् ४ चारूपचितसर्वांगंस्वक्षंशस्त्रक्षताचितम् ॥ भूतानित्वांनिरीक्षंतेनूनंचंद्रमिवोदितम् ५ शयनीयंपुरायस्यस्पर्ध्यास्तरणसंवृतम् ॥ भूमावद्यकथं

शेषेविप्रविद्धःसुखोचितः ६ योन्वास्यतपुरावीरोवरस्त्रीभिर्महाभुजः ॥ कथमन्वास्यतेसोऽद्यशिवाभिःपतितोमृधे ७ योऽस्तूयतपुराहृष्टैःसूतमागधबंदिभिः ॥

सोऽद्यक्रव्याद्गणैर्घोरैर्विनदद्भिरुपास्यते ८ पांडवेषुचनाथेषुवृष्णिवीरेषुवाविभो ॥ पंचालेषुचवीरेषुहतःकेनास्यनाथवत् ९ अतृप्तदर्शनापुत्रदर्शनस्यतवानघ ॥

मंदभाग्यागमिष्यामिव्यक्तमद्ययमक्षयम् १० विशालाक्षंसुकेशांतंचारुवाक्यंसुगंधिच ॥ तवपुत्रकदाभूयोमुखंद्रक्ष्यामिनिर्व्रणम् ११ धिग्बलंभीमसेनस्यधिक्पा

र्थस्यधनुष्मताम् ॥ धिग्वीर्यंवृष्णिवीराणांपंचालानांचधिग्बलम् १२ धिक्केकयांस्तथाचेदीन्मत्स्यांश्चैवाथसृंजयान् ॥ येत्वांरणगतंवीरंनशेकुरभिरक्षितुम्

१३ अद्यपश्यामिपृथिवींशून्यामिवहतत्विषम् ॥ अभिमन्युमपश्यंतीशोकव्याकुललोचना १४ स्वस्रीयंवासुदेवस्यपुत्रंगांडीवधन्वनः ॥ कथंत्वाऽतिरथंवीरंद्रक्ष्या

म्यद्यनिपातितम् १५ एह्येहितृषितोवत्सस्तनौपूर्णौपिबाशुमे ॥ अंकमारुह्यमंदायाह्यतृप्तायाश्चदर्शने १६ हावीरदृष्टोनष्टश्चधनंस्वप्नइवासिमे ॥ अहोह्यनित्यंमानु

ष्यंजलबुद्बुदचंचलम् १७ इमांततरुणींभार्यांतवाधिभिरभिप्लुताम् ॥ कथंसंधारयिष्यामिविवत्सामिवधेनुकाम् १८ ॥ ॥ ॥५०॥

एतदिति १ । २ । ३ । ४ । ५ । ६ । ७ । ८ । ९ । १० । ११ । १२ । १३ । १४ । १५ । १६ । १७ । १८

१९ । २० । २१ । २२ । २३ नैवेशिकंमोपकरणंगृहं नैवेशिकायेतिपाठेगृहाश्रमोन्मुखायविद्याव्रतस्नाताय अभिमतंविवाहोपयुक्तं २४ न्यस्तदंडानांनिरस्ताभिमानानां 'दंडोऽस्त्रीलगुडेपुमान्'

अहोह्यकालेप्रस्थानंकृतवानसिपुत्रक ॥ विहायफलकालेमांसुगृद्धांतवदर्शने १९ नूनंगतिःकृतांतस्यप्राज्ञैरपिसुदुर्विदा ॥ यत्रत्वंकेशवेनाथेसंग्रामेऽनाथवद्धतः २०
यज्वनांदानशीलानांब्राह्मणानांकृतात्मनाम् ॥ चरितब्रह्मचर्याणांपुण्यतीर्थावगाहिनाम् २१ कृतज्ञानांवदान्यानांगुरुशुश्रूषिणामपि ॥ सहस्रदक्षिणानांचयागतिस्ता
मवाप्नुहि ॥२२॥ यागतिर्युद्ध्यमानानांशूराणामनिवर्तिनाम् ॥ हत्वारीन्निहतानांचसंग्रामेतांगतिंव्रज २३ गोसहस्रप्रदातॄणांक्रतुदानांचयागतिः ॥ नैवेशिकंचाभिम
तंददतांयागतिःशुभा २४ ब्राह्मणेभ्यःशरण्येभ्योनिधिंनिदधतांचया ॥ याचापिन्यस्तदंडानांतांगतिंव्रजपुत्रक २५ ब्रह्मचर्येणयांयांतिमुनयःसंशितव्रताः ॥
एकपत्न्यश्चयांयांतितांगतिंव्रजपुत्रक २६ राज्ञांसुचरितैर्याचगतिर्भवतिशाश्वती ॥ चतुराश्रमिणांपुण्यैःपावितानांसुरक्षितैः ॥ २७ दीनानुकंपिनांयाचसततंसं
विभागिनाम् ॥ पैशुन्याच्चनिवृत्तानांतांगतिंव्रजपुत्रक २८ व्रतिनांधर्मशीलानांगुरुशुश्रूषिणामपि ॥ अमोघातिथिनांयाचतांगतिंव्रजपुत्रक २९ कृच्छ्रेषुयाधारय
तामात्मानंव्यसनेषुच ॥ गतिःशोकाग्निदग्धानांतांगतिंव्रजपुत्रक ३० मातापित्रोश्चशुश्रूषांकल्पयंतीहयेसदा ॥ स्वदारनिरतानांचयागतिस्तामवाप्नुहि ३१ ऋतुका
लेस्वकांभार्यांगच्छतांयामनीषिणाम् ॥ परस्त्रीभ्योनिवृत्तानांतांगतिंव्रजपुत्रक ३२ साम्नायेसर्वभूतानिपश्यंतिगतमत्सराः ॥ नारुंतुदानांक्षमिणांयागतिस्तामवा
प्नुहि ३३ मधुमांसनिवृत्तानांमदाद्दंभात्तथाऽनृतात् ॥ परोपतापत्यक्तानांतांगतिंव्रजपुत्रक ३४ ह्रीमंतःसर्वशास्त्रज्ञाज्ञानतृप्ताजितेंद्रियाः ॥ यांगतिंसाधवोयांति
तांगतिंव्रजपुत्रक ३५ एवंविलपतींदीनांसुभद्रांशोककर्शिताम् ॥ अन्वपद्यतपांचालीवैराटिसहितांतदा ३६ ताःप्रकामंरुदित्वाचविलप्यचसुदुःखिताः ॥ उन्मत्त
वत्तदाराजन्विसंज्ञान्यपतन्क्षितौ ३७ सोपचारस्तुकृष्णश्चदुःखितांभृशदुखितः ॥ सिक्त्वाऽम्भसासमाश्वास्यतत्तदुक्त्वाहितंवचः ३८ विसंज्ञकल्पांरुदतींमर्मवि
द्धांप्रवेपतीम् ॥ भगिनींपुंडरीकाक्षइदंवचनमब्रवीत् ३९ सुभद्रेमाशुचःपुत्रंपांचाल्याश्वासयोत्तराम् ॥ गतोऽभिमन्युःप्रथितांगतिंक्षत्रियपुंगवः ४० येचान्येऽपि
कुलेसंतिपुरुषानोवरानने ॥ सर्वेतेतांगतिंयांतुह्यभिमन्योर्यशस्विनः ४१ कुर्यामतद्धयंकर्मक्रियासुसुहृदश्चनः ॥ कृतवान्यादृगद्यैकस्तवपुत्रोमहारथः ४२ एवमाश्वा
स्यभगिनींद्रौपदीमपिचोत्तराम् ॥ पार्थस्यैवमहाबाहुःपार्श्वमागादरिंदमः ४३ ततोऽभ्यनुज्ञायनृपान्कृष्णोबंधूंस्तथार्जुनम् ॥ विवेशांतःपुरेराजंस्तेचजग्मुर्य
थालयम् ४४ इतिश्रीमहाभारतेद्रोणपर्वणिप्रतिज्ञापर्वणिसुभद्राप्रविलापेअष्टसप्ततितमोऽध्यायः ॥ ७८ ॥ ॥ ॥ संजयउवाच ॥ ततोऽर्जुनस्यभवनंप्रवि
श्याप्रतिमंविभुः ॥ स्पृष्ट्वांभःपुंडरीकाक्षःस्थंडिलेशुभलक्षणे १ ॥ ॥ ॥

इत्युपक्रम्य 'दमेयमेऽभिमानेच'इतिमेदिनी २५ एकपत्न्यःपतिव्रताः २६ । २७ । २८ । २९ । ३० । ३१ । ३२ । ३३ । ३४ । ३५ । ३६ । ३७ । ३८ । ३९ । ४० । ४१
४२ । ४३।४४ ॥ इतिद्रोणपर्वणिटीकायामष्टसप्ततितमोऽध्यायः ॥ ७८ ॥ ॥ ॥ ॥ ॥ ॥ ततइति १ ॥ ॥ ॥

॥ ८१ ॥ संतस्तारशुभांशय्यांदर्भैर्वैदूर्यसन्निभैः ॥ ततोमाल्येनविधिवल्लाजैर्गंधैःसुमंगलैः २ अलंचकारतांशय्यांपरिवार्यायुधोत्तमैः ॥ ततःस्पृष्टोदकेपार्थेविनीताःपरिचारकाः ३ अ०
दर्शयंतोऽन्तिकेचक्रुर्नैशंत्रैयंबकंबलिम् ॥ ततःप्रीतमनाःपार्थोगंधमाल्यैश्चमाधवम् ४ अलंकृत्योपहारंतंनैशंतस्मैन्यवेदयत् ॥ स्मयमानस्तुगोविंदःफाल्गुनंप्रत्यभाषत ५
सुप्यतांपार्थभद्रंतेकल्याणायव्रजाम्यहम् ॥ स्थापयित्वाततोद्वाःस्थान्गोप्तॄंश्चात्तायुधान्नरान् ६ दारुकानुगतःश्रीमान्विवेशशिबिरंस्वकम् ॥ शिश्येचशयनेशुभ्रेब ७९.
हुकृत्यंविचिंतयन् ७ पार्थायसर्वंभगवान्शोकदुःखापहंविधिम् ॥ व्यदधात्पुंडरीकाक्षस्तेजोद्युतिविवर्धनम् ८ योगमास्थाययुक्तात्मासर्वेषामीश्वरेश्वरः ॥ श्रेय
स्कामःपृथुयशाविष्णुर्जिष्णुप्रियंकरः ९ नपांडवानांशिबिरेकश्चित्सुष्वापतांनिशाम् ॥ प्रजागरःसर्वजनंह्याविवेशविशांपते १० पुत्रशोकाभितप्तेनप्रतिज्ञातोम
हात्मना ॥ सहसासिंधुराजस्यवधोगांडीवधन्वना ११ तत्कथंनुमहाबाहुर्वासविःपरवीरहा ॥ प्रतिज्ञांसफलांकुर्यादितितेसमचिंतयन् १२ कष्टंहीदंव्यवसितंपांडवेन
महात्मना ॥ सचराजामहावीर्यःपारयत्वर्जुनःसताम् १३ पुत्रशोकाभितप्तेनप्रतिज्ञामहतीकृता ॥ भ्रातरश्चापिविक्रांताबहुलानिबलानिच १४ धृतराष्ट्रस्यपुत्रेणसर्वेत
स्मैनिवेदितम् ॥ सहत्वासैन्धवंसंख्येपुनरेतुधनंजयः १५ जित्वारिपुगणांश्चैवपारयत्वर्जुनोव्रतम् ॥ श्वोऽहत्वासिंधुराजंवैधूमकेतुंप्रवेक्ष्यति १६ नह्यासावनृतंकर्तु
मलंपार्थोधनंजयः ॥ धर्मपुत्रःकथंराजाभविष्यतिमृतेऽर्जुने १७ तस्मिन्हिविजयःकृत्स्नःपांडवेनसमाहितः ॥ यदिनोऽस्तिकृतंकिंचिद्यदिदत्तंहुतंयदि १८ फले
नतस्यसर्वस्यसव्यसाचीजयत्वरीन् ॥ एवंकथयतांतेषांजयमाशंसतांप्रभो १९ कृच्छ्रेणमहताराजन्रजनीव्यत्यवर्तत ॥ तस्यांरजन्यांमध्येतुप्रतिबुद्धोजनार्दनः २०
स्मृत्वाप्रतिज्ञांपार्थस्यदारुकंप्रत्यभाषत ॥ अर्जुनेनप्रतिज्ञातमार्तेनहतबंधुना २१ जयद्रथंवधिष्यामिश्वोभूतइतिदारुक ॥ तत्तुदुर्योधनःश्रुत्वामंत्रिभिर्मंत्रयिष्यति २२
यथाजयद्रथंपार्थोनहन्यादितिसंयुगे ॥ अक्षौहिण्योहिताःसर्वारक्षिष्यंतिजयद्रथम् २३ द्रोणश्चसहपुत्रेणसर्वास्त्रविधिपारगः ॥ एकोवीरःसहस्राक्षोदैत्यदानवद
र्पहा २४ सोऽपितंनोत्सहेताजौहंतुंद्रोणेनरक्षितम् ॥ सोऽहंश्वस्तत्करिष्यामियथाकुंतीसुतोऽर्जुनः २५ अप्राप्तेऽस्तंदिनकरेहनिष्यतिजयद्रथम् ॥ नहिदारानमित्राणि
ज्ञातयोनचबांधवाः २६ कश्चिदन्यःप्रियतरःकुंतीपुत्रान्ममार्जुनात् ॥ अनर्जुनमिमंलोकंमुहूर्तमपिदारुक २७ उदीक्षितुंनशक्तोऽहंभवितानचतत्तथा ॥ अहंवि
जित्यतान्सर्वान्सहसासहयद्विपान् २८ अर्जुनार्थेहनिष्यामिसकर्णान्ससुयोधनान् ॥ श्वोनिरीक्षंतुमेवीर्यंत्रयोलोकामहाहवे २९ धनंजयार्थेसमरेपराक्रांतस्यदा
रुक ॥ श्वोनरेंद्रसहस्राणिराजपुत्रशतानिच ३० साश्वद्विपरथान्याजौविद्रविष्यामिदारुक ॥ श्वस्तांचक्रप्रमथितांद्रक्ष्यसेनृपवाहिनीम् ३१ ॥ ८१ ॥

२५ । २६ । २७ सहसाबलेन २८ । २९ । ३० । ३१

३२ अनुअनुगतः । ३३ । ३४ । ३५ । ३६ । ३७ । ३८ आर्षभेणऋषभस्वरप्रकारेण ३९॥४० । ४१ । ४२ । ४३ । ४४ ॥ इतिद्रोणपर्वणिटीकायामेकोनाशीतितमोऽध्यायः ॥ ७९ ॥ कुंतीपुत्र

मयाक्रुद्धेनसमरेपांडवार्थेनिपातिताम् ॥ श्वःसदेवाःसगंधर्वाःपिशाचोरगराक्षसाः ३२ ज्ञास्यंतिलोकाःसर्वेमांसुहृदंसव्यसाचिनः ॥ यस्तंद्वेष्टिसमांद्वेष्टियस्तंचानुसमाम
नु ३३ इतिसंकल्प्यतांबुद्ध्याशरीरार्धंममार्जुनः ॥ यथात्वंमेप्रभातायामस्यांनिशिरथोत्तमम् ३४ कल्पयित्वायथाशास्त्रमादायव्रजसंयतः ॥ गदांकौमोदकींदिव्यां
शक्तिंचक्रंधनुःशरान् ३५ आरोप्यवैरथेसूतसर्वोपकरणानिच ॥ स्थानंचकल्पयित्वाऽथरथोपस्थेध्वजस्यमे ३६ वैनतेयस्यवीरस्यसमरेरथशोभिनः ॥ छत्रंजांबूनदैर्जा
लैरर्कज्वलनसप्रभैः ३७ विश्वकर्मकृतैर्दिव्यैरश्वानपिविभूषितान् ॥ बलाहकंमेघपुष्पंशैब्यंसुग्रीवमेवच ३८ युक्तान्वाजिवरान्यत्तःकवचीतिष्ठदारुक ॥ पांचजन्य
स्यनिर्घोषमार्षभेणैवपूरितम् ३९ श्रुत्वाचभैरवंनादमुपेयास्त्वंजवेनमाम् ॥ एकाह्नाऽहममर्षंचसर्वदुःखानिचैवह ४० भ्रातुःपैतृष्वसेयस्यव्यपनेष्यामिदारुक ॥
सर्वोपायैर्यतिष्यामियथाबीभत्सुराहवे ४१ पश्यतांधार्त्तराष्ट्राणांहनिष्यतिजयद्रथम् ॥ यस्ययस्यचबीभत्सुर्वधेयत्नंकरिष्यति ॥ आशंसेसारथेतत्रभविताऽस्य
ध्रुवोजयः ४२ ॥ दारुकउवाच ॥ जयएवध्रुवस्तस्यकुतएवपराजयः ॥ यस्यत्वंपुरुषव्याघ्रसारथ्यमुपजग्मिवान् ४३ एवंचैतत्करिष्यामियथामामनुशाससि ॥
सुप्रभातामिमांरात्रिंजयायविजयस्यहि ४४ इतिश्रीमहाभारतेद्रोणपर्वणिप्रतिज्ञापर्वणिकृष्णदारुकसंभाषणेएकोनाशीतितमोऽध्यायः ॥ ७९ ॥ ॥ ॥ ॥
संजयउवाच ॥ कुंतिपुत्रस्तुतंमंत्रंस्मरन्नेवधनंजयः ॥ प्रतिज्ञामात्मनोरक्षन्मुमोहाचिंत्यविक्रमः १ तंतुशोकेनसंतप्तंस्वप्नेकपिवरध्वजम् ॥ आससादमहातेजाध्यायं
तंगरुडध्वजः २ प्रत्युत्थानंचकृष्णस्यसर्वावस्थोधनंजयः॥ नलोपयतिधर्मात्माभक्त्याप्रेम्णाचसर्वदा ३ प्रत्युत्थायचगोविंदंसतस्माआसनंददौ ॥ नचासनेस्वयंबुद्धिंबी
भत्सुर्व्यदधात्तदा ४ ततःकृष्णोमहातेजाजानन्पार्थस्यनिश्चयम् ॥ कुंतीपुत्रमिदंवाक्यमासीनःस्थितमब्रवीत् ५ माविषादेमनःपार्थकृथाःकालोहिदुर्जयः ॥
कालःसर्वाणिभूतानिनियच्छतिपरेविधौ ६ किमर्थंचविषादस्तेतद्ब्रूहिद्विपदांवर ॥ नशोच्यंविदुषांश्रेष्ठशोकःकार्यविनाशनः ७ यत्तुकार्यंभवेत्कार्यंकर्मणातत्समाचर ॥
हीनचेष्टस्ययःशोकःसहिशत्रुर्धनंजय ८ शोचन्नंदयतेशत्रून्कर्शयत्यपिबांधवान् ॥ क्षीयतेचनरस्तस्मान्नत्वंशोचितुमर्हसि ९ इत्युक्तोवासुदेवेनबीभत्सुरपराजितः ॥
आबभाषेतदाविद्वानिदंवचनमर्थवत् १० मयाप्रतिज्ञामहतीजयद्रथवधेकृता ॥ श्वोऽस्मिहंतादुरात्मानंपुत्रघ्नमितिकेशव ११ मत्प्रतिज्ञाविघातार्थंधार्त्तराष्ट्रैः
किलाच्युत ॥ पृष्ठतःसैन्धवःकार्यःसर्वैर्गुप्तोमहारथैः १२ दशचैकाचताःकृष्णअक्षौहिण्यःसुदुर्जयाः ॥ हतावशेषास्तत्रमाहंतमाधवसंख्यया १३ ताभिःपरि
वृतःसंख्येसर्वैश्चैवमहारथैः ॥ कथंशक्येतसंद्रष्टुंदुरात्माकृष्णसैन्धवः १४ ॥ ॥ ॥

स्त्विति १ । २ । ३ । ४ । ५ परेअवश्यंभाविनि विधौविधाने नियच्छतिप्रवर्तयति ६ नशोच्यंशोकोनाचरणीयः ७ कार्यकृत्यं कार्यकरणीयंभवेदित्यन्वयः ८ । ९ । १० । ११ । १२ । १३ । १४

म.भा.टी. ॥ ५२ ॥

१५ दुःखोपायस्यदुःखद्वारस्यप्रतिज्ञायाःविकांक्षाविसंवादःपरिवर्त्ततेप्रतिभाति १६ । १७ । १८ । १९ । २० । २१ । २२ प्रणिहितःसमाहितमनाः २३ । २४ । २५ । २६ । २७ २८

द्रोण० अ० ८०

प्रतिज्ञापारणंचापिनभविष्यतिकेशव ॥ प्रतिज्ञायांचहीनायांकथंजीवतिमद्विधः १५ दुःखोपायस्यमेवीरविकांक्षापरिवर्त्तते ॥ द्रुतंचयातिसविताततएतद्ब्रवीम्यहम् १६ शोकस्थानंतुतच्छ्रुत्वापार्थस्यद्विजकेतनः ॥ संस्पृश्यांभस्ततःकृष्णःप्राङ्मुखःसमवस्थितः १७ इदंवाक्यंमहातेजाबभाषेपुष्करेक्षणः ॥ हितार्थंपांडुपुत्रस्यसैन्धवस्यवधेकृती १८ पार्थपाशुपतंनामपरमास्त्रंसनातनम् ॥ येनसर्वान्मृधेदैत्याञ्जघ्नेदेवोमहेश्वरः १९ यदितद्विदितंतेऽद्यश्वोहंतासिजयद्रथम् ॥ अथाज्ञातंप्रपद्यस्वमनसावृषभध्वजम् २० तंदेवंमनसाध्यात्वाजोषमास्वधनंजय ॥ ततस्तस्यप्रसादात्त्वंभक्तःप्राप्स्यसितन्महत् २१ ततःकृष्णवचःश्रुत्वासंस्पृश्यांभोधनंजयः ॥ भूमावासीनएकाग्रोजगाममनसाभवम् २२ ततःप्रणिहितोब्राह्मेमुहूर्तेशुभलक्षणे ॥ आत्मानमर्जुनोऽपश्यद्गगनेसहकेशवम् २३ पुण्यंहिमवतःपादंमणिमंतंचपर्वतम् ॥ ज्योतिर्भिश्चसमाकीर्णंसिद्धचारणसेवितम् २४ वायुवेगगतिःपार्थःखंभेजेसहकेशवः ॥ केशवेनगृहीतःसदक्षिणेविभुनाभुजे २५ प्रेक्षमाणोबहून्भावाञ्जगामाद्भुतदर्शनान् ॥ उदीच्यांदिशिधर्मात्मासोऽपश्यच्छ्वेतपर्वतम् २६ कुबेरस्यविहारेचनलिनींपद्मभूषिताम् ॥ सरिच्छ्रेष्ठांचतांगंगांवीक्षमाणोबहूदकाम् २७ सदापुष्पफलैर्वृक्षैरुपेतांस्फटिकोपलाम् ॥ सिंहव्याघ्रसमाकीर्णांनानामृगसमाकुलाम् २८ पुण्याश्रमवतींरम्यांमनोज्ञांडजसेविताम् ॥ मंदरस्यप्रदेशांश्चकिन्नरोद्गीतनादितान् २९ हेमरूप्यमयैःशृंगैर्नानौषधिविदीपितान् ॥ तथामंदारवृक्षैश्चपुष्पितैरुपशोभितान् ३० स्निग्धांजनचयाकारंसंप्राप्तःकालपर्वतम् ॥ ब्रह्मतुंगनदीश्चान्यास्तथाजनपदानपि ३१ सतुंगंशतशृंगंचशर्यातिवनमेवच ॥ पुण्यमश्वशिरःस्थानंस्थानमाथर्वणस्यच ३२ वृषदंशंचशैलेंद्रंमहामंदरमेवच ॥ अप्सरोभिःसमाकीर्णंकिन्नरैश्चोपशोभितम् ३३ तस्मिञ्शैलेव्रजन्पार्थःसकृष्णःसमवैक्षत ॥ शुभैःप्रस्रवणैर्जुष्टांहेमधातुविभूषिताम् ३४ चंद्ररश्मिप्रकाशांगींपृथिवींपुरमालिनीम् ॥ समुद्रांश्चाद्भुताकारानपश्यद्बहुलाकरान् ३५ वियद्द्यांपृथिवींचैवतथाविष्णुपदंव्रजन् ॥ विस्मितःसहकृष्णेनक्षिप्तोबाणइवाभ्यगात् ३६ ग्रहनक्षत्रसोमानांसूर्याग्न्योश्चसमत्विषम् ॥ अपश्यततदापार्थोज्वलंतमिवपर्वतम् ३७ समासाद्यतुतंशैलंशैलाग्रेसमवस्थितम् ॥ तपोनित्यंमहात्मानमपश्यद्वृषभध्वजम् ३८ सहस्रमिवसूर्याणांदीप्यमानंस्वतेजसा ॥ शूलिनंजटिलंगौरंवल्कलाजिनवाससम् ३९ नयनानांसहस्रैश्चविचित्रांगंमहौजसम् ॥ पार्वत्यासहितंदेवंभूतसंघैश्चभास्वरैः ४० गीतवादित्रसन्नादैर्हास्यलास्यसमन्वितम् ॥ वल्गितास्फोटितोत्कृष्टैःपुण्यैर्गंधैश्चसेवितम् ४१ स्तूयमानंस्तवैर्दिव्यैर्ऋषिभिर्ब्रह्मवादिभिः ॥ गोप्तारंसर्वभूतानामिष्वासधरमच्युतम् ४२ ॥ ॥ ॥ ॥

२९ । ३० । ३१ । आथर्वणस्यमुनेः ३२ । ३३ । ३४ । ३५ तथाचव्रजन्विष्णुपदमाकाशमभ्यगादित्यन्वयः ३६ । ३७ । ३८ । ३९ । ४० लास्यंनृत्यं वल्गितमितस्ततःप्रचारः आस्फोटितंभुजाडंबरः उत्कृष्टमुच्चैःस्वनितम् ४१ । ४२ ॥ ॥ ॥ ॥ ॥ ॥ ॥

॥ ५२ ॥

४३ लोकानामादिमुपादानं विश्वंजगत्कर्मप्राप्यंयस्य ईशानमप्रतिहतेच्छं अव्ययमविकारं मनसःपरमंप्रवृत्तिनिवृत्तिकारणं योनिमुत्पत्तिस्थानंच ज्योतिषांतेजसांनिधिमधिष्ठानं ४४ परांमूलभूतांप्रकृतिंप्रधानं
साधनंसिद्धेर्निधानं ४५ योगानांयोगदर्शिनांपरंधामपरमाश्रयं दृष्टंसाक्षाद्भूतं ब्रह्मतत्त्वंतद्विदांनिधिरहस्यम ४६ कालइवकोपोयस्य शक्रस्यगुणाऐश्वार्यदयः सूर्यस्यगुणाःप्रतापादयः तेषामुदयोयस्मात ४७
कारणात्मानंकारणैकस्वभावं ४८। ४९। ५० । ५१। ५२। ५३। ५४। भवःसर्वप्रभुत्वात् शर्वःसंहरणात ५५ शांतिःशमप्रधानत्वात ५६ हाविष्योहविष्ययोग्यत्वात

वासुदेवस्तुतंदृष्ट्वाजगामशिरसाक्षितिम् ॥ पार्थेनसहधर्मात्मागृणन्ब्रह्मसनातनम् ४३ लोकादिंविश्वकर्माणमजमीशानमव्ययम् ॥ मनसःपरमंयोनिंखंवायुंज्योतिषां
निधिम् ४४ स्रष्टारंवारिधाराणांभुवश्चप्रकृतिंपराम् ॥ देवदानवयक्षाणांमानवानांचसाधनम् ४५ योगानांचपरंधामदृष्टंब्रह्मविदांनिधिम् ॥ चराचरस्यस्रष्टारंप्र
तिहर्त्तारमेवच ४६ कालकोपंमहात्मानंशक्रसूर्यगुणोदयम् ॥ ववन्देतंतदाकृष्णोवाङ्मनोबुद्धिकर्मभिः ४७ यंप्रपद्यंतिविद्वांसःसूक्ष्माध्यात्मपदैषिणः ॥ तमजंकार
णात्मानंजग्मतुःशरणंभवम् ४८ अर्जुनश्चापितंदेवंभूयोभूयोऽप्यवंदत ॥ ज्ञात्वातंसर्वभूतादिंभूतभव्यभवोद्भवम् ४९ ततस्तावागतौदृष्ट्वानरनारायणावुभौ ॥ सुप्रस
न्नमनाःशर्वःप्रोवाचप्रहसन्निव ५० स्वागतंवोनरश्रेष्ठावुत्तिष्ठेतांगतक्लमौ ॥ किंचवामीप्सितंवीरौमनसःक्षिप्रमुच्यताम् ५१ येनकार्येणसंप्राप्तौयुवांतत्साधयामिकिम् ॥
व्रियतामात्मानःश्रेयस्तत्सर्वंप्रददामिवाम् ५२ ततस्तद्वचनंश्रुत्वाप्रत्युत्थायकृतांजली ॥ वासुदेवार्जुनौशर्वंतुष्टुवातेमहामती ५३ भक्त्यास्तवेनदिव्येनमहात्मा
नावनिंदितौ ५४ ॥ कृष्णार्जुनावूचतुः ॥ नमोभवायशर्वायरुद्रायवरदायच ॥ पशूनांपतयेनित्यमुग्रायचकपर्दिने ५५ महादेवायभीमायत्र्यंबकायचशांतये ॥
ईशानायमखघ्नायनमोऽस्त्वन्धकघातिने ५६ कुमारगुरवेतुभ्यंनीलग्रीवायवेधसे ॥ पिनाकिनेहविष्यायसत्यायविभवेसदा ५७ विलोहितायधूम्रायव्याधायान
पराजिते ॥ नित्यनीलशिखंडायशूलिनेदिव्यचक्षुषे ५८ होत्रेपोत्रेत्रिनेत्रायव्याधायवसुरेतसे ॥ अचिंत्यायांबिकाभर्त्रेसर्वदेवस्तुतायच ५९ वृषध्वजायमुंडायज
टिनेब्रह्मचारिणे ॥ तप्यमानायसलिलेब्रह्मण्यायाजितायच ६० विश्वात्मनेविश्वसृजेविश्वमावृत्त्यतिष्ठते ॥ नमोनमस्तेसेव्यायभूतानांप्रभवेसदा ६१ ब्रह्मवक्त्रा
यसर्वायशंकरायशिवायच ॥ नमोऽस्तुवाचस्पतयेप्रजानांपतयेनमः ६२ नमोविश्वस्यपतयेमहतांपतयेनमः ॥ नमःसहस्रशिरसेसहस्रभुजमृत्यवे ६३ सहस्रनेत्र
पादायनमोऽसंख्येयकर्मणे ॥ नमोहिरण्यवर्णायहिरण्यकवचायच ॥ भक्तानुकंपिनेनित्यंसिध्यतांनोवरःप्रभो ६४ ॥ ॥

सत्यायसदैकस्वभावात् विभुर्व्यापकत्वात ५७ व्याधायमृगहननात द्विरुक्तिर्द्विस्तथाकारणात अनान्प्राप्रणिनःपराजयतीतिअनपराजित्सर्वभूतोत्तमत्वात् नीलशिखंडीनीलकेशत्वात् ५८ होतादीक्षि
तोभावेनहवनशीलत्वात वसुरेताअग्नोरेतःक्षेपणात ५९ मुंडोदीक्षितत्वात ब्रह्मचारीरेतोविधारणात ६० भूतानांप्राणिनांप्रमथादीनां ६१ ब्रह्मवक्त्रोवेदपूर्णमुखत्वात् सर्वःसर्वस्वरूपत्वात शिवोमो
क्षहेतुत्वात वाचस्पतिर्वाङ्मयप्रवर्त्तनात ६२ सहस्रभुजायमृत्यवेचैवमन्यवेइतिपाठः ६३ । ६४ ॥ ॥ ॥ ॥

म.भा.टी. द्रोण०

६५ ॥ इतिद्रोणपर्वणिटीकायामशीतितमोऽध्यायः ॥ ८० ॥ ततइति १ आत्मनामुक्तंस्वूपकल्पितं २ । ३ । ४ । ५ । ६ । ७ । ८ । ९ । १० । ११ । १२ । १३ द्वंद्वंयुगलं १४ । १५ नीललो

॥ संजयउवाच ॥ एवंस्तुत्वामहादेवंवासुदेवःसहार्जुनः ॥ प्रसादयामासभवंतदाह्यस्त्रोपलब्धये ६५ ॥ इतिश्रीमहाभारतेद्रोणपर्वणिअर्जुनस्वप्नेअशीतितमोऽ ध्यायः ॥ ८० ॥ ॥ ॥ ॥ संजयउवाच ॥ ततःपार्थःप्रसन्नात्माप्रांजलिर्वृषभध्वजम् ॥ ददर्शोत्फुल्लनयनःसमस्तंतेजसांनिधिम् १ तंचोपहारंसुकृतं नैशंनैत्यकमात्मना ॥ ददर्शत्र्यंबकाभ्याशेवासुदेवनिवेदितम् २ ततोऽभिपूज्यमनसाकृष्णंशर्वंचपांडवः ॥ इच्छाम्यहंदिव्यमस्त्रमित्यभाषतशंकरम् ३ ततःपार्थ स्यविज्ञायवरार्थेवचनंतदा ॥ वासुदेवार्जुनौदेवःस्मयमानोऽभ्यभाषत ४ स्वागतंवांनरश्रेष्ठौविज्ञातंमनसेप्सितम् ॥ येनकामेनसंप्राप्तौभवद्भ्यांतंददाम्यहम् ५ सरोमृतमयंदिव्यमभ्याशेशत्रुसूदनौ ॥ तत्रमेतद्धनुर्दिव्यंशरश्चनिहितःपुरा ६ येनदेवारयःसर्वेमयायुधिनिपातिताः ॥ ततआनीयतांकृष्णौसशरंधनुरुत्तमम् ७ तथेत्युक्त्वातुतौवीरौसर्वपारिषदैःसह ॥ प्रस्थितौतत्सरोदिव्यंदिव्यैश्वर्यशतैर्युतम् ८ निर्दिष्टंयद्वृषांकेनपुण्यंसर्वार्थसाधकम् ॥ तौजग्मतुरसंभ्रांतौनरनारायणावृषी ९ ततस्तौतत्सरोगत्वासूर्यमंडलसन्निभम् ॥ नागमंतर्जलेघोरंददृशातेऽर्जुनाच्युतौ १० द्वितीयंचापरंनागंसहस्रशिरसंवरम् ॥ वमंतंविपुलाज्वालादृशातेऽग्नि वर्चसम् ११ ततःकृष्णश्चपार्थश्चसंस्पृश्यांभःकृतांजली ॥ तौनागावुपतस्थातेनमस्यंतौवृषध्वजम् १२ गृणंतौवेदविद्वांसौतद्ब्रह्मशतरुद्रियम् ॥ अप्रमेयंप्रणम तोगत्वासर्वात्मनाभवम् १३ ततस्तौरुद्रमाहात्म्याद्धित्वारूपंमहोरगौ ॥ धनुर्बाणश्चशत्रुघ्नंतद्द्वंद्वंसमपद्यत १४ तौतज्जगृहतुःप्रीतौधनुर्बाणंचसुप्रभम् ॥ आजह्रतु र्महात्मानौददतुश्चमहात्मने १५ ततःपार्श्वाद्वृषांकस्यब्रह्मचारीन्यवर्तत ॥ पिंगाक्षस्तपसःक्षेत्रंबलवान्नीललोहितः १६ सतद्गृह्यधनुःश्रेष्ठंतस्थौस्थानंसमाहितः ॥ विचकर्षाथविधिवत्सशरंधनुरुत्तमम् १७ तस्यमौर्वींचमुष्टिंचस्थानंचालक्ष्यपांडवः ॥ श्रुत्वामंत्रंभवप्रोक्तंजग्राहाचिंत्यविक्रमः १८ ससरस्येवतंबाणंमुमोचाति बलःप्रभुः ॥ चकारचपुनर्वीरस्तस्मिन्सरसितद्धनुः १९ ततःप्रीतंभवंज्ञात्वास्मृतिमानर्जुनस्तदा ॥ वरमारण्यकेदत्तंदर्शनंशंकरस्यच २० मनसाचिंतयामासत न्मेसंपद्यतामिति ॥ तस्यतन्मतमाज्ञायप्रीतःप्रादाद्वरंभवः २१ तच्चपाशुपतंघोरंप्रतिज्ञायाश्चपारणम् ॥ ततःपाशुपतंदिव्यमवाप्यपुनरीश्वरात् २२ संहृष्टरोमा दुर्धर्षःकृतंकार्यममन्यत ॥ ववंदतुश्चसंहृष्टौशिरोभ्यांतंमहेश्वरम् २३ अनुज्ञातौक्षणेतस्मिन्भवेनार्जुनकेशवौ ॥ प्राप्तौस्वशिबिरंवीरौमुदापरमयायुतौ २४ तथाभवेनानु मतौमहासुरनिघातिना ॥ इंद्राविष्णूयथाप्रीतौजंभस्यवधकांक्षिणौ २५ ॥ इतिश्रीमहाभारतेद्रोणपर्वणिप्रतिज्ञापर्वणिअर्जुनस्यपुनःपाशुपतास्त्रप्राप्तौ एकाशीतितमोऽध्यायः ॥ ८१ ॥ ॥ ॥ ॥ ॥ ॥

॥५३॥

हितःभगवतोऽपरातनुः १६ स्थानंस्थापनकं १७ जग्राहमनसिकृतवान् १८ । १९ । २० । २१ । २२ । २३ । २४ । २५ । इतिद्रोणपर्वणिटीकायामेकाशीतितमोऽध्यायः ॥ ८१ ॥

तयोरिति १ मधुपार्किकाःमांगल्योपस्थापकाः पाणिस्वनिकाहस्तेनतालस्वनंकुर्वंते मधुपर्किकाःमधुपर्कसमयेपठंतइतिदेवबोधः २ रक्तकंठिनोरंजकस्वराः ३ झर्झराझिल्लिकाः भेर्योबृहड्ढक्काःपणवामुरजाः
आनकाःपटहाः गोमुखाःनागडाः आडंबराश्चक्षुद्रपटहाः दुंदुभ्योढक्काः ४ । ५ । ६ । ७ । ८ भद्रासनेचतुःसमासने ९ कषायेणसर्वौषध्यादिकल्केन १० । ११ अक्लिष्टमनुपहतंवसनंयस्य १२ दीप्तं

संजयउवाच ॥ तयोःसंवदतोरेवंकृष्णदारुकयोस्तथा ॥ साऽत्यगाद्रजनीराजन्नथराजाऽन्वबुध्यत १ पठंतिपाणिस्वनिकामागधामधुपार्किकाः ॥ वैतालिकाश्चसूता
श्चतुष्टुवुःपुरुषर्षभम् २ नर्तकाश्चाप्यनृत्यंतजगुर्गीतानिगायकाः ॥ कुरुवंशस्तवार्थानिमधुरंरक्तकंठिनः ३ मृदंगाझर्झराभेर्यःपणवानकगोमुखाः ॥ आडंबराश्च
शंखाश्चदुंदुभ्यश्चमहास्वनाः ४ एवमेतानिसर्वाणितथान्यान्यपिभारत ॥ वादयंतिसुसंहृष्टाःकुशलाःसाधुशिक्षिताः ५ समेवसमनिर्घोषोमहाञ्छब्दोऽस्पृश
द्दिवम् ॥ पार्थिवप्रवरंसुप्तंयुधिष्ठिरमबोधयत् ६ प्रतिबुद्धःसुखंसुप्तोमहार्हेशयनोत्तमे ॥ उत्थायावश्यकार्यार्थंययौस्नानगृहंनृपः ७ ततःशुक्लांबराःस्नातास्तरु
णाःशतमष्टच ॥ स्नापकाःकांचनैःकुंभैःपूर्णैःसमुपतस्थिरे ८ भद्रासनेसूपविष्टःपरिधायांबरंलघु ॥ सस्नौचंदनसंयुक्तैःपानीयैरभिमंत्रितैः ९ उत्सादितःकषाये
णबलवद्भिःसुशिक्षितैः ॥ आप्लुतःसाधिवासेनजलेनससुगंधिना १० राजहंसनिभंप्राप्यउष्णीषंशिथिलार्पितम् ॥ जलक्षयनिमित्तंवैवेष्टयामाससूर्धनि ११ हरि
णाचंदनेनांगमुपलिप्यमहाभुजः ॥ स्रग्वीचाक्लिष्टवसनःप्राङ्मुखःप्रांजलिःस्थितः १२ जजापजप्यंकौन्तेयःसतांमार्गमनुष्ठितः ॥ तत्राग्निशरणंदीप्तंप्रविवेशवि
नीतवत् १३ समिद्भिःसपवित्राभिरग्निमाहुतिभिस्तथा ॥ मंत्रपूताभिरर्चित्वानिश्चक्रामगृहात्ततः १४ द्वितीयांपुरुषव्याघ्रःकक्ष्यांनिर्गम्यपार्थिवः ॥ ततोवेदवि
दोवृद्धानपश्यद्ब्राह्मणर्षभान् १५ दांतान्वेदव्रतस्नातान्स्नातानवभृथेषुच ॥ सहस्रानुचरान्सौरान्सहस्रंचाष्टचापरान् १६ अक्षतैःसुमनोभिश्चवाचयित्वामहा
भुजः ॥ तान्द्विजान्मधुसर्पिर्भ्यांफलैःश्रेष्ठैःसुमंगलैः १७ प्रादात्कांचनमेकैकंनिष्कंविप्रायपांडवः ॥ अलंकृतंचाश्वशतंवासांसीष्टाश्चदक्षिणाः १८ तथागाःक
पिलादोग्ध्रीःसवत्साःपांडुनंदनः ॥ हेमशृंगारौप्यखुरादत्त्वातेभ्यःप्रदक्षिणम् १९ स्वस्तिकान्वर्धमानांश्चनंद्यावर्तांश्चकांचनान् ॥ माल्यंचजलकुंभांश्चज्वलितंचहु
ताशनम् २० पूर्णान्यक्षतपात्राणिरुचकंरोचनास्तथा ॥ स्वलंकृताःशुभाःकन्यादधिसर्पिर्मधूदकम् २१ मंगल्यान्पक्षिणश्चैवयच्चान्यदपिपूजितम् ॥ दृष्ट्वास्पृ
ष्ट्वाचकौन्तेयोबाह्यांकक्ष्यांततोऽगमत् २२ ततस्तस्यांमहाबाहोस्तिष्ठतःपरिचारकाः ॥ सौवर्णंसर्वतोभद्रंमुक्तावैदूर्यमंडितम् २३ परार्ध्यास्तरणास्तीर्णंसोत्तरच्छद
मृद्धिमत् ॥ विश्वकर्मकृतंदिव्यमुपजह्रुर्वरासनम् २४ तत्रतस्योपविष्टस्यभूषणानिमहात्मनः ॥ उपाजह्रुर्महार्हाणिप्रेष्याःशुभ्राणिसर्वशः २५ मुक्ताभरणवे
षस्यकौन्तेयस्यमहात्मनः ॥ रूपमासीन्महाराजद्विषतांशोकवर्धनम् २६ चामरैश्चंद्ररश्म्याभैर्हेमदण्डैःसुशोभनैः ॥ दोधूयमानैःशुशुभेविद्युद्भिरिवतोयदः २७

ज्वलदग्निं १३ । १४ । १५ सौरान्सूर्योपासकान् १६ । १७ । १८ प्रदक्षिणंकृत्वेतिशेषः १९ स्वस्तिकानालिंगनानि वर्धमानान्शरावान् नंद्यावर्त्तान्संपुटिताग्र्यर्धपात्राणि २० रुचकंमातुलुंगकं २१ । २२
२३ विश्वकर्मकृतंविश्वकर्मप्रणीतेनविधिनानिर्मितं २४ । २५ । २६ । २७

वंद्यमानःस्तूयमानः स्तुत्यर्थंस्यवदेरूपं २८ । २९ । ३० शुद्धांतंकक्ष्याभ्यंतरं ३१ । ३२ स्वागतेनाप्रतिबद्धागमनेन ३३ । ३४ । ३५ ॥ इतिद्रोणपर्वणिटीकायां द्व्यशीतितमोऽध्यायः ॥ ८२ ॥ ततइति

संस्तूयमानःसूतैश्चवंद्यमानश्चबंदिभिः ॥ उपगीयमानोगंधर्वैरास्तेस्मकुरुनंदनः २८ ततोमुहूर्तादासीत्तुस्यंदनानांस्वनोमहान् ॥ नेमिघोषश्चरथिनांखुरघोषश्चवाजि
॥५४॥ नाम् २९ ह्रादेनगजघंटानांशंखानांनिनदेनच ॥ नराणांपदशब्दैश्चकंपतीवस्ममेदिनी ३० ततःशुद्धांतमासाद्यजानुभ्यांभूतलेस्थितः ॥ शिरसावंदनीयंतम
भिवाद्यजनेश्वरम् ३१ कुंडलीबद्धनिस्त्रिंशःसन्नद्धकवचोयुवा ॥ अभिप्रणम्यशिरसाद्वाःस्थोधर्मात्मजायवै ३२ न्यवेदयद्धृषीकेशमुपयांतंमहात्मने ॥ सोऽब्रवीत्पु
रुषव्याघ्रःस्वागतेनैवमाधवम् ३३ अर्घ्यंचैवासनंचास्मैदीयतांपरमार्चितम् ॥ ततःप्रवेश्यवार्ष्णेयमुपवेश्यवरासने ३४ पूजयामासविधिवद्धर्मराजोयुधिष्ठिरः ३५
इतिश्रीमहाभारतेद्रोणपर्वणिप्रतिज्ञापर्वणि युधिष्ठिरसज्जतायांद्व्यशीतितमोऽध्यायः ॥ ८२ ॥ ॥ ॥ संजयउवाच ॥ ततोयुधिष्ठिरोराजाप्रतिनंद्यजनार्दनम् ॥
उवाचपरमप्रीतःकौन्तेयोदेवकीसुतम् १ सुखेनरजनीव्युष्टाकच्चित्तेमधुसूदन ॥ कच्चिज्ज्ञानानिसर्वाणिप्रसन्नानितवाच्युत २ वासुदेवोऽपितद्युक्तंपर्यपृच्छद्युधिष्ठि
रम् ॥ ततश्चप्रकृतीःक्षत्तान्यवेदयदुपस्थिताः ३ अनुज्ञातश्चराज्ञासप्रावेशयततंजनम् ॥ विराटंभीमसेनंचधृष्टद्युम्नंचसात्यकिम् ४ चेदिपंधृष्टकेतुंचद्रुपदंचम
हारथम् ॥ शिखंडिनंयमौचैवचेकितानंसकेकयम् ५ युयुत्सुंचैवकौरव्यंपांचाल्यंचोत्तमौजसम् ॥ युधामन्युंसुबाहुंचद्रौपदेयांश्चसर्वशः ६ एतेचान्येचबहवःक्षत्रि
याःक्षत्रियर्षभम् ॥ उपतस्थुर्महात्मानंविविशुश्चासनेशुभे ७ एकस्मिन्नासनेवीरावुपविष्टौमहाबलौ ॥ कृष्णश्चयुयुधानश्चमहात्मानौमहाद्युती ८ ततोयुधिष्ठिरस्ते
षांशृण्वतांमधुसूदनम् ॥ अब्रवीत्पुंडरीकाक्षमाभाष्यमधुरंवचः ९ एकंत्वांवयमाश्रित्यसहस्राक्षमिवामराः ॥ प्रार्थयामोजयंयुद्धेशाश्वतानिसुखानिच १० त्वंहि
राज्यविनाशंचद्विषद्भिश्चनिराक्रियाम् ॥ क्लेशांश्चविविधान्कृष्णसर्वांस्तानपिवेदनः ११ त्वयिसर्वेशसर्वेषामस्माकंभक्तवत्सल ॥ सुखमायत्तमत्यर्थंयात्राचमधु
सूदन १२ सतथाकुरुवार्ष्णेययथात्वयिमनोमम ॥ अर्जुनस्ययथासत्याप्रतिज्ञास्याच्चिकीर्षिता १३ सभवांस्तारयत्वस्माद्दुःखामर्षमहार्णवात् ॥ पारंतितीर्षताम
द्यप्लवोनोभवमाधव १४ नहितत्कुरुतेसंख्येरथीरिपुवधोद्यतः ॥ यथावैकुरुतेकृष्णसारथिर्यत्नमास्थितः १५ यथैवसर्वास्वापत्सुपासिवृष्णीन्जनार्दन ॥ तथै
वास्मान्महाबाहोवृजिनात्त्रातुमर्हसि १६ त्वमगाधेऽप्लवेमग्नान्पांडवान्कुरुसागरे ॥ समुद्धरप्लवोभूत्वाशंखचक्रगदाधर १७ नमस्तेदेवदेवेशसनातनविशातन ॥
विष्णोजिष्णोहरेकृष्णवैकुंठपुरुषोत्तम १८ नारदस्त्वांसमाचख्यौपुराणमृषिसत्तमम् ॥ वरदंशार्ङ्गिणंश्रेष्ठंतत्सत्यंकुरुमाधव १९ इत्युक्तःपुंडरीकाक्षोधर्मराजेनसं
सदि ॥ तोयमेघस्वनोवाग्मीप्रत्युवाचयुधिष्ठिरम् २०

१ । २ । ३ । ४ । ५ । ६ । ७ । ८ । ९ । १० निराक्रियामपसारणं ११ यात्रास्थितिः १२ । १३ । १४ । १५ वृजिनाद्व्यसनात् १६ । १७ सनातनअनादिनिधन विशातनसंहर्त्तः कृष्णसं ॥८४॥
सारकर्षक पुरुषोत्तमपरमात्मन् १८ । १९ । २०

२१ युद्धशोण्डःयुद्धप्रवीणः २२ । २३ । २४ । २५ । २६ । २७ । २८ ॥ इतिद्रोणपर्वणिटीकायांत्र्यशीतितमोऽध्यायः ॥ ८३ ॥ ॥ तथेति ॥ १ । २ । ३ । ४ । ५ । ६ । ७ । ८

॥ वासुदेवउवाच ॥ सामरेष्वपिलोकेषुसर्वेषुनतथाविधः ॥ शरासनधरःकश्चिद्यथापार्थोधनंजयः २१ वीर्यवानस्त्रसंपन्नःपराक्रांतोमहाबलः ॥ युद्धशौण्डःसदाम र्षीतेजसापरमोनृणाम् २२ सयुवावृषभस्कंधोदीर्घबाहुर्महाबलः ॥ सिंहर्षभगतिःश्रीमान्द्विषतस्तेहनिष्यति २३ अहंचतत्करिष्यामियथाकुंतीसुतोऽर्जुनः ॥ धार्त्तराष्ट्रस्यसैन्यानिधक्ष्यत्यग्निरिवेन्धनम् २४ अद्यतंपापकर्माणंक्षुद्रंसौभद्रघातिनम् ॥ अपुनर्दर्शनंमार्गमिषुभिःक्षेप्स्यतेर्जुनः २५ तस्याद्यगृध्राःश्येनाश्चचंडगो मायवस्तथा ॥ भक्षयिष्यंतिमांसानियेचान्येपुरुषादकाः २६ यद्यस्यदेवागोप्तारःसेन्द्राःसर्वेतथाप्यसौ ॥ राजधानींयमस्याद्यहतःप्राप्स्यतिसंकुले २७ निहत्यसैन्ध वंजिष्णुरद्यत्वामुपयास्यति ॥ विशोकोविज्वरोराजन्भवभूतिपुरस्कृतः २८ इतिश्रीमहाभारतेद्रोणपर्वणिप्रतिज्ञापर्वणिश्रीकृष्णवाक्ये त्र्यशीतितमोऽध्यायः ८३ संजयउवाच ॥ तथातुवदतांतेषांप्रादुरासीद्धनंजयः ॥ दिदृक्षुर्भरतश्रेष्ठंराजानंससुहृद्गणम् १ तंनिविष्टंशुभांकक्ष्यामभिवंद्याग्रतःस्थितम् ॥ तमुत्थायार्जुनंप्रेम्णा सस्वजेपांडवर्षभः २ मूर्ध्निचैनमुपाघ्रायपरिष्वज्यचबाहुना ॥ आशिषःपरमाःप्रोच्यस्मयमानोऽभ्यभाषत ३ व्यक्तमर्जुनसंग्रामेध्रुवस्तेविजयोमहान् ॥ यादृग्रू पाचतेच्छायाप्रसन्नश्चजनार्दनः ४ तमब्रवीत्ततोजिष्णुर्महदाश्चर्यमुत्तमम् ॥ दृष्टवानस्मिभद्रंतेकेशवस्यप्रसादजम् ५ ततस्तत्कथयामासयथादृष्टंधनंजयः ॥ आ श्वासनार्थंसुहृदांत्र्यंबकेणसमागमम् ६ ततःशिरोभिरवनिंस्पृष्ट्वासर्वेचविस्मिताः ॥ नमस्कृत्यवृषांकायसाधुसाध्वित्यथाऽब्रुवन् ७ अनुज्ञातास्ततःसर्वेसुहृदो धर्मसूनुना ॥ त्वरमाणाःसुसन्नद्धाहृष्टायुद्धायनिर्ययुः ८ अभिवाद्यतुराजानंयुयुधानाच्युतार्जुनाः ॥ हृष्टाविनिर्ययुस्तेवैयुधिष्ठिरनिवेशनात् ९ रथेनैकेनदुर्धर्षौ युयुधानजनार्दनौ ॥ जग्मतुःसहितौवीरावर्जुनस्यनिवेशनम् ॥ तत्रगत्वाहृषीकेशःकल्पयामाससूतवत् १० रथंरथवरस्याजौवानरर्षभलक्षणम् ॥ समेघसम निर्घोषस्तप्तकांचनसप्रभः ११ बभौरथवरःक्लृप्तःशिशुर्दिवसकृद्यथा ॥ ततःपुरुषशार्दूलःसज्जंसज्जपुरःसरः १२ कृताह्निकायपार्थायन्यवेदयततंरथम् ॥ तंतुलो कवरःपुंसांकिरीटीहेमवर्मभृत् १३ चापबाणधरोवाहंप्रदक्षिणमवर्तत ॥ तपोविद्यावयोवृद्धैःक्रियावद्भिर्जितेन्द्रियैः १४ स्तूयमानोजयाशीर्भिरारुरोहमहारथम् ॥ जैत्रैःसांग्रामिकैर्मन्त्रैःपूर्वमेवरथोत्तमम् १५ अभिमंत्रितमर्चिष्मानुदयंभास्करोयथा ॥ सरथेरथिनांश्रेष्ठःकांचनेकांचनावृतः १६ विबभौविमलोऽर्चिष्मान्मेराविवदिवा करः ॥ अन्वारुरुहतुःपार्थंयुयुधानजनार्दनौ १७ शर्यातेर्यज्ञमायांतंयथेन्द्रंदेवमश्विनौ ॥ अथजग्राहगोविंदोरश्मीन्रश्मिविदांवरः १८ मातलिर्वासवस्येववृत्रंहंतुं प्रयास्यतः ॥ सताभ्यांसहितःपार्थोरथप्रवरमास्थितः १९

९ । १० । ११ शिशुर्दिवसकृत्बालःसूर्यः सज्जपुरःसरःसामग्रीसमग्रः १२ । १३ । १४ । १५ । १६ मेरावुदयाद्रौमनोनुकूलार्थेषुसुखसंवेदनंभवति १७ । १८ । १९

म.भा.टी. २० । २१ । २२ प्रयतोमंदः २३ । २४ । २५ प्रदक्षिणंछंदोनुवर्तिनं २६ । २७ । २८ । २९ । ३० । ३१ । ३२ अपेक्षाअनुरोधः ३३ । ३४ । ३५ ॥ इतिद्रोणपर्वणिटीकायांचतुरशीतितमोऽ द्रोण०

॥ ५५ ॥ सहितोबुधशुक्राभ्यांतमोनिघ्नन्यथाशशी ॥ सैन्धवस्यवधंप्रेप्सुःप्रयातःशत्रुपूगहा २० सहांबुपतिमित्राभ्यांयथेंद्रस्तारकामये ॥ ततोवादित्रनिर्घोषैर्मांगल्यैश्चस्त अ०
वैःशुभैः २१ प्रयांतमर्जुनंवीरंमागधाश्चैवतुष्टुवुः ॥ सजयाशीःसपुण्याहःसूतमागधनिःस्वनः २२ युक्तोवादित्रघोषेणतेषांरतिकरोऽभवत् ॥ तमनुप्रयतोवायुः ८५
पुण्यगंधवहःशुभः २३ ववौसंहर्षयन्पार्थंद्विषतश्चापिशोषयन् ॥ ततस्तस्मिन्क्षणेराजन्विविधानिशुभानिच २४ प्रादुरासन्निमित्तानिविजयायबहूनिच ॥
पांडवानांत्वदीयानांविपरीतानिमारिष २५ दृष्ट्वाऽर्जुनोनिमित्तानिविजयायप्रदक्षिणम् ॥ युयुधानंमहेष्वासमिदंवचनमब्रवीत् २६ युयुधानाद्ययुद्धेमेदृश्यते
विजयोध्रुवः ॥ यथाहीमानिलिंगानिदृश्यंतेशिनिपुंगव २७ सोऽहंतत्रगमिष्यामियत्रसैन्धवकोनृपः ॥ यियासुर्यमलोकायममवीर्यंप्रतीक्षते २८ यथापरमकं
कृत्यंसैन्धवस्यवधोमम ॥ तथैवसुमहत्कृत्यंधर्मराजस्यरक्षणम् २९ सत्वमद्यमहाबाहोराजानंपरिपालय ॥ यथैवहिमयागुप्तस्त्वयागुप्तोभवेत्तथा ३० नपश्या
मिचतंलोकेयस्त्वांयुद्धेपराजयेत् ॥ वासुदेवसमंयुद्धेस्वयमप्यमरेश्वरः ३१ त्वयिचाहंपराश्वस्तःप्रद्युम्नेवामहारथे ॥ शक्नुयांसैन्धवंहंतुमनपेक्षोनरर्षभ ३२ म
य्यपेक्षानकर्त्तव्याकथंचिदपिसात्वत ॥ राजन्येवपरागुप्तिःकार्यासर्वात्मनात्वया ३३ नहियत्रमहाबाहुर्वासुदेवोव्यवस्थितः ॥ किंचिद्व्यापद्यतेतत्रयत्राहमपि
चध्रुवम् ३४ एवमुक्तस्तुपार्थेनसात्यकिःपरवीरहा ॥ तथेत्युक्त्वाऽगमत्तत्रयत्रराजायुधिष्ठिरः ३५ ॥ इतिश्रीमहाभारतेद्रोणप० प्रतिज्ञाप० अर्जुनवाक्येचतुर
शीतितमोऽध्यायः ॥ ८४ ॥ ॥ समाप्तंप्रतिज्ञापर्व ॥ अथजयद्रथवधपर्व ॥ ॥ धृतराष्ट्रउवाच ॥ श्वोभूतेकिमकार्षुस्तेदुःखशोकसमन्विताः ॥ अभिमन्यौहते
तत्रकेवाऽयुद्ध्यंतमामकाः १ जानंतस्तस्यकर्माणिकुरवःसव्यसाचिनः ॥ कथंतत्किल्बिषंकृत्वानिर्भयाब्रूहिमामकाः २ पुत्रशोकाभिसंतप्तंक्रुद्धंमृत्युमिवांत
कम् ॥ आयांतंपुरुषव्याघ्रंकथंददृशुराहवे ३ कपिराजध्वजंसंख्येविधुन्वानंमहद्धनुः ॥ दृष्ट्वापुत्रपरिद्यूनंकिमकुर्वतमामकाः ४ किंनुसंजयसंग्रामेवृत्तंदुर्योधनंप्र
ति ॥ परिदेवोमहानद्यश्रुतोमेनाभिनंदनम् ५ बभूवुर्येमनोग्राह्याःशब्दाःश्रुतिसुखावहाः ॥ नश्रूयंतेऽद्यसर्वेतेसैन्धवस्यनिवेशने ६ स्तुवतांनाद्यश्रूयंतेपुत्राणां
शिबिरेमम ॥ सूतमागधसंघानांनर्त्तकानांचसर्वशः ७ शब्देननादिताऽभीक्ष्णमभवद्यत्रमेश्रुतिः ॥ दीनानामद्यतंशब्दंनशृणोमिसमीरितम् ८ निवेशनेसत्य
धृतेःसोमदत्तस्यसंजय ॥ आसीनोऽहंपुरातातशब्दमश्रौषमुत्तमम् ९ तदद्यपुण्यहीनोऽहमार्त्तस्वरनिनादितम् ॥ निवेशनंगतोत्साहंपुत्राणांममलक्षये १० विविं
शतेर्दुर्मुखस्यचित्रसेनविकर्णयोः ॥ अन्येषांचसुतानांमेनतथाश्रूयतेध्वनिः ११ ब्राह्मणाःक्षत्रियावैश्यायंशिष्याःपर्युपासते ॥ द्रोणपुत्रंमहेष्वासंपुत्राणांमेपरायणम् १२ ॥ ५५ ॥

ध्यायः ॥ ८४ ॥ ॥ श्वोभूतेइति १ । २ । ३ पुत्रपरिद्यूनंपुत्रवधदुःखितं ४ । ५ । ६ । ७ यत्रेतितृतीयार्थेसप्तमी । ८ । ९ । १० । ११ । १२

स्वपक्षस्थापनहीनःप्रतिपक्षेप्रतिक्षेपोवितंडा आलापोभाषणं संलापोमिथोभाषणं १३।१४ । १५ । १६ । १७। गणानांसंघानां १८। १९ । २० । २१ । २२ । तीर्थेननिदानेनउपायेनवा कालप्राप्तं

क्ष्वेडालापसंलापैर्हुतवादित्रवादितैः ॥ गीतैश्चविविधैरिष्टैरमतेयोदिवानिशम् १३ उपास्यमानोबहुभिःकुरुपांडवसात्वतैः ॥ सूततस्यगृहेशब्दोनाद्यद्रौणेर्यथा
पुरा १४ द्रोणपुत्रंमहेष्वासंगायनानर्त्तकाश्चये ॥ अत्यर्थमुपतिष्ठंतितेषांनश्रूयतेध्वनिः १५ विंदानुविंदयोःसायंशिबिरेयोमहाध्वनिः १६ श्रूयतेसोऽद्यनतथाकेक
यानांचवेश्मसु ॥ नित्यंप्रमुदितानांचतालगीतस्वनोमहान् १७ नृत्यतांश्रूयतेतातगणानांसोऽद्यनस्वनः ॥ सप्ततंतून्वितन्वानायाजकायमुपासते १८ सौमदत्तिं
श्रुतनिधिंतेषांनश्रूयतेध्वनिः ॥ ज्याघोषोब्रह्मघोषश्चतोमरासिरथध्वनिः १९ द्रोणस्यासीदविरतोगृहेतंनशृणोम्यहम् ॥ नानादेशसमुत्थानांगीतानांयोऽभवत्स्वनः २०
वादित्रनादितानांचसोऽद्यनश्रूयतेमहान् ॥ यदाप्रभृत्युपप्लव्याच्छांतिमिच्छन्जनार्दनः २१ आगतःसर्वभूतानामनुकंपार्थमच्युतः ॥ ततोऽहमब्रुवंसूतमंदंदुर्योधनं
तदा २२ वासुदेवेनतीर्थेनपुत्रसंशाम्यपांडवैः ॥ कालप्राप्तमहंमन्येमात्वंदुर्योधनातिगाः २३ शमंचेद्याचमानंत्वंप्रत्याख्यास्यसिकेशवम् ॥ हितार्थमभिजल्पंतंनतवा
स्तिरणेजयः २४ प्रत्याचष्टसदाशार्हमृषभंसर्वधन्विनाम् ॥ अनुनेयानिजल्पंतमनयान्नान्वपद्यत २५ ततोदुःशासनस्यैवकर्णस्यचमतंद्वयोः ॥ अन्ववर्त्ततमांहि
त्वाकृष्टःकालेनदुर्मतिः २६ नह्यहंद्यूतमिच्छामिविदुरोनप्रशंसति ॥ सैंधवोनेच्छतिद्यूतंभीष्मोनद्यूतमिच्छति २७ शल्योभूरिश्रवाश्चैवपुरुमित्रोजयस्तथा ॥ अश्व
त्थामाकृपोद्रोणोद्यूतंनेच्छंतिसंजय २८ एतेषांमतमादाययदिवर्त्तेतपुत्रकः ॥ सज्ञातिमित्रःससुहृच्चिरंजीवेदनामयः २९ श्लक्ष्णामधुरसंभाषाज्ञातिबंधुप्रियंवदाः ॥
कुलीनाःसंमताःप्राज्ञाःसुखंप्राप्स्यंतिपांडवाः ३० धर्मापेक्षीनरोनित्यंसर्वत्रलभतेसुखम् ॥ प्रेत्यभावेचकल्याणंप्रसादंप्रतिपद्यते ३१ अर्हास्तेपृथिवींभोक्तुंसमर्थाः
साधनेऽपिच ॥ तेषामपिसमुद्रांतापितृपैतामहीमही ३२ वियुज्यमानाःस्थास्यंतिपांडवाधर्मवर्त्मनि ॥ संतिमेज्ञातयस्तातयेषांश्रोष्यंतिपांडवाः ३३ शल्यस्यसो
मदत्तस्यभीष्मस्यचमहात्मनः ॥ द्रोणस्याथविकर्णस्यबाल्हीकस्यकृपस्यच ३४ अन्येषांचैववृद्धानांभरतानांमहात्मनाम् ॥ त्वदर्थंब्रुवतांतातकरिष्यंतिवचोहिते ३५
कंवात्वंमन्यसेतेषांयस्तान्ब्रूयादतोऽन्यथा ॥ कृष्णोनधर्मंसंजह्यात्सर्वेतेहितदन्वयाः ३६ मयापिचोक्तास्तेवीरावचनंधर्मसंहितम् ॥ नान्यथाप्रकरिष्यंतिधर्मात्मा
नोहिपांडवाः ३७ इत्यहंविलपन्सूतबहुशःपुत्रमुक्तवान् ॥ नचमेश्रुतवान्मूढोमन्येकालस्यपर्ययम् ३८ वृकोदरार्जुनौयत्रवृष्णिवीरश्चसात्यकिः ॥ उत्तमौजा
श्चपांचाल्योयुधामन्युश्चदुर्जयः ३९ धृष्टद्युम्नश्चदुर्धर्षःशिखंडीचापराजितः ॥ अश्मकाःकेकयाश्चैवक्षत्रधर्मोचसोमकिः ४० चैद्यश्चचेकितानश्चपुत्रःकाश्य
स्यचाभिभूः ॥ द्रौपदेयाविराटश्चद्रुपदश्चमहारथः ४१ ॥ ॥ ॥ ॥

समयोचितं २३ । २४ अनुनेयानिअनुकूलानि २५ । २६ । २७ । २८ । २९ श्लक्ष्णाऋजवः ३० । ३१ साधनेस्वीकरणे ३२ । ३३ । ३४ । ३५ । ३६ । ३७ । ३८ । ३९ । ४० । ४१

४२ । ४३ । ४४ । ४५ दीर्घदर्शनाद्नागतानुसंधानात् । ४६ । ४७ । ४८ । ४९ यद्यदाउपायातयूयमितिशेषः ५० महदत्यर्थम् ५१ तेषांमध्ये ५२ । ५३ रागोमात्सर्यं 'रागस्तुमात्सर्येलोहि

॥ ५६ ॥

यमौचपुरुषव्याघ्रौमंत्रीचमधुसूदनः ॥ कएतान्जातुयुध्येतलोकेऽस्मिन्वैजिजीविषुः ४२ दिव्यमस्त्रंविकुर्वाणान्प्रसहेद्वापरान्मम ॥ अन्योदुर्योधनात्कर्णाच्छकुने
श्चापिसौबलात् ४३ दुःशासनचतुर्थानांनान्यंपश्यामिपंचमम् ॥ येषामभीषुहस्तःस्याद्विष्वक्सेनोरथेस्थितः ४४ सन्नद्धश्चार्जुनोयोद्धातेषांनास्तिपराजयः ॥ तेषा
मर्थविलापानांनायंदुर्योधनःस्मरेत् ४५ हतौहिपुरुषव्याघ्रौभीष्मद्रोणौत्वमात्थवै ॥ तेषांविदुरवाक्यानांमुक्तानांदीर्घदर्शनात् ४६ दृष्ट्वेमांफलनिर्वृत्तिंमन्येशोचंति
पुत्रकाः ॥ सेनांदृष्ट्वाऽभिभूतांमेशैनेयेनार्जुनेनच ४७ शून्यान्दृष्ट्वारथोपस्थान्मन्येशोचंतिपुत्रकाः ॥ हिमात्ययेयथाकक्षंशुष्कंवातेरितोमहान् ४८ अग्निर्दहेत्तथासे
नांमामिकांसधनंजयः॥ आचक्ष्वममतत्सर्वंकुशलोह्यसिसंजय ४९ यदुपायातसायाह्नेकृत्वापार्थस्यकिल्बिषम् ॥ अभिमन्यौहतेतातकथमासीन्मनोहिवः ५० नजा
तुतस्यकर्माणियुधिगांडीवधन्वनः ॥ अपकृत्यमहत्तातसोढुंशक्ष्यंतिमामकाः ५१ किन्नुदुर्योधनःकृत्यंकर्णःकृत्यंकिमब्रवीत् ॥ दुःशासनःसौबलश्चतेषामेवंगते
ष्वपि ५२ सर्वेषांसमवेतानांपुत्राणांममसंजय ॥ यद्वृत्तंतातसंग्रामेमंदस्यापनयैर्भृशम् ५३ लोभानुगस्यदुर्बुद्धेःक्रोधेनविकृतात्मनः ॥ राज्यकामस्यमूढस्यरागोप
हतचेतसः ॥ दुर्नीतंवासुनीतंवातन्ममाचक्ष्वसंजय ५४ ॥ इतिश्रीमहाभारतेद्रोणपर्वणिजयद्रथवधपर्वणि धृतराष्ट्रवाक्येपंचाशीतितमोऽध्यायः ॥ ८५ ॥ ॥
॥ संजयउवाच ॥ हंततेसंप्रवक्ष्यामिसर्वंप्रत्यक्षदर्शिवान् ॥ शुश्रूषस्वस्थिरोभूत्वातवह्यपनयोमहान् १ गतोदकेसेतुबंधोयादृक्तादृगयंतव ॥ विलापोनिष्फलो
राजन्माशुचोभरतर्षभ २ अनतिक्रमणीयोऽयंकृतांतस्याद्भुतोविधिः ॥ माशुचोभरतश्रेष्ठदिष्टमेतत्पुरातनम् ३ यदित्वंहिपुराद्यूतात्कुंतीपुत्रंयुधिष्ठिरम् ॥ निव
र्तयेथाःपुत्रांश्चनत्वांव्यसनमाव्रजेत् ४ युद्धकालेपुनःप्राप्तेतदैवभवतायदि ॥ निवर्तितास्युःसंरब्धानत्वांव्यसनमाव्रजेत् ५ दुर्योधनंचाविधेयंबध्नीतेतिपुरायदि ॥
कुरूनचोदयिष्यस्त्वंनत्वांव्यसनमाव्रजेत् ६ नतेबुद्धिव्यभीचारमुपलप्स्यंतिपांडवाः ॥ पंचालावृष्णयःसर्वेयेचान्येऽपिनराधिपाः ७ सकृत्वापितृकर्मत्वंपुत्रंसं
स्थाप्यसत्पथे ॥ वर्तेथायदिधर्मेणनत्वांव्यसनमाव्रजेत् ॥८॥ त्वंतुप्राज्ञतमोलोकेहित्वाधर्मंसनातनम् ॥ दुर्योधनस्यकर्णस्यशकुनेश्चान्वगामतम् ९ तत्तेविलपितंसर्वं
मयाराजन्निशामितम् ॥ अर्थेनिविशमानस्यविषमिश्रंयथामधु १० नामन्यततदाकृष्णोराजानंपांडवंपुरा ॥ नभीष्मंनैवचद्रोणंयथात्वांमन्यतेऽच्युतः ११ अजा
नात्सयदातुत्वांराजधर्मादधश्च्युतम् ॥ तदाप्रभृतिकृष्णस्त्वांनतथाबहुमन्यते १२ परुषाण्युच्यमानांश्चयथापार्थानुपेक्षसे ॥ तस्यानुबंधःप्राप्तस्त्वांपुत्राणांराज्य
कामुक १३ पितृपैतामहंराज्यमपवृत्तंतदाऽनघ ॥ अथपार्थैर्जितांकृत्स्नांपृथिवींप्रत्यपद्यथाः १४ ॥ ॥ ॥ ॥

॥ ५६ ॥

तादिषु'इतिमेदिनी ॥५४॥ इतिद्रोणपर्वणिटीकायांपंचाशीतितमोऽध्यायः ॥ ८५ ॥ ॥ हंतेति १ । २ । ३ । ४ । ५ । ६ तेतवबुद्धेर्व्यभिचारंवैषम्यमुपलप्स्यंत्यनुभविष्यंति ७ । ८ । ९ । १०
मन्यतेबहुमन्यते ११ । १२ । १३ अपवृत्तंसांशयिकंयद्येवंनकरिष्यतितर्हि १४ ॥ ॥ ॥ ॥ ॥

१५ । १६ । १७ । १८ । १९ । २० । २१ । अंतरङ्गैरवरुरवेदिभि २२ । २३ । इतिद्रोणपर्वणिटीकायांषडशीतितमोऽध्यायः ॥ ८६ ॥ ॥ ॥ ॥ तस्यामिति १ । २ । ३ पीतान्पायितो

पांडुनानिर्जितंराज्यंकौरवाणांयशस्तथा ॥ ततश्चाप्यधिकंभूयःपाडवैर्धर्मचारिभिः १५ तेषांतत्तादृशंकर्मत्वामासाद्यसुनिष्फलम् ॥ यत्पित्र्याद्भ्रंशिताराज्यात्त्व
येहामिषगृद्धिना १६ यत्पुनर्युद्धकालेत्वंपुत्रान्गर्हयसेनृप ॥ बहुधाव्याहरन्दोषान्नतद्युपपद्यते १७ नहिरक्षंतिराजानोयुद्ध्यंतोजीवितंरणे ॥ चमूंविगाह्य
पार्थानांयुध्यंतेक्षत्रियर्षभाः १८ यांतुकृष्णार्जुनौसेनांयांसात्यकिवृकोदरौ ॥ रक्षेरन्कोनुतांयुद्ध्येच्चमूमन्यत्रकौरवैः १९ येषांयोद्धागुडाकेशोयेषांमंत्रीजनार्दनः ॥
येषांचसात्यकिर्योद्धायेषांयोद्धावृकोदरः २० कोहितान्विषहेद्योद्धुंमर्त्यधर्माधनुर्धरः॥ अन्यत्रकौरवेयेभ्योयेवातेषांपदानुगाः २१ यावत्तुशक्यतेकर्तुमंतरङ्गैर्जनाधिपैः ॥
क्षत्रधर्मरतैःशूरैस्तावत्कुर्वंतिकौरवाः २२ यथातुपुरुषव्याघ्रैर्युद्धंपरमसंकटम् ॥ कुरूणांपांडवैःसार्धंतत्सर्वंशृणुतत्वतः २३ ॥ इतिश्रीमहाभारतेद्रोणपर्वणिजयद्र
थवधपर्वणिसंजयवाक्येषडशीतितमोऽध्यायः ॥ ८६ ॥ ॥ ॥ ॥ संजयउवाच ॥ तस्यांनिशायांव्युष्टायांद्रोणःशस्त्रभृतांवरः ॥ स्वान्यनीका
निसर्वाणिप्राक्रामद्व्यूहितुंततः १ शूराणांगर्जतांराजन्संक्रुद्धानाममर्षिणाम् ॥ श्रूयंतेस्मगिरश्चित्राःपरस्परवधैषिणाम् २ विस्फार्यचधनूंष्यन्येज्याःपरेपरिमृज्यच ॥
विनिःश्वसंतःप्राक्रोशन्क्वेदानींसधनंजयः ३ विकोशान्सुत्सरूनन्येकृतधारान्समाहितान् ॥ पीतानाकाशसंकाशानसीन्केचिच्चचिक्षिपुः ४ चरंतस्त्वसिमार्गांश्चधनु
र्मार्गांश्चशिक्षया ॥ संग्राममनसःशूरादृश्यंतेस्मसहस्रशः ५ सघंटाश्चंदनादिग्धाःस्वर्णवज्रविभूषिताः ॥ समुत्क्षिप्यगदाश्चान्येपर्यपृच्छंतपांडवम् ६ अन्येबलम
दोन्मत्ताःपरिघैर्बाहुशालिनः ॥ चक्रुःसंबाधमाकाशमुच्छ्रितेंद्रध्वजोपमैः ७ नानाप्रहरणैश्चान्येविचित्रस्रगलंकृताः ॥ संग्राममनसःशूरास्तत्रतत्रव्यवस्थिताः ८
क्वार्जुनःक्वसगोविंदःक्वचमानीवृकोदरः ॥ क्वचतेसुहृदस्तेषामाह्वयंतेरणेतदा ९ ततःशंखमुपाध्मायत्वरयन्वाजिनःस्वयम् ॥ इतस्ततस्तान्रचयन्द्रोणश्चरतिवेगितः
१० तेष्वनीकेषुसर्वेषुस्थितेष्वाहवनंदिषु ॥ भारद्वाजोमहाराजजयद्रथमथाब्रवीत् ११ त्वंचैवसौमदत्तिश्चकर्णश्चैवमहारथः ॥ अश्वत्थामाचशल्यश्चवृषसेनः
कृपस्तथा १२ शतंचाश्वसहस्राणांरथानामयुतानिषट् ॥ द्विरदानांप्रभिन्नानांसहस्राणिचतुर्दश १३ पदातीनांसहस्राणिदंशितान्येकविंशतिः ॥ गव्यूतिषुत्रि
मात्रासुमामनासाद्यतिष्ठत १४ तत्रस्थंत्वांनसंसोढुंशक्तादेवाःसवासवाः ॥ किंपुनःपांडवाःसर्वेसमाश्वसिहिसैन्धव १५ एवमुक्तःसमाश्वस्तःसिंधुराजोजयद्रथः ॥
संप्रायात्सहगांधारैर्वृतस्तैश्चमहारथैः १६ वर्मिभिःसादिभिर्यत्तैःप्रासपाणिभिरास्थितैः ॥ चामरापीडिनःसर्वेजांबूनदविभूषिताः ॥ १७ ॥ जयद्रथस्यराजेंद्रहयाःसाधुप्र
वाहिनः ॥ तेचैवसप्तसाहस्रास्त्रिसाहस्राश्चसैन्धवाः १८ ॥ ॥ ॥ ॥

दकान ४ । ५ । ६ । ७ । ८ क्वचेतिचकारङ्त्यर्थे इत्याह्वयंतइत्यन्वयः ९ । १० । ११ । १२ १३ त्रिमात्रासुत्रिमंडलासुतिष्ठप्वित्यर्थः १४ । १५ । १६ । १७ । १८

१९ । २० । २१ पश्चार्धेपश्चाद्भागेपंचगव्यूतिः चक्रशकटः चक्रशकटःगर्भः २२ । २३ । २४ । २५ । २६ । २७ । २८ । २९ । ३० । ३१ । ३२ । ३३ अद्भुतानुरूपमाश्चर्यरूपमेतत्समययोग्यंच

मत्तानांसुविरूढानांहस्त्यारोहैर्विशारदैः ॥ नागानांभीमरूपाणांवर्मिणांरौद्रकर्मिणाम् १९ अध्यर्धेनसहस्रेणपुत्रोदुर्मर्षणस्तव ॥ अग्रतःसर्वसैन्यानांयुद्ध्यमानो व्यवस्थितः २० ततोदुःशासनश्चैवविकर्णश्चतवात्मजौ ॥ सिंधुराजार्थसिद्ध्यर्थमग्रानीकेव्यवस्थितौ २१ दीर्घोद्वादशगव्यूतिःपश्चार्धेपंचविस्तृतः ॥ व्यूह स्तुचक्रशकटोभारद्वाजेननिर्मितः २२ नानानृपतिभिर्वीरैस्तत्रतत्रव्यवस्थितैः ॥ रथाश्वगजपत्त्योघैर्द्रोणेनविहितःस्वयम् २३ पश्चार्धेतस्यपद्मस्तुगर्भव्यूहः सुदुर्भिदः ॥ सूचीपद्मस्यगर्भस्थोगूढोव्यूहःकृतःपुनः २४ एवमेतंमहाव्यूहंव्यूह्यद्रोणोव्यवस्थितः ॥ सूचीमुखेमहेष्वासःकृतवर्माव्यवस्थितः २५ अनन्तरं चकांबोजोजलसंधश्चमारिष ॥ दुर्योधनश्चकर्णश्चतदनंतरमेवच २६ ततःशतसहस्राणियोधानामनिवर्तिनाम् ॥ व्यवस्थितानिसर्वाणिशकटेमुखरक्षिणाम् २७ तेषांचपृष्ठतोराजाबलेनमहतावृतः ॥ जयद्रथस्ततोराजासूचीपार्श्वेव्यवस्थितः २८ शकटस्यतुराजेंद्रभारद्वाजोमुखेस्थितः ॥ अनुतस्याभवद्भोजोजुगो पैनंततःस्वयम् २९ श्वेतवर्मांबरोष्णीषोव्यूढोरस्कोमहाभुजः ॥ धनुर्विस्फारयन्द्रोणस्तस्थौक्रुद्धइवांतकः ३० पताकिनंशोणहयंवेदिकृष्णाजिनध्वजम् ॥ द्रोणस्य रथमालोक्यप्रहृष्टाःकुरवोऽभवन् ३१ सिद्धचारणसंघानांविस्मयःसुमहानभूत् ॥ द्रोणेनविहितंदृष्ट्वाव्यूहंक्षुब्धार्णवोपमम् ३२ सशैलसागरवनांनानाजन पदाकुलाम् ॥ ग्रसेद्व्यूहःक्षितिंसर्वामितिभूतानिमेनिरे ३३ बहुरथमनुजाश्वपत्तिनागंप्रतिभयनिःस्वनमद्भुतानुरूपम् ॥ अहितहृदयभेदनंमहद्वैशकटमवे क्ष्यकृतंननंदराजा ॥ ३४ ॥ इतिश्रीमहाभारतेद्रोणपर्वणिजयद्रथवधपर्वणिकौरवव्यूहनिर्माणेसप्ताशीतितमोऽध्यायः ॥ ८७ ॥ ॥ संजयउवाच ॥ ततोव्यूढेष्वनीकेषुसमुत्क्रुष्टेषुमारिष ॥ ताड्यमानासुभेरीषुमृदंगेषुनदत्सुच १ अनीकानांचसंह्रादेवादित्राणांचनिःस्वने ॥ प्रध्मापितेषुशंखेषुसन्नादेलो महर्षणे २ अभिहारयत्सुशनकैर्भरतेषुयुयुत्सुषु ॥ रौद्रेमुहूर्तेसंप्राप्तेसव्यसाचीव्यदृश्यत ॥३॥ बलानांवायसानांचपुरस्तात्सव्यसाचिनः ॥ बहुलानिसहस्राणि प्राक्रीडंस्तत्रभारत ४ मृगाश्चघोरसंनादाःशिवाश्चाशिवदर्शनाः ॥ दक्षिणेनप्रयातानामस्माकंप्राणदंस्तथा ५ सनिर्घाताज्वलंत्यश्चपेतुरुल्काःसहस्रशः ॥ चचालचमहीकृत्स्नाभयेघोरेसमुत्थिते ६ विष्वग्वाताःसनिर्घातारूक्षाःशर्करकर्षिणः ॥ ववुरायातिकौंतेयेसंग्रामेसमुपस्थिते ७ नाकुलिश्चशतानीकोधृष्टद्युम्नश्च पार्षतः ॥ पांडवानामनीकानिप्राज्ञौतौव्यूहतुस्तदा ८ ततोरथसहस्रेणद्विरदानांशतेनच ॥ त्रिभिरश्वसहस्रैश्चपदातीनांशतैःशतैः ९ अध्यर्धमात्रेधनुषांसह स्रेतनयस्तव ॥ अग्रतःसर्वसैन्यानांस्थित्वादुर्मर्षणोऽब्रवीत् १० ॥ ॥ ॥ ॥

३४ ॥ इतिद्रोणपर्वणिटीकायांसप्ताशीतितमोऽध्यायः ॥ ८७ ॥ ततइति १ । २ अभिहारयत्सुसन्नह्यमानेषुअभियुज्यमानेषुवा प्रहरत्स्वितिकेचित् ३ । ४ । ५ । ६ । ७ । ८ शतैःशतैर्दशसहस्रैः ९ । १०

११ । १२ । १३ । १४ । १५ । १६ जयोनाम्ना १७ । १८ । १९ । २० । २१ । २२ । २३ । २४ । २५ । २६ । २७ समाधूतैःसंचालितैः २८ । २९ ॥ इतिद्रोणपर्वणिटीकायामष्टाशीतितमोऽ

अद्यगांडीवधन्वानंतपंतंयुद्धदुर्मदम् ॥ अहमावारयिष्यामिवेलेवमकरालयम् ११ अद्यपश्यंतुसंग्रामेधनंजयममर्षणम् ॥ विषक्तंमयिदुर्धर्षमश्मकूटमिवाश्मनि १२
तिष्ठध्वंरथिनोयूयंसंग्राममभिकांक्षिणः ॥ युध्यामिसंहतानेतान्यशोमानंचवर्धयन् १३ एवंब्रुवन्महाराजमहात्मासमहामतिः ॥ महेष्वासैर्वृतोराजन्महेष्वासो
व्यवस्थितः १४ ततोऽन्तकइवक्रुद्धःसवज्रइववासवः ॥ दंडपाणिरिवासह्योमृत्युःकालेनचोदितः १५ शूलपाणिरिवाक्षोभ्योवरुणःपाशवानिव ॥ युगांताग्नि
रिवार्चिष्मान्प्रधक्ष्यन्वैपुनःप्रजाः १६ क्रोधामर्षबलोद्धूतोनिवातकवचांतकः ॥ जयोजेतास्थितःसत्येपारयिष्यन्महाव्रतम् १७ आमुक्तकवचःखड्गीजांबूनद
किरीटभृत् ॥ शुभ्रमाल्यांबरधरःस्वंगदश्चारुकुंडलः १८ रथप्रवरमास्थायनरोनारायणानुगः ॥ विधुन्वन्गांडिवंसंख्येबभौसूर्यइवोदितः १९ सोऽग्रानीकस्य
महतइषुपातेधनंजयः ॥ व्यवस्थाप्यरथंराजन्शंखंदध्मौप्रतापवान् २० अथकृष्णोऽप्यसंभ्रांतःपार्थेनसहमारिष ॥ प्राध्मापयत्पांचजन्यंशंखप्रवरमोजसा २१
तयोःशंखप्रणादेनतवसैन्येविशांपते ॥ आसन्संहृष्टरोमाणःकंपितागतचेतसः २२ यथात्रस्यंतिभूतानिसर्वाण्यशनिनिःस्वनात् ॥ तथाशंखप्रणादेनवित्रेसुस्तवसै
निकाः २३ प्रसुस्रुवुःशकृन्मूत्रंवाहनानिचसर्वशः ॥ एवंसवाहनंसर्वमाविग्नमभवद्बलम् २४ सीदंतिस्मनराराजन्शंखशब्देनमारिष ॥ विसंज्ञाश्चाभवन्केचित्के
चिद्राजन्वितत्रसुः २५ ततःकपिर्महानादंसहभूतैर्ध्वजालयैः ॥ अकरोद्व्यादितास्यश्चभीषयंस्तवसैनिकान् २६ ततःशंखाश्चभेर्यश्चमृदंगाश्चानकैःसह ॥ पुन
रेवाभ्यहन्यंततवसैन्यप्रहर्षणाः २७ नानावादित्रसंन्हादैःक्ष्वेडितास्फोटिताकुलैः ॥ सिंहनादैःसमुत्कुष्टैःसमाधूतैर्महारथैः २८ तस्मिंस्तुतुमुलेशब्देभीरूणांभ
यवर्धने ॥ अतीवहृष्टोदाशार्हमब्रवीत्पाकशासनिः २९ ॥ इतिश्रीमहाभारतेद्रोणपर्वणिजयद्रथवधपर्वणिअर्जुनरणप्रवेशेऽष्टाशीतितमोऽध्यायः ॥ ८८ ॥ अर्जुन
उवाच ॥ चोदयाश्वान्हृषीकेशयत्रदुर्मर्षणःस्थितः ॥ एतद्भित्वागजानीकंप्रवेक्ष्याम्यरिवाहिनीम् १ ॥ संजयउवाच ॥ एवमुक्तोमहाबाहुःकेशवःसव्यसाचिना ॥
अचोदयद्धयांस्तत्रयत्रदुर्मर्षणःस्थितः २ ससंप्रहारस्तुमुलःसंप्रवृत्तःसुदारुणः ॥ एकस्यचबहूनांचरथनागनरक्षयः ३ ततःसायकवर्षेणपर्जन्यइववृष्टिमान् ॥ प
रानवाकिरत्पार्थःपर्वतानिवनीरदः ४ तेचापिरथिनःसर्वेत्वरिताःकृतहस्तवत् ॥ अवाकिरन्बाणजालैस्ततःकृष्णधनंजयौ ५ ततःक्रुद्धोमहाबाहुर्वार्यमाणःपरैर्युधि ॥
शिरांसिरथिनांपार्थःकायेभ्योऽपाहरच्छरैः ६ उद्भ्रांतनयनैर्वक्त्रैःसंदष्टौष्ठपुटैःशुभैः ॥ सकुंडलशिरस्त्राणैर्वसुधासमकीर्यत ७ पुंडरीकवनानीवविध्वस्तानिसमंततः ॥
विनिकीर्णानियोधानांवदनानिचकाशिरे ८ तपनीयतनुत्राणाःसंसिक्तारुधिरेणच ॥ संसक्ताइवदृश्यंतेमेघसंघाःसविद्युतः ९

२०

ध्यायः ॥ ८८ ॥ ॥ चोदयाश्वानिति १ । २ । ३ । ४ । ५ । ६ । ७ । ८ । ९

म.भा.टी. द्रोण० अ० ९०

१० । ११ । १२ । १३ । १४ । १५ । १६ निर्व्यूहोयूपिकाआयुधविशेषः १७ । १८ । १९ प्रतिसंचरतेप्रत्युद्गच्छति २० । २१ यत्तस्यावहितस्य २२ । २३ । २४ । २५ । २६ । २७ द्रुतंविद्रुतं

शिरसांपततांराजन्शब्दोऽभूद्वसुधातले ॥ कालेनपरिपक्वानांतालानांपततामिव १० ततःकबंधंकिंचित्तुधनुरालंब्यतिष्ठति ॥ किंचित्खड्गंविनिष्कृष्यभुजेनोद्यम्य तिष्ठति ११ पतितानिनजानंतिशिरांसिपुरुषर्षभाः ॥ अमृष्यमाणाःसंग्रामेकौंतेयंजयगृद्धिनः १२ हयानामुत्तमांगैश्वहस्तिहस्तैश्चमेदिनी ॥ बाहुभिश्चशिरोभिश्चवीराणांसमकीर्यत १३ अयंपार्थःकुतःपार्थएषपार्थइतिप्रभो ॥ तवसैन्येषुयोधानांपार्थभूतमिवाभवत् १४ अन्योऽन्यमपिचाजघ्नुरात्मानमपिचापरे ॥ पार्थभूतममन्यंतजगत्कालेनमोहिताः १५ निष्टनंतःसरुधिराविसंज्ञागाढवेदनाः ॥ शयानाबहवोवीराःकीर्त्तयंतःस्वबांधवान् १६ सभिन्दिपालाःसप्रासाःसशक्त्यृष्टिपरश्वधाः ॥ सनिर्व्यूहाःसनिस्त्रिंशाःसशरासनतोमराः १७ सबाणवर्माभरणाःसगदाःसांगदारणे ॥ महाभुजगसंकाशाबाहवःपरिघोपमाः १८ उद्वेष्टंतिविचेष्टंतिसंचेष्टंतिचसर्वशः ॥ वेगंकुर्वंतिसंरब्धानिकृत्ताःपरमेषुभिः १९ योयःस्मसमरेपार्थंप्रतिसंचरतेनरः ॥ तस्यतस्यांतकोबाणःशरीरमुपसर्पति २० नृत्यतोरथमार्गेषुधनुर्व्यायच्छतस्तथा ॥ नकश्चित्तत्रपार्थस्यददर्शांऽतरमण्वपि २१ यत्तस्यघटमानस्यक्षिप्रंविक्षिपतःशरान् ॥ लाघवात्पांडुपुत्रस्यव्यस्मयंतपरेजनाः २२ हस्तिनंहस्तियंतारमश्वमाश्विकमेवच ॥ अभिनत्फाल्गुनोबाणैरथिनंचससारथिम् २३ आवर्त्तमानमावृत्तंयुध्यमानंचपांडवः ॥ प्रमुखेतिष्ठमानंचनकिंचिन्ननिहंतिसः २४ यथोदयन्वैगगनेसूर्योहंतिमहत्तमः ॥ तथाऽर्जुनोगजानीकमवधीत्कंकपत्रिभिः २५ हस्तिभिःपतितैर्भिन्नैस्तवसैन्यमदृश्यत ॥ अंतकालेयथाभूमिर्व्यवकीर्णामहीधरैः २६ यथामध्यंदिनेसूर्योदुष्प्रेक्ष्यःप्राणिभिःसदा ॥ तथाधनंजयःक्रुद्धोदुष्प्रेक्ष्योयुधिशत्रुभिः २७ तत्तथातवपुत्रस्यसैन्यंयुधिपरंतप ॥ प्रभग्नंद्रुतमाविग्नमतीवशरपीडितम् २८ मारुतेनेवमहतामेघानीकंव्यदीर्यत ॥ प्रकाल्यमानंतत्सैन्यंनाशकत्प्रतिवीक्षितुम् २९ प्रतोदैश्चापकोटीभिर्हुंकारैःसाधुवाहितैः ॥ कशापार्ष्ण्यभिघातैश्चवाग्भिरुग्राभिरेवच ३० चोदयंतोहयांस्तूर्णंपलायंतेस्मतावकाः ॥ सादिनोरथिनश्चैवपतयश्चार्जुनार्दिताः ३१ पार्ष्ण्यंगुष्ठांकुशैर्नागंचोदयंतस्तथापरे ॥ शरैःसंमोहिताश्चान्येतमेवाभिमुखाययुः ३२ तवयोधाहतोत्साहाविभ्रांतमनसस्तदा ३३ ॥ इतिश्रीमहाभारतेद्रोणपर्वणिजयद्रथवधपर्वणि अर्जुनयुद्धेएकोननवतितमोऽध्यायः ॥ ८९ ॥ ॥ ॥ ॥ धृतराष्ट्रउवाच ॥ तस्मिन्प्रभग्नेसैन्याग्रेवध्यमानेकिरीटिना ॥ केतुतत्ररणेवीराःप्रत्युदीयुर्धनंजयम् १ आहोस्विच्छकटव्यूहंप्रविष्टामोघनिश्चयाः ॥ द्रोणमाश्रित्यतिष्ठंतप्राकारमकुतोभयम् २ ॥ संजयउवाच ॥ तथार्जुनेनसंभग्नेतस्मिंस्तवबलेऽनघ ॥ हतवीरेहतोत्साहेपलायनकृतक्षणे ३

आविग्नंभीतं २८ । २९ साधुवाहितैःसुष्ठुव्यापारितैः ३० । ३१ । ३२ । ३३ ॥ इतिद्रोणपर्वणिटीकायामेकोननवतितमोऽध्यायः ॥ ८९ ॥ तस्मिन्निति १ । २ पलायनेकृतःक्षणोऽवसरोयेन ३

४ । ५ । ६ । ७ । ८ प्रतिभयोभयंकरः दारुणःक्रूरः ९ । १० । ११ । १२ काष्ठातीतोऽतिक्रांतदिङ्नियमः १३ । १४ । १५ । १६ । १७ । १८ दंतवेष्टेषुदंतमूलेषु कटेषुकटिषु

पाकशासनिनाऽभीक्ष्णंवध्यमानंशरोत्तमैः ॥ नतत्रकश्चित्संग्रामेशशाकार्जुनमीक्षितुम् ४ ततस्तवसुतोराजन्दृष्ट्वासैन्यंतथागतम् ॥ दुःशासनोभृशंक्रुद्धोयुद्धा
यार्जुनमभ्यगात् ५ सकांचनविचित्रेणकवचेनसमावृतः ॥ जांबूनदशिरस्त्राणःशूरस्तीव्रपराक्रमः ६ नागानीकेनमहताग्रसन्निवमहीमिमाम् ॥ दुःशासनोमहा
राजसव्यसाचिनमावृणोत् ७ न्हादेनगजघंटानांशंखानांनिनदेनच ॥ ज्याक्षेपनिनदैश्चैवविरावेणचदंतिनाम् ८ भूर्दिशश्चांतरिक्षंचशब्देनासीत्समावृतम् ॥
समुहूर्तंप्रतिभयोदारुणःसमपद्यत ९ तान्दृष्ट्वापततस्तूर्णमंकुशैरभिचोदितान् ॥ व्यालंबहस्तान्संरब्धान्सपक्षानिवपर्वतान् १० सिंहनादेनमहतानरसिंहोध
नंजयः ॥ गजानीकममित्राणामभीतोव्यधमच्छरैः ११ महोर्मिणमिवोद्धूतंश्वसनेनमहार्णवम् ॥ किरीटीतद्गजानीकंप्राविशन्मकरोयथा १२ काष्ठातीतइवा
दित्यःप्रतपन्सयुगक्षये ॥ ददृशेदिक्षुसर्वासुपार्थःपरपुरंजयः १३ खुरशब्देनचाश्वानांनेमिघोषेणतेनच ॥ तेनचोत्क्रुष्टशब्देनज्यानिनादेनतेनच १४ नानावा
दित्रशब्देनपांचजन्यस्वनेनच ॥ देवदत्तस्यघोषेणगांडीवनिनदेनच १५ मंदवेगानरानागाबभूवुस्तेविचेतसः ॥ शरैराशीविषस्पर्शैर्निर्भिन्नाःसव्यसाचिना १६
तेगजाविशिखैस्तीक्ष्णैर्युधिगांडीवचोदितैः ॥ अनेकशतसाहस्रैःसर्वांगेषुसमर्पिताः १७ आरावंपरमंकृत्वावध्यमानाःकिरीटिना ॥ निपेतुरनिशंभूमौछिन्नपक्षाइवा
द्रयः १८ अपरेदंतवेष्टेषुकुंभेषुचकटेषुच ॥ शरैःसमर्पितानागाःक्रौंचवद्व्यनदन्मुहुः १९ गजस्कंधगतानांचपुरुषाणांकिरीटिना ॥ छिद्यंतेचोत्तमांगानिभल्लैः
सन्नतपर्वभिः २० सकुंडलानांपततांशिरसांधरणीतले ॥ पद्मानामिवसंघातैःपार्थश्चक्रेनिवेदनम् २१ यंत्रबद्धाविकवचाव्रणार्त्तारुधिरोक्षिताः ॥ भ्रमत्सुयु
धिनागेषुमनुष्याविललंबिरे २२ केचिदेकेनबाणेनसुयुक्तेनसुपत्रिणा ॥ द्वौत्रयश्चविनिर्भिन्नानिपेतुर्धरणीतले २३ अतिविद्धाश्चनाराचैर्वमंतोरुधिरंमुखैः ॥ सारो
हान्यपतन्भूमौद्रुमवंतइवाचलाः २४ मौर्वींध्वजंधनुश्चैवयुगमीषांतथैवच ॥ रथिनांकुट्टयामासभल्लैःसन्नतपर्वभिः २५ नसंदधन्नचाकर्षन्नविमुंचन्नचोद्वहन् ॥
मंडलेनैवधनुषानृत्यन्पार्थःस्मदृश्यते २६ अतिविद्धाश्चनाराचैर्वमंतोरुधिरंमुखैः ॥ मुहूर्त्तान्न्यपतन्नन्येवारणावसुधातले २७ उत्थितान्यगणेयानिकबंधानि
समंततः ॥ अदृश्यंतमहाराजतस्मिन्परमसंकुले २८ सचापाःसांगुलित्राणाःसखड्गाःसांगदारणे ॥ अदृश्यंतभुजाश्छिन्नाहेमाभरणभूषिताः २९ सूपस्करैर
धिष्ठानैरीषादंडकबंधुरैः ॥ चक्रैर्विमथितैरक्षैर्भग्नैश्चबहुधायुगैः ३० चर्मचापधरैश्चैवव्यवकीर्णैस्ततस्ततः ॥ स्रग्भिराभरणैर्वस्त्रैःपतितैश्चमहाध्वजैः ३१ निहतै
र्वारणैरश्वैःक्षत्रियैश्चनिपातितैः ॥ अदृश्यतमहीतत्रदारुणप्रतिदर्शना ३२ ॥ ॥ ॥

१९ । २० निवेशनमुपाहारं २१ यंत्रबद्धायंत्रैरालिखिताः २२ । २३ । २४ । २५ । २६ । २७ । २८ । २९ । ३० । ३१ । ३२

म.भा.टी.

३३ । ३४ ॥ इतिद्रोणपर्वणिटीकायांनवतितमोऽध्यायः ॥ ९० ॥ ॥ ॥ दुःशासनेति १ । २ । ३ । ४ । ५ । ६ । ७ । ८ । ९ । १० । ११ । १२ । १३ । १४ । १५ । १६

द्रोण० अ० ९१

एवंदुःशासनबलंवध्यमानंकिरीटिना ॥ संप्राद्रवन्महाराजव्यथितंसहनायकम् ३३ ततोदुःशासनस्त्रस्तःसहानीकःशरार्दितः ॥ द्रोणंत्रातारमाकांक्षन्शकटव्यू
हमासाद्य ३४ ॥ इतिश्रीमहाभारतेद्रोणपर्वणिजयद्रथवधपर्वणिदुःशासनसैन्यपराभवेनवतितमोऽध्यायः ॥ ९० ॥ संजयउवाच ॥ दुःशासनबलंहत्वासव्य
साचीमहारथः ॥ सिन्धुराजंपरीप्सन्वैद्रोणानीकमुपाद्रवत् १ सतुद्रोणंसमासाद्यव्यूहस्यप्रमुखेस्थितम् ॥ कृतांजलिरिदंवाक्यंकृष्णस्यानुमतेऽब्रवीत् २ शिवे
नध्याहिमांब्रह्मन्स्वस्तिचैववदस्वमे ॥ भवत्प्रसादादिच्छामिप्रवेष्टुंदुर्भिदांचमूम् ३ भवान्पितृसमोमह्यंधर्मराजसमोऽपिच ॥ तथाकृष्णसमश्चैवसत्यमेतद्ब्रवी
मिते ४ अश्वत्थामायथातातरक्षणीयस्त्वयाऽनघ ॥ तथाऽहमपितेरक्ष्यःसदैवद्विजसत्तम ५ तवप्रसादादिच्छेयंसिंधुराजानमाहवे ॥ निहंतुंद्विपदांश्रेष्ठप्रतिज्ञां
रक्षमेप्रभो ६ ॥ संजयउवाच ॥ ॥ एवमुक्तस्तदाऽऽचार्यःप्रत्युवाचस्मयन्निव ॥ मामजित्वानबीभत्सोशक्योजेतुंजयद्रथः ७ एतावदुक्त्वातंद्रोणःशरव्रातैरवा
किरत् ॥ सरथाश्वध्वजंतीक्ष्णैःप्रहसन्वैससारथिम् ८ ततोऽर्जुनःशरव्रातान्द्रोणस्यावार्यसायकैः ॥ द्रोणमभ्यद्रवद्बाणैर्घोररूपैर्महत्तरैः ९ विव्याधचरणेद्रोणम
नुमान्यविशांपते ॥ क्षत्रधर्मंसमास्थायनवभिःसायकैःपुनः १० तस्येषूनिषुभिश्छित्वाद्रोणोविव्याधतावुभौ ॥ विषाग्निज्वलितप्रख्यैरिषुभिःकृष्णपांडवौ
११ इयेषपांडवस्तस्यबाणैश्छेत्तुंशरासनम् ॥ तस्यचिंतयतस्त्वेवंफाल्गुनस्यमहात्मनः १२ द्रोणःशरैरसम्भ्रांतोज्यांचिच्छेदाशुवीर्यवान् ॥ विव्याधचहयानस्य
ध्वजंसारथिमेवच १३ अर्जुनंचशरैर्वीरःस्मयमानोऽभ्यवाकिरत् ॥ एतस्मिन्नंतरेपार्थःसज्यंकृत्वामहद्धनुः १४ विशेषयिष्यन्नाचार्यंसर्वास्त्रविदुषांवरः ॥ मुमो
चषट्शतान्बाणान्गृहीत्वैकमिवद्रुतम् १५ पुनःसप्तशतानन्यान्सहस्रंचानिवर्तिनः ॥ चिक्षेपायुतशश्चान्यांस्तेघ्नन्द्रोणस्यतांचमूम् १६ तैःसम्यगस्तैर्बलिना
कृतिनाचित्रयोधिना ॥ मनुष्यवाजिमातंगाविद्धाःपेतुर्गतासवः १७ विसूताश्वध्वजाःपेतुःसंछिन्नायुधजीविताः ॥ रथिनोरथमुख्येभ्यःसहसाशरपी
डिताः १८ चूर्णिताक्षिप्तदग्धानांवज्रानिलहुताशनैः ॥ तुल्यरूपागजाःपेतुर्गिर्यग्रांबुदवेश्मनाम् १९ पेतुरश्वसहस्राणिप्रहतान्यर्जुनेषुभिः ॥ हंसाहिमवतःपृष्ठेवा
रिविप्रहताइव २० रथाश्वद्विपपत्त्योघाःसलिलौघाइवाद्भुताः ॥ युगांतादित्यरश्म्याभैःपांडवास्त्रशरैर्हताः २१ तंपाण्डवादित्यशरांशुजालंकुरुप्रवीरान्युधिनि
ष्टपंतम् ॥ सद्रोणमेघःशरवृष्टिवेगैःप्राच्छादयन्मेघइवार्करश्मीन् २२ अथात्यर्थंविसृष्टेनद्विषतामसुभोजिना ॥ आजघ्नेवक्षसिद्रोणोनाराचेनधनंजयम् २३
सविह्वलितसर्वांगःक्षितिकंपेयथाऽचलः ॥ धैर्यमालंब्यबीभत्सुर्द्रोणंविव्याधपत्रिभिः २४ ॥ ॥ ॥

१७ । १८ गिर्यग्रांबुदवेश्मनांवज्रानिलहुताशनैश्चूर्णिताक्षिप्तदग्धानामितियथासंख्येनान्वयः १९ । २० । २१ । २२ । २३ । २४ ॥ ॥ ॥

२५ । २६ । २७ । २८ कार्यवत्तांकृत्यबाहुल्यं २९ । ३० । ३१ । ३२ । ३३ । ३४ । ३५ । ३६ । ३७ । ३८ । ३९ । ४० । ४१ । ४२ । ४३ । ४४ ॥ इतिद्रोणपर्वणिटीकायामेकनवतितमो

द्रोणस्तुपंचभिर्बाणैर्वासुदेवमताडयत् ॥ अर्जुनंचत्रिसप्तत्याध्वजंचास्यत्रिभिःशरैः २५ विशेषयिष्यन्शिष्यंचद्रोणोराजन्पराक्रमी ॥ अदृश्यमर्जुनंचक्रेनिमे
षाच्छरवृष्टिभिः २६ प्रसक्तान्पततोद्राक्ष्मभारद्वाजस्यसायकान् ॥ मंडलीकृतमेवास्यधनुश्चादृश्यताद्भुतम् २७ तेऽभ्ययुःसमरेराजन्वासुदेवधनंजयौ ॥
द्रोणसृष्टाःसुबहवःकंकपत्रपरिच्छदाः २८ तदृष्ट्वातादृशंयुद्धंद्रोणपांडवयोस्तदा ॥ वासुदेवोमहाबुद्धिःकार्यवत्तामचिंतयत् २९ ततोऽब्रवीद्वासुदेवोधनंजय
मिदंवचः ॥ पार्थपार्थमहाबाहोननःकालात्ययोभवेत् ३० द्रोणमुत्सृज्यगच्छामःकृत्यमेतन्महत्तरम् ॥ पार्थश्चाप्यब्रवीत्कृष्णंयथेष्टमितिकेशवम् ३१ ततःप्रद
क्षिणंकृत्वाद्रोणंप्रायान्महाभुजम् ॥ परिवृत्तश्चबीभत्सुरगच्छद्विसृजन्शरान् ३२ ॥ ततोऽब्रवीत्स्वयंद्रोणःक्वेदंपांडवगम्यते ॥ ननुनामरणेशत्रुमजित्वाननिवर्त्त
से ३३ ॥ अर्जुनउवाच ॥ गुरुर्भवान्नमेशत्रुःशिष्यःपुत्रसमोऽस्मिते ॥ नचास्तिसपुमाँल्लोकेयस्त्वांयुधिपराजयेत् ३४ ॥ संजयउवाच ॥ एवंब्रुवाणोबीभत्सु
र्जयद्रथवधोत्सुकः ॥ त्वरायुक्तोमहाबाहुस्त्वत्सैन्यंसमुपाद्रवत् ३५ तंचक्ररक्षौपांचाल्यौयुधामन्यूत्तमौजसौ ॥ अन्वयातांमहात्मानौविशंतंतावकंबलम् ३६
ततोजयोमहाराजकृतवर्माचसात्वतः ॥ कांबोजश्चश्रुतायुश्चधनंजयमवारयन् ३७ तेषांदशसहस्राणिरथानामनुयायिनाम् ॥ अभीषाहाःशूरसेनाःशिबयो
ऽथवसातयः ३८ मावेल्लकाललित्थाश्चकेकयामद्रकास्तथा ॥ नारायणाश्चगोपालाःकांबोजानांचयेगणाः ३९ कर्णेनविजिताःपूर्वंसंग्रामेशूरसंमताः ॥ भारद्वाजं
पुरस्कृत्यहृष्टात्मानोऽर्जुनंप्रति ४० पुत्रशोकाभिसंतप्तंक्रुद्धंमृत्युमिवांतकम् ॥ त्यजंतंतुमुलेप्राणान्सन्नद्धंचित्रयोधिनम् ४१ गाहमानमनीकानिमातंगमिव
यूथपम् ॥ महेष्वासंपराक्रांतंनरव्याघ्रमवारयन् ४२ ततःप्रववृतेयुद्धंतुमुलंलोमहर्षणम् ॥ अन्योन्यंवैप्रार्थयतांयोधानामर्जुनस्यच ४३ जयद्रथवधप्रेप्सुमायांतं
पुरुषर्षभम् ॥ न्यवारयंतसहिताःक्रियाव्याधिमिवोत्थितम् ४४ ॥ इतिश्रीमहाभारतेद्रोणपर्वणिजयद्रथवधपर्वणिद्रोणातिक्रमेएकनवतितमोध्यायः ९१ ॥
॥ संजयउवाच ॥ सन्निरुद्धस्तुतैःपार्थोमहाबलपराक्रमः ॥ द्रुतंसमनुयातश्चद्रोणेनरथिनांवरः १ किरन्निषुगणांस्तीक्ष्णान्सरश्मीनिवभास्करः ॥ तापयामासत
त्सैन्यंदेहंव्याधिगणोयथा २ अश्वोविद्धोरथश्छिन्नःसारोहःपातितोगजः ॥ छत्राणिचापविद्धानिरथाश्चक्रैर्विनाकृताः ३ विद्रुतानिचसैन्यानिशरार्त्तानिसमंततः ॥
इत्यासीत्तुमुलंयुद्धंनप्राज्ञायतकिंचन ४ तेषांसंयच्छतांसंख्येपरस्परमजिह्मगैः ॥ अर्जुनोध्वजिनींराजन्नभीक्ष्णंसमकंपयत् ५ सत्यांचिकीर्षमाणस्तुप्रतिज्ञांसत्य
संगरः ॥ अभ्यद्रवद्रथश्रेष्ठंशोणाश्वंश्वेतवाहनः ६ तंद्रोणःपंचविंशत्यामर्मभिद्भिरजिह्मगैः ॥ अंतेवासिनमाचार्योमहेष्वासंसमापयत् ७ ॥

ऽध्यायः ॥ ९१ ॥ ॥ सन्निरुद्धइति १ । २ । ३ । ४ तेषांसंयच्छतांविधारयतां ५ । ६ । ७

तंतूर्णमिवबीभत्सुःसर्वशस्त्रभृतांवरः ॥ अभ्यधावदिषूनस्यन्निपुवेगविघातकान् ८ तस्याशुक्षिप्तान्भल्लान्हिभल्लैःसन्नतपर्वभिः ॥ प्रत्यविध्यदमेयात्माब्रह्मास्त्रंसमुदी
रयन् ९ तदद्भुतमपश्यामद्रोणस्याचार्यकंयुधि ॥ यतमानोयुवानैनंप्रत्यविध्यद्यदर्जुनः १० क्षरन्निवमहामेघोवारिधाराःसहस्रशः ॥ द्रोणमेघःपार्थशैलंववर्षशरवृ
ष्टिभिः ११ अर्जुनःशरवर्षंतद्ब्रह्मास्त्रेणैवमारिष ॥ प्रतिजग्राहतेजस्वीबाणैर्बाणान्निशातयन् १२ द्रोणस्तुपंचविंशत्याश्वेतवाहनमार्दयत् ॥ वासुदेवंचसप्तत्याबाह्वो
रुरसिचाशुगैः १३ पार्थस्तुप्रहसन्धीमानाचार्यंसशरौघिणम् ॥ विसृजंतंशितान्बाणानवारयततंयुधि १४ अथतौवध्यमानौतुद्रोणेनरथसत्तमौ ॥ आवर्जयेतांदु
र्धर्षंयुगांताग्निमिवोत्थितम् १५ वर्जयन्निशितान्बाणान्द्रोणचापविनिःसृतान् ॥ किरीटमालीकौन्तेयोभोजानीकंव्यशातयत् १६ सोऽन्तराकृतवर्माणंकांबोजंचसुद
क्षिणम् ॥ अभ्ययाद्वर्जयन्द्रोणंमैनाकमिवपर्वतम् १७ ततोभोजोनरव्याघ्रोदुर्धर्षंकुरुसत्तमम् ॥ अविध्यत्तूर्णमव्यग्रोदशभिःकंकपत्रिभिः १८ तमर्जुनःशतेनाजौराज
न्विव्याधपत्रिणाम् ॥ पुनश्चान्यैस्त्रिभिर्बाणैर्मोहयन्निवसात्वतम् १९ भोजस्तुप्रहसन्पार्थंवासुदेवंचमाधवम् ॥ एकैकंपंचविंशत्यासायकानांसमार्पयत् २० तस्यार्जु
नोधनुश्छित्वाविव्याधैनंत्रिसप्तभिः ॥ शरैरग्निशिखाकारैःक्रुद्धाशीविषसन्निभैः २१ अथान्यद्धनुरादायकृतवर्मामहारथः ॥ पंचभिःसायकैस्तूर्णंविव्याधोरसि
भारत २२ पुनश्चनिशितैर्बाणैःपार्थंविव्याधपंचभिः ॥ तंपार्थोनवभिर्बाणैराजघानस्तनांतरे २३ दृष्ट्वाविषक्तंकौन्तेयंकृतवर्मरथंप्रती ॥ चिंतयामासवार्ष्णेयोननः
कालात्ययोभवेत् २४ ततःकृष्णोऽब्रवीत्पार्थंकृतवर्मणिमादयाम् ॥ कुरुसंबंधकंहित्वाप्रमथ्यैनंविशातय २५ ततःसकृतवर्माणंमोहयित्वाऽर्जुनःशरैः ॥ अभ्य
गाज्जवनैरश्वैःकांबोजानामनीकिनीम् २६ अमर्षितस्तुहार्दिक्यःप्रविष्टेश्वेतवाहने ॥ विधुन्वन्सशरंचापंपांचाल्याभ्यांसमागतः २७ चक्ररक्षौतुपांचाल्यावर्जुनस्य
पदानुगौ ॥ पर्यवारयदायांतौकृतवर्मारथेषुभिः २८ तावविध्यत्ततोभोजःकृतवर्माशितैःशरैः ॥ त्रिभिरेवयुधामन्युंचतुर्भिश्चोत्तमौजसम् २९ तावप्येनंविविधतु
र्दशभिर्दशभिःशरैः ॥ त्रिभिरेवयुधामन्युरुत्तमौजास्त्रिभिस्तथा ३० संचिच्छिदतुरप्यस्यध्वजंकार्मुकमेवच ॥ अथान्यद्धनुरादायहार्दिक्यःक्रोधमूर्छितः ३१ कृत्वा
विधनुषौवीरौशरवर्षैरवाकिरत् ॥ तावन्येधनुषीसज्येकृत्वाभोजंविजघ्नतुः ३२ तेनांतरेणबीभत्सुर्विवेशामित्रवाहिनीम् ॥ नलेभातेतुतौद्वारंवारितौकृतवर्मणा ३३
धार्त्तराष्ट्रेष्वनीकेषुयतमानौनरर्षभौ ॥ अनीकान्यर्दयन्युद्धेत्वरितःश्वेतवाहनः ३४ नावधीत्कृतवर्माणंप्राप्तमप्यरिसूदनः ॥ तंदृष्ट्वातुतथायांतंशूरोराजाश्रुतायुधः ३५
अभ्यद्रवत्सुसंक्रुद्धोविधुन्वानोमहद्धनुः ॥ सपार्थंत्रिभिरानर्छत्सप्तत्याचजनार्दनम् ३६ क्षुरप्रेणसुतीक्ष्णेनपार्थकेतुमताडयत् ॥ ततोऽर्जुनोनवत्यातुशराणांनतपर्वणाम् ३७

अदूरस्थायिभिर्बाणैः २८ । २९ । ३० । ३१ । ३२ । ३३ । ३४ । ३५ । ३६ । ३७ ॥ ॥ ॥

आजघानभृशंक्रुद्धस्तोत्रैरिवमहाद्विपम् ॥ सतंनममृषेराजन्पांडवेयस्यविक्रमम् ३८ अथैनंसप्तसप्तत्यानाराचानांसमार्पयत् ॥ तस्यार्जुनोधनुश्छित्वाशरावापंनिकृ
त्यच ३९ आजघानोरसिक्रुद्धःसप्तभिर्नतपर्वभिः ॥ अथान्यद्धनुरादायसराजाक्रोधमूर्छितः ४० वासविंनवभिर्बाणैर्बाह्वोरुरसिचार्पयत् ॥ ततोऽर्जुनःस्मयन्नेवश्रु
तायुधमरिंदमः ४१ शरैरनेकसाहस्रैःपीडयामासभारत ॥ अश्वांश्चास्यावधीत्तूर्णंसारथिंचमहारथः ४२ विव्याधचैनंसप्तत्यानाराचानांमहाबलः ॥ हताश्वंरथ
मुत्सृज्यसतुराजाश्रुतायुधः ४३ अभ्यद्रवद्रणेपार्थंगदामुद्यम्यवीर्यवान् ॥ वरुणस्यात्मजोवीरःसतुराजाश्रुतायुधः ४४ पर्णाशाजननीयस्यशीततोयामहानदी ॥
तस्यमाताऽब्रवीद्राजन्वरुणंपुत्रकारणात् ४५ अवध्योऽयंभवेल्लोकेशत्रूणांतनयोमम ॥ वरुणस्त्वब्रवीत्प्रीतोददाम्यस्मैवरंहितम् ४६ दिव्यमस्त्रंसुतस्तेऽयंयेनावध्यो
भविष्यति ॥ नास्तिचाप्यमरत्वंवैमनुष्यस्यकथंचन ४७ सर्वेणावश्यमर्तव्यंजातेनसरितांवरे ॥ दुर्धर्षस्त्वेषशत्रूणांरणेषुभवितासदा ४८ अस्त्रस्यास्यप्रभावाद्वैव्ये
तुतेमानसोज्वरः ॥ इत्युक्त्वावरुणःप्रादाद्गदांमंत्रपुरस्कृताम् ४९ यामासाद्यदुराधर्षःसर्वलोकेश्रुतायुधः ॥ उवाचचैनंभगवान्पुनरेवजलेश्वरः ५० अयुध्यतिन
मोक्तव्यासात्वय्येवपतेदिति ॥ हन्यादेषाप्रतीपंहिप्रयोक्तारमपिप्रभो ५१ नचाकरोत्सतद्वाक्यंप्राप्तेकालेश्रुतायुधः ॥ सतयावीरघातिन्याजनार्दनमताडयत् ५२ प्र
तिजग्राहतांकृष्णःपीनेनांसेनवीर्यवान् ॥ नाकंपयतशौरिंसाविंध्यंगिरिमिवानिलः ५३ प्रत्युद्यांतीतमेवैषाकृत्येवदुरधिष्ठिता ॥ जघानचास्थितंवीरंश्रुतायुधममर्ष
णम् ५४ हत्वाश्रुतायुधंवीरंधरणीमन्वपद्यत ॥ गदांनिवर्तितांदृष्ट्वानिहतंचश्रुतायुधम् ५५ हाहाकारोमहांस्तत्रसैन्यानांसमजायत ॥ स्वेनास्त्रेणहतंदृष्ट्वाश्रुतायुधम
रिंदमम् ५६ अयुध्यमानायततःकेशवायनराधिप ॥ क्षिप्ताश्रुतायुधेनाथतस्मात्तमवधीद्गदा ५७ यथोक्तंवरुणेनाजौतथासनिधनंगतः ॥ व्यसुश्चाप्यपतद्भूमौप्रेक्षतां
सर्वधन्विनाम् ५८ पतमानस्तुसबभौपर्णाशायाःप्रियःसुतः ॥ सभग्नइववातेनबहुशाखोवनस्पतिः ५९ ततःसर्वाणिसैन्यानिसेनामुख्याश्चसर्वशः ॥ प्राद्रवंतहतंदृष्ट्वा
श्रुतायुधमरिंदमम् ६० ततःकांबोजराजस्यपुत्रःशूरःसुदक्षिणः ॥ अभ्ययाज्जवनैरश्वैःफाल्गुनंशत्रुसूदनम् ६१ तस्यपार्थःशरान्सप्तप्रेषयामासभारत ॥ तेतंशूरंविनि
र्भिद्यप्राविशन्धरणीतलम् ६२ सोऽतिविद्धःशरैस्तीक्ष्णैर्गांडीवप्रेषितैर्मृधे ॥ अर्जुनंप्रतिविव्याधदशभिःकंकपत्रिभिः ६३ वासुदेवंत्रिभिर्विद्ध्वापुनःपार्थंचपंचभिः ॥
तस्यपार्थोधनुश्छित्वाकेतुंचिच्छेदमारिष ६४ भल्लाभ्यांभृशतीक्ष्णाभ्यांतंचविव्याधपांडवः ॥ सतुपार्थंत्रिभिर्विद्ध्वासिंहनादमथानदत् ६५ सर्वपारसवींचैवशक्तिंशूरः
सुदक्षिणः ॥ सघंटांप्राहिणोद्घोरांक्रुद्धोगांडीवधन्वने ६६ साज्वलंतीमहोल्केवतमासाद्यमहारथम् ॥ सविस्फुलिंगानिर्भिद्यनिपपातमहीतले ६७

२१ ६० । ६१ । ६२ । ६३ । ६४ । ६५ । ६६ । ६७

६८ । ६९ । ७० । ७१ ध्वजः शक्रध्वजः ७२ । ७३ । ७४ । ७५ । ७६ ॥ इतिद्रोणपर्वणिटीकायांद्विनवतितमोऽध्यायः ॥ ९२ ॥ ॥ ॥ ॥ हतेइति १ । २ । ३ । ४ । ५

शक्त्यात्वभिहतोगाढंमूर्छयाऽभिपरिप्लुतः ॥ समाश्वास्यमहातेजाःस्रक्किणीपरिलेलिहन् ६८ तंचतुर्दशभिःपार्थोनाराचैःकंकपत्रिभिः ॥ साश्वध्वजधनुःसूतांविव्या
धाचिंत्यविक्रमः ६९ रथंचान्यैःसुबहुभिश्चक्रेविशकलंशरैः ॥ सुदक्षिणंतंकांबोजंमोघसंकल्पविक्रमम् ७० बिभेदहृदिबाणेनपृथुधारेणपांडवः ॥ सभिन्नवर्मास्रस्तां
गःप्रभ्रष्टमुकुटांगदः ७१ पपाताभिमुखःशूरोयंत्रमुक्तइवध्वजः ॥ गिरेःशिखरजःश्रीमान्सुशाखःसुप्रतिष्ठितः ७२ निर्भग्नइववातेनकर्णिकारोहिमात्यये ॥ शेतेस्मनि
हतोभूमौकांबोजास्तरणोचितः ७३ महार्हाभरणोपेतःसानुमानिवपर्वतः ॥ सुदर्शनीयस्ताम्राक्षःकर्णिनाससुदक्षिणः ७४ पुत्रःकांबोजराजस्यपार्थेनविनिपातितः ॥
धारयन्नग्निसंकाशांशिरसाकांचनीस्रजम् ७५ अशोभतमहाबाहुर्व्यसुर्भूमौनिपातितः ॥ ततःसर्वाणिसैन्यानिव्यद्रवंतसुतस्यते ॥ हतंश्रुतायुधंदृष्ट्वाकांबोजंचसुदक्षि
णम् ७६ ॥ इतिश्रीमहाभारतेद्रोणपर्वणिजयद्रथवधपर्वणि श्रुतायुधसुदक्षिणवधेद्विनवतितमोऽध्यायः ॥ ९२ ॥ ॥ संजयउवाच ॥ हतेसुदक्षिणेराजन्वीरेचैव
श्रुतायुधे ॥ जवेनाभ्यद्रवन्पार्थंकुपिताःसैनिकास्तव १ अभीषाहाःशूरसेनाःशिबयोऽथवसातयः ॥ अभ्यवर्षंस्ततोराजन्शरवर्षैर्धनंजयम् २ तेषांषष्टिशतानन्या
न्प्रामथ्नात्पांडवःशरैः ॥ तेस्मभीताःपलायंतेव्याघ्रात्क्षुद्रमृगाइव ३ तेनिवृत्ताःपुनःपार्थंसर्वतःपर्यवारयन् ॥ रणेसपत्नान्निघ्नन्तंजिगीषन्तंपरान्युधि ४ तेषामापततां
तूर्णंगांडीवप्रेषितैःशरैः ॥ शिरांसिपातयामासबाहूंश्चापिधनंजयः ५ शिरोभिःपातितैस्तत्रभूमिरासीन्निरंतरा ॥ अभ्रच्छायेवचैवासीद्ध्वांक्षगृध्रबलैर्युधि ६ तेषुतू
त्साद्यमानेषुक्रोधामर्षसमन्वितौ ॥ श्रुतायुश्चाच्युतायुश्चधनंजयमयुध्यताम् ७ बलिनौस्पर्धिनौवीरौकुलजौबाहुशालिनौ ॥ तावेनंशरवर्षाणिसव्यदक्षिणमस्यताम्
८ त्वरायुक्तौमहाराजप्रार्थयानौमहद्यशः ॥ अर्जुनस्यवधप्रेप्सूपुत्रार्थेतवधन्विनौ ९ तावर्जुनंसहस्रेणपत्रिणांनतपर्वणाम् ॥ पूरयामासतुःक्रुद्धौतटाकंजलदौ
यथा १० श्रुतायुश्चततःक्रुद्धस्तोमरेणधनंजयम् ॥ आजघानरथश्रेष्ठःपीतेननिशितेनच ११ सोऽतिविद्धोबलवताशत्रुणाशत्रुकर्शनः ॥ जगामपरमंमोहंमोहयन्के
शवंरणे १२ एतस्मिन्नेवकालेतुसोऽच्युतायुर्महारथः ॥ शूलेनभृशतीक्ष्णेनताडयामासपांडवम् १३ क्षतेक्षारंसहिददौपांडवस्यमहात्मनः ॥ पार्थोऽपिभृशसंविद्धो
ध्वजयष्टिंसमाश्रितः १४ ततःसर्वस्यसैन्यस्यतावकस्यविशांपते ॥ सिंहनादोमहानासीद्धतंमत्वाधनंजयम् १५ कृष्णश्चभृशसंतप्तोदृष्ट्वापार्थंविचेतनम् ॥ आश्वा
सयत्सुहृद्याभिर्वाग्भिस्तत्रधनंजयम् १६ ततस्तौरथिनांश्रेष्ठौलब्धलक्षौधनंजयम् ॥ वासुदेवंचवार्ष्णेयंशरवर्षैःसमंततः १७ सचक्रकूबररथंसाश्वध्वजपताकिनम् ॥
अदृश्यंचक्रतुर्युद्धेतदद्भुतमिवाभवत् १८ प्रत्याश्वस्तस्तुबीभत्सुःशनकैरिवभारत ॥ प्रेतराजपुरंप्राप्यपुनःप्रत्यागतोयथा १९

६ । ७ । ८ । ९ । १० । ११ । १२ । १३ । १४ । १५ । १६ । १७ । १८ । १९

२० । २१ । विचेरुरित्यत्राभ्यांयुक्कांश्वसायकानितिमथमांततयाऽनुपठघते २२ । २३ । २४ । २५ । २६ । २७ । २८ । २९ । ३० । ३१ । ३२ । ३३ । ३४ । ३५ । ३६ । ३७ । ३८

संछन्नंशरजालेनरथंदृष्वासकेशवम् ॥ शत्रूचाभिखौद्दष्टादीप्यमानाधिबानलौ २० प्रादुश्चकेततःपार्थःशाकमद्भंमहारथः ॥ तस्मादासन्सहस्राणिशराणांनतपर्वणाम् २१ तेजघुस्तौमहेष्वासौताभ्यामुकांश्वसायकान् ॥ विचेरुराकाशगतांपार्थबाणविदारिताः २२ प्रतिहत्यशरांस्तूर्णंशरवेगेनपांडवः ॥ प्रतस्थेतत्रत्रैवयोधयन्वैमहारथान् २३ तौचफाल्गुनबाणौर्वैविंबाहुशिरसौकृतौ ॥ वसुधामन्वपद्येतांवातनुन्नाविवद्रुमौ २४ श्रुतायुषश्च्वनिधनंवधश्चैवाच्युतायुषः ॥ लोकविस्मापनमभूत्सम्यद्रस्येवशोषणम् २५ तयोःपदानुगान्हत्वापुनःपंचाशतंरथान् २६ प्रत्यगाद्धारतींसेनानिघ्नन्पार्थोवरान्वरान् २६ श्रुतायुषंचनिहतंप्रेष्यचैवाच्युतायुषम् ॥ नियतायुश्वसंकुद्धोदीधांयुश्चैवभारत २७ पुत्रौतयोनरश्रेष्ठौकौन्तेयंप्रतिजग्मतुः ॥ किरंतौविविधान्बाणांपितृव्यसनकर्शितौ २८ तावर्जुनोभुहूस्तेन्शरैःसन्नतपर्वभिः ॥ प्रेषयत्परमकुद्धोयमस्यसदनंप्रति २९ लोडयंतमनीकानिद्विपंपद्मसरोयथा ॥ नाशकुवन्वारयितुंपार्थक्षत्रियपुंगवाः ३० अंगास्तुगजवारेणपांडवंपर्यवारयन् ॥ कुद्धाःसहस्रशोराजन्शिक्षिताहस्तिसादिनः ३१ दुर्योधनसमादिष्टाःकुंजरैःपर्वतोपमैः ॥ प्राच्याश्चदाक्षिणात्याश्चकलिंगप्रमुखानृपाः ३२ तेषामापततांशिब्रंगां द्वीपप्रेषितेःशरैः ॥ निचकर्तशिरांस्युग्रोबाहूनपिसुभूषणान् ३३ तैःशिरोभिर्महीकीर्णाबाहुभिश्चसहांगदैः ॥ बभौकनकपाषाणाभुजगैरिवसंतता ३४ बाहवोविशिखैश्छिन्नाःशिरांस्युन्मथितानिच ॥ पतमानान्यदृश्यंतदुमेभ्यइवपक्षिणः ३५ शरैःसहस्रशोविद्धादिपाःप्रसृतशोणिताः ॥ अदृश्यंतांद्रयःकालेगैरिकांबुस्रवाइव ३६ निहताःशरैस्तस्मान्येबीभत्सोनिनिशितैःशरैः ॥ गजपृष्ठगताम्लेच्छानाम्विकृतदर्शनाः ३७ नानावेषधराराजन्नानाशब्दोघसंव्रताः ॥ रुधिरेणानुलिप्तांगाभांतिचित्रैःशरैर्हताः ३८ शोणितंनिर्वमंतिस्मद्विपाःपार्थशराहताः ॥ सहस्रशश्छिन्नगात्राःसारोहाःसपदानुगाः ३९ चुक्रुशुश्च्वनिपेतुश्वबभ्रमुश्चापरेदिशः श्रंत्रास्ताश्वबहवःस्वानेवमम्रदुर्गजाः ४० सांतरायुधिनश्चैवद्विपांस्तीक्ष्णविषोपमाः ॥ विदंत्यसुरमायांयेसुवोराघोरचक्षुषः ४१ यवनाःपारदाश्चैवशकाश्वसहबाह्लिकैः ॥ काकवर्णादुराचाराःस्त्रीलोलाःकलहप्रियाः ४२ द्राविडास्तत्रयुध्यंतेमत्तमातंगविक्रमाः ॥ गोयोनिप्रभवाम्लेच्छाःकालकल्पाःप्रहारिणः ४३ दार्वाःतिसारादरदाःपुंड्राश्वैवसहस्रशः ॥ तेनशक्याःस्मसंख्यातुंव्राताःशतसहस्रशः ४४ अभ्यवर्षंततेसर्वेपांडवंनिशितैःशरैः ॥ अवाकिरंश्वतेम्लेच्छानानायुद्वविशारदाः ४५ तेषामपिससर्जाशुशरव्रष्टिंधनंजयः ॥ सृष्टिस्तथाविधाह्यासीच्छलभानामिवायतिः ४६ अभ्रच्छायामिवशरैःसैन्येकृत्वाधनंजयः मुंडाधेमुंडान्जटिलानशुचीन्जटिलाननान् ४७

३९ । ४० । ४१ । ४२ गोयोनिप्रभवानदिन्यांजाताः ४३ । ४४ । ४५ सृष्टिःसंदृष्टिः ४६ जटिलाननान् जटिलानि रुढमश्रूण्यानननिषां ४७

म.भा.टी. ॥ ६२ ॥

४८ प्रच्छन्नेनप्रच्छादनेनकृतोरचितःसंक्रमोयस्यां ४९ । ५० उत्तरशोणितांशोणितप्रधानां ५१ । ५२ हयान्अश्वारोहान् ५३ । ५४ । ५५ । ५६ । ५७ । ५८ । ५९ । ६० । ६१ । ६२

म्लेच्छानशातयत्सर्वान्समेतानस्त्रतेजसा ॥ शरैश्चशतशोविद्धास्तेसंघागिरिचारिणः ॥ प्राद्रवंतरणेभीतागिरिगह्वरवासिनः ४८ गजाश्वसादिम्लेच्छानांपतितानां
शितैःशरैः ॥ बकाःकंकावृकाभूमावपिबन्रुधिरंमुदा ॥ पत्त्यश्वरथनागैश्चप्रच्छन्नकृतसंक्रमाम् ४९ शरवर्षप्लवांघोरांकेशशैवलशाद्वलाम् ॥ प्रावर्त्तयन्नदीमुग्रांशो
णितौघतरंगिणीम् ५० छिन्नांगुलीक्षुद्रमत्स्यांयुगान्तेकालसन्निभाम् ॥ प्राकरोद्गजसंबाधांनदीमुत्तरशोणिताम् ५१ देहेभ्योराजपुत्राणांनागाश्वरथसादिनाम् ॥
यथास्थलंचनिम्नंचनस्याद्वर्षतिवासवे ५२ तथाऽऽसीत्पृथिवीसर्वाशोणितेनपरिप्लुता ॥ षट्सहस्रान्हयान्वीरान्पुनर्दशशतान्वरान् ५३ प्राहिणोन्मृत्युलोकायक्षत्रियान्क्ष
त्रियर्षभः ॥ शरैःसहस्रशोविद्धाविधिवत्कल्पिताद्विपाः ५४ शेरतेभूमिमासाद्यशैलावज्रहताइव ॥ सवाजिरथमातंगान्निघ्नन्व्यचरदर्जुनः ५५ प्रभिन्नइवमातंगोमृद्न
न्नलवनंयथा ॥ भूरिद्रुमलतागुल्मंशुष्केन्धनतृणोलपम् ५६ निर्दहेदनलोऽरण्यंयथावायुसमीरितः ॥ सैनारण्यंतवतथाकृष्णानिलसमीरितः ५७ शरार्चिरदहत्क्रुद्धःपांड
वाग्निर्धनंजयः ॥ शून्यान्कुर्वन्रथोपस्थान्मानवैःसंस्तरन्महीम् ५८ प्रानृत्यदिवसंबाधेचापहस्तोधनंजयः ॥ वज्रकल्पैःशरैर्भूमिंकुर्वन्नुत्तरशोणिताम् ५९ प्राविश
द्भारतीसेनांसंक्रुद्धोवैधनंजयः ॥ तंश्रुतायुस्तथांबष्ठोव्रजमानंन्यवारयत् ६० तस्यार्जुनःशरैस्तीक्ष्णैःकंकपत्रपरिच्छदैः ॥ न्यपातयद्धयान्शीघ्रंयतमानस्यमा
रिष ६१ धनुश्चास्यापरैश्छित्वाशरैःपार्थोविचक्रमे ॥ अंबष्ठस्तुगदांगृह्यकोपपर्याकुलेक्षणः ६२ ॥ आससादरणेपार्थंकेशवंचमहारथम् ॥ ततःसंप्रहरन्वी
रोगदामुद्यम्यभारत ६३ रथमावार्यगदयाकेशवंसमताडयत् ॥ गदयाताडितंदृष्ट्वाकेशवंपरवीरहा ६४ अर्जुनोऽथभृशंक्रुद्धःसोऽम्बष्ठंप्रतिभारत ॥ ततःशरैर्हेमपुंखैः
सगदंरथिनांवरम् ६५ छादयामाससमरेमेघःसूर्यमिवोदितम् ॥ अथापरैःशरैश्चापिगदांतस्यमहात्मनः ६६ अचूर्णयत्तदापार्थस्तदद्भुतमिवाभवत् ॥ अथतांपति
तांदृष्ट्वागृह्यान्यांचमहागदाम् ६७ अर्जुनंवासुदेवंचपुनःपुनरताडयत् ॥ तस्यार्जुनःक्षुरप्राभ्यांसगदावुद्यतौभुजौ ६८ चिच्छेदेन्द्रध्वजाकारौशिरश्चान्येनपत्रिणा ॥
सपपातहतोराजन्वसुधामनुनादयन् ६९ इन्द्रध्वजइवोत्सृष्टोयंत्रनिर्मुक्तबंधनः ॥ रथानीकावगाढश्चवारणाश्वशतैर्वृतः ॥ अदृश्यततदापार्थोघनैःसूर्यइवावृतः ७०
इतिश्रीमहा० द्रो० जयद्रथ० अंबष्ठवधेत्रिनवतितमोऽध्यायः ९३ ॥ संजयउवाच ॥ ततःप्रविष्टेकौन्तेयेसिंधुराजजिघांसया ॥ द्रोणानीकंविनिर्भिद्यभोजानीकंचदुस्तरम्
१ कांबोजस्यचदायादेहतेराजन्सुदक्षिणे ॥ श्रुतायुधेचविक्रांतेनिहतेसव्यसाचिना २ विप्रद्रुतेष्वनीकेषुविध्वस्तेषुसमंततः ॥ प्रभग्नंस्वबलंदृष्ट्वापुत्रस्तेद्रोणमभ्ययात् ३
त्वरन्नेकरथेनैवसमेत्यद्रोणमब्रवीत् ॥ गतःसपुरुषव्याघ्रःप्रमथ्यैतांमहाचमूम् ४ ॥ ॥ ॥

६३ । ६४ । ६५ । ६६ । ६७ । ६८ । ६९ । ७० ॥ इतिद्रोणपर्वणिटीकायांत्रिनवतितमोऽध्यायः ॥ ९३ ततइति १ । २ । ३ । ४

५ । ६ । ७ । ८ । ९ आतुरमनवस्थितम् । १० । ११ नावबुध्यसेनस्मरसि १२ नेच्छसिनानुरुध्यसे १३ । १४ । १५ । १६ । १७ । १८।१९ । २० । २१ । २२ । २३ चोयधर्येयदिधनंजये

अथबुद्ध्यासमीक्षस्वकिंनुकार्यमनंतरम् ॥ अर्जुनस्यविघातायदारुणेऽस्मिन्जनक्षये ५ यथासपुरुषव्याघ्रोनहन्येतजयद्रथः ॥ तथाविधत्स्वभद्रंतेत्वंहिनःपर
मागतिः ६ असौधनंजयाग्निर्हिकोपमारुतचोदितः ॥ सेनाकक्षंदहतिमेवह्निःकक्षमिवोत्थितः ७ अतिक्रांतेहिकौंतेयेभित्त्वासैन्यंपरंतप ॥ जयद्रथस्यगो
प्तारःसंशयंपरमंगताः ८ स्थिराबुद्धिर्नरेन्द्राणामासीद्ब्रह्मविदांवर ॥ नातिक्रमिष्यतिद्रोणंजातुजीवन्धनंजयः ९ योऽसौपार्थोव्यतिक्रांतोमिषतस्तेमहाद्युते ॥
सर्वंह्यद्यातुरंमन्येनेदमस्तिबलंमम १० जानामित्वांमहाभागपांडवानांहितेरतम् ॥ तथामुह्यामिचब्रह्मन्कार्यवत्तांविचिंतयन् ११ यथाशक्तिचतेब्रह्मन्वर्त्तयेवृ
त्तिमुत्तमाम् ॥ प्रीणामिचयथाशक्तितच्चत्वंनाववुध्यसे १२ अस्मान्नत्वंसदाभक्तानिच्छस्यमितविक्रम ॥ पांडवान्सततंप्रीणास्यस्माकंविप्रियेरतान् १३ अ
स्मानेवोपजीवंस्त्वमस्माकंविप्रियेरतः ॥ नह्यहंत्वांविजानामिमधुदिग्धमिवक्षुरम् १४ नादास्यच्चेद्वरंमह्यंभवान्पांडवनिग्रहे ॥ नावारयिष्यंगच्छंतमहंसिंधुपतिंगृहान्
१५ मयात्वाशंसमानेनत्वत्तस्त्राणमबुद्धिना ॥ आश्वासितःसिंधुपतिर्मोहाद्दत्तश्चमृत्यवे १६ यमदंष्ट्रांतरंप्राप्तोमुच्येतापिहिमानवः ॥ नार्जुनस्यवशंप्राप्तोमुच्ये
ताजौजयद्रथः १७ सतथाकुरुशोणाश्वयथामुच्येतसैंधवः ॥ ममचार्त्तप्रलापानांमाक्रुधःपाहिसैंधवम् १८ ॥ द्रोणउवाच ॥ नाभ्यसूयामितेवाक्यमश्वत्था
म्नाऽसिमेसमः ॥ सत्यंतुतेप्रवक्ष्यामितज्जुषस्वविशांपते १९ सारथिःप्रवरःकृष्णःशीघ्राश्चास्यहयोत्तमाः ॥ अल्पंचविवरंकृत्वातूर्णंयातिधनंजयः २० किंनप
श्यसिबाणौघान्क्रोशमात्रेकिरीटिनः ॥ पश्चाद्रथस्यपतितान्क्षिप्तान्शीघ्रंहिगच्छतः २१ नचाहंशीघ्रयानेऽद्यसमर्थोवयसान्वितः ॥ सेनामुखेचपार्थानामेतद्ब
लमुपस्थितम् २२ युधिष्ठिरश्चमेग्राह्योमिषतांसर्वधन्विनाम् ॥ एवंमयाप्रतिज्ञातंक्षत्रमध्येमहाभुज २३ धनंजयेनचोत्सृष्टोवर्त्ततेप्रमुखेनृप ॥ तस्माद्व्यूहमुखं
हित्वानाहंयोत्स्यामिफाल्गुनम् २४ तुल्याभिजनकर्माणंशत्रुमेकंसहायवान् ॥ गत्वायोधयमाभैस्त्वंत्वंह्यस्यजगतःपतिः २५ राजाशूरःकृतीदक्षोनेतुंपरपुरंजयः ॥
वीरःस्वयंप्रयाह्यत्रयत्रपार्थोधनंजयः २६ ॥ दुर्योधनउवाच ॥ कथंत्वामप्यतिक्रांतःसर्वशस्त्रभृतांवरम् ॥ धनंजयोमयाशक्यआचार्यप्रतिबाधितुम् २७ अपि
शक्योरणेजेतुंवज्रहस्तःपुरंदरः ॥ नार्जुनःसमरेशक्योजेतुंपरपुरंजयः २८ येनभोजश्चहार्दिक्योभवांश्चत्रिदशोपमः ॥ अस्त्रप्रतापेनजिताश्रुतायुश्चनिबर्हितः २९
सुदक्षिणश्चनिहतःसचराजाश्रुतायुधः ॥ श्रुतायुश्चाच्युतायुश्चम्लेच्छाश्चायुतशोहताः ३० तंकथंपांडवंयुद्धेदहंतमिवपावकम् ॥ प्रतियोत्स्यामिदुर्धर्षंतमहं
शस्त्रकोविदम् ३१ क्षमंचमन्यसेयुद्धंममतेनाद्यसंयुगे ॥ परवानस्मिभवतिप्रेष्यवद्रक्षमद्यशः ३२ ॥ ॥

नोत्सृष्टःप्रमुखेवर्ततेतार्हियुधिष्ठिरोमेग्राह्यइत्यन्वयः । २४ । २५ । २६ । २७ । २८ । २९ । ३० । ३१ । ३२ ॥ ॥ ॥

३३ । ३४ तेत्वां ३५ । ३६ । ३७ । ३८ । ३९ । ४० । ४१ । ४२ । ४३ । ४४ । ४५ । ४६ चत्वारऐरावतवामनांजनसार्वभौमाः ४७ । ४८ । ४९ । ५० । ५१ । ५२ । ५३ अनुज्ञांवरं ५४

॥ द्रोणउवाच ॥ सत्यंवदसिकौरव्यदुराधर्षोधनंजयः ॥ अहंतुतत्करिष्यामियथैनंप्रसहिष्यसि ३३ अद्भुतंचाद्यपश्यंतुलोकेसर्वधनुर्धराः ॥ विषक्तंत्वयिकौंतेयंवा सुदेवस्यपश्यतः ३४ एषतेकवचंराजंस्तथाबध्नामिकांचनम् ॥ यथानबाणानास्त्राणिप्रहरिष्यंतितेरणे ३५ यदित्वांसासुरसुराःसयक्षोरगराक्षसाः ॥ योधयंति त्रयोलोकाःसनरानास्तितेभयम् ३६ नकृष्णोनचकौंतेयोनचान्यःशस्त्रभृद्रणे ॥ शरानर्पयितुंकश्चित्कवचेतवशक्ष्यति ३७ सत्वंकवचमास्थायक्रुद्धमद्यरणेऽर्जुनम् ॥ त्वरमाणःस्वयंयाहिनत्वाऽसौविसहिष्यति ३८ ॥ संजयउवाच ॥ एवमुक्त्वात्वरन्द्रोणःस्पृष्ट्वांभोवर्मभास्वरम् ॥ आबबंधाद्भुततमंजपन्मंत्रंयथाविधि ३९ रणेतस्मिन्सुमहतिविजयस्यसुतस्यते ॥ विसिस्मापयिषुर्लोकान्विद्ययाब्रह्मवित्तमः ४० ॥ द्रोणउवाच ॥ करोतुस्वस्तितेब्रह्मब्रह्माचापिद्विजातयः ॥ सरीसृपा श्चयेश्रेष्ठास्तेभ्यस्तेस्वस्तिभारत ४१ ययातिर्नाहुषश्चैवधुंधुमारोभगीरथः ॥ तुभ्यंराजर्षयःसर्वेस्वस्तिकुर्वंतुतेसदा ४२ स्वस्तितेऽस्त्वेकपादेभ्योबहुपादेभ्यएव च ॥ स्वस्त्यस्त्वपादकेभ्यश्चनित्यंतवमहारणे ४३ स्वाहास्वधाशचीचैवस्वस्तिकुर्वंतुतेसदा ॥ लक्ष्मीररुंधतीचैवकुरुतांस्वस्तितेऽनघ ४४ असितोदेवलश्चैववि श्वामित्रस्तथांगिराः ॥ वसिष्ठःकश्यपश्चैवस्वस्तिकुर्वंतुतेनृप ४५ धाताविधातालोकेशोदिशश्चसदिगीश्वराः ॥ स्वस्तितेऽद्यप्रयच्छंतुकार्तिकेयश्चषण्मुखः ४६ विवस्वान्भगवान्स्वस्तिकरोतुतवसर्वशः ॥ दिग्गजाश्चैवचत्वारःक्षितिश्चगगनंग्रहाः ४७ अधस्ताद्धरणींयोऽसौसदाधारयतेनृप ॥ शेषश्चपन्नगश्रेष्ठःस्वस्तितुभ्यंप्र यच्छतु ४८ गांधारेयुधिविक्रम्यनिर्जिताःसुरसत्तमाः ॥ पुरावृत्रेणदैत्येनभिन्नदेहाःसहस्रशः ४९ हृततेजोबलाःसर्वेतदासेन्द्रादिवौकसः ॥ ब्रह्माणंशरणंजग्मुर्वृ त्राद्भीतामहासुरात् ५० ॥ देवाऊचुः ॥ प्रमर्दितानांवृत्रेणदेवानांदेवसत्तम ॥ गतिर्भवसुरश्रेष्ठत्राहिनोमहतोभयात् ५१ अथपार्श्वेस्थितंविष्णुंशक्रादींश्चसुरोत्तमा न् ॥ प्राहतथ्यमिदंवाक्यंविषण्णान्सुरसत्तमान् ५२ रक्ष्यामेसततंदेवाःसहेंद्राःसद्विजातयः ॥ त्वष्टुःसुदुर्धरंतेजोयेनवृत्रोविनिर्मितः ५३ त्वष्टापुरातपस्तप्त्वावर्षा युतशतंतदा ॥ वृत्रोविनिर्मितोदेवाःप्राप्यानुज्ञांमहेश्वरात् ५४ सतस्यैवप्रसादाद्वोहन्यादेवरिपुर्बली ॥ नागत्वाशंकरस्थानंभगवान्दृश्यतेहरः ५५ दृष्ट्वाजेष्यथवृत्रं तंक्षिप्रंगच्छतमंदरम् ॥ यत्राऽऽस्तेतपसांयोनिर्दक्षयज्ञविनाशनः ५६ पिनाकीसर्वभूतेशोभगनेत्रनिपातनः ॥ तेगत्वासहितादेवाब्रह्मणासहमंदरम् ५७ अपश्यं स्तेजसांराशिंसूर्यकोटिसमप्रभम् ॥ सोऽब्रवीत्स्वागतंदेवाब्रूतकिंकरवाण्यहम् ५८ अमोघंदर्शनंमह्यंकामप्राप्तिरतोऽस्तुवः ॥ एवमुक्तास्तुतेसर्वेप्रत्यूचुस्तंदिवौकसः ५९ तेजोहृतंनोवृत्रेणगतिर्भवदिवौकसाम् ॥ मूर्तीरीक्षस्वनोदेवप्रहारैर्जर्जरीकृताः ॥ शरणंत्वांप्रपन्नाःस्मगतिर्भवमहेश्वर ६०

हन्याद्धंतुमर्हति ५५ । ५६ । ५७ । ५८ । ५९ । ६०

६१ । ६२ मानसेनमनसोच्चारणीयेन ६३ । ६४ । ६५ । ६६ । ६७ । ६८ । ६९ ब्रह्मसूत्रेणब्रह्मणासूचितेनोपदेशेन ७० । ७१ । ७२ । ७३ । ७४ । ७५ । ७६ इतिद्रोणपर्वणिटीकायांच

शर्वउवाच ॥ विदितंवोयथादेवाःकृत्स्नेयंसुमहाबला ॥ त्वष्टुस्तेजोभवाघोरादुर्निवार्याऽकृतात्मभिः ६१ अवश्यंतुमयाकार्यंसाह्यंसर्वदिवौकसाम् ॥ ममेदंगात्रजं
शक्रकवचंगृह्यभास्वरम् ६२ बधानानेनमंत्रेणमानसेनसुरेश्वर ॥ वधायासुरमुख्यस्यवृत्रस्यसुरघातिनः ६३ द्रोणउवाच ॥ इत्युक्त्वावरदःप्रादाद्वर्मतन्मंत्रमेवच ॥
सतेनवर्मणागुप्तःप्रायाद्वृत्रचमूंप्रति ॥ ६४ नानाविधैश्चशस्त्रौघैःपात्यमानैर्महारणे ॥ नसंधिःशक्यतेभेत्तुंवर्मबंधस्यतस्यतु ॥ ६५ ततोजघानसमरेवृत्रंदेवपतिःस्वयम्
॥ तंचमंत्रमयंबंधंवर्मचांगिरसेददौ ६६ अंगिराःप्राहपुत्रस्यमंत्रज्ञस्यबृहस्पतेः ॥ बृहस्पतिरथोवाच अग्निवेश्यायधीमते ६७ अग्निवेश्योममप्रादात्तेनबध्नामिवर्मते ॥
तवाद्यदेहरक्षार्थंमंत्रेणनृपसत्तम ६८ ॥ संजयउवाच ॥ एवमुक्त्वाततोद्रोणस्तवपुत्रंमहाद्युतिम् ॥ पुनरेववचःप्राहशनैराचार्यपुंगवः ६९ ब्रह्मसूत्रेणबध्नामिकवचंतव
भारत ॥ हिरण्यगर्भेणयथाबद्धंविष्णोःपुरारणे ७० यथाचब्रह्मणाबद्धंसंग्रामेतारकामये ॥ शक्रस्यकवचंदिव्यंतथाबध्नाम्यहंवत ७१ बद्ध्वातुकवचंतस्यमंत्रेणविधि
पूर्वकम् ॥ प्रेषयामासराजानंयुद्धायमहतेद्विजः ७२ ससन्नद्धोमहाबाहुराचार्येणमहात्मना ॥ रथानांचसहस्रेणत्रिगर्त्तानांप्रहारिणाम् ७३ तथादंतिसहस्रेणमत्तानां
वीर्यशालिनाम् ॥ अश्वनांनियुतेनैवतथाऽन्यैश्चमहारथैः ७४ वृतः प्रायान्महाबाहुरर्जुनस्यरथंप्रति ॥ नानावादित्रघोषेणयथावैरोचनिस्तथा ७५ ततःशब्दोमहा
नासीत्सैन्यानांतवभारत ॥ अगाधंप्रस्थितंदृष्ट्वासमुद्रमिवकौरवम् ७६ ॥ इतिश्रीमहाभारतेद्रोणपर्वणियजद्रथवधपर्वणिदुर्योधनकवचबंधनेचतुर्नवतितमोऽ
ध्यायः ॥ ९४ ॥ ॥ संजयउवाच ॥ प्रविष्टयोर्महाराजपार्थवार्ष्णेययोरणे ॥ दुर्योधनेप्रयातेचपृष्ठतःपुरुषर्षभे १ जवेनाभ्यद्रवद्द्रोणंमहतानिः
स्वनेनच ॥ पांडवाःसोमकैःसार्धंततोयुद्धमवर्त्तत २ तद्युद्धमभवत्तीव्रंतुमुलंलोमहर्षणम् ॥ कुरूणांपांडवानांचव्यूहस्यपुरतोऽद्भुतम् ३ राजन्कदा
चिन्नास्माभिर्दृष्टंताद्दृङ्नचश्रुतम् ॥ यादृङ्मध्यगतेसूर्येयुद्धमासीद्विशांपते ४ धृष्टद्युम्नमुखाःपार्थाव्यूढानीकाःप्रहारिणः ॥ द्रोणस्यसैन्यंतेसर्वेशरवर्षै
रवाकिरन् ५ वयंद्रोणंपुरस्कृत्यसर्वशस्त्रभृतांवरम् ॥ पार्षतप्रमुखान्पार्थानभ्यवर्षामसायकैः ६ महामेघाविवोदीर्णौमिश्रवातौहिमात्यये ॥ सेनाग्रेप्रचकाशेते
रुचिरेरथभूषिते ७ समेत्यतुमहासेनेचक्रतुर्वेगमुत्तमम् ॥ जान्हवीयमुनेनद्यौप्रावृषीवोल्बणोदके ८ नानाशस्त्रपुरोवातोद्विपाश्वरथसंवृतः ॥ गदाविद्युन्महा
रौद्रःसंग्राममजलदोमहान् ९ भारद्वाजानिलोद्धूतःशरधारासहस्रवान् ॥ अभ्यवर्षन्महासैन्यःपांडुसेनाग्निमुद्धतम् १० समुद्रमिववघर्मांतेविशन्घोरोमहानिलः ॥
व्यक्षोभयदनीकानिपांडवानांद्विजोत्तमः ११

तुर्नवतितमोऽध्यायः ॥ ९४ ॥ ॥ ॥ प्रविष्टयोरिति १ । २ । ३ । ४ । ५ । ६ हिमात्ययेशिशिरे सेनाग्रेप्रधानेसेने ७ । ८ । ९ । १० । ११

१२ । १३ । १४ १५ । १६ । १७ प्लावयामासविद्रावितवान् १८ आपकर्षतव्यावर्त्तितवान् १९ । २० । २१ संघट्टयतिसंमेलयति २२ । २३ । २४ । २५ । २६ । २७ । २८ । २९ । ३०

तेऽपिसर्वंप्रयत्नेनद्रोणमेवसमाद्रवन् ॥ बिभित्संतोमहासेतुंवार्योघाःप्रबलाइव १२ वारयामासतान्द्रोणोजलौघमचलोयथा ॥ पांडवान्समरेक्रुद्धान्पंचालांश्चसकेकयान् १३ अथापरेचराजानःपरिवृत्यसमंततः॥ महाबलारणेशूराःपंचालानन्ववारयन् १४ ततोरणेनरव्याघ्रःपार्षतःपांडवैःसह ॥ संजघानासकृद्द्रोणंबिभित्सुररिवाहिनीम् १५ यथैवशरवर्षाणिद्रोणोवर्षतिपार्षते॥ तथैवशरवर्षाणिधृष्टद्युम्नोऽप्यवर्षत १६ सनिस्त्रिंशपुरोवातःशक्तिप्रासर्ष्टिसंवृतः॥ ज्याविद्युच्चापसंह्रादोधृष्टद्युम्नबलाहकः १७ शरधाराश्मवर्षाणिव्यसृजत्सर्वतोदिशम् ॥ निघ्नन्रथवराश्वौघान्प्लावयामासवाहिनीम् १८ यंयमार्च्छच्छरैर्द्रोणःपांडवानांरथव्रजम् ॥ ततस्ततःशरैर्द्रोणमपाकर्षतपार्षतः १९ तथातुयतमानस्यद्रोणस्ययुधिभारत ॥ धृष्टद्युम्नंसमासाद्यत्रिधासैन्यमभिद्यत २० भोजमेकेऽभ्यवर्त्तंतजलसंधंतथाऽपरे ॥ पांडवैर्हन्यमानाश्चद्रोणमेवापरेऽययुः २१ संघट्टयतिसैन्यानिद्रोणस्तुरथिनांवरः ॥ व्यधमच्चापितान्यस्यधृष्टद्युम्नोमहारथः २२ धार्त्तराष्ट्रास्तथाभूतावध्यंतेपांडुसृंजयैः ॥ अगोपाःपशवोऽरण्येबहुभिःश्वापदैरिव २३ कालःस्मग्रसतेयोधान्धृष्टद्युम्नेनमोहितान् ॥ संग्रामेतुमुलेतस्मिन्निति संमेनिरेजनाः २४ कुनृपस्ययथाराष्ट्रंदुर्भिक्षव्याधितस्करैः ॥ द्राव्यतेतद्वदापन्नापांडवैस्तववाहिनी २५ अर्करश्मिविमिश्रेषुशस्त्रेषुकवचेषुच ॥ चक्षूंषिप्रत्यहन्यंतसैन्येनरजसातथा २६ त्रिधाभूतेषुसैन्येषुवध्यमानेषुपांडवैः ॥ अमर्षितस्ततोद्रोणःपंचालान्व्यधमच्छरैः २७ मृद्नतस्तान्यनीकानिनिघ्नतश्चापिसायकैः ॥ बभूवरूपंद्रोणस्यकालाग्नेरिवदीप्यतः २८ रथंनागंहयंचापिपत्तिनश्चविशांपते ॥ एकैकेनेषुणासंख्येनिर्विभेदमहारथः २९ पांडवानांतुसैन्येषुनास्तिकश्चित्सभारत ॥ दधारयोरणेबाणान्द्रोणचापच्युतान्प्रभो ३० तत्पच्यमानमर्केणद्रोणसायकतापितम् ॥ बभ्रामपार्षतंसैन्यंतत्रतत्रैवभारत ३१ तथैवपार्षतेनापिकाल्यमानंबलंतव ॥ अभवत्सर्वतोदीप्तंशुष्कंवनमिवाग्निना ३२ बाध्यमानेषुसैन्येषुद्रोणपार्षतसायकैः ॥ त्यक्त्वाप्राणान्परंशक्त्यायुध्यंतेसर्वतोमुखाः ३३ तावकानांपरेषांचयुध्यतांभरतर्षभ ॥ नासीत्कश्चिन्महाराजयोऽत्याक्षीत्संयुगंभयात् ३४ भीमसेनंतुकौंतेयंसोदर्याःपर्यवारयन् ॥ विविंशतिश्चित्रसेनोविकर्णश्चमहारथः ३५ विंदानुविंदावावंत्यौक्षेमधूर्त्तिश्चवीर्यवान् ॥ त्रयाणांतवपुत्राणांत्रयएवानुयायिनः ३६ बाह्लीकराजस्तेजस्वीकुलपुत्रोमहारथः॥ सहसेनःसहामात्योद्रौपदेयानवारयत् ३७ शैब्योगोवासनोराजायोधैर्दशशतावरैः॥ काश्यस्याभिभुवःपुत्रंपराक्रांतमवारयत् ३८ अजातशत्रुंकौंतेयंज्वलंतमिवपावकम् ॥ मद्राणामीश्वरःशल्योराजाराजानमावृणोत् ३९ दुःशासनस्त्ववस्थाप्यस्वमनीकममर्षणः ॥ सात्यकिंप्रययौक्रुद्धःशूरोरथवरंयुधि ४० स्वकेनाहमनीकेनसन्नद्धःकवचावृतः ॥ चतुःशतैर्महेष्वासैश्चेकितानमवारयम् ४१

३१ । ३२ । ३३ । ३४ । ३५ । ३६ । ३७ काश्यस्यकाशिराजस्य ३८ । ३९ । ४० । ४१

शकुनिस्तुसहानीकोमाद्रीपुत्रमवारयत् ॥ गांधारकैःसप्तशतैश्चापशक्त्यसिपाणिभिः ४२ विंदानुविंदावावंत्यौविराटंमत्स्यमार्च्छताम् ॥ प्राणांस्त्यक्त्वामहेष्वासौमि
त्रार्थेऽभ्युदतायुधौ ४३ शिखंडिनंयाज्ञसेनिंरुंधानमपराजितम् ॥ बाल्हीकःप्रतिसंयत्तःपराक्रांतमवारयत् ४४ धृष्टद्युम्नंतुपांचाल्यंक्रूरैःसार्धंप्रभद्रकैः ॥ आवंत्यः
सहसौवीरैःक्रुद्धरूपमवारयत् ४५ घटोत्कचंतथाशूरंराक्षसंक्रूरकर्मिणम् ॥ अलायुधोऽद्रवत्तूर्णंक्रुद्धमायांतमाहवे ४६ अलंबुषंराक्षसेंद्रंकुंतिभोजोमहारथः ॥
सैन्येनमहतायुक्तःक्रुद्धरूपमवारयत् ४७ सैंधवःपृष्ठतस्त्वासीत्सर्वसैन्यस्यभारत ॥ रक्षितःपरमेष्वासैःकृपप्रभृतिभीरथैः ॥ ४८ तस्याऽऽस्तांचक्ररक्षौद्वौसैंधव
स्यबृहत्तमौ ॥ द्रौणिर्दक्षिणतोराजन्सूतपुत्रश्चवामतः ४९ पृष्ठगोपास्तुतस्यासन्सौमदत्तिपुरोगमाः ॥ कृपश्चवृषसेनश्चशलःशल्यश्चदुर्जयः ५० नीतिमंतोम
हेष्वासाःसर्वेयुद्धविशारदाः ॥ सैंधवस्यविधायैवंरक्षांयुयुधिरेततः ५१ इतिश्रीमहाभारतेद्रोणपर्वणिजयद्रथवधपर्वणिसंकुलयुद्धेपंचनवतितमोऽध्यायः ॥ ९५ ॥
॥ संजयउवाच ॥ राजन्संग्राममाश्चर्यंशृणुकीर्तयतोमम ॥ कुरूणांपांडवानांचयथायुद्धमवर्तत १ भारद्वाजंसमासाद्यव्यूहस्यप्रमुखेस्थितम् ॥ अयोधयन्रणेपार्था
द्रोणानीकंबिभित्सवः २ रक्षमाणःस्वकंव्यूहंद्रोणोऽपिसहसैनिकैः ॥ अयोधयद्रणेपार्थान्प्रार्थयानोमहद्यशः ३ विंदानुविंदावावंत्यौविराटंदशभिःशरैः ॥
आजघ्नतुःसुसंक्रुद्धौतवपुत्रहितैषिणौ ४ विराटश्चमहाराजतावुभौसमरेस्थितौ ॥ पराक्रांतौपराक्रम्ययोधयामाससानुगौ ५ तेषांयुद्धंसमभवद्दारुणंशोणितो
दकम् ॥ सिंहस्यद्विपमुख्याभ्यांप्रभिन्नाभ्यांयथावने ६ बाल्हीकंरभसंयुद्धेयाज्ञसेनिर्महाबलः ॥ आजघ्नेविशिखैस्तीक्ष्णैर्घोरैर्मर्मास्थिभेदिभिः ७ बाल्हीकोया
ज्ञसेनिंतुहेमपुंखैःशिलाशितैः ॥ आजघानभृशंक्रुद्धोनवभिर्नतपर्वभिः ८ तद्युद्धमभवद्घोरंशरशक्तिसमाकुलम् ॥ भीरूणांत्रासजननंशूराणांहर्षवर्धनम् ९ ताभ्यां
तत्रशरैर्मुक्तैरंतरिक्षंदिशस्तथा ॥ अभवत्संवृतंसर्वंनप्राज्ञायतकिंचन १० शैब्योगोवासनोयुद्धेकाश्यपुत्रंमहारथम् ॥ ससैन्योयोधयामासगजःप्रतिगजंयथा ११
बाल्हीकराजःसंक्रुद्धोद्रौपदेयान्महारथान् ॥ मनःपंचेन्द्रियाणीवशुशुभेयोधयन्रणे १२ अयोधयंस्तेसुभृशंतंशरौघैःसमंततः ॥ इंद्रियार्थायथादेहंशश्वद्देहवतांवर १३
वार्ष्णेयंसात्यकिंयुद्धेपुत्रोदुःशासनस्तव ॥ आजघ्नेसायकैस्तीक्ष्णैर्नवभिर्नतपर्वभिः १४ सोऽतिविद्धोबलवतामहेष्वासेनधन्विना ॥ ईषन्मूर्छांजगामाशुसात्यकिःसत्य
विक्रमः १५ समाश्वस्तस्तुवार्ष्णेयस्तवपुत्रंमहारथम् ॥ विव्याधदशभिस्तूर्णंसायकैःकंकपत्रिभिः १६ तावन्योन्यंदृढंविद्धावन्योन्यशरपीडितौ ॥ रेजतुःसमरेराज
न्पुष्पिताविवकिंशुकौ १७ अलंबुषस्तुसंक्रुद्धःकुंतिभोजशरार्दितः ॥ अशोभतभृशंलक्ष्म्यापुष्पाढ्यइवकिंशुकः १८ ॥ ॥

१९ । २० । २१ । २२ द्वेनाशनःप्रावर्त्तेतयनुपद्यते २३ । २४ । २५ । २६ । २७ । २८ । २९ । ३० । ३१ इतिद्रोणपर्वणिटीकायांपण्णवतितमोऽध्यायः ॥ ९६ ॥ तथेति १ । २ । ३ । ४

कुंतिभोजेतंतारक्षोविद्धाबहुभिरायसैः ॥ अनदद्रैखनादुंवाहिन्याःप्रमुखेतव १९ ततस्तौसमरेशूरौयोधयेतौपरस्परम् ॥ दद्दशुःसर्वसैन्यानिशकुंजंभौयथा
पुरा २० शकुनिरभसंयुद्धंकृतवेरंचभारत ॥ माद्रीपुत्रौचसंरब्धौशरैश्चार्दयतांभृशम् २१ तुमुलःसमहानासनाराजन्प्रावर्त्ततजनक्षयः ॥ त्वयासंजनितोऽत्यर्थंकर्णे
नचविवर्धितः २२ रक्षितस्तवपुत्रैश्चक्रोधमूलेहुताशनः ॥ यइमांपृथिवीवीराजनृदग्धुंसर्वासमुद्यतः २३ शकुनिःपांडुपुत्राभ्यांकृतःसविमुखःशरैः ॥ नस्मजाना
तिक्तव्यंयुद्धेकिंचित्पराक्रमम् २४ विमुखंचैनमालोक्यमाद्रीपुत्रोमहारथौ ॥ ववर्षतुःपुनबाणैर्यथामेघौमहागिरिम् २५ सवध्यमानोबहुभिःशरैःसन्नतपर्वभिः ॥
संप्रायाजवनेनश्वैर्द्रोणानीकायसोबलः २६ घटोत्कचस्तथाशूरंराक्षसंतमलायुधम् ॥ अभ्ययाद्रभसंयुद्धेवेगमास्थायमध्यमम् २७ तयोर्युद्धंमहाराजचित्ररू
पमिवाभवत् ॥ याद्दशंहिपुराव्रृत्तंरामरावणयोर्भृधे २८ ततोयुधिष्ठिरोराजामद्रराजानमाहवे ॥ विद्धापंचाशताबाणैःपुनर्विव्याधसप्तभिः २९ ततःप्रवत्रतेयु
द्धंतयोरत्यद्भुतंनृप ॥ यथापूर्वमहद्युद्धंशंबरामरराजयोः ३० विविंशतिश्चित्रसेनोविकर्णश्चतवात्मज ॥ अयोधयन्भीमसेनंमहत्यासेनयात्रताः ३१ ॥ इतिश्री
महाभारतेद्रोणपर्वणिजयद्रथवधपर्वणिद्वंद्वयुद्धेपण्णवतितमोऽध्यायः ॥ ९६ ॥ संजयउवाच ॥ तथातस्मिन्प्रवृत्तेतुसंग्रामेलोमहर्षणे ॥ कौरवेयां
स्त्रिधाभूतान्पांडवाःसमुपाद्रवन् १ जलसंधंमहाबाहुंभीमसेनोऽभ्यवर्त्तत ॥ युधिष्ठिरःसहानीकःकृतवर्माणमाहवे २ किरंस्तुशरवर्षाणिरोचमानइवांशुमान्
धृष्टद्युम्नोमहाराजद्रोणमभ्यद्रवत्रणे ३ ततःप्रवत्रतेयुद्धंत्वरतांसर्वधन्विनाम् ॥ कुरुणांपांडवानांचसंकुद्धानांपरस्परम् ४ संक्षयेतुतथाभूतेवर्त्तमानेमहाभये ॥
द्धृद्धीभूतेषुसैन्येषुयुध्यमानेष्वभीतवत् ५ द्रोणःपांचालपुत्रेणबलीबलवतासह ॥ यद्क्षिपत्पृष्टकौवास्तद्द्भुतमिवाभवत् ६ पुंडरीकवनानींविविधस्तानिसमं
ततः ॥ चक्रातेद्रोणपांचाल्यौतृणांशीपाण्यनेकशः ७ विनिकीर्णोनिवीराणामनीकेषुसमंततः ॥ वस्त्राभरणशस्त्राणिध्वजवर्माण्युधानिच ८ तपनीयतनुत्राणाः
संसिक्तारुधिरेणच ॥ संस्कताइवद्दश्यंतेमेवसंवाःसविद्युतः ९ कुंजराश्वनरान्न्येपातयंतिस्मपत्रिभिः ॥ तालमात्राणिचापानिविकर्षंतोमहारथाः १० असि
चर्माणिचापानिशिरांसिकवचानिच ॥ विप्रकीर्यंतशूराणांसंग्रामेरमहात्मनाम् ११ उत्थितान्यगणेयानिकबंधानिसमंततः ॥ अद्दश्यंतमहाराजतस्मिन्परमसं
कुले १२ गृध्राःकंकाबकाःश्येनावायसाजंबुकास्तथा ॥ बहुशःपिशिताशाश्चतत्राद्दश्यंतमारिष १३ भक्षयंतश्चमांसानिनिपिबंतश्चापिशोणितम् ॥ विलुंपंतश्च
केशांश्चमज्जाश्चबहुधानृप १४ आकर्षंतःशरीराणिशरीरावयवांस्तथा ॥ नराश्वगजसंघानांशिरांसिचततस्ततः १५ कृतास्त्रारणदीक्षाभिर्दीक्षितारणशा
लिनः ॥ रणेजयंप्रार्थयानाभ्रृशंयुयुधिरेतदा १६ ॥   ॥   ॥   ॥   ॥   ॥६१॥

५ । ६ । ७ । ८ । ९ कुंजराश्वनरानिति काकाशिवद्भ्मयत्रयथाविभक्तिसंबध्यते १० । ११ । १२ । १३ । १४ । १५ । १६

१७ । १८ । १९ । २० । २१ । २२ । २३ । २४ । २५ युगमध्यहनेषुयुगबंधेषु २६ । २७ । २८ । २९ । ३० । ३१ । ३२ । ३३ । ३४ । ३५ अवाक्षिपन्अपनीतवंतः ३६ ॥ इतिद्रोणपर्वणि

असिमार्गान्बहुविधान्विचेरुःसैनिकारणे ॥ ऋष्टिभिःशक्तिभिःप्रासैःशूलतोमरपट्टिशैः १७ गदाभिःपरिघैश्चान्यैरायुधैश्चभुजैरपि ॥ अन्योन्यंजघ्निरेक्रुद्धायुद्धरंग
गतानराः १८ रथिनोरथिभिःसार्धमश्वारोहाश्वसादिभिः ॥ मातंगावरमातंगैःपदाताश्चपदातिभिः १९ क्षीबाइवान्येचोन्मत्तारंगेष्विववचवारणाः ॥ उच्चुक्रुशु
रथान्योन्यंजघ्नुरन्योन्यमेवच २० वर्तमानेतथायुद्धेनिर्मर्यादेविशांपते ॥ धृष्टद्युम्नोहयानश्वैर्द्रोणस्यव्यत्यमिश्रयत् २१ तेहयाःसाध्वशोभंतमिश्रितावातरंहसः ॥
पारावतसवर्णाश्वरक्तशोणाश्वसंयुगे २२ पारावतसवर्णास्तेरक्तशोणविमिश्रिताः ॥ हयाःशुशुभिरेराजन्मेघाइवसविद्युतः २३ धृष्टद्युम्नस्तुसंप्रेक्ष्यद्रोणमभ्याशमा
गतम् ॥ असिचर्माददेवीरोधनुरुत्सृज्यभारत २४ चिकीर्षुर्दुष्करंकर्मपार्षतःपरवीरहा ॥ ईषयासमतिक्रम्यद्रोणस्यरथमाविशत् २५ अतिष्ठद्युगमध्येसयुगस
न्नहनेषुच ॥ जघानार्धेषुचाश्वानांतत्सैन्यान्यभ्यपूजयन् २६ खड्गेनचरतस्तस्यशोणाश्वानधितिष्ठितः ॥ नददर्शांतरंद्रोणस्तदद्भुतमिवाभवत् २७ यथाश्येनस्यप
तनंवनेष्वामिषगृद्धिनः ॥ तथैवासीदभीसारस्तस्यद्रोणंजिघांसतः २८ ततःशरशतेनास्यशतचंद्रंसमाक्षिपत् ॥ द्रोणोद्रुपदपुत्रस्यखङ्गंचदशभिःशरैः २९ हयां
श्चैवचतुःषष्ट्याशराणांजघ्निवान्बली ॥ ध्वजंछत्रंचभल्लाभ्यांतथातौपार्ष्णिसारथी ३० अथास्मैत्वरितोबाणमपरंजीवितांतकम् ॥ आकर्णपूर्णंचिक्षेपवज्रंवज्रध
रोयथा ३१ तंचतुर्दशभिस्तीक्ष्णैर्बाणैश्चिच्छेदसात्यकिः ॥ ग्रस्तमाचार्यमुख्येनधृष्टद्युम्नंव्यमोचयत् ३२ सिंहेनेवमृगंग्रस्तंनरसिंहेनमारिष ॥ द्रोणेनमोचयामा
सपांचाल्यंशिनिपुंगवः ३३ सात्यकिंप्रेक्ष्यगोप्तारंपांचाल्यंचमहाहवे ॥ शराणांत्वरितोद्रोणःषड्विंशत्यासमार्पयत् ३४ ततोद्रोणंशिनेःपौत्रोग्रसंतमपिसृंजया
न् ॥ प्रत्यविध्यच्छितैर्बाणैःषड्विंशत्यास्तनांतरे ३५ ततःसर्वेरथास्तूर्णंपांचाल्याजयगृद्धिनः ॥ सात्वताभिसृतेद्रोणेधृष्टद्युम्नमवाक्षिपन् ३६ ॥ इतिश्रीमहाभा
रतेद्रोणपर्वणिजयद्रथवधपर्वणि द्रोणधृष्टद्युम्नयुद्धेसप्तनवतितमोऽध्यायः ॥ ९७ ॥ धृतराष्ट्रउवाच ॥ बाणेतस्मिन्निकृत्तेतुधृष्टद्युम्नेचमोक्षिते ॥ तेनवृष्णिप्रवीरेणयुयु
धानेनसंजय १ अमर्षितोमहेष्वासःसर्वशस्त्रभृतांवरः ॥ नरव्याघ्रःशिनेःपौत्रेद्रोणःकिमकरोद्युधि २ ॥ संजयउवाच ॥ संप्रद्रुतःक्रोधविषोव्यादितास्यशरासनः ॥
तीक्ष्णधारेषुदशनःसितनाराचदंष्ट्रवान् ३ संरंभामर्षताम्राक्षोमहोरगइवश्वसन् ॥ नरवीरःप्रमुदितःशोणैरश्वैर्महाजवैः ४ उत्पतद्भिरिवाकाशेक्रामद्भिरिवपर्वतम् ॥
रुक्मपुंखान्शरानस्यन्युयुधानमुपाद्रवत् ५ शरपातमहावर्षंरथघोषबलाहकम् ॥ कार्मुकाकर्षविक्षेपंनाराचबहुविद्युतम् ६ शक्तिखड्गाशनिधरंक्रोधवेगसमुत्थित
म् ॥ द्रोणमेघमनावार्यंहयमारुतचोदितम् ७ दृष्ट्वैवाभिपतंतंतंशूरःपरपुरंजयः ॥ उवाचसूतंशैनेयःप्रहसन्युद्धदुर्मदः ८

टीकायांसप्तनवतितमोऽध्यायः ॥ ९७ ॥ ॥ ॥ बाणेइति १ । २ । ३ । ४ । ५ कार्मुकाकर्षएवविक्षेपआसारप्रसाधनंयस्य ६ । ७ । ८

म.भा.टी. ॥ ६६ ॥

९ । १० । ११ । १२ । १३ । १४ । १५ । १६ अंतरमवच्छेदः १७ । १८ । १९ । २० । २१ । २२ । २३ । २४ । २५ । २६ । २७ रथवाहिन्योरथसेनाः २८ वैजयंतीविलक्षणाभिःपताकाभिः

द्रोण० अ० ९८

एनंवैब्राह्मणंशूरंस्वकर्मण्यनवस्थितम् ॥ आश्रयंधार्त्तराष्ट्रस्यराज्ञोदुःखभयापहम् ९ शीघ्रंप्रजवितैरश्वैःप्रत्युद्याहिप्रहृष्टवत् ॥ आचार्यंराजपुत्राणांसततंशूरमानिनम् १० ततोरजतसंकाशामाधवस्यहयोत्तमाः ॥ द्रोणस्याभिमुखाःशीघ्रमगच्छन्वातरंहसः ११ ततस्तौद्रोणशैनेयौयुयुधातेपरंतपौ ॥ शरैरनेकसाहस्रैस्ताडयंतौपरस्परम् १२ इषुजालावृतंव्योमचक्रतुःपुरुषर्षभौ ॥ पूरयामासतुर्वीरावुभौदशदिशःशरैः १३ मेघाविवातपापायेधाराभिरितरेतरम् ॥ नस्मसूर्यस्तदाभातिनववौचसमीरणः १४ इषुजालावृतंघोरमंधकारंसमंततः ॥ अनाधृष्यमिवान्येषांशूराणामभवत्तदा १५ अंधकारीकृतेलोकेद्रोणशैनेययोःशरैः ॥ तयोःशीघ्रास्त्रविदुषोर्द्रोणसात्वतयोस्तदा १६ नांतरंशरवृष्टीनांददृशेनरसिंहयोः ॥ इषूणांसन्निपातेनशब्दोधाराभिघातजः १७ शुश्रुवेशक्रमुक्तानामशनीनामिवस्वनः ॥ नाराचैर्व्यतिविद्धानांशराणांरूपमाबभौ १८ आशीविषविदष्टानांसर्पाणामिवभारत ॥ तयोर्ज्यातलनिर्घोषःशुश्रुवेयुद्धशौंडयोः १९ अजस्रंशैलशृंगाणांवज्रेणाहन्यतामिव ॥ उभयोस्तौरथौराजंस्तेचाश्वास्तौचसारथी २० रुक्मपुंखैःशरैश्छिन्नाश्चित्ररूपावभुस्तदा ॥ निर्मलानामजिह्मानांनाराचानांविशांपते २१ निर्मुक्ताशीविषाभानांसंपातोऽभूत्सुदारुणः ॥ उभयोःपतितेछत्रेतथैवपतितौध्वजौ २२ उभौरुधिरसिक्तांगावुभौचविजयैषिणौ ॥ स्रवद्भिःशोणितंगात्रैःप्रस्रुताविववारणौ २३ अन्योन्यमभ्यविध्येतांजीवितांतकरैःशरैः ॥ गर्जितोत्क्रुष्टसन्नादाःशंखदुंदुभिनिःस्वनाः २४ उपारमन्महाराजव्याजहारनकश्चन ॥ तूष्णींभूतान्यनीकानियोधायुद्धादुपारमन् २५ ददर्शद्वैरथंताभ्यांजातकौतूहलोजनः ॥ रथिनोहस्तियंतारोहयारोहाःपदातयः २६ अवैक्षंताचलैर्नेत्रैःपरिवार्यनरर्षभौ ॥ हस्त्यनीकान्यतिष्ठंततथाऽनीकानिवाजिनाम् २७ तथैवरथवाहिन्यःप्रतिव्यूह्यव्यवस्थिताः ॥ मुक्ताविद्रुमचित्रैश्चमणिकांचनभूषितैः २८ ध्वजैराभरणैश्चित्रैःकवचैश्चहिरण्मयैः ॥ वैजयंतीपताकाभिःपरिस्तोमांगकंबलैः २९ विमलैर्निशितैःशस्त्रैर्हयानांचप्रकीर्णकैः ॥ जातरूपमयीभिश्चराजतीभिश्चमूर्द्धसु ३० गजानांकुंभमालाभिर्दन्तवेष्टैश्चभारत ॥ सबलाकाःसखद्योताःसैरावतशतह्रदाः ॥ ३१ अदृश्यंतोष्णपर्यायेमेघानामिववागुराः ॥ अपश्यन्नस्मदीयाश्चतेचयौधिष्ठिराःस्थिताः ३२ तद्युद्धंयुयुधानस्यद्रोणस्यचमहात्मनः ॥ विमानाग्रगतादेवाब्रह्मसोमपुरोगमाः ३३ सिद्धचारणसंघाश्चविद्याधरमहोरगाः ॥ गतप्रत्यागताक्षेपैश्चित्रैरस्त्रविघातिभिः ३४ विविधैर्विस्मयंजग्मुस्तयोःपुरुषसिंहयोः ॥ हस्तलाघवमस्त्रेषुदर्शयंतौमहाबलौ ३५ अन्योन्यमभिविध्येतांशरैस्तौद्रोणसात्यकी ॥ ततोद्रोणस्यदाशार्हःशरांश्चिच्छेदसंयुगे ३६ पत्रिभिःसुदृढैराशुधनुश्चैवमहाद्युतेः ॥ निमेषांतरमात्रेणभारद्वाजोऽपरंधनुः ३७ ॥ ॥ ॥ ॥

परिस्तोमैर्वर्णकंबलैः अंगकंबलैःसूक्ष्मकंबलैः २९ । ३० ऐरावतमिन्द्रधनुः 'ऐरावतोऽभ्रमातंगैः' इत्युपक्रम्य 'नपुंसकंमहेंद्रस्यऋजुदीर्घशरासने' इतिमेदिनी ३१. उष्णस्यपर्यायेअपगमेवागुराःजालानि समूहाइतियावत् ३२ । ३३ प्रत्यागतंनिवर्त्तनं आक्षेपःप्रहरणम् ३४ । ३५ । ३६ । ३७ ॥ ॥ ॥ ॥ ॥

॥ ६६ ॥

३८ । ३९ । ४० । ४१ । ४२ । ४३ आलक्षयामासुर्लक्षितवंतः ४४ विदुर्नेत्यनुषज्यते ४५ । ४६ । ४७ योगेनयुक्त्या । ४८ । ४९ । ५० । ५१ । ५२ नयावदभ्यपद्येतांयावदेवनपराभूते व्याव

सज्यंचकारतदपिचिच्छेदास्यचसात्यकिः ॥ ततस्त्वरन्पुनर्द्रोणोधनुर्हस्तोव्यतिष्ठत ३८ सज्यंसज्यंधनुश्चास्यचिच्छेदनिशितैःशरैः ॥ एवमेकशतंछिन्नंधनुषांदृढध
न्विना ३९ नचांतरंतयोर्दृष्टंसंधानेछेदनेपिच ॥ ततोऽस्यसंयुगेद्रोणोदृष्ट्वाकर्मातिमानुषम् ४० युयुधानस्यराजेंद्रमनसैतदचिंतयत् ॥ एतदस्त्रबलंरामेकार्त्तवीर्ये
धनंजये ४१ भीष्मेचपुरुषव्याघ्रेयदिदंसात्वतांवरे ॥ तंचास्यमनसाद्रोणःपूजयामासविक्रमम् ४२ लाघवंवासवस्येवसंप्रेक्ष्यद्विजसत्तमः ॥ तुतोषास्त्रविदांश्रेष्ठ
स्तथादेवाःसवासवाः ४३ नतामालक्षयामासुर्लघुतांशीघ्रचारिणः ॥ देवाश्चयुयुधानस्यगंधर्वाश्चविशांपते ४४ सिद्धचारणसंघाश्चविदुर्द्रोणस्यकर्मतत् ॥ ततो
न्यद्धनुरादायद्रोणःक्षत्रियमर्दनः ४५ अस्त्रैरस्त्रविदांश्रेष्ठोयोधयामासभारत ॥ तस्यास्त्राण्यस्त्रमायाभिःप्रतिहत्यससात्यकिः ४६ जघाननिशितैर्बाणैस्तदद्भुतमि
वाभवत् ॥ तस्यातिमानुषंकर्मदृष्ट्वाऽन्यैरसमंरणे ४७ युक्तंयोगेनयोगज्ञास्तावकाःसमपूजयन् ॥ यदस्त्रमस्यतिद्रोणस्तदेवास्यतिसात्यकिः ४८ तमाचार्योऽ
थसंभ्रांतोऽयोधयच्छत्रुतापनः ॥ ततःक्रुद्धोमहाराजधनुर्वेदस्यपारगः ४९ वधाययुयुधानस्यदिव्यमस्त्रमुदैरयत् ॥ तदाग्नेयंमहाघोरंरिपुघ्नमुपलक्ष्यसः ५० दिव्य
मस्त्रंमहेष्वासोवारुणंसमुदैरयत् ॥ हाहाकारोमहानासीद्दृष्ट्वादिव्यास्त्रधारिणौ ५१ नविचेरुस्तदाऽऽकाशेभूतान्याकाशगान्यपि ॥ अस्त्रेतेवारुणाग्नेयेताभ्यांबाणस
माहिते ५२ नयावदभ्यपद्येतांव्यावर्त्तदथभास्करः ॥ ततोयुधिष्ठिरोराजाभीमसेनश्चपांडवः ५३ नकुलःसहदेवश्चपर्यरक्षंतसात्यकिम् ॥ धृष्टद्युम्नमुखैःसार्धंविराट
श्चसकेकयः ५४ मत्स्याःशाल्वेयसेनाश्चद्रोणमाजग्मुरंजसा ॥ दुःशासनंपुरस्कृत्यराजपुत्राःसहस्रशः ५५ द्रोणमभ्युपपद्यंतसपत्नैःपरिवारितम् ॥ ततोयुद्ध
मभूद्राजंस्तेषांतवचधन्विनाम् ५६ रजसासंवृतेलोकेशरजालसमावृते ॥ सर्वमाविग्नमभवन्नप्राज्ञायतकिंचन ॥ सैन्येनरजसाध्वस्तेनिर्मर्यादमवर्त्तत ५७ ॥
इतिश्रीमहाभारतेद्रोणपर्वणिजयद्रथवधपर्वणिद्रोणसात्यकियुद्धेअष्टनवतितमोऽध्यायः ॥ ९८ ॥ ॥ ॥ संजयउवाच ॥ विवर्त्तमानेत्वादित्येतत्रास्तशिखरं
प्रति ॥ रजसाकीर्यमाणेचमंदीभूतेदिवाकरे १ तिष्ठतांयुध्यमानानांपुनरावर्त्ततामपि ॥ भज्यतांजयतांचैवजगामतदहःशनैः २ तथातेषुविषक्तेषुसैन्येषुजयगृ
द्धिषु ॥ अर्जुनोवासुदेवश्चसैंधवायैवजग्मतुः ३ रथमार्गप्रमाणंतुकौंतेयोनिशितैःशरैः ॥ चकारतत्रपंथानंययौयेनजनार्दनः ४ यत्रयत्ररथोयातिपांडवस्यमहा
त्मनः ॥ तत्रतत्रैवदीर्यंतेसेनास्तवविशांपते ५ रथशिक्षांतुदाशार्होदर्शयामासवीर्यवान् ॥ उत्तमाधममध्यानिमंडलानिविदर्शयन् ६ तेतुनामांकिताःपीताःकाल
ज्वलनसन्निभाः ॥ स्नायुनद्धाःसुपर्वाणःपृथवोदीर्घगामिनः ७

संवमध्याह्नतःपरावृत्तोऽभूत् । ५३ । ५४ । ५५ । ५६ । ५७ ॥ इतिद्रोणपर्वणिटीकायामष्टनवतितमोऽध्यायः ॥ ९८ ॥ ॥ विवर्तमानेइति १ । २ । ३ । ४ । ५ । ६ स्नायुनद्धाःसूक्ष्मचर्माग्रग्रथिताः ७

म.भा.टी. ८ क्रोशंक्रोशमुद्दिश्य ९ । १० । ११ । १२ । १३ । १४ । १५ । १६ । १७ । १८ । १९ । २० । २१ । २२ । २३ सूतौसारथी पार्ष्णीपृष्ठरक्षौ २४ । २५ । २६ । २७ । २८ द्रोण० अ० ९९

॥ ६७ ॥ वैणवाश्चायसाश्चोग्राग्रसंतोविविधानरीन् ॥ रुधिरंपतगैःसार्धंप्राणिनांपपुराहवे ८ रथस्थितोऽग्रतःक्रोशंयानस्यत्यर्जुनःशरान् ॥ रथेक्रोशमतिक्रांतेतस्यतेघ्नंति
शात्रवान् ९ तार्क्ष्यमारुतरंहोभिर्वाजिभिःसाधुवाजिभिः ॥ तदाऽगच्छद्धृषीकेशःकृत्स्नंविस्मापयन्जगत् १० नतथागच्छतिरथस्तपनस्यविशांपते ॥ नेंद्रस्यनतु
रुद्रस्यनापिवैश्रवणस्यच ११ नान्यस्यसमरेराजन्गतपूर्वस्तथारथः ॥ यथाययावर्जुनस्यमनोभिप्रायशीघ्रगः १२ प्रविश्यतुरणेराजन्केशवःपरवीरहा ॥ सेना
मध्येहयांस्तूर्णंचोदयामासभारत १३ ततस्तस्यरथौघस्यमध्यंप्राप्यहयोत्तमः ॥ कृच्छ्रेणरथमूहुस्तंक्षुत्पिपासासमन्विताः १४ क्षताश्चबहुभिःशस्त्रैर्युद्धशौंडैरने
कशः ॥ मंडलानिविचित्राणिविचेरुस्तेमुहुर्मुहुः १५ हतानांवाजिनागानांरथानांचनरैःसह ॥ उपरिष्टादतिक्रांताःशैलाभानांसहस्रशः १६ एतस्मिन्नंतरेवीरा
वावंत्यौभ्रातरौनृप ॥ सहसेनौसमार्छेतांपांडवंक्लांतवाहनम् १७ तावर्जुनंचतुःषष्ट्यासप्तत्याचजनार्दनम् ॥ शराणांचशतेनाश्वानविध्येतांमुदान्वितौ १८ तावर्जुनोम
हाराजनवभिर्नतपर्वभिः ॥ आजघानरणेक्रुद्धोमर्मज्ञोमर्मभेदिभिः १९ ततस्तौतुशरौघेणबीभत्सुंसहकेशवम् ॥ आच्छादयेतांसंरब्धौसिंहनादंचचक्रतुः २० तयोस्तु
धनुषीचित्रेभल्लाभ्यांश्वेतवाहनः ॥ चिच्छेदसमरेतूर्णंध्वजौचकनकोज्ज्वलौ २१ अथान्येधनुषीराजन्प्रगृह्यसमरेतदा ॥ पांडवंभृशसंक्रुद्धावर्दयामासतुःशरैः २२
तयोस्तुभृशसंक्रुद्धःशराभ्यांपांडुनंदनः ॥ धनुषीचिच्छिदेतूर्णंभूयएवधनंजयः २३ तथान्यैर्विशिखैस्तूर्णंरुक्मपुंखैःशिलाशितैः ॥ जघानाश्वांस्तथासूतौपार्ष्णींच
सपदानुगौ २४ ज्येष्ठस्यचशिरःकायात्क्षुरप्रेणन्यकृंतत ॥ सपपातहतःपृथ्व्यांवातरुग्णइवद्रुमः २५ विंदंतुनिहतंदृष्ट्वाह्यनुविंदःप्रतापवान् ॥ हताश्वंरथमुत्सृज्य
गदांगृह्यमहाबलः २६ अभ्यवर्त्ततसंग्रामेभ्रातुर्वधमनुस्मरन् ॥ गदयारथिनांश्रेष्ठोनृत्यन्निवमहारथः २७ अनुविंदस्तुगदयाललाटेमधुसूदनम् ॥ स्पृष्ट्वानाकंप
यत्क्रुद्धोमैनाकमिवपर्वतम् २८ तस्यार्जुनःशरैःषड्भिर्ग्रीवांपादौभुजौशिरः ॥ निचकर्तससंछिन्नःपपाताद्रिचयोयथा २९ ततस्तौनिहतौदृष्ट्वातयोराजन्पदानुगाः ॥
अभ्यद्रवंतसंक्रुद्धाःकिरंतःशतशःशरान् ३० तानर्जुनःशरैस्तूर्णंनिहत्यभरतर्षभ ॥ व्यरोचतयथावह्निर्दावंदग्ध्वाहिमात्यये ३१ तयोःसेनामतिक्राम्यकृच्छ्रादिवधनं
जयः ॥ विबभौजलदंहित्वादिवाकरइवोदितः ३२ तंदृष्ट्वाकुरवस्त्रस्ताःप्रहृष्टाश्चाभवन्पुनः ॥ अभ्यवर्ततपार्थंचसमंताद्भरतर्षभ ३३ श्रांतंचैनंसमालक्ष्यज्ञात्वादूरेचसैंध
वम् ॥ सिंहनादेनमहतासर्वतःपर्यवारयन् ३४ तांस्तुदृष्ट्वासुसंरब्धानुत्स्मयन्पुरुषर्षभः ॥ शनकैरिवदाशार्हमर्जुनोवाक्यमब्रवीत् ३५ शरार्दिताश्चग्लानाश्चहयादू
रेचसैंधवः ॥ किमिहानंतरंकार्यंज्यायिष्ठंतवरोचते ३६ ब्रूहिकृष्णयथातत्त्वंत्वंहिप्राज्ञतमःसदा ॥ भवन्नेत्रारणेशत्रून्विजेष्यंतीहपांडवाः ३७

अद्रिचयो गिरिशृंगं २९ । ३० । ३१ । ३२ । ३३ । ३४ । ३५ । ३६ । ३७ ॥ ६७ ॥

३८ । ३९ । ४० । ४१ । ४२ । ४३ । ४४ । ४५ । ४६ । ४७ प्रगाढानांव्यवगाढानाम् ४८ । ४९ । ५० शराएवोर्मयोवेगायस्य । 'ऊर्मिःस्त्रीपुंसयोर्वीच्यांप्रकाशेवेगभंगयोः' इतिमेदिनी ५१

ममत्वनंतरंकृत्यंयद्वैतत्त्वंनिबोधमे ॥ हयान्विमुच्यहिसुखंविशल्यान्कुरुमाधव ३८ एवमुक्तस्तुपार्थेनकेशवःप्रत्युवाचतम् ॥ ममाप्येतन्मतंपार्थयदिदंतेप्रभा
षितम् ३९ ॥ अर्जुनउवाच ॥ अहमावारयिष्यामिसर्वसैन्यानिकेशव ॥ त्वमप्यत्रयथान्यायंकुरुकार्यमनंतरम् ४० ॥ संजयउवाच ॥ सोऽवतीर्यरथोप
स्थादसंभ्रांतोधनंजयः ॥ गांडीवंधनुरादायतस्थौगिरिरिवाचलः ४१ तमभ्यधावन्क्रोशंतःक्षत्रियाजयकांक्षिणः ॥ इदंछिद्रमितिज्ञात्वाधरणीस्थंधनंजयम् ४२
तमेकंरथवंशेनमहतापर्यवारयन् ॥ विकर्षन्तश्चचापानिविसृजंतश्चसायकान् ४३ शस्त्राणिचविचित्राणिक्रुद्धास्तत्रव्यदर्शयन् ॥ छादयंतःशरैःपार्थमेघाइव
दिवाकरम् ४४ अभ्यद्रवंतवेगेनक्षत्रियाःक्षत्रियर्षभम् ॥ नरसिंहंरथोदाराःसिंहंमत्ताइवद्विपाः ४५ तत्रपार्थस्यभुजयोर्महद्बलमदृश्यत ॥ यत्क्रुद्धोबहुलाःसेनाः
सर्वतःसमवारयत् ४६ अस्त्रैरस्त्राणिसंवार्यद्विषतांसर्वतोविभुः ॥ इषुभिर्बहुभिस्तूर्णंसर्वानेवसमावृणोत् ४७ तत्रांतरिक्षेबाणानांप्रगाढानांविशांपते ॥ संघर्षेण
महार्चिष्मान्पावकःसमजायत ४८ तत्रतत्रमहेष्वासैःश्वसद्भिःशोणितोक्षितैः ॥ हयैर्नागैश्चसंभिन्नैर्नदद्भिश्चारिकर्षणैः ४९ संरब्धैश्चारिभिर्वीरैःप्रार्थयद्भिर्जयंमृ
धे ॥ एकस्थैर्बहुभिःक्रुद्धैरूष्मेवसमजायत ५० शरोर्मिणंध्वजावर्तंनागनक्रंदुरत्ययम् ॥ पदातिमत्स्यकलिलंशंखदुन्दुभिनिःस्वनम् ५१ असंख्येयमपारंचरथोर्मिणम
तीवच ॥ उष्णीषकमठंछत्रपताकाफेनमालिनम् ५२ रणसागरमक्षोभ्यंमातंगांगशिलाचितम् ॥ वेलाभूतस्तदापार्थःपत्रिभिःसमवारयत् ५३ ॥ धृतराष्ट्रउवाच ॥
अर्जुनेधरणींप्राप्तेहयहस्तेचकेशवे ॥ एतदंतरमासाद्यकथंपार्थोनघातितः ५४ ॥ संजयउवाच ॥ सद्यःपार्थिवपार्थेननिरुद्धाःसर्वपार्थिवाः ॥ रथस्थाधरणीस्थे
नवाक्यमच्छांदसंयथा ५५ सपार्थःपार्थिवान्सर्वान्भूमिस्थोऽपिरथस्थितान् ॥ एकोनिवारयामासलोभःसर्वगुणानिव ५६ ततोजनार्दनःसंख्येप्रियंपुरुषसत्त
मम् ॥ असंभ्रांतोमहाबाहुरर्जुनंवाक्यमब्रवीत् ५७ उदपानमिहाश्वानांनालमस्तिरणेऽर्जुन ॥ परीप्संतेजलंचेमेपेयंनत्ववगाहनम् ५८ इदमस्तीत्यसंभ्रांतोब्रुवन्नस्त्रे
णमेदिनीम् ॥ अभिहत्यार्जुनश्चक्रेवाजिपानंसरःशुभम् ५९ हंसकारंडवाकीर्णंचक्रवाकोपशोभितम् ॥ सुविस्तीर्णंप्रसन्नांभःप्रफुल्लवरपंकजम् ६० कूर्ममत्स्य
गणाकीर्णमगाधमृषिसेवितम् ॥ आगच्छन्नारदमुनिर्दर्शनार्थंकृतंक्षणात् ६१ शरवंशशरस्थूणंशराच्छादनमद्भुतम् ॥ शरवेश्माकरोत्पार्थस्त्वष्टेवाद्भुतकर्मकृत् ६२
ततःप्रहस्यगोविंदःसाधुसाध्वित्यथाब्रवीत् ॥ शरवेश्मनिपार्थेनकृतेतस्मिन्महात्मना ६३ ॥ इतिश्रीमहाभारतेद्रोणपर्वणिजयद्रथवधपर्वणिविंदानुविंदवधेअर्जुन
सरोनिर्माणेचएकोनशततमोऽध्यायः ॥ ९९ ॥ ॥ ॥ ॥ ॥

स्याएवोर्मयोभंगावत्र ५२ वेलाभूतोमर्यादारूपः ५३ । ५४ । ५५ । ५६ । ५७ । अलंपर्याप्तम् ५८ अभिहत्यखात्वा वाजिपानमश्वपानीयम् ५९ हंसकारंडवाकीर्णमित्यादियोग्यतयावर्णनं ६० । ६१ वंशः शालाधारकाष्ठं स्थूणामध्यस्तंभः ६२ । ६३ ॥ इतिद्रोणपर्वणिटीकायामेकोनशततमोऽध्यायः ॥ ९९ ॥ ॥ ॥

सलिलेइति १ । २ । ३ । ४ पुरुषानतिपुरुषेभ्योऽतिशयः असंभ्रमतउपसर्गात्पूर्वमार्षोऽट् ५ । ६ । ७ । ८ । ९ । १० विदधतुदर्शितवंतौ ११ । १२ उपावर्त्तयत्परिलोडितवान् १३

संजयउवाच ॥ सलिलेजनितेतस्मिन्कौंतेयेनमहात्मना ॥ निस्तारितेद्विषत्सैन्येकृतेचशरवेश्मनि १ वासुदेवोरथात्तूर्णमवतीर्यमहाद्युतिः ॥ मोचयामासतुरगान्वि नुन्नान्कंकपत्रिभिः २ अदृष्टपूर्वंतदृष्ट्वासाधुवादोमहानभूत् ॥ सिद्धचारणसंघानांसैनिकानांचसर्वशः ३ पदातिनंतुकौंतेयंयुध्यमानंमहारथाः ॥ नाशक्नुवन्वारयितुं तदद्भुतमिवाभवत् ४ आपतत्सुरथौघेषुप्रभूतगजवाजिषु ॥ नासंभ्रमत्तदापार्थस्तदस्यपुरुषानति ५ व्यसृजंतशरौघांस्तेपांडवंप्रतिपार्थिवाः ॥ नचाव्यथतधर्मात्मा वासविःपरवीरहा ६ शतानिशरजालानिगदाप्रासांश्चवीर्यवान् ॥ आगतानग्रसत्पार्थःसरितःसागरोयथा ७ अस्त्रवेगेनमहतापार्थोबाहुबलेनच ॥ सर्वेषांपार्थिवेंद्रा णामग्रसत्तान्शरोत्तमान् ८ तत्तुपार्थस्यविक्रांतंवासुदेवस्यचोभयोः ॥ अपूजयन्महाराजकौरवामहदद्भुतम् ९ किमद्भुततमंलोकेभविताऽप्यथवाप्यभूत् ॥ यदश्वान्पा र्थगोविंदौमोचयामासतूरणे १० भयंविपुलमस्मासुतावधत्तांनरोत्तमौ ॥ तेजोविदधतुश्चोग्रंविस्रब्धौरणमूर्धनि ११ अथस्मयन्हृषीकेशःस्त्रीमध्यइवभारत ॥ अर्जु नेनकृतेसंख्येशरगर्भगृहेतथा १२ उपावर्त्तयदव्यग्रस्तानश्वान्पुष्करेक्षणः ॥ मिषतांसर्वसैन्यानांत्वदीयानांविशांपते १३ तेषांश्रमंचग्लानिंचवमथुंवेपथुंव्रणान् ॥ सर्वं व्यपानुदत्कृष्णःकुशलोह्यश्वकर्मणि १४ शल्यानुद्धृत्यपाणिभ्यांपरिमृज्यचतान्हयान् ॥ उपावर्त्ययथान्यायंपाययामासवारिसः १५ सताँल्लब्धोदकान्स्नातान्ज ग्धान्नान्विगतक्लमान् ॥ योजयामाससंहृष्टःपुनरेवरथोत्तमे १६ सतंरथवरंशौरिःसर्वशस्त्रभृतांवरः ॥ समास्थायमहातेजाःसार्जुनःप्रययौद्रुतम् १७ रथंस्थवरस्याजौ युक्तंलब्धोदकैर्हयैः ॥ दृष्ट्वाकुरुबलश्रेष्ठाःपुनर्विमनसोऽभवन् १८ विनिःश्वसंतस्तेराजन्भग्नदंष्ट्राइवोरगाः ॥ धिगहोधिग्गतःपार्थःकृष्णश्चेत्यब्रुवन्पृथक् १९ तत्सै न्यंसर्वतोदृष्ट्वालोमहर्षणमद्भुतम् ॥ त्वरध्वमितिचाक्रंदन्नैतदस्तीतिचाब्रुवन् २० सर्वक्षत्रस्यमिषतोरथेनैकेनदंशितौ ॥ बालःक्रीडनकेनेवकदर्थीकृत्यनोबलम् २१ क्रोशतांयतमानानामसंसक्तौपरंतपौ ॥ दर्शयित्वाऽऽत्मनोवीर्यंप्रयातौसर्वराजसु २२ तौप्रयातौपुनर्दृष्ट्वातदान्येसैनिकाब्रुवन् ॥ त्वरध्वंकुरवःसर्वेवधेकृष्णकिरीटिनोः २३ रथयुक्तोहिदाशार्होमिषतांसर्वधन्विनाम् ॥ जयद्रथाययात्येषकदर्थीकृत्यनोरणे २४ तत्रकेचिन्मिथोराजन्समभाषंतभूमिपाः ॥ अदृष्टपूर्वंसंग्रामेतदृष्ट्वामहदद्भु तम् २५ सर्वसैन्यानिराजाचधृतराष्ट्रोत्ययंगतः ॥ दुर्योधनापराधेनक्षत्रंकृत्स्नाचमेदिनी २६ विलयंसमनुप्राप्तातच्चराजानबुध्यते ॥ इत्येवंक्षत्रियास्तत्रब्रुवंत्यन्येच भारत २७ सिंधुराजस्ययत्कृत्यंगतस्ययमसादनम् ॥ तत्करोतुवृथादृष्टिर्धार्त्तराष्ट्रोऽनुपायवित् २८ ततःशीघ्रतरंप्रायात्पांडवःसैंधवंप्रति ॥ विवर्त्तमानेतिग्मांशौ हृष्टैःपीतोदकैर्हयैः २९ ॥ ॥ ॥ ॥ ॥

श्रमंमनःकायखेदं ग्लानिंबलापचयं वमथुंफेनोद्गमम् १४ । १५ । १६ । १७ । १८ । १९ । २० । २१ । २२ । २३ । २४ । २५ । २६ । २७ । २८ । २९

३० । ३१ । ३२ । प्रावहन्अत्यक्रामन् ३३ । ३४ धिष्ठितंकिंचिदवस्थितं ३५ । ३६ । ३७ । ॥ इतिद्रोणपर्वणिटीकायांशततमोऽध्यायः ॥ १०० ॥ ॥ ॥ ॥ स्रंसंतइति १ । २

तंप्रयांतंमहाबाहुंसर्वशस्त्रभृतांवरम् ॥ नाशकुवन्वारयितुंयोधाःकुद्धमिवांतकम् ३० विद्राव्यतुततःसैन्यंपांडवःशत्रुतापनः ॥ यथामृगगणान्सिंहःसैंधवार्थेव्यलो
डयत् ३१ गाहमानस्त्वनीकानितूर्णमश्वानचोदयत् ॥ बलाकाभंतुदाशार्हःपांचजन्यंव्यनादयत् ३२ कौंतेयेनाग्रतःसृष्टान्यपतन्पृष्ठतःशराः ॥ तूर्णात्तूर्णतरंह्यश्वाः
प्रावहन्वातरंहसः ३३ ततोनृपतयःक्रुद्धाःपरिवव्रुर्धनंजयम् ॥ क्षत्रियाबहवश्चान्येजयद्रथवधैषिणम् ३४ सैन्येषुविप्रयातेषुधिष्ठितंपुरुषर्षभम् ॥ दुर्योधनोऽन्वयात्पार्थं
त्वरमाणोमहाहवे ३५ वातोद्धूतपताकंतंरथंजलदनिःस्वनम् ॥ घोरंकपिध्वजंदृष्ट्वाविषण्णारथिनोऽभवन् ३६ दिवाकरेऽथरजसासर्वतःसंवृतेभृशम् ॥ शरार्त्ताश्चरणे
योधाःशेकुःकृष्णौनवीक्षितुम् ३७ ॥ इतिश्रीमहाभारतेद्रोणपर्वणिजयद्रथवधपर्वणि सैन्यविस्मयेशततमोऽध्यायः ॥ १०० ॥ ॥ संजयउवाच ॥
स्रंसंतइवमज्जानस्तावकानांभयान्नृप ॥ तौदृष्ट्वासमतिक्रांतौवासुदेवधनंजयौ १ सर्वेतुप्रतिसंरब्धाह्रीमंतःसत्वचोदिताः ॥ स्थिरीभूतामहात्मानःप्रत्यगच्छन्धनंज
यम् २ येगताःपांडवंयुद्धेरोषामर्षसमन्विताः ॥ तेऽद्यापिननिवर्त्तंतेसिंधवःसागरादिव ३ असंतस्तुन्यवर्त्तंतवेदेभ्यइवनास्तिकाः ॥ नरकंभजमानास्तेप्रत्यपद्यंतकि
ल्बिषम् ४ तावतीत्यरथानीकंविमुक्तौपुरुषर्षभौ ॥ ददृशातेयथाराहोरास्यान्मुक्तौप्रभाकरौ ५ मत्स्याविवमहाजालंविदार्यविगतक्लमौ ॥ तथाकृष्णावदृश्येतांसेना
जालंविदार्यतत् ६ विमुक्तौशस्त्रसंबाधाद्द्रोणानीकात्सुदुर्भिदात् ॥ अदृश्येतांमहात्मानौकालसूर्याविवोदितौ ७ अस्त्रसंबाधनिर्मुक्तौविमुक्तौशस्त्रसंकटात् ॥ अदृश्येतां
महात्मानौशत्रुसंबाधकारिणौ ८ विमुक्तौज्वलनस्पर्शान्मकरास्याज्झषाविव ॥ अक्षोभयेतांसेनांतौसमुद्रंमकराविव ९ तावकास्तवपुत्राश्चद्रोणानीकस्थयोस्तयोः ॥
नैतौतरिष्यतोद्रोणमितिचक्रुस्तदामतिम् १० तौतुदृष्ट्वाव्यतिक्रांतौद्रोणानीकंमहाद्युती ॥ नाशशंसुर्महाराजसिंधुराजस्यजीवितम् ११ आशाबलवतीराजन्सिंधुराज
स्यजीविते ॥ द्रोणहार्दिक्ययोःकृष्णौनमोक्ष्येतेइतिप्रभो १२ तामाशांविफलीकृत्यसंतीर्णौतौपरंतपौ ॥ द्रोणानीकंमहाराजभोजानीकंचदुस्तरम् १३ अथदृष्ट्वाव्य
तिक्रांतौज्वलिताविवपावकौ ॥ निराशाःसिंधुराजस्यजीवितंनशशंसिरे १४ मिथश्चसमभाषेतामभीतौभयवर्धनौ ॥ जयद्रथवधेवाचस्तास्ताःकृष्णधनंजयौ १५
असौमध्येकृतःषड्भिर्धार्त्तराष्ट्रैर्महारथैः ॥ चक्षुर्विषयसंप्राप्तोनमेमोक्ष्यतिसैंधवः १६ यद्यस्यसमरेगोप्ताशक्रोदेवगणैःसह ॥ तथाऽप्येनंनिहंस्यावइतिकृष्णावभाष
ताम् १७ इतिकृष्णौमहाबाहूमिथःकथयतांतदा ॥ सिंधुराजमवेक्षंतौतत्पुत्राबहुचुक्रुशुः १८ अतीत्यमरुधन्वानंप्रयांतौतृषितौगजौ ॥ पीत्वावारि
समाश्वस्तौतथैवास्तामरिंदमौ १९ ॥ ॥ ॥ ॥ ॥

अमर्षश्चिरानुबद्धःकोपः ३ । ४ प्रभाकरौचंद्रादित्यौ ५ । ६ । ७ । ८ । ९ । १० । ११ । १२ । १३ । १४ । १५ । १६ । १७ । १८ मरुधन्वानंमरुस्थलम् १९ ॥ ॥

२० । २१ । २२ । २३ । २४ । २५ द्रोणएवग्राहोयस्मिन् ह्रदइवह्रदस्तस्माद्द्रोणानीकादित्यर्थः २६ द्रोणास्त्राण्येवमेघः २७ सिंधुःषष्ठोयासांताश्च शतद्रुर्विपाशेरावतीचंद्रभागावितस्ताः

व्याघ्रसिंहगजाकीर्णानतिक्रम्यचपर्वतान् ॥ वणिजाविवदृश्येतांहीनमृत्यूजरातिगौ २० तथाहिमुखवर्णोऽयमनयोरितिमेनिरे ॥ तावकावीक्ष्यमुक्तौतौविक्रोशंति स्मसर्वशः २१ द्रोणादाशीविषाकाराज्ज्वलितादिवपावकात् ॥ अन्येभ्यःपार्थिवेभ्यश्चभास्वंताविवभास्करौ २२ विमुक्तौसागरप्रख्याद्द्रोणानीकादरिंदमौ ॥ अदृश्येतांमुदायुक्तौसमुत्तीर्यार्णवंयथा २३ अस्त्रौघान्महतोमुक्तौद्रोणहार्दिक्यरक्षितात् ॥ रोचमानावदृश्येतामिंद्राग्न्योःसदृशौरणे २४ उद्भिन्नरुधिरौकृष्णौभारद्वाजस्य सायकैः ॥ शितैश्चितौव्यरोचेतांकर्णिकारैरिवाचलौ २५ द्रोणग्राहह्रदान्मुक्तौशक्त्याशीविषसंकटात् ॥ अयःशरोग्रमकरात्क्षत्रियप्रवरांभसः २६ ज्याघोषतलनिर्ह्रादाद्गदानिस्त्रिंशविद्युतः ॥ द्रोणास्त्रमेघान्निर्मुक्तौसूर्येन्दूतिमिरादिव २७ बाहुभ्यामिवसंतीर्णौसिंधुषष्ठाःसमुद्रगाः॥ तेषांतेसरितःपूर्णामहाग्रहसमाकुलाः २८ इतिकृष्णौ महेष्वासौप्रशस्तौलोकविश्रुतौ ॥ सर्वभूतान्यमन्यंतद्रोणास्त्रबलवारणात् २९ जयद्रथंसमीपस्थमवेक्षंतौजिघांसया ॥ रुरुंनिपानेलिप्संतौव्याघ्राविवव्यतिष्ठताम् ३० यथाहिमुखवर्णोऽयमनयोरितिमेनिरे ॥ तवयोधामहाराजहतमेवजयद्रथम् ३१ लोहिताक्षौमहाबाहूसंयुक्तौकृष्णपांडवौ ॥ सिंधुराजमभिप्रेक्ष्यहृष्टौव्यनदतांमुहुः ३२ शौरेरभीषुहस्तस्यपार्थस्यचधनुष्मतः॥ तयोरासीत्प्रभाराजन्सूर्यपावकयोरिव ३३ हर्षएवतयोरासीद्द्रोणानीकप्रमुक्तयोः ॥ समीपेसैंधवंदृष्ट्वाश्येनयोरामिषंयथा ३४ तौतुसैंधवमालोक्यवर्त्तमानमिवांतिके ॥ सहसापेततुःक्रुद्धौक्षिप्रंश्येनाविवामिषम् ३५ तौदृष्ट्वातुव्यतिक्रांतौहृषीकेशधनंजयौ ॥ सिंधुराजस्यरक्षार्थंपराक्रांतःसुतस्तव ३६ द्रोणेनाबद्धकवचोराजादुर्योधनस्ततः॥ ययावेकरथेनाजौहयसंस्कारवित्प्रभो ३७ कृष्णपार्थौमहेष्वासौव्यतिक्रम्याथतेसुतः ॥ अग्रतःपुंडरीकाक्षंप्रतीयायनराधिप ३८ततःसर्वेषुसैन्येषुवादित्राणिप्रहृष्टवत् ॥ प्रावाद्यंतव्यतिक्रांतेतवपुत्रेधनंजयम् ३९ सिंहनादरवाश्चासन्शंखशब्दविमिश्रिताः॥ दृष्ट्वादुर्योधनंतत्रकृष्णयोःप्रमुखेस्थितम् ४० येचतेसिंधुराजस्यगोप्तारःपावकोपमाः॥ तेप्राहृष्यंतसमरेदृष्ट्वापुत्रंतवप्रभो ४१ दृष्ट्वादुर्योधनंकृष्णोव्यतिक्रांतंसहानुगम् ॥ अब्रवीदर्जुनंराजन्प्राप्तकालमिदंवचः ४२ इतिश्रीमहाभारतेद्रोणपर्वणिजयद्रथवधपर्वणिदुर्योधनागमेएकाधिकशततमोऽध्यायः ॥ १०१ ॥ वासुदेवउवाच ॥ दुर्योधनमतिक्रांतमेतंपश्यधनंजय ॥ अत्यद्भुत मिमंमन्येनास्त्यस्यसदृशोरथः १ दूरपातीमहेष्वासःकृतास्त्रोयुद्धदुर्मदः ॥ दृढास्त्रश्चित्रयोधीचधार्तराष्ट्रोमहाबलः २ अत्यंतसुखसंवृद्धोमानितश्चमहारथः ॥ कृतीचसततंपार्थनित्यंद्वेष्टिचबांधवान् ३ तेनयुद्धमहंमन्येप्राप्तकालंतवानघ ॥ अत्रवोद्यूतमायत्तंविजयायेतरायवा ४ अत्रक्रोधविषंपार्थविमुंचचिरसंभृतम् ॥ एषमूलमनर्थानांपांडवानांमहारथः ५ ॥ ॥ ॥ ॥ ॥

एताहिनितादुस्तराःसमुद्रगाइतिसरितांविशेषणंमहानदीत्वद्योतनार्थम् २८ प्रशस्तौमत्कृष्टतमौ द्रोणास्त्रबलवारणविषयादतिशयनात् २९ । ३० । ३१ । ३२ । ३३ । ३४ । ३५ । ३६ । ३७ अग्रतः प्रमुखे ३८ । ३९ । ४० । ४१ । ४२ ॥ इतिद्रोणपर्वणिटीकायामेकाधिकशततमोऽध्यायः ॥ १०१ ॥ ॥ ॥ दुर्योधनमिति । नास्तीत्यर्जुनोचेजनम् १ । २ । ३ । ४ । ५ ॥

आक्षेपंशरगोचरं ६ । ७ । ८ । ९ । १० । ११ । १२ । १३ । १४ कार्यस्यजयद्रथवधरूपस्य १५ । १६ । १७ । १८ कृत्यरूपमत्यंतकरणीयं १९ । २० पदंप्रतिपदं २१ । २२ । २३ । २४ । २५

सोऽयंप्राप्तस्तवाक्षेपंपश्यसाफल्यमात्मनः ॥ कथंहिराजाराज्यार्थीत्वयागच्छेतसंयुगम् ६ दिष्ट्यात्विदानींसंप्राप्तएषतेबाणगोचरम् ॥ यथाऽयंजीवितंजह्यात्तथा
कुरुधनंजय ७ ऐश्वर्यमदसंमूढोनैषदुःखमुपेयिवान् ॥ नचतेसंयुगेवीर्यंजानातिपुरुषर्षभ ८ त्वांहिलोकास्त्रयःपार्थससुरासुरमानुषाः ॥ नोत्सहंतेरणेजेतुंकिमु
तैकःसुयोधनः ९ सदिष्ट्यासमनुप्राप्तस्तवपार्थरथांतिकम् ॥ जह्येनंत्वंमहाबाहोयथावृत्रंपुरंदरः १० एषह्यनर्थेसततंपराक्रांतस्तवानघ ॥ निकृत्याधर्मराजंच
द्यूतेवंचितवानयम् ११ बहूनिसुनृशंसानिकृतान्येतेनमानद ॥ युष्मासुपापमतिनाअपापेष्वेवनित्यदा १२ तमनार्यंसदाक्रुद्धंपुरुषंकामरूपिणम् ॥ आर्यांयु
द्धमतिंकृत्वाजहिपार्थाविचारयन् १३ निकृत्याराज्यहरणंवनवासंचपांडव ॥ परिक्लेशंचकृष्णायाहृदिकृत्वापराक्रमम् १४ दिष्ट्यैषतवबाणानांगोचरेपरिवर्त्त
ते ॥ प्रतिघातायकार्यस्यदिष्ट्याचयततेऽग्रतः १५ दिष्ट्याजानातिसंग्रामेयोद्धव्यंहित्वयासह ॥ दिष्ट्याचसफलाःपार्थसर्वेकामाह्यकामिताः १६ तस्माज्जहिरणेपा
र्थधार्त्तराष्ट्रंकुलाधमम् ॥ यथेन्द्रेणहतःपूर्वंजंभोदेवासुरेमृधे १७ अस्मिन्हतेत्वयासैन्यमनाथंभिद्यतामिदम् ॥ वैरस्यास्यास्त्ववभृथोमूलंछिंधिदुरात्मनाम् १८ ॥
॥ संजयउवाच ॥ तंतथेत्यब्रवीत्पार्थःकृत्यरूपमिदंमम ॥ सर्वमन्यदनादृत्यगच्छयत्रसुयोधनः १९ येनैतद्दीर्घकालंनोभुक्तंराज्यमकंटकम् ॥ अप्यस्ययुधिविक्र
म्यच्छिंद्यांमूर्धानमाहवे २० अपितस्यह्यनर्हायाःपरिक्लेशस्यमाधव ॥ कृष्णायाःशक्नुयांगंतुंपदंकेशप्रधर्षणे २१ इत्येवंवादिनौकृष्णौहृष्टौश्वेतान्हयोत्तमान् ॥
प्रेषयामासतुःसंख्येप्रेप्संतौतंनराधिपम् २२ तयोःसमीपंसंप्राप्यपुत्रस्तेभरतर्षभ ॥ नचकारभयंप्राप्तेभयेमहतिमारिष २३ तदस्यक्षत्रियास्तत्रसर्वएवाभ्यपूज
यन् ॥ यदर्जुनहृषीकेशौप्रत्युद्यातौन्यवारयत् २४ ततःसर्वस्यसैन्यस्यतावकस्यविशांपते ॥ महानादोह्यभूत्तत्रदृष्ट्वाराजानमाहवे २५ तस्मिन्जनसमुन्नादेप्रवृ
त्तेभैरवेसति ॥ कदर्थीकृत्यतेपुत्रःप्रत्यमित्रमवारयत् २६ आवारितस्तुकौन्तेयस्तवपुत्रेणधन्विना ॥ संरंभमगमद्भूयःसचतस्मिन्परंतपः २७ तौदृष्ट्वाप्रतिसंरब्धौदुर्यो
धनधनंजयौ ॥ अभ्यवैक्षंतराजानोभीमरूपाःसमंततः २८ दृष्ट्वातुपार्थंसंरब्धंवासुदेवंचमारिष ॥ प्रहसन्नेवपुत्रस्तेयोद्धुकामःसमाह्वयत् २९ ततःप्रहृष्टोदाशार्हः
पांडवश्चधनंजयः ॥ व्यक्रोशेतांमहानादंदध्मतुश्चांबुजोत्तमौ ३० तौहृष्टरूपौसंप्रेक्ष्यकौरवेयास्तुसर्वशः ॥ निराशाःसमपद्यंतपुत्रस्यतवजीविते ३१ शोकमापुःपरेचै
वकुरवःसर्वएवते ॥ अमन्यंतचपुत्रंतेवैश्वानरमुखेहुतम् ३२ तथातुदृष्ट्वायोधास्तेप्रहृष्टौकृष्णपांडवौ ॥ हतोराजाहतोराजेत्यूचिरेचभयार्दिताः ३३ जनस्यसन्निनादंतु
२५ श्रुत्वादुर्योधनोऽब्रवीत् ॥ व्येतुवोभीरहंकृष्णौप्रेषयिष्यामिमृत्यवे ३४ इत्युक्त्वासैनिकान्सर्वान्जयापेक्षीनराधिपः ॥ पार्थमाभाष्यसंरंभादिदंवचनमब्रवीत् ३५

२६ । २७ । २८ । २९ । ३० । ३१ । ३२ । ३३ । ३४ । ३५

म.भा.टी. ३६ । ३७ स्वामिसत्कारोवीरप्रधानोऽयमितियदन्यैःसत्कारणंतेनयुक्तानियोग्यतांगतानि ३८ ॥ इतिद्रोणपर्वणिटीकायांद्व्यधिकशततमोऽध्यायः ॥ १०२ ॥ ॥ ॥ एवमिति । एवमीदृशप्रभावं १ द्रोण० अ० १०३

पार्थऽयच्छिक्षितंतेऽस्त्रंदिव्यंपार्थिवमेवच ॥ तद्दर्शयमयिक्षिप्रंयदिजातोऽसिपांडुना ३६ यद्बलंतववीर्यंचकेशवस्यतथैवच ॥ तत्कुरुष्वमयिक्षिप्रंपश्यामस्तवपौरुषम् ३७ अस्मत्परोक्षंकर्माणिकृतानिप्रवदंतिते ॥ स्वामिसत्कारयुक्तानियानितानीहदर्शय ३८ ॥ इतिश्रीमहाभारतेद्रोणपर्वणिजयद्रथवधपर्वणिदुर्योधनवचनेद्व्यधिकशततमोऽध्यायः ॥ १०२ ॥ ॥ संजयउवाच ॥ एवमुक्त्वार्जुनंराजात्रिभिर्मर्मातिगैःशरैः ॥ अभ्यविध्यन्महावेगैश्चतुर्भिश्चतुरोहयान् १ वासुदेवंचदशभिःप्रत्यविध्यत्स्तनांतरे ॥ प्रतोदंचास्यभल्लेनच्छित्वाभूमावपातयत् २ तंचतुर्दशभिःपार्थश्चित्रपुंखैःशिलाशितैः ॥ अविध्यत्तूर्णमव्यग्रस्तेचाभ्रश्यंतवर्मणि ३ तेषांनैष्फल्यमालोक्यपुनर्नवचपंचच ॥ प्राहिणोन्निशितान्बाणांस्तेचाभ्रश्यंतवर्मणः ४ अष्टाविंशांस्तुतान्बाणानस्तान्विप्रेक्ष्यनिष्फलान् ॥ अब्रवीत्परवीरघ्नःकृष्णोऽर्जुनमिदंवचः ५ अदृष्टपूर्वंपश्यामिशिलानामिवसर्पणम् ॥ त्वयासंप्रेषिताःपार्थनार्थंकुर्वंतिपत्रिणः ६ कच्चिद्गांडीवजःप्राणस्तथैवभरतर्षभ ॥ मुष्टिश्चतेयथापूर्वंभुजयोश्चबलंतव ७ नवाकच्चिदयंकालःप्राप्तःस्यादद्यपश्चिमः ॥ तवचैवास्यशत्रोश्चतन्ममाचक्ष्वपृच्छतः ८ विस्मयोमेमहान्पार्थतवदृष्ट्वाशरानिमान् ॥ व्यर्थान्निपतितान्संख्येदुर्योधनरथंप्रति ९ वज्राशनिसमाघोराःपरकायावभेदिनः ॥ शराःकुर्वंतितेनार्थंपार्थकाऽद्यविडंबना १० ॥ अर्जुनउवाच ॥ द्रोणेनैषामतिःकृष्णधार्त्तराष्ट्रेनिवेशिता ॥ अभेद्याहिममास्त्राणामेषाकवचधारणा ११ अस्मिन्नंतर्हितंकृष्णत्रैलोक्यमपिवर्मणि ॥ एकोद्रोणोहिवेदैतदहंतस्माच्चसत्तमात् १२ नशक्यमेतत्कवचंबाणैर्भेत्तुंकथंचन ॥ अपिवज्रेणगोविंदस्वयंमघवतायुधि १३ जानंस्त्वमपिवैकृष्णमांविमोहयसेकथम् ॥ यद्वृत्तंत्रिषुलोकेषुयच्चकेशववर्त्तते १४ तथाभविष्यद्यच्चैवतत्सर्वंविदितंतव ॥ नत्विदंवेदवैकश्चिद्यथात्वंमधुसूदन १५ एषदुर्योधनःकृष्णद्रोणेनविहितामिमाम् ॥ तिष्ठत्यभीतवत्संख्येबिभ्रत्कवचधारणाम् १६ यत्त्वत्रविहितंकार्यंनैषतद्वेत्तिमाधव ॥ स्त्रीवदेषबिभर्त्येतांयुक्तांकवचधारणाम् १७ पश्यबाह्वोश्चमेवीर्यंधनुषश्चजनार्दन ॥ पराजयिष्येकौरव्यंकवचेनापिरक्षितम् १८ इदमंगिरसेप्रादाद्देवेशोवर्मभास्वरम् ॥ तस्माद्बृहस्पतिःप्रापततःप्रापपुरंदरः १९ पुनर्ददौसुरपतिर्मह्यंवर्मससंग्रहम् ॥ दैवंयद्यस्यवर्मैतद्ब्रह्मणावास्वयंकृतम् २० नैनंगोप्स्यतिदुर्बुद्धिमद्यबाणहतंमया ॥ संजयउवाच ॥ एवमुक्त्वाऽर्जुनोबाणानभिमंत्र्यव्यकर्षयत् २१ मानवास्त्रेणमानार्हस्तीक्ष्णावरणभेदिना ॥ विकृष्यमाणांस्तेनैवधनुर्मध्यगतांछरान् २२ तानस्यास्त्रेणचिच्छेदद्रौणिःसर्वास्त्रघातिना ॥ तान्निकृत्तानिषून्दृष्ट्वादूरतोब्रह्मवादिना २३ न्यवेदयत्केशवायविस्मितःश्वेतवाहनः ॥ नैतदस्त्रंमयाशक्यंद्विःप्रयोक्तुंजनार्दन २४

२ । ३ । ४ । ५ । ६ । ७ । ८ । ९ । १० । ११ । १२ । १३ । १४ । १५ । १६ युक्तामन्यप्रयुक्तां १७ । १८ । १९ ससंग्रहंसोपदेशं दैवंदेवैःकृतं २० । २१ । २२ । २३ । २४

२५ । २६ । २७ । २८ निर्देहान्निकृत्तावयवान् २९ । ३० । ३१ नखमासांतरेइषुभिराविद्धयदितिपूर्वेणान्वयः संधिरार्षः ३२ । ३३ । ३४ । ३५ । ३६ क्रोशमात्रेसैन्धवतोऽर्थात् ३७ । ३८ । ३९

अस्त्रंमामेवहन्याद्धिहन्याच्चापिबलंमम ॥ ततोदुर्योधनःकृष्णौनवभिर्नवभिःशरैः २५ अविध्यतरणेराजन्शरैराशीविषोपमैः ॥ भूयएवाभ्यवर्षच्चसमरेकृष्णपांडवौ
२६ शरवर्षेणमहताततोहृष्यंतलावकाः ॥ चक्रुर्वादित्रनिनदान्सिंहनादरवांस्तथा २७ ततःक्रुद्धोरणेपार्थःसृक्किणीपरिसंलिहन् ॥ नापश्यच्चततोस्यांगंयन्न
स्याद्वर्मरक्षितम् २८ ततोऽस्यनिशितैर्बाणैःसुमुक्तैरंतकोपमैः ॥ हयांश्चकारनिर्देहानुभौचपार्ष्णिसारथी २९ धनुरस्याच्छिनत्तूर्णंहस्तावापंचवीर्यवान् ॥ रथं
चशकलीकर्तुंसव्यसाचीप्रचक्रमे ३० दुर्योधनंचबाणाभ्यांतीक्ष्णाभ्यांविरथीकृतम् ॥ आविद्धयद्धस्ततलयोरुभयोरर्जुनस्तदा ३१ प्रयत्नज्ञोहिकौन्तेयोनखमांसां
तरेषुभिः ॥ सवेदनाभिराविग्नःपलायनपरायणः ३२ तंकृच्छ्रामापदंप्राप्तंदृष्ट्वापरमधन्विनः ॥ समापेतुःपरीप्संतोधनंजयशरार्दितम् ३३ तंरथैर्बहुसाहस्रैः
कल्पितैःकुंजरैर्हयैः ॥ पदात्योघैश्चसंरब्धैःपरिवव्रुर्धनंजयम् ३४ अथनार्जुनगोविंदौनरथोवाप्यदृश्यत ॥ अस्त्रवर्षेणमहताजनौघैश्चापिसंवृतौ ३५ ततोऽर्जुनो
ऽस्त्रवीर्येणनिजघ्नेतांवरूथिनीम् ॥ तत्रव्यंगीकृताःपेतुःशतशोऽथरथद्विपाः ३६ तेहताहन्यमानाश्चन्ययृह्णंस्तंरथोत्तमम् ॥ सरथस्तंभितस्तस्थौक्रोशमत्रेस
मंततः ३७ ततोऽर्जुनंवृष्णिवीरस्त्वरितोवाक्यमब्रवीत् ॥ धनुर्विस्फारयात्यर्थंमहंध्मास्यामिचांबुजम् ३८ ततोविस्फार्यबलवद्गांडीवंजघ्निवान्रिपून् ॥ महता
शरवर्षेणतलशब्देनचार्जुनः ३९ पांचजन्यंचबलवान्दध्मौतारेणकेशवः ॥ रजसाध्वस्तपक्ष्मांतःप्रस्विन्नवदनोभृशम् ४० तस्यशंखस्यनादेनधनुषोनिःस्वने
नच ॥ निःसत्वाश्चससत्वाश्चक्षितौपेतुस्तदाजनाः ४१ तैर्विमुक्तोरथोरेजेवाय्वीरितइवांबुदः ॥ जयद्रथस्यगोप्तारस्ततःक्षुब्धाःसहानुगाः ४२ तेदृष्ट्वासहसापा
र्थंगोप्तारःसैंधवस्यतु ॥ चक्रुर्नादान्महेष्वासाःकंपयंतोवसुंधराम् ४३ बाणशब्दरवांश्चोग्रान्विमिश्रान्शंखनिःस्वनैः ॥ प्रादुश्चक्रुर्महात्मानःसिंहनादरवा
नपि ४४ तंश्रुत्वानिनदंघोरंतावकानांसमुत्थितम् ॥ प्रदध्मतुःशंखवरौवासुदेवधनंजयौ ४५ तेनशब्देनमहतापूरितेयंवसुंधरा ॥ सशैलासार्णवद्वीपासपाता
लाविशांपते ४६ सशब्दोभरतश्रेष्ठव्याप्यसर्वादिशोदश ॥ प्रतिसस्वानतत्रैवकुरुपांडवयोर्बले ४७ तावकारथिनस्तत्रदृष्ट्वाकृष्णधनंजयौ ॥ संभ्रमंपरमंप्राप्ता
स्त्वरमाणामहारथाः ४८ अथकृष्णौमहाभागौतावकावीक्ष्यदंशितौ ॥ अभ्यद्रवंतसंक्रुद्धास्तदद्भुतमिवाभवत् ४९ ॥ इतिश्रीमहाभारतेद्रोणपर्वणिजयद्रथवधप
र्वणिदुर्योधनपराजयेत्र्यधिकशततमोऽध्यायः ॥ १०३ ॥ ॥ संजयउवाच ॥ तावकाहिसमीक्ष्यैवंवृष्ण्यंधककुरूत्तमौ ॥ प्रागत्वरन्जिघांसंतस्तथैवविजयःप
रान् १ सुवर्णचित्रैर्वैयाघ्रैःस्वनवद्भिर्महारथैः ॥ दीपयंतोदिशःसर्वाज्वलद्भिरिवपावकैः २ ॥ ॥ ॥

४० । ४१ । ४२ । ४३ । ४४ । ४५ । ४६ । ४७ । ४८ । ४९ ॥ इतिद्रोणपर्वणिटीकायांत्र्यधिकशततमोऽध्यायः ॥ १०३ ॥ तावकाइति । प्रागग्रएवसमीक्ष्येत्यन्वयः १ वैयाघ्रैर्व्याघ्रचर्मचित्रैः २

३ । ४ । ५ । ६ कौलूतकाः कुलूतदेशजाः पार्वतीयसमानलक्षणाः ७ आजानेयैरिति । 'गुडगंधाः कायेषेषु श्लक्ष्णाः कांतिलोजितक्रोधाः ॥ सारयुताजितेन्द्रियाः क्षुत्तृडाहितं चापिनोदुःखं ॥ जानंत्याजाने यानिर्दिष्टावाजिनोधीरैः ॥ वाहास्तुपार्वतीयावलान्विताः स्निग्धकेशाश्च ॥ वृत्तखुरादृढपादामहाजवास्तेऽतिविख्याताः' । नदीजैर्नदीतीरजैः । 'अश्वाः सकर्णिकाराः कृचननदीतीरजाः समुद्दिष्टाः ॥

रुक्मपुंखैश्चदुष्प्रेक्ष्यैः कार्मुकैः पृथिवीपते ॥ कूजद्भिरतुलान्नादान्कोपितैस्तुरगैरिव ३ भूरिश्रवाः शलः कर्णोवृषसेनोजयद्रथः ॥ कृपश्चमद्रराजश्चद्रौणिश्चरथिनांवरः ४ तेपिबंतइवाकाशमश्वैरष्टौमहारथाः ॥ व्यराजयन्दशदिशोवैयाघ्रैर्हेमचंद्रकैः ५ तेदंशिताः सुसंरब्धारथैर्मेघौघनिःस्वनैः ॥ समावृण्वन्दशदिशः पार्थस्यनिशितैः शरैः ६ कौलूतकाहयाश्चित्रावहंतस्तान्महारथान् ॥ व्यशोभंततदाशीघ्रादीपयंतोदिशोदश ७ आजानेयैर्महावेगैर्नानादेशसमुत्थितैः ॥ पार्वतीयैर्नदीजैश्चसैन्धवैश्चहयोत्तमैः ८ कुरुयोधवराराजंस्तवपुत्रंपरीप्सवः ॥ धनंजयरथंशीघ्रंसर्वतः समुपाद्रवन् ९ तेप्रगृह्यमहाशंखान्दध्मुः पुरुषसत्तमाः ॥ पूरयंतोदिवंराजन्पृथिवींचससागराम् १० तथैवदध्मतुः शंखौवासुदेवधनंजयौ ॥ प्रवरौसर्वदेवानांसर्वशंखवरौभुवि ११ देवदत्तंचकौन्तेयः पांचजन्यंचकेशवः ॥ शब्दस्तुदेवदत्तस्यधनंजयसमीरितः १२ पृथिवींचांतरिक्षंचदिशश्चैवसमावृणोत् ॥ तथैवपांचजन्योऽपिवासुदेवसमीरितः १३ सर्वशब्दानतिक्रम्यपूरयामासरोदसी ॥ तस्मिंस्तथावर्त्तमानेदारुणेनादसंकुले १४ भीरूणांत्रासजननेशूराणांहर्षवर्धने ॥ प्रवादितासुभेरीषुझर्झरेष्वानकेषुच १५ मृदंगेष्वपिराजेन्द्रवाद्यमानेष्वनेकशः ॥ महारथाः समाहूतादुर्योधनहितैषिणः १६ अमृष्यमाणास्तंशब्दंक्रुद्धाः परमधन्विनः ॥ नानादेश्यामहीपालाः स्वसैन्यपरिरक्षिणः १७ अमर्षितामहाशंखान्दध्मुर्वीरामहारथाः ॥ कृतेप्रतिकरिष्यंतः केशवस्यार्जुनस्यच १८ बभूवतवतत्सैन्यंशंखशब्दसमीरितम् ॥ उद्विग्नरथनागाश्वमस्वस्थमिववाविभो १९ तत्प्रविद्धमिवाकाशंशूरैः शंखविनादितम् ॥ बभूवभृशमुद्विग्नंनिर्घातैरिवनादितम् २० सशब्दः सुमहान्राजन्दिशः सर्वाव्यनादयत् ॥ त्रासयामासतत्सैन्यंयुगांतइवसंभृतः २१ ततोदुर्योधनोऽष्टौचराजानस्तेमहारथाः ॥ जयद्रथस्यरक्षार्थंपांडवंपर्यवारयन् २२ ततोद्रौणिस्त्रिसप्तत्यावासुदेवमताडयत् ॥ अर्जुनंचत्रिभिर्भल्लैर्ध्वजमश्वांश्चपंचभिः २३ तमर्जुनः पृषत्कानांशतैः षड्भिरताडयत् ॥ अत्यर्थमिवसंक्रुद्धः प्रतिविद्धेजनार्दने २४ कर्णंचदशभिर्विद्ध्वावृषसेनंत्रिभिस्तथा ॥ शल्यस्यसशरंचापंमुष्टौचिच्छेदवीर्यवान् २५ गृहीत्वाधनुरन्यत्तुशल्योविव्याधपांडवम् ॥ भूरिश्रवास्त्रिभिर्बाणैर्हेमपुंखैः शिलाशितैः २६ कर्णोद्वात्रिंशताचैववृषसेनश्चसप्तभिः ॥ जयद्रथस्त्रिसप्तत्याकृपश्चदशभिः शरैः २७ मद्रराजश्चदशभिर्विव्यधुः फाल्गुनंरणे ॥ ततः शराणांषष्ट्याचद्रौणिः पार्थमवाकिरत् २८ वासुदेवंचविंशत्यापुनः पार्थंचपंचभिः ॥ प्रहसंस्तुनरव्याघ्रः श्वेताश्वः कृष्णसारथिः २९ प्रत्यविध्यत्सतान्सर्वान्दर्शयन्पाणिलाघवम् ॥ कर्णंद्वादशभिर्विद्ध्वावृषसेनंत्रिभिः शरैः ३० ॥ ॥ ॥

पूर्वार्धेषूद्ग्राः पश्चार्धेचानताः किंचित्' ८ । ९ । १० । ११ । १२ । १३ । १४ । १५ । १६ । १७ । १८ । १९ प्रविद्धमाक्षिप्तं २० । २१ । २२ । २३ । २४ । २५ । २६ । २७ । २८ । २९ । ३०

३१ । ३२ । ३३ । ३४ । ३८ ॥ इतिद्रोणपर्वणिटीकायांचतुरधिकशततमोऽध्यायः ॥ १०४ ॥ ध्वजानिति १ रूपमाकारः २ । ३ । ४ । ५ । ६ । ७ । ८ । ९ । १० ध्वजाग्रंध्वजमुख्यं कांचनं कांच

शल्यस्यसशरंचापंमुष्टिदेशेव्यकृंतत ॥ सौमदत्तिस्त्रिभिर्विद्धाशल्यंचदशभिःशरैः ३१ शितैरग्निशिखाकारैर्द्रौणिंविव्याधचाष्टभिः ॥ गौतमंपंचविंशत्यासैंधवंच
शतेनह ३२ पुनर्द्रौणिंचसप्तत्याशराणांसोऽभ्यताडयत् ॥ भूरिश्रवास्तुसंक्रुद्धःप्रतोदंचिच्छिदेहरेः ३३ अर्जुनंचत्रिसप्तत्याबाणानामाजघानह ॥ ततःशरशतै
स्तीक्ष्णैस्तानरीन्श्वेतवाहनः ३४ प्रत्यषेधद्द्रुतंक्रुद्धोमहावातोघनानिव ३५ ॥ इतिश्रीमहाभारतेद्रोणपर्वणिजयद्रथवधपर्वणि संकुलयुद्धेचतुरधिकशततमोऽ
ध्यायः १०४ ॥ ॥ ॥ धृतराष्ट्रउवाच ॥ ध्वजान्बहुविधाकारान्भ्राजमानानतिश्रिया ॥ पार्थानांमामकानांचतन्ममाचक्ष्वसंजय १ ॥ संजयउवाच ॥ ॥
ध्वजान्बहुविधाकारान्शृणुतेषांमहात्मनाम् ॥ रूपतोवर्णतश्चैवनामतश्चनिबोधमे २ तेषांतुरथमुख्यानांरथेषुविविधाध्वजाः ॥ प्रत्यदृश्यंतराजेंद्रज्व
लिताइवपावकाः ३ कांचनाःकांचनापीडाःकांचनस्रगलंकृताः ॥ कांचनानीवशृंगाणिकांचनस्यमहागिरेः ४ अनेकवर्णाविविधाध्वजाःपरमशोभनाः ॥
तेध्वजाःसंवृतास्तेषांपताकाभिःसमंततः ५ नानावर्णविरागाभिःशुशुभुःसर्वतोवृताः ॥ पताकाश्चततस्तास्तुश्वसनेनसमीरिताः ६ नृत्यमाना
व्यदृश्यंतरंगमध्येविलासिकाः ॥ इंद्रायुधसवर्णाभाःपताकाभरतर्षभ ७ दोधूयमानारथिनांशोभयंतिमहारथान् ॥ सिंहलांगूलमुग्रास्यंध्वजं
वानरलक्षणम् ८ धनंजयस्यसंग्रामेप्रत्यदृश्यतभैरवम् ॥ सवानरवरोराजन्पताकाभिरलंकृतः ९ त्रासयामासतत्सैन्यंध्वजोगांडीवधन्वनः ॥
तथैवसिंहलांगूलंद्रोणपुत्रस्यभारत १० ध्वजाग्रंसमपश्यामबालसूर्यसमप्रभम् ॥ कांचनंपवनोद्धूतंशक्रध्वजसमप्रभम् ११ नंदनंकौरवेंद्राणांद्रौणेर्लक्ष्मसमुच्छ्रितम् ॥
हस्तिकक्ष्यापुनर्हैमीबभूवाधिरथेर्ध्वजः १२ आहवेखंमहाराजदद्दशेपूरयन्निव ॥ पताकाकांचनीस्रग्वीध्वजेकर्णस्यसंयुगे १३ नृत्यतीवरथोपस्थेश्वसनेनसमी
रिता ॥ आचार्यस्यतुपांडूनांब्राह्मणस्यतपस्विनः १४ गोवृषोगौतमस्यासीत्कृपस्यसुपरिष्कृतः ॥ सतेनभ्राजतेराजन्गोवृषेणमहारथः १५ त्रिपुरघ्नरथोयद्वद्द्रो
वृषेणविराजता ॥ मयूरोवृषसेनस्यकांचनोमणिरत्नवान् १६ व्याहरिष्यन्निवातिष्ठत्सेनाग्रमुपशोभयन् ॥ तेनतस्यरथोभातिमयूरेणमहात्मनः १७ यथास्कंदस्य
राजेंद्रमयूरेणविराजता ॥ मद्रराजस्यशल्यस्यध्वजाग्रेऽग्निशिखामिव १८ सौवर्णींप्रतिपश्यामसीतामप्रतिमांशुभाम् ॥ सासीताभ्राजतेतस्यरथमास्थायमारिष
१९ सर्वबीजविरूढेवयथासीताश्रियावृता ॥ वराहःसिंधुराजस्यराजतोऽभिविराजते २० ध्वजाग्रेऽलोहिताकाभोहेमजालपरिष्कृतः ॥ शुशुभेकेतुनातेनराजते
नजयद्रथः २१ यथादेवासुरेयुद्धेपुरापूषास्मशोभते ॥ सोमदत्तेःपुनर्यूपोयज्ञशीलस्यधीमतः २२

ममयम् ११ । १२ स्रग्वीस्रग्विणी १३ । १४ । १५ । १६ व्याहरिष्यन्वदिष्यन् १७ । १८ । १९ । २० अलोहिताकाभोऽनुपरक्तस्फटिकवर्णः ' अर्कोर्कपर्णे स्फटिके 'इतिमेदिनी २१ । २२

म.भा.टी. ॥ ७२ ॥

॥ २३ । २४ । २५ । २६ । २७ । २८ । २९ हिमवानिवर्वह्निनेति तत्रकिलपराशरेणवन्हिःस्थापितः ३० । ३१ । ३२ व्यतिक्षेपःअन्योन्याभिघातः ३३ । ३४ । ३५ । ३६ । ३७ । ३८ ॥ इतिद्रो

द्रोण० अ० १०६

ध्वजःसूर्यइवाभातिसोमश्चात्रप्रदृश्यते ॥ सयूपःकांचनोराजन्सौमदत्तेर्विराजते २३ राजसूयेमखश्रेष्ठेयथायूपःसमुच्छ्रितः ॥ शलस्यतुमहाराजराजतोद्विरदोम हान् २४ केतुःकांचनचित्रांगैर्मयूरैरुपशोभितः ॥ सकेतुःशोभयामाससैन्यंतेभरतर्षभ २५ यथाश्वेतोमहानागोदेवराजचमूंयथा ॥ नागोमणिमयोराज्ञोध्वजः कनकसंवृतः २६ किंकिणीशतसंह्रादोभ्राजंश्चित्रेरथोत्तमे ॥ व्यभ्राजतभृशंराजन्पुत्रस्तवविशांपते २७ ध्वजेनमहतासंख्येकुरूणामृषभस्तदा ॥ नवैतेतव वाहिन्यामुच्छ्रिताःपरमध्वजाः २८ व्यदीपयंस्तेपृतनांयुगांतादित्यसन्निभाः ॥ दशमस्त्वर्जुनस्यासीदेकएवमहाकपिः २९ अदीप्यतार्जुनोयेनहिमवानिवव ह्निना ॥ ततश्चित्राणिशुभ्राणिसुमहांतिमहारथाः ३० कार्मुकाण्याददुस्तूर्णमर्जुनार्थेपरंतपाः ॥ तथैवधनुरायच्छत्पार्थःशत्रुविनाशनः ३१ गांडीवंदिव्यक र्मातद्राजन्दुर्मंत्रितेतव ॥ तवापराधाद्राजानोनिहताबहुशोयुधि ३२ नानादिग्भ्यःसमाहूताःसहयाःसरथद्विपाः ॥ तेषामासीद्व्यतिक्षेपोगर्जतामितरेतरम् ३३ दुर्योधनमुखानांचपांडूनामृषभस्यच ॥ तत्राद्भुतंपरंचक्रेकौन्तेयःकृष्णसारथिः ३४ यदेकोबहुभिःसार्धंसमागच्छदभीतवत् ॥ अशोभतमहाबाहुर्गांडीवंविक्षिप न्धनुः ३५ जिगीषुस्तान्नरव्याघ्रोजिघांसुश्चजयद्रथम् ॥ तत्रार्जुनोनरव्याघ्रःशरैर्मुक्तैःसहस्रशः ३६ अदृश्यांस्तावकान्योधान्प्रचक्रेशत्रुतापनः ॥ ततस्तेऽपिन रव्याघ्राःपार्थंसर्वेमहारथाः ३७ अदृश्यंसमरेचक्रुःसायकौघैःसमंततः ॥ संवृतेनरसिंहैस्तुकुरूणामृषभेऽर्जुने ॥ महानासीत्समुद्भूतस्तस्यसैन्यस्यनिःस्वनः ३८ इतिश्रीमहाभारतेद्रोणपर्वणिजयद्रथवधपर्वणि ध्वजवर्णनेपंचाधिकशततमोऽध्यायः ॥ १०५ ॥ ॥ धृतराष्ट्रउवाच ॥ अर्जुनेसैंधवंप्राप्तेभारद्वाजेनसंवृताः ॥ पंचालाःकुरुभिःसार्धंकिमकुर्वतसंजय १ ॥ संजयउवाच ॥ अपराह्णेमहाराजसंग्रामेलोमहर्षणे ॥ पंचालानांकुरूणांचद्रोणद्यूतमवर्तत २ पंचालाहिजिघांसंतो द्रोणंसंहृष्टचेतसः ॥ अभ्यमुंचंतगर्जंतःशरवर्षाणिमारिष ३ ततस्तुतुमुलस्तेषांसंग्रामोऽवर्ततताद्भुतः ॥ पंचालानांकुरूणांचघोरोदेवासुरोपमः ४ सर्वेद्रोणरथंप्राप्य पंचालाःपांडवैःसह ॥ तदनीकंबिभित्संतोमहास्त्राणिव्यदर्शयन् ५ द्रोणस्यरथपर्यंतंरथिनोरथमास्थिताः ॥ कंपयंतोऽभ्यवर्तंतवेगमास्थायमध्यमम् ६ तमभ्य याद्बृहत्क्षत्रःकेकयानांमहारथः ॥ प्रवपन्निशितान्बाणान्महेंद्राशनिसन्निभान् ७ तंतुप्रत्युद्ययौशीघ्रंक्षेमधूर्तिर्महायशाः ॥ विमुंचन्निशितान्बाणान्शतशोऽथसहस्रशः ८ धृष्टकेतुश्चचेदीनामृषभोऽतिबलोदितः ॥ त्वरितोऽभ्यद्रवद्द्रोणंमहेंद्रइवशंबरम् ९ तमापतंतंसहसाव्यादितास्यमिवांतकम् ॥ वीरधन्वामहेष्वासस्त्वरमाणःसम भ्ययात् १० युधिष्ठिरंमहाराजंजिगीषुंसमवस्थितम् ॥ सहानीकंततोद्रोणोन्यवारयतवीर्यवान् ११

॥ ७२ ॥

णपर्वणिटीकायांपंचाधिकशततमोऽध्यायः ॥ १०५ ॥ ॥ ॥ अर्जुनेइति १ । २ । ३ । ४ । ५ कंपयन्तोभुवमितिशेषः ६ । ७ । ८ । ९ । १० । ११

१२ । १३ । १४ सौमदत्तिःशलः १५ । १६ । १७ । १८ । १९ । २० । २१ । २२ । २३ । २४ हतोराजेतिअमन्यंतेत्दनुषंगः २५ । २६ । २७ । २८ । २९ । ३० । ३१ । ३२ । ३३ । ३४

नकुलंकुशलंयुद्धेपराक्रांतंपराक्रमी ॥ अभ्यगच्छत्समायांतंविकर्णस्तेसुतःप्रभो १२ सहदेवंतथायांतंदुर्मुखःशत्रुकर्षणः ॥ शरैरनेकसाहस्त्रैःसमवाकिरदाशुगैः १३
सात्यकिंतुनरव्याघ्रंव्याघ्रदत्तस्त्ववारयत् ॥ शरैःसुनिशितैस्तीक्ष्णैःकंपयन्वैमुहुर्मुहुः १४ द्रौपदेयान्नरव्याघ्रान्मुंचतःसायकोत्तमान् ॥ संरब्धान्रथिनःश्रेष्ठान्सौमद
त्तिरवारयत् १५ भीमसेनंतदाक्रुद्धंभीमरूपोभयानकः ॥ प्रत्यवारयदायांतमार्ष्यशृंगिर्महारथः १६ तयोःसमभवद्युद्धंनरराक्षसयोर्मृधे ॥ यादृगेवपुरावृत्तंरामरा
वणयोर्नृप १७ ततोयुधिष्ठिरोद्रोणंनवत्यानतपर्वणाम् ॥ आजघ्नेभरतश्रेष्ठःसर्वमर्मसुभारत १८ तंद्रोणःपंचविंशत्यानिजघानस्तनांतरे ॥ रोषितोभरतश्रेष्ठकौन्ते
येनयशस्विना १९ भूयएवतुविंशत्यासायकानांसमाचिनोत् ॥ साश्वसूतध्वजंद्रोणःपश्यतांसर्वधन्विनाम् २० तान्शरान्द्रोणमुक्तांस्तुशरवर्षेणपांडवः ॥ अ
वारयतधर्मात्मादर्शयन्पाणिलाघवम् २१ ततोद्रोणोभृशंक्रुद्धोधर्मराजस्यसंयुगे ॥ चिच्छेदसमरेधन्वीधनुस्तस्यमहात्मनः २२ अथैनंछिन्नधन्वानंत्वरमाणोमहा
रथः ॥ शरैरनेकसाहस्त्रैःपूरयामाससर्वतः २३ अदृश्यंवीक्ष्यराजानंभारद्वाजस्यसायकैः ॥ सर्वभूतान्यमन्यंतहतमेवयुधिष्ठिरम् २४ केचिच्चैनममन्यंततथैववि
मुखीकृतम् ॥ हतोराजेतिराजेंद्रब्राह्मणेनमहात्मना २५ सकृच्छ्रंपरमंप्राप्तोधर्मराजोयुधिष्ठिरः ॥ त्यक्त्वातत्कार्मुकंछिन्नंभारद्वाजेनसंयुगे २६ आददेऽन्यद्धनु
र्दिव्यंभास्वरंवेगवत्तरम् ॥ ततस्तान्सायकांस्तत्रद्रोणनुन्नान्सहस्रशः २७ चिच्छेदसमरेवीरस्तदद्भुतमिवाभवत् ॥ छित्त्वातुतान्शरान्राजन्क्रोधसंरक्तलोचनः २८
शक्तिंजग्राहसमरेगिरीणामपिदारिणीम् ॥ स्वर्णदंडांमहाघोरामष्टघंटांभयावहाम् २९ समुत्क्षिप्यचतांहृष्टोननादबलवद्बली ॥ नादेनसर्वभूतानित्रासयन्निवभारत ३०
शक्तिंसमुद्यतांदृष्ट्वाधर्मराजेनसंयुगे ॥ स्वस्तिद्रोणायसहसासर्वभूतान्यथाब्रुवन् ३१ साराजभुजनिर्मुक्तानिर्मुक्तोरगसन्निभा ॥ प्रज्वालयंतीगगनंदिशःसप्रदिश
स्तथा ३२ द्रोणांतिकमनुप्राप्तादीप्तास्यापन्नगीयथा ॥ तामापतंतींसहसादृष्ट्वाद्रोणोविशांपते ३३ प्रादुश्चक्रेततोब्राह्ममस्त्रमस्त्रविदांवरः ॥ तदस्त्रंभस्मसात्कृत्वा
तांशक्तिंघोरदर्शनाम् ३४ जगामस्यंदनंतूर्णंपांडवस्ययशस्विनः ॥ ततोयुधिष्ठिरोराजाद्रोणास्त्रंतत्समुद्यतम् ३५ अशामयन्महाप्राज्ञोब्रह्मास्त्रेणैवमारिष ॥ विद्ध्वा
तंचरणेद्रोणंपंचभिर्नतपर्वभिः ३६ क्षुरप्रेणसुतीक्ष्णेनचिच्छेदास्यमहद्धनुः ॥ तदपास्यधनुश्छिन्नंद्रोणःक्षत्रियमर्दनः ३७ गदांचिक्षेपसहसाधर्मपुत्रायमारिष ॥ ता
मापतंतींसहसागदांदृष्ट्वायुधिष्ठिरः ३८ गदामेवाग्रहीत्क्रुद्धश्चिक्षेपचपरंतप ॥ तेगदेसहसामुक्तेसमासाद्यपरस्परम् ३९ संघर्षात्पावकंमुक्त्वासमेयातांमहीतले ॥ त
२८ तोद्रोणोभृशंक्रुद्धोधर्मराजस्यमारिष ४० चतुर्भिर्निशितैस्तीक्ष्णैर्हयान्जघ्नेशरोत्तमैः ॥ चिच्छेदैकेनभल्लेनधनुश्चेंद्रध्वजोपमम् ४१

३५ । ३६ । ३७ । ३८ । ३९ । ४० । ४१

केतुमेकेनचिच्छेदपांडवंचार्दयत्त्रिभिः ।। हताश्वात्तुरथात्तूर्णमवप्लुत्ययुधिष्ठिरः ४२ तस्थावूर्ध्वभुजोराजाव्यायुधोभरतर्षभ ॥ विरथंतंसमालोक्यव्यायुधंचविशेषतः ४३
द्रोणोव्यमोहयच्छत्रून्सर्वसैन्यानिवाविभो ॥ मुंचंश्चेषुगणांस्तीक्ष्णान्लघुहस्तोदृढव्रतः ४४ अभिदुद्रावराजानंसिंहोमृगमिवोल्बणः ॥ तमभिद्रुतमालो
क्यद्रोणेनामित्रघातिना ४५ हाहेतिसहसाशब्दःपांडूनांसमजायत ॥ हतोराजाहतोराजाभारद्वाजेनमारिष ४६ इत्यासीत्सुमहान्शब्दःपांडुसैन्यस्यभारत ॥
ततस्त्वरितमारुह्यसहदेवरथंनृपः ॥ अपायाज्जवनैरश्वैःकुंतीपुत्रोयुधिष्ठिरः ४७ ॥ इतिश्रीमहाभारतेद्रोणपर्वणिजयद्रथवधपर्वणियुधिष्ठिरापयानेषडधिकशत
तमोऽध्यायः १०६ ॥ ॥ ॥ ॥ संजयउवाच ॥ बृहत्क्षत्रमथायांतंकैकेयंदृढविक्रमम् ।। क्षेमधूर्तिर्महाराजविव्याधोरसिमार्गणैः १ बृहत्क्षत्रस्तुतं
राजानवत्यानतपर्वणाम् ॥ आजघ्नेत्वरितोराजन्द्रोणानीकबिभित्सया २ क्षेमधूर्तिस्तुसंक्रुद्धःकैकेयस्यमहात्मनः ।। धनुश्चिच्छेदभल्लेनपीतेननिशितेनह ३
अथैनंछिन्नधन्वानंशरेणानतपर्वणा ॥ विव्याधसमरेतूर्णंप्रवरंसर्वधन्विनाम् ४ अथान्यद्धनुरादायबृहत्क्षत्रोहसन्निव ॥ व्यश्वसूतरथंचक्रेक्षेमधूर्तिंमहारथम् ५
ततोऽपरेणभल्लेनपीतेननिशितेनच ॥ जहारनृपतेःकायाच्छिरोज्वलितकुंडलम् ६ तच्छिन्नंसहसातस्यशिरःकुंचितमूर्धजम् ॥ सकिरीटंमहींप्राप्यबभौज्योति
रिवांबरात् ७ तंनिहत्यरणेहृष्टोबृहत्क्षत्रोमहारथः ॥ सहसाऽभ्यपतत्सैन्यंतावकंपार्थकारणात् ८ धृष्टकेतुंतथाऽऽयांतंद्रोणहेतोःपराक्रमी ॥ वीरधन्वामहे
ष्वासोवारयामासभारत ९ तौपरस्परमासाद्यशरदंष्ट्रौतरस्विनौ ॥ शरैरनेकसाहस्रैरन्योन्यमभिजघ्नतुः १० तावुभौनरशार्दूलौयुयुधातेपरस्परम् ॥ महावने
तीव्रमदौवारणाविवयूथपौ ११ गिरीगव्हरमासाद्यशार्दूलाविवरोषितौ ॥ युयुधातेमहावीर्यौपरस्परजिघांसया १२ तद्युद्धमासीत्तुमुलंप्रेक्षणीयंविशांपते ॥
सिद्धचारणसंघानांविस्मयाद्भुतदर्शनम् १३ वीरधन्वाततःक्रुद्धोधृष्टकेतोःशरासनम् ॥ द्विधाचिच्छेदभल्लेनप्रहसन्निवभारत १४ तदुत्सृज्यधनुश्छिन्नंचेदिराजो
महारथः ॥ शक्तिंजग्राहविपुलांहेमदंडामयस्मयीम् १५ तांतुशक्तिंमहावीर्योदोर्भ्यामायम्यभारत ॥ चिक्षेपसहसायत्तोवीरधन्वरथंप्रति १६ तयातुवीरघाति
न्याशक्त्यात्वभिहतोभृशम् ॥ निर्भिन्नहृदयस्तूर्णंनिपपातरथान्महीम् १७ तस्मिन्विनिहतेवीरेत्रैगर्तानांमहारथे ॥ बलंतेऽभज्यतविभोपांडवेयैःसमंततः १८
सहदेवेततःषष्टिंसायकान्दुर्मुखोऽक्षिपत् ॥ ननादचमहानादंतर्जयन्पांडवंरणे १९ माद्रेयस्तुततःक्रुद्धोदुर्मुखंचशितैःशरैः ॥ भ्राताभ्रातारमायांतंविव्याधप्रहस
न्निव २० तंरणेरभसंदृष्ट्वासहदेवंमहाबलम् ॥ दुर्मुखोनवभिर्बाणैस्ताडयामासभारत २१ दुर्मुखस्यतुभल्लेनछित्त्वाकेतुंमहाबलः ॥ जघानचतुरोवाहांश्चतुर्भिर्नि
शितैःशरैः २२ अथापरेणभल्लेनपीतेननिशितेनह ॥ चिच्छेदसारथेःकायाच्छिरोज्वलितकुंडलम् २३ ॥ ॥

१५ । १६ । १७ । १८ । १९ । २० । २१ । २२ । २३ ॥ ॥ ॥ ॥ ॥

२४ । २५ । २६ । २७ । २८ । २९ । ३० । ३१ । ३२ । ३३ । ३४ । ३५ । ३६ । ३७ । ३८ । ३९ ॥ इतिद्रोणपर्वणिटीकायांसप्ताधिकशततमोऽध्यायः ॥ १०७ ॥ ॥ ॥ ॥

क्षुरप्रेणचतीक्ष्णेनकौरव्यस्यमहद्धनुः ॥ सहदवोरणेछित्वातंचविव्याधपंचभिः २४ हताश्वंतुरथंत्यक्कादुर्मुखोविमनास्तदा ॥ आरुरोहरथंराजन्निरमित्रस्य
भारत २५ सहदेवस्ततःक्रुद्धोनिरमित्रंमहाहवे ॥ जघानपृतनामध्येभल्लेनपरवीरहा २६ सपपातरथोपस्थान्निरमित्रोजनेश्वरः ॥ त्रिगर्त्तराजस्यसुतोव्यथ
यंस्तववाहिनीम् २७ तंतुहत्वामहाबाहुःसहदेवोव्यरोचत ॥ यथादाशरथीरामःखरंहत्वामहाबलम् २८ हाहाकारोमहानासीत्रिगर्त्तानांजनेश्वर ॥ राजपुत्रंह
तंदृष्ट्वानिरमित्रंमहारथम् २९ नकुलस्तेसुतंराजन्विकर्णंपृथुलोचनम् ॥ मुहूर्त्ताज्जितवान्लोकेतदद्भुतमिवाभवत् ३० सात्यकिंव्याघ्रदत्तस्तुशरैःसन्नतपर्वभिः ॥
चक्रेऽदृश्यंसाश्वसूतंसध्वजंपृतनांतरे ३१ तान्निवार्यशरान्शूरःशैनेयःकृतहस्तवत् ॥ साश्वसूतध्वजंबाणैर्व्याघ्रदत्तमपातयत् ३२ कुमारेनिहतेतस्मिन्मागध
स्यसुतेप्रभो ॥ मागधाःसर्वतोयत्तायुयुधानमुपाद्रवन् ३३ विसृजंतःशरांश्चैवतोमरांश्चसहस्रशः ॥ भिंदिपालांस्तथाप्रासान्मुद्गरान्मुसलानपि ३४ अयोधयन्
रणेशूराःसात्वतंयुद्धदुर्मदम् ॥ तांस्तुसर्वान्सबलवान्सात्यकिर्युद्धदुर्मदः ३५ नातिकृच्छ्राद्धसन्नेवविजिग्येपुरुषर्षभः ॥ मागधान्द्रवतोदृष्ट्वाहतशेषान्समंततः
३६ बलंतेऽभज्यतविभोयुयुधानशरार्दितम् ॥ नाशयित्वारणेसैन्यंत्वदीयंमाधवोत्तमः ३७ विधुन्वानोधनुःश्रेष्ठंव्यभ्राजतमहायशाः ॥ भज्यमानंबलंराजन्सा
त्वतेनमहात्मना ३८ नाभ्यवर्त्ततयुद्धायत्रासितंदीर्घबाहुना ॥ ततोद्रोणोभृशंक्रुद्धःसहसोद्वृत्यचक्षुषी ॥ सात्यकंसत्यकर्माणंस्वयमेवाभिदुद्रुवे ३९ ॥ इतिश्री
महाभारतेद्रोणपर्वणिजयद्रथवधपर्वणिसंकुलयुद्धेसप्ताधिकशततमोऽध्यायः ॥ १०७ ॥ संजयउवाच ॥ द्रौपदेयान्महेष्वासान्सौमदत्तिर्महायशाः ॥ एकैकंपं
चभिर्विद्ध्वापुनर्विव्याधसप्तभिः १ तेपीडिताभृशंतेनरौद्रेणसहसाविभो ॥ प्रमूढानैवविविदुर्मृधेकृत्यंस्मकिंचन २ नाकुलिश्चशतानीकःसौमदत्तिंनरर्षभम् ॥ द्वाभ्यां
विध्द्वाऽनदद्धृष्टाःशराभ्यांशत्रुकर्शनः ३ तथेतरेरणेयत्तास्त्रिभिस्त्रिभिरजिह्मगैः ॥ विव्यधुःसमरेतूर्णंसौमदत्तिममर्षणम् ४ सतान्प्रतिमहाराजचिक्षेपपंचसाय
कान् ॥ एकैकंहृदिचाजघ्नेएकैकेनमहायशाः ५ ततस्तेभ्रातरःपंचशरैर्विद्धामहात्मनः ॥ परिवार्यरणेवीरंविव्यधुःसायकैर्भृशम् ६ आर्जुनिस्तुहयांस्तस्यचतुर्भिर्नि
शितैःशरैः ॥ प्रेषयामाससंक्रुद्धोयमस्यसदनंप्रति ७ भैमसेनिर्धनुश्छित्वासौमदत्तेर्महात्मनः ॥ ननादबलवन्नादंविव्याधचशितैःशरैः ८ यौधिष्ठिरिर्ध्वजंत
स्यछित्वाभूमावपातयत् ॥ नाकुलिश्चाथयंतारंरथनीडादपाहरत् ९ सहदेविस्तुतंज्ञात्वाभ्रातृभिर्विमुखीकृतम् ॥ क्षुरप्रेणशिरोराजन्निचकर्त्तमहात्मनः १० तच्छि
रोन्यपतद्भूमौतपनीयविभूषितम् ॥ भ्राजयत्तंरणोद्देशंबालसूर्यसमप्रभम् ११ ॥ ॥ ॥

द्रौपदेयानिति १ । २ । ३ । ४ । ५ । ६ । ७ । ८ । ९ । १० । ११

म.भा.टी. । १२ । १३ । १४ । १५ । १६ । १७ । १८ । १९ । २० । २१ । २२ । २३ । २४ । २५ । २६ । २७ बृहत्बृहत् २८ । २९ । ३० ऋष्टीःऋष्टयः

॥ ७४ ॥ सौमदत्तेःशिरोदृष्ट्वानिहतंतन्महात्मनः ॥ वित्रस्तास्तावकाराजन्प्रदुद्रुवुरनेकधा १२ अलंबुषस्तुसमरेभीमसेनंमहाबलम् ॥ योधयामाससंक्रुद्धोलक्ष्मणंरावणिर्यथा
१३ संप्रयुद्धौरणेदृष्ट्वातावुभौनरराक्षसौ ॥ विस्मयःसर्वभूतानांप्रहर्षःसमजायत १४ आर्ष्यशृंगिंततोभीमोनवभिर्निशितैःशरैः ॥ विव्याधप्रहसन्राजन्राक्षसेन्द्र
ममर्षणम् १५ तद्रक्षःसमरेविद्धंकृत्वानादंभयावहम् ॥ अभ्यद्रवत्ततोभीमंयेचतस्यपदानुगाः १६ सभीमंपंचभिर्विद्ध्वाशरैःसन्नतपर्वभिः ॥ भैमान्परिजघानाशु
त्रींस्त्रिंशतमाहवे १७ पुनश्चतुःशतान्हत्वाभीमंविव्याधपत्रिणा ॥ सोऽतिविद्धस्तथाभीमोराक्षसेनमहाबलः १८ निषपातरथोपस्थेमूर्छयाऽभिपरिप्लुतः ॥ प्रतिल
भ्यततःसंज्ञांमारुतिःक्रोधमूर्छितः १९ विकृष्यकार्मुकंघोरंभारसाधनमुत्तमम् ॥ अलंबुषंशरैस्तीक्ष्णैरर्दयामाससर्वतः २० सविद्धोबहुभिर्बाणैर्नीलांजनचयोपमः ॥
शुशुभेसर्वतोराजन्प्रफुल्लइवकिंशुकः २१ सवध्यमानःसमरेभीमचापच्युतैःशरैः ॥ स्मरन्भ्रातृवधंचैवपांडवेनमहात्मना २२ घोररूपमथोकृत्वाभीमसेनमभाषत ॥
तिष्ठेदानींरणेपार्थपश्यमेऽद्यपराक्रमम् २३ बकोनामसुदुर्बुद्धेराक्षसप्रवरोबली ॥ परोक्षंममतद्वृत्तंयद्भ्रातामेहतस्त्वया २४ एवमुक्त्वाततोभीममंतर्धानंगतस्तदा ॥
महताशरवर्षेणभृशंतंसमवाकिरत् २५ भीमस्तुसमरेराजन्नदृश्येराक्षसेतदा ॥ आकाशंपूरयामासशरैःसन्नतपर्वभिः २६ सवध्यमानोभीमेननिमेषाद्रथमास्थितः ॥
जगामधरणींचैवक्षुद्रःखंसहसाऽगमत् २७ उच्चावचानिरूपाणिचकारसुबहूनिच ॥ अणुर्बृहत्पुनःस्थूलोनादान्मुंचन्निवांबुदः २८ उच्चावचास्तथावाचोव्याजहार
समंततः ॥ निपेतुर्गगनाच्चैवशरधाराःसहस्रशः २९ शक्तयःकणपाःप्रासाःशूलपट्टिशतोमराः ॥ शतघ्न्यःपरिघाश्चैवभिंदिपालाःपरश्वधाः ३० शिलाःखड्गागुडा
श्चैवऋष्टीर्वज्राणिचैवह ॥ साराक्षसविसृष्टातुशस्त्रवृष्टिःसुदारुणा ३१ जघानपांडुपुत्रस्यसैनिकान्रणमूर्धनि ॥ तेनपांडवसैन्यानांसूदितायुधिवारणाः ३२ हयाश्च
बहवोराजन्पत्तयश्चतथापुनः ॥ रथेभ्योरथिनःपेतुस्तस्यनुन्नाःस्मसायकैः ३३ शोणितोदांरथावर्तांहस्तिग्राहसमाकुलाम् ॥ छत्रहंसांकर्दमिनींबाहुपन्नगसंकुलाम्
३४ नदींप्रावर्त्तयामासरक्षोगणसमाकुलाम् ॥ वहंतींबहुधाराजंश्चेदिपंचालसृंजयान् ३५ तंतथासमरेराजन्विचरंतमभीतवत् ॥ पांडवाभृशसंविग्नाःप्रापश्यंस्तस्य
विक्रमम् ३६ तावकानांतुसैन्यानांप्रहर्षःसमजायत ॥ वादित्रनिनदश्चोग्रःसुमहान्रोमहर्षणः ३७ तंश्रुत्वानिनदंघोरंतवसैन्यस्यपांडवः ॥ नामृष्यतयथानागस्त
लशब्दंसमीरितम् ३८ ततःक्रोधाभिताम्राक्षोनिर्दहन्निवपावकः ॥ संदधेत्वाष्ट्रमस्त्रंसस्वयंत्वष्टेवमारुतिः ३९ ततःशरसहस्राणिप्रादुरासन्समंततः ॥ तैःशरैस्तवसै
न्यस्यविद्रवःसुमहानभूत् ४० तदस्त्रंप्रेरितंतेनभीमसेनेनसंयुगे ॥ राक्षसस्यमहामायांहत्वाराक्षसमार्दयत् ४१ ॥ ॥ ॥ ७४ ॥

३१ । ३२ । ३३ । ३४ । ३५ । ३६ । ३७ । ३८ । ३९ । ४० । ४१ ॥ ॥ ॥ ॥

४२ । ४३ । ४४ ॥ इतिद्रोणपर्वणिटीकायामष्टाधिकशततमोऽध्यायः ॥ १०८ ॥ ॥ ॥ अलंबुषमिति १ । २ रक्षोग्रामणिमुख्ययोः रक्षःपतिप्रधानयोः ३ । ४ । ५ । ६ । ७ । ८ । ९ । १०

सवध्यमानोबहुधाभीमसेनेनराक्षसः ॥ संत्यज्यसमरेभीमंद्रोणानीकमुपाद्रवत् ४२ तस्मिंस्तुनिर्जितेराजन्राक्षसेन्द्रेमहात्मना ॥ अनादयन्सिंहनादैःपांडवाःसर्वतोदि
शम् ४३ अपूजयन्मारुतिंचसंहृष्टास्तेमहाबलम् ॥ प्रल्हादंसमरेजित्वायथाशक्रंमरुद्गणाः ४४ इतिश्रीमहाभारतेद्रोणपर्वणिजयद्रथवधपर्वणि अलंबुषपराजये
अष्टाधिकशततमोऽध्यायः ॥ १०८ ॥ ॥ संजयउवाच ॥ अलंबुषंतथायुद्धेविचरंतमभीतवत् ॥ हैडिंबिःप्रययौतूर्णंविव्याधनिशितैःशरैः १ तयोःप्रतिभयं
युद्धमासीद्राक्षससिंहयोः ॥ कुर्वतोर्विविधामायाःशक्रशंबरयोरिव २ अलंबुषोभृशंक्रुद्धोघटोत्कचमताडयत् ॥ तयोर्युद्धंसमभवद्रक्षोग्रामणिमुख्ययोः ३ यादृगेव
पुरावृत्तंरामरावणयोःप्रभो ॥ घटोत्कचस्तुर्विंशत्यानाराचानांस्तनांतरे ४ अलंबुषमथोविद्ध्वासिंहवद्व्यनदन्मुहुः ॥ तथैवालंबुषोराजन्हैडिंबिंयुद्धदुर्मदम् ५ विद्ध्वा
विद्ध्वानदद्धृष्टःपूरयन्खंसमंततः ॥ तथातौभृशसंक्रुद्धौराक्षसेंद्रौमहाबलौ ६ निर्विशेषमयुध्येतांमायाभिरितरेतरम् ॥ मायाशतसृजौनित्यंमोहयंतौपरस्परम् ७
मायायुद्धेषुकुशलौमायायुद्धमयुध्यताम् ॥ यांयांघटोत्कचोयुद्धेमायांदर्शयतेनृप ८ तांतामलंबुषोराजन्माययैवनिजघ्निवान् ॥ तंतथायुध्यमानंतुमायायुद्धवि
शारदम् ९ अलंबुषंराक्षसेंद्रंदृष्ट्वाक्रुध्यंतपांडवाः ॥ तएनंभृशसंविग्ना सर्वतःप्रवरारथैः १० अभ्यद्रवंतसंक्रुद्धाभीमसेनादयोनृप ॥ तएनंकोष्ठकीकृत्यरथवंशेनमा
रिष ११ सर्वतोव्यकिरन्बाणैरुल्काभिरिवकुंजरम् ॥ सतेषामस्त्रवेगंतंप्रतिहत्यास्त्रमायया १२ तस्माद्रथव्रजान्मुक्तोवनदाहादिवद्विपः ॥ सविस्फार्यधनुर्घोरमिं
द्राशनिसमस्वनम् १३ मारुतिंपंचविंशत्याभैमसेनिंचपंचभिः ॥ युधिष्ठिरंत्रिभिर्विद्ध्वासहदेवंचसप्तभिः १४ नकुलंचत्रिसप्तत्याद्रौपदेयांश्चमारिष ॥ पंचभिःपं
चभिर्विद्ध्वाघोरंनादंननादह १५ तंभीमसेनोनवभिःसहदेवस्तुपंचभिः ॥ युधिष्ठिरःशतेनैवराक्षसंप्रत्यविध्यत १६ नकुलस्तुचतुःषष्ट्याद्रौपदेयास्त्रिभिस्त्रिभिः ॥
हैडिंबोराक्षसंविद्ध्वायुद्धेपंचाशताशरैः १७ पुनर्विव्याधसप्तत्याननादचमहाबलः ॥ तस्यनादेनमहताकंपितेयंवसुंधरा १८ सपर्वतवनाराजन्सपादपजलाशया ॥
सोऽतिविद्धोमहेष्वासैःसर्वतस्तैर्महारथैः १९ प्रतिविव्याधतान्सर्वान्पंचभिःपंचभिःशरैः ॥ तंक्रुद्धंराक्षसंयुद्धेप्रतिक्रुद्धस्तुराक्षसः २० हैडिंबोभरतश्रेष्ठशरैर्विव्या
धसप्तभिः ॥ सोऽतिविद्धोबलवताराक्षसेंद्रोमहाबलः २१ व्यसृजत्सायकांस्तूर्णंरुक्मपुंखान्शिलाशितान् ॥ तेशरानतपर्वाणोविविशूराक्षसंतदा २२ रुषिताः
पन्नगायद्वद्गिरिशृंगंमहाबलाः ॥ ततस्तेपांडवाराजन्समंतान्निशितान्शरान् २३ प्रेषयामासुरुद्विग्नाहैडिंबिश्चघटोत्कचः ॥ सविध्यमानःसमरेपांडवैर्जितकाशिभिः २४
मर्त्यधर्ममनुप्राप्तःकर्तव्यंनान्वपद्यत ॥ ततःसमरशौंडोवैभैमसेनिर्महाबलः २५

११ । १२ । १३ । १४ । १५ । १६ । १७ । १८ । १९ । २० । २१ । २२ । २३ । २४ मर्त्यधर्मंमरणयोग्यताम् २५

म.भा.टी. २६ आक्षिपत्गृहीतवान् २७ आविध्यभ्रामयित्वा २८ । २९ विस्फारितानिपृथग्भूतानिसर्वांगानियस्य ३० । ३१ । ३२ । ३३ । ३४ । ३५ । ३६ भुवनंस्वर्लोकम् ३७ ॥ इतिद्रोणपर्वणिटीकायां द्रोण०

॥ ७९ ॥ समीक्ष्यतदवस्थंतंवधायास्यमनोदधे ॥ वेगंचक्रेमहांतंचराक्षसेंद्ररथंप्रति २६ दग्धाद्रिकूटशृंगाभंभिन्नांजनचयोपमम् ॥ रथाद्रथमभिद्रुत्यक्रुद्धोहैडिंबिराक्षिपत् २७ अ०
उद्बबर्हरथाच्चापिपन्नगंगरुडोयथा ॥ समुत्क्षिप्यचबाहुभ्यामाविद्ध्यचपुनःपुनः २८ निष्पिपेषक्षितौक्षिप्रंपूर्णकुंभमिवाश्मनि ॥ बललाघवसंपन्नःसंपन्नोविक्रमेण ११०
च २९ भैमसेनीरणेक्रुद्धःसर्वसैन्यान्यभीषयत् ॥ सविस्फारितसर्वांगश्चूर्णितास्थिर्विभीषणः ३० घटोत्कचेनवीरेणहतःशालकटंकटः ॥ ततःसुमनसःपार्थाहते
तस्मिन्निशाचरे ३१ चुकुशुःसिंहनादांश्चवासांस्यादुधुवुश्चह ॥ तावकाश्चहतंदृष्ट्वाराक्षसेंद्रंमहाबलम् ३२ अलंबुषंतथाशूराविशीर्णमिवपर्वतम् ॥ हाहाकारमका
र्षुश्चसैन्यानिभरतर्षभ ३३ जनाश्चतद्ददृशिरेरक्षःकौतूहलान्विताः ॥ यदृच्छयानिपतितंभूमावंगारकंयथा ३४ घटोत्कचस्तुतद्धत्वारक्षोबलवतांवरम् ॥ मुमोच
बलवन्नादंबलंहत्वेववासवः ३५ सपूज्यमानःपितृभिःसबांधवैर्घटोत्कचःकर्मणिदुष्करेकृते ॥ रिपुंनिहत्याभिननंदवैतदाह्यलंबुषंपक्वमलंबुषंयथा ३६ ततोनिनादः
सुमहान्समुत्थितःसशंखनानाविधबाणघोषवान् ॥ निशम्यतंप्रत्यनदंस्तुपांडवास्ततोध्वनिर्भुवनपथास्पृशद्भृशम् ३७ ॥ इतिश्रीमहाभारतेद्रोणपर्वणिजयद्रथवधप
र्वणि अलंबुषवधेनवाधिकशततमोऽध्यायः ॥ १०९ ॥ ॥ ॥ धृतराष्ट्रउवाच ॥ भारद्वाजंकथंयुद्धेयुयुधानोन्यवारयत् ॥ संजयाचक्ष्वतत्त्वेनपरंकौ
तूहलंहिमे १ ॥ संजयउवाच ॥ शृणुराजन्महाप्राज्ञसंग्राममंलोमहर्षणम् ॥ द्रोणस्यपांडवैःसार्धंयुयुधानपुरोगमैः २ वध्यमानंबलंदृष्ट्वायुयुधानेनमारिष ॥ अभ्य
द्रवत्स्वयंद्रोणःसात्यकिंसत्यविक्रमम् ३ तमापतंतंसहसाभारद्वाजंमहारथम् ॥ सात्यकिःपंचविंशत्याक्षुद्रकाणांसमार्पयत् ४ द्रोणोऽपियुधिविक्रांतोयुयुधानंस
माहितः ॥ अविध्यत्पंचभिस्तूर्णंहेमपुंखैःशरैःशितैः ५ तेवर्मभित्त्वासुदृढंद्विषत्पिशितभोजनाः ॥ अभ्ययुर्धरणींराजन्श्वसंतइवपन्नगाः ६ दीर्घबाहुरभिक्रुद्धस्तो
त्रार्दितइवद्विपः ॥ द्रोणंपंचाशताऽविध्यन्नाराचैरग्निसन्निभैः ७ भारद्वाजोरणेविद्धोयुयुधानेनसत्वरम् ॥ सात्यकिंबहुभिर्बाणैर्यतमानमविध्यत ८ ततःक्रुद्धोम
हेष्वासोभूयएवमहाबलः ॥ सात्वतंपीडयामासशरेणानतपर्वणा ९ सवध्यमानःसमरेभारद्वाजेनसात्यकिः ॥ नान्वपद्यतकर्तव्यंकिंचिदेवविशांपते १० विषण्ण
वदनश्चापियुयुधानोऽभवन्नृप ॥ भारद्वाजंरणेदृष्ट्वाविसृजंतंशितान्शरान् ११ तंतुसंप्रेक्ष्यतेपुत्राःसैनिकाश्चविशांपते ॥ प्रहृष्टमनसोभूत्वासिंहवद्व्यनदन्मुहुः १२
तंश्रुत्वानिनदंघोरंपीड्यमानंचमाधवम् ॥ युधिष्ठिरोऽब्रवीद्राजासर्वसैन्यानिभारत १३ एषवृष्णिवरोवीरःसात्यकिःसत्यविक्रमः ॥ ग्रस्यतेयुधिवीरेणभानुमानि
वराहुणा १४ अभिद्रवतगच्छध्वंसात्यकिर्यत्रयुध्यते ॥ धृष्टद्युम्नंचपांचाल्यमिदमाहजनाधिपः १५ ॥ ७९ ॥

नवाधिकशततमोऽध्यायः ॥ १०९ ॥ ॥ ॥ भारद्वाजमिति १ । २ । ३ । ४ । ५ । ६ । ७ । ८ । ९ । १० । ११ । १२ । १३ । १४ । १५

१६ । १७ । १८ । १९ । २० । २१ । २२ । २३ । २४ । २५ । २६ । २७ । २८ । तस्मिन्नवसरे २९ । ३० । ३१ । ३२ । ३३ । ३४ । ३५ । ३६ । ३७ । ३८ । ३९ । ४०

अभिद्रवद्रुतंद्रोणंकिमुतिष्ठसिपार्षत ॥ नपश्यसिभयंद्रोणाद्घोरंनःसमुपस्थितम् १६ असौद्रोणोमहेष्वासोयुयुधानेनसंयुगे ॥ क्रीडतेसूत्रबद्धेनपक्षिणाबाल
कोयथा १७ तत्रैवसर्वेगच्छंतुभीमसेनपुरोगमाः ॥ त्वयैवसहिताःसर्वेयुयुधानरथंप्रति १८ पृष्ठतोऽनुगमिष्यामित्वामहंसहसैनिकः ॥ सात्यकिंमोक्षयस्वाद्ययम
दंष्ट्रांतरंगतम् १९ एवमुक्त्वाततोराजासर्वसैन्येनभारत ॥ अभ्यद्रवद्रणेद्रोणंयुयुधानस्यकारणात् २० तत्रारावोमहानासीद्द्रोणमेकंयुयुत्सताम् ॥ पांडवानांच
भद्रंतेसृंजयानांचसर्वशः २१ तेसमेत्यनरव्याघ्राभारद्वाजंमहारथम् ॥ अभ्यवर्षन्शरैस्तीक्ष्णैःकंकबर्हिणवाजितैः २२ स्मयन्नेवतुतान्वीरान्द्रोणःप्रत्यग्रही
त्स्वयम् ॥ अतिथीनागतान्यद्वत्सलिलेनासनेनच २३ तर्पितास्तेशरैस्तस्यभारद्वाजस्यधन्विनः ॥ आतिथेयगृहंप्राप्यनृपतेऽतिथयोयथा २४ भारद्वाजं
चतेसर्वेनशेकुःप्रतिवीक्षितुम् ॥ मध्यंदिनमनुप्राप्तंसहस्रांशुमिवप्रभो २५ तांस्तुसर्वान्महेष्वासान्द्रोणःशस्त्रभृतांवरः ॥ अतापयच्छरव्रातैर्गभस्तिभिरिवांशु
मान् २६ वध्यमानामहाराजपांडवाःसृंजयास्तथा ॥ त्रातारंनाध्यगच्छंतपंकमग्नाइवद्विपाः २७ द्रोणस्यचव्यदृश्यंतविसर्पंतोमहाशराः ॥ गभस्तयइवार्कस्य
प्रतपंतःसमंततः २८ तस्मिन्द्रोणेननिहताःपंचालाःपंचविंशतिः ॥ महारथाःसमाख्याताधृष्टद्युम्नस्यसंमताः २९ पांडूनांसर्वसैन्येषुपंचालानांतथैवच ॥ द्रो
णंस्मदद्दृशुःशूरंविनिघ्नंतंवरान्वरान् ३० केकयानांशतंहत्वाविद्राव्यचसमंततः ॥ द्रोणस्तस्थौमहाराजव्यादितास्यइवांतकः ३१ पंचालान्सृंजयान्मत्स्यान्के
कयांश्चनराधिप ॥ द्रोणोऽजयन्महाबाहुःशतशोऽथसहस्रशः ३२ तेषांसमभवच्छब्दोविद्धानांद्रोणसायकैः ॥ वनौकसामिवारण्येव्याप्तानांधूमकेतुना ३३ तत्र
देवाःसगंधर्वाःपितरश्चाब्रुवन्नृप ॥ एतेद्रवंतिपंचालाःपांडवाश्चससैनिकाः ३४ तंतथासमरेद्रोणंनिघ्नंतंसोमकान्रणे ॥ नचाप्यभिययुःकेचिदपरेनैवविव्यधुः
३५ वर्त्तमानेतथारौद्रेतस्मिन्वीरवरक्षये ॥ अशृणोत्सहसापार्थःपांचजन्यस्यनिःस्वनम् ३६ पूरितोवासुदेवेनशंखराट्स्वनतेभृशम् ॥ युध्यमानेषुवीरेषुसैंध
वस्याभिरक्षिषु ३७ नदत्सुधार्त्तराष्ट्रेषुविजयस्यरथंप्रति ॥ गांडीवस्यचनिर्घोषेविप्रणष्टेसमंततः ३८ कश्मलाभिहतोराजाचिंतयामासपांडवः ॥ ननूनं
स्वस्तिपार्थाययथानदतिशंखराट् ३९ कौरवाश्चयथाहृष्टाविनदंतिमुहुर्मुहुः ॥ एवंसंचिंतयित्वातुव्याकुलेनांतरात्मना ४० अजातशत्रुःकौंतेयःसात्वतंप्रत्य
भाषत ॥ बाष्पगद्गदयावाचामुह्यमानोमुहुर्मुहुः ॥ कृत्यस्यानंतरापेक्षीशैनेयंशिनिपुंगवम् ४१ ॥ युधिष्ठिरउवाच ॥ यःसधर्मःपुरादृष्टःसद्भिःशैनेयशाश्वतः ॥
२६ सांपरायेसुहृत्कृत्येतस्यकालोऽयमागतः ४२ सर्वेष्वपिचयोधेषुचिंतयन्शिनिपुंगव ॥ त्वत्तःसुहृत्तमंकंचिन्नाभिजानामिसात्यके ४३ ॥

कृत्यस्यजयद्रथवधस्यानंतरापेक्षीअविघ्नाकांक्षी ४१ यःसधर्मोमैत्रीलक्षणः सांपरायेआपत्काले ४२ । ४३ ॥ ॥ ॥ ॥

४४ । ४५ । ४६ वयस्यस्यस्निग्धस्य सहायार्थैसहायप्रयोजनम् ४७ सत्यव्रतोदृढनिश्चयः ४८ । ४९ । ५० । ५१ । ५२ । ५३ । ५४ । ५५ । ५६ । ५७ । ५८ । ५९ । ६०

योहिप्रीतमनानित्यंयश्चनित्यमनुव्रतः ॥ सकार्येसांपरायेतुनियोज्यइतिमेमतिः ४४ यथाचकेशवोनित्यंपांडवानांपरायणम् ॥ तथात्वमपिवार्ष्णेयकृष्णतुल्य पराक्रमः ४५ सोऽहंभारंसमाधास्येत्वयितंवोढुमर्हसि ॥ अभिप्रायंचमेनित्यंनवृथाकर्तुमर्हसि ४६ सत्वंभ्रातुर्वयस्यस्यगुरोरपिचसंयुगे ॥ कुरुकृच्छ्रेसहायार्थमर्जुनस्यनरर्षभ ४७ त्वंहिसत्यव्रतःशूरोमित्राणामभयंकरः ॥ लोकेविख्यायसेवीरकर्मभिःसत्यवागिति ४८ योहिशैनेयमित्रार्थेयुध्यमानस्त्यजेत्तनुम् ॥ पृथिवींचद्विजातिभ्योयोदद्यात्ससमोभवेत् ४९ श्रुताश्चबहवोऽस्माभीराजानोयेदिवंगताः ॥ दत्त्वेमांपृथिवींकृत्स्नांब्राह्मणेभ्योयथाविधि ५० एवंत्वामपिधर्मात्मन्प्रयाचेऽहंकृतांजलिः ॥ पृथिवीदानतुल्यंस्यादधिकंवाफलंविभो ५१ एकएवसदाकृष्णोमित्राणामभयंकरः ॥ रणेसंत्यजतिप्राणान्द्वितीयस्त्वंचसात्यके ५२ विक्रांतस्यचवीरस्ययुद्धेप्रार्थयतोयशः ॥ शूरएवसहायःस्यान्नेतरःप्राकृतोजनः ५३ ईदृशेतुपरामर्देवर्त्तमानस्यमाधव ॥ त्वदन्योहिरणेगोप्ताविजयस्यनविद्यते ५४ श्लाघन्नेवहिकर्माणिशतशस्तवपांडवः ॥ ममसंजनयन्हर्षंपुनःपुनरकीर्तयत् ५५ लघुहस्तश्चित्रयोधीतथाऽलघुपराक्रमः ॥ प्राज्ञःसर्वास्त्रविच्छूरोमुह्यतेनचसंयुगे ५६ महास्कंधोमहोरस्कोमहाबाहुर्महाहनुः ॥ महाबलोमहावीर्यःसमहात्मामहारथः ५७ शिष्योममसखाचैवप्रियोऽस्याहंप्रियश्चमे ॥ युयुधानःसहायोमेप्रमथिष्यतिकौरवान् ५८ अस्मदर्थंचराजेंद्रसंनह्येद्यदिकेशवः ॥ रामोवाऽप्यनिरुद्धोवाप्रद्युम्नोवामहारथः ५९ गदोवासारणोवाऽपिसांबोवासहवृष्णिभिः ॥ सहायार्थंमहाराजसंग्रामोत्तममूर्धनि ६० तथाप्यहंनरव्याघ्रंशैनेयंसत्यविक्रमम् ॥ साहाय्येविनियोक्ष्यामिनास्तिमेऽन्योहितत्समः ६१ इतिद्वैतवनेतातमामुवाचधनंजयः ॥ परोक्षेत्वद्गुणांस्तथ्यान्कथयन्नार्यसंसदि ६२ तस्यत्वमेवंसंकल्पंनवृथाकर्तुमर्हसि ॥ धनंजयस्यवार्ष्णेयममभीमस्यचोभयोः ६३ यच्चापितीर्थानिचरन्नगच्छंद्वारकांप्रति ॥ तत्राहमपितेभक्तिमर्जुनंप्रतिदृष्टवान् ६४ नतत्सौहृदमन्येषुमयाशैनेयलक्षितम् ॥ यथात्वमस्मान्भजसेवर्त्तमानानुपप्लवे ६५ सोऽभिजात्याचभक्त्याचसख्यस्याचार्यकस्यच ॥ सौहृदस्यचवीर्यस्यकुलीनत्वस्यमाधव ६६ सत्यस्यचमहाबाहोअनुकंपार्थमेवच ॥ अनुरूपंमहेष्वासकर्मत्वंकर्तुमर्हसि ६७ सुयोधनोहिसहसागतोद्रोणेनदंशितः ॥ पूर्वमेवानुयातास्तेकौरवाणांमहारथाः ६८ सुमहान्निनदश्चैवश्रूयतेविजयंप्रति ॥ सशैनेयजवेनाशुगंतुमर्हसिमानद ६९ भीमसेनोवयंचैवसंयत्ताःसहसैनिकाः ॥ द्रोणमावारयिष्यामोयदित्वांप्रतियास्यति ७० पश्यशैनेयसैन्यानिद्रवमाणानिसंयुगे ॥ महांतंचरणेशब्दंदीर्यमाणांचभारतीम् ७१ ॥ ॥ ॥ ॥

६१ । ६२ । ६३ । ६४ उपप्लुतेविमर्दे ६५ सख्यादेरनुरूपमित्यनेनान्वयः ६६ सत्यस्यांगीकारस्य अनुकंपार्थमर्जुनानुपालननिमित्तं ६७ । ६८ । ६९ । ७० । ७१ ॥

७२ । ७३ । ७४ । ७५ । ७६ । ७७ । ७८ । ७९ । ८० । ८१ । ८२ । ८३ । ८४ । ८५ । ८६ महार्थंमहांतमहर्थं लघुसंयुक्तमविलंबसंपन्नं ८७ । ८८ । ८९ । ९०

महामारुतवेगेनसमुद्रमिवपर्वसु ॥ धार्त्तराष्ट्रबलंतातविक्षिप्तंसव्यसाचिना ७२ रथैर्विपरिधावद्भिर्मनुष्यैश्चहयैश्चह ॥ सैन्यंरजःसमुद्भूतमेतत्संपरिवर्त्तते ७३ संवृतः
सिंधुसौवीरैर्नखरप्रासयोधिभिः ॥ अत्यंतोपचितैःशूरैःफाल्गुनःपरवीरहा ७४ नैतद्बलमसंवार्यंशक्योजेतुंजयद्रथः ॥ एतेहिसैन्धवस्यार्थेसर्वेसंत्यक्तजीविताः ७५
शरशक्तिध्वजवरंहयनागसमाकुलम् ॥ पश्यैतद्धार्त्तराष्ट्राणामनीकंसुदुरासदम् ७६ शृणुदुंदुभिनिर्घोषंशंखशब्दांश्चपुष्कलान् ॥ सिंहनादरवांश्चैवरथनेमिस्वनांस्तथा
७७ नागानांशृणुशब्दंचपत्तीनांचसहस्रशः ॥ सादिनांद्रवतांचैवशृणुकंपयतांमहीम् ७८ पुरस्तात्सैन्धवानीकंद्रोणानीकंचपृष्ठतः ॥ बहुत्वाद्धिनरव्याघ्रदेवेन्द्रमपि
पीडयेत् ७९ अपर्यंतेबलेमग्नोजह्यादपिचजीवितम् ॥ तस्मिंश्चनिहतेयुद्धेकथंजीवेतमादृशः ८० सर्वथाऽहमनुप्राप्तःसुकृच्छ्रंत्वयिजीवति ॥ श्यामोयुवागुडाकेशो
दर्शनीयश्चपांडवः ८१ लघ्वस्त्रश्चित्रयोधीचप्रविष्टस्तातभारतीम् ॥ सूर्योदयेमहाबाहुर्दिवसश्चातिवर्तते ८२ तन्नजानामिवार्ष्णेययदिजीवतिवानवा ॥ कुरूणांचा
पितत्सैन्यंसागरप्रतिमंमहत् ८३ एकएवचबीभत्सुःप्रविष्टस्तातभारतीम् ॥ अविषह्यांमहाबाहुःसुरैरपिमहाहवे ८४ नहिमेवर्त्ततेबुद्धिरद्ययुद्धेकथंचन ॥ द्रोणोऽ
पिरभसोयुद्धेममपीडयतेबलम् ८५ प्रत्यक्षंतेमहाबाहोयथाऽसौचरतिद्विजः ॥ युगपच्चसमेतानांकार्याणांत्वंविचक्षणः ८६ महार्थंलघुसंयुक्तंकर्तुमर्हसिमानद ॥
तस्यमेसर्वकार्येषुकार्यमेतन्मतंमहत् ८७ अर्जुनस्यपरित्राणंकर्त्तव्यमितिसंयुगे ॥ नाहंशोचामिदाशार्हंगोप्तारंजगतःपतिम् ८८ सहिशक्तोरणेतातत्रीँल्लोकानपि
संगतान् ॥ विजेतुंपुरुषव्याघ्रःसत्यमेतद्ब्रवीमिते ८९ किंपुनर्धार्त्तराष्ट्रस्यबलमेतत्सुदुर्बलम् ॥ अर्जुनस्त्वेषवार्ष्णेयपीडितोबहुभिर्युधि ९० प्रजह्यात्समरेप्राणां
स्तस्माद्विंदामिकश्मलम् ॥ तस्यत्वंपदवींगच्छगच्छेयुस्त्वादृशायथा ९१ तादृशस्येदृशेकालेमादृशेनाभिनोदितः ॥ रणेवृष्णिप्रवीराणांद्वावेवातिरथौस्मृतौ
९२ प्रद्युम्नश्चमहाबाहुस्त्वंचसात्वतविश्रुतः ॥ अस्त्रेनारायणसमःसंकर्षणसमोबले ९३ वीरतायांनरव्याघ्रधनंजयसमोह्यसि ॥ भीष्मद्रोणावतिक्रम्यसर्वयुद्धविशा
रदम् ९४ त्वामेवपुरुषव्याघ्रंलोकेसंतःप्रचक्षते ॥ नाशक्यंविद्यतेलोकेसात्यकेरितिमाधव ९५ तत्त्वांयदभिवक्ष्यामितत्कुरुष्वमहाबल ॥ संभावनाहिलोकस्य
ममपार्थस्यचोभयोः ९६ नान्यथातांमहाबाहोसंप्रकर्तुमिहार्हसि ॥ परित्यज्यप्रियान्प्राणान्रणेचरविभीतवत् ९७ नहिशैनेयदाशार्हारणेरक्षंतिजीवितम् ॥
अयुद्धमनवस्थानंसंग्रामेचपलायनम् ९८ भीरूणामसतांमार्गोनैषदाशार्हसेवितः ॥ तवार्जुनोगुरुस्तातधर्मात्माशिनिपुंगव ९९ वासुदेवोगुरुश्चापितवपार्थस्यधी
मतः ॥ कारणद्वयमेतद्धिजानंस्त्वामहमब्रुवम् १०० ॥ ॥ ॥ ॥

९१ । ९२ । ९३ वीरतायामुत्साहकारणत्वे ९४ । ९५ संभावनाऽस्तित्वाज्ञानंकुलशीलश्रुतादिषु ९६ विभीतवदभीतः ९७ अनवस्थानमस्थैर्यं ९८ । ९९ । १०० ॥ ॥

१.०१ । १.०२ । १.०३ ॥ इतिद्रोणपर्वणिटीकायांदशाधिकशततमोऽध्यायः ॥ ११० ॥ प्रीतियुक्तमिति १ । २ । ३ संमतमनुरक्तं ४ । ५ । ६ । ७ । ८ । ९ अभिपरीतोयंत्रितः १० । ११

माऽवमंस्थावचोमह्यंगुरुस्तवगुरोर्ह्यहम् ॥ वासुदेवमतंचैवममचैवार्जुनस्यच १०१ सत्यमेतन्मयोक्तंतेयाहियत्रधनंजयः ॥ एतद्वचनमाज्ञायममसत्यपराक्रम १०२ प्रविशैतद्बलंतातधार्तराष्ट्रस्यदुर्मतेः ॥ प्रविश्यचयथान्यायंसंगम्यचमहारथैः ॥ यथार्हमात्मनःकर्मरणेसात्वतदर्शय १०३ ॥ इतिश्रीमहाभारतेद्रोणपर्वणिजयद्रथवधपर्वणियुधिष्ठिरवाक्येदशाधिकशततमोऽध्यायः ॥ ११० ॥ ॥ संजयउवाच ॥ प्रीतियुक्तंचहृद्यंचमधुराक्षरमेवच ॥ कालयुक्तंचचित्रंचन्याय्यंयच्चापिभाषितुम् १ धर्मराजस्यतद्वाक्यंनिशम्यशिनिपुंगवः ॥ सात्यकिर्भरतश्रेष्ठप्रत्युवाचयुधिष्ठिरम् २ श्रुतंतेगदतोवाक्यंसर्वमेतन्मयाऽच्युत ॥ न्याययुक्तंचचित्रंचफाल्गुनार्थेयशस्करम् ३ एवंविधेतथाकालेमादृशंप्रेक्ष्यसंमतम् ॥ वक्तुमर्हसिराजेंद्रयथापार्थंतथैवमाम् ४ नमेधनंजयस्यार्थेप्राणारक्ष्याःकथंचन ॥ त्वत्प्रयुक्तःपुनरहंकिन्नकुर्यांमहाहवे ५ लोकत्रयंयोधयेयंसदेवासुरमानुषम् ॥ त्वत्प्रयुक्तोनरेन्द्रेहकिमुतैतत्सुदुर्बलम् ६ सुयोधनबलंत्वद्ययोधयिष्येसमंततः ॥ विजेष्येचरणेराजन्सत्यमेतद्ब्रवीमिते ७ कुशल्यहंकुशलिनंसमासाद्यधनंजयम् ॥ हतेजयद्रथेराजन्पुनरेष्यामितेन्तिकम् ८ अवश्यंतुमयासर्वंविज्ञाप्यस्त्वंनराधिप ॥ वासुदेवस्ययद्वाक्यंफाल्गुनस्यचधीमतः ९ दृढंत्वभिपरीतोहमर्जुनेनपुनःपुनः ॥ मध्येसर्वस्यसैन्यस्यवासुदेवस्यशृण्वतः १० अद्यमाधवराजानमप्रमत्तोऽनुपालय ॥ आर्यांयुद्धेमतिंकृत्वायावद्धन्मिजयद्रथम् ११ त्वयिचाहंमहाबाहोप्रद्युम्नेवामहारथे ॥ नृपंनिक्षिप्यगच्छेयंनिरपेक्षोजयद्रथम् १२ जानीषेहिरणेद्रोणंकुरुषुश्रेष्ठसंमतम् ॥ प्रतिज्ञातंहितेनेदंपश्यमानेनवैप्रभो १३ ग्रहणंधर्मराजस्यभारद्वाजोपिगृध्यति ॥ शक्तश्चापिरणेद्रोणोनिग्रहीतुंयुधिष्ठिरम् १४ एवंत्वयिसमाधायधर्मराजंनरोत्तमम् ॥ अहमद्यगमिष्यामिसैंधवस्यवधायहि १५ जयद्रथंचहत्वाहंद्रुतमेष्यामिमाधव ॥ धर्मराजंनचेद्द्रोणोनिगृह्णीयाद्रणेबलात् १६ निगृहीतेनरश्रेष्ठेभारद्वाजेनमाधव ॥ सैंधवस्यवधोनस्यान्ममाप्रीतिस्तथाभवेत् १७ एवंगतेनरश्रेष्ठेपांडवेसत्यवादिनि ॥ अस्माकंगमनंव्यक्तंवनंप्रतिभवेत्पुनः १८ सोऽयंममजयोव्यक्तंव्यर्थएवभविष्यति ॥ यदिद्रोणोरणेक्रुद्धोनिगृह्णीयाद्युधिष्ठिरम् १९ सत्वमद्यमहाबाहोप्रियार्थंममगाधव ॥ जयार्थंचयशोर्थंचरक्षराजानमाहवे २० सभवान्मयिनिक्षेपोनिक्षिप्तःसव्यसाचिना ॥ भारद्वाजाद्भयंनित्यंमन्यमानेनवैप्रभो २१ तस्यापिचमहाबाहोनित्यंपश्यामिसंयुगे ॥ नान्यंहिप्रतियोद्धारंरौक्मिणेयादृतेप्रभो २२ मांचापिमन्यतेयुद्धेभारद्वाजस्यधीमतः ॥ सोहंसंभावनांचैतामाचार्यवचनंचतत् २३ पृष्ठतोनोत्सहेकर्तुंत्वांवात्यक्तुंमहीपते ॥ आचार्योलघुहस्तत्वादभेद्यकवचावृतः २४ ॥ ॥ ॥

१२ । १३ । १४ एवमीदृश्यामपिकार्यगतौ समाधायनिक्षिप्य १५ । १६ । १७ एवंगतेग्रहणंप्राप्ते १८ व्यक्तंकदाचित् १९ । २० । २१ तस्यनिक्षेपणस्य फलंसाध्यं हियस्मात् २२ । २३ । २४

२५ । २६ । यावद्गच्छामिगमिष्यामि अर्जुनसंभवमर्जुनविषयम् २७ । २८ । २९ । ३० । ३१ । ३२ दैवममानुषतां योगमभिज्ञानम् ३३ । ३४ । ३५ । ३६ । ३७ कच्चित्कस्मिंश्चित् अनिक्षिप्ये

उपलभ्यरणेक्रीडेद्यथाशकुनिनाशिशुः ॥ यदिकार्ष्णिर्धनुष्पाणिरिहस्यान्मकरध्वजः २५ तस्मैत्वांविसृजेयंवैसत्वांरक्षेद्यथाऽर्जुनः ॥ कुरुत्वमात्मनोगुप्तिंकस्तेगो
प्तागतेमयि २६ यःप्रतीयाद्रणेद्रोणंयावद्गच्छामिपांडवम् ॥ माचतेभयमद्यास्तुराजन्नर्जुनसंभवम् २७ नसजातुमहाबाहुर्भारमुद्यम्यसीदति ॥ येचसौवीर
कायोधास्तथासैन्धवपौरवाः २८ उदीच्यादाक्षिणात्याश्चयेचान्येऽपिमहारथाः ॥ येचकर्णमुखाराजन्रथोदाराःप्रकीर्तिताः २९ एतेऽर्जुनस्यक्रुद्धस्यकलांना
र्हंतिषोडशीम् ॥ उद्युक्तापृथिवीसर्वासुरासुरमानुषा ३० सराक्षसगणाराजन्सकिन्नरमहोरगा ॥ जंगमाःस्थावराःसर्वेनालंपार्थस्यसंयुगे ३१ एवंज्ञात्वामहारा
जव्येतुतेभीर्धनंजये ॥ यत्रवीरौमहेष्वासौकृष्णौसत्यपराक्रमौ ३२ नतत्रकर्मणोव्यापत्कथंचिदपिविद्यते ॥ दैवंकृतास्त्रतांयोगममर्षमपिचाहवे ३३ कृतज्ञ
तांदयांचैवभ्रातुस्त्वमनुचिंतय ॥ मयिचाप्यपयातेवैगच्छमानेऽर्जुनंप्रति ३४ द्रोणेचित्रास्त्रतांसंख्येराजंस्त्वमनुचिंतय ॥ आचार्योहिभृशंराजन्निग्रहेतवगृध्यति ३५
प्रतिज्ञामात्मनोरक्षन्सत्यांकर्तुंचभारत ॥ कुरुष्वाद्यात्मनोगुप्तिंकस्तेगोप्तागतेमयि ३६ यस्याहंप्रत्ययात्पार्थंगच्छेयंफाल्गुनंप्रति ॥ नह्यहंत्वांमहाराजअनिक्षिप्य
महाहवे ३७ कच्चिद्यास्यामिकौरव्यसत्यमेतद्ब्रवीमिते ॥ एतद्विचार्यबहुशोबुद्ध्याबुद्धिमतांवर ३८ दृष्ट्वाश्रेयःपरंबुद्ध्यातत्तोराजन्प्रशाधिमाम् ३९ ॥ युधिष्ठि
रउवाच ॥ एवमेतन्महाबाहोयथावदसिमाधव ॥ नतुमेशुद्ध्यतेभावःश्वेताश्वंप्रतिमारिष ४० करिष्येपरमंयत्नमात्मनोरक्षणेह्यहम् ॥ गच्छत्वंसमनुज्ञातोयत्र
यातोधनंजयः ४१ आत्मसंरक्षणंसंख्येगमनंचार्जुनंप्रति ॥ विचार्यैतत्स्वयंबुद्ध्यागमनंतत्ररोचये ४२ सत्वमातिष्ठयानाययत्रयातोधनंजयः ॥ ममापिरक्षणं
भीमःकरिष्यतिमहाबलः ४३ पार्षतश्चससोदर्यःपार्थिवाश्चमहाबलाः ॥ द्रौपदेयाश्चमांतातरक्षिष्यंतिनसंशयः ४४ केकयाभ्रातरःपंचराक्षसश्चघटोत्कचः ॥
विराटोद्रुपदश्चैवशिखंडीचमहारथः ४५ धृष्टकेतुश्चबलवान्कुंतिभोजश्चमातुलः ॥ नकुलःसहदेवश्चपंचालाःसृंजयास्तथा ४६ एतेसमाहितास्तातरक्षिष्यंतिन
संशयः ॥ नद्रोणःसहसैन्येनकृतवर्माचसंयुगे ४७ समासादयितुंशक्तोनचमांधर्षयिष्यति ॥ धृष्टद्युम्नश्चसमरेद्रोणंक्रुद्धंपरंतपः ४८ वारयिष्यतिविक्रम्यवेलेवमक
रालयम् ॥ यत्रस्थास्यतिसंग्रामेपार्षतःपरवीरहा ४९ द्रोणोनसैन्यंबलवत्क्रामेत्तत्रकथंचन ॥ एषद्रोणविनाशायसमुत्पन्नोहुताशनात् ५० कवचीसशरीखड्गीध
न्वीचवरभूषणः ॥ विश्रब्धंगच्छशैनेयमाकार्षीर्मयिसंभ्रमम् ॥ धृष्टद्युम्नोरणेक्रुद्धंद्रोणमावारयिष्यति ५१ ॥ इतिश्रीमहाभारतेद्रोणपर्वणिजयद्रथवधपर्वणि युधि
ष्ठिरसात्यकिवाक्येएकादशाधिकशततमोऽध्यायः ॥ १११ ॥ ॥ ॥ ॥ ॥ ॥ ॥

त्यन्वयः ३८ दृष्ट्वानिश्चित्य ३९ । ४० । ४१ । ४२ आतिष्ठआक्रमस्व ४३ । ४४ । ४५ मातुलःपुरुजित् ४६ । ४७ । ४८ । ४९ । ५० मयिमामधिकृत्य संभ्रममुद्वेगं ५१ ॥ इतिद्रोणपर्वणिटीका
यामेकादशाधिकशततमोऽध्यायः ॥ १११ ॥ ॥ ॥ ॥ ॥ ॥ ॥

धर्मराजस्येति १ । २ । ३ । ४ । ५ । ६ । ७ । ८ । ९ । १० । ११ । १२ आसैंधववधात्सैंधववधात्प्रागेव १३ । १४ हलादितोमरांतमर्शआद्यजंतम् १५ साहस्रंसहस्रप्रतिमम् १६ एतेनागाः

॥ ७८ ॥

॥ संजयउवाच ॥ धर्मराजस्यतद्वाक्यंनिशम्यशिनिपुंगवः ॥ सपार्थाद्भयमाशंसन्परित्यागान्महीपतेः १ अपवादंह्यात्मनश्चलोकात्पश्यन्विशेषतः ॥ तेमांभीत
मितिब्रूयुरयांतंफाल्गुनंप्रति २ निश्चित्यबहुधैवंससात्यकिर्युद्धदुर्मदः ॥ धर्मराजमिदंवाक्यमब्रवीत्पुरुषर्षभः ३ कृतांचेन्मन्यसेरक्षांस्वस्तितेऽस्तुविशांपते ॥
अनुयास्यामिबीभत्सुंकरिष्येवचनंतव ४ नहिमेपांडवात्कश्चित्त्रिषुलोकेषुविद्यते ॥ योमेप्रियतरोराजन्सत्यमेतद्ब्रवीमिते ५ तस्याहंपदवींयास्येसंदेशात्तवमानद ॥
त्वत्कृतेनचमेकिंचिदकर्त्तव्यंकथंचन ६ यथाहिमेगुरोर्वाक्यंविशिष्टंद्विपदांवर ॥ तथातवापिवचनंविशिष्टतरमेवमे ७ प्रियेहितववर्त्तेतेभ्रातरौकृष्णपांडवौ ॥
तयोःप्रियेस्थितंचैवविद्धिमांराजपुंगव ८ तवाज्ञांशिरसागृह्यपाण्डवार्थमहंप्रभो ॥ भित्त्वेदंदुर्भिदंसैन्यंप्रयास्येनरपुंगव ९ द्रोणानीकंविशाम्येषक्रुद्धोझषइवार्ण
वम् ॥ तत्रयास्यामियत्रासौराजन्राजाजयद्रथः १० यत्रसेनांसमाश्रित्यभीतस्तिष्ठतिपांडवात् ॥ गुप्तोरथवरश्रेष्ठैर्द्रौणिकर्णकृपादिभिः ११ इतस्त्रियोजनंम
न्येतमध्वानंविशांपते ॥ यत्रतिष्ठतिपार्थोऽसौजयद्रथवधोद्यतः १२ त्रियोजनगतस्यापितस्ययास्याम्यहंपदम् ॥ आसैंधववधाद्राजन्सुदृढेनांतरात्मना १३ अ
नादिष्टस्तुगुरुणाकोऽनुयुध्येतमानवः ॥ आदिष्टस्तुयथाराजन्कोनयुध्येतमादृशः १४ अभिजानामितंदेशंयत्रयास्याम्यहंप्रभो ॥ हलशक्तिगदाप्रासचर्मखड्गर्ष्टि
तोमरम् १५ इष्वस्त्रवरसंबाधंक्षोभयिष्येबलार्णवम् ॥ यदेतत्कुंजरानीकंसाहस्रमनुपश्यसि १६ कुलमांजनकंनामयत्रैतेवीर्यशालिनः ॥ आस्थिताबहुभिर्म्ले
च्छैर्युद्धशौंडैःप्रहारिभिः १७ नागामेघनिभाराजन्क्षरंतइवतोयदाः ॥ नैतेजातुनिवर्त्तेरन्प्रेषिताहस्तिसादिभिः १८ अन्यत्रहिवधादेषांनास्तिराजन्पराजयः ॥
अथयान्रथिनोराजन्सहस्रमनुपश्यसि १९ एतेरुक्मरथानामराजपुत्रामहारथाः ॥ रथेष्वस्त्रेषुनिपुणानागेषुचविशांपते २० धनुर्वेदेगताःपारंमुष्टियुद्धेचको
विदाः ॥ गदायुद्धविशेषज्ञानियुद्धकुशलास्तथा २१ खड्गप्रहरणेयुक्ताःसंपातेचासिचर्मणोः ॥ शूराश्चकृतविद्याश्चस्पर्धंतेचपरस्परम् २२ नित्यंहिसमरेराजन्वि
जिगीषंतिमानवान् ॥ कर्णेनविहिताराजन्दुःशासनमनुव्रताः २३ एतांस्तुवासुदेवोऽपिरथोदारान्प्रशंसति ॥ सततंप्रियकामाश्चकर्णस्यैतेवशेस्थिताः २४ तस्यै
ववचनाद्राजन्निवृत्ताःश्वेतवाहनात् ॥ तेनक्लांतानचश्रांतादृढावरणकार्मुकाः २५ मदर्थेधिष्ठितानूनंधार्तराष्ट्रस्यशासनात् ॥ एतान्प्रमथ्यसंग्रामेप्रियार्थंतवकौ
रव २६ प्रयास्यामिततःपश्चात्पदवींसव्यसाचिनः ॥ यांस्त्वेतानपरान्राजन्नागान्सप्तशतानिमान् २७ प्रेक्षसेवर्मसंछन्नान्किरातैःसमधिष्ठितान् ॥ किरातराजोया
न्प्रादाद्धिरदान्सव्यसाचिनः २८ स्वलंकृतांस्तदाप्रेप्स्यानिच्छन्जीवितमात्मनः ॥ आसन्नेतेपुराराजंस्तवकर्मकरादृढम् २९

॥ ७८ ॥

१७ । १८ । १९ । २० । २१ संपातेविहरणे २२ । २३ । २४ । २५ । २६ । २७ । २८ तदादिग्विजये २९

३० । ३१ । ३२ । अंजनस्यअरुणोपवाह्यस्य 'स्निग्धनीलांबुदप्रख्याबलिनोविपुलैःकरैः ॥ सुविभक्तमहाशीर्षाःकरिणोंऽजनवंशजाः' ३३ । ३४ उत्तरात्पर्वताच्चहिमाचलादागतैरर्थात् ३५ । ३६

त्वामेवाद्ययुयुत्संतेपश्यकालस्यपर्ययम् ॥ एषामेतेमहामात्राःकिरतायुद्धदुर्मदाः ३० हस्तिशिक्षाविदश्चैवसर्वेचैवाग्नियोनयः ॥ एतेविनिर्जिताःसंख्येसंग्रामेसव्य
साचिना ३१ मदर्थमद्यसंयत्तादुर्योधनवशानुगाः ॥ एतान्हत्वाशरैराजन्किरातान्युद्धदुर्मदान् ३२ सैंधवस्यवधेयत्तमनुयास्यामिपांडवम् ॥ येत्वेतेसुमहाना
गाअंजनस्यकुलोद्भवाः ३३ कर्कशाश्चविनीताश्चप्रभिन्नकरटामुखाः ॥ जांबूनदमयैःसर्वैर्वर्मभिःसुविभूषिताः ३४ लब्धलक्षारणेराजन्नैरावणसमायुधि ॥ उत्त
रात्पर्वतादेतेतीक्ष्णैर्दस्युभिरास्थिताः ३५ कर्कशैःप्रवरैर्योधैःकार्ष्णायसतनुच्छदैः ॥ संतिगोयोनयश्चात्रसंतिवानरयोनयः ३६ अनेकयोनयश्चान्येतथामानुषयो
नयः ॥ अनीकंसमवेतानांधूम्रवर्णमुदीर्यते ३७ म्लेच्छानांपापकर्तॄणांहिमदुर्गनिवासिनाम् ॥ एतद्दुर्योधनोलब्ध्वासमग्रंराजमंडलम् ३८ कृपंचसौमदत्तिंच
द्रोणंचरथिनांवरम् ॥ सिंधुराजंतथाकर्णमवमन्यतपांडवान् ३९ कृतार्थमथचात्मानंमन्यतेकालचोदितः ॥ तेतुसर्वेऽद्यसंप्राप्ताममनाराचगोचरम् ४० नवि
मोक्ष्यंतिकौंतेययद्यपिस्युर्मनोजवाः ॥ तेनसंभावितानित्यंपरवीर्योपजीविना ४१ विनाशमुपयास्यंतिमच्छरौघनिपीडिताः ॥ येत्वेतेरथिनोराजन्दृश्यंतेकांचन
ध्वजाः ४२ एतेदुर्वारणानामकांबोजायदितेश्रुताः ॥ शूराश्चकृतविद्याश्चधनुर्वेदेचनिष्ठिताः ४३ संहताश्चभृशंह्येतेअन्योन्यस्यहितैषिणः ॥ अक्षौहिण्यश्चसंर
ब्धाधार्त्तराष्ट्रस्यभारत ४४ यत्तामदर्थेतिष्ठंतिकुरुवीराभिरक्षिताः ॥ अप्रमत्तामहाराजमामेवप्रत्युपस्थिताः ४५ तानहंप्रमथिष्यामितृणानीवहुताशनः ॥ त
स्मात्सर्वानुपासंगान्सर्वोपकरणानिच ४६ रथेकुर्वंतुमेराजन्यथावद्रथकल्पकाः ॥ अस्मिंस्तुकिलसंमर्देग्राह्यंविविधमायुधम् ४७ यथोपदिष्टमाचार्यैःकार्यःपंच
गुणोरथः ॥ कांबोजैर्हिसमेष्यामितीक्ष्णैराशीविषोपमैः ४८ नानाशस्त्रसमावायैर्विविधायुधयोधिभिः ॥ किरातैश्चसमेष्यामिविषकल्पैःप्रहारिभिः ४९ लालि
तैःसततंराज्ञादुर्योधनहितैषिभिः ॥ शकैश्चापिसमेष्यामिशक्रतुल्यपराक्रमैः ५० अग्निकल्पैर्दुराधर्षैःप्रदीप्तैरिवपावकैः ॥ तथान्यैर्विविधैर्योधैःकालकल्पैर्दुरा
सदैः ५१ समेष्यामिरणेराजन्बहुभिर्युद्धदुर्मदैः ॥ तस्माद्वैवाजिनोमुख्याविश्रुताःशुभलक्षणाः ५२ उपावृत्ताश्चपीताश्चपुनर्युज्यंतुमेरथे ॥ संजयउवाच ॥ तस्य
सर्वानुपासंगान्सर्वोपकरणानिच ५३ रथेचास्थापयद्राजाशस्त्राणिविविधानिच ॥ ततस्तान्सर्वतोयुक्तान्सदश्वांश्चतुरोजनाः ५४ रसवत्पाययामासुःपानंमदस
मीरणम् ॥ पीतोपवृत्तान्स्नातांश्चजग्धान्नान्समलंकृतान् ५५ विनीतशल्यांस्तुरगांश्चतुरोहेममालिनः ॥ तान्युक्तान्रुक्मवर्णाभान्विनीतान्शीघ्रगामिनः ५६
संहृष्टमनसोव्यग्रान्विधिवत्कल्पितान्रथे ॥ महाध्वजेनासिंहेनहेमकेसरमालिना ५७

३७ । ३८ । ३९ । ४० तेनदुर्योधनेनसंभाविताःसंवर्धिताः ४१ । ४२ । ४३ । ४४ । ४५ तानुद्दिष्टान् ४६ । ४७ पंचगुणःपंचगुणसामग्रीकः ४८ नानाशस्त्राणांसमावायःसमूहोयेषु ४९ । ५० । ५१
५२ पीताःपायितपेयाः ५३ । ५४ । ५५ । ५६ महाध्वजेनेतिविशेषणेतृतीया ५७

केतकैः कुंदघटितशलाकाभिः ५८ । ५९ । ६० । स्वर्णनिष्कान्दीनारान् ६१ । ६२ । ६३ । ६४ । ६५ । ६६ । ६७ । ६८ । ६९ । ७० । ७१।७२ आयत्यामुत्तरकाले तदात्वेतत्क्षणे ७३ । ७४ । ७५

संवृतेकेतकैर्हैमैर्मणिविद्रुमचित्रितैः ॥ पांडुराभ्रप्रकाशाभिःपताकाभिरलंकृते ५८ हेमदंडोच्छ्रितच्छत्रेबहुशस्त्रपरिच्छदे ॥ योजयामासविधिवद्धेमभांडविभूषि
तान् ५९ दारुकस्यानुजोभ्रातासूतस्तस्यप्रियःसखा ॥ न्यवेदयद्रथंयुक्तंवासवस्येवमातलिः ६० ततःस्नातःशुचिर्भूत्वाकृतकौतुकमंगलः ॥ स्नातकानांसह
स्रस्यस्वर्णनिष्कानथोददौ ६१ आशीर्वादैःपरीष्वक्तःसात्यकिःश्रीमतांवरः ॥ ततःसमधुपर्कार्हःपीत्वाकैलातकंमधु ६२ लोहिताक्षोबभौतत्रमदविह्वललोच
नः ॥ आलभ्यवीरकांस्यंचहर्षेणमहताऽन्वितः ६३ द्विगुणीकृततेजाहिप्रज्वलन्निवपावकः ॥ उत्संगेधनुरादायसशरंरथिनांवर ६४ कृतस्वस्त्ययनोविप्रैःकव
चीसमलंकृतः ॥ लाजैर्गंधैस्तथामाल्यैःकन्याभिश्चाभिनंदितः ६५ युधिष्ठिरस्यचरणावभिवाद्यकृतांजलिः ॥ तेनमूर्द्धन्युपाघ्रातआरुरोहमहारथम् ६६ तत
स्तेवाजिनोहृष्टा सुपुष्टावातरंहसः ॥ अजेय्याजैत्रमूहुस्तंविकुर्वाणाःस्मसैंधवाः ६७ तथैवभीमसेनोऽपिधर्मराजेनपूजितः ॥ प्रायात्सात्यकिनासार्धमभिवाद्य
युधिष्ठिरम् ६८ तौदृष्ट्वाप्रविविक्षंतौतवसेनामरिंदमौ ॥ संयत्तास्तावकाःसर्वेतस्थुर्द्रोणपुरोगमाः ६९ सन्नद्धमनुगच्छंतंदृष्ट्वाभीमंससात्यकिः ॥ अभिनंद्याब्रवी
द्वीरस्तदाहर्षकरंवचः ७० त्वंभीमरक्षराजानमेतत्कार्यतमंहिते ॥ अहंभित्त्वाप्रवेक्ष्यामिकालपक्वमिदंबलम् ७१ आयत्यांचतदात्वेचश्रेयोराज्ञोऽभिरक्षणम् ॥
जानीषेममवीर्यत्वंतवचाहमरिंदम ७२ तस्माद्भीमनिवर्त्तस्वममचेदिच्छसिप्रियम् ॥ तथोक्तःसात्यकिंप्राहव्रजत्वंकार्यसिद्धये ७३ अहंराज्ञःकरिष्यामिरक्षांपु
रुषसत्तम ॥ एवमुक्तःप्रत्युवाचभीमसेनंसमाधवः ७४ गच्छगच्छध्रुवंपार्थध्रुवोहिविजयोमम ॥ यन्मेगुणानुरक्तश्चत्वमद्यवशमास्थितः ७५ निमित्तानिचध
न्यानियथाभीमवदंतिमाम् ॥ निहतेसैंधवेपापेपांडवेनमहात्मना ७६ परिष्वजिष्येराजानंधर्मात्मानंयुधिष्ठिरम् ७७ एतावदुक्त्वाभीमंतुविसृज्यचमहायशाः ॥
संप्रैक्षत्तावकंसैन्यंव्याघ्रोमृगगणानिव ७८ तंदृष्ट्वाप्रविविक्षंतंसैन्यंतवजनाधिप ॥ भूयएवाभवन्मूढंसुभृशंचाप्यकंपत ७९ ततःप्रयातःसहसातवसैन्यंससात्य
किः ॥ दिदृक्षुरर्जुनंराजन्धर्मराजस्यशासनात् ८० इतिश्रीमहाभारतेद्रोणपर्वणिजयद्रथवधपर्वणिसात्यकिप्रवेशेद्वादशाधिकशततमोऽध्यायः ॥ ११२ ॥
संजयउवाच ॥ प्रयातेतवसैन्यंतुयुयुधानेयुयुत्सया ॥ धर्मराजोमहाराजस्वेनानीकेनसंवृतः १ प्रायाद्द्रोणरथंप्रेप्सुर्युयुधानस्यपृष्ठतः ॥ ततःपांचालराजस्यपुत्रः
समरदुर्मदः २ प्राक्रोशत्पांडवानीकेवसुदानश्चपार्थिवः ॥ आगच्छतप्रहरतद्रुतंविपरिधावत ३ यथासुखेनगच्छेतसात्यकिर्युद्धदुर्मदः ॥ महारथाहिबहवोयति
ष्यंत्यस्यनिर्जये ४ इतिब्रुवंतोवेगेननिपेतुस्तेमहारथाः ॥ वयंप्रतिजिगीषंतस्तत्रतान्समभिद्रुताः ५ ॥ ॥

७६ । ७७ । ७८ । ७९ । ८० ॥ इतिद्रोणपर्वणिटीकायांद्वादशाधिकशततमोऽध्यायः ११२ ॥ ॥ ॥ प्रयातेइति १ । २ । ३ । ४ । ५ ॥ ॥

६ । ७ । ८ । ९ ईशोरुद्रः १० । ११ । १२ । १३ । १४ । १५ ऋषभस्येवाशीणियेषां १६ । १७ । १८ । १९ । २० । २१ । २२ । २३ । २४ । २५ । २६ । २७ । २८

ततःशब्दोमहानासीद्युयुधानरथंप्रति ॥ आकीर्यमाणाधावंतीतवपुत्रस्यवाहिनी ६ सात्वतेनमहाराजशतधाऽभिव्यशीर्यत ॥ तस्यांविदीर्यमाणायांशिनेःपु
त्रोमहारथः ७ सप्तवीरान्महेष्वासानग्रानीकेष्वपोथयत् ॥ अथान्यानपिराजेंद्रनानाजनपदेश्वरान् ८ शरैरनलसंकाशैर्निन्येवीरान्यमक्षयम् ॥ शतमेकेनवि
व्याधशतेनैकंचपत्रिणाम् ९ द्विपारोहान्द्विपांश्चैवहयारोहान्हयांस्तथा ॥ रथिनःसाश्वसूतांश्चजघानेशःपशूनिव १० तंतथाद्भुतकर्माणंशरसंपातवर्षिणम् ॥
नकेचनाभ्यधावन्वैसात्यकिंतवसैनिकाः ११ तेभीतामृद्यमानाश्चप्रमृष्टादीर्घबाहुना ॥ आयोधनंजहुर्वीरादृष्ट्वातमतिमानिनम् १२ तमेकंबहुधापश्यन्मोहि
तास्तस्यतेजसा ॥ रथैर्विमथितैश्चैवभग्ननीडैश्चमारिष १३ चक्रैर्विमथितैश्छत्रैर्ध्वजैश्चविनिपातितैः ॥ अनुकर्षैःपताकाभिःशिरस्त्राणैःसकांचनैः १४ बाहु
भिश्चंदनादिग्धैःसांगदैश्चविशांपते ॥ हस्तिहस्तोपमैश्चापिभुजंगाभोगसन्निभैः १५ ऊरुभिःपृथिवीच्छन्नामनुजानांनराधिप ॥ शशांकसन्निभैश्चैववदनैश्चारु
कुंडलैः १६ पतितैर्ऋषभाक्षाणांसाबभावतिमेदिनी ॥ गजैश्चबहुधाछिन्नैःशयानैःपर्वतोपमैः १७ रराजातिभृशंभूमिर्विकीर्णैरिवपर्वतैः ॥ तपनीयमयैर्योक्त्रैर्मु
क्ताजालविभूषितैः १८ उरश्छदैर्विचित्रैश्चव्यशोभंततुरंगमाः ॥ गतसत्वामहींप्राप्यप्रमृष्टादीर्घबाहुना १९ नानाविधानिसैन्यानितवहत्वातुसात्वतः ॥ प्रवि
ष्टस्तावकंसैन्यंद्रावयित्वाचमूंभृशम् २० ततस्तेनैवमार्गेणयेनयातोधनंजयः ॥ इयेषसात्यकिर्गंतुंततोद्रोणेनवारितः २१ भारद्वाजंसमासाद्ययुयुधानश्चसा
त्यकिः ॥ नन्यवर्त्ततसंक्रुद्धोवेलामिवजलाशयः २२ निवार्यतुरणेद्रोणोयुयुधानंमहारथम् ॥ विव्याधनिशितैर्बाणैःपंचभिर्मर्मभेदिभिः २३ सात्यकिस्तुरणेद्रोणंरा
जन्विव्याधसप्तभिः ॥ हेमपुंखैःशिलाधौतैःकंकबर्हिणवाजितैः २४ तंषड्भिःसायकैर्द्रोणःसाश्वयंतारमार्दयत् ॥ सतंनममृषेद्रोणंयुयुधानोमहारथः २५ सिंहनादंततः
कृत्वाद्रोणंविव्याधसात्यकिः ॥ दशभिःसायकैश्चान्यैःषड्भिरष्टाभिरेवच २६ युयुधानःपुनर्द्रोणंविव्याधदशभिःशरैः ॥ एकेनसारथिंचास्यचतुर्भिश्चतुरोहयान् २७ ध्वज
मेकेनबाणेनविव्याधयुधिमारिष ॥ तंद्रोणःसाश्वयंतारंसरथध्वजमाशुगैः २८ त्वरन्प्राच्छादयद्बाणैःशलभानामिवव्रजैः ॥ तथैवयुयुधानोऽपिद्रोणंबहुभिराशु
गैः २९ आच्छादयदसंभ्रांतस्ततोद्रोणउवाचह ॥ तवाचार्योरणंहित्वागतःकापुरुषोयथा ३० युध्यमानंचमांहित्वाप्रदक्षिणमवर्त्तत ॥ त्वंहिमेयुध्यतोनाद्यजीव
न्मोक्ष्यसिमाधव ३१ यदिमांत्वंरणेहित्वानयास्याचार्यवद्द्रुतम् ॥ सात्यकिरुवाच ॥ धनंजयस्यपदवींधर्मराजस्यशासनात् ३२ गच्छामिस्वस्तितेब्रह्मन्नमेकालात्य
योभवेत् ॥ आचार्यानुगतोमार्गःशिष्यैरन्वास्यतेसदा ३३ तस्मादेवव्रजाम्याशुयथामेसगुरुर्गतः ॥ संजयउवाच ॥ एतावदुक्त्वाशैनेयआचार्यपरिवर्जयन् ३४

२९ । ३० त्वंहित्वमपि ३१ । ३२ । ३३ । ३४ ॥ ॥ ॥ ॥ ॥ ॥

प्रयातःसहसाराजन्सारथिंचेदमब्रवीत् ॥ द्रोणःकरिष्यतेयत्नंसर्वथाममवारणे ३५ यत्तोयाहिरणेसूतशृणुचेदंवचःपरम् ॥ एतदालोक्यतेसैन्यमावंत्यानांमहाप्र
भम् ३६ अस्यानंतरतस्त्वेतद्दाक्षिणात्यंमहद्बलम् ॥ तदनंतरमेतच्चबाल्हिकानांमहब्दलम् ३७ बाल्हिकाभ्याशतोयुक्तंकर्णस्यचमहद्बलम् ॥ अन्योन्येनहिसै
न्यानिभिन्नान्येतानिसारथे ३८ अन्योन्यंसमुपाश्रित्यनत्यक्ष्यंतिरणाजिरम् ॥ एतदंतरमासाद्यचोदयाश्वान्प्रहृष्टवत् ३९ मध्यमंजवमास्थायवहमामत्रसारथे ॥
बाल्हिकायत्रदृश्यंतेनानाप्रहरणोद्यताः ४० दाक्षिणात्याश्चबहवःसूतपुत्रपुरोगमाः ॥ हस्त्यश्वरथसंबाधंयच्चानीकंविलोक्यते ४१ नानादेशसमुत्थैश्चपदातिभि
रधिष्ठितम् ॥ एतावमुक्त्वयंतारंब्राह्मणंपरिवर्जयन् ४२ मध्यतोयाहियत्रोग्रंकर्णस्यचमहद्बलम् ॥ तंद्रोणोऽनुययौक्रुद्धोविकिरन्विशिखान्बहून् ४३ युयुधानंमहाभा
गंगच्छंतमनिवर्तिनम् ॥ कर्णस्यसैन्यंसुमहदभिहत्यशितैःशरैः ४४ प्राविशद्भारतींसेनामपर्यंतांचसात्यकिः ॥ प्रविष्टेयुयुधानेतुसैनिकेषुद्रुतेषुच ४५ अमर्षीकृ
तवर्मातुसात्यकिंपर्यवारयत् ॥ तमापतंतंविशिखैःषड्भिराहत्यसात्यकिः ४६ चतुर्भिश्चतुरोऽस्याश्वानाजघानाशुवीर्यवान् ॥ ततःपुनःषोडशभिर्नतपर्वभिराशुगैः
४७ सात्यकिःकृतवर्माणंप्रत्यविध्यत्स्तनांतरे ॥ सताड्यमानोविशिखैर्बहुभिस्तिग्मतेजनैः ४८ सात्वतेनमहाराजकृतवर्मानचक्षमे ॥ सवत्सदंतंसंधायजिह्मगानि
लसन्निभम् ४९ आकृष्यराजन्नाकर्णाद्विव्याधोरसिसात्यकिम् ॥ सतस्यदेहावरणंभित्त्वादेहंचसायकः ५० सपुंखपत्रःपृथिवींविवेशरुधिरोक्षितः ॥ अथास्यब
हुभिर्बाणैरच्छिनत्परमास्त्रवित् ५१ समार्गणगणंराजन्कृतवर्माशरासनम् ॥ विव्याधचरणेराजन्सात्यकिंसत्यविक्रमं ५२ दशभिर्विशिखैस्तीक्ष्णैरभिक्रुद्धःस्तनांतरे ॥ ततः
प्रशीर्णेधनुषिशक्त्याशक्तिमतांवरः ५३ जघानदक्षिणंबाहुंसात्यकिःकृतवर्मणः ॥ ततोऽन्यत्सुदृढंचापंपूर्णमायम्यसात्यकिः ५४ व्यसृजद्विशिखांस्तूर्णंशतशो
ऽथसहस्रशः ॥ सरथंकृतवर्माणंसमंतात्पर्यवारयत् ५५ छादयित्वारणेराजन्हार्दिक्यंसतुसात्यकिः ॥ अथास्यभल्लेनशिरःसारथेःसमकृंतत ५६ सपपातहतःसूतो
हार्दिक्यस्यमहारथात् ॥ ततस्तेयंतृरहिताःप्राद्रवंस्तुरगाभृशम् ५७ अथभोजस्तुसंभ्रांतोनिगृह्यतुरगान्स्वयम् ॥ तस्थौवीरोधनुष्पाणिस्तत्सैन्यान्यभ्यपूजयन्
५८ समुहूर्तमिवाश्वस्यसदश्वान्समनोदयत् ॥ व्यपेतभीरमित्राणामावहत्सुमहद्भयम् ५९ सात्यकिश्चाभ्यगात्तस्मात्सतुभीममुपाद्रवत् ॥ युयुधानोपिराजेंद्रभोजानी
काद्विनिःसृतः ६० प्रययौत्वरितस्तूर्णंकांबोजानांमहाचमूम् ॥ सतत्रबहुभिःशूरैःसन्निरुद्धोमहारथैः ६१ नचचालतदाराजन्सात्यकिःसत्यविक्रमः ॥ संधायचच
मूंद्रोणोभोजेभारंनिवेश्यच ६२ अभ्यधावद्रणेयत्तोयुयुधानंयुयुत्सया ॥ तथातमनुधावंतंयुयुधानस्यपृष्ठतः ६३

५८ । ५९ । ६० । ६१ संधाययथास्थानमानीय ६२ । ६३ ॥ ॥ ॥ ॥ ॥ ॥ ८० ॥

६४ । ६५ । ६६ आर्यवत्कुलीनवत् कुलीनत्वादिविशवत ६७ ॥ इतिद्रोणपर्वणिटीकायांत्रयोदशाधिकशततमोऽध्यायः ॥ ११३ ॥ एवमिति । बहुगुणंबहवोगुणाःशौर्यादयःसंध्यादयोवायस्मिन् बलंप्र
बलं १ नःअभिकाममनुरक्तं प्रौढंप्रवृद्धं अत्यद्भुताकारपत्नु [illegible] । पुरस्तात्प्रागेवदृष्टः परीक्षोत्तीर्णोविक्रमोयस्य २ लघुनोमनोज्ञस्यवृत्तस्यायतमायामःप्रायःप्रचुरंयत्र सारगात्रं निबिडावयवं सारगात्रम
सारशून्यमितिवा ३ । ४ आरोहेअधिरोहणे पर्यवस्कंदेअ[illegible] सरणेप्रसरणे सांतरप्लुतेच्छिद्रनांतरितायांगतौ यानेप्रयाणे व्यपयानेऽपसरणे ५ वेतनेनदिनमासवर्षदेयेनधनेन ६ गोष्ठ्यासंलापमात्रेण

न्यवारयंतसंहृष्टाःपांडुसैन्येबृहत्तमाः ॥ समासाद्यतुहार्दिक्यंरथानांप्रवरंरथम् ६४ पंचालाविगतोत्साहाभीमसेनपुरोगमाः ॥ विक्रम्यवारिताराजन्वीरेणकृतव
र्मणा ६५ यतमानांश्चतान्सर्वानीषद्विगतचेतसः ॥ अभितस्तान्शरौघेणक्लांतवाहानकारयत् ६६ निगृहीतास्तुभोजेनभोजानीकेप्सवोरणे ॥ अतिष्ठन्नार्यवद्वी
राःप्रार्थयंतोमहद्यशः ६७ ॥ इतिश्रीमहाभारतेद्रोणपर्वणिजयद्रथवधपर्वणि सात्यकिप्रवेशेत्रयोदशाधिकशततमोऽध्यायः ॥ ११३ ॥ ॥ धृतराष्ट्रउवाच ॥ एवं
बहुगुणंसैन्यमेवंप्रविचितंबलम् ॥ व्यूढमेवंयथान्यायमेवंबहुचसंजय १ नित्यंपूजितमस्माभिरभिकामंचनःसदा ॥ प्रौढमत्यद्भुताकारंपुरस्ताद्दृष्टविक्रमम् २ नाति
वृद्धमबालंचनाकृशंनातिपीवरम् ॥ लघुवृत्तायतप्रायंसारगात्रमनामयम् ३ आत्तसन्नाहसंछन्नंबहुशस्त्रपरिच्छदम् ॥ शस्त्रग्रहणविद्यासुबह्वीषुपरिनिष्ठितम् ४
आरोहेपर्यवस्कंदेसरणेसांतरप्लुते ॥ सम्यक्प्रहरणेयानेव्यपयानेचकोविदम् ५ नागेष्वश्वेषुबहुशोरथेषुचपरीक्षितम् ॥ परीक्ष्यचयथान्यायंवेतनेनोपपादितम् ६
नगोष्ठ्यानोपकारेणनसंबंधनिमित्ततः ॥ नानाहूतंनाप्यभृतंममसैन्यंबभूवह ७ कुलीनार्यजनोपेतंतुष्टपुष्टमनुद्धतम् ॥ कृतमानोपचारंचयशस्विचमनस्विच ८
सचिवैश्चापरैर्मुख्यैर्बहुभिःपुण्यकर्मभिः ॥ लोकपालोपमैस्तातपालितंनरसत्तमैः ९ बहुभिःपार्थिवैर्गुप्तमस्मत्प्रियचिकीर्षुभिः ॥ अस्मानभिसृतैःकामात्सबलैः
सपदानुगैः १० महोदधिमिवापूर्णमापगाभिःसमंततः ॥ अपक्षैःपक्षिसंकाशैरथैरश्वैश्चसंवृतम् ११ प्रभिन्नकरटैश्चैववद्भिर्द्विरदैरावृतंमहत् ॥ यदहन्यतमेसैन्यंकिम
न्यद्भागधेयतः १२ योधाक्षय्यजलंभीमंवाहनोर्मितरंगिणम् ॥ क्षेपण्यसिगदाशक्तिशरप्रासझषाकुलम् १३ ध्वजभूषणसंबाधरत्नोपलसुसंचितम् ॥ वाहनैरभि
धावद्भिर्वायुवेगविकंपितम् १४ द्रोणगंभीरपातालंकृतवर्ममहान्हदम् ॥ जलसंधमहाग्राहंकर्णचंद्रोदयोद्धतम् १५ गतेसैन्यार्णवंभित्त्वातरसापांडवर्षभे ॥ संजयै
करथेनैवयुयुधानेचमामकम् १६ तत्रशेषंनपश्यामिप्रविष्टेसव्यसाचिनि ॥ सात्वतेचरथोदारेममसैन्यस्यसंजय १७ तौतत्रसमतिक्रांतौदृष्ट्वातीवतरस्विनौ ॥ सिंधु
राजंतुसंप्रेक्ष्यगांडीवस्येषुगोचरे १८ किंनुवाकुरवःकृत्यंविदधुःकालचोदिताः ॥ दारुणैकायनेऽकालेकथंवाप्रतिपेदिरे १९

उपकारेणप्राक्कृतेन उपपादितमुल्लासस्थापितमित्यनुषंगः अनाहूतंस्वच्छंदेनच्छोपगतं ७।८।९।१०।११।१२ वाहनान्येवोर्मितरंगपरंपराविद्यतेयत्र क्षेपण्योयंत्राणि १३ रत्नैरुपलैश्चसुसंचितंसुष्ठुसंछादितं वाहनाभि
धावनान्येववायुवेगतयाकंपितानि १४ । १५ । १६ ममसैन्यस्यशेषमित्यन्वयः १७ । १८ दारुणैकायने अतिभीषणेऽन्यगतिके अकालेअतीतसमये १९

२० । २१ । २२ लभ्यतेसैन्येनार्थात् २३ । २४ । २५ । २६ । २७ । २८ । २९ धृतिंधारणां ३० । ३१ । ३२ । ३३ । ३४ व्यग्रानेकाग्रान् अव्यग्रान्पलायनैकमनसइतिवा ३५ । ३६ । ३७

ग्रस्तान्हिकौरवान्मन्येमृत्युनाताततसंगतान् ॥ विक्रमोऽपिरणेतेषांनतथादृश्यतेहिवै २० अक्षतौसंयुगेतत्रप्रविष्टौकृष्णपांडवौ ॥ नचवारयिताकश्चित्तयोरस्तीहसं
जय २१ भृताश्चबहवोयोधाःपरीक्ष्यैवमहारथाः ॥ वेतनेनयथायोगंप्रियवादेनचापरे २२ असत्कारभृतस्तातममसैन्येनविद्यते ॥ कर्मणाह्यनुरूपेणलभ्यतेभ
क्तवेतनम् २३ नचायोधोऽभवत्कश्चिन्ममसैन्येतुसंजय ॥ अल्पदानभृतस्ताततथाचाभृतकोनरः २४ पूजितोहियथाशक्त्यादानमानासनैर्मया ॥ तथापुत्रैश्चमे
तातज्ञातिभिश्चसबांधवैः २५ तेचप्राप्यैवसंग्रामेनिर्जिताःसव्यसाचिना ॥ शैनेयेनपरामृष्टाःकिमन्यद्भागधेयतः २६ रक्ष्यतेयश्चसंग्रामेयेचसंजयरक्षिणः ॥
एकःसाधारणःपंथारक्ष्यस्यसहरक्षिभिः २७ अर्जुनंसमरेदृष्ट्वासैंधवस्याग्रतःस्थितम् ॥ पुत्रोममभृशंमूढःकिंकार्यंप्रत्यपद्यत २८ सात्यकिंचरणेदृष्ट्वाप्रविशंतमभीत
वत् ॥ किंनुदुर्योधनःकृत्यंप्राप्तकालममन्यत २९ सर्वशस्त्रातिगौसेनांप्रविष्टौरथिसत्तमौ ॥ दृष्ट्वाकांवैधृतिंयुद्धेप्रत्यपद्यंतमामकाः ३० दृष्ट्वाकृष्णंतुदाशार्हमर्जुना
र्थेव्यवस्थितम् ॥ शिनीनामृषभंचैवमन्येशोचंतिपुत्रकाः ३१ दृष्ट्वासेनांव्यतिक्रांतांसात्वतेनार्जुनेनच ॥ पलायमानांश्चकुरून्मन्येशोचंतिपुत्रकाः ३२ विद्रुतान्र
थिनोदृष्ट्वानिरुत्साहान्द्विषज्जये ॥ पलायनकृतोत्साहान्मन्येशोचंतिपुत्रकाः ३३ शून्यान्कृतान्रथोपस्थान्सात्वतेनार्जुनेनच ॥ हतांश्चयोधान्संदृश्यमन्येशोचंति
पुत्रकाः ३४ व्यश्वनागरथान्दृष्ट्वातत्रवीरान्सहस्रशः ॥ धावमानान्रणेव्यग्रान्मन्येशोचंतिपुत्रकाः ३५ महानागान्विद्रवतोदृष्ट्वार्जुनशराहतान् ॥ पतितान्पतत
श्चान्यान्मन्येशोचंतिपुत्रकाः ३६ विहीनांश्चकृतानश्वान्विरथांश्चकृतान्नरान् ॥ तत्रसात्यकिपार्थाभ्यांमन्येशोचंतिपुत्रकाः ३७ हयौघान्निहतान्दृष्ट्वाद्रवमाणां
स्ततस्ततः ॥ रणेमाधवपार्थाभ्यांमन्येशोचंतिपुत्रकाः ३८ पत्तिसंघान्रणेदृष्ट्वाधावमानांश्चसर्वशः ॥ निराशाविजयेसर्वेमन्येशोचंतिपुत्रकाः ३९ द्रोणस्यसम
तिक्रांतावनीकमपराजितौ ॥ क्षणेनदृष्ट्वातौवीरौमन्येशोचंतिपुत्रकाः ४० संमूढोऽस्मिभृशंतातश्रुत्वाकृष्णधनंजयौ ॥ प्रविष्टौमामकंसैन्यंसात्वतेनसहाच्युतौ ४१
तस्मिन्प्रविष्टेपृतनांशिनीनांप्रवरेरथे ॥ भोजानीकंव्यतिक्रांतेकिमकुर्वतकौरवाः ४२ तथाद्रोणेनसमरेनिगृहीतेषुपांडुषु ॥ कथंयुद्धमभूत्तत्रतन्ममाचक्ष्वसंजय ४३
द्रोणोहिबलवान्श्रेष्ठःकृतास्त्रोयुद्धदुर्मदः ॥ पंचालास्तेमहेष्वासंप्रत्यविध्यन्कथंरणे ४४ बद्धवैरास्ततोद्रोणेधनंजयजयैषिणः ॥ भारद्वाजसुतस्तेषुदृढवैरोमहारथः ४५
अर्जुनश्चापियच्चक्रेसिंधुराजवधंप्रति ॥ तन्मेसर्वंसमाचक्ष्वकुशलोह्यसिसंजय ४६ ॥ संजयउवाच ॥ ॥ आत्मापराधात्संभूतंव्यसनंभरतर्षभ ॥ प्राप्य
प्राकृतवद्वीरनत्वंशोचितुमर्हसि ४७

३८ । ३९ । ४० । ४१ । ४२ । ४३ । ४४ । ४५ । ४६ । ४७

४८ । ४९ । ५० निर्गुणतांगुणवैषम्यं द्वैधीभावमनिश्चयम् ५१ । ५२ । ५३ सुमहान्विपुलइतिपर्यायाभ्यांमहत्त्वोद्रेकः ५४ । ५५ निर्णयंनियतस्वभावं ५६ । ५७ । ५८ । ५९ । ६० । ६१ । ६२

पुरायदुच्यसेप्राज्ञैःसुहृद्भिर्विदुरादिभिः ॥ माहार्षीःपांडवान्राजन्नितितन्नत्वयाश्रुतम् ४८ सुहृदांहितकामानांवाक्यंयोनशृणोतिह ॥ समहद्व्यसनंप्राप्यशोचतेवै
यथाभवान् ४९ याचितोसिपुराराजन्दाशार्हेणशमंप्रति ॥ नचतंलब्धवान्कामंत्वत्तःकृष्णोमहायशाः ५० तवनिर्गुणतांज्ञात्वापक्षपातंसुतेषुच ॥ द्वैधीभा
वंतथाधर्मेपांडवेषुचमत्सरम् ५१ तवजिह्ममभिप्रायंविदित्वापांडवान्प्रति ॥ आर्त्तप्रलापांश्चबहून्मनुजाधिपसत्तम ५२ सर्वलोकस्यतत्त्वज्ञःसर्वलोकेश्वरःप्रभुः ॥
वासुदेवस्ततोयुद्धंकुरूणामकरोन्महत् ५३ आत्मापराधात्सुमहान्प्राप्तस्तेविपुलःक्षयः ॥ नैनंदुर्योधनेदोषंकर्त्तुमर्हसिमानद ५४ नहितेसुकृतंकिंचिदादौमध्ये
चभारत ॥ दृश्यतेपृष्ठतश्चैवत्वन्मूलोहिपराजयः ५५ तस्मादवस्थितोभूत्वाज्ञात्वालोकस्यनिर्णयम् ॥ शृणुयुद्धंयथावृत्तंघोरंदेवासुरोपमम् ५६ प्रविष्टेतवसै
न्यंतुशैनेयेसत्यविक्रमे ॥ भीमसेनमुखाःपार्थाःप्रतीयुर्वाहिनींतव ५७ आगच्छतस्तान्सहसाक्रुद्धरूपान्सहानुगान् ॥ दधारैकोरणेपांडून्कृतवर्मामहारथः ५८
यथोद्वृत्तंवारयतेवेलावैसलिलार्णवम् ॥ पांडुसैन्यंतथासंख्येहार्दिक्यःसमवारयत् ५९ तत्राद्भुतमपश्यामहार्दिक्यस्यपराक्रमम् ॥ यदेनंसहिताःपार्थानातिचक्रमु
राहवे ६० ततोभीमस्त्रिभिर्विद्ध्वाकृतवर्माणमाशुगैः ॥ शंखंदध्मौमहाबाहुर्हर्षयन्सर्वपांडवान् ६१ सहदेवस्तुविंशत्याधर्मराजश्चपंचभिः ॥ शतेननकुलश्चापि
हार्दिक्यंसमविध्यत ६२ द्रौपदेयास्त्रिसप्तत्यासप्तभिश्चघटोत्कचः ॥ धृष्टद्युम्नस्त्रिभिश्चापिकृतवर्माणमार्दयत् ६३ विराटोद्रुपदश्चैवयाज्ञसेनिश्चपंचभिः ॥ शि
खंडीचैवहार्दिक्यंविद्ध्वापंचभिराशुगैः ६४ पुनर्विव्याधविंशत्यासायकानांहसन्निव ॥ कृतवर्माततोराजन्सर्वतस्तान्महारथान् ६५ एकैकंपंचभिर्विद्ध्वाभीमंविव्याध
सप्तभिः ॥ धनुर्ध्वजंचास्यतदारथाद्भूमावपातयत् ६६ अथैनंछिन्नधन्वानंत्वरमाणोमहारथः ॥ आजघानोरसिक्रुद्धःसप्तत्यानिशितैःशरैः ६७ सगाढविद्धोबलवा
न्हार्दिक्यस्यशरोत्तमैः ॥ चचालरथमध्यस्थःक्षितिकंपेयथाचलः ६८ भीमसेनंतथादृष्ट्वाधर्मराजपुरोगमाः ॥ विसृजंतःशरान्राजन्कृतवर्माणमार्दयन् ६९
तंतथाकोष्ठकीकृत्यरथवंशेनमारिष ॥ विव्यधुःसायकैर्हृष्टारक्षार्थंमारुतेर्मृधे ७० प्रतिलभ्यततःसंज्ञांभीमसेनोमहाबलः ॥ शक्तिंजग्राहसमरेहेमदंडामयस्मयीम्
७१ चिक्षेपचरथात्तूर्णंकृतवर्मरथंप्रति ॥ साभीमभुजनिर्मुक्तानिर्मुक्तोरगसन्निभा ७२ कृतवर्माणमभितःप्रजज्वालसुदारुणा ॥ तामापतंतींसहसायुगांताग्निसम
प्रभाम् ७३ द्वाभ्यांशराभ्यांहार्दिक्योनिजघानद्विधातदा ॥ साछिन्नापतिताभूमौशक्तिःकनकभूषणा ७४ द्योतयंतीदिशोराजन्महोल्केवनभच्युता ॥ श
२८ क्तिंविनिहतांदृष्ट्वाभीमश्चुक्रोधवैभृशम् ७५ ॥ ॥ ॥ ॥ ॥

६३ । ६४ सर्वतःसर्वान् ६५ । ६६ । ६७ । ६८ । ६९ । ७० । ७१ । ७२ । ७३ । ७४ द्विधास्थानद्वये ७५

ततोऽन्यद्धनुरादायवेगवत्सुमहास्वनम् ॥ भीमसेनोरणेक्रुद्धोहार्दिक्यंसमवारयत् ७६ अथैनंपंचभिर्बाणैराजघानस्तनांतरे ॥ भीमोभीमबलोराजंस्तवदुर्मंत्रितेनच ७७ भोजस्तुक्षतसर्वांगोभीमसेनेनमारिष ॥ रक्ताशोकइवोत्फुल्लोव्यभ्राजतरणाजिरे ७८ ततःक्रुद्धस्त्रिभिर्बाणैर्भीमसेनंहसन्निव ॥ अभिहत्यदृढंयुद्धेतान्सर्वान्प्रत्यविध्यत ७९ त्रिभिस्त्रिभिर्महेष्वासोयतमानान्महारथान् ॥ तेऽपितंप्रत्यविध्यंतसप्तभिःसप्तभिःशरैः ८० शिखंडिनस्ततःक्रुद्धःक्षुरप्रेणमहारथः ॥ धनुश्चिच्छेदसमरेप्रहसन्निवसात्वतः ८१ शिखंडीतुततःक्रुद्धश्छिन्नेधनुषिसत्वरः ॥ असिंजग्राहसमरेशतचंद्रंचभास्वरम् ८२ भ्रामयित्वामहच्चर्मचामीकरविभूषितम् ॥ तमसिंप्रेषयामासकृतवर्मरथंप्रति ८३ सतस्यसशरंचापंछित्वाराजन्महानसिः ॥ अभ्यगाद्धरणींराजंश्च्युतंज्योतिरिवांबरात् ८४ एतस्मिन्नेवकालेतुत्वरमाणंमहारथाः ॥ विव्यधुःसायकैर्गाढंकृतवर्माणमाहवे ८५ अथान्यद्धनुरादायत्यक्त्वातच्चमहद्धनुः ॥ विशीर्णंभरतश्रेष्ठहार्दिक्यःपरवीरहा ८६ विव्याधपांडवान्युद्धे त्रिभिस्त्रिभिरजिह्मगैः ॥ शिखंडिनंचविव्याधत्रिभिःपंचभिरेवच ८७ धनुरन्यत्समादायशिखंडीतुमहायशाः ॥ अवारयत्कूर्मनखैराशुगैर्हृदिकात्मजम् ८८ ततःक्रुद्धोरणेराजन्हृदिकस्यात्मसंभवः ॥ अभिदुद्राववेगेनयाज्ञसेनिंमहारथम् ८९ भीष्मस्यसमरेराजन्मृत्योर्हेतुंमहात्मनः ॥ विदर्शयन्बलंशूरःशार्दूलइवकुंजरम् ९० तौदिशांगजसंकाशौज्वलिताविवपावकौ ॥ समापेततुरन्योन्यंशरसंघैररिंदमौ ९१ विधुन्वानौधनुःश्रेष्ठेसंदधानौचसायकान् ॥ विसृजंतौचशतशोगभस्तीनिवभास्करौ ९२ तापयंतौशरैस्तीक्ष्णैरन्योन्यंतौमहारथौ ॥ युगांतप्रतिमौवीरौरेजतुर्भास्कराविव ९३ कृतवर्माचसमरेयाज्ञसेनिंमहारथम् ॥ विद्ध्वेषुभिस्त्रिसप्तत्या पुनर्विव्याधसप्तभिः ९४ सगाढविद्धोव्यथितोरथोपस्थउपाविशत् ॥ विसृज्यसशरंचापंमूर्च्छयाभिपरिप्लुतः ९५ तंविषण्णंरणेदृष्ट्वातावकाःपुरुषर्षभ ॥ हार्दिक्यंपूजयामासुर्वासांस्यादुधुवुश्चह ९६ शिखंडिनंतथाज्ञात्वाहार्दिक्यशरपीडितम् ॥ अपोवाहरणाद्यंतात्वरमाणोमहारथम् ९७ सादितंतुरथोपस्थेदृष्ट्वापार्थाःशिखंडिनम् ॥ परिवव्रूरथैस्तूर्णंकृतवर्माणमाहवे ९८ तत्राद्भुतंपरंचक्रेकृतवर्मामहारथः ॥ यदेकःसमरेपार्थान्वारयामाससानुगान् ९९ पार्थान्जित्वाऽजयच्चेदीन्पंचालान्सृंजयानपि ॥ केकयांश्चमहावीर्यान्कृतवर्मामहारथः १०० तेवध्यमानाःसमरेहार्दिक्येनस्मपांडवाः ॥ इतश्चेतश्चधावंतोनैवचक्रुर्धृतिंरणे १ जित्वापांडुसुतान्युद्धेभीमसेनपुरोगमान् ॥ हार्दिक्यःसमरेऽतिष्ठद्विधूमइवपावकः २ तेद्राव्यमाणाःसमरेहार्दिक्येनमहारथाः ॥ विमुखाःसमपद्यंतशरवृष्टिभिरर्दिताः १०३ इति श्रीमहाभारतेद्रोणपर्वणि जयद्रथवधपर्वणिसात्यकिप्रवेशेकृतवर्मपराक्रमेचतुर्दशाधिकशततमोऽध्यायः ॥ ११४ ॥ ॥ ॥ ॥ ॥

११४

१०१ । १०२ । १०३ ॥ इतिद्रोणपर्वणिटीकायांचतुर्दशाधिकशततमोऽध्यायः ॥ ११४ ॥ ॥ ॥ ॥ ॥ ॥ ॥ ८२ ॥

शृणुष्वेति हार्दिक्येनतावकैरन्यैश्चद्राव्यमाणेइत्युत्तरश्लोकेनसहान्वयः १ । २ । ३ । ४ । ५ । ६ । ७ । ८ । ९ । १० । ११ । १२ । १३ । १४ । १५ । १६ । १७ । १८ । १९ । २०

संजयउवाच ॥ शृणुष्वैकमनाराजन्यन्मांत्वंपरिपृच्छसि ॥ द्राव्यमाणेबलेतस्मिन्हार्दिक्येनमहात्मना १ लज्जयाऽवनतेचापिप्रहृष्टैश्चापितावकैः ॥ द्वीपो
यआसीत्पांडूनामगाधेगाधमिच्छताम् २ श्रुत्वासनिनदंभीमंतावकानांमहाहवे ॥ शैनेयस्त्वरितोराजन्कृतवर्माणमभ्ययात् ३ उवाचसारथिंतत्रक्रोधामर्षसमन्वितः ॥
हार्दिक्याभिमुखंसूतकुरुमेरथमुत्तमम् ४ कुरुतेकदनंपश्यपांडुसैन्येह्यमर्षितः ॥ एनंजित्वापुनःसूतयास्यामिविजयंप्रति ५ एवमुक्तुवचनेसूतस्तस्यमहामते ॥
निमेषांतरमात्रेणकृतवर्माणमभ्ययात् ६ कृतवर्मातुहार्दिक्यःशैनेयंनिशितैःशरैः॥ अवाकिरत्सुसंक्रुद्धस्ततोऽक्रुद्ध्यत्ससात्यकिः ७ अथाशुनिशितंभल्लंशैनेयःकृतवर्मणः
प्रेषयामाससमरेशरांश्चचतुरोऽपरान् ८ तेतस्यजघ्निरेवाहान्भल्लेनास्याच्छिनद्धनुः ॥ पृष्ठरक्षंतथासूतमविध्यन्निशितैःशरैः ९ ततस्तंविरथंकृत्वासात्यकिःसत्य
विक्रमः ॥ सेनामस्यार्दयामासशरैःसन्नतपर्वभिः १० अभज्यताथपृतनाशैनेयशरपीडिता ॥ ततःप्रायात्सत्वरितःसात्यकिःसत्यविक्रमः ११ शृणुराजन्यद
करोत्तवसैन्येषुवीर्यवान् ॥ अतीत्यसमहाराजद्रोणानीकमहार्णवम् १२ पराजित्यतुसंहृष्टःकृतवर्माणमाहवे ॥ यंतारमब्रवीच्छूरःशनैर्याहीत्यसंभ्रमन् १३ दृष्ट्वा
तुतवतत्सैन्यंरथाश्वद्विपसंकुलम् ॥ पदातिजनसंपूर्णमब्रवीत्सारथिंपुनः १४ यदेतन्मेघसंकाशंद्रोणानीकस्यसव्यतः ॥ सुमहत्कुंजरानीकंयस्यरुक्मरथोमुखम्
१५ एतेहिबहवःसूतदुर्निवाराश्चसंयुगे ॥ दुर्योधनसमादिष्टामदर्थेत्यक्तजीविताः १६ राजपुत्रामहेष्वासाःसर्वेविक्रांतयोधिनः ॥ त्रिगर्त्तानांरथोदाराःसुवर्णवि
कृतध्वजाः १७ मामेवाभिमुखावीरायोत्स्यमानाव्यवस्थिताः ॥ अत्रमांप्रापयक्षिप्रमश्वांश्चोदयसारथे १८ त्रिगर्तैःसहयोत्स्यामिभारद्वाजस्यपश्यतः ॥ ततः
प्रायाच्छनैःसूतःसात्वतस्यमतेस्थितः १९ रथेनादित्यवर्णेनभास्वरेणपताकिना ॥ तमूहुःसारथेर्वश्यावल्गमानाहयोत्तमाः २० वायुवेगसमाःसंख्येकुन्देन्दुरजत
प्रभाः ॥ आपतंतंरणेतंतुशंखवर्णैर्हयोत्तमैः २१ परिवव्रुस्ततःशूरागजानीकेनसर्वतः ॥ किरंतोविविधांस्तीक्ष्णान्सायकान्लघुवेधिनः २२ सात्वतोनिशितै
र्बाणैर्गजानीकमयोधयत् ॥ पर्वतानिववर्षेणतपांतेजलदोमहान् २३ वज्राशनिसमस्पर्शैर्वध्यमानाःशरैर्गजाः ॥ प्राद्रवन्रणमुत्सृज्यशिनिवीरसमीरितैः २४
शीर्णदंताविरुधिराभिन्नमस्तकपिंडिकाः॥ विशीर्णकर्णास्यकराविनियंतृपताकिनः २५ संभिन्नमर्मघंटाश्चविनिकृत्तमहाध्वजाः॥ हतारोहादिशोराजन्भेजिरेभ्रष्टकंबलाः
२६ रुवंतोविविधान्नादान्जलदोपमनिःस्वनाः॥ नाराचैर्वत्सदंतैश्चभल्लैरंजलिकैस्तथा २७ क्षुरप्रैरर्धचन्द्रैश्चसात्वतेनविदारिताः॥ क्षरंतोऽसृक्तथामूत्रंपुरीषंचप्रदुद्रुवुः २८
बभ्रमुश्चस्खलुश्चान्येपेतुर्मम्लुस्तथाऽपरे ॥ एवंतत्कुंजरानीकंयुयुधानेनपीडितम् २९ शरैरग्न्यर्कसंकाशैःप्रदुद्रावसमंततः ॥ तस्मिन्हतेगजानीकेजलसंधोमहाबलः ३०

२१ । २२ । २३ । २४ पिंडिकागंडाः २५ । २६ । २७ । २८ । २९ । ३० ॥ ॥ ॥ ॥ ॥

म.भा.टी. ३१ । ३२ । ३३ । ३४ । ३५ कंठसूत्रंहारं ३६ । ३७ । ३८ । ३९ । ४० । ४१ । ४२ । ४३ । ४४ । ४५ । ४६ ततोग्रहणानंतरं आविध्यभ्रामयित्वा ४७ । ४८ । ४९ । ५० । ५१ वसुंधराध द्रोण० अ० ११६

॥८३॥ यतःसंप्रापयन्नागंरजताश्वरथंप्रति ॥ रुक्मवर्मधरःशूरस्तपनीयांगदःशुचिः ३१ कुंडलीमुकुटीखड्गीरक्तचंदनरूषितः ॥ शिरसाधारयन्दीप्तांतपनीयमयीं
स्रजम् ३२ उरसाधारयन्निष्कंकंठसूत्रंचभास्वरम् ॥ चापंचरुक्मविकृतंविधुन्वन्गजमूर्धनि ३३ अशोभतमहाराजसविद्युदिवतोयदः ॥ तमापतंतंसहसामाग
धस्यगजोत्तमम् ३४ सात्यकिर्वारयामासवेलेवमकरालयम् ॥ नागंनिवारितंदृष्ट्वाशैनेयस्यशरोत्तमैः ३५ अक्रुद्ध्यतरणेराजन्जलसंधोमहाबलः ॥ ततःक्रुद्धो
महाराजमार्गणैर्भारसाधनैः ३६ अविध्यतशिनेःपौत्रंजलसंधोमहोरसि ॥ ततोऽपरेणभल्लेनपीतेननिशितेनच ३७ अस्यतोवृष्णिवीरस्यनिचकर्तशरासनम् ॥
सात्यकिंछिन्नधन्वानंप्रहसन्निवभारत ३८ अविध्यन्मागधोवीरःपंचभिर्निशितैःशरैः ॥ सविद्धोबहुभिर्बाणैर्जलसंधेनवीर्यवान् ३९ नाकंपतमहाबाहुस्तदद्भुत
मिवाभवत् ॥ अचिंतयन्वैसशरान्नात्यर्थंसंभ्रमाद्बली ४० धनुरन्यत्समादायतिष्ठतिष्ठेत्युवाचह ॥ एतावदुक्त्वाशैनेयोजलसंधंमहोरसि ४१ विव्याधषष्ट्यासुभृ
शंशराणांप्रहसन्निव ॥ क्षुरप्रेणसुतीक्ष्णेनमुष्टिदेशेमहद्धनुः ४२ जलसंधस्यचिच्छेदविव्याधचत्रिभिःशरैः ॥ जलसंधस्तुतत्त्यक्त्वासशरंवैशरासनम् ४३ तोम
रंव्यसृजत्तूर्णंसात्यकिंप्रतिमारिष ॥ सनिर्भिद्यभुजंसव्यंमाधवस्यमहारणे ४४ अभ्यगाद्धरणींघोरःश्वसन्निवमहोरगः ॥ निर्भिन्नेतुभुजेसव्येसात्यकिःसत्यवि
क्रमः ४५ त्रिंशद्भिर्विशिखैस्तीक्ष्णैर्जलसंधमताडयत् ॥ प्रगृह्यतुततःखड्गंजलसंधोमहाबलः ४६ आर्षभंचर्मचमहच्छतचंद्रकसंकुलम् ॥ आविध्यचततःख
ड्गंसात्वतायोत्ससर्जह ४७ शैनेयस्यधनुश्छित्वासखड्गोन्यपतन्महीम् ॥ अलातचक्रवच्चैवव्यरोचतमहींगतः ४८ अथान्यद्धनुरादायसर्वकायावदारणम् ॥ शा
लस्कंधप्रतीकाशमिंद्राशनिसमस्वनम् ४९ विस्फार्यविव्यधेक्रुद्धोजलसंधंशरेणह ॥ ततःसाभरणौबाहूक्षुराभ्यांमाधवोत्तमः ५० सात्यकिर्जलसंधस्यचिच्छेद
प्रहसन्निव ॥ तौबाहूपरिघप्रख्यौपेततुर्गजसत्तमात् ५१ वसुंधराधराद्भ्रष्टौपंचशीर्षाविवोरगौ ॥ ततःसुदंष्ट्रंसुमहच्चारुकुंडलमंडितम् ५२ क्षुरेणास्यतृतीयेन
शिरश्चिच्छेदसात्यकिः ॥ तत्पातितशिरोबाहुकबंधंभीमदर्शनम् ५३ द्विरदंजलसंधस्यरुधिरेणाभ्यषिंचत ॥ जलसंधंनिहत्याजौत्वरमाणस्तुसात्वतः ५४
विमानंपातयामासगजस्कंधाद्विशांपते ॥ रुधिरेणावसिक्तांगोजलसंधस्यकुंजरः ५५ विलंबमानमवहत्संश्लिष्टंपरमासनम् ॥ शरार्दितःसात्वतेनमर्दमानःस्व
वाहिनीम् ५६ घोरमार्तस्वरंकृत्वाविदुद्रावमहागजः ॥ हाहाकारोमहानासीत्तवसैन्यस्यमारिष ५७ ॥ जलसंधंहतंदृष्ट्वावृष्णीनामृषभेणतु ॥ विमुखाश्चाभ्यधा
वंततवयोधाःसमंततः ५८ पलायनकृतोत्साहानिरुत्साहाद्विषज्जये ॥ एतस्मिन्नंतरेराजन्द्रोणःशस्त्रभृतांवरः ५९ ॥ ॥ ॥८३॥

रातपर्वताव । ५२ । ५३ । ५४ । ५५ । ५६ । ५७ । ५८ । ५९ ॥ ॥ ॥ ॥

६० । ६१ इतिश्रीद्रोणपर्वणिटीकायांपंचदशाधिकशततमोऽध्यायः ॥ ११५ ॥ ॥ ॥ तेकिरंतइति १ । २ । ३ । ४ । ५ । ६ । ७ । ८ । ९ । १० । ११ चंदनोरक्तचंदनः १२ । १३

अभ्ययाज्जवनैरश्वैर्युयुधानंमहारथम् ॥ तमुदीर्णंतथादृष्ट्वाशैनेयंनरपुंगवाः ६० द्रौणिनैवसहक्रुद्धाःसात्यकिंसमुपाद्रवन् ॥ ततःप्रववृतेयुद्धंकुरूणांसात्वतस्यच ॥
द्रोणस्यचरणेराजन्घोरंदेवासुरोपमम् ६१ ॥ इतिश्रीमहाभारतेद्रोणपर्वणिजयद्रथवधपर्वणि सात्यकिप्रवेशेजलसंधवधोनामपंचदशाधिकशततमोऽध्यायः ॥११५॥
संजयउवाच ॥ तेकिरंतःशरव्रातान्सर्वेयत्ताःप्रहारिणः ॥ त्वरमाणामहाराजयुयुधानमयोधयन् १ तंद्रोणःसप्तसप्तत्याजघाननिशितैःशरैः ॥ दुर्मर्षणोद्वादशभि
र्दुःसहोदशभिःशरैः २ विकर्णश्चापिनिशितैस्त्रिंशद्भिःकंकपत्रिभिः ॥ विव्याधसव्येपार्श्वेतुस्तनाभ्यामंतरेतथा ३ दुर्मुखोदशभिर्बाणैस्तथादुःशासनोऽष्टभिः ॥
चित्रसेनश्चशैनेयंद्वाभ्यांविव्याधमारिष ४ दुर्योधनश्चमहताशरवर्षेणमाधवम् ॥ अपीडयद्रणेराजन्शूराश्चान्येमहारथाः ५ सर्वतःप्रतिविद्धस्तुतवपुत्रैर्महारथैः ॥
तान्प्रत्यविध्यद्वार्ष्णेयःपृथक्पृथगजिह्मगैः ६ भारद्वाजंत्रिभिर्बाणैर्दुःसहंनवभिःशरैः ॥ विकर्णंपंचविंशत्याचित्रसेनंचसप्तभिः ७ दुर्मर्षणंद्वादशभिरष्टाभिश्चवि
विंशतिम् ॥ सत्यव्रतंचनवभिर्विजयंदशभिःशरैः ८ ततोरुक्मांगदंचापंविधुन्वानोमहारथः ॥ अभ्ययात्सात्यकिस्तूर्णंपुत्रंतवमहारथम् ९ राजानंसर्वलोकस्य
सर्वलोकमहारथम् ॥ शरैरभ्याहनद्गाढंततोयुद्धमभूत्तयोः १० विमुंचंतौशरांस्तीक्ष्णान्संदधानौचसायकान् ॥ अदृश्यंसमरेऽन्योन्यंचक्रतुस्तौमहारथौ ११ सा
त्यकिःकुरुराजेननिर्विद्धोबह्वशोभत ॥ अस्रवद्रुधिरंभूरिस्वरसंचंदनोयथा १२ सात्वतेनचबाणौघैर्निर्विद्धस्तनयस्तव ॥ शातकुंभमयापीडोबभौयूपइवोच्छ्रितः १३
माधवस्तुरणेराजन्कुरुराजस्यधन्विनः ॥ धनुश्चिच्छेदसमरेक्षुरप्रेणहसन्निव १४ अथैनंछिन्नधन्वानंशरैर्बहुभिराचिनोत् ॥ निर्भिन्नश्चशरैस्तेनद्विषताक्षिप्रका
रिणा १५ नामृष्यतरणेराजाशत्रोर्विजयलक्षणम् ॥ अथान्यद्धनुरादायहेमपृष्ठंदुरासदम् १६ विव्याधसात्यकिंतूर्णंसायकानांशतेनह ॥ सोऽतिविद्धोबलवतातव
पुत्रेणधन्विना १७ अमर्षवशमापन्नस्तवपुत्रमपीडयत् ॥ पीडितंनृपतिंदृष्ट्वातवपुत्रामहारथाः १८ सात्यकिंशरवर्षेणच्छादयामासुरोजसा ॥ सच्छाद्यमानोबहु
भिस्तवपुत्रैर्महारथैः १९ एकैकंपंचभिर्विध्वापुनर्विव्याधसप्तभिः ॥ दुर्योधनंचत्वरितोविव्याधाष्टभिराशुगैः २० प्रहसंश्चास्यचिच्छेदकार्मुकंरिपुभीषणम् ॥ नागं
मणिमयंचैवशरैर्ध्वजमपातयत् २१ हत्वातुचतुरोवाहांश्चतुर्भिर्निशितैःशरैः ॥ सारथिंपातयामासक्षुरप्रेणमहायशाः २२ एतस्मिन्नंतरेचैवकुरुराजंमहारथम् ॥
अवाकिरच्छरैर्हृष्टोबहुभिर्मर्मभेदिभिः २३ सवध्यमानःसमरेशैनेयस्यशरोत्तमैः ॥ प्राद्रवत्सहसाराजन्पुत्रोदुर्योधनस्तव २४ आप्लुतश्चततोयानंचित्रसेनस्यध
न्विनः ॥ हाहाभूतंजगच्चासीद्दृष्ट्वाराजानमाहवे २५ ग्रस्यमानंसात्यकिनाखेसोममिवराहुणा ॥ तंतुशब्दमथश्रुत्वाकृतवर्मामहारथः २६

१४ । १५ । १६ । १७ । १८ । १९ । २० । २१ । २२ । २३ । २४ । २५ । २६

२७ । २८ । २९ । ३० । ३१ । ३२ । ३३ । ३४ । ३५ । ३६ । ३७ । ३८ । ३९ । ४० । ४१ 'दंष्ट्राश्चतस्रोयस्यस्युर्दशनेभ्यःसमुच्छ्रिताः ॥ सिंहदंष्ट्रःसगदितश्चतुर्दंष्ट्रश्चसूरिभिः' ४२ । ४३

अभ्ययात्सहसातत्रयत्रास्तेमाधवःप्रभुः ॥ विधुन्वानोधनुःश्रेष्ठंचोदयंश्चैववाजिनः २७ भर्त्सयन्सारथिंचाग्रेयाहियाहीतिसत्वरम् ॥ तमापतंतंसंप्रेक्ष्यव्यादिता स्यमिवांतकम् २८ युयुधानोमहाराजयंतारमिदमब्रवीत् ॥ कृतवर्मारथेनैषद्रुतमापततेशरी २९ प्रत्युद्याहिरथेनैनंप्रवरंसर्वधन्विनाम् ॥ ततःप्रजविताश्वेनविधिव त्कल्पितेनच ३० आससादरणेभोजंप्रतिमानंधनुष्मताम् ॥ ततःपरमसंक्रुद्धौज्वलिताविवपावकौ ३१ समेयातांनरव्याघ्रौव्याघ्राविवतरस्विनौ ॥ कृतवर्मातु शैनेयंषड्विंशत्यासमार्पयत् ३२ निशितैःसायकैस्तीक्ष्णैर्यंतारंचास्यपंचभिः ॥ चतुरश्चतुरोवाहांश्चतुर्भिःपरमेषुभिः ३३ अविध्यत्साधुदांतान्वैसैंधवान्सात्वत स्यहि ॥ रुक्मध्वजोरुक्मपृष्ठंमहद्विस्फार्यकार्मुकम् ३४ रुक्मांगदीरुक्मवर्मारुक्मपुंखैरवारयत् ॥ ततोऽशीतिंशिनेःपौत्रःसायकान्कृतवर्मणे ३५ प्राहिणोत्त्वर यायुक्तोद्रष्टुकामोधनंजयम् ॥ सोऽतिविद्धोबलवताशत्रुणाशत्रुतापनः ३६ समकंपतदुर्धर्षःक्षितिकंपेयथाऽचलः ॥ त्रिषष्ट्याचतुरोऽस्याश्वान्सप्तभिःसारथिंतथा ३७ विव्याधनिशितैस्तूर्णंसात्यकिःसत्यविक्रमः ॥ सुवर्णपुंखविशिखंसमाधायचसात्यकिः ३८ व्यसृजत्तंमहाज्वालंसंक्रुद्धमिवपन्नगम् ॥ सोऽविध्यत्कृतवर्माणं यमदंडोपमःशरः ३९ जांबूनदविचित्रंचवर्मनिर्भिद्यभानुमत् ॥ अभ्यगाद्धरणीमुग्रोरुधिरेणसमुक्षितः ४० संजातरुधिरश्चाजौसात्वतेषुभिरर्दितः ॥ सशरंधनुरु त्सृज्यन्यपतत्स्यंदनोत्तमात् ४१ सःसिंहदंष्ट्रोजानुभ्यांपतितोऽमितविक्रमः ॥ शरार्दितःसात्यकिनारथोपस्थेनरर्षभः ४२ सहस्रबाहुसदृशमक्षोभ्यमिवसागरम् ॥ निवार्यकृतवर्माणंसात्यकिःप्रययौततः ४३ खड्गशक्तिधनुःकीर्णांगजाश्वरथसंकुलाम् ॥ प्रवर्तितोग्ररुधिरांशतशःक्षत्रियर्षभैः ४४ प्रेक्षतांसर्वसैन्यानांमध्येनशि निपुंगवः ॥ अभ्यगाद्वाहिनींहित्वावृत्रहेवासुरींचमूम् ४५ समाश्वस्यचहार्दिक्योगृह्यचान्यन्महद्धनुः ॥ तस्थौसतत्रबलवान्वारयन्युधिपांडवान् ४६ ॥ इति श्रीमहाभारतेद्रोणपर्वणिजयद्रथवधपर्वणि सात्यकिप्रवेशेदुर्योधनकृतवर्मपराजयेषोडशाधिकशततमोऽध्यायः ॥ ११६ ॥ ॥ संजयउवाच ॥ काल्यमानेषुसैन्ये षुशैनेयेनततस्ततः ॥ भारद्वाजःशरव्रातैर्महद्भिःसमवाकिरत् १ ससंप्रहारस्तुमुलोद्रोणसात्वतयोरभूत् ॥ पश्यतांसर्वसैन्यानांबलिवासवयोरिव २ ततोद्रोणःशिनेः पौत्रंचित्रैःसर्वायसैःशरैः ॥ त्रिभिराशीविषाकारैर्ललाटेसमविध्यत ३ तैर्ललाटार्पितैर्बाणैर्युयुधानस्त्वजिह्मगैः ॥ व्यरोचतमहाराजत्रिशृंगइवपर्वतः ४ ततोऽस्य बाणानपरानिंद्राशनिसमस्वनान् ॥ भारद्वाजोऽन्तरप्रेक्षीप्रेषयामाससंयुगे ५ तान्द्रोणचापनिर्मुक्तान्दाशार्हःपततःशरान् ॥ द्वाभ्यांद्वाभ्यांसुपुंखाभ्यांचिच्छेदपर मास्त्रवित् ६ तामस्यलघुतांद्रोणःसमवेक्ष्यविशांपते ॥ प्रहस्यसहसाऽविध्यत्रिंशताशिनिपुंगवम् ७

४४ । ४५ । ४६ ॥ इतिद्रोणपर्वणिटीकायांषोडशाधिकशततमोऽध्यायः ॥ ११६ ॥ ॥ काल्यमानेष्विति १ । २ । ३ । ४ । ५ । ६ । ७

८।९।१०।११।१२।१३।१४।१५।१६।१७।१८।१९। २०। २१।२२ रथशक्त्याकेतकपत्राकारमुखयाशतया २३।२४।२५।२६।२७।२८।२९।३०। ३१

पुनःपंचाशतेषूणांशितेनचसमार्पयत् ॥ लघुतांयुयुधानस्यलाघवेनविशेषयन् ८ समुत्पतंतिवल्मीकाद्यथाक्रुद्धामहोरगाः ॥ तथाद्रोणरथाद्राजन्नापतंतिततनुच्छिदः ९
तथैवयुयुधानेनसृष्टाःशतसहस्रशः॥ अवाकिरन्द्रोणरथंशरारुधिरभोजनाः १० लाघवाद्द्विजमुख्यस्यसात्वतस्यचमारिष ॥ विशेषंनाध्यगच्छामसमावास्तांनरर्षभौ ११
सात्यकिस्तुततोद्रोणंनवभिर्नतपर्वभिः ॥ अजघानभृशंक्रुद्धोध्वजंचनिशितैःशरैः १२ सारथिंचशतेनैवभारद्वाजस्यपश्यतः॥ लाघवंयुयुधानस्यदृष्ट्वाद्रोणोमहारथः
१३ सप्तत्यासारथिंविद्ध्वातुरंगांश्वत्रिभिस्त्रिभिः ॥ ध्वजमेकेनचिच्छेदमाधवस्यरथेस्थितम् १४ अथापरेणभल्लेनहेमपुंखेनपत्रिणा ॥ धनुश्चिच्छेदसमरेमा
धवस्यमहात्मनः १५ सात्यकिस्तुततःक्रुद्धोधनुस्त्यक्त्वामहारथः ॥ गदांजग्राहमहतींभारद्वाजायचाक्षिपत् १६ तामापतंतींसहसापट्टबद्धामयस्मयीम् ॥ न्य
वारयच्छरैर्द्रोणोबहुभिर्बहुरूपिभिः १७ अथान्यद्धनुरादायसात्यकिःसत्यविक्रमः ॥ विव्याधबहुभिर्वीरंभारद्वाजंशिलाशितैः १८ सविद्ध्वासमरेद्रोणंसिंह
नादममुंचत ॥ तंवैनममृषेद्द्रोणःसर्वशस्त्रभृतांवरः १९ ततःशक्तिंगृहीत्वातुरुक्मदंडामयस्मयीम् ॥ तरसाप्रेषयामाससमाधवस्यरथंप्रति २० अनासाद्यतुशैनेयं
साशक्तिःकालसन्निभा ॥ भित्त्वारथंजगामोग्राधरणींदारुणस्वना २१ ततोद्रोणंशिनेःपौत्रोराजन्विव्याधपत्रिणा ॥ दक्षिणंभुजमासाद्यपीडयन्भरतर्षभ २२
द्रोणोऽपिसमरेराजन्माधवस्यमहद्धनुः ॥ अर्धचंद्रेणचिच्छेदरथशक्त्याचसारथिम् २३ मुमोहसारथिस्तस्यरथशक्त्यासमाहतः ॥ सरथोपस्थमासाद्यमुहूर्तं
संन्यषीदत २४ चकारसात्यकीराजन्सूतकर्मातिमानुषम् ॥ अयोधयच्चयद्द्रोणंरश्मीन्जग्राहचस्वयम् २५ ततःशरशतेनैवयुयुधानोमहारथाः ॥ अवि
ध्यद्ब्राह्मणंसंख्येहृष्टरूपोविशांपते २६ तस्यद्रोणःशरान्पंचप्रेषयामासभारत ॥ तेघोराःकवचंभित्त्वापपुःशोणितमाहवे २७ निर्विद्धस्तुशरैर्घोरैरक्रुद्ध्यत्सात्य
किर्भृशम् ॥ सायकान्व्यसृजच्चापिवीरोरुक्मरथंप्रति २८ ततोद्रोणस्ययंतारंनिपात्यैकेषुणाभुवि ॥ अश्वान्व्यद्रावयद्बाणैर्हतसूतांस्ततस्ततः २९ सरथःप्रद्रुतः
संख्येमंडलानिसहस्रशः ॥ चकारराजतोराजन्भ्राजमानइवांशुमान् ३० अभिद्रवतगृह्णीतहयान्द्रोणस्यधावत ॥ इतिस्मचुक्रुशुःसर्वेराजपुत्राःसराजकाः ३१
तेसात्यकिमपास्याशुराजन्युधिमहारथाः ॥ यतोद्रोणस्ततःसर्वेसहसासमुपाद्रवन् ३२ तान्दृष्ट्वाप्रद्रुतान्संख्येसात्वतेनशरार्दितान् ॥ प्रभग्नंपुनरेवासीत्तवसै
न्यंसमाकुलम् ३३ व्यूहस्यैवपुनर्द्वारंगत्वाद्रोणोव्यवस्थितः ॥ वातायमानैस्तैरश्वैर्नीतोवृष्णिशरार्दितैः ३४ पांडुपांचालसंभिन्नंव्यूहमालोक्यवीर्यवान् ॥
९ शैनेयेनाकरोद्यत्नंव्यूहमेवाभ्यरक्षत ३५ निवार्यपांडुपंचालान्द्रोणाग्निःप्रदहन्निव ॥ तस्थौक्रोधेध्मसंदीप्तःकालसूर्यइवोद्यतः ३६ ॥ इतिश्रीमहाभारतेद्रोणपर्वणि
जयद्रथ० वध० पर्व० सात्यकिप्रवेशेसात्यकिपराक्रमेसप्तदशाधिकशततमोऽध्यायः ॥ ११७ ॥ ॥ ॥ ॥ ॥ ॥

३२।३३।३४।३५ । ३६ ॥ इतिद्रोणपर्वणिटीकायांसप्तदशाधिकशततमोऽध्यायः ॥११७॥ ॥ ॥ ॥ ॥ ॥ ॥

म.भा.टी. ॥८९॥ द्रोणमिति १।२।३।४।५।६।७।८। ९।१०।११।१२।१३।१४।१५।१६। १७ अग्र्यंप्रधानंकर्म १८ ॥ इतिद्रोणपर्वणिटीकायामष्टादशाधिकशततमोऽध्यायः ॥ ११८ ॥ द्रोण० अ० ११९

॥ संजयउवाच ॥ द्रोणंसजित्वापुरुषप्रवीरस्तथैवहार्दिक्यमुखांस्त्वदीयान् ॥ प्रहस्यसूतंवचनंबभाषेशिनिप्रवीरःकुरुपुंगवाग्र्य १ निमित्तमात्रंवयमद्यसूतद ग्धारयःकेशवफाल्गुनाभ्याम् ॥ हतान्निहन्मेहनरर्षभेणवयंसुरेशात्मसमुद्भवेन २ तमेवमुक्त्वाशिनिपुंगवस्तदामहामृधेसोऽग्र्यधनुर्धरोऽरिहा ॥ किरन्समंता त्सहसाशरान्बलीसमापतच्छ्येनइवामिषंयथा ३ तंयांतमश्वैःशशिशंखवर्णैर्विगाह्यसैन्यंपुरुषप्रवीरम् ॥ नाशक्नुवन्वारयितुंसमंतादादित्यरश्मिप्रतिमंरथाग्र्यम् ४ असह्यविक्रांतमदीनसत्वंसर्वेगणाभारतयेत्वदीयाः ॥ सहस्रनेत्रप्रतिमप्रभावंदिवीवसूर्यंजलदव्यपाये ५ अमर्षपूर्णस्त्वतिचित्रयोधीशरासनीकांचनवर्मधारी ॥ सुदर्शनःसात्यकिमापतंतंन्यवारयद्राजवरःप्रसह्य ६ तयोरभूद्भारतसंप्रहारःसुदारुणस्तंसमतिप्रशंसन् ॥ योधास्त्वदीयाश्चहिसोमकाश्चवृत्रेंद्रयोर्युद्धमिवामरौघाः ७ शरैःसुतीक्ष्णैःशतशोऽभ्यविध्यत्सुदर्शनःसात्वतमुख्यमाजौ ॥ अनागतानेवतुतान्पृषत्कांश्चिच्छेदराजन्शिनिपुंगवोऽपि ८ तथैवशक्रप्रतिमोऽपिसात्यकिः सुदर्शनेयान्क्षिपतिस्मसायकान् ॥ द्विधात्रिधातानकरोत्सुदर्शनःशरोत्तमैःस्यंदनवर्यमास्थितः ९ तान्वीक्ष्यबाणान्निहतांस्तदानींसुदर्शनःसात्यकिबाणवेगैः ॥ क्रोधाद्दिधक्षन्निवतिग्मतेजाःशरानमुंचत्तपनीयचित्रान् १० पुनःसबाणैस्त्रिभिरग्निकल्पैराकर्णपूर्णैर्निशितैःसुपुंखैः ॥ विव्याधदेहावरणंविभिद्यतेसात्यकेराविविशुः शरीरम् ११ तथैवतस्यावनिपालपुत्रःसंधायबाणैरपरैर्ज्वलद्भिः ॥ आजघ्निवांस्तान्रजतप्रकाशांश्चतुर्भिरश्वांश्चतुरःप्रसह्य १२ तथातुतेनाभिहतस्तरस्वीनप्ताशिनेरिं द्रसमानवीर्यः ॥ सुदर्शनस्येषुगणैःसुतीक्ष्णैर्हयान्निहत्याशुननादनादम् १३ अथास्यसूतस्यशिरोनिकृत्यभल्लेनशक्राशनिसन्निभेन ॥ सुदर्शनस्यापिशिनिप्रवीरःक्षुरे णकालानलसंनिभेन १४ सकुंडलंपूर्णशशिप्रकाशंभ्राजिष्णुवक्त्रंविचकर्तदेहात् ॥ यथापुरावज्रधरःप्रसह्यबलस्यसंख्येतिबलस्यराजन् १५ निहत्यतंपार्थिवपु त्रपौत्रंरणेयदूनामृषभस्तरस्वी ॥ मुदासमेतःपरयामहात्मारराजराजन्सुरराजकल्पः १६ ततोययावर्जुनएवयेननिवार्यसैन्यंतवमार्गणौघैः ॥ सदश्वयुक्तेनरथेन राजन्लोकंविसिस्मापयिषुर्नृवीरः १७ तत्तस्यविस्मापयनीयमग्र्यमपूजयन्योधवराःसमेताः ॥ प्रवर्त्तमानानिषुगोचरेरीन्ददाहबाणैर्हुतभुग्यथैव १८ ॥ इतिश्रीमहा भारतेद्रोणपर्वणिजयद्रथवधपर्वणिसुदर्शनवधेअष्टादशाधिकशततमोऽध्यायः ॥ ११८ ॥ ॥ ॥ ॥ संजयउवाच ॥ ततःससात्यकिर्धीमान्महात्मावृ ष्णिपुंगवः ॥ सुदर्शनंनिहत्याजौयंतारंपुनरब्रवीत् १ रथाश्वनागकलिलंशरशक्त्यूर्मिमालिनम् ॥ खड्गमत्स्यंगदाग्राहंशूरायुधमहास्वनम् २ प्राणापहारिणं रौद्रंवादित्रोत्क्रुष्टनादितम् ॥ योधानामसुखस्पर्शंदुर्धर्षमजयैषिणाम् ३ तीर्णाःस्मदुस्तरंतातद्रोणानीकमहार्णवम् ॥ जलसंधबलेनाजौपुरुषादैरिवावृतम् ४

ततइति १।२।३।४ ॥ ॥ ॥ ॥ ॥ ॥ ॥ ॥ ॥८५॥

५ । ६ । ७ । ८ । ९ । १० । ११ । १२ विश्रंभयन्नाश्वासयन् १३ । १४ । १५ । १६ । १७ । १८ । १९ । २० । २१ । २२ । २३ । २४ । २५ । २६ पारयिष्यामिसमापयिष्यामि २७

अतोऽन्यत्पृतनाशेषंमन्येकुनदिकामिव ॥ तर्तव्यामल्पसलिलांचोदयाश्वानसंभ्रमम् ५ हस्तप्राप्तमहंमन्येसांप्रतंसव्यसाचिनम् ॥ निर्जित्यदुर्धरंद्रोणंसपदा
नुगमाहवे ६ हार्दिक्यंयोधवर्यंचमन्येप्राप्तंधनंजयम् ॥ नहिमेजायतेत्रासोदृष्ट्वासैन्यान्यनेकशः ७ वह्नेरिवप्रदीप्तस्यवनेशुष्कतृणोलपे ॥ पश्यपांडवमुख्येन
यातांभूमिंकिरीटिना ८ पत्त्यश्वरथनागौघैःपतितैर्विषमीकृताम् ॥ द्रवतेतद्यथासैन्यंतेनभग्नंमहात्मना ९ रथैर्विपरिधावद्भिर्गजैरश्वैश्चसारथे ॥ कौशेयारुण
संकाशमेतदुद्धूयतेरजः १० अभ्याशस्थमहंमन्येश्वेताश्वंकृष्णसारथिम् ॥ सएषश्रूयतेशब्दोगांडीवस्यामितौजसः ११ यादृशानिनिमित्तानिममप्रादुर्भवंतिवै
॥ अनस्तंगतआदित्येहंतासैंधवमर्जुनः १२ शनैर्विश्रंभयन्नश्वान्याहियत्रारिवाहिनी ॥ यत्रैतेसतलत्राणाःसुयोधनपुरोगमाः १३ दंशिताःक्रूरकर्माणःकांबोजायु
द्धदुर्मदाः ॥ शरबाणासनधरायवनाश्वप्रहारिणः १४ शकाःकिरातादरदाबर्बरास्ताम्रलिप्तकाः ॥ अन्येचबहवोम्लेच्छाविविधायुधपाणयः १५ यत्रैतेसतल
त्राणाःसुयोधनपुरोगमाः ॥ मामेवाभिमुखाःसर्वेतिष्ठंतिसमरार्थिनः १६ एतान्सरथनागाश्वान्निहत्याजौसपत्तिनः ॥ इदंदुर्गंमहावोरंतीर्णमेवोपधारय १७
सूतउवाच ॥ नसंभ्रमोमेवार्ष्णेयविद्यतेसत्यविक्रम ॥ यद्यपिस्यात्तवक्रुद्धोजामदग्न्योऽग्रतःस्थितः १८ द्रोणोवारथिनांश्रेष्ठःकृपोमद्रेश्वरोऽपिवा ॥ तथाऽपि
संभ्रमोनस्यात्त्वामाश्रित्यमहाभुज १९ त्वयासुबहवोयुद्धेनिर्जिताःशत्रुसूदन ॥ दंशिताःक्रूरकर्माणःकांबोजायुद्धदुर्मदाः २० शरबाणासनधरायवनाश्वप्रहारिणः
॥ शकाःकिरातादरदाबर्बरास्ताम्रलिप्तकाः २१ अन्येचबहवोम्लेच्छाविविधायुधपाणयः ॥ नचमेसंभ्रमःकश्चिद्भूतपूर्वःकथंचन २२ किमुतैतत्समासाद्यधीरसं
युगगोष्पदम् ॥ आयुष्मन्कतरेणत्वांप्रापयामिधनंजयम् २३ केषांक्रुद्धोऽसिवार्ष्णेयकेषांमृत्युरुपस्थितः ॥ केषांसंयमनीमद्यगंतुमुत्सहतेमनः २४ केत्वां
युधिपराक्रांतंकालांतकयमोपमम् ॥ दृष्ट्वाविक्रमसंपन्नंविद्रविष्यंतिसंयुगे २५ केषांवैवस्वतोराजास्मरतेद्यमहाभुज ॥ सात्यकिरुवाच ॥ मुंडानेतान्हनिष्या
मिदानवानिववासवः २६ प्रतिज्ञांपारयिष्यामिकांबोजानेवमांवह ॥ अद्यैषांकदनंकृत्वाप्रियंयास्यामिपांडवम् २७ अद्यद्रक्ष्यंतिमेवीर्यंकौरवाःससुयोधनाः ॥
मुंडानीकेहतेसूतसर्वसैन्येषुचासकृत् २८ अद्यकौरवसैन्यस्यदीर्यमाणस्यसंयुगे ॥ श्रुत्वाविरावंबहुधासंतप्स्यतिसुयोधनः २९ अद्यपांडवमुख्यस्यश्वेता
श्वस्यमहात्मनः ॥ आचार्यस्यकृतंमार्गंदर्शयिष्यामिसंयुगे ३० अद्यमद्बाणनिहतान्योधमुख्यान्सहस्रशः ॥ दृष्ट्वादुर्योधनोराजापश्चात्तापंगमिष्यति ३१
अद्यमेक्षिप्रहस्तस्यक्षिपतःसायकोत्तमान् ॥ अलातचक्रप्रतिमंधनुर्द्रक्ष्यन्तिकौरवाः ३२ ॥ ॥ ॥

२८ । २९ श्वेताश्वस्यसकाशेकृतमभ्यस्तंमार्गमस्त्रशिक्षामाचार्यस्यद्रोणस्यदर्शयिष्यामीत्यन्वयः अथवा आचार्यस्यविद्योपदेष्टुःश्वेताश्वस्यदर्शयिष्यामीतिसामान्यकर्मकं ३० । ३१ । ३२

म.भा.टी. ३३ द्विरर्जुनंद्वावर्जुनौयत्रनैरुक्तोवर्णागमः ३४ । ३५ । ३६ । ३७ । ३८ । ३९ । ४० । ४१ शैक्यायसानिशोणितायोमयानि ४२ । ४३ सुपूर्णायतमुक्तैराकर्णज्योत्सृष्टैः अव्यवच्छिन्नापिंडितै द्रोण०

मत्सायकचितांगानांरुधिरंस्रवतांमुहुः ॥ सैनिकानांवधंदृष्ट्वासंतप्स्यतिसुयोधनः ३३ अद्यमेक्रुद्धरूपस्यनिघ्नतश्चवरान्वरान् ॥ द्विरर्जुनमिमंलोकंमंस्यते ऽद्यसुयोधनः ३४ अद्यराजसहस्राणिनिहतानिमयारणे ॥ दृष्ट्वादुर्योधनोराजासंतप्स्यतिमहामृधे ३५ अद्यस्नेहंचभक्तिंचपांडवेषुमहात्मसु ॥ हत्वाराजसह स्राणिदर्शयिष्यामिराजसु ३६ बलंवीर्यंकृतज्ञत्वंममज्ञास्यंतिकौरवाः ॥ संजयउवाच ॥ एवमुक्तस्तदासूतःशिक्षितान्साधुवाहिनः ३७ शशांकसन्निकाशान्वै वाजिनोऽभ्यनुदद्भृशम् ॥ तेऽपिबंतइवाकाशंयुयुधानंहयोत्तमाः ३८ प्रापयन्यवनान्शीघ्रंमनःपवनरंहसः ॥ सात्यकिंतेसमासाद्यपृतनास्वनिवर्तिनम् ३९ बहवोलघुहस्ताश्चशरवर्षैरवाकिरन् ॥ तेषामिषून्तथास्त्राणिवेगवान्नतपर्वभिः ४० अच्छिनत्सात्यकीराजन्नैनंतेप्राप्नुवन्शराः ॥ रुक्मपुंखैःसुनिशितैर्गार्ध्रपत्रैरजिह्मगैः ४१ उच्चकर्त्तशिरांस्युग्रोयवनानांभुजानपि ॥ शैक्यायसानिवर्माणिकांस्यानिचसमंततः ४२ भित्त्वादेहांस्तथातेषांशराजग्मुर्महीतलम् ॥ तेहन्यमानावी रेणम्लेच्छाःसात्यकिनारणे ४३ शतशोऽभ्यपतंस्तत्रव्यसवोवसुधातले ॥ सुपूर्णायतमुक्तैस्तानव्यवच्छिन्नपिंडितैः ४४ पंचषट्सप्तचाष्टौचबिभेदयवनान्शरैः ॥ कांबोजानांसहस्रैश्चशकानांचविशांपते ४५ शबराणांकिरातानांबर्बराणांतथैवच ॥ अगम्यरूपांपृथिवींमांसशोणितकर्दमाम् ४६ कृतवांस्तत्रशैनेयःक्षपयंस्ता वकंबलम् ॥ दस्यूनांसशिरस्त्राणैःशिरोभिर्लूनमूर्धजैः ४७ दीर्घकूर्चैर्महीकीर्णाविबर्हैरंडजैरिव ॥ रुधिरोक्षितसर्वांगैस्तैस्तदायोधनंबभौ ४८ कबंधैःसंवृतं सर्वंताम्राभ्रैःखमिवावृतम् ॥ वज्राशनिसमस्पर्शैःसुपर्वभिरजिह्मगैः ४९ तेसात्वतेननिहताःसमावव्रुर्वसुंधराम् ॥ अल्पावशिष्टाःसंभग्नाःकृच्छ्रप्राणाविचेतसः ५० जिताःसंख्येमहाराजयुयुधानेनदंशिताः ॥ पार्ष्णिभिश्चकशाभिश्चताडयंतस्तुरंगमान् ५१ जवमुत्तममास्थायसर्वतःप्राद्रवन्भयात् ॥ कांबोजसैन्यंविद्राव्यदु र्जयंयुधिभारत ५२ यवनानांचतत्सैन्यंशकानांचमहद्बलम् ॥ ततःसपुरुषव्याघ्रःसात्यकिःसत्यविक्रमः ५३ प्रविष्टस्तावकान्जित्वासूतंयाहीत्यचोदयत् ॥ तत्तस्यसमरेकर्मदृष्ट्वाऽन्यैरकृतंपुरा ५४ चारणाःसहगंधर्वाःपूजयांचक्रिरेभृशम् ॥ तंयांतंपृष्ठगोपारमर्जुनस्यविशांपते ॥ चारणाःप्रेक्ष्यसंहृष्टास्त्वदीयाश्चाभ्य पूजयन् ५५ इतिश्रीमहाभारतेद्रोणपर्वणिजयद्रथवधपर्वणिसात्यकिप्रवेशेयवनपराजयेएकोनविंशत्यधिकशततमोऽध्यायः ॥ ११९ ॥ ॥ संजयउवाच ॥ जित्वायवनकांबोजान्युयुधानस्ततोऽर्जुनम् ॥ जगामतवसैन्यस्यमध्येनरथिनांवरः १ चारुदंष्ट्रोनरव्याघ्रोविचित्रकवचध्वजः ॥ मृगंव्याघ्रइवाजिघ्रंस्तवसै न्यमभीषयत् २ सरथेनचरन्मार्गान्धनुरभ्रामयद्भृशम् ॥ रुक्मपृष्ठंमहावेगंरुक्मचंद्रकसंकुलम् ३ ॥ ॥

रनवच्छिन्नासंहतैः ४४ । ४५ । ४६ । ४७ । ४८ । ४९ । ५० । ५१ । ५२ । ५३ । ५४ । ५५ ॥ इतिद्रोणपर्वणिटीकायामेकोनविंशत्यधिकशततमोऽध्यायः ॥११९॥ जित्वेति १ । २ । ३

रुक्मांगदशिरस्त्राणोरुक्मवर्मसमावृतः ॥ रुक्मध्वजधनुःशूरोमेरुशृंगमिवाबभौ ४ सधनुर्मंडलःसंख्येतेजोभास्कररश्मिवान् ॥ शरदीवोदितःसूर्योनृसूर्योविरराजह
५ वृषभस्कंधविक्रांतोवृषभाक्षोनरर्षभः ॥ तावकानांबभौमध्येगवांमध्येयथावृषः ६ मत्तद्विरदसंकाशंमत्तद्विरदगामिनम् ॥ प्रभिन्नमिवमातंगंयूथमध्येऽव्यवस्थितम्
७ व्याघ्राइवजिघांसंतस्त्वदीयाःसमुपाद्रवन् ॥ द्रोणानीकमतिक्रांतंभोजानीकंचदुस्तरम् ८ जलसंधार्णवंतीर्त्वाकांबोजानांचवाहिनीम् ॥ हार्दिक्यमकरान्मुक्तंती
र्णंवैसैन्यसागरम् ९ परिवव्रुःसुसंक्रुद्धास्त्वदीयाःसात्यकिंरथाः ॥ दुर्योधनश्चित्रसेनोदुःशासनविविंशती १० शकुनिदुःसहश्चैवयुवादुर्धर्षणःक्रथः ॥ अन्येचबहवः
शूराःशस्त्रवंतोदुरासदाः ११ पृष्ठतःसात्यकिंयांतमन्वधावन्नमर्षिणः ॥ अथशब्दोमहानासीत्तवसैन्यस्यमारिष १२ मारुतोद्धूतवेगस्यसागरस्येवपर्वणि ॥ तान
भिद्रवतःसर्वान्समीक्ष्यशिनिपुंगवः १३ शनैर्याहीतियंतारमब्रवीत्प्रहसन्निव ॥ इदमेतत्समुद्धूतंधार्तराष्ट्रस्ययद्बलम् १४ मामेवाभिमुखंतूर्णंगजाश्वरथपत्तिमत् ॥
नादयन्वैदिशःसर्वारथघोषेणसारथे १५ पृथिवींचांतरिक्षंचकंपयन्सागरानपि ॥ एतद्बलार्णवंसूतवारयिष्येमहारणे १६ पौर्णमास्यामिवोद्धूतंवेलेवमकारलयम् ॥
पश्यमेसूतविक्रांतमिंद्रस्येवमहामृधे १७ एषसैन्यानिशत्रूणांविधमामिशितैःशरैः ॥ निहतानाहवेपश्यपदात्यश्वरथद्विपान् १८ मच्छरैरग्निसंकाशैर्विद्धदेहान्सह
स्रशः ॥ इत्येवंब्रुवतस्तस्यसात्यकेरमितौजसः १९ समीपंसैनिकास्तेतुशीघ्रमीयुर्युयुत्सवः ॥ जह्याद्रवस्वतिष्ठेतिपश्यपश्येतिवादिनः २० तानेवंब्रुवतोवीरान्सा
त्यकिर्निशितैःशरैः ॥ जघानत्रिशतानश्वान्कुंजरांश्चचतुःशतान् २१ ससंप्रहारस्तुमुलस्तस्यतेषांचधन्विनाम् ॥ देवासुररणप्रख्यःप्रावर्त्ततजनक्षयः २२ मेघजा
लनिभंसैन्यंतवपुत्रस्यमारिष ॥ प्रत्यगृह्णाच्छिनेःपौत्रःशरैराशीविषोपमैः २३ प्रच्छाद्यमानःसमरेशरजालैःसवीर्यवान् ॥ असंभ्रमन्महाराजतावकानवधीद्बहून् २४
आश्चर्यंतत्रराजेंद्रसुमहद्दृष्टवाहनम् ॥ नमोघःसायकःकश्चित्सत्यकेरभवत्प्रभो २५ रथनागाश्वकलिलःपदात्यूर्मिसमाकुलः ॥ शैनेयवेलामासाद्यस्थितःसैन्यमहा
र्णवः २६ संभ्रांतनरनागाश्वमावर्त्ततमुहुर्मुहुः ॥ तत्सैन्यमिषुभिस्तेनबध्यमानंसमंततः २७ बभ्रामतत्रतत्रैवगावःशीतार्दिताइव ॥ पदातिनंरथंनागंसादिनंतुरगं
तथा २८ अविद्धंतत्रनाऽद्राक्षंयुयुधानस्यसायकैः ॥ नताद्दक्कदनंराजन्कृतवांस्तत्रफाल्गुनः २९ याद्दक्क्षयमनीकानामकरोत्सात्यकिर्नृप ॥ अत्यर्जुनंशिनेःपौ
त्रोयुध्यतेपुरुषर्षभः ३० वीतभीर्लाघवोपेतःकृतित्वंसंप्रदर्शयन् ॥ ततोदुर्योधनोराजासात्वतस्यत्रिभिःशरैः ३१ विव्याधसूतंनिशितैश्चतुर्भिश्चतुरोहयान् ॥ सा
त्यकिंचत्रिभिर्विद्ध्वापुनरष्टाभिरेवच ३२ दुःशासनःषोडशभिर्विव्याधशिनिपुंगवम् ॥ शकुनिःपंचविंशत्याचित्रसेनश्चपंचभिः ३३

३४ । ३५ । ३६ । ३७ । ३८ । ३९ । ४० । ४१ । ४२ । ४३ । ४४ । ४५ । ४६ । ४७ ॥ इतिद्रोणपर्वणिटीकायांविंशत्यधिकशततमोऽध्यायः ॥ १२० ॥ ॥ संप्रमृद्येति १ । २ । ३ ॥

दुःसहःपंचदशभिर्विव्याधोरसिसात्यकिम् ॥ उत्स्मयन्वृष्णिशार्दूलस्तथाबाणैःसमाहतः ३४ तानविध्यन्महाराजसर्वानेवत्रिभिस्त्रिभिः ॥ गाढविद्धानरीन्कृत्वा मार्गणैःसोऽतितेजनैः ३५ शैनेयःश्येनवत्संख्येव्यचरल्लघुविक्रमः ॥ सौबलस्यधनुश्छित्वाहस्तावापंनिकृत्यच ३६ दुर्योधनंत्रिभिर्बाणैरभ्यविध्यत्स्तनांतरे ॥ चित्रसेनंशतेनैवदशभिर्दुःसहंतथा ३७ दुःशासनंतुविंशत्याविव्याधशिनिपुंगवः ॥ अथान्यद्धनुरादायश्यालस्तवविशांपते ३८ अष्टाभिःसात्यकिंविध्वापुनर्विव्याधपंचभिः ॥ दुःशासनश्चदशभिर्दुःसहश्चत्रिभिःशरैः ३९ दुर्मुखश्चद्वादशभीराजन्विव्याधसात्यकिम् ॥ दुर्योधनस्त्रिसप्तत्याविध्वाभारतमाधवम् ४० ततोऽस्य निशितैर्बाणैस्त्रिभिर्विव्याधसारथिम् ॥ तान्सर्वान्सहितान्शूरान्यतमानान्महारथान् ४१ पंचभिःपंचभिर्बाणैःपुनर्विव्याधसात्यकिः ॥ ततःसरथिनांश्रेष्ठस्तव पुत्रस्यसारथिम् ४२ आजघानाशुभल्लेनसहतोन्यपतद्भुवि ॥ पतितेसारथौतस्मिंस्तवपुत्ररथःप्रभो ४३ वातायमानैस्तैरश्वैरपानीयतसंगरात् ॥ ततस्तवसुतोरा जन्सैनिकाश्चविशांपते ४४ राज्ञोरथमभिप्रेक्ष्यविद्रुताःशतशोऽभवन् ॥ विद्रुतंतत्रतत्सैन्यंदृष्ट्वाभारतसात्यकिः ४५ अवाकिरच्छरैस्तीक्ष्णैरुक्मपुंखैःशिलाशितैः ॥ विद्राव्यसर्वसैन्यानितावकानिसहस्रशः ४६ प्रययौसात्यकीराजन्श्वेताश्वस्यरथंप्रति ॥ तंशरानाददानंचरक्षमाणंचसारथिम् ॥ आत्मानंपालयानंचतावकाःसम पूजयन् ४७ ॥ इतिश्रीमहाभारतेद्रोणपर्वणिजयद्रथवधपर्वणिसात्यकिप्रवेशेदुर्योधनपलायनेविंशत्यधिकशततमोऽध्यायः ॥ १२० ॥ धृतराष्ट्रउवाच ॥ संप्रमृद्यम हत्सैन्यंयांतंशैनेयमर्जुनम् ॥ निर्ह्रीकाममतेपुत्राःकिमकुर्वतसंजय १ कथंवैषांतदायुद्धेधृतिरासीन्मुमूर्षताम् ॥ शैनेयचरितंदृष्ट्वायादृशंसव्यसाचिनः २ किंनुवक्ष्यंतिते क्षात्रंसैन्यमध्येपराजिताः ॥ कथंनुसात्यकिर्युद्धेव्यतिक्रांतोमहायशाः ३ कथंचममपुत्राणांजीवतांतत्रसंजय ॥ शैनेयोऽभिययौयुद्धेतन्ममाचक्ष्वसंजय ४ अत्यद्भु तमिदंतातत्वत्सकाशाच्छृणोम्यहम् ॥ एकस्यबहुभिःसार्धंशत्रुभिस्तैर्महारथैः ५ विपरीतमहंमन्येमंदभाग्यंसुतंप्रति ॥ यत्रावध्यंतसमरेसात्वतेनमहारथाः ६ एक स्यहिनपर्याप्तंयत्सैन्यंतस्यसंजय ॥ क्रुद्धस्ययुयुधानस्यसर्वेतिष्ठंतुपांडवाः ७ निर्जित्यसमरेद्रोणंकृतिनंचित्रयोधिनम् ॥ यथापशुगणान्सिंहस्तद्वद्धंतासुतान्मम ८ कृतवर्मादिभिःशूरैर्यत्तैर्बहुभिराहवे ॥ युयुधानोनशकितोहंतुंयत्पुरुषर्षभः ९ नैतदीदृशकंयुद्धंकृतवांस्तत्रफाल्गुनः ॥ यादृशंकृतवान्युद्धंशिनेर्नप्तामहायशाः १० संजयउवाच ॥ तवदुर्मंत्रितेराजन्दुर्योधनकृतेनच ॥ शृणुष्वावहितोभूत्वायत्तेवक्ष्यामिभारत ११ तेपुनःसंन्यवर्तंतकृत्वासंशप्तकामिथः ॥ परांयुद्धेमतिंक्रूरांतव पुत्रस्यशासनात् १२

४ । ५ । ६ । ७ । ८ । ९ । १० दुर्योधनस्यकृतेनकर्मणा ११ मतिंकृत्वेत्यन्वयः १२ ॥ ॥ ॥ ॥ ॥

१३ । १४ । १५ । १६ । १७ । १८ । १९ । २० । २१ । २२ । २३ । २४ । वामनस्ययमोपवाह्यस्य । 'चंद्राःकांतशिरोग्रीवानीचस्कंधामनस्विनः । व्यूढोरस्काःसुनिश्चितावामनान्वयजागजाः । सुप्रतीकस्यईशोपवाह्यस्य । 'सुविभक्तमहाशीर्षाजीमूतसदृशप्रभाः ॥ प्रभूतहस्तावलिनःसुप्रतीककुलोद्भवाः' ॥ महापद्मस्यकुमुदस्यकुले । 'चंडाःसमायतत्वक्काःसुयुद्धाबलिनोऽपिच ॥ महापद्मान्वयभवागजयुद्धप्रियागजाः' २५ 'श्वेतवालनखाःशूराःश्वेतत्वक्कामहाबलाः ॥ उदग्रावर्षवन्तश्चगजाऐरावतोद्भवाः' ॥ अन्येषुकुलेषुपुंडरीकपुष्पदंतसार्वभौमीयेषु । 'स्थिराःस्थूलशिरोदंतानिःशंकाबलिनोऽपिच ॥ शुक्लवर्णन

त्रीणिसादिसहस्राणिदुर्योधनपुरोगमाः ॥ शककांबोजवाल्हीकायवनाःपारदास्तथा १३ कुलिंदास्तंगणांबष्ठाःपैशाचाश्चसबर्बराः ॥ पार्वतीयाश्चराजेंद्रकुद्धाःपाषाणपाणयः १४ अभ्यद्रवंतशैनेयंशलभाःपावकंयथा ॥ युक्ताश्चपार्वतीयानांरथाःपाषाणयोधिनाम् १५ शूराःपंचाशताराजन्शैनेयंसमुपाद्रवन् ॥ ततोरथसहस्रेणमहारथशतेनच १६ द्विरदानांसहस्रेणद्विसाहस्रैश्चवाजिभिः ॥ शरवर्षाणिमुंचंतोविविधानिमहारथाः १७ अभ्यद्रवंतशैनेयमसंख्येयाश्चपत्तयः ॥ तांश्चसंचोदयन्सर्वान्घ्नतैनमितिभारत १८ दुःशासनोमहाराजसात्यकिंपर्यवारयत् ॥ तत्राद्भुतमपश्यामशैनेयचरितंमहत् १९ यदेकोबहुभिःसार्धमसंभ्रांतमयुध्यत ॥ अवधीद्रथानीकंद्विरदानांचतद्बलम् २० सादिनश्चैवतान्सर्वान्दस्यूनपिचसर्वशः ॥ तत्रचक्रैर्विमथितैर्भग्नैश्चपरमायुधैः २१ अक्षैश्चबहुधाभग्नैरीषादंडकबंधुरैः ॥ कुंजरैर्मथितैश्चापिध्वजैश्चविनिपातितैः २२ वर्मभिश्चतथाऽनीकैर्व्यवकीर्णावसुंधरा ॥ स्रग्भिराभरणैर्वस्त्रैरनुकर्षैश्चमारिष २३ संछन्नावसुधातत्रद्यौर्ग्रहैरिवभारत ॥ गिरिरूपधराश्चापिपतिताःकुंजरोत्तमाः २४ अंजनस्यकुलेजातावामनस्यचभारत ॥ सुप्रतीककुलेजातामहापद्मकुलेतथा २५ ऐरावतकुलेचैवतथाऽन्येषुकुलेषुच ॥ जातादंतिवराराजन्शेरतेबहवोहताः २६ वनायुजान्पार्वतीयान्कांबोजान्बाल्हिकानपि ॥ तथाहयवरान्राजन्निजघ्नेतत्रसात्यकिः २७ नानादेशसमुत्थांश्चनानाजातींश्चदंतिनः ॥ निजघ्नेतत्रशैनेयःशतशोऽथसहस्रशः २८ तेषुप्रकाल्यमानेषुदस्यून्दुःशासनोऽब्रवीत ॥ निवर्तध्वमधर्मज्ञायुध्यध्वंकिंसृतेनवः २९ तांश्चातिभग्नान्संप्रेक्ष्यपुत्रोदुःशासनस्तव ॥ पाषाणयोधिनःशूरान्पार्वतीयानचोदयत् ३० अश्मयुद्धेषुकुशलानैतज्जानातिसात्यकिः ॥ अश्मयुद्धमजानंतंहतैनंयुद्धकामुकम् ३१ तथैवकुरवःसर्वेनाश्मयुद्धविशारदाः ॥ अभिद्रवतमाभैष्टनवःप्राप्स्यतिसात्यकिः ३२ तेपार्वतीयाराजानःसर्वेपाषाणयोधिनः ॥ अभ्यद्रवंतशैनेयंराजानमिवमंत्रिणः ३३ ततोगजशिरःप्रख्यैरुपलैःशैलवासिनः ॥ उद्यतैर्युयुधानस्यपुरतस्तस्थुराहवे ३४ क्षेपणीयैस्तथाऽप्यन्येसात्वतस्यवधैषिणः ॥ चोदितास्तवपुत्रेणसर्वतोरुरुधुर्दिशः ३५ तेषामापततामेवधिलायुद्धंचिकीर्षताम् ॥ सात्यकिःप्रतिसंधायनिशितान्प्राहिणोच्छरान् ३६ तामश्मवृष्टिंतुमुलांपार्वतीयैःसमीरिताम् ॥ चिच्छेदोरगसंकाशैर्नाराचैःशिनिपुंगवः ३७ तैरश्मचूर्णैर्दीप्यद्भिःखद्योतानामिवव्रजैः ॥ प्रायःसैन्यान्यहन्यंतहाहाभूतानिमारिष ३८ ॥ ॥

खाःशूराःपुंडरीकोद्भवागजाः ॥ श्यामत्वग्दशनाश्चंडालंबोष्ठाश्चारुदर्शनाः ॥ पीनायताननकराःपुष्पदंतोद्भवागजाः ॥ मंडलाकृतयःशूराःसुवर्माणःसुदर्शनाः ॥ पीनायतास्याःपीताभाःसार्वभौमकुलोद्भवाः' २६ । २७ । २८ । २९ । ३० । ३१ । ३२ । ३३ । ३४ । क्षेपणीयैःशस्त्रैः ३५ । ३६ । ३७ । ३८ ॥

म.भा. टी.

॥८८॥

३९। ४०। ४१। व्याप्तमुखाम्लच्छविशेषाः ४२। ४३ अद्रीणामस्तराणां ४४ । ४५ । ४६ । ४७ । ४८ । ४९ । ५० । ५१ । ५२ । ५३ । ५४ । ५५ । ५६ । ५७ । ५८

द्रोण३
अ०
१२२

ततःपंचशतंशूराःसमुद्यतमहाशिलाः ॥ निकृत्तबाहवोराजन्निपेतुर्धरणीतले ३९ पुनर्देशशताश्वान्येशतसाहस्रिणस्तथा ॥ सोपलैर्बाहुभिश्छिन्नैःपेतुरप्राप्यसा
त्यकिम् ४० पाषाणयोधिनःशूरान्यतमानानवस्थितान् ॥ न्यवधीद्दशसाहस्रांस्तद्द्भुतमिवाभवत् ४१ ततःपुनर्व्यात्तमुखास्तेऽश्मवृष्टिःसमंततः ॥ अग्रोहस्ताः
शूलहस्तादरदास्तंगणाःखसाः ४२ लंपाकाश्चकुलिंदाश्चिक्षिपुस्तांश्चसात्यकिः ॥ नाराचैःप्रतिचिच्छेदप्रतिपत्तिविशारदः ४३ अद्रीणामभिद्यमानानां
तरिक्षितेःशरैः ॥ शब्देनाप्राद्रवन्संख्येरथाश्वगजपत्तयः ४४ अश्मचूर्णैरवाकीर्णामनुष्यगजवाजिनः ॥ नाशक्नुवन्नवस्थातुंअश्मरैरिवदंशिता ४५ हतशिष्टाः
सरुधिराभिन्नमस्तकपिंडिका ॥ कुंजरावजयामासुर्युयुधानरथंतदा ४६ ततःशब्दःसमभवत्तवसैन्यस्यमारिष ॥ माधवेनार्द्यमानस्यसागरस्येवपर्वणि ४७
तंशब्दंतुमुलंश्रुत्वाद्रोणोयंतारमब्रवीत् ॥ एषसूतरणेकुद्धःसात्वतानांमहारथः ४८ दारयन्बहुधासैन्यंरणेचरतिकालवत् ॥ यत्रैषशब्दस्तुमुलस्तत्रसूतरथंनय ४९
पाषाणयोधिभिर्नूनंयुयुधानःसमागतः ॥ तथाहिरथिनःसर्वेहियंतेविद्रुतेहयैः ५० विशङ्कवचारुग्णास्तत्रतत्रप्रपतंतिच ॥ नशक्नुवंतियंतारःसंयंतुंतुमुलेहय
यान् ५१ इत्येतद्वचनंश्रुत्वाभारद्वाजस्यसारथिः ॥ प्रत्युबाचततोद्रोणंसवेशब्दभृतांवरम् ५२ सैन्यंद्रवतिचायुष्मन्कौरवेयंसमंततः ॥ पश्ययोधान्रणेभग्रा
न्धावतोवेतसततत् ५३ इमेचसंहताःशूराःपंचालाःपांडवैःसह ॥ त्वामेवहिजिघांसंतआद्रवंतिसमंततः ५४ अत्रकार्यंसमाधत्स्वप्राप्तकालमरिंदम ॥ स्थानेवा
गमनेवापिदूरंयात्वश्चसात्यकिः ५५ तथैवंवदतस्तस्यभारद्वाजस्यसारथेः ॥ प्रत्यदृश्यतशैनेयोनिघ्नन्बहुविधान्रथान् ५६ तेवध्यमानाःसमरेयुयुधानेनतावकाः
॥ युयुधानरथंत्यक्त्वाद्रोणानीकायदुद्रुवुः ५७ यैस्तुदुःशासनःसार्धरथैःपूर्वंन्यवर्त्तत ॥ तेभीतास्त्वभ्यधावंतसर्वेद्रोणरथंप्रति ५८ इतिश्रीमहाभारतेद्रोणप
र्वणिजयद्रथवधपर्वणिसात्यकिप्रवेशेएकविंशत्यधिकशततमोऽध्यायः ॥ १२१ ॥ ॥ संजयउवाच ॥ दुःशासनरथंदृष्ट्वासमीपेपर्यवस्थितम् ॥
भारद्वाजस्ततोवाक्यंदुःशासनमथाब्रवीत् १ दुःशासनरथाःसर्वकस्माच्चेतप्रविद्रुताः ॥ कच्चिक्षेमंतुनृपतेःकच्चिज्जीवतिसैंधवः २ राजपुत्रोभवान्तरराजभ्राता
महारथः ॥ किमर्थंद्रवतेयुद्धेयौवराज्यमवाप्यहि ३ दासीजितासिसूतेत्वंयथाकामचरीभव ॥ वासांवाहिकाराज्ञोभ्रातुर्ज्येष्ठस्यमेभव ४ नसंतिपतयःसर्वेते
ऽध्यढतिलेःसमाः ॥ दुःशासनेवंकस्मात्त्वंपूर्वमुक्तापलायसे ५ स्वयंवैरंमहत्कृत्वापांचालैःपांडवैःसह ॥ एकःसात्यकिमासाद्यकथंभीतोऽसिसंयुगे ६ नजानीषेपु
रात्वंतुग्रहदक्षान्दुरोदरे ॥ शराब्देतेभविष्यंतिदारुणाआशीविषोपमाः ७ ॥ ॥ ॥ ॥

इतिद्रोणपर्वणिजरीकायामेकविंशत्यधिकशततमोऽध्यायः ॥१२१॥ ॥ ॥ दुःशासनरथमिति १ । २ । ३ । ४ । ५ । ६ । ७ ॥ ॥ ॥ ॥ ८८ ॥

८ । ९ । १० । ११ । १२ । १३ । १४ । १५ । १६ । १७ । १८ । १९ । २० । २१ । २२ । २३ । २४ । २५ । २६ । २७ । २८ । २९

अप्रियाणांहिवचसांपांडवस्यविशेषतः ॥ द्रौपद्याश्चपरिक्लेशस्त्वन्मूलोऽद्यभवत्पुरा ८ क्कतेमानश्चदर्पश्चक्कतेवीर्यक्कगर्जितम् ॥ आशीविषसमान्पार्थान्कोपयित्वाक्क
यास्यसि ९ शोच्येयंभारतीसेनाराज्यंचैवसुयोधनः ॥ यस्यत्वंकर्कशोभ्रातापलायनपरायणः १० ननुनामत्वयावीरदीर्यमाणाभयार्दिता ॥ स्वबाहुबलमास्था
यरक्षितव्याह्यनीकिनी ११ सत्वमद्यरणंहित्वाभीतोहर्षयसेपरान् ॥ विद्रुतेत्वयिसैन्यस्यनायकेशत्रुसूदन १२ कोऽन्यःस्थास्यतिसंग्रामेभीतोभीतेव्यपाश्रये ॥
एकेनसात्वतेनाद्ययुध्यमानस्यतेनवै १३ पलायनेतवमतिःसंग्रामाद्धिप्रवर्त्तते ॥ यदागांडीवधन्वानंभीमसेनंचकौरव १४ यमौवायुधिद्रष्टाऽसितदात्वंकिंकरिष्यसि ॥
युधिफाल्गुनबाणानांसूर्याग्निसमवर्चसाम् १५ नतुल्याःसात्यकिशरायेषांभीतःपलायसे ॥ त्वरितोवीरगच्छत्वंगांधार्युदरमाविश १६ पृथिव्यांधावमानस्यना
न्यत्पश्यामिजीवनम् ॥ यदितावत्कृताबुद्धिःपलायनपरायणा १७ पृथिवीधर्मराजायशमेनैवप्रदीयताम् ॥ यावत्फाल्गुननाराचानिर्मुक्तोरगसन्निभाः १८ नावि
शंतिशरीरंतेतावत्संशाम्यपांडवैः ॥ यावत्तेपृथिवींपार्थाहत्वाभ्रातृशतंरणे १९ नाक्षिपंतिमहात्मानस्तावत्संशाम्यपांडवैः ॥ यावन्नक्रुद्ध्यतेराजाधर्मपुत्रोयुधिष्ठिरः २०
कृष्णश्वसमरश्लावीतावत्संशाम्यपांडवैः ॥ यावद्भीमोमहाबाहुर्विगाह्यमहतींचमूम् २१ सोदरांस्तेनगृण्हातितावत्संशाम्यपांडवैः ॥ पूर्वमुक्तश्वतेभ्राताभीष्मेणासौ
सुयोधनः २२ अजेयाःपांडवाःसंख्येसौम्यसंशाम्यतैःसह ॥ नचतत्कृतवान्मंदस्तवभ्रातासुयोधनः २३ सयुद्धेधृतिमास्थाययत्तोयुध्यस्वपांडवैः ॥ तत्रापिशो
णितंभीमःपास्यतीतिमयाश्रुतम् २४ तच्चाप्यवितथंतस्यतत्तथैवभविष्यति ॥ किंभीमस्यनजानासिविक्रमंत्वंसुबालिश २५ यत्त्वयावैरमारब्धंसंयुगेमपला
यिना ॥ गच्छतूर्णंरथेनैवयत्रतिष्ठतिसात्यकिः २६ त्वयाहीनंबलंह्येतद्विद्रविष्यतिभारत ॥ आत्मार्थंयोधयरणेसात्यकिंसत्यविक्रमम् २७ एवमुक्तस्तवसुतो
नाब्रवीत्किंचिदप्यसौ ॥ श्रुतंचाश्रुतवत्कृत्वाप्रायाद्येनससात्यकिः २८ सैन्येनमहतायुक्तोम्लेच्छानामनिवर्तिनाम् ॥ आसाद्यचरणेयत्तोयुयुधानमयोधयत् २९
द्रोणोऽपिरथिनांश्रेष्ठःपंचालान्पांडवांस्तथा ॥ अभ्यद्रवतसंक्रुद्धोजवमास्थायमध्यमम् ३० प्रविश्यचरणेद्रोणःपांडवानांवरूथिनीम् ॥ द्रावयामासयोधान्वैशत
शोऽथसहस्रशः ३१ ततोद्रोणोमहाराजनामविश्राव्यसंयुगे ॥ पांडुपांचालमत्स्यानांप्रचक्रेकदनंमहत् ३२ तंजयंतमनीकानिभारद्वाजंततस्ततः ॥ पांचालपुत्रो
द्युतिमान्वीरकेतुःसमभ्ययात् ३३ सद्रोणंपंचभिर्विद्ध्वाशरैःसन्नतपर्वभिः ॥ ध्वजमेकेनविव्याधसारथिंचास्यसप्तभिः ३४ तत्राद्भुतंमहाराजदृष्टवानस्मिसंयुगे ॥
यद्द्रोणोरभसंयुद्धेपांचाल्यंनाभ्यवर्त्तत ३५ सन्निरुद्धंरणेद्रोणंपंचालावीक्ष्यमारिष ॥ आवव्रुःसर्वतोराजन्धर्मपुत्रजयैषिणः ३६

३० । ३१ । ३२ । ३३ । ३४ । ३५ । ३६ ॥ ॥ ॥ ॥ ॥

तेशरैरग्निसंकाशैस्तोमरैश्चमहाधनैः ॥ शस्त्रैश्चविविधैराजन्द्रोणमेकमवाकिरन् ३७ निहत्यतान्बाणगणैर्द्रोणोराजन्समंततः ॥ महाजलधरान्व्योम्निमातरिश्वेवचा बभौ ३८ ततःशरंमहाघोरंसूर्यपावकसन्निभम् ॥ संदधेपरवीरघ्नोवीरकेतोरथंप्रति ३९ सभित्त्वातुशरोराजन्पांचालकुलनंदनम् ॥ अभ्यगाद्धरणींतूर्णंलोहिताद्रोंज्वलन्निव ४० ततोपतद्रथात्तूर्णंपांचालकुलनंदनः ॥ पर्वताग्रादिवमहांश्चंपकोवायुपीडितः ४१ तस्मिन्हतेमहेष्वासेराजपुत्रेमहाबले ॥ पंचालास्त्वरिताद्रोणंसमंतात्पर्यवारयन् ४२ चित्रकेतुःसुधन्वाचचित्रवर्माचभारत ॥ तथाचित्ररथश्चैवभ्रातुर्व्यसनकर्शिताः ४३ अभ्यद्रवंतसहिताभारद्वाजंयुयुत्सवः ॥ मुंचंतःशरवर्षाणितपांतेजलदाइव ४४ सवध्यमानोबहुधाराजपुत्रैर्महारथैः ॥ क्रोधमाहारयत्तेषामभावायद्विजर्षभः ४५ ततःशरमयंजालंद्रोणस्तेषामवासृजत् ॥ तेहन्यमानाद्रोणस्यशरैराकर्णचोदितैः ४६ कर्त्तव्यंनाभ्यजानन्वैकुमाराराजसत्तम ॥ तान्विमूढान्रणेद्रोणःप्रहसन्निवभारत ४७ व्यश्वसूतरथांश्चक्रेकुमारान्कुपितोरणे ॥ अथापरैःसुनिशितैर्भल्लैस्तेषांमहायशाः ४८ पुष्पाणीवविचिन्वन्हिसोत्तमांगान्यपातयत् ॥ तेरथेभ्योहताःपेतुःक्षितौराजन्सुवर्चसः ४९ देवासुरेपुरायुद्धेयथादैतेयदानवाः ॥ तान्निहत्यरणेराजन्भारद्वाजःप्रतापवान् ५० कार्मुकंभ्रामयामासहेमपृष्ठंदुरासदम् ॥ पंचालान्निहतान्दृष्ट्वादेवकल्पान्महारथान् ५१ धृष्टद्युम्नोभृशोद्विग्नोनेत्राभ्यांपातयन्जलम् ॥ अभ्यवर्त्ततसंग्रामेक्रुद्धोद्रोणरथंप्रति ५२ ततोहाहेतिसहसानादःसमभवन्नृप ॥ पांचाल्येनरणेदृष्ट्वाद्रोणमावारितंशरैः ५३ सच्छाद्यमानोबहुधापार्षतेनमहात्मना ॥ नविव्यथेततोद्रोणःस्मयन्नेवान्वयुध्यत ५४ ततोद्रोणंमहाराजपांचाल्यःक्रोधमूर्छितः ॥ आजघानोरसिक्रुद्धोनवत्यानतपर्वणाम् ५५ सगाढविद्धोबलिनाभारद्वाजोमहायशाः ॥ निषसादरथोपस्थेकश्मलंचजगामह ५६ तंवैतथागतंदृष्ट्वाधृष्टद्युम्नःपराक्रमी ॥ चापमुत्सृज्यशीघ्रंतुअसिंजग्राहवीर्यवान् ५७ अवप्लुत्यरथात्तूर्णमपित्वरितःसमहारथः ॥ आरुरोहरथंतूर्णंभारद्वाजस्यमारिष ५८ हर्तुमिच्छन्शिरःकायात्क्रोधसंरक्तलोचनः ॥ प्रत्याश्वस्तस्ततोद्रोणोधनुर्गृह्यमहारवम् ५९ आसन्नमागतंदृष्ट्वाधृष्टद्युम्नंजिघांसया ॥ शरैर्वैतस्तिकैराजन्विव्याधासन्नवेधिभिः ६० योधयामाससमरेधृष्टद्युम्नंमहारथम् ॥ तेहिवैतस्तिकानामशराआसन्नयोधिनः ६१ द्रोणस्यविहिताराजन्यैर्धृष्टद्युम्नमाक्षिणोत् ॥ सवध्यमानोबहुभिःसायकैस्तैर्महाबलः ६२ अवप्लुत्यरथात्तूर्णंभग्नवेगःपराक्रमी ॥ आरुह्यस्वरथंवीरःप्रगृह्यचमहद्धनुः ६३ विव्याधसमरेद्रोणंधृष्टद्युम्नोमहारथः ॥ द्रोणश्चापिमहाराजशरैर्विव्याधपार्षतम् ६४ तदद्भुतमभूद्युद्धंद्रोणपांचालयोस्तदा ॥ त्रैलोक्यकांक्षिणोरासीच्छक्रप्रल्हादयोरिव ६५ मंडलानिविचित्राणियमकानीतराणिच ॥ चरंतौयुद्धमार्गज्ञौततक्षतुरथेषुभिः ६६

मोहयंतौमनांस्याजौयोधानांद्रोणपार्षतौ ॥ सृजंतौशरवर्षाणिवर्षास्विवबलाहकौ ६७ छादयंतौमहात्मानौशरैर्व्योमदिशोमहीम् ॥ तदद्भुतंतयोर्युद्धंभूतसंघाह्यपू
जयन् ६८ क्षत्रियाश्चमहाराजयेचान्येतवसैनिकाः ॥ अवश्यंसमरेद्रोणोधृष्टद्युम्नेनसंगतः ६९ वशमेष्यतिनोराजन्पंचालाइतिचुकुशुः ॥ द्रोणस्तुत्वरितोयुद्धेधृ
ष्टद्युम्नस्यसारथेः ७० शिरःप्रच्यावयामासफलंपक्वंतरोरिव ॥ ततस्तुप्रद्रुतावाहाराजंस्तस्यमहात्मनः ७१ तेषुप्रद्रवमाणेषुपंचालान्सृंजयांस्तथा ॥ अयोधयद्र
णेद्रोणस्तत्रतत्रपराक्रमी ७२ विजित्यपांडुपंचालान्भारद्वाजःप्रतापवान् ॥ स्वंव्यूहंपुनरास्थायस्थितोऽभवदरिंदमः ॥ नचैनंपांडवायुद्धेजेतुमुत्सेहिरेप्रभो ७३
इतिश्रीमहाभारतेद्रोणपर्वणिजयद्रथवधपर्वणि सात्यकिप्रवेशेद्रोणपराक्रमेद्वाविंशत्यधिकशततमोऽध्यायः ॥ १२२ ॥ ॥ ॥ संजयउवाच ॥ ततोदुःशा
सनोराजन्शैनेयंसमुपाद्रवत् ॥ किरन्शरसहस्राणिपर्जन्यइववृष्टिमान् १ सविध्वासात्यकिंषष्ट्यातथाषोडशभिःशरैः ॥ नाकंपयत्स्थितंयुद्धेमैनाकमिवपर्वतम् २
तंतुदुःशासनःशूरःसायकैराद्रणोद्भृशम् ॥ रथव्रातेनमहतानानादेशोद्भवेनच ३ सर्वतोभरतश्रेष्ठविसृजन्सायकान्बहून् ॥ पर्जन्यइवघोषेणनादयन्वैदिशोदश ४ तमा
पतंतमालोक्यसात्यकिःकौरवंरणे ॥ अभिद्रुत्यमहाबाहुश्छादयामाससायकैः ५ तेछाद्यमानाबाणौघैर्दुःशासनपुरोगमाः ॥ प्राद्रवन्समरेभीतास्तवसैन्यस्यपश्यतः ६
तेषुद्रवत्सुराजेंद्रपुत्रोदुःशासनस्तव ॥ तस्थौव्यपेतभीराजन्सात्यकिंचार्दयच्छरैः ७ चतुर्भिर्वाजिनस्तस्यसारथिंचत्रिभिःशरैः ॥ सात्यकिंचशतेनाजौविद्धानादंमु
मोचसः ८ ततःक्रुद्धोमहाराजमाधवस्तस्यसंयुगे ॥ रथंसूतंध्वजंतंचचक्रेऽदृश्यमजिह्मगैः ९ सतुदुःशासनंशूरंसायकैराद्रणोद्भृशम् ॥ सशंकंसमनुप्राप्तमूर्णनाभिरि
वोर्णया १० त्वरन्समाद्रणोद्बाणैर्दुःशासनममित्रजित् ॥ दृष्ट्वादुःशासनंराजातथाशरशताचितम् ११ त्रिगर्तांश्चोदयामासयुयुधानरथंप्रति ॥ तेऽगच्छन्युयुधा
नस्यसमीपंक्रूरकर्मणः १२ त्रिगर्तानांत्रिसाहस्रारथायुद्धविशारदाः ॥ तेतुतंरथवंशेनमहतापर्यवारयन् १३ स्थिरांकृत्वामतिंयुद्धेभूत्वासंशप्तकामिथः ॥ तेषांप्रप
ततांयुद्धेशरवर्षाणिमुंचताम् १४ योधान्पंचशतान्मुख्यानग्यानीकेव्यपोथयत् ॥ तेऽपतन्निहतास्तूर्णंशिनिप्रवरसायकैः १५ महामारुतवेगेनभग्नाइवनगाद्द्रुमाः ॥
नागैश्चबहुधाच्छिन्नैर्ध्वजैश्चैवविशांपते १६ हयैश्चकनकापीडैःपतितैस्तत्रमेदिनी ॥ शैनेयशरसंकृत्तैःशोणितौघपरिप्लुतैः १७ अशोभतमहाराजकिंशुकैरिवपुष्पि
तैः ॥ तेवध्यमानाःसमरेयुयुधानेनतावकाः १८ त्रातारंनाध्यगच्छंतपंकमग्नाइवद्विपाः ॥ ततस्तेपर्यवर्त्तंतसर्वेद्रोणरथंप्रति १९ भयात्पतगराजस्यगर्तानीव
महोरगाः ॥ हत्वापंचशतान्योधाञ्छरैराशीविषोपमैः २०

॥ २१ ॥ २२ ॥ २३ ॥ २४ ॥ २५ ॥ २६ ॥ २७ ॥ २८ ॥ २९ ॥ ३० ॥ ३१ ॥ ३२ ॥ ३३ ॥ ३४ ॥ ३५ ॥ ३६ ॥ ३७ ॥ इति द्रोणपर्वणि टीकायां त्रयोविंशत्यधिकशततमोऽध्यायः ॥ १२३ ॥

प्रायात्सशनकैर्वीरो धनंजयरथं प्रति ॥ तं प्रयांतंनरश्रेष्ठं पुत्रोदुःशासनस्तव २१ विव्याध नवभिःसूर्णैःशरैःसन्नतपर्वाणः ॥ स तं प्रतिविव्याध पंचभिर्निशितैःशरैः २२ ह्वमपुंख्वैर्महेष्वासोगाधेपत्रैरजिह्मगैः ॥ सात्यकिं तु महाराजम्प्रहसन्निव भारत २३ दुःशासनस्त्रिभिर्विध्वापुनर्विव्याध पंचभिः ॥ शैनेयस्तवपुत्रं तुहत्वा पंचभिराशुगैः २४ धनुश्चारयणेछित्वाविरमयन्नर्जुनंययौ ॥ ततोदुःशासनः क्रुद्धोवृष्णिवीरायगच्छते २५ सर्वपारसर्वाशक्तिंविसर्जे जिघांसया ॥ तांतुशक्तिंदधारांतंवपुस्तस्या त्यकिः २६ चिच्छेदशतधाराजन्निशितैःकंकपत्रिभिः ॥ अथान्यद्धनुरादायपुत्रस्तवजनेश्वर २७ सात्यकिंचशरैर्विध्वासिंहनादंननर्दह ॥ सात्यकिस्तुरणेक्रुद्धो मोहयित्वासुतं तव २८ शरैरग्निशिखाकारैराजवानस्तनांतरे ॥ त्रिभिरेवमहाभागःशरैःसन्नतपर्वभिः २९ सर्वायसैस्तीक्ष्णवक्त्रैःपुनर्विव्याध चाष्टभिः ॥ दुःशासन स्तुविंशत्यासात्यकिंप्रत्यविध्यत ३० सात्वतोऽपिमहाराजतंविव्याधस्तनांतरे ॥ त्रिभिरेवमहाभागःशरैःसन्नतपर्वभिः ३१ ततोऽस्यवाहान्त्रिशितैःशरैर्जंघ्रेमहा रथः ॥ सारथिंचसुसंक्रुद्धःशरैःसन्नतपर्वभिः ३२ धनुरेकेनभल्लेनहस्तावापंचपंचभिः ॥ ध्वजंचरथशक्तिंचभल्लाभ्यांपरमास्त्रवित् ३३ चिच्छेदविशिखैस्तीक्ष्णैस्त थोभौपार्ष्णिसारथी ॥ सछिन्नधन्वाविरथोहताश्वोहतसारथिः ३४ त्रिगर्तसेनापतिनास्वरथेनापवाहितः ॥ तमभिद्रुत्यशैनेयोमुहूर्तमिवभारत ३५ नजघानमहाबाहुर्भीममसेनवचःस्मरन् ॥ भीमसेनेनतुवधःसुतानांतवभारत ३६ प्रतिज्ञातःसभामध्येसर्वेषामेवसंयुगे ॥ ततोदुःशासनंजित्वासात्यकिःसंयुगेप्रभो ॥ जगाम त्वरितोराजन्येनयातोधनंजयः ३७ ॥ इतिश्रीमहाभारतेद्रोणपर्वणिजयद्रथवधपर्वणि सात्यकिप्रवेशेदुःशासनपराजयेत्रयोविंशत्यधिकशततमोऽध्यायः ॥ १२३ ॥

धृतराष्ट्र उवाच ॥ कति स्यांममसेनायांनामन्कंचिन्महारथाः ॥ येथासात्यकियांतेनैवाभ्रमन्नप्यवारयन् १ एकोहिसमरेकमकृतवान्सत्यविक्रमः ॥ शक्रतुल्यबलो युद्धमहेंद्रोदानवेष्विव २ अथवाशून्यमासीत्तद्येनयातःससात्यकिः ॥ हतभूयिष्ठमथवायेनयातःससात्यकिः ३ यत्कृतंतद्वृष्णिवीराणंकर्मशंससिमरणे ॥ नैतदुसह तेकतेकर्मशक्रोऽपिसंजय ४ अश्रद्धेयमर्चितयंचकर्मेतस्यमहात्मनः ॥ वृष्ण्यंधकप्रवीरस्यश्रुत्वामेऽयथितंमनः ५ नसंतितस्मात्पुत्रामेयथासंजयभाषसे ॥ एको वेबहुलाःसेनाःप्राप्तद्वारात्सत्यविक्रमः ६ कथंचयुध्यमानानामपक्रांतोमहात्मनाम् ॥ एकोबहूनांशैनेयस्तन्ममाचक्ष्वसंजय ७ ॥ संजय उवाच ॥ राजन्सनासमु चोगोरथनागाश्वपत्तिमान् ॥ तुमुलस्तवसैन्यानांयुगांतसदृशोऽभवत् ८ आहूतेषुसमूहंपुतवसैन्यस्यमानद ॥ नाभूल्कंसमःकश्चिरसमूहइतिममतिः ९ तत्रदेवा स्वभापेतचारणाश्वसमागताः ॥ एतदंताःसमूहावेभविष्यंतिमहीतले १०

कति स्यामिति १ ॥ २ ॥ ३ ॥ ४ ॥ ५ ॥ ६ ॥ ७ ॥ ८ ॥ ९ ॥ १०

११ । १२ । १३ । १४ । १५ । १६ । १७ । १८ । १९ । २० । २१ । २२ । २३ । २४ । २५ । २६ । २७ लक्ष्म्येतिविशेषणेतृतीया २८ । २९ । ३० । ३१ । ३२

नचवैतादृशोव्यूहआसीत्कश्चिद्विशांपते ॥ यादृग्जयद्रथवधेद्रोणेनविहितोऽभवत् ११ चंडवातविभिन्नानांसमुद्राणामिवस्वनः ॥ रणेऽभवद्बलौघानामन्योन्य
मभिधावताम् १२ पार्थिवानांसमेतानांबहून्यासन्नरोत्तम ॥ त्वद्बलेपांडवानांचसहस्राणिशतानिच १३ संरब्धानांप्रवीराणांसमरेदृढकर्मणाम् ॥ तत्रासीत्सुम
हाशब्दस्तुमुलोलोमहर्षणः १४ अथाक्रंदद्भीमसेनोधृष्टद्युम्नश्चमारिष ॥ नकुलःसहदेवश्चधर्मराजश्चपांडवः १५ आगच्छतप्रहरतद्रुतंविपरिधावत ॥ प्रविष्टा
वरिसेनांहिवीरौमाधवपांडवौ १६ यथासुखेनगच्छेतांजयद्रथवधंप्रति ॥ तथाप्रकुरुतक्षिप्रमितिसैन्यान्यचोदयन् १७ तयोरभावेकुरवःकृतार्थाःस्युर्वयंजि
ताः ॥ तेयूयंसहिताभूत्वातूर्णमेवबलार्णवम् १८ क्षोभयध्वंमहावेगाःपवनःसागरंयथा ॥ भीमसेनेनतेराजन्पांचाल्येनचनोदिताः १९ आजघ्नुःकौरवान्संख्ये
त्यक्त्वाऽसूनात्मनःप्रियान् ॥ इच्छंतोनिधनंयुद्धेशस्त्रैरुत्तमतेजसः २० स्वर्गेप्सवोमित्रकार्येनाभ्यनंदंतजीवितम् ॥ तथैवतावकाराजन्प्रार्थयंतोमहद्यशः २१
आर्यायुद्धेमतिंकृत्वायुद्धायैवावतस्थिरे ॥ तस्मिन्सुतुमुलेयुद्धेवर्तमानेभयावहे २२ जित्वासर्वाणिसैन्यानिप्रायात्सात्यकिरर्जुनम् ॥ कवचानांप्रभास्तत्रसूर्यर
श्मिविराजिताः २३ दृष्टीःसंख्येसैनिकानांप्रतिजघ्नुःसमंततः ॥ तथाप्रयतमानानांपांडवानांमहात्मनाम् २४ दुर्योधनोमहाराजव्यगाहतमहद्बलम् ॥ सस
न्निपातस्तुमुलस्तेषांतस्यचभारत २५ अभवत्सर्वभूतानामभावकरणोमहान् ॥ धृतराष्ट्रउवाच ॥ तथायातेषुसैन्येषुतथाकृच्छ्रगतःस्वयम् २६ कच्चिद्दुर्योध
नःसूतनाकार्षीत्पृष्ठतोरणम् ॥ एकस्यचबहूनांचसन्निपातोमहाहवे २७ विशेषतोनरपतेर्विषमःप्रतिभातिमे ॥ सोऽत्यंतसुखसंवृद्धोलक्ष्म्यालोकस्यचेश्वरः २८
एकोबहून्समासाद्यकच्चिन्नासीत्पराङ्मुखः ॥ संजयउवाच ॥ राजन्संग्राममाश्चर्यंतवपुत्रस्यभारत २९ एकस्यबहुभिःसार्धंशृणुष्वगदतोमम ॥ दुर्योधनेनसम
रेपृतनापांडवीरणे ३० नलिनीद्विरदेनेवसमंतात्प्रतिलोडिता ॥ ततस्तांप्रहितांसेनांदृष्ट्वापुत्रेणतेनृप ३१ भीमसेनपुरोगास्तंपंचालाःसमुपाद्रवन् ॥ सभीमसे
नंदशभिःशरैर्विव्याधपांडवम् ३२ त्रिभिस्त्रिभिर्यमौवीरौधर्मराजंचसप्तभिः ॥ विराटद्रुपदौषड्भिःशतेनचशिखंडिनम् ३३ धृष्टद्युम्नंचविंशत्याद्रौपदेयांस्त्रिभिस्त्रि
भिः ॥ शतशश्चापरान्योधान्सद्विपांश्चरथान्रणे ३४ शरैरवचकर्तोग्रैःक्रुद्धोन्तकइवप्रजाः ॥ नसंदधन्विमुंचन्वामंडलीकृतकार्मुकः ३५ अदृश्यतरिपून्निघ्नञ्छि
क्षयाऽस्त्रबलेनच ॥ तस्यतान्निघ्नतःशत्रून्हेमपृष्ठंमहद्धनुः ३६ अजस्रंमंडलीभूतंददृशुःसमरेजनाः ॥ ततोयुधिष्ठिरोराजाभल्लाभ्यामच्छिनद्धनुः ३७ तवपु
त्रस्यकौरव्ययतमानस्यसंयुगे ॥ विव्याधचैनंदशभिःसम्यगस्तैःशरोत्तमैः ३८ वर्मचाशुसमासाद्यतेभित्त्वाक्षितिमाविशन् ॥ ततःप्रमुदिताःपार्थाःपरिवव्रुर्युधि
३१ ष्ठिरम् ३९ यथावृत्रवधेदेवाःपुराशक्रंमहर्षयः ॥ ततोऽन्यद्धनुरादायतवपुत्रःप्रतापवान् ४० ॥ ॥ ॥

३३ । ३४ । ३५ । ३६ । ३७ । ३८ । ३९ । ४० । ॥ ॥ ॥ ॥ ॥ ॥

४१ । ४२ । ४३ । ४४ । ४५ । ४६ । ४७ ॥ इतिद्रोणपर्वणिटीकायांचतुर्विंशत्यधिकशततमोऽध्यायः॥ १२४ ॥ ॥ ॥ ॥ अपराह्णइति १ । २ । ३ । ४ । ५ । ६ । ७ । ८ । ९ । १०

तिष्ठतिष्ठतिराजानंब्रुवन्पांडवमभ्ययात् ॥ तमायांतमभिप्रेक्ष्यतवपुत्रंमहामृधे २१ प्रत्युद्ययुःसमुदिताःपंचालाजयगृद्धिनः ॥ तान्द्रोणःप्रतिजग्राहपरीप्सन्
युधिपांडवम् ४२ चंडवातोद्धुतान्मेघान्गिरिंबुमुचोयथा ॥ तत्रराजन्महानासीत्संग्रामोलोमहर्षणः ४३ पांडवानांमहाबाहोतावकानांचसंयुगे ॥ रुद्रस्य
क्रीडसदृशःसंहारःसर्वदेहिनाम् ४४ ततःशब्दोमहानासीत्पुनर्येनधनंजय ॥ अतीववश्चशब्देभ्योलोमहर्षकरःप्रभो ४५ अर्जुनस्यमहाबाहोतावकानांचधन्वि
नाम् ॥ मध्येभारतसैन्यस्यमाधवस्यमहारणे ४६ द्रोणस्यापिपरैःसार्धंव्यूहद्वारेमहारणे ॥ एवमेषक्षयोवृत्तःपृथिव्यांपृथिवीपते ॥ कुद्धेऽर्जुनेतथाद्रोणेसात्व
तेचमहारथे ४७ ॥ इतिश्रीमहाभारतेद्रोणपर्वणिजयद्रथवधपर्वणि सात्यकिप्रवेशेसंकुलयुद्धे चतुर्विंशत्यधिकशततमोऽध्यायः ॥ १२४ ॥ ॥ ॥

॥ संजयउवाच ॥ अपराह्णेमहाराजसंग्रामःसुमहानभूव ॥ पर्जन्यसमनिर्घोषःपुनर्द्रोणस्यसोमकैः १ शोणाश्वंरथमास्थायनरवीरःसमाहितः ॥ समरेऽभ्यद्रवत्पांडून्
जवमास्थायमध्यमम् २ तवप्रियहितेयुक्तोमहेष्वासोमहाबलः ॥ चित्रपुंखैःशितैर्बाणैःकलशोत्तमसंभवः ३ वरान्वरान्ह्योधानांविचिन्वन्निवभारत ॥ आक्रीड
तरणेराजन्भारद्वाजःप्रतापवान् ४ तमभ्ययाद्बृहत्क्षत्रःकेकयानांमहारथः ॥ भ्रातॄणांनृपपंचानांश्रेष्ठःसमरकर्कशः ५ विमुंचन्निशितांस्तीक्ष्णानाचार्यश्चशमा
दंयत ॥ महामेवायथावर्षैविमुंचन्गंधमादने ६ तस्यद्रोणोमहाराजस्वर्णपुंखान्शिलाशितान् ॥ प्रेषयामाससंकुद्धःसायकान्दशपंचच ७ तांस्तुद्रोणविनिर्मुक्ता
न्नकुद्धाशीविषसन्निभान् ॥ एकैकंपंचभिर्बाणैर्युधिचिच्छेद्दृष्टवत् ८ तद्स्यलाघवंदृष्ट्वाप्रहस्याद्विजपुंगवः ॥ प्रेषयामासविशिखान्अष्टौसन्नतपर्वणः ९ तान्द्ध्वा
ऽपतत्तूर्णेद्रोणचापाच्च्युतान्शरान् ॥ अवारयच्छरैर्रेवतावद्भिर्निशितैर्मृधे १० ततोऽभवन्महाराजतवसैन्यस्यविस्मयः ॥ बृहत्क्षत्रेणतत्कर्मकृतंदृष्ट्वासुदुष्करम्
११ ततोद्रोणोमहाराजबृहत्क्षत्रंविशेषयन् ॥ प्रादुश्चक्रेणदिव्यंब्राह्ममस्त्रंसुदुर्जयम् १२ कैकेयोऽस्त्रंसमालोक्यमुक्तंद्रोणेनसंयुगे ॥ ब्रह्मास्त्रेणैवराजेंद्रब्राह्ममस्त्रम्
शातयत् १३ ततोऽस्त्रेनिहतेब्राह्मेबृहत्क्षत्रस्तुभारत ॥ विव्याधब्राह्मणान्पञ्च्याःस्वर्णपुंखैःशिलाशितैः १४ तंद्रोणोद्विपदांश्रेष्ठानाराचेनसमार्पयत् ॥ सतस्यकवचंभि
त्त्वापाविशद्धरणीतलम् १५ कृष्णसर्पोयथामुक्तोवल्मीकंनृपसत्तम ॥ तथात्यगान्महींबाणोभित्त्वाकैकेयमाहवे १६ सोऽतिविद्धोमहाराजकैकेयोद्रोणसायकैः
क्रोधेनमहताऽऽविश्चेव्याघ्रातुरनयनेशुभे १७ द्रोणंविव्याधसप्तत्यास्वर्णपुंखैःशिलाशितैः ॥ सारथिंचास्यबाणेनश्चशंमममस्वताद्ययत् १८ द्रोणस्तुबहुभिर्विद्धोबृहत्क्षत्रे
णमारिष ॥ अस्रजद्दिशिखांस्तीक्ष्णान्कैकेयस्यरथंप्रति १९ व्याकुलीकृत्यतंद्रोणोबृहत्क्षत्रंमहारथम् ॥ अश्वांश्चतुर्भिन्यवधीच्चतुरोऽस्यपत्रत्रिभिः २०

२१ । २२ । २३ । २४ । २५ । २६ । २७ । २८ । २९ । ३० । ३१ । ३२ । ३३ । ३४ । ३५ । ३६ । ३७ । ३८ । ३९ । ४० । ४१

सूतंचैकेनबाणेनरथनीडादपातयत् ॥ द्वाभ्यांध्वजंचच्छत्रंचछित्वाभूमावपातयत् २१ ततःसाधुविसृष्टेननाराचेनद्विजर्षभः ॥ हृद्यविध्यद्बृहत्क्षत्रंसच्छिन्नहृदयोऽप
तत् २२ बृहत्क्षत्रेहतेराजन्केकयानांमहारथे ॥ शैशुपालिरभिक्रुद्धोयंतारमिदमब्रवीत् २३ सारथेयाहियत्रैषद्रोणस्तिष्ठतिदंशितः ॥ विनिघ्नन्केकयान्सर्वान्पंचा
लानांचवाहिनीम् २४ तस्यतद्वचनंश्रुत्वासारथीरथिनांवरम् ॥ द्रोणायप्रापयामासकांबोजैर्जवनैर्हयैः २५ धृष्टकेतुश्चचेदीनामृषभोऽतिबलोदितः ॥ वधायाभ्यद्रव
द्द्रोणंपतंगइवपावकम् २६ सोऽविध्यत्तदाद्रोणंषष्ट्यासाश्वरथध्वजम् ॥ पुनश्चान्यैःशरैस्तीक्ष्णैःसुप्तंव्याघ्रंतुदन्निव २७ तस्यद्रोणोधनुर्मध्येक्षुरप्रेणशितेनच ॥
चकर्तगार्ध्रपत्रेणयतमानस्यशुष्मिणः २८ अथान्यद्धनुरादायशैशुपालिर्महारथः ॥ विव्याधसायकैर्द्रोणंकंकबर्हिणवाजितैः २९ तस्यद्रोणोहयान्हत्वाचतुर्भि
श्चतुरःशरैः ॥ सारथेश्चशिरःकायाच्चकर्तप्रहसन्निव ३० अथैनंपंचविंशत्यासायकानांसमार्पयत् ॥ अवप्लुत्यरथाच्चैद्योगदामादायसत्वरः ३१ भारद्वाजायचिक्षेपरु
षितामिवपन्नगीम् ॥ तामापतंतीमालोक्यकालरात्रिमिवोद्यताम् ३२ अश्मसारमयींगुर्वींतपनीयविभूषिताम् ॥ शरैरनेकसाहस्रैर्भारद्वाजोऽच्छिनच्छितैः ३३
साछिन्नाबहुभिर्बाणैर्भारद्वाजेनमारिष ॥ गदापपातकौरव्यनादयंतीधरातलम् ३४ गदांविनिहतांदृष्ट्वाधृष्टकेतुरमर्षणः ॥ तोमरंव्यसृजद्वीरःशक्तिंचकनकोज्ज्वलाम्
३५ तोमरंपंचभिर्भित्त्वाशक्तिंचिच्छेदपंचभिः ॥ तौजग्मतुर्महींछिन्नौसर्पाविवगरुत्मता ३६ ततोऽस्यविशिखंतीक्ष्णंवधायवधकांक्षिणः ॥ प्रेषयामाससमरेभार
द्वाजःप्रतापवान् ३७ सतस्यकवचंभित्त्वाहृदयंचामितौजसः ॥ अभ्यगाद्धरणींबाणोहंसःपद्मवनंयथा ३८ पतंगंहिग्रसेच्चाषोयथाक्षुद्रंबुभुक्षितः ॥ तथाद्रोणोऽग्र
सच्छूरोधृष्टकेतुंमहाहवे ३९ निहतेचेदिराजेतुतत्खंडंपित्र्यमाविशत् ॥ अमर्षवशमापन्नःपुत्रोऽस्यपरमास्त्रवित् ४० तमपिप्रहसन्द्रोणःशरैर्निन्येयमक्षयम् ॥ म
हाव्याघ्रोमहारण्येमृगशावंयथाबली ४१ तेषुप्रक्षीयमाणेषुपांडवेयेषुभारत ॥ जरासंधसुतोवीरःस्वयंद्रोणमुपाद्रवत् ४२ सतुद्रोणंमहाबाहुःशरधाराभिराहवे ॥
अदृश्यमकरोत्तूर्णंजलदोभास्करंयथा ४३ तस्यतल्लाघवंदृष्ट्वाद्रोणःक्षत्रियमर्दनः ॥ व्यसृजत्सायकांस्तूर्णंशतशोऽथसहस्रशः ४४ छादयित्वारणेद्रोणोरथस्थंरथि
नांवरम् ॥ जारासंधिंजघानाशुमिषतांसर्वधन्विनाम् ४५ योयःस्मनीयतेतत्रतंद्रोणोह्यंतकोपमः ॥ आदत्तसर्वभूतानिप्राप्तेकालेयथाऽन्तकः ४६ ततोद्रोणोमहारा
जनामविश्राव्यसंयुगे ॥ शरैरनेकसाहस्रैःपांडवेयान्समावृणोत् ४७ तेतुनामांकिताबाणाद्रोणेनास्ताःशिलाशिताः ॥ नरान्नागान्हयांश्चैवनिजघ्नुःशतशोमृधे ४८
तेवध्यमानाद्रोणेनशक्रेणेवमहासुराः ॥ समकंपंतपंचालागावःशीतार्दिताइव ४९

४२ । ४३ । ४४ । ४५ । ४६ । ४७ । ४८ । ४९

निष्ठानकःकष्टस्वनः ५० । ५१ ऊरुग्राहःऊरुस्तंभः ५२ । ५३ । ५४ । ५५ । ५६ । ५७ । ५८ । ५९ । ६० । ६१ । ६२ । ६३ । ६४ । ६५ । ६६ । ६७ । ६८ । ६९ । ७० । ७१ । ७२

ततोनिष्ठानकोघोरःपांडवानामजायत ॥ द्रोणेनवध्यमानेषुसैन्येषुभरतर्षभ ५० प्रताप्यमानाःसूर्येणहन्यमानाश्वसायकैः ॥ अन्वपद्यंतपंचालास्तदासंत्रस्तचे
तराः ५१ मोहिताबाणजालेनभारद्वाजेनसंयुगे ॥ ऊरुग्राहगृहीतानांपंचालानांमहारथाः ५२ चेदयश्चमहाराजसृंजयाःकाशिकोसलाः ॥ अभ्यद्रवंतसंहृ
ष्टाभारद्वाजंयुयुत्सया ५३ ब्रुवंतश्चरणेऽन्योन्यंचेदिपंचालसृंजयाः ॥ हतद्रोणंहतद्रोणमितितेद्रोणमभ्ययुः ५४ यतंतःपुरुषव्याघ्राःसर्वशक्त्यामहाद्युतिम् ॥
निनीषवोरणेद्रोणंयमस्यसदनंप्रति ५५ यतमानांस्तुतान्वीरान्भारद्वाजःशिलीमुखैः ॥ यमायप्रेषयामासचेदिमुख्यान्विशेषतः ५६ तेषुप्रक्षीयमाणेषुचेदिमुख्ये
षुसर्वशः ॥ पंचालाःसमकंपंतद्रोणसायकपीडिताः ५७ प्राक्रोशन्भीमसेनंतेधृष्टद्युम्नंचभारत ॥ दृष्ट्वाद्रोणस्यकर्माणितथारूपाणिमारिष ५८ ब्राह्मणेनतपो
नूनंचरितंदुश्चरंमहत् ॥ तथाहियुधिसंक्रुद्धोदहतिक्षत्रियर्षभान् ५९ धर्मोयुद्धंक्षत्रियस्यब्राह्मणस्यपरंतपः ॥ तपस्वीकृतविद्यश्चप्रेक्षितेनापिनिर्दहेत् ६० द्रोणाग्नि
मस्त्रसंस्पर्शंप्रविष्टाःक्षत्रियर्षभाः ॥ बहवोदुस्तरंघोरंयत्रादह्यंतभारत ६१ यथाबलंयथोत्साहंयथासत्वंमहाद्युतिः ॥ मोहयन्सर्वभूतानिद्रोणोहंतिबलानिनः ६२
तेषांतद्वचनंश्रुत्वाक्षत्रधर्माव्यवस्थितः ॥ अर्धचंद्रेणचिच्छेदक्षत्रधर्मामहाबलः ६३ क्रोधसंविग्नमनसोद्रोणस्यसशरंधनुः ॥ ससंरब्धतरोभूत्वाद्रोणःक्षत्रियमर्दनः ६४
अन्यत्कार्मुकमादायभास्वरंवेगवत्तरम् ॥ तत्राधायशरंतीक्ष्णंपरानीकविशातनम् ६५ आकर्णपूर्णमाचार्योबलवानभ्यवासृजत् ॥ सहत्वाक्षत्रधर्माणंजगामधरणी
तलम् ६६ सभिन्नहृदयोवाहान्यपतन्मेदिनीतले ॥ ततःसैन्यान्यकंपंतधृष्टद्युम्नसुतेहते ६७ अथद्रोणंसमारोहच्चेकितानोमहाबलः ॥ सद्रोणंदशभिर्विध्वाप्रत्य
विद्धयत्स्तनांतरे ६८ चतुर्भिःसारथिंचास्यचतुर्भिश्चतुरोहयान् ॥ तमाचार्यस्त्रिभिर्बाणैर्बाह्वोरुरसिचार्पयत् ६९ ध्वजंसप्तभिरुन्मथ्ययंतारमवधीत्त्रिभिः ॥ तस्य
सूतेहतेतेऽश्वारथमादायविद्रुताः ७० समरेशरसंवीताभारद्वाजेनमारिष ॥ चेकितानरथंदृष्ट्वाहताश्वंहतसारथिम् ७१ तान्समेतान्रणेशूरांश्चेदिपंचालसृंजयान् ॥
समंताद्द्रावयन्द्रोणोबह्वशोभतमारिष ७२ आकर्णपलितश्यामोवयसाऽशीतिपंचकः ॥ रणेऽपर्यचरद्द्रोणोवृद्धःषोडशवर्षवत् ७३ अथद्रोणंमहाराजविचरंतम
भीतवत् ॥ वज्रहस्तममन्यंतशत्रवःशत्रुसूदनम् ७४ ततोऽब्रवीन्महाबाहुर्द्रुपदोबुद्धिमान्नृप ॥ लुब्धोऽयंक्षत्रियान्हंतिव्याघ्रःक्षुद्रमृगानिव ७५ कृच्छ्रान्दु
र्योधनोलोकान्पापःप्राप्स्यतिदुर्मतिः ॥ यस्यलोभाद्विनिहताःसमरेक्षत्रियर्षभाः ७६ शतशःशेरतेभूमौनिकृत्तागोवृषाइव ॥ रुधिरेणपरीतांगाः
श्वशृगालादनीकृताः ७७ ॥ ॥ ॥ ॥ ॥ ॥

आकर्णमुपागतंपलितंकेशादेःशौक्ल्यंयस्य वयसाकालपिंडसंयोगेनअशीतिपंचकःचतुःशताब्दः अशीतिकापरइतिपाठेअतिवृद्धतमः ७३ । ७४ । ७५ । ७६ । ७७

७८ ॥ इतिद्रोणपर्वणिटीकायांपंचविंशत्यधिकशततमोऽध्यायः ॥ १२५ ॥ व्यूहेष्विति १ । २ । ३ । ४ । वानरर्षभलक्षणंवानरप्रधानंध्वजं वरवानरकेतनमितिपाठोवा ५ । ६ । ७ । ८ । ९

एवमुक्त्वामहाराजद्रुपदोऽक्षौहिणीपतिः ॥ पुरस्कृत्यरणेपार्थान्द्रोणमभ्यद्रवद्द्रुतम् ७८ ॥ इतिश्रीमहाभारतेद्रोणपर्वणिजयद्रथवधपर्वणि द्रोणपराक्रमेपंचविंशत्य
धिकशततमोऽध्यायः ॥ १२५ ॥ ॥ संजयउवाच ॥ व्यूहेष्वालोड्यमानेषुपांडवानांततस्ततः ॥ सुदूरमन्वयुःपार्थाःपंचालाःसहसोमकैः १ वर्तमानेतथा
रौद्रेसंग्रामेलोमहर्षणे ॥ संक्षयेजगतस्तीव्रेयुगांतइवभारत २ द्रोणेयुधिपराक्रांतेनर्दमानेमुहुर्मुहुः ॥ पंचालेषुचक्षीणेषुवध्यमानेषुपांडुषु ३ नापश्यच्छरणंकिंचिद्धर्मरा
जोयुधिष्ठिरः ॥ चिंतयामासराजेंद्रकथमेतद्भविष्यति ४ ततोवीक्ष्यदिशःसर्वाःसव्यसाचिदिदृक्षया ॥ युधिष्ठिरोददर्शाथनैवपार्थंनमाधवम् ५ सोऽपश्यन्नरशार्दूलंवा
नरर्षभलक्षणम् ॥ गांडीवस्यचनिर्घोषमशृण्वन्व्यथितेंद्रियः ६ अपश्यन्सात्यकिंचापिवृष्णीनांप्रवरंरथम् ॥ चिन्तयाऽभिपरीतांगोधर्मराजोयुधिष्ठिरः ७ नाध्यग
च्छत्तदाशांतिंतावपश्यन्नरोत्तमौ ॥ लोकोपक्रोशभीरुत्वाद्धर्मराजोमहामनाः ८ अचिंतयन्महाबाहुःशैनेयस्यरथंप्रति ॥ पदवींप्रेषितश्चैवफाल्गुनस्यमयारणे ९
शैनेयःसात्यकिःसत्योमित्राणामभयंकरः ॥ तदिदंह्येकमेवासीद्द्विधाजातंममाद्यवै १० सात्यकिश्चहिविज्ञेयःपांडवश्चधनंजयः ॥ सात्यकिंप्रेषयित्वातुपांडवस्यपदानु
गम् ११ सात्वतस्यापिकंयुद्धेप्रेषयिष्येपदानुगम् ॥ करिष्यामिप्रयत्नेनभ्रातुरन्वेषणंयदि १२ युयुधानमनन्विष्यलोकोमांगर्हयिष्यति ॥ भ्रातुरन्वेषणंकृत्वा
धर्मपुत्रोयुधिष्ठिरः १३ परित्यजतिवार्ष्णेयंसात्यकिंसत्यविक्रमम् ॥ लोकापवादभीरुत्वात्सोऽहंपार्थंवृकोदरम् १४ पदवींप्रेषयिष्यामिमाधवस्यमहात्मनः ॥
यथैवचममप्रीतिरर्जुनेशत्रुसूदने १५ तथैववृष्णिवीरेपिसात्वतेयुद्धदुर्मदे ॥ अतिभारेनियुक्तश्चमयाशैनेयनंदनः १६ सतुमित्रोपरोधेनगौरवात्तुमहाबलः ॥
प्रविष्टोभारतींसेनांमकरःसागरंयथा १७ असौहिश्रूयतेशब्दःशूराणामनिवर्तिनाम् ॥ मिथःसंयुध्यमानानांवृष्णिवीरेणधीमता १८ प्राप्तकालंसुबलवन्निश्चितंब
हुधाहिमे ॥ तत्रैवपांडवेयस्यभीमसेनस्यधन्विनः १९ गमनंरोचतेमह्यंयत्रयातौमहारथौ ॥ नचाप्यसह्यंभीमस्यविद्यतेभुविकिंचन २० शक्तोह्येषरणेयत्तःपृथिव्यांसर्व
धन्विनाम् ॥ स्वबाहुबलमास्थायप्रतिव्यूहितुमंजसा २१ यस्यबाहुबलंसर्वेसमाश्रित्यमहात्मनः ॥ वनवासान्निवृत्ताःस्मनचयुद्धेपुनिर्जिताः २२ इतोगतेभीम
सेनेसात्वतंप्रतिपांडवे ॥ सनाथौभवितारौहियुधिसात्वतफाल्गुनौ २३ कामंत्वशोचनीयौतौरणेसात्वतफाल्गुनौ ॥ रक्षितौवासुदेवेनस्वयंशस्त्रविशारदौ २४
अवश्यंतुमयाकार्यमात्मनःशोकनाशनम् ॥ तस्माद्भीमंनियोक्ष्यामिसात्वतस्यपदानुगम् २५ ततःप्रतिकृतंमन्येविधानंसात्यकिंप्रति ॥ एवंनिश्चित्यमनसाधर्मपुत्रो
युधिष्ठिरः २६ यंतारमब्रवीद्राजाभीमंप्रतिनयस्दमाम् ॥ धर्मराजवचःश्रुत्वासारथिर्हयकोविदः २७ ॥ ॥

सत्योदृढप्रतिज्ञः १० । ११ । १२ । १३ । १४ । १५ । १६ । १७ । १८ । १९ । २० । २१ । २२ । २३ । २४ । २५ सात्यकिंप्रतिप्रतिविधानंकृतमित्यन्वयः २६ । २७

म.भा.टी. | २८।२२।३०।३१।३२।३३।३४।३५। ३६ । ३७।३८।३९ चकोरनेत्रोरक्तांतायतनयनः ताम्रास्योरक्तगौरमुखः ४०।४१।४२।४३।४४। ४५।४६।४७।४८ | द्रोण०

॥ ९३ ॥

रथंहेमपरिष्कारंमीमांतिकमुपानयत् ॥ भीमसेनमनुज्ञाप्यप्राप्तकालमचिंतयत् २८ कश्मलंप्राविशद्राजाबहुतत्रसमादिशत् ॥ सकश्मलसमाविष्टोभीममाहूयपा थिवः२९ अब्रवीद्वचनराजन्कुंतीपुत्रोयुधिष्ठिरः॥ यःसदेवान्सगंधर्वान्दैत्यांश्चेकरथोऽजयत् ३० तस्यलक्ष्मनपश्यामिभीमसेनानुजस्यते ॥ ततोब्रवीद्धर्मराजंभीमसेन स्तथागतम् ३१ नैवाद्राक्षंनचाश्रौषंतवकश्मलमीदृशम् ॥ पुराऽतिदुःखदीर्णानांभवान्गतिरभूद्दिनः ३२ उतिष्ठोत्तिष्ठराजेंद्रशाधिकिंकरवाणिते ॥ नह्यसाध्यमकायॆ वाविद्यतेममानाद् ३३ आज्ञापयकुरुश्रेष्ठमाचशोकेमनःकृथाः ॥ तमब्रवीद्श्रुपूर्णेःकृष्णसर्पइवश्वसन् ३४ भीमसेनमिदंवाक्यंपम्लान वदनोनृपः ॥ यथाशंखस्य निर्घोषःपांचजन्यस्यश्रूयते ३५ पुरितोवासुदेवेनसंरब्धेनयशस्विना ॥ नूनमवहतःशेतेतवभ्राताधनंजयः ३६ तस्मिन्विनिहतेनूनंयुध्यतेऽसौजनादनः ॥ यस्यसत्वव तोवीर्यंद्युपजीवंतिपांडवाः ३७ यंभयेष्वभिगच्छंतिसहस्राक्षमिवामराः ॥ सशूरःसेन्धवेप्रेप्सुरन्वयाद्यार्तीमिमामूम् ३८ तस्यवैगमनंविद्रोभीमनावर्तनंपुनः ॥ श्यामो युवागुडाकेशोदर्शनीयोमहारथः ३९ व्यूढोरस्कोमहाबाहुमत्तद्विरदविक्रमः॥ चकोरनेत्रस्ताम्रास्योद्दिष्टतांभयवर्धनः४० तदिदंममभद्रेंशोकस्थानमरिंदम ॥ अर्जुना थॆमहाबाहोसात्वतस्यचकारणात् ४१ वर्धेतेहविषेवाग्निरिध्यमानःपुनःपुनः ॥ तस्यलक्ष्मनपश्यामितेनविद्यामिकश्मलम् ४२ तंविद्धिपुरुषव्याघ्रेसात्वतंचमहार थम् ॥ सतंमहार्थंपश्चादनुयात्स्तवानुजम् ४३ तमपश्यन्महाबाहुमहंविद्यामिकश्मलम् ॥ पार्थेतस्मिन्हतेचैवयुध्यतेनूनमग्रणीः ४४ सहायोनास्यचैकश्चित्तेनाबिंदा मिकश्मलम् ॥ तस्मिन्कृष्णोहतेनूनंयुध्यतेयुद्धकोविदः ४५ नहिमेशुध्यतेभावस्तयोरेवपरंतप ॥ सतत्रगच्छौतेयत्रयातोधनंजयः ४६ सात्यकिश्चमहावीर्यःक तॆव्यंयदिमन्यसे ॥ वचनंममधर्मज्ञभ्राताज्येष्ठोभवानिति ४७ नतेऽर्जुनस्तथाज्ञेयोज्ञातव्यःसात्यकियॆथा ॥ चिकीर्षुमंतिप्रियंपार्थसयातःसव्यसाचिनः ४८ पद्वॊद्विर्गॆ मांघोरामगम्यामकृतात्मभिः ॥ दृष्टाकुशलिनौकृष्णौसात्वतंचैवसात्यकिम् ॥ संविदंचैवकुर्यास्त्वंसिंहनादेनपांडव ४९ इतिश्रीमहाभारतेद्रोणपर्वणिजयद्रथवध पर्व णि युधिष्ठिरचिंतायाष्षड्विंशत्यधिकशततमोऽध्यायः ॥ १२६ ॥ भीमसेनउवाच ॥ ब्रह्मेशानेंद्रवरुणानवह्यःपुरारथः ॥ तमास्थायगतौकृष्णौनतयोर्विद्यतेभयम् १ आज्ञातुशिरसाविभ्रदेषगच्छामिमाशुचः ॥ समेत्यतानरव्याघ्रास्तवदास्यामिसंविदम् २ ॥ संजयउवाच ॥ एतावदुक्ाप्रयेयौपरिदायुधिष्ठिरम् ॥ दृष्टद्युम्रायबल वान्ब्रह्वह्वश्वपुनःपुनः ३ दृष्टद्युम्नंचेदमाहुभीमसेनोमहाबलः ॥ विदितंतेमहाबाहोयथाद्रोणोमहारथः ४ ग्रहणेधर्मराजस्यसर्वोपायेनवर्त्तते ॥ नचमेगमनेकृत्यंतादृक्पार्थेनविद्यते ५

०९ ॥ इतिद्रोणपर्वणिटीकायांपड्विंशत्यधिकशततमोऽध्यायः ॥ १२६ ॥ ॥ ॥ ॥ब्रह्मेति १ संविदंज्ञापनम् २।३।४।५ ॥ ॥ ॥

॥ ९३॥

आत्ययिकंप्रतिशयितं हिशब्दोऽभिमुखीकरणे एवमनंतरोक्तम् ६ । ७ । ८ । ९ । १० । ११ । १२ । १३ ' अनलोगोहिरण्यंचदूर्वागोरोचनामृतम् ॥ अक्षतंदधिचेत्यष्टौमंगलानिप्रचक्षते ' १४ विज
येत्पादसूचितः सूचितविजयोत्पादः १५ । १६ । १७ । १८ । १९ । २० । २१ । २२ आर्यामान्यामातेतियावत् निदर्शनंनिमित्तं २३ । २४ मुह्यंतिमोहेनाम्रियंते २५ । २६ । २७ । २८ । २९

यादृशंरक्षणेराज्ञःकार्यमात्ययिकंहिनः ॥ एवमुक्तोऽस्मिपार्थेनप्रतिवक्तुंनचोत्सहे ६ प्रयास्येतत्रयत्रासौमुमूर्षुःसैन्धवःस्थितः ॥ धर्मराजस्यवचनेस्थातव्यमवि
शंकया ७ यास्यामिपदवींभ्रातुःसात्वतस्यचधीमतः ॥ सोऽद्ययत्तोरणेपार्थपरिरक्षयुधिष्ठिरम् ८ एतद्धिसर्वकार्याणांपरमंकृत्यमाहवे ॥ तमब्रवीन्महाराजधृ
ष्टद्युम्नोवृकोदरम् ९ ईप्सितंतेकरिष्यामिगच्छपार्थाविचारयन् ॥ नाहत्वासमरेद्रोणोधृष्टद्युम्नंकथंचन १० निग्रहंधर्मराजस्यप्रकरिष्यतिसंयुगे ॥ ततोनिक्षि
प्यराजानंधृष्टद्युम्नेचपांडवम् ११ अभिवाद्यगुरुंज्येष्ठंप्रययौयेनफाल्गुनः ॥ परिष्वक्तश्चकौंतेयोधर्मराजेनभारत १२ आघ्रातश्चतथामूर्ध्निश्रावितश्चाशिषःशुभाः ॥
कृत्वाप्रदक्षिणान्विप्रानर्चितांस्तुष्टमानसान् १३ आलभ्यमंगलान्यष्टौपीत्वाकैरातकंमधु ॥ द्विगुणद्रविणोवीरोमदरक्तांतलोचनः १४ विप्रैःकृतस्वस्त्ययनोविज
योत्पादसूचितः ॥ पश्यन्नेवात्मनोबुद्धिंविजयानंदकारिणीम् १५ अनुलोमानिलैश्चाशुप्रदर्शितजयोदयः ॥ भीमसेनोमहाबाहुःकवचीशुभकुंडली १६ सांगदी
सतलत्राणःसरथीरथिनांवरः ॥ तस्यकार्ष्णायसंवर्महेमचित्रंमहार्धिमत् १७ विबभौसर्वतःश्लिष्टंसविद्युदिवतोयदः ॥ पीतरक्तासितसितैर्वासोभिश्चसुवेष्टितः १८
कंठत्राणेनचबभौसेंद्रायुधइवांबुदः ॥ प्रयातेभीमसेनेतुतवसैन्यंयुयुत्सया १९ पांचजन्यरवोघोरःपुनरासीद्विशांपते ॥ तंश्रुत्वानिनदंघोरंत्रैलोक्यत्रासनंमहत् २०
पुनर्भीमंमहाबाहुंधर्मपुत्रोऽभ्यभाषत ॥ एषवृष्णिप्रवीरेणध्मातःसलिलजोभृशम् २१ पृथिवींचांतरिक्षंचविनादयतिशंखराट् ॥ नूनंव्यसनमापन्नेसुमहत्सव्यसा
चिनि २२ कुरुभिर्युध्यतेसार्धंसर्वैश्चक्रगदाधरः ॥ आहकुंतीनूनमार्यापापमद्यनिदर्शनम् २३ द्रौपदीचसुभद्राचपश्यंत्यौसहबंधुभिः ॥ सभीमत्वरयायुक्तोयाहि
यत्रधनंजयः २४ मुह्यंतीवहिमेसर्वाधनंजयदिदृक्षया ॥ दिशश्चप्रदिशःपार्थसात्वतस्यचकारणात् २५ गच्छगच्छेतिगुरुणासोऽनुज्ञातोवृकोदरः ॥ ततःपांडु
सुतोराजन्भीमसेनःप्रतापवान् २६ बद्धगोधांगुलित्राणःप्रगृहीतशरासनः ॥ ज्येष्ठेनप्रहितोभ्रात्राभ्राताभ्रातुःप्रियंकरः २७ आहत्यदुंदुभिंभीमःशंखंप्रध्माप्यचासकृत् ॥
विनद्यसिंहनादेनज्यांविकर्षन्पुनःपुनः २८ तेनशब्देनवीराणांपातयित्वामनांस्युत ॥ दर्शयन्घोरमात्मानममित्रान्सहसाऽभ्ययात् २९ तमूहुर्जवनादांताविरुवं
तोहयोत्तमाः ॥ विशोकेनाभिसंपन्नामनोमारुतरंहसः ३० आरुजन्विरुजन्पार्थोज्यांविकर्षंश्चपाणिना ॥ संप्रकर्षन्विकर्षंश्चसेनाग्रंसमलोडयत् ३१ तंप्रयांतंम
हाबाहुंपंचालाःसहसोमकाः ॥ पृष्ठतोऽनुययुःशूरामघवंतमिवामराः ३२

३० आरुजन्कृंतन् विरुजन्विध्यन् विकर्षन्अत्यर्थंकर्षन् संप्रकर्षन्सम्यक्प्रकर्षेणविलिखन् विकर्षन्विक्षिपन् ३१ । ३२

॥ ९४ ॥ तंसमेत्यमहाराजतावकाःपर्यवारयन् ॥ दुःशलश्चित्रसेनश्चकुंडभेदीविविंशतिः ३३ दुर्मुखोदुःसहश्चैवविकर्णश्चशलस्तथा ॥ विंदानुविंदौसुमुखोदीर्घबाहुःसुदर्शनः
३४ वृंदारकःसुहस्तश्चसुषेणोदीर्घलोचनः ॥ अभयोरौद्रकर्माचसुवर्मादुर्विमोचनः ३५ शोभंतोरथिनांश्रेष्ठाःसहसैन्यपदानुगाः ॥ संयत्ताःसमरेवीराभीमसेन
मुपाद्रवन् ३६ तैःसमंताद्वृतःशूरैःसमरेषुमहारथः ॥ तान्समीक्ष्यतुकौंतेयोभीमसेनःपराक्रमी ॥ अभ्यवर्ततवेगेनसिंहःक्षुद्रमृगानिव ३७ तेमहास्त्राणिदि
व्यानितत्रवीराअदर्शयन् ॥ छादयंतःशरैर्भीमंमेघाःसूर्यमिवोदितम् ३८ सतानतीत्यवेगेनद्रोणानीकमुपाद्रवत् ॥ अग्रतश्चगजानीकंशरवर्षैरवाकिरत् ३९
सोचिरेणैवकालेनतद्गजानीकमाशुगैः ॥ दिशःसर्वाःसमभ्यस्यव्यधमत्पवनात्मजः ४० त्रासिताःशरभस्येवगर्जितेनवनेमृगाः ॥ प्राद्रवन्द्विरदाःसर्वेनदंतोभैरवान्
रवान् ४१ पुनश्चातीववेगेनद्रोणानीकमुपाद्रवत् ॥ तमवारयदाचार्योवेलोद्वृत्तमिवार्णवम् ४२ ललाटेताडयच्चैनंनाराचेनस्मयन्निव ॥ ऊर्ध्वरश्मिरिवादित्यो
विबभौतेनपांडवः ४३ समन्यमानस्त्वाचार्योममायंफाल्गुनोयथा ॥ भीमःकरिष्यतेपूजामित्युवाचवृकोदरम् ४४ भीमसेननतेशक्याप्रवेष्टुमरिवाहिनी ॥
मामनिर्जित्यसमरेशत्रुमद्यमहाबल ४५ यदितेसोऽनुजःकृष्णःप्रविष्टोऽनुमतेमम ॥ अनीकंनतुशक्यंमेप्रवेष्टुमिहवैत्वया ४६ अथभीमस्तुतच्छ्रुत्वागुरोर्वाक्यम
पेतमीः ॥ क्रुद्धःप्रोवाचवैद्रोणंरक्तताम्रेक्षणस्त्वरन् ४७ तवार्जुनोनानुमतेब्रह्मबंधोरणाजिरम् ॥ प्रविष्टःसहिदुर्धर्षःशक्रस्यापिविशेद्बलम् ४८ तेनवैपरमांपूजांकु
र्वतामानितोह्यसि ॥ नार्जुनोऽहंघृणीद्रोणभीमसेनोऽस्मितेरिपुः ४९ पितानस्त्वंगुरुर्बंधुस्तथापुत्रास्तुतेवयम् ॥ इतिमन्यामहेसर्वेभवंतंप्रणताःस्थिताः ५० अद्यत
द्विपरीतंतेवदतोऽस्मासुदृश्यते ॥ यदित्वंशत्रुमात्मानंमन्यसेतत्तथाऽस्त्विह ५१ एषतेसदृशंशत्रोःकर्मभीमःकरोम्यहम् ॥ अथोद्भ्राम्यगदांभीमःकालदंडमिवां
तकः ५२ द्रोणायव्यसृजद्राजन्सरथादवपुप्लुवे ॥ साश्वसूतध्वजंयानंद्रोणस्यापोथयत्तदा ५३ प्रामृद्नाच्चबहून्योधान्वायुर्वृक्षानिवौजसा ॥ तंपुनःपरिवव्रुस्ते
तवपुत्रारथोत्तमम् ५४ अन्यंतुरथमास्थायद्रोणःप्रहरतांवरः ॥ व्यूहद्वारंसमासाद्ययुद्धायसमुपस्थितः ५५ ततःक्रुद्धोमहाराजभीमसेनःपराक्रमी ॥ अग्रतः
स्यंदनानीकंशरवर्षैरवाकिरत् ५६ तेवध्यमानाःसमरेतवपुत्रामहारथाः ॥ भीमंभीमबलायुद्धेयोधयंतिजयैषिणः ५७ ततोदुःशासनःक्रुद्धोरथशक्तिंसमाक्षिपत्
॥ सर्वपारसवींतीक्ष्णांजिघांसुःपांडुनंदनम् ५८ आपतंतींमहाशक्तिंतवपुत्रप्रणोदिताम् ॥ द्विधाचिच्छेदतांभीमस्तदद्भुतमिवाभवत् ५९ अथान्यैर्विशिखैस्तीक्ष्णैः
संक्रुद्धःकुंडभेदिनम् ॥ सुषेणंदीर्घनेत्रंचत्रिभिस्त्रीनवधीद्बली ६० ततोवृंदारकंवीरंकुरूणांकीर्तिवर्धनम् ॥ पुत्राणांतववीराणांयुध्यतामवधीत्पुनः ६१ अभयं
रौद्रकर्माणंदुर्विमोचनमेवच ॥ त्रिभिस्त्रीनवधीद्भीमःपुनरेवसुतांस्तव ६२ ॥ ॥ ॥

६३ । ६४ । ६५ । ६६ । ६७ । ६८ । ६९ । ७० । ७१ । ७२ । ७३ । ७४ ॥ इतिद्रोणपर्वणिटीकायांसप्तविंशत्यधिकशततमोऽध्यायः ॥ १२७ ॥ ॥ समुत्तीर्णमिति १ बलमाययाबला

वध्यमानामहाराजपुत्रास्तवबलीयसा ॥ भीमंप्रहरतांश्रेष्ठंसमंतात्पर्यवारयन् ६३ तेशरैर्भीमकर्माणंववर्षुःपांडवंयुधि ॥ मेघाइवातपापायेधाराभिर्धरणीधरम्
६४ सतद्बाणमयंवर्षमश्मवर्षमिवाचलः ॥ प्रतीच्छन्पांडुदायादोनप्राव्यथतशत्रुहा ६५ विंदानुविंदौसहितौसुवर्माणंचतेसुतम् ॥ प्रहसन्निवकौंतेयःशरैर्निन्येयम
क्षयम् ६६ ततःसुदर्शनंवीरंपुत्रंतेभरतर्षभ ॥ विव्याधसमरेतूर्णंसपपातममारच ६७ सोऽचिरेणैवकालेनतद्रथानीकमाशुगैः ॥ दिशःसर्वाःसमालोक्यव्य
धमत्पांडुनंदनः ६८ ततोवैरथघोषेणगर्जितेनमृगाइव ॥ भज्यमानाश्चसमरेतवपुत्राविशांपते ६९ प्राद्रवन्सहसासर्वेभीमसेनभयार्दिताः ॥ अनुयायाच्चकौंतेयः
पुत्राणांतेमहद्बलम् ७० विव्याधसमरेराजन्कौरवेयान्समंततः ॥ वध्यमानामहाराजभीमसेनेनतावकाः ७१ त्यक्त्वाभीमंरणाज्जग्मुश्चोदयंतोहयोत्तमान् ॥ तां
स्तुनिर्जित्यसमरेभीमसेनोमहाबलः ७२ सिंहनादरवंचक्रेबाहुशब्दंचपांडवः ॥ तलशब्दंचसुमहत्कृत्वाभीमोमहाबलः ७३ भीषयित्वारथानीकंहत्वायोधान्वरा
न्वरान् ॥ व्यतीत्यरथिनश्चापिद्रोणानीकमुपाद्रवत् ७४ ॥ इतिश्रीमहाभारतेद्रोणपर्वणिजयद्रथवधपर्वणिभीमसेनप्रवेशेभीमपराक्रमेसप्तविंशत्यधिकशततमोऽ
ध्यायः ॥ १२७ ॥ ॥ संजयउवाच ॥ समुत्तीर्णरथानीकंपांडवंविहसन्रणे ॥ विवारयिषुराचार्यःशरवर्षैरवाकिरत् १ पिबन्निवशरौघांस्तान्द्रोणचापपरिच्युतान् ॥ सोऽ
भ्यद्रवतसोदर्यान्मोहयन्बलमायया २ तंमृधेवेगमास्थायन्नृपाःपरमधन्विनः ॥ चोदितास्तवपुत्रैश्चसर्वतःपर्यवारयन् ३ सतैस्तुसंवृतोभीमःप्रहसन्निवभारत ॥
उद्यच्छन्सगदांतेभ्यःसुघोरांसिंहवन्नदन् ४ अवासृजच्चवेगेनशत्रुपक्षविनाशिनीम् ॥ इंद्राशनिरिवेन्द्रेणप्रविद्धासंहतात्मना ॥ प्रामथ्नात्सामहाराजसैनिकांस्त
वसंयुगे ५ घोषेणमहताराजन्पूरयंतीवमेदिनीम् ॥ ज्वलंतीतेजसाभीमात्रासयामासतेसुतान् ६ तांपतंतींमहावेगांदृष्ट्वातेजोभिसंवृताम् ॥ प्राद्रवंस्तावकाःसर्वे
नदंतोभैरवान्रवान् ७ तंचशब्दमसह्यंवैतस्याःसंलक्ष्यमारिष ॥ प्रापतन्मनुजास्तत्ररथेभ्योरथिनस्तदा ८ तेहन्यमानाभीमेनगदाहस्तेनतावकाः ॥ प्राद्रवंतरणे
भीताव्याघ्रघ्रातामृगाइव ९ सतान्विद्राव्यकौंतेयःसंख्येऽमित्रान्दुरासदान् ॥ सुपर्णइववेगेनपक्षिराडत्यगाच्चमूम् १० तथातुविप्रकुर्वाणंरथयूथपयूथपम् ॥
भारद्वाजोमहाराजभीमसेनंसमभ्ययात् ११ भीमंतुसमरेद्रोणोवारयित्वाशरोर्मिभिः ॥ अकरोत्सहसानादंपांडूनांभयमादधत् १२ तद्युद्धमासीत्सुमहद्घोरंदेवासु
रोपमम् ॥ द्रोणस्यचमहाराजभीमस्यचमहात्मनः १३ यदातुविशिखैस्तीक्ष्णैर्द्रोणचापविनिःसृतैः ॥ वध्यंतेसमरेवीराःशतशोऽथसहस्रशः १४ ततोरथादवप्लुत्यवेग
मास्थायपांडवः ॥ निमील्यनयनेराजन्पदातिर्द्रोणमभ्ययात् १५ ॥ ॥ ॥

विष्करणेन २ । ३ । ४ । ५ । ६ । ७ । ८ । ९ । १० । ११ । १२ । १३ । १४ । १५ ॥ ॥ ॥

॥ ९९ ॥ अंसेशिरोभीमसेनःकरौकृत्वोरसिस्थिरौ ॥ वेगमास्थायबलवान्मनोनिलगरुत्मताम् १६ यथाहिगोवृषोवर्षंप्रतिगृह्णातिलीलया ॥ तथाभीमोनरव्याघ्रःशरवर्षंसमग्रहीत्
१७सवध्यमानःसमरेरथंद्रोणस्यमारिष ॥ ईषायांपाणिनागृह्यप्रचिक्षेपमहाबलः १८ द्रोणस्तुसत्वरोराजन्क्षिप्तोभीमेनसंयुगे ॥ रथमन्यंसमारुह्यव्यूहद्वारंययौपुनः
१९तमायांतंतथादृष्ट्वाभग्नोत्साहंगुरुंतदा ॥ गत्वावेगात्पुनर्भीमोधुरंगृह्यरथस्यतु २० तमप्यतिरथंभीमश्चिक्षेपभृशरोषितः ॥ एवमष्टौरथाःक्षिप्ताभीमसेनेनलीलया २१
व्यदृश्यतनिमेषेणपुनःस्वरथमास्थितः ॥ दृश्यतेतावकैर्योधैर्विस्मयोत्फुल्ललोचनैः २२ तस्मिन्क्षणेतस्ययंतातूर्णमश्वानचोदयत् ॥ भीमसेनस्यकौरव्यतदद्भुत
मिवाभवत् २३ ततःस्वरथमास्थायभीमसेनोमहाबलः ॥ अभ्यद्रवतवेगेनतवपुत्रस्यवाहिनीम् २४ समृद्नन्क्षत्रियानाजौवातोवृक्षानिवोद्धतः ॥ आगच्छ
द्दारयन्सेनांसिंधुवेगोनगानिव २५ भोजानीकंसमासाद्यहार्दिक्येनाभिरक्षितम् ॥ प्रमथ्यतरसावीरस्तदप्यतिबलोऽभ्ययात् २६ संत्रासयन्ननीकानितलशब्दे
नपांडवः ॥ अजयत्सर्वसैन्यानिशार्दूलइवगोवृषान् २७ भोजानीकमतिक्रम्यदरदानांचवाहिनीम् ॥ तथाम्लेच्छगणानन्यान्बहून्युद्धविशारदान् २८ सात्यकिं
चैवसंप्रेक्ष्ययुध्यमानंमहारथम् ॥ रथेनयत्तःकौंतेयोवेगेनप्रययौतदा २९ भीमसेनोमहाराजद्रष्टुकामोधनंजयम् ॥ अतीत्यसमरेयोधांस्तावकान्पांडुनंदनः ३०
सोऽपश्यदर्जुनंतत्रयुध्यमानंमहारथम् ॥ सैंधवस्यवधार्थेहिपराक्रांतंपराक्रमी ३१ तंदृष्ट्वापुरुषव्याघ्रश्चुक्रोशमहतोरवान् ॥ प्रावृट्कालेमहाराजनर्दन्निवबलाहकः ३२
तंतस्यनिनदंघोरंपार्थःशुश्रावनर्दतः ॥ वासुदेवश्चकौरव्यभीमसेनस्यसंयुगे ३३ तौश्रुत्वायुगपद्वीरौनिनदंतस्यशुष्मिणः ॥ पुनःपुनःप्रणदतांदिदृक्षंतौवृकोदरम्
३४ ततःपार्थोमहानादंमुंचन्वैमाधवश्चह ॥ अभ्ययातांमहाराजनर्दंतौगोवृषाविव ३५ भीमसेनरवंश्रुत्वाफाल्गुनस्यचधन्विनः ॥ अप्रीयतमहाराजधर्मपुत्रोयुधि
ष्ठिरः ३६ विशोकश्चाभवद्राजाश्रुत्वातंनिनदंतयोः ॥ धनंजयस्यसमरेजयमाशास्तवान्विभुः ३७ तथातुनर्दमानेवैभीमसेनेमदोत्कटे ॥ स्मितंकृत्वामहाबाहुर्धर्म
पुत्रोयुधिष्ठिरः ३८ हृद्गतंमनसाप्राहध्यात्वाधर्मभृतांवरः ॥ दत्ताभीमत्वयासंविस्कृतंगुरुवचस्तथा ३९ नहितेषांजयोयुद्धेयेषांद्वेष्टाऽसिपांडव ॥ दिष्ट्याजीव
तिसंग्रामेसव्यसाचीधनंजयः ४० दिष्ट्याचकुशलीवीरःसात्यकिःसत्यविक्रमः ॥ दिष्ट्यागृणोमिगर्जंतौवासुदेवधनंजयौ ४१ येनशक्रंरणेजित्वातर्पितोहव्यवा
हनः ॥ सहंताद्विषतांसंख्येदिष्ट्याजीवतिफाल्गुनः ४२ यस्यबाहुबलंसर्वेवयमाश्रित्यजीविताः ॥ सहंतारिपुसैन्यानांदिष्ट्याजीवतिफाल्गुनः ४३ निवातकवचा
येनदेवैरपिसुदुर्जयाः ॥ निर्जिताधनुषैकेनदिष्ट्यापार्थःसजीवति ४४ कौरवान्सहितान्सर्वान्गोग्रहार्थेसमागतान् ॥ योऽजयन्मत्स्यनगरेदिष्ट्यापार्थःसजीवति ४५ ॥ ९९ ॥
कालकेयसहस्राणिचतुर्दशमहारणे ॥ योऽवधीद्भुजवीर्येणदिष्ट्यापार्थःसजीवति ४६

४७ । ४८ । ४९ । ५० । ५१ । ५२ । ५३ । ५४ । ५५ । ५६ ॥ इतिद्रोणपर्वणिटीकायामष्टाविंशत्यधिकशततमोऽध्यायः ॥ १२८ ॥ ॥ ॥ निनदंतमिति १ । २ युयुत्समानस्यध्या

गंधर्वराजंबलिनंदुर्योधनकृतेचवै ॥ जितवान्योऽस्त्रवीर्येणदिष्ट्यापार्थःसजीवति ४७ किरीटमालीबलवाञ्छ्वेताश्वःकृष्णसारथिः ॥ ममप्रियश्चसततंदिष्ट्यापार्थः
सजीवति ४८ पुत्रशोकाभिसंतप्तश्चिकीर्षन्कर्मदुष्करम् ॥ जयद्रथवधान्वेषीप्रतिज्ञांकृतवान्हियः ४९ कच्चित्ससैंधवंसंख्येहनिष्यतिधनंजयः ॥ कच्चित्तीर्णप्रति
ज्ञंहिवासुदेवेनरक्षितम् ५० अनस्तमितआदित्येसमेष्याम्यहमर्जुनम् ॥ कच्चित्सैंधवकोसजाद्दुर्योधनहितेरतः ५१ नंदयिष्यत्यमित्रान्हिफाल्गुनेननिपातितः ॥
कच्चिदुर्योधनोराजाफाल्गुनेननिपातितम् ५२ दृष्ट्वासैंधवकंसंख्येशममस्मासुधास्यति ॥ दृष्ट्वाविनिहतान्भ्रातॄन्भीमसेनेनसंयुगे ॥ कच्चिदुर्योधनोमंदःशममस्मासु
धास्यति ५३ दृष्ट्वाचान्यान्महायोधान्पातितान्धरणीतले ॥ कच्चिद्दुर्योधनोमंदःपश्चात्तापंगमिष्यति ५४ कच्चिद्भीष्मेणनोवैरंशममेकेनयास्यति ॥ शेषस्यर
क्षणार्थंचसंधास्यतिसुयोधनः ५५ एवंबहुविधंतस्यराज्ञश्चिंतयतस्तदा ॥ कृपयाऽभिपरीतस्यघोरंयुद्धमवर्तत ५६ इतिश्रीमहाभारतेद्रोणपर्वणिजयद्रथवधपर्वणि
भीमसेनप्रवेशेयुधिष्ठिरहर्षेऽष्टाविंशत्यधिकशततमोऽध्यायः ॥ १२८ ॥ ॥ धृतराष्ट्रउवाच ॥ निनदंतंतथातंतुभीमसेनंमहाबलम् ॥ मेघस्तनितनिर्घोषंकेवीराः
पर्यवारयन् १ नहिपश्याम्यहंतंवैत्रिषुलोकेषुकंचन ॥ क्रुद्धस्यभीमसेनस्ययस्तिष्ठेदग्रतोरणे २ गदांयुयुत्समानस्यकालस्येवेहसंजय ॥ नहिपश्याम्यहंयुद्धेय
स्तिष्ठेदग्रतःपुमान् ३ रथंरथेनयोहन्यात्कुंजरंकुंजरेणच ॥ कस्तस्यसमरेस्थातासाक्षादपिपुरंदरः ४ क्रुद्धस्यभीमसेनस्यममपुत्रान्जिघांसतः ॥ दुर्योधनहितेयु
क्ताःसमतिष्ठंतकेऽग्रतः ५ भीमसेनदवाग्नेस्तुममपुत्रांस्तृणोपमान् ॥ प्रधक्षतोरणमुखेकेऽतिष्ठन्नग्रतोनराः ६ काल्यमानांस्तुपुत्रान्मेदृष्ट्वाभीमेनसंयुगे ॥ काले
नेवप्रजाःसर्वाःकेभीमंपर्यवारयन् ७ नमेऽर्जुनाद्भयंतादृक्कृष्णान्नापिचसात्वतात् ॥ हुतभुग्जन्मनोनैवयादृग्भीमाद्भयंमम ८ भीमवन्हेःप्रदीप्तस्यममपुत्रान्दिध
क्षतः ॥ केशूराःपर्यवर्तंततन्ममाचक्ष्वसंजय ॥ ९ संजयउवाच ॥ तथातुनर्दमानंतंभीमसेनंमहाबलम् ॥ तुमुलेनैवशब्देनकर्णोऽप्यभ्यद्रवद्बली १० व्या
क्षिपन्सुमहच्चापमतिमात्रममर्षणः ॥ कर्णःसुयुद्धमाकांक्षन्दर्शयिष्यन्बलंमृधे ११ रुरोधमार्गंभीमस्यवातस्येवमहीरुहः ॥ भीमोऽपिदृष्ट्वासावेगंपुरोवैकर्तनंस्थि
तम् १२ चुकोपबलवद्वीरश्चिक्षेपास्यशिलाशितान् ॥ तान्प्रत्यगृह्णात्कर्णोऽपिप्रतीपंप्रापयच्छरान् १३ ततस्तुसर्वयोधानांयततांप्रेक्षतांतदा ॥ प्रावेपन्निवगा
त्राणिकर्णभीमसमागमे १४ रथिनांसादिनांचैवतयोःश्रुत्वातलस्वनम् ॥ भीमसेनस्यनिनदंश्रुत्वाघोरंरणाजिरे १५ खंचभूमिंचसंरुद्धांमेनिरेक्षत्रियर्षभाः ॥ पुन
र्घोरेणनादेनपांडवस्यमहात्मनः १६ रणेरसर्वयोधानांधनूंष्यभ्यपतन्क्षितौ ॥ शस्त्राणिन्यपतन्दोर्भ्यःकेषांचिच्चासवोऽद्रवन् १७

पारयतः ३ । ४ । ५ । ६ । ७ । ८ । ९ । १० । ११ सावेगंसत्वरम् १२ । १३ । १४ । १५ संरुद्धामेकतांप्राप्ताम् १६ । १७

म.भा.टी. १८ । १९ । २० । २१ । २३ । २४ । २५ । २६ । २७ । २८ । २९ । ३० । ३१ । ३२ । ३३ । ३४ । ३५ । ३६ । ३७ । ३८ । व्यायच्छतांप्रहरताम् ३९ ॥ इतिद्रोणपर्वणिटीकायामेकोनत्रिं द्रो०प० अ० १३० ॥ ९६ ॥

वित्रस्तानिचसर्वाणिशकृन्मूत्रंप्रसुस्रुवुः ॥ वाहनानिचसर्वाणिबभूवुर्विमनांसिच १८ प्रादुरासन्निमित्तानिघोराणिसुबहून्युत ॥ गृध्रकंकबलैश्चासीदंतरिक्षंसमावृतम् १९ तस्मिन्सुतुमुलेराजन्कर्णभीमसमागमे ॥ ततःकर्णस्तुविंशत्याशराणांभीममार्दयत् २० विव्याधचास्यत्वरितःसूतंपंचभिराशुगैः ॥ प्रहस्यभीमसेनोऽपिकर्णंप्रत्याद्रवद्रणे २१ सायकानांचतुःषष्ट्याक्षिप्रकारीमहायशाः ॥ तस्यकर्णोमहेष्वासःसायकांश्चतुरोऽक्षिपत् २२ असंप्राप्तांश्चतान्भीमःसायकैर्नतपर्वभिः ॥ चिच्छेदबहुधाराजन्दर्शयन्पाणिलाघवम् २३ तंकर्णश्छादयामासशरव्रातैरनेकशः ॥ संछाद्यमानःकर्णेनबहुधापांडुनंदनः २४ चिच्छेदचापंकर्णस्यमुष्टिदेशेमहारथः ॥ विव्याधचैनंबहुभिःसायकैर्नतपर्वभिः २५ अथान्यद्धनुरादायसज्यंकृत्वाचसूतजः ॥ विव्याधसमरेभीमंभीमकर्मामहारथः २६ तस्यभीमोभृशंक्रुद्धस्त्रीन्शरान्नतपर्वणः ॥ निचखानोरसिक्रुद्धःसूतपुत्रस्यवेगतः २७ तैःकर्णोऽराजतशरैरुरोमध्यगतैस्तदा ॥ महीधरइवोदग्रस्त्रिशृंगोभरतर्षभ २८ सुस्रावचास्यरुधिरंविद्धस्यपरमेषुभिः ॥ धातुप्रस्यंदिनःशैलाद्यथागैरिकधातवः २९ किंचिद्विचलितःकर्णःसुप्रहाराभिपीडितः ॥ आकर्णपूर्णमाकृष्यभीमंविव्याधसायकैः ३० चिक्षेपचपुनर्बाणान्शतशोऽथसहस्रशः ॥ सशरैरर्दितस्तेनकर्णेनदृढधन्विना ॥ धनुर्ज्यामच्छिनत्तूर्णंभीमस्तस्यक्षुरेणह ३१ सारथिंचास्यभल्लेनरथनीडादपातयत् ॥ वाहांश्चचतुरस्तस्यव्यसूंश्चक्रेमहारथः ३२ हताश्वात्तुरथात्कर्णःसमाप्लुत्यविशांपते ॥ स्यंदनंवृषसेनस्यतूर्णमापुप्लुवेभयात् ३३ निर्जित्यतुरणेकर्णंभीमसेनःप्रतापवान् ॥ ननादबलवन्नादंपर्जन्यनिनदोपमम् ३४ तस्यतंनिनदंश्रुत्वाप्रहृष्टोऽभूद्युधिष्ठिरः ॥ कर्णंपराजितंमत्वाभीमसेनेनसंयुगे ३५ समंताच्छंखनिनदंपांडुसेनाऽकरोत्तदा ॥ शत्रुसेनाध्वनिंश्रुत्वातावकाह्यनदन्भृशम् ३६ सशंखबाणनिनदैर्हर्षाद्राजास्ववाहिनीम् ॥ चक्रेयुधिष्ठिरःसंख्येहर्षनादैश्चसंकुलाम् ३७ गांडीवंव्याक्षिपत्पार्थःकृष्णोऽप्यब्जमवादयत् ॥ तमंतर्धायनिनदंभीमस्यनदतोध्वनिः ॥ अश्रूयततदाराजन्सर्वसैन्येषुदारुणः ३८ ततोव्यायच्छतामस्त्रैःपृथक्पृथगजिह्मगैः ॥ मृदुपूर्वंतुराधेयोदृढपूर्वंतुपांडवः ३९ ॥ इतिश्रीमहाभारतेद्रोणपर्वणिजयद्रथवधपर्वणि भीमप्रवेशेकर्णपराजयेएकोनत्रिंशदधिकशततमोऽध्यायः ॥ १२९ ॥ संजयउवाच ॥ तस्मिन्विलुलितेसैन्येसैंधवायार्जुनेगते ॥ सात्वतेभीमसेनेचपुत्रस्तेद्रोणमभ्ययात् १ त्वरन्नेकरथेनैवबहुकृत्यंविचिंतयन् ॥ सरथस्तवपुत्रस्यत्वरयापरयायुतः २ तूर्णमभ्यद्रवद्द्रोणंमनोमारुतवेगवान् ॥ उवाचचैनंपुत्रस्तेसंरंभाद्रक्तलोचनः ३ ससंभ्रममिदंवाक्यमब्रवीत्कुरुनंदनः ॥ अर्जुनोभीमसेनश्चसात्यकिश्चापराजितः ४ विजित्यसर्वसैन्यानिसुमहांतिमहारथाः ॥ संप्राप्ताःसिंधुराजस्यसमीपमनिवारिताः ५

॥ ९६ ॥

शदधिकशततमोऽध्यायः ॥ १२९ ॥ ॥ ॥ तस्मिन्विनि १ । २ संरंभात्क्रोधात् ३ । ४ । ५

६ । ७ । ८ । ९ । १० । ११ । १२ । १३ । १४ । १५ । १६ । १७ तान्प्रसिद्धान्यानक्षान् अक्षान्मन्यमानःप्रागग्लहतेस्मइत्यन्वयः १८ यत्रसभायां तेऽमी १९ दुरोदरंद्यूतकारिणम् २०

व्यायच्छंतिचतत्रापिसर्वएवापराजिताः ॥ यदितावद्रणेपार्थोव्यतिक्रांतोमहारथः ६ कथंसात्यकिभीमाभ्यांव्यतिक्रांतोऽसिमानद ॥ आश्चर्यभूतंलोकेऽस्मिन्समुद्र
स्येवशोषणम् ७ निर्जयस्तवविप्राग्र्यसात्वतेनार्जुनेनच ॥ तथैवभीमसेनेनलोकःसंवदतेभृशम् ८ कथंद्रोणोजितःसंख्येधनुर्वेदस्यपारगः ॥ इत्येवंब्रुवतेयोधाअश्रद्धे
यमिदंतव ९ नाशएवतुमेनूनंमंदभाग्यस्यसंयुगे ॥ यत्रत्वांपुरुषव्याघ्रंव्यतिक्रांतास्त्रयोरथाः १० एवंगतेतुकृत्येऽस्मिन्ब्रूहियत्तेविवक्षितम् ॥ यद्गतंगतमेवेदंशेषंचिंत
यमानद ११ यत्कृत्यंसिंधुराजस्यप्राप्तकालमनंतरम् ॥ तत्संविधीयतांक्षिप्रंसाधुसंचिंत्यनोद्विज १२ ॥ द्रोणउवाच ॥ चिंत्यंबहुविधंतातयत्कृत्यंतच्छृणुष्वमे ॥
त्रयोहिसमतिक्रांताःपांडवानांमहारथाः १३ यावत्तेषांभयंपश्चात्तावदेषांपुरःसरम् ॥ तद्गरीयस्तरंमन्येयत्रकृष्णधनंजयौ १४ सापुरस्ताच्चपश्चाच्चगृहीताभारतीचमूः
तत्रकृत्यमहंमन्येसैंधवस्याभिरक्षणम् १५ सनोरक्ष्यतमस्तातक्रुद्धाद्भीतोधनंजयात् ॥ गतौचसैंधवंभीमौयुयुधानवृकोदरौ १६ संप्राप्तंतदिदंद्यूतंयत्तच्छकुनिबुद्धिजम्
नसभायांजयोवृत्तोनापितत्रपराजयः १७ इहनोग्लहमानानामद्यतावज्जयाजयौ ॥ यान्स्मतान्ग्लहतेघोराञ्छकुनिःकुरुसंसदि १८ अक्षान्समन्यमानःप्राक्शरा
स्तेहिदुरासदाः ॥ यत्रतेबहवस्तातकौरवेयाव्यवस्थिताः १९ सेनांदुरोदरंविद्धिशरानक्षान्विशांपते ॥ ग्लहंचसैंधवंराजंस्तत्रद्यूतस्यनिश्चयः २० सैंधवेतुमहद्द्यूतं
समासक्तंपरैःसह ॥ अत्रसर्वेमहाराजत्यक्त्वाजीवितमात्मनः २१ सैंधवस्यरणेरक्षांविधिवत्कर्तुमर्हथ ॥ तत्रनोग्लहमानानांध्रुवौजयपराजयौ २२ यत्रतेपरमेष्वासा
यत्तारक्षंतिसैंधवम् ॥ तत्रगच्छस्वयंशीघ्रंतांश्चरक्षस्वरक्षिणः २३ इहैवत्वहमासिष्येप्रेषयिष्यामिचापरान् ॥ निरोत्स्यामिचपंचालान्सहितान्पांडुसृंजयैः २४
ततोदुर्योधनोऽगच्छत्तूर्णमाचार्यशासनात् ॥ उद्यम्यात्मानमुग्रायकर्मणेसपदानुगः २५ चक्ररक्षौतुपांचाल्यौयुधामन्यूत्तमौजसौ ॥ बाह्येनसेनामभ्येत्यजग्मतुःस
व्यसाचिनम् २६ यौतुपूर्वंमहाराजवारितौकृतवर्मणा ॥ प्रविष्टेत्वर्जुनेराजंस्तवसैन्यंयुयुत्सया २७ पार्श्वेभित्त्वाचमूंवीरौप्रविष्टौतववाहिनीम् ॥ पार्श्वेनसैन्यमायांतौ
कुरुराजोददर्शह २८ ताभ्यांदुर्योधनःसार्धमकरोत्संख्यमुत्तमम् ॥ त्वरितस्त्वरमाणाभ्यांभ्रातृभ्यांभारतोबली २९ तावेनमभ्यद्रवतामुभावुद्यतकार्मुकौ ॥ महारथ
समाख्यातौक्षत्रियप्रवरौयुधि ३० तमविध्यद्युधामन्युस्त्रिंशताकंकपत्रिभिः ॥ विंशत्यासारथिंचास्यचतुर्भिश्चतुरोहयान् ३१ दुर्योधनोयुधामन्योर्ध्वजमेकेपुणाऽच्छि
नत् ॥ एकेनकार्मुकंचास्यचकर्ततनयस्तव ३२ सारथिंचास्यभल्लेनरथनीडादपाहरत् ॥ ततोऽविध्यच्छरैस्तीक्ष्णैश्चतुर्भिश्चतुरोहयान् ३३ युधामन्युश्चसंक्रुद्धःश
३३ रांस्त्रिंशतमाहवे ॥ व्यसृजत्तवपुत्रस्यत्वरमाणःस्तनांतरे ३४ ॥ ॥ ॥ ॥

२१ । २२ । २३ । २४ । २५ । २६ । २७ । २८ । २९ । ३० । ३१ । ३२ । ३३ । ३४ ॥ ॥ ॥

३५ । ३६ । ३७ । ३८ । ३९ । ४० । ४१ । ४२ । ४३ । ४४ इतिद्रोणपर्वणिटीकायांत्रिंशदधिकशततमोऽध्यायः १३० ॥ ॥ वर्तमानइति १ । २ । ३ । ४ । ५ । ६ । ७ । ८ । ९ पूर्वमुद्योगेदर्शित

तथौत्तमौजाःसंक्रुद्धःशरैर्हेमविभूषितैः ॥ अविध्यत्सारथिंचास्यप्राहिणोद्यमसादनम् ३५ दुर्योधनोऽपिराजेंद्रपांचाल्यस्योत्तमौजसः ॥ जघानचतुरोस्याश्वानुभौ तौपार्ष्णिसारथी ३६ उत्तमौजाहताश्वस्तुहतसूतश्चसंयुगे ॥ आरुरोहरथंभ्रातुर्युधामन्योरभित्वरन् ३७ सरथंप्राप्यतंभ्रातुर्दुर्योधनहयाञ्शरैः ॥ बहुभिस्ताडयामासतेहताःप्रापतन्भुवि ३८ हयेषुपतितेष्वस्यचिच्छेदपरमेषुणा ॥ युधामन्युर्धनुःशीघ्रंशरावापंचसंयुगे ३९ हताश्वसूतात्सरथादवतीर्यनराधिपः ॥ गदामादायतेपुत्रःपांचाल्यावभ्यधावत ४० तमापतंतंसंप्रेक्ष्यक्रुद्धंकुरुपतिंपदा ॥ अवप्लुतौरथोपस्थाद्युधामन्यूत्तमौजसौ ४१ ततःसहेमचित्रंतंगदयास्यंदनंगदी ॥ संक्रुद्धःपोथयामाससाश्वसूतध्वजंनृप ४२ भंक्त्वारथंसपुत्रस्तेहताश्वोहतसारथिः ॥ मद्रराजरथंतूर्णमारुरोहपरंतपः ४३ पंचालानांततोमुख्यौराजपुत्रौमहारथौ ॥ रथावन्यौसमारुह्यबीभत्सुमभिजग्मतुः ४४ ॥ इतिश्रीमहाभारतेद्रोणपर्वणिजयद्रथवधपर्वणिदुर्योधनयुद्धेत्रिंशदधिकशततमोऽध्यायः ॥ ॥ १३० ॥ ॥ ॥ ॥ संजयउवाच ॥ वर्तमानेमहाराजसंग्रामेलोमहर्षणे ॥ व्याकुलेषुचसर्वेषुपीड्यमानेषुसर्वशः १ राधेयोभीममानर्च्छद्युद्धायभरतर्षभ ॥ यथानागोवनेनागंमत्तोमत्तमभिद्रवन् २ ॥ धृतराष्ट्रउवाच ॥ यौतौकर्णश्चभीमश्चसंप्रयुद्धौमहाबलौ ॥ अर्जुनस्यरथोपांतेकीदृशःसोऽभवद्रणः ३ पूर्वंहिनिर्जितःकर्णोभीमसेनेनसंयुगे ॥ कथंभूयःसराधेयोभीममागान्महारथः ४ भीमोवासूततनयंप्रत्युद्यातःकथंरणे ॥ महारथंसमाख्यातंपृथिव्यांप्रवरंरथम् ५ भीष्मद्रोणावतिक्रम्यधर्मराजोयुधिष्ठिरः ॥ नान्यतोभयमादत्तविनाकर्णान्महारथात् ६ भयाद्यस्यमहाबाहोनशेतेबहुलाःसमाः ॥ चिंतयन्नित्यशोवीर्यंराधेयस्यमहात्मनः ॥ तंकथंसूतपुत्रंतुभीमोऽयोधयताहवे ७ ब्रह्मण्यंवीर्यसंपन्नंसमरेष्वनिवर्तिनम् ॥ कथंकर्णंयुधांश्रेष्ठंयोधयामासपांडवः ८ यौतौसमीयतुर्वीरौवैकर्तनवृकोदरौ ॥ कथंतावत्रयुध्येतांमहाबलपराक्रमौ ९ भ्रातृत्वंदर्शितंपूर्वंघृणीचापिससूतजः ॥ कथंभीमेनयुयुधेकुंत्यावाक्यमनुस्मरन् १० भीमोवासूतपुत्रेणस्मरन्वैरंपुराकृतम् ॥ अयुध्यतकथंशूरःकर्णेनसहसंयुगे ११ आशास्तेचसदासूतपुत्रोदुर्योधनोमम ॥ कर्णोजेष्यतिसंग्रामेसमस्तान्पांडवानिति १२ जयाशायत्रपुत्रस्यममंदस्यसंयुगे ॥ सकथंभीमकर्माणंभीमसेनमयोधयत् १३ यंसमासाद्यपुत्रैर्मेकृतंवैरंमहारथैः ॥ तंसूततनयंतातकथंभीमोह्ययोधयत् १४ अनेकान्विप्रकारांश्चसूतपुत्रसमुद्भवान् ॥ स्मरमाणःकथंभीमोयुयुधेसूतसूनुना १५ योऽजयत्पृथिवींसर्वांरथेनैकेनवीर्यवान् ॥ तंसूततनयंयुद्धेकथंभीमोह्ययोधयत् १६ योजातःकुंडलाभ्यांचकवचेनसहैवच ॥ तंसूतपुत्रंसमरेभीमःकथमयोधयत् १७ ॥ ॥ ॥

मुद्भावितंभ्रातृत्वंकुंत्यावाक्यंचचतुर्णामवध्यत्वलक्षणंचानुस्मरन्नित्यन्वयः १० । ११ । १२ । १३ । १४ । १५ । १६ । १७ ॥ ॥ ॥

१८।१९।२०।२१।२२ अभितःसंमुखे २३।२४।२५।२६।२७।२८।२९।३०।३१।३२।३३।३४।३५।३६।३७।३८।३९।४०।४१।४२।४३।४४।४५।४६।४७।४८

यथातयोर्युद्धमभूद्यश्चासीद्विजयीतयोः ।। तन्ममाचक्ष्वतत्त्वेनकुशलोह्यसिसंजय १८ ।। संजयउवाच ।। भीमसेनस्तुराधेयमुत्सृज्यरथिनांवरम् ।। इयेषगंतुंय
त्रास्तांवीरौकृष्णधनंजयौ १९ तंप्रयांतमभिद्रुत्यराधेयःकंकपत्रिभिः ।। अभ्यवर्षन्महाराजमेघोवृष्ट्येवपर्वतम् २० फुल्लतापंकजेनेववक्त्रेणविहसन्बली ।। आजु
हावरणेयांतंभीममाधिरथिस्तदा २१ कर्णउवाच ।। भीमाहितैस्तवरणःस्वप्नेऽपिनविभावितः ।। तद्दर्शयसिकस्मान्मेपृष्ठंपार्थदिदृक्षया २२ कुन्त्याःपुत्रस्यस
दृशंनेदंपांडवनंदन ।। तेनमामभितःस्थित्वाशरवर्षैरवाकिर २३ भीमसेनस्तदाह्वानंकर्णान्नामर्षयद्युधि ।। अर्धमंडलमावृत्यसूतपुत्रमयोधयत् २४ अवक्रगामि
भिर्बाणैरभ्यवर्षन्महायशाः ।। दंशितंद्वैरथेयत्तंसर्वशस्त्रविशारदम् २५ विधित्सुःकलहस्यांतंजिघांसुःकर्णमक्षिणोत् ।। हत्वातस्यानुगांस्तंचहंतुकामोमहाबलः २६
तस्मैव्यसृजदुग्राणिविविधानिपरंतपः ।। अमर्षात्पांडवःक्रुद्धःशरवर्षाणिमारिष २७ तस्यतानीषुवर्षाणिमत्तद्विरदगामिनः ।। सूतपुत्रोऽस्त्रमायाभिरग्रसत्परमा
स्त्रवित् २८ सयथावन्महाबाहुर्विद्ययावैसुपूजितः ।। आचार्यवन्महेष्वासःकर्णःपर्यचरद्बली २९ युध्यमानंतुसंरंभाद्भीमसेनंहसन्निव ।। अभ्यपद्यतकौन्तेयंकर्णो
राजन्वृकोदरम् ३० तन्नामृष्यतकौन्तेयःकर्णस्यस्मितमाहवे ।। युध्यमानेषुवीरेषुपश्यत्सुचसमंततः ३१ तंभीमसेनःसंप्राप्तंवत्सदंतैःस्तनांतरे ।। विव्याधबल
वान्क्रुद्धस्तोत्रैरिवमहाद्विपम् ३२ पुनश्चसूतपुत्रंतुस्वर्णपुंखैःशिलाशितैः ।। सुमुक्तैश्चित्रवर्माणंनिर्बिभेदत्रिसप्तभिः ३३ कर्णोजांबूनदैर्जालैःसंछन्नान्वातरंहसः ।।
हयान्विव्याधभीमस्यपंचभिःपंचभिःशरैः ३४ ततोबाणमयंजालंभीमसेनरथंप्रति ।। कर्णेनविहितंराजन्निमेषार्धाददृश्यत ३५ सरथःसध्वजस्तत्रससूतःपांडव
स्तदा ।। प्राच्छाद्यतमहाराजकर्णचापच्युतैःशरैः ३६ तस्यकर्णश्चतुःषष्ट्याव्यधमत्कवचंदृढम् ।। क्रुद्धश्चाप्यहनत्पार्थंनाराचैर्मर्मभेदिभिः ३७ ततोऽचिंत्यम
हाबाहुःकर्णकार्मुकनिःसृतान् ।। समाश्लिष्यदसंभ्रांतःसूतपुत्रंवृकोदरः ३८ सकर्णचापप्रभवान्निषूनाशीविषोपमान् ।। बिभ्रद्भीमोमहाराजनजगामव्यथांरणे ३९
ततोद्वात्रिंशताभल्लैर्निशितैस्तिग्मतेजनैः ।। विव्याधसमरेकर्णंभीमसेनःप्रतापवान् ४० अयत्नेनैवतंकर्णःशरैर्भृशमवाकिरत् ।। भीमसेनंमहाबाहुंसैन्धवस्यवधैषि
णम् ४१ मृदुपूर्वंतुराधेयोभीममाजावयोधयत् ।। क्रोधपूर्वंतथाभीमःपूर्ववैरमनुस्मरन् ४२ तंभीमसेनोनामृष्यदवमानममर्षणः ।। सतस्मैव्यसृजत्तूर्णंशरवर्षममित्रहा
४३ तेशराःप्रेषितास्तेनभीमसेनेनसंयुगे ।। निपेतुःसर्वतोवीरेकूजंतइवपक्षिणः ४४ हेमपुंखाःप्रसन्नाग्राभीमसेनधनुश्च्युताः ।। प्राच्छादयंस्तेराधेयंशलभाइवपाव
कम् ४५ कर्णस्तुरथिनांश्रेष्ठश्छाद्यमानःसमंततः ।। राजन्व्यसृजदुग्राणिशरवर्षाणिभारत ४६ तस्यतानशनिप्रख्यानिषून्समरशोभिनः ।। चिच्छेदबहुभिर्भल्लैरसंप्राप्ता
न्वृकोदरः ४७ पुनश्चशरवर्षेणच्छादयामासभारत ।। कर्णोवैकर्तनोयुद्धेभीमसेनमरिंदमः ४८

॥ ९८ ॥ तत्रभारतभीमंतुदृष्टवंतःस्मसायकैः ॥ समाचिततनुंसंख्येश्वाविधंशललैरिव ४९ हेमपुंखाञ्छिलाधौतान्कर्णचापच्युताञ्छरान् ॥ दधारसमरेवीरःस्वरश्मीनिवर अ०
श्मिमान् ५० रुधिरोक्षितसर्वांगोभीमसेनोव्यराजत ॥ समृद्धकुसुमापीडोवसंतेऽशोकवृक्षवत् ५१ तत्तुभीमोमहाबाहोःकर्णस्यचरितंरणे ॥ नामृष्यतमहाबाहुःक्रो १३२
धादुद्वृत्तलोचनः ५२ सकर्णंपंचविंशत्यानाराचानांसमार्पयत् ॥ महीधरमिवश्वेतंगूढपादैर्विषोल्बणैः ५३ पुनरेवचविव्याधषड्भिरष्टाभिरेवच ॥ मर्मस्वमरविक्रांतःसूतपु
त्रंतनुत्यजम् ५४ पुनरन्येनबाणेनभीमसेनःप्रतापवान् ॥ चिच्छेदकार्मुकंतूर्णंकर्णस्यप्रहसन्निव ५५ जघानचतुरश्चाश्वान्सूतंचत्वरितःशरैः ॥ नाराचैरर्करश्म्याभैःकर्णं
विव्याधचोरसि ५६ तेजग्मुर्धरणीमाशुकर्णंनिर्भिद्यपत्रिणः ॥ यथाजलधरंभित्त्वादिवाकरमरीचयः ५७ सवैक्लव्यंमहत्प्राप्यच्छिन्नधन्वाशरार्दितः ॥ तथापुरुषमानी
सप्रत्यपायाद्रथांतरम् ५८ ॥ इतिश्रीमहाभारतेद्रोणपर्वणिजयद्रथवधपर्वणिकर्णपराजयेएकत्रिंशदधिकशततमोऽध्यायः ॥ १३१ ॥ धृतराष्ट्रउवाच ॥ स्वयंशिष्यो
महेशस्यभृगूत्तमधनुर्धरः ॥ शिष्यत्वंप्राप्तवान्कर्णस्तस्यतुल्योऽस्त्रविद्यया १ तद्विशिष्टोऽपिवाकर्णःशिष्यःशिष्यगुणैर्युतः ॥ कुंतीपुत्रेणभीमेननिर्जितःसतुलीलया २
यस्मिन्जयाशामहतीपुत्राणांममसंजय ॥ तंभीमाद्विमुखंदृष्ट्वाकिन्नुदुर्योधनोऽब्रवीत् ३ कथंचयुयुधेभीमोवीर्यश्लाघोमहाबलः ॥ कर्णोवासमरेतातकिमकार्षीत्ततः
परम् ॥ भीमसेनंरणेदृष्ट्वाज्वलंतमिवपावकम् ४ ॥ संजयउवाच ॥ रथमन्यंसमास्थायविधिवत्कल्पितंपुनः ॥ अभ्ययात्पांडवंकर्णोवातोद्धूतइवार्णवः ५ क्रुद्धमाधिरथिं
दृष्ट्वापुत्रास्तवविशांपते ॥ भीमसेनममन्यंतवैश्वानरमुखेहुतम् ६ चापशब्दंततःकृत्वातलशब्दंचभैरवम् ॥ अभ्यद्रवतराधेयोभीमसेनरथंप्रति ७ पुनरेवतयोराजन्घोर
आसीत्समागमः ॥ वैकर्तनस्यशूरस्यभीमस्यचमहात्मनः ८ संरब्धौहिमहाबाहूपरस्परवधैषिणौ ॥ अन्योन्यमीक्षांचक्रातेदहंताविवलोचनैः ९ क्रोधरक्तेक्षणौतीव्रौनिः
श्वसंताविवोरगौ ॥ शूरावन्योन्यमासाद्यततक्षतुररिंदमौ १० व्याघ्राविवसुसंरब्धौश्येनाविवचशीघ्रगौ ॥ शरभाविवसंक्रुद्धौयुयुधातेपरस्परम् ११ ततोभीमःस्मरन्
क्लेशानक्षद्यूतेवनेऽपिच ॥ विराटनगरेचैवदुःखंप्राप्तमरिंदमः १२ राष्ट्राणांस्फीतरत्नानांहरणंचतवात्मजैः ॥ सततंचपरिक्लेशान्सपुत्रेणत्वयाकृतान् १३ दग्धुमैच्छच्चयः
कुंतीमपुत्रांत्वमनागसम् ॥ कृष्णायाश्चपरिक्लेशंसभामध्येदुरात्मभिः १४ केशपक्षग्रहंचैवदुःशासनकृतंतथा ॥ परुषाणिचवाक्यानिकर्णेनोक्तानिभारत १५ पतिम
न्यंपरीप्सस्वनसंतिपतयस्तव ॥ पतितानरकेपार्थाःसर्वेषंढतिलोपमाः १६ समक्षंतवकौरव्ययदूचुःकौरवास्तदा ॥ दासीभावेनकृष्णांचभोक्तुकामाःसुतास्तव १७
यच्चापितान्प्रव्रजतःकृष्णाजिननिवासिनः ॥ परुषाण्युक्तवान्कर्णःसभायांसन्निधौतव १८ ॥ ॥ ॥ ॥ ९८ ॥

३ । ४ । ५ । ६ । ७ । ८ । ९ । १० । ११ । १२ । १३ । १४ । १५ । १६ । १७ । १८ ॥ ॥ ॥

१९ । २० । २१ । २२ । २३ । २४ । २५ । २६ । २७ । २८ । २९ कंकैः श्वेतैरश्वैः ३० । ३१ । ३२ । ३३ समाजंरंगं एकस्यैवकस्यचिन्नान्यस्य ३४ । ३५ । ३६ । ३७ । ३८ । ३९ । ४०

तृणीकृत्ययथापार्थोस्तवपुत्रोववल्गह ॥ विषमस्थान्समस्थोहिसंरब्धोगतचेतनः १९ बाल्यात्प्रभृतिचारिन्नःस्वानिदुःखानिचिंतयन् ॥ निरविद्यतधर्मात्माजीवि
तेनवृकोदरः २० ततोविस्फार्यसुमहद्धेमपृष्ठंदुरासदम् ॥ चापंभरतशार्दूलस्त्यक्तात्माकर्णमभ्ययात् २१ ससायकमयैर्जालैर्भीमःकर्णरथंप्रति ॥ भानुमद्भिःशि
लाधौतैर्भानोःप्राच्छादयत्प्रभाम् २२ ततःप्रहस्याधिरथिस्तूर्णमस्यशिलाशितैः ॥ व्यधमद्भीमसेनस्यशरजालानिपत्रिभिः २३ महारथोमहाबाहुर्महाबाणैर्म
हाबलः ॥ विव्यधाधिरथिर्भीमंनवभिर्निशितैस्तदा २४ सतोत्रैरिवमातंगोवार्यमाणःपतत्रिभिः ॥ अभ्यधावदसंभ्रांतःसूतपुत्रंवृकोदरः २५ तमापतंतंवेगेनर
भसंपांडवर्षभम् ॥ कर्णःप्रत्युद्ययौयुद्धेमत्तोमत्तमिवद्विपम् २६ ततःप्रध्माप्यजलजंभेरीशतसमस्वनम् ॥ अक्षुभ्यतबलंहर्षादुद्धूतइवसागरः २७ तदुद्धूतंबलंदृष्ट्वा
नागाश्वरथपतिमत् ॥ भीमःकर्णंसमासाद्यच्छादयामाससायकैः २८ अश्वानृक्षसवर्णांश्चहंसवर्णैर्हयोत्तमैः ॥ व्यामिश्रयद्रणेकर्णःपांडवंछादयञ्छरैः २९ ऋक्ष
वर्णान्हयान्कंकैर्मिश्रान्मारुतरंहसः ॥ निरीक्ष्यतवपुत्राणांहाहाकृतमभूद्बलम् ३० तेहयाबह्वशोभंतमिश्रितावातरंहसः ॥ सितासितामहाराजयथाव्योम्निबलाह
काः ३१ संरब्धौक्रोधताम्राक्षौप्रेक्ष्यकर्णवृकोदरौ ॥ संत्रस्ताःसमकंपंतत्वदीयानांमहारथाः ३२ यमराष्ट्रोपमंघोरमासीदायोधनंतयोः ॥ दुर्दर्शंभरतश्रेष्ठप्रेतराज
पुरंयथा ३३ समाजमिवतच्चित्रंप्रेक्षमाणामहारथाः ॥ नालक्षयञ्जयंव्यक्तमेकस्यैवमहारणे ३४ तयोःप्रैक्षंतसंमर्दंसन्निकृष्टमहास्त्रयोः ॥ तवदुर्मंत्रितेराजन्सपुत्र
स्यविशांपते ३५ छादयंतौहिशत्रुघ्नावन्योन्यंसायकैःशितैः ॥ शरजालावृतंव्योमचक्रातेऽद्भुतविक्रमौ ३६ तावन्योन्यंजिघांसंतौशरैस्तीक्ष्णैर्महारथौ ॥ प्रेक्षणी
यतरावास्तांवृष्टिमंताविवांबुदौ ३७ सुवर्णविकृतान्बाणान्विमुंचंतावरिंदमौ ॥ भास्वरंव्योमचक्रातेमहोल्काभिरिवप्रभो ३८ ताभ्यांमुक्ताःशराराजन्गार्ध्रपत्रा
श्चकाशिरे ॥ श्रेण्यःशरदिमत्तानांसारसानामिवांबरे ३९ संसक्तंसूतपुत्रेणदृष्ट्वाभीममरिंदमम् ॥ अतिभारममन्येतांभीमंकृष्णधनंजयौ ४० तत्राधिरथिभीमाभ्यां
शरैर्मुक्तैर्दृढंहताः ॥ इषुपातमतिक्रम्यपेतुरश्वनरद्विपाः ४१ पतद्भिःपतितैश्चान्यैर्गतासुभिरनेकशः ॥ कृतोराजन्महाराजपुत्राणांतेजनक्षयः ४२ मनुष्याश्वग
जानांचशरीरैर्गतजीवितैः ॥ क्षणेनभूमिःसंजज्ञेसंवृताभरतर्षभ ४३ ॥ इतिश्रीमहाभारतेद्रोणपर्वणिजयद्रथवधपर्वणि भीमकर्णयुद्धेद्वात्रिंशदधिकशततमोऽध्यायः
॥ १३२ ॥ धृतराष्ट्रउवाच ॥ अत्यद्भुतमहंमन्येभीमसेनस्यविक्रमम् ॥ यत्कर्णंयोधयामाससमरेलघुविक्रमम् १ त्रिदशानपिवायुक्तान्सर्वशस्त्रधरान्युधि ॥ वारयं
द्योरणेकर्णःसयक्षासुरमानुषान् २ सकथंपांडवंयुद्धेभ्राजमानमिवश्रिया ॥ नातरत्संयुगेपार्थंतन्ममाचक्ष्वसंजय ३ कथंचयुद्धंसंभूतंतयोःप्राणदुरोदरे ॥ अत्रम
न्येसमायत्तोजयोवाऽजयएवच ४

४१ । ४२ । ४३ ॥ इतिद्रोणपर्वणिटीकायांद्वात्रिंशदधिकशततमोऽध्यायः ॥ १३२ ॥ अत्यद्भुतमिति १ । २ । ३ प्राणदुरोदरेप्राणद्यूते ४

॥ ९९ ॥ कर्णंप्राप्यरणेसूतममपुत्रःसुयोधनः ॥ जेतुमुत्सहतेपार्थान्सगोविंदान्ससात्वतान् ५ श्रुत्वातुनिर्जितंकर्णमसकृद्भीमकर्मणा ॥ भीमसेनेनसमरेमोहआविशतीव माम् ६ विनष्टान्कौरवान्मन्येममपुत्रस्यदुर्नयैः ॥ नहिकर्णोमहेष्वासान्पार्थान्जेष्यतिसंजय ७ कृतवान्यानियुद्धानिकर्णःपांडुसुतैःसह ॥ सर्वत्रपांडवाःकर्णमजयंतरणाजिरे ८ अजेयाःपांडवास्तातदेवैरपिसवासवैः ॥ नचतद्बुध्यतेमंदःपुत्रोदुर्योधनोमम ९ धनंधनेश्वरस्येवहृत्वापार्थस्यमेसुतः ॥ मधुप्रेप्सुरिवाबुद्धिःप्रपातंनावबुध्यते १० निकृत्यानिकृतिप्रज्ञोराज्यंहृत्वामहात्मनाम् ॥ जितमित्येवमन्वानःपांडवानवमन्यते ११ पुत्रस्नेहाभिभूतेनमयाचाप्यकृतात्मना ॥ धर्मेस्थितामहात्मानोनिकृताःपांडुनंदनाः १२ शमकामःससोदर्योदीर्घप्रेक्षीयुधिष्ठिरः ॥ अशक्तइतिमत्वातुममपुत्रैर्निराकृतः १३ तानिदुःखान्यनेकानिविप्रकारांश्चसर्वशः ॥ हृदिकृत्वामहाबाहुर्भीमोऽयुध्यतसूतजम् १४ तस्मान्मेसंजयब्रूहिकर्णभीमौयथारणे ॥ अयुध्येतांयुधिश्रेष्ठौपरस्परवधैषिणौ १५ ॥ संजयउवाच ॥ शृणुराजन्यथावृत्तंसंग्रामंकर्णभीमयोः ॥ परस्परवधप्रेप्स्वोर्वनकुंजरयोरिव १६ राजन्वैकर्तनोभीमंक्रुद्धःक्रुद्धमरिंदमम् ॥ पराक्रांतंपराक्रम्यविव्याधात्रिंशताशरैः १७ महावेगैःप्रसन्नाग्रैःशातकुंभपरिष्कृतैः ॥ अहनद्भरतश्रेष्ठभीमंवैकर्तनःशरैः १८ तस्यास्यतोधनुर्भीमश्चकर्तनिशितैस्त्रिभिः ॥ रथनीडाच्चयंतारंभल्लेनापातयत्क्षितौ १९ सकांक्षन्भीमसेनस्यवधंवैकर्तनोभृशम् ॥ शक्तिंकनकवैडूर्यचित्रदंडांपरामृशत् २० प्रगृह्यचमहाशक्तिंकालशक्तिमिवापराम् ॥ समुत्क्षिप्यचराधेयःसंधायचमहाबलः २१ चिक्षेपभीमसेनायजीवितांतकरीमिव ॥ शक्तिंविसृज्यराधेयःपुरंदरइवाशनिम् २२ ननादसुमहानादंबलवान्सूतनंदनः ॥ तंचनादंततःश्रुत्वापुत्रास्तेहर्षिताऽभवन् २३ तांकर्णभुजनिर्मुक्तामर्कवैश्वानरप्रभाम् ॥ शक्तिंवियतिचिच्छेदभीमःसप्तभिराशुगैः २४ छित्वाशक्तिंततोभीमोनिर्मुक्तोरगसन्निभाम् ॥ मार्गमाणइवप्राणान्सूतपुत्रस्यमारिष २५ प्राहिणोत्क्रुद्धसंरंभःशरान्बर्हिणवाससः ॥ स्वर्णपुंखाञ्शिलाधौतान्यमदंडोपमान्मृधे २६ कर्णोऽप्यन्यद्धनुर्गृह्यहेमपृष्ठंदुरासदम् ॥ विकृष्यतन्महच्चापंव्यसृजत्सायकांस्तदा २७ तान्पांडुपुत्रश्चिच्छेदनवभिर्नतपर्वभिः ॥ वसुषेणेननिर्मुक्तान्नवराजन्महाशरान् २८ छित्वाभीमोमहाराजनादंसिंहइवानदत् ॥ तौवृषाविवनर्दंतौबलिनौवासितांतरे २९ शार्दूलाविवचान्योन्यमामिषार्थेऽभ्यगर्जताम् ॥ अन्योन्यंप्रजिहीर्षंतावन्योन्यस्यांतरैषिणौ ३० अन्योन्यमभिवीक्षंतौगोष्ठेष्विवमहर्षभौ ॥ महागजाविवासाद्यविषाणाग्रैःपरस्परम् ३१ शरैःपूर्णायतोत्सृष्टैरन्योन्यमभिजघ्नतुः ॥ निर्दहंतौमहाराजशस्त्रवृष्ट्यापरस्परम् ३२ अन्योन्यमभिवीक्षंतौकोपाद्विवृत्तलोचनौ ॥ प्रहसंतौतथान्योन्यंभर्त्सयंतौमुहुर्मुहुः ३३ शंखशब्दंचकुर्वाणौयुयुधातेपरस्परम् ॥ तस्यभीमःपुनश्चापंमुष्टौचिच्छेदमारिष ३४ शंखवर्णांश्चतानश्वान्बाणैर्निन्येयमक्षयम् ॥ सारथिंचतथाऽप्यस्यरथनीडादपातयत् ३५ ॥ ९९ ॥

अ० १३३

३६ । ३७ । ३८ । ३९ । ४० । ४१ । ४२ । ४३ । ४४ ! ४५ ॥ इतिद्रोणपर्वणिटीकायांत्रयस्त्रिंशदधिकशततमोऽध्यायः ॥ १३३ ॥ ॥ ॥ ॥ सइति १ । २ । ३ । ४ । ५ । ६ । ७ । ८

ततोवैकर्तनःकर्णश्चिंतांप्रापदुरत्ययाम् ॥ सच्छाद्यमानःसमरेहताश्वोहतसारथिः ३६ मोहितःशरजालेनकर्तव्यंनाभ्यपद्यत ॥ तथाकृच्छ्रगतंदृष्ट्वाकर्णंदुर्योधनो
नृपः ३७ वेपमानइवक्रोधाद्व्यादिदेशाथदुर्जयम् ॥ गच्छदुर्जयराधेयंपुरोग्रसतिपांडवः ३८ जहितूबरकंक्षिप्रंकर्णस्यबलमादधत् ॥ एवमुक्तस्तथेत्युक्त्वातवपुत्रं
तवात्मजः ३९ अभ्यद्रवद्भीमसेनंव्यासक्तंविकिरञ्छरैः ॥ सभीमंनवभिर्बाणैरश्वानष्टभिरार्पयत् ४० षड्भिःसूतंत्रिभिःकेतुंपुनस्तंचापिसप्तभिः ॥ भीमसेनोऽपिसंक्रु
द्धःसाश्वयंतारमाशुगैः ४१ दुर्जयंभिन्नमर्माणमनयद्यमसादनम् ॥ स्वलंकृतंक्षितौक्षुण्णंचेष्टमानंयथोरगम् ४२ रुदन्नार्तस्तवसुतंकर्णश्चक्रेप्रदक्षिणम् ४३ सतुतंविरथं
कृत्वास्मयन्नत्यंतवैरिणम् ४३ समाचिनोद्बाणगणैःशतघ्नीभिश्चशंकुभिः ॥ तथाऽप्यतिरथःकर्णोभिद्यमानोऽस्यसायकैः ४४ नजहौसमरेभीमंक्रुद्धरूपंपरंतपः ४५
॥ इतिश्रीमहाभारतेद्रोणपर्वणिजयद्रथवधपर्वणिकर्णभीमयुद्धेत्रयस्त्रिंशदधिकशततमोऽध्यायः ॥ १३३ ॥ ॥ ॥ ॥ संजयउवाच ॥ सर्वथाविरथःकर्णःपुन
र्भीमेननिर्जितः॥ रथमन्यंसमास्थायपुनर्विव्याधपांडवम् १ महागजाविवासाद्यविषाणाग्रैःपरस्परम् ॥ शरैःपूर्णायतोत्सृष्टैरन्योन्यमभिजघ्नतुः २ अथकर्णःशरव्रातैर्भी
मसेनंसमार्पयत् ॥ ननादचमहानादंपुनर्विव्याधचोरसि ३ तंभीमोदशभिर्बाणैःप्रत्यविध्यदजिह्मगैः ॥ पुनर्विव्याधसप्तत्याशराणांनतपर्वणाम् ४ कर्णंतुनवभिर्भी
मोभित्त्वाराजंस्तनांतरे ॥ ध्वजमेकेनविव्याधसायकेनशितेनह ५ सायकानांततःपार्थस्त्रिषष्ट्याप्रत्यविध्यत ॥ तोत्रैरिवमहानागंकशाभिरिववाजिनम् ६ सोऽतिवि
द्धोमहाराजपांडवेनयशस्विना ॥ सृक्किणीलेलिहन्वीरःक्रोधरक्तांतलोचनः ७ ततःशरंमहाराजसर्वकायावदारणम् ॥ प्राहिणोद्भीमसेनायबलायेंद्रइवाशनिम् ८ स
निर्भिद्यरणेपार्थंसूतपुत्रधनुश्च्युतः ॥ अगच्छद्दारयन्भूमिंचित्रपुंखःशिलीमुखः ९ ततोभीमोमहाबाहुःक्रोधसंरक्तलोचनः ॥ वज्रकल्पांचतुष्किष्कुंगुर्वींरुक्मांगदां
गदाम् १० प्राहिणोत्सूतपुत्रायषडस्रामविचारयन् ॥ तयाजघानाधिरथेःसदश्वान्साधुवाहिनः ११ गदयाभारतःक्रुद्धोवज्रेणेंद्रइवासुरान् ॥ ततोभीमोमहाबाहुःक्षुरा
भ्यांभरतर्षभ १२ ध्वजमाधिरथेश्छित्त्वासूतमभ्यहनच्छरैः ॥ हताश्वसूतमुत्सृज्यसरथंपतितध्वजम् १३ विस्फारयन्धनुःकर्णस्तस्थौभारतदुर्मनाः ॥ तत्राद्भुतमप
श्यामराधेयस्यपराक्रमम् १४ विरथोरथिनांश्रेष्ठोवारयामासयद्रिपुम् ॥ विरथंतंनरश्रेष्ठंदृष्ट्वाऽऽधिरथिमाहवे १५ दुर्योधनस्ततोराजन्नभ्यभाषतदुर्मुखम् ॥ एषदुर्मुख
राधेयोभीमेनविरथीकृतः १६ तंरथेननरश्रेष्ठंसंपादयमहारथम् ॥ ततोदुर्योधनवचःश्रुत्वाभारतदुर्मुखः १७ त्वरमाणोऽभ्ययात्कर्णंभीमंचावारयच्छरैः ॥
३४ दुर्मुखंप्रेक्ष्यसंग्रामेसूतपुत्रपदानुगम् १८ ॥ ॥ ॥ ॥

९ । १० । ११ । १२ । १३ । १४ । १५ । १६ । १७ । १८ ॥ ॥ ॥ ॥ ॥ ॥

१९ । २० । २१ । २२ । २३ । २४ । २५ । २६ । २७ । २८ । २९ । ३० । ३१ । ३२ सुष्ठुपर्णानांपत्राणांवेगोयेषां ३३ । ३४ । ३५ इतिद्रोणपर्वणिटीकायांचतुस्त्रिंशदधिकशततमोऽध्यायः ॥ १३४ ॥

॥१.००॥ वायुपुत्रःप्रहृष्टोऽभूत्सृक्किणीपरिसंलिहन् ॥ ततःकर्णंमहाराजवारयित्वाशिलीमुखैः १९ दुर्मुखायरथंतूर्णंप्रेषयामासपांडवः ॥ तस्मिन्क्षणेमहाराजनवभिर्नत
पर्वभिः २० सुमुखैर्दुर्मुखंभीमःशरैर्निन्येयमक्षयम् ॥ ततस्तमेवाधिरथिःस्यंदनंदुर्मुखेहते २१ आस्थितःप्रबभौराजन्दीप्यमानइवांशुमान् ॥ शयानंभिन्नम
र्माणंदुर्मुखंशोणितोक्षितम् २२ दृष्ट्वाकर्णोऽश्रुपूर्णाक्षोमुहूर्तंनाभ्यवर्तत ॥ तंगतासुमतिक्रम्यकृत्वाकर्णःप्रदक्षिणम् २३ दीर्घमुष्णंश्वसन्वीरोनकिंचित्प्रत्यपद्यत ॥
तस्मिंस्तुविवरेराजन्नाराचान्गार्ध्रवाससः २४ प्राहिणोत्सूतपुत्रायभीमसेनश्चतुर्दश ॥ तेतस्यकवचंभित्त्वास्वर्णचित्रंमहौजसः २५ हेमपुंखामहाराजव्यशोभंत
दिशोदश ॥ अपिबन्सूतपुत्रस्यशोणितंरक्तभोजनाः २६ क्रुद्धाइवमनुष्येंद्रभुजंगाःकालचोदिताः ॥ प्रसर्पमाणामेदिन्यांतेव्यरोचंतमार्गणाः २७ अर्धप्रविष्टाः
संरब्धाबिलानीवमहोरगाः ॥ तंप्रत्यविध्यद्राधेयोजांबूनदविभूषितैः २८ चतुर्दशभिरत्युग्रैर्नाराचैरविचारयन् ॥ तेभीमसेनस्यभुजंसव्यंनिर्भिद्यपत्रिणः २९
प्राविशन्मेदिनींभीमाःक्रौंचंपत्ररथाइव ॥ तेव्यरोचंतनाराचाःप्रविशंतोवसुंधराम् ३० गच्छत्यस्तंदिनकरेदीप्यमानाइवांशवः ॥ सनिर्भिन्नोरणेभीमोनाराचैर्मर्म
भेदिभिः ३१ सुस्रावरुधिरंभूरिपर्वतःसलिलंयथा ॥ सभीमस्त्रिभिरायत्तःसूतपुत्रंपतत्रिभिः ३२ सुपर्णवेगैर्विव्याधसारथिंचास्यसप्तभिः ॥ सविह्वलोमहारा
जकर्णोभीमशराहतः ३३ प्राद्रवज्जवनैरश्वैरणंहित्वामहाभयात् ॥ भीमसेनस्तुविस्फार्यचापंहेमपरिष्कृतम् ३४ आहवेऽतिरथोऽतिष्ठज्ज्वलन्निवहुताशनः ३५
॥ इतिश्रीमहाभारतेद्रोणपर्वणिजयद्रथवधपर्वणिकर्णापयानेचतुस्त्रिंशदधिकशततमोऽध्यायः ॥ १३४ ॥ ॥ धृतराष्ट्रउवाच ॥ दैवमेवपरंमन्येधिक्पौरुषमन
र्थकम् ॥ यत्राऽऽधिरथिरायत्तोनातरत्पांडवंरणे १ कर्णःपार्थान्सगोविंदान्जेतुमुत्सहतेरणे ॥ नचकर्णसमंयोधंलोकेपश्यामिकंचन २ इतिदुर्योधनस्याहमश्रौ
षंजल्पतोमुहुः ॥ कर्णोहिबलवाञ्छूरोदृढधन्वाजितक्लमः ३ इतिमामब्रवीत्सूतमंदोदुर्योधनःपुरा ॥ वसुषेणसहायंमांनालंदेवाऽपिसंयुगे ४ किंनुपांडुसुतारा
जन्गतसत्वाविचेतसः ॥ तत्रतंनिर्जितंदृष्ट्वाभुजंगमिवनिर्विषम् ५ युद्धात्कर्णमपक्रांतंकिंस्विद्दुर्योधनोऽब्रवीत् ॥ अहोदुर्मुखमेवैकंयुद्धानामविशारदम् ६ प्रावेशय
द्धुतवहंपतंगमिवमोहितः ॥ अश्वत्थामामद्रराजःकृपःकर्णश्चसंगताः ७ नशक्ताःप्रमुखेस्थातुंनूनंभीमस्यसंजय ॥ तेपिचास्यमहाघोरंबलंनागायुतोपमम् ८
जानंतोव्यवसायंचक्रूरंमारुततेजसः ॥ किमर्थंक्रूरकर्माणंयमकालांतकोपमम् ९ बलसंरंभवीर्यज्ञाःकोपयिष्यंतिसंयुगे ॥ कर्णस्त्वेकोमहाबाहुःस्वबाहुबलदर्पि
तम् १० भीमसेनमनादृत्यरणेऽयुध्यतसूतजः ॥ योऽजयत्समरेकर्णंपुरंदरइवासुरम् ११ ॥ ॥ १.१००॥

॥ दैवमिति १ । २ । ३ । ४ । ५ । ६ । ७ । ८ यमःसंयमनव्यापारः कालःकलनव्यापारः अंतकोमारणव्यापारस्तदुपमम् ९ । १० । ११ ॥ ॥ ॥

१२ । १३ । १४ । १५ । १६ । १७ । १८ । १९ । २० । २१ । २२ । २३ । २४ । २५ । २६ । २७ । २८ । २९ । ३० । ३१ । ३२ । ३३

नसपांडुसुतोजेतुंशक्यःकेनचिदाहवे ॥ द्रोणंयःसंप्रमथ्यैकःप्रविष्टोममवाहिनीम् १२ भीमोधनंजयान्वेषीकस्तमार्च्छेज्जिजीविषुः ॥ कोहिसंजयभीमस्यस्थातुमु
त्सहतेऽग्रतः १३ उद्यताशनिहस्तस्यमहेंद्रस्येवदानवः ॥ प्रेतराजपुरंप्राप्यनिवर्तेतापिमानवः १४ नभीमसेनंसंप्राप्यनिवर्तेतकदाचन ॥ पतंगाइववन्हिंतेप्रावि
शन्नल्पचेतसः १५ येभीमसेनंसंक्रुद्धमन्वधावन्विमोहिताः ॥ यत्तत्सभायांभीमेनममपुत्रवधाश्रयम् १६ उक्तंसंरंभिणोग्रेणकुरूणांशृण्वतांतदा ॥ तन्नूनमभिसं
चिंत्यदृष्ट्वाकर्णंचनिर्जितम् १७ दुःशासनःसहभ्रात्राभयाद्भीमादुपारमत् ॥ यश्चसंजयदुर्बुद्धिरब्रवीत्समितौमुहुः १८ कर्णोदुःशासनोऽहंचजेष्यामोयुधिपांडवान् ॥
सनूनंविरथंदृष्ट्वाकर्णंभीमेननिर्जितम् १९ प्रत्याख्यानाच्चकृष्णस्यभृशंतप्यतिपुत्रकः ॥ दृष्ट्वाभ्रातॄन्हतान्संख्येभीमसेनेनदंशितान् २० आत्मापराधेसुमहन्नूनं
तप्यतिपुत्रकः ॥ कोहिजीवितमन्विच्छन्प्रतीपंपांडवंव्रजेत् २१ भीमंभीमायुधंक्रुद्धंसाक्षात्कालमिवस्थितम् ॥ वडवामुखमध्यस्थोमुच्येतापिहिमानवः २२
नभीममुखसंप्राप्तोमुच्येदितिमतिर्मम ॥ नपार्थानचपंचालानचकेशवसात्यकी २३ जानतेयुधिसंरब्धाजीवितंपरिरक्षितुम् ॥ अहोममसुतानांहिविपन्नंसूतजीवि
तम् २४ ॥ संजयउवाच ॥ यस्त्वंशोचसिकौरव्यवर्तमानेमहाभये ॥ त्वमस्यजगतोमूलंविनाशस्यनसंशयः २५ स्वयंवैरंमहत्कृत्वापुत्राणांवचनेस्थितः ॥ उच्य
मानोनगृण्हीषेमर्त्यःपथ्यमिवौषधम् २६ स्वयंपीत्वामहाराजकालकूटंसुदुर्जरम् ॥ तस्येदानींफलंकृत्स्नमवाप्नुहिनरोत्तम २७ यत्तुकुत्सयसेयोधान्युध्यमाना
न्महाबलान् ॥ तत्रतेवर्तयिष्यामियथायुद्धमवर्तत २८ दृष्ट्वाकर्णंतुपुत्रास्तेभीमसेनपराजितम् ॥ नामृष्यंतमहेष्वासाःसोदर्याःपंचभारत २९ दुर्मर्षणोदुःसहश्च
दुर्मदोदुर्धरोजयः ॥ पांडवंचित्रसन्नाहास्तंप्रतीपमुपाद्रवन् ३० तेसमंतान्महाबाहुंपरिवार्यवृकोदरम् ॥ दिशःशरैःसमावृण्वन्शलभानामिवव्रजैः ३१ आगच्छ
तस्तान्सहसाकुमारान्देवरूपिणः ॥ प्रतिजग्राहसमरेभीमसेनोहसन्निव ३२ तवदृष्ट्वातुतनयान्भीमसेनपुरोगमान् ॥ अभ्यवर्ततराधेयोभीमसेनंमहाबलम् ३३
विसृजन्विशिखांस्तीक्ष्णान्स्वर्णपुंखाञ्छिलाशितान् ॥ तंतुभीमोऽभ्ययात्तूर्णंवार्यमाणःसुतैस्तव ३४ कुरवस्तुततःकर्णंपरिवार्यसमंततः ॥ अवाकिरन्भीमसेनं
शरैःसन्नतपर्वभिः ३५ तान्बाणैःपंचविंशत्यासाश्वान्राजन्नरर्षभान् ॥ ससूतान्भीमधनुषोभीमोनिन्येयमक्षयम् ३६ प्रापतन्स्यंदनेभ्यस्तेसार्धंसूतैर्गतासवः ॥
चित्रपुष्पधराभग्नावातेनेवमहाद्रुमाः ३७ तत्राद्भुतमपश्याममभीमसेनस्यविक्रमम् ॥ संवार्याधिरथिंबाणैर्यज्जघानतवात्मजान् ३८ सवार्यमाणोभीमेनशितैर्बाणैः
समंततः ॥ सूतपुत्रोमहाराजभीमसेनमवैक्षत ३९

३४ । ३५ । ३६ । ३७ । ३८ । ३९ ॥ ॥ ॥ ॥ ॥ ॥

४० ॥ इतिद्रोणपर्वणिटीकायांपंचत्रिंशदधिकशततमोऽध्यायः ॥ १३५ ॥ ॥ तवेति १ । २ । ३ । ४ । ५ । ६ । ७ प्रतिकृतेप्रतिकर्मणिकृतेसतीत्यन्वयः ८ । ९ अवारोहद्‌वातरत् १०

तंभीमसेनःसंरंभात्क्रोधसंरक्तलोचनः ॥ विस्फार्यसुमहच्चापंमुहुःकर्णमवैक्षत ४० इतिश्रीमहाभारतेद्रोणपर्वणिजयद्रथवधपर्वणिभीमसेनपराक्रमेपंचत्रिंशदधिकशततमोऽध्यायः ॥ १३५ ॥ ॥ संजयउवाच ॥ तवात्मजांस्तुपतितान्दृष्ट्वाकर्णःप्रतापवान् ॥ क्रोधेनमहताऽऽविष्टोनिर्विण्णोऽभूत्सजीवितात् १ आगस्कृतमिवात्मानंमेनेचाधिरथिस्तदा ॥ यत्प्रत्यक्षंतवसुताभीमेननिहतारणे २ भीमसेनस्ततःक्रुद्धःकर्णस्यनिशितान्शरान् ॥ निचखानससंभ्रांतःपूर्ववैरमनुस्मरन् ३ सभीमंपंचभिर्विद्ध्वाराधेयःप्रहसन्निव ॥ पुनर्विव्याधसप्तत्यास्वर्णपुंखैःशिलाशितैः ४ अविचिंत्याथतान्बाणान्कर्णेनास्तान्वृकोदरः ॥ रणेविव्याधराधेयंशतेनानतपर्वणाम् ५ पुनश्चविशिखैस्तीक्ष्णैर्विद्ध्वामर्मसुपंचभिः ॥ धनुश्चिच्छेदभल्लेनसूतपुत्रस्यमारिष ६ अथान्यद्धनुरादायकर्णोभारतदुर्मनाः ॥ इषुभिश्छादयामासभीमसेनंपरंतपः ७ तस्यभीमोहयान्हत्वाविनिहत्यचसारथिम् ॥ प्रजहासमहाहासंकृतेप्रतिकृतेपुनः ८ इषुभिःकार्मुकंचास्यचकर्तपुरुषर्षभः ॥ तत्पपातमहाराजस्वर्णपृष्ठंमहास्वनम् ९ अवारोहद्रथात्तस्मादथकर्णोमहारथः ॥ गदांगृहीत्वासमरेभीमायप्राहिणोद्रुषा १० तामापतंतीमालक्ष्यभीमसेनोमहागदाम् ॥ शरैरवारयद्राजन्सर्वसैन्यस्यपश्यतः ११ ततोबाणसहस्राणिप्रेषयामासपांडवः ॥ सूतपुत्रवधाकांक्षीत्वरमाणःपराक्रमी १२ तानिषूनिषुभिःकर्णोवारयित्वामहामृधे ॥ कवचंभीमसेनस्यपाटयामाससायकैः १३ अथैनंपंचविंशत्यानाराचानांसमार्पयत् ॥ पश्यतांसर्वसैन्यानांतदद्भुतमिवाभवत् १४ ततोभीमोमहाबाहुर्नवभिर्नतपर्वभिः ॥ प्रेषयामाससंक्रुद्धःसूतपुत्रस्यमारिष १५ तेतस्यकवचंभित्त्वातथाबाहुंचदक्षिणम् ॥ अभ्ययुर्धरणींतीक्ष्णावल्मीकमिवपन्नगाः १६ सच्छाद्यमानोबाणौघैर्भीमसेनधनुश्च्युतैः ॥ पुनरेवाभवत्कर्णोभीमसेनात्पराङ्मुखः १७ तंपराङ्मुखमालोक्यपदातिंसूतनंदनम् ॥ कौंतेयशरसंछन्नंराजादुर्योधनोऽब्रवीत् १८ त्वरध्वंसर्वतोयत्ताराधेयस्यरथंप्रति ॥ ततस्तवसुताराजन्श्रुत्वाभ्रातुर्वचोद्रुतम् १९ अभ्ययुःपांडवंयुद्धेविसृजंतःशिलीमुखान् ॥ चित्रोपचित्रश्चित्राक्षश्चारुचित्रःशरासनः २० चित्रायुधश्चित्रवर्मासमरेचित्रयोधिनः ॥ तानापततएवाशुभीमसेनोमहारथः २१ एकैकेनशरेणाजौपातयामासतेसुतान् ॥ तेहतान्यपतन्भूमौवातरुग्णाइवद्रुमाः २२ दृष्ट्वाविनिहतान्पुत्रांस्तवराजन्महारथान् ॥ अश्रुपूर्णमुखःकर्णःक्षत्तुःसस्मारतद्वचः २३ रथंचान्यंसमास्थायविधिवत्कल्पितंपुनः ॥ अभ्ययात्पांडवंयुद्धेत्वरमाणःपराक्रमी २४ तावन्योन्यंशरैर्भित्त्वास्वर्णपुंखैःशिलाशितैः ॥ व्यभ्राजेतांयथामेघौसंस्यूतौसूर्यरश्मिभिः २५ षट्त्रिंशद्भिस्ततोभल्लैर्निशितैस्तिग्मतेजनैः ॥ व्यधमत्कवचंक्रुद्धःसूतपुत्रस्यपांडवः २६ सूतपुत्रोऽपिकौंतेयंशरैःसन्नतपर्वभिः ॥ पंचाशतामहाबाहुर्विव्याधभरतर्षभम् २७

११ । १२ । १३ । १४ । १५ । १६ । १७ । १८ । १९ चित्रोपचित्रःचित्रश्चासावुपचित्रश्चेतिचित्रोपचित्रः २० । २१ । २२ । २३ । २४ । २५ । २६ । २७

२८ । २९ । ३० । ३१ । ३२ । ३३ । ३४ । ३५ । ३६ । ३७ । ३८ । ३९ । ४०॥ इतिद्रोणपर्वणिटीकायांषट्त्रिंशदधिकशततमोऽध्यायः ॥ १३६ ॥ ॥ ॥ ॥ ॥ भीमसेनस्येति १

रक्तचंदनदिग्धांगौशरैःकृतमहाव्रणौ ॥ शोणिताक्तौव्यराजेतांचंद्रसूर्याविवोदितौ २८ तौशोणितोक्षितैर्गात्रैःशरैश्छिन्नतनुच्छदौ ॥ कर्णभीमौव्यराजेतांनिर्मुक्ताविव
पन्नगौ २९ व्याघ्राविवनरव्याघ्रौदंष्ट्राभिरितरेतरम् ॥ शरधारास्तृजौवीरौमेघाविववर्षतुः ३० वारणाविवचान्योन्यंविषाणाभ्यामरिंदमौ ॥ निर्भिन्दन्तौस्वगात्राणिसाय
कैश्चारुरेजतुः ३१ नादयंतौप्रहर्षंतौविक्रीडंतौपरस्परम् ॥ मंडलानिविकुर्वाणौरथाभ्यांरथिपूत्तमौ ३२ वृषाविवाथनर्दंतौबलिनौवासितांतरे ॥ सिंहाविवपराक्रां
तौनरसिंहौमहाबलौ ३३ परस्परंवीक्षमाणौक्रोधसंरक्तलोचनौ ॥ युयुधातेमहावीर्यौशक्रवैरोचनीयथा ३४ ततोभीमोमहाबाहुर्बाहुभ्यांविक्षिपन्धनुः ॥ व्यराजतरणे
राजन्सविद्युदिवतोयदः ३५ सनेमिघोषस्तनितश्चापविद्युच्छरांबुभिः ॥ भीमसेनमहामेघःकर्णपर्वतमावृणोत् ३६ ततःशरसहस्रेणसम्यगस्तेनभारत ॥ पांडवोव्य
किरत्कर्णंभीमोभीमपराक्रमः ३७ तत्रापश्यंस्तवसुताभीमसेनस्यविक्रमम् ॥ सुपुंखैःकंकवासोभिर्यत्कर्णंछादयन्शरैः ३८ सनंदयन्रणेपार्थंकेशवंचयशस्विनम् ॥
सात्यकिंचक्ररक्षौचभीमःकर्णमयोधयत् ३९ विक्रमंभुजयोर्वीर्यंधैर्यंचविदितात्मनः ॥ पुत्रास्तवमहाराजदृष्ट्वाविमनसोऽभवन् ४० ॥ इतिश्रीमहाभारतेद्रोण
पर्वणिजयद्रथवधपर्वणि भीमयुद्धेषट्त्रिंशदधिकशततमोऽध्यायः ॥ १३६ ॥ ॥ ॥ संजयउवाच ॥ भीमसेनस्यराधेयःश्रुत्वाज्यातलनिःस्वनम् ॥
नामृष्यतयथामत्तोगजःप्रतिगजस्वनम् १ सोऽपक्रम्यमुहूर्ततुभीमसेनस्यगोचरात् ॥ पुत्रांस्तवददर्शाथभीमसेनेनपातितान् २ तानवेक्ष्यनरश्रेष्ठविमनादुःखित
स्तदा ॥ निःश्वसन्दीर्घमुष्णंचपुनःपांडवमभ्ययात् ३ सताम्रनयनःक्रोधाच्छ्वसन्निवमहोरगः॥ बभौकर्णःशरानस्यन्रश्मीनिवदिवाकरः ४ किरणैरिवसूर्यस्यमहीध्रोभर
तर्षभ ॥ कर्णचापच्युतैर्बाणैःप्राच्छाद्यतवृकोदरः ५ तेकर्णचापप्रभवाःशराबर्हिणवाससः ॥ विविशुःसर्वतःपार्थंवासायेवांडजाद्रुमम् ६ कर्णचापच्युताबाणाःसंपतं
तस्ततस्ततः ॥ रुक्मपुंखाव्यराजंतहंसाःश्रेणीकृताइव ७ चापध्वजोपस्करेभ्यश्छत्रादीषामुखाद्युगात् ॥ प्रभवंतोव्यदृश्यंतराजन्नधिरथेःशराः ८ खंपूरयन्महवेगा
न्खगमान्गृध्रवाससः ॥ सुवर्णविकृतांश्चित्रान्मुमोचाधिरथिःशरान् ९ तमंतकमिवायस्तमापतंतंवृकोदरम् ॥ त्यक्त्वाप्राणानतिक्रम्यविव्याधनिशितैःशरैः १०
तस्यवेगमसह्यंसदृष्ट्वाकर्णस्यपांडवः ॥ महतश्चशरौघांस्तान्व्यवारयतवीर्यवान् ११ ततोविधम्याधिरथेःशरजालानिपांडवः ॥ विव्याधकर्णंविंशत्यापुनरन्यैःशिला
शितैः १२ यथैवहिसकर्णेनपार्थःप्रच्छादितःशरैः ॥ तथैवसरणेकर्णंछादयामासपांडवः १३ दृष्ट्वातुभीमसेनस्यविक्रमंयुधिभारत ॥ अभ्यनंदंस्त्वदीयाश्चसंप्रहृष्टाश्च
चारणाः १४ भूरिश्रवाःकृपोद्रौणिर्मद्रराजोजयद्रथः ॥ उत्तमौजायुधामन्युःसात्यकिःकेशवार्जुनौ १५ ॥ ॥ ॥

२ । ३ । ४ । ५ । ६ । ७ । ८ । ९ । १० । ११ । १२ । १३ । १४ । १५ ॥ ॥ ॥ ॥

म.भा.टी. । १६ । १७ । १८ । १९ । २० । २१ । २२ । २३ । २४ । २५ । २६ । २७ । २८ । २९ । ३० । ३१ । ३२ । ३३ । ३४ । ३५ । ३६ । ३७ । ३८ द्रोण०

कुरुपांडवप्रवरादशराजन्महारथाः ॥ साधुसाध्वितिवेगेनसिंहनादमथानदन् १६ तस्मिन्समुत्थितेशब्देतुमुलेलोमहर्षणे ॥ अभ्यभाषतपुत्रस्तेराजन्दुर्योधनस्त्वरन् १७ राज्ञःसराजपुत्रांश्चसोदर्यांश्चविशेषतः ॥ कर्णगच्छतभद्रंवःपरीप्संतोवृकोदरात् १८ पुरानिघ्नंतिराधेयंभीमचापच्युताःशराः ॥ तेयतध्वंमहेष्वासाः सूतपुत्रस्यरक्षणे १९ दुर्योधनसमादिष्टाःसोदर्याःसप्तभारत ॥ भीमसेनमभिद्रुत्यसंरब्धाःपर्यवारयन् २० तेसमासाद्यकौंतेयमावृण्वन्शरवृष्टिभिः ॥ पर्वतंवारिधाराभिःप्रावृषीवबलाहकाः २१ तेऽपीडयन्भीमसेनंक्रुद्धाःसप्तमहारथाः ॥ प्रजासंहरणेराजन्सोमंसप्तग्रहाइव २२ ततोवेगेनकौन्तेयःपीडयित्वाशरासनम् ॥ मुष्टिनापांडवोराजन्दृढेनसुपरिष्कृतम् २३ मनुष्यसमतांज्ञात्वासप्तसंधायसायकान् ॥ तेभ्योव्यसृजदायस्तःसूर्यरश्मिनिभान्प्रभुः २४ निरस्यन्निवदेहेभ्यस्तनयानामसूंस्तव ॥ भीमसेनोमहाराजपूर्ववैरमनुस्मरन् २५ तेक्षिप्ताभीमसेनेनशराभारतभारतान् ॥ विदार्यखंसमुत्पेतुःस्वर्णपुंखाःशिलाशिताः २६ तेषांविदार्यचेतांसिशराहेमविभूषिताः ॥ व्यराजंतमहाराजसुपर्णाइवखेचराः २७ शोणितादिग्धवाजाग्राःसप्तहेमपरिष्कृताः ॥ पुत्राणांतवराजेंद्रपीत्वाशोणितमुद्गताः २८ तेशरैर्भिन्नमर्माणोरथेभ्यःप्रापतन्क्षितौ ॥ गिरिसानुरुहाभग्नाद्विपेनेवमहाद्रुमाः २९ शत्रुंजयःशत्रुसहश्चित्रश्चित्रायुधोदृढः ॥ चित्रसेनोविकर्णश्चसप्तैतेविनिपातिताः ३० पुत्राणांतवसर्वेषांनिहतानांवृकोदरः ॥ शोचत्यतिभृशंदुःखाद्विकर्णंपांडवःप्रियम् ३१ प्रतिज्ञेयंमयावृत्तानिहंतव्यास्तुसंयुगे ॥ विकर्णतेनासिहतःप्रतिज्ञारक्षितामया ३२ त्वमागाःसमरंवीरक्षात्रधर्ममनुस्मरन् ॥ ततोविनिहतःसंख्येयुद्धधर्मोहिनिष्ठुरः ३३ विशेषतोहिनृपतेस्तथास्माकंहितेरतः ॥ न्यायतोऽन्यायतोवाऽपिहतःशेतेमहाद्युतिः ३४ अगाधबुद्धिर्गांगेयःक्षितौसुरगुरोःसमः ॥ त्याजितःसमरेप्राणांस्तस्माद्युद्धंहिनिष्ठुरम् ३५ ॥ संजयउवाच ॥ तान्निहत्यमहाबाहूराधेयस्यैवपश्यतः ॥ सिंहनादरवंघोरमसृजत्पांडुनंदनः ३६ सरवस्तस्यशूरस्यधर्मराजस्यभारत ॥ आचख्याविवतद्युद्धंविजयंचात्मनोमहत् ३७ तंश्रुत्वातुमहानादंभीमसेनस्यधन्विनः ॥ बभूवपरमाप्रीतिर्धर्मराजस्यधीमतः ३८ ततोहृष्टमनाराजन्वादित्राणांमहास्वनैः ॥ सिंहनादरवंभ्रातुःप्रतिजग्राहपांडवः ३९ हर्षेणमहतायुक्तःकृतसंज्ञोवृकोदरे ॥ अभ्ययात्समरेद्रोणंसर्वशस्त्रभृतांवरः ४० एकत्रिंशन्महाराजपुत्रांस्तवनिपातितान् ॥ हतान्दुर्योधनोदृष्ट्वाक्षत्तुःसस्मारतद्वचः ४१ तदिदंसमनुप्राप्तंक्षत्तुर्निःश्रेयसंवचः ॥ इतिसंचिंत्यतेपुत्रोनोत्तरंप्रत्यपद्यत ४२ यद्द्यूतकालेदुर्बुद्धिरब्रवीत्तनयस्तव ॥ सभामानाय्यपांचालींकर्णेनसहितोऽल्पधीः ४३ यच्चकर्णोऽब्रवीत्कृष्णांसभायांपरुषंवचः ॥ प्रमुखेपांडुपुत्राणांतवचैवविशांपते ४४ ॥ ॥ ॥

३९. कृतसंज्ञोगृहीतसंकेतः ४० । ४१. निःश्रेयसंनिश्चितंश्रेयः साधनम् ४२ । ४३ । ४४ ॥ ॥ ॥ ॥

४५ । ४६ । ४७ । ४८ । ४९ । ५० । ५१ । ५२ । ५३ ॥ इतिद्रोणपर्वणिटीकायांसप्तत्रिंशदधिकशततमोऽध्ययः ॥ १३७ ॥ ॥ ॥ महानिति १ । २ । ३ । ४ । ५ । ६ साग

श्रृण्वतस्तवराजेंद्रकौरवाणांचरुवंशः ॥ विनष्टाःपांडवाःकृष्णेशाश्वतंनरकंगताः ४५ पतिमन्यंवृणीष्वेतितस्येदंफलमागतम् ॥ यच्चषंढतिलादीनिपरुषाणितवा
त्मजैः ॥ श्रावितास्तेमहात्मानःपांडवाःकोपयिष्णुभिः ४६ तंभीमसेनःक्रोधाग्निंत्रयोदशसमाःस्थितम् ॥ उद्गिरंस्तवपुत्राणामंतंगच्छतिपांडवः ४७ विलपंश्चबहु
क्षत्ताशमंनालभतत्वयि ॥ सपुत्रोभरतश्रेष्ठतस्यभुंक्ष्वफलोदयम् ४८ त्वयावृद्धेनधीरेणकार्यतत्त्वार्थदर्शिना ॥ नकृतंसुहृदांवाक्यंदैवमत्रपरायणम् ४९ तन्मा
शुचोनरव्याघ्रतवैवापनयोमहान् ॥ विनाशहेतुःपुत्राणांभवानेवमतोमम ५० हतोविकर्णोराजेंद्रचित्रसेनश्चवीर्यवान् ॥ प्रवराश्चात्मजानांतेसुताश्चान्येमहारथाः ५१
यानन्यान्ददृशेभीमश्चक्षुर्विषयमागतान् ॥ पुत्रांस्तवमहाराजत्वरयातान्जघानह ५२ त्वत्कृतेह्यहमद्राक्षंदह्यमानांवरूथिनीम् ॥ सहस्रशःशरैर्मुक्तैःपांडवेनवृषेण
च ५३ ॥ इतिश्रीमहाभारतेद्रोणपर्वणिजयद्रथवधपर्वणिभीमयुद्धेसप्तत्रिंशदधिकशततमोऽध्यायः ॥ १३७ ॥ ॥ धृतराष्ट्रउवाच ॥ महानपनयःसूतममैवात्र
विशेषतः ॥ सइदानीमनुप्राप्तोमन्येसंजयशोचतः १ यद्गतंतद्गतमितिममासीन्मनसिस्थितम् ॥ इदानीमत्रकिंकार्यंप्रकरिष्यामिसंजय २ यथाह्येषक्षयोवृत्तोम ९०
मापनयसंभवः ॥ वीराणांतन्ममाचक्ष्वस्थिरीभूतोऽस्मिसंजय ३ ॥ संजयउवाच ॥ कर्णभीमौमहाराजपराक्रांतौमहाबलौ ॥ बाणवर्षाण्यसृजतांवृष्टिमंताविवां
बुदौ ४ भीमनामांकिताबाणाःस्वर्णपुंखाःशिलाशिताः ॥ विविशुःकर्णमासाद्यच्छिंदंतइवजीवितम् ५ तथैवकर्णनिर्मुक्ताःशराबर्हिणवाससः ॥ छादयांचक्रिरे
वीरंशतशोऽथसहस्रशः ६ तयोःशरैर्महाराजसंपतद्भिःसमंततः ॥ बभूवतत्रसैन्यानांसंक्षोभःसागरोत्तरः ७ भीमचापच्युतैर्बाणैस्तवसैन्यमरिंदम ॥ अवध्यतच
मूमध्येघोरैराशीविषोपमैः ८ वारणैःपतितैराजन्वाजिभिश्चनरैःसह ॥ अदृश्यतमहीकीर्णावातभग्नैरिवद्रुमैः ९ तेवध्यमानाःसमरेभीमचापच्युतैःशरैः ॥ प्राद्रवं
स्तावकायोधाःकिमेतदितिचाब्रुवन् १० ततोव्युदस्तंतत्सैन्यंसिंधुसौवीरकौरवम् ॥ प्रोत्सारितंमहावेगैःकर्णपांडवयोःशरैः ११ तेशूराहतभूयिष्ठाहताश्वरथवा
रणाः ॥ उत्सृज्यभीमकर्णौचसर्वतोव्यद्रवन्दिशः १२ नूनंपार्थार्थमेवास्मान्मोहयंतिदिवौकसः ॥ यत्कर्णभीमप्रभवैर्वध्यतेनोबलंशरैः १३ एवंब्रुवाणायोधास्ते
तावकाभयपीडिताः ॥ शरपातंसमुत्सृज्यस्थितायुद्धदिदृक्षवः १४ ततःप्रावर्ततनदीघोररूपारणाजिरे ॥ शूराणांहर्षजननीभीरूणांभयवर्धिनी १५ वारणाश्व
मनुष्याणांरुधिरौघसमुद्भवा ॥ संवृत्तागतसत्वैश्चमनुष्यगजवाजिभिः १६ सानुकर्षपताकैश्चद्विपाश्वरथभूषणैः ॥ स्यंदनैरपविद्धैश्चभग्नचक्राक्षकूबरैः १७ जातरू
३८ पपरिष्कारैर्धनुर्भिःसुमहास्वनैः ॥ सुवर्णपुंखैरिषुभिर्नाराचैश्चसहस्रशः १८

रोत्तरः महत्तरः ७ । ८ । ९ । १० शरैर्व्युदस्तमाक्षिप्तं प्रोत्सारितंदूरमपसारितम् ११ । १२ । १३ । १४ । १५ । १६ । १७ । १८

म.भा. टी.

॥१०३॥

१९। २०। २१। २२। २३ । २४। २५। २६। २७। २८। २९ ॥ इतिद्रोणपर्वणिटीकायामद्वत्रिंशदधिकशततमोऽध्यायः ॥ १३८ ॥ ॥ ततइति १। २। ३। ४। ५। ६। ७। ८ द्रोण॰ अ॰ १३९

कर्णपांडवनिर्मुक्तैर्निर्मुक्तैरिवपन्नगैः ॥ प्रासतोमरसंघातैःखड्गैःश्वसपरश्वधैः ३९ सुवर्णविकृतैश्चापिगदामुसलपट्टिशैः ॥ ध्वजैश्चविविधाकारैःशक्तिभिःपरिघैरपि २० शतध्नीभिश्चचित्राभिंर्बभौभारतमेदिनी ॥ कनकांगदहारैश्चकुंडलैर्मुकुटैस्तथा २१ वलयैरपविद्धैश्चत्रैवांगुलिवेष्टकैः ॥ चूडामणिभिरुष्णीषैःस्वर्णसूत्रैश्चमारिष २२ तनुत्रैःसतलत्रैश्चहारैर्निष्कैश्चभारत ॥ वस्त्रैश्छत्रैश्चविध्वस्तैश्चामरव्यजनैरपि २३ गजाश्वमनुजैर्भिन्नैःशोणिताक्तैश्चपत्रिभिः ॥ तैस्तैश्चविविधैर्भिन्नैस्तत्रत्रैव सुंधरा २४ पतितैरपविद्धैश्चविबभौच्यौरिवग्रहैः ॥ अचिंत्यमद्भुतंचैवतयोःकर्मातिमानुषम् २५ दृष्ट्वाचारणसिद्धानांविस्मयःसमजायत ॥ अग्नेर्वायुसहायस्य गतिःकक्षइवाहवे २६ असीद्भीमसहायस्यरौद्रमाधिरथेर्गतम् ॥ निपातितध्वजरथंहतवाजिनरद्विपम् २७ गजाश्वांसंप्रयुक्ताभ्यामासीन्निलवनंयथा ॥ मेघजाल निभंसैन्यमासीत्तवनराधिप २८ विमर्दःकर्णभीमाभ्यामासीन्निपरमोरणे २९ ॥ इतिश्रीमहाभारतेद्रोणपर्वणिजयद्रथवधपर्वणिभीमकर्णयुद्धेअष्टत्रिंशदधिकशतत मोऽध्यायः ॥ १३८ ॥ ॥ ॥ ॥ संजयउवाच ॥ ततःकर्णोमहाराजभीमंविध्वात्रिभिःशरैः ॥ मुमोचशरवर्षाणिविचित्राणिबहूनिच १ वध्यमानोमहा बाहुःसूतपुत्रेणपांडवः ॥ नविव्यथेभीमसेनोभिद्यमानड्वाचलः २ सकर्णैकर्णिकाकर्णेपीतेननिशितेनच ॥ विव्याधछुभ्रशंसंख्येतैलधौतेनमारिष ३ सकुंडलं महद्वास्कर्णस्यापातयद्भुवि ॥ तपनीयंमहाराजदींप्तंज्योतिरिवांबरात् ४ अथापरेणभल्लेनसूतपुत्रस्तनांतरे ॥ आजघानभृशंकुद्धोह्सन्निवत्रकोदरः ५ पुनरस्यत्वर न्भीमोनाराचान्दशभारत ॥ रणेप्रैषीन्महाबाहुर्निर्मुक्ताशीविषोपमान् ६ तेललाटंविनिर्भिद्यसूतपुत्रस्यभारत ॥ विविशुश्चोदितास्तेनवल्मीकमिवपन्नगाः ७ ललाटस्थैस्ततोबाणैःसूतपुत्रोव्यरोचत ॥ नीलोत्पलमर्यामालांधारयन्नैवयथापुरा ८ सोऽतिविद्धोभृशंकर्णःपांडवेनतरस्विना ॥ रथकूबरमालंब्यन्यमीलयतलो चने ९ समुहूर्तात्पुनःसंज्ञांलेभेकर्णःपरंतपः ॥ रुधिरोक्षितसर्वांगःक्रोधमाहारयत्परम् १० ततःकुद्धोरणेकर्णःपीडितोदृढधन्वना ॥ वंगंचक्रेमहावेगोभीमसेनरथं प्रति ११ तस्मैकर्णःशतंराजन्निषूणांगाढ्वैवाससाम् ॥ अमर्षीबलवान्कुद्धःप्रेषयामासभारत १२ ततःप्रासृजदुग्राणिशरवर्षाणिपांडवः ॥ समरेतमनाद्ल्यतस्य वीर्यमचिंतयन् १३ कर्णस्ततोमहाराजपांडवंनवभिःशरैः ॥ आजघानोरसिकुद्धःकुद्रुपंपरंतप १४ तावुभौनरशार्दूलौशार्दूलाविवदंष्ट्रिणौ ॥ जीमूताविवचान्योन्यो न्यमववर्षतुराहवे १५ तलशब्दरवैश्चैवत्रासयेतोपरस्परम् ॥ शरजालैश्चविविधैर्व्यासयामासतुर्मृधे १६ अन्योन्यंसमरेकुद्धौकृतप्रतिकृतैषिणौ ॥ ततोभीमोम हाबाहुःसूतपुत्रस्यभारत १७ क्षुरप्रेणधनुश्छित्वानानाद्परवीरहा ॥ तदपास्यधनुश्छिन्नंसूतपुत्रोमहारथः १८

१। २०। २१ । १२। १३। २४ । १५। १६। १७। १८

अन्यत्कार्मुकमादत्तभारघ्नंवेगवत्तरम् ॥ तदप्यथनिमेषार्धाच्चिच्छेदास्यवृकोदरः १९ तृतीयंचचतुर्थंचपंचमंषष्ठमेवहि ॥ सप्तमंचाष्टमंचैवनवमंदशमंतथा २० एकाद
शंद्वादशंचत्रयोदशमथापिच ॥ चतुर्दशंपंचदशंषोडशंचवृकोदरः २१ तथासप्तदशंवेगादष्टादशमथापिवा ॥ बहूनिभीमश्चिच्छेदकर्णस्यैवंधनूंषिहि २२ निमेषार्धा
त्ततःकर्णोधनुर्हस्तोव्यतिष्ठत ॥ दृष्ट्वासकुरुसौवीरसिंधुवीरबलक्षयम् २३ सवर्मध्वजशस्त्रैश्चपतितैःसंवृतांमहीम् ॥ हस्त्यश्वरथदेहांश्चगतासून्प्रेक्ष्यसर्वशः २४ सूत
पुत्रस्यसंरंभाद्दीप्तंवपुरजायत ॥ सविस्फार्यमहच्चापंकार्तस्वरविभूषितम् २५ भीमंप्रैक्षतराधेयोघोरंघोरेणचक्षुषा ॥ ततःक्रुद्धःशरानस्यन्सूतपुत्रोव्यरोचत २६ मध्यं
दिनगतोऽर्चिष्मान्शरदीवदिवाकरः॥ मरीचिविकचस्येवराजन्भानुमतोवपुः २७आसीदाधिरथेर्घोरंवपुःशरशताचितम् ॥ कराभ्यामाददानस्यसंदधानस्यचाशुगान्
२८ कर्षतोमुंचतोबाणान्नांतरंददृशेरणे ॥ अग्निचक्रोपमंघोरंमंडलीकृतमायुधम् २९ कर्णस्यासीन्महीपालसव्यदक्षिणमस्यतः ॥ स्वर्णपुंखाःसुनिशिताःकर्णचाप
च्युताःशराः ३० प्राच्छादयन्महाराजदिशःसूर्यस्यचप्रभाः॥ ततःकनकपुंखानांशराणांनतपर्वणाम् ३१ धनुश्च्युतानांवियतिदद‍ृशेबहुधाव्रजः ॥ बाणासनादाधिरथेः
प्रभवंतिस्मसायकाः ३२ श्रेणीकृताव्यरोचंतराजन्क्रौंचाइवांबरे ॥ गार्ध्रपत्रान्शिलाधौतान्कार्तस्वरविभूषितान् ३३ महावेगान्प्रदीप्ताग्रान्मुमोचाधिरथिःशरान् ॥
तेतुचापबलोद्धूताःशातकुंभविभूषिताः ३४ अजस्रमपतन्बाणाभीमसेनरथंप्रति ॥ तेव्योम्निरुक्मविकृताव्यकाशंतसहस्रशः ३५ शलभानामिवव्राताःशराःकर्णस
मीरिताः ॥ चापादाधिरथेर्बाणाःप्रपतंतश्चकाशिरे ३६ एकोदीर्घइवात्यर्थमाकाशेसंस्थितःशरः ॥ पर्वतंवारिधाराभिश्छादयन्निवतोयदः ३७ कर्णःप्राच्छादयत्क्रुद्धो
भीमंसायकवृष्टिभिः ॥ तत्रभारतभीमस्यबलंवीर्यंपराक्रमम् ॥ व्यवसायंचपुत्रास्तेददृशुःसहसैनिकाः ३८ तांसमुद्रमिवोद्धूतांशरवृष्टिंसमुत्थिताम् ॥ अचिंतयित्वा
भीमस्तुक्रुद्धःकर्णमुपाद्रवत् ३९ रुक्मपृष्ठंमहच्चापंभीमस्यासीद्विशांपते ॥ आकर्षान्मंडलीभूतंशक्रचापमिवापरम् ४० तस्माच्छराःप्रादुरासन्पूरयंतइवांबरम् ४१
सुवर्णपुंखैर्भीमेनसायकैर्नतपर्वभिः ॥ गगनेरचितामालाकांचनीवव्यरोचत ४२ ततोव्योम्निविषक्तानिशरजालानिभागशः ॥ आहतानिव्यशीर्यंतभीमसेनस्यपत्रि
भिः ४३ कर्णस्यशरजालौघैर्भीमसेनस्यचोभयोः ॥ अग्निस्फुलिंगसंस्पर्शैरंजोगतिभिराहवे ४४ तैस्तैःकनकपुंखानांद्यौरासीत्संवृताव्रजैः ॥ नस्मसूर्यस्तदाभातिन
स्मवातिसमीरणः ४५ शरजालावृतेव्योम्निनप्राज्ञायतकिंचन ॥ सभीमंछादयन्बाणैःसूतपुत्रःपृथग्विधैः ४६ उपारोहदनादृत्यतस्यवीर्यंमहात्मनः ॥ तयोर्विसृजतोस्त
त्रशरजालानिमारिष ४७ वायुभूतान्यदृश्यंतसंसक्तानीतरेतरम् ॥ अन्योन्यशरसंस्पर्शात्तयोर्मनुजसिंहयोः ४८ ॥ ॥

४६ उपारोहन्नभिकर्षमगात् ४७ वायुभूतानिवातोद्धूतान्यतिवेगवंतिवा ४८ ॥ ॥ ॥ ॥ ॥

।।१०४।। आकाशेभरतश्रेष्ठपावकःसमजायत ।। तथाकर्णःशितान्बाणान्कर्मारपरिमार्जितान् ४९ सुवर्णविकृतान्क्रुद्धःप्राहिणोद्वधकांक्षया ।। तानंतरिक्षेविशिखैस्त्रिधैकैकम
शातयत् ५० विशेषयन्सूतपुत्रंभीमस्तिष्ठेतिचाब्रवीत् ।। पुनश्चासृजदुग्राणिशरवर्षाणिपांडवः ५१ अमर्षीबलवान्क्रुद्धोदिधक्षन्निवपावकः ।। ततश्चटचटाशब्दोगो
धावातादभूत्तयोः ५२ तलशब्दश्चसुमहान्सिंहनादश्चभैरवः ।। रथनेमिनिनादश्चज्याशब्दश्चैवदारुणः ५३ योधाव्युपारमन्युद्धाद्दिदृक्षंतःपराक्रमम् ।। कर्णपांडवयो
राजन्परस्परवधैषिणोः ५४ देवर्षिसिद्धगंधर्वाःसाधुसाध्वित्यपूजयन् ।। मुमुचुःपुष्पवर्षंचविद्याधरगणास्तथा ५५ ततोभीमोमहाबाहुःसंरंभीदृढविक्रमः ।। अस्त्रैर
स्त्राणिसंवार्यशरैर्विव्याधसूतजम् ५६ कर्णोऽपिभीमसेनस्यनिवार्येषून्महाबलः ।। प्राहिणोन्नवनाराचानाशीविषसमान्रणे ५७ तावद्भिरथतान्भीमोव्योम्निचिच्छेदप
त्रिभिः ।। नाराचान्सूतपुत्रस्यतिष्ठतिष्ठेतिचाब्रवीत् ५८ ततोभीमोमहाबाहुःशरंक्रुद्धांतकोपमम् ।। मुमोचाधिरथेर्वीरोयमदंडमिवापरम् ५९ तमापतंतंचिच्छेदराधेयः
प्रहसन्निव ।। त्रिभिःशरैःशरंराजन्पांडवस्यप्रतापवान् ६० पुनश्चासृजदुग्राणिशरवर्षाणिपांडवः ।। तस्यतान्याददेकर्णःसर्वाण्यस्त्राण्यभीतवत् ६१ युध्यमानस्यभीम
स्यसूतपुत्रोऽस्त्रमायया ।। तस्येषुधीधनुर्ज्यांचबाणैःसन्नतपर्वभिः ६२ रश्मीन्योक्त्राणिचाश्वानांक्रुद्धःकर्णोऽच्छिनन्मृधे ।। तस्याश्वांश्चपुनर्हत्वासूतंविव्याधपंचभिः ६३
सोऽपसृत्यद्रुतंसूतोयुधामन्योरथंययौ ।। विहसन्निवभीमस्यक्रुद्धःकालानलद्युतिः ६४ ध्वजंचिच्छेदराधेयःपताकांचव्यपातयत् ।। सविधन्वामहाबाहूरथशक्तिंपरा
मृशत् ६५ तांव्यवासृजदाविध्यक्रुद्धःकर्णरथंप्रति ।। तामाधिरथिरायस्तःशक्तिंकांचनभूषणाम् ६६ आपतंतींमहोल्काभांचिच्छेददशभिःशरैः ।। साऽपतद्दशधाछि
न्नाकर्णस्यनिशितैःशरैः ६७ अस्यतःसूतपुत्रस्यमित्रार्थेचित्रयोधिनः ।। सचर्मादत्तकौंतेयोजातरूपपरिष्कृतम् ६८ खड्गंचान्यतरप्रेप्सुर्मृत्योरग्रेजयस्यवा ।। तदस्यत
रसाक्रुद्धोव्यधमच्चर्मसुप्रभम् ६९ शरैर्बहुभिरत्युग्रैःप्रहसन्निवभारत ।। सविचर्मामहाराजविरथःक्रोधमूर्च्छितः ७० असिंप्रासृजदाविध्यत्वरन्कर्णरथंप्रति ।। सधनुःसूतपुत्र
स्यसज्यंछित्वामहानसिः ७१ पपातभुविराजेंद्रक्रुद्धःसर्पइवांबरात् ।। ततःप्रहस्याधिरथिरन्यदादायकार्मुकम् ७२ शत्रुघ्नंसमरेक्रुद्धोदृढज्यंवेगवत्तरम् ।। व्यायच्छत्सशरा
न्कर्णःकुंतीपुत्रजिघांसया ७३ सहस्रशोमहाराजरुक्मपुंखान्सुतेजनान् ।।सवध्यमानोबलवान्कर्णचापच्युतैःशरैः ७४ वैहायसंप्राक्रमद्वैकर्णस्यव्यथयन्मनः ।। सतस्यच
रितंदृष्ट्वासंग्रामेविजयैषिणः ७५ लयमास्थायराधेयोभीमसेनमवंचयत् ।। तंचदृष्ट्वारथोपस्थेनिलीनंव्यथितेंद्रियम् ७६ ध्वजमस्यसमासाद्यतस्थौभीमोमहीतले ।।
तदस्यकुरवःसर्वेचारणाश्चाभ्यपूजयन् ७७ यदियेषरथात्कर्णंहर्तुंतार्क्ष्यइवोरगम् ।। सच्छिन्नधन्वाविरथःस्वधर्ममनुपालयन् ७८ ।। ।।१०४।।

वैहायसमाकाशं ७५ लयमंगसंकोचं ७६ ।७७।७८ ।। ।। ।। ।।

७९ । ८० । ८१ । ८२ । ८३ । ८४ । ८५ । ८६ । ८७ तद्वयादितानतम ८८ वज्रगर्भमंतर्विविशंगुरुम् ८९ समर्थःसमीचीनार्थोपसर्गोपयीतियावत् ९० । ९१ । ९२ । ९३ । ९४

स्वरथंप्रष्टतःकृत्वायुद्धायैवव्यवस्थितः॥ तद्विहत्यास्यराधेयस्ततएनंसमभ्ययात् ७९ संरंभात्पांडवंसंख्येयुद्धायसमुपस्थितम् ॥ तौसमेतौमहाराजस्पर्धमानौमहाबलौ
८०जीमूताविववर्षांतेगर्जमानौनरर्षभौ ॥ तयोरासीत्संप्रहारःक्रुद्धयोर्नरसिंहयोः ८१ अमृष्यमाणयोःसंख्येदेवदानवयोरिव ॥ क्षीणशस्त्रस्तुकौंतेयःकर्णेनसम
भिद्रुतः ८२ दृष्ट्वाऽर्जुनहतान्नागान्पतितान्पर्वतोपमान् ॥ रथमार्गविघातार्थंव्यायुधःप्रविवेशह ८३ हस्तिनांव्रजमासाद्यरथदुर्गंप्रविश्यच ॥ पांडवोजीविता
कांक्षीराधेयंनाभ्यहारयत् ८४ व्यवस्थानमथाकांक्षन्धनंजयशरैर्हतम् ॥ उद्यम्यकुंजरंपार्थस्तस्थौपरपुरंजयः ८५ महौषधिसमायुक्तंहनूमानिवपर्वतम् ॥ तम
स्यविशिखैःकर्णोव्यधमत्कुंजरंपुनः ८६ हस्त्यंगान्यथकर्णायप्राहिणोत्पांडुनंदनः ॥ चक्राण्यश्वांस्तथाचान्यद्यद्यत्पश्यतिभूतले ८७ तत्तदादायचिक्षेपक्रुद्धः
कर्णायपांडवः ॥ तदस्यसर्वंचिच्छेदक्षिप्तंक्षिप्तंशितैःशरैः ८८ भीमोऽपिमुष्टिमुद्यम्यवज्रगर्भांसुदारुणाम् ॥ हंतुमैच्छत्सूतपुत्रंसंस्मरन्नर्जुनंक्षणात् ८९ शक्तोऽपिनावधी
त्कर्णंसमर्थःपांडुनंदनः ॥ रक्षमाणःप्रतिज्ञांतांयाकृतासव्यसाचिना ९० तमेवंव्याकुलंभीमंभूयोभूयःशितैःशरैः ॥ मूर्च्छयाऽभिपरीतांगमकरोत्सूतनंदनः ९१ व्या
युधंनावधीच्चैनंकर्णःकुंत्यावचःस्मरन् ॥ धनुषोग्रेणतंकर्णःसोऽभिद्रुत्यपरामृशत् ९२ धनुषास्पृष्टमात्रेणक्रुद्धःसर्पइवश्वसन् ॥ आच्छिद्यसधनुस्तस्यकर्णंमूर्धन्यताडयत्
९३ ताडितोभीमसेनेनक्रोधादारक्तलोचनः ॥ विहसन्निवराधेयोवाक्यमेतदुवाचह ९४ पुनःपुनस्तूबरकमूढऔदरिकेतिच ॥ अकृतास्त्रकमायोत्सीर्बालसंग्रामकातर
९५ यत्रभोज्यंबहुविधंभक्ष्यंपेयंचपांडव ॥ तत्रत्वंदुर्मतेयोग्योनयुद्धेषुकदाचन ९६ मूलपुष्पफलाहारोव्रतेषुनियमेषुच ॥ उचितस्त्वंवनेभीमनत्वंयुद्धविशारदः ९७क्व
युद्धंक्वमुनित्वंचवनंगच्छवृकोदर ॥ नत्वंयुद्धोचितस्तातवनवासरतिर्भवान् ९८ सूदान्भृत्यजनान्दासांस्त्वंगृहेत्वरयन्भृशम् ॥ योग्यस्ताडयितुंक्रोधाद्भोजनार्थंवृकोदर
९९ मुनिर्भूत्वाऽथवाभीमफलान्यादत्स्वदुर्मते ॥ वनायव्रजकौन्तेयनत्वंयुद्धविशारदः १०० फलमूलाशनेशक्तस्त्वंतथाऽतिथिपूजने ॥ नत्वांशस्त्रसमुद्योगेयोग्यं
मन्येवृकोदर १ कौमारेयानिवृत्तानिविप्रियाणिविशांपते ॥ तानिसर्वाणिचाप्येवंरूक्षाण्यश्रावयद्भृशम् २ अथैनंतत्रसंलीनमस्पृशद्धनुषापुनः ॥ प्रहसंश्चपुनर्वाक्यं
भीममाहवृषस्तदा ३ योद्धव्यंमारिषान्यत्रनयोद्धव्यंचमादृशैः ॥ मादृशैर्युध्यमानानामेतच्चान्यच्चविद्यते ४ गच्छवायत्रतौकृष्णौतौत्वांरक्षिष्यतोरणे ॥ गृहंवागच्छ
कौंतेयकिंतेयुद्धेनबालक ५ कर्णस्यवचनंश्रुत्वाभीमसेनोऽतिदारुणम् ॥ उवाचकर्णंप्रहसन्सर्वेषांशृण्वतांवचः ६ ॥ ॥

तूबरकः पुंश्चिन्हरहितः षंढइतियावत् । 'तूबरोऽश्मश्रुपुरुषे' इत्युपक्रम्य 'पुरुषव्यंजनत्यक्ते' इतिमेदिनी औदरिकोबह्वाशी ९५ । ९६ । व्रतेषुनियमेषुभागंतुकेषु ९७ । ९८ । ९९ । १००
१ । २ संलीनंसंकुचितांगम् ३ । ४ । ५ । ६

म.भा.टी. ॥ ७ । ८ । ९ व्यकत्थयतभर्त्सितवान् ११० । ११ । १२ । १३ । १४ । १५ । १६ । १७ । १८ । १९ । २० । २१ । २२ २३ । २४ । १२५ ॥ इतिद्रोणपर्वणिटीकायामेकोनचत्वारिंशद द्रोण०

॥१०८॥ जितस्त्वमसकृद्दुष्टकत्थसेकिंवृथाऽऽत्मना ॥ जयाजयौमहेंद्रस्यलोकेदृष्टौपुरातनैः ७ मल्लयुद्धंमयासार्धंकुरुदुष्कुलसंभव ॥ महाबलोमहाभोगीकीचकोनिहतोयथा ८ अ०
तथात्वांघातयिष्यामिपश्यत्सुसर्वराजसु ॥ भीमस्यमतमाज्ञायकर्णोबुद्धिमतांवरः ९ विरराममरणात्तस्मात्पश्यतांसर्वधन्विनाम् ॥ एवंतंविरथंकृत्वाकर्णोराजन्व्यक
त्थयत ११० प्रमुखेवृष्णिसिंहस्यपार्थस्यचमहात्मनः ॥ ततोराजन्शिलाधौतान्शरान्शाखामृगध्वजः ११ प्राहिणोत्सूतपुत्रायकेशवेनप्रचोदितः ॥ ततःपार्थभु १४०
जोत्सृष्टाःशराःकनकभूषणाः १२ गांडीवप्रभवाःकर्णंहंसाःक्रौंचमिवाविशन् ॥ सभुजंगैरिवाविष्टैर्गांडीवप्रेषितैःशरैः १३ भीमसेनादपासेधत्सूतपुत्रंधनंजयः ॥ सच्छि
न्नधन्वाभीमेनधनंजयशराहतः १४ कर्णोभीमादपायासीद्रथेनमहताद्रुतम् ॥ भीमोऽपिसात्यकेर्वाहंसमारुह्यनरर्षभः १५ अन्वयाद्भ्रातरंसंख्येपांडवंसव्यसाचिनम् ॥
ततःकर्णंसमुद्दिश्यत्वरमाणोधनंजयः १६ नाराचंक्रोधताम्राक्षःप्रैषीन्मृत्युमिवांतकः ॥ सगरुत्मानिवाकाशेप्रार्थयन्भुजगोत्तमम् १७ नाराचोऽभ्यपतत्कर्णंतूर्णं
गांडीवचोदितः ॥ तमंतरिक्षेनाराचंद्रौणिश्चिच्छेदपत्रिणा १८ धनंजयभयात्कर्णमुज्जिहीर्षन्महारथः ॥ ततोद्रौणिंचतुःषष्ट्याविव्याधकुपितोऽर्जुनः १९ शिलीमुखैर्म
हाराजमागास्तिष्ठेतिचाब्रवीत ॥ सतुमत्तगजाकीर्णमनीकंरथसंकुलम् १२० तूर्णमभ्याविशद्द्रौणिर्धनंजयशरार्दितः ॥ ततःसुवर्णपृष्ठानांचापानांकूजतांरणे २१शब्दं
गांडीवघोषेणकौंतेयोऽभ्यभवद्बली ॥ धनंजयस्तथायांतंपृष्ठतोद्रौणिमभ्यगात् २२ नातिदीर्घमिवाध्वानंशरैःसंत्रासयन्बलम् ॥ विदार्यदेहान्नाराचैर्नरवारणवाजिनाम्
२३ कंकबर्हिणवासोभिर्बलंव्यधमदर्जुनः ॥ तद्बलंभरतश्रेष्ठसवाजिद्विपमानवम् २४ पाकशासनिरायत्तःपार्थःसमनिजघानह १२५ ॥ इतिश्रीमहाभारतेद्रोणपर्वणि
जयद्रथवधपर्वणि भीमकर्णयुद्धेएकोनचत्वारिंशदधिकशततमोऽध्यायः ॥ १३९ ॥ ॥ धृतराष्ट्रउवाच ॥ अहन्यहनिमेदीप्तंयशःपततिसंजय ॥ हतामेबहवोयो
धामन्येकालस्यपर्ययम् १ धनंजयःसुसंक्रुद्धःप्रविष्टोमामकंबलम् ॥ रक्षितंद्रौणिकर्णाभ्यामप्रवेश्यंसुरैरपि २ ताभ्यामूर्जितवीर्याभ्यामाप्यायितपराक्रमः ॥ सहितः
कृष्णभीमाभ्यांशिनीनामृषभेणच ३ तदाप्रभृतिमांशोकोदहत्यग्निरिवाशयम् ॥ ग्रस्तानिवप्रपश्यामिभूमिपालान्ससैंधवान् ४ अप्रियंसुमहत्कृत्वासिंधुराजःकिरीटिनः
॥ चक्षुर्विषयमापन्नःकथंजीवितमाप्नुयात् ५ अनुमानाच्चपश्यामिनास्तिसंजयसैंधवः ॥ युद्धंतुतद्यथावृत्तंतन्ममाचक्ष्वतत्त्वतः ६ यच्चविक्षोभ्यमहतींसेनामालोड्यचास
कृत ॥ एकःप्रविष्टःसंक्रुद्धोनलिनीमिवकुंजरः ७ तस्यमेवृष्णिवीरस्यब्रूहियुद्धंयथातथम् ॥ धनंजयार्थेयत्तस्यकुशलोह्यसिसंजय ८ ॥ संजयउवाच ॥ तथातुवैकर्त
नपीडितंतंभीमंप्रयांतंपुरुषप्रवीरम् ॥ समीक्ष्यराजन्नरवीरमध्येशिनिप्रवीरोऽनुययौरथेन ९ ॥ ॥ ॥

धिकशततमोऽध्यायः ॥ १३९ ॥ ॥ अहन्यहनीति १ । २ । ३ । ४ । ५ । । ६ । ७ ८ । ९ ॥ ॥ ॥ ॥१०८॥

१० । ११ । १२ प्रेक्षंतःप्रेक्षकाःबभूवेतितथावचनमनुषज्यते १३ प्रसह्यअनादृत्य १४ । १५ । १६ । १७ । १८ । १९ । २० । २१ । २२ । २३ । २४ । २५ ॥ इतिद्रोणपर्वणिटीकायांचत्वारिंशदधि

नदन्यथावज्रधरस्तपांतेज्वलन्यथाजलदांतेचसूर्यः ॥ निघ्नन्नमित्रान्धनुषादृढेनसकंपयंस्तवपुत्रस्यसेनाम् १० तंयांतमश्वैरजतप्रकाशैरायोधनेवीरतरंनदंतम् ॥ ना
शक्नुवन्वारयितुंत्वदीयाःसर्वेरथाभारतमाधवाग्र्यम् ११ अमर्षपूर्णस्त्वनिवृत्तयोधीशरासनीकांचनवर्मधारी ॥ अलंबुषःसात्यकिंमाधवाग्र्यमवारयद्राजवरोऽभिप
त्य १२ तयोरभूद्भारतसंप्रहारोयथाविधोनैवबभूवकश्चित् ॥ प्रेक्षंतएवाहवशोभिनौतौयोधास्त्वदीयाश्चपरेचसर्वे १३ आविध्यदेनंदशभिःपृषत्कैरलंबुषोराजवरः
प्रसह्य ॥ अनागतानेवतुतान्पृषत्कांश्चिच्छेदबाणैःशिनिपुंगवोऽपि १४ पुनःसबाणैस्त्रिभिरग्निकल्पैराकर्णपूर्णैर्निशितैःसपुंखैः ॥ विव्याधदेहावरणंविदार्यतेसात्यकें
राविविशुःशरीरम् १५ तैःकायमस्याग्न्यनिलप्रभावैर्विदार्यबाणैर्निशितैर्ज्वलद्भिः ॥ आजघ्निवांस्तान्रजतप्रकाशानश्वांश्चतुर्भिश्चतुरःप्रसह्य १६ तथातुतेनाभिह
तस्तरस्वीनप्ताशिनेश्चक्रधरप्रभावः ॥ अलंबुषस्योत्तमवेगवद्भिरश्वांश्चतुर्भिर्निजघानबाणैः १७ अथास्यसूतस्यशिरोनिकृत्यभल्लेनकालानलसन्निभेन ॥ सकुंडलंपू
र्णशशिप्रकाशंभ्राजिष्णुवक्त्रंनिचकर्तदेहात् १८ निहत्यतंपार्थिवपुत्रपौत्रंसंख्येयदूनामृषभःप्रमाथी ॥ ततोऽन्वयादर्जुनमेववीरःसैन्यानिराजंस्तवसंनिवार्य १९ अ
न्वागतंवृष्णिवीरंसमीक्ष्यतथाऽरिमध्येपरिवर्तमानम् ॥ घ्नंतंकुरूणामिषुभिर्बलानिपुनःपुनर्वायुमिवाभ्रपूगान् २० ततोऽवहन्सैंधवाःसाधुदांतागोक्षीरकुंदेंदुहिमप्र
काशाः ॥ सुवर्णजालावतताःसदश्वायतोयतःकामयतेनृसिंहः २१ अथात्मजास्तेसहिताऽभिपेतुरन्येचयोधास्त्वरितास्त्वदीयाः ॥ कृत्वामुखंभारतयोधमुख्यंदुःशा
सनंत्वत्सुतमाजमीढ २२ तेसर्वतःसंपरिवार्यसंख्येशैनेयमाजघ्नुरनीकसाहाः ॥ सचापितान्प्रवरःसात्वतानांन्यवारयद्बाणजालेनवीरः २३ निवार्यतांस्तूर्णममित्रघा
तीनप्ताशिनेःपत्रिभिरग्निकल्पैः ॥ दुःशासनस्याभिजघानवाहानुद्यम्यबाणासनमाजमीढ २४ ततोऽर्जुनोहर्षमवापसंख्येकृष्णश्चदृष्ट्वापुरुषप्रवीरम् २५ ॥ इतिश्रीम
हाभारतेद्रोणपर्वणि जयद्रथवधप०अलंबुषवधेचत्वारिंदशदधिकशततमोऽध्यायः ॥१४०॥ ॥ संजयउवाच ॥ तमुद्यतंमहाबाहुंदुःशासनरथंप्रति ॥ त्वरितंत्व
रणीयेषुधनंजयजयैषिणम् १ त्रिगर्तानांमहेष्वासाःसुवर्णविकृतध्वजाः ॥ सेनासमुद्रमाविष्टमनंतंपर्यवारयन् २ अथैनंरथवंशेनसर्वतःसन्निवार्यते ॥ अवाकिर
ञ्छरव्रातैःक्रुद्धाःपरमधन्विनः ३ अजयद्राजपुत्रांस्तान्भ्राजमानान्महारणे ॥ एकःपंचाशतंशत्रून्सात्यकिःसत्यविक्रमः ४ संप्राप्यभारतीमध्यंतलघोषसमाकु
लम् ॥ असिशक्तिगदापूर्णमप्लवंसलिलंयथा ५ तत्राद्भुतमपश्यामशैनेयचरितंरणे ॥ प्रतीच्यांदिशितंदृष्ट्वाप्राच्यांपश्यामिलाघवात् ६

कशततमोऽध्यायः ॥ १४० ॥ ॥ ॥ तमिति। त्वरणीयेषुकृत्येषु १ । २ । ३ । ४ । ५ । ६

उदीचींदक्षिणांप्राचींप्रतीचींविदिशस्तथा ॥ नृत्यन्निवाचरच्छूरोयथारथशतंतथा ७ तद्दृष्ट्वाचरितंतस्यसिंहविक्रांतगामिनः ॥ त्रिगर्ताःसंन्यवर्तंतसंतप्ताःस्वजनंप्रति ८ तमन्येशूरसेनानांशूराःसंख्येन्यवारयन् ॥ नियच्छंतःशरव्रातैर्मत्तंद्विपमिवांकुशैः ९ तैर्व्यवाहरदार्यात्मामुहूर्त्तादेवसात्यकिः ॥ ततःकलिंगैर्युयुधेसोऽचिंत्यबलविक्रमः १० तांचसेनामतिक्रम्यकलिंगानांदुरत्ययाम् ॥ अथपार्थंमहाबाहुर्धनंजयमुपासदत् ११ तरन्निवजलेश्रांतोयथास्थलमुपेयिवान् ॥ तंदृष्ट्वापुरुषव्याघ्रंयुयुधानःसमाश्वसत् १२ तमायांतमभिप्रेक्ष्यकेशवःपार्थमब्रवीत् ॥ असावायातिशैनेयस्तवपार्थपदानुगः १३ एषशिष्यःसखाचैवतवसत्यपराक्रमः ॥ सर्वान्योधांस्तृणीकृत्यविजिग्येपुरुषर्षभः १४ एषकौरवयोधानांकृत्वाघोरमुपद्रवम् ॥ तवप्राणैःप्रियतमःकिरीटिन्नेतिसात्यकिः १५ एषद्रोणंतथाभोजंकृतवर्माणमेवच ॥ कदर्थीकृत्यविशिखैःफाल्गुनाभ्येतिसात्यकिः १६ धर्मराजप्रियान्वेषीहत्वायोधान्वरान्वरान् ॥ शूरश्चैवकृतास्त्रश्चफाल्गुनाभ्येतिसात्यकिः १७ कृत्वासुदुष्करंकर्मसैन्यमध्येमहाबलः ॥ तवदर्शनमन्विच्छन्पांडवाभ्येतिसात्यकिः १८ बहूनेकरथेनाजौयोधयित्वामहारथान् ॥ आचार्यप्रमुखान्पार्थप्रयात्येषसात्यकिः १९ स्वबाहुबलमाश्रित्यविदार्यचवरूथिनीम् ॥ प्रेषितोधर्मराजेनपार्थैषोऽभ्येतिसात्यकिः २० यस्यनास्तिसमोयोधःकौरवेषुकथंचन ॥ सोऽयमायातिकौंतेयसात्यकिर्युद्धदुर्मदः २१ कुरुसैन्याद्विमुक्तोवैसिंहोमध्याद्गवामिव ॥ निहत्यबहुलाःसेनाःपार्थैषोऽभ्येतिसात्यकिः २२ एषराजसहस्राणांवक्त्रैःपंकजसन्निभैः ॥ आस्तीर्यवसुधांपार्थक्षिप्रमायातिसात्यकिः २३ एषदुर्योधनंजित्वाभ्रातृभिःसहितंरणे ॥ निहत्यजलसंधंचक्षिप्रमायातिसात्यकिः २४ रुधिरौघवतींकृत्वानदींशोणितकर्दमाम् ॥ तृणवद्व्यस्यकौरव्यानेषह्यायातिसात्यकिः २५ ततःप्रहृष्टःकौंतेयःकेशवंवाक्यमब्रवीत् ॥ नमेप्रियंमहाबाहोयन्मामभ्येतिसात्यकिः २६ नहिजानामिवृत्तांतंधर्मराजस्यकेशव ॥ सात्वतेनविहीनःसयदिजीवतिवानवा २७ एतेनहिमहाबाहोरक्षितव्यःसपार्थिवः ॥ तमेषकथमुत्सृज्यममकृष्णपदानुगः २८ राजाद्रोणायचोत्सृष्टःसैंधवश्चानिपातितः ॥ प्रत्युद्यातिचशैनेयमेषभूरिश्रवारणे २९ सोऽयंगुरुतरोभारःसैंधवार्थेसमाहितः ॥ ज्ञातव्यश्चहिमेराजारक्षितव्यश्चसात्यकिः ३० जयद्रथश्चहंतव्योलंबतेचदिवाकरः ॥ श्रांतश्चैषमहाबाहुरल्पप्राणश्चसांप्रतम् ३१ परिश्रांताहयाश्चास्यहययंताचमाधव ॥ नचभूरिश्रवाःश्रांतःससहायश्चकेशव ३२ अपीदानींभवेदस्यक्षेममस्मिन्समागमे ॥ कच्चिन्नसागरंतीर्त्वासात्यकिःसत्यविक्रमः ३३ गोष्पदंप्राप्यसीदेतमहौजाःशिनिपुंगवः ॥ अपिकौरवमुख्येनकृतास्त्रेणमहात्मना ३४ समेत्यभूरिश्रवसास्वस्तिमान्सात्यकिर्भवेत् ॥ व्यतिक्रममिमंमन्येधर्मराजस्यकेशव ३५ आचार्याद्भयमुत्सृज्ययःप्रैषयतसात्यकिम् ॥ ग्रहणंधर्मराजस्यखगःश्येनइवामिषम् ३६ ॥ ॥ ॥

३७ ॥ इतिद्रोणपर्वणिटीकायामेकचत्वारिंशदधिकशततमोऽध्यायः ॥ १४१ ॥ ॥ ॥ तमिति १ उक्तात्यर्थं २ । ३ । ४ । ५ । ६ । ७ । ८ । ९ । १० । ११ । १२ । १३ । १४ । १५

नित्यमाशंसतेद्रोणःकच्चित्स्यात्कुशलीनृपः ३७ इतिश्रीमहाभारतेद्रोणपर्वणिजयद्रथवधपर्वणिसात्यक्यर्जुनदर्शनेएकचत्वारिंशदधिकशततमोऽध्यायः ॥ १४१ ॥
संजयउवाच ॥ तमापतंतंसंप्रेक्ष्यसात्वतंयुद्धदुर्मदम् ॥ क्रोधाद्भूरिश्रवाराजन्सहसासमुपाद्रवत् १ तमब्रवीन्महाराजकौरव्यःशिनिपुंगवम् ॥ अद्यप्राप्तोऽसिदि
ष्ट्यामेचक्षुर्विषयमित्युत २ चिराभिलषितंकाममहंप्राप्स्यामिसंयुगे ॥ नहिमेमोक्ष्यसेजीवन्यदिनोत्सृजसेरणम् ३ अद्यत्वांसमरेहत्वानित्यंशूराभिमानिनम् ॥
नंदयिष्यामिदाशार्हकुरुराजंसुयोधनम् ४ अद्यमद्बाणनिर्दग्धंपतितंधरणीतले ॥ द्रक्ष्यतस्त्वांरणेवीरौसहितौकेशवार्जुनौ ५ अद्यधर्मसुतोराजाश्रुत्वात्वांनिहतं
मया ॥ सव्रीडोभवितासद्योयेनासीहप्रवेशितः ६ अद्यमेविक्रमंपार्थोविज्ञास्यतिधनंजयः ॥ त्वयिभूमौविनिहतेशयानेरुधिरोक्षिते ७ चिराभिलषितोह्येषत्वया
सहसमागमः ॥ पुरादेवासुरेयुद्धेशक्रस्यबलिनायथा ८ अद्ययुद्धंमहाघोरंतवदास्यामिसात्वत ॥ ततोज्ञास्यसितत्त्वेनमद्वीर्यबलपौरुषम् ९ अद्यसंयमनींयाता
मयात्वंनिहतोरणे ॥ यथारामानुजेनाजौरावणिर्लक्ष्मणेनह १० अद्यकृष्णश्चपार्थश्चधर्मराजश्चमाधव ॥ हतेत्वयिनिरुत्साहारणंत्यक्ष्यंत्यसंशयम् ११ अद्यतेऽप
चितिंकृत्वाशितैर्माधवमायकैः ॥ तत्स्त्रियोनंदयिष्यामियेत्वयानिहतारणे १२ मच्चक्षुर्विषयंप्राप्तोनत्वंमाधवमोक्ष्यसे ॥ सिंहस्यविषयंप्राप्तोयथाक्षुद्रमृगस्तथा १३
युयुधानस्तुतंराजन्प्रत्युवाचहसन्निव ॥ कौरवेयनसंत्रासोविद्यतेममसंयुगे १४ नाहंभीषयितुंशक्योवाङ्मात्रेणतुकेवलम् ॥ समांनिहन्यात्संग्रामेयोमांकुर्यान्निरा
युधम् १५ समास्तुशाश्वतीर्हन्याद्योमांहन्याद्धिसंयुगे ॥ किंवृथोक्तेनबहुनाकर्मणातत्समाचर १६ शारदस्येवमेघस्यगर्जितंनिष्फलंहिते ॥ श्रुत्वात्वद्गर्जितंवी
रहास्यंहिममजायते १७ चिरकालेप्सितंलोकेयुद्धमद्यास्तुकौरव ॥ त्वरतेमेमतिस्ताततवयुद्धाभिकांक्षिणी १८ नाहत्वाऽहंनिवर्तिष्येत्वामद्यपुरुषाधम ॥ अन्यो
न्यंतौतथावाग्भिस्तक्षंतौनरपुंगवौ १९ जिघांसूपरमक्रुद्धावभिजघ्नतुराहवे ॥ समेतौतौमहेष्वासौशुष्मिणौस्पर्धिनौरणे २० द्विरदाविवसंक्रुद्धौवासितार्थेमदोत्कटौ ॥
भूरिश्रवाःसात्यकिश्चववर्षतुररिंदमौ २१ शरवर्षाणिघोराणिमेघाविवपरस्परम् ॥ सौमदत्तिस्तुशैनेयंप्रच्छाद्येषुभिराशुगैः २२ जिघांसुर्भरतश्रेष्ठविव्याधनिशि
तैःशरैः ॥ दशभिःसात्यकिंविद्ध्वासौमदत्तिरथापरान् २३ मुमोचनिशितान्बाणाञ्जिघांसुःशिनिपुंगवम् ॥ तानस्यविशिखांस्तीक्ष्णानंतरिक्षेविशांपते २४
अप्राप्तानस्त्रमायाभिरग्रसत्सात्यकिःप्रभो ॥ तौपृथक्शस्त्रवर्षाभ्यामवर्षेतांपरस्परम् २५ उत्तमाभिजनौवीरौकुरुवृष्णियशस्करौ ॥ तौनखैरिवशार्दूलौदंतै
रिवमहाद्विपौ २६ रथशक्तिभिरन्योन्यंविशिखैश्चाप्यकृंतताम् ॥ निर्भिंदंतौहिगात्राणिविक्षरंतौचशोणितम् २७

शाश्वतीःसमाःसर्वकालं तुरवधारणेनित्यमेवअसौहन्यात् जयएवतस्येत्यर्थः १६ । १७ । १८ । १९ । २० । २१ । २२ । २३ । २४ । २५ । २६ । २७

२८ । २९ ३० । ३१ । ३२ । ३३ । ३४ । ३५ । ३६ । ३७ । ३८ । ३९ । ४० । ४१ भुजाघातोभुजस्फोटः निग्रहोहस्तधारणं प्रग्रहोगलहस्तकः ४२ । ४३ । भुजयोकावबंधैर्बाहुपाशवेष्टनैः अवघात नैस्ताडनैः ४४ पादशब्दःप्रत्येकंसंबध्यते पादावकर्षैश्चरणावकर्षणैः । पादसंधानैश्चरणच्छंदितकैः । तोमरैरतिस्फोटनैः । अंकुशैरवलुंचनैः । पादोदरविबंधैःपादाभ्यामुदरकोडीकरणैः । उद्भ्रमणैःपरिवर्तनैः

व्यष्टंभयेतामन्योन्यंप्राणद्यूताभिदेविनौ ॥ एवमुत्तमकर्माणौकुरुवृष्णियशस्करौ २८ परस्परमयुध्येतांवारणाविवयूथपौ ॥ तावदीर्घेणकालेनब्रह्मलोकपुरस्कृतौ २९ यियासंतौपरंस्थानमन्योन्यंसंजगर्जतुः ॥ सात्यकिःसौमदत्तिश्चशरवृष्ट्यापरस्परम् ३० हृष्टवद्धार्तराष्ट्राणांपश्यतामभ्यवर्षताम् ॥ संप्रैक्षंतजनास्तौतुयुध्यमानौयुथां पती ३१ यूथपौवासिताहेतोःप्रयुद्धाविवकुंजरौ ॥ अन्योन्यस्यहयान्हत्वाधनुषीविनिकृत्यच ३२ विरथावसियुद्धायसमेयातांमहारणे ॥ आर्षभेचर्मणीचित्रेप्रगृह्य विपुलेशुभे ३३ विकोशौचाप्यसीकृत्वासमरेतौविचेरतुः ॥ चरंतौविविधान्मार्गान्मंडलानिचभागशः ३४ मुहुराजघ्नतुःक्रुद्धावन्योन्यमरिमर्दनौ ॥ सखड्गौचित्रव र्माणौसनिष्कांगदभूषणौ ३५ भ्रांतमुद्भ्रांतमाविद्धमाप्लुतंविप्लुतंसृतम् ॥ संपातंसमुदीर्णंचदर्शयंतौयशस्विनौ ३६ असिभ्यांसंप्रजह्रातेपरस्परमरिंदमौ ॥ उभौछिद्रे षिणौवीरावुभौचित्रंववल्गतुः ३७ दर्शयंतावुभौशिक्षांलाघवंसौष्ठवंतथा ॥ रणेरणकृतांश्रेष्ठावन्योन्यंपर्यकर्षताम् ३८ मुहूर्तमिवराजेंद्रसमाहत्यपरस्परम् ॥ पश्यतां सर्वसैन्यानांवीरावाश्वसतांपुनः ३९ असिभ्यांचर्मणीचित्रेशतचंद्रेनराधिप ॥ निकृत्यपुरुषव्याघ्रौबाहुयुद्धंप्रचक्रतुः ४० व्यूढोरस्कौदीर्घभुजौनियुद्धकुशलावुभौ ॥ बाहुभिःसमसज्जेतामायसैःपरिघैरिव ४१ तयोराजन्भुजाघातनिग्रहप्रग्रहास्तथा ॥ शिक्षाबलसमुद्भूताःसर्वयोधप्रहर्षणाः ४२ तयोर्नृवरयोराजन्समरेयुध्यमानयोः ॥ भीमोऽभवन्महाशब्दोवज्रपर्वतयोरिव ४३ द्विपाविवविषाणाग्रैःशृंगैरिवमहर्षभौ ॥ भुजयोक्त्रावबंधैश्चशिरोभ्यांचावघातनैः ४४ पादावकर्षसंधानैस्तोमरांकुशलासनैः ॥ पादोदरविबंधैश्चभूमावुद्भ्रमणैस्तथा ४५ गतप्रत्यागताक्षेपैःपातनोत्थानसंप्लुतैः ॥ युयुधातेमहात्मानौकुरुसात्वतपुंगवौ ४६ द्वात्रिंशत्करणानिस्युर्यानियुद्धानि भारत ॥ तान्यदर्शयतांतत्रयुध्यमानौमहाबलौ ४७ क्षीणायुधेसात्वतेयुध्यमानेततोऽब्रवीदर्जुनंवासुदेवः ॥ पश्यस्वैनंविरथंयुध्यमानंरणेवरंसर्वधनुर्धराणाम् ४८ प्रवि ष्टोभारतींभित्त्वातवपांडवपृष्ठतः ॥ योधितश्चमहावीर्यैःसर्वैर्भारतभारतैः ४९ परिश्रांतंयुधांश्रेष्ठंसंप्राप्तोभूरिदक्षिणः ॥ युद्धाकांक्षीसमायांतंनैतत्सममिवार्जुन ५० ततोभूरिश्रवाःक्रुद्धःसात्यकिंयुद्धदुर्मदः ॥ उद्यम्याभ्याहनद्राजन्मत्तोमत्तमिवद्विपम् ५१ रथस्थयोर्द्वयोर्युद्धेक्रुद्धयोर्योधमुख्ययोः ॥ केशवार्जुनयोराजन्समरेप्रेक्षमाणयोः ५२ अथकृष्णोमहाबाहुरर्जुनंप्रत्यभाषत ॥ पश्यवृष्ण्यंधकव्याघ्रंसौमदत्तिवशंगतम् ५३ परिश्रांतंगतंभूमौकृत्वाकर्मसुदुष्करम् ॥ तवांतेवासिनंवीरंपालयार्जुनसा त्यकिम् ५४ नवशंयज्ञशीलस्यगच्छेदेषवरोऽर्जुन ॥ त्वत्कृतेपुरुषव्याघ्रतदाशुक्रियतांविभो ५५ ॥ ॥

४५ । गतैर्गमनैः । प्रत्यागतैरावर्तनैः । आक्षेपैरास्फालनैः । पातनैर्भूमिप्रापणैः । उत्थानैरुत्पतनैः । संप्लुतैर्विस्फारानुबंधैः ४६ । ४७ । ४८ । ४९ । सममनुरूपं ५० अभ्यहनदास्फालितवान् ५१ । ५२ । ५३ । ५४ । ५५

५६ । ५७ । ५८ । ५९ । ६० । ६१ कुलालएवकौलालः ६२ । ६३ । ६४ । ६५ । ६६ । ६७ नहन्याद्धंतुंनशक्नोति द्वितीयइवशब्दएवार्थे कर्षत्येवेत्यन्वयः ६८ । ६९ । ७० । ७१ । ७२

अथाब्रवीद्धृष्टमनावासुदेवंधनंजयः ॥ पश्यवृष्णिप्रवीरेणक्रीडंतंकुरुपुंगवम् ५६ महाद्विपेनेववनेमत्तेनहरियूथपम् ॥ संजयउवाच ॥ इत्येवंभाषमाणेतुपांडवेवैधनं
जये ५७ हाहाकारोमहानासीत्सैन्यानांभरतर्षभ ॥ तदुद्यम्यमहाबाहुःसात्यकिंन्यहनद्भुवि ५८ ससिंहइवमातंगंविकर्षन्भूरिदक्षिणः ॥ व्यरोचतकुरुश्रेष्ठसा
त्वतप्रवरंयुधि ५९ अथकोशाद्विनिष्कृष्यखड्गंभूरिश्रवारणे ॥ मूर्द्धजेषुनिजग्राहपदाचोरस्यताडयत् ६० ततोऽस्यच्छेत्तुमारब्धःशिरःकायात्सकुंडलम् ॥ ताव
त्क्षणात्सात्वतोऽपिशिरःसंभ्रमयंस्त्वरन् ६१ यथाचक्रंतुकौलालोदंडविद्धंतुभारत ॥ सहैवभूरिश्रवसोबाहुनाकेशधारिणा ६२ तंतथापरिकृष्यंतंदृष्ट्वासात्वतमा
हवे ॥ वासुदेवस्ततोराजन्भूयोऽर्जुनमभाषत ६३ पश्यवृष्ण्यंधकव्याघ्रंसोमदत्तिवशंगतम् ॥ तवशिष्यंमहाबाहोधनुष्यनवरंत्वया ६४ असत्योविक्रमःपार्थ
यत्रभूरिश्रवारणे ॥ विशेषयतिवार्ष्णेयंसात्यकिंसत्यविक्रमम् ६५ एवमुक्तोमहाबाहुर्वासुदेवेनपांडवः ॥ मनसापूजयामासभूरिश्रवसमाहवे ६६ विकर्षन्सा
त्वतश्रेष्ठंक्रीडमानइवाहवे ॥ संहर्षयतिमांभूयःकुरूणांकीर्तिवर्धनः ६७ प्रवरंवृष्णिवीराणांयन्नहन्याद्धिसात्यकिम् ॥ महाद्विपमिवारण्येमृगेंद्रइवकर्षति ६८
एवंतुमनसाराजन्पार्थःसंपूज्यकौरवम् ॥ वासुदेवंमहाबाहुरर्जुनःप्रत्यभाषत ६९ सैंधवेसक्तदृष्टित्वान्नैनंपश्यामिमाधवम् ॥ एतत्त्वसुकरंकर्मयादवार्थेकरोम्य
हम् ७० इत्युक्त्वावचनंकुर्वन्वासुदेवस्यपांडवः ॥ ततःक्षुरप्रंनिशितंगांडीवेसमयोजयत् ७१ पार्थबाहुविसृष्टःसमहोल्केवनभश्च्युता ॥ सखड्गंयज्ञशीलस्य
सांगदंबाहुमच्छिनत् ७२ ॥ इतिश्रीमहाभारतेद्रोणपर्वणिजयद्रथवधपर्वणि भूरिश्रवोबाहुच्छेदेद्विचत्वारिंशदधिकशततमोऽध्यायः ॥ १४२ ॥ ॥ ॥
संजयउवाच ॥ सबाहुर्न्यपतद्भूमौसखड्गःसशुभांगदः ॥ आदधज्जीवलोकस्यदुःखमद्भुतमुत्तमः १ प्रहरिष्यन्हृतोबाहुरदृश्येनकिरीटिना ॥ वेगेनन्यपतद्भूमौपं
चास्यइवपन्नगः २ समोघंकृतमात्मानंदृष्ट्वापार्थेनकौरवः ॥ उत्सृज्यसात्यकिंक्रोधाद्गर्हयामासपांडवम् ३ भूरिश्रवाउवाच ॥ नृशंसंबतकौंतेयकर्मेदंकृतवानसि ॥
अपश्यतोविषक्तस्ययन्मेबाहुमचिच्छिदः ४ किंनुवक्ष्यसिराजानंधर्मपुत्रंयुधिष्ठिरम् ॥ किंकुर्वाणोमयासंख्येहतोभूरिश्रवारणे ५ इदमिंद्रेणतेसाक्षादुपदिष्टंमहा
त्मना ॥ अस्त्रंरुद्रेणवापार्थद्रोणेनाथकृपेणवा ६ ननुनामास्त्रधर्मज्ञस्त्वंलोकेऽभ्यधिकःपरैः ॥ सोऽयुध्यमानस्यकथंरणेप्रहृतवानसि ७ नप्रमत्तायभीतायविरथा
यप्रयाचते ॥ व्यसनेवर्तमानायप्रहरंतिमनस्विनः ८ इदंतुनीचाचरितमसत्पुरुषसेवितम् ॥ कथमाचरितंपार्थपापकर्मसुदुष्करम् ९ आर्येणसुकरंत्वाहुरार्यकर्म
धनंजय ॥ अनार्यकर्मत्वार्येणसुदुष्करतमंभुवि १०

॥ इतिद्रोणपर्वणिटीकायांद्विचत्वारिंशदधिकशततमोऽध्यायः ॥ १४२ ॥ ॥ ॥ सइति १ । २ । ३ विपक्तस्यान्यासक्तस्य ४ । ५ । ६ । ७ । ८ । ९ । १०

येषुयेषुनरव्याघ्रयत्रयत्रचवर्तते ॥ आशुतच्छीलतामेतितदिदंत्वयिदृश्यते ११ कथंहिराजवंश्यस्त्वंकौरवेयोविशेषतः ॥ क्षत्रधर्मादपक्रांतःसुवृत्तश्चरितव्रतः १२
इदंतुयदतिक्षुद्रंवार्ष्णेयार्थेकृतंत्वया ॥ वासुदेवमतंनूनंनैतत्त्वय्युपपद्यते १३ कोहिनामप्रमत्तायपरेणसहयुद्ध्यते ॥ ईदृशंव्यसनंदद्याद्योनकृष्णसखाभवेत् १४ व्रा
त्याःसंश्लिष्टकर्माणःप्रकृत्यैवचगर्हिताः ॥ वृष्ण्यंधकाःकथंपार्थप्रमाणंभवताकृताः १५ एवमुक्तोरणेपार्थोभूरिश्रवसमब्रवीत् ॥ अर्जुनउवाच ॥ व्यक्तंहिजी
र्यमाणोऽपिबुद्धिंजरयतेनरः १६ अनर्थकमिदंसर्वंयत्त्वयाव्याहृतंप्रभो ॥ जानन्नेवहृषीकेशंगर्हसेमांचपांडवम् १७ संग्रामाणांहिधर्मज्ञःसर्वशास्त्रार्थपारगः ॥
नचाधर्ममहंकुर्यांजानंश्चैवहिमुह्यसे १८ युद्ध्यंतिक्षत्रियाःशत्रून्स्वैःस्वैःपरिवृतानराः ॥ भ्रातृभिःपितृभिःपुत्रैस्तथासंबंधिबांधवैः १९ वयस्यैरथमित्रैश्चतेच
बाहुंसमाश्रिताः ॥ सकथंसात्यकिंशिष्यंसुखसंबंधिमेवच २० अस्मदर्थेचयुद्ध्यंतंत्यक्त्वाप्राणान्सुदुस्त्यजान् ॥ ममबाहुंरणेराजन्दक्षिणंयुद्धदुर्मदम् २१ नचा
त्मारक्षितव्योवैराजन्रणगतेनहि ॥ योयस्ययुज्यतेऽर्थेषुसवैरक्ष्योनराधिप २२ तैरक्ष्यमाणैःसन्नृपोरक्षितव्योमहामृधे ॥ यद्यहंसात्यकिंपश्येवध्यमानंमहारणे
ततस्तस्यवियोगेनपापंमेऽनर्थतोभवेत् ॥ रक्षितश्चमयायस्मात्तस्मात्कुध्यसिकिंमयि २४ यच्चमेगर्हसेराजन्नन्येनसहसंगतम् ॥ अहंत्वयाविनिकृतस्तत्रमेबुद्धि
विभ्रमः २५ कवचंधुन्वतस्तुभ्यंरथंचारोहतःस्वयम् ॥ धनुर्ज्याकर्षतश्चैवयुद्ध्यतःसहशत्रुभिः २६ एवंरथगजाकीर्णेहयपत्तिसमाकुले ॥ सिंहनादोद्धतरवेगं
भीरेसैन्यसागरे २७ स्वैःपरैश्चसमेतेभ्यःसात्वतेनचसंगमे ॥ एकस्यैकेनहिकथंसंग्रामःसंभविष्यति २८ बहुभिःसहसंगम्यनिर्जित्यचमहारथान् ॥ श्रांतश्च
श्रांतवाहश्चविमनाःशस्त्रपीडितः २९ ईदृशंसात्यकिंसंख्येनिर्जित्यचमहारथम् ॥ अधिकत्वंविजानीषेस्ववीर्यवशमागतम् ३० यदिच्छसिशिरश्चास्यअसिनाहं
तुमाहवे ॥ तथाकृच्छ्रगतंचैवसात्यकिंकःक्षमिष्यति ३१ त्वंचैविगर्हयात्मानमात्मानंयोनरक्षसि ॥ कथंकरिष्यसेवीरयोवात्वांसंश्रयेज्जनः ३२ ॥ संजयउ
वाच. ॥ एवमुक्तोमहाबाहुर्यूपकेतुर्महायशाः ॥ युयुधानंसमुत्सृज्यरणेप्रायमुपाविशत् ३३ शरानास्तीर्यसव्येनपाणिनापुण्यलक्षणः ॥ यियासुर्ब्रह्मलोकाय
प्राणान्प्राणेष्वथाजुहोत् ३४ सूर्येचक्षुःसमाधायप्रसन्नंसलिलेमनः ॥ ध्यायन्महोपनिषदंयोगयुक्तोऽभवन्मुनिः ३५ ततःससर्वसेनायांजनःकृष्णधनंजयौ ॥
गर्हयामासतंचापितंशशंसपुरुषर्षभम् ३६ निंद्यमानौतथाकृष्णौनोचतुःकिंचिदप्रियम् ॥ ततःप्रशस्यमानश्चनाहृष्यद्यूपकेतनः ३७ तांस्तथावादिनोराजन्पुत्रां
स्तवधनंजयः ॥ अमृष्यमाणोमनसातेषांतस्यचभाषितम् ३८

मरणानशनं उपाविशत्प्रारब्धवान् ३३ प्राणानसून्प्राणेषुवायुषु अजुहोदाहितवान् ३४ प्रसन्नमकल्मषम् ३५।३६।३७।३८

असंक्रुद्धमनावाचःस्मारयन्निवभारत ॥ उवाचपांडुतनयःसाक्षेपमिवफाल्गुनः ३९ ममसर्वेऽपिराजानोजानंत्येवमहाव्रतम् ॥ नशक्यो मामकोहंतुंयोमेस्याद्बा णगोचरे ४० यूपकेतोनिरीक्ष्यैतन्नमामर्हसिगर्हितुम् ॥ नहिधर्ममविज्ञाययुक्तंगर्हयितुंपरम् ४१ आत्तशस्त्रस्यहिरणेवृष्णिवीरंजिघांसतः ॥ यदहंबाहुमच्छैत्सं नसधर्मोविगर्हितः ४२ न्यस्तशस्त्रस्यबालस्यविरथस्यविवर्मणः ॥ अभिमन्योर्वधंतातधार्मिकःकोनुपूजयेत् ४३ एवमुक्तःसपार्थेनशिरसाभूमिमस्पृशत् ॥ पा णिनाचैवसव्येनप्राहिणोदस्यदक्षिणम् ४४ एतत्पार्थस्यतुवचस्ततःश्रुत्वामहाद्युतिः ॥ यूपकेतुर्महाराजतूष्णीमासीदवाङ्मुखः ४५ ॥ अर्जुनउवाच ॥ याप्री तिर्धर्मराजेमेभीमेचबलिनांवरे ॥ नकुलेसहदेवेचसामेत्वयिशलाग्रज ४६ मयात्वंसमनुज्ञातःकृष्णेनचमहात्मना ॥ गच्छपुण्यकृतांलोकाञ्छिबिरौशीनरोयथा ४७ ॥ वासुदेवउवाच ॥ येलोकाममविमलाःसकृद्विभाताब्रह्माद्यैःसुरवृषभैरपीष्यमाणाः ॥ तान्क्षिप्रंव्रजसतताग्निहोत्रयाजिन्मत्तुल्योभवगरुडोत्तमांगयानः ४८ ॥ संजयउवाच ॥ उत्थितःसतुशैनेयोविमुक्तःसौमदत्तिना ॥ खड्गमादायचिच्छित्सुःशिरस्तस्यमहात्मनः ४९ निहतंपांडुपुत्रेणप्रसक्तंभूरिदक्षिणम् ॥ इयेषसात्य किर्हंतुंशलाग्रजमकल्मषम् ५० निकृत्तभुजमासीनंछिन्नहस्तमिवद्विपम् ॥ क्रोशतांसर्वसैन्यानांनिंद्यमानःसुदुर्मनाः ५१ वार्यमाणःसकृष्णेनपार्थेनचमहात्मना ॥ भीमेनचक्ररक्षाभ्यामश्वत्थाम्नाकृपेणच ५२ कर्णेनवृषसेनेनसैन्धवेनतथैवच ॥ विक्रोशतांचसैन्यानामवधीत्तंधृतव्रतम् ५३ प्रायोपविष्टायरणेपार्थेनच्छिन्नबा हवे ॥ सात्यकिःकौरवेयायखड्गेनापाहरच्छिरः ५४ नाभ्यनंदंतसैन्यानिसात्यकिंतेनकर्मणा ॥ अर्जुनेनहतंपूर्वंयज्जघानकुरूद्वहम् ५५ सहस्राक्षसमंचैवसिद्धचारणमा नवाः ॥ भूरिश्रवसमालोक्ययुद्धेप्रायगतंहतम् ५६ अपूजयंततंदेवाविस्मितास्तेऽस्यकर्मभिः ॥ पक्षवादांश्चसुबहून्प्रावदंस्तवसैनिकाः ५७ नवार्ष्णेयस्यापराधोभ वितव्यंहितत्तथा ॥ तस्मान्मन्युर्नवःकार्यःक्रोधोदुःखतरोनृणाम् ५८ हंतव्यश्चैववीरेणनात्रकार्याविचारणा ॥ विहितोह्यस्यधात्रैवमृत्युःसात्यकिराहवे ५९ ॥ सात्य किरुवाच ॥ नहंतव्योनहंतव्यइतियन्मांप्रभाषत ॥ धर्मवादैरधर्मिष्ठाधर्मकंचुकमास्थिताः ६० यदाबालःसुभद्रायाःसुतःशस्त्रविनाकृतः ॥ युष्माभिर्निह तोयुद्धेतदाधर्मःक्वोगतः ६१ मयात्वेतत्प्रतिज्ञातंक्षेपेकस्मिंश्चिदेवहि ॥ योमांनिष्पिष्यसंग्रामेजीवन्हन्यात्पदारुषा ६२ समेवध्योभवेच्छत्रुर्यद्यपिस्यान्मुनि व्रतः ॥ चेष्टमानंप्रतीघातेसभुजंमांसचक्षुषः ६३ मान्यध्वंमृतइत्येवमेतद्वोबुद्धिलाघवम् ॥ युक्तोह्यस्यप्रतीघातःकृतोमेकुरुपुंगवाः ६४ यत्तुपार्थेनमांदृष्ट्वाप्रतिज्ञा मभिरक्षता ॥ सखड्गोऽस्यहृतोबाहुरेतेनैवास्मिवंचितः ६५ ॥ ॥ ॥ ॥

१

४९ प्रसक्तमन्यासक्तं ५० । ५१ । ५२ । ५३ । ५४ । ५५ । ५६ । ५७ । ५८ । ५९ । ६० । क्षेपेनिंदयां जीवन्निरितिद्वितीयार्थेप्रथमा ६२ । ६३ । ६४ । ६५ ॥

इवेत्येवार्थे देवमेवचेष्टयतीत्यन्वयः ६६ । ६७ । ६८ । ६९ । ७० वरदस्यार्थितार्थमदातुः हविर्धानमंतरेणहविर्गृहस्यमध्ये ७१ । ७२ ॥ इतिद्रोणपर्वणिटीकायांत्रिचत्वारिंशदधिकशततमोऽध्यायः

भवितव्यंहियद्भावि दैवंचेष्टयतीवच ॥ सोऽयंहतोविमर्देऽस्मिन्किमत्राधर्मचेष्टितम् ६६ अपिचायंपुरागीतःश्लोकोवाल्मीकिनाभुवि ॥ नहंतव्याःस्त्रियइतियद्ब्रवी
षिप्लवंगम ६७ सर्वकालंमनुष्येणव्यवसायवतासदा ॥ पीडाकरममित्राणांयत्स्यात्कर्तव्यमेवतत् ६८ ॥ संजयउवाच ॥ एवमुक्तेमहाराजसर्वेकौरवपुंगवाः ॥
नस्मकिंचिदभाषंतमनसासमपूजयन् ६९ मंत्रातिपूतस्यमहाध्वरेषुयशस्विनोभूरिसहस्रदस्यच ॥ मुनेरिवारण्यगतस्यतस्यनतत्रकश्चिद्वधमभ्यनंदत् ७० सुनी
लकेशंवरदस्यतस्यशूरस्यपारावतलोहिताक्षम् ॥ अश्वस्यमेध्यस्यशिरोनिकृत्तंन्यस्तंहविर्धानमिवांतरेण ७१ सतेजसाशस्त्रकृतेनपूतोमहाहवेदेहवरंविसृज्य ॥
आक्रामदूर्ध्वंवरदोवरार्होव्यावृत्यधर्मेणपरेणरोदसी ७२ ॥ इतिश्रीमहाभारतेद्रोणपर्वणिजयद्रथवधपर्वणिभूरिश्रवोवधेत्रिचत्वारिंशदधिकशततमोऽध्यायः ॥१४३॥
॥ ॥ ॥ ॥ ॥ धृतराष्ट्रउवाच ॥ अजितोद्रोणराधेयविकर्णकृतवर्मभिः ॥ तीर्णःसैन्यार्णवंवीरःप्रतिश्रुत्ययुधिष्ठिरे १ सकथंकौरवेयेणसमरेष्वनिवा
रितः ॥ निगृह्यभूरिश्रवसाबलाद्भुविनिपातितः २ ॥ संजयउवाच ॥ शृणुराजन्निहोत्पत्तिंशैनेयस्ययथापुरा ॥ यथाचभूरिश्रवसोयत्रतेसंशयोनृप ३ अत्रेःपुत्रोऽभव
त्सोमःसोमस्यतुबुधःस्मृतः ॥ बुधस्यैकोमहेंद्राभःपुत्रआसीत्पुरूरवाः ४ पुरूरवसआयुस्तुआयुषोनहुषःसुतः ॥ नहुषस्यययातिस्तुराजादेवर्षिसंमतः ५ ययातेर्दे
वयान्यांतुयदुर्ज्येष्ठोऽभवत्सुतः ॥ यदोरभूदन्ववायेदेवमीढइतिस्मृतः ६ यादवस्तस्यतुसुतःशूरस्त्रैलोक्यसंमतः ॥ शूरस्यशौरिर्नृवरोवसुदेवोमहायशाः ७ धनु
ष्यनवरःशूरःकार्तवीर्यसमोयुधि ॥ तद्वीर्यश्चापितत्रैवकुलेशिनिरभून्नृप ८ एतस्मिन्नेवकालेतुदेवकस्यमहात्मनः ॥ दुहितुःस्वयंवरेराजन्सर्वक्षत्रसमागमे ९ तत्र
वैदेवकींदेवींवसुदेवार्थमाशुवै ॥ निर्जित्यपार्थिवान्सर्वान्रथमारोपयच्छिनिः १० तांदृष्ट्वादेवकींशूरारथस्थांपुरुषर्षभ ॥ नामृष्यतमहातेजाःसोमदत्तःशिनेर्नृप ११
तयोर्युद्धमभूद्राजन्दिनार्धंचित्रमद्भुतम् ॥ बाहुयुद्धंसुबलिनोःप्रसक्तंपुरुषर्षभः १२ शिनिनासोमदत्तस्तुप्रसह्यभुविपातितः ॥ असिमुद्यम्यकेशेषुप्रगृह्यचपदाहतः
१३ मध्येराजसहस्राणांप्रेक्षकाणांसमंततः॥ कृपयाचपुनस्तेनसजीवेतिविसर्जितः १४ तदवस्थःकृतस्तेनसोमदत्तोऽथमारिष ॥ प्रासादयन्महादेवममर्षवशमा
स्थितः १५ तस्यतुष्टोमहादेवोवराणांवरदःप्रभुः ॥ वरेणच्छंदयामाससतुवव्रेवरंनृपः १६ पुत्रमिच्छामिभगवन्योनिपातयशिनेःसुतम् ॥ मध्येराजसहस्राणांपदाह
न्याच्चसंयुगे १७ तस्यतद्वचनंश्रुत्वासोमदत्तस्यपार्थिव ॥ एवमस्त्वितितत्रोक्त्वासदेवोऽतरधीयत १८ सतेनवरदानेनलब्धवान्भूरिदक्षिणम् ॥ अपातयच्चसमरेसौम
दत्तिःशिनेःसुतम् १९ पश्यतांसर्वसैन्यानांपदाचैनमताडयत् ॥ एतत्तेकथितंराजन्यन्मांत्वंपरिपृच्छसि २०

॥ १४३ ॥ ॥ ॥ ॥ ॥ अजितइति १ । २ । ३ । ४ । ५ । ६ । ७ । ८ । ९ । १० । ११ । १२ । १३ । १४ । १५ । १६ । १७ । १८ । १९ । २०

२१ परपरिग्रहाःपराधीनाः २२ । २३ । २४ । २५ । २६ । २७ चक्रंप्रतापः २८ । २९ ॥ इतिद्रोणपर्वणिटीकायांचतुश्चत्वारिंशदधिकशततमोऽध्यायः ॥ १४४ ॥ तदवस्थइति १ । २ हेपुंडरीकाक्षसज यद्रथस्त्रिपुधर्मेषुवर्ततेइतिश्रूयते केपुनस्तेत्रयोधर्माः अत्रोच्यते । यदियुध्यमानोहन्यतेतदातूर्णंस्वर्गप्राप्तिरेवतस्यधर्मः । अथपलायमानोहन्यतेतदानरकप्राप्तिरेवतस्यधर्मः । अथमद्भयात्स्वदेशंगच्छतितदायशः

नहिशक्योरणेजेतुंसात्वतोमनुजर्षभैः ॥ लब्धलक्ष्याश्चसंग्रामेबहुशश्चित्रयोधिनः २१ देवदानवगंधर्वान्विजेतारोह्यविस्मिताः ॥ स्ववीर्यविजयेयुक्तानैतेपरपरिग्रहाः २२ नतुल्यंवृष्णिभिरिहदृश्यतेकिंचनप्रभो ॥ भूतंभव्यंभविष्यच्चबलेनभरतर्षभ २३ नज्ञातिमवमन्यंतेवृद्धानांशासनेरताः ॥ नदेवासुरगंधर्वानयक्षोरगराक्षसाः २४ जेतारोवृष्णिवीराणांकिंपुनर्मानवारणे ॥ ब्रह्मद्रव्येगुरुद्रव्येज्ञातिस्वेचाप्यहिंसकाः २५ एतेषांरक्षितारश्चयेस्युःकस्यांचिदापदि ॥ अर्थवंतोनचोत्सिक्ताब्रह्मण्याःसत्यवादिनः २६ समर्थान्नावमन्यंतेदीनानभ्युद्धरंतिच ॥ नित्यंदेवपरादांतास्त्रातारश्चाविकत्थनाः २७ तेनवृष्णिप्रवीराणांचक्रंनप्रतिहन्यते ॥ अपिमेरुंवहेत्कश्चित्तरेद्वामकरालयम् २८ नतुवृष्णिप्रवीराणांसमेत्यांतंव्रजेन्नृप ॥ एतत्तेसर्वमाख्यातंयत्रतेसंशयःप्रभो ॥ कुरुराजनरश्रेष्ठतवव्यपनयोमहान् २९ ॥ इतिश्रीमहाभारतेद्रोणपर्वणिजयद्रथवधपर्वणिसात्यकिप्रशंसायांचतुश्चत्वारिंशदधिकशततमोऽध्यायः ॥ १४४ ॥ धृतराष्ट्रउवाच ॥ तदवस्थेहतेतस्मिन्भूरिश्रवसिकौरवे ॥ यथाभूयोऽभवद्युद्धंतन्ममाचक्ष्वसंजय १ ॥ संजयउवाच ॥ भूरिश्रवसिसंक्रांतेपरलोकायभारत ॥ वासुदेवंमहाबाहुरर्जुनःसमचूचुदत् २ चोदयाश्वान्भृशंकृष्णयतोराजाजयद्रथः ॥ श्रूयतेपुंडरीकाक्षत्रिपुधर्मेषुवर्तते ३ प्रतिज्ञांसफलांचापिकर्तुमर्हसिमेऽनघ ॥ अस्तमेतिमहाबाहोत्वरमाणोदिवाकरः ४ एतद्धिपुरुषव्याघ्रमहदभ्युद्यतंमया ॥ कार्यंसंरक्ष्यतेचैषकुरुसेनामहारथैः ५ यथानाभ्येतिसूर्योऽस्तंयथासत्यंभवेद्वचः ॥ चोदयाश्वांस्तथाकृष्णयथाहन्यांजयद्रथम् ६ ततःकृष्णोमहाबाहूरजतप्रतिमान्हयान् ॥ हयज्ञश्चोदयामासजयद्रथवधंप्रति ७ तम्प्रयांतममोघेषुमुत्पतद्भिरिवाशुगैः ॥ त्वरमाणामहाराजसेनामुख्याःसमाद्रवन् ८ दुर्योधनश्चकर्णश्चवृषसेनोऽथमद्रराट् ॥ अश्वत्थामाकृपश्चैवस्वयमेवचसैंधवः ९ समासाद्यचबीभत्सुःसैंधवंसमुपस्थितम् ॥ नेत्राभ्यांक्रोधदीप्ताभ्यांसंप्रेक्षन्निर्दहन्निव १० ततोदुर्योधनोराजाराधेयंत्वरितोऽब्रवीत् ॥ अर्जुनंप्रेक्ष्यसंयातंजयद्रथवधंप्रति ११ अयंसवैकर्तनयुद्धकालोविदर्शयस्वात्मबलंमहात्मन् ॥ यथानवध्येतरणेऽर्जुनेनजयद्रथःकर्णतथाकुरुष्व १२ अल्पावशेषोदिवसोनृवीरविघातयस्वाद्यरिपुंशरौघैः ॥ दिनक्षयंप्राप्यनरप्रवीरध्रुवोहिनःकर्णजयोभविष्यति १३ सैंधवेरक्ष्यमाणेतुसूर्यस्यास्तमनंप्रति ॥ मिथ्याप्रतिज्ञःकौंतेयःप्रवेक्ष्यतिहुताशनम् १४ अनर्जुनायांचभुविमुहूर्तमपिमानद ॥ जीवितुंनोत्सहेरन्वैभ्रातरोऽस्यसहानुगाः १५ विनष्टैःपांडवेयैश्चसशैलवनकाननाम् ॥ वसुंधरामिमांकर्णभोक्ष्यामोहतकंटकाम् १६

शरीरनाशएवतस्यधर्मः । यावदसौयुद्धाभिमुखःप्रथमधर्मेतिष्ठतितावदेवहंतुमुचितःअतःशीघ्रमश्वांश्चोदयेति ३ । ४ । ५ । ६ हयज्ञःहयहृदयज्ञः आशुगैर्मारुतैः ७ । ८ । ९ । १० ११ । १२ । १३ । १४ । १५ । १६

उपहतोपोहितः विपरीतोऽन्यथाभूतप्रकृतिः १७ । १८ । १९ । २० । २१ । २२ । २३ । २४ दृढलक्ष्येणदृढप्रहारेण २५ । २६ । २७ । २८ । २९ प्रतिष्ठितोऽधीनः ३० । ३१ । ३२

दैवेनोपहतःपार्थोविपरीतश्चमानद ॥ कार्याकार्यमजानानःप्रतिज्ञांकृतवान्रणे १७ नूनमात्मविनाशायपांडवेनकिरीटिना ॥ प्रतिज्ञेयंकृताकर्णजयद्रथवधंप्रति १८ कथंजीवतिदुर्धर्षेत्वयिराधेयफाल्गुनः ॥ अनस्तंगतआदित्येहन्यात्सैंधवकंनृपम् १९ रक्षितंमद्रराजेनकृपेणचमहात्मना ॥ जयद्रथंरणमुखेकथंहन्याद्धनंजयः २० द्रौणिनारक्ष्यमाणंचमयादुःशासनेनच ॥ कथंप्राप्स्यतिबीभत्सुःसैंधवंकालचोदितः २१ युध्यंतेबहवःशूरालंबतेचदिवाकरः ॥ शंकेजयद्रथंपार्थोनैवप्राप्स्यतिमानद २२ सत्वंकर्णमयासार्धंशूरैश्चान्यैर्महारथैः ॥ द्रौणिनात्वंहिसहितोमद्रेशेनकृपेणच २३ युध्यस्वयत्नमास्थायपरंपार्थेनसंयुगे ॥ एवमुक्तस्तुराधेयस्तवपुत्रेणमारिष २४ दुर्योधनमिदंवाक्यंप्रत्युवाचकुरूत्तमम् ॥ दृढलक्ष्येणवीरेणभीमसेनेनधन्विना २५ भृशंभिन्नतनुःसंख्येशरजालैरनेकशः ॥ स्थातव्यमितितिष्ठामिरणेसंप्रतिमानद २६ नांगमिंगतिकिंचिन्मेसंतप्तस्यमहेषुभिः ॥ योत्स्यामितुयथाशक्त्यात्वदर्थंजीवितंमम २७ यथापांडवमुख्योऽसौनहनिष्यतिसैंधवम् ॥ नहिमेयुध्यमानस्यसायकानस्यतःशितान् २८ सैंधवंप्राप्स्यतेवीरःसव्यसाचीधनंजयः ॥ यत्तुभक्तिमताकार्यंसततंहितकांक्षिणा २९ तत्करिष्यामिकौरव्यजयोदैवेप्रतिष्ठितः ॥ सैंधवार्थेपरंयत्नंकरिष्याम्यद्यसंयुगे ३० त्वत्प्रियार्थंमहाराजजयोदैवेप्रतिष्ठितः ॥ अद्ययोत्स्येऽर्जुनमहंपौरुषंस्वंव्यपाश्रितः ३१ त्वदर्थेपुरुषव्याघ्रजयोदैवेप्रतिष्ठितः ॥ अद्ययुद्धंकुरुश्रेष्ठममपार्थस्यचोभयोः ३२ पश्यंतुसर्वसैन्यानिदारुणंलोमहर्षणम् ॥ कर्णकौरवयोरेवंरणेसंभाषमाणयोः ३३ अर्जुनोनिशितैर्बाणैर्जघानतववाहिनीम् ॥ चिच्छेदनिशितैर्बाणैःशूराणामनिवर्तिनाम् ३४ भुजान्परिघसंकाशान्हस्तिहस्तोपमान्रणे ॥ शिरांसिचमहाबाहुश्चिच्छेदनिशितैःशरैः ३५ हस्तिहस्तान्हयग्रीवान्रथाक्षांश्चसमंततः ॥ शोणिताक्तान्हयारोहान्गृहीतप्रासतोमरान् ३६ क्षुरैश्चिच्छेदबीभत्सुर्द्विधैकैकंत्रिधैवच ॥ हयान्वारणमुख्यांश्चप्रापतंतसमंततः ३७ ध्वजाश्छत्राणिचापानिचामराणिशिरांसिच ॥ कक्षमग्निरिवोद्भूतःप्रदहंस्तववाहिनीम् ३८ अचिरेणमहींपार्थश्चकाररुधिरोत्तराम् ॥ हतभूयिष्ठयोधंतत्कृत्वातवबलंबली ३९ आससाददुराधर्षःसैंधवंसत्यविक्रमः ॥ बीभत्सुर्भीमसेनेनसात्वतेनचरक्षितः ४० प्रबभौभरतश्रेष्ठज्वलन्निवहुताशनः ॥ तंतथाऽवस्थितंदृष्ट्वात्वदीयावीर्यसंपदा ४१ नामृष्यंतमहेष्वासाःपांडवंपुरुषर्षभाः ॥ दुर्योधनश्चकर्णश्चवृषसेनोऽथमद्रराट् ४२ अश्वत्थामाकृपश्चैवस्वयमेवचसैंधवः ॥ सन्नद्धाःसैंधवस्यार्थेसमावृण्वन्किरीटिनम् ४३ नृत्यंतंरथमार्गेषुधनुर्ज्यातलनिःस्वनैः ॥ संग्रामकोविदंपार्थंसर्वेयुद्धविशारदाः ४४ अभीताःपर्यवर्तंतव्यादितास्यमिवांतकम् ॥ सैंधवंपृष्ठतःकृत्वाजिघांसंतोऽच्युतार्जुनौ ४५ सूर्यास्तमनमिच्छंतोलोहितायतिभास्करे ॥ तेभुजैर्भोगिभोगाभैर्धनूंष्यानम्यसायकान् ४६

३३ । ३४ । ३५ । ३६ । ३७ । ३८ । ३९ । ४० । ४१ । ४२ । ४३ । ४४ । ४५ । ४६

मुमुचुःसूर्यरश्म्याभाञ्छतशःफाल्गुनंप्रति ॥ ततस्तानस्यमानांश्चकिरिटीयुद्धदुर्मदः ४७ द्विधात्रिधाऽष्टधैकैकंछित्वाविव्याधतान्रथान् ॥ सिंहलांगूलकेतुस्तुदर्श
यन्वीर्यमात्मनः ४८ शारद्वतीसुतोराजन्नर्जुनंप्रत्यवारयत् ॥ सविद्ध्वादशभिःपार्थंवासुदेवंचसप्तभिः ४९ अतिष्ठद्रथमार्गेषुसैंधवंप्रतिपालयन् ॥ अथैनंकौरवश्रेष्ठाःसर्व
एवमहारथाः ५० महतारथवंशेनसर्वतःप्रत्यवारयन् ॥ विस्फारयंतश्चापानिविसृजंतश्चसायकान् ५१ सैंधवंपर्यरक्षंतशासनात्तनयस्यते ॥ ततःपार्थस्यशूरस्यबा
ह्वोर्बलमदृश्यत ५२ इषूणामक्षयत्वंचधनुषोगांडिवस्यच ॥ अस्त्रैरस्त्राणिसंवार्यद्रौणेःशारद्वतस्यच ५३ एकैकंदशभिर्बाणैःसर्वानेवसमार्पयत् ॥ तंद्रौणिःपंचविंशत्या
वृषसेनश्चसप्तभिः ५४ दुर्योधनस्तुविंशत्याकर्णशल्यौत्रिभिस्त्रिभिः ॥ तएनमभिगर्जंतोविध्यंतश्चपुनःपुनः ५५ विधुन्वंतश्चचापानिसर्वतःप्रत्यवारयन् ॥ श्लिष्टंचसर्व
तश्चक्रूरथमंडलमाशुते ५६ सूर्यास्तमनमिच्छंतस्त्वरमाणामहारथाः ॥ तएनमभिनर्दंतोविधुन्वानाधनूंषिच ५७ सिषिचुर्मार्गणैस्तीक्ष्णैर्गिरिंमेघाइवांबुभिः ॥ तेमहा
स्त्राणिदिव्यानितत्रराजन्व्यदर्शयन् ५८ धनंजयस्यगात्रेतुशूराःपरिघबाहवः ॥ हतभूयिष्ठयोधंतत्कृत्वातवबलंबली ५९ आससाददुराधर्षःसैंधवंसत्यविक्रमः ॥ तंकर्णः
संयुगेराजन्प्रत्यवारयदाशुगैः ६० मिषतोभीमसेनस्यसात्वतस्यचभारत ॥ तंपार्थोदशभिर्बाणैःप्रत्यविध्यद्रणाजिरे ६१ सूतपुत्रंमहाबाहुःसर्वसैन्यस्यपश्यतः ॥सात्वत
श्चत्रिभिर्बाणैःकर्णंविव्याधमारिष ६२ भीमसेनस्त्रिभिश्चैवपुनःपार्थश्चसप्तभिः ॥ तान्कर्णःप्रतिविव्याधषष्ट्याषष्ट्यामहारथः ६३ तद्युद्धमभवद्राजन्कर्णस्यबहुभिःसह ॥
तत्राद्भुतमपश्यामसूतपुत्रस्यमारिष ६४ यदेकःसमरेक्रुद्धस्त्रीन्रथान्पर्यवारयत् ॥ फाल्गुनस्तुमहाबाहुःकर्णंवैकर्तनंरणे ६५ सायकानांशतेनैवसर्वमर्मस्वताडयत् ॥
रुधिरोक्षितसर्वांगःसूतपुत्रःप्रतापवान् ६६ शरैःपंचाशतावीरःफाल्गुनंप्रत्यविध्यत ॥ तस्यतल्लाघवंदृष्ट्वानामृष्यन्तरणेऽर्जुनः ६७ ततःपार्थोधनुश्छित्वाविव्याधैनंस्त
नांतरे ॥ सायकैर्नवभिर्वीरस्त्वरमाणोधनंजयः ६८ अथान्यद्धनुरादायसूतपुत्रःप्रतापवान् ॥ सायकैरष्टसाहस्रैश्छादयामासपांडवम् ६९ तांबाणवृष्टिमतुलांकर्णचा
पसमुत्थिताम् ॥ व्यधमत्सायकैःपार्थःशलभानिवमारुतः ७० छादयामासचतदासायकैरर्जुनोरणे ॥ पश्यतांसर्वयोधानांदर्शयन्पाणिलाघवम् ७१ वधार्थंचास्य
समरेसायकंसूर्यवर्चसम् ॥ चिक्षेपत्वरयायुक्तस्त्वराकालेधनंजयः ७२ तमापततंवेगेनद्रौणिश्चिच्छेदसायकम् ॥ अर्धचंद्रेणतीक्ष्णेनसच्छिन्नःप्रापतद्भुवि ७३ कर्णोऽ
पिद्विषतांहंताछादयामासफाल्गुनम् ॥ सायकैर्बहुसाहस्रैःकृतप्रतिकृतेप्सया ७४ तौवृषाविवनर्दंतौनरसिंहौमहारथौ ॥ सायकैस्तुप्रतिच्छन्नंचक्रतुःखमजिह्मगैः ७५
अदृश्यौचशरौघैस्तौनिघ्नंताावितरेतरम् ॥ कर्णपार्थोऽस्मितिष्ठत्वंकर्णोऽहंतिष्ठफाल्गुन ७६ ॥ ॥ ॥

म.भा.टी. ॥१११॥ द्रोण० अ० १४५

युध्यतांप्रेक्षणीयाविन्यन्वयः ७७ । ७८ । ७९ । ८० । ८१ । ८२ । ८३ । ८४ । ८५ । ८६ । ८७ । ८८ । ८९ । ९० । ९१ प्राप्ययुद्धमितिशेषः ९२ । ९३ । ९४ आस्यसमंततःक्षिप्त्वा

इत्येवंतर्जयंतौतौवाक्शल्यैस्तुदतांतदा ॥ युध्यतांसमरेवीरौचित्रंलघुचसुष्ठुच ७७ प्रेक्षणीयौचाभवतांसर्वयोधसमागमे ॥ प्रशस्यमानौसमरेसिद्धचारणपन्नगैः ७८
अयुध्येतांमहाराजपरस्परवधैषिणौ ॥ ततोदुर्योधनोराजंस्तावकानभ्यभाषत ७९ यत्ताद्रक्षतराधेयंनाहत्वासमरेऽर्जुनम् ॥ निवर्तिष्यतिराधेयइतिमामुक्तवान्नृपः
८० एतस्मिन्नंतरेराजन्दृष्ट्वाकर्णस्यविक्रमम् ॥ आकर्णमुक्तैरिषुभिःकर्णस्यचतुरोहयान् ८१ अनयत्प्रेतलोकायचतुर्भिःश्वेतवाहनः ॥ सारथिंचास्यभल्लेनरथनीडाद
पातयत् ८२ छादयामाससशरैस्तवपुत्रस्यपश्यतः ॥ संछाद्यमानःसमरेहताश्वोहतसारथिः ८३ मोहितःशरजालेनकर्तव्यंनाभ्यपद्यत ॥ तंतथाविरथंदृष्ट्वारथमा
रोप्यतंतदा ८४ अश्वत्थामामहाराजभूयोऽर्जुनमयोधयत् ॥ मद्रराजश्चकौंतेयमविध्यत्रिंशताशरैः ८५ शारद्वतस्तुविंशत्यावासुदेवंसमार्पयत् ॥ धनंजयंद्वादशभिरा
जघानशिलीमुखैः ८६ चतुर्भिःसिंधुराजश्चवृषसेनश्चसप्तभिः ॥ पृथक्पृथङ्महाराजविव्यधुःकृष्णपांडवौ ८७ तथैवतान्प्रत्यविध्यत्कुंतीपुत्रोधनंजयः ॥ द्रोणपु
त्रंचतुःषष्ट्यामद्रराजंशतेनच ८८ सैंधवंदशभिर्बाणैर्वृषसेनंत्रिभिःशरैः ॥ शारद्वतंचविंशत्याविद्ध्वापार्थोननादह ८९ तेप्रतिज्ञाप्रतीघातमिच्छंतःसव्यसाचिनः ॥
सहितास्तावकास्तूर्णमभिपेतुर्धनंजयम् ९० अथार्जुनःसर्वतोवारुणास्त्रंप्रादुश्चक्रेत्रासयन्धार्तराष्ट्रान् ॥ तंप्रत्युदीयुःकुरवःपांडुपुत्रंरथैर्महार्हैःशरवर्षाण्यवर्षन् ९१
ततस्तुतस्मिंस्तुमुलेसमुत्थितेसुदारुणेभारतमोहनीये ॥ नोऽमुह्यतप्राप्यसराजपुत्रःकिरीटमालीव्यसृजच्छरौघान् ९२ राज्यप्रेप्सुःसव्यसाचीकुरूणांस्मरन्क्लेशान्
द्वादशवर्षवृत्तान् ॥ गांडीवमुक्तैरिषुभिर्महात्मासर्वादिशोव्यावृणोदप्रमेयः ९३ प्रदीप्तोल्कमभवच्चांतरिक्षंमृतेषुदेहेष्वपतन्वयांसि ॥ यत्पिंगलज्येनकिरीटमा
लीक्रुद्धोरिपूनाजगवेनहंति ९४ ततःकिरीटीमहतामहायशाःशरासनेनास्यशराननीकजित् ॥ हयप्रवेकोत्तमनागघूर्णितान्कुरुप्रवीरानिषुभिर्व्यपातयत् ९५
गदाश्चगुर्वीःपरिघानयस्मयानसींश्चशक्तीश्चरणेनराधिपाः ॥ महांतिशस्त्राणिचभीमदर्शनाःप्रगृह्यपार्थंसहसाऽभिदुद्रुवुः ९६ ततोयुगांताभ्रमस्वनंमहन्महेंद्रचापप्र
तिमंचगांडिवम् ॥ चकर्षदोर्भ्यांविहसन्भृशंययौदहंस्त्वदीयान्यमराष्ट्रवर्धनः ९७ सतानुदीर्णान्सरथान्सवारणान्पदातिसंघांश्चमहाधनुर्धरः ॥ विपन्नसर्वायुध
जीवितान्रणेचकारवीरोयमराष्ट्रवर्धनान् ॥ ९८ इतिश्रीमहाभारतेद्रोणपर्वणिजयद्रथवधपर्वणि संकुलयुद्धेपंचचत्वारिंशदधिकशततमोऽध्यायः ॥ १४५ ॥ ॥
॥ संजयउवाच ॥ श्रुत्वानिनादंधनुषश्चतस्यविस्पष्टमुत्क्रुष्टमिवांतकस्य ॥ शक्राशनिस्फोटसमंसुघोरंविकृष्यमाणस्यधनंजयेन ॥ त्रासोद्विग्नंतथोद्भ्रांतंत्वदीयं
तद्बलंनृप ॥ युगांतवातसंक्षुब्धंचलद्वीचितरंगितम् २ ॥ ॥ ॥ ॥ ॥

९५ । ९६ । ९७ । ९८ । ॥ इतिद्रोणपर्वणिटीकायांपंचचत्वारिंशदधिकशततमोऽध्यायः ॥ १४५ ॥ ॥ ॥ ॥ श्रुत्वेति १ । २ ॥१११॥

३ । ४ । ५ । ६ । ७ । ८ । ९ । १० । ११ । १२ । १३ । १४ । १५ । १६ । १७ । १८ । १९ । २० । २१ । २२ । २३

प्रलीनमीनमकरंसागरंभइवाभवत् ॥ सरणेव्यचरत्पार्थःप्रेक्षमाणोधनंजयः ३ युगपद्दिक्षुसर्वासुसर्वाण्यस्त्राणिदर्शयन् ॥ आददानंमहाराजसंदधानंचपांडवम् ४
उत्कर्षंतंसृजंतंचनस्मपश्यामलाघवात् ॥ ततःक्रुद्धोमहाबाहुरैंद्रमस्त्रंदुरासदम् ५ प्रादुश्चक्रेमहाराजत्रासयन्सर्वभारतान् ॥ ततःशराःप्रादुरासन्दिव्यास्त्रप्रतिमंत्रिताः
६ प्रदीप्ताश्चशिखिमुखाःशतशोऽथसहस्रशः ॥ आकर्णपूर्णनिर्मुक्तैरग्न्यर्कांशुनिभैःशरैः ७ नभोऽभवत्तदुष्प्रेक्ष्यमुल्काभिरिवसंवृतम् ॥ ततःशस्त्रांधकारंतत्कौरवैः
समुदीरितम् ८ अशक्यंमनसाऽप्यन्यैःपांडवःसंभ्रमन्निव ॥ नाशयामासविक्रम्यशरैर्दिव्यास्त्रमंत्रितैः ९ नैशंतमोंशुभिःक्षिप्रंदिनादाविवभास्करः ॥ ततस्तुताव
कंसैन्यंदीप्तैःशरगभस्तिभिः १० आक्षिपत्पल्वलांबूनिनिदाघार्कइवप्रभुः ॥ ततोदिव्यास्त्रविदुषाप्रहिताःसायकांशवः ११ समाप्लवन्द्विषत्सैन्यंलोकंभानोरिवां
शवः ॥ अथापरेसमुत्सृष्टाविशिखास्तिग्मतेजसः १२ हृदयान्याशुवीराणांविविशुःप्रियबंधुवत् ॥ यएनमीयुःसमरेत्वद्योधाःशूरमानिनः १३ शलभाइवतेदी
प्तमग्निंप्राप्यययुःक्षयम् ॥ एवंसमृद्नन्शत्रूणांजीवितानियशांसिच १४ पार्थश्चचारसंग्रामेमृत्युर्विग्रहवानिव ॥ सकिरीटानिवक्त्राणिसांगदान्विपुलान्भुजान् १५
सकुंडलयुगान्कर्णान्केषांचिदहरच्छरैः ॥ सतोमरान्गजस्थानांसप्रासान्हयसादिनाम् १६ सचर्मणःपदातीनांरथिनांचसधन्वनः ॥ सप्रतोदान्नियंतॄणांबाहूंश्चि
च्छेदपांडवः १७ प्रदीप्तोग्रशरार्चिष्मान्बभौतत्रधनंजयः ॥ सविस्फुलिंगाग्रशिखोज्वलन्निवहुताशनः १८ तंदेवराजप्रतिमंसर्वशस्त्रभृतांवरम् ॥ युगपद्दिक्षुसर्वा
सुरथस्थंपुरुषर्षभम् १९ निक्षिपंतंमहास्त्राणिप्रेक्षणीयंधनंजयम् ॥ नृत्यंतंरथमार्गेषुधनुर्ज्यातलनादिनम् २० निरीक्षितुंनशेकुस्तेयत्नवंतोऽपिपार्थिवाः ॥ मध्यं
दिनगतंसूर्यंप्रतपंतमिवांबरे २१ दीप्ताग्रसंभृतशरःकिरीटीविरराजह ॥ वर्षास्विवोदीर्णजलःसेंद्रधन्वांबुदोमहान् २२ महास्त्रसंप्लवेतस्मिन्जिष्णुनासंप्रवर्तिते ॥
सुदुस्तरेमहावोरेममज्जुर्योधपुंगवाः २३ उत्कृत्तवदनैर्देहैःशरीरैःकृत्तबाहुभिः ॥ भुजैश्चपाणिनिर्मुक्तैःपाणिभिर्व्यंगुलीकृतैः २४ कृत्ताग्रहस्तैःकरिभिःकृत्तदंतैर्म
दोत्कटैः ॥ हयैश्चविधुरग्रीवैरथैश्चशकलीकृतैः २५ निकृत्तांत्रैःकृत्तपादैस्तथाऽन्यैःकृत्तसंधिभिः ॥ निश्चेष्टैर्विस्फुरद्भिश्चशतशोऽथसहस्रशः २६ मृत्योराघातल
लितंतत्पार्थायोधनंमहत् ॥ अपश्याममहीपालभीरूणांभयवर्धनम् २७ आक्रीडमिवरुद्रस्यपुराऽभ्यर्दयतःपशून् ॥ गजानांक्षुरनिर्मुक्तैःकरैःसभुजगेवभूः २८ क्वचि
द्बभौस्रग्विणीववक्त्रपद्मैःसमाचिता ॥ विचित्रोष्णीषमुकुटैःकेयूरांगदकुंडलैः २९ स्वर्णचित्रतनुत्रैश्चभांडैश्चगजवाजिनाम् ॥ किरीटशतसंकीर्णातत्रतत्रसमा
चिता ३० विरराजभृशंचित्रामहीनववधूरिव ॥ मज्जामेदःकर्दमिनींशोणितौघतरंगिणीम् ३१ मर्मास्थिभिरगाधांचकेशशैवलशाद्वलाम् ॥ शिरोबाहूपल
८ तटांरुग्णक्रोडास्थिसंकटाम् ३२

२४ । २५ । २६ । २७ । २८ । २९ । ३० । ३१ । ३२

३३ । ३४ । ३५ । ३६ । ३७ । ३८ । ३९ । ४० । ४१ । ४२ । ४३ । ४४ । ४५ । ४६ । ४७ कदंबीकृत्यकदंबकुसुमानीवकृत्वा ४८ । ४९ । ५० । ५१ । ५२ । ५३ । ५४

चित्रध्वजपताकाढ्यांछत्रचापोर्मिमालिनीम् ॥ विगतासुमहाकायांगजदेहाभिसंकुलाम् ३३ रथोडुपशताकीर्णांहयसंघातरोधसम् ॥ रथचक्रयुगेषाक्षकूबरैरतिदु
र्गमाम् ३४ प्रासासिशक्तिपरशुविशिखाहिदुरासदाम् ॥ बलकंकमहानक्रांगोमायुमकरोत्कटाम् ३५ गृध्रोदग्रमहाग्राहांशिवाविरुतभैरवाम् ॥ नृत्यत्प्रेतपिशा
चाद्यैर्भूताकीर्णांसहस्रशः ३६ गतासुयोधनिश्चेष्टशरीरशतवाहिनीम् ॥ महाप्रतिभयांरौद्रांघोरांवैतरणीमिव ३७ नदींप्रवर्तयामासभीरूणांभयवर्धिनीम् ॥ तं
दृष्ट्वातस्यविक्रांतमंतकस्येवरूपिणः ३८ अभूतपूर्वंकुरुषुभयमागाद्रणाजिरे ॥ ततआदायवीराणामस्त्रैरस्त्राणिपांडवः ३९ आत्मानंरौद्रमाचष्टरौद्रकर्मण्यधिष्ठितः ॥
ततोरथवरान्राजन्नत्यतिक्रामदर्जुनः ४० मध्यंदिनगतंसूर्यंप्रतपंतमिवांबरे ॥ नशेकुःसर्वभूतानिपांडवंप्रतिवीक्षितुम् ४१ प्रसृतांस्तस्यगांडीवाच्छरव्रातान्महा
त्मनः ॥ संग्रामेसंप्रपश्यामोहंसपंक्तिमिवांबरे ४२ विनिवार्यसवीराणामस्त्रैरस्त्राणिसर्वतः ॥ दर्शयन्रौद्रमात्मानमुग्रेकर्मणिधिष्ठितः ४३ सतान्रथवरान्राजन्नत्या
क्रामत्तदाऽर्जुनः ॥ मोहयन्निवनाराचैर्जयद्रथवधेप्सया ॥ विसृजन्दिक्षुसर्वासुशरानसितसारथिः ४४ सरथोव्यचरत्तूर्णंप्रेक्षणीयोधनंजयः ॥ भ्रमंतइवशूरस्यशर
व्रातामहात्मनः ४५ अदृश्यंतांतरिक्षस्थाःशतशोऽथसहस्रशः ॥ आददानंमहेष्वासंसंदधानंचसायकम् ४६ विसृजंतंचकौंतेयंनानुपश्यामवैतदा ॥ तथासर्वादि
शोराजन्सर्वांश्चरथिनोरणे ४७ कदंबीकृत्यकौंतेयोजयद्रथमुपाद्रवत् ॥ विव्याधचचतुःषष्ट्याशराणांनतपर्वणाम् ४८ सैंधवाभिमुखंयांतंयोधाःसंप्रेक्ष्यपांडवम् ॥
न्यवर्तंतरणाद्वीरानिराशास्तस्यजीविते ४९ योयोऽभ्यधावदाक्रंदेतावकःपांडवंरणे ॥ तस्यतस्यांतगाबाणाःशरीरेन्यपतन्प्रभो ५० कबंधसंकुलंचक्रेतवसैन्यंम
हारथः ॥ अर्जुनोजयतांश्रेष्ठःशरैरग्न्यंशुसंनिभैः ५१ एवंतत्तवराजेंद्रचतुरंगबलंतदा ॥ व्याकुलीकृत्यकौंतेयोजयद्रथमुपाद्रवत् ५२ द्रौणिंपंचाशताऽऽविध्यवृषसे
नंत्रिभिःशरैः ॥ कृपायमाणःकौंतेयःकृपंनवभिरार्दयत् ५३ शल्यंषोडशभिर्बाणैःकर्णंद्वात्रिंशताशरैः ॥ सैंधवंतुचतुःषष्ट्याविद्ध्वासिंहइवानदत् ५४ सैंधवस्तुत
थाविद्धःशरैर्गांडीवधन्वना ॥ नचक्षमेसुसंक्रुद्धस्तोत्रार्दितइवद्विपः ५५ सवराहध्वजस्तूर्णंगार्ध्रपत्रानजिह्मगान् ॥ क्रुद्धाशीविषसंकाशान्कर्मारपरिमार्जितान् ५६
आकर्णपूर्णान्चिक्षेपफाल्गुनस्यरथंप्रति ॥ त्रिभिस्तुविद्ध्वागोविंदंनाराचैःषड्भिरर्जुनम् ५७ अष्टभिर्वाजिनोऽविध्यद्ध्वजंचैकेनपत्रिणा ॥ सविक्षिप्यार्जुनस्तूर्णंसैं
धवप्रहितान्शरान् ५८ युगपत्तस्यचिच्छेदशराभ्यांसैंधवस्यह ॥ सारथेश्चशिरःकायाद्ध्वजंचसमलंकृतम् ५९ सच्छिन्नयष्टिःसुमहान्धनंजयशराहतः ॥ वरा
हःसिंधुराजस्यपपाताग्निशिखोपमः ६० एतस्मिन्नेवकालेतुद्रुतंगच्छतिभास्करे ॥ अब्रवीत्पांडवंराजंस्त्वरमाणोजनार्दनः ६१ एषमध्येकृतःषड्भिःपार्थवीरैर्म
हारथैः ॥ जीवितेप्सुर्महाबाहोभीतस्तिष्ठतिसैन्धवः ६२

५५ । ५६ । ५७ । ५८ । ५९ । ६० । ६१ । ६२

६३ । ६४ । ६५ । ६६ । ६७ । ६८ । ६९ । ७० । ७१ । ७२ । ७३ । ७४ । ७५ । ७६ । ७७ । ७८ । ७९ । ८० । ८१ । ८२ । ८३ । ८४ । ८५

एताननिर्जित्यरणेषड्रथान्पुरुषर्षभ ॥ नशक्यःसैंधवोहंतुंयतोनिर्व्याजमर्जुन ६३ योगमत्रविधास्यामिसूर्यस्यावरणंप्रति ॥ अस्तंगतइतिव्यक्तंद्रक्ष्यत्येकःसासिं
धुराट् ६४ हर्षेणजीविताकांक्षीविनाशार्थंतवप्रभो ॥ नगोप्स्यतिदुराचारःसआत्मानंकथंचन ६५ तत्रच्छिद्रेप्रहर्तव्यंत्वयाऽस्यकुरुसत्तम ॥ व्यपेक्षानैवकर्तव्याग
तोऽस्तमितिभास्करः ६६ एवमस्त्वितिबीभत्सुःकेशवंप्रत्यभाषत ॥ ततोऽसृजत्तमःकृष्णःसूर्यस्यावरणंप्रति ६७ योगीयोगेनसंयुक्तोयोगिनामीश्वरोहरिः ॥
सृष्टेतमसिकृष्णेनगतोऽस्तमितिभास्करः ६८ त्वदीयाजहृषुर्योधाःपार्थनाशान्नराधिप ॥ तेप्रहृष्टारणेराजन्नापश्यन्सैनिकारविम् ६९ उन्नाम्यवक्राणितदासचरा
जाजयद्रथः ॥ वीक्षमाणेततस्तस्मिन्सिंधुराजेदिवाकरम् ७० पुनरेवाब्रवीत्कृष्णोधनंजयमिदंवचः ॥ पश्यसिंधुपतिंवीरंप्रेक्षमाणंदिवाकरम् ७१ भयंहिविप्रमु
च्यैतत्त्वत्तोभरतसत्तम ॥ अयंकालोमहाबाहोवधायास्यदुरात्मनः ७२ छिंधिमूर्धानमस्याशुकुरुसाफल्यमात्मनः ॥ इत्येवंकेशवेनोक्तःपांडुपुत्रःप्रतापवान् ७३
न्यवधीत्तावकंसैन्यंशरैरर्काग्निसन्निभैः ॥ कृपंविव्याधविंशत्याकर्णंपंचाशताशरैः ७४ शल्यंदुर्योधनंचैवषड्भिःषड्भिरताडयत् ॥ वृषसेनंतथाष्टाभिःषष्ट्यासैंधवमेवच
७५ तथैवचमहाबाहुस्त्वदीयान्पांडुनंदनः ॥ गाढंविध्वाशरैराजन्जयद्रथमुपाद्रवत् ७६ तंसमीपस्थितंदृष्ट्वालेलिहानमिवानलम् ॥ जयद्रथस्यगोप्तारःसंशयंपर
मंगताः ७७ ततःसर्वेमहाराजतवयोधाजयैषिणः ॥ सिषिचुःशरधाराभिःपाकशासनिमाहवे ७८ संछाद्यमानःकौन्तेयःशरजालैरनेकशः ॥ अक्रुध्यत्समहाबा
हुरजितःकुरुनंदनः ७९ ततःशरमयंजालंतुमुलंपाकशासनिः ॥ व्यसृजत्पुरुषव्याघ्रस्तवसैन्यजिघांसया ८० तेहन्यमानावीरेणयोधाराजन्रणेतव ॥ प्रजहुः
सैन्धवंभीताद्वौसमंनाप्यधावताम् ८१ तत्राद्भुतमपश्यामकुंतीपुत्रस्यविक्रमम् ॥ तादृङ्नभावीभूतोवायच्चकारमहायशाः ८२ द्विपान्द्विपगतांश्चैवहयान्हयगता
नपि ॥ तथासरथिनश्चैवन्यहन्रुद्रःपशूनिव ८३ नतत्रसमरेकश्चिन्मयादृष्टोनराधिप ॥ गजोवाजीनरोवाऽपियोनपार्थशराहतः ८४ रजसातमसाचैवयोधाः
संछन्नचक्षुषः ॥ कश्मलंप्राविशन्घोरंनान्वजानन्परस्परम् ८५ तेशरैर्भिन्नमर्माणःसैनिकाःपार्थचोदितैः ॥ बभ्रमुश्चस्खलुःपेतुःसेदुर्मम्लुश्चभारत ८६ तस्मिन्महा
भीषणकेप्रजानामिवसंक्षये ॥ रणेमहतिदुष्पारेवर्तमानेसुदारुणे ८७ शोणितस्यप्रसेकेनशीघ्रत्वादनिलस्यच ॥ अशाम्यत्तद्रजोभौममसृक्सिक्तेधरातले ८८ आ
नाभिनिरमज्जंश्चरथचक्राणिशोणिते ॥ मत्तावेगवताराजंस्तावकानांरणांगणे ८९ हस्तिनश्चहतारोहादारितांगाःसहस्रशः ॥ स्वान्यनीकानिमृद्नंतआर्तनादाःप्रदु
द्रुवुः ९० हयाश्चपतितारोहाःपत्तयश्चनराधिप ॥ प्रदुद्रुवुर्भयाद्राजन्धनंजयशराहताः ९१

८६ । ८७ । ८८ । ८९ । ९० । ९१

मुक्तकेशाविकवचाः क्षरंतः क्षतजं क्षतैः ॥ प्रापलायंतसंत्रस्तास्त्यक्त्वारणशिरोजनाः ९२ ऊरुग्राहगृहीताश्चकेचित्तत्राभवन्भुवि ॥ हतानांचापरेमध्येद्विरदानांनि लिल्यिरे ९३ एवंतद्बलंराजन्द्रावयित्वाधनंजयः ॥ न्यवधीत्सायकैर्घोरैः सिंधुराजस्यरक्षिणः ९४ द्रौणिंकृपंकर्णशल्यौवृषसेनंसुयोधनम् ॥ छादयामासतीव्रेण शरजालेनपांडवः ९५ नगृण्हन्नक्षिपन्राजन्मुंचन्नापिचसंदधत् ॥ अदृश्यताजुनः संख्येशीघ्रास्त्रत्वात्कथंचन ९६ धनुर्मंडलमेवास्यदृश्यतेस्माऽस्यतः सदा ॥ सा यकाश्चव्यदृश्यंतनिश्चरंतः समंततः ९७ कर्णस्यतुधनुश्छित्वावृषसेनस्यचैवह ॥ शल्यस्यसूतंभल्लेनरथनीडादपातयत् ९८ गाढविद्धावुभौकृत्वाशरैः स्वस्रीयमा तुलौ ॥ अर्जुनोजयतांश्रेष्ठोद्रौणिशारद्वतौरणे ९९ एवंतान्व्याकुलीकृत्यत्वदीयानांमहारथान् ॥ उज्जहारशरंघोरंपांडवोऽनलसन्निभम् १०० इंद्राशनिसमप्र ख्यंदिव्यमस्त्राभिमंत्रितम् ॥ सर्वभारसहंशश्वद्गंधमाल्यार्चितंमहत् १०१ वज्रेणास्त्रेणसंयोज्यविधिवत्कुरुनंदनः ॥ समादधन्महाबाहुर्गांडीवेक्षिप्रमर्जुनः २ तस्मि न्संधीयमानेतुशरेज्वलनतेजसि ॥ अंतरिक्षेमहानादोभूतानामभवन्नृप ३ अब्रवीच्चपुनस्तत्रत्वरमाणोजनार्दनः ॥ धनंजयशिरश्छिंधिसैन्धवस्यदुरात्मनः ४ अस्तं महीधरश्रेष्ठंयियासतिदिवाकरः ॥ शृणुष्वैतच्चवाक्यंमेजयद्रथवधंप्रति ५ वृद्धक्षत्रः सैन्धवस्यपिताजगतिविश्रुतः ॥ सकालेनेहमहतासैन्धवंप्राप्तवान्सुतम् ६ जयद्रथममित्रघ्नंवागुवाचाशरीरिणी ॥ नृपमंतार्हैतावाणीमेघदुंदुभिनिःस्वना ७ तवात्मजोमनुष्येंद्रकुलशीलदमादिभिः ॥ गुणैर्भविष्यतिविभोसदृशोवंशयो र्द्वयोः ८ क्षत्रियप्रवरोलोकेनित्यंशूराभिसत्कृतः ॥ किंत्वस्ययुध्यमानस्यसंग्रामेक्षत्रियर्षभः ९ शिरश्छेत्स्यतिसंक्रुद्धः शत्रुश्चालक्षितोभुवि ॥ एतच्छ्रुत्वासिंधुरा जोध्यात्वाचिरमरिंदमः ११० ज्ञातीन्सर्वानुवाचेदंपुत्रस्नेहाभिचोदितः ॥ संग्रामेयुध्यमानस्यवहतोमहतींधुरम् ११ धरण्यांममपुत्रस्यपातयिष्यतियः शिरः ॥ तस्यापिशतधामूर्धाफलिष्यतिनसंशयः १२ एवमुक्त्वाततोराज्येस्थापयित्वाजयद्रथम् ॥ वृद्धक्षत्रोवनंयातस्तपश्चोग्रंसमास्थितः १३ सोऽयंतप्यतितेजस्वीतपो घोरंदुरासदम् ॥ समंतपंचकादस्माद्बहिर्वानरकेतन १४ तस्माज्जयद्रथस्यत्वंशिरश्छित्वामहामृधे ॥ दिव्येनास्त्रेणरिपुहन्घोरेणाद्भुतकर्मणा १५ सकुंडलं सिंधुपतेः प्रभंजनसुतानुज ॥ उत्संगेपातयस्वास्यवृद्धक्षत्रस्यभारत १६ अथत्वमस्यमूर्धानंपातयिष्यसिभूतले ॥ तवापिशतधामूर्धाफलिष्यतिनसंशयः १७ यथाचेदंनजानीयात्सराजातपसिस्थितः ॥ तथाकुरुकुरुश्रेष्ठदिव्यमस्त्रमुपाश्रितः १८ नह्यसाध्यमकार्यंवाविद्यतेतवकिंचन ॥ समस्तेष्वपिलोकेषुत्रिपुवासव नंदन १९ एतच्छ्रुत्वातुवचनंसृक्किणीपरिसंलिहन् ॥ इंद्राशनिसमस्पर्शंदिव्यमंत्राभिमंत्रितम् १२० सर्वभारसहंशश्वद्गंधमाल्यार्चितंशरम् ॥ विससर्जा र्जुनस्तूर्णंसैन्धवस्यवधेधृतम् १२१

१२२ । २३ । २४ । २५ । २६ । २७ । २८ । २९ । ३० । ३१ । ३२ । ३३ । ३४ ३५ । ३६ । ३७ । ३८ । ३९ ४० ४१ । ४२ । ४३ । १४४ ॥ इतिद्रोणपर्वणिटीकायां

सतुगांडीवनिर्मुक्तःशरःश्येनइवाशुगः ॥ छित्त्वाशिरःसिंधुपतेरुत्पपातविहायसम् १२२ तच्छिरःसिंधुराजस्यशरैरूर्ध्वमवाहयत् ॥ दुर्हृदामप्रहर्षायसुहृदांहर्षणा
यच २३ शरैःकदंबकीकृत्यकालेतस्मिंश्चपांडवः ॥ योधयामासतांश्चैवपांडवःषण्महारथान् २४ ततःसुमहदाश्चर्यंतत्रापश्यामभारत ॥ समंतपंचकाद्बाह्यंशिरो
यद्व्यहरत्ततः २५ एतस्मिन्नेवकालेतुवृद्धक्षत्रोमहीपतिः ॥ संध्यामुपास्तेतेजस्वीसंबंधीतवमारिष २६ उपासीनस्यतस्याथकृष्णकेशंसकुंडलम् ॥ सिंधुराजस्यमू
र्धानमुत्संगेसमपातयत् २७ तस्योत्संगेनिपतितंशिरस्तच्चारुकुंडलम् ॥ वृद्धक्षत्रस्यनृपतेरलक्षितमरिंदम २८ कृतजप्यस्यतस्याथवृद्धक्षत्रस्यभारत ॥ प्रोत्तिष्ठ
तस्तत्सहसाशिरोऽगच्छद्धरातलम् २९ ततस्तस्यनरेंद्रस्यपुत्रमूर्धनिभूतले ॥ गतेतस्यापिशतधामूर्धाऽगच्छदरिंदम १३० ततःसर्वाणिसैन्यानिविस्मयंजग्मुरु
त्तमम् ॥ वासुदेवंचबीभत्सुंप्रशशंसुर्महारथम् ३१ ततोविनिहतेराजन्सिन्धुराजेकिरीटिना ॥ तमस्तद्वासुदेवेनसंहृतंभरतर्षभ ३२ पश्चाज्ज्ञातंमहीपालतवपुत्रैः
सहानुगैः ॥ वासुदेवप्रयुक्तेयंमायेतिनृपसत्तम ३३ एवंसनिहतोराजन्पार्थेनामिततेजसा ॥ अक्षौहिणीरष्टहत्वाजामातातवसैंधवः ३४ हतंजयद्रथंदृष्ट्वातवपु
त्रानराधिप ॥ दुःखादश्रूणिमुमुचुर्निराशाश्चाभवन्जये ३५ ततोजयद्रथेराजन्हतेपार्थेनकेशवः ॥ दध्मौशंखंमहाबाहुरर्जुनश्चपरंतपः ॥ ३६ भीमश्चवृष्णि
सिंहश्चयुधामन्युश्चभारत ॥ उत्तमौजाश्चविक्रांतःशंखान्दध्मुःपृथक्पृथक् ३७ श्रुत्वामहांतंतंशब्दंधर्मराजोयुधिष्ठिरः ॥ सैंधवंनिहतंमेनेफाल्गुनेनमहात्मना ३८
ततोवादित्रघोषेणस्वान्योधान्पर्यहर्षयत् ॥ अभ्यवर्ततसंग्रामेभारद्वाजंयुयुत्सया ३९ ततःप्रववृतेराजन्नस्तंगच्छतिभास्करे ॥ द्रोणस्यसोमकैःसार्धंसंग्रामोलो
महर्षणः १४० तेतुसर्वेप्रयत्नेनभारद्वाजंजिघांसवः ॥ सैंधवेनिहतेराजन्नयुध्यंतमहारथाः ४१ पांडवास्तुजयंलब्ध्वासैंधवंविनिहत्यच ॥ अयोधयंस्तुतेद्रो
णंजयोन्मत्तास्ततस्ततः ४२ अर्जुनोऽपिततोयोधांस्तावकान्रथसत्तमान् ॥ अयोधयन्महाबाहुर्हत्वासैंधवकंनृपम् ४३ सदेवशत्रूनिवदेवराजःकिरीटमा
लीव्यधमत्समंतात् ॥ यथातमांस्यभ्युदितस्तमोघ्नःपूर्वप्रतिज्ञांसमवाप्यवीरः १४४ इतिश्रीमहाभारतेद्रोणपर्वणिजयद्रथवधपर्वणि जयद्रथवधेषट्चत्वारिं
शदधिकशततमोऽध्यायः ॥ १४६ ॥ ॥ ॥ ॥ ॥ ॥ धृतराष्ट्रउवाच ॥ तस्मिन्विनिहतेवीरेसैंधवेसव्यसाचिना ॥ मामकायदकुर्वंत
तन्ममाचक्ष्वसंजय १ ॥ संजयउवाच ॥ सैंधवंनिहतंदृष्ट्वारणेपार्थेनभारत ॥ अमर्षवशमापन्नःकृपःशारद्वतस्ततः २ महताशरवर्षेणपांडवंसमवाकिरत् ॥
द्रौणिश्चाभ्यद्रवद्राजन्रथमास्थायफाल्गुनम् ३ तावेतौरथिनांश्रेष्ठौरथाभ्यांरथसत्तमौ ॥ उभावुभयतस्तीक्ष्णैर्विशिखैरभ्यवर्षताम् ४ ॥ ॥ ॥

षट्चत्वारिंशदधिकशततमोऽध्यायः ॥ १४६ ॥ ॥ ॥ तस्मिन्विनिहतेवीरइत्यादेराजन्कर्मस्थितेनरे इत्यंतस्यग्रंथस्य पुरुषेणयत्नःकार्यःफलंतुदैवाधीनमितितात्पर्यार्थः १ । २ । ३ । ४

द्रोण०
॥११४॥

॥ ५ अजिघांसुर्हन्तुमनिच्छन् आचार्यकंगुरोःसंमानम ६ तमेवाह अस्त्रैरिति। मंदवेगान् अस्यनाकृष्टचापत्वादल्पवेगान् ७ तेचापितेबाणास्तथापि ८ अवासीददवसन्नः ९ भर्तारंसारथेरेव १० । ११ । १२ इदं कुलक्षयगुरुद्रोहादिकम १३ । १४ । १५ । शरतल्पगतंशरपंजरगतम १६ । १७ । १८ । १९ । अभ्यस्तोऽसकृन्निहतः दशधर्मगतेनदुरवस्थागतेन शोचयतिशोकंकारयति एषद्रोणः भूयोऽधिकंपुत्रवधात् २०

सतथाशरवर्षाभ्यांसुमहद्भ्यांमहाभुजः ॥ पीड्यमानःपरामार्तिमगमद्रथिनांवरः ५ सोऽजिघांसुर्गुरुंसंख्येगुरोस्तनयमेवच ॥ चकाराचार्यकंतत्रकुंतीपुत्रोधनंजयः ६ अस्त्रैरस्त्राणिसंवार्यद्रौणेःशारद्वतस्यच ॥ मंदवेगानिषूंस्ताभ्यामजिघांसुरवासृजत् ७ तेचापिभृशमभ्यघ्नन्विशिखाःपार्थचोदिताः ॥ बहुत्वात्तुपरामार्तिंशराणांतावग च्छताम् ८ अथशारद्वतोराजन्कौंतेयशरपीडितः ॥ अवासीदद्रथोपस्थेमूर्च्छामभिजगामह ९ विह्वलंतमभिज्ञायभर्तारंशरपीडितम् ॥ हतोऽयमितिचज्ञात्वासारथि स्तमपावहत् १० तस्मिन्भग्नेमहाराजकृपेशारद्वतेयुधि ॥ अश्वत्थामाऽप्यपायासीत्पांडवेयाद्रथांतरम् ११ दृष्ट्वाशारद्वतंपार्थोमूर्च्छितंशरपीडितम् ॥ रथएवमहेष्वासः सकृपंपर्यदेवयत् १२ अश्रुपूर्णमुखोदीनोवचनंचेदमब्रवीत् ॥ पश्यन्निदंमहाप्राज्ञःक्षत्ताराजानमुक्तवान् १३ कुलांतकरणेपापेजातमात्रेसुयोधने ॥ नीयतांपरलोकाय साध्वयंकुलपांसनः १४ अस्माद्धिकुरुमुख्यानांमहदुत्पत्स्यतेभयम् ॥ तदिदंसमनुप्राप्तंवचनंसत्यवादिनः १५ तत्कृतेह्यद्यपश्यामिशरतल्पगतंगुरुम् ॥ धिगस्तुक्षात्र माचारंधिगस्तुबलपौरुषम् १६ कोहिब्राह्मणमाचार्यमभिद्रुह्येतमादृशः ॥ ऋषिपुत्रोममाचार्योद्रोणस्यपरमःसखा १७ एषशेतेरथोपस्थेकृपोमद्बाणपीडितः ॥ अ कामयानेनमयाविशिखैरर्दितोभृशम् १८ अवसीदन्रथोपस्थेप्राणान्पीडयतीवमे ॥ पुत्रशोकाभितप्तेनशरैरभ्यर्दितेनच १९ अभ्यस्तोबहुभिर्बाणैर्दशधर्मगतेनवै ॥ शोच यत्येषनियतंभूयःपुत्रवधाद्धिमाम् २० कृपणंस्वरथेसन्नंपश्यकृष्णयथागतम् ॥ उपाकृत्यतुवैविद्यामाचार्येभ्योनरर्षभाः २१ प्रयच्छंतीहयेकामान्देवत्वमुपयांतिते ॥ येचविद्यामुपादायगुरुभ्यःपुरुषाधमाः २२ घ्नंतितानेवदुर्वृत्तास्तेवैनिरयगामिनः ॥ तदिदंनरकायाद्यकृतंकर्ममयाध्रुवम् २३ आचार्यंशरवर्षेणरथेसादयताकृपम् ॥ यत्तत्पूर्वमुपाकुर्वन्नस्त्रंमामब्रवीत्कृपः २४ नकथंचनकौरव्यप्रहर्तव्यंगुराविति ॥ तदिदंवचनंसाधोराचार्यस्यमहात्मनः २५ नानुष्ठितंतमेवाजौविशिखैरभिवर्षता ॥ नमस्तस्मैसुपूज्यायगौतमायापलायिने २६ धिगस्तुमांवार्ष्णेययदस्मैप्रहराम्यहम् ॥ तथाविलपमानेतुसव्यसाचिनितंप्रति २७ सैंधवंनिहतंदृष्ट्वाराधेयःसमुपाद्र वत् ॥ तमापतंतंराधेयमर्जुनस्यरथंप्रति २८ पांचाल्यौसात्यकिश्चैवसहसासमुपाद्रवन् ॥ उपायांतंतुराधेयंदृष्ट्वापार्थोमहारथः २९ प्रहसन्देवकीपुत्रमिदंवचनमब्रवीत् ॥ एषप्रयात्याधिरथिःसात्यकेःस्यंदनंप्रति ३० नमृष्यतिहतंनूनंभूरिश्रवसमाहवे ॥ यत्रयात्येषतत्रत्वंचोदयाश्वाञ्जनार्दन ३१ नसौमदत्तिपदवींगमयेत्सात्यकिंवृषः ॥ एवमुक्तोमहाबाहुःकेशवःसव्यसाचिना ३२ प्रत्युवाचमहातेजाःकालयुक्तमिदंवचः ॥ अलमेषमहाबाहुःकर्णायैकोपिऽपांडव ३३ ॥

॥ यथागतंयंप्रकारंप्राप्तं उपाकृत्यअधीत्य २१ । २२ । २३ । उपाकुर्वन् आध्यापयन् २४ । २५ । २६ । २७ । २८ । २९ । ३० । ३१ । वृषःकर्णः ३२ । ३३ ॥

॥११४॥

३४ वासवीशक्तिरितिशेषः ३५ यथाप्रयातितथाप्रयात्वितियोज्यं ज्ञास्यामिज्ञापयिष्यामि यत्रकाले ३६ । ३७। ३८ वर्तयिष्यामि कथयिष्यामि ३९ पूर्वंपूर्वेद्युः ४०। ४१ कल्यंप्रातः ४२। ४३ । ४४

किंपुनर्द्रौपदेयाभ्यांसहितःसात्वतर्षभः ॥ नचतावत्क्षमःपार्थतवकर्णेनसंगरः ३४ प्रज्वलंतीमहोल्केवतिष्ठत्यस्यहिवासवी ॥ त्वदर्थंपूज्यमानैषारक्ष्यतेपरवीरहन्
३५ अतःकर्णःप्रयात्वत्रसात्वतस्ययथातथा ॥ अहंज्ञास्यामिकौन्तेयकालमस्यदुरात्मनः ॥ यत्रैनंविशिखैस्तीक्ष्णैःपातयिष्यसिभूतले ३६ ॥ धृतराष्ट्रउवाच ॥
योऽसौकर्णेनवीरस्यवार्ष्णेयस्यसमागमः ॥ हतेतुभूरिश्रवसिसैंधवेचनिपातिते ३७ सात्यकिश्चापिविरथःकंसमारूढवान्रथम् ॥ चक्ररक्षौचपांचाल्यौतन्ममाच
क्ष्वसंजय ३८ ॥ संजयउवाच ॥ हंततेवर्तयिष्यामियथावृत्तंमहारणे ॥ शुश्रूषस्वस्थिरोभूत्वादुराचरितमात्मनः ३९ पूर्वमेवहिकृष्णस्यमनोगतमिदंप्रभो ॥
विजेतव्योयथावीरःसात्यकिःसौमदत्तिना ४० अतीतानागतेराजन्सहिवेत्तिजनार्दनः ॥ ततःसूतंसमाहूयदारुकंसंदिदेशह ४१ रथोमेयुज्यतांकल्यमितिराजन्म
हाबलः ॥ नहिदेवानगंधर्वानयक्षोरगराक्षसाः ४२ मानवावाऽपिजेतारःकृष्णयोःसंतिकेचन ॥ पितामहपुरोगाश्चदेवाःसिद्धाश्चतंविदुः ४३ तयोःप्रभावमतुलंशृणु
युद्धंतुतत्तथा ॥ सात्यकिंविरथंदृष्ट्वाकर्णंचाभ्युद्यतंरणे ४४ दध्मौशंखंमहानादमार्षभेणाथमाधवः ॥ दारुकोऽवेत्यसंदेशंश्रुत्वाशंखस्यचस्वनम् ४५ रथमन्वानय
त्तस्मैसुपर्णोच्छ्रितकेतनम् ॥ सकेशवस्यानुमतेरथंदारुकसंयुतम् ४६ आरुरोहशिनेःपौत्रोज्वलनादित्यसन्निभम् ॥ कामगैःशैब्यसुग्रीवमेघपुष्पबलाहकैः ४७
हयोदग्रैर्महावेगैर्हेमभांडविभूषितैः ॥ युक्तंसमारुह्यचतंविमानप्रतिमंरथम् ४८ अभ्यद्रवतराधेयंप्रवपन्सायकान्बहून् ॥ चक्ररक्षावपितदायुधामन्यूत्तमौजसौ ४९
धनंजयरथंहित्वाराधेयंप्रत्युदीयतुः ॥ राधेयोपिमहाराजशरवर्षंसमुत्सृजन् ५० अभ्यद्रवत्सुसंक्रुद्धोरणेशैनेयमच्युतम् ॥ नैवदैवंनगांधर्वंनासुरंनचराक्षसम् ५१
तादृशंभुविनोयुद्धंदिविवाश्रुतमित्युत ॥ उपारमततत्सैन्यंसरथाश्वनरद्विपम् ५२ तयोर्दृष्ट्वामहाराजकर्मसंमूढचेतसः ॥ सर्वेचसमपश्यंततद्युद्धमतिमानुषम् ५३
तयोर्नृवरयोराजन्सारथ्यंदारुकस्यच ॥ गतप्रत्यागतावृत्तैर्मंडलैःसन्निवर्तनैः ५४ सारथेस्तुरथस्थस्यकाश्यपेयस्यविस्मिताः ॥ नभस्तलगताश्चैवदेवगंधर्वदानवाः ५५
अतीवावहितादृष्टुंकर्णशैनेययोरणम् ॥ मित्रार्थेतौपराक्रांतौशुष्मिणौस्पर्धिनौरणे ५६ कर्णश्चामरसंकाशोयुयुधानश्चसात्यकिः ॥ अन्योन्यंतौमहाराजशरवर्षै
रवर्षताम् ५७ प्रममाथशिनेःपौत्रंकर्णःसायकवृष्टिभिः ॥ अमृष्यमाणोनिधनंकौरव्यजलसंधयोः ५८ कर्णःशोकसमाविष्टोमहोरगइवश्वसन् ॥ सशैनेयंरणेक्रुद्धः
प्रदहन्निवचक्षुषा ५९ अभ्यधावतवेगेनपुनःपुनररिंदम ॥ तंतुसक्रोधमालोक्यसात्यकिःप्रत्ययुद्ध्यत ६० महताशरवर्षेणगजंप्रतिगजोयथा ॥ तौसमेतौनर
३९ व्याघ्रौव्याघ्राविवतरस्विनौ ६१ ॥ ॥ ॥ ॥ ॥

आर्षभेणस्वार्थेतद्धितःऋषभस्वरेण ऋषभपुरोद्भवेनेतिप्राञ्चः ४५ । ४६ । ४७ । ४८ । ४९ । ५० । ५१ । ५२ । ५३ । ५४ काश्यपेयस्यदारुकस्य ५५ । ५६ । ५७ । ५८ । ५९ । ६० । ६१

म.भा.टी. ॥११८॥
६२ । ६३ । ६४ । ६५ । ६६ । ६७ । ६८ । ६९ । ७० । ७१ । ७२ । अनुश्रूतेपुत्रयूते ७३ । ७४ । ७५ । ७६ । ७७ । ७८ । ७९ । ८० । ८१ । ८२

अन्योन्यंसंततक्षातेरणेऽनुपमविक्रमौ ॥ ततःकर्णंशिनेःपौत्रःसर्वपारसवैःशरैः ६२ बिभेदसर्वगात्रेषुपुनःपुनररिंदम ॥ सारथिंचास्यभल्लेनरथनीडादपातयत् ६३
अश्वांश्चचतुरःश्वेतान्निजघानशितैःशरैः ॥ छित्त्वाध्वजंरथंचैवशतधापुरुषर्षभ ६४ चकारविरथंकर्णंतवपुत्रस्यपश्यतः ॥ ततोविमनसोराजंस्तावकास्तेमहारथाः ६५
वृषसेनःकर्णसुतःशल्योमद्राधिपस्तथा ॥ द्रोणपुत्रश्चशैनेयंसर्वतःपर्यवारयन् ६६ ततःपर्याकुलंसर्वंनप्राज्ञायतकिंचन ॥ तथासात्यकिनावीरेविरथेसूतजेकृते ६७
हाहाकारस्ततोराजन्सर्वसैन्येष्वभून्महान् ॥ कर्णोऽपिविरथोराजन्सात्वतेनकृतःशरैः ६८ दुर्योधनरथंतूर्णमारुरोहविनिःश्वसन् ॥ मानयंस्तवपुत्रस्यबाल्यात्प्रभृ
तिसौहृदम् ६९ कृतांराज्यप्रदानेनप्रतिज्ञापारपालयन् ॥ तथातुविरथंकर्णंपुत्रांश्चतवपार्थिव ७० दुःशासनमुखान्वीरान्नावधीत्सात्यकिर्वशी ॥ रक्षन्प्रतिज्ञांभी
मेनपार्थेनचपुराकृताम् ७१ विरथान्विह्वलांश्चक्रेनतुप्राणैर्व्ययोजयत् ॥ भीमसेनेनतुवधःपुत्राणांतेप्रतिश्रुतः ७२ अनुद्यूतेचपार्थेनवधःकर्णस्यसंश्रुतः ॥ वधेत्व
कुर्वन्यत्नंततस्यकर्णमुखास्तदा ७३ नाशक्नुवंस्ततोहंतुंसात्यकिंप्रवरारथाः ॥ द्रौणिश्चकृतवर्माचतथैवान्येमहारथाः ७४ निर्जिताधनुषैकेनशतशःक्षत्रियर्षभाः ॥
कांक्षतापरलोकंचधर्मराजस्यचप्रियम् ७५ कृष्णयोःसदृशोवीर्येसात्यकिःशत्रुतापनः ॥ जितवान्सर्वसैन्यानितावकानिहसन्निव ७६ कृष्णोवापिभवेल्लोकेपार्थो
वापिधनुर्धरः ॥ शैनेयोवानरव्याघ्रचतुर्थस्तुनविद्यते ७७ ॥ धृतराष्ट्रउवाच ॥ अजय्यंवासुदेवस्यरथमास्थायसात्यकिः ॥ विरथंकृतवान्कर्णंवासुदेवसमोयुधि
७८ दारुकेणसमायुक्तःस्वबाहुबलदर्पितः ॥ कच्चिदन्यंसमारूढःसात्यकिःशत्रुतापनः ७९ एतदिच्छाम्यहंश्रोतुंकुशलोह्यसिभाषितुम् ॥ असह्यंतमहंमन्येतन्ममाच
क्ष्वसंजय ८० ॥ संजयउवाच ॥ शृणुराजन्यथावृत्तंरथमन्यंमहामतिः ॥ दारुकस्यानुजस्तूर्णंकल्पनाविधिकल्पितम् ८१ आयसैःकांचनैश्चापिपट्टैःसन्नद्धकूबरम् ॥
तारासहस्रखचितंसिंहध्वजपताकिनम् ८२ अश्वैर्वातजवैर्युक्तंहेमभांडपरिच्छदैः ॥ सैंधवैरिंदुसंकाशैःसर्वशब्दातिगैर्दृढैः ८३ चित्रकांचनसन्नाहैर्वाजिमुख्यैर्विशांपते ॥
घंटाजालाकुलरवंशक्तितोमरविद्युतम् ८४ युक्तंसांग्रामिकैर्द्रव्यैर्बहुशस्त्रपरिच्छदैः ॥ रथंसंपादयामासमेघगंभीरनिःस्वनम् ८५ तंसमारुह्यशैनेयस्तवसैन्यमुपाद्र
वत् ॥ दारुकोऽपियथाकामंप्रययौकेशवांतिकम् ८६ कर्णस्यापिरथंराजन्शंखगोक्षीरपांडुरैः ॥ चित्रकांचनसन्नाहैःसदश्वैर्वेगवत्तरैः ८७ हेमकक्ष्याध्वजोपेतंक्लृप्तयंत्र
पताकिनम् ॥ अग्र्यंरथंसुयंतारंबहुशस्त्रपरिच्छदम् ८८ उपाजन्हुस्तमास्थायकर्णोऽप्यभ्यद्रवद्रिपून् ॥ एतत्तेसर्वमाख्यातंयन्मांत्वंपरिपृच्छसि ८९ भूयश्चापिनि
बोधमंतवापनयजंक्षयम् ॥ एकत्रिंशत्तवसुताभीमसेनेनपातिताः ९० दुर्मुखंप्रमुखेकृत्वासततंचित्रयोधिनम् ॥ शतशोनिहताःशूराःसात्वतेनार्जुनेनच ९१ ॥ ॥११८॥

८३ । ८४ । ८५ । ८६ । ८७ । ८८ । ८९ । ९० । ९१ ॥ ॥ ॥

९२ ॥ इतिद्रोणपर्वणिटीकायांसप्तचत्वारिंशदधिकशततमोऽध्यायः ॥ १४७ ॥ ॥ ॥ तथेति १ । २ । ३ । ४ । ५ । ६ । ७ । ८ । ९ । १० । ११ । १२ । १३

भीष्मंप्रमुखतःकृत्वाभगदत्तंचभारत ॥ एवमेषक्षयोवृत्तोराजन्दुर्मंत्रितेतव ९२ ।। इतिश्रीमहाभारतेद्रोणपर्वणिजयद्रथवधपर्वणिकर्णसात्यकियुद्धेसप्तचत्वारिंशदधि
कशततमोऽध्यायः ॥ १४७ ॥ धृतराष्ट्रउवाच ॥ तथागतेषुशूरेषुतेषांममसंजय ॥ किंवैभीमस्तदाऽकार्षीत्तन्ममाचक्ष्वसंजय १ ॥ संजयउवाच ॥ विरथो
भीमसेनोवैकर्णवाक्शल्यपीडितः ॥ अमर्षवशमापन्नःफाल्गुनंवाक्यमब्रवीत् २ पुनःपुनस्तूबरकमूढऔदरिकेतिच ॥ अकृतास्त्रकमायोत्सीर्बालसंग्रामकातर
३ इतिमामब्रवीत्कर्णःपश्यतस्तेधनंजय ॥ एवंवक्ताचमेवध्यस्तेनचोक्तोऽस्मिभारत ४ एतद्व्रतंमहाबाहोत्वयासहकृतंमया ॥ तथैतन्ममकौन्तेययथातवनसंशयः
५ तद्वधायनरश्रेष्ठस्मरैतद्वचनंमम ॥ यथाभवतितत्सत्यंतथाकुरुधनंजय ६ तच्छ्रुत्वावचनंतस्यभीमस्यामितविक्रमः ॥ ततोऽर्जुनोऽब्रवीत्कर्णंकिंचिदभ्येत्यसं
युगे ७ कर्णकर्णवृथादृष्टेसूतपुत्रात्मसंस्तुत ॥ अधर्मबुद्धेशृणुमेयत्त्वांवक्ष्यामिसांप्रतम् ८ द्विविधंकर्मशूराणांयुद्धेजयपराजयौ ॥ तौचाप्यनित्यौराधेयवासव
स्यापियुध्यतः ९ मुमूर्षुर्युयुधानेनविरथोविकलेंद्रियः ॥ मद्वध्यस्त्वमितिज्ञात्वाजित्वाजीवन्विसर्जितः १० यदृच्छयारणेभीमंयुध्यमानंमहाबलम् ॥ कथंचिद्विरथंकृ
त्वायत्त्वंरूक्षमभाषथाः ११ अधर्मस्त्वेषसुमहाननार्यचरितंचतव ॥ नारिंजित्वाऽतिकत्थंतेनचजल्पंतिदुर्वचः १२ नचकंचननिंदंतिसंतःशूरानरर्षभाः ॥ त्वंतु
प्राकृतविज्ञानस्तत्तद्वदसिसूतज १३ बह्वबद्धमकर्ण्यंचचापलादपरीक्षितम् ॥ युध्यमानंपराक्रांतंशूरमार्यव्रतेरतम् १४ यदवोचोऽप्रियंभीमंनैतत्सत्यंवचस्तव ॥
पश्यतांसर्वसैन्यानांकेशवस्यममैवच १५ विरथोभीमसेनेनकृतोऽसिबहुशोरणे ॥ नचत्वांपरुषंकिंचिदुक्तवान्पांडुनंदनः १६ यस्मात्तुबहुरूक्षंचश्रावितस्तेवृको
दरः ॥ परोक्षंयच्चसौभद्रोयुष्माभिर्निहतोमम १७ तस्मादस्यावलेपस्यसद्यःफलमवाप्नुहि ॥ त्वयातस्यधनुश्छिन्नमात्मनाशायदुर्मते १८ तस्माद्वध्योऽसिमेमू
ढसभृत्यसुतबांधवः ॥ कुरुत्वंसर्वकृत्यानिमहत्तेभयमागतम् १९ हंताऽस्मिवृषसेनंतेप्रेक्षमाणस्यसंयुगे ॥ येचान्येऽप्युपयास्यंतिबुद्धिमोहेनमांनृपाः २० तां
श्चसर्वान्हनिष्यामिसत्येनायुधमालभे ॥ त्वांचमूढाकृतप्रज्ञमतिमानिनमाहवे २१ दृष्ट्वादुर्योधनोमंदोभ्रशंतप्स्यतिपातितम् ॥ अर्जुनेनप्रतिज्ञातेवधेकर्णसुत
स्यतु २२ महान्सुतुमुलःशब्दोबभूवरथिनांतदा ॥ तस्मिन्नाकुलसंग्रामेवर्तमानेमहाभये २३ मंदरश्मिःसहस्रांशुरस्तंगिरिमुपाद्रवत् ॥ ततोराजन्हृषीकेशःसंग्रा
मशिरसिस्थितम् २४ तीर्णप्रतिज्ञंबीभत्सुंपरिष्वज्यैनमब्रवीत् ॥ दिष्ट्यासंपादिताजिष्णोप्रतिज्ञामहतीत्वया २५ दिष्ट्याविनिहतःपापोवृद्धक्षत्रःसहात्मजः ॥
धार्तराष्ट्रबलंप्राप्यदेवसेनाऽपिभारत २६ ॥ ॥ ॥ ॥

१४ । १५ । १६ । १७ । १८ । १९ वृषमेनंतेतवपुत्रमितिशेषः बुद्धिमोहेनबुद्धिमिभ्रमेण २० । २१ । २२ । २३ । २४ । २५ । २६

सीदेतसमरेजिष्णोनात्रकार्याविचारणा ॥ नतंपश्यामिलोकेषुचिंतयन्पुरुषंक्वचित् २७ त्वदृतेपुरुषव्याघ्रयएतद्योधयेद्बलम् ॥ महाप्रभावाबहवस्त्वयातुल्याधिका
ऽपिवा २८ समेताःपृथिवीपालाधार्तराष्ट्रस्यकारणात् ॥ तेत्वांप्राप्यरणेक्रुद्धानाभ्यवर्ततदंशिताः २९ तववीर्यंबलंचैवरुद्रशक्रांतकोपमम् ॥ नेदृशंशक्नुयात्कश्चिद्रणे
कर्तुंपराक्रमम् ३० यादृशंकृतवानद्यत्वमेकःशत्रुतापनः ॥ एवमेवहतेकर्णेसानुबंधेदुरात्मनि ३१ वर्धयिष्यामिभूयस्त्वांविजितारिंहतद्विषम् ॥ तमर्जुनःप्रत्युवाच
प्रसादात्तवमाधव ३२ प्रतिज्ञेयंमयातीर्णाविबुधैरपिदुस्तरा ॥ अनाश्चर्योजयस्तेषांयेषांनाथोऽसिकेशव ३३ त्वत्प्रसादान्महींकृत्स्नांसंप्राप्स्यतियुधिष्ठिरः ॥ तव
प्रभावोवार्ष्णेयतवैवविजयःप्रभो ३४ वर्धनीयास्तववयंसदैवमधुसूदन ॥ एवमुक्तस्ततःकृष्णःशनकैर्वाहयन्हयान् ॥ दर्शयामासपार्थायक्रूरमायोधनंमहत् ३५
॥ श्रीकृष्णउवाच ॥ ॥ प्रार्थयंतोजयंयुद्धेप्रथितंचमहद्यशः ॥ पृथिव्यांशेरतेशूराःपार्थिवास्त्वच्छरैर्हताः ३६ विकीर्णशस्त्राभरणाविपन्नाश्वरथद्विपाः ॥ संछि
न्नभिन्नमर्माणोवैक्लव्यंपरमंगताः ३७ ससत्वागतसत्वाश्चप्रभयापरयायुताः ॥ सजीवाइवलक्ष्यंतेगतसत्वानराधिपाः ३८ तेषांशरैःस्वर्णपुंखैःशस्त्रैश्चविविधैःशितैः ॥
वाहनैरायुधैश्चैवसंपूर्णांपश्यमेदिनीम् ३९ वर्मभिश्चर्मभिर्हारैःशिरोभिश्चसकुंडलैः ॥ उष्णीषैर्मुकुटैःस्रग्भिश्चूडामणिभिरंबरैः ४० कंठसूत्रैरंगदैश्चनिष्कैरपिचसप्रभैः ॥
अन्यैश्चाभरणैश्चित्रैर्भातिभारतमेदिनी ४१ अनुकर्षैरुपासंगैःपताकाभिर्ध्वजैस्तथा ॥ उपस्करैरधिष्ठानैरीषादंडकबंधुरैः ४२ चक्रैःप्रमथितैश्चित्रैरक्षैश्चबहुधारणे ॥
युगैर्योक्त्रैःकलापैश्चधनुर्भिःसायकैस्तथा ४३ परिस्तोमैःकुथाभिश्चपरिघैरंकुशैस्तथा ॥ शक्तिभिर्भिंदिपालैश्चतूणैःशूलैःपरश्वधैः ४४ प्रासैश्चतोमरैश्चैवकुंतैर्यष्टिभि
रेवच ॥ शतघ्नीभिर्भुशुंडीभिःखड्गैःपरशुभिस्तथा ४५ मुसलैर्मुद्गरैश्चैवगदाभिःकुणपैस्तथा ॥ सुवर्णविकृताभिश्चकशाभिर्भरतर्षभ ४६ घंटाभिश्चगजेंद्राणांभांडै
श्चविविधैरपि ॥ स्रग्भिश्चनानाभरणैर्वस्त्रैश्चैवमहाधनैः ४७ अपविद्धैर्बभौभूमिर्ग्रहैर्द्यौरिवशारदी ॥ पृथिव्यांपृथिवीहेतोःपृथिवीपतयोहताः ४८ पृथिवीमुपगुह्यांगैः
सुप्ताःकांतामिवप्रियाम् ॥ इमांश्चगिरिकूटाभान्नागानैरावतोपमान् ४९ क्षरतःशोणितंभूरिशस्त्रच्छेददरीमुखैः ॥ दरीमुखैरिवगिरीन्गैरिकांबुपरिस्रवान् ५०
तांश्चबाणहतान्वीरपश्यनिष्टनतःक्षितौ ॥ हयांश्चपतितान्पश्यस्वर्णभांडविभूषितान् ५१ गंधर्वनगराकारान्रथांश्चनिहतेश्वरान् ॥ छिन्नध्वजपताकाक्षान्विचक्रा
न्हतसारथीन् ५२ निकृत्तकूबरयुगान्भग्नेषान्बंधुरान्प्रभो ॥ पश्यपार्थहयान्भूमौविमानोपमदर्शनान् ५३ पत्तींश्चनिहतान्वीरशतशोऽथसहस्रशः ॥ धनुर्भृतश्चर्म
भृतःशयानान्रुधिरोक्षितान् ५४ महीमालिंग्यसर्वांगैःपांसुध्वस्तशिरोरुहान् ॥ पश्ययोधान्महाबाहोत्वच्छरैर्भिन्नविग्रहान् ५५ ॥ ॥ ॥११६॥

५६ । ५७ । ५८ । ५९ ॥ इतिद्रोणपर्वणिटीकायामष्टचत्वारिंशदधिकशततमोऽध्यायः ॥ १४८ ॥ ततइति १ । २ । ३ । ४ । ५ । ६ । ७ गुप्तेनार्जुनेनेतिशेषः ८ । ९ । १० । ११ । १२ । १३ । १४
१५ । १६ एकार्णवमिति । त्वत्प्रसादात्त्वदीक्षावशात्प्राप्तमभिव्यक्तनामरूपत्वमितिशेषः १७ । १८ । १९ । २० यत्परंमायातोऽपीतिशेषः अतएवपुराणंनित्यसिद्धं । पुरुषंसर्वासुपूर्षुशयानं । पराणांहिर

निपातितद्विपरथवाजिसंकुलमसृग्वसापिशितसमृद्धकर्दमम् ॥ निशाचरश्ववृककपिशाचमोदनंमहीतलंनरवरपश्यदुर्दृशम् ५६ इदंमहत्त्वय्युपपद्यतेप्रभोरणाजिरेकर्म
यशोभिवर्धनम् ॥ शतक्रतौचापिचदेवसत्तमेमहाहवेजघ्नुषिदैत्यदानवान् ५७ ॥ संजयउवाच ॥ एवंसंदर्शयन्कृष्णोरणभूमिंकिरीटिने ॥ स्वैःसमेतःसमुदितैः
पांचजन्यंव्यनादयत् ५८ सदर्शयन्नेवकिरीटिनेऽरिहाजनार्दनस्तामरिभूमिमंजसा ॥ अजातशत्रुंसमुपेत्यपांडवंनिवेदयामासहतंजयद्रथम् ५९ ॥ इतिश्रीमहाभा
रतेद्रोणपर्वणिजयद्रथवधपर्वण्यष्टचत्वारिंशदधिकशततमोऽध्यायः ॥ १४८ ॥ ॥ संजयउवाच ॥ ततोराजानमभ्येत्यधर्मपुत्रंयुधिष्ठिरम् ॥ ववंदेसप्रहृष्टात्मा
हतेपार्थेनसैन्धवे १ दिष्ट्यावर्धसिराजेंद्रहतशत्रुर्नरोत्तम ॥ दिष्ट्यानिस्तीर्णवांश्चैवप्रतिज्ञामनुजस्तव २ सत्वेवमुक्तःकृष्णेनहृष्टःपरपुरंजयः ॥ ततोयुधिष्ठिरो
राजारथादाप्लुत्यभारत ३ पर्यष्वजत्तदाकृष्णावानंदाश्रुपरिप्लुतः ॥ प्रमृज्यवदनंशुभ्रंपुंडरीकसमप्रभम् ४ अब्रवीद्वासुदेवंचपांडवंचधनंजयम् ॥ प्रियमेतदुप
श्रुत्यत्वत्तःपुष्करलोचन ५ नांतंगच्छामिहर्षस्यतितीर्षुरुदधेरिव ॥ अत्यद्भुतमिदंकृष्णकृतंपार्थेनधीमता ६ दिष्ट्यापश्यामिसंग्रामेतीर्णभारौमहारथौ ॥ दिष्ट्या
विनिहतःपापःसैन्धवःपुरुषाधमः ७ कृष्णदिष्ट्याममप्रीतिर्महतीप्रतिपादिता ॥ त्वयागुप्तेनगोविंदघ्नतापापंजयद्रथम् ८ किंतुनात्यद्भुतंतेषांयेषांनस्त्वंसमाश्र
यः ॥ नतेषांदुष्कृतंकिंचित्त्रिषुलोकेषुविद्यते ९ सर्वलोकगुरुर्येषांत्वंनाथोमधुसूदन ॥ त्वत्प्रसादाद्धिगोविंदवयंजेष्यामहेरिपून् १० स्थितःसर्वात्मनानित्यंप्रियेषु
चहितेषुच ॥ त्वांचैवास्माभिराश्रित्यकृतःशस्त्रसमुद्यमः ११ सुरैरिवासुरवधेशक्रंशक्रानुजाहवे ॥ असंभाव्यमिदंकर्मदेवैरपिजनार्दन १२ त्वद्बुद्धिबलवीर्येणकृत
वानेषफाल्गुनः ॥ बाल्यात्प्रभृतितेकृष्णकर्माणिश्रुतवानहम् १३ अमानुषाणिदिव्यानिमहांतिचबहूनिच ॥ तदैवाज्ञासिषंशत्रून्हतान्प्राप्तांचमेदिनीम् १४ त्व
त्प्रसादसमुत्थेनविक्रमेणारिसूदन ॥ सुरेशत्वंगतःशक्रोहत्वादैत्यान्सहस्रशः १५ त्वत्प्रसादाद्धृषीकेशजगत्स्थावरजंगमम् ॥ स्ववर्त्मनिस्थितंवीरजपहोमेषुवर्तते
१६ एकार्णवमिदंपूर्वंसर्वमासीत्तमोमयम् ॥ त्वत्प्रसादान्महाबाहोजगत्प्राप्तंनरोत्तम १७ स्रष्टारंसर्वलोकानांपरमात्मानमव्ययम् ॥ येपश्यंतिहृषीकेशंनतेमुह्यं
तिकर्हिचित् १८ पुराणंपरमंदेवंदेवंदेवंसनातनम् ॥ येप्रपन्नाःसुरगुरुंनतेमुह्यंतिकर्हिचित् १९ अनादिनिधनंदेवंलोककर्तारमव्ययम् ॥ येभक्तास्त्वांहृषीकेश
दुर्गाण्यतितरंतिते २० परंपुराणंपुरुषंपराणांपरमंचयत् ॥ प्रपद्यतस्तत्परमंपराभूतिर्विधीयते २१ गायंतिचतुरोवेदायश्चवेदेषुगीयते ॥ तंप्रपद्यमहा
त्मानंभूतिमश्नाम्यनुत्तमाम् २२

ण्यगर्भादीनामपिपरमं मायुद्धिस्ततोऽपिपरंबुद्धेरविषयमित्यर्थः । तत्परमंसर्वोत्कृष्टमात्मानं प्रपद्यतःप्रपन्नस्यपराभूतिर्महदैश्वर्यं 'एषाऽस्यपरमासंपत्' इतिश्रुतिप्रसिद्धं प्रत्यक्षतोविधीयतेस्वसंवेद्यंभवति
२१ चतुरश्चत्वारः २२

पराउत्कृष्टामासंपन्नब्रह्मलोकोरुभोग्यमित्यर्थः तत्परंसर्वोत्कृष्टमात्मासचासावीशश्चेतिसमासः सकलभोग्यस्वरूपोप्यच्युतस्वभावइत्यर्थः परेशोमायाशबलःसचामावीशश्चेतिशावल्यंप्राप्तोऽप्यविकृतः एवंतिर्यक्त्वनरत्वरूपजीवत्वंप्राप्तोऽप्यविकृतइतितितिर्यगीशनरेश्वरपदयोरर्थः एतदेवाभ्यासेनद्रढयति सर्वेवियदादिजडमीश्वराभोक्तारोजीवाईश्वरेशोजीवानांनियंतातेषामीशोजगज्जीवेश्वराणामपिसत्तास्फूर्तिप्रदः । अतएवपुरुषोत्तमःविराडादिभ्यःशुद्धोचिन्मात्रस्तुरीयइत्यर्थः २३ कंत्वमेवंविधंपुरुषोत्तमंनमस्करोपीत्याशंक्याह त्वमिति । हेईशेश रुद्राद्याराध्य ईश्वराराजानस्तेषामपीशानोधर्मः 'तदेतत्क्षत्रस्यक्षत्रंयद्धर्मः'

॥१.१.७॥ परमेशपरेशेशतिर्यगीशनरेश्वर ॥ सर्वेश्वरेश्वरेशेशनमस्तेपुरुषोत्तम २३ त्वमीशेशेश्वरेशानप्रभोवर्धस्वमाधव ॥ प्रभवाप्ययसर्वस्यसर्वात्मन्पृथुलोचन २४ धनंजयसखायश्चधनंजयहितश्चयः ॥ धनंजयस्यगोप्तातंप्रपद्यसुखमेधते २५ मार्कंडेयःपुराणर्षिश्चरितज्ञस्तवानघ ॥ माहात्म्यमनुभावंचपुराकीर्तितवान्मुनिः २६ असितोदेवलश्चैवनारदश्चमहातपाः ॥ पितामहश्चमेव्यासस्त्वामाहुर्विधिमुत्तमम् ॥ त्वंतेजस्त्वंपरंब्रह्मत्वंसत्यंत्वंमहत्तपः २७ त्वंश्रेयस्त्वंयशश्चाद्यंकारणंजगतस्तथा ॥ त्वयासृष्टमिदंसर्वंजगत्स्थावरजंगमम् २८ प्रलयेसमनुप्राप्तेत्वांवैनिविशतेपुनः ॥ अनादिनिधनंदेवंविश्वस्येशंजगत्पते २९ धातारमजमव्यक्तमाहुर्वेदविदोजनाः ॥ भूतात्मानंमहात्मानमनंतंविश्वतोमुखम् ३० अपिदेवानजानंतिगुह्यमाद्यंजगत्पतिम् ॥ नारायणंपरंदेवंपरमात्मानमीश्वरम् ३१ ज्ञानयोनिंहरिंविष्णुंमुमुक्षूणांपरायणम् ॥ परंपुराणंपुरुषंपुराणानांपरंचयत् ३२ एवमादिगुणानांतेकर्मणांदिविचेहच ॥ अतीतभूतभव्यानांसंख्याताऽत्रनविद्यते ३३ सर्वतोरक्षणीयाःस्मशक्रेणेवदिवौकसः ॥ यस्त्वंसर्वगुणोपेतःसुहृन्नउपपादितः ३४ इत्येवंधर्मराजेनहरिरुक्तोमहायशाः ॥ अनुरूपमिदंवाक्यंप्रत्युवाचजनार्दनः ३५ भवतातपसोग्रेणधर्मेणपरमेणच ॥ साधुत्वादार्जवाच्चैवहतःपापोजयद्रथः ३६ अयंचपुरुषव्याघ्रस्त्वदनुध्यानसंवृतः ॥ हत्वायोधसहस्राणिन्यहनज्जिष्णुर्जयद्रथम् ३७ कृतित्वेबाहुवीर्येचतथैवासंभ्रमेऽपिच ॥ शीघ्रतामोघबुद्धित्वेनास्तिपार्थसमःक्वचित् ३८ तदयंभरतश्रेष्ठभ्रातातेऽद्ययदर्जुनः ॥ सैन्यक्षयंरणेकृत्वासिंधुराजशिरोऽहरत् ३९ ततोधर्मसुतोजिष्णुंपरिष्वज्यविशांपते ॥ प्रमृज्यवदनंतस्यपर्याश्वासयतप्रभुः ४० अतीवसुमहत्कर्मकृतवानसिफाल्गुन ॥ असह्यंचाविषह्यंचदेवैरपिसवासवैः ४१ दिष्ट्यानिस्तीर्णभारोऽसिहतारिश्चासिशत्रुहन् ॥ दिष्ट्यासत्याप्रतिज्ञेयंकृताहत्वाजयद्रथम् ४२ एवमुक्त्वागुडाकेशंधर्मराजोमहायशाः ॥ पस्पर्शपुण्यगंधेनपृष्ठेहस्तेनपार्थिवः ४३ एवमुक्तौमहात्मानावुभौकेशवपांडवौ ॥ तावब्रूतांतदाकृष्णौराजानंपृथिवीपतिम् ४४ तवकोपाग्निनादग्धःपापोराजाजयद्रथः ॥ उत्तीर्णंचापिसुमहद्धार्तराष्ट्रबलंरणे ४५ हन्यंतेनिहताश्चैवविनंक्ष्यंतिचभारत ॥ तवक्रोधहताह्येतेकौरवाःशत्रुसूदन ४६ त्वांहिचक्षुर्हणंवीरंकोपयित्वासुयोधनः ॥ समित्रबंधुःसमरेप्राणांस्त्यक्ष्यतिदुर्मतिः ४७

इतिश्रुतेस्तस्यापिप्रभो धर्मस्यप्रभुरच्युतः' इतिस्मृतेः सर्वस्यस्वातिरिक्तस्यप्रभवाप्ययउत्पत्तिप्रलयाधिष्ठानभूत अतएवसर्वात्मन २४ सखात्रयस्यः हितःप्रियकृत गोप्तादुःखनिवारकः २५ । २६ । २७ । २८ । २९ । ३० । ३१ । ३२ । ३३ । ३४ । ३५ । ३६ । ३७ । ३८ । ३९ । ४० । ४१ । ४२ । ४३ ४४ उत्तीर्णंलंघितम् ४५ । ४६ चक्षुर्हणंकोपदृष्टिमात्रेणहंतारम् ४७ ॥१.१.७॥

४८ । ४९ । ५० । ५१ । ५२ । ५३ । ५४ । ५५ । ५६ । ५७ । ५८ । ५९ । ६० । ६१ । ६२ ॥ इतिद्रोणपर्वणिटीकायामेकोनपंचाशदधिकशततमोऽध्यायः ॥ १४९ ॥ ॥ ॥ ॥

तवक्रोधहतःपूर्वंदेवैरपिसुदुर्जयः ॥ शरतल्पगतःशेतेभीष्मःकुरुपितामहः ४८ दुर्लभोविजयस्तेषांसंग्रामेरिपुघातिनाम् ॥ यातामृत्युवशंतेवैयेषांक्रुद्धोऽसिपांडव ४९
राज्यंप्राणाःश्रियःपुत्राःसौख्यानिविविधानिच ॥ अचिरात्तस्यनश्यंतियेषांक्रुद्धोऽसिमानद ५० विनष्टान्कौरवान्मन्येसपुत्रपशुबांधवान् ॥ राजधर्मपरेनित्यंत्वयिक्रु
द्धेपरंतप ५१ ततोभीमोमहाबाहुःसात्यकिश्चमहारथः ॥ अभिवाद्यगुरुंज्येष्ठंमार्गणैःक्षतविक्षतौ ५२ क्षितावास्तांमहेष्वासौपांचाल्यपरिवारितौ ॥ तौदृष्ट्वामुदितौ
वीरौप्रांजलीचाग्रतःस्थितौ ५३ अभ्यनंदतकौंतेयस्तावुभौभीमसात्यकी ॥ दिष्ट्यापश्यामिवांशूरौविमुक्तौसैन्यसागरात् ५४ द्रोणग्राहदुराधर्षाद्धार्दिक्यमकरालया
त् ॥ दिष्ट्याविनिर्जिताःसंख्येपृथिव्यांसर्वपार्थिवाः ५५ युवांविजयिनौचापिदिष्ट्यापश्यामिसंयुगे ॥ दिष्ट्याद्रोणोजितःसंख्येहार्दिक्यश्चमहाबलः ५६ दिष्ट्याविक
र्णिभिःकर्णोरणेनीतःपराभवम् ॥ विमुखश्चकृतःशल्योयुवाभ्यांपुरुषर्षभौ ५७ दिष्ट्यायुवांकुशलिनौसंग्रामात्पुनरागतौ ॥ पश्यामिरथिनांश्रेष्ठावुभौयुद्धविशारदौ
५८ ममवाक्यकरौवीरौममगौरवयंत्रितौ ॥ सैन्यार्णवंसमुत्तीर्णौदिष्ट्यापश्यामिवामहम् ५९ समरश्लाघिनौवीरौसमरेष्वपराजितौ ॥ ममवाक्यसमौचैवदिष्ट्यापश्या
मिवामहम् ६० इत्युक्त्वापांडवोराजन्युयुधानवृकोदरौ ॥ सस्वजेपुरुषव्याघ्रौहर्षाद्बाष्पंमुमोचह ६१ ततःप्रमुदितंसर्वंबलमासीद्विशांपते ॥ पांडवानांरणेहृष्टंयुद्धाय
तुमनोदधे ६२ इतिश्रीमहाभारतेद्रोणपर्वणिजयद्रथवधपर्वणियुधिष्ठिरहर्षेएकोनपंचाशदधिकशततमोऽध्यायः १४९ ॥ ॥ ॥ ॥ ॥ संजयउवाच ॥
सैंधवेनिहतेराजन्पुत्रस्तवसुयोधनः ॥ अश्रुपूर्णमुखोदीनोनिरुत्साहोद्विषज्जये १ दुर्मनानिःश्वसन्दुष्टोभग्नदंष्ट्रइवोरगः ॥ आगस्कृत्सर्वलोकस्यपुत्रस्तेऽऽर्तिंपरामगात् २
दृष्ट्वातत्कदनंघोरंस्वबलस्यकृतंमहत् ॥ जिष्णुनाभीमसेनेनसात्वतेनचसंयुगे ३ सविवर्णःकृशोदीनोबाष्पविप्लुतलोचनः ॥ अमन्यतार्जुनसमोनयोद्धाभुविविद्यते ४
नद्रोणोनचराधेयोनाश्वत्थामाकृपोनच ॥ क्रुद्धस्यसमरेस्थातुंपर्याप्ताइतिमारिष ५ निर्जित्यहिरणेपार्थःसर्वान्मममहारथान् ॥ अवधीत्सैंधवंसंख्येनचकश्चिदवारयत्
६ सर्वथाहतमेवेदंकौरवाणांमहद्बलम् ॥ नह्यस्यविद्यतेत्रातासाक्षादपिपुरंदरः ७ यमुपाश्रित्यसंग्रामेकृतःशस्त्रसमुद्यमः ॥ सकर्णोनिर्जितःसंख्येहतश्चैवजयद्रथः ८
यस्यवीर्यंसमाश्रित्यशमंयाचंतमच्युतम् ॥ तृणवत्तमहंमन्येसकर्णोनिर्जितोयुधि ९ एवंक्लांतमनाराजन्नुपायाद्द्रोणमीक्षितुम् ॥ आगस्कृत्सर्वलोकस्यपुत्रस्तेभरतर्षभ
१० ततस्तत्सर्वमाचख्यौकुरूणांवैशसंमहत् ॥ परान्विजयतश्चापिधार्तराष्ट्रान्निमज्जतः ११ दुर्योधनउवाच ॥ पश्यमूर्धाभिषिक्तानामाचार्यकदनंमहत् ॥ कृत्वाप्रमुखतः
शूरंभीष्मंममपितामहम् १२ तंनिहत्यप्रलुब्धोऽयंशिखंडीपूर्णमानसः ॥ पांचाल्यैःसहितःसर्वैःसेनाग्रमभिवर्तते १३ ॥ ॥

सैंधवइति १ आर्तिमितिच्छेदः २ । ३ । ४ । ५ । ६ । ७ । ८ । ९ । १० । ११ । १२ प्रलुब्धःप्रकृष्टोलुब्धकस्तद्वद्वंचकत्वात् १३

म.भा.टी. ॥११८॥ १४ । १५ । १६ । १७ । १८ धर्मापचायिनोधर्मक्षेपकस्य १९ । २० । २१ । २२ । २३ । २४ । २५ । २६ । २७ । २८ । २९ । ३० । ३१ । ३२ । ३३ । ३४ ३५ आचार्यःपां द्रोण० अ० १५१

अपरश्चापिदुर्धर्षःशिष्यस्तेसव्यसाचिना ॥ अक्षौहिणीःसप्तहत्वाहतोराजाजयद्रथः १४ अस्मद्विजयकामानांसुहृदामुपकारिणाम् ॥ गंताऽस्मिकथमानृण्यंगता
नांयमसादनम् १५ येमदर्थंपरीप्संतेवसुधांवसुधाधिपाः ॥ तेहित्वावसुधैश्वर्यंवसुधामधिशेरते १६ सोऽहंकापुरुषःकृत्वामित्राणांक्षयमीदृशम् ॥ अश्वमेधसहस्रेण
पावितुंनसमुत्सहे १७ ममलुब्धस्यपापस्यतथाधर्मापचायिनः ॥ व्यायामेनजिगीषंतःप्राप्तावैवस्वतक्षयम् १८ कथंपतितवृत्तस्यपृथिवीसुहृदांद्रुहः ॥ विवरंनाश
कद्दातुंममपार्थिवसंसदि १९ योऽहंरुधिरसिक्तांगंराज्ञांमध्येपितामहम् ॥ शयानंनाशकंत्रातुंभीष्ममायोधनेहतम् २० तंमामनार्यपुरुषंमित्रद्रुहमधार्मिकम् ॥
किंवक्ष्यतिहिदुर्धर्षःसमेत्यपरलोकजित् २१ जलसंधंमहेष्वासंपश्यसात्यकिनाहतम् ॥ मदर्थमुद्यतंशूरंप्राणांस्त्यक्त्वामहारथम् २२ कांबोजंनिहतंदृष्ट्वातथाऽलंबुष
मेवच ॥ अन्यान्बहूंश्चसुहृदोजीवितार्थोऽद्यकोमम २३ व्यायच्छंतोहताःशूरामदर्थेयेऽपराङ्मुखाः ॥ यतमानाःपरंशक्त्याविजेतुमहितान्मम २४ तेषांगत्वाऽ
हमानृण्यमद्यशक्त्यापरंतप ॥ तर्पयिष्यामितानेवजलेनयमुनामनु २५ सत्यंतेप्रतिजानामिसर्वशस्त्रभृतांवर ॥ इष्टापूर्तेनचशपेवीर्येणचसुतैरपि २६ निहत्यतान्
रणेसर्वान्पंचालान्पांडवैःसह ॥ शांतिंलब्धास्मितेषांवारणेगंतासलोकताम् २७ सोऽहंतत्रगमिष्यामियत्रतेपुरुषर्षभाः ॥ हतामदर्थेसंग्रामेयुद्ध्यमानाःकिरीटिना
२८ नहीदानींसहायामेपरीप्संत्यनुपस्कृताः ॥ श्रेयोहिपांडून्मन्यंतेनतथास्मान्महाभुज २९ स्वयंहिमृत्युर्विहितःसत्यसंधेनसंयुगे ॥ भवानुपेक्षांकुरुतेशिष्यत्वा
दर्जुनस्यहि ३० अतोविनिहताःसर्वेयेऽस्मज्जयचिकीर्षवः ॥ कर्णमेवतुपश्यामिसंप्रत्यस्मज्जयैषिणम् ३१ योहिमित्रमविज्ञाययाथातथ्येनमंदधीः ॥ मित्रार्थेयो
जयत्येनंतस्यसोऽर्थोऽवसीदति ३२ तादृग्रूपंकृतमिदंममकार्यंसुहृत्तमैः ॥ मोहाल्लुब्धस्यपापस्यजिह्मस्यधनमीहतः ३३ हतोजयद्रथश्चैवसौमदत्तिश्चवीर्यवान् ॥
अभीषाहाःशूरसेनाःशिबयोऽथवसातयः ३४ सोऽहमद्यगमिष्यामियत्रतेपुरुषर्षभाः ॥ हतामदर्थेसंग्रामेयुद्ध्यमानाःकिरीटिना ३५ नहिमेजीवितेनार्थस्तान्टते
पुरुषर्षभान् ॥ आचार्यःपांडुपुत्राणामनुजानातुनोभवान् ३६ ॥ इतिश्रीमहाभारतेद्रोणपर्वणिजयद्रथवधपर्वणिदुर्योधनानुतापेपंचाशदधिकशततमोऽध्यायः १५०
॥ धृतराष्ट्रउवाच ॥ ॥ सिंधुराजेहतेतातसमरेसव्यसाचिना ॥ तथैवभूरिश्रवसिकिमासीद्वोमनस्तदा १ दुर्योधनेनचद्रोणस्तथोक्तःकुरुसंसदि ॥ किमुक्तवान्परं
तस्मैतन्ममाचक्ष्वसंजय २ ॥ संजयउवाच ॥ ॥ निष्टानकोमहानासीत्सैन्यानांतवभारत ॥ सैन्धवंनिहतंदृष्ट्वाभूरिश्रवसमेवच ३ मंत्रितंतवपुत्रस्यतेसर्वमवमेनिरे
येनमंत्रेणनिहताःशतशःक्षत्रियर्षभाः ४ ॥ ॥ ॥ ॥ ॥

डुपुत्राणामित्युपालंभः ३६ ॥ इतिद्रोणपर्वणिटीकायांपंचाशदधिकशततमोऽध्यायः ॥ १५० ॥ ॥ ॥ ॥ सिंधुराजइति १ । २ निष्टानकःसव्यथःशब्दः ३ । ४

५ । ६ । ७ इयंसेनानास्तीत्यस्यनष्टेत्यर्थः । ८ । ९ ग्लहतेपातयति १० । ११ । १२ । १३ । १४ । १५ नोचेदिति । परलोकेऽधिकःपापिनांक्लेशइहत्वल्पेनैवभोगेननिस्तारइतिभावः १६

द्रोणस्तुतद्वचःश्रुत्वापुत्रस्यतवदुर्मनाः ॥ मुहूर्तमिवतद्ध्यात्वाभृशमार्त्तोऽभ्यभाषत ५ ॥ द्रोणउवाच ॥ दुर्योधनकिमेवंमांवाक्शरैरपिकृंतसि ॥ अजय्यंसततंसंख्ये
ब्रुवाणंसव्यसाचिनम् ६ एतेनैवार्जुनंज्ञातुमलंकौरवसंयुगे ॥ यच्छिखंड्यवधीद्भीष्मंपाल्यमानःकिरीटिना ७ अवध्यंनिहतंदृष्ट्वासंयुगेदेवदानवैः ॥ तदैवाज्ञासिष
महंनेयमस्तीतिभारती ८ यंपुंसांत्रिषुलोकेषुसर्वशूरममंस्महि ॥ तस्मिन्निपतितेशूरेकिंशेषंपर्युपास्महे ९ यान्स्मतान्ग्लहतेतातशकुनिःकुरुसंसदि ॥ अक्षा
न्नतेऽक्षानिशिताबाणास्तेशत्रुतापनाः १० तएतेघ्नंतिनस्तातविशिखाःपार्थचोदिताः ॥ तांस्तदाऽऽख्यायमानस्त्वंविदुरेणनबुद्धवान् ११ यास्ताविजयतश्चापि
विदुरस्यमहात्मनः ॥ धीरस्यवाचोनाश्रौषीःक्षेमायवदतःशिवाः १२ तदिदंवर्ततेघोरमागतंवैशसंमहत् ॥ तस्यावमानाद्वाक्यस्यदुर्योधनकृतेतव १३ योऽवम
न्यवचःपथ्यंसुहृदामाप्तकारिणाम् ॥ स्वमतंकुरुतेमूढःसशोच्योनचिरादिव १४ यच्चनःप्रेक्षमाणानांकृष्णामानाय्यतत्सभाम् ॥ अनर्हंतींकुलेजातांसर्वधर्मानुचा
रिणीम् १५ तस्याधर्मस्यगांधारेफलंप्राप्तमिदंमहत् ॥ नोचेत्पापंपरेलोकेत्वमर्च्छेथास्ततोऽधिकम् १६ यच्चतान्पांडवान्द्यूतेविषमेणविजित्यह ॥ प्राव्राजय
स्तदाऽरण्येरौरवाजिनवाससः १७ पुत्राणामिवचैतेषांधर्ममाचरतांसदा ॥ द्रुह्येत्कोनुनरोलोकेमदन्योब्राह्मणब्रुवः १८ पांडवानामयंकोपस्त्वयाशकुनिनासह ॥
आहृतोधृतराष्ट्रस्यसंमतेकुरुसंसदि १९ दुःशासनेनसंयुक्तःकर्णेनपरिवर्धितः ॥ क्षत्तुर्वाक्यमनादृत्यत्वयाऽभ्यस्तःपुनःपुनः २० यत्ताःसर्वेपराभूताःपर्यवारयतार्जु
नम् ॥ सिंधुराजानमाश्रित्यसवोमध्येकथंहतः २१ कथंत्वयिचकर्णेचकृपेशल्येचजीवति ॥ अश्वत्थाम्निचकौरव्यनिधनंसैंधवोऽगमत् २२ युध्यंतःसर्वराजा
नस्तेजस्तिग्ममुपासते ॥ सिंधुराजंपरित्रातुंसवोमध्येकथंहतः २३ मय्येवहिविशेषेणतथादुर्योधनत्वयि ॥ आशंसतपरित्राणमर्जुनात्समहीपतिः २४ ततस्त
स्मिन्परित्राणमलब्धवतिफाल्गुनात् ॥ नाकिंचिदनुपश्यामिजीवितस्थानमात्मनः २५ मज्जंतमिवचात्मानंधृष्टद्युम्नस्यकिल्बिषे ॥ पश्याम्यहत्वापंचालान्सहतेन
शिखंडिना २६ तन्मांकिमभितप्यंतंवाक्शरैरेवकृंतसि ॥ अशक्तःसिंधुराजस्यभूत्वात्राणायभारत २७ सौवर्णंसत्यसंधस्यध्वजमक्लिष्टकर्मणः ॥ अपश्यन्युधि
भीष्मस्यकथमाशंससेजयम् २८ मध्येमहारथानांचयत्राहन्यतसैंधवः ॥ हतोभूरिश्रवाश्चैवकिंशेषंतत्रमन्यसे २९ कृपएवचदुर्धर्षोयदिजीवतिपार्थिव ॥ योनागा
त्सिंधुराजस्यवर्त्मतंपूजयाम्यहम् ३० यत्रापश्यंहतंभीष्मंपश्यतस्तेऽनुजस्यवै ॥ दुःशासनस्यकौरव्यकुर्वाणंकर्मदुष्करम् ३१ अवध्यकल्पंसंग्रामेदेवैरपिसवासवैः ॥
नतेवसुंधरास्तीतितदाऽहंचिंतयेनृप ३२ ॥ ॥ ॥ ॥ ॥

१७ । १८ । १९ अभ्यस्तआवर्तितः २० । २१ । २२ । २३ । २४ । २५ । २६ । २७ । २८ । २९ । ३० । ३१ । ३२

॥११९॥ इमानिपांडवानांचसृंजयानांचभारत ॥ अनीकान्याद्रवंतेमांसहितान्यद्यभारत ३३ नाहत्वासर्वपंचालान्कवचस्यविमोक्षणम्॥ कर्ताऽस्मिममरेकर्मधार्तराष्ट्रहितंतव अ० १५२
३४ राजन्ब्रूयाःसुतंमेत्वमश्वत्थामानमाहवे ॥ नसोमकाःप्रमोक्तव्याजीवितंपरिरक्षता ३५ यच्चपित्रानुशिष्टोऽसितद्वचःपरिपालय ॥ आनृशंस्येदमेसत्येचार्जवेच
स्थिरोभव ३६ धर्मार्थकामकुशलोधर्मार्थावप्यपीडयन् ॥ धर्मप्रधानकार्याणिकुर्याश्चेतिपुनःपुनः ३७ चक्षुर्मनोभ्यांसंतोष्याविप्राःपूज्याश्चशक्तितः ॥ नचैषांविप्रियं
कार्यंतेहिवन्हिशिखोपमाः ३८ एषत्वहमनीकानिप्रविशाम्यरिसूदन ॥ रणायमहतेराजंस्त्वयावाक्शरपीडितः ३९ त्वंचदुर्योधनबलंयदिशक्तोऽसिपालय ॥ रात्रा
वपिचयोत्स्यंतेसंरब्धाःकुरुसृंजयाः ४० एवमुक्त्वाततःप्रायाद्द्रोणःपांडवसृंजयान् ॥ मुष्णन्क्षत्रियतेजांसिनक्षत्राणामिवांशुमान् ४१ ॥ इतिश्रीमहाभारतेद्रोणप
र्वणिजयद्रथवधपर्वणिद्रोणवाक्येएकपंचाशदधिकशततमोऽध्यायः ॥ १५१ ॥ ॥ संजयउवाच ॥ ॥ ततोदुर्योधनोराजाद्रोणेनैवंप्रचोदितः ॥ अमर्षवशमा
पन्नोयुद्धायैवमनोदधे १ अब्रवीच्चतदाकर्णंपुत्रोदुर्योधनस्तव ॥ पश्यकृष्णसहायेनपांडवेनकिरीटिना २ आचार्यविहितंव्यूहंभिन्नंदेवैःसुदुर्भिदम् ॥ तवव्यायच्छ
मानस्यद्रोणस्यचमहात्मनः ३ मिषतांयोधमुख्यानांसैन्धवोविनिपातितः ॥ पश्यराधेयपृथ्वीशाःपृथिव्यांप्रवरायुधि ४ पार्थेनैकेननिहताःसिंहेनेवेतरेमृगाः ॥
ममव्यायच्छमानस्यद्रोणस्यचमहात्मनः ५ अल्पावशेषंसैन्यंमेकृतंशक्रात्मजेनह ॥ कथंनियच्छमानस्यद्रोणस्ययुधिफाल्गुनः ६ भिंद्यात्सुदुर्भिदंव्यूहंयतमानो
ऽपिसंयुगे ॥ प्रतिज्ञायागतःपारंहत्वासैन्धवमर्जुनः ७ पश्यराधेयपृथ्वीशान्पृथिव्यांपातितान्बहून् ॥ पार्थेननिहतान्संख्येमहेन्द्रोपमविक्रमान् ८ अनिच्छतः
कथंवीरद्रोणस्ययुधिपांडवः ॥ भिंद्यात्सुदुर्भिदंव्यूहंयतमानस्यशुष्मिणः ९ दयितःफाल्गुनोनित्यमाचार्यस्यमहात्मनः ॥ ततोऽस्यदत्तवान्द्वारमयुद्धेनैवशत्रुहन् १०
अभयंसिंधुराजायदत्वाद्रोणःपरंतपः ॥ प्रादात्किरीटिनेद्वारंपश्यनिर्गुणतांमयि ११ यद्यदास्यदनुज्ञांवैपूर्वमेवगृहान्प्रति ॥ प्रस्थातुंसिंधुराजस्यनाभविष्यज्जनक्षयः १२
जयद्रथोजीवितार्थीगच्छमानोगृहान्प्रति ॥ मयाऽनार्येणसंरुद्धोद्रोणात्प्राप्याभयंसखे १३ अद्यमेभ्रातरःक्षीणाश्चित्रसेनादयोरणे ॥ भीमसेनंसमासाद्यपश्यतांनो
दुरात्मनाम् १४ ॥ कर्णउवाच ॥ ॥ आचार्यमाविगर्हस्वशक्त्याऽसौयुद्ध्यतेद्विजः ॥ यथाबलंयथोत्साहंत्यक्त्वाजीवितमात्मनः १५ यद्येनंसमतिक्रम्यप्रविष्टः
श्वेतवाहनः ॥ नात्रसूक्ष्मोऽपिदोषःस्यादाचार्यस्यकथंचन १६ कृतीदक्षोयुवाशूरःकृतास्त्रोलघुविक्रमः ॥ दिव्यास्त्रयुक्तमास्थायरथंवानरलक्षणम् १७ कृष्णेनचगृ
हीताश्वमभेद्यकवचावृतः ॥ गांडीवमजरंदिव्यंधनुरादायवीर्यवान् १८ ॥ ॥ ॥ ॥ ११९ ॥

१० । ११ । १२ । १३ । १४ । १५ । १६ । १७ । १८

१९ । २० । २१ । २२ अन्यथाभावःपराजयोदैवादिष्टःनतुद्रोणापराधजइतिभावः २३ । २४ । २५ दैवोपसृष्टोदुर्दैवग्रस्तः २६ । २७ । २८ । २९ दैवमविमणय्यययत्नमेवातिष्ठेत्याह युध्यस्वेति । युद्
द्योग्यमाद्दैवमपिमार्गेणानुकूलेनयास्यतीत्यर्थः ३० तेषांजयहेतुःसुकृतंतववापराजयहेतुर्दुष्कृतंनास्तीत्याह नतेषामिति ३१ दैवमिति । अनन्यकर्मदैवमपिस्वकृतमेवनत्वन्यदस्ति । यस्तनोदोषोऽयतनेनगुणवि

प्रवर्षन्निशितान्बाणान्बाहुद्रविणदर्पितः ॥ यदर्जुनोऽभ्ययाद्द्रोणमुपपन्नंहितस्यतत् १९ आचार्यःस्थविरोराजन्शीघ्रयानेतथाऽक्षमः ॥ बाहुव्यायामचेष्टायामशक्त
स्तुनराधिप २० तेनैवमभ्यतिक्रांतःश्वेताश्वःकृष्णसारथिः ॥ तस्यदोषंनपश्यामिद्रोणस्यानेनहेतुना २१ अजय्यान्पांडवान्मन्येद्रोणेनास्त्रविदामृधे ॥ तथाह्ये
नमतिक्रम्यप्रविष्टःश्वेतवाहनः २२ दैवादिष्टोऽन्यथाभावोनमन्येविद्यतेक्वचित् ॥ यतोनोयुध्यमानानांपरंशक्त्यासुयोधन २३ सैन्धवोनिहतोयुद्धेदैवमत्रपरंस्मृ
तम् ॥ परंयत्नंकुर्वतांचत्वयासार्धंरणाजिरे २४ हत्वाऽस्माकंपौरुषंवैदैवंपश्चात्करोतिनः ॥ सततंचेष्टमानानांनिकृत्त्याविक्रमेणच २५ दैवोपसृष्टःपुरुषोयत्कर्मकु
रुतेक्वचित् ॥ कृतंकृतंहितत्कर्मदैवेनविनिपात्यते २६ यत्कर्तव्यंमनुष्येणव्यवसायवतासदा ॥ तत्कार्यमविशंकेनसिद्धिर्दैवेप्रतिष्ठिता २७ निकृत्यावंचिताःपा
र्थाविषयोगैश्चभारत ॥ दग्धाजतुगृहेचापिद्यूतेनचपराजिताः २८ राजनीतिंव्यपाश्रित्यप्रहिताश्चैवकाननम् ॥ यत्नेनचकृतंतत्तद्दैवेनविनिपातितम् २९ युध्यस्व
यत्नमास्थायदैवंकृत्वानिरर्थकम् ॥ यततस्तवतेषांचदैवंमार्गेणयास्यति ३० नतेषांमतिपूर्वंहिसुकृतंदृश्यतेक्वचित् ॥ दुष्कृतंतववावीरबुद्ध्याहीनंकुरूद्वह ३१ दैवं
प्रमाणंसर्वस्यसुकृतस्येतरस्यवा ॥ अनन्यकर्मदैवंहिजागर्तिस्वपतामपि ३२ बहूनितवसैन्यानियोधाश्चबहवस्तव ॥ नतथापांडुपुत्राणामेवंयुद्धमवर्तत ३३ तैर
ल्पैर्बहवोयूयंक्षयंनीताःप्रहारिणः ॥ शंकेदैवस्यतत्कर्मपौरुषंयेननाशितम् ३४ ॥ संजयउवाच ॥ एवंसंभाषमाणानांबहुतत्तज्जनाधिप ॥ पांडवानामनीकानिस
मदृश्यंतसंयुगे ३५ ततःप्रववृतेयुद्धंव्यतिषक्तरथद्विपम् ॥ तावकानांपरैःसार्धंराजन्दुर्मन्त्रितेतव ३६ ॥ इतिश्रीमहाभारतेद्रोणपर्वणिजयद्रथवधपर्वणि पुनर्युद्धारं
भेद्विपंचाशदधिकशततमोऽध्यायः ॥ १५२ ॥ ॥ समाप्तंचजयद्रथवधपर्व ॥ ॥ अथघटोत्कचवधपर्व ॥ संजयउवाच ॥ तदुदीर्णगजानीकंबलंतवजना
धिप ॥ पांडुसेनामतिक्रम्ययोधयामाससर्वतः १ पंचालाःकुरवश्चैवयोधयंतःपरस्परम् ॥ यमराष्ट्रायमहतेपरलोकायदीक्षिताः २ शूराःशूरैःसमागम्यशरतोमरश
क्तिभिः ॥ विव्यधुःसमरेऽन्योन्यंनिन्युश्चैवयमक्षयम् ३ रथिनांरथिभिःसार्धंरुधिरस्रावदारुणम् ॥ प्रावर्त्ततमहद्युद्धंनिघ्नतामितरेतरम् ४ वारणाश्चमहाराजसमासा
द्यपरस्परम् ॥ विषाणैर्दारयामासुःसुसंक्रुद्धामदोत्कटाः ५ हयारोहान्हयारोहाःप्रासशक्तिपरश्वधैः ॥ बिभिदुस्तुमुलेयुद्धेप्रार्थयंतोमहद्यशः ६

शेषेणनिराकर्तुंशक्यः । एवंदैवमतियत्नेनबाधितुंशक्यमित्यर्थः ३२ । ३३ देवानामिंद्रियाणामध्यक्षभूतं विज्ञानं दैवंजीवबलमित्यर्थः पौरुषंशारीरंबलम् ३४ । ३५ । ३६ ॥ इतिद्रोणपर्वणिटीकायांद्विपंचाशद
धिकशततमोऽध्यायः ॥ १५२ ॥ ॥ तदुदीर्णमित्यारभ्यरात्रियुद्धेजयद्रथवधात्क्रोधहर्षविवशाःकौरवपांडवाइवाश्न्येपिनिर्मर्यादंप्रवर्तंतेइतिप्रदर्शनार्थम् १ । २ । ३ । ४ । ५ । ६

७ गोत्रेंपित्रादिनामशैनेयसात्यकेइत्यादि कुलंपांडयपांचाल्येत्यादि ८ । ९ । १० । ११ । १२ । १३ । १४ । १५ भ्रातरंदुर्योधनम् १६ । १७ । १८ । १९ । २० । २१ । २२ । २३ । २४

पत्तयश्चमहाबाहोशतशःशस्त्रपाणयः ॥ अन्योन्यमार्दयन्राजन्नित्यंयत्ताःपराक्रमे ७ गोत्राणांनामधेयानांकुलानांचैवमारिष ॥ श्रवणाद्धिविजानीमःपंचालान्कुरु
भिःसह ८ तेऽन्योन्यंसमरेयोधाःशरशक्तिपरश्वधैः ॥ प्रैषयन्परलोकायविचरंतोह्यभीतवत् ९ शरादशदिशोराजंस्तेषांमुक्ताःसहस्रशः ॥ नभ्राजंतेयथातत्त्वंभास्क
रेऽस्तंगतेऽपिच १० तथाप्रयुध्यमानेषुपांडवेयेषुभारत ॥ दुर्योधनोमहाराजव्यवागाहततद्बलम् ११ सैन्धवस्यवधेनैवभ्रशंदुःखसमन्वितः ॥ मर्तव्यमितिसंचिं
त्यप्राविशच्चद्विषद्बलम् १२ नादयन्रथघोषेणकंपयन्निवमेदिनीम् ॥ अभ्यवर्त्ततपुत्रस्तेपांडवानामनीकिनीम् १३ ससन्निपातस्तुमुलस्तस्यतेषांचभारत ॥ अभ
वत्सर्वसैन्यानामभावकरणोमहान् १४ यथामध्यंदिनेसूर्यंप्रतपंतंगभस्तिभिः ॥ तथातवसुतंमध्येप्रतपंतंशरार्चिभिः १५ नशेकुर्भ्रातरंयुद्धेपांडवाःसमुदीक्षितुम् ॥
पलायनकृतोत्साहानिरुत्साहाद्विषज्जये १६ पर्यधावंतपंचालावध्यमानामहात्मना ॥ रुक्मपुंखैःप्रसन्नाग्रैस्तवपुत्रेणधन्विना १७ अर्द्यमानाःशरैस्तूर्णंन्यपत
न्पांडुसैनिकाः ॥ नतादृशंरणेकर्मकृतवंतस्तुतावकाः १८ यादृशंकृतवान्राजापुत्रस्तवविशांपते ॥ पुत्रेणतवसासेनापांडवीमथितारणे १९ नलिनीद्विरदेनेवस
मंतात्फुल्लपंकजा ॥ क्षीणतोयाऽनिलार्काभ्यांहतत्विडिवपद्मिनी २० बभूवपांडवीसेनातवपुत्रस्यतेजसा ॥ पांडुसेनांहतांदृष्ट्वातवपुत्रेणभारत २१ भीमसेनपुरो
गास्तुपंचालाःसमुपाद्रवन् ॥ सभीमसेनंदशभिर्माद्रीपुत्रौत्रिभिस्त्रिभिः २२ विराटद्रुपदौषड्भिःशतेनचशिखंडिनम् ॥ धृष्टद्युम्नंचसप्तत्याधर्मपुत्रंचसप्तभिः २३ केक
यांश्चैवचेदींश्चबहुभिर्निशितैःशरैः ॥ सात्वतंपंचभिर्विद्ध्वाद्रौपदेयांस्त्रिभिस्त्रिभिः २४ घटोत्कचंचसमरेविद्ध्वासिंहइवानदत् ॥ शतशश्चापरान्योधान्सद्विपांश्चमहा
रणे २५ शरैरवचकर्तोग्रैःक्रुद्धोऽतकइवप्रजाः ॥ सातेनपांडवीसेनावध्यमानाशिलीमुखैः २६ तवपुत्रेणसंग्रामेविदुद्रावनराधिप ॥ तंतपंतमिवादित्यंकुरुराजंमहा
हवे २७ नाशकन्वीक्षितुंराजन्पांडुपुत्रस्यसैनिकाः ॥ ततोयुधिष्ठिरोराजाकुपितोराजसत्तम २८ अभ्यधावत्कुरुपतिंतवपुत्रंजिघांसया ॥ तावुभौयुधिकौरव्यौसमी
यतुररिंदमौ २९ स्वार्थहेतोःपराक्रांतौदुर्योधनयुधिष्ठिरौ ॥ ततोदुर्योधनःक्रुद्धःशरैःसन्नतपर्वभिः ३० विव्याधदशभिस्तूर्णंध्वजंचिच्छेदचेषुणा ॥ इंद्रसेनंत्रिभिश्चै
वललाटेजघ्निवान्नृप ३१ सारथिंदयितंराज्ञःपांडवस्यमहात्मनः ॥ धनुश्चपुनरन्येनचकर्तास्यमहारथः ३२ चतुर्भिश्चतुरश्चैवबाणैर्विव्याधवाजिनः ॥ ततोयुधि
ष्ठिरःक्रुद्धोनिमेषादिवकार्मुकम् ३३ अन्यदादायवेगेनकौरवंप्रत्यवारयत् ॥ तस्यतान्निघ्नतःशत्रून्रुक्मपृष्ठंमहद्धनुः ३४ भल्लाभ्यांपांडवोज्येष्ठस्त्रिधाचिच्छेदमारिष॥
विव्याधचैनंदशभिःसम्यगस्तैःशितैःशरैः ३५ मर्मभित्त्वातुतेसर्वेसंलग्नाःक्षितिमाविशन् ॥ ततःपरिवृतायोधाःपरिवव्रुर्युधिष्ठिरम् ३६ वृत्रहत्यैयथादेवाःपरिव
व्रुःपुरंदरम् ॥ ततोयुधिष्ठिरोराजातवपुत्रस्यमारिष ॥ शरंचसूर्यरश्म्याभमत्युग्रमनिवारणम् ३७ ॥१२०॥

२५ । २६ । २७ । २८ । २९ । ३० । ३१ । ३२ । ३३ । ३४ सम्यगस्तैर्दृढंप्रक्षिप्तैः ३५ । ३६ वृत्रहत्यैइतिवध्यस्तुत्यै ३७

३८ । ३९ बाणशब्दरवःबाणशब्दसहितोरवःप्राणिशब्दः ४० । ४१ । ४२ रश्मिमुचःसूर्यः इगुपधलक्षणकप्रत्ययांतःशब्दः । बहुवचनमेवैतत्प्रलयसूचकमितिवा ४३ भूरिवर्धनोबहुच्छेदनः ४४ इतिद्रोणप

हाहतोऽसीतिराजानमुक्त्वाऽमुंचद्युधिष्ठिरः ॥ सतेनाकर्णमुक्तेनविद्धोबाणेनकौरवः ३८ निषसादरथोपस्थेभृशंसंमूढचेतनः ॥ ततःपांचाल्यसेनानांभृशमासीद्रवो
महान् ३९ हतोराजेतिराजेन्द्रमुदितानांसमंततः ॥ बाणशब्दरवश्चोग्रःशुश्रुवेतत्रमारिष ४० अथद्रोणोद्रुतंतत्रप्रत्यदृश्यतसंयुगे ॥ हृष्टोदुर्योधनश्चापिदृढमादाय
कार्मुकम् ४१ तिष्ठतिष्ठेतिराजानंब्रुवन्पांडवमभ्ययात् ॥ प्रत्युद्ययुस्तंत्वरिताःपंचालाजयगृद्धिनः ४२ तान्द्रोणःप्रतिजग्राहपरीप्सन्कुरुसत्तमम् ॥ चंडवातोद्धुतान्मे
घान्निघ्नन्रश्मिमुचोयथा ४३ ततोराजन्महानासीत्संग्रामोभूरिवर्धनः ॥ तावकानांपरेषांचसमेतानांयुयुत्सया ४४ ॥ इतिश्रीमहाभारतेद्रोणपर्वणिघटोत्कचवधप
र्वणिरात्रियुद्धेदुर्योधनपराभवेत्रिपंचाशदधिकशततमोऽध्यायः ॥ १५३ ॥ ॥ धृतराष्ट्रउवाच ॥ ॥ यत्तदाप्राविशत्पांडूनाचार्यःकुपितोबली ॥ उक्त्वादुर्यो
धनंमंदंममशास्त्रातिगंसुतम् १ प्रविश्यविचरंतंचरथेशूरमवस्थितम् ॥ कथंद्रोणंमहेष्वासंपांडवाःपर्यवारयन् २ केरक्षन्दक्षिणंचक्रमाचार्यस्यमहाहवे ॥ केचोत्तरम
रक्षंतनिघ्नतःशात्रवान्बहून् ३ केचास्यपृष्ठतोऽन्वासन्वीरावीरस्ययोधिनः ॥ केपुरस्तादवर्तंतरथिनस्तस्यशत्रवः ४ मन्येतानस्पृशच्छीतमतिवेलमनार्तवम् ॥
मन्येतेसमवेपंतगावोवैशिशिरेयथा ५ यत्प्राविशन्महेष्वासःपंचालानपराजितः ॥ नृत्यन्सरथमार्गेषुसर्वशस्त्रभृतांवरः ६ निर्दहन्सर्वसैन्यानिपंचालानांरथर्षभः ॥
धूमकेतुरिवक्रुद्धःकथंमृत्युमुपेयिवान् ७ ॥ संजयउवाच ॥ ॥ सायाह्नेसैन्धवंहत्वाराज्ञापार्थःसमेत्यच ॥ सात्यकिश्चमहेष्वासोद्रोणमेवाभ्यधावताम् ८ तथायु
धिष्ठिरस्तूर्णंभीमसेनश्चपांडवः ॥ पृथक्चमूभ्यांसंयत्तौद्रोणमेवाभ्यधावताम् ९ तत्रैवनकुलोधीमान्सहदेवश्चदुर्जयः ॥ धृष्टद्युम्नःसहानीकोविराटश्चसकेकयः १०
मत्स्याःशाल्वाःससेनाश्चद्रोणमेवययुर्युधि ॥ द्रुपदश्चतथाराजापंचालैरभिरक्षितः ११ धृष्टद्युम्नपिताराजन्द्रोणमेवाभ्यवर्तत ॥ द्रौपदेयामहेष्वासाराक्षसश्चघटो
त्कचः १२ ससैन्यास्तेन्यवर्तंतद्रोणमेवमहाद्युतिम् ॥ प्रभद्रकाश्चपंचालाःषट्सहस्राःप्रहारिणः १३ द्रोणमेवाभ्यवर्तंतपुरस्कृत्यशिखंडिनम् ॥ तथेतरेनरव्याघ्राः
पांडवानांमहारथाः १४ सहिताःसंन्यवर्तंतद्रोणमेवद्विजर्षभम् ॥ तेषुशूरेषुयुद्धायगतेषुभरतर्षभ १५ बभूवरजनीघोराभीरूणांभयवर्धिनी ॥ योधानामशिवारौ
द्राराजन्नंतकगामिनी १६ कुंजराश्वमनुष्याणांप्राणांतकरणीतदा ॥ तस्यांरजन्यांघोरायांनदंत्यःसर्वतःशिवाः १७ न्यवेदयन्भयंघोरंसज्वालकवलैर्मुखैः ॥ उलुका
श्चाप्यदृश्यंतशंसंतोविपुलंभयम् १८ विशेषतःकौरवाणांध्वजिन्यामतिदारुणाः ॥ ततःसैन्येषुराजेन्द्रशब्दःसमभवन्महान् १९ भेरीशब्देनमहतामृदंगानांस्वनेनच ॥
गजानांबृंहितैश्चापितुरंगाणांचहेषितैः २० ॥ ॥ ॥ ॥

र्वणिटीकायांत्रिपंचाशदधिकशततमोऽध्यायः ॥ १५३ ॥ यत्तदेति । शास्त्रातिगं शास्त्रमाज्ञा १ । २ । ३ । ४ । ५ । ६ धूमकेतुरग्निः । ७ । ८ । ९ । १० । ११ । १२ । १३ । १४
संन्यवर्तंतसंमुखंनितरामवर्तंत । १५ । १६ । १७ । १८ । १९ । २०

म.भा.टी. २१ । २२ । २३ । २४ । २५ । २६ । २६ । २७ तमोऽभ्यगात्प्राशमितिशेषः २८ । २९ । ३० । ३१ । ३२ । ३३ । ३४ । ३५ । ३६ । ३७ । ३८ । ३९ । ४० । ४१ ॥ इतिद्रोणपर्वणिटीकायां द्रोण०

॥१.२१॥ खुरशब्दनिपातैश्चतुमुलःसर्वतोऽभवत् ॥ ततःसमभवद्युद्धंसंध्यायामतिदारुणम् २१ द्रोणस्यचमहाराजसृंजयानांचसर्वशः ॥ तमसाचावृतेलोकेनप्राज्ञायतकिं अ०
चन २२ सैन्येनरजसाचैवसमंतादुत्थितेनह ॥ नरस्याश्वस्यनागस्यसमसज्जतशोणितम् २३ नापश्यामरजोभौमंकश्मलेनाभिसंवृताः ॥ रात्रौवंशवनस्येवदह्य १५५
मानस्यपर्वते २४ घोरश्चटचटाशब्दःशस्त्राणांपततामभूत् ॥ मृदंगानकनिर्ह्रादैर्झर्झरैःपटहैस्तथा २५ फेत्कारैर्हेषितैःशब्दैःसर्वमेवाकुलंबभौ ॥ नैवस्वंनपरंराज
न्प्राज्ञायंततमोवृते २६ उन्मत्तमिवतत्सर्वंबभूवरजनीमुखे ॥ भौमंरजोऽथराजेंद्रशोणितेनप्रणाशितम् २७ शातकौंभैश्चकवचैर्भूषणैश्चतमोऽभ्यगात् ॥ ततःसा
भारतीसेनामणिहेमविभूषिता २८ द्यौरिवासीत्सनक्षत्रारजन्यांभरतर्षभ ॥ गोमायुबलसंघुष्टाशक्तिध्वजसमाकुला २९ वारणाभिरुताघोराक्ष्वेडितोत्क्रुष्टनादिता ॥
तत्राभवन्महाशब्दस्तुमुलोलोमहर्षणः ३० समावृण्वन्दिशःसर्वामहेंद्राशनिनिःस्वनः ॥ सानिशीथेमहाराजसेनाऽदृश्यतभारती ३१ अंगदैःकुंडलैर्निष्कैःशस्त्रै
श्चैवावभासिता ॥ तत्रनागारथाश्चैवजांबूनदविभूषिताः ३२ निशायांप्रत्यदृश्यंतमेघाइवसविद्युतः ॥ ऋष्टिशक्तिगदाबाणमुसलप्रासपट्टिशाः ३३ संपतंतोव्यदृ
श्यंतभ्राजमानाइवाग्नयः ॥ दुर्योधनपुरोवातांरथनागबलाहकाम् ३४ वादित्रघोषस्तनितांचापविद्युद्ध्वजैर्वृताम् ॥ द्रोणपांडवपर्जन्यांखड्गशक्तिगदाशनिम् ३५ शर
धाराम्रपवनांभृशंशीतोष्णसंकुलाम् ॥ घोरांविस्मापनीमुग्रांजीवितच्छिदमप्लवाम् ३६ तांप्राविशन्नतिभयांसेनांयुद्धचिकीर्षवः ॥ तस्मिन्रात्रिमुखेघोरेमहाशब्द
निनादिते ३७ भीरूणांत्रासजननेशूराणांहर्षवर्धने ॥ रात्रियुद्धेमहाघोरेवर्तमानेसुदारुणे ३८ द्रोणमभ्यद्रवन्क्रुद्धाःसहिताःपांडुसृंजयाः ॥ येयेप्रमुखतोराजन्न्यवर्ततमहा
रथाः ३९ तान्सर्वान्विमुखांश्चक्रेकांश्चिन्निन्येयमक्षयम् ॥ तानिनागसहस्राणिरथानामयुतानिच ४० पदातिहयसंघानांप्रयुतान्यर्बुदानिच ॥ द्रोणेनैकेननाराचै
र्निर्भिन्नानिनिशामुखे ४१ ॥ इतिश्रीमहाभारतेद्रोणपर्वणिघटोत्कचवधपर्वणिरात्रियुद्धेचतुःपंचाशदधिकशततमोऽध्यायः ॥ १५४ ॥ ॥ धृतराष्ट्रउवाच ॥
तस्मिन्प्रविष्टेदुर्धर्षेसृंजयानमितौजसि ॥ अमृष्यमाणेसंरब्धेकावोऽभूद्वैमतिस्तदा १ दुर्योधनंतथापुत्रमुक्त्वाशास्त्रातिगंमम ॥ यत्प्राविशदमेयात्माकिंपार्थःप्रत्य
पद्यत २ निहतेसैन्धवेवीरेभूरिश्रवसिचैवह ॥ यदाभ्यगान्महातेजाःपंचालानपराजितः ३ किममन्यतदुर्धर्षेप्रविष्टेशत्रुतापने ॥ दुर्योधनस्तुकिंकृत्यंप्राप्तकालममन्यत ४ केचतंवरदंवीरमन्वयुर्द्विजसत्तमम् ॥ केचास्यपृष्ठतोऽगच्छन्वीराःशूरस्ययुध्यतः ५ केपुरस्तादवर्तंतनिघ्नन्तःशात्रवान्रणे ॥ मन्येऽहंपांडवान्सर्वान्भारद्वा
जशरार्दितान् ६ शिशिरेकंपमानावैकृशागावइवप्रभो ॥ प्रविश्यसमहेष्वासःपंचालानरिमर्दनः ॥ कथंनुपुरुषव्याघ्रःपंचत्वमुपजग्मिवान् ७

॥ १.२१ ॥
चतुःपंचाशदधिकशततमोऽध्यायः ॥ १५४ ॥ ॥ तस्मिन्निति १ । २ । ३ । ४ । ५ । ६ गावःगाः ७

८ । ९ । १० । ११ । १२ । १३ । १४ । १५ । १६ । १७ । १८ । १९ । २० । २१ । २२ । २३ । २४ । २५ । २६ । २७ । २८ । २९

सर्वेषुयोधेषुचसंगतेपुरात्रौसमेतेषुमहारथेपु ॥ संलोड्यमानेषुपृथग्बलेषुकेवस्तदानींमतिमंतआसन् ८ हतांश्चैवविषक्तांश्चपराभूतांश्चशंससि ॥ रथिनोविरथांश्चैव
कृतान्युद्धेपुमामकान् ९ तेषांसंलोड्यमानानांपांडवैर्हतचेतसाम् ॥ अंधेतमसिमग्नानामभवत्कामतिस्तदा १० प्रहृष्टांश्चाप्युदग्रांश्चसंतुष्टांश्चैवपांडवान् ॥ शंससी
हाप्रहृष्टांश्चविभ्रष्टांश्चैवमामकान् ११ कथमेषांतदातत्रपार्थानामपलायिनाम् ॥ प्रकाशमभवद्रात्रौकथंकुरुषुसंजय १२ ॥ संजयउवाच ॥ रात्रियुद्धेतदाराज
न्वर्तमानेसुदारुणे ॥ द्रोणमभ्यद्रवन्सर्वेपांडवाःसहसोमकैः १३ ततोद्रोणःकेकयांश्चधृष्टद्युम्नस्यचात्मजान् ॥ संप्रैषयत्प्रेतलोकंसर्वानिषुभिराशुगैः १४ तस्यप्रमुख
तोराजन्येऽवर्तंतमहारथाः ॥ तान्सर्वान्प्रेषयामासपितृलोकंसभारत १५ प्रमथ्नंतंतदावीरान्भारद्वाजंमहारथम् ॥ अभ्यवर्ततसंक्रुद्धःशिबीराजाप्रतापवान् १६
तमापतंतंसंप्रेक्ष्यपांडवानांमहारथम् ॥ विव्याधदशभिर्बाणैःसर्वपारसवैःशितैः १७ तंशिबिःप्रतिविव्याधत्रिंशतानिशितैःशरैः ॥ सारथिंचास्यभल्लेनस्मयमानो
न्यपातयत् १८ तस्यद्रोणोहयान्हत्वासारथिंचमहात्मनः ॥ अथास्यसशिरस्त्राणंशिरःकायादपाहरत् १९ ततोऽस्यसारथिंक्षिप्रमन्यंदुर्योधनोऽदिशत् ॥ सतेनसं
गृहीताश्वःपुनरभ्यद्रवद्रिपून् २० कलिंगानामनीकेनकालिंगस्यसुतोरणे ॥ पूर्वंपितृवधात्क्रुद्धोभीमसेनमुपाद्रवत् २१ सभीमंपंचभिर्विद्ध्वापुनर्विव्याधसप्तभिः ॥
विशोकंत्रिभिराजघ्नेच्छेदध्वजमेकेनपत्रिणा २२ कलिंगानांतुतंशूरंक्रुद्धोक्रुद्धंवृकोदरः ॥ रथाद्रथमभिद्रुत्यमुष्टिनाभिजघानह २३ तस्यमुष्टिहतस्याजौपांडवेनबलीयसा ॥
सर्वाण्यस्थीनिसहसाप्रापतन्वैपृथक्पृथक् २४ तंकर्णोभ्रातरश्चास्यनामृष्यंतपरंतप ॥ तेभीमसेनंनाराचैर्जघ्नुराशीविषोपमैः २५ ततःशत्रुरथंत्यक्त्वाभीमोध्रुवर
थंगतः ॥ ध्रुवंचास्यंतमनिशंमुष्टिनासमपोथयत् २६ सतथापांडुपुत्रेणबलिनाऽभिहतोऽपतत् ॥ तंनिहत्यमहाराजभीमसेनोमहाबलः २७ जयरातरथंप्राप्य
मुहुःसिंहइवानदत् ॥ जयरातमथाक्षिप्यनदन्सव्येनपाणिना २८ तलेननाशयामासकर्णस्यैवाग्रतःस्थितः ॥ कर्णस्तुपांडवेशक्तिंकांचनींसमवासृजत् २९ तत
स्तामेवजग्राहप्रहसन्पांडुनंदनः ॥ कर्णायैवचदुर्धर्षश्चिक्षेपाजौवृकोदरः ३० तामापतन्तींचिच्छेदशकुनिस्तैलपायिना ॥ एतत्कृत्वामहत्कर्मरणेऽद्भुतपराक्रमः ३१
पुनःस्वरथमास्थायदुद्रावतववाहिनीम् ॥ तमायांतंजिघांसंतंभीमंक्रुद्धमिवांतकम् ३२ न्यवारयन्महाबाहुंतवपुत्राविशांपते ॥ महताशरवर्षेणच्छादयंतोमहा
रथाः ३३ दुर्मदस्तुततोभीमःप्रहसन्निवसंयुगे ॥ सारथिंचहयांश्चैवशरैर्निन्येयमक्षयम् ३४ दुर्मदस्तुततोयानंदुष्कर्णस्यावचक्रमे ॥ तावेकरथमारूढौभ्रातरौपर
तापनौ ३५ संग्राममशिरसोमध्येभीमंद्वावप्यधावताम् ॥ यथांबुपतिमित्रौहितारकंदैत्यसत्तमम् ३६ ततस्तुदुर्मदश्चैवदुष्कर्णश्चतवात्मजौ ॥ रथमेकंसमा
रुह्यभीमंबाणैरविध्यताम् ३७

३० । ३१ । ३२ । ३३ । ३४ । ३५ । ३६ । ३७

३८। ३९ ।४० ।४१ ।४२ कमलविबुद्धलोचनोविलसत्पद्मनेत्रः ४३ । ४४ गुरुणाद्रोणेन ४५ तिमिराण्येवघनास्तैः ४६ ॥ इतिद्रोणपर्वणिटीकायांपंचपंचाशदधिकशततमोऽध्यायः ॥ १५५ ॥

ततःकर्णस्यमिषतोद्रौणेर्दुर्योधनस्यच ॥ कृपस्यसोमदत्तस्यबाल्हीकस्यचपांडवः ३८ दुर्मदस्यचवीरस्यदुष्कर्णस्यचतंरथम् ॥ पादप्रहारेणवरंप्रावेशयदरिंदमः ३९ ततःसुतौतेबलिनौशूरौदुष्कर्णदुर्मदौ ॥ मुष्टिनाऽऽहत्यसंक्रुद्धोममर्दचननर्दच ४० ततोहाहाकृतेसैन्येदृष्ट्वाभीमंनृपाब्रुवन् ॥ रुद्रोऽयंभीमरूपेणधार्तराष्ट्रेषुयुध्यति ४१ एवमुक्त्वापलायंतेसर्वेभारतपार्थिवाः ॥ विसंज्ञावाहयन्वाहान्नचद्वौसहधावतः ४२ ततोबलेभृशलुलितेनिशामुखेसुपूजितोनृपवृषभैर्वृकोदरः ॥ महाबलःकमलविबुद्धलोचनोयुधिष्ठिरंनृपतिमपूजयद्बली ४३ ततोयमौद्रुपदविराटकेकयायुधिष्ठिरश्चापिपरांमुदंययुः ॥ वृकोदरंभृशमनुपूजयंश्चतेयथांऽधकेप्रतिनिहतेहरंसुराः ४४ ततःसुतास्तेवरुणात्मजोपमारुषान्विताःसहगुरुणामहात्मना ॥ वृकोदरंसरथपदातिकुंजरायुयुत्सवोभृशमभिपर्यवारयन् ४५ ततोऽभवत्तिमिरघनैरिवावृतेमहाभयेभयदमतीवदारुणम् ॥ निशामुखेवृकबलगृध्रमोदनंमहात्मनांनृपवरयुद्धमद्भुतम् ४६ ॥ ॥ इतिश्रीमहाभारतेद्रोणपर्वणिघटोत्कचवधपर्वणिरात्रियुद्धेभीमपराक्रमेपंचपंचाशदधिकशततमोऽध्यायः ॥ १५५ ॥ ॥ ॥ संजयउवाच ॥ प्रायोपविष्टेतुहतेपुत्रेसात्यकिनातदा ॥ सोमदत्तोभृशंक्रुद्धःसात्यकिंवाक्यमब्रवीत् १ क्षत्रधर्मःपुरादृष्टोयस्तुदेवैर्महात्मभिः ॥ तंत्वंसात्वतसंत्यज्यदस्युधर्मेकथंरतः २ पराङ्मुखायदीनायन्यस्तशस्त्रायसात्यके ॥ क्षत्रधर्मरतःप्राज्ञःकथंनुप्रहरेद्रणे ३ द्वावेवकिलवृष्णीनांतत्रख्यातौमहारथौ ॥ प्रद्युम्नश्चमहाबाहुस्त्वंचैवयुधिसात्वत ४ कथंप्रायोपविष्टायपार्थेनच्छिन्नबाहवे ॥ नृशंसंपतनीयंचतादृशंकृतवानसि ५ कर्मणस्तस्यदुर्वृत्तफलंप्राप्नुहिसंयुगे ॥ अद्यछेत्स्यामितेमूढशिरोविक्रम्यपत्रिणा ६ शपेसात्वतपुत्राभ्यामिष्टेनसुकृतेनच ॥ अनतीतामिमांरात्रिंयदित्वांवीरमानिनम् ७ अरक्ष्यमाणंपार्थेनजिष्णुनाससुतानुजम् ॥ नहन्यान्नरकेघोरेपतेयंवृष्णिपांसन ८ एवमुक्त्वासुसंक्रुद्धःसोमदत्तोमहाबलः ॥ दध्मौशंखंचतारेणसिंहनादंननादच ९ ततःकमलपत्राक्षःसिंहदंष्ट्रोदुरासदः ॥ सात्यकिर्भृशसंक्रुद्धःसोमदत्तमथाब्रवीत् १० कौरवेयनमेत्रासःकथंचिदपिविद्यते ॥ त्वयासार्धमथान्यैश्चयुध्यतोहृदिकश्चन ११ यदिसर्वेणसैन्येनगुप्तोमांयोधयिष्यसि ॥ तथापिनव्यथाकाचित्त्वयिस्यान्ममकौरव १२ युद्धसारेणवाक्येनअसतांसंमतेनच ॥ नाहंभीषयितुंशक्यःक्षत्रवृत्तेस्थितस्त्वया १३ यदितेऽस्तियुयुत्साऽद्यमयासहनराधिप ॥ निर्दयोनिशितैर्बाणैःप्रहरप्रहरामिते १४ हतोभूरिश्रवावीरस्तवपुत्रोमहारथः ॥ शलश्चैवमहाराजभ्रातृव्यसनकर्षितः १५ त्वांचाप्यद्यवधिष्यामिसहपुत्रंसबांधवम् ॥ तिष्ठेदानींरणेयत्तःकौरवोऽसिमहारथः १६

॥ मायइति १ । २ । ३ । । ४ पतनीयंपातहेतुःपापम् ५ । ६ । ७ । ८ तारेणोच्चस्वरेण ९ । १० । ११ । १२ । १३ । १४ । १५ । १६

दानंस्वद्रव्यस्यपरस्वत्वापादनं । दमोमनसोयथेष्टंविनियोगयोग्यता । शौचंसंकरवर्जनं । अहिंसासर्वभूतानामनभिद्रोहः । ह्रीरकर्तव्यान्निवर्तकोधर्मः । क्षमाऽपकारिण्यकोपः १७ । १८ कृष्ण

यस्मिन्दानंदमःशौचमहिंसाह्रीर्धृतिःक्षमा ॥ अनपायानिसर्वाणिनित्यंराज्ञियुधिष्ठिरे १७ मृदंगकेतोस्तस्यत्वंतेजसानिहतःपुरा ॥ सकर्णसौबलःसंख्येविनाशमु
पयास्यसि १८ शपेऽहंकृष्णचरणैरिष्टापूर्तेनचैवह ॥ यदित्वांससुतंपापंनहन्यांयुधिरोषितः १९ अपयास्यसिचेत्युक्त्वारणंमुक्तोभविष्यसि ॥ एवमाभाष्यचा
न्योन्यंक्रोधसंरक्तलोचनौ २० प्रवृत्तौशरसंपातंकर्तुंपुरुषसत्तमौ ॥ ततोरथसहस्रेणनागानामयुतेनच २१ दुर्योधनःसोमदत्तंपरिवार्यसमंततः ॥ शकुनिश्चसुसंक्रुद्धः
सर्वशस्त्रभृतांवर २२ पुत्रपौत्रैःपरिवृतोभ्रातृभिश्चेन्द्रविक्रमैः ॥ स्यालस्तवमहाबाहुर्वज्रसंहननोयुवा २३ साग्रंशतसहस्रंतुहयानांतस्यधीमतः ॥ सोमदत्तंमहेष्वासं
समंतात्पर्यरक्षत २४ रक्ष्यमाणश्चबलिभिश्छादयामाससात्यकिम् ॥ तंछाद्यमानंविशिखैर्दृष्ट्वासन्नतपर्वभिः २५ धृष्टद्युम्नोऽभ्ययात्क्रुद्धःप्रगृह्यमहतींचमूम् ॥ चंड
वाताभिसृष्टानामुदधीनामिवस्वनः २६ आसीद्राजन्बलौघानामन्योन्यमभिनिघ्नताम् ॥ विव्याधसोमदत्तस्तुसात्वतंनवभिःशरैः २७ सात्यकिर्नवभिश्चैनमवधी
त्कुरुपुंगवम् ॥ सोऽतिविद्धोबलवतासमरेदृढधन्विना २८ रथोपस्थंसमासाद्यमुमोहगतचेतनः ॥ तंविमूढंसमालक्ष्यसारथिस्त्वरयायुतः २९ अपोवाहरणाद्वीरं
सोमदत्तंमहारथम् ॥ तंविसंज्ञंसमालक्ष्ययुयुधानशरार्दितम् ३० अभ्यद्रवत्ततोद्रोणोयदुवीरजिघांसया ॥ तमायांतमभिप्रेक्ष्ययुधिष्ठिरपुरोगमाः ३१ परिवव्रुर्महा
त्मानंपरीप्संतोयदूत्तमम् ॥ ततःप्रववृतेयुद्धंद्रोणस्यसहपांडवैः ३२ बलेरिवसुरैःपूर्वंत्रैलोक्यजयकांक्षया ॥ ततःसायकजालेनपांडवानीकमावृणोत् ३३ भारद्वाजोम
हातेजाविव्याधचयुधिष्ठिरम् ॥ सात्यकिंदशभिर्बाणैर्विंशत्यापार्षतंशरैः ३४ भीमसेनंचनवभिर्नकुलंपंचभिस्तथा ॥ सहदेवंतथाऽष्टाभिःशतेनचशिखंडिनम् ३५
द्रौपदेयान्महाबाहुःपंचभिःपंचभिःशरैः ॥ विराटंमत्स्यमष्टाभिर्द्रुपदंदशभिःशरैः ३६ युधामन्युंत्रिभिःषड्भिरुत्तमौजसमाहवे ॥ अन्यांश्चसैनिकान्विद्ध्वायुधिष्ठिरमु
पाद्रवत् ३७ तेवध्यमानाद्रोणेनपांडुपुत्रस्यसैनिकाः ॥ प्राद्रवन्वैभयाद्राजन्सार्तनादादिशोदश ३८ काल्यमानंतुतत्सैन्यंदृष्ट्वाद्रोणेनफाल्गुनः ॥ किंचिदागतसंरंभो
गुरुंपार्थोऽभ्ययाद्द्रुतम् ३९ दृष्ट्वाद्रोणस्तुबीभत्सुमभिधावंतमाहवे ॥ संन्यवर्ततततत्सैन्यंपुनर्यौधिष्ठिरंबलम् ४० ततोयुद्धमभूद्भूयोभारद्वाजस्यपांडवैः ॥ द्रोणस्त
वसुतैराजन्सर्वतःपरिवारितः ४१ व्यधमत्पांडुसैन्यानितूलराशिमिवानलः ॥ संज्वलंतमिवादित्यंदीप्तानलसमद्युतिम् ४२ राजन्ननिशमत्यंतंदृष्ट्वाद्रोणंशरार्चिषम् ॥
मंडलीकृतधन्वानंतपंतमिवभास्करम् ४३ दहंतमहितान्सैन्येनैनंकश्चिदवारयत् ॥ योयोहिप्रमुखेतस्यतस्थौद्रोणस्यपूरुषः ४४ तस्यतस्यशिरश्छित्वाययुर्द्रोणशराः
क्षितिम् ॥ एवंसापाडवीसेनावध्यमानामहात्मना ४५ ॥ ॥ ॥ ॥

चरणैःकृष्णयोश्चरणैः १९ । २० । २१ । २२ । २३ । २४ । २५ । २६ । २७ । २८ । २९ । ३० । ३१ । ३२ । ३३ । ३४ । ३५ । ३६ । ३७ । ३८ । ३९ । ४० । ४१ । ४२।४३।४४।४५

प्रदुद्रावपुनर्भीतापश्यतःसव्यसाचिनः ॥ संप्रभग्नंबलंदृष्ट्वाद्रोणेननिशिभारत ४६ गोविन्दमब्रवीज्जिष्णुर्गच्छद्रोणरथंप्रति ॥ ततोरजतगोक्षीरकुन्देंदुसदृशप्रभान् ४७
चोदयामासदाशार्होहयान्द्रोणरथंप्रति ॥ भीमसेनोऽपितंदृष्ट्वायांतंद्रोणायफाल्गुनम् ४८ स्वसारथिमुवाचेदंद्रोणानीकायमांवह ॥ सोऽपितस्यवचःश्रुत्वाविशोको
वाहयद्धयान् ४९ पृष्ठतःसत्यसंधस्यजिष्णोर्भरतसत्तम ॥ तौदृष्ट्वाभ्रातरौयत्तौद्रोणानीकमभिद्रुतौ ५० पंचालाःसृंजयामत्स्याश्चेदिकारूषकोसलाः ॥ अन्वगच्छ
न्महाराजकेकयाश्चमहारथाः ५१ ततोराजन्नभूद्धोरःसंग्रामोलोमहर्षणः ॥ बीभत्सुर्दक्षिणंपार्श्वमुत्तरंचवृकोदरः ५२ महद्भ्यांरथवृंदाभ्यांबलंजगृहतुस्तव ॥ तौदृष्ट्वा
पुरुषव्याघ्रौभीमसेनधनंजयौ ५३ धृष्टद्युम्नोऽभ्ययाद्राजन्सात्यकिश्चमहाबलः ॥ चंडवाताभिपन्नानामुदधीनामिवस्वनः ५४ आसीद्राजन्बलौघानांतदाऽन्योन्य
मभिघ्नताम् ॥ सौमदत्तिवधात्क्रुद्धोदृष्ट्वासात्यकिमाहवे ५५ द्रौणिरभ्यद्रवद्राजन्वधायकृतनिश्चयः ॥ तमापतंतंसंप्रेक्ष्यशैनेयस्यरथंप्रति ५६ भैमसेनिःसुसंक्रुद्धःप्रत्य
मित्रमवारयत् ॥ कार्ष्णायसंमहावोरमृक्षचर्मपरिच्छदम् ५७ महांतंरथमास्थायत्रिंशन्नल्वांतरांतरम् ॥ विक्षिप्तयंत्रसन्नाहंमहामेघौघनिःस्वनम् ५८ युक्तंगजनिभै
र्वाहैर्नहयैर्नापिवारणैः ॥ विक्षिप्तपक्षचरणविवृताक्षेणकूजता ५९ ध्वजेनोच्छ्रितदंडेनगृध्रराजेनराजितम् ॥ लोहितार्द्रपताकंतुअंत्रमालाविभूषितम् ६० अष्टचक्रसमा
युक्तमास्थायविपुलंरथम् ॥ शूलमुद्गरधारिण्याशैलपादपहस्तया ६१ रक्षसांघोररूपाणामक्षौहिण्यासमावृतः ॥ तमुद्यतमहाचापंनिशम्यव्यथितानृपाः ६२
युगांतकालसमयेदंडहस्तमिवांतकम् ॥ ततस्तंगिरिशृंगाभंभीमरूपंभयावहम् ६३ दंष्ट्राकरालोग्रमुखंशंकुकर्णमहाहनुम् ॥ ऊर्ध्वकेशंविरूपाक्षंदीप्तास्यंनिम्नितोद
रम् ६४ महाश्वभ्रगलद्वारंकिरीटच्छन्नमूर्धजम् ॥ त्रासनंसर्वभूतानांव्यात्ताननमिवांतकम् ६५ वीक्ष्यदीप्तमिवायांतंरिपुविक्षोभकारिणम् ॥ तमुद्यतमहाचापंरा
क्षसेंद्रंघटोत्कचम् ६६ भयार्दिताप्रचुक्षोभपुत्रस्यतववाहिनी ॥ वायुनाक्षोभितावर्तागंगेवोर्ध्वतरंगिणी ६७ घटोत्कचप्रयुक्तेनसिंहनादेनभीषिताः ॥ प्रसुस्रुवुर्गजा
मूत्रंविव्यथुश्चनराभृशम् ६८ ततोऽश्मवृष्टिरत्यर्थमासीत्तत्रसमंततः ॥ संध्याकालाधिकबलैःप्रयुक्ताराक्षसैःक्षितौ ६९ आयसानिचचक्राणिभुशुंड्यःप्रासतोमराः ॥
पतंत्यविरताःशूलाःशतघ्न्यःपट्टिशास्तथा ७० तदुग्रमतिरौद्रंचदृष्ट्वायुद्धंनराधिपाः ॥ तनयास्तवकर्णश्चव्यथिताःप्राद्रवन्दिशः ७१ तत्रैकोऽस्त्रबलश्लाघीद्रौणिर्मा
नीनविव्यथे ॥ व्यधमच्चशरैर्मायांघटोत्कचविनिर्मिताम् ७२ विहतायांतुमायायाममर्षीसघटोत्कचः ॥ विससर्जशरान्घोरांस्तेऽश्वत्थामानमाविशन् ७३ भुजंगा
इववेगेनवल्मीकंक्रोधमूर्छिताः ॥ तेशरारुधिराक्तांगाभित्त्वाशारद्वतीसुतम् ७४ ॥ ॥ ॥ ॥

७५ । ७६ । ७७ । ७८ । ७९ ८० । ८१ । ८२ । ८३ । ८४ । ८५ । ८६ । । ८७ । ८८ । ८९ । ९० । ९१ । ९२ गच्छवत्सेतिपुत्रेणेतिचभीमसेनसंबंधात् ९३

विविशुर्धरणींशीघ्रारुक्मपुंखाःशिलाशिताः ॥ अश्वत्थामातुसंक्रुद्धोलघुहस्तःप्रतापवान् ७५ घटोत्कचमभिक्रुद्धंबिभेददशभिःशरैः ॥ घटोत्कचोऽतिविद्धस्तु
द्रोणपुत्रेणमर्मसु ७६ चक्रंशतसहस्रारमगृह्णद्व्यथितोभृशम् ॥ क्षुरांतंबालसूर्याभंमणिवज्रविभूषितम् ७७ अश्वत्थाम्नेसचिक्षेपभैमसेनिर्जिघांसया ॥ वेगेन
महतागच्छद्विक्षिप्तंद्रौणिनाशरैः ७८ अभाग्यस्येवसंकल्पस्तन्मोघमपतद्भुवि ॥ घटोत्कचस्ततस्तूर्णंदृष्ट्वाचक्रंनिपातितम् ७९ द्रौणिंप्राच्छादयद्बाणैःस्वर्भानु
रिवभास्करम् ॥ घटोत्कचसुतःश्रीमान्भिन्नांजनचयोपमः ८० रुरोधद्रौणिमायांतंप्रभंजनमिवाद्रिराट् ॥ पौत्रेणभीमसेनस्यशरैःसंजनपर्वणा ८१ बभौमेघे
नधाराभिर्गिरिर्मेरुरिवावृतः ॥ अश्वत्थामात्वसंभ्रांतोरुद्रोपेंद्रेंद्रविक्रमः ८२ ध्वजमेकेनबाणेनचिच्छेदांजनपर्वणः ॥ द्वाभ्यांतुरथयंतारौत्रिभिश्चास्यत्रिवेणुकम्
८३ धनुरेकेनचिच्छेदचतुर्भिश्चतुरोहयान् ॥ विरथस्योद्यतंहस्ताद्धेमबिंदुभिराचितम् ८४ विशिखेनसुतीक्ष्णेनखङ्गमस्यद्विधाऽकरोत् ॥ गदांहेमांगदांराजं
स्तूर्णंहैडिंबिसूनुना ८५ भ्राम्योत्क्षिप्ताशरैःसाऽपिद्रौणिनाऽभ्याहताऽपतत् ॥ ततोऽन्तरिक्षमुत्प्लुत्यकालमेघइवोन्नदन् ८६ ववर्षांजनपर्वासद्रुमवर्षंनभस्तलात् ॥
ततोमायाधरंद्रौणिर्घटोत्कचसुतंदिवि ८७ मार्गणैरभिविव्याधघनंसूर्यइवांशुभिः ॥ सोऽवतीर्यपुरस्तस्थौरथेहेमविभूषिते ८८ महीगतइवात्युग्रःश्रीमानंजनपर्वतः ॥
तमयस्मयवर्माणंद्रौणिर्भीमात्मजात्मजम् ८९ जघानांजनपर्वाणंमहेश्वरइवांधकम् ॥ अथदृष्ट्वाहतंपुत्रमश्वत्थाम्नामहाबलम् ९० द्रौणेःसकाशमभ्येत्यरोषात्प्रज्व
लितांगदः ॥ प्राहवाक्यमसंभ्रांतोवीरंशारद्वतीसुतम् ९१ दहंतंपांडवानीकंवनमग्निमिवोच्छ्रितम् ॥ घटोत्कचउवाच ॥ तिष्ठतिष्ठनमेजीवन्द्रोणपुत्रगमिष्यसि ९२
त्वामद्यनिहनिष्यामिक्रौंचमग्निसुतोयथा ॥ अश्वत्थामोवाच ॥ गच्छवत्ससहान्यैस्त्वंयुध्यस्वामरविक्रम ९३ नहिपुत्रेणहैडिंबेपितान्याय्यःप्रबाधितुम् ॥ कामंख
लुनरोषोमेहैडिंबेविद्यतेत्वयि ९४ किंतुरोषान्वितोजंतुर्हन्यादात्मानमप्युत ॥ संजयउवाच ॥ श्रुत्वैतत्क्रोधताम्राक्षःपुत्रशोकसमन्वितः ९५ अश्वत्थामानमाय
स्तोभैमसेनिरभाषत ॥ किमहंकातरोद्रौणेपृथग्जनइवाहवे ९६ यन्मांभीषयसेवाग्भिरसदेतद्वचस्तव ॥ भीमात्खलुसमुत्पन्नःकुरूणांविपुलेकुले ९७ पांडवानाम
हंपुत्रःसमरेष्वनिवर्तिनाम् ॥ रक्षसामधिराजोऽहंदशग्रीवसमोबले ९८ तिष्ठतिष्ठनमेजीवन्द्रोणपुत्रगमिष्यसि ॥ युद्धश्रद्धामहंतेऽद्यविनेष्यामिरणाजिरे ९९ इत्यु
क्त्वाक्रोधताम्राक्षोराक्षसःसुमहाबलः ॥ द्रौणिमभ्यद्रवत्क्रुद्धोगजेंद्रमिवकेसरी १०० रथाक्षमात्रैरिषुभिरभ्यवर्षद्घटोत्कचः ॥ रथिनामृषभंद्रौणिंधाराभिरिवतो
यदः १ शरवृष्टिंशरैर्द्रौणिरप्राप्तांतांव्यशातयत् ॥ ततोऽन्तरिक्षेबाणानांसंग्रामोऽन्यइवाभवत् १०२

९४ आत्मानमपिहन्यात्किमुपुत्रमतोजीवनार्थीत्वंनिवर्तस्वेतिभावः ९५ आयस्तःकोपितः । ९६ । ९७ ९८ । ९९ । १०० । १ । १०२

अथास्त्रसंमर्दकृतैर्विस्फुलिंगैस्तदाबभौ ॥ विभावरीमुखेव्योमखद्योतैरिवचित्रितम् १०३ निशाम्यनिहतांमायांद्रौणिनारणमानिना ॥ घटोत्कचस्ततोमायांसस
र्जांतर्हितःपुनः ४ सोऽभवद्गिरिरत्युच्चःशिखरैस्तरुसंकटैः ॥ शूलप्रासासिमुसलजलप्रस्रवणोमहान् ५ तमंजनगिरिप्रख्यंद्रौणिर्दृष्ट्वामहीधरम् ॥ प्रपतद्भिश्चबहुभिः
शस्त्रसंघैर्नविव्यथे ६ ततोहसन्निवद्रौणिर्वज्रमस्त्रमुदीरयत् ॥ सतेनास्त्रेणशैलेंद्रःक्षिप्तःक्षिप्रंव्यनश्यत ७ ततःसतोयदोभूत्वानीलःसेंद्रायुधोदिवि ॥ अश्मवृष्टिभिर
त्युग्रोद्रौणिमाच्छादयद्रणे ८ अथसंधायवायव्यमस्त्रमस्त्रविदांवरः ॥ व्यधमद्द्रोणतनयोनीलमेघंसमुत्थितम् ९ समार्गणगणैर्द्रौणिर्दिशःप्रच्छाद्यसर्वशः ॥ शतंर
थसहस्राणांजघानद्विपदांवरः ११० सदृष्ट्वापुनरायांतंरथेनायतकार्मुकम् ॥ घटोत्कचमसंभ्रांतंराक्षसैर्बहुभिर्वृतम् ११ सिंहशार्दूलसदृशैर्मत्तद्विरदविक्रमैः ॥ गज
स्थैश्चरथस्थैश्चवाजिपृष्ठगतैरपि १२ विकृतास्थिशिरोग्रीवैर्हैडिंबानुचरैःसह ॥ पौलस्त्यैर्यातुधानैश्चतामसैश्चेंद्रविक्रमैः १३ नानाशस्त्रधरैर्वीरैर्नानाकवचभूषणैः ॥
महाबलैर्भीमरवैःसंरंभोद्वृत्तलोचनैः १४ उपस्थितैस्ततोयुद्धेराक्षसैर्युद्धदुर्मदैः ॥ विषण्णमभिसंप्रेक्ष्यपुत्रंतेद्रौणिरब्रवीत् १५ तिष्ठदुर्योधनाद्यत्वंनकार्यःसंभ्रम
स्त्वया ॥ सहैभिर्भ्रातृभिर्वीरैःपार्थिवैश्चेंद्रविक्रमैः १६ निहनिष्याम्यमित्रांस्तेनतवास्तिपराजयः ॥ सत्यंतेप्रतिजानामिपर्याश्वासयवाहिनीम् १७ ॥ दुर्योधनउ
वाच ॥ नत्वेतदद्भुतंमन्येयत्तेमहदिदंमनः ॥ अस्मासुचपराभक्तिस्तवगौतमिनंदन १८ ॥ संजयउवाच ॥ अश्वत्थामानमुक्त्वैवंततःसौबलमब्रवीत् ॥ वृतंरथस
हस्रेणहयानांरणशोभिनाम् १९ षष्ट्यारथसहस्रैश्चप्रयाहित्वंधनंजयम् ॥ कर्णश्चवृषसेनश्चकृपोनीलस्तथैवच १२० उदीच्याःकृतवर्माचपुरुमित्रःसुतापनः ॥
दुःशासनोनिकुंभश्चकुंडभेदीपराक्रमः २१ पुरंजयोदृढरथःपताकीहेमकंपनः ॥ शल्यारुणींद्रसेनाश्चसंजयोविजयोजयः २२ कमलाक्षःपरक्राथीजयवर्मासुदर्शनः ॥
एतेत्वामनुयास्यंतिपत्तीनामयुतानिषट् २३ जहिभीमंयमौचोभौधर्मराजंचमातुल ॥ असुरानिवदेवेंद्रोजयाशामेत्वयिस्थिता २४ दारितान्द्रौणिनाबाणैर्भृशंविक्ष
तविग्रहान् ॥ जहिमातुलकौंतेयानसुरानिवपावकिः २५ एवमुक्तोययौशीघ्रंपुत्रेणतवसौबलः ॥ पिप्रीषुस्तेसुतान्राजन्दिधक्षुश्चैवपांडवान् २६ अथप्रववृतेयु
द्धंद्रौणिराक्षसयोर्मृधे ॥ विभावर्यांसुतुमुलंशक्रप्रल्हादयोरिव २७ ततोघटोत्कचोबाणैर्दशभिर्गौतमीसुतम् ॥ जघानोरसिसंक्रुद्धोविषाग्निप्रतिमैर्दृढैः २८ सतैर
भ्याहतोगाढंशरैर्भीमसुतेरितैः ॥ चचालरथमध्यस्थोवातोद्धूतइवद्रुमः २९ भूयश्चांजलिकेनाथमार्गणेनमहाप्रभम् ॥ द्रौणिहस्तस्थितंचापंचिच्छेदाशुघटोत्कचः
१३० ततोऽन्यद्द्रौणिरादायधनुर्भारसहंमहत् ॥ ववर्षविशिखांस्तीक्ष्णान्वारिधाराइवांबुदः ३१ ततःशारद्वतीपुत्रःप्रेषयामासभारत ॥ सुवर्णपुंखाञ्छत्रुघ्नान्ख
चरान्खचरंप्रति ३२ तद्बाणैरर्दितंयूथंरक्षसांपीनवक्षसाम् ॥ सिंहैरिवबभौमत्तंगजानामाकुलंकुलम् १३३ ॥१२४॥

२७ । २८ । २९ । १३० । ३१ शारद्वतीकृपी खचरान्बाणान् खचरंराक्षसं ३२ । १३३

१.३४ । १.३५ । वसुरुल्बणःअग्निःप्रलयकालिकः १.३६ । १.३७ । १.३८ । १.३९ १.४० । १.४१ । १.४२ । १.४३ । १.४४ । १.४५ । १.४६ । १.४७ । १४८ । १.४९ । १.५० । १.५१ । १.५२ । १.५३

विधम्यराक्षसान्बाणैःसाश्वसूतरथद्विपान् ॥ ददाहभगवान्वह्निर्भूतानीवयुगक्षये १३४ सदग्ध्वाऽक्षौहिणींबाणैर्नैर्ऋतींरुरुचेनृप ॥ पुरेवत्रिपुरंदग्ध्वादिविदेवोमहे
श्वरः ३५ युगांतेसर्वभूतानिदग्ध्वेववसुरुल्बणः ॥ रराजजयतांश्रेष्ठोद्रोणपुत्रस्तवाहितान् ३६ ततोघटोत्कचःक्रुद्धोरक्षसांभीमकर्मणाम् ॥ द्रौणिंहतेतिमहतींचोद
यामासतांचमूम् ३७ घटोत्कचस्यतामाज्ञांप्रतिगृह्याथराक्षसाः ॥ दंष्ट्रोज्ज्वलामहावक्त्राघोररूपाभयानकाः ३८ व्यात्ताननाघोरजिह्वाःक्रोधताम्रेक्षणाभृशम् ॥ सिंह
नादेनमहतानादयंतोवसुंधराम् ३९ हंतुमभ्यद्रवन्द्रौणिंनानाप्रहरणायुधाः ॥ शक्तीःशतघ्नीःपरिघानशनीःशूलपट्टिशान् १४० खड्गान्गदाभिंदिपालान्मुसलानिप
रश्वधान् ॥ प्रासानसींस्तोमरांश्चकणपान्कंपनाञ्छितान् ४१ स्थूलान्भुशुंड्यश्मगदास्थूणान्कार्ष्णायसांस्तथा ॥ मुद्गरांश्चमहाघोरान्समरेशत्रुदारणान् ४२ द्रौणि
मूर्धन्यसंत्रस्ताराक्षसाभीमविक्रमाः ॥ चिक्षिपुःक्रोधताम्राक्षाःशतशोऽथसहस्रशः ४३ तच्छस्त्रवर्षंसुमहद्द्रोणपुत्रस्यमूर्धनि ॥ पतमानंसमीक्ष्याथयोधास्तेव्यथिता
ऽभवन् ४४ द्रोणपुत्रस्तुविक्रांतस्तद्वर्षंघोरमुच्छ्रितम् ॥ शरैर्विध्वंसयामासवज्रकल्पैःशिलाशितैः ४५ ततोऽन्यैर्विशिखैस्तूर्णंस्वर्णपुंखैर्महामनाः ॥ निजघ्नेराक्षसा
न्द्रौणिर्दिव्यास्त्रप्रतिमंत्रितैः ४६ तद्बाणैरर्दितंयूथंरक्षसांपीनरक्षसाम् ॥ सिंहैरिवबभौमत्तंगजानामाकुलंकुलम् ४७ तेराक्षसाःसुसंक्रुद्धाद्रोणपुत्रेणताडिताः ॥ क्रुद्धाः
स्मप्राद्रवन्द्रौणिंजिघांसंतोमहाबलाः ४८ तत्राद्भुतमिमंद्रौणिर्दर्शयामासविक्रमम् ॥ अशक्यंकर्तुमन्येनसर्वभूतेषुभारत ४९ यदेकोराक्षसींसेनांक्षणाद्द्रौणिर्महास्त्र
वित् ॥ ददाहज्वलितैर्बाणैराक्षसेन्द्रस्यपश्यतः १५० सहत्वाराक्षसानीकंरराजद्रौणिराहवे ॥ युगांतेसर्वभूतानिसंवर्त्तकइवानलः ५१ तंदहंतमनीकानिशरैराशीविषो
पमैः ॥ तेषुराजसहस्रेषुपांडवेयेषुभारत ५२ नैनंनिरीक्षितुंकश्चिदशक्नोद्द्रौणिमाहवे ॥ ऋतेघटोत्कचाद्वीराद्राक्षसेन्द्रान्महाबलात् ५३ सपुनर्भरतश्रेष्ठक्रोधादुद्भ्रांत
लोचनः ॥ तलंतलेनसंहत्यसंदश्यदशनच्छदम् ५४ स्वंसूतमब्रवीत्क्रुद्धोद्रोणपुत्रायमांवह ॥ सययौघोररूपेणसुपताकेनभास्वता ५५ द्वैरथंद्रोणपुत्रेणपुनरप्यरिसू
दनः ॥ सविनद्यमहानादंसिंहवद्भीमविक्रमः ५६ चिक्षेपाविध्यसंग्रामेद्रोणपुत्रायराक्षसः ॥ अष्टघंटांमहाघोरामशनिंदेवनिर्मिताम् ५७ तामवप्लुत्यजग्राहद्रौणिर्न्य
स्यरथेधनुः ॥ चिक्षेपचैनांतस्यैवस्यंदनात्सोऽवपुप्लुवे ५८ साश्वसूतध्वजंयानंभस्मकृत्वामहाप्रभा ॥ विवेशवसुधांभित्त्वासाऽशनिर्भृशदारुणा ५९ द्रौणेस्तत्कर्म
दृष्ट्वातुसर्वभूतान्यपूजयन् ॥ यदवप्लुत्यजग्राहघोरांशंकरनिर्मिताम् १६० धृष्टद्युम्नरथंगत्वाभैमसेनिस्ततोनृप ॥ धनुर्घोरंसमादायमहदिंद्रायुधोपमम् ॥ मुमोचनि
शितान्बाणान्पुनर्द्रौणेर्महोरसि ६१ धृष्टद्युम्नस्त्वसंभ्रांतोमुमोचाशीविषोपमान् ॥ सुवर्णपुंखान्विशिखान्द्रोणपुत्रस्यवक्षसि ६२ ततोमुमोचनाराचान्द्रौणिस्तांश्चस
हस्रशः ॥ तावप्यग्निशिखप्रख्यैर्जघ्नतुस्तस्यमार्गणान् १६३ ॥ ॥ ॥ ॥

१.५४ । १.५५ । १.५६ । १.५७ । १.५८ । १५९ । १.६० । १.६१ । १६२ । १६३

म.भा.टी. ॥ १६४ । ६५ । ६६ । ६७ । ६८ । ६९ । ७० । ७१ । ७२ । ७३ । ७४ । ७५ । ७६ । ७७ । ७८ । ७९ । ८० । ८१ । ८२ । ८३ । ८४ । ८५ । ८६ । ८७ । ८८ । ८९ ॥ द्रोण० अ० १५७

॥१२८॥ अतितीव्रंमहद्युद्धंतयोःपुरुषसिंहयोः ॥ योधानांप्रीतिजननंद्रोणेश्वभरतर्षभ १६४ ततोरथसहस्रेणद्विरदानांशतैस्त्रिभिः ॥ षड्भिर्वाजिसहस्रैश्चभीमस्तंदेशमागमत् ६५
ततोभीमात्मजंरक्षोधृष्टद्युम्नंचसानुगम् ॥ अयोधयतधर्मात्माद्रौणिरक्लिष्टविक्रमः ६६ तत्राद्भुततमंद्रौणिर्दर्शयामासविक्रमम् ॥ अशक्यंकर्तुमन्येनसर्वभूतेषुभारत
६७ निमेषांतरमात्रेणसाश्वसूतरथद्विपाम् ॥ अक्षौहिणींराक्षसानांशितैर्बाणैरशातयत् ६८ मिषतोभीमसेनस्यहैडिंबेःपार्षतस्यच ॥ यमयोर्धर्मपुत्रस्यविजयस्याच्यु
तस्यच ६९ प्रगाढमंजोगतिभिर्नाराचैरभिताडिताः ॥ निपेतुर्द्विरदाभूमौसशृंगाइवपर्वताः १७० निकृत्तैर्हस्तिहस्तैश्चविचलद्भिरितस्ततः ॥ रराजवसुधाकीर्णाविस
र्पद्भिरिवोरगैः ७१ क्षिप्तैःकांचनदंडैश्चनृपच्छत्रैःक्षितिर्बभौ ॥ द्यौरिवोदितचंद्रार्काग्रहाकीर्णायुगक्षये ७२ प्रवृद्धध्वजमंडूकांभेरीविस्तीर्णकच्छपाम् ॥ छत्रहंसावली
जुष्टांफेनचामरमालिनीम् ७३ कंकगृध्रमहाग्राहांनैकायुधझषाकुलाम् ॥ विस्तीर्णगजपाषाणांहताश्वमकराकुलाम् ७४ रथक्षिप्तमहावप्रांपताकारुचिरद्रुमाम् ॥ शरमी
नांमहारौद्रांप्रासशक्त्यृष्टिडुंडुभाम् ७५ मज्जामांसमहापंकांकबंधावर्जितोडुपाम् ॥ केशशैवलकल्माषांभीरूणांकश्मलावहाम् ७६ नागेंद्रहययोधानांशरीरव्ययसंभ
वाम् ॥ शोणितौघमहाघोरांद्रौणिःप्रावर्तयन्नदीम् ७७ योधार्तरवनिर्घोषांक्षतजोर्मिसमाकुलाम् ॥ श्वापदातिमहाघोरांयमराष्ट्रमहोदधिम् ७८ निहत्यराक्षसान्बाणैर्द्रौ
णिर्हैडिंबिमार्दयत् ॥ पुनरप्यतिसंक्रुद्धःसवृकोदरपार्षतान् ७९ सनाराचगणैःपार्थान्द्रौणिर्विद्ध्वामहाबलः ॥ जघानसुरथंनामद्रुपदस्यसुतंविभुः १८० पुनःशत्रुंजयंनाम
द्रुपदस्यात्मजंरणे ॥ बलानीकंजयानीकंजयाश्वंचाभिजघ्निवान् ८१ श्रुताह्वयंचराजानंद्रौणिर्निन्येयमक्षयम् ॥ त्रिभिश्चान्यैःशरैस्तीक्ष्णैःसुपुंखैर्हेममालिनम् ८२ जघा
नसपृषध्रंचचंद्रसेनंचमारिष ॥ कुंतिभोजसुतांश्चासौदशभिर्दशजघ्निवान् ८३ अश्वत्थामासुसंक्रुद्धःसंधायोग्रमजिह्मगम् ॥ मुमोचाकर्णपूर्णेनधनुषाशरमुत्तमम् ८४ यमदं
डोपमंघोरमुद्दिश्याशुघटोत्कचम् ॥ सभित्त्वाहृदयंतस्यराक्षसस्यमहाशरः ८५ विवेशवसुधांशीघ्रंसपुंखःपृथिवीपते ॥ तंहतंपतितंज्ञात्वाधृष्टद्युम्नोमहारथः ८६ द्रौणेः
सकाशाद्राजेंद्रव्यपनिन्येरथोत्तमम् ॥ ततःपराङ्मुखनृपंसैन्यंयौधिष्ठिरंनृप ८७ पराजित्यरणेवीरोद्रोणपुत्रोननादह ॥ पूजितःसर्वभूतेषुतवपुत्रैश्चभारत ८८ अथशर
शतभिन्नकृत्तदेहैर्हतपतितैःक्षणदाचरैःसमंतात् ॥ निधनमुपगतैर्महीकृताऽभूद्गिरिशिखरैरिवदुर्गमाऽतिरौद्रा ८९ तंसिद्धगंधर्वपिशाचसंघानागाःसुपर्णाःपितरोव
यांसि ॥ रक्षोगणाभूतगणाश्चद्रौणिमपूजयन्नप्सरसःसुराश्च १९० ॥ इतिश्रीमहाभारतेद्रोणपर्वणिघटोत्कचवधपर्वणिरात्रियुद्धेषट्पंचाशदधिकशततमोऽध्यायः ॥
१५६ ॥ संजयउवाच ॥ द्रुपदस्यात्मजान्दृष्ट्वाकुंतिभोजसुतांस्तथा ॥ द्रोणपुत्रेणनिहतान्राक्षसांश्चसहस्रशः १ ॥ ॥ ॥१२८॥

१९० इतिद्रोणपर्वणिटीकायांषट्पंचाशदधिकशततमोऽध्यायः ॥ १५६ ॥ द्रुपदस्येति १ ॥ ॥ ॥ ॥

२ । ३ । ४ । ५ । ६ । ७ । ८ । ९ । १० । ११ । १२ । १३ । १४ । १५ । १६ । १७ । १८ । १९ । २० । २१ । २२ । २३ । २४ । २५ । २६

युधिष्ठिरोभीमसेनोधृष्टद्युम्नश्चपार्षतः ॥ युयुधानश्चसंयत्तायुद्धायैवमनोदधुः २ सोमदत्तःपुनःक्रुद्धोदृष्ट्वासात्यकिमाहवे ॥ महताशरवर्षेणच्छादयामासभारत ३ ततः
समभवद्युद्धमतीवभयवर्धनम् ॥ त्वदीयानांपरेषांचघोरंविजयकांक्षिणाम् ४ तंदृष्ट्वासमुपायांतंरुक्मपुंखैःशिलाशितैः ॥ दशभिःसात्वतस्यार्थेभीमोविव्याधसायकैः ५
सोमदत्तोऽपितंवीरंशतेनप्रत्यविध्यत ॥ सात्वतस्त्वभिसंक्रुद्धःपुत्राधिभिरभिप्लुतम् ६ वृद्धंवृद्धगुणैर्युक्तंययातिमिवनाहुषम् ॥ विव्याधदशभिस्तीक्ष्णैःशरैर्वज्रनिपातनैः
७ शक्त्याचैनंविनिर्भिद्यपुनर्विव्याधसप्तभिः ॥ ततस्तुसात्यकेरर्थेभीमसेनोनवंदृढम् ८ मुमोचपरिघंघोरंसोमदत्तस्यमूर्धनि ॥ सात्वतोऽप्यग्निसंकाशंमुमोचशरमुत्तमम्
९ सोमदत्तोरसिक्रुद्धःसुपत्रंनिशितंयुधि ॥ युगपत्पेततुर्वीरघोरौपरिघमार्गणौ १० शरीरेसोमदत्तस्यसपपातमहारथः ॥ व्यामोहितेतुतनयेबाह्लीकस्तमुपाद्रवत्
११ विसृजच्छरवर्षाणिकालवर्षीवतोयदः ॥ भीमोऽथसात्वतस्यार्थेबाल्हीकंनवभिःशरैः १२ प्रपीडयन्महात्मानंविव्याधरणमूर्धनि ॥ प्रातिपेयस्तुसंक्रुद्धःशक्तिं
भीमस्यवक्षसि १३ निचखानमहाबाहुःपुरंदरइवाशनिम् ॥ सतथाऽभिहतोभीमश्चकंपेचमुमोहच १४ प्राप्यचेतश्चबलवान्गदामस्मैससर्जह ॥ सापांडवेनप्रहिता
बाल्हीकस्यशिरोऽहरत् १५ सपपातहतःपृथ्व्यांवज्राहतइवाद्रिराट् ॥ तस्मिन्विनिहतेवीरेबाल्हीकेपुरुषर्षभ १६ पुत्रास्तेऽभ्यर्दयन्भीमंदशदाशरथेःसमाः ॥
नागदत्तोदृढरथोमहाबाहुरयोभुजः १७ दृढःसुहस्तोविरजाःप्रमाथ्युग्रोऽनुयाय्यपि ॥ तान्दृष्ट्वाचुक्रुधेभीमोजगृहेभारसाधनान् १८ एकमेकंसमुद्दिश्यपातयामासम
र्मसु ॥ तेविद्धाव्यसवःपेतुःस्यंदनेभ्योहतौजसः १९ चंडवातप्रभग्नास्तुपर्वताग्रान्महीरुहाः ॥ नाराचैर्दशभिर्भीमस्तान्निहत्यतवात्मजान् २० कर्णस्यदयितंपुत्रं
वृषसेनमवाकिरत् ॥ ततोवृकरथोनामभ्राताकर्णस्यविश्रुतः २१ जघानभीमंनाराचैस्तमप्यभ्यद्रवद्बली ॥ ततःसप्तरथान्वीरःस्यालानांतवभारत २२ निहत्यभी
मोनाराचैःशतचंद्रमपोथयत् ॥ अमर्षयंतोनिहतंशतचंद्रंमहारथम् २३ शकुनेर्भ्रातरोवीरागवाक्षःशरभोविभुः ॥ सुभगोभानुदत्तश्चशूराःपंचमहारथाः २४ अभि
द्रुत्यशरैस्तीक्ष्णैर्भीमसेनमताडयन् ॥ सताड्यमानोनाराचैर्वृष्टिवेगैरिवाचलः २५ जघानपंचभिर्बाणैःपंचैवातिरथान्बली ॥ तान्दृष्ट्वानिहतान्वीरान्विचेलुर्नृपसत्तमाः
२६ ततोयुधिष्ठिरःक्रुद्धस्तवानीकमशातयत् ॥ मिषतःकुंभयोनेस्तुपुत्राणांतवचानघ २७ अंबष्ठान्मालवाञ्छूरांस्त्रिगर्तान्सशिबीनपि ॥ प्राहिणोन्मृत्युलोकायक्रुद्धो
युद्धेयुधिष्ठिरः २८ अभीषाहाञ्छूरसेनान्बाल्हीकान्सवसातिकान् ॥ निकृत्यपृथिवींराजाचक्रेशोणितकर्दमाम् २९ यौधेयान्मालवान्राजन्मद्रकाणांगणान्युधि ॥
प्राहिणोन्मृत्युलोकायशूरान्बाणैर्युधिष्ठिरः ३० ॥ ॥ ॥ ॥ ॥

२७ । २८ । २९ । ३०

म०भा०टी० ३१ । ३२ । ३३ । ३४ । ३५ । ३६ । ३७ पतिःकुरूणांयुधिष्ठिरः ३८ । ३९ । ४० । ४१ । ४२ । ४३ । ४४ । ४५ । ४६ । ४७ । ४८ । ४९ ॥ इतिद्रोणपर्वणिटीकायांसप्तपंचाशद द्रोण०

हताहरतगृह्णीतविध्यतव्यवकृंतत ॥ इत्यासीत्तुमुलःशब्दोयुधिष्ठिररथंप्रति ३१ सैन्यानिद्रावयंतंतंद्रोणोदृष्ट्वायुधिष्ठिरम् ॥ चोदितस्तवपुत्रेणसायकैरभ्यवाकिरत् अ०
३२ द्रोणस्तुपरमक्रुद्धोवायव्यास्त्रेणपार्थिवम् ॥ विव्याधसोऽपितद्दिव्यमस्त्रमस्त्रेणजघ्निवान् ३३ तस्मिन्विनिहतेचास्त्रेभारद्वाजोयुधिष्ठिरे ॥ वारुणंयाम्यमाग्नेयं १५८
त्वाष्ट्रंसावित्रमेवच ३४ चिक्षेपपरमक्रुद्धोजिघांसुःपांडुनंदनम् ॥ क्षिप्तानिक्षिप्यमाणानितानिचास्त्राणिधर्मजः ३५ जघानास्त्रैर्महाबाहुःकुंभयोनेरवित्रसन् ॥ सत्यां
चिकीर्षमाणस्तुप्रतिज्ञांकुंभसंभवः ३६ प्रादुश्चक्रेऽस्त्रमैन्द्रंवैप्राजापत्यंचभारत ॥ जिघांसुर्धर्मतनयंतवपुत्रहितेरतः ३७ पतिःकुरूणांगजसिंहगामीविशालवक्षाःपृथु
लोहिताक्षः ॥ प्रादुश्चकारास्त्रमहीनतेजामाहेंद्रमन्यत्सजघानतेन ३८ विहन्यमानेष्वस्त्रेषुद्रोणःक्रोधसमन्वितः ॥ युधिष्ठिरवधंप्रेप्सुर्ब्राह्ममस्त्रमुदैरयत् ३९ ततोनाज्ञा
सिषंकिंचिद्घोरेणतमसावृते ॥ सर्वभूतानिचपरंत्रासंजग्मुर्महीपते ४० ब्रह्मास्त्रमुद्यतंदृष्ट्वाकुंतीपुत्रोयुधिष्ठिरः ॥ ब्रह्मास्त्रेणैवराजेंद्रतदस्त्रंप्रत्यवारयत् ४१ ततःसैनिक
मुख्यास्तेप्रशशंसुर्नरर्षभौ ॥ द्रोणपार्थौमहेष्वासौसर्वयुद्धविशारदौ ४२ ततःप्रमुच्यकौंतेयंद्रोणोद्रुपदवाहिनीम् ॥ व्यधमत्क्रोधताम्राक्षोवायव्यास्त्रेणभारत ४३
तेहन्यमानाद्द्रोणेनपंचालाःप्राद्रवन्भयात् ॥ पश्यतोभीमसेनस्यपार्थस्यचमहात्मनः ४४ ततःकिरीटीभीमश्चसहसासन्यवर्तताम् ॥ महद्भ्यांरथवंशाभ्यांपरिगृह्य
बलंतदा ४५ बीभत्सुर्दक्षिणंपार्श्वमुत्तरंचवृकोदरः ॥ भारद्वाजंशरौघाभ्यांमहद्भ्यामभ्यवर्षताम् ४६ केकयाःसृंजयाश्चैवपंचालाश्चमहौजसः ॥ अन्वगच्छन्महाराज
मत्स्याश्चसहसात्वतैः ४७ ततःसाभारतीसेनावध्यमानाकिरीटिना ॥ तमसानिद्रयाचैवपुनरेवव्यदीर्यत ४८ द्रोणेनवार्यमाणास्तेस्वयंतवसुतेनच ॥ नाशक्यंतम
हाराजयोधावारयितुंतदा ४९ ॥ इतिश्रीमहाभारतेद्रोणपर्वणिघटोत्कचवधपर्वणि रात्रियुद्धेद्रोणयुधिष्ठिरयुद्धेसप्तपंचाशदधिकशततमोऽध्यायः ॥ १५७ ॥ ॥
संजयउवाच ॥ उदीर्यमाणंतद्दृष्ट्वापांडवानांमहद्बलम् ॥ अविषह्यंचमन्वानःकर्णंदुर्योधनोऽब्रवीत् १ अयंसकालःसंप्राप्तोमित्राणांमित्रवत्सल ॥ त्रायस्वसमरेकर्ण
सर्वान्योधान्महारथान् २ पंचालैर्मत्स्यकैकेयैःपांडवैश्चमहारथैः ॥ वृतान्समंतात्संक्रुद्धैर्निःश्वसद्भिरिवोरगैः ३ एतेनदंतिसंहृष्टाःपांडवाजितकाशिनः ॥ शक्रोपमा
श्चबहवःपंचालानांरथव्रजाः ४ ॥ कर्णउवाच ॥ परित्रातुमिहप्राप्तोयदिपार्थंपुरंदरः ॥ तमप्याशुपराजित्यततोहंताऽस्मिपांडवम् ५ सत्यंतेप्रतिजानामिसमाश्वसि
हिभारत ॥ हंताऽस्मिपांडुतनयान्पंचालांश्चसमागतान् ६ जयंतेप्रतिदास्यामिवासवस्येवपावकिः ॥ प्रियंतवमयाकार्यमितिजीवामिपार्थिव ७ सर्वेषामेवपार्था
नांफाल्गुनोबलवत्तरः ॥ तस्यामोघांविमोक्ष्यामिशक्तिंशक्रविनिर्मिताम् ८ ॥ ॥ ॥ ॥ ॥१२६॥

धिकशततमोऽध्यायः ॥ १५७ ॥ ॥ ॥ ॥ उदीर्यमाणंतद्दृष्ट्वेति । तथापरुषितंहृष्ट्वेतिच स्पष्टार्थावध्यायौ १ । २ । ३ । ४ । ५ । ६ । ७ । ८

९ । १० । ११ । १२ । १३ । १४ । १५ । १६ । १७ । १८ । १९ । २० । २१ । २२ । २३ । २४ । २५ । २६ । २७ । २८ । २९ । ३०

तस्मिन्हतेमहेष्वासेभ्रातरस्तस्यमानद ॥ तववश्याभविष्यंतिवनंयास्यंतिवापुनः ९ मयिजीवतिकौरव्यविषादंमाकृथाःक्वचित् ॥ अहंजेष्यामिसमरेसहितान्सर्वपांड
वान् १० पंचालान्केकयांश्चैववृष्णींश्चापिसमागतान् ॥ बाणौघैःशकलीकृत्यतवदास्यामिमेदिनीम् ११ ॥ संजयउवाच ॥ एवंब्रुवाणंकर्णंतुकृपःशारद्वतोऽ
ब्रवीत् ॥ स्मयन्निवमहाबाहुःसूतपुत्रमिदंवचः १२ शोभनंशोभनंकर्णसनाथःकुरुपुंगवः ॥ त्वयानाथेनराधेयवचसायदिसिध्यति १३ बहुशःकत्थसेकर्णकौरव
स्यसमीपतः ॥ नतुतेविक्रमःकश्चिद्दृश्यतेफलमेववा १४ समागमःपांडुसुतैर्दृष्टस्तेबहुशोयुधि ॥ सर्वत्रनिर्जितश्चासिपांडवैःसूतनंदन १५ न्हियमाणेतदाक
र्णगंधर्वैर्धृतराष्ट्रजे ॥ तदाऽयुध्यंतसैन्यानित्वमेकोऽग्रेपलायिथाः १६ विराटनगरेचापिसमेताःसर्वकौरवाः ॥ पार्थेननिर्जितायुद्धेत्वंचकर्णसहानुजः १७ एक
स्याप्यसमर्थस्त्वंफाल्गुनस्यरणाजिरे ॥ कथमुत्सहसेजेतुंसकृष्णान्सर्वपांडवान् १८ अब्रुवन्कर्णयुध्यस्वकत्थसेबहुसूतज ॥ अनुक्त्वाविक्रमेद्यस्तुतद्वैसत्पुरुषव्र
तम् १९ गर्जित्वासूतपुत्रत्वंशारदाभ्रमिवाफलम् ॥ निष्फलोदृश्यसेकर्णतच्चराजानबुध्यते २० तावद्गर्जस्वराधेययावत्पार्थंनपश्यसि ॥ आरात्पार्थंहितेदृष्ट्वादुर्ल
भंगर्जितंपुनः २१ त्वमनासाद्यतान्बाणान्फाल्गुनस्यविगर्जसि ॥ पार्थसायकविद्धस्यदुर्लभंगर्जितंतव २२ बाहुभिःक्षत्रियाःशूरावाग्भिःशूराद्विजातयः ॥ धनु
षाफाल्गुनःशूरःकर्णःशूरोमनोरथैः २३ तोषितोयेनरुद्रोऽपिकःपार्थंप्रतिघातयेत् ॥ एवंसंरुषितस्तेनतदाशारद्वतेनह २४ कर्णःप्रहरतांश्रेष्ठःकृपंवाक्यमथाब्र
वीत् ॥ शूरागर्जंतिसततंप्रावृषीवबलाहकाः २५ फलंचाशुप्रयच्छंतिबीजमुप्तमृताविव ॥ दोषमत्रनपश्यामिशूराणांरणमूर्धनि २६ तत्तद्विकत्थमानानांभारं
चोद्वहतांमृधे ॥ यंभारंपुरुषोवोढुंमनसाहिव्यवस्यति २७ दैवमस्यध्रुवंतत्रसाहाय्यायोपपद्यते ॥ व्यवसायद्वितीयोहंमनसाभारमुद्वहन् २८ हत्वापांडुसुताना
जौसकृष्णान्सहसात्वतान् ॥ गर्जामियद्यहंविप्रतवकिंतत्रनश्यति २९ वृथाशूरानगर्जंतिशारदाइवतोयदाः ॥ सामर्थ्यमात्मनोज्ञात्वाततोगर्जंतिपंडिताः ३०
सोऽहमद्यरणेयत्तौसहितौकृष्णपांडवौ ॥ उत्सहेमनसाजेतुंततोगर्जामिगौतम ३१ पश्यत्वंगर्जितस्यास्यफलंमेविप्रसानुगान् ॥ हत्वापांडुसुतानाजौसहकृष्णान्स
सात्वतान् ३२ दुर्योधनायदास्यामिपृथिवींहतकंटकाम् ॥ कृपउवाच ॥ मनोरथप्रलापामेनग्राह्यास्तवसूतज ३३ सदाऽऽक्षिपसिवैकृष्णौधर्मराजंचपांडवम् ॥ ध्रुव
स्तत्रजयःकर्णयत्रयुद्धविशारदौ ३४ देवगंधर्वयक्षाणांमनुष्योरगरक्षसाम् ॥ दंशितानामपिरणेअजेयौकृष्णपांडवौ ३५ ब्रह्मण्यःसत्यवाग्दांतोगुरुदैवतपूजकः ॥
१३ नित्यंधर्मरतश्चैवकृतास्त्रश्चविशेषतः ३६ धृतिमांश्चकृतज्ञश्चधर्मपुत्रोयुधिष्ठिरः ॥ भ्रातरश्चास्यबलिनःसर्वास्त्रेषुकृतश्रमाः ३७

३१ । ३२ । ३३ । ३४ । ३५ । ३६ । ३७

गुरुवृत्तिरताःप्राज्ञाधर्मनित्यायशस्विनः ॥ संबंधिनश्चेंद्रवीर्याःस्वनुरक्ताःप्रहारिणः ३८ धृष्टद्युम्नःशिखंडीचदौर्मुखिर्जनमेजयः ॥ चंद्रसेनोरुद्रसेनोकीर्तिधर्माध्रुवो अ०
॥१२७॥ धरः ३९ वसुचंद्रोदामचंद्रःसिंहचंद्रःसुतेजनः ॥ द्रुपदस्यतथापुत्राद्रुपदश्चमहास्त्रवित् ४० येषामर्थायसंयत्तोमत्स्यराजःसहानुजः ॥ शतानीकःसूर्यदत्तःश्रुतानीकः
श्रुतध्वजः ४१ बलानीकोजयानीकोजयाश्वोरथवाहनः ॥ चंद्रोदयःसमरथोविराटभ्रातरःशुभाः ४२ यमौचद्रौपदेयाश्चराक्षसश्चघटोत्कचः ॥ येषामर्थाययुध्यंते १५८
नतेषांविद्यतेक्षयः ४३ एतेचान्येचबहवोगणाःपांडुसुतस्यवै ॥ कामंखलुजगत्सर्वंसदेवासुरमानुषम् ४४ सयक्षराक्षसगणंसभूतभुजगद्विपम् ॥ निःशेषमस्त्रवी
र्येणकूर्वातेभीमफाल्गुनौ ४५ युधिष्ठिरश्चपृथिवींनिर्दहेद्घोरचक्षुषा ॥ अप्रमेयबलःशौरिर्येषामर्थेचदंशितः ४६ कथंतान्संयुगेकर्णजेतुमुत्सहसेपरान् ॥ महानप
नयस्त्वेषनित्यंहितवसूतज ४७ यस्त्वमुत्सहसेयोद्धुंसमरेशौरिणासह ॥ संजयउवाच ॥ एवमुक्तस्तुराधेयःप्रहसन्भरतर्षभ ४८ अब्रवीच्चतदाकर्णोगुरुंशारद्वतंकृ
पम् ॥ सत्यमुक्तंत्वयाब्रह्मन्पांडवान्प्रतियद्वचः ४९ एतेचान्येचबहवोगुणाःपांडुसुतेषुवै ॥ अजय्याश्चरणेपार्थादेवैरपिसवासवैः ५० सदैत्ययक्षगंधर्वैःपिशाचो
रगराक्षसैः ॥ तथापिपार्थान्जेष्यामिशक्त्यावासवदत्तया ५१ ममह्यमोघादत्तेयंशक्तिःशक्रेणवैद्विज ॥ एतयानिहनिष्यामिसव्यसाचिनमाहवे ५२ हतेतुपांड
वेकृष्णेभ्रातरश्चास्यसोदराः ॥ अनर्जुनानशक्ष्यंतिमहींभोक्तुंकथंचन ५३ तेषुनष्टेषुसर्वेषुपृथिवीयंससागरा ॥ अयत्नात्कौरवेंद्रस्यवशेस्थास्यतिगौतम ५४ सुनी
तैरिहसर्वार्थाःसिध्यंतेनात्रसंशयः ॥ एतमर्थमहंज्ञात्वाततोगर्जामिगौतम ५५ त्वंतुविप्रश्चवृद्धश्चअशक्तश्चापिसंयुगे ॥ कृतस्नेहश्चपार्थेषुमोहान्मामवमन्यसे ५६
यद्येवंवक्ष्यसेभूयोममाप्रियमिहद्विज ॥ ततस्तेखड्गमुद्यम्यजिह्वांछेत्स्यामिदुर्मते ५७ यच्चापिपांडवान्विप्रस्तोतुमिच्छसिसंयुगे ॥ भीषयन्सर्वसैन्यानिकौरवेयाणि
दुर्मते ५८ अत्रापिशृणुमेवाक्यंयथावद्ब्रुवतोद्विज ॥ दुर्योधनश्चद्रोणश्चशकुनिर्दुर्मुखोजयः ५९ दुःशासनोवृषसेनोमद्रराजस्त्वमेवच ॥ सोमदत्तश्चभूरिश्चतथा
द्रौणिर्विविंशतिः ६० तिष्ठेयुर्दंशितायत्रसर्वेयुद्धविशारदाः ॥ जयेदेतान्नरःकोनुशक्रतुल्यबलोऽप्यरिः ६१ शूराश्चहिकृतास्त्राश्चबलिनःस्वर्गलिप्सवः ॥ धर्मज्ञायुद्ध
कुशलाहन्युर्युद्धेसुरानपि ६२ एतेस्थास्यंतिसंग्रामेपांडवानांवधार्थिनः ॥ जयमाकांक्षमाणाहिकौरवेयस्यदंशिताः ६३ दैवायत्तमहंमन्येजयंसुबलिनामपि ॥ यत्र
भीष्मोमहाबाहुःशेतेशरशताचितः ६४ विकर्णश्चित्रसेनश्चबाह्लिकोऽथजयद्रथः ॥ भूरिश्रवाजयश्चैवजलसंधःसुदक्षिणः ६५ शलश्चरथिनांश्रेष्ठोभगदत्तश्चवीर्यवान् ॥
एतेचान्येचराजानोदेवैरपिसुदुर्जयाः ६६ निहताःसमरेशूरापांडवैर्बलवत्तराः ॥ किमन्यद्दैवसंयोगान्मन्यसेपुरुषाधम ६७ ॥१२७॥

६८ । ६९ । ७० ॥ इतिद्रोणपर्वणिटीकायामष्टपंचाशदधिकशततमोऽध्यायः ॥ १५८ ॥ ॥ ॥ ॥ तथेति १ । २ । ३ कंचिद्धनुर्धरंनगणयमित्यन्वयः ४ । ५ । ६ । ७ । ८

यांश्चतांस्तौषिसततंदुर्योधनरिपून्द्विज ॥ तेषामपिहताःशूराःशतशोऽथसहस्रशः ६८ क्षीयंतेसर्वसैन्यानिकुरूणांपांडवैःसह ॥ प्रभावंनात्रपश्यामिपांडवानांकथंचन
६९ यस्तान्बलवतोनित्यंमन्यसेत्वंद्विजाधम ॥ यतिष्येऽहंयथाशक्तियोद्धुंतैःसहसंयुगे ॥ दुर्योधनहितार्थायजयोदैवेप्रतिष्ठितः ७० ॥ इतिश्रीमहाभारतेद्रोणपर्व
णिघटोत्कचवधपर्वणिरात्रियुद्धेकृपकर्णवाक्येअष्टपंचाशदधिकशततमोऽध्यायः ॥ १५८ ॥ ॥ संजयउवाच ॥ तथापरुषितंदृष्ट्वासूतपुत्रेणमातुलम् ॥ खड्गमुद्य
म्यवेगेनद्रौणिरभ्यपतद्द्रुतम् १ ततःपरमसंक्रुद्धःसिंहोमत्तमिवद्विपम् ॥ प्रेक्षतःकुरुराजस्यद्रौणिःकर्णसमभ्ययात् २ ॥ अश्वथामोवाच ॥ यदर्जुनगुणांस्तथ्यान्की
र्तयानंनराधम ॥ शूरंद्वेषात्सुदुर्बुद्धेत्वंभर्त्सयसिमातुलम् ३ विकत्थमानःशौर्येणसर्वलोकधनुर्धरम् ॥ दर्पोत्सेधगृहीतोऽद्यनकंचिद्गणयन्मृधे ४ क्वतेवीर्यंक्वचास्त्राणि
यत्त्वांनिर्जित्यसंयुगे ॥ गांडीवधन्वाहतवान्प्रेक्षतस्तेजयद्रथम् ५ येनसाक्षान्महादेवोयोधितःसमरेपुरा ॥ तमिच्छसिवृथाजेतुंसूताधममनोरथैः ६ यंहिकृष्णेनसहितं
सर्वशस्त्रभृतांवरम् ॥ जेतुंनशक्ताःसहिताःसेंद्राअपिसुरासुराः ७ लोकैकवीरमजितमर्जुनंसूतसंयुगे ॥ किंपुनस्त्वंसुदुर्बुद्धेसहैभिर्वसुधाधिपैः ८ कर्णपश्यसुदुर्बुद्धेति
ष्ठेदानींनराधम ॥ एषतेऽद्यशिरःकायादुद्धरामिसुदुर्मते ९ ॥ संजयउवाच ॥ ॥ तमुद्यतंतुवेगेनराजादुर्योधनःस्वयम् ॥ न्यवारयन्महातेजाःकृपश्चद्विपदांवरः १०
कर्णउवाच ॥ शूरोऽयंसमरश्लाघीदुर्मतिश्चद्विजाधमः ॥ आसादयतुमद्वीर्यंमुंचेमंकुरुसत्तम ११ ॥ अश्वत्थामोवाच ॥ तवैतत्क्षम्यतेऽस्माभिःसूतात्मजसुदुर्मते ॥
दर्पमुत्सिक्तमेतत्तेफाल्गुनोनाशयिष्यति १२ ॥ दुर्योधनउवाच ॥ अश्वत्थामन्प्रसीदस्वक्षंतुमर्हसिमानद ॥ कोपःखलुनकर्तव्यःसूतपुत्रेकथंचन १३ त्वयिकर्णेकृ
पेद्रोणेमद्रराजेऽथसौबले ॥ महत्कार्यंसमासक्तंप्रसीदद्विजसत्तम १४ एतेह्यभिमुखाःसर्वेराधेयेनयुयुत्सवः ॥ आयांतिपांडवाब्रह्मन्नाह्वयंतःसमंततः १५ ॥ संजय
उवाच ॥ प्रसाद्यमानस्तुततोराज्ञाद्रौणिर्महामनाः ॥ प्रससादमहाराजक्रोधवेगसमन्वितः १६ ततःकृपोऽप्युवाचेदमाचार्यःसुमहामनाः ॥ सौम्यस्वभावाद्राजेंद्र
क्षिप्रमागतमार्दवः १७ ॥ कृपउवाच ॥ तवैतत्क्षम्यतेस्माभिःसूतात्मजसुदुर्मते ॥ दर्पमुत्सिक्तमेतत्तेफाल्गुनोनाशयिष्यति १८ ॥ संजयउवाच ॥ ततस्तेपांड
वाराजन्पंचालाश्चयशस्विनः ॥ आजग्मुःसहिताःकर्णंतर्जयंतःसमंततः १९ कर्णोऽपिरथिनांश्रेष्ठश्चापमुद्यम्यवीर्यवान् ॥ कौरवाग्र्यैःपरिवृतःशक्रोदेवगणैरिव २०
पर्यतिष्ठततेजस्वीस्वबाहुबलमाश्रितः ॥ ततःप्रववृतेयुद्धंकर्णस्यसहपांडवैः २१ भीषणंसुमहाराजसिंहनादविराजितम् ॥ ततस्तेपांडवाराजन्पंचालाश्चयशस्विनः
२२ दृष्ट्वाकर्णंमहाबाहुमुच्चैःशब्दमथानदन् ॥ अयंकर्णःकुतःकर्णस्तिष्ठकर्णमहारणे २३ ॥ ॥ ॥

९ । १० । ११ । १२ । १३ । १४ । १५ । १६ । १७ । १८ । १९ । २० । २१ । २२ । २३

म.भा.टी. ॥ २४ । २५ । २६ । २७ । २८ । २९ । ३० । ३१ । ३२ । ३३ । ३४ । ३५ । ३६ । ३७ । ३८ । ३९ । ४० । ४१ । ४२ । ४३ । ४४ । ४५ द्रोण० अ० १५९

॥१२८॥ युध्यस्वसहितोऽस्माभिर्दुरात्मन्पुरुषाधम ॥ अन्येतुदृष्ट्वाराधेयंक्रोधरक्तेक्षणाऽब्रुवन् २४ हन्यतामयमुत्सिक्तःसूतपुत्रोऽल्पचेतनः ॥ सर्वैःपार्थिवशार्दूलैर्नानेनार्थोऽस्तिजीवता २५ अत्यंतवैरीपार्थानांसततंपापपूरुषः ॥ एषमूलमनर्थानांदुर्योधनमतेस्थितः २६ हतैनमितिजल्पन्तःक्षत्रियाःसमुपाद्रवन् ॥ महताशरवर्षेणच्छादयंतोमहारथाः २७ वधार्थंसूतपुत्रस्यपांडवेयेनचोदिताः ॥ तांस्तुसर्वांस्तथादृष्ट्वाधावमानान्महारथान् २८ नविव्यथेसूतपुत्रोनचत्रासमगच्छत ॥ दृष्ट्वासंहारकल्पंतमुद्धूतंसैन्यसागरम् २९ पिप्रीषुस्तवपुत्राणांसंग्रामेष्वपराजितः ॥ सायकौघेनबलवान्क्षिप्रकारीमहाबलः ३० वारयामासतत्सैन्यंसमंताद्भरतर्षभ ॥ ततस्तुशरवर्षेणपार्थिवास्तमवारयन् ३१ धनूंषितेविधुन्वानाःशतशोऽथसहस्रशः ॥ अयोधयंतराधेयंशक्रंदैत्यगणाइव ३२ शरवर्षंतुतत्कर्णःपार्थिवैःसमुदीरितम् ॥ शरवर्षेणमहतासमंताद्व्यकिरत्प्रभो ३३ तद्युद्धमभवत्तेषांकृतप्रतिकृतैषिणाम् ॥ यथादेवासुरेयुद्धेशक्रस्यसहदानवैः ३४ तत्राद्भुतमपश्यामसूतपुत्रस्यलाघवम् ॥ यदेनंसर्वतोयत्तानाप्नुवंतिपरेयुधि ३५ निवार्यचशरौघांस्तान्पार्थिवानांमहारथः ॥ युगेष्वीषासुच्छत्रेषुध्वजेषुचहयेषुच ३६ आत्मनामांकितान्घोरान्राधेयःप्राहिणोच्छरान् ॥ ततस्तेव्याकुलीभूताराजानःकर्णपीडिताः ३७ बभ्रमुस्तत्रतत्रैवगावःशीतार्दिताइव ॥ हयानांवध्यमानानांगजानांरथिनांतथा ३८ तत्रतत्राभ्यवेक्षामसंघान्कर्णेनताडितान् ॥ शिरोभिःपतितैराजन्बाहुभिश्चसमंततः ३९ आस्तीर्णावसुधासर्वाशूराणामनिवर्तिनाम् ॥ हतैश्चहन्यमानैश्चनिष्टनद्भिश्चसर्वशः ४० बभूवायोधनंरौद्रंवैवस्वतपुरोपमम् ॥ ततोदुर्योधनोराजादृष्ट्वाकर्णस्यविक्रमम् ४१ अश्वत्थामानमासाद्यवाक्यमेतदुवाचह ॥ युध्यतेऽसौरणेकर्णोदंशितःसर्वपार्थिवैः ४२ पश्यैतांद्रवतींसेनांकर्णसायकपीडिताम् ॥ कार्तिकेयेनविध्वस्तामासुरींपृतनामिव ४३ दृष्ट्वैतांनिर्जितांसेनांरणेकर्णेनधीमता ॥ अभियात्येषबीभत्सुःसूतपुत्रजिघांसया ४४ तद्यथाप्रेक्षमाणानांसूतपुत्रंमहारथम् ॥ नहन्यात्पांडवःसंख्येतथानीतिर्विधीयताम् ४५ ततोद्रौणिःकृपःशल्योहार्दिक्यश्चमहारथः ॥ प्रत्युद्ययुस्तदापार्थंसूतपुत्रपरीप्सया ४६ आयांतंवीक्ष्यकौंतेयंशक्रंदैत्यचमूमिव ॥ बीभत्सुरपिराजेंद्रपंचालैरभिसंवृतः ४७ प्रत्युद्ययौतदाकर्णंयथावृत्रंशतक्रतुः ॥ धृतराष्ट्रउवाच ॥ संरब्धंफाल्गुनंदृष्ट्वाकालांतकयमोपमम् ४८ कर्णोवैकर्तनःसूतप्रत्यपद्यत्किमुत्तरम् ॥ योह्यस्पर्धतपार्थेननित्यमेवमहारथः ४९ आशंसतेचबीभत्सुंयुद्धेजेतुंसुदारुणम् ॥ सतुतंसहसाप्राप्तंनित्यमत्यंतवैरिणम् ५० कर्णोवैकर्तनःसूतकिमुत्तरमपद्यत ॥ संजयउवाच ॥ आयांतंपांडवंदृष्ट्वागजंप्रतिगजोयथा ५१ असंभ्रांतोरणेकर्णःप्रत्युदीयाद्धनंजयम् ॥ तमापतंतंवेगेनवैकर्तनमजिह्मगैः ५२ छादयामासपार्थोऽथकर्णस्तुविजयंशरैः ॥ सकर्णंशरजालेनच्छादयामासपांडवः ५३ ॥१२८॥

४६ । ४७ । ४८ । ४९ । ५० । ५१ । ५२ । ५३ ॥ ॥ ॥ ॥ ॥ ॥

ततःकर्णःसुसंरब्धःशरैस्त्रिभिरविध्यत ।। तस्यतल्लाघवंपार्थोनामृष्यतमहाबलः ५४ तस्मैबाणान्शिलाधौतान्प्रसन्नाग्रानजिह्मगान् ।। प्राहिणोत्सूतपुत्रायत्रिंशतं
शत्रुतापनः ५५ विव्याधचैनंसंरब्धोबाणेनैकेनवीर्यवान् ।। सव्येभुजाग्रेबलवान्नाराचेनहसन्निव ५६ तस्यविद्धस्यबाणेनकराच्चापंपपातह ।। पुनरादायतच्चापंनिमे
षार्धान्महाबलः ५७ छादयामासबाणौघैःफाल्गुनंकृतहस्तवत् ।। शरवृष्टिंतुतांमुक्तांसूतपुत्रेणभारत ५८ व्यधमच्छरवर्षेणस्मयन्निवधनंजयः ।। तौपरस्परमासा
द्यशरवर्षेणपार्थिव ५९ छादयेतांमहेष्वासौकृतप्रतिकृतैषिणौ ।। तदद्भुतंमहद्युद्धंकर्णपांडवयोर्मृधे ६० क्रुद्धयोर्वासिताहेतोर्वन्ययोर्गजयोरिव ।। ततःपार्थोमहेष्वा
सोदृष्ट्वाकर्णस्यविक्रमम् ६१ मुष्टिदेशेधनुस्तस्यचिच्छेदत्वरयान्वितः ।। अश्वांश्चचतुरोभल्लैरनयद्यमसादनम् ६२ सारथेश्वशिरःकायादहरच्छत्रुतापनः ।। अथैनंछि
न्नधन्वानंहताश्वंहतसारथिम् ६३ विव्याधसायकैःपार्थश्चतुर्भिःपांडुनंदनः ।। हताश्वात्तुरथात्तूर्णमवप्लुत्यनरर्षभः ६४ आरुरोहरथंतूर्णंकृपस्यशरपीडितः ।। सनु
न्नोऽर्जुनबाणौघैराचितःशल्यकोयथा ६५ जीवितार्थमभिप्रेप्सुःकृपस्यरथमारुहत् ।। राधेयंनिर्जितंदृष्ट्वातावकाभरतर्षभ ६६ धनंजयशरैर्नुन्नाःप्राद्रवंतदिशोदश ।।
द्रवतस्तान्समालोक्यराजादुर्योधनोनृप ६७ निवर्तयामासतदावाक्यमेतदुवाचह ।। अलंद्रुतेनवःशूरास्तिष्ठध्वंक्षत्रियर्षभाः ६८ एषपार्थवधायाहंस्वयंगच्छामि
संयुगे ।। अहंपार्थान्हनिष्यामिसपंचालान्ससोमकान् ६९ अद्यमेयुध्यमानस्यसहगांडीवधन्वना ।। द्रक्ष्यंतिविक्रमंपार्थाःकालस्येवयुगक्षये ७० अद्यमद्बाणजा
लानिविमुक्तानिसहस्रशः ।। द्रक्ष्यंतिसमरेयोधाःशलभानामिवायतीः ७१ अद्यबाणमयंवर्षंसृजतोममधन्विनः ।। जीमूतस्येवघर्मांतेद्रक्ष्यंतियुधिसैनिकाः ७२
जेष्याम्यद्यरणेपार्थंसायकैर्नतपर्वभिः ।। तिष्ठध्वंसमरेशूराभयंत्यजतफाल्गुनात् ७३ नहिमद्वीर्यमासाद्यफाल्गुनःप्रसहिष्यति ।। यथावेलांसमासाद्यसागरोमकरा
लयः ७४ इत्युक्त्वाप्रययौराजासैन्येनमहतावृतः ।। फाल्गुनंप्रतिदुर्धर्षःक्रोधात्संरक्तलोचनः ७५ तंप्रयांतंमहाबाहुंदृष्ट्वाशारद्वतस्तदा ।। अश्वत्थामानमासाद्यवाक्य
मेतदुवाचह ७६ एषराजामहाबाहुरमर्षीक्रोधमूर्च्छितः ।। पतंगवृत्तिमास्थायफाल्गुनंयोद्धुमिच्छति ७७ यावन्नःपश्यमानानांप्राणान्पार्थेनसंगतः ।। नजह्या
त्पुरुषव्याघ्रस्तावद्वारयकौरवम् ७८ यावत्फाल्गुनबाणानांगोचरंनाद्यगच्छति ।। कौरवःपार्थिवोवीरस्तावद्वारयसंयुगे ७९ यावत्पार्थशरैर्घोरैर्निर्मुक्तोरगसन्निभैः ।।
नभस्मीक्रियतेराजातावद्युद्धान्निवार्यताम् ८० अयुक्तमिवपश्यामितिष्ठत्स्वस्मासुमानद ।। स्वयंयुद्धाययद्राजापार्थंयात्यसहायवान् ८१ दुर्लभंजीवितंमन्येकौरव्य
स्यकिरीटिना ।। युद्ध्यमानस्यपार्थेनशार्दूलेनेवहस्तिनः ८२ मातुलेनैवमुक्तस्तुद्रौणिःशस्त्रभृतांवरः ।। दुर्योधनमिदंवाक्यंत्वरितःसमभाषत ८३ मयिजीवतिगां
धारेनयुद्धंगंतुमर्हसि ।। मामनादृत्यकौरव्यतवनित्यंहितैषिणम् ८४ ।। ।। ।।

८५ । ८६ । ८७ । ८८ । ८९ । ९० । ९१ । ९२ । ९३ । ९४ । ९५ । ९६ । ९७ । ९८ । ९९ । १०० ॥ इतिद्रोणपर्वणिटीकायामेकोनषष्ट्यधिकशततमोऽध्यायः ॥ १५९ ॥ ॥

नहितेसंभ्रमःकार्यःपार्थस्यविजयंप्रति ॥ अहमावारयिष्यामिपार्थंतिष्ठसुयोधन ८५ ॥ दुर्योधनउवाच ॥ आचार्यःपांडुपुत्रान्वैपुत्रवत्परिरक्षति ॥ त्वमप्युपेक्षांकु
रुषेतेषुनित्यंद्विजोत्तम ८६ ममवामंदभाग्यत्वान्मंदस्तेविक्रमोयुधि ॥ धर्मराजप्रियार्थंवाद्रौपद्यावानविद्मतत् ८७ धिगस्तुममलुब्धस्ययत्कृतेसर्वबांधवाः ॥ सुखा
र्हाःपरमंदुःखंप्राप्नुवंत्यपराजिताः ८८ कोहिशस्त्रविदांमुख्योमहेश्वरसमोयुधि ॥ शत्रूंनक्षपयेच्छक्तोयोनस्याद्गौतमीसुतः ८९ अश्वत्थामन्प्रसीदस्वनाशयैतान्ममा
हितान् ॥ तवास्त्रगोचरेशक्ताःस्थातुंदेवानदानवाः ९० पंचालान्सोमकांश्चैवजहिद्रौणेसहानुगान् ॥ वयंशेषान्हनिष्यामस्त्वयैवपरिरक्षिताः ९१ एतेहिसोमकावि
प्रपंचालाश्चयशस्विनः ॥ ममसैन्येषुसंक्रुद्धाविचरंतिदवाग्निवत् ९२ तान्वारयमहाबाहोकेकयांश्चनरोत्तम ॥ पुराकुर्वंतिनिःशेषंरक्ष्यमाणाःकिरीटिना ९३ अश्वत्था
मंस्त्वरायुक्तोयाहिशीघ्रमरिंदम ॥ आदौवायदिवापश्चात्तवेदंकर्ममारिष ९४ त्वमुत्पन्नोमहाबाहोपंचालानांवधंप्रति ॥ करिष्यसिजगत्सर्वमपंचालंकिलोद्यतः ९५
एवंसिद्धाऽब्रुवन्वाचोभविष्यतिचतत्तथा ॥ तस्मात्त्वंपुरुषव्याघ्रपंचालान्जहिसानुगान् ९६ नतेऽस्त्रगोचरेशक्ताःस्थातुंदेवाःसवासवाः ॥ किमुपार्थाःसपंचालाः
सत्यमेतद्ब्रवीमिते ९७ नत्वांसमर्थाःसंग्रामेपांडवाःसहसोमकैः ॥ बलाद्योधयितुंवीरसत्यमेतद्ब्रवीमिते ९८ गच्छगच्छमहाबाहोननःकालात्ययोभवेत् ॥ इयंहिद्रव
तेसेनापार्थसायकपीडिता ९९ शक्तोह्यसिमहाबाहोदिव्येनस्वेनतेजसा ॥ निग्रहेपांडुपुत्राणांपंचालानांचमानद १०० ॥ इतिश्रीमहाभारतेद्रोणपर्वणिघटोत्कच
वधपर्वणि रात्रियुद्धेदुर्योधनवाक्येएकोनषष्ट्यधिकशततमोऽध्यायः ॥ १५९ ॥ ॥ संजयउवाच ॥ ॥ दुर्योधनेनैवमुक्तोद्रौणिराहवदुर्मदः ॥ चकारारि
वधेयत्नमिंद्रोदैत्यवधेयथा ॥ प्रत्युवाचमहाबाहुस्तवपुत्रमिदंवचः १ सत्यमेतन्महाबाहोयथावदसिकौरव ॥ प्रियाहिपांडवानित्यंममचापिपितुश्चमे २ तथैवावां
प्रियौतेषांनतुयुद्धेकुरूद्वह ॥ शक्तितस्तातयुध्यामस्त्यक्त्वाप्राणानभीतवत् ३ अहंकर्णश्चशल्यश्चकृपोहार्दिक्यएवच ॥ निमेषात्पांडवींसेनांक्षपयेमनृपोत्तम ४
तेचापिकौरवींसेनांनिमेषार्धात्कुरूद्वह ॥ क्षपयेयुर्महाबाहोनस्यामयदिसंयुगे ५ युध्यतांपांडवाञ्छक्त्यातेषांचास्मान्युयुत्सताम् ॥ तेजस्तेजःसमासाद्यप्रशमंया
तिभारत ६ अशक्यातरसाजेतुंपांडवानामनीकिनी ॥ जीवत्सुपांडुपुत्रेषुतद्धिसत्यंब्रवीमिते ७ आत्मार्थंयुध्यमानास्तेसमर्थाःपांडुनंदनाः ॥ किमर्थंतवसैन्यानि
नहनिष्यंतिभारत ८ त्वंतुलुब्धतमोराजन्निकृतिज्ञश्चकौरव ॥ सर्वाभिशंकीमानीचततोऽस्मानभिशंकसे ९ मन्येत्वंकुत्सितोराजन्पापात्मापापपूरुषः ॥ अन्यानपि
सनःक्षुद्रशंकसेपापभावितः १० ॥ ॥ ॥ ॥ ॥ ॥

दुर्योधनेनेति १ । २ । ३ । ४ । ५ । ६ । ७ । ८ त्वंत्विति । निकृतिर्वंचनंतज्ज्ञत्वादस्मानप्यात्मवत्पश्यसीत्यर्थः ९ । १०

११ । १२ । १३ । १४ । १५ । १६ । १७ ।१८ । १९ । २० । २१ । २२ । २३ । २४ । २५ । २६ । २७ । २८ । २९ । ३० । ३१ । ३२

अहंतुयत्नमास्थायत्वदर्थेत्यक्तजीवितः ॥ एषगच्छामिसंग्रामंत्वत्कृतेकुरुनंदन ११ योत्स्येहंशत्रुभिःसार्धंजेष्यामिचवरान्वरान् ॥ पंचालैःसहयोत्स्यामिसोम
कैःकेकयैस्तथा १२ पांडवेयैश्वसंग्रामंत्वत्प्रियार्थमरिंदम ॥ अद्यमद्बाणनिर्दग्धाःपंचालाःसोमकास्तथा १३ सिंहेनेवार्दितागावोविद्रविष्यंतिसर्वशः ॥ अद्यध
र्मसुतोराजादृष्ट्वाममपराक्रमम् १४ अश्वत्थाममयंलोकंमंस्यतेसहसोमकैः ॥ आगमिष्यतिनिर्वेदंधर्मपुत्रोयुधिष्ठिरः १५ दृष्ट्वाविनिहतान्संख्येपंचालान्सोमकैः
सह ॥ येमांयुद्धेऽभियोत्स्यंतितान्हनिष्यामिभारत १६ नहितेवीरमोक्ष्यंतेमद्बाह्वंतरमागताः ॥ एवमुक्त्वामहाबाहुःपुत्रंदुर्योधनंतव १७ अभ्यवर्ततयुद्धायत्रा
सयन्सर्वधन्विनः ॥ चिकीर्षुस्तवपुत्राणांप्रियंप्राणभृतांवरः १८ ततोऽब्रवीत्सकैकेयान्पंचालान्गौतमीसुतः ॥ प्रहरध्वमितःसर्वेममगात्रेमहारथाः १९ स्थिरी
भूताश्वयुद्धयध्वंदर्शयंतोऽस्त्रलाघवम् ॥ एवमुक्तास्तुतेसर्वेशस्त्रवृष्टीरपातयन् २० द्रौणिंप्रतिमहाराजजलंजलधराइव ॥ तान्निहत्यशरान्द्रौणिर्दशवीरानपोथयत् २१
प्रमुखेपांडुपुत्राणांधृष्टद्युम्नस्यचप्रभो ॥ तेहन्यमानाःसमरेपंचालाःसोमकास्तथा २२ परित्यज्यरणेद्रौणिंव्यद्रवंतदिशोदश ॥ तान्दृष्ट्वाद्रवतःशूरान्पंचालान्सहसो
मकान् २३ धृष्टद्युम्नोमहाराजद्रौणिमभ्यद्रवद्रणे ॥ ततःकांचनचित्राणांसजलांबुदनादिनाम् २४ वृतःशतेनशूराणांरथानामनिवर्तिनाम् ॥ पुत्रःपंचालराजस्य
धृष्टद्युम्नोमहारथः २५ द्रौणिमित्यब्रवीद्वाक्यंदृष्ट्वायोधान्निपातितान् ॥ आचार्यपुत्रदुर्बुद्धेकिमन्यैर्निहतैस्तव २६ समागच्छमयासार्धंयदिशूरोऽसिसंयुगे ॥ अहं
त्वांनिहनिष्यामितिष्ठेदानींममाग्रतः २७ ततस्तमाचार्यसुतंधृष्टद्युम्नःप्रतापवान् ॥ मर्मभिद्भिःशरैस्तीक्ष्णैर्जवानभरतर्षभ २८ तेतुपंक्तीकृताद्रौणिंशराविविशुरा
शुगाः ॥ रुक्मपुंखाःप्रसन्नाग्राःसर्वकायावदारणाः २९ मध्वर्थिनइवोद्दामाभ्रमराःपुष्पितंद्रुमम् ॥ सोतिविद्धोभृशंक्रुद्धःपदाऽऽक्रांतइवोरगः ३० मानीद्रौणिर
संभ्रांतोबाणपाणिरभाषत ॥ धृष्टद्युम्नस्थिरोभूत्वामुहूर्तंप्रतिपालय ३१ यावत्त्वांनिशितैर्बाणैःप्रेषयामियमक्षयम् ॥ द्रौणिरेवमथाभाष्यपार्षतंपरवीरहा ३२ छाद
यामासबाणौघैःसमंताल्लघुहस्तवत् ॥ सबाध्यमानःसमरेद्रौणिनायुद्धदुर्मदः ३३ द्रौणिंपांचालतनयोवाग्भिरातर्जयत्तदा ॥ नजानीषेप्रतिज्ञांमेविप्रोत्पत्तिंतथैवच
३४ द्रोणंहत्वाकिलमयाहंतव्यस्त्वंसुदुर्मते ॥ ततस्त्वाहंनहन्म्यद्यद्रोणेजीवतिसंयुगे ३५ इमांतुरजनींप्राप्तामप्रभातांसुदुर्मते ॥ निहत्यपितरंतेऽद्यततस्त्वामपिसं
युगे ३६ नेष्यामिप्रेतलोकायह्येतन्मेमनसिस्थितम् ॥ यस्तेपार्थेषुविद्वेषोयाभक्तिःकौरवेषुच ३७ तांदर्शयस्थिरोभूत्वानमेजीवन्विमोक्ष्यसे ॥ योहिब्राह्मण्यमु
४४ त्सृज्यक्षत्रधर्मरतोद्विजः ३८ सवध्यःसर्वलोकस्ययथात्वंपुरुषाधमः ॥ इत्युक्तःपरुषंवाक्यंपार्षतेनद्विजोत्तमः ३९ क्रोधमाहारयत्तीव्रंतिष्ठतिष्ठेतिचाब्रवीत् ॥ नि
र्दहन्निवचक्षुर्भ्यांपार्षतंसोऽभ्यवैक्षत ४०

३३ । ३४ । ३५ । ३६ । ३७ । ३८ । ३९ । ४० ॥ ॥ ॥ ॥

म.भा.वे. ॥१२०॥

द्रोण०
अ०
१६१

४१ । ४२ । ४३ । ४४ । ४५ । ४६ । ४७ । ४८ । ४९ । ५० । ५१ । ५२ । ५३ । ५४ । ५५ । ५६ । ५७ । ५८ । ५९ । ६० ॥ इतिद्रोणपर्वणिघटोत्कचवधिकायांषट्चत्यधिकशततमोऽध्याय: ॥ १६० ॥

छादयामासचशरैर्निःश्वसन्पन्नगोयथा ॥ सच्छाद्यमानःसमरेद्रौणिनाशजसत्तम ४१ सर्वेपांचालसेनाभिःसंवृतोरथसत्तमः ॥ नाकंपतमहाबाहुःस्ववीयेसमुपा
श्रितः ४२ सायकांश्चैवविविधानश्वत्थाम्निमुमोचह ॥ तौपुनःसन्यवर्ततांप्राणघूतपणेरणे ४३ निपीडयतौबाणौवैःपरस्परममर्षिणौ ॥ उत्सृजंतौमहेष्वासौ
शरवृष्टिःसमंततः ४४ द्रौणिपार्षतयोर्युद्धंघोररूपंभयानकम् ॥ दृष्ट्वासंपूजयामासुःसिद्धचारणवातिका ४५ शरौघैःपूरयंतौतावाकाशंचदिशस्तथा ॥ अल
क्ष्यौसमयुध्येतांमहत्कृत्वाशरस्तमः ४६ नृत्यमानाविवरणेमंडलीकृतकार्मुको ॥ परस्परवधेयत्तौसर्वभूतभयंकरौ ४७ आयुध्येतांमहाबाहूचित्रंलघुचसुष्ठुच ॥
संपूज्यमानौसमरेयोधमुख्यैःसहस्रशः ४८ तौप्रबुद्धौरणेदृष्ट्वावेनन्यौगजाविव ॥ उभयोःसेनयोर्हर्षस्तुमुलःसमपद्यत ४९ सिंहनादरवाश्वासन्दध्मुःशंखांश्चसै
निकाः ॥ वादित्राण्यभ्यवाद्यंतशतशोऽथसहस्रशः ५० तस्मिंस्तुतुमुलेयुद्धेभीरूणांभयवर्धने ॥ मुहूर्तमपितद्बुद्धंसमरूपंतदाभवत ५१ ततोद्रौणिर्महाराज
पार्षतस्यमहात्मनः ॥ ध्वजंधनुस्तथाछत्रमुभौचषार्ष्णिसारथी ५२ सूतमश्चांश्चतुरोनिहत्याभ्यद्रवद्रण ॥ पंचालांश्चैवतान्सर्वान्बाणैःसन्नतपर्वभिः ५३ व्य
द्रावयदमेयात्माशतशोऽथसहस्रशः ॥ ततस्तुविव्यथेसेनापांडवीभरतर्षभ ५४ दृष्ट्वाद्रोणेर्महत्कर्मवासवस्येवसंयुगे ॥ शतेनचशतंहत्वापंचालानांमहारथः ५५
त्रिभिश्चनिशितैर्बाणैर्हत्वात्रीन्वैमहारथान् ॥ द्रोणिद्रुपदपुत्रस्यफाल्गुनस्यचपश्यतः ५६ नाशयामासपंचालान्भूयिष्ठंयेव्यवस्थिताः ॥ तेवध्यमानाःपंचालाःसमरे
सहसृंजयैः ५७ अगच्छन्द्रौणिमुत्सृज्यविप्रकीर्णरथध्वजाः ॥ सजित्वासमरेशत्रून्द्रोणपुत्रोमहारथः ५८ ननादसुमहानादंतंपांतेजलदोयथा ॥ सनिहत्यबहूञ्छूरान्श्च
त्थामाव्यरोचत ॥ युगांतेसर्वभूतानिभस्मकृत्वेवपावकः ५९ संपूज्यमानोयुधिकोरवेर्यैर्निर्जित्यसंख्येऽरिगणान्सहस्रशः ॥ व्यरोचतद्रोणसुतःप्रतापवान्यथा
सुरेंद्रोऽरिगणान्निहत्यवै ६० ॥ इतिश्रीमहाभारतेद्रोणपर्वणिघटोत्कचवधपर्वणिरात्रियुद्धेअश्वत्थामपराक्रमेषष्ठ्यधिकशततमोऽध्याय: ॥ १६० ॥ ॥
संजयउवाच ॥ ततोयुधिष्ठिरश्चैवभीमसेनश्चपांडवः ॥ द्रोणपुत्रंमहाराजसमंतात्पर्यवारयन् १ ततोदुर्योधनोराजाभारद्वाजेनसंवृतः ॥ अभ्ययात्पांडवान्संख्ये
ततोयुद्धमवर्तत २ घोररूपंमहाराजभीरूणांभयवर्धनम् ॥ अंबष्ठान्मालवान्वंगाच्छिबींश्चैवगर्तेकानपि ३ पाहिणोन्मृत्युलोकायगणान्कुद्धोत्रकोदरः ॥ अभी
षाहांश्चूरसेनान्क्षत्रियान्युद्धदुर्मदान् ४ निकृत्यपृथिवींचक्रेभीमःशोणितकर्दमाम् ॥ यौधेयान्द्रिजान्राजन्मद्रकान्मालवानपि ५ पाहिणोन्मृत्युलोकाय
किरीटीनिशितैःशरैः ॥ प्रगाढमंजोगतिभिर्नाराचैरभिताडिताः ६ निपेतुर्द्विरदाभूमौद्धिश्रृंगाइवपर्वताः ॥ निकृत्तैर्हस्तिहस्तैश्चचेष्टमानैरितस्ततः ७

ततइति १ । २ । ३ । ४ । ५ । ६ । ७

८।९।१०।११।१२।१३।१४।१५।१६।१७।१८।१९ ॥ इतिद्रोणपर्वणिटीकायामेकषष्ट्यधिकशततमोऽध्यायः ॥ १६१ ॥ ॥ सोमदत्तमित्यध्यायःस्पष्टार्थः १ ।

रराजवसुधाकीर्णाविसर्पद्भिरिवोरगैः ॥ क्षिप्तैःकनकचित्रैश्चनृपच्छत्रैःक्षितिर्बभौ ८ द्यौरिवादित्यचंद्राद्यैर्ग्रहैःकीर्णायुगक्षये ॥ हतप्रहरताभीताविध्यतव्यवकृंतत ९
इत्यासीत्तुमुलःशब्दःशोणाश्वस्यरथंप्रति ॥ द्रोणस्तुपरमक्रुद्धोवायव्यास्त्रेणसंयुगे १० व्यधमत्तान्महावायुर्मेघानिवदुरत्ययः ॥ तेहन्यमानाद्रोणेनपंचालाःप्राद्रवन्
भयात् ११ पश्यतोभीमसेनस्यपार्थस्यचमहात्मनः ॥ ततःकिरीटीभीमश्चसहसासंन्यवर्तताम् १२ महतारथवंशेनपरिगृह्यबलंमहत् ॥ बीभत्सुर्दक्षिणंपार्श्वमुत्तरं
तुवृकोदरः १३ भारद्वाजंशरौघाभ्यांमहद्भ्यामभ्यवर्षताम् ॥ तौतथासृंजयाश्चैवपंचालाश्चमहौजसः १४ अन्वगच्छन्महाराजमत्स्यैश्चसहसोमकैः ॥ तथैवतवपुत्र
स्यरथोदाराःप्रहारिणः १५ महत्यासेनयाराजन्जग्मुर्द्रोणरथंप्रति ॥ ततःसाभारतीसेनाहन्यमानाकिरीटिना १६ तमसानिद्रयाचैवपुनरेवव्यदीर्यत ॥ द्रोणेनवार्य
माणास्तेस्वयंतवसुतेनच १७ नाशक्यंतमहाराजयोधावारयितुंतदा ॥ सापांडुपुत्रस्यशरैर्दार्यमाणामहाचमूः १८ तमसासंवृतेलोकेव्यद्रवत्सर्वतोमुखी ॥ उत्सृज्य
शतशोवाहांस्तत्रकेचिन्नराधिपाः ॥ प्राद्रवंतमहाराजभयाविष्टाःसमंततः १९ ॥ ॥ इतिश्रीमहाभारतेद्रोणपर्वणि घटोत्कचवधपर्वणि रात्रियुद्धेसंकुलयुद्धे एकष
ष्ट्यधिकशततमोऽध्यायः ॥ १६१ ॥ ॥ ॥ ॥ संजयउवाच ॥ सोमदत्तंतुसंप्रेक्ष्यविधुन्वानंमहद्धनुः ॥ सात्यकिःप्राहयंतारंसोमदत्तायमांवह १ नह्यहत्वा
रणेशत्रुंसोमदत्तंमहाबलम् ॥ निवर्तिष्येरणात्सूतसत्यमेतद्वचोमम २ ततःसंप्रेषयद्यंतासैंधवांस्तान्मनोजवान् ॥ तुरंगमाञ्छंखवर्णान्सर्वशब्दातिगान्रणे ३ तेऽवह
न्युयुधानंतुमनोमारुतरंहसः ॥ यथेंद्रंहरयोराजन्पुरादैत्यवधोद्यतम् ४ तमापतंतंसंप्रेक्ष्यसात्वतंरभसंरणे ॥ सोमदत्तोमहाबाहुरसंभ्रांतोन्यवर्तत ५ विमुंचञ्छरवर्षा
णिपर्जन्यइववृष्टिमान् ॥ छादयामासशैनेयंजलदोभास्करंयथा ६ असंभ्रांतश्चसमरेसात्यकिःकुरुपुंगवम् ॥ छादयामासबाणौघैःसमंताद्भरतर्षभ ७ सोमदत्तस्तुतं
पष्ट्याविव्याधोरसिमाधवम् ॥ सात्यकिश्चापितंराजन्नविध्यत्सायकैःशितैः ८ तावन्योन्यंशरैःकृत्तौव्यराजेतांनरर्षभौ ॥ सुपुष्पौपुष्पसमयेपुष्पिताविवार्कि
शुकौ ९ रुधिरोक्षितसर्वांगौकुरुवृष्णियशस्करौ ॥ परस्परमवेक्षेतांदहंताविवलोचनैः १० रथमंडलमार्गेषुचरंतावरिमर्दनौ ॥ घोररूपौहितावास्तांवृष्टिमंताविव
वांबुदौ ११ शरसंभिन्नगात्रौतुसर्वतःशकलीकृतौ ॥ श्वाविधाविवराजेंद्रदृश्येतांशरविक्षतौ १२ सुवर्णपुंखैरिषुभिराचितौतौव्यराजताम् ॥ खद्योतैरावृतौराज
न्प्रावृषीववनस्पती १३ संप्रदीपितसर्वांगौसायकैस्तैर्महारथौ ॥ अदृश्येतांरणेक्रुद्धावुल्काभिरिवकुंजरौ १४ ततोयुधिमहाराजसोमदत्तोमहारथः ॥ अर्धचंद्रेण
चिच्छेदमाधवस्यमहद्धनुः १५ अथैनंपंचविंशत्यासायकानांसमार्पयत् ॥ त्वरमाणस्त्वराकालेपुनश्चदशभिःशरैः १६

२।३।४।५।६।७।८।९।१०।११।१२।१३।१४।१५।१६

अथान्यद्धनुरादायसात्यकिर्वेगवत्तरम् ॥ पंचभिःसायकैस्तूर्णंसोमदत्तमविध्यत १७ ततोऽपरेणभल्लेनध्वजंचिच्छेदकांचनम् ॥ बाल्हीकस्यरणेराजन्सात्यकिःप्रहस अ०
न्निव १८ सोमदत्तस्त्वसंभ्रांतोदृष्ट्वाकेतुंनिपातितम् ॥ शैनेयंपंचविंशत्यासायकानांसमाचिनोत् १९ सात्वतोऽपिरणेक्रुद्धःसोमदत्तस्यधन्विनः ॥ धनुश्चिच्छेदभल्लेन १६२
क्षुरप्रेणशितेनह २० अथैनंरुक्मपुंखानांशतेननतपर्वणाम् ॥ आचिनोद्बहुधाराजन्भग्नदंष्ट्रमिवद्विपम् २१ अथान्यद्धनुरादायसोमदत्तोमहारथः ॥ सात्यकिंछादया
मासशरवृष्ट्यामहाबलः २२ सोमदत्तंतुसंक्रुद्धोरणेविव्याधसात्यकिः ॥ सात्यकिंशरजालेनसोमदत्तोऽप्यपीडयत् २३ दशभिःसात्वतस्यार्थेभीमोऽहन्बाल्हिकात्म
जम् ॥ सोमदत्तोऽप्यसंभ्रांतोभीममार्च्छच्छितैःशरैः २४ ततस्तुसात्वतस्यार्थेभीमसेनोनवंदृढम् ॥ मुमोचपरिघंघोरंसोमदत्तस्यवक्षसि २५ तमापतंतंवेगेनपरिघं
घोरदर्शनम् ॥ द्विधाचिच्छेदसमरेप्रहसन्निवकौरवः २६ सपपातद्विधाच्छिन्नआयसःपरिघोमहान् ॥ महीधरस्येवमहच्छिखरंवज्रदारितम् २७ ततस्तुसात्यकीराज
न्सोमदत्तस्यसंयुगे ॥ धनुश्चिच्छेदभल्लेनहस्तावापंचपंचभिः २८ ततश्चतुर्भिश्चशरैस्तूर्णंतांस्तुरगोत्तमान् ॥ समीपंप्रेषयामासप्रेतराजस्यभारत २९ सारथेश्चशिरः
कायाद्भल्लेननतपर्वणा ॥ जहारनरशार्दूलःप्रहसञ्छिनिपुंगवः ३० ततःशरंमहाघोरंज्वलंतमिवपावकम् ॥ मुमोचसात्वतोराजन्स्वर्णपुंखंशिलाशितम् ३१ सविमु
क्तोबलवताशैनेयेनशरोत्तमः घोरस्तस्योरसिविभोनिपपाताशुभारत ३२ सोऽतिविद्धोमहाराजसात्वतेनमहारथः ॥ सोमदत्तोमहाबाहुर्निपपातममारच ३३ तंदृष्ट्वा
निहतंतत्रसोमदत्तंमहारथाः ॥ महताशरवर्षेणयुयुधानमुपाद्रवन् ३४ छाद्यमानंशरैर्दृष्ट्वायुयुधानंयुधिष्ठिरः ॥ पांडवाश्चमहाराजसहसर्वैःप्रभद्रकैः ॥ महत्यासेनया
सार्धंद्रोणानीकमुपाद्रवन् ३५ ततोयुधिष्ठिरःक्रुद्धस्तावकानांमहाबलम् ॥ शरैर्विद्रावयामासभारद्वाजस्यपश्यतः ३६ सैन्यानिद्रावयंतंतुद्रोणोदृष्ट्वायुधिष्ठिरम् ॥ अभि
दुद्राववेगेनक्रोधसंरक्तलोचनः ३७ ततःसुनिशितैर्बाणैःपार्थंविव्याधसप्तभिः ॥ युधिष्ठिरोऽपिसंक्रुद्धःप्रतिविव्याधपंचभिः ३८ सोतिविद्धोमहाबाहुःसृक्किणीपरिसं
लिहन् ॥ युधिष्ठिरस्यचिच्छेदध्वजंकार्मुकमेवच ३९ सच्छिन्नधन्वात्वरितस्त्वराकालेनृपोत्तमः ॥ अन्यदादत्तवेगेनकार्मुकंसमरेदृढम् ४० ततःशरसहस्रेणद्रोणंवि
व्याधपार्थिवः ॥ साश्वसूतध्वजरथंतदद्भुतमिवाभवत् ४१ ततोमुहूर्तंव्यथितःशरपातप्रपीडितः ॥ निषसादरथोपस्थेद्रोणोभरतसत्तम ४२ प्रतिलभ्यततःसंज्ञांमुहूर्ता
द्द्विजसत्तमः ॥ क्रोधेनमहताऽऽविष्टोवायव्यास्त्रमवासृजत् ४३ असंभ्रांतस्ततःपार्थोधनुराकृष्यवीर्यवान् ॥ ततस्तदस्त्रमस्त्रेणस्तंभयामासभारत ४४ चिच्छेदचधनुर्दी
र्घंब्राह्मणस्यचपांडवः ॥ ततोऽन्यद्धनुरादायद्रोणःक्षत्रियमर्दनः ४५ तदप्यस्यशितैर्भल्लैश्चिच्छेदकुरुपुंगवः ॥ ततोऽब्रवीद्वासुदेवःकुंतीपुत्रंयुधिष्ठिरम् ४६

४७ । ४८ । ४९ । ५० । ५१ । ५२ । ५३ । ५४ । ५५ ॥ इतिद्रोणपर्वणिटीकायांद्विषष्ट्यधिकशततमोऽध्यायः ॥ १६२ ॥ ॥ वर्तमानइति १ । २ । ३ । ४ । ५ । ६ अंधेअंध्यहेतौ ७ योयुष्म

युधिष्ठिरमहाबाहोयत्त्वांवक्ष्यामितच्छृणु ॥ उपायमस्ययुद्धेत्वंद्रोणाद्भरतसत्तम ४७ यततेहिसदाद्रोणोग्रहणंतवसंयुगे ॥ नानुरूपमहंमन्येयुद्धमस्यत्वयासह ४८
योऽस्यसृष्टोविनाशायसएवैनंहनिष्यति ॥ परिवर्ज्यगुरुंयाहियत्रराजासुयोधनः ४९ राजाराज्ञाहियोद्धव्योनागज्ञायुद्धमिष्यते ॥ तत्रत्वंगच्छकौन्तेयहस्त्यश्वरथसं
वृतः ५० यावन्मात्रेणचमयासहायेनधनंजयः ॥ भीमश्चरथशार्दूलोयुध्यतेकौरवैःसह ५१ वासुदेववचःश्रुत्वाधर्मराजोयुधिष्ठिरः ॥ मुहूर्तंचिंतयित्वातुततोदारुणमा
हवम् ५२ प्रायाद्धुतममित्रघ्नोयत्रभीमोव्यवस्थितः ॥ विनिघ्नंस्तावकान्योधान्व्यादितास्यइवांतकः ५३ रथघोषेणमहतानादयन्वसुधातलम् ॥ पर्जन्यइवघर्मांतेना
दयन्वैदिशोदश ५४ भीमस्यानिघ्नतःशत्रून्पार्ष्णिंजग्राहपांडवः ॥ द्रोणोऽपिपांडुपंचालान्व्यधमद्रजनीमुखे ५५ ॥ इतिश्रीमहाभारतेद्रोणपर्वणिघटोत्कचवधप
र्वणि रात्रियुद्धेद्विषष्ट्यधिकशततमोऽध्यायः ॥ १६२ ॥ ॥ संजयउवाच ॥ वर्तमानेतथायुद्धेघोररूपेभयावहे ॥ तमसासंवृतेलोकेरजसाचमहीपते १ नापश्यंतरणे
योधाःपरस्परमवस्थिताः ॥ अनुमानेनसंज्ञाभिर्युद्धंतद्ववृधेमहत् २ नरनागाश्वमथनंपरमंलोमहर्षणम् ॥ द्रोणकर्णकृपावीराभीमपार्षतसात्यकाः ३ अन्योन्यंक्षोभ
यामासुःसैन्यानिनृपसत्तम ॥ वध्यमानानिसैन्यानिसमंतात्तैर्महारथैः ४ तमसासंवृतेचैवसमंताद्विप्रदुद्रुवुः ॥ तेसर्वतोविद्रवंतोयोधाविध्वस्तचेतनाः ५ अहन्यंतम
हाराजधावमानाश्चसंयुगे ॥ महारथसहस्राणिजघ्नुरन्योन्यमाहवे ६ अंधतमसिमूढानिपुत्रस्यतवमंत्रिते ॥ ततःसर्वाणिसैन्यानिसेनागोपाश्चभारत ॥ व्यमुह्यंतरणे
तत्रतमसासंवृतेसति ७ ॥ धृतराष्ट्रउवाच ॥ तेषांसंलोड्यमानानांपांडवैर्निहतौजसाम् ॥ अंधेतमसिमग्नानामासीत्किंवोमनस्तदा ८ कथंप्रकाशस्तेषांवाममसैन्यस्य
वापुनः ॥ बभूवलोकेतमसातथासंजयसंवृते ९ ॥ संजयउवाच ॥ ततःसर्वाणिसैन्यानिहतशिष्टानियानिवै ॥ सेनागोप्तॄनथादिश्यपुनर्व्यूहमकल्पयत् १० द्रोणःपुर
स्ताज्जघनेतुशल्यस्तथाद्रौणिःकृतवर्मासौबलश्च ॥ स्वयंतुसर्वाणिबलानिराजन्राजाऽभ्ययाद्गोपयन्वैनिशायाम् ११ उवाचसर्वांश्चपदातिसंघान्दुर्योधनःपार्थिवसांत्वपू
र्वम् ॥ उत्सृज्यसर्वेपरमायुधानिगृह्णीतहस्तैर्ज्वलितान्प्रदीपान् १२ तेचोदिताःपार्थिवसत्तमेनततःप्रहृष्टाजगृहुःप्रदीपान् ॥ देवर्षिगंधर्वसुरर्षिसंघाविद्याधराश्चाप्स
रसांगणाश्च १३ नागाःसयक्षोरगकिन्नराश्चहृष्टादिविस्थाजगृहुःप्रदीपान् ॥ दिग्देवतेभ्यश्चसमापतंतोऽदृश्यंतदीपाःससुगंधितैलाः १४ विशेषतोनारदपर्वताभ्यांसंबो
ध्यमानाःकुरुपांडवार्थम् ॥ साभूयएवध्वजिनीविभक्ताव्यरोचताग्निप्रभयानिशायाम् १५ ॥ ॥ ॥

त्सर्वाधिलांमनः किंकिंविधंकातरंधृष्टंवेत्यर्थः ८ । ९. ततइतिद्रोणइत्यपकृष्यते तेषांसैन्यानांव्यूहमित्यध्याहृत्ययोज्यम् १० । ११ । १२ देवर्षीति भुविपदातिभिर्दीपेषुगृहीतेषुदिविस्थादेवाअपिदीपानजगृहुर्युद्धो
त्सवप्रेक्षकाः १३ दिग्देवतेभ्यइत्यंतरिक्षस्थानामपिदेवानामागमनमुक्तम् १४ । १५

॥१.३२॥ महाधनैराभरणैश्चदिव्यैःशस्त्रैश्चदीप्तैरपिसंपतद्भिः ॥ रथेरथेपंचविदीपकास्तुप्रदीपकास्तत्रगजेत्रयश्च १६ प्रत्यश्वमेकश्चमहाप्रदीपःकृतास्तुतैःपांडवैःकौरवेयैः ॥
क्षणेनसर्वेविहितांःप्रदीपाव्यादीपयंतोध्वजिनींतवाशु १७ सर्वास्तुसेनाव्यतिसेव्यमानाःपदातिभिःपावकतैलहस्तैः ॥ प्रकाश्यमानाददृशुर्निशायांयथांतरिक्षेजल
दास्तडिद्भिः १८ प्रकाशितायांतुततोध्वजिन्यांद्रोणोऽग्निकल्पःप्रतपन्समंतात् ॥ रराजराजेंद्रसुवर्णवर्मामध्यंगतःसूर्यइवांशुमाली १९ जांबूनदेष्वाभरणेषुचैवनिष्के
षुशुद्धेषुशरासनेषु ॥ पीतेषुशस्त्रेषुचपावकस्यप्रतिप्रभास्तत्रतदाबभूवुः २० गदाश्चशैक्याःपरिघाश्चशुभ्रारथेषुशक्त्यश्चविवर्तमानाः ॥ प्रतिप्रभारश्मिभिराजमीढ
पुनःपुनःसंजनयंतिदीपान् २१ छत्राणिवालव्यजनानिखङ्गादीप्तामहोल्काश्चतथैवराजन् ॥ व्याघूर्णमानाश्चसुवर्णमालाव्यायच्छतांतत्रतदाविरेजुः २२ शस्त्रप्रभाभि
श्चविराजमानंदीपप्रभाभिश्चतदाबलंतत् ॥ प्रकाशितंचाभरणप्रभाभिर्भृशंप्रकाशंनृपतेबभूव २३ पीतानिशस्त्राण्यसृगुक्षितानिवीरावधूतानितनुच्छदानि ॥ दीप्तांप्र
भांप्राजनयंततत्रतपात्ययेविद्युदिवांतरिक्षे २४ प्रकंपितानामभिघातवेगैरभिघ्नतांचापततांजवेन ॥ वक्त्राण्यकाशंततदानराणांवाय्वीरितानीवमहांबुजानि २५ महा
वनेदारुमयेप्रदीप्तेयथाप्रभाभास्करस्यापिनश्येत् ॥ तथातदाऽऽसीद्ध्वजिनीप्रदीप्तामहाभयाभारतभीमरूपा २६ तत्संप्रदीप्तंबलमस्मदीयंनिशम्यपार्थास्त्वरितास्तथैव ॥
सर्वेषुसैन्येषुपदातिसंघानचोदयंस्तेऽपिचक्रुःप्रदीपान् २७ गजेगजेसप्तकृताःप्रदीपारथेरथेचैवदशप्रदीपाः ॥ द्वावश्वपृष्ठेपरिपार्श्वतोऽन्येध्वजेषुचान्येजघनेषुचान्ये २८
सेनासुसर्वासुचपार्श्वतोऽन्येपश्चात्पुरस्ताच्चसमंततश्च ॥ मध्येतथाऽन्येज्वलिताग्निहस्ताव्यदीपयन्पांडुसुतस्यसेनाम् २९ मध्येतथाऽन्येज्वलिताग्निहस्ताःसेनाद्वये
ऽपिस्मनराविचेरुः ॥ सर्वेषुसैन्येषुपदातिसंघाविमिश्रिताहस्तिरथाश्ववृंदैः ३० व्यदीपयंस्तेध्वजिनींप्रदीप्तास्तथाबलंपांडवेयाभिगुप्तम् ॥ तेनप्रदीप्तेनतथाप्रदीप्तंबलं
तवासीद्बलवद्बलेन ३१ भाःकुर्वताभानुमताशतेनदिवाकरेणाग्निरिवाभिगुप्तः ॥ तयोःप्रभाःपृथिवीमंतरिक्षंसर्वाव्यतिक्रम्यदिशश्चवृद्धाः ३२ तेनप्रकाशेनभृशंप्रकाशं
बभूवतेषांतवचैवसैन्यम् ॥ तेनप्रकाशेनदिवंगतेनसंबोधितादेवगणाश्चराजन् ३३ गंधर्वयक्षासुरसिद्धसंघाःसमागमन्नप्सरसश्चसर्वाः ॥ तद्देवगंधर्वसमाकुलंचय
क्षासुरेंद्राप्सरसांगणैश्च ३४ हतैश्चशूरैर्दिवमारुहद्भिरायोधनंदिव्यकल्पंबभूव ॥ रथाश्वनागाकुलदीपदीप्तंसंरब्धयोधंहतविद्रुताश्वम् ३५ महद्बलंव्यूढरथाश्वनागं
सुरासुरव्यूहसमंबभूव ॥ तच्छक्तिसंघाकुलचंडवातंमहारथाभ्रंगजवाजिघोषम् ३६ शस्त्रौघवर्षंरुधिरांबुधारंनिशिप्रवृत्तंरथदुर्दिनंतत् ॥ तस्मिन्महाग्निप्रतिमोमहा
त्मासंतापयन्पांडवान्विप्रमुख्यः ३७ गभस्तिभिर्मध्यगतोयथाऽर्कोवर्षात्ययेतद्वदभून्नरेन्द्र ३८ ॥ इतिश्रीमहाभारतेद्रोणपर्वणिघटोत्कचवधपर्वणिरात्रियुद्धेदीपो ॥१.३२॥
द्योतनेत्रिषष्ट्यधिकशततमोऽध्यायः ॥ १६३ ॥ ॥ ॥ ॥ ॥ ॥

प्रकाशितेऽति १ । २ । ३ । ४ लोकानामभावेप्रलयेइव ५ । ६ । तुरगास्तुरगसादिनः ७ । ८ । ९ । १० । ११ । १२ । १३ । १४ । १५ । १६ । १७ । १८ । १९ । २०

॥ संजयउवाच ॥ प्रकाशितेतदालोकेरजसातमसावृते ॥ समाजग्मुरथोवीराःपरस्परवधैषिणः १ तेसमेत्यरणेराजन्शस्त्रप्रासासिधारिणः ॥ परस्परमुदैक्षंतपरस्पर
कृतागसः २ प्रदीपानांसहस्रैश्चदीप्यमानैःसमंततः ॥ रत्नाचितैःस्वर्णदंडैर्गंधतैलावसिंचितैः ३ देवगंधर्वदीपाद्यैःप्रभाभिरधिकोज्ज्वलैः ॥ विरराजतदाभूमि
र्ग्रहैर्द्यौरिवभारत ४ उल्काशतैःप्रज्वलितैरणभूमिर्व्यराजत ॥ दह्यमानेवलोकानामभावेचवसुंधरा ५ व्यदीप्यंतदिशःसर्वाःप्रदीपैस्तैःसमंततः ॥ वर्षाप्रदोषेख
द्योतैर्वृतावृक्षाइवाबभुः ६ असज्जंततवीराववीरैष्वेवपृथक्पृथक् ॥ नागानागैःसमाजग्मुस्तुरगाहयसादिभिः ७ रथारथवरैरेवसमाजग्मुर्मुदायुताः ॥ तस्मि
न्रात्रिमुखेघोरेतवपुत्रस्यशासनात् ८ चतुरंगस्यसैन्यस्यसंपातश्चमहानभूत् ॥ ततोऽर्जुनोमहाराजकौरवाणामनीकिनम् ९ व्यधमत्त्वरयायुक्तःक्षपयन्सर्वपार्थि
वान् ॥ धृतराष्ट्रउवाच ॥ तस्मिन्प्रविष्टेसंरब्धेममपुत्रस्यवाहिनीम् १० अमृष्यमाणेदुर्धर्षेकथमासीन्मनोहिवः ॥ किमकुर्वतसैन्यानिप्रविष्टेपरपीडने ११ दुर्यो
धनश्चकिंकृत्यंप्राप्तकालममन्यत ॥ केचैनंसमरेवीरंप्रत्युद्ययुररिंदमाः १२ द्रोणंचकेव्यरक्षंतप्रविष्टेश्वेतवाहने ॥ केऽरक्षन्दक्षिणंचक्रंकेचद्रोणस्यसव्यतः १३ केपृ
ष्ठतश्चाप्यभवन्वीरावीरान्विनिघ्नतः ॥ केपुरस्तादगच्छंतनिघ्नंतःशात्रवान्रणे १४ यत्प्राविशन्महेष्वासःपंचालानपराजितः ॥ नृत्यन्निवनरव्याघ्रोरथमार्गेषुवीर्य
वान् १५ योददाहशरैर्द्रोणःपंचालानांरथव्रजान् ॥ धूमकेतुरिवक्रुद्धःकथंमृत्युमुपेयिवान् १६ अव्यग्रानेवहिपरान्कथयस्यपराजितान् ॥ हृष्टानुदीर्णान्संग्रामे
नतथासूतमामकान् १७ हतांश्चैवविदीर्णांश्चविप्रकीर्णांश्चशंससि ॥ रथिनोविरथांश्चैवकृतान्युद्धेषुमामकान् १८ ॥ संजयउवाच ॥ द्रोणस्यमतमाज्ञाययोद्धु
कामस्यतांनिशाम् ॥ दुर्योधनोमहाराजवश्यान्भ्रातॄनुवाचह १९ कर्णंचवृषसेनंचमद्रराजंचकौरव ॥ दुर्धर्षंदीर्घबाहुंचयेचतेषांपदानुगाः २० द्रोणंयत्ताःपरा
क्रांताःसर्वेरक्षंतुपृष्ठतः ॥ हार्दिक्योदक्षिणंचक्रंशल्यश्चैवोत्तरंतथा २१ त्रिगर्तानांचयेशूराहतशिष्टामहारथाः ॥ तांश्चैवपुरतःसर्वान्पुत्रस्तेसमचोदयत् २२ आचा
र्योहिसुसंयत्तोभृशंयत्ताश्चपांडवाः ॥ तंरक्षतसुसंयत्तानिघ्नंतंशात्रवान्रणे २३ द्रोणोहिबलवान्युद्धेक्षिप्रहस्तःप्रतापवान् ॥ निर्जयेत्त्रिदशान्युद्धेकिमुपार्थान्ससो
मकान् २४ तेयूयंसहिताःसर्वेभृशंयत्तामहारथाः ॥ द्रोणंरक्षतपांचालाधृष्टद्युम्नान्महारथात् २५ पांडवीयेषुसैन्येषुनतंपश्यामकंचन ॥ योयोधयेद्रणेद्रोणंधृष्टद्यु
म्नादृतेनृप: २६ तस्मात्सर्वात्मनामन्येभारद्वाजस्यरक्षणम् ॥ सुगुप्तःपांडवान्हन्यात्सृंजयांश्चससोमकान् २७ सृंजयेष्वथसर्वेषुनिहतेषुचमूमुखे ॥ धृष्टद्युम्नंरणेद्रौ
णिर्हनिष्यतिनसंशयः २८ तथाऽर्जुनंचराधेयोहनिष्यतिमहारथः ॥ भीमसेनमहंचापियुद्धेजेष्यामिदीक्षितः २९

२१ । २२ । २३ । २४ । २५ । २६ । २७ । २८ । २९

म.भा.टी. ३० । ३१ । ३२ । ३३ । ३४ । ३५ । ३६ । ३७ ॥ इतिद्रोणपर्वणिटीकायांचतुःषष्ट्यधिकशततमोऽध्यायः ॥ १६४ ॥ ॥ ॥ वर्तमानेइति १ । २ । ३ । ४ । ५ । ६ । ७ । । ९ द्रोण०

॥१३३॥ अ० १६५

शेषांश्चपांडवान्योधाःप्रसभंहीनतेजसः ॥ सोऽयंममजयोव्यक्तोदीर्घकालंभविष्यति ३० तस्माद्रक्षतसंग्रामेद्रोणमेवमहारथम् ॥ इत्युक्त्वाभरतश्रेष्ठपुत्रोदुर्योधन
स्तव ३१ व्यादिदेशतथासैन्यंतस्मिंस्तमसिदारुणे ॥ ततःप्रववृतेयुद्धंरात्रौभरतसत्तम ३२ उभयोःसेनयोर्वीरंपरस्परजिगीषया ॥ अर्जुनःकौरवंसैन्यमर्जुनंचापि
कौरवाः ३३ नानाशस्त्रसमावायैरन्योन्यंसमपीडयन् ॥ द्रौणिःपंचालराजंचभारद्वाजश्चसंजयान् ३४ छादयांचक्रिरेसंख्येशरैःसन्नतपर्वभिः ॥ पांडुपांचालसै
न्यानांकौरवाणांचभारत ३५ आसीन्निष्टानकोघोरोनिघ्नतामितरेतरम् ॥ नैवास्माभिस्तथापूर्वैर्दृष्टपूर्वंतथाविधम् ३६ श्रुतंवायादृशंयुद्धमासीद्रौद्रंभयानकम् ३७
इतिश्रीमहाभारतेद्रोणपर्वणिघटोत्कचवधपर्वणिरात्रियुद्धेसंकुलयुद्धेचतुःषष्ट्यधिकशततमोऽध्यायः ॥ १६४ ॥ ॥ संजयउवाच ॥ वर्तमानेतदारौद्रेरात्रियुद्धे
विशांपते ॥ सर्वभूतक्षयकरेधर्मपुत्रोयुधिष्ठिरः १ अब्रवीत्पांडवांश्चैवपंचालांश्चैवसोमकान् ॥ अभिद्रवतसंयातद्रोणमेवजिघांसया २ राज्ञस्तेवचनाद्राजन्पंचालाः
संजयास्तथा ॥ द्रोणमेवाभ्यवर्तंतनदंतोभैरवान्रवान् ३ तंतुतेप्रतिगर्जंतःप्रत्युद्याताःस्वमर्षिताः ॥ यथाशक्तियथोत्साहंयथासत्वंचसंयुगे ४ कृतवर्मातुहार्दिक्यो
युधिष्ठिरमुपाद्रवत् ॥ द्रोणंप्रतिसमायांतंमत्तोमत्तमिवद्विपम् ५ शैनेयंशरवर्षाणिविकिरंतंसमंततः ॥ अभ्ययात्कौरवोराजन्भूरिःसंग्राममूर्धनि ६ सहदेवम
थायांतंद्रोणप्रेप्सुंमहारथम् ॥ कर्णोवैकर्तनोराजन्वारयामासपांडवम् ७ भीमसेनमथायांतंव्यादितास्यमिवांतकम् ॥ स्वयंदुर्योधनोराजाप्रतीपंमृत्युमाव्रजत् ८
नकुलंचयुधांश्रेष्ठंसर्वयुद्धविशारदम् ॥ शकुनिःसौबलोराजन्वारयामाससत्वरः ९ शिखंडिनमथायांतंरथेनरथिनांवरम् ॥ कृपःशारद्वतोराजन्वारयामाससंयुगे १०
प्रतिविंध्यमथायांतंमयूरसदृशैर्हयैः ॥ दुःशासनोमहाराजयत्तोयत्तमवारयत् ११ भैमसेनिमथायांतंमायाशतविशारदम् ॥ अश्वत्थामामहाराजराक्षसंप्रत्यषेधयत्
१२ द्रुपदंवृषसेनस्तुससैन्यंसपदानुगम् ॥ वारयामाससमरेद्रोणप्रेप्सुंमहारथम् १३ विराटंद्रुतमायांतंद्रोणस्यनिधनंप्रति ॥ मद्रराजःसुसंक्रुद्धोवारयामासभारत १४
शतानीकमथायांतंनाकुलिंरभसंरणे ॥ चित्रसेनोरुरोधाशुशरैर्द्रोणपरीप्सया १५ अर्जुनंचयुधांश्रेष्ठंप्राद्रवंतंमहारथम् ॥ अलंबुषोमहाराजराक्षसेंद्रोन्यवारयत् १६
तथाद्रोणंमहेष्वासंनिघ्नन्तंशात्रवान्रणे ॥ धृष्टद्युम्नोऽथपांचाल्योहृष्टरूपमवारयत् १७ तथाऽन्यान्पाण्डुपुत्राणांसमायातान्महारथान् ॥ तावकारथिनोराजन्वारया
मासुरोजसा १८ गजारोहागजैस्तूर्णंसन्निपत्यमहामृधे ॥ योधयंतश्चमृद्नंतःशतशोऽथसहस्रशः १९ निशीथेतुरगाराजन्द्रावयंतःपरस्परम् ॥ समदृश्यंतवेगेनप
क्षवंतोयथाद्रयः २० सादिनःसादिभिःसार्धंप्रासशक्त्यृष्टिपाणयः ॥ समागच्छन्महाराजविनदंतःपृथक्पृथक् २१

१० । ११ भैमसेनिंघटोत्कचं १२ । १३ । १४ । १५ । १६ । १७ । १८ । १९ । २० । २१ ॥

२२ । २३ । २४ । २५ । २६ माधवःकृतवर्मा २७ । २८ । २९ । ३० । ३१ । ३२ । ३३ । ३४ । ३५ । ३६ । ३७ । ३८ । ३९ । ४० । ४१ इतिद्रोणपर्वणिटीकायांपंचषष्ट्यधिकशततमोऽध्यायः १६५

नरास्तुबहवस्तत्रसमाजग्मुःपरस्परम् ॥ गदाभिर्मुसलैश्चैवनानाशस्त्रैश्चसंयुगे २२ कृतवर्मातुहार्दिक्योधर्मपुत्रंयुधिष्ठिरम् ॥ वारयामाससंक्रुद्धोवेलेवोद्वृत्तमर्णवम्
२३ युधिष्ठिरस्तुहार्दिक्यंविद्ध्वापंचभिराशुगैः ॥ पुनर्विव्याधविंशत्यातिष्ठतिष्ठेतिचाब्रवीत् २४ कृतवर्मातुसंक्रुद्धोधर्मपुत्रस्यमारिष ॥ धनुश्चिच्छेदभल्लेनतंचविव्या
धसप्तभिः २५ अथान्यद्धनुरादायधर्मपुत्रोमहारथः ॥ हार्दिक्यंदशभिर्बाणैर्बाह्वोरुरसिचार्पयत् २६ माधवस्तुरणेविद्धोधर्मपुत्रेणमारिष ॥ प्राकंपतचरोषेणसप्तभिश्चा
र्दयच्छरैः २७ तस्यपार्थोधनुश्छित्वाहस्तावापंनिकृत्यच ॥ प्राहिणोन्निशितान्बाणान्पंचराजञ्छिलाशितान् २८ तेतस्यकवचंभित्त्वाहेमचित्रंमहाधनम्
प्राविशन्धरणींभित्त्वावल्मीकमिवपन्नगाः २९ अक्ष्णोर्निमेषमात्रेणसोऽन्यदादायकार्मुकम् ॥ विव्याधपांडवंषष्ट्यासूतंचनवभिःशरैः ३० तस्यशक्तिममेया
त्मापांडवोभुजगोपमाम् ॥ चिक्षेपभरतश्रेष्ठरथेन्यस्यमहद्धनुः ३१ साहेमचित्रामहतीपांडवेनप्रवेरिता ॥ निर्भिद्यदक्षिणंबाहुंप्राविशद्धरणीतलम् ३२ एत
स्मिन्नेवकालेतुगृह्यपार्थःपुनर्धनुः ॥ हार्दिक्यंछादयामासशरैःसन्नतपर्वभिः ३३ ततस्तुसमरेशूरोवृष्णीनांप्रवरोरथी ॥ व्यश्वसूतरथंचक्रेनिमेषार्धाद्युधिष्ठिरम् ३४
ततस्तुपांडवोज्येष्ठःखड्गचर्मसमाददे ॥ तदस्यनिशितैर्बाणैर्व्यधमन्माधवोरणे ३५ तोमरंतुततोगृह्यस्वर्णदंडंदुरासदम् ॥ अप्रैषीत्समरेतूर्णंहार्दिक्यस्ययुधिष्ठिरः
३६ तमापतंतंसहसाधर्मराजभुजच्युतम् ॥ द्विधाचिच्छेदहार्दिक्यःकृतहस्तःस्मयन्निव ३७ ततःशरशतेनाजौधर्मपुत्रमवाकिरत् ॥ कवचंचास्यसंक्रुद्धःशरैस्ती
क्ष्णैरदारयत् ३८ हार्दिक्यंशरसंछन्नंकवचंतन्महाधनम् ॥ व्यशीर्यतरणेराजंस्ताराजालमिवांबरात् ३९ सच्छिन्नधन्वाविरथःशीर्णवर्माशरार्दितः ॥ अपायासी
द्रणात्तूर्णंधर्मपुत्रोयुधिष्ठिरः ४० कृतवर्मातुनिर्जित्यधर्मात्मानंयुधिष्ठिरम् ॥ पुनर्द्रोणस्यजुगुपेचक्रमेवमहात्मनः ४१ ॥ इतिश्रीमहाभारतेद्रोणपर्वणिघटोत्कचव
धपर्वणिरात्रियुद्धेयुधिष्ठिरापयानंनामपंचषष्ट्यधिकशततमोऽध्यायः ॥ १६५ ॥ ॥ संजयउवाच ॥ ॥ भूरिस्तुसमरेराजन्शैनेयंरथिनांवरम् ॥ आपतंतम
पासेधत्प्रयाणादिवकुंजरम् १ अथैनंसात्यकिःक्रुद्धःपंचभिर्निशितैःशरैः ॥ विव्याधहृदयेतस्यप्रास्रवत्तस्यशोणितम् २ तथैवकौरवोयुद्धेशैनेयंयुद्धदुर्मदम् ॥ दश
भिर्निशितैस्तीक्ष्णैरविध्यतभुजांतरे ३ तावन्योन्यंमहाराजततक्षातेशरैर्भृशम् ॥ क्रोधसंरक्तनयनौक्रोधाद्विस्फार्यकार्मुके ४ तयोरासीन्महाराजशस्त्रवृष्टिःसुदारुणा ॥
क्रुद्धयोःसायकमुचोर्यमांतकनिकाशयोः ५ तावन्योन्यंशरैराजन्संछाद्यसमवस्थितौ ॥ मुहूर्तंचैवतद्युद्धंसमरूपमिवाभवत् ६ ततःक्रुद्धोमहाराजशैनेयःप्रहसन्निव ॥
धनुश्चिच्छेदसमरेकौरव्यस्यमहात्मनः ७ ॥ ॥ ॥ ॥

भूरिरिति प्रयाणाद्यानस्थानात् । प्रस्रवणादितिपाठेप्रस्रवणंप्रकृष्टंवनंजलं १ तस्यसात्यकेः तस्यतस्माद्धृदयात् २ । ३ । ४ । ५ । ६ । ७

८ । ९ । १० । ११ लोहितांगः कुजः यदृच्छयादैवेनेत्यभूतोपमा १२ । १३ । १४ । १५ । महिषमसुरं १६ । १७ । १८ । १९ । २० २१ श्वाविच्छल्यकःशललतःशललीभिः २२ । २३

अथैनंछिन्नधन्वानंनवभिर्निशितैःशरैः ॥ विव्याधहृदयेतूर्णंतिष्ठतिष्ठेतिचाब्रवीत् ८ सोऽतिविद्धोबलवताशत्रुणाशत्रुतापनः ॥ धनुरन्यत्समादायसात्वतंप्रत्यवि
ध्यत ९ सविद्धासात्वतंबाणैस्त्रिभिरेवविशांपते ॥ धनुश्चिच्छेदभल्लेनसुतीक्ष्णेनहसन्निव १० छिन्नधन्वामहाराजसात्यकिःक्रोधमूर्च्छितः ॥ प्रजहारमहावेगां
शक्तिंतस्यमहोरसि ११ सतुशक्त्याविभिन्नांगोनिपपातरथोत्तमात् ॥ लोहितांगइवाकाशाद्दीप्तरश्मिर्यदृच्छया १२ तंतुदृष्ट्वाहतंशूरमश्वत्थामामहारथः ॥ अ
भ्यधावतवेगेनशैनेयंप्रतिसंयुगे १३ तिष्ठतिष्ठेतिचाभाष्यशैनेयंसनराधिप ॥ अभ्यवर्षच्छरौघेणमेरुंवृष्ट्यायथाऽम्बुदः १४ तमापतंतंसंरब्धंशैनेयस्यरथंप्रति ॥
घटोत्कचोऽब्रवीद्राजन्नादंमुक्त्वामहारथः १५ तिष्ठतिष्ठनमेजीवन्द्रोणपुत्रगमिष्यसि ॥ एषत्वांनिहनिष्यामिमहिषंषण्मुखोयथा १६ युद्धश्रद्धामहंतेऽ
द्यविनेष्यामिरणाजिरे ॥ इत्युक्त्वाक्रोधताम्राक्षोराक्षसःपरवीरहा १७ द्रौणिमभ्यद्रवत्क्रुद्धोगजेंद्रमिवकेसरी ॥ रथाक्षमात्रैरिषुभिरभ्यवर्षद्घटोत्कचः १८
रथिनामृषभंद्रौणिंधाराभिरिवतोयदः ॥ शरवृष्टिंतुतांप्राप्तांशरैराशीविषोपमैः १९ शातयामाससमरेतरसाद्रौणिरुत्स्मयन् ॥ ततःशरशतैस्तीक्ष्णैर्मर्मभेदि
भिराशुगैः २० समाचिनोद्राक्षसेंद्रंघटोत्कचमरिंदमम् ॥ सशरैराचितस्तेनराक्षसोरणमूर्धनि २१ व्यकाशतमहाराजश्वाविच्छललतोयथा ॥ ततःक्रोधसमा
विष्टोभैमसेनिःप्रतापवान् २२ शरैरवचकर्तोग्रैर्द्रौणिंवज्राशनिप्रभैः ॥ क्षुरप्रैरर्धचंद्रैश्चनाराचैःसशिलीमुखैः २३ वराहकर्णैर्नालीकैर्विकर्णैश्चाभ्यवीवृषत् ॥
तांशस्त्रवृष्टिमतुलांवज्राशनिसमस्वनाम् २४ पतंतीमुपरिक्रुद्धोद्रौणिरव्यथितेंद्रियः ॥ सदुःसहांशरैर्घोरैर्दिव्यास्त्रप्रतिमंत्रितैः २५ व्यधमत्सुमहातेजामहाभ्राणी
वमारुतः ॥ ततोऽन्तरिक्षेबाणानांसंग्रामोऽन्यइवाभवत् २६ घोररूपोमहाराजयोधानांहर्षवर्धनः ॥ ततोऽस्त्रसंघर्षकृतैर्विस्फुलिंगैःसमंततः २७ बभौनिशामु
खेव्योमखद्योतैरिवसंवृतम् ॥ समार्गणगणैर्द्रौणिर्दिशःप्रच्छाद्यसर्वतः २८ प्रियार्थंतवपुत्राणांराक्षसंसमवाकिरत् ॥ ततःप्रववृतेयुद्धंद्रौणिराक्षसयोर्मृधे २९
विगाढेरजनीमध्येशक्रप्रल्हादयोरिव ॥ ततोघटोत्कचोबाणैर्दशभिर्द्रौणिमाहवे ३० जघानोरसिसंक्रुद्धःकालज्वलनसन्निभैः ॥ सतैरभ्यायतैर्विद्धोराक्षसेनमहा
बलः ३१ चचालसमरेद्रौणिर्वातनुन्नइवद्रुमः ॥ समोहमनुसंप्राप्तोध्वजयष्टिंसमाश्रितः ३२ ततोहाहाकृतंसैन्यंतवसर्वंजनाधिप ॥ हतंस्ममेनिरेसर्वेतावकास्तं
विशांपते ३३ तंतुदृष्ट्वातथावस्थमश्वत्थामानमाहवे ॥ पंचालाःसृंजयाश्चैवसिंहनादंप्रचक्रिरे ३४ प्रतिलभ्यततःसंज्ञामश्वत्थामामहाबलः ॥ धनुःप्रपीड्यवा
मेनकरेणामित्रकर्शनः ३५ मुमोचाकर्णपूर्णेनधनुषाशरमुत्तमम् ॥ यमदंडोपमंघोरमुद्दिश्याशुघटोत्कचम् ३६ ॥ ॥

२४ । २५ । २६ । २७ । २८ । २९ ३० । ३१ । ३२ । ३३ । ३४ । ३५ । ३६ ॥ ॥ ॥ ॥

३७ । ३८ । ३९ । ४० । ४१ । ४२ । ४३ । ४४ । ४५ । ४६ । ४७ । ४८ । ४९ । ५० । ५१ । ५२ । ५३ । ५४ । ५५ ५६ । ५७ प्रणश्यनिलीनोभूत्वा ५८ । ५९ । ६० । ६१ । ६२

सभित्त्वाहृदयंतस्यराक्षसस्यशरोत्तमः ।। विवेशवसुधामुग्रःसपुंखःपृथिवीपते ३७ सोऽतिविद्धोमहाराजरथोपस्थउपाविशत् ।। राक्षसेंद्रःसुबलवान्द्रौणिनारणशा
लिना ३८ दृष्ट्वाविमूढंहैडिंबंसारथिस्तुरणाजिरात् ।। द्रौणेःसकाशात्संभ्रांतस्त्वपनिन्येत्वरान्वितः ३९ तथातुसमरेविद्धाराक्षसेंद्रंघटोत्कचम् ।। ननादसुमहानादं
द्रोणपुत्रोमहारथः ४० पूजितस्तवपुत्रैश्चसर्वयोधैश्चभारत ।। वपुषाऽतिप्रजज्वालमध्यान्हइवभास्करः ४१ भीमसेनंतुयुध्यंतंभारद्वाजरथंप्रति ।। स्वयंदुर्योधनोरा
जाप्रत्यविध्यच्छितैःशरैः ४२ तंभीमसेनोदशभिःशरैर्विव्याधमारिष ।। दुर्योधनोऽपिविंशत्याशराणांप्रत्यविध्यत ४३ तौसायकैरवच्छिन्नावदृश्येतांरणाजिरे ।। मेघ
जालसमाच्छन्नौनभसींदुभास्करौ ४४ अथदुर्योधनोराजाभीमंविव्याधपत्रिभिः ।। पंचभिर्भरतश्रेष्ठतिष्ठतिष्ठेतिचाब्रवीत् ४५ तस्यभीमोधनुश्छित्त्वाध्वजंचदशभिः
शरैः ।। विव्याधकौरवश्रेष्ठंनवत्यानतपर्वणाम् ४६ ततोदुर्योधनःक्रुद्धोधनुरन्यन्महत्तरम् ।। गृहीत्वाभरतश्रेष्ठोभीमसेनंशितैःशरैः ।। अपीडयद्रणमुखेपश्यतांसर्वध
न्विनाम् ४७ तान्निहत्यशरान्भीमोदुर्योधनधनुश्च्युतान् ।। कौरवंपंचविंशत्याक्षुद्रकाणांसमार्पयत् ४८ दुर्योधनस्तुसंक्रुद्धोभीमसेनस्यमारिष ।। क्षुरप्रेणधनुश्छित्त्वा
दशभिःप्रत्यविध्यत ४९ अथान्यद्धनुरादायभीमसेनोमहाबलः ।। विव्याधनृपतिंतूर्णंसप्तभिर्निशितैःशरैः ५० तदप्यस्यधनुःक्षिप्रंचिच्छेदलघुहस्तवत् ।। द्विती 271
यंचतृतीयंचचतुर्थंपंचमंतथा ५१ आत्तमात्तंमहाराजभीमस्यधनुराच्छिनत् ।। तवपुत्रोमहाराजजितकाशीमदोत्कटः ५२ सतथाभिद्यमानेषुकार्मुकेषुपुनःपुनः ।।
शक्तिंचिक्षेपसमरेसर्वपारसवींशुभाम् ५३ मृत्योरिवस्वसारंहिदीप्तांवन्हिशिखामिव ।। सीमंतमिवकुर्वतींनभसोऽग्निसमप्रभाम् ५४ अप्राप्तामेवतांशक्तिंत्रिधाचिच्छे
दकौरवः ।। पश्यतःसर्वलोकस्यभीमस्यचमहात्मनः ५५ ततोभीमोमहाराजगदांगुर्वींमहाप्रभाम् ।। चिक्षेपाविध्यवेगेनदुर्योधनरथंप्रति ५६ ततःसासहसावाहां
स्तवपुत्रस्यसंयुगे ।। सारथिंचगदागुर्वीममर्दास्यरथंपुनः ५७ पुत्रस्तुतवराजेंद्रभीमाद्भीतःप्रणश्यच ।। आरुरोहरथंचान्यंनंदकस्यमहात्मनः ५८ ततोभीमोहतंमत्वा
तवपुत्रंमहारथम् ।। सिंहनादंमहच्चक्रेतर्जयन्निशिकौरवान् ५९ तावकाःसैनिकाश्चापिमेनिरेनिहतंनृपम् ।। ततोऽतिचुक्रुशुःसर्वेतेहाहेतिसमंततः ६० तेषांतुनिन
दंश्रुत्वात्रस्तानांसर्वयोधिनाम् ।। भीमसेनस्यनादंचश्रुत्वाराजन्महात्मनः ६१ ततोयुधिष्ठिरोराजाहतंमत्वासुयोधनम् ।। अभ्यवर्ततवेगेनयत्रपार्थोवृकोदरः ६२
पंचालाःकेकयामत्स्याःसृंजयाश्चविशांपते ।। सर्वोद्योगेनाभिजग्मुर्द्रोणमेवयुयुत्सया ६३ तत्रासीत्सुमहद्युद्धंद्रोणस्याथपरैःसह ।। घोरेतमसिमग्नानांनिघ्नतामितरे
तरम् ६४ इतिश्रीमहाभारतेद्रोणपर्वणिघटोत्कचवधपर्वणिरात्रियुद्धेदुर्योधनापयानेषट्षष्ट्यधिकशततमोऽध्यायः ।। १६६ ।। ।। ।।

६३ । ६४ ।। इतिद्रोणपर्वणिटीकायांषट्षष्ट्यधिकशततमोऽध्यायः ।। १६६ ।।

सहदेवमथायांतंमतिशतानीकर्मतिचाध्यायौस्पष्टार्थौ १।२।३।४।५।६।७।८।९।१०।११।१२।१३।१४।१५।१६।१७।१८।१९। २०। २१ । २२ । २३

॥ १३५ ॥

संजयउवाच ॥ सहदेवमथायांतंद्रोणप्रेप्सुंविशांपते ॥ कर्णोवैकर्तनोयुद्धेवारयामासभारत १ सहदेवस्तुराधेयंविद्धानवभिराशुगैः ॥ पुनर्विव्याधदशभिर्विशिखैर्न
तपर्वभिः २ तंकर्णःप्रतिविव्याधशतेननतपर्वणाम् ॥ सज्यंचास्यधनुःशीघ्रंचिच्छेदलघुहस्तवत् ३ ततोऽन्यद्धनुरादायमाद्रीपुत्रःप्रतापवान् ॥ कर्णविव्याधविंश
त्यातदद्भुतमिवाभवत् ४ तस्यकर्णोहयान्हत्वाशरैःसन्नतपर्वभिः ॥ सारथिंचास्यभल्लेनद्रुतंनिन्येयमक्षयम् ५ विरथःसहदेवस्तुखड्गंचर्मसमाददे ॥ तदप्यस्यशरैःकर्णो
व्यधमत्प्रहसन्निव ६ अथगुर्वीमहाघोरांहेमचित्रांमहागदाम् ॥ प्रेषयामाससंक्रुद्धोवैकर्तनरथंप्रति ७ तामापतन्तींसहसासहदेवप्रचोदिताम् ॥ व्यष्टंभयच्छरैःकर्णो
भूमौचैनामपातयत् ८ गदांविनिहतांदृष्ट्वासहदेवस्त्वरान्वितः ॥ शक्तिंचिक्षेपकर्णायतामप्यस्याच्छिनच्छरैः ९ ससंभ्रमंततस्तूर्णमवप्लुत्यरथोत्तमात् ॥ सहदेवोम
हाराजदृष्ट्वाकर्णंव्यवस्थितम् १० रथचक्रंप्रगृह्याजौमुमोचाधिरथंप्रति ॥ तदापतद्वैसहसाकालचक्रमिवोद्यतम् ११ शरैरनेकसाहस्रैराच्छिनत्सूतनंदनः ॥ तस्मिंस्तु
निहतेचक्रेसूतजेनमहात्मना १२ ईषादंडकयोक्त्रांश्चयुगानिविविधानिच ॥ हस्त्यंगानितथाऽश्वांश्चमृतांश्चपुरुषान्बहून् १३ चिक्षेपकर्णमुद्दिश्यकर्णस्तान्व्यधम
च्छरैः ॥ सनिरायुधमात्मानंज्ञात्वामाद्रवतीसुतः १४ वार्यमाणस्तुविशिखैःसहदेवोरणंजहौ ॥ तमभिद्रुत्यराधेयोमुहूर्ताद्भरतर्षभ १५ अब्रवीत्प्रहसन्वाक्यंसहदेवं
विशांपते ॥ मायुध्यस्वरणेऽधीरविशिष्टैरथिभिःसह १६ सदृशैर्युध्यमाद्रेयवचोमेमाविशंकिथाः ॥ अथैनंधनुषोऽग्रेणतुदन्भूयोऽब्रवीद्वचः १७ एषोऽर्जुनोरणेतूर्णं
युध्यतेकुरुभिःसह ॥ तत्रगच्छस्वमाद्रेयगृहंवायदिमन्यसे १८ एवमुक्त्वातुतंकर्णोरथेनरथिनांवरः ॥ प्रायात्पांचालपांडूनांसैन्यानिप्रदहन्निव १९ वधंप्राप्तंतुमा
द्रेयंनावधीत्समरेऽरिहा ॥ कुंत्याःस्मृत्वावचोराजन्सत्यसंधोमहायशाः २० सहदेवस्ततोराजन्विमनाःशरपीडितः ॥ कर्णवाक्शरतप्तश्चजीवितान्निरविद्यत २१
आरुरोहरथंचापिपांचाल्यस्यमहात्मनः ॥ जनमेजयस्यसमरेत्वरायुक्तोमहारथः २२ विराटंसहसेनंतुद्रोणार्थेद्रुतमागतम् ॥ मद्रराजःशरौघेणच्छादयामासधन्वि
नम् २३ तयोःसमभवद्युद्धंसमरेदृढधन्विनोः ॥ यादृशंह्यभवद्राजन्जंभवासवयोःपुरा २४ मद्रराजोमहाराजविराटंवाहिनीपतिम् ॥ आजघ्नेत्वरितस्तूर्णंशतेन
नतपर्वणाम् २५ प्रतिविव्याधतंराजन्नवभिर्निशितैःशरैः ॥ पुनश्चैनंत्रिसप्तत्याभूयश्चैवशतेनतु २६ तस्यमद्राधिपोहत्वाचतुरोरथवाजिनः ॥ सूतंध्वजंचसमरे
शराभ्यांसंन्यपातयत् २७ हताश्वात्तुरथात्तूर्णमवप्लुत्यमहारथः ॥ तस्थौविस्फारयंश्चापंविमुंचंश्चशिताञ्छरान् २८ शतानीकस्ततोदृष्ट्वाभ्रातरंहतवाहनम् ॥ रथेना
भ्यपतत्तूर्णंसर्वलोकस्यपश्यतः २९ शतानीकमथायांतंमद्रराजोमहामृधे ॥ विशिखैर्बहुभिर्विद्ध्वाततोनिन्येयमक्षयम् ३० ॥ ॥

२४।२५।२६।२७।२८।२९।३०

३१ । ३२ । ३३ । ३४ । ३५ । ३६ । ३७ । ३८ । ३९ । ४० । ४१ । ४२ । ४३ । ४४ । ४५ । ४६ । ४७ । ४८ । ४९ । ५० ॥ इतिद्रोणपर्वणिटीकायांसप्तषष्ट्यधिकशततमोऽध्यायः ॥ १६७ ॥

तस्मिंस्तुनिहतेवीरोविराटोरथसत्तमः ॥ आरुरोहरथंतूर्णंतमेवध्वजमालिनम् ३१ ततोविस्फार्यनयनेक्रोधाद्द्विगुणविक्रमः ॥ मद्रराजरथंतूर्णंछादयामासपत्रिभिः ३२
ततोमद्राधिपःक्रुद्धःशरेणानतपर्वणा ॥ आजघानोरसिदृढंविराटंवाहिनीपतिम् ३३ सोतिविद्धोमहाराजरथोपस्थउपाविशत् ॥ कश्मलंचाविशत्तीव्रंविराटोभरतर्षभ
३४ सारथिस्तमपोवाहसमरेशरविक्षतम् ॥ ततःसामहतीसेनाप्राद्रवन्निशिभारत ३५ वध्यमानाशरशतैःशल्येनाहवशोभिना ॥ तांदृष्ट्वाविद्रुतांसेनांवासुदेवधनंजयौ
३६ प्रयातौतत्रराजेंद्रयत्रशल्योव्यवस्थितः ॥ तौतुप्रत्युद्ययौराजन्राक्षसेंद्रोह्यलंबुषः ३७ अष्टचक्रसमायुक्तमास्थायप्रवरंरथम् ॥ तुरंगममुखैर्युक्तंपिशाचैर्घोरदर्शनैः
३८ लोहितार्द्रपताकंतंरक्तमाल्यविभूषितम् ॥ कार्ष्णायसमयंघोरमृक्षचर्मसमावृतम् ३९ रौद्रेणचित्रपक्षेणविवृताक्षेणकूजता ॥ ध्वजेनोच्छ्रितदंडेनगृध्रराजेनराजता
४० सबभौराक्षसोराजन्भिन्नांजनचयोपमः ॥ रुरोधार्जुनमायांतंप्रभंजनमिवाद्रिराट् ४१ किरन्बाणगणान्राजन्शतशोऽर्जुनमूर्धनि ॥ अतितीव्रमभूद्युद्धंनरराक्षसयो
स्तदा ४२ द्रष्टॄणांप्रीतिजननंसर्वेषांतत्रभारत ॥ गृध्रकाकबलोलूककंकगोमायुहर्षणम् ४३ तमर्जुनःशतेनैवपत्रिणांसमताडयत् ॥ नवभिश्चशितैर्बाणैर्ध्वजंचिच्छेद
भारत ४४ सारथिंचत्रिभिर्बाणैस्त्रिभिरेवत्रिवेणुकम् ॥ धनुरेकेनचिच्छेदचतुर्भिश्चतुरोहयान् ४५ पुनःसज्यंकृतंचापंतदप्यस्यद्विधाऽच्छिनत् ॥ विरथस्योद्यतंखड्गं
शरेणास्यद्विधाकरोत् ४६ अथैनंनिशितैर्बाणैश्चतुर्भिर्भरतर्षभ ॥ पार्थोऽविध्यद्राक्षसेंद्रंसविद्धःप्राद्रवद्भयात् ४७ तंविजित्यार्जुनस्तूर्णंद्रोणांतिकमुपाययौ ॥ किरन्श
रगणान्राजन्नरवारणवाजिषु ४८ वध्यमानामहाराजपांडवेनयशस्विना ॥ सैनिकान्यपतन्नुर्व्यांवातनुन्नाइवद्रुमाः ४९ तेषुतूत्साद्यमानेषुफाल्गुनेनमहात्मना ॥
संप्राद्रवद्बलंसर्वंपुत्राणांतेविशांपते ५० इतिश्रीमहाभारतेद्रोणपर्वणिघटोत्कचवधपर्वणिरात्रियुद्धेअलंबुषपराभवेसप्तषष्ट्यधिकशततमोऽध्यायः ॥ १६७ ॥ संजय
उवाच ॥ शतानीकंशरैस्तूर्णंनिर्दहंतंचमूंतव ॥ चित्रसेनस्तवसुतोवारयामासभारत १ नाकुलिश्चित्रसेनंतुविद्ध्वापंचभिराशुगैः ॥ सतुतंप्रतिविव्याधदशभिर्निशितैःशरैः
२ चित्रसेनोमहाराजशतानीकंपुनर्युधि ॥ नवभिर्निशितैर्बाणैराजघानस्तनांतरे ३ नाकुलिस्तस्यविशिखैर्वर्मसन्नतपर्वभिः ॥ गात्रात्संच्यावयामासतदद्भुतमिवाभ
वत् ४ सोऽपेतवर्मापुत्रस्तेविरराजभृशंनृप ॥ उत्सृज्यकालेराजेंद्रनिर्मोकमिवपन्नगः ५ ततोऽस्यनिशितैर्बाणैर्ध्वजंचिच्छेदनाकुलिः ॥ धनुश्चैवमहाराजयतमानस्यसं
युगे ६ सच्छिन्नधन्वासमरेविवर्माचमहारथः ॥ धनुरन्यन्महाराजजग्राहारिविदारणम् ७ ततस्तूर्णंचित्रसेनोनाकुलिंनवभिःशरैः ॥ विव्याधसमरेक्रुद्धोभरतानां
 महारथः ८ शतानीकोऽथसंक्रुद्धश्चित्रसेनस्यमारिष ॥ जघानचतुरोवाहान्सारथिंचनरोत्तमः ९ ॥ ॥

॥ शतानीकमिति ॥ । १ । २ । ३ । ४ । ५ । ६ । ७ । ८ । ९

अवप्लुत्यरथात्तस्माच्चित्रसेनोमहारथः ॥ नाकुलिंपंचविंशत्याशराणामार्दयद्बली १० तस्यतत्कुर्वतःकर्मनकुलस्यसुतोरणे ॥ अर्धचंद्रेणचिच्छेदचापंरत्नविभूषितम्
११ सच्छिन्नधन्वाविरथोहताश्वोहतसारथिः ॥ आरुरोहरथंतूर्णंहार्दिक्यस्यमहात्मनः १२ द्रुपदंतुसहानीकंद्रोणप्रेप्सुंमहारथम् ॥ वृषसेनोऽभ्ययात्तूर्णंकिरन्शरशतै
स्तदा १३ यज्ञसेनस्तुसमरेकर्णपुत्रंमहारथम् ॥ षष्ट्याशराणांविव्याधबाह्वोरुरसिचानघ १४ वृषसेनस्तुसंक्रुद्धोयज्ञसेनंरथेस्थितम् ॥ बहुभिःसायकैस्तीक्ष्णैराजघा
नस्तनांतरे १५ तावुभौशरनुन्नांगौशरकंटकितौरणे ॥ व्यभ्राजेतांमहाराजश्वाविधौशललैरिव १६ रुक्मपुंखैःप्रसन्नाग्रैःशरैश्छिन्नतनुच्छदौ ॥ रुधिरौघपरिक्लिन्नौव्य
भ्राजेतांमहामृधे १७ तपनीयनिभौचित्रौकल्पवृक्षाविवाद्भुतौ ॥ किंशुकाविवचोत्फुल्लौव्यकाशेतांरणाजिरे १८ वृषसेनस्ततोराजन्द्रुपदंनवभिःशरैः ॥ विद्ध्वावि
व्याधसप्तत्यापुनरन्यैस्त्रिभिस्त्रिभिः १९ ततःशरसहस्राणिविमुंचन्विबभौतदा ॥ कर्णपुत्रोमहाराजवर्षमाणइवांबुदः २० द्रुपदस्तुततःक्रुद्धोवृषसेनस्यकार्मुकम् ॥ द्वि
धाचिच्छेदभल्लेनपीतेननिशितेनच २१ सोऽन्यत्कार्मुकमादायरुक्मबद्धंनवंदृढम् ॥ तूणादाकृष्यविमलंभल्लंपीतंशितंदृढम् २२ कार्मुकेयोजयित्वातंद्रुपदंसन्निरीक्ष्यच
॥ आकर्णपूर्णंमुमुचेत्रासयन्सर्वसोमकान् २३ हृदयंतस्यभित्त्वाचजगामवसुधातलम् ॥ कश्मलंप्राविशद्राजावृषसेनशराहतः २४ सारथिस्तमपोवाहस्मरन्सार
थिचेष्टितम् ॥ तस्मिन्प्रभग्नेराजेंद्रपंचालानांमहारथे २५ ततस्तुद्रुपदानीकंशरैश्छिन्नतनुच्छदम् ॥ संप्राद्रवत्तदाराजन्निशीथेभैरवेसति २६ प्रदीपैस्तपरित्यक्तैर्ज्वलद्भि
स्तैःसमंततः ॥ व्यराजतमहीराजन्वीताभ्राद्यौरिवग्रहैः २७ तथाऽङ्गदैर्निपतितैर्व्यराजतवसुंधरा ॥ प्रावृट्कालेमहाराजविद्युद्भिरिवतोयदः २८ ततःकर्णसुतात्त्रस्ता
सोमकाविप्रदुद्रुवुः ॥ यथेंद्रभयवित्रस्तादानवास्तारकामये २९ तेनार्द्यमानाःसमरेद्रवमाणाश्चसोमकाः ॥ व्यराजंतमहाराजप्रदीपैरवभासिताः ३० तांस्तुनिर्जित्यस
मरेकर्णपुत्रोऽप्यरोचत ॥ मध्यंदिनमनुप्राप्तोघर्मांशुरिवभारत ३१ तेषुराजसहस्रेषुतावकेषुपरेषुच ॥ एकएवज्वलंस्तस्थौवृषसेनःप्रतापवान् ३२ सविजित्यरणेशूरा
न्सोमकानांमहारथान् ॥ जगामत्वरितस्तत्रयत्रराजायुधिष्ठिरः ३३ प्रतिविंध्यमथक्रुद्धंप्रदहंतंरणेरिपून् ॥ दुःशासनस्तवसुतःप्रत्यगच्छन्महारथः ३४ तयोःसमाग
मोराजंश्चित्ररूपोबभूवह ॥ व्यपेतजलदेव्योम्निबुधभास्करयोरिव ३५ प्रतिविंध्यंतुसमरेकुर्वाणंकर्मदुष्करम् ॥ दुःशासनस्त्रिभिर्बाणैर्ललाटेसमविध्यत ३६ सोतिवि
द्धोबलवतातवपुत्रेणधन्विना ॥ विरराजमहाबाहुःसशृंगइवपर्वतः ३७ दुःशासनंतुसमरेप्रतिविंध्योमहारथः ॥ नवभिःसायकैर्विद्ध्वापुनर्विव्याधसप्तभिः ३८ तत्रभा
रतपुत्रस्तेकृतवान्कर्मदुष्करम् ॥ प्रतिविंध्यहयानुग्रैःपातयामाससायकैः ३९ ॥ ॥ ॥

४० । ४१ । ४२ । ४३ । ४४ । ४५ । ४६ । ४७ ॥ इतिद्रोणपर्वणिटीकायामष्टषष्ट्यधिकशततमोऽध्यायः ॥१६८॥ ॥ नकुलमिति १ । २ । ३ । ४ । ५ । ६ । ७ । ८ । ९ । १० । ११ । १२ । १३ । १४

सारथिंचास्यभल्लेनध्वजंचसमपातयत् ॥ रथंचतिलशोराजन्व्यधमत्तस्यधन्विनः ४० पताकाश्वसतूणीराररश्मीन्योक्त्राणिचप्रभो ॥ चिच्छेदतिलशःक्रुद्धःशरैःसन्नत
पर्वभिः ४१ विरथःसतुधर्मात्माधनुष्पाणिरवस्थितः ॥ अयोधयत्तवसुतंकिरन्शरशतान्बहून् ४२ क्षुरप्रेणधनुस्तस्यचिच्छेदतनयस्तव ॥ अथैनंदशभिर्बाणैश्छि
न्नधन्वानमार्दयत् ४३ तंदृष्ट्वाविरथंतत्रभ्रातरोऽस्यमहारथाः ॥ अन्ववर्तंतवेगेनमहत्यासेनयासह ४४ आप्लुतःसततोयानंसुतसोमस्यभास्वरम् ॥ धनुर्गृह्यमहाराज
विव्याधतनयंतव ४५ ततस्तुतावकाःसर्वेपरिवार्यसुतंतव ॥ अभ्यवर्तंतसंग्रामेमहत्यासेनयावृताः ४६ ततःप्रववृतेयुद्धंतवतेषांचभारत ॥ निशीथेदारुणेकालेयमराष्ट्र
विवर्धनम् ४७ इतिश्रीमहाभारतेद्रोणपर्वणिघटो० रात्रियुद्धेशतानीकादियुद्धेअष्टषष्ट्यधिकशततमोऽध्यायः ॥ १६८ ॥ संजयउवाच ॥ नकुलंरभसंयुद्धेनिघ्नंतंवा
हिनींतव ॥ अभ्ययात्सौबलःक्रुद्धस्तिष्ठतिष्ठेतिचाब्रवीत् १ कृतवैरौतुतौवीरावन्योन्यवधकांक्षिणौ ॥ शरैःपूर्णायतोत्सृष्टैरन्योन्यमभिजघ्नतुः २ यथैवनकुलोराजन्
शरवर्षाण्यमुंचत ॥ तथैवसौबलश्वापिशिक्षांसंदर्शयन्युधि ३ तावुभौसमरेशूरौशरकंटकिनौतदा ॥ व्यराजेतांमहाराजश्वाविधौशललैरिव ४ रुक्मपुंखैरजिह्माग्रैः
शरैश्छिन्नतनुच्छदौ ॥ रुधिरौघपरिक्लिन्नौव्यभ्राजेतांमहामृधे ५ तपनीयनिभौचित्रौकल्पवृक्षाविवद्रुमौ ॥ किंशुकाविवचोत्फुल्लौप्रकाशेतेरणाजिरे ६ तावुभौसमरेशूरौश
रकंटकिनौतदा ॥ व्यराजेतांमहाराजकंटकैरिवशाल्मली ७ सुजिह्मंप्रेक्षमाणौचराजन्विवृत्तलोचनौ ॥ क्रोधसंरक्तनयनौनिर्दहंतौपरस्परम् ८ स्यालस्तुतवसंक्रुद्धोमा
द्रीपुत्रंहसन्निव ॥ कर्णिनैकेनविव्याधहृदयेनिशितेनह ९ नकुलस्तुभृशंविद्धःस्यालेनतवधन्विना ॥ निषसादरथोपस्थकश्मलंचाविशन्महत् १० अत्यंतवैरिणंदृप्तं
दृष्ट्वाशत्रुंतथागतम् ॥ ननादशकुनीराजंस्तपांतेजलदोयथा ११ प्रतिलभ्यततःसंज्ञांनकुलःपांडुनंदनः ॥ अभ्ययात्सौबलंभूयोव्यात्ताननइवांतकः १२ संक्रुद्धःशकुनिं
षष्ट्याविव्याधभरतर्षभ ॥ पुनश्चैनंशतेनैवनाराचानांस्तनांतरे १३ अथास्यसशरंचापंमुष्टिदेशेऽच्छिनत्तदा ॥ ध्वजंचत्वरितंछित्त्वारथाद्भूमावपातयत् १४ विशि
खेनचतीक्ष्णेनपीतेननिशितेनच ॥ ऊरूनिर्भिद्यचैकेननकुलःपांडुनंदनः १५ श्येनंसपक्षंव्याधेनपातयामासतंतदा ॥ सोऽतिविद्धोमहाराजरथोपस्थउपाविशत् १६
ध्वजयष्टिंपरिक्लिश्यकामुकःकामिनींयथा ॥ तंविसंज्ञंनिपतितंदृष्ट्वास्यालंतवानघ १७ अपोवाहरथेनाशुसारथिर्ध्वजिनीमुखात् ॥ ततःसंचुक्रुशुःपार्थायेचतेषांपदानुगाः
१८ निर्जित्यचरणेशत्रून्नकुलःशत्रुतापनः ॥ अब्रवीत्सारथिंक्रुद्धोद्रोणानीकायमांवह १९ ॥ ॥

ऊरूइति । मंडलंचरतः शकुनेर्द्वावूरूएकेनैवबाणेनबिभेद १५ यथाखेश्येनंपक्षाभ्यांसहितंवामदक्षिणगामिनंपातयेदेवमितिलुप्तोपमा व्याधेनबाणेन विध्यत्यनेनेतिव्याधोबाणः । १६ परिक्लिश्यक्लेशेनध्वजयष्टिं
श्रितइतिशेषः १७ । १८ । १९

२० । २१ । २२ २३ । २४ । २६ । २७ । २८ । २९ । ३० । ३१ । ३२ । ३३ । ३४ । ३५ । ३६ । ३७ रथिनइति प्रद्रुतारथिनोवेगवत्तरंरथमारुह्यतत्पतिमगृह्णन् शलभानिववाय

द्रोण० अ० १६९.

म.भा.टी. ॥१३७॥

तस्यतद्वचनंश्रुत्वामाद्रीपुत्रस्यसारथिः ॥ प्रायात्तेनतदाराजन्यत्रद्रोणोव्यवस्थितः २० शिखंडिनंतुसमरेद्रोणप्रेप्सुंविशांपते ॥ कृपःशारद्वतोयत्तःप्रत्यगच्छत्सवेगितः २१ गौतमंद्रुतमायांतंद्रोणानीकमरिंदमम् ॥ विव्याधनवभिर्भल्लैःशिखंडीप्रहसन्निव २२ तमाचार्योमहाराजविद्ध्वापंचभिराशुगैः ॥ पुनर्विव्याधविंशत्यापुत्राणांप्रियकृत्तव २३ महद्युद्धंतयोरासीद्घोररूपंभयानकम् ॥ यथादेवासुरेयुद्धेशंबरामरराजयोः २४ शरजालावृतंव्योमचक्रतुस्तौमहारथौ ॥ मेघाविवतपापायेवीरौसमरदुर्मदौ २५ प्रकृत्याघोररूपंतदासीद्घोरतरंपुनः ॥ रात्रिश्चभरतश्रेष्ठयोधानांयुद्धशालिनाम् २६ कालरात्रिनिभाह्यासीद्घोररूपाभयानका ॥ शिखंडीतुमहाराजगौतमस्यमहद्धनुः २७ अर्धचंद्रेणचिच्छेदसज्यंसविशिखंतदा ॥ तस्यक्रुद्धःकृपोराजन्शक्तिंचिक्षेपदारुणाम् २८ स्वर्णदंडामकुंठाग्रांकर्मारपरिमार्जिताम् ॥ तामापतंतींचिच्छेदशिखंडीबहुभिःशरैः २९ साऽपतन्मेदिनींदीप्ताभासयंतीमहाप्रभा ॥ अथान्यद्धनुरादायगौतमोरथिनांवरः ३० प्राच्छादयच्छितैर्बाणैर्महाराजशिखंडिनम् ॥ सच्छाद्यमानःसमरेगौतमेनयशस्विना ३१ न्यषीदतरथोपस्थेशिखंडीरथिनांवरः ॥ सीदंतंचैनमालोक्यकृपःशारद्वतोयुधि ३२ आजघ्नेबहुभिर्बाणैर्जिघांसन्निवभारत ॥ विमुखंतुरणेदृष्ट्वायाज्ञसेनिंमहारथम् ३३ पंचालाःसोमकाश्चैवपरिवव्रुःसमंततः ॥ तथैवतवपुत्राश्चपरिवव्रुर्द्विजोत्तमम् ३४ महत्यासेनयासार्धंततोयुद्धमवर्तत ॥ रथानांचरणेराजन्नन्योन्यमभिधावताम् ३५ बभूवतुमुलःशब्दोमेघानांगर्जतामिव ॥ द्रवतांसादिनांचैवगजानांचविशांपते ३६ अन्योन्यमभितोराजन्क्रूरमायोधनंबभौ ॥ पत्तीनांद्रवतांचैवपादशब्देनमेदिनी ३७ अकंपतमहाराजभयत्रस्तेवचांगना ॥ रथिनोरथमारुह्यप्रद्रुतावेगवत्तरम् ३८ अगृह्णन्बहवोराजन्शलभान्वायसाइव ॥ तथागजान्प्रभिन्नांश्चसंप्रभिन्नामहागजाः ३९ तस्मिन्नेवपदेयत्तानिगृह्णंतिस्मभारत ॥ सादीसादिनमासाद्यपत्तयश्चपदातिनम् ४० समासाद्यरणेऽन्योन्यंसंरब्धानातिचक्रमुः ॥ धावतांद्रवतांचैवपुनरावर्ततामपि ४१ बभूवतत्रसैन्यानांशब्दःसुविपुलोनिशि ॥ दीप्यमानाःप्रदीपाश्चरथवारणवाजिषु ४२ अदृश्यंतमहाराजमहोल्काइवखाच्च्युताः ॥ सानिशाभरतश्रेष्ठप्रदीपैरवभासिता ४३ दिवसप्रतिमाराजन्बभूवरणमूर्धनि ॥ आदित्येनयथाव्याप्तंतमोलोकेप्रणश्यति ४४ तथानष्टंतमोघोरंदीपैर्दीप्तैरितस्ततः ॥ दिवंचपृथिवींचैवदिशश्चप्रदिशस्तथा ४५ रजसातमसाव्याप्ताद्योतिताःप्रभयापुनः ॥ अस्त्राणांकवचानांचमणीनांचमहात्मनाम् ४६ अंतर्दधुःप्रभाःसर्वादीपैस्तैरवभासिताः ॥ तस्मिन्कोलाहलेयुद्धेवर्तमानेनिशामुखे ४७ नकिंचिद्विदुरात्मानमयमस्मीतिभारत ॥ अवधीत्समरेपुत्रंपिताभरतसत्तम ४८ ॥ ॥

॥१३७॥

साइतिउत्तरेणसहयोज्यं रथंरथान् रथिनोरथपत्तीनितिवा ३८ । ३९ । ४० । ४१ । ४२ । ४३ । ४४ । ४५ । ४६ । ४७ । ४८

४९ । ५८ इतिद्रोणपर्वणिटीकायामूनसप्तत्यधिकशततमोऽध्यायः ॥ १६९ ॥ ॥ ॥ ॥ तस्मिन्निति १ । २ । ३ । ४ । ५ । ६ । ७ । ८ । ९

पुत्रश्चपितरंमोहात्सखायंचसखातथा ॥ स्वस्त्रीयंमातुलश्चापिस्वस्त्रीयश्चापिमातुलम् ४९ स्वेस्वान्परेपरांश्चापिनिजघ्नुरितरेतरम् ॥ निर्मर्यादमभूद्युद्धंरात्रौभीरुभयानकम्
५० ॥ इतिश्रीमहाभारतेद्रोणपर्वणिघटोत्कचवधपर्वणिरात्रियुद्धेसंकुलयुद्धेऊनसप्तत्यधिकशततमोऽध्यायः ॥ १६९ ॥ संजयउवाच ॥ तस्मिन्सुतुमुलेयुद्धेवर्तमानेभया
वहे ॥ धृष्टद्युम्नोमहाराजद्रोणमेवाभ्यवर्तत १ संदधानोधनुःश्रेष्ठंज्यांविकर्षन्पुनःपुनः ॥ अभ्यद्रवतद्रोणस्यरथंरुक्मविभूषितम् २ धृष्टद्युम्नमथायांतंद्रोणस्यांतचिकीर्षया
॥ परिवव्रुर्महाराजपंचालाःपांडवैःसह ३ तथापरिवृतंदृष्ट्वाद्रोणमाचार्यसत्तमम् ॥ पुत्रास्तेसर्वतोयत्तारक्षुर्द्रोणमाहवे ४ बलार्णवौततस्तौतुसमेयातां
निशामुखे ॥ वातोद्धूतौक्षुब्धसत्वौभैरवौसागराविव ५ ततोद्रोणंमहाराजपांचाल्यःपंचभिःशरैः ॥ विव्याधहृदयेतूर्णंसिंहनादंननादच ६ तंद्रोणः
पंचविंशत्याविद्ध्वाभारतसंयुगे ॥ चिच्छेदान्येनभल्लेनधनुरस्यमहास्वनम् ७ धृष्टद्युम्नस्तुनिर्विद्धोद्रोणेनभरतर्षभ ॥ उत्ससर्जधनुस्तूर्णंसंदश्यदशनच्छदम्
८ ततःक्रुद्धोमहाराजधृष्टद्युम्नःप्रतापवान् ॥ आददेऽन्यद्धनुःश्रेष्ठंद्रोणस्यांतचिकीर्षया ९ विकृष्यचधनुश्चित्रमाकर्णात्परवीरहा ॥ द्रोणस्यांतकरंघोरंव्य
सृजत्सायकंततः १० सविसृष्टोबलवताशरोघोरोमहामृधे ॥ भासयामासतत्सैन्यंदिवाकरइवोदितः ११ तंतुदृष्ट्वाशरंघोरंदेवगंधर्वमानवाः ॥ स्वस्त्यस्तु
समरेराजन्द्रोणायेत्यब्रुवन्वचः १२ तंतुसायकमायांतमाचार्यस्यरथंप्रति ॥ कर्णोद्वादशधाराजंश्चिच्छेदकृतहस्तवत् १३ सच्छिन्नोबहुधाराजन्सूतपुत्रेणधन्विना ॥
निपपातशरस्तूर्णंनिर्विषोभुजगोयथा १४ धृष्टद्युम्नंततःकर्णोविव्याधदशभिःशरैः ॥ पंचभिर्द्रोणपुत्रस्तुस्वयंद्रोणस्तुसप्तभिः १५ शल्यश्चदशभिर्बाणैस्त्रिभिर्दुः
शासनस्तथा ॥ दुर्योधनस्तुविंशत्याशकुनिश्चापिपंचभिः १६ पांचाल्यंत्वरयाऽविध्यन्सर्वएवमहारथाः ॥ सविद्धःसप्तभिर्वीरैर्द्रोणस्यार्थेमहाहवे १७ स
र्वानसंभ्रमाद्राजन्प्रत्यविद्ध्यत्त्रिभिस्त्रिभिः ॥ द्रोणंद्रौणिंचकर्णंचविव्याधचतवात्मजम् १८ तेभिन्नाधन्विनातेनधृष्टद्युम्नंपुनर्मृधे ॥ विव्यधुःपंचभिस्तूर्णमेकै
कोरथिनांवरः १९ द्रुमसेनस्तुसंक्रुद्धोराजन्विव्याधपत्रिणा ॥ त्रिभिश्चान्यैःशरैस्तूर्णंतिष्ठतिष्ठेतिचाब्रवीत् २० सतुतंप्रतिविव्याधत्रिभिस्तीक्ष्णैरजिह्म
गैः ॥ स्वर्णपुंखैःशिलाधौतैःप्राणांतकरणैर्युधि २१ भल्लेनान्येनतुपुनःसुवर्णोज्ज्वलकुंडलम् ॥ निचकर्तशिरःकायाद्द्रुमसेनस्यवीर्यवान् २२ तच्छिरो
न्यपतद्भूमौसंदष्टौष्ठपुटंरणे ॥ महावातसमुद्धूतंपक्वंतालफलंयथा २३ तान्सविद्ध्वापुनर्योधान्वीरःसुनिशितैःशरैः ॥ राधेयस्याच्छिनद्भल्लैःकार्मुकंचित्रयो
धिनः २४ नतुतन्ममृषेकर्णोधनुषश्छेदनंतथा ॥ निकर्तनमिवात्युग्रंलांगूलस्यमहाहरिः २५

१० । ११ । १२ । १३ । १४ । १५ । १६ । १७ । १८ । १९ । २० । २१ । २२ । २३ । २४ हरिः सिंहः २५

२६ षड्रथर्षभाः दुर्योधनदुःशासनद्रोणकर्णशल्यशकुनयः २७ । २८ । २९ । २९ । ३० । ३१ । ३२ । ३३ । ३४ । ३५ । ३६ । ३७ । ३८ । ३९ । ४० । ४१ । ४२ ।

सोऽन्यद्धनुःसमादायक्रोधरक्तेक्षणःश्वसन् ॥ अभ्यद्रवच्छरौघैस्तंधृष्टद्युम्नंमहाबलम् २६ दृष्ट्वाकर्णंतुसंरब्धंतेवीराःषड्रथर्षभाः ॥ पांचाल्यपुत्रंत्वरिताःपरिवव्रु
र्जिघांसया २७ षण्णांयोधप्रवीराणांतावकानांपुरस्कृतम् ॥ मृत्योरास्यमनुप्राप्तंधृष्टद्युम्नममंस्महि २८ एतस्मिन्नेवकालेतुदाशार्होविकिरञ्छरान् ॥ धृष्टद्युम्नं
पराक्रांतंसात्यकिःप्रत्यपद्यत २९ तमायांतंमहेष्वासंसात्यकिंयुद्धदुर्मदम् ॥ राधेयोदशभिर्बाणैःप्रत्यविध्यदजिह्मगैः ३० तंसात्यकिर्महाराजविव्याधदशभिः
शरैः ॥ पश्यतांसर्ववीराणांमागास्तिष्ठेतिचाब्रवीत् ३१ ससात्यकेस्तुबलिनःकर्णस्यचमहात्मनः ॥ आसीत्समागमोराजन्बलिवासवयोरिव ३२ त्रासयन्रथ
घोषेणक्षत्रियान्क्षत्रियर्षभः ॥ राजीवलोचनंकर्णंसात्यकिःप्रत्यविध्यत ३३ कंपयन्निवघोषेणधनुषोवसुधांबली ॥ सूतपुत्रोमहाराजसात्यकिंप्रत्ययोधयत् ३४
विपाठकर्णिनाराचैर्वत्सदंतैःक्षुरैरपि ॥ कर्णःशरशतैश्चापिशैनेयंप्रत्यविद्धयत ३५ तथैवयुद्धयमानोऽपिवृष्णीनांप्रवरोयुधि ॥ अभ्यवर्षच्छरैःकर्णंतद्युद्धमभव
त्समम् ३६ तावकाश्चमहाराजकर्णपुत्रश्चदंशितः ॥ सात्यकिंविव्यधुस्तूर्णंसमन्तान्निशितैःशरैः ३७ अस्त्रैरस्त्राणिसंवार्यतेषांकर्णस्यवाविभो ॥ अविध्यत्सात्यकिः
क्रुद्धोवृषसेनंस्तनांतरे ३८ तेनबाणेननिर्विद्धोवृषसेनोविशांपते ॥ न्यपतत्सरथेमूढोधनुरुत्सृज्यवीर्यवान् ३९ ततःकर्णोहतंमत्वावृषसेनंमहारथम् ॥ पुत्रशो
काभिसंतप्तःसात्यकिंप्रत्यपीडयत् ४० पीड्यमानस्तुकर्णेनयुयुधानोमहारथः ॥ विव्याधबहुभिःकर्णंत्वरमाणःपुनःपुनः ४१ सकर्णंदशभिर्विद्ध्वावृषसेनं
चसप्तभिः ॥ सहस्तावापधनुषीतयोश्चिच्छेदसात्वतः ४२ तावन्येधनुषीसज्ये कृत्वाशत्रुभयंकरे ॥ युयुधानमविध्येतांसमंतान्निशितैःशरैः ४३ वर्त
मानेतुसंग्रामेतस्मिन्वीरवरक्षये ॥ अतीवशुश्रुवेराजन्गांडीवस्यमहास्वनः ४४ श्रुत्वातुरथनिर्घोषंगांडीवस्यचनिःस्वनम् ॥ सूतपुत्रोऽब्रवीद्राजन्दुर्योधनमिदंवचः ४५
एषसर्वांचमूंहत्वामुख्यांश्चैवनरर्षभान् ॥ पौरवांश्चमहेष्वासोविक्षिपन्नुत्तमंधनुः ४६ पार्थोविजयतेतत्रगांडीवनिनदोमहान् ॥ श्रूयतेरथघोषश्चवासवस्येवनर्दतः ४७
करोतिपांडवोव्यक्तंकर्मौपयिकमात्मनः ॥ एषाविदार्यतेराजन्बहुधाभारतीचमूः ४८ विप्रकीर्णान्यनेकानिनहितिष्ठंतिकर्हिचित् ॥ वातेनेवसमुद्धूतमभ्र
जालंविदीर्यते ४९ सव्यसाचिनमासाद्यभिन्नानौरिवसागरे ॥ द्रवतांयोधमुख्यानांगांडीवप्रेषितैःशरैः ५० विद्धानांशतशोराजन्श्रूयतेनिःस्वनोमहान् ॥ शृणु
दुंदुभिनिर्घोषमर्जुनस्यरथंप्रति ५१ निशीथेराजशार्दूलस्तनयित्नोरिवांबरे ॥ हाहाकाररवांश्चैवसिंहनादांश्चपुष्कलान् ५२ शृणुशब्दान्बहुविधानर्जुनस्यरथंप्रति ॥
अयंमध्येस्थितोऽस्माकंसात्यकिःसात्वतांवरः ५३ इहचेल्लभ्यतेलक्ष्यंकृत्स्नान्जेष्यामहेपरान् ॥ एषपांचालराजस्यपुत्रोद्रोणेनसंगतः ५४

४३ । ४४ । ४५ । ४६ । ४७ औपयिकंयुक्तम् ४८ । ४९ । ५० । ५१ । ५२ । ५३ इह सात्यकिरूपलक्ष्यंलभ्यतेचेत् अयंवशीक्रियतेचेदित्यर्थः ५४

सात्यकिधृष्टद्युम्नौपांडवसेनायांमारभूतावभिमन्युवद्बहुभिर्मिलित्वांहंतव्यावित्याह सात्यकिमित्यादिना ५५ । ५६ । ५७ । ५८ । ५९ माधवोमधुवंशजःसात्यकिः ६० । ६१ । ६२ । ६३ । ६४

सर्वतःसंवृतोयोधैःशूरैश्वरथसत्तमैः ॥ सात्यकिंयदिहन्यामधृष्टद्युम्नंचपार्षतम् ५५ असंशयंमहाराजध्रुवोनोविजयोभवेत् ॥ सौभद्रवदिमौवीरौपरिवार्यमहारथौ ५६
प्रयतामोमहाराजनिहंतुंवृष्णिपार्षतौ ॥ सव्यसाचीपुरोऽभ्येतिद्रोणानीकायभारत ५७ संसक्तंसात्यकिंज्ञात्वाबहुभिःकुरुपुंगवैः ॥ तत्रगच्छंतुबहवःप्रवरारथसत्तमाः
५८ यावत्पार्थोनजानातिसात्यकिंबहुभिर्वृतम् ॥ तेत्वरध्वंतथाशूराःशराणांमोक्षणेभृशम् ५९ यथात्विहव्रजत्येषपरलोकायमाधवः ॥ तथाकुरुमहाराजसुनीत्यासु
प्रयुक्तया ६० कर्णस्यमतमास्थायपुत्रस्तेप्राहसौबलम् ॥ यथेंद्रःसमरेराजन्प्राहविष्णुंयशस्विनम् ६१ वृतःसहस्रैर्दशभिर्गजानामनिवर्तिनाम् ॥ रथैश्वदशसाहस्रैस्तू
र्णंयाहिधनंजयम् ६२ दुःशासनोदुर्विषहःसुबाहुर्दुःप्रधर्षणः ॥ एतेत्वामनुयास्यंतिपत्तिभिर्बहुभिर्वृताः ६३ जहिकृष्णौमहाबाहोधर्मराजंचमातुल ॥ नकुलंसहदेवं
चभीमसेनंतथैवच ६४ देवानामिवदेवेंद्रेजयाशात्वयिमेस्थिता ॥ जहिमातुलकौंतेयानसुरानिवपावकिः ६५ एवमुक्तोययौपार्थान्पुत्रेणतवसौबलः ॥ महत्यासेनयासार्धं
सहपुत्रैश्वतेविभो ६६ प्रियार्थंतवपुत्राणांदिधक्षुःपांडुनंदनान् ॥ ततःप्रववृतेयुद्धंतावकानांपरैःसह ६७ प्रयातेसौबलेराजन्पाण्डवानामनीकिनीम् ॥ बलेनमहतायु
क्तःसूतपुत्रस्तुसात्वतम् ६८ अभ्ययात्त्वरितोयुद्धेकिरन्शरशतान्बहून् ॥ तथैवपार्थिवाःसर्वेसात्यकिंपर्यवारयन् ६९ भारद्वाजस्ततोगत्वाधृष्टद्युम्नरथंप्रति ॥ महद्यु
द्धंतदासीत्तुद्रोणस्यनिशिभारत ॥ धृष्टद्युम्नेनवीरेणपंचालैश्वसहाद्भुतम् ७० ॥ इतिश्रीमहाभारतेद्रोणपर्वणिघटोत्कचवधपर्वणि रात्रियुद्धेसंकुलयुद्धेसप्तत्यधिकशतत
मोऽध्यायः ॥ १७० ॥ ॥ ॥ संजयउवाच ॥ ततस्तेप्राद्रवन्सर्वेत्वरितायुद्धदुर्मदाः ॥ अमृष्यमाणाःसंरब्धायुयुधानरथंप्रति १ तेरथैःकल्पितैराजन्हेमरूप्यवि
भूषितैः ॥ सादिभिश्वगजैश्वैवपरिवव्रुःसमंततः २ अथैनंकोष्ठकीकृत्यसर्वतस्तेमहारथाः ॥ सिंहनादांस्ततश्वक्रुस्तर्जयंतिस्मसात्यकिम् ३ तेऽभ्यवर्षञ्छरैस्तीक्ष्णैः
सात्यकिंसत्यविक्रमम् ॥ त्वरमाणामहावीरामाधवस्यवधैषिणः ४ तान्दृष्ट्वाऽऽपततस्तूर्णंशैनेयःपरवीरहा ॥ प्रत्यगृह्णान्महाबाहुःप्रमुंचन्विशिखान्बहून् ५ तत्रवी
रोमहेष्वासःसात्यकिर्युद्धदुर्मदः ॥ निचकर्तशिरांस्युग्रैःशरैःसन्नतपर्वभिः ६ हस्तिहस्तान्हयग्रीवाबाहूनपिचसायुधान् ॥ क्षुरप्रैःशातयामासतावकानांसमाधवः ७
पतितैश्वामरैश्वैवश्वेतच्छत्रैश्वभारत ॥ बभूवधरणीपूर्णानक्षत्रैर्द्यौरिवप्रभो ८ एतेषांयुयुधानेनयुध्यतांयुधिभारत ॥ बभूवतुमुलःशब्दःप्रेतानांक्रंदतामिव ९ तेनशब्दे
नमहतापूरिताऽभूद्वसुंधरा ॥ रात्रिःसमभवच्चैवतीव्ररूपाभयावहा १० दीर्यमाणंबलंदृष्ट्वायुयुधानशराहतम् ॥ श्रुत्वाचविपुलंनादंनिशीथेलोमहर्षणे ११

पावकिःस्कंदः ६५ । ६६ । ६७ । ६८ । ६९ । ७० ॥ इतिद्रोणपर्वणिटीकायांसप्तत्यधिकशततमोऽध्यायः ॥ १७० ॥ ततइति १ । २ । ३ । ४ । ५ । ६ । ७ । ८ । ९ । १० । ११

१२ । १३ । १४ । १५ । १६ । १७ । १८ । १९ । २० । २१ । २२ । २३ । २४ । २५ । २६ । २७ । २८ । २९ । ३० । ३१ । ३२ । ३३

सुतस्तवाब्रवीद्राजन्सारथिंरथिनांवरः ॥ यत्रैषशब्दस्तत्राश्वांश्चोदयेतिपुनःपुनः १२ तेनसंचोद्यमानस्तुततस्तांस्तुरगोत्तमान् ॥ सूतःसंचोदयामासयुयुधानरथंप्रति १३ ततोदुर्योधनःक्रुद्धोदृढधन्वाजितक्लमः ॥ शीघ्रहस्तश्चित्रयोधीयुयुधानमुपाद्रवत् १४ ततःपूर्णायतोत्सृष्टैःशरैःशोणितभोजनैः ॥ दुर्योधनंद्वादशभिर्माधवःप्रत्यविध्यत १५ दुर्योधनस्तेनतथापूर्वमेवार्दितःशरैः ॥ शैनेयंदशभिर्बाणैःप्रत्यविध्यदमर्षितः १६ ततःसमभवद्युद्धंतुमुलंभरतर्षभ ॥ पंचालानांचसर्वेषांभरतानांचदारुणम् १७ शैनेयस्तुरणेक्रुद्धस्तवपुत्रंमहारथम् ॥ सायकानामशीत्यातुविव्याधोरसिभारत १८ ततोऽस्यवाहान्समरेशरैर्निन्येयमक्षयम् ॥ सारथिंचरथात्तूर्णंपातयामासपत्रिणा १९ हताश्वेतुरथेतिष्ठन्पुत्रस्तवविशांपते ॥ मुमोचनिशितान्बाणाञ्शैनेयस्यरथंप्रति २० शरान्पंचशतांस्तांस्तुशैनेयःकृतहस्तवत् ॥ चिच्छेदसमरेराजन्प्रेषितांस्तनयेनते २१ अथापरेणभल्लेनमुष्टिदेशेमहद्धनुः ॥ चिच्छेदतरसायुद्धेतवपुत्रस्यमाधवः २२ विरथोविधनुष्कश्चसर्वलोकेश्वरःप्रभुः ॥ आरुरोहरथंतूर्णंभास्वरंकृतवर्मणः २३ दुर्योधनेपरावृत्तेशैनेयस्तववाहिनीम् ॥ द्रावयामासविशिखैर्निशामध्येविशांपते २४ शकुनिश्चार्जुनंराजन्परिवार्यसमंततः ॥ रथैरनेकसाहस्रैर्गजैश्चापिसहस्रशः २५ तथाहयसहस्रैश्चनानाशस्त्रैरवाकिरत् ॥ तेमहास्त्राणिसर्वाणिविकिरंतोऽर्जुनंप्रति २६ अर्जुनंयोधयंतिस्मक्षत्रियाःकालचोदिताः ॥ तान्यर्जुनःसहस्राणिरथवारणवाजिनाम् २७ प्रत्यवारयदायस्तःप्रकुर्वन्विपुलंक्षयम् ॥ ततस्तुसमरेशूरःशकुनिःसौबलस्तदा २८ विव्याधनिशितैर्बाणैरर्जुनंप्रहसन्निव ॥ पुनश्चैवशतेनास्यसंरुरोधमहारथम् २९ तमर्जुनस्तुविंशत्याविव्याधयुधिभारत ॥ अथेतरान्महेष्वासांस्त्रिभिस्त्रिभिरविध्यत ३० निवार्यतान्बाणगणैर्युधिराजन्धनंजयः ॥ जघानतावकान्योधान्वज्रपाणिरिवासुरान् ३१ भुजैश्छिन्नैर्महीपालहस्तिहस्तोपमैर्मृधे ॥ समाकीर्णामहीभातिपंचास्यैरिवपन्नगैः ३२ शिरोभिःसकिरीटैश्चसुनसैश्चारुकुंडलैः ॥ संदष्टौष्ठपुटैःक्रुद्धैस्तथैवोद्वृत्तलोचनैः ३३ निष्कचूडामणिधरैःक्षत्रियाणांप्रियंवदैः ॥ पंकजैरिवविन्यस्तैःपर्वतैर्विबभौमही ३४ कृत्वातत्कर्मबीभत्सुरुग्रमुग्रपराक्रमः ॥ विव्याधशकुनिंभूयःपंचभिर्नतपर्वभिः ३५ अताडयदुलूकंचत्रिभिरेवतथाशरैः ॥ उलूकस्तुतथाविद्धोवासुदेवमताडयत् ३६ ननादचमहानादंपूरयन्निवमेदिनीम् ॥ अर्जुनःशकुनेश्चापंसायकैरच्छिनद्रणे ३७ निन्येचचतुरोवाहान्यमस्यसदनंप्रति ॥ ततोरथादवप्लुत्यसौबलोभरतर्षभ ३८ उलूकस्यरथंतूर्णमारुरोहविशांपते ॥ तावेकरथमारूढौपितापुत्रौमहारथौ ३९ पार्थंसिषिचतुर्बाणैर्गिरिंमेघाविवांबुभिः ॥ तौतुविद्ध्वामहाराजपांडवोनिशितैःशरैः ४० विद्रावयंस्तवचमूंशतशोव्यधमच्छरैः ॥ अनिलेनयथाऽभ्राणिविच्छिन्नानिसमंततः ४१ विच्छिन्नानितथाराजन्बलान्यासन्विशांपते ॥ तद्बलंभरतश्रेष्ठवध्यमानंतदानिशि ४२

३४ । ३५ । ३६ । ३७ । ३८ । ३९ । ४० । ४१ । ४२

४३ । ४४ । ४५ । ४६ । ४७ । ४८ । ४९ । ५० । ५१ । ५२ । ५३ । ५४ इतिद्रोणपर्वणिटीकायामेकसप्तत्यधिकशततमोऽध्यायः ॥ १७१ ॥ ॥ ॥ विद्रुतमिति १ । २ । ३ । ४ । ५ । ६

प्रदुद्रावदिशःसर्वावीक्षमाणंभयार्दितम् ॥ उत्सृज्यवाहान्समरेछादयंतस्तथाऽपरे ४३ संभ्रांताःपर्यधावंततस्मिंस्तमसिदारुणे ॥ विजित्यसमरेयोधांस्तावकान्भरतर्षभ
४४ दध्मतुर्मुदितौशंखौवासुदेवधनंजयौ ॥ धृष्टद्युम्नोमहाराजद्रोणंविद्ध्वात्रिभिःशरैः ४५ चिच्छेदधनुषस्तूर्णंज्यांशरेणाशितेनह ॥ तन्निधायधनुर्भूमौद्रोणःक्षत्रियमर्दनः
४६ आददेऽन्यद्धनुःशूरोवेगवत्सारवत्तरम् ॥ धृष्टद्युम्नंततोद्रोणोविद्ध्वासप्तभिराशुगैः ४७ सारथिंपंचभिर्बाणैराजन्विव्याधसंयुगे ॥ तंनिवार्यशरैस्तूर्णंधृष्टद्युम्नोमहारथः
४८ व्यधमत्कौरवींसेनामासुरींमघवानिव ॥ वध्यमानेबलेतस्मिंस्तवपुत्रस्यमारिष ४९ प्रावर्तंतनदीघोराशोणितौघतरंगिणी ॥ उभयोःसेनयोर्मध्येनराश्वद्विपवाहिनी
५० यथावैतरणीराजन्यमराजपुरंप्रति ॥ द्रावयित्वातुतत्सैन्यंधृष्टद्युम्नःप्रतापवान् ५१ अभ्यराजततेजस्वीशक्रोदेवगणेष्विव ॥ अथदध्मुर्महाशंखान्धृष्टद्युम्नशिखं
डिनौ ५२ यमौचयुयुधानश्चपांडवश्चवृकोदरः ॥ जित्वारथसहस्राणितावकानांमहारथाः ५३ सिंहनादरवांश्चक्रुःपांडवाजितकाशिनः ॥ पश्यतस्तवपुत्रस्यकर्णस्य
चरणोत्कटाः ॥ तथाद्रोणस्यशूरस्यद्रौणेश्चैवविशांपते ५४ इतिश्रीमहाभारतेद्रोणपर्वणिघटोत्कचवधपर्वणिरात्रियुद्धेसंकुलयुद्धेएकसप्तत्यधिकशततमोऽध्यायः ॥
१७१ ॥ ॥ संजयउवाच ॥ विद्रुतंस्वबलंदृष्ट्वावध्यमानंमहात्मभिः ॥ क्रोधेनमहताऽऽविष्टःपुत्रस्तवविशांपते १ अभ्येत्यसहसाकर्णंद्रोणंचजयतांवरम् ॥ अमर्ष
वशमापन्नोवाक्यज्ञोवाक्यमब्रवीत् २ भवद्भ्यामिहसंग्रामःक्रुद्धाभ्यांसंप्रवर्तितः ॥ आहवेनिहतंदृष्ट्वासैंधवंसव्यसाचिना ३ निहन्यमानांपांडुनांबलेनममवाहिनीम् ॥
भूत्वातद्विजयेशक्तावशक्ताविवपश्यतः ४ यद्यहंभवतोस्त्याज्योनवाच्योऽस्मितदैवहि ॥ आवांपांडुसुतान्संख्येजेष्यावइतिमानदौ ५ तदैवाहंवचःश्रुत्वाभवद्भ्यामनु
संमतम् ॥ नाकरिष्यमिदंपार्थैर्वैरंयोधविनाशनम् ६ यदिनाहंपरित्याज्योभवद्भ्यांपुरुषर्षभौ ॥ युध्यतामनुरूपेणविक्रमेणसुविक्रमौ ७ वाक्प्रतोदेनतौवीरौप्रणुन्नौत
नयेनते ॥ प्रावर्तयेतांसंग्राममंघट्टिताविवपन्नगौ ८ ततस्तौरथिनांश्रेष्ठौसर्वलोकधनुर्धरौ ॥ शैनेयप्रमुखान्पार्थानभिदुद्रुवतूरणे ९ तथैवसहिताःपार्थाःसर्वसैन्येनसंवृताः ॥
॥ अभ्यवर्ततंतौवीरौनर्दमानौमुहुर्मुहुः १० अथद्रोणोमहेष्वासोदशभिःशिनिपुंगवम् ॥ अविध्यत्त्वरितंक्रुद्धःसर्वशस्त्रभृतांवरः ११ कर्णश्चदशभिर्बाणैःपुत्रश्चतवस
प्तभिः ॥ दशभिर्वृषसेनश्चसौबलश्चापिसप्तभिः १२ एतेकौरवसंक्रंदेशैनेयंपर्यवाकिरन् ॥ दृष्ट्वाचसमरेद्रोणंनिघ्नंतंपांडवींचमूम् १३ विव्यधुःसोमकास्तूर्णंसमंताच्छरवृ
ष्टिभिः ॥ तत्रद्रोणोऽहरत्प्राणान्क्षत्रियाणांविशांपते १४ रश्मिभिर्भास्करोराजंस्तमांसीवसमंततः ॥ द्रोणेनवध्यमानानांपंचालानांविशांपते १५ शुश्रुवेतुमुलःशब्दः
क्रोशतामितरेतरम् ॥ पुत्रानन्येपितृनन्येभ्रातृनन्येचमातुलान् १६ ॥ ॥ ॥

७ । घट्टितौमर्दितौ ८ । ९ । १० । ११ । १२ संक्रंदेयुद्धे १३ । १४ । १५ । १६

म. भा. टी. १७ । १८ । १९ । २० । २१ । २२ । २३ सात्यकीइतिद्वितीयांतम् २४ । २५ । २६ । २७ । २८ । २९ । ३० । ३१ । ३२ । ३३ । ३४ । ३५ । ३६ । ३७ । ३८ । ३९ । ४० । ४१ द्रोण. प.

भागिनेयान्वयस्यांश्चतथासंबंधिबांधवान् ॥ उत्सृज्योत्सृज्यगच्छंतित्वरिताजीवितेप्सवः १७ अपरेमोहितामोहात्तमेवाभिमुखाययुः ॥ पांडवानांरणेयोधाःपरलो
कंगताःपरे १८ सातथापांडवीसेनापीड्यमानामहात्मना ॥ निशिसंप्राद्रवद्राजन्नुत्सृज्योल्काःसहस्रशः १९ पश्यतोभीमसेनस्यविजयस्याच्युतस्यच ॥ यमयोर्धर्म
पुत्रस्यपार्षतस्यचपश्यतः २० तमसासंवृतेलोकेनप्राज्ञायतकिंचन ॥ कौरवाणांप्रकाशेनदृश्यंतेविद्रुताःपरे २१ द्रवमाणंतुतत्सैन्यंद्रोणकर्णौमहारथौ ॥ जघ्नतुःपृष्ठ
तोराजन्किरंतौसायकान्बहून् २२ पंचालेषुप्रभग्नेषुक्षीयमाणेषुसर्वतः ॥ जनार्दनोदीनमनाःप्रत्यभाषतफाल्गुनम् २३ द्रोणकर्णौमहेष्वासावेतौपार्षतसात्यकी ॥
पंचालांश्चैवसहितौजघ्नतुःसायकैर्भृशम् २४ एतयोःशरवर्षेणप्रभग्नानोमहारथाः ॥ वार्यमाणाऽपिकौंतेयपृतनानावतिष्ठते २५ तांतुविद्रवतींदृष्ट्वाऊचतुःकेशवार्जुनौ
॥ माविद्रवतवित्रस्ताभयंत्यजतपांडवाः २६ तावावांसर्वसैन्यैश्चव्यूढैःसम्यगुदायुधैः ॥ द्रोणंचसूतपुत्रंचप्रयतावःप्रबाधितुम् २७ एतौहिबलिनौशूरौकृतास्त्रौजितका
शिनौ ॥ उपेक्षितौतवबलंनाशयेतांनिशामिमाम् २८ तयोःसंवदतोरेवंभीमकर्मामहाबलः ॥ आयाद्वृकोदरःशीघ्रंपुनरावर्त्यवाहिनीम् २९ वृकोदरमथायांतंदृष्ट्वातत्रज
नार्दनः ॥ पुनरेवाब्रवीद्राजन्हर्षयन्निवपांडवम् ३० एषभीमोरणश्लाघवृतःसोमकपांडवैः ॥ अभ्यवर्ततवेगेनद्रोणकर्णौमहारथौ ३१ एतेनसहितोयुध्यपंचालैश्चमहा
रथैः ॥ आश्वासनार्थंसैन्यानांसर्वेषांपांडुनंदन ३२ ततस्तौपुरुषव्याघ्रावुभौमाधवपांडवौ ॥ द्रोणकर्णौसमासाद्यधिष्ठितौरणमूर्धनि ३३ ॥ संजयउवाच ॥ ततस्तत्पु
नराष्टत्तंयुधिष्ठिरबलंमहत् ॥ ततोद्रोणश्चकर्णश्चपरान्ममृदतुर्युधि ३४ ससंप्रहारस्तुमुलोनिशिप्रत्यभवन्महान् ॥ यथासागरयोराजंश्चंद्रोदयविवृद्धयोः ३५ ततउत्सृ
ज्यपाणिभ्यांप्रदीपांस्तववाहिनी ॥ युयुधेपांडवैःसार्धमुन्मत्तवदसंकुला ३६ रजसातमसाचैवसंवृतेभृशदारुणे ॥ केवलंनामगोत्रेणप्रायुध्यंतजयैषिणः ३७ अश्रूयंत
हिनामानिश्राव्यमाणानिपार्थिवैः ॥ प्रहरद्भिर्महाराजस्वयंवरइवाहवे ३८ निःशब्दमासीत्सहसापुनःशब्दोमहानभूत् ॥ क्रुद्धानांयुध्यमानानांजीयतांजयतामपि ३९
यत्रयत्रस्मदृश्यंतेप्रदीपाःकुरुसत्तम ॥ तत्रतत्रस्मशूरास्तेनिपतंतिपतंगवत् ४० तथासंयुध्यमानानांविगाढाऽसीन्महानिशा ॥ पांडवानांचराजेंद्रकौरवाणांचसर्वशः
॥ ४१ ॥ इतिश्रीमहाभारतेद्रोणपर्वणिघटोत्कचवधपर्वणिरात्रियुद्धेसंकुलयुद्धेद्विसप्तत्यधिकशततमोऽध्यायः १७२ ॥ ॥ संजयउवाच ॥ ततःकर्णोरणेदृष्ट्वापा
र्षतंपरवीरहा ॥ आजघानोरसिशरैर्दशभिर्मर्मभेदिभिः १ प्रतिविव्याधतंतूर्णंधृष्टद्युम्नोऽपिमारिष ॥ दशभिःसायकैर्हृष्टस्तिष्ठतिष्ठेतिचाब्रवीत् २ तावन्योन्यंशरैःसं
स्येसंछाद्यसुमहारथौ ॥ पुनःपूर्णायतोत्सृष्टैर्विव्यधातेपरस्परम् ३ ॥ ॥ ॥ ॥१५०॥

॥ इतिद्रोणपर्वणिटीकायांद्विसप्तत्यधिकशततमोऽध्यायः ॥ १७२ ॥ ॥ ॥ ततइति १ । २ ३

४ । ५ । ६ । ७ । ८ । ९ । १० । ११ । १२ आयस्तः प्रयत्नवान् १३ । १४ । १५ । १६ । १७ । १८ अतिभयात्तृणचलनमात्रेणापिकर्णप्राप्तंमेनिरे १९ । २० । २१ । २२ । २३ । २४

ततःपंचालमुख्यस्यधृष्टद्युम्नस्यसंयुगे ॥ सारथिंचतुरश्चाश्वान्कर्णोविव्याधसायकैः ४ कार्मुकप्रवरंचापिप्रचिच्छेदशितैःशरैः ॥ सारथिंचास्यभल्लेनरथनीडादपात
यत् ५ धृष्टद्युम्नस्तुविरथोहताश्वोहतसारथिः ॥ गृहीत्वापरिघंघोरंकर्णस्याश्वानपीपिषत् ६ विद्धश्चबहुभिस्तेनशरैराशीविषोपमैः ॥ ततोयुधिष्ठिरानीकंपद्भ्यामेवा
न्वपद्यत ७ आरुरोहरथंचापिसहदेवस्यमारिष ॥ प्रयातुकामःकर्णायवारितोधर्मसूनुना ८ कर्णस्तुसुमहातेजाःसिंहनादविमिश्रितम् ॥ धनुःशब्दंमहच्चक्रेदध्मौ
तारेणचांबुजम् ९ दृष्ट्वाविनिर्जितंयुद्धेपार्षतंतेमहारथाः ॥ अमर्षवशमापन्नाःपंचालाःसहसोमकाः १० सूतपुत्रवधार्थायशस्त्राण्यादायसर्वशः ॥ प्रययुःकर्णमुद्दिश्य
मृत्युंकृत्वानिवर्तनम् ११ कर्णस्यापिरथेवाहानन्यान्सूतोऽभ्ययोजयत् ॥ शंखवर्णान्महावेगान्सैंधवान्साधुवाहिनः १२ लब्धलक्षस्तुराधेयःपंचालानांमहारथान्
॥ अभ्यपीडयदायस्तःशरैर्मेघइवाचलम् १३ सापीड्यमानाकर्णेनपंचालानांमहाचमूः ॥ संप्राद्रवत्सुसंत्रस्तासिंहेनेवार्दितामृगी १४ पतितास्तुरगेभ्यश्वगजेभ्यश्च
महीतले ॥ रथेभ्यश्चनरास्तूर्णमदृश्यंततततस्ततः १५ धावमानस्ययोधस्यक्षुरप्रैःसमहामृधे ॥ बाहूचिच्छेदवैकर्णःशिरश्चैवसकुंडलम् १६ ऊरूचिच्छेदचान्यस्यग
जस्थस्यविशांपते ॥ वाजिपृष्ठगतस्यापिभूयिष्ठस्यचमारिष १७ नाज्ञासिषुर्धावमानाबहवश्चमहारथाः ॥ संछिन्नान्यात्मगात्राणिवाहनानिचसंयुगे १८ तेवध्यमानाः
समरेपंचालाःसृंजयैःसह ॥ तृणप्रस्पंदनाच्चापिसूतपुत्रंस्ममेनिरे १९ अपिस्वंसमरेयोधंधावमानंविचेतसम् ॥ कर्णमेवाभ्यमन्यंतततोभीताद्रवंतिते २० तान्यनी
कानिभग्नानिद्रवमाणानिभारत ॥ अभ्यद्रवद्द्रुतंकर्णःपृष्ठतोविकिरञ्छरान् २१ अवेक्ष्यमाणास्त्वन्योन्यंसुसंमूढाविचेतसः ॥ नाशक्नुवन्नवस्थातुंकाल्यमानामहात्म
ना २२ कर्णेनाभ्याहताराजन्पंचालाःपरमेषुभिः ॥ द्रोणेनचदिशःसर्वावीक्षमाणाःप्रदुद्रुवुः २३ ततोयुधिष्ठिरोराजास्वसैन्यंप्रेक्ष्यविद्रुतम् ॥ अपयानेमनःकृत्वाफा
ल्गुनंवाक्यमब्रवीत् २४ पश्यकर्णंमहेष्वासंधनुष्पाणिमवस्थितम् ॥ निशीथेदारुणेकालेतपंतमिवभास्करम् २५ कर्णसायकनुन्नानांक्रोशतामेषनिःस्वनः ॥
अनिशंश्रूयतेपार्थत्वद्बंधूनामनाथवत् २६ यथाविसृजतश्चास्यसंदधानस्यचाशुगान् ॥ पश्यामिनांतरंपार्थक्षपयिष्यतिनोध्रुवम् २७ यदत्रानंतरंकार्यंप्राप्तकालंचप
श्यसि ॥ कर्णस्यवधसंयुक्तंतत्कुरुष्वधनंजय २८ एवमुक्तोमहाराजपार्थःकृष्णमथाब्रवीत् ॥ भीतःकुंतीसुतोराजाराधेयस्याद्यविक्रमात् २९ एवंगतेप्राप्तकालंकर्णा
नीकेपुनःपुनः ॥ भवान्व्यवस्यतुक्षिप्रंद्रवतेहिवरूथिनी ३० द्रोणसायकनुन्नानांभग्नानांमधुसूदन ॥ कर्णेनत्रास्यमानानामवस्थानंनविद्यते ३१ पश्यामिचतथा
कर्णंविचरंतमभीतवत् ॥ द्रवमाणान्रथोदारान्किरंतंनिशितैःशरैः ३२ नैनंशक्ष्यामिसंसोढुंचरंतंरणमूर्धनि ॥ प्रत्यक्षंवृष्णिशार्दूलपादस्पर्शमिवोरगः ३३ सभवां
स्तत्रयात्वाशुयत्रकर्णोमहारथः ॥ अहमेनंहनिष्यामिमांवैषमधुसूदन ३४

२५ । २६ । २७ । २८ । २९ । ३० । ३१ । ३२ । ३३ । ३४

३५ । ३६ । ३७ । ३८ । ३९ । ४० । ४१ । ४२ । ४३ । ४४ । ४५ । ४६ । ४७ । ४८ । ४९ । ५० । ५१ । ५२ । ५३ । ५४ । ५५ । ५६ । ५७ । ५८ । ५९ । ६० । ६१ । ६२ । ६३

॥१.४१.॥ श्रीवासुदेवउवाच ॥ पश्यामिकर्णंकौंतयेदेवराजमिवाहवे ॥ विचरंतंनरव्याघ्रमतिमानुषविक्रमम् ३५ नैतस्यान्योऽस्तिसंग्रामेप्रत्युद्याताधनंजय ॥ ऋतेत्वांपुरुषव्या
घ्रराक्षसाद्वाघटोत्कचात् ३६ ननुतावदहंमन्येप्राप्तकालंतवानघ ॥ समागमंमहाबाहोसूतपुत्रेणसंयुगे ३७ दीप्यमानामहोल्केवतिष्ठत्यस्यहिवासवी ॥ त्वदर्थंहिम
हाबाहोसूतपुत्रेणसंयुगे ३८ रक्ष्यतेशक्तिरेषाहिरौद्रंरूपंबिभर्तिच ॥ घटोत्कचस्तुराधेयंप्रत्युद्यातुमहाबलः ३९ सहिभीमेनबलिनाजातःसुरपराक्रमः ॥ तस्मिन्नस्त्रा
णिदिव्यानिराक्षसान्यासुराणिच ४० सततंचानुरक्तोवोहितैषीचघटोत्कचः ॥ विजेष्यतिरणेकर्णमितिमेनात्रसंशयः ४१ एवमुक्तोमहाबाहुःपार्थःपुष्करलोचनः ॥
आजुहावाथतद्रक्षस्तच्चासीत्प्रादुरग्रतः ४२ कवचीसशरःखड्गीसधन्वाचविशांपते ॥ अभिवाद्यततःकृष्णंपांडवंचधनंजयम् ॥ अब्रवीत्तदाकृष्णमयमस्म्यनुशाधि
माम् ४३ततस्तंमेघसंकाशंदीप्तास्यदीप्तकुंडलम् ॥ अभ्यभाषतहैडिंबिंदाशार्हःप्रहसन्निव ४४ वासुदेवउवाच ॥ घटोत्कचविजानीहियत्त्वांवक्ष्यामिपुत्रक ॥ प्राप्तोविक्र
मकालोऽयंतवनान्यस्यकस्यचित् ४५ सभवान्मज्जमानानांबंधूनांत्वंप्लवोभव ॥ विविधानितवास्त्राणिसंतिमायाचराक्षसी ४६ पश्यकर्णेनहैडिंबेपांडवानामनीकिनी
काल्यमानायथागावःपालेनरणमूर्धनि ४७ एषकर्णोमहेष्वासोमतिमान्दृढविक्रमः ॥ पांडवानामनीकेषुनिहंतिक्षत्रियर्षभान् ४८ किरंतःशरवर्षाणिमहांतिदृढध
न्विनः ॥ नशक्नुवंत्यवस्थातुंपीड्यमानाःशरार्चिषा ४९ निशीथेसूतपुत्रेणशरवर्षेणपीडिताः ॥ एतेद्रवंतिपंचालाःसिंहेनेवार्दितामृगाः ५० एतस्यैवंप्रवृद्धस्यसूतपुत्र
स्यसंयुगे ॥ निषेद्धाविद्यतेनान्यस्त्वामृतेभीमविक्रम ५१ सत्वंकुरुमहाबाहोकर्मयुक्तमिहात्मनः ॥ मातुलानांपितॄणांचतेजसोऽस्त्रबलस्यच ५२ एतदर्थंहिहैडिंबेपु
त्रानिच्छंतिमानवाः ॥ कथंनस्तारयेद्दुःखात्सत्वंतारयबांधवान् ५३ इच्छंतिपितरःपुत्रान्स्वार्थहेतोर्घटोत्कच ॥ इहलोकात्परेलोकेतारयिष्यंतियेहिताः ५४ तव
ह्यस्त्रबलंभीमंमायाश्चतवदुस्तराः ॥ संग्रामेयुध्यमानस्यसततंभीमनंदन ५५ पांडवानांप्रभग्नानांकर्णेननिशिसायकैः ॥ मज्जतांधार्तराष्ट्रेषुभवपारंपरंतप ५६ रात्रौहि
राक्षसाभूयोभवंत्यमितविक्रमाः ॥ बलवंतःसुदुर्धर्षाःशूराविक्रांतचारिणः ५७ जहिकर्णंमहेष्वासंनिशीथेमाययारणे ॥ पार्थाद्रोणंवधिष्यंतिधृष्टद्युम्नपुरोगमाः ५८ ॥
संजयउवाच ॥ केशवस्यवचःश्रुत्वाबीभत्सुरपिराक्षसम् ॥ अभ्यभाषतकौरव्यघटोत्कचमरिंदमम् ५९ घटोत्कचभवांश्चैवदीर्घबाहुश्चसात्यकिः ॥ मतौमेसर्वसैन्येषु
भीमसेनश्चपांडवः ६० तद्भवान्यातुकर्णेनद्वैरथंयुध्यतांनिशि ॥ सात्यकिःपृष्ठगोपस्तेभविष्यतिमहारथः ६१ जहिकर्णंरणेशूरंसात्वतेनसहायवान् ॥ यथेंद्रस्तारकंपूर्वंस्कं ॥१.४१.॥
देनसहजघ्निवान् ६२ ॥ ॥ घटोत्कचउवाच ॥ ॥ अलमेवास्मिकर्णायद्रोणायालंचभारत ॥ अन्येषांक्षत्रियाणांचकृतास्त्राणांमहात्मनाम् ६३

६८ ॥ इतिद्रोणपर्वणिटीकायांषट्षष्ट्यधिकशततमोऽध्यायः ॥ १७३ ॥ ६४ । ६५ ६६ ६७ ६८ दृष्ट्वेति १ । २ । ३ । ४ । ५ । ६ । ७ अपचितिं निष्कृतिम् ८ । ९ । १० । ११ । १२ । १३ । १४

अद्यदास्यामिसंग्रामंसूतपुत्रायतंनिशि ॥ यंजनाःसंप्रवक्ष्यंतियावद्भूमिर्धरिष्यति ६४ नचात्रशूरान्मोक्ष्यामिनभीतान्नकृतांजलीन् ॥ सर्वानेववधिष्यामिराक्षसंधर्म
मास्थितः ६५ ॥ संजयउवाच ॥ एवमुक्त्वामहाबाहुर्हैडिंबिर्परवीरहा ॥ अभ्ययात्तुमुलेकर्णंतवसैन्यंविभीषयन् ६६ तमापतंतंसंक्रुद्धंदीप्तास्यंदीप्तमूर्धजम् ॥ प्रह
सन्पुरुषव्याघ्रःप्रतिजग्राहसूतजः ६७ तयोःसमभवद्युद्धंकर्णराक्षसयोर्मृधे ॥ गर्जतोराजशार्दूलशक्रप्रह्लादयोरिव ६८ ॥ इतिश्रीमहाभारतेद्रोणपर्वणिघटोत्कचवध
पर्वणिरात्रियुद्धेघटोत्कचप्रोत्साहनेत्रिसप्तत्यधिकशततमोऽध्यायः ॥ १७३ ॥ ॥ संजयउवाच ॥ दृष्ट्वाघटोत्कचंराजन्सूतपुत्ररथंप्रति ॥ आयांतंतुतथायुक्तं
जिघांसुंकर्णमाहवे १ अब्रवीत्तत्रपुत्रस्तेदुःशासनमिदंवचः ॥ एतद्रक्षोरणेतूर्णंदृष्ट्वाकर्णस्यविक्रमम् २ अभियातिद्रुतंकर्णंतद्वारयमहारथम् ॥ वृतःसैन्येनमहताया
हियत्रमहाबलः ३ कर्णोवैकर्तनोयुद्धेराक्षसेनयुयुत्सति ॥ रक्षकर्णंरणेयत्तोवृतःसैन्येनमानद ४ माकर्णंराक्षसोघोरःप्रमादान्नाशयिष्यति ॥ एतस्मिन्नंतरेराजन्
जटासुरसुतोबली ५ दुर्योधनमुपागम्यप्राहप्रहरतांवरः ॥ दुर्योधनतवामित्रान्प्रख्यातान्युद्धदुर्मदान् ६ पांडवान्हंतुमिच्छामित्वयाऽऽज्ञप्तःसहानुगान् ॥ जटासुरो
ममपितारक्षसांग्रामणीःपुरा ७ प्रयुज्यकर्मरक्षोघ्नंक्षुद्रैःपार्थैर्निपातितः ॥ तस्यापचितिमिच्छामिशत्रुशोणितपूजया ॥ शत्रुमांसैश्चराजेंद्रमामनुज्ञातुमर्हसि ८तमब्रवी
त्ततोराजाप्रीयमाणःपुनःपुनः ॥ द्रोणकर्णादिभिःसार्धंपर्याप्तोऽहंद्विषद्वधे ९ त्वंतुगच्छमयाऽऽज्ञप्तोजहियुद्धेघटोत्कचम् ॥ राक्षसंक्रूरकर्माणंरक्षोमानुषसंभवम्
१० पांडवानांहितंनित्यंहस्त्यश्वरथघातिनम् ॥ वैहायसगतंयुद्धेप्रेषयेर्यमसादनम् ११ तथेत्युक्त्वामहाकायःसमाहूयघटोत्कचम् ॥ जाटासुरिर्भैमसेनिंनानाशस्त्रैर
वाकिरत १२ अलंबुषंचकर्णंचकुरुसैन्यंचदुस्तरम् ॥ हैडिंबिःप्रममाथैकोमहावातोऽम्बुदानिव १३ ततोमायाबलंदृष्ट्वारक्षस्तूर्णमलंबुषः ॥ घटोत्कचंशरव्रातैर्नानालिं
गैःसमार्पयत् १४ विद्ध्वाचबहुभिर्बाणैर्भैमसेनिंमहाबलः ॥ व्यद्रावयच्छरव्रातैःपांडवानामनीकिनीम् १५ तेनविद्राव्यमाणानिपांडुसैन्यानिभारत ॥
निशीथेविप्रकीर्यंतेवातनुन्नाघनाइव १६ घटोत्कचशरैर्नुन्नातथैवतववाहिनी ॥ निशीथेप्राद्रवद्राजन्मुत्सृज्योल्काःसहस्रशः १७ अलंबुषस्ततःक्रुद्धोभैमसेनिं
महामृधे ॥ आजघ्नेदशभिर्बाणैस्तोत्रैरिवमहाद्विपम् १८ तिलशस्तस्यसंवाहंसूतंसर्वायुधानिच ॥ घटोत्कचःप्रचिच्छेदप्रणदंश्चातिदारुणम् १९ ततःकर्णंशरव्रा
तैःकुरूनन्यान्सहस्रशः ॥ अलंबुषंचाभ्यवर्षन्मेघोमेरुमिवाचलम् २० ततःसंचुक्षुभेसैन्यंकुरूणांराक्षसार्दितम् ॥ उपर्युपरिचान्योन्यंचतुरंगंममर्द्दह २१ जाटा
सुरिर्महाराजविरथोहतसारथिः ॥ घटोत्कचंरणेक्रुद्धोमुष्टिनाऽभ्यहनद्दृढम् २२ मुष्टिनाऽभ्याहतस्तेनप्रचचालघटोत्कचः ॥ क्षितिकंपेयथाशैलःसवृक्षस्तृणगुल्मवान् २३

१५ । १६ । १७ । १८ । १९ । २० । २१ । २२ । २३ । ॥ ॥ ॥ ॥ ॥

ततःसपरिघाभेनद्विट्संघघ्नेनबाहुना ॥ जाटासुरिंभैमसेनिरवधीन्मुष्टिनाभृशम् २४ तंप्रमथ्यततःक्रुद्धस्तूर्णंहैडिंबिराक्षिपत् ॥ दोर्भ्यामिंद्रध्वजाभाभ्यांनिष्पिपेषचभूतले २५ जाटासुरिमोक्षयित्वाआत्मानंचघटोत्कचात् ॥ पुनरुत्थायवेगेनघटोत्कचमुपाद्रवत् २६ अलंबुषोऽपिविक्षिप्यसमुत्क्षिप्यचराक्षसम् ॥ घटोत्कचंरणेरोषान्निष्पिपेषचभूतले २७ तयोःसमभवद्युद्धंगर्जतोरतिकाययोः ॥ घटोत्कचालंबुषयोस्तुमुलंलोमहर्षणम् २८ विशेषयंतावन्योन्यंमायाभिरतिमायिनौ ॥ युयुधातेमहावीर्याविंद्रवैरोचनाविव २९ पावकांबुनिधीभूत्वापुनर्गरुडतक्षकौ ॥ पुनर्मेघमहावातौपुनर्वज्रमहाचलौ ३० पुनःकुंजरशार्दूलौपुनःस्वर्भानुभास्करौ ॥ एवंमायाशतसृजावन्योन्यवधकांक्षिणौ ३१ भृशंचित्रमयुध्येतामलंबुषघटोत्कचौ ॥ परिघैश्चगदाभिश्चप्रासमुद्गरपट्टिशैः ३२ मुसलैःपर्वताग्रैश्चतावन्योन्यंविजघ्नतुः ॥ हयाभ्यांचगजाभ्यांचरथाभ्यांचपदातिभिः ३३ युयुधातेमहामायौराक्षसप्रवरौयुधि ॥ ततोघटोत्कचोराजन्नलंबुषवधेप्सया ३४ उत्पपातभृशंक्रुद्धःश्येनवन्निपपातच ॥ गृहीत्वाचमहाकायंराक्षसेंद्रमलंबुषम् ३५ उद्यम्यन्यवधीद्भूमौमयंविष्णुरिवाहवे ॥ ततोघटोत्कचःखड्गमुद्धृत्याद्भुतदर्शनम् ३६ रौद्रस्यकायाद्विशिरोभीमंविकृतदर्शनम् ॥ स्फुरतस्तस्यसमरेनदतश्चातिभैरवम् ३७ निचकर्तमहाराजशत्रोरमितविक्रमः ॥ शिरस्तच्चापिसंगृह्यकेशेषुरुधिरोक्षितम् ३८ ययौघटोत्कचस्तूर्णंदुर्योधनरथंप्रति ॥ अभ्येत्यचमहाबाहुःस्मयमानःसराक्षसः ३९ शिरोरथेऽस्यनिक्षिप्यविकृताननमूर्धजम् ॥ प्राणदद्भैरवंनादंप्रावृषीवबलाहकः ४० अब्रवीच्चततोराजन्दुर्योधनमिदंवचः ॥ एषतेनिहतोबंधुस्त्वयादृष्टोऽस्यविक्रमः ४१ पुनर्द्रष्टासिकर्णस्यनिष्ठामेतांतथाऽऽत्मनः ॥ स्वधर्ममर्थंकामंचत्रितयंयोऽभिवांछति ४२ रिक्तपाणिर्नपश्येतराजानंब्राह्मणंस्त्रियम् ॥ तिष्ठस्वतावत्सुप्रीतोयावत्कर्णंवधाम्यहम् ४३ एवमुक्त्वाततःप्रायात्कर्णंप्रतिनरेश्वर ॥ किरञ्छरगणांस्तीक्ष्णान्रुषितोरणमूर्धनि ४४ ततःसमभवद्युद्धंघोररूपंभयानकम् ॥ विस्मापनंमहाराजनरराक्षसयोर्मृधे ४५ इतिश्रीमहाभारतेद्रोणपर्वणिघटोत्कचव० रात्रियुद्धेअलंबुषवधेचतुःसप्तत्यधिकशततमोऽध्यायः ॥ १७४ ॥ धृतराष्ट्रउवाच ॥ यत्तद्वैकर्तनःकर्णोराक्षसश्चघटोत्कचः ॥ निशीथेसमसज्जेतांतद्युद्धमभवत्कथम् १ कीदृशंचाभवद्रूपंतस्यघोरस्यरक्षसः ॥ रथश्चकीदृशस्तस्यहयाःसर्वायुधानिच २ किंप्रमाणाहयास्तस्यरथकेतुर्धनुस्तथा ॥ कीदृशंवर्मचैवास्यशिरस्त्राणंचकीदृशम् ३ पृष्टस्त्वमेतदाचक्ष्वकुशलोह्यसिसंजय ॥ संजयउवाच ॥ लोहिताक्षोमहाकायस्ताम्रास्योनिम्नितोदरः ४ ऊर्ध्वरोमाहरिश्मश्रुःशंकुकर्णोमहाहनुः ॥ आकर्णदारितास्यश्चतीक्ष्णदंष्ट्रःकरालवान् ५ सुदीर्घताम्रजिह्वोष्ठोलंबभ्रूःस्थूलनासिकः ॥ नीलांगोलोहितग्रीवोगिरिवर्ष्माभयंकरः ६

॥ इतिद्रोणपर्वणिटीकायांचतुःसप्तत्यधिकशततमोऽध्यायः ॥ १७४ ॥ ॥ ॥ यदिति १ । २ वर्ष्मेतिपाठेशरीरम् ३ निम्नितोदरः निम्नितंपृष्ठंवंशसंलग्नमशनहीनस्येवोदरंयस्येत्यर्थः ४ करालवानुन्नतदंतचतुष्कः । ४ । ५ ।

विकचश्चासावुद्वृद्धपिंडोद्दढांगःकोमूर्धायस्यसविकचोद्वृद्धपिंडकः पाठांतरेविकटेविकृतेउद्वृद्धेदृढेपिंडकेजंघोर्ध्वप्रदेशौयस्यसविकटोद्वृद्धपिंडकः ७ स्थूलस्फिकशिथिलोपचयः स्फिक्प्रदेशेएव शिथिलः श्लथउपचयोवृद्धिर्यस्य । पाठांतरेशिखिलःशिखावान्उपचयोललाटप्रांतोयस्येत्यर्थः । अंगदीतिसाहचर्याद्धस्ताभरणीकटकमुद्रिकादिमान् ८ । ९ । १० । ११ नल्वोहस्तचतुःशतम् ।

महाकायोमहाबाहुर्महाशीर्षोमहाबलः ॥ विकृतःपरुषस्पर्शोविकचोद्वृद्धपिंडकः ७ स्थूलस्फिग्गूढनाभिश्चशिथिलोपचयोमहान् ॥ तथैवहस्ताभरणीमहामायोऽ
ङ्गदीतथा ८ उरसाधारयन्निष्कमग्निमालांयथाऽचलः ॥ तस्यहेममयंचित्रंबहुरूपांगशोभितम् ९ तोरणप्रतिमंशुभ्रंकिरीटंमूर्ध्न्यशोभत ॥ कुंडलेबालसूर्याभेमालां
हेममयींशुभाम् १० धारयन्विपुलंकांस्यंकवचंचमहाप्रभम् ॥ किंकिणीशतनिर्घोषंरक्तध्वजपताकिनम् ११ ऋक्षचर्मावनद्धांगंनल्वमात्रंमहारथम् ॥ सर्वायुधवरो
पेतमास्थितंध्वजमालिनम् १२ अष्टचक्रसमायुक्तंमेघगंभीरनिःस्वनम् ॥ मत्तमातंगसंकाशालोहिताक्षाविभीषणाः १३ कामवर्णजवायुक्ताबलवंतःशतंहयाः ॥
वहंतोराक्षसंघोरंवालवंतोजितश्रमाः १४ विपुलाभिःसटाभिस्तेह्रेषमाणामुहुर्मुहुः ॥ राक्षसोऽस्यविरूपाक्षःसूतोदीप्तास्यकुंडलः १५ रश्मिभिःसूर्यरश्म्याभैःसंजग्रा
हहयान्रणे ॥ सतेनसहितस्तस्थावरुणेनयथारविः १६ संसक्तइवचाभ्रेणयथाद्रिर्महतामहान् ॥ दिवःस्पृक्सुमहान्केतुःस्यंदनेऽस्यसमुच्छ्रितः १७ रक्तोत्तमांगः
क्रव्यादोगृध्रःपरमभीषणः ॥ वासवाशनिनिर्घोषंदृढज्यमतिविक्षिपन् १८ व्यक्तंकिष्कुपरीणाहंद्वादशारत्निकार्मुकम् ॥ रथाक्षमात्रैरिषुभिःसर्वाःप्रच्छादयन्दिशः
१९ तस्यांवीरापहारिण्यांनिशायांकर्णमभ्ययात् ॥ तस्यविक्षिपतश्चापंरथेविष्टभ्यतिष्ठतः २० अश्रूयतधनुर्घोषोविस्फूर्जितमिवाशनेः ॥ तेनवित्रास्यमानानितव
सैन्यानिभारत २१ समकंपंतसर्वाणिसिंधोरिवमहोर्मयः ॥ तमापतंतंसंप्रेक्ष्यविरूपाक्षंविभीषणम् २२ उत्स्मयन्निवराधेयस्त्वरमाणोऽभ्यवारयत् ॥ ततःकर्णोऽभ्य
यादेनमस्यन्नस्यंतमंतिकात् २३ मातंगइवमातंगंयूथर्षभमिवर्षभः ॥ ससन्निपातस्तुमुलस्तयोरासीद्विशांपते २४ कर्णराक्षसयोराजन्निंद्रशंबरयोरिव ॥ तौप्रगृह्य
महावेगेधनुषीभीमनिःस्वने २५ प्राच्छादयेतामन्योन्यंतक्षमाणौमहेषुभिः ॥ ततःपूर्णायतोत्सृष्टैरिषुभिर्नतपर्वभिः २६ न्यवारयेतामन्योन्यंकांस्येनिर्भिद्यवर्मणी ॥
तौनखैरिवशार्दूलौदंतैरिवमहाद्विपौ २७ रथशक्तिभिरन्योन्यंविशिखैश्चततक्षतुः ॥ संछिंदंतौचगात्राणिसंदधानौचसायकान् २८ दहंतौचशरोल्काभिर्दुष्प्रेक्ष्यौच
बभूवतुः ॥ तौतुविक्षतसर्वांगौरुधिरौघपरिप्लुतौ २९ विभ्राजेतांयथावारिस्रवंतौगैरिकाचलौ ॥ तौशराग्रविनुन्नांगौनिर्भिंदंतौपरस्परम् ३० नाकंपयेतामन्योन्यं
यतमानौमहाद्युती ॥ तत्प्रवृत्तंनिशायुद्धंचिरंसममिवाभवत् ३१ प्राणयोर्दीव्यतोराजन्कर्णराक्षसयोर्मृधे ॥ तस्यसंदधतस्तीक्ष्णाञ्छरांश्चासक्तमस्यतः ३२ ॥

१२ । १३ वालाः स्कंधवालाः केसराणीतियावत् १४ । १५ । १६ । १७ । १८ किष्कुर्हस्तस्तन्मितः परीणाहोविस्तारोयस्य अरत्निर्निरष्टमांशःकरः १९ । २० । २१ । २२ । २३ । २४ । २५ । २६ २७ । रथशक्तिभिः रथाक्षमात्रैरितिप्रागुक्तैः रथाक्षतुल्यैरित्यर्थः । 'रथःस्यंदनदेहयोः' इतिकोशाद्देहानुकूलशक्तिमद्भिरितिवा २८ । २९ । ३० । ३१ तस्यघटोत्कचस्य आसक्तमन्योन्यसंसक्तंयथास्यात्तथाशरानस्यतः आशक्तमितिपाठेयावच्छक्ति आर्षोच्प्रत्ययःसमासांतः ३२

म. भा. टी. ३३ । ३४ । ३५ । ३६ । ३७ । ३८ । ३९ । ४० । ४१ । ४२ । ४३ । ४४ । ४५ । ४६ । ४७ । ४८ । ४९ । ५० । ५१ । ५२ । ५३ । ५४ । ५५ । ५६ । ५७।५८ । ५९।६०।६१।६२।६३ द्रोण. प.

॥ १४३॥ धनुर्घोषेणवित्रस्ताःस्वेपरेचतदाऽभवन् ॥ घटोत्कचंयदाकर्णोविशेषयतिनोनृप ३३ ततःप्रादुष्करोद्दिव्यमस्त्रमस्त्रविदांवरः ॥ कर्णेनसंधितंदृष्ट्वादिव्यमस्त्रंघटोत्कचः अ०
३४ प्रादुश्चक्रेमहामायांराक्षसींपांडुनंदनः ॥ शूलमुद्गरधारिण्याशैलपादपहस्तया ३५ रक्षसांघोररूपाणांमहत्यासेनयावृतः ॥ तमुद्यतमहाचापंदृष्ट्वातेव्यथितानृपाः
३६ भूतांतकमिवायांतंकालदंडोग्रधारिणम् ॥ घटोत्कचप्रयुक्तेनसिंहनादेनभीषिताः ३७ प्रसुस्रुवुर्गजामूत्रंविव्यथुश्चनराभृशम् ॥ ततोऽश्मवृष्टिरत्युग्रामहत्यासी १७५
त्समंततः ३८ अर्धरात्रेऽधिकबलैर्विमुक्ताराक्षसांबलैः ॥ आयसानिचचक्राणिभुशुंड्यःशक्तितोमराः ३९ पतंत्यविरलाःशूलाःशतघ्न्यःपट्टिशास्तथा ॥ तदुग्रमतिरौद्रं
चदृष्ट्वायुद्धंनराधिप ४० पुत्राश्चतवयोधाश्चव्यथिताविप्रदुद्रुवुः ॥ तत्रैकोऽस्त्रबलश्लाघीकर्णोमानीनविव्यथे ४१ व्यधमच्चशरैर्मायांतांघटोत्कचनिर्मिताम् ॥
मायायांतुप्रहीणायाममर्षाच्चघटोत्कचः ४२ विससर्जशरान्घोरान्सूतपुत्रंतआविशन् ॥ ततस्तेरुधिराभ्यक्ताभित्त्वाकर्णंमहाहवे ४३ विविशुर्धरणींबाणाःसंक्रुद्धा
इवपन्नगाः ॥ सूतपुत्रस्तुसंक्रुद्धोलघुहस्तःप्रतापवान् ४४ घटोत्कचमतिक्रम्यबिभेददशभिःशरैः ॥ घटोत्कचोविनिर्भिन्नःसूतपुत्रेणमर्मसु ४५ चक्रंदिव्यंसहस्रार
मगृह्णाद्व्यथितोभृशम् ॥ क्षुरांतंबालसूर्याभंमणिरत्नविभूषितम् ४६ चिक्षेपाधिरथेःक्रुद्धोभैमसेनिर्जिघांसया ॥ प्रविद्धमतिवेगेनविक्षिप्तंकर्णसायकैः ४७ अभाग्य
स्येवसंकल्पस्तन्मोघमपतद्भुवि ॥ घटोत्कचस्तुसंक्रुद्धोदृष्ट्वाचक्रंनिपातितम् ४८ कर्णंप्राच्छादयद्बाणैःस्वर्भानुरिवभास्करम् ॥ सूतपुत्रस्त्वसंभ्रांतोरुद्रोपेंद्रेंद्रविक्रमः
४९ घटोत्कचरथंतूर्णंछादयामासपत्रिभिः ॥ घटोत्कचेनक्रुद्धेनगदाहेमांगदातदा ५० क्षिप्ताभ्राम्यशरैःसाऽपिकर्णेनाभ्याहताऽपतत् ॥ ततोऽन्तरिक्षमुत्पत्यकालमे
घइवोन्नदन् ५१ प्रववर्षमहाकायोद्रुमवर्षंनभस्तलात् ॥ ततोमायाविनंकर्णोभीमसेनसुतंदिवि ५२ मार्गणैरभिविव्याधघनंसूर्यइवांशुभिः ॥ तस्यसर्वान्हया
न्हत्वासंछिद्यशतधारथम् ५३ अभ्यवर्षच्छरैःकर्णःपर्जन्यइववृष्टिमान् ॥ नचास्यासीदनिर्भिन्नंगात्रेद्व्यंगुलमंतरम् ५४ सोऽदृश्यतमुहूर्तेनश्वाविच्छललतोयथा ॥
नहयान्नरथंतस्यनध्वजंनघटोत्कचम् ५५ दृष्टवंतःस्मसमरेशरौघैरभिसंवृतम् ॥ सतुकर्णस्यतद्दिव्यमस्त्रमस्त्रेणशातयन् ५६ मायायुद्धेनमायावीसूतपुत्रमयोधयत् ॥
सोऽयोधयत्तदाकर्णंमाययालाघवेनच ५७ अलक्ष्यमाणानिदिविशरजालानिचापतन् ॥ भैमसेनिर्महामायोमाययाकुरुसत्तम ५८ विचचारमहाकायोमोहयन्निव
भारत ॥ सतुकृत्वाविरूपाणिवदनान्यशुभानिच ५९ अग्रसत्सूतपुत्रस्यदिव्यान्यस्त्राणिमायया ॥ पुनश्चापिमहाकायःसंछिन्नःशतधारणे ६० गतसत्त्वोनिरुत्साहः
पतितःखाद्व्यदृश्यत ॥ तंहतंमन्यमानाःस्मप्राणदन्कुरुपुंगवाः ६१ अथदेहैर्नवैरन्यैर्दिक्षुसर्वास्वदृश्यत ॥ पुनश्चापिमहाकायःशततशीर्षःशतोदरः ६२ व्यदृश्यतम ॥ १४३॥
हाबाहुर्मैनाकइवपर्वतः ॥ अंगुष्ठमात्रोभूत्वाचपुनरेवसराक्षसः ६३ ॥ ॥ ॥

६४ । ६५ । ६६ । ६७ । ६८ । ६९ । ७० । ७१ । ७२ । ७३ । ७४ । ७५ । ७६ । ७७ । ७८ । ७९ । ८० । ८१ ८२ । ८३ । ८४ । ८५ । ८६ । ८७ । ८८ । ८९ । ९० । ९१

सागरोर्मिरिवोद्धूतस्तिर्यगूर्ध्वमवर्तत ॥ वसुधां दारयित्वा च पुनरप्सु न्यमज्जत ६४ अदृश्यत तदा तत्र पुनरुन्मज्जितोऽन्यतः ॥ सोऽवतीर्य पुनस्तस्थौ रथे हेमपरिष्कृते
६५ क्षितिं खं च दिशश्चैव माययाऽभ्येत्य दंशितः ॥ गत्वा कर्णरथाभ्याशं व्यचरत्कुंडलाननः ६६ प्राह वाक्यमसंभ्रांतः सूतपुत्रं विशांपते ॥ तिष्ठेदानीं क्व मे जीवन्सूतपुत्र ग
मिष्यसि ६७ युद्धश्रद्धामहं तेऽद्य विनेष्यामि रणाजिरे ॥ इत्युक्त्वा रोषताम्राक्षं रक्षःक्रूरपराक्रमम् ६८ उत्पपातांतरिक्षं च जहास च सुविस्तरम् ॥ कर्णमभ्यहनच्चैव गजेंद्र
मिव केसरी ६९ रथाक्षमात्रैरिषुभिरभ्यवर्षद्घटोत्कचः ॥ रथिनामृषभं कर्णं धाराभिरिव तोयदः ७० शरवृष्टिं च तां कर्णो दूरात्प्राप्तामशातयत् ॥ दृष्ट्वा च विहतां मायां कर्णे
न भरतर्षभ ७१ घटोत्कचस्ततो मायां ससर्जांतर्हितः पुनः ॥ सोऽभवद्गिरिरत्युच्चः शिखरैस्तरुसंकटैः ७२ शूलप्रासासिमुसलजलप्रस्रवणो महान् ॥ तमंजनचयप्रख्यं कर्णो
दृष्ट्वा महीधरम् ७३ प्रपातैरायुधान्युग्राण्युद्वहंतं न चुक्षुभे ॥ स्मयन्निव ततः कर्णो दिव्यमस्त्रमुदैरयत् ७४ ततः सोऽस्त्रेण शैलेंद्रो विक्षिप्तो वै व्यनश्यत ॥ ततः स तोयदो भूत्वा
नीलः सेंद्रायुधो दिवि ७५ अश्मवृष्टिभिरत्युग्रः सूतपुत्रमवाकिरत् ॥ अथ संधाय वायव्यमस्त्रमस्त्रविदां वरः ७६ व्यधमत्कालमेघं तं कर्णो वैकर्तनो वृषः ॥ समार्गणगणैः
कर्णो दिशः प्रच्छाद्य सर्वशः ७७ जघानास्त्रं महाराज घटोत्कचसमीरितम् ॥ ततः प्रहस्य समरे भैमसेनिर्महाबलः ७८ प्रादुश्चक्रे महामायां कर्णं प्रति महारथम् ॥ स दृष्ट्वा पु
नरायांतं रथेन रथिनां वरम् ७९ घटोत्कचमसंभ्रांतं राक्षसैर्बहुभिर्वृतम् ॥ सिंहशार्दूलसदृशैर्मत्तमातंगविक्रमैः ८० गजस्थैश्च रथस्थैश्च वाजिपृष्ठगतैस्तथा ॥ नानाशस्त्र
धरैर्घोरैर्नानाकवचभूषणैः ८१ वृतं घटोत्कचं क्रूरैर्मरुद्भिरिव वासवम् ॥ दृष्ट्वा कर्णो महेष्वासो योधयामास राक्षसम् ८२ घटोत्कचस्ततः कर्णं विद्ध्वा पंचभिराशुगैः ॥ ननाद
भैरवं नादं भीषयन्सर्वपार्थिवान् ८३ भूयश्चांजलिकेनाथ समार्गणगणं महत् ॥ कर्णहस्तस्थितं चापं चिच्छेदाशु घटोत्कचः ८४ अथान्यद्धनुरादाय दृढं भारसहं महत् ॥
विचकर्ष बलात्कर्ण इंद्रायुधमिवोच्छ्रितम् ८५ ततः कर्णो महाराज प्रेषयामास सायकान् ॥ सुवर्णपुंखाञ्छत्रुघ्नान्खेचरान्राक्षसान्प्रति ८६ तद्बाणैरर्दितं यूथं रक्षसां पीन
वक्षसाम् ॥ सिंहेनेवार्दितं वन्यं गजानामाकुलं कुलम् ८७ विधम्य राक्षसान्बाणैः साश्वसूतगजान्विभुः ॥ ददाह भगवान्वह्निर्भूतानीव युगक्षये ८८ स हत्वा राक्षसीं से
नां शुशुभे सूतनंदनः ॥ पुरेव त्रिपुरं दग्ध्वा दिवि देवो महेश्वरः ८९ तेषु राजसहस्रेषु पांडवेयेषु मारिष ॥ नैनं निरीक्षितुमपि कश्चिच्छक्नोति पार्थिवः ९० ऋते घटोत्कचाद्राजन्राक्ष
सेंद्रान्महाबलात् ॥ भीमवीर्यबलोपेतात्क्रुद्धाद्वैवस्वतादिव ९१ तस्य क्रुद्धस्य नेत्राभ्यां पावकः समजायत ॥ महोल्काभ्यां यथा राजन्सार्चिषः स्नेहबिंदवः ९२ तलं तले
न संहत्य संदश्य दशनच्छदम् ॥ रथमास्थाय च पुनर्मायया निर्मितं तदा ९३ ॥ ॥ ॥

उल्काभ्यां सर्जरसमिश्रोल्मुकाभ्यां ततो हि दीप्तस्य सर्जरसस्य कणाः सस्नेहत्वात्सार्चिष एव पतंतीति प्रसिद्धम् ९२ । ९३ ॥ ॥ ॥

९४ । ९५ । ९६ । ९७ । ९८ । ९९ । १०० । १ । २ । ३ । ४ । ५ । ६ । ७ । ८ । ९ । १० । ११ । १२ । १३ । ११४ ॥ इतिद्रोणपर्वणिटीकायांपंचसप्तत्यधिकशततमोऽध्यायः ॥ १७५

युक्तंगजनिभैर्वाहैःपिशाचवदनैःखरैः ॥ ससूतमब्रवीत्क्रुद्धःसूतपुत्रायमांवह ९४ सययौघोररूपेणरथेनरथिनांवरः ॥ द्वैरथंसूतपुत्रेणपुनरेवविशांपते ९५ सचिक्षेपपु
नःक्रुद्धःसूतपुत्रायराक्षसः ॥ अष्टचक्रांमहाघोरामशनिंरुद्रनिर्मिताम् ९६ द्वियोजनसमुत्सेधांयोजनायामविस्तराम् ॥ आयसींनिशितांशूलैःकदंबमिवकेसरैः ९७
तामवप्लुत्यजग्राहकर्णोन्यस्यमहद्धनुः ॥ चिक्षेपचैनांतस्यैवस्यंदनात्सोऽवपुप्लुवे ९८ साश्वसूतध्वजंयानंभस्मकृत्वामहाप्रभा ॥ विवेशवसुधांभित्वासुरास्तत्रविसि
स्मियुः ९९ कर्णंतुसर्वभूतानिपूजयामासुरंजसा ॥ यदवप्लुत्यजग्राहदेवसृष्टांमहाशनिम् १०० एवंकृत्वारणेकर्णआरुरोहरथंपुनः ॥ ततोमुमोचनाराचान्सूतपुत्रः
परंतप १ अशक्यंकर्तुमन्येनसर्वभूतेषुमानद ॥ यदकार्षीत्तदाकर्णःसंग्रामेभीमदर्शने २ सहन्यमानोनाराचैर्धाराभिरिवपर्वतः ॥ गंधर्वनगराकारःपुनरंतरधीयत ३
एवंसवैमहाकायोमाययालाघवेनच ॥ अस्त्राणितानिदिव्यानिजघानरिपुसूदनः ४ निहन्यमानेष्वस्त्रेषुमाययातेनरक्षसा ॥ असंभ्रांतस्तदाकर्णस्तद्रक्षःप्रत्ययुध्यत
१०५ ततःक्रुद्धोमहाराजभैमसेनिर्महाबलः ॥ चकारबहुधाऽऽत्मानंभीषयाणोमहारथान् ६ ततोदिग्भ्यःसमापेतुःसिंहव्याघ्रतरक्षवः ॥ अग्निजिह्वाश्चभुजगाविहगाश्चा
प्ययोमुखाः ७ सकीर्यमाणोविशिखैःकर्णचापच्युतैःशरैः ॥ नागराडिवदुष्प्रेक्ष्यस्तत्रैवांतरधीयत ८ राक्षसाश्चपिशाचाश्चयातुधानास्तथैवच ॥ शालावृकाश्चबहवो
वृकाश्चविकृताननाः ९ तेकर्णंभक्षयिष्यंतःसर्वतःसमुपाद्रवन् ॥ अथैनंवाग्भिरुग्राभिस्त्रासयांचक्रिरेतदा ११० उद्यतैर्बहुभिर्घोरैरायुधैःशोणितोक्षितैः ॥ तेषामनेकैरे
कैकंकर्णोविव्याधसायकैः ११ प्रतिहत्यतुतांमायांदिव्येनास्त्रेणराक्षसीम् ॥ आजघानहयानस्यशरैःसन्नतपर्वभिः १२ तेभग्नाविक्षतांगाश्चभिन्नपृष्ठाश्चसायकैः ॥
वसुधामन्वपद्यंतपश्यतस्तस्यरक्षसः १३ सभग्नमायोहैडिंबिःकर्णंवैकर्तनंतदा ॥ एषतेविदधेमृत्युमित्युक्त्वांऽतरधीयत ११४ ॥ इतिश्रीम० द्रो० घटोत्कचवधप
र्वणिरात्रियुद्धेकर्णघटोत्कचयुद्धेपंचसप्तत्यधिकशततमोध्यायः ॥ १७५ ॥ ॥ संजयउवाच ॥ तस्मिंस्तथावर्तमानेकर्णराक्षसयोर्मृधे ॥ अलायुधोराक्षसेंद्रोवीर्य
वानभ्यवर्तत १ महत्यासेनयायुक्तोदुर्योधनमुपागमत् ॥ राक्षसानांविरूपाणांसहस्रैःपरिवारितः २ नानारूपधरैर्वीरैःपूर्ववैरमनुस्मरन् ॥ तस्यज्ञातिर्हिविक्रांतोब्राह्म
णादोबकोहतः ३ किर्मीरश्चमहातेजाहिडिंबश्चसखातदा ॥ सदीर्घकालाध्युषितंपूर्ववैरमनुस्मरन् ४ विज्ञायैतन्निशायुद्धंजिघांसुर्भीममाहवे ॥ समत्तइवमातंगःसंक्रुद्ध
इवचोरगः ५ दुर्योधनमिदंवाक्यमब्रवीद्युद्धलालसः ॥ विदितंतेमहाराजयथाभीमेनराक्षसाः ६ हिडिंबबककिर्मीरानिहताममबांधवाः ॥ परामर्शश्चकन्यायाहिडिं
बायाःकृतःपुरा ७ किमन्यद्राक्षसानन्यानस्मांश्चपरिभूयह ॥ तमहंसगणंराजन्सवाजिरथकुंजरम् ८ ॥ ॥

॥ ॥ तस्मिंस्तथेति स्पष्टार्थोऽध्यायः १ । २ । ३ । ४ । ५ । ६ । ७ । ८ ॥ ॥ ॥ ॥

९ । १० । ११ । १२ । १३ । १४ । १५ । १६ । १७ । १८ । १९ । २० । २१ । २२ ॥ इतिद्रोणपर्वणिटीकायांषट्सप्तत्यधिकशततमोऽध्यायः ॥ १७६ ॥ ॥ ॥ ॥ तमिति १ । २ । ३

हैडिंबिंचसहामात्यंहंतुमभ्यागतःस्वयम् ॥ अद्यकुंतीसुतान्सर्वान्वासुदेवपुरोगमान् ९ हत्वासंभक्षयिष्यामिसर्वैरनुचरैःसह ॥ निवारयबलंसर्वंवयंयोत्स्यामपांडवान्
१० तस्यैतद्वचनंश्रुत्वाहृष्टोदुर्योधनस्तदा ॥ प्रतिगृह्याब्रवीद्वाक्यंभ्रातृभिःपरिवारितः ११ त्वांपुरस्कृत्यसगणंवयंयोत्स्यामहेपरान् ॥ नहिवैरांतमनसःस्थास्यं
तिममसैनिकाः १२ एवमस्त्वितिराजानमुक्त्वाराक्षसपुंगवः ॥ अभ्ययात्त्वरितोभैमिंसहितःपुरुषादकैः १३ दीप्यमानेनवपुषारथेनादित्यवर्चसा ॥ तादृशेनैवराजेंद्रया
दृशेनघटोत्कचः १४ तस्याप्यतुलनिर्घोषोबहुतोरणचित्रितः ॥ ऋक्षचर्मावनद्धांगोनल्वमात्रोमहारथः १५ तस्यापितुरगाःशीघ्राहस्तिकायाःखरस्वनाः ॥ शतं
युक्तामहाकायामांसशोणितभोजनाः १६ तस्यापिरथनिर्घोषोमहामेघरवोपमः ॥ तस्यापिसुमहच्चापंदृढज्यंकनकोज्ज्वलम् १७ तस्याप्यक्षसमाबाणारुक्मपुंखाः
शिलाशिताः ॥ सोऽपिवीरोमहाबाहुर्यथैवसघटोत्कचः १८ तस्यापिगोमायुबलाभिगुप्तोबभूवकेतुर्ज्वलनार्कतुल्यः ॥ सचापिरूपेणघटोत्कचस्यश्रीमत्तमोव्या
कुलदीपितास्यः १९ दीप्तांगदोदीप्तकिरीटमालीबद्धस्रगुष्णीषनिबद्धखङ्गः ॥ गदीभुशुंडीमुसलीहलीचशरासनीवारणतुल्यवर्ष्मा २० रथेनतेनानलवर्चसातदा
विद्रावयन्पांडववाहिनींताम् ॥ रराजसंख्येपरिवर्तमानोविद्युन्मालीमेघइवांतरिक्षे २१ तेचापिसर्गप्रवरानरेंद्रामहाबलावर्मिणश्चर्मिणश्च ॥ हर्षान्वितायुयुधुस्तस्य
राजन्समंततःपांडवयोधवीराः २२ ॥ इतिश्रीमहाभारतेद्रोणपर्वणिघटोत्कचवधपर्वणिरात्रियुद्धेअलायुधयुद्धेषट्सप्तत्यधिकशततमोऽध्यायः ॥ १७६ ॥ ॥
॥ संजयउवाच ॥ तमागतमभिप्रेक्ष्यभीमकर्माणमाहवे ॥ हर्षमाहारयांचक्रुःकुरवःसर्वएवते १ तथैवतवपुत्रास्तेदुर्योधनपुरोगमाः ॥ अप्लवाःप्लवमासाद्यतर्तुका
माइवार्णवम् २ पुनर्जातमिवात्मानंमन्वानाःपुरुषर्षभाः ॥ अलायुधंराक्षसेंद्रंस्वागतेनाभ्यपूजयन् ३ तस्मिंस्त्वमानुषेयुद्धेवर्तमानेमहाभये ॥ कर्णराक्षसयोर्नक्तं
दारुणप्रतिदर्शने ४ उपप्रैक्षंतपंचालाःस्मयमानाःसराजकाः ॥ तथैवतावकाराजन्वीक्षमाणास्ततस्ततः ५ चुकुशुर्नेदमस्तीतिद्रोणद्रौणिकृपादयः ॥ तत्कर्मदृष्ट्वासं
भ्रांताहैडिंबस्यरणाजिरे ६ सर्वमाविग्नमभवद्धाहाभूतमचेतनम् ॥ तवसैन्यंमहाराजनिराशंकर्णजीविते ७ दुर्योधनस्तुसंप्रेक्ष्यकर्णमार्तिंपरांगतम् ॥ अलायुधं
राक्षसेंद्रंसमाहूयेदमब्रवीत् ८ एषवैकर्तनःकर्णोहैडिंबेनसमागतः ॥ कुरुतेकर्मसुमहद्यदस्यौपयिकंमृधे ९ पश्यैतान्पार्थिवाञ्शूरान्निहतान्भैमसेनिना ॥ नाना
शस्त्रैरभिहतान्पादपानिवदंतिना १० तवैषभागःसमरेराजमध्येमयाकृतः ॥ तवैवानुमतेवीरतंविक्रम्यनिबर्हय ११ पुरावैकर्तनंकर्णमेषपापोघटोत्कचः ॥ माया
बलंसमाश्रित्यकर्षयत्यरिकर्शन १२ एवमुक्तःसराजानुराक्षसोभीमविक्रमः ॥ तथेत्युक्त्वामहाबाहुर्घटोत्कचमुपाद्रवत् १३

४ । ५ इदमस्मत्सैन्यम् ६ । ७ । ८ । ९ । १० । ११ । १२ । १३

ततःकर्णरुमुत्सृज्यभैमसेनिरपिप्रभो ॥ प्रत्यमित्रमुपायांतमर्दयामासमार्गणैः १४ तयोःसमभवद्युद्धंक्रुद्धयोराक्षसेंद्रयोः ॥ मत्तयोर्वासितांहेतोर्द्विपयोरिवकानने
१५ रक्षसाविप्रमुक्तस्तुकर्णोऽपिरथिनांवरः ॥ अभ्यद्रवद्भीमसेनंरथेनादित्यवर्चसा १६ तमायांतमनादृत्यदृष्ट्वाग्रस्तंघटोत्कचम् ॥ अलायुधेनसमरेसिंहेनेवगवां
पतिम् १७ रथेनादित्यवपुषाभीमःप्रहरतांवरः ॥ किरञ्छरौघान्प्रययावलायुधरथंप्रति १८ तमायांतमभिप्रेक्ष्यसतदाऽलायुधःप्रभो ॥ घटोत्कचंसमुत्सृज्यभीम
सेनंसमाह्वयत् १९ तंभीमःसहसाऽभ्येत्यराक्षसांतकरःप्रभो ॥ सगणंराक्षसेंद्रंतंशरवर्षैरवाकिरत् २० तथैवालायुधोराजन्शिलाधौतैरजिह्मगैः ॥ अभ्यवर्षतकौंते
यंपुनःपुनररिंदम २१ तथातेराक्षसाःसर्वेभीमसेनमुपाद्रवन् ॥ नानाप्रहरणाभीमास्त्वत्सुतानांजयैषिणः २२ सताड्यमानोबहुभिर्भीमसेनोमहाबलः ॥ पंचभिः
पंचभिःसर्वांस्तानविध्यच्छितैःशरैः २३ तेवध्यमानाभीमेनराक्षसाःक्रूरबुद्धयः ॥ विनेदुस्तुमुलान्नादान्दुद्रुवुस्तेदिशोदश २४ तांस्त्रास्यमानान्भीमेनदृष्ट्वारक्षोमहा
बलम् ॥ अभिदुद्राववेगेनशरैश्चैनमवाकिरत् २५ तंभीमसेनःसमरेतीक्ष्णाग्रैरक्षिणोच्छरैः ॥ अलायुधस्तुतानस्तान्भीमेनविशिखान्रणे २६ चिच्छेदकांश्चित्स
मरेत्वरयाकांश्चिदग्रहीत् ॥ सतंदृष्ट्वाराक्षसेंद्रंभीमोभीमपराक्रमः २७ गदांचिक्षेपवेगेनवज्रपातोपमांतदा ॥ तामापतंतींवेगेनगदांज्वालाकुलांततः २८ गदयाताडया
मासतागदाभीममाव्रजत् ॥ सराक्षसेंद्रंकौंतेयःशरवर्षैरवाकिरत् २९ तानप्यस्याकरोन्मोघान्राक्षसोनिशितैःशरैः ॥ तेचापिराक्षसाःसर्वेरजन्यांभीमरूपिणः ३०
शासनाद्राक्षसेंद्रस्यनिजघ्नूरथकुंजरान् ॥ पंचालाःसृंजयाश्चैववाजिनःपरमद्विपाः ३१ नशांतिंलेभिरेतत्रराक्षसैर्भृशपीडिताः ॥ तंतुदृष्ट्वामहाघोरंवर्तमानंमहाहवम्
३२ अब्रवीत्पुंडरीकाक्षोधनंजयमिदंवचः ॥ पश्यभीमंमहाबाहुंराक्षसेंद्रवशंगतम् ३३ पदमस्यानुगच्छत्वंमाविचारयपांडव ॥ धृष्टद्युम्नःशिखंडीचयुधामन्यूत्त
मौजसौ ३४ सहितौद्रौपदेयाश्चकर्णंयांतुमहारथाः ॥ नकुलःसहदेवश्चयुयुधानश्चवीर्यवान् ३५ इतरान्राक्षसान्घ्नंतुशासनात्तवपांडव ॥ त्वमपीमांमहाबाहो
चमूंद्रोणपुरस्कृताम् ३६ वारयस्वनरव्याघ्रमहद्धिभयमागतम् ॥ एवमुक्तेतुकृष्णेनयथोद्दिष्टामहारथाः ३७ जग्मुर्वैकर्तनंकर्णंराक्षसांश्चैवतान्रणे ॥ अथपूर्णाय
तोत्सृष्टैःशरैराशीविषोपमैः ३८ धनुश्चिच्छेदभीमस्यराक्षसेंद्रःप्रतापवान् ॥ हयांश्चास्यशितैर्बाणैःसारथिंचमहाबलः ३९ जघानमिषतःसंख्येभीमसेनस्यराक्षसः
॥ सोऽवतीर्यरथोपस्थाद्धताश्वोहतसारथिः ४० तस्मैगुर्वींगदांघोरांविनदन्नुत्ससर्जह ॥ ततस्तांभीमनिर्घोषामापतंतींमहागदाम् ४१ गदयाराक्षसोघोरोनिजघान
ननादच ॥ तद्दृष्ट्वाराक्षसेंद्रस्यघोरंकर्मभयावहम् ४२ भीमसेनःप्रहृष्टात्मागदामाशुपरामृशत् ॥ तयोःसमभवद्युद्धंतुमुलंनरराक्षसोः ४३ गदानिपातसंह्रादैर्भुवंकं
पयतोर्भृशम् ॥ गदाविमुक्तौतौभूयःसमासाद्येतरेतरम् ४४

१४ । १५ । १६ । १७ । १८ । १९ । २० । २१ । २२ । २३ । २४ । २५ । २६ । २७ । २८ । २९ । ३० । ३१ । ३२ । ३३ । ३४ । ३५ । ३६ । ३७ । ३८ । ३९ । ४० । ४१ । ४२ । ४३ । ४४

४५ । ४६ । ४७ । ४८ ॥ इतिद्रोणपर्वणिटीकायांसप्तसप्तत्यधिकशततमोऽध्यायः ॥ १७७ ॥ ॥ ॥ ॥ ॥ संदृश्येति १ । २ । ३ । ४ । ५ । ६ । ७ । ८ । ९ । १०

मुष्टिभिर्वज्रसंह्रादैरन्योन्यमभिजघ्नतुः ॥ रथचक्रैर्युगैरक्षैरधिष्ठानैरुपस्करैः ४५ यथासन्नमुपादायनिजघ्नतुरमर्षणौ ॥ तौविक्षरंतौरुधिरंसमासाद्येतरेतरम् ४६ मत्ता
विवमहानागौचकृषातेपुनःपुनः ॥ तदपश्यद्धृषीकेशःपांडवानांहितेरतः ४७ सभीमसेनरक्षार्थंहैडिंबिंपर्यचोदयत् ४८ ॥ इतिश्रीमहाभारतेद्रोणपर्वणिघटोत्कचवध
पर्वणिरात्रियुद्धे अलायुधयुद्धे सप्तसप्तत्यधिकशततमोऽध्यायः ॥ १७७ ॥ ॥ संजयउवाच ॥ संदृश्यसमरेभीमंरक्षसाग्रस्तमंतिकात् ॥ वासुदेवोऽब्रवीद्राजन्घटो
त्कचमिदंवचः १ पश्यभीमंमहाबाहोरक्षसाग्रस्तमाहवे ॥ पश्यतांसर्वसैन्यानांतवचैवमहाद्युते २ सकर्णंत्वंसमुत्सृज्यराक्षसेंद्रमलायुधम् ॥ जहिक्षिप्रंमहाबाहोपश्चा
त्कर्णंवधिष्यसि ३ सवार्ष्णेयवचःश्रुत्वाकर्णमुत्सृज्यवीर्यवान् ॥ युयुधेराक्षसेंद्रेणबकभ्रात्राघटोत्कचः ४ तयोःसुतुमुलंयुद्धंबभूवनिशिरक्षसोः ॥ अलायुधस्यचैवो
ग्रंहैडिंबेश्चापिभारत ५ अलायुधस्ययोधांश्चराक्षसान्भीमदर्शनान् ॥ वेगेनापततःशूरान्प्रगृहीतशरासनान् ६ आत्तायुधःसुसंक्रुद्धोयुयुधानोमहारथः ॥ नकुलःसह
देवश्चचिच्छिदुर्निशितैःशरैः ७ सर्वांश्चसमरेराजन्किरीटीक्षत्रियर्षभान् ॥ परिचिक्षेपबीभत्सुःसर्वतःप्रकिरञ्छरान् ८ कर्णश्चसमरेराजन्व्यद्रावयतपार्थिवान् ॥
धृष्टद्युम्नशिखंड्यादीन्पंचालानांमहारथान् ९ तान्वध्यमानान्दृष्ट्वाऽथभीमोभीमपराक्रमः ॥ अभ्ययात्त्वरितःकर्णंविशिखान्प्रकिरन्रणे १० ततस्तेऽप्याययुर्हत्वाराक्ष
सान्यत्रसूतजः ॥ नकुलःसहदेवश्चसात्यकिश्चमहारथः ११ तेकर्णंयोधयामासुःपंचालाद्रोणमेवतु ॥ अलायुधस्तुसंक्रुद्धोघटोत्कचमरिंदमम् ॥ परिघेणातिकायेन
ताडयामासमूर्धनि १२ सतुतेनप्रहारेणभैमसेनिर्महाबलः ॥ ईषन्मूर्छितमात्मानमस्तंभयतवीर्यवान् १३ ततोदीप्ताग्निसंकाशांशतघंटामलंकृताम् ॥ चिक्षेपतस्मै
समरेगदांकांचनभूषिताम् १४ साहयांश्चरथंचास्यसारथिंचमहास्वना ॥ चूर्णयामासवेगेनविसृष्टाभीमकर्मणा १५ सभग्नहयचक्राक्षाद्विशीर्णध्वजकूबरात् ॥ उत्प
पातरथात्तूर्णंमायामास्थायराक्षसीम् १६ ससमास्थायमायांतुववर्षरुधिरंबहु ॥ विद्युद्विभ्राजितंचासीत्तुमुलाभ्राकुलंनभः १७ ततोवज्रनिपाताश्चसाशनिस्तनयि
त्नवः ॥ महांश्चटचटाशब्दस्तत्रासीच्चमहाहवे १८ तांप्रेक्ष्यमहतींमायांराक्षसोराक्षसस्यच ॥ ऊर्ध्वमुत्पत्यहैडिंबिस्तांमायांमाययाऽवधीत् १९ सोऽभिवीक्ष्यहतां
मायांमायावीमाययैवहि ॥ अश्मवर्षंसुतुमुलंविससर्जघटोत्कचे २० अश्मवर्षंसतंघोरंशरवर्षेणवीर्यवान् ॥ दिक्षुविध्वंसयामासतदद्भुतमिवाभवत् २१ ततोनाना
प्रहरणैरन्योन्यमभिवर्षताम् ॥ आयसैःपरिघैःशूलैर्गदामुसलमुद्गरैः २२ पिनाकैःकरवालैश्चतोमरप्रासकंपनैः ॥ नाराचैर्निशितैर्भल्लैःशरैश्चक्रैःपरश्वधैः ॥ अयोगुडै
र्भिंदिपालैर्गोशीर्षोलूखलैरपि २३ उत्पाटितैर्महाशाखैर्विविधैर्जगतीरुहैः ॥ शमीपीलुकदंबैश्चचंपकैश्चैवभारत २४ इंगुदैर्बदरीभिश्चकोविदारैश्चपुष्पितैः ॥ पलाशै
श्चारिमेदैश्चप्लक्षन्यग्रोधपिप्पलैः २५

११ । १२ । १३ । १४ । १५ । १६ । १७ । १८ । १९ । २० । २१ । २२ । २३ । २४ । २५

म. भा. टी. २६ । २७ हरींद्रयोः सिंहमुख्ययोः २८ । २९ । ३० । ३१ । ३२ । ३३ । ३४ । ३५ । ३६ । ३७ । ३८ । ३९ । ४० ॥ इतिद्रोणपर्वणिटीकायामष्टसप्तत्यधिकशततमोऽध्यायः ॥ १७८ ॥ ॥

महद्भिःसमरेतस्मिन्नन्योन्यमभिजघ्नतुः ॥ विपुलैःपर्वताग्रैश्चनानाधातुभिराचितैः २६ तेषांशब्दोमहानासीद्वज्राणांभिद्यतामिव ॥ युद्धंसमभवद्घोरंभैम्यलायु
धयोर्नृप २७ हरींद्रयोर्यथाराजन्वालिसुग्रीवयोःपुरा ॥ तौयुद्ध्वाविविधैर्घोरैरायुधैर्विशिखैस्तथा ॥ प्रगृह्यचर्मशितौखड्गावन्योन्यमभिपेततुः २८ तावन्योन्यम
भिद्रुत्यकेशेषुसुमहाबलौ ॥ भुजाभ्यांपर्यगृण्हीतांमहाकायौमहाबलौ २९ तौस्विन्नगात्रौप्रस्वेदंसुस्रुवातेजनाधिप ॥ रुधिरंचमहाकायावतिवृष्टाविवांबुदौ ३० अथाभिप
त्यवेगेनसमुद्भ्राम्यचराक्षसम् ॥ बलेनाक्षिप्यहैडिंबिश्चकर्तास्यशिरोमहत् ३१ सोऽपहृत्यशिरस्तस्यकुंडलाभ्यांविभूषितम् ॥ तदासुतुमुलंनादंननादसुमहाबलः ३२
हतंदृष्ट्वामहाकायंबकज्ञातिमरिंदमम् ॥ पंचालाःपांडवाश्चैवसिंहनादान्विनेदिरे ३३ ततोभेरीसहस्राणिशंखानामयुतानिच ॥ अवादयन्पांडवेयाराक्षसेनिहतेयुधि
३४ अतीवसानिशातेषांबभूवविजयावहा ॥ विद्योतमानाविबभौसमंताद्दीपमालिनी ३५ अलायुधस्यतुशिरोभैमसेनिर्महाबलः ॥ दुर्योधनस्यप्रमुखेचिक्षेपगत
चेतसः ३६ अथदुर्योधनोराजादृष्ट्वाहतमलायुधम् ॥ बभूवपरमोद्विग्नःसहसैन्येनभारत ३७ तेनह्यस्यप्रतिज्ञातंभीमसेनमहंयुधि ॥ हंतेतिस्वयमागम्यस्मरता
वैरमुत्तमम् ३८ ध्रुवंसतेनहंतव्यइत्यमन्यतपार्थिवः ॥ जीवितंचिरकालंहिभ्रातॄणांचाप्यमन्यत ३९ सतंदृष्ट्वाविनिहतंभीमसेनात्मजेनवै ॥ प्रतिज्ञांभीमसेनस्यपूर्णा
मेवाभ्यमन्यत ४० ॥ ॥ इति श्रीमहाभारतेद्रोणपर्वणि घटो० रात्रियुद्धेअलायुधवधेअष्टसप्तत्यधिकशततमोऽध्यायः ॥ १७८ ॥ ॥ संजयउवाच ॥ नि
हत्यालायुधंरक्षःप्रहृष्टात्माघटोत्कचः ॥ ननादविविधान्नादान्वाहिन्याःप्रमुखेतव १ तस्यतंतुमुलंशब्दंश्रुत्वाकुंजरकंपनम् ॥ तावकानांमहाराजभयमासीत्सुदारुण
म् २ अलायुधविषक्तंतुभैमसेनिंमहाबलम् ॥ दृष्ट्वाकर्णोमहाबाहुःपंचालान्समुपाद्रवत् ३ दशभिर्दशभिर्बाणैर्धृष्टद्युम्नशिखंडिनौ ॥ दृढैःपूर्णायतोत्सृष्टैर्बिभेदनतपर्व
भिः ४ ततःपरमनाराचैर्युधामन्यूत्तमौजसौ ॥ सात्यकिंचरथोदारंकंपयामाससमार्गणैः ५ तेषामप्यस्यतांसंख्येसर्वेषांसव्यदक्षिणम् ॥ मंडलान्येवचापानिव्यदृश्यंत
जनाधिप ६ तेषांज्यातलनिर्घोषोरथनेमिस्वनश्चह ॥ मेघानामिवघर्मांतेबभूवतुमुलोनिशि ७ ज्यानेमिघोषस्तनयित्नुमान्वैधनुस्तडिन्मंडलकेतुशृंगः ॥ शरौघव
र्षाकुलवृष्टिमांश्चसंग्राममेघःसबभूवराजन् ८ तदद्भुतंशैलइवाप्रकंप्योवर्षंमहाशैलसमानसारः ॥ विध्वंसयामासरणेनरेंद्रवैकर्तनःशत्रुगणावमर्दी ९ ततोऽतुलैर्वज्रनिपात
कल्पैःशितैःशरैःकांचनचित्रपुंखैः ॥ शत्रून्व्यपोहत्समरेमहात्मावैकर्तनःपुत्रहितेरतस्ते १० संछिन्नभिन्नध्वजिनश्चकेचित्केचिच्छरैरर्दितभिन्नदेहाः ॥ केचिद्विसूताविहयाश्चकेचिद्वैकर्तनेनाशुकृताबभूवुः ११ अविंदमानास्त्वथशर्मसंख्येयौधिष्ठिरंतेबलमभ्यपद्यन् ॥ तान्प्रेक्ष्यभग्नान्विमुखीकृतांश्चघटोत्कचोरोषमतीवचक्रे १२ ॥ १४६ ॥

निहत्येति १ । २ । ३ । ४ । ५ । ६ । ७ केतुशृंगं ध्वजशिखरं । 'शृंगंप्रभुत्वेशिखरे' इति मेदिनी ८ । ९ । १० । ११ । १२

१३ । १४ तिर्यग्गताभिरिपुपंक्तिभिरितिशेषः १५ । १६ । १७ । १८ । १९ प्रतिपन्नं कर्तव्यत्वेनज्ञातमनुष्ठितंच २० । २१ । २२ । अदृश्यत अदृश्यत २३ । २४ । २५ । २६ । २७ । २८ । २९ ३०

आस्थायतंकांचनरत्नचित्रंरथोत्तमंसिंहवत्संननाद ॥ वैकर्तनंकर्णमुपेत्यचापिविव्याधवज्रप्रतिमैःपृषत्कैः १३ तौकर्णिनाराचशिलीमुखैश्चनालीकदंडासनवत्सदंतैः
वराहकर्णैःसविपाठशृंगैःक्षुरप्रवर्षैश्चविनेदतुःखम् १४ तद्बाण धारावृतमंतरिक्षंतिर्यग्गताभिःसमरेरराज ॥ सुवर्णपुंखज्वलितप्रभाभिर्विचित्रपुष्पाभिरिवप्रजाभिः १५
समाहितावप्रतिमप्रभावावन्योन्यमाजघ्नतुरुत्तमास्त्रैः ॥ तयोर्हिवीरोत्तमयोर्नकश्चिद्ददर्शतस्मिन्समरेविशेषम् १६ अतीवतच्चित्रमतुल्यरूपंबभूवयुद्धंरविभीमसून्वोः ॥
समाकुलंशस्त्रनिपातघोरंदिवीवराहुंशुमतोःप्रमत्तम् १७ ॥ संजयउवाच ॥ घटोत्कचंयदाकर्णोनविशेषयतेनृप ॥ ततःप्रादुश्चकारोग्रमस्त्रमस्त्रविदांवरः १८ तेनास्त्रे
णावधीत्तस्यरथंसहयसारथिम् ॥ विरथश्चापिहैडिंबिःक्षिप्रमंतरधीयत १९ ॥ धृतराष्ट्रउवाच ॥ तस्मिन्नंतर्हितेतूर्णंकूटयोधिनिराक्षसे ॥ मामकैःप्रतिपन्नंयत्तन्म
माचक्ष्वसंजय २० ॥ संजयउवाच ॥ अंतर्हितंराक्षसेंद्रंविदित्वासंप्राक्रोशन्कुरवःसर्वएव ॥ कथंनायंराक्षसःकूटयोधीहन्यात्कर्णंसमरेदृश्यमानः २१ ततःकर्णोल
घुचित्रास्त्रयोधीसर्वादिशःप्रावृणोद्बाणजालैः ॥ नवैकिंचित्प्रापतत्तत्रभूतंतमोभूतेसायकैरंतरिक्षे २२ नैवाददानोचसंदधानोनचेषुधीस्पृश्यमानःकराग्रैः ॥ अदृश्यद्वैला
घवात्सूतपुत्रःसर्वैबाणैश्छादयानोऽतरिक्षम् २३ ततोमायांदारुणामंतरिक्षेघोरांभीमांविहितांराक्षसेन ॥ अपश्यामलोहिताभ्रप्रकाशांदेदीप्यंतीमग्निशिखामिवोग्राम्
२४ ततस्तस्यांविद्युतःप्रादुरासन्नुल्काश्चापिज्वलिताःकौरवेंद्र ॥ घोषश्चास्याःप्रादुरासीत्सुघोरःसहस्रशोनदतांदुंदुभीनाम् २५ ततःशराःप्रापतन्रुक्मपुंखाःशक्त्यृष्टि
प्रासमुसलान्यायुधानि ॥ परश्वधास्तैलधौताश्चखड्गाःप्रदीप्ताग्रास्तोमराःपट्टिशाश्च २६ मयूखिनःपरिघालोहबद्धागदाश्चित्राःशितधाराश्चशूलाः ॥ गुर्व्योगदाहेम
पट्टावनद्धाःशतघ्न्यश्चप्रादुरासन्समंतात् २७ महाशिलाश्चापतंस्तत्रतत्रसहस्रशःसाशनयश्चवज्राः ॥ चक्राणिचानेकशतक्षुराणिप्रादुर्बभूवुर्ज्वलनप्रभाणि २८ तांशक्ति
पाषाणपरश्वधानांप्रासासिवज्राशनिमुद्गराणाम् ॥ वृष्टिंविशालांज्वलितांपतंतींकर्णःशरौघैर्नशशाकहंतुम् २९ शराहतानांपततांहयानांवज्राहतानांचतथागजानाम्
॥ शिलाहतानांचमहारथानांमहान्निनादःपततांबभूव ३० सुभीमनानाविधशस्त्रपातैर्घटोत्कचेनाभिहतंसमंतात् ॥ दौर्योधनंवैबलमार्तरूपमावर्तमानंददृशेभ्रमत्तत्
३१ हाहाकृतंसंपरिवर्तमानंसंलीयमानंचविषण्णरूपम् ॥ तेत्वार्यभावात्पुरुषप्रवीराःपराङ्मुखानोबभूवुस्तदानीम् ३२ तांराक्षसींभीमरूपांसुघोरांवृष्टिंमहाशस्त्रमयीं
पतंतीम् ॥ दृष्ट्वाबलौघांश्चनिपात्यमानान्महद्भयंतवपुत्रान्विवेश ३३ शिवाश्चवैश्वानरदीप्तजिह्वाःसुभीमनादाःशतशोनदंतीः ॥ रक्षोगणान्नर्दतश्चाभिवी
क्ष्यनरेंद्रयोधाव्यथिताबभूवुः ३४ ॥ ॥ ॥ ॥

३१ । ३२ । ३३ । ३४ ॥ ॥

तेदीप्तजिह्वानलतीक्ष्णदंष्ट्राविभीषणाःशैलनिकाशकायाः ॥ नभोगताःशक्तिविषक्तहस्तामेघाव्यमुंचन्निवबृष्टिमुग्राम् ३५ तैराहतास्तेशरशक्तिशूलैर्गदाभिरुग्रैःपरिघैश्चदीप्तैः ॥ वज्रैःपिनाकैरशनिप्रहारैःशतघ्निचक्रैर्मथिताश्चपेतुः ३६ शूलाभुशुंड्यश्चोऽश्मगुडाःशतघ्न्यःस्थूलाश्चकार्ष्णायसपट्टनद्धाः ॥ तेऽवाकिरंस्तवपुत्रस्यसैन्यं ततोरौद्रंकश्मलंप्रादुरासीत् ३७ विकीर्णांत्राविहतैरुत्तमांगैःसभग्नांगाःशिश्यिरेतत्रशूराः ॥ छिन्नाहयाःकुंजराश्चापिभग्नाःसंचूर्णिताश्चैवरथाःशिलाभिः ३८ एवंमहच्छस्त्रवर्षेसृजंतस्तेयातुधानाभुविघोररूपाः ॥ मायाःसृष्टास्तत्रघटोत्कचेननामुंचन्वैयाचमानंनभीतम् ३९ तस्मिन्घोरेकुरुवीरावमर्देकालोत्सृष्टेक्षत्रियाणामभावे ॥ तेवैभग्नाःसहसाव्यद्रवंतप्राक्रोशंतःकौरवाःसर्वएव ४० पलायध्वंकुरवोनैतदस्तिसेंद्रादेवाघ्नंतिनःपांडवार्थे ॥ तथातेषांमज्जतांभारतानांतस्मिन्द्वीपःसूतपुत्रोबभूव ४१ तस्मिन्संक्रंदेतुमुलेवर्तमानेसैन्येभग्नेलीयमानेकुरूणाम् ॥ अनीकानांप्रविभागेप्रकाशेनाज्ञायंतेकुरवोनेतरेच ४२ निर्मर्यादेविद्रवेघोररूपेसर्वादिशःप्रेक्षमाणाःस्मशून्याः ॥ तांशस्त्रवृष्टिमुरसागाहमानंकर्णंस्मैकंतत्रराजन्नपश्यन् ४३ ततोबाणैराचृणोदंतरिक्षंदिव्यांमायांयोधयन्राक्षसस्य ॥ ह्रीमान्कुर्वन्दुष्करंचार्यकर्मनैवामुह्यत्संयुगेसूतपुत्रः ४४ ततोभीताःसमुदैक्षंतकर्णंराजन्सर्वेसैंधवाबाल्हिकाश्च ॥ असंमोहंपूजयंतोऽस्यसंख्येसंपश्यंतोविजयंराक्षसस्य ४५ तेनोत्सृष्टाचक्रयुक्ताशतघ्नीसमंसर्वाश्चतुरोऽश्वाञ्जघान ॥ तेजानुभिर्जगतीमन्वपद्यन्गतासवोनिर्दशनाक्षिजिह्वाः ४६ ततोहताश्वादवरुह्ययानाद्दांतर्मनाःकुरुषुप्राद्रवत्सु ॥ दिव्येचास्त्रेमाययावध्यमानेनैवामुह्यच्चिंतयन्प्राप्तकालम् ४७ ततोऽब्रुवन्कुरवःसर्वएवकर्णंदृष्ट्वाघोररूपांचमायाम् ॥ शक्त्याऽरक्षोजहिकर्णाद्यतूर्णंनश्यंत्येतेकुरवोधार्तराष्ट्राः ४८ करिष्यतःकिंचनोभीमपार्थौतपंतमेनंजहिपापंनिशीथे ॥ योनःसंग्रामाद्घोररूपाद्विमुंचेत्सनःपार्थान्सबलान्योधयेत ४९ तस्मादेनंराक्षसंघोररूपंशक्त्याजहित्वंदत्तयावासवेन ॥ माकौरवाःसर्वएवेंद्रकल्पारात्रियुद्धेकर्णनेशुःसयोधाः ५० सवध्यमानोरक्षसावैनिशीथेदृष्ट्वाराजंस्त्रास्यमानंबलंच ॥ महच्छ्रुत्वानिनदंकौरवाणांमतिंदध्रेशक्तिमोक्षायकर्णः ५१ सवैक्रुद्धःसिंहइवात्यमर्षीनामर्षयन्प्रतिघातंरणेऽसौ ॥ शक्तिंश्रेष्ठांवैजयंतीमसह्यांसमाददेतस्यवधंचिकीर्षन् ५२ याऽसौराजन्निहितावर्षपूगान्वधायाजौसत्कृताफाल्गुनस्य ॥ यांवैप्रादात्सूतपुत्रायशक्रःशक्तिंश्रेष्ठांकुंडलाभ्यांनिमाय ५३ तांवैशक्तिंलेलिहानांप्रदीप्तांपाशैर्युक्तामंतकस्येवजिह्वाम् ॥ मृत्योःस्वसारंज्वलितामिवोल्कांवैकर्तनःप्राहिणोद्राक्षसाय ५४ तामुत्तमांपरकायावहंत्रींदृष्ट्वाशक्तिंबाहुसंस्थांज्वलंतीम् ॥ भीतंरक्षोविप्रदुद्रावराजन्कृत्वाऽऽत्मानंविंध्यतुल्यप्रमाणम् ५५ ॥ ॥ ॥ ॥ ॥

९६ । ५७ । ५८ । ५९ । ६० । ६१ । ६२ । ६३ । ६४ ॥ इतिद्रोणपर्वणिटीकायामूनाशीत्यधिकशततमोऽध्यायः ॥ १७९ ॥ ॥ हैडिंबिमिति १ । २ । ३ । ४ । ५ । ६ । ७ । ८

दृष्ट्वाशक्तिंकर्णबाह्वंतरस्थांनेदुर्भूतान्यंतरिक्षेनरेंद्र ॥ ववुर्वातास्तुमुलाश्चापिराजन्सनिर्घाताचाशनिर्गांजगाम ५६ सातांमायांभस्मकृत्वाज्वलंतीभित्वागाढंहृदयंरा
क्षसस्य ॥ ऊर्ध्वंययौदीप्यमानानिशायांनक्षत्राणामंतराण्याविवेश ५७ सनिर्भिन्नोविविधैरस्त्रपूगैर्दिव्यैर्नागैर्मानुषैराक्षसैश्च ॥ नदन्नादान्विविधान्भैरवांश्चप्राणानि
ष्टांस्त्याजितःशक्रशक्त्या ५८ इदंचान्यच्चित्रमाश्चर्यरूपंचकारासौकर्मशत्रुक्षयाय ॥ तस्मिन्कालेशक्तिनिर्भिन्नमर्मान्बभौराजन्शैलमेघप्रकाशः ५९ ततोऽन्तरिक्षा
दपतद्गतासुःसराक्षसेंद्रोभुविभिन्नदेहः ॥ अवाक्शिराःस्तब्धगात्रोविजिह्वोघटोत्कचोमहदास्थायरूपम् ६० सतद्रूपंभैरवंभीमकर्माभीमंकृत्वाभैमसेनिःपपात ॥
हतोऽप्येवंतवसैन्यैकदेशमपोथयत्स्वेनदेहेनराजन् ६१ पतद्रक्षःस्वेनकायेनतूर्णमतिप्रमाणेनविवर्धताच ॥ प्रियंकुर्वन्पांडवानांगतासुरक्षौहिणींतवतूर्णंजघान ६२
ततोमिश्राःप्राणदन्सिंहनादैर्भेर्यःशंखामुरजाश्चानकाश्च ॥ दग्धांमायांनिहतंराक्षसंचदृष्ट्वाहृष्टाःप्राणदन्कौरवेयाः ६३ ततःकर्णःकुरुभिःपूज्यमानोयथाशक्रोवृत्रवधे
मरुद्भिः ॥ अन्वारूढस्तवपुत्रस्ययानंहृष्टश्चापिप्राविशत्तत्स्वसैन्यम् ६४ ॥ इतिश्रीमहाभारतेद्रोणपर्वणिघटोत्कचवधपर्वणिरात्रियुद्धेघटोत्कचवधेऊनाशीत्यधिक
शततमोध्यायः ॥ १७९ ॥ ॥ ॥ ॥ संजयउवाच ॥ हैडिंबिंनिहतंदृष्ट्वाविशीर्णमिवपर्वतम् ॥ बभूवुःपांडवाःसर्वेशोकबाष्पाकुलेक्षणाः १ वासुदेवस्तु
हर्षेणमहताऽभिपरिप्लुतः ॥ ननादसिंहनादंवैपर्यष्वजतफाल्गुनम् २ सविनद्यमहानादमभीषून्सन्नियम्यच ॥ ननर्त्तहर्षसंवीतोवातोद्धूतइवद्रुमः ३ ततःपरिष्वज्य
पुनःपार्थमास्फोट्यचासकृत् ॥ रथोपस्थगतोधीमान्प्राणदत्पुनरच्युतः ४ प्रहृष्टमनसंज्ञात्वावासुदेवंमहाबलः ॥ अर्जुनोऽथाब्रवीद्राजन्नातिहृष्टमनाइव ५ अति
हर्षोऽयमस्थानेतवाद्यमधुसूदन ॥ शोकस्थानेतुसंप्राप्तेहैडिंबस्यवधेनतु ६ विमुखानीहसैन्यानिहतंदृष्ट्वाघटोत्कचम् ॥ वयंचभृशमुद्विग्नाहैडिंबेस्तुनिपातनात् ७
नैतत्कारणमल्पंहिभविष्यतिजनार्दन ॥ तदद्यशंसमेपृष्टःसत्यंसत्यवतांवर ८ यद्येतन्नरहस्यंतेवक्तुमर्हस्यरिंदम ॥ धैर्यस्यवैकृतंब्रूहित्वमद्यमधुसूदन ९ समुद्रस्ये
वसंशोषंमेरोरिवविसर्पणम् ॥ तथैतदद्यमन्येऽहंतवकर्मजनार्दन १० ॥ वासुदेवउवाच ॥ अतिहर्षमिमंप्राप्तंशृणुमेत्वंधनंजय ॥ अतीवमनसःसद्यःप्रसादकर
मुत्तमम् ११ शक्तिंघटोत्कचेनेमांव्यंसयित्वामहाद्युते ॥ कर्णंनिहतमेवाजौविद्धिसद्योधनंजय १२ शक्तिहस्तंपुनःकर्णंकोलोकेऽस्तिपुमानिह ॥ यएनमभितस्ति
ष्ठेत्कार्तिकेयमिवाहवे १३ दिष्ट्याऽपनीतकवचोदिष्ट्याऽपहृतकुंडलः ॥ दिष्ट्यासाव्यंसिताशक्तिरमोघाऽस्यघटोत्कचे १४ यदिहिस्यात्सकवचस्तथैवस्यात्सकुंडलः
॥ सामरानपिलोकांस्त्रीनेकःकर्णोजयेद्रणे १५ वासवोवाकुबेरोवावरुणोवाजलेश्वरः ॥ यमोवानोत्सहेत्कर्णंरणेप्रतिसमासितुम् १६

धैर्यस्यवैकृतंअस्मत्पक्षक्षयेणतवहर्षोऽस्मद्धैर्यविनाशकइत्यर्थः ९ । १० । ११ । १२ । १३ । १४ । १५ । १६ ।

म. भा. टी.
॥ १४८ ॥

१७। १८। १९ । २० । २१. कुंडलाभ्यांनिमायविनिमयंकृत्वा २२। २३ वृषोधर्ममथान्दधानः २४ । २५। २६ । २७। २८। २९ । ३० । ३१। ३२ । ३३ ॥ इतिद्रोणपर्वणिटीकायामशी

द्रोण. प.
अ.
१९१

गांडीवमुद्यम्यभवांश्वकृंचाहंसुदर्शनम् ॥ नशक्नौस्वोरणेजेंतुतथायुक्तंनरर्षभम् १७ त्वद्वितार्थेतुशक्रेणमायापहृतकुंडलः ॥ विहीनकवचश्चायंकृतःपरपुरंजयः १८

उत्कृत्यकवचंयस्मात्कुंडलेविमलेच्यते ॥ पादाच्छक्रायकर्णोवैतेनैवैकतनःस्मृतः १९ आशीविषइवक्रुद्धोजृंभितोमंत्रतेजसा ॥ तथाद्यभातिकर्णोमेशांतज्वालइ

वानलः २० यदाप्रभृतिकर्णायशक्तिर्दत्तामहात्मना ॥ वासवेनमहाबाहोक्षितायासौघटोत्कचे २१ कुंडलाभ्यांनिमायाथदिव्येनकवचेनच ॥ तांप्राप्यामन्यत

वृषःसततवांहतरणा २२ एवंगतोऽपिशक्योऽयंहन्तुनान्येनकेनचित् ॥ ऋतेत्वांपुरुषव्याघ्रशपेसत्येनचानघ २३ ब्रह्मण्यःसत्यवादीचतपस्वीनियतव्रतः ॥ रिपु

ष्वपिदयावांश्वतस्मात्कर्णोवृषःस्मृतः २४ युद्धशौंडोमहाबाहुर्नित्योद्यतशरासनः ॥ केसरीववनेनर्दन्मातंगइवयूथपान् २५ विमदान्रथशार्दूलान्कुरुतेरणमूर्धनि

॥ मध्यंगतइवादित्योयोनशक्योनिरीक्षितुम् २६ त्वदीयैःपुरुषव्याघ्रयोधमुख्यैर्महात्मभिः ॥ शरजालसहस्रांशुःशरदीवदिवाकरः २७ तपांतिजलदोयद्वच्छरधा

राःक्षरन्मुहुः ॥ दिव्यास्त्रजलदःकर्णःपर्जन्यइववृष्टिमान् २८ त्रिदशैरपिचास्यद्विःशरवर्षैःसमंततः ॥ अशक्यस्तदयंजेतुंस्ववद्विमांसशोणितम् २९ कवचेनविही

नश्चकुंडलाभ्यांचपांडव ॥ सोऽद्यमानुषतांपासोविमुक्तःशक्रदत्तया ३० एकोहियोगोऽस्यभवेद्धायच्छिद्रेह्येनंस्वप्रमत्तःप्रमत्तम् ॥ कृच्छ्रप्राप्तंरथचक्रविग्रहेन्यः

पूर्ववृतंतुसंज्ञांविचार्य ३१ नह्युवतात्रयुधिहन्यादजय्यमप्येकवीरोबलभिरसवघ्नः ॥ जरासंधश्चेदिराजोमहात्माहाबाहुश्चैकलव्योनिषादः ३२ एकैकशोनिहताः

सर्वएतेयोगैस्तैस्तैस्त्वद्वितार्थमयैव ॥ अथापरेनिहतारक्षसेंद्राहिडिंबकिर्मीरबकप्रधानाः ॥ अलायुधःपरचक्रावमर्दीघटोत्कचश्चोग्रकर्मांतरस्वी ३३ ॥ इतिश्री

महाभारतेद्रोणपर्वणिघटोत्कचवधपर्वणिरात्रियुद्धेघटोत्कचवधेश्रीकृष्णहर्षेअशीत्यधिकशततमोऽध्यायः ॥ १८० ॥ अर्जुनउवाच ॥ कथमस्मद्धितार्थेतैकेश्व

योगैर्जनार्दन ॥ जरासंधप्रभृतयोघातिताःपृथिवीश्वराः १ ॥ वासुदेवउवाच ॥ जरासंधश्चेदिराजोनैषादिश्चमहाबलः ॥ यदिस्युर्नहताःपूर्वमिदानींस्युर्भयंकराः २

दुर्योधनस्तानवश्यंतृणुयाद्रथसत्तमान् ॥ तेऽस्मान्नित्यविद्विष्टाःसंश्रयेयुश्चकौरवान् ३ तेहिवीरामहेष्वासाःकृतास्त्राद्धयोधिनः ॥ धार्तराष्ट्रचमूंकृत्स्नांरक्षेयुर

मराइव ४ सूतपुत्रोजरासंधश्चेदिराजोनिषादजः ॥ सुयोधनसमाश्रित्यजयेयुःपृथिवीमिमाम् ५ योगैरपिहतायेस्तेनमृणुध्वंजय ॥ अजय्याहि

विनायोगैर्मूर्धंतेदैवतैरपि ६ एकैकोहिपृथक्कृतेषांसमस्तांसुरवाहिनीम् ॥ योधयेत्समरेपार्थलोकपालाभिरक्षिताम् ७ जरासंधोहिरुषितोरौहिणेयप्रधर्षितः ॥

अस्मद्धितार्थेचिक्षेपगदांवैसर्वघातिनीम् ८

त्यभिकशततमोऽध्यायः ॥ १८० ॥ ॥ कर्मामति। योगरुपायः १ । २ । ३ । ४ । ५ । ६ । ७ । ८

९ । १० । ११ । १२ । १३ । १४ ॥ सगदयागदासहितयाराक्षस्याविनाभूतः अयंभावः । गदयैवसदुर्जयः । कदाचिज्जितश्चेत्पुनाराक्षस्यासंधातुंशक्यइत्युभयनाशेनजरासंधोनष्ट

सीमंतमिवकुर्वाणांनभसःपावकप्रभाम् ॥ अदृश्यतापतंतीसाशक्रमुक्तायथाऽशनिः ९ तामापतंतींदृष्ट्वैवगदांरोहिणिनंदनः ॥ प्रतिघातार्थमस्त्रंवैस्थूणाकर्णमवासृजत्
१० अस्त्रवेगप्रतिहतासागदाप्रापतद्भुवि ॥ दारयंतीधरांदेवींकंपयंतीवपर्वतान् ११ तत्रसाराक्षसीघोराजरानाम्नीसुविक्रमा ॥ संदधेसाहिसंजातंजरासंधमरिंदमम् १२
द्वाभ्यांजातोहिमातृभ्यामर्धदेहःपृथक्पृथक् ॥ जरयासंधितोयस्माज्जरासंधस्ततोऽभवत् १३ सातुभूमिंगतापार्थहतासस्सुतबांधवा ॥ गदयातेनचास्त्रेणस्थूणाकर्णे
नराक्षसी १४ विनाभूतःसगदयाजरासंधोमहामृधे ॥ निहतोभीमसेनेनपश्यतस्तेधनंजय १५ यदिहिस्याद्गदापाणिर्जरासंधःप्रतापवान् ॥ सेंद्रादेवानतंहंतुंरणेशक्ता
नरोत्तम १६ त्वद्धितार्थंचनैषादिरंगुष्ठेनवियोजितः ॥ द्रोणेनाचार्यकंकृत्वाछद्मनासत्यविक्रमः १७ सतुबद्धांगुलित्राणोनैषादिर्दृढविक्रमः ॥ अतिमानीवनचरोबभौ
रामइवापरः १८ एकलव्यंहिसांगुष्ठमशक्तादेवदानवाः ॥ सराक्षसोरगाःपार्थविजेतुंयुधिकर्हिचित् १९ किमुमानुषमात्रेणशक्यःस्यात्प्रतिवीक्षितुम् ॥ दृढमुष्टिःकृती
नित्यमस्यमानोदिवानिशम् २० त्वद्धितार्थंतुसमयाहतःसंग्राममूर्धनि ॥ चेदिराजश्चविक्रांतःप्रत्यक्षंनिहतस्तव २१ सचाप्यशक्यःसंग्रामेजेतुंसर्वैसुरासुरैः ॥
बाधार्थंतस्यजातोऽहमन्येषांचसुरद्विषाम् २२ त्वत्सहायोनरव्याघ्रलोकानांहितकाम्यया ॥ हिडिंबबककिर्मीराभीमसेनेनपातिताः २३ रावणेनसमप्राणाब्रह्मयज्ञ
विनाशनाः ॥ हतस्तथैवमायावीहैडिंबेनाप्यलायुधः २४ हैडिंबश्चाप्युपायेनशक्त्याकर्णेनघातितः ॥ यदिह्येनंनाहनिष्यत्कर्णःशक्त्यामहामृधे २५ मयावध्योभवि
ष्यत्सभैमसेनिर्घटोत्कचः ॥ मयाननिहतःपूर्वमेषयुष्मत्प्रियेप्सया २६ एषहिब्राह्मणद्वेषीयज्ञद्वेषीचराक्षसः ॥ धर्मस्यलोप्तापापात्मातस्मादेषनिपातितः २७ व्यंसि
ताचाप्युपायेनशक्रदत्तामयाऽनघ ॥ येहिधर्मस्यलोप्तारोवध्यास्तेममपांडव २८ धर्मसंस्थापनार्थंहिप्रतिज्ञैषाममाव्यया ॥ ब्रह्मसत्यंदमःशौचंधर्मोह्रीःश्रीर्धृतिःक्षमा
२९ यत्रतत्ररमेनित्यमहंसत्येनतेशपे ॥ नविषादस्त्वयाकार्यःकर्णंवैकर्तनंप्रति ३० उपदेक्ष्याम्युपायंतेयेनतंप्रसहिष्यसि ॥ सुयोधनंचापिरणेहनिष्यतिवृकोदरः ३१
तस्यापिचवधोपायंवक्ष्यामितवपांडव ॥ वर्धतेतुमुलस्त्वेषशब्दःपरचमूंप्रति ३२ विद्रवंतिचसैन्यानित्वदीयानिदिशोदश ॥ लब्धलक्ष्याहिकौरव्याविधमंतिच
मूंतव ॥ दहत्येषचवःसैन्यंद्रोणःप्रहरतांवरः ३३ ॥ ॥ इतिश्रीमहाभारते द्रोणपर्वणि घटोत्कचवधपर्वणि रात्रियुद्धे कृष्णवाक्ये एकाशीत्यधि
कशततमोऽध्यायः ॥ १८१ ॥ ॥ ॥ ॥ ॥ ॥ ॥ ॥ ॥ ॥ ॥

इति १५ । १६ । १७ । १८ । १९ । २० । २१ । २२ । २३ । २४ । २५ । २६ । २७ व्यंसिताव्यर्थीकृताशक्तिरितिशेषः । २८ । २९ । ३० । ३१ । ३२
३३ ॥ ॥ इतिद्रोणपर्वणिटीकायामेकाशीत्यधिकशततमोऽध्यायः ॥ १८१ ॥ ॥ ॥ ॥ ॥ ॥ ॥ ॥ ॥ ॥ ॥

धृतराष्ट्रउवाच ॥ एकवीरवधेमोघाशक्तिःसूतात्मजेयदा ॥ कस्मात्सर्वान्समुत्सृज्यसतांपार्थेनमुक्तवान् १ तस्मिन्हतेहताहिस्युःसर्वेपांडवसृंजयाः ॥ एकवीरवधेक स्मान्नयुद्धेनजयमादधे २ आहूतोननिवर्त्तेयमितितस्यमहाव्रतम् ॥ स्वयंमार्गयितव्यःससूतपुत्रेणफाल्गुनः ३ ततोद्वैरथमानीयफाल्गुनंशक्रदत्तया ॥ जघाननवृषःकस्मात्तन्ममाचक्ष्वसंजय ४ नूनंबुद्धिविहीनश्चाप्यसहायश्चमेसुतः ॥ शत्रुभिर्व्यंसितःपापःकथंनुसजयेदरीन् ५ यास्यस्यपरमाशक्तिर्जयस्यचपरायणम् ॥ साशक्तिर्वासुदेवेनव्यंसिताचघटोत्कचे ६ कुणेर्यथाहस्तगतंह्रियेत्फलंबलीयसा ॥ तथाशक्तिरमोघासामोघीभूताघटोत्कचे ७ यथावराहस्यशुनश्चयुध्यतोस्तयोरभावेश्वपचस्यलाभः ॥ मन्येविद्वन्वासुदेवस्यतद्वद्युद्धेलाभःकर्णहैडिम्बयोर्वै ८ घटोत्कचोयदिहन्याद्धिकर्णंपरोलाभःसभवेत्पांडवानाम् ॥ वैकर्तनोवायदितंनिहन्यात्तथाऽपिकृत्यंशक्तिनाशात्कृतंस्यात् ९ इतिप्राज्ञःप्रज्ञयैतद्विचिंत्यघटोत्कचंसूतपुत्रेणयुद्धे ॥ अघातयद्वासुदेवोनृसिंहःप्रियंकुर्वन्पांडवानांहितंच १० ॥ संजयउवाच ॥ एतच्चिकीर्षितंज्ञात्वाकर्णस्यमधुसूदनः ॥ नियोजयामासतदाद्वैरथेराक्षसेश्वरम् ११ घटोत्कचंमहावीर्यंमहाबुद्धिर्जनार्दनः ॥ अमोघायाविघातार्थंराजन्दुर्मंत्रितेतव १२ तदैवकृतकार्याहिवयंस्यामकुरूद्वह ॥ नरक्षेद्यदिकृष्णस्तंपार्थंकर्णान्महारथात् १३ साश्वध्वजरथःसंख्येधृतराष्ट्रपतेद्भुवि ॥ विनाजनार्दनंपार्थोयोगानामीश्वरंप्रभुम् १४ तैस्तैरुपायैर्बहुभीरक्ष्यमाणःसपार्थिव ॥ जयत्यभिमुखःशत्रून्पार्थःकृष्णेनपालितः १५ सविशेषात्त्वमोघायाःकृष्णोऽरक्षतपांडवम् ॥ हन्यात्क्षिप्तंहिकौन्तेयंशक्तिर्वृक्षमिवाशनिः १६ ॥ धृतराष्ट्रउवाच ॥ विरोधीचकुमंत्रीचप्राज्ञमानीममात्मजः ॥ यस्यैषसमतिक्रांतोवधोपायोजयंप्रति १७ सवाकर्णोमहाबुद्धिःसर्वशस्त्रभृतांवरः ॥ नमुक्तवान्कथंसूततामामोघांधनंजये १८ तवापिसमतिक्रांतमेतद्गावल्गणेकथम् ॥ एतमर्थंमहाबुद्धेयत्त्वयानावबोधितः १९ ॥ संजयउवाच ॥ दुर्योधनस्यशकुनेर्ममदुःशासनस्यच ॥ रात्रौरात्रौभवत्येषानित्यमेवसमर्थना २० श्वःसैर्वसैन्यानुत्सृज्यजहिकर्णधनंजयम् ॥ प्रेष्यवत्पांडुपंचालानुपभोक्ष्यामहेततः २१ अथवानिहतेपार्थेपांडवान्यतमंततः ॥ स्थापयेद्यदिवार्ष्णेयस्तस्मात्कृष्णोहिहन्यताम् २२ कृष्णोहिमूलंपांडूनांपार्थःस्कंधइवोद्गतः ॥ शाखाइवेतरेपार्थाःपंचालाःपत्रसंज्ञिताः २३ कृष्णाश्रयाःकृष्णबलाःकृष्णनाथाश्चपांडवाः ॥ कृष्णःपरायणंचैषांज्योतिषामिवचंद्रमाः २४ तस्मात्पर्णानिशाखाश्चस्कंधंचोत्सृज्यसूतज ॥ कृष्णंहिविद्धिपांडूनांमूलंसर्वत्रसर्वदा २५ हन्याद्यदिहिदाशार्हंकर्णोयादवनंदनम् ॥ कृत्स्नावसुमतीराजन्वशेतस्यनसंशयः २६ यदिहिसनिहतःशयीतभूमौयदुकुलपांडवनंदनोमहात्मा ॥ ननुतववसुधानरेंद्रसर्वागिरिसमुद्रवनावशंव्रजेत् २७

१८ । १९ । २० । २१ । २२ । २३ । २४ । २५ । २६ । २७ ॥ १४९ ॥

२८ । २९ । ३० । ३१ । ३२ । ३३ । ३४ ।। ३५ । ३६ । ३७ निरग्नयोऽग्निंविनामुखहीनाइवेत्यर्थः ३८ । ३९ अहमेवेत्यादिग्रंथोभगवतोभक्तपक्षपातित्वप्रदर्शनार्थोनकेवलमर्जुनार्थइतिभावः ४०

सातुबुद्धिःकृताप्येवंजाग्रतित्रिदशेश्वरे ॥ अप्रमेयेहृषीकेशेयुद्धकालेऽप्यमुह्यत २८ अर्जुनंचापिराधेयात्सदारक्षतिकेशवः ॥ नह्येनमैच्छत्प्रमुखेसौतेःस्थापयितुंरणे २९ अन्यांश्चास्मैरथोदारानुपास्थापयदच्युतः ॥ अमोघांतांकथंशक्तिंमोघांकुर्यामितिप्रभो ३० यश्चैवंरक्षतेपार्थंकर्णात्कृष्णोमहामनाः ॥ आत्मानंसकथंराजन्नरक्षेत्पुरुषोत्तमः ३१ परिचिंत्यतुपश्यामिचक्रायुधमरिंदमम् ॥ नसोऽस्तित्रिषुलोकेषुयोजयेतजनार्दनम् ३२ ॥ संजयउवाच ॥ ततःकृष्णंमहाबाहुंसात्यकिःसत्यविक्रमः पप्रच्छरथशार्दूलःकर्णंप्रतिमहारथः ३३ अयंचप्रत्ययःकर्णेशक्तिश्चामितविक्रमा ॥ किमर्थंसूतपुत्रेणनमुक्ताफाल्गुनेतुसा ३४ वासुदेवउवाच ॥ दुःशासनश्चकर्णश्च शकुनिश्चससैंधवः ॥ सततंमंत्रयंतिस्मदुर्योधनपुरोगमाः ३५ कर्णकर्णमहेष्वासरणेऽमितपराक्रम ॥ नान्यस्यशक्तिरेषातेमोक्तव्याजयतांवर ३६ ऋतेमहारथात्कर्णकुंतीपुत्राद्धनंजयात् ॥ सहितेषामतियशादेवानामिववासवः ३७ तस्मिन्विनिहतेपार्थेपांडवाःसृंजयैःसह ॥ भविष्यंतिगतात्मानःसुराइवनिरग्नयः ३८ तथेतिचप्रतिज्ञातंकर्णेनशिनिपुंगव ॥ हृदिनित्यंचकर्णस्यवधोगांडीवधन्वनः ३९ अहमेवतुराधेयंमोहयामियुधांवर ॥ ततोनावासृजच्छक्तिंपांडवेश्वेतवाहने ४० फाल्गुनस्यहिसामृत्युरितिचिंतयतोऽनिशम् ॥ ननिद्रानचमेहर्षोमनसोऽस्तियुधांवर ४१ घटोत्कचेव्यंसितांतुदृष्ट्वातांशिनिपुंगव ॥ मृत्योरास्यांतरान्मुक्तंपश्याम्यद्यधनंजयम् ४२ नपितानचमेमातानयूयंभ्रातरस्तथा ॥ नचप्राणास्तथारक्ष्यायथाबीभत्सुराहवे ४३ त्रैलोक्यराज्याद्यत्किंचिद्भवेदन्यत्सुदुर्लभम् ॥ नेच्छेयंसात्वताहंतद्विनापार्थंधनंजयम् ४४ अतःप्रहर्षःसुमहान्युयुधानाद्यमेऽभवत् ॥ मृतंप्रत्यागतमिवदृष्ट्वापार्थंधनंजयम् ४५ अतश्चप्रहितोयुद्धेमयाकर्णायराक्षसः ॥ नह्यन्यःसमरेरात्रौशक्तःकर्णंप्रबाधितुम् ४६ ॥ संजयउवाच ॥ इतिसात्यकयेप्राहतदादेवकिनंदनः ॥ धनंजयहितेयुक्तस्तत्प्रियेसततंरतः ४७ ॥ इतिश्रीमहाभारतेद्रोणपर्वणिघटोत्कचवधपर्वणिरात्रियुद्धेकृष्णवाक्येद्व्यशीत्यधिकशततमोऽध्यायः ॥ १८२ ॥ ॥ ॥ ॥ धृतराष्ट्रउवाच ॥ कर्णदुर्योधनादीनांशकुनेःसौबलस्यच ॥ अपनीतंमहत्ताततवचैवविशेषतः १ यदिजानीथतांशक्तिमेकघ्नींसततंरणे ॥ अनिवार्यामसह्यांचदेवैरपिसवासवैः २ साकिमर्थंतुकर्णेनप्रवृत्तेसमरेपुरा ॥ नदेवकीसुतेमुक्ताफाल्गुनेवाऽपिसंजय ३ संजयउवाच ॥ संग्रामाद्विनिवृत्तानांसर्वेषांनोविशांपते ४ रात्रौकुरुकुलश्रेष्ठमंत्रोऽयंसमजायत ॥ प्रभातमात्रेश्वोभूतेकेशवायार्जुनायवा ॥ शक्तिरेषाहिमोक्तव्याकर्णंकर्णेतिनित्यशः ५ ॥ ॥ ॥ ॥ ॥

४१ । ४२ । ४३ ४४ । ४५ । ४६ हितेआमुष्मिकेश्रेयसि प्रियेऐहिकेकल्याणे ४७ ॥ इतिद्रोणपर्वणिटीकायांद्व्यशीत्यधिकशततमोऽध्यायः ॥ १८२ ॥ कर्णेति । महज्जयालंबनममोघशक्तिरूपमितिशेषः । अपनीतंनाशितं । महदपनीतंअन्यायइतिवा १ । २ । ३ । ४ । ५ ॥ ॥ ॥ ॥ ॥

म. भा. टी. ६ । ७ । ८ । ९ । १० दुष्प्रणीतने दुर्नयेन ११ । १२ । १३ । १४ । १५ । १६ । १७ । १८ । १९ । २० । २१ । २२ । २३ । २४ । २५ । २६ । २७ । २८ । २९ । ३० । ३१ । ३२ । ३३ ३४ द्रोण. प.

ततःप्रभातसमयेराजन्कर्णस्यदैवतैः ॥ अन्येषांचैवयोधानांसाबुद्धिर्नाश्यतेपुनः ६ दैवमेवपरंमन्येयत्कर्णोहस्तसंस्थया ॥ नजघानरणेपार्थंकृष्णंवादेवकी
सुतम् ७ तस्यहस्तस्थिताशक्तिःकालरात्रिरिवोद्यता ॥ दैवोपहतबुद्धित्वान्नतांकर्णोविमुक्तवान् ८ कृष्णेवादेवकीपुत्रेमोहितोदेवमायया ॥ पार्थेवाशक्रकल्पे
वैवधार्थंवासवींप्रभो ९ ॥ ॥ धृतराष्ट्रउवाच ॥ दैवेनोपहतायूयंस्वबुद्ध्याकेशवस्यच ॥ गताहिवासवीहत्वातृणभूतंघटोत्कचम् १० कर्णश्चममपुत्रा
श्चसर्वेचान्येचपार्थिवाः ॥ तेनवैदुष्प्रणीतेनगतावैवस्वतक्षयम् ११ भूयएवतुमेशंसयथायुद्धमवर्तत ॥ कुरूणांपांडवानांचहैडिंबेनिहतेतदा १२ येचते
ऽभ्यद्रवन्द्रोणंव्यूढानीकाःप्रहारिणः ॥ सृंजयाःसहपंचालैस्तेऽप्यकुर्वन्कथंरणम् १३ सौमदत्तेर्वधाद्द्रोणमायांतंसैंधवस्यच ॥ अमर्षाज्जीवितंत्यक्त्वागाहमानं
वरूथिनीम् १४ जृंभमाणमिवव्याघ्रंव्यात्ताननमिवांतकम् ॥ कथंप्रत्युद्ययुर्द्रोणमस्यंतंपांडुसृंजयाः १५ आचार्यंयेचतेऽरक्षन्दुर्योधनपुरोगमाः ॥ द्रौणि
कर्णकृपास्तातत्तेवाकुर्वन्किमाहवे १६ भारद्वाजंजिघांसंतौसव्यसाचिवृकोदरौ ॥ समार्च्छन्मामकायुद्धेकथंसंजयशंसमे १७ सिंधुराजवधेनेमेघटोत्कचवधेन
ते ॥ अमर्षिताःसुसंक्रुद्धारणंचक्रुःकथंनिशि १८ ॥ संजयउवाच ॥ हतेघटोत्कचेराजन्कर्णेननिशिराक्षसे ॥ प्रणदत्सुचहृष्टेषुतावकेषुयुयुत्सुषु १९ आपत
त्सुचवेगेनवध्यमानेबलेऽपिच ॥ विगाढायांरजन्यांचराजादैन्यंपरंगतः २० अब्रवीच्चमहाबाहुर्भीमसेनमिदंवचः ॥ आवारयमहाबाहोधार्तराष्ट्रस्यवाहिनीम्
२१ हैडिंबेश्चैवघातेनमोहोमामाविशन्महान् ॥ एवंभीमंसमादिश्यस्वरथेसमुपाविशत् २२ अश्रुपूर्णमुखोराजानिःश्वसंश्चपुनःपुनः ॥ कश्मलंप्राविशद्घोरंदृ
ष्ट्वाकर्णस्यविक्रमम् २३ तंतथाव्यथितंदृष्ट्वाकृष्णोवचनमब्रवीत् ॥ माव्यथांकुरुकौंतेयनैतत्त्वय्युपपद्यते २४ वैक्लव्यंभरतश्रेष्ठयथाप्राकृतपूरुषे ॥ उत्तिष्ठ
राजन्युध्यस्ववहगुर्वींधुरंविभो २५ त्वयिवैक्लव्यमापन्नेसंशयोविजयेभवेत् ॥ श्रुत्वाकृष्णस्यवचनंधर्मराजोयुधिष्ठिरः २६ विमृज्यनेत्रेपाणिभ्यांकृष्णंवचनम
ब्रवीत् ॥ विदितामेमहाबाहोधर्माणांपरमागतिः २७ ब्रह्महत्याफलंतस्ययःकृतंनावबुध्यते ॥ अस्माकंहिवनस्थानांहैडिम्बेनमहात्मना २८ बालेनापिसताते
नकृतंसाह्यंजनार्दन ॥ अस्त्रहेतोर्गतंज्ञात्वापांडवंश्वेतवाहनम् २९ असौकृष्णमहेष्वासःकाम्यकेमामुपस्थितः ॥ उषितश्चसहास्माभिर्यावन्नासीद्धनंजयः ३०
गंधमादनयात्रायांदुर्गेभ्यश्चस्मतारिताः ॥ पांचालीचपरिश्रांतापृष्ठेनोढामहात्मना ३१ आरंभाच्चैवयुद्धानांयदेषकृतवान्प्रभो ॥ मदर्थेदुष्करंकर्मकृतंतेनम
हाहवे ३२ स्वभावाद्याचमेप्रीतिःसहदेवेजनार्दन ॥ सैवमेपरमाप्रीतीराक्षसेंद्रेघटोत्कचे ३३ भक्तश्चमेमहाबाहुःप्रियोऽस्याहंप्रियश्चमे ॥ तेनविंदामिवार्ष्णे
यकश्मलंशोकतापितः ३४ ॥ ॥ ॥ ॥ । ॥१९०॥

३९ एतत्सैन्यप्रमर्दितं एतयोःसैन्याभ्यांप्रमर्दितमितिविग्रहः ३६ । ३७ । ३८ । ३९ । ४० । ४१ । ४२ । ४३ । ४४ । ४५ । ४६ । ४७ । ४८ । ४९ । ५० । ५१

पश्यसैन्यानिवार्ष्णेयद्राव्यमाणानिकौरवैः ॥ द्रोणकर्णौतुसंयत्तौपश्ययुद्धेमहारथौ ३५ निशीथेपांडवंसैन्यमेतत्सैन्यप्रमर्दितम् ॥ गजाभ्यामिवमत्ताभ्यांयथानलव
नंमहत् ३६ अनादृत्यबलंबाह्वोर्भीमसेनस्यमाधव ॥ चित्रास्त्रतांचपार्थस्यविक्रमंतिस्मकौरवाः ३७ एषद्रोणश्चकर्णश्चराजाचैवसुयोधनः ॥ निहत्यराक्षसंयुद्धेहृष्टान
र्दंतिसंयुगे ३८ कथंवाऽस्मासुजीवत्सुत्वयिचैवजनार्दन ॥ हैडिंबिःप्राप्तवान्मृत्युंसूतपुत्रेणसंगतः ३९ कदर्थीकृत्यनःसर्वान्पश्यतःसव्यसाचिनः ॥ निहतोराक्षसःक्रू
रणभैमसेनिर्महाबलः ४० यदाऽभिमन्युर्निहतोधार्तराष्ट्रैर्दुरात्मभिः ॥ नासीत्तत्ररणेकृष्णसव्यसाचीमहारथः ४१ निरुद्धाश्चवयंसर्वेसैन्धवेनदुरात्मना ॥ निमित्तमभ
वद्द्रोणःसपुत्रस्तत्रकर्मणि ४२ उपदिष्टोवधोपायःकर्णस्यगुरुणास्वयम् ॥ व्यायच्छतश्चखङ्गेनद्विधाखङ्गंचकारह ४३ व्यसनेवर्तमानस्यकृतवर्मानृशंसवत् ॥ अश्वान्
जघानसहसातथोभौपार्ष्णिसारथी ४४ तथेतरेमहेष्वासाःसौभद्रंयुध्यपातयन् ॥ अल्पेचकारणेकृष्णहतोगांडीवधन्वना ४५ सैंधवोयादवश्रेष्ठतन्ननातिप्रियंमम ॥
यदिशत्रुवधोन्याय्योभवेत्कुर्तुंहिपांडवैः ४६ कर्णद्रोणौरणेपूर्वंहंतव्याविितिमेमतिः ॥ एतौहिमूलंदुःखानामस्माकंपुरुषर्षभ ४७ एतौरणेसमासाद्यसमाश्वस्तःसुयो
धनः ॥ यत्रवध्योभवेद्द्रोणःसूतपुत्रश्चसानुगः ४८ तत्रावधीन्महाबाहुःसैन्धवंदूरवासिनम् ॥ अवश्यंतुमयाकार्यःसूतपुत्रस्यनिग्रहः ४९ ततोयास्याम्यहंवीरस्वयं
कर्णजिघांसया ॥ भीमसेनोमहाबाहुर्द्रोणानीकेनसंगतः ५० एवमुक्त्वाययौतूर्णंत्वरमाणोयुधिष्ठिरः ॥ सविस्फार्यमहच्चापंशंखंप्रध्माप्यभैरवम् ५१ ततोरथसहस्रे
णगजानांचशतैस्त्रिभिः ॥ वाजिभिःपंचसाहस्रैःपंचालैःसप्रभद्रकैः ५२ वृतःशिखंडीत्वरितोराजानंपृष्ठतोऽन्वयात् ॥ ततोभेरीःसमाजघ्नुःशंखान्दध्मुश्चदंशिताः ५३
पंचालाःपांडवाश्चैवयुधिष्ठिरपुरोगमाः ॥ ततोऽब्रवीन्महाबाहुर्वासुदेवोधनंजयम् ५४ एषप्रयातित्वरितःक्रोधाविष्टोयुधिष्ठिरः ॥ जिघांसुःसूतपुत्रस्यतस्योपेक्षान
युज्यते ५५ एवमुक्त्वाहृषीकेशःशीघ्रमश्वानचोदयत् ॥ दूरंप्रयांतंराजानमन्वगच्छज्जनार्दनः ५६ तंदृष्ट्वासहसायांतंसूतपुत्रजिघांसया ॥ शोकोपहतसंकल्पंदह्यमान
मिवाग्निना ५७ अभिगम्याब्रवीद्व्यासोधर्मपुत्रंयुधिष्ठिरम् ॥ व्यासउवाच ॥ कर्णमासाद्यसंग्रामेदिष्ट्याजीवतिफाल्गुनः ५८ सव्यसाचिवधाकांक्षीशक्तिंरक्षितवा
न्हिसः ॥ नचागाद्द्वैरथंजिष्णुर्दिष्ट्यातेनमहारणे ५९ सृजेतांस्पर्धिनावेतौदिव्यान्यस्त्राणिसर्वशः ॥ वध्यमानेषुचास्त्रेषुपीडितःसूतनंदनः ६० वासवींसमरेशक्तिं
ध्रुवंमुंचेद्युधिष्ठिर ॥ ततोभवेत्तेव्यसनंघोरंभरतसत्तम ६१ दिष्ट्यारक्षोहतंयुद्धेसूतपुत्रेणमानद ॥ वासवींकारणंकृत्वाकालेनोपहतोह्यसौ ६२ तवैवकारणाद्रक्षोनिहतं
६१ तातसंयुगे ॥ माक्रुधोभरतश्रेष्ठमाचशोकेमनःकृथाः ६३ ॥ ॥ ॥ ॥ ॥

५२ । ५३ । ५४ । ५५ । ५६ । ५७ । ५८ । ५९ । ६० । ६१ । ६२ । ६३

म. बा. टी.

पा १५१.

६४ । ६५ । ६६ । ६७ ॥ इतिद्रोणपर्वणिटीकायांग्र्यशीत्यधिकशततमोऽध्यायः ॥ १८३ ॥ ॥ व्यासेनैवमितिश्तोदुर्योधनइतिचाध्यायौ स्पष्टार्थौ १ । २ । ३। ४। ५ । ६ । ७ । ८

द्रोण. ७

अ०

१८४

श्राक्षिणामिहसर्वेषामेषानिष्ठायुधिष्ठिर ॥ श्राढ्रत्मिःसहितःसर्वैःपार्थिवैश्चमहात्मभिः ६४ कौरवान्समरेराजन्प्रतियुध्यस्वभारत ॥ पंचमेदिवसेतातृष्ठिवीतेभविष्यति ६५ नित्यंचपुरुषव्याघ्रधर्ममेवानुचिंतय ॥ आढ्रशंस्यंतपोदानंक्षमांसत्यंचपांडव ६६ सेवेथाःपरमप्रीतोयतोधर्मस्ततोजयः ॥ इत्युक्त्वापांडवंव्यासस्तत्रैवांतरधीय त ६७ इतिश्रीमहाभारतेद्रोणपर्वणिघटोत्कचवधपर्वणिरात्रियुद्धेव्यासवाक्येग्र्यशीत्यधिकशततमोऽध्यायः ॥ १८३ ॥ ॥ समाप्तंचघटोत्कचवधपर्व ॥ अथद्रोण बधपर्व ॥ संजयउवाच ॥ व्यासेनैवमथोक्तस्तुधर्मराजोयुधिष्ठिरः ॥ स्वयंकर्णवधाद्धिरोनिवृत्तोभरतर्षभ १ घटोत्कचेतुनिहतेसूतपुत्रेणतांनिशाम् ॥ दुःखामर्षवश

मापत्रोधर्मराजोयुधिष्ठिरः २ दृष्ट्वाभीमेनमहतीवायम्राणांचमूंतव ॥ धृष्टद्युम्नमुवाचेदंकुंभयोनिनिवारय ३ त्वंहिद्रोणविनाशायसमुत्पन्नोहुताशनात् ॥ सशरःकवची खड्गीधन्वीचपरतापनः ४ अभिद्रवरणेहृष्टोमाचतेभोःकथंचन ॥ जनमेजयःशिखंडीचदौमुखिश्चयशोधरः ५ अभिद्रवंतुसंहृष्टाःकुंभयोनिसमंततः ॥ नकुलःसहदेव श्चद्रौपदेयाश्चप्रभद्रकाः ६ द्रुपदश्चविराटश्चपुत्राढ्रत्समन्वितौ ॥ सात्यकिःकेकयाश्चैवपांडवश्चधनंजय ७ अभिद्रवंतुवेगेनकुंभयोनिंवधेप्सया ॥ तथैवरथिनःसर्वेह स्वयंभ्यष्यकिंचन ८ पदाताश्चरणेद्रोणंपातयंतुमहारथम् ॥ तथाऽऽज्ञास्तुतेसर्वेपांडवेनमहात्मना ९ अभ्यद्रवंतवेगेनकुंभयोनिंवधेप्सया ॥ आगच्छतस्तान्सह सासर्वोद्योगेनपांडवान् १० प्रतिजग्राहसमरेद्रोणःशस्त्रभृतांवरः ॥ ततोदुर्योधनोराजासर्वोद्योगेनपांडवान् ११ अभ्यद्रवत्सुसंकुद्धइच्छन्द्रोणस्यजीवितम् ॥ ततःप वत्रतयुद्धंश्रांतवाहनसैनिकम् १२ पांडवानांकुरूणांचगर्जतामितरेतरम् ॥ निद्राधास्तेमहाराजपरिश्रांताश्चसंयुगे १३ नाभ्यपर्यंतसमरेकांचिच्चेष्टांमहारथाः ॥ त्रिया मार्जनीचैषाचोरूपाभयानका १४ सहस्रयाममतिमाबभूवप्राणहारिणी ॥ वध्यतांचतथातेषांक्षतानांचविशेषतः १५ अर्धरात्रिःसमाजग्नेनिद्राघानांविशेषतः ॥ सर्वेह्यासत्रित्रुत्साहाःक्षत्रियादीनचेतसः १६ तवचैवपरेषांचगताःस्त्राविगतेषवः ॥ तेतदापारयंतश्चहीमंतश्चविशेषतः १७ स्वधर्ममनुपश्यंतोनजहुःस्वामनीकिनीम् ॥ अस्त्राण्यन्येसमुत्सृज्यनिद्राघाःशेरंतेजनाः १८ रथेष्वन्येगजेष्वन्येहयेष्वन्येचभारत ॥ निद्राघानोबुबुधिरेकांचिच्चेष्टांनराधिप १९ तानन्येसमरेयोधाःप्रेषयंतो यमक्षयम् ॥ स्वप्रायमानांस्त्वपरेपरानतिविचेतसः २० आत्मानंसमरेजघुःस्वानेवचपरानपि ॥ नानावाचोविमुंचंतानिद्राघास्तेमहारणे २१ अस्माकंचमहाराज परेभ्योबहवोजनाः ॥ योद्ध्यमितितिष्ठंतोनिद्रासंरक्तलोचनाः २२ संसप्तैतारणेकेचित्रिद्राघास्तथाअपरान् ॥ जघुःशूरारणेशूरांस्तस्मिंस्तमसिदारुणे २३ हन्यमा नमथात्मानंपरेभ्योबहवोजनाः ॥ नाभ्यजानंतसमरेनिद्रयामोहिताश्चशम् २४ ॥ ॥ ॥ ॥

९ । १० । ११ । १२ । १३ । १४ । १५ । १६ । १७ । १८ । १९ । २० । २१ । २२ । २३ । २४ ॥ ॥ ॥

तेषामेतादृशींचेष्टांविज्ञायपुरुषर्षभः ॥ उवाचवाक्यंबीभत्सरुच्चैःसन्नादयन्दिशः २५ श्रांताभवंतोनिद्रांधाःसर्वएवसवाहनाः ॥ तमसाचावृतेसैन्येरजसाबहुलेनच २६
तेयूयंयदिमन्यध्वमुपारमतसैनिकाः ॥ निमीलयतचात्रैवरणभूमौमुहूर्तकम् २७ ततोविनिद्राविश्रांताश्चंद्रमस्युदितेपुनः ॥ संसाधयिष्यथान्योन्यंसंग्रामंकुरुपांडवाः
२८ तद्वचःसर्वधर्मज्ञाधार्मिकस्यविशांपते ॥ अरोचयंतसैन्यानितथाचान्योन्यमब्रुवन् २९ चुकुशुःकर्णकर्णेतितथादुर्योधनेतिच ॥ उपारमतपांडूनांविरताहिव
रूथिनी ३० तथाविक्रोशमानस्यफाल्गुनस्यततस्ततः ॥ उपारमतपांडूनांसेनातवचभारत ३१ तामस्यवाचंदेवाश्चऋषयश्चमहात्मनः ॥ सर्वसैन्यानिचाक्षुद्रांप्र
हृष्टाःप्रत्यपूजयन् ३२ तत्संपूज्यवचोऽक्रूरंसर्वसैन्यानिभारत ॥ मुहूर्तमस्वपन्राजन्श्रांतानिभरतर्षभ ३३ सातुसंप्राप्यविश्रामंध्वजिनीतवभारत ॥ सुखमाप्तवती
वीरमर्जुनंप्रत्यपूजयत् ३४ त्वयिवेदास्तथाऽस्त्राणित्वयिबुद्धिपराक्रमौ ॥ धर्मस्त्वयिमहाबाहोदयाभूतेषुचानघ ३५ यच्चाश्वस्तास्तवेच्छामःशर्मपार्थतदस्तुते ॥
मनसश्चप्रियानर्थान्वीरक्षिप्रमवाप्नुहि ३६ इतितेतंनरव्याघ्रंप्रशंसंतोमहारथाः ॥ निद्रयासमवाक्षिप्तास्तूष्णीमासन्विशांपते ३७ अश्वपृष्ठेषुचाप्यन्येरथनीडेषुचा
परे ॥ गजस्कंधगताश्चान्येशेरतेचापरेक्षितौ ३८ सायुधाःसगदाश्चैवसखड्गाःसपरश्वधाः ॥ सप्रासकवचाश्चान्येनराःसुप्ताःपृथक्पृथक् ३९ गजास्तेपन्नगाभो
गैर्हस्तैर्भूरेणुगुंठितैः ॥ निद्रांधावसुधांचक्रुर्घ्राणनिःश्वासशीतलाम् ४० सुप्ताःशुशुभिरेतत्रनिःश्वसंतोमहीतले ॥ विकीर्णागिरयोयद्वन्निःश्वसद्भिर्महोरगैः ४१
समांचविषमांचक्रुःखुराग्रैर्विक्षतांमहीम् ॥ हयाःकांचनयोक्त्रास्तेकेसरालंबिभिर्युगैः ४२ सुषुपुस्तत्रराजेंद्रयुक्तावाहेषुसर्वशः ॥ एवंहयाश्चनागाश्चयोधाश्चभ
रतर्षभ ॥ युद्धाद्विरम्यसुषुपुःश्रमेणमहतान्विताः ४३ तत्तथानिद्रयामग्नमबोधंप्रास्वपद्बलम् ॥ कुशलैःशिल्पिभिन्यस्तंपटेचित्रमिवाद्भुतम् ४४ तेक्षत्रियाः
कुंडलिनोयुवानःपरस्परंसायकविक्षतांगाः ॥ कुंभेषुलीनाःसुषुपुर्गजानांकुचेषुलग्नाइवकामिनीनाम् ४५ ततःकुमुदनाथेनकामिनीगंडपांडुना ॥ नेत्रानंदेनचं
द्रेणमाहेंद्रीदिगलंकृता ४६ दशशताक्षककुब्दरिनिःसृतःकिरणकेसरभासुरपिंजरः ॥ तिमिरवारणयूथविदारणःसमुदियादुदयाचलकेसरी ४७ हरवृषोत्तमगा
त्रसमद्युतिःस्मरशरासनपूर्णसमप्रभः ॥ नववधूस्मितचारुमनोहरःप्रविसृतःकुमुदाकरबांधवः ४८ ततोमुहूर्ताद्भगवान्पुरस्ताच्छशलक्षणः ॥ अरुणंदर्शयामासग्रस
न्ज्योतिःप्रभांप्रभुः ४९ अरुणस्यतुतस्यानुजातरूपसमप्रभम् ॥ रश्मिजालंमहच्चंद्रोमंदंमंदमवासृजत् ५० उत्सारयंतःप्रभयातमस्तेचंद्ररश्मयः ॥ पर्यगच्छ
ञ्छनैःसर्वादिशःखंचक्षितिंतथा ५१ ततोमुहूर्ताद्भुवनंज्योतिर्भूतमिवाभवत् ॥ अप्रख्यमप्रकाशंचजगामाशुतमस्तथा ५२ प्रतिप्रकाशितेलोकेदिवाभूतेनिशा
करे ॥ विचेरुर्नविचेरुश्चराजन्नक्तंचरास्ततः ५३ ॥ ॥ ॥ ॥

म. भा. टी. २४ ।२ । ५६ ॥ इतिद्रोणपर्वणिटीकायांचतुरशीत्यधिकशततमोऽध्यायः ॥ १८४ ॥ ॥ ततइति । १ । २ । ३ । ४ ५ । ६ । ७ । ८ । ९ । १० । ११ । १२ । १३ । १४ । १५ । १६ द्रोण. ७ अ० १८५

॥ १५२ ॥ बोध्यमानंतुतत्सैन्यंराजंश्चन्द्रस्यरश्मिभिः ॥ बुबुधेशतपत्राणांवनंसूर्यांशुभिर्यथा ५४ यथाचंद्रोदयोद्भूतःक्षुभितःसागरोऽभवत् ॥ तथाचंद्रोदयोद्भूतःसबभूवबलार्णवः ५५ ततःप्रववृतेयुद्धंपुनरेवविशांपते ॥ लोकेलोकविनाशायपरंलोकमभीप्सताम् ५६ ॥ इतिश्रीमहाभारतेद्रोणपर्वणिद्रोणवधपर्वणिरात्रियुद्धेसैन्यनिद्रायांचतुरशीत्यधिकशततमोऽध्यायः ॥ १८४ ॥ संजयउवाच ॥ ततोदुर्योधनोद्रोणमभिगम्याब्रवीदिदम् ॥ अमर्षवशमापन्नोजनयन्हर्षतेजसी १ ॥ दुर्योधनउवाच ॥ नमर्षणीयाःसंग्रामेविश्रमंतःश्रमान्विताः ॥ सपत्नाग्लानमनसोलब्धलक्षाविशेषतः २ यत्तुमर्षितमस्माभिर्भवतःप्रियकाम्यया ॥ तएतेपरिविश्रांताःपांडवाबलवत्तराः ३ सर्वथापरिहीनाःस्मतेजसाचबलेनच ॥ भवतापाल्यमानास्तेविवर्धंतेपुनःपुनः ४ दिव्यान्यस्त्राणिसर्वाणिब्राह्मादीनिचयानिह ॥ तानिसर्वाणितिष्ठंतिभवत्येवविशेषतः ५ नपांडवेयानवयंनान्येलोकेधनुर्धराः ॥ युध्यमानस्यतेतुल्याःसत्यमेतद्ब्रवीमिते ६ ससुरासुरगंधर्वानिमाँल्लोकान्द्विजोत्तम ॥ सर्वास्त्रविद्भवान्हन्यादिव्यैरस्त्रैर्नसंशयः ७ सभवान्मर्षयत्येतांस्त्वत्तोभीतान्विशेषतः ॥ शिष्यत्वंवापुरस्कृत्यममवामंदभाग्यताम् ८ ॥ संजयउवाच ॥ एवमुद्धर्षितोद्रोणःकोपितश्चसुतेनते ॥ समन्युरब्रवीद्राजन्दुर्योधनमिदंवचः ९ स्थविरःसन्परंशक्त्याघटेदुर्योधनाहवे ॥ अतःपरंमयाकार्यंक्षुद्रंविजयगृद्धिना १० अनस्त्रविदयंसर्वोहंतव्योऽस्त्रविदाजनः ॥ यद्भवान्मन्यतेचापिशुभंवायदिवाऽशुभम् ११ तद्वैकर्ताऽस्मिकौरव्यवचनात्तवनान्यथा ॥ निहत्यसर्वपंचालान्युद्धेकृत्वापराक्रमम् १२ विमोक्ष्येकवचंराजन्सत्येनायुधमालभे ॥ मन्यसेयच्चकौन्तेयमर्जुनंश्रांतमाहवे १३ तस्यवीर्यंमहाबाहोशृणुसत्येनकौरव ॥ तंनदेवानगंधर्वानयक्षानचराक्षसाः १४ उत्सहन्तेरणेजेतुंकुपितंसव्यसाचिनम् ॥ खांडवेयेनभगवान्प्रत्युद्यातःसुरेश्वरः १५ सायकैर्वारितश्चापिवर्षमाणोमहात्मना ॥ यक्षानागास्तथादैत्यायेचान्येबलगर्विताः १६ निहताःपुरुषेंद्रेणतच्चापिविदितंतव ॥ गंधर्वाघोषयात्रायांचित्रसेनादयोजिताः १७ यूयंतैर्ह्रियमाणाश्चमोक्षितादृढधन्वना ॥ निवातकवचाश्चापिदेवानांशत्रवस्तथा १८ सुरैरवध्याःसंग्रामेतेनवीरेणनिर्जिताः ॥ दानवानांसहस्राणिहिरण्यपुरवासिनाम् १९ विजिग्येपुरुषव्याघ्रःसशक्योमानुषैःकथम् ॥ प्रत्यक्षंचैवतेसर्वंयथाबलमिदंतव २० क्षपितंपांडुपुत्रेणचेष्टतांनोविशांपते ॥ संजयउवाच ॥ तंतदाऽभिप्रशंसंतमर्जुनंकुपितस्तदा २१ द्रोणंतवसुतोराजन्पुनरेवेदमब्रवीत् ॥ अहंदुःशासनःकर्णःशकुनिर्मातुलश्चमे २२ हनिष्यामोऽर्जुनंसंख्येद्विधाकृत्वाऽद्यभारतीम् ॥ तस्यतद्वचनंश्रुत्वाभारद्वाजोहसन्निव २३ अन्ववर्तततराजानंस्वस्तितेऽस्त्वितिचाब्रवीत् ॥ कोहिगांडीवधन्वानंज्वलंतमिवतेजसा २४ अक्षयंक्षपयेत्कश्चित्क्षत्रियःक्षत्रियर्षभम् ॥ तंनवित्तपतिर्नेंद्रोनयमोनजलेश्वरः २५ ॥ ॥ ॥ १५२ ॥

१७ । १८ । १९ । २० । २१ । २२ । २३ । २४ । २५

२६ । २७ । २८ । २९ । ३० । ३१ । ३२ । ३३।३४ । ३५ । ३६ । ३७ इतिद्रोणपर्वणिटीकायांपंचाशीत्यधिकशततमोऽध्यायः ॥ १८५ ॥ ॥ ॥ त्रिभागमात्रशेषायांमुहूर्तत्रयावशिष्टायां तत्र

नासुरोरगरक्षांसिक्षपयेयुःसहायुधम् ॥ मूढास्त्वेतानिभाषंतेयानीमान्यात्थभारत २६ युद्धंह्यर्जुनमासाद्यस्वस्तिमान्कोव्रजेद्गृहान् ॥ त्वंतुसर्वाभिशंकित्वान्निष्ठुरः
पापनिश्चयः २७ श्रेयसस्त्वद्धितेयुक्तांस्तत्तद्वक्तुमिहेच्छसि ॥ गच्छत्वमपिकौन्तेयमात्मार्थेजहिमाचिरम् २८ त्वमप्याशंससेयोद्धुंकुलजःक्षत्रियोह्यसि ॥ इमान्किंक्ष
त्रियान्सर्वान्घातयिष्यस्यनागसः २९ त्वमस्यमूलंवैरस्यतस्मादासादयार्जुनम् ॥ एषतेमातुलःप्राज्ञःक्षत्रधर्ममनुव्रतः ३० दुर्द्यूतदेवीगांधारेप्रयात्वर्जुनमाहवे ॥ ए
षोऽक्षकुशलोजिह्मोद्यूतकृत्कितवःशठः ३१ देवितानिकृतिप्रज्ञोयुधिजेष्यतिपांडवान् ॥ त्वयाकथितमत्यर्थंकर्णेनसहहृष्टवत् ३२ असकृच्छून्यवन्मोहाद्धृतराष्ट्रस्यशृ
ण्वतः ॥ अहंचतातकर्णश्चभ्रातादुःशासनश्चमे ३३ पांडुपुत्रान्हनिष्यामःसहिताःसमरेत्रयः ॥ इतितेकत्थमानस्यश्रुतंसंसदिसंसदि ३४ अनुतिष्ठप्रतिज्ञांतांसत्यवा
ग्भवतैःसह ॥ एषतेपांडवःशत्रुरविशंकोऽग्रतःस्थितः ३५ क्षत्रधर्ममवेक्षस्वश्लाघ्यस्तववधोजयात् ॥ दत्तंभुक्तमधीतंचप्राप्तमैश्वर्यमीप्सितम् ३६ कृतकृत्योऽनृणश्चा
सिमाभैर्युध्यस्वपांडवम् ॥ इत्युक्त्वासमरेद्रोणोन्यवर्ततयतःपरे ॥ द्वैधीकृत्यततःसेनांयुद्धंसमभवत्तदा ३७ ॥ इतिश्रीमहाभारतेद्रोणपर्वणिद्रोणवधपर्वणि द्रोणदुर्यो
धनभाषणेपंचाशीत्यधिकशततमोऽध्यायः ॥ १८५ ॥ ॥ ॥ संजयउवाच ॥ त्रिभागमात्रशेषायांरात्र्यांयुद्धमवर्तत ॥ कुरूणांपांडवानांचसंहृष्टानांविशांपते
१ अथचंद्रप्रभांमुष्णन्नादित्यस्यपुरःसरः ॥ अरुणोऽभ्युदयांचक्रेताम्रीकुर्वन्निवांबरम् २ प्राच्यांदिशिसहस्रांशोररुणेनारुणीकृतम् ॥ तापनीयंयथाचक्रंभ्राजतेरविमं
डलम् ३ ततोरथाश्वांश्चमनुष्ययानान्युत्सृज्यसर्वेकुरुपांडुयोधाः ॥ दिवाकरस्याभिमुखंजपंतःसंध्यागताःप्रांजलयोबभूवुः ४ ततोद्वैधीकृतेसैन्येद्रोणःसोमकपांडवान्
॥ अभ्यद्रवत्सपंचालान्दुर्योधनपुरोगमः ५ द्वैधीकृतान्कुरून्दृष्ट्वामाधवोऽर्जुनमब्रवीत् ॥ सपत्नान्सव्यतःकृत्वाअपसव्यमिमंकुरु ६ समाधवमनुज्ञायकुरुष्वेतिधनं
जयः ॥ द्रोणकर्णौमहेष्वासौसव्यतःपर्यवर्तत ७ अभिप्रायंतुकृष्णस्यज्ञात्वापरपुरंजयः ॥ आजिशीर्षगतंपार्थंभीमसेनोऽभ्युवाचह ८ ॥ भीमसेनउवाच ॥ अर्जुना
र्जुनबीभत्सोशृणुष्वैतद्वचोमम ॥ यदर्थंक्षत्रियासूतेतस्यकालोऽयमागतः ९ अस्मिंश्चेदागतेकालेश्रेयोनप्रतिपत्स्यसे ॥ असंभावितरूपस्त्वंसुनृशंसंकरिष्यसि १०
सत्यश्रीधर्मयशसांवीर्येणानृण्यमाप्नुहि ॥ भिंध्यनीकंयुधांश्रेष्ठअपसव्यमिमान्कुरु ११ ॥ ॥ संजयउवाच ॥ ॥ ससव्यसाचीभीमेनचोदितःकेशवेनच ॥
कर्णद्रोणावतिक्रम्यसमंतात्पर्यवारयत् १२ तमाजिशीर्षमायांतंदहंतंक्षत्रियर्षभान् ॥ पराक्रांतंपराक्रम्यततःक्षत्रियपुंगवाः १३ ॥

सूर्योदयोत्तरंत्रयोदश्यांद्रोणस्यनाशःत्रयोदश्यांशुक्लायांयुद्धारंभस्य 'द्वैधंतेप्रथमेमासेशुक्लपक्षेत्रयोदशी ॥ अष्टमंभारतंयुद्धम' इतिभागवतमाविष्यामुक्तस्यचोपपत्तिःसिद्धयति १ । २ । ३ । ४ । ५ । ६ । ७
८ । ९ । १० । ११ । १२ । १३ ॥ ॥ ॥ ॥ ॥

॥१९२॥ नाशक्नुवन्वारयितुंवर्धमानमिवानलम् ॥ अथदुर्योधनःकर्णःशकुनिश्चापिसौबलः १४ अभ्यवर्षञ्छरव्रातैःकुंतीपुत्रंधनंजयम् ॥ तेषामस्त्राणिसर्वेषामुत्तमास्त्रविदां अ०
वरः १५ कदर्थीकृत्यराजेंद्रशरवर्षैरवाकिरत् ॥ अस्त्रैरस्त्राणिसंवार्यलघुहस्तोजितेंद्रियः १६ सर्वानविध्यन्निशितैर्दशभिर्दशभिःशरैः ॥ उद्धूतारजसांवृष्टिःशरवृष्टि
स्तथैवच १७ तमश्चघोरंशब्दश्चतदासमभवन्महान् ॥ नद्यौर्नभूमिर्नदिशःप्राज्ञायंततथागते १८ सैन्येनरजसामूढंसर्वमंधमिवाभवत् ॥ नैवतेनवयंराजन्प्राज्ञा ॥१८६॥
सिष्मपरस्परम् १९ उद्देशेनहितेनस्मसमयुध्यंतपार्थिवाः ॥ विरथारथिनोराजन्समासाद्यपरस्परम् २० केशेषुसमसज्जंतकवचेषुभुजेषुच ॥ हताश्वाहतसूताश्च
निचेष्टारथिनोहताः २१ जीवंतइवतत्रस्मव्यदृश्यंतभयार्दिताः ॥ हतान्गजान्समाश्लिष्यपर्वतानिववाजिनः २२ गतसत्वाव्यदृश्यंततथैवसहसादिभिः ॥ तत
स्त्वभ्यवसृत्यैवसंग्रामादुत्तरांदिशम् २३ आतिष्ठदाहवेद्रोणोविधूमोऽग्निरिवज्वलन् ॥ तमाजिशीर्षादेकांतमपक्रांतंनिशम्यतु २४ समकंपंतसैन्यानिपांडवा
नांविशांपते ॥ भ्राजमानंश्रियायुक्तंज्वलंतमिवतेजसा २५ द्रोणंदृष्ट्वापरेत्रेसुश्चेरुर्मम्लुश्चभारत ॥ आह्वयंतंपरानीकंप्रभिन्नमिववारणम् २६ नैनमाशंसि
रेजेतुंदानवावासवंयथा ॥ केचिदासन्निरुत्साहाःकेचित्क्रुद्धामनस्विनः २७ विस्मिताश्चाभवन्केचित्केचिदासन्नमर्षिताः ॥ हस्तैर्हस्ताग्रमपरेप्रत्यपिंषन्नराधिपाः
२८ अपरेदशनैरोष्ठानदशन्क्रोधमूर्च्छिताः ॥ व्याक्षिपन्नायुधान्यन्येममृदुश्चापरेभुजान् २९ अन्येचान्वपतन्द्रोणंत्यक्तात्मानोमहौजसः ॥ पंचालास्तुविशेषेण
द्रोणसायकपीडिताः ३० समसज्जंतराजेंद्रसमरेभृशवेदनाः ॥ ततोविराटद्रुपदौद्रोणंप्रतिययूरणे ३१ तथाचरंतंसंग्रामेभृशंसमरदुर्जयम् ॥ द्रुपदस्यततःपौत्रा
स्त्रयएवविशांपते ३२ चेदयश्चमहेष्वासाद्रोणमेवाभ्ययुर्युधि ॥ तेषांद्रुपदपौत्राणांत्रयाणांनिशितैःशरैः ३३ त्रिभिर्द्रोणोऽहरत्प्राणांस्तेहतान्यपतन्भुवि ॥
ततोद्रोणोऽजयद्युद्धेचेदिकेकेयसृंजयान् ३४ मत्स्यांश्चैवाजयत्कृत्स्नान्भारद्वाजोमहारथान् ॥ ततस्तुद्रुपदःक्रोधाच्छरवर्षमवासृजत् ३५ द्रोणंप्रतिमहाराजविरा
टश्चैवसंयुगे ॥ तन्निहत्येषुवर्षंतुद्रोणःक्षत्रियमर्दनः ३६ तौशरैश्छादयामासविराटद्रुपदावुभौ ॥ द्रोणेनच्छाद्यमानौतुक्रुद्धौसंग्राममूर्धनि ३७ द्रोणंशरैर्विव्य
धतुःपरमंक्रोधमास्थितौ ॥ ततोद्रोणोमहाराजक्रोधामर्षसमन्वितः ३८ भल्लाभ्यांभृशतीक्ष्णाभ्यांचिच्छेदधनुषीतयोः ॥ ततोविराटःकुपितःसमरेतोमरान्दश
३९ दशचिक्षेपचशरान्द्रोणस्यवधकांक्षया ॥ शक्तिंचद्रुपदोघोरामायसींस्वर्णभूषिताम् ४० चिक्षेपभुजगेंद्राभांक्रुद्धोद्रोणरथंप्रति ॥ ततोभल्लैःसुनिशितैश्छित्त्वा
तांस्तोमरान्दश ४१ शक्तिंकनकवैदूर्यांद्रोणश्चिच्छेदसायकैः ॥ ततोद्रोणःसुपीताभ्यांभल्लाभ्यामग्मिर्दनः ४२ द्रुपदंचविराटंचप्रेषयामासमृत्यवे ॥ हतेविरा ॥१९३॥
टेद्रुपदेकेकयेषुतथैवच ४३ तथैवचेदिमत्स्येषुपंचालेषुतथैवच ॥ हतेषुत्रिषुवीरेषुद्रुपदस्यचनप्तृषु ४४ ॥ ॥

शशापशपथंकृतवान् ४५ इष्टापूर्तात्तथाक्षात्रादिति। इष्टंयागहोमादि आपूर्तंक्षेत्रारामादि क्षात्रंद्रुपदकुलोत्पन्नत्वात् ब्राह्मण्यंयाजोपयाजयोर्ब्राह्मणयोस्तपमात्रा ब्रह्मणरूपादग्नेश्चजातत्वात् एतत्सर्वंतस्यनश्यतु यस्यशत्रुर्द्रोणोनमुच्येतमरणंनप्राप्नुयात् यंवाप्राप्यद्रोणोयदिपराभवेदिति ४६ । ४७ । ४८ । ४९ । ५० । ५१ । अत्रहिप्रापरिमुक्तवितिंशपथंशपित्वाऽपिकःपरिपालयेत्कस्तद्धननंनकुर्यादपितुसर्वोऽपित

द्रोणस्यकर्मतद्दृष्ट्वाकोपदुःखसमन्वितः ॥ शशापरथिनांमध्येधृष्टद्युम्नोमहामनाः ४५ इष्टापूर्तात्तथाक्षात्राद्ब्राह्मण्याच्चसनश्यतु ॥ द्रोणोयस्याद्यमुच्येतयंवाद्रोणःपरा भवेत् ४६ इतितेषांप्रतिश्रुत्यमध्येसर्वधनुष्मताम् ॥ आयाद्द्रोणंमहानीकःपांचाल्यःपरवीरहा ४७ पंचालास्त्वेकतोद्रोणमभ्यघ्नन्पांडवैःसह ॥ दुर्योधनश्चकर्णश्चशकुनि श्चापिसौबलः ४८ सोदर्याश्चयथामुख्यास्तेऽरक्षन्द्रोणमाहवे ॥ रक्ष्यमाणंतथाद्रोणंसर्वैस्तैस्तुमहारथैः ४९ यतमानास्तुपंचालानशेकुःप्रतिवीक्षितुम् ॥ तत्राक्रु ध्यद्भीमसेनोधृष्टद्युम्नस्यमारिष ५० सएनंवाग्भिरुग्राभिस्ततक्षपुरुषर्षभः ॥ भीमसेनउवाच ॥ द्रुपदस्यकुलेजातःसर्वास्त्रेष्वस्त्रवित्तमः ५१ कःक्षत्रियोमन्यमानः प्रेक्षेतारिमवस्थितम् ॥ पितृपुत्रवधंप्राप्यपुमान्कःपरिपालयेत् ५२ विशेषतस्तुशपथंशपित्वाराजसंसदि ॥ एषवैश्वानरइवसमिद्धःस्वेनतेजसा ५३ शरचापेन्धनो द्रोणःक्षत्रंदहतितेजसा ॥ पुराकरोतिनिःशेषांपांडवानामनीकिनीम् ५४ स्थिताःपश्यतमेकर्मद्रोणमेवव्रजाम्यहम् ॥ इत्युक्त्वाप्राविशत्क्रुद्धोद्रोणानीकंवृकोदरः ५५ शरैःपूर्णायतोत्सृष्टैर्द्रावयंस्तववाहिनीम् ॥ धृष्टद्युम्नोऽपिपांचाल्यःप्रविश्यमहतींचमूम् ५६ आससादरणेद्रोणंतदासीत्तुमुलंमहत् ॥ नैवनस्तादृशंयुद्धंदृष्टपूर्वंनचश्रुतम् ५७ यथासूर्योदयेराजन्समुत्पिंजोऽभवन्महान् ॥ संसक्तान्येवचादृश्यन्रथवृंदानिमारिष ५८ हतानिचविकीर्णानिशरीराणिशरीरिणाम् ॥ केचिदन्यत्रगच्छंतः पथिचान्यैरुपद्रुताः ५९ विमुखाःपृष्ठतश्चान्येताड्यंतेपार्श्वतःपरे ॥ तथासंसक्तयुद्धंतदभवद्भृशदारुणम् ॥ अथसंध्यागतःसूर्यःक्षणेनसमपद्यत ६० ॥ इतिश्री महाभारतेद्रोणपर्वणिद्रोणवधपर्वणि संकुलयुद्धेषडशीत्यधिकशततमोऽध्यायः ॥ १८६ ॥ ॥ संजयउवाच ॥ तेतथैवमहाराजदंशिताराणमूर्धनि ॥ संध्यागतंसह स्रांशुमादित्यमुपतस्थिरे १ उदितेतुसहस्रांशौतप्तकांचनसप्रभे ॥ प्रकाशितेषुलोकेषुपुनर्युद्धमवर्तत २ द्वंद्वानितत्रयान्यासन्संसक्तानिपुरोदयात् ॥ तान्येवाभ्युदि तेसूर्येसमसज्जंतभारत ३ रथैर्हयाहयैर्नागाःपादातैश्चापिकुंजराः ॥ हयैर्हयाःसमाजग्मुःपादाताश्चपदातिभिः ४ रथारथैरिभैर्नागास्तथैवभरतर्षभ ॥ संसक्ताश्चवियु क्ताश्चयोधाःसंन्यपतन्रणे ५ तेरात्रौकृतकर्माणःश्रांताःसूर्यस्यतेजसा ॥ क्षुत्पिपासापरीतांगाविसंज्ञाबहवोऽभवन् ६ शंखभेरीमृदंगानांकुंजराणांचगर्जताम् ॥ विस्फारितविकृष्टानांकार्मुकाणांचकूजताम् ७ शब्दःसमभवद्राजन्दिविस्पृग्भरतर्षभ ॥ द्रवतांचपदातीनांशस्त्राणांपततामपि ८ हयानांहेषतांचापिरथानांचनिव र्तताम् ॥ क्रोशतांगर्जतांचैवतदासीत्तुमुलंमहत् ९ ॥ ॥ ॥ ॥

द्धननंकुर्यादेवेतिसार्धःश्लोकः ५२ । ५३ । ५४ । ५५ । ५६ । ५७ । ५८ । ५९ । ६० ॥ इति द्रोणपर्वणि टीकायां षडशीत्यधिकशततमोऽध्यायः ॥ १८६ ॥ ॥ ॥ ॥ तेतथैवे ति सहस्रांशुंविकीर्णकरसहस्रमुद्देष्यंतमित्यर्थः आदित्यंसूर्यम् १ । २ । ३ । ४ । ५ । ६ । ७ । ८ । ९

१० । ११ स्वेकौरवाःस्वान्स्वभृत्यान्परेपांडवाःस्वान्स्वभृत्यान् स्वेइत्यनुवर्तते परेषांपांडवानांस्वान्स्वेकौरवाःपरेषांपांडवानांपरान् कौरवान्परेपांडवाजघ्नुरित्यन्वयः परेषामित्युभयत्रसंबध्यते स्वपरविभागोक्तुःसंजयस्यानुरोधात् १२ वीरेति निर्ज्यंतेप्रक्षाल्यंतेवासांसियेषुतेप्रदेशानेजनानि तेषुयथावाससांराशयोभवंत्येवमुद्यतानांप्रतिकूलंपिष्टानांचखड्गानांराशयःप्रत्यदृश्यंत निर्ज्यतांक्षालनैरुद्यम्योद्यम्यशिला

विवृद्धस्तुमुलःशब्दोद्यामगच्छन्महांस्तदा ॥ नानायुधनिकृत्तानांचेष्टतामातुरःस्वनः १० भूमावश्रूयतमहांस्तदासीत्कृपणंमहत् ॥ पततांपात्यमानानांपत्त्यश्वरथदंतिनाम् ११ तेषुसर्वेष्वनीकेषुव्यतिषक्तेष्वनेकशः ॥ स्वेस्वान्जघ्नुःपरेस्वांश्चस्वान्परेषांपरेपरान् १२ वीरबाहुविसृष्टाश्चयोधेषुचगजेषुच ॥ राशयःप्रत्यदृश्यंतवाससांनेजनेष्विव १३ उद्यतप्रतिपिष्टानांखड्गानांवीरबाहुभिः ॥ सएवशब्दस्तद्रूपोवाससांनिज्यतामिव १४ अर्धासिभिस्तथाखड्गैस्तोमरैःसपरश्वधैः ॥ निकृष्टयुद्धंसक्तंमहदासीत्सुदारुणम् १५ गजाश्वकायप्रभवांनरदेहप्रवाहिनीम् ॥ शस्त्रमत्स्यसुसंपूर्णांमांसशोणितकर्दमाम् १६ आर्तनादस्वनवतींपताकाशस्त्रफेनिलाम् ॥ नदींप्रावर्तयन्वीराःपरलोकौघगामिनीम् १७ शरशक्त्यर्दिताःक्लान्ताारात्रिमूढाल्पचेतसः ॥ विष्टभ्यसर्वगात्राणिव्यतिष्ठन्गजवाजिनः १८ बाहुभिःकवचैश्चित्रैःशिरोभिश्चारुकुंडलैः ॥ युद्धोपकरणैश्चान्यैस्तत्रतत्रचकाशिरे १९ क्रव्यादसंघैराकीर्णंमृतैरर्धमृतैरपि ॥ नासीद्रथपथस्तत्रसर्वमायोधनंप्रति २० मज्जत्सुचक्रेषुरथान्सत्वमास्थायवाजिनः ॥ कथंचिदवहन्श्रांतावेपमानाःशरार्दिताः २१ कुलसत्वबलोपेतावाजिनोवारणोपमाः ॥ विह्वलंतूर्णमुद्भ्रान्तंसभयंभारतातुरम् २२ बलमासीत्तदासर्वमृतेद्रोणार्जुनावुभौ ॥ तावेवास्तांनिलयनंतावार्तायनमेवच २३ तावेवान्येसमासाद्यजग्मुर्वैवस्वतक्षयम् ॥ आविग्नमभवत्सर्वंकौरवाणांमहद्बलम् २४ पंचालानांचसंसक्तंनप्राज्ञायतकिंचन ॥ अंतकाक्रीडसदृशंभीरूणांभयवर्धनम् २५ पृथिव्यांराजवंश्यानामुत्थितेमहतिक्षये ॥ नतत्रकर्णंद्रोणंवानार्जुनंनयुधिष्ठिरम् २६ नभीमसेनंनयमौनपांचाल्यंनसात्यकिम् ॥ नचदुःशासनंद्रौणिंनदुर्योधनसौबलौ २७ नकृपंमद्रराजंचकृतवर्माणमेवच ॥ नचान्यान्नैवचात्मानंनक्षितिंनदिशस्तथा २८ पश्यामराजन्संसक्तान्सैन्येनरजसाऽऽवृतान् ॥ संभ्रांतेतुमुलेघोरेरजोमेघेसमुत्थिते २९ द्वितीयामिवसंप्राप्तामन्यंतनिशांतदा ॥ नज्ञायन्तेकौरवेयान्पंचालान्पांडवाः ३० नदिशोद्यौर्नचोर्वीचनसमंविषमंतथा ॥ हस्तसंस्पर्शमापन्नान्परानप्यथवास्वकान् ३१ न्यपातयंस्तदायुद्धेनराःस्मविजयैषिणः ॥ उद्धूतत्वात्तुरजसःप्रसेकाच्छोणितस्यच ३२ प्राशाम्यतरजोभौमंशीघ्रत्वादनिलस्यच ॥ तत्रनागाहयायोधारथिनोऽथपदातयः ३३ पारिजातवनानीवव्यरोचन्रुधिरोक्षिताः ॥ ततोदुर्योधनःकर्णोद्रोणोदुःशासनस्तथा ३४ पांडवैःसमसज्जंतचतुर्भिश्चतुरोरथाः ॥ दुर्योधनःसहभ्रात्रायमाभ्यांसमसज्जत ३५ वृकोदरेणराधेयोभारद्वाजेनचार्जुनः ॥ तद्धोरंमहदाश्चर्यंसर्वेप्रैक्षंतसर्वतः ३६ ॥ ॥ ॥ ॥ ॥

यांस्फाल्यमानानां श्लोकद्वयम् १३ । १४ अर्धासिभिरेकधारैः १५ । १६ । १७ । १८ । १९ । २० । २१ । २२ निलयनमाश्रयः आर्तायनमार्तानांभयवारणंस्वीयानां शत्रूणांतुतावेवमृत्युकारावित्यर्थः २३ । २४ । २५ । २६ । २७ । २८ । २९ । ३० । ३१ । ३२ । ३३ । ३४ चतुरश्चत्वारः भ्रात्रादुःशासनेन ३५ । ३६

३७ । ३८ । ३९ । ४० । ४१ । ४२ । ४३ । ४४ । ४५ । ४६ । ४७ । ४८ । ४९ । ५० । ५१ । ५३ । ५४ । ५५ ॥ इतिद्रोणपर्वणिटीकायांसप्ताशीत्यधिकशततमोऽध्यायः ॥ १८७ ॥

रथर्षभाणामुग्राणांसन्निपातममानुषम् ॥ रथमार्गैर्विचित्रैस्तैर्विचित्ररथसंकुलम् ३७ अपश्यन्रथिनोयुद्धंविचित्रंचित्रयोधिनाम् ॥यतमानाःपराक्रांताःपरस्परजिगीषवः
३८जीमूताइवधर्मान्तेशरवर्षैरवाकिरन् ॥ तेरथान्सूर्यसंकाशानास्थिताःपुरुषर्षभाः ३९ अशोभंतयथामेघाःशारदाश्चलविद्युतः॥ योधास्तेतुमहाराजक्रोधामर्षसमन्विताः
४०स्पर्धिनश्चमहेष्वासाःकृतयत्नाधनुर्धराः ॥ अभ्यगच्छंस्तथाऽन्योन्यंमत्तागजवृषाइव४१ननूनंदेहभेदोऽस्तिकालेराजन्ननागते ॥ यत्रसर्वेनयुगपद्व्यशीर्यंतमहारथाः
४२ बाहुभिश्चरणैश्छिन्नैःशिरोभिश्चसकुंडलैः ॥ कार्मुकैर्विशिखैःप्रासैःखड्गैःपरशुपट्टिशैः ४३ नालीकैःक्षुद्रनाराचैर्नखरैःशक्तितोमरैः ॥ अन्यैश्चविविधाकारैर्धौतैः
प्रहरणोत्तमैः ४४ विचित्रैर्विविधाकारैःशरीरावरणैरपि ॥ विचित्रैश्चरथैर्भग्नैर्हतैश्चगजवाजिभिः ४५ शून्यैश्चैवनगाकारैर्हतयोधध्वजैरथैः ॥ अमनुष्यैर्हयैस्त्रस्तैःकृष्य
माणैस्ततस्ततः ४६ वातायमानैरसकृद्धतवीरैरलंकृतैः ॥ व्यजनैःकंकटैश्चैवध्वजैश्चविनिपातितैः ४७ छत्रैराभरणैर्वस्त्रैर्माल्यैश्चससुगंधिभिः ॥ हारैःकिरीटैर्मुकुटैरुष्णी
षैःकिंकिणीगणैः ४८ उरःस्थैर्मणिभिर्निष्कैश्चूडामणिभिरेवच ॥ आसीदायोधनंतत्रनभस्तारागणैरिव ४९ ततोदुर्योधनस्यासीन्नकुलेनसमागमः ॥ अमर्षितेनक्रुद्धस्य
क्रुद्धेनामर्षितस्यच ५० अपसव्यंचकाराथमाद्रीपुत्रस्तवात्मजम् ॥ किरञ्छरशतैर्हृष्टस्तत्रनादोमहानभूत् ५१ अपसव्यंकृतंसंख्येभ्रातृव्येनात्यमर्षिणा ॥ नामृष्य
ततमप्याजौप्रतिचक्रेऽपसव्यतः ५२ पुत्रस्तवमहाराजराजादुर्योधनोद्रुतम् ॥ ततःप्रतिचिकीर्षंतमपसव्यंतुतेसुतम् ५३ न्यवारयततेजस्वीनकुलश्चित्रमार्गवित् ॥
ससर्वतोनिवार्यैनंशरजालेनपीडयन् ५४ विमुखंनकुलश्चक्रेतत्सैन्याःसमपूजयन् ॥ तिष्ठतिष्ठेतिनकुलोबभाषेतनयंतव ॥ संस्मृत्यसर्वदुःखानितवदुर्मंत्रितंचतत् ५५
॥ इतिश्रीमहाभारतेद्रोणपर्वणिद्रोणवधपर्वणिनकुलयुद्धेसप्ताशीत्यधिकशततमोऽध्यायः ॥ १८७ ॥ ॥ संजयउवाच ॥ ततोदुःशासनःक्रुद्धःसहदेवमुपाद्रवत् ॥
रथवेगेनतीव्रेणकंपयन्निवमेदिनीम् १ तस्यापततएवाशुभल्लेनामित्रकर्शनः ॥ माद्रीपुत्रःशिरोयंतुःसशिरस्त्राणमच्छिनत् २ नैनंदुःशासनःसूतंनापिकश्चनसैनिकः ॥
कृत्तोत्तमांगमाशुत्वात्सहदेवेनबुद्धवान् ३ यदात्वसंगृहीतत्वात्प्रयांत्यश्वायथासुखम् ॥ ततोदुःशासनःसूतंबुबुधेगतचेतसम् ४ सहयान्सन्निगृह्याजौस्वयंहयविशारदः ॥
युयुधेरथिनांश्रेष्ठोलघुचित्रंचसुष्ठुच ५ तदस्यापूजयन्कर्मस्वेपरेचापिसंयुगे ॥ हतसूतरथेनाजौव्यचरद्यदभीतवत् ६ सहदेवस्तुतानश्वांस्तीक्ष्णैर्बाणैरवाकिरत् ॥ पी
ड्यमानाःशरैश्चाशुप्राद्रवंस्तेततस्ततः ७ सरश्मिषुविषक्तत्वादुत्ससर्जशरासनम् ॥ धनुषाकर्मकुर्वंस्तुरश्मींश्चपुनरुत्सृजत् ८ छिद्रेष्वेतेषुतंबाणैर्माद्रीपुत्रोऽभ्यवाकिरत्
॥ परीप्संस्त्वत्सुतंकर्णस्तदंतरमवापतत् ९ वृकोदरस्ततःकर्णंत्रिभिर्भल्लैःसमाहितः ॥ आकर्णपूर्णैरभ्यघ्नन्बाह्वोरुरसिचानदत् १० ॥

॥ ॥ ॥ ॥ तत्रइति १ । २ । ३ । ४ । ५ । ६ । ७ । ८ । ९ । १० ॥ ॥ ॥ ॥

सनिवृत्तस्ततःकर्णःसंघट्टितइवोरगः ॥ भीममावारयामासविकिरन्निशिताञ्छरान् ११ ततोऽभूत्तुमुलंयुद्धंभीमराधेययोस्तदा ॥ तौवृषाविवनर्दंतौविवृत्तन
यनावुभौ १२ वेगेनमहताऽन्योन्यंसंरब्धावभिपेततुः ॥ अभिसंश्लिष्टयोस्तत्रतयोराहवशौण्डयोः १३ विच्छिन्नशरपातत्वाद्गदायुद्धमवर्तत ॥ गदयाभीमसेन
स्तुकर्णस्यरथकूबरम् १४ बिभेदशतधाराजंस्तदद्भुतमिवाभवत् ॥ ततोभीमस्यराधेयोगदामाविध्यवीर्यवान् १५ अवासृजद्रथेतांतुबिभेदगदयागदाम् ॥ ततो
भीमःपुनर्गुर्वींचिक्षेपाधिरथेर्गदाम् १६ तांगदांबहुभिःकर्णःसुपुंखैःसुप्रवेजितैः ॥ प्रत्यविध्यत्पुनश्चान्यैःसाभीमंपुनराव्रजत् १७ व्यालीवमंत्राभिहताकर्णबाणै
रभिद्रुता ॥ तस्याःप्रतिनिपातेनभीमस्यविपुलोध्वजः १८ पपातसारथिश्चास्यमुमोहचगदाहतः ॥ सकर्णेसायकानष्टौव्यसृजत्क्रोधमूर्च्छितः १९ तै
स्तस्यनिशितैस्तीक्ष्णैर्भीमसेनोमहाबलः ॥ चिच्छेदपरवीरघ्नःप्रहसन्निवभारत २० ध्वजंशरासनंचैवशरावापंचभारत ॥ कर्णोऽप्यन्यद्धनुर्गृह्यहेमपृष्ठं
दुरासदम् २१ ततःपुनस्तुराधेयोहयानस्यरथेषुभिः ॥ ऋक्षवर्णाञ्जघानाशुतथोभौपार्ष्णिसारथी २२ सविपन्नरथोभीमोनकुलस्याप्लुतोरथं ॥ हरिर्यथागिरेः
शृंगंसमाक्रामदरिंदमः २३ तथाद्रोणार्जुनौचित्रमयुध्येतांमहारथौ ॥ आचार्यशिष्यौराजेंद्रकृतप्रहरणौयुधि २४ लघुसंधानयोगाभ्यांरथयोश्चरणेनच ॥
मोहयंतौमनुष्याणांचक्षूंषिचमनांसिच २५ उपारमंततेसर्वेयोधाभरतसत्तम ॥ अदृष्टपूर्वंपश्यंतस्तद्युद्धंगुरुशिष्ययोः २६ विचित्रान्पृतनामध्येरथमार्गानु
दीर्यतौ ॥ अन्योन्यमपसव्यंचकर्तुंवीरौतदेषतुः २७ पराक्रमंतयोर्योधाददृशुस्तेसुविस्मिताः ॥ तयोःसमभवद्युद्धंद्रोणपांडवयोर्महत् २८ आमिषार्थेमहारा
जगगनेश्येनयोरिव ॥ यद्यच्चकारद्रोणस्तुकुंतीपुत्रजिगीषया २९ तत्तत्प्रतिजघानाशुप्रहसंस्तस्यपांडवः ॥ यदाद्रोणोनशक्नोतिपांडवंस्मविशेषितुम् ३०
ततःप्रादुश्चकारास्त्रमस्त्रमार्गविशारदः ॥ ऐन्द्रंपाशुपतंत्वाष्ट्रंवायव्यमथवारुणम् ३१ मुक्तंमुक्तंद्रोणचापात्तज्जघानधनंजयः ॥ अस्त्राण्यस्त्रैर्यदातस्यविधिवद्धंतिपां
डवः ३२ ततोऽस्त्रैःपरमैर्दिव्यैर्द्रोणःपार्थमवाकिरत् ॥ यद्यदस्त्रंसपार्थायप्रयुंक्तेविजिगीषया ॥ तस्यतस्यविघातायतत्तद्धिकुरुतेऽर्जुनः ॥ सवध्यमानेष्व
स्त्रेषुदिव्येष्वपियथाविधि ३४ अर्जुनेनार्जुनंद्रोणोमनसैवाभ्यपूजयत् ॥ मेनेचात्मानमधिकंपृथिव्यामधिभारत ३५ तेनशिष्येणसर्वेभ्यःशस्त्रविद्भ्यःपरंतपः ॥
वार्यमाणस्तुपार्थेनतथामध्येमहात्मनाम् ३६ यतमानोऽर्जुनंप्रीत्याप्रत्यवारयदुत्स्मयन् ॥ ततोऽन्तरिक्षेदेवाश्चगंधर्वाश्चसहस्रशः ३७ ऋषयःसिद्धसंघाश्चव्य
तिष्ठंतदिदृक्षया ॥ तदप्सरोभिराकीर्णंयक्षगंधर्वसंकुलम् ३८ श्रीमदाकाशमभवद्भूयोमेघाकुलंयथा ॥ तत्रस्मांतर्हितावाचोव्यचरंतपुनःपुनः ३९ द्रोणपार्थ
स्तवोपेताव्यश्रूयंतनराधिप ॥ विसृज्यमानेष्वस्त्रेषुज्वालयत्सुदिशोदश ४० ॥ ॥ ॥

४१ । ४२। ४३ । ४४ ज्ञानमेकस्थमिति । आचार्योज्ञानस्यशौर्यस्यचावधिरित्यर्थः अर्जुनस्तुयोगेनबलेनचाधिकः कृष्णसारथिगांडीवदिव्यरथध्वजबुद्ध्यादिभिर्योगेनेनचयुक्तत्वात् । तथाच योगबलाभ्यामाचार्यसाम्यंप्राप्तइत्यर्थः ४५ । ४६ । ४७ । ४८ । ४९ । ५० । ५१ पारमवधिः आर्षक्लीबत्वं अन्यतरेणेतिशेषः गम्यतेप्राप्यतेअन्योन्ययुद्धे ततस्तदा संकुलयुद्धमनियतयोधं

अब्रुवंस्तत्रसिद्धाश्चऋषयश्चसमागताः ॥ नैवेदंमानुषंयुद्धंनासुरंनचराक्षसम् ४१ नदैवंनचगांधर्वंब्राह्मंध्रुवमिदंपरम् ॥ विचित्रमिदमाश्चर्यंननोदृष्टंनचश्रुतम् ४२ अतिपांडवमाचार्योद्रोणंचाप्यतिपांडवः॥ नानयोरंतरंशक्यंद्रष्टुमन्येनकेनचित् ४३ यदिरुद्रोद्विधाकृत्वयुध्येतात्मानमात्मना ॥ तत्रशक्योपमाकर्तुमन्यत्रतुनविद्यते ४४ ज्ञानमेकस्थमाचार्येज्ञानंयोगश्चपांडवे ॥ शौर्यमेकस्थमाचार्येबलंशौर्यंचपांडवे ४५ नेमौशक्यौमहेष्वासौयुद्धेक्षपयितुंपरैः ॥ इच्छमानौपुनरिमौहन्येतांसामरंजगत् ४६ इत्यब्रुवन्महाराजदृष्ट्वातौपुरुषर्षभौ ॥ अंतर्हितानिभूतानिप्रकाशानिचसर्वशः ४७ ततोद्रोणोब्राह्ममस्त्रंप्रादुश्चक्रेमहामतिः ॥ संतापयन्रणेपार्थंभूतान्यंतर्हितानिच ४८ ततश्चचालपृथिवीसपर्वतवनद्रुमा ॥ ववौचविषमोवायुःसागराश्चापिचुक्षुभुः ४९ ततस्त्रासोमहानासीत्कुरुपांडवसेनयोः ॥ सर्वेषांचैवभूतानामुद्यतेऽस्त्रेमहात्मना ५० ततःपार्थोऽप्यसंभ्रांतस्तदस्त्रंप्रतिजघ्निवान् ॥ ब्रह्मास्त्रेणैवराजेंद्रततःसर्वमशीशमत् ५१ यदानगम्यतेपारंतयोरन्यतरस्यवा ॥ ततःसंकुलयुद्धेनतद्युद्धंव्याकुलीकृतम् ५२ नाज्ञायतततःकिंचित्पुनरेवविशांपते ॥ प्रवृत्तेतुमुलेयुद्धेद्रोणपांडवयोर्मृधे ५३ शरजालैःसमाकीर्णेमेघजालैरिवांबरे ॥ नापतत्त्वततःकश्चिदंतरिक्षचरस्तदा ५४ ॥ ॥ इति श्रीमहाभारतेद्रोणपर्वणि द्रोणवधपर्वणि संकुलयुद्धेअष्टाशीत्यधिकशततमोऽध्यायः ॥ १८८ ॥ ॥ ॥ ॥ संजयउवाच ॥ तस्मिंस्तथावर्तमानेगजाश्वनरसंक्षये ॥ दुःशासनोमहाराजधृष्टद्युम्नमयोधयत् १ सतुरुक्मरथासक्तोदुःशासनशरार्दितः ॥ अमर्षात्तवपुत्रस्यशरैर्वाहानवाकिरत् २ क्षणेनसरथस्तस्यसध्वजःसहसारथिः ॥ नादृश्यतमहाराजपार्षतस्यशरैश्चितः ३ दुःशासनस्तुराजेंद्रपांचाल्यस्यमहात्मनः ॥ नाशकत्प्रमुखेस्थातुंशरजालप्रपीडितः ४ सतुदुःशासनंबाणैर्विमुखीकृत्यपार्षतः ॥ किरञ्छरसहस्राणिद्रोणमेवाभ्ययाद्रणे ५ अभ्यपद्यतहार्दिक्यःकृतवर्मात्वनंतरम् ॥ सोदर्याणांत्रयश्चैवतएनंपर्यवारयन् ६ तंयमौपृष्ठतोऽन्वैतांरक्षंतौपुरुषर्षभौ ॥ द्रोणायाभिमुखंयांतंदीप्यमानमिवानलम् ७ संप्रहारमकुर्वंस्तेसर्वेचसुमहारथाः ॥ अमर्षिताःसत्त्ववंतःकृत्वामरणमग्रतः ८ शुद्धात्मानःशुद्धवृत्ताराजन्स्वर्गपुरस्कृताः ॥ आर्यंयुद्धमकुर्वंतपरस्परजिगीषवः ९ शुक्लाभिजनकर्माणोमतिमंतोजनाधिप ॥ धर्मयुद्धमयुध्यंतप्रेप्संतोगतिमुत्तमाम् १० नतत्रासीदधर्मिष्ठमशस्त्रंयुद्धमेवच ॥ नात्रकर्णीनिनालीकोनलिप्तोनचबस्तिकः ११

युद्धं ५२ । ५३ नापतत् बाणैरंतरिक्षस्यपूरितत्वादितिभावः ५४ ॥ इतिद्रोणपर्वणिटीकायामष्टाशीत्यधिकशततमोऽध्यायः ॥ १८८ ॥ ॥ तस्मिन्निति १ । २ । ३ । ४ । ५ त्रयोधृष्टद्युम्नोऽन्यौद्वौच ६ । ७ । ८।९ शुक्लःशुद्धोऽभिजनोवंशोयेषांते स्वयंशोधितकर्माणश्च१० अशस्तमप्रशस्यं मशस्यत्वमाह नात्रेति । कर्णीविलोमकंटकद्वययुक्तः मविष्टदृष्ट्विधमाणोऽन्त्राण्युद्धरति । नालीकोऽल्पत्वाद्देहमग्नःसन्दुरुद्धरः ।नलिप्तोविषेणेतिशेषः । बस्तिकःशल्यदंडसंधौशिथिलस्तस्योद्धरणेशल्यंबस्तिमध्येमज्जतिदंडमात्रंनिःसरति ११ ॥ ॥ ॥ ॥

सूचीकर्णिसजातीयोबहुकंटकः कपिशस्तुल्योमर्कटास्थिमयोवेतिप्राञ्चः कर्ष्णायसमयः सब्रद्दढेऽप्याघातेऽन्तर्बहुप्रविशति । 'कपिशश्त्रिषुश्यामे' इतिमेदिनी । गवास्थिजोगजास्थिजस्तन्मय

नसूचीकपिशोनैवनगवास्थिर्गजास्थिजः ॥ इषुरासीन्नसंश्लिष्टोनपूतिर्नचजिह्मगः १२ ऋजून्येवविशुद्धानिसर्वेशस्त्राण्यधारयन् ॥ सुयुद्धेनपराँल्लोकानीप्संतःकीर्तिमेवच १३ तदासीत्तुमुलंयुद्धंसर्वदोषविवर्जितम् ॥ चतुर्णांतवयोधानांतैस्त्रिभिःपांडवैःसह १४ धृष्टद्युम्नस्तुतान्दृष्ट्वातवराजन्रथर्षभान् ॥ यमाभ्यांवारितान्वीराञ्छीघ्रास्त्रोद्रोणमभ्ययात् १५ निवारितास्तुतेवीरास्तयोःपुरुषसिंहयोः ॥ समसज्जंतचत्वारोवाताःपर्वतयोरिव १६ द्वाभ्यांद्वाभ्यांयमौसार्धरथाभ्यांरथपुंगवौ ॥ समासक्तौततोद्रोणंधृष्टद्युम्नोऽभ्यवर्तत १७ दृष्ट्वाद्रोणायपांचाल्यंव्रजंतंयुद्धदुर्मदम् ॥ यमाभ्यांतांश्चसंसक्तांस्तदंतरमुपाद्रवत् १८ दुर्योधनोमहाराजकिरञ्छोणितभोजनान् ॥ तंसात्यकिःशीघ्रतरंपुनरेवाभ्यवर्तत १९ तौपरस्परमासाद्यसमीपेकुरुमाधवौ ॥ हसमानौनृशार्दूलावभीतौसमसज्जताम् २० बाल्यवृत्तानिसर्वाणिप्रीयमाणौविचिंत्यतौ ॥ अन्योन्यंप्रेक्षमाणौचस्मयमानौपुनःपुनः २१ अथदुर्योधनोराजासात्यकिंसमभाषत ॥ प्रियंसखायंसततंगर्हयन्वृत्तमात्मनः २२ धिक्क्रोधंधिक्सखेलोभंधिङ्मोहंधिगमर्षितम् ॥ धिगस्तुक्षात्रमाचारंधिगस्तुबलमौरसम् २३ यत्रमामभिसंधत्सेत्वांचाहंशिनिपुंगव ॥ त्वंहिप्राणैःप्रियतरोममाहंचसदातव २४ स्मरामितानिसर्वाणिबाल्यवृत्तानियानिनौ ॥ तानिसर्वाणिजीर्णानिसांप्रतंनोरणाजिरे २५ किमन्यत्क्रोधलोभाभ्यांयुद्धमेवाद्यसात्वत ॥ तंतथावादिनंतत्रसात्यकिःप्रत्यभाषत २६ प्रहसन्विशिखांस्तीक्ष्णानुद्यम्यपरमास्त्रवित् ॥ नेयंसभाराजपुत्रनाचार्यस्यनिवेशनम् २७ यत्रक्रीडितमस्माभिस्तदाराजन्समागतैः ॥ दुर्योधनउवाच ॥ ॥ क्वसाक्रीडागताऽस्माकंबाल्येवैशिनिपुंगव २८ क्वचयुद्धमिदंभूयःकालोहिदुरतिक्रमः ॥ किंनुनोविद्यतेकृत्यंधनेनधनलिप्सया २९ यत्रयुद्ध्यामहेसर्वेधनलोभात्समागताः ॥ ॥ संजयउवाच ॥ ॥ तंतथावादिनंतत्रराजानंमाधवोऽब्रवीत् ३० एवंवृत्तंसदाक्षात्रंयुध्यंतीहगुरूनपि ॥ यदितेऽहंप्रियोराजन्जहिमांमाचिरंकृथाः ३१ त्वत्कृतेसुकृताँल्लोकान्गच्छेयंभरतर्षभ ॥ यातेशक्तिर्बलंयच्चतत्क्षिप्रंमयिदर्शय ३२ नेच्छामितदहंद्रष्टुंमित्राणांव्यसनंमहत् ॥ इत्येवंव्यक्तमाभाष्यप्रतिभाष्यचसात्यकिः ३३ अभ्ययात्तूर्णमव्यग्रोदयांनाकुरुतात्मनि ॥ तमायांतंमहाबाहुंप्रत्यगृण्हात्तवात्मजः ३४ शरैश्चावाकिरद्राजञ्शैनेयंतनयस्तव ॥ ततःप्रववृतेयुद्धंकुरुमाधवसिंहयोः ३५ अन्योन्यंक्रुद्धयोर्घोरंयथाद्विरदसिंहयोः ॥ ततःपूर्णायतोत्सृष्टैःसात्वतंयुद्धदुर्मदम् ३६ दुर्योधनःप्रत्यविध्यत्कुपितोदशभिःशरैः ॥ तंसात्यकिःप्रत्यविध्यत्तथैवावाकिरच्छरैः ३७ पंचाशतापुनश्चाजौत्रिंशतादशभिश्चह ॥ सात्यकिंतुरणेराजन्प्रहसंस्तनयस्तव ३८ ॥ ॥

फलकश्चबाणोविषलिप्तवज्ज्ञेयः । श्लिष्टोद्विशल्यः क्षतद्वयकरत्वाद्धेयः । पूतिर्मलिनशल्यः सोऽपिक्षतपोषकश्चर्चितोवा । जिह्मगोऽन्यल्लक्ष्यत्वेनप्रदर्श्यान्यत्रपातितः १२ । १३ । १४ । १५ । १६ । १७ । १८ । १९ । २० । २१ । २२ । २३ । २४ । २५ । २६ । २७ । २८ । २९ । ३० । ३१ । ३२ । ३३ । ३४ । ३५ । ३६ । ३७ । ३८ ॥ ॥

३९ । ४० । ४१ । ४२ । ४३ । ४४ । ४५ । ४६ । ४७ । ४८ । ४९ । ५० । ५१ । ५२ । ५३ । ५४ । ५५ । ५६ । ५७ । ५८ । ५९ । ६० । ६१ । ६२

आकर्णपूर्णैर्निशितैर्विव्याधत्रिंशताशरैः ॥ ततोऽस्यसशरंचापंक्षुरप्रेणद्विधाऽच्छिनत् ३९ सोऽन्यत्कार्मुकमादायलघुहस्तस्ततोदृढम् ॥ सात्यकिर्व्यसृजच्चापिशर
श्रेणींसुतस्यते ४० तामापतंतींसहसाशरश्रेणींजिघांसया ॥ चिच्छेदबहुधाराजाततउच्चुक्रुशुर्जनाः ४१ सात्यकिंचत्रिसप्तत्यापीडयामासवेगितः ॥ स्वर्णपुंखैः
शिलाधौतैराकर्णापूर्णनिःसृतैः ४२ तस्यसंदधतश्चेषुंसंहितेषुचकार्मुकम् ॥ आच्छिनत्सात्यकिस्तूर्णंशरैश्चैवाप्यवीविधत् ४३ सगाढविद्धोव्यथितःप्रत्यपायाद्रथां
तरे ॥ दुर्योधनोमहाराजदाशार्हशरपीडितः ४४ समाश्वस्यतुपुत्रस्तेसात्यकिंपुनरभ्ययात् ॥ विसृजन्निषुजालानियुयुधानरथंप्रति ४५ तथैवसात्यकिर्बाणान्दुर्यो
धनरथंप्रति ॥ सततंविसृजन्राजंस्तत्संकुलमवर्तत ४६ तत्रेषुभिःक्षिप्यमाणैःपतद्भिश्चशरीरिषु ॥ अग्नेरिवमहाकक्षैःशब्दःसमभवन्महान् ४७ तयोःशरसहस्रैश्च
संछन्नंवसुधातलम् ॥ अगम्यरूपंचशरैराकाशंसमपद्यत ४८ तत्राप्यधिकमालक्ष्यमाधवंरथसत्तमम् ॥ क्षिप्रमभ्यपतत्कर्णःपरीप्संस्तनयंतव ४९ नतुतंमर्षयामास
भीमसेनोमहाबलः ॥ सोऽभ्ययात्त्वरितःकर्णंविसृजन्सायकान्बहून् ५० तस्यकर्णःशितान्बाणान्प्रतिहन्यहसन्निव ॥ धनुःशरांश्चचिच्छेदसूतंचाभ्याहनच्छरैः
५१ भीमसेनस्तुसंक्रुद्धोगदामादायपांडवः ॥ ध्वजंधनुश्चसूतंचसंममर्दाहवेरिपोः ५२ रथचक्रंचकर्णस्यबभंजसमहाबलः ॥ भग्नचक्रेरथेतिष्ठदकंपःशैलराडिव
५३ एकचक्रंरथंतस्यतमूहुःसुचिरंहयाः ॥ एकचक्रमिवार्कस्यरथंसप्तहयायथा ५४ अमृष्यमाणःकर्णस्तुभीमसेनमयुध्यत ॥ विविधैरिषुजालैश्चनानाशस्त्रैश्चसंयुगे
५५ भीमसेनस्तुसंक्रुद्धःसूतपुत्रमयोधयत् ॥ तस्मिंस्तथावर्तमानेक्रुद्धोधर्मसुतोऽब्रवीत् ५६ पंचालानांनरव्याघ्रान्मत्स्यांश्चपुरुषर्षभान् ॥ येनःप्राणाःशिरोयेचये
नोयोधामहारथाः ५७ तएतेधार्तराष्ट्रेषुविषक्ताःपुरुषर्षभाः ॥ किंतिष्ठतयथामूढाःसर्वेविगतचेतसः ५८ तत्रगच्छतयत्रैतेयुध्यंतेमामकारथाः ॥ क्षत्रधर्मंपुरस्कृत्यम
वएवगतज्वराः ५९ जयंतोवध्यमानाश्चगतिमिष्टांगमिष्यथ ॥ जित्वावाबहुभिर्यज्ञैर्यजध्वंभूरिदक्षिणैः ६० हतावादेवसाद्भूत्वालोकान्प्राप्स्यथपुष्कलान् ॥ तेराज्ञा
चोदितावीरायोत्स्यमानामहारथाः ६१ क्षात्रधर्मंपुरस्कृत्यत्वरिताद्रोणमभ्ययुः ॥ पंचालास्त्वेकतोद्रोणमभ्यघ्नन्निशितैःशरैः ६२ भीमसेनपुरोगाश्चाप्येकतःपर्य
वारयन् ॥ आसंस्तुपांडुपुत्राणांत्रयोजिह्मामहारथाः ६३ यमौचभीमसेनश्चप्राक्रोशंस्तेधनंजयम् ॥ अभिद्रवार्जुनक्षिप्रंकुरून्द्रोणादपानुद ६४ ततएनंहनिष्यंतिपं
चालाहतरक्षिणम् ॥ कौरवेयांस्ततःपार्थःसहसासमुपाद्रवत् ६५ पंचालानेवतुद्रोणोधृष्टद्युम्नपुरोगमान् ॥ ममर्दुस्तरसावीराःपंचमेऽहनिभारत ६६ ॥ इतिश्रीम
हाभारतेद्रोणपर्वणिद्रोणवधपर्वणि संकुलयुद्धेऊननवत्यधिकशततमोऽध्यायः ॥ १८९ ॥ संजयउवाच ॥ पंचालानांततोद्रोणोऽप्यकरोत्कदनंमहत् ॥ यथाक्रुद्धो
५३ रणेशक्रोदानवानांक्षयंपुरा १ ॥ ॥ ॥ ॥ ॥

६३ । ६४ । ६५ । ६६ ॥ इतिद्रोणपर्वणिटीकायामूननवत्यधिकशततमोऽध्यायः ॥ १८९ ॥ ॥ ॥ ॥ पंचालानामिति १

म. भा. टी. २।३।४।५।६।७।८।९।१०।११।१२।१३।१४।१५।१६।१७।१८।१९।२०।२१।२२।२३।२४।२५।२६।२७।२८।२९।३०।३१।३२ द्रोण. ७

॥१५७॥ अ० ११०

द्रोणास्त्रेणमहाराजवध्यमानाःपरेयुधि ॥ नात्रसंतरणेद्रोणात्सत्ववंतोमहारथाः २ युध्यमानामहाराजपंचालाःसृंजयास्तथा ॥ द्रोणमेवाभ्ययुर्युद्धेयोधयंतोमहारथाः
३ तेषांतुच्छाद्यमानानांपंचालानांसमंततः ॥ अभवद्भैरवोनादोवध्यतांशरवृष्टिभिः ४ वध्यमानेषुसंग्रामेपंचालेषुमहात्मना ॥ उदीर्यमाणेद्रोणास्त्रेपांडवान्भयमावि
शत् ५ दृष्ट्वाऽश्वनरयोधानांविपुलंचक्षयंयुधि ॥ पांडवेयामहाराजनाशशंसुर्जयंतदा ६ कच्चिद्द्रोणोननःसर्वान्क्षपयेत्परमास्त्रवित् ॥ समिद्धःशिशिरापायेदहन्कक्षमि
वानलः ७ नचैनंसंयुगेकश्चित्समर्थःप्रतिवीक्षितुम् ॥ नचैनमर्जुनोजातुप्रतियुध्येतधर्मवित् ८ त्रस्तान्कुन्तीसुतान्दृष्ट्वाद्रोणसायकपीडितान् ॥ मतिमान्श्रेयसेयुक्तः
केशवोऽर्जुनमब्रवीत् ९ नैषयुद्धेनसंग्रामेजेतुंशक्यःकथंचन ॥ सधनुर्धन्विनांश्रेष्ठोदेवैरपिसवासवैः १० न्यस्तशस्त्रस्तुसंग्रामेशक्योहंतुंभवेन्नृभिः ॥ आस्थीयतांजयेयो
गोधर्ममुत्सृज्यपांडवाः ११ यथानसंयुगेसर्वान्नहन्याद्रुक्मवाहनः ॥ अश्वत्थाम्निहतेनैषयुध्येदितिमतिर्मम १२ तंहतंसंयुगेकश्चिदस्मैशंसतुमानवः ॥ एतन्नारोचय
द्राजन्कुंतीपुत्रोधनंजयः १३ अन्येत्वरोचयन्सर्वेकृच्छ्रेणतुयुधिष्ठिरः ॥ ततोभीमोमहाबाहुरनीकेस्वेमहागजम् १४ जघानगदयाराजन्नश्वत्थामानमित्युत ॥
परप्रमथनंघोरंमालवस्येंद्रवर्मणः १५ भीमसेनस्तुसव्रीडमुपेत्यद्रोणमाहवे ॥ अश्वत्थामाहतइतिशब्दमुच्चैश्चकारह १६ अश्वत्थामेतिहिगजःख्यातोनाम्नाहतोऽ
भवत् ॥ कृत्वामनसितंभीमोमिथ्याव्याहृतवांस्तदा १७ भीमसेनवचःश्रुत्वाद्रोणस्तत्परमप्रियम् ॥ मनसासन्नगात्रोऽभूद्यथासैकतमंभसि १८ शंकमानःसतन्मि
थ्यावीर्यज्ञःस्वसुतस्यवै ॥ हतःसइतिचश्रुत्वानैवधैर्यादकंपत १९ सलब्ध्वाचेतनांद्रोणःक्षणेनैवसमाश्वसत् ॥ अनुचिंत्यात्मनःपुत्रमविषह्यमरातिभिः २० सपार्ष
तमभिद्रुत्यजिघांसुर्मृत्युमात्मनः ॥ अवाकिरत्सहस्रेणतीक्ष्णानांकंकपत्रिणाम् २१ तंविंशतिसहस्राणिपंचालानांनरर्षभाः ॥ तथाचरंतंसंग्रामेसर्वतोऽव्याकिरञ्छरैः
२२ शरैस्तैराचितंद्रोणंनापश्याममहारथम् ॥ भास्करंजलदैरुद्धंवर्षास्विवविशांपते २३ विधूयतान्बाणगणान्पंचालानांमहारथः ॥ प्रादुश्चक्रेततोद्रोणोब्राह्मम
स्त्रंपरंतपः २४ वधायतेषांशूराणांपंचालानाममर्षितः ॥ ततोव्यरोचतद्रोणोविनिघ्नन्सर्वसैनिकान् २५ शिरांस्यपातयच्चापिपंचालानांमहामृधे ॥ तथैवपरि
घाकारान्बाहून्कनकभूषणान् २६ तेवध्यमानाःसमरेभारद्वाजेनपार्थिवाः ॥ मेदिन्यामन्वकीर्यन्तवातनुन्नाइवद्रुमाः २७ कुंजराणांचपततांहयौघानांचभारत ॥
अगम्यरूपापृथिवीमांसशोणितकर्दमा २८ हत्वाविंशतिसाहस्रान्पंचालानांरथव्रजान् ॥ अतिष्ठदाहवेद्रोणोविधूमोऽग्निरिवज्वलन् २९ तथैवचपुनःक्रुद्धोभारद्वाजः
प्रतापवान् ॥ वसुदानस्यभल्लेनशिरःकायादपाहरत् ३० पुनःपंचशतान्मत्स्यान्षट्सहस्रांश्चसृंजयान् ॥ हस्तिनामयुतंहत्वाजघानाश्वायुतंपुनः ३१ क्षत्रियाणा
मभावायदृष्ट्वाद्रोणमवस्थितम् ॥ ऋषयोऽभ्यागतास्तूर्णंहव्यवाहपुरोगमाः ३२ ॥ ॥ ॥

॥१५७॥

३३ । ३४ । ३५ । ३६ । ३७ । ३८ । ३९ । ४० । ४१ । ४२ । ४३ । ४४ । ४५ । ४६ । ४७ । ४८ । ४९ । ५० ।५१ ५२ ।५३ ॥ इतिद्रोणपर्वणिटीकायांनवत्य

विश्वामित्रोजमदग्निर्भरद्वाजोऽथगौतमः ॥ वसिष्ठःकश्यपोऽत्रिश्चब्रह्मलोकंनिनीषवः ३३ सिकताःपृश्नयोगर्गावालखिल्यामरीचिपाः ॥ भृगवोऽङ्गिरसश्चैवसूक्ष्मा
श्चान्येमहर्षयः ३४ तएनमब्रुवन्सर्वेद्रोणमाहवशोभिनम् ॥ अधर्मतःकृतंयुद्धंसमयोनिधनस्यते ३५ न्यस्यायुधंरणेद्रोणसमीक्षास्मानवस्थितान् ॥ नातःक्रूरतरंक
र्मपुनःकर्तुमिहार्हसि ३६ वेदवेदांगविदुषःसत्यधर्मरतस्यते ॥ ब्राह्मणस्यविशेषेणतवैतन्नोपपद्यते ३७ त्यजायुधममोघेषोतिष्ठवर्त्मनिशाश्वते ॥ परिपूर्णश्चकालस्ते
वस्तुंलोकेऽद्यमानुषे ३८ ब्रह्मास्त्रेणत्वयादग्धाअनस्त्रज्ञानराभुवि ॥ यदेतदीदृशंविप्रकृतंकर्मनसाधुतत् ३९ न्यस्यायुधंरणेविप्रद्रोणमात्वंचिरंकृथाः ॥ मापापिष्ठ
तरंकर्मकरिष्यसिपुनर्द्विज ४० इतितेषांवचःश्रुत्वाभीमसेनवचश्चतत् ॥ धृष्टद्युम्नंचसंप्रेक्ष्यरणेसविमनाऽभवत् ४१ संदिह्यमानोव्यथितःकुंतीपुत्रंयुधिष्ठिरम् ॥ अह
तंवाहतंवेतिपप्रच्छसुतमात्मनः ४२ स्थिराबुद्धिर्हिद्रोणस्यनपार्थोवक्ष्यतेऽनृतम् ॥ त्रयाणामपिलोकानामैश्वर्यार्थेकथंचन ४३ तस्मात्तंपरिपप्रच्छनान्यंकंचिद्द्विज
र्षभः ॥ तस्मिंस्तस्यहिसत्याशाबाल्यात्प्रभृतिपांडवे ४४ ततोनिष्पांडवामुर्वींकरिष्यंतंयुधांपतिम् ॥ द्रोणंज्ञात्वाधर्मराजंगोविंदोव्यथितोऽब्रवीत् ४५ यद्यर्धदिवसं
द्रोणोयुध्यतेमन्युमास्थितः ॥ सत्यंब्रवीमितेसेनाविनाशंसमुपैष्यति ४६ सभवांस्त्रातुनोद्रोणात्सत्याज्ज्यायोऽनृतंवचः ॥ अनृतंजीवितस्यार्थेवदन्नस्पृश्यतेऽनृतैः
४७ तयोःसंवदतोरेवंभीमसेनोऽब्रवीदिदम् ४८ श्रुत्वैवंतुमहाराजवधोपायंमहात्मनः ॥ गाहमानस्यतेसेनांमालवस्येन्द्रवर्मणः ४९ अश्वत्थामेतिविख्यातोगजः
शक्रगजोपमः ॥ निहतोयुधिविक्रम्यततोऽहंद्रोणमब्रुवम् ५० अश्वत्थामाहतोब्रह्मन्निवर्तस्वाहवादिति ॥ नूनंनाश्रद्दधद्वाक्यमेषमेपुरुषर्षभः ५१ सत्वंगोविंदवा
क्यानिमानयस्वजयैषिणः ॥ द्रोणायनिहतंशंसराजन्शारद्वतीसुतम् ५२ त्वयोक्तोनैवयुध्येतजातुराजन्द्विजर्षभः ॥ सत्यवाग्हित्रिलोकेऽस्मिन्भवान्ख्यातोजना
धिप ५३ तस्यतद्वचनंश्रुत्वाकृष्णवाक्यप्रचोदितः ॥ भावित्वाच्चमहाराजवक्तुंसमुपचक्रमे ५४ तमतथ्यभयेमग्नोजयेसक्तोयुधिष्ठिरः ॥ अव्यक्तमब्रवीद्राजन्हतः
कुंजरइत्युत ५५ तस्यपूर्वंरथःपृथ्व्याश्चतुरंगुलमुच्छ्रितः ॥ बभूवैवंचतेनोक्तेतस्यवाहाःस्पृशन्महीम् ५६ युधिष्ठिरात्तुतद्वाक्यंश्रुत्वाद्रोणोमहारथः ॥ पुत्रव्यसनसं
तप्तोनिराशोजीवितेऽभवत् ५७ आगस्कृतमिवात्मानंपांडवानांमहात्मनाम् ॥ ऋषिवाक्येनमन्वानःश्रुत्वाचनिहतंसुतम् ५८ विचेताःपरमोद्विग्नोधृष्टद्युम्नमवेक्ष्यच ॥
योद्धुंनाशक्नुवद्राजन्यथापूर्वमरिंदमः ५९ ॥ इतिश्रीमहाभारतेद्रोणपर्वणि द्रोणवधप० युधिष्ठिरासत्यकथनेनवत्यधिकशततमोऽध्यायः ॥ १९० ॥ ॥ ॥
संजयउवाच ॥ तंदृष्ट्वापरमोद्विग्नंशोकोपहतचेतसम् ॥ पंचालराजस्यसुतोधृष्टद्युम्नःसमाद्रवत् १ ॥ ॥ ॥

धिकशततमोऽध्यायः ॥ १९० ॥ ॥ तंदृष्ट्वेति १ १ एतदग्रे ' अश्वत्थामाहतइतिशब्दमुच्चैश्चकारह ' इत्यधिकम् ॥ ॥ ॥ ॥

यश्चाप्रमनुजेंद्रेण द्रुपदेनमहामखे ॥ लब्धोद्रोणविनाशाय समिद्धाद्धव्यवाहनात् २ सधनुर्जैत्रमादायघोरंजलदनिःस्वनम् ॥ दृढज्यमजरंदिव्यंशरंचाशीविषोपमम् ३ संदधेकार्मुकेतस्मिंस्ततस्तमनलोपमम् ॥ द्रोणंजिघांसुःपांचाल्योमहाज्वालमिवानलम् ४ तस्यरूपंशरस्यासीद्धनुर्ज्यामंडलांतरे ॥ द्योततोभास्करस्येवघनांतेपरिवेषिणः ५ पार्षतेनपरामृष्टंज्वलंतमिवतद्धनुः ॥ अंतकालमनुप्राप्तंमेनिरेवीक्ष्यसैनिकाः ६ तमिषुंसंहितंतेनभारद्वाजःप्रतापवान् ॥ दृष्ट्वाऽमन्यतदेहस्यकालपर्यायमागतम् ७ ततःप्रयत्नमातिष्ठदाचार्यस्तस्यवारणे ॥ नचास्यास्त्राणिराजेंद्रप्रादुरासन्महात्मनः ८ तस्यत्वहानिचत्वारिक्षपाचैकाऽस्यतोगता ॥ तस्यचाह्नस्त्रिभागेनक्षयंजग्मुःपतत्रिणः ९ सशरक्षयमासाद्यपुत्रशोकेनचार्दितः ॥ विविधानांचदिव्यानामस्त्राणामप्रसादतः १० उत्स्रष्टुकामःशस्त्राणिऋषिवाक्यप्रचोदितः ॥ तेजसापूर्यमाणश्चयुयुधेनयथापुरा ११ भूयश्चान्यत्समादायदिव्यमांगिरसंधनुः ॥ शरांश्चब्रह्मदंडाभान्धृष्टद्युम्नमयोधयत् १२ ततस्तंशरवर्षेणमहतासमवाकिरत् ॥ व्यशातयच्चसंक्रुद्धोधृष्टद्युम्नममर्षणम् १३ शरांश्चशतधातस्यद्रोणश्चिच्छेदसायकैः ॥ ध्वजंधनुश्चनिशितैःसारथिंचाप्यपातयत् १४ धृष्टद्युम्नःप्रहस्यान्यत्पुनरादायकार्मुकम् ॥ शितेनचैनंबाणेनप्रत्यविध्यत्स्तनांतरे १५ सोऽतिविद्धोमहेष्वासोऽसंभ्रांतइवसंयुगे ॥ भल्लेनशितधारेणचिच्छेदास्यपुनर्धनुः १६ यच्चास्यबाणविकृतंधनूंषिचविशांपते ॥ सर्वंचिच्छेददुर्धर्षोगदांखड्गंचवर्जयन् १७ धृष्टद्युम्नंचविव्याधनवभिर्निशितैःशरैः ॥ जीवितांतकरःक्रुद्धःक्रुद्धरूपःपरंतपः १८ धृष्टद्युम्नोऽथतस्याश्वान्स्वरथाश्वैर्महारथः ॥ व्यामिश्रयदमेयात्माब्राह्ममस्त्रमुदीरयन् १९ तेमिश्राबह्वशोभंतजवनावातरंहसः ॥ पारावतसवर्णाश्चशोणाश्चभरतर्षभ २० यथासविद्युतोमेघानदंतोजलदागमे ॥ तथारेजुर्महाराजमिश्रितारणमूर्धनि २१ ईषाबंधंचक्रबंधंरथबंधंतथैवच ॥ प्राणाशयदमेयात्माधृष्टद्युम्नस्यसद्विजः २२ सच्छिन्नधन्वापांचाल्योनिकृत्तध्वजसारथिः ॥ उत्तमामापदंप्राप्यगदांवीरःपरामृशत् २३ तामस्यविशिखैस्तीक्ष्णैःक्षिप्यमाणांमहारथः ॥ निजघानशरैर्द्रोणःक्रुद्धःसत्यपराक्रमः २४ तांतुदृष्ट्वानरव्याघ्रोद्रोणेननिहतांशरैः ॥ विमलंखड्गमादत्तशतचंद्रंचभानुमत् २५ असंशयंतथाभूतःपांचाल्यःसाध्वमन्यत ॥ वधमाचार्यमुख्यस्यप्राप्तकालंमहात्मनः २६ ततःस्वरथनीडस्थःस्वरथस्यरथेषया ॥ अगच्छदसिमुद्यम्यशतचंद्रंचभानुमत् २७ चिकीर्षुर्दुष्करंकर्मधृष्टद्युम्नोमहारथः ॥ इयेषवक्षोभेत्तुंसभारद्वाजस्यसंयुगे २८ सोऽतिष्ठद्युगमध्येवैयुगसन्नहनेषुच ॥ जघनार्धेषुचाश्वानांतत्सैन्याःसमपूजयन् २९ तिष्ठतोयुगपालीषुशोणानप्यधितिष्ठतः ॥ नापश्यदंतरंद्रोणस्तदद्भुतमिवाभवत् ३० क्षिप्रंश्येनस्यचरतोयथैवामिषगृद्धिनः ॥ तद्वदासीदभीसारोद्रोणपार्षतयोरणे ३१ तस्यपारावतानश्वान्रथशक्त्यापराभिनत् ॥ सर्वानेकैकशोद्रोणोरक्तानश्वान्विवर्जयन् ३२ ॥ ॥ ॥ ॥

३३ । ३४ । ३५ । ३६ । ३७ खड्गंचर्मचधारयन् भ्रांतादित्रयोदशविधंसंचरणंदर्शयामासेतिसंबंधः 'मंडलाकारतःखड्गभ्रामणंभ्रांतमुच्यते ॥ तदेवबाहुसुद्यम्यकृतमुद्भ्रांतमीरितम् ॥ १ ॥ भ्रामणंस्वस्यप रितःखड्गस्याविद्धमुच्यते ॥ परप्रयुक्तशस्त्रस्यवारणार्थमिदंत्रयं ॥ २ ॥ शत्रोरःक्रमणार्थायगमनंत्वाप्लुतंमतं ॥ खड्गस्याग्रेणतद्देहस्पर्शनंप्रसृतंमतं ॥ ३ ॥ वंचयित्वारिपोशस्त्रपातनंनादितंसृतं ॥ परिवृत्तंभवे च्छत्रोर्वामदक्षिणभागतः ॥ ४ ॥ पश्चात्पदापसरणंनिवृत्तंसंप्रचक्षते ३८ अन्योन्यताडनंप्राहुःसंपातमुभयोरपि ॥ ५ ॥ आधिक्यमात्मनोयत्तत्समुदीर्णमुदीरितम् ॥ अंगप्रत्यंगदेशेषुभ्रामणंभारतंस्मृतं ॥ ६ ॥

तेहतान्यपतन्भूमौधृष्टद्युम्नस्यवाजिनः ॥ शोणास्तुपर्यमुच्यंतरथबंधाद्विशांपते ३३ तान्हयान्निहतान्दृष्ट्वाद्विजाग्र्येणसपार्षतः ॥ नामृष्यतयुधांश्रेष्ठोयाज्ञसेनिर्म हारथः ३४ विरथःसगृहीत्वातुखड्गंखड्गभृतांवरः ॥ द्रोणमभ्यपतद्राजन्वैनतेयइवोरगम् ३५ तस्यरूपंबभौराजन्भारद्वाजंजिघांसतः ॥ यथारूपंपुराविष्णोर्हिरण्यक शिपोर्वधे ३६ सतदाविविधान्मार्गान्प्रवरांश्चैकविंशतिम् ॥ दर्शयामासकौरव्यपार्षतोविचरन्रणे ३७ भ्रांतमुद्भ्रांतमाविद्धमाप्लुतंप्रसृतंसृतम् ॥ परिवृत्तंनिवृत्तंच खड्गंचर्मचधारयन् ३८ संपातंसमुदीर्णंचदर्शयामासपार्षतः ॥ भारतंकौशिकंचैवसात्वतंचैवशिक्षया ३९ दर्शयन्व्यचरद्युद्धेद्रोणस्यांतचिकीर्षया ॥ चरतस्तस्यतान्मा र्गान्विचित्रान्खड्गचर्मिणः ४० व्यस्मयंतरणेयोधादेवताश्चसमागताः ॥ ततःशरसहस्रेणशतचंद्रमपातयत् ४१ चर्मखड्गंचसंबाधेधृष्टद्युम्नस्यसद्विजः ॥ येतुवैत स्तिकानामशराआसन्नयोधिनः ४२ निकृष्टयुद्धेद्रोणस्यनान्येषांसंतितेशराः ॥ ऋतेशारद्वतात्पार्थाद्द्रौणेर्वैकर्तनात्तथा ४३ प्रद्युम्नयुयुधानाभ्यामभिमन्योश्चभारत ॥ अथास्येषुंसमाधत्तदृढंपरमसंमतम् ४४ अंतेवासिनमाचार्योजिघांसुःपुत्रसंमितम् ॥ तंशरैर्दशभिस्तीक्ष्णैश्चिच्छेदशिनिपुंगवः ४५ पश्यतस्तवपुत्रस्यकर्णस्यचमहा त्मनः ॥ ग्रस्तमाचार्यमुख्येनधृष्टद्युम्नममोचयत् ४६ चरंतंरथमार्गेषुसात्यकिंसत्यविक्रमम् ॥ द्रोणकर्णांतरगतंकृपस्यापिचभारत ४७ अपश्येतांमहात्मानौविष्व क्सेनधनंजयौ ४८ धनंजयस्ततःकृष्णमब्रवीत्पश्यकेशव ॥ आचार्यरथमुख्यानांमध्येक्रीडन्मधूद्वहः ५० आनंदयतिमांभूयःसात्यकिःपरवीरहा ॥ माद्रीपुत्रौचभीमं चराजानंचयुधिष्ठिरम् ५१ यच्छिक्षयाऽनुद्धतःसन्रणेचरतिसात्यकिः ॥ महारथानुपक्रीडन्वृष्णीनांकीर्तिवर्धनः ५२ तमेतेप्रतिनंदंतिसिद्धाःसैन्याश्चविस्मिताः ॥ अजय्यंसमरेदृष्ट्वासाधुसाध्वितिसात्यकिम् ॥ योधाश्चोभयतःसर्वेकर्मभिःसमपूजयन् ५३ ॥ इतिश्रीमहाभारतेद्रोणपर्वणि द्रोणवधपर्वणिसंकुलयुद्धेएकनवत्यधिकश ततमोऽध्यायः ॥ १९१ ॥ ॥ संजयउवाच ॥ सात्वतस्यतुतत्कर्मदृष्ट्वादुर्योधनादयः ॥ शैनेयंसर्वतःक्रुद्धावारयामासुरंजसा १ कृपकर्णौचसमरेपुत्राश्चतवमारिष ॥ शैनेयंत्वरयाऽभ्येत्यविनिघ्नन्निशितैःशरैः २ ॥ ॥ ॥ ॥ ॥

विचित्रखड्गसंचारदर्शनंकौशिकंस्मृतं ॥ निलीयचर्मणिक्षेपोयदसेःसात्वतंहितत्' ॥ ७ ॥ ३९ । ४० । ४१ संबाधेरणसंकटे वैतस्तिकाः वितस्तिप्रमाणाः । ४२ । ४३ । ४४ ४५ । ४६ । ४७ । ४८ । ४९ । ५० । ५१ । ५२ इतिद्रोणपर्वणिटीकायामेकनवत्यधिकशततमोऽध्यायः ॥ १९१ ॥ ॥ सात्वतस्येति १ । २

३ । ४ । ५ । ६ । ७ । ८ । ९ । १० । ११ । १२ एषोहीतिसंधिरार्षः १३ । १४ । १५ । १६ । १७ । १८ । १९ । २० । २१ । ब्रह्मवादानांवेदतुल्यानांवचनानां द्वितीयार्थेषष्ठीश्रुत्वेतिशेषः

युधिष्ठिरस्ततोराजामाद्रीपुत्रौचपांडवौ ॥ भीमसेनश्चबलवान्सात्यकिंपर्यवारयन् ३ कर्णश्चशरवर्षेणगौतमश्चमहारथः ॥ दुर्योधनादयस्तेचशैनेयंपर्यवारयन् ४ तांवृष्टिंसहसाराजन्नुत्थितांघोररूपिणीम् ॥ वारयामासशैनेयोयोधयंस्तान्महारथान् ५ तेषामस्त्राणिदिव्यानिसंहितानिमहात्मनाम् ॥ वारयामासविधिवद्दिव्यैरस्त्रैर्महामृधे ६ क्रूरमायोधनंजज्ञेतस्मिन्राजसमागमे ॥ रुद्रस्येवहिक्रुद्धस्यनिघ्नतस्तान्पशून्पुरा ७ हस्तानामुत्तमांगानांकार्मुकाणांचभारत ॥ छत्राणांचापविद्धानांचामराणांचसंचयैः ८ राशयःस्मव्यदृश्यंततत्रतत्ररणाजिरे ॥ भग्नचक्रैरथैश्चापिपातितैश्चमहाध्वजैः ९ सादिभिश्चहतैःशूरैःसंकीर्णावसुधाऽभवत् ॥ बाणपातनिकृत्तास्तुयोधास्तेकुरुसत्तम १० चेष्टंतोविविधाश्चेष्टाव्यदृश्यंतमहाहवे ॥ वर्तमानेतथायुद्धेघोरेदेवासुरोपमे ११ अब्रवीत्क्षत्रियांस्तत्रधर्मराजोयुधिष्ठिरः ॥ अभिद्रवतसंयत्ताःकुंभयोनिंमहारथाः १२ एषोहिपार्षतोवीरोभारद्वाजेनसंगतः ॥ घटतेचयथाशक्तिभारद्वाजस्यनाशने १३ यादृशानिहिरूपाणिदृश्यंतेऽस्यमहारणे ॥ अद्यद्रोणंरणेक्रुद्धोघातयिष्यतिपार्षतः १४ तेयूयंसहिताभूत्वायुध्यध्वंकुंभसंभवम् ॥ युधिष्ठिरसमाज्ञप्ताःसृंजयानांमहारथाः १५ अभ्यद्रवंतसंयत्ताभारद्वाजजिघांसवः ॥ तान्समापततःसर्वान्भारद्वाजोमहारथः १६ अभ्यवर्ततवेगेनमर्तव्यमितिनिश्चितः ॥ प्रयातेसत्यसंधेतुसमकंपतमेदिनी १७ ववुर्वाताःसनिर्घातास्त्रासयानावरूथिनीम् ॥ पपातमहतीचोल्काआदित्यान्निश्चरंत्युत १८ दीपयंतीउभेसेनेशंसंतीवमहद्भयम् ॥ जज्वलुश्चैवशस्त्राणिभारद्वाजस्यमारिष १९ रथाःस्वनंतिचात्यर्थंहयाश्चाश्रूण्यवासृजन् ॥ हतौजाइवचाप्यासीद्भारद्वाजोमहारथः २० प्रास्फुरन्नयनंचास्यवामबाहुस्तथैवच ॥ विमनाश्चाभवद्युद्धेदृष्ट्वापार्षतमग्रतः २१ ऋषीणांब्रह्मवादानांस्वर्गस्यगमनंप्रति ॥ सुयुद्धेनततःप्राणानुत्स्रष्टुमुपचक्रमे २२ ततश्चतुर्दिशंसैन्यैर्द्रुपदस्याभिसंवृतः ॥ निर्दहन्क्षत्रियव्रातान्द्रोणःपर्यचरद्रणे २३ हत्वाविंशतिसाहस्रान्क्षत्रियानरिमर्दनः ॥ दशायुतानिकरिणामवधीद्विशिखैःशितैः २४ सोऽतिष्ठदाहवेयत्तोविधूमोऽग्निरिवज्वलन् ॥ क्षत्रियाणामभावायब्राह्ममस्त्रंसमास्थितः २५ पांचाल्यंविरथंभीमोहतसर्वायुधंबली ॥ सुविषण्णंमहात्मानंत्वरमाणःसमभ्ययात् २६ ततःस्वरथमारोप्यपांचाल्यमरिमर्दनः ॥ अब्रवीदभिसंप्रेक्ष्यद्रोणमस्यन्तमंतिकात् २७ नत्वदन्यइहाचार्यंयोद्धुमुत्सहतेपुमान् ॥ त्वरस्वप्राग्वधायैवत्वयिभारःसमाहितः २८ सतथोक्तोमहाबाहुःसर्वभारसहंधनुः ॥ अभिपत्याददेक्षिप्रमायुधप्रवरंदृढम् २९ संरब्धश्चशरानस्यन्द्रोणंदुर्वारणंरणे ॥ विवारयिषुराचार्यंशरवर्षैरवाकिरत् ३० तौन्यवारयतांश्रेष्ठौसंरब्धौरणशोभिनौ ॥ उदीरयंतौब्राह्माणिदिव्यान्यस्त्राण्यनेकशः ३१ समहास्त्रैर्महाराजद्रोणमाच्छादयद्रणे ॥ निहत्यसर्वाण्यस्त्राणिभारद्वाजस्यपार्षतः ३२

२२ । २३ । २४ । २५ । २६ । २७ । २८ । २९ । ३० । ३१ । ३२ ।

३३ । ३४ । ३५ । ३६ । ३७ । ३८ । ३९ । ४० । ४१ । ४२ । ४३ । ४४ । ४५ । ४६ । ४७ । ४८ । ४९ । ५० मुखमिति । उरमुरः अग्रतःअधरहनोरग्रेणविष्टभ्य हृदिधारणंविषयाणांस्मरणं

सवमातीन्शिबींश्चैवबाल्हीकान्कौरवानपि ॥ रक्षिष्यमाणान्संग्रामेद्रोणंव्यधमदच्युतः ३३ धृष्टद्युम्नस्तथाराजन्गभस्तिभिरिवांशुमान् ॥ बभौप्रच्छादयन्नाशाः
शरजालैःसमंततः ३४ तस्यद्रोणोधनुश्छित्वाविद्ध्वाचैनंशिलीमुखैः ॥ मर्माण्यभ्यहनद्भूयःसव्यथांपरमामगात् ३५ ततोभीमोदृढक्रोधोद्रोणस्याश्लिष्यतंरथम् ॥
शनकैरिवराजेन्द्रद्रोणंवचनमब्रवीत् ३६ यदिनामनयुध्येरन्शिक्षिताब्रह्मबंधवः ॥ स्वकर्मभिरसंतुष्टानस्मक्षत्रंक्षयंव्रजेत् ३७ अहिंसांसर्वभूतेषुधर्मंज्यायस्तरंविदुः ॥
तस्यचब्राह्मणोमूलंभवांश्चब्रह्मवित्तमः ३८ श्वपाकवन्म्लेच्छगणान्हत्वाचान्यान्पृथग्विधान् ॥ अज्ञानान्मूढवद्ब्रह्मन्पुत्रदारधनेप्सया ३९ एकस्यार्थेबहून्हत्वापुत्र
स्याधर्मविद्यया ॥ स्वकर्मस्थान्विकर्मस्थोनव्यपत्रपसेकथम् ४० यस्यार्थेशस्त्रमादायमपेक्ष्यचजीवसि ॥ सचाद्यपतितःशेतेपृष्टेनावेदितस्तव ४१ धर्मराजस्यत
द्वाक्यंनाभिशंकितुमर्हसि ॥ एवमुक्तस्ततोद्रोणोभीमेनोत्सृज्यतद्धनुः ४२ सर्वाण्यस्त्राणिधर्मात्माहातुकामोऽभ्यभाषत ॥ कर्णकर्णमहेष्वासकृपदुर्योधनेतिच ४३
संग्रामेक्रियतांयत्नोब्रवीम्येषपुनःपुनः ॥ पांडवेभ्यःशिवंवोऽस्तुशस्त्रमभ्युत्सृजाम्यहम् ४४ इतितत्रमहाराजप्राक्रोशद्द्रौणिमेवच ॥ उत्सृज्यचरणेशस्त्रंरथोपस्थेनिवि
श्यच ४५ अभयंसर्वभूतानांप्रददौयोगमीयिवान् ॥ तस्यतच्छिद्रमाज्ञायधृष्टद्युम्नःप्रतापवान् ४६ सशरंतद्धनुर्घोरंसंन्यस्याथरथेततः ॥ खड्गीरथादवप्लुत्यसहसा
द्रोणमभ्ययात् ४७ हाहाकृतानिभूतानिमानुषाणीतराणिच ॥ द्रोणंतथागतंदृष्ट्वाधृष्टद्युम्नवशंगतम् ४८ हाहाकारंभृशंचक्रुरहोधिगितिचाब्रुवन् ॥ द्रोणोऽपिश
स्त्राण्युत्सृज्यपरमंसांख्यमास्थितः ४९ तथोक्त्वायोगमास्थायज्योतिर्भूतोमहातपाः ॥ पुराणंपुरुषंविष्णुंजगाममनसापरम् ५० मुखंकिंचित्समुन्नाम्यविष्टभ्यउरम
ग्रतः ॥ निमीलिताक्षःसत्वस्थोनिक्षिप्यहृदिधारणाम् ५१ ओमित्येकाक्षरंब्रह्मज्योतिर्भूतोमहातपाः ॥ स्मरित्वादेवदेवेशमक्षरंपरमंप्रभुम् ५२ दिवमाक्रामदाचार्यः
साक्षात्सद्भिर्दुराक्रमाम् ॥ द्वौसूर्याविति नोबुद्धिरासीत्तस्मिंस्तथागते ५३ एकाग्रमिवचासीच्चज्योतिर्भिःपूरितंनभः ॥ समपद्यतचार्काभेभारद्वाजदिवाकरे ५४ निमे
षमात्रेणचतज्ज्योतिरंतरधीयत ॥ आसीत्किलकिलाशब्दःप्रहृष्टानांदिवौकसाम् ५५ ब्रह्मलोकगतेद्रोणेधृष्टद्युम्नेचमोहिते ॥ वयमेवतदाऽद्राक्ष्मपंचमानुषयोनयः
५६ योगयुक्तंमहात्मानंगच्छंतंपरमांगतिम् ॥ अहंधनंजयःपार्थोभारद्वाजस्यचात्मजः ५७ वासुदेवश्चवार्ष्णेयोधर्मपुत्रश्चपांडवः ॥ अन्येतुसर्वेनापश्यन्भा
रद्वाजस्यधीमतः ५८ महिमानंमहाराजयोगयुक्तस्यगच्छतः ॥ ब्रह्मलोकंमहद्दिव्यंदेवगुह्यंहितत्परम् ५९ गतिंपरमिकांप्राप्तमजानंतोनृयोनयः ॥
नापश्यन्गच्छमानंहितंसार्धमृषिपुंगवैः ६० ॥ ॥ ॥ ॥ ॥

५४ निक्षिप्यनिरस्य अतएवसत्त्वस्थःरजस्तमोमलशून्येशुद्धेसत्वेस्फटिककल्पेस्थितः तत्रस्थितोभूत्वाओमित्यनेनप्रतीकेनएकाक्षरंवासुदेवाख्यंब्रह्मस्मारित्वास्मृत्वातद्बलेनाचार्योदिवमाक्रामदितिसार्धयोःसंबंधः ५१
५२ । ५३ । ५४ । ५५ । ५६ । ५७ । ५८ । ५९ । ६० ॥ ॥ ॥ ॥ ॥

६१ । ६२ । ६३ अशीतीनांपंचकमस्यास्तीतिविग्रहः चतुःशतवार्षिकइत्यर्थः यद्वातत्कालोचितस्यपुरुषायुषस्यविंशत्याभक्तस्यभागत्रयोनवयस्कइत्यर्थः ६४ । ६५ । ६६ । ६७ । ६८ । ६९ । ७० । ७१

आचार्ययोगमास्थायब्रह्मलोकमरिंदमम् ॥ वितुन्नांगंशरव्रातैर्न्यस्तायुधमसृक्क्षरम् ६१ धिक्कृतःपार्षतस्तंतुसर्वभूतैःपरामृशत् ॥ तस्यमूर्धानमालंब्यगतसत्त्वस्यदेहिनः ६२ किंचिदब्रुवतःकायाद्विचकर्तासिनाशिरः ॥ हर्षेणमहतायुक्तोभारद्वाजेनिपातिते ६३ सिंहनादरवंचक्रेभ्रामयन्खड्गमाहवे ॥ आकर्णपलितश्यामोवयसाऽशीतिपंचकः ६४ त्वत्कृतेव्यचरत्संख्येसतुषोडशवर्षवत् ॥ उक्तवांश्चमहाबाहुःकुंतीपुत्रोधनंजयः ६५ जीवंतमानयाचार्यमावधीर्द्रुपदात्मज ॥ नहंतव्योनहंतव्यइतितेसैनिकाश्चह ६६ उत्क्रोशन्नर्जुनश्चैवसानुक्रोशस्तमाव्रजत् ॥ क्रोशमानेऽर्जुनेचैवपार्थिवेषुचसर्वशः ६७ धृष्टद्युम्नोऽवधीद्द्रोणंरथतल्पेनरर्षभम् ॥ शोणितेनपरिक्लिन्नोरथाद्भूमिमथापतत् ६८ लोहितांगइवादित्योदुर्धर्षःसमपद्यत ॥ एवंतंनिहतंसंख्येददृशेसैनिकोजनः ६९ धृष्टद्युम्नस्तुतद्राजन्भारद्वाजशिरोऽहरत् ॥ तावकानांमहेष्वासःप्रमुखेतत्समाक्षिपत् ७० तेतुदृष्ट्वाशिरोराजन्भारद्वाजस्यतावकाः ॥ पलायनकृतोत्साहादुद्रुवुःसर्वतोदिशम् ७१ द्रोणस्तुदिवमास्थायनक्षत्रपथमाविशत् ॥ अहमेवतदाऽद्राक्षंद्रोणस्यनिधनंनृप ७२ ऋषेःप्रसादात्कृष्णस्यसत्यवत्याःसुतस्यच ॥ विधूमामिहसंयांतीमुल्कांप्रज्वलितामिव ७३ अपश्यामदिवंस्तब्ध्वागच्छंतंतंमहाद्युतिम् ॥ हतेद्रोणेनिरुत्साहाःकुरुपांडवसृंजयाः ७४ अभ्यद्रवन्महावेगास्ततःसैन्यंव्यदीर्यत ॥ निहताहतभूयिष्ठाःसंग्रामेनिशितैःशरैः ७५ तावकानिहतेद्रोणेगतासवइवाभवन् ॥ पराजयमथावाप्यपरत्रचमहद्भयम् ७६ उभयेनैवतेहीनानाविंदन्धृतिमात्मनः ॥ अन्विच्छंतःशरीरंतुभारद्वाजस्यपार्थिवाः ७७ नान्वगच्छन्महाराजकबंधायुतसंकुले ॥ पांडवास्तुजयंलब्ध्वापरत्रचमहद्यशः ७८ बाणशंखरवांश्चक्रुःसिंहनादांश्चपुष्कलान् ॥ भीमसेनस्ततोराजन्धृष्टद्युम्नश्चपार्षतः ७९ वरूथिन्यामनृत्येतांपरिष्वज्यपरस्परम् ॥ अब्रवीच्चतदाभीमःपार्षतंशत्रुतापनम् ८० भूयोऽहंत्वांविजयिनंपरिष्वज्यामिपार्षत ॥ सूतपुत्रेहतेपापेधार्तराष्ट्रेचसंयुगे ८१ एतावदुक्त्वाभीमस्तुहर्षेणमहतायुतः ॥ बाहुशब्देनपृथिवींकंपयामासपांडवः ८२ तस्यशब्देनवित्रस्ताःप्राद्रवंस्तावकायुधि ॥ क्षत्रधर्मंसमुत्सृज्यपलायनपरायणाः ८३ पांडवास्तुजयंलब्ध्वाहृष्टाह्यासन्विशांपते ॥ अरिक्षयंचसंग्रामेतेनतेसुखमाप्नुवन् ८४ ॥ इतिश्रीमहाभारतेद्रोणवधपर्वणिद्रोणवधेद्विनवत्यधिकशततमोऽध्यायः ॥ १९२ ॥ ॥ समाप्तंचद्रोणवधपर्व ॥ अथनारायणास्त्रमोक्षपर्व ॥ ॥ संजयउवाच ॥ ततोद्रोणेहतेराजन्कुरवःशस्त्रपीडिताः ॥ हतप्रवीराविध्वस्ताभृशंशोकपरायणाः १ उदीर्णांश्चपरान्दृष्ट्वाकंपमानाःपुनःपुनः ॥ अश्रुपूर्णेक्षणास्त्रस्तादीनास्त्वामन्विशांपते २ विचेतसोहतोत्साहाःकश्मलाभिहतौजसः ॥ आर्तस्वरेणमहतापुत्रंतेपर्यवारयन् ३ ॥ ॥ ॥ ॥

७२ । ७३ । ७४ । ७५ परत्रचमहद्भयमिति पलायनस्यपरलोकविरुद्धत्वात् ७६ उभयेनलोकद्वयेनहीनारहिताः ७७ । ७८ । ७९ । ८० । ८१ । ८२ । ८३ । ८४ ॥ इतिद्रोणपर्वणिटीकायांद्विनवत्यधिकशततमोऽध्यायः ॥ १९२ ॥ ॥ ॥ ॥ ततइति १ । २ । ३ ॥ ॥ ॥ ॥

रजस्वलांवेपमानावीक्षमाणादिशोदश ॥ अश्रुकंठायथादैत्याहिरण्याक्षेपुराहते ४ सतैःपरिवृतोराजात्रस्तैःक्षुद्रमृगैरिव ॥ अशक्नुवन्नवस्थातुमपायात्तनयस्तव ५ क्षु
त्पिपासापरिम्लानास्तेयोधास्तवभारत ॥ आदित्येनेवसंतप्ताभृशंविमनसोऽभवन् ६ भास्करस्येवपतनंसमुद्रस्येवशोषणम् ॥ विपर्यासंयथामेरोर्वासवस्येवनिर्जयम्
७ अमर्षणीयंतदृष्ट्वाभारद्वाजस्यपातनम् ॥ त्रस्तरूपतराराजन्कौरवाःप्राद्रवन्भयात् ८ गांधारराजःशकुनिस्त्रस्तस्त्रस्ततरैःसह ॥ हतंरुक्मरथंश्रुत्वाप्राद्रवत्सहितो
रथैः ९ वरूथिनींवेगवतींविद्रुतांसपताकिनीम् ॥ परिगृह्यमहासेनांसूतपुत्रोऽपयाद्भयात् १० रथनागाश्वकलिलांपुरस्कृत्यतुवाहिनीम् ॥ मद्राणामीश्वरःशल्यो
वीक्ष्यमाणोऽपयाद्भयात् ११ हतप्रवीरैर्भूयिष्ठैर्ध्वजैर्बहुपताकिभिः ॥ वृतःशारद्वतोऽगच्छत्कष्टंकष्टमितिब्रुवन् १२ भोजानीकेनशिष्टेनकलिंगारट्टबाह्लिकैः ॥
कृतवर्मावृतोराजन्प्रायात्सुजवनैर्हयैः १३ पदातिगणसंयुक्तस्त्रस्तोराजन्भयार्दितः ॥ उलूकःप्राद्रवत्तत्रदृष्ट्वाद्रोणंनिपातितम् १४ दर्शनीयोयुवाचैवशौर्येणकृत
लक्षणः ॥ दुःशासनोभृशोद्विग्नःप्राद्रवद्गजसंवृतः १५ रथानामयुतंगृह्यत्रिसाहस्रंचदंतिनाम् ॥ वृषसेनोययौतूर्णंदृष्ट्वाद्रोणंनिपातितम् १६ गजाश्वरथसंयुक्तोवृत
श्चैवपदातिभिः ॥ दुर्योधनोमहाराजप्रायात्तत्रमहारथः १७ संशप्तकगणान्गृह्यहतशेषान्किरीटिना ॥ सुशर्माप्राद्रवद्राजन्दृष्ट्वाद्रोणंनिपातितम् १८ गजान्रथान्स
मारुह्यव्युदस्यचहयान्जनाः ॥ प्राद्रवन्सर्वतःसंख्येदृष्ट्वारुक्मरथंहतम् १९ त्वरयंतःपितॄनन्येभ्रातॄनन्येऽथमातुलान् ॥ पुत्रानन्येवयस्यांश्चप्राद्रवन्कुरवस्तदा २०
चोदयंतश्चसैन्यानिस्वस्रीयांश्चतथाऽपरे ॥ संबंधिनस्तथाऽन्येचप्राद्रवंतदिशोदश २१ प्रकीर्णकेशाविध्वस्तानद्वावेकत्रधावतः ॥ नेदमस्तीतिमन्वानाहतोत्सा
हाहतौजसः २२ उत्सृज्यकवचानन्येप्राद्रवंस्तावकाविभो ॥ अन्योन्यंतेसमाक्रोशन्सैनिकाभरतर्षभ २३ तिष्ठतिष्ठेतिनचतेस्वयंतत्रावतस्थिरे ॥ धुर्यानुन्मुच्यच
रथाद्धतसूतात्स्वलंकृतान् ॥ अधिरुह्यहयान्योधाःक्षिप्रंपद्भिरचोदयन् २४ द्रवमाणेतथासैन्येत्रस्तरूपेहतौजसि ॥ प्रतिस्रोतइवग्राहोद्रोणपुत्रःपरानियात् २५
तस्यासीत्सुमहद्युद्धंशिखंडिप्रमुखैर्गणैः ॥ प्रभद्रकैश्चपंचालैश्चेदिभिश्चसकेकयैः २६ हत्वाबहुविधाःसेनाःपांडूनांयुद्धदुर्मदः ॥ कथंचित्संकटान्मुक्तोमत्तद्विरद
विक्रमः २७ द्रवमाणंबलंदृष्ट्वापलायनकृतक्षणम् ॥ दुर्योधनंसमासाद्यद्रोणपुत्रोऽब्रवीदिदम् २८ किमियंद्रवतेसेनात्रस्तरूपेवभारत ॥ द्रवमाणांचराजेंद्रनाव
स्थापयसेरणे २९ त्वंचापिनयथापूर्वंप्रकृतिस्थोनराधिप ॥ कर्णप्रभृतयश्चेमेनावतिष्ठंतिपार्थिव ३० अन्येष्वपिचयुद्धेषुनैवसेनाद्रवत्तदा ॥ कच्चित्क्षेमंमहा
बाहोतवसैन्यस्यभारत ३१ कस्मिन्निदंहतेराजन्रथसिंहेबलंतव ॥ एतामवस्थांसंप्राप्तंतन्ममाचक्ष्वकौरव ३२ तत्तुदुर्योधनःश्रुत्वाद्रोणपुत्रस्यभाषितम् ॥
घोरमप्रियमाख्यातुंनाशक्नोत्पार्थिवर्षभः ३३

॥ १६१ ॥ भिन्नानौरिवतेपुत्रोमग्नःशोकमहार्णवे ॥ बाष्पेणापिहितोदृष्ट्वाद्रोणपुत्रंरथेस्थितम् ३४ ततःशारद्वतंराजासव्रीडमिदमब्रवीत् ॥ शंसात्रभद्रंतेसर्वंयथासैन्यमि अ०
दंद्रुतम् ३५ अथशारद्वतोराजन्नार्तिमार्च्छन्पुनःपुनः ॥ शशंसद्रोणपुत्रायथाद्रोणोनिपातितः ३६ ॥ कृपउवाच ॥ वयंद्रोणंपुरस्कृत्यपृथिव्यांप्रवरंरथम् ॥ १९३
प्रावर्तयामसंग्राममंपंचालैरेवकेवलम् ३७ ततःप्रवृत्तेसंग्रामेविमिश्राःकुरुसोमकाः ॥ अन्योन्यमभिगर्जंतःशस्त्रैर्देहानपातयन् ३८ वर्तमानेतथायुद्धेक्षीयमाणेषु
संयुगे ॥ धार्तराष्ट्रेषुसंक्रुद्धःपितातेऽस्त्रमुदैरयत् ३९ ततोद्रोणोब्राह्ममस्त्रंविकुर्वाणोनरर्षभः ॥ व्यहनच्छात्रवान्भल्लैःशतशोऽथसहस्रशः ४० पांडवाःकेकयाम
त्स्याःपंचालाश्चविशेषतः ॥ संख्येद्रोणरथंप्राप्यव्यनशन्कालचोदिताः ४१ सहस्रंनरसिंहानांद्विसाहस्रंचदंतिनाम् ॥ द्रोणोब्रह्मास्त्रयोगेनप्रेषयामासमृत्यवे
४२ आकर्णपलितश्यामोवयसाऽशीतिपंचकः ॥ रणेपर्यचरद्द्रोणोवृद्धःषोडशवर्षवत् ४३ क्लिश्यमानेषुसैन्येषुवध्यमानेषुराजसु ॥ अमर्षवशमापन्नाःपंचाला
विमुखाऽभवन् ४४ तेषुकिंचित्प्रभग्नेषुविमुखेषुसपत्नजित् ॥ दिव्यमस्त्रंविकुर्वाणोबभूवार्कइवोदितः ४५ समध्यंप्राप्यपांडूनांशररश्मिःप्रतापवान् ॥ मध्यंग
तइवादित्योदुष्प्रेक्ष्यस्तेपिताऽभवत् ४६ तेदह्यमानाद्रोणेनसूर्येणेवविराजता ॥ दग्धवीर्यानिरुत्साहाबभूवुर्गतचेतसः ४७ तान्दृष्ट्वापीडितान्बाणैर्द्रोणेनम
धुसूदनः ॥ जयैषीपांडुपुत्राणामिदंवचनमब्रवीत् ४८ नैषजातुनरैःशक्योजेतुंशस्त्रभृतांवरः ॥ अपिवृत्रहणासंख्येरथयूथपयूथपः ४९ तेयूयंधर्ममुत्सृज्यज
यंरक्षतपांडवाः ॥ यथावःसंयुगेसर्वान्नहन्याद्रुक्मवाहनः ५० अश्वत्थाम्निहतेनैषयुध्येदितिमतिर्मम ॥ हतंतंसंयुगेकश्चिदाख्यात्वस्मैमृषानरः ५१ एतन्नारोच
यद्वाक्यंकुंतीपुत्रोधनंजयः ॥ अरोचयंस्तुसर्वेऽन्येकृच्छ्रेणतुयुधिष्ठिरः ५२ भीमसेनस्तुसव्रीडमब्रवीत्पितरंतव ॥ अश्वत्थामाहतइतितंनाबुध्यततेपिता ५३
सशंकमानस्तन्मिथ्याधर्मराजमपृच्छत ॥ हतंवाऽप्यहतंवाऽऽजौत्वांपितापुत्रवत्सलः ५४ तमतथ्यभयेमग्नोजयेसक्तोयुधिष्ठिरः ॥ अश्वत्थामानमायोधेहतं
दृष्ट्वामहागजम् ५५ भीमेनगिरिवर्ष्माणंमालवस्येंद्रवर्मणः ॥ उपसृत्यतदाद्रोणमुच्चैरिदमुवाचह ५६ यस्यार्थेशस्त्रमादत्सेयमवेक्ष्यचजीवसि ॥ पुत्रस्तेदयि
तोनित्यंसोऽश्वत्थामानिपातितः ५७ शेतेविनिहतोभूमौवनेसिंहशिशुर्यथा ५८ जानन्नप्यनृतस्याथदोषान्सद्विजसत्तमम् ॥ अव्यक्तमब्रवीद्राजाहतःकुंजर
इत्युत ५९ सत्वांनिहतमाक्रंदेश्रुत्वासंतापतापितः ॥ नियम्यदिव्यान्यस्त्राणिनायुध्यतयथापुरा ६० तंदृष्ट्वापरमोद्विग्नंशोकातुरमचेतसम् ॥ पांचालराज
स्यसुतःक्रूरकर्मासमाद्रवत् ६१ तंदृष्ट्वाविहितंमृत्युंलोकतत्त्वविचक्षणः ॥ दिव्यान्यस्त्राण्यथोत्सृज्यरणेप्रायमुपाविशत् ६२ ततोऽस्यकेशान्सव्येनगृहीत्वापा
णिनातदा ॥ पार्षतःक्रोशमानानांवीराणामच्छिनच्छिरः ६३ ॥ १६१ ॥

६४ । ६५ । ६६ । ६७ । ६८ । ६९ । ७० ॥ इति द्रोणपर्वणि टीकायां त्रिनवत्यधिकशततमोऽध्यायः ॥ १९३ ॥ ॥ अधर्मेणेति १ । २ । ३ । ४ । ५ । ६ । ७ । ८ । ९ । १० । ११ । १२

नहंतव्योनहंतव्यइतितेसर्वतोऽब्रुवन् ॥ तथैवचार्जुनोवाहादवरुह्यैनमाद्रवत् ६४ उद्यम्यत्वरितोबाहुंब्रुवाणश्चपुनःपुनः ॥ जीवंतमानयाचार्यंमाऽवधीरितिधर्मवित् ६५
तथानिवार्यमाणेनकौरवैरर्जुनेनच ॥ हतएवनृशंसेनपितातवनरर्षभ ६६ सैनिकाश्चततःसर्वेप्राद्रवंतभयार्दिताः ॥ वयंचापिनिरुत्साहाहतेपितरितेऽनघ ६७ ॥
संजयउवाच ॥ तच्छ्रुत्वाद्रोणपुत्रस्तुनिधनंपितुराहवे ॥ क्रोधमाहारयत्तीव्रंपदाहतइवोरगः ६८ ततःक्रुद्धोरणेद्रौणिर्भृशंजज्वालमारिष ॥ यथेन्धनंमहत्प्राप्यप्राज्वल
द्धव्यवाहनः ६९ तलंतलेननिष्पिष्यदन्तैर्दन्तानुपास्पृशत् ॥ निःश्वसन्नुरगोयद्वल्लोहिताक्षोऽभवत्तदा ७० ॥ ॥ इतिश्रीमहाभारतेद्रोणपर्वणिद्रोणवधपर्वणिनारा
यणास्त्रमोक्षपर्वण्यश्वत्थामक्रोधेत्रिनवत्यधिकशततमोऽध्यायः ॥ १९३ ॥ ॥ धृतराष्ट्रउवाच ॥ अधर्मेणहतंश्रुत्वाधृष्टद्युम्नेनसंजय ॥ ब्राह्मणंपितरंवृद्धमश्वत्था
माकिमब्रवीत् १ मानवंवारुणाग्नेयंब्राह्ममस्त्रंचवीर्यवान् ॥ ऐंद्रंनारायणंचैवयस्मिन्नित्यंप्रतिष्ठितम् २ तमधर्मेणधर्मिष्ठंधृष्टद्युम्नेनसंयुगे ॥ श्रुत्वानिहतमाचार्यंसोऽश्व
त्थामाकिमब्रवीत् ३ येनरामादवाप्येहधनुर्वेदंमहात्मना ॥ प्रोक्तान्यस्त्राणिदिव्यानिपुत्रायगुणकांक्षिणा ४ एकमेवहिलोकेऽस्मिन्नात्मनोगुणवत्तरम् ॥ इच्छंतिपुरु
षाःपुत्रंलोकेनान्यंकथंचन ५ आचार्याणांभवंत्येवरहस्यानिमहात्मनाम् ॥ तानिपुत्रायवादद्युःशिष्यायानुगतायवा ६ सशिष्यःप्राप्यतत्सर्वंसविशेषंचसंजय ॥
शूरःशारद्वतीपुत्रःसंख्येद्रोणादनंतरः ७ रामस्यतुसमःशस्त्रेपुरंदरसमोयुधि ॥ कार्तवीर्यसमोवीर्येबृहस्पतिसमोमतौ ८ महीधरसमःस्थैर्येतेजसाऽग्निसमोयुवा ॥ समु
द्रइवगांभीर्येक्रोधेचाशीविषोपमः ९ सरथीप्रथमोलोकेदृढधन्वाजितक्लमः ॥ शीघ्रोऽनिलइवाक्रंदेचरन्क्रुद्धइवांतकः १० अस्यतायेनसंग्रामेधरण्यभिनिपीडिता ॥
योनव्यथतिसंग्रामेवीरःसत्यपराक्रमः ११ वेदस्नातोव्रतस्नातोधनुर्वेदेचपारगः ॥ महोदधिरिवाक्षोभ्योरामोदाशरथिर्यथा १२ तमधर्मेणधर्मिष्ठंधृष्टद्युम्नेनसंयुगे ॥
श्रुत्वानिहतमाचार्यमश्वत्थामाकिमब्रवीत् १३ धृष्टद्युम्नस्ययोमृत्युःसृष्टस्तेनमहात्मना ॥ यथाद्रोणस्यपांचाल्योयज्ञसेनसुतोऽभवत् १४ तंनृशंसेनपापेनक्रूरेणादी
र्घदर्शिना ॥ श्रुत्वानिहतमाचार्यमश्वत्थामाकिमब्रवीत् १५ ॥ इतिश्रीमहाभारतेद्रोणपर्वणिनारायणास्त्रमोक्षपर्वणिधृतराष्ट्रप्रश्नेचतुर्नवत्यधिकशततमोऽध्यायः १९४ ॥
॥ संजयउवाच ॥ ॥ छद्मनानिहतंश्रुत्वापितरंपापकर्मणा ॥ बाष्पेणापूर्यतद्रौणीरोषेणचनरर्षभ १ तस्यक्रुद्धस्यराजेंद्रवपुर्दीप्तमदृश्यत ॥ अंतकस्येवभूतानि
जिहीर्षोःकालपर्यये २ अश्रुपूर्णेततोनेत्रेव्यपमृज्यपुनःपुनः ॥ उवाचकोपान्निःश्वस्यदुर्योधनमिदंवचः ३ पितामममयथाक्षुद्रैर्न्यस्तशस्त्रोनिपातितः ॥ धर्म
ध्वजवतापापंकृतंतद्विदितंमम ४ ॥ ॥ ॥ ॥

१३ । १४ । १५ ॥ इति द्रोणपर्वणि टीकायां चतुर्नवत्यधिकशततमोऽध्यायः ॥ १९४ ॥ ॥ छद्मनेति १ । २ । ३ धर्मध्वजवतादांभिकेन तत् अनृतवचनरूपंपापम् ४ ॥

अनार्यनीचयोग्यंकर्म धर्मपुत्रस्येत्युपालंभः ५ । ६ । ७ । ८ । ९ बाल्येनचापलेन १० विधर्मकाणिधर्मविरुद्धानि ११ अनुबंधंफलम् १२ पांडवश्चानुबंधंद्रष्टेत्यनुषज्यते १३ । १४ । १५ । १६ । १७ । १८

अनार्यसुनृशंसंचधर्मपुत्रस्यमेश्रुतम् ॥ युद्धेष्वपिप्रवृत्तानांध्रुवंजयपराजयौ ५ द्वयमेतद्भवेद्राजन्वधस्तत्रप्रशस्यते ॥ न्यायवृत्तोवधोयस्तुसंग्रामेयुध्यतोभवेत् ६
नसदुःखायभवतितथादृष्टोहिसद्भिर्जैः ॥ गतःसवीरलोकायपितामममनसंशयः ७ नशोच्यःपुरुषव्याघ्रयस्तदानिधनंगतः ॥ यत्तुधर्मप्रवृत्तःसन्केशग्रहणमाप्तवान् ८
पश्यतांसर्वसैन्यानांतन्मेमर्माणिकृंतति ॥ मयिजीवतियत्तातःकेशग्रहमवाप्तवान् ९ कथमन्येकरिष्यंतिपुत्रेभ्यःपुत्रिणःस्पृहाम् ॥ कामात्क्रोधादविज्ञानाद्धर्षाद्वा
ल्येनवापुनः १० विधर्मकाणिकुर्वंतितथापरिभवंतिच ॥ तदिदंपार्षतेनेहमहदाधार्मिकंकृतम् ११ अवज्ञायचमांनूनंनृशंसेनदुरात्मना ॥ तस्यानुबंधंद्रष्टाऽसौधृष्ट
द्युम्नःसुदारुणम् १२ अकार्यपरमंकृत्वामिथ्यावादीचपांडवः ॥ योह्यसौछद्मनाऽऽचार्यंशस्त्रंसंन्यासयत्तदा १३ तस्याद्यधर्मराजस्यभूमिःपास्यतिशोणितम् ॥
शपेसत्येनकौरव्यइष्टापूर्तेनचैवह १४ अहत्वासर्वपंचालान्जीवेयंनकथंचन ॥ सर्वोपायैर्यतिष्यामिपंचालानामहंवधे १५ धृष्टद्युम्नंचसमरेहंताऽहंपापकारिणम् ॥
कर्मणायेनतेनेहमृदुनादारुणेनच १६ पंचालानांवधंकृत्वाशांतिंलब्धाऽस्मिकौरव ॥ यदर्थंपुरुषव्याघ्रपुत्रानिच्छंतिमानवाः १७ प्रेत्यचेहचसंप्राप्तांस्त्रायंतेमहतोभ
यात् ॥ पित्रातुममसाऽवस्थाप्राप्तानिर्बंधुनायथा १८ मयिशैलप्रतीकाशेपुत्रेशिष्येचजीवति ॥ धिङ्ममास्त्राणिदिव्यानिधिग्बाहूधिक्पराक्रमम् १९ यंस्मद्रोणः
सुतंप्राप्यकेशग्रहमवाप्तवान् ॥ सतथाऽहंकरिष्यामियथाभारतसत्तम २० परलोकगतस्यापिभविष्याम्यनृणःपितुः ॥ आर्येणहिनवक्तव्याकदाचित्स्तुतिरात्मनः
२१ पितुर्वधममृष्यंस्तुवक्ष्याम्यद्येहपौरुषम् ॥ अद्यपश्यंतुमेवीर्यंपांडवाःसजनार्दनाः २२ मृद्नतःसर्वसैन्यानियुगांतमिवकुर्वतः ॥ नहिदेवानगंधर्वानासुरानचरा
क्षसाः २३ अद्यशक्तारणेजेतुंरथस्थंमांनरर्षभाः ॥ मदन्योनास्तिलोकेऽस्मिन्नर्जुनाद्वाऽस्त्रवित्क्वचित् २४ अहंहिज्वलतांमध्येमयूखानामिवांशुमान् ॥ प्रयोक्तादेव
सृष्टानामस्त्राणांपृतनागतः २५ भृशमिष्वसनादद्यमत्प्रयुक्तामहाहवे ॥ दर्शयंतःशरावीर्यंप्रमथिष्यंतिपांडवान् २६ अद्यसर्वादिशोराजन्धाराभिरिवसंकुलाः ॥
आवृताःपत्रिभिस्तीक्ष्णैर्द्रष्टारोमामकैरिह २७ विकिरञ्छरजालानिसर्वतोभैरवस्वनान् ॥ शत्रून्निपातयिष्यामिमहावातइवद्रुमान् २८ नहिजानातिबीभत्सुस्तद
स्त्रंनजनार्दनः ॥ नभीमसेनोनयमौनचराजायुधिष्ठिरः २९ नपार्षतोदुरात्माऽसौनशिखंडीनसात्यकिः ॥ यदिदंमयिकौरव्यसकल्पंसनिवर्तनम् ३० नारायणायमे
पित्राप्रणम्यविधिपूर्वकम् ॥ उपहारःपुरादत्तोब्रह्मरूपउपस्थितः ३१ तंस्वयंप्रतिगृह्याथभगवान्सवरंददौ ॥ वव्रेपितामेपरममस्त्रंनारायणंततः ३२ अथैनमब्रवीद्रा
जन्भगवान्देवसत्तमः ॥ भवितात्वत्समोनान्यःकश्चिद्युधिनरःक्वचित् ३३ नत्विदंसहसाब्रह्मन्प्रयोक्तव्यंकथंचन ॥ नह्येतदस्त्रमन्यत्रवधाच्छत्रोर्निवर्तते ३४ ॥

१९ । २० । २१ । २२ । २३ । २४ मयूखानांमयूखवतां २५ । २६ । २७ । २८ । २९ कल्पःप्रयोगः निवर्तनमुपसंहारः ३० ब्रह्मरूपोवेदरूप वैदिकैर्मन्त्रैःस्तुतवानित्यर्थः उपस्थितइतितदन्यस्योपहा
रस्यतदानीमभावोदर्शितः ३१ । ३२ । ३३ । ३४ ॥ ॥ ॥ ॥ ॥

३५ रथस्यैवविसर्जनंशस्त्राणामपिविसर्जनंच प्रयाचतांमाभैषीरितियाचमानानां शरणस्यममनंत्वमेवशरणंनइतिकीर्तनंच ३६ पीडितःपीडितंशस्त्रांतरेणबाधितं पुंस्त्वमार्षम् ३७ । ३८ । ३९ पितृबंधुनामया ४०

नचैतच्छक्यतेज्ञातुंकेनवध्येदितिप्रभो ॥ अवध्यमपिहन्याद्धितस्मान्नैतत्प्रयोजयेत् ३५ अथसंख्येरथस्यैवशस्त्राणांचविसर्जनम् ॥ प्रयाचतांचशत्रूणांगमनंशरणस्य च ३६ एतेप्रशमनेयोगामहास्त्रस्यपरंतप ॥ सर्वथापीडितोहिंस्यादवध्यान्पीडयन्रणे ३७ तज्जग्राहपितामह्यमब्रवीच्चैवसप्रभुः ॥ त्वंवधिष्यसिसर्वाणिशस्त्रवर्षाण्यनेकशः ३८ अनेनास्त्रेणसंग्रामेतेजसाचज्वलिष्यसि ॥ एवमुक्त्वासभगवान्दिवमाचक्रमेप्रभुः ३९ एतन्नारायणादस्त्रंतत्प्राप्तंपितृबंधुना ॥ तेनाहंपांडवांश्चैवपंचालान्मत्स्यकेकयान् ४० विद्रावयिष्यामिरणेशचीपतिरिवासुरान् ॥ यथायथाऽहमिच्छेयंतथाभूत्वाशराम्मम ४१ निपतेयुःसपत्नेषुविक्रमत्स्वपिभारत ॥ यथेष्टमश्मवर्षेणप्रवर्षिष्येरणेस्थितः ४२ अयोमुखैश्चविहगैर्द्रावयिष्येमहारथान् ॥ परश्वधांश्चनिशितानुत्स्रक्ष्येऽहमसंशयम् ४३ सोऽहंनारायणास्त्रेणमहताशत्रुतापनः ॥ शत्रून्विध्वंसयिष्यामिकदर्थीकृत्यपांडवान् ४४ मित्रब्रह्मगुरुद्रोहीजाल्मकःसुविगर्हितः ॥ पांचालापसदश्चाद्यनमेजीवन्विमोक्ष्यते ४५ तच्छ्रुत्वाद्रोणपुत्रस्यपर्यवर्ततवाहिनी ॥ ततःसर्वेमहाशंखान्दध्मुःपुरुषसत्तमाः ४६ भेरीश्चाभ्यहनन्हृष्टाडिंडिमांश्चसहस्रशः ॥ तथाननादवसुधाखुरनेमिप्रपीडिता ४७ सशब्दस्तुमुलःखंद्यांपृथिवींचव्यनादयत् ॥ तंशब्दंपांडवाःश्रुत्वापर्जन्यनिनदोपमम् ४८ समेत्यरथिनांश्रेष्ठाःसहिताश्चाप्यमंत्रयन् ॥ तथोक्त्वाद्रोणपुत्रस्तुवार्युपस्पृश्यभारत ४९ प्रादुश्चकारतद्दिव्यमस्त्रंनारायणंतदा ५० इतिश्रीमहाभारतेद्रोणपर्वणिनारायणास्त्रमोक्षपर्वण्यश्वत्थामक्रोधेपंचनवत्यधिकशततमोऽध्यायः ॥ १९५ ॥ ॥

॥ संजयउवाच ॥ प्रादुर्भूतेततस्तस्मिन्नस्त्रेनारायणेप्रभो ॥ प्रावात्सपृषतोवायुरनभ्रेस्तनयित्नुमान् १ चचालपृथिवीचापिचुक्षुभेचमहोदधिः ॥ प्रतिस्रोतःप्रवृत्ताश्चगंतुंतत्रसमुद्रगाः २ शिखराणिव्यशीर्यंतगिरीणांतत्रभारत ॥ अपसव्यंमृगाश्चैवपांडुसेनांप्रचक्रिरे ३ तमसाचावकीर्यन्तसूर्यश्चकलुषोऽभवत् ॥ संपतंतिचभूतानिक्रव्यादानिप्रहृष्टवत् ४ देवदानवगंधर्वास्त्रस्तास्त्वासन्विशांपते ॥ कथंकथाऽभवत्तीव्रादृष्ट्वातद्व्याकुलंमहत् ५ व्यथिताःसर्वराजानस्त्रस्ताश्चासन्विशांपते ॥ तद्दृष्ट्वाघोररूपंवैद्रौणेरस्त्रंभयावहम् ६ धृतराष्ट्रउवाच ॥ निवर्तितेषुसैन्येषुद्रोणपुत्रेणसंयुगे ॥ भृशंशोकाभितप्तेनपितुर्वधममृष्यता ७ कुरूनापततोदृष्ट्वाधृष्टद्युम्नस्यरक्षणे ॥ कोमंत्रःपांडवेष्वासीत्तन्ममाचक्ष्वसंजय ८ ॥ संजयउवाच ॥ प्रागेवविद्रुतान्दृष्ट्वाधार्तराष्ट्रान्युधिष्ठिरः ॥ पुनश्चतुमुलंशब्दंश्रुत्वाऽर्जुनमथाब्रवीत् ९ ॥ युधिष्ठिरउवाच ॥ आचार्येनिहतेद्रोणेधृष्टद्युम्नेनसंयुगे ॥ निहतेवज्रहस्तेनयथावृत्रेमहासुरे १० नाशंसंतोजयंयुद्धेदीनात्मानोधनंजय ॥ आत्मत्राणेमतिंकृत्वाप्राद्रवन्कुरवोरणात् ११

४१ । ४२ । ४३ । ४४ जाल्मकोमूर्खः ४५ । ४६ । ४७ । ४८ । ४९ । ५० ॥ इतिद्रोणपर्वणिटीकायांपंचनवत्यधिकशततमोऽध्यायः ॥ १९५ ॥ ॥ ॥ प्रादुरिति । सपृषतःसजलबिंदुः अनभ्रेअभ्रादृष्टिकाले १ । २ । ३ । ४ कथंकथा कथंकर्तव्यंकथंकर्तव्यमित्येवंशब्दः ५ । ६ । ७ रक्षणेमंत्रःकआसीदितिसंबंधः ८ । ९ । १० । ११

१२ भग्ननीडैररति । स्पार्धैरतिपाठेऽतिस्पृहणीयैः १३ । १४ । १५ । १६ । १७ । १८ । १९ । २० । २१ । २२ । २३ । २४ । २५ । २६ । २७ । २८ यस्मिन्निति । दशशतमित्यनेनसर्वगोधनंददावि

केचिद्भ्रांतैरथैस्तूर्णंनिहतैःपार्ष्णियंतृभिः ॥ विपताकध्वजच्छत्रैःपार्थिवाःशीर्णकूबरैः १२ भग्ननीडैराकुलाश्वैःप्रारुह्यान्यान्विचेतसः ॥ भीताःपादैर्हयान्केचित्त्वरयंतःस्वयंरथान् १३ भग्नाक्षयुगचक्रैश्चव्याकृष्यंतसमंततः ॥ रथान्विशीर्णानुत्सृज्यपद्भिःकेचिच्चविद्रुताः १४ हयपृष्ठगताश्चान्येकृष्यंतेऽर्धच्युतासनाः ॥ गजस्कंधेषुसंस्यूतानाराचैश्चलितासनाः १५ शरार्तैर्विद्रुतैर्नागैर्हृताःकेचिद्दिशोदश ॥ विशस्त्रकवचाश्चान्येवाहनेभ्यःक्षितिंगताः १६ संछिन्नानेमिभिश्चैवमृदिताश्चहयद्विपैः ॥ क्रोशंतस्तातपुत्रेतिपलायंतेपरेभयात् १७ नाभिजानंतिचान्योन्यंकश्मलाभिहतौजसः ॥ पुत्रान्पितॄन्सखीन्भ्रातॄन्समारोप्यदृढक्षतान् १८ जलेनक्लेदयंत्यन्येविमुच्यकवचान्यपि ॥ अवस्थांतादृशींप्राप्यहतेद्रोणेद्रुतंबलम् १९ पुनरावर्तितंकेनयदिजानासिशंसमे ॥ हयानांहेषतांशब्दःकुंजराणांचबृंहताम् २० रथनेमिस्वनैश्चात्रविमिश्रःश्रूयतेमहान् ॥ एतेशब्दाभृशंतीव्राःप्रवृत्ताःकुरुसागरे २१ मुहुर्मुहुरुदीर्यन्तेकंपयंत्यपिमामकान् ॥ यएषतुमुलःशब्दःश्रूयतेलोमहर्षणः २२ सेन्द्रान्प्येषलोकांस्त्रीन्ग्रसेदितिमतिर्मम ॥ मन्येवज्रधरस्यैषनिनादोभैरवस्वनः २३ द्रोणेहतेकौरवार्थंव्यक्तमभ्येतिवासव ॥ प्रहृष्टरोमकूपाश्चसंविग्नारथपुंगवाः २४ धनंजयगुरुंश्रुत्वातत्रनादंसुभीषणम् ॥ कएषकौरवान्दीर्णानवस्थाप्यमहारथः २५ निवर्तयतियुद्धार्थंमृधेदेवेश्वरोयथा ॥ अर्जुनउवाच ॥ उद्यम्यात्मानमुग्रायकर्मणेवीर्यमास्थिताः २६ धमंतिकौरवाःशंखान्यस्यवीर्यंसमाश्रिताः ॥ यत्रतेसंशयोराजन्न्यस्तशस्त्रेगुरौहते २७ धार्तराष्ट्रानवस्थाप्यकएषनदतीतिहि ॥ ह्रीमंतंतंमहाबाहुंमत्तद्विरदगामिनम् २८ व्याघ्रास्यमुग्रकर्माणंकुरूणामभयंकरम् ॥ यस्मिन्जातेददौद्रोणोगवांदशशतंधनम् २९ ब्राह्मणेभ्योमहार्हेभ्यःसोऽश्वत्थामैषगर्जति ॥ जातमात्रेणवीरेणयेनोच्चैःश्रवसायथा ३० हेषताकंपिताभूमिर्लोकाश्चसकलास्त्रयः ॥ तच्छ्रुत्वाऽन्तर्हितंभूतंनामतस्याकरोत्तदा ३१ अश्वत्थामेतिसोऽद्यैषशूरोनदतिपांडव ॥ योह्यनाथइवाक्रम्यपार्षतेनहतस्तथा ३२ कर्मणासुनृशंसेनतस्यनाथोव्यवस्थितः ॥ गुरुंमेयत्रपांचाल्यःकेशपक्षेपरामृशत् ३३ तन्नजातुक्षमेद्रौणिर्जानन्पौरुषमात्मनः ॥ उपचीर्णोगुरुर्मिथ्याभवताराज्यकारणात् ३४ धर्मज्ञेनसतानामसोऽधर्मःसुमहान्कृतः ॥ चिरंस्थास्यतिचाकीर्तिस्त्रैलोक्येसचराचरे ३५ रामेवालिवधाद्यद्वदेवंद्रोणेनिपातिते ॥ सर्वधर्मोपपन्नोऽयंसमेशिष्यश्चपांडवः ३६ नायंवदतिमिथ्येतिप्रत्ययंकृतवांस्त्वयि ॥ ससत्यकंचुकंनामप्रविष्टेनततोऽनृतम् ३७ आचार्यउक्तोभवताहतःकुंजरइत्युत ॥ ततःशस्त्रंसमुत्सृज्यनिर्ममोगतचेतनः ३८ आसीत्सुविह्वलोराजन्यथादृष्टस्त्वयाविभुः ॥ सतुशोकसमाविष्टोविमुखःपुत्रवत्सलः ३९ शाश्वतंधर्ममुत्सृज्यगुरुःशस्त्रेणघातितः ॥ न्यस्तशस्त्रमधर्मेणघातयित्वागुरुंभवान् ४० ॥ ॥ ॥

॥ १६३ ॥

तिज्ञेयं अन्यथाएकधेन्वर्थंद्रुपदंप्रतिद्रोणगमनस्यासंभवः । यद्वा भाविनींसंपदमभिलक्ष्यैवतद्दानंद्रष्टव्यं पुत्रोत्पत्तिकालेतस्यनिर्धनत्वोक्तेः । २९ । ३० । ३१ । ३२ । ३३ । ३४ । ३५ । ३६ सत्यकंचुकंसत्याभासमनृतम् ३७ । ३८ । ३९ । ४०

४१ । ४२ । ४३ । ४४ सौहार्दाद्धर्मतोगुरुत्वाद्वा द्विगुणःपितुरित्यर्थः ४५ । ४६ । ४७ । ४८ । ४९ । ५० । ५१ । ५२ । ५३ ॥ इतिद्रोणपर्वणिटीकायांषण्णवत्यधिकशततमोऽध्यायः ॥ १९६ ॥

रक्षत्विदानींसामात्योयदिशक्तोऽसिपार्षतम् ॥ ग्रस्तमाचार्यपुत्रेणक्रुद्धेनहतबंधुना ४१ सर्वेवयंपरित्रातुंनशक्ष्यामोऽद्यपार्षतम् ॥ सौहार्दंसर्वभूतेषुयःकरोत्यतिमा
नुषः ॥ सोऽद्यकेशग्रहंश्रुत्वापितुर्धक्ष्यतिनोरणे ४२ विक्रोशमानेहिमयिभृशमाचार्यगृद्धिनि ॥ अपाकीर्यस्वयंधर्मंशिष्येणनिहतोगुरुः ४३ यदागतंवयोभूयःशिष्ट
मल्पतरंचनः ॥ तस्येदानींविकारोऽयमधर्मोऽयंकृतोमहान् ४४ पितेवनित्यंसौहार्दात्पितेवहिचधर्मतः ॥ सोऽल्पकालस्यराज्यस्यकारणाद्घातितोगुरुः ४५ धृत
राष्ट्रेणभीष्मायद्रोणायचविशांपते ॥ विसृष्टापृथिवीसर्वासहपुत्रैश्चतत्परैः ४६ संप्राप्यतादृशींवृत्तिंसत्कृतःसततंपरैः ॥ अवृणीतसदापुत्रान्मामेवाभ्यधिकंगुरुः ४७
अवेक्षमाणस्त्वांमांचन्यस्तास्त्रश्चाहवेहतः ॥ नत्वेनंयुध्यमानंवैहन्यादपिशतक्रतुः ४८ तस्याचार्यस्यवृद्धस्यद्रोहोनित्योपकारिणः ॥ कृतोह्यनार्यैरस्माभीराज्यार्थे
लुब्धबुद्धिभिः ४९ अहोबतमहत्पापंकृतंकर्मसुदारुणम् ॥ यद्राज्यसुखलोभेनद्रोणोऽयंसाधुघातितः ५० पुत्रान्भ्रातॄन्पितॄन्दारान्जीवितंचैववासविः ॥ त्यजे
त्सर्वंममप्रेम्णाजानात्येवंहिमेगुरुः ५१ समयाराज्यकामेनहन्यमानोऽप्युपेक्षितः ॥ तस्मादवाक्शिराराजन्प्राप्तोऽस्मिनरकंप्रभो ५२ ब्राह्मणंवृद्धमाचार्यंन्यस्तशस्त्रं
महामुनिम् ॥ घातयित्वाऽद्यराज्यार्थेमृतंश्रेयोनजीवितम् ५३ ॥ ॥ इतिश्रीमहाभारतेद्रोणपर्वणि नारायणास्त्रमोक्षपर्वणि अर्जुनवाक्ये षण्णवत्यधिकशतत
मोऽध्यायः ॥ १९६ ॥ ॥ संजयउवाच ॥ अर्जुनस्यवचःश्रुत्वानोचुस्तत्रमहारथाः ॥ अप्रियंवाप्रियंवाऽपिमहाराजधनंजयम् १ ततःक्रुद्धोमहाबाहुर्भीमसेनो
ऽभ्यभाषत ॥ कुत्सयन्निवकौन्तेयमर्जुनंभरतर्षभ २ मुनिर्यथाऽऽरण्यगतोभाषतेधर्मसंहितम् ॥ न्यस्तदंडोयथापार्थब्राह्मणःसंशितव्रतः ३ क्षतत्राताक्षताज्जीवन्
क्षंतास्त्रीष्वपिसाधुषु ॥ क्षत्रियःक्षितिमाप्नोतिक्षिप्रंधर्मंयशःश्रियः ४ सभवान्क्षत्रियगुणैर्युक्तःसर्वैःकुलोद्वहः ॥ अविपश्चिद्यथावाचंव्याहरन्नाद्यशोभसे ५ पराक्र
मस्तेकौन्तेयशक्रस्येवशचीपतेः ॥ नचातिवर्तसेधर्मंवेलामिवमहोदधिः ६ नपूजयेत्त्वांकोन्वद्ययत्त्रयोदशवार्षिकम् ॥ अमर्षंपृष्ठतःकृत्वाधर्ममेवाभिकांक्षसे ७ दिष्ट्या
तातमनस्तेऽद्यस्वधर्ममनुवर्तते ॥ आनृशंस्येचतेदिष्ट्याबुद्धिःसततमच्युत ८ यत्तुधर्मप्रवृत्तस्यहृतंराज्यमधर्मतः ॥ द्रौपदीचपरामृष्टासभामानीयशत्रुभिः ९ वनं
प्रव्राजिताश्चास्मवल्कलाजिनवाससः ॥ अनर्हमाणास्तंभावंत्रयोदशसमाःपरैः १० एतान्यमर्षस्थानानिमर्षितानिमयाऽनघ ॥ क्षत्रधर्मप्रसक्तेनसर्वमेतदनुष्ठितम्
११ तमधर्ममपाकृष्टंस्मृत्वाऽद्यसहितस्त्वया ॥ सानुबंधान्हनिष्यामिक्षुद्रान्राज्यहरानहम् १२ त्वयाहिकथितंपूर्वंयुद्धायाभ्यागतावयम् ॥ घटामहेयथाशक्तित्वं
तुनोऽद्यजुगुप्ससे १३ धर्ममन्विच्छसिज्ञातुंमिथ्यावचनमेवते ॥ भयार्दितानामस्माकंवाचामर्माणिकृंतसि १४ ॥ ॥

अर्जुनस्येति । सांगावेदाइतिचाध्यायौ स्पष्टार्थौ १ । २ । ३ । ४ । ५ । ६ । ७ । ८ । ९ । १० । ११ । १२ । १३ । १४ ॥ ॥ ॥

य. भा. टी.	१५	१६	१७	१८	१९	२०	२१	२२	२३	२४	२५	२६	२७	२८	२९	३०	३१	३२	३३	३४	३५	३६	३७	३८
॥ १६४ ॥																								द्रोण० ७

वपनत्रणेक्षारमिवक्षतानांशत्रुकर्शन ॥ विदीर्येतेमहृदयंत्वयावाक्शल्यपीडितम् १५ अधर्ममेनंविपुलंधार्मिकःसन्नबुध्यसे ॥ यत्त्वमात्मानमस्मांश्वप्रशंस्यान्प्रशं
ससि १६ वासुदेवेस्थितेचापिद्रोणपुत्रंप्रशंससि ॥ यःकलांशोडशींपूर्णोधनंजयनतेऽर्हति १७ स्वयमेवात्मनोदोषानब्रुवाणःकिन्नलज्जस ॥ दारयेयंमहींक्रोधाद्दिकिरे
यंचपर्वतान् १८ आविध्येतांगदांगुर्वींभीमांकांचनमालिनीम् ॥ गिरिप्रकाशान्क्षितिजान्भंजेयमनिलोयथा १९ द्रावयेयंशरैश्वापिसेन्द्रान्देवान्समागतान् ॥
मराक्षसगणान्पार्थसासुरोरगमानवान् २० सत्त्वमेवंविधंजानन्भ्रातरंमांनरर्षभ ॥ द्रोणपुत्रद्वयंकर्तुनार्हस्यमितविक्रम २१ अथवातिष्ठबीभत्सोसहसर्वैःसहोदरैः ॥
अहमेनंगदापाणिर्जेष्याम्येकोमहाहवे २२ ततःपांचालराजस्यपुत्रःपार्थमथाब्रवीत् ॥ संक्रुद्धमिवनदन्तंहिरण्यकशिपुर्हरिम् २३ ॥ धृष्टद्युम्नउवाच ॥ बीभत्सोवि
प्रकर्माणिविदितानिमनीषिणाम् ॥ याजनाध्यापनेदानंतथायज्ञप्रतिग्रहौ २४ षष्ठमध्ययनंनामतेषांकस्मिन्प्रतिष्ठितः ॥ हतोद्रोणोमयाद्येवंकिंमांपार्थेविगर्हसे २५
अपक्रान्तःस्वधर्मांच्क्षात्रधर्मेव्यपाश्रितः ॥ अमानुषेणहत्यस्मान्स्त्रेणक्षुद्रकर्मकृत २६ तथामायांप्रयुंजानमसहंब्राह्मणब्रुवम् ॥ मायैवनिहन्याद्योन्युक्तंपार्थेत्र
किम् २७ तस्मिंस्तथामयाशस्त्रेयदिद्रोणायनीरुषा ॥ कुरुतेभैरवंनादंतत्रकिंममहीयते २८ नचाड्रुतमिदंमन्येयद्द्रोणियुद्धसंजया ॥ वातयिष्यतिकौरव्यान्परि
त्रातुमशक्नुवन् २९ यद्वमांधार्मिकोभूत्वाब्रवीषिगुरुघातिनम् ॥ तदर्थमहमुत्पन्नःपांचाल्यस्यसुतोऽनलात् ३० यस्यकार्यमकार्यंवायुध्यतःस्यात्समरणे ॥ तंकथं
ब्राह्मणंब्रूयाःक्षत्रियंवाधनंजय ३१ योद्धन्तस्त्रविदोहन्याद्ब्राह्मासैःकोधमूर्छितः ॥ सर्वोपायैर्नैसकथ्यवध्यःपुरुषसत्तमः ३२ विधर्मिणंधर्मविदिद्रःप्रोक्तेषांविपोपमम् ॥
जानन्धर्मार्थेतत्त्वज्ञकिमामार्जुनगर्हसे ३३ नृशंसःसमयाऽऽक्रम्यरथएवनिपातितः ॥ तन्मामनिन्द्यंबीभत्सोकिमर्थेनाभिनन्दसे ३४ कालानलसमंपार्थेज्वलनार्केवि
पोपमम् ॥ भीमद्रोणशिरश्छिन्नंप्रशंससिमेकथम् ३५ योडसौमेवनान्यस्यबांधवान्युधिजग्निवान् ॥ छित्वाऽपितस्यमूर्धानंनैवास्मिविगतज्वरः ३६ तन्मे
कृतंतर्ममयव्रतस्यशिरोमया ॥ निषादविषयेऽक्षिप्तंसंजयद्रथशिरोयथा ३७ अथावध्यश्शत्रूणामधर्मःश्रूयतेऽर्जुन ॥ क्षत्रियस्यहिधर्मोऽयंहन्याद्धन्येतवापुनः ३८ सश
त्रुर्निहतःसंख्येमयाधर्मेणपांडव ॥ यथात्वयाहतःशूरोभगदत्तःपितुःसखा ३९ पितामहरणेहत्वान्यस्येधर्मेमात्मनः ॥ मयाशत्रौहतेतेकस्मात्पापेधर्मेनमन्यसे ४०
संबंधावनतंपार्थनमांत्वंवक्तुमर्हसि ॥ स्वगात्रकृतसोपानंनिषण्णमिवदंतिनम् ४१ क्षमामितेसर्वमेववाऽव्यतिक्रममर्जुन ॥ द्रौपद्याद्रौपदेयानांकृतेनान्येनहेतुना ४२
कुलक्षमागतंवैरममाचार्येणविश्रुतम् ॥ तथाजानात्ययंलोकोनयूयंपांडुनंदनाः ४३

३०	४०	४१	४२	४३		॥		॥		॥		॥

४४ ॥ इतिद्रोणपर्वणिटीकायांसप्तनवत्यधिकशततमोऽध्यायः ॥ १०७ ॥ ॥ ॥ ॥ सांगाइति १ । २ । ३ । ४ । ५ । ६ । ७ । ८ । ९ । १० । ११ । १२ । १३ । १४ । १५ । १६ । १७

नान्ततीपांडवोज्येष्ठोनाहंवाऽधार्मिकोऽर्जुन ॥ शिष्यद्रोहीहतःपापोयुध्यस्वविजयस्तव ४४ ॥ इतिश्रीमहाभारतेद्रोणपर्वणिनारायणास्त्रमोक्षपर्वणि धृष्टद्युम्नवाक्येसम
नवत्यधिकशततमोऽध्यायः ॥ १९७ ॥ ॥ धृतराष्ट्रउवाच ॥ सांगावेदायथान्यायंयेनाधीतामहात्मना ॥ यस्मिन्साक्षाद्धनुर्वेदोह्रीनिषेवेप्रतिष्ठितः १ यस्यप्रसा
दात्कुर्वंतिकर्माणिपुरुषर्षभाः ॥ अमानुषाणिसंग्रामेदेवैरसुकराणिच २ तस्मिन्नाक्रुश्यतिद्रोणेसमक्षंपापकर्मणा ॥ नीचात्मनानृशंसेनक्षुद्रेणगुरुघातिना ३ नामर्षंतत्र
कुर्वंतिधिक्क्षात्रंधिगमर्षिताम् ॥ पार्थाःसर्वेचराजानःपृथिव्यांयेधनुर्धराः ४ श्रुत्वाकिमाहुःपांचाल्यंतन्ममाचक्ष्वसंजय ॥ ॥ संजयउवाच ॥ श्रुत्वाद्रुपदपुत्रस्यता
वाचःक्रूरकर्मणः५ तूष्णींबभूवूराजानःसर्वएवविशांपते ॥ अर्जुनस्तुकटाक्षेणजिह्मंविप्रेक्ष्यपार्षतम् ६ सबाष्पमतिनिःश्वस्यधिग्धिगित्येवचाब्रवीत् ॥ युधिष्ठिरश्चभी
मश्चयमौकृष्णस्तथाऽपरे ७ आसन्सुव्रीडिताराजन्सात्यकिस्त्वब्रवीदिदम् ॥ नेहास्तिपुरुषःकश्चिद्यइमंपापपूरुषम् ८ भाषमाणमकल्याणंशीघ्रंहन्यान्नराधमम् ॥
एतेत्वांपांडवाःसर्वेकुत्सयंतिविवित्सया ९ कर्मणातेनपापेनश्वपाकंब्राह्मणाइव ॥ एतत्कृत्वामहत्पापंनिंदितःसर्वसाधुभिः १० नलज्जसेकथंवक्तुंसमितिंप्राप्यशोभ
नाम् ॥ कथंचशतधाजिह्वानतेमूर्धांचदीर्यते ११ गुरुमाक्रोशतःक्षुद्रनचाधर्मेणपात्यसे ॥ वाच्यस्त्वमसिपार्थैश्चसर्वैश्चांधकवृष्णिभिः १२ यत्कर्मकलुषंकृत्वा
श्लाघसेजनसंसदि ॥ अकार्यंतादृशंकृत्वापुनरेवगुरुंक्षिपन् १३ वध्यस्त्वंनत्वयार्थोऽस्तिमुहूर्तमपिजीवता ॥ कस्त्वेतद्व्यवसेदार्यस्त्वदन्यःपुरुषाधम १४ निगृह्यके
शेषुवधंगुरोर्धर्मात्मनःसतः ॥ सप्तावरेतथापूर्वेबांधवास्तेनिमज्जिताः १५ यशसाचपरित्यक्तास्त्वांप्राप्यकुलपांसनम् ॥ उक्तवांश्चापियत्पार्थेभीष्मंप्रतिनरर्षभ
१६ तथाऽन्तोविहितस्तेनस्वयमेवमहात्मना ॥ तस्यापितवसोदर्योनिहंतापापकृत्तमः १७ नान्यःपांचालपुत्रेभ्योविद्यतेभुविपापकृत् ॥ सचापिसृष्टःपित्राते
भीष्मस्यांतकरःकिल १८ शिखंडीरक्षितस्तेनसचमृत्युर्महात्मनः॥ पंचालाश्चलिताधर्मात्क्षुद्रामित्रगुरुद्रुहः १९ त्वांप्राप्यसहसोदर्यैधिक्कृतंसर्वसाधुभिः ॥ पुनश्चेदी
दृशींवाचंमत्समीपेवदिष्यसि २० शिरस्तेपोथयिष्यामिगदयावज्रकल्पया ॥ त्वांचब्रह्महणंदृष्ट्वाजनःसूर्यमवेक्षते २१ ब्रह्महत्याहितेपापंप्रायश्चित्तार्थमात्मनः ॥
पांचालकसुदुर्वृत्तममैवगुरुमग्रतः २२ गुरोर्गुरुंचभूयोऽपिक्षिपन्नैवहिलज्जसे ॥ तिष्ठतिष्ठसहस्वैकंगदापातमिमंमम २३ तवचापिसहिष्येऽहंगदापातानेनेकशः ॥
सात्वतेनैवमाक्षिप्तःपार्षतःपरुषाक्षरम् २४ संरब्धंसात्यकिंप्राहसंक्रुद्धःप्रहसन्निव ॥ धृष्टद्युम्नउवाच ॥ श्रूयतेश्रूयतेचेतिक्षम्यतेचेतिमाधव २५ सदाऽनार्योऽशुभःसाधुं
पुरुषंक्षेप्तुमिच्छति ॥ क्षमाप्रशस्यतेलोकेनतुपापोऽर्हतिक्षमाम् २६ क्षमावंतंहिपापात्माजितोऽयमितिमन्यते ॥ सत्वंक्षुद्रसमाचारोनीचात्मापापनिश्चयः २७

१८ । १९ । २० । २१ । २२ । २३ । २४ । २५ । २६ २७ ।

म. भा. टी. ॥ २८ । २९ । ३० । ३१ । ३२ । ३३ । ३४ । ३५ । ३६ । ३७ । ३८ । ३९ । ४० । ४१ । ४२ । ४३ । ४४ । ४५ । ४६ । ४७ । ४८ । ४९ । ५० । ५१ । ५२ । ५३ । ५४ । ५५ । ५६ । ५७ । ५८ ॥ द्रोण. ७

॥१.६९॥ आकेशाग्रान्नखाग्राच्चवक्तव्योवक्तुमिच्छसि ॥ यःसभूरिश्रवाश्छिन्नभुजःप्रायगतस्त्वया २८ वार्यमाणेनहिहतस्ततःपापतरंनुकिम् ॥ गाहमानोमयाद्रोणोदिव्ये अ०
नास्त्रेणसंयुगे २९ विसृष्टशस्त्रोनिहतःकिंतत्रक्रूरदुष्कृतम् ॥ अयुध्यमानंयस्त्वाजौतथाप्रायगतंमुनिम् ३० छिन्नबाहुंपरैर्हन्यात्सात्यकेसकथंवदेत् ॥ निहत्यत्वांप ॥१.९८॥
दाभूमौसविकर्षतिवीर्यवान् ३१ किंतदाननिहंस्येनंभूत्वापुरुषसत्तमः ॥ त्वयापुनरनार्येणपूर्वंपार्थेननिर्जितः ३२ यदातदाहतःशूरःसौमदत्तिःप्रतापवान् ॥ यत्र
यत्रतुपांडूनांद्रोणोद्रावयतेचमूम् ३३ किरञ्छरसहस्राणितत्रतत्रप्रयाम्यहम् ॥ सत्वमेवंविधंकृत्वाकर्मचांडालवत्स्वयम् ३४ वक्तुमर्हसिवक्तव्यःकस्मात्त्वंपरुषा
ण्यथ ॥ कर्तात्वंकर्मणोह्यस्यनाहंवृष्णिकुलाधम ३५ पापानांचत्वमावासःकर्मणांमापुनर्वद ॥ जोषमास्वनमांभूयोवक्तुमर्हस्यतःपरम् ३६ अधरोत्तरमेतद्धिय
न्मांत्वंवक्तुमर्हसि ॥ अथवक्ष्यसिमांमौर्ख्याद्भूयःपरुषमीदृशम् ३७ गमयिष्यामिबाणैस्त्वांयुधिवैवस्वतक्षयम् ॥ नचैवंमूर्खधर्मेणकेवलेनैवशक्यते ३८ तेषामपि
ह्यधर्मेणचेष्टितंशृणुयादृशम् ॥ वंचितःपांडवःपूर्वमधर्मेणयुधिष्ठिरः ३९ द्रौपदीचपरिक्लिष्टातथाऽधर्मेणसात्यके ॥ प्रव्राजितावनंसर्वेपांडवाःसहकृष्णया ४० सर्वं
स्वमपकृष्टंचतथाऽधर्मेणबालिश ॥ अधर्मेणापकृष्टश्चमद्रराजःपरेरितः ४१ अधर्मेणतथाबालःसौभद्रोविनिपातितः॥ इतोऽप्यधर्मेणहतोभीष्मःपरपुरंजयः ४२ भू
रिश्रवाह्यधर्मेणत्वयाधर्मविदाहतः ॥ एवंपरैराचरितंपांडवेयैश्चसंयुगे ४३ रक्षमाणैर्जयंवीरैर्धर्मज्ञैरपिसात्वत ॥ दुर्ज्ञेयःसपरोधर्मस्तथाऽधर्मश्चदुर्विदः ४४ युध्यस्वकौ
रवैःसार्धंमागाःपितृनिवेशनम् ॥ संजयउवाच ॥ एवमादीनिवाक्यानिक्रूराणिपरुषाणिच ४५ श्रावितःसात्यकिःश्रीमानाकंपितइवाभवत् ॥ तच्छ्रुत्वाक्रोधताम्रा
क्षःसात्यकिस्त्वाददेगदाम् ४६ विनिःश्वस्ययथासर्पःप्रणिधायरथेधनुः ॥ ततोऽभिपत्यपांचाल्यंसंरंभेणेदमब्रवीत् ४७ नत्वांवक्ष्यामिपरुषंहनिष्येत्वांवधक्षमम् ॥
तमापतंतंसहसामहाबलममर्षणम् ४८ पांचाल्यायाभिसंक्रुद्धमंतकायांतकोपमम् ॥ चोदितोवासुदेवेनभीमसेनोमहाबलः ४९ अवप्लुत्यरथात्तूर्णंबाहुभ्यांसमवार
यत् ॥ द्रवमाणंतथाक्रुद्धंसात्यकिंपांडवोबली ५० प्रस्पंदमानमादायजगामबलिनंबलात् ॥ स्थित्वाविष्टभ्यचरणौभीमेनशिनिपुंगवः ५१ निगृहीतःपदेषष्ठेबलेन
बलिनांवरः ॥ अवरुह्यरथात्तूर्णंध्रियमाणंबलीयसा ५२ उवाचश्लक्ष्णयावाचासहदेवोविशांपते ॥ अस्माकंपुरुषव्याघ्रमित्रमन्यन्नविद्यते ५३ परमंधकवृष्णिभ्यः
पंचालेभ्यश्चमारिष ॥ तथैवांधकवृष्णीनांतथैवचविशेषतः ५४ कृष्णस्यचतथाऽस्मत्तोमित्रमन्यन्नविद्यते ॥ पंचालानांचवार्ष्णेयसमुद्रांतांविचिन्वताम् ५५ ना ॥१.६९॥
न्यदस्तिपरंमित्रंयथापांडववृष्णयः ॥ सभवानीदृशंमित्रंमन्यतेचयथाभवान् ५६ भवंतश्चयथाऽस्माकंभवतांचतथावयम् ॥ सएवंसर्वधर्मज्ञमित्रधर्ममनुस्मरन् ५७
नियच्छमन्युंपांचाल्यात्प्रशाम्यशिनिपुंगव ॥ पार्षतस्यक्षमत्वंवैक्षमतांपार्षतश्चते ५८

५९ । ६० । ६१ । ६२ । ६३ । ६४ । ६५ । ६६ । ६७ । ६८ । ६९ ॥ इतिद्रोणपर्वणिटीकायामष्टनवत्यधिकशततमोऽध्यायः ॥ १९८ ॥ ततइति १ । २ । ३ । ४ । ५ । ६ । ७ । ८ । ९ । १० । ११ । १२

वयंक्षमयितारश्चकिमन्यत्रशमाद्भवेत् ॥ प्रशाम्यमानेशैनेयेसहदेवेनमारिष ५९ पांचालराजस्यसुतःप्रहसन्निदमब्रवीत् ॥ मुंचमुंचशिनेःपौत्रंभीमयुद्धमदान्वितम् ६०
आसादयतुमामेषधराधरमिवानिलः ॥ यावदस्यशितैर्बाणैःसंरंभंविनयाम्यहम् ६१ युद्धश्रद्धांचकौन्तेयजीवितंचास्यसंयुगे ॥ किंनुशक्यंमयाकर्तुंकार्यंयदिदमुद्यतम्
६२ सुमहत्पांडुपुत्राणामायांत्येतेहिकौरवाः ॥ अथवाफाल्गुनःसर्वान्वारयिष्यतिसंयुगे ६३ अहमप्यस्यमूर्धानंपातयिष्यामिसायकैः ॥ मन्यतेच्छिन्नबाहुंमांभूरि
श्रवसमाहवे ६४ उत्सृजैनमहंचैनमेषवामांहनिष्यति ॥ शृण्वन्पांचालवाक्यानिसात्यकिःसर्पवच्छ्वसन् ६५ भीमबाह्वन्तरेसक्तोविस्फुरत्यनिशंबली ॥ तौवृषाविवन
र्दन्तौबलिनौबाहुशालिनौ ६६ त्वरयावासुदेवश्चधर्मराजश्चमारिष ॥ यत्नेनमहतावीरौवारयामासतुस्ततः ६७ निवार्यपरमेष्वासौकोपसंरक्तलोचनौ ॥ युयुत्सूनप
रान्संख्येप्रतीयुःक्षत्रियर्षभाः ६८ ॥ इतिश्रीमहाभारतेद्रोणपर्वणिनारायणास्त्रमोक्षपर्वणि धृष्टद्युम्नसात्यकिक्रोधे अष्टनवत्यधिकशततमोऽध्यायः ॥ १९८ ॥ ॥
संजयउवाच ॥ ततःसकदनंचक्रेरिपूणांद्रोणनंदनः ॥ युगांतेसर्वभूतानांकालसृष्टइवांतकः १ ध्वजद्रुमंशस्त्रशृंगंहतनागमहाशिलम् ॥ अश्वकिंपुरुषाकीर्णंशरासन
लतावृतम् २ क्रव्यादपक्षिसंघुष्टंभूतयक्षगणाकुलम् ॥ निहत्यशात्रवान्भल्लैःसोऽचिनोद्देहपर्वतम् ३ ततोवेगेनमहताविनद्यसनरर्षभः ॥ प्रतिज्ञांश्रावयामासपुनरे
वतवात्मजम् ४ यस्माद्युध्यंतमाचार्यंधर्मकंचुकमास्थितः ॥ मुंचशस्त्रमितिप्राहकुंतीपुत्रोयुधिष्ठिरः ५ तस्मात्संपश्यतस्तस्यद्रावयिष्यामिवाहिनीम् ॥ विद्राव्यसर्वा
न्हन्ताऽस्मिजाल्मंपांचाल्यमेवतु ६ सर्वानेतान्हनिष्यामियदियोत्स्यंतिमांरणे ॥ सत्यंतेप्रतिजानामिपरिवर्तयवाहिनीम् ७ तच्छ्रुत्वातवपुत्रस्तुवाहिनींपर्यवर्तयत् ॥
सिंहनादेनमहताव्यपोह्यसुमहद्भयम् ८ ततःसमागमोराजन्कुरुपांडवसेनयोः॥ पुनरेवाभवत्तीव्रःपूर्णसागरयोरिव ९ संरब्धाहिस्थिरीभूताद्रोणपुत्रेणकौरवाः ॥ उदग्राः
पांडुपंचालाद्रोणस्यनिधनेनच १० तेषांपरमहृष्टानांजयमात्मनिपश्यताम् ॥ संरब्धानांमहावेगःप्रादुरासीद्विशांपते ११ यथाशिलोच्चयेशैलःसागरेःसागरोयथा ॥
प्रतिहन्येतराजेन्द्रतथाऽऽसन्कुरुपांडवाः १२ ततःशंखसहस्राणिभेरीणामयुतानिच ॥ अवादयंतसंहृष्टाःकुरुपांडवसैनिकाः १३ यथानिर्मथ्यमानस्यसागरस्यतुनिः
स्वनः ॥ अभवत्तवसैन्यस्यसुमहानद्भुतोपमः १४ प्रादुश्चक्रेततोद्रौणिरस्त्रंनारायणंतदा ॥ अभिसंधायपांडूनांपंचालानांचवाहिनीम् १५ प्रादुरासंस्ततोबाणादी
प्ताग्राःखेसहस्रशः ॥ पांडवान्क्षपयिष्यंतोदीप्तास्याःपन्नगाइव १६ तेदिशःखंचसैन्यंचसमावृण्वन्महाहवे ॥ मुहूर्ताद्भास्करस्येवलोकेराजन्गभस्तयः १७ तथापरे
द्योतमानाज्योतींषीवामलांबरे ॥ प्रादुरासन्महाराजकार्ष्णायसमयागुडाः १८ चतुश्चक्राद्विचक्राश्चशतघ्न्योबहुलागदाः ॥ चक्राणिचक्षुरांतानिमंडलानीवभास्वतः १९

१३ । १४ । १५ । १६ । १७ । १८ । १९

२० । २१ । २२ । २३ । २४।२५ । २६ । २७ । २८ । २९ । ३० । ३१ । ३२ । ३३ । ३४ अस्माभिरस्मदीयैर्विदुरादिभिर्निवार्यमाणैर्नानिषेध्यमानेनापि तद्वनमनुगंतुंप्रवेष्टुमेषिता अनुमतानतुप्रति

शस्त्राकृतिभिराकीर्णमतीवपुरुषर्षभ ॥ दृष्ट्वाऽन्तरिक्षमाविग्नाःपांडुपंचालसृंजयाः २० यथायथाह्ययुध्यंतपांडवानांमहारथाः ॥ तथातथातदस्त्रंवैव्यवर्धतजनाधिप २१ वध्यमानास्तदाऽस्त्रेणतेननारायणेनवै ॥ दह्यमानाऽनलेनेवसर्वतोऽभ्यर्दितारणे २२ यथाहिशिशिरापायेदहेत्कक्षंहुताशनः ॥ तथांतदस्त्रंपांडूनांददाहध्वजिनींप्रभो २३ आपूर्यमाणेनास्त्रेणसैन्येक्षीयतिचप्रभो ॥ जगामपरमंत्रासंधर्मपुत्रोयुधिष्ठिरः २४ द्रवमाणंतुतत्सैन्यंदृष्ट्वाविगतचेतनम् ॥ मध्यस्थतांचपार्थस्यधर्मपुत्रोऽब्रवीदिदम् २५ धृष्टद्युम्नपलायस्वसहपांचालसेनया ॥ सात्यकेत्वंचगच्छस्ववृष्ण्यंधकवृतोमहान् २६ वासुदेवोऽपिधर्मात्माकरिष्यत्यात्मनःक्षमम् ॥ श्रेयोह्युपदिशत्येपलोकस्यकिमुतात्मनः २७ संग्रामस्तुनकर्तव्यःसर्वसैन्यान्ब्रवीमिवः ॥ अहंहिसहसोदर्यैःप्रवेक्ष्येहव्यवाहनम् २८ भीष्मद्रोणार्णवंतीर्त्वासंग्रामेभीरुदुस्तरे ॥ विमजिष्यामिसलिलेसगणोद्रौणिगोष्पदे २९ कामःसंपद्यतामस्यबीभत्सोराशुमांप्रति ॥ कल्याणवृत्तिराचार्योमयायुधिनिपातितः ३० येनबालःससौभद्रोयुद्धानामविशारदः ॥ समर्थैर्बहुभिःक्रूरैर्घातितोनाभिपालितः ३१ येनविब्रुवतीप्रश्नंतथाकृष्णासभांगता ॥ उपेक्षितासपुत्रेणदासभावंनियच्छती ३२ जिघांसुर्धार्तराष्ट्रश्चश्रांतेष्वन्येषुफाल्गुनः ॥ कवचेनतथागुप्तोरक्षार्थंसैन्धवस्यच ३३ येनब्रह्मास्त्रविदुषापंचालाःसत्यजिन्मुखाः ॥ कुर्वाणामज्जयेयत्नंसमूलाविनिपातिताः ३४ येनप्रवाज्यमानाश्चराज्याद्वयमधर्मतः ॥ निवार्यमाणेनास्माभिरनुगंतुंतदेषिताः ३५ योऽसावत्यंतमस्मासुकुर्वाणःसौहृदंपरम् ॥ हतस्तदर्थेमरणंगमिष्यामिसबांधवः ३६ एवंब्रुवतिकौन्तेयेदाशार्हस्त्वरितस्ततः ॥ निवार्यसैन्यंबाहुभ्यामिदंवचनमब्रवीत् ३७ शीघ्रंन्यस्यतशस्त्राणिवाहेभ्यश्चावरोहत ॥ एषयोगोऽत्रविहितःप्रतिषेधेमहात्मना ३८ द्विपाश्वस्यंदनेभ्यश्चक्षितिंसर्वेऽवरोहत ॥ एवमेतन्नवोहन्यादस्त्रंभूमौनिरायुधान् ३९ यथायथाहियुध्यंतेयोधाह्यस्त्रमिदंप्रति ॥ तथातथाभवंत्येतेकौरवाबलवत्तराः ४० निक्षेप्स्यंतिचशस्त्राणिवाहनेभ्योवरुह्यये ॥ तान्नैतदस्त्रंसंग्रामेनिहनिष्यतिमानवान् ४१ यस्त्वेतत्प्रतियोत्स्यंतिमनसाऽपीहकेचन ॥ निहनिष्यतितान्सर्वान्रसातलगतानपि ४२ तेवचस्तस्यतच्छ्रुत्वावासुदेवस्यभारत ॥ ईषुःसर्वेसमुत्स्रष्टुंमनोभिःकरणेनच ४३ ततउत्स्रष्टुकामांस्तानस्त्राण्यालक्ष्यपांडवः ॥ भीमसेनोऽब्रवीद्राजन्निदंसंहर्षयन्वचः ४४ नकथंचनशस्त्राणिमोक्तव्यानीहकेनचित् ॥ अहमावारयिष्यामिद्रोणपुत्रास्त्रमाशुगैः ४५ गदयाप्यनयागुर्व्याहेमविग्रहयारणे ॥ कालवत्प्रहरिष्यामिद्रौणेरस्त्रंविशातयन् ४६ नहिमेविक्रमेतुल्यःकश्चिदस्तिपुमानिह ॥ यथैवसवितुस्तुल्यंज्योतिरन्यन्नविद्यते ४७ ॥ ॥ ॥ ॥

भिद्धाहत्यर्थः ३५ सौहृदंकुर्वाण इतिमानुशयम् ३६ । ३७ । ३८ । ३९ । ४० । ४१ । ४२ । ४३ । ४४ । ४५ । ४६ । ४७

पश्यतेमौहिमेबाहूनागराजकरोपमौ ॥ समर्थौपर्वतस्यापिशैशिरस्यनिपातने ४८ नागायुतसमप्राणोह्यहमेकोनरेष्विह ॥ शक्रोयथाऽप्रतिद्वंद्वोदिविदेवेषुविश्रुतः
४९ अद्यपश्यतमेवीर्यंबाह्वोःपीनांसयोर्युधि ॥ ज्वलमानस्यदीप्तस्यद्रौणेरस्त्रस्यवारणे ५० यदिनारायणास्त्रस्यप्रतियोद्धानविद्यते ॥ अद्यैतत्प्रतियोत्स्यामिपश्यत्सु
कुरुपांडुषु ५१ अर्जुनार्जुनबीभत्सोनन्यस्यंगांडिवंत्वया ॥ शशांकस्येवतेपंकोनैर्मल्यंपातयिष्यति ५२ ॥ अर्जुनउवाच ॥ भीमनारायणास्त्रेमेगोषुचब्राह्मणेषुच ॥
एतेषुगांडिवंन्यस्यमेतद्धिव्रतमुत्तमम् ५३ एवमुक्तस्ततोभीमोद्रोणपुत्रमरिंदमम् ॥ अभ्ययान्मेघघोषेणरथेनादित्यवर्चसा ५४ सएनमिषुजालेनलघुत्वाच्छीघ्र
विक्रमः ॥ निमेषमात्रेणासाद्यकुंतीपुत्रोऽभ्यवाकिरत् ५५ ततोद्रौणिःप्रहस्यैनंद्रवंतमभिभाष्यच ॥ अवाकिरत्प्रदीप्ताग्रैःशरैस्तैरभिमंत्रितैः ५६ पन्नगैरिवदीप्तास्यै
र्वमद्भिर्ज्वलनंरणे ॥ अवकीर्णोऽभवत्पार्थःस्फुलिंगैरिवकांचनैः ५७ तस्यरूपमभूद्राजन्भीमसेनस्यसंयुगे ॥ खद्योतैरावृतस्येवपर्वतस्यदिनक्षये ५८ तदस्त्रंद्रोणपुत्र
स्यतस्मिन्प्रतिसमस्यति ॥ अवर्धतमहाराजयथाग्निरनिलोद्धतः ५९ विवर्धमानमालक्ष्यतदस्त्रंभीमविक्रमम् ॥ पांडुसैन्यमृतेभीमंसुमहद्भयमाविशत् ६० ततःश
स्त्राणितेसर्वेसमुत्सृज्यमहीतले ॥ अवारोहन्रथेभ्यश्चहस्त्यश्वेभ्यश्चसर्वशः ६१ तेषुनिक्षिप्तशस्त्रेषुवाहनेभ्यश्च्युतेषुच ॥ तदस्त्रवीर्यंविपुलंभीममूर्धन्यथापतत् ६२
हाहाकृतानिभूतानिपांडवाश्चविशेषतः ॥ भीमसेनमपश्यंततेजसासंवृतंतथा ६३ ॥ इति श्रीमहाभारतेद्रोणपर्वणि नारायणास्त्रमोक्षपर्वणि पांडवसैन्यास्त्रत्या
गेनवनवत्यधिकशततमोऽध्यायः ॥ १९९ ॥ ॥ संजयउवाच ॥ भीमसेनंसमाकीर्णंदृष्ट्वाऽस्त्रेणधनंजयः ॥ तेजसःप्रतिघातार्थंवारुणेनसमावृणोत् १ नालक्ष
यततत्कश्चिद्वारुणास्त्रेणसंवृतम् ॥ अर्जुनस्यलघुत्वाच्चसंवृतत्वाच्चतेजसः २ साश्वसूतरथोभीमोद्रोणपुत्रास्त्रसंवृतः ॥ अग्नावग्निरिवन्यस्तोज्वालामालीसुदुर्दृशः ३
यथारात्रिक्षयेराजन्ज्योतींष्यस्तगिरिंप्रति ॥ समापेतुस्तथाबाणाभीमसेनरथंप्रति ४ सहिभीमोरथश्चास्यहयाःसूतश्चमारिष ॥ संवृताद्रोणपुत्रेणपावकांतर्गताऽ
भवन् ५ यथाजग्ध्वाजगत्कृत्स्नंसमयेसचराचरम् ॥ गच्छेद्वन्हिर्विभोरास्यंतथास्त्रंभीममावृणोत् ६ सूर्यमग्निःप्रविष्टःस्याद्यथाचाग्निंदिवाकरः ॥ तथाप्रविष्टंतत्ते
जोनप्राज्ञायतपांडवम् ७ विकीर्णमस्त्रंतद्दृष्ट्वातथाभीमरथंप्रति ॥ उदीर्यमाणंद्रौणिंचनिष्प्रतिद्वंद्वमाहवे ८ सर्वसैन्यंचपांडूनांन्यस्तशस्त्रमचेतनम् ॥ युधिष्ठिरपुरो
गांश्चविमुखांस्तान्महारथान् ९ अर्जुनोवासुदेवश्चत्वरमाणौमहाद्युती ॥ अवप्लुत्यरथाद्वीरौभीममाद्रवतांततः १० ततस्तद्द्रोणपुत्रस्यतेजोस्त्रबलसंभवम् ॥ वि
गाह्यतौसुबलिनौमाययाविशतांतथा ११ न्यस्तशस्त्रौततस्तौतुनादहत्सोस्त्रजोऽनलः ॥ वारुणास्त्रप्रयोगाच्चवीर्यवत्त्वाच्चकृष्णयोः १२

॥ १६७ ॥ ततश्चकृषतुर्भीमंसर्वशस्त्रायुधानिच ॥ नारायणास्त्रशांत्यर्थंनरनारायणौबलात् १३ आकृष्यमाणःकौन्तेयोनदत्येवमहारवम् ॥ वर्धतेचैवतद्घोरंद्रौणेरस्त्रंसुदुर्जयम् १४
तमब्रवीद्वासुदेवःकिमिदंपांडुनंदन ॥ वार्यमाणोऽपिकौन्तेययद्युद्धान्ननिवर्तसे १५ यदियुद्धेनजेयाःस्युरिमेकौरवनंदनाः ॥ वयमप्यत्रयुध्येमतथाचेमेनरर्षभाः १६
रथेभ्यस्त्ववतीर्णाःस्मसर्वएवहितावकाः ॥ तस्मात्त्वमपिकौन्तेयरथात्तूर्णमपाक्रम १७ एवमुक्त्वातुतंकृष्णोरथाद्भूमिमवर्तयत् ॥ निश्वसंतंयथानागंक्रोधसंरक्तलोच
नम् १८ यदाऽपकृष्टःसरथान्न्यासितश्चायुधंभुवि ॥ ततोनारायणास्त्रंतत्प्रशांतंशत्रुतापनम् १९ ॥ संजयउवाच ॥ तस्मिन्प्रशांतेविधिनातेनतेजसिदुःसहे ॥ बभू
वुर्विमलाःसर्वादिशःप्रदिशएवच २० प्रववुश्चशिवावाताःप्रशांतामृगपक्षिणः ॥ वाहनानिचहृष्टानिप्रशांतेऽस्त्रेसुदुर्जये २१ व्यपोढेचततोघोरेतस्मिंस्तेजसिभारत ॥
बभौभीमोनिशापायेधीमान्सूर्यइवोदितः २२ हतशेषंबलंतत्तुपांडवानामतिष्ठत ॥ अस्त्रव्युपरमाद्धृष्टंतवपुत्रजिघांसया २३ व्यवस्थितेबलेतस्मिन्नस्त्रेप्रतिहतेतथा ॥
दुर्योधनोमहाराजद्रोणपुत्रमथाब्रवीत् २४ अश्वत्थामन्पुनःशीघ्रमस्त्रमेतत्प्रयोजय ॥ अवस्थिताहिपंचालाःपुनरेतेजयैषिणः २५ अश्वत्थामातथोक्तस्तुतवपुत्रेणमा
रिष ॥ सुदीनमभिनिःश्वस्यराजानमिदमब्रवीत् २६ नैतदावर्ततेराजन्नस्त्रंद्विर्नोपपद्यते ॥ आवृत्तंहिनिवर्तेतप्रयोक्तारंनसंशयः २७ एषचास्त्रप्रतीघातंवासुदेवःप्रयुक्त
वान् ॥ अन्यथाविहितःसंख्येवधःशत्रोर्जनाधिप २८ पराजयोवामृत्युर्वाश्रेयान्मृत्युर्ननिर्जयः ॥ विजिताश्चारयोह्येतेशस्त्रोत्सर्गान्मृतोपमाः २९ ॥ दुर्योधनउ
वाच ॥ आचार्यपुत्रयद्येतद्द्विरस्त्रंनप्रयुज्यते ॥ अन्यैर्गुरुघ्नावध्यंतामस्त्रैरस्त्रविदांवर ३० त्वयिशस्त्राणिदिव्यानित्र्यंबकेचामितौजसि ॥ इच्छतोनहितेमुच्येत्संक्रुद्धो
हिपुरंदरः ३१ ॥ धृतराष्ट्रउवाच ॥ तस्मिन्नस्त्रेप्रतिहतेद्रोणेचोपधिनाहते ॥ तथादुर्योधनेनोक्तोद्रौणिःकिमकरोत्पुनः ३२ दृष्ट्वापार्थांश्चसंग्रामेयुद्धायसमुपस्थि
तान् ॥ नारायणास्त्रनिर्मुक्तांश्चरतःपृतनामुखे ३३ ॥ संजयउवाच ॥ जानन्पितुःसनिधनंसिंहलांगूलकेतनः ॥ सक्रोधोभयमुत्सृज्यसोऽभिदुद्रावपार्षतम् ३४ अभि
द्रुत्यचविंशत्याक्षुद्रकाणांनरर्षभ ॥ पंचभिश्चातिवेगेनविव्याधपुरुषर्षभः ३५ धृष्टद्युम्नस्ततोराजन्ज्वलंतमिवपावकम् ॥ द्रोणपुत्रंत्रिषष्ट्यातुराजन्विव्याधपत्रिणाम्
३६ सारथिंचास्यविंशत्यास्वर्णपुंखैःशिलाशितैः ॥ हयांश्चचतुरोऽविध्यच्चतुर्भिर्निशितैःशरैः ३७ विद्ध्वाविद्ध्वानदद्द्रौणिंकंपयन्निवमेदिनीम् ॥ आददेसर्वलोकस्य
प्राणानिवमहारणे ३८ पार्षतस्तुबलीराजन्कृतास्त्रःकृतनिश्चयः ॥ द्रौणिमेवाभिदुद्रावमृत्युंकृत्वानिवर्तनम् ३९ ततोबाणमयंवर्षंद्रोणपुत्रस्यमूर्धनि ॥ अवासृजदमे
यात्मापांचाल्योरथिनांवरः ४० तंद्रौणिःसमरेक्रुद्धंछादयामासपत्रिभिः ॥ विव्याधचैनंदशभिःपितुर्वधमनुस्मरन् ४१ ॥ १६७ ॥

द्वाभ्यांचसुविसृष्टाभ्यांक्षुराभ्यांध्वजकार्मुके ॥ छित्वापांचालराजस्यद्रौणिरन्यैःसमार्दयत् ४२ व्यश्वसूतरथंचैनंद्रौणिश्चक्रेमहाहवे ॥ तस्यचानुचरान्सर्वान्क्रुद्धः
प्राद्रावयच्छरैः ४३ ततःप्रदुद्रुवेसैन्यंपंचालानांविशांपते ॥ संभ्रांतरूपमार्तंचपरस्परमैक्षत ४४ दृष्ट्वातुविमुखान्योधान्धृष्टद्युम्नंचपीडितम् ॥ शैनेयोऽचोदयत्तूर्णं
रथंद्रौणिरथंप्रति ४५ अष्टभिर्निशितैर्बाणैरश्वत्थामानमार्दयत् ॥ विंशत्यापुनराहत्यनानारूपैरमर्षणः ४६ विव्याधचतथासूतंचतुर्भिश्चतुरोहयान् ॥ धनुर्ध्वजंचसं
यन्तुश्चिच्छेदकृतहस्तवत् ४७ ससाश्वंव्यधमच्चापिरथंहेमपरिष्कृतम् ॥ हृदिविव्याधसमरेत्रिंशतासायकैर्भृशम् ४८ एवंसपीडितोराजन्नश्वत्थामामहाबलः ॥ शर
जालैःपरिवृतःकर्तव्यंनान्वपद्यत ४९ एवंगतेगुरोःपुत्रेतवपुत्रोमहारथः ॥ कृपकर्णादिभिःसार्धंशरैःसात्वतमावृणोत् ५० दुर्योधनस्तुविंशत्याकृपःशारद्वतस्त्रिभिः ॥
कृतवर्माऽथदशभिःकर्णःपंचाशताशरैः ५१ दुःशासनःशतेनैववृषसेनश्चसप्तभिः ॥ सात्यकिंविव्यधुस्तूर्णंसमंतान्निशितैःशरैः ५२ ततःससात्यकीराजन्सर्वानेवम
हारथान् ॥ विरथान्विमुखांश्चैवक्षणेनैवाकरोन्नृप ५३ अश्वत्थामातुसंप्राप्यचेतनांभरतर्षभ ॥ चिंतयामासदुःखार्तोनिःश्वसंश्चपुनःपुनः ५४ अथोरथांतरंद्रौणिःस
मारुह्यपरंतपः ॥ सात्यकिंवारयामासकिरन्शरशतान्बहून् ५५ तमापतंतंसंप्रेक्ष्यभारद्वाजसुतंरणे ॥ विरथंविमुखंचैवपुनश्चक्रेमहारथः ५६ ततस्तेपांडवाराजन्दृ
ष्ट्वासात्यकिविक्रमम् ॥ शंखशब्दान्भृशंचक्रुःसिंहनादांश्चनेदिरे ५७ एवंतंविरथंकृत्वासात्यकिःसत्यविक्रमः ॥ जघानवृषसेनस्यत्रिसाहस्रान्महारथान् ५८ अयु
तंदंतिनांसार्धंकृपस्यनिजघानसः ॥ पंचायुतानिचाश्वानांशकुनेर्निजघानह ५९ ततोद्रौणिर्महाराजरथमारुह्यवीर्यवान् ॥ सात्यकिंप्रतिसंक्रुद्धःप्रययौतद्वधेप्सया
६० पुनस्तमागतंदृष्ट्वाशैनेयोनिशितैःशरैः ॥ अदारयत्क्रूरतरैःपुनःपुनररिंदम ६१ सोऽतिविद्धोमहेष्वासोनानालिंगैरमर्षणः ॥ युयुधानेनवैद्रौणिःप्रहसन्वाक्यम
ब्रवीत् ६२ शैनेयाभ्युपपत्तिंतेजानाम्याचार्यघातिनि ॥ नचैनंत्रास्यसिमयाग्रस्तमात्मानमेवच ६३ शपेऽऽत्मनाऽहंशैनेयसत्येनतपसातथा ॥ अहत्वासर्वपंचाला
न्यदिशांतिमहंलभे ६४ यद्बलंपांडवेयानांवृष्णीनामपियद्बलम् ॥ क्रियतांसर्वमेवेहनिहनिष्यामिसोमकान् ६५ एवमुक्त्वार्करश्म्याभंसुतीक्ष्णंतंशरोत्तमम् ॥
व्यसृजत्सात्वतेद्रौणिर्वज्रंवृत्रेयथाहरिः ६६ सतंनिर्भिद्यतेनास्तःसायकःसशरावरम् ॥ विवेशवसुधांभित्त्वाश्वसन्बिलमिवोरगः ६७ सभिन्नकवचःशूरस्तोत्रार्दित
इवद्विपः ॥ विमुच्यसशरंचापंभूरिव्रणपरिस्रवः ६८ सीदन्रुधिरसिक्तश्चरथोपस्थउपाविशत् ॥ सूतेनापहृतस्तूर्णंद्रोणपुत्राद्रथांतरम् ६९ अथान्येनसुपुंखेनशरे
णानतपर्वणा ॥ आजघानभ्रुवोर्मध्येधृष्टद्युम्नंपरंतपः ७० सपूर्वमतिविद्धश्चभृशंपश्चाच्चपीडितः ॥ ससादाथचपांचाल्योव्यपाश्रयतचध्वजम् ७१ ॥

॥१६८॥ तंनागमिवसिंहेनदृष्ट्वाराजन्शरार्दितम् ॥ जवेनाभ्यद्रवञ्छूराःपंचपांडवतोरथाः ७२ किरीटीभीमसेनश्चवृद्धक्षत्रश्चपौरवः ॥ युवराजश्चचेदीनांमालवश्चसुदर्शनः ७३ अ०
एतेहाहाकृताःसर्वेप्रगृहीतशरासनाः ॥ वीरंद्रौणायनिंवीराःसर्वतःपर्यवारयन् ७४ तेविंशतिपदेयत्तागुरुपुत्रममर्षणम् ॥ पंचभिःपंचभिर्बाणैरभ्यघ्नन्सर्वतःसमम्
७५ आशीविषाभैर्विंशत्यापंचभिस्तुशितैःशरैः ॥ चिच्छेदयुगपद्द्रौणिःपंचविंशतिसायकान् ७६ सप्तभिस्तुशितैर्बाणैःपौरवंद्रौणिरार्दयत् ॥ मालवंत्रिभिरेकेनपार्थं ॥२००॥
षड्भिर्वृकोदरम् ७७ ततस्तेविव्यधुःसर्वेद्रौणिंराजन्महारथाः ॥ युगपच्चपृथक्चैवरुक्मपुंखैःशिलाशितैः ७८ युवराजश्चविंशत्याद्रौणिंविव्याधपत्रिभिः ॥ पार्थश्च
पुनरष्टाभिस्तथासर्वेत्रिभिस्त्रिभिः ७९ ततोऽर्जुनंषड्भिरथाजघानद्रौणायनिर्दशभिर्वासुदेवम् ॥ भीमंदशार्धैर्युवराजंचतुर्भिर्द्वाभ्यांद्वाभ्यांमालवंपौरवंच ८० सूतंविद्ध्वा
भीमसेनस्यषड्भिर्द्वाभ्यांविद्ध्वाकार्मुकंचध्वजंच ॥ पुनःपार्थंशरवर्षेणविद्ध्वाद्रौणिर्घोरंसिंहनादंननाद ८१ तस्यास्यतस्तान्निशितान्पीतधारान्द्रौणेःशरान्पृष्ठतश्चाग्रतश्च॥
धराविपद्द्यौःप्रदिशोदिशश्चच्छन्नाबाणैरभवन्घोररूपैः ८२ आसन्नस्यस्वरथंतीव्रतेजाःसुदर्शनस्येन्द्रकेतुप्रकाशौ ॥ भुजौशिरश्चेन्द्रसमानवीर्यस्त्रिभिःशरैर्युगपत्संच
कर्त ८३ सपौरवंरथशक्त्यानिहत्यच्छित्वारथंतिलशश्चास्यबाणैः ॥ छित्वाचबाहूवरचंदनाक्तौभल्लेनकायाच्छिरउच्चकर्त ८४ युवानमिंदीवरदामवर्णंचेदिप्रभुंयुव
राजंप्रसह्य ॥ बाणैस्त्वरावान्प्रज्वलिताग्निकल्पैर्विद्ध्वाप्रादान्मृत्यवेसाश्वसूतम् ८५ मालवंपौरवंचैवयुवराजंचचेदिपम् ॥ दृष्ट्वासमक्षंनिहतंद्रोणपुत्रेणपांडवः ८६
भीमसेनोमहाबाहुःक्रोधमाहारयत्परम् ॥ ततःशरशतैस्तीक्ष्णैःसंक्रुद्धाशीविषोपमैः ८७ छादयामाससमरेद्रोणपुत्रंपरंतपः ॥ ततोद्रौणिर्महातेजाःशरवर्षंनिहत्य
तम् ८८ विव्याधनिशितैर्बाणैर्भीमसेनममर्षणः ॥ ततोभीमोमहाबाहुर्द्रौणेर्युधिमहाबलः ८९ क्षुरप्रेणधनुश्छित्वाद्रौणिंविव्याधपत्रिणा ॥ तदपास्यधनुश्छिन्नंद्रोण
पुत्रोमहामनाः ९० अन्यत्कार्मुकमादायभीमंविव्याधपत्रिभिः ॥ तौद्रौणिभीमौसमरेपराक्रान्तौमहाबलौ ९१ अवर्षतांशरवर्षंवृष्टिमंताविवांबुदौ ॥ भीमनामांकिता
बाणाःस्वर्णपुंखाःशिलाशिताः ९२ द्रौणिंसंछादयामासुर्घनौघाइवभास्करम् ॥ तथैवद्रौणिनिर्मुक्तैर्भीमःसन्नतपर्वभिः ९३ अवाकीर्यतसक्षिप्रंशरैःशतसहस्रशः ॥
सच्छाद्यमानःसमरेद्रौणिनारणशालिना ९४ नविव्यथेमहाराजतदद्भुतमिवाभवत् ॥ ततोभीमोमहाबाहुःकार्तस्वरविभूषितान् ९५ नाराचान्दशसंप्रैषीद्यमदंडनि
भान्छितान् ॥ तेजत्रुदेशमासाद्यद्रोणपुत्रस्यमारिष ९६ निर्भिद्यविविशुस्तूर्णंवल्मीकमिवपन्नगाः ॥ सोऽतिविद्धोभृशंद्रौणिःपांडवेनमहात्मना ९७ ध्वजयष्टिंस ॥१६८॥
मासाद्यन्यमीलयतलोचने ॥ समुहूर्तात्पुनःसंज्ञांलब्ध्वाद्रौणिर्नराधिप ९८ क्रोधंपरममातस्थौसमरेरुधिरोक्षितः ॥ दृढंसोऽभिहतस्तेनपांडवेनमहात्मना ९९ वेगं
चक्रेमहाबाहुर्भीमसेनरथंप्रति ॥ ततआकर्णपूर्णानांशराणांतिग्मतेजसाम् १०० ॥ ॥ ॥

शतमाशीविषाभानांप्रेषयामासभारत ॥ भीमोऽपिसमरश्लाघीतस्यवीर्यमचिंतयत् १०१ तूर्णंप्रासृजदुग्राणिशरवर्षाणिपांडवः ॥ ततोद्रौणिर्महाराजच्छित्वाऽस्यवि
शिखैर्धनुः २ आजघानोरसिक्रुद्धःपांडवंनिशितैःशरैः ॥ ततोऽन्यद्धनुरादायभीमसेनोह्यमर्षणः ३ विव्याधनिशितैर्बाणैर्द्रौणिंपंचभिराहवे ॥ जीमूताविवघर्मान्तेतौ
शरौघप्रवर्षिणौ ४ अन्योन्यक्रोधताम्राक्षौछादयामासतुर्युधि ॥ तलशब्दैस्ततोघोरैस्त्रासयंतौपरस्परम् ५ अयुध्येतांसुसंरब्धौकृतप्रतिकृतैषिणौ ॥ ततोविस्फार्यसु
महच्चापंरुक्मविभूषितम् ६ भीमंप्रेक्षतसद्रौणिःशरानस्यंतमंतिकात् ॥ शरद्यहर्मध्यगतोदीप्तार्चिरिवभास्करः ७ आददानस्यविशिखान्संदधानस्यचाशुगान् ॥
विकर्षतोमुंचतश्चनांतरंददृशुर्जनाः ८ अलातचक्रप्रतिमंतस्यमंडलमायुधम् ॥ द्रौणेरासीन्महाराजबाणान्विसृजतस्तदा ९ धनुश्च्युताःशरास्तस्यशतशोऽथसह
स्रशः ॥ आकाशेप्रत्यदृश्यंतशलभानामिवायतीः ११० तेतुद्रौणिविनिर्मुक्ताःशराहेमविभूषिताः ॥ अजस्रमन्वकीर्यन्तघोराभीमरथंप्रति ११ तत्राद्भुतमपश्यामभी
मसेनस्यविक्रमम् ॥ बलंवीर्यंप्रभावंचव्यवसायंचभारत १२ तांसमेघादिवोद्भूतांबाणवृष्टिंसमंततः ॥ जलवृष्टिंमहाघोरांतपांतइवचिंतयन् १३ द्रोणपुत्रवधप्रेप्सु
र्भीमोभीमपराक्रमः ॥ अमुंचच्छरवर्षाणिप्रावृषीवबलाहकः १४ तद्रुक्मपृष्ठंभीमस्यधनुर्घोरंमहारणे ॥ विकृष्यमाणंविबभौशक्रचापमिवापरम् १५ तस्माच्छराः
प्रादुरासंञ्छतशोऽथसहस्रशः ॥ संछादयंतःसमरेद्रौणिमाहवशोभिनम् १६ तयोर्विसृजतोरेवंशरजालानिमारिष ॥ वायुरप्यंतराराजन्नाशक्नोत्प्रतिसर्पितुम् १७
तथाद्रौणिर्महाराजशरान्हेमविभूषितान् ॥ तैलधौतान्प्रसन्नाग्रान्प्राहिणोद्वधकांक्षया १८ तानंतरिक्षेविशिखैस्त्रिधैकैकमशातयत् ॥ विशेषयन्द्रोणसुतंतिष्ठतिष्ठेति
चाब्रवीत् १९ पुनश्चशरवर्षाणिघोराण्युग्राणिपांडवः ॥ व्यसृजद्बलवान्क्रुद्धोद्रोणपुत्रवधेप्सया १२० ततोऽस्त्रमाययातूर्णंशरवृष्टिंनिवार्यताम् ॥ धनुश्चिच्छेदभी
मस्यद्रोणपुत्रोमहास्त्रवित् २१ शरैश्चैनंसुबहुभिःक्रुद्धःसंख्येपराभिनत् ॥ सच्छिन्नधन्वाबलवान्रथशक्तिंसुदारुणाम् २२ वेगेनाविध्यचिक्षेपद्रोणपुत्ररथंप्रति ॥
तामापतंतींसहसामहोल्काभांशितैःशरैः २३ चिच्छेदसमरेद्रौणिर्दर्शयन्पाणिलाघवम् ॥ एतस्मिन्नंतरेभीमोदृढमादायकार्मुकम् २४ द्रौणिंविव्याधवि
शिखैःस्मयमानोवृकोदरः ॥ ततोद्रौणिर्महाराजभीमसेनस्यसारथिम् २५ ललाटेदारयामासशरेणानतपर्वणा ॥ सोऽतिविद्धोबलवताद्रोणपुत्रेणसारथिः
२६ व्यामोहमगमद्राजन्रश्मीनुत्सृज्यवाजिनः ॥ ततोऽश्वाःप्राद्रवंस्तूर्णंमोहितेरथसारथौ २७ भीमसेनस्यराजेन्द्रपश्यतांसर्वधन्विनाम् ॥ तंदृष्ट्वाप्रद्रुतैरश्वै
८७ रपकृष्टंरणाजिरात् २८ दध्मौप्रमुदितःशंखंबृहंतमपराजितः ॥ ततःसर्वेचपंचालाभीमसेनश्चपांडवः २९ धृष्टद्युम्नरथंत्यक्त्वाभीताःसंप्राद्रवन्दिशः ॥ तान्प्र
भग्नांस्ततोद्रौणिःपृष्ठतोविकिरन्शरान् १३० ॥ ॥ ॥ ॥ ॥

१३१ इतिद्रोणपर्वणिटीकायांद्विशततमोऽध्यायः ॥ २०० ॥ ॥ ॥ यथाशिवमयोविष्णुरेवंविष्णुमयंजगदितिस्मृतौदार्ष्टांतिकंजगतोविष्णुमयत्वंपूर्वयोःपर्वणोर्विष्णोर्विश्वरूपप्रकाशनेनव्याख्यातं । अथदृष्टांती
कृतंविष्णोःशिवमयत्वंव्याचिख्यासुःशतरुद्रियमारभते तदुपोद्घातत्वेनाश्वत्थामास्त्राभिभवंतावद्दर्शयति तत्प्रभग्नंबलंदृष्ट्वेत्यादिना १ ततस्तेतव २ सोमकावयवैःसोमकानामवयवरूपैर्माण्डलिकैः ३ । ४ । ५ । ६

अभ्यवर्ततवेगेनकालयन्पांडुवाहिनीम् ॥ तेवध्यमानाःसमरेद्रोणपुत्रेणपार्थिवाः ॥ द्रोणपुत्रभयाद्राजन्दिशःसर्वाश्चभेजिरे १३१ इतिश्रीमहाभारतेद्रोणपर्वणि नारायणास्त्रमोक्षपर्वण्यश्वत्थामपराक्रमे द्विशततमोऽध्यायः ॥ २०० ॥ ॥ ॥ ॥ संजयउवाच ॥ तत्प्रभग्नंबलंदृष्ट्वाकुंतीपुत्रोधनंजयः ॥ न्यवारयदमेयात्मा द्रोणपुत्रजयेप्सया १ ततस्तेसैनिकाराजन्नैवतत्रावतस्थिरे ॥ संस्थाप्यमानायत्नेनगोविन्देनार्जुनेनच २ एकएवचबीभत्सुःसोमकावयवैःसह ॥ मत्स्यैरन्यैश्चसंधाय कौरवान्सन्यवर्तत ३ ततोद्रुतमतिक्रम्यसिंहलांगूलकेतनम् ॥ सव्यसाचीमहेष्वासमश्वत्थामानमब्रवीत् ४ याशक्तिर्यच्चविज्ञानंयद्वीर्यंयच्चपौरुषम् ॥ धार्तराष्ट्रेषु यापीतिर्द्वेषोऽस्मासुचयश्चते ५ यच्चभूयोऽस्तितेजस्तेतत्सर्वंमयिदर्शय ॥ सएवद्रोणहंतातेदर्पंछेत्स्यतिपार्षतः ६ कालानलसमप्रख्यंद्विषतामंतकोपमम् ॥ समासादयपांचाल्यंमांचापिसहकेशवम् ॥ दर्पनाशयिताऽस्म्यद्यतवोद्वृत्तस्यसंयुगे ७ ॥ धृतराष्ट्रउवाच ॥ आचार्यपुत्रोमानार्हो बलवांश्चापिसंजय ॥ प्रीतिर्धनंजये चास्यप्रियश्चापिमहात्मनः ८ नभूतपूर्वंबीभत्सोर्वाक्यंपरुषमीदृशम् ॥ अथकस्मात्सकौन्तेयःसखायंरूक्षमुक्तवान् ९ ॥ संजयउवाच ॥ युवराजेहतेचैववृद्धक्षत्रेच पौरवे ॥ इष्वस्त्रविधिसंपन्नेमालवेचसुदर्शने १० धृष्टद्युम्नेसात्यकौचभीमेचापिपराजिते ॥ युधिष्ठिरस्यतैर्वाक्यैर्मर्मण्यपिचघट्टिते ११ अंतर्भेदेचसंजातेदुःखंसंस्मृत्य चप्रभो ॥ अभूतपूर्वोबीभत्सोर्दुःखान्मन्युरजायत १२ तस्मादनर्हमश्लीलमप्रियंद्रौणिमुक्तवान् ॥ मान्यमाचार्यतनयंरूक्षंकापुरुषंयथा १३ एवमुक्तःश्वसन्क्रो धान्महेष्वासतमोनृप ॥ पार्थेनपरुषंवाक्यंसर्वमर्मभिदागिरा १४ द्रौणिश्चुकोपपार्थायकृष्णायचविशेषतः ॥ सतुयत्तोरथेस्थित्वावार्युपस्पृश्यवीर्यवान् १५ देवै रपिसुदुर्धर्षमस्त्रमाग्नेयमाददे ॥ दृश्यादृश्यानरिगणानुद्दिश्याचार्यनंदनः १६ सोऽभिमंत्र्यशरंदीप्तंविधूममिवपावकम् ॥ सर्वतःक्रोधमाविश्यचिक्षेपपरवीरहा १७ ततस्तुमुलमाकाशेशरवर्षमजायत ॥ पावकार्चिःपरीतंतत्पार्थमेवाभिपुप्लुवे १८ उल्काश्चगगनात्पेतुर्दिशश्चनचकाशिरे ॥ तमश्चसहसारौद्रंचमूमवततारताम् १९ रक्षांसिचपिशाचाश्चविनेदुरतिसंगताः ॥ ववुश्चाशिशिरावाताःसूर्योनैवततापच २० वायसाश्चापिचाक्रंदन्दिक्षुसर्वासुभैरवम् ॥ रुधिरंचापिवर्षंतोविनेदुस्तोयदा दिवि २१ पक्षिणःपशवोगावोविनेदुश्चापिसुव्रताः ॥ परमंप्रयतात्मानोनशांतिमुपलेभिरे २२ भ्रांतसर्वमहाभूतमावर्तितदिवाकरम् ॥ त्रैलोक्यमभिसंतप्तंज्वराविष्टमिवाभवत् २३ अस्त्रतेजोभिसंतप्तानागाभूमिशयास्तथा ॥ निःश्वसंतःसमुत्पेतुस्तेजोघोरंमुमुक्षवः २४ ॥ ॥ ॥ ॥ ॥

उद्वृत्तस्यउच्छास्त्रवर्तिनः ७ । ८ । ९ युवराजेचेदिपतौ १० । ११ अंतर्भेदेहृदयवैक्लव्ये । दुःखंपुत्रवधादिजम् १२ अश्लीलंजुगुप्सितं अप्रियंपरुषम् १३ । १४ । १५ । १६ । १७ । १८ । १९ । २० । २१
प्रयतात्मानोयोगिनोऽपिसमाधिच्युताबभूवुरित्यर्थः २२ आवर्तितदिवाकरंविभ्रंशसर्वभ्रमतीवेत्यमन्यतेत्यर्थः २३ । २४

२५ । २६ । २७ । २८ । त्रेसुः शब्दंचक्रुः यथावनेइतिसंबंधः २९ । ३० । ३१ युगांतेप्रलये संवर्तकःसंहारकः ३२ । ३३ । ३४ । ३५ । ३६ ३७ । ३८ ३९ तमोनुदौचंद्रसूर्यौ ४० । ४१ । ४२ तयोर्विप

जलजानिचसत्वानिदह्यमानानिभारत ॥ नशांतिमुपजग्मुर्हितप्यमानैर्जलाशयैः २५ दिग्भ्यःप्रदिग्भ्यःखाद्भूमेःसर्वतःशरवृष्टयः ॥ उच्चावचानिपेतुर्वैगरुडानिलरंहसैः
२६ तैःशरैर्द्रोणपुत्रस्यवज्रवेगैःसमाहताः ॥ प्रदग्धारिपवःपेतुरग्निदग्धाइवद्रुमाः २७ दह्यमानामहाभागाःपेतुरुर्व्यांसमंततः ॥ नदंतोभैरवान्नादान्जलदोपमनिःस्वनान्
२८ अपरेप्रद्रुतानागाभयत्रस्ताविशांपते ॥ त्रेसुर्दिशोयथापूर्वंवनेदावाग्निसंवृताः २९ द्रुमाणांशिखराणीवदावदग्धानिमारिष ॥ अश्ववृंदान्यदृश्यंतरथवृंदानिभारत ३०
अपतंतरथौघाश्चतत्रतत्रसहस्रशः ॥ तत्सैन्यंभयसंविग्नंददाहयुधिभारत ३१ युगांतेसर्वभूतानिसंवर्तकइवानलः ॥ दृष्ट्वातुपांडवींसेनांदह्यमानांमहाहवे ३२ प्रहृष्टा
स्तावकाराजन्सिंहनादान्विनेदिरे ॥ ततस्तूर्यसहस्राणिनानालिंगानिभारत ३३ तूर्णमाजघ्निरेहृष्टास्तावकाजितकाशिनः ॥ कृत्स्नाह्यक्षौहिणीराजन्सव्यसाचीचपांडवः
तमसासंवृतेलोकेनादृश्यंतमहाहवे ॥ नैवनस्तादृशंराजन्दृष्टपूर्वंनचश्रुतम् ३५ यादृशंद्रोणपुत्रेणसृष्टमस्त्रममर्षिणा ॥ अर्जुनस्तुमहाराजब्राह्ममस्त्रमुदैरयत् ३६ सर्वा
स्त्रप्रतिघातार्थंविहितंपद्मयोनिना ॥ ततोमुहूर्तादिवतत्तमोव्युपशशामह ३७ प्रववौचानिलःशीतोदिशश्चविमलाबभुः ॥ तत्राद्भुतमपश्यामकृत्स्नामक्षौहिणींहताम् ३८
अनभिज्ञेयरूपांचप्रदग्धामस्त्रतेजसा ॥ ततोवीरौमहेष्वासौविमुक्तौकेशवार्जुनौ ३९ सहितौप्रत्यदृश्येतांनभसीवतमोनुदौ ॥ ततोगांडीवधन्वाचकेशवश्चाक्षतावुभौ ४०
सपताकध्वजहयःसानुकर्षवरायुध ॥ प्रबभौसरथोयुक्तस्तावकानांभयंकरः ४१ ततःकिलकिलाशब्दःशंखभेरीस्वनैःसह ॥ पांडवानांप्रहृष्टानांक्षणेनसमजायत ४२ हता
वितितयोरासीत्सेनयोरुभयोर्मतिः ॥ तरसाऽभ्यागतौदृष्ट्वासहितौकेशवार्जुनौ ४३ तावक्षतौप्रमुदितौदध्मतुर्वारिजोत्तमौ ॥ दृष्ट्वाप्रमुदितान्पार्थांस्त्वदीयाव्यथिताभृशम्
४४ विमुक्तौचमहात्मानौदृष्ट्वाद्रौणिःसुदुःखितः ॥ मुहूर्तंचिंतयामासकिंत्वेतदितिमारिष ४५ चिन्तयित्वातुराजेन्द्रध्यानशोकपरायणः ॥ निःश्वसन्दीर्घमुष्णंचविमनाश्चा
भवत्ततः ४६ ततोद्रौणिर्धनुस्त्यक्त्वारथात्प्रस्कंद्यवेगितः ॥ धिग्धिक्सर्वमिदंमिथ्येत्युक्त्वासंप्राद्रवद्रणात् ४७ ततःस्निग्धांबुदाभासंवेदावासमकल्मषम् ॥ वेदव्यासंसरस्व
त्यावासंव्यासंददर्शह ४८ तंद्रौणिरग्रतोदृष्ट्वास्थितंकुरुकुलोद्वहम् ॥ सन्नकंठोऽब्रवीद्वाक्यमभिवाद्यसुदीनवत् ४९ भोभोमायायदृच्छावानविद्मःकिमिदंभवेत् ॥ अस्त्रंत्विदं
कथंमिथ्याममकश्चव्यतिक्रमः ५० अधरोत्तरमेतद्वालोकानांवापराभवः ॥ यदिमौजीवतःकृष्णौकालोहिदुरतिक्रमः ५१ नासुरानचगंधर्वानपिशाचानराक्षसाः ॥ नस
र्पायक्षपतगानमनुष्याःकथंचनः ५२ उत्सहन्तेऽन्यथाकर्तुमेतदस्त्रंमयेरितम् ॥ तदिदंकेवलंहत्वाशांतमक्षौहिणींज्वलत् ५३ ॥

ये ४३ । ४४ । ४५ । ४६ । ४७ वेदानांव्यासंशाखाप्रशाखाभेदेनविभाजकंसरस्वत्याअंगोपवेदस्मृत्यादिरूपायाआवासं व्यासमितिपाठेविस्तारम् ४८ कुरवोधृतराष्ट्राद्यास्तेषांकुलोद्वहम् ४९ मायाच्छ्रयों
रप्यनष्टत्वेनदर्शनं यदृच्छाअस्त्रशक्तेरनियमः ५० अधरोत्तरंविपरीतम् ५१ । ५२ । ५३

५४ । ५५ । ५६ । ५७ शिशिरंगिरिंहिमाचलम् ५८ । ५९ । ६० ब्रह्मभूतोब्रह्मवदत्यंतंनिर्लेपः । ईश्वरंनिमित्तं । योनिमुपादानं । पतिंपालयितारम् ६१ । ६२ । ईशानानांब्रह्मादीनामपिवृषभंश्रेष्ठं । कपर्दिनं जटाजूटवंतं । चेकितानंचेतयंतं । परांप्रकृष्टांयोनिमधिष्ठानं । तिष्ठतःस्थावरस्यगच्छतोजंगमस्य ६३ दुर्वारणंदुर्निषेधं । दुर्दर्शंविरूपाक्षं । तिग्ममन्युंतीव्रकोपंदुष्टेषु । प्रचेतसमुदारचित्तंसाधुषु ६४ परश्वधिनंपरश्वधवंतम्

सर्ववातिमयामुक्तमस्त्रंपरमदारुणम् ॥ केनमौमर्त्यधर्माणौनावधीत्केशवार्जुनौ ५४ एतत्प्रब्रूहिभगवन्मयापृष्टोयथातथम् ॥ श्रोतुमिच्छामितत्त्वेनसर्वमेतन्महामुने ५५ ॥ व्यासउवाच ॥ महांतमेवमर्थंमांयंत्वंपृच्छसिविस्मयात् ॥ तंप्रवक्ष्यामितेसर्वंसमाधायमनःशृणु ५६ योऽसौनारायणोनामपूर्वेषामपिपूर्वजः ॥ अजायतच कार्यार्थंपुत्रोधर्मस्यविश्वकृत् ५७ सतपस्तीव्रमातस्थेशिशिरंगिरिमास्थितः ॥ ऊर्ध्वबाहुर्महातेजाज्वलनादित्यसन्निभः ५८ षष्टिंवर्षसहस्राणितावंत्येवशतानिच ॥ अशोषयत्तदाऽऽत्मानंवायुभक्षोऽम्बुजेक्षणः ५९ अथापरंतपस्तप्त्वाद्विस्ततोऽन्यत्पुनर्महत् ॥ द्यावापृथिव्योर्विवरंतेजसासमपूरयत् ६० सतेनतपसातातब्रह्मभूतोयदाऽभवत् ॥ ततोविश्वेश्वरंयोनिंविश्वस्यजगतःपतिम् ६१ ददर्शभृशदुर्धर्षंसर्वदेवैरभिष्टुतम् ॥ अणीयांसमणुभ्यश्चबृहद्भ्यश्चबृहत्तमम् ६२ रुद्रमीशानवृषभंहरंशंभुंकपर्दिनम् ॥ चेकितानंपरांयोनिंतिष्ठतोगच्छतश्चह ६३ दुर्वारणंदुर्दृशंतिग्ममन्युंमहात्मानंसर्वहरंप्रचेतसम् ॥ दिव्यंचापमिषुधीचाददानंहिरण्यवर्माणमनंतवीर्यम् ६४ पिनाकिनंवज्रिणंदीप्तशूलंपरश्वधिनंगदिनंचायतासिम् ॥ शुभ्रंजटिलंमुसलिनंचंद्रमौलिंव्याघ्राजिनंपरिघिणंदंडपाणिम् ६५ शुभांगदंनागयज्ञोपवीतंविश्वैर्गणैःशोभितं भूतसंघैः ॥ एकीभूतंतपसांसन्निधानंवयोतिगैःसुष्टुतमिष्टवाग्भिः ६६ जलंदिशंखंक्षितिंचंद्रसूर्यौतथावाय्वग्नीप्रतिमानंजगच्च ॥ नालंद्रष्टुंयंजनाभिन्नवृत्ताब्रह्मद्विषघ्नममृतस्ययोनिम् ६७ यंपश्यंतिब्राह्मणाःसाधुवृत्ताःक्षीणपापामनसावीतशोकाः ॥ तंनिष्पतंतंतपसाधर्ममीड्यंतद्भक्त्यावैविश्वरूपंददर्श ॥ दृष्ट्वाचैनंवाङ्मनोबुद्धिदेहैःसंहृष्टात्मामुमुदेवासुदेवः ६८ अक्षमालापरिक्षिप्तंज्योतिषांपरमंनिधिम् ॥ ततोनारायणोदृष्ट्वाववंदेविश्वसंभवम् ६९ वरदंपृथुचार्वंग्यापार्वत्यासहितंप्रभुम् ॥ क्रीडमानंमहात्मानंभूतसंघगणैर्वृतम् ७० अजमीशानमव्यक्तंकारणात्मानमच्युतम् ॥ अभिवाद्याथरुद्रायसद्योऽन्धकनिपातिने ॥ ७१ पद्माक्षस्तंविरूपाक्षमभितुष्टावभक्तिमान् ॥ श्रीनारायणउवाच ॥ त्वत्संभूताभूतकृतोवरेण्यगोप्तारोऽस्यभुवनस्यादिदेव ॥ आविश्येमांधरणींयेऽभ्यरक्षन्पुरापुराणींतवदेवसृष्टिम् ७२ सुरासुराञ्नागरक्षःपिशाचान्नरान्सुपर्णानथगंधर्वयक्षान् ॥ पृथग्विधान्भूतसंघांश्चविश्वांस्त्वत्संभूतान्विद्मसर्वांस्तथैव ॥ ऐन्द्रंयाम्यंवारुणंवैत्तपाल्यंपैत्रंत्वाष्ट्रंकर्मसौम्यंचतुभ्यम् ७३ ॥ ॥ ॥ ॥ ॥

६५ वयोतिगैःवृद्धैः ६६ जगत्प्रतिमानंपरिमापयंतंकालं । यंभिन्नवृत्तादुराचारावृष्टुंनालं । यतोब्रह्मद्विषघ्नं । अमृतस्यमोक्षस्ययोनिंकारणम् ६७ ददर्शवासुदेवइत्युत्तरेणसंबंधः ६८।६९ । ७० । ७१ भूतकृतःप्रजापतयः । हेवरेण्यमोक्षकार्थैर्वरणीय ७२ ऐंद्रमिंद्रदैवत्यंकर्म । तुभ्यंत्वदर्थमेव । सर्वेषांदेवानांनाम्नात्वमेवतर्पणीयइत्यर्थः ७३ ॥ ॥

आकाशइतिलुप्तविभक्तिकं। स्वाद्यंरसः ब्रह्मवेदाःयज्ञाश्च स्थास्नुस्थावरं चरिष्णुजंगमं ७४ अद्भ्यःसमुद्रेभ्यस्तोकावर्षबिंदवः संक्षयेप्रलयेएकार्णवे सायुज्यमैक्यं ७५ रूपंज्योतिरितिद्वाभ्यांश्लोकाभ्यांसर्वस्य
ब्रह्मप्रभवत्वंब्रह्मप्रलयत्वंचोक्तमिदंसर्वस्मादन्यद्ब्रह्मणोरूपंविविनक्ति दिव्यंति। दिविहार्दाकाशेभवौदिव्यौशुद्धाशुद्धासत्वप्रधानायांमूलप्रकृतौमायाविद्याख्यायांचित्प्रतिबिंबावितियावत् तौचतावाव्रतौदिव्या
हृतावीश्वरजीवौ । अथापिमानसौमनस्येवशास्त्रशास्यभावेनाभिव्यक्तौद्रौसुपर्णौपक्षिवदुपाध्यसंगिनौ तयोरधिष्ठेयाःसप्तपिप्पला अश्वत्थाः वाचाशाखाःवाङ्मात्रेणशाखावत्खेआकाशेशेरतेतेशाखाः शाखाः
स्वशयाइतिशास्कः। वाचारंभणंविकारइतिश्रुतेरनृताइत्यर्थः महदहंकारपंचतन्मात्राख्याः प्रकृतीमानसौप्रागुक्तौताभ्यांसहैकादश तथादशेंद्रियाणि तेषामेकादशानांगोप्तारः गोप्तेतिपाठेएकवचनमार्षं तानिहि
संसारजाश्वत्थमूलावासनावर्धयंति केतेदश येपुरंपांचभौतिकंशरीरंधारयंतितेभ्यश्चपड्विंशतेरन्यःपरमात्मासप्तविंशस्त्वमसीत्यर्थः ७६ भूतमिति। संभूतासंभूतानिविश्वाविश्वानि उभयत्रसुपश्छांदसोऽडादेशः

रूपंज्योतिःशब्दआकाशवायुःस्पर्शःस्वाद्यंसलिलंगंधउर्वी ॥ कालोब्रह्माब्रह्मचब्राह्मणाश्चत्वत्संभूतंस्थास्नुचरिष्णुचेदम् ७४ अब्द्यःस्तोकायांतियथापृथक्त्वंताभिश्चै
क्यंसंक्षयेयांतिभूयः ॥ एवंविद्वान्प्रभवंचाप्ययंचमत्वाभूतानांतवसायुज्यमेति ७५ दिव्याव्रतौमानसौद्वौसुपर्णौवाचाशाखाःपिप्पलाःसप्तगोपाः ॥ दशाप्यन्येयेपुरं
धारयंतित्वयासृष्टास्त्वंहितेभ्यःपरोहि ७६ भूतंभव्यंभविताचाप्यधृष्यंत्वत्संभूताभुवनानीहविश्वा ॥ भक्तंचमांभजमानंभजस्वमारीरिषोमामहिताहितेन ७७ आत्मा
नंत्वामात्मनोनन्यबोधंविद्वान्नेवंगच्छतिब्रह्मशुक्रम् ॥ अस्तौषंत्वांतवसंमानमिच्छन्विचिन्वन्वैसदृशंदेववर्य ॥ सुदुर्लभान्देहिवरान्ममेष्टानभिष्टुतःप्रविकार्षीश्चमायाम्
७८ ॥ व्यासउवाच ॥ तस्मैवरानचिंत्यात्मानीलकंठःपिनाकधृक् ॥ अर्हतेदेवमुख्यायप्रायच्छदृषिसंस्तुतः ७९ ॥ श्रीभगवानुवाच ॥ मत्प्रसादान्मनुष्येषुदेवगं
धर्वयोनिषु ॥ अप्रमेयबलात्मात्वंनारायणभविष्यसि ८० नचत्वांप्रसहिष्यंतिदेवासुरमहोरगाः ॥ नपिशाचानगंधर्वानयक्षानचराक्षसाः ८१ नसुपर्णास्तथानागानच
विश्वेवियोनिजाः ॥ नकश्चित्त्वांचदेवोपिसमरेषुविजेष्यति ८२ नशस्त्रेणनवज्रेणनाग्निनानचवायुना ॥ नचार्द्रेणनशुष्केणत्रसेनस्थावरेणच ८३ कश्चित्तवरुजांकर्तामत्प्र
सादात्कथंचन ॥ अपिचेत्समरंगत्वाभविष्यसिममाधिकः ८४ एवमेतेवरालब्धाःपुरस्ताद्विद्धिशौरिणा ॥ सएषदेवश्चरतिमाययामोहयन्जगत् ८५ तस्यैवतपसाजा
तंनरंनामममहामुनिम् ॥ तुल्यमेतेनदेवेनतंजानीह्यर्जुनंसदा ८६

भजस्वइष्टकामपूरणेनपालय मारीरिषःमाहिंसीर्मां केनअहिताहितेन अहितानांकामादीनामाहितमाधानंमच्चेतसिप्रवेशनंतेनेत्यर्थः ७७ आत्मानमिति। आत्मनोजीवस्यआत्मानंनिरुपाधिस्वरूपंप्रत्यञ्चं अतएवा
नन्यबोधंनास्तिअन्योऽहंकारादिर्बोधोयस्मिंस्तमनन्यबोधं। अनन्यभाववमितिपाठेऽपिसएवार्थः एतादृशंत्वांविद्वान् शुक्रमुपाध्यसंपर्कान्निरवद्यंब्रह्मगच्छतिप्राप्नोत्युपाधिप्रहाणेन अहंतुअहंकारविशिष्टस्तवशंभोः
संमानमर्चनंकर्तुमिच्छंस्त्वामस्तौषंस्तुतवानस्मि कीदृशं मत्सदृशंस्तुतियोग्यं त्वांविचिन्वन्नन्वेषयन् स्वसदृशमितिपाठेस्वधर्मरूपंस्वधर्मप्राप्यं हेदेववर्यईशस्यापित्वंदुरधिगमइत्यर्थः मायांचप्रविकार्षीःप्रकर्षेणविक्षिपत्वा
नसि तांमामुद्दिश्यमाप्रविकार्षीरित्यनुषंगेणान्वयः ७८ अर्हतेयोग्याय ऋषिणानारायणेनसंस्तुतः ७९। ८०। ८१ वियोनिजाःसिंहव्याघ्रादयः ८२ त्रसेनजंगमेन ८३ गत्वाप्राप्य ८४। ८५। ८६ ॥

पूर्वदेवानांब्रह्मविष्णुरुद्राणांमध्येएतौविष्णुरूपिणावृषीनरनारायणौपरमोचिताववत्यन्ततपःसंपन्नौ ८७। ८८ देववत्नारायणवत् अवाकर्षः अवमतंकृशंकृतवानसि आत्मानंशरीरम् ८९ शुभ्रंदीप्तिमत् ९० ९१ तयोर्नरनारायणयोः अथापि तवतयोश्चविशेषहेतुंशृण्वित्याह ताभ्यामिति। लिंगेसूक्ष्मशरीरे अर्चायांप्रतिमायां अयंभावः। 'चतुर्णांसन्निधानेनयत्फलंतदशाश्वतं ॥ द्वयोस्तुसन्निधानेनशाश्वतंप्राप्यतेपदम्'इति दक्षस्मृतेः। प्रतिमायांशिवार्चकस्यआत्ममनइंद्रियविषयाणांचतुर्णांसान्निध्यमस्ति। लिंगेतदर्चकस्यतुआत्ममनसोर्द्वयोरेवसान्निध्यमस्तीतितयोरर्चकत्वसाम्येऽपिप्रकारभेदात्फलभेदभागितेति ९२ लिंगार्चनादेवसर्वंब्रह्मेतिजानातीत्याह सर्वेति। ज्ञात्वाशास्त्रात् पूर्वंज्ञात्वापश्चादनुभवेनापिजानातीत्यर्थः अतएवकृष्णेआत्मयोगाख्यंजीवब्रह्मैक्यविज्ञानं शास्त्रयोगाख्यंपरोक्षज्ञानंचतत्कारणीभूतंपुष्कलमस्तीत्याह आत्मेति ९३। ९४ कृष्णःभक्तानांसहेतुकंसंसारंकर्षतीतियोगात्सएवाराध्यः ९५। ९६। ९७। ९८ महर्षयेव्यासाय ९९। १००॥ इति द्रोणपर्वणिटीकायामेकाधिकद्विशततमोऽध्यायः॥ २०१॥

तावेतौपूर्वदेवानांपरमोपचितावृषी॥ लोकयात्राविधानार्थंसंजायेतेयुगेयुगे ८७ तथैवकर्मणाकृत्स्नंमहतस्तपसोऽपिच॥ तेजोमन्युंचबिभ्रंस्त्वंजातोरौद्रोमहामते ८८ सभवान्देववत्प्राज्ञोज्ञात्वाभवमयंजगत्॥ अवाकर्षस्त्वमात्मानंनियमैस्तत्प्रियेप्सया ८९ शुभ्रमत्रहविःकृत्वामहापुरुषविग्रहम्॥ ईजिवांस्त्वंजपैर्होमैरुपहारैश्च मानद ९० सतथापूज्यमानस्तेपूर्वदेहेऽप्यतूतुषत्॥ पुष्कलांश्चवरान्प्रादात्तवविद्वन्हृदिस्थितान् ९१ जन्मकर्मतपोयोगास्तयोस्तवचपुष्कलाः॥ ताभ्यांलिंगेऽर्चितोदेवस्त्वयाऽर्चायांयुगेयुगे ९२ सर्वरूपंभवंज्ञात्वालिंगेयोऽर्चयतिप्रभुम्॥ आत्मयोगाश्चतस्मिन्वैशास्त्रयोगाश्चशाश्वताः ९३ एवंदेवायजंतोहिसिद्धाश्चपरमर्षयः॥ प्रार्थयंतेपरंलोकेस्थाणुमेकंससर्वकृत् ९४ सएषरुद्रभक्तश्चकेशवोरुद्रसंभवः॥ कृष्णएवहियष्टव्योयज्ञैश्चैवसनातनः ९५ सर्वभूतभवंज्ञात्वालिंगमर्चतियःप्रभोः॥ तस्मिन्नभ्यधिकांप्रीतिंकरोतिवृषभध्वजः ९६॥ संजयउवाच॥ तस्यतद्वचनंश्रुत्वाद्रोणपुत्रोमहारथः॥ नमश्चकाररुद्रायबहुमेनेचकेशवम् ९७ हृष्टरोमाचवश्यात्मासोऽभिवाद्यमहर्षये॥ वरूथिनीमभिप्रेक्ष्यह्यवहारमकारयत् ९८ ततःप्रत्यवहारोऽभूत्पांडवानांविशांपते॥ कौरवाणांचदीनानांद्रोणेयुधिनिपातिते ९९ युद्धंकृत्वादिनान्पंचद्रोणोहत्वावरूथिनीम्॥ ब्रह्मलोकंगतोराजन्ब्राह्मणोवेदपारगः १००॥ इतिश्रीमहाभारतेद्रोणपर्वणिनारायणास्त्रमोक्षपर्वणिव्यासवाक्येशतरुद्रीयेएकाधिकद्विशततमोऽध्यायः॥ २०१॥ ॥ ॥ ॥ धृतराष्ट्रउवाच॥ तस्मिन्नतिरथेद्रोणेनिहतेपार्षतेनवै॥ मामकाःपांडवाश्चैवकिमकुर्वन्नतःपरम् १॥ संजयउवाच॥ तस्मिन्नतिरथेद्रोणेनिहतेपार्षतेनवै॥ कौरवेषुचभग्नेषुकुंतीपुत्रोधनंजयः २ दृष्ट्वासुमहदाश्चर्यमात्मनोविजयावहम्॥ यदृच्छयागतंव्यासंपप्रच्छभरतर्षभ ३॥ अर्जुनउवाच॥ संग्रामेन्यहनंशत्रून्शरौघैर्विमलैरहम्॥ अग्रतोलक्षयेयांतंपुरुषंपावकप्रभम् ४ ज्वलंतंशूलमुद्यम्ययांदिशंप्रतिपद्यते॥ तस्यांदिशिविदीर्यंतेशत्रवोमेमहामुने ५ तेनभग्नानरीन्सर्वान्मद्भग्नान्मन्यतेजनः॥ तेनभग्नानिसैन्यानिपृष्ठतोऽनुव्रजाम्यहम् ६ ॥ ॥ ॥ ॥ ॥ ॥

तदेवंविष्णोःशिवमयत्वंव्याख्याय विष्णुत्राणात्तन्मयस्यजगतस्त्राणमपिशैवमेवकर्मेत्युक्तं। तस्मिन्नित्यतआरभ्यपर्वसमाप्तिपर्यंतस्यग्रंथस्यतात्पर्यमपिभूभारावतारहेतुरपिशिवएवेति १। २ यदृच्छयादैवेन ३ न्यहनंशत्रूनित्यत्र निघ्नतःशत्रूनितिपाठेऽस्मिन्पक्षेशत्रून्निघ्नतोमअग्रतोयांतंपुरुषमहंलक्षयेइत्यन्वयः ४। ५। ६ ॥ ॥ ॥

७।८ प्रजानांसर्गस्थित्यंतकर्तृत्वेनपतीनांब्रह्मविष्णुरुद्राणांप्रथमंप्रथयितारंकारणमित्यर्थः। तैजसंस्वार्थेतद्धितः चिन्मात्ररूपं। पुरुषंसर्वपूर्षुशरीरगुहासुशयानं अतएवप्रभुमंतर्यामित्वेनशास्तारं भुवनंद्यौः भूःपृथिवी
भुवमंतरिक्षं त्रैलोक्यशरीरमित्यर्थः देवंद्योतमानं सर्वलोकेश्वरं प्रभुमितिराजवद्वहिःस्थित्वाऽर्पानयमयंतामित्यर्थः ९ ईशानमनन्याधिपतिं। वरदंश्रेष्ठानामपिखंडयितारं। भुवनेश्वरंभुवनव्यापिनम् १० जटिलं
शिखिनमितिरूपभेदाभिप्रायेणविशेषणद्वयंयोज्यम् ११ जगत्प्रीतिंजगदानंदकरं। अधीश्वरंईश्वरादप्यधिकंनिरुपाधिचिन्मात्रमित्यर्थः १२ जगद्योनिंजगद्वीजमितिजगतांमातृपितृरूपम् १३ विश्वनरंविश्वस्य

भगवंस्तन्ममाचक्ष्वकोवैसपुरुषोत्तमः ॥ शूलपाणिर्मयादृष्टस्तेजसासूर्यसन्निभः ७ नपद्भ्यांस्पृशतेभूमिंनचशूलंविमुंचति ॥ शूलाच्छूलसहस्राणिनिष्पेतुस्तस्यते
जसा ८ ॥ व्यासउवाच ॥ प्रजापतीनांप्रथमंतैजसंपुरुषंप्रभुम् ॥ भुवनंभूर्भुवंदेवंसर्वलोकेश्वरंप्रभुम् ९ ईशानंवरदंपार्थदृष्टवानसिशंकरम् ॥ तंगच्छशरणंदेवंवरदंभुव
नेश्वरम् १० महादेवंमहात्मानमीशानंजटिलंविभुम् ॥ त्र्यक्षंमहाभुजंरुद्रंशिखिनंचीरवाससम् ११ महादेवंहरंस्थाणुंवरदंभुवनेश्वरम् ॥ जगत्प्रधानमजितंजगत्प्री
तिमधीश्वरम् १२ जगद्योनिंजगद्वीजंजयिनंजगतोगतिम् ॥ विश्वात्मानंविश्वसृजंविश्वमूर्तिंयशस्विनम् १३ विश्वेश्वरंविश्वनरंकर्मणामीश्वरंप्रभुम् ॥ शंभुंस्वयंभुं
भूतेशंभूतभव्यभवोद्भवम् १४ योगंयोगेश्वरंसर्वंसर्वलोकेश्वरेश्वरम् ॥ सर्वश्रेष्ठंजगच्छ्रेष्ठंवरिष्ठंपरमेष्ठिनम् १५ लोकत्रयविधातारमेकंलोकत्रयाश्रयम् ॥ शुद्धात्मानं
भवंभीमंशशांककृतशेखरम् १६ शाश्वतंभूधरंदेवंसर्ववागीश्वरेश्वरम् ॥ सुदुर्जयंजगन्नाथंजन्ममृत्युजरातिगम् १७ ज्ञानात्मानंज्ञानगम्यंज्ञानश्रेष्ठंसुदुर्विदम् ॥ दातारं
चैवभक्तानांप्रसादविहितान्वरान् १८ तस्यपारिषदादिव्यारूपैर्नानाविधैर्विभोः ॥ वामनाजटिलामुंडाह्रस्वग्रीवामहोदराः १९ महाकायामहोत्साहामहाकर्णास्त
थापरे ॥ आननैर्विकृतैःपादैःपार्थवेषैश्चवैकृतैः २० ईदृशैःसमहादेवःपूज्यमानोमहेश्वरः ॥ सशिवस्तातततेजस्वीप्रसादाद्यातितेऽग्रतः २१ तस्मिन्घोरेसदापार्थ
संग्रामेलोमहर्षणे ॥ द्रौणिकर्णकृपैर्गुप्तांमहेष्वासैःप्रहारिभिः २२ कस्तांसेनांतदापार्थमनसाऽपिप्रधर्षयेत् ॥ ऋतेदेवान्महेष्वासाद्बहुरूपान्महेश्वरात् २३ स्थातु
मुत्सहतेकश्चिन्नतस्मिन्नग्रतःस्थिते ॥ नहिभूतंसमंतेनत्रिषुलोकेषुविद्यते २४ गंधेनापिहिसंग्रामेतस्यक्रुद्धस्यशत्रवः ॥ विसंज्ञाहतभूयिष्ठावेपंतिचपतंतिच २५
तस्मैनमस्तुकुर्वंतोदेवास्तिष्ठंतिवैदिवि ॥ येचान्येमानवालोकेयेचस्वर्गजितोनराः २६ येभक्तावरदंदेवंशिवंरुद्रमुमापतिम् ॥ अनन्यभावेनसदासर्वेशंसमुपासते २७
इहलोकेसुखंप्राप्यतेयांतिपरमांगतिम् ॥ नमस्कुरुष्वकौन्तेयतस्मैशांतायवैसदा २८ रुद्रायशितिकंठायकनिष्ठायसुवर्चसे ॥ कपर्दिनेकरालायहर्यक्षवरदायच २९

नेतारं। भूतस्यभव्यस्यभवस्यवर्तमानस्यचोद्भवम् १४ योगंकर्मयोगादिरूपं। योगेश्वरंयोगिनामीशं योगानांफलप्रदंवा सर्वंसर्वात्मकम् १५। १६ सुदुर्जयमत्यंतंदुष्प्रापमनधिकारिभिः १७ ज्ञानात्मानंज्ञानस्वरूपं
ज्ञानगम्यंपरविद्याप्राप्यं। ज्ञानश्रेष्ठंचिन्मात्ररूपत्वेनैवप्रशस्यतमं। अतएवसुदुर्विदमविषयत्वाद्दुर्ज्ञेयं १८ पारिषदागणाः १९। २०। २१। २२ प्रधर्षयेदभिभवेत् २३। २४। २५। २६ भक्ताःभजंतइतिभक्ताः
२७ नमस्करणंप्रह्वीभावस्तंकुरुष्व। शितिकंठायनीलग्रीवाय। कनिष्ठायसूक्ष्मायेतिप्राञ्चः। कनींदीप्तौ दीप्ततमाय २८ हर्यक्षःपिंगाक्षःकुबेरः २९ ॥ ॥

याम्याययामकर्त्रेकालाय। अव्यक्तकेशाय अव्यक्तंमायाख्यंवलंकेशवद्रश्मिपात्रंयस्य। सद्वृत्तेभक्तेशंकरायसुखकराय ३० मुंडाययजमानमूर्तित्वात्। कृशायतपोनिष्ठत्वात्। उत्तारणायसंसारादितिशेषः। रंहसेवेगवते
३१ सर्वेअदाः शुभावहाविषयःप्रियायस्यतस्मैसर्वायप्रियाय। प्रियदाससेसोमाय वाससःसोमदेवत्यत्वात्। उष्णीषिणेशिरोवेष्टनवते। मीढुषेवृष्टिकर्त्रे ३२ गिरिशायपर्वतशायिने चीरंवल्कलं। हिरण्यबाहवेसुवर्णा
लंकृतभुजाय ३३। ३४ वृक्षैर्वृश्चनयोग्यैर्देहैरावृतकायायआच्छादितस्वरूपाय। मध्यमायअंतर्यामिणे। स्रुवहस्तायअध्वर्यवे। भार्गवायरामाय ३५ मुंजोवल्कलंतृणतंतवोवातन्मयवाससे ३६। ३७ अव्यग्रमना
कुलम् ३८ कपर्दिनंजटाजूटवंतं। वृषावर्तंवृषाणांश्रेष्ठानांब्रह्मादीनामावर्तयितारं तानपिभ्रामयंतंमाययेत्यर्थः। वृषनाभंसर्वलोकाश्रयत्वेनप्रशस्ततमगर्भं। वृषध्वजंनंदिवाहनं। वृषदर्पंवृषःसमर्थस्त्रैलोक्यसंहारक्षमोदर्पो
ऽहंकारोयस्यतं। वृषस्यधर्मस्यपतिं। तत्फलप्रदातृत्वेनवृषोधर्मएवपरापररूपोविश्ववपुषःशृंगभूतउन्नतरोयस्यतं। अतएववृषर्षभं वृषाणांफलवर्षिणामिंद्रादीनामृषभंश्रेष्ठम् ३९ वृषोबलीवर्दोकेध्वजेयस्यतंवृषांकं। वृष

याम्यायाव्यक्तकेशायसद्वृत्तेशंकरायच ॥ काम्यायहरिनेत्रायस्थाणवेपुरुषायच ३० हरिकेशायमुंडायकृशायोत्तारणायच ॥ भास्करायसुतीर्थायदेवदेवायरंहसे ३१
बहुरूपायसर्वायप्रियायप्रियवाससे ॥ उष्णीषिणेसुवक्त्रायसहस्राक्षायमीढुषे ३२ गिरिशायप्रशांतायपतयेचीरवाससे ॥ हिरण्यबाहवेराजन्नुग्रायपतयेदिशाम् ३३
पर्जन्यपतयेचैवभूतानांपतयेनमः ॥ वृक्षाणांपतयेचैवगवांचपतयेनमः ३४ वृक्षैरावृतकायायसेनान्येमध्यमायच ॥ स्रुवहस्तायदेवायधन्विनेभार्गवायच ३५ बहु
रूपायविश्वस्यपतयेमुंजवाससे ॥ सहस्रशिरसेचैवसहस्रनयनायच ३६ सहस्रबाहवेचैवसहस्रचरणायच ॥ शरणंगच्छकौन्तेयवरदंभुवनेश्वरम् ३७ उमापतिंविरू
पाक्षंदक्षयज्ञनिबर्हणम् ॥ प्रजानांपतिमव्यग्रंभूतानांपतिमव्ययम् ३८ कपर्दिनंवृषावर्तंवृषनाभंवृषध्वजम् ॥ वृषदर्पंवृषपतिंवृषशृंगंवृषर्षभम् ३९ वृषांकंवृषभोदारं
वृषभंवृषभेक्षणम् ॥ वृषायुधंवृषशरंवृषभूतंवृषेश्वरम् ४० महोदरंमहाकायंद्वीपिचर्मनिवासिनम् ॥ लोकेशंवरदंमुंडंब्रह्मण्यंब्राह्मणप्रियम् ४१ त्रिशूलपाणिंवरदं
खड्गचर्मधरंप्रभुम् ॥ पिनाकिनंखड्गधरंलोकानांपतिमीश्वरम् ४२ प्रपद्येशरणंदेवंशरण्यंचीरवाससम् ॥ नमस्तस्मैसुरेशाययस्यवैश्रवणःसखा ४३ सुवाससेन
मस्तुभ्यंसुव्रतायसुधन्विने ॥ धनुर्धरायदेवायप्रियधन्वायधन्विने ४४ धन्वंतरायधनुषेधन्वाचार्यायतेनमः ॥ उग्रायुधायदेवायनमःसुरवरायच ४५ नमोऽस्तुबहु
रूपायनमोऽस्तुबहुधन्विने ॥ नमोऽस्तुस्थाणवेनित्यंनमस्तस्मैतपस्विने ४६ नमोऽस्तुत्रिपुरघ्नायभगघ्नायचवैनमः ॥ वनस्पतीनांपतयेनराणांपतयेनमः ४७ मातृ
णांपतयेचैवगणानांपतयेनमः ॥ गवांचपतयेनित्यंयज्ञानांपतयेनमः ४८ ॥ ॥ ॥

भोदारंवृषभेषुधर्मेणभासमानेषुउदारंबहुफलप्रदं। अतएववृषभंवृषेणधर्मेणनिमित्तेनभानंसाक्षात्कारोयस्यतं। वृषभंयोगधर्मैकगम्यं। वृषभेक्षणंस्पष्टार्थं। वृषायुधंश्रेष्ठप्रहरणं। वृषोविष्णुःशरोयस्यतंवृषशरं। वृषभूतंधर्मै
कवपुषं। वृषस्यदक्षयज्ञस्येश्वरंनियंतारम् ४० महदनेककोटिब्रह्मांडाश्रयभूतमुदरंयस्यतंमहोदरं। महाकायंत्रैलोक्यशरीरं। द्वीपिचर्मनिवासिनंव्याघ्रचर्मणानितरांछादितम् ४१ खड्गधरं खड्गमात्रधरम् ४२। ४३
सुधन्विनेशोभनाधन्विनोधनुर्धराःपार्षदाअस्यसंतितस्मै। स्वयमपिधनुर्धराय। अतएवप्रियधन्वायधनुःप्रियाय। धन्वधनुःप्रेरकत्वेनास्यास्तीतितस्मैबाणाय ४४ धन्वंतरायधनुषिअंतरेमध्येऽस्तीतिधन्वंतरस्तस्मैबाणाय। निरू
पाय संधिरार्षः। धनुषेधनुःस्वरूपाय। धन्वाचार्यायधनुर्वेदगुरवे ४५। ४६ भगघ्नायभगनेत्रभिदे ४७। ४८ ॥ ॥ ॥

४९ । ५० । ५१ गुहागताःपातालगताअपीत्यर्थः । नसुखमेधंतीत्युक्तंतदेवाह दक्षस्येत्यादिना ५२ । ५३ । ५४ । ५५ । ५६ तमसासंवृतानप्राकाशंतनप्राज्ञायंत ५७ चक्रुर्ऋषयइतिसंबंधः ५८ पूषाणंपुषणम् ५९ नतालीनाःसंतोनिश्चक्रमुर्यज्ञदेशादपक्रान्ताः देवानांलीनानामपिव्यथायेतिशेषः ६० तंशरान्मुंचंतमितिशेषः ६१ । ६२ अतिकोपेनअतिक्रांतकोपेनशांतेनेत्यर्थः । ततःप्रभृतिपूर्वभग्नाःसंतोऽद्यापिभी

अपांचपतयेनित्यंदेवानांपतयेनमः ॥ पूष्णोदंतविनाशायत्र्यक्षायवरदायच ४९ नीलकंठायपिंगायस्वर्णकेशायवैनमः ॥ कर्माणियानिदिव्यानिमहादेवस्यधीमतः
५० तानितेकीर्तयिष्यामियथाप्रज्ञंयथाश्रुतम् ॥ नसुरानासुरालोकेनगंधर्वानराक्षसाः ५१ सुखमेधंतिकुपितेतस्मिन्नपिगुहागताः ॥ दक्षस्ययजमानस्यविधिवत्संभृ
तंपुरा ५२ विव्याधकुपितोयज्ञंनिर्दयस्त्वभवत्तदा ॥ धनुषाबाणमुत्सृज्यसघोषंविननादच ५३ तेनशर्मकुतःशांतिंलेभिरेस्मसुरास्तदा ॥ विद्रुतेसहसायज्ञेकुपितेचम
हेश्वरे ५४ तेनज्यातलघोषेणसर्वेलोकाःसमाकुलाः ॥ बभूवुर्वशगाःपार्थनिपेतुश्चसुरासुराः ५५ आपश्चुक्षुभिरेसर्वाश्चकंपेचवसुंधरा ॥ पर्वताश्चव्यशीर्यंतदिशोना
गाश्चमोहिताः ५६ अंधेनतमसालोकानप्राकाशंतसंवृताः ॥ जघ्निवान्सहसूर्येणसर्वेषांज्योतिषाप्रभाः ५७ चुक्षुभुर्भयभीताश्चशांतिंचक्रुस्तथैवच ॥ ऋषयःसर्वभूता
नामात्मनश्चसुखैषिणः ५८ पूषाणमभ्यद्रवतशंकरःप्रहसन्निव ॥ पुरोडाशंभक्षयतोदशनान्वैव्यशातयत् ५९ ततोनिश्चक्रमुर्देवावेपमानानताःस्मते ॥ पुनश्चसंदधेदी
प्तान्देवानांनिशितान्शरान् ६० सधूमान्सस्फुलिंगांश्चविद्युत्तोयदसन्निभान् ॥ तंदृष्ट्वातुसुराःसर्वेप्रणिपत्यमहेश्वरम् ६१ रुद्रस्ययज्ञभागंचविशिष्टंतेत्वकल्पयन् ॥
भयेनत्रिदशाराजञ्छरणंचप्रपेदिरे ६२ तेनचैवातिकोपेनसयज्ञःसंधितस्तदा ॥ भग्नाश्चापिसुराआसन्भीताश्चाद्यापितंप्रति ६३ असुराणांपुराण्यासंस्त्रीणिवीर्यवतां
दिवि ॥ आयसंराजतंचैवसौवर्णंपरमंमहत् ६४ सौवर्णंकमलाक्षस्यतारकाक्षस्यराजतम् ॥ तृतीयंतुपुरंतेषांविद्युन्मालिनआयसम् ६५ नशक्तस्तानिमघवान्भेत्तुंसर्वायुधैरपि
॥ अथसर्वेसुरारुद्रंजग्मुःशरणमर्दिताः ६६ तेतमूचुर्महात्मानंसर्वेदेवाःसवासवाः ॥ ब्रह्मदत्तवराह्येतेघोरास्त्रिपुरवासिनः ६७ पीडयंत्यधिकंलोकंयस्मात्तेवरदर्पिताः ॥
त्वदृतेदेवदेवेशनान्यःशक्तःकथंचन ६८ हंतुंदैत्यान्महादेवजहितांस्त्वंसुरद्विषः ॥ रुद्ररौद्राभविष्यंतिपशवःसर्वकर्मसु ६९ निपातयिष्यसेचैतानसुरान्भुवनेश्वर ॥
सतथोक्तस्तथेत्युक्त्वादेवानांहितकाम्यया ७० गंधमादनविंध्यौचकृत्वावंशध्वजौहरः ॥ पृथ्वींससागरवनांरथंकृत्वातुशंकरः ७१ अक्षंकृत्वातुनागेन्द्रंशेषंनामत्रिलो
चनः ॥ चक्रेकृत्वातुचंद्रार्कौदेवदेवःपिनाकधृक् ७२ अणीकृत्वैलपत्रंचपुष्पदंतंचत्र्यंबकः ॥ यूपंकृत्वातुमलयमवनाहंचतक्षकम् ७३ योक्त्रांगानिचसत्वानिकृत्वाश
र्वःप्रतापवान् ॥ वेदान्कृत्वाऽथचतुरश्चतुरश्वान्महेश्वरः ७४ ॥ ॥ ॥ ॥

ताःस्मेत्यर्थः ६३ । ६४ । ६५ । ६६ । ६७ । ६८ । ६९ । ७० वंशध्वजौअल्पौध्वजौपार्श्वद्वयस्थौ । महाध्वजस्तुमेरुरितिवक्ष्यते ७१ । ७२ अणीयुगांतबंधनेद्वौनागौ । यूपंयुगं अवनाहंत्रिवेणुयुगबंधन
रज्जुम् ७३ योक्त्राणिअंगानिचाकर्षादीनि सत्वानिसरीसृपपर्वतादीनिच ७४ ॥ ॥ ॥ ॥ ॥

उपवेदान् आयुर्वेदधनुर्वेदगांधर्ववेदपाश्रिमाम्नायान् खलीनान् कडीयालीतिप्रसिद्धान्। गायत्रीसावित्र्यौप्रग्रहरश्मीन् ७५। ७६ वाजाभ्यांपक्षाभ्यांपक्षयोरित्यर्थः ७७ विद्युतविद्युतं निश्राणंनिशितम् ७८। ७९ स्थानंस्थीयतेऽस्मिन्निितियोगाद्व्यूहम् ८० स्थाणुरचलः। समेतानिसमसूत्रगतानि ८१ त्रिपर्वणात्रीणिविष्णुवायुवैवस्वताख्यानि शरपक्षपुंखरूपाणिपर्वाणियस्यतेनत्रिशल्येनगार्हपत्यदक्षिणाह्वयाहवनीयरूपाग्नित्रयशल्येन ८२ पुराणीत्यादिसार्धः पूर्वेदक्षयज्ञविध्वंसनमुक्तंतस्यतात्पर्यमीश्वरेऽनर्पितोयज्ञोविध्वंसते। ततश्चयज्ञकर्ताऋत्विजश्चनश्यंतीत्युक्तं तेनेश्वरप्रीत्यर्थंकर्माणिकार्याणीतिविदर्शितं। ततस्त्रि

उपवेदान्खलीनांश्चकृत्वालोकत्रयेश्वरः॥ गायत्रींप्रग्रहंकृत्वासावित्रींचमहेश्वरः ७५ कृत्वोंकारंप्रतोदंचब्रह्माणंचैवसारथिम्॥ गांडीवंमंदरंकृत्वागुणंकृत्वातुवासुकिम् ७६ विष्णुंशरोत्तमंकृत्वाशल्यमग्निंतथैवच॥ वायुंकृत्वाऽथवाजाभ्यांपुंखेवैवस्वतंयमम् ७७ विद्युत्कृत्वाऽथनिश्राणंमेरुंकृत्वाचवैध्वजम्॥ आरुह्यसरथंदिव्यंसर्वदेवमयंशिवः ७८ त्रिपुरस्यवधार्थायस्थाणुःप्रहरतांवरः॥ असुराणामंतकरःश्रीमानतुलविक्रमः ७९ स्तूयमानःसुरैःपार्थऋषिभिश्चतपोधनैः॥ स्थानंमाहेश्वरंकृत्वादिव्यमप्रतिमंप्रभुः ८० अतिष्ठत्स्थाणुभूतःससहस्रंपरिवत्सरान्॥ यदात्रीणिसमेतानिअंतरिक्षेपुराणिच ८१ त्रिपर्वणात्रिशल्येनतदातानिबिभेदसः॥ पुराणिनचतंशेकुर्दानवाःप्रतिवीक्षितुम् ८२ शरंकालाग्निसंयुक्तंविष्णुसोमसमायुतम्॥ पुराणिदग्धवंतंतंदेवीयाताप्रवीक्षितुम् ८३ बालमंकगतंकृत्वास्वयंपंचशिखंपुनः॥ उमाजिज्ञासमानावैकोऽयमित्यब्रवीत्सुरान् ८४ असूयतश्चशक्रस्यवज्रेणप्रहरिष्यतः॥ बाहुंसवज्रंतंतस्यक्रुद्धस्यास्तम्भयत्प्रभुः ८५ प्रहस्यभगवांस्तूर्णंसर्वलोकेश्वरोविभुः॥ ततःसस्तंभितभुजःशक्रोदेवगणैर्वृतः ८६ जगामससुरस्तूर्णंब्रह्माणंप्रभुमव्ययम्॥ तेतंप्रणम्यशिरसाप्रोचुःप्रांजलयस्तदा ८७ किमप्यंकगतंब्रह्मपार्वत्याभूतमद्भुतम्॥ बालरूपधरंदृष्ट्वानास्माभिरभिलक्षितः ८८ तस्मात्त्वांप्रष्टुमिच्छामोनिर्जितायेनवैवयम्॥ अयुध्यताहिबालेनलीलयासपुरंदराः ८९ तेषांतद्वचनंश्रुत्वाब्रह्माब्रह्मविदांवरः॥ ध्यात्वासशंभुंभगवान्बालंचामिततेजसम् ९० उवाचभगवान्ब्रह्माशक्रादींश्चसुरोत्तमान्॥ चराचरस्यजगतःप्रभुःसभगवान्हरः ९१ तस्मात्परतरंनान्यत्किंचिदस्तिमहेश्वरात्॥ योदृष्टोह्युमयासार्धंयुष्माभिरमितद्युतिः ९२ सपार्वत्याःकृतेशर्वःकृतवान्बालरूपताम्॥ तेमयासहितायूयंप्रापयध्वंतमेवहि ९३ सएषभगवान्देवःसर्वलोकेश्वरःप्रभुः॥ नसंबुबुधिरेचैनंदेवास्तंभुवनेश्वरम् ९४ सप्रजापतयःसर्वेबालार्कसदृशप्रभम्॥ अथाभ्येत्यततोब्रह्मादृष्ट्वासचमहेश्वरम् ९५

पुरवधश्चकस्तस्यतात्पर्यंस्थूलसूक्ष्मकारणानित्रीणिशरीराणिपुराणिक्रमाद्दृढप्रीत्यल्पप्रसुखकरत्वाभ्यांमोहमयत्वेनचसौवर्णराजतायसानि। कामादयोऽसुराः शमादयोदेवास्तेषांप्रीतिकरोरुद्रआत्मा शरीरंपृथिव्याख्यंरथमास्थाय तस्यचालकेचंद्रसूर्याख्येमनश्चक्षुषीचक्रे। वेदाश्चगम्यस्थानप्रापकत्वेनहयाः। शरोविष्णवधिष्ठितासूक्ष्मबुद्धिस्तदैकाग्र्येणशरीरत्रयभेदेतुर्येब्रह्मणिसाक्षात्कृतेसतिकामादयोनश्यंति फलभूताश्चशमादयोवर्धंते। तेषुचवर्धमानेषुरुद्रोबालवद्रागद्वेषशून्योब्रह्मविद्यापरनाम्न्याउमायावशगोभवतीत्येतदत्रप्रदर्श्यते ८३। ८४ असूयतश्चशक्रस्येत्यादितात्पर्यंब्रह्मभूतंद्विषतःकर्मठास्तेनयोगमहिम्नानिर्जिताःसंतस्तमेवशरणंगच्छंतीति ८५। ८६। ८७। ८८। ८९। ९०। ९१। ९२। ९३। ९४। ९५ ॥ ॥ ॥

गतिः पालकः । परायणंलयस्थानम् ९६ भवउत्पत्तिकारणं ९७ ईशःशिक्षकः।नाथोनायकः।पतिःपालकः ९८ । ९९ । १०० । १ सवैरुद्रइत्यादिनापुनरेवसार्वात्म्यमुच्यते २ । ३ । ४ । ५ । ६ । ७ । ८
९ । १० । ११ । १२ । १३ । १४ । १५ द्वेतनूइत्युक्तेतनूपुनर्व्याख्याति तस्यदेवस्येति वडवामुखाख्याघोरातनुः १६ एषचैवेति अघोराश्मशानाख्याकाशी । 'यातेरुद्रशिवातनूरघोराऽपापकाशिनी' इति
लिंगादपापस्यब्रह्मणःप्रकाशकत्वात् । एतच्चान्यत्राप्यविमुक्ताख्यांतामेवप्रकृत्याम्नातं अत्रहिजंतोःप्राणेषूत्क्रममाणेषुरुद्रस्तारकंब्रह्मव्याचष्टेयनासावमृतीभूत्वामोक्षीभवति । तस्मादविमुक्तमेवनिषेवेताविमुक्तं
नविमुंचेदिति । तत्रश्मशानेकाश्यांएनंरुद्रंजनाउपासकायजंतिआराधयंति । एतदपितत्रैवश्रुतं ।यएषोऽनंतोऽव्यक्तआत्मासोऽविमुक्तउपास्यःसोऽविमुक्तेप्रतिष्ठितइति । वीरस्थानेवीराणांषड्वर्गजयिनांसंन्यासि

अयंश्रेष्ठइतिज्ञात्वाववंदेतंपितामहः ॥ ब्रह्मोवाच ॥ त्वंयज्ञोभुवनस्यास्यत्वंगतिस्त्वंपरायणम् ९६ त्वंभवस्त्वंमहादेवस्त्वंधामपरमंपदम् ॥ त्वयासर्वमिदंव्याप्तंजग
त्स्थावरजंगमम् ९७ भगवन्भूतभव्येशलोकनाथजगत्पते ॥ प्रसादंकुरुशक्रस्यत्वयाक्रोधार्दितस्यवै ९८ ॥ व्यासउवाच ॥ पद्मयोनिवचःश्रुत्वाततःप्रीतोमहेश्वरः ॥
प्रसादाभिमुखोभूत्वाअट्टहासमथाकरोत् ९९ ततःप्रसादयामासुरुमांरुद्रंचतेसुराः ॥ अभवच्चपुनर्बाहुर्यथाप्रकृतिवज्रिणः १०० तेषांप्रसन्नोभगवान्सपत्नीकोवृष
ध्वजः ॥ देवानांत्रिदशश्रेष्ठोदक्षयज्ञविनाशनः १ सवैरुद्रःसचशिवःसोऽग्निःसर्वश्चसर्ववित् ॥ सचेंद्रश्चैववायुश्चसोऽश्विनौचसविद्युतः २ सभवःसचपर्जन्योमहादेवः
सनातनः ॥ सचंद्रमाःसचेशानःससूर्योवरुणश्चसः ३ सकालःसोंऽतकोमृत्युःसयमोरात्र्यहानितु ॥ मासार्धमासाऋतवःसंध्येसंवत्सरश्चसः ४ धाताचसविधाताच
विश्वात्माविश्वकर्मकृत् ॥ सर्वासांदेवतानांचधारयत्यवपुर्वपुः ५ सर्वदेवैःस्तुतोदेवःसैकधाबहुधाचसः ॥ शतधासहस्रधाचैवभूयःशतसहस्रधा ६ द्वेतनूतस्यदेवस्य
वेदज्ञाब्राह्मणाविदुः ॥ घोराचान्याशिवाचान्यातेतनूबहुधापुनः ७ घोरातुयातुधानस्यसोऽग्निर्विष्णुःसभास्करः ॥ सौम्यातुपुनरेवास्यआपोज्योतींषिचंद्रमाः ८
वेदाःसांगोपनिषदःपुराणाध्यात्मनिश्चयाः ॥ यदत्रपरमंगुह्यंसवैदेवोमहेश्वरः ९ ईदृशश्चमहादेवोभूयांश्चभगवानजः ॥ नहिसर्वेमयाशक्यावक्तुंभगवतोगुणाः ११०
अपिवर्षसहस्रेणसततंपांडुनंदन ॥ सर्वैर्ग्रहैर्गृहीतान्वैसर्वपापसमन्वितान् ११ समोचयतिसुप्रीतःशरण्यःशरणागतान् ॥ आयुरारोग्यमैश्वर्यंवित्तंकामांश्चपुष्कलान्
१२ सददातिमनुष्येभ्यःसचैवाक्षिपतेपुनः ॥ सेंद्रादिषुचदेवेषुतस्यचैश्वर्यमुच्यते १३ सचैवव्याप्तोलोकेमनुष्याणांशुभाशुभे ॥ ऐश्वर्याच्चैवकामानामीश्वरश्चसउ
च्यते १४ महेश्वरश्चमहतांभूतानामीश्वरश्चसः ॥ बहुभिर्बहुधारूपैर्विश्वंव्याप्नोतिवैजगत् १५ तस्यदेवस्ययद्वक्त्रंसमुद्रेतदधिष्ठितम् ॥ वडवामुखेतिविख्यातंपिबत्तो
यमयंहविः १६ एषचैवश्मशानेषुदेवोवसतिनित्यशः ॥ यजंत्येनंजनास्तत्रवीरस्थानइतीश्वरम् ११७ ॥

नांस्थानेअविमुक्ते । यथोक्तंयतीन्प्रकृत्यस्मृतिषु । 'अष्टौमासान्विहारःस्याद्वार्षिकांश्चतुरोवसेत् । अविमुक्तेप्रविष्टानांविहारोनैवविद्यते' इति । नचात्रश्मशानशब्दार्थोलोकप्रसिद्धोग्रहीतुंयुक्तः तस्याशुचित्वेन
यागभूमित्वासंभवेनयजंत्येनंजनास्तत्रेतिवाक्यशेषविरोधात् । नचवीरस्थानेइत्युक्तेरसुराणांनिषमार्गजुषांतदपियजनस्थानमितिवाच्यं आनुशासनिकेउमामहेश्वरसंवादेश्मशानसदृशंपवित्रंस्थानंत्रैलोक्येनास्तीति
महेश्वरवचसैवस्थापितत्वात् । तस्मान्महाश्मशानमितिलोकप्रसिद्धेः पवित्रंदेवयजनस्थानंश्मशानाख्यंवाराणस्येव । अत्रैवसंवर्तादीनामज्ञातवासोजाबालादौश्रूयमाणोदानधर्मेषुमैत्रेयभिक्षायामाश्वमेधिकेसंवर्तमरु

र्सीचेघोपबृंहितइतिसर्वमनवद्यम् १.७ अस्येति । चादघोराणि १.८ निरुच्यंते 'ऐश्वर्याच्चैवकामानामीश्वरश्चसउच्यते ॥ महेश्वरश्चमहतांभूतानामीश्वरश्चसः' इत्येवंजातीयकैःश्लोकैर्व्याख्यायंते १.९ शतरुद्रियं 'नमस्तेरुद्रमन्यवे' इतियाजुषःप्रपाठकः । उपस्थानंरुद्रोपस्थानमंत्रभूतम् १.२० कामानांदिव्यानांमानुषाणांचसप्रभुर्दाता । विभुर्व्यापकः । विश्वंव्याप्नोतिकनककुंडलवत्नत्वाकाशवद्विभुगात्रंनापिप्रधानवत् २.१ यतःप्रभुरीश्वरश्चेतनइतियावत् । ज्येष्ठंप्रशस्ततमंत्रिविधपरिच्छेदशून्यं भूतंनित्यसिद्धं । एषएवप्रथमःप्रजापतिः २२ पशून्जीवान्अत्रपातिपालयति पिबतिसादरंपश्यति शोषयतिचेत्यर्थानभिप्रेसहत्यंतस्यपातेः पतिशब्दउत्पन्नस्तेनपशुपतिशब्दस्याप्यर्थत्रयमित्यग्रेविज्ञेयम् २३ ब्रह्मचर्येणदिव्यत्वात्यथास्थितत्वाच्चलिंगमित्यप्यस्यनाम । आलिंगत्ययंप्रपंचंसत्तास्फूर्तिप्रदानेनालिंगत्येनंप्रपंचः प्रलीयमानइतिहेतोरयंलिंग पदवाच्यः दिव्यत्वादसंगत्वाद्यथास्थितत्वात्कूटस्थत्वाच्चप्रधानादन्यत्वमित्यर्थः । महयन्पूजयन्सचासौईश्वरश्चेतिमहेश्वरः २४ लिंगयतिसर्वान्कामानूगमयतिअतःसर्वोत्कृष्टत्वादूर्ध्वंऊर्ध्वत्वाच्चऋष्यादीनामर्च्यं

अस्यदीप्तानिरूपाणिघोराणिचबहूनिच ॥ लोकेयान्यस्यपूज्यंतेमनुष्याःप्रवदंतिच ११८ नामधेयानिलोकेषुबहून्यस्ययथार्थवत् ॥ निरुच्यंतेमहत्त्वाच्चविभुत्वा त्कर्मणस्तथा १९ वेदेचास्यसमाम्नातंशतरुद्रियमुत्तमम् ॥ नाम्नाचानंतरुद्रेतिह्युपस्थानंमहात्मनः २० सकामानांप्रभुर्देवोयेदिव्यायेचमानुषाः ॥ सविभुःसप्रभुर्दे वोविश्वंव्याप्नोतिवैमहत् २१ ज्येष्ठंभूतंवदंत्येनंब्राह्मणामुनयस्तथा ॥ प्रथमोह्येषदेवानांमुखादस्यानलोऽभवत् २२ सर्वथायत्पशून्पातितैश्चयद्रमतेपुनः ॥ तेषामधि पतिर्यच्चतस्मात्पशुपतिःस्मृतः २३ दिव्यंचब्रह्मचर्येणलिंगमस्ययथास्थितम् ॥ महयत्येषलोकांश्चमहेश्वरइतिस्मृतः २४ ऋषयश्चैवदेवाश्चगंधर्वाप्सरसस्तथा ॥ लिंगमस्यार्चयंतिस्मतच्चाप्यूर्ध्वंसमास्थितम् २५ पूज्यमानेततस्तस्मिन्मोदतेसमहेश्वरः ॥ सुखीप्रीतश्चभवतिप्रहृष्टश्चैवशंकरः २६ यदस्यबहुधारूपंभूतभव्यम वस्थितम् ॥ स्थावरंजंगमंचैवबहुरूपस्ततःस्मृतः २७ एकाक्षोजाज्वलन्नास्तेसर्वतोक्षिमयोऽपिवा ॥ क्रोधाद्यश्चाविशल्लोकांस्तस्मात्सर्वइतिस्मृतः २८ धूम्ररूपं चयत्तस्यधूर्जटिस्तेनचोच्यते ॥ विश्वेदेवाश्चयत्तस्मिन्विश्वरूपस्ततःस्मृतः २९ तिस्रोदेवीर्यदाचैवभजतेभुवनेश्वरः ॥ द्यामपःपृथिवींचैवत्र्यंबकश्चततःस्मृतः १३० समेधयतियन्नित्यंसर्वार्थान्सर्वकर्मसु ॥ शिवमिच्छन्मनुष्याणांतस्मादेषशिवःस्मृतः १३१ ॥ ॥ ॥

लिंगतिभक्तसमर्पितंपत्रपुष्पादिगच्छतिशाप्नोतीत्यनेनहेतुनालिंगमित्युत्तरस्यार्थः २५ । २६ भवंवर्तमानम् २७ एकमक्ष्यस्यवन्हिमयंजाज्वलदस्यंतंदीप्तमास्ते यत्रप्रविष्टंसर्वंतत्तादात्म्यंप्राप्नोतीत्यनेनसर्वंत्वेनं भूतानीतिवासरत्ययंसर्वाणिभूतान्यनंतलोचनत्वादितिवासर्वः । जाज्वलन्नित्यस्यैवविवरणंक्रोधादिति । शर्वइतिनालव्यादिपाठेऽपिशृणोतिहिनस्तीतिशर्वइतिनिर्वचनम् २८ धूम्राक्रोधवतीजटिःस्वरूपमस्येतिवि ग्रहेवर्णलोपाद्धूर्जटिरित्याह धूम्रेति रूपशब्दोदेववाचीत्यभिप्रेत्याह विश्वेइति २९ त्रैलोक्यंभजतेपालयतीतित्र्यंबकइत्याह तिस्रइति ३० समेधयतीति यस्माद्धनादिवर्धनेनलोकानांशिवंकरस्तस्माच्छिवइत्यर्थः १.३१

महांतिपुरुषभेदेनबहुत्वाद्विभुत्वाद्वाव्यापकाख्यानिदेवशक्तितानींद्रियाण्यस्येतिवा महतोविश्वस्यदेवोराजावामहादेवइत्यभिप्रेत्याह सहस्रेति १३२ सईक्षांचक्रेसप्राणमसृजत्प्राणाच्छ्रद्धामित्यादिनाश्रुतौईक्षणकर्ताईश्वरोमहानुक्तः प्राणोजीवोपाधिस्तेनजीवउक्तः श्रद्धादिकंजीवस्यालिंगशरीरंचरमंकार्यं तत्रमहतईशात्प्रागुपाध्यस्पृष्टेनरूपेणततउपहितेनसाक्षिरूपेणतदुपाध्यभिमानिनाकर्त्रादिरूपेणचास्थितोऽपिस्थितलिंगःअविक्रियस्वरूपतयातिष्ठतीतियोगात्स्थाणुरित्युच्यतइत्याह महदिति ३३ सूर्याचंद्रमसोरित्यग्नेरप्युपलक्षणं रुचोदीप्तयः त्र्यक्षेसूर्यचंद्राग्निनेत्रे व्योम्निकेशारश्मयोयस्येतिविग्रहः ३४। ३५। ३६ ३७। ३८ शरीरेषुविषमैर्देशाविधैरूपैस्तिष्ठतीतिविषमस्थः प्राणिनांदेहाभिमानिनांसर्वेषांसमःप्रियत्वात नह्यात्मनिकदाचिदप्यप्रियत्वंकस्यापिदृष्टंसएषशिवएव वायुरूपीप्राणापानादिभेदेनविषमस्थेषुपुण्यपापिषुशरीरिषुजीवेषुस्थितःसर्वसमइत्यर्थः ३९ विग्रहंप्रतिमाम् ४० ऊरुभ्यामित्यादिश्लोकत्रयेणपुनस्तनूद्वयंविभजते ऊरुभ्यामिति। तत्राद्यश्लोकेऽग्निरितिभोक्ता सोमइतिचभोग्यमुच्यते अत्रमुखबाहूरुपादेभ्यो

सहस्राक्षोऽयुताक्षोवासर्वतोक्षिमयोऽपिवा ॥ यच्चविश्वंमहत्पातिमहादेवस्ततःस्मृतः १३२ महत्पूर्वंस्थितोयच्चप्राणोत्पत्तिस्थितश्चयत् ॥ स्थितलिंगश्चयन्नित्यंतस्मात्स्थाणुरितिस्मृतः ३३ सूर्याचंद्रमसोर्लोकेप्रकाशंतेरुचश्चयाः ॥ ताःकेशसंज्ञितास्त्र्यक्षेव्योमकेशस्ततःस्मृतः ३४ भूतंभव्यंभविष्यंचसर्वंजगदशेषतः ॥ भवएवततोयस्माद्भूतभव्यभवोद्भवः ३५ कपिःश्रेष्ठइतिप्रोक्तोधर्मश्चवृषउच्यते ॥ सदेवदेवोभगवान्कीर्त्यतेऽतोवृषाकपिः ३६ ब्रह्माणमिंद्रंवरुणंयमंधनदमेवच ॥ निगृह्यहरतेयस्मात्तस्माद्धरइतिस्मृतः ३७ निमीलिताभ्यांनेत्राभ्यांबलाद्देवोमहेश्वरः ॥ ललाटेनेत्रमसृजत्तेनत्र्यक्षःसउच्यते ३८ विषमस्थःशरीरेषुसमश्चप्राणिनामिह ॥ सवायुर्विषमस्थेषुप्राणोऽपानःशरीरिषु ३९ पूजयेद्विग्रहंयस्तुलिंगंचापिमहात्मनः ॥ लिंगंपूजयितानित्यंमहतींश्रियमश्नुते १४० ऊरुभ्यामर्धमाग्नेयंसोमाऽर्धंचशिवातनुः ॥ आत्मनोऽर्धंतथाचाग्निःसोमोऽर्धंपुनरुच्यते ४१ तैजसीमहतीदीप्तादेवेभ्योऽस्यशिवातनुः ॥ भास्वतीमानुषेष्वस्यतनुर्घोराऽग्निरुच्यते ४२ ब्रह्मचर्यंचरत्येषशिवायाऽस्यतनुस्तया ॥ याऽस्यघोरतरामूर्तिःसर्वानत्तितयेश्वरः १४३ ॥ ॥ ॥ ॥

जाताश्चत्वारोवर्णाःकर्मफलभूतवृष्ट्यादिद्वारेणसमस्तप्राणिकल्याणकरत्वाद्रुद्रस्यशिवातनुरित्युच्यते तत्रऊरुशब्देनतदारभ्याधस्तनःप्रदेशउच्यते तत्रार्धमाग्नेयंपरिशेषादर्धंसोमः वैश्योभोक्ताशूद्रोभोज्यइत्यर्थः आत्मनोरुद्रस्य तथाचऊरुभ्यामुपर्यर्धंशिरोभागोब्राह्मणोग्निर्भोक्ता परिशेषादर्धंबाहुभागःक्षत्रियःसोमोभोज्यं तथापुनरप्येतदुच्यते अर्धमाग्नेयमर्धंसोमइति तेनब्रह्मक्षत्रेभोक्तारौ वैश्यशूद्रौभोज्यौ तथाचभोक्त्राभोज्यंरक्ष्यंभोज्येनचभोक्तावर्धनीयइति तथाचचातुर्वर्ण्यंत्रैलोक्यस्थितिहेतुत्वादात्मनोरुद्रस्यशिवातनुरित्यर्थः ४१ तैजसीति। 'नहवैदेवाअश्नंतिनपिबंत्येतदेवामृतंदृष्ट्वातृप्यंति' इतिश्रुतेर्देवानांभोग्यासोमरूपाऽस्यशिवातनुःस्वर्गेऽस्ति तथाभुविमानुषेषुघोराभोक्त्रीजठराग्निरूपासर्वानर्थनिदानभूताऽस्तीतिभावः ४२ ब्रह्मचर्यमिति। एषमानुषस्तयातन्वाब्रह्मचर्यंचरति याऽस्यशिवातनुर्दैवीसंपत्शमदमादिरूपा सर्वानर्थनिदानंघोरतराकामक्रोधादिरूपायाऽस्यशिवस्यमूर्तिस्तयाससर्वानत्ति क्रोधाद्याविष्टोहिपित्रादीनपिहिनस्तीतिप्रसिद्धम् १४३ ॥ ॥ ॥

एवमस्यैवकार्यायदृत्त्वादयमेवाराध्योऽस्माद्भेतव्यमित्याशयेनाह यन्निर्दहतीति । निर्दहत्यग्निवत् तीक्ष्णःशस्त्रवत् उग्रोयमवत् प्रतापवान्कालवच्चभूत्वासर्वान्रोदयतिरुणद्धिवासर्वप्राणिनस्तस्माद्रुद्रइत्युच्यते अयमेव भयकृद्भयनाशनश्चेत्याराधनीयोनतुहेलनीयइतिभावः ४४ । ४५ । ४६ । ४७ । ४८ । ४९ चतुर्विधंशुद्धशबलसूत्रविराड्भेदेन भगवद्रूपस्यचातुर्विध्यात्तत्स्तोत्रमप्यस्यचतुर्विधम् ५० । ५१ । ५२ । ५३

यन्निर्दहतियत्तीक्ष्णोयदुग्रोयत्प्रतापवान् ॥ मांसशोणितमज्जादोयत्ततोरुद्रउच्यते १४४ एषदेवोमहादेवोयोऽसौपार्थतवाग्रतः ॥ संग्रामेशात्रवान्निघ्नंस्त्वयादृष्टः पिनाकधृक् ४५ सिंधुराजवधार्थायप्रतिज्ञातेत्वयाऽनघ ॥ कृष्णेनदर्शितःस्वप्नेयस्तुशैलेंद्रमूर्धनि ४६ एषवैभगवान्देवःसंग्रामेयातितेऽग्रतः ॥ येनदत्तानितेस्त्राणि यैस्त्वयादानवाहताः ४७ धन्यंयशस्यमायुष्यंपुण्यंवेदैश्चसंमितम् ॥ देवदेवस्यतेपार्थव्याख्यातंशतरुद्रियम् ४८ सर्वार्थसाधनंपुण्यंसर्वकिल्बिषनाशनम् ॥ सर्वं पापप्रशमनंसर्वदुःखभयापहम् ४९ चतुर्विधमिदंस्तोत्रंयःशृणोतिनरःसदा ॥ विजित्यशत्रून्सर्वान्सरुद्रलोकेमहीयते १५० चरितंमहात्मनोनित्यंसांग्रामिकमिदं स्मृतम् ॥ पठन्वैशतरुद्रीयंशृण्वंश्चसततोत्थितः ५१ भक्तोविश्वेश्वरंदेवंमानुषेषुचयःसदा ॥ वरान्कामान्सलभतेप्रसन्नेत्र्यंबकेनरः ५२ गच्छयुद्धयस्वकौन्तेयनत वास्तिपराजयः ॥ यस्यमंत्रीचगोप्ताचपार्श्वस्थोहिजनार्दनः ५३ ॥ संजयउवाच ॥ एवमुक्त्वार्जुनंसंख्येपराशरसुतस्तदा ॥ जगामभरतश्रेष्ठयथागतमरिंदम ५४ युद्धंकृत्वामहद्धोरंपंचाहानिमहाबलः ॥ ब्राह्मणोनिहतोराजन्ब्रह्मलोकमवाप्तवान् ५५ स्वधीतेयत्फलंवेदेतदस्मिन्नपिपर्वणि ॥ क्षत्रियाणामभीरूणांयुक्तमत्रमह द्यशः ५६ यइदंपठतेपर्वशृणुयाद्वाऽपिनित्यशः ॥ समुच्यतेमहापापैःकृतैर्घोरैश्चकर्मभिः ५७ यज्ञावाप्तिर्ब्राह्मणस्येहनित्यंघोरेयुद्धेक्षत्रियाणांयशश्च ॥ शेषौवर्णौ काममिष्टंलभेतेपुत्रान्पौत्रान्नित्यमिष्टांस्तथैव १५८ ॥ इतिश्रीमहाभारतेशतसाहस्त्र्यांसंहितायांवैयासिक्यांद्रोणपर्वणिनारायणास्त्रमोक्षपर्वणिद्व्यधिकद्विशततमोऽध्यायः ॥ २०२ ॥ ॥ समाप्तंनारायणास्त्रमोक्षपर्व ॥ ॥ द्रोणपर्वसमाप्तम् ॥ अस्यानंतरंकर्णपर्वभविष्यति तस्यायमाद्यःश्लोकः ॥ ॥ वैशंपायनउवाच ॥ ततोद्रोणेहतेराजन्दुर्योधनमुखानृपाः ॥ भृशमुद्विग्नमनसोद्रोणपुत्रमुपाद्रवन् १ ॥ ॥ ॥ ॥

५४ । ५५ । ५६ । ५७ । १५८ ॥ ॥ इति द्रोणपर्वणि द्व्यधिकद्विशततमोऽध्यायः ॥ २०२ ॥ ॥ ॥

अत्र पर्वणि आदिपर्वोक्ताध्यायश्लोकसंख्यातो न्यूनाधिकत्वं लेखकादिप्रमादादेव बोध्यम् ॥ ॥

॥ इति श्रीमहाभारते द्रोणपर्व समाप्तम् ॥

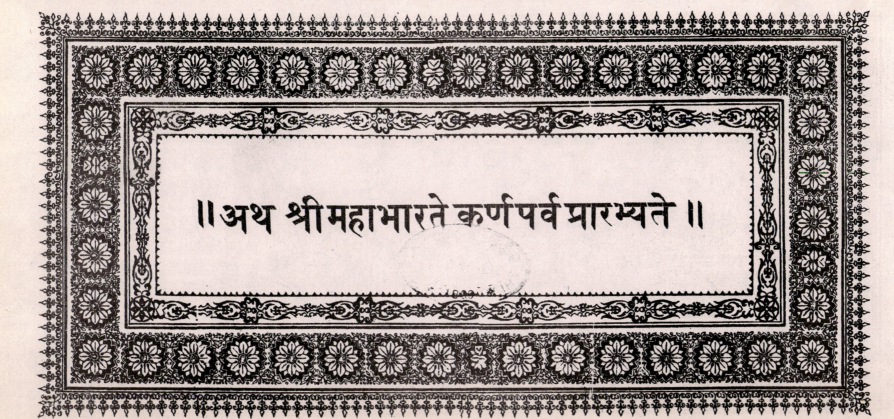

॥ अथ श्रीमहाभारते कर्णपर्व प्रारभ्यते ॥

कर्ण पर्व. ८
कृष्ण.
अर्जुन.
शल्य
कर्ण

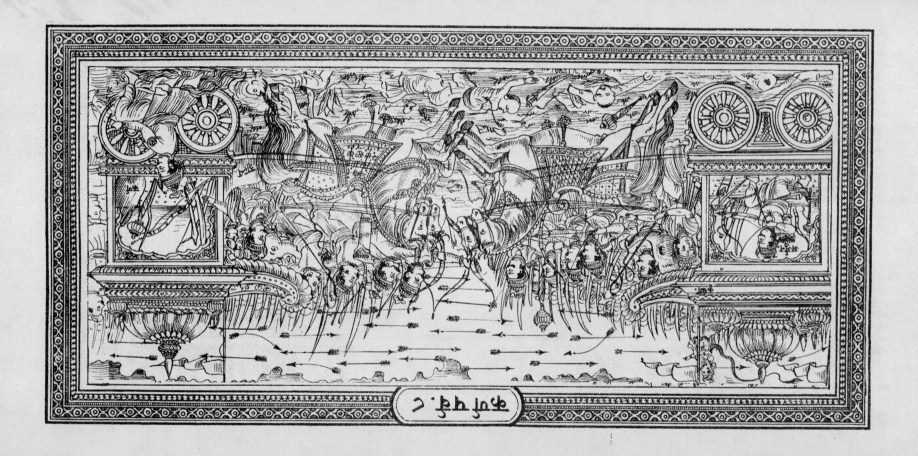

॥ महाभारतम् ॥

कर्णपर्व ।

—८—

विषयानुक्रमणिका ।

अध्यायः विषयः पृष्ठम् ।

(१) कर्णपर्व

१ 'ततो द्रोणे हते' इत्यादिना कर्णस्य सैनापत्याभिषेकानन्तरं विनिर्गतेषु कौरवेषु पाण्डवकौरवयोर्दिनद्वयं यावद्युद्धे प्रवृत्तेऽर्जुनेन कर्णो हत इत्यादिकमाचष्टे जनमेजयं वैशम्पायनः। कर्णे हतं श्रुत्वा धृतराष्ट्रः कथं प्राणानधारयदित्यादिको जनमेजयप्रश्नः १

२ वैशम्पायनस्योत्तरम्—कर्णहननानन्तरं सञ्जयो धृतराष्ट्रं प्रत्यागत्य कुशलप्रश्नपूर्वकं तं तिरश्चकार । भीष्मादीनां मरणेन विलपतो धृतराष्ट्रस्य नारायणास्त्रनिवारणानन्तरं मदीयैः किं कृतमिति पृच्छतः सञ्जयेन सहोक्तिप्रत्युक्ती १

३ द्रोणे हते शोचतो योधानाश्वास्य दुर्योधनेन सैनापत्येऽभिषिक्तः कर्णो युद्धं कुर्वन्नर्जुनेन निपातित इत्याह सञ्जयः ... १

४ कर्णवधश्रवणेन धृतराष्ट्रस्य वैषादिकमाह वैशम्पायनः । सञ्जयधृतराष्ट्रयोरुक्तिप्रत्युक्ती ..२

५ 'के जीवन्ति के च मृताः' इति धृतराष्ट्रप्रश्ने मृतानां भीष्मादीनां नामानि निगदन्नानाविधोपमानेन कर्णनिधनमाह सञ्जयः २

६ हतानां पाण्डवसम्बन्धिनां नामान्याख्याहीति धृतराष्ट्रप्रश्ने तान्याह सञ्जयः ... ३

महाभारते-

७ के जीवन्तीति धृतराष्ट्रप्रश्ने सञ्जयेन कथिताञ्जीवतो द्रोणपुत्रादीञ्श्रुत्वा स मुमोह ... ४

८ कर्णवधमसंभावितं मन्यमानो धृतराष्ट्रश्चिन्तातुरो विललापेत्याह वैशम्पायनो जनमेजयप्रश्नानुरोधेन ४

९ सञ्जयेन समाश्वासितोऽपि धृतराष्ट्रः पुनर्विलप्य कर्णप्रशंसापूर्वकं तद्वधमविश्वसन् कर्णवधं दृष्ट्वा दुर्योधनः किञ्चिदब्रवीदित्यादि पप्रच्छ ५

१० द्रोणहननाद्यनन्तरं दुर्योधनोऽवहारं कृत्वा शिबिरमागत्य राज्ञां मतानि जिज्ञासुस्तान्पप्रच्छेत्याह सञ्जयः। राज्ञामिङ्गितादिना युद्धाभिप्रायं बुद्ध्वाऽश्वत्थामा कर्णं सैनापत्येऽभिषेक्तुं दुर्योधनं प्रत्युवाच। अश्वत्थामवाक्याद्दुर्योधनेनाभिषेकार्थं प्रार्थितः कर्णस्तदङ्गीचकार। ततो दुर्योधनकृतं कर्णाभिषेकं कथयित्वा तत्कालिकीं कर्णस्य सभां वर्णयति स्म सञ्जयः ७

११ सैनापत्यं प्राप्य कर्णः किमकरोदिति धृतराष्ट्रप्रश्ने सञ्जयस्योत्तरम्। कर्णमतेन तव पुत्रेषु योगमाज्ञापयत्सु कर्णो मकरव्यूहं रचयामास। तं दृष्ट्वा युधिष्ठिरेण प्रेरितोऽर्जुनोऽप्यर्धचन्द्रव्यूहमरीरचत्तदोभये सैनिकाः शंखादीन्वादयामासुः ८

षोडशदिवसयुद्धम्।

१२ उभयसैन्ययोर्युद्धारंभे गजारूढयोर्भीमक्षेमधूर्त्योर्युद्ध्यमानयोर्भीमः क्षेमधूर्तिं जघान ... ९

१३ कर्णस्य पाण्डवानां च परस्परसैन्यनाशने प्रसक्ते कणादीन्प्रति नकुलादिषु चागतेषु कैकेयाभ्यां विन्दानुविन्दाभ्यां सह युद्धं कुर्वन्सात्यकिस्तौ जघान ... ९

१४ श्रुतकर्माभिसाराधिपतिचित्रसेनयोर्युद्धे प्रवृत्ते श्रुतकर्मा चित्रसेनं जघान। प्रतिविन्ध्यचित्रसेनयोर्युद्ध्यमानयोः प्रतिविन्ध्यश्चित्रं धृतराष्ट्रपौत्रमवधीत्। चित्रे हते प्रतिविन्ध्यं प्रति तावकेषु सर्वेषु गतेषु द्रौणिर्भीममाजगाम १०

१५ द्रौणिभीमयोस्तुमुले युद्धे प्रवृत्ते सिद्धादिषु प्रशंसत्सु परस्परबाणप्रहारेण मूर्छितावुभावुभयसारथी रणादपोहतुः ... ११

१६ अर्जुनादियुद्धशुश्रूषया धृतराष्ट्रप्रश्ने सञ्जयस्तत्कथयन् प्रतिजज्ञे। संशप्तकान्नाशयन्तमर्जुनं सिद्धादिषु स्तुवत्सु श्रीकृष्णार्जुनप्रशंसारूपामशरीरिणीं वाणीं श्रवणसरणिगोचरां कृत्वाऽश्वत्थामा प्रत्यागच्छति स्म। अश्वत्थाम्नो युद्धार्थमाह्वानं श्रुत्वाऽर्जुनेनोक्तः श्रीकृष्णोऽश्वत्थामानं प्रति स्थिरो भव युद्ध्यस्वेत्याद्याह। केशवार्जुनौ बाणैराच्छाद्य सिंहवन्नदतोऽश्वत्थाम्नो बाणगणं छित्त्वा पुनः संशप्तकैर्युद्ध्यमानमर्जुनं प्रति स पुनर्बाणान्ववर्ष, ततः संशप्तकांस्त्यक्त्वाऽर्जुनो द्रौणिं पुनरभ्ययात १२

१७ अश्वत्थाम्ना युद्धं कुर्वन्नर्जुनः साश्वध्वजं तमाच्छाद्य संशप्तकान्गत्वा तेषां धनुरादींश्चिच्छेद। पुनरागत्य युद्ध्यमानस्य द्रौणेः पराक्रमं दृष्ट्वा श्रीकृष्णेन प्रेरितोऽर्जुनस्तद्रश्मींश्चिच्छेद, ततो भ्रान्तानश्वान्स्वयमेव निवार्य कर्णसैन्यं प्राविशद्द्रौणिः। पुनरर्जुनः संशप्तकानगच्छत १३

१८ उत्तरतः पाण्डुसेनाध्वानं श्रुत्वा श्रीकृष्णेन प्रेरितोऽर्जुनस्तत्र गतो मागधराजेन दण्डधारेण

तुमुलं युद्धं कुर्वंस्तं जघान । दण्ड-
धारं हते दृष्ट्वा आगतं तद्भ्रातरं
दण्डमप्यर्धचन्द्रेण बाणेनावधी-
दर्जुनस्तदा सैनिकास्तं प्रशशंसुः
... ... १३

१९ अर्जुनः पुनः संशप्तकान् प्राप्य
तैः सह मन्दमन्दं युद्धं कुर्वञ्श्री-
कृष्णप्रेरणया सत्वरं तान् हत्वा
दुर्योधनसैन्यमागतः पाण्ड्येना-
भ्यर्दितं तत् सैन्यं ददर्श ... १४

२० पाण्डवयुद्धश्रवणया धृतराष्ट्र-
प्रश्ने सञ्जयस्तत्पराक्रमवर्णनपूर्वकं
तद्युद्धं वर्णयति स्म । पाण्ड्य-
पराक्रमं दृष्ट्वा आगतस्याश्वत्थाम्नः
तेन सह युद्धम् । अश्वत्थामा
पाण्ड्यस्य केतुं छित्वा सारथ्या-
दीन्हत्वा तदनुचरैर्युध्यमानस्तं
जघान १५

२१ पाण्ड्ये हतेऽर्जुनः किमकरो-
दिति धृतराष्ट्रप्रश्ने सञ्जयस्तत्कथ-

यति स्म । कर्णेन हन्यमानां सेनां
विलोक्य श्रीकृष्णेन प्रेरितोऽर्जुन-
स्तत्समीपमाजगाम । ततस्तस्य
पाण्डवानां च तुमुलं युद्धमभूत् ।
कर्ण प्रत्यागतानां पाञ्चालराजा-
दीनां संकुलं युद्धम् ... १६

१२ धृष्टद्युम्नं प्रति प्राच्यादिष्वा-
गतेषु तत्साहाय्यं कर्तुं पाण्डु-
पाञ्चालेषु चागतेष्वुभयोः संकुलं
युद्धम् १७

१३ सहदेवं प्रत्यागतो दुःशासन-
स्तेन सह युद्धं कुर्वंस्तद्बाणेन
मोहितः सूतेनापवाहितस्तदा
सहदेवः कौरवसैन्यं ममर्द ... १८

२४ नकुलं प्रत्यागते कर्णे उभयो-
रुक्तिप्रत्युक्त्यनन्तरं तुमुलं युद्धं
कुर्वन्तौ द्वावपि परस्परसैन्यं
हत्वा द्रावयतः स्म । कर्णेन
सारथ्यादिहननपूर्वकं पराजित्य
वशीकृतोऽपि नकुलः कुन्तीवाक्यं
स्मृत्वा विसर्जितस्तेन सव्रीडः स

युधिष्ठिररथमारुरोह । पाञ्चाला-
न्प्राविश्य गजानां नाशादि कुर्वतः
कर्णस्य बाणप्रहारेण पीडितानां
योधानां महान्व्यतिकरः संवृत्तः
... ... १९

२५ युयुत्सूलकयोर्युद्धे प्रवृत्ते उ-
लूकोऽश्वादिहननपूर्वकं युयुत्सुं
निर्जित्य पञ्चालादीनागाम ।
शतानीकश्रुतकर्मणोः शकुनि-
सुतसोमयोश्च युद्धम् ... १९

२६ कृष्णधृष्टद्युम्नसमागमे योधेष्वा-
र्तवाक्यं ब्रुवत्सु कृपबाणप्रहारेण
मोहितं धृष्टद्युम्नं तस्य सभयं
वाक्यं श्रुत्वा तत्सारथिरपोवाह ।
शिखण्डिकृतवर्मणोर्युद्धे प्रवृत्ते
कृतवर्मबाणाभिघातेन मोहितं
शिखण्डिनं तत्सारथिरपोवाह २०

२७ आगतैस्त्रिगर्तादिभिर्युद्धं कुर्व-
न्नर्जुनः शत्रुञ्जयादीञ्जघान । पुनः
संशप्तकैरावृतोऽर्जुन ऐन्द्रास्त्रेण

तेषां धनादींश्छित्त्वा तान्परा-
जिग्ये ४४

२८ युधिष्ठिरदुर्योधनयोर्युध्यमान-
योर्युधिष्ठिरेण विरथीकृतं दुर्यो-
धनं दृष्ट्वा कर्णादिष्वागतेषु युधि-
ष्ठिरसहाय्यार्थं पाण्डवादिषु चा-
गतेषु सैन्यद्वयस्य द्वन्द्वयुद्धपूर्वकं
संकुलं युद्धम् ... २१

२९ युधिष्ठिरदुर्योधनयोर्युद्धं श्रोतुं
धृतराष्ट्रस्य प्रश्ने सञ्जयस्योत्तर-
कथनम् । रथान्तरमारुह्यागत्य युद्धं
कुर्वन्दुर्योधनो युधिष्ठिरशक्ति-
प्रहारेण मुमोह । मुग्धं दुर्योधनं
दृष्ट्वा भीमेन प्रतिबोधितो युधि-
ष्ठिरस्तद्वधाद्विव्रते, ततः कृत-
वर्मभीमौ सङ्गमतुः ... २२

३० कर्णं पुरस्कृत्य युध्यमानेषु
कौरवेषु सात्यकिं प्रत्यागतेषु
सत्सु तेन सह कर्णस्य युद्धम् ।
केशवार्जुनयोः कौरवबलमा-
गतयोः सतोरागते च दुर्योधनेऽ-

र्जुनस्तदादीनां धनुरादीनि चिच्छेद। सात्यकिं हित्वाऽर्जुनं प्रतिगच्छन्तं कर्णं प्रति सात्यकिप्रभृतिषु बाणान्वर्षत्सु तान्निवार्य पाण्डवीं सेनां नाशयति स्म कर्णः। अर्जुनास्त्रप्रतापेन मोहितेषु कौरवसैन्येष्वपयातेषु पाण्डवाः स्वशिबिरं जग्मुः। अत्र षोडशदिवसयुद्धं समाप्तम् ... २३

३१ धृतराष्ट्रोऽर्जुनं प्रशस्य दुर्योधनः किमकरोदिति पप्रच्छ, सञ्जयश्च तद्वक्तुमुपचक्रमे-शिबिरं गत्वा कौरवेषु विचारयत्सु 'श्वोऽर्जुनसङ्कल्पं हन्ता' इति कर्णस्य सक्रोधं वाक्यं श्रुत्वा दुर्योधनेनानुज्ञाताः सर्वे योधाः स्वस्वभवनानि गत्वा प्रातर्युद्धाय निर्जग्मुः। कर्णयुद्धविषये प्रश्नं कृत्वा दुर्योधनं निन्दन्तं धृतराष्ट्रं प्रति तन्निन्दारूपं सञ्जयवाक्यम्। कर्णोऽर्जुनवधप्रतिज्ञापूर्वकमात्मानं श्लाघयञ्शल्यं सारथ्यकर्मणि नियोक्तुं दुर्योधनं प्रति प्रार्थयित्वाऽऽत्मानं शल्यं च प्रशशंस। कर्णवाक्यं श्रुत्वा हृष्टो दुर्योधनस्तंदुक्तमङ्गीचकार २४

३२ दुर्योधनः शल्यसमीपं गत्वा सविनयं कर्णस्य सारथ्यं भवान्करोत्वित्याह। दुर्योधनवाक्येन क्रुद्धः शल्य आत्मानं श्लाघयन् 'कथं युनक्षि सारथ्ये' इत्याद्युक्त्वा सभाया निर्जगाम, क्रोधात्सभाया निर्गच्छन्दुर्योधनेन गृहीतः शल्यो विनयपूर्विकां 'भवानधिकः कृष्णात्' इत्यादिकां तद्वाणीं श्रुत्वा हृष्टः सन् कर्णसारथ्यं स्वीकृत्य स्वसमयमाह, दुर्योधनश्च तदङ्गीचका २५

३३ पुनर्दुर्योधनो 'यथा पुरा वृत्तमिदम्' इत्याद्युक्त्वा त्रिपुरवधाख्यानं कथयति स्म। युद्धे निर्जितास्तारकासुरपुत्रास्ताराक्ष-कमलाक्ष-विद्युन्मालिनामानोऽवध्यत्वसम्पादनार्थं तपश्चेरुः। तपसा तुष्टेन ब्रह्मणा तैः प्रार्थितमवध्यत्वमनङ्गीकृत्य वरान्तरं याचध्वमित्युक्तास्ते त्रीणि पुराण्ययाचन्त,येषु,स्थित्वा महीं विचरिष्याम इत्याद्याहुश्च। ब्रह्मणा तथेत्यङ्गीकृते प्रार्थितेन मयेन निर्मितानि काञ्चन-रौप्य-कार्ष्णायसमयानि त्रीणि पुराण्यवाप्य तारकाक्षपुत्रेण हरिणा तपसा ब्रह्मणः सम्पादितामृतवापीं च प्रापुः।पुराण्यास्थाय लोकान्बाधमानेषु तेषु तन्नाशोपायजिज्ञासवो देवा ब्रह्मसमीपं प्राप्य तेन सह महादेवं प्रति गत्वा स्तुत्या तं प्रसादयामासुः २६

३४ प्रसन्नेन महादेवेनाभये दत्ते ब्रह्मा त्रिपुरवधं प्रार्थयामास। महादेवेन मत्तेजोऽर्धं गृहीत्वा यूयमेवैकमत्येन तान्हतेत्यादिष्टैर्देवैस्तदनङ्गीकृत्यास्मत्तेजोर्धसहाय्येन भवानेवैतान्हन्त्विति प्रार्थितः स तदङ्गीचकार। रथादिकल्पनार्थमाज्ञप्तैर्देवैः कल्पितं रथमारूढः सिद्धादिभिः स्तुतः शिवः कः सारथिर्भवेदित्याद्याह। देवैः प्रार्थितेन ब्रह्मणा सारथ्येऽङ्गीकृते महादेवो रथमारुह्य देवानाश्वास्य त्रिपुरवधार्थं निर्जगाम। गवादीनां खुरद्वैधीभावेऽश्वानां स्तनाभावे च का-रणं कथयित्वा त्रिपुरवधप्रकारं चाभिधाय प्रकृतिमापन्नानां देवानां स्वस्थानगमनमभ्यधाद्दुर्योधनः। शिवस्य सारथ्यं यथा ब्रह्मणा कृतं तथा त्वमपि कर्णस्य सारथ्यं कुर्वित्युक्त्वा पुनर्दुर्यो-

धनः शल्यं प्रति परशुराम-
वृत्तान्तं कथयति स्म--जामदग्न्यो
रामोऽस्त्रप्राप्त्यर्थं तपः कुर्वंस्तु-
ष्टेन महादेवेनाज्ञप्तः पुनस्तप-
श्चकार । पुनस्तत्तपसा तुष्टेन
महादेवेन दैत्याञ्जहीत्याज्ञप्तः स
तैः सह युद्धं कृत्वा तान्हतवान्
दैत्यैः क्षतगात्रो महादेवस्पर्शेन
निर्व्रणोऽभूच्च । ततस्तस्मै
शिवो वरदानपूर्वकमस्त्राण्यदा-
त्स च लब्धास्त्रः शिवं प्रणम्य
तदनुज्ञया जगाम। ततो दुर्यो-
धनः कर्णं प्रशंसन् रामेण दत्तास्त्र-
स्तच्छिष्य इत्याह शल्यं प्रति २८
३५ दृष्टान्तपूर्वकं सारथ्यकरणार्थं
प्रार्थयन्तं दुर्योधनं प्रति ' मयाऽ-
प्येतन्नरश्रेष्ठ' इत्याद्युवाच शल्यः।
कर्णशल्यौ प्रशंसन्तं दुर्योधनं
प्रति शल्यो ' यन्मां ब्रवीषि गा-
न्धारे ' इत्याद्युवाच। शल्योक्ति-
मङ्गीकृत्यागतस्य दुर्योधनस्यालि-
ङ्गनपूर्वकं कर्णेन सह संभाषणम्।
कर्णप्रेरणया पुनरागतं दुर्योधनं
शल्य आलिङ्गनपूर्वकं 'एवं चे-
न्मन्यसे ' इत्याद्युवाच । कर्णश-
ल्ययोरुक्तिप्रत्युक्ती ... ३१
३६ कर्णं प्रति शल्यप्रशंसारूपं
वाक्यमुक्त्वा हयसंयमनार्थं
शल्यं प्रेरयति दुर्योधने शल्यक-
र्णौ रथमारुरुहतुः । रथारूढे
कर्णेऽश्वान्प्रेषयितुं प्रेरयति शल्यः
पाण्डवान्प्रशशंस ३२

सप्तदशदिवसयुद्धम् ।

३७ कर्णं दृष्ट्वा हृष्टानां कौरवाणां
दुन्दुभिनिर्घोषादिकं कथयित्वा
युद्धार्थं निर्गमसमये संजातानि
दुर्निमित्तान्याह सञ्जयः । शल्यं
संबोध्य कौरवान्प्रति किञ्चिदु-
क्त्वा तं प्रत्यप्यात्मानं श्लाघयन्नु-
वाच कर्णः। अवहासपूर्वकं प्रत्यु-
त्तरं भाषमाणः शल्योऽर्जुनं प्रश-
स्य कर्णनिर्भर्त्सनं कुर्वन् परुषं
कर्णवाक्यं श्रुत्वा निरुत्तरो बभूव।
ततः कर्णः शल्यसारथिर्धनञ्जय-
ध्वजिनीं प्रति गत्वा धनञ्जयं
पर्यपृच्छत् ३२
३८ कर्णस्य पाण्डवानुद्दिश्य प्रत्ये-
कविषयं प्रश्नमाख्याति स्म
सञ्जयः । 'यो मामद्य महात्मानं
दर्शयच्छ्वेतवाहनम्। तस्मै दद्याम-
भिप्रेतं धनं यन्मनसेच्छति' इत्यादि
कर्णवाक्यं श्रुत्वा दुर्योधनादयो
जहृषुः ३३
३९ 'मा सूतपुत्र दानेन सौवर्णं
हस्तिषड्गवम्। प्रयच्छ पुरुषायाद्य
द्रक्ष्यसि त्वं धनञ्जयम्' इत्या-
दिना शल्येन कर्णभर्त्सने कृते
उभयोरुक्तिप्रत्युक्ती ... ३४
४० क्रुद्धः कर्णः शल्यं निर्भर्त्स्यर्या-
त्मश्लाघां कुर्वन् मद्रदेशोद्भवान्
विनिन्द्य पुनः शल्यं निनिन्द ३५
४१ कर्णवाक्यं श्रुत्वा निदर्शनं
कथयञ्शल्यः प्रथमं कर्णमधि-
क्षिप्यात्मनः श्रैष्ठ्यं प्रकाश्य हंस-
काकीयोपाख्यानमाह। समुद्रतीरे
वसतो धनिकस्य कुमारैःपालितः
काकस्तेषामुच्छिष्टभक्षणेन मत्तः
सन्नितरान्पक्षिणोऽधिचिक्षेप। ते
कुमाराः कदाचित्तत्रागतान्हंसान्
दृष्ट्वा काकं प्रति' भवानेव विशिष्टो
हि' इत्याद्यूचुः । कुमारवाक्ये-
नोत्पतनार्थं हंसानाह्वयन्तं काकं
प्रति ते स्वस्वरूपं कथयित्वा गति-
प्रकारं पप्रच्छुः । निजोड्डीनादि-
गतीः कथयित्वाऽऽत्मश्लाघां कु-
र्वन्तं काकं प्रति तन्मध्यवर्ती
कश्चिद्धंसः 'शतमेकं च पातानां'
इत्याद्युवाच । स्पर्धयोत्पततोः
काकंहसयोः समुद्रमतिक्रामन्तं
हंसं दृष्ट्वा भयेन समुद्रमध्ये
पतन्तं काकं प्रति हंसस्य सोप-
हासं वाक्यम् । आर्तः काको
जलं स्पृशन्नात्मरक्षार्थं सभयं
यावत्प्रार्थयति तावत्तं पृष्ठे धृत्वो-

त्पतनप्रदेशे निक्षिप्य हंसो यथेष्टं देशं जगाम। एतद्दृष्टान्तेन कर्णमधिक्षिप्य पुनरुत्तरगोग्रहणादिवृत्तान्तमनूद्य तिरश्चकार .. ३६

४२ शल्यवाक्यं श्रुत्वा विकत्थमानः कर्णः परशुरामदत्तशापकारणादि कथयित्वा भीमादिपराजयमिच्छंश्चक्रपातरूपब्राह्मणशापान्तरादिकं शशंस... ३७

४३ कर्णस्य शल्याधिक्षेपरूपं वाक्यम् ३८

४४ शल्यवाक्यं श्रुत्वा द्विगुणं परुषं वदन् कर्णो वाहीकादिदेशनिन्दाविषये धृतराष्ट्रब्राह्मणसंवादरूपमितिहासं कथयञ्शल्यं तिरश्चकार। 'वाहीकेष्वविनीतेषु' इत्यारभ्य 'वसातिसिन्धुसौवीरा' इति 'प्रायोऽतिकुत्सिताः' इत्यन्तेन पुनर्वाहीकान्निनिन्द ३९

४५ पुनर्वदन्कर्णः स्वगृहागतब्राह्मणमुखाच्छ्रुतानां वाहीकादिदेशानां निन्दां कुर्वन्यत्र दशो दस्युभिर्हृतायाः सत्याः शापात्सर्वा बन्धक्य इत्याद्याह स्म। अन्येतिहासमिषेण शल्यं तिरस्कुर्वन् कल्माषपादसरसि निमज्जतो राक्षसस्य वाक्यमभिदधाति स्म। पुनः प्रशंसापूर्वकं मद्रदेशं निन्दति कर्ण शल्योऽङ्गदेशानिन्दापूर्वकं तं तिरश्चकार। दुर्योधने सखिभावेना श्लिकर्मणाकर्ण शल्यं च निवारयत्युभयोस्तूष्णीं स्थितयोः कर्णः प्रहस्याश्वान्प्रेषयितुं शल्यमचोदयत् ४०

४६ सञ्जयेन कर्णस्य पाण्डवव्यूहदर्शनादौ कथिते व्यूहरचनादिप्रकारे धृतराष्ट्रेण पृष्टे स तं कथयति स्म। सेनामुखं दृष्ट्वा युधिष्ठिरेणोक्तोऽर्जुनस्तदुक्तमङ्गीचकार। कर्णादिभिर्योद्धुमर्जुनादिषु युधिष्ठिरेणाज्ञप्तेष्वर्जुनस्तदनुरोधेन सर्वानादिश्य स्वयं चमूमुखं जगाम। अर्जुनरथं दृष्ट्वा 'अयं सरथ आयातः श्वेताश्वः कृष्णसारथिः। दुर्वारः सर्वसैन्यानां विपाकः कर्मणामिव' इत्याद्युक्त्वा दुर्निमित्तानि कथयित्वाऽर्जुनं प्रशंसन्तं शल्यं प्रति क्रुद्धस्य कर्णस्य वाक्यम्। शल्योऽर्जुनस्याजेयत्वं कथयित्वा भीमादीन्प्रशशंस ४१

४७ कर्णार्जुनयोः सविस्तरयुद्धश्रवणार्थं धृतराष्ट्रप्रश्ने सञ्जयोऽर्जुनकृतव्यूहरचनादिकं कथयति स्म। संशप्तकैरर्जुनस्य कौरवैः पाञ्चाल्यादीनां च दारुणं युद्धम् ४२

४८ कर्णयुद्धं श्रोतुं धृतराष्ट्रस्य प्रश्ने सञ्जयः पञ्चालान्प्रति कर्णस्य गमनं शशंस। पाञ्चालैर्युद्ध्यमानः कर्णो भानुदेवादीन्पञ्च जघान। कर्णरक्षकेषु तत्पुत्रेषु सुषेणादिषु युद्ध्यमानेषु कर्णेन सह युद्धार्थं भीमाद्यागमनम्। सुषेणादिभिर्युद्धं कुर्वन्भीमो भानुसेनं कर्णपुत्रं जघान। वृषसेनसात्यक्योर्युद्ध्यमानयोः सात्यकिना विरथीकृतो दुःशासनेनापवाहितो वृषसेनः पुनरागत्य द्रौपदेयादिभिः सह युयुधे ... ४३

४९ कर्णो युधिष्ठिरमागत्य द्रविडादिसैन्यं नाशयति स्म। 'कर्ण कर्ण वृथादृष्टे' इत्यादि सक्रोधमुक्त्वा युद्धं कुर्वतो युधिष्ठिरस्य बाणप्रहारेण कर्णो मुमोह। पुनर्युधिष्ठिरकर्णयोर्युद्धे प्रवृत्ते युधिष्ठिरसाहाय्यार्थमागतैः सात्यक्यादिभिर्युयुधे कर्णः। भयेन पराङ्मुखं युधिष्ठिरं ग्रहीतुमि-

च्छन्तं कर्णं शल्यो निवारया-
मास। युधिष्ठिरं प्रागल्भ्येनाधि-
क्षिप्य युद्ध्यमाने कर्णे पाण्डव-
सैन्ये पराङ्मुखे कौरवा जहृषुः।
युधिष्ठिराज्ञया पुनर्भीमादिष्वा-
गतेषूभयोः सैन्ययोः संकुलं
युद्धम् ४४
५० आगच्छता भीमादीन्दृष्ट्वा
कौरवसैन्ये पलायमाने भीमो
युधिष्ठिररक्षार्थं सात्यक्यादीना-
दिश्य कर्णं प्रत्याजगाम। आग-
च्छन्तं भीमं दृष्ट्वा तत्प्रशंसागर्भं
वाक्यं ब्रुवतः शल्यस्य कर्णस्य
चोक्तिप्रत्युक्ती। भीमकर्णयो-
स्तुमुलं युद्ध्यमानयोर्भीमबाण-
प्रहारेण मूर्छितं कर्णं गृहीत्वा
शल्योऽपययौ ४६
५१ कर्णापयानं श्रुत्वा विस्मय-
पूर्वकमपयाते कर्णे दुर्योधनः किम-
करोदिति पृष्टवति धृतराष्ट्रे सञ्ज-
यस्योत्तरम्। दुर्योधनाज्ञया आ-
गतैस्तद्भ्रातृभिः श्रुतर्वप्रभृतिभि-
र्युद्ध्यमानो भीमस्तेषां मध्ये
विवित्सुप्रभृतीञ्जघान। हतां-
स्तान्दृष्ट्वा आगतेन कर्णेन युद्धं
कुर्वंस्तेन विरथीकृतो गदायुद्धं
कुर्वन्सैन्यं ममर्द। अन्यं रथमा-
स्थायागतस्य भीमस्य कर्णस्य
च तुमुले युद्धे प्रवृत्ते उभे सेने अपि
संकुलं युयुधाते ४७
५२ सञ्जयः परस्परवधैषिणां सै-
न्यानां युद्धं कथयित्वा हतसैन्या
दिभिर्युद्धभूमिशोभां वर्णयन् पर-
स्परभीतानां सैन्यानां पलायनं
कथयञ्शोणितनद्यादिकमाह स्म
... ... ४८
५३ गाण्डीवशब्दश्रवणाद्युक्त्वासं-
शप्तकैरर्जुनस्य युद्धं वर्णयति
स्म सञ्जयः। संशप्तकानां परा-
क्रमं दृष्ट्वा श्रीकृष्णं प्रत्यभिधाया-
र्जुनो देवदत्तं दध्मा श्रीकृष्णश्च
पाञ्चजन्यम्। उभयोः शङ्खश-
ब्देन भीतान्योधान्नागपाशेन पा-
दबन्धनपूर्वकं नाशयामासा-
र्जुनः। सुशर्मप्रयुक्तः सौपर्णास्त्रेण
मुक्तबन्धेषु योधेष्वस्त्रवृष्टिं कुर्वत्सु
सुशर्मबाणप्रहारेण मोहितोऽ-
प्यर्जुनो लब्धसंज्ञः सन्नैन्द्रास्त्रेण
तान्नाशयामास ४९
५४ सैन्यं विद्रुतं दृष्ट्वा आगतानां
कृपादीनां युद्धे प्रवृत्ते शिखण्डि-
कृपौ युयुधाते। कृपेण पराभूतं
शिखण्डिनं दृष्ट्वाऽऽगच्छन्तं धृष्ट-
द्युम्नं कृतवर्मा निवारयामास।
आगच्छत्सु युधिष्ठिरादिषु द्रौणि-
प्रभृतिभिर्निवारितेषु पुनः शि-
खण्डिकृपयोर्युद्ध्यमानयोः कृप-
पराक्रमदर्शनेन शिखण्ड्यपय-
यौ। सुकेतुकृपयोर्युद्ध्यमानयोः
कृपः सुकेतुं जघान। धृष्टद्युम्न-
कृतवर्मणोर्युद्ध्यमानयोर्धृष्टद्युम्नः
कृतवर्माणं पराजिग्ये ... ५०
५५ युधिष्ठिरं प्रत्यागत्याश्वत्थाम्ना
बाणैराकाशे आच्छादिते तत्प-
राक्रमं दृष्ट्वा आगतैः सात्यक्या-
दिभिस्तस्य महद्युद्धम्। "नैव
नाम तव प्रीतिर्नैव नाम कृत-
ज्ञता। यतस्त्वं पुरुषव्याघ्र मामे-
वाद्य जिघांससि" इत्याद्युक्त-
वन्तं युधिष्ठिरं प्रत्यनुक्त्वैव
बाणान्वर्षत्यश्वत्थाम्नि स रणा-
दपायांचक्रे ५०
५६ भीमादीनावृत्य तेषां समक्षं
कर्णेन चेदिराजप्रभृतिषु हतेषु
भीमः कर्णं विहाय कौरवसेनां
नाशयितुं जगाम। दुर्योधनेन
बाणैर्नकुलसहदेवावाच्छादितौ
दृष्ट्वाऽऽगतेन धृष्टद्युम्नेन तस्य धनु-
रादिषु छिन्नेषु तं तद्भ्रातरो ररक्षु-
र्दण्डधारश्च तमपाहरत्। कर्णः
सात्यकिं जित्वा धृष्टद्युम्नमागत्य
पञ्चालैः सह युद्धं कुर्वञ्जिष्णवादी-
ञ्जघान। पञ्चालान्हतवन्तं कर्णं

दृष्ट्वा आगतैर्युधिष्ठिरादिभिः सह स युयुधे । भीमे कौरवसेनां नाशयति ते सर्वे निरुत्साहा बभूवुः । कर्णपराक्रमदर्शनानन्तरमर्जुनप्रेरितेन श्रीकृष्णेन रथे प्रेषिते सेनां नाशयन्तं तं प्रति दुर्योधनः संशप्तकान्प्रेषयामास । अर्जुनः संशप्तकैर्युद्धं कुर्वंस्तेषां दशसहस्रान्पार्थिवान्हत्वा यावत्काम्बोजबलं नाशयति तावदश्वत्थामा आजगाम । अर्जुनकृष्णयोर्बाणैराच्छादितयोरर्जुनस्य शैथिल्यं दृष्ट्वा श्रीकृष्णेन सक्रोधमुक्तः स द्रौणिं धनुरादिच्छेदनपूर्वकं विसंज्ञं चकार, ततस्तं च तत्सारथिरपोवाह । प्रहारैर्गाढं व्यथितो युधिष्ठिरः क्रोशमात्रमपक्रम्य तस्थौ ... ५१

५७ दुर्योधनवाक्याद्धृष्टेषु योधेषु तत्समक्षमश्वत्थामा धृष्टद्युम्नं नाशयितुं प्रतिजज्ञे ५३

५८ द्रवन्तीं सेनां दृष्ट्वा 'न च पश्यामि दाशार्ह धर्मराजम्' इत्याद्युक्तवतोऽर्जुनस्य प्रेरणया श्रीकृष्णो युधिष्ठिरसमीपगमनार्थं रथं प्रेषयति स्म । युधिष्ठिरादीन् दृष्ट्वाऽर्जुनं प्रत्याह श्रीकृष्णः ५४

५९ कुरुसृञ्जयादीनां संकुलयुद्धे प्रवृत्ते धृष्टद्युम्नसात्यक्योः कर्णेन सह युद्ध्यमानयोरागतस्य क्रुद्धस्याश्वत्थाम्नो धृष्टद्युम्नस्य चोक्तिप्रत्युक्ती । श्रीकृष्णप्रेरणया धृष्टद्युम्नं रक्षितुं बाणान्वर्षन्तमर्जुनं प्रत्यश्वत्थाम्न आगमनम् । अर्जुनाश्वत्थाम्नोर्युद्ध्यमानयोरर्जुनबाणप्रहारेण मुग्धं द्रौणिं गृहीत्वा तत्सारथिरपययौ ५५

६० श्रीकृष्णोऽर्जुनं प्रति युधिष्ठिरनाशार्थं दुर्योधनादीनां चेष्टादिकमभिधाय कर्णकृतपाण्डवसेनानाशादिकथनपूर्वकं कर्णेन सह युद्धं कर्तुं प्रेरयति स्म । भीमेन कृतं धार्तराष्ट्रसेना विद्रावणादिकं गजादीनां नाशादिकं च कथयति श्रीकृष्णेऽर्जुनोऽपि भीमस्य तत्कर्म दृष्ट्वा शत्रुसेनां नाशयितुं प्रववृते ५६

६१ मदीये सैन्ये द्रवति कुरवः किमकुर्वन्निति धृतराष्ट्रप्रश्ने भीमं प्रति कर्णस्यागमनादिकं शशंस सञ्जयः । कर्णादीन्प्रति शिखण्डिप्रभृतिष्वागतेषु कर्णशिखण्डिनोर्धृष्टद्युम्नदुःशासनयोश्च युद्धे प्रवृत्ते धृष्टद्युम्नरक्षणार्थं पञ्चालानां गमनादि । नकुलवृषसेनयोर्युद्धं तथा सहदेवोलूकयोर्युद्ध्यमानयोः सहदेवकृतमुलूकस्याश्वनाशनं च । सात्यकिशकुन्योर्युद्ध्यमानयोः सात्यकिना विरथीकृतः शकुनिरपयानं चक्रे । भीमदुर्योधनयोर्युद्ध्यमानयोर्भीमेन विरथीकृतो दुर्योधनस्तत्समीपादपययौ । युधामन्युकृपयोर्युद्ध्यमानयोः कृपेण हतसूतो युधामन्युरपायात् । हार्दिक्योत्तमौजसोर्युद्धे प्रवृत्ते हार्दिक्येन मूर्छां प्रापितमुत्तमौजसं तत्सारथिरपवाहयामास । दुर्योधनं विजित्य गजानीकं निघ्नति भीमे तद्भयाद्गजानां पलायनादि ... ५७

६२ अर्जुनगमनानन्तरमुभयसेनयोः संकुले युद्धे प्रवृत्ते सहदेवास्त्रविद्धं दुर्योधनं दृष्टवतः कर्णस्यास्त्रत्यागादि । कर्णयुधिष्ठिरयोर्युद्धं कुर्वतोः कर्णेनोरसि विद्धे युधिष्ठिरे सूतं प्रति याहीत्युक्तवति पञ्चालादय आगत्य धार्तराष्ट्रान्निवारयामासुः ... ५८

६३ केकयैः सह युद्धं कुर्वन्कर्णस्तेषां पञ्चशतं वीरान्हत्वैकरथेन युधिष्ठिरं प्रत्याजगाम । कर्णबाणेन विरथौ युधिष्ठिरनकुलौ

कर्णपर्वविषयानुक्रमणिका। ९

सहदेवरथारूढौ दृष्टवतः कृपा
विष्टस्य शल्यस्य कर्णं प्रति वच-
नम्। अर्जुनेन युद्धं कर्तुं तथा
भीमग्रस्तं दुर्योधनं मोचयितुं
शल्येन प्रेरिते कर्णे भीमं प्रति
गते युधिष्ठिरो जवनैरश्वैः सह-
देवेन सहापायात् । भीमसाहा-
य्यार्थं युधिष्ठिरेण प्रेरितौ नकुल-
सहदेवौ भीमं प्रति जग्मतुः..५९
६४ आगतेनाश्वत्थाम्ना युद्धं कुर्व-
न्नर्जुनस्तस्याश्वान् हत्वा कौरव-
बलं नाशयति स्म। पुनरागतोऽ
श्वत्थामाऽर्जुनेन हतसूतोऽपि स्व-
यमेव रश्मीन् गृहीत्वा यदा युयुधे
तदाऽर्जुनोऽपि रश्मींश्छित्वा तम
पीडयत् । पाण्डवभयात्सैन्यं प-
लायमानं दृष्टवतो दुर्योधनस्य
वाक्यं श्रुत्वा कर्णः शल्यं प्रति स्व-
पराक्रमप्रशंसावाक्यमुक्त्वा भार्ग-
वास्त्रेण पञ्चालान्नाशयामास ६०
६५ भार्गवास्त्रभीतं स्वबलं दृष्टवता
श्रीकृष्णेन बोधितोऽर्जुनो युधि-
ष्ठिरं द्रष्टुं निर्गतः स्वसैन्यमव-
लोकयन्भीममागत्य 'अपयात
इतो राजा धर्मपुत्रो युधिष्ठिरः।
कर्णबाणाभितप्ताङ्गो यदि जीवे-
त्कथञ्चन' इति तद्वाक्यं श्रुत्वा
युधिष्ठिरं प्रति गन्तुं श्रीकृष्णं
प्रेरयामास । एवमर्जुनप्रेरितः
श्रीकृष्णो युधिष्ठिरं प्रति जगाम।
स्वपादवन्दनं कुर्वतोः कृष्णार्जु-
नयोः कर्णं हतं मत्वा तावभ्य-
नन्दद्युधिष्ठिरः ६१
६६ युधिष्ठिरो 'हतः कर्ण' इत्याद्युक्त्वा
कर्णपराक्रमं वर्णयन् 'स कथं
हतस्त्वया' इत्यादि पृष्ट्वा चिन्ता-
क्रान्तः कर्णकृतपराजयप्रयुक्तं
खेदमुद्भाव्य कर्णमरणं निश्चित्य
कर्णप्रतिज्ञाकथनपूर्वकं पुनः 'स
कथं त्वया हतः' इत्याद्युवाच ६२
६७ युधिष्ठिरवाक्यं श्रुत्वाऽर्जुनो-
ऽश्वत्थाम्ना सह कृतं युद्धं कर्णा-
दीनां पराक्रमं च कथयन्कर्णं
हन्तुं प्रतिजज्ञे ६३
६८ जीवन्तं कर्णं श्रुत्वा क्रुद्धो
युधिष्ठिरोऽर्जुनं तिरस्कुर्वंस्तज्ज-
न्मकालभवामाकाशवाणीमनूद्य
धिक् ते गाण्डीवादिकमित्यु—
वाच ६३
६९ युधिष्ठिरवाक्यं श्रुत्वा तं
हन्तुमसिं गृह्णन्तमर्जुनं दृष्ट्वा तं
प्रति श्रीकृष्णः 'इदानीं पार्थ
जानामि न वृद्धाः सेवितास्त्व-
या' इत्याद्युवाच। अन्यस्मै दे-
हि गाण्डीवमित्यादिना स्वव्रतं
कथयन्तमर्जुनं धिक्कृत्य तस्मै धर्म-
रहस्यं कथयञ्श्रीकृष्णः सत्या-
नृताभ्यां पुण्यपापविषये बला-
कोपाख्यानं कौशिकोपाख्यानं
चाकथयत्। धर्मपदार्थमुपदिशन्तं
श्रीकृष्णं प्रशंसन्नर्जुनो 'मम व्रतं
जानासि' इत्याद्युवाच। अर्जुन-
प्रतिज्ञारक्षणार्थमुपायं ब्रुवञ्श्री-
कृष्णो 'मानार्हं प्रति त्वमि-
त्युक्ते तस्य मरणम्' इत्याद्युपदि-
देश ६४
७० श्रीकृष्णवाक्यं प्रशस्य युधि-
ष्ठिरं भर्त्सयन्भीमं च प्रशंसन्
पुनः परुषवाक्यानि श्रावयित्वा
ऽनुतप्तोऽर्जुनः पुनरसिं जग्राह।
किमिदमित्यादिकृष्णप्रश्नानन्तरम्
'अहं हनिष्ये स्वशरीरमेव' इत्या-
द्युक्तवन्तमर्जुनं प्रति जीवतोऽ-
प्यात्मवधोपायं कथयञ्श्रीकृष्ण
आत्मप्रशंसां कुरु इत्याद्याह।
कृष्णोपदेशेनात्मश्लाघां कृत्वा
कर्णवधं प्रतिज्ञाय शस्त्राणि परि-
त्यज्य प्राञ्जलिः सन् युधिष्ठिरं
प्रति प्रसीद राजन्नित्याद्युवाच।
अर्जुनं प्रति सखेदवाक्यान्युक्त्वा
वनाय गन्तुमुद्यन्तं युधिष्ठिरं
प्रति श्रीकृष्णः प्रणामपूर्वकं वि-
नयवाक्यान्युक्त्वा कर्णवधार्थं
प्रतिजज्ञे । युधिष्ठिरः प्रणतं

कृष्णमुत्थाप्यानुनयवाक्यान्यब्रवीत् ६६

७१ श्रीकृष्णोपदेशात्पादौ गृहीत्वा प्रसीदेत्यादि वदन्नर्जुनो युधिष्ठिरेणोत्थापनालिङ्गनपूर्वकमनुनीतस्तत्समीपे पुनः कर्णवधं प्रतिजज्ञे। श्रीकृष्णवाक्यात्पुनः पादग्रहणादि कुर्वन्तमर्जुनमुत्थाप्य युधिष्ठिरो युद्धार्थमनुज्ञां दत्वाऽऽशिषस्तस्मै ददौ ... ६७

७२ रथसज्जीकरणार्थं प्रेरितेन श्रीकृष्णेन सज्जीकृते रथ आरुह्य गच्छन्नर्जुनः स्वशरीरे स्वेदं दृष्ट्वा चिन्तयामास। चिन्तयन्तमर्जुनं प्रशस्य कर्णमपि प्रशंसन्नेवंविधमप्येनं जहीत्युवाच ६८

७३ पुनरर्जुनं प्रति वदञ्श्रीकृष्णो भीष्मयुद्धादिकमनूद्य तं प्रशंसन्कर्णनिन्दां विधाय पुनरभिमन्युवधार्थमुपदिश्य कर्णार्णवात्पञ्चालानुद्धरेत्याद्याह स्म ६८

७४ कृष्णवाक्येन विशोको हृष्टश्चार्जुनः कर्णवधं प्रतिज्ञाय सक्रोधवाक्यान्युक्त्वाऽऽत्मानं श्लाघयन्भीमं मुमोचयिषुः कर्णशिरो जिहीर्षुश्च प्रययौ ... ७१

७५ कर्णयुद्धश्रवणार्थं धृतराष्ट्रप्रश्ने सञ्जयः पाण्डवसेनासमृद्धिं वर्णयित्वा संकुलं युद्धं वर्णयामास ७२

७६ कौरवबलैर्युद्धं कुर्वन्भीमः सारथिं प्रति स्वस्य स्वपरज्ञानाभावं कथयित्वा युधिष्ठिरार्जुनयोरदर्शनप्रयुक्तं दुःखं प्रकाशयन्युद्धसामग्रीशेषं च पप्रच्छ। विशोकाख्यसारथिभीमयोः संवादः ७२

७७ रथप्रेषणार्थमर्जुनेन प्रेरितः श्रीकृष्णो यत्र भीमस्तत्र गच्छामीत्युवाच। कुरुसैन्यमध्ये प्रविश्य युद्धं कुर्वतोऽर्जुनस्य भयात्कौरवसैन्ये पलायिते स सूतानीकं प्रति जगाम। अर्जुनागमनं श्रुत्वा कौरवसैन्यं मर्दयति भीमे तं प्रति दुर्योधनप्रेरितानि सैन्यान्यावव्रुः। भीमनाशितसैन्यसंख्यां कथयन्सञ्जयस्तत्कृतां शोणितनदीं वर्णयामास। भीमस्य कर्म दृष्ट्वा दुर्योधनेन प्रेरितः शकुनिस्तेन सह युद्धं कुर्वंस्तद्बाणेन मूर्छितो धृतराष्ट्रपुत्रेणापवाहितः। तस्मिन्निर्जिते दुर्योधनोऽप्यपयानं चक्रे, तं दृष्ट्वा कुरुसैन्यमपि व्यद्रवत् ७३

७८ भग्नेषु सैन्येषु दुर्योधनादयः किमब्रुवन्निति धृतराष्ट्रप्रश्ने सञ्जयस्योत्तरम्। सोमकैः सह युद्धं कुर्वन्कर्णः पञ्चालान्प्रति गन्तुं शल्यं संप्रेर्य रथध्वनिना सर्वान् संत्रास्य पाण्डवसैन्यं नाशयति स्म। आगताञ्शिखण्डिसात्यकिप्रभृतीन् विमुखीकृत्य पञ्चालादिभिर्युद्ध्यमानस्य कर्णस्य पराक्रमं देवादयः प्रशशंसुः। पाण्डवसेनाभङ्गं दृष्टवतां दुर्योधनादीनां हर्षं तत्कृतपाण्डवसैन्यनाशनं च कथयति स्म सञ्जयः ... ७४

७९ सञ्जयो रणेऽर्जुनप्रवर्तितां शोणितनदीमवर्णयत्। कर्णस्य रथकेतुं दृष्ट्वा श्रीकृष्णं प्रति 'एष केतू रणे पार्थ' इत्याद्युवाचार्जुनः। कर्णसमीपगमनार्थं कृष्णप्रेरितरथोऽर्जुनः कौरवसेनां निर्जयन्नभ्ययात्। अर्जुनरथकेतुं दृष्ट्वा शल्यः कर्णं प्रति 'अयं सरथ आयाति' इत्याद्युक्त्वाऽर्जुनं प्रति गन्तुं प्रशंसापूर्वकं तं प्रति प्रोत्साहयामास। आत्मश्लाघां कुर्वन्कर्णोऽर्जुनस्याजेयत्वविषयकं शल्यवाक्यं श्रुत्वा खाण्डवदाहाद्यनुवादपूर्वकमर्जुनं कृष्णं च प्रशस्य 'एतौ च हत्वा' इत्याद्युवाच। अर्जुनः कर्णप्रेरणया वारयितुमागतैः कौरवैः सह युद्धं

कुर्वन्नश्वत्थामप्रभृतिभिः संकुलं युद्धं चकार। शिखण्डिप्रभृतयश्च युयुधिरे ७६

८० सैन्यसागरमध्यस्थं भीमसुजिहीर्षुणाऽर्जुनेन कृतं सैन्यनाशादिकं हतसैन्यादिभिर्युद्धभूमिशोभादिकं च कथयति स्म सञ्जयः। कुरुषु भग्नेष्वर्जुनो भीमेन सह संमन्त्र्य तदनुज्ञां गृहीत्वाऽग्रे जगाम ७८

८१ आवरीतुमागतान्संशप्तकान्नवतिवीरान्निहत्यार्जुनो गजयोधिभिर्म्लेच्छैः सह युयुधे। अर्जुनसाहाय्यार्थमागतो भीमो गदया कौरवसैन्यं नाशयन्गजानीकं जघान। अर्जुनबाणपीडितानार्तनादं कृत्वा पलायमानान्कौरवानाश्वास्य कर्णः पञ्चालाञ्जगाम ७८

८२ पञ्चालादिभिर्युद्धं कुर्वतः कर्णस्य पुत्रे प्रसेने सात्यकिना हते क्रुद्धः स धृष्टद्युम्नपुत्रं जघान। धृष्टद्युम्नपुत्रं हतं दृष्ट्वा श्रीकृष्णं प्रेरयन्नर्जुनः कर्णसमीपं जगाम, तमनु भीमसेनोऽपि। उत्तमौजःप्रभृतिभिः कर्णस्य कृपादिभिः सात्यकेर्दुःशासनेन भीमस्य च युद्धम् ७९

८३ सञ्जयकृतं दुःशासनभीमयोर्युद्धवर्णनम्। दुःशासनेन प्रेषितां शक्तिं निहन्तुं भीमेन प्रेषितो गदा तच्छक्तिं भङ्क्त्वा तं मूर्ध्नि ताडयामास। पुनर्भीमप्रेषितया गदया ताडितो दुःशासनो विह्वलः सन्भूमौ पपात। पतितं दुःशासनं दृष्ट्वा पञ्चालादिषु सिंहवन्नदत्सु भीमो रथादवप्लुत्य, द्रौपदीकेशग्रहणादिकं स्मृत्वा क्रुद्धः सन् कर्णादीनाह्वयन् 'निहन्मि दुःशासनमद्य' इत्याद्युवाच। भीमो दुःशासनं प्रत्याक्षेपवाक्यान्युक्त्वा तद्वक्षः पाटयित्वा पूर्वप्रतिज्ञातं तद्रुधिरपानमकरोत्। गतासुं दुःशासनं प्रति क्रोधवाक्यानि ब्रुवन्तं भीमं राक्षसं मत्वा कौरवसैन्यानि पलायनं चक्रुः। भीमो दुःशासनं हत्वा प्रमाणकोट्यां कालकूटभक्षणादिकमनूद्य कौरवानधिक्षिप्य कृष्णार्जुनसमीपे पूर्वसभायां कृतायाः प्रतिज्ञायाः सत्यत्वं कथयामास. ८०

८४ आवृण्वानान्निषङ्गिप्रभृतीन्दश धृतराष्ट्रपुत्रानवधीद्भीमः। भीमपराक्रमं दृष्ट्वा भीतं कर्णं प्रत्युपदिशतः शल्यस्य वाक्यं श्रुत्वा क्रुद्धो वृषसेनो युद्धार्थं भीमं प्रति जगाम। नकुलवृषसेनयोर्युद्ध्यमानयोर्विरथे नकुले भीमरथारूढे उभाभ्यां सह वृषसेनस्य युद्धम्। वृषसेनेन युद्धं कर्तुमर्जुनं प्रति भीमस्योक्तिः ८१

८५ उभयसैन्ययोस्तुमुले युद्धे प्रवृत्तेऽर्जुनादीन्वृषसेने बाणान्वर्षति पीडितान्नकुलादीन्दृष्ट्वा धावताऽर्जुनेन सह तस्य युद्धम्। क्रुद्धोऽर्जुनो दुर्योधनादिसहितं कर्णं प्रति "भवत्समक्षमेनं हनिष्यामि" इत्याद्युक्त्वा कर्णादिषु पश्यत्सु वृषसेनं जघान। पुत्रवधं दृष्ट्वाऽभितप्तः कर्णः कृष्णार्जुनौ प्रत्यधावत् ... ८२

८६ आगच्छन्तं कर्णं दृष्ट्वा श्रीकृष्णोऽर्जुनं प्रति 'अयं सरथ आयाति' इत्याद्युक्त्वा कर्णेन सह युद्धं कर्तुं तं प्रशशंस। कर्णस्य वधं प्रतिज्ञाय तं प्रति गन्तुमर्जुनेन प्रेरितः कृष्णो हयान्संचोद्य क्षणेन तत्समीपमाजगाम... ८३

८७ पुत्रवधाभितप्तः कर्णोऽर्जुनमाहूय तदभिमुखं ययावित्याह सञ्जयः। कर्णार्जुनसमागमं दृष्ट्वा सैन्यानां विस्मयादिकमुभयसैन्ययोर्वाद्यवादनं कर्णार्जुनयो रूपं पराक्रममुभयोः साहाय्यार्थ-

मुभयसैन्ययोरागमनं चाह सञ्जयः । कर्णार्जुनसमागमदर्शनार्थमागतानां देवादीनां पक्षप्रतिपक्षभावे सतीन्द्रसूर्ययोर्विवादः। उभयोः समागमे त्रिलोक्याः कम्पादिकं दृष्ट्वा देवेषूभयोर्जयसाम्यार्थं ब्रह्माणं प्रति प्रार्थयत्सु सत्स्विन्द्रेणार्जुनजये प्रार्थिते ब्रह्मेशानावर्जुनस्य विजयध्रौव्यमभिधाय कृष्णार्जुनौ प्रशशंसतुः । इन्द्रवाक्यश्रवणेन सर्वभूतानां विस्मयादिकं, कर्णार्जुनध्वजवर्णनपूर्वकं मिथो युद्धं चाभ्यधात्सञ्जयः । कर्णेन, मयि हते त्वं किं करिष्यसीति पृष्टः शल्यः कृष्णार्जुनवधं प्रतिजज्ञे । एवमेवार्जुनेन श्रीकृष्णः पृष्टः । ततः 'पतेद्दिवाकरः स्थानात' इत्यादिवाक्यं वदति श्रीकृष्णेऽर्जुन आत्मानं श्लाघयामास ... ८३

८८ युद्धदर्शनार्थं देवनागासुरादिष्वागतेषूभयसैन्ययोर्वादित्रादीनि वादयतोः कर्णार्जुनौ स्वस्वास्त्रैर्दिगादिकं प्रावृणुताम् । बाणान्वर्षतां दुर्योधनादीनां धनुरादिष्वर्जुनेन छिन्नेष्वश्वत्थामा दुर्योधनं प्रति पाण्डवैः शमं कुर्विंत्युवाच । दुर्योधनोऽश्वत्थामवाक्यमङ्गीकृत्य कर्णं प्रशंसन्सैन्यमादिदेश ८५

८९ सञ्जयः कर्णार्जुनयोः समागमं, तत्काले तयो रूपादिकमुभयपक्षपातिनां वाक्यानि, तयोर्युद्धारंभं च कथयामास । पञ्चालादिभिर्युद्धं कुर्वतः कर्णस्य पराक्रमं दृष्ट्वा पूर्वं सभायामुक्तं कर्णवाक्यं स्मृत्वा भीमे 'एनं जहि' इत्युक्तवति श्रीकृष्णोऽपि तथैवाब्रवीत् । अर्जुनेन श्रीकृष्णमामन्त्र्य प्रयुक्ते ब्रह्मास्त्रे कर्णेन निवारिते सति क्रुद्धेन भीमेन प्रेरितोऽर्जुनस्तेन सह तुमुलं युद्धमकरोत् । अर्जुनबाणपीडितेषु कौरवेष्वर्जुनं हन्तुं प्रेरयत्सूभयोः परस्परं प्रति बाणान्वर्षतोः सतोरर्जुनास्त्रभयात्कर्णं त्यक्त्वा कौरवाः पलायनं चक्रुः ८६

९० सञ्जयः कौरवप्रयाणमुभयोर्मध्ये क्वचित्कस्यचिदाधिक्यमाकाशस्थितैः कृतमुभयोः प्रशंसनं चाचकथत् । अर्जुनेन कृतवैरोऽश्वसेननामा नागः पातालादागत्य कर्णेनाज्ञातस्तत्तूणीरे तस्थौ । शराभितप्तः कर्णोऽर्जुनवधार्थं बहुदिनपर्यन्तं पूजितं सर्पमुखमश्वसेनेन कृतप्रवेशं बाणं धनुषि संदधे । कर्णस्य धनुषि प्रविष्टं नागं दृष्ट्वा देवादिषु हाहाकारं कुर्वत्सु 'हतोऽसि फाल्गुन' इत्युक्त्वा तं बाणं मुमोच कर्णः । कर्णसन्धितं बाणं दृष्ट्वा पूर्वमेव श्रीकृष्णेन पृथिव्यां रथे मज्जिते सति स बाणोऽर्जुनस्य किरीटं चिच्छेद । पुनरागतोऽश्वसेनस्तूर्णं प्रविशन्कर्णेन प्रत्याख्यातः स्वयमेव घोरं रूपं कृत्वार्जुनं हन्तुं प्रययौ । आगच्छन्तं नागं दृष्ट्वा तन्नाशं कर्तुमादिशता कृष्णेन तत्प्रत्यभिज्ञायां दत्तायामश्वसेनं नाशयति स्मार्जुनः । कर्णार्जुनयोः परस्परं बाणान्वर्षतोर्बाणप्रहारेण मोहितं कर्णं प्रति बाणांस्त्यक्तुमनिच्छन्नप्यर्जुनः श्रीकृष्णवाक्यात्पुनर्बाणान्ववर्ष । धैर्यं धृत्वा बाणान्वर्षतः कर्णस्य भार्गवशापादस्त्रविस्मरणमभूद्ब्राह्मणशापाद्रथचक्रं च भूमौ ममज्ज । पुनरर्जुने बाणान्वर्षति चक्रमुद्दिधीर्षुः कर्णो युद्धधर्मं कथयन्मुहूर्तं प्रतिपालयेति तमुवाच ८८

९१ श्रीकृष्णः परुषवाक्यानि वद-

न्यदा द्रौपदीवस्त्रहरणाद्यनूद्य 'क्व ते धर्मस्तदा गतः' इत्याद्युक्तवांस्तदा सलज्जः कर्णो निरुत्तरो बभूव। त्वरां कर्तुं श्रीकृष्णे प्रेरयति पुनरुभयोर्युद्धे प्रवृत्ते मोहितमर्जुनं दृष्ट्वा चक्रोद्धारणार्थं यत्नं कुर्वति कर्णे लब्धसंज्ञोऽर्जुनस्तस्य रथध्वजं चिच्छेद। कर्णवधार्थमर्जुनेन धनुषि संहतस्य शरस्य प्रभामर्जुनशपथं चाकथयंस्तेन कृतं कर्णशिरश्छेदनं, पाण्डवानां शङ्खादि—वादनं, छिन्नमस्तकस्य कर्ण—शरीरस्य शोभां चाभ्यधात्सञ्जयः। कर्णे हते शल्ये च प्रतिनिवृत्ते कौरवाः पलायनं चक्रुः .. ९१

९२ सञ्जयः शल्यस्य गमनं दुर्योधनादीनां शोकादिकं भीमादीनां नादेन रोदस्योः कम्पनं दुःखितदुर्योधननिकटे शल्यवाक्यं च कथयति स्म .. ९२

९३ कर्णार्जुनयुद्धे कुरुसृञ्जयानां रूपं कीदृगिति धृतराष्ट्रप्रश्ने सञ्जयः कुरुपाण्डवयोर्बलक्षयं कथयति स्म। कर्णे हते कौरवबले पलायमाने शोकाकुलो दुर्योधनः शल्यं प्रति प्रागल्भ्यगर्भं वाक्यमुवाच। भीमो गदायुद्धं कुर्वन्गदया पञ्चविंशतिसहस्रं सैनिकाञ्जघान। आयान्तमर्जुनं दृष्ट्वा कौरवेषु पलायमानेषु संकुलयुद्धे च प्रवृत्ते स्वसैन्यं भज्यमानं दृष्ट्वा पाण्डवैः सह युद्ध्यमानो दुर्योधनो योधान्प्रत्युवाच ९३

९४ दुर्योधनेन परावर्त्यमानं सैन्यं दृष्ट्वा शल्यस्तं प्रति वदन्बलक्षयादिकं कथयित्वा हतैर्नरादिभिरगम्यरूपां पृथ्वीं वर्णयित्वा युद्धावहारं कुर्वित्याह। द्रौणिप्रभृतिभिर्दुर्योधनस्याश्वासने कृतेऽर्जुनभीतानां कौरवाणां शिबिरगमनादि। सञ्जयो मृतस्य कर्णस्य शरीरप्रभां कथयित्वा तं प्रशंसन् नद्यादीनां प्रस्रवणाभावादिकं कृष्णार्जुनयोः शङ्खध्वानं तयो रूपं च वर्णयामास ९४

९५ अर्जुनभयात्कौरवसैन्येषु पलायमानेषु तद्दिवसीययुद्धावहारे कृते कृपवर्मादयः स्वस्वशिबिराणि जग्मुः ... ९५

९६ हृष्टः श्रीकृष्णोऽर्जुनं प्रति 'हतो वज्रभृता वृत्रस्त्वया कर्णो धनञ्जय' इत्याद्युक्त्वा सैनिकान्प्रति च 'परानाभिमुखा यत्नास्तिष्ठध्वम्' इत्याद्युक्त्वा युधिष्ठिरं प्रति गत्वा अर्जुनेन सह तत्पादवन्दनं कृत्वा च कर्णवधादिवृत्तान्तं कथयति स्म। हृष्टो युधिष्ठिरः श्रीकृष्णं प्रति 'त्वया सारथिना पार्थो यत्नवानाहनत्र तम्' इत्याद्युक्त्वा कृष्णार्जुनौ स्तुत्वा च युद्धभूमिदर्शनार्थं जगाम। रणे शयानं कर्णं दृष्ट्वा श्रीकृष्णं प्रति 'अद्य राजाऽस्मि गोविन्द' इत्याद्युवाच युधिष्ठिरः। हृष्टा नकुलादयः कृष्णार्जुनौ स्तुत्वा स्वस्वशिबिराणि जग्मुः। जनमेजयं प्रति वैशम्पायनः कर्णनिधनप्रयुक्तं धृतराष्ट्रविलापादिकं, कर्णार्जुनयुद्धश्रवणफलं, कर्णपर्वश्रवणफलं च कथयामास ... ९५

॥ समाप्तेयं कर्णपर्वविषयानुक्रमणिका ॥

॥ श्रीगणेशायनमः ॥ ॥ नरनारायणौनत्वाप्राचीनाचार्यवर्त्मना ॥ कर्णपर्वार्थविद्योतीभावदीपोवितन्यते ॥ १ ॥ ननुविराटादिपर्वचतुष्टयतात्पर्यंक्रमेणार्थलुब्धानामर्थःसेवयानीत्याकपटपूर्वकेणकुलवृद्धवधेन
नृशंसानृतपूर्वकेणमहागुरुवधेनचसिध्यतीत्युक्तं तावतैवार्थनिरूपणंसमाप्तं । अतःपरंकाममोक्षावेवनिरूपणीयाविति कर्णपर्वादित्रयंनारंभणीयमितिचेत्सत्यं । यथाधर्मार्थौनिरूपितौएवंधर्माभासोऽर्थाभासश्चनिरू
पणीयःपरिहाराय । एवमधर्मानर्थौअधर्माभासानर्थाभासौचनिरूपणीयौहानायोपादानायच तदर्थमुत्तरग्रंथःकाममोक्षयोःप्रागावश्यकः । तत्रचोरेभ्यःकार्पटिकमार्गमुपदिशतःसत्यवादिनःसत्यवदनंधर्माभासए
वमभिचार्यघ्राणचक्षुषंराक्षसंघ्नतोव्याधस्यहिंस्रत्वमधर्माभासः । तथाशोकहेतुनाकुलक्षयेणप्राप्तोऽर्थोऽर्थाभासः । सुप्तानांहननमधर्मः । तत्कृतोऽश्वत्थाम्नोऽभिभवोऽनर्थः। शरणागतस्वसैनिकत्राणार्थमन्यायेनापिकृ

॥ श्रीकृष्णायनमः ॥ ॥ श्रीवेदव्यासायनमः ॥ ॥ नारायणंनमस्कृत्यनरंचैवनरोत्तमम् ॥ देवींसरस्वतींचैवततोजयमुदीरयेत् ॥ १ ॥ वैशम्पायनउवाच ॥
ततोद्रोणेहतेराजन्दुर्योधनमुखान्नृपाः ॥ भृशमुद्विग्नमनसोद्रोणपुत्रमुपागमन् १ तेद्रोणमनुशोचन्तःकश्मलाभिहतौजसः ॥ पर्युपासन्तशोकार्तास्ततःशारद्वतीसु
तम् २ तेमुहूर्तंसमाश्वस्यहेतुभिःशास्त्रसंमितैः॥ रात्र्यागमेमहीपालाःस्वानिवेश्मानिभेजिरे ३ तेवेश्मस्वपिकौरव्यपृथ्वीशानाप्नुवन्सुखम्॥ चिन्तयन्तःक्षयंतीव्रंदुःख
शोकसमन्विताः ४ विशेषतःसूतपुत्रोराजाचैवसुयोधनः ॥ दुःशासनश्चशकुनिःसौबलश्चमहाबलः ५ उषितास्तेनिशांतांतुदुर्योधननिवेशने ॥ चिन्तयन्तःपरिक्लिशा
न्पांडवानांमहात्मनाम् ६ यत्तद्द्यूतेपरिक्लिष्टाकृष्णाचानायितासभाम्॥ तत्स्मरन्तोऽनुशोचन्तोभृशमुद्विग्नचेतसः ७ तथातुसंचिन्तयतांतान्क्लेशान्द्यूतकारितान् ॥
दुःखेनक्षणदाराजन्जगामाब्दशतोपमा ८ ततःप्रभातेविमलेस्थितादिष्टस्यशासने ॥ चक्रुरावश्यकंसर्वेविधिदृष्टेनकर्मणा ९ तेकृत्वाऽवश्यकार्याणिसमाश्वस्यचभार
त ॥ योगमाज्ञापयामासुर्युद्धायचविनिर्ययुः १० कर्णंसेनापतिंकृत्वाकृतकौतुकमंगलाः॥ पूजयित्वाद्विजश्रेष्ठान्दधिपात्रघृताक्षतैः ११ गोभिरश्वैश्चनिष्कैश्चवासोभिश्च
महाधनैः॥ वंद्यमानाजयाशीर्भिःसूतमागधबंदिभिः १२ तथैवपांडवाराजन्कृतपूर्वाह्णिकक्रियाः ॥ शिबिरान्निर्ययुस्तूर्णंयुद्धायकृतनिश्चयाः १३ ततःप्रववृतेयुद्धंतुमुलं
लोमहर्षणम् ॥ कुरूणांपांडवानांचपरस्परजयैषिणाम् १४ तयोर्द्वौदिवसौयुद्धंकुरुपांडवसेनयोः ॥ कर्णेसेनापतौराजन्बभूवाद्भुतदर्शनम् १५ ततःशत्रुक्षयंकृत्वासुम
हांतंरणेवृषः ॥ पश्यतांधार्त्तराष्ट्राणांफाल्गुनेननिपातितः १६ ततस्तुसंजयःसर्वंगत्वानागपुरंद्रुतम् ॥ आचष्टधृतराष्ट्रायय‌द्वृत्तंकुरुजांगले १७ ॥ जनमेजयउवाच ॥
आपगेयंहतंश्रुत्वाद्रोणंचापिमहारथम् ॥ आजगामपरामार्तिंवृद्धोराजाऽम्बिकासुतः १८

तोब्रह्मवधोनइतरब्रह्मवधवदनर्थोऽपित्वनर्थाभासएव नचतेनब्रह्महाभवेदित्याततायिवधेदोषाभावस्मरणात् । इत्येषामर्थानांनिरूपणार्थउत्तरःसंदर्भः । आख्यायिकातुसुखप्रतिपत्त्यर्था । तस्मादिदमपिपर्वत्रय
मावश्यकमेव । ततोद्रोणेहतेराजन्निति १ कश्मलाभिहतौजसः तीव्रशोकाभिघातजव्यामोहेननिरस्तसामर्थ्याः शारद्वतीसुतंद्रौणिम् २ समाश्वस्यसावधानाभूत्वा रात्र्यागमेप्रदोषकाले ३ पृथ्वीशाराजानः क्षयं
भूतंभाविनंचचिन्तयन्तःपरामृशन्तः ४ । ५ । ६ । ७ क्लेशान्कचग्रहणादीन् । क्षणदारात्रिः ८ आवश्यकंनित्यकृत्यम् ९ योगंसंनहनम् १० । ११ निष्कैः सुवर्णहारैः । महाधनैर्बहुमूल्यैः । वंद्यमानाः
स्तूयमानाः । सूतावंशानुक्रमविदः । मागधाः पाणिस्वनिकाः । बंदिनः स्तुतिपाठकाः १२ । १३ । १४ । १५ वृषःकर्ण. पश्यतांअनादरेषष्ठी १६ । १७ । १८

१९ समम्रन्यतसम्यगवधृतवान् २० दुर्मरंदुःखेनापिमर्त्तुमशक्यंस्वेच्छया २१ । २२ तन्मरणंदुष्करंमन्ये २३ । २४ ॥ इतिकर्णपर्वणिनीलकंठीयेभारतभावदीपेप्रथमोऽध्यायः ॥ १ ॥ ॥ ॥ हतेइति १ क्षयं गृहम् २ । ३ हाकष्टमितिखेदातिशयसूचकंवाक्यमुक्त्वापश्चाद्वचनंवक्तव्यमाददे ४ आस्तेतिष्ठति ५ । ६ । ७ । ८ । ९ । १० दंशितानांसन्नद्धानां वसुसंभवोवसूनामंशेभ्यःसंभूतः ११ । १२ भार्गवोरामः

सश्रुत्वानिहतंकर्णंदुर्योधनहितैषिणम् ॥ कथंद्विजवरप्राणानधारयतदुःखितः १९ यस्मिन्जयाशांपुत्राणांसममन्यतपार्थिवः ॥ तस्मिन्हतेसकौरव्यःकथंप्राणान धारयत २० दुर्मरंतदहंमन्येनृणांकृच्छ्रेऽपिवर्त्तताम् ॥ यत्रकर्णंहतंश्रुत्वानात्यजज्जीवितंनृपः २१ तथाशांतनवंवृद्धंब्रह्मन्बाह्लीकमेवच ॥ द्रोणंचसोमदत्तंचभूरि श्रवसमेवच २२ तथैवचान्यान्सुहृदःपुत्रान्पौत्रांश्चपातितान् ॥ श्रुत्वायन्नाजहात्प्राणांस्तन्मन्येदुष्करंद्विज २३ एतन्मेसर्वमाचक्ष्वविस्तरेणमहामुने ॥ नहितृप्या मिपूर्वेषांशृण्वानश्चरितंमहत् २४ ॥ इतिश्रीम० कर्णपर्वणि जनमेजयवाक्यंनामप्रथमोऽध्यायः ॥ १ ॥ ॥ वैशंपायनउवाच ॥ हतेकर्णेमहाराजनिशिगाव ल्गणिस्तदा ॥ दीनोययौनागपुरमश्वैर्वातसमैर्जवे १ सहास्तिनपुरंगत्वाभृशमुद्विग्नचेतनः ॥ जगामधृतराष्ट्रस्यक्षयंप्रक्षीणबांधवम् २ सतमुद्वीक्ष्यराजानंकश्मला भिहतौजसम् ॥ ववंदेप्रांजलिर्भूत्वामूर्ध्नापादौनृपस्यह ३ संपूज्यचयथान्यायंधृतराष्ट्रंमहीपतिम् ॥ हाकष्टमितिचोत्क्रासततोवचनमाददे ४ संजयोऽहंक्षितिपतेकच्चि दास्तेसुखंभवान् ॥ स्वदोषैरापदंप्राप्यकच्चिन्नाद्यविमुह्यति ५ हितान्युक्तानिविदुरद्रोणगांगेयकेशवैः ॥ अगृहीतान्यनुस्मृत्यकच्चिन्नकुरुषेव्यथाम् ६ रामनारदकण्वा द्यैर्हितमुक्तंसभातले ॥ नगृहीतमनुस्मृत्यकच्चिन्नकुरुषेव्यथाम् ७ सुहृदस्त्वद्धितेयुक्तान्भीष्मद्रोणमुखान्परैः ॥ निहतान्युधिसंस्मृत्यकच्चिन्नकुरुषेव्यथाम् ८ तमे वंवादिनंराजासूतपुत्रंकृतांजलिम् ॥ सुदीर्घमथनिःश्वस्यदुःखार्त्तइदमब्रवीत् ९ ॥ धृतराष्ट्रउवाच ॥ आपगेयेहतेशूरेदिव्यास्त्रवतिसंजय ॥ द्रोणेचपरमेष्वासेभृशं मेव्यथितंमनः १० योरथानांसहस्राणिदंशितानांदशैवतु ॥ अहन्यहनितेजस्वीनिजघ्नेवसुसंभवः ११ तंहतंयज्ञसेनस्यपुत्रेणेहशिखंडिना ॥ पांडवेयाभिगुप्तेनश्रु त्वामेव्यथितंमनः १२ भार्गवःप्रददौयस्मैपरमास्त्रंमहाहवे ॥ साक्षाद्रामेणयोबाल्येधनुर्वेदउपाकृतः १३ यस्यप्रसादात्कौन्तेयाराजपुत्रामहारथाः ॥ महारथत्वंसं प्राप्तास्तथान्येवसुधाधिपाः १४ तंद्रोणंनिहतंश्रुत्वाधृष्टद्युम्नेनसंयुगे ॥ सत्यसंधंमहेष्वासंभृशंमेव्यथितंमनः १५ ययोर्लोकेपुमानस्त्रेनसमोऽस्तिचतुर्विधे ॥ तौद्रो णभीष्मौश्रुत्वातुहतौमेव्यथितंमनः १६ त्रैलोक्येयस्यचास्त्रेषुनपुमान्विद्यतेसमः ॥ तंद्रोणंनिहतंश्रुत्वाकिमकुर्वतमामकाः १७ संशप्तकानांचबलेपांडवेनमहा त्मना ॥ धनंजयेनविक्रम्यगमितेयमसादनम् ॥ नारायणास्त्रेचहतेद्रोणपुत्रस्यधीमतः १८ विप्रद्रुतेष्वनीकेषुकिमकुर्वतमामकाः ॥ विप्रद्रुतानहंमन्येनिम ग्नान्शोकसागरे १९ ॥ ॥ ॥ ॥ ॥ ॥

यस्मैभीष्माय धनुर्वेदेउपाकृतः स्वीकृतःशिष्यत्वेन १३ यस्यद्रोणस्य १४ सत्यसंधमवितथप्रतिज्ञम् १५ चतुर्विधे मुक्तंबाणादि । अमुक्तंखड्गादि । यंत्रमुक्तंगोलादि । मुक्तामुक्तंसोपसंहारमस्त्रम् १६ । १७ गमितेसतिकिमकुर्वतेत्युत्तरेणसंबंधः १८ निमग्नानपिप्लवमानान् जीवितेप्सयाचेष्टांकुर्वाणानित्युत्तरत्रसंबंधः १९

२० । २१ । २२ । २३ दिष्टेदैवोपाहते अभाविनःसुखस्यप्राप्तौभाविनोदुःखस्यप्राप्तौवाबुधोनव्यथते तद्विपर्ययेयेवानहृष्यतीत्यर्थः २४ दिष्टमवश्यंभावि २५ ॥ इतिकर्णप० नी० भारतभावदीपेद्वितीयोऽध्यायः ॥ २ ॥ ॥ हतेइति । अस्वस्थमुखाःदीनवदनाः १ । २ ऊर्ध्वमूर्ध्वगमनमेवनत्वधोवस्थानं ३।४ हस्तस्थानांभ्रंशोऽरिष्टसूचकउक्तएवंबद्धानांबंधशैथिल्यमपीत्याह तानीति । दिविस्थितानिपतमानानिन

प्लवमानान्हतेद्रोणेसन्ननौकानिवार्णवे ॥ दुर्योधनस्यकर्णस्यभोजस्यकृतवर्मणः २० मद्रराजस्यशल्यस्यद्रौणेश्चैवकृपस्यच ॥ मत्पुत्रस्यचशेषस्यतथाऽन्येषांचसंजय
२१विप्रद्रुतेष्वनीकेषुमुखवर्णोऽभवत्कथम् ॥ एतत्सर्वंयथावृत्तंतथागावल्गणेमम २१ आचक्ष्वपांडवेयानांमामकानांचविक्रमम् ॥ संजयउवाच ॥ तवापराधाद्यद्वृत्तं
कौरवेयेषुमारिष २३ तच्छ्रुत्वामाव्यथांकार्षीर्दिष्टेनव्यथतेबुधः ॥ यस्मादभावीभावीवाभवेदर्थोनरंप्रति ॥ अप्राप्तौतस्यवाप्राप्तौनकश्चिद्व्यथतेबुधः२४॥ धृतराष्ट्रउवाच
नव्यथाऽभ्यधिकाकाचिद्विद्यतेममसंजय ॥ दिष्टमेतत्पुरामन्येकथयस्वयथेच्छकम् २५ ॥ इतिश्रीमहाभारतेकर्णपर्वणिधृतराष्ट्रसंजयसंवादेद्वितीयोऽध्यायः ॥ २ ॥
॥ संजयउवाच ॥ हतेद्रोणेमहेष्वासेतवपुत्रामहारथाः ॥ बभूवुरस्वस्थमुखाविषण्णागतचेतसः १ अवाङ्मुखाःशस्त्रभृतःसर्वएवविशांपते ॥ अवेक्षमाणाःशोका
र्त्तानाभ्यभाषन्परस्परम् २ तान्दृष्ट्वाव्यथिताकारान्सैन्यानितवभारत ॥ ऊर्ध्वमेवनिरैक्षंतदुःखत्रस्तान्यनेकशः ३ शस्त्राण्येषांतुराजेन्द्रशोणिताक्तानिसर्वशः॥ प्राभ्र
श्यंतकराग्रेभ्योदृष्ट्वाद्रोणंहतंयुधि ४ तानिबद्धान्यरिष्टानिलंबमानानिभारत ॥ अदृश्यंतमहाराजनक्षत्राणियथादिवि ५ तथातुस्तिमितंदृष्ट्वागतसत्वमवस्थि
तम् ॥ बलंतवमहाराजराजादुर्योधनोऽब्रवीत् ६ भवतांबाहुवीर्यंहिसमाश्रित्यमयायुधि ॥ पांडवेयाःसमाहूतायुद्धंचेदंप्रवर्तितम् ७ तदिदंनिहतेद्रोणेविषण्णमिव
लक्ष्यते ॥ युध्यमानाश्चसमरेयोधावध्यंतिसर्वशः ८ जयोवापिवधोवापियुध्यमानस्यसंयुगे ॥ भवेत्किमत्रचित्रंवैयुध्यध्वंसर्वतोमुखाः ९ पश्यध्वंचमहात्मानंकर्णं
वैकर्त्तनंयुधि ॥ प्रचरन्तंमहेष्वासंदिव्यैरस्त्रैर्महाबलम् १० यस्यवैयुधिसंत्रासात्कुन्तीपुत्रोधनंजयः ॥ निवर्त्ततेसदामंदःसिंहात्क्षुद्रमृगोयथा ११ येननागायुतप्राणो
भीमसेनोमहाबलः ॥ मानुषेणैवयुद्धेनतामवस्थांप्रवेशितः १२ येनदिव्यास्त्रविच्छूरोमायावीसघटोत्कचः ॥ अमोघयारणेशक्त्यानिहतोभैरवंनदन् १३ तस्यदु
र्वारवीर्यस्यसत्यसंधस्यधीमतः ॥ बाह्वोर्द्रविणमक्षय्यमद्यद्रक्ष्यथसंयुगे १४ द्रोणपुत्रस्यविक्रान्तंराधेयस्यैवचोभयोः ॥ पश्यंतुपांडुपुत्रास्तेविष्णुवासवयोरिव १५
सर्वएवभवंतश्चशक्ताःप्रत्येकशोऽपिवा ॥ पांडुपुत्रान्रणेहन्तुंससैन्यान्किमुसंहताः ॥ वीर्यवंतःकृतास्त्राश्चद्रक्ष्यथाद्यपरस्परम् १६ ॥ संजयउवाच ॥ एवमुक्त्वाततः
कर्णंचक्रेसेनापतिंतदा ॥ तवपुत्रोमहावीर्योभ्रातृभिःसहितोऽनघ १७ सैनापत्यमथावाप्यकर्णोराजन्महारथः ॥ सिंहनादंविनद्योच्चैःप्रायुध्यतरणोत्कटः १८

क्षत्राणीवाधोमुखान्यदृश्यन्तेत्यर्थः ५ स्तिमितंस्तब्धं यतोगतसत्वमुद्विग्नचित्तम् ६ । ७ वध्यंतिवध्यंतेपरैरितिशेषः ८ किमत्रचित्रंक्षणंपांडवैर्जितंचेन्नैतदाश्चर्यं ९ अस्माकमसकृज्जयोजातइत्याह पश्यध्वमित्यादिना १० । ११ तांद्रोणपर्वप्रसिद्धाम् १२ । १३ द्रविणंबलम् १४ । १५ द्रक्ष्यथदर्शयिष्यथ १६ । १७ । १८

१९ अग्रेपुंखेषुसंसक्ताः प्रेर्यमाणस्यशरस्याग्रेणपुंखेनसंसक्ताइषुधाराः पूर्वोत्तरेषुसंधानादविच्छिन्नप्रवाहाइत्यर्थः २० पीडयित्वाहत्वेत्यनेककर्तृकेऽपिक्त्वाप्रत्ययश्छांदसः अन्येभ्योपिदृश्यंतेइतिवानिवर्तवाशब्द द्वयं दृशिग्रहणादाद्येतुगपि पीडयन्निघ्नन्निति वार्थः २१ ॥ इतिकर्णपर्वणिनीलकंठीये भारतभावदीपेतृतीयोऽध्यायः ॥ ३ ॥ एतदिति १ विह्वलः चलनासमर्थः काष्ठवत्पतितः २ । ३ । ४ अंतःपुराणिस्त्रि

सस्तृञ्जयानांसर्वेषांपंचालानांचमारिष ॥ केकयानांविदेहानांचकारकदनंमहत् १९ तस्येषुधाराःशतशःप्रादुरासञ्छरासनात् ॥ अग्रेपुंखेषुसंसक्तायथाभ्रमरपंक्तयः २० सपीडयित्वापंचालान्पांडवांश्चतरस्विनः ॥ हत्वासहस्रशोयोधानर्जुनेननिपातितः २१ ॥ इति श्रीमहाभारतेकर्णपर्वणि संजयवाक्यंनामतृतीयोऽध्यायः ॥ ३ ॥ ॥ ॥ ॥ वैशंपायनउवाच ॥ एतच्छ्रुत्वामहाराजधृतराष्ट्रोऽम्बिकासुतः ॥ शोकस्यांतमपश्यन्वैहतंमेनेसुयोधनम् १ विह्वलःपतितोभूमौन ष्टचेताइवद्विपः ॥ तस्मिन्निपतितेभूमौविह्वलेराजसत्तमे २ आर्त्तनादोमहानासीत्स्त्रीणांभरतसत्तम ॥ सशब्दःपृथिवींकृत्स्नांपूरयामाससर्वशः ३ शोकार्णवेमहा घोरेनिमग्नाभरतस्त्रियः ॥ रुरुदुर्दुःखशोकार्त्ताभृशमुद्विग्नचेतसः ४ राजानंचसमासाद्यगांधारीभरतर्षभ ॥ निःसंज्ञापतिताभूमौसर्वाण्यन्तःपुराणिच ५ ततस्ताः संजयोराजन्समाश्वासयदातुराः ॥ मुह्यमानाःसुबहुशोमुंचन्त्योवारिनेत्रजम् ६ समाश्वस्ताःस्त्रियस्तास्तुवेपमानामुहुर्मुहुः ॥ कदल्यइववातेनधूयमानाःसमंततः ७ राजानंविदुरश्चापिप्रज्ञाचक्षुषमीश्वरम् ॥ आश्वासयामासतदासिंचंस्तोयेनकौरवम् ८ सलब्ध्वाशनकैःसंज्ञांताश्चदृष्ट्वास्त्रियोनृपः ॥ उन्मत्तइवराजेन्द्रस्थितस्तू ष्णींविशांपते ९ ततोध्यात्वाचिरंकालेनिःश्वस्यचपुनःपुनः ॥ स्वान्पुत्रान्गर्हयामासबहुमेनेचपांडवान् १० गर्हयंश्चात्मनोबुद्धिंशकुनेःसौबलस्यच ॥ ध्या त्वातुसुचिरंकालंवेपमानोमुहुर्मुहुः ११ संस्तभ्यचमनोभूयोराजाधैर्यसमन्वितः ॥ पुनर्गावल्गणिंसूतंपर्यपृच्छतसंजयम् १२ यत्त्वयाकथितंवाक्यंश्रुतंसंजयत न्मया ॥ कच्चिद्दुर्योधनःसूतनगतोवैयमक्षयम् १३ जयेनिराशःपुत्रोमेसततंजयकामुकः ॥ ब्रूहिसंजयतत्त्वेनपुनरुक्तांकथामिमाम् १४ एवमुक्तोऽब्रवीत्सूतोरा जानंजनमेजय ॥ हतोवैकर्त्तनोराजन्सहपुत्रैर्महारथः १५ भ्रातृभिश्चमहेष्वासैःसूतपुत्रैस्तनुत्यजैः ॥ दुःशासनश्चनिहतःपांडवेनयशस्विना ॥ पीतंचरुधिरं कोपाद्भीमसेनेनसंयुगे १६ ॥ इतिश्रीमहाभारतेकर्णपर्वणि धृतराष्ट्रशोकोनाम चतुर्थोऽध्यायः ॥ ४ ॥ ॥ वैशंपायनउवाच ॥ ॥ इतिश्रुत्वामहाराजधृत राष्ट्रोऽम्बिकासुतः ॥ अब्रवीत्संजयंसूतंशोकसंविग्नमानसः १ दुष्प्रणीतेनमेतातपुत्रस्यादीर्घजीविनः ॥ हतंवैकर्त्तनंश्रुत्वाशोकोमर्माणिकृंतति २ तस्यमेसंशयंछिं धिदुःखपारंतितीर्षतः ॥ कुरूणांसृंजयानांचकेचजीवंतिकेमृताः ३

यः ५ । ६ कदल्यइववेपमानाआसन्निति शेषः ७ । ८ दृष्ट्वामनसैवात्मप्रत्ययेनदुःखवतीर्ज्ञात्वा ९ । १० । ११ । १२ 'जीवन्नरोभद्रशतानिपश्येत्' इतिमनसिनिधायाह यत्त्वयेति १३ जयेइति । इष्टवियोग मात्रेणदशरथादिर्मृतः अस्यतुजयेनैराश्यमधिकंमरणकारणमस्तीतिभावः उक्तांसंक्षेपेण पुनर्ब्रूहिविस्तरेण १४ । १५ । १६ ॥ इतिकर्णपर्वणिनीलकंठीये भारतभावदीपे चतुर्थोऽध्यायः ॥ ४ ॥ ॥ ॥ ॥ इतीति १ दुष्प्रणीतेनदुर्नयेन अदीर्घजीविनोल्पायुषः मयैवदुर्नीत्यापुत्रोमरणोन्मुखःकृतइतिभावः २ । ३

हत्वानिघ्नन् ४ निहत्यैवदुर्द्धर्षइत्यन्वयः ज्ञातइतिशेषः ५ हतोगतःपरलोकमितिशेषः एवमग्रेऽपियोज्यम् ६ । ७ । ८ । ९ । १० । ११ । १२ । १३ । १४ । १५ । १६ । १७ । १८ । १९ । २०

संजयउवाच ॥ हतःशांतनवोराजन्दुराधर्षःप्रतापवान् ॥ हत्वापांडवयोधानामर्बुदंदशभिर्दिनैः ४ तथाद्रोणोमहेष्वासःपंचालानांरथव्रजान् ॥ निहत्ययुधिदुर्धर्षः
पश्चाद्रुक्मरथोहतः ॥ ५ हतशेषस्यभीष्मेणद्रोणेनचमहात्मना ॥ अर्धंनिहत्यसैन्यस्यकर्णोवैकर्त्तनोहतः ६ विविंशतिर्महाराजराजपुत्रोमहाबलः ॥ आनर्त्तयो
धान्शतशोनिहत्यनिहतोरणे ७ तथापुत्रोविकर्णस्तेक्षत्रव्रतमनुस्मरन् ॥ क्षीणवाहायुधःशूरःस्थितोऽभिमुखतःपरान् ८ घोररूपान्परिक्लेशान्दुर्योधनकृतान्ब
हून् ॥ प्रतिज्ञांस्मरताचैवभीमसेनेनपातितः ९ विंदानुविंदावावंत्यौराजपुत्रौमहारथौ ॥ कृत्वात्वसुकरंकर्मगतौवैवस्वतक्षयम् १० सिन्धुराष्ट्रमुखानीहदशराष्ट्राणि
यानिह ॥ वशेतिष्ठंतिवीरस्ययःस्थितस्तवशासने ११ अक्षौहिणीर्दशैकांचविनिर्जित्यशितैःशरैः ॥ अर्जुनेनहतोराजन्महावीर्योजयद्रथः १२ तथादुर्योधनसु
तस्तरस्वीयुद्धदुर्मदः ॥ वर्त्तमानःपितुःशास्त्रेसौभद्रेणनिपातितः १३ तथादौःशासनिःशूरोबाहुशालीरणोत्कटः ॥ द्रौपदेयेनसंगम्यगमितोयमसादनम् १४ किरा
तानामधिपतिःसागरानूपवासिनाम् ॥ देवराजस्यधर्मात्माप्रियोबहुमतःसखा १५ भगदत्तोमहीपालःक्षत्रधर्मरतःसदा ॥ धनंजयेनविक्रम्यगमितोयमसादनम्
१६ तथाकौरवदायादोन्यस्तशस्त्रोमहायशाः ॥ हतोभूरिश्रवाराजन्शूरःसात्यकिनायुधि १७ श्रुतायुरपिचांबष्ठःक्षत्रियाणांधुरंधरः ॥ चरन्नभीतवत्संख्येनिहतःसव्य
साचिना १८ तवपुत्रःसदाऽमर्षीकृतास्त्रोयुद्धदुर्मदः ॥ दुःशासनोमहाराजभीमसेनेनपातितः १९ यस्यराजन्गजानीकंबहुसाहस्रमद्भुतम् ॥ सुदक्षिणःससंग्रामे
निहतःसव्यसाचिना २० कोसलानामधिपतिर्हत्वाबहुमतान्परान् ॥ सौभद्रेणेहविक्रम्यगमितोयमसादनम् २१ बहुशोयोधयित्वातुभीमसेनंमहारथम् ॥ चित्र
सेनस्तवसुतोभीमसेनेनपातितः २२ मद्रराजात्मजःशूरःपरेषांभयवर्द्धनः ॥ असिचर्मधरःश्रीमान्सौभद्रेणनिपातितः २३ समःकर्णस्यसमरेयःसकर्णस्यपश्यतः ॥
वृषसेनोमहातेजाःशीघ्रास्त्रोदृढविक्रमः २४ अभिमन्योर्वधंश्रुत्वाप्रतिज्ञामपिचात्मनः ॥ धनंजयेनविक्रम्यगमितोयमसादनम् २५ नित्यंप्रसक्तवैरोयःपांडवैःपृथिवी
पतिः ॥ विश्राव्यवैरंपार्थेनश्रुतायुःसनिपातितः २६ शल्यपुत्रस्तुविक्रांतःसहदेवेनमारिष ॥ हतोरुक्मरथोराजन्भ्रातामातुलजोयुधि २७ राजाभगीरथोवृद्धो
बृहत्क्षत्रश्चकेकयः ॥ पराक्रमन्तौविक्रान्तौनिहतौवीर्यवत्तरौ २८ भगदत्तसुतोराजन्कृतप्रज्ञोमहाबलः ॥ श्येनवच्चरतासंख्येनकुलेननिपातितः २९ पितामहस्त
वतथाबाह्लीकःसहबाह्लिकैः ॥ निहतोभीमसेनेनमहाबलपराक्रमः ३० जयत्सेनस्तथाराजन्जारासंधिर्महाबलः ॥ मागधोनिहतःसंख्येसौभद्रेणमहात्मना ३१
पुत्रस्तेदुर्मुखोराजन्दुःसहश्चमहारथः ॥ गदयाभीमसेनेननिहतौशूरमानिनौ ३२ ॥ ॥ ॥

२१ । २२ । २३ । २४ । २५ । २६ । २७ । २८ । २९ । ३० । ३१ । ३२

३३ । ३४ । ३५ । ३६ । ३७ । ३८ । अपावृत्तकवीराः अपगतमातृत्तकं कुत्सितं संग्रामात्परावर्त्तनं येषां ते संशप्तकसहचरा गोपालकाः ३९ । ४० । ४१ । ४२ । ४३ । ४४ । ४५ खर

दुर्मर्षणोदुर्विषहोदुर्जयश्चमहारथः ॥ कृत्वात्वसुकरंकर्मगतावैवस्वतक्षयम् ३३ उभौकलिंगवृषकौभ्रातरौयुद्धदुर्मदौ ॥ कृत्वाचासुकरंकर्मगतौवैवस्वतक्षयम् ३४ सचिवोवृषवर्मातेशूरःपरमवीर्यवान् ॥ भीमसेनेनविक्रम्यगमितोयमसादनम् ३५ तथैवपौरवोराजानागायुतबलोमहान् ॥ समरेपांडुपुत्रेणनिहतःसव्यसाचिना ३६ वसातयोमहाराजद्विसाहस्राःप्रहारिणः ॥ शूरसेनाश्चविक्रांताःसर्वेयुधिनिपातिताः ३७ अभीषाहाःकवचिनःप्रहरंतोरणोत्कटाः ॥ शिबयश्चरथोदाराःकालिंगसहिताहताः ३८ गोकुलेनित्यसंवृद्धायुद्धेपरमकोपनाः ॥ तेऽपावृत्तकवीराश्चनिहताःसव्यसाचिना ३९ श्रेणयोबहुसाहस्राःसंशप्तकगणाश्चये ॥ तेसर्वेपार्थमासाद्यगतावैवस्वतक्षयम् ४० स्यालौतवमहाराजराजानौवृषकाचलौ ॥ त्वदर्थमतिविक्रान्तौनिहतौसव्यसाचिना ४१ उग्रकर्मामहेष्वासोनामतःकर्मतस्तथा ॥ शाल्वराजोमहाबाहुर्भीमसेनेनपातितः ४२ ओघवांश्चमहाराजबृहंतःसहितौरणे ॥ पराक्रमंतौमित्रार्थेगतौवैवस्वतक्षयम् ४३ तथैवरथिनांश्रेष्ठःक्षेमधूर्तिर्विशांपते ॥ निहतोगदयाराजन्भीमसेनेनसंयुगे ४४ तथाराजन्महेष्वासोजलसंधोमहाबलः ॥ सुमहत्कदनंकृत्वाहतःसात्यकिनारणे ४५ अलंबुषोराक्षसेन्द्रःखरबंधुरयानवान् ॥ घटोत्कचेनविक्रम्यगमितोयमसादनम् ४६ राधेयःसूतपुत्रश्चभ्रातरश्चमहारथाः ॥ केकयाःसर्वशश्चापिनिहताःसव्यसाचिना ४७ मालवामद्रकाश्चैवद्राविडाश्चोग्रकर्मिणः ॥ यौधेयाश्चललित्थाश्चक्षुद्रकाश्चाप्युशीनराः ४८ मावेल्लकास्तुंडिकेराःसावित्रीपुत्रकाश्चये ॥ प्राच्योदीच्याःप्रतीच्याश्चदाक्षिणात्याश्चमारिष ४९ पत्तीनांनिहताःसंघाहयानांप्रयुतानिच ॥ रथव्रजाश्चनिहताहताश्चवरवारणाः ५० सध्वजाःसायुधाःशूराःसवर्मांबरभूषणाः ॥ कालेनमहताऽऽयस्ताःकुशलैर्येचवर्धिताः ५१ तेहताःसमरेराजन्पार्थेनाक्लिष्टकर्मणा ॥ अन्येतथाऽमितबलाःपरस्परवधैषिणः ५२ एतेचान्येचबहवोराजानःसगणारणे ॥ हताःसहस्रशोराजन्यन्मांत्वंपरिपृच्छसि ५३ एवमेषक्षयोवृत्तःकर्णार्जुनसमागमे ॥ महेन्द्रेणयथावृत्रोयथारामेणरावणः ५४ यथाकृष्णेननरकोमुरुश्चनरकारिणा ॥ कार्त्तवीर्यश्चरामेणभार्गवेणयथाहतः ५५ सज्ञातिबांधवःशूरःसमरेयुद्धदुर्मदः ॥ रणेकृत्वामहद्युद्धंघोरंत्रैलोक्यमोहनम् ५६ यथास्कन्देनमहिषोयथारुद्रेणचांधकः ॥ तथाऽर्जुनेनसहतोद्वैरथेयुद्धदुर्मदः ५७ सामात्यबांधवोराजन्कर्णःप्रहरतांवरः ॥ जयाशाधार्त्तराष्ट्राणांवैरस्यचमुखंयतः ५८ तीर्णस्तत्पांडवोराजन्यत्पुरानावबुध्यसे ॥ उच्यमानोमहाराजबंधुभिर्हितकांक्षिभिः ५९ ॥ ॥ ॥

बंधुरयानवान् खरंतीक्ष्णंबंधुरंरम्यंयानंविद्यतेऽस्य खरैर्गर्दभैर्बन्धुरंयानमस्यास्तीतिसः गर्दभसंयुतरथवान्वा ४६ । ४७ । ४८ । ४९ । ५० । ५१ । ५२ । ५३ । ५४ कृष्णेननरकारिणानरकोमुरुश्चयथेत्यन्वयः ५५ । ५६ कर्णस्तथाहतइत्यनुकृष्यते ५७ । ५८ । ५९

६० इतिक०नी०भा०भा० पंचमोऽध्यायः ॥ ५ ॥ ॥ आख्यातइति १ ।२ । ३ । ४ । ५ । ६ । ७ षड्भिःद्रोणद्रौणिशल्यकर्णकृपकृतवर्मभिः परमकैरथैर्महामात्रैर्मुख्यैः अशक्नुवद्भिरेकैकश्येनहंतुमिति

तदिदंसमनुप्राप्तंव्यसनंसुमहात्ययम् ॥ पुत्राणांराज्यकामानांत्वयाराजन्हितैषिणा ॥ अहितान्येवचीर्णानितेषांतत्फलमागतम् ६० ॥ इतिश्रीमहाभारतेकर्णपर्वणि
संजयवाक्येपंचमोऽध्यायः ॥ ५ ॥ ॥ ॥ धृतराष्ट्रउवाच ॥ आख्यातामामकास्तातनिहतायुधिपांडवैः ॥ हतांश्चपांडवेयानांमामकैर्ब्रूहिसंजय १ ॥ संजय
उवाच ॥ कुंतयोयुधिविक्रांतामहासत्वामहाबलाः ॥ सानुबंधाःसहामात्यागांगेयेननिपातिताः २ नारायणाबलभद्राःशूराश्चशतशोऽपरे ॥ अनुरक्ताश्चवीरेणभीष्मे
णयुधिपातिताः ३ समःकिरीटिनासंख्येवीर्येणचबलेनच ॥ सत्यजित्सत्यसंधेनद्रोणेननिहतोयुधि ४ पंचालानांमहेष्वासाःसर्वेयुद्धविशारदाः ॥ द्रोणेनसहसंगम्य
गतावैवस्वतक्षयम् ५ तथाविराटद्रुपदौवृद्धौसहसुतौनृपौ ॥ पराक्रमंतौमित्रार्थेद्रोणेननिहतौरणे ६ योबालएवसमरेसंमितःसव्यसाचिना ॥ केशवेनचदुर्धर्षोबल
देवेनवाविभो ७ परेषांकदनंकृत्वामहारथविशारदः ॥ परिवार्यमहामात्रैःषड्भिःपरमकैरथैः ८ अशक्नुवद्भिर्बीभत्सुमभिमन्युर्निपातितः ॥ कृतंतंविरथंवीरंक्षत्रधर्मे
व्यवस्थितम् ९ दौःशासनिर्महाराजसौभद्रंहतवान्रणे ॥ सपत्नानांनिहंताचमहत्यासेनयावृतः १० अंबष्ठस्यसुतःश्रीमान्मित्रहेतोःपराक्रमन् ॥ आसाद्यलक्ष्मणं
वीरंदुर्योधनसुतंरणे ११ सुमहत्कदनंकृत्वागतोवैवस्वतक्षयम् ॥ बृहंतःसुमहेष्वासःकृतास्त्रोयुद्धदुर्मदः १२ दुःशासनेनविक्रम्यगमितोयमसादनम् ॥ मणिमान्
दंडधारश्चराजानौयुद्धदुर्मदौ १३ पराक्रमंतौमित्रार्थेद्रोणेनयुधिपातितौ ॥ अंशुमान्भोजराजस्तुसहसैन्योमहारथः १४ भारद्वाजेनविक्रम्यगमितोयमसादनम् ॥
सामुद्रश्चित्रसेनश्चसहपुत्रेणभारत १५ समुद्रसेनेनबलाद्गमितोयमसादनम् ॥ अनूपवासीनीलश्चव्याघ्रदत्तश्चवीर्यवान् १६ अश्वत्थाम्नाविकर्णेनगमितोयमसा
दनम् ॥ चित्रायुधश्चित्रयोधीकृत्वाचकदनंमहत् १७ चित्रमार्गेणविक्रम्यविकर्णेनहतोमृधे ॥ वृकोदरसमोयुद्धेवृतःकैकेययोधिभिः १८ कैकेयेनचविक्रम्यभ्राता
भ्रात्रानिपातितः ॥ जनमेजयोगदायोधीपार्वतीयःप्रतापवान् १९ दुर्मुखेनमहाराजतवपुत्रेणपातितः ॥ रोचमानौनरव्याघ्रौरोचमानौग्रहाविव २० द्रोणेनयुगप
द्राजन्दिवंसंप्रापितौशरैः ॥ नृपाश्चप्रतियुध्यंतःपराक्रांताविशांपते २१ कृत्वानसुकरंकर्मगतोवैवस्वतक्षयम् ॥ पुरुजित्कुंतिभोजश्चमातुलौसव्यसाचिनः २२
संग्रामनिर्जितांल्लोकान्गमितौद्रोणसायकैः ॥ अभिभूःकाशिराजश्चकाशिकैर्बहुभिर्वृतः २३ वसुदानस्यपुत्रेणन्यासितोदेहमाहवे ॥ अमितौजायुधामन्युरुत्तमौ
जाश्चवीर्यवान् २४ निहत्यशतशःशूरानस्मदीयैर्निपातिताः ॥ मित्रवर्माचपांचाल्यःक्षत्रधर्माचभारत २५ द्रोणेनपरमेष्वासौगमितौयमसादनम् ॥ शिखंडितन
योयुद्धेक्षत्रदेवोयुधांपतिः २६ लक्ष्मणेनहतोराजंस्तवपौत्रेणभारत ॥ सुचित्रश्चित्रवर्माचपितापुत्रौमहारथौ २७ ॥ ॥

शेषः । ८ । ९ । १० । ११ । १२ । १३ । १४ । १५ । १६ । १७ । १८ । १९ । रोचमानौएकनामानौभ्रातरौ २० । २१ । २२ । २३ । २४ । २५ । २६ । २७

म. भा. टी. ॥ ४ ॥

२८ । २९ । ३० । ३१ । ३२ । ३३ । ३४ । ३५ । ३६ । ३७ । ३८ । ३९ ॥ इतिकर्णपर्वणिनीलकंठीयेभारतभावदीपेषष्ठोऽध्यायः ॥ ६ ॥ ॥ ॥ ॥ मामकस्येति हतोत्सेकस्यकेदारान्प्रतिप्रा
पितोदकस्यक्षुद्रसरसइवावशेषंनपश्यामि ककुदेप्रधानपुरुषसमूहेभीष्मद्रोणकर्णरूपेमृदितेनाशितेसति १ असतितुच्छे २ शतंशतंसहस्रदशकं आर्षोविभक्तिव्यत्ययः कुंजाराणामयुतेनतुल्यंबाह्वोर्बलंयस्यतस्यापि
वधंनमृष्यामीतिनअपितुमृष्याम्येव । मृत्युजयिनोभीष्मस्यक्षात्रब्राह्मोभयबलवतोद्रोणस्यचवधंकुर्वतांपरेषांकर्णवधस्येषत्करत्वादितिभावः ३ । ४ मृताःमृतप्रायाः ५ चित्राणिअनेकनानायुधप्रसवक्षमाणि

प्रचरंतौमहावीरौद्रोणेननिहतौरणे ॥ वार्धक्षेमिर्महाराजसमुद्रइवपर्वणि २८ आयुधक्षयमासाद्यप्रशांतिंपरमांगतः ॥ सेनाबिंदुसुतःश्रेष्ठःशस्त्रवान्प्रवरोयुधि २९
बाह्लिकेनमहाराजकौरवेन्द्रेणपातितः ॥ धृष्टकेतुर्महाराजचेदीनांप्रवरोरथः ३० कृत्वानसुकरंकर्मगतोवैवस्वतक्षयम् ॥ तथासत्यधृतिर्वीरःकृत्वाकदनमाहवे ३१
पांडवार्थेपराक्रांतोगमितोयमसादनम् ॥ सेनाबिंदुःकुरुश्रेष्ठःकृत्वाकदनमाहवे ३२ पुत्रस्तुशिशुपालस्यसुकेतुःपृथिवीपतिः ॥ निहत्यशात्रवान्संख्येद्रोणेननिह
तोयुधि ३३ तथासत्यधृतिर्वीरोमदिराश्वश्ववीर्यवान् ॥ सूर्यदत्तश्वविक्रांतोनिहतोद्रोणसायकैः ३४ श्रेणिमांश्चमहाराजयुध्यमानःपराक्रमी ॥ कृत्वानसुकरंकर्म
गतोवैवस्वतक्षयम् ३५ तथैवयुधिविक्रांतोमागधःपरमास्त्रवित् ॥ भीष्मेणनिहतोराजञ्शेतेऽद्यपरवीरहा ३६ विराटपुत्रःशंखस्तुउत्तरश्चमहारथः ॥ कुर्वंतौसुम
हत्कर्मगतौवैवस्वतक्षयम् ३७ वसुदानश्चकदनंकुर्वाणोऽतीवसंयुगे ॥ भारद्वाजेनविक्रम्यगमितोयमसादनम् ३८ एतेचान्येचबहवःपांडवानांमहारथाः ॥ हता
द्रोणेनविक्रम्ययन्मांत्वंपरिपृच्छसि ३९ ॥ इतिश्रीमहाभारतेकर्णपर्वणिसंजयवाक्येषष्ठोऽध्यायः ॥ ६ ॥ ॥ धृतराष्ट्रउवाच ॥ मामकस्यास्यसैन्यस्यहृतोत्से
कस्यसंजय ॥ अवशेषंनपश्यामिककुदेमृदितेसति १ तौहिवीरौमहेष्वासौमदर्थेकुरुसत्तमौ ॥ भीष्मद्रोणौहतौश्रुत्वानार्थोवैजीवितेऽसति २ नचशोचामिराधे
यंहतमाहवशोभनम् ॥ यस्यबाह्वोर्बलंतुल्यंकुंजराणांशतंशतम् ३ हतप्रवरसैन्यंमेयथाशंससिसंजय ॥ अहतानपिमेशंसकेत्रऽजीवंतिकेचन ४ एतेषुहिमृतेष्व
द्ययेत्वयापरिकीर्तिताः ॥ येऽपिजीवंतितेसर्वेमृताइतिमतिर्मम ५ ॥ संजयउवाच ॥ यस्मिन्महास्त्राणिसमर्पितानिचित्राणिशुभ्राणिचतुर्विधानि ॥ दिव्यानि
राजन्विहितानिचैवद्रोणेनवीरेद्विजसत्तमेन ६ महारथःकृतिमान्क्षिप्रहस्तोदृढायुधोदृढमुष्टिर्दृढेषुः ॥ सवीर्यवान्द्रोणपुत्रस्तरस्वीव्यवस्थितोयोद्धुकामस्त्वदर्थे ७
आनर्त्तवासीहृदिकात्मजोऽसौमहारथःसात्वतानांवरिष्ठः ॥ स्वयंभोजःकृतवर्माकृतास्त्रोव्यवस्थितोयोद्धुकामस्त्वदर्थे ८ आर्तायनिःसमदुष्प्रकंप्यःसेनाग्रणीःप्रथम
स्तावकानाम् ॥ यःस्वस्रीयान्पांडवेयान्विसृज्यसत्यांवाचंस्वांचिकीर्षुस्तरस्वी ९ ॥ ॥ ॥

॥ ४ ॥

शुभ्राणिदीप्तिमंति चतुर्विधानिदृढदूरसूक्ष्मशब्दवेधीनि विहितानिधनुर्वेदोदितानि । चित्रशुभ्रदिव्यविहितान्येववाचतुर्विधानि । अत्रविहितानिकृत्रिमाणीतिप्राञ्चः । अस्त्रांतरनिवर्त्यमाग्नेयादि । नतिमात्र
निवर्त्यंनारायणास्त्रादि । प्रयोक्त्रैकनिवर्त्यंब्रह्मशिरआदि । सर्वथाऽप्यनिवर्त्यंपाशुपतादि । एवंचतुर्विधानिवीरेनिहितानिसमर्पितानि ६ कृतिमान्अवध्ययत्नः ७ । ८ आर्त्तायनिःशल्यः स्वस्रीयान्भागिने
यान् । उभयोरेवभागिनेयत्वेऽपिलिंगसमवायात्सर्वेषांभागिनेयत्वम् ९

१० । ११ । १२ । १३ । १४ । १५ । १६ । १७ । क्षणभोजीशीघ्रभोजी १८ । १९ नागपत्तिप्रयायीनागैःपत्तिभिश्चप्रयातुंशीलमस्य नागरथप्रयायीतिपाठांतरम् २० । २१ । २२ । २३ सैन्याःसे
नामईतितेराजानः यथायथंपक्षद्वयेऽपिजीवमानाआख्याताः । इदंभाविजयपराजयादिकं इत्यनेनपक्षद्वयबलतोलनेन व्यक्तंस्पष्टमभिगच्छामिजानामि अर्थाभिपत्तितःफलोपपत्तितः । तेनजयोमदीयानांनास्तीति

तेजोवधंसूतपुत्रस्यसंख्येप्रतिश्रुत्याजातशत्रोःपुरस्तात् ॥ दुराधर्षःशक्रसमानवीर्यःशल्यःस्थितोयोद्धुकामस्त्वदर्थे १० आजानेयैःसैन्धवैःपार्वतीयैर्नदीजकांबोजव
नायुजैश्च ॥ गांधारराजःस्वबलेनयुक्तोव्यवस्थितोयोद्धुकामस्त्वदर्थे ११ शारद्वतोगौतमश्चापिराजन्महाबाहुर्बहुचित्रास्त्रयोधी ॥ धनुश्चित्रंसुमहद्भारसाहंव्यवस्थि
तोयोद्धुकामःप्रगृह्य १२ महारथःकेकयराजपुत्रःसदश्वयुक्तंचपताकिनंच ॥ रथंसमारुह्यकुरुप्रवीरव्यवस्थितोयोद्धुकामस्त्वदर्थे १३ तथासुतस्तेज्वलनार्कवर्णंरथंस
मास्थायकुरुप्रवीरः ॥ व्यवस्थितःपुरुमित्रोनरेन्द्रव्यभ्रेसूर्योभ्राजमानोयथाखे १४ दुर्योधनोनागकुलस्यमध्येव्यवस्थितःसिंहइवावभासे ॥ रथेनजांबूनदभूषणेन
व्यवस्थितःसमरेयोत्स्यमानः १५ सराजमध्येपुरुषप्रवीरोरराजजांबूनदचित्रवर्मा ॥ पद्मप्रभोवह्निरिवाल्पधूमोमेघांतरेसूर्यइवप्रकाशः १६ तथासुषेणोऽप्यसिचर्मपा
णिस्तवात्मजःसत्यसेनश्चवीरः ॥ व्यवस्थितौचित्रसेनेनसार्धंहृष्टात्मानौसमरेयोद्धुकामौ १७ ह्रीनिषेवोभारतराजपुत्रउग्रायुधःक्षणभोजीसुदर्शः ॥ जारासंधिःप्रथम
श्चादृढश्चचित्रायुधःश्रुतवर्माजयश्च १८ शलश्चसत्यव्रतदुःशलौचव्यवस्थिताःसहसैन्यानराग्र्याः ॥ कैतव्यानामधिपःशूरमानीरणेरणेशत्रुहाराजपुत्रः १९ रथी
हयीनागपत्तिप्रयायीव्यवस्थितोयोद्धुकामस्त्वदर्थे ॥ वीरःश्रुतायुश्चधृतायुधश्चचित्रांगदश्चित्रसेनश्चवीरः २० व्यवस्थितायोद्धुकामानराग्र्याःप्रहारिणोमानिनःसत्य
संधाः ॥ कर्णात्मजःसत्यसंधोमहात्माव्यवस्थितःसमरेयोद्धुकामः २१ अथापरौकर्णसुतौवरास्त्रौव्यवस्थितौलघुहस्तौनरेन्द्र ॥ महद्बलंदुर्भिदमल्पवीर्यैःसमन्वितौ
योद्धुकामौत्वदर्थे २२ एतैश्चमुख्यैरपरैश्चराजन्योधप्रवीरैरमितप्रभावैः ॥ व्यवस्थितोनागकुलस्यमध्येयथामहेन्द्रःकुरुराजोजयाय २३ ॥ धृतराष्ट्रउवाच ॥ आख्या
ताजीवमानायेपरेसैन्यायथायथम् ॥ इतीदमवगच्छामिव्यक्तमर्थाभिपत्तितः २४ ॥ वैशंपायनउवाच ॥ एवंब्रुवन्नेवतदाधृतराष्ट्रोऽम्बिकासुतः ॥ हतप्रवीरंविध्व
स्तंकिंचिच्छेषंस्वकंबलम् २५ श्रुत्वाव्यामोहमागच्छच्छोकव्याकुलितेन्द्रियः ॥ मुह्यमानोऽब्रवीच्चापिमुहूर्तंतिष्ठसंजय २६ व्याकुलंमेमनस्तातश्रुत्वासुमहदप्रियम्
मनोमुह्यतिचांगानिनचशक्नोमिधारितुम् २७ इत्येवमुक्त्वावचनंधृतराष्ट्रोऽम्बिकासुतः ॥ भ्रांतचित्तस्ततःसोऽथबभूवजगतीपतिः २८ ॥ इतिश्रीमहाभारतेकर्णप
र्वणिसंजयवाक्यंनामसप्तमोऽध्यायः ॥ ७ ॥ ॥ जनमेजयउवाच ॥ श्रुत्वाकर्णंहतंयुद्धेपुत्रांश्चैवनिपातितान् ॥ नरेन्द्रःकिंचिदाश्वस्तोद्विजश्रेष्ठकिमब्रवीत् १ प्राप्त
वान्परमंदुःखंपुत्रव्यसनजंमहत् ॥ तस्मिन्यदुक्तवान्कालेतन्ममाचक्ष्वपृच्छतः २ ॥ ॥

निश्चिनोमीतिभावः २४ । २५ । २६ अंगानिचक्षुरादीनिमनश्चमुह्यति २७ । २८ ॥ इतिकर्णप० नीलकंठीये भारतभावदीपे सप्तमोऽध्यायः ॥ ७ ॥ ॥ श्रुत्वेति १ । २

३ भार्गवस्यरामस्य शुक्रस्यवा ४ । ५ । ६ कर्णस्यवधंसंचिंत्यमनस्यालोच्यइदं कृत्स्नंजगत्स्वसैन्यंवानास्तीतिसंचिंत्यनिर्णिश्चत्यविललापेतितृतीयेनसंबंधः ७ प्राणिनांअवध्यात्कर्णादन्येषांतृणतुल्यानांमंदत्वादल्प वीर्यत्वात् इतिअनेनैवप्रकारेणविनाशनंस्यादपीतिहेतोराशयेचेतसिधम्यमानइवविस्रस्तांगः । यथाभ्राष्ट्रेधम्यमानःपाषाणादिःशीर्यतेतद्वद्विशीर्णइत्यर्थः ८ । ९ । १० ननिवर्त्ततेइतिच्छेदः ११ । १२ । १३ ।

वैशंपायनउवाच ॥ श्रुत्वाकर्णस्यनिधनमश्रद्धेयमिवाद्भुतम् ॥ भूतसंमोहनंभीमंमेरोःसंसर्पणंयथा २ चित्तमोहमिवायुक्तंभार्गवस्यमहामतेः ॥ पराजयमिवेन्द्रस्यद्वि षद्भ्योभीमकर्मणः ४ दिवःप्रपतनंभानोरुर्व्यामिवमहाद्युतेः ॥ संशोषणमिवाचिन्त्यंसमुद्रस्याक्षयांभसः ५ महीवियद्दिगंबुनांसर्वनाशमिवाद्भुतम् ॥ कर्मणोरिववैफल्यमुभ योःपुण्यपापयोः ६ संचिन्त्यनिपुणंबुद्ध्याधृतराष्ट्रोजनेश्वरः ॥ नेदमस्तीतिसंचिन्त्यकर्णस्यसमरेवधम् ७ प्राणिनामेवमन्येषांस्यादपीतिविनाशनम् ॥ शोकाग्निनाद ह्यमानोधम्यमानइवाशये ८ विस्रस्तांगःश्वसन्दीनोहाहेत्युक्त्वासुदुःखितः ॥ विललापमहाराजधृतराष्ट्रोऽम्बिकासुतः ९ ॥ धृतराष्ट्रउवाच ॥ संजयाधिरथिर्वीरः सिंहद्विरदविक्रमः ॥ वृषभप्रतिमस्कंधोवृषभाक्षगतिश्चरन् १० वृषभोवृषभस्येवयोयुद्धेननिवर्त्तते ॥ शत्रोरपिमहेन्द्रस्यवज्रसंहननोयुवा ११ यस्यज्यातलशब्देनश रवृष्टिरवेणच ॥ रथाश्वनरमातंगानावतिष्ठंतिसंयुगे १२ यमाश्रित्यमहाबाहुंद्विषांजयकांक्षया ॥ दुर्योधनोऽकरोद्वैरंपांडुपुत्रैर्महारथैः १३ सकथंरथिनांश्रेष्ठःकर्णः पार्थेनसंयुगे ॥ निहतःपुरुषव्याघ्रःप्रसह्यासह्यविक्रमः १४ योनामन्यतवैनित्यमच्युतंचधनंजयम् ॥ नवृष्णीन्सहितानन्यान्स्वबाहुबलदर्पितः १५ शार्ङ्गगांडीवध न्वानौसहितावपराजितौ ॥ अहंदिव्याद्रथादेकःपातयिष्यामिसंयुगे १६ इतियःसततंमंदमवोचल्लोभमोहितम् ॥ दुर्योधनमवाचीनंराज्यकामुकमातुरम् १७ योऽ जयत्सर्वकांबोजानावंत्यान्केकयैःसह ॥ गांधारान्मद्रकान्मत्स्यांस्त्रिगर्तांस्तंगणाञ्शकान् १८ पंचालांश्चविदेहांश्चकुलिंदान्काशिकोसलान् ॥ सुह्मानंगांश्चवंगां श्चनिषादान्पुंड्रचीरकान् १९ वत्सान्कलिंगांस्तरलानश्मकान्ऋषिकानपि ॥ जित्वैतान्समरेवीरश्चक्रेबलिभृतःपुरा २० शरव्रातैःसुनिशितैःसुतीक्ष्णैःकंकपत्रिभिः ॥ दुर्योधनस्यवृद्ध्यर्थंराधेयोरथिनांवरः २१ दिव्यास्त्रविन्महातेजाःकर्णोवैकर्तनोवृषः ॥ सेनागोपश्चसकथंशत्रुभिःपरमास्त्रवित् २२ घातितःपांडवैःशूरैःसमरेवीर्यशा लिभिः ॥ वृषोमहेन्द्रोदेवेषुवृषःकर्णोनरेष्वपि २३ तृतीयमन्यंलोकेषुवृषंनैवानुशुश्रुम ॥ उच्चैःश्रवावरोऽश्वानांराज्ञांवैश्रवणोवरः २४ वरोमहेन्द्रोदेवानां कर्णःप्रहरतांवरः ॥ योजितःपार्थिवैःशूरैःसमर्थैर्वीर्यशालिभिः २५ दुर्योधनस्यवृद्ध्यर्थंकृत्स्नामुर्वीमथाजयत् ॥ यंलब्ध्वामागधोराजासांत्वमानोऽथसौहृदैः २६ अरोत्सीत्पार्थिवंक्षत्रमृतेयादवकौरवान् ॥ तंश्रुत्वानिहतंकर्णंद्वैरथेसव्यसाचिना २७ शोकार्णवेनिमग्नोऽहंभिन्नानौरिवसागरे ॥ तंवृषंनिहतंश्रुत्वाद्वैरथेरथिनां वरम् २८ शोकार्णवेनिमग्नोऽहमप्लवःसागरेयथा ॥ ईदृशैर्यद्यहंदुःखैर्नविनश्यामिसंजय २९ ॥ ॥ ॥

१४ । १५ । १६ अवाचीनंचिन्तयाऽधोमुखम् १७ । १८ । १९ । २० । २१ । २२ जलवर्षित्वाद्देवेषुमहेन्द्रोवृषः । धनवर्षित्वान्मनुष्येषुकर्णोवृषः २३ तृतीयमेवमभितोवृष्टिकर्त्तारंवृषम् २४ अजितइतिच्छेदः योजितोनियोजितोमयेतिवा २५ यमिति । मागधोप्यस्यैवबलेनबलवानितिभावः २६ । २७ । २८ अप्लवः नौकाहीनः २९

३०।३१ ॥ इतिकर्णपर्वणिनीलकंठीयेभारतभावदीपेअष्टमोऽध्यायः ॥ ८ ॥ ॥ ॥ श्रियेति १ । २ । ३ । ४ । ५ । ६ । ७ । ८ । ९ । १० । ११ दुःखाद्भीष्मद्रोणवधजात् दुःखंचव्यसनंचतदुभयं दुःखंकर्णवधजं व्यसनंशेषनाशजम् १२ तदेवाह भीष्मेत्यादिना १३ पार्थपारप्रदंनौकास्थानीयम् १४ । १५ । १६ । १७ प्रतिमानंध्वजभूतम् १८ यथापंगोरध्वगमनंदुर्घटमेवंदुर्योधनस्याकूतम

वज्राद्दृढतरंमन्येहृदयंममदुर्भिदम् ॥ ज्ञातिसंबंधिमित्राणामिमंश्रुत्वापराभवम् ३० कोमदन्यःपुमाँल्लोकेनजह्यात्सूतजीवितम् ॥ विषमग्निंप्रपातंचपर्वताग्रादहंवृणे ॥ नहिशक्ष्यामिदुःखानिसोढुंकष्टानिसंजय ३१ ॥ इतिश्रीमहाभारतेकर्णपर्वणिधृतराष्ट्रवाक्येऽष्टमोऽध्यायः ॥ ८ ॥ ॥ संजयउवाच ॥ श्रियाकुलेनयशसातपसाच श्रुतेनच ॥ त्वामद्यसंतोमन्यंतेययातिमिवनाहुषम् १ श्रुतेमहर्षिप्रतिमःकृतकृत्योऽसिपार्थिव ॥ पर्यवस्थापयात्मानंमाविषादेमनःकृथाः २ ॥ धृतराष्ट्रउवाच ॥ दैवमेवपरंमन्येधिक्पौरुषमनर्थकम् ॥ यत्रशालप्रतीकाशःकर्णोऽहन्यतसंयुगे ३ हत्वायुधिष्ठिरानीकंपंचालानांरथव्रजान् ॥ प्रताप्यशरवर्षेणदिशःसर्वामहारथः ४ मोहयित्वारणेपार्थान्वज्रहस्तइवासुरान् ॥ सकथंनिहतःशेतेवायुरुग्णइवद्रुमः ५ शोकस्यान्तंनपश्यामिपारंजलनिधेरिव ॥ चिंतामेवर्धतेऽतीवमुमूर्षाचापिजायते ६ कर्णस्यनिधनंश्रुत्वाविजयंफाल्गुनस्यच ॥ अश्रद्धेयमहंमन्येवधंकर्णस्यसंजय ७ वज्रसारमयंनूनंहृदयंदुर्भिदंमम ॥ यच्छ्रुत्वापुरुषव्याघ्रंहतंकर्णंनदीर्यते ८ आयुर्नूनं सुदीर्घंमेविहितंदैवतैःपुरा ॥ यत्रकर्णंहतंश्रुत्वाजीवामीहसुदुःखितः ९ धिग्जीवितमिदंचैवसुहृद्धीनस्यसंजय ॥ अद्यचाहंदशामेतांगतःसंजयगर्हिताम् १० कृपणं वर्त्तयिष्यामिशोच्यःसर्वस्यमंदधीः ॥ अहमेवपुराभूत्वासर्वलोकस्यसत्कृतः ११ परिभूतःकथंसूतपरैःशक्ष्यामिजीवितुम् ॥ दुःखात्सुदुःखव्यसनंप्राप्तवानस्मिसंजय १२ भीष्मद्रोणवधेनैवकर्णस्यचमहात्मनः ॥ नावशेषंप्रपश्यामिसूतपुत्रेहतेयुधि १३ सहिपार्यमहानासीत्पुत्राणांममसंजय ॥ युद्धेहिनिहतःशूरोविसृजन्सायकान्बहून् १४ कोहिमेजीवितेनार्थस्तमृतेपुरुषर्षभम् ॥ रथादाधिरथिर्नूनंन्यपतत्सायकार्दितः १५ पर्वतस्येवशिखरंवज्रपाताद्विदारितम् ॥ सशेतेपृथिवींनूनं शोभयन्रुधिरोक्षितः १६ मातंगइवमत्तेनद्विपेन्द्रेणनिपातितः ॥ योबलंधार्त्तराष्ट्राणांपांडवानांयतोभयम् १७ सोऽर्जुनेनहतःकर्णःप्रतिमानंधनुष्मताम् ॥ सहिवीरोमहेष्वासोमित्राणामभयंकरः १८ शेतेविनिहतोवीरोदेवेन्द्रेणइवाचलः ॥ पंगोरिवाध्वगमनंदरिद्रस्येवकामितम् १९ दुर्योधनस्यचाकूतंतृषितस्येवविप्रुषः ॥ अन्यथाचिंतितंकार्यमन्यथातत्तुजायते २० अहोनुबलवद्दैवंकालश्चदुरतिक्रमः ॥ पलायमानःकृपणोदीनात्मादीनपौरुषः २१ कच्चिद्विनिहतःसूतपुत्रोदुःशासनो मम ॥ कच्चिन्नदीनाचरितंकृतवांस्तातसंयुगे २२ कच्चिन्ननिहतःशूरोयथाऽन्येक्षत्रियर्षभाः ॥ युधिष्ठिरस्यवचनंमायुध्यस्वेतिसर्वदा २३ दुर्योधनोनाभ्यगृह्णान्मूढःपथ्यमिवौषधम् ॥ शरतल्पेशयानेनभीष्मेणसुमहात्मना २४ पानीयंयाचितःपार्थःसोऽविध्यन्मेदिनीतलम् ॥ जलस्यधारांजनितांदृष्ट्वापांडुसुतेनच २५

भिप्रायोदुर्घटः तृषितस्यविप्रुषोजलबिंदवोयथातृष्णोपशमायनभवंति एवंदुर्योधनचेष्टितमपीष्टसिद्ध्यर्थेनपर्याप्तमित्यर्थः १९ । २० दीनपौरुषःनष्टपराक्रमः २१ । २२ अन्येक्षुद्राः २३ । २४ । २५

२६ । २७ । २८ । २९ ताड्यमानाःताड्यन्तः ३० । ३१ । ३२ । ३३ । ३४ । ३५ । ३६ अप्रतियुद्ध्यंतंशिखंडिनाप्रतियुद्धमनंगीकुर्वाणम् ३७ द्रौपदिनाद्रुपदपुत्रेणधृष्टद्युम्नेन ३८ । ३९ । ४०

अब्रवीत्समहाबाहुस्तातसंशाम्यपांडवैः ॥ प्रशमाद्धिभवेच्छांतिर्मदंतंयुद्धमस्तुवः २६ भ्रातृभावेनपृथिवींभुंक्ष्वपांडुसुतैःसह ॥ अकुर्वन्वचनंतस्यनूनंशोचतिपुत्रकः
२७ तदिदंसमनुप्राप्तंवचनंदीर्घदर्शिनः ॥ अहंतुनिहतामात्योहतपुत्रश्चसंजय २८ द्यूततःकृच्छ्रमापन्नोलूनपक्षइवद्विजः ॥ यथाहिशकुनिंगृह्यच्छित्वापक्षौचसंजय
२९ विसर्जयंतिसंहृष्टास्ताड्यमानाःकुमारकाः ॥ लूनपक्षतयातस्यगमनंनोपपद्यते ३० तथाहमपिसंप्राप्तोलूनपक्षइवद्विजः ॥ क्षीणःसर्वार्थहीनश्चनिर्ज्ञातिर्बंधुव
र्जितः ॥ कांदिशंप्रतिपत्स्यामिदीनःशत्रुवशंगतः ३१ ॥ वैशंपायनउवाच ॥ इत्येवंधृतराष्ट्रोऽथविलप्यबहुदुःखितः ॥ प्रोवाचसंजयंभूयःशोकव्याकुलमानसः ३२
॥ धृतराष्ट्रउवाच ॥ योऽजयत्सर्वकांबोजानंबष्ठान्केकयैःसह ॥ गांधारांश्चविदेहांश्चजित्वाकार्यार्थमाहवे ३३ दुर्योधनस्यवृद्ध्यर्थंयोऽजयत्पृथिवींप्रभुः ॥ सजितः
पांडवैःशूरैःसमरेबाहुशालिभिः ३४ तस्मिन्हतेमहेष्वासेकर्णेयुधिकिरीटिना ॥ केवीराःपर्यतिष्ठंततन्ममाचक्ष्वसंजय ३५ कच्चिन्नैकःपरित्यक्तःपांडवैर्निहतोरणे ॥
उक्तंत्वयापुरातातयथावीरोनिपातितः ३६ भीष्ममप्रतियुद्ध्यंतंशिखंडीसायकोत्तमैः ॥ पातयामाससमरेसर्वशस्त्रभृतांवरम् ३७ तथाद्रौपदिनाद्रोणोन्यस्तसर्वायु
धोयुधि ॥ युक्तयोगोमहेष्वासःशरैर्बहुभिराचितः ३८ निहतःखड्गमुद्यम्यधृष्टद्युम्नेनसंजय ॥ अंतरेणहतावेतौछलेनचविशेषतः ३९ अश्रौषमहमेतद्वैभीष्मद्रो
णौनिपातितौ ॥ भीष्मद्रोणौहिसमरेनहन्याद्वज्रभृत्स्वयम् ४० न्यायेनयुध्यमानौहितद्वैसत्यंब्रवीमिते ॥ कर्णंत्वस्यंतमस्त्राणिदिव्यानिचबहूनिच ४१ कथमिं
द्रोपमंवीरंमृत्युर्युद्धेसमस्पृशत् ॥ यस्यविद्युत्प्रभांशक्तिंदिव्यांकनकभूषणाम् ४२ प्रायच्छद्द्विषतांहंत्रीं कुंडलाभ्यांपुरंदरः ॥ यस्यसर्पमुखोदिव्यःशरःकांचनभूषणः
४३ अशेतनिहतःपत्रीचंदनेष्वरिसूदनः ॥ भीष्मद्रोणमुखान्वीरान्योऽवमन्येमहारथान् ४४ जामदग्न्यान्महाघोरंब्राह्ममस्त्रमशिक्षत ॥ यश्चद्रोणमुखान्दृष्ट्वाविमु
खानर्दितान्शरैः ४५ सौभद्रस्यमहाबाहुर्व्यधमत्कार्मुकंशितैः ॥ यश्चनागायुतप्राणंवज्ररंहसमच्युतम् ४६ विरथंसहसाकृत्वाभीमसेनमथाहसत् ॥ सहदेवंचनि
र्जित्यशरैःसन्नतपर्वभिः ४७ कृपयाविरथंकृत्वानाहनद्धर्मचिंतया ॥ यश्चमायासहस्राणिविकुर्वाणंजयैषिणम् ४८ घटोत्कचंराक्षसेन्द्रंशक्रशक्त्यानिजघ्निवान् ॥
एतांश्चदिवसान्यस्ययुद्धेभीतोधनंजयः ४९ नागमद्द्वैरथंवीरःसकथंनिहतोरणे ॥ संशप्तकानांयोधायेआह्वयंतसदाऽन्यतः ५० एतान्हत्वाहनिष्यामिपश्चाद्वैक
र्तनंरणे ॥ इतिव्यपदिशन्पार्थोवर्जयन्सूतजंरणे ५१ सकथंनिहतोवीरःपार्थेनपरवीरहा ॥ रथभंगोनचेत्तस्यधनुर्वानव्यशीर्यत ५२ नचेदस्त्राणिनिर्णेशुःसकथं
निहतःपरैः ॥ कोहिशक्तोरणेकर्णंविधुन्वानंमहद्धनुः ५३

४१ । ४२ कुंडलाभ्यांसकवचाभ्यामर्थे तादर्थ्येचतुर्थी ४३ अवमन्येअवमेने ४४ । ४५ । ४६ । ४७ । ४८ । ४९ । ५० । ५१ रथेति । रथभंगाद्यभावेतस्यमृत्युर्नभवेदितिभावः ५२ । ५३

५४ । ५५ । ५६ । ५७ । ५८ । ५९ । ६० । ६१ । ६२ । ६३ । ६४ । ६५ । ६६ । ६७ प्रतीपंप्रातिभटयेनअभिधावद्भिःसर्वदिग्भ्यःसमागतैः ६८ अधिरथेःआधिरथपुत्रस्यसोमसूर्यसाहचर्या
त्प्रकर्षेणभातीतियोगाच्चप्रभावद्भिस्तेषांत्रयाणामंशुभिर्मयूखैः ६९ मंदोदुर्योधनः ७० । ७१ । ७२ । ७३ प्राङ्मुखानितिपाठेनिवर्तितमुखान् प्रत्यङ्मुखाःकौरवायदिपलायंतेतदाप्राङ्मुखाएवभवंतीत्यर्थः

विमुंचन्तंशरान्घोरान्दिव्यान्यस्त्राणिचाहवे ॥ जेतुंपुरुषशार्दूलंशार्दूलमिववेगिनम् ५४ ध्रुवंतस्यधनुश्छिन्नंरथोवापिमहींगतः ॥ अस्त्राणिवाप्रणष्टानियथाशंससि
मेहतम् ५५ नह्यन्यदपिपश्यामिकारणंतस्यनाशने ॥ नहन्मिफाल्गुनंयावत्तावत्पादौनधावये ५६ इतियस्यमहाघोरंव्रतमासीन्महात्मनः ॥ यस्यभीतोरणेनिद्रां
धर्मराजोयुधिष्ठिरः ५७ त्रयोदशसमानित्यंनाभजत्पुरुषर्षभः ॥ यस्यवीर्यवतोवीर्यमुपाश्रित्यमहात्मनः ५८ ममपुत्रःसभांभार्यांपांडूनांनीतवान्बलात् ॥ तत्रापिचस
भामध्येपांडवानांचपश्यताम् ५९ दासभार्येतिपांचालीमब्रवीत्कुरुसन्निधौ ॥ नसंतिपतयःकृष्णेसर्वेषंढतिलैःसमाः ६० उपतिष्ठस्वभर्त्तारमन्यंवावरवर्णिनि ॥ इत्ये
वंयःपुरावाचोरूक्षाःसंश्रावयन्रुषा ६१ सभायांसूतजःकृष्णांसकथंनिहतःपरैः ॥ यदिभीष्मोरणश्लाघीद्रोणोवायुधिदुर्मदः ६२ नहनिष्यतिकौन्तेयान्पक्ष
पातात्सुयोधन ॥ सर्वानेवहनिष्यामिव्येतुतेमानसोज्वरः ६३ किंकरिष्यतिगांडीवमक्षय्यौचमहेषुधी ॥ स्निग्धचंदनदिग्धस्यमच्छरस्याभिधावतः ६४ सनू
नमृषभस्कंधोह्यर्जुनेनकथंहतः ॥ यश्चगांडीवमुक्तानांस्पर्शमुग्रमचिंतयन् ६५ अपतिर्ह्यसिकृष्णेतिब्रुवन्पार्थानवैक्षत ॥ यस्यनासीद्भयंपार्थैःसपुत्रैःसजनार्दनैः ६६
स्वबाहुबलमाश्रित्यमुहूर्तमपिसंजय ॥ तस्यनाहंवधंमन्येदेवैरपिसवासवैः ६७ प्रतीपमभिधावद्भिःकिंपुनस्तातपांडवैः ॥ नहिज्यांसंस्पृशानस्यतलत्रेवापिगृह्णतः
६८ पुमानाधिरथेःस्थातुंकश्चित्प्रमुखतोऽर्हति ॥ अपिस्यान्मेदिनीहीनासोमसूर्यप्रभांऽशुभिः ६९ नवधःपुरुषेन्द्रस्यसंयुगेष्वपलायिनः ॥ येनमंदःसहायेनभ्रात्रा
दुःशासनेनच ७० वासुदेवस्यदुर्बुद्धिःप्रत्याख्यानमरोचत ॥ सनूनंवृषभस्कंधंकर्णंदृष्ट्वानिपातितम् ७१ दुःशासनंचनिहतंमन्येशोचतिपुत्रकः ॥ हतंवैकर्त्तनंश्रुत्वा
द्वैरथेसव्यसाचिना ७२ जयतःपांडवान्दृष्ट्वाकिंस्विदुर्योधनोऽब्रवीत् ॥ दुर्मर्षणंहतंदृष्ट्वावृषसेनंचसंयुगे ७३ प्रभग्नंचबलंदृष्ट्वावध्यमानंमहारथैः ॥ पराङ्मु
खांश्चराज्ञस्तुपलायनपरायणान् ७४ विद्रुतान्रथिनोदृष्ट्वामन्येशोचतिपुत्रकः ॥ अनेयश्चाभिमानीचदुर्बुद्धिरजितेन्द्रियः ७५ हतोत्साहंबलंदृष्ट्वाकिंस्विदुर्योध
नोऽब्रवीत् ॥ स्वयंवैरंमहत्कृत्वावार्यमाणःसुहृद्गणैः ७६ प्रधनेहतभूयिष्ठैःकिंस्विदुयोधनोऽब्रवीत् ॥ भ्रातरंनिहतंदृष्ट्वाभीमसेनेनसंयुगे ७७ रुधिरेपीयमानेच
किंस्विदुर्योधनोऽब्रवीत् ॥ सहगांधारराजेनसभायांयदभाषत ७८ कर्णोऽर्जुनंरणेहंताहतेतस्मिन्किमब्रवीत् ॥ द्यूतंकृत्वापुराहृष्टोवंचयित्वाचपांडवान् ७९
शकुनिःसौबलस्तातहतेकर्णेकिमब्रवीत् ॥ कृतवर्मामहेष्वासःसात्वतानांमहारथः ८० ॥ ॥ ॥ ॥

७४ अनेयःअशिक्षणीयःयतोऽभिमानीविद्वत्स्वाभिमानीअतएवदुर्बुद्धिःहितमजानन् ७५ । ७६ प्रधनेरणे ७७ । ७८ । ७९ । ८० ॥ ॥

८१ । ८२ । ८३ । ८४ । ८५ कानिवाक्यानीतिशेषः ८६ । ८७ । ८८ । ८९ । ९० प्रत्युदीयुःकथमितिशेषः ९१ । ९२ हतोत्सेधस्यविनष्टोत्कर्षस्य ९३ । ९४ । ९५ । ९६ । ९७ ॥ इतिकर्णपर्वणिनील कंठीयेभारतभावदीपेनवमोऽध्यायः ॥ ९ ॥ हतेद्रोणइति १ । २ स्वबलंप्रतिविद्रुतंद्रवंतंदृष्ट्वा ३ । ४ लब्धलक्षैःप्राप्तजयैः व्यायच्छद्भिःयतमानैः प्रत्यहारंप्रत्यवहारं प्रत्याहारमितिवापाठः ५ । ६ पर्यंकेष्वेत्रवरा

हतंवैकर्त्तनंदृष्ट्वाहार्दिक्यःकिमभाषत ॥ ब्राह्मणाःक्षत्रियावैश्यायस्यशिक्षामुपासते ८१ धनुर्वेदंचिकीर्षंतोद्रोणपुत्रस्यधीमतः ॥ युवारूपेणसंपन्नोदर्शनीयोमहायशाः ८२ अश्वत्थामाहतेकर्णेकिमभाषतसंजय ॥ आचार्योयोधनुर्वेदेगौतमोरथसत्तमः ८३ कृपःशारद्वतस्तातहतेकर्णेकिमब्रवीत् ॥ मद्रराजोमहेष्वासःशल्यःसमितिशोभनः ८४ दृष्ट्वाविनिहतंकर्णंसारथ्येरथिनांवरः ॥ किमभाषतसौवीरोमद्राणामधिपोबली ८५ दृष्ट्वाविनिहतंसर्वेयोधावारणदुर्जयाः ॥ येचकेचनराजानःपृथिव्यांयोद्धुमागताः ॥ वैकर्तनंहतंदृष्ट्वाकान्यभाषंतसंजय ८६ द्रोणेतुनिहतेवीरेरथव्याघ्रेनरर्षभे ॥ केवामुखमनीकानामासन्संजयभागशः ८७ मद्रराजःकथंशल्योनियुक्तोरथिनांवरः ॥ वैकर्त्तनस्यसारथ्येतन्ममाचक्ष्वसंजय ८८ केऽरक्षन्दक्षिणंचक्रंसूतपुत्रस्ययुध्यतः ॥ वामंचक्रंररक्षुर्वाकेवावीरस्यपृष्ठतः ८९ केकर्णंनजहुःशूराःकेक्षुद्राःप्राद्रवंस्ततः ॥ कथंचवःसमेतानांहतःकर्णोमहारथः ९० पांडवाश्चस्वयंशूराःप्रत्युदीयुर्महारथाः ॥ सृजन्तःशरवर्षाणिवारिधाराइवांबुदाः ९१ सचसर्पमुखोदिव्योमहेषुप्रवरस्तदा ॥ व्यर्थःकथंसमभवत्तन्ममाचक्ष्वसंजय ९२ मामकस्यास्यसैन्यस्यहतोत्सेधस्यसंजय ॥ अवशेषंनपश्यामिककुदेमृदितेसति ९३ तौहिवीरौमहेष्वासौमदर्थेत्यक्तजीवितौ ॥ भीष्मद्रोणौहतौश्रुत्वाकोन्वर्थोजीवितेनमे ९४ पुनःपुनर्नमृष्यामिहतंकर्णंचपांडवैः ॥ यस्यबाह्वोर्बलंतुल्यंकुंजराणांशतंशतैः ९५ द्रोणेहतेचयद्वृत्तंकौरवाणांपरैःसह ॥ संग्रामेनरवीराणांतन्ममाचक्ष्वसंजय ९६ यथाकर्णश्चकौन्तेयैःसहयुद्धमयोजयत् ॥ तथाचद्विषतांहन्तारणेशांतस्तदुच्यताम् ९७ ॥ इतिश्रीमहाभा० कर्णपर्वणिधृतराष्ट्रप्रश्नेनवमोऽध्यायः ॥ ९ ॥ ॥ संजयउवाच ॥ हतेद्रोणेमहेष्वासेतस्मिन्नहनिभारत ॥ कृतेचमोघसंकल्पेद्रोणपुत्रेमहारथे १ द्रवमाणेमहाराजकौरवाणांबलार्णवे ॥ व्यूह्यपार्थःस्वकंसैन्यमतिष्ठद्भ्रातृभिर्वृतः २ तमवस्थितमाज्ञायपुत्रस्तेभरतर्षभ ॥ विद्रुतंस्वबलंदृष्ट्वापौरुषेणन्यवारयत् ३ स्वमनीकमवस्थाप्यबाहुवीर्यमुपाश्रितः ॥ युद्ध्वाचसुचिरंकालंपांडवैःसहभारत ४ लब्धलक्षैःपरैर्हृष्टैर्व्यायच्छद्भिश्चिरंतदा ॥ संध्याकालंसमासाद्यप्रत्यहारमकारयत् ५ कृत्वावहारंसैन्यानांप्रविश्यशिबिरंस्वकम् ॥ कुरवःसुहितंमन्त्रंमंत्रयांचक्रिरेमिथः ६ पर्यंकेषुपरार्ध्येषुस्पर्ध्यास्तरणवत्सुच ॥ वरासनेषूपविष्टाःसुखशय्यास्विवामराः ७ ततोदुर्योधनोराजासाम्नापरमवल्गुना ॥ तानाभाष्यमहेष्वासान्प्राप्तकालमभाषत ८ मतंमतिमतांश्रेष्ठाःसर्वेप्रब्रूतमाचिरम् ॥ एवंगतेतुकिंकार्यंकिंचकार्यतरंनृपाः ९ ॥ संजयउवाच ॥ एवमुक्तेनरेन्द्रेणनरसिंहायुयुत्सवः ॥ चक्रुर्नानाविधाश्चेष्टाःसिंहासनगतास्तदा १० ॥ ॥

सनेषु ७ साम्नाप्रियवचसा परमवल्गुनाऽतिमधुरेण ८ कार्यतरंआवश्यकतरंयत्कार्यंकर्तव्यंपरंमतंसंमतंतत्प्रब्रूत ९ चेष्टाःशौर्याभिनयरूपाःभुजास्फालनाद्याः १०

निशाम्यआलोच्य वर्षसंछांदसष्टच् ११ रागःस्वामिभक्तिः योगोदेशकालादिसंपत्तिः दाक्ष्यंबलं नयोनीतिः १२ । १३ । १४ सर्वार्थैःरागादिभिःसुनीतैः दैवमनुलोम्यतेऽनुकूलंक्रियतेनकेवलंरागाद्यपेक्षया
दैवस्यप्राबल्यमपितुदैवापेक्षयाऽपिसुप्रणीतारागादयःप्रबलाइत्यर्थः १५ । १६ । १७ बहुमतींबाहुल्यवतींअतिशयितामितियावत् १८ । १९ शुभंवचःश्रुत्वामनःसमवस्थाप्यसमाधायाब्रवीदितिद्वयोःसंबंधः

तेषांनिशाम्येङ्गितानियुद्धेप्राणानजुहूषताम् ॥ सयुद्धीक्ष्यमुखंराज्ञोबालार्कसमवर्चसम् ११ आचार्यपुत्रोमेधावीवाक्यज्ञोवाक्यमाददे ॥ रागोयोगस्तथादाक्ष्यंन
यश्चेत्यर्थसाधकाः १२ उपायाःपंडितैःप्रोक्तास्तेतुदैवमुपाश्रिताः ॥ लोकप्रवीरायेऽस्माकंदेवकल्पामहारथाः १३ नीतिमंतस्तथायुक्तादक्षारक्ताश्चतेहताः ॥
नत्वेवकार्यनैराश्यमस्माभिर्विजयंप्रति १४ सुनीतैरिहसर्वार्थैर्दैवमप्यनुलोम्यते ॥ तेवयंप्रवरंनृणांसर्वैर्गुणगणैर्युतम् १५ कर्णमेवाभिषेक्ष्यामःसैनापत्येनभारत ॥
कर्णसेनापतिंकृत्वाप्रमथिष्यामहेरिपून् १६ एषह्यतिबलःशूरःकृतास्त्रोयुद्धदुर्मदः ॥ वैवस्वतइवासह्यःशक्तोजेतुंरणेरिपून् १७ एतदाचार्यतनयाच्छ्रुत्वाराजंस्तवात्म
जः ॥ आशांबहुमतींचक्रेकर्णप्रतिसवैतदा १८ हतेभीष्मेचद्रोणेचकर्णोजेष्यतिपांडवान् ॥ तामाशांहृदयेकृत्वासमाश्वस्यचभारत १९ ततोदुर्योधनःप्रीतःप्रियं
श्रुत्वाऽस्यतद्वचः ॥ प्रीतिसत्कारसंयुक्तंतथ्यमात्महितंशुभम् २० स्वंमनःसमवस्थाप्यबाहुवीर्यमुपाश्रितः ॥ दुर्योधनोमहाराजराधेयमिदमब्रवीत् २१ कर्णजाना
मितेवीर्यंसौहृदंपरमंमयि ॥ तथापित्वांमहाबाहोप्रवक्ष्यामिहितंवचः २२ श्रुत्वायथेष्टंचकुरुवीरयत्तवरोचते ॥ भवान्प्राज्ञतमोनित्यंममचैवपरागतिः २३ भीष्म
द्रोणावतिरथौहतौसेनापतीमम ॥ सेनापतिर्भवानस्तुताभ्यांद्रविणवत्तरः २४ वृद्धौचतौमहेष्वासौसापेक्षौचधनंजये ॥ मानितौचमयावीरौराधेयवचनात्तव २५
पितामहत्वंसंप्रेक्ष्यपांडुपुत्रामहारणे ॥ रक्षितास्तातभीष्मेणदिवसानिदशैवतु २६ न्यस्तशस्त्रेचभवतिहतोभीष्मःपितामहः ॥ शिखंडिनंपुरस्कृत्यफाल्गुनेनमहा
हवे २७ हतेतस्मिन्महेष्वासेशरतल्पगतेतथा ॥ त्वयोक्तेपुरुषव्याघ्रद्रोणोह्यासीत्पुरःसरः २८ तेनापिरक्षिताःपार्थाःशिष्यत्वादितिमेमतिः ॥ सचापिनिहतोवृ
द्धोधृष्टद्युम्नेनसत्वरम् २९ निहताभ्यांप्रधानाभ्यांताभ्यांनमितविक्रम ॥ त्वत्समंसमरेयोधंनान्यंपश्यामिचिंतयन् ३० भवानेवतुनःशक्तोविजयायनसंशयः ॥ पूर्वं
मध्येचपश्चाच्चतथैवविहितंहितम् ३१ सभवान्धुर्यवत्संख्येधुरमुद्वोढुमर्हति ॥ अभिषेचयसैनान्येस्वयमात्मानमात्मना ३२ देवतानांयथास्कंदःसेनानीःप्रभुर
व्ययः ॥ तथाभवानिमांसेनांधार्त्तराष्ट्रींबिभर्तुवै ३३ जहिशत्रुगणान्सर्वान्महेन्द्रोदानवानिव ॥ अवस्थितंरणेदृष्ट्वापांडवास्त्वांमहारथाः ३४ द्रविष्यंतिचपंचा
लाविष्णुंदृष्ट्वेवदानवाः ॥ तस्मात्त्वंपुरुषव्याघ्रप्रकर्षैतांमहाचमूम् ३५ भवत्यवस्थितेयत्तेपांडवामंदचेतसः ॥ द्रविष्यंतिसहामात्याःपंचालाःसृंजयाश्चह ३६ यथा
ह्यभ्युदितःसूर्यःप्रतपन्स्वेनतेजसा ॥ व्यपोहतितमस्तीव्रंतथाशत्रून्प्रतापय ३७ ॥ ॥

२० । २१ । २२ । २३ ताभ्यांसकाशात्द्रविणवत्तरः २४ । २५ । २६ । २७ । २८ । २९ ताभ्यामपिनमितःसम्यक्ज्ञातोविक्रमोयस्य ३० विहितंत्वयेतिशेषः ३१ सैनान्येसेनानीत्वेसैनापत्ये
३२ । ३३ । ३४ । ३५ । ३६ । ३७ ॥ ॥ ॥ ॥ ॥ ॥

३८ कर्णमेवंतदाऽब्रवीद्दुर्योधनइतिशेषः नसंयुयुत्सतियुद्धेच्छामपिनकरिष्यतिकिंपुनर्युद्धमितिभावः ३९ । ४० । ४१ । ४२ । ४३ शातकुंभमयैःसौवर्णैर्माहेयैर्महीमयैश्चकुंभैः ४४ विषाणैर्द्विपस्यगजस्यदंतमयैःपात्रैःखड्गस्यगंडकस्यमहर्षभस्यगवयस्यचशृंगैः । विषाणंदंतशृंगयोरितिविश्वः । द्विपखड्गमहर्षभीयैरितितद्धितलोपआर्षः ४५ । ४६ । ४७ । ४८ । ४९ । ५० नहीति । शराणांदर्शनेऽपिनालंकिमुतस्पर्शे

॥ संजयउवाच ॥ आशाबलवतीराजन्पुत्रस्यतवयाऽभवत् ॥ हतेभीष्मेचद्रोणेचकर्णोजेष्यतिपांडवान् ३८ तामाशांहृदयेकृत्वाकर्णमेवंतदाऽब्रवीत् ॥ सूतपुत्रनतेपार्थःस्थित्वाग्रेसंयुयुत्सति ३९ ॥ कर्णउवाच ॥ उक्तमेतन्मयापूर्वंगांधारेतवसन्निधौ ॥ जेष्यामिपांडवान्सर्वान्सपुत्रान्सजनार्दनान् ४० सेनापतिर्भविष्यामितवाहंनात्रसंशयः ॥ स्थिरोभवमहाराजजितान्विद्धिचपांडवान् ४१ ॥ संजयउवाच ॥ एवमुक्तोमहाराजततोदुर्योधनोनृपः ॥ उत्तस्थौराजभिःसार्द्धंदेवैरिवशतक्रतुः ४२ सैनापत्येनसत्कर्तुंकर्णंस्कंदमिवामराः ॥ ततोऽभिषिषिचुःकर्णंविधिदृष्टेनकर्मणा ४३ दुर्योधनमुखाराजन्राजानोविजयैषिणः ॥ शातकुंभमयैःकुंभैर्माहेयैश्चाभिमंत्रितैः ४४ तोयपूर्णैर्विषाणैश्चद्विपखड्गमहर्षभैः ॥ मणिमुक्तायुतैश्चान्यैःपुण्यगंधैस्तथौषधैः ४५ औदुंबरेसुखासीनमासनेक्षौमसंवृते ॥ शास्त्रदृष्टेनविधिनासंभारैश्चसुसंभृतैः ४६ ब्राह्मणाःक्षत्रियावैश्यास्तथाशूद्राश्चसंमताः ॥ तुष्टुवुस्तंमहात्मानमभिषिक्तंवरासने ४७ ततोऽभिषिक्तेराजेन्द्रनिष्कैर्गोभिर्धनेनच ॥ वाचयामासविप्राग्र्यान्राधेयःपरवीरहा ४८ जयपार्थान्सगोविंदान्सानुगांस्तान्महामृधे ॥ इतितंबंदिनःप्राहुर्द्विजाश्चपुरुषर्षभम् ४९ जहिपार्थान्सपंचालान्राधेयविजयायनः ॥ उद्यन्निवसदाभानुस्तमांस्युग्रैर्गभस्तिभिः ५० नह्यलंत्वद्विसृष्टानांशराणांवैसकेशवाः ॥ उलूकाःसूर्यरश्मीनांज्वलतामिवदर्शने ५१ नहिपार्थाःसपंचालाःस्थातुंशक्तास्तवाग्रतः ॥ आत्तशस्त्रस्यसमरेमहेन्द्रस्येवदानवाः ५२ अभिषिक्तस्तुराधेयःप्रभयासोऽमितप्रभः ॥ अत्यरिच्यतरूपेणदिवाकरइवापरः ५३ सैनापत्येतुराधेयमभिषिच्यसुतस्तव ॥ अमन्यततदाऽऽत्मानंकृतार्थंकालचोदितः ५४ कर्णोपिराजन्संप्राप्यसैनापत्यमरिंदमः ॥ योगमाज्ञापयामाससूर्यस्योदयनंप्रति ५५ तवपुत्रैर्वृतःकर्णःशुशुभेतत्रभारत ॥ देवैरिवयथास्कंदःसंग्रामेतारकामये ५६ ॥ इतिश्रीमहाभारतेकर्णपर्वणिकर्णाभिषेकेदशमोऽध्यायः ॥ १० ॥ ॥ धृतराष्ट्रउवाच ॥ सैनापत्यंतुसंप्राप्यकर्णोवैकर्त्तनस्तदा ॥ तथोक्तश्चस्वयंराज्ञास्निग्धंभ्रातृसमंवचः १ योगमाज्ञाप्यसेनानामादित्येऽभ्युदितेतदा ॥ अकरोत्किंमहाप्राज्ञस्तन्ममाचक्ष्वसंजय २ ॥ संजयउवाच ॥ कर्णस्यमतमाज्ञायपुत्रास्तेभरतर्षभ ॥ योगमाज्ञापयामासुर्नंदितूर्यपुरःसरम् ३ महत्यपररात्रेचतवसैन्यस्यमारिष ॥ योगोयोगेतिसहसाप्रादुरासीन्महास्वनः ४ कल्पतांनागमुख्यानांरथानांचवरूथिनाम् ॥ सन्नह्यतांनराणांचवाजिनांचविशांपते ५ क्रोशतांचैवयोधानांत्वरितानांपरस्परम् ॥ बभूवतुमुलःशब्दोदिवस्पृक्सुमहांस्ततः ६ ॥ ॥ ॥ ॥

इत्यर्थः ५१ । ५२ । ५३ । ५४ । ५५ । ५६ ॥ इतिकर्णपर्वणिनीलकंठीयेभारतभावदीपेदशमोऽध्यायः ॥ १० ॥ ॥ ॥ ॥ सैनेति १ । २ नंदितूर्यमानंदवाद्यम् ३ । ४ कल्पतांसंनह्यमानानांवरूथिनां रथगुप्तिमनां सन्नह्यतांनराणां सन्नह्यमानानांगजादीनांचशब्दोबभूवेतिद्वयोःसंबंधः ५ । ६ ॥ ॥ ॥

श्वेतेत्यादिविशेषणद्वयंरथेनेत्यस्य ७ । ८ अभिपताकेनवायोःप्रातिकूल्यादभिमुखपताकेनएतत्पराजयसूचकम् ९ । १० निघ्नन्निघ्नन्तं ध्रुवमितिवापाठः ११ । १२ । १३ । १४ । १५ । १६ । १७ । १८

ततःश्वेतपताकेनबलाकावर्णवाजिना ॥ हेमपृष्ठेनधनुषानागकक्षेणकेतुना ७ तूणीरशतपूर्णेनसगदेनवरूथिना ॥ शतघ्नीकिंकिणीशक्तिशूलतोमरधारिणा ८ कार्मुकैरु
पपन्नेनविमलादित्यवर्चसा ॥ रथेनाभिपताकेनसूतपुत्रोऽभ्यदृश्यत ९ ध्मापयन्वारिजंराजन्हेमजालविभूषितम् ॥ विधुन्वानोमहच्चापंकार्त्तस्वरविभूषितम् १०
दृष्ट्वाकर्णंमहेष्वासंरथस्थंरथिनांवरम् ॥ भानुमंतमिवोद्यंतंतमोनिघ्नन्दुरासदम् ११ नभीष्मव्यसनंकेचिन्नापिद्रोणस्यमारिष ॥ नान्येषांपुरुषव्याघ्रमेनिरेतत्रकौरवाः
१२ ततस्तुत्वरयन्योधान्शंखशब्देनमारिष ॥ कर्णोनिष्कर्षयामासकौरवाणांमहद्बलम् १३ व्यूहंव्यूह्यमहेष्वासोमकरंशत्रुतापनः ॥ प्रत्युद्ययौतथाकर्णःपांडवा
न्विजिगीषया १४ मकरस्यतुतुंडेवैकर्णोराजन्व्यवस्थितः ॥ नेत्राभ्यांशकुनिःशूरउलूकश्चमहारथः १५ द्रोणपुत्रस्तुशिरसिग्रीवायांसर्वसोदराः ॥ मध्येदुर्योधनो
राजाबलेनमहतावृतः १६ वामपादेतुराजेन्द्रकृतवर्माव्यवस्थितः ॥ नारायणबलैर्युक्तोगोपालैर्युद्धदुर्मदैः १७ पादेतुदक्षिणेराजन्गौतमःसत्यविक्रमः ॥ त्रिगर्तैःसुम
हेष्वासैर्दाक्षिणात्यैश्चसंवृतः १८ अनुपादेतुयोवामस्तत्रशल्योव्यवस्थितः॥ महत्यासेनयासार्द्धंमद्रदेशसमुत्थया १९ दक्षिणेतुमहाराजसुषेणःसत्यसंगरः ॥ वृतोरथस
हस्रेणदंतिनांचत्रिभिःशतैः २० पुच्छेह्यास्तांमहावीर्यौभ्रातरौपार्थिवौतदा ॥ चित्रश्चचित्रसेनश्चमहत्यासेनयावृतौ २१ तथाप्रयातेराजेन्द्रकर्णेनरवरोत्तमे ॥ धनंजय
मभिप्रेक्ष्यधर्मराजोऽब्रवीदिदम् २२ पश्यपार्थयथासेनाधार्त्तराष्ट्रीहसंयुगे ॥ कर्णेनविहितावीरगुप्तावीरैर्महारथैः २३ हतवीरतमाह्येषांधार्त्तराष्ट्रीमहाचमूः ॥ फल्गु
शेषामहाबाहोतृणैस्तुल्यामताभम २४ एकोह्यत्रमहेष्वासःसूतपुत्रोविराजते ॥ सदेवासुरगंधर्वैःसकिन्नरमहोरगैः २५ चराचरैस्त्रिभिर्लोकैर्योऽजय्योरथिनांवरः ॥
तंहत्वाऽद्यमहाबाहोविजयस्तवफाल्गुन २६ उद्धृतश्चभवेच्छल्योममद्वादशवार्षिकः ॥ एवंज्ञात्वामहाबाहोव्यूहंव्यूहयथेच्छसि २७ भ्रातुरेतद्वचःश्रुत्वापांडवःश्वे
तवाहनः ॥ अर्धचंद्रेणव्यूहेनप्रत्यव्यूहततांचमूम् २८ वामपार्श्वेतुतस्याथभीमसेनोव्यवस्थितः ॥ दक्षिणेचमहेष्वासोधृष्टद्युम्नोव्यवस्थितः २९ मध्येव्यूहस्यराजा
तुपांडवश्चधनंजयः ॥ नकुलःसहदेवश्चधर्मराजस्यपृष्ठतः ३० चक्ररक्षौतुपांचाल्यौयुधामन्यूत्तमौजसौ ॥ नार्जुनंजहतुर्युद्धेपाल्यमानौकिरीटिना ३१ शेषान्नृपत
योवीराःस्थिताव्यूहस्यदंशिताः ॥ यथाभागंयथोत्साहंयथायत्नंचभारत ३२ एवमेतन्महाव्यूहंव्यूह्यभारतपांडवाः ॥ तावकाश्चमहेष्वासायुद्धायैवमनोदधुः ३३
दृष्ट्वाव्यूढांतवचमूंसूतपुत्रेणसंयुगे ॥ निहतान्पांडवान्मेनेधार्त्तराष्ट्रःसबांधवः ३४ तथैवपांडवींसेनांव्यूढांदृष्ट्वायुधिष्ठिरः ॥ धार्त्तराष्ट्रान्हतान्मेनेसकर्णान्वैजनाधिपः
३५ ततःशंखाश्चभेर्यश्चपणवानकदुंदुभिः ॥ डिंडिमाश्चाप्यहन्यंतझर्झराश्चसमंततः ३६ ॥ ॥ ॥

अनुपादेपादस्थानस्यापिपश्चाद्भागे १९ दक्षिणेअनुपादे २०।२१।२२।२३ । २४ । २५ । २६ व्यूहरचय २७ । २८ । २९ । ३० । ३१ । ३२ । ३३ । ३४ । ३५ । ३६

३७ । ३८ । ३९ । ४० । ४१ । ४२ । ४३ ॥ इतिकर्णपर्वणिनीलकंठीयेभारतभावदीपेएकादशोऽध्यायः ॥ ११ ॥ तेसेनेइति । प्रगृह्यत्वाभावश्छांदसः १ देहानांपाप्मनामसूनांचनाशनान् २ पूर्णचंद्रार्का

सेनयोरुभयोराजन्प्रावाद्यंतमहास्वनाः ॥ सिंहनादश्चसंजज्ञेशूराणांजयगृद्धिनाम् ३७ हयहेषितशब्दाश्चवारणानांचबृंहताम् ॥ रथनेमिस्वनाश्चोग्राःसंबभूवुर्जना धिप ३८ नद्रोणव्यसनंकश्चिज्जानीतेतत्रभारत ॥ दृष्ट्वाकर्णंमहेष्वासंमुखेव्यूहस्यदंशितम् ३९ उभेसैन्येमहाराजप्रहृष्टनरसंकुले ॥ योद्धुकामेस्थितेराजन्हंतुमन्यो न्यमोजसा ४० तत्रयत्तौसुसंरब्धौदृष्ट्वाऽन्योन्यंव्यवस्थितौ ॥ अनीकमध्येराजेन्द्रचेरतुःकर्णपांडवौ ४१ नृत्यमानेचतेसेनेसमेयातांपरस्परम् ॥ तेषांपक्षैःप्रपक्षै श्चनिर्जग्मुस्तेयुयुत्सवः ४२ ततःप्रववृतेयुद्धंनरवारणवाजिनाम् ॥ रथानांचमहाराजअन्योऽन्यमभिनिघ्नताम् ४३ ॥ इतिश्रीमहाभारतेकर्णपर्वणिव्यूहनिर्माणेएका दशोऽध्यायः ॥ ११ ॥ ॥ संजयउवाच ॥ तेसेनेऽन्योन्यमासाद्यप्रहृष्टाश्वनरद्विपे ॥ बृहत्यौसंप्रजह्रातेदेवासुरसमप्रभे १ ततोनररथाश्वेभाःपत्तयश्चोग्रविक्रमाः ॥ संप्रहारान्भृशंचक्रुर्देहपाप्मासुनाशनान् २ पूर्णचंद्रार्कपद्मानांकांतिभिर्गंधतःसमैः ॥ उत्तमांगैर्नृसिंहानांनृसिंहास्तस्तरुर्महीम् ३ अर्धचंद्रैस्तथाभल्लैःक्षुरप्रै रसिपट्टिशैः ॥ परश्वधैश्चाप्यकृंतन्नुत्तमांगानियुध्यताम् ४ व्यायतायतबाहूनांव्यायतायतबाहुभिः ॥ बाहवःपातितारेजुर्धरण्यांसायुधांगदैः ५ तैःस्फुरद्भिर्मही भातिरक्तांगुलितलैस्तथा ॥ गरुडप्रहितैरुग्रैःपंचास्यैरुरगैरिव ६ द्विरदस्यंदनाश्वेभ्यःपेतुर्वीराद्विषद्धताः ॥ विमानेभ्योयथाक्षीणेपुण्येस्वर्गसदस्तथा ७ गदाभि रन्येगुर्वीभिःपरिघैर्मुसलैरपि ॥ पोथिताःशतशःपेतुर्वीरावीरतरैरणे ८ रथारथैर्विमथितामत्तामत्तैर्द्विपाद्विपैः ॥ सादिनःसादिभिश्चैवतस्मिन्परमसंकुले ९ रथैर्न रारथानागैरश्वारोहाश्चपत्तिभिः ॥ अश्वारोहैःपदाताश्चनिहतायुधिशेरते १० रथाश्वपत्तयोनागैरथाश्वेभाश्चपत्तिभिः ॥ रथपत्तिद्विपाश्चाश्वैरथैश्चापिनरद्विपाः ११ रथाश्वेभनराणांतुनराश्वेभरथैःकृतम् ॥ पाणिपादैश्चशस्त्रैश्चरथैश्चकदनंमहत् १२ तथातस्मिन्बलेशूरैर्वध्यमानेहतेऽपिच ॥ अस्मानभ्याययुःपार्थावृकोदर पुरोगमाः १३ धृष्टद्युम्नःशिखंडीचद्रौपदेयाःप्रभद्रकाः ॥ सात्यकिश्चेकितानश्चद्राविडैःसैनिकैःसह १४ वृताव्यूहेनमहतापांड्याश्चोलाःसकेरलाः ॥ व्यूढोरस्का दीर्घभुजाःप्रांशवःपृथुलोचनाः १५ आपीडिनोरक्तदंतामत्तमातंगविक्रमाः ॥ नानाविरागवसनागंधचूर्णावचूर्णिताः १६ बद्धासयःपाशहस्तावारणप्रतिवारणाः ॥ समानमृत्यवोराजन्नात्यजंतपरस्परम् १७ कलापिनश्चापहस्तादीर्घकेशाःप्रियंवदाः ॥ पत्तयःसादिनश्चान्येघोररूपपराक्रमाः १८ अथापरेपुनःशूराश्चेदिपंचालके कयाः ॥ कारूषाःकोसलाःकांच्यामागधाश्चापिदुद्रुवुः १९ तेषांरथाश्वनागाश्चप्रवराश्चोग्रपत्तयः ॥ नानावाद्यधरैर्हृष्टानृत्यंतिचहसंतिच २० तस्यसैन्यस्यम हतोमहामात्रवरैर्वृतः ॥ मध्येवृकोदरोऽभ्यायात्त्वदीयान्नागधूर्गतः २१ ॥ ॥ ॥

णांकांतिभिःसमैः पद्मानांगंधतःसमैस्तस्तरुः आस्तीर्णवंतः ३ । ४ व्यायताःपुष्टाः आयताःदीर्घाः ५ प्रहितैर्निरस्तैः ओहाकृत्यागे ६ । ७ । ८ । ९ । १० । ११ । १२ । १३ । १४ । १५ आपीडिनः भूषावंतः नानापृथक्विविधरागाणिवसनानियेषांतेविरागवसनाः १६ । १७ । १८ । १९ । २० महामात्ररथैरितिपाठेश्रेष्ठरथैः गजधूर्गतःगजस्कंधगतः २१

उदयाग्राद्रिभवनं उदयाद्रेरग्रभवनं अग्राद्रीत्यग्रशब्दस्यपूर्वनिपातआर्षः उदयनामाअग्राद्रिःपूर्वपर्वतः सएवभवनमितिवा। उदयाग्रात्रिभवनमितिपाठे उदयाचलस्याग्रेशृंगे अत्रेरर्कभूतस्यभवनम् २२ शारद स्यशरदाउपलक्षितस्य २३ चारुमौलिः रम्यकिरीटः २४ द्विपस्थितोद्विपारूढः प्रमनाःप्रकृष्टमनाः प्रमनस्तरंप्रसन्नतरमनसम् २५ । २६ । २७ । २८ । २९ । ३० विनेदतुःसन्निहितौबभूवतुर्ववृष तुरित्यर्थः ३१ अपरैस्तोमरैरेव ३२ सभीमसेनोमेघैःसप्तसप्तिरिवांशुमान् यथामेघांतर्हितस्यसूर्यस्यमरीचयोरश्मिरूपेणसर्वतःप्रचरंति एवंरश्मिस्थानीयास्तोमराः ३३ अंजोगतिंऋजुगतिम् ३४ । ३५ । ३६

सनागप्रवरोऽत्युग्रोविधिवत्कल्पितोबभौ ॥ उदयाग्राद्रिभवनंयथाऽभ्युदितभास्करम् २२ तस्यायसंवर्मवरंवररत्नविभूषितम् ॥ ताराव्याप्तस्यनभसःशारदस्यसमत्वि षम् २३ सतोमरव्यग्रकरश्चारुमौलिःस्वलंकृतः ॥ चरन्मध्यंदिनार्काभस्तेजसाव्यदहद्रिपून् २४ तंदृष्ट्वाद्विरदंदूरात्क्षेमधूर्त्तिर्द्विपस्थितः ॥ आह्वयन्नभिदुद्राव प्रमनाः प्रमनस्तरम् २५ तयोःसमभवद्युद्धंद्विपयोरुग्ररूपयोः ॥ यदृच्छयाद्रुमवतोर्महापर्वतयोरिव २६ संसक्तनागौतौवीरौतोमरैरितरेतरम् ॥ बलवत्सूर्यरश्म्याभै र्भित्वाऽन्योन्यंविनेदतुः २७ व्यपसृत्यतुनागाभ्यांमंडलानिविचेरतुः ॥ प्रगृह्यचोभौधनुषीजघ्नतुर्वैपरस्परम् २८ क्ष्वेडितास्फोटितरवैर्बाणशब्दैस्तुसर्वतः ॥ तौजनं हर्षयन्तौचसिंहनादंप्रचक्रतुः २९ समुद्यतकराभ्यांतौद्विपाभ्यांकृतिनावुभौ ॥ वातोद्धूतपताकाभ्यांयुयुधातेमहाबलौ ३० तावन्योन्यस्यधनुषीछित्त्वाऽन्योन्यंविने दतुः ॥ शक्तितोमरवर्षेणप्रावृण्मेघाविवांबुभिः ३१ क्षेमधूर्त्तिस्तदाभीमंतोमरेणस्तनांतरे ॥ निर्बिभेदातिवेगेनषड्भिश्चाप्यपरैर्नदन् ३२ सभीमसेनःशुशुभेतोमरैरंग माश्रितैः ॥ क्रोधदीप्तवपुर्मेघैःसप्तसप्तिरिवांशुमान् ३३ ततोभास्करवर्णाभमंजोगतिमयस्मयम् ॥ ससर्जतोमरंभीमःप्रत्यमित्रायययत्नवान् ३४ ततःकुलूताधिपति श्चापमानम्यसायकैः ॥ दशभिस्तोमरंभित्त्वाषष्ट्याविव्याधपांडवम् ३५ अथकार्मुकमादायभीमोजलदनिःस्वनम् ॥ रिपोरभ्यर्दयन्नागमुन्नदन्पांडवःशरैः ३६ सश रौघार्दितोनागोभीमसेनेनसंयुगे ॥ गृह्यमाणोऽपिनातिष्ठद्वातोद्धूतइवांबुदः ३७ तमभ्यधावद्द्विरदंभीमोभीमस्यनागराट् ॥ महावातेरितंमेघंवातोद्धूतइवांबुदः ३८ सन्निवार्यात्मनोनागंक्षेमधूर्त्तिःप्रतापवान् ॥ विव्याधाभिद्रुतंबाणैर्भीमसेनस्यकुंजरम् ३९ ततःसाधुविसृष्टेनक्षुरेणानतपर्वणा ॥ छित्त्वाशरासनंशत्रोर्नागमामित्र मार्दयत् ४० ततःक्रुद्धोरणेभीमंक्षेमधूर्त्तिःपराभिनत् ॥ जघानचास्यद्विरदंनाराचैःसर्वमर्मसु ४१ सपपातमहानागोभीमसेनस्यभारत ॥ पुरानागस्यपतनादवप्लुत्य स्थितोमहीम् ४२ तस्यभीमोऽपिद्विरदंगदयासमपोथयत् ॥ तस्मात्प्रमथितान्नागात्क्षेमधूर्त्तिमवप्लुतम् ४३ उद्यतायुधमायांतंगदयाऽहनद्वृकोदरः ॥ सपपातहतः सासिर्व्यसुस्तमभितोद्विपम् ४४ वज्रप्रभग्नमचलंसिंहोवज्रहतोयथा ॥ तंहतंनृपतिंदृष्ट्वाकुलूतानांयशस्करम् ॥ प्राद्रवद्व्यथितासेनात्वदीयाभरतर्षभ ४५ ॥ इति श्रीमहाभारते कर्णपर्वणि क्षेमधूर्त्तिवधेद्वादशोऽध्यायः ॥ १२ ॥ ॥ ॥ ॥ ॥

गृह्यमाणःनिगृह्यमाणःक्षेमधूर्तिना ३७ । ३८ । ३९ आमित्रंशत्रुसंबंधिनं सामित्रमितिपाठान्तरम् । ४० । ४१ । ४२ । ४३ अहन् हतवान् हतोगदयाशकलीकृतः अतएवअभितोद्विपंद्विपस्याभितः पपात ४४।४५ ॥ इति कर्णपर्वणि नीलकंठीयेभारतभावदीपे द्वादशोऽध्यायः ॥ १२ ॥ ॥ ॥ ॥

ततइति १।२।३।४।५ द्रौणिमभ्यद्रवत् ।६।७।८ कृपेणयुयुधेइतिशेषः ९ माद्रीपुत्रःसुतंतवेत्यस्यव्याख्यादुःशासनमिति १०।११।१२।१३।१४।१५।१६ लघुशीघ्रं सुष्ठुशोभनम्

॥ संजयउवाच ॥ ततःकर्णोमहेष्वासःपांडवानामनीकिनीम् ॥ जघानसमरेशूरःशरैःसन्नतपर्वभिः १ तथैवपांडवाराजंस्तवपुत्रस्यवाहिनीम् ॥ कर्णस्यप्रमुखेक्रुद्धा
निजघ्नुस्तेमहारथाः २ कर्णोऽपिराजन्समरेव्यहनत्पांडवींचमूम् ॥ नाराचैरर्करश्म्याभैःकर्मारपरिमार्जितैः ३ तत्रभारतकर्णेननाराचैस्ताडितागजाः ॥ नेदुःसेदु
श्वमम्लुश्चबभ्रमुश्चदिशोदश ४ वध्यमानेबलेतस्मिन्सूतपुत्रेणमारिष ॥ नकुलोऽभ्यद्रवत्तूर्णंसूतपुत्रंमहारणे ५ भीमसेनस्तथाद्रौणिंकुर्वाणंकर्मदुष्करम् ॥ विन्दानु
विन्दौकैकेयौसात्यकिःसमवारयत् ६ श्रुतकर्माणमायान्तंचित्रसेनोमहीपतिः ॥ प्रतिविन्ध्यस्तथाचित्रंचित्रकेतनकार्मुकम् ७ दुर्योधनस्तुराजानंधर्मपुत्रंयुधिष्ठि
रम् ॥ संशप्तकगणान्क्रुद्धोह्यभ्यधावद्धनंजयः ८ धृष्टद्युम्नःकृपेणाथतस्मिन्वीरवरक्षये ॥ शिखंडीकृतवर्माणंसमासादयदच्युतम् ९ श्रुतकीर्तिस्तथाशल्यंमाद्रीपुत्रः
सुतंतव ॥ दुःशासनंमहाराजसहदेवःप्रतापवान् १० कैकेयौसात्यकिंयुद्धेशरवर्षेणभास्वता ॥ सात्यकिःकैकयौचापिच्छादयामासभारत ११ तावेनंभ्रातरौवीरौज
घ्नतुर्हृदयेभृशम् ॥ विषाणाभ्यांयथानागौप्रतिनागंमहावने १२ शरसंभिन्नवर्माणौतावुभौभ्रातरौरणे ॥ सात्यकिंसत्यकर्माणंराजन्विव्यधतुःशरैः १३ तौसात्य
किर्महाराजप्रहसन्सर्वतोदिशः ॥ छादयञ्छरवर्षेणवारयामासभारत १४ वार्यमाणौततस्तौहिशैनेयशरवृष्टिभिः ॥ शैनेयस्यरथंतूर्णंछादयामासतुःशरैः १५ तयो
स्तुधनुषीचित्रेछित्त्वाशौरिर्महायशाः ॥ अथतौसायकैस्तीक्ष्णैर्वारयामाससंयुगे १६ अथान्येधनुषीचित्रेप्रगृह्यचमहाशरान् ॥ सात्यकिंछादयन्तौतौचेरतुर्लघुसुष्ठु
च १७ ताभ्यांमुक्तामहाबाणाःकंकबर्हिणवाससः ॥ द्योतयन्तोदिशःसर्वाःसंपेतुःस्वर्णभूषणाः १८ बाणांधकारमभवत्तयोराजन्महामृधे ॥ अन्योन्यस्यधनुश्चैव
चिच्छिदुस्तेमहारथाः १९ ततःक्रुद्धोमहाराजसात्वतोयुद्धदुर्मदः ॥ धनुरन्यत्समादायसज्यंकृत्वाचसंयुगे २० क्षुरप्रेणसुतीक्ष्णेनअनुविन्दशिरोऽहरत् ॥ अपतत्त
च्छिरोराजन्कुंडलोपचितंमहत् २१ शंबरस्यशिरोयद्वन्निहतस्यमहारणे ॥ शोचयन्केकयान्सर्वान्जगामाशुवसुंधराम् २२ तंदृष्ट्वानिहतंशूरंभ्रातातस्यमहारथः ॥
सज्यमन्यद्धनुःकृत्वाशैनेयंपर्यवारयत् २३ सषष्ट्यासात्यकिंविद्ध्वास्वर्णपुंखैःशिलाशितैः ॥ ननादबलवन्नादंतिष्ठतिष्ठेतिचाब्रवीत् २४ सात्यकिंचततस्तूर्णंकेकया
नांमहारथः ॥ शरैरनेकसाहस्रैर्बाह्वोरुरसिचार्पयत् २५ सशरैःक्षतसर्वांगःसात्यकिःसत्यविक्रमः ॥ रराजसमरेराजन्सपुष्पइवकिंशुकः २६ सात्यकिःसमरेविद्धः
कैकेयेनमहात्मना ॥ कैकेयंपंचविंशत्याविव्याधप्रहसन्निव २७ तावन्योन्यस्यसमरेसंछिद्यधनुषीशुभे ॥ हत्वाचसारथीतूर्णंहयांश्वरथिनांवरौ २८ विरथावसियु
द्धायसमाजग्मतुराहवे ॥ शतचंद्रचितेगृह्यचर्मणीसुभुजौतथा २९ ॥ ॥ ॥ ॥१०॥

१७।१८।१९।२० उपचितमलंकृतम् २१।२२।२३।२४।२५।२६।२७।२८।२९ ॥ ॥

३० । ३१ । ३२ । ३३ । । ३४ अपहस्तेनतिर्यग्घस्तेन ३५ । ३६ । ३७ । ३८ ॥ इतिकर्णपर्वणिनीलकंठीयेभारतभावदीपेत्रयोदशोऽध्यायः ॥ १३ श्रुतकर्मेति १ अभिसारोऽभिसाराधिपतिश्चित्र

विरेचेतांमहारंगेनिस्त्रिंशवरधारिणौ ॥ यथादेवासुरेयुद्धेजंभशक्रौमहाबलौ ३० मंडलानिततस्तौतुविचरन्तौमहारणे ॥ अन्योन्यमभितस्तूर्णंसमाजग्मतुराहवे ३१
अन्योन्यस्यवधेचैवचक्रतुर्यत्नमुत्तमम् ॥ कैकेयस्यद्विधाचर्मततश्चिच्छेदसात्वतः ३२ सात्यकेस्तुतथैवासौचर्मचिच्छेदपार्थिवः ॥ चर्मच्छित्वातुकैकेयस्तारागण
शतैर्वृतम् ३३ चचारमंडलान्येवगतप्रत्यागतानिच ॥ तंचरन्तंमहारंगेनिस्त्रिंशवरधारिणम् ३४ अपहस्तेनचिच्छेदशैनेयस्त्वरयाऽन्वितः ॥ सवर्माकेकयोराजन्द्विधा
छिन्नोमहारणे ३५ निपपातमहेष्वासोवज्राहतइवाचलः ॥ तंनिहत्यरणेशूरःशैनेयोरथसत्तमः ३६ युधामन्युरथंतूर्णमारुरोहपरंतपः ॥ ततोऽन्यंरथमास्थायवि
धिवत्कल्पितंपुनः ३७ केकयानांमहत्सैन्यंव्यधमत्सात्यकिःशरैः ॥ सावध्यमानासमरेकेकयानांमहाचमूः ॥ तमुत्सृज्यरणेशत्रुंप्रदुद्रावदिशोदश ३८ ॥ इतिश्री
महाभारतेकर्णपर्वणिविंदानुविंदवधेत्रयोदशोऽध्यायः ॥ १३ ॥ संजयउवाच ॥ श्रुतकर्माततोराजंश्चित्रसेनंमहीपतिम् ॥ आजघ्नेसमरेक्रुद्धःपंचाशद्भिःशिली
मुखैः १ अभिसारस्तुतंराजन्नवभिर्नतपर्वभिः ॥ श्रुतकर्माणमाहत्यसूतंविव्याधपंचभिः २ श्रुतकर्माततःक्रुद्धश्चित्रसेनंचमूमुखे ॥ नाराचेनसुतीक्ष्णेनमर्मदेशेसमा
र्पयत् ३ सोऽतिविद्धोमहाराजनाराचेनमहात्मना ॥ मूर्छामभिययौवीरःकश्मलंचाविवेशह ४ एतस्मिन्नन्तरेचैनंश्रुतकीर्तिर्महायशाः ॥ नवत्याजगतीपालंछादयामा
सपत्रिभिः ५ प्रतिलभ्यततःसंज्ञांचित्रसेनोमहारथः ॥ धनुश्चिच्छेदभल्लेनतंचविव्याधसप्तभिः ६ सोऽन्यत्कार्मुकमादायवेगघ्नंरुक्मभूषितम् ॥ चित्ररूपधरंचक्रेचित्र
सेनंशरोर्मिभिः ७ सशरैश्चित्रितोराजाचित्रमाल्यधरोयुवा ॥ युवेवसमरेऽशोभद्गोष्ठीमध्येस्वलंकृतः ८ श्रुतकर्माणमथवैनाराचेनस्तनांतरे ॥ बिभेदतरसाशूरस्ति
ष्ठतिष्ठेतिचाब्रवीत् ९ श्रुतकर्माऽपिसमरेनाराचेनसमर्पितः ॥ सुस्रावरुधिरंतत्रगैरिकार्द्रइवाचलः १० ततःसरुधिराक्तांगोरुधिरेणकृतच्छविः ॥ रराजसमरेवीरः
सपुष्पइवकिंशुकः ११ श्रुतकर्माततोराजन्शत्रुणासमभिद्रुतः ॥ शत्रुसंवारणंक्रुद्धोद्विधाचिच्छेदकार्मुकम् १२ अथैनंछिन्नधन्वानंनाराचानांशतैस्त्रिभिः ॥ छादय
न्समरेराजन्विव्याधचसुपत्रिभिः १३ ततोऽपरेणभल्लेनतीक्ष्णेननिशितेनच ॥ जहारसशिरस्त्राणंशिरस्तस्यमहात्मनः १४ तच्छिरोन्यपतद्भूमौचित्रसेनस्यदीप्ति
मत् ॥ यदृच्छयायथाचन्द्रश्च्युतःस्वर्गान्महीतलम् १५ राजानंनिहतंदृष्ट्वातेऽभिसारंतुमारिष ॥ अभ्यद्रवंतवेगेनचित्रसेनस्यसैनिकाः १६ ततःक्रुद्धोमहेष्वासस्त
त्सैन्यंप्राद्रवच्छरैः ॥ अंतकालेयथाक्रुद्धःसर्वभूतानिप्रेतराट् १७

सेनः आहत्यसंताड्य २ । ३ मूर्च्छांअर्धनिद्रां कश्मलमचित्तत्वं ४ एनंश्रुतकर्माणं ५ तंश्रुतकर्माणं ६ । ७ सशरैरिति । गोष्ठीगोयूथपःसांडोमहोक्षः सयथाशृंगादावलंकृतएवंसशरैरलंकृतइत्यर्थः ८ । ९ । १०
४ कृतच्छविः आहितशोभः ११ । १२ सुपत्रिभिः शोभनपुंखवद्भिर्नाराचानांशतैः १३ । १४ । १५ । १६ प्रेतराड्यमः १७

दावोदावाग्निस्तेनदग्धाः १८। १९। २०। २१। २२ स्वर्णघंटाशुष्वर्णबयघंठानिंवाम् २३। २४। २५। २६। २७। २८। २९। ३०। ३१ गात्रावरणंकवचम् ०२। ३३। ३४। ३५ कर्णो० ८

तेवध्यमानाःसमरेतवपौत्रेणधन्विना ॥ व्यद्रवंतदिशस्तूर्णेदावदग्धाइवद्विपाः १८ तांस्तुविद्रवतोदृष्ट्वानिरुत्साहानृद्धिषजये ॥ द्रावयन्निषुभिस्तीक्ष्णैःश्रुतकर्मा व्यरोचत १९ प्रतिविध्यस्तत्रश्चित्रंभित्वापंचभिराशुगैः ॥ सारथिंचत्रिभिर्विद्धध्वजमेकेषुणापिच २० तंचित्रोनवभिर्भल्लैर्बाह्वोरुसिचार्पयत ॥ स्वर्णपुंखैःप्रसन्नाग्रैःकंकबर्हिणवाजितैः २१ प्रतिविध्योधनुश्छित्त्वातस्यभारतसायकैः ॥ पंचभिर्निशितैर्बाणैरथेनंसहिजघ्निवान् २२ ततःशक्तिंमहाराजस्वर्णघंटांदुरासदाम् ॥ प्राहिणोत्तवपौत्रायघोरामग्निशिखामिव २३ तामापतंतीं सहसामहोल्काप्रतिमांतदा ॥ द्विधाचिच्छेदसमरेप्रतिविध्योहसन्निव २४ सापपात द्विधाछिन्नाप्रतिविध्यशरैः शितैः ॥ युगांतेसर्वभूतानित्रासयंतीयथाऽशनिः २५ शक्तितांमहतींदृष्ट्वाचित्रोह्यमहागदाम् ॥ प्रतिविध्यायचिक्षेपरुक्मजालविभूषिताम् २६ साजघानहयांस्त स्यसारथिंचमहारणे ॥ रथप्रमृद्यवेगेन धरणीमन्वपद्यत २७ एतस्मिन्नेवकालेतुरथादाङ्गुत्यभारत ॥ शक्तिंचिक्षेपचित्रायस्वर्णदंडामलंकृताम् २८ तामापतंतीं जघ्राहचित्रोराजन्महामनाः ॥ ततस्तामेवचिक्षेपप्रतिविध्यायपार्थिवः २९ समासाद्यरणेशूरंप्रतिविध्यंमहाप्रभा ॥ निर्भिद्यदक्षिणंबाहुंनिपपातमहीतले ॥ पतिताभास वद्येवतंदेशमशनियथा ३० प्रतिविध्यस्ततोराजंस्तोमरंहेमभूषितम् ॥ प्रेषयामाससंकुद्धश्चित्रस्यवधकांक्षया ३१ सतस्यगात्रावरणंभित्त्वाहृदयमेवच ॥ जगाम धरणींतूर्णंमहोरगइवाशयम् ३२ सपपाततदाराजातोमरेणसमाहतः ॥ प्रसार्यविपुलौबाहूपीनौपरिघसन्निभौ ३३ चित्रंसंप्रेक्ष्यनिहतंतावकारणशोभिनः ॥ अभ्यद्र वंतवेगेनप्रतिविध्यंसमंततः ३४ सृजंतोविविधान्बाणान्शतश्रीश्वसंकिंकिणीः ॥ तमवच्छादयामासुःसूर्यमभ्रगणाइव ३५ तान्निधम्यमहाबाहुःशरजालेनसंयुगे ॥ व्यद्रावयत्तवचमूंवज्रहस्तइवासुरीम् ३६ तेवध्यमानाःसमरेतावकाःपांडवैर्नृप ॥ विप्रकीर्यंतसहसावातनुन्नाघनाइव ३७ विपद्रुतेबलेतस्मिन्वध्यमानेसमं ततः ॥ द्रौणिरेकोऽभ्यायात्तूर्णंभीमसेनंमहाबलम् ३८ ततःसमागमोघोरोबभूवसहसातयोः ॥ यथादेवासुरेयुद्धेत्रत्रवासवयोरिव ३९ ॥ इतिश्रीमहाभारतेकर्णपर्वणि चित्रवधेचतुर्दशोऽध्यायः ॥ १४ ॥ ॥ ॥ ॥ संजयउवाच ॥ भीमसेनंततोद्रौणीराजन्विव्याधपत्रिणा ॥ परयात्वरयायुक्तोदंशयन्बललाघवम् १ अथैनंपु नराजघ्नेनवत्यानिशितैःशरैः ॥ सर्वमर्माणिसंप्रेक्ष्यमर्मज्ञोलघुहस्तवत् २ भीमसेनःसमाकीर्णोद्रौणिनानिशितैःशरैः ॥ रराजसमरेराजन्रश्मिवानिवभास्करः ३ ततः शरसहस्रेणसुप्रयुक्तेनपांडवः ॥ द्रोणपुत्रमवच्छाद्यसिंहनादममुंचत ४ शरैःशरांस्ततोद्रौणिःसंवार्ययुधिपांडवम् ॥ ललाटेऽभ्यहनद्राजन्नाराचेनस्मयन्निव ५ लला टस्थंततोबाणंधारयामासपांडवः ॥ यथाशृंगंवनेदृप्तःखड्गोधारयतेनृप ६

३६। ३७। ३८। ३९॥ ॥ इतिकर्णपर्वणिनीलकंठीयेभारतभावदीपेषुचतुर्दशोऽध्यायः ॥ १४ ॥ ॥ ॥ ॥ भीमेति १। २। ३। ४। ५ खड्गोगेंडकः ६

७ । ८ । ९ । १० । ११ । १२ कृतप्रतिकृतेअन्योन्यास्त्रप्रतिघाते १३ । १४ । १५ । १६ । १७ । १८ । १९ । २० । २१ ईषतुः इच्छांचक्रतुः । २२ । २३ । २४ । २५ उल्कानामन्योन्याभि

ततोद्रौणिंरणेभीमोयतमानंपराक्रमी ॥ त्रिभिर्विव्याधनाराचैर्ललाटेविस्मयन्निव ७ ललाटस्थैस्ततोबाणैर्ब्राह्मणोऽसौव्यशोभत ॥ प्रावृषीवयथासिक्तस्त्रिशृङ्गःपर्व
तोत्तमः ८ ततःशरशतैर्द्रौणिरर्दयामासपांडवम् ॥ नचैनंकंपयामासमातरिश्वेवपर्वतम् ९ तथैवपांडवोयुद्धेद्रौणिंशरशतैःशितैः ॥ नाकंपयतसंहृष्टोवार्योघइवपर्वतम्
१० तावन्योन्यंशरैर्घोरैश्छादयानौमहारथौ ॥ रथवर्यगतौवीरौशुशुभातेबलोत्कटौ ११ आदित्याविवसंदीप्तौलोकक्षयकरावुभौ ॥ स्वरश्मिभिरिवान्योन्यंतापयंतौश
रोत्तमैः १२ ततःप्रतिकृतेयत्नंकुर्वाणौतौमहारणे ॥ कृतप्रतिकृतेयत्तौशरसंघैरभीतवत् १३ व्याघ्राविवचसंग्रामेचेरतुस्तौनरोत्तमौ ॥ शरदंष्ट्रौदुराधर्षौचापवक्त्रौभयं
करौ १४ अभूतांतावदृश्यौचशरजालैःसमंततः ॥ मेघजालैरिवच्छन्नौगगनेचंद्रभास्करौ १५ चकाशेतेमुहूर्तेनततस्तावप्यरिंदमौ ॥ विमुक्तावभ्रजालेनअंगारकबुधा
विव १६ अथतत्रैवसंग्रामेवर्तमानेसुदारुणे ॥ अपसव्यंततश्चक्रेद्रौणिस्तत्रवृकोदरम् १७ किरञ्छरशतैरुग्रैर्धाराभिरिवपर्वतम् ॥ नतुतन्ममृषेभीमःशत्रोर्विजयलक्षणम्
१८ प्रतिचक्रेततोराजन्पांडवोऽप्यपसव्यतः ॥ मंडलानांविभागेषुगतप्रत्यागतेषुच १९ बभूवतुमुलंयुद्धंतयोःपुरुषसिंहयोः॥ चरित्वाविविधान्मार्गान्मंडलस्थानमेवच
२० शरैःपूर्णायतोत्सृष्टैरन्योन्यमभिजघ्नतुः ॥ अन्योन्यस्यवधेचैवचक्रतुर्यत्नमुत्तमम् २१ ईषतुर्विरथंचैवकर्तुमन्योन्यमाहवे ॥ ततोद्रौणिर्महास्त्राणिप्रादुश्चक्रेमहा
रथः २२ तान्यस्त्रैरेवसमरेप्रतिजघ्नेऽथपांडवः ॥ ततोघोरंमहाराजअस्त्रयुद्धमवर्तत २३ ग्रहयुद्धंयथाघोरंप्रजासंहरणेह्यभूत् ॥ तेबाणाःसमसज्जंतमुक्तास्ताभ्यांतुभा
रत २४ द्योतयंतोदिशःसर्वास्तवसैन्यंसमंततः ॥ बाणसंघैर्वृतंघोरमाकाशंसमपद्यत २५ उल्कापातावृतंयुद्धंप्रजानांसंक्षयेनृप ॥ बाणाभिघातात्संजज्ञेतत्रभारत
पावकः २६ सविस्फुलिंगोदीप्तार्चिर्योऽदहद्वाहिनीद्वयम् ॥ तत्रसिद्धामहाराजसंपतंतोऽब्रुवन्वचः २७ युद्धानामतिसर्वेषांयुद्धमेतदितिप्रभो ॥ सर्वयुद्धानिचैतस्य
कलांनार्हन्तिषोडशीम् २८ नेदृशंचपुनर्युद्धंभविष्यतिकदाचन ॥ अहोज्ञानेनसंपन्नावुभौब्राह्मणक्षत्रियौ २९ अहोशौर्येणसंपन्नावुभौचोग्रपराक्रमौ ॥ अहोभीमबलो
भीमएतस्यचकृतास्त्रता ३० अहोवीर्यस्यसारत्वमहोसौष्ठवमेतयोः ॥ स्थितावेतौहिसमरेकालांतकयमोपमौ ३१ रुद्रौद्वाविवसंभूतौयथाद्वाविवभास्करौ ॥ यमौवा
पुरुषव्याघ्रौघोररूपावुभौरणे ३२ इतिवाचःस्मश्रूयंतेसिद्धानांवैमुहुर्मुहुः ॥ सिंहनादश्वसंजज्ञेसमेतानांदिवौकसाम् ३३ अद्भुतंचाप्यचिन्त्यंचदृष्ट्वाकर्मतयोरणे ॥
सिद्धचारणसंघानांविस्मयःसमपद्यत ३४ प्रशंसंतितदादेवाःसिद्धाश्चपरमर्षयः ॥ साधुद्रौणेमहाबाहोसाधुभीमेतिचाब्रुवन् ३५ तौशूरौसमरेराजन्परस्परकृता
गसौ ॥ परस्परमुदीक्षेतांक्रोधादुद्वृत्यचक्षुषी ३६ ॥ ॥ ॥ ॥

मुखंपातास्तैराघ्रतमिवेतिलुप्तोपमा २६ । २७ । २८ । २९ । ३० । ३१ । ३२ । ३३ । ३४ । ३५ । ३६ ॥ ॥ ॥

तथैवदशनच्छदौक्रोधात्संदष्टोष्ठौ ३७ । ३८ । ३९ । ४० । ४१ तौबाणौभृशाहताविति हेतोः शराभ्यामग्रभागाभ्यां तयोस्तदीययोरथयोरुपस्थेमुख्यदेशेरथनीडइतियावत् ४२ । ४३ ४४ ॥ इतिकर्णपर्वणिनीलकंठीये भारतभावदीपेपंचदशोऽध्यायः ॥ १५ ॥ ॥ ॥ ॥ यथेति १ । २ । ३ । ४ । ५ । ६ । ७ सरत्नान् रत्नांगुलीयकादियुक्तान् । सरत्नीनिति

क्रोधरक्तेक्षणौतौतुक्रोधात्प्रस्फुरिताधरौ ॥ क्रोधात्संदष्टदशनौतथैवदशनच्छदौ ३७ अन्योन्यंछादयन्तौस्मशरवृष्ट्यामहारथौ ॥ शराम्बुधारौसमरेशस्त्रविद्युत्प्रकाशिनौ ३८ तावन्योन्यंध्वजंविद्ध्वासारथिंचमहारणे ॥ अन्योन्यस्यहयान्विद्ध्वाबिभिदातेपरस्परम् ३९ ततःक्रुद्धौमहाराजबाणौगृह्यमहाहवे ॥ उभौचिक्षिपतुस्तूर्णमन्योन्यस्यवधैषिणौ ४० तौसायकौमहाराजद्योतमानौचमूमुखे ॥ आजघ्नतुःसमासाद्यवज्रवेगौदुरासदौ ४१ तौपरस्परवेगाच्चशराभ्यांचभृशाहतौ ॥ निपेततुर्महावीर्यौरथोपस्थेतयोस्तदा ४२ ततस्तुसारथिर्ज्ञात्वाद्रोणपुत्रमचेतनम् ॥ अपोवाहरणाद्राजन्सर्वसैन्यस्यपश्यतः ४३ तथैवपांडवंराजन्विह्वलंतंमुहुर्मुहुः ॥ अपोवाहरथेनाजौविशोकःशत्रुतापनम् ४४ ॥ इतिश्रीमहाभारतेकर्णपर्वणिअश्वत्थामभीमसेनयोर्युद्धेपंचदशोऽध्यायः ॥ १५ ॥ ॥ धृतराष्ट्रउवाच ॥ यथासंशप्तकैःसार्धमर्जुनस्याभवद्रणः ॥ अन्येषांचमहीपानांपांडवैस्तद्ब्रवीहिमे १ अश्वत्थाम्नस्तुयद्युद्धमर्जुनस्यचसंजय ॥ अन्येषांचमहीपानांपांडवैस्तद्ब्रवीहिमे २ ॥ संजयउवाच ॥ शृणुराजन्यथावृत्तंसंग्रामंब्रुवतोमम ॥ वीराणांशत्रुभिःसार्धंदेहपाप्मासुनाशनम् ३ पार्थःसंशप्तकबलंप्रविश्यार्णवसन्निभम् ॥ व्यक्षोभयदमित्रघ्नोमहावातइवार्णवम् ४ शिरांस्युन्मथ्यवीराणांशितैर्भल्लैर्धनंजयः ॥ पूर्णचंद्राभवक्त्राणिस्वक्षिभ्रूदशनानिच ५ संतस्तारक्षितिंक्षिप्रंविनालैर्नलिनैरिव ॥ सुवृत्तानायतान्पुष्टांश्चन्दनागुरुभूषितान् ६ सायुधान्सतलत्रांश्चपंचास्योरगसन्निभान् ॥ बाहून्क्षुरैरमित्राणांचिच्छेदसमरेऽर्जुनः ७ धुर्यान्धुर्येतरान्सूतान्ध्वजांश्चापानिसायकान् ॥ पाणीन्सरत्नानसकृद्भल्लैश्चिच्छेदपांडवः ८ रथान्द्विपान्हयांश्चैवसारोहानर्जुनोयुधि ॥ शरैरनेकसाहस्रैर्निन्येराजन्यमक्षयम् ९ तंप्रवीराःसुसंरब्धानर्दमानाइवर्षभाः ॥ वासितार्थमिवक्रुद्धमभिद्रुत्यमदोत्कटाः १० निघ्नंतमभिजघ्नुस्तेशरैःशृंगैरिवर्षभाः ॥ तस्यतेषांचतद्युद्धमभवल्लोमहर्षणम् ११ त्रैलोक्यविजयेयद्वद्दैत्यानांसहवज्रिणा ॥ अस्त्रैरस्त्राणिसंवार्यद्विषतांसर्वतोऽर्जुनः १२ इषुभिर्बहुभिस्तूर्णंविद्ध्वाप्राणाञ्जहारसः ॥ छिन्नत्रिवेणुचक्राक्षान्हतयोधान्ससारथीन् १३ विध्वस्तायुधतूणीरान्समुन्मथितकेतनान् ॥ संछिन्नयोक्त्ररश्मीकान्विवरूथान्विकूबरान् १४ विस्रस्तबंधुरयुगान्विस्रस्ताक्षप्रमंडलान् ॥ रथान्विशकलीकुर्वन्महाभ्राणीवमारुतः १५ विस्मापयन्प्रेक्षणीयंद्विषतांभयवर्धनम् ॥ महारथसहस्रस्यसमंकर्माकरोज्जयः १६ ॥ ॥ ॥

पाठे रत्निः कुर्परादाकनिष्ठांतःकरस्तत्सहितान्पाणीन् ८ । ९ सुसंरब्धाइत्यत्रसुसंमर्दाइतिपाठे शोभनःस्वर्गदःसंमर्दोयेषांतथाभूताः वासितापुष्पवतीगौस्तदर्थम् १० । ११ । १२ छिन्नेति। त्रिवेणुः उभयतःकाष्ठद्वयसहितोधूर्दंडः अक्षश्चक्राधारदंडः १३ योक्त्राणिबंधनरज्जवः रश्मयःप्रग्रहाः विवरूथान्रथगुप्तिरहितान् कूबरस्त्रिवेणोरग्रभागः १४ बंधुरंरथतल्पः युगंधूरग्रकाष्ठं अक्षप्रमंडलंरथनीडाक्षयोःसंधानकाष्ठजातं विशकलीकुर्वन्विशेषेणशकलीकुर्वन् १५ । १६ ॥ ॥ ॥ ॥ ॥

१७ चंद्रादीनांकांत्यादीन्यथासंख्यंबिभ्रतुः १८ । १९ । २० अमित्रघ्नाःकराकारमग्रफलकंयेषांतान्अमित्रघ्नकरान् २१ अर्हंपूजयितुंयोग्यम् २२ । २३ । २४ अनंतरं प्रथमम् २५ । २६ । २७ । २८

सिद्धदेवर्षिसंघाश्चचारणाश्चापितुष्टुवुः ॥ देवदुंदुभयोनेदुःपुष्पवर्षाणिचापतन् १७ केशवार्जुनयोर्मूर्ध्निप्राहवाक्शरीरिणी ॥ चंद्राग्न्यनिलसूर्याणांकांतिदीप्तिबलद्युतीः
१८ यौसदाबिभ्रतुर्वीरावियौतौकेशवार्जुनौ ॥ ब्रह्मेशानाविवाजय्यौवीरावेकरथेस्थितौ १९ सर्वभूतवरौवीरौनरनारायणाविमौ ॥ इत्येतन्महदाश्चर्यंदृष्ट्वाश्रुत्वाच
भारत २० अश्वत्थामासुसंयत्तःकृष्णावभ्यद्रवद्रणे ॥ अथपांडवमस्यंतममित्रघ्नकराञ्छरान् २१ सेषुणापाणिनाऽऽहूयप्रहसन्द्रौणिरब्रवीत् ॥ यदिमांमन्यसेवीरप्राप्त
मर्हमिहातिथिम् २२ ततःसर्वात्मनात्वद्ययुद्धातिथ्यंप्रयच्छमे ॥ एवमाचार्यपुत्रेणसमाहूतोयुयुत्सया २३ बहुमेनेऽर्जुनोऽऽत्मानमितिचाहजनार्दनम् ॥ संशप्त
काश्चमेवध्याद्रौणिराह्वयतेचमाम् २४ यदत्रानंतरंप्राप्तंशंसमेतद्धिमाधव ॥ आतिथ्यकर्माभ्युत्थायदीयतांयदिमन्यसे २५ एवमुक्तोऽवहत्पार्थंकृष्णोद्रोणात्मजांतिके ॥
जैत्रेणविधिनाऽऽहूतंवायुरिन्द्रमिवाध्वरे २६ तमामंत्र्यैकमनसंकेशवोद्रौणिमब्रवीत् ॥ अश्वत्थामन्स्थिरोभूत्वाप्रहराशुसहस्वच २७ निर्वेष्टुंभर्तृपिंडंहिकालोऽयमुपजी
विनाम् ॥ सूक्ष्मोविवादोविप्राणांस्थूलौक्षात्रौजयाजयौ २८ याममभ्यर्थयसेमोहाद्दिव्यांपार्थस्यसत्क्रियाम् ॥ तामाप्तुमिच्छन्युध्यस्वस्थिरोभूत्वाऽद्यपांडवम् २९
इत्युक्तोवासुदेवेनतथेत्युक्त्वाद्विजोत्तमः ॥ विव्याधकेशवंषष्ट्यानाराचैरर्जुनंत्रिभिः ३० तस्यार्जुनःसुसंक्रुद्धस्त्रिभिर्बाणैःशरासनम् ॥ चिच्छेदचान्यदादत्तद्रौणिर्घोर
तरंधनुः ३१ सज्यंकृत्वानिमेषाच्चविव्याधार्जुनकेशवौ ॥ त्रिभिःशतैर्वासुदेवंसहस्रेणचपांडवम् ३२ ततःशरसहस्राणिप्रयुतान्यर्बुदानिच ॥ ससृजेद्रौणिरायस्तः
संस्तभ्यचरणेऽर्जुनम् ३३ इषुधेर्धनुषश्चैवज्यायाश्चैवाथमारिष ॥ बाह्वोःकराभ्यामुरसोवदनघ्राणनेत्रतः ३४ कर्णाभ्यांशिरसोऽङ्गेभ्योलोमवर्मभ्यएवच ॥ रथध्वजे
भ्यश्चशरानिष्पेतुर्ब्रह्मवादिनः ३५ शरजालेनमहताविद्ध्वामाधवपांडवौ ॥ ननादमुदितोद्रौणिर्महामेघौघनिःस्वनम् ३६ तस्यतंनिनदंश्रुत्वापांडवोऽच्युतमब्र
वीत् ॥ पश्यमाधवदौरात्म्यंगुरुपुत्रस्यमांप्रति ३७ वधंप्राप्तौमन्यतेनौप्रावेश्यशरवेश्मनि ॥ एषोऽस्मिहन्मिसंकल्पंशिक्षयाचबलेनच ३८ अश्वत्थाम्नःशरान्
स्तांश्छित्त्वैकैकंत्रिधात्रिधा ॥ व्यधमद्भरतश्रेष्ठोनीहारमिवमारुतः ३९ ततःसंशप्तकान्भूयःसाश्वसूतरथद्विपान् ॥ ध्वजपत्तिगणानुग्रैर्बाणैर्विव्याधपांडवः ४०
येयेददृशिरेतत्रयद्यद्रूपास्तदाजनाः ॥ तेतेतत्रशरैर्व्याप्तंमेनिरेऽऽत्मानमात्मना ४१ तेगांडीवप्रमुक्तास्तुनानारूपाःपतत्रिणः ॥ क्रोशेसाग्रेस्थितान्घ्नंतिद्विपांश्च
पुरुषान्रणे ४२ भल्लैश्छिन्नाःकराःपेतुःकरिणांमदवर्षिणाम् ॥ यथावनेपरशुभिर्निकृत्ताःसुमहाद्रुमाः ४३ पश्चात्तुशैलवत्पेतुस्तेगजाःसहसादिभिः ॥ वज्रिव
ज्रप्रमथितायथैवाद्रिचयास्तथा ४४ ॥ ॥ ॥ ॥ ॥

२९ । ३० । ३१ । ३२ आयस्तोयत्नवान् ३३ । ३४ इषुधिप्रभृतिभ्यःशराःपेतुर्लोमभ्योऽपिवर्मभ्योपिचपेतुस्तत्रहेतुर्ब्रह्मवादिनःयोगबलवतइत्यर्थः ३५ । ३६ । ३७ । ३८ । ३९ । ४० । ४१ । ४२ । ४३ । ४४

४५ । ४६ । ४७ महत्शैलंशिलासमूहोयस्मिन्तंमहाशैलंपर्वतमिव ४८ । ४९ पांडवेस्त्राणीत्यत्र कांडकोशानितिपाठे बाणानांकोशभूतान्निषंगान्न्यवेदयत् ५० । ५१ ॥ इतिकर्णपर्वणिनीलकंठीयेभारतभावदीपेषोडशोऽध्यायः ॥ १६ ॥ ॥ ॥ ततइति । नक्षत्रमभितःनक्षत्रंलक्षीकृत्य १ विमार्गस्थौवक्रातिचारगौ २ । ३ कृष्णौकृष्णार्जुनौ आसतुःदीपयांचक्रतुः ४ सर्वतोधारंसर्वतोऽस्त्रधारावर्षकं वज्रकल्पैःअ

॥ १३ ॥ गंधर्वनगराकारान्रथांश्चैवसुकल्पितान् ॥ विनीतैर्जवनैर्युक्तानास्थितान्युद्धदुर्मदैः ४५ शरैर्विशकलीकुर्वन्नमित्रानभ्यवीवृषत् ॥ स्वलंकृतानश्वसादीन्पत्तींश्चाहन्धनंजयः ४६ धनंजययुगांतार्कःसंशप्तकमहार्णवम् ॥ व्यशोषयतदुःशोषंतीक्ष्णैःशरगभस्तिभिः ४७ पुनर्द्रौणिंमहाशैलंनाराचैर्वज्रसन्निभैः ॥ निर्बिभेदमहावेगैस्त्वरन्वज्रीवपर्वतम् ४८ तमाचार्यसुतःक्रुद्धःसाश्वयंतारमाशुगैः ॥ युयुत्सुरागमद्योद्धुंपार्थस्तानच्छिनच्छरान् ४९ ततःपरमसंक्रुद्धःपांडवेऽस्त्राण्यवासृजत् ॥ अश्वत्थामाऽभिरूपायगृहानतिथयेयथा ५० अथसंशप्तकांस्त्यक्त्वापांडवोद्रौणिमभ्ययात् ॥ अपांक्तेयानिवत्यक्त्वादातापांक्तेयमर्थिनम् ५१ ॥ इतिश्रीमहाभारतेकर्णपर्वणिअश्वत्थामार्जुनसंवादेषोडशोऽध्यायः ॥ १६ ॥ ॥ ॥ ॥ संजयउवाच ॥ ततःसमभवद्युद्धंशुक्रांगिरसवर्चसोः ॥ नक्षत्रमभितोव्योम्निशुक्रांगिरसयोरिव १ संतापयंतावन्योन्यंदीप्तैःशरगभस्तिभिः ॥ लोकत्रासकरावास्तांविमार्गस्थौग्रहाविव २ ततोऽविध्यद्भ्रुवोर्मध्येनाराचेनार्जुनोभृशम् ॥ सतेनविबभौद्रौणिरूर्ध्वरश्मिर्यथारविः ३ अथकृष्णौशरशतैरश्वत्थाम्नाऽर्दितौभृशम् ॥ स्वरश्मिजालविकचौयुगांतार्काविवासतुः ४ ततोऽर्जुनःसर्वतोधारमस्त्रमवासृजद्वासुदेवेभिभूते ॥ द्रौणायनिंचाभ्यहनत्पृषत्कैर्वज्राग्निवैवस्वतदंडकल्पैः ५ मकेशवंचार्जुनंचातितेजाविव्याधमर्मस्वतिरौद्रकर्मा ॥ बाणैःसुमुक्तैरतितीव्रवेगैर्यैराहतोमृत्युरपिव्यथेत ६ द्रौणेरिषूनर्जुनःसन्निवार्यव्यायच्छतस्तद्द्विगुणैःसुपुंखैः ॥ तंसाश्वसूतध्वजमेकवीरमावृत्यसंशप्तकसैन्यमार्च्छत् ७ धनूंषिबाणानिषुधीर्धनुर्ज्याःपाणीन्भुजान्पाणिगतंचशस्त्रम् ॥ छत्राणिकेतूंस्तुरगान्रथेषांवस्त्राणिमाल्यान्यथभूषणानि ८ चर्माणिवर्माणिमनोरमाणिप्रियाणिसर्वाणिशिरांसिचैव ॥ चिच्छेदपार्थोद्विषतांसुयुक्तैर्बाणैःस्थितानामपराङ्मुखानाम् ९ सुकल्पिताःस्यंदनवाजिनागाःसमास्थितायत्नकृतैर्नृवीरैः ॥ पार्थेरितैर्बाणशतैर्निरस्तास्तैरेवसार्द्धंनृवरानिपेतुः १० पद्मार्कपूर्णेन्दुनिभाननानिकिरीटमाल्याभरणोज्ज्वलानि ॥ भल्लार्धचंद्रक्षुरकर्तितानिप्रपेतुरुर्व्यांनृशिरांस्यजस्रम् ११ अथद्विपैर्देवरिपुद्विपाभैर्देवारिदर्पापहमत्युदग्रम् ॥ कलिंगवंगांगनिषादवीराजिघांसवःपांडवमभ्यधावन् १२ तेषांद्विपानांनिचकर्त्तपार्थोवर्माणिचर्माणिकरान्नियंतॄन् ॥ ध्वजान्पताकाश्चततःप्रपेतुर्वज्राहतानीवगिरेःशिरांसि १३ तेषुप्रभग्नेषुगुरोस्तनूजंबाणैःकिरीटीनवसूर्यवर्णैः ॥ प्रच्छादयामासमहाभ्रजालैर्वायुःसमुद्यंतमिवांशुमंतम् १४ ततोऽर्जुनेषूनिषुभिर्निरस्यद्रौणिःशितैरर्जुनवासुदेवौ ॥ प्रच्छादयित्वादिविचंद्रसूर्यौननादसोऽम्भोदइवातपान्ते १५ ॥ ॥ ॥ ॥ ॥ १३ ॥

मोघैः अग्निकल्पैःदाहकैःवैवस्वतदंडकल्पैःप्राणहरैः ५ । ६ व्यायच्छतोयतमानस्य आर्च्छत्वगतवान् ७।८।९।१०।११ सुकल्पिताःसुसन्नद्धाः यत्नकृतैः कृतयत्नैः तैरेववाणैरेव देवरिपुश्चासौद्विपश्चेतिगजासुरतुल्यैरित्यर्थः १२ करान्शुण्डाः १३ । १४ । १५

तंअश्वत्थामानं तान्तदन्यान् तैःकृतंक्षणान्धकारंकृत्वाछित्वा कृतीच्छेदने १६ संस्यूताःअन्योन्यंसंघट्टवन्तः १७ । १८ समाप्तविद्येनसमग्रधनुर्वेदविदा १९ अक्रियावानप्रतिकाररहितः २० । २१
अविकर्णैःअविकर्णतुल्याग्रैः २२ अंगिरसांअंगिरोगोत्राणांमध्ये २३ । २४ । २५ ओघनादिनाजलौघवन्नादवता २६ ॥ इतिकर्णपर्वणिनीलकंठीयेभारतभावदीपेसप्तदशोऽध्यायः ॥ १७ ॥ ॥

तमर्जुनस्तांश्चपुनस्त्वदीयानभ्यर्दितस्तैरभिसृत्यशस्त्रैः ॥ बाणांधकारंसहसैवकृत्वाविव्याधसर्वानिषुभिःसुपुंखैः १६ नाप्याददत्संदधन्नैवमुंचन्बाणान्रथेऽदृश्यतसव्य
साची ॥ रथांश्चनागांस्तुरगान्पदातीन्संस्यूतदेहान्ददृशुर्हतांश्च १७ संधायनाराचवरान्दशाशुद्रौणिस्त्वरन्नेकमिवोत्ससर्ज ॥ तेषांचपंचार्जुनमभ्यविध्यन्पंचाच्यु
तंनिर्बिभिदुःसुपुंखाः १८ तैराहतौसर्वमनुष्यमुख्यावसृक्क्षरंतौधनदेंद्रकल्पौ ॥ समाप्तविद्येनतथाभिभूतौहतौरणेताविति मेनिरेऽन्ये १९ अथार्जुनंप्राहदशार्हनाथः
प्रमाद्यसेकिंजहियोधमेतम् ॥ कुर्याद्धिदोषंसमुपेक्षितोऽयंकष्टोभवेद्व्याधिरिवाक्रियावान् २० तथेतिचोक्त्वाऽच्युतमप्रमादीद्रौणिंप्रयत्नादिषुभिस्ततक्ष ॥ भुजौवरौचं
दनसारदिग्धौवक्षःशिरोऽथाप्रतिमौतथोरू २१ गांडीवमुक्तैःकुपितोविकर्णैर्द्रौणिंशरैःसंयतिनिर्बिभेद ॥ छित्त्वातुरश्मींस्तुरगानविध्यत्तेतंरणाद्दूरमतीवदूरम् २२
सतैर्हृतौवातजवैस्तुरंगैर्द्रौणिर्दृढंपार्थशराभिभूतः ॥ इयेषनावृत्यपुनस्तुयोद्धुंपार्थेनसार्द्धंमतिमान्विमृश्य ॥ जानन्जयंनिततंवृष्णिवीरेधनंजयेचांगिरसांवरिष्ठः २३
नियम्यसहयान्द्रौणिःसमाश्वास्यचमारिष ॥ रथाश्वनरसंबाधंकर्णस्यप्राविशद्बलम् २४ प्रतीपकारिणिरणादश्वत्थाम्निहृतेहयैः ॥ मंत्रौषधिक्रियायोगैर्व्याधौदेहा
दिवाहृते २५ संशप्तकानभिमुखौप्रयातौकेशवार्जुनौ ॥ वातोद्धूतपताकेनस्यंदनेनौघनादिना २६ ॥ इतिश्रीमहाभारतेकर्णपर्वणिअश्वत्थामपराजयेसप्तदशोऽ
ध्यायः ॥ १७ ॥ ॥ संजयउवाच ॥ अथोत्तरेणपांडूनांसेनायांध्वनिरुत्थितः ॥ रथनागाश्वपत्तीनांदंडधारेणवध्यताम् १ निवर्त्तयित्वातुरथंकेशवोऽर्जुनम
ब्रवीत् ॥ वाहयन्नेवतुरगान्गरुडानिलरंहसः २ मागधोऽप्यतिविक्रांतोद्विरदेनप्रमाथिना ॥ भगदत्तादनवरःशिक्षयाचबलेनच ३ एनंहत्वानिहंताऽसिपुनःसंशप्त
कानिति ॥ वाक्यांतेप्रापयत्पार्थंदंडधारांतिकंप्रति ४ समागधानांप्रवरोंकुशग्रहेग्रहेप्रसह्योविकचोयथाग्रहः ॥ सपत्नसेनांप्रममाथदारुणोमहींसमग्रांविकचोयथाग्रहः
५ सुकल्पितंदानवनागसन्निभंमहाभ्रनिर्ह्रादममित्रमर्दनम् ॥ रथाश्वमातङ्गगणान्सहस्रशःसमास्थितोहंतिशरैर्नरानपि ६ रथानधिष्ठायसवाजिसारथीन्नरांश्चपादैर्द्वि
रदोव्यपोथयत् ॥ द्विपांश्चपद्भ्यांममृदेकरेणद्विपोत्तमोहंतिचकालचक्रवत् ७ नरांस्तुकार्ष्णायसवर्मभूषणान्निपात्यसाश्वानपिपत्तिभिःसह ॥ व्यपोथयद्दंतिवरेणशुष्मि
णासशब्दवत्स्थूलनलंयथातथा ८ ॥ ॥ ॥ ॥

अथेति । उत्तरेणउत्तरतः वध्यतांवध्यमानाम् १ । २ अनवरःअहीनः ३ । ४ अंकुशग्रहेअंकुशधारणेहस्तियुद्धेइत्यर्थः ग्रहेआदित्यादिग्रहसमूहेयुद्धपरिग्रहेचअप्रसह्यः विकचःकचोपलक्षितशिरोरहितः
केतुरूपीग्रहइवविकचोविस्तीर्णोग्रहोधूमकेतुरूपीउत्पातग्रहः ५ दानवनागसन्निभंगजासुरोपमं गजमित्यर्थात्समास्थितःसहंतीत्यन्वयः ६ रथान्पादैरधिष्ठायाक्रम्यममृदेमर्दयामासेत्युत्तरार्द्धस्यानुकर्षः । एवंकरे
णशुंडयानरादीनपोथयदिति । एवंद्विपोहंतिरथादीनित्यर्थात् ७ शुष्मिणाबलवता स्थूलंसुषिरंनलंतृणविशेषम् ८

संकुलेरणदेशेइतिसामर्थ्यात्ज्ञेयं ९ ।१०।११ सगुणेषुकार्मुकंमौर्वीबाणसहितंधनुः नियन्तॄन् नियंतारं 'घनाघनोघातुकमत्तदंतिनोः' इतिविश्वः १२ सहैवयुगपत् १३ । १४ चरन्गच्छन् भ्रमन्भ्रांतिंप्राप्नुवन्नतएवप्रस्खलितांतरः मध्येस्खलन्नित्यर्थः सनियंतृकः महामात्रसहितःपपात तथापातयोग्यंयथास्यात्तथारुग्णःपीडितोयथैवंभूतःपपातेतिपृथगन्वयः १५ इंद्रावरजंविष्णुंकृष्णमित्यर्थः

॥ १४ ॥ अ० १९

अथाऽर्जुनोज्यातलनेमिनिःस्वनेमृदंगभेरीबहुशंखनादिते ॥ रथाश्वमातंगसहस्रसंकुलेरथोत्तमेनाभ्यपतद्द्विपोत्तमम् १ ततोऽर्जुनंद्वादशभिःशरोत्तमैर्जनार्दनं षोडशभिःसमार्पयत् ॥ सदण्डधारस्तुरगांस्त्रिभिस्त्रिभिस्ततोननादप्रजहासचासकृत् १० ततोऽस्यपार्थःसगुणेषुकार्मुकंचकर्तभल्लैर्ध्वजमप्यलंकृतम् ॥ पुनर्नियंतॄन्सहपादगोप्तृंस्ततःसचुक्रोधगिरिव्रजेश्वरः ११ ततोऽर्जुनंभिन्नकटेनदंतिनाघनाघनेनानिलतुल्यवर्चसा ॥ अतीवचुक्षोभयिषुर्जनार्दनंधनंजयंचाभिजघानतोमरैः १२ अथास्यबाहूद्वीपहस्तसन्निभौशिरश्चपूर्णेन्दुनिभाननंत्रिभिः ॥ क्षुरैःप्रचिच्छेदसहैवपांडवस्ततोद्विपंबाणशतैःसमार्पयत् १३ सपार्थबाणैस्तपनीयभूषणैःसमाचितःकांचनवर्मभृद्द्विपः ॥ तथाचकाशेनिशिपर्वतोयथादावाग्निनाप्रज्वलितौषधिद्रुमः १४ सवेदनार्तोऽम्बुदनिःस्वनोनदंश्चरन्भ्रमन्प्रस्खलितांतरोऽद्रवत् ॥ पपातरुग्णःसनियंतृकस्तथायथागिरिर्वज्रविदारितस्तथा १५ हिमावदातेनसुवर्णमालिनाहिमाद्रिकूटप्रतिमेनदंतिना ॥ हतेरणेभ्रातरिदण्डआव्रजज्जिघांसुरिन्द्रावरजंधनंजयम् १६ सतोमरैरर्ककरप्रभैस्त्रिभिर्जनार्दनंपंचभिरर्जुनंशितैः ॥ समर्पयित्वाविननादनर्दयंस्ततोऽस्यबाहूनिचकर्तपांडवः १७ क्षुरप्रकृत्तौसुभृशंसतोमरौशुभांगदौचंदनरूषितौभुजौ ॥ गजात्पतंतौयुगपद्विरेजतुर्यथाद्रिशृंगाद्रुचिरौमहोरगौ १८ तथाऽर्धचन्द्रेणहृतंकिरीटिनापपातदण्डस्यशिरःक्षितिंद्विपात् ॥ सशोणिताद्रांन्निपतन्विरेजेदिवाकरोस्तादिवपश्चिमांदिशम् १९ अथद्विपंश्वेतवराभ्रसन्निभंदिवाकरांशुप्रतिमैःशरोत्तमैः ॥ बिभेदपार्थःसपपातनादयन्हिमाद्रिकूटंकुलिशाहतंयथा २० ततोऽपरेतत्प्रतिमागजोत्तमाजिगीषवःसंयतिसव्यसाचिना ॥ तथाकृतास्तेचयथैवतौद्विपौततःप्रभग्नंसुमहद्रिपोर्बलम् २१ गजारथाश्वाःपुरुषाश्चसंघशःपरस्परघ्नाःपरिपेतुराहवे ॥ परस्परंप्रस्खलिताःसमाहिताभृशंनिपेतुर्बहुभाषिणोहताः २२ अथार्जुनंस्वेपरिवार्यसैनिकाःपुरंदरंदेवगणाइवाब्रुवन् ॥ अभैष्मयस्मान्मरणादिवप्रजाःसवीरदिष्ट्यानिहतस्त्वयारिपुः २३ नचेदरक्षिष्यइमंजनंभयाद्द्विषद्भिरेवंबलिभिःप्रपीडितम् ॥ तथाभविष्यद्द्विषतांप्रमोदनंयथाहतेष्वेष्विहनोऽरिसूदन २४ इतीवभूयश्चसुहृद्भिरीडितानिशम्यवाचःसुमनास्ततोऽर्जुनः ॥ यथानुरूपंप्रतिपूज्यतंजनंजगामसंशप्तकसंघहापुनः २५ ॥ इतिश्रीमहाभारतेकर्णपर्वणिदंडवधेऽष्टादशोऽध्यायः ॥ १८ ॥ ॥ संजयउवाच ॥ प्रत्यागत्यपुनर्जिष्णुर्जघ्नेसंशप्तकान्बहून् ॥ वक्रातिवक्रगमनादंगारकइवग्रहः १ पार्थबाणहताराजन्नराश्वरथकुंजराः ॥ विचेलुर्बभ्रमुर्नेशुःपेतुर्मम्लुश्चभारत २ ॥ ॥ ॥ ॥ ॥ २४ ॥

धनंजयंचजिघांसुर्दण्डआव्रजत् दन्तिनासहेतिशेषः १६ नर्दयन्शब्दंकारयन् १७ । १८ अस्तात्अस्ताचलात् १९ । २० गजोत्तमाः महागजारूढाः तौदण्डधारतत्भ्रात्रोर्द्विपौसाध्यक्षौकृत्तौछिन्नौ तथा तेऽपिकृत्ताश्छिन्नाः २१ । २२ । २३ । २४ । २५ ॥ ॥ इतिकर्णपर्वणि नीलकंठीये भारतभावदीपे अष्टादशोऽध्यायः ॥ १८ ॥ ॥ प्रत्येति १ । २

धुर्यानश्रेष्ठान्धुर्यगतान्वाहान्वाहादीन् अमित्रवीराणांचिच्छेदेतिद्वयोःसंबंधः ३ । ४ वासितार्थेस्त्रीनिमित्तं । 'वासिताकरिणीनार्योर्वासितंसुरभीकृते' इतिविश्वः । यथास्त्रयंवरस्थांस्त्रियंप्राप्तुं वृषभाश्चअत्वृष भाश्चतेषांयूथंवृषभावृषभं श्रेष्ठाश्रेष्ठयोधकुलमहंपूर्विकयानिपततिएवंयुद्धेऽर्जुनंप्राप्तुंराजानइत्यर्थः । वासितंअतिश्रेष्ठंराज्यादिकंवावस्तु ५ । ६ तस्यउग्रायुधसुतस्यअपाहरदर्जुनइतिशेषः ७ उष्णगेग्रीष्मेगतेम

धुर्यान्धुर्यगतान्सूतान्ध्वजांश्चापानिसायकान् ॥ पाणीन्पाणिगतंशस्त्रंबाहूनपिशिरांसिच ३ भल्लैःक्षुरैरर्धचंद्रैर्वत्सदंतैश्चपांडवः ॥ चिच्छेदामित्रवीराणांसमरेप्रति युध्यताम् ४ वासितार्थेयुयुत्संतोवृषभावृषभंयथा ॥ निपतंत्यर्जुनंशूराःशतशोऽथसहस्रशः ५ तेषांतस्यचतद्युद्धमभवल्लोमहर्षणम् ॥ त्रैलोक्यविजयेयादृग्दैत्यानां सहवज्रिणा ६ तमविध्यत्त्रिभिर्बाणैर्दंदशूकैरिवाहिभिः ॥ उग्रायुधसुतस्तस्यशिरःकायादपाहरत् ७ तेऽर्जुनंसर्वतःक्रुद्धानानाशस्त्रैरवीवृषन् ॥ मरुद्भिःप्रेरितामेघाहि मवंतमिवोष्णगे ८ अस्त्रैरस्त्राणिसंवार्यद्विषतांसर्वतोऽर्जुनः ॥ सम्यगस्तैःशरैःसर्वानहितानहनद्बहून् ९ छिन्नत्रिवेणुसंघातान्हताश्वान्पार्ष्णिसारथीन् ॥ विस्रस्तह स्ततूणीरान्विचक्ररथकेतनान् १० संछिन्नरश्मियोक्त्राक्षान्व्यनुकर्षयुगात्रथान् ॥ विध्वस्तसर्वसन्नाहान्बाणैश्चक्रेऽर्जुनस्तदा ११ तेरथास्तत्रविध्वस्ताःपरार्ध्याभां त्यनेकशः ॥ धनिनामिववेश्मानिहतान्यग्न्यनिलांबुभिः १२ द्विपाःसंभिन्नमर्माणोवज्राशनिसमैःशरैः ॥ पेतुर्गिर्यग्रवेश्मानिवज्रपाताग्निभिर्यथा १३ सारोहास्तु रगाःपेतुर्बहवोऽर्जुनताडिताः ॥ निर्जिह्वांत्राःक्षितौक्षीणारुधिरार्द्राःसुदुर्दृशः १४ नराश्वनागानाराचैःसंस्यूताःसव्यसाचिना ॥ बभ्रमुश्चस्खलुःपेतुर्नेदुर्मम्लुश्चमारिष १५ अनेकैश्चशिलाधौतैर्वज्राशनिविषोपमैः ॥ शरैर्निजघ्निवान्पार्थोमहेंद्रइवदानवान् १६ महार्हवर्माभरणानानारूपांबरायुधाः ॥ सरथाःसध्वजावीराहताःपार्थेन शेरते १७ विजिताःपुण्यकर्माणोविशिष्टाभिजनश्रुताः ॥ गताःशरीरैर्वसुधामूर्जितैःकर्मभिर्दिवम् १८ अथार्जुनंरथवरंत्वदीयाःसमभिद्रवन् ॥ नानाजनपदाध्यक्षाः सगणाजातमन्यवः १९ उह्यमानारथाश्वैभैःपत्तयश्चजिघांसवः ॥ समभ्यधावन्नस्यंतोविविधंक्षिप्रमायुधम् २० तदायुधमहावर्षंमुक्तंयोधमहांबुदैः ॥ व्यधमन्निशि तैर्बाणैःक्षिप्रमर्जुनमारुतः २१ साश्वपत्तिद्विपरथंमहाशस्त्रौघसंप्लवम् ॥ सहसासंतितीर्षंतंपार्थंशस्त्रास्त्रसेतुना २२ अथाब्रवीद्वासुदेवःपार्थकिंक्रीडसेऽनघ ॥ संशप्तका न्प्रमथ्यैनांस्ततःकर्णवधेत्वर २३ तथेत्युक्त्वाऽर्जुनःकृष्णंशिष्टान्संशप्तकांस्तदा ॥ आक्षिप्यशस्त्रेणबलाद्दैत्यानिंद्रइवावधीत् २४ आददत्संदधन्नेषून्दृष्टःकैश्चिद्र णेऽर्जुनः ॥ विमुंचन्वाशरान्शीघ्रंदृश्यतेऽवहितैरपि २५ आश्चर्यमितिगोविंदःसममन्यतभारत ॥ हंसांशुगौरास्तेसेनांहंसाःसरइवाविशन् २६ ततःसंग्राममभूमिंचवर्त मानेजनक्षये ॥ अवेक्षमाणोगोविंदःसव्यसाचिनमब्रवीत् २७ एषपार्थमहारौद्रोवर्ततेभरतक्षयः ॥ पृथिव्यांपार्थिवानांवैदुर्योधनकृतेमहान् २८

तिप्रावृषीत्यर्थः । उष्णोग्रीष्मोगतोऽतीतोयत्रसउष्णगःकालविशेषइतिविग्रहः ८ अस्तैःक्षिप्तैः ९ । १० अनुकर्षःरथाधस्थंदारु ११ । १२ । १३ निर्जिह्वांत्राःनिर्गताजिह्वाःअंत्राणिचयेषांते १४ । १५ १६ । १७ । १८ । १९।२० । २१ । २२ । २३ । २४ । २५ । २६ । २७ । २८

म. भा. टी. कलापानलंकरान् २९।३० आकीर्णान्सर्वतोविक्षिप्तान् ।३१।३२।३३।३४।३५।३६ वाजीनांशरीरैरितिसंबंधः दैर्घ्यमार्षम् ३७।३८।३९।४०।४१।४२।४३।४४।४५ कर्ण० ८

॥ १९॥ पश्यभारतचापानिरुक्मपृष्ठानिधन्विनाम् ॥ महतांचापविद्धानिकलापानिषुधींस्तथा २९ जातरूपमयैःपुंखैःशरांश्चनतपर्वणः ॥ तैलधौतांश्चनाराचान्विमुक्ता अ०
निवपन्नगान् ३० आकीर्णांस्तोमरांश्चापिविचित्रान्हेमभूषितान् ॥ चर्माणिचापविद्धानिरुक्मपृष्ठानिभारत ३१ सुवर्णविकृतान्प्रासान्शक्तीःकनकभूषिताः ॥ १९
जाम्बूनदमयैःपट्टैर्बद्धाश्चविपुलागदाः ३२ जातरूपमयीश्चर्ष्टीःपट्टिशान्हेमभूषितान् ॥ दण्डैःकनकचित्रैश्चविप्रविद्धान्परश्वधान् ३३ परिघान्भिंदिपालांश्चभुशुण्डीः
कुणपानपि ॥ अयस्कुन्तांश्चपतितान्मुसलानिगुरूणिच ३४ नानाविधानिशस्त्राणिप्रगृह्यजयगृद्धिनः ॥ जीवंतइवदृश्यन्तेगतसत्वास्तरस्विनः ३५ गदाविमथितै
र्गात्रैर्मुसलैर्भिन्नमस्तकान् ॥ गजवाजिरथैःक्षुण्णान्पश्ययोधान्सहस्रशः ३६ मनुष्यगजवाजीनांशरशक्त्यृष्टितोमरैः ॥ निस्त्रिंशैःपट्टिशैःप्रासैर्नखरैर्लगुडैरपि ३७
शरीरैर्बहुधाछिन्नैःशोणितौघपरिप्लुतैः ॥ गतासुभिरमित्रघ्नसंवृतारणभूमयः ३८ बाहुभिश्चंदनादिग्धैःसांगदैःशुभभूषणैः ॥ सतलत्रैःसकेयूरैर्भातिभारतमेदिनी ३९
सांगुलित्रैर्भुजाग्रैश्चविप्रविद्धैरलंकृतैः ॥ हस्तिहस्तोपमैश्छिन्नैरूरुभिश्चतरस्विनाम् ४० बद्धचूडामणिवरैःशिरोभिश्चसकुंडलैः ॥ रथांश्चबहुधाभग्नान्हेमकिंकि
णिनःशुभान् ४१ अश्वांश्चबहुधापश्यशोणितेनपरिप्लुतान् ॥ अनुकर्षानुपासंगान्पताकाविविधान्ध्वजान् ४२ योधानांचमहाशंखान्पांडुरांश्चप्रकीर्णकान् ॥ निर
स्तजिह्वान्मातंगान्शयानान्पर्वतोपमान् ४३ वैजयंतीर्विचित्राश्चहतांश्चगजयोधिनः ॥ वारणानांपरिस्तोमान्संयुक्तानेककंबलान् ४४ विपाटितविचित्राश्चरूप
चित्राःकुथास्तथा ॥ भिन्नाश्चबहुधाघंटाःपतद्भिश्चूर्णितागजैः ४५ वैदूर्यमणिदण्डांश्चपतितांश्चांकुशान्भुवि ॥ अश्वानांचयुगापीडान्रत्नचित्रानुरश्छदान् ४६ विद्धाः
सादिध्वजाग्रेषुसुवर्णविकृताःकुथाः ॥ विचित्रान्मणिचित्रांश्चजातरूपपरिष्कृतान् ४७ अश्वास्तरपरिस्तोमान्रांकवान्पतितान्भुवि ॥ चूडामणीन्नरेन्द्राणांविचि
त्राःकांचनस्रजः ४८ छत्राणिचापविद्धानिचामरव्यजनानिच ॥ चंद्रनक्षत्रभासैश्चवदनैश्चारुकुण्डलैः ४९ क्लृप्तश्मश्रुभिराकीर्णांपूर्णचंद्रनिभैर्महीम् ॥ कुमुदोत्पलप
द्मानांखण्डैःफुल्लंयथासरः ५० तथामहीभृतांवक्त्रैःकुमुदोत्पलसन्निभैः ॥ तारागणविचित्रस्यनिर्मलेन्दुद्युतित्विषः ५१ पश्येमांनभसस्तुल्यांशरन्नक्षत्र
मालिनीम् ॥ एतत्तवैवानुरूपंकर्मार्जुनमहाहवे ५२ दिविवादेवराजस्यत्वयायत्कृतमाहवे ॥ एवंतांदर्शयन्कृष्णोयुद्धभूमिंकिरीटिने ५३ गच्छन्नेवाशृणोच्छब्दंदुर्यो
धनबलेमहत् ॥ शंखदुंदुभिनिर्घोषंभेरीपणवनिःस्वनम् ५४ रथाश्वगजनादांश्चशस्त्रशद्वांश्चदारुणान् ॥ प्रविश्यतद्बलंकृष्णस्तुरगैर्वातवेगितैः ५५ पांड्येनाभ्यर्दि
तंसैन्यंत्वदीयंवीक्ष्यविस्मितः ॥ सहिनानाविधैर्बाणैरिष्वस्त्रप्रवरोयुधि ५६ न्यहनद्द्विषतांपूगान्गतासूनन्तकोयथा ॥ गजवाजिमनुष्याणांशरीराणिशितैःशरैः ५७ ॥ १९॥

४६।४७।४८।४९।५०।५१।५२।५३।५४।५५।५६।५७॥ ॥ ॥ ॥

५८ ॥ ॥ इतिकर्णपर्वणिनीलकंठीयेभारतभावदीपेएकोनविंशोऽध्यायः ॥ १९ ॥ ॥ ॥ प्रोक्तइति १ । २ । ३ । ४ । ५ । पराभूतः प्रकोपितः ६ । ७ । ८ । ९ सपांड्यःव्यमूनकरोदितिद्वयोःसंबंधः
१० । ११ । १२ । १३ । १४ मुष्टिश्लिष्टायतज्यं मुष्टिदेशेश्लिष्टाचआयताचज्यायस्यतद्यथा एकस्मिन्नेवक्षणेयद्धनुर्मण्डलाकारंचिपिटाकारंचदृश्यतइतिभावः १५ वर्षतःमत्मत्तः १६ प्रमथसेप्रमथ्नासि १७
सस्यहाअतिवृष्ट्याधान्यहा ह्लादीगर्जन् १८ । १९ ताडितःद्रौणिना मलयवत्कृत्रिमोध्वजोयस्यमलयध्वजइतिप्रवीरस्यैवनामांतरंवा २० । २१ गत्यादशम्या । उन्मुख्यभिमुखीतिर्यङ्मंदागोमूत्रिकाध्रुवा

भित्त्वाप्रहरतांश्रेष्ठोविदेहासूनपातयत् ॥ शत्रुप्रवीरैरस्त्राणिनानाशस्त्राणिसायकैः ॥ छित्त्वातानवधीच्छत्रूनूपांड्यःशक्रइवासुरान् ५८ ॥ इतिश्रीमहाभारतेकर्णपर्वणि
संकुलयुद्धे एकोनविंशोऽध्यायः ॥ १९ ॥ ॥ ॥ धृतराष्ट्रउवाच ॥ प्रोक्तस्त्वयापूर्वमेवप्रवीरोलोकविश्रुतः ॥ नत्वस्यकर्मसंग्रामेत्वयासंजयकीर्तितम् १
तस्यविस्तरशोब्रूहिप्रवीरस्याद्यविक्रमम् ॥ शिक्षांप्रभावंवीर्यंचप्रमाणंदर्पमेवच २ संजयउवाच ॥ भीष्मद्रोणकृपद्रौणिकर्णार्जुनजनार्दनान् ॥ समाप्तविद्यान्धनुषिश्रे
ष्ठान्यान्मन्यसेरथान् ३ योह्याक्षिपतिवीर्येणसर्वानेतान्महारथान् ॥ नमेनेचात्मनातुल्यंकंचिदेवनरेश्वरम् ४ तुल्यतांद्रोणभीष्माभ्यामात्मनोयोनमृष्यते ॥ वासु
देवार्जुनाभ्यांचन्यूनतांनैच्छतात्मनि ५ सपांड्योनृपतिश्रेष्ठःसर्वशस्त्रभृतांवरः ॥ कर्णस्यानीकमहनत्पराभूतइवांतकः ६ तदुदीर्णरथाश्वंचपत्तिप्रवरसंकुलम् ॥ कुला
लचक्रवद्भ्रांतंपांड्येनाभ्याहतंबलात् ७ व्यश्वसूतध्वजरथान्विप्रविद्धायुधद्विपान् ॥ सम्यगस्तैःशरैःपांड्योवायुर्मेघानिवाक्षिपत् ८ द्विरदान्द्विरदारोहान्विपताका
युधध्वजान् ॥ सपादरक्षानहनद्वज्रेणाद्रीनिवाद्रिहा ९ सशक्तिप्रासतूणीरानश्वारोहान्हयानपि ॥ पुलिंदखसबाह्लीकनिषादांध्रककुंतलान् १० दाक्षिणात्यांश्वभो
जांश्चशूरान्संग्रामकर्कशान् ॥ विशस्त्रकवचान्बाणैःकृत्वाचैवाकरोद्व्यसून् ११ चतुरंगंबलंबाणैर्निघ्नंतंपांड्यमाहवे ॥ दृष्ट्वाद्रौणिरसंभ्रांतमसंभ्रांतस्ततोऽभ्ययात् १२
आभाष्यचैनंमधुरमभीतंतमभीतवत् ॥ प्राहप्रहरतांश्रेष्ठःस्मितपूर्वंसमाह्वयत् १३ राजन्कमलपत्राक्षविशिष्टाभिजनश्रुत ॥ वज्रसंहननप्रख्यप्रख्यातबलपौरुष
१४ मुष्टिश्लिष्टायतज्यंचव्यायताभ्यांमहद्धनुः ॥ दोर्भ्यांविस्फारयन्भासिमहाजलदवन्भृशम् १५ शरवर्षैर्महावेगैरमित्रानभिवर्षतः ॥ मदन्यंनानुपश्यामिप्रति
वीरंतवाहवे १६ रथद्विरदपत्त्यश्वानेकःप्रमथसेबहून् ॥ मृगसंघानिवारण्येविभीर्भीमबलोहरिः १७ महतारथघोषेणदिवंभूमिंचनादयन् ॥ वर्षांतेसस्यहामेघोभा
सिह्लादीवपार्थिव १८ संस्पृशानःशरांस्तीक्ष्णांस्तूणादाशीविषोपमान् ॥ मयैवैकेनयुध्यस्वत्र्यंबकेनांधकोयथा १९ एवमुक्तस्तथेत्युक्त्वाप्रहरेतिचताडितः ॥
कर्णिनाद्रोणतनयंविव्याधमलयध्वजः २० मर्मभेदिभिरत्युग्रैर्बाणैरग्निशिखोपमैः ॥ स्मयन्नभ्यहनद्द्रौणिःपांड्यमाचार्यसत्तमः २१ ततोऽपरान्सुतीक्ष्णाग्रान्नारा
चान्मर्मभेदिनः ॥ गत्यादशम्यासंयुक्तानश्वत्थामाऽप्यवासृजत् २२ ॥ ॥ ॥

स्खलितायमकाक्रान्ताक्रुष्टेतीषुगतीर्विदुः' । शिरोहृदयपार्श्वदेशस्पृशस्तिस्रः । मंदाईषद्विक्षत्यकृ गोमूत्रिकाकवचनिकृंतनी सव्यापसव्यगामिनी । ध्रुवानियमेनलक्ष्यभेदिनी । स्खलितालक्ष्यच्युता । यमका
क्रांतालक्ष्यंभित्त्वाऽसकृन्निर्गता । क्रुष्टालक्ष्यैकदेशस्यबाह्वादेर्हन्त्रीतिनवगतयः । दशमीगतिस्तुशिरसासहदूरपातिनीअतिक्रुष्टानाम तयागत्याप्रक्षिप्तान्पिशराननवसंख्याकाननवभिःशरैरच्छिनदितिसंबंधः २२

२३ । २४ । २५ । २६ । २७ । २८ पूषानुजः पर्जन्यः पूषात्मजइतिपाठेऽपिसएवार्थः सृष्टेःसूर्यप्रभवत्वदर्शनात् २९ अष्टवृषभावाह्यानिअष्टौशकटानियदायुधसंभारंऊहुःवहंतितत्सर्वमन्होऽष्टमभागेनयामार्धे नक्षीर्णमित्यर्थः ३० । ३१ । ३२ । ३३ । ३४ । ३५ । ३६ । ३७ । ३८ । ३९ हतेश्वरोयःकश्चित् तंपांड्यम् ४० मलयध्वजः पांड्यस्तंयदृच्छयागतंवारणंसमभ्यतिष्ठत् ४१ बलेनाश्रसर्गेयउत्तमोयत्नस्ते

तान्शरानच्छिनत्पांड्योनवभिर्निशितैःशरैः॥ चतुर्भिरर्दयच्चाश्वानाशुतेव्यसवोऽभवन् २३ अथद्रोणसुतस्येषूंस्तांश्छित्वानिशितैःशरैः॥ धनुर्ज्यांविततांपांड्यश्चिच्छेदा दित्यतेजसः २४ दिव्यंधनुरथाधिज्यंकृत्वाद्रौणिरमित्रहा॥ प्रेक्ष्यचाशुरथेयुक्तान्नरैरन्यान्हयोत्तमान् २५ ततःशरसहस्राणिप्रेषयामासवैद्विजः॥ इषुसंबाधमाकाशम करोद्दिशएवच २६ ततस्तानस्यतःसर्वान्द्रौणेर्बाणान्महात्मनः॥ जानानोऽप्यक्षयान्पांड्योशातयत्पुरुषर्षभः २७ प्रयुक्तांस्तान्प्रयत्नेनच्छित्त्वाद्रौणेरिषूनरिः॥ चक्ररक्षौरणेतस्यप्राणुदन्निशितैःशरैः २८ अथारेर्लाघवंदृष्ट्वामंडलीकृतकार्मुकः॥ प्रास्यद्द्रोणसुतोबाणान्वृष्टिंपूषानुजोयथा २९ अष्टावष्टगवान्यूहुःशकटानियदा युधम्॥ अह्नस्तदष्टभागेनद्रौणिश्चिक्षेपमारिष ३० तमंतकमिवक्रुद्धमंतकस्यांतकोपमम्॥ येयेददृशिरेतत्रविसंज्ञाःप्रायशोऽभवन् ३१ पर्जन्यइवघर्मांतेवृष्ट्या साद्रिद्रुमांमहीम्॥ आचार्यपुत्रस्तांसेनांबाणवृष्ट्याव्यवीवृषत् ३२ द्रौणिपर्जन्यमुक्तांतांबाणवृष्टिंसुदुःसहाम्॥ वायव्यास्त्रेणसंक्षिप्यमुदापांड्यानिलोऽनुदत् ३३ तस्यनानदतःकेतुंचंदनागुरुरूषितम्॥ मलयप्रतिमंद्रौणिश्छित्वाऽश्वांश्चतुरोऽहनत् ३४ सूतमेकेषुणाहत्वामहाजलदनिःस्वनम्॥ धनुश्छित्त्वाऽर्धचंद्रेण तिलशोव्यधमद्रथम् ३५ अस्त्रैरस्त्राणिसंवार्यच्छित्त्वासर्वायुधानिच॥ प्राप्तमप्यहितंद्रौणिर्नजघानरणेप्सया ३६ एतस्मिन्नंतरेकर्णोगजानीकमुपाद्रवत्॥ द्राव यामाससतदापांडवानांमहद्बलम् ३७ विरथान्रथिनश्चक्रेगजानश्वांश्चभारत॥ गजान्बहुभिरानर्छच्छरैःसन्नतपर्वभिः ३८ अथद्रौणिर्महेष्वासःपांड्यंशत्रुनिबर्ह णम्॥ विरथंरथिनांश्रेष्ठंनाहनद्युद्धकांक्षया ३९ हतेश्वरोदंतिवरःसुकल्पितस्त्वराभिसृष्टःप्रतिशब्दगोबली॥ तमाद्रवद्द्रौणिशराहतस्त्वरन्जवेनकृत्वाप्रतिहस्तिग र्जितम् ४० तंवारणंवारणयुद्धकोविदोद्विपोत्तमंपर्वतसानुसन्निभम्॥ समभ्यतिष्ठन्मलयध्वजस्त्वरन्यथाद्रिशृंगंहरिरुन्नदंस्तथा ४१ सतोमरंभास्कररश्मिवर्चसंब लास्त्रसर्गोत्तमयत्नमन्युभिः॥ ससर्जशीघ्रंपरिपीडयन्गजंगुरोःसुतायाद्रिपतीश्वरोनदन् ४२ मणिप्रवेकोत्तमवज्रहाटकैरलंकृतंचांशुकमाल्यमौक्तिकैः॥ हतोहतोऽ सीत्यसकृन्मुदानदन्पराहनद्द्रौणिवरांगभूषणम् ४३ तदर्कचंद्रग्रहपावकत्विषंभृशातिपातात्पतितंविचूर्णितम्॥ महेंद्रवज्राभिहतंमहास्वनंयथाद्रिशृंगंधरणीतले तथा ४४ ततःप्रजज्वालपरेणमन्युनापादाहतोनागपतिर्यथातथा॥ समाददेचांतकदंडसन्निभानिषूनमित्रार्तिकरांश्चतुर्दश ४५ द्विपस्यपादाग्रकरान्सपंचभिर्नृप स्यबाहूचशिरोऽथचत्रिभिः॥ जघानषड्भिःषडनुत्तमत्विषःसपांड्यराजानुचरान्महारथान् ४६ ॥ ॥

नमन्युनाचतैःपरिपीडयन्अंकुशेनकोपयन्अद्रिपतिर्मलयस्तस्येश्वरःपांड्यः ४२ द्रौणेर्वरांगभूषणंकिरीटंतोमरेणपराहनत् ४३ । ४४ इषून्समाददेद्रौणिरितिशेषः ४५ । ४६

४७। ४८ चतुरश्वतुरङ्गः एवंसगजोद्बाथाभक्तोयथादशहविष्काय्यांमिष्टौपिष्टपिवोदशधाक्रियेतेत्यर्थः ४९ पाञ्चोऽष्टादीनपादशः मदायखंडयित्वाप्रशांतः द्रौणिबाणैरितिशेषः यथास्वधामितशरीररूपहविः प्राप्यपितृप्रियोज्वलनः श्मशानाग्निजलेनशाम्यतिद्वदित्यर्थः ५० समाप्तविद्यंसम्यगाप्तविद्यं समाप्तकर्माणंकृतकृत्यम् ५१ ॥ इतिकर्णभाष्येनीलकंठीयेभारतभावदीपेर्विशोऽध्यायः ॥ २० ॥ ॥ ॥ ॥

सुदीर्घवृत्तौवरचंदनोक्षितौसुवर्णमुकामणिवज्रभूषणौ ॥ भुजौधरायांपतितौत्पश्यतौविचेष्टतुस्तार्क्ष्यहतौविवोरगौ ४७ शिरश्चतत्पूर्णशशिप्रभाननंसरोषताम्रायतनेत्र मुन्नसम् ॥ क्षितावपिभ्राजतितत्सकुंडलंविशाखयोर्मध्यगतःशशीयथा ४८ सतुद्विपःपंचभिरुत्तमेषुभिःकृतःषडंगश्चतुरोनृपात्रिभिः ॥ कृतोदशांशःकुशलेनयुध्यता यथाहविस्तद्दशधैवतत्तथा ४९ सपादशोराक्षसभोजनान्बहून्प्रदायपांचोश्वमनुष्यकुंजरान् ॥ स्वधामिवाप्यज्वलनःपितृप्रियस्ततःप्रशांतः सलिलप्रवाहतः ५० समाप्तविद्यंतुगुरोःसुतंनृपःसमाप्तकर्माणमुपैयतेसुतः ॥ सुहृद्वृतोत्यर्थमपूजयन्मुदाजितेबलौविष्णुमिवामरेश्वरः ५१ ॥ इतिश्रीमहाभारतेकर्णपर्वणिपांच्यवधेविंशोऽध्यायः ॥ २० ॥ ॥ ॥ ॥ धृतराष्ट्रउवाच ॥ पांच्यहतेकिमकरोदर्जुनोयुधिसंजय ॥ एकवीरेणकर्णेन्द्राविजितेषुपरेषुच १ समाप्तविद्योबलवान्युक्तोवीरः सपांडवः ॥ सर्वभूतेष्वनुज्ञातःशंकरेणमहात्मना २ तस्मान्महद्भयंतीव्रममित्राद्भगनंभयात् ॥ सयत्तत्राकरोत्पार्थस्तन्ममाचक्ष्वसंजय ३ ॥ संजयउवाच ॥ हतेपां च्येऽर्जुनंकृष्णस्त्वरन्नाहवचोहितम् ॥ पश्यामिनाहंराजानमपयातांश्चपांडवान् ४ निवृत्तैश्चपुनःपार्थैर्भग्नंशत्रुबलंमहत् ॥ अश्वत्थाम्नश्चसंकल्पाद्धतःकर्णेनसंजयः ५ तथाश्वरथनागानांकृतंचकदनंमहत् ॥ सर्वमास्यातवान्वीरोवासुदेवःकिरीटिने ६ एतच्छ्रुत्वाचद्ध्वाभ्रातुर्वीरोंमहद्भयम् ॥ वाह्याश्वान्हृषीकेशक्षिप्रमित्याहपां डवः ७ ततःपायाद्धृषीकेशोर्थेनापतियोधिना ॥ दारुणश्चपुनस्तत्रप्रादुरासीत्समागमः ८ ततःपुनःसमाजग्मुर्भीताःकुरुपांडवाः ॥ भीमसेनमुखाःपार्थाः सूतपुत्र मुखावयम् ९ ततःप्रवर्ततेभूयः संग्रामोराजसत्तम ॥ कर्णस्यपांडवानांचयमराष्ट्रविवर्धनः १० धनूंषिबाणान्परिघानसिपट्टिशतोमरान् ॥ मुसलानिभुशुंढीश्वसशक्त्य ष्टिपरश्वधान् ११ गदाःप्रासान्शितान्कुंतान्भिंदिपालान्महांकुशान् ॥ प्रगृह्याक्षिप्रमापेतुःपरस्परजिघांसया १२ बाणव्यातलशब्देनदिशःप्रदिशोवि दिशः ॥ पृथिवीनेमिघोषेणनादयंतोऽभ्ययुःपरान् १३ तेनशब्देनमहतासंहृष्टाश्चकुरहावम् ॥ वीरावीरैर्महाघोरंकलहांतंतितीर्षवः १४ ज्यातलत्रध्नुःशब्दःकुंज राणांचबृंहतम् ॥ पादातानांचपततांचूर्णादोमहानभूव् १५ तालशब्दांश्चविविधान्शूराणांचाभिगर्जताम् ॥ श्रुत्वातत्रशब्दंनेसुःपतुमम्लुश्चसैनिकाः १६ तेषांनिदतांचैवशस्त्रवर्षंचमुंचताम् ॥ बहूनाधिरथिर्वीरःप्रममाथशुभैःपरान् १७ पंचपंचालवीराणांरथान्दशचपंचच ॥ साश्वसूतध्वजान्कर्णःशरैर्निन्येयमक्ष यम् १८ योधमुख्यामहावीर्याःपांडूनांकर्णमाहवे ॥ शीघ्रास्त्रांस्तूर्णमावृत्यपरिवव्रुःसमंततः १९ ॥ ॥

पांच्यइति १. अनुज्ञातस्त्वमजय्योभविष्यसीत्यनुगृहीतः २ । ३ राजानंयुधिष्ठिरम् ४ । ५ । ६ भ्रातुर्युधिष्ठिरस्य ७ । ८ । ९ । १० । ११ । १२ द्यांस्कर्णः विददेतरिक्षम् १३ । १४ । १५ । १६ । १७ । १८ । १९

अंडजैर्जलपक्षिभिःसारसादिभिराकीर्णांव्याप्ताम् २० अवस्कंद्यनिपत्य उन्मध्यमार्गादन्यत्रदूरेइत्यर्थः २१ । २२ असुमथनैः असवःप्राणाउन्मथ्यंतेयैस्तैः मौर्व्यामौर्वीच्युतैःशरैर्बाणैस्तलत्रेज्याघातवारणस्था नेन्यहनत् यथातैःशरंसंधातुंनशक्नुवंतितथाचकारेत्यर्थः २३ । २४ । २५ व्यायच्छमानेषुयतमानेषु २६ । २७ । २८ विमस्तिष्केक्षणायुधाःमस्तिष्कंशिरोभागस्थमांसपिंडः २९ । ३० परश्वधैस्ततक्षुः । पट्टि

ततःकर्णोद्विषत्सेनांशरवर्षैर्विलोडयन् ॥ विजगाहांडजाकीर्णांपद्मिनीमिवयूथपः २० द्विषन्मध्यमवस्कन्द्यराधेयोधनुरुत्तमम् ॥ विधुन्वानःशितैर्बाणैःशिरांस्यु न्मथ्यपातयत् २१ चर्मवर्माणिसंछिन्नान्यपतन्भुविदेहिनाम् ॥ विषेहुर्नास्यसंस्पर्शंद्वितीयस्यपतत्रिणः २२ वर्मदेहासुमथनैर्धनुषःप्रच्युतैःशरैः ॥ मौर्व्यातलत्रे न्यहनत्कशयावाजिनोयथा २३ पांडुसृंजयपंचालान्शरगोचरमागतान् ॥ ममर्दतरसाकर्णःसिंहोमृगगणानिव २४ ततःपांचालराजश्चद्रौपदेयाश्चमारिष ॥ यमौ चयुयुधानश्चसहिताःकर्णमभ्ययुः २५ तेषुव्यायच्छमानेषुकुरुपंचालपांडुषु ॥ प्रियानसून्रणेत्यक्त्वायोधाजघ्नुःपरस्परम् २६ सुसन्नद्धाःकवचिनःसशिरस्त्राणभूष णाः ॥ गदाभिर्मुसलैश्चान्येपरिघैश्चमहाबलाः २७ समभ्यधावंतभृशंकालदण्डैरिवोद्यतैः ॥ नर्दन्तश्चाह्वयन्तश्चप्रवल्गन्तश्चमारिष २८ ततोनिजघ्नुरन्योन्यंपेतु श्चान्योन्यताडिताः ॥ वमंतोरुधिरंगात्रैर्विमस्तिष्केक्षणायुधाः २९ दन्तपूर्णैःसरुधिरैर्वक्त्रैर्दाडिमसन्निभैः ॥ जीवंतइवचाप्येकेतस्थुःशस्त्रोपबृंहिताः ३० परश्वधैश्चा प्यपरेपट्टिशैरसिभिस्तथा ॥ शक्तिभिर्भिन्दिपालैश्चनखरप्रासतोमरैः ३१ ततक्षुश्चिच्छिदुश्चान्येबिभिदुश्चिक्षिपुस्तथा ॥ संचकर्तुश्चजघ्नुश्चक्रुद्धारणमहार्णवे ३२ पेतुरन्योन्यनिहताव्यसवोरुधिरोक्षिताः ॥ क्षरंतःसुरसंरक्तंप्रकृत्ताश्चंदनाइव ३३ रथैरथाविनिहताहस्तिभिश्चापिहस्तिनः ॥ नरैर्नराहताःपेतुरश्वाश्वाश्वैःसहस्रशः ३४ ध्वजाःशिरांसिच्छत्राणिद्विपहस्तान्नृणांभुजाः ॥ क्षुरैर्भल्लार्धचंद्रैश्चच्छिन्नाःपेतुर्महीतले ३५ नरांश्चनागान्सरथान्हयान्ममृदुराहवे ॥ अश्वारोहैर्हताःशूरा श्छिन्नहस्ताश्चदंतिनः ३६ सपताकाध्वजाःपेतुर्विशीर्णाइवपर्वताः ॥ पत्तिभिश्चसमाप्लुत्यद्विरदाःस्यंदनास्तथा ३७ हताश्चहन्यमानाश्चपतिताश्चैवसर्वशः ॥ अश्वारोहाःसमासाद्यत्वरिताःपत्तिभिर्हताः ३८ सादिभिःपत्तिसंघाश्चनिहतायुधिशेरते ॥ मृदितानीवपद्मानिप्रम्लानाइवचस्रजः ॥ हतानांवदनान्यासन्गात्राणि चमहाहवे ३९ रूपाण्यत्यर्थकांतानिद्विरदाश्वनृणांनृप ॥ समुन्नानीववस्त्राणिययुर्दुर्दर्शतांपराम् ४० ॥ इतिश्रीमहाभारतेकर्णपर्वणिसंकुलयुद्धेएकविंशोऽध्यायः २१॥

॥ संजयउवाच ॥ हस्तिभिस्तुमहामात्रास्तवपुत्रेणचोदिताः ॥ धृष्टद्युम्नंजिघांसंतःक्रुद्धाःपार्षतमभ्ययुः १ प्राच्याश्चदाक्षिणात्याश्चप्रवरागजयोधिनः ॥ अंगा वंगाश्चपुंड्राश्चमागधास्ताम्रलिप्तकाः २ ॥ ॥ ॥ ॥

शैरसिभिश्चचिच्छिदुः । शक्तिभिर्बिभिदुः । भिंदिपालैश्चिक्षिपुः । नखरैःसंचकर्तुः । प्रासतोमरैर्जघ्नुः ३१ । ३२ सुरसंस्निग्धं प्रकृत्ताश्छिन्नाश्चंदनाःरक्तचदनाः ३३ । ३४ । ३५ । ३६ समाप्लुत्यसंमुखमु त्प्लुत्य ३७ । ३८ पद्मानीववदनानि स्रजइवगात्राणि ३९ समुन्नानिक्षारक्लिन्नानिमलिनानि ४० ॥ इतिकर्णपर्वणिनीलकंठीयेभारतभावदीपेएकविंशोऽध्यायः ॥ २१ ॥ हस्तिभिरिति १ । २

३ । ४ पार्ष्णिःपादस्यपश्चाद्भागः । अंगुष्ठःप्रसिद्धः । अंकुशःप्रतोदः । पार्ष्ण्यंकुशाःअंगुष्ठांकुशाश्चेतिद्वौ केवलांकुशश्चेतिः ५ । ६ मच्छाद्यमानंवृष्टयुक्तम् ७ । ८ । ९ । १० । ११ । १२ ।

मेकलाःकोशलामद्रादशार्णानिषधास्तथा ॥ गजयुद्धेषुकुशलाःकलिंगैःसहभारत ३ शरतोमरनाराचैर्दृष्टिमंतइवांबुदाः ॥ सिषिचुस्तेततःसर्वैपांचालबलमाहवे ४ तान्सं
मिमर्दिषूनागान्पाष्ण्यंगुष्ठांकुशैर्भृशम् ॥ चोदितान्पार्षतोबाणैर्नाराचैरभ्यवीव्यषव् ५ एकैकंदशभिश्चाजिरष्टाभिरपिभारत ॥ विरदानभिविव्याधक्षितिगिरिनिभान्
शरैः ६ प्रच्छाद्यमानंदिरदैमेघैरिवदिवाकरम् ॥ पययुःपांडुपंचालानदंतोनिशितायुधाः ७ तान्नागानभिवर्षतोप्यांत्रीतलनादितैः ॥ वीरचृत्यंप्रनृत्यंतःशूरतालम
चोदितैः ॥ नकुलःसहदेवश्चद्रौपदेयाःप्रभद्रकाः ८ सात्यकिश्चशिखंडीचचेकितानश्चवीर्यवान् ॥ सर्मंतात्सिषिचुर्वीरामेवास्तोयैरिवाचलान् ९ तेम्लेच्छैःप्रेषितानां
गानरान्श्वान्रथानपि ॥ हस्तैराक्षिप्यममृदुःपद्भिश्चाप्यतिमन्यवः १० बिभिदुश्चविषाणाग्रैःसमाक्षिप्यचचिक्षिपुः ॥ विषाणलग्नाश्चाप्यन्येपरिपेतुर्विभीषणाः ११
प्रमुखेवर्त्तमानंतुद्विपमंगस्यसात्यकिः ॥ नाराचेनोग्रवेगेनभिन्त्वाम्मर्माण्यपातयव् १२ तस्यावर्जितकायस्यद्विरदादुत्पतिष्यतः ॥ नाराचेनाहनद्क्षःसात्यकिःसो
पतकुवि १३ पुंद्रुस्याप्रपतनोंनागंचलंतमिवपर्वतम् ॥ सहदेवःप्रयत्नास्तेनाराचैरहनत्रिभिः १४ विपताकंविययंतारंविवर्मध्वजीवितम् ॥ तंकुर्वाद्विरदंभूयःसहदे
वोज्झमभ्ययाव् १५ सहदेवंतुनकुलोवारयित्वांगमार्दयव् ॥ नाराचैर्यमदंडाभैस्त्रिभिर्नांगशतेनतम् १६ दिवाकरकरप्रख्यान्गंश्चिक्षेपतोमरान् ॥ नकुलाय शतान्य
ष्ट्रित्रयैकेकंतुसोच्छिनत् १७ तथार्धचंद्रेणशिरस्तस्यचिच्छेदपांडवः ॥ सपपातहतोम्लेच्छस्तेनैवसहदंतिना १८ अर्थांगपुत्रेनिहतेहस्तिशिक्षाविशारदे ॥ अंगाः
क्रुद्धामहामात्रानागैनेकुलमभ्ययुः १९ चलत्पताकेःसुमुखैहेमकक्षातनुच्छदैः ॥ मिमर्दिषंतस्त्वरिताःप्रदीतैरिवपर्वतैः २० मेकलोत्कलकलिंगनिषधास्ताम्र लि
प्सकाः ॥ शरतोमरवर्षाणिविमुंचंतोजिघांसवः २१ तेश्छाद्यमानंकुलंदिवाकरमिवांबुदैः ॥ परिपेतुःसुसंरब्धाःपांडुपंचालसोमकाः २२ ततस्तदभवद्युद्धरथि
नांहस्तिभिःसह ॥ सृजतांशरवर्षाणितोमरांश्वसहस्रशः २३ नागानांप्रास्फुटन्कुंभाम्मर्माणिविविधानिच ॥ दंताश्चेवातिविद्धानांनाराचैर्भूषणानिच २४ तेषामध्यैम
हानागांश्वतुःषष्क्यासुतेजनैः ॥ सहदेवोजवनाश्चुते‌पतन्सहसादिभिः २५ अंजोगतिभिरायम्यप्रयत्नादनुरुत्तमम् ॥ नाराचैरहनन्नागानकुलकुलनंदनः २६ तत
पांचालैश्नेयौद्रौपदेयाःप्रभद्रकाः ॥ शिखंडीचमहानागान्सिषिचुःशरदृष्टिभिः २७ तेपांडुयोधांबुधरैःशत्रुद्विरदपर्वताः ॥ बाणवर्षेर्हताःपेतुवज्रवर्षैरिवाचलाः २८
एवंहत्वातवगजांस्तेपांडुरथकुंजराः ॥ द्रुतांसेनामवेक्षंतभिन्नकूलामिवापगाम् २९ तांतेसेनासमालोढ्यपांडुपुत्रस्यसैनिकाः ॥ विक्षोभयित्वाचपुनःकर्णसमभिदु
द्रुवुः ३० ॥ ॥ इतिश्रीमहाभारतेकर्णपर्वणिसंकुलयुद्धेद्वाविंशोध्यायः ॥ २२ ॥ ॥ ॥ ॥ ॥ ॥

आवर्जितःप्रहारवंचनेनरक्षितःकायोयेनतस्य १.३१४१५।१६ । १७ । १८ १९ । २० । २१ । २२ । २३ । २४ । २५ । २६ । २७ २८ । २९ । ३० । ॥ इतिकर्णपर्वणि
नीलकंठीयेभारतभावदीपेद्वाविंशोध्यायः ॥ २२ ॥

सहेति १ आदुधुवुर्भ्रामितवन्तः २ । ३ । ४ । ५ । ६ । ७ । ८ । ९ । १० । ११ । १२ १३ । १४ । १५ । १६ । १७ । १८ । १९ । २० । २१ पिपीलिकपुटंपिपीलिकावासपटलम् २२ ॥ ॥

॥ संजयउवाच ॥ सहदेवंतथाक्रुद्धंदहंतंतववाहिनीम् ॥ दुःशासनोमहाराजभ्राताभ्रातरमभ्ययात् १ तौसमेतौमहायुद्धेदृष्ट्वातत्रमहारथाः ॥ सिंहनादरवांश्चक्रुर्वासां
स्यादुधुवुश्चह २ ततोभारतक्रुद्धेनतवपुत्रेणधन्विना ॥ पांडुपुत्रस्त्रिभिर्बाणैर्वक्षस्यभिहतोबली ३ सहदेवस्ततोराजन्नाराचेनतवात्मजम् ॥ विद्धाविव्याधसप्तत्या
सारथिंचत्रिभिःशरैः ४ दुःशासनस्ततश्चापंछित्त्वाराजन्महाहवे ॥ सहदेवंत्रिसप्तत्याबाह्वोरुरसिचार्पयत् ५ सहदेवस्तुसंक्रुद्धःखड्गंगृह्यमहाहवे ॥ आविध्यप्रासृज
त्तूर्णंतवपुत्ररथंप्रति ६ समार्गणगुणंचापंछित्त्वातस्यमहानसिः ॥ निपपातततोभूमौच्युतःसर्पइवांबरात् ७ अथान्यद्धनुरादायसहदेवःप्रतापवान् ॥ दुःशासनाय
चिक्षेपबाणमंतकरंततः ८ तमापतंतंविशिखंयमदंडोपमत्विषम् ॥ खड्गेनशितधारेणद्विधाचिच्छेदकौरवः ९ ततस्तंनिशितंखड्गमाविध्ययुधिसत्वरः ॥ धनुश्चा
न्यत्समादायशरंजग्राहवीर्यवान् १० तमापतंतंसहसानिस्त्रिंशंनिशितैःशरैः ॥ पातयामाससमरेसहदेवोहसन्निव ११ ततोबाणांश्चतुःषष्टिंतवपुत्रोमहारणे ॥ सहदेव
रथंतूर्णंप्रेषयामासभारत १२ तान्छरान्समरेराजन्वेगेनापततोबहून् ॥ एकैकंपंचभिर्बाणैःसहदेवोन्यकृंतत १३ सन्निवार्यमहाबाणांस्तवपुत्रेणप्रेषितान् ॥ अथास्मै
सुबहून्बाणान्प्रेषयामाससंयुगे १४ तान्बाणांस्तवपुत्रोऽपिच्छित्त्वैकैकंत्रिभिःशरैः ॥ ननादसुमहानादंदारयाणोवसुंधराम् १५ ततोदुःशासनोराजन्विद्धापांडुसुतं
रणे ॥ सारथिंनवभिर्बाणैर्माद्रेयस्यसमार्पयत् १६ ततःक्रुद्धोमहाराजसहदेवःप्रतापवान् ॥ समाधत्तशरंघोरंमृत्युकालांतकोपमम् १७ विकृष्यबलवच्चापंतवपुत्रायसोऽ
सृजत् ॥ सतंनिर्भिद्यवेगेनभित्त्वाचकवचंमहत् १८ प्राविशद्धरणींराजन्वल्मीकमिवपन्नगः ॥ ततःसंमुमुहेराजंस्तवपुत्रोमहारथः १९ मूढंचैनंसमालोक्यसारथि
स्त्वरितोरथम् ॥ अपोवाहभृशंत्रस्तोवध्यमानःशितैःशरैः २० पराजित्यरणेतंतुकौरव्यंपांडुनंदनः ॥ दुर्योधनबलंदृष्ट्वाप्रममाथसमंततः २१ पिपीलिकपु
टंराजन्यथामृद्नन्नरोरुषा ॥ तथासाकौरवीसेनामृदितातेनभारत २२ ॥ ॥ इतिश्रीमहाभारते कर्णपर्वणि सहदेवदुःशासनयुद्धे त्रयोविंशोऽध्यायः ॥ २३ ॥
॥ संजयउवाच ॥ नकुलंरभसंयुद्धेद्रावयंतंवरूथिनीम् ॥ कर्णोवैकर्तनोराजन्वारयामासवैरुषा १ नकुलस्तुततःकर्णंप्रहसन्निदमब्रवीत् ॥ चिरस्यबतदृष्टोऽहं
दैवतैःसौम्यचक्षुषा २ पश्यमांत्वंरणेपापचक्षुर्विषयमागतम् ॥ त्वंहिमूलमनर्थानांवैरस्यकलहस्यच ३ त्वद्दोषात्कुरवःक्षीणाःसमासाद्यपरस्परम् ॥ त्वामद्य
समरेहत्वाकृतकृत्योऽस्मिविज्वरः ४ एवमुक्तःप्रत्युवाचनकुलंसूतनंदनः ॥ सदृशंराजपुत्रस्यधन्विनश्चविशेषतः ५ प्रहरस्वचमेवीरपश्यामस्तवपौरुषम् ॥
कर्मकृत्वारणेशूरततःकत्थितुमर्हसि ६ ॥ ॥ ॥ ॥

इतिकर्णपर्वणिनीलकंठीयेभारतभावदीपेत्रयोविंशोऽध्यायः ॥ २३ ॥ ॥ ॥ ॥ ॥ नकुलमिति । रभसंरणोत्सुकम् १ । २ । ३ । ४ । ५ । ६

७ । ८ । ९ । १० । ११ । १२ । १३ । १४ । १५ । १६ । १७ । १८ । १९ । २० । २१ । २२ । २३ । २४ । २५ । २६ । २७ । २८ । २९ । ३० । ३१ । ३२ । ३३ । ३४ । ३५ । ३६

अनुक्त्वासमरेतातशूरायुध्यंतिशक्तितः ॥ प्रयुध्यस्वमयाशक्त्याहनिष्येदर्पमेवते ७ इत्युक्त्वाप्राहरत्तूर्णंपांडुपुत्रायसूतजः ॥ विव्याधचैनंसमरेत्रिसप्तत्याशिली
मुखैः ८ नकुलस्तुततोविद्धःसूतपुत्रेणभारत ॥ अशीत्याऽऽशीविषप्रख्यैःसूतपुत्रमविध्यत ९ तस्यकर्णोधनुश्छित्त्वास्वर्णपुंखैःशिलाशितैः ॥ त्रिंशतापर
मेष्वासःशरैःपांडवमर्दयत् १० तेतस्यकवचंभित्त्वापपुःशोणितमाहवे ॥ आशीविषायथानागाभित्त्वागांसलिलंपपुः ११ अथान्यद्धनुरादायहेमपृष्ठंदुरास
दम् ॥ कर्णंविव्याधसप्तत्यासारथिंचत्रिभिःशरैः १२ ततःक्रुद्धोमहाराजनकुलःपरवीरहा ॥ क्षुरप्रेणसुतीक्ष्णेनकर्णस्यधनुराच्छिनत् १३ अथैनंछिन्नधन्वानंसा
यकानांशतैस्त्रिभिः ॥ आजघ्नेप्रहसन्वीरःसर्वलोकमहारथम् १४ कर्णमभ्यर्दितंदृष्ट्वापांडुपुत्रेणमारिष ॥ विस्मयंपरमंजग्मूरथिनःसहदैवतैः १५ अथान्यद्ध
नुरादायकर्णोवैकर्त्तनस्तदा ॥ नकुलंपंचभिर्बाणैर्जत्रुदेशेसमार्पयत् १६ तत्रस्थैरथतैर्बाणैर्माद्रीपुत्रोव्यरोचयत् ॥ स्वरश्मिभिरिवादित्योभुवनेविसृजन्प्रभाम्
१७ नकुलस्तुततःकर्णंविद्ध्वासप्तभिराशुगैः ॥ अथास्यधनुषःकोटिंपुनश्चिच्छेदमारिष १८ सोऽन्यत्कार्मुकमादायसमरेवेगवत्तरम् ॥ नकुलस्यततोबाणैः
समंताच्छादयद्दिशः १९ संछाद्यमानःसहसाकर्णचापच्युतैःशरैः ॥ चिच्छेदसशरांस्तूर्णंशरैरेवमहारथः २० ततोबाणमयंजालंविततंव्योम्निदृश्यते ॥ खद्यो
तानामिवव्रातैःसंपतद्भिर्यथानभः २१ तैर्विमुक्तैःशरशतैश्छादितंगगनंतदा ॥ शलभानांयथाव्रातैस्तद्वदासीद्विशांपते २२ तेशराहेमविकृताःसंपतंतो
मुहुर्मुहुः ॥ श्रेणीकृताव्यकाशंतक्रौञ्चाःश्रेणीकृताइव २३ बाणजालावृतेव्योम्निच्छादितेचदिवाकरे ॥ नस्मसंपततेभूम्यांकिंचिदप्यन्तरिक्षगम् २४ निरुद्धे
तत्रमार्गेचशरसंघैःसमंततः ॥ व्यरोचेतांमहात्मानौकालसूर्याविवोदितौ २५ कर्णचापच्युतैर्बाणैर्वध्यमानास्तुसोमकाः ॥ अवालीयंतराजेंद्रवेदनार्त्ताभृशार्दिताः
२६ नकुलस्यतथाबाणैर्हन्यमानाचमूस्तव ॥ व्यशीर्यतदिशोराजन्वातनुन्नाइवांबुदाः २७ तेसेनेहन्यमानेतुताभ्यांदिव्यैर्महाशरैः ॥ शरपातमपाक्रम्यत
स्थतुःप्रेक्षिकेतदा २८ प्रोत्सारितजनेतस्मिन्कर्णपांडवयोःशरैः ॥ अविध्येतांमहात्मानावन्योन्यंशरवृष्टिभिः २९ विदर्शयंतौदिव्यानिशस्त्राणिरणमूर्धनि ॥
छादयंतौचसहसापरस्परवधैषिणौ ३० नकुलेनशरामुक्ताःकंकबर्हिणवाससः ॥ सूतपुत्रमवच्छाद्यव्यतिष्ठंतयथाऽम्बरे ३१ तथैवसूतपुत्रेणप्रेषिताःपरमाहवे ॥
पांडुपुत्रमवच्छाद्यव्यतिष्ठंतांबरेशराः ३२ शरवेश्मप्रविष्टौतौददृशातेनकैश्चन ॥ सूर्याचंद्रमसौराजन्छाद्यमानौघनैरिव ३३ ततःक्रुद्धोरणेकर्णःकृत्वाघोरत
रंवपुः ॥ पांडवंछादयामाससमंताच्छरवृष्टिभिः ३४ सोऽतिच्छन्नोमहाजसूतपुत्रेणपांडवः ॥ नचकारव्यथांराजन्भास्करोजलदैर्यथा ३५ ततःप्रहस्याधिरथिः
शरजालानिमारिष ॥ प्रेषयामाससमरेशतशोऽथसहस्रशः ३६

॥ १९ ॥ एकच्छायमभूत्सर्वंतस्यबाणैर्महात्मनः ॥ अभ्रच्छायेवसंजज्ञेसंपतद्भिःशरोत्तमैः ३७ ततःकर्णोमहाराजधनुश्छित्वामहात्मनः ॥ सारथिंपातयामासरथनीडाद्ध अ०
सन्निव ३८ ततोऽश्वांश्चतुरश्चास्यचतुर्भिर्निशितैःशरैः ॥ यमस्यभवनंतूर्णंप्रेषयामासभारत ३९ अथास्यतंरथंदिव्यंतिलशोव्यधमच्छरैः ॥ पताकांचक्ररक्षांश्चग
दांखड्गंचमारिष ४० शतचंद्रंचतच्चर्मसर्वोपकरणानिच ॥ हताश्वोविरथश्चैवविवर्माचविशांपते ४१ अवतीर्यरथात्तूर्णंपरिघंगृह्यधिष्ठितः ॥ तमुद्यतंमहा ॥ २४ ॥
घोरंपरिघंतस्यसूतजः ४२ व्यहनत्सायकैराजन्सतीक्ष्णैर्भारसाधनैः ॥ व्यायुधंचैनमालक्ष्यशरैःसन्नतपर्वभिः ४३ आर्पयद्बहुभिःकर्णोनचैनंसमपीडयत् ॥ सह
न्यमानःसमरेकृतास्त्रेणबलीयसा ४४ प्राद्रवत्सहसाराजन्नकुलोव्याकुलेंद्रियः ॥ तमभिद्रुत्यराधेयःप्रहसन्वैपुनःपुनः ४५ सज्यमस्यधनुःकंठेव्यवासृजतभा
रत ॥ ततःसशुशुभेराजन्कंठासक्तमहाधनुः ४६ परिवेषमनुप्राप्तोयथास्याद्व्योम्निचंद्रमाः ॥ यथैवचासितोमेघःशक्रचापेनशोभितः ४७ तमब्रवीत्ततःकर्णोव्य
र्थंव्याहृतवानसि ॥ वदेदानींपुनर्हृष्टोवध्यमानःपुनःपुनः ४८ मायोत्सीःकुरुभिःसार्धंबलवद्भिश्चपांडव ॥ सदृशैस्तातयुध्यस्वव्रीडांमाकुरुपांडव ४९ गृहेवागच्छ
माद्रेययत्रवाकृष्णफाल्गुनौ ॥ एवमुक्त्वामहाराजव्यसर्जयततंतदा ५० वधप्राप्तंतुतंशूरोनाहनद्धर्मवित्तदा ॥ स्मृत्वाकुंत्यावचोराजंस्ततएनंव्यसर्जयत् ५१ वि
सृष्टःपांडवोराजन्सूतपुत्रेणधन्विना ॥ व्रीडन्निवजगामाथयुधिष्ठिररथंप्रति ५२ आरुरोहरथंचापिसूतपुत्रप्रतापितः ॥ निःश्वसन्दुःखसंतप्तःकुंभस्थइवपन्नगः ५३
तंविजित्याथकर्णोऽपिपंचालांस्त्वरितोययौ ॥ रथेनातिपताकेनचंद्रवर्णहयेनच ५४ तत्राक्रंदोमहानासीत्पांडवानांविशांपते ॥ दृष्ट्वासेनापतिंयांतंपंचालानांरथव्र
जान् ५५ तत्राकरोन्महाराजकदनंसूतनंदनः मध्यंप्राप्तेदिनकरेचक्रवद्विचरन्प्रभुः ५६ भग्नचक्रैरथैःकैश्चिच्छिन्नध्वजपताकिभिः ॥ हताश्वैर्हतसूतैश्चभग्नाक्षैश्चैवमा
रिष ५७ ह्रियमाणानपश्यामपंचालानांरथव्रजान् ॥ तत्रतत्रचसंभ्रांताविचेरुरथकुंजराः ५८ दावाग्निपरिदग्धांगायथैवस्युर्महावने ॥ भिन्नकुंभार्द्ररुधिराश्छिन्नह
स्ताश्चवारणाः ५९ छिन्नगात्रावराश्चैवच्छिन्नवालधयोऽपरे ॥ छिन्नाभ्राणीवसंपेतुर्हन्यमानामहात्मना ६० अपरेत्रासितानागानाराचशरतोमरैः ॥ तमेवाभिमुखं
जग्मुःशलभाइवपावकम् ६१ अपरेनिष्टनंतश्चव्यदृश्यंतमहाद्विपाः ॥ क्षरंतःशोणितंगात्रैर्नगाइवजलस्रवाः ६२ उरश्छदैर्वियुक्तांश्चवालबंधैश्चवाजिनः ॥ राजतै
श्चतथाकांस्यैःसौवर्णैश्चैवभूषणैः ६३ हीनांश्चाभरणैश्चैवखलीनैश्चविवर्जितान् ॥ चामरैश्चकुथाभिश्चतूणीरैःपतितैरपि ६४ निहतैःसादिभिश्चैवशूरैराहवशो ॥ १९ ॥
भितः ॥ अपश्यामरणेतत्रभ्राम्यमाणान्हयोत्तमान् ६५ प्रासैःखड्गैश्चरहितानृष्टिभिश्चापिभारत ॥ हयसादीनपश्यामकंचुकोष्णीषधारिणः ६६ निहतान्वध्य
मानांश्चवेपमानांश्चभारत ॥ नागांगावयवैर्हीनांस्तत्रतत्रैवभारत ६७

रथानहेमपरिष्कारान्संयुक्तानजवनैर्हयैः ॥ भ्राम्यमाणानपश्यामहतेषुरथिषूद्धतम् ६८ भग्नाक्षकूबरान्कांश्चिद्भग्नचक्रांश्वभारत ॥ विपताकध्वजांश्चान्यान्छिन्नेषादंड
बंधुरान् ६९ विहतानरथिनस्तत्रधावमानांस्ततस्ततः ॥ सूतपुत्रशरैस्तीक्ष्णैर्हन्यमानान्विशांपते ७० विशस्त्रांश्वतथैवान्यान्सशस्त्रांश्वहतान्बहून् ॥ तारकाजालसं
च्छन्नान्वरघंटाविभूषितान् ७१ नानावर्णविचित्राभिःपताकाभिरलंकृतान् ॥ वारणाननुपश्यामधावमानान्समंततः ७२ शिरांसिबाहूनूरूंश्वच्छिन्नान्यांस्तथैवच ।
कर्णचापच्युतैर्बाणैरपश्यामसमंततः ७३ महान्व्यतिकरोरौद्रोयोधानामन्वपद्यत ॥ कर्णसायकनुन्नानांयुध्यतांचशितैःशरैः ७४ तेवध्यमानाःसमरेसूतपुत्रेणसंजयाः ॥
तमेवाभिमुखंयांतिपतंगाइवपावकम् ७५ तंदहंतमनीकानित्रत्रतत्रमहारथम् ॥ क्षत्रियावजयामासुयुगांताग्निमिवोल्बणम् ७६ हतशेषास्तुयेवीराःपंचालानांमहा
रथाः ॥ तान्प्रभग्नानदुतान्वीराःष्टवाविकिरञ्छरैः ७७ अभ्यधावततेजस्वीविशीर्णकवचध्वजान् ॥ तापयामासतान्बाणैःसूतपुत्रोमहाबलः ॥ मध्यंदिनमनुप्राप्तोभ्ष्
तानीवतमोनुदः ७८ ॥ इतिश्रीमहाभारतेकर्णपर्वणिकर्णयुद्धेचतुर्विंशोऽध्यायः ॥ २४ ॥ ॥ संजयउवाच ॥ युयुत्सुंतवपुत्रस्यद्रावयंतंबलंमहत् ॥ उलूकोन्यप
तत्तूर्णंतिष्ठतिष्ठेतिचाब्रवीत् १ युयुत्सुश्वततोराजन्शितधारेणपत्रिणा ॥ उलूकंताडयामासवज्रेणेवमहाबलम् २ उलूकस्ततःकुरुदस्तवपुत्रस्यसंयुगे ॥ क्षुरप्रेणधनुश्छि
त्वाताडयामासकर्णिना ३ तदपास्यधनुश्छिन्नंयुयुत्सुर्वेगवत्तरम् ॥ अन्यदादत्तमहच्चापंसंरक्तलोचनः ४ शाकुनिंतुततःषष्ठ्याविव्याधभरतर्षभ ॥ सारथिंत्रिभिरान्
छत्त्रंभूयोव्यविध्यत ५ उलूकस्तंतुविंशत्याविद्ध्वास्वर्णविभूषितैः ॥ अथास्यसमरेक्रुद्धोध्वजंचिच्छेदकांचनम् ६ सच्छिन्नयष्टिसुमहान्शीर्यमाणोमहाध्वजः ॥
पपातप्रमुखेराजन्युयुत्सोःकांचनध्वजः ७ ध्वजमुन्मथितंदृष्ट्वायुयुत्सुःक्रोधमूर्च्छितः ॥ उलूकंपंचभिर्बाणैराजघानस्तनांतरे ८ उलूकस्तस्यसमरेतैलधौतेनमारिष
शिरश्चिच्छेदभल्लेनयंतुर्भरतसत्तम ९ तच्छिन्नमपतद्भूमौयुयुत्सोःसारथेस्तदा १० ताराकृपंयथाचिंत्रंनिपपातमहीतले १० जघानचतुरोश्वांश्वतंचविव्याधपंचभिः ॥
सोऽतिविद्धोबलवताप्रत्यपायाद्रथांतरम् ११ तंनिर्जित्यरणेराजन्नुलूकःस्वरितोययौ ॥ पंचालान्संजयांश्चैवविनिघ्नन्निशितैःशरैः १२ शतानीकंमहाराजश्रुतकर्मासुत
स्तव ॥ व्यश्वसूतरथचक्रनिमेषार्धादसंभ्रमः १३ हताश्वेतुरथेतिष्ठन्शतानीकोमहारथः ॥ गदांचिक्षेपसंक्रुद्धस्तवपुत्रस्यमारिष १४ साकृत्वास्यंदनंभस्महयांश्चैवस
सारथीन् ॥ पपातधरण्यांतूर्णेदारयंतीवभारत १५ तावुभौविरथौवीरौकुरूणांकीर्तिवर्धनौ ॥ व्यपाक्रमेतांयुद्धानुप्रेक्षमाणौपरस्परम् १६

१७ । १८ । १९ । २० । २१ । २२ । २३ । २४ । २५ । २६ । २७ । २८ । २९ । ३० मंडलानिभ्रांतमुद्भ्रांतमित्यादीन्मार्गान् अनुलोमविलोमभेदेनद्विगुणतयाचतुर्दश ३१ । ३२ । ३३ । ३४ । ३५

पुत्रस्तुतवसंभ्रान्तोविविंशोरथमारुहत् ॥ शतानीकोऽपित्वरितःप्रतिविंध्यरथंगतः १७ सुतसोमंतुशकुनिर्विद्ध्वातुनिशितैःशरैः ॥ नाकंपयतसंक्रुद्धोवार्योघइवपर्वतम् १८ सुतसोमस्तुतंदृष्ट्वापितुरत्यंतवैरिणम् ॥ शरैरनेकसाहस्रैश्छादयामासभारत १९ तान्शरान्शकुनिस्तूर्णंचिच्छेदान्यैःपतत्रिभिः ॥ लघ्वस्त्रश्चित्रयोधीचजितकाशीचसंयुगे २० निवार्यसमरेचापिशरांस्तान्निशितैःशरैः ॥ आजघानसुसंक्रुद्धःसुतसोमंत्रिभिःशरैः २१ तस्याश्वान्केतनंसूतंतिलशोव्यधमच्छरैः ॥ स्यालस्तवमहाराजततउच्चुक्रुशुर्जनाः २२ हताश्वोविरथश्चैवच्छिन्नकेतुश्चमारिष ॥ धन्वीधनुर्वरंगृह्यरथाद्भूमावतिष्ठत २३ व्यसृजत्सायकांश्चैवस्वर्णपुंखान्शिलाशितान् ॥ छादयामाससमरेतवस्यालस्यतंरथम् २४ शलभानामिवव्रातान्शरव्रातान्महारथः ॥ रथोपगान्समीक्ष्यैवंविव्यथेनैवसौबलः २५ प्रममाथशरांस्तस्यशरव्रातैर्महायशाः ॥ तत्रातुष्यंतयोधाश्चसिद्धाश्चापिदिविस्थिताः २६ सुतसोमस्यतत्कर्मदृष्ट्वाश्रद्धेयमद्भुतम् ॥ रथस्थंशकुनिंयस्तुपदातिःसमयोधयत् २७ तस्यतीक्ष्णैर्महावेगैर्भल्लैःसन्नतपर्वभिः ॥ व्यहनत्कार्मुकंराजन्तूणीरांश्चैवसर्वशः २८ सच्छिन्नधन्वाविरथःखड्गमुद्यम्यचानदत् ॥ वैडूर्योत्पलवर्णाभंदन्तिदन्तमयत्सरुम् २९ भ्राम्यमाणंततस्तंतुविमलांबरवर्चसम् ॥ कालदण्डोपमंमेनेसुतसोमस्यधीमतः ३० सोऽचरत्सहसाखड्गीमंडलानिसहस्रशः ॥ चतुर्दशमहाराजशिक्षाबलसमन्वितः ३१ भ्रांतमुद्भ्रांतमाविद्धमाप्लुतंविप्लुतंस्रुतम् ॥ संपातसमुदीर्णेचदर्शयामाससंयुगे ३२ सौबलस्तुततस्तस्यशरांश्चिक्षेपवीर्यवान् ॥ तानापततएवाशुचिच्छेदपरमासिना ३३ ततःक्रुद्धोमहाराजसौबलःपरवीरहा ॥ प्राहिणोत्सुतसोमायशरानाशीविषोपमान् ३४ चिच्छेदतांस्तुखड्गेनशिक्षयाचबलेनच ॥ दर्शयन्लाघवंयुद्धेतार्क्ष्यतुल्यपराक्रमः ३५ तस्यसंचरतोराजन्मंडलावर्तनेतदा ॥ क्षुरप्रेणसुतीक्ष्णेनखड्गंचिच्छेदसुप्रभम् ३६ सच्छिन्नःसहसाभूमौनिपपातमहानसिः ॥ अर्धमस्यस्थितंहस्तेत्सरोस्तत्रभारत ३७ छिन्नमाज्ञायनिस्त्रिंशमवप्लुत्यपदानिषट् ॥ प्राविध्यततःशेषंसुतसोमोमहारथः ३८ तच्छित्त्वासगुणंचापंरणेतस्यमहात्मनः ॥ पपातधरणींतूर्णंस्वर्णवज्रविभूषितम् ३९ सुतसोमस्ततोऽगच्छच्छ्रुतकीर्तेर्महारथम् ॥ सौबलोऽपिधनुर्गृह्यघोरमन्यत्सुदुर्जयम् ४० अभ्ययात्पांडवानीकंनिघ्नन्शत्रुगणान्बहून् ॥ तत्रनादोमहानासीत्पांडवानांविशांपते ४१ सौबलंसमरेदृष्ट्वाविचरंतमभीतवत् ॥ तान्यनीकानिदृप्तानिशस्त्रवंतिमहांतिच ४२ द्राव्यमाणान्यदृश्यंतसौबलेनमहात्मना ॥ यथादैत्यचमूंराजन्देवराजोममर्दह ॥ तथैवपांडवीं सेनांसौबलेयोव्यनाशयत् ४३ ॥ इतिश्रीमहाभारतेकर्णपर्वणिसुतसोमसौबलयुद्धेपंचविंशोऽध्यायः ॥ २५ ॥ ॥ ॥ ॥ ॥

मंडलानामावर्तनेअनुलोमविलोमाभ्यासे ३६ अस्यअसेः त्सरुःशोभनमुष्टेः ३७ । ३८ । ३९ । ४० । ४१ । ४२ । ४३ ॥ इतिकर्णपर्वणिनीलकंठीयेभारतभावदीपेपंचविंशोऽध्यायः ॥ २५ ॥

धृष्टेति । शरभोष्टपादःसिंहघातीपशुपक्षिशरीरोनृसिंहवत्द्व्यात्मा १ । २ । ३ । ४ । ५ । ६ । ७ । ८ । ९ । १० । ११ । १२ । १३ । १४ । १५ । १६ । १७ । १८ । १९ । २० । २१ । २२

॥ संजयउवाच ॥ धृष्टद्युम्नंकृपोराजन्वारयामाससंयुगे ॥ यथादृष्ट्वावनेसिंहंशरभोवारयेद्युधि १ निरुद्धःपार्षतस्तेनगौतमेनबलीयसा ॥ पदात्पदंविचलितुंनाशक
त्तत्रभारत २ गौतमस्यरथंदृष्ट्वाधृष्टद्युम्नरथंप्रति ॥ वित्रेसुःसर्वभूतानिक्षयंप्राप्तंचमेनिरे ३ तत्रावोचन्विमनसोरथिनःसादिनस्तथा ॥ द्रोणस्यनिधनान्नूनंसंक्रुद्धोद्वि
पदांवरः ४ शारद्वतोमहातेजादिव्यास्त्रविदुदारधीः ॥ अपिस्वस्तिभवेदद्यधृष्टद्युम्नस्यगौतमात् ५ अपीयंवाहिनीकृत्स्नामुच्येतमहतोभयात् ॥ अप्ययंब्राह्मणः
सर्वान्ननोहन्यात्समागतान् ६ यादृशंदृश्यतेरूपमन्तकप्रतिमंभृशम् ॥ गमिष्यत्यद्यपदवींभारद्वाजस्यगौतमः ७ आचार्यःक्षिप्रहस्तश्चविजयीचसदायुधि ॥ अस्त्र
वान्वीर्यसंपन्नःक्रोधेनचसमन्वितः ८ पार्षतश्चमहायुद्धेविमुखोऽद्याभिलक्ष्यते ॥ इत्येवंविविधावाचस्तावकानांपरैःसह ९ व्यश्रूयंतमहाराजतयोस्तत्रसमागमे ॥
विनिःश्वस्यततःक्रोधात्कृपःशारद्वतोनृप १० पार्षतंचार्दयामासनिश्चेष्टंसर्वमर्मसु ॥ सहन्यमानःसमरेगौतमेनमहात्मना ११ कर्त्तव्यंनस्मजानातिमोहेनमहता
वृतः ॥ तमब्रवीत्ततोयंताकच्चित्क्षेमंतुपार्षत १२ ईदृशंव्यसनंयुद्धेनतेदृष्टंमयाक्वचित् ॥ दैवयोगात्तुतेबाणानापतन्मर्मभेदिनः १३ प्रेषिताद्विजमुख्येनमर्माण्यु
द्दिश्यसर्वतः ॥ व्यवर्तयेरथंतूर्णंनदीवेगमिवार्णवात् १४ अवध्यंब्राह्मणंमन्येयेनतेविक्रमोहतः ॥ धृष्टद्युम्नस्ततोराजन्शनकैरब्रवीद्वचः १५ मुह्यतेमेमनस्तातगात्र
स्वेदश्चजायते ॥ वेपथुश्चशरीरेमेरोमहर्षश्चसारथे १६ वर्जयन्ब्राह्मणंयुद्धेशनैर्याहियतोऽर्जुनः ॥ अर्जुनंभीमसेनंवासमरेप्राप्यसारथे १७ क्षेममद्यभवेदेवमेषामेनैष्ठि
कीमतिः ॥ ततःप्रायान्महाराजसारथिस्त्वरयन्हयान् १८ यतोभीमोमहेष्वासोयुयुधेतवसैनिकैः ॥ प्रद्रुतंचरथंदृष्ट्वाधृष्टद्युम्नस्यमारिष १९ किरन्शरशतान्येवगौत
मोऽनुययौतदा ॥ शंखंचपूरयामासमुहुर्मुहुररिंदमः २० पार्षतंत्रासयामासमहेंद्रोनमुचिंयथा ॥ शिखंडिनंतुसमरेभीष्ममृत्युंदुरासदम् २१ हार्दिक्योवारयामास
स्मयन्निवमुहुर्मुहुः ॥ शिखंडीतुसमासाद्यहृदिकानांमहारथम् २२ पंचभिर्निशितैर्भल्लैर्जत्रुदेशेसमाहनत् ॥ कृतवर्मातुसंक्रुद्धोभित्त्वाषष्ट्यापतत्रिभिः २३ धनु
रेकेनचिच्छेदहसन्राजन्महारथः ॥ अथान्यद्धनुरादायद्रुपदस्यात्मजोबली २४ तिष्ठतिष्ठेतिसंक्रुद्धोहार्दिक्यंप्रत्यभाषत ॥ ततोऽस्यनवतिंबाणान्रुक्मपुंखा
न्सुतेजनान् २५ प्रेषयामासराजेन्द्रतेऽस्याभ्रश्यंतवर्मणः ॥ वितथांस्तान्समालक्ष्यपतितांश्चमहीतले २६ क्षुरप्रेणसुतीक्ष्णेनकार्मुकंचिच्छिदेभृशम् ॥ अथैनंछिन्न
धन्वानंभग्नशृंगमिवर्षभम् २७ अशीत्यामार्गणैःक्रुद्धोबाह्वोरुरसिचार्पयत् ॥ कृतवर्मातुसंक्रुद्धोमार्गणैःक्षतविक्षतः २८ ववामरुधिरंगात्रैःकुंभवक्त्रादिवोदकम् ॥
रुधिरेणपरिक्लिन्नःकृतवर्मात्वराजत २९ ॥ ॥ ॥ ॥ ॥

२३ । २४ । २५ वर्मणःवर्मप्राप्यअभ्रश्यंतभ्रष्टाः वर्मनचिच्छिदुरित्यर्थः २६ । २७ । २८ ववामवांतवान् २९ ॥ ॥ ॥

म. मा. टी.

॥ २१ ॥

३० । ३१ । ३२ । ३३ पार्षत शिखंडिनम ३४ । ३५ । ३६ । ३७ । ३८ ॥ इति कर्णपर्वेणि नीलकंठीयेभारतभावदीपेषड्विंशोध्यायः ॥ २६ ॥ ॥ ॥ ॥ ॥ ॥श्वेतेति १ कर्ण० ८

अ०

२६

वर्षेणक्लेदितोराजन्यथागैरिकपर्वतः ॥ अथान्यद्धनुरादायसमार्गेणगुणंप्रभुः ३० शिखंडिनंबाणगणैःस्कंधदेशेव्यताडयत ॥ स्कंधदेशस्थितैर्बाणैःशिखंडीतुल्य
राजत ३१ शाखाप्रशाखाविपुलःसुमहान्पादपोयथा ॥ तावन्योन्यंभृशंविद्धावाधिरेणसमुक्षितौ ३२ अन्योन्यशृंगाभिहतौरजतुद्रृषभाविव ॥ अन्योन्यस्यवधे
यत्नंकुर्वाणौतौमहारथौ ३३ रथाभ्यांचेरतुस्तत्रमंडलानिसहस्रशः ॥ कृतवर्मामहाराजपार्षतंनिशितैःशरैः ३४ रणेविव्याधसमतयास्वर्णपुंखैःशिलाशितैः
ततोस्यसमरेबाणंभोजःप्रहरतांवरः ३५ जीवितांतकरंघोरंव्यसृजत्त्वरयान्वितः ॥ सतेनाभिहतोराजन्मूर्छामाशुसमाविशत ३६ ध्वजयष्टिंचसहसाशिश्रियैक
श्रमलान्वृतः ॥ अपोवाहरणात्तूर्णंसारथीरथिनांवरम् ३७ हार्दिक्यशरसंतप्तंनिश्वसंतंपुनःपुनः ॥ पराजितेततःशूरेहृदृपदस्यात्मजेप्रभो ॥ व्यद्रवत्पांडवीसेनान्य
धमानासमंततः ३८ ॥ इति श्रीमहाभारते कर्णपर्वणि संकुलयुद्धे षड्विंशोध्यायः ॥ २६ ॥ ॥ संजयउवाच ॥ श्वेताश्वोथमहाराजव्यधमत्तावकंबलम्
यथावायुःसमासाद्यतूलराशिंसमंततः १ प्रत्युद्ययुस्त्विग्नतांस्तंशिबयःकौरवैःसह ॥ शाल्वांसंशप्तकांश्चैवनारायणबलंचतव २ सत्यसेनश्चंद्रदेवोमित्रदेवःसुतंजयः ॥
सौश्रुतिश्चित्रसेनश्चमित्रवर्माचभारत ३ त्रिगर्त्तराजःसमरेभ्रातृभिःपरिवारितः ॥ पुत्रैश्चैवमहेष्वासैर्नानाशस्त्रविशारदैः ४ व्यसृजंतशरांस्तानर्किन्तोज्र्जुनमा
हवे ॥ अभ्यवर्त्तन्तसहसावार्योघाइवसागरम् ५ तेज्र्जुनंसमासाद्ययोधाःशतसहस्रशः ॥ अगच्छन्विलयंसर्वेताश्चदृष्ट्वेवपन्नगाः ६ तहन्यमानाःसमरेनाजहुःपांड
बंरणे ॥ हन्यमानामहाराजशलभाइवपावकम् ७ सत्यसेनस्त्रिभिर्बाणैर्विव्याधयुधिपांडवम् ॥ मित्रदेवश्चतुःषष्ट्यातुचंद्रसेनस्तुसप्तभिः ८ मित्रवर्मात्रिसप्त्यासौश्रुति
श्चापिसप्तभिः ॥ शत्रुंजयस्तुर्विंशत्याशुशर्मानवभिःशरैः ९ सविद्धोबहुभिःसंख्येप्रतिविव्याधतान्नृपान् ॥ सौश्रुतिंसप्तभिर्विद्ध्वासत्यसेनंत्रिभिःशरैः १० शत्रुं
जयंचविंशत्याचंद्रदेवंतथाष्टभिः ॥ मित्रदेवंशतेनैवश्रुतसेनंत्रिभिःशरैः ११ नवभिर्मित्रवर्माणंशुशर्मांणंतथाष्टभिः ॥ शत्रुंजयंचराजानंहत्वात्राशिलाशितैः १२
सौश्रुतेःसशिरस्त्राणंशिरःकायादपाहरत ॥ त्वरितश्चंद्रदेवंचशरैर्निन्येयमक्षयम् १३ तथेतरान्महाराजयतमानान्महारथान् ॥ पंचभिःपंचभिर्बाणैरेकैकंप्रत्यवार
यत १४ सत्यसेनस्तुसंकुद्धस्तोमरंव्यसृजन्महव ॥ समुद्दिश्यरणेकृष्णंसिंहनादंननादच १५ सनिर्भिद्यभुजंसव्यंमाधवस्यमहात्मनः ॥ अयस्मयोहेमदंडो
जगामधरणींतदा १६ माधवस्यतुविद्धस्यतोमरेणमहारणे ॥ प्रतोदःप्रापतद्धस्तादश्रमयश्चविशांपते १७ वासुदेवंविभिन्नांगंदृष्ट्वापार्थोधनंजयः ॥ क्रोधमाहार
यत्तीव्रंकृष्णंचेदमुवाचह १८ प्रापयाभ्यान्महाबाहोसत्यसेनंप्रतिप्रभो ॥ यावदेनंशरैस्तीक्ष्णैर्नेयामियमसादनम् १९

॥ २१ ॥

२ । ३ । ४ । ५ । ६ । ७ । ८ । ९ । १० । ११ । १२ । १३ । १४ । १५ । १६ । १७ । १८ । १९

२८ । २९ । २२ । २३ । २४ । २५ । २६ । २७ । २८ ध्वजादीनांशब्दोऽश्रूयतेतिषष्ठेनान्वयः २९ । ३० । ३१ । ३२ । ३३ । ३४ । ३५ । ३६ । ३७ । ३८ हस्त्यश्वंचास्यतःछिंदतःस्वा

प्रतोदंगृह्यसोऽन्यत्तुरश्मीनपियथापुरा ॥ वाहयामासतानश्वान्सत्यसेनरथंप्रति २० विष्वक्सेनंतुनिर्भिन्नंदृष्ट्वापार्थोधनंजयः ॥ सत्यसेनंशरैस्तीक्ष्णैर्वारयित्वामहा
रथः २१ ततःसुनिशितैर्भल्लैराज्ञस्तस्यमहच्छिरः ॥ कुंडलोपचितंकायाच्चकर्तपृतनांतरे २२ तन्निकृत्यशितैर्बाणैर्मित्रवर्माणमाक्षिपत् ॥ वत्सदन्तेनतीक्ष्णेनसार
थिंचास्यमारिष २३ ततःशरशतैर्भूयःसंशप्तकगणान्बली ॥ पातयामाससंक्रुद्धःशतशोऽथसहस्रशः २४ ततोरजतपुंखेनराजन्शीर्षंमहात्मनः ॥ मित्रसेनस्यचि
च्छेदक्षुरप्रेणमहारथः २५ सुशर्माणंसुसंक्रुद्धोजत्रुदेशेसमाहनत् ॥ ततःसंशप्तकाःसर्वेपरिवार्यधनंजयम् २६ शस्त्रौघैर्ममृदुःक्रुद्धानादयंतोदिशोदश ॥ अभ्यर्दितस्तुत
जिष्णुःशक्रतुल्यपराक्रमः २७ ऐन्द्रमस्त्रममेयात्माप्रादुश्चक्रेमहारथः ॥ ततःशरसहस्राणिप्रादुरासन्विशांपते २८ ध्वजानांछिद्यमानानांकार्मुकाणांचमारिष ॥
रथानांसपताकानांतूणीराणांयुगैःसह २९ अक्षाणामथचक्राणांयोक्त्राणांरश्मिभिःसह ॥ कूबराणांवरूथानांपृषत्कानांचसंयुगे ३० अश्वानांपततांचापिप्रासाना
मृष्टिभिःसह ॥ गदानांपरिघाणांचशक्तितोमरपट्टिशैः ३१ शतघ्नीनांसचक्राणांभुजानांचोरुभिःसह ॥ कंठसूत्रांगदानांचकेयूराणांचमारिष ३२ हाराणामथनि
ष्काणांतनुत्राणांचभारत ॥ छत्राणांव्यजनानांचशिरसांमुकुटैःसह ३३ अश्रूयतमहान्शब्दस्तत्रतत्रविशांपते ॥ सकुण्डलानिस्वक्षीणिपूर्णचन्द्रनिभानिच ३४
शिरांस्युर्व्यामदृश्यंततारजालमिवांबरे ॥ सुस्रग्वीणिसुवासांसिचंदनेनोक्षितानिच ३५ शरीराणिव्यदृश्यन्तनिहतानांमहीतले ॥ गंधर्वनगराकारंघोरमायोधनं
तदा ३६ निहतैराजपुत्रैश्चक्षत्रियैश्चमहाबलैः ॥ हस्तिभिःपतितैश्चैवतुरङ्गैश्चाभवन्मही ३७ अगम्यरूपासमरेविशीर्णैरिवपर्वतैः ॥ नासीच्चक्रपथस्तत्रपांडव
स्यमहात्मनः ३८ निघ्नतःशात्रवान्भल्लैर्हस्त्यश्वंचास्यतोमहत् ॥ स्वानुगाइवसीदंतिरथचक्राणिमारिष ३९ चरतस्तस्यसंग्रामेतस्मिन्लोहितकर्दमे ॥ सीदमा
नानिचक्राणिसमूहुस्तुरगाभृशम् ४० श्रमेणमहतायुक्तामनोमारुतरंहसः ॥ वध्यमानंतुतत्सैन्यंपांडुपुत्रेणधन्विना ४१ प्रायशोविमुखंसर्वंनावतिष्ठतभारत ॥ तान्
जित्वासमरेजिष्णुःसंशप्तकगणान्बहून् ॥ विरराजतदापार्थोविधूमोऽग्निरिवज्वलन् ४२ ॥ इतिश्रीमहाभारतेकर्णपर्वणिसंशप्तकजये सप्तविंशोऽध्यायः ॥ २७ ॥
॥ ॥ ॥ संजयउवाच ॥ युधिष्ठिरंमहाराजविसृजन्तंशरान्बहून् ॥ स्वयंदुर्योधनोराजाप्रत्यगृह्णादभीतवत् १ तमापतंतंसहसातवपुत्रंमहारथम् ॥ धर्मरा
जोद्रुतंविद्ध्वातिष्ठतिष्ठेतिचाब्रवीत् २ सतुतंप्रतिविव्याधनवभिर्निशितैःशरैः ॥ सारथिंचास्यभल्लेनभृशंक्रुद्धोऽभ्यताडयत् ३ ॥

नुगाइव यथास्वस्मिन्नष्टेऽनुचराःसीदंत्येवंरथानांभंगंदृष्ट्वाचक्राणिनश्यंत्यक्षभंगादितिभावः । आतंकादिवेतिपाठेचिंतयेवेत्युपचारः ३९ सीदमानानिपंकमज्जनात् ४० । ४१ । ४२ ॥ इतिकर्णपर्वणि
नीलकंठीयेभारतभावदीपेसप्तविंशोऽध्यायः ॥ २७ ॥ ॥ ॥ युधिष्ठिरमिति १ । २ । ३

४।५ ६।७।८।९।१०।११।१२।१३।१४।१५।१६।१७।१८।१९।२०।२१।२२।२३ आभरणमवबवुःअवगत्यध्नतवंतः २४ निमित्तंजयहेतुं महांतोगजायेषांतेमहागजा

ततोयुधिष्ठिरोराजन्स्वर्णपुंखाञ्छिलीमुखान् ॥ दुर्योधनायचिक्षेपत्रयोदशशिलाशितान् ४ चतुर्भिश्चतुरोवाहांस्तस्यहत्वामहारथः ॥ पंचमेनशिरःकायात्सारथेश्च
समाक्षिपत् ५ षष्ठेनतुध्वजंराज्ञःसप्तमेनतुकार्मुकम् ॥ अष्टमेनतथाखड्गंपातयामासभूतले ६ पंचभिर्नृपतिंचापिधर्मराजोऽर्दयद्भृशम् ॥ हताश्वात्तुरथात्तस्मादवप्लुत्य
सुतस्तव ७ उत्तमंव्यसनंप्राप्तोभूमावेवावतिष्ठत ॥ तंतुकृच्छ्रगतंदृष्ट्वाकर्णद्रौणिकृपादयः ८ अभ्यवर्तन्तसहसापरीप्सन्तोनराधिपम् ॥ अथपांडुसुताःसर्वेपरिवार्ययु
धिष्ठिरम् ९ अन्वयुःसमरेराजंस्ततोयुद्धमवर्त्तत ॥ ततस्तूर्यसहस्राणिप्रावाद्यंतमहामृधे १० ततःकिलकिलाशब्दाःप्रादुरासन्महीपते ॥ यत्राभ्यगच्छन्समरेपंचा
लाःकौरवैःसह ११ नरानरैःसमाजग्मुर्वारणावरवारणैः॥ रथाश्वरथिभिःसार्धंहयाश्चहयसादिभिः १२ द्वंद्वान्यासन्महाराजप्रेक्षणीयानिसंयुगे ॥ विविधान्यप्यचिं
त्यानिशस्त्रवंत्युत्तमानिच १३ तेशूराःसमरेसर्वेचित्रंलघुचसुष्ठुच ॥ अयुध्यंतमहावेगाःपरस्परवधैषिणः १४ अन्योन्यंसमरेजघ्नुर्योधव्रतमनुष्ठिताः ॥ नहितेसमरं
चक्रुःपृष्ठतोवैकथंचन १५ मुहूर्त्तमेवतद्युद्धमासीन्मधुरदर्शनम् ॥ ततउन्मत्तवद्राजन्निर्मर्यादमवर्त्तत १६ रथीनागंसमासाद्यदारयन्निशितैःशरैः ॥ प्रेषयामासका
लायशरैःसन्नतपर्वभिः १७ नागाहयान्समासाद्यविक्षिपंतोबहून्रणे ॥ दारयामासुरत्युग्रंतत्रतत्रतदातदा १८ हयारोहाश्चबहवःपरिवार्यहयोत्तमान् ॥ तलशब्द
रवांश्चक्रुःसंपतन्तस्ततस्ततः १९ धावमानांस्ततस्तांस्तुद्रवमाणान्महागजान् ॥ पार्श्वतःपृष्ठतश्चैवनिजघ्नुर्हयसादिनः २० विद्राव्यचबहूनश्वान्नागाराजन्मदोत्कटाः ॥
विषाणैश्चापरेजघ्नुर्ममृदुश्चापरेभृशम् २१ साश्वारोहांश्चतुरगान्विषाणैर्विव्यधूरुषा ॥ अपरेचिक्षिपुर्वेगात्प्रगृह्यातिबलास्तदा २२ पादातैराहतानागाविवरेषुस
मंततः ॥ चक्रुरार्त्तस्वरंघोरंदुद्रुवुश्चदिशोदश २३ पदातीनांतुसहसाप्रद्रुतानांमहाहवे ॥ उत्सृज्याभरणंतूर्णमवबव्रूरणाजिरे २४ निमित्तंमन्यमानास्तुपरिणाम्यमहा
गजाः ॥ जगृहुर्बिभिदुश्चैवचित्राण्याभरणानिच २५ तांस्तुतत्रप्रसक्तान्वैपरिवार्यपदातयः ॥ हस्त्यारोहान्निजघ्नुस्तेमहावेगाबलोत्कटाः २६ अपरेहस्तिभिर्हस्तैः
खंविक्षिप्तामहाहवे ॥ निपतंतोविषाणाग्रैर्भृशंविद्धाःसुशिक्षितैः २७ अपरेसहसागृह्यविषाणैरेवसूदिताः ॥ सेनांतरंसमासाद्यकेचित्तत्रमहागजैः २८ क्षुण्णगात्रा
महाराजविक्षिप्यचपुनःपुनः ॥ अपरेव्यजनानीवविभ्राम्यनिहतामृधे २९ पुरःसराश्चनागानामपरेषांविशांपते ॥ शरीराण्यतिविद्धानितत्रतत्ररणाजिरे ३० प्रति
मानेषुकुम्भेषुदन्तवेष्टेषुचापरे ॥ निगृहीताभृशंनागाःप्रासतोमरशक्तिभिः ३१ निगृह्यचगजाःकेचित्पार्श्वस्थैर्भृशदारुणैः॥ रथाश्वसादिभिस्तत्रसंभिन्नान्यपतन्भुवि ३२

गजारोहाजगृहुर्हस्तिभिर्ग्राहयामासुः परिणाम्यहस्तिनमिति शेषः बिभिदुश्चशत्रून्गजैरेव २५ । २६ । २७ । २८ । २९ । ३० प्रतिमानेषुगजदंतांतरालेषुप्रासैः कुंभेषुतोमरैर्दन्तवेष्टेषुशक्तिभिश्चनिगृ
हीताः 'प्रतिमानंप्रतिच्छायागजदंतांतरालयोः' इतिमेदिनी ३१ । ३२

॥ २२॥

३३ । ३४ । ३५ । ३६ । ३७ । ३८ । ३९ । ४० । ४१ । ४२ । ४३ । ४४ । ४५ । ४६ । ४७ । ४८ । ४९ । इतिकर्णपर्वेणिनीलकंठीयेभारतभावदीपेऽष्टाविंशोऽध्यायः ॥ २८ ॥ ॥

सहयाःसादिनस्तत्रतोमरेणमहामृधे ॥ भूमावभ्रद्रवेगेनसचर्माणंपदातिनम् ३३ तथासावरणान्कांश्चित्तत्रत्रविशांपते ॥ रथान्नागाःसमासाद्यपरिगृह्यचमारिषि ३४ व्याक्षिपन्सहसात्रयोरूपेभयानके ॥ नाराचैर्निहताश्चापिगजाःपेतुर्महाबलाः ३५ पर्वतस्यवशिखरंवज्ररुग्णमहीतले ॥ योधायोधान्समासाद्यमुष्टिभिर्व्यंहनन्युधि ३६ केशेष्वन्योन्यमाक्षिप्यचिक्षिपुर्बिभिदुश्च ह ॥ उद्यम्यचभुजान्येनिक्षिप्यचमहीतले ३७ पदाचोरःसमाक्रम्यस्फुरतोऽपाहरच्छिरः ॥ पतच्चापरोराजन्विजहारासिनाशिरः ३८ जीवतश्चतथैवान्यःशस्त्रकायेन्यमजयत् ॥ मुष्टियुद्धमहच्चासीद्योधानांतत्रभारत ३९ तथाकेशग्रहश्चोग्रोबाहुयुद्धंच भैरवम् ॥ समासकस्यचान्येनअविज्ञातस्तथाऽपरः ४० जहारसमरेप्राणान्नानाशस्त्रैरनेकधा ॥ संसक्तेषुचयोधेषुवर्तमानेचसंकुले ४१ कबंधान्युत्थितानिस्युःशतशोऽथसहस्रशः ॥ शोणितैःसिच्यमानानिशस्त्राणिकवचानि च ४२ महारागानुरक्तानिवस्त्राणीवचकाशिरे ॥ एवमेतन्महयुद्धंदारुणंशस्त्रसंकुलम् ४३ उन्मत्तगंगापतिमंशब्देनापूरयज्जगत् ॥ नैवस्वनपरेराजन्विज्ञायंतेशरातुराः ४४ योद्धव्यमितियुध्येतेराजानोजयगृद्धिनः ॥ स्वान्स्वेजघ्नुर्महाराजपरांश्चेवसमागतान् ४५ उभयोःसेनयोर्वीरैर्व्याकुलंसमपद्यत ॥ रथैर्भग्नैर्महाराजवारणैश्चनिपातितैः ४६ हयैश्चपतितैस्तत्रनरैश्चविनिपातितैः ॥ अगम्यरूपापृथिवीक्षणेनसमपद्यत ४७ क्षणेनासन्महीपालक्षतजौघप्रवर्त्तिनी ॥ पंचालान्नहतकर्णस्त्रिग्धोश्चधनंजयः ४८ भीमसेनःकुरुनराजनहस्त्यनीकंचसर्वशः ॥ एवमेपक्षयोवृत्तःकुरुपांडवसेनयोः ॥ अपराह्णगतेसूर्येकांक्षतांविपुलंयशः ४९ ॥ इतिश्रीमहाभारतेकर्णपर्वेणिसंकुलयुद्धेऽष्टाविंशोऽध्यायः ॥ २८ ॥ ॥

॥ धृतराष्ट्रउवाच ॥ अतितीव्राणिदुःखानिदुःसहानिबहूनि च ॥ त्वतोऽहंसंजयाश्रौषंपुत्राणांचैवसंक्षयम् १ यथात्वमेवंकथयसेयथायुद्धमवर्त्तत ॥ नसंतिसूतकौरव्याइतिमेनिश्चितामतिः २ दुर्योधनश्चविरथःकृतस्तत्रमहारथः ॥ धर्मपुत्रःकथंचक्रेतस्यवानृपतिःकथम् ३ अपराह्णेकथंयुद्धमभवल्लोमहर्षणम् ॥ तन्ममाचक्ष्वतत्त्वेनकुशलोह्यसिसंजय ४ ॥ संजयउवाच ॥ संसक्तेषुतुसैन्येषुवध्यमानेषुभागशः ॥ रथमन्यंसमास्थायपुत्रस्तववशांपते ५ क्रोधेनमहताऽयुक्तःसविषोभुजगोयथा ॥ दुर्योधनःसमालक्ष्यधर्मराजंयुधिष्ठिरम् ६ प्रोवाचसूतंत्वरितोयाहियाहीतिभारत ॥ तत्रमांपापयक्षिप्रंसारथेयत्रपांडवः ७ ध्रियमाणांतत्रेणराजारा जतिदंशितः ॥ सस्तूर्णोदितोराज्ञाराज्यंस्यंदनमुत्तमम् ८ युधिष्ठिरस्याभिमुखंप्रेषयामाससंयुगे ॥ ततोयुधिष्ठिरःक्रुद्धःप्रभिन्नइवकुंजरः ९ सारथिंचोदयामासयाहियत्रसुयोधनः ॥ तौसमाजग्मतुर्वीरौभ्रातरौरथसत्तमौ १०

अनीति १ । २ विरथःकृतस्त्युक्तत्र युद्धेधर्मपुत्रःकथंविरथंचक्रे तस्यतंचनृपतिर्दुर्योधनःकथमयुध्येतेतिशेषः ३ । ४ । ५ । ६ । ७ । ८ । ९ । १०

११ । १२ अपविद्धयत्यक्त्वा १३ । १४ । १५ । १६ । १७ । १८ । १९ । २० । २१ । २२ सर्वपारसवींसर्वविनाशिनीं गौरादिः । 'तिरस्कारविनाशेचपुंसिपारसवःपुमान्' इतिमेदिनी २३

समेत्यचमहावीरौसंरब्धौयुद्धदुर्मदौ ॥ ववर्षतुर्महेष्वासौशरैरन्योन्यमाहवे ११ ततोदुर्योधनोराजाधर्मशीलस्यमारिष ॥ शिलाशितेनभल्लेनधनुश्चिच्छेदसंयुगे १२
तंनामृष्यतसंक्रुद्धोह्यवमानंयुधिष्ठिरः ॥ अपविध्यधनुश्छिन्नंक्रोधसंरक्तलोचनः १३ अन्यत्कार्मुकमादायधर्मपुत्रश्चमूमुखे ॥ दुर्योधनस्यचिच्छेदध्वजंकार्मुकमेवच
१४ अथान्यद्धनुरादायप्राविध्यतयुधिष्ठिरम् ॥ तावन्योन्यंसुसंक्रुद्धौशस्त्रवर्षाण्यमुंचताम् १५ सिंहाविवसुसंरब्धौपरस्परजिगीषया ॥ जघ्नतुस्तौरणेऽन्योन्यंनर्दमानौ
वृषाविव १६ अंतरंमार्गमाणौचचेरतुस्तौमहारथौ ॥ ततःपूर्णायतोत्सृष्टैःशरैस्तौतुकृतव्रणौ १७ विरेजतुर्महाराजकिंशुकाविवपुष्पितौ ॥ ततोराजन्विमुंचंतौ
सिंहनादान्मुहुर्मुहुः १८ तलयोश्चतथाशब्दान्धनुषश्चमहाहवे ॥ शंखशब्दवरांश्चैवचक्रतुस्तौनरेश्वरौ १९ अन्योन्यंतौमहाराजपीडयांचक्रतुर्भृशम् ॥ ततोयुधि
ष्ठिरोराजापुत्रंतवशरैस्त्रिभिः २० आजघानोरसिक्रुद्धोवज्रवेगैर्दुरासदैः ॥ प्रतिविव्याधतंतूर्णंतवपुत्रोमहीपतिः २१ पंचभिर्निशितैर्बाणैःस्वर्णपुंखैःशिलाशितैः॥
ततोदुर्योधनोराजाशक्तिंचिक्षेपभारत २२ सर्वपारसवींतीक्ष्णांमहोल्काप्रतिमांतदा ॥ तामापतंतींसहसाधर्मराजःशितैःशरैः २३ त्रिभिश्चिच्छेदसहसातंचविव्याधपं
चभिः ॥ निपपातततःसाऽथस्वर्णदंडामहास्वना २४ निपतंतीमहोल्केवव्यराजच्छिखिसन्निभा ॥ शक्तिंविनिहतांदृष्ट्वापुत्रस्तवविशांपते २५ नवभिर्निशितै
र्भल्लैर्निजघानयुधिष्ठिरम् ॥ सोऽतिविद्धोबलवताशत्रुणाशत्रुतापनः २६ दुर्योधनंसमुद्दिश्यबाणंजग्राहसत्वरः ॥ समाधत्तचतंबाणंधनुर्मध्येमहाबलः २७ चि
क्षेपचमहाराजततःक्रुद्धःपराक्रमी ॥ सतुबाणःसमासाद्यतवपुत्रंमहारथम् २८ व्यामोहयतराजानंधरणींचददारह ॥ ततोदुर्योधनःक्रुद्धोगदामुद्यम्यवेगितः २९
विधित्सुःकलहस्यान्तंधर्मराजमुपाद्रवत् ॥ तमुद्यतगदंदृष्ट्वादंडहस्तमिवांतकम् ३० धर्मराजोमहाशक्तिंप्राहिणोत्तवसूनवे ॥ दीप्यमानांमहावेगांमहोल्कांज्वलि
तामिव ३१ रथस्थःसतयाविद्धोवर्मभित्वास्तनांतरे ॥ भृशंसंविग्नहृदयःपपातचमुमोहच ३२ भीमस्तमाहचततःप्रतिज्ञामनुचिंतयन् ॥ नायंवध्यस्तवनृप
इत्युक्तःसन्यवर्तत ३३ ततस्त्वरितमागम्यकृतवर्मातवात्मजम् ॥ प्रत्यपद्यतराजानंनिमग्नंव्यसनार्णवे ३४ गदामादायभीमोऽपिहेमपट्टपरिष्कृताम् ॥ अभिदुद्रा
ववेगेनकृतवर्माणमाहवे ३५ एवंतदभवद्युद्धंत्वदीयानांपरैःसह ॥ अपराह्णेमहाराजकांक्षतांविजयंयुधि ३६ ॥ इतिश्रीमहाभारतेकर्णपर्वणिसंकुलयुद्धेएकोनत्रिं
शोऽध्यायः ॥ २९ ॥ ॥ संजयउवाच ॥ ततःकर्णंपुरस्कृत्यत्वदीयायुद्धदुर्मदाः ॥ पुनरावृत्यसंग्रामंचक्रुर्देवासुरोपमम् १ द्विरदनररथाश्वशंखशब्दैःपरिहृ
षिताविविधैश्चशस्त्रपातैः ॥ द्विरदरथपदातिसादिसंघाःपरिकुपिताभिमुखाःप्रजघ्निरे ते २

२४ । २५ । २६ । २७ । २८ । २९ । । ३० । ३१ । ३२ । ३३ । ३४ । ३५ । ३६ ॥ इतिकर्णपर्वणिनीलकंठीयेभारतभावदीपेएकोनत्रिंशोऽध्यायः ॥ २९ ॥ ॥ ततइति १ । २

३ । ४ । ५ । ६ । ७ लवणजलःक्षारसमुद्रः ८ त्रिदशवरावरजोपमं विष्णुतुल्यम् ९ । १० । ११ । १२ सृतावागतौ १३ । १४ । १५ ।१६।१७।१८।१९।२०।२१।२२।२३।२४ । २५ ।२६ । २७ । २८।२९

शितपरश्वधसासिपट्टिशैरिषुभिरनेकविधैश्चसूदिताः ॥ द्विरदरथहयामहाहवेवरपुरुषैःपुरुषाश्ववाहनैः ३ कमलदिनकरेंदुसन्निभैःसितदशनैःसुमुखाक्षिनासिकैः ॥
रुचिरमुकुटकुंडलैर्महीपुरुषशिरोभिरुपस्तृताबभौ ४ परिघमुसलशक्तितोमरैर्नखरभुशुंडिगदाशतैर्हताः ॥ द्विरदनरहयाःसहस्रशोरुधिरनदीप्रवहास्तदाऽभवन् ५ प्रह
तरथनराश्वकुंजरंप्रतिभयदर्शनमुल्बणव्रणम् ॥ तदहितहतमाबभौबलंपितृपतिराष्ट्रमिवप्रजाक्षये ६ अथतवनरदेवसैनिकास्तवचसुताःसुरसूनुसन्निभाः ॥ अमितबल
पुरःसरारणेकुरुवृषभाःशिनिपुत्रमभ्ययुः ७ तदतिरुधिरभीममाबभौपुरुषवराश्वरथद्विपाकुलम् ॥ लवणजलसमुद्धतस्वनंबलमसुरामरसैन्यसप्रभम् ८ सुरपतिसम
विक्रमस्ततस्त्रिदशवरावरजोपमंयुधि ॥ दिनकरकिरणप्रभैःपृषत्कैरवितनयोऽभ्यहनच्छिनिप्रवीरम् ९ तमपिसरथवाजिसारथिंशिनिवृषभोविविधैःशरैस्त्वरन् ॥ भुज
गविषसमप्रभैरणेपुरुषवरंसमवास्तृणोत्तदा १० शिनिवृषभशरैर्निपीडितंतवसुहृदोवसुषेणमभ्ययुः ॥ त्वरितमतिरथारथर्षभंद्विरदरथाश्वपदातिभिःसह ११ तदुदधि
निभमाद्रवद्बलंत्वरिततरैःसमभिद्रुतंपरैः ॥ द्रुपदसुतमुखैस्तदाऽभवत्पुरुषरथाश्वगजक्षयोमहान् १२ अथपुरुषवरौकृताह्निकौभवमभिपूज्ययथाविधिप्रभुम् ॥
अरिवधकृतनिश्चयौद्रुतंतवबलमर्जुनकेशवौसृतौ १३ जलदनिनदनिःस्वनंरथंपवनविधूतपताककेतनम् ॥ सितहयमुपयांतमंतिकंकृतमनसोददृशुस्तदाऽरयः १४
अथविस्फार्यगांडीवंरथेनृत्यन्निवार्जुनः ॥ शरसंबाधमकरोत्खंदिशःप्रदिशस्तथा १५ रथान्विमानप्रतिमान्मज्जयन्सायुधध्वजान् ॥ ससारथींस्तदाबाणैरभ्राणीवा
निलोऽवधीत् १६ गजान्गजप्रयन्तॄंश्चवैजयंत्यायुधध्वजान् ॥ सादिनोऽश्वांश्चपत्तींश्चशरैर्निन्येयमक्षयम् १७ तमंतकमिवक्रुद्धमनिवार्यंमहारथम् ॥ दुर्योधनोऽ
भ्ययादेकोनिघ्नन्बाणैरजिह्मगैः १८ तस्यार्जुनोधनुःसूतमश्वान्केतुंचसायकैः ॥ हत्वासप्तभिरेकेनच्छत्रंचिच्छेदपत्रिणा १९ नवमंचसमाधायव्यसृजत्प्राणघाति
नम् ॥ दुर्योधनायेषुवरंतंद्रौणिःसप्तधाऽच्छिनत् २० ततोद्रौणेर्धनुश्छित्वाहत्वाचाश्वरथान्शरैः ॥ कृपस्यापितदत्युग्रंधनुश्चिच्छेदपांडवः २१ हार्दिक्यस्यधनु
श्छित्वाध्वजंचाश्वांस्तदाऽवधीत् ॥ दुःशासनस्येष्वसनंछित्वाराधेयमभ्ययात् २२ अथसात्यकिमुत्सृज्यत्वरन्कर्णोऽर्जुनंत्रिभिः ॥ विद्ध्वाविव्याधविंशत्याकृष्णं
पार्थंपुनःपुनः २३ नग्लानिरासीत्कर्णस्यक्षिपतःसायकान्बहून् ॥ रणेविनिघ्नतःशत्रून्क्रुद्धस्येवशतक्रतोः २४ अथसात्यकिरागत्यकर्णंविद्ध्वाशितैःशरैः ॥
नवत्यानवभिश्चोग्रैःशतेनपुनरार्पयत् २५ ततःप्रवीराःपार्थानांसर्वेकर्णमपीडयन् ॥ युधामन्युःशिखंडीचद्रौपदेयाःप्रभद्रकाः २६ उत्तमौजायुयुत्सुश्चयमौपार्ष
तएवच ॥ चेदिकारूषमत्स्यानांकेकयानांचयद्बलम् २७ चेकितानश्चबलवान्धर्मराजश्चसुव्रतः ॥ एतेरथाश्वद्विरदैःपत्तिभिश्चोग्रविक्रमैः २८ परिवार्यरणेकर्णंना
नाशस्त्रैरवाकिरन् ॥ भाषंतोवाग्भिरुग्राभिःसर्वेकर्णवधेधृताः २९ ॥ ॥ ॥

३० । ३१ । ३२ । ३३ । ३४ । ३५ निष्कैवल्यंनिश्चितंकैवल्यंमरणंयस्मिंस्तत्तथा ३६ प्रत्यपद्यतमविष्टः ३७ । ३८ । ३९ । ४० । ४१ । ४२ । ४३ । ४४ ॥ इतिकर्णपर्वणिनीलकंठीयेभारतभावदीपेत्रिंशोऽध्यायः ॥ ३० ॥ ॥ स्वेनच्छंदेनइच्छया आततायिनःशस्त्रपाणेः १ भद्रांसुभद्रां बलिभृतः करदान् २ । ३ अरक्षतघोषयात्रायां भरतान्दुर्योधनादीन् ४

अ० ३०

तांशस्त्रवृष्टिंबहुधाकर्णश्छित्त्वाशितैःशरैः ॥ अपोवाहास्त्रवीर्येणद्रुमंभंक्त्वेवमारुतः ३० रथिनःसमहामात्रान्गजानश्वान्ससादिनः ॥ पत्तिव्रातांश्चसंक्रुद्धोनिघ्नन्कर्णोव्यदृश्यत ३१ तद्वध्यमानंपांडूनांबलंकर्णास्त्रतेजसा ॥ विशस्त्रपत्रदेहासुप्रायआसीत्पराङ्मुखम् ३२ अथकर्णास्त्रमस्त्रेणप्रतिहत्यार्जुनःस्मयन् ॥ दिशंखंचैवभूमिंचप्रावृणोच्छरवृष्टिभिः ३३ मुसलानीवसंपेतुःपरिघाइवचेषवः ॥ शतघ्न्यइवचाप्यन्येवज्राण्युग्राणिचापरे ३४ तैर्वध्यमानंतत्सैन्यंसपत्त्यश्वरथद्विपम् ॥ निमीलिताक्षमत्यर्थंबभ्रामचननादच ३५ निष्कैवल्यंतदायुद्धंप्रापुरश्वनरद्विपाः ॥ हन्यमानाःशरैरार्त्तास्तदाभीताःप्रदुद्रुवुः ३६ त्वदीयानांतदायुद्धेसंसक्तानांजयैषिणाम् ॥ गिरिमस्तंसमासाद्यप्रत्यपद्यतभानुमान् ३७ तमसाचमहाराजरजसाचविशेषतः ॥ नकिंचित्प्रत्यपश्यामशुभंवायदिवाऽशुभम् ३८ तेत्रस्यंतोमहेष्वासारात्रियुद्धस्यभारत ॥ अपयानंततश्चक्रुःसहिताःसर्वयोधिभिः ३९ कौरवेष्वपयातेषुतदाराजन्दिनक्षये ॥ जयंसुमनसःप्राप्यपार्थाःस्वशिबिरंययुः ४० वादित्रशब्दैर्विविधैःसिंहनादैःसगर्जितैः ॥ परानुपहसंतश्चस्तुवंतश्चाच्युतार्जुनौ ४१ कृतेऽवहारेतैर्वीरैःसैनिकाःसर्वएवते ॥ आशीर्वाचःपांडवेषुप्रायुंजंतनरेश्वराः ४२ ततःकृतेऽवहारेचप्रहृष्टास्तत्रपांडवाः ॥ निशायांशिबिरंगत्वान्यवसंतनरेश्वराः ४३ ततोरक्षःपिशाचाश्चश्वापदाश्चैवसंघशः ॥ जग्मुरायोधनंघोरंरुद्रस्याक्रीडसन्निभम् ४४ ॥ इतिश्रीमहाभारतेकर्णपर्वणिप्रथमेयुद्धदिवसेत्रिंशोऽध्यायः ॥ ३० ॥ ॥ धृतराष्ट्रउवाच ॥ स्वेनच्छंदेननःसर्वानवधीद्व्यक्तमर्जुनः ॥ नह्यस्यसमरेमुच्येदंतकोप्याततायिनः १ पार्थश्चैकोऽहरद्भद्रामेकश्चाग्निमतर्पयत् ॥ एकश्चेमांमहींजित्वाचक्रेबलिभृतोनृपान् २ एकोनिवातकवचानहनद्दिव्यकार्मुकः ॥ एकःकिरातरूपेणस्थितंशर्वमयोधयत् ३ एकोह्यरक्षद्भरतानेकोभवमतोषयत् ॥ तेनैकेनजिताःसर्वेमहीपाह्युग्रतेजसा ४ नतेनिंद्याःप्रशस्यास्तेयत्तेचक्रुर्ब्रवीहितत् ॥ ततोदुर्योधनःसूतपश्चात्किमकरोत्तदा ५ ॥ संजयउवाच ॥ हतप्रहतविध्वस्ताविवर्मायुधवाहनाः ॥ दीनस्वरादूयमानामानिनःशत्रुनिर्जिताः ६ शिबिरस्थाःपुनर्मंत्रंमंत्रयंतिस्मकौरवाः ॥ भग्नदंष्ट्राहतविषाःपादाक्रांताइवोरगाः ७ तानब्रवीत्ततःकर्णःक्रुद्धःसर्पइवश्वसन् ॥ करंकरेणनिष्पीड्यप्रेक्षमाणस्तवात्मजम् ८ यत्तोदृढश्चदक्षश्चधृतिमानर्जुनस्तदा ॥ संबोधयतिचाप्येनंयथाकालमधोक्षजः ९ सहसास्त्रविसर्गेणवयंतेनाद्यवंचिताः ॥ श्वस्त्वहंतस्यसंकल्पंसर्वंहंतामहीपते १० एवमुक्तस्तथेत्युक्त्वासोऽनुजज्ञेनृपोत्तमान् ॥ तेऽनुज्ञातान्नृपाःसर्वेस्वानिवेश्मानिभेजिरे ११ ॥ ॥ ॥ ॥

३१

तेअस्मदीयाननिंद्याः तेशब्दस्याभ्यासाद्वाक्यत्रयमिदं तथादुर्योधनोऽपिनिंद्यः अपितुततःविस्मृतः तादृशंशत्रुंप्राप्यख्यातिंगतइत्यर्थः ५ हतास्ताडिताः प्रहताश्छिन्नावयवाः त्रिध्वस्ताः वाहनेभ्योऽधःपातिताः ६ । ७ । ८ । ९ सहसाअकस्मात् १० । ११

१२ मतेस्थितेनेतिशेषः प्रतीपकर्त्तारंशत्रूणांछेत्तारं प्रवीरंप्रकृष्टवीरं १३ । १४ आत्ययिकेषुप्राणसंकटेषु १५ । १६ अप्यपश्यतअपिःप्रश्ने १७ । १८ । १९ मत्तःकर्णाश्रयेणमूढः भाविनाशानवभानाद
२० । २१ । २२ । २३ निष्ठाविपाकः २४ । २५ कर्णश्चनीतिमानितिमन्यतइतिपूर्वेणान्वयः २६ । २७ स्त्रीमिध्यमिवगाहंते सेनांमृद्नंतीत्यर्थः निमित्तानिद्यूतादीनि धर्मिष्ठानीतिसोपालंभं विरुद्धा

सुखोषितास्तांरजनींहृष्टायुद्धायनिर्ययुः ॥ तेऽपश्यन्विहितंव्यूहंधर्मराजेनदुर्जयम् १२ प्रयत्नात्कुरुमुख्येनबृहस्पत्युशनोमते ॥ अथप्रतीपकर्त्तारंप्रवीरंपरवीरहा
१३ सस्मारवृषभस्कंधंकर्णंदुर्योधनस्तदा ॥ पुरंदरसमंयुद्धेमरुद्गणसमंबले १४ कार्त्तवीर्यसमंवीर्येकर्णंराज्ञोऽगमन्मनः ॥ सर्वेषांचैवसैन्यानांकर्णमेवागमन्मनः ॥
सूतपुत्रंमहेष्वासंबंधुमात्ययिकेष्विव १५ ॥ धृतराष्ट्रउवाच ॥ ततोदुर्योधनःसूतपश्चात्किमकरोत्तदा ॥ यद्वोऽगमन्मनोमंदाःकर्णंवैकर्त्तनंप्रति १६ अप्यपश्यत
राधेयंशीतार्तइवभास्करम् ॥ कृतेऽवहारेसैन्यानांप्रवृत्तेचरणेपुनः १७ कथंवैकर्तनःकर्णस्तत्रायुध्यतसंजय ॥ कथंचपांडवाःसर्वेयुयुधुस्तत्रसूतजम् १८ कर्णोह्ये
कोमहाबाहुर्हन्यात्पार्थान्ससृंजयान् ॥ कर्णस्यभुजयोर्वीर्यंशक्रविष्णुसमंयुधि १९ तस्यशस्त्राणिघोराणिविक्रमश्चमहात्मनः ॥ कर्णमाश्रित्यसंग्रामेमत्तोदुर्योधनो
नृपः २० दुर्योधनंततोदृष्ट्वापांडवेनभृशार्दितम् ॥ पराक्रांतान्पांडुसुतान्दृष्ट्वाचापिमहारथः २१ कर्णमाश्रित्यसंग्रामेमंदोदुर्योधनःपुनः ॥ जेतुमुत्सहतेपार्थान्सपु
त्रान्सहकेशवान् २२ अहोबतमहद्दुःखंयत्रपांडुसुतान्रणे ॥ नातरद्रभसःकर्णोदैवंनूनंपरायणम् २३ अहोद्यूतस्यनिष्ठेयंघोरासंप्रतिवर्तते ॥ अहोतीव्राणिदुःखानि
दुर्योधनकृतान्यहम् २४ सोढाघोराणिबहुशःशल्यभूतानिसंजय ॥ सौबलंचतदातातनीतिमानितिमन्यते २५ कर्णश्चरभसोनित्यंराजातंचाप्यनुव्रतः ॥ यदेवंवर्त
मानेषुमहायुद्धेषुसंजय २६ अश्रौषंनिहतान्पुत्रान्नित्यमेवविनिर्जितान् ॥ नपांडवानांसमरेकश्चिदस्तिनिवारकः २७ स्त्रीमध्यमिवगाहन्तेदैवंतुबलवत्तरम् ॥
॥ संजयउवाच ॥ राजन्पूर्वनिमित्तानिधर्मिष्ठानिविचिंतय २८ अतिक्रांतंहियत्कार्यंपश्चात्चिंतयतेनरः ॥ तच्चास्यनभवेत्कार्यंचिंतयाचविनश्यति २९ तदिदंतव
कार्यंतुदूरप्राप्तंविजानता ॥ नकृतंयत्त्वयापूर्वंप्राप्ताप्राप्तविचारणम् ३० उक्तोसिबहुधाराजन्मायुध्यस्वेतिपांडवैः ॥ गृह्णीषेनचतन्मोहाद्वचनंचविशांपते ३१ त्वया
पापानिघोराणिसमाचीर्णानिपांडुषु ॥ त्वत्कृतेवर्ततेघोरःपार्थिवानांजनक्षयः ३२ तत्त्विदानीमतिक्रांतंमाशुचोभरतर्षभ ॥ शृणुसर्वंयथावृत्तंघोरंवैशसमुच्यते
३३ प्रभातायांरजन्यांतुकर्णोराजानमभ्ययात् ॥ समेत्यचमहाबाहुर्दुर्योधनमथाब्रवीत् ३४ ॥ कर्णउवाच ॥ अद्यराजन्समेष्यामिपांडवेनयशस्विना ॥ निह
निष्यामितंवीरंसवामांनिहनिष्यति ३५ बहुत्वान्ममकार्याणांतथापार्थस्यभारत ॥ नाभूत्समागमोराजन्ममचैवार्जुनस्यच ३६ इदंतुमेयथाप्रज्ञंशृणुवाक्यंविशां
पते ॥ अनिहत्यरणेपार्थंनाहमेष्यामिभारत ३७ हतप्रवीरेसैन्येऽस्मिन्मयिचावस्थितेयुधि ॥ अभियास्यतिमांपार्थःशक्रशक्तिविनाकृतम् ३८ ॥ ॥

नीत्यर्थः २८ । २९ कार्यंराज्यलाभाख्यंदूरप्राप्तंअत्यंतदुर्लभं यद्यतोविजानताऽपित्वयाप्राप्ताप्राप्तविचारणंयुक्तायुक्तपरीक्षणंनकृतमित्यन्वयः ३० । ३१ । ३२ । ३३ । ३४ । ३५ । ३६ ३७ शक्रशक्त्येति स्व
स्यार्जुनवधेसामर्थ्याभावंद्योतयति ३८ ॥ ॥ ॥ ॥ ॥

श्रेयस्करत्वात्स्वत्राणकरंवीर्यसमानमितिशेषः ३९ कार्यस्यकर्त्तव्यस्यपरकीयस्यभेदेविनाशे लाघवेशैघ्र्ये सौष्ठवेकौशले ४० प्राणेशारीरबले । शौर्येमानसबले । विज्ञानेअस्त्रशिक्षायाम् । विक्रमेफलोपधानेऽस्त्राणां । निमित्तज्ञानयोगेलक्ष्यसंबंधावधारणे ४१ महामात्रंश्रेष्ठंविजयाख्यंनामप्रसिद्धम् ४२ । ४३ । ४४ । ४५ । ४६ । ४७ । ४८ । ४९ सिद्धिर्मोक्षःआत्मवतोजितचित्तस्य ५० । ५१ । ५२ ; ५३

ततःश्रेयस्करंयच्चतन्निबोधजनेश्वर ॥ आयुधानांचमेवीर्यंदिव्यानामर्जुनस्यच ३९ कार्यस्यमहतोभेदेलाघवेदूरपातने ॥ सौष्ठवेचास्त्रपातेचसव्यसाचीनमत्समः ४० प्राणेशौर्येऽथविज्ञानेविक्रमेचापिभारत ॥ निमित्तज्ञानयोगेचसव्यसाचीनमत्समः ४१ सर्वायुधमहामात्रंविजयंनामतद्धनुः ॥ इंद्रार्थंप्रियकामेननिर्मितंविश्वकर्मणा ४२ येनदैत्यगणान्राजन्जितवान्वैशतक्रतुः ॥ यस्यघोषेणदैत्यानांव्यामुह्यंतदिशोदश ४३ तद्भार्गवायप्रायच्छच्छक्रःपरमसंमतम् ॥ तद्दिव्यंभार्गवोमह्यमददद्धनुरुत्तमम् ४४ तेनयोत्स्येमहाबाहुमर्जुनंजयतांवरम् ॥ यथेंद्रःसमरेसर्वान्दैतेयान्वैसमागतान् ४५ धनुर्घोरंरामदत्तंगांडीवात्तद्विशिष्यते ॥ त्रिस्सप्तकृत्वःपृथिवीधनुषायेननिर्जिता ४६ धनुषोह्यस्यकर्माणिदिव्यानिप्राहभार्गवः ॥ तद्रामोह्यददन्मह्यंतेनयोत्स्यामिपांडवम् ४७ अद्यदुर्योधनाहंत्वांनंदयिष्येसबांधवम् ॥ निहत्यसमरेवीरमर्जुनंजयतांवरम् ४८ सपर्वतवनद्वीपाहतवीरासप्तसागरा ॥ पुत्रपौत्रप्रतिष्ठातेभविष्यत्यद्यपार्थिव ४९ नाशक्यंविद्यतेमेऽद्यत्वत्प्रियार्थंविशेषतः ॥ सम्यग्धर्मानुरक्तस्यसिद्धिरात्मवतोयथा ५० नहिमांसमरेसोढुंसंशक्तोऽग्निंतरुर्यथा ॥ अवश्यंतुमयावाच्यंयेनहीनोऽस्मिफाल्गुनात् ५१ ज्यातस्यधनुषोदिव्यातथाऽक्षय्येमहेषुधी ॥ सारथिस्तस्यगोविंदोममताहङ्नविद्यते ५२ तस्यदिव्यंधनुःश्रेष्ठंगांडीवमजितंयुधि ॥ विजयंचमहद्दिव्यंममापिधनुरुत्तमम् ५३ तत्राहमधिकःपार्थाद्धनुषातेनपार्थिव ॥ येनचाप्यधिकोवीरःपांडवस्तन्निबोधमे ५४ रश्मिग्राहश्चदाशार्हःसर्वलोकनमस्कृतः ॥ अग्निदत्तश्चवैदिव्योरथःकांचनभूषणः ५५ अच्छेद्यःसर्वतोवीरवाजिनश्चमनोजवाः ॥ ध्वजश्चदिव्योद्युतिमान्वानरोविस्मयंकरः ५६ कृष्णश्चस्रष्टाजगतोरथंतमभिरक्षति ॥ एतैर्द्रव्यैरहंहीनोयोद्धुमिच्छामिपांडवम् ५७ अयंतुसदृशःशौरेःशल्यःसमितिशोभनः ॥ सारथ्यंयदिमेकुर्याद्ध्रुवस्तेविजयोभवेत् ५८ तस्यमेसारथिःशल्योभवत्वसुकरःपरैः ॥ नाराचान्गार्ध्रपत्रांश्चशकटानिवहंतुमे ५९ रथाश्चमुख्याराजेंद्रयुक्तावाजिभिरुत्तमैः ॥ आयांतुपश्चात्सततंमामेवभरतर्षभ ६० एवमभ्यधिकःपार्थाद्भविष्यामिगुणैरहम् ॥ शल्योऽप्यभ्यधिकःकृष्णादर्जुनादपिचाप्यहम् ६१ यथाऽश्वहृदयंवेददाशार्हःपरवीरहा ॥ तथाशल्योविजानीतेहयज्ञानंमहारथः ६२ बाहुवीर्येसमोनास्तिमद्रराजस्यकश्चन ॥ तथाऽस्त्रेमत्समोनास्तिकश्चिदेवधनुर्धरः ६३ तथाशल्यसमोनास्तिहयज्ञानेहिकश्चन ॥ सोऽयमभ्यधिकःकृष्णाद्भविष्यतिरथोमम ६४ एवंकृतेरथस्थोऽहंगुणैरभ्यधिकोऽर्जुनात् ॥ भवेयुधिजयेयंचफाल्गुनंकुरुसत्तम ६५ ॥ ॥ ॥ ॥

५४ । ५५ । ५६ । ५७ शल्यःकृष्णतुल्यः बाणशकटबहुलतयाबाणानामक्षय्यत्वंज्ञेयं एवंबहुभक्त्वेनदिव्यास्त्रजयइत्याह अयमित्यादिना ५८।५९।६०।६१।६२।६३।६४ भवेभवेयं भवेदितिपाठःप्रामादिकः ६५

६६ ।६७।६८।६९।७०।७१।७२।७३ इतिकर्णपर्वणिनीलकंठीयेभारतभावदीपेएकत्रिंशोऽध्यायः ॥ ३१ ॥ ॥ ॥ ॥ पुत्रइति । विनयेननत्या प्रणयात्प्रकृष्टाद्वन्यायात्

समुद्यातुंनशक्ष्यंतिदेवाअपिसवासवाः ॥ एतत्कृतंमहाराजत्वयेच्छामिपरंतप ६६ क्रियतामेषकामोमेमावःकालोऽत्यगादयम् ॥ एवंकृतेकृतंसद्यंसर्वकामैर्भ
विष्यति ६७ ततोद्रक्ष्यसिसंग्रामेयत्करिष्यामिभारत ॥ सर्वथापांडवान्संख्येविजेष्येवैसमागतान् ६८ नहिमेसमरेशक्ताःसमुद्यातुंसुरासुराः ॥ किमुपांडुसुता
राजन्रणेमानुषयोनयः ६९ ॥ संजयउवाच ॥ एवमुक्तस्तवसुतःकर्णेनाहवशोभिना ॥ संपूज्यसंप्रहृष्टात्माततोराधेयमब्रवीत् ७० ॥ दुर्योधनउवाच ॥ एव
मेतत्करिष्यामियथात्वंकर्णमन्यसे ॥ सोपासंगारथाःसाश्वाःस्वनुयास्यंतिसंयुगे ७१ नाराचान्गार्ध्रपत्रांश्चशकटानिवहंतुते ॥ अनुयास्यामकर्णत्वांवयंसर्वेच
पार्थिवाः ७२ ॥ संजयउवाच ॥ एवमुक्त्वामहाराजतवपुत्रःप्रतापवान् ॥ अभिगम्याब्रवीद्राजामद्रराजमिदंवचः ७३ ॥ इतिश्रीमहाभारतेकर्णपर्वणिकर्णदुर्यो
धनसंवादेएकत्रिंशोऽध्यायः ॥ ३१ ॥ ॥ ॥ ॥ संजयउवाच ॥ पुत्रस्तवमहाराजमद्रराजंमहारथम् ॥ विनयेनोपसंगम्यप्रणयाद्वाक्यमब्रवीत् १ स
त्यव्रतमहाभागद्विषतांतापवर्धन ॥ मद्रेश्वररणेशूरपरसैन्यभयंकर २ श्रुतवानसिकर्णस्यब्रुवतोवदतांवर ॥ यथानृपतिसिंहानांमध्येत्वांवरयेस्वयम् ३ तस्त्वा
मप्रतिवीर्याद्यशत्रुपक्षक्षयावह ॥ मद्रेश्वरप्रयाचेऽहंशिरसाविनयेनच ४ तस्मात्पार्थविनाशार्थंहितार्थंममचैवहि ॥ सारथ्यंरथिनांश्रेष्ठप्रणयात्कर्तुमर्हसि
५ त्वयियंतरिराधेयोविद्विषोमेविजेष्यते ॥ अभीषूणांहिकर्णस्यग्रहीताऽन्योनविद्यते ६ ऋतेहित्वांमहाभागवासुदेवसमंयुधि ॥ सपाहिसर्वथाकर्णंयथा
ब्रह्मामहेश्वरम् ७ यथाचसर्वथापत्सुवार्ष्णेयःपातिपांडवम् ॥ तथामद्रेश्वराद्यत्वंराधेयंप्रतिपालय ८ भीष्मोद्रोणःकृपःकर्णोभवान्भोजश्चवीर्यवान् ॥
शकुनिःसौबलोद्रौणिरहमेवचनोबलम् ९ एवमेषकृतोभागोनवधापृथिवीपते ॥ नचभागोऽत्रभीष्मस्यद्रोणस्यचमहात्मनः १० ताभ्यामतीत्यतौभागौनिहतामम
शात्रवः ॥ वृद्धौहितौमहेष्वासौछलेननिहतौयुधि ११ कृत्वानसुकरंकर्मगतौस्वर्गमितोऽनघ ॥ तथाऽन्येपुरुषव्याघ्राःपरैर्विनिहतायुधि १२ अस्मदीयाश्चबहवः
स्वर्गायोपगतारणे ॥ त्यक्त्वाप्राणान्यथाशक्तिचेष्टांकृत्वाचपुष्कलाम् १३ तदिदंहतभूयिष्ठंबलंममनराधिप ॥ पूर्वमप्यल्पकैःपार्थैर्हतंकिमुतसांप्रतम् १४ बलवं
तोमहात्मानःकौन्तेयाःसत्यविक्रमाः ॥ बलंशेषंनहन्युर्मेयथातत्कुरुपार्थिव १५ हतवीरमिदंसैन्यंपांडवैःसमरेविभो ॥ कर्णोह्येकोमहाबाहुरस्मत्प्रियहितेरतः १६
भवांश्चपुरुषव्याघ्रसर्वलोकमहारथः ॥ शल्यकर्णोऽर्जुनेनाद्ययोद्धुमिच्छतिसंयुगे १७ तस्मिन्जयाशाविपुलामद्रराजनराधिप ॥ तस्याभीषुग्रहवरोनान्योऽस्तिमु
विकश्चन १८ पार्थस्यसमरेकृष्णोयथाऽभीषुग्रहोवरः ॥ तथात्वमपिकर्णस्यरथेभीषुग्रहोभव १९ ॥ ॥

९

युक्तियुक्तइत्यर्थः १।२।३।४।५ अभीषूणांहयरश्मीनाम् ६।७।८।९।१०।११।१२।१३।१४।१५।१६।१७।१८।१९

म. भा. टी.

 २० । २१ । २२ । २३ । २४ । २५ । २६ । २७ त्रातुत्रायतां २८ । २९ । ३० ३१ विश्रब्धंनिःशंकंयथास्यात्तथा ३२ । ३३ । ३४ । । ३५ निधायत्वत्कृतमपमानमितिशेषः प्रवर्त्ततेत्वयकुर्मितिशेषः

॥ २६ ॥

 तेनयुक्तोरणेपार्थोरक्ष्यमाणश्चपार्थिव ॥ यानिकर्माणिकुरुतेप्रत्यक्षाणितथैवतत् २० पूर्वंनःसमरेह्येवमवधीदर्जुनोरिपून् ॥ इदानींविक्रमोह्यस्यकृष्णेनसहि
तस्यच २१ कृष्णेनसहितःपार्थोधार्त्तराष्ट्रींमहाचमूम् ॥ अहन्यहनिमद्रेशद्रावयन्दृश्यतेयुधि २२ भागोऽवशिष्टःकर्णस्यतवचैवमहाद्युते ॥ तंभागंसहकर्णेन
युगपन्नाशयाद्यहि २३ अरुणेनयथासार्द्धंतमःसूर्योव्यपोहति ॥ तथाकर्णेनसहितोजहिपार्थंमहाहवे २४ उद्यंतौचयथासूर्यौबालसूर्यसमप्रभौ ॥ कर्णशल्यौरणे
दृष्ट्वाविद्रवंतुमहारथाः २५ सूर्यारुणौयथादृष्ट्वातमोनश्यतिमारिष ॥ तथानश्यंतुकौन्तेयाःसपंचालाःससृंजयाः २६ रथिनांप्रवरःकर्णोयंतॄणांप्रवरोभवान् ॥
संयोगोयुवयोर्लोकेनाभून्नचभविष्यति २७ यथासर्वास्ववस्थासुवार्ष्णेयःपातिपाण्डवम् ॥ तथाभवान्परित्रातुकर्णंवैकर्त्तनंरणे २८ त्वयासारथिनाह्येषअप्रधृष्यो
भविष्यति ॥ देवतानामपिरणेसशक्राणांमहीपते ॥ किंपुनःपांडवेयानांमाविशंकीर्वचोमम २९ ॥ संजयउवाच ॥ दुर्योधनवचःश्रुत्वाशल्यःक्रोधसमन्वितः ॥
त्रिशिखांभ्रुकुटिंकृत्वाधुन्वन्हस्तौपुनःपुनः ३० क्रोधरक्तेमहानेत्रेपरिवृत्त्यमहाभुजः ॥ कुलैश्वर्यश्रुतबलैर्दृप्तःशल्योऽब्रवीदिदम् ३१ ॥ शल्यउवाच ॥ अवम
न्यसिगांधारेध्रुवंचपरिशंकसे ॥ यन्मांब्रवीषिविश्रब्धंसारथ्यंक्रियतामिति ३२ अस्मत्तोऽभ्यधिकंकर्णंमन्यमानःप्रशंससि ॥ नचाहंयुधिराधेयंगणयेतुल्यमा
त्मनः ३३ आदिश्यतामभ्यधिकोममांशःपृथिवीपते ॥ तमहंसमरेजित्वागमिष्यामियथागतम् ३४ अथवाऽप्येकएवाहंयोत्स्यामिकुरुनंदन ॥ पश्यवीर्यंम
माद्यत्वंसंग्रामेदहतोरिपून् ३५ यथाभिमानंकौरव्यनिधायहृदयेपुमान् ॥ अस्मद्विधःप्रवर्त्ततेमामांत्वमभिशंकिथाः ३६ युधिवाऽप्यवमानोमेनकर्त्तव्यःकथं
चन ॥ पश्यपीनौममभुजौवज्रसंहननोपमौ ३७ धनुःपश्यचमेचित्रंशरांश्चाशीविषोपमान् ॥ रथंपश्यचमेक्लृप्तंसदश्वैर्वातवेगितैः ३८ गदांचपश्यगांधारेहे
मपट्टविभूषिताम् ॥ दारयेयंमहींकृत्स्नांविकिरेयंचपर्वतान् ३९ शोषयेयंसमुद्रांश्चतेजसास्वेनपार्थिव ॥ तंमामेवंविधंराजन्समर्थमरिनिग्रहे ४० कस्माद्युनं
क्षिसारथ्येनीचस्याधिरथेरणे ॥ नमामधुरिराजेंद्रनियोक्तुंत्वमिहार्हसि ४१ नहिपापीयसःश्रेयान्भूत्वाप्रेष्यत्वमुत्सहे ॥ योह्यभ्युपगतंप्रीत्यागरीयांसंवशेस्थि
तम् ४२ वशेपापीयसोधत्तेतत्पापमधरोत्तरम् ॥ ब्रह्मणाब्राह्मणाःसृष्टामुखात्क्षत्रंचबाहुतः ४३ ऊरुभ्यामसृजद्वैश्यान्शूद्रान्पद्भ्यामितिश्रुतिः ॥ तेभ्योवर्ण
विशेषाश्चप्रतिलोमानुलोमजाः ४४ अथान्योन्यस्यसंयोगाच्चातुर्वर्ण्यस्यभारत ॥ गोप्तारःसंगृहीतारोदातारःक्षत्रियाःस्मृताः ४५ याजनाध्यापनैर्विप्राविशुद्धै
श्चप्रतिग्रहैः ॥ लोकस्यानुग्रहार्थायस्थापिताब्राह्मणाभुवि ४६ ॥ ॥ ॥

॥ २६

३६ । ३७ । ३८ । ३९ । ४० अधुरिनीचेकर्मणि ४१ पापीयसःनीचयोनेःप्रेष्यत्वंदास्यत्वंकर्तुमितिशेषः ४२ वशेआज्ञायां अधरोत्तरंनीचोच्चयोर्वैपरीत्यकरणजंमहत्पापं ४३ । ४४ । ४५ । ४६

४७ । ४८ । ४९ । ५० । ५१ । ५२।५३ । ५४।५५ ऋतमिति । ऋतमेवायनमाश्रयोयेषांतेऋतायनास्तेषांगोत्रापत्यमार्तायनिस्त्वम् ५६ । ५७ । ५८ । ५९ । ६० । ६१ मद्रेश्वरेत्यश्वोत्पत्तिदे

कृषिश्चपाशुपाल्यंचविशांदानंचधर्मतः ॥ ब्रह्मक्षत्रविशांशूद्राविहिताःपरिचारकाः ४७ ब्रह्मक्षत्रस्यविहिताःसूतावैपरिचारकाः ॥ नक्षत्रियोवैसूतानांशृणुयाञ्चकथंचन
४८ अहंमूर्धाभिषिक्तोहिराजर्षिकुलजोनृपः ॥ महारथःसमाख्यातःसेव्यःस्तुत्यश्चबंदिनाम् ४९ सोऽहमेतादृशोभूत्वानेहारिबलसूदनः ॥ सूतपुत्रस्यसंग्रामेसारथ्यं
कर्तुमुत्सहे ५० अवमानमहंप्राप्यनयोत्स्यामिकथंचन ॥ आपृच्छेत्वाऽद्यगांधारेगमिष्यामिगृहायवै ५१ ॥ संजयउवाच ॥ एवमुक्त्वामहाराजशल्यःसमितिशो
भनः ॥ उत्थायप्रययौतूर्णंराजमध्यादमर्षितः ५२ प्रणयाद्बहुमानाच्चतंनिगृह्यसुतस्तव ॥ अब्रवीन्मधुरंवाक्यंसाम्नासर्वार्थसाधकम् ५३ यथाशल्यविजानीषेएवमेत
दसंशयम् ॥ अभिप्रायस्तुमेकश्चित्तंनिबोधजनेश्वर ५४ नकर्णोऽभ्यधिकस्त्वत्तोनशंकेत्वांचपार्थिव ॥ नहिमद्रेश्वरोराजाकुर्याद्यदनृतंभवेत् ५५ ऋतमेवहिपूर्वास्तेव
दंतिपुरुषोत्तमाः ॥ तस्मादार्तायनिःप्रोक्तोभवानितिमतिर्मम ५६ शल्यभूतस्तुशत्रूणांयस्मात्त्वंयुधिमानद ॥ तस्माच्छल्योहितेनामकथ्यतेपृथिवीतले ५७ यदे
तद्व्याहृतंपूर्वंभवताभूरिदक्षिण ॥ तदेवकुरुधर्मज्ञमदर्थंयद्यदुच्यते ५८ नचत्वत्तोहिराधेयोनचाहमपिवीर्यवान् ॥ वृणेहंत्वांहयाग्र्याणांयंतारमिहसंयुगे ५९ मन्येचा
भ्यधिकंशल्यगुणैःकर्णंधनंजयात् ॥ भवंतंवासुदेवाच्चलोकोऽयमितिमन्यते ६० कर्णोह्यभ्यधिकःपार्थादस्त्रैरेवनरर्षभ ॥ भवानभ्यधिकःकृष्णादश्वज्ञानेबलेतथा
६१ यथाऽश्वहृदयंवेदवासुदेवोमहामनाः ॥ द्विगुणंत्वंतथावेत्सिमद्रराजेश्वरात्मज ६२ ॥ शल्यउवाच ॥ यन्मांब्रवीषिगांधारेमध्येसैन्यस्यकौरव ॥ विशिष्टंदेवकी
पुत्रात्प्रीतिमानस्म्यहंत्वयि ६३ एषसारथ्यमातिष्ठेराधेयस्ययशस्विनः ॥ युध्यतःपांडवाग्र्येणयथात्वंवीरमन्यसे ६४ समयश्चहिमेवीरकश्चिद्वैकर्तनंप्रति ॥ उत्सृजे
यंयथाश्रद्धमहंवाचोऽस्यसन्निधौ ६५ ॥ संजयउवाच ॥ तथेतिराजन्पुत्रस्तेसहकर्णेनभारत ॥ अब्रवीन्मद्रराजस्यमतंभरतसत्तम ६६ ॥ इतिश्रीमहाभारतेकर्णपर्व
णि शल्यसारथ्येद्वात्रिंशोऽध्यायः ॥ ३२ ॥ ॥ ॥ ॥ दुर्योधनउवाच ॥ भूयएवतुमद्रेशयत्तेवक्ष्यामितच्छृणु ॥ यथापुरावृत्तमिदंयुद्धेदेवासुरेविभो १
यदुक्तवान्पितुर्मह्यंमार्कंडेयोमहानृषिः ॥ तदशेषेणब्रुवतोममराजर्षिसत्तम २ निबोधमनसाचात्रनतेकार्याविचारणा ॥ देवानामसुराणांचपरस्परजिगी
षया ३ बभूवप्रथमोराजन्संग्रामस्तारकामयः ॥ निर्जिताश्चतदादैत्यादैवतैरितिनःश्रुतम् ४ निर्जितेषुचदैत्येषुतारकस्यसुतास्त्रयः ॥ ताराक्षःकमलाक्ष
श्चविद्युन्मालीचपार्थिव ५ ॥ ॥ ॥ ॥ ॥

शजत्वाद्विशेषेणतद्गुणाभिज्ञत्वंसूच्यते ६२ । ६३ । ६४ वाचउत्सृजेयं ताअनेनक्षंतव्याइतिभावः ६५ । ६६ ॥ इतिकर्णपर्वणिनीलकंठीये भारतभावदीपेद्वात्रिंशोऽध्यायः ॥ ३२ ॥ भूयइति १
पितुःपुरतः मह्यंमम २ । तारकामयःतारकासुरएवामयोरोगवत्पराभवहेतुर्यत्रसतथा ३।४।५

म. भा. टी. ॥ २७ ॥

कर्ण० ८ अ० ३३

६ दमेनबाह्येंद्रियजयेन तपसाचित्तस्यैकाग्र्येण नियमेनशौचादिना समाधिनाअभ्युत्थानेन ७ । ८ । ९ । १० । ११ । १२ । १३ । १४ । १५ । १६ । १७ चक्रस्थंआज्ञावशं यथेष्टसंचारीत्यर्थः ।

तपउग्रंसमास्थायनियमेपरमेस्थिताः ॥ तपसाकर्षयामासुर्देहान्स्वान्शत्रुतापन ६ दमेनतपसाचैवनियमेनसमाधिना ॥ तेषांपितामहःप्रीतोवरदःप्रददौवरम् ७ अवध्यत्वंचतेराजन्सर्वभूतस्यसर्वदा ॥ सहितावरयामासुःसर्वलोकपितामहम् ८ तानब्रवीत्तदादेवोलोकानांप्रभुरीश्वरः ॥ नास्तिसर्वामरत्वंवैनिवर्त्तध्वमितोऽसुराः ९ अन्यंवरंवृणीध्वंवैयादृशंसंप्ररोचते ॥ ततस्तेसहिताराजन्संप्रधार्यासकृत्प्रभुम् १० सर्वलोकेश्वरंवाक्यंप्रणम्येदमथाब्रुवन् ॥ अस्मभ्यंत्वंवरंदेवसंप्रयच्छपितामह ११ वयंपुराणित्रीण्येवसमास्थायमहीमिमाम् ॥ विचरिष्यामलोकेऽस्मिंस्त्वत्प्रसादपुरस्कृताः १२ ततोवर्षसहस्रेतुसमेष्यामःपरस्परम् ॥ एकीभावंगमिष्यंतिपुराण्येतानिचानघ १३ समागतानिचैतानियोहन्याद्भगवंस्तदा ॥ एकेषुणादेववरःसनोमृत्युर्भविष्यति १४ एवमस्त्वितितान्देवःप्रत्युक्त्वाप्राविशद्दिवम् ॥ तेतुलब्धवराःप्रीताःसंप्रधार्यपरस्परम् १५ पुरत्रयविसृष्ट्यर्थंमयंवव्रुर्महासुरम् ॥ विश्वकर्माणमजरंदैत्यदानवपूजितम् १६ ततोमयःस्वतपसाचक्रेधीमान्पुराणिच ॥ त्रीणिकांचनमेकंवैरौप्यंकार्ष्णायसंतथा १७ कांचनंदिवितत्रासीदंतरिक्षेचराजतम् ॥ आयसंचाभवद्भौमंचक्रस्थंपृथिवीपते १८ एकैकंयोजनशतंविस्तारायामतःसमम् ॥ गृहाट्टालकसंयुक्तंबहुप्राकारतोरणम् १९ गृहप्रवरसंबाधमसंबाधमहापथम् ॥ प्रासादैर्विविधैश्चापिद्वारैश्चैवोपशोभितम् २० पुरेषुचाभवन्राजन्राजानोवैपृथक्पृथक् ॥ कांचनंतारकाक्षस्यचित्रमासीन्महात्मनः २१ राजतंकमलाक्षस्यविद्युन्मालिनआयसम् ॥ त्रयस्तेदैत्यराजानस्त्रींल्लोकानस्त्रतेजसा २२ आक्रम्यतस्थुरूचुश्चकश्चनामप्रजापतिः ॥ तेषांदानवमुख्यानांप्रयुतान्यर्बुदानिच २३ कोट्यश्चाप्रतिवीराणांसमाजग्मुस्ततस्ततः ॥ मांसाशिनःसुदृप्ताश्चसुरैर्विनिकृताःपुरा २४ महदैश्वर्यमिच्छंतस्त्रिपुरंदुर्गमाश्रिताः ॥ सर्वेषांचपुनश्चैषांसर्वयोगवहोमयः २५ तमाश्रित्यहितेसर्वेवर्तयंतेऽकुतोभयाः ॥ योहियन्मनसाकामंदध्यौत्रिपुरसंश्रयः २६ तस्मैकामंमयस्तंतंविदधेमाययातदा ॥ तारकाक्षसुतोवीरोहरिर्नाममहाबलः २७ तपस्तेपेपरमकंयेनातुष्यत्पितामहः ॥ संतुष्टमवृणोद्देववापीभवतुनःपुरे २८ शस्त्रैर्विनिहतायत्रक्षिप्ताःस्युर्बलवत्तराः ॥ सतुलब्ध्वावरंवीरस्तारकाक्षसुतोहरिः २९ ससृजेतत्रवापींतांमृतानांजीविनींप्रभो ॥ येनरूपेणदैत्यस्तुयेनवेषेणचैवह ३० मृतस्तस्यांपरिक्षिप्तस्तादृशेनैवजज्ञिवान् ॥ तांप्राप्यतेपुनस्तांस्तुलोकान्सर्वान्बबाधिरे ३१ महतातपसासिद्धाःसुराणांभयवर्धनाः ॥ नतेषामभवद्राजन्क्षयोयुद्धेकदाचन ३२ ततस्तेलोभमोहाभ्यामभिभूताविचेतसः ॥ निर्ह्रीकाःसंस्थिताःसर्वेस्थापिताःसमलूलुपन् ३३ विद्राव्यसगणान्देवांस्तत्रतत्रतदातदा ॥ विचेरुःस्वेनकामेनवरदानेनदर्पिताः ३४ ॥ ॥ ॥ ॥ ॥

॥ २७ ॥

चक्रस्थमित्यत्रतृतीयमितिपाठःप्रामादिकः १८ । १९ । २० । २१ । २२ । २३ । २४ । २५ । २६ । २७ । २८ । २९ । ३० । ३१ । ३२ । ३३ । ३४

३५ । ३६ । ३७ । ३८ । ३९ । ४० । ४१ । ४२ । ४३ । ४४ आदित्यादेवाः ४५ । ४६ । ४७ उग्राभीरक्षोघ्नीभिः आशंव्याप्तं आत्मनाअनौपाधिकेन ४८ आत्मनोमनसः योगंसर्ववृ
त्तिनिरोधं सांख्यंसम्यक्ख्यापनं आत्ममोजडवर्गात्पृथग्ग्रहणं आत्मामनः वशेआज्ञायाम् ४९ । ५० भगवंतंषड्विधैश्वर्यवंतं एकमपिते 'तंयथायथोपासत'इतिश्रुतेर्यथाभावनं शिवविष्णुरु

देवोद्यानानिसर्वाणिप्रियाणिचदिवौकसाम् ॥ ऋषीणामाश्रमान्पुण्यान्रम्यान्जनपदांस्तथा ३५ व्यनाशयन्नमर्यादादानवादुष्टचारिणः ॥ पीड्यमानेषुलोकेषुत
तःशक्रोमरुद्वृतः ३६ पुराण्यायोधयांचक्रेवज्रपातैःसमंततः ॥ नाशकत्तान्यभेद्यानियदाभेत्तुंपुरंदरः ३७ पुराणिवरदत्तानिधात्रातेननराधिप ॥ तदाभीतःसुरपति
र्मुक्त्वातानिपुराण्यथ ३८ तैरेवविबुधैःसार्धंपितामहमरिंदम ॥ जगामाथतदाख्यातुंविप्रकारंसुरेतरैः ३९ तेतत्त्वंसर्वमाख्यायशिरोभिःसंप्रणम्यच ॥ वधोपायमपृ
च्छंतभगवंतंपितामहम् ४० श्रुत्वातद्भगवान्देवोदेवानिदमुवाचह ॥ ममापिसोऽपराध्नोतियोयुष्माकमसौम्यकृत् ४१ असुराहिदुरात्मानःसर्वएवसुरद्विषः ॥ अप
राध्यंतिसततंयेयुष्मान्पीडयंत्युत ४२ अहंहितुल्यःसर्वेषांभूतानांनात्रसंशयः ॥ अधार्मिकास्तुहंतव्याइतिमेव्रतमाहितम् ४३ एकेषुणाविभेद्यानितानिदुर्गाणि
नान्यथा ॥ नचस्थाणुमृतेशक्तोभेत्तुमेकेषुणापुरः ४४ तेयूयंस्थाणुमीशानंजिष्णुमक्लिष्टकारिणम् ॥ योद्धारंवृणुतादित्याःसतान्हंतासुरेतरान् ४५ इतितस्यव
चःश्रुत्वादेवाःशक्रपुरोगमाः ॥ ब्रह्माणमग्रतःकृत्वावृषांकंशरणंययुः ४६ तपोनियममास्थायगृणंतोब्रह्मशाश्वतम् ॥ ऋषिभिःसहधर्मज्ञाभवंसर्वात्मनागताः ४७
तुष्टुवुर्वाग्भिरुग्राभिर्भयेष्वभयदंनृप ॥ सर्वात्मानंमहात्मानंयेनाप्तंसर्वमात्मना ४८ तपोविशेषैर्विविधैर्योगंयोवेदचात्मनः ॥ यःसांख्यमात्मनोवेत्तियस्यचात्मावशे
सदा ४९ तंतेददृशुरीशानंतेजोराशिमुमापतिम् ॥ अनन्यसदृशंलोकेभगवंतमकल्मषम् ५० एकंचभगवंतंतेनानारूपमकल्पयन् ॥ आत्मनःप्रतिरूपाणिरूपा
ण्यथमहात्मनि ५१ परस्परस्यचापश्यन्सर्वेपरमविस्मिताः ॥ सर्वभूतमयंदृष्ट्वातमजंजगतःपतिम् ५२ देवाब्रह्मर्षयश्चैवशिरोभिर्धरणींगताः ॥ तान्स्वस्तिवा
देनाभ्यर्च्यसमुत्थाप्यचशंकरः ५३ ब्रूतब्रूतेतिभगवान्स्मयमानोऽभ्यभाषत ॥ त्र्यंबकेणाभ्यनुज्ञातास्ततस्तेस्वस्थचेतसः ५४ नमोनमोनमस्तेऽस्तुप्रभोइत्यब्रुव
न्वचः ॥ नमोदेवाधिदेवायधन्विनेवनमालिने ५५ प्रजापतिमखघ्नायप्रजापतिभिरीड्यते ॥ नमःस्तुतायस्तुत्यायस्तूयमानायशंभवे ५६ विलोहितायरुद्रायनी
लग्रीवायशूलिने ॥ अमोघायमृगाक्षायप्रवरायुधयोधिने ५७ अर्हायचैवशुद्धायक्षयायक्रथनायच ॥ दुर्वारणायकाथायब्रह्मणेब्रह्मचारिणे ५८ ईशानायाप्रमेयाय
नियंत्रेचर्मवाससे ॥ तपोरथायपिंगायव्रतिनेकृत्तिवाससे ५९ कुमारपित्रेत्र्यक्षायप्रवरायुधधारिणे ॥ प्रपन्नार्तिविनाशायब्रह्मद्विट्संघघातिने ६० वनस्पतीनांप
तयेनराणांपतयेनमः ॥ गवांचपतयेनित्यंयज्ञानांपतयेनमः ६१ ॥ ॥ ॥

द्रादिवेषेणनानारूपमकल्पयन् । आत्मनश्चित्तस्यप्रतिरूपाणिसंकल्पानुसारीणिमतिबिंबानिवा । परस्परस्यचेति ईश्वरस्वरूपेसर्वेआत्मानंपरांश्चापश्यन्नितिसार्धश्लोकएकंवाक्यम् ५१ । ५२ । ५३ । ५४ । ५५
ईड्यतेईड्यमानाय कर्मणीदमपौरुषम् ५६ । ५७ क्रथनायहिंस्राय ५८ । ५९ । ६० । ६१ ॥ ॥ ॥

मजस्वइष्टैःकामैःपूरयस्व ६२ व्येतुव्यपगच्छतु ६३ ॥ ॥ इतिकर्णपर्वणिनीलकंठीयेभारतभावदीपेत्रयस्त्रिंशोऽध्यायः ॥ ३३ ॥ ॥ ॥ ॥ पित्रिति । अभयेइतिच्छेदः १ । २ वधेनिमित्ते प्रत्यरिःप्रतिकूलःशत्रुः ३ । ४ ऐधतअवर्धत तेप्रसिद्धावयंशरणंगतास्त्वामितिशेषः ५ । ६ संहताएकीभूतायूयम् ७ तेषांतेजोऽस्मत्तेजस्तोद्विगुणंदृष्टमेवेत्यर्थः ८ । ९ । १० । ११ अर्धतेजसः १२ । १३ महतासर्वातिशायिनाबलेनदीव्यतिप्रकाशतेइतिमहादेवः १४ । १५ मूर्तीस्तेजोमात्राः समाधायएकीकृत्य १६ विहितंअपूर्वंज्ञापितंयथातथैवविश्वकर्मणाकृतम्

नमोऽस्तुतेससैन्यायत्र्यंबकायामितौजसे ॥ मनोवाक्कर्मभिर्देवत्वांप्रपन्नान्भजस्वनः ६२ ततःप्रसन्नोभगवान्स्वागतेनाभिनंद्यच ॥ प्रोवाचव्येतुवस्त्रासोब्रूतकिंकर ॥ ३४॥
वाणिवः ६३ ॥ ॥ इतिश्रीमहाभारतेकर्णपर्वणित्रिपुराख्यानेत्रयस्त्रिंशोऽध्यायः ॥ ३३ ॥ ॥ दुर्योधनउवाच ॥ पितृदेवर्षिसंघेभ्योऽभयेदत्तेमहात्मना ॥
सत्कृत्यशंकरंप्राहब्रह्मालोकहितंवचः १ तवातिसर्गाद्देवेशप्राजापत्यमिदंपदम् ॥ मयाऽधितिष्ठतादत्तोदानवेभ्योमहान्वरः २ तानतिक्रांतमर्यादान्नान्यःसंहर्तुम
र्हति ॥ त्वामृतेभूतभव्येशत्वंह्येषांप्रत्यरिर्वधे ३ सत्वंदेवप्रपन्नानांयाचतांचदिवौकसाम् ॥ कुरुप्रसादंदेवेशदानवान्जहिशंकर ४ त्वत्प्रसादाज्जगत्सर्वंसुखमैधतमा
नद ॥ शरण्यस्त्वंहिलोकेशतेवयंशरणंगताः ५ ॥ स्थाणुरुवाच ॥ हंतव्याःशत्रवःसर्वेयुष्माकमितिमेमतिः ॥ नत्वेकउत्सहेहंतुंबलस्थाहिसुरद्विषः ६ तेयू
यंसंहताःसर्वेमदीयेनार्धतेजसा ॥ जयध्वंयुधितान्शत्रून्संहताहिमहाबलाः ७ ॥ देवाऊचुः ॥ अस्मत्तेजोबलंयावत्तावद्विगुणमाहवे ॥ तेषामितिहिमन्यामोदृष्टते
जोबलाहिते ८ ॥ श्रीभगवानुवाच ॥ वध्यास्तेसर्वतःपापायेयुष्मास्वपराधिनः ॥ ममतेजोबलार्धेनसर्वान्निघ्नतशात्रवान् ९ ॥ देवाऊचुः ॥ बिभर्तुंभवतोर्धंतुन
शक्ष्यामोमहेश्वर ॥ सर्वेषांनोबलार्धेनत्वमेवजहिशात्रवान् १० ॥ श्रीभगवानुवाच ॥ यदिशक्तिर्नवःकाचिद्बिभर्तुंमामकंबलम् ॥ अहमेतान्हनिष्यामियुष्मत्ते
जोर्धबृंहितः ११ ततस्तथेतिदेवेशस्तैरुक्तोराजसत्तम ॥ अर्धमादायसर्वेषांतेजसाऽभ्यधिकोऽभवत् १२ सतुदेवोबलेनासीत्सर्वेभ्योबलवत्तरः ॥ महादेवइतिख्यात
स्ततःप्रभृतिशंकरः १३ ततोऽब्रवीन्महादेवोधनुर्बाणधरोह्यहम् ॥ हनिष्यामिरथेनाजौतान्रिपून्वोदिवौकसः १४ तेयूयंमेरथंचैवधनुर्बाणंतथैवच ॥ पश्यध्वंयाव
द्यैतान्पातयामिमहीतले १५ ॥ देवाऊचुः ॥ मूर्तीःसर्वाःसमाधायत्रैलोक्यस्यततस्ततः ॥ रथंतेकल्पयिष्यामोदेवेश्वरसुवर्चसम् १६ तथैवबुद्ध्याविहितंविश्वक
र्मकृतंशुभम् ॥ ततोविबुधशार्दूलास्तेरथंसमकल्पयन् १७ विष्णुंसोमंहुताशंचतस्येषुंसमकल्पयन् ॥ शृंगमग्निर्बभूवास्यभल्लःसोमोविशांपते १८ कुड्मलश्चाभव
द्विष्णुस्तस्मिन्निषुवरेतदा १९ रथंवसुंधरांदेवींविशालपुरमालिनीम् ॥ सपर्वतवनद्वीपांचक्रुर्भूतधरांतदा ॥ मंदरःपर्वतश्चाक्षोजंघातस्यमहानदी २० दिशश्चप्रदि
शश्चैवपरिवारोरथस्यतु ॥ ईषानक्षत्रवंशश्चयुगःकृतयुगोऽभवत् २१ ॥ ॥ ॥ ॥ ॥२८॥

१७ शृंगंशृंगाकारखटिकायुक्तंकांडं भल्लःशल्यः कुड्मलस्तस्याग्रभागस्तस्यैवतीक्ष्णभागः । 'सोमःशल्योविष्णुस्तेजनम्'इतिश्रुतेः १८ । १९ अक्षश्चक्राधारदंडः जंघाअक्षाधारकाष्ठं महानदीगंगा २० ईषायु गाक्षसंधानेत्रिवेणुमयंकाष्ठं युगोधुर्ययोजनदंडः २१ ॥ ॥ ॥ ॥

कूबरोयुगंधरः अपस्करंपश्चात्काष्ठं भुजगोत्तमःशेषः अधिष्ठानेचक्रे अधिष्ठानेचक्राधारौ । 'अधिष्ठानंपुरेचक्रेप्रभावेध्यामनेऽपिच'इतिमेदिनी २२ अक्षंबंधनपाशसमुदायःसमुद्रः जलमयत्वेन
चिक्कणत्वात् परिष्करःचक्ररक्षादिः २३ सिंधुर्यमुनाख्यानदी तिसृभिस्त्रिवेणुस्थानीयाभिःसहितमाकाशंधुरंधूर्भागः उपस्करोबंधादिसामग्री २४ अनुकर्षरथाधःस्थितंदारु वरूथंरथगुप्तिम २५
धर्मादयस्त्रिवेणुसदृशा बंधुरंरथतल्पम २६ पूर्वंहिमवद्विंध्यपर्वतौचक्रत्वेनोक्तावत्रसूर्यचंद्रौचक्रत्वेनदृष्टावतश्चतुश्चक्रोरथइतिगम्यते । अतःसमुद्रोऽप्यक्षांतरमितिऋजुरेवार्थः । पूर्वपक्षःपूर्वांगरात्रिः
अपरःपक्षोऽपरांगमहः २७ । २८ द्यांद्वितीयंयुगंचतुश्चक्रत्वाद्रथस्य संवर्त्तकबलाहकान्युगचर्माणिधुर्यस्कंधयुगयोरंतरस्थानिकशिपूनि २९ वालबंधनाअश्वकेसरबंधनाः ३० नभस्तलंचर्म

कूबरश्चरथस्यासीद्वासुकिर्भुजगोत्तमः ॥ अपस्करमधिष्ठानेहिमवान्विंध्यपर्वतः ॥ उदयास्तावधिष्ठानेगिरीचक्रुःसुरोत्तमाः २२ समुद्रमक्षमसृजन्दानवालयमुत्त
मम् ॥ सप्तर्षिमंडलंचैवरथस्यासीत्परिष्करः २३ गंगासरस्वतीसिंधुर्धुरमाकाशमेवच ॥ उपस्करोरथस्यासन्नापःसर्वाश्चनिम्नगाः २४ अहोरात्रंकलाश्चैवकाष्ठाश्चऋ
तवस्तथा ॥ अनुकर्षंग्रहादीप्तावरूथंचापितारकाः २५ धर्मार्थकामसंयुक्तंत्रिवेणुंदारुबंधुरम् ॥ ओषधीर्वीरुधश्चैववंटाःपुष्पफलोपगाः २६ सूर्याचंद्रमसौकृत्वाचक्रे
रथवरोत्तमे ॥ पक्षौपूर्वापरौतत्रकृतेरात्र्यहनीशुभे २७ दशनागपतीनीषांधृतराष्ट्रमुखांस्तदा ॥ योक्त्राणिचक्रुर्नागांश्चनिःश्वसंतोमहोरगान् २८ द्यांयुगंयुगचर्माणि
संवर्तकबलाहकान् ॥ कालपृष्ठोऽथनहुषःकर्कोटकधनंजयौ २९ इतरेचाभवन्नागाहयानांवालबंधनाः ॥ दिशश्चप्रदिशश्चैवरश्मयोरथवाजिनाम् ३० संध्यांधृतिंच
मेधांचस्थितिंसन्नतिमेवच ॥ ग्रहनक्षत्रताराभिश्चर्मचित्रंनभस्तलम् ३१ सुरांबुप्रेतवित्तानांपतीन्लोकेश्वरान्हयान् ॥ सिनीवालीमनुमतिंकुहूंराकांचसुव्रताम् ३२
योक्त्राणिचक्रुर्वाहानांरोहकांस्तत्रकंटकान् ॥ धर्मःसत्यंतपोऽर्थश्चविहितास्तत्ररश्मयः ३३ अधिष्ठानंमनश्चासीत्परिरथ्यासरस्वती ॥ नानावर्णाश्चचित्राश्चपताकाः
पवनेरिताः ३४ विद्युदिंद्रधनुर्नद्धंरथंदीप्तंव्यदीपयन् ॥ वषट्कारःप्रतोदोऽभूद्गायत्रीशीर्षबंधना ३५ योयज्ञेविहितःपूर्वमीशानस्यमहात्मनः ॥ संवत्सरोधनुस्तद्वैसा
वित्रीज्यामहास्वना ३६ दिव्यंचवर्मविहितंमहार्हंरत्नभूषितम् ॥ अभेद्यंविरजस्कंवैकालचक्रबहिष्कृतम् ३७ ध्वजयष्टिरभून्मेरुःश्रीमान्कनकपर्वतः ॥ पताकाश्चा
भवन्मेघास्तडिद्भिःसमलंकृताः ३८ रेजुरध्वर्युमध्यस्थाज्वलंतइवपावकाः ॥ क्लृप्तंतुतंरथंदृष्ट्वाविस्मितादेवताऽभवन् ३९ सर्वलोकस्यतेजांसिदृष्ट्वैकस्थानिमा
रिष ॥ युक्तंनिवेदयामासुर्देवास्तस्मैमहात्मने ४० एवंतस्मिन्महाराजकल्पितेरथसत्तमे ॥ देवैर्मनुजशार्दूलद्विषतामभिमर्दने ४१ स्वान्यायुधानिमुख्या
निन्यदधाच्छंकरोरथे ॥ ध्वजयष्टिंवियत्कृत्वास्थापयामासगोवृषम् ४२ ॥ ॥ ॥

रथस्यबाह्यमावरणं तच्चसंध्यादिभिर्ग्रहादिभिश्चचित्रम् ३१ सिनीवालींपूर्वामावास्यां अनुमतिंपूर्वपौर्णमासीं कुहूमुत्तरामावास्यां राकामुत्तरांपौर्णमासीं ३२ रोहकान्सिनीवाल्याद्यधि
१० ष्ठातॄन्पित्रादीन् कंटकान्प्रकीलकान् धर्मादयस्तत्रकंटकेषुरश्मयः ३३ मनःअधिष्ठानंरथाधारभूः मनोमयोरथइत्यर्थः परिरथ्याप्रचारमार्गः सरस्वतीवाग्देवीकल्पितःशब्दमात्रशरीर
इत्यर्थः ३४ । ३५ । ३६ । ३७ । ३८ अध्वर्यूणामृत्विजांमध्येस्थिताः पावकाःधिष्ण्यगाः ३९ । ४० । ४१ गोवृषंध्वजत्वेनस्थापयामास ४२

परिस्कंदाः पार्श्वगोपाः ४३ । ४४ । ४५ । ४६ छायांपूर्वोक्तांसावित्रींशब्दब्रह्मरूपत्वादात्मनस्तुल्याम् ४७ । ४८ । ४९ धनुर्ज्याकालरात्रिरूपातस्याःसंस्पर्शनसेहिरे तेऽसुराः ५० तिग्ममन्युंतीक्ष्णसंकल्पं

॥ २९ ॥ ब्रह्मदंडःकालदंडोरुद्रदंडस्तथाज्वरः ॥ परिस्कंदारथस्यासन्सर्वतोदिशमुद्यताः ४३ अथर्वाङ्गिरसावास्तांचक्ररक्षौमहात्मनः ॥ ऋग्वेदःसामवेदश्चपुराणंचपुरःसराः ४४ इतिहासयजुर्वेदौपृष्ठरक्षौबभूवतुः ॥ दिव्यावाचश्चविद्याश्चपरिपार्श्वचराःस्थिताः ४५ स्तोत्रादयश्चराजेंद्रवषट्कारस्तथैवच ॥ ओंकारश्चमुखेराजन्नतिशोभाकरोऽभवत् ४६ विचित्रमृतुभिःषड्भिःकृत्वासंवत्सरंधनुः ॥ छायामेवात्मनश्चक्रेधनुर्ज्यामक्षयांरणे ४७ कालोहिभगवान्रुद्रस्तस्यसंवत्सरोधनुः ॥ तस्माद्रौद्रीकालरात्रिर्ज्याकृताधनुषोऽजरा ४८ इषुश्चाप्यभवद्विष्णुर्ज्वलनःसोमएवच ॥ अग्नीषोमौजगत्कृत्स्नंवैष्णवंचोच्यतेजगत् ४९ विष्णुश्चात्माभगवतोभवस्यामिततेजसः ॥ तस्माद्धनुर्ज्यासंस्पर्शनविषेहुर्हरस्यते ५० तस्मिन्शरेतिग्ममन्युंमुमोचासह्यमीश्वरः ॥ भृग्वंगिरोमन्युभवंक्रोधाग्निमतिदुःसहम् ५१ सनीललोहितोधूम्रःकृत्तिवासाऽभयंकरः ॥ आदित्यायुतसंकाशस्तेजोज्वालावृतोज्वलन् ५२ दुश्च्यावच्यावनोजेताहंताब्रह्मद्विषांहरः ॥ नित्यंत्राताचहंताचधर्माधर्माश्रितान्नरान् ५३ प्रमाथिभिर्भीमबलैर्भीमरूपैर्मनोजवैः ॥ विभातिभगवान्स्थाणुस्तैरेवात्मगुणैर्वृतः ५४ तस्यांगानिसमाश्रित्यस्थितंविश्वमिदंजगत् ॥ जंगमाजंगमंराजन्शुशुभेऽद्भुतदर्शनम् ५५ दृष्ट्वातुतंरथंयुक्तंकवचीसशरासनी ॥ बाणमादायतंदिव्यंसोमविष्ण्वग्निसंभवम् ५६ तस्यराजंस्तदादेवाःकल्पयांचक्रिरेप्रभो ॥ पुण्यगंधवहंराजन्श्वसनंदेवसत्तमम् ५७ तमास्थायमहादेवस्त्रासयन्दैवतान्यपि ॥ आरुरोहतदायत्तःकंपयन्निवमेदिनीम् ५८ तमारुरुक्षुंदेवेशंतुष्टुवुःपरमर्षयः ॥ गंधर्वादेवसंघाश्चतथैवाप्सरसांगणाः ५९ ब्रह्मर्षिभिःस्तूयमानोवंद्यमानश्चवंदिभिः ॥ तथैवाप्सरसांवृंदैर्नृत्यद्भिर्नृत्यकोविदैः ६० सशोभमानोवरदःखड्गीबाणीशरासनी ॥ हसन्निवाब्रवीद्देवान्सारथिःकोभविष्यति ६१ तमब्रुवन्देवगणायंभवान्संनियोक्ष्यते ॥ सभविष्यतिदेवेशसारथिस्तेनसंशयः ६२ तानब्रवीत्पुनर्देवोमत्तःश्रेष्ठतरोहियः ॥ तंसारथिंकुरुध्वंमेस्वयंसंचिंत्यमाचिरम् ६३ एतच्छ्रुत्वाततोदेवावाक्यमुक्तंमहात्मना ॥ गत्वापितामहंदेवाःप्रसाद्येदंवचोऽब्रुवन् ६४ यथात्वत्कथितंदेवत्रिदशारिविनिग्रहे ॥ तथाचकृतमस्माभिःप्रसन्नोनोवृषध्वजः ६५ रथश्चविहितोऽस्माभिर्विचित्रायुधसंवृतः ॥ सारथिंचनजानीमःकःस्यात्तस्मिन्रथोत्तमे ६६ तस्माद्विधीयतांकश्चित्सारथिर्देवसत्तम ॥ सफलांतांगिरंदेवकर्तुमर्हसिनोविभो ६७ एवमस्मासुहिपुराभगवन्नुक्तवानसि ॥ हितकर्ताऽस्मिभवतामितितत्कर्तुमर्हसि ६८ सदेवयुक्तोरथसत्तमोनोदुराधरोद्रावणःशात्रवाणाम् ॥ पिनाकपाणिर्विहितोऽत्रयोद्धाविभीषयन्दानवानुद्यतोऽसौ ६९ ॥ ॥ ॥ २९ ॥

५१ अभयमितिच्छेदः संधिरार्षः ५२ । ५३ तैरथादिभूतैरात्मगुणैरात्मनोभोक्तुर्गुणभूतैर्भोग्यैः ५४ । ५५ बाणमादायस्थितंदृष्ट्वादेवास्तस्यानुकूलंजयावहंश्वसनंकल्पयांचक्रिरेइत्यन्वयः ५६ । ५७ । ५८ ५९ । ६० । ६१ । ६२ । ६३ । ६४ । ६५ । ६६ । ६७ । ६८ । ६९ ॥ ॥ ॥ ॥

७० । ७१ । ७२ । ७३ । ७४ । ७५ । ७६ । ७७ । ७८ ७९ । ८० । ८१ । ८२ । ८३ । ८४ । ८५ । ८६ । ८७ । ८८ । ८९ । ९० । ९१ । ९२ । ९३ । ९४ । ९५ ९६ ९७ ९८

तथैववेदाश्चतुरोहयाग्र्याधरासशैलाचरथोमहात्मनः ॥ नक्षत्रवंशानुगतोवरूथीहरोयोद्धासारथिर्नाभिलक्ष्यः ७० तत्रसारथिरेष्टव्यःसर्वैरेतैर्विशेषवान् ॥ तत्प्रतिष्ठोरथो
देवहयायोद्धातथैवच ७१ कवचानिसशस्त्राणिकार्मुकंचपितामह ॥ त्वामृतेसारथिंतत्रनान्यंपश्यामहेवयम् ७२ त्वंहिसर्वगुणैर्युक्तोदैवतेभ्योऽधिकःप्रभो ॥ सरथं
तूर्णमारुह्यसंयच्छपरमान्हयान् ७३ जयायत्रिदिवेशानांवधायत्रिदशद्विषाम् ॥ इतितेशिरसागत्वात्रिलोकेशंपितामहम् ॥ देवाःप्रसादयामासुःसारथ्यायेतिनः
श्रुतम् ७४ ॥ पितामहउवाच ॥ नात्रकिंचिन्मृषावाक्यंयदुक्तंत्रिदिवौकसः ॥ संयच्छामिहयानेषयुध्यतोवैकपर्दिनः ॥ ततःसभगवान्देवोलोकस्रष्टापितामहः ७५
सारथ्येकल्पितोदेवैरीशानस्यमहात्मनः ॥ तस्मिन्नारोहतिक्षिप्रंस्यंदनेलोकपूजिते ७६ शिरोभिरगमन्भूमिंतेहयावातरंहसः ॥ आरुह्यभगवान्देवोदीप्यमानःस्वते
जसा ७७ अभीषून्हिप्रतोदंचसंजग्राहपितामहः ॥ ततउत्थायभगवांस्तान्हयाननिलोपमान् ७८ बभाषेचतदास्थाणुमारोहेतिसुरोत्तमः ॥ ततस्तमिषुमादायवि
ष्णुसोमाग्निसंभवम् ७९ आरुरोहतदास्थाणुर्धनुषाकंपयन्परान् ॥ तमारूढंतुदेवेशंतुष्टुवुःपरमर्षयः ८० गंधर्वादेवसंघाश्चतथैवाप्सरसांगणाः ॥ सशोभमानोव
रदःखड्गीबाणीशरासनी ८१ प्रदीपयन्रथेतस्थौत्रीन्लोकान्स्वेनतेजसा ॥ ततोभूयोऽब्रवीद्देवोदेवानिंद्रपुरोगमान् ८२ नहन्यादितिकर्त्तव्योनशोकोवःकथंचन ॥
हतानित्येवजानीतबाणेनानेनचासुरान् ८३ तेदेवाःसत्यमित्याहुर्निहताइतिचाब्रुवन् ॥ नचतद्वचनंमिथ्यायदाहभगवान्प्रभुः ८४ इतिसंचिंत्यवैदेवाःपरांतुष्टिम
वाप्नुवन् ॥ ततःप्रयातोदेवेशःसर्वैर्देवगणैर्वृतः ८५ रथेनमहताराजन्नुपमानास्तियस्यह ॥ स्वैश्वपारिषदैर्देवःपूज्यमानोमहायशाः ८६ नृत्यद्भिरपरैश्चैवमांसभक्षैर्दु
रासदैः ॥ धावमानैःसमंताच्चतर्जमानैःपरस्परम् ८७ ऋषयश्चमहाभागास्तपोयुक्तामहागुणाः ॥ आशंसुर्वैजनादेवामहादेवस्यसर्वशः ८८ एवंप्रयातेदेवेशेलोका
नामभयंकरे ॥ तुष्टमासीज्जगत्सर्वंदेवताश्चनरोत्तम ८९ ऋषयस्तत्रदेवेशंस्तुवंतोबहुभिःस्तवैः ॥ तेजश्चास्मैवर्धयंतोराजन्नासन्पुनःपुनः ९० गंधर्वाणांसहस्राणि
प्रयुतान्यर्बुदानिच ॥ वादयंतिप्रयाणेऽस्यवाद्यानिविविधानिच ९१ ततोऽधिरूढेवरदेप्रयातेचासुरान्प्रति ॥ साधुसाध्वितिविश्वेशःस्मयमानोऽभ्यभाषत ९२
याहिदेवयतोदैत्याश्चोदयाश्वानतंद्रितः ॥ पश्यबाह्वोर्बलंमेऽद्यनिघ्नतःशात्रवान्रणे ९३ ततोऽश्वांश्चोदयामासमनोमारुतरंहसः ॥ येनतत्त्रिपुरंराजन्दैत्यदानवरक्षि
तम् ९४ पिबद्भिरिवचाकाशंतैर्हयैर्लोकपूजितैः ॥ जगामभगवान्क्षिप्रंजयायत्रिदिवौकसाम् ९५ प्रयातेरथमास्थायत्रिपुराभिमुखेभवे ॥ ननादसुमहाना
दंवृषभःपूरयन्दिशः ९६ वृषभस्यास्यनिनदंश्रुत्वाभयकरंमहत् ॥ विनाशमगमंस्तत्रतारकाःसुरशत्रवः ९७ अपरेऽवस्थितास्तत्रयुद्धायाभिमुखास्तदा ॥ ततः
स्थाणुर्महाराजशूलधृक्क्रोधमूर्छितः ९८

॥ ३० ॥ त्रस्तानिसर्वभूतानित्रैलोक्यंभूःप्रकंपते ॥ निमित्तानिचघोराणितत्रसंदधतःशरम् ९९ तस्मिन्सोमाग्निविष्णूनांक्षोभेणब्रह्मरुद्रयोः ॥ सरथोधनुषःक्षोभादतीवह्यव
सीदति १०० ततोनारायणस्तस्माच्छरभागाद्विनिःसृतः ॥ वृषरूपंसमास्थायउज्जहारमहारथम् १०१ सीदमानेरथेचैवनर्दमानेपुशत्रुषु ॥ ससंभ्रमात्तुभगवा
न्नादंचक्रेमहाबलः २ वृषभस्यस्थितोमूर्ध्निहयपृष्ठेचमानद ॥ तदासभगवान्रुद्रोनिरैक्षद्दानवंपुरम् ३ वृषभस्यास्थितोरुद्रोहयस्यचनरोत्तम ॥ स्तनांस्तदाऽशात
यतखुरांश्चैवद्विधाकरोत् ४ ततःप्रभृतिभद्रंतेगवांद्वैधीकृताःखुराः ॥ हयानांचस्तनाराजंस्तदाप्रभृतिनाभवन् ५ पीडितानांबलवतारुद्रेणाद्भुतकर्मणा ॥ अथा
धिज्यंधनुःकृत्वाशर्वःसंधायतंशरम् ६ युक्त्वापाशुपतास्त्रेणत्रिपुरंसमचिंतयत् ॥ तस्मिन्स्थितेमहाराजरुद्रेविधृतकार्मुके ७ पुराणितानिकालेनजग्मुरेकैकतांतदा ॥
एकीभावंगतेचैवत्रिपुरत्वमुपागते ८ बभूवतुमलोहर्षोदेवतानांमहात्मनाम् ॥ ततोदेवगणाःसर्वेसिद्धाश्चपरमर्षयः ९ जयेतिवाचोमुमुचुःसंस्तुवंतोमहेश्वरम् ॥
ततोऽग्रतःप्रादुरभूत्त्रिपुरंनिघ्नतोऽसुरान् ११० अनिर्देश्योग्रवपुषोदेवस्यासह्यतेजसः ॥ सतद्विकृष्यभगवान्दिव्यंलोकेश्वरोधनुः ११ त्रैलोक्यसारंतमिषुंमुमोचत्रि
पुरंप्रति ॥ उत्सृष्टेवैमहाभागतस्मिन्निषुवरेतदा १२ महानार्तस्वरोह्यासीत्पुराणांपततांभुवि ॥ तान्सोऽसुरगणान्दग्ध्वाप्राक्षिपत्पश्चिमार्णवे १३ एवंतुत्रिपुरं
दग्धंदानवाश्चाप्यशेषतः ॥ महेश्वरेणक्रुद्धेनत्रैलोक्यस्यहितैषिणा १४ सचात्मक्रोधजोवह्निर्हाहेत्युक्तानिवारितः ॥ माकार्षीर्भस्मसाल्लोकानितित्र्यक्षोऽब्रवीच्च
तम् १५ ततःप्रकृतिमापन्नादेवालोकास्तथर्षयः ॥ तुष्टुवुर्वाग्भिरग्र्याभिःस्थाणुमप्रतिमौजसम् १६ तेऽनुज्ञाताभगवताजग्मुःसर्वेयथागतम् ॥ कृतकामाःप्रय
त्नेनप्रजापतिमुखाःसुराः १७ एवंसभगवान्देवोलोकस्रष्टामहेश्वरः ॥ देवासुरगणाध्यक्षोलोकानांविदधेशिवम् १८ यथैवभगवान्ब्रह्मालोकधातापितामहः ॥
सारथ्यमकरोत्तत्ररुद्रस्यपरमोऽव्ययः १९ तथाभवानपिक्षिप्रंरुद्रस्येवपितामहः ॥ संयच्छतुहयानस्यराधेयस्यमहात्मनः २० त्वंहिकृष्णाच्चकर्णाच्चफाल्गुनाच्च
विशेषतः ॥ विशिष्टोराजशार्दूलनास्तितत्रविचारणा २१ युद्धेह्ययंरुद्रकल्पस्त्वंचब्रह्मसमोनये ॥ तस्माच्छक्तोभवाञ्जेतुंमच्छत्रूंस्तानिवासुरान् २२ यथाशल्या
द्यकर्णोऽयंश्वेताश्वंकृष्णसारथिम् ॥ प्रमथ्यहन्यात्कौन्तेयंतथाशीघ्रंविधीयताम् २३ त्वयिमद्रेशराज्याशाजीविताशातथैवच ॥ विजयश्चतथैवाद्यकर्णसाचिव्य
कारितः २४ त्वयिकर्णश्चराज्यंचवयंचैवप्रतिष्ठिताः ॥ विजयश्चैवसंग्रामेसंयच्छाद्यहयोत्तमान् २५ इमंचाप्यपरंभूयइतिहासंनिबोधमे ॥ पितुर्ममसकाशेय
द्ब्राह्मणःप्राहधर्मवित् २६ श्रुत्वाचैतद्वचश्चित्रंहेतुकार्यार्थसंहितम् ॥ कुरुशल्यविनिश्चित्यमाभूदत्रविचारणा २७ भार्गवाणांकुलेजातोजमदग्निर्महायशाः ॥ ॥ ३० ॥
तस्यरामेतिविख्यातःपुत्रस्तेजोगुणान्वितः २८

सतीव्रंतपआस्थायप्रसादयितवान्भवम् ॥ अस्त्रहेतोःप्रसन्नात्मानियतःसंयतेन्द्रियः २९ तस्यतुष्टोमहादेवोभक्त्याचप्रशमेनच ॥ हृद्गतंचास्यविज्ञायदर्शयामास
शंकरः १३० ॥ महेश्वरउवाच ॥ रामतुष्टोऽस्मिभद्रंतेविदितंमेतवेप्सितम् ॥ कुरुष्वपूतमात्मानंसर्वमेतदवाप्स्यसि ३१ दास्यामितेतदाऽस्त्राणियदापूतोभविष्यसि ॥
अपात्रमसमर्थंचदहंत्यस्त्राणिभार्गव ३२ इत्युक्तोजामदग्न्यस्तुदेवदेवेनशूलिना ॥ प्रत्युवाचमहात्मानंशिरसाऽवनतःप्रभुम् ३३ यदाजानातिदेवेशःपात्रंमामस्त्रधा
रणे ॥ तदाशुश्रूषवेऽस्त्राणिभवान्मेदातुमर्हति ३४ ॥ दुर्योधनउवाच ॥ ततःसतपसाचैवदमेननियमेनच ॥ पूजोपहारबलिभिर्होममंत्रपुरस्कृतैः ३५ आराधयि
तवान्शर्वंबहून्वर्षगणांस्तदा ॥ प्रसन्नश्चमहादेवोभार्गवस्यमहात्मनः ३६ अब्रवीत्तस्यबहुशोगुणान्देव्याःसमीपतः ॥ भक्तिमानेषसततंमयिरामोदृढव्रतः ३७
एवंतस्यगुणान्प्रीतोबहुशोऽकथयत्प्रभुः ॥ देवतानांपितृणांचसमक्षमरिसूदन ३८ एतस्मिन्नेवकालेतुदैत्याह्यासन्महाबलाः ॥ तैस्तदादर्पमोहाधैरबाध्यंतदि
वौकसः ३९ ततःसंभूयविबुधास्तान्हंतुंकृतनिश्चयाः ॥ चक्रुःशत्रुवधेयत्नंनशेकुर्जेतुमेवतान् ४० अभिगम्यततोदेवामहेश्वरमुमापतिम् ॥ प्रासादयंस्त
दाभक्त्याजहिशत्रुगणानिति ४१ प्रतिज्ञायततोदेवोदेवतानांरिपुक्षयम् ॥ रामंभार्गवमाहूयसोऽभ्यभाषतशंकरः ४२ रिपून्भार्गवदेवानांजहिसर्वान्समागतान् ॥
लोकानांहितकामार्थंमत्प्रीत्यर्थंतथैवच ४३ एवमुक्तःप्रत्युवाचत्र्यंबकंवरदंप्रभुम् ॥ रामउवाच ॥ काशक्तिर्ममदेवेशअकृतास्त्रस्यसंयुगे ४४ निहंतुंदानवान्स
र्वान्कृतास्त्रान्युद्धदुर्मदान् ॥ महेश्वरउवाच ॥ गच्छत्वंमदनुज्ञातोनिहनिष्यसिशात्रवान् ४५ विजित्यचरिपून्सर्वान्गुणान्प्राप्स्यसिपुष्कलान् ॥ एतच्छ्रुत्वातुवच
नंप्रतिगृह्यचसर्वशः ४६ रामःकृतस्वस्त्ययनःप्रययौदानवान्प्रति ॥ अब्रवीद्देवशत्रूंस्तान्महादर्पबलान्वितान् ४७ ममयुद्धंप्रयच्छध्वंदैत्यायुद्धमदोत्कटाः ॥ प्रे
षितोदेवदेवेनवोविजेतुंमहासुराः ४८ इत्युक्ताभार्गवेणाथदैत्यायुद्धंप्रचक्रमुः ॥ सतान्निहत्यसमरेदैत्यान्भार्गवनंदनः ४९ वज्राशनिसमस्पर्शैःप्रहारैरेवभार्गवः ॥
सदानवैःक्षततनुर्जामदग्न्योद्विजोत्तमः ५० संस्पृष्टःस्थाणुनासद्योनिर्व्रणःसमजायत ॥ प्रीतश्चभगवान्देवःकर्मणातेनतस्यवै ५१ वरान्प्रादाद्बहुविधान्भार्ग
वायमहात्मने ॥ उक्तश्चदेवदेवेनप्रीतियुक्तेनशूलिना ५२ निपातात्तवशस्त्राणांशरीरेयाऽभवद्रुजा ॥ तयातेमानुषंकर्मव्यपोढंभृगुनंदन ५३ गृहाणास्त्राणिदि
व्यानिमत्सकाशाद्यथेप्सितम् ॥ दुर्योधनउवाच ॥ ततोऽस्त्राणिसमस्तानिवरांश्चमनसेप्सितान् ५४ लब्ध्वाबहुविधान्रामःप्रणम्यशिरसाभवम् ॥ अनुज्ञां
प्राप्यदेवेशाज्जगामसमहातपाः ५५ एवमेतत्पुरावृत्तंतदाकथितवानृषिः ॥ भार्गवोऽपिददौदिव्यंधनुर्वेदंमहात्मने ५६ कर्णायपुरुषव्याघ्रसुप्रीतेनांतरात्मना ॥
वृजिनंहिभवेत्किंचिद्यदिकर्णस्यपार्थिव ५७ ॥ ॥ ॥ ॥

५८ । ५९ । ६० । ६१।६२।६३ ॥ इतिकर्णपर्वणिनीलकंठीयेभारतभावदीपेचतुस्त्रिंशोऽध्यायः ॥ ३४ ॥ ॥ ॥ एवमिति १ । २ । ३ । ४ नरसिंहयोःकृष्णार्जुनयोःअतस्तयोः

नास्मैह्यस्त्राणिदिव्यानिप्रादास्यद्भृगुनंदनः ॥ नापिसूतकुलेजातंकर्णमन्येकथंचन १५८ देवपुत्रमहंमन्येक्षत्रियाणांकुलोद्भवम् ॥ विसृष्टमवबोधार्थंकुलस्येतिमि तिर्मम ५९ सर्वथानह्ययंशल्यकर्णःसूतकुलोद्भवः ॥ सकुंडलंसकवचंदीर्घबाहुंमहारथम् १६० कथमादित्यसदृशंमृगीव्याघ्रंजनिष्यति ॥ यथाह्यस्यभुजौपीनौना गराजकरोपमौ ६१ वक्षःपश्यविशालंचसर्वशत्रुनिबर्हणम् ॥ नत्वेषप्राकृतःकश्चित्कर्णोवैकर्त्तनोवृषः ६२ महात्माह्येषराजेंद्ररामशिष्यःप्रतापवान् १६३ ॥ इतिश्रीमहाभारतेकर्णपर्वणि त्रिपुरवधोपाख्याने चतुस्त्रिंशोऽध्यायः ॥ ३४ ॥ ॥ ॥ ॥ दुर्योधनउवाच ॥ एवंसभगवान्देवःसर्वलोकपितामहः ॥ सारथ्यमकरोत्तत्रब्रह्मारुद्रोऽभवद्रथी १ रथिनोऽभ्यधिकोवीरकर्त्तव्योरथसारथिः ॥ तस्मात्त्वंपुरुषव्याघ्रनियच्छतुरगान्युधि २ यथादेवगणैस्तत्रवृतोयत्नात्पिता महः ॥ तथाऽस्माभिर्भवान्यत्नात्कर्णादभ्यधिकोवृतः ३ यथादेवैर्महाराजईश्वरादधिकोवृतः ॥ तथाभवानपिक्षिप्रंरुद्रस्येवपितामहः ४ नियच्छतुरगान्युद्धेरा धेयस्यमहाद्युते ॥ शल्यउवाच ॥ मयाऽप्येतन्नरश्रेष्ठबहुशोनरसिंहयोः ५ कथ्यमानंश्रुतंदिव्यमाख्यानमतिमानुषम् ॥ यथाचचक्रेसारथ्यंभवस्यप्रपितामहः ६ यथाऽसुराश्चनिहताइषुणैकेनभारत ॥ कृष्णस्यचापिविदितंसर्वमेतत्पुराह्यभूत् ७ यथापितामहोजज्ञेभगवान्सारथिस्तदा ॥ अनागतमतिक्रांतंवेदकृष्णोऽपित त्त्वतः ८ एतदर्थंविदित्वाऽपिसारथ्यमुपजग्मिवान् ॥ स्वयंभूरिवरुद्रस्यकृष्णःपार्थस्यभारत ९ यदिहन्याच्चकौन्तेयंसूतपुत्रःकथंचन ॥ दृष्ट्वापार्थंहिनिहतंस्वयंयो त्स्यतिकेशवः १० शंखचक्रगदापाणिर्धक्ष्यतेतववाहिनीम् ॥ नचापितस्यक्रुद्धस्यवार्ष्णेयस्यमहात्मनः ११ स्थास्यतेप्रत्यनीकेपुकश्चिदत्रनृपस्तव ॥ संजयउवाच ॥ तंतथाभाषमाणंतुमद्रराजमरिंदमः १२ प्रत्युवाचमहाबाहुरदीनात्मासुतस्तव ॥ मावमंस्थामहाबाहोकर्णंवैकर्त्तनंरणे १३ सर्वशस्त्रभृतांश्रेष्ठंसर्वशास्त्रार्थपारगम् ॥ यस्यज्यातलनिर्घोषंश्रुत्वाभयकरंमहत् १४ पांडवेयानिसैन्यानिविद्रवंतिदिशोदश ॥ प्रत्यक्षंतेमहाबाहोयथारात्रौघटोत्कचः १५ मायाशतानिकुर्वाणोहतोमायापु रस्कृतः ॥ नचातिष्ठतबीभत्सुःप्रत्यनीकेकथंच १६ एतांश्चदिवसान्सर्वान्भयेनमहतावृतः ॥ भीमसेनश्चबलवान्धनुष्कोट्याऽभिचोदितः १७ उक्तश्चसंज्ञयाराजन् मूढऔदरिकोयथा ॥ माद्रीपुत्रौतथाशूरौयेनजित्वामहारणे १८ कमप्यर्थंपुरस्कृत्यनहतौयुधिमारिष ॥ येनवृष्णिप्रवीरस्तुसात्यकिःसात्वतांवरः १९ निर्जित्य समरेशूरोविरथश्चबलात्कृतः ॥ सृंजयाश्चेतरेसर्वेधृष्टद्युम्नपुरोगमाः २० असकृन्निर्जिताःसंख्येस्मयमानेनसंयुगे ॥ तंकथंपांडवायुद्धेविजेष्यंतिमहारथम् २१ योह न्यात्समरेक्रुद्धोवज्रहस्तंपुरंदरम् ॥ त्वंचसर्वास्त्रविद्वीरःसर्वविद्यास्त्रपारगः २२

सार्म्यंममकीर्तिकरमेवेतिभावः । सुरसिंहयोरितिपाठेरुद्रपितामहयोः ५ । ६ । ७ । ८ । ९ । १० । ११ । १२ । १३ । १४ । १५ । १६ । १७ । १८ । १९ । २० । २१ । २२

२३ । २४ । २५ किमर्थमिति । सारथ्यमात्रंप्रतिज्ञायप्रातिभव्यंचेत्कृष्णःकुर्यात्तर्हित्वंयुध्यंस्तद्वन्मिथ्याप्रतिज्ञोनभविष्यसीतिभावः २६ पदवीमानृण्यम् २७ । २८ । २९ । ३० । ३१ । ३२ । ३३

बाहुवीर्येणतेतुल्यःपृथिव्यांनास्तिकश्चन ॥ त्वंशल्यभूतःशत्रूणामविषह्यःपराक्रमे २३ ततस्त्वमुच्यसेराजन्शल्यइत्यरिसूदन ॥ तवबाहुबलंप्राप्यनशेकुःसर्वसा
त्वताः २४ तवबाहुबलाद्राजन्किंतुकृष्णोबलाधिकः ॥ यथाहिकृष्णेनबलंधार्यंवैफाल्गुनेहते २५ तथाकर्णात्ययीभावेत्वयाधार्यंमहद्बलम् ॥ किमर्थंसमरेसैन्यंवा
सुदेवोऽन्यवारयत् २६ किमर्थंचभवान्सैन्यंनहनिष्यतिमारिष ॥ त्वत्कृतेपदवींगंतुमिच्छेयंयुधिमारिष ॥ सोदराणांचवीराणांसर्वेषांचमहीक्षिताम् २७ ॥ शल्य
उवाच ॥ यन्मांब्रवीषिगांधारेअग्रेसैन्यस्यमानद ॥ विशिष्टंदेवकीपुत्रात्प्रीतिमानस्म्यहंत्वयि २८ एषसारथ्यमातिष्ठेराधेयस्ययशस्विनः ॥ युध्यतःपांडवाग्र्येण
यथात्वंवीरमन्यसे २९ समयश्चहिमेवीरकश्चिद्वैकर्तनंप्रति ॥ उत्सृजेयंयथाश्रद्धमहंवाचोऽस्यसन्निधौ ३० ॥ संजयउवाच ॥ तथेतिराजन्पुत्रस्तेसहकर्णेनमा
रिष ॥ अब्रवीन्मद्रराजानंसर्वक्षत्रस्यसन्निधौ ३१ सारथ्यस्याभ्युपगमाच्छल्येनाश्वासितस्तदा ॥ दुर्योधनस्तदाहृष्टःकर्णंतमभिषस्वजे ३२ अब्रवीच्चपुनःकर्णस्तू
यमानःसुतस्तव ॥ जहिपार्थान्रणेसर्वान्महेन्द्रोदानवानिव ३३ सशल्येनाभ्युपगतेहयानांसंनियच्छने ॥ कर्णोहृष्टमनाभूयोदुर्योधनमभाषत ३४ नातिहृष्टमनाह्ये
षमद्रराजोऽभिभाषते ॥ राजन्मधुरयावाचापुनरेनंब्रवीहिवै ३५ ततोराजामहाप्राज्ञःसर्वास्त्रकुशलोबली ॥ दुर्योधनोऽब्रवीच्छल्यंमद्रराजंमहीपतिम् ३६ पूरयन्नि
वघोषेणमेघगंभीरयागिरा ॥ शल्यकर्णोऽर्जुनेनाद्ययोद्धव्यमितिमन्यते ३७ तस्यत्वंपुरुषव्याघ्रनियच्छतुरगान्युधि ॥ कर्णोहत्वेतरान्सर्वान्फाल्गुनंहन्तुमिच्छति
३८ तस्याभीषुग्रहेराजन्प्रयाचेत्वांपुनःपुनः ॥ पार्थस्यसचिवःकृष्णोयथाऽभीषुग्रहोवरः ॥ तथात्वमपिराधेयंसर्वतःपरिपालय ३९ ॥ संजयउवाच ॥ ततःश
ल्यःपरिष्वज्यसुतंतेवाक्यमब्रवीत् ॥ दुर्योधनममित्रघ्नंप्रीतोमद्राधिपस्तदा ४० ॥ शल्यउवाच ॥ एवंचेन्मन्यसेराजन्गांधारेप्रियदर्शन ॥ तस्मात्तेयत्प्रियंकिंचि
त्तत्सर्वंकरवाण्यहम् ४१ यत्रास्मिभरतश्रेष्ठयोग्यःकर्मणिकर्हिचित् ॥ तत्रसर्वात्मनायुक्तोवक्ष्येकार्यंपरंतप ४२ यत्तुकर्णमहंब्रूयांहितकामःप्रियाप्रिये ॥ मम्तत्क्ष
मतांसर्वंभवान्कर्णश्चसर्वशः ४३ ॥ कर्णउवाच ॥ ईशानस्ययथाब्रह्मायथापार्थस्यकेशवः ॥ तथानित्यंहितेयुक्तोमद्रराजभवस्वनः ४४ ॥ शल्यउवाच ॥
आत्मनिंदाऽत्मपूजाचपरनिंदापरस्तवः ॥ अनाचरितमार्याणांवृत्तमेतच्चतुर्विधम् ४५ यत्तुविद्वन्प्रवक्ष्यामिप्रत्ययार्थमहंतव ॥ आत्मनःस्तवसंयुक्तंतन्निबोधयथा
तथम् ४६ अहंशक्रस्यसारथ्येयोग्योमातलिवत्प्रभो ॥ अप्रमादात्प्रयोगाच्चज्ञानविद्याचिकित्सनैः ४७ ॥ ॥ ॥

३४ । ३५ । ३६ । ३७ । ३८ । ३९ । ४० । ४१ वक्ष्ये वोढाऽस्मि ४२ । ४३ । ४४ आत्मनिंदापरस्तवावपिश्रेयसांनिंद्यौकिमुतात्मपूजापरनिंदे तदुभयमहंकरोमीतिभावः ४५ । ४६ अप्रमादोऽ
११ बधानं प्रयोगोऽश्वप्रेरणं ज्ञानमागामिदोषात्रेक्षणं विद्यातत्परिहारज्ञानं चिकित्सनंदोषपरिहारसामर्थ्यम् ४७ ॥ ॥

ततःपार्थेनसंग्रामेयुध्यमानस्यतेऽनघ ॥ वाहयिष्यामितुरगान्विज्वरोभवसूतज ४८ ॥ इतिश्रीमहाभारतेकर्णपर्वणि शल्यसारथ्यस्वीकारे पंचत्रिंशोऽध्यायः ॥३५॥
॥ दुर्योधनउवाच ॥ अयंतेकर्णसारथ्यंमद्रराजःकरिष्यति ॥ कृष्णादभ्यधिकोयंतादेवेशस्येवमातलिः १ यथाहरिहयैर्युक्तंसंगृह्णातिसमातलिः ॥ शल्यस्तथातवा
द्यायंसंयंतारथवाजिनाम् २ योधेत्वयिरथस्थेचमद्रराजेचसारथौ ॥ रथश्रेष्ठोध्रुवंसंख्येपार्थानभिभविष्यति ३ ॥ संजयउवाच ॥ ततोदुर्योधनोभूयोमद्रराजंतरस्वि
नम् ॥ उवाचराजन्संग्रामेऽध्युषितेपर्युपस्थिते ४ कर्णस्ययच्छसंग्रामेमद्रराजहयोत्तमान् ॥ त्वयाऽभिगुप्तोराधेयोविजेष्यतिधनंजयम् ५ इत्युक्तोरथमास्थायतथे
तिप्राहभारत ॥ शल्येऽभ्युपगतेकर्णःसारथिंसुमनाऽब्रवीत् ६ त्वंसूतस्यंदनंमह्यंकल्पयेत्यसकृत्त्वरन् ॥ ततोजैत्रंरथवरंगंधर्वनगरोपमम् ७ विधिवत्कल्पितंभद्रंजये
त्युक्त्वान्यवेदयत् ॥ तंरथंरथिनाश्रेष्ठःकर्णोऽभ्यर्च्ययथाविधि ८ संपादितंब्रह्मविदापूर्वमेवपुरोधसा ॥ कृत्वाप्रदक्षिणंयत्नादुपस्थायचभास्करम् ९ समीपस्थंमद्र
राजमारोहत्वमथाब्रवीत् ॥ ततःकर्णस्यदुर्धर्षंस्यंदनप्रवरंमहत् १० आरुरोहमहातेजाःशल्यःसिंहइवाचलम् ॥ ततःशल्याश्रितंदृष्ट्वाकर्णःस्वंरथमुत्तमम् ११ अध्य
तिष्ठद्यथाऽम्भोदंविद्युद्वन्तंदिवाकरः ॥ तावेकरथमारूढावादित्याग्निसमत्विषौ १२ अभ्राजेतांयथामेघंसूर्याग्नीसहितौदिवि ॥ संस्तूयमानौतौवीरौतदाऽऽस्तांद्युतिम
त्तमौ १३ ऋत्विक्सदस्यैरिंद्राग्नीस्तूयमानाविवाध्वरे ॥ सशल्यसंगृहीताश्वेरथेकर्णःस्थितोबभौ १४ धनुर्विस्फारयन्घोरंपरिवेषीवभास्करः ॥ आस्थितःसरथ
श्रेष्ठंकर्णःशरगभस्तिमान् १५ प्रबभौपुरुषव्याघ्रोमंदरस्थइवांशुमान् ॥ तंरथस्थंमहाबाहुंयुद्धायामिततेजसम् १६ दुर्योधनस्तुराधेयमिदंवचनमब्रवीत् ॥ अकृतं
द्रोणभीष्माभ्यांदुष्करंकर्मसंयुगे १७ कुरुष्वाधिरथेवीरमिषतांसर्वधन्विनाम् ॥ मनोगतंममह्यासीद्भीष्मद्रोणौमहारथौ १८ अर्जुनंभीमसेनंचनिहंताराविति ध्रु
वम् ॥ ताभ्यांयदकृतंवीरवीरकर्ममहामृधे १९ तत्कर्मकुरुराधेयवज्रपाणिरिवापरः ॥ गृहाणधर्मराजंवाजहिवात्वंधनंजयम् २० भीमसेनंचराधेयमाद्रीपुत्रौय
मावपि ॥ जयश्चतेऽस्तुभद्रंतेप्रयाहिपुरुषर्षभ २१ पांडुपुत्रस्यसैन्यानिकुरुसर्वाणिभस्मसात् ॥ ततस्तूर्यसहस्राणिभेरीणामयुतानिच २२ वाद्यमानान्यरोचंतमे
घशब्दोयथादिवि ॥ प्रतिगृह्यतुतद्वाक्यंरथस्थोरथसत्तमः २३ अभ्यभाषतराधेयःशल्यंयुद्धविशारदम् ॥ चोदयाश्वान्महाबाहोयावद्धन्मिधनंजयम् २४ भीमसे
नंयमौचोभौराजानंचयुधिष्ठिरम् ॥ अद्यपश्यतुमेशल्यबाहुवीर्यंधनंजयः २५ अस्यतःकंकपत्राणांसहस्राणिशतानिच ॥ अद्यक्षेप्स्याम्यहंशल्यशरान्परमतेजनान्
२६ पांडवानांविनाशायदुर्योधनजयायच ॥ शल्यउवाच ॥ सूतपुत्रकथंनुत्वंपांडवानवमन्यसे २७ ॥ ॥ ॥ ३२ ॥

२८ । २९ । ३० । ३१ । ३२ । ३३ ॥ इतिकर्णपर्वणिनीलकंठीयेभारतभावदीपेषट्त्रिंशोऽध्यायः ॥ ३६ ॥ दृष्ट्वेति १ तरस्विनामश्वादीनां २ । ३ ववाशशब्दंचकार रराशेतिपाठेऽपिसएवार्थः निःसरं

सर्वांस्त्वज्ज्ञान्महेष्वासान्सर्वानेवमहाबलान् ॥ अनिवर्तिनोमहाभागानजय्यान्सत्यविक्रमान् २८ अपिसंतनयेयुर्येभयंसाक्षाच्छतक्रतोः ॥ यदाश्रोष्यसिनिर्घोषंवि
स्फूर्जितमिवाशनेः २९ राधेयगांडिवस्याजौतदानैवंवदिष्यसि ॥ यदाद्रक्ष्यसिभीमेनकुंजरानीकमाहवे ३० विशीर्णदंतंनिहतंतदानैवंवदिष्यसि ॥ यदाद्रक्ष्यसिसं
ग्रामेधर्मपुत्रंयमौतथा ३१ शितैःपृषत्कैःकुर्वाणानभ्रच्छायामिवांबरे ॥ अस्यतःक्षिण्वतश्चारीन्लघुहस्तान्दुरासदान् ॥ पार्थिवानपिचान्यांस्त्वंतदानैवंवदिष्यसि
३२ ॥ संजयउवाच ॥ अनादृत्यतुतद्वाक्यंमद्रराजेनभाषितम् ॥ याहीत्येवाब्रवीत्कर्णोमद्रराजंतरस्विनम् ३३ ॥ इति श्रीमहाभारते कर्णपर्वणि शल्यसंवादे
षट्त्रिंशोऽध्यायः ३६ ॥ ॥ संजयउवाच ॥ दृष्ट्वाकर्णंमहेष्वासंयुयुत्सुंसमवस्थितम् ॥ चुक्रुशुःकुरवःसर्वेहृष्टरूपाःसमंततः १ ततोदुंदुभिनिर्घोषैर्भेरीणांनिन
देनच ॥ बाणशब्दैश्चविविधैर्गर्जितैश्चतरस्विनाम् २ निर्ययुस्तावकायुद्धेमृत्युंकृत्वानिवर्तनम् ॥ प्रयातेतुततःकर्णेयोधेषुमुदितेषुच ३ चचालपृथिवीराजन्ववाश
चसुविस्तरम् ॥ निःसरंतोव्यदृश्यंतसूर्यात्सप्तमहाग्रहाः ४ उल्कापाताश्चसंजज्ञुर्दिशांदाहास्तथैवच ॥ शुष्काशन्यश्चसंपेतुर्ववुर्वाताश्चभैरवाः ५ मृगपक्षिगणाश्चै
वपृतनांबहुशस्तव ॥ अपसव्यंतदाचक्रुर्वेदयंतोमहाभयम् ६ प्रस्थितस्यचकर्णस्यनिपेतुस्तुरगाभुवि ॥ अस्थिवर्षंचपतितमंतरिक्षाद्भयानकम् ७ जज्वलुश्चैवश
स्त्राणिध्वजाश्चैवचकंपिरे ॥ अश्रूणिचव्यमुंचन्तवाहनानिविशांपते ८ एतेचान्येचबहवउत्पातास्तत्रदारुणाः ॥ समुत्पेतुर्विनाशायकौरवाणांसुदारुणाः ९ नचतान्
गणयामासुःसर्वेदैवेनमोहिताः ॥ प्रस्थितंसूतपुत्रंचजयेत्यूचुर्नराधिपाः ॥ निर्जितान्पांडवांश्चैवमेनिरेतत्रकौरवाः १० ततोरथस्थःपरवीरहंताभीष्मद्रोणावतिवीर्यौ
समीक्ष्य ॥ समुज्ज्वलन्भास्करपावकाभोवैकर्तनोऽसौरथकुंजरोनृप ११ सशल्यमाभाष्यजगादवाक्यंपार्थस्यकर्मातिशयंविचिंत्य ॥ मानेनदर्पेणविदह्यमानःक्रोधेनदी
प्यन्निवनिःश्वसंश्च १२ नाहंमहेन्द्रादपिवज्रपाणेःक्रुद्धाद्बिभेम्यायुधवान्रथस्थः ॥ दृष्ट्वाहिभीष्मप्रमुखान्शयानानतीवमांह्यस्थिरताजहाति १३ महेंद्रविष्णुप्रतिमाव
निंदितौरथाश्वनागप्रवरप्रमाथिनौ ॥ अवध्यकल्पौनिहतौयदापरैस्ततोनमेऽप्यस्तिरणेऽद्यसाध्वसम् १४ समीक्ष्यसंख्येऽतिबलान्नराधिपान्ससूतमातंगरथान्परै
र्हतान् ॥ कथंनसर्वानहितान्रणेऽवधीन्महास्त्रविद्ब्राह्मणपुंगवोगुरुः १५ ससंस्मरन्द्रोणमहंमहाहवेब्रवीमिसत्यंकुरवोनिबोधत ॥ नवामदन्यःप्रसहेद्रणेऽर्जुनंसमागतं
मृत्युमिवोग्ररूपिणम् १६ शिक्षाप्रसादश्चबलंधृतिश्चद्रोणेमहास्त्राणिचसंनतिश्च ॥ सचेदगान्मृत्युवशंमहात्मासर्वानन्यानातुरानद्यमन्ये १७

तोयुद्धार्थमितिशेषः सूर्यात्सूर्यमारभ्य सूर्यादयोऽन्योन्यंयुध्यंतीत्यर्थः ४ । ५ । ६ । ७ । ८ । ९ । १० भीष्मद्रोणौअतिक्रांतंवीर्यंययोस्तावतिवीर्यौसमीक्ष्यस्वकृत्यमालोच्यजगादेत्युत्तरेणान्वयः ११ आ
भाष्यभाशल्यइतिसंबोध्य १२ अस्थिरताजहातीत्यचंचलोऽस्मीत्यर्थः १३ ततोऽपिमेऽद्यसाध्वसंभयंनास्तीतियोजना १४ । १५ । १६ आतुरानासन्नमृत्यून् १७

विद्यांजानीयां भाषंश्चोऽहंस्थास्यामीतिनिश्चयं १८ अस्त्रादीनिमनुष्यस्यसुखायवर्तितुंनालमितिसंबंधः १९ उशनोःउशनसोः उपास्तउपातिष्ठत त्रातुमितिशेषः अस्त्रमस्त्रादि २० संप्राक्रुष्टेसम्यगाक्रोशवं ति पराभूतेनिरस्ते धार्तराष्ट्रेधृतराष्ट्रपुत्रसंबंधिनि पौरुषेयत्ने २१ । २२ द्रोणपथाद्रोणपथेन २३ तेषांभीष्मादीनांमध्येनगमिष्यामीतिनापितुगमिष्याम्येवेत्यर्थः संग्रामात्पलायनेहिमित्रस्यदुर्योधनस्यद्रोहःकृतः

नेहध्रुवंकिंचिदपिप्रचिंतयन्विद्यांलोकेकर्मणोदैवयोगात् ॥ सूर्योदयेकोहिविमुक्तसंशयोभावंकुर्वीताद्यगुरौनिपातिते १८ ननूनमस्त्राणिबलंपराक्रमःक्रियाःसुनीतंपरमा युधानिवा ॥ अलंमनुष्यस्यसुखायवर्तितुंतथाहियुद्धेनिहतःपरैर्गुरुः १९ हुताशनादित्यसमानतेजसंपराक्रमेविष्णुपुरंदरोपमम् ॥ नयेबृहस्पत्युशनोःसदासमंन चैनमस्त्रंतदुपास्तदुःसहम् २० संप्राकुष्टेरुदितस्त्रीकुमारेपराभूतेपौरुषेधार्तराष्ट्रे ॥ मयाकृत्यमितिजानामिशल्यप्रयाहितस्माद्द्विषतामनीकम् २१ यत्रराजापांडवः सत्यसंधोव्यवस्थितोभीमसेनार्जुनौच ॥ वासुदेवःसात्यकिःसृंजयाश्चयमौचकस्तान्विषहेन्मदन्यः २२ तस्मात्क्षिप्रंमद्रपतेप्रयाहिरणेपञ्चालान्पांडवान्सृंजयांश्च ॥ तान्वाहनिष्यामिसमेत्यसंख्येयास्यामिवाद्रोणपथायमाय २३ नन्वेवाहंनगमिष्यामिमध्येतेषांशूराणामितिमांशल्यविद्धि ॥ मित्रद्रोहोमर्षणीयोनमेऽयंत्यक्त्वाप्राणा ननुयास्यामिद्रोणम् २४ प्राज्ञस्यमूढस्यचजीवितांतेनास्तिप्रमोक्षोन्तकसत्कृतस्य ॥ अतोविद्वन्नभियास्यामिपार्थान्दिष्टंनशक्यंव्यतिवर्तितुंवै २५ कल्याणवृत्तः सततंहिराजावैचित्रवीर्यस्यसुतोममासीत् ॥ तस्यार्थसिद्ध्यर्थमहंत्यजामिप्रियान्भोगान्दुस्त्यजंजीवितंच २६ वैयाघ्रचर्माणमकूजनाक्षंहेमत्रिकोशंरजतत्रिवेणुम् ॥ रथप्रबर्हंतुरगप्रबर्हैर्युक्तंप्रादान्मह्यमिमंहिरामः २७ धनूंषिचित्राणिनिरीक्ष्यशल्यध्वजान्गदाःसायकांश्चोग्ररूपान् ॥ असिंचदीप्तंपरमायुधंचशंखंचशुभ्रंस्वनवंतमुग्रम् २८ पताकिनंवज्रनिपातनिःस्वनंसिताश्वयुक्तंशुभतूणशोभितम् ॥ इमंसमास्थायरथंरथर्षभंरणेहनिष्याम्यहमर्जुनंबलात् २९ तंचेन्मृत्युःसर्वहरोऽभिरक्षेत्सदाऽ प्रमत्तःसमरेपांडुपुत्रम् ॥ तंवाहनिष्यामिरणेसमेत्ययास्यामिवाभीष्ममुखोयमाय ३० यमवरुणकुबेरवासवावायदियुगपत्सगणामहाहवे ॥ जुगुपिषवइहाद्य पांडवंकिमुबहुनासहतैर्जयामितम् ३१ ॥ संजयउवाच ॥ इतिरणरभसस्यकत्थतस्तदुतनिशम्यवचःसमद्रराट् ॥ अवहसदवमन्यवीर्यवान्प्रतिषिषिधेचजगादचो त्तरम् ३२ ॥ शल्यउवाच ॥ विरमविरमकर्णकत्थनादतिरभसोऽप्यतिवाचमुक्तवान् ॥ क्वचहिनरवरोधनंजयःक्वपुनरहोपुरुषाधमोभवान् ३३ यदुसदनमुपें द्रपालितंत्रिदशमिवामरराजरक्षितम् ॥ प्रसभमतिविलोड्यकोहरेत्पुरुषवरावरजामृतेऽर्जुनात् ३४ त्रिभुवनविभुमीश्वरेश्वरंकइहपुमान्भवमाह्वयेद्युधि ॥ मृगव धकलहेऽक्रतेऽर्जुनात्सुरपतिवीर्यसमप्रभावतः ३५ ॥ ॥ ॥ ॥

स्यात्तच्चासह्यम् २४ जीवितांतेआयुषःसमाप्तौ प्रमोक्षोमृत्युनिवर्तनं २५ । २६ वैयाघ्रचर्माणंव्याघ्रचर्मपरिवृतं २७ । २८ । २९ अप्रमत्तइतिच्छेदः भीष्ममुखोभीष्माभिमुखः ३० जुगुपिषवोगोप्तुमि च्छवः ३१ रणरभसस्यरणोत्कटस्य ३२ अतिरभसोऽपित्वमतिवाचंस्वसामर्थ्यादधिकां ३३ पुरुषवरस्यकृष्णस्यावरजांकनीयसींसुभद्राम् ३४ । ३५

३६ स्मरसीतिविषमंछंदः ३७ खचरगणानगंधर्वान ३८।३९।४० । ४१ । ४२ । ४३ । ४४ श्वेतयुजाश्वेताश्वयुजा ४५ ॥ इतिकर्णपर्वणिनीलकंठीये भारतभावदीपेसप्तत्रिंशोऽध्यायः ॥ ३७ ॥ ॥
प्रयाणेइति १ । २ अभिमन्येतअल्पमित्यवजानीत ३ । ४ । ५ अंजनकेशीभिःकृष्णकेशीभिरश्वतरीभिर्युवतीभिर्वायुक्तं ६ हस्तिषड्गवंहस्तिषट्कं 'हस्तिषड्गवमिच्छंतिवीराःषट्केचदंतिनाम्'इतिप्राञ्चः अन्यं

असुरसुरमहोरगान्नरान्गरुडपिशाचसयक्षराक्षसान् ॥ इषुभिरजयदग्निगौरवात्स्वभिलषितंचहविर्ददौजयः ३६ स्मरसिननुयदापरैर्हृतःसचधृतराष्ट्रसुतोऽविमो
क्षितः ॥ दिनकरसदृशैःशरोत्तमैर्युधाकुरुषुबहून्विनिहत्यतानरीन् ३७ प्रथममपिपलायितेत्वयिप्रियकलहाधृतराष्ट्रसूनवः ॥ स्मरसिननुयदाप्रमोचिताःखचर
गणानवजित्यपांडवैः ३८ समुदितबलवाहनाःपुनःपुरुषवरेणजिताःस्थगोग्रहे ॥ सगुरुगुरुसुताःसभीष्मकाःकिमुनजितःसतदात्वयाऽर्जुनः ३९ इदमपरमुप
स्थितंपुनस्तवनिधनायसुयुद्धमद्यवै ॥ यदिनरिपुभयात्पलायसेसमरगतोऽद्यहतोऽसिसूतज ४० ॥ संजयउवाच ॥ ॥ इतिबहुपरुषंप्रभाषतिप्रमनसिमद्रप
तौरिपुस्तवम् ॥ भृशमभिरुषितःपरंतपःकुरुपृतनापतिराहमद्रपम् ४१ ॥ कर्णउवाच ॥ ॥ भवतुभवतुकिंविकत्थसेननुममतस्यहियुद्धमुद्यतम् ॥ यदिसजयति
मामिहाहवेततइदमस्तुसुकत्थितंतव ४२ ॥ संजयउवाच ॥ ॥ एवमस्त्वितिमद्रेशउक्त्वानोत्तरमुक्तवान् ॥ याहिशल्येतिचाप्येनंकर्णःप्राहयुयुत्सया ४३
सरथःप्रययौशत्रूञ्श्वेताश्वःशल्यसारथिः ॥ निघ्नन्नमित्रान्समरेतमोघ्नन्सवितायथा ४४ ततःप्रायात्प्रीतिमान्वैरथेनवैयाघ्रेणश्वेतयुजाऽथकर्णः ॥ सचालोक्यध्व
जिनींपांडवानांधनंजयंत्वरयापर्यपृच्छत् ४५ ॥ इतिश्रीमहाभारते कर्णपर्वणिकर्णशल्यसंवादे सप्तत्रिंशोऽध्यायः ॥ ३७ ॥ ॥ संजयउवाच ॥ ॥ प्रयाणे
चततःकर्णोहर्षयन्वाहिनींतव ॥ एकैकंसमरेदृष्ट्वापांडवान्पर्यपृच्छत १ योमामद्यमहात्मानंदर्शयेच्छ्वेतवाहनम् ॥ तस्मैदद्यामभिप्रेतंधनंयन्मनसेच्छति २ नचे
त्तदभिमन्येततस्मैदद्यामहंपुनः ॥ शकटंरत्नसंपूर्णंयोमेब्रूयाद्धनंजयम् ३ नचेत्तदभिमन्येतपुरुषोऽर्जुनदर्शिवान् ॥ शतंदद्यांगवांतस्मैनैत्यकंकांस्यदोहनम् ४
शतंग्रामवरांश्चैवदद्यामर्जुनदर्शिने ॥ तथातस्मैपुनर्दद्यांश्वेतमश्वतरीरथम् ५ युक्तमंजनकेशीभिर्योमेब्रूयाद्धनंजयम् ॥ नचेत्तदभिमन्येतपुरुषोऽर्जुनदर्शिवान् ६
अन्यंवास्मैपुनर्दद्यांसौवर्णंहस्तिषड्गवम् ॥ तथाऽप्यस्मैपुनर्दद्यांस्त्रीणांशतमलंकृतम् ७ श्यामानांनिष्ककंठीनांगीतवाद्यविपश्चिताम् ॥ नचेत्तदभिमन्येतपुरुषो
ऽर्जुनदर्शिवान् ८ तस्मैदद्यांशतंनागाञ्शतंग्रामाञ्शतंरथान् ॥ सुवर्णस्यचमुख्यस्यहयाग्र्याणांशतंशतान् ९ ऋद्ध्यागुणैःसुदान्तांश्चधुर्यवाहान्सुशिक्षितान् ॥
तथासुवर्णशृंगीणांगोधेनूनांचतुःशतम् १० ॥ ॥ ॥ ॥

वासौवर्णरथमितिशेषः हस्तितुल्याःषड्गावउक्षाणोयस्मिन्तंषड्हस्तिनएवगोवद्वोढारोयस्यताहशम् ७ श्यामानामप्रजातानांनिष्कमुरोभूषणम् ८ शतंशतानदशसहस्राणि ९ ऋद्ध्यापुष्ट्या सुदान्तानविनी
तान धुर्यवाहान्रथोद्वहनक्षमान् १० ॥ ॥ ॥ ॥

११ भांडमाभरणम् १२। १३। १४। १५ अपरान्तेषुपश्चिमकच्छेषु १६। १७ प्रत्यग्रवयसामभिनवयौवनानाम् १८। १९। २०। २१। २२। २३। २४। २५ प्लवमानंप्रयांतम् २६

दद्यांतस्मैसवत्सानांयोमेब्रूयाद्धनंजयम् ॥ नचेत्तदभिमन्येततपुरुषोऽर्जुनदर्शिवान् ११ अन्यदस्मैवरंदद्यांश्वेतान्पंचशतान्हयान् ॥ हेमभांडपरिच्छन्नान्सुमृष्टमणि भूषणान् १२ सुदांतानपिचैवाहंदद्यामष्टादशापरान् ॥ रथंचशुभ्रंसौवर्णंदद्यांतस्मैस्वलंकृतम् १३ युक्तंपरमकांबोजैर्योमेब्रूयाद्धनंजयम् ॥ नचेत्तदभिमन्येतपुरुषोऽर्जुनदर्शिवान् १४ अन्यदस्मैवरंदद्यांकुंजराणांशतानिषट् ॥ कांचनैर्विविधैर्भाण्डैराच्छन्नान्हेममालिनः १५ उत्पन्नानपरांतेषुविनीतान्हस्तिशिक्षकैः ॥ नचेत्तदभिमन्येतपुरुषोऽर्जुनदर्शिवान् १६ अन्यदस्मैवरंदद्यांवैश्यग्रामांश्चतुर्दश ॥ सुस्फीतान्धनसंयुक्तान्प्रत्यासन्नवनोदकान् ॥ अकुतोभयान्सुसंपन्नान्राजभोज्यांश्चतुर्दश १७ दासीनांनिष्ककंठीनांमागधीनांशतंतथा ॥ प्रत्यग्रवयसांदद्यांयोमेब्रूयाद्धनंजयम् १८ नचेत्तदभिमन्येतपुरुषोऽर्जुनदर्शिवान् ॥ अन्यंतस्मैवरंदद्यांयमसौकामयेत्स्वयम् १९ पुत्रदारान्विहारांश्चयदन्यद्वित्तमस्तिमे ॥ तच्चतस्मैपुनर्दद्यांयद्यच्चमनसेच्छति २० हत्वाचसहितौकृष्णौतयोर्वित्तानिसर्वशः ॥ तस्मैदद्यामहंयोमेप्रब्रूयात्केशवार्जुनौ २१ एतावाचःसुबहुशःकर्णउच्चारयन्युधि ॥ दध्मौसागरसंभूतंसुस्वरंशंखमुत्तमम् २२ तावाचःसूतपुत्रस्यतथायुक्तानिशम्यतु ॥ दुर्योधनोमहाराजसंहृष्टःसानुगोऽभवत् २३ ततोदुंदुभिनिर्घोषोमृदंगानांचसर्वशः ॥ सिंहनादःसवादित्रःकुंजराणांचनिःस्वनः २४ प्रादुरासीत्तदाराजन्सैन्येषुपुरुषर्षभ ॥ योधानांसंप्रहृष्टानांतथासमभवत्स्वनः २५ तथाप्रहृष्टेसैन्येतुप्लवमानंमहारथम् ॥ विकत्थमानंचतदाराधेयमरिकर्षणम् ॥ मद्रराजःप्रहस्येदंवचनंप्रत्यभाषत २६ ॥ इति श्रीमहाभारतेकर्णपर्वणिकर्णावलेपेऽष्टत्रिंशोऽध्यायः ॥ ३८ ॥ ॥ ॥ ॥ शल्यउवाच ॥ मासूतपुत्रदानेनसौवर्णंहस्तिषड्गवम् ॥ प्रयच्छपुरुषायाद्यद्रक्ष्यसित्वंधनंजयम् १ बाल्यादिहत्वंत्यजसिवसुवैश्रवणोयथा ॥ अयत्नेनैवराधेयद्रष्टास्यद्यधनंजयम् २ परान्सृजसियद्वित्तंकिंचित्त्वंबहुमूढवत् ॥ अपात्रदानेयेदोषास्तान्मोहान्नावबुध्यसे ३ यत्त्वंप्रेरयसेवित्तंबहुतेनखलुत्वया ॥ शक्यंबहुविधैर्यज्ञैर्यष्टुंसूतयजस्वतैः ४ यच्चप्रार्थयसेहंतुंकृष्णौमोहान्मृथैवतत् ॥ नहिशुश्रुमसंमर्दैक्रोष्ट्रासिंहौनिपातितौ ५ अप्रार्थितंप्रार्थयसेसुहृदोनहिसंतिते ॥ येत्वांनिवारयंत्याशुप्रपतंतंहुताशने ६ कार्याकार्यंनजानीषेकालपक्वोऽस्यसंशयम् ॥ बह्वबद्धमकर्णीयंकोहिब्रूयाज्जिजीविषुः ७ समुद्रतरणंदोर्भ्यांकंठेबद्ध्वायथाशिलाम् ॥ गिर्यग्राद्वानिपतनंतादृक्तवचिकीर्षितम् ८ सहितःसर्वयोधैस्त्वंव्यूढानीकैःसुरक्षितः ॥ धनंजयेनयुध्यस्वश्रेयश्चेत्प्राप्तुमिच्छसि ९ हितार्थंधार्तराष्ट्रस्यब्रवीमित्वांनहिंसया ॥ श्रद्धस्वैवंमयाप्रोक्तंयदितेऽस्तिजिजीविषा १० ॥ ३४॥

॥ इतिकर्णपर्वणिनीलकंठीयेभारतभावदीपेअष्टात्रिंशोऽध्यायः ॥ ३८ ॥ ॥ ॥ मासूतेति १ वसुवित्तं द्रष्टासिद्रक्ष्यसि २ परान्सृजसिवृथात्यजसि ३। ४। ५। ६। अबद्धमनर्थकंअकर्णीयमनाकर्णनीयम् ७। ८ सहितोयुध्यस्वनत्वेकाकी ९ एवंश्रद्धस्वयदिजिजीविषातेऽस्त्यन्यथामरिष्यसि १०

११ । १२ । १३ । १४ । १५ । १६ । १७ । १८ ; १९ २० । २१ । २२ भोगीसर्पः पातेपतनार्थं २३ झषैर्मीनैरासमंताद्युतंझषायुतं अप्लवःबाहुभ्यामित्यर्थः २४ दुंदुभिग्रीवंदुंदुभिस्वनकंठम

कर्णउवाच ॥ स्वबाहुवीर्यमाश्रित्यप्रार्थयाम्यर्जुनंरणे ॥ त्वंतुमित्रमुखःशत्रुर्मांभीषयितुमिच्छसि ११ नमामस्मादभिप्रायात्कश्चिदद्यनिवर्तयेत् ॥ अपीन्द्रोव ज्रमुद्यम्यकिमुमर्त्यःकथंचन १२ ॥ संजयउवाच ॥ इतिकर्णस्यवाक्यांतेशल्यःप्राहोत्तरंवचः ॥ चुकोपयिषुरत्यर्थंकर्णंमद्रेश्वरःपुनः १३ यदावैत्वांफाल्गुन वेगयुक्ताज्याचोदिताहस्तवताविसृष्टाः ॥ अन्वेतारःकंकपत्राःशिताग्रास्तदातप्स्यस्यर्जुनस्यानुयोगात् १४ यदादिव्यंधनुरादायपार्थःप्रतापयन्पृतनांसव्य साची ॥ त्वांमर्दयिष्यन्निशितैःपृषत्कैस्तदापश्चात्तप्स्यसेसूतपुत्र १५ बालश्चन्द्रंमातुरंकेशयानोयथाकश्चित्प्रार्थयतेऽपहर्तुम् ॥ तद्वन्मोहाद्द्योतमानंरथस्थं संप्रार्थयस्यर्जुनंजेतुमद्य १६ त्रिशूलमाश्रित्यसुतीक्ष्णधारंसर्वाणिगात्राणिविघर्षसित्वम् ॥ सुतीक्ष्णधारोपमकर्मणात्वंयुयुत्ससेयोऽर्जुनेनाद्यकर्ण १७ क्रुद्धंसिं हंकेसरिणंबृहंतंबालोमूढःक्षुद्रमृगस्तरस्वी ॥ समाह्वयेत्तद्वदेतत्तवाद्यसमाह्वानंसूतपुत्रार्जुनस्य १८ मास्मसूतपुत्राह्वयराजपुत्रंमहावीर्यंकेसरिणंयथैव ॥ वनेशृगालः पिशितेनतृप्तोमापार्थमासाद्यविनंक्ष्यसित्वम् १९ ईषादन्तंमहानागंप्रभिन्नकरटामुखम् ॥ शशकोह्वयसेयुद्धेकर्णपार्थंधनंजयम् २० बिलस्थंकृष्णसर्पंत्वंबा ल्यात्काष्ठेनविध्यसि ॥ महाविषंपूर्णकोपंयत्पार्थंयोद्धुमिच्छसि २१ सिंहंकेसरिणंक्रुद्धमतिक्रम्याभिनर्दसे ॥ शृगालइवमूढस्त्वंनृसिंहंकर्णपांडवम् २२ सुपर्णं पतगश्रेष्ठंवैनतेयंतरस्विनम् ॥ भोगीवाह्वयसेपातेकर्णपार्थंधनंजयम् २३ सर्वाम्भसांनिधिंभीमंमूर्तिमन्तंझषायुतम् ॥ चन्द्रोदयेविवर्धन्तमप्लवःसंतितीर्षसि २४ ऋषभंदुंदुभिग्रीवंतीक्ष्णशृंगंप्रहारिणम् ॥ वत्सआह्वयसेयुद्धेकर्णपार्थंधनंजयम् २५ महामेघंमहाघोरंदर्दुरःप्रतिनर्दसि ॥ कामतोयप्रदंलोकेनरपर्जन्यमर्जु नम् २६ यथाचस्वगृहस्थःश्वाव्याघ्रंवनगतंभषेत् ॥ तथात्वंभषसेकर्णनरव्याघ्रंधनंजयम् २७ शृगालोऽपिवनेकर्णशशैःपरिवृतोवसन् ॥ मन्यतेसिंहमात्मानं यावत्सिंहंनपश्यति २८ तथात्वमपिराधेयसिंहमात्मानमिच्छसि ॥ अपश्यन्शत्रुदमनंनरव्याघ्रंधनंजयम् २९ व्याघ्रंत्वंमन्यसेऽऽत्मानंयावत्कृष्णौनपश्यसि ॥ समास्थितावेकरथेसूर्याचंद्रमसाविव ३० यावद्गांडीवघोषंत्वंनशृणोषिमहाहवे ॥ तावदेवत्वयाकर्णशक्यंवक्तुंयथेच्छसि ३१ रथशब्दधनुःशब्दैर्नादयंतंदिशोदश ॥ नर्दन्तमिवशार्दूलंदृष्ट्वाक्रोष्टाभविष्यसि ३२ नित्यमेवशृगालस्त्वंनित्यंसिंहोधनंजयः ॥ वीरप्रद्वेषणान्मूढतस्मात्क्रोष्टेवलक्ष्यसे ३३ यथाऽऽखुःस्याद्बिडालश्चश्वाव्या घ्रश्चबलाबले ॥ यथाशृगालःसिंहश्चयथाचशशकुंजरौ ३४ यथाऽनृतंचसत्यंचयथाचापिविषामृते ॥ तथात्वमपिपार्थश्चप्रख्यातावात्मकर्मभिः ३५ ॥ इतिश्रीमहा भारतेकर्णपर्वणि कर्णशल्याधिक्षेपे एकोनचत्वारिंशोऽध्यायः ॥ ३९ ॥ ॥ ॥ ॥ ॥

१२ २५ । २६ । २७ । २८ । २९ । । ३० । ३१ । ३२ । ३३ । ३४ । ३५ ॥ इतिकर्णपर्वणिनीलकंठीयेभारतभावदीपेएकोनचत्वारिंशोऽध्यायः ॥ ३९ ॥

अधीति । वाक्शल्यत्वादेवायंशल्यनामेतिर्निश्चिन्वन् १ । २ । ३ । ४ । ५।६ आहेयःसर्पमयः ७ । ८ नास्येयं नक्षिपेयम् ९ । १० । ११ । १२ सुजातंशोभनंजन्म १३ प्रोतौएकसूत्रेमणीइवप्रेमसंबद्धौ

 अ० ४०

॥ संजयउवाच ॥ अधिक्षिप्तस्तुराधेयःशल्येनामिततेजसा ॥ शल्यमाहसुसंक्रुद्धोवाक्शल्यमवधारयन् १ ॥ कर्णउवाच ॥ गुणान्गुणवतांशल्यगुणवान्वेत्ति नागुणः ॥ त्वंतुशल्यगुणैर्हीनःकिंज्ञास्यसिगुणागुणम् २ अर्जुनस्यमहास्त्राणिक्रोधंवीर्यंधनुःशरान् ॥ अहंशल्याभिजानामिविक्रमंचमहात्मनः ३ तथाकृष्णस्यमा हात्म्यमृषभस्यमहीक्षिताम् ॥ यथाऽहंशल्यजानामिनत्वंजानासितत्तथा ४ एवमेवात्मनोवीर्यमहंवीर्यंचपांडवे ॥ जानन्नेवाह्वयेयुद्धेशल्यगांडीवधारिणम् ५ अस्ति वाऽयमिषुःशल्यसुपुंखोरक्तभोजनः ॥ एकतूणीशयःपत्रीसुधौतःसमलंकृतः ६ शेतेचंदनचूर्णेषुपूजितोबहुलाःसमाः ॥ आहेयोविषवानुग्रोनराश्वद्विपसंघहा ७ घोररू पोमहारौद्रस्तनुत्रास्थिविदारणः ॥ निर्भिंद्यांयेनरुष्टोहमपिमेरुंमहागिरिम् ८ तमहंजातुनास्येयमन्यस्मिन्फाल्गुनादृते ॥ कृष्णाद्वादेवकीपुत्रात्सत्यंचापिशृणुष्वमे ९ तेनाहमिषुणाशल्यवासुदेवधनंजयौ ॥ योत्स्येपरमसंक्रुद्धस्तत्कर्मसदृशंमम १० सर्वेषांवृष्णिवीराणांकृष्णेलक्ष्मीःप्रतिष्ठिता ॥ सर्वेषांपांडुपुत्राणांजयःपार्थेप्रति ष्ठितः ११ उभयंतुसमासाद्यकोनिवर्तितुमर्हति ॥ तावेतौपुरुषव्याघ्रौसमेतौस्यंदनेस्थितौ १२ मामेकमभिसंयातौसुजातंपश्यशल्यमे ॥ पितृष्वसामातुलजौभ्रा तरावपराजितौ १३ मणीसूत्रइवप्रोतौद्रष्टासिनिहतौमया ॥ अर्जुनेगांडिवंकृष्णेचक्रंतार्क्ष्यकपिध्वजौ १४ भीरूणांत्रासजननंशल्यहर्षकरंमम ॥ त्वंतुदुष्प्रकृतिर्मू ढोमहायुद्धेष्वकोविदः १५ भयावदीर्णःसंत्रासादबद्धंबहुभाषसे ॥ संस्तौषितौतुकेनापिहेतुनात्वंकुदेशज १६ तौहत्वासमरेहंतात्वामद्यसहबांधवम् ॥ पापदेशजदुर्बु द्धेक्षुद्रक्षत्रियपांसन १७ सुहृद्भूत्वारिपुःकिंमांकृष्णाभ्यांभीषयिष्यसि ॥ तौवामामद्यहंतारौहनिष्येवाऽपितावहम् १८ नाहंबिभेमिकृष्णाभ्यांविजानन्नात्मनो बलम् ॥ वासुदेवसहस्रंवाफाल्गुनानांशतानिवा १९ अहमेकोहनिष्यामिजोषमास्वकुदेशज ॥ स्त्रियोबालाश्ववृद्धाश्चप्रायःक्रीडागताजनाः २० यागाथाःसंप्रगा यंतिकुर्वन्तोऽध्ययनंयथा ॥ तागाथाःशृणुमेशल्यमद्रकेषुदुरात्मसु २१ ब्राह्मणैःकथिताःपूर्वंयथावद्राजसन्निधौ ॥ श्रुत्वाचैकमनामूढक्षमवाब्रूहिचोत्तरम् २२ मित्र ध्रुङ्मद्रकोनित्यंयोनोद्वेष्टिसमद्रकः ॥ मद्रकेसंगतंनास्तिक्षुद्रवाक्येनराधमे २३ दुरात्मामद्रकोनित्यंनित्यमानृतिकोऽनृजुः ॥ यावदन्त्यंहिदौरात्म्यंमद्रकेष्वितिनः श्रुतम् २४ पितापुत्रश्चमाताचश्वश्रूश्वशुरमातुलाः ॥ जामातादुहिताभ्रातानप्ताऽन्येतेचबांधवाः २५ वयस्याभ्यागताश्चान्येदासीदासंचसंगतम् ॥ पुंभि र्विमिश्रानार्यश्चज्ञाताज्ञाताःस्वयेच्छया २६ ॥ ॥ ॥

१४ त्रासजननमितिसमुदायापेक्षयासामान्येननिर्देशः १५ । १६ । १७ । १८ । १९ जोषंतूष्णीं आस्वतिष्ठ क्रीडागताःलीलयाआगताः २० मद्रकेषुकुत्सितेषुमद्रदेशेषु २१ । २२ । २३ अनृतेनचरती त्यानृतिकः यावदंत्यंअंत्यजपर्यंतं मरणावधीतिवा २४ । २५ पुंभिःपुरुषैःविमिश्राःसंगताः इच्छयामैथुनिनोऽज्ञातवत्ज्ञाता अप्यविगीताइत्यर्थः २६

येषांमद्रकाणांसक्तुमिश्रितमत्स्याशिनां सीधुमद्यम् २७ । २८ । २९ मद्रकेषुसंमृष्टंनष्टं एवंगांधारकेषुशौचंनष्टंभवेत् ३० राजायाजकोयस्यतस्मिन्याज्येहविर्नष्टंभवेत् ३१ यथैवेति । यथामद्रकैःसंगतंकृत्वापतति य
थावामद्रकेसंगतंनास्ति हेवृश्चिकतथातेविषंहतमित्युत्तरेणसंबंधः यथेतत्सत्यंतर्हितवविषंनश्यत्वितिमंत्रेणसर्वथाविषंनश्यतीत्यर्थः ३२ मयेत्यात्मानुभवसिद्धमितिद्योतयति ३३।३४।३५ यथाकामंवरयंतिताः असं

येषांगृहेष्वशिष्टानांसक्तुमत्स्याशिनांतथा ॥ पीत्वासीधुसगोमांसंक्रंदंतिचहसंतिच २७ गायंतिचाप्यबद्धानिप्रवर्त्तन्तेचकामतः ॥ कामप्रलापिनोऽन्योन्यंतेषुधर्मःकथं भवेत् २८ मद्रकेष्ववलिप्तेषुप्रख्याताशुभकर्मसु ॥ नापिवैरंनसौहार्दंमद्रकेणसमाचरेत् २९ मद्रकेसंगतंनास्तिमद्रकोहिसदामलः ॥ मद्रकेषुचसंसृष्टंशौचंगांधारके षुच ३० राजयाजकयाज्येचनष्टंदत्तंहविर्भवेत् ॥ शूद्रसंस्कारकोविप्रोयथायातिपराभवम् ३१ यथाब्रह्मद्विषोनित्यंगच्छंतीहपराभवम् ॥ यथैवसंगतंकृत्वानरःपत तिमद्रकैः ३२ मद्रकेसंगतंनास्तिहतंवृश्चिकतेविषम् ॥ आथर्वणेनमंत्रेणयथाशांतिःकृतामया ३३ इतिवृश्चिकदष्टस्यविषवेगहतस्यच ॥ कुर्वंतिभेषजंप्राज्ञाःसत्यं तच्चापिदृश्यते ३४ एवंविद्वन्जोषमास्वशृणुचात्रोत्तरंवचः ॥ वासांस्युत्सृज्यनृत्यंतिस्त्रियोयामद्यमोहिताः ३५ मैथुनेऽसंयताश्चापियथाकामवराश्चताः ॥ तासां पुत्रःकथंधर्मंमद्रकोवक्तुमर्हति ३६ यास्तिष्ठंत्यःप्रमेहंतियथैवोष्ट्रदशेरकाः ॥ तासांविभ्रष्टधर्माणांनिर्लज्जानांततस्ततः ३७ त्वंपुत्रस्तादृशीनांहिधर्मंवक्तुमिहेच्छसि ॥ सुवीरकंयाच्यमानामद्रिकाकर्षतिस्फिचौ ३८ अदातुकामावचनमिदंवदतिदारुणम् ॥ मामांसुवीरकंकश्चिद्याचतांदयितंमम ३९ पुत्रंदद्यांपतिंदद्यांनतुदद्यांसुवी रकम् ॥ गौर्योबृहत्योनिर्ह्रीकामद्रिकाःकंबलावृताः ४० घस्मरानष्टशौचाश्चप्रायइत्यनुशुश्रुम ॥ एवमादिमयाऽन्यैर्वाशक्यंवक्तुंभवेद्बहु ४१ आकेशाग्रान्नखाग्रा च्चवक्तव्येषुकुकर्मसु ॥ मद्रकाःसिंधुसौवीराधर्मंविद्युःकथंत्विह ४२ पापदेशोद्भवाम्लेच्छाधर्माणामविचक्षणाः ॥ एषमुख्यतमोधर्मःक्षत्रियस्येतिनःश्रुतम् ४३ यदा जौनिहतःशेतेसद्भिःसमभिपूजितः ॥ आयुधानांसाम्परायेयन्मुच्येयमहंततः ४४ ममैषप्रथमःकल्पोनिधनेस्वर्गमिच्छतः ॥ सोऽयंप्रियःसखाचास्मिधार्त्तराष्ट्रस्य धीमतः ४५ तदर्थेहिममप्राणायच्चमेविद्यतेवसु ॥ व्यक्तंत्वमप्युपहितःपांडवैःपापदेशज ४६ यथाचामित्रवत्सर्वंत्वमस्मासुप्रवर्त्तसे ॥ कामंनखलुशक्योऽहंत्व द्विधानांशतैरपि ४७ संग्रामाद्विमुखःकर्त्तुंधर्मज्ञइवनास्तिकैः ॥ सारंगइवघर्मार्त्तःकामंविलपशुष्यच ४८ नाहंभीषयितुंशक्यःक्षत्रवृत्तेव्यवस्थितः ॥ तनुत्य जांनृसिंहानामाहवेष्वनिवर्तिनाम् ४९ यागतिर्गुरुणाप्रोक्तापुरारामेणतांस्मरे ॥ तेषांत्राणार्थमुद्यंतंवधार्थंद्विषतामपि ५० विद्धिमामास्थितंवृत्तंपौरूरवसमुत्त मम् ॥ नतद्भूतंप्रपश्यामित्रिषुलोकेषुमद्रप ५१ ॥ ॥ ॥ ॥

यताइतिच्छेदः तासांपुत्रः संकरजातइत्यर्थः ३६ प्रमेहंतिमूत्रयंते दशेरकाःगर्दभाः ३७ सुवीरकंकांजिकं स्फिचौकटिप्रोथौ ३८ । ३९ निर्ह्रीकाःनिर्लज्जाः ४० घस्मराःबहुभक्षकाः ४१ वक्तव्येषुगर्हणीयेषु ४२ । ४३ सांपरायेसमूहेसंग्रामेइत्यर्थः मुच्येयंजीवितमितिशेषः ४४ । ४५ उपहितःउपजप्तः ४६ । ४७ । ४८ । ४९ तेषांधार्तराष्ट्राणाम् ५० । ५१

५२ हत्वाअर्जुनेनघातयित्वा मित्रप्रतीक्षयामित्रकार्यावेक्षणेनचाहुर्योधनस्य तयोरेवोभयोः ५३ अपवादोनिंदातितिक्षाचतैस्त्रिभिर्हेतुभिः ५४ । ५५ । ५६ ॥ इतिकर्णपर्वणिनीलकंठीये भारतभावदीपेचत्वारिंशोऽध्यायः ॥ ४० ॥ मारिषहेराजन् १ । २ वृषःमहोक्षः ३ । ४ । ५ । ६ । ७ आयुधस्यास्तिनवेतिज्ञानंपरिज्ञानं रुतंजयपराजयसूचकं अतिभारोदुर्वहत्वम् ८ निमित्तानिदिव्यान्तरिक्षभौमानि ग्रहा

योमामस्मादभिप्रायाद्वारयेदितिमेमतिः ॥ एवंविद्धन्जोषमास्वत्रासात्किंबहुभाषसे ५२ नत्वांहत्वाप्रदास्यामिक्रव्याभ्योमद्रकाधम ॥ मित्रप्रतीक्षयाशल्यधृतराष्ट्रस्यचोभयोः ५३ अपवादतितिक्षाभिस्त्रिभिरेतैर्हिजीवसि ॥ पुनश्चेदीदृशंवाक्यंमद्रराजवदिष्यसि ५४ शिरस्तेपातयिष्यामिगदयावज्रकल्पया ॥ श्रोतारस्त्विदमद्यहद्रष्टारोवाकुदेशज ५५ कर्णंवाजघ्नतुःकृष्णौकर्णोवानिजघानतौ ॥ एवमुक्त्वातुराधेयःपुनरेवविशांपते ॥ अब्रवीन्मद्रराजानंयाहियाहित्यसंभ्रमम् ५६ ॥ इति श्रीमहाभारते कर्णपर्वणि कर्णमद्राधिपसंवादेचत्वारिंशोऽध्यायः ॥ ४० ॥ ॥ ॥ ॥ संजयउवाच ॥ मारिषाधिरथेःश्रुत्वावाचोयुद्धाभिनंदिनः ॥ शल्योऽब्रवीत्पुनःकर्णंनिदर्शनमिदंवचः १ जातोऽहंयज्वनांवंशेसंग्रामेष्वनिवर्तिनाम् ॥ राज्ञांमूर्धाभिषिक्तानांस्वयंधर्मपरायणः २ यथैवमत्तोमद्येनत्वंतथालक्ष्यसेवृष ॥ तथाऽद्यत्वांप्रमाद्यंतंचिकित्सेयंसुहृत्तया ३ इमांकाकोपमांकर्णप्रोच्यमानांनिबोधमे ॥ श्रुत्वायथेष्टंकुर्यास्त्वंनिहीनकुलपांसन ४ नाहमात्मनिकिंचिद्वैकिल्बिषंकर्णसंस्मरे ॥ येनमांत्वंमहाबाहोहंतुमिच्छस्यनागसम् ५ अवश्यंतुमयावाच्यंबुद्ध्यतात्वद्धिताहितम् ॥ विशेषतोरथस्थेनराज्ञश्चैवहितैषिणा ६ समंचविषमंचैवरथिनश्चबलाबलम् ॥ श्रमःखेदश्चसततंहयानांरथिनासह ७ आयुधस्यपरिज्ञानंरुतंचमृगपक्षिणाम् ॥ भारश्चाप्यतिभारश्चशल्यानांचप्रतिक्रिया ८ अस्त्रयोगश्चयुद्धंचनिमित्तानितथैवच ॥ सर्वमेतन्मयाज्ञेयंरथस्यास्यकुटुंबिना ९ अतस्त्वांकथयेकर्णनिदर्शनमिदंपुनः ॥ वैश्यःकिलसमुद्रान्तेप्रभूतधनधान्यवान् १० यज्वादानपतिःक्षांतःस्वकर्मस्थोऽभवच्छुचिः ॥ बहुपुत्रःप्रियापत्यःसर्वभूतानुकंपकः ११ राज्ञोधर्मप्रधानस्यराष्ट्रेवसतिनिर्भयः ॥ पुत्राणांतस्यबालानांकुमाराणांयशस्विनाम् १२ काकोबहूनामभवदुच्छिष्टकृतभोजनः ॥ तस्मैसदाप्रयच्छंतिवैश्यपुत्राःकुमारकाः १३ मांसोदनंदधिक्षीरंपायसंमधुसर्पिषी ॥ सचोच्छिष्टभृतःकाकोवैश्यपुत्रैःकुमारकैः १४ सदृशान्पक्षिणोदृप्तःश्रेयसश्चाधिचिक्षिपे ॥ अथहंसाःसमुद्रान्तेकदाचिदतिपातिनः १५ गरुडस्यगतौतुल्याश्चक्रांगाहृष्टचेतसः ॥ कुमारकास्तदाहंसान्दृष्ट्वाकाकमथाब्रुवन् १६ भवानेवविशिष्टोहिपतत्रिभ्योविहंगम ॥ प्रतार्यमाणस्तैःसर्वैरल्पबुद्धिभिरंडजः १७ तद्वचःसत्यमित्येवमौर्ख्याद्दर्पाच्चमन्यते ॥ तान्सोऽभिपत्यजिज्ञासुःकएषांश्रेष्ठभागिति १८ उच्छिष्टदर्पितःकाकोबहूनांदूरपातिनाम् ॥ तेषांयंप्रवरंमेनेहंसानांदूरपातिनाम् १९ तमाह्वयतदुर्बुद्धिःपतावइतिपक्षिणम् ॥ तच्छ्रुत्वाप्राहसन्हंसायेतत्रासन्समागताः २० ॥ ॥ ॥ ॥

ध्यानुकूल्यप्रातिकूल्यादीनि ९ निदर्शनंदृष्टांतम् १० । ११ । १२ । १३ । १४ अतिपातिनःगत्यतिशयगामिनः १५ चक्रांगाःमानसचारिणः १६ पतत्रिभ्योऽन्येभ्यःप्रतार्यमाणोऽन्यथाप्रत्याय्यमानः १७ श्रेष्ठभाक्श्रेष्ठंअंगंभजते १८ । १९ पतावःगुच्छावः २०

२१ दूरपातेनदूरगमनेन २२।२३ पतितापतिष्यसि कत्थनःगुणश्लाघी २४ पतितास्मिपतिष्यामि २५ पातानांशतमेकंगणयति उड्डीनमित्यादिना । उड्डीनमूर्ध्वगमनमवडीनमधोगतिः ॥ प्रडीनंसर्वतोयानं डीनंगमनमात्रकम् ॥ निडीनंशनकैर्यानंसंडीनंललितंगतम् ॥ तिर्यग्डीनंगतंप्राहुस्तिरःप्रचरणंबुधाः ॥ तान्याशाभेदभिन्नानिचत्वारिप्रतिजानते' ॥ तानितिर्यक्डीनानि २६ 'विडंबितंविडीनंस्यात्परिडीनंतुसर्वतः ॥ पश्चाद्गतिःपराडीनंस्वर्गगंतुसुडीनकम् ॥ आभिमुख्येनगमनमभिडीनंप्रचक्षते ॥ यानंमहाडीनमाहुःपवित्रामूर्जितांगतिम् ॥ निर्डीनंनिश्चलंयानंप्रचंडमतिडीनकम् ' ॥ विडंबितमलत्रदुड्डीयोड्डीयगमनम् २७ अवरोहोऽवडीनंस्यात्प्रडीनंचित्रमुच्यते ॥ गत्यालतितयापूर्वमुपक्रम्यसमंततः ॥ परिक्रम्यप्रपतनंसंडीनंडीनडीनकम् ॥ संडीनोड्डीनडीनंस्यात्तदेवोर्ध्वप्रकल्पनात् ॥ गतौगत्यंतरोद्भेदोभवड्डीनविडी

भाषतोवहुकाकस्यबलिनःपततांवराः ॥ इदमूचुःस्मचक्रांगावचःकाकंविहंगमाः २१ ॥ हंसाऊचुः ॥ वयंहंसाश्चरामेमांपृथिवींमानसौकसः ॥ पक्षिणांचवयंनित्यंदूरपातेनपूजिताः २२ कथंहंसंनुबलिनंचक्रांगंदूरपातिनम् ॥ काकोभूत्वानिपतनेसमाह्वयसिदुर्मते २३ कथंत्वंपतिताकाकसहास्माभिर्ब्रवीहितत् ॥ अथहंसवचोमूढःकुत्सयित्वापुनःपुनः ॥ प्रजगादोत्तरंकाकःकत्थनोजातिलाघवात् २४ ॥ काकउवाच ॥ शतमेकंचपातानांपतितास्मिनसंशयः ॥ शतयोजनमेकैकंविचित्रंविविधंतथा २५ उड्डीनमवडीनंचप्रडीनंडीनमेवच ॥ निडीनमथसंडीनंतिर्यग्डीनगतानिच २६ विडीनंपरिडीनंचपराडीनंसुडीनकम् ॥ अभिडीनंमहाडीनंनिर्डीनमतिडीनकम् २७ अवडीनंप्रडीनंचसंडीनंडीनडीनकम् ॥ संडीनोड्डीनडीनंचपुनर्डीनविडीनकम् २८ संपातंसमुदीषंचततोऽन्यद्व्यतिरिक्तकम् ॥ गतागतंप्रतिगतंबह्वीश्वनिकुलीनकाः २९ कर्तास्मिमिषतांवोऽद्यततोद्रक्ष्यथमेबलम् ॥ तेषामन्यतमेनाहंपतिष्यामिविहायसम् ३० प्रदिशध्वंयथान्यायंकेनहंसाःपताम्यहम् ॥ तेवैध्रुवंविनिश्चित्यपतध्वंनमयासह ३१ पातैरेभिःखलुखगाःपतितुंखेनिराश्रये ॥ एवमुक्ततुकाकेनप्रहस्यैकोविहंगमः ३२ उवाचकाकंराधेयवचनंतन्निबोधमे ॥ हंसउवाच ॥ शतमेकंचपातानांत्वंकाकपतिताध्रुवम् ३३ एकमेवतुयंपातंविदुःसर्वेविहंगमाः ॥ तमहंपतिताकाकनान्यंजानामिकंचन ३४ पतत्वमपिताम्राक्षयेनपातेनमन्यसे ॥ अथकाकाःप्रजहसुर्येतत्रासन्समागताः ३५ कथमेकेनपातेनहंसःपातशतंजयेत् ॥ एकेनैवशतस्यैषपातेनाभिपतिष्यति ३६ हंसस्यपतितंकाकोबलवानाशुविक्रमः ॥ प्रपेततुःस्पर्धयाचततस्तौहंसवायसौ ३७ एकपातीचचक्रांगःकाकःपातशतेनच ॥ पतितावाऽथचक्रांगःपतितावाथवायसः ३८ विसिस्मापयिषुःपातैराचक्षाणोऽत्मनःक्रियाः ॥ अथकाकस्यचित्राणिपतितानिमुहुर्मुहुः ३९ दृष्ट्वाप्रमुदिताःकाकाविनेदुरधिकैःस्वरैः ॥ हंसांश्चावहसंतिस्मप्रावदन्नप्रियाणिच ४० ॥ ॥ ॥ ॥ ॥

नकम्' २८ 'क्षणात्संगत्यनिष्क्रम्यपक्षसंपातमुच्यते ॥ उर्ध्वाधोगतिसंभेदःसमुदीषंप्रचक्षते ॥ संकल्प्यपक्षगमनमुच्यतेव्यतिरिक्तकम् ॥ षड्विंशतिरमीभेदाःपातानामिहदर्शिताः ॥ महाडीनंविहायैषांपातानांत्रिविधागतिः ॥ गतंतत्रयथोद्दिष्टमागतंपुनरागमः ॥ प्रत्यावृत्तिःप्रतिगतिरितिषट्सप्ततिःस्मृताः ॥ तेषांनिपाताः कथ्यंतेप्रत्येकंपंचविंशतिः' ॥ निकुलीनकाःनिपाताः २९ मिषतांपश्यताम् ३० केनपातेन पतध्वंनेति शिरश्चालनेन किंनपतध्वमपितुपतध्वमेवेतिकाकूक्त्यापरिहासः संपतध्वमितिवापाठः ३१ । ३२ । ३३ एकंमुख्यम् ३४ । ३५ । एकेनपातेन ३६ । ३७ । ३८ । ३९ । ४०

४१ । ४२ इदमब्रुवन्काकाइत्यर्थात् ४३ । ४४ । ४५ । ४६ नभसआकाशात् ४७ गांभीर्यात्गहनत्वाद्दिगंबरांभसः दिशएवांबरमावरणंयस्यताद्दशमंभोयस्येत्याकाशोपमा समुद्रस्यसंबंधिनस्तोयस्य ४८ । ४९

उत्पत्योत्पत्यचमुहुर्मुहूर्तमितिचेतिच ॥ वृक्षाग्रेभ्यःस्थलेभ्यश्चनिपतंत्युत्पतंतिच ४१ कुर्वाणाविविधान्रावानाशंसंतोजयंतथा ॥ हंसस्तुमृदुनैकेनविक्रांतुमुपचक्रमे ४२ प्रत्यहीयतकाकाच्चमुहूर्तमिवमारिष ॥ अवमन्यचहंसांस्तानिदंवचनमब्रुवन् ४३ योऽसावुत्पतितोहंसःसोऽसावेवंप्रहीयते ॥ अथहंसःसतच्छ्रुत्वाप्रापतत्पश्चिमांदिशम् ४४ उपर्युपरिवेगेनसागरंमकरालयम् ॥ ततोभीःप्राविशत्काकंतदातत्रविचेतसम् ४५ द्वीपद्रुमानपश्यंतंनिपातार्थेश्रमान्वितम् ॥ निपतेयंक्वनुश्रांतइतितस्मिन्जलार्णवे ४६ अविषह्यःसमुद्रोहिबहुसत्वगणालयः ॥ महासत्वशतोद्भासीनभसोऽपिविशिष्यते ४७ गांभीर्याद्धिसमुद्रस्यनविशेषंहिसूतज ॥ दिगंबरांभसःकर्णसमुद्रस्याविदुर्जनाः ४८ विदूरपातात्तोयस्यकिंपुनःकर्णवायसः ॥ अथहंसोऽप्यतिक्रम्यमुहूर्तमितिचेतिच ४९ अवेक्षमाणस्तंकाकंनाशकद्व्यपसर्पितुम् ॥ अतिक्रम्यचचक्रांगःकाकंतंसमुदैक्षत ५० यावद्गत्वापतत्येषकाकोमामितिचिंतयन् ॥ ततःकाकोभृशंश्रान्तोहंसमभ्यागमत्तदा ५१ तंतथाहीयमानंतुहंसोदृष्ट्वाऽब्रवीदिदम् ॥ उज्जिहीर्षुर्निमज्जंतंस्मरन्सत्पुरुषव्रतम् ५२ ॥ हंसउवाच ॥ बहूनिपतितानित्वमाचक्षाणोमुहुर्मुहुः ॥ पातस्यव्याहरंश्चेदंननोगुह्यंप्रभाषसे ५३ किंनामपतितंकाकयत्वंपतसिसांप्रतम् ॥ जलंस्पृशसिपक्षाभ्यांतुंडेनचपुनःपुनः ५४ प्रब्रूहिकतमेतत्रपातेवर्तसिवायस ॥ एह्येहिकाकशीघ्रंत्वमेषत्वांप्रतिपालये ५५ ॥ शल्यउवाच ॥ सपक्षाभ्यांस्पृशन्नार्तस्तुंडेनचजलंतदा ॥ दृष्टोहंसेनदुष्टात्मन्निदंहंसंततोऽब्रवीत् ५६ अपश्यन्नंभसःपारंनिपतंश्चश्रमान्वितः ॥ पातवेगप्रमथितोहंसंकाकोऽब्रवीदिदम् ५७ वयंकाकाःकुतोनामचरामःकाकवाशिकाः ॥ हंसप्राणैःप्रपद्येत्वामुदकांतंनयस्वमाम् ५८ सपक्षाभ्यांस्पृशन्नार्तस्तुंडेनचमहार्णवे ॥ काकोदृढपरिश्रांतःसहसानिपपातह ५९ सागरांभसितंदृष्ट्वापतितंदीनचेतसम् ॥ म्रियमाणमिदंकाकंहंसोवाक्यमुवाचह ६० शतमेकंचपातानांपताम्यहमनुस्मर ॥ श्लाघमानस्त्वमात्मानंकाकभाषितवानसि ६१ सत्वमेकशतंपातंपतन्नभ्यधिकोमया ॥ कथमेवंपरिश्रांतःपतितोऽसिमहार्णवे ६२ प्रत्युवाचततःकाकःसीदमानइदंवचः ॥ उपरिष्ठंतदाहंसमभिवीक्ष्यप्रसादयन् ६३ ॥ काकउवाच ॥ उच्छिष्टदर्पितोहंसमन्येत्मानंसुपर्णवत् ॥ अवमन्यबहूंश्चाहंकाकानन्यांश्चपक्षिणः ६४ प्राणैर्हंसप्रपद्येत्वांद्वीपांतंप्रापयस्वमाम् ॥ यद्यहंस्वस्तिमान्हंसस्वंदेशंप्राप्नुयांविभो ६५ नकंचिदवमन्येऽहमापदोमांसमुद्धर ॥ तमेवंवादिनंदीनंविलपन्तमचेतनम् ६६ काककाकेतिवाशंतंनिमज्जन्तंमहार्णवे ॥ कृपयाऽऽदायहंसस्तंजलक्लिन्नंसुदुर्दशम् ६७ ॥ ॥ ॥

अपसर्पितुंत्यक्त्वागंतुंदयावशत्वान्नाशकत् ५० मामनुलक्ष्येतिशेषः ५१ । ५२ । ५३ । ५४ । ५५ दुष्टात्मन्निति कर्णसंबोधनं ५६ । ५७ काकवाशिकाः काकाइतिवाशंतःशब्दंकुर्वंतः ५८ । ५९ । ६० ६१ । ६२ । ६३ त्मानंआत्मानम् ६४ । ६५ । ६६ । ६७ ॥ ३७॥

६८ । ६९ । ७० । ७१ । ७२ । ७३ । ७४ । ७५ । ७६ । ७७ । ७८ । ७९ । ८० । ८१ । ८२ । ८३ । ८४ । ८५ । ८६ । ८७ ॥ ॥ इतिकर्णपर्वणिनीलकंठीयेभारतभावदीपेएकचत्वा

पद्भ्यामुत्क्षिप्यवेगेनपृष्ठमारोपयच्छनैः ॥ आरोप्यपृष्ठंहंसस्तंकाकंतूर्णंविचेतनम् ६८ आजगामपुनर्द्वीपंस्पर्धयापेततुर्यतः ॥ संस्थाप्यतंचापिपुनःसमाश्वास्यचखे
चरम् ६९ गतोयथेप्सितंदेशंहंसोमनइवाशुगः ॥ एवमुच्छिष्टपुष्टःसकाकोहंसपराजितः ७० बलंवीर्यंमहत्कर्णत्यक्त्वाक्षांतिमुपागतः ॥ उच्छिष्टभोजनःकाकोयथा
वैश्यकुलेपुरा ७१ एवंत्वमुच्छिष्टभृतोधार्त्तराष्ट्रैर्नसंशयः ॥ सदृशान्श्रेयसश्चापिसर्वान्कर्णावमन्यसे ७२ द्रोणद्रौणिकृपैर्गुप्तोभीष्मेणान्यैश्चकौरवैः ॥ विराटनगरे
पार्थमेकंकिंनावधीस्तदा ७३ यत्रव्यस्ताःसमस्ताश्चनिर्जिताःस्थकिरीटिना ॥ सृगालाइवसिंहेनक्वतेवीर्यमभूत्तदा ७४ भ्रातरंनिहतंदृष्ट्वासमरेसव्यसाचिना ॥ पश्य
तांकुरुवीराणांप्रथमंत्वंपलायितः ७५ तथाद्वैतवनेकर्णगंधर्वैःसमभिद्रुतः ॥ कुरून्समग्रानुत्सृज्यप्रथमंत्वंपलायितः ७६ हत्वाजित्वाचगंधर्वांश्चित्रसेनमुखान्रणे ॥
कर्णदुर्योधनंपार्थःसभार्यंसममोक्षयत् ७७ पुनःप्रभावःपार्थस्यपौराणःकेशवस्यच ॥ कथितःकर्णरामेणसभायांराजसंसदि ७८ सततंचत्वमश्रौषीर्वचनंद्रोणभी
ष्मयोः ॥ अवध्यौवदतःकृष्णौसन्निधौचमहीक्षिताम् ७९ कियत्तत्तत्प्रवक्ष्यामियेनयेनधनंजयः ॥ त्वत्तोतिरिक्तःसर्वेभ्योभूतेभ्योब्राह्मणोयथा ८० इदानीमेव
द्रष्टासिप्रधानेस्यंदनेस्थितौ ॥ पुत्रंचवसुदेवस्यकुंतीपुत्रंचपांडवम् ८१ यथाश्रयतचक्रांगंवायसोबुद्धिमास्थितः ॥ तथाश्रयस्ववार्ष्णेयंपांडवंचधनंजयम् ८२
यदात्वंयुधिविक्रांतौवासुदेवधनंजयौ ॥ द्रष्टास्येकरथेकर्णतदानैवंवदिष्यसि ८३ यदाशरशतैःपार्थोदर्पंतववधिष्यति ॥ तदात्वमंतरंद्रष्टाआत्मनश्चार्जुनस्यच ८४
देवासुरमनुष्येषुप्रख्यातौयौनरोत्तमौ ॥ तौमाऽवमंस्थामौर्ख्यात्त्वंखद्योतइवरोचनौ ८५ सूर्याचंद्रमसौयद्वत्तद्वदर्जुनकेशवौ ॥ प्राकश्येनाभिविख्यातौत्वंतुखद्योतव
न्नृषु ८६ एवंविद्वन्माऽवमंस्थाःसूतपुत्राच्युतार्जुनौ ॥ नृसिंहौतौमहात्मानौजोषमास्वविकत्थने ८७ ॥ इति श्रीमहाभारतेकर्णपर्वणि कर्णशल्यसंवादे हंसकाकी
योपाख्याने एकचत्वारिंशोऽध्यायः ॥ ४१ ॥ ॥ संजयउवाच ॥ मद्राधिपस्याधिरथिर्महात्मावचोनिशम्याप्रियमप्रतीतः ॥ उवाचशल्यंविदितंममैतद्य
थाविधावर्जुनवासुदेवौ १ शौरेरथंवाहयतोऽर्जुनस्यबलंमहास्त्राणिचपांडवस्य ॥ अहंविजानामियथावदद्यपरोक्षभूतंतवतत्तुशल्य २ तौचाप्यहंशस्त्रभृतांवरिष्ठौव्यपे
तभीर्योधयिष्यामिकृष्णौ ॥ संतापयत्यभ्यधिकंनुरामाच्छापोऽद्यमांब्राह्मणसत्तमाच्च ३ अवसंवैब्राह्मणच्छद्मनाहंरामेपुरादिव्यमस्त्रंचिकीर्षुः ॥ तत्रापिमेदेवराजेन
विघ्नोहितार्थिनाफाल्गुनस्यैवशल्य ४ कृतोविभेदेनममोरुमेत्यप्रविश्यकीटस्यतनुंविरूपाम् ॥ ममोरुमेत्यप्रबिभेदकीटःसुप्तेगुरौतत्रशिरोनिधाय ५ ऊरुप्रभेदाच्चम
हान्बभूवशरीरतोमेघनशोणितौघः ॥ गुरोर्भयाच्चापिनचेलिवानहंततोविबुद्धोददृशेसविप्रः ६ ॥ ॥

१३ रिंशोऽध्यायः ॥ ४१ ॥ ॥ ॥ ॥ मद्रेति १ । २ । ३ ४ । ५ चेलिवान् चलितवान् ६ ॥ ॥ ॥

७ सूतोपधौ सूतत्वपिधाननिमित्त कर्मकालेऽस्वप्रतिज्ञारक्षणकाले ८ पर्याप्तं समाप्तं विस्मृतमित्यर्थः ९ । १० । ११ अस्त्रैततोरामदत्तादस्त्रादन्यत्प्रतिपन्नंप्राप्तंअहिबाणाख्यमित्यर्थः १२

सधैर्ययुक्तंप्रसमीक्ष्यमांवैनत्वंविप्रःकोऽसिसत्यंवदेति ॥ तस्मैतदाऽऽत्मानमहंयथावदाख्यातवान्सूतइत्येवशल्य ७ समांनिशम्याथमहातपस्वीसंशप्तवान्रोष परीतचेताः ॥ सूतोपधावाप्तमिदंतवास्त्रंनकर्मकालेप्रतिभास्यतितिवाम् ८ अन्यत्रतस्मात्तवमृत्युकालादब्राह्मणेब्रह्मनहिध्रुवंस्यात् ॥ तदद्यपर्याप्तमतीवचास्त्र मस्मिन्संग्रामेतुमुलेऽतीवभीमे ९ योऽयंशल्यभरतेषूपपन्नःप्रकर्षणःसर्वहरोतिभीमः ॥ सोभिमन्येक्षत्रियाणांप्रवीरान्प्रतापिताबलवान्वैविमर्दः १० शल्योग्र धन्वानमहंवरिष्ठंतरस्विनंभीममसह्यवीर्यम् ॥ सत्यप्रतिज्ञंयुधिपांडवेयंधनंजयंमृत्युमुखंनयिष्ये ११ अस्त्रंततोन्यत्प्रतिपन्नमद्ययेनक्षेप्स्येसमरेशत्रुपूगान् ॥ प्रतापिनंबलवंतंकृतास्त्रंतमुग्रधन्वानममितौजसंच १२ क्रूरंशूरंरौद्रममित्रसाहंधनंजयंसंयुगेऽहंहनिष्ये ॥ अपांपतिर्वेगवानप्रमेयोनिमज्जयिष्यन्बहुलाःप्रजाश्च १३ महावेगंसंकुरुतेसमुद्रोवेलाचैनंधारयत्यप्रमेयम् ॥ प्रमुंचंतंबाणसंघानमेयान्मर्मच्छिदोवीरहणःसुपत्रान् १४ कुंतीपुत्रंयत्रयोत्स्यामियुद्धेज्याकर्षतामुत्तम मद्यलोके ॥ एवंबलेनातिबलंमहास्त्रंसमुद्रकल्पंसुदुरापमुग्रम् १५ शरौघिणंपार्थिवान्मज्जयंतंवेलेवपार्थमिषुभिःसंसहिष्ये ॥ अद्याहवेयस्यनतुल्यमन्यंमन्ये मनुष्यंधनुराददानम् १६ सुरासुरान्युधिवैयोजयेततेनाद्यमेपश्ययुद्धंसुघोरम् ॥ अतीवमानीपांडवोयुद्धकामोह्यमानुषैरेष्यतिमेमहास्त्रैः १७ तस्यास्त्रमस्त्रैः प्रतिहत्यसंख्येबाणोत्तमैःपातयिष्यामिपार्थम् ॥ सहस्ररश्मिप्रतिमंज्वलन्तंदिशश्चसर्वाःप्रतपन्तमुग्रम् १८ तमोनुदंमेघइवातिमात्रंधनंजयंछादयिष्यामिबा णैः ॥ वैश्वानरंधूमशिखंज्वलन्तंतेजस्विनंलोकमिमंदहन्तम् १९ पर्जन्यभूतःशरवर्षैर्यथाग्निंतथापार्थंशमयिष्यामियुद्धे ॥ आशीविषंदुर्धरमप्रमेयंसुतीक्ष्णदंष्ट्रंज्व लनप्रभावम् २० क्रोधप्रदीप्तंत्वहितंमहांतंकुंतीपुत्रंशमयिष्यामिभल्लैः ॥ प्रमाथिनंबलवंतंप्रहारिणंप्रभंजनंमातरिश्वानमुग्रम् २१ युद्धेसहिष्येहिमवानिवाचलो धनंजयंक्रुद्धममृष्यमाणम् ॥ विशारदंरथमार्गेषुशक्तंधुर्यंनित्यंसमरेषुप्रवीरम् २२ लोकेवरंसर्वधनुर्धराणांधनंजयंसंयुगेसंसहिष्ये ॥ आद्याहवेयस्यनतुल्यमन्यंम न्येमनुष्यंधनुराददानम् २३ सर्वामिमांयःपृथिवींविजिग्येतेनप्रयोद्धास्मिसमेत्यसंख्ये ॥ यःसर्वभूतानिसदैवकानिप्रस्थेऽजयत्खांडवेसव्यसाची २४ कोजी वितंरक्षमाणोहितेनयुयुत्सेद्वैमानुषोमादृतेऽन्यः ॥ मानीकृतास्त्रःकृतहस्तयोगोदिव्यास्त्रविच्छ्वेतहयःप्रमाथी २५ तस्याहमद्यातिरथस्यकायाच्छिरोहरिष्या मिशितैःपृषत्कैः ॥ योत्स्याम्येनंशल्यधनंजयंवैमृत्युंपुरस्कृत्यरणेजयंवा २६ अन्योहिनह्येकरथेनमर्त्योयुध्येतयःपांडवमिंद्रकल्पम् ॥ तस्याहवेपौरुषंपांडव स्यब्रूयांहृष्टःसमितौक्षत्रियाणाम् २७ किंत्वंमूर्खःप्रसभंमूढचेताममावोचःपौरुषंफाल्गुनस्य ॥ अप्रियोयःपुरुषोनिष्ठुरोहिक्षुद्रःक्षेप्ताक्षमिणश्चाक्षमावान् २८ || ३८ ||

१३ । १४ । १५ । १६ मेमांप्रति एष्यति १७ अस्त्रैरस्त्रतुल्यैः १८ । १९ । २० । २१ । २२ । २३ खांडवेखांडवदाहे २४ । २५ । २६ । २७ । २८

२९ आर्जवेकर्त्तव्येस्मृति ३० अहंसिद्धिकांक्षमाणोऽस्मि त्वंतुतन्मन्यसेयत्रऐकांत्यंसख्यंनास्ति अस्मत्पक्षीयोऽप्यन्यत्रस्नेहवानसीत्यर्थः तदेवाह मित्रमिति। मिदयतिमेदयतिवास्नेहार्थान्निमन्देर्मिदेर्वामित्रमितिरूपं। नंदते रित्यत्रमदतेरितिपाठः मदीहर्षेइत्यस्यशरूपं मादयतितर्पयतीतिवा मादयतेर्मित्रं मिदतेस्त्राणार्थस्यवामिदेरिदंरूपं। नंदयतेः प्रीयतेः संत्रायतेर्वाऽर्थेवर्त्तमानस्यमिदेर्मित्रमितियार्थः। मिनुतेमानंकरोतिसर्वैहितमस्यसंग्रहातीतिवा। मोदतेऽस्यसुखेनेतिवामित्रमित्येतेऽर्थामयिसंतीत्यर्थः ३१ शत्रुरिति। शदेःशातनार्थात्शास्तेःशासनार्थात्श्यतेस्तनूकरणार्थात्शृणातेर्हिंसार्थात्श्वसतेरुच्छ्वासार्थादंतर्भावितण्यर्थात्सीदतेः सूदतेर्वादंत्य

हन्यामहंत्वाद्दशानांशतानिक्षमाम्यहंक्षमयाकालयोगात् ॥ अवोचस्त्वंपांडवार्थेप्रियाणिप्रधर्षयन्मांमूढवत्पापकर्मन् २९ मयार्जवेजिह्ममतिर्हतस्त्वंमित्रद्रोहीसाम्प्रतंहिमैत्रम् ॥ कालस्त्वयंप्रत्युपयातिदारुणोदुर्योधनोयुद्धमुपागमद्यत् ३० अस्यार्थसिद्धिंत्वभिकांक्षमाणस्तन्मन्यसेयत्रनैकांत्यमस्ति ॥ मित्रंमिदेर्नन्दतेःप्रीयतेर्वासंत्रायतेर्मिनुतेर्मोदतेर्वा ३१ ब्रवीमितेसर्वमिदंममास्तितज्ञापिसर्वैममवेत्तिराजा ॥ शत्रुःशदेःशासतेर्वाश्यतेर्वाशृणातेर्वाश्वसतेःसीदतेर्वा ३२ उपसर्गाद्बहुधासूदतेश्चप्रायेणसर्वैत्वयितच्चमह्यम् ॥ दुर्योधनार्थेतवचप्रियार्थंयशोर्थमात्मार्थमपीश्वरार्थम् ३३ तस्मादहंपांडववासुदेवौयोत्स्येयत्नात्कर्मतत्पश्यमेऽद्य ॥ अस्त्राणिपश्याद्यममोत्तमानिब्राह्माणिदिव्यान्यथमानुषाणि ३४ आसादयिष्याम्यहमुग्रवीर्यैद्विपोद्विपंमत्तमिवातिमत्तः ॥ अस्त्रंब्राह्मंमनसायुद्धजेयंक्षेप्स्येपार्थायाप्रमेयंजयाय ॥ तेनापिमेनैवमुच्येतयुद्धेनचेत्पतेद्विषमेमेऽद्यचक्रम् ३५ वैवस्वताद्दण्डहस्ताद्वरुणाद्वापिपाशिनः ॥ सगदाद्वाधनपतेःसवज्राद्वाऽपिवासवात् ॥ अन्यस्मादपिकस्माच्चिदमित्रादाततायिनः ३६ इतिशल्यविजानीहियथानाहंबिभेम्यतः ॥ तस्मान्नमेभयंपार्थान्नापिचैवजनार्दनात् ३७ सहयुद्धंहिमेताभ्यांसांपरायेभविष्यति ॥ कदाचिद्विजयस्याहमस्त्रहेतोरटन्नृप ३८ अज्ञानाद्विक्षिपन्बाणान्घोररूपान्भयानकान् ॥ होमधेन्वावत्समस्यप्रमत्तइषुणाऽहनम् ३९ चरंतंविजनेशल्यततोऽनुव्याजहारमाम् ॥ यस्मात्त्वयाप्रमत्तेनहोमधेन्वाहतःसुतः ४० श्वभ्रेतेपततांचक्रमितिमांब्राह्मणोऽब्रवीत् ॥ युध्यमानस्यसंग्रामेप्राप्तस्यैकायनंभयम् ४१ तस्माद्बिभेमिबलवद्ब्राह्मणव्याहृतादहम् ॥ एतेहिसोमराजानईश्वराःसुखदुःखयोः ४२ अदांतस्मैगोसहस्रंबलीवर्दांश्चषट्शतान् ॥ प्रसादंनलभेशल्यब्राह्मणान्मद्रकेश्वर ४३ ईषादंतान्सप्तशतान्दासीदासशतानिच ॥ ददतोद्विजमुख्योमेप्रसादंनचकारसः ४४ कृष्णानांश्वेतवत्सानांसहस्राणिचतुर्दश ॥ आहरंनलभेतस्मात्प्रसादंद्विजसत्तमात् ४५ ऋद्धंगृहंसर्वकामैर्यच्चमेवसुकिंचन ॥ तत्सर्वमस्मैसत्कृत्यप्रयच्छामिनचेच्छति ४६ ॥ ॥ ॥

स्थानेतालव्यस्योपसर्जनात्शत्रुरितिशब्दउत्पन्नस्तदर्थश्चसर्वस्त्वय्यस्तीत्यर्थः ३२ दुर्योधनस्यतवममचप्रीतिर्जयलाभेनयशसश्चप्राप्तिस्त्रयाणामपिईश्वरप्रीतिःस्वधर्माचरणेनेत्यर्थः ३३ अस्त्राणीति। कालेऽस्त्रंनप्रतिभास्यतीतिपूर्वमुक्त्वाऽप्यावेशात्स्वस्यविद्यमानामस्त्रसंपदमभिप्रेत्याह ब्राह्माणिब्रह्मशिरआदीनि दिव्यानिऐंद्रवारुणगांधर्वादीनि । मानुषाणिभौमानिदिव्यधनुरादीनि ३४ अस्त्रमिति। यतयदि हिमसिद्धक्षेप्स्येतर्हिनैवमुच्येतशत्रुः परंतुयदिचक्रंविषमेनपतेदित्ययमपिद्वितीयोदोषोदर्शितः ३५ । ३६ । ३७ । ३८ । ३९ । ४० । ४१ । ४२ । ४३ । ४४ । ४५ । ४६

---

१ तस्मात्त्वमपिराधेयवाक्शल्यंमहदाप्नुहीत्यधिकं ए० पुस्तके ।

४७ । ४८ समाप्नुहिशापमनुभवस्वेत्यर्थः ४९ । ५०॥ इतिकर्णपर्वणिनीलकंठीयेभारतभावदीपेद्वाचत्वारिंशोऽध्यायः ॥ ४२ ॥ ॥ ॥ ॥ ततःअनंतरंशल्येनवक्तव्यंवचःसंनिवार्यस्वयमेवाहेत्यर्थः १ । २ । ३ । ४ । ५ । ६ सखिभावःसारथ्येनोपकारकत्वं सौहार्दमदीयाखना मित्रस्यदुर्योधनस्यभावःइष्टसिद्धिःहेतुरित्यर्थः ७ एतदेवत्रयंव्याचष्टे राज्ञश्चेत्यादिना ८ कृतइति । शल्यसहस्रतुल्योऽहमेवास्मी

॥ ३१॥ ततोऽब्रवीन्मांयाचंतमपराधंप्रयत्नतः ॥ व्याहृतंयन्मयासूततत्तथानतदन्यथा ४७ अनृतोक्तंप्रजांहन्यात्ततःपापमवाप्नुयाम् ॥ तस्माद्धर्माभिरक्षार्थंनानृतंवक्तुमुत्सहे ४०

४८ मात्वंब्रह्मगतिंहिंस्याःप्रायश्चित्तंकृतंत्वया ॥ मद्वाक्यंनानृतंलोकेकश्चित्कुर्यात्समाप्नुहि ४९ इत्येतत्तेमयाप्रोक्तंक्षिप्तेनापिसुहृत्तया ॥ जानामित्वांविक्षिपन्तंजो ४४

षमास्वोत्तरंशृणु ५० ॥ इतिश्रीमहाभारतेकर्णपर्वणि कर्णशल्यसंवादेद्वाचत्वारिंशोऽध्यायः ॥ ४२ ॥ ॥ ॥ संजयउवाच ॥ ततःपुनर्महाराजमद्र राजमरिंदमः ॥ अभ्यभाषतराधेयःसंनिवार्योत्तरंवचः १ यत्त्वंनिदर्शनार्थंमांशल्यजल्पितवानसि ॥ नाहंशक्यस्त्वयावाचाविभीषयितुमाहवे २ यदिमांदेवताःसर्वा योधयेयुःसवासवाः ॥ तथापिमेभयंनस्यात्किमुपार्थात्सकेशवात् ३ नाहंभीषयितुंशक्योवाङ्मात्रेणकथंचन ॥ अन्यंजानीहियःशक्यस्त्वयाभीषयितुंरणे ४ नीचस्यबलमेतावत्पारुष्यंयत्त्वमात्थमाम् ॥ अशक्तोमद्गुणान्वक्तुंवल्गसेबहुदुर्मते ५ नहिकर्णःसमुद्भूतोभयार्थमिहमद्रक ॥ विक्रमार्थमहंजातोयशोर्थंचतथाऽऽत्मनः ६ सखिभावेनसौहार्दान्मित्रभावेनचैवहि ॥ कारणैस्त्रिभिरेतैस्त्वंशल्यजीवसिसांप्रतम् ७ राज्ञश्चधार्तराष्ट्रस्यकार्यंसुमहदुद्यतम् ॥ मयितच्चाहितंशल्यतेनजीवसि मेक्षणम् ८ कृतश्चसमयःपूर्वंक्षंतव्यंविप्रियंतव ॥ ऋतेशल्यसहस्रेणविजयेयमहंपरान् ॥ मित्रद्रोहस्तुपापीयानितिजीवसिसांप्रतम् ९ ॥ इतिश्रीमहाभारतेकर्णप र्वणिकर्णशल्यसंवादे त्रिचत्वारिंशोऽध्यायः ॥ ४३ ॥ ॥ शल्यउवाच ॥ ननुप्रलापाःकर्णैतेयान्ब्रवीषिपरान्प्रति ॥ ऋतेकर्णसहस्रेणशक्याजेतुंपरेयुधि १ ॥ संजयउवाच ॥ तथाब्रुवंतंपरुषंकर्णोमद्राधिपंतदा ॥ परुषंद्विगुणंभूयःप्रोवाचाप्रियदर्शनम् २ ॥ कर्णउवाच ॥ इदंतुतेत्वमेकाग्रःशृणुमद्रजनाधिप ॥ सन्निधौ धृतराष्ट्रस्यप्रोच्यमानंमयाश्रुतम् ३ देशांश्चविविधांश्चित्रान्पूर्ववृत्तांश्चपार्थिवान् ॥ ब्राह्मणाःकथयंतिस्मधृतराष्ट्रनिवेशने ४ तत्रवृद्धःपुरावृत्ताःकथाःकश्चिद्द्विजोत्त मः ॥ वाहीकदेशंमद्रांश्चकुत्सयन्वाक्यमब्रवीत् ५ बहिष्कृताहिमवतागंगयाचबहिष्कृताः ॥ सरस्वत्यायमुनयाकुरुक्षेत्रेणचापिये ६ पंचानांसिंधुषष्ठानांनदीनां येऽन्तराश्रिताः ॥ तान्धर्मबाह्यानशुचीन्वाहीकानपिवर्जयेत् ७ गोवर्धनोनामवटःसुभद्रंनामचत्वरम् ॥ एतद्राजकुलद्वारमाकुमारात्स्मराम्यहम् ८ कार्येणात्यर्थंगु ढेनवाहीकेपूषितंमया ॥ ततएषांसमाचारःसंवासाद्विदितोमम ९ ॥ ॥ ॥

त्यर्थः ९ ॥ इतिकर्णपर्वणिनीलकंठीये भारतभावदीपेत्रिचत्वारिंशोऽध्यायः ॥ ४३ ॥ ॥ ॥ नन्विति । कर्णसहस्रेणविनाऽपिपरेजेतुंशक्याः मयेतिशेषः कर्णसहस्रतुल्योऽहमेकएवास्मीतिभावः १ भूयःद्विगुणंअधिकगुणम् २ । ३ । ४ । ५ । ६ पंचानांवक्ष्यमाणानां सिंधुःषष्ठीयासांअंतरमवकाशमाश्रिताः ७ गोवर्धनः गवांछेदनस्थानं सुभद्रंचत्वरंसुराभांडाश्रयभूतं एतदुभयंराजकुलस्यराजगृहद्वार स्योपलक्षणम् ८ । ९ ॥ ३२॥

हर्त्तचरित्रम १० धानाभ्रष्टयवाः गौड्यासवंसुराविशेषं वाट्यंयवाभ्रंक्रीताश्चंवा । 'वाटोद्दसौबमार्गेष्ववरंडेंगात्रभेदयोः' इतिविश्वः स्वार्थेष्यञ् आशिनःभक्षणशीलाः ११ वप्रेषुप्राकारभित्तिषु १२ अवगीतैःभगलिंगादिविगीतशब्दैः अनावृताःस्वपरपुरुषविवेकहीनाः कामचारायथेष्टचारिण्यः १३ सूक्तानिविनोदवचनानि हेहतेभोलिंगबाडितेइत्याक्रोशेद्वित्वं संधिश्छांदसः स्वामिहते

शाकलंनामनगरमापगानामनिम्नगा ॥ जर्तिकानामवाहीकास्तेषांवृत्तंसुनिंदितम् १० धानागौड्यासवंपीत्वागोमांसंलशुनैःसह ॥ अपूपमांसवाट्यानामाशिनःशी लवर्जिताः ११ गायंत्यथचनृत्यंतिस्त्रियोमत्ताविवाससः ॥ नगरागारवप्रेषुबहिर्माल्यानुलेपनाः १२ मत्तावगीतैर्विविधैःखरोष्ट्रनिनदोपमैः ॥ अनावृतामैथुनेताः कामचाराश्वसर्वशः १३ आहुरन्योन्यसूक्तानिप्रब्रुवाणामदोत्कटाः ॥ हेहतेहेहतेत्येवंस्वामिभर्तृहतेतिच १४ आक्रोशंत्यःप्रनृत्यंतिव्रात्याःपर्वस्वसंयताः ॥ तासां किलावलिप्तानांनिवसन्कुरुजांगले १५ कश्चिद्वाहीकदुष्टानांनातिहृष्टमनाजगौ ॥ सानूनंबृहतीगौरीसूक्ष्मकंबलवासिनी १६ मामनुस्मरतीशेतेवाहीकंकुरुजांगले ॥ शतद्रुकामहंतीर्त्वातांचरम्यामिरावतीम् १७ गत्वास्वदेशंद्रक्ष्यामिस्थूलशंखाःशुभाःस्त्रियः ॥ मनःशिलोज्ज्वलापांग्योगौर्यस्त्रिककुदांजनाः १८ कंबलाजिनसंवीताः क्रन्दन्त्यःप्रियदर्शनाः ॥ मृदंगानकशंखानांमर्दलानांचनिःस्वनैः १९ खरोष्ट्राश्वतरैश्चैवमत्तायास्यामहेसुखम् ॥ शमीपीलुकरीराणांवनेषुसुखवर्त्मसु २० अपूपान्स क्तुपिंडांश्चप्राश्नंतोमथितान्वितान् ॥ पथिसुप्रबलाभूत्वाकदासंपततोऽध्वगान् २१ चेलापहारंकुर्वाणास्ताडयिष्यामभूयसः ॥ एवंशीलेषुव्रात्येषुवाहिकेषुदुरात्मसु २२ कश्चेतयानोनिवसेन्मुहूर्तमपिमानवः ॥ ईदृशाब्राह्मणेनोक्तावाहीकामोघचारिणः २३ येषांषड्भागहर्तात्वमुभयोःशुभपापयोः ॥ इत्युक्त्वाब्राह्मणःसाधुरुत्तरंपुनरु क्तवान् २४ वाहीकेष्वविनीतेषुप्रोच्यमानंनिबोधतत ॥ तत्रस्मराक्षसीगातिसदाकृष्णचतुर्दशीम् २५ नगरेशाकलेस्फीतेआहत्यनिशिदुंदुभिम् ॥ कदावाहेयिका गाथाःपुनर्गास्यामिशाकले २६ गव्यस्यतृप्तामांसस्यपीत्वागौडंसुरासवम् ॥ गौरीभिःसहनारीभिर्बृहतीभिःस्वलंकृता २७ पलांडुगंडूषयुतान्खादंतीचैडकान्ब हून् ॥ वाराहंकौक्कुटंमांसंगव्यंगार्दभमौष्ट्रिकम् २८ ऐडंचयेनखादंतितेषांजन्मनिरर्थकम् ॥ इतिगायंतियेमत्ताःसीधुनाशाकलाश्चये २९ सबालवृद्धाःक्रन्दन्तस्तेषु धर्मःकथंभवेत् ॥ इतिशल्यविजानीहिहंतभूयोब्रवीमिते ३० यदन्योऽप्युक्तवानस्मान्ब्राह्मणःकुरुसंसदि ॥ पंचनद्योवहंत्येतायत्रपीलुवनान्युत ३१ शतद्रुश्चविपाशा चतृतीयैरावतीतथा ॥ चंद्रभागावितस्ताचसिंधुषष्ठाबहिर्गिरेः ३२ आरट्टानामतेदेशानष्टधर्मानतान्व्रजेत् ॥ व्रात्यानांदासमीयानांवाहीकानामयज्वनाम् ३३

भर्त्रहतेइतिचतद्वत १४ पर्वसुउत्सवदिनेषु आक्रोशंत्यःगालयंत्यः तासांपतिरितिशेषः १५ । १६ । १७ । १८ । १९ खरादियानैः २० मथितंतक्रम् २१ भूयसः बहून् २२ । २३ । २४ । २५ वहोष्टपभस्तस्येदंवधपर्ववाहंतत्रोचितावाहेयिकागाथागीतीः २६ । २७ खादंतीबलिरूपान्एडकान्मेषान् वाराहंविड्वराहजं २८ शाकलाःशाकलपुरवासिनः २९ । ३० । ३१ गिरेर्हिमाद्रेः ३२ व्रात्यानामुप नयनादिसंस्कारहीनानां दासमीयानांदसमदेशोद्भवानां दासंशूद्रंमिमतेमानयंतिमैथुनार्थिभ्यस्तादासम्यस्तज्ञानांदासमीयानांवा ३३

३४ कुंडेषुमहोदरपात्रेषु ३५ । ३६ सर्वमन्नमदनीयंक्षीरेचभोजनंयेषांते ३७ । ३८ युगंधरेनगरेऔष्ट्रादिकमपिक्षीरंपीयते भक्ष्याभक्ष्यविवेकाभावात्तत्रावश्यमभक्ष्यभक्षणमापतत्येव एवमच्युतस्थलेनगरेउषितस्यागम्यागमनमवश्यंभावि तादृशानामेवतत्रसत्वात् ३९. भूतिलयेहिचंडालब्राह्मणसाधारणएकोजलाशयस्तत्रचस्नातःकथंस्वर्गंगच्छेत्नकथंचिदित्यर्थः ४० अहमित्येकरात्रवासेनदोषइत्यर्थः ४१ । ४२ कारस्करादयोदेशाः ४३ एकरात्रशयीएकरात्रशायिनंब्राह्मणमितिद्वितीयार्थेप्रथमा ४४ । ४५ । ४६ । ४७ ॥ इतिकर्णपर्वणिनीलकंठीये भारतभा

नदेवाःप्रतिगृह्णंतिपितरोब्राह्मणास्तथा ॥ तेषांप्रणष्टधर्माणांवाहीकानामितिश्रुतिः ३४ ब्राह्मणेनतथाप्रोक्तंविदुषासाधुसंसदि ॥ काष्ठकुंडेषुवाहीकामृन्मयेषुचभुंजते ३५ सक्तुमद्यावलिप्तेषुश्वावलीढेषुनिर्घृणाः ॥ आविकंचौष्ट्रिकंचैवक्षीरंगार्दभमेवच ३६ तद्विकारांश्चवाहीकाःखादंतिचपिबंतिच ॥ पुत्रसंकरिणोजाल्माःसर्वान्नक्षीरभोजनाः ३७ आरट्टानामवाहीकावर्जनीयाविपश्चिता ॥ हंतशल्यविजानीहिहंतभूयोब्रवीमिते ३८ यदन्योऽप्युक्तवान्मह्यंब्राह्मणःकुरुसंसदि ॥ युगंधरेपयःपीत्वाप्रोष्यचाप्यच्युतस्थले ३९ तद्वद्भूतिलयेस्नात्वाकथंस्वर्गंगमिष्यति ॥ पंचनद्योवहंत्येतायत्रनिःसृत्यपर्वतात् ४० आरट्टानामवाहीकानतेष्वार्योद्व्यहंवसेत् ॥ वहिश्चनामहीकश्चविपाशायांपिशाचकौ ४१ तयोरपत्यंवाहीकानैषासृष्टिःप्रजापतेः ॥ तेकथंविविधान्धर्मान्ज्ञास्यंतेहीनयोनयः ४२ कारस्करान्माहिषकान्कालिंगान्केरलांस्तथा ॥ कर्कोटकान्वीरकांश्चदुर्धर्मांश्चविवर्जयेत् ४३ इतितीर्थानुसर्त्तारंराक्षसीकाचिदब्रवीत् ॥ एकरात्रशयीगेहेमहोलूखलमेखला ४४ आरट्टानामतेदेशावाहीकंनामतज्जलम् ॥ ब्राह्मणापसदायत्रतुल्यकालाःप्रजापतेः ४५ वेदानतेषांवेद्यश्चयज्ञायजनमेवच ॥ व्रात्यानांदासमीयानामन्नंदेवानभुंजते ४६ प्रस्थलामद्रगांधाराआरट्टानामतःखशाः ॥ वसातिसिंधुसौवीराइतिप्रायोऽतिकुत्सिताः ४७ ॥ इतिश्रीमहाभारते कर्णपर्वणि कर्णशल्यसंवादेचतुश्चत्वारिंशोऽध्यायः ॥ ४४ ॥ ॥
॥ कर्णउवाच ॥ ॥ हंतशल्यविजानीहिहंतभूयोब्रवीमिते ॥ उच्यमानंमयासम्यक्त्वमेकाग्रमनाःशृणु १ ब्राह्मणःकिलनोगेहमध्यगच्छत्पुराऽतिथिः ॥ आचारंतत्रसंप्रेक्ष्यप्रीतोवचनमब्रवीत् २ मयाहिमवतःशृंगमेकेनाध्युषितंचिरम् ॥ दृष्टाश्चबहवोदेशानानाधर्मसमावृताः ३ नचकेनचधर्मेणविरुध्यंतेप्रजाइमाः ॥ सर्वेहितेब्रुवन्धर्मंयदुक्तंवेदपारगैः ४ अटतातुततोदेशान्नानाधर्मसमाकुलान् ॥ आगच्छतामहाराजवाहीकेषुनिशामितम् ५ तत्रवैब्राह्मणोभूत्वाततोभवतिक्षत्रियः ॥ वैश्यःशूद्रश्चवाहीकस्ततोभवतिनापितः ६ नापितश्चततोभूत्वापुनर्भवतिब्राह्मणः ॥ द्विजोभूत्वाचतत्रैवपुनर्दासोऽभिजायते ७ भवंत्येककुलेविप्राःप्रसृष्टाःकामचारिणः ॥ गांधारामद्रकाश्चैववाहीकाश्चाल्पचेतसः ८ ॥ ॥ ॥ ॥

रतदीपे चतुश्चत्वारिंशोऽध्यायः ॥ ४४ ॥ ॥ ॥ ॥ हंतेति १ । २ । ३ इमाअनुभूतपूर्वाःप्रजाः केनचकेनाप्यर्थकामादिनानिमित्तेनधर्मेणमहर्नविरुध्यंते नकेनचिदधर्मेणेतिपाठेकेनाप्यधर्मेणैतानविरुध्यंते नकंचिदप्यधर्मंकृत्वाशास्त्रेणविरुध्यंतइत्यर्थः ४ निशामितंश्रुतम् ५ ब्राह्मणोभूत्वेत्यादितज्जातीयकर्माचरणनिबंधनम् ६ । ७ कुलेएकएवविप्रोभवत्यन्येभ्रातरःप्रसृष्टाःसंकीर्णक्रियाइत्यर्थः ८ ॥ ॥ ॥ ॥

तत्रवाहीकेषु धर्मसंकरकारकोविपर्यगः श्रुतइतिलिंगंविपरिणेयं विपर्ययोविहितवैपरीत्यं ९ । १० । ११ बंधक्योवेश्याः पंचमेव्यभिचारेबंधक्यः १२ नचैवेति । उत्तरत्रेदंबंधकीत्वंसर्वत्रानुवर्तिष्यते यस्मा
त्वमातुर्धनंदुहिताहरतीपितुःपुत्रइतिनियमात् यद्यपिपुत्रीपुत्रश्चद्वावपिजारजौतथापिपितृत्वइवमातृत्वेविसंवादाभावाद्दौहित्रएवरिक्थहारीभवतिनपुत्रइतिभावः यतस्तेभगिनीष्वेवापत्यानिजनयंतिनस्वदारेष्वत
स्तेषांभागिनेयाभागहराइतिव्याख्यानंप्राचां १३ । १४ असंतश्चात्संतश्चवर्तंते परंतुवाद्मनयादृतेवाहीकनीतिविना तत्रकेवलमसंतएववर्तन्तेइत्यर्थः १५ । १६ । १७ । १८ पूज्यमाने १९ कृतेकृतयुगे

एतन्मयाश्रुतंतत्रधर्मसंकरकारकम् ॥ कृत्स्नामटित्वापृथिवींवाहीकेषुविपर्ययः ९ हंतशल्यविजानीहिहंतभूयोब्रवीमिते ॥ यदप्यन्योऽब्रवीद्वाक्यंवाहीकानांचकुत्सितम् १० सतीपुराहृताकाचिदारट्टात्किलदस्युभिः ॥ अधर्मतश्चोपयातासातानभ्यशपत्ततः ११ बालांबंधुमतींयन्मामधर्मेणोपगच्छथ ॥ तस्मान्नार्योभविष्यंति बंधक्योवैकुलस्यच १२ नचैवास्मात्प्रमोक्ष्यध्वंघोरात्पापान्नराधमाः ॥ तस्मात्तेषांभागहराभागिनेयानसूनवः १३ कुरवःसहपंचालाःशाल्वामत्स्याःसनैमिषाः ॥ कोसलाःकाशपौण्ड्राश्चकालिंगामागधास्तथा १४ चेदयश्चमहाभागाधर्मंजानंतिशाश्वतम् ॥ नानादेशेष्वसंतश्चप्रायोवाह्मनयादृते १५ आमत्स्येभ्यःकुरुपंचालदेश्याआनैमिषाच्चेदयोयेऽविशिष्टाः ॥ धर्मंपुराणमुपजीवंतिसंतोमद्रादृतेपांचनदांश्चजिह्मान् १६ एवंविद्वान्धर्मकथासुराजंस्तूष्णींभूतोजडवच्छल्यभूयः ॥ त्वंतस्यगोप्ताचजनस्यराजाषड्भागहर्त्ताशुभदुष्कृतस्य १७ अथवादुष्कृतस्यत्वंहर्त्तातेषामरक्षिता ॥ रक्षितापुण्यभाग्राजाप्रजानांत्वंह्यपुण्यभाक् १८ पूज्यमानेपुराधर्मेसर्वदेशेषुशाश्वते ॥ धर्मंपांचनदंदृष्ट्वाधिगित्याहपितामहः १९ व्रात्यानांदाशमीयानांकृतेऽप्यशुभकर्मणाम् ॥ ब्रह्मणानिंदितेधर्मेसत्वंलोकेकिमब्रवीः २० इतिपांचनदंधर्ममवमेनेपितामहः ॥ स्वधर्मस्थेषुवर्णेषुसोऽप्येतान्नाभ्यपूजयत् २१ हंतशल्यविजानीहिहंतभूयोब्रवीमिते ॥ कल्माषपादःसरसिनिमज्जन्राक्षसोऽब्रवीत् २२ क्षत्रियस्यमलंभैक्ष्यंब्राह्मणस्याव्रतंमलम् ॥ मलंपृथिव्यावाहीकाःस्त्रीणांमद्रस्त्रियोमलम् २३ निमज्जमानमुद्धृत्यकश्चिद्राजानिशाचरम् ॥ अपृच्छत्तेनचाख्यातंप्रोक्तवांस्तन्निबोधमे २४ मानुषाणांमलंम्लेच्छाम्लेच्छानामौष्ट्रिकामलम् ॥ औष्ट्रिकाणांमलंषंढाःषंढानांराजयाजकाः २५ राजयाजकयाज्यानांमद्रकाणांचयन्मलम् ॥ तद्भवेद्वैतवमलंयद्यस्मान्नविमुंचसि २६ इतिरक्षोपसृष्टेषुविषवीर्यहतेषुच ॥ राक्षसंभैषजंप्रोक्तंसंसिद्धवचनोत्तरम् २७ ब्राह्मंपंचालाःकौरवेयास्तुधर्म्यंसत्यंमत्स्याःशूरसेनाश्चयज्ञम् ॥ प्राच्यादासावृषलादाक्षिणात्याःस्तेनावाहीकाःसंकरावैसुराष्ट्राः २८ ॥ ॥ ॥

पिधर्मे वाहीकानामितिशेषः सवाहीकस्त्वम् २० नाभ्यपूजयत्नप्रशंसितवान् । २१ । २२ । २३ । २४ म्लेच्छाःपापरताधर्माधर्मविचारहीनाः 'म्लेच्छःपापरतेजातिभेदेस्यादपभाषणे' इतिविश्वः
'उष्ट्रिकामृत्तिकाभांडभेदेऽपिकरभस्त्रियाम्' इतिविश्वः । औष्ट्रिकःस्नेहभांडजीवीतैलिकइत्यर्थः । षंढाःवर्षवराः । राजयाजकाःक्षत्रियस्ययाज्यास्तेषामपियाज्याः राजपुरोहितयाज्यावा २५ । २६ रक्षोपसृष्टे
षुरक्षसाउपद्रुतेषु राक्षसंरक्षसांनाशकमिदंराक्षसम् २७ ब्राह्मंवेदसमूहं धर्म्यंधर्मादनपेतंकर्मसानयंतीतिशेषः प्राच्यादासाःशूद्रधर्माणः दाशाइतिपाठेमत्स्यजीविनः । वृषंधर्मंलांतिआददतेतेवृषलाः
धर्मसंग्रहपराः धर्मद्रोहिणइतिवा २८ ॥ ॥ ॥ ॥ ॥ ॥ ॥ ॥

बहिर्गेहंरात्रिचर्याप्रच्छन्नंचौर्यपारदार्यादि २९ आपांचाल्येभ्योधर्मज्ञाः उदीच्याद्यास्तुस्वयंधर्मस्वरूपमजानंतोऽपिशिष्टानुगामिनइत्यर्थः आरद्वास्तूभयभ्रष्टाइतिभावः ३० प्राचीमित्यत्रजातवेदइत्यने नाग्नेयीसहिताप्राचीदेवानामाश्रया दक्षिणापितृणांतत्रैवश्राद्धादिधर्मोदृश्यते ३१ एवं प्रतीचींवरुणः उदीचींसोमइतिकुबेरेशानयोर्ग्रहणं परिशेषान्नैर्ऋत्यांवायव्यांचवाहीकाश्रयायानैर्ऋतास्त्वादृशा वातूलाश्चसंतीत्यर्थः ३२ तथारक्षइति हिमवतोऽप्यप्रशस्यजनाश्रयत्वमुक्तं गंधमादनस्तुभोगलोलुपानांगुह्यकादीनामाश्रयः ३३ एवमपिसवाहीकान्सनैर्ऋतान्नदेशान्नविष्णुःपातिपर्जन्यवत् नदेशांतरेष्विव

कृतघ्नतापरवित्तापहारोमद्यपानंगुरुदारावमर्दः ॥ वाक्पारुष्यंगोवधोरात्रिचर्याबहिर्गेहंपरवस्त्रोपभोगः २९ येषांधर्मस्तान्प्रतिनास्त्यधर्मोह्यारद्वानांपंचनदानधिगस्तु ॥ आपांचाल्येभ्यःकुरवोनैमिषाश्चमत्स्याश्चैतेप्यथजानंतिधर्मम् ॥ अथोदीच्याश्चांगकामागधाश्चशिष्टान्धर्मानुपजीवंतिवृद्धाः ३० प्राचींदिशंश्रितादेवाजातवेदःपुरोगमाः ॥ दक्षिणांपितरोगुप्तांयमेनशुभकर्मणा ३१ प्रतीचींवरुणःपातिपालयानःसुरान्बली ॥ उदीचींभगवान्सोमोब्राह्मणैःसहरक्षति ३२ तथारक्षःपिशाचाश्चहिमवंतंनगोत्तमम् ॥ गुह्यकाश्चमहाराजपर्वतंगंधमादनम् ३३ ध्रुवःसर्वाणिभूतानिविष्णुःपातिजनार्दनः ॥ इङ्गितज्ञाश्चमगधाःप्रेक्षितज्ञाश्चकोसलाः ३४ अर्धोक्ताःकुरुपंचालाःशाल्वाःकृत्स्नानुशासनाः ॥ पार्वतीयाश्चविषमायथैवशिबयस्तथा ३५ सर्वज्ञायवनाराजन्शूराश्चैवविशेषतः ॥ म्लेच्छाःस्वसंज्ञानियतानानुक्तमितरेजनाः ३६ प्रतिरथास्तुवाहीकानचकेचनमद्रकाः ॥ सत्वमेतादृशःशल्यनोत्तरंकुमर्हसि ॥ पृथिव्यांसर्वदेशानांमद्रकोमलमुच्यते ३७ सीधोःपानंगुरुतल्पावमर्दोभ्रूणहत्यापरवित्तापहारः ॥ येषांधर्मस्तान्प्रतिनास्त्यधर्मआरट्टजान्पंचनदानधिगस्तु ३८ एतज्ज्ञात्वाजोषमास्वप्रतीपंमास्मवैकृथाः ॥ मात्वांपूर्वमहंहत्वाहनिष्येकेशवार्जुनौ ३९ ॥ शल्यउवाच ॥ आतुराणांपरित्यागःस्वदारसुतविक्रयः ॥ अंगेप्रवर्ततेकर्णयेषामधिपतिर्भवान् ४० रथातिरथसंख्यायांयत्त्वांभीष्मस्तदाऽब्रवीत् ॥ तान्विदित्वाऽऽत्मनोदोषान्निर्मन्युर्भवमाक्रुधः ४१ सर्वत्रब्राह्मणाःसंतिसंतिसर्वत्रक्षत्रियाः ॥ वैश्याःशूद्रास्तथाकर्णस्त्रियःसाध्व्यश्चसुव्रताः ४२ रमन्तेचोपहासेनपुरुषाःपुरुषैःसह ॥ अन्योन्यमवरक्षन्तोदेशेदेशेसमैथुनाः ४३ परवाच्येषुनिपुणःसर्वोभवतिसर्वदा ॥ आत्मवाच्यंनजानीतेजानन्नपिचमुह्यति ४४ सर्वत्रसंतिराजानःस्वंस्वंधर्ममनुव्रताः ॥ दुर्मनुष्यान्निगृह्णंतिसंतिसर्वत्रधार्मिकाः ४५ नकर्णदेशसामान्यात्सर्वःपापंनिषेवते ॥ यादृशाःस्वस्वभावेनदेवाअपिनतादृशाः ४६ ॥ संजयउवाच ॥ ततोदुर्योधनोराजाकर्णशल्याववारयत् ॥ सखिभावेनराधेयंशल्यंस्वांजल्यकेनच ४७ ॥

ववाहीकेषुविशेषतोदेवतानुग्रहोदृश्यतइत्यभिप्रायः अतएवतेषांमौढ्यंवर्णयति इंगितज्ञाश्चेति ३४ विषमाः दुःखसाध्याः ३५ सर्वंजानंतोऽपियवनाम्लेच्छाश्चस्वसंज्ञायांस्वीयैःकृतोयोधर्मसंकेतस्तत्रैवनियताः वैदिकंधर्मंनमानयंतीत्यर्थः । इतरेत्वनुक्तंहितंनावबुध्यंते ३६ प्रतिरथाःहितवादिनिप्रतिकूलाः गुरुद्रोहिणइत्यर्थः तादृशश्चत्वंहितोपदेष्टारंमांनिंदसीत्यर्थः ३७ । ३८ प्रतीपंप्रतिकूलं तेजोवधाख्यम् ३९ । ४० । ४१ । ४२ । ४३ । ४४ । ४५ देवाअपीति । छलेनदेवानप्यतिक्रामंतीत्यर्थः ४६ स्वांजल्यकेनस्वस्यअंजलिकर्मणा ४७

४८ ॥ इतिकर्णपर्वणिनीलकंठीयेभारतभावदीपे पंचचत्वारिंशोऽध्यायः ॥ ४५ ॥ ॥ ॥ ॥ ॥ ॥ ततइति १ । २ । । ३ । ४ । ५ । ६ । ७ । ८ । ९ । १० । ११ । १२
ततोनिवारितःकर्णोधार्तराष्ट्रेणमारिष ॥ कर्णोऽपिनोत्तरंप्राहशल्योऽप्यभिमुखःपरान् ॥ ततःप्रहस्यराधेयःपुनर्याहीत्यचोदयत् ४८ ॥ ॥ इतिश्रीमहाभा
रतेकर्णपर्वणि कर्णशल्यसंवादे पंचचत्वारिंशोऽध्यायः ॥ ४५ ॥ ॥ ॥ ॥ संजयउवाच ॥ ततःपरानीकसहंव्यूहमप्रतिमंकृतम् ॥ समीक्ष्यकर्णःपा
र्थानांधृष्टद्युम्नाभिरक्षितम् १ प्रययौरथघोषेणसिंहनादरवेणच ॥ वादित्राणांचनिनदैःकंपयन्निवमेदिनीम् २ वेपमानइवक्रोधाद्युद्धशौण्डःपरंतपः ॥ प्रति
व्यूह्यमहातेजायथावद्भरतर्षभ ३ व्यधमत्पांडवींसेनामासुरींमघवानिव ॥ युधिष्ठिरंचाभ्यहनदपसव्यंचकारह ४ ॥ धृतराष्ट्रउवाच ॥ कथंसंजयराधेयःप्रत्य
व्यूहतपांडवान् ॥ धृष्टद्युम्नमुखान्सर्वान्भीमसेनाभिरक्षितान् ५ सर्वानेवमहेष्वासानजय्यानमरैरपि ॥ केचप्रपक्षौपक्षौवाममसैन्यस्यसंजय ६ प्रविभज्यय
थान्यायंकथंवासमवस्थिताः ॥ कथंपांडुसुताश्चापिप्रत्यव्यूहंतमामकान् ७ कथंचैवमहद्युद्धंप्रावर्ततसुदारुणम् ॥ क्वचबीभत्सुरभवद्यत्कर्णोऽयाद्युधिष्ठिरम् ८
कोह्यर्जुनस्यसान्निध्येशक्तोऽभ्येतुंयुधिष्ठिरम् ॥ सर्वभूतानियोह्येकःखांडवेजितवान्पुरा ॥ कस्तमन्यस्तुराधेयात्प्रतियुद्ध्येज्जिजीविषुः ९ ॥ संजयउवाच ॥
शृणुव्यूहस्यरचनामर्जुनश्चयथागतः ॥ परिवार्यनृपंस्वंस्वंसंग्रामश्चाभवद्यथा १० कृपःशारद्वतोराजन्मागधाश्चतरस्विनः ॥ सात्वतःकृतवर्माचदक्षिणंपक्ष
माश्रिताः ११ तेषांप्रपक्षेशकुनिरुलूकश्चमहारथः ॥ सादिभिर्विमलप्रासैस्तवानीकमरक्षताम् १२ गांधारिभिरसंभ्रान्तैःपार्वतीयैश्चदुर्जयैः ॥ शलभानामिव
व्रातैःपिशाचैरिवदुर्दृशैः १३ चतुर्विंशत्सहस्राणिरथानामनिवर्तिनाम् ॥ संशप्तकायुद्धशौण्डावामंपार्श्वमपालयन् १४ समन्वितास्तवसुतैःकृष्णार्जुनजिघां
सवः ॥ तेषांप्रपक्षाःकांबोजाःशकाश्चयवनैःसह १५ निदेशात्सूतपुत्रस्यसरथाःसाश्वपत्तयः ॥ आह्वयंतोऽर्जुनंतस्थुःकेशवंचमहाबलम् १६ मध्येसेनामुखे
कर्णोऽप्यवातिष्ठतदंशितः ॥ चित्रवर्मांगदःस्रग्वीपालयन्वाहिनीमुखम् १७ रक्षमाणैःसुसंरब्धैःपुत्रैःशस्त्रभृतांवरः ॥ वाहिनींप्रमुखेवीरःसंप्रकर्षन्नशोभत १८
अभ्यवर्तन्महाबाहुःसूर्यवैश्वानरप्रभः ॥ महाद्विपस्कंधगतःपिंगाक्षःप्रियदर्शनः १९ दुःशासनोवृतःसैन्यैःस्थितोव्यूहस्यपृष्ठतः ॥ तमन्वयान्महाराजस्वयंदुर्योधनो
नृपः २० चित्रास्त्रैश्चित्रसन्नाहैःसोदर्यैरभिरक्षितः ॥ रक्ष्यमाणोमहावीर्यैःसहितैर्मद्रकेकयैः २१ अशोभतमहाराजदेवैरिवशतक्रतुः ॥ अश्वत्थामाकुरूणांचयेप्रवीरा
महारथाः २२ नित्यमत्ताश्चमातंगाःशूरैर्म्लेच्छैःसमन्विताः ॥ अन्वयुस्तद्रथानीकंक्षरंतइवतोयदाः २३ तेध्वजैर्वैजयंतीभिर्ज्वलद्भिःपरमायुधैः ॥ सादिभिश्चास्थि
तारेजुर्द्रुमवंतइवाचलाः २४ तेषांपदातिनागानांपादरक्षाःसहस्रशः ॥ पट्टिशासिधराःशूराबभूवुरनिवर्तिनः २५ सादिभिःस्यंदनैर्नागैरधिकंसमलंकृतैः ॥ सव्यूहरा
जोविबभौदेवासुरचमूपमः २६ बार्हस्पत्यःसुविहितोनायकेनविपश्चिता ॥ नृत्यतीवमहाव्यूहःपरेषांभयमादधत् २७
१३ । १४ । १५ । १६ । १७ । १८ । १९ । २० । २१ । २२ । २३ । २४ । २५ । २६ । २७

२८ । २९ । ३० । ३१ । ३२ । ३३ । ३४।३५।३६।३७ अग्निरिति । योऽयंवैश्वानरोविश्वस्यनेताअग्निःसब्रह्माब्राह्मणःप्रजापतिमुखोद्भवत्वसाम्यात् सएवइंदुः उनत्तीतिव्युत्पत्तेर्जलाधीशःसोमरसश्च सएव सप्तितामश्वत्वंगतः । 'वारुणोवाअश्वः' इतिश्रुतेःसोमोऽप्यश्वत्वेनस्तूयते 'अत्यंमृजंतिकलशेदशक्षिप'इत्यादौ अत्यंअश्वं कलशेद्रोणकलशे क्षिपोंऽगुलयःतमश्वंदेवाब्राह्मणाश्चविदुःसएकएव देवश्चतुर्धाऽऽत्मानंव्यू ह्यार्जुनरथंवाहयतीत्यर्थः ब्रह्मेद्धइतिपाठेब्रह्मणावेदेनइद्धःस्तुत्याप्रदीप्तःसएवाश्वत्वंगतइत्यर्थः ३८ एवमश्वान्स्तुत्वारथंस्तौति ब्रह्मेति ३९ । ४० अयंसरथःकौन्तेयआयातइतिद्वयोःसंबंधः ४१ शब्दोरथस्येति

तस्यपक्षप्रपक्षेभ्योनिष्पतंतियुयुत्सवः ॥ हस्त्यश्वरथमातंगाःप्रावृषीवबलाहकाः २८ ततःसेनामुखेकर्णंदृष्ट्वाराजायुधिष्ठिरः ॥ धनंजयममित्रघ्नमेकवीरमुवाचह २९ पश्यार्जुनमहाव्यूहंकर्णेनविहितंरणे ॥ युक्तंपक्षैःप्रपक्षैश्चपरानीकंप्रकाशते ३० तदेतद्वैसमालोक्यप्रत्यमित्रंमहद्बलम् ॥ यथानाभिभवत्यस्मांस्तथानीतिर्विधीयताम् ३१ एवमुक्तोऽर्जुनोराज्ञाप्रांजलिर्नृपमब्रवीत् ॥ यथाभवानाहतथातत्सर्वंनतदन्यथा ३२ यस्त्वस्यविहितोघातस्तंकरिष्यामिभारत ॥ प्रधानवधएवास्यविनाशस्तं करोम्यहम् ३३ ॥ युधिष्ठिरउवाच ॥ तस्मात्त्वमेवराधेयंभीमसेनःसुयोधनम् ॥ वृषसेनंचनकुलःसहदेवोऽपिसौबलम् ३४ दुःशासनंशतानीकोहार्दिक्यंशिनिपुं गवः ॥ धृष्टद्युम्नोद्रोणसुतंस्वयंयोत्स्याम्यहंकृपम् ३५ द्रौपदेयाधार्त्तराष्ट्रान्शिष्टान्सहशिखंडिना ॥ तेतेचतांस्तानहितानस्माकंघ्नन्तुमामकाः ३६ ॥ संजयउ वाच ॥ इत्युक्तोधर्मराजेनतथेत्युक्त्वाधनंजयः ॥ व्यादिदेशस्वसैन्यानिस्वयंचागाच्चमूमुखम् ३७ अग्निर्वैश्वानरःपूर्वोब्रह्मेन्दुःसप्तितांगतः ॥ तस्माद्यःप्रथमंजातस्तंदेवा ब्राह्मणाविदुः ३८ ब्रह्मेशानेन्द्रवरुणान्क्रमशोयोऽवहत्पुरा ॥ तमाद्यंरथमास्थायप्रयातौकेशवार्जुनौ ३९ अथतंरथमायांतंदृष्ट्वात्यद्भुतदर्शनम् ॥ उवाचाधिरथिंशल्यः पुनस्तंयुद्धदुर्मदम् ४० अयंसरथआयातःश्वेताश्वःकृष्णसारथिः ॥ दुर्वारःसर्वसैन्यानांविपाकःकर्मणामिव ४१ निघ्नन्नमित्रान्कौन्तेयोयंकर्णपरिपृच्छसि ॥ श्रूयते तुमुलःशब्दोयथामेघस्वनोमहान् ४२ ध्रुवमेतौमहात्मानौवासुदेवधनंजयौ ॥ एषरेणुःसमुद्भूतोदिवमावृत्यतिष्ठति ४३ चक्रनेमिप्रणुन्नेवकंपतेकर्णमेदिनी ॥ प्रवात्ये षमहावायुरभितस्तववाहिनीम् ४४ क्रव्यादाव्याहरंत्येतेमृगाःक्रन्दंतिभैरवम् ॥ पश्यकर्णमहाघोरंभयदंलोमहर्षणम् ४५ कबंधंमेघसंकाशंभानुमावृत्यसंस्थितम् ॥ पश्ययूथैर्बहुविधैर्मृगाणांसर्वतोदिशम् ४६ बलिभिर्दृप्तशार्दूलैरादित्योभिनिरीक्ष्यते ॥ पश्यकंकांश्चगृध्रांश्चसमवेतान्सहस्रशः ४७ स्थितानभिमुखान्घोरानन्योन्यम भिभाषतः ॥ रंजिताश्चामरायुक्तास्तवकर्णमहारथे ४८ प्रवराःप्रज्वलंत्येतेध्वजश्चैवप्रकंपते ॥ सवेपथून्हयान्पश्यमहाकायान्महाजवान् ४९ प्लवमानान्दर्शनी यानाकाशेगरुडानिव ॥ ध्रुवमेषुनिमित्तेषुभूमिमाश्रित्यपार्थिवाः ५० स्वप्स्यंतिनिहताःकर्णशतशोऽथसहस्रशः ॥ शंखानांतुमुलःशब्दःश्रूयतेलोमहर्षणः ५१ आनकानांचराधेयमृदंगानांचसर्वशः ॥ बाणशब्दान्बहुविधान्नराश्वगजवाजिनाम् ५२

शेषः ४२ । ४३ प्रवातीत्यादिपराजयलक्षणमाहतेजोभंगार्थमेव ४४ । ४५ कबंधंकेतुं मृगादिभिरादित्यावेक्षणंक्रियमाणंमृत्युसूचकम् ४६ । ४७ चामरारथेऽवलंबन्तोरथाक्षचक्रयोःसंघर्षजैः स्फुलिंगैर्ज्वलंतीत्यर्थः ४८ । ४९ । ५० । ५१ । ५२ ॥ ॥ ॥ ॥

ज्यातलत्रेपुकर्णानितिपाठेकर्णोवाद्यविशेषः तेषांध्वनीन् शिल्पिनोरंजकाः ५३ । ५४ । ५५ । ५६ । ५७ । ५८ अघवर्धनोदुःखस्यवर्धयिता ५९ । ६० । ६१ । ६२ । ६३ । ६४ । ६५

ज्यातलत्रेषुशब्दांश्चशृणुकर्णमहात्मनाम् ॥ हेमरूप्यप्रसृष्टानांवाससांशिल्पिनिर्मिताः ५३ नानावर्णारथेभांतिश्वसनेनप्रकंपिताः ॥ सहेमचंद्रताराकाःपताकाःकिं
किणीयुताः ५४ पश्यकर्णार्जुनस्यैताःसौदामन्यइवांबुदे ॥ ध्वजाःकणकणायंतेवातेनाभिसमीरिताः ५५ विभ्राजंतिरथेकर्णविमानेदेवतेयथा ॥ सपताकारथाश्चै
तेपंचालानांमहात्मनाम् ५६ पश्यकुंतीसुतंवीरंबीभत्सुमपराजितम् ॥ प्रधर्षयितुमायांतंकपिप्रवरकेतनम् ५७ एषध्वजाग्रेपार्थस्यप्रेक्षणीयःसमंततः ॥ दृश्यतेवान
रोभीमोद्विषतामघवर्धनः ५८ एतच्चक्रंगदाशार्ङ्गंशंखःकृष्णस्यधीमतः ॥ अत्यर्थंभ्राजतेकृष्णेकौस्तुभस्तुमणिस्ततः ५९ एषशार्ङ्गगदापाणिर्वासुदेवोऽतिवीर्यवान् ॥
वाहयन्नेतितुरगान्पांडुरान्वातरंहसः ६० एतत्कूजतिगांडीवंविकृष्टंसव्यसाचिना ॥ एतेहस्तवतामुक्ताघ्नंत्यमित्रान्शिताःशराः ६१ विशालायतताम्राक्षैःपूर्णचंद्रनि
भाननैः ॥ एषाभूःकीर्यतेराज्ञांशिरोभिरपलायिनाम् ६२ एतेसुपरिघाकाराःपुण्यगंधानुलेपनाः ॥ उद्यतायुधशौण्डानांपात्यंतेसायुधाभुजाः ६३ निरस्तनेत्रजिव्हा
श्चवाजिनःसहसादिभिः ॥ पतिताःपात्यमानाश्चक्षितौक्षीणाश्चशेरते ६४ एतेपर्वतशृंगाणांतुल्यरूपाहताद्विपाः ॥ संछिन्नभिन्नाःपार्थेनप्रचरंत्यद्रयोयथा ६५
गंधर्वनगराकारारथाहतनरेश्वराः ॥ विमानानीवपुण्यानिस्वर्गिणांनिपतंत्यमी ६६ व्याकुलीकृतमत्यर्थंपश्यसैन्यंकिरीटिना ॥ नानामृगसहस्राणांयूथंकेसरिणाय
था ६७ घ्नंत्येतेपार्थिवान्वीराःपांडवाःसमभिद्रुताः ॥ नागाश्वरथपत्त्यौघांस्तावकान्समभिघ्नतः ६८ एषसूर्यइवांभोदैश्छन्नःपार्थोनदृश्यते ॥ ध्वजाग्रंदृश्यतेत्व
स्यज्याशब्दश्चापिश्रूयते ६९ अद्यद्रक्ष्यसितंवीरंश्वेताश्वंकृष्णसारथिम् ॥ निघ्नंतंशात्रवान्संख्येयंकर्णपरिपृच्छसि ७० अद्यतौपुरुषव्याघ्रौलोहिताक्षौपरंतपौ ॥
वासुदेवार्जुनौकर्णद्रष्टास्येकरथेस्थितौ ७१ सारथिर्यस्यवार्ष्णेयोगांडीवंयस्यकार्मुकम् ॥ तंचेद्धंताऽसिराधेयत्वंनोराजाभविष्यसि ७२ एषसंशप्तकाहूतस्तानेवाभि
मुखोगतः ॥ करोतिकदनंचैषांसंग्रामेद्विषतांबली ७३ इतिब्रुवाणंमद्रेशंकर्णःप्राहातिमन्युना ॥ पश्यसंशप्तकैःक्रुद्धैःसर्वतःसमभिद्रुतः ७४ एषसूर्यइवांभोदैश्छन्नः
पार्थोनदृश्यते ॥ एतदंतोऽर्जुनःशल्यनिमग्नोयोधसागरे ७५ ॥ शल्यउवाच ॥ वरुणंकोऽम्भसाहन्यादिंधनेनचपावकम् ॥ कोवाऽनिलंनिगृह्णीयात्पिबेद्वा
कोमहार्णवम् ७६ ईदृग्रूपमहंमन्येपार्थस्ययुधिविग्रहम् ॥ नहिशक्योऽर्जुनोजेतुंयुधिसेन्द्रैःसुरासुरैः ७७ अथवापरितोषस्तेवाचोक्त्वासुमनाभव ॥ नसश
क्योयुधाजेतुमन्यंकुरुमनोरथम् ७८ बाहुभ्यामुद्धरेद्भूमिंदहेत्क्रुद्धइमाःप्रजाः ॥ पातयेत्त्रिदिवाद्देवान्योऽर्जुनंसमरेजयेत् ७९ पश्यकुंतीसुतंवीरंभीममक्लिष्टका
रिणम् ॥ प्रभासंतंमहाबाहुंस्थितंमेरुमिवापरम् ८० ॥ ॥ ॥ ॥

६६ । ६७ । ६८।६९ ७० । ७१ । ७२ । ७३ । ७४ । ७५ । ७६ । ७७ । ७८ । ७९ ८०

८१ । ८२ । ८३ । ८४ । ८५ । ८६ । ८७ इतिकर्णपर्वणिनीलकंठीये भारतभावदीपेषट्चत्वारिंशोऽध्यायः ॥ ४६ ॥ ॥ ॥ तथेति १ । २ । ३ । ४ । ५ । ६ । ७ । ८ । ९

अमर्षीनित्यसंरब्धश्चिरंवैरमनुस्मरन् ॥ एषभीमोजयप्रेप्सुर्युधितिष्ठतिवीर्यवान् ८१ एषधर्मभृतांश्रेष्ठोधर्मराजोयुधिष्ठिरः ॥ तिष्ठत्यसुकरःसंख्येपरैःपरपुरंजयः ८२ एतौचपुरुषव्याघ्रावश्विनाविवसोदरौ ॥ नकुलःसहदेवश्चतिष्ठतोयुधिदुर्जयौ ८३ अमीस्थितांद्रौपदेयाःपंचपंचाचलाइव ॥ व्यवस्थितायोद्धुकामाःसर्वेऽर्जुनसमायुधि ८४ एतेद्रुपदपुत्राश्चधृष्टद्युम्नपुरोगमाः ॥ स्फीताःसत्यजितोवीरास्तिष्ठंतिपरमौजसः ८५ असाविंद्रइवासह्यःसात्यकिःसात्वतांवरः ॥ युयुत्सुरुपयात्यस्मान्क्रुद्धांतकसमःपुरः ८६ इतिसंवदतोरेवतयोःपुरुषसिंहयोः ॥ तेसेनेसमसज्जेतांगंगायमुनवद्भृशम् ८७ ॥ इतिश्रीमहाभारते कर्णपर्वणिकर्णशल्यसंवादे षट्चत्वारिंशोध्यायः ॥ ४६ ॥ ॥ ॥ ॥ धृतराष्ट्रउवाच ॥ तथाव्यूढेष्वनीकेषुसंसक्तेषुचसंजय ॥ संशप्तकान्कथंपार्थोगतःकर्णश्चपांडवान् १ एतद्विस्तरशोयुद्धंप्रब्रूहिकुशलोह्यसि ॥ नहितृप्यामिवीराणांशृण्वानोविक्रमान्रणे २ ॥ संजयउवाच ॥ तदास्थितमवज्ञायप्रत्यमित्रबलंमहत् ॥ अव्यूहतार्जुनोव्यूहंपुत्रस्यतवदुर्नये ३ तत्सादिनागकलिलंपदातिरथसंकुलम् ॥ धृष्टद्युम्नमुखंव्यूहमशोभतमहद्बलम् ४ पारावतसवर्णाश्वश्चंद्रादित्यसमद्युतिः ॥ पार्षतःप्रबभौधन्वीकालोविग्रहवानिव ५ पार्षतंजुगुपुःसर्वेद्रौपदेयायुयुत्सवः ॥ दिव्यवर्मायुधधराःशार्दूलसमविक्रमाः ६ सानुगादीप्तवपुषश्चंद्रंतारागणाइव ॥ अथव्यूढेष्वनीकेषुप्रेक्ष्यसंशप्तकान्रणे ७ क्रुद्धोऽर्जुनोऽभिदुद्रावव्याक्षिपन्गांडिवंधनुः ॥ अथसंशप्तकाःपार्थमभ्यधावन्वधैषिणः ८ विजयेधृतसंकल्पामृत्युंकृत्वाऽनिवर्तनम् ॥ तन्नराश्वौघबहुलंमत्तनागरथाकुलम् ९ पत्तिमच्छूरवीरौघंद्रुतमर्जुनमार्दयत् ॥ ससंप्रहारस्तुमुलस्तेषामासीत्किरीटिना १० तस्यैवनःश्रुतोयादृङ्निवातकवचैःसह ॥ रथानश्वान्ध्वजान्नागान्पत्तीन्रणगतानपि ११ इषून्धनूंषिखड्गांश्चचक्राणिचपरश्वधान् ॥ सायुधानुद्यतान्बाहून्विविधान्यायुधानिच १२ चिच्छेदद्विषतांपार्थःशिरांसिचसहस्रशः ॥ तस्मिन्सैन्यमहावर्तेपातालतलसन्निभे १३ निमग्नंतंरथंमत्वानेदुःसंशप्तकास्तथा ॥ सपुनस्तानरीन्हत्वापुनरुत्तरतोऽवधीत् १४ दक्षिणेनचपश्चाच्चक्रुद्धोरुद्रःपशूनिव ॥ अथपंचालचेदीनांसृंजयानांचमारिष १५ त्वदीयैःसहसंग्रामआसीत्परमदारुणः ॥ कृपश्चकृतवर्माचशकुनिश्चापिसौबलः १६ हृष्टसेनाःसुसंरब्धारथानीकप्रहारिणः ॥ कोसलैःकाश्यमत्स्यैश्चकारूषैःकेकयैरपि १७ शूरसेनैःशूरवरैर्युयुधुर्युद्धदुर्मदाः ॥ तेषामंतकरंयुद्धंदेहपाप्मासुनाशनम् १८ क्षत्रविट्शूद्रवीराणांधर्म्यंस्वर्ग्यंयशस्करम् ॥ दुर्योधनोऽथसहितोभ्रातृभिर्भरतर्षभ १९ गुप्तःकुरुप्रवीरैश्चमद्राणांचमहारथैः ॥ पांडवैःसहपंचालैश्चेदिभिःसात्यकेनच २० युध्यमानंरणेकर्णंकुरुवीरोऽभ्यपालयत् ॥ कर्णोऽपिनिशितैर्बाणैर्विनिहत्यमहाचमूम् २१ ॥ ॥ ॥

१० । ११ । १२ । १३ । १४ । १५ । १६ । १७ । १८ क्षत्रविट्शूद्रवीराणामित्यनेनब्राह्मणादन्येतेयुद्धंसर्वेषांश्रेयस्करमित्यर्थः १९ । २० । २१

२२ पुक्त्वायोजयित्वा २१ ॥ इतिकर्णपर्वणिनीलकंठीयेभारतभावदीपेसप्तचत्वारिंशोऽध्यायः ॥ ४७ ॥ ॥ ॥ ॥ यत्तदिति अभ्येत्ययदकरोतन्ममाचक्ष्वेत्यन्वयः १ । २ । ३ । ४ । ५

प्रमृध्यचरथश्रेष्ठान्युधिष्ठिरमपीडयत् ॥ विवस्त्रायुधदेहासूनकृत्वाशत्रून्सहस्रशः २२ युक्तास्वर्गयशोभ्यांचस्वेभ्योमुदमुदावहत् ॥ एवंमारिषसंग्रामोनरवाजिगज
क्षयः ॥ कुरूणांसृंजयानांचदेवासुरसमोऽभवत् २३ ॥ इतिश्रीमहाभारतेकर्णपर्वणिसंकुलयुद्धे सप्तचत्वारिंशोऽध्यायः ॥ ४७ ॥ ॥ धृतराष्ट्रउवाच ॥ यत्तत्प्रवि
श्यपार्थानांसैन्यंकुर्वन्जनक्षयम् ॥ कर्णोराजानमभ्येत्यतन्ममाचक्ष्वसंजय १ केचप्रवीराःपार्थानांयुधिकर्णमवारयन् ॥ कांश्चप्रमथ्याधिरथिर्युधिष्ठिरमपीडयत् २
॥ संजयउवाच ॥ धृष्टद्युम्नमुखान्पार्थान्दृष्ट्वाकर्णोव्यवस्थितान् ॥ समभ्यधावत्त्वरितःपंचालाञ्छत्रुकर्षिणः ३ तंतूर्णमभिधावंतंपंचालाजितकाशिनः ॥ प्रत्युद्य
युर्महात्मानंहंसाइवमहार्णवम् ४ ततःशंखसहस्राणांनिःस्वनोहृदयंगमः ॥ प्रादुरासीदुभयतोभेरीशब्दश्चदारुणः ५ नानाबाणनिपाताश्चद्विपाश्वरथनिःस्वनः ॥
सिंहनादश्चवीराणामभवद्दारुणस्तदा ६ साद्रिद्रुमार्णवाभूमिःसवातांबुदमंबरम् ॥ सार्केन्दुग्रहनक्षत्राद्यौश्चव्यक्तंविघूर्णिता ७ इतिभूतानितंशब्दंमेनिरेतेचविव्यथुः ॥
यानिचाप्यल्पसत्वानिप्रायस्तानिमृतानिच ८ अथकर्णोभृशंक्रुद्धःशीघ्रमस्त्रमुदीरयन् ॥ जघानपांडवींसेनामासुरींमघवानिव ९ सपांडवबलंकर्णःप्रविश्यविसृजञ्छ
रान् ॥ प्रभद्रकाणांप्रवरानहनत्सप्तसप्ततिम् १० ततःसुपुंखैर्निशितैरथश्रेष्ठोरथेषुभिः ॥ अवधीत्पंचविंशत्यापंचालान्पंचविंशतिम् ११ सुवर्णपुंखैर्नाराचैःपरकाय
विदारणैः ॥ चेदिकानवधीद्वीरःशतशोऽथसहस्रशः १२ तंतथासमरेकर्मकुर्वाणमतिमानुषम् ॥ परिवव्रुर्महाराजपंचालानांरथव्रजाः १३ ततःसंधायविशिखान्पं
चभारतदुःसहान् ॥ पंचालानवधीत्पंचकर्णोवैकर्तनोवृषः १४ भानुदेवंचित्रसेनंसेनाबिंदुंचभारत ॥ तपनंशूरसेनंचपंचालानहनद्रणे १५ पंचालेषुचशूरेषुवध्यमा
नेषुसायकैः ॥ हाहाकारोमहानासीत्पंचालानांमहाहवे १६ परिवव्रुर्महाराजपंचालानांरथादश ॥ पुनरेवचतान्कर्णोजघानाशुपतत्रिभिः १७ चक्ररक्षौतुकर्णस्य
पुत्रौमारिषदुर्जयौ ॥ सुषेणःसत्यसेनश्चत्यक्त्वाप्राणानयुध्यताम् १८ पृष्ठगोप्तातुकर्णस्यज्येष्ठःपुत्रोमहारथः ॥ वृषसेनःस्वयंकर्णंपृष्ठतःपर्यपालयत् १९ धृष्टद्युम्नःसा
त्यकिश्चद्रौपदेयावृकोदरः ॥ जनमेजयःशिखंडीचप्रवीराश्चप्रभद्रकाः २० चेदिकेकयपंचालायमौमत्स्याश्चदंशिताः ॥ समभ्यधावन्राधेयंजिघांसंतःप्रहारिणम् २१
तएनंविविधैःशस्त्रैःशरधाराभिरेवच ॥ अभ्यवर्षन्विमर्दन्तंप्रावृषीवांबुदागिरिम् २२ पितरंतुपरीप्संतःकर्णपुत्राःप्रहारिणः ॥ त्वदीयाश्चापरेराजन्वीरावीरानवार
यन् २३ सुषेणोभीमसेनस्यच्छित्त्वाभल्लेनकार्मुकम् ॥ नाराचैःसप्तभिर्विद्ध्वाहृदिभीमंननादह २४ अथान्यद्धनुरादायसुदृढंभीमविक्रमः ॥ सज्जंवृकोदरःकृत्वासुषे
णस्याच्छिनद्धनुः २५ विव्याधचैनंदशभिःक्रुद्धोनृत्यन्निवेषुभिः ॥ कर्णंचतूर्णंविव्याधत्रिसप्तत्याशितैःशरैः २६ ॥ ॥ ॥

६ । ७ । ८ । ९ । १० । ११ । १२ । १३ । १४ । १५ । १६ । १७ । १८ । १९ । २० । २१ विमर्दतंविमर्दंतम् २२ । २३ । २४ । २५ । २६

। ४४ ॥ भानुसेनंचदशभिःसाश्वसूतायुधध्वजम् ॥ पश्यतांसुहृदांमध्येकर्णपुत्रमपातयत् २७ क्षुरप्रणुन्नंतत्तस्यशिरश्चंद्रनिभाननम् ॥ शुभदर्शनमेवासीन्नालभ्रष्टमिवांबुजम् अ०
२८ हत्वाकर्णसुतंभीमस्तावकान्पुनरार्दयत् ॥ कृपहार्दिक्ययोश्छित्त्वाचापौतावप्यथार्दयत् २९ दुःशासनंत्रिभिर्विद्ध्वाशकुनिंषड्भिरायसैः ॥ उलूकंचपतत्रिंचचका ४८
रविरथावुभौ ३० सुषेणंचहतोऽसीतिब्रुवन्नादत्तसायकम् ॥ तमस्यकर्णश्छिच्छेदत्रिभिश्चैनमताडयत् ३१ अथान्यंपरिजग्राहसुपर्वाणंसुतेजनम् ॥ सुषेणायासृजद्भी
मस्तमप्यस्याच्छिनद्वृषः ३२ पुनःकर्णस्त्रिसप्तत्याभीमसेनमथेषुभिः ॥ पुत्रंपरीप्सन्विव्याधक्रूरंक्रूरैर्जिघांसया ३३ सुषेणस्तुधनुर्गृह्यभारसाधनमुत्तमम् ॥ नकुलंपंच
भिर्बाणैर्बाह्वोरुरसिचार्पयत् ३४ नकुलस्तंतुविंशत्याविद्ध्वाभारसहैर्दृढैः ॥ ननादबलवन्नादंकर्णस्यभयमादधत् ३५ तंसुषेणोमहाराजविद्ध्वादशभिराशुगैः ॥ चिच्छेद
चधनुःशीघ्रंक्षुरप्रेणमहारथः ३६ अथान्यद्धनुरादायनकुलःक्रोधमूर्छितः ॥ सुषेणंनवभिर्बाणैर्वारयामाससंयुगे ३७ सतुबाणैर्दिशोराजन्नाच्छाद्यपरवीरहा ॥ आजघ्ने
सारथिंचास्यसुषेणंचततस्त्रिभिः ३८ चिच्छेदचास्यसुदृढंधनुर्भल्लैस्त्रिभिस्त्रिधा ॥ अथान्यद्धनुरादायसुषेणःक्रोधमूर्छितः ३९ आविध्यन्नकुलंषष्ट्यासहदेवंचस
प्तभिः ॥ तद्युद्धंसुमहद्घोरमासीद्देवासुरोपमम् ४० निघ्नतांसायकैस्तूर्णमन्योन्यस्यवधंप्रति ॥ सात्यकिर्वृषसेनस्यसूतंहत्वात्रिभिःशरैः ४१ धनुश्चिच्छेदभल्लेनजघा
नाश्वांश्चसप्तभिः ॥ ध्वजमेकेषुणोन्मथ्यत्रिभिस्तंहृद्यताडयत् ४२ अथावसन्नःस्वरथेमुहूर्तात्पुनरुत्थितः ॥ सरणेयुयुधानेनविसूताश्वरथध्वजः ४३ कृतोजिघांसुः
शैनेयंखड्गचर्मधृगभ्ययात् ॥ तस्यचापततःशीघ्रंवृषसेनस्यसात्यकिः ४४ वाराहकर्णैर्दशभिरविध्यदसिचर्मणी ॥ दुःशासनस्तुतंदृष्ट्वाविरथंव्यायुधंकृतम् ४५
आरोप्यस्वरथंतूर्णमपोवाहरणातुरम् ॥ अथान्यंरथमास्थायवृषसेनोमहारथः ४६ द्रौपदेयांस्त्रिसप्तत्यायुयुधानंचपंचभिः ॥ भीमसेनंचतुःषष्ट्यासहदेवंचपंचभिः ४७
नकुलंत्रिंशताबाणैःशतानीकंचसप्तभिः ॥ शिखंडिनंचदशभिर्धर्मराजंशतेनच ४८ एतांश्चान्यांश्चराजेन्द्रप्रवीरान्जयगृद्धिनः ॥ अभ्यर्दयन्महेष्वासःकर्णःपुत्रोविशां
पते ४९ कर्णस्ययुधिदुर्धर्षस्ततःपृष्ठमपालयत् ॥ दुःशासनंचशैनेयोनवैर्नवभिरायसैः ५० विसूताश्वरथंकृत्वाललाटेत्रिभिरार्पयत् ॥ सत्वन्यंरथमास्थायविधिवत्क
ल्पितंपुनः ५१ युयुधेपांडुभिःसार्धंकर्णस्याप्याययन्बलम् ॥ धृष्टद्युम्नस्ततःकर्णमविध्यद्दशभिःशरैः ५२ द्रौपदेयास्त्रिसप्तत्यायुयुधानस्तुसप्तभिः ॥ भीमसेनश्चतुः
षष्ट्यासहदेवश्चसप्तभिः ५३ नकुलस्त्रिंशताबाणैःशतानीकस्तुसप्तभिः ॥ शिखंडीदशभिर्वीरोधर्मराजःशतेनतु ५४ एतेचान्येचराजेन्द्रप्रवीराजयगृद्धिनः ॥
अभ्यर्दयन्महेष्वासंसूतपुत्रंमहामृधे ५५ तान्सूतपुत्रोविशिखैर्दशभिर्दशभिःशरैः ॥ रथेनानुचरन्वीरःप्रत्यविध्यदरिंदमः ५६ तत्रास्त्रवीर्यंकर्णस्यलाघवंचमहा ॥ ४४ ॥
त्मनः ॥ अपश्याममहाभागतदद्भुतमिवाभवत् ५७ ॥ ॥ ॥

५८। ५९ । ६० विवरमंतरंदद्दुः प्रसृताइत्यर्थः ६१ । ६२ । ६३ । ६४ । ६५ । ६६ । ६७ ॥ इतिकर्णपर्वणिनीलकंठीयेभारतभावदीपेअष्टचत्वारिंशोऽध्यायः ॥ ४८ ॥ ॥ ॥ ॥

नह्यादददानंदद्दशुःसंदधानंचसायकान् ॥ विमुंचन्तंचसंरम्भादपश्यंतहतानरीन् ५८ द्यौर्वियद्भूर्दिशश्चैवप्रपूर्णानिशितैःशरैः ॥ अरुणाभ्रावृताकारंतस्मिन्देशेबभौवियत्
५९ नृत्यन्निवहिराधेयश्चापहस्तःप्रतापवान् ॥ यैर्विद्धःप्रत्यविद्धयत्तानेकैकंत्रिगुणैःशरैः ६० शतैश्चदशभिश्चैतान्पुनर्विद्धाननादच ॥ साश्वसूतरथाश्छन्नास्ततस्तेवि
वरंददुः ६१ तान्प्रमथ्यमहेष्वासान्राधेयःशरवृष्टिभिः ॥ गजानीकमसंबाधंप्राविशच्छत्रुकर्शनः ६२ सरथांस्त्रिशतंहत्वाचेदीनामनिवर्तिनाम् ॥ राधेयोनिशितै
र्बाणैस्ततोऽभ्याच्र्छेद्युधिष्ठिरन् ६३ ततस्तेपांडवाराजञ्छिखंडीचससात्यकिः ॥ राधेयात्परिरक्षंतोराजानंपर्यवारयन् ६४ तथैवतावकाःसर्वेकर्णंदुर्वारणंरणे ॥ यत्ताः
शूरामहेष्वासाःपर्यरक्षंतसर्वशः ६५ नानावादित्रघोषाश्चप्रादुरासन्विशांपते ॥ सिंहनादश्चसंजज्ञेशूराणामभिगर्जताम् ६६ ततःपुनःसमाजग्मुरभीताःकुरुपांडवाः ॥
युधिष्ठिरमुखाःपार्थाःसूतपुत्रमुखावयम् ६७ ॥ ॥ इति श्रीमहाभारते कर्णपर्वणि संकुलयुद्धे अष्टचत्वारिंशोऽध्यायः ॥ ४८ ॥ ॥ ॥ ॥ संजय
उवाच ॥ विदार्यकर्णस्तांसेनांयुधिष्ठिरमथाद्रवत् ॥ रथहस्त्यश्वपत्तीनांसहस्रैःपरिवारितः १ नानायुधसहस्राणिप्रेरितान्यरिभिर्नृप ॥ छित्वाबाणशतैरुग्रैस्तान
विध्यदसंभ्रमात् २ निचकर्तशिरांस्येषांबाहूनूरूंश्चसूतजः ॥ तेहतावसुधांपेतुर्भग्नाश्चान्येविदुद्रुवुः ३ द्राविडास्तुनिषादास्तुपुनःसात्यकिचोदिताः ॥ अभ्यद्रवन्
जिघांसंतःपत्तयःकर्णमाहवे ४ तेविबाहुशिरस्त्राणाःप्रहताःकर्णसायकैः ॥ पेतुःपृथिव्यांयुगपच्छिन्नंशालवनंयथा ५ एवंयोधशतान्याजौसहस्राण्ययुतानिच ॥
हतानीयुर्महींदेहैर्यशसाऽपूरयन्दिशः ६ अथवैकर्तनंकर्णंरणेक्रुद्धमिवांतकम् ॥ रुरुधुःपांडुपंचालाव्याधिंमंत्रौषधैरिव ७ सतान्प्रमृद्याभ्यपतत्पुनरेवयुधिष्ठिरम् ॥
मंत्रौषधिक्रियातीतोव्याधिरत्युल्बणोयथा ८ सराजगृद्धिभीरुद्धःपांडुपंचालकेकयैः ॥ नाशकत्तानतिक्रांतुंमृत्युर्ब्रह्मविदोयथा ९ ततोयुधिष्ठिरःकर्णमदूरस्थं
निवारितम् ॥ अब्रवीत्परवीरघ्नंक्रोधसंरक्तलोचनः १० कर्णकर्णवृथादृष्टेसूतपुत्रवचःशृणु ॥ सदास्पर्धसिसंग्रामेफाल्गुनेनतरस्विना ११ तथाऽस्मान्बाध
सेनित्यंधार्तराष्ट्रमतेस्थितः ॥ यद्बलंयच्चतेवीर्यंप्रद्वेषोयस्तुपांडुषु १२ तत्सर्वंदर्शयस्वाद्यपौरुषंमहदास्थितः ॥ युद्धश्रद्धांचतेऽद्याहंविनेष्यामिमहाहवे १३
एवमुक्त्वामहाराजकर्णंपांडुसुतस्तदा ॥ सुवर्णपुंखैर्दशभिर्विव्याधायस्मयैःशरैः १४ तंसूतपुत्रोदशभिःप्रत्यविद्धयदरिंदमः ॥ वत्सदन्तैर्महेष्वासःप्रहसन्निव
भारत १५ सोऽवज्ञायतुनिर्विद्धःसूतपुत्रेणमारिष ॥ प्रजज्वालततःक्रोधाद्धविषेवहुताशनः १६ ज्वालामालापरिक्षिप्तोराज्ञोदेहोऽव्यदृश्यत ॥ युगांते
दग्धुकामस्यसंवर्ताग्निरिवापरः १७ ॥ ॥ ॥ ॥ ॥

विदार्येति १ । २ । ३ । ४ । ५ । ६ । ७ । ८ । ९ । १० । ११ । १२ । १३ । १४ । १५ । १६ । १७

१८ । १९ । २० । २१ । २२ । २३ । २४ । २५ । २६ । २७ २८ । २९ । ३० । ३१ । ३२ । ३३ । ३४ । ३५ । ३६ । ३७ । ३८ । ३९ पुरुषेन्द्रस्य युधिष्ठिरस्य ४० । ४१ । ४२ । ४३ । ४४ । ४५ । ४६ । ४७

॥ ४९ ॥ ततोविस्फार्यसुमहच्चापंहेमपरिष्कृतम् ॥ समाधत्तशितंबाणंगिरीणामपिदारणम् १८ ततःपूर्णायतोत्कृष्टंयमदंडनिभंशरम् ॥ मुमोचत्वरितोराजासूतपुत्रजिघांसया १९ सतुवेगवतामुक्तोबाणोवज्राशनिस्वनः ॥ विवेशसहसाकर्णंसव्येपार्श्वेमहारथम् २० सतुतेनप्रहारेणपीडितःप्रमुमोहवै ॥ स्रस्तगात्रोमहाबाहुर्धनुरुत्सृज्यस्यंदने २१ गतासुरिवनिश्चेताःशल्यस्याभिमुखोऽपतत् ॥ राजाऽपिभूयोनाजघ्नेकर्णंपार्थहितेप्सया २२ ततोहाहाकृतंसर्वंधार्तराष्ट्रबलंमहत् ॥ विवर्णमुखभूयिष्ठंकर्णंदृष्ट्वातथागतम् २३ सिंहनादश्चसंजज्ञेक्ष्वेलाःकिलकिलास्तथा ॥ पांडवानांमहाराजदृष्ट्वाराज्ञःपराक्रमम् २४ प्रतिलभ्यतुराधेयःसंज्ञांनातिचिरादिव ॥ दध्रेराजविनाशायमनःक्रूरपराक्रमः २५ सहेमविकृतंचापंविस्फार्यविजयंमहत् ॥ अवाकिरदमेयात्मापांडवंनिशितैःशरैः २६ ततःक्षुराभ्यांपांचाल्यौचक्ररक्षौमहात्मनः ॥ जघानचंद्रदेवंचदंडधारंचसंयुगे २७ तावुभौधर्मराजस्यप्रवीरौपरिपार्श्वतः ॥ रथाभ्याशेचकाशेतेचंद्रस्येवपुनर्वसू २८ युधिष्ठिरःपुनःकर्णमविद्ध्यत्त्रिंशताशरैः ॥ सुषेणंसत्यसेनंचत्रिभिस्त्रिभिरताडयत् २९ शल्यंनवत्याविव्याधत्रिसप्तत्याचसूतजम् ॥ तांस्तस्यगोप्तॄन्विव्याधत्रिभिस्त्रिभिरजिह्मगैः ३० ततःप्रहस्याधिरथिर्विधुन्वानःसकार्मुकम् ॥ भित्त्वाभल्लेनराजानंविद्ध्वाषष्ट्याऽनदत्तदा ३१ ततःप्रवीराःपांडूनामभ्यधावन्नमर्षिताः ॥ युधिष्ठिरंपरीप्संतःकर्णमभ्यर्दयञ्छरैः ३२ सात्यकिश्चेकितानश्चयुयुत्सुःपांड्यएवच ॥ धृष्टद्युम्नःशिखंडीचद्रौपदेयाःप्रभद्रकाः ३३ यमौचभीमसेनश्चशिशुपालस्यचात्मजः ॥ कारूषामत्स्यशेषाश्चकेकयाःकाशिकोसलाः ३४ एतेचत्वरितावीरावसुषेणमताडयन् ॥ जनमेजयश्चपांचाल्यःकर्णंविव्याधसायकैः ३५ वाराहकर्णनाराचैर्नालीकैर्निशितैःशरैः ॥ वत्सदंतैर्विपाठैश्चक्षुरप्रैश्चटकामुखैः ३६ नानाप्रहरणैश्चोग्रैरथहस्त्यश्वसादिभिः ॥ सर्वतोऽभ्यद्रवत्कर्णंपरिवार्यजिघांसया ३७ सपांडवानांप्रवरैःसर्वतःसमभिद्रुतः ॥ उदीरयन्ब्राह्ममस्त्रंशरैरापूरयन्दिशः ३८ ततःशरमहाज्वालोवीर्योष्माकर्णपावकः ॥ निर्दहन्पांडववनंवीरःपर्यचरद्रणे ३९ ससंधायमहास्त्राणिमहेष्वासोमहामनाः ॥ प्रहस्यपुरुषेंद्रस्यशरैश्चिच्छेदकार्मुकम् ४० ततःसंधायनवतिंनिमेषान्नतपर्वणाम् ॥ बिभेदकवचंराज्ञोरणेकर्णःशितैःशरैः ४१ तद्वर्महेमविकृतंरत्नचित्रंबभौपतत् ॥ सविद्युदभ्रंसवितुःश्लिष्टंवातहतंयथा ४२ तदंगात्पुरुषेन्द्रस्यभ्रष्टंवर्मव्यरोचत ॥ रत्नैरलंकृतंमित्रैर्व्यभ्रंनिशियथानभः ४३ छिन्नवर्माशरैःपार्थोरुधिरेणसमुक्षितः ॥ ततःसर्वायसींशक्तिंचिक्षेपाधिरथिंप्रति ४४ तांज्वलंतीमिवाकाशेशरैश्चिच्छेदसप्तभिः ॥ साछिन्नाभूमिमगमन्महेष्वासस्यसायकैः ४५ ततोबाह्वोर्ललाटेचहृदिचैवयुधिष्ठिरः ॥ चतुर्भिस्तोमरैःकर्णंताडयित्वाऽनदन्मुदा ४६ उद्भिन्नरुधिरःकर्णःक्रुद्धःसर्पइवश्वसन् ॥ ध्वजंचिच्छेदभल्लेनत्रिभिर्विव्याधपांडवम् ४७ ॥ ॥ ॥ ॥

४० ४१ ॥ ४९ ॥

४८ । ४९ । ५० । ५१ । ५२ । ५३ । ५४ । ५५ । ५६ । ५७ । ५८ । ५९ । ६० । ६१ । ६२ । ६३ । ६४ । ६५ । ६६ । ६७ । ६८ । ६९ । ७० । ७१ । ७२ । ७३ । ७४ । ७५ । ७६ । ७७

इषुधीचास्यचिच्छेदरथंचतिलशोऽच्छिनत् ॥ कालवालास्तुयेपार्थंदंतवर्णाऽवहन्हयाः ४८ तैर्युक्तंरथमास्थायप्रायाद्राजापराङ्मुखः ॥ एवंपार्थोऽभ्युपायात्सनिह
तःपार्ष्णिसारथिः ४९ अशक्नुवन्प्रमुखतःस्थातुंकर्णस्यदुर्मनाः ॥ अभिद्रुत्यतुराधेयःपांडुपुत्रंयुधिष्ठिरम् ५० वज्रच्छत्रांकुशैर्मत्स्यैर्ध्वजकूर्मांबुजादिभिः ॥ लक्षणैरुपप
न्नेनपांडुनापांडुनंदनम् ५१ पवित्रीकर्तुमात्मानंस्कंधेसंस्पृश्यपाणिना ॥ ग्रहीतुमिच्छन्सबलात्कुंतीवाक्यंचसोऽस्मरत् ५२ तंशल्यःप्राहमाकर्णगृहीथाःपार्थिवोत्तमम् ॥
गृहीतमात्रोहत्वात्वांमाकरिष्यतिभस्मसात् ५३ अब्रवीत्प्रहसन्राजन्कुत्सयन्निवपांडवम् ॥ कथंनामकुलेजातःक्षत्रधर्मेव्यवस्थितः ५४ प्रजह्यात्समरंभीतःप्राणान्रक्ष
न्महाहवे ॥ नभवान्क्षत्रधर्मेषुकुशलोहीतिमेमतिः ५५ ब्राह्मेबलेभवान्युक्तःस्वाध्यायेयज्ञकर्मणि ॥ मास्मयुद्ध्यस्वकौन्तेयमास्मवीरान्समासदः ५६ माचैतानप्रि
यंब्रूहिमावैव्रजमहारणम् ॥ वक्तव्यामारिषान्येतुनवक्तव्यास्तुमादृशाः ५७ मादृशान्विब्रुवन्युद्धेएतदन्यच्चलप्स्यसे ॥ स्वगृहंगच्छकौन्तेययत्रतौकेशवार्जुनौ ५८
नहित्वांसमरेराजन्हन्यात्कर्णःकथंचन ॥ एवमुक्त्वाततःपार्थंविसृज्यचमहाबलः ५९ न्यहनत्पांडवींसेनांवज्रहस्तइवासुरीम् ॥ ततोऽपायाद्द्रुतंराजन्व्रीडन्निवनरेश्वरः
६० अथापयातंराजानंमत्वाऽन्वीयुस्तमच्युतम् ॥ चेदिपांडवपंचालाःसात्यकिश्चमहारथः ६१ द्रौपदेयास्तथाशूरामाद्रीपुत्रौचपांडवौ ॥ ततोयुधिष्ठिरानीकंदृष्ट्वाक
र्णःपराङ्मुखम् ६२ कुरुभिःसहितोवीरःप्रहृष्टःपृष्ठतोऽन्वगात् ॥ भेरीशंखमृदंगानांकार्मुकाणांचनिःस्वनः ६३ बभूवधार्तराष्ट्राणांसिंहनादरवस्तथा ॥ युधिष्ठिर
स्तुकौरव्यरथमारुह्यसत्वरम् ६४ श्रुतकीर्तेर्महाराजदृष्टवान्कर्णविक्रमम् ॥ काल्यमानंबलंदृष्ट्वाधर्मराजोयुधिष्ठिरः ६५ स्वान्योधानब्रवीत्क्रुद्धोनिघ्नतैतान्किमा
सत ॥ ततोराज्ञाऽभ्यनुज्ञाताःपांडवानांमहारथाः ६६ भीमसेनमुखाःसर्वेपुत्रांस्तेप्रत्युपाद्रवन् ॥ अभवत्तुमुलःशब्दोयोधानांतत्रभारत ६७ रथहस्त्यश्वपत्तीनांश
स्त्राणांचततस्ततः ॥ उत्तिष्ठतप्रहरतप्रैताभिपततेतिच ६८ इतिब्रुवाणाह्यन्योन्यंजघ्नुर्योधामहारणे ॥ अभ्रच्छायेवतत्रासीच्छरवृष्टिभिरंबरे ६९ समावृतैर्नरवरैर्निघ्न
द्भिरितरेतरम् ॥ विपताकध्वजच्छत्राव्यश्वसूतायुधारणे ७० व्यंगांगावयवाःपेतुःक्षितौक्षीणाःक्षितीश्वराः ॥ प्रवणादिवशैलानांशिखराणिद्विपोत्तमाः ७१ सारो
हानिहताःपेतुर्वज्रभिन्नाइवाद्रयः ॥ छिन्नभिन्नविपर्यस्तैर्वर्मालंकारभूषणैः ७२ सारोहास्तुरगाःपेतुर्हतवीराःसहस्रशः ॥ विप्रविद्धायुधाश्चैवविरथाश्वरथैर्हताः ७३
प्रतिवीरैश्चसंमर्देपत्तिसंघाःसहस्रशः ॥ विशालायतताम्राक्षैःपद्मेन्दुसदृशाननैः ७४ शिरोभिर्युद्धशौण्डानांसर्वतःसंवृतामही ॥ यथाभुवितथाव्योम्निनिःस्वनंशुश्रुवु
र्जनाः ७५ विमानैरप्सरःसंघैर्गीतवादित्रनिःस्वनैः ॥ हतानभिमुखान्वीरान्वीरैःशतसहस्रशः ७६ आरोप्यारोप्यगच्छंतिविमानेष्वप्सरोगणाः ॥
तद्दृष्ट्वामहदाश्चर्यंप्रत्यक्षंस्वर्गलिप्सया ७७ ॥ ॥ ॥ ॥

७८ । ७९ । ८० । ८१ । ८२ । ८३ । ८४ । ८५ । ८६ । ८७ । ८८ । ८९ । ९० । ९१ । ९२ ॥ इतिकर्णपर्वणिनीलकंठीये भारतभावदीपे ऊनपंचाशत्तमोऽध्यायः ॥ ४९ ॥ तानिति १

प्रहृष्टमनसःशूराःक्षिप्रंजघ्नुःपरस्परम् ॥ रथिनोरथिभिःसार्धंचित्रंयुयुधुराहवे ७८ पत्तयःपत्तिभिर्नागाःसहनागैर्हयैर्हयाः ॥ एवंप्रवृत्तेसंग्रामेगजवाजिनरक्षये ७९ सै न्येनरजसावृत्तेस्वेस्वान्जघ्नुःपरेपरान् ॥ कचाकचियुद्धमासीद्दंतादंतिनखानखि ८० मुष्टियुद्धंनियुद्धंचदेहपाप्मासुनाशनम् ॥ तथावर्ततिसंग्रामेगजवाजिनरक्षये ८१ नराश्वनागदेहेभ्यःप्रसृतालोहितापगा ॥ गजाश्वनरदेहान्सान्युवाहपतितान्बहून् ८२ नराश्वगजसंबाधेनराश्वगजसादिनाम् ॥ लोहितोदामहाघोरामांसशोणि तकर्दमा ८३ नराश्वगजदेहानांवहंतीभीरुभीषणा ॥ तस्याःपारमपारंचव्रजंतिविजयैषिणः ८४ गाधेनचोरप्लवंतश्चनिमज्ज्योन्मज्ज्यचापरे ॥ तेतुलोहितदिग्धांगारक्त वर्मायुधांबराः ८५ सस्नुस्तस्यांपपुश्चास्यांमम्लुश्चभरतर्षभ ॥ रथानश्वान्नरान्नागानायुधाभरणानिच ८६ वसनान्यथवर्माणिवध्यमानान्हतानपि ॥ भूमिंखंद्यांदि शश्चैवप्रायःपश्यामलोहितम् ८७ लोहितस्यतुगंधेनस्पर्शेनचरसेनच ॥ रूपेणचातिरिक्तेनशब्देनचविसर्पता ८८ विषादःसुमहानासीत्प्रायःसैन्यस्यभारत ॥ तत्तुवि विप्रहतंसैन्यंभीमसेनमुखास्तदा ८९ भूयःसमाद्रवन्वीराःसात्यकिप्रमुखास्तदा ॥ तेषामापततांवेगमविषह्यंनिरीक्ष्यच ९० पुत्राणांतेमहासैन्यमासीद्राजन्पराङ्मुखम् ॥ तत्प्रकीर्णरथाश्वेभंनरवाजिसमाकुलम् ९१ विध्वस्तवर्मकवचंप्रविद्धायुधकार्मुकम् ॥ व्यद्रवत्तावकंसैन्यंलोड्यमानंसमंततः ॥ सिंहार्दितमिवारण्येयथाग जकुलंतथा ९२ ॥ इतिश्रीमहाभारतेकर्णपर्वणि संकुलयुद्धेऊनपंचाशत्तमोऽध्यायः ॥ ४९ ॥ संजयउवाच ॥ तानभिद्रवतोदृष्ट्वापांडवांस्तावकंबलम् ॥ दुर्योधनोम हाराजवारयामाससर्वशः १ योधांश्चस्वबलंचैवसमंताद्भरतर्षभ ॥ क्रोशतस्तवपुत्रस्यनस्मराजन्न्यवर्तत २ ततःपक्षःप्रपक्षश्चशकुनिश्चापिसौबलः ॥ तदासशस्त्राःकुर वोभीममभ्यद्रवन्रणे ३ कर्णोऽपिदृष्ट्वाद्रवतोधार्तराष्ट्रान्सराजकान् ॥ मद्रराजमुवाचेदंयाहिभीमरथंप्रति ४ एवमुक्तश्चकर्णेनशल्योमद्राधिपस्तदा ॥ हंसवर्णान्हयान ग्र्यान्प्रैषीद्यत्रवृकोदरः ५ तेप्रेरितामहाराजशल्येनाहवशोभिना ॥ भीमसेनरथंप्राप्यसमसज्जंतवाजिनः ६ दृष्ट्वाकर्णंसमायांतंभीमःक्रोधसमन्वितः ॥ मतिंचक्रेविना शायकर्णस्यभरतर्षभ ७ सोऽब्रवीत्सात्यकिंवीरंधृष्टद्युम्नंचपार्षतम् ॥ यूयंरक्षतराजानंधर्मात्मानंयुधिष्ठिरम् ८ संशयान्महतोमुक्तंकथंचित्प्रेक्षतोमम ॥ अग्रतोमेकृ तोराजाछिन्नसर्वपरिच्छदः ९ दुर्योधनस्यप्रीत्यर्थंराधेयेनदुरात्मना ॥ अंतमद्यगमिष्यामितस्यदुःखस्यपार्षत १० हंताऽस्म्यद्यरणेकर्णंसवामांनिहनिष्यति ॥ संग्रा मेणसुघोरेणसत्यमेतद्ब्रवीमिते ११ राजानमद्यभवतांन्यासभूतंददानिवै ॥ तस्यसंरक्षणेसर्वेयतध्वंविगतज्वराः १२ एवमुक्त्वामहाबाहुःप्रायादाधिरथिंप्रति ॥ सिंहना देनमहतासर्वाःसन्नादयन्दिशः १३ दृष्ट्वात्वरितमायांतंभीमंयुद्धाभिनंदिनम् ॥ सूतपुत्रमथोवाचमद्राणामीश्वरोविभुः १४ ॥

२ । ३ । ४ । ५ । ६ । ७ । ८ । ९ । १० । ११ । १२ । १३ । १४ ।

१५ । १६ । १७ । १८ । १९ । २० । २१ । २२ । २३ किंकरोद्यतदण्डेन कंरणोद्यतोदण्डोयेनतेनमृत्युनाममः किंशब्दउपमार्थे २४ । २५ । २६।२७।२८ । २९ । ३० । ३१ । ३२ । ३३ । ३४

॥ शल्यउवाच ॥ पश्यकर्णमहाबाहुंसंक्रुद्धंपांडुनंदनम् ॥ दीर्घकालार्जितंक्रोधंमोक्तुकामंत्वयिध्रुवम् १५ ईदृशंनास्यरूपंमेदृष्टपूर्वंकदाचन ॥ अभिमन्यौहतेकर्णरा
क्षसेचघटोत्कचे १६ त्रैलोक्यस्यसमस्तस्यशक्तःक्रुद्धोनिवारणे ॥ बिभर्तिसदृशंरूपंयुगांताग्निसमप्रभम् १७ ॥ संजयउवाच ॥ इतिब्रुवतिराधेयंमद्राणामीश्वरेनृप ॥
अभ्यवर्ततवैकर्णंक्रोधदीप्तोवृकोदरः १८ अथागतंतुसंप्रेक्ष्यभीमंयुद्धाभिनंदिनम् ॥ अब्रवीद्वचनंशल्यंराधेयःप्रहसन्निव १९ यदुक्तंवचनंमेऽद्यत्वयामद्रजनेश्वर ॥
भीमसेनंप्रतिविभोतत्सत्यंनात्रसंशयः २० एषशूरश्चवीरश्चक्रोधनश्चवृकोदरः ॥ निरपेक्षःशरीरेचप्राणतश्चबलाधिकः २१ अज्ञातवासंवसताविराटनगरेतदा ॥ द्रौप
द्याःप्रियकामेनकेवलंबाहुसंश्रयात् २२ गूढभावंसमाश्रित्यकीचकःसगणोहतः ॥ सोऽद्यसंग्रामशिरसिसन्नद्धःक्रोधमूर्छितः २३ किंकरोद्यतदंडेनमृत्युनाऽपिव्रजेद्र
णम् ॥ चिरकालाभिलषितोममायंतुमनोरथः २४ अर्जुनंसमरेहन्यांमांवाहन्याद्धनंजयः ॥ समेकदाचिदद्यैवभवेद्भीमसमागमात् २५ निहतेभीमसेनेवायदिवावि
रथीकृते ॥ अभियास्यतिमांपार्थस्तन्मेसाधुभविष्यति २६ अत्रयन्मन्यसेप्राप्तंतच्छीघ्रंसंप्रधारय ॥ एतच्छ्रुत्वातुवचनंराधेयस्यामितौजसः २७ उवाचवचनं
शल्यःसूतपुत्रंतथागतम् ॥ अभियाहिमहाबाहोभीमसेनंमहाबलम् २८ निरस्यभीमसेनंतुततःप्राप्स्यसिफाल्गुनम् ॥ यस्तेकामोऽभिलषितश्चिरात्प्रभृतिहृ
द्गतः २९ सवैसंपत्स्यतेकर्णसत्यमेतद्ब्रवीमिते ॥ एवमुक्तेततःकर्णःशल्यंपुनरभाषत ३० हंताऽहमर्जुनंसंख्येमांवाहन्याद्धनंजयः ॥ युद्धेमनःसमाधाययाहि
यत्रवृकोदरः ३१ ॥ संजयउवाच ॥ ततःप्रायाद्रथेनाशुशल्यस्तत्रविशांपते ॥ यत्रभीमोमहेष्वासोव्यद्रावयतवाहिनीम् ३२ ततस्तूर्यनिनादश्चभेरीणांच
महास्वनः ॥ उदतिष्ठन्नराजेंद्रकर्णभीमसमागमे ३३ भीमसेनोऽथसंक्रुद्धस्तस्यसैन्यंदुरासदम् ॥ नाराचैर्विमलैस्तीक्ष्णैर्दिशःप्राद्रावयद्बली ३४ ससन्निपात
स्तुमुलोघोररूपोविशांपते ॥ आसीद्रौद्रोमहाराजकर्णपांडवयोर्मृधे ३५ ततोमुहूर्ताद्राजेन्द्रपांडवःकर्णमाद्रवत् ॥ समापतंतंसंप्रेक्ष्यकर्णोवैकर्त्तनोवृषः ३६
आजघानसुसंक्रुद्धोनाराचेनस्तनांतरे ॥ पुनश्चैनममेयात्माशरवर्षैरवाकिरत् ३७ सविद्धःसूतपुत्रेणच्छादयामासपत्रिभिः ॥ विव्याधनिशितैःकर्णंनवभिर्नत
पर्वभिः ३८ तस्यकर्णोधनुर्मध्येद्विधाचिच्छेदपत्रिभिः ॥ अथैनंछिन्नधन्वानंप्रत्यविध्यत्स्तनांतरे ३९ नाराचेनसुतीक्ष्णेनसर्वावरणभेदिना ॥ सोऽन्यत्का
र्मुकमादायसूतपुत्रंवृकोदरः ४० राजन्मर्मसुमर्मज्ञोविव्याधनिशितैःशरैः ॥ ननादबलवन्नादंकंपयन्निवरोदसी ४१ तंकर्णःपंचविंशत्यानाराचेनसमार्पयत् ॥
मदोत्कटंवनेदृप्तमुल्काभिरिवकुंजरम् ४२ ततःसायकभिन्नांगःपांडवःक्रोधमूर्छितः ॥ संरंभामर्षताम्राक्षःसूतपुत्रवधेप्सया ४३

१६ ३५ । ३६ । ३७ । ३८ । ३९ । ४० । ४१ । ४२ । ४३

४४ । ४५ । ४६ । ४७ । ४८ । ४९ ॥ इतिकर्णपर्वणिनीलकंठीये भारतभावदीपेपंचाशत्तमोऽध्यायः ॥ ५० ॥ ॥ ॥ ॥ सुदुष्करमिति १ । २ । ३ । ४ । ५ । ६ । ७ । ८ । ९

सकार्मुकेमहावेगंभारसाधनमुत्तमम् ॥ गिरीणामपिभेत्तारंसायकंसमयोजयत् ४४ विकृष्यबलवच्चापमाकर्णादतिमारुतिः ॥ तंमुमोचमहेष्वासःक्रुद्धःकर्णजिघांस
या ४५ सविसृष्टोबलवताबाणोवज्राशनिस्वनः ॥ अदारयद्रणेकर्णंवज्रवेगोयथाऽचलम् ४६ सभीमसेनाभिहतःसूतपुत्रःकुरूद्वह ॥ निषसादरथोपस्थेविसंज्ञः
पृतनापतिः ४७ ततोमद्राधिपोदृष्ट्वाविसंज्ञंसूतनंदनम् ॥ अपोवाहरथेनाजौकर्णमाहवशोभिनम् ४८ ततःपराजितेकर्णेधार्तराष्ट्रींमहाचमूम् ॥ व्यद्रावयद्भी
मसेनोयथेन्द्रोदानवान्पुरा ४९ ॥ इतिश्रीमहाभारतेकर्णपर्वणिकर्णापयानेपंचाशत्तमोऽध्यायः ॥ ५० ॥ धृतराष्ट्रउवाच ॥ सुदुष्करमिदंकर्मकृतंभीमेनसंजय ॥
येनकर्णोमहाबाहूरथोपस्थेनिपातितः १ कर्णोह्येकोरणेहंतापांडवान्संजयैःसह ॥ इतिदुर्योधनःसूतप्राब्रवीन्मांमुहुर्मुहुः २ पराजितंतुराधेयंदृष्ट्वाभीमेनसंयुगे ॥
ततःपरंकिमकरोत्पुत्रोदुर्योधनोमम ३ ॥ संजयउवाच ॥ विमुखंप्रेक्ष्यराधेयंसूतपुत्रंमहाहवे ॥ पुत्रस्तवमहाराजसोदर्यान्समभाषत ४ शीघ्रंगच्छतभद्रंवोरा
धेयंपरिरक्षत ॥ भीमसेनभयागाधेमज्जंतंव्यसनार्णवे ५ तेतुराज्ञासमादिष्टाभीमसेनंजिघांसवः ॥ अभ्यवर्तंतसंक्रुद्धाःपतंगाःपावकंयथा ६ श्रुतर्वादुर्धरःक्राथो
विवित्सुर्विकटःसमः ॥ निषंगीकवचीपाशीतथानंदोपनंदकौ ७ दुष्प्रधर्षःसुबाहुश्चवातवेगसुवर्चसौ ॥ धनुर्ग्राहोदुर्मदश्चजलसंधःशलःसहः ८ एतेरथैःपरिवृता
वीर्यवंतोमहाबलाः ॥ भीमसेनंसमासाद्यसमंतात्पर्यवारयन् ९ तेऽमुंचञ्छरव्रातान्नानालिंगान्समंततः ॥ सतैरभ्यर्द्यमानस्तुभीमसेनोमहाबलः १० तेषामा
पततांक्षिप्रंसुतानांतेजनाधिप ॥ रथैःपंचदशैःसार्द्धंपंचाशदहनद्रथान् ११ विवित्सोस्तुततःक्रुद्धोभल्लेनापाहरच्छिरः ॥ भीमसेनोमहाराजतत्पपातहतंभुवि
१२ सकुंडलशिरस्त्राणंपूर्णचंद्रोपमंतथा ॥ तंदृष्ट्वानिहतंशूरंभ्रातरःसर्वतःप्रभो १३ अभ्यद्रवंतसमरेभीमंभीमपराक्रमम् ॥ ततोऽपराभ्यांभल्लाभ्यांपुत्रयोस्ते
महाहवे १४ जहारसमरेप्राणान्भीमोभीमपराक्रमः ॥ तौधरामनुपद्येतांवातरुग्णाविवद्रुमौ १५ विकटश्चसहश्चोभौदेवपुत्रोपमौनृप ॥ ततस्तुत्वरितोभीमःक्राथंनि
न्येयमक्षयम् १६ नाराचेनसुतीक्ष्णेनसहतोन्यपतद्भुवि ॥ हाहाकारस्ततस्तीव्रःसंबभूवजनेश्वर १७ वध्यमानेषुवीरेषुतवपुत्रेषुधन्विषु ॥ तेषांसुलुलितेसैन्येपुनर्भीमो
महाबलः १८ नंदोपनंदौसमरेप्रैषयद्यमसादनम् ॥ ततस्तेप्राद्रवन्भीताःपुत्रास्तेविह्वलीकृताः १९ भीमसेनंरणेदृष्ट्वाकालांतकयमोपमम् ॥ पुत्रांस्तेनिहतान्दृष्ट्वासूतपुत्रः
सुदुर्मनाः २० हंसवर्णान्हयान्भूयःप्रैषयद्यत्रपांडवः ॥ तेप्रेषितामहाराजमद्रराजेनवाजिनः २१ भीमसेनरथंप्राप्यसमसज्जंतवेगिताः ॥ ससन्निपातस्तुमुलोघोररूपो
विशांपते २२ आसीद्रौद्रोमहाराजकर्णपांडवयोर्मृधे ॥ दृष्ट्वाममहाराजतौसमेतौमहारथौ २३ आसीद्बुद्धिःकथंयुद्धमेतदद्यभविष्यति ॥ ततोभीमोरण
श्लाघीछादयामासपत्रिभिः २४ ॥ ॥ ॥ ॥

१० । ११ । १२ । १३ । १४ । १५ । १६ । १७ । १८ । १९ । २० । २१ । २२ । २३ । २४

२५ । २६ । २७ । २८ । २९ । ३० । ३१ । ३२ । ३३ । ३४ हरीन्द्रयोर्वालिसुग्रीवयोरित्यर्थः ३५ । ३६ । ३७ । ३८ । ३९ । ४० । ४१ । ४२ । ४३ । ४४ । ४५ । ४६ । ४७ । ४८

कर्णंरणेमहाराजपुत्राणांतवपश्यताम् ॥ ततःकर्णोभृशंक्रुद्धोभीमंनवभिरायसैः २५ विव्याधपरमास्त्रज्ञोभल्लैःसंनतपर्वभिः ॥ आहतःसमहाबाहुर्भीमोभीमपराक्रमः
२६ आकर्णपूर्णैर्विशिखैःकर्णंविव्याधसप्तभिः ॥ ततःकर्णोमहाराजआशीविषइवश्वसन् २७ शरवर्षेणमहताछादयामासपांडवम् ॥ भीमोऽपितंशरव्रातैश्छादयित्वा
महारथम् २८ पश्यतांकौरवेयाणांविननर्दमहाबलः ॥ ततःकर्णोभृशंक्रुद्धोदृढमादायकार्मुकम् २९ भीमंविव्याधदशभिःकंकपत्रैःशिलाशितैः ॥ कार्मुकंचास्यचि
च्छेदभल्लेननिशितेनच ३० ततोभीमोमहाबाहुर्हेमपट्टविभूषितम् ॥ परिघंघोरमादायमृत्युदंडमिवापरम् ३१ कर्णस्यनिधनाकांक्षीचिक्षेपातिबलोनदन् ॥ तमाप
तंतंपरिघंवज्राशनिसमस्वनम् ३२ चिच्छेदबहुधाकर्णःशरैराशीविषोपमैः ॥ ततःकार्मुकमादायभीमोदृढतरंतदा ३३ छादयामासविशिखैःकर्णंपरबलार्दनम् ॥
ततोयुद्धमभूद्धोरंकर्णपांडवयोर्मृधे ३४ हरींद्रयोरिवमुहुःपरस्परवधैषिणोः ॥ ततःकर्णोमहाराजभीमसेनंत्रिभिःशरैः ३५ आकर्णमूलंविव्याधदृढमायम्यकार्मुकम् ॥
सोऽतिविद्धोमहेष्वासःकर्णेनबलिनांवरः ३६ घोरमादत्तविशिखंकर्णकायावदारणम् ॥ तस्यभित्त्वातनुत्राणंभित्त्वाकायंचसायकः ३७ प्राविशद्धरणींराजन्वल्मीक
मिवपन्नगः ॥ सतेनातिप्रहारेणव्यथितोविह्वलन्निव ३८ संचचालरथेकर्णःक्षितिकंपेयथाऽचलः ॥ ततःकर्णोमहाराजरोषामर्षसमन्वितः ३९ पांडवंपंचविंशत्याना
राचानांसमार्पयत् ॥ आजघ्नेबहुभिर्बाणैर्ध्वजमेकेषुणाऽहनत् ४० सारथिंचास्यभल्लेनप्रेषयामासमृत्यवे ॥ छित्त्वाचकार्मुकंतूर्णंपांडवस्याशुपत्रिणा ४१ ततोमुहूर्त्ता
द्राजेन्द्रनातिकृच्छ्राद्धसन्निव ॥ विरथंभीमकर्माणंभीमंकर्णश्चकारह ४२ विरथोभरतश्रेष्ठप्रहसन्ननिलोपमः ॥ गदांगृह्यमहाबाहुरपतत्स्यंदनोत्तमात् ४३ अवप्लुत्यच
वेगेनतवसैन्यंविशांपते ॥ व्यधमद्गदयाभीमःशरन्मेघानिवानिलः ४४ नागान्सप्तशतान्राजन्नीषादंतान्प्रहारिणः ॥ व्यधमत्सहसाभीमःक्रुद्धरूपःपरंतपः ४५ दंत
वेष्टेषुनेत्रेषुकुंभेषुचकटेषुच ॥ मर्मस्वपिचमर्मज्ञस्तान्नागानवधीद्बली ४६ ततस्तेप्राद्रवन्भीताःप्रतीपंप्रहिताःपुनः ॥ महामात्रैस्तमावव्रुर्मेघाइवदिवाकरम् ४७ तान्स
सप्तशतान्नागान्सारोहायुधकेतनान् ॥ भूमिष्ठोगदयाजघ्नेवज्रेणेन्द्रइवाचलान् ४८ ततःसुबलपुत्रस्यनागानतिबलान्पुनः ॥ पोथयामासकौन्तेयोद्विपंचाशदरिंदमः
४९ तथारथशतंसाग्रंपत्तींश्चशतशोऽपरान् ॥ न्यहनत्पांडवोयुद्धेतापयंस्तववाहिनीम् ५० प्रताप्यमानंसूर्येणभीमेनचमहात्मना ॥ तवसैन्यंसंचुकोचचर्माग्नावाहितं
यथा ५१ तेभीमभयसंत्रस्तास्तावकाभरतर्षभ ॥ विहायसमरेभीमंदुद्रुवुर्वैदिशोदश ५२ रथाःपंचशताश्चान्येह्रादिनश्चर्मवर्मिणः ॥ भीममभ्यद्रवन्घ्नन्तःशरपूगैःसमं
ततः ५३ तान्सपंचशतान्वीरान्सपताकध्वजायुधान् ॥ पोथयामासगदयाभीमोविष्णुरिवासुरान् ५४

४९ । ५० । ५१ । ५२ । ५३ । ५४

ततःशकुनिनिर्दिष्टाःसादिनःशूरसंमताः ॥ त्रिसाहस्राऽभ्ययुर्भीमंशक्त्यृष्टिप्रासपाणयः ५५ प्रत्युद्गम्यजवेनाशुसाश्वारोहांस्तदाऽरिहा ॥ विविधान्विचरन्मार्गान्गदयासमपोथयत् ५६ तेषामासीन्महाञ्छब्दस्ताडितानांचसर्वशः ॥ अश्मभिर्विध्यमानानांनगानामिवभारत ५७ एवंसुबलपुत्रस्यत्रिसाहस्रान्हयोत्तमान् ॥ हत्वाऽन्यंरथमास्थायक्रुद्धोराधेयमभ्ययात् ५८ कर्णोऽपिसमरेराजन्धर्मपुत्रमरिंदमम् ॥ सशरैश्छादयामाससारथिंचाप्यपातयत् ५९ ततःसप्रद्रुतःसंख्येरथंदृष्ट्वामहारथः ॥ अन्वधावत्किरन्बाणैःकंकपत्रैरजिह्मगैः ६० राजानमभिधावंतंशरैरावृत्यरोदसी ॥ क्रुद्धःप्रच्छादयामासशरजालेनमारुतिः ६१ सन्निवृत्तस्ततस्तूर्णंराधेयःशत्रुकर्शनः ॥ भीमंप्रच्छादयामाससमंतान्निशितैःशरैः ६२ भीमसेनरथव्यग्रंकर्णंभारतसात्यकिः ॥ अभ्यर्दयदमेयात्मापार्ष्णिग्रहणकारणात् ६३ अभ्यवर्ततकर्णस्तमर्दितोऽपिशरैर्भृशम् ॥ तावन्योन्यंसमासाद्यवृषभौसर्वधन्विनाम् ६४ विसृजंतौशरान्दीप्तान्विभ्राजेतांमनस्विनौ ॥ ताभ्यांवियतिराजेन्द्रविततंभीमदर्शनम् ६५ क्रौञ्चपृष्ठारुणंरौद्रंबाणजालंव्यदृश्यत ॥ नैवसूर्यप्रभाराजन्नदिशःप्रदिशस्तथा ६६ प्राज्ञासिष्मवयंतेवाशरैर्मुक्तैःसहस्रशः ॥ मध्याह्नेतपतोराजन्भास्करस्यमहाप्रभाः ६७ हृताःसर्वाःशरौघैस्तैःकर्णपांडवयोस्तदा ॥ सौबलंकृतवर्माणंद्रौणिमाधिरथिंकृपम् ६८ संसक्तान्पांडवैर्दृष्ट्वानिवृत्ताःकुरवःपुनः ॥ तेषामापततांशब्दस्तीव्रआसीद्विशांपते ६९ उद्धृत्तानांयथावृष्ट्यासागराणांभयावहः ॥ तेसेनेभृशसंसक्तेदृष्ट्वाऽन्योन्यंमहाहवे ७० हर्षेणमहतायुक्तेपरिगृह्यपरस्परम् ॥ ततःप्रववृतेयुद्धंमध्यंप्राप्तेदिवाकरे ७१ तादृशंनकदाचिद्धिदृष्टपूर्वंनचश्रुतम् ॥ बलौघस्तुसमासाद्यबलौघंसहसारणे ७२ उपासर्पतवेगेनवार्योघइवसागरम् ॥ आसीन्निनादःसुमहान्बाणौघानांपरस्परम् ७३ गर्जतांसागरौघाणांयथास्यान्निःस्वनोमहान् ॥ तेतुसेनेसमासाद्यवेगवत्यौपरस्परम् ७४ एकीभावमनुप्राप्तेनद्याविवसमागमे ॥ ततःप्रववृतेयुद्धंघोररूपंविशांपते ७५ कुरूणांपांडवानांचलिप्सतांसुमहद्यशः ॥ शूराणांगर्जतांतत्रह्यविच्छेदकृतागिरः ७६ श्रूयंतेविविधाराजन्नामान्युद्दिश्यभारत ॥ यस्ययद्धिरणेव्यंगंपितृतोमातृतोऽपिवा ७७ कर्मतःशीलतोवाऽपिसतच्छ्रावयतेयुधि ॥ तान्दृष्ट्वासमरेशूरांस्तर्जमानान्परस्परम् ७८ अभवन्मेमतीराजन्नैषामस्तीतिजीवितम् ॥ तेषांदृष्ट्वातुक्रुद्धानांवपूंष्यमिततेजसाम् ७९ अभवन्मेभयंतीव्रंकथमेतद्भविष्यति ॥ ततस्तेपांडवाराजन्कौरवाश्चमहारथाः ८० ततक्षुःसायकैस्तीक्ष्णैर्निघ्नन्तोहिपरस्परम् ८१ ॥ इतिश्रीमहाभारते कर्णपर्वणि संकुलयुद्धेएकपंचाशत्तमोऽध्यायः ॥ ५१ ॥ ॥ संजयउवाच ॥ ॥ क्षत्रियास्तेमहाराजपरस्परवधैषिणः ॥ अन्योन्यंसमरेजघ्नुःकृतवैराःपरस्परम् १ ॥ ॥ ॥ ॥ ॥ ॥ ४८ ॥

१ इतिकर्णपर्वणिनीलकंठीयेभारतभावदीपे एकपंचाशत्तमोऽध्यायः ॥ ५१ ॥ ॥ ॥ ॥ क्षत्रियाइति १

२ । ३ वृष्टयः वृष्टयः ४ । ५ । ६ । ७ । ८ । ९ । १० । ११ । १२ । १३ । १४ । १५ । १६ । १७ नगनिभोपमाः नगेषुनितरांभांतितेनगनिभाःपर्वतोत्तमास्तेउपमायेषामित्यर्थः १८ । १९ । २०

रथौघाश्चहयौघाश्चनरौघाश्चसमंततः ।। गजौघाश्चमहाराजसंसक्ताश्चपरस्परम् २ गदानांपरिघाणांचकणपानांचक्षिप्यताम् ।। प्रासानांभिंदिपालानांभुशुंडीनांचसर्वशः ३
संपातंचानुपश्यामसंग्रामेभृशदारुणे ।। शलभाइवसंपेतुःशरवृष्टयःसमंततः ४ नागान्नागाःसमासाद्यव्यधमंतपरस्परम् ।। हयाहयांश्चसमरेरथिनोरथिनस्तथा ५
पत्तयःपत्तिसंघांश्चहयसंघांश्चपत्तयः ।। पत्तयोरथमातंगान्रथाहस्त्यश्वमेवच ६ नागाश्चसमरेत्र्यंगंममृदुःशीघ्रगान्नृप ।। वध्यतांतत्रशूराणांक्रोशतांचपरस्परम् ७
घोरमायोधनंजज्ञेपशूनांवैशसंयथा ।। रुधिरेणसमास्तीर्णाभातिभारतमेदिनी ८ ।। शक्रगोपगणाकीर्णाप्रावृषीवयथाधरा ।। यथावावाससीशुक्लेमहारंजनरंजिते
९ बिभृयाद्युवतीश्यामातद्वदासीद्वसुंधरा ।। मांसशोणितचित्रेवशातकुंभमयीवच १० भिन्नानांचोत्तमांगानांबाहूनांचोरुभिःसह ।। कुंडलानांप्रवृद्धानांभूषणानांचभारत
११ निष्काणामथशूराणांशरीराणांचधन्विनाम् ।। चर्मणांसपताकानांसंघास्तत्रापतन्भुवि १२ गजागजान्समासाद्यविषाणैरार्दयन्नृप ।। विषाणाभिहतास्तत्रभ्राजंतेद्विर
दास्तथा १३ रुधिरेणावसिक्तांगागैरिकप्रस्रवाइव ।। यथाभ्राजंतिस्यंदंतःपर्वताधातुमंडिताः १४ तोमरान्सादिभिर्मुक्तान्प्रतीपानास्थितान्बहून् ।। हस्तैर्विचे
रुस्तेनागाबभंजुश्चापरेतथा १५ नाराचैश्छिन्नवर्माणोभ्राजंतिस्मगजोत्तमाः ।। हिमागमेयथाराजन्व्यभ्राइवमहीधराः १६ शरैःकनकपुंखैश्चचित्रारेजुर्गजोत्तमाः ।।
उल्काभिःसंप्रदीप्ताग्राःपर्वताइवभारत १७ केचिदभ्याहतानागैर्नागानगनिभोपमाः ।। विनेशुःसमरेतस्मिन्पक्षवंतइवाद्रयः १८ अपरेप्राद्रवन्नागाःशल्यार्त्ताव्रण
पीडिताः ।। प्रतिमानैश्चकुंभैश्चपेतुरुर्व्यांमहाहवे १९ विनेदुःसिंहवच्चान्येनदंतोभैरवान्रवान् ।। बभ्रमुर्बहवोराजंश्चुकुशुश्चापरेगजाः २० हयाश्चनिहताबाणैर्हेमभां
डविभूषिताः ।। निषेदुश्चैवमम्लुश्चबभ्रमुश्चदिशोदश २१ अपरेकृष्यमाणाश्चविचेष्टंतोमहीतले ।। भावान्बहुविधांश्चकुस्ताडिताःशरतोमरैः २२ नरास्तुनिहता
भूमौकूजंतस्तत्रमारिष ।। दृष्ट्वाचबांधवानन्येपितॄनन्येपितामहान् २३ धावमानान्परांश्चान्येदृष्ट्वाऽन्येतत्रभारत ।। गोत्रनामानिख्यातानिशशंसुरितरेतरम् २४
तेषांछिन्नामहाराजभुजाःकनकभूषणाः ।। उद्वेष्टंतेविचेष्टंतेपतंतेचोत्पतंतिच २५ निपतंतितथैवान्येस्फुरंतिचसहस्रशः ।। वेगांश्चान्येरणेचक्रुःपंचास्याइवपन्नगाः २६
तेभुजाभोगिभोगाभाश्चंदनाक्ताविशांपते ।। लोहितार्द्राभृशंरेजुस्तपनीयध्वजाइव २७ वर्तमानेतथाघोरेसंकुलेसर्वतोदिशम् ।। अविज्ञाताःस्मयुध्यंतेविनिघ्नंतःपरस्परम्
२८ भौमेनरजसाकीर्णेशस्त्रसंपातसंकुले ।। नैवस्वेनपरेराजन्व्यज्ञायंततमोवृताः २९ तथातदभवद्युद्धंघोररूपंभयानकम् ।। लोहितोदामहानद्यःप्रसस्रुस्तत्रचासकृत्
३० शीर्षपाषाणसंछन्नाःकेशशैवलशाद्वलाः ।। अस्थिमीनसमाकीर्णाधनुःशरगदोडुपाः ३१ ।। ।। ।।

२१ । २२ । २३ । २४ । २५ । २६ । २७ । २८ । २९ । ३० धनुःशरगदाएवभास्वरत्वादुडुवन्नक्षत्रसदृशाःपातीत्युडुपाः धनुरादिवदुडुपाःशोभायासांताइतिवा । 'उडुपस्तुप्लवेचंद्रेप्रतापेस्वेदतेजसोः । शोभायांच'इतिविश्वः ३१

३२ । ३३ । ३४ अगणेयानिगणयितुमशक्यानि ३५ । ३६ । ३७ । ३८ । ३९ । ४० ४१ । ४२॥ इतिकर्णपर्वणिनीलकंठीये भारतभावदीपे द्विपंचाशत्तमोऽध्यायः ॥ ५२ ॥ ॥ ॥ १

मांसशोणितपंकिन्योघोररूपाःसुदारुणाः ॥ नदीःप्रवर्तयामासुःशोणितौघविवर्धिनीः ३२ भीरुवित्रासकारिण्यःशूराणांहर्षवर्धनाः ॥ तानद्योघोररूपास्तुनयंत्योयम सादनम् ३३ अवगाढान्मज्जयंत्यःक्षत्रस्याजनयन्भयम् ॥ क्रव्यादानांनरव्याघ्रनर्दतांतत्रतत्रह ३४ घोरमायोधनंजज्ञेप्रेतराजपुरोपमम् ॥ उत्थितान्यगणेयानिक बंधानिसमंततः ३५ नृत्यंतिवैभूतगणाःसुतृप्तामांसशोणितैः ॥ पीत्वाचशोणितंतत्रवसांपीत्वाचभारत ३६ मेदोमज्जावसामत्तास्तृप्तामांसस्यचैवह ॥ धावमानाःस्म दृश्यन्तेकाकगृध्रबकास्तथा ३७ शूरास्तुसमरेराजन्भयंत्यक्त्वासुदुस्त्यजम् ॥ योधव्रतसमाख्याताश्चक्रुःकर्माण्यभीतवत् ३८ शरशक्तिसमाकीर्णेक्रव्यादगणसंकुले ॥ व्यचरंतरणेशूराःख्यापयंतःस्वपौरुषम् ३९ अन्योन्यंश्रावयंतिस्मनामगोत्राणिभारत ॥ पितृनामानिचरणेगोत्रनामानिवाविभो ४० श्रावयाणाश्चबहवस्तत्रयोधा विशांपते ॥ अन्योन्यमवमृद्नन्तःशक्तितोमरपट्टिशैः ४१ वर्तमानेतथायुद्धेघोररूपेसुदारुणे ॥ व्यषीदत्कौरवीसेनाभिन्नानौरिवसागरे ४२ ॥ इतिश्रीमहाभारते कर्णपर्वणिसंकुलयुद्धे द्विपंचाशत्तमोऽध्यायः ॥ ५२ ॥ ॥ ॥ ॥ संजयउवाच ॥ वर्तमानेतथायुद्धेक्षत्रियाणांनिमज्जने ॥ गांडीवस्यमहाघोषःश्रूयतेयुधि मारिष १ संशप्तकानांकदनमकरोद्यत्रपांडवः ॥ कोसलानांतथाराजन्नारायणबलस्यच २ संशप्तकास्तुसमरेशरवृष्टीःसमंततः ॥ अपातयन्पार्थमूर्ध्निजयगृद्धाःप्रमन्य वः ३ तावृष्टीःसहसाराजंस्तरसाधारयन्प्रभुः ॥ व्यगाहतरणेपार्थोविनिघ्नन्रथिनांवरान् ४ विगाह्यतद्रथानीकंकंकपत्रैःशिलाशितैः ॥ आससादततःपार्थःसुशर्माणं वरायुधम् ५ सतस्यशरवर्षाणिववर्षरथिनांवरः ॥ तथासंशप्तकाश्चैवपार्थंबाणैःसमार्पयन् ६ सुशर्मातुततःपार्थंविद्ध्वादशभिराशुगैः ॥ जनार्दनंत्रिभिर्बाणैरहनद्दक्षि णेभुजे ७ ततोऽपरेणभल्लेनकेतुंविव्याधमारिष ॥ सवानरवरोराजन्विश्वकर्मकृतोमहान् ८ ननादसुमहानादंभीषयाणोजगर्जच ॥ कपेस्तुनिनदंश्रुत्वासंत्रस्तातववा हिनी ९ भयंविपुलमाधायनिश्चेष्टासमपद्यत ॥ ततःसाशुशुभेसेनानिश्चेष्टावस्थितानृप १० नानापुष्पसमाकीर्णंयथाचैत्ररथंवनम् ॥ प्रतिलभ्यततःसंज्ञांयोधा स्तेकुरुसत्तम ११ अर्जुनंसिषिचुर्बाणैःपर्वतंजलदाइव ॥ परिवव्रुस्ततःसर्वेपांडवस्यमहारथम् १२ निगृह्यतंप्रचुक्रुशुर्वध्यमानाःशितैःशरैः ॥ तेहयान्रथचक्रेचरथे षांचापिमारिष १३ निग्रहीतुमुपाक्रामन्क्रोधाविष्टाःसमंततः॥ निगृह्यतंरथंतस्ययोधास्तेतुसहस्रशः १४ निगृह्यबलवत्सर्वेसिंहनादमथानदन् ॥ अपरेजगृहुश्चै वकेशवस्यमहाभुजौ १५ पार्थमन्येमहाराजरथस्थंजगृहुर्मुदा ॥ केशवस्तुततोबाहूविधुन्वन्रणमूर्धनि १६ पातयामासतान्सर्वान्दुष्टहस्तीवहस्तिपान् ॥ ततःक्रुद्धोरणेपार्थःसंवृतस्तैर्महारथैः १७ ॥ ॥ ॥ ॥ ॥

२ । ३ । ४ । ५ । ६ । ७ । ८ । ९ । १० । ११ । १२ । १३ । १४ । १५ । १६ । १७

१८ । १९ । २० । २१ । २२ । २३ । २४ । २५ । २६ । २७ । २८ । २९ । ३० । ३१ । ३२ । ३३ । ३४ । ३५ । ३६ । ३७ । ३८ । ३९ ४० ४१ । ४२ । ४३ । ४४ । ४५ । ४६

निगृहीतंरथंदृष्ट्वाकेशवंचाप्यभिद्रुतम् ॥ रथारूढांस्तुसुबहून्पदातींश्चाप्यपातयत् १८ आसन्नांश्चतथायोधाञ्शरैरासन्नयोधिभिः ॥ छादयामाससमरेकेशवंचेदमब्र
वीत् १९ पश्यकृष्णमहाबाहोसंशप्तकगणान्बहून् ॥ कुर्वाणान्दारुणंकर्मवध्यमानान्सहस्रशः २० रथबंधमिमंघोरंपृथिव्यांनास्तिकश्चन ॥ यःसहेतपुमाँल्लोकेमदन्यो
यदुपुंगव २१ इत्येवमुक्त्वाबीभत्सुर्देवदत्तमथाधमत् ॥ पांचजन्यंचकृष्णोऽपिपूरयन्निवरोदसी २२ तंतुशंखस्वनंश्रुत्वासंशप्तकवरूथिनी ॥ संचचालमहाराजवित्र
स्ताचाद्रवद्भृशम् २३ पादबंधंततश्चक्रेपांडवःपरवीरहा ॥ नागमस्त्रंमहाराजसंप्रकीर्यमुहुर्मुहुः २४ तेबद्धाःपादबंधेनपांडवेनमहात्मना ॥ निश्चेष्टाश्चाभवन्राजन्नश्म
सारमयाइव २५ निश्चेष्टांस्तुततोयोधानवधीत्पांडुनंदनः ॥ यथेन्द्रःसमरेदैत्यांस्तारकस्यवधेपुरा २६ तेबध्यमानाःसमरेमुमुचुस्तंरथोत्तमम् ॥ आयुधानिचसर्वा
णिविस्रष्टुमुपचक्रमुः २७ तेबद्धाःपादबंधेननशेकुश्चेष्टितुंनृप ॥ ततस्तानवधीत्पार्थःशरैःसन्नतपर्वभिः २८ सर्वयोधाहिसमरेभुजगैर्वेष्टिताऽभवन् ॥ यानुद्दिश्यर
णेपार्थःपादबंधंचकारह २९ ततःसुशर्माराजेंद्रगृहीतांवीक्ष्यवाहिनीम् ॥ सौपर्णमस्त्रंत्वरितःप्रादुश्चक्रेमहारथः ३० ततःसुपर्णाःसम्पेतुर्भक्षयंतोभुजंगमान् ॥ तेवैवि
दुद्रुवुर्नागादृष्ट्वातान्खचरान्नृप ३१ बभौबलंतद्विमुक्तंपादबंधाद्विशांपते ॥ मेघवृंदाद्यथामुक्तोभास्करस्तापयन्प्रजाः ३२ विप्रमुक्तास्तुतेयोधाःफाल्गुनस्यरथं
प्रति ॥ ससृजुर्बाणसंघांश्चशस्त्रसंघांश्चमारिष ३३ विविधानिचशस्त्राणिप्रत्यविध्यंतसर्वशः ॥ तांमहास्त्रमयींवृष्टिंसंछिद्यशरवृष्टिभिः ३४ न्यवधीच्चततोराजन्बाणे
नानतपर्वणा ३५ अर्जुनंहृदयेविद्ध्वाविव्याधान्यैस्त्रिभिःशरैः ॥ सगाढविद्धोव्यथितोरथोपस्थउपाविशत् ३६ ततउच्चुक्रुशुःसर्वेहतःपार्थइतिस्मह ॥ ततःशंखनि
नादाश्चभेरीशब्दाश्चपुष्कलाः ३७ नानावादित्रनिनदाःसिंहनादाश्चजज्ञिरे ॥ प्रतिलभ्यततःसंज्ञांश्वेताश्वःकृष्णसारथिः ३८ ऐन्द्रमस्त्रममेयात्माप्रादुश्चक्रेत्वरान्वितः ॥
ततोबाणसहस्राणिसमुत्पन्नानिमारिष ३९ सर्वदिक्षुव्यदृश्यंतनिघ्नंतितववाहिनीम् ॥ हयान्रथांश्चसमरेशस्त्रैःशतसहस्रशः ४० वध्यमानेततःसैन्येभयंसुमहदावि
शत् ॥ संशप्तकगणानांचगोपालानांचभारत ४१ नहितत्रपुमान्कश्चिद्योर्जुनंप्रत्यविध्यत ॥ पश्यतांतत्रवीराणामहन्यतबलंतव ४२ हन्यमानमपश्यंश्चनिश्चेष्टंस्मप
राक्रमे ॥ अयुतंतत्रयोधानांहत्वापांडुसुतोरणे ४३ व्यभ्राजतमहाराजविधूमोग्निरिवज्वलन् ॥ चतुर्दशसहस्राणियानिशिष्टानिभारत ४४ रथानामयुतंचैवत्रिसा
हस्राश्वदंतिनः ॥ ततःसंशप्तकाभूयःपरिवव्रुर्धनंजयम् ४५ मर्तव्यमितिनिश्चित्यजयंवाऽप्यनिवर्तनम् ॥ तत्रयुद्धंमहच्चासीत्तावकानांविशांपते ॥ शूरेणबलीनासा
र्धंपांडवेनकिरीटिना ४६ ॥ इतिश्रीमहाभारते कर्णपर्वणि संकुलयुद्धेत्रिपंचाशत्तमोऽध्यायः ॥ ५३ ॥ ॥ ॥ ॥

॥ इतिकर्णपर्वणि नीलकंठीये भारतभावदीपे त्रिपंचाशत्तमोऽध्यायः ॥ ५३ ॥ ॥

१ । २ । ३ । ४ । ५ । ६ । ७ । ८ । ९ । १० । ११ । १२ । १३ । १४ । १५ । १६ । १७ । १८ । १९ । २० । २१ । २२ । २३ । २४ । २५ । २६ । २७ । २८ । २९ । ३० । ३१

संजयउवाच ॥ कृतवर्माकृपोद्रौणिःसूतपुत्रश्चमारिष ॥ उलूकःसौबलश्चैवराजाचसहसोदरैः १ सीदमानांचमूंदृष्ट्वापांडुपुत्रभयार्दिताम् ॥ समुज्जहुःस्मवेगेनभिन्नां
नावमिवार्णवे २ ततोयुद्धमतीवासीन्मुहूर्त्तमिवभारत ॥ भीरूणांत्रासजननंशूराणांहर्षवर्धनम् ३ कृपेणशरवर्षाणिप्रतिमुक्तानिसंयुगे ॥ संजयांश्छादयामासुः
शलभानांव्रजाइव ४ शिखंडीचततःक्रुद्धोगौतमंत्वरितोययौ ॥ ववर्षशरवर्षाणिसमंताद्द्विजपुंगवम् ५ कृपस्तुशरवर्षंतद्विनिहत्यमहास्त्रवित् ॥ शिखंडिनंरणेक्रुद्धो
विव्याधदशभिःशरैः ६ ततःशिखंडीकुपितःशरैःसप्तभिराहवे ॥ कृपंविव्याधकुपितंकंकपत्रैरजिह्मगैः ७ ततःकृपःशरैस्तीक्ष्णैःसोऽतिविद्धोमहारथः ॥ व्यश्वसू
तरथंचक्रेशिखंडिनमथोद्विजः ८ हताश्वात्तुततोयानादवप्लुत्यमहारथः ॥ खड्गंचर्मतथागृह्यसत्वरंब्राह्मणंययौ ९ तमापतंतंसहसाशरैःसन्नतपर्वभिः ॥ छादया
माससमरेतदद्भुतमिवाभवत् १० तत्राद्भुतमपश्यामशिलानांप्लवनंयथा ॥ निश्चेष्टस्तद्रणेराजञ्छिखंडीसमतिष्ठत ११ कृपेणच्छादितंदृष्ट्वानृपोत्तमशिखंडिनम् ॥ प्रत्यु
द्ययौकृपंतूर्णंधृष्टद्युम्नोमहारथः १२ धृष्टद्युम्नंततोयांतंशारद्वतरथंप्रति ॥ प्रतिजग्राहवेगेनकृतवर्मामहारथः १३ युधिष्ठिरमथायांतंशारद्वतरथंप्रति ॥ सपुत्रंस
हसैन्यंचद्रोणपुत्रोन्यवारयत् १४ नकुलंसहदेवंचत्वरमाणौमहारथौ ॥ प्रतिजग्राहतेपुत्रःशरवर्षेणवारयन् १५ भीमसेनंकरूषांश्चकेकयान्सहसृंजयैः ॥ कर्णो
वैकर्त्तनोयुद्धेवारयामासभारत १६ शिखंडिनस्ततोबाणान्कृपःशारद्वतोयुधि ॥ प्राहिणोत्त्वरयायुक्तोदिधक्षुरिवमारिष १७ ताञ्छरान्प्रेषितांस्तेनसमंतात्स्वर्ण
भूषितान् ॥ चिच्छेदखड्गमाविध्यभ्रामयंश्चपुनःपुनः १८ शतचंद्रंचतच्चर्मगौतमस्तस्यभारत ॥ व्यधमत्सायकैस्तूर्णंततउच्चुकुशुर्जनाः १९ सविचर्मामहाराज
खड्गपाणिरुपाद्रवत् ॥ कृपस्यवशमापन्नोमृत्योरास्यमिवातुरः २० शारद्वतशरैर्ग्रस्तंक्लिश्यमानंमहाबलः ॥ चित्रकेतुसुतोराजन्सुकेतुस्त्वरितोययौ २१ विकि
रन्ब्राह्मणंयुद्धेबहुभिर्निशितैःशरैः ॥ अभ्यापतदमेयात्मागौतमस्यरथंप्रति २२ दृष्ट्वाचयुक्तंतंयुद्धेब्राह्मणंचरितव्रतम् ॥ अपयातस्ततस्तूर्णंशिखंडीराजसत्तम २३
सुकेतुस्तुततोराजन्गौतमंनवभिःशरैः ॥ विद्ध्वाविव्याधसप्तत्यापुनश्चैनंत्रिभिःशरैः २४ अथास्यसशरंचापंपुनश्चिच्छेदमारिष ॥ सारथिंचशरेणास्यभृशंमर्मस्व
ताडयत् २५ गौतमस्तुततःक्रुद्धोधनुर्गृह्यनवंदृढम् ॥ सुकेतुंत्रिंशताबाणैःसर्वमर्मस्वताडयत् २६ सविह्वलितसर्वांगःप्रचचालरथोत्तमे ॥ भूमिकंपेयथावृक्ष
श्चचालकंपितोभृशम् २७ चलतस्तस्यकायात्तुशिरोज्वलितकुंडलम् ॥ सोष्णीषंसशिरस्त्राणंक्षुरप्रेणत्वपातयत् २८ तच्छिरःप्रापतद्भूमौश्येनाहृतमिवामिषम् ॥
ततोऽस्यकायोवसुधांपश्चात्प्रापतदच्युत २९ तस्मिन्हतेमहाराजत्रस्तास्तस्यपुरोगमाः ॥ गौतमंसमरेत्यक्त्वादुद्रुवुस्तेदिशोदश ३० धृष्टद्युम्नंतुसमरेसंनिवार्य
महारथः ॥ कृतवर्माऽब्रवीद्धृष्टस्तिष्ठतिष्ठेतिभारत ३१

३२ । ३३ । ३४ । ३५ । ३६ । ३७ । ३८ । ३९ । ४० । ४१ । ४२ ॥ इतिकर्णपर्वणिनीलकंठीये भारतभावदीपे चतुष्पंचाशत्तमोऽध्यायः ॥ ५४ ॥ ॥ द्रौणिरिति १ । २ । ३ । ४ । ५
तदभूत्तुमुलंयुद्धंवृष्णिपार्षतयोरणे ॥ आमिषार्थेयथायुद्धंश्येनयोःक्रुद्धयोर्नृप ३२ धृष्टद्युम्नस्तुसमरेहार्दिक्यंनवभिःशरैः ॥ आजघानोरसिक्रुद्धःपीडयन्हृदिका
त्मजम् ३३ कृतवर्मातुसमरेपार्षतेनदृढाहतः ॥ पार्षतंसरथंसाश्वंछादयामाससायकैः ३४ सरथश्छादितोराजन्धृष्टद्युम्नोनदृश्यते ॥ मेघैरिवपरिच्छन्नोभास्क
रोजलधारिभिः ३५ विधूयतंबाणगणंशरैःकनकभूषणैः ॥ व्यरोचतरणेराजन्धृष्टद्युम्नःकृतव्रणः ३६ ततस्तुपार्षतःक्रुद्धःशस्त्रवृष्टिंसुदारुणाम् ॥ कृतवर्माणमा
साद्यव्यसृजत्पृतनापतिः ३७ तामापतंतींसहसाशस्त्रवृष्टिंसुदारुणाम् ॥ शरैरनेकसाहस्रैर्हार्दिक्योऽवारयद्युधि ३८ दृष्ट्वातुवारितांयुद्धेशस्त्रवृष्टिंदुरासदाम् ॥ कृत
वर्माणमासाद्यवारयामासपार्षतः ३९ सारथिंचास्यतरसाप्राहिणोद्यमसादनम् ॥ भल्लेनशितधारेणसहतःप्रापतद्रथात् ४० धृष्टद्युम्नस्तुबलवान्जित्वाशत्रुंमहा
बलम् ॥ कौरवान्समरेतूर्णंवारयामाससायकैः ४१ ततस्तेतावकायोधाधृष्टद्युम्नमुपाद्रवन् ॥ सिंहनादरवंकृत्वाततोयुद्धमवर्त्तत ४२ ॥ इतिश्रीम० भा० कर्ण
प० संकुलयुद्धेचतुष्पंचाशत्तमोऽध्यायः ॥ ५४ ॥ ॥ संजयउवाच ॥ द्रौणिर्युधिष्ठिरंदृष्ट्वाशैनेयेनाभिरक्षितम् ॥ द्रौपदेयैस्तथाशूरैरभ्यवर्त्ततधृष्टवत् १
किरन्निषुगणान्घोरान्स्वर्णपुंखान्शिलाशितान् ॥ दर्शयन्विविधान्मार्गान्शिक्षाश्चलघुहस्तवत् २ ततःखंपूरयामासशरैर्दिव्यास्त्रमंत्रितैः ॥ युधिष्ठिरंचसमरेप
रिवार्यमहास्त्रवित् ३ द्रौणायनिशरच्छन्नंनप्राज्ञायतकिंचन ॥ बाणभूतमभूत्सर्वमायोधनशिरोमहत् ४ बाणजालंदिविच्छन्नंस्वर्णजालविभूषितम् ॥ शुशुभे
भरतश्रेष्ठवितानमिवधिष्ठितम् ५ तेनच्छन्नंनभोराजन्बाणजालेनभास्वता ॥ आभ्रच्छायेवसंजज्ञेबाणरुद्धेनभस्तले ६ तत्राश्चर्यमपश्यामबाणभूतेतथाविधे ॥
नस्मसंपततेभूतंकिंचिदेवांतरिक्षगम् ७ सात्यकिर्यतमानस्तुधर्मराजश्चपांडवः ॥ तथेतराणिसैन्यानिनस्मचक्रुःपराक्रमम् ८ लाघवंद्रोणपुत्रस्यदृष्ट्वातत्रम
हारथाः ॥ व्यस्मयंतमहाराजनचैनंप्रत्युदीक्षितुम् ९ शेकुस्तेसर्वराजानस्तपंतमिवभास्करम् ॥ वध्यमानेततःसैन्येद्रौपदेयामहारथाः १० सात्यकिर्धर्मराजश्च
पंचालाश्चापिसंगताः ॥ त्यक्त्वामृत्युभयंघोरंद्रौणायनिमुपाद्रवन् ११ सात्यकिःसप्तविंशत्याद्रौणिंविद्ध्वाशिलीमुखैः ॥ पुनर्विव्याधनाराचैःसप्तभिःस्वर्णभूषितैः
१२ युधिष्ठिरस्त्रिसप्तत्याप्रतिविंध्यश्चसप्तभिः ॥ श्रुतकर्मात्रिभिर्बाणैःश्रुतकीर्तिश्चसप्तभिः १३ सुतसोमस्तुनवभिःशतानीकश्चसप्तभिः ॥ अन्येचबहवःशूरावि
व्यधुस्तंसमंततः १४ सतुक्रुद्धस्ततोराजन्नाशीविषइवश्वसन् ॥ सात्यकिंपंचविंशत्याप्राविध्यतशिलीमुखैः १५ श्रुतकीर्तिंचनवभिःसुतसोमंचपंचभिः ॥
अष्टभिःश्रुतकर्माणंप्रतिविंध्यंत्रिभिःशरैः १६ शतानीकंचनवभिर्धर्मपुत्रंचपंचभिः ॥ तथेतरांस्ततःशूरान्द्वाभ्यांद्वाभ्यामताडयत् १७ श्रुतकीर्तेस्तथाचापं
चिच्छेदनिशितैःशरैः ॥ अथान्यद्धनुरादायश्रुतकीर्तिर्महारथः १८ ॥ ॥ ॥
६ । ७ । ८ । ९ । १० । ११ । १२ । १३ । १४ । १५ । १६ । १७ । १८ ॥ ॥ ॥

१९ । २० । २१ । २२ । २३ । २४ । २५ । २६ । २७ । २८ । २९ । ३० । ३१ । ३२ । ३३ । ३४ । ३५ । ३६ । ३७ । ३८ । ३९ ॥ इतिकर्णपर्वणिनीलकंठीये भारतभावदीपेपंचपंचाशत्त

द्रौणायनिंत्रिभिर्विद्धाविव्याधान्यैःशितैःशरैः ॥ ततोद्रौणिर्महाराजशरवर्षेणमारिष १९ छादयामासतत्सैन्यंसमंताद्भरतर्षभ ॥ ततःपुनरमेयात्माधर्मराजस्य
कार्मुकम् २० द्रौणिश्चिच्छेदविहसन्विव्याधचशरैस्त्रिभिः ॥ ततोधर्मसुतोराजन्प्रगृह्यान्यन्महद्धनुः २१ द्रौणिंविव्याधसप्तत्याबाह्वोरुरसिचार्पयत् ॥ सात्यकिस्तुत
तःक्रुद्धोद्रौणेःप्रहरतोरणे २२ अर्धचंद्रेणतीक्ष्णेनधनुश्छित्वाऽनदद्भृशम् ॥ छिन्नधन्वाततोद्रौणिःशक्त्याशक्तिमतांवरः २३ सारथिंपातयामासशैनेयस्यरथा
द्द्रुतम् ॥ अथान्यद्धनुरादायद्रोणपुत्रःप्रतापवान् २४ शैनेयंशरवर्षेणच्छादयामासभारत ॥ तस्याश्वाःप्रद्रुताःसंख्येपतितेरथसारथौ २५ तत्रतत्रैवधावंतः
समदृश्यंतभारत ॥ युधिष्ठिरपुरोगास्तुद्रौणिंशस्त्रभृतांवरम् २६ अभ्यवर्षंतवेगेनविसृजंतःशिताञ्छरान् ॥ आगच्छमानांस्तान्दृष्ट्वाक्रुद्धरूपान्परंतपः २७ प्रह
सन्प्रतिजग्राहद्रोणपुत्रोमहारणे ॥ ततःशरशतज्वालःसेनाकक्षंमहारथः २८ द्रौणिर्ददाहसमरेकक्षमग्निर्यथावने ॥ तद्बलंपांडुपुत्रस्यद्रोणपुत्रप्रतापितम् २९
चुक्षुभेभरतश्रेष्ठतिमिनेवनदीमुखम् ॥ दृष्ट्वाचैवमहाराजद्रोणपुत्रपराक्रमम् ३० निहतान्मेनिरेसर्वान्पांडून्द्रोणसुतेनवै ॥ युधिष्ठिरस्तुत्वरितोद्रोणशिष्योमहा
रथः ३१ अब्रवीद्द्रोणपुत्रायरोषामर्षसमन्वितः ॥ नैवनामतवप्रीतिर्नैवनामकृतज्ञता ३२ यतस्त्वंपुरुषव्याघ्रमामेवाद्यजिघांससि ॥ ब्राह्मणेनतपःकार्यंदानम
ध्ययनंतथा ३३ क्षत्रियेणधनुर्नाम्यंसभवान्ब्राह्मणब्रुवः ॥ मिषतस्तेमहाबाहोयुधिजेष्यामिकौरवान् ३४ कुरुष्वसमरेकर्मब्रह्मबंधुरसिध्रुवम् ॥ एवमुक्तोमहाराज
द्रोणपुत्रःस्मयन्निव ३५ युक्तंतत्त्वंचसंचिंत्यनोत्तरंकिंचिदब्रवीत् ॥ अनुक्त्वाचततःकिंचिच्छरवर्षेणपांडवम् ३६ छादयामाससमरेक्रुद्धोऽन्तकइवप्रजाः ॥ स
च्छाद्यमानस्तुतदाद्रोणपुत्रेणमारिष ३७ पार्थोऽपयातःशीघ्रंवैविहायमहतींचमूम् ॥ अपयातेततस्तस्मिन्धर्मपुत्रेयुधिष्ठिरे ३८ द्रोणपुत्रस्ततोराजन्प्रत्यगा
त्समहामनाः ॥ ततोयुधिष्ठिरोराजंस्त्यक्त्वाद्रौणिंमहाहवे ॥ प्रययौतावकंसैन्यंयुक्तःक्रूरायकर्मणे ३९ ॥ इतिश्रीमहाभारतेकर्णपर्वणिपार्थापयानेपंचपंचाशत्तमोऽध्यायः
॥ ५५ ॥ संजयउवाच ॥ भीमसेनंचपांचाल्यंचेदिकेकयसंवृतम् ॥ वैकर्तनःस्वयंरुद्ध्वावारयामाससायकैः १ ततस्तुचेदिकारूषान्सृंजयांश्चमहारथान् ॥ कर्णोज
घानसमरेभीमसेनस्यपश्यतः २ भीमसेनस्ततःकर्णंविहायरथसत्तमम् ॥ प्रययौकौरवंसैन्यंकक्षमग्निरिवज्वलन् ३ सूतपुत्रोऽपिसमरेपंचालान्केकयांस्तथा ॥ सृंजयां
श्चमहेष्वासान्निजघानसहस्रशः ४ संशप्तकेषुपार्थश्चकौरवेषुवृकोदरः ॥ पंचालेषुतथाकर्णःक्षयंचक्रुर्महारथाः ५ तेक्षत्रियादह्यमानास्त्रिभिस्तैःपावकोपमैः ॥ जग्मुर्वि
नाशंसमरेराजन्दुर्मंत्रितेतव ६ ततोदुर्योधनःक्रुद्धोनकुलंनवभिःशरैः ॥ विव्याधभरतश्रेष्ठचतुरश्चास्यवाजिनः ७ ततःपुनरमेयात्मातवपुत्रोजनाधिप ॥ क्षुरेण
सहदेवस्यध्वजंचिच्छेदकाञ्चनम् ८ ॥ ॥ ॥ ॥

मोऽध्यायः ॥ ५५ ॥ ॥ ॥ भीमसेनमिति १ । २ । ३ । ४ । ५ । ६ । ७ । ८

९ । १० । ११ । १२ । १३ । १४ । १५ । १६ । १७ । १८ । १९ । २० । २१ । २२ । २३ । २४ । २५ । २६ । २७ । २८ । २९ । ३० । ३१ । ३२ । ३३ । ३४ । ३५

नकुलस्तुततःक्रुद्धस्तवपुत्रंचसप्तभिः ॥ जघानसमरेराजन्सहदेवश्चपंचभिः ९ तावुभौभरतश्रेष्ठौज्येष्ठौसर्वधनुष्मताम् ॥ विव्याधोरसिसंक्रुद्धःपंचभिःपंचभिःशरैः १०
ततोऽपराभ्यांभल्लाभ्यांधनुषीसमकृंतत ॥ यमयोःसहसाराजन्विव्याधचत्रिसप्तभिः ११ तावन्येधनुषीश्रेष्ठेशक्रचापनिभेशुभे ॥ प्रगृह्यरेजतुःशूरौदेवपुत्रसमौयुधि १२
ततस्तौरभसौयुद्धेभ्रातरौभ्रातरंयुधि ॥ शरैर्ववृषतुर्घोरैर्महामेघौयथाऽचलम् १३ ततःक्रुद्धोमहाराजतवपुत्रोमहारथः ॥ पांडुपुत्रौमहेष्वासौवारयामासपत्रिभिः १४
धनुर्मण्डलमेवास्यदृश्यतेयुधिभारत ॥ सायकाश्चैवदृश्यंतेनिश्चरन्तःसमंततः १५ आच्छादयन्दिशःसर्वाःसूर्यस्येवांशवोयथा ॥ बाणभूतेततस्तस्मिन्संछन्नेचनभ
स्तले १६ यमाभ्यांददृशेरूपंकालांतकयमोपमम् ॥ पराक्रमंतुतंदृष्ट्वातवसूनोर्महारथाः १७ मृत्योरुपांतिकंप्राप्तौमाद्रीपुत्रौस्ममेनिरे ॥ ततःसेनापतीराजन्पांडव
स्यमहारथः १८ पार्षतःप्रययौतत्रयत्रराजासुयोधनः ॥ माद्रीपुत्रौततःशूरौव्यतिक्रम्यमहारथौ १९ धृष्टद्युम्नस्तवसुतंवारयामाससायकैः ॥ तमविध्यदमेयात्मातवपुत्रो
ह्यमर्षणः २० पांचाल्यंपंचविंशत्याप्रहसन्पुरुषर्षभः ॥ ततःपुनरमेयात्मातवपुत्रोह्यमर्षणः २१ विद्ध्वाननादपांचाल्यंषष्ट्यापंचभिरेवच ॥ तथाऽस्यसशरंचापंहस्ता
वापंचमारिष २२ क्षुरप्रेणसुतीक्ष्णेनराजाचिच्छेदसंयुगे ॥ तदपास्यधनुश्छिन्नंपांचाल्यःशत्रुकर्शनः २३ अन्यदादत्तवेगेनधनुर्भारसहंनवम् ॥ प्रज्वलन्निववेगेनसं
रंभाद्रुधिरेक्षणः २४ अशोभतमहेष्वासोधृष्टद्युम्नःकृतव्रणः ॥ सपंचदशनाराचान्श्वसतःपन्नगानिव २५ जिघांसुर्भरतश्रेष्ठंधृष्टद्युम्नोव्यपासृजत् ॥ तेवर्महेमविकृतं
भित्त्वाराज्ञःशिलाशिताः २६ विविशुर्वसुधांवेगात्कंकबर्हिणवाससः ॥ सोऽतिविद्धोमहाराजपुत्रस्तेऽतिव्यराजत २७ वसंतकालेसुमहान्प्रफुल्लइवकिंशुकः ॥
सच्छिन्नवर्मानाराचप्रहारैर्जर्जरीकृतः २८ धृष्टद्युम्नस्यभल्लेनक्रुद्धश्चिच्छेदकार्मुकम् ॥ अथैनंछिन्नधन्वानंत्वरमाणोमहीपतिः २९ सायकैर्दशभीराजन्भ्रुवोर्मध्येसमा
र्पयत् ॥ तस्यतेऽशोभयन्वक्त्रंकर्मारपरिमार्जिताः ३० प्रफुल्लंपंकजंयद्वद्भ्रमरामधुलिप्सवः ॥ तदपास्यधनुश्छिन्नंधृष्टद्युम्नोमहामनाः ३१ अन्यदादत्तवेगेनधनुर्भल्लां
श्चषोडश ॥ ततोदुर्योधनस्याश्वान्हत्वासूतंचपंचभिः ३२ धनुश्चिच्छेदभल्लेनजातरूपपरिष्कृतम् ॥ रथंसोपस्करंछत्रंशक्तिंखड्गंगदांध्वजम् ३३ भल्लैश्चिच्छेददशभिः
पुत्रस्यतवपार्षतः ॥ तपनीयांगदंचित्रंनागंमणिमयंशुभम् ३४ ध्वजंकुरुपतेश्छिन्नंददृशुःसर्वपार्थिवाः ॥ दुर्योधनंतुविरथंछिन्नवर्मायुधंरणे ३५ भ्रातरःपर्यरक्षंतसो
दराभरतर्षभ ॥ तमारोप्यरथेराजन्दंडधारोजनाधिपः ३६ अपाहरदसंभ्रांतोधृष्टद्युम्नस्यपश्यतः ॥ कर्णस्तुसात्यकिंजित्वाराजगृद्धीमहाबलः ३७ द्रोणहंतारमुग्रेषुंस
साराभिमुखोरणे ॥ तंपृष्ठतोऽभ्ययात्तूर्णंशैनेयोवितुदन्शरैः ३८ वारणंजघनोपान्तेविषाणाभ्यामिवद्विपः ॥ सभारतमहानासीद्योधानांसुमहात्मनाम् ३९ कर्णपार्ष
तयोर्मध्येत्वदीयानांमहारणः ॥ नपांडवानांनास्माकंयोधःकश्चित्पराङ्मुखः ४० ॥ ॥

३६ । ३७ । ३८ । ३९ । ४० ॥ ॥ ॥ ॥

४१ । ४२ । ४३ । ४४ । ४५ । ४६ । ४७ । ४८ । ४९ । ५० । ५१ । ५२ । ५३ । ५४ । ५५ । ५६ । ५७ । ५८ । ५९ । ६० । ६१ । ६२ । ६३ । ६४ । ६५ । ६६ । ६७ । ६८ । ६९ । ७०

प्रत्यदृश्यत्ततःकर्णःपंचालांस्त्वरितोययौ ॥ तस्मिन्क्षणेनरश्रेष्ठगजवाजिजनक्षयः ४१ प्रादुरासीदुभयतोराजन्मध्यगतेऽहनि ॥ पंचालास्तुमहाराजत्वरिताविजि
गीषवः ४२ तेसर्वेऽभ्यद्रवन्कर्णंपतत्रिणइवद्रुमम् ॥ तांस्तथाऽधिरथिःक्रुद्धोयतमानान्मनस्विनः ४३ विचिन्वन्निवबाणौघैःसमासादयदग्रगान् ॥ व्याघ्रकेतुंसुशर्मा
णंचित्रंचोग्रायुधंजयम् ४४ शुक्लंचरोचमानंचसिंहसेनंजदुर्जयम् ॥ तेवीराःरथमार्गेणपरिवव्रुर्नरोत्तमम् ४५ सृजंतंसायकान्क्रुद्धंकर्णमाहवशोभिनम् ॥ युध्यमानांस्तु
तान्शूरान्मनुजेन्द्रप्रतापवान् ४६ अष्टाभिरष्टौराधेयोऽभ्यर्दयन्निशितैःशरैः ॥ अथापरान्महाराजसूतपुत्रःप्रतापवान् ४७ जघानबहुसाहस्रान्योधान्युद्धविशारदान् ॥
जिष्णुंचजिष्णुकर्माणंदेवापिंभद्रमेवच ४८ दंडंचराजन्समरेचित्रंचित्रायुधंहरिम् ॥ सिंहकेतुंरोचमानंशलभंचमहारथम् ४९ निजघानसुसंक्रुद्धश्चेदीनांचमहारथान्
तेषामाददतःप्राणानासीदाधिरथेर्वपुः ५० शोणिताभ्युक्षितांगस्यरुद्रस्येवोर्जितंमहत् ॥ तत्रभारतकर्णेनमातंगास्ताडिताःशरैः ५१ सर्वतोऽभ्यद्रवन्भीताःकुर्वन्तो
महदाकुलम् ॥ निपेतुरुर्व्यांसमरेकर्णसायकताडिताः ५२ कुर्वंतोविविधान्नादान्वज्रनुन्नाइवाचलाः ॥ गजवाजिमनुष्यैश्चनिपतद्भिःसमंततः ५३ रथैश्चाधिरथे
मार्गेसमास्तीर्यतमेदिनी ॥ नैवंभीष्मोनचद्रोणोनान्येयुधिचतावकाः ५४ चक्रुःस्मतादृशंकर्मयादृशंवैकृतंरणे ॥ सूतपुत्रेणनागेषुहयेषुचरथेषुच ५५ नरेषुचमहा
राजकृतंस्मकदनंमहत् ॥ मृगमध्येयथासिंहोदृश्यतेनिर्भयश्चरन् ५६ पंचालानांतथामध्येकर्णोऽचरदभीतवत् ॥ यथामृगगणांस्त्रस्तान्सिंहोद्रावयतेदिशः ५७
पंचालानांरथव्रातान्कर्णोव्यद्रावयत्तथा ॥ सिंहास्यंचयथाप्राप्यनजीवंतिमृगाःक्वचित् ५८ तथाकर्णमनुप्राप्यनजिजीवुर्महारथाः ॥ वैश्वानरंयथाप्राप्यप्रतिदह्यं
तिवैजनाः ५९ कर्णाग्निनावनेतद्वद्दग्धाभारतसृंजयाः ॥ कर्णेनचेदिकैकेयपंचालेषुचभारत ६० विश्राव्यनामनिहताबहवःशूरसंमताः ॥ ममचासीन्मतीराजन्दृष्ट्वा
कर्णस्यविक्रमम् ६१ नैकोप्याधिरथेर्जीवन्पांचाल्योमोक्ष्यतेयुधि ॥ पंचालान्व्यधमत्संख्येसूतपुत्रःपुनःपुनः ६२ पंचालानथनिघ्नन्तंकर्णंदृष्ट्वामहारणे ॥ अभ्य
धावत्सुसंक्रुद्धोधर्मराजोयुधिष्ठिरः ६३ धृष्टद्युम्नश्चराधेयंद्रौपदेयाश्चमारिष ॥ परिवव्रुरमित्रघ्नंशतशश्चापरेजनाः ६४ शिखंडीसहदेवश्चनकुलोनाकुलिस्तथा ॥
जनमेजयःशिनेर्नप्ताबहवश्चप्रभद्रकाः ६५ एतेपुरोगमाभूत्वाधृष्टद्युम्नश्चसंयुगे ॥ कर्णमस्यंतमिष्वस्त्रैर्विचेरुरमितौजसः ६६ तांस्तत्राधिरथिःसंख्येचेदिपंचालपांड
वान् ॥ एकोबहूनभ्यपतद्गरुत्मान्पन्नगानिव ६७ तैःकर्णस्याभवद्युद्धंघोररूपंविशांपते ॥ तादृग्यादृक्पुरावृत्तंदेवानांदानवैःसह ६८ तान्समेतान्महेष्वासान्
शरवर्षौघवर्षिणः ॥ एकोव्यधमदव्यग्रस्तमांसीवदिवाकरः ६९ भीमसेनस्तुसंसक्तेराधेयेपांडवैःसह ॥ सर्वतोऽभ्यहनत्क्रुद्धोयमदंडनिभैःशरैः ॥ वाहीकान्के
कयान्मत्स्यान्वासात्यान्मद्रसैन्धवान् ७० ॥ ॥ ॥ ॥

७१ । ७२ । ७३ । ७४ । ७५ । ७६ । ७७ । ७८ । ७९ । ८० । ८१ । ८२ । ८३ । ८४ । ८५ । ८६ । ८७ । ८८ । ८९ । ९० । ९१ । ९२ । ९३ । ९४ । ९५ । ९६

एकःसंख्येमहेष्वासोयोधयन्बह्वशोभत ॥ तत्रमर्मसुभीमेननाराचैस्ताडितागजाः ७१ प्रपतंतोहतारोहाःकंपयंतिस्ममेदिनीम् ॥ वाजिनश्चहतारोहाःपत्तयश्चगतासवः
७२ शेरतेयुधिनिर्भिन्नावमंतोरुधिरंबहु ॥ सहस्रशश्चरथिनःपातिताःपतितायुधाः ७३ तेक्षताःसमदृश्यंतभीमभीतागतासवः ॥ रथिभिःसादिभिःसूतैःपादातैर्वाजि
भिर्गजैः ७४ भीमसेनशरैश्छिन्नैराच्छन्नावसुधाऽभवत् ॥ तत्स्तंभितमिवातिष्ठद्भीमसेनभयार्दितम् ७५ दुर्योधनबलंसर्वंनिरुत्साहंकृतव्रणम् ॥ निश्चेष्टंतुमुलंदीनंबभौ
तस्मिन्महारणे ७६ प्रसन्नसलिलेकालेयथास्यात्सागरोनृप ॥ तद्वत्तवबलंतद्वैनिश्चलंसमवस्थितम् ७७ मन्युवीर्यबलोपेतंदर्पात्प्रत्यवरोपितम् ॥ अभवत्तवपुत्रस्य
तत्सैन्यंनिष्प्रभंतदा ७८ तद्बलंभरतश्रेष्ठवध्यमानंपरस्परम् ॥ रुधिरौघपरिक्लिन्नंरुधिरार्द्रंबभूवह ७९ जगामभरतश्रेष्ठवध्यमानंपरस्परम् ॥ सूतपुत्रोरणेक्रुद्धःपांड
वानामनीकिनीम् ८० भीमसेनःकुरूंश्चापिद्रावयंतौविरेजतुः ॥ वर्तमानेतथारौद्रेसंग्रामेऽद्भुतदर्शने ८१ निहत्यपृतनामध्येसंशप्तकगणान्बहून् ॥ अर्जुनोजयतांश्रे
ष्ठोवासुदेवमथाब्रवीत् ८२ प्रभग्नंबलमेतद्धियोत्स्यमानंजनार्दन ॥ एतेद्रवंतिसगणाःसंशप्तकमहारथाः ८३ अपारयंतोमद्बाणान्सिंहशब्दंमृगाइव ॥ दीर्यतेचमहत्सै
न्यंसृंजयानांमहारणे ८४ हस्तिकक्षोह्यसौकृष्णःकेतुःकर्णस्यधीमतः ॥ दृश्यतेराजसैन्यस्यमध्येविचरतोमुदा ८५ नचकर्णंरणेशक्ताजेतुमन्येमहारथाः ॥ जानी
तेहिभवान्कर्णंवीर्यवंतंपराक्रमे ८६ तत्रयाहियतःकर्णोद्रावयत्येषनोबलम् ॥ वर्जयित्वारणेयाहिसूतपुत्रंमहारथम् ८७ एतन्मेरोचतेकृष्णयथावातवरोचते ॥ एत
च्छ्रुत्वावचस्तस्यगोविंदःप्रहसन्निव ८८ अब्रवीदर्जुनंतूर्णंकौरवान्जहिपांडव ॥ ततस्तवमहासैन्यंगोविंदप्रेरिताहयाः ८९ हंसवर्णाःप्रविविशुर्वहन्तःकृष्णपांडवौ ॥
केशवप्रेरितैरश्वैःश्वेतैःकांचनभूषणैः ९० प्रविशद्भिस्तवबलंचतुर्दिशमभिद्यत ॥ मेघस्तनितनिर्ह्रादःसरथोवानरध्वजः ९१ चलत्पताकस्तांसेनांविमानंद्यामिवा
विशत् ॥ तौविदार्यमहासेनांप्रविष्टौकेशवार्जुनौ ९२ क्रुद्धौसंरंभरक्ताक्षौविभ्राजेतांमहाद्युती ॥ युद्धशौण्डौसमाहूतावागतौतौरणाध्वरम् ९३ यज्वभिर्विधिनाहूतौ
मखेदेवाविवाश्विनौ ॥ क्रुद्धौतौतुनरव्याघ्रौयोगवंतौबभूवतुः ९४ तलशब्देनरुषितौयथानागौमहावने ॥ विगाह्यतुरथानीकमश्वसंघांश्चफाल्गुनः ९५ व्यचरत्पृ
तनामध्येपाशहस्तइवांतकः ॥ तंदृष्ट्वायुधिविक्रांतंसेनायांतवभारत ९६ संशप्तकगणान्भूयःपुत्रस्तेसमचूचुदत् ॥ ततोरथसहस्रेणद्विरदानांत्रिभिःशतैः ९७ चतुर्दश
सहस्रैस्तुतुरगाणांमहाहवे ॥ द्वाभ्यांशतसहस्राभ्यांपदातीनांचधन्विनाम् ९८ शूराणांलब्धलक्षाणांविदितानांसमंततः ॥ अभ्यवर्तन्तकौन्तेयंछादयन्तोमहारथाः ९९
१८ शरवर्षैर्महाराजसर्वतःपांडुनंदनम् ॥ सच्छाद्यमानःसमरेशरैःपरबलार्दनः १०० दर्शयन्रौद्रमात्मानंपाशहस्तइवांतकः ॥ निघ्नन्संशप्तकान्पार्थःप्रेक्षणीयतरोऽभवत् १०१

९७ । ९८ । ९९ । १०० । १०१

म. भा. टी. १०२। ३।४।५।६।७।८।९।१० ।११।१२।१३।१४। १५।१६।१७।१८।१९ किंकरवद्दण्डंबिभर्ति किंकरनामानंवादण्डंबिभर्तिसः १२०।२१।२२।२३ कर्ण० ८

॥ ५३ ॥

 ततोविद्युत्प्रभैर्बाणैःकार्तस्वरविभूषितैः ॥ निरंतरमिवाकाशमासीच्छन्नंकिरीटिना १०२. किरीटिभुजनिर्मुक्तैःसंपतद्भिर्महाशरैः ॥ समाच्छन्नंबभौसर्वंकाद्रवेयैरिव

अ०

प्रभो ३ रुक्मपुंखान्प्रसन्नाग्राञ्छरान्सन्नतपर्वणः ॥ अवासृजदमेयात्मादिक्षुसर्वासुपांडवः ४ महीवियद्दिशःसर्वाःसमुद्रागिरयोऽपिवा ॥ स्फुटंतीतिजनाजज्ञुः
पार्थस्यतलनिःस्वनात् ५ हत्वादशसहस्राणिपार्थिवानांमहारथः ॥ संशप्तकानांकौन्तेयःप्रत्यक्षंत्वरितोऽभ्ययात् ६ प्रत्यक्षंचसमासाद्यपार्थःकांबोजरक्षितम् ॥

५६

प्रममाथबलंबाणैर्दानवानिववासवः ७ प्रचिच्छेदाशुभल्लेनद्विषतामाततायिनाम् ॥ शस्त्रंपाणिंतथाबाहुंतथापिचशिरांस्युत ८ अंगांगावयवैश्छिन्नैर्व्यायु
धास्तेऽपतन्भुवि ॥ विष्वग्वाताभिसंभग्नाबहुशाखाइवद्रुमाः ९ हस्त्यश्वरथपत्तीनांव्रातान्निघ्नंतमर्जुनम् ॥ सुदक्षिणादवरजःशरवृष्ट्याऽभ्यवीवृषत् ११० त
स्यास्यतोऽर्द्धचंद्राभ्यांबाहूपरिघसन्निभौ ॥ पूर्णचंद्राभवक्त्रंचक्षुरेणाभ्यहरच्छिरः ११ सपपाततोवाहात्सुलोहितपरिस्रवः ॥ मनःशिलागिरेःशृंगंवज्रेणेवावदा
रितम् १२ सुदक्षिणादवरजंकांबोजंददृशुर्हतम् ॥ प्रांशुंकमलपत्राक्षमत्यर्थंप्रियदर्शनम् १३ कांचनस्तंभसदृशंभिन्नंहेमगिरिंयथा ॥ ततोऽभवत्पुनर्युद्धंघोरमत्य
र्थमद्भुतम् १४ नानावस्थाश्वयोधानांबभूवुस्तत्रयुद्ध्यताम् ॥ एकेषुनिहतैरश्वैःकांबोजैर्यवनैःशकैः १५ शोणिताक्तैस्तदारक्तंसर्वमासीद्विशांपते ॥ रथैर्हताश्वसूतै
श्वहतारोहैश्ववाजिभिः १६ द्विरदैश्वहतारोहैर्महामात्रैर्हतद्विपैः ॥ अन्योन्येनमहाराजकृतोघोरोजनक्षयः १७ तस्मिन्प्रपक्षेपक्षेचनिहतेसव्यसाचिना ॥ अर्जुनं
जयतांश्रेष्ठंत्वरितोद्रौणिरभ्ययात् १८ विधुन्वानोमहच्चापंकार्तस्वरविभूषितम् ॥ आददानःशरान्घोरान्स्वरश्मीनिवभास्करः १९ क्रोधामर्षविवृत्तास्योलोहिताक्षो
बभौबली ॥ अंतकालेयथाक्रुद्धोमृत्युःकिंकरदंडभृत् १२० ततःप्रासृजदुग्राणिशरवर्षाणिसंघशः ॥ तैर्विसृष्टैर्महाराजव्यद्रवत्पांडवीचमूः २१ सदृष्ट्वैवतुदाशार्हं
स्यंदनस्थंविशांपते ॥ पुनःप्रासृजदुग्राणिशरवर्षाणिमारिष २२ तैःपतद्भिर्महाराजद्रौणिमुक्तैःसमंततः ॥ संछादितौरथस्थौतावुभौकृष्णधनंजयौ २३ ततःशरशतै
स्तीक्ष्णैरश्वत्थामाप्रतापवान् ॥ निश्वेष्टौतावुभौयुद्धेकृत्वामाधवपांडवौ २४ हाहाकृतमभूत्सर्वंस्थावरंजंगमंतथा ॥ चराचरस्यगोप्तारौदृष्ट्वासंछादितौशरैः २५ सिद्ध
चारणसंघाश्वसंपेतुस्तेसमंततः ॥ चिन्तयन्तोभवेदद्यलोकानांस्वस्त्यपीतिच २६ नमयातादृशोराजन्दृष्टपूर्वःपराक्रमः ॥ संग्रामेयादृशोद्रौणेःकृष्णौसंछादयिष्यतः
२७ द्रौणेस्तुधनुषःशब्दमहितत्रासनंरणे ॥ अश्रौषंबहुशोराजन्सिंहस्यनिनदोयथा २८ ज्याचास्यचरतोयुद्धेसव्यदक्षिणमस्यतः ॥ विद्युदंबुदमध्यस्थाभ्राजमाने
वसाऽभवत् २९ सतथाक्षिप्रकारीचदृढहस्तश्वपांडवः ॥ प्रमोहंपरमंगत्वाप्रैक्ष्यतंद्रोणजंततः ३० विक्रमंविहतंमेनेआत्मनःसमहायशाः ॥ तस्यास्यसमरेराजन्व
पुरासीत्सुदुर्दशम् ३१ द्रौणिपांडवयोरेवंवर्तमानेमहारणे ॥ वर्धमानेचराजेन्द्रद्रोणपुत्रेमहाबले १३२

॥ ५३ ॥

२४।२५। २६।२७।२८।२९।३०।३१।१३२

३३ । ३४ । ३५ । ३६ । ३७ । ३८ । ३९ । ४० । ४१ । ४२ । ४३ । ४४ । ४५ । ४६ । ४७ ॥ इतिकर्णपर्वणिनीलकंठीये भारतभावदीपे षट्पंचाशत्तमोऽध्यायः ॥ ५६ ॥ ॥

हीयमानेचकौन्तेयेकृष्णेरोषःसमाविशत् ॥ सरोषान्निःश्वसन्राजन्निर्दहन्निवचक्षुषा १३३ द्रौणिंह्यपश्यत्संग्रामेफाल्गुनंचमुहुर्मुहुः ॥ ततःक्रुद्धोऽऽब्रवीत्कृष्णःपा
र्थंसप्रणयंतदा ३४ अत्यद्भुतमिदंपार्थतवपश्यामिसंयुगे ॥ अतिशेतेहियत्रत्वांद्रोणपुत्रोऽद्यभारत ३५ कच्चिद्वीर्यंयथापूर्वंभुजयोर्वाबलंतव ॥ कच्चित्तेगांडिवं
हस्तेरथेतिष्ठसिचार्जुन ३६ कच्चित्कुशलिनौबाहूमुष्टिर्वानव्यशीर्यत ॥ उदीर्यमाणंहिरणेपश्यामिद्रौणिमाहवे ३७ गुरुपुत्रइतिह्येनंमानयन्भरतर्षभ ॥ उपेक्षां
कुरुमापार्थनायंकालउपेक्षितुम् ३८ एवमुक्तस्तुकृष्णेनगृह्यभल्लांश्चतुर्दश ॥ त्वरमाणस्त्वराकालेद्रौणेर्धनुरथाच्छिनत् ३९ ध्वजंछत्रंपताकांश्चरथंशक्तिंगदां
तथा ॥ जत्रुदेशेचसुभृशंवत्सदंतैरताडयत् ४० समूर्छांपरमांगत्वाध्वजयष्टिंसमाश्रितः ॥ तंविसंज्ञंमहाराजशत्रुणाभृशपीडितम् ४१ अपोवाहरणात्सूतोरक्ष
माणोधनंजयात् ॥ एतस्मिन्नेवकालेचविजयःशत्रुतापनः ४२ व्यहनत्तावकंसैन्यंशतशोऽथसहस्रशः ॥ पश्यतस्तस्यवीरस्यतवपुत्रस्यभारत ४३ एवमेष
क्षयोवृत्तस्तावकानांपरैःसह ॥ क्रूरोविशसनोघोरोराजन्दुर्मन्त्रितेतव ४४ संशप्तकांश्चकौन्तेयःकुरूंश्चापिवृकोदरः ॥ वसुषेणश्चपंचालान्क्षणेनव्यधमद्रणे ४५
वर्त्तमानेतथारौद्रेराजन्वीरवरक्षये ॥ उत्थितान्यगणेयानिकबंधानिसमंततः ४६ युधिष्ठिरोऽपिसंग्रामेप्रहारैर्गाढवेदनः ॥ क्रोशमात्रमपक्रम्यतस्थौभरतस
त्तम १४७ ॥ इतिश्रीमहाभारतेकर्णपर्वणिसंकुलयुद्धेषट्पंचाशत्तमोऽध्यायः ॥ ५६ ॥ ॥ ॥ ॥ संजयउवाच ॥ दुर्योधनस्ततःकर्णमुपेत्यभरतर्षभ ॥
अब्रवीन्मद्रराजंचतथैवान्यांश्चपार्थिवान् १ यदृच्छयैतत्संप्राप्तंस्वर्गद्वारमपावृतम् ॥ सुखिनःक्षत्रियाःकर्णलभंतेयुद्धमीदृशम् २ सदृशैःक्षत्रियैःशूरैःशूराणांयु
ध्यतांयुधि ॥ इष्टंभवतिराधेयतदिदंसमुपस्थितम् ३ हत्वाचपांडवान्युद्धेस्फीतामुर्वीमवाप्स्यथ ॥ निहतावापरैर्युद्धेवीरलोकमवाप्स्यथ ४ दुर्योधनस्यतच्छ्रु
त्वावचनंक्षत्रियर्षभाः ॥ हृष्टानादानुदक्रोशन्वादित्राणिचसर्वशः ५ ततःप्रमुदितेतस्मिन्दुर्योधनबलेतदा ॥ हर्षयंस्तावकान्योधान्द्रौणिर्वचनमब्रवीत् ६
प्रत्यक्षंसर्वसैन्यानांभवतांचापिपश्यताम् ॥ न्यस्तशस्त्रोममपिताधृष्टद्युम्नेनपातितः ७ सतेनाहममर्षेणमित्रार्थेचापिपार्थिवाः ॥ सत्यंवःप्रतिजानामितद्वाक्यं
मेनिबोधत ८ धृष्टद्युम्नमहत्वाऽहंनविमोक्ष्यामिदंशनम् ॥ अनृतायांप्रतिज्ञायांनाहंस्वर्गमवाप्नुयाम् ९ अर्जुनोभीमसेनश्चयोयोयोरक्षितारणे ॥ धृष्टद्युम्नस्यतं
संख्येनिहनिष्यामिसायकैः १० एवमुक्तेततःसर्वासहिताभारतीचमूः ॥ अभ्यद्रवतकौन्तेयांस्तथातेचापिपांडवाः ११ ससंनिपातोरथयूथपानांबभूवराजन्नतिभीमरूपः ॥
जनक्षयःकाल्ययुगांतकल्पःप्रावर्त्ततताग्रेकुरुसृंजयानाम् १२ ततःप्रवृत्तेयुधिसंप्रहारेभूतानिसर्वाणिसदैवतानि ॥ आसन्समेतानिसहाप्सरोभिर्दिदृक्षमाणानिनरप्रवीरान् १३

दुर्योधनइति १।२ । ३ । ४ । ५ । ६ । ७ । ८ । ९ । १० पांडवाअपिकौरवानभ्यद्रवंतेतिशेषः ११ कालयुगांतोमहाप्रलयः १२ । १३

स्वकर्मअभिमुख्येनप्रहारसहनादि उद्वहतोनिर्वोढ्न् १४ समीरणःसिषेवेइत्यन्वयः परस्परंघ्नन्तितेपरस्परेणमारिताइत्यर्थः १५ । १६ । १७ ॥ ॥ इतिकर्णपर्वणि नीलकंठीये भारतभावदीपे

दिव्यैश्चमाल्यैर्विविधैश्चगंधैर्दिव्यैश्चरत्नैर्विविधैर्नराग्र्यान् ॥ रणेस्मकर्मोद्वहतःप्रवीरानवाकिरन्नप्सरसःप्रहृष्टाः १४ समीरणस्तांश्चनिषेव्यगंधान्सिषेवसर्वानपियोधमुख्या
न् ॥ निषेव्यमाणास्त्वनिलेनयोधाःपरस्परघ्नाधरणींनिपेतुः १५ सादिव्यमाल्यैरवकीर्यमाणासुवर्णपुंखैश्चशरैर्विचित्रैः ॥ नक्षत्रसंघैरिवचित्रिताद्यौःक्षितिर्बभौयोधवरै
र्विचित्रा १६ ततोऽन्तरिक्षादपिसाधुवादैर्वादित्रघोषैःसमुदीर्यमाणः ॥ ज्याघोषनेमिस्वननादचित्रःसमाकुलःसोऽभवत्संप्रहारः १७ ॥ इतिश्रीमहाभारते कर्णपर्वणि
अश्वत्थामप्रतिज्ञायांसप्तपंचाशत्तमोऽध्यायः ॥ ५७ ॥ ॥ संजयउवाच ॥ एवमेषमहानासीत्संग्रामःपृथिवीक्षिताम् ॥ क्रुद्धेऽर्जुनेतथाकर्णेभीमसेनेचपांडवे १
द्रोणपुत्रंपराजित्यजित्वाचान्यान्महारथान् ॥ अब्रवीदर्जुनोराजन्वासुदेवमिदंवचः २ पश्यकृष्णमहाबाहोद्रवंतींपांडवींचमूम् ॥ कर्णंपश्यचसंग्रामेकालयंतंमहारथान्
३ नचपश्यामिदाशार्हधर्मराजंयुधिष्ठिरम् ॥ नापिकेतुर्युधांश्रेष्ठधर्मराजस्यदृश्यते ४ त्रिभागश्चावशिष्टोऽयंदिवसस्यजनार्दन ॥ नचमांधार्तराष्ट्रेषुकश्चिद्युध्यतिसंयुगे ५
तस्मात्त्वंमत्प्रियंकुर्वन्याहियत्रयुधिष्ठिरः ॥ दृष्ट्वाकुशलिनंयुद्धेधर्मपुत्रंसहानुजम् ६ पुनर्योद्धाऽस्मिवार्ष्णेयशत्रुभिःसहसंयुगे ॥ ततःप्रायाद्रथेनाशुबीभत्सोर्वचनाद्धरिः
७ यतोयुधिष्ठिरोराजासृंजयाश्चमहारथाः ॥ अयुध्यंस्तावकैःसार्धंमृत्युंकृत्वानिवर्तनम् ८ ततःसंग्रामभूमिंतांवर्तमानेजनक्षये ॥ अवेक्षमाणोगोविंदःसव्यसाचिनम
ब्रवीत् ९ पश्यपार्थमहारौद्रोवर्ततेभरतक्षयः ॥ पृथिव्यांक्षत्रियाणांवैदुर्योधनकृतेमहान् १० पश्यभारतचापानिरुक्मपृष्ठानिधन्विनाम् ॥ मृतानामपविद्धानिकला
पांश्चमहाधनान् ११ जातरूपमयैःपुंखैःशरांश्चानतपर्वणः ॥ तैलधौतांश्चनाराचान्निर्मुक्तान्पन्नगानिव १२ हस्तिदंतत्सरून्खड्गान्जातरूपपरिष्कृतान् ॥ वर्मा
णिचापविद्धानिरुक्मगर्भाणिभारत १३ सुवर्णविकृतान्प्रासान्शक्तीःकनकभूषणाः ॥ जांबूनदमयैःपट्टैर्बद्धाश्चविपुलागदाः १४ जातरूपमयीश्चर्ष्टीःपट्टिशान्हे
मभूषणान् ॥ दण्डैःकनकचित्रैश्चविप्रविद्धान्परश्वधान् १५ अयःकुंतांश्चपतितान्मुसलानिगुरूणिच ॥ शतघ्नीःपश्यचित्राश्चविपुलान्परिघांस्तथा १६
चक्राणिचापविद्धानितोमरांश्चमहारणे ॥ नानाविधानिशस्त्राणिप्रगृह्यजयगृद्धिनः १७ जीवंतइवदृश्यंतेगतसत्वास्तरस्विनः ॥ गदाविमथितैर्गात्रैर्मुसलैर्भिन्न
मस्तकान् १८ गजवाजिरथक्षुण्णान्पश्ययोधान्सहस्रशः ॥ मनुष्यहयनागानांशरशक्त्यृष्टिपट्टिशैः १९ परिघैरायसैर्घोरैरयस्कुंतैःपरश्वधैः ॥ शरीरैर्बहुभि
श्छिन्नैःशोणितौघपरिप्लुतैः २० गतासुभिरमित्रघ्नसंवृतारणभूमयः ॥ बाहुभिश्चंदनादिग्धैःसांगदैर्हेमभूषितैः २१ सतलत्रैःसकेयूरैर्भातिभारतमेदिनी ॥
सांगुलित्रैर्भुजाग्रैश्चविप्रविद्धैरलंकृतैः २२

सप्तपंचाशत्तमोऽध्यायः ॥ ५७ ॥ ॥ एवमिति १।२ । ३ । ४ । ५ । ६ । ७ । ८ । ९ । १० । ११ । १२ । १३ । १४ । १५ । १६ । १७ । १८ । १९ । २०।२१ । २२

२३ । २४ किंकिणिनःकिंकिणीमतः श्रीक्षादित्वादिनिः २५ । २६ प्रकीर्णकानचामरान् 'प्रकीर्णकंचामरेस्याद्विस्तरेनातुरंगमे' इतिमेदिनी २७ । २८ । २९ । ३० । ३१ । ३२ । ३३

हस्तिहस्तोपमैश्छिन्नैरूरुभिश्वतरस्विनाम् ॥ बद्धचूडामणिवरैःशिरोभिश्वसकुंडलैः २३ पतितैर्ऋषभाक्षाणांविराजतिवसुंधरा ॥ कबंधैःशोणितादिग्धैश्छिन्नगात्रशिरोधरैः २४ भूर्भातिभरतश्रेष्ठशांतार्चिर्भिरिवाग्निभिः ॥ रथांश्वबहुधाभग्नान्हेमकिंकिणिनःशुभान् २५ वाजिनश्वहतान्पश्यनिष्कीर्णांत्रान्शराहतान् ॥ आनुकर्षानुपासंगान्पताकाविविधध्वजान् २६ रथिनांचमहाशंखान्पांडुरांश्वप्रकीर्णकान् ॥ निरस्तजिह्वान्मातंगान्शयानान्पर्वतोपमान् २७ वैजयन्तीर्विचित्राश्वहतांश्वगजवाजिनः ॥ वारणानांपरिस्तोमांस्तथैवाजिनकंबलान् २८ विपाटितविचित्रांश्वरूप्यचित्रान्कुथांकुशान् ॥ भिन्नाश्वबहुधाघंटामहद्भिःपतितैर्गजैः २९ वैदूर्यदंडांश्वशुभान्पतितानंकुशान्भुवि ॥ बद्धाःसादिभुजाग्रेषुसुवर्णविकृताःकशाः ३० विचित्रमणिचित्रांश्वजातरूपपरिष्कृतान् ॥ अश्वास्तरपरिस्तोमान्रांकवान्पतितान्भुवि ३१ चूडामणीन्नरेन्द्राणांविचित्राःकांचनस्रजः ॥ छत्राणिचापविद्धानिचामरव्यजनानिच ३२ चंद्रनक्षत्रभासैश्ववदनैश्वारुकुंडलैः ॥ क्लृप्तश्मश्रुभिरत्यर्थंवीराणांसमलंकृतैः ३३ वदनैःपश्यसंछन्नांमहींशोणितकर्दमाम् ॥ सजीवांश्वापरान्पश्यकूजमानान्समंततः ३४ उपास्यमानान्बहुशोन्यस्तशस्त्रैर्विशांपते ॥ ज्ञातिभिःसहितांस्तत्ररोदमानैर्मुहुर्मुहुः ३५ व्युत्क्रांतानपरान्योधांश्छादयित्वातरस्विनः ॥ पुनर्युद्धायगच्छंतिजयगृद्धाःप्रमन्यवः ३६ अपरेतत्रतत्रैवपरिधावंतिमानवाः ॥ ज्ञातिभिःपतितैःशूरैर्याच्यमानास्तथोदकम् ३७ जलार्थंचगताःकेचिन्निष्प्राणाबहवोऽर्जुन ॥ सन्निवृत्ताश्वतेशूरास्तान्वैदृष्ट्वाविचेतसः ३८ जलंत्यक्त्वाप्रधावंतिक्रोशमानाःपरस्परम् ॥ जलंपीत्वामृतान्पश्यपिबतोऽन्यांश्वमारिष ३९ परित्यज्यप्रियानन्येबान्धवान्बांधवप्रियाः॥व्युत्क्रांताःसमदृश्यंततत्रतत्रमहारणे ४० तथाऽपरान्नरश्रेष्ठसंदष्टौष्ठपुटान्पुनः ॥ भ्रुकुटीकुटिलैर्वक्त्रैःप्रेक्षमाणान्समंततः ४१ एवंब्रुवंस्तदाकृष्णोययौयत्रयुधिष्ठिरः ॥ अर्जुनश्वापिनृपतेर्दर्शनार्थंमहारणे ४२ याहियाहीतिगोविंदंमुहुर्मुहुरचोदयत् ॥ तांयुद्धभूमिंपार्थस्यदर्शयित्वाचमाधवः ४३ त्वरमाणस्ततःकृष्णःपार्थमाहशनैरिदम् ॥ पश्यपांडवराजानमुपयातांश्वपार्थिवान् ४४ कर्णंपश्यमहारंगेज्वलंतमिवपावकम् ॥ असौभीमोमहेष्वासःसन्निवृत्तोरणंप्रति ४५ तमेतेविनिवर्ततेधृष्टद्युम्नपुरोगमाः ॥ पंचालसृंजयानांचपांडवानांचयेमुखम् ४६ निवृत्तैश्वपुनःपार्थैर्भग्नंशत्रुबलंमहत् ॥ कौरवान्द्रवतोह्येषकर्णोरोधयतेऽर्जुन ४७ अंतकप्रतिमोवेगेशक्रतुल्यपराक्रमः ॥ असौगच्छतिकौरव्यद्रौणिःशस्त्रभृतांवरः ४८ तमेवप्रद्रुतंसंख्येधृष्टद्युम्नोमहारथः ॥ अनुप्रयातिसंग्रामेहतान्पश्यचसृंजयान् ४९ सर्वमाहसुदुर्धर्षोवासुदेवःकिरीटिने ॥ ततोराजन्महाघोरःप्रादुरासीन्महारणः ५० ॥ ॥ ॥

३४ । ३५ । ३६ । ३७ । ३८ । ३९ । ४० । ४१ । ४२ । ४३ । ४४ । ४५ । ४६ । ४७ । ४८ । ४९ । ५०

५१ । ५२ ॥ इतिकर्णपर्वणिनीलकंठीयेभारतभावदीपेअष्टपंचाशत्तमोऽध्यायः ॥ ५८ ॥ ॥ ॥ ॥ ॥ ततःपुनःसमाजग्मुरिति १ । २ । ३ । ४ । ५ । ६ । ७ । ८ । ९ । १० । ११

सिंहनादरवाश्चैवप्रादुरासन्समागमे ॥ उभयोःसेनयोराजन्मृत्युंकृत्वानिवर्त्तनम् ५१ एवमेषक्षयोवृत्तःपृथिव्यांपृथिवीपते ॥ तावकानांपरेषांचराजन्दुर्मंत्रितेतव ५२

॥ इतिश्रीमहाभारतेकर्णपर्वणि वासुदेववाक्ये अष्टपंचाशत्तमोऽध्यायः ॥ ५८ ॥ ॥ ॥ संजयउवाच ॥ ततःपुनःसमाजग्मुरभीताःकुरुसृंजयाः ॥ युधिष्ठिर

मुखाःपार्थाःसूतपुत्रमुखावयम् १ ततःप्रववृतेभीमःसंग्रामोलोमहर्षणः ॥ कर्णस्यपांडवानांचयमराष्ट्रविवर्धनः २ तस्मिन्प्रवृत्तेसंग्रामेतुमुलेशोणितोदके ॥ संशप्तके
षुशूरेषुकिंचिच्छिष्टेषुभारत ३ धृष्टद्युम्नोमहाराजसहितःसर्वराजभिः ॥ कर्णमेवाभिदुद्रावपांडवाश्चमहारथाः ४ आगच्छमानांस्तान्संख्येप्रहृष्टान्विजयैषिणः ॥ द
धारैकोरणेकर्णोजलौघानिवपर्वतः ५ समासाद्यतुतेकर्णंव्यशीर्यंतमहारथाः ॥ यथाऽचलंसमासाद्यवार्योघाःसर्वतोदिशम् ६ तयोरासीन्महाराजसंग्रामोलोमहर्षणः॥
धृष्टद्युम्नस्तुराधेयंशरेणानतपर्वणा ७ ताडयामाससमरेतिष्ठतिष्ठेतिचाब्रवीत् ॥ विजयंचधनुःश्रेष्ठंविधुन्वानोमहारथः ८ पार्षतस्यधनुश्छित्त्वाशरांश्चाशीविषोपमान् ॥
ताडयामाससंक्रुद्धःपार्षतंनवभिःशरैः ९ तेवर्महेमविकृतंभित्त्वातस्यमहात्मनः ॥ शोणिताक्ताव्यराजंतशक्रगोपाइवानघ १० तदपास्यधनुश्छिन्नंधृष्टद्युम्नोमहारथः ॥
अथान्यद्धनुरादायशरांश्चाशीविषोपमान् ११ कर्णंविव्याधसप्तत्याशरैःसन्नतपर्वभिः ॥ तथैवराजन्कर्णोऽपिपार्षतंशत्रुतापनम् १२ छादयामाससमरेशरैराशीविषो
पमैः ॥ द्रोणशत्रुर्महेष्वासोविव्याधनिशितैःशरैः १३ तस्यकर्णोमहाराजशरंकनकभूषणम् ॥ प्रेषयामाससंक्रुद्धोमृत्युदंडमिवापरम् १४ तमापतंतंसहसाघोररूपंवि
शांपते ॥ चिच्छेदशतधाराजन्शैनेयःकृतहस्तवत् १५ दृष्ट्वाविनिहतंबाणंशरैःकर्णोविशांपते ॥ सात्यकिंशरवर्षेणसमंतात्पर्यवारयत् १६ विव्याधचैनंसमरेनाराचैस्त
त्रसप्तभिः ॥ तंप्रत्यविध्यच्छैनेयःशरैर्हेमपरिष्कृतैः १७ ततोयुद्धंमहाराजचक्षुःश्रोत्रभयानकम् ॥ आसीद्घोरंचचित्रंचप्रेक्षणीयंसमंततः १८ सर्वेषांतत्रभूतानांलो
महर्षोऽभ्यजायत ॥ तद्दृष्ट्वासमरेकर्मकर्णशैनेययोर्नृप १९ एतस्मिन्नंतरेद्रौणिरभ्ययात्सुमहाबलम् ॥ पार्षतंशत्रुदमनंशत्रुवीर्यासुनाशनम् २० अभ्यभाषतसंक्रुद्धोद्रौ
णिःपरपुरंजयः ॥ तिष्ठतिष्ठाद्यब्रह्मघ्ननमेजीवन्विमोक्ष्यसे २१ इत्युक्त्वासुभृशंवीरःशीघ्रकृन्निशितैःशरैः॥ पार्षतंछादयामासघोररूपैःसुतेजनैः २२ यतमानंपरंशक्त्या
यतमानोमहारथः ॥ यथाहिसमरेद्रोणःपार्षतंवीक्ष्यमारिष २३ तथाद्रौणिंरणेदृष्ट्वापार्षतःपरवीरहा ॥ नातिहृष्टमनाभूत्वामन्यतेमृत्युमात्मनः २४ सज्ञात्वासमरेऽऽ

त्मानंशस्त्रेणावध्यमेवतु ॥ जवेनाभ्याययौद्रौणिंकालःकालमिवक्षये २५ द्रौणिस्तुदृष्ट्वाराजेन्द्रधृष्टद्युम्नमवस्थितम् ॥ क्रोधेननिःश्वसन्वीरःपार्षतंसमुपाद्रवत् २६ ता
वन्योन्यंतुदृष्ट्वैवसंरंभंजग्मतुःपरम् ॥ अथाब्रवीन्महाराजद्रोणपुत्रःप्रतापवान् २७ ॥ ॥ ॥

१२ । १३ । १४ । १५ । १६ । १७ । १८ । १९ । २० । २१ । २२ । २३ । २४ । २५ । २६ । २७

२८।२९ । ३० । ३१ । ३२ । ३३ । ३४ । ३५ । ३६ । ३७ । ३८ । ३९ । ४० । ४१ । ४२ । ४३ । ४४ । ४५ । ४६ । ४७ । ४८ । ४९ । ५० । ५१ । ५२

धृष्टद्युम्नंसमीपस्थंत्वरमाणोविशांपते ॥ पंचालापसदाद्यत्वांप्रेषयिष्यापिमृत्यवे २८ पापंहियत्त्वयाकर्मघ्नताद्रोणंपुराकृतम् ॥ अद्यत्वांतप्स्यतेतद्वैयथानकुशलंतथा
२९ अरक्ष्यमाणःपार्थेनयदितिष्ठसिसंयुगे ॥ नापक्रामसिवामूढसत्यमेतद्ब्रवीमिते ३० एवमुक्तःप्रत्युवाचधृष्टद्युम्नःप्रतापवान् ॥ प्रतिवाक्यंसएवासिर्मामकोदास्यते
तव ३१ येनैवतेपितुर्दत्तंयतमानस्यसंयुगे ॥ यदितावन्मयाद्रोणोनिहतोब्राह्मणब्रुवः ३२ त्वामिदानींकथंयुद्धेनहनिष्यामिविक्रमात् ॥ एवमुक्त्वामहाराजसेनापतिर
मर्षणः ३३ निशितेनातिबाणेनद्रौणिंविव्याधपार्षतः ॥ ततोद्रौणिःसुसंक्रुद्धःशरैःसंनतपर्वभिः ३४ आच्छादयद्दिशोराजन्धृष्टद्युम्नस्यसंयुगे ॥ नैवांतरिक्षंनदिशोना
पियोधाःसमंततः ३५ दृश्यंतेवैमहाराजशरैश्छन्नाःसहस्रशः ॥ तथैवपार्षतोराजन्द्रौणिमाहवशोभिनम् ३६ शरैःसंछादयामाससूतपुत्रस्यपश्यतः ॥ राधेयोऽपिमहा
राजपंचालान्सहपांडवैः ३७ द्रौपदेयान्युधामन्युंसात्यकिंचमहारथम् ॥ एकःसंवारयामासप्रेक्षणीयःसमंततः ३८ धृष्टद्युम्नस्तुसमरेद्रौणेश्चिच्छेदकार्मुकम् ३९ वेग
वान्समरेघोरेशरांश्चाशीविषोपमान् ॥ सपार्षतस्यराजेन्द्रधनुःशक्तिंगदांध्वजम् ४० हयान्सूतंरथंचैवनिमेषाद्व्यधमच्छरैः ॥ सच्छिन्नधन्वाविरथोहताश्वोहतसारथिः
४१ खड्गमादत्तविपुलंशतचंद्रंचभानुमत् ॥ द्रौणिस्तदपिराजेन्द्रभल्लैःक्षिप्रंमहारथः ४२ चिच्छेदसमरेवीरःक्षिप्रहस्तोदृढायुधः ॥ रथादनवरूढस्यतदद्भुतमिवाभवत्
४३ धृष्टद्युम्नंहिविरथंहताश्वंछिन्नकार्मुकम् ॥ शरैश्चबहुधाविद्धमस्त्रैश्चशकलीकृतम् ४४ नाशकद्भरतश्रेष्ठयतमानोमहारथः ॥ तस्यांतमिषुभीराजन्यदाद्रौणिर्नज
गिमवान् ४५ अथत्यक्त्वाधनुर्वीरःपार्षतंत्वरितोऽन्वगात् ॥ आसीदाप्लवतोवेगस्तस्यराजन्महात्मनः ४६ गरुडस्येवपततोजिघृक्षोःपन्नगोत्तमम् ॥ एतस्मिन्नेवकाले
तुमाधवोऽर्जुनमब्रवीत् ४७ पश्यपार्थयथाद्रौणिःपार्षतस्यवधंप्रति ॥ यत्नंकरोतिविपुलंहन्याच्चैनंनसंशयः ४८ तंमोचयमहाबाहोपार्षतंशत्रुकर्शन ॥ द्रौणेरास्यम
नुप्राप्तंमृत्योरास्यगतंयथा ४९ एवमुक्त्वामहाराजवासुदेवःप्रतापवान् ॥ प्रैषयत्तुरगांस्तत्रयत्रद्रौणिर्व्यवस्थितः ५० तेहयाश्चंद्रसंकाशाःकेशवेनप्रचोदिताः ॥ आ
पिबंतइवव्योमजग्मुर्द्रौणिरथंप्रति ५१ दृष्ट्वाऽऽयातौमहावीर्यावुभौकृष्णधनंजयौ ॥ धृष्टद्युम्नवधेयत्नंचक्रेराजन्महाबलः ५२ विकृष्यमाणंदृष्ट्वैवधृष्टद्युम्नंनरेश्वर ॥
शरांश्चिक्षेपवैपार्थोद्रौणिंप्रतिमहाबलः ५३ तेशराहेमविकृतागांडीवप्रेषिताभृशम् ॥ द्रौणिमासाद्यविविशुर्वल्मीकमिवपन्नगाः ५४ सविद्धस्तैःशरैर्घोरैर्द्रोणपुत्रःप्रताप
वान् ॥ उत्सृज्यसमरेराजन्पांचाल्यममितौजसम् ५५ रथमारुरुहेवीरोधनंजयशरार्दितः ॥ प्रगृह्यचधनुःश्रेष्ठंपार्थंविव्याधसायकैः ५६ एतस्मिन्नंतरेवीरःसहदेवो
जनाधिप ॥ अपोवाहरथेनाजौपार्षतंशत्रुतापनम् ५७ ॥ ॥ ॥ ॥

२९ ५३ । ५४ । ५५ । ५६ । ५७

५८।५९।६०।६१।६२।६३।६४।६५ ६६ । ६७ ॥ इतिकर्णपर्वणिनीलकंठीये भारतभावदीपे ऊनषष्टितमोऽध्यायः ॥ ५९ ॥ एतस्मिन्निति १।२।३।४।५ नरोत्तममवदान्यं रत्नो

अर्जुनोऽपिमहाराजद्रौर्णिविव्याधपत्रिभिः ॥ तंद्रोणपुत्रःसंक्रुद्धोबाह्वोरुरसिचार्पयत् ५८ क्रोधितस्तुरणेपार्थोनाराचंकालसंमितम् ॥ द्रोणपुत्रायचिक्षेपकालदंडमिवा
परम् ५९ ब्राह्मणस्यांसदेशेसनिपपातमहाद्युतिः ॥ सविह्वलोमहाराजशरवेगेनसंयुगे ६० निषसादरथोपस्थेवैक्लव्यंचपरंययौ ॥ ततःकर्णोमहाराजव्याक्षिपद्विजयं
धनुः ६१ अर्जुनंसमरेक्रुद्धःप्रेक्षमाणोमुहुर्मुहुः ॥ द्वैरथंचापिपार्थेनकामयानोमहारणे ६२ विह्वलंतंतुवीक्ष्याथद्रोणपुत्रंचसारथिः ॥ अपोवाहरथेनाजौत्वरमाणोरणा
जिराव ६३ अथोत्क्रुष्टंमहाराजपंचालैर्जितकाशिभिः ॥ मोक्षितंपार्थंतंदृष्ट्वाद्रोणपुत्रंचपीडितम् ६४ वादित्राणिचदिव्यानिप्रावाद्यंतसहस्रशः ॥ सिंहनादांश्चचक्रु
स्तेदृष्ट्वासंख्येतदद्भुतम् ६५ एवंकृत्वाऽब्रवीत्पार्थोवासुदेवंधनंजयः ॥ याहिसंशप्तकान्कृष्णकार्यमेतत्परंमम ६६ ततःप्रयातोदाशार्हःश्रुत्वापांडवभाषितम् ॥
रथेनातिपताकेनमनोमारुतरंहसा ६७ ॥ इतिश्रीमहाभारतेकर्णपर्वणिद्रौण्यपयानेऊनषष्टितमोऽध्यायः ॥ ५९ ॥ ॥ संजयउवाच ॥ एतस्मिन्नंतरेकृष्णःपार्थंव
चनमब्रवीत् ॥ दर्शयन्निवकौन्तेयंधर्मराजंयुधिष्ठिरम् १ एषपांडवतेभ्राताधार्तराष्ट्रैर्महाबलैः ॥ जिघांसुभिर्महेष्वासैर्द्रुतंपार्थोऽनुसार्यते २ तंचानुयांतिसंरब्धाःपंचा
लायुद्धदुर्मदाः ॥ युधिष्ठिरंमहात्मानंपरीप्संतोमहाबलाः ३ एषदुर्योधनःपार्थरथानीकेनदंशितः ॥ राजासर्वस्यलोकस्यराजानमनुधावति ४ जिघांसुःपुरुषव्याघ्रभ्रा
तृभिःसहितोबली ॥ आशीविषसमस्पर्शैःसर्वयुद्धविशारदैः ५ एतेजिघृक्षवोयांतिद्विपाश्वरथपत्तयः ॥ युधिष्ठिरंधार्तराष्ट्रानरोत्तममिवार्थिनः ६ पश्यसात्वतभीमा
भ्यांनिरुद्धाधिष्ठिताःपुनः ॥ जिहीर्षवोऽमृतंदैत्याःशक्राग्निभ्यामिवासकृत् ७ एतेबहुत्वात्त्वरिताःपुनर्गच्छंतिपांडवम् ॥ समुद्रमिववार्योघाःप्रावृट्कालेमहारथाः ८
नदंतःसिंहनादांश्चधमंतश्चापिवारिजान् ॥ बलवंतोमहेष्वासाविधुन्वंतोधनूंषिच ९ मृत्योर्मुखगतंमन्येकुंतीपुत्रंयुधिष्ठिरम् ॥ हुतमग्नौचकौन्तेयंदुर्योधनवशंगतम् १०
यथाविधमनीकंतुधार्तराष्ट्रस्यपांडव ॥ नास्यशक्रोऽपिमुच्येतसंप्राप्तोबाणगोचरम् ११ दुर्योधनस्यवीरस्यशरौघान्शीघ्रमस्यतः ॥ संक्रुद्धस्यांतकस्येवकोवेगंसंसहेद्रणे
१२ दुर्योधनस्यवीरस्यद्रौणेःशारद्वतस्यच ॥ कर्णस्यचेषुवेगोवैपर्वतानपिशातयेत् १३ कर्णेनचकृतोराजाविमुखःशत्रुतापनः ॥ बलवाँल्लघुहस्तश्चकृतीयुद्धविशारदः
१४ राधेयःपांडवश्रेष्ठंशक्तःपीडयितुंरणे ॥ सहितोधृष्टराष्ट्रस्यपुत्रैःशूरैर्महाबलैः १५ तस्यैभिर्युध्यमानस्यसंग्रामेसंशितात्मनः ॥ अन्यैरपिचपार्थस्यकृतंकर्ममहारथैः
१६ उपवासकृशोराजाभृशंभरतसत्तमः ॥ ब्राह्मेबलेस्थितोह्येषनक्षात्रेहिबलेविभुः १७ कर्णेनचाभियुक्तोऽयंभूपतिःशत्रुतापनः ॥ संशयंसमनुप्राप्तःपांडवोवैयुधिष्ठिरः १८

त्तममितिपाठे कांचनं तद्धिउत्कृष्टानांमध्येऽत्युत्तमम् ६ जिहीर्षवोयुधिष्ठिरंहर्तुमिच्छंतः निरुद्धाःसंतोऽपिअधिष्ठिताः ७।८।९।१०।११।१२।१३।१४।१५ तस्ययुधिष्ठिरस्यकर्मकर्तव्यंपराज
याख्यंएभिर्दुर्योधनादिभिःकृतंनिष्पादितम् १६ तत्रहेतुः ब्राह्मेबलेक्षमायां क्षात्रेबलेनिष्ठुरत्वे १७।१८

१९ । २० हतनाशयेतेतिकर्णश्चोदयतीतिसंबंधः २१ स्थूणाकर्णोगंधर्वस्तस्यास्त्रंस्थूणाकर्णं गांधर्वंइंद्रजालमयंतत्र २२ भिषेव्यश्चिकित्सकैराराध्यः सनिषण्णइतिपाठेअवसन्नः २३ । २४ । २५ । २६

नजीवतिमहाराजोमन्येपार्थयुधिष्ठिरः ॥ यद्भिमसेनःसहतेसिंहनादममर्षणः १९ नर्दतांधार्तराष्ट्राणांपुनःपुनररिंदम ॥ धमतांचमहाशंखान्संग्रामेजितकाशिनाम्
२० युधिष्ठिरंपांडवेयंहतेतिभरतर्षभ ॥ संचोदयत्यसौकर्णोधार्तराष्ट्रान्महाबलान् २१ स्थूणाकर्णेन्द्रजालेनपार्थपाशुपतेनच ॥ प्रच्छादयंतिराजानंशस्त्रजालैर्महा
रथाः २२ आतुरोहिकृतोराजासंनिषेव्यश्चभारत ॥ यथैनमनुवर्ततेपंचालाःसहपांडवैः २३ त्वरमाणास्त्वराकालेसर्वशस्त्रभृतांवराः ॥ मज्जंतमिवपातालेबलिनोऽप्यु
ज्जिहीर्षवः २४ नकेतुर्दृश्यतेराज्ञःकर्णेननिहतःशरैः ॥ पश्यतोर्यमयोःपार्थसात्यकेश्चशिखंडिनः २५ धृष्टद्युम्नस्यभीमस्यशतानीकस्यवाविभो ॥ पंचालानांचस
र्वेषांचेदीनांचैवभारत २६ एषकर्णोरणेपार्थपांडवानामनीकिनीम् ॥ शरैर्विध्वंसयतिवैनलिनीमिवकुंजरः २७ एतेद्रवंतिरथिनस्त्वदीयाःपांडुनंदन ॥ पश्यपश्ययथा
पार्थगच्छंत्येतेमहारथाः २८ एतेभारतमातंगाःकर्णेनाभिहताःशरैः॥ आर्तनादान्विकुर्वाणाविद्रवंतिदिशोदश २९ रथानांद्रवतेवृंदमेतच्चैवसमंततः ॥ द्राव्यमाणंरणे
पार्थकर्णेनामित्रकर्षिणा ३० हस्तिकक्ष्यांरणेपश्यचरंतींतत्रतत्रह ॥ रथस्थंसूतपुत्रस्यकेतुंकेतुमतांवर ३१ असौधावतिराधेयोभीमसेनरथंप्रति ॥ किरन्शरशता
न्येवविनिघ्नंस्तववाहिनीम् ३२ एतान्पश्यचपंचालान्द्राव्यमाणान्महारथान् ॥ शक्रेणेवयथादैत्यान्हन्यमानान्महाहवे ३३ एषकर्णोरणेजित्वापंचालान्पांडुसृञ्ज
यान् ॥ दिशोविप्रेक्षतेसर्वास्त्वदर्थमितिमेमतिः ३४ पश्यपार्थधनुःश्रेष्ठंविकर्षन्साधुशोभते ॥ शत्रुंजित्वायथाशक्रोदेवसंघैःसमावृतः ३५ एतेनर्दंतिकौरव्यादृष्ट्वाक
र्णस्यविक्रमम् ॥ त्रासयंतोरणेपांडून्सृंजयांश्चसमंततः ३६ एषसर्वात्मनापांडूंस्त्रासयित्वामहारणे ॥ अभिभाषतिराधेयःसर्वसैन्यानिमानद ३७ अभिद्रवतभद्रंवोद्रुतंद्रवत
कौरवाः ॥ यथाजीवन्नवःकश्चिन्मुच्येतयुधिसृंजयः ३८ तथाकुरुतसंयत्तावयंयास्यामपृष्ठतः ॥ एवमुक्त्वागतोह्येषपृष्ठतोविकिरञ्छरान् ३९ पश्यकर्णंरणेपार्थश्वेतच्छ
त्रविराजितम् ॥ उदयंपर्वतंयद्वच्छशांकेनाभिशोभितम् ४० पूर्णचंद्रनिकाशेनमूर्ध्निच्छत्रेणभारत ॥ ध्रियमाणेनसमरेश्रीमच्छतशलाकिना ४१ एषत्वांप्रेक्षतेकर्णःसक
टाक्षंविशांपते ॥ उत्तमंजवमास्थायध्रुवमेष्यतिसंयुगे ४२ पश्यह्येनंमहाबाहोविधुन्वानंमहद्धनुः ॥ शरांश्चाशीविषाकारान्विसृजंतंमहरणे ४३ असौनिवृत्तोराधेयो
दृष्टातेवानरध्वजम् ॥ प्रार्थयन्समरेपार्थत्वयासहपरंतप ४४ वधायचात्मनोऽभ्येतिदीप्तास्यंशलभोयथा ॥ कर्णमेकाकिनंदृष्ट्वारथानीकेनभारत ४५ रिर
क्षिषुःसुसंवृत्तोधार्तराष्ट्रोनिवर्तते ॥ सर्वैःसहैभिर्दुष्टात्मावध्यतांचप्रयत्नतः ४६ त्वयायशश्चराज्यंचसुखंचोत्तममिच्छता ॥ अदीनयोर्विश्रुतयोर्युवयोर्योत्स्यमानयोः ४७

२७ । २८ । २९ । ३० हस्तिकक्ष्यांकेतुमितिसंबंधः ३१ । ३२ । ३३ । ३४ । ३५ । ३६ । ३७ । ३८ । ३९ । ४० छत्रेणोपलक्षितः ४१ । ४२ । ४३ पार्थयन्युद्धमितिशेषः
४४ । ४५ । ४६ युवयोः कर्णार्जुनयोः ४७ ॥ ॥ ॥ ॥ ॥

४८।४९। ५०। ५१। ५२। ५३। ५४। ५५। ५६। ५७।५८।५९। ६०। ६१। ६२।६३। ६४। ६५। ६६। ६७।६८।६९। ७०।७१।७२। ७३। ७४।७५। ७६।७७

मं०भा०टी०

॥५७॥

देवासुरेपार्थेमृधेदेवदानवयोरिव ॥ पश्यंतुकौरवाःसर्वेतवपार्थपराक्रमम् ४८ त्वांचदृष्ट्वातिसंरब्धंकर्णेचभरतर्षभ ॥ असौदुर्योधनःकुद्धोनोत्तरंप्रतिपद्यते ४९ आत्मानेचकृतात्मानंसमीक्ष्यभरतर्षभ ॥ कृतागसंचराधेयंधर्मात्मनियुधिष्ठिरे ॥ प्रतिपद्यस्वकौन्तेयप्राप्तकालमनंतरम् ५० आर्यायुद्धेमतिंकृत्वाप्रत्येहिरथयूथपम् ॥ पंचह्येतानिमुख्यानिरथानारथसत्तम ५१ शतान्यायांतिसमरेबलिनांतिग्रतेजसाम् ॥ पंचनागसहस्राणिद्विगुणावाजिनस्तथा ५२ अभिसंहत्यकौन्तेयपदाति प्रयुतानिच ॥ अन्योन्यरक्षितंवीरबलंत्वामभिवर्तते ५३द्रोणपुत्रंपुरस्कृत्यतच्छ्रोत्रंसंनिपूद्य ॥ निकृत्यैतद्रथानीकंबलिनंलोकविश्रुतम् ५४ सूतपुत्रंमहेष्वासंद शय्यात्मानमात्मना ॥ उत्तमंजवमास्थायप्रत्येहिभरतर्षभ ५५ असौकर्णःसुसंरब्धःपंचालानभिधावति ॥ केतुमस्यहिपश्यामिधृष्टद्युम्नरथंप्रति ५६ समुपैष्यति पंचालानितिमन्येपरंतप ॥ आचचक्षेप्रियंपार्थेतवेदंभरतर्षभ ५७ राजासौकुशलीश्रीमान्धर्मपुत्रोयुधिष्ठिरः ॥ असौभीमोमहाबाहुःसन्नित्तृत्तश्मूमुखे ५८ वृत्तःसंजयसैन्येनशैनेयेनचभारत ॥ वध्यंतेएतेसमरेकौरवान्निशितैःशरैः ५९ भीमसेनेनकौन्तेयपंचालैश्वमहात्मभिः ॥ सेनाहिधार्तराष्ट्रस्यविमुखाविशरद्रणा ६० विप्रधावतिवेगेनभीमस्याभिहताशरैः ॥ विपन्नस्येवमहीरुधिरेणसमुक्षिता ६१ भारतीभरतश्रेष्ठसेनाकृपणदर्शना ॥ निवृत्तंपश्यकौन्तेयभीमसेनंयुधांपतिम् ६२ आशीविषमिवकुद्धंद्रावयंतंवरूथिनीम् ॥ पीतरक्तासितसितांस्तारांचंद्रार्कमण्डिताः ६३ पताकाविप्रकीर्यंतेछत्राण्येतानिचार्जुन ॥ सौवर्णाराजताश्वेतेजाम्बू पृथग्विधाः ६४ केतवोऽभिनिपात्यंतेहस्त्यश्वंचप्रकीर्यते ॥ रथेभ्यःप्रपतंत्येतेरथिनोविगतासवः ६५ नानावर्णेर्हताबाणैःपंचालैरपलायिभिः ॥ निर्मनुष्यांग जानश्वांस्त्रांश्वेवधनंजय ६६ समाद्रवंतिपंचालाधार्तराष्ट्रांस्तरस्विनः ॥ विप्रद्रवंतिनरव्याघ्राभीमसेनबलाश्रयात् ६७ बलंपरेषांदुर्धषास्यकामाणांअरिंदम ॥ एतेनर्दंतिपंचालाधमापयंतिचवारिजान् ६८ अभिद्रवंतिचरणेमृद्दन्तःसायकैःपरान् ॥ पश्यस्वैषांचमाहात्म्यंपंचालाहिपराक्रमात् ६९ धार्तराष्ट्रान्निविघ्रंतिकु द्धाःसिंहाइवद्विपान् ॥ शस्त्रमाच्छिद्यशत्रूणांसायुधानानिरायुधाः ७० तेनैवैतानमोघास्त्रानिघ्रंतिचनदंतिच ॥ शिरांस्येतानिपात्यंतेशत्रूणांबाहवोपिच ७१ स्थ नागहयावीरायशस्याःसर्वएवच ॥ सर्वतश्चाभिपन्नेषाधार्तराष्ट्रीमहाचमूः ७२ पंचालैर्मानसादेयहंसैगेंगेवगीतैः ॥ सुभृशंचपराक्रांताःपंचालनानिवारणे ७३ कृपकर्णादयोवीराऋषभाणामिवर्षभाः ॥ भीमास्त्रेणसुनिर्भग्रान्धार्तराष्ट्रान्महारथान् ७४ धृष्टद्युम्नमुखावीरांप्रतिशत्रूनसहस्रशः ॥ पंचालेष्वभिभूतेषुधिष्ठिरि पभीनेदन् ७५ शत्रुपक्षमवस्कंद्यशरानस्यतिमारुतिः ॥ विषण्णभूयिष्ठरथाधार्तराष्ट्रीमहाचमूः ७६ रथाश्वेतेषुवित्रस्ताभीमसेनभयार्दिताः ॥ पश्यभीमेन नाराचैर्भिन्नानागाःपतंत्यमी ७७ ॥ ॥ ॥ ॥

७८ । ७९ । ८० । ८१ । ८२ । ८३ । ८४ । ८५ । ८६ । ८७ । ८८ । ८९ । ९० । ९१ । ९२ ॥ ॥ इतिकर्णपर्वणि नीलकंठीये भारतभावदीपे षष्टितमोऽध्यायः ॥ ६० ॥ ॥

वज्रिवज्रहतानीवशिखराणिधराभृताम् ॥ भीमसेनस्यनिर्विद्धाबाणैःसन्नतपर्वभिः ७८ स्वान्यनीकानिमृद्गंतोद्रवंत्येतेमहागजाः ॥ अभिजानीहिभीमस्यसिंहनादंसु
दुःसहम् ७९ नदतोऽर्जुनसंग्रामेवीरस्यजितकाशिनः ॥ एषनैषादिरभ्येतिद्विपमुख्येनपांडवम् ८० जिघांसुस्तोमरैःक्रुद्धोदंडपाणिरिवांतकः ॥ सतोमरावस्यभुजौ
छिन्नौभीमेनगर्जतः ८१ तीक्ष्णैरग्निरविप्रख्यैर्नाराचैर्दशभिर्हतः ॥ हत्वैनंपुनरायातिनागानन्यान्प्रहारिणः ८२ पश्यनीलाम्बुदनिभान्महामात्रैरधि
ष्ठितान् ॥ शक्तितोमरसंघातैर्विनिघ्नंतंवृकोदरम् ८३ सप्तसप्तचनागांस्तान्वैजयंतीश्चसध्वजाः ॥ निहत्यनिशितैर्बाणैश्छिन्नाःपार्थाग्रजेनते ८४ दशभिर्दशभि
श्चैकोनाराचैर्निहतोगजः ॥ नचासौधार्त्तराष्ट्राणांश्रूयतेनिनदस्तथा ८५ पुरंदरसमेक्रुद्धेनिवृत्तेभरतर्षभ ॥ अक्षौहिण्यस्तथातिस्रोधार्तराष्ट्रस्यसंहताः ॥ क्रुद्धेन
भीमसेनेननरसिंहेनवारिताः ८६ नशक्नुवंतिवैपार्थंपार्थिवाःसमुदीक्षितुम् ॥ मध्यंदिनगतंसूर्यंयथादुर्बलचक्षुषः ८७ एतेभीमस्यसंत्रस्ताःसिंहस्येवेतरेमृगाः ॥
शरैःसंत्रासिताःसंख्येनलभंतेसुखंक्वचित् ८८ ॥ संजयउवाच ॥ एतच्छ्रुत्वामहाबाहुर्वासुदेवाद्धनंजयः ॥ भीमसेनेनतत्कर्मकृतंदृष्ट्वासुदुष्करम् ८९ अर्जुनोव्यधम
च्छिष्टानहितान्निशितैःशरैः ॥ तेवध्यमानाःसमरेसंशप्तकगणाःप्रभो ९० प्रभग्नाःसमरेभीतादिशोदशमहाबलाः ॥ शक्रस्यातिथितांगत्वाविशोकाह्यभवंस्तदा ९१
पार्थश्चपुरुषव्याघ्रःशरैःसन्नतपर्वभिः ॥ जघानधार्तराष्ट्रस्यचतुर्विधबलांचमूम् ९२ ॥ इतिश्रीमहाभारतेकर्णपर्वणि कृष्णार्जुनसंवादेषष्टितमोऽध्यायः ॥ ६० ॥
॥ धृतराष्ट्रउवाच ॥ ॥ निवृत्तेभीमसेनेचपांडवेचयुधिष्ठिरे ॥ वध्यमानेबलेचापिमामकेपांडुसृंजयैः १ द्रवमाणेबलौघेचनिरानंदेमुहुर्मुहुः ॥ किमकुर्वंतकुरव
स्तन्ममाचक्ष्वसंजय २ ॥ संजयउवाच ॥ दृष्ट्वाभीमंमहाबाहुंसूतपुत्रःप्रतापवान् ॥ क्रोधरक्तेक्षणोराजन्भीमसेनमुपाद्रवत् ३ तावकंतुबलंदृष्ट्वाभीमसेनात्पराङ्मुख
म् ॥ यत्नेनमहताराजन्पर्यवस्थापयद्बली ४ व्यवस्थाप्यमहाबाहुस्तवपुत्रस्यवाहिनीम् ॥ प्रत्युद्ययौतदाकर्णःपांडवान्युद्धदुर्मदान् ५ प्रत्युद्ययुस्तुराधेयंपांडवा
नांमहारथाः ॥ धुन्वानाःकार्मुकाण्याजौविक्षिपंतश्चसायकान् ६ भीमसेनःशिनेर्नप्ताशिखंडीजनमेजयः ॥ धृष्टद्युम्नश्चबलवान्सर्वेचापिप्रभद्रकाः ७ जिघांसंतो
नरव्याघ्राःसमंतात्तववाहिनीम् ॥ अभ्यद्रवंतसंक्रुद्धाःसमरेजितकाशिनः ८ तथैवतावकाराजन्पांडवानामनीकिनीम् ॥ अभ्यद्रवंतत्वरिताजिघांसंतोमहारथाः ९
रथनागाश्वकलिलंपत्तिध्वजसमाकुलम् ॥ बभूवपुरुषव्याघ्रसैन्यमद्भुतदर्शनम् १० शिखंडीचययौकर्णंधृष्टद्युम्नःसुतंतव ॥ दुःशासनंमहाराजमहत्यासेनयावृतम् ११
नकुलोवृषसेनंतुचित्रसेनंयुधिष्ठिरः ॥ उलूकंसमरेराजन्सहदेवःसमभ्ययात् १२ सात्यकिःशकुनिंचापिद्रौपदेयाश्चकौरवान् ॥ अर्जुनंचरणेयत्तोद्रोणपुत्रोमहारथः १३

निवृत्तइति १ । २ । ३ । ४ । ५ । ६ । ७ । ८ । ९ । १० । ११ । १२ । १३

॥ ५८ ॥ युधामन्युंमहेष्वासंगौतमोऽभ्यपतद्रणे ॥ कृतवर्माचबलवानुत्तमौजसमाद्रवत् १४ भीमसेनःकुरून्सर्वान्पुत्रांश्चतवमारिष ॥ सहानीकान्महाबाहुरेकएवन्यवार
यत १५ शिखंडीतुततःकर्णंविचरंतमभीतवत् ॥ भीष्महंतामहाराजवारयामासपत्रिभिः १६ प्रतिरुद्धस्ततःकर्णोरोषात्प्रस्फुरिताधरः ॥ शिखंडिनंत्रिभिर्बाणैर्भ्रुवो अ०
र्मध्येऽभ्यताडयत् १७ धारयंस्तुसतान्बाणाञ्शिखंडीबह्वशोभत ॥ राजतःपर्वतोयद्वत्त्रिभिःशृंगैरिवोत्थितैः १८ सोऽतिविद्धोमहेष्वासःसूतपुत्रेणसंयुगे ॥ कर्णंवि ॥ ६१ ॥
व्याधसमरेनवत्यानिशितैःशरैः १९ तस्यकर्णोहयान्हत्वासारथिंचत्रिभिःशरैः ॥ उन्ममाथध्वजंचास्यक्षुरप्रेणमहारथः २० हताश्वात्तुततोयानादवप्लुत्यमहारथः ॥
शक्तिंचिक्षेपकर्णायसंक्रुद्धःशत्रुतापनः २१ तांछित्त्वासमरेकर्णस्त्रिभिर्भारतसायकैः ॥ शिखंडिनमथाविध्यन्नवभिर्निशितैःशरैः २२ कर्णचापच्युतान्बाणान्वर्जयंस्तुनरो
त्तमः ॥ अपयातस्ततस्तूर्णंशिखंडीभृशविक्षतः २३ ततःकर्णोमहाराजपांडुसैन्यान्यशातयत् ॥ तूलराशिंसमासाद्ययथावायुर्महाबलः २४
धृष्टद्युम्नोमहाराजतवपुत्रेणपीडितः ॥ दुःशासनंत्रिभिर्बाणैःप्रत्यविध्यत्स्तनान्तरे २५ तस्यदुःशासनोबाहुंसव्यंविव्याधमारिष ॥ सतेनरुक्मपुंखेनभल्लेना
नतपर्वणा २६ धृष्टद्युम्नस्तुनिर्विद्धःशरंघोरममर्षणः ॥ दुःशासनायसंक्रुद्धःप्रेषयामासभारत २७ आपतंतंमहावेगंधृष्टद्युम्नसमीरितम् ॥ शरैश्चिच्छेदपुत्रस्ते
त्रिभिरेवविशांपते २८ अथापरैःसप्तदशैर्भल्लैःकनकभूषणैः ॥ धृष्टद्युम्नंसमासाद्यबाह्वोरुरसिचार्पयत् २९ ततःसपार्षतःक्रुद्धोधनुश्चिच्छेदमारिष ॥ क्षुरप्रेणसुती
क्ष्णेनततउच्चुक्रुशुर्जनाः ३० अथान्यद्धनुरादायपुत्रस्तेप्रहसन्निव ॥ धृष्टद्युम्नंशरव्रातैःसमंतात्पर्यवारयत् ३१ तवपुत्रस्यतेदृष्ट्वाविक्रमंसुमहात्मनः ॥ व्यस्मयंतर
णेयोधाःसिद्धाश्चाप्सरसांगणाः ३२ धृष्टद्युम्नंनपश्यामघटमानंमहाबलम् ॥ दुःशासनेनसंरुद्धंसिंहेनेवमहागजम् ३३ ततःसरथनागाश्वाःपंचालाःपांडुपूर्वज ॥
सेनापतिंपरीप्सन्तोरुरुधुस्तनयंतव ३४ ततःप्रववृतेयुद्धंतावकानांपरैःसह ॥ घोरंप्राणभृतांकालेभीमरूपंपरंतप ३५ नकुलंवृषसेनस्तुभित्त्वापंचभिरायसैः ॥
पितुःसमीपेतिष्ठन्वैत्रिभिरन्यैरविध्यत ३६ नकुलस्तुततःशूरोवृषसेनंहसन्निव ॥ नाराचेनसुतीक्ष्णेनविव्याधहृदयेभृशम् ३७ सोऽतिविद्धोबलवताशत्रुणाशत्रु ॥ ५८ ॥
कर्षण ॥ शत्रुंविव्याधविंशत्यासचतंपंचभिःशरैः ३८ ततःशरसहस्रेणतावुभौपुरुषर्षभौ ॥ अन्योन्यमाच्छादयतामथोऽभज्यतवाहिनी ३९ सदृष्ट्वाप्रद्रुतांसेनां
धार्तराष्ट्रस्यसूतजः ॥ निवारयामासबलादनुसृत्यविशांपते ४० निवृत्तेतुततःकर्णेनकुलःकौरवान्ययौ ॥ कर्णपुत्रस्तुसमरेहित्वानकुलमेवतु ४१ जुगोपचक्रंत्व
रितोराधेयस्यैवमारिष ॥ उलूकस्तुरणेक्रुद्धःसहदेवेनवारितः ४२ तस्याश्वांश्चतुरोहत्वासहदेवःप्रतापवान् ॥ सारथिंप्रेषयामासयमस्यसदनंप्रति ४३

उलूकस्तुततोयानादवप्लुत्यविशांपते ॥ त्रिगर्तानांबलंतूर्णंजगामपितृनंदनः ४४ सात्यकिःशकुनिंविद्ध्वाविंशत्यानिशितैःशरैः ॥ ध्वजंचिच्छेदभल्लेनसौबल
स्यहसन्निव ४५ सौबलस्तस्यसमरेक्रुद्धोराजन्प्रतापवान् ॥ विदार्यकवचंभूयोध्वजंचिच्छेदकांचनम् ४६ तथैनंनिशितैर्बाणैःसात्यकिःप्रत्यविध्यत ॥ सार
थिंचमहाराजत्रिभिरेवसमार्पयत् ४७ अथास्यवाहांस्त्वरितःशरैर्निन्येयमक्षयम् ॥ ततोऽवप्लुत्यसहसाशकुनिर्भरतर्षभ ४८ आरुरोहरथंतूर्णमुलूकस्यमहा
त्मनः ॥ अपोवाहाथशीघ्रंसशैनेयाद्युद्धशालिनः ४९ सात्यकिस्तुरणेराजंस्तावकानामनीकिनीम् ॥ अभिदुद्राववेगेनततोऽनीकमभज्यत ५० शैनेयशरसं
छन्नंतवसैन्यंविशांपते ॥ भेजेदशदिशस्तूर्णंन्यपतच्चगतासुवत् ५१ भीमसेनंतवसुतोवारयामाससंयुगे ॥ तंतुभीमोमुहूर्त्तेनव्यश्वसूतरथध्वजम् ५२ चक्रे
लोकेश्वरंतत्रतेनातुष्यंतवैजनाः ॥ ततोऽपायान्नृपस्तत्रभीमसेनस्यगोचरात् ५३ कुरुसैन्यंततःसर्वंभीमसेनमुपाद्रवत् ॥ तत्रनादोमहानासीद्भीमसेनंजिघां
सताम् ५४ युधामन्युःकृपंविद्ध्वाधनुरस्याशुचिच्छिदे ॥ अथान्यद्धनुरादायकृपःशस्त्रभृतांवरः ५५ युधामन्योर्ध्वजंसूतंछत्रंचापातयत्क्षितौ ॥ ततोऽपाया
द्रथेनैवयुधामन्युर्महारथः ५६ उत्तमौजाश्चहार्दिक्यंभीमंभीमपराक्रमम् ॥ छादयामाससहसामेघोवृष्ट्येवपर्वतम् ५७ तद्युद्धमासीत्सुमहद्घोररूपंपरंतप ॥ यादृ
शंनमयायुद्धंदृष्टपूर्वंविशांपते ५८ कृतवर्माततोराजन्नुत्तमौजसमाहवे ॥ हृदिविव्याधसहसारथोपस्थउपाविशत् ५९ सारथिस्तमपोवाहरथेनरथिनांवरम्
कुरुसैन्यंततःसर्वंभीमसेनमुपाद्रवत् ६० दुःशासनःसौबलश्चगजानीकेनपांडवम् ॥ महतापरिवार्यैवक्षुद्रकैरभ्यताडयत् ६१ ततोभीमःशरशतैर्दुर्योधनममर्ष
णम् ॥ विमुखीकृत्यतरसागजानीकमुपाद्रवत् ६२ तमापतंतंसहसागजानीकंवृकोदरः ॥ दृष्ट्वैवसुभृशंक्रुद्धोदिव्यमस्त्रमुदैरयत् ६३ गजैर्गजानभ्यहनद्वज्रेणेन्द्रइ
वासुरान् ॥ ततोऽन्तरिक्षंबाणौघैःशलभैरिवपादपम् ६४ छादयामाससमरेगजान्निघ्नन्वृकोदरः ॥ ततःकुंजरयूथानिसमेतानिसहस्रशः ६५ व्यधमत्तरसाभी
मोमेघसंघानिवानिलः ॥ सुवर्णजालापिहितामणिजालैश्चकुंजराः ६६ रेजुरभ्यधिकंसंख्येविद्युत्वंतइवांबुदाः ॥ तेवध्यमानाभीमेनगजाराजन्विदुद्रुवुः ६७ के
चिद्भिन्नहृदयाःकुंजरान्यपतन्भुवि ॥ पतितैर्निपतद्भिश्चगजैर्हेमविभूषितैः ६८ अशोभतमहीतत्रविशीर्णैरिवपर्वतैः ॥ दीप्ताभैरत्नवद्भिश्चपतितैर्गजयोधिभिः
६९ रराजभूमिःपतितैःक्षीणपुण्यैरिवग्रहैः ॥ ततोभिन्नकटानागाभिन्नकुंभकरास्तथा ७० दुद्रुवुःशतशःसंख्येभीमसेनशराहताः ॥ केचिद्वमंतोरुधिरंभयार्ताःपर्व
तोपमाः ७१ व्यद्रवञ्छरविद्धांगाधातुचित्राइवाचलाः ॥ महाभुजगसंकाशौचंदनागुरुरूषितौ ७२ अपश्यंभीमसेनस्यधनुर्विक्षिपतोभुजौ ॥ तस्यज्यात
लनिर्घोषंश्रुत्वाऽशनिसमस्वनम् ७३

म. भा. टी. ॥ ७४ ॥ इतिकर्णपर्वणि नीलकंठीये भारतभावदीपे एकषष्टितमोऽध्यायः ॥ ६१ ॥ ॥ ततइति १ । २ । ३ । ४ । ५ । ६ । ७ । ८ । ९ । १० । ११ । १२ । १३ । १४ । १५ । १६ । १७ कर्ण० ८

॥ ५९ ॥ विमुंचन्तःशकृन्मूत्रंगजाःप्रादुद्रुवुर्भृशम् ॥ भीमसेनस्यतत्कर्मराजन्नेकस्यधीमतः ॥ निघ्नतःसर्वभूतानिरुद्रस्येववचनिर्बभौ ७४ ॥ इतिश्रीमहाभारतेकर्णपर्वणि अ०
संकुलयुद्धेएकषष्टितमोऽध्यायः ॥ ६१ ॥ ॥ संजयउवाच ॥ ततःश्वेताश्वसंयुक्तेनारायणसमाहिते ॥ तिष्ठन्रथवरेश्रीमानर्जुनःसमपद्यत १ तद्बलंनृपतिश्रेष्ठ
तावकंविजयोरणे ॥ व्यक्षोभयदुदीर्णाश्वंमहोदधिमिवानिलः २ दुर्योधनस्तवसुतःप्रमत्तेश्वेतवाहने ॥ अभ्येत्यसहसाक्रुद्धःसैन्यार्धेनाभिसंवृतः ३ पर्यवारयदायांतं ६२
युधिष्ठिरममर्षणम् ॥ क्षुरप्राणांत्रिसप्तत्याततोऽविध्यतपांडवम् ४ अक्रुध्यतभृशंतत्रकुंतीपुत्रोयुधिष्ठिरः ॥ सभल्लांस्त्रिंशतस्तूर्णंतवपुत्रेन्यवेशयत् ५ ततोऽधावंतकौ
रव्याजिघृक्षंतोयुधिष्ठिरम् ॥ दुष्टभावान्परान्ज्ञात्वासमवेतामहारथाः ६ आजग्मुस्तंपरीप्संतःकुन्तीपुत्रंयुधिष्ठिरम् ॥ नकुलःसहदेवश्चधृष्टद्युम्नश्चपार्षतः ७ अक्षौ
हिण्यापरिवृतास्तेऽभ्यधावन्युधिष्ठिरम् ॥ भीमसेनश्चसमरेमृद्नंस्तवमहारथान् ८ अभ्यधावदभिप्रेप्सूराजानंशत्रुभिर्वृतम् ॥ तांस्तुसर्वान्महेष्वासान्कर्णोवैकर्तनोनृप ९
शरवर्षेणमहताप्रत्यवारयदागतान् ॥ शरौघान्विसृजंतस्तेप्रेरयंतश्चतोमरान् १० नशेकुर्यत्नवंतोऽपिराधेयंप्रतिवीक्षितुम् ॥ तांश्चसर्वान्महेष्वासान्सर्वशस्त्रास्त्रपारगः
११ महताशरवर्षेणराधेयःप्रत्यवारयत् ॥ दुर्योधनंचविंशत्याशीघ्रमस्त्रमुदीरयन् १२ अविध्यत्तूर्णमभ्येत्यसहदेवःप्रतापवान् ॥ सविद्धःसहदेवेनरराजाचलसन्निभः १३
प्रभिन्नइवमातंगोरुधिरेणपरिप्लुतः ॥ दृष्ट्वातवसुतंतत्रगाढविद्धंसुतेजनैः १४ अभ्यधावद्दृढंक्रुद्धोराधेयोरथिनांवरः ॥ दुर्योधनंतथादृष्ट्वाशीघ्रमस्त्रमुदैरयत् १५ तेनयौ
धिष्ठिरंसैन्यमवधीत्पार्षतंतथा ॥ ततोयौधिष्ठिरंसैन्यंवध्यमानंमहात्मना १६ सहसाप्राद्रवद्राजन्सूतपुत्रशरार्दितम् ॥ विविधाविशिखास्तत्रसंपततःपरस्परम् १७
फलैःपुंखान्समाजघ्नुःसूतपुत्रधनुश्च्युताः ॥ अंतरिक्षेशरौघाणांपततांचपरस्परम् १८ संघर्षेणमहाराजपावकःसमजायत ॥ ततोदशदिशःकर्णःशलभैरिवयायिभिः
१९ अभ्यघ्नंस्तरसाराजन्शरैःपरशरीरगैः ॥ रक्तचंदनसंदिग्धौमणिहेमविभूषितौ २० बाहूव्यत्यक्षिपत्कर्णःपरमास्त्रंविदर्शयन् ॥ ततःसर्वादिशोराजन्सायकैर्विप्र
मोहयन् २१ अपीडयद्भृशंकर्णोधर्मराजंयुधिष्ठिरम् ॥ ततःक्रुद्धोमहाराजधर्मपुत्रोयुधिष्ठिरः २२ निशितैरिषुभिःकर्णंपंचाशद्भिःसमार्पयत् ॥ बाणांधकारमभव
त्तद्युद्धंघोरदर्शनम् २३ हाहाकारोमहानासीत्तावकानांविशांपते ॥ वध्यमानेतदासैन्येधर्मपुत्रेणमारिष २४ सायकैर्विविधैस्तीक्ष्णैःकंकपत्रैःशिलाशितैः ॥ भल्लैरने
कैर्विविधैःशक्त्यृष्टिमुसलैरपि २५ यत्रयत्रसधर्मात्मादुष्टांदृष्टिंव्यसर्जयत् ॥ तत्रतत्रव्यशीर्यंततावकाभरतर्षभ २६ कर्णोऽपिभृशसंक्रुद्धोधर्मराजंयुधिष्ठिरम् ॥ नारा
चैरर्धचन्द्रैश्चवत्सदन्तैश्चसंयुगे २७ अमर्षीक्रोधनश्चैवरोषप्रस्फुरिताननः ॥ सायकैरप्रमेयात्मायुधिष्ठिरमभिद्रवत् २८ ॥ ॥ ५९

१८ । १९ । २० । २१ । २२ । २३ । २४ । २५ । २६ । २७ । २८

२९ । ३० । ३१ । ३२ । ३३ । ३४ ॥ इतिकर्णपर्वणि नीलकंठीये भारतभावदीपे द्विषष्टितमोऽध्यायः ॥ ६२ ॥ ॥ ॥ ॥ कर्णइति १ । २ । ३ । ४ । ५ । ६

युधिष्ठिरश्चापिसतंस्वर्णपुंखैःशितैःशरैः ॥ प्रहसन्निवतंकर्णःकंकपत्रैःशिलाशितैः २९ उरस्यविध्यद्राजानंत्रिभिर्भल्लैश्चपांडवम् ॥ सपीडितोभृशंतेनधर्मराजोयुधिष्ठिरः
३० उपविश्यरथोपस्थेसूतंयाहीत्यचोदयत् ॥ अक्रोशंततःसर्वेधार्तराष्ट्राःसराजकाः ३१ गृह्णीध्वमितिराजानमभ्यधावंतसर्वशः ॥ ततःशताःसप्तदशकेकयानांप्रहा
रिणाम् ३२ पंचालैःसहितराजन्धार्तराष्ट्रान्न्यवारयन् ॥ तस्मिन्सुतुमुलेयुद्धेवर्तमानेजनक्षये ३३ दुर्योधनश्चभीमश्चसमेयातांमहाबलौ ३४ ॥ इतिश्रीमहाभारते
कर्णपर्वणि संकुलयुद्धेद्विषष्टितमोऽध्यायः ॥ ६२ ॥ ॥ संजयउवाच ॥ कर्णोऽपिशरजालेनकेकयानांमहारथान् ॥ व्यधमत्परमेष्वासानग्रतःपर्यवस्थितान् १
तेषांप्रयतमानानांराधेयस्यनिवारणे ॥ रथान्पंचशतान्कर्णःप्राहिणोद्यमसादनम् २ अविषह्यंततोदृष्ट्वाराधेयंयुधियोधिनः ॥ भीमसेनमुपागच्छन्कर्णबाणप्रपीडिताः
३ रथानीकंविदार्यैवशरजालैरनेकधा ॥ कर्णएकरथेनैवयुधिष्ठिरमुपाद्रवत् ४ सेनानिवेशमार्छन्तंमार्गणैःक्षतविक्षतम् ॥ यमयोर्मध्यगंवीरंशनैर्यांतंविचेतसम् ५
समासाद्यतुराजानंदुर्योधनहितेप्सया ॥ सूतपुत्रस्त्रिभिस्तीक्ष्णैर्विव्याधपरमेषुभिः ६ तथैवराजाराधेयंप्रत्यविध्यत्स्तनांतरे ॥ शरैस्त्रिभिश्चयंतारंचतुर्भिश्चतुरोहयान् ७
चक्ररक्षौतुपार्थस्यमाद्रीपुत्रौपरंतपौ ॥ तावप्यधावतांकर्णंराजानंमावधीरिति ८ तौपृथक्शरवर्षाभ्यांराधेयमभ्यवर्षताम् ॥ नकुलःसहदेवश्चपरमंयत्नमास्थितौ ९
तथैवतौप्रत्यविध्यत्सूतपुत्रःप्रतापवान् ॥ भल्लाभ्यांशितधाराभ्यांमहात्मानावरिंदमौ १० दंतवर्णांस्तुराधेयोनिजघानमनोजवान् ॥ युधिष्ठिरस्यसंग्रामेकालवाला
न्हयोत्तमान् ११ ततोऽपरेणभल्लेनशिरस्त्राणमपातयत् ॥ कौन्तेयस्यमहेष्वासःप्रहसन्निवसूतजः १२ तथैवनकुलस्यापिहयान्हत्वाप्रतापवान् ॥ ईषांधनुश्चचिच्छे
दमाद्रीपुत्रस्यधीमतः १३ तौहताश्वौहतरथौपांडवौभृशविक्षतौ ॥ भ्रातरावारुरुहतुःसहदेवरथंतदा १४ तौदृष्ट्वामातुलस्तत्रविरथौपरवीरहा ॥ अभ्यभाषतराधेयं
मद्रराजोऽनुकंपया १५ योद्धव्यमद्यपार्थेनफाल्गुनेनत्वयासह ॥ किमर्थंधर्मराजेनयुध्यसेभृशरोषितः १६ क्षीणशस्त्रास्त्रकवचःक्षीणबाणोविबाणधिः ॥ श्रांतसार
थिवाहश्चच्छन्नोऽस्त्रैररिभिस्तथा १७ पार्थमासाद्यराधेयउपहास्योभविष्यसि ॥ एवमुक्तोऽपिकर्णस्तुमद्रराजेनसंयुगे १८ तथैवकर्णःसंरब्धोयुधिष्ठिरमताडयत् ॥
शरैस्तीक्ष्णैःपराविध्यमाद्रीपुत्रौचपांडवौ १९ प्रहस्यसमरेकर्णश्चकारविमुखंशरैः ॥ ततःशल्यःप्रहस्येदंकर्णंपुनरुवाचह २० रथस्थमतिसंरब्धंयुधिष्ठिरवधेधृतम् ॥
यदर्थंधार्तराष्ट्रेणसततंमानितोभवान् २१ तंपार्थंजहिराधेयकिंतेहत्वायुधिष्ठिरम् ॥ शंखयोर्ध्मायतोःशब्दःसुमहानेषकृष्णयोः २२ श्रूयतेचापघोषोऽयंप्रावृषीवांबुद
स्यह ॥ असौनिघ्नन्रथोदारानर्जुनःशरवृष्टिभिः २३ ॥ ॥ ॥

७ । ८ । ९ । १० । ११ । १२ । १३ । १४ । १५ । १६ । १७ । १८ । १९ । २० । २१ । २२ । २३ ॥ ॥

२४ । २५ । २६ । २७ । २८ । २९ । ३० । ३१।३२। ३३ । ३४ । ३५ । ३६ । ३७। इतिकर्णपर्वणि नीलकंठीये भारतभावदीपे त्रिषष्टितमोऽध्यायः ॥ ६३ ॥ ॥ द्रौणिरिति ।

सर्वांग्रसतिनःसेनांकर्णपश्यैनमाहवे ॥ पृष्ठरक्षौचशूरस्ययुधामन्यूत्तमौजसौ २४ उत्तरंचास्यवैशूरश्चक्रंरक्षतिसात्यकिः ॥ धृष्टद्युम्नस्तथाचास्यचक्रंरक्षतिदक्षिणम् २५ भीमसेनश्चवैराज्ञाधार्तराष्ट्रेणयुध्यते ॥ यथानहन्यात्तंभीमःसर्वेषांनोऽद्यपश्यताम् २६ तथाराधेयक्रियतांराजामुच्येतनोयथा ॥ पश्यैनंभीमसेनेनग्रस्तमाहवशोभिनम् २७ यदित्वाऽऽसाद्यमुच्येतविस्मयःसुमहान्भवेत् ॥ परित्राह्येनमभ्येत्यसंशयंपरमंगतम् ॥ किन्नुमाद्रीसुतौहत्वाराजानंचयुधिष्ठिरम् २८ इतिशल्यवचः श्रुत्वाराधेयःपृथिवीपते ॥ दृष्ट्वादुर्योधनंचैवभीमग्रस्तंमहाहवे २९ राजगृद्धीभृशंचैवशल्यवाक्यप्रचोदितः ॥ अजातशत्रुमुत्सृज्यमाद्रीपुत्रौचपांडवौ ३० तवपुत्रंपरित्रातुमभ्यधावतवीर्यवान् ॥ मद्रराजप्रणुदितैरश्वैराकाशगैरिव ३१ गतेकर्णेतुकौन्तेयःपांडुपुत्रोयुधिष्ठिरः ॥ अपायाज्जवनैरश्वैःसहदेवश्चमारिष ३२ ताभ्यांसहितस्तूर्णंव्रीडन्निवनरेश्वरः ॥ प्राप्यसेनानिवेशंचमार्गणैःक्षतविक्षतः ३३ अवतीर्णोरथात्तूर्णमाविशच्छयनंशुभम् ॥ अपनीतशल्यःसुभृशंहृच्छल्याभिनिपीडितः ३४ सोऽब्रवीद्भ्रातरौराजामाद्रीपुत्रौमहारथौ ॥ अनीकंभीमसेनस्यपांडवावाशुगच्छताम् ३५ जीमूतइवनर्दंस्तुयुध्यतेसवृकोदरः ॥ ततोऽन्यंरथमास्थायनकुलोरथपुंगवः ३६ सहदेवश्चतेजस्वीभ्रातरौशत्रुकर्षणौ ॥ तुरगैरग्र्यरंहोभिर्यात्वाभीमस्यशुष्मिणौ ॥ अनीकैःसहितौतत्रभ्रातरौसमवस्थितौ ३७ ॥ इतिश्रीमहाभारते कर्णपर्वणि धर्मापयानेत्रिषष्टितमोऽध्यायः ॥ ६३ ॥

॥ संजयउवाच ॥

॥ द्रौणिस्तुरथवंशेनमहतापरिवारितः ॥ अपतत्सहसाराजन्यत्रपार्थोव्यवस्थितः १
तमापतंतंसहसाशूरःशौरिसहायवान् ॥ दधारसहसापार्थोवेलेवमकरालयम् २ ततःक्रुद्धोमहाराजद्रोणपुत्रःप्रतापवान् ॥ अर्जुनंवासुदेवंचच्छादयामाससायकैः ३
अवच्छन्नौततःकृष्णौदृष्ट्वातत्रमहारथः ॥ विस्मयंपरमंगत्वाप्रैक्षंतकुरवस्तदा ४ अर्जुनस्तुततोदिव्यमस्त्रंचक्रेहसन्निव ॥ तदस्त्रंवारयामासब्राह्मणोयुधिभारत ५
यद्यद्धिव्याक्षिपद्युद्धेपांडवोऽस्त्रजिघांसया ॥ तत्तदस्त्रंमहेष्वासोद्रोणपुत्रोव्यशातयत् ६ अस्त्रयुद्धेततोराजन्वर्तमानेमहाभये ॥ अपश्यामरणेद्रौणिंव्यात्ताननमिवांतकम् ७ सदिशःप्रदिशश्चैवच्छादयित्वाह्यजिह्मगैः ॥ वासुदेवंत्रिभिर्बाणैरविध्यद्दक्षिणेभुजे ८ ततोऽर्जुनोहयान्हत्वासर्वांस्तस्यमहात्मनः ॥ चकारसमरेभूमिंशोणितौघतरंगिणीम् ९ सर्वलोकवहांरौद्रांपरलोकवहांनदीम् ॥ सरथान्रथिनःसर्वान्पार्थचापच्युतैःशरैः १० द्रौणेरपहतान्संख्येददृशुःसचतांतथा ॥ प्रावर्तयन्महाघोरांनदींपरवहांतदा ११ तयोस्तुव्याकुलेयुद्धेद्रौणेःपार्थस्यदारुणे ॥ अमर्यादंयोधयंतःपर्यधावंतपृष्ठतः १२ रथैर्हताश्वसूतैश्चहतारोहैश्चवाजिभिः ॥ द्विरदैश्चहतारोहैर्महामात्रैर्हतद्विपैः १३ ॥ ॥ ॥ ॥

१ । २ । ३ । ४ । ५ । ६ । ७ । ८ । ९ द्रौणेःसंबन्धिनोरथिनःशरैरपहतान्ददृशुरित्युत्तरश्लोकेनसंबन्धः लोकाइतिशेषः १० । ११ । १२ । १३ ॥ ॥

पार्थेनसमरेराजन्कृतोघोरोजनक्षयः ॥ निहतारथिनःपेतुःपार्थचापच्युतैःशरैः १४ हयाश्वपर्यधावंतमुक्तयोक्त्रास्ततस्ततः ॥ तद्दृष्ट्वाकर्मपार्थस्यद्रौणिराहव
शोभिनः १५ अर्जुनंजयतांश्रेष्ठंत्वरितोऽभ्येत्यवीर्यवान् ॥ विधुन्वानोमहच्चापंकार्तस्वरविभूषितम् १६ अवाकिरत्ततोद्रौणिःसमंतान्निशितैःशरैः ॥ भूयोऽर्जु
नंमहाराजद्रौणिरायम्यपत्रिणा १७ वक्षोदेशेभृशंपार्थंताडयामासनिर्दयम् ॥ सोऽतिविद्धोरणेतेनद्रोणपुत्रेणभारत १८ गांडीवधन्वाप्रसभंशरवर्षैरुदारधीः ॥
संछाद्यसमरेद्रौणिंचिच्छेदास्यचकार्मुकम् १९ सच्छिन्नधन्वापरिघंवज्रस्पर्शसमंयुधि ॥ आदायचिक्षेपतदाद्रोणपुत्रःकिरीटिने २० तमापतंतंपरिघंजां
बूनदपरिष्कृतम् ॥ चिच्छेदसहसाराजन्प्रहसन्निवपांडवः २१ सपपाततदाभूमौनिकृत्तःपार्थसायकैः ॥ विकीर्णःपर्वतोराजन्यथावज्रेणताडितः २२ ततःक्रु
द्धोमहाराजद्रोणपुत्रोमहारथः ॥ ऐन्द्रेणचास्त्रवेगेनबीभत्सुंसमवाकिरत् २३ तस्येन्द्रजालावततंसमीक्ष्यपार्थोराजन्गांडिवमाददेसः ॥ ऐन्द्रंजालंप्रत्यहरत्तरस्वी
वरास्त्रमादायमहेन्द्रसृष्टम् २४ विदार्यतज्जालमथेन्द्रमुक्तंपार्थस्ततोद्रौणिरथंक्षणेन ॥ प्रच्छादयामासततोऽभ्युपेत्यद्रौणिस्तदापार्थशराभिभूतः २५ विगा
ह्यतांपांडवबाणवृष्टिंशरैःपरंनामततःप्रकाश्य ॥ शतेनकृष्णंसहसाऽभ्यविद्ध्यत्त्रिभिःशतैरर्जुनंक्षुद्रकाणाम् २६ ततोऽर्जुनःसायकानांशतेनगुरोःसुतंमर्मसु
निर्बिभेद ॥ अश्वांश्चसूतंचतथाधनुर्ज्यामवाकिरत्पश्यतांतावकानाम् २७ सविद्ध्वामर्मसुद्रौणिंपांडवःपरवीरहा ॥ सारथिंचास्यभल्लेनरथनीडादपातयत्
२८ ससंगृह्यस्वयंवाहान्कृष्णौप्राच्छादयच्छरैः ॥ तत्राद्भुतमपश्यामद्रौणेराशुपराक्रमम् २९ प्रायच्छत्तुरगान्यच्चफाल्गुनंचाप्ययोधयत् ॥ तदस्यसमरेरा
जन्सर्वेयोधाअपूजयन् ३० ततःप्रहस्यबीभत्सुर्द्रोणपुत्रस्यसंयुगे ॥ क्षिप्रंरश्मीनथाश्वानांक्षुरप्रैश्चिच्छिदेजयः ३१ प्राद्रवंस्तुरगास्तेतुशरवेगप्रपीडिताः ॥
ततोऽभून्निनदोघोरस्तवसैन्यस्यभारत ३२ पांडवास्तुजयंलब्ध्वातवसैन्यंसमाद्रवन् ॥ समंतान्निशितान्बाणान्विमुंचन्तोजयैषिणः ३३ पांडवैस्तुमहाराज
धार्तराष्ट्रीमहाचमूः ॥ पुनःपुनरथोवीरैःसंयुगेजितकाशिभिः ३४ पश्यतांतेमहाराजपुत्राणांचित्रयोधिनाम् ॥ शकुनेःसौबलेयस्यकर्णस्यचविशांपते ३५
वार्यमाणामहासेनापुत्रैस्तवजनेश्वर ॥ नचातिष्ठतसंग्रामेपीड्यमानासमंततः ३६ ततोयोधैर्महाराजपलायद्भिःसमंततः ॥ अभवद्व्याकुलंभीतंपुत्राणांतेमहद्बलम्
३७ तिष्ठतिष्ठेतिचततःसूतपुत्रस्यजल्पतः ॥ नावतिष्ठतिसासेनावध्यमानामहात्मभिः ३८ अथोत्कुष्टंमहाराजपांडवैर्जितकाशिभिः ॥ धार्तराष्ट्रबलंदृष्ट्वाविद्रुतंवै
समंततः ३९ ततोदुर्योधनःकर्णमब्रवीत्प्रणयादिव ॥ पश्यकर्णमहासेनापंचालैरर्दिताभृशम् ४० त्वयितिष्ठतिसंत्रासात्पलायनपरायणा ॥ एतज्ज्ञात्वामहाबाहोकुरु
प्राप्तमरिंदम ४१ सहस्राणिचयोधानांत्वामेवपुरुषोत्तम ॥ क्रोशंतिसमरेवीरद्राव्यमाणानिपांडवैः ४२

४३ । ४४ । ४५ । ४६ । ४७ । ४८ । ४९ । ५० । ५१ । ५२ । ५३ । ५४ । ५५ । ५६ । ५७ । ५८ । ५९ । ६० । ६१ । ६२ कर्णंप्रतिलक्षीकृत्यपलायितुंनपश्यामिनिषिद्धत्वात् ६३ । ६४

एतच्छ्रुत्वाऽपिराधेयोदुर्योधनवचोमहान् ॥ मद्रराजमिदंवाक्यमब्रवीत्प्रहसन्निव ४३ पश्यमेभुजयोर्वीर्यमस्त्राणांचजनेश्वर ॥ अद्यहन्मिरणेसर्वान्पंचालान्पांडुभिःसह ४४ वाहयाश्वान्नरव्याघ्रभद्रेणैवनसंशयः ॥ एवमुक्त्वामहाराजसूतपुत्रःप्रतापवान् ४५ प्रगृह्यविजयंवीरोधनुःश्रेष्ठंपुरातनम् ॥ सज्यंकृत्वामहाराज संगृह्यचपुनःपुनः ४६ सन्निवार्यचयोधान्ससत्येनशपथेनच ॥ प्रायोजयदमेयात्माभार्गवास्त्रंमहाबलः ४७ ततोराजन्सहस्राणिप्रयुतान्यर्बुदानिच ॥ कोटिशश्चशरास्तीक्ष्णानिरगच्छन्महामृधे ४८ ज्वलितैस्तैःशरैर्घोरैःकंकबर्हिणवाजितैः ॥ संछन्नापांडवीसेनानप्राज्ञायतकिंचन ४९ हाहाकारोमहानासीत्पंचालानांविशांपते ॥ पीडितानांबलवताभार्गवास्त्रेणसंयुगे ५० निपतद्भिर्गजैराजन्नश्वैश्चापिसहस्रशः ॥ रथैश्चापिनरव्याघ्रनरैश्चैवसमंततः ५१ प्राकंपतमहीराजन्निहतैस्तैःसमंततः ॥ व्याकुलंसर्वमभवत्पांडवानांमहद्बलम् ५२ कर्णस्त्वेकोयुधांश्रेष्ठोविधूमइवपावकः ॥ दहन्शत्रून्नरव्याघ्रशुशुभेसपरंतपः ५३ तेवध्यमानाःकर्णेनपंचालाश्चेदिभिःसह ॥ तत्रतत्रव्यमुह्यंतवनदाहेयथाद्विपाः ५४ चुकुशुश्चनरव्याघ्रयथाव्याघ्रानरोत्तमाः ॥ तेषांतुक्रोशतामासीद्भीतानांरणमूर्द्धनि ५५ धावतांचततोराजंस्त्रस्तानांचसमंततः ॥ आर्तनादोमहांस्तत्रभूतानामिवसंप्लवे ५६ वध्यमानांस्तुतान्दृष्ट्वासूतपुत्रेणमारिष ॥ वित्रेसुःसर्वभूतानितिर्यग्योनिगतान्यपि ५७ तेवध्यमानाःसमरेसूतपुत्रेणसृंजयाः ॥ अर्जुनंवासुदेवंचक्रोशंतिचमुहुर्मुहुः ५८ प्रेतराजपुरेयद्वत्प्रेतराजंविचेतसः ॥ श्रुत्वातुनिनदंतेषांवध्यतांकर्णसायकैः ५९ अथाब्रवीद्वासुदेवंकुंतीपुत्रोधनंजयः ॥ भार्गवास्त्रंमहाघोरंदृष्ट्वातत्रसमीरितम् ६० पश्यकृष्णमहाबाहोभार्गवास्त्रस्यविक्रमम् ॥ नैतदस्त्रंहिसमरेशक्यंहंतुंकथंचन ६१ सूतपुत्रंचसंरब्धंपश्यकृष्णमहारणे ॥ अंतकप्रतिमंवीर्येकुर्वाणंकर्मदारुणम् ६२ अभीक्ष्णंचोदयन्नश्वान्प्रेक्षतेमांमुहुर्मुहुः ॥ नचपश्यामिसमरेकर्णंप्रतिपलायितुम् ६३ जीवन्प्राप्नोतिपुरुषःसंख्येजयपराजयौ ॥ मृतस्यतुहृषीकेशभंगएवकुतोजयः ६४ एवमुक्तस्तुपार्थेनकृष्णोमतिमतांवरम् ॥ धनंजयमुवाचेदंप्राप्तकालमरिंदमम् ६५ कर्णेनहिदृढंराजाकुंतीपुत्रःपरिक्षितः ॥ तंदृष्ट्वाऽऽश्वास्यचपुनःकर्णंपार्थवधिष्यसि ६६ एवमुक्त्वापुनःप्रायाद्द्रष्टुमिच्छन्युधिष्ठिरम् ॥ श्रमेणग्राहयिष्यंश्चयुद्धेकर्णंविशांपते ६७ ततोधनंजयोद्रष्टुंराजानंबाणपीडितम् ॥ रथेनप्रययौक्षिप्रंसंग्रामात्केशवाज्ञया ६८ गच्छन्नेवतुकौन्तेयोधर्मराजदिदृक्षया ॥ सैन्यमालोकयामासनापश्यत्तत्रचाग्रजम् ६९ युद्धंकृत्वातुकौन्तेयोद्रोणपुत्रेणभारत ॥ दुःसहंवज्रिणासंख्येपराजित्यगुरोःसुतम् ७० ॥ इतिश्रीमहाभारतेकर्णपर्वणिधर्मराजशोधनेचतुःषष्टितमोऽध्यायः ॥ ६४ ॥ ॥ ॥ ॥

६५ । ६६ । ६७ । ६८ । ६९ । ७० ॥ इतिकर्णपर्वणि नीलकंठीये भारतभावदीपे चतुःषष्टितमोऽध्यायः ॥ ६४ ॥ ॥ ॥ ॥ ॥ ॥ ॥

॥ ६१ ॥

द्रौणिमिति । ततोग्रधन्वाविस्तारितोग्रचापः १ अनेकानबहून् २ उवाचतंपप्रच्छ ३ । ४ । ५ । ६ । ७ । ८ गोष्ठात्स्थानात् । ९ । १० । ११ भ्रातुर्वचःश्रुत्वातदेवसत्यंवचोनारायणंप्रतिकपिध्वजउ

संजयउवाच ॥ द्रौणिंपराजित्यततोग्रधन्वाकृत्वामहद्दुष्करंशूरकर्म ॥ आलोकयामासततःस्वसैन्यंधनंजयःशत्रुभिरप्रधृष्यः १ अयुध्यमानान्पृतनामुखस्था
न्शूरःशूरान्हर्षयन्सव्यसाची ॥ पूर्वप्रहारैर्मथितान्प्रशंसन्स्थितान्महात्मासरथाननेकान् २ अपश्यमानस्तुकिरीटमालीयुधिष्ठिरंभ्रातरमाजमीढम् ॥ उवाच
भीमंतरसाऽभ्युपेत्यराज्ञःप्रवृत्तिंत्विहकुत्रराजा ३ ॥ भीमसेनउवाच ॥ अपयातइतोराजाधर्मपुत्रोयुधिष्ठिरः ॥ कर्णबाणाभितप्तांगोयदिजीवेत्कथंचन ४ ॥ अर्जु
नउवाच ॥ तस्माद्भवान्शीघ्रमितःप्रयातुराज्ञःप्रवृत्त्यैकुरुसत्तमस्य ॥ नूनंसविद्धोऽतिभृशंपृषत्कैःकर्णेनराजाशिबिरंगतोऽसौ ५ यःसंप्रहारैर्निशितैःपृषत्कैर्द्रो
णेनविद्धोऽतिभृशंतरस्वी ॥ तस्थौसतत्रापिजयप्रतीक्षोद्रोणोऽपियावन्नहतःकिलासीत् ६ ससंशयंगमितःपांडवाग्र्यःसंख्येऽद्यकर्णेनमहानुभावः ॥ ज्ञातुंप्रयाह्या
शुतमद्यभीमस्थास्याम्यहंशत्रुगणान्निरुध्य ७ ॥ भीमसेनउवाच ॥ त्वमेवजानीहिमहानुभावराज्ञःप्रवृत्तिंभरतर्षभस्य ॥ अहंहियद्यर्जुनयाम्यमित्रावदंतिमांभी
तइतिप्रवीराः ८ ततोऽब्रवीदर्जुनोभीमसेनंसंशप्तकाःप्रत्यनीकस्थितामे ॥ एतानहत्वाऽद्यमयानशक्यमितोऽपयातुंरिपुसंघगोष्ठात् ९ अथाब्रवीदर्जुनंभीमसेनः
स्ववीर्यमासाद्यकुरुप्रवीर ॥ संशप्तकान्प्रतियोत्स्यामिसंख्येसर्वानहंयाहिधनंजयत्वम् १० तद्भीमसेनस्यवचोनिशम्यसुदुष्करंभ्रातुरमित्रमध्ये ॥ संशप्तकानी
कमसह्यमेकःसुदुष्करंधारयामीतिपार्थः ११ उवाचनारायणमप्रमेयंकपिध्वजःसत्यपराक्रमस्य ॥ श्रुत्वावचोभ्रातुरदीनसत्वस्तदाऽऽहवेसत्यवचोमहात्मा ॥ द्रष्टुंकुरु
श्रेष्ठमभिप्रयास्यन्प्रोवाचवृष्णिप्रवरंतदानीम् १२ ॥ अर्जुनउवाच ॥ ॥ चोदयाश्वान्हृषीकेशविहायैतद्बलार्णवम् ॥ अजातशत्रुंराजानंद्रष्टुमिच्छामिकेशव १३
॥ संजयउवाच ॥ ततोहयान्सर्वदाशार्हमुख्यःप्रचोदयन्भीममुवाचचेदम् ॥ नैतच्चित्रंतवकर्माद्यभीमयास्याम्यहंजहिपार्थारिसंघान् १४ ततोययौहृषीकेशोयत्रराजा
युधिष्ठिरः ॥ शीघ्राच्छीघ्रतरंराजन्वाजिभिर्गरुडोपमैः १५ प्रत्यनीकेव्यवस्थाप्यभीमसेनमरिंदमम् ॥ संदिश्यचैतंराजेन्द्रयुद्धंप्रतिवृकोदरम् १६ ततस्तुगत्वापुरुष
प्रवीरौराजानमासाद्यशयानमेकम् ॥ रथादुभौप्रत्यवरुह्यतस्माद्ववंदतुर्धर्मराजस्यपादौ १७ तंदृष्ट्वापुरुषव्याघ्रंक्षेमिणंपुरुषर्षभम् ॥ मुदाऽभ्युपगतौकृष्णावश्विनाविव
वासवम् १८ तावभ्यनंदद्राजाऽपिविवस्वानश्विनाविव ॥ हतेमहासुरेजंभेशक्रविष्णूयथागुरुः १९ मन्यमानोहतंकर्णंधर्मराजोयुधिष्ठिरः ॥ हर्षगद्गदयावाचाप्रीतः
प्राहपरंतपः २० ॥ संजयउवाच ॥ अथोपयातौपृथुलोहिताक्षौशराचितांगौरुधिरप्रदिग्धौ ॥ समीक्ष्यसेनाग्रनरप्रवीरौयुधिष्ठिरोवाक्यमिदंबभाषे २१ महासत्वौ
हितौदृष्ट्वासहितौकेशवार्जुनौ ॥ हतमाधिरथिंमेनेसंख्येगांडीवधन्वना २२ ॥ ॥ ॥

२१ वाचेत्यन्वयः । १२ । १३ । १४ । १५ प्रत्यनीकेशत्रुसैन्यसमीपे । १६ । १७ । १८ । १९ । २० । २१ । २२ ।

२३ ॥ इतिकर्णपर्वणि नीलकंठीये भारतभावदीपे पंचषष्टितमोऽध्यायः ॥ ६५ ॥ ॥ स्वागतमिति । भोअच्युतार्जुनौयुवयोर्दर्शनंमेगाढंप्रियम् कुशलमितिपाठेयुवयोःकुशलंयत्तन्मेगाढंप्रियमिति योज्यम् १ अरिष्टाभ्यांशुभाभ्याम् २ । ३ अनुज्ञातमनुगृहीतम् ४ । ५ । ६ अनलानिलयोरितिक्रमात्तेजोबलाभ्याम् ७ । ८ । ९ । १० । ११ । १२ । १३ । १४ । १५ मरणेउपस्थितेसतियातः

तावभ्यनंदत्कौन्तेयःसाम्नापरमवल्गुना ॥ स्मितपूर्वममित्रघ्नंपूजयन्भरतर्षभ २३ ॥ इतिश्रीमहाभारतेकर्णपर्वणियुधिष्ठिरंप्रतिकृष्णार्जुनागमेपंचषष्टितमोऽध्यायः ॥ ६५ ॥ ॥ युधिष्ठिरउवाच ॥ स्वागतंदेवकीमातःस्वागतंतेधनंजय ॥ प्रियंमेदर्शनंगाढंयुवयोरच्युतार्जुनौ १ अक्षताभ्यामरिष्टाभ्यांहतःकर्णोमहारथः ॥ आशीविषसमंयुद्धेसर्वशस्त्रविशारदम् २ अग्रगंधार्तराष्ट्राणांसर्वेषांशर्मवर्मच ॥ रक्षितंवृषसेनेनसुषेणेनचधन्विना ३ अनुज्ञातंमहावीर्यंरामेणास्त्रेसुदुर्जयम् ॥ अग्र्यंसर्वस्यलोकस्यरथिनंलोकविश्रुतम् ४ त्रातारंधार्तराष्ट्राणांगंतारंवाहिनीमुखे ॥ हंतारंपरसैन्यानाममित्रगणमर्दनम् ५ दुर्योधनहितेयुक्तमस्मद्दुःखायचोद्यतम् ॥ अप्रधृष्यंमहायुद्धेदेवैरपिसवासवैः ६ अनलानिलयोस्तुल्यंतेजसाचबलेनच ॥ पातालमिवगंभीरंसुहृदांनंदिवर्धनम् ७ अंतकंममित्राणांहत्वाकर्णंमहामृधे ॥ दिष्ट्यायुवामनुप्राप्तौजित्वाऽसुरमिवामरौ ८ घोरंयुद्धमदीनेनमयाह्यद्याच्युतार्जुनौ ॥ कृतंतेनांतकेनेवप्रजाःसर्वाजिघांसता ९ तेनकेतुश्चमेच्छिन्नोहतौचपार्ष्णिसारथी ॥ हतवाहस्ततश्चास्मियुयुधानस्यपश्यतः १० धृष्टद्युम्नस्ययमयोर्वीरस्यचशिखंडिनः ॥ पश्यतांद्रौपदेयानांपंचालानांचसर्वशः ११ एतान्जित्वामहावीर्यःकर्णःशत्रुगणान्बहून् ॥ जितवान्मांमहाबाहोयतमानोमहारणे १२ अभिसृत्यचमांयुद्धेपरुषाण्युक्तवान्बहु ॥ तत्रतत्रयुधांश्रेष्ठपरिभूयनसंशयः १३ भीमसेनप्रभावात्तुयज्जीवामिधनंजय ॥ बहुनात्रकिमुक्तेननाहंतत्सोढुमुत्सहे १४ त्रयोदशाहंवर्षाणियस्माद्भीतोधनंजय ॥ नस्मनिद्रांलभेरात्रौनचाहनिसुखंक्वचित् १५ तस्यद्वेषेणसंयुक्तःपरिदह्येधनंजय ॥ आत्मनोमरणंयातोवाध्रीणसइवद्विपः १६ तस्यायमगमत्कालश्चिंतयानस्यमेचिरम् ॥ कथंकर्णोमयाशक्योयुद्धेक्षपयितुंभवेत् १७ जाग्रत्स्वपंश्चकौन्तेयकर्णमेवसदाह्ययम् ॥ पश्यामितत्रतत्रैवकर्णभूतमिदंजगत् १८ यत्रयत्रहिगच्छामिकर्णाद्भीतोधनंजय ॥ तत्रतत्रहिपश्यामिकर्णमेवाग्रतःस्थितम् १९ सोऽहंतेनैववीरेणसमरेष्वपलायिना ॥ सहयःसरथःपार्थजित्वाजीवन्विसर्जितः २० कोनुमेजीवितेनार्थोराज्येनार्थोभवेत्पुनः ॥ ममैवंविक्षतस्याद्यकर्णेनाहवशोभिना २१ नप्राप्तपूर्वंयद्भीष्मात्कृपाद्द्रोणाच्चसंयुगे ॥ तत्प्राप्तमद्यमेयुद्धेसूतपुत्रान्महारथात् २२ सत्वांपृच्छामिकौन्तेययथाऽद्यकुशलंतथा ॥ तन्ममाचक्ष्वकार्त्स्न्येनयथाकर्णोहतस्त्वया २३ शक्रतुल्यबलोयुद्धेयमतुल्यःपराक्रमे ॥ रामतुल्यस्तथाऽस्त्रेणसकथंवैनिषूदितः २४ महारथःसमाख्यातःसर्वयुद्धविशारदः ॥ धनुर्धराणांप्रवरःसर्वेषामेकपूरुषः २५ ॥ ॥ ॥

पलायितोस्मि वाध्रीणसोमेषविशेषः यस्यनासापुटयोर्वध्रीसदृशंचर्मभवति द्विपोद्वाभ्यांवक्त्रकर्णाभ्यांपिबतीति । द्विजइतिपाठे 'कृष्णग्रीवोरक्तशिराःश्वेतपक्षोविहंगमः । सवैवाध्रीणसःप्रोक्तोयाज्ञिकैःपितृकर्मणि' इतिप्राञ्चः १६ । १७ । १८ । १९ । २० । २१ । २२ । २३ । २४ । २५ ॥ ॥ ॥ ॥

२६ । २७ । २८ । २९ । ३० अयंसूतपुत्रः ३१ । ३२ । ३३ । ३४ विहंगैर्बाणैः ३५ । ३६ । ३७ । ३८ । ३९ । ४० । ४१ बाणेभ्यःसमर्पितेनकर्णबाणैरत्यंतंप्रविद्धेनेत्यर्थः ४२ । ४३

पूजितोधृतराष्ट्रेणसपुत्रेणविशांपते ॥ त्वदर्थमेवराधेयःसकथंनिहतस्त्वया २६ धार्तराष्ट्रोहियोधेषुसर्वेष्वेवसदाऽर्जुन ॥ तवमृत्युंरणेकर्णमन्यतेपुरुषर्षभ २७ सत्वयापु
रुषव्याघ्रकथंयुद्धेनिषूदितः ॥ तन्ममाचक्ष्वकौन्तेययथाकर्णोहतस्त्वया २८ युध्यमानस्यचशिरःपश्यतांसुहृदांहृतम् ॥ त्वयापुरुषशार्दूलसिंहेनेवयथारुरोः २९
यःपर्युपासीत्प्रदिशोदिशश्चत्वांसूतपुत्रःसमरेपरीप्सन् ॥ दित्सुःकर्णःसमरेहस्तिषड्गवंसहीदानींकंकपत्रैःसुतीक्ष्णैः ३० त्वयारणेनिहतःसूतपुत्रःकच्चिच्छेतेभूमितलेदु
रात्मा ॥ प्रियश्चमेपरमोवैकृतोऽयंत्वयारणेसूतपुत्रंनिहत्य ३१ यःसर्वतःपर्यपतत्त्वदर्थेसदाऽर्चितोगर्वितःसूतपुत्रः॥ सशूरमानीसमरेसमेत्यकच्चित्त्वयानिहतःसंयुगेऽसौ
३२ रौक्मंवरंहस्तिगजाश्वयुक्तंरथंप्रदित्सुर्यःपरेभ्यस्त्वदर्थे ॥ सदारणेस्पर्धतेयःसपापःकच्चित्त्वयानिहतस्तातयुद्धे ३३ योसौसदाशूरमदेनमत्तोविकत्थतेसंसदि
कौरवाणाम् ॥ प्रियोऽत्यर्थंतस्यसुयोधनस्यकच्चित्सपापोनिहतस्त्वयाऽद्य ३४ कच्चित्समागम्यधनुःप्रयुक्तस्त्वत्प्रेषितैर्लोहितांगैर्विहंगैः ॥ शेतेसपापःसुविभिन्न
गात्रःकच्चिद्भग्नौधार्तराष्ट्रस्यबाहू ३५ योऽसौसदाश्लाघतेराजमध्येदुर्योधनंहर्षयन्दर्पपूर्णः ॥ अहंहंताफाल्गुनस्येतिमोहात्कच्चिद्वचस्तस्यनवैतथातत् ३६ नाहं
पादौधावयिष्येकदाचिद्यावत्स्थितःपार्थइत्यल्पबुद्धेः ॥ व्रतंतस्यैतत्सर्वदाशक्रसूनोकच्चित्त्वयानिहतःसोद्यकर्णः ३७ योऽसौकृष्णामब्रवीद्दुष्टबुद्धिःकर्णःसभायां
कुरुवीरमध्ये ॥ किंपांडवांस्त्वंनजहासिकृष्णेसुदुर्बलान्पतितान्हीनसत्वान् ३८ योऽसौकर्णःप्रत्यजानात्त्वदर्थेनाहंहत्वासहकृष्णेनपार्थम् ॥ इहोपयातेतिसपा
पबुद्धिःकच्चिच्छेतेशरसंभिन्नगात्रः ३९ कच्चित्संग्रामोविदितोवैतवायंसमागमेसृंजयकौरवाणाम् ॥ यत्रावस्थामीदृशींप्रापितोऽहंकच्चित्त्वयासोऽद्यहतोदुरात्मा
४० कच्चित्त्वयातस्यसुमंदबुद्धेर्गांडीवमुक्तैर्विशिखैर्ज्वलद्भिः ॥ सकुंडलंभानुमदुत्तमांगंकायात्प्रकृत्तंयुधिसव्यसाचिन् ४१ यत्तन्मयाबाणसमर्पितेनध्यातोऽसिक
र्णस्यवधायवीर ॥ तन्मेत्वयाकच्चिदमोघमद्यध्यानंकृतंकर्णनिपातनेन ४२ यद्दर्पपूर्णःससुयोधनोऽस्मानुदीक्षतेकर्णसमाश्रयेण ॥ कच्चित्त्वयासोऽद्यसमाश्रयोऽ
स्यभग्नःपराक्रम्यसुयोधनस्य ४३ योनःपुराषंढतिलानवोचत्सभामध्येकौरवाणांसमक्षम् ॥ सदुर्मतिःकच्चिदुपेत्यसंख्येत्वयाहतःसूतपुत्रोह्यमर्षी ४४ यःसूत
पुत्रःप्रहसन्दुरात्मापुराऽब्रवीन्निर्जितांसौबलेन ॥ स्वयंप्रसह्यानययाज्ञसेनीमपीहकच्चित्सहतस्त्वयाऽद्य ४५ यःशस्त्रभृच्छ्रेष्ठतमःपृथिव्यांपितामहंव्याक्षिपदल्प
चेताः ॥ संख्यायमानोऽर्द्धरथःसकच्चित्त्वयाहतोऽद्याधिरथिर्महात्मन् ४६ अमर्षजंनिकृतिसमीरणेरितंहृदिस्थितंज्वलनमिमंसदामम ॥ हतोमयासोऽद्यसमेत्य
कर्णइतिब्रुवन्प्रशमयसेऽद्यफाल्गुन ४७ ॥ ॥ ॥ ॥

४४ । ४५ । ४६ । ४७ । ॥ ॥ ॥ ॥

४८ ॥ इतिकर्णपर्वणि नीलकंठीये भारतभावदीपे षट्पष्टितमोऽध्यायः ॥ ६६ ॥ ॥ तद्धर्मेति १ खगमान्बाणान् २ । ३ वध्यतांवध्यमानानांकौरवाणामुज्जिहीर्षांउद्धर्तुमिच्छामकार्षीत ४ । ५ अष्टौगा

ब्रवीहिमेदुर्लभमेतदद्यकथंत्वयानिहतःसूतपुत्रः ॥ अनुध्यायेत्वांसततंप्रवीरवृत्रेहतेऽसौभगवानिवेन्द्रः ४८ ॥ इतिश्रीमहाभारतेकर्णपर्वणियुधिष्ठिरवाक्येषट्षष्टितमोऽध्यायः ॥६६॥ ॥ संजयउवाच ॥ तद्धर्मशीलस्यवचोनिशम्यराज्ञःक्रुद्धस्यातिरथोमहात्मा ॥ उवाचदुर्धर्षमदीनसत्वंयुधिष्ठिरंजिष्णुरनंतवीर्यः १ ॥ अर्जुनउवाच ॥ संशप्तकैर्युध्यमानस्यमेऽद्यसेनाग्रयायीकुरुसैन्येषुराजन् ॥ आशीविषाभान्खगमान्प्रमुंचन्द्रौणिःपुरस्तात्सहसाऽभ्यतिष्ठत् २ दृष्ट्वारथंमेघरवंममैवसमस्तसेनावरणेऽभ्यतिष्ठन् ॥ तेषामहंपंचशतानिहत्वाततोद्रौणिमगमंपार्थिवाग्र्य ३ समांसमासाद्यनरेंद्रयत्तःसमभ्ययाद्सिंहमिवद्विपेंद्रः ॥ अकार्षीच्चरथिनामुज्जिहीर्षांमहाराजवध्यतांकौरवाणाम् ४ ततोरणेभारतदुष्प्रकंप्यआचार्यपुत्रःप्रवरःकुरूणाम् ॥ मामर्दयामासशितैःपृषत्कैर्जनार्दनंचैवविषाग्निकल्पैः ५ अष्टागवामष्टशतानिबाणान्मयाप्रयुद्धस्यवहंतितस्य ॥ तांस्तेनमुक्तानहमस्यबाणैर्व्यनाशयंवायुरिवाभ्रजालम् ६ ततोऽपरान्बाणसंघानननेकानाकर्णपूर्णायतविप्रमुक्तान् ॥ ससर्जशिक्षास्त्रबलप्रयत्नैस्तथायथाप्रावृषिकालमेघः ७ नैवाददानंनचसंदधानंजानीमहेकतरेणास्यतीति ॥ वामेनवायदिवादक्षिणेनसद्रोणपुत्रःसमरेपर्यवर्तत ८ तस्याततंमंडलमेवसज्यंप्रदृश्यतेकार्मुकंद्रोणसूनोः ॥ सोऽविध्यन्मांपंचभिर्द्रोणपुत्रःशितैःशरैःपंचभिर्वासुदेवम् ९ अहंहितंत्रिंशतावज्रकल्पैःसमार्दयंनिमिषस्यांतरेण ॥ क्षणात्सश्वावित्समरूपोबभूवसमार्दितोमद्विसृष्टैःपृषत्कैः १० सविक्षरन्रुधिरंसर्वगात्रैरथानीकंसूतसूनोर्विवेश ॥ मयाभिभूतान्सैनिकानांप्रबर्हान्सौप्रपश्यन्रुधिरप्रदिग्धान् ११ ततोऽभिभूतंयुधिवीक्ष्यसैन्यंवित्रस्तयोधंद्रुतवाजिनागम् ॥ पंचाशतारथमुख्यैःसमेत्यकर्णस्त्वरन्मामुपायात्प्रमाथी १२ तान्सूदयित्वाऽहमपास्यकर्णंद्रष्टुंभवंतंत्वरयाभियातः ॥ सर्वेपंचालाह्युद्विजंतेस्मकर्णंदृष्ट्वागावःकेसरिणंयथैव १३ मृत्योरास्यंव्यात्तमिवाभिपद्यप्रभद्रकाःकर्णमासाद्यराजन् ॥ रथांस्तुतान्सप्तशतान्निमग्नांस्तदाकर्णःप्राहिणोन्मृत्युसद्म १४ नचाप्यभूत्क्लांतमनाःसराजन्यावन्नास्मान्दृष्टवान्सूतपुत्रः ॥ श्रुत्वातुत्वांतेनदृष्टंसमेतमश्वत्थाम्नापूर्वतरंक्षतंच १५ मन्येकालमपयानस्यराजन्क्रूरात्कर्णात्तेऽहमचिंत्यकर्मन् ॥ मयाकर्णस्यास्त्रमिदंपुरस्ताद्युद्धेदृष्टंपांडवचित्ररूपम् १६ नह्यन्ययोद्धाविद्यतेसृंजयानांमहारथंयोद्यसहेतकर्णम् ॥ शैनेयोमेसात्यकिश्चक्ररक्षौधृष्टद्युम्नश्चापितथैवराजन् १७ युधामन्युश्चोत्तमौजाश्चशूरौपृष्ठतोमांरक्षतांराजपुत्रौ ॥ रथप्रवीरेणमहानुभावद्विषत्सैन्येवर्तताडुस्तरेण १८ समेत्याहंसूतपुत्रेणसंख्येवृत्रेणवज्रीवनरेंद्रमुख्य ॥ योत्स्याम्यहंभारतसूतपुत्रमस्मिन्संग्रामेयदिवैदृश्यतेऽद्य १९ आयाहिपश्याद्ययुयुत्समानंमांसूतपुत्रस्यरणेजयाय ॥ महर्षभस्येवसुखंप्रपन्नाःप्रभद्रकाःकर्णमभिद्रवंति २० ॥ ॥ ॥ ॥

योयस्मिंस्तदष्टागवंशकटंतेषामष्टागवां अष्टअष्टसंख्यानिशकटानि नुडभावआर्षः शतानिबाणान्अनेकशतसंख्यान्वहंति ६ । ७ । ८ । ९ । १० । ११ । १२ । १३ । १४ । १५ । १६ । १७ । १८ । १९ । २०

षट्सहस्राभारतराजपुत्राःस्वर्गायलोकायरणेनिमग्नाः ॥ कर्णंनचेदद्यनिहन्मिराजन्सबांधवंयुध्यमानंप्रसह्य २१ प्रतिश्रुत्याकुर्वतोवैगतिर्याकष्टायातातामहंराजसिंह ॥
आमंत्रयेत्वांब्रूहिजयंरणेमेपुराभीमंधार्तराष्ट्राग्रसंते २२ सौतिंहनिष्यामिनरेन्द्रसिंहसैन्यंतथाशत्रुगणांश्वसर्वान् २३ ॥ इति श्रीम० कर्ण० अर्जुनवाक्येसप्तषष्टितमो
ऽध्यायः ॥ ६७ ॥ ॥ ॥ ॥ संजयउवाच ॥ श्रुत्वाकर्णंकल्पमुदारवीर्यंक्रुद्धःपार्थःफाल्गुनस्यामितौजाः ॥ धनंजयंवाक्यमुवाचचेदंयुधिष्ठिरः
कर्णशराभितप्तः १ विप्रद्रुतातातचमूस्त्वदीयातिरस्कृताचाद्ययथानसाधु ॥ भीतोभीमंत्यज्यचायास्तथात्वंयन्नाशकःकर्णमथोनिहंतुम् २ स्नेहस्त्वयापार्थकृतःपृथाया
गर्भंसमाविश्ययथानसाधु ॥ त्यक्त्वारणेयदपायाःसभीमंयन्नाशकःसूतपुत्रंनिहंतुम् ३ यत्तद्वाक्यंद्वैतवनेत्वयोक्तंकर्णंहंताऽस्म्येकरथेनसत्यम् ॥ त्यक्त्वातंवैकथमद्या
पयातःकर्णाद्भीतोभीमसेनंविहाय ४ इदंयदिद्वैतवनेऽप्यचक्षःकर्णंयोद्धुंनप्रशक्ष्येनृपेति ॥ वयंततःप्राप्तकालंचसर्वेकृत्यानुपैष्यामतथैवपार्थ ५ मयिप्रतिश्रुत्यवधंहित
स्यनवैकृतंतच्चतथैववीर ॥ आनीयनःशत्रुमध्यंसकस्मात्समुत्क्षिप्यस्थंडिलेप्रत्यपिंष्ठाः ६ अप्याशिष्मवयमर्जुनत्वयियियासवोबहुकल्याणमिष्टम् ॥ तन्नःसर्वंविफलंरा
जपुत्रफलार्थिनांविफलइवातिपुष्पः ७ प्रच्छादितंबडिशमिवामिषेणसंछादितंगरलमिवाशनेन ॥ अनर्थकंमेदर्शितवानसित्वंराज्यार्थिनोराज्यरूपंविनाशम् ८ त्रयो
दशेमाहिसमाःसदावयंत्वामन्वजीविष्मधनंजयाशया ॥ कालेवर्षंदेवमिवोप्तबीजंतन्नःसर्वान्नरकेत्वंन्यमज्जः ९ यत्तत्पृथांवागुवाचांतरिक्षेसप्ताहजातेत्वयिमंदबुद्धौ ॥
जातःपुत्रोवासवविक्रमोऽयंसर्वान्शूरान्शात्रवान्जेष्यतीति १० अयंजेताखांडवेदेवसंघान्सर्वाणिभूतान्यपिचोत्तमौजाः ॥ अयंजेतामद्रकलिंगकेकयानयंकुरून्राज
मध्येनिहंता ११ अस्मात्परोनोभविताधनुर्धरोनैनंभूतंकिंचनजातुजेता ॥ इच्छन्नयंसर्वभूतानिकुर्याद्वशेवशीसर्वसमाप्तविद्यः १२ कांत्याशशांकस्यजवेनवायोः
स्थैर्येणमेरोःक्षमयापृथिव्याः ॥ सूर्यस्यभासाधनदस्यलक्ष्म्याशौर्येणशक्रस्यबलेनविष्णोः १३ तुल्योमहात्मातवकुंतिपुत्रोजातोऽदितेर्विष्णुरिवारिहंता ॥ स्वेषांज
यायद्विषतांवधायख्यातोऽमितौजाःकुलतंतुकर्ता १४ इत्यंतरिक्षेशतशृंगमूर्ध्नितपस्विनांशृण्वतांवागुवाच ॥ एवंविधंतच्चनाभूत्तथाचदेवापिनूनमनृतंवदंति १५
तथापरेषामृषिसत्तमानांश्रुत्वागिरःपूजयतांसदात्वाम् ॥ नसंनतिंप्रैमिसुयोधनस्यनत्वाजानाम्याधिरथेर्भयार्तम् १६ पूर्वंयदुक्तंहिसुयोधनेननफाल्गुनःप्रमुखेस्थास्य
तीति ॥ कर्णस्ययुद्धेहिमहाबलस्यमौर्ख्यात्तुतन्नावबुद्धंमयाऽऽसीत् १७ तेनाद्यतप्स्येभृशमप्रमेयंयच्छत्रुवर्गेनरकंप्रविष्टः ॥ तदैववाच्योऽस्मिननुत्वयाऽहंनयोत्स्येऽहं
सूतपुत्रंकथंचित् १८ ततोनाहंसृंजयान्केकयांश्वसमानयेयंसुहृदोरणाय ॥ एवंगतेकिंचमयाऽद्यशक्यंकार्यंकर्तुंविग्रहेसूतजस्य १९

२० । २१ । २२ । २३ । २४ । २५ । २६ । २७ । २८ । २९ । ३० ॥ इतिकर्णपर्वणि नीलकंठीये भारतभावदीपे अष्टषष्टितमोऽध्यायः ॥ ६८ ॥ ॥ ॥ युधिष्ठिरेणेति
म. भा. टी. कर्ण० ८

तथैवराज्ञश्चसुयोधनस्ययेवापिमांयोद्धुकामाःसमेताः ॥ धिगस्तुमज्जीवितमद्यकृष्णयोऽहंवशंसूतपुत्रस्ययातः २० मध्येकुरूणांसुहृदांचमध्येयेचाप्यन्येयोद्धुकामाः समेताः ॥ यदिस्मजीवेत्सभवेन्निहंतामहारथानांप्रवरोरथोत्तमः ॥ तवाभिमन्युस्तनयोऽद्यपार्थनचास्मिगंतासमरेपराभवम् २१ अथापिजीवेत्समरेघटोत्कचस्तथापि नाहंसमरेपराङ्मुखः ॥ ममह्यभाग्यानिपुराकृतानिपापानिनूनंबलवंतियुद्धे २२ तृणंचकृत्वासमरेभवंततंततोऽहमेवंनिकृतोदुरात्मना ॥ वैकर्तनेनैवतथा कृतोऽहंयथाह्यशक्तःक्रियतेह्यबांधवः २३ आपद्गतंकश्चनयोविमोक्षेत्सबांधवःस्नेहयुक्तंसुहृच्च ॥ एवंपुराणामुनयोवदंतिधर्मःसदासद्भिरनुष्ठितश्च २४ त्वष्ट्रा कृतंवाहमकूजनाक्षंशुभंसमास्थायकपिध्वजंतम् ॥ खड्गंगृहीत्वाहेमपट्टानुबद्धंधनुश्चेदंगांडिवंतालमात्रम् २५ सकेशवेनोह्यमानःकथंत्वंकर्णाद्भीतोव्यपयातोऽसिपार्थ ॥ धनुश्चतत्केशवायप्रयच्छयंताभविष्यस्त्वंरणेकेशवस्य २६ तदाहनिष्यत्केशवःकर्णमुग्रंमरुत्पतिर्वृत्रमिवात्तवज्रः ॥ राधेयमेतंयदिनाद्यशक्तश्चरंत मुग्रंप्रतिबाधनाय २७ प्रयच्छान्यस्मैगांडिवमेतदद्यत्वत्तोयोस्त्रैरभ्यधिकोवानरेंद्रः ॥ अस्मान्नैवंपुत्रदारैर्विहीनान्सुखाद्भ्रष्टान्राज्यनाशाच्चभूयः २८ द्रष्टालोकःपतितानप्यगाधेपापैर्जुष्टेनरकेपांडवेय ॥ मासेऽपतिष्यःपंचमेत्वंसुकृच्छ्रेनवागर्भेआभविष्यःपृथायाः २९ यत्तेश्रेयोराजपुत्राभविष्यन्नचेत्संग्रामादपयानंदुरात्मन् ॥ धिग्गांडीवंधिक्चतेबाहुवीर्यमसंख्येयान्बाणगणांश्चधिक्ते ॥ धिक्केकेतुंकेसरिणःसुतस्यकृशानुदत्तंचरथंचधिक्ते ३० ॥ इतिश्रीमहाभारते कर्णपर्वणि युधिष्ठिरक्रोधवाक्येअष्टषष्टितमोऽध्यायः ॥ ६८ ॥ संजयउवाच ॥ युधिष्ठिरेणैवमुक्तःकौन्तेयःश्वेतवाहनः ॥ असिंजग्राहसंक्रुद्धोजिघांसुर्भरतर्षभम् १ तस्यकोपंसमुद्वीक्ष्यचित्तज्ञःकेशवस्तदा ॥ उवाचकिमिदंपार्थगृहीतःखड्गइत्युत २ नहिपश्यामियोद्धव्यंत्वयाकिंचिद्धनंजय ॥ तेग्रस्ताधार्तराष्ट्राहिभीमसेनेनधीमता ३ अपयातोऽसिकौन्तेयराजाद्रष्टव्यइत्यपि ॥ सराजाभवताहृष्टःकुशलीचयुधिष्ठिरः ४ सदृष्ट्वान्नृपशार्दूलंशार्दूलसमविक्रमम् ॥ हर्षकालेचसंप्राप्तेकिमिदंमोहकारितम् ५ नतंपश्यामिकौंतेययस्तेवध्योभविष्यति ॥ प्रहर्तुमिच्छसेकस्मात्किंवातेचित्तविभ्रमः ६ कस्माद्भवान्महाखड्गंपरिगृह्णातिसत्वरः ॥ तत्त्वांपृच्छामिकौन्तेयकिमिदंते चिकीर्षितम् ७ परामृशसियत्क्रुद्धःखड्गमद्भुतविक्रम ॥ एवमुक्तस्तुकृष्णेनप्रेक्षमाणोयुधिष्ठिरम् ८ अर्जुनःप्राहगोविंदंक्रुद्धःसर्पइवश्वसन् ॥ अन्यस्मैदेहिगांडीव मितिमांयोऽभिचोदयेत् ९ भिंद्यामहंतस्यशिरइत्युपांशुव्रतंमम ॥ तदुक्तंममचानेनराज्ञाऽमितपराक्रम १० समक्षंतवगोविंदनतत्क्षंतुमिहोत्सहे ॥ तस्मादेनंवधिष्यामिराजानंधर्मभीरुकम् ११ प्रतिज्ञांपालयिष्यामिहत्वेमंनरसत्तमम् ॥ एतदर्थंमयाखड्गोगृहीतोयदुनंदन १२ ॥ ॥

॥ ६४ ॥

१३ । १४ । १५ भवान्यत्संरंभमगाततत्कालेन अकालेइत्यर्थः १६ । १७ कर्तुमयोग्यानांकर्मणांसंयोगं कर्तुंयोग्यानामपिअक्रियाणांनिषिद्धक्रियाणांसंयोगंयःकरोतिसपुरुषाधमइत्याहअकार्याणामिति १८ उपस्थिताःशिष्यैरनुसृतागुरवः १९ । २० सुखंअनधीत्येत्यर्थः श्रुतेनशास्त्रेण २१ यत्वभवान्नधर्मंरक्षतितदवज्ञानात्अधर्ममेवधर्ममनुषेइत्यर्थः यतःप्राणिनांवधंदोषकरंइत्येतन्नावबुध्यसे २२ । २३ । २४

सोऽहंयुधिष्ठिरंहत्वासत्यस्यानृण्यतांगतः ॥ विशोकोविज्वरश्चापिभविष्यामिजनार्दन १३ किंवात्वंमन्यसेप्राप्तमस्मिन्कालउपस्थिते ॥ त्वमस्यचगतस्तातवेत्थ सर्वंगतागतम् १४ तत्तथाप्रकरिष्यामियथामांवक्ष्यतेभवान् ॥ संजयउवाच ॥ धिग्धिगित्येवगोविंदःपार्थमुक्त्वाऽब्रवीत्पुनः १५ ॥ कृष्णउवाच ॥ इदानींपार्थ जानामिनवृद्धाःसेवितास्त्वया ॥ कालेनपुरुषव्याघ्रसंरंभंयद्भवानगात् १६ नहिधर्मविभागज्ञःकुर्यादेवंधनंजय ॥ यथात्वंपांडवाद्येहधर्मभीरुरपंडितः १७ अकार्या णांक्रियाणांचसंयोगंयःकरोतिवै ॥ कार्याणामक्रियाणांचसपार्थपुरुषाधमः १८ अनुसृत्यतुयेधर्मंकथयेयुरुपस्थिताः ॥ समासविस्तरविदांनतेषांवेत्सिनिश्चयम् १९ अनिश्चयज्ञोहिनरःकार्याकार्यविनिश्चये ॥ अवशोमुह्यतेपार्थयथात्वंमूढएवतु २० नहिकार्यमकार्यंवासुखंज्ञातुंकथंचन ॥ श्रुतेनज्ञायतेसर्वंतच्चत्वंनावबुध्यसे २१ अविज्ञानाद्भवान्यच्चधर्मंरक्षतिधर्मवित् ॥ प्राणिनांत्ववधंपार्थधार्मिकोनावबुध्यसे २२ प्राणिनामवधस्तातसर्वज्यायान्मतोमम ॥ अनृतांवावदेद्वाचंनतुहिंस्यात्कथं चन २३ सकथंभ्रातरंज्येष्ठंराजानंधर्मकोविदम् ॥ हन्याद्भवान्नरश्रेष्ठप्राकृतोऽन्यःपुमानिव २४ अयुध्यमानस्यवधस्तथाऽशत्रोश्चमानद ॥ पराङ्मुखस्यद्रवतःशरणं चापिगच्छतः २५ कृतांजलेःप्रपन्नस्यप्रमत्तस्यतथैवच ॥ नवधःपूज्यतेसद्भिस्तच्चसर्वंगुरौतव २६ त्वयाचैवंव्रतंपार्थबालेनेवकृतंपुरा ॥ तस्मादधर्मसंयुक्तंमौर्ख्यात्क र्मव्यवस्यसि २७ सगुरुंपार्थकस्मात्त्वंहंतुकामोऽभिधावसि ॥ असंप्रधार्यधर्माणांगतिंसूक्ष्मांदुरत्ययाम् २८ इदंधर्मरहस्यंचतववक्ष्यामिपांडव ॥ यद्ब्रूयात्तवभीष्मोहि पांडवोवायुधिष्ठिरः २९ विदुरोवातथाक्षत्ताकुंतीवाऽपियशस्विनी ॥ तत्तेवक्ष्यामितत्त्वेननिबोधैतद्धनंजय ३० सत्यस्यवदितासाधुर्नसत्याद्विद्यतेपरम् ॥ तत्त्वेनैवसु दुर्ज्ञेयंपश्यसत्यमनुष्ठितम् ३१ भवेत्सत्यमवक्तव्यंवक्तव्यमनृतंभवेत् ॥ यत्रानृतंभवेत्सत्यंसत्यंचाप्यनृतंभवेत् ३२ विवाहकालेरतिसंप्रयोगेप्राणात्ययेसर्वधनापहारे ॥ विप्रस्यचार्थेह्यनृतंवदेतपंचानृतान्याहुरपातकानि ३३ सर्वस्वस्यापहारेतुवक्तव्यमनृतंभवेत् ॥ तत्रानृतंभवेत्सत्यंसत्यंचाप्यनृतंभवेत् ॥ तादृशंपश्यतेबालोयस्यसत्य मनुष्ठितम् ३४ भवेत्सत्यमवक्तव्यंनवक्तव्यमनुष्ठितम् ॥ सत्यानृतेविनिश्चित्यततोभवतिधर्मवित् ३५ किमाश्चर्यंकृतप्रज्ञःपुरुषोऽपिसुदारुणः ॥ सुमहत्प्राप्नुयात्पु ण्यंबलाकोऽन्धवधादिव ३६ किमाश्चर्यंपुनर्मूढोधर्मकामोह्यपंडितः ॥ सुमहत्प्राप्नुयात्पापमापगास्विवकौशिकः ३७

अशत्रोःअशातनीयस्यअवध्यस्य २५ । २६ । २७ । २८ । २९ । ३० सत्यंतत्त्वेनयाथातथ्येनसुदुर्ज्ञेयंपश्य क्वचित्सत्यमप्यधर्मायभवतीत्यर्थः ३१ । ३२ । ३३ यस्ययेनहेतुनासत्यमेवसत्यतया
 अनुष्ठितंतादृशमेवपश्यतिसत्यवादितयातेनहेतुनाबालःअज्ञः ३४ । ३५ । ३६ । ३७

३८ । ३९ । ४० । ४१ । ४२ । ४३ । ४४ । ४५ तपस्वीनःतपस्विनामिनःश्रेष्ठः ४६ । ४७ । ४८ । ४९ । ५० । ५१ । ५२ । ५३ श्वभ्रमिवनरकमिव अपृष्ठाप्रश्नमकृत्वाऽर्हति तत्रधर्माधर्मयो स्तत्त्वेनिश्चेतव्येलक्षणस्यउद्देशः वचनंभविष्यति ५४ क्वचित्तर्केणापिधर्मस्वरूपंनिर्णेयमित्याह दुष्करमिति ५५ नप्रत्यसूयामिनदूषयामि अनुमानतोऽपिधर्मोज्ञेयइत्याशयेनाह नचेति । लक्षणो देशमाह प्रभवेति ५६ अहिंसैवधारणाद्धर्मइत्याहाहिंसार्थायेति ५७ । ५८ न्यायेन 'संतोषंजनयेत्प्राज्ञस्तदेवेश्वरपूजनम्' इत्यादिवाक्यावष्टंभेनान्योन्यसुखहेतुत्वात्पारदार्यादिकमपिधर्मइति

॥ अर्जुनउवाच ॥ ॥ आचक्ष्वभगवन्नेतद्यथाविंदाम्यहंतथा ॥ बलाकस्यानुसंबंधंनदीनांकौशिकस्यच ३८ ॥ वासुदेवउवाच ॥ ॥ पुराव्याधोऽभवत्कश्चिद्ब लाकोनामभारत ॥ यात्रार्थंपुत्रदारस्यमृगान्हंतिनकामतः ३९ वृद्धौचमातापितरौबिभर्त्यन्यांश्चसंश्रितान् ॥ स्वधर्मनिरतोनित्यंसत्यवागनसूयकः ४० सकदाचि न्मृगंलिप्सुर्नाभ्यविंदन्मृगंक्वचित् ॥ अपःपिबंतंददृशेश्वापदंघ्राणचक्षुषम् ४१ अदृष्टपूर्वमपितत्सत्त्वंतेनहतंतदा ॥ अन्वेहतेततोव्योम्नःपुष्पवर्षंपपातच ४२ अप्स रोगीतवादित्रैर्नादितंचमनोरमम् ॥ विमानमगमत्स्वर्गान्मृगव्याधनिनीषया ४३ तद्भूतंसर्वभूतानामभावायकिलार्जुन ॥ तपस्तप्त्वावरंप्राप्तंकृतमंधंस्वयंभुवा ४४ तद्धत्वासर्वभूतानामभावकृतनिश्चयम् ॥ ततोबलाकःस्वरगादेवंधर्मःसुदुर्विदः ४५ कौशिकोप्यभवद्विप्रस्तपस्वीनोबहुश्रुतः ॥ नदीनांसंगमेग्रामाददूरात्सकिलाव सत् ४६ सत्यंमयासदावाच्यमितितस्याभवद्व्रतम् ॥ सत्यवादीतिविख्यातःसतदाऽऽसीद्धनंजय ४७ अथदस्युभयात्केचित्तदातद्वनमाविशन् ॥ तत्रापिदस्यवः क्रुद्धास्तानमार्गंतयत्नतः ४८ अथकौशिकमभ्येत्यप्राहुस्तेसत्यवादिनम् ॥ कतमेनपथायाताभगवन्बहवोजनाः ४९ सत्येनपृष्टःप्रब्रूहियदितान्वेत्थशंसनः ॥ सपृ ष्टःकौशिकःसत्यंवचनंतानुवाचह ५० बहुवृक्षलतागुल्ममेतद्वनमुपाश्रिताः ॥ इतितान्ख्यापयामासतेभ्यस्तत्त्वंसकौशिकः ५१ ततस्तेतान्समासाद्यक्रूराजघ्नुरि तिश्रुतिः ॥ तेनाधर्मेणमहतावाग्दुरुक्तेनकौशिकः ५२ गतःसकष्टंनरकंसूक्ष्मधर्मेष्वकोविदः ॥ यथाचाल्पश्रुतोमूढोधर्माणामविभागवित् ५३ वृद्धानपृष्ट्वासं देहंमहच्छ्वभ्रमिवार्हति ॥ तत्रतेलक्षणोद्देशःकश्चिदेवंभविष्यति ५४ दुष्करंपरमंज्ञानंतर्केणानुव्यवस्यति ॥ श्रुतेर्धर्मइतिह्येकेवदंतिबहवोजनाः ५५ तत्तेनप्रत्य सूयामिनचसर्वंविधीयते ॥ प्रभवार्थायभूतानांधर्मप्रवचनंकृतम् ५६ यत्स्यादहिंसासंयुक्तंसधर्मइतिनिश्चयः ॥ अहिंसार्थायहिंस्राणांधर्मप्रवचनंकृतम् ५७ धारणाद्धर्ममित्याहुर्धर्मोधारयतेप्रजाः ॥ यत्स्याद्धारणसंयुक्तंसधर्मइतिनिश्चयः ५८ येन्यायेनजिहीर्षंतोधर्ममिच्छंतिकर्हिचित् ॥ अकूजनेनमोक्षंवानानुकूजेत्कथं चन ५९ अवश्यंकूजितव्येवाशंकरन्नप्यकूजतः ॥ श्रेयस्तत्रानृतंवक्तुंतत्सत्यमविचारितम् ६०

वदंतोधर्मापहारमिच्छंतितेअकूजनेनवेदशब्दराहित्येनतद्विरुद्धंधर्ममोक्षंवावेदबाह्यमिच्छंतितान्प्रतिनानुकूजेत्तैःसहसंवादमपिनकुर्यादसंभाष्यास्ते तेनवेदाविरोधेसतियदन्यस्यसुखकरंतद्धर्मइत्यर्थः ५९ यत्रतु धर्मसंदेहेवेदशब्दोनास्तिनापिलौकिकीयुक्तिरस्तितत्रकिंकर्तव्यमित्याशंक्याह अवश्यमिति । यत्रब्राह्मणस्तेनत्वेनज्ञातस्तत्रेतरेषांस्तेनोऽयमस्तिनोवेतिसंशयेपक्षद्वयेऽपिहिंसाप्राप्तौ मौनमेवाश्रयेत्मौने नाप्यसिद्धौ अनृतमपिवदेदित्यर्थः ६०

॥ ६९ ॥

यइति । कार्येभ्यःयत्किंचित्कार्यमनस्युद्दिश्यव्रतंकृत्वातस्यव्रतस्यनानाअन्येनप्रकारेणोपपादनंकरोति सदांभिकोव्रतफलंनाप्नोतीत्यर्थः ६१ । ६२ । ६३ तेभ्यःस्तेनेभ्यः ६४ पीडयेन्नरकंप्रापयेत ६५
६६ । ६७ । ६८ अविदितमितिच्छेदः ६९ । ७० अनुग्रहंअवधेनप्रतिज्ञारक्षणम् ७१ । ७२ तूबरकःबहुभोजनः ७३ तंहन्यामिति । स्थातानानस्थास्ये एनसामुक्तोऽपिकृतप्रायश्चित्तोपिनस्थास्येइत्यर्थः

यःकार्येभ्योव्रतंकृत्वातस्यनानोपपादयेत ॥ नतत्फलमवाप्नोतिएवमाहुर्मनीषिणः ६१ प्राणात्ययेविवाहेवासर्वज्ञातिवधात्यये ॥ नर्मण्यभिप्रवृत्तेवानचप्रोक्तंमृषा
भवेत् ६२ अधर्मनात्रपश्यंतिधर्मतत्त्वार्थदर्शिनः ॥ यस्तेनैःसहसंबंधान्मुच्यतेशपथैरपि ६३ श्रेयस्तत्रानृतंवक्तुंतत्सत्यमविचारितम् ॥ नचतेभ्योधनंदेयंशक्ये
सतिकथंचन ६४ पापेभ्योहिधनंदत्तंदातारमपिपीडयेत् ॥ तस्माद्धर्मार्थमनृतमुक्त्वानानृतभाग्भवेत् ६५ एषतेलक्षणोद्देशोमयोद्दिष्टोयथाविधि ॥ यथाधर्मंयथा
बुद्धिमयाऽद्यवैहितार्थिना ६६ एतच्छ्रुत्वाब्रूहिपार्थयदिवध्योयुधिष्ठिरः ॥ ॥ अर्जुनउवाच ॥ ॥ यथाब्रूयान्महाप्राज्ञोयथाब्रूयान्महामतिः ६७ हितंचैव
यथाऽस्माकंतथैतद्वचनंतव ॥ भवान्मातृसमोऽस्माकंतथापितृसमोऽपिच ६८ गतिश्चपरमाकृष्णत्वमेवचपरायणम् ॥ नहितेत्रिषुलोकेषुविद्यतेऽविदितंक्व
चित् ६९ तस्माद्भवान्परंधर्मंवेदसर्वंयथातथम् ॥ अवध्यंपांडवंमन्येधर्मराजंयुधिष्ठिरम् ७० अस्मिंस्तुममसंकल्पेब्रूहिकिंचिदनुग्रहम् ॥ इदंवापरमत्रैवशृणु
हृत्स्थंविवक्षितम् ७१ जानासिदाशार्हममव्रतंत्वंयोमांब्रूयात्कश्चनमानुषेषु ॥ अन्यस्मैत्वंगांडिवंदेहिपार्थत्वत्तोऽस्त्रैर्वावीर्यतोवाविशिष्टः ७२ हन्यामहंकेशवतं
प्रसह्यभीमोहन्यात्तूबरकेतिचोक्तः ॥ तन्मेराजाप्रोक्तवांस्तेसमक्षंधनुर्देहीत्यसकृद्वृष्णिवीर ७३ तंहन्यांचेत्केशवजीवलोकेस्थातानाहंकालमप्यल्पमात्रम् ॥ ध्यात्वा
नूनंह्येनसाचापिमुक्तोवधंराज्ञोभ्रष्टवीर्योविचेताः ७४ यथाप्रतिज्ञाममलोकबुद्धौभवेत्सत्याधर्मभृतांवरिष्ठ ॥ यथाजीवेत्पांडवोऽहंचकृष्णतथाबुद्धिंदातुमप्यर्हसित्वम्
७५ ॥ वासुदेवउवाच ॥ ॥ राजाश्रांतोविक्षतोदुःखितश्चकर्णेनसंख्येनिशितैर्बाणसंघैः ॥ यश्चानिशंसूतपुत्रेणवीरशरैर्भृशंताडितोयुध्यमानः ७६ अतस्त्व
मेतेनसरोषमुक्तोदुःखान्वितेनेदमयुक्तरूपम् ॥ अकोपितोह्येषयदिस्मसंख्येकर्णंनहन्यादितिचाब्रवीत्सः ७७ जानातितंपांडवएषचापिपापंलोकेकर्णमसह्यमन्यैः ॥
ततस्त्वमुक्तोभृशरोषितेनराज्ञासमक्षंपरुषाणिपार्थ ७८ नित्योद्युक्तेसततंचाप्रसह्येकर्णेद्यूतंह्यद्यरणेनिबद्धम् ॥ तस्मिन्हतेकुरवोनिर्जिताःस्युरेवंबुद्धिःपार्थिवेधर्मपुत्रे
७९ ततोवधंनार्हतिधर्मपुत्रस्त्वयाप्रतिज्ञाऽर्जुनपालनीया ॥ जीवन्नयंयेनमृतोभवेद्धितन्मेनिबोधेहतवानुरूपम् ८० यदामानंलभतेमाननार्हस्तदासवैजीवति
जीवलोके ॥ यदावमानंलभतेमहांतंतदाजीवन्मृतइत्युच्यतेसः ८१ संमानितःपार्थिवोऽयंसदैवत्वयाचभीमेनतथायमाभ्याम् ॥ वृद्धैश्चलोकेपुरुषैश्च
शूरैस्तस्यापमानंकलयाप्रयुंक्ष्व ८२ ॥ ॥ ॥ ॥

किंकृत्वाराज्ञोवधंध्यात्वा ७४ । ७५ । ७६ । ७७ समक्षंआवयोरितिशेषः ७८ कर्णेपणीकृते द्यूतंयुद्धरूपम् ७९ । ८० । ८१ । ८२ ॥ ॥ ॥

अत्रभवंतंमान्यंत्वमितिब्रूहितावतैवतद्वधःकृतोभवतीत्यर्थः ८३ एवंपूज्यावमानरूपंसंयोगंआत्मनाऽनुष्ठितंकुरुष्व ८४ तत्रमानमाह अथर्वेति ८५ यत्गुरुस्त्वमितिप्रोक्तस्तत् अवधेनशस्त्रपातनमंतरेणैववधःवधक रंभवतीत्यर्थः ८६ अयुक्तमेवंत्वत्तोवधंवेत्स्यते अनेनाहंहतइतिज्ञास्यतीत्यर्थः समंवैषम्यपरिहारम् ८७ । ८८ ॥ इतिकर्णपर्वणि नीलकंठीये भारतभावदीपे ऊनसप्ततितमोऽध्यायः ॥ ६९ ॥ इत्येवंर्मिति १ व्या

त्वमित्यत्रभवंतंहिब्रूहिपार्थयुधिष्ठिरम् ॥ त्वमित्युक्तोहिनिहतोगुरुर्भवतिभारत ८३ एवमाचरकौन्तेयधर्मराजेयुधिष्ठिरे ॥ अधर्मयुक्तंसंयोगंकुरुष्वैनंकुरूद्वह ८४ अथ र्वाऽङ्गिरसीह्येषाश्रुतीनामुत्तमाश्रुतिः॥ अविचार्यैवकार्यैषाश्रेयस्कामैर्नरैःसदा ८५ अवधेनवधःप्रोक्तोयद्गुरुस्त्वमितिप्रभुः ॥ तद्ब्रूहित्वंयन्मयोक्तंधर्मराजस्यधर्मवित् ८६ वधंह्ययंपांडवधर्मराजस्त्वत्तोऽयुक्तंवेत्स्यतेचैवमेषः ॥ ततोऽस्यपादावभिवाद्यपश्चात्समंब्रूयाःसांत्वयित्वाचपार्थम् ८७ भ्राताप्राज्ञस्तवकोपंनजातुकुर्याद्राजाधर्ममवे क्ष्यचापि ॥ मुक्तोऽनृताद्भ्रातृवधाच्चपार्थहृष्टःकर्णंत्वंजहिसूतपुत्रम् ८८ ॥ ॥ इति श्रीमहाभारते कर्णपर्वणि कृष्णार्जुनसंवादे ऊनसप्ततितमोऽध्यायः ॥ ६९ ॥

॥ संजयउवाच ॥ इत्येवमुक्तस्तुजनार्दनेनपार्थःप्रशस्याथसुहृद्वचस्तत् ॥ ततोऽब्रवीदर्जुनोधर्मराजमनुक्तपूर्वंपरुषंप्रसह्य १ ॥ अर्जुनउवाच ॥ मात्वंराजन्व्याहरव्या हरस्वयस्तिष्ठसेक्रोशमात्रेरणाद्वै ॥ भीमस्तुमामर्हतिगर्हणाययोयुध्यतेसर्वलोकप्रवीरैः २ कालेहिशत्रून्परिपीड्यसंख्येहत्वाचशूरान्पृथिवीपतींस्तान् ॥ रथप्रधानो त्तमनागमुख्यान्सादिप्रवेकानमितांश्चवीरान् ३ यःकुंजराणामधिकंसहस्रंहत्वानदंस्तुमुलंसिंहनादम् ॥ कांबोजानामयुतंपार्वतीयान्मृगान्सिंहोविनिहत्येवचाजौ ४ सुदुष्करंकर्मकरोतिवीरःकर्तुंयथानार्हसित्वंकदाचित् ॥ रथादवप्लुत्यगदांपरामृशंस्तयानिहंत्यश्वरथद्विपान्रणे ५ वरासिनावाजिरथाश्वकुंजरांस्तथारथांगैर्धनुषादहत्य रीन् ॥ प्रगृह्यपद्भ्यामहितान्निहंतिपुनस्तुदोर्भ्यांशतमन्युविक्रमः ६ महाबलोवैश्रवणांतकोपमःप्रसह्यहंताद्विषतामनीकिनीम् ॥ सभीमसेनोऽर्हतिगर्हणांमेनत्वंनित्यं रक्ष्यसेयःसुहृद्भिः ७ महारथान्नागवरान्हयांश्चपदातिमुख्यानपिचप्रमथ्य ॥ एकोभीमोधार्तराष्ट्रेषुमग्नःसमामुपालब्धुमरिंदमोऽर्हति ८ कलिंगवंगांगनिषादमागधा न्सदामदान्नीलबलाहकोपमान् ॥ निहंतियःशत्रुगणाननेकान्समामुपालब्धुमरिंदमोऽर्हति ९ सयुक्तमास्थायरथंहिकालेधनुर्विधुन्वन्शरपूर्णमुष्टिः ॥ सृजत्यसौशर वर्षाणिवीरोमहाहवेमेघइवांबुधाराः १० शतान्यष्टौवारणानामवश्यंविशातितैःकुंभकराग्रहस्तैः ॥ भीमेनाजौनिहतान्यद्यबाणैःसमांक्रूरंवक्तुमर्हत्यरिघ्नः ११ बलंतुवा चिद्विजसत्तमानांक्षात्रंबुधाबाहुबलंवदंति ॥ त्वंवाग्बलोभारतनिष्ठुरश्चत्वमेवमांवेत्थयथाऽबलोहम् १२ यतेहनित्यंतवकर्तुमिष्टंदारैःसुतैर्जीवितेनात्मनाच ॥ एवंय न्मांवाग्विशिखेनहंसित्वत्तःसुखंनवयंविद्मकिंचित् १३ मांमावमंस्थाद्रौपदीतल्पसंस्थोमहारथान्प्रतिहन्मित्वदर्थे ॥ तेनाभिशंकीभारतनिष्ठुरोऽसित्वत्तःसुखंनाभिजा नामिकिंचित् १४ प्रोक्तःस्वयंसत्यसंधेनमृत्युस्तवप्रियार्थंनरदेवयुद्धे ॥ वीरःशिखंडीद्रौपदोऽसौमहात्मामयाऽभिगुप्तेनहतश्चतेन १५

हर व्याहरस्ववचनं क्रोशमात्रेनतिष्ठसे अपितुततोऽपिदूरेइत्यर्थः २ । ३ । ४ । ५ । ६ । ७ । ८ । ९ । १० । ११ । १२ । १३ १४ । सत्यसंधेनभीष्मेण १५

१६ । १७ । १८ । १९ । २० । २१ । २२ अनुतेपे अनुतापंप्राप्तवान् उद्ववर्हकोशान्निष्कासितवान् २३ । २४ । २५ । २६ । २७ आत्मनस्तववादात्महत्या परहत्यास्यकुत्सनादित्यध्याय

नचाभिनंदामितवाधिराज्यंयतस्त्वमक्षेष्वहितायसक्तः ॥ स्वयंकृत्वापापमनार्यजुष्टमस्माभिर्वातर्तुमिच्छस्यरींस्त्वम् १६ अक्षेषुदोषाबहवोविधर्माःश्रुतास्त्वयास
हदेवोऽब्रवीद्यान् ॥ तान्नैषित्वंत्यकुमसाधुजुष्टांस्तेनस्मसर्वेनिरयंप्रपन्नाः १७ सुखंत्वत्तोनाभिजानीमाकिंचिद्यतस्त्वमक्षैर्देवितुंसंप्रवृत्तः ॥ स्वयंकृत्वाव्यसनंपांडव
त्वमस्मांस्तीव्राःश्रावयस्यद्यवाचः १८ शेतेऽस्माभिर्निहताशत्रुसेनाछिन्नैर्गात्रैर्भूमितलेनदंती ॥ त्वयाहितत्कर्मकृतंनृशंसंयस्माद्दोषःकौरवाणांवधश्च १९ हताउदी
च्यानिहताःप्रतीच्यानष्टाःप्राच्यादाक्षिणात्याविशस्ताः ॥ कृतंकर्माप्रतिरूपंमहद्भिस्तेषांयोधैरस्मदीयैश्चयुद्धे २० त्वंदेवितात्वत्कृतेराज्यनाशस्त्वत्संभवंनोव्यसनं
नरेन्द्र ॥ माऽस्मान्क्रूरैर्वाक्प्रतोदैस्तुदंस्त्वंभूयोराजन्कोपयेस्त्वल्पभाग्यः २१ ॥ संजयउवाच ॥ एतावाचःपरुषाःसव्यसाचीस्थिरप्रज्ञःश्रावयित्वातुरूक्षाः ॥
बभूवासौविमनाधर्मभीरुःकृत्वाप्राज्ञःपातकंकिंचिदेवम् २२ तदाऽनुतेपेसुरराजपुत्रोविनिःश्वसंश्चासिमथोद्ववर्ह ॥ तमाहकृष्णःकिमिदंपुनर्भवान्विकोशमाकाश
निभंकरोत्यसिम् २३ ब्रवीहिमांत्वंपुनरुत्तरंवचस्तथाप्रवक्ष्याम्यहमर्थसिद्धये ॥ इत्येवमुक्तःपुरुषोत्तमेनसुदुःखितःकेशवमर्जुनोऽब्रवीत् २४ अहंहनिष्येस्वशरीरमे
वप्रसह्ययेनाहितमाचरंवै ॥ निशम्यतत्पार्थवचोऽब्रवीदिदंधनंजयंधर्मभृतांवरिष्ठः २५ राजानमेनंत्वमितीदमुक्त्वाकिंकश्मलंप्राविशःपार्थघोरम् ॥ त्वंचात्मानंहंतु
मिच्छस्यरिघ्ननेदंसद्भिःसेवितंवैकिरीटिन् २६ धर्मात्मानंभ्रातरंज्येष्ठमद्यखड्गेनचैनंयदिहन्यान्नृवीर ॥ धर्माद्भीतस्तत्कथंनामतेस्यात्किंचोत्तरंवाऽकरिष्यस्त्वमेव २७
सूक्ष्मोधर्मोदुर्विदश्चापिपार्थविशेषतोऽज्ञैःप्रोच्यमानंनिबोध ॥ हत्वाऽऽत्मानमात्मनाप्राप्नुयास्त्वंवधाद्भ्रातुर्नरकंचातिघोरम् २८ ब्रवीहिवाचाद्यगुणानिहात्मनस्त
थाहतात्माभवितासिपार्थ ॥ तथाऽस्तुकृष्णेत्यभिनंद्यतद्वचोधनंजयःप्राहधनुर्विनाम्य २९ युधिष्ठिरंधर्मभृतांवरिष्ठंशृणुष्वराजन्नितिशक्रसूनुः ॥ नमादृशोऽन्योन
रदेवविद्यतेधनुर्धरोदेवमृतेपिनाकिनम् ३० अहंहितेनानुमतेमहात्मनाक्षणेनहन्यांसचराचरंजगत् ॥ मयाहिराजन्सदिगीश्वरादिशोविजित्यसर्वाभवतःकृतावशे ३१
सराजसूयश्चसमाप्तदक्षिणःसभाचदिव्याभवतोममौजसा ॥ पाणौपृषत्कानिशितामभैवधनुश्चसज्यंविततंसबाणम् ३२ पादौचमेसरथौसध्वजौचनमादृशंयुद्धगतंज
यंति ॥ हताउदीच्यानिहताःप्रतीच्याःप्राच्यानिरस्तादाक्षिणात्याविशस्ताः ३३ संशप्तकानांकिंचिदेवास्तिशिष्टंसर्वस्यसैन्यस्यहतंमयार्धम् ॥ शेतेमयानिहता
भारतीयंचमूराजन्देवचमूप्रकाशा ३४ येचास्त्रज्ञास्तानहंहन्मिचास्त्रैस्तस्माल्लोकानेषकरोमिभस्म ॥ जैत्रंरथंभीममास्थायकृष्णयावःशीघ्रंसूतपुत्रंनिहंतुम् ३५ राजा
भवत्वद्यसुनिर्वृतोऽयंकर्णंरणेनाशयिताऽस्मिबाणैः ॥ इत्येवमुक्त्वापुनराहपार्थोयुधिष्ठिरंधर्मभृतांवरिष्ठम् ३६

तात्पर्यम २८ । २९ । ३० । ३१ । ३२ । ३३ । ३४ । ३५ । ३६

॥ ६७ ॥
कर्ण० ८
अ०

३७ । ३८ । ३९ । ४० । ४१ । ४२ । ४३ । ४४ । ४५ । ४६ । ४७ । ४८ । ४९ । ५० । ५१ । ५२ । ५३ । ५४ । ५५ । ५६ । ५७ । ५८ । ५९ । ६० ॥ इतिकर्णपर्वणि नीलकंठीये भारत

अद्यापुत्रासूतमाताभवित्रीकुंतीवाथोवामयातेनवापि ॥ सत्यंवदाम्यद्यनकर्णमाजौशरैरहत्वाकवचंविमोक्ष्ये ३७ ॥ संजयउवाच ॥ इत्येवमुक्त्वापुनरेवपार्थोयुधिष्ठिरं
धर्मभृतांवरिष्ठम् ॥ विमुच्यशस्त्राणिधनुर्विसृज्यकोशेचखड्गंविनिधायतूर्णम् ३८ सव्रीडयानम्रशिराःकिरिटीयुधिष्ठिरंप्रांजलिरभ्युवाच ॥ प्रसीदराजन्क्षमयन्मयोक्तं
कालेसवान्वेत्स्यतितन्नमस्ते ३९ प्रसाद्यराजानममित्रसाहंस्थितोऽब्रवीच्चैवपुनःप्रवीरः ॥ नेदंचिरात्क्षिप्रमिदंभविष्यत्यावर्ततेसाध्वभियामिचैनम् ४० याम्येषभीमंस
मरात्प्रमोक्तुंसर्वात्मनासूतपुत्रंचहंतुम् ॥ तवप्रियार्थंममजीवितंहिब्रवीमिसत्यंतदवेहिराजन् ४१ इतिप्रयास्यन्नुपगृह्यपादौसमुत्थितोदीप्ततेजाःकिरीटी ॥ एतच्छ्रुत्वा
पांडवोधर्मराजोभ्रातुर्वाक्यंपरुषंफाल्गुनस्य ४२ उत्थायतस्माच्छयनादुवाचपार्थंततोदुःखपरीतचेताः ॥ कृतंमयापार्थयथानसाधुयेनप्राप्तंव्यसनंवःसुघोरम् ४३
तस्माच्छिरश्छिंधिममेदमद्यकुलांतकस्याधमपूरुषस्य ॥ पापस्यपापव्यसनान्वितस्यविमूढबुद्धेरलसस्यभीरोः ४४ वृद्धावमंतुःपरुषस्यचैवकिंतेचिरंमेह्यनुसृत्यरूक्षम् ॥
गच्छाम्यहंवनमेवाद्यपापःसुखंभवान्वर्त्ततांमद्विहीनः ४५ योग्योराजाभीमसेनोमहात्माक्लीबस्यवाममकिंराज्यकृत्यम् ॥ नचापिशक्तःपरुषाणिसोढुंपुनस्तवेमानिरु
षान्वितस्य ४६ भीमोऽस्तुराजाममजीवितेननकार्यमद्यावमतस्यवीर ॥ इत्येवमुक्त्वासहसोत्पपातराजाततस्तच्छयनंविहाय ४७ इयेषनिर्गंतुमथोवनायतंवासुदेवः
प्रणतोऽभ्युवाच ॥ राजन्विदितमेतद्वैयथागांडीवधन्वनः ४८ प्रतिज्ञासत्यसंधस्यगांडीवंप्रतिविश्रुता ॥ ब्रूयाद्यएवंगांडीवमन्यस्मैदेयमित्युत ४९ वध्योऽस्यसपुमाँ
ल्लोकेत्वयाचोक्तोऽयमीदृशम् ॥ ततःसत्यांप्रतिज्ञांतांपार्थेनप्रतिरक्षता ५० मच्छंदादवमानोऽयंकृतस्तवमहीपते ॥ गुरूणामवमानोहिवधइत्यभिधीयते ५१ तस्मा
त्त्वंवैमहाबाहोममपार्थस्यचोभयोः ॥ व्यतिक्रममिमंराजन्सत्यसंरक्षणंप्रति ५२ शरणंत्वांमहाराजप्रपन्नौस्वउभावपि ॥ क्षंतुमर्हसिमेराजन्प्रणतस्याभियाचतः ५३
राधेयस्याद्यपापस्यभूमिःपास्यतिशोणितम् ॥ सत्यंतेप्रतिजानामिहतंविद्ध्यद्यसूतजम् ५४ यस्येच्छसिवधंतस्यगतमप्यस्यजीवितम् ॥ इतिकृष्णवचःश्रुत्वाधर्म
राजोयुधिष्ठिरः ५५ ससंभ्रमंहृषीकेशमुत्थाप्यप्रणतंतदा ॥ कृतांजलिस्ततोवाक्यमुवाचानंतरंवचः ५६ एवमेवयथाऽऽत्थत्वमस्त्येषोऽतिक्रमोमम ॥ अनुनीतोऽ
स्मिगोविंदतारितश्चास्मिमाधव ५७ मोचिताव्यसनाद्घोराद्वयमद्यत्वयाऽच्युत ॥ भवंतंनाथमासाद्यह्यावांव्यसनसागरात् ५८ घोरादद्यसमुत्तीर्णावुभावज्ञानमोहि
तौ ॥ त्वद्बुद्धिप्लवमासाद्यदुःखशोकार्णवाद्वयम् ५९ समुत्तीर्णाःसहामात्याःसनाथाःस्मत्वयाऽच्युत ६० इतिश्रीमहाभारतेकर्णपर्वणियुधिष्ठिरसमाश्वासनेसप्ततित
मोऽध्यायः ॥ ७० ॥ ॥ ॥ ॥ संजयउवाच ॥ धर्मराजस्यतच्छ्रुत्वाप्रीतियुक्तंवचस्ततः ॥ पार्थंप्रोवाचधर्मात्मागोविंदोयदुनंदनः १

॥ ६७ ॥
भावदीपे सप्ततितमोऽध्यायः ॥ ७० ॥ ॥ ॥ ॥ ॥ ॥ धर्मराजस्येतिस्पष्टार्थः १.

२ । ३ । ४ । ५ । ६ । ७ । ८ । ९ । १० । ११ । १२ । पङ्क्त्यांपादयोः १३ । १४ । १५ । १६ । १७ । १८ । १९ । २० । २१ । २२ । २३ । २४ । २५ । २६ । २७ । २८ । २९ । ३०

(इतिस्मकृष्णवचनात्प्रत्युच्चार्ययुधिष्ठिरम् ॥ बभूवविमनाःपार्थःकिंचित्कृत्वेवपातकम् २ ततोऽब्रवीद्वासुदेवःप्रहसन्निवपांडवम् ॥ कथंनामभवेदेतद्यदित्वं
पार्थधर्मजम् ३ असिनातीक्ष्णधारेणहन्याधर्मेव्यवस्थितम् ॥ त्वमित्युक्त्वाऽथराजानमेवंकश्मलमाविशः ४ हत्वातुनृपतिंपार्थआकरिष्यःकिमुत्तरम् ॥ एवंहि
दुर्विदोधर्मोमंदप्रज्ञैर्विशेषतः ५ सभवान्धर्मभीरुत्वाद्ध्रुवमैष्यन्महत्तमः ॥ नरकंघोररूपंचभ्रातुर्ज्येष्ठस्यवैवधात्) ६ सत्वंधर्मभृतांश्रेष्ठंराजानंधर्मसंहितम् ॥ प्र
सादयकुरुश्रेष्ठमेतदत्रमतंमम ७ प्रसाद्यभक्त्याराजानंप्रीतेचैवयुधिष्ठिरे ॥ प्रयावस्त्वरितौयोद्धुंसूतपुत्ररथंप्रति ८ हत्वातुसमरेकर्णंत्वमद्यनिशितैःशरैः ॥
विपुलांप्रीतिमाधत्स्वधर्मपुत्रस्यमानद ९ एतदत्रमहाबाहोप्राप्तकालंमतंमम ॥ एवंकृतेकृतंचैवतवकार्यंभविष्यति १० ततोऽर्जुनोमहाराजलज्जयावैसमन्वि
तः ॥ धर्मराजस्यचरणौप्रपद्यशिरसानतः ११ उवाचभरतश्रेष्ठंप्रसीदेतिपुनःपुनः ॥ क्षमस्वराजन्यत्प्रोक्तंधर्मकामेनभीरुणा १२ दृष्ट्वातुपतितंपभ्द्यांधर्म
राजोयुधिष्ठिरः ॥ धनंजयममित्रघ्नंरुदंतंभरतर्षभ १३ उत्थाप्यभ्रातरंराजाधर्मराजोधनंजयम् ॥ समाश्लिष्यचसस्नेहंप्ररुरोदमहीपतिः १४ रुदित्वासुचिरं
कालंभ्रातरौसुमहाद्युती ॥ कृतशौचौमहाराजप्रीतिमंतौबभूवतुः १५ ततआश्लिष्यतंप्रेम्णामूर्ध्निचाघ्रायपांडवः ॥ प्रीत्यापरमयायुक्तोविस्मयंश्चपुनःपुनः ॥
अब्रवीत्तंमहेष्वासंधर्मराजोधनंजयम् १६ कर्णेनमेमहाबाहोसर्वसैन्यस्यपश्यतः ॥ कवचंचध्वजंचैवधनुःशक्तिर्हयाःशराः १७ शरैःकृत्तामहेष्वासयतमानस्य
संयुगे ॥ सोऽहंज्ञात्वारणेतस्यकर्मदृष्ट्वाचफाल्गुन १८ व्यवसीदामिदुःखेननचमेजीवितंप्रियम् ॥ नचेदद्यहितंवीरंनिहनिष्यसिसंयुगे १९ प्राणानेवपरित्य
क्ष्येजीवितार्थोहिकोमम ॥ एवमुक्तःप्रत्युवाचविजयोभरतर्षभ २० सत्येनतेशपेराजन्प्रसादेनतथैवच ॥ भीमेनचनरश्रेष्ठयमाभ्यांचमहीपते २१ यथाद्यसमरे
कर्णंहनिष्यामिहतोऽपिवा ॥ महीतलेपतिष्यामिसत्येनायुधमालभे २२ एवमाभाष्यराजानमब्रवीन्माधवंवचः ॥ अद्यकर्णंरणेकृष्णसूदयिष्येनसंशयः २३
तवबुद्ध्याहिभद्रंतेवधस्तस्यदुरात्मनः ॥ एवमुक्तोब्रवीत्पार्थंकेशवोराजसत्तम २४ शक्तोऽसिभरतश्रेष्ठहंतुंकर्णंमहाबलम् ॥ एषचापिहिमेकामोनित्यमेवम
हारथ २५ कथंभवान्रणेकर्णंनिहन्यादितिसत्तम ॥ भूयश्चोवाचमतिमान्माधवोधर्मनंदनम् २६ युधिष्ठिरेमंबीभत्सुंत्वंसांत्वयितुमर्हसि ॥ अनुज्ञातुंचकर्णस्य
वधायाद्यदुरात्मनः २७ श्रुत्वाह्यहमयंचैवत्वांकर्णशरपीडितम् ॥ प्रवृत्तिंज्ञातुमायाताविहावांपांडुनंदन २८ दिष्ट्याऽसिराजन्नहतोदिष्ट्यानग्रहणंगतः ॥
परिसांत्वयबीभत्सुंजयमाशाधिचानघ २९ ॥ युधिष्ठिरउवाच ॥ एह्येहिपार्थबीभत्सोमांपरिष्वज्यपांडव ॥ वक्तव्यमुक्तोस्मिहितंत्वयाक्षांतंचतन्मया ३०

१( ) चिन्हस्थाः श्लोकाः लिखितपुस्तकेनसंति । २ पार्थइतिपाठः ।

॥ ६८ ॥

अहंत्वामनुजानामिजहिकर्णंधनंजय ॥ मन्युंचमाकृथाःपार्थयन्मयोक्तोऽसिदारुणम् ३१ ॥ संजयउवाच ॥ ततोधनंजयोराजन्शिरसाप्रणतस्तदा ॥ पादौ
जग्राहपाणिभ्यांभ्रातुर्ज्येष्ठस्यमारिष ३२ तमुत्थाप्यततोराजापरिष्वज्यचपीडितम् ॥ मूर्ध्न्युपाघ्रायचैवैनमिदंपुनरुवाचह ३३ धनंजयमहाबाहोमानितोऽस्मिदृ
ढंत्वया ॥ महात्म्यंविजयंचैवंभूयःप्राप्नुहिशाश्वतम् ३४ ॥ अर्जुनउवाच ॥ अद्यतंपापकर्माणंसानुबंधंरणेशरैः ॥ नयाम्यंतंसमासाद्यराधेयंबलगर्वितम् ३५
येनत्वंपीडितोबाणैर्दृढमायम्यकार्मुकम् ॥ तस्याद्यकर्मणःकर्णःफलमाप्स्यतिदारुणम् ३६ अद्यत्वामनुपश्यामिकर्णंहत्वामहीपते ॥ सभाजयितुमाक्रंदादिति
सत्यंब्रवीमिते ३७ नाहत्वाविनिवर्तिष्येकर्णमद्यरणाजिरात् ॥ इतिसत्येनतेपादौस्पृशामिजगतीपते ३८ ॥ संजयउवाच ॥ इतिब्रुवाणंसुमनाःकिरीटिनंयुधिष्ठिरः
प्राहवचोबृहत्तरम् ॥ यशोऽक्षयंजीवितमीप्सितंतेजयंसदावीर्यमरिक्षयंतदा ३९ प्रयाहिवृद्धिंचदिशंतुदेवतायथाऽहमिच्छामितवास्तुतत्तथा ॥ प्रयाहिशीघ्रंजहिकर्णं
माहवेपुरंदरोवृत्रमिवात्मवृद्धये ४० ॥ इतिश्रीमहाभारतेकर्णपर्वणि अर्जुनप्रतिज्ञायांएकसप्ततितमोऽध्यायः ॥ ७१ ॥ ॥ संजयउवाच ॥ प्रसाद्यधर्मराजानंप्रहृ
ष्टेनांतरात्मना ॥ पार्थःप्रोवाचगोविंदंसूतपुत्रवधोद्यतः १ कल्पतांमेरथोभूयोयुज्यंतांचहयोत्तमाः ॥ आयुधानिचसर्वाणिसज्जंतांमेमहारथे २ उपावृत्ताश्वतुरगाः
शिक्षिताश्वाश्वसादिभिः ॥ रथोपकरणैःसज्जाउपायांतुत्वरान्विताः ३ प्रयाहिशीघ्रंगोविंदसूतपुत्रजिघांसया ॥ एवमुक्तोमहाराजफाल्गुनेनमहात्मना ४ उवाचदा
रुकंकृष्णःकुरुसर्वंयथाऽब्रवीत् ॥ अर्जुनोभरतश्रेष्ठश्रेष्ठःसर्वधनुष्मताम् ५ आज्ञप्तस्त्वथकृष्णेनदारुकोराजसत्तम ॥ योजयामाससरथंवैयाघ्रंशत्रुतापनम् ६ सज्जंनि
वेदयामासपांडवस्यमहात्मनः ॥ युक्तंतुतंरथंदृष्ट्वादारुकेणमहात्मना ७ आपृच्छ्यधर्मराजानंब्राह्मणान्स्वस्तिवाच्यच ॥ सुमंगलस्वस्त्ययनमारुरोहरथोत्तमम् ८
तस्यराजामहाप्राज्ञोधर्मराजोयुधिष्ठिरः ॥ आशिषोऽयुंक्तसततःप्रायात्कर्णरथंप्रति ९ तमायांतंमहेष्वासंदृष्ट्वाभूतानिभारत ॥ निहतंमेनिरेकर्णंपांडवेनमहात्मना १०
बभूवुर्विमलाःसर्वादिशोराजन्समंततः ॥ चाषाश्चशतपत्राश्चक्रौञ्चाश्चैवजनेश्वर ११ प्रदक्षिणमकुर्वंतदावैपांडुनंदनम् ॥ बहवःपक्षिणोराजन्पुन्नामानःशुभाः
शिवाः १२ त्वरयंतोऽर्जुनंयुद्धेहृष्टरूपाववाशिरे ॥ कंकागृध्रावकाःश्येनावायसाश्चविशांपते १३ अग्रतस्तस्यगच्छंतिमांसहेतोर्भयानकाः ॥ निमित्तानिचधन्या
निपांडवस्यशशंसिरे १४ विनाशमरिसैन्यानांकर्णस्यचवधंप्रति ॥ प्रयातस्याथपार्थस्यमहान्स्वेदोव्यजायत १५ चिंताचविपुलाजज्ञेकथंचेदंभविष्यति ॥ ततोगांडी
वधन्वानमब्रवीन्मधुसूदनः ॥ दृष्ट्वापार्थंतथायांतंचिंतापरिगतंतदा १६ ॥ ॥ ॥

॥ ६८ ॥

१७ । १८ । १९ । २० । २१ । २२ । २३ । २४ । २५ । २६ । २७ । २८ । २९ अष्टरत्निरित्यस्यविवरणंमहाबाहुर्व्यूढोरस्कइति तथाहि सर्वस्यपुरुषस्यव्याममात्रंदैर्घ्यं तच्चपंचहस्तांविंशत्यधिकशतांगुलं रत्निस्त्वेकाविंशत्यंगुलः अष्टानांरत्नीनामष्टषष्ट्यधिकंशतमंगुलानिचभवंति आजानुबाहुपुरुषस्यव्याममष्टरत्निमितंभवति अष्टाचत्वारिंशदंगुलात्मवृद्धिः तत्रापि पंचमांशेनवक्षसिविशालता शेषमंसादार

॥ वासुदेवउवाच ॥ गांडीवधन्वन्संग्रामेयेत्वयाधनुषाजिताः ॥ नतेषांमानुषांजेतात्वदन्यइहविद्यते १७ दृष्टाहिबहवःशूराःशक्रतुल्यपराक्रमाः ॥ त्वांप्राप्यसम
रेशूरंतेगताःपरमांगतिम् १८ कोहिद्रोणंचभीष्मंचभगदत्तंचमारिष ॥ विंदानुविंदावावंत्यौकांबोजंचसुदक्षिणम् १९ श्रुतायुषंमहावीर्यमच्युतायुषमेवच ॥ प्रत्युद्ग
म्यभवेत्क्षेमीयोनस्यात्त्वमिवप्रभो २० तवह्यस्त्राणिदिव्यानिलाघवंबलमेवच ॥ असंमोहश्चयुद्धेषुविज्ञानस्यचसंनतिः २१ वेधःपातश्चलक्षेषुयोगश्चैवतथाऽर्जुन ॥
भवान्देवान्सगंधर्वान्हन्यात्सहचराचरान् २२ पृथिव्यांतुरणेपार्थनयोद्धात्वत्समःपुमान् ॥ धनुर्ग्राहाहियेकेचित्क्षत्रियायुद्धदुर्मदाः २३ आदेवात्त्वत्समंतेषांनपश्यामि
शृणोमिच ॥ ब्रह्मणाचप्रजाःसृष्टागांडीवंचमहद्धनुः २४ येनत्वंयुध्यसेपार्थतस्मान्नास्तित्वयासमः ॥ अवश्यंतुमयावाच्यंयत्पथ्यंतवपांडव २५ माऽवमंस्थामहाबा
होकर्णमाहवशोभिनम् ॥ कर्णोहिबलवान्दृप्तःकृतास्त्रश्चमहारथः २६ कृतीचचित्रयोधीचदेशकालस्यकोविदः ॥ बहुनाऽत्रकिमुक्तेनसंक्षेपाच्छृणुपांडव २७ त्वत्समं
त्वद्विशिष्टंवाकर्णमन्येमहारथम् ॥ परमंयत्नमास्थायत्वयावध्योमहाहवे २८ तेजसावह्निसदृशोवायुवेगसमोजवे ॥ अंतकप्रतिमःक्रोधेसिंहसंहननोबली २९ अष्ट
रत्निर्महाबाहुर्व्यूढोरस्कःसुदुर्जयः ॥ अभिमानीचशूरश्चप्रवीरःप्रियदर्शनः ३० सर्वयोधगुणैर्युक्तोमित्राणामभयंकरः ॥ सततंपांडवद्वेषीधार्तराष्ट्रहितेरतः ३१ सर्वैरव
ध्योराधेयोदेवैरपिसवासवैः ॥ ऋतेत्वामतिमेबुद्धिस्तदद्यजहिसूतजम् ३२ देवैरपिहिसंयत्तैर्बिभ्रद्भिर्मांसशोणितम् ॥ अशक्यःसरथोजेतुंसर्वैरपियुयुत्सुभिः ३३ दुरा
त्मानंपापवृत्तंनृशंसंदुष्टप्रज्ञंपांडवेयेषुनित्यम् ॥ हीनस्वार्थंपाण्डवेयैर्विरोधेहत्वाकर्णंनिश्चितार्थोभवाद्य ३४ तंसूतपुत्रंरथिनांवरिष्ठंहत्वाप्रीतिंधर्मराजेकुरुष्व ३५ जाना
मितेपार्थवीर्यंयथावद्दुर्वारणीयंचसुरासुरैश्च ॥ सदावजानातिहिपांडुपुत्रानसौदर्पात्सूतपुत्रोदुरात्मा ३६ आत्मानंमन्यतेवीरंयेनपापःसुयोधनः ॥ तमद्यमूलंपापानां
जहिसौतिंधनंजय ३७ खड्गजिह्वंधनुरास्यंशरदंष्ट्रंतरस्विनम् ॥ दृप्तंपुरुषशार्दूलंजहिकर्णंधनंजय ३८ अहंत्वामनुजानामिवीर्येणचबलेनच ॥ जहिकर्णंरणेशूरंमातंग
मिवकेसरी ३९ यस्यवीर्येणवीर्यंतेधार्तराष्ट्राऽवमन्यते ॥ तमद्यपार्थसंग्रामेकर्णंवैकर्तनंजहि ४० ॥ इतिश्रीमहाभारतेकर्णपर्वणिकृष्णार्जुनसंवादेद्विसप्ततितमोऽ
ध्यायः ॥ ७२ ॥ ॥ ॥ ॥ संजयउवाच ॥ ततःपुनरमेयात्माकेशवोऽर्जुनमब्रवीत् ॥ कृतसंकल्पमायांतंवधेकर्णस्यभारत १

भ्यबाह्वोर्वृद्धिरितिज्ञेयम् ३० । ३१ । ३२ । ३३ । ३४ निष्कालिकंनिर्गतः कालयिताजेताऽस्येतितम् ३५ । ३६ । ३७ । ३८ । ३९ । ४० ॥ इतिकर्णपर्वणि नीलकंठीये भारतभावदीपे द्विसप्ततितमोऽध्यायः ॥ ७२ ॥ ॥ ॥ ॥ ॥ ततइति १

म०भा.टी. २ । ३ । ४ । ५ । ६ । ७ । ८ । ९ । १० । ११ । १२ । १३ । १४ १५ । १६ । १७ । १८ । १९ । २० । २१ । २२ यदित्वंत्रातानभवेस्तर्हितद्धार्तराष्ट्रंबलंकोऽनुप्रतीयादितिसंबंधः २३ कर्ण० ८ अ० ७३

॥ ६१ ॥ अद्यसप्तदशाहानिवर्तमानस्यभारत ॥ विनाशस्यातिघोरस्यनरवारणवाजिनाम् २ भूत्वाहिविपुलासेनातावकानांपरैःसह ॥ अन्योन्यंसमरंप्राप्यकिंचिच्छेषाविशांपते
३ भूत्वावैकौरवाःपार्थप्रभूतगजवाजिनः ॥ त्वांवैशत्रुंसमासाद्यविनष्टारणमूर्धनि ४ एतेतेपृथिवीपालाःसृंजयाश्चसमागताः ॥ त्वांसमासाद्यदुर्धर्षंपांडवाश्चव्यव
स्थिताः ५ पंचालैःपांडवैर्मत्स्यैःकारूषैश्चेदिभिःसह ॥ त्वयागुप्तैरमित्रघ्नैःकृतःशत्रुगणक्षयः ६ कोहिशक्तोरणेजेतुंकौरवांस्तातसंयुगे ॥ अन्यत्रपांडवान्युद्धेत्वयागुप्ता
न्महारथान् ७ शक्तस्त्वंहिरणेजेतुंससुरासुरमानुषान् ॥ त्रीन्लोकान्समरेयुक्तान्किंपुनःकौरवंबलम् ८ भगदत्तंचराजानंकोऽन्यःशक्तस्त्वयाविना ॥ जेतुंपुरुषशार्दू
लयोऽपिस्याद्वासवोपमः ९ तथेमांविपुलांसेनांगुप्तांपार्थत्वयाऽनघ ॥ नशेकुःपार्थिवाःसर्वेचक्षुर्भिरपिवीक्षितुम् १० तथैवसततंपार्थरक्षिताभ्यांत्वयारणे ॥ धृष्टद्यु
म्नशिखंडिभ्यांभीष्मद्रोणौनिपातितौ ११ कोहिशक्तोरणेपार्थभारतानांमहारथौ ॥ भीष्मद्रोणौयुधाजेतुंशक्रतुल्यपराक्रमौ १२ कोहिशांतनवंभीष्मंद्रोणंवैकर्तनं
कृपम् ॥ द्रौणिंचसौमदत्तिंचकृतवर्माणमेवच १३ सैंधवंमद्रराजानंराजानंचसुयोधनम् ॥ वीरान्कृतास्त्रान्समरेसर्वानेवानिवर्तिनः १४ अक्षौहिणीपतीनुग्रान्संह
तान्युद्धदुर्मदान् ॥ त्वामृतेपुरुषव्याघ्रजेतुंशक्तःपुमानिह १५ श्रेण्यश्वबहुलाःक्षीणाःप्रदीर्णाश्वरथद्विपाः ॥ नानाजनपदाश्चोग्राःक्षत्रियाणाममर्षिणाम् १६ गोवा
सदासमीयानांवसातीनांचभारत ॥ प्राच्यानांवाटधानानांभोजानांचाभिमानिनाम् १७ उदीर्णाश्वगजासेनासर्वक्षत्रस्यभारत ॥ त्वांसमासाद्यनिधनंगताभीमंचभारत
१८ उग्राश्चभीमकर्माणस्तुषारायवनाःखशाः ॥ दार्वाभिसारादरदाःशकामाठरतंगणाः १९ आंध्रकाश्चपुलिंदाश्चकिराताश्चोग्रविक्रमाः ॥ म्लेच्छाश्चपर्वती
याश्चसागरानूपवासिनः २० संरंभिणोयुद्धशौंडाबलिनोदंडपाणयः ॥ एतेसुयोधनस्यार्थेसंरब्धाःकुरुभिःसह २१ नशक्यायुधिनिर्जेतुंत्वदन्येनपरंतप ॥ धार्त
राष्ट्रमुदग्रंहिव्यूढंदृष्ट्वामहद्बलम् २२ यदित्वंनभवेस्त्रातापतीयात्कोनुमानवः ॥ तत्सागरमिवोद्धूतंरजसासंवृतंबलम् २३ विदार्यपांडवैःक्रुद्धैस्त्वयागुप्तैर्हतंविभो ॥
मागधानामधिपतिर्जयत्सेनोमहाबलः २४ अद्यसप्तैवचाहानिहतःसंख्येऽभिमन्युना ॥ ततोदशसहस्राणिगजानांभीमकर्मणाम् २५ जघानगदयाभीमस्तस्यराज्ञःप
रिच्छदम् ॥ ततोऽन्येऽभिहतानागारथाश्चशतशोबलात् २६ तदेवंसमरेपार्थवर्तमानेमहाभये ॥ भीमसेनंसमासाद्यत्वांचपांडवकौरवाः २७ सवाजिरथमातंगामृत्यु
लोकमितोगताः ॥ तथासेनामुखेतत्रनिहतेपार्थपांडवैः २८ भीष्मःप्रासृजदुग्राणिशरजालानिमारिष ॥ सचेदिकाशिपंचालान्करूषान्मत्स्यकेकयान् २९ शरैः
प्रच्छाद्यनिधनमनयत्परमास्त्रवित् ॥ तस्यचापच्युतैर्बाणैःपरदेहविदारणैः ३० पूर्णमाकाशमभवद्रुक्मपुंखैरजिह्मगैः ॥ हन्याद्रथसहस्राणिएकैकेनैवमुष्टिना ३१ ॥ ६९ ॥

३२ । ३३ । ३४ । ३५ । ३६ । ३७ । ३८ । ३९ । ४० । ४१ । ४२ । ४३ । ४४ । ४५ । ४६ । ४७ । ४८ । ४९ त्वांहीति । क्षणेनसर्वंभस्मीकर्तुंसमर्थंत्वांप्राप्यएकाहात्मनःउपमानंक्षत्रयुक्तंबलवत्त

लक्षंनरद्विपान्हत्वासमेतान्समहाबलान् ॥ गत्यादशम्यातेगत्वाजघ्नुर्वाजिरथद्विपान् ३२ हित्वानवगतीर्दुष्टाःसबाणानाहवेऽत्यजन् ॥ दिनानिदशभीष्मेणनिघ्नताता
वकंमलम् ३३ शून्याःकृतारथोपस्थाहताश्वगजवाजिनः ॥ दर्शयित्वाऽऽत्मनोरूपंरुद्रोपेन्द्रसमंयुधि ३४ पांडवानामनीकानिप्रगृह्यासौव्यशातयत् ॥ विनिघ्नन्पृथि
वीपालांश्चेदिपंचालकेकयान् ३५ अदहत्पांडवींसेनांरथाश्वगजसंकुलाम् ॥ मज्जंतमप्लवेमंदमुज्जिहीर्षुःसुयोधनम् ३६ तथाचरंतंसमरेतपंतमिवभास्करम् ॥ पदाति
कोटिसाहस्राःप्रवरायुधपाणयः ३७ नशेकुःसंजयाद्रष्टुंतथैवान्येमहीक्षितः ॥ विचरंतंतथातंतुसंग्रामेजितकाशिनम् ३८ सर्वोद्यमेनमहतापांडवान्समभिद्रवत् ॥
सतुविद्राव्यसमरेपांडवान्संजयानपि ३९ एकएवरणेभीष्मएकवीरत्वमागतः ॥ तंशिखंडीसमासाद्यत्वयागुप्तोमहाव्रतम् ४० जघानपुरुषव्याघ्रंशरैःसन्नतपर्वभिः ॥
सएषपतितःशेतेशरतल्पेपितामहः ४१ त्वांप्राप्यपुरुषव्याघ्रंवृत्रःप्राप्येववासवम् ॥ द्रोणःपंचदिनान्युग्रोविधम्यरिपुवाहिनीम् ४२ कृत्वाव्यूहमभेद्यंचपातयित्वाम
हारथान् ॥ जयद्रथस्यसमरेकृत्वारक्षांमहारथः ४३ अंतकप्रतिमश्चोग्रोरात्रियुद्धेऽदहत्प्रजाः ॥ दग्ध्वायोधाञ्छरैर्वीरोभारद्वाजःप्रतापवान् ४४ धृष्टद्युम्नंसमासाद्य
सगतःपरमांगतिम् ॥ यदिवाऽद्यभवान्युद्धेसूतपुत्रमुखान्रथान् ४५ नावारयिष्यःसंग्रामेनस्मद्रोणोव्यनंक्ष्यत ॥ भवतातुबलंसर्वंधार्तराष्ट्रस्यवारितम् ४६ ततोद्रो
णोहतोयुद्धेपार्षतेनधनंजय ॥ एवंवाकोरणेकुर्यात्त्वदन्यःक्षत्रियोयुधि ४७ यादृशंतेकृतंपार्थजयद्रथवधंप्रति ॥ निवार्यसेनांमहतींहत्वाशूरांश्चपार्थिवान् ४८
निहतःसैन्धवोराजात्वयाऽस्त्रबलतेजसा ॥ आश्चर्यंसिंधुराजस्यवधंजानंतिपार्थिवाः ४९ अनाश्चर्यंहितत्त्वत्तस्त्वंहिपार्थमहारथः ॥ त्वांहिप्राप्यरणेक्षत्रमेकाहादिति
भारत ५० नश्यमानमहंयुक्तंमन्येयमितिमेमतिः ॥ सेयंपार्थचमूर्घोराधार्तराष्ट्रस्यसंयुगे ५१ हतसर्वस्ववीराहिभीष्मद्रोणौयदाहतौ ॥ शीर्णप्रवरयोधाद्यहत
वाजिरथद्विपा ५२ हीनासूर्येंदुनक्षत्रैर्द्यौरिवाभातिभारती ॥ विध्वस्ताहिरणेपार्थसेनेयंभीमविक्रम ५३ आसुरीवपुरासेनाशक्रस्येवपराक्रमैः ॥ तेषांहताव
शिष्टास्तुसंतिपंचमहारथाः ५४ अश्वत्थामाकृतवर्माकर्णोमद्राधिपःकृपः ॥ तांस्त्वमद्यनरव्याघ्रहत्वापंचमहारथान् ५५ हतामित्रःप्रयच्छोर्वींराज्ञेसद्वीपपत्त
नाम् ॥ साकाशजलपातालांसपर्वतमहावनाम् ५६ प्राप्नोत्वमितवीर्यश्रीरद्यपार्थोवसुंधराम् ॥ एतांपुराविष्णुरिवहत्वादैतेयदानवान् ५७ प्रयच्छमेदि
नींराज्ञेशक्रायैवहरिर्यथा ॥ अद्यमोदंतुपंचालानिहतेष्वरिषुत्वया ॥ विष्णुनानिहतेष्वेवदानवेयेषुदेवताः ५८ यदिवाद्विपदांश्रेष्ठंद्रोणंमानयतोगुरुम् ॥ अश्व
त्थाम्निकृपातेऽस्तिकृपेवाऽऽचार्यगौरवात् ५९ ॥ ॥ ॥ ॥

रंमन्येयंज्ञानीयां क्षणेननाऽयमपिपूर्णैकाहपर्यंतंस्थायित्वादितिभावः सार्द्धः ५० । ५१ । ५२ । ५३ । ५४ । ५५ । ५६ । ५७ । ५८ । ५९

॥ ७० ॥ अत्यंतापचितान्बन्धून्मानयन्मातृबांधवान् ॥ कृतवर्माणमासाद्यननेष्यसियमक्षयम् ६० भ्रातरंमातुरासाद्यशल्यंमद्रजनाधिपम् ॥ यदित्वमरविंदाक्षदयावान्नजि
घांससि ६१ इमंपापमतिंक्षुद्रमत्यंतंपांडवान्प्रति ॥ कर्णमद्यनरश्रेष्ठजह्याशुनिशितैःशरैः ६२ एतत्तेसुकृतंकर्मनात्रकिंचनयुज्यते ॥ वयमप्यनुजानीमोनात्रदोषोऽ अ०
स्तिकश्चन ६३ दहनेयत्सपुत्रायानिशिभ्रातुस्तवानघ ॥ द्यूतार्थेयच्चयुष्मासुप्रावर्त्ततसुयोधनः ६४ तस्यसर्वस्यदुष्टात्माकर्णोवैमूलमित्युत ॥ कर्णाद्धिमन्यतेत्राणंनि ॥ ७१ ॥
त्यमेवसुयोधनः ६५ ततोमामपिसंरब्धोनिग्रहीतुंप्रचक्रमे ॥ स्थिरबुद्धिर्नरेन्द्रस्यधार्तराष्ट्रस्यमानद ६६ कर्णःपार्थान्रणेसर्वान्विजेष्यतिनसंशयः ॥ कर्णमाश्रि
त्यकौन्तेयधार्तराष्ट्रेणविग्रहः ६७ रोचितोभवतासार्धंजानताऽपिबलंतव ॥ कर्णोहिभाषतेनित्यमहंपार्थान्समागतान् ६८ वासुदेवंचदाशार्हंविजेष्यामिमहारथम् ॥
प्रोत्साहयन्दुरात्मानंधार्तराष्ट्रंसुदुर्मतिम् ६९ समितौगर्जतेकर्णस्तमद्यजहिभारत ॥ यच्चयुष्मासुपापंवैधार्तराष्ट्रःप्रयुक्तवान् ७० तत्रसर्वत्रदुष्टात्माकर्णःपापमतिर्मुखम् ॥
यच्चतद्धार्तराष्ट्रस्यक्रूरैःषड्भिर्महारथैः ७१ अपश्यंनिहतंवीरंसौभद्रमृषभेक्षणम् ॥ द्रोणद्रौणिकृपान्वीरान्कर्षयंतंनरर्षभान् ७२ निर्मनुष्यांश्चमातंगान्विरथांश्च
महारथान् ॥ व्यश्वारोहांश्चतुरगान्पत्तीन्व्यायुधजीविनः ७३ कुर्वंतमृषभस्कंधंकुरुवृष्णियशस्करम् ॥ विधमंतमनीकानिव्यथयंतंमहारथान् ७४ मनुष्य
वाजिमातंगान्प्राहिण्वंतंयमक्षयम् ॥ शरैःसौभद्रमायांतंदहंतमिववाहिनीम् ७५ तन्मेदहतिगात्राणिसखेसत्येनतेशपे ॥ यत्तत्रापिचदुष्टात्माकर्णोऽभ्यद्रुह्यत
प्रभो ७६ अशक्नुवंश्चाभिमन्योःकर्णःस्थातुंरणेऽग्रतः ॥ सौभद्रशरनिर्भिन्नोविसंज्ञःशोणितोक्षितः ७७ निःश्वसन्क्रोधसंदीप्तोविमुखःसायकार्दितः ॥ अपया
नकृतोत्साहोनिराशश्चापिजीविते ७८ तस्थौसुविह्वलःसंख्येप्रहारजनितश्रमः ॥ अथद्रोणस्यसमरेतत्कालसदृशंतदा ७९ श्रुत्वाकर्णोवचःक्रूरंततश्चिच्छेदकार्मु
कम् ॥ ततश्छिन्नायुधंतेनरणेपंचमहारथाः ८० तंचैवनिकृतिप्रज्ञाःप्राहरञ्छरवृष्टिभिः ॥ तस्मिन्विनिहतेवीरेसर्वेपांडुःखमाविशत् ८१ प्राहसत्सतुदुष्टात्माक
र्णःसचसुयोधनः ॥ यच्चकर्णोऽब्रवीत्कृष्णांसभायांपरुषंवचः ८२ प्रमुखेपांडवेयानांकुरूणांचनृशंसवत् ॥ विनष्टाःपांडवाःकृष्णेशाश्वतंनरकंगताः ८३ पतिम
न्यंपृथुश्रोणिवृणीष्वमृदुभाषिणि ॥ एषात्वंधृतराष्ट्रस्यदासीभूतानिवेशनम् ८४ प्रविशारालपक्ष्माक्षिनसंतिपतयस्तव ॥ नपांडवाःप्रभवंतितवकृष्णेकथंचन
८५ दासभार्याचपांचालिस्वयंदासीचशोभने ॥ अद्यदुर्योधनोह्येकःपृथिव्यांनृपतिःस्मृतः ८६ सर्वेचास्यमहीपालायोगक्षेममुपासते ॥ पश्येदानींयथाभद्रेवि
नष्टाःपांडवाःसमम् ८७ अन्योन्यंसमुदीक्षंतेधार्तराष्ट्रस्यतेजसा ॥ व्यक्तंषंढतिलाह्येतेनपुरेवनिमज्जिताः ८८ प्रेष्यवच्चापिराजानमुपस्थास्यंतिकौरवम् ॥ ॥ ७० ॥
इत्युक्तवानधर्मज्ञस्तदापरमदुर्मतिः ८९ ॥ ॥ ॥ ॥

९० । ९१ । ९२ । ९३ । ९४ । ९५ । ९६ । ९७ । ९८ । ९९ । १०० । १ । २ । ३ । ४ । ५ । ६ । ७ । ८ । ९ । १० । ११ । १२ । १३ । १४ । १५ । १६ । १७ । ११८

पापःपापवचःकर्णःशृण्वतस्तवभारत ॥ अद्यपापस्यतद्वाक्यंसुवर्णविकृताःशराः ९० शमयंतुशिलाधौतास्त्वयाऽस्ताजीवितच्छिदः ॥ यानिचान्यानिदु
ष्टात्मापापानिकृतवांस्त्वयि ९१ तानद्यजीवितंचास्यशमयंतुशरास्तव ॥ गांडीवप्रहितान्घोरानद्यगात्रैःस्पृशञ्छरान् ९२ कर्णःस्मरतुदुष्टात्मावचनंद्रोणभी
ष्मयोः ॥ सुवर्णपुंखानाराचाःशत्रुघ्नावैद्युतप्रभाः ९३ त्वयाऽस्तास्तस्यवर्माणिभित्त्वापास्यंतिशोणितम् ॥ उग्रास्त्वद्भुजनिर्मुक्तामर्मभित्त्वामहाशराः ९४
अद्यकर्णंमहावेगाःप्रेषयंतुयमक्षयम् ॥ अद्यहाहाकृतादीनाविषण्णास्त्वच्छरार्दिताः ९५ प्रपतन्तंरथात्कर्णंपश्यंतुवसुधाधिपाः ॥ अद्यशोणितसंमग्नंशयानंप
तितंभुवि ॥ अपविद्धायुधंकर्णंदीनाःपश्यंतुबांधवाः ९६ हस्तिकक्षोमहानस्यभल्लेनोन्मथितस्त्वया ॥ प्रकंपमानःपततुभूमावपिरथध्वजः ९७ त्वयाशरश
तैश्छिन्नंरथंहेमविभूषितम् ॥ हतयोधाश्वमुत्सृज्यभीतःशल्यःपलायताम् ९८ त्वंचेत्कर्णसुतंपार्थसूतपुत्रस्यपश्यतः ॥ प्रतिज्ञावारणार्थायनिहनिष्यसिसा
यकैः ९९ हतंकर्णस्तुतंदृष्ट्वाप्रियंपुत्रंदुरात्मवान् ॥ स्मरतांद्रोणभीष्माभ्यांवचःक्षत्तुश्चमानद १०० ततःसुयोधनोदृष्ट्वाहतमाधिरथिंत्वया ॥ निराशोजीविते
त्वद्यराज्येचैवभवत्वरिः १ एतेद्रवंतिपंचालावध्यमानाःशितैःशरैः ॥ कर्णेनभरतश्रेष्ठपांडवानुजिहीर्षवः २ पंचालान्द्रौपदेयांश्चधृष्टद्युम्नशिखंडिनौ ॥ धृष्ट
द्युम्नतनूजांश्चशतानीकंचनाकुलिम् ३ नकुलंसहदेवंचदुर्मुखंजनमेजयम् ॥ सुधर्माणंसात्यकिंचविद्धिकर्णवशंगतान् ४ अभ्याहतानांकर्णेनपंचालानामसौ
रणे ॥ श्रूयतेनिनदोघोरस्त्वद्बंधूनांपरंतप ५ नत्वेवभीताःपंचालाःकथंचित्स्युःपराङ्मुखाः ॥ नहिमृत्युंमहेष्वासागणयंतिमहारणे ६ यएकःपांडवींसेनांश
रौघैःसमवेष्टयत् ॥ तंसमासाद्यपंचालाभीष्मान्नासन्पराङ्मुखाः ७ तेकथंकर्णमासाद्यविद्रवेयुर्महारथाः ॥ यस्त्वेकःसर्वपंचालानहन्यहनिनाशयन् ८ काल
वज्ज्वरतेवीरःपंचालानांरथव्रजे ॥ तमप्यासाद्यसमरेमित्रार्थेमित्रवत्सलाः ९ तथाज्वलंतमस्त्राग्निंगुरुंसर्वधनुष्मताम् ॥ निर्दहन्तंचसमरेदुर्धर्षंद्रोणमोजसा ११०
तेनित्यमुदिताजेतुंमृधेशत्रूनरिंदम ॥ नजात्वाधिरथेर्भीताःपंचालाःस्युःपराङ्मुखाः ११ तेषामापततांशूरःपंचालानांतरस्विनाम् ॥ आदत्तासूञ्शरैःकर्णःपतंगाना
मिवानलः १२ एतेद्रवंतिपंचालाद्राव्यंतेयोधिभिर्ध्रुवम् ॥ कर्णेनभरतश्रेष्ठपश्यपश्यतथाकृतान् १३ तांस्तथाभिमुखान्वीरान्मित्रार्थेत्यक्तजीवितान् ॥ क्षयंनयतिरा
धेयःपंचालाञ्छतशोरणे १४ तद्भारतमहेष्वासानगाधेमज्जतोऽप्लवे ॥ कर्णार्णवेप्लवोभूत्वापंचालांस्त्रातुमर्हसि १५ अस्त्रंहिरामात्कर्णेनभार्गवादृषिसत्तमात् ॥ यदपात्तं
महाघोरंतस्यरूपमुदीर्यते १६ तापनंसर्वसैन्यानांघोररूपंसुदारुणम् ॥ समावृत्यमहासेनांज्वलंतंस्वेनतेजसा १७ एतेचरंतिसंग्रामेकर्णचापच्युताःशराः ॥
भ्रमराणामिवव्राताःस्तापयंतिस्मतावकान् ११८ ॥ ॥ ॥ ॥

११९ । १२० । १२१ । १२२ । १२३ । १२४ । १२५ ॥ ॥ इतिकर्णपर्वणिनीलकंठीयेभारतभावदीपे त्रिसप्ततितमोऽध्यायः ॥ ७३ ॥ ॥ ॥ ॥ सकेशवस्येति १ । २ । ३

एतेद्रवंतिपंचालादिक्षुसर्वासुभारत ॥ कर्णास्त्रंसमरेप्राप्यदुर्निवार्यमनात्मभिः ११९ एषभीमोदृढक्रोधोवृतःपार्थसमंततः ॥ सृंजयैर्योधयन्कर्णंपीड्यतेनिशितैः
शरैः १२० पांडवान्सृंजयांश्चैवपंचालांश्चैवभारत ॥ हन्यादुपेक्षितःकर्णोरोगोदेहमिवागतः २१ नान्यंत्वत्तोहिपश्यामियोधंयौधिष्ठिरेबले ॥ यःसमासा
द्यराधेयंस्वस्तिमानाव्रजेद्गृहम् २२ तमद्यनिशितैर्बाणैर्विनिहत्यनरर्षभ ॥ यथाप्रतिज्ञंपार्थत्वंकृत्वाकीर्तिमवाप्नुहि २३ त्वंहिशक्तोरणेजेतुंसकर्णानपिकौ
रवान् ॥ नान्योयुधियुधांश्रेष्ठसत्यमेतद्ब्रवीमिते २४ एतत्कृत्वामहत्कर्महत्वाकर्णंमहारथम् ॥ कृतार्थःसफलःपार्थसुखीभवनरोत्तम १२५ ॥ इतिश्रीमहाभारते
कर्णपर्वणिकृष्णवाक्ये त्रिसप्ततितमोऽध्यायः ॥ ७३ ॥ ॥ संजयउवाच ॥ सकेशवस्यबीभत्सुःश्रुत्वाभारतभाषितम् ॥ विशोकःसंप्रहृष्टश्चक्षणेनसमप
द्यत १ ततोज्यामभिमृज्याशुव्याक्षिपद्गांडिवंधनुः ॥ दध्रेकर्णविनाशायकेशवंचाभ्यभाषत २ त्वयानाथेनगोविंदध्रुवएवजयोमम ॥ प्रसन्नोयस्यमेऽद्यत्वंलो
केभूतभविष्यकृत् ३ त्वत्सहायोह्यहंकृष्णत्रींल्लोकान्वैसमागतान् ॥ प्रापयेयंपरंलोकंकिमुकर्णंमहाहवे ४ पश्यामिद्रवतींसेनांपंचालानांजनार्दन ॥ पश्यामिक
र्णंसमरेविचरंतमभीतवत् ५ भार्गवास्त्रंचपश्यामिज्वलंतंकृष्णसर्वशः ॥ सृष्टंकर्णेनवार्ष्णेयशक्रेणेवयथाऽशनिम् ६ अयंखलुससंग्रामोयत्रकर्णंमयाहतम् ॥ क
थयिष्यंतिभूतानियावद्भूमिर्धरिष्यति ७ अद्यकृष्णविकर्णामेकर्णंनेष्यंतिमृत्यवे ॥ गांडीवमुक्ताःक्षिण्वन्तोममहस्तप्रचोदिताः ८ अद्यराजाधृतराष्ट्रःस्वांबुद्धि
मवमंस्यते ॥ दुर्योधनमराज्यार्हंययाराज्येऽभ्यषेचयत् ९ अद्यराज्यात्सुखाच्चैवश्रियोराष्ट्रात्तथापुरात् ॥ पुत्रेभ्यश्चमहाबाहोधृतराष्ट्रोविमोक्ष्यति १० गुणवं
तंहियोद्वेष्टिनिर्गुणंकुरुतेप्रभुम् ॥ सशोचतिनृपःकृष्णक्षिप्रमेवागतेक्षये ११ यथाचपुरुषःकश्चिच्छित्त्वाचाम्रवणंमहत् ॥ फलंदृष्ट्वाभ्रष्टशंदुःखीभविष्यतिजना
र्दन ॥ सूतपुत्रेहतेत्वद्यनिराशोभविताप्रभुः १२ अद्यदुर्योधनोराज्याज्जीविताच्चनिराशकः ॥ भविष्यतिहतेकर्णेकृष्णसत्यंब्रवीमिते १३ अद्यदृष्ट्वामयाकर्णं
शरैर्विशकलीकृतम् ॥ स्मरतांतववाक्यानिशमंप्रतिजनेश्वरः १४ अद्यासौसौबलःकृष्णग्लहान्जानातुवैशरान् ॥ दुरोदरंचगांडीवंमंडलंचरथंप्रति १५
अद्यकुन्तीसुतस्याहंदृढंराज्ञःप्रजागरम् ॥ व्यपनेष्यामिगोविंदहत्वाकर्णंशितैःशरैः १६ अद्यकुंतिसुतोराजाहतेसूतसुतेमया ॥ सुप्रहृष्टमनाःप्रीतश्चिरं
सुखमवाप्स्यति १७ अद्यचाहमनाधृष्यंकेशवाप्रतिमंशरम् ॥ उत्स्रक्ष्यामीहयःकर्णंजीविताद्भ्रंशयिष्यति १८ यस्यचैतद्व्रतंमह्यंवधेकिलदुरात्मनः ॥
पादौनधावयेतावद्यावद्धन्यांनफाल्गुनम् १९ ॥ ॥ ॥ ॥

४ । ५ ज्वलंतं पुंस्त्वमार्षम ६ । ७ । ८ । ९ । १० । ११ । १२ । १३ स्मरतांस्मरतु १४ मंडलंद्यूतेशारीस्थापनपट्टं दुरोदरंपाशम १५ । १६ । १७ । १८ । १९ ॥

२० । २१ । २२ । २३ । २४ । २५ । २६ । २७ । २८ । २९ । ३० । ३१ । ३२ । ३३ । ३४ । ३५ । ३६ । ३७ । ३८ । ३९ । ४० । ४१ । ४२ । ४३ । ४४ । ४५ । ४६ । ४७ । ४८

मृषाकृत्वाव्रतंतस्यपापस्यमधुसूदन ॥ पातयिष्येरथात्कायंशरैःसन्नतपर्वभिः २० योऽसौरणेनरंनान्यंपृथिव्यामनुमन्यते ॥ तस्याद्यसूतपुत्रस्यभूमिःपास्यतिशो
णितम् २१ अद्यतिर्यासिकृष्णेतिसूतपुत्रोयदब्रवीत् ॥ धृतराष्ट्रमतंकर्णःश्लाघमानःस्वकान्गुणान् २२ अनृतंतत्करिष्यंतिमामकानिशिताःशराः ॥ आशीविषाइव
क्रुद्धास्तस्यपास्यंतिशोणितम् २३ मयाहस्तवतामुक्तानाराचावैद्युतत्विषः ॥ गांडीवसृष्टादास्यंतिकर्णस्यपरमांगतिम् २४ अद्यतप्स्यतिराधेयःपांचालींयत्तदा
ब्रवीत् ॥ सभामध्येवचःक्रूरंकुत्सयन्पांडवान्प्रति २५ येवैषंढतिलास्तत्रभवितारोऽद्यतेतिलाः ॥ हतेवैकर्तनेकर्णेसूतपुत्रेदुरात्मनि २६ अहंवःपांडुपुत्रेभ्यस्त्रास्यामी
तियदब्रवीत् ॥ धृतराष्ट्रसुतान्कर्णःश्लाघमानोऽऽत्मनोगुणान् ॥ अनृतंतत्करिष्यंतिमामकानिशिताःशराः २७ उद्योगःपांडुपुत्राणांसमाप्तिमुपयास्यति ॥ हंताऽहं
पांडवान्सर्वान्सपुत्रानितियोऽब्रवीत् २८ तमद्यकर्णंहंताऽस्मिमिषतांसर्वधन्विनाम् ॥ यस्यवीर्यंसमाश्रित्यधार्तराष्ट्रोमहामनाः २९ अवामन्यतदुर्बुद्धिर्नित्यमस्मा
न्दुरात्मवान् ॥ हत्वाऽहंकर्णमाजौहितोषयिष्यामिभ्रातरम् ३० शरान्नानाविधान्मुक्त्वात्रासयिष्यामिशात्रवान् ॥ आकर्णमुक्तैरिषुभिर्यमराष्ट्रविवर्धनैः ३१ भूमि
शोभांकरिष्यामिपातितैरथकुंजरैः ॥ तत्राहंवैमहासंख्येसंपन्नंयुद्धदुर्मदम् ३२ अद्यकर्णमहंघोरंसूदयिष्यामिसायकैः ॥ अद्यकर्णेहतेकृष्णधार्तराष्ट्राःसराजकाः ३३
विद्रवंतुदिशोभीताःसिंहत्रस्तामृगाइव ॥ अद्यदुर्योधनोराजाआत्मानंचानुशोचताम् ३४ हतेकर्णेमयासंख्येसपुत्रेससुहृज्जने ॥ अद्यकर्णंहतंदृष्ट्वाधार्तराष्ट्रोऽत्यम
र्षणः ३५ जानातुमांरणेकृष्णप्रवरंसर्वधन्विनाम् ॥ सपुत्रपौत्रंसामात्यंसभृत्यंचनिराशिषम् ३६ अद्यराज्यंकरिष्यामिधृतराष्ट्रंजनेश्वरम् ॥ अद्यकर्णस्यचक्रांगाः
क्रव्यादाश्चपृथग्विधाः ३७ शरैश्छिन्नानिगात्राणिविचरिष्यंतिकेशव ॥ अद्यराधासुतस्याहंसंग्रामेमधुसूदन ३८ शिरश्छेत्स्यामिकर्णस्यमिषतांसर्वधन्विनाम् ॥
अद्यतीक्ष्णैर्विपाठैश्चक्षुरैश्चमधुसूदन ३९ रणेछेत्स्यामिगात्राणिराधेयस्यदुरात्मनः ॥ अद्यराजामहत्कृच्छ्रंसंत्यक्ष्यतियुधिष्ठिरः ४० संतापंमानसंवीरश्चिरसंभृतमा
त्मनः ॥ अद्यकेशवराधेयमहंहत्वासबांधवम् ४१ नंदयिष्यामिराजानंधर्मपुत्रंयुधिष्ठिरम् ॥ अद्याहमनुगान्कृष्णकर्णस्यकृपणान्युधि ४२ हंताज्वलनसं
काशैःशरैःसर्पविषोपमैः ॥ अद्याहंहेमकवचैराबद्धमणिकुंडलैः ४३ संस्तरिष्यामिगोविंदवसुधांवसुधाधिपैः ॥ अद्याभिमन्योःशत्रूणांसर्वेषांमधुसूदन ४४
प्रमथिष्यामिगात्राणिशिरांसिचशितैःशरैः ॥ अद्यनिर्धार्तराष्ट्रांचभ्रात्रेदास्यामिमेदिनीम् ४५ निरर्जुनांवापृथिवींकेशवानुचरिष्यति ॥ अद्याहमनृणः
कृष्णभविष्यामिधनुर्भृताम् ४६ कोपस्यचकुरूणांचशराणांगांडिवस्यच ॥ अद्यदुःखमहंमोक्ष्येत्रयोदशसमार्जितम् ४७ हत्वाकर्णंरणेकृष्णशंबरंमघ
वानिव ॥ अद्यकर्णेहतेयुद्धेसोमकानांमहारथाः ४८ ॥ ॥ ॥ ॥

४९ । ५० । ५१ । ५२ । ५३ । ५४ । ५५ । ५६ । ५७ । ५८ ॥ इतिकर्णपर्वणि नीलकंठीये भारतभावदीपे चतुःसप्ततितमोऽध्यायः ॥ ७४ ॥ ॥ समागमेऽइति । समागमे कर्णेनसहकौ

कृतंकार्यंचमन्यंतांमित्रकार्येप्सवोयुधि ॥ ममचैवकथंप्रीतिःशैनेयस्याद्यमाधव ४९ भविष्यतिहतेकर्णेमयिचापिजयाधिके ॥ अहंहत्वारणेकर्णंपुत्रंचास्यमहारथम्
५० प्रीतिंदास्यामिभीमस्ययमयोःसात्यकस्यच ॥ धृष्टद्युम्नशिखंडिभ्यांपंचालानांचमाधव ५१ अद्यानृण्यंगमिष्यामिहत्वाकर्णंमहाहवे ॥ अद्यपश्यंतुसंग्रामेधनं
जयममर्षणम् ५२ युध्यन्तंकौरवान्संख्येपातयन्तंचसूतजम् ॥ भवत्सकाशेवक्ष्येचपुनरेवात्मसंस्तवम् ५३ धनुर्वेदेमत्समोनास्तिलोकेपराक्रमेवाममकोऽस्तितुल्यः ॥
कोवाऽप्यन्योमत्समोऽस्तिक्षमावांस्तथाक्रोधेसदृशोऽन्योनमेऽस्ति ५४ अहंधनुष्मान्ससुरासुरांश्चसर्वाणिभूतानिचसंगतानि ॥ स्वबाहुवीर्याद्गमयेपराभवंमत्पौरुषं
विद्धिपरंपरेभ्यः ५५ शरार्चिषागांडिवेनाहमेकःसर्वान्कुरून्बाह्लिकांश्चाभिहत्य ॥ हिमात्ययेकक्षगतोयथाग्निस्तथादहेयंसगणान्प्रसह्य ५६ पाणौपृषत्कालि
खितामयैतेधनुश्चसव्येविततंसबाणम् ॥ पादौचमेसरथौसध्वजौचनमादृशंयुद्धगतंजयंति ५७ इत्येवमुक्त्वार्जुनएकवीरःक्षिप्रंरिपुघ्नःक्षतजोपमाक्षः ॥ भीमंमुमुक्षुः
समरेप्रयातःकर्णस्यकायाच्चशिरोजिहीर्षुः ५८ ॥ इतिश्रीमहाभारतेकर्णपर्वणि अर्जुनवाक्येचतुःसप्ततितमोऽध्यायः ॥ ७४ ॥ ॥ धृतराष्ट्रउवाच ॥
समागमेपांडवसृंजयानांमहाभयेमामकानामगाधे ॥ धनंजयेतातरणाययातेकर्णेनतद्युद्धमथोऽत्रकीदृक् १ ॥ संजयउवाच ॥ ॥ तेषामनीकानिबृहद्ध्वजानि
रणेसमृद्धानिसमागतानि ॥ गर्जंतिभेरीनिनदोन्मुखानिनादैर्यथामेघगणास्तपांते २ महागजाभ्राकुलमस्त्रतोयंवादित्रनेमीतलशब्दवच्च ॥ हिरण्यचित्रायुधविद्युतं
चशरासिनाराचमहास्त्रधारम् ३ तद्भीमवेगंरुधिरौघवाहिखड्गाकुलंक्षत्रियजीवघाति ॥ अनार्तवंक्रूरमनिष्टवर्षंबभूवतत्संहरणंप्रजानाम् ४ एकंरथंसंपरिवार्यमृत्युंनयं
त्यनेकेचरथाःसमेताः ॥ एकस्तथैकंरथिनंरथाग्र्यांस्तथारथश्चापिरथाननेकान् ५ रथंससूतंसहयंचकंचित्कश्चिद्रथीमृत्युवशंनिनाय ॥ निनायचाप्येकगजेनकश्चि
द्रथान्बहून्मृत्युवशेतथाऽश्वान् ६ रथान्ससूतान्सहयान्गजांश्चसर्वानरीन्मृत्युवशंशरौघैः ॥ निन्येहयांश्चैवतथाससादीन्पदातिसंघांश्चतथैवपार्थः ७ कृपःशिखं
डीचरणेसमेतौदुर्योधनंसात्यकिरभ्यगच्छत् ॥ श्रुतश्रवाद्रोणपुत्रेणसार्धंयुधामन्युश्चित्रसेनेनसार्धम् ८ कर्णस्यपुत्रंतुरथीसुषेणंसमागतंसृंजयश्चोत्तमौजाः ॥ गांधा
रराजंसहदेवःक्षुधार्तोमहर्षभंसिंहइवाभ्यधावत् ९ शतानीकोनाकुलिःकर्णपुत्रंयुवायुवानंवृषसेनंशरौघैः ॥ समार्पयत्कर्णपुत्रश्चशूरःपांचालेयंशरवर्षैरनेकैः १० रथ
र्षभःकृतवर्माणमार्छन्माद्रीपुत्रोनकुलश्चित्रयोधी ॥ पंचालानामधिपोयाज्ञसेनिःसेनापतिःकर्णमार्छत्ससैन्यम् ११ दुःशासनोभारतभारतीचसंशप्तकानांपृतनास
मृद्धा ॥ भीमंरणेशस्त्रभृतांवरिष्ठंभीमंसमार्छत्तमसह्यवेगम् १२ ॥ ॥ ॥ ॥

ष्ट्युद्धमभूदितिशेषः १ । २ । ३ । ४ । ५ । ६ । ७ । ८ । ९ पांचालेयं पांचालीतनयं नाकुलिम् १० । ११ । १२ ॥ ॥

१३।१४। १५।१६।१७ ॥ इतिकर्णपर्वणि नीलकंठीये भारतभावदीपे पंचसप्ततितमोऽध्यायः ॥ ७५ ॥ ॥ ॥ ॥ अथेति।१।२।३।४।५।६।७।८।९

कर्णात्मजंतत्रजघानवीरस्तथाऽच्छिनच्चोत्तमौजाःप्रसह्य ॥ तस्योत्तमांगंनिपपातभूमौनिनादयद्वांनिनदेनखंच १३ सुषेणशीर्षंपतितंपृथिव्यांविलोक्यकर्णोथतदार्त
रूपः॥ क्रोधाद्धयांस्तस्यरथंध्वजंचबाणैःसुधारैर्निशितैरकृंतत् १४ सतूत्तमौजानिशितैःपृषत्कैर्विव्याधखड्गेनचभास्वरेण ॥ पार्ष्णिग्रहांश्चैवकृपस्यहत्वाशिखंडिवाहंसत
तोऽध्यरोहत् १५ कृपंतुदृष्ट्वाविरथंरथस्थोनैच्छच्छरैस्ताडयितुंशिखंडी ॥ तंद्रौणिरावार्यरथंकृपस्यसमुज्जहेपंकगतांयथागाम् १६ हिरण्यवर्मानिशितैःपृषत्कैस्तवात्म
जानामनिलात्मजोवै ॥ अतापयत्सैन्यमतीवभीमःकालेशुचौमध्यगतोयथार्कः १७ इतिश्रीमहाभारतेकर्णपर्वणि संकुलद्वंद्वयुद्धेपंचसप्ततितमोऽध्यायः ॥ ७५ ॥
॥ ॥ ॥ संजयउवाच ॥ अथत्विदानींतुमुलेविमर्देद्विषद्भिरेकोबहुभिःसमावृतः ॥ महारणेसारथिमित्युवाचभीमश्चमूंवाहयधार्त्तराष्ट्रीम् १ त्वंसारथेयाहिजवेन
वाहैर्नयाम्येतान्धार्तराष्ट्रान्यमाय ॥ संचोदितोभीमसेनेनचैवंससारथिःपुत्रबलंत्वदीयम् २ प्रायात्ततःसत्वरमुग्रवेगोयतोभीमस्तद्बलंगंतुमैच्छत् ॥ ततोऽपरेनागर
थाश्वपत्तिभिःप्रत्युद्ययुस्तंकुरवःसमंतात् ३ भीमस्यवाहाग्र्यमुदारवेगंसमंततोबाणगणैर्निजघ्नुः ॥ ततःशरानापततोमहात्माचिच्छेदबाणैस्तपनीयपुंखैः ४ तेवैनिपेतु
स्तपनीयपुंखाद्विधात्रिधाभीमशरैर्निकृत्ताः ॥ ततोराजन्नागरथाश्वयूनांभीमाहतानांवरराजमध्ये ५ घोरोनिनादःप्रबभौनरेन्द्रवज्राहतानामिवपर्वतानाम् ॥ तेवध्यमा
नाश्चनरेंद्रमुख्यानिर्भिद्यतोभीमशरप्रवेकैः ६ भीमंसमंतात्समरेऽभ्यरोहन्वृक्षंशकुंताइवपुष्पहेतोः ॥ ततोऽभियातेतवसैन्येसभीमःप्रादुश्चक्रेवेगमनंतवेगः ७ यथांतका
लेक्षपयन्दिधक्षुर्भूतांतकृत्कालइवात्तदंडः ॥ तस्यातिवेगस्यरणेऽतिवेगंनाशक्नुवन्वारयितुंत्वदीयाः ८ व्यात्ताननस्यापततोयथैवकालस्यकालेहरतःप्रजावै ॥ ततोब
लंभारतभारतानांप्रदह्यमानंसमरेमहात्मना ९ भीतंदिशोऽकीर्यतभीमनुन्नंमहानिलेनाभ्रगणायथैव ॥ ततोधीमान्सारथिमब्रवीद्बलीसभीमसेनःपुनरेवहृष्टः १० सू
ताभिजानीहिस्वकान्परान्वारथान्ध्वजांश्चापततःसमेतान् ॥ युद्ध्यन्नह्यहंनाभिजानामिकिंचिन्मासैन्यंस्वंछादयिष्येपृषत्कैः ११ अरीन्विशोकाभिनिरीक्ष्यसर्वतोरथो
ध्वजाग्राणिधुनोतिमेभृशम् ॥ राजाऽऽतुरोनागमद्यत्किरीटीबहूनिदुःखान्यभियातोऽस्मिसूत १२ एतद्दुःखंसारथेधर्मराजोयन्मांहित्वायातवान्शत्रुमध्ये ॥ नैनंजी
वंनाद्यजानाम्यजीवंबीभत्सुंवातन्ममाद्यातिदुःखम् १३ सोऽहंद्विषत्सैन्यमुदग्रकल्पंविनाशयिष्येपरमप्रतीतः ॥ एतन्निहत्याजिमध्येसमेतंप्रीतोभविष्यामिसहत्वयाऽ
द्य १४ सर्वांस्तूणान्सायकानामवेक्ष्यकिंशिष्टंस्यात्सायकानांरथेमे ॥ कावाजातिःकिंप्रमाणंचतेषांज्ञात्वाव्यक्तंतत्समाचक्ष्वसूत १५ ॥ विशोकउवाच ॥ षण्मार्गणा
नामयुतानिवीरक्षुराश्चभल्लाश्चतथाऽयुताख्याः ॥ नाराचानांद्वेसहस्रेचवीरत्रीण्येवचप्रदराणांस्मपार्थ १६ ॥ ॥

१०।११।१२।१३।१४।१५। प्रदराबाणविशेषाः १६ ॥ ॥ ॥

॥ ७१ ॥ अस्त्यायुधंपांडवेयावशिष्टंनयद्वहेच्छकटंषड्गवीयम् ॥ एतद्विद्धन्मुंचसहस्रशोऽविगदासिबाहुद्रविणंचतेऽस्ति १७ प्रासाश्चमुद्गराःशक्तयस्तोमराश्चमाभैषीस्त्वंसंक्षया
दायुधानाम् १८ ॥ भीमसेनउवाच ॥ सूताद्यैनंपश्यभीमप्रयुक्तैःसंछिंदद्भिःपार्थिवानांसुवेगैः ॥ छन्नंबाणैराहवंघोररूपंनष्टादित्यंमृत्युलोकेनतुल्यम् १९ अद्यैतद्वैविदि अ० ७६
तंपार्थिवानांभविष्यतिह्याकुमारंचसूत ॥ निमग्नोवासमरेभीमसेनएकःकुरून्वासमरेऽभ्यजैषीत् २० सर्वेसंख्येकुरवोनिष्पतंतुमांवालोकाःकीर्तयंत्वाकुमारम् ॥ ॥ ७६ ॥
सर्वानेकस्तानहंपातयिष्येतेवासर्वेभीमसेनंतुदन्तु २१ आशास्तारःकर्मचाप्युत्तमंयेतन्मेदेवाःकेवलंसाधयंतु ॥ आयात्विहाद्यार्जुनःशत्रुघातीशक्रस्तूर्णंयज्ञइवोपहूतः
२२ ईक्षस्वैतांभारतींदीर्यमाणामेतेकस्माद्विद्रवन्तेनरेन्द्राः ॥ व्यक्तंधीमान्सव्यसाचीनराग्र्यःसैन्यंह्येतच्छादयत्याशुबाणैः २३ पश्यध्वजांश्चद्रवतोविशोकनागान्ह
यान्पत्तिसंघांश्चसंख्ये ॥ रथान्विकीर्णान्शरशक्तिताडितान्पश्यस्वैतान्रथिनश्चैवसूत २४ आपूर्यतेकौरवीचाप्यभीक्ष्णंसेनाह्यसौसुभृशंहन्यमाना ॥ धनंजयस्या
शनितुल्यवेगैर्ग्रस्ताशरैःकांचनबर्हिजालैः २५ एतेद्रवंतिस्मरथाश्वनागाःपदातिसंघानतिमर्दयन्तः ॥ समुह्यमानाःकौरवाःसर्वएवद्रवंतिनागाइवदाहभीताः २६ हाहा
कृताश्चैवरणेविशोकमुंचंतिनादान्विपुलान्गजेन्द्राः २७ ॥ विशोकउवाच ॥ किंभीमनैनंत्वमिहाशृणोषिविस्फारितंगांडिवस्यातिघोरम् ॥ क्रुद्धेनपार्थेनविकृष्यतोऽ
द्यकच्चिन्नेमौतवकर्णौविनष्टौ २८ सर्वेकामाःपांडवतेसमृद्धाःकपिर्ह्यसौदृश्यतेहस्तिसैन्ये ॥ नीलाद्घनाद्विद्युतमुच्चरंतींतथापश्यविस्फुरन्तींधनुर्ज्याम् २९ कपिर्ह्यसौ
वीक्षतेसर्वतोवैध्वजाग्रमारुह्यधनंजयस्य ॥ वित्रासयन्रिपुसंघान्विमर्देबिभेम्यस्मादात्मनैवाभिवीक्ष्य ३० बिभ्राजतेचातिमात्रंकिरीटंविचित्रमेतच्चधनंजयस्य ॥
दिवाकराभोमणिरेषदिव्योविभ्राजतेचैवकिरीटसंस्थः ३१ पार्श्वेभीमंपांडुराभ्रप्रकाशंपश्यस्वशंखंदेवदत्तंसुघोषम् ॥ अभीषुहस्तस्यजनार्दनस्यविगाहमानस्यचमूंप
रेषाम् ३२ रविप्रभंवज्रनाभंक्षुरांतंपार्श्वेस्थितंपश्यजनार्दनस्य ॥ चक्रंयशोवर्धनंकेशवस्यसदार्चितंयदुभिःपश्यवीर ३३ महाद्विपानांसरलद्रुमोपमाःकरानिकृत्ताः
प्रपतन्त्यमीक्षुरैः ॥ किरीटिनातेनपुनःससादिनःशरैर्निकृत्ताःकुलिशैरिवाद्रयः ३४ तथैवकृष्णस्यचपांचजन्यंमहार्हमेतंद्विजराजवर्णम् ॥ कौन्तेयपश्योरसि
कौस्तुभंचजाज्वल्यमानंविजयांस्रजंच ३५ ध्रुवंरथाग्र्यःसमुपैतिपार्थोविद्रावयन्सैन्यमिदंपरेषाम् ॥ सिताभ्रवर्णैरसितप्रयुक्तैर्हयैर्महार्हैरथिनांवरिष्ठः ३६ रथान्हयान्प
त्तिगणांश्चसायकैर्विदारितान्पश्यपतन्त्यमीयथा ॥ तवानुजेनामरराजतेजसामहावनानीवसुपर्णवायुना ३७ चतुःशतान्पश्यरथानिमान्हतान्सवाजिसूतान्समरे
किरीटिना ॥ महेषुभिःसप्तशतानिदन्तिनांपदातिसादींश्चरथाननेकशः ३८ ॥ ॥ ॥ ॥ ७१ ॥

३९ । ४० इतिकर्णपर्वणिनीलकंठीये भारतभावदीपे षट्सप्ततितमोऽध्यायः ॥ ७६ ॥ ॥ ॥ ॥ ॥ श्रुत्वेति १ । २ ।३। ४ । ५ । ६ । ७ । ८ । ९ । १० । ११ । १२

अयंसमभ्येतितवांतिकंबलीनिघ्नन्कुरूंश्चित्रइवग्रहोऽर्जुनः ॥ समृद्धकामोऽसिहतास्तवाहिताबलंतवायुश्चचिरायवर्धताम् ३९ ॥ भीमसेनउवाच ॥ ददानितेग्रामवरां
श्चतुर्दशप्रियाख्यानेसारथेसुप्रसन्नः ॥ दासीशतंचापिरथांश्चविंशतिंयदर्जुनंवेदयसेविशोक ४० ॥ इतिश्रीमहाभारतेकर्णपर्वणिभीमसेनविशोकसंवादेषट्सप्ततितमोऽ
ध्यायः ॥ ७६ ॥ ॥ संजयउवाच ॥ श्रुत्वातुरथनिर्घोषंसिंहनादंचसंयुगे ॥ अर्जुनःप्राहगोविंदंशीघ्रंनोदयवाजिनः १ अर्जुनस्यवचःश्रुत्वागोविंदोऽर्जुनमब्र
वीत् ॥ एषगच्छामिसुक्षिप्रंयत्रभीमोव्यवस्थितः २ तंयान्तमश्वैर्हिमशंखवर्णैःसुवर्णमुक्तामणिजालनद्धैः ॥ जंभंजिघांसुंप्रगृहीतवज्रंजयायदेवेंद्रमिवोग्रमन्युम् ३ रथा
श्वमातंगपदातिसंघाबाणस्वनैर्नेमिखुरस्वनैश्च ॥ संनादयंतोवसुधांदिशश्चक्रुद्धान्नृसिंहाजयमभ्युदीयुः ४ तेषांचपार्थस्यचमारिषासीद्देहासुपापक्षपणंसुयुद्धम् ॥ त्रैलो
क्यहेतोरसुरैर्यथाऽऽसीद्देवस्यविष्णोर्जयतांवरस्य ५ तैरस्तमुच्चावचमायुधंतदेकःप्रचिच्छेदकिरीटमाली ॥ क्षुरार्धचंद्रैर्निशितैश्चभल्लैःशिरांसितेषांबहुधाचबाहून् ६
छत्राणिवालव्यजनानिकेतूनश्वान्रथान्पत्तिगणान्द्विपांश्च ॥ तेपेतुरुर्व्यांबहुधाविरूपावातप्रणुन्नानियथावनानि ७ सुवर्णजालावततामहागजाःसवैजयंतीध्वजयोधक
ल्पिताः ॥ सुवर्णपुंखैरिषुभिःसमाचिताश्चकाशिरेप्रज्वलितायथाऽचलाः ८ विदार्यनागाश्वरथान्धनंजयःशरोत्तमैर्वासववज्रसंनिभैः ॥ द्रुतंययौकर्णजिघांसयातथा
यथामरुत्वान्बलभेदनेपुरा ९ ततःसपुरुषव्याघ्रस्तवसैन्यमरिंदमः ॥ प्रविवेशमहाबाहुर्मकरःसागरंयथा १० तंहृष्टास्तावकाराजन्रथपत्तिसमन्विताः ॥ गजाश्वसादि
बहुलाःपांडवंसमुपाद्रवन् ११ तेषामापततांपार्थमारावःसुमहानभूत् ॥ सागरस्येवक्षुब्धस्ययथास्यात्सलिलस्वनः १२ तेतुतंपुरुषव्याघ्रंव्याघ्राइवमहारथाः ॥ अभ्य
द्रवंतसंग्राममेत्यक्त्वाप्राणकृतंभयम् १३ तेषामापततांतत्रशरवर्षाणिमुंचताम् ॥ अर्जुनोव्यधमत्सैन्यंमहावातोघनानिव १४ तेऽर्जुनंसहिताभूत्वारथवंशैःप्रहारिणः ॥
अभियायमहेष्वासाविव्यधुर्निशितैःशरैः १५ ततोऽर्जुनःसहस्राणिरथवारणवाजिनाम् ॥ प्रेषयामासविशिखैर्यमस्यसदनंप्रति १६ तेवध्यमानाःसमरेपार्थचापच्युतैः
शरैः ॥ तत्रतत्रस्मलीयंतेभयेजातेमहारथाः १७ तेषांचतुःशतान्वीरान्यतमानान्महारथान् ॥ अर्जुनोनिशितैर्बाणैरनयद्यमसादनम् १८ तेवध्यमानाःसमरेनाना
लिंगैःशितैःशरैः ॥ अर्जुनंसमभित्यज्यदुद्रुवुर्वैदिशोदश १९ तेषांशब्दोमहानासीद्द्रवतांवाहिनीमुखे ॥ महौघस्येवजलधेर्गिरिमासाद्यदीर्यतः २० तांतुसेनांभृशं
विद्ध्वाद्रावयित्वाऽर्जुनःशरैः ॥ प्रायादभिमुखःपार्थःसूतानीकंहिमारिष २१ तस्यशब्दोमहानासीत्परानभिमुखस्यवै ॥ गरुडस्येवपततःपन्नगार्थेयथापुरा २२
तंतुशब्दमभिश्रुत्यभीमसेनोमहाबलः ॥ बभूवपरमप्रीतःपार्थदर्शनलालसः २३ ॥ ॥ ॥ ॥

१३ । १४ । १५ । १६ । १७ । १८ । १९ । २० । २१ । २२ । २३ ॥ ॥ ॥ ॥

॥ ७४ ॥ श्रुत्वैवपार्थमायान्तंभीमसेनःप्रतापवान् ॥ त्यक्त्वाप्राणान्महाराजसेनांतवममर्दह २४ सवायुवीर्यप्रतिमोवायुवेगसमोजवे ॥ वायुवद्व्यचरद्भीमोवायुपुत्रःप्रताप अ० ७७
वान् २५ तेनार्द्यमानाराजेंद्रसेनातवविशांपते ॥ व्यभ्रश्यतमहाराजभिन्नानौरिवसागरे २६ तांतुसेनांतदाभीमोदर्शयन्पाणिलाघवम् ॥ शरैरवचकर्तोग्रैःप्रेष
यिष्यन्यमक्षयम् २७ तत्रभारतभीमस्यबलंदृष्ट्वाऽतिमानुषम् ॥ व्यभ्रमंतरणेयोधाःकालस्येवयुगक्षये २८ तथार्दितान्भीमबलान्भीमसेनेनभारत ॥ दृष्ट्वादुर्योधनो
राजाइदंवचनमब्रवीत् २९ सैनिकांश्चमहेष्वासान्योधांश्चभरतर्षभ ॥ समादिशन्रणेसर्वान्हतभीममितिस्मह ३० तस्मिन्हतेहतंमन्येपांडुसैन्यमशेषतः ॥ प्रतिगृह्य
चतामाज्ञांतवपुत्रस्यपार्थिवाः ३१ भीमंप्रच्छादयामासुःशरवर्षैःसमंततः ॥ गजाश्वबहुलाराजन्नराश्चजयगृद्धिनः ३२ रथेस्थिताश्चराजेंद्रपरिवव्रुर्वृकोदरम् ॥
सतैःपरिवृतःशूरैःशूरोराजन्समंततः ३३ शुशुभेभरतश्रेष्ठोनक्षत्रैरिवचंद्रमाः ॥ परिवेषीयथासोमःपरिपूर्णोविराजते ३४ सरराजतथासंख्येदर्शनीयोनरोत्तमः ॥
निर्विशेषोमहाराजयथाहिविजयस्तथा ३५ तस्यतेपार्थिवाःसर्वेशरवृष्टिंसमासृजन् ॥ क्रोधरक्तेक्षणाःशूराहंतुकामावृकोदरम् ३६ तांविदार्यमहासेनांशरैःसन्नत
पर्वभिः ॥ निश्चक्रामरणाद्भीमोमत्स्योजालादिवांभसि ३७ हत्वादशसहस्राणिगजानामनिवर्तिनाम् ॥ नृणांशतसहस्रेद्वेद्वेशतेचैवभारत ३८ पंचचाश्वसहस्राणिर
थानांशतमेवच ॥ हत्वाप्रास्यंदयद्भीमोनदींशोणितवाहिनीम् ३९ शोणितोदांरथावर्तांहस्तिग्राहसमाकुलाम् ॥ नरमीनाश्वनक्रांतांकेशशैवलशाद्वलाम् ४० संछिन्नभु
जनागेंद्रांबहुरत्नापहारिणीम् ॥ ऊरुग्राहांमज्जपंकांशीर्षोपलसमावृताम् ४१ धनुःकाशांशरावापांगदापरिघकेतनाम् ॥ हंसछत्रध्वजोपेतामुष्णीषवरफेनिलाम् ४२
हारपद्माकरांचैवभूमिरेणूर्मिमालिनीम् ॥ आर्यवृत्तवतींसंख्येसुतरांभीरुदुस्तराम् ४३ योधग्राहवतींसंख्येवहंतींपितृसादनम् ॥ क्षणेनपुरुषव्याघ्रःप्रावर्तयतनिम्न
गाम् ४४ यथावैतरणीमुग्रांदुस्तरामकृतात्मभिः ॥ तथादुस्तरणींघोरांभीरूणांभयवर्धनीम् ४५ यतोयतःपांडवेयःप्रविष्टोरथसत्तमः ॥ ततस्ततोऽघातयतयोधान्
शतसहस्रशः ४६ एवंदृष्ट्वाकृतंकर्मभीमसेनेनसंयुगे ॥ दुर्योधनोमहाराजशकुनिंवाक्यमब्रवीत् ४७ जहिमातुलसंग्रामेभीमसेनंमहाबलम् ॥ अस्मिन्जितेजितंमन्येपांड
वेयंमहाबलम् ४८ ततःप्रायान्महाराजसौबलेयःप्रतापवान् ॥ रणायमहतेयुक्तोभ्रातृभिःपरिवारितः ४९ ससमासाद्यसंग्रामेभीमंभीमपराक्रमम् ॥ वारयामासतंवीरोवे
लेवमकरालयम् ५० सन्यवर्ततभीमोवार्यमाणःशितैःशरैः ॥ शकुनिस्तस्यराजेंद्रवामपार्श्वेस्तनांतरे ५१ प्रेषयामासनाराचान्रुक्मपुंखान्शिलाशितान् ॥ वर्म
भित्वातुतेघोराःपांडवस्यमहात्मनः ५२ न्यमज्जंतमहाराजकंकबर्हिणवाससः ॥ सोऽतिविद्धोरणेभीमःशरंरुक्मविभूषितम् ५३ ॥ ॥ ॥ ७४ ॥

प्रेषयामाससरुषासौबलंप्रतिभारत ॥ तमायांतंशरंघोरंशकुनिःशत्रुतापनः ५४ चिच्छेदसप्तधाराजन्कृतहस्तोमहाबलः ॥ तस्मिन्निपतितेभूमौभीमःक्रुद्धोविशां
पते ५५ धनुश्चिच्छेदभल्लेनसौबलस्यहसन्निव ॥ तदपास्यधनुश्छिन्नंसौबलेयःप्रतापवान् ५६ अन्यदादायवेगेनधनुर्भल्लांश्चषोडश ॥ तैस्तस्यतुमहाराजभल्लैःसन्नत
पर्वभिः ५७ द्वाभ्यांससारथिंह्यार्छद्भीमंसप्तभिरेवच ॥ ध्वजमेकेनचिच्छेदद्वाभ्यांछत्रंविशांपते ५८ चतुर्भिश्चतुरोवाहान्विव्याधसुबलात्मजः ॥ ततःक्रुद्धोमहा
राजभीमसेनःप्रतापवान् ५९ शक्तिंचिक्षेपसमरेरुक्मदंडामयस्मयीम् ॥ साभीमभुजनिर्मुक्तानागजिह्वेवचंचला ६० निपपातरणेतूर्णंसौबलस्यमहात्मनः ॥
ततस्तामेवसंगृह्यशक्तिंकनकभूषणाम् ६१ भीमसेनायचिक्षेपक्रुद्धरूपोविशांपते ॥ सानिर्भिद्यभुजंसव्यंपांडवस्यमहात्मनः ६२ निपपाततदाभूमौयथाविद्युन्नभ
श्च्युता ॥ अथोत्क्रुष्टंमहाराजधार्तराष्ट्रैःसमंततः ६३ नतुतंममृषेभीमःसिंहनादंतरस्विनाम् ॥ अन्यद्गृह्यधनुःसज्यंत्वरमाणोमहाबलः ६४ मुहूर्तादिवराजेन्द्रच्छा
दयामाससायकैः ॥ सौबलस्यबलंसंख्येत्यक्त्वाऽऽत्मानंमहाबलः ६५ तस्याश्वांश्चतुरोहत्वासूतंचैवविशांपते ॥ ध्वजंचिच्छेदभल्लेनत्वरमाणःपराक्रमी ६६ हता
श्वंरथमुत्सृज्यत्वरमाणोनरोत्तमः ॥ तस्थौविस्फारयंश्चापंक्रोधरक्तेक्षणःश्वसन् ६७ शरैश्चबहुधाराजन्भीममार्छत्समंततः ॥ प्रतिहत्यतुवेगेनभीमसेनःप्रतापवान्
६८ धनुश्चिच्छेदसंक्रुद्धोविव्याधचशितैःशरैः ॥ सोऽतिविद्धोबलवताशत्रुणाशत्रुकर्शनः ६९ निपपाततदाभूमौकिंचित्प्राणोनराधिपः ॥ ततस्तंविह्वलंज्ञात्वापु
त्रस्तवविशांपते ७० अपोवाहरथेनाजौभीमसेनस्यपश्यतः ॥ रथस्थेतुनरव्याघ्रेधार्तराष्ट्राःपराङ्मुखाः ७१ प्रदुद्रुवुर्दिशोभीताभीमाज्जातेमहाभये ॥ सौबलेनि
र्जितेराजन्भीमसेनेनधन्विना ७२ भयेनमहताऽऽविष्टःपुत्रोदुर्योधनस्तव ॥ अपायाज्जवनैरश्वैःसापेक्षोमातुलंप्रति ७३ पराङ्मुखंतुराजानंदृष्ट्वासैन्यानिभारत ॥
विप्रजग्मुःसमुत्सृज्यद्वैरथानिसमंततः ७४ तान्दृष्ट्वाविद्रुतान्सर्वान्धार्तराष्ट्रान्पराङ्मुखान् ॥ जवेनाभ्यापतद्भीमःकिरन्शरशतान्बहून् ७५ तेवध्यमानाभीमेनधा
र्तराष्ट्राःपराङ्मुखाः ॥ कर्णमासाद्यसमरेस्थिताराजन्समंततः ७६ सहितेषांमहावीर्योद्वीपोऽभूत्सुमहाबलः ॥ भिन्ननौकायथाराजन्द्वीपमासाद्यनिर्वृताः ७७
भवंतिपुरुषव्याघ्रनाविकाःकालपर्यये ॥ तथाकर्णंसमासाद्यतावकाःपुरुषर्षभ ७८ समाश्वस्ताःस्थिताराजन्संप्रहृष्टाःपरस्परम् ॥ समाजग्मुश्चयुद्धायमृत्युंकृत्वा
निवर्तनम् ७९ ॥ इतिश्रीमहाभारतेकर्णपर्वणि शकुनिपराजये सप्तसप्ततितमोऽध्यायः ॥ ७७ ॥ ॥ धृतराष्ट्रउवाच ॥ ॥ ततोभग्नेषुसैन्येषुभीमसेनेनसं
युगे ॥ दुर्योधनोऽब्रवीत्किंनुसौबलोवाऽपिसंजय १ ॥ ॥ ॥ ॥

भारतभावदीपे सप्तसप्ततितमोऽध्यायः ॥ ७७ ॥ ॥ ॥ ततइति १ ॥ ॥ ॥ ॥

म०भा.टी. ॥ २ । ३ । ४ । ५ । ६ । ७ । ८ । ९ । १० । ११ । १२ । १३।१४ ।१५ । १६ । १७ । १८ । १९ । २० । २१ । २२ । २३ । २४ । २५ । २६ । २७ । २८ । २९ । ३० । ३१ । ३२ कर्ण० ८
७८

कर्णोवाजयतांश्रेष्ठोयोधावामामकायुधि ॥ कृपोवाकृतवर्मावाद्रौणिर्दुःशासनोऽपिवा २ अत्यद्भुतमहंमन्येपांडवेयस्यविक्रमम् ॥ यदेकःसमरेसर्वान्योधयामासमाम
कान् ३ यथाप्रतिज्ञंयोधानांराधेयःकृतवानपि ॥ कुरूणामथसर्वेषांकर्णःशत्रुनिषूदनः ४ शर्मवर्मप्रतिष्ठाचजीविताशाचसंजय ॥ तत्प्रभग्नंबलंदृष्ट्वाकौन्तेयेनामितौजसा
५ राधेयोवाप्याधिरथिःकर्णःकिमकरोद्युधि ॥ पुत्रावाममदुर्धर्षाराजानोवामहारथाः ॥ एतन्मेसर्वमाचक्ष्वकुशलोह्यसिसंजय ६ ॥ संजयउवाच ॥ अपराह्णेमहाराज
सूतपुत्रःप्रतापवान् ॥ जघानसोमकान्सर्वान्भीमसेनस्यपश्यतः ७ भीमोऽप्यतिबलंसैन्यंधार्तराष्ट्रंव्यपोथयत् ॥ अथकर्णोऽब्रवीच्छल्यंपंचालान्प्रापयस्वमाम् ८
द्राव्यमाणंबलंदृष्ट्वाभीमसेनेनधीमता ॥ यंतारमब्रवीत्कर्णःपंचालानेवमांवह ९ मद्रराजस्ततःशल्यःश्वेतानश्वान्महाजवान् ॥ प्राहिणोच्चेदिपंचालान्करूषांश्चमहा
बलः १० प्रविश्यचमहत्सैन्यंशल्यःपरबलार्दनः ॥ न्ययच्छत्तुरगान्हृष्टोयत्रयत्रैच्छदग्रणीः ११ तंरथंमेघसंकाशंवैयाघ्रपरिवारणम् ॥ संदृश्यपांडुपंचालास्त्रस्ताह्या
सन्विशांपते १२ ततोरथस्यनिनदःप्रादुरासीन्महारणे ॥ पर्जन्यसमनिर्घोषःपर्वतस्येवदीर्यतः १३ ततःशरशतैस्तीक्ष्णैःकर्णआकर्णनिःसृतैः ॥ जघानपांडवबलं
शतशोऽथसहस्रशः १४ तत्तथासमरेकर्मकुर्वाणमपराजितम् ॥ परिवव्रुर्महेष्वासाःपांडवानांमहारथाः १५ तंशिखंडीचभीमश्चधृष्टद्युम्नश्चपार्षतः ॥ नकुलःसह
देवश्चद्रौपदेयाश्चसात्यकिः १६ परिवव्रुर्जिघांसंतोराधेयंशरवृष्टिभिः ॥ सात्यकिस्तुतदाकर्णंविंशत्यानिशितैःशरैः १७ अताडयद्रणेशूरोजत्रुदेशेनरोत्तमः ॥ शिखं
डीपंचविंशत्याधृष्टद्युम्नश्चसप्तभिः १८ द्रौपदेयाश्चतुःषष्ट्यासहदेवश्चसप्तभिः ॥ नकुलश्चशतेनाजौकर्णंविव्याधसायकैः १९ भीमसेनस्तुराधेयंनवत्यानतपर्वणाम् ॥ विव्याध
समरेक्रुद्धोजत्रुदेशेमहाबलः २० अथप्रहस्याधिरथिर्व्याक्षिपद्धनुरुत्तमम् ॥ मुमोचनिशितान्बाणान्पीडयन्सुमहाबलः २१ तान्प्रत्यविध्यद्राधेयःपंचभिःपंचभिः
शरैः ॥ सात्यकेस्तुधनुश्छित्त्वाध्वजंचभरतर्षभ २२ तंतथानवभिर्बाणैराजघानस्तनांतरे ॥ भीमसेनंततःक्रुद्धोविव्याधत्रिंशताशरैः २३ सहदेवस्यभल्लेनध्वजंचिच्छे
दमारिष ॥ सारथिंचत्रिभिर्बाणैराजघानपरंतपः २४ विरथान्द्रौपदेयांश्चचकारभरतर्षभ ॥ अक्ष्णोर्निमेषमात्रेणतदद्भुतमिवाभवत् २५ विमुखीकृत्यतान्सर्वान्
शरैःसन्नतपर्वभिः ॥ पंचालानहनच्छूरांश्चेदीनांचमहारथान् २६ तेवध्यमानाःसमरेचेदिमत्स्याविशांपते ॥ कर्णमेकमभिद्रुत्यशरसंघैःसमार्पयन् २७ तान्
जघानशितैर्बाणैःसूतपुत्रोमहारथः ॥ तेवध्यमानाःसमरेचेदिमत्स्याविशांपते २८ प्राद्रवंतरणेभीताःसिंहत्रस्तामृगाइव ॥ एतदत्यद्भुतंकर्मदृष्टवानस्मिभारत २९
यदेकःसमरेशूरान्सूतपुत्रःप्रतापवान् ॥ यतमानान्परंशक्त्यायोधयानांश्चधन्विनः ३० पांडवेयान्महाराजशरैर्वारितवान्रणे ॥ तत्रभारतकर्णस्यलाघवेनमहात्मनः ३१
तुतुषुर्देवताःसर्वाःसिद्धाश्चसहचारणैः ॥ अपूजयन्महेष्वासाधार्तराष्ट्रानरोत्तमम् ३२ ॥ ॥

कर्णौरथवरश्रेष्ठंश्रेष्ठंसर्वधनुष्मताम् ॥ ततःकर्णोमहाराजददाहरिपुवाहिनीम् ३३ कक्षमिद्धोयथावह्निर्निदाघेज्वलितोमहान् ॥ तेवध्यमानाःकर्णेनपांडवेयास्ततस्ततः
३४ प्राद्रवंतरणेभीताःकर्णंदृष्ट्वामहारथम् ॥ तत्राक्रंदोमहानासीत्पंचालानांमहारणे ३५ वध्यतांसायकैस्तीक्ष्णैःकर्णचापवरच्युतैः ॥ तेनशब्देनवित्रस्तापांडवानांम
हाचमूः ३६ कर्णमेकंरणेयोधंमेनिरेतत्रशात्रवाः ॥ तत्राद्भुतंपुनश्चक्रेराधेयःशत्रुकर्शनः ३७ यदेनंपांडवाःसर्वेनशेकुरभिवीक्षितुम् ॥ यथौघःपर्वतश्रेष्ठमासाद्याभिप्रदी
र्यते ३८ तथातत्पांडवंसैन्यंकर्णमासाद्यदीर्यते ॥ कर्णोऽपिसमरेराजन्विधूमोऽग्निरिवज्वलन् ३९ दहंस्तस्थौमहाबाहुःपांडवानांमहाचमूम् ॥ शिरांसिचमहाराज
कर्णांश्चैवसकुंडलान् ४० बाहूंश्चवीरोवीराणांचिच्छेदलघुचेषुभिः ॥ हस्तिदंतत्सरून्खड्गान्ध्वजान्शक्तीर्हयान्गजान् ४१ रथांश्चविविधान्राजन्पताकाव्यजना
निच ॥ अक्षंचयुगयोक्त्राणिचक्राणिविविधानिच ४२ चिच्छेदबहुधाकर्णोयोधव्रतमनुष्ठितः ॥ तत्रभारतकर्णेननिहतैर्गजवाजिभिः ४३ अगम्यरूपापृथिवीमांसशोणि
तकर्दमा ॥ विषमंचसमंचैवहतैरश्वपदातिभिः ४४ रथैश्चकुंजरैश्चैवनप्राज्ञायतकिंचन ॥ नापिस्वेनपरेयोधाःप्राज्ञायंतपरस्परम् ४५ घोरेशरांधकारेतुकर्णास्त्रेच
विजृंभिते ॥ राधेयचापनिर्मुक्तैःशरैःकांचनभूषणैः ४६ संछादितामहाराजपांडवानांमहारथाः ॥ तेपांडवेयाःसमरेराधेयेनपुनःपुनः ४७ अभज्यंतमहाराजयत
मानामहारथाः ॥ मृगसंघान्यथाक्रुद्धःसिंहोद्रावयतेवने ४८ पंचालानांरथश्रेष्ठान्द्रावयन्शात्रवांस्तथा ॥ कर्णस्तुसमरेयोधांस्त्रासयन्सुमहायशाः ४९ काल
यामासतत्सैन्यंयथापशुगणान्वृकः ॥ दृष्ट्वातुपांडवींसेनांधार्तराष्ट्राःपराङ्मुखीम् ५० तत्राजग्मुर्महेष्वासारुवंतोभैरवान्रवान् ॥ दुर्योधनोहिराजेंद्रमुदापरमयायुतः
५१ वादयामाससंहृष्टोनानावाद्यानिसर्वशः ॥ पंचालाऽपिमहेष्वासाभग्नास्तत्रनरोत्तमाः ५२ न्यवर्तंतयथाशूरंमृत्युंकृत्वानिवर्तनम् ॥ तान्निवृत्तान्रणेशूरान्राधे
यःशत्रुतापनः ५३ अनेकशोमहाराजबभंजपुरुषर्षभः ॥ तत्रभारतकर्णेनपंचालाविंशतीरथाः ५४ निहताःसायकैःक्रोधाच्चेदयश्चपरंशताः ॥ कृत्वाशून्यान्रथो
पस्थान्वाजिपृष्ठांश्चभारत ५५ निर्मनुष्यान्गजस्कंधान्पादातांश्चैवविद्रुतान् ॥ आदित्यइवमध्याह्नेदुर्निरीक्ष्यःपरंतपः ५६ कालांतकवपुःशूरःसूतपुत्रोऽभ्य
राजत ॥ एवमेतन्महाराजनरवाजिरथद्विपान् ५७ हत्वातस्थौमहेष्वासःकर्णोऽरिगणसूदनः ॥ यथाभूतगणान्हत्वाकालस्तिष्ठेन्महाबलः ५८ तथाससो
मकान्हत्वातस्थावेकोमहारथः ॥ तत्राद्भुतमपश्यामपंचालानांपराक्रमम् ५९ वध्यमानाऽपियत्कर्णंनाजहूरणमूर्धनि ॥ राजादुःशासनश्चैवकृपःशारद्व
तस्तथा ६० अश्वत्थामाकृतवर्माशकुनिश्चमहाबलः ॥ न्यहनन्पांडवींसेनांशतशोऽथसहस्रशः ६१ कर्णपुत्रौतुराजेंद्रभ्रातरौसत्यविक्रमौ ॥ निजघ्ना
तेबलंक्रुद्धौपांडवानामितस्ततः ६२ ॥ ॥ ॥ ॥ ॥

६३ । ६४ ॥ इतिकर्णपर्वणि नीलकंठीये भारतभावदीपे अष्टसप्ततितमोऽध्यायः ॥ ७८ ॥ ॥ ॥ ॥ ॥ अर्जुनइति १ । २ । ३ । ४ । ५ । ६ । ७ । ८ । ९ । १० । ११ । १२

तत्रयुद्धंमहच्चासीत्क्रूरंविशसनंमहत् ॥ तथैवपांडवाःशूराधृष्टद्युम्नशिखंडिनौ ६३ द्रौपदेयाश्चसंक्रुद्धाअभ्यघ्नंस्तावकंबलम् ॥ एवमेषक्षयोवृत्तःपांडवानांतत
स्तत ॥ तावकानामपिरणेभीमंप्राप्यमहाबलम् ६४ ॥ इतिश्रीमहाभारतेकर्णपर्वणिसंकुलयुद्धे अष्टसप्ततितमोऽध्यायः ॥ ७८ ॥ ॥ संजयउवाच ॥
अर्जुनस्तुमहाराजहत्वासैन्यंचतुर्विधम् ॥ सूतपुत्रंचसंक्रुद्धंदृष्ट्वाचैवमहारणे १ शोणितोदांमहींकृत्वामांसमज्जास्थिपंकिलाम् ॥ मनुष्यशीर्षपाषाणांह
स्त्यश्वकृतरोधसम् २ शूरास्थिचयसंकीर्णांकाकगृध्रानुनादिताम् ॥ छत्रहंसप्लवोपेतांवीरवृक्षापहारिणीम् ३ हारपद्माकरवतीमुष्णीषवरफेनिलाम् ॥ धनुःशरध्व
जोपेतांनरक्षुद्रकपालिनीम् ४ चर्मवर्मभ्रमोपेतांरथोडुपसमाकुलाम् ॥ जयैषिणांचसुतरांभीरूणांचसुदुस्तराम् ५ नदींप्रावर्तयित्वाचबीभत्सुःपरवीरहा ॥ वा
सुदेवमिदंवाक्यमब्रवीत्पुरुषर्षभः ६ ॥ अर्जुनउवाच ॥ एषकेतूरणेकृष्णसूतपुत्रस्यदृश्यते ॥ भीमसेनादयश्चैतेयोधयन्तिमहारथम् ७ एतेद्रवंतिपंचालाःकर्ण
त्रस्ताजनार्दन ॥ एषदुर्योधनोराजाश्वेतच्छत्रेणधार्यता ८ कर्णेनभग्नान्पंचालान्द्रावयन्बहुशोभते ॥ कृपश्चकृतवर्माचद्रौणिश्चैवमहारथः ९ एतेरक्षंतिरा
जानंसूतपुत्रेणरक्षिताः ॥ अवध्यमानास्तेऽस्माभिर्घातयिष्यंतिसोमकान् १० एषशल्योरथोपस्थेरश्मिसंचारकोविदः ॥ सूतपुत्ररथंकृष्णवाहयन्बहुशोभते ११ तत्र
मेबुद्धिरुत्पन्नावाहयात्रमहारथम् ॥ नाहत्वासमरेकर्णंनिवर्तिष्येकथंचन १२ राधेयोह्यन्यथापार्थान्सृंजयांश्चमहारथान् ॥ निःशेषान्समरेकुर्यात्पश्यतांनोजनार्दन
१३ ततःप्रायाद्रथेनाशुकेशवस्तववाहिनीम् ॥ कर्णंप्रतिमहेष्वासंद्वैरथेसव्यसाचिना १४ प्रयातश्चमहाबाहुःपांडवानुज्ञयाहरिः ॥ आश्वासयन्रथेनैवपांडुसैन्यानि
सर्वशः १५ रथघोषःससंग्रामेपांडवेयस्यसंबभौ ॥ वासवाशनितुल्यस्यमेघौघस्येवमारिष १६ महतारथघोषेणपांडवःसत्यविक्रमः ॥ अभ्ययादप्रमेयात्मानिर्ज
यंस्तववाहिनीम् १७ तमायांतंसमीक्ष्यैवश्वेताश्वंकृष्णसारथिम् ॥ मद्रराजोऽब्रवीत्कर्णंकेतुंदृष्ट्वामहात्मनः १८ अयंसरथआयातिश्वेताश्वःकृष्णसारथिः ॥ निघ्नन्
मित्रान्समरेयंकर्णपरिपृच्छसि १९ एषतिष्ठतिकौन्तेयःसंस्पृशन्गांडिवंधनुः ॥ तंहनिष्यसिचेदद्यतन्नःश्रेयोभविष्यति २० धनुर्ज्याचंद्रतारांकापताकाकिंकिणीयुता ॥
पश्यकर्णार्जुनस्यैषासौदामन्यंबरेयथा २१ एषध्वजाग्रेपार्थस्यप्रेक्षमाणःसमंततः ॥ दृश्यतेवानरोभीमोवीराणांभयवर्धनः २२ एतच्चक्रंगदाशंखःशार्ङ्गंकृष्णस्यचप्रभो ॥
दृश्यतेपांडवरथेवाहयानस्यवाजिनः २३ एतत्कूजतिगांडीवंविसृष्टंसव्यसाचिना ॥ एतेहस्तवतामुक्ताघ्नंत्यमित्रान्शिताःशराः २४ विशालायतताम्राक्षैःपूर्णचंद्र
निभाननैः ॥ एषाभूःकीर्यतेराज्ञांशिरोभिरपलायिनाम् २५ एतेपरिघसंकाशाःपुण्यगंधानुलेपनाः ॥ उद्यतारणशूराणांपात्यंतेसायुधाभुजाः २६ ॥

१३ । १४ । १५ । १६ । १७ । १८ । १९ । २० । २१ । २२ । २३ । २४ । २५ । २६ ॥ ॥ ॥

२७ । २८ । २९ । ३० । ३१ । ३२ । ३३ । ३४ । ३५ । ३६ । ३७ । ३८ । ३९ । ४० । ४१ । ४२ । ४३ । ४४ । ४५ । ४६ । ४७ । ४८ । ४९ । ५० । ५१ । ५२ । ५३ । ५४

निरस्तजिह्वानेत्रांतावाजिनःसहसादिभिः ॥ पतिताःपात्यमानाश्वक्षितौक्षीणाविशेरते २७ एतेपर्वतशृङ्गाणांतुल्याहैमवतागजाः ॥ संछिन्नकुंभाःपार्थेनप्रपतंत्यद्र
योयथा २८ गंधर्वनगराकारायथावातेनरेश्वराः ॥ विमानादिवपुण्यान्तेस्वर्गिणोनिपतंत्यमी २९ व्याकुलीकृतमत्यर्थंपरसैन्यंकिरीटिना ॥ नानामृगसहस्राणांयूथं
केसरिणायथा ३० त्वामभिप्रेप्सुरायातिकर्णनिघ्नन्वरान्रथान् ॥ असह्यमानोराधेयतंयाहिप्रतिभारत ३१ एषाविदीर्यतेसेनाधार्तराष्ट्रीसमंततः ॥ अर्जुनस्यभ
यात्तूर्णंनिघ्नतःशात्रवान्बहून् ३२ वर्जयन्सर्वसैन्यानित्वरतेहिधनंजयः ॥ त्वदर्थमितिमन्येऽहंयथास्योदीर्यतेवपुः ३३ नह्यवस्थास्यतेपार्थोयुयुत्सुःकेनचित्सह ॥
त्वामृतेक्रोधदीप्तोहिपीड्यमानेवृकोदरे ३४ विरथंधर्मराजंतुदृष्ट्वासुदृढविक्षतम् ॥ शिखंडिनंसात्यकिंचधृष्टद्युम्नंचपार्षतम् ३५ द्रौपदेयान्युधामन्युमुत्तमौजसमे
वच ॥ नकुलंसहदेवंचभ्रातरौद्वौसमीक्ष्यच ३६ सहसैकरथःपार्थस्त्वामभ्येतिपरंतपः ॥ क्रोधरक्तेक्षणःक्रुद्धोजिघांसुःसर्वपार्थिवान् ३७ त्वरितोऽभिपतत्य
स्मांस्त्यक्त्वासैन्यान्यसंशयम् ॥ त्वंकर्णप्रतियाह्येनंनास्त्यन्योहिधनुर्धरः ३८ नतंपश्यामिलोकेऽस्मिंस्त्वत्तोह्यन्यंधनुर्धरम् ॥ अर्जुनंसमरेक्रुद्धंयोवेलामिवधार
येत् ३९ नचास्यरक्षांपश्यामिपार्श्वतोनचपृष्ठतः ॥ एकएवाभियातित्वांपश्यसाफल्यमात्मनः ४० त्वंहिकृष्णौरणेशक्तःसंसाधयितुमाहवे ॥ तवैवभारोराधे
यप्रत्युद्याहिधनंजयम् ४१ समानोह्यसिभीष्मेणद्रोणद्रौणिकृपेणच ॥ सव्यसाचिनमायांतंनिवारयमहारणे ४२ लेलिहानंयथासर्पंगर्जंतमृषभंयथा ॥ वन
स्थितंयथाव्याघ्रंजहिकर्णधनंजयम् ४३ एतेद्रवंतिसमरेधार्तराष्ट्रामहारथाः ॥ अर्जुनस्यभयात्तूर्णंनिरपेक्षाजनाधिपाः ४४ द्रवतामथतेषांतुनान्योऽस्तियुधिमा
नवः ॥ भयहायोभवेद्वीरस्त्वामृतेसूतनंदन ॥ एतेत्वांकुरवःसर्वेद्वीपमासाद्यसंयुगे ४५ धिष्ठिताःपुरुषव्याघ्रत्वत्तःशरणकांक्षिणः ॥ वैदेहांबष्ठकांबोजास्तथान
ग्नजितस्त्वया ४६ गांधाराश्वययाधृत्याजिताःसंख्येसुदुर्जयाः ॥ तांधृतिंकुरुराधेयततःप्रत्येहिपांडवम् ३७ वासुदेवंचवार्ष्णेयंप्रीयमाणंकिरीटिना ॥ प्रत्युद्या
हिमहाबाहोपौरुषेमहतिस्थितः ४८ ॥ कर्णउवाच ॥ प्रकृतिस्थोऽसिमेशल्यइदानींसंमतस्तथा ॥ प्रतिभासिमहाबाहोमाभैषीस्त्वंधनंजयात् ४९ पश्यबाह्वो
र्बलंमेऽद्यशिक्षितस्यचपश्यमे ॥ एकोऽद्यनिहनिष्यामिपांडवानांमहाचमूम् ५० कृष्णौचपुरुषव्याघ्रततःसत्यंब्रवीमिते ॥ नाहत्वायुधितौवीरौव्यपयास्येकथं
चन ५१ शिश्येवानिहतस्ताभ्यामनित्योहिरणेजयः ॥ कृतार्थोऽद्यभविष्यामिहत्वावाऽप्यथवाहतः ५२ ॥ शल्यउवाच ॥ अजय्यमेनंप्रवदंतियुद्धेमहा
रथाःकर्णरथप्रवीरम् ॥ एकाकिनंकिमुकृष्णाभिगुप्तंविजेतुमेनंकइहोत्सहेत ५३ ॥ कर्णउवाच ॥ नैतादृशोजातुबभूवलोकेरथोत्तमोयावदुपश्रुतंनः ॥ तमी
दृशंप्रतियोत्स्यामिपार्थंमहाहवेपश्यचपौरुषंमे. ५४ ॥ ॥ ॥ ॥ ॥

रणेचरत्येषरथप्रवीरःसितैर्हयैःकौरवराजपुत्रः ॥ सवाऽद्यमांनेष्यतिकृच्छ्रमेतत्कर्णस्यांतादेतदंतास्तुसर्वे ५५ अस्वेदिनौराजपुत्रस्यहस्ताववेपमानौजातकिणौबृहंतौ ॥ दृढायुधःकृतिमान्क्षिप्रहस्तोनपांडवेयेनसमोऽस्तियोधः ५६ गृह्णात्यनेकानपिकंकपत्रानेकंयथातान्प्रतियोज्यचाशु ॥ तेक्रोशमात्रेनिपतंत्यमोघाःकस्तेनयोधोऽस्ति समःपृथिव्याम् ५७ अतोषयत्खांडवेयोहुताशंकृष्णद्वितीयोऽतिरथस्तरस्वी ॥ लेभेचक्रंयत्रकृष्णोमहात्माधनुर्गांडीवंपांडवःसव्यसाची ५८ श्वेताश्वयुक्तंचसु घोषमुग्रंरथंमहाबाहुरदीनसत्त्वः ॥ महेषुधीचाक्षयेदिव्यरूपेशस्त्राणिदिव्यानिचहव्यवाहात् ५९ तथेन्द्रलोकेनिजघानदैत्यानसंख्येयान्कालकेयांश्चसर्वान् ॥ लेभे शंखंदेवदत्तंस्मतत्रकोनामतेनाभ्यधिकःपृथिव्याम् ६० महादेवंतोषयामासयोऽस्त्रैःसाक्षात्सुयुद्धेनमहानुभावः ॥ लेभेततःपाशुपतंसुघोरंत्रैलोक्यसंहारकरंमहा स्त्रम् ६१ पृथक्पृथग्लोकपालाःसमेतादर्दुर्महास्त्राण्यप्रमेयाणिसंख्ये ॥ यैस्तान्जघानाशुरणेनृसिंहःसकालकेयानसुरान्समेतान् ६२ तथाविराटस्यपुरेसमेता न्सर्वानस्मानेकरथेनजित्वा ॥ जहारतद्गोधनमाजिमध्येवस्त्राणिचादत्तमहारथेभ्यः ६३ तमीदृशंवीर्यगुणोपपन्नंकृष्णद्वितीयंपरमंनृपाणाम् ॥ तमाह्वयन्साहस मुत्तमंवैजानेस्वयंसर्वलोकस्यशल्य ६४ अनंतवीर्येणचकेशवेननारायणेनाप्रतिमेनगुप्तः ॥ वर्षायुतैर्यस्यगुणानशक्यावक्तुंसमेतैरपिसर्वलोकैः ६५ महात्मनःशं खचक्रासिपाणेर्विष्णोर्जिष्णोर्वसुदेवात्मजस्य ॥ भयंनमेजायतेसाध्वसंचदृष्ट्वाकृष्णावेकरथेसमेतौ ६६ अतीवपार्थोयुधिकार्मुकिभ्योनारायणश्चाप्रतिचक्रयुद्धे ॥ एवंवि धौपांडववासुदेवौचलेत्स्वदेशाद्धिमवान्नकृष्णौ ६७ उभौहिशूरौबलिनौदृढायुधौमहारथौसंहननोपपन्नौ ॥ एतादृशौफाल्गुनवासुदेवौकोऽन्यःप्रतीयान्मदृतेतौतुश ल्य ६८ मनोरथोयस्तुममाद्यतस्यमद्रेशयुद्धंप्रतिपांडवस्य ॥ नैतच्चिरादाशुभविष्यतीदमत्यद्भुतंचित्रमतुल्यरूपम् ६९ एतौचहत्वायुधिपातयिष्येमांवाऽपि कृष्णौनिहनिष्यतोऽद्य ॥ इतिब्रुवन्शल्यममित्रहंताकर्णोरणेमेघइवोन्ननाद ७० अभ्येत्यपुत्रेणतवाभिनंदितःसमेत्यचोवाचकुरुप्रवीरम् ॥ कृपंचभोजंचमहा भुजावुभौतथैवगांधारपतिंसहानुजम् ७१ गुरोःसुतंचावरजंतथात्मनःपदातिनोऽथद्विपसादिनश्चतान् ॥ निरुध्यताभिद्रवताच्युतार्जुनौश्रमेणसंयोजयताशुस र्वशः ७२ यथाभवद्भिर्भृशविक्षतावुभौसुखेनहन्यामहमद्यभूमिपाः ॥ तथेतिचोक्त्वात्वरिताःस्मतेऽर्जुनंजिघांसवोवीरतराःसमाययुः ७३ शरैश्चजघ्नुर्युधितंमहार थाधनंजयंकर्णनिदेशकारिणः ॥ नदीनदंभूरिजलोमहार्णवोयथातथातान्समरेऽर्जुनोऽग्रसत् ७४ नसंदधानोनतथाशरोत्तमान्प्रमुंचमानोरिपुभिःप्रदृश्यते ॥ धनंजयास्त्रैस्तुशरैर्विदारिताहतानिपेतुर्नरवाजिकुंजराः ७५ शरार्चिषंगांडिवचारुमंडलंयुगांतसूर्यप्रतिमानतेजसम् ॥ नकौरवाःशेकुरुदीक्षितुंजयंयथारविं व्याधितचक्षुषोजनाः ७६ ॥ ॥ ॥ ॥ ॥ ॥

७७ शुचिशुक्रयोःआषाढज्येष्ठयोर्मध्येगतः ७८ । ७९ । ८० । ८१ । ८२ । ८३ । ८४ आयुधंआयुधजातं उपनिकीर्यनिषंगकोशादिभ्योनिष्कास्य भूतलेभूतलतुल्ये हताश्वसारथिध्वजस्यरथस्योपस्थे

शरोत्तमान्संप्रहितान्महारथैश्चिच्छेदपार्थःप्रहसञ्छरौघैः ॥ भूयश्चबाणानहनद्द्रोणसंधान्गांडीवधन्वाऽऽयतपूर्णमंडलम् ७७ यथोग्ररश्मिःशुचिशुक्रमध्यगःसुखं
विवस्वान्हरतेजलौघान् ॥ तथाऽर्जुनोबाणगणान्निरस्यददाहसेनांतवपार्थिवेंद्र ७८ तमभ्यधावद्विसृजन्कृपःशरांस्तथैवभोजस्तवचात्मजःस्वयम् ॥ महारथो
द्रोणसुतश्चसायकैरवाकिरंस्तोयधरायथाऽचलम् ७९ जिघांसुभिस्तान्कुशलःशरोत्तमान्महाहवेसंप्रहितान्प्रयत्नतः ॥ शरैःप्रचिच्छेदसपांडवस्त्वरन्पराभि
नद्वक्षसिचेषुभिस्त्रिभिः ८० सगांडिवव्यायतपूर्णमंडलस्तपन्रिपूनर्जुनभास्करोबभौ ॥ शरोग्ररश्मिःशुचिशुक्रमध्यगोयथैवसूर्यःपरिवेषवांस्तथा ८१ अथा
ग्र्यबाणैर्दशभिर्धनंजयंपराभिनद्द्रोणसुतोऽच्युतंत्रिभिः ॥ चतुर्भिरश्वांश्चतुरःकपिंततःशरैश्चनाराचवरैरवाकिरत् ८२ तथाऽपितंप्रस्फुरदात्तकार्मुकंत्रिभिःशरैर्यन्तुः
शिरःक्षुरेण ॥ हयांश्चतुर्भिश्चपुनस्त्रिभिर्ध्वजंधनंजयोद्रौणिरथादपातयत् ८३ सरोषपूर्णोमणिवज्रहाटकैरलंकृतंतक्षकभोगवर्चसम् ॥ महाधनंकार्मुकमन्यदाददे
यथामहाहिप्रवरंगिरेस्तटात् ८४ स्वमायुधंचोपनिकीर्यभूतलेधनुश्चकृत्वासगुणंगुणाधिकः ॥ समार्दयत्तावजितौनरोत्तमौशरोत्तमैर्द्रौणिरविध्यदंतिकात् ८५ कृप
श्चभोजश्चतवात्मजश्चतेशरैरनेकैर्युधिपांडवर्षभम् ॥ महारथाःसंयुगमूर्धनिस्थितास्तमोनुदंवारिधराइवापतन् ८६ कृपस्यपार्थःसशरंशरासनंहयान्ध्वजान्सारथि
मेवपत्रिभिः ॥ समार्पयद्बाहुसहस्रविक्रमस्तथायथावज्रधरःपुराबलेः ८७ सपार्थबाणैर्विनिपातितायुधोध्वजावमर्देचकृतेमहाहवे ॥ कृतःकृपोबाणसहस्रयंत्रितो
यथाऽऽपगेयःप्रथमंकिरीटिना ८८ शरैःप्रचिच्छेदतवात्मजस्यध्वजंधनुश्चप्रचकर्तनर्दतः ॥ जघानचाश्वान्कृतवर्मणःशुभान्ध्वजंचचिच्छेदततःप्रतापवान्
८९ सवाजिसूतेष्वसनान्सकेतनान्जघाननागाश्वरथांस्त्वरंश्चसः ॥ ततःप्रकीर्णंसुमहद्बलंतवप्रदारितंसेतुरिवांभसायथा ९० ततोऽर्जुनस्याशुरथेनकेशव
श्चकारशत्रूनपसव्यमातुरान् ॥ ततःप्रयातंत्वरितंधनंजयंशतक्रतुंवृत्रनिजघ्नुषंयथा ९१ समन्वधावन्पुनरुत्थितैर्ध्वजैरथैःसुयुक्तैरपरेयुयुत्सवः ॥ अथा
भिसृत्यप्रतिवार्यतानरीन्धनंजयस्याभिमुखंमहारथाः ९२ शिखंडिशैनेययमाःशितैःशरैर्विदारयंतोव्यनदन्सुभैरवम् ॥ ततोऽभिजघ्नुःकुपिताःपरस्परंशरै
स्तदांजोगतिभिःसुतेजनैः ९३ कुरुप्रवीराःसहसृंजयैर्यथाऽसुराःपुरादेवगणैस्तथाऽऽहवे ॥ जयेप्सवःस्वर्गमनायचोत्सुकाःपतंतिनागाश्वरथाःपरंतप ९४
जगर्जुरुच्चैर्बलवच्चविव्यधुःशरैःसुमुक्तैरितरेतरंपृथक् ॥ शरांधकारेतुमहात्मभिःकृतेमहामृधेयोधवरैःपरस्परम् ॥ चतुर्दिशोवैविदिशश्चपार्थिवप्रभाचसूर्यस्य
तमोवृताऽभवत् ९५ ॥ इतिश्रीमहाभारते कर्णपर्वणिसंकुलयुद्धे ऊनाशीतितमोऽध्यायः ॥ ७९ ॥ ॥ ॥ ॥

८५ । ८६ । ८७ । ८८ । ८९ । ९० । ९१ । ९२ । ९३ । ९४ । ९५ ॥ इतिकर्णपर्वणि नीलकंठीये भारतभावदीपे ऊनाशीतितमोऽध्यायः ॥ ७९ ॥ ॥ ॥

म०भा.टी. राजन्निति १।२। ३। ४।५।६।७।८।९।१०।११।१२।१३।१४ १५।१६।१७विनिर्दहन्नित्यत्राडभावआर्षः।१८।१९।२०।२१।२२।२३।२४।२५।२६।२७।२८।२९।३०।३१ कर्ण० ८

॥ संजयउवाच ॥ राजन्कुरूणांप्रवरैर्बलैर्भीममभिद्रुतम् ॥ मज्जंतमिवकौन्तेयमुज्जिहीर्षुर्धनंजयः १ विमृद्यसूतपुत्रस्यसेनांभारतसायकैः ॥ प्राहिणोन्मृत्युलोकाय
परवीरान्धनंजयः २ ततोऽस्यांबरमाश्रित्यशरजालानिभागशः ॥ अदृश्यंततथाऽन्येचनिजघ्नुस्तववाहिनीम् ३ सपक्षिसंघाचरितमाकाशंपूरयन्शरैः ॥ धनंजयो
महाबाहुःकुरूणामंतकोऽभवत् ४ ततोभल्लैःक्षुरप्रैश्चनाराचैर्विमलैरपि ॥ गात्राणिप्राच्छिनत्पार्थःशिरांसिचचकर्तह ५ छिन्नगात्रैर्विकवचैर्विशिरस्कैःसमंततः ॥ पाति
तैश्चपतद्भिश्चयोधैरासीत्समावृता ६ धनंजयशराभ्यस्तैःस्यंदनाश्वरथद्विपैः ॥ संछिन्नभिन्नविध्वस्तैर्व्यंगांगावयवैःस्तृता ७ सुदुर्गमासुविषमाघोराऽत्यर्थंसुदुर्दृशा ॥
रणभूमिरभूद्राजन्महावैतरणीयथा ८ ईषाचक्राक्षभग्नैश्चव्यश्वैःसाश्वैश्चयुध्यताम् ॥ ससूतैर्हतसूतैश्चरथैःस्तीर्णाऽभवन्मही ९ सुवर्णवर्णसन्नाहैर्योधैःकनकभूषणैः ॥
आस्थिताःकृतवर्माणोभद्रानित्यमदाद्विपाः १० क्रुद्धाःक्रूरैर्महामात्रैःपार्ष्ण्यंगुष्ठप्रचोदिताः ॥ चतुःशताःशरवरैर्हताःपेतुःकिरीटिना ११ पर्यस्तानीवशृंगाणिसमृ
द्धानिमहागिरेः ॥ धनंजयशराभ्यस्तैःस्तीर्णाभूर्वरवारणैः १२ समंताज्जलदप्रख्यान्वारणान्मदवर्षिणः ॥ अभिपेदेऽर्जुनरथोघनान्भिंदन्निवांशुमान् १३ हतैर्ग
जमनुष्याश्वैर्भिन्नैश्चबहुधारथैः ॥ विशस्त्रयंत्रकवचैर्युद्धशौण्डैर्गतासुभिः १४ अपविद्धायुधैर्मार्गस्तीर्णोऽभूत्फाल्गुनेनवै ॥ व्यस्फारयच्चगांडीवंसुमहद्भैरवा
रवम् १५ घोरवज्रविनिष्पेषंस्तनयित्नुरिवांबरे ॥ ततःप्रादीर्यतचमूर्धनंजयशराहता १६ महावातसमाविद्धामहानौरिवसागरे ॥ नानारूपाःप्राणहराःश
रागांडीवचोदिताः १७ अलातोल्काशनिप्रख्यास्तवसैन्यंविनिर्दहन् ॥ महागिरौवेणुवनंनिशिप्रज्वलितंयथा १८ तथातवमहासैन्यंप्रास्फुरच्छरपीडितम् ॥
संपिष्टदग्धविध्वस्तंतवसैन्यंकिरीटिना १९ कृतंप्रविहतंबाणैःसर्वतःप्रद्रुतंदिशः ॥ महाहवेमृगगणादावाग्नित्रासितायथा २० कुरवःपर्यवर्तंतनिर्दग्धाःसव्यसा
चिना ॥ उत्सृज्यचमहाबाहुंभीमसेनंतथारणे २१ बलंकुरूणामुद्विग्नंसर्वमासीत्पराङ्मुखम् ॥ ततःकुरुषुभग्नेषुबीभत्सुरपराजितः २२ भीमसेनंसमासाद्यमुहूर्तं
सोऽभ्यवर्तत ॥ समागम्यचभीमेनमंत्रयित्वाचफाल्गुनः २३ विशल्यमरुजंचास्मैकथयित्वायुधिष्ठिरम् ॥ भीमसेनाभ्यनुज्ञातस्ततःप्रायाद्धनंजयः २४ नाद
यन्रथघोषेणपृथिवींद्यांचभारत ॥ ततःपरिवृतोवीरैर्दशभिर्योधपुंगवैः २५ दुःशासनादवरजैस्तवपुत्रैर्धनंजयः ॥ तेतमभ्यर्दयन्बाणैरुल्काभिरिवकुंजरम् २६
आततेष्वसनाःशूरानृत्यंतइवभारत ॥ अपसव्यांस्तुतांश्चक्रेरथेनमधुसूदनः २७ नियुक्तान्हिसतान्मेनेयमायाशुकिरीटिना ॥ ततस्तेप्राद्रवन्शूराःपराङ्मुखर
थेऽर्जुने २८ तेषामापततांकेतूनश्वांश्चापानिसायकान् ॥ नाराचैरर्धचंद्रैश्चक्षिप्रंपार्थोन्यपातयत् २९ अथान्यैर्दशभिर्भल्लैःशिरांस्येषामपातयत् ॥ रोषसंर
क्तनेत्राणिसंदष्टौष्ठानिभूतले ३० तानिवक्त्राणिविबभुःकमलानीवभूरिशः ॥ तांस्तुभल्लैर्महावेगैर्दशभिर्दशकौरवान् ३१ ॥

॥ ७८॥

३२ ॥ इतिकर्णपर्वणि नीलकंठीये भारतभावदीपे अशीतितमोऽध्यायः ॥ ८० ॥ ॥ ॥ समिति ।१।२।३।४।५।६।७।८।९।१०।११।१२। १३।१४।१५।१६

रुक्माङ्गदाच्चुक्मपुंखैर्हत्वाप्रायादमित्रहा ३२ ॥ इतिश्रीमहाभारतेकर्णपर्वणि संकुलयुद्धेअशीतितमोध्यायः ॥ ८० ॥ ॥ ॥ ॥ संजयउवाच ॥
तंप्रयांतंमहावेगैरश्वैःकपिवरध्वजम् ॥ युद्धायाभ्यद्रवन्वीराःकुरूणांनवतीरथाः १ कृत्वासंशप्तकाघोरंशपथंपारलौकिकम् ॥ परिवव्रुर्नरव्याघ्रानरव्याघ्रंरणेऽर्जुनम्
२ कृष्णःश्वेतान्महावेगानश्वान्कांचनभूषणान् ॥ मुक्ताजालप्रतिच्छन्नान्प्रैषीत्कर्णरथंप्रति ३ ततःकर्णरथंयांतमरिघ्नंतंधनंजयम् ॥ बाणवर्षैरभिघ्नंतःसंशप्तकरथा
ययुः ४ त्वरमाणांस्तुतान्सर्वान्ससूतेष्वसनध्वजान् ॥ जघाननवतिंवीरानर्जुनोनिशितैःशरैः ५ तेऽपतंतहताबाणैर्नानारूपैःकिरीटिना ॥ सविमानायथासिद्धाः
स्वर्गात्पुण्यक्षयेतथा ६ ततःसरथनागाश्वाःकुरवःकुरुसत्तमम् ॥ निर्भयाभारतश्रेष्ठमभ्यवर्तंतफाल्गुनम् ७ तदायस्तमनुष्याश्वमुदीर्णवरवारणम् ॥ पुत्राणांतेमहा
सैन्यंसमरौत्सीद्धनंजयम् ८ शक्त्यृष्टितोमरप्रासैर्गदानिर्स्त्रिंशसायकैः ॥ प्राच्छादयन्महेष्वासाःकुरवःकुरुनंदनम् ९ तामंतरिक्षेविततांशस्त्रवृष्टिंसमंततः ॥ व्यधमत्पां
डवोबाणैस्तमःसूर्यइवांशुभिः १० ततोम्लेच्छाःस्थितामत्तैस्त्रयोदशशतैर्गजैः ॥ पार्श्वतोऽभ्यहनन्पार्थंतवपुत्रस्यशासनात् ११ कर्णिनालीकनाराचैस्तोमरप्रासश
क्तिभिः ॥ मुसलैर्भिन्दिपालैश्वरथस्थंपार्थमार्दयन् १२ तांशस्त्रवृष्टिमतुलांद्विपहस्तैःप्रवेरिताम् ॥ चिच्छेदनिशितैर्भल्लैरर्धचन्द्रैश्वफाल्गुनः १३ अथतान्द्विरदान्स
र्वान्नानालिंगैःशरोत्तमैः ॥ सपताकध्वजारोहान्गिरीन्वज्रैरिवाहनत् १४ तेहेमपुंखैरिषुभिरर्दिताहेममालिनः ॥ हताःपेतुर्महानागाःसाग्निज्वालाइवाद्रयः १५
ततोगांडीवनिर्घोषोमहानासीद्विशांपते ॥ स्तनतांकूजतांचैवमनुष्यगजवाजिनाम् १६ कुंजराश्वहताराजन्दुद्रुवुस्तेसमंततः ॥ अश्वाश्वपर्यधावंतहतारोहादिशो
दश १७ रथाहीनामहाराजरथिभिर्वाजिभिस्तथा ॥ गंधर्वनगराकारादृश्यन्तेस्मसहस्रशः १८ अश्वारोहामहाराजधावमानाइतस्ततः ॥ तत्रतत्रैवदृश्यंतेनिहताःपार्थ
सायकैः १९ तस्मिन्क्षणेपांडवस्यबाह्वोर्बलमदृश्यत ॥ यत्सादिनोवारणांश्वरथांश्वैकोऽजयद्युधि २० ततस्त्र्यंगेणमहताबलेनभरतर्षभ ॥ दृष्ट्वापरिवृतंराजन्भीमसे
नःकिरीटिनम् २१ हतावशेषानुत्सृज्यत्वदीयान्कतिचिद्रथान् ॥ जवेनाभ्यद्रवद्राजन्धनंजयरथंप्रति २२ ततस्तत्प्राद्रवत्सैन्यंहतभूयिष्ठमातुरम् ॥ दृष्ट्वाऽर्जुनंतदाभी
मोजगामभ्रातरंप्रति २३ हतावशिष्टांस्तुरगानर्जुनेनमहाबलान् ॥ भीमोव्यधमदभ्रांतोगदापाणिर्महाहवे २४ कालरात्रिमिवात्युग्रांनरनागाश्वभोजनाम् ॥ प्राकारा
ट्टपुरद्वारदारणीमतिदारुणाम् २५ ततोगदांनृनागाश्वेष्वाशुभीमोव्यवासृजत् ॥ साजघानबहूनश्वानश्वारोहांश्वमारिष २६ कार्ष्णायसतनुत्राणान्नरानश्वांश्वपांडवः ॥
पोथयामासगदयासशब्दंतेऽपतन्हताः २७ दन्तैर्दशंतोवसुधांशेरतेक्षतजोक्षिताः ॥ भग्नमूर्धास्थिचरणाःक्रव्यादगणभोजनाः २८

१७ । १८ । १९ । २० । २१ । २२ । २३ । २४ । २५ । २६ । २७ । २८ ॥ ॥

म. भा.टी. ॥ ७९ ॥

२९। ३०।३१।३२।३३।३४।३५।३६।३७।३८।३९।४०। ४१।४२। ४३।४४।४५।४६।४७।४८।४९।५०।५१।५२।५३। ५४।५५।५६।५७

असृङ्मांसवसाभिश्चतृप्तिमभ्यागतागदा ॥ अस्थीन्यप्यश्नतीतस्थौकालरात्रीवदुर्दृशा २९ सहस्राणिदशाश्वानांहत्वापत्तींश्चभूयसः ॥ भीमोऽभ्यधावत्संक्रुद्धोगदा
पाणिरितस्ततः ३० गदापाणिंततोभीमंदृष्ट्वाभारततावकाः ॥ मेनिरेसमनुप्राप्तंकालदंडोद्यतंयमम् ३१ समत्तइवमातंगःसंक्रुद्धःपांडुनन्दनः ॥ प्रविवेशगजा
नीकंमकरःसागरंयथा ३२ विगाह्यचगजानीकंप्रगृह्यमहतींगदाम् ॥ क्षणेनभीमःसंक्रुद्धस्तन्निन्येयमसादनम् ३३ गजान्सकंकटान्मत्तान्सारोहान्सपताकिनः ॥
पततःसमपश्यामसपक्षान्पर्वतानिव ३४ हत्वातुतद्गजानीकंभीमसेनोमहाबलः ॥ पुनःस्वरथमास्थायपृष्ठतोऽर्जुनमभ्ययात् ३५ हतंपराङ्मुखप्रायंनिरुत्साहंपरं
बलम् ॥ व्यालंबतमहाराजप्रायशःशस्त्रवेष्ठितम् ३६ विलंबमानंतत्सैन्यमप्रगल्भमवस्थितम् ॥ दृष्ट्वाप्राच्छादयद्बाणैरर्जुनःप्राणतापनैः ३७ नराश्वरथमातंगायुधिगां
डीवधन्वना ॥ शरव्रातैश्चितारेजुःकदंबाइवकेसरैः ३८ ततःकुरूणामभवदार्तनादोमहान्नृप ॥ नराश्वनागासुहरैर्वध्यतामर्जुनेषुभिः ३९ हाहाकृतंभृशंत्रस्तंलीयमा
नंपरस्परम् ॥ अलातचक्रवत्सैन्यंतदाऽभ्रमततावकम् ४० ततस्तद्युद्धमभवत्कुरूणांसुमहद्बलैः ॥ नह्यत्रासीदनिर्भिन्नोरथःसादीहयोगजः ४१ आदीप्तमिवतत्सैन्यं
शरैश्छिन्नतनुच्छदम् ॥ आसीत्स्वशोणितक्लिन्नंफुल्लाशोकवनंयथा ४२ तंदृष्ट्वाकुरवस्तत्रविक्रांतंसव्यसाचिनम् ॥ निराशाःसमपद्यंतसर्वेकर्णस्यजीविते ४३ अविषह्यंतुपार्थ
स्यशरसंपातमाहवे ॥ मत्वान्यवर्तन्कुरवोजितागांडीवधन्वना ४४ तेहित्वासमरेकर्णंवध्यमानाश्चसायकैः ॥ प्रदुद्रुवुर्दिशोभिताश्चुक्रुशुश्चापिसूतजम् ४५ अभ्यद्रव
ततान्पार्थःकिरन्शरशतान्बहून् ॥ हर्षयन्पांडवान्योधान्भीमसेनपुरोगमान् ४६ पुत्रास्तुतेमहाराजजग्मुःकर्णरथंप्रति ॥ अगाधेमज्जतांतेषांद्वीपःकर्णोऽभवत्तदा
४७ कुरवोहिमहाराजनिर्विषाःपन्नगाइव ॥ कर्णमेवोपलीयंतभयाद्गांडीवधन्वनः ४८ यथासर्वाणिभूतानिमृत्योर्भीतानिमारिष ॥ धर्ममेवोपलीयन्तेकर्मवंतिहिया
निच ४९ तथाकर्णंमहेष्वासंपुत्रास्तवनराधिप ॥ उपालीयंतसंत्रासात्पांडवस्यमहात्मनः ५० तान्शोणितपरिक्लिन्नान्विषमस्थान्शरातुरान् ॥ माभैष्टेत्यब्रवी
त्कर्णोह्यभीतोमामितेतिच ५१ संभग्नंहिबलंदृष्ट्वाबलात्पार्थेनतावकम् ॥ धनुर्विस्फारयन्कर्णस्तस्थौशत्रुजिघांसया ५२ तान्प्रद्रुतान्कुरून्दृष्ट्वाकर्णःशस्त्रभृतांवरः ॥
संचिंतयित्वापार्थस्यवधेदध्रेमनःश्वसन् ५३ विस्फार्यसुमहच्चापंततश्चाधिरथिर्वृषः ॥ पंचालान्पुनराधावत्पश्यतःसव्यसाचिनः ५४ ततःक्षणेनक्षितिपाःक्षतजप्र
तिमेक्षणाः ॥ कर्णंववर्षुर्बाणौघैर्यथामेघामहीधरम् ५५ ततःशरसहस्राणिकर्णमुक्तानिमारिष ॥ व्ययोजयंतपंचालान्प्राणैःप्राणभृतांवर ५६ तत्रशब्दोमहाना
सीत्पंचालानांमहामते ॥ वध्यतांसूतपुत्रेणमित्रार्थेमित्रगृद्धिना ५७ ॥ इतिश्रीमहाभारतेकर्णपर्वणिसंकुलयुद्धेएकाशीतितमोऽध्यायः ॥ ८१ ॥ ॥

॥ इतिकर्णपर्वणि नीलकंठीये भारतभावदीपे एकाशीतितमोऽध्यायः ॥ ८१ ॥

॥ ७९ ॥

ततइति १ । २ । ३ । ४ । ५ अंजोगतिभिःपूर्णायतोत्सृष्टैः ६ । ७ । ८ । ९ । १० । ११ । १२ प्रतिश्रुतःप्रतिस्वनः १३ । १४ । १५ । १६ । १७ । १८ । १९ । २० । २१ । २२ । २३

॥ संजयउवाच ॥ ततःकर्णःकुरुषुप्रद्रुतेषुवरूथिनाश्वेतहयेनराजन् ॥ पांचालपुत्रान्व्यधमत्सूतपुत्रोमहेषुभिर्वातइवाभ्रसंघान् १ सूतंरथादंजलिकैर्निपात्यजघान
चाश्वान्जनमेजयस्य ॥ शतानीकंसुतसोमंचभल्लैरवाकिरद्धनुषीचाप्यकृंतत् २ धृष्टद्युम्नंनिर्बिभेदाथषड्भिर्जघानाश्वांस्तरसातस्यसंख्ये ॥ हत्वाचाश्वान्सात्यकेः
सूतपुत्रःकैकेयपुत्रंन्यवधीद्विशोकम् ३ तमभ्यधावन्निहतेकुमारेकैकेयसेनापतिरुग्रकर्मा ॥ शरैर्विधुन्वन्भृशमुग्रवेगैःकर्णात्मजंचाप्यहनत्प्रसेनम् ४ तस्यार्धचंद्रै
स्त्रिभिरुच्चकर्तप्रहस्यबाहूचशिरश्चकर्णः ॥ सस्यंदनाद्गामगमद्गतासुःपरश्वधैःशालइवावरुग्णः ५ हताश्वमंजोगतिभिःप्रसेनःशिनिप्रवीरंनिशितैःपृषत्कैः ॥ प्रच्छा
द्यनृत्यन्निवकर्णपुत्रःशैनेयबाणाभिहतःपपात ६ पुत्रेहतेक्रोधपरीतचेताःकर्णःशिनीनामृषभंजिघांसुः ॥ हतोऽसिशैनेयइतिब्रुवन्सव्यवासृजद्बाणममित्रसाहम् ७
तमस्यचिच्छेदशरंशिखंडीत्रिभिस्त्रिभिश्चप्रतुतोदकर्णम् ॥ शिखंडिनःकार्मुकंचध्वजंचच्छित्त्वाक्षुराभ्यांन्यपतत्सुजातः ८ शिखंडिनंषड्भिरविध्यदुग्रोधार्ष्टद्युम्नेःस
शिरश्चोच्चकर्त ॥ तथाऽभिनत्सुतसोमंशरेणसुसंशितेनाधिरथिर्महात्मा ९ अथाक्रंदेतुमुलेवर्तमानेधार्ष्टद्युम्नेनिहतेतत्रकृष्णः ॥ अपांचाल्यंक्रियतेयाहिपार्थकर्णंजही
त्यब्रवीद्राजसिंह १० ततःप्रहस्याशुनरप्रवीरोरथंरथेनाधिरथेर्जगाम ॥ भयेतेषांत्राणमिच्छन्सुबाहुरभ्याहतानांरथयूथपेन ११ विस्फार्यगांडीवमथोग्रघोषंज्यया
समाहत्यतलेभृशंच ॥ बाणांधकारंसहसैवकृत्वाजघाननागाश्वरथध्वजांश्च १२ प्रतिश्रुतःप्राहरदंतरिक्षेगुहागिरीणामपतन्वयांसि ॥ यन्मंडलज्येनविजृंभमाणो
रौद्रेमुहूर्तेऽभ्यपतत्किरीटी १३ तंभीमसेनोऽनुययौरथेनपृष्ठेरक्षन्पांडवमेकवीरः ॥ तौराजपुत्रौत्वरितौरथाभ्यांकर्णाययातावरिभिर्विषक्तौ १४ तत्रांतरेसुमहान्सूत
पुत्रश्चक्रेयुद्धंसोमकान्संप्रगृह्य ॥ रथाश्वमातंगगणान्जघानप्रच्छादयामासशरैर्दिशश्च १५ तमुत्तमौजाजनमेजयश्चक्रुद्धौयुधामन्युशिखंडिनौच ॥ कर्णंबिभेदुःस
हिताःपृषत्कैःसन्नर्दमानाःसहपार्षतेन १६ तेपंचपंचालरथप्रवीरावैकर्तनंकर्णमभिद्रवंतः ॥ तस्माद्रथाच्यावयितुंनशेकुर्धैर्यात्कृतात्मानमिवेंद्रियार्थाः १७ तेषां
धनूंषिध्वजवाजिसूतांस्तूर्णंपताकाश्चनिकृत्त्यबाणैः ॥ तान्पंचभिस्त्वभ्यहनत्पृषत्कैःकर्णस्ततःसिंहइवोन्ननाद १८ तस्यास्यतस्तानभिनिघ्नतश्चज्याबाणहस्तस्यधनुः
स्वनेन ॥ साद्रिद्रुमास्यात्पृथिवीविशीर्णेत्यतीवमत्वाजनताव्यषीदत् १९ सशक्रचापप्रतिमेनधन्वनाभृशायतेनाधिरथिःशरान्सृजन् ॥ बभौरणेदीप्तमरीचिमंडलोयथांं
शुमालीपरिवेषवांस्तथा २० शिखंडिनंद्वादशभिःपराभिनच्छितैःशरैःषड्भिरथोत्तमौजसम् ॥ त्रिभिर्युधामन्युमविध्यदाशुगैस्त्रिभिस्त्रिभिःसोमकपार्षतात्मजौ २१
पराजिताःपंचमहारथास्तुतेमहाहवेसूतसुतेनमारिष ॥ निरुद्यमास्तस्थुरमित्रनंदनायथेंद्रियार्थाऽऽत्मवतापराजिताः २२ निमज्जतस्तानथकर्णसागरेविपन्ननावोव
२७ णिजोयथाऽर्णवे ॥ उद्दध्रिरेनौभिरिवार्णवाद्रथैःसुकल्पितैर्द्रौपदिजाःस्वमातुलान् २३ ॥ ॥ ॥

२४ । २५ । २६ । २७ । २८ । २९ । ३० । ३१ । ३२ । ३३ । ३४ । ३५।३६ ॥ इतिकर्णपर्वणि नीलकंठीये भारतभावदीपे त्र्यशीतितमोऽध्यायः ॥ ८२ ॥ ॥ ॥

ततःशिनीनामृषभःशितैःशरैर्निकृत्यकर्णप्रहितानिषूंन्बहून् ॥ विदार्यकर्णंनिशितैरयस्मयैस्तवात्मजंज्येष्ठमविध्यदष्टभिः २४ कृपोऽथभोजश्चतवात्मजस्तथास्वयंचक
र्णोनिशितैरताडयत् ॥ सतैश्चतुर्भिर्युयुधेयदूत्तमोदिगीश्वरैर्दैत्यपतिर्यथातथा २५ समाततेनेष्वसनेनकूजताभृशायतेनामितबाणवर्षिणा ॥ बभूवदुर्धर्षतरःससात्य
किःशरन्नभोमध्यगतोयथारविः २६ पुनःसमास्थायरथान्सुदंशिताःशिनिप्रवीरंजुगुपुःपरंतपाः ॥ समेत्यपंचालमहारथारणेमरुद्गणाःशक्रमिवारिनिग्रहे २७ ततोऽ
भवद्युद्धमतीवदारुणंतवाहितानांतवसैनिकैःसह ॥ रथाश्वमातंगविनाशनंतथायथासुराणामसुरैःपुराऽभवत् २८ रथाद्विपावाजिपदातयस्तथाभवंतिनानाविधशस्त्रवे
ष्टिताः ॥ परस्परेणाभिहताश्चचस्खलुर्विनेदुरार्ताव्यसवोऽपतंस्तथा २९ तथागतंभीममभीस्तवात्मजःससाररराजावरजःकिरन्शरैः ॥ तमभ्यधावत्त्वरितोवृकोदरो
महारुरुंसिंहइवाभिपेदिवान् ३० ततस्तयोर्युद्धमतीवदारुणंप्रदीव्यतोःप्राणदुरोदरंद्वयोः ॥ परस्परेणाभिनिविष्टरोषयोरुदग्रयोःशंबरशक्रयोर्यथा ३१ शरैःशरीरा
र्तिकरैःसुतेजनैर्निजघ्नतुस्तावितरेतरंभृशम् ॥ सकृत्प्रभिन्नाविववासितांतरेमहागजौमन्मथसक्तचेतसौ ३२ तवात्मजस्याथवृकोदरस्त्वरन्धनुःक्षुराभ्यांध्वजमेवचा
च्छिनत् ॥ ललाटमप्यस्यबिभेदपत्रिणाशिरश्चकायात्प्रजहारसारथेः ३३ सराजपुत्रोऽन्यदवाप्यकार्मुकंवृकोदरंद्वादशभिःपराभिनत् ॥ स्वयंनियच्छंस्तुरगानजि
ह्मगैःशरैश्चभीमंपुनरप्यवीवृषत् ३४ ततःशरंसूर्यमरीचिसप्रभंसुवर्णवज्रोत्तमरत्नभूषितम् ॥ महेंद्रवज्राशनिपातदुःसहंमुमोचभीमांगविदारणक्षमम् ३५ सतेननि
र्विद्धतनुर्वृकोदरोनिपातितःस्रस्ततनुर्गतासुवत् ॥ प्रसार्यबाहूरथवर्यमाश्रितःपुनःससंज्ञामुपलभ्यचानदत् ३६ ॥ इतिश्रीमहाभारतेकर्णपर्वणि दुःशासनभीमसेन
युद्धेत्र्यशीतितमोऽध्यायः ॥ ८२ ॥ ॥ संजयउवाच ॥ तत्राकरोद्दुष्करंराजपुत्रोदुःशासनस्तुमुलंयुद्ध्यमानः ॥ चिच्छेदभीमस्यधनुःशरेणषड्भिश्शरैःसारथि
मप्यविध्यत् १ सतत्कृत्वाराजपुत्रस्तरस्वीविव्याधभीमंनवभिःपृषत्कैः ॥ ततोऽभिनद्बहुभिःक्षिप्रमेववरेषुभिर्भीमसेनंमहात्मा २ ततःक्रुद्धोभीमसेनस्तरस्वीशक्तिं
चोग्रांप्राहिणोत्तेसुताय ॥ तामापतंतींसहसाऽतिघोरांदृष्ट्वासुतस्तेज्वलितामिवोल्काम् ३ आकर्णपूर्णैरिषुभिर्महात्माचिच्छेदपुत्रोदशभिःपृषत्कैः ॥ दृष्ट्वातुत
त्कर्मकृतंसुदुष्करंप्रापूजयन्सर्वयोधाःप्रहृष्टाः ४ अथाशुभीमंचशरेणभूयोगाढंसविव्याधसुतस्त्वदीयः ॥ चुक्रोधभीमःपुनराशुतस्मैभृशंप्रजज्वालरुषाऽभिवीक्ष्य ५
विद्धोऽस्मिवीराशुभृशंत्वयाऽद्यसहस्वभूयोऽपिगदाप्रहारम् ॥ उक्त्वैवमुच्चैःकुपितोऽथभीमोजग्राहतांभीमगदांवधाय ६ उवाचचाद्याहमहंदुरात्मन्पास्यामितेशोणि
तमाजिमध्ये ॥ अथैवमुक्तस्तनयस्तवोग्रांशक्तिंवेगात्प्राहिणोन्मृत्युरूपाम् ७ आविध्यभीमोऽपिगदांसुघोरांविचिक्षेपरोषपरीतमूर्तिः ॥ सातस्यशक्तिंसहसा
विरुज्यपुत्रंतवाजौताडयामासमूर्ध्नि ८ ॥ ॥ ॥ ॥

तत्रेति १ । २ । ३ । ४ । ५ । ६ । ७ । ८ ॥ ॥ ॥ ॥

९ । १० । ११ । १२ । १३ । १४ । १५ । १६ । १७ । १८ । १९ । २० । २१ । २२ । २३ । २४ । २५ । २६ । २७ । २८ । २९ । ३० । ३१

सविक्षरन्नागइवप्रभिन्नोगदामस्मैतुमुलेप्राहिणोद्वै ॥ तयाऽहरद्दशधन्वंतराणिदुःशासनंभीमसेनःप्रसह्य ९ तयाहतःपतितोवेपमानोदुःशासनोगदयावेगवत्या ॥ विध्व
स्तवर्माभरणांबरस्रक्विचेष्टमानोभृशवेदनातुरः १० हयाःससूतानिहतानरेन्द्रचूर्णीकृतश्चास्यरथःपतंत्या ॥ दुःशासनंपांडवाःप्रेक्ष्यसर्वेहृष्टाःपंचालाःसिंहनादानमुं
चन् ११ तंपातयित्वाऽथवृकोदरोऽथजगर्जहर्षेणविनादयन्दिशः ॥ नादेनतेनाखिलपार्श्ववर्तिनोमूर्छाकुलाःपतितास्त्वाजमीढ १२ भीमोऽपिवेगादवतीर्ययानाद्दुः
शासनंवेगवानभ्यधावत् ॥ ततःस्मृत्वाभीमसेनस्तरस्वीसापत्नकंयत्प्रयुक्तंसुतैस्ते १३ तस्मिन्सुघोरेतुमुलेवर्तमानेप्रधानभूयिष्ठतरैःसमंतात् ॥ दुःशासनंतत्रस
मीक्ष्यराजन्भीमोमहाबाहुरचिंत्यकर्मा १४ स्मृत्वाऽथकेशग्रहणंचदेव्यावस्त्रापहारंचरजस्वलायाः ॥ अनागसोभर्तृपराङ्मुखायादुःखानिदत्तान्यपिविप्रचिंत्य १५
जज्वालक्रोधादथभीमसेनआज्यप्रसिक्तोहियथाहुताशः ॥ तत्राहकर्णंचसुयोधनंचकृपंद्रौणिंकृतवर्माणमेव १६ निहन्मिदुःशासनमद्यपापंसंरक्ष्यतामद्यसमस्त
योधाः ॥ इत्येवमुक्त्वासहसाऽभ्यधावन्निहंतुकामोऽतिबलस्तरस्वी १७ तथातुविक्रम्यरणेवृकोदरोमहागजंकेसरिकोयथैव ॥ निगृह्यदुःशासनमेकवीरःसुयोधन
स्याधिरथेःसमक्षम् १८ रथादवप्लुत्यगतःसभूमौयत्नेनतस्मिन्प्रणिधायचक्षुः ॥ असिंसमुद्यम्यसितंसुधारंकंठेपदाऽऽक्रम्यचवेपमानम् १९ उवाचतद्गौरितियद्ब्रुवा
णोहृष्टोवदेःकर्णसुयोधनाभ्याम् ॥ येराजसूयावभृथेपवित्राजाताःकचायाज्ञसेन्यादुरात्मन् २० तेपाणिनाकतरेणावकृष्टास्तद्ब्रूहित्वांपृच्छतिभीमसेनः ॥ श्रुत्वा
तुतद्भीमवचःसुघोरंदुःशासनोभीमसेनंनिरीक्ष्य २१ जज्वालभीमंसतदास्मयेनसंशृण्वतांकौरवसोमकानाम् ॥ उक्तस्तदाजौसतथासरोषंजगादभीमंपरिवृत्तनेत्रः २२
अयंकरिकराकारःपीनस्तनविमर्दनः ॥ गोसहस्रप्रदाताचक्षत्रियांतकरःकरः २३ अनेनयाज्ञसेन्यामेभीमकेशाविकर्षिताः ॥ पश्यतांकुरुमुख्यानांयुष्माकंचसभा
सदाम् २४ एवंब्रुवसौराजसुतंनिशम्यब्रुवंतमाजौविनिपीड्यवक्षः ॥ भीमोबलात्तंप्रतिगृह्यदोर्भ्यामुच्चैर्ननादाथसमस्तयोधान् २५ उवाचयस्यास्तिबलंसरक्षत्व
सौभवेदद्यनिरस्तबाहुः ॥ दुःशासनंजीवितंप्रोत्सृजंतमाक्षिप्ययोधांस्तरसामहाबलः २६ एवंक्रुद्धोभीमसेनःकरेणउत्पाटयामासभुजंमहात्मा ॥ दुःशासनंतेनसवी
रमध्येजघानवज्राशनिसन्निभेन २७ उत्कृत्यवक्षःपतितस्यभूमावथापिबच्छोणितमस्यकोष्णम् ॥ ततोनिपात्यास्यशिरोऽपकृत्यतेनासिनातवपुत्रस्यराजन् २८
सत्यांचिकीर्षुर्मतिमान्प्रतिज्ञांभीमोऽपिबच्छोणितमस्यकोष्णम् ॥ आस्वाद्यचास्वाद्यचवीक्षमाणःक्रुद्धोहिचैनंनिजगादवाक्यम् २९ स्तन्यस्यमातुर्मधुसर्पिषोर्वा
माध्वीकपानस्यचसत्कृतस्य ॥ दिव्यस्यवातोयरसस्यपानात्पयोदधिभ्यांमथिताच्चमुख्यात् ३० अन्यानिपानानिचयानिलोकेसुधामृतस्वादुरसानितेभ्यः ॥ सर्वे
भ्यएवाभ्यधिकोरसोऽयंममाद्यचास्याहितलोहितस्य ३१ ॥ ॥ ॥ ॥

अथाहभीमः पुनरुग्रकर्मादुःशासनंक्रोधपरीतचेताः ॥ गतासुमालोक्यविहस्यसुस्वरंकिंवाकुर्यान्मृत्युनारक्षितोऽसि ३२ एवंब्रुवाणंपुनराद्रवंतमास्वाद्यमानंतमतिप्रहृ
ष्टम् ॥ येभीमसेनंददृशुस्तदानींभयेनतेऽपिव्यथितानिपेतुः ३३ येचापिनासन्व्यथितामनुष्यास्तेषांकरेभ्यःपतितंहिशस्त्रम् ॥ भयाच्चसंचुक्रुशुरस्वरैस्तेनिमीलिताक्षा
ददृशुःसमंततः ३४ तंतत्रभीमंददृशुःसमंताद्दौःशासनंतद्रुधिरंपिबंतम् ॥ सर्वेऽपलायंतभयाभिपन्नानवैमनुष्योऽयमितिब्रुवाणाः ३५ तस्मिन्कृतेभीमसेनेनरूपेदृष्ट्वा
जनाःशोणितंपीयमानम् ॥ संप्राद्रवंश्चित्रसेनेनसार्धंभीमंरक्षोभाषमाणाभयार्ताः ३६ युधामन्युंमद्रुतंचित्रसेनंसहानीकस्त्वभ्यगाद्राजपुत्रः ॥ विव्याधचैनंनिशितैः
पृषत्कैर्व्यपेतभीःसप्तभिराशुमुक्तैः ३७ संक्रान्तभोगइवलेलिहानोमहोरगःक्रोधविषंसिसृक्षुः ॥ निवृत्त्यपांचालजमभ्यविध्यत्त्रिभिःशरैःसारथिमस्यषड्भिः ३८ ततःसु
पुंखेनसुयंत्रितेनसुसंशिताग्रेणशरेणशूरः ॥ आकर्णमुक्तेनसमाहितेनयुधामन्युस्तस्यशिरोजहार ३९ तस्मिन्हतेभ्रातरिचित्रसेनेक्रुद्धःकर्णःपौरुषंदर्शयानः ॥ व्यद्रा
वयत्पांडवानामनीकंप्रत्युद्यातोनकुलेनामितौजाः ४० भीमोऽपिहत्वातत्रैवदुःशासनममर्षणम् ॥ पूरयित्वांजलिंभूयोरुधिरस्योग्रनिःस्वनः ४१ शृण्वतांलोकवी
राणामिदंवचनमब्रवीत् ॥ एषतेरुधिरंकंठात्पिबामिपुरुषाधम ४२ ब्रूहीदानींतुसंहृष्टःपुनर्गौरितिगौरिति ॥ येतदाऽस्मान्प्रनृत्यंतिपुनर्गौरितिगौरिति ४३ तान्वयं
प्रतिनृत्यामःपुनर्गौरितिगौरिति ॥ प्रमाणकोट्यांशयनंकालकूटस्यभोजनम् ४४ दंशनंचाहिभिःकृष्णैर्दाहंचजतुवेश्मनि ॥ द्यूतेनराज्यहरणमरण्येवसतिश्चया ४५
द्रौपद्याःकेशपक्षस्यग्रहणंचसुदारुणम् ॥ इष्वस्त्राणिचसंग्रामेष्वसुखानिचवेश्मनि ४६ विराटभवनेयश्चक्लेशोऽस्माकंपृथग्विधः ॥ शकुनेर्धार्तराष्ट्रस्यराधेयस्यचमंत्रिते
४७ अनुभूतानिदुःखानितेषांहेतुस्त्वमेवहि ॥ दुःखान्येतानिजानीमोनसुखानिकदाचन ॥ धृतराष्ट्रस्यदौरात्म्यात्सपुत्रस्यसदावयम् ४८ इत्युक्त्वावचनंराजन्जयंप्रा
प्यवृकोदरः ॥ पुनराहमहाराजस्मयंस्तौकेशवार्जुनौ ४९ असृग्दिग्धोविस्रवल्लोहितास्यःक्रुद्धोऽत्यर्थंभीमसेनस्तरस्वी ॥ दुःशासनेयद्रणेसंश्रुतंमेतद्वैसत्यंकृतमद्यैवहीरौ
५० अत्रैवदास्याम्यपरंद्वितीयंदुर्योधनंयज्ञपशुंविशस्य ॥ शिरोमृदित्वाचपदादुरात्मनःशांतिंलप्स्येकौरवाणांसमक्षम् ५१ एतावदुक्त्वावचनंप्रहृष्टोननादचोच्चैरुधिरा
र्द्रगात्रः ॥ ननर्दचैवातिबलोमहात्मावृत्रंनिहत्येवसहस्रनेत्रः ५२ इतिश्रीमहाभारते कर्णपर्वणिदुःशासनवधेत्र्यशीतितमोऽध्यायः ॥ ८३ ॥ ॥ संजयउवाच ॥ दुः
शासनेतुनिहतेतवपुत्रामहारथाः ॥ महाक्रोधविषावीराःसमरेष्वपलायिनः १ दशराजन्महावीर्याभीमंप्राच्छादयन्शरैः ॥ निषंगीकवचीपाशीदंडधारोधनुर्धरः २ अ
लोलुपःसहःषंढोवातवेगसुवर्चसौ ॥ एतेसमेत्यसहिताभ्रातृव्यसनकर्शिताः ३ ॥ ॥ ॥ ॥ ॥ ॥८१॥

भीमसेनंमहाबाहुंमार्गणैःसमवारयन् ॥ सवार्यमाणोविशिखैःसमंतात्तैर्महारथैः ४ भीमःक्रोधाग्निरक्ताक्षःक्रुद्धःकालइवाबभौ ॥ तांस्तुभल्लैर्महावेगैर्दशभिर्दशभार
तान् ५ रुक्मांगदान्रुक्मपुंखैःपार्थोनिन्येयमक्षयम् ॥ हतेषुतेषुवीरेषुप्रदुद्राववलंतव ६ पश्यतःसूतपुत्रस्यपांडवस्यभयार्दितम् ॥ ततःकर्णोमहाराजप्रविवेशम
हद्भयम् ७ दृष्ट्वाभीमस्यविक्रांतमंतकस्यप्रजास्विव ॥ तस्यत्वाकारभावज्ञःशल्यःसमितिशोभनः ८ उवाचवचनंकर्णंप्राप्तकालमरिंदमम् ॥ मान्यथांकुरुराधेयनै
वंत्वय्युपपद्यते ९ एतेद्रवंतिराजानोभीमसेनभयार्दिताः ॥ दुर्योधनश्चसंमूढोभ्रातृव्यसनकर्शितः १० दुःशासनस्यरुधिरेपीयमानेमहात्मना ॥ व्यापन्नचेतसः
श्चैवशोकोपहतचेतसः ११ दुर्योधनमुपासंतेपरिवार्यसमंततः ॥ कृपप्रभृतयश्चैतेहतशेषाःसहोदराः १२ पांडवालब्धलक्षाश्चधनंजयपुरोगमाः ॥ त्वामेवाभिमुखाः
शूरायुद्धायसमुपस्थिताः १३ सत्वंपुरुषशार्दूलपौरुषेणसमास्थितः ॥ क्षत्रधर्मंपुरस्कृत्यप्रत्युद्याहिधनंजयम् १४ भारोहिधार्तराष्ट्रेणत्वयिसर्वःसमाहितः ॥ तमु
द्वहमहाबाहोयथाशक्तियथाबलम् १५ जयेस्याद्विपुलाकीर्तिर्ध्रुवःस्वर्गःपराजये ॥ वृषसेनश्चराधेयसंक्रुद्धस्तनयस्तव १६ त्वयिमोहंसमापन्नेपांडवानभिधावति ॥
एतच्छ्रुत्वातुवचनंशल्यस्यामिततेजसः ॥ हृदिचावश्यकंभावंचक्रेयुद्धायसुस्थिरम् १७ ततःक्रुद्धोवृषसेनोऽभ्यधावदवस्थितंप्रमुखेपांडवंतम् ॥ वृकोदरंकाल
मिवात्तदंडंगदाहस्तंयोधयंतंत्वदीयान् १८ तमभ्यधावन्नकुलःप्रवीरोरोषादमित्रंप्रतुदन्पृषत्कैः ॥ कर्णस्यपुत्रंसमरेप्रहृष्टंपुराजिघांसुर्मघवेवजंभम् १९ ततोध्वजं
स्फाटिकचित्रकंचुकंचिच्छेदवीरोनकुलःक्षुरेण ॥ कर्णात्मजस्येष्वसनंचचित्रंभल्लेनजांबूनदचित्रनद्धम् २० अथान्यदादायधनुःसशीघ्रंकर्णात्मजःपांडवमभ्यवि
ध्यत् ॥ दिव्यैरस्त्रैरभ्यवर्षच्चसोऽपिकर्णस्यपुत्रोनकुलंकृतास्त्रः २१ शराभिघाताच्चरुषाचराजन्स्वयाचभासाऽस्त्रसमीरणाच्च ॥ जज्वालकर्णस्यसुतोऽतिमात्रमिद्धो
यथाऽऽज्याहुतिभिर्हुताशः २२ कर्णस्यपुत्रोनकुलस्यराजन्सर्वानश्वानक्षिणोदुत्तमास्त्रैः ॥ वनायुजान्वैनकुलस्यशुभ्रानुदग्रगान्हेमजालावनद्धान् २३ ततोहता
श्वादवरुह्ययानादादायचर्मामलरुक्मचंद्रम् ॥ आकाशसंकाशमसिंप्रगृह्यदोधूयमानःखगवच्चचार २४ ततोऽन्तरिक्षेचरथाश्वनागांश्चिच्छेदतूर्णंनकुलश्चित्रयोधी ॥
तेप्रापतन्नसिनागांविशस्तायथाश्वमेधेपशवःशमित्रा २५ द्विसाहस्राःपातितायुद्धशौण्डानानादेश्याःसुभृताःसत्यसंधाः ॥ एकेनसंख्येनकुलेनकृत्ताजयेप्सुना
ऽनुत्तमचंदनांगाः २६ तमापतंतंनकुलंसोऽभिपत्यसमंततःसायकैःप्रत्यविध्यत् ॥ सतुद्यमानोनकुलःपृषत्कैर्विव्याधवीरंसचुकोपविद्धः २७ महाभयेरक्ष्य
माणोमहात्माभ्रात्राभीमेनाकरोत्तत्रभीमम् ॥ तंकर्णपुत्रोव्यधमंतमेकंनराश्वमातंगरथाननेकान् २८ क्रीडंतमष्टादशभिःपृषत्कैर्विव्याधवीरंनकुलंसरोषः ॥
सतेनविद्धोऽतिभृशंतरस्वीमहाहवेवृषसेनेनराजन् २९ ॥ ॥ ॥ ॥ ॥

३०। ३१। ३२ । ३३। ३४। ३५।३६।३७।३८।३९।४०।४१।४२ ॥ इतिकर्णपर्वणि नीलकंठीये भारतभावदीपे चतुरशीतितमोऽध्यायः॥ ८४ ॥ नकुलमिति १।२।३।४।५।६।७।८

॥ ८२ ॥ क्रुद्धेनधावन्समरेजिघांसुःकर्णात्मजंपांडुसुतोनृवीरः ॥ वितत्यपक्षौसहसाऽऽपतंतंश्येनंयथैवामिषलुब्धमाजौ ३० अवाकिरद्वृषसेनस्ततस्तंशितैःशरैर्नकुलमुदारवीर्यम् ॥ अ०

सतान्मोघांस्तस्यकुर्वन्शरौघान्चचारमार्गान्नकुलश्चित्ररूपान् ३१ अथास्यतूर्णंचरतोनरेन्द्रखड्गेनचित्रंनकुलस्यतस्य ॥ महेषुभिर्व्यधमत्कर्णपुत्रोमहाहवेचर्मसहस्रता ॥ ८५ ॥

रम् ३२ तंचायसंनिशितंतीक्ष्णधारंविकोशमुग्रंगुरुभारसाहम् ॥ द्विषच्छरीरांतकरंसुघोरमाधुन्वतःसर्पमिवोग्ररूपम् ३३ क्षिप्रंशरैःषड्भिरमित्रसाहश्चकर्तखड्गंनि

शितैःसुवेगैः ॥ पुनश्चदीप्तैर्निशितैःपृषत्कैःस्तनांतरेगाढमथाभ्यविद्ध्यत् ३४ कृत्वातुतद्दुष्करमार्यजुष्टमन्यैर्नरैःकर्मरणेमहात्मा ॥ ययौरथंभीमसेनस्यराजन्शरा

भितप्तोनकुलस्त्वरावान् ३५ सभीमसेनस्यरथंहताश्वोमाद्रीसुतःकर्णसुताभितप्तः ॥ आपुप्लुवेसिंहइवाचलाग्रंसंप्रेक्ष्यमाणस्यधनंजयस्य ३६ ततःक्रुद्धोवृषसेनो

महात्मावववर्षताविषुजालेनवीरः ॥ महारथावेकरथेसमेतौशरैःप्रभिंदन्निवपांडवेयौ ३७ तस्मिन्रथेनिहतेपांडवस्यक्षिप्रंचखड्गेविशिखैर्निकृत्ते ॥ अन्येचसंहत्यकुरुप्रवी

रास्ततोन्यघ्नन्शरवर्षैरुपेत्य ३८ तौपांडवेयोपरितःसमेतान्संहूयमानाविवहव्यवाहौ ॥ भीमार्जुनौवृषसेनायक्रुद्धौववर्षतुःशरवर्षंसुघोरम् ३९ अथाब्रवीन्मारुतिः

फाल्गुनंचपश्यस्वैनंनकुलंपीड्यमानम् ॥ अयंचनोबाधतेकर्णपुत्रस्तस्माद्भवान्प्रत्युपयातुकार्ष्णिम् ४० सतन्निशम्यैववचःकिरीटीरथंसमासाद्यवृकोदरस्य ॥ अथा

ब्रवीन्नकुलोवीक्ष्यवीरमुपागतंशातयशीघ्रमेनम् ४१ इत्येवमुक्तःसहसाकिरीटीभ्रात्रासमक्षंनकुलेनसंख्ये ॥ कपिध्वजंकेशवसंगृहीतंप्रैषीदुदग्रोवृषसेनायवाहम् ४२

॥ इतिश्रीमहाभारते कर्णपर्वणिवृषसेनयुद्धेनकुलपराजये चतुरशीतितमोऽध्यायः ॥ ८४ ॥ ॥ संजयउवाच ॥ नकुलमथविदित्वाछिन्नबाणासनासिंविरथ

मरिशरार्तंकर्णपुत्रास्त्रभग्नम् ॥ पवनधुतपताकाह्रादिनोवल्गिताश्वावरपुरुषनियुक्तास्तेरथैःशीघ्रमीयुः १ द्रुपदसुतवरिष्ठाःपंचशैनेयषष्ठाद्रुपददुहितृपुत्राःपंचचामित्र

साहाः ॥ द्विरदरथनराश्वान्सूदयंतस्त्वदीयान्भुजगपतिनिकाशैर्मार्गणैरात्तशस्त्राः २ अथतवरथमुख्यास्तान्प्रतीयुस्त्वरंतःकृपहृदिकसुतौचद्रौणिदुर्योधनौच ॥

शकुनिसुतवृकौचक्राथदेवावृधौचद्विरदजलजघोषैःस्यंदनैःकार्मुकैश्च ३ तवनृपरथिवीरास्तान्दशैकंचवीरान्नृवरशरवराग्र्यैस्ताडयंतोऽभ्यरुंधन् ॥ नवजलदसवर्णैर्हस्तिभि

स्तानुदीयुर्गिरिशिखरनिकाशैर्भीमवेगैःकुलिंदाः ४ सुकल्पिताहैमवतामदोत्कटारणाभिकामैःकृतिभिःसमास्थिताः ॥ सुवर्णजालैर्विततावबुर्गजास्तथायथाखेजलदाः

सविद्युतः ५ कुलिंदपुत्रोदशभिर्महायसैःकृपंससूताश्वमपीडयद्भृशम् ॥ ततःशरद्वत्सुतसायकैर्हतःसहैवनागेनपपातभूतले ६ कुलिंदपुत्रावरजस्तुतोमरैर्दिवाक

रांशुप्रतिमैरयस्मयैः ॥ रथंचविक्षोभ्यननादनर्दतस्ततोऽस्यगांधारपतिःशिरोऽहरत् ७ ततःकुलिन्देषुहतेषुतेष्वथप्रहृष्टरूपास्तवतेमहारथाः ॥ भृशंप्रदध्मु ॥ ८२ ॥

र्लवणांबुसंभवान्परांश्चबाणासनपाणयोऽभ्ययुः ८ ॥ ॥ ॥ ॥ ॥

अथाभवद्युद्धमतीवदारुणंपुनःकुरूणांसहपांडुसृंजयैः ॥ शरासिशक्त्यृष्टिगदापरश्वधैर्नराश्वनागासुहरंभृशाकुलम् ९ रथाश्वमातंगपदातिभिस्ततःपरस्परंवि
प्रहताःपतन्क्षितौ ॥ यथासविद्युत्स्तनिताबलाहकाःसमाहतादिग्भ्यइवोग्रमारुतैः १० ततःशतानीकमतान्महागजांस्तथारथान्पत्तिगणांश्चतान्बहून् ॥ जघा
नभोजस्तुहयानथाऽऽपतन्क्षणाद्विशस्ताःकृतवर्मणःशरैः ११ अथापरेद्रौणिहतामहाद्विपास्त्रयःससर्वायुधयोधकेतनाः ॥ निपेतुरुर्व्यांव्यसवोनिपातिता
स्तथायथावज्रहतामहाचलाः १२ कुलिंदराजावरजादनंतरःस्तनांतरेपत्रिवरैरताडयत् ॥ तवात्मजंतस्यतवात्मजःशरैःशितैःशरीरंव्यहनद्विपंचतम् १३
सनागराजःसहराजसूनुनापपातरक्तंबहुसर्वतःक्षरन् ॥ महेन्द्रवज्रप्रहतोऽम्बुदागमेयथाजलंगैरिकपर्वतस्तथा १४ कुलिंदपुत्रप्रहितोऽपरोद्विपःक्राथंससूताश्वरथं
व्यपोथयत् ॥ ततोऽपतत्क्राथशराभिघातितःसहेश्वरोवज्रहतोयथागिरिः १५ रथीद्विपस्थेनहतोऽपतच्छरैःक्राथाधिपःपर्वतजेनदुर्जयः ॥ सवाजिसूतेष्वसन
ध्वजस्तथायथामहावातहतोमहाद्रुमः १६ वृकोद्विपस्थंगिरिराजवासिनंभृशंशरैर्द्वादशभिःपराभिनत् ॥ ततोवृकंसाश्वरथंमहाद्विपोद्रुतंचतुर्भिश्चरणैर्व्यपोथ
यत् १७ सनागराजःसनियंतृकोऽपतत्तथाहतोबभ्रुसुतेषुभिर्भृशम् ॥ सचापिदेवावृधसूनुरर्दितःपपातनुन्नःसहदेवसूनुना १८ विषाणगात्रावरयोधपातिनाग
जेनहन्तुंशकुनिंकुलिंदजः ॥ जगामवेगेनभृशार्दयंश्चतंततोऽस्यगांधारपतिःशिरोऽहरत् १९ ततःशतानीकहतामहागजाहयारथाःपत्तिगणाश्चतावकाः ॥ सुप
र्णवातप्रहतायथोरगास्तथागतागांविवशाविचूर्णिताः २० ततोऽभ्यविद्ध्यद्बहुभिःशितैःशरैःकलिंगपुत्रोनकुलात्मजंस्मयन् ॥ ततोऽस्यकोपाद्विचकर्तनाकु
लिःशिरःक्षुरेणांबुजसन्निभाननम् २१ ततःशतानीकमविध्यदायसैस्त्रिभिःशरैःकर्णसुतोऽर्जुनंत्रिभिः ॥ त्रिभिश्चभीमंनकुलंचसप्तभिर्जनार्दनंद्वादशभिश्चसायकैः
२२ तदस्यकर्मातिमनुष्यकर्मणःसमीक्ष्यहृष्टाःकुरवोऽभ्यपूजयन् ॥ पराक्रमज्ञास्तुधनंजयस्ययेहुतोऽयमग्नावितितेतुमेनिरे २३ ततःकिरीटीपरवीरघातीह
ताश्वमालोक्यनरप्रवीरः ॥ माद्रीसुतंनकुलंलोकमध्येसमीक्ष्यकृष्णंभृशविक्षतंच २४ समभ्यधावद्वृषसेनमाहवेससूतजस्यप्रमुखेस्थितस्तदा ॥ तमापतंतंन
रवीरमुग्रंमहाहवेबाणसहस्रधारिणम् २५ अभ्यापतत्कर्णसुतोमहारथंयथामहेन्द्रंनमुचिःपुरातथा ॥ ततोद्रुतंचैकशरेणपार्थंशितेनविद्ध्वायुधिकर्णपुत्रः २६ नना
दनादंसुमहानुभावोविद्ध्वेवशक्रंनमुचिःसवीरः ॥ पुनःसपार्थंवृषसेनउग्रैर्बाणैरविद्ध्यद्भुजमूलेतुसव्ये २७ तथैवकृष्णंनवभिःसमार्दयत्पुनश्चपार्थंदशभिर्ज
घान ॥ पूर्वंयथावृषसेनप्रयुक्तैरभ्याहतःश्वेतहयःशरैस्तैः २८ संरंभमीषद्गमितोवधायकर्णात्मजस्याथमनःप्रदध्रे ॥ ततःकिरीटीरणमूर्ध्निकोपात्कृत्वात्रिशाखांभ्रु
 कुटिंललाटे २९ मुमोचतूर्णंविशिखान्महात्मावधेधृतःकर्णसुतस्यसंख्ये ॥ आरक्तनेत्रोन्तकशत्रुहंताउवाचकर्णंभृशमुत्स्मयंस्तदा ३०

॥ ८३ ॥ अ०

॥ इति कर्णपर्वणि नीलकण्ठीये भारतभावदीपे पंचाशीतितमोऽध्यायः ॥ ८५ ॥ ॥ तमायांतमिति ॥

दुर्योधनंद्रौणिमुखांश्चसर्वानहंरणेवृषसेनंतमुग्रम् ॥ संपश्यतःकर्णतवाद्यसंख्येनयामिलोकंनिशितैःपृषत्कैः ३१ ऊनंचतावद्धिजनावदंतिसर्वैर्भवद्भिर्ममसूनुर्हतो ८६

ऽसौ ॥ एकोरथोमद्विहीनस्तरस्वीअहंहनिष्येभवतांसमक्षम् ३२ संरक्ष्यतांरथसंस्थाःसुतोऽयमहंहनिष्येवृषसेनमुग्रम् ॥ पश्चाद्वधिष्येत्वामपिसंप्रमूढमहंहनि

ष्येऽर्जुनआजिमध्ये ३३ तमद्यमूलंकलहस्यसंख्येदुर्योधनापाश्रयजातदर्पम् ॥ त्वामद्यहंताऽस्मिरणेप्रसह्यअस्यैवहंतायुधिभीमसेनः ३४ दुर्योधनस्याधम

पूरुषस्ययस्यानयादेषमहान्क्षयोऽभवत् ॥ सएवमुक्त्वाविनिमृज्यचापंलक्ष्यंहिकृत्वावृषसेनमाजौ ३५ ससर्जबाणान्विशिखान्महात्मावधायराजन्कर्णसुतस्य

संख्ये ॥ विव्याधचैनंदशभिःपृषत्कैर्मर्मस्वशंकंप्रहसन्किरीटी ३६ चिच्छेदचास्येष्वसनंभुजौचक्षुरैश्चतुर्भिर्निशितैःशिरश्च ॥ सपार्थबाणाभिहतःपपातरथा

द्विबाहुर्विशिराधरायाम् ३७ सुपुष्पितोवृक्षवरोऽतिकायोवातेरितःशालइवाद्रिशृंगात् ॥ संप्रेक्ष्यबाणाभिहतंपतंतंरथात्सुतंसूतजःक्षिप्रकारी ३८ रथंरथेनाशु

जगामरोषात्किरीटिनःपुत्रवधाभितप्तः ॥ ततःसमक्षंस्वसुतंविलोक्यकर्णोहतंश्वेतहयेनसंख्ये ॥ संरंभमागम्यपरंमहात्माकृष्णार्जुनौसहसैवाभ्यधावत् ३९

॥ इतिश्रीमहाभारतेकर्णपर्वणि वृषसेनवधे पंचाशीतितमोऽध्यायः ॥ ८५ ॥ ॥ ॥ ॥ संजयउवाच ॥ तमायांतमभिप्रेक्ष्यवेलोद्धूतमिवार्णवम् ॥ गर्जं

तंसुमहाकायंदुर्निवारंसुरैरपि १ अर्जुनंप्राहदाशार्हःप्रहस्यपुरुषर्षभः ॥ अयंसरथआयातिश्वेताश्वःशल्यसारथिः २ येनतेसहयोद्धव्यंस्थिरोभवधनंजय ॥

पश्यचैनंसमायुक्तंरथंकर्णस्यपांडव ३ श्वेतवाजिसमायुक्तंयुक्तंराधासुतेनच ॥ नानापताकाकलिलंकिंकिणीजालमालिनम् ४ उह्यमानमिवाकाशेविमानंपां

डुरैर्हयैः ॥ ध्वजंचपश्यकर्णस्यनागकक्षंमहात्मनः ५ आखंडलधनुःप्रख्यमुल्लिखंतमिवांबरम् ॥ पश्यकर्णंसमायांतंधार्तराष्ट्रप्रियैषिणम् ६ शरधाराविमुंचंतंधारासार

मिवांबुदम् ॥ एषमद्रेश्वरोराजारथाग्रेपर्यवस्थितः ७ नियच्छतिहयानस्यराधेयस्यामिततेजसः ॥ शृणुदुंदुभिनिर्घोषंशंखशब्दंचदारुणम् ८ सिंहनादांश्चविविधान्

शृणुपांडवसर्वतः ॥ अंतर्धायमहाशब्दान्कर्णेनामिततेजसा ९ दोधूयमानस्यभृशंधनुषःशृणुनिःस्वनम् ॥ एतेदीर्यंतिसगणाःपंचालानांमहारथाः १० दृष्ट्वाकेसरि

णंकुद्धंमृगाइवमहावने ॥ सर्वयत्नेनकौन्तेयहंतुमर्हसिसूतजम् ११ नहिकर्णशरानन्यःसोढुमुत्सहतेनरः ॥ सदेवासुरगंधर्वांस्त्रीँल्लोकान्सचराचरान् १२ त्वंहिजेतुंरणेश

क्तस्तथैवविदितंमम ॥ भीममुग्रंमहात्मानंत्र्यक्षंशर्वंकपर्दिनम् १३ नशक्ताद्रष्टुमीशानंकिंपुनर्योधितुंप्रभुम् ॥ त्वयासाक्षान्महादेवःसर्वभूतशिवःशिवः १४ युद्धेनारा

धितःस्थाणुर्देवाश्चवरदास्तव ॥ तस्यपार्थप्रसादेनदेवदेवस्यशूलिनः १५ जहिकर्णंमहाबाहोनमुचिंवृत्रहायथा ॥ श्रेयस्तेऽस्तुसदापार्थयुद्धेजयमवाप्नुहि १६ ॥ ८३ ॥

१७।१८।१९।२०।२१।२२।२३॥ इतिकर्णपर्वणिनीलकंठीयेभारतभावदीपे षडशीतितमोऽध्यायः ॥ ८६ ॥ वृषसेनमिति १।२।३।४।५।६।७।८।९।१०।११।१२

॥ अर्जुनउवाच ॥ ध्रुवएवजयःकृष्णममनास्त्यत्रसंशयः ॥ सर्वलोकगुरुर्यस्त्वंतुष्टोऽसिमधुसूदन १७ चोदयाश्वान्हृषीकेशरथंममममहारथ ॥ नाहत्वासमरेकर्णंनिव
र्तिष्यतिफाल्गुनः १८ अद्यकर्णंहतंपश्यमच्छरैःशकलीकृतम् ॥ मांवाद्रक्ष्यसिगोविंदकर्णेननिहतंशरैः १९ उपस्थितमिदंघोरंयुद्धंत्रैलोक्यमोहनम् ॥ यज्जनाःकथ
यिष्यंतियावद्भूमिर्धरिष्यति २० एवंब्रुवंस्तदापार्थःकृष्णमक्लिष्टकारिणम् ॥ प्रत्युद्ययौरथेनाशुगजंप्रतिगजोयथा २१ पुनरप्याहतेजस्वीपार्थःकृष्णमरिंदम ॥ चोद
याश्वान्हृषीकेशकालोयमतिवर्तते ॥ एवमुक्तस्तदातेनपांडवेनमहात्मना २२ जयेनसंपूज्यसपांडवंतदाप्रचोदयामासहयान्मनोजवान् ॥ सपांडुपुत्रस्यरथोमनोजवः
क्षणेनकर्णस्यरथाग्रतोऽभवत् २३ ॥ इतिश्रीमहाभारतेकर्णपर्वणिकर्णार्जुनद्वैरथेवासुदेववाक्येषडशीतितमोऽध्यायः ॥ ८६ ॥ ॥ ॥ संजयउवाच ॥ वृषसे
नंहतंदृष्ट्वाशोकामर्षसमन्वितः ॥ पुत्रशोकोद्भवंवारिनेत्राभ्यांसमवासृजत् १ रथेनकर्णस्तेजस्वीजगामाभिमुखोरिपुम् ॥ युद्धायामर्षताम्राक्षःसमाहूयधनंजयम् २
तौरथौसूर्यसंकाशौवैयाघ्रपरिवारितौ ॥ समेतौददृशुस्तत्रद्वाविवार्कौसमुद्गतौ ३ श्वेताश्वौपुरुषौदिव्यावास्थितावरिमर्दनौ ॥ शुशुभातेमहात्मानौचंद्रादित्यौयथादिवि
४ तौदृष्ट्वाविस्मयंजग्मुःसर्वसैन्यानिमारिष ॥ त्रैलोक्यविजयेयत्ताविंद्रवैरोचनाविव ५ रथज्यातलनिर्ह्रादैर्बाणसिंहरवैस्तथा ॥ तौरथावभ्यधावन्तौसमालोक्यमही
क्षिताम् ६ ध्वजौचदृष्ट्वासंसक्तौविस्मयःसमपद्यत ॥ हस्तिकक्षंचकर्णस्यवानरंचकिरीटिनः ७ तौरथौसंप्रसक्तौतुदृष्ट्वाभारतपार्थिवाः ॥ सिंहनादरवांश्चक्रुःसाधुवा
दांश्चपुष्कलान् ८ दृष्ट्वाचद्वैरथंताभ्यांतत्रयोधाःसहस्रशः ॥ चक्रुर्बाहुस्वनांश्चैवतथाचैवावधूननम् ९ आजघ्नुःकुरवस्तत्रवादित्राणिसमंततः ॥ कर्णंप्रहर्षयिष्यंतः
शंखान्दध्मुश्चसर्वशः १० तथैवपांडवाःसर्वेहर्षयंतोधनंजयम् ॥ तूर्यशंखनिनादेनदिशःसर्वाव्यनादयन् ११ क्ष्वेडितास्फोटितोत्कुष्टैस्तुमुलंसर्वतोऽभवत् ॥ बाहुश
ब्दैश्चशूराणांकर्णार्जुनसमागमे १२ तौदृष्ट्वापुरुषव्याघ्रौरथस्थौरथिनांवरौ ॥ प्रगृहीतमहाचापौशरशक्तिध्वजायुतौ १३ वर्मिणौबद्धनिस्त्रिंशौश्वेताश्वौशंखशोभितौ ॥
तूणीरवरसंपन्नौद्वावप्येतौसुदर्शनौ १४ रक्तचंदनदिग्धांगौसमदौगोवृषाविव ॥ चापविद्युद्ध्वजोपेतौशस्त्रसंपत्तियोधिनौ १५ चामरव्यजनोपेतौश्वेतच्छत्रो
पशोभितौ ॥ कृष्णशल्यरथोपेतौतुल्यरूपौमहारथौ १६ सिंहस्कंधौदीर्घभुजौरक्ताक्षौहेममालिनौ ॥ सिंहस्कंधप्रतीकाशौव्यूढोरस्कौमहाबलौ ॥ अन्योन्यवध
मिच्छंतावन्योन्यजयकांक्षिणौ १७ अन्योन्यमभिधावंतौगोष्ठेगोवृषभाविव ॥ प्रभिन्नाविवमातंगौसुसंरब्धाविवाचलौ १८ आशीविषशिशुप्रख्यौयमकालांतको
पमौ ॥ इंद्रवृत्राविवक्रुद्धौसूर्यचंद्रसमप्रभौ १९ महाग्रहाविवक्रुद्धौयुगांतायसमुत्थितौ ॥ देवगर्भौदेवबलौदेवतुल्यौचरूपतः २० यदृच्छयासमायातौसूर्याचंद्रम
सौयथा ॥ बलिनौसमरेदृप्तौनानाशस्त्रधरौयुधि २१ ॥ ॥ ॥ ॥
१३।१४।१५।१६।१७।१८।१९।२०।२१ ॥ ॥

म०भा.टी. २२ । २३ । २४ । २५ । २६ । २७ । २८ ।२९ । ३० । ३१ । ३२ । ३३ । ३४।३५ । ३६।३७ । ३८ । ३९ । ४० । ४१ । ४२ । ४३ । ४४ व्यालमृगाःशवमृगाः ४५।४६।४७।४८।४९।५०।५१।५२ कर्ण० ८

॥ ८५॥ तौदृष्ट्वापुरुषव्याघ्रौशार्दूलाविवधिष्ठितौ ॥ बभूवपरमोहर्षस्तावकानांविशांपते २२ संशयःसर्वभूतानांविजयेसमपद्यत ॥ समेतौपुरुषव्याघ्रौप्रेक्ष्यकर्णधनंजयौ २३ अ०
उभौवरायुधधरावुभौरणकृतश्रमौ ॥ उभौचबाहुशब्देननादयंतौनभस्तलम् २४ उभौविश्रुतकर्माणौपौरुषेणबलेनच ॥ उभौचसदृशौयुद्धेशंबरामरराजयोः २५ ८७
कार्तवीर्यसमौचोभौतथादाशरथेःसमौ ॥ विष्णुवीर्यसमौचोभौतथाभवसमौयुधि २६ उभौश्वेतहयौराजन्रथप्रवरवाहिनौ ॥ सारथीप्रवरौचैवतयोरास्तांमहारणे २७
ततोदृष्ट्वामहाराजराजमानौमहारथौ ॥ सिद्धचारणसंघानांविस्मयःसमपद्यत २८ तवपुत्रास्ततःकर्णंसबलाभरतर्षभ ॥ परिवव्रुर्महात्मानंक्षिप्रमाहवशोभिनम् २९
तथैवपांडवाहृष्टाधृष्टद्युम्नपुरोगमाः ॥ परिवव्रुर्महात्मानंपार्थमप्रतिमंयुधि ३० तावकानांरणेकर्णोग्लहोह्यासीद्विशांपते ॥ तथैवपांडवेयानांग्लहःपार्थोऽभवत्तदा ३१
तएवसभ्यास्तत्रासन्प्रेक्षकाश्चाभवन्स्मते ॥ तत्रैषांग्लहमानानांध्रुवौजयपराजयौ ३२ ताभ्यांद्यूतंसमासक्तंविजयायेतरायच ॥ अस्माकंपांडवानांचस्थितानांरणमू
र्धनि ३३ तौतुस्थितौमहाराजसमरेयुद्धशालिनौ ॥ अन्योन्यंप्रतिसंरब्धावन्योन्यवधकांक्षिणौ ३४ तावुभौप्रजिहीर्षंताविंद्रवृत्राविवप्रभो ॥ भीमरूपधरावास्तां
महाधूमाविवग्रहौ ३५ ततोऽन्तरिक्षेसाक्षेपाविवादाभरतर्षभ ॥ मिथोभेदाश्चभूतानामासन्कर्णार्जुनांतरे ३६ व्यश्रूयंतमिथोभिन्नाःसर्वलोकास्तुमारिष ॥ देवदा
नवगंधर्वाःपिशाचोरगराक्षसाः ३७ प्रतिपक्षग्रहंचक्रुःकर्णार्जुनसमागमे ॥ द्यौरासीत्सूतपुत्रस्यपक्षेमातेवधिष्ठिता ३८ भूमिर्धनंजयस्यासीन्मातेवजयकांक्षिणी ॥
गिरयःसागराश्चैवनद्यश्चसजलास्तथा ३९ वृक्षाश्चौषधयश्चैवव्याश्रयंतपरस्परम् ॥ असुरायातुधानाश्चगुह्यकाश्चपरंतप ४० तेकर्णंसमपद्यंतहृष्टरूपाःसमंततः ॥
मुनयश्चारणाःसिद्धावैनतेयावयांसिच ४१ रत्नानिनिधयःसर्वेवेदाश्चाख्यानपंचमाः ॥ सोपवेदोपनिषदःसरहस्याःससंग्रहाः ४२ वासुकिश्चित्रसेनश्चतक्षकोमणि
कस्तथा ॥ सर्पाश्चैवतथासर्वेकाद्रवेयाश्चसान्वयाः ४३ विषवंतोमहाराजनागाश्चार्जुनतोऽभवन् ॥ ऐरावताःसौरभेयावैशालेयाश्चभोगिनः ४४ एतेऽभवन्नर्जुनतः
क्षुद्रसर्पाश्चकर्णतः ॥ ईहामृगाव्यालमृगामांगल्याश्चमृगद्विजाः ४५ पार्थस्यविजयेराजन्सर्वएवाभिसंस्थिताः ॥ वसवोमरुतःसाध्यारुद्राविश्वेऽश्विनौतथा ४६
अग्निरिंद्रश्चसोमश्चपवनोऽथदिशोदश ॥ धनंजयस्यतेपक्षेआदित्याःकर्णतोऽभवन् ४७ विशःशूद्राश्चसूताश्चयेचसंकरजातयः ॥ सर्वशस्तेमहाराजराधेयमभजं
स्तदा ४८ देवास्तुपितृभिःसार्धंसगणाःसपदानुगाः ॥ यमोवैश्रवणश्चैववरुणश्चयतोऽर्जुनः ४९ ब्रह्मक्षत्रंचयज्ञाश्चदक्षिणाश्चार्जुनंश्रिताः ॥ प्रेताश्चैवपिशाचा ॥ ८५॥
श्चक्रव्यादाश्चमृगांडजाः ५० राजसाःसहयादोभिःश्वसृगालाश्चकर्णतः ॥ देवब्रह्मनृपर्षीणांगणाःपांडवतोऽभवन् ५१ तुंबुरुप्रमुखाराजन्गंधर्वाश्चयतोऽर्जुनः ॥
प्रालेयाःसहमौनेयागंधर्वाप्सरसांगणाः ५२ ॥ ॥ ॥ ॥ ॥

५३ । ५४ । ५५ । ५६ । ५७ । ५८ । ५९ । ६० । ६१ । ६२ । ६३ । ६४ । ६५ । ६६ । ६७ । ६८ । ६९ ७० । ७१ । ७२ । ७३ । ७४ । ७५ । ७६ दिष्टमपि दैवविहितमपि ७७

ईहामृगाः पक्षिगणाद्विपाश्वरथपत्तिभिः ॥ उह्यमानास्तथामेघैर्वायुनाचमनीषिणः ५३ दिदृक्षवः समाजग्मुः कर्णार्जुनसमागमम् ॥ देवदानवगंधर्वानागयक्षाः पतत्रिणः
५४ महर्षयोवेदविदः पितरश्वस्वधाभुजः ॥ तपोविद्यास्तथौषध्योनानारूपबलान्विताः ५५ अंतरिक्षमहाराजविनदंतोऽवतस्थिरे ॥ ब्रह्माब्रह्मर्षिभिः सार्धंप्रजापति
भिरेवच ५६ भवश्चैवस्थितोयानेदिव्यंतंदेशमागमत् ॥ समेतौतौमहात्मानौदृष्ट्वाकर्णधनंजयौ ५७ अर्जुनोजयतांकर्णमितिशक्रोऽब्रवीत्तदा ॥ जयतामर्जुनंकर्णइतिसू
र्योऽभ्यभाषत ५८ हत्वाऽर्जुनंममसुतः कर्णोजयतुसंयुगे ॥ हत्वाकर्णंजयत्वद्यममपुत्रोधनंजयः ५९ इतिसूर्यस्यचैवासीद्विवादोवासवस्यच ॥ पक्षसंस्थितयोस्तत्रत
योर्विबुधसिंहयोः ॥ द्वैपक्ष्यमासीद्देवानामसुराणांचभारत ६० समेतौतौमहात्मानौदृष्ट्वाकर्णधनंजयौ ॥ अकम्पन्तत्रयोलोकाः सहदेवर्षिचारणाः ६१ सर्वेदेवगणाश्चैव
सर्वभूतानियानिच ॥ यतः पार्थस्ततोदेवायतः कर्णस्ततोऽसुराः ६२ रथयूथपयोः पक्षौकुरुपांडववीरयोः ॥ दृष्ट्वाप्रजापतिंदेवाः स्वयंभुवमचोदयन् ६३
कोऽनयोर्विजयीदेवकुरुपांडवयोधयोः ॥ समोऽस्तुविजयोदेवएतयोर्नरसिंहयोः ६४ कर्णार्जुनविवादेनसर्वंसंशयितंजगत् ॥ स्वयंभोब्रूहिनस्त
थ्यमेतयोर्विजयंप्रभो ६५ स्वयंभोब्रूहितद्वाक्यंसमोऽस्तुविजयोऽनयोः ॥ तदुपश्रुत्यमघवाप्रणिपत्यपितामहम् ६६ व्यज्ञापयतदेवेशमिदंमतिमतांवरः ॥ पूर्वंभगव
ताप्रोक्तंकृष्णयोर्विजयोध्रुवः ६७ तत्तथास्तुनमस्तेऽस्तुप्रसीदभगवन्मम ॥ ब्रह्मेशानावथोवाक्यमूचतुस्त्रिदशेश्वरम् ६८ विजयोध्रुवमेवास्यविजयस्यमहात्मनः ॥
खांडवेयेहुतभुक्तोषितः सव्यसाचीना ६९ स्वर्गेचसमनुप्राप्यसाहाय्यंशक्रतेकृतम् ॥ कर्णश्चदानवः पक्षअतः कार्यः पराजयः ७० एवंकृतेभवेत्कार्यंदेवानामेवनिश्चि
तम् ॥ आत्मकार्यंचसर्वेषांगरीयस्त्रिदशेश्वर ७१ महात्माफाल्गुनश्चापिसत्यधर्मरतः सदा ॥ विजयस्तस्यनियतंजायतेनात्रसंशयः ७२ तोषितोभगवान्येनमहात्मा
वृषभध्वजः ॥ कथंवातस्यनजयोजायतेशतलोचन ७३ यस्यचक्रेस्वयंविष्णुः सारथ्यंजगतः प्रभुः ॥ मनस्वीबलवान्शूरः कृतास्त्रोऽथतपोधनः ७४ बिभर्तिचमहाते
जाधनुर्वेदमशेषतः ॥ पार्थः सर्वगुणोपेतोदेवकार्यमिदंयतः ७५ क्लिश्यंतेपांडवानित्यंवनवासादिभिर्भृशम् ॥ संपन्नस्तपसाचैवपर्याप्तः पुरुषर्षभः ७६ अतिक्रमेच्चमाहा
त्म्याद्दिष्टमप्यर्थपर्ययम् ॥ अतिक्रांतेचलोकानामभावोनियतंभवेत् ७७ नविद्यतेव्यवस्थानंक्रुद्धयोः कृष्णयोः क्वचित् ॥ स्रष्टारौजगतश्चैवसततंपुरुषर्षभौ ७८ नरना
रायणावेतौपुराणावृषिसत्तमौ ॥ अनियम्यौनियंतारावेतौतस्मात्परंतपौ ७९ नैतयोस्तुसमः कश्चिद्दिविवामानुषेषुवा ॥ अनुगम्यास्त्रयोलोकाः सहदेवर्षिचारणैः ८०
सर्वेदेवगणाश्चापिसर्वभूतानियानिच ॥ अनयोस्तुप्रभावेनवर्ततेनिखिलंजगत् ८१ कर्णोलोकानयंमुख्यानाप्नोतुपुरुषर्षभः ॥ कर्णोवैकर्तनः शूरोविजयस्त्वस्तुकृष्णयोः ८२

व्यवस्थानंमर्यादा ७८ । ७९ । ८० । ८१ । ८२ ॥ ॥ ॥ ॥

वसूनांसमलोकत्वंमरुतांवासमाप्नुयात् ॥ सहितोद्रोणभीष्माभ्यांनाकलोकवाप्नुयात् ८३ इत्युक्तोदेवदेवाभ्यांसहस्राक्षोऽब्रवीद्वचः ॥ आमंत्र्यसर्वभूतानिब्रह्मेशा
नानुशासनम् ८४ श्रुतंभवद्भिर्यत्प्रोक्तंभगवद्भ्यांजगद्धितम् ॥ तत्तथानान्यथातद्धितिष्ठध्वंविगतज्वराः ८५ इतिश्रुत्वेंद्रवचनंसर्वभूतानिमारिष ॥ विस्मितान्य
भवन्राजन्पूजयांचक्रिरेतदा ८६ व्यसृजंश्चसुगंधीनिपुष्पवर्षाणिहर्षिताः ॥ नानारूपाणिविबुधादेवतूर्याण्यवादयन् ८७ दिदृक्षवश्चाप्रतिमंद्वैरथंनरसिंहयोः ॥
देवदानवगंधर्वाःसर्वएवावतस्थिरे ८८ रथौतयोःश्वेतहयौदिव्यौयुक्तौमहात्मनोः ॥ यौतौकर्णार्जुनौराजन्प्रहृष्टौव्यवतिष्ठताम् ८९ समागतालोकवीराःशंखान्
दध्मुःपृथक्पृथक् ॥ वासुदेवार्जुनौवीरौकर्णशल्यौचभारत ९० तद्भीरुसंत्रासकरंयुद्धंसमभवत्तदा ॥ अन्योन्यस्पर्धिनोरुग्रंशक्रशंबरयोरिव ९१ तयोर्ध्वजौवीतम
लौशुशुभातेरथेस्थितौ ॥ राहुकेतूयथाऽऽकाशेउदितौजगतःक्षये ९२ कर्णस्याशीविषनिभारत्नसारमयीदृढा ॥ पुरंदरधनुःप्रख्याहस्तिकक्ष्याविराजते ९३
कपिश्रेष्ठस्तुपार्थस्यव्यादितास्यइवांतकः ॥ दंष्ट्राभिर्भीषयन्भाभिर्दुर्निरीक्ष्योरविर्यथा ९४ युद्धाभिलाषुकोभूत्वाध्वजोगांडीवधन्वनः ॥ कर्णध्वजमुपातिष्ठत्स्वस्था
नाद्वेगवान्कपिः ९५ उत्पपातमहावेगःकक्ष्यामभ्याहनत्तदा ॥ नखैश्चदशनैश्चैवगरुडःपन्नगंयथा ९६ साकिंकिणीकाभरणाकालपाशोपमाऽऽयसी ॥ अभ्यद्र
वत्सुसंरब्धाहस्तिकक्ष्याऽथतंकपिम् ९७ तयोर्घोरतरेयुद्धेद्वैरथेद्यूतआहिते ॥ प्राकुर्वतांध्वजौयुद्धंपूर्वंपूर्वतरंतदा ९८ हयाहयानभ्यहेषन्स्पर्धमानाःपरस्परम् ॥
अविध्यत्पुंडरीकाक्षःशल्यंनयनसायकैः ९९ शल्यश्चपुंडरीकाक्षंतथैवाभिसमैक्षत ॥ तत्राजयद्वासुदेवःशल्यंनयनसायकैः १०० कर्णंचाप्यजयद्दृष्ट्याकुंतीपुत्रो
धनंजयः ॥ अथाब्रवीत्सूतपुत्रःशल्यमाभाष्यसस्मितम् १ यदिपार्थोरणेहन्यादद्यमामिहकर्हिचित् ॥ किंकरिष्यसिसंग्रामेशल्यसत्यमथोच्यताम् २ ॥ शल्य
उवाच ॥ यदिकर्णरणेहन्यादद्यत्वांश्वेतवाहनः ॥ उभावेकरथेनाहंहन्यांमाधवपांडवौ ३ ॥ संजयउवाच ॥ एवमेवतुगोविंदमर्जुनःप्रत्यभाषत ॥ तंप्रहस्याब्रवी
त्कृष्णःसत्यंपार्थमिदंवचः ४ पतेद्दिवाकरःस्थानाच्छुष्येदपिमहोदधिः ॥ शैत्यमग्निरियान्नत्वांहन्यात्कर्णोधनंजय ५ यदिचैतत्कथंचित्स्याल्लोकपर्यासनंभवेत् ॥
हन्यांकर्णंतथाशल्यंबाहुभ्यामेवसंयुगे ६ इतिकृष्णवचःश्रुत्वाप्रहसन्कपिकेतनः ॥ अर्जुनःप्रत्युवाचेदंकृष्णमक्लिष्टकारिणम् ७ ममतावदपर्याप्तौकर्णशल्यौजनार्द
न ॥ सपताकध्वजंकर्णंसशल्यरथवाजिनम् ८ सच्छत्रकवचंचैवसशक्तिशरकार्मुकम् ॥ द्रष्टाऽस्यद्यरणेकृष्णशरैश्छिन्नमनेकधा ९ अद्यैवसरथंसाश्वंसशक्तिकवचायु
धम् ॥ संचूर्णितमिवारण्येपादपंदंतिनायथा ११० अद्यराधेयभार्याणांवैधव्यंसमुपस्थितम् ॥ ध्रुवंस्वप्नेष्वनिष्टानिताभिर्दृष्टानिमाधव ११ द्रष्टाऽसिध्रुवमद्यैवविधवाः
कर्णयोषितः ॥ नहिमेशाम्यतेमन्युर्यदनेनपुराकृतम् ११२ ॥ ८९ ॥

११३ । १४ । १५ । १६ । ११७ ॥ इतिक० नी० भा० भा० सप्ताशीतितमोऽध्यायः ॥ ८७ ॥ ॥ तदिति १ । २ द्विषतःशत्रून् ३ । ४ । ५ । ६ एकौमुख्यौरथौरथिनौकर्णार्जुनौएकौचतौ

कृष्णांसभागतांदृष्ट्वामूढेनादीर्घदर्शिना ॥ अस्मांस्तथाऽवहसताक्षिपताचपुनःपुनः ११३ अद्यद्रष्टाऽसिगोविंदकर्णमुन्मथितंमया ॥ वारणेनेवमत्तेनपुष्पितंजगतीरु
हम् १४ अद्यतामधुरावाचाःश्रोताऽसिमधुसूदन ॥ दिष्ट्याजयसिवार्ष्णेयइतिकर्णेनिपातिते १५ अद्याभिमन्युजननींप्रहृष्टःसांत्वयिष्यसि ॥ कुंतींपितृष्वसारंचप्रहृ
ष्टःसन्जनार्दन १६ अद्यबाष्पमुखींकृष्णांसांत्वयिष्यसिमाधव ॥ वाग्भिश्चामृतकल्पाभिर्धर्मराजंचपांडवम् ११७ ॥ इतिश्रीमहाभारतेकर्णपर्वणि कर्णार्जुनसमागमे
द्वैरथेसप्ताशीतितमोऽध्यायः ॥ ८७ ॥ ॥ संजयउवाच ॥ तद्देवनागासुरसिद्धयक्षैर्गंधर्वरक्षोऽप्सरसांचसंघैः ॥ ब्रह्मर्षिराजर्षिसुपर्णजुष्टंबभौवियद्विस्मयनीयरूपम् १
नानद्यमानंनिनदैर्मनोज्ञैर्वादित्रगीतस्तुतिनृत्यहासैः ॥ सर्वेऽन्तरिक्षंददृशुर्मनुष्याःखस्थाश्चतद्विस्मयनीयरूपम् २ ततःप्रहृष्टाःकुरुपांडुयोधावादित्रशंखस्वनसिंहनादैः ॥
विनादयंतोवसुधांदिशश्चस्वनेनसर्वान्द्विषतोनिजघ्नुः ३ नराश्वमातंगरथैःसमाकुलंशरासिशक्त्यृष्टिनिपातदुःसहम् ॥ अभीरुजुष्टंहतदेहसंकुलंरणाजिरंलोहितमाब
भौतदा ४ बभूवयुद्धंकुरुपांडवानांयथासुराणामसुरैःसहाभवत् ॥ तथाप्रवृत्तेतुमुलेसुदारुणेधनंजयस्याधिरथेश्चसायकैः ५ दिशश्चसैन्यंचशितैरजिह्मगैःपरस्परंप्रावृणु
तांसुदंशितैः ॥ ततस्त्वदीयाश्चपरेचसायकैःकृतेऽन्धकारेददृशुर्नकिंचन ६ भयातुराएकरथौसमाश्रयंस्ततोऽभवत्त्वद्भुतमेवसर्वतः ॥ ततोऽस्त्रमस्त्रेणपरस्परंतौ
विधूयवाताविवपूर्वपश्चिमौ ७ घनांधकारेवितेततमोनुदौयथोदितौतद्वदतीवरेजतुः ॥ नचाभिसर्तव्यमितिप्रचोदिताःपरेत्वदीयाश्चतथाऽवतस्थिरे ८
महारथौतौपरिवार्यसर्वतःसुरासुराःशंबरवासवाविव ॥ मृदंगभेरीपणवानकस्वनैःससिंहनादैर्नदतुर्नरोत्तमौ ९ शशांकसूर्याविवमेघनिःस्वनैर्विरेजतुस्तौपुरुषर्षभौतदा ॥
महाधनुर्मंडलमध्यगावुभौसुवर्चसौबाणसहस्रदीधिती १० दिधक्षमाणौसचराचरंजगद्युगांतसूर्याविवदुःसहौरणे ॥ उभावजेयावहितांतकावुभावुभौजिघांसूकृतिनौ
परस्परम् ११ महाहवेवीतभयौसमीयतुर्महेन्द्रजंभाविवकर्णपांडवौ ॥ ततोमहास्त्राणिमहाधनुर्धरौविमुंचमानाविषुभिर्भयानकैः १२ नराश्वनागानमितान्निजघ्नतुःपर
स्परंचापिमहारथौनृप ॥ ततोविसस्रुःपुनरर्दितानरानरोत्तमाभ्यांकुरुपांडवाश्रयाः १३ सनागपत्त्यश्वरथादिशोदशतथायथासिंहहतावनौकसः ॥ ततस्तुदुर्यो
धनभोजसौबलाःकृपेणशारद्वतसूनुनासह १४ महारथाःपंचधनंजयाच्युतौशरैःशरीरार्तिकरैरताडयन् ॥ धनूंषितेषामिषुधीन्ध्वजान्हयान्रथांश्चसूतांश्चधनंजयःशरैः
१५ समंप्रमथ्याशुपरान्समंततःशरोत्तमैर्द्वादशभिश्चसूतजम् ॥ अथाभ्यधावंस्त्वरिताःशतंरथाःशतंगजाश्चार्जुनमाततायिनः १६ शकास्तुषारायवनाश्चसादिनः
सहैवकांबोजवरैर्जिघांसवः ॥ वरायुधान्पाणिगतैःशरैःसहक्षुरैर्न्यकृंतत्प्रपतन्शिरांसिच १७ ॥ ॥ ॥

२९ रथांचेतिविग्रहः ७ तमोनुदौसूर्यचंद्रौ नचअभिसर्तव्यंनापयातव्यमितिनियमेनप्रचोदिताःप्रेरिताः ८ । ९ । १० । ११ । १२ विसस्रुःविप्रद्रुताः १३ पंचैवावशिष्टाइत्याह ततइति १४ । १५ । १६ । १७

१८ । १९ । २० । २१ । २२ । २३ । २४ । २५ । २६ । २७ । २८ निसर्गतइतिसहजमित्रत्वोपपादनं साम्नाप्रीत्या प्रसन्नेराज्यार्धदानेन हितंअर्जुनकोपशमनेनेतिचतुर्धापक्षोऽपिविवृतः २९ । ३०

हयांश्चनागांश्चरथांश्चयुध्यतोधनंजयःशत्रुगणानक्षितौक्षिणोत् ॥ ततोऽन्तरिक्षेसुरतूर्यनिःस्वनाःससाधुवादाहृषितैःसमीरिताः १८ निपेतुरप्युत्तमपुष्पवृष्टयःसुगंधि
गंधाःपवनेरिताःशुभाः ॥ तदद्भुतंदेवमनुष्यसाक्षिकंसमीक्ष्यभूतानिविसिस्मियुस्तदा १९ तवात्मजःसूतसुतश्चनव्यथांनविस्मयंजग्मतुरेकनिश्चयौ ॥ अथाब्रवीद्द्रोण
सुतस्तवात्मजंकरंकरेणप्रतिपीड्यसांत्वयन् २० प्रसीददुर्योधनशाम्यपांडवैरलंविरोधेनधिगस्तुविग्रहम् ॥ हतोगुरुर्ब्रह्मसमोमहास्त्रवित्तथैवभीष्मप्रमुखामहारथाः
२१ अहंत्ववध्योममचापिमातुलःप्रशाधिराज्यंसहपांडवैश्चिरम् ॥ धनंजयःशाम्यतिवारितोमयाजनार्दनोनैवविरोधमिच्छति २२ युधिष्ठिरोभूतहितेरतःसदावृ
कोदरस्तद्वशगस्तथायमौ ॥ त्वयातुपार्थैश्चकृतेचसंविदेप्रजाःशिवंप्राप्नुयुरिच्छयातव २३ वयंतुशेषाःस्वपुराणियांतुवानिवृत्तयुद्धाश्चभवंतुसैनिकाः ॥ नचे
द्वचःश्रोष्यसिमेनराधिपध्रुवंप्रतप्ताऽसिहतोऽरिभिर्युधि २४ इदंचदृष्टंजगतासहत्वयाकृतंयदेकेनकिरीटमालिना ॥ यथानकुर्याद्बलभिन्नचांतकोनचापिधाता
भगवान्नयक्षराट् २५ अतोऽपिभूयान्स्वगुणैर्धनंजयोनचातिवर्तिष्यतिमेवचोऽखिलम् ॥ तवानुयात्रांचसदाकरिष्यतिप्रसीदराजेन्द्रशमंत्वमाप्नुहि २६
ममापिमानःपरमःसदात्वयिब्रवीम्यतस्त्वांपरमाच्चसौहृदात् ॥ निवारयिष्यामिचकर्णमप्यहंयदाभवान्सप्रणयोभविष्यति २७ वदंतिमित्रंसहजंविच
क्षणास्तथैवसाम्नाचधनेनचार्जितम् ॥ प्रतापतश्चोपनतंचतुर्विधंतदस्तिसर्वंतवपांडवेषु २८ निसर्गतस्तेतववीरबांधवाःपुनश्चसाम्नासमवाप्नुहिप्रभो ॥ त्वयिप्रसन्नेयदि
मित्रतांगतेहितंकृतंस्याज्जगतस्त्वयाऽतुलम् २९ सएवमुक्तःसुहृदावचोहितंविचिंत्यनिःश्वस्यचदुर्मनाऽब्रवीत् ॥ यथाभवानाहसखेतथैवतन्ममापिविज्ञापयतोवचःशृणु
३० निहत्यदुःशासनमुक्तवान्वचःप्रसह्यशार्दूलवदेषदुर्मतिः ॥ वृकोदरस्तद्धृदयेममस्थितंनतत्परोक्षंभवतःकुतःशमः ३१ नचापिकर्णंप्रसहेद्रणेऽर्जुनोमहागिरिंमेरु
मिवोग्रमारुतः ॥ नचाश्वसिष्यंतिपृथात्मजामयिप्रसह्यवैरंबहुशोविचिंत्य ३२ नचापिकर्णंगुरुपुत्रसंयुगादुपारमेत्यर्हसिवक्तुमच्युत ॥ श्रमेणयुक्तोमहताऽद्यफाल्गुन
स्तमेषकर्णःप्रसभंहनिष्यति ३३ तमेवमुक्त्वाऽप्यनुनीयचासकृत्तवात्मजःस्वाननुशास्तिसैनिकान् ॥ समाहिताऽभिद्रवताहितान्ममसबाणहस्ताःकिमुजोषमासत
३४ ॥ इतिश्रीम० कर्णप० अश्वत्थामवाक्येअष्टाशीतितमोऽध्यायः ॥ ८८ ॥ ॥ संजयउवाच ॥ तौशंखभेरीनिनदेसमृद्धेसमीयतुःश्वेतहयौनराग्र्यौ ॥
वैकर्तनःसूतपुत्रोऽर्जुनश्चदुर्मंत्रितेतवपुत्रस्यराजन् १ यथागजौहैमवतौप्रभिन्नौप्रवृद्धदंताविववासितार्थे ॥ तथासमाजग्मतुरुग्रवीर्यौधनंजयश्चाधिरथिश्चवीरौ २ बला
हकेनेवमहाबलाहकोयदृच्छयावागिरिणायथागिरिः ॥ तथाधनुर्ज्यातलनेमिनिःस्वनैःसमीयतुस्ताविषुवर्षवर्षिणौ ३ ॥ ॥

वचो दुर्योधनस्यहतस्यशिरःपदाताडयिष्यामीत्येवंरूपं ३१. यथाऽर्जुनःकर्णंनप्रसहेत्तदपिभवतःपरोक्षंनेतिपूर्वेणान्वयः ३२ । ३३ । ३४ ॥ इतिक०नी०भा०अष्टाशीतितमोऽध्यायः ॥ ८८ ॥ ताविति १ । २ । ३

४।५।६।७।८।९।१०।११।१२ ।१३। १४ केतार्थस्थानार्थंनीडेपक्षिगणाइवदेहेबाणालीयंतइत्यर्थः १५ संघान्बाणसंघान् १६।१७। १८।१९। २०।२१।२२। २३। २४। २५। २६। २७
प्रवृद्धशृंगद्रुमवीरुदोषधीप्रवृद्धनानाविधनिर्झरौकसौ ॥ यथाऽचलावाचलितौमहाबलौतथामहास्त्रैरितरेतरंहतः ४ ससन्निपातस्तुतयोर्महानभूत्सुरेशवैरोचन
योर्यथापुरा ॥ शरैर्विनुन्नांगनियंतृवाहयोःसुदुःसहोऽन्यैःकटुशोणितोदकः ५ प्रभूतपद्मोत्पलमत्स्यकच्छपौमहाह्रदौपक्षिगणैरिवावृतौ ॥ सुसन्निकृष्टावनिलो
द्धतौयथातथारथौतौध्वजिनौसमीयतुः ६ उभौमहेंद्रस्यसमानविक्रमावुभौमहेंद्रप्रतिमौमहारथौ ॥ महेंद्रवज्रप्रतिमैश्चसायकैर्महेंद्रवृत्राविवसंप्रजघ्नतुः ७ सनागपत्त्य
श्वरथेशुभेबलेविचित्रवर्माभरणांबरायुधे ॥ चकंपतुर्विस्मयनीयरूपेवियद्गताश्चार्जुनकर्णसंयुगे ८ भुजाःसवस्त्रांगुलयःसमुच्छ्रिताःससिंहनादैर्हृषितैर्दिदृक्षुभिः ॥
यदर्जुनोमत्तइवद्विपोद्विपंसमभ्ययादाधिरथिंजिघांसया ९ उदक्रोशन्सोमकास्तत्रपार्थंपुरःसराश्चार्जुनभिंधिकर्णम् ॥ छिंध्यस्यमूर्धानमलंचिरेणश्रद्धांचराज्याद्धृतरा
ष्ट्रसूनोः १० तथाऽस्माकंबहवस्तत्रयोधाःकर्णंतथायाहियाहीत्यवोचन् ॥ जह्यर्जुनंकर्णशरैःसुतीक्ष्णैःपुनर्वनंयांतुचिरायपार्थाः ११ तथाकर्णःप्रथमंतत्रपार्थंमहे
षुभिर्दशभिःप्रत्यविध्यत् ॥ तंचार्जुनःप्रत्यविध्यच्छिताग्रैःकक्षांतरेदशभिःसंप्रहस्य १२ परस्परंतौविशिखैःसुपुंखैस्ततक्षतुःसूतपुत्रोऽर्जुनश्च ॥ परस्परंतौबिभि
दुर्विमर्देसुभीममभ्यापततुश्चहृष्टौ १३ ततोऽर्जुनःप्रासृजदुग्रधन्वाभुजावुभौगांडिवंचानुमृज्य ॥ नाराचनालीकवराहकर्णान्क्षुरांस्तथासांजलिकार्धचंद्रान् १४
तेसर्वतःसमकीर्यंतराजन्पार्थेषवःकर्णरथंविशंतः ॥ अवाङ्मुखाःपक्षिगणादिनांतेविशंतिकेतार्थमिवाशुवृक्षम् १५ यानर्जुनःसभ्रुकुटीकटाक्षंकर्णायराजन्नसृजज्जि
तारिः ॥ तान्सायकैर्ग्रसतेसूतपुत्रःक्षिप्तान्क्षिप्तान्पांडवस्याशुसंघान् १६ ततोऽस्त्रमाग्नेयममित्रसाधनंमुमोचकर्णायमहेंद्रसूनुः ॥ भूम्यंतरिक्षेचदिशोऽर्कमार्गंप्रावृत्य
देहोऽस्यबभूवदीप्तः १७ योधाश्चसर्वेज्वलितांबराभृशंप्रदुद्रुवुस्तत्रविदग्धवस्त्राः ॥ शब्दश्चघोरोतिबभूवतत्रयथावनेवेणुवनस्यदह्यतः १८ तद्वीक्ष्यकर्णोज्वलनास्त्र
मुद्यतंसवारुणंतत्प्रशमार्थमाहवे ॥ समुत्सृजन्सूतसुतःप्रतापवान्सतेनवह्निंशमयांबभूव १९ बलाहकौघश्चदिशस्तरस्वीचकारसर्वास्तिमिरेणसंवृताः ॥ ततोधरि
त्रीधरतुल्यरोधसःसमंततोवैपरिवार्यवारिणा २० तैश्चातिवेगात्सतथाविधोऽपिनीतःशमंवह्निरतिप्रचंडः ॥ बलाहकैरेवदिगंतराणिव्याप्तानिसर्वाणियथानभश्च
२१ तथाचसर्वास्तिमिरेणवैदिशोमेघैर्वृतानप्रदृश्येतकिंचित् ॥ अथापोवाह्याभ्रसंघान्समस्तान्वायव्यास्त्रेणापततःसकर्णात् २२ ततोऽप्यसह्यंदयितंदेवराज्ञःप्रादुश्च
क्रेवज्रमतिप्रभावम् ॥ गांडीवंज्यांविशिखांश्चानुमंत्र्यधनंजयःशत्रुभिरप्रधृष्यः २३ ततःक्षुरप्रांजलिकार्धचंद्रानालीकनाराचवराहकर्णाः ॥ गांडीवतःप्रादुरास
न्सुतीक्ष्णाःसहस्रशोवज्रसमानवेगाः २४ तेकर्णमासाद्यमहाप्रभावाःसुतेजनागार्ध्रपत्राःसुवेगाः ॥ गात्रेषुसर्वेषुहयेषुचापिशरासनेयुगचक्रेध्वजेच २५ निर्भिद्यतूर्णं
विविशुःसुतीक्ष्णास्तार्क्ष्यत्रस्ताभूमिमिवोरगास्ते ॥ शराचितांगोरुधिरार्द्रगात्रःकर्णस्तदारोषविवृत्तनेत्रः २६ दृढज्यमानाम्यसमुद्रघोषंप्रादुश्चक्रेभार्गवास्त्रंम
हात्मा ॥ महेंद्रशस्त्राभिमुखान्विमुक्तांश्छित्त्वाकर्णःपांडवस्येषुसंघान् २७ ॥ ॥

तस्याश्रमस्त्रेणनिहत्यसोऽथजघानसंख्येरथनागपत्तीन् ॥ अमृष्यमाणश्चमहेंद्रकर्मामहारणेभार्गवास्त्रप्रतापात् २८ पंचालानांप्रवरांश्चापियोधान्क्रोधाविष्टःसूतपुत्र
स्तरस्वी ॥ बाणैर्विव्याधाहवेसुप्रमुक्तैःशिलाशितैरुक्मपुंखैःप्रसह्य २९ तत्पंचालाःसोमकाश्चापिराजन्कर्णेनाजौपीड्यमानाःशरौघैः ॥ क्रोधाविष्टाविव्यधुस्तंसमंता
त्तीक्ष्णैर्बाणैःसूतपुत्रंसमेताः ३० तान्सूतपुत्रोनिजघानबाणैःपंचालानांरथनागाश्वसंघान् ॥ अभ्यर्दयद्बाणगणैःप्रसह्यविद्धाहर्षात्संगरेसूतपुत्रः ३१ तेभिन्नदेहाव्यसवोनि
पेतुःकर्णेषुभिर्भूमितलेस्वनंतः ॥ क्रुद्धेनसिंहेनयथेभयूथामहावनेभीमबलेनतद्वत् ३२ पंचालानांप्रवरान्संनिहत्यप्रसह्ययोधानखिलानदीनः ॥ ततःसराजन्विरराज
कर्णोयथाऽम्बरेभास्करउग्ररश्मिः ३३ कर्णस्यमत्वातुजयंत्वदीयाःपरांमुदंसिंहनादांश्चचक्रुः ॥ सर्वेह्यमन्यंतभृशाहतौचकर्णेनकृष्णावितिकौरवेंद्र ३४ तत्ताहृशंप्रेक्ष्यमहार
थस्यकर्णस्यवीर्यंचपरैरसह्यम् ॥ दृष्ट्वाचकर्णेनधनंजयस्यतथाऽऽजिमध्येनिहतंतदस्त्रम् ३५ ततस्त्वमर्षीक्रोधसंदीप्तनेत्रोवातात्मजःपाणिनापाणिमाच्छर्त् ॥ भीमोऽ
ब्रवीदर्जुनंसत्यसंधममर्षितोनिःश्वसन्जातमन्युः ३६ कथंनुपापोऽयमपेतधर्मःसूतात्मजःसमरेऽद्यप्रसह्य ॥ पंचालानांयोधमुख्याननेकान्निजघ्निवांस्तवजिष्णोसम
क्षम् ३७ पूर्वंदेवैरजितंकालकेयैःसाक्षात्स्थाणोर्बाहुसंस्पर्शमेत्य ॥ कथंनुत्वांसूतपुत्रःकिरीटिन्नथेषुभिर्दशभिःप्रागविध्यत् ३८ त्वयाक्षिप्तांश्चाग्रसद्बाणसंघानाश्चर्यमेत
त्प्रतिभातिमेऽद्य ॥ कृष्णापरिक्लेशमनुस्मरत्वंयथाऽब्रवीत्षंढतिलान्स्मवाचः ३९ रूक्षाःसुतीक्ष्णाश्चहिपापबुद्धिःसूतात्मजोऽयंगतभीर्दुरात्मा ॥ संस्मृत्यसर्वंतदिहा
द्यपापंजह्याशुकर्णंयुधिसव्यसाचिन् ४० कस्मादुपेक्षांकुरुषेकिरीटिन्नुपेक्षितुंनायमिहाद्यकालः ॥ ययाधृत्यासर्वभूतान्यजैषीर्ग्रासंददत्खांडवेपावकाय ४१ तयाधृत्या
सूतपुत्रंजहित्वमहंचैनंगदयापोथयिष्ये ॥ अथाब्रवीद्वासुदेवोऽपिपार्थंदृष्ट्वारथेषून्प्रतिहन्यमानान् ४२ अमीमृदत्सर्वथातेऽद्यकर्णोह्यस्त्रैरस्त्रंकिमिदंभोकिरीटिन् ॥
सवीरकिंमुह्यसिनावधत्सेनदंत्येतेकुरवःसंप्रहृष्टाः ४३ कर्णंपुरस्कृत्यविदुर्हिसर्वेतवास्त्रमस्त्रैर्विनिपात्यमानम् ॥ ययाधृत्यानिहतंतामसास्त्रंयुगेयुगेराक्षसाश्चापिघोराः
४४ दंभोद्भवाश्चासुराश्चाहवेषुतयाधृत्याजहिकर्णंत्वमद्य ॥ अनेनचास्यक्षुरनेमिनाऽद्यसंछिंधिमूर्धानमरेःप्रसह्य ४५ मयाविसृष्टेनसुदर्शनेनवज्रेणशक्रोनमुचेरिवारेः ॥
किरातरूपीभगवान्सुधृत्यात्वयामहात्मापरितोषितोऽभूत् ४६ तांत्वंपुनर्वीरधृतिंगृहीत्वासहानुबंधंजहिसूतपुत्रम् ॥ ततोमहींसागरमेखलांत्वंसपत्तनांग्रामवतींस
मृद्धाम् ४७ प्रयच्छराज्ञेनिहतारिसंघांयशश्चपार्थाऽतुलमाप्नुहित्वम् ॥ सएवमुक्तोऽतिबलोमहात्माचकारबुद्धिंहिवधायसौतेः ४८ सचोदितोभीमजनार्दनाभ्यां
स्मृत्वातथाऽऽत्मानमवेक्ष्यसर्वम् ॥ इहात्मनश्चागमनेविदित्वाप्रयोजनंकेशवमित्युवाच ४९ ॥ ॥

भूभारावतरणंविदित्वास्मृत्वा ४९ ॥ ॥

प्रादुष्करोम्येषमहास्त्रमुग्रंशिवायलोकस्यवधायसौतेः ॥ तन्मेऽनुजानातुभवान्सुराश्चब्रह्माभवोवेदविदश्चसर्वे ५० इत्युच्यदेवंसतुसव्यसाचीनमस्कृत्वाब्रह्मणेसोऽमि
तात्मा ॥ तदुत्तमंब्राह्ममसह्यमस्त्रंप्रादुश्चक्रेमनसायद्विधेयम् ५१ तदस्यहत्वाविरराजकर्णोमुक्त्वाशरान्मेघइवांबुधाराः ॥ समीक्ष्यकर्णेनकिरीटिनस्तुतथाऽऽजिमध्ये
निहतंतदस्त्रम् ५२ ततोऽमर्षीबलवान्क्रोधदीप्तोभीमोऽब्रवीदर्जुनंसत्यसंधम् ॥ ननुत्वाऽऽहुर्वेदितारंमहास्त्रंब्राह्मंविधेयंपरमंजनास्तत ५३ तस्मादन्यद्योजयसव्यसा
चिन्नितिस्मोक्तोयोजयत्सव्यसाची ॥ ततोदिशःप्रदिशश्चापिसर्वाःसमावृणोत्सायकैर्भूरितेजाः ५४ गांडीवमुक्तैर्भुजगैरिवोग्रैर्दिवाकरांशुप्रतिमैर्ज्वलद्भिः ॥ सृष्टास्तु
बाणाभरतर्षभेणशतंशतानीवसुवर्णपुंखाः ५५ प्राच्छादयन्कर्णरथंक्षणेनयुगांतवन्ह्यर्ककरप्रकाशाः ॥ ततश्चशूलानिपरश्वधानिचक्राणिनाराचशतानिचैव ५६
निश्चक्रमुर्घोरतराणियोधास्ततोह्यहन्यंतसमंततोऽपि ॥ छिन्नंशिरःकस्यचिदाजिमध्येपपातयोधस्यपरस्यकायात् ५७ भयेनसोऽप्याशुपपातभूमावन्यःप्रणष्टःपति
तंविलोक्य ॥ अन्यस्यसासिर्निपपातकृत्तोयोधस्यबाहुःकरिहस्ततुल्यः ५८ अन्यस्यसव्यःसहवर्मणाचक्षुरप्रकृत्तःपतितोधरण्याम् ॥ एवंसमस्तानपियोधमुख्या
न्विध्वंसयामासकिरीटमाली ५९ शरैःशरीरांतकरैःसुघोरैर्दौर्योधनंसैन्यमशेषमेव ॥ वैकर्तनेनापितथाऽऽजिमध्येसहस्रशोबाणगणाविसृष्टाः ६० तेघोषिणःपांडव
मभ्युपेयुःपर्जन्यमुक्ताइवबारिधाराः ॥ ततःसकृष्णंचकिरीटिनंचवृकोदरंचाप्रतिमप्रभावः ६१ त्रिभिस्त्रिभिर्भीमबलोनिहत्यननादघोरंमहतास्वरेण ॥ सकर्णबा
णाभिहतःकिरीटीभीमंतथाप्रेक्ष्यजनार्दनंच ६२ अमृष्यमाणःपुनरेवपार्थःशरान्दशाष्टौचसमुद्बबर्ह ॥ सकेतुमेकेनशरेणविद्ध्वाशल्यंचतुर्भिस्त्रिभिरेवकर्णम् ६३ ततः
समुक्तैर्दशभिर्जघानसभापतिंकांचनवर्मनद्धम् ॥ सराजपुत्रोविशिराविबाहुर्विवाजिसूतोविधनुर्विकेतुः ६४ हतोरथाग्रादपतत्सरुग्णःपरश्वधैःशालइवावकृत्तः ॥
पुनश्चकर्णंत्रिभिरष्टभिश्चद्वाभ्यांचतुर्भिर्दशभिश्चविद्ध्वा ६५ चतुःशतान्द्विरदान्सायुधान्वैहत्वारथानष्टशतानूजघान ॥ सहस्रशोश्वांश्चपुनःससादीनष्टौसहस्राणिच
पत्तिवीरान् ६६ कर्णंससूतंसरथंसकेतुमदृश्यमंजोगतिभिःप्रचक्रे ॥ अथाक्रोशन्कुरवोवध्यमानाधनंजयेनाधिरथिंसमंतात् ६७ मुंचाभिविध्यार्जुनमाशुकर्णबा
णैःपुराहंतिकुरून्समग्रान् ॥ सचोदितःसर्वयत्नेनकर्णोमुमोचबाणान्सुबहूनभीक्ष्णम् ६८ तेपांडुपंचालगणान्निजघ्नुर्मर्मच्छिदःशोणितपांसुदिग्धाः ॥ तावुत्तमौ
सर्वधनुर्धराणांमहाबलौसर्वसपत्नसाहौ ६९ निजघ्नतुश्चाहितसैन्यमुग्रमन्योन्यमप्यस्त्रविदौमहास्त्रैः ॥ अथोपयातस्त्वरितोदिदृक्षुर्मंत्रौषधीभिर्निरुजोविशल्यः ७०
कृतःसुहृद्भिर्भिषजांवरिष्ठैर्युधिष्ठिरस्तत्रसुवर्णवर्मा ॥ तथोपयातंयुधिधर्मराजंदृष्ट्वामुदासर्वभूतान्यनंदन् ७१ राहोर्विमुक्तंविमलंसमग्रंचन्द्रंयथैवाभ्युदितंतथैव ॥
दृष्ट्वातुमुख्यावथयुध्यमानौदिदृक्षवःशूरवरावरिघ्नौ ७२ ॥ ॥ ॥ ॥

म. भा. टी. ॥ ८८ ॥ कर्ण० ८ अ० ॥ ८९ ॥

७३ । ७४ । ७५ । ७६ । ७७ ७८ । ७९ । ८०।८१ । ८२ । ८३ । ८४ । ८५ । ८६ । ८७। ८८ स्नात्वेत्यनेन पातालगंगायास्तलंप्राप्यतदभिघातेन परावृत्ता इत्यर्थः ८९ तक्षकपुत्रपक्षा

कर्णंचपार्थंचविलोकयंतः खस्थामहीस्थाश्चजनाऽवतस्थुः ॥ सकार्मुकज्यातलसंनिपातःसुमुक्तबाणस्तुमुलोबभूव ७३ घ्नतोस्तथान्योन्यमिषुप्रवेकैर्धनंजयस्याधिरथेश्चतत्र ॥ ततोधनुर्ज्यासहसाऽतिकृष्टासुघोषमच्छिद्यतपांडवस्य ७४ तस्मिन्क्षणेपांडवंसूतपुत्रःसमाचिनोत्क्षुद्रकाणांशतेन ॥ निर्मुक्तसर्पप्रतिमैरभीक्ष्णंतैलप्रधौतैःखगपत्रवाजैः ७५ षष्ट्याबिभेदाशुचवासुदेवमनंतरंफाल्गुनमष्टभिश्च ॥ पूषात्मजोमर्मसुनिर्बिभेदमरुत्सुतंचायुतशःशराग्र्यैः ७६ कृष्णंचपार्थंचतथाध्वजंचपार्थानुजान्सोमकान्पातयंश्च ॥ प्राच्छादयंस्तेविशिखैःपृषत्कैर्जीमूतसंघानभसीवसूर्यम् ७७ आगच्छतस्तान्विशिखैरनेकैर्व्यष्टंभयत्सूतपुत्रःकृतास्त्रः ॥ तैरस्तमस्त्रंविनिहत्यसर्वंजघानतेषांरथवाजिनागान् ७८ तथातुसैन्यप्रवरांश्चराजन्नभ्यर्दयन्मार्गणैःसूतपुत्रः ॥ तेभिन्नदेहाव्यसवोनिपेतुःकर्णेषुभिर्भूमितलेस्वनंतः ७९ सिंहेनक्रुद्धेनयथाऽश्वयूथ्यामहाबलाभीमबलेनतद्वत् ॥ पुनश्चपंचालवरास्तथाऽन्येतदंतरेकर्णधनंजयाभ्याम् ८० प्रस्कंदन्तोबलिनासाधुमुक्तैःकर्णेनबाणैर्निहताःप्रसह्य ॥ जयंमत्वाविपुलंवैत्वदीयास्तलान्निजघ्नुःसिंहनादांश्चनेदुः ८१ सर्वेह्यमन्यंतवशेकृतौतौकर्णेनकृष्णावितितेविमर्दे ॥ ततोधनुर्ज्यामवनाम्यशीघ्रंशरानस्तानाधिरथेर्विधम्य ८२ सुसंरब्धःकर्णशरक्षतांगोरणेपार्थःकौरवान्प्रत्यगृह्णात् ॥ ज्यांचानुमृज्याभ्यहनत्तलत्रेबाणांधकारंसहसाचचक्रे ८३ कर्णंचशल्यंचकुरूंश्चसर्वान्बाणैरविध्यत्प्रसभंकिरीटी ॥ नपक्षिणोबभ्रमुरंतरिक्षेतदामहास्त्रेणकृतेऽन्धकारे ८४ वायुर्वियत्स्थैरीरितोभूतसंघैरुवाहदिव्यःसुरभिस्तदानीम् ॥ शल्यंचपार्थोदशभिःपृषत्कैर्भृशंतनुत्रेप्रहसन्नविध्यत् ८५ ततःकर्णंद्वादशभिःसुमुक्तैर्विद्ध्वापुनःसप्तभिरभ्यविद्धयत् ॥ सपार्थबाणासनवेगमुक्तैर्दृढाहतःपत्रिभिरुग्रवेगैः ८६ विभिन्नगात्रःक्षतजोक्षितांगःकर्णोबभौरुद्रइवाततेषुः ॥ प्रक्रीडमानोऽथश्मशानमध्येरौद्रेमुहूर्तेरुधिरार्द्रगात्रः ८७ ततस्त्रिभिस्तंत्रिदशाधिपोपमंशरैर्बिभेदाधिरथिर्धनंजयम् ॥ शरांश्चपंचज्वलितानिवोरगान्प्रवेशयामासजिघांसयाऽच्युतम् ८८ तेवर्मभित्त्वापुरुषोत्तमस्यसुवर्णचित्राण्यपतन्सुमुक्ताः ॥ वेगेनगामाविविशुःसुवेगाःस्नात्वाचकर्णाद्भिमुखाःप्रतीयुः ८९ तान्पंचभल्लैर्दशभिःसुमुक्तैस्त्रिधात्रिधैकैकमथोच्चकर्त ॥ धनंजयास्त्रैर्न्यपतन्पृथिव्यांमहाहयस्तक्षकपुत्रपक्षाः ९० ततःप्रजज्वालकिरीटमालीक्रोधेनकक्षंप्रदहन्निवाग्निः ॥ तथाविनुन्नांगमवेक्ष्यकृष्णंसर्वैषुभिःकर्णभुजप्रसृष्टैः ९१ सकर्णमाकर्णविकृष्टसृष्टैःशरैःशरीरांतकरैर्ज्वलद्भिः ॥ मर्मस्वविद्धयत्सचचालदुःखाद्दैवादवातिष्ठतधैर्यबुद्धिः ९२ ततःशरौघैःप्रदिशोदिशश्चरवेःप्रभाकर्णरथश्चराजन् ॥ अदृश्यमासीत्कुपितेधनंजयेतुषारनीहारवृतंयथानभः ९३ सचक्ररक्षानथपादरक्षान्पुरःसरान्पृष्ठगोपांश्चसर्वान् ॥ दुर्योधनेनानुमतानरिघ्नःसमुद्यतान्सरथान्सारभूतान् ९४ द्विसाहस्रान्समरेसव्यसाचीकुरुप्रवीरानृषभःकुरूणाम् ॥ क्षणेनसर्वान्सरथाश्वसूतान्निनायराजन्क्षयमेकवीरः ९५ ॥ ॥ ॥ ॥

इति ते सर्पबाणाःअश्वसेनप्रयुक्ताः ९० । ९१ । ९२ । ९३ । ९४ । ९५ ॥ ॥ ॥

॥ ८८ ॥

१६ । १७ ॥ इतिकर्णपर्वणि नीलकंठीये भारतभावदीपे ऊननवतितमोऽध्यायः ॥ ८९ ॥ ॥ ॥ ततइति १ । २ । ३ । ४ । ५ । ६ । ७ । ८ । ९ । १० । ११ । १२ । १३ । १४
ततोऽपलायंतविहायकर्णंतवात्मजाःकुरवोयेऽवशिष्टाः ॥ हतानपाकीर्यशरक्षतांश्चलालप्यमानांस्तनयान्पितॄंश्च १६ ससर्वतःप्रेक्ष्यदिशोविशून्याभयावदीर्णैः
कुरुभिर्विहीनः ॥ नविव्यथेभारततत्रकर्णःप्रहृष्टएवार्जुनमभ्यधावत् १७ ॥ इतिश्रीमहाभारतेकर्णपर्वणिकर्णार्जुनद्वैरथेऊननवतितमोऽध्यायः ॥ ८९ ॥ ॥
॥ संजयउवाच ॥ ततःप्रयाताःशरपातमात्रमवस्थिताःकुरवोभिन्नसेनाः ॥ विद्युत्प्रकाशंददृशुःसमंताद्धनंजयास्त्रंसमुदीर्यमाणम् १ तदर्जुनास्त्रंग्रसतिस्म
कर्णोवियद्गतंघोरतरैःशरैस्तत् ॥ क्रुद्धेनपार्थेनभृशाभिसृष्टंवधायकर्णस्यमहाविमर्दे २ उदीर्यमाणंस्मकुरून्दहंतंसुवर्णपुंखैर्विशिखैर्ममर्द ॥ कर्णस्त्वमोघेष्वसनं
दृढज्यंविस्फारयित्वाविसृजञ्छरौघान् ३ रामादुपात्तेनमहामहिम्नाह्याथर्वणेनारिविनाशनेन ॥ तदर्जुनास्त्रंव्यधमद्दहन्तंकर्णस्तुबाणैर्निशितैर्महात्मा ४ ततोवि
मर्दःसुमहान्बभूवतत्रार्जुनस्याधिरथेश्चराजन् ॥ अन्योन्यमासादयतोःपृषत्कैर्विषाणघातैर्द्विपयोरिवोग्रैः ५ तत्रास्त्रसंघातसमावृतंतदाबभूवराजंस्तुमुलंस्म
सर्वतः ॥ तत्कर्णपार्थौशरवृष्टिसंघैर्निरंतरंचक्रतुरंबरंतदा ६ ततोजालंबाणमयंमहांतंसर्वेऽद्राक्षुःकुरवःसोमकाश्च ॥ नान्यंचभूतंददृशुस्तदातेबाणांधकारेतुमु
लेऽथकिंचित् ७ तौसंदधानावनिशंचराजन्समस्यंतौचापिशराननेकान् ॥ संदर्शयेतांयुधिमार्गान्विचित्रान्धनुर्धरौतौविविधैःकृतास्त्रैः ८ तयोरेवंयुद्ध्यतोरा
जिमध्येसूतात्मजोऽभूदधिकःकदाचित् ॥ पार्थःकदाचित्त्वधिकःकिरीटीवीर्यास्त्रमायाबलपौरुषेण ९ दृष्ट्वातयोस्तंयुधिसंप्रहारंपरस्परस्यांतरमीक्षमाणयोः ॥
घोरंतयोर्दुर्विषहंरणेऽन्यैर्योधाःसर्वेविस्मयमभ्यगच्छन् १० ततोभूतान्यंतरिक्षस्थितानितौकर्णपार्थौप्रशशंसुर्नरेन्द्र ॥ भोःकर्णसाध्वर्जुनसाधुचेतिवियत्सुवाणीश्रूयते
सर्वतोऽपि ११ तस्मिन्विमर्देरथवाजिनागैस्तदाऽभिघातैर्दलितेहिभूतले ॥ ततस्तुपातालतलेशयानोनागोऽश्वसेनःकृतवैरोऽर्जुनेन १२ राजंस्तदाखांडवदाहमु
क्तोविवेशकोपाद्वसुधातलेयः ॥ अथोत्पपातोर्ध्वगतिर्जवेनसंदृश्यकर्णार्जुनयोर्विमर्दम् १३ अयंहिकालोऽस्यदुरात्मनोवैपार्थस्यवैरप्रतियातनाय ॥ संचिन्त्यतू
णंप्रविवेशचैवकर्णस्यराजन्शररूपधारी १४ ततोस्त्रसंघातसमाकुलंतदाबभूवजन्यंविततांशुजालम् ॥ तत्कर्णपार्थौशरसंघवृष्टिभिर्निरंतरंचक्रतुरंबरंतदा १५ तद्बा
णजालैकमयंमहांतंसर्वेऽत्रसन्कुरवःसोमकाश्च ॥ नान्यत्किंचिद्ददृशुःसंपतद्वैबाणांधकारेतुमुलेऽतिमात्रम् १६ ततस्तौपुरुषव्याघ्रौसर्वलोकधनुर्धरौ ॥ त्यक्त
प्राणौरणेवीरौयुद्धश्रममुपागतौ ॥ समुत्क्षेपैर्वीक्षमाणौसिक्तौचंदनवारिणा १७ सवालव्यजनैर्दिव्यैर्दिविस्थैरप्सरोगणैः ॥ शक्रसूर्यकराब्जाभ्यांप्रमार्जितमुखा
वुभौ १८ कर्णोऽथपार्थंनविशेषयद्यदाभृशंचपार्थेनशराभितप्तः ॥ ततस्तुवीरःशरविक्षतांगोदध्रेमनोह्येकशयस्यतस्य १९ ततोरिपुघ्नंसमधत्तकर्णःसुसंचितंस
र्पमुखंज्वलंतम् ॥ रौद्रंशरंसन्नतमुग्रधौतंपार्थार्थमत्यर्थचिराभिगुप्तम् २० ॥ ॥ ॥
१५ बाणजालैकमयम् दृष्ट्वेतिशेषः १६ । १७ । १८ । १९ । २० ॥ ॥ ॥

२१ । २२ । २३ । २४ । २५ । २६ । २७ । २८ । २९ । ३० । ३१ अथेति । मूर्ध्नः सकाशात् व्यालास्त्रस्यसर्गश्चोत्तमयत्नश्चमन्युश्चतैःप्रयुक्तेनशरेणोत्तमगात्रभूषणमुत्तमांगभू

सदार्चितंचंदनचूर्णशायितंसुवर्णतूणीरशयंमहार्चिषम् ॥ आकर्णपूर्णंचविकृष्यकर्णःपार्थोन्मुखःसंदधेचोत्तमौजाः २१ प्रदीप्तमैरावतवंशसंभवंशिरोजिहीर्षुर्युधिसव्यसाचिनः ॥ ततःप्रजज्वालदिशोनभश्चउल्काश्चघोराःशतशःप्रपेतुः २२ तस्मिंस्तुनागेधनुषिप्रयुक्तेहाहाकृतालोकपालाःसशक्राः ॥ नचापितंबुबुधेसूतपुत्रोबाणेप्रविष्टंयोगबलेननागम् २३ दशशतनयनोऽहिंदृश्यबाणेप्रविष्टंनिहतइतिसुतोमेस्रस्तगात्रोबभूव ॥ जलजकुसुमयोनिःश्रेष्ठभावोजितात्मात्रिदशपतिमवोचन्माव्यथिष्ठाजयेश्रीः २४ ततोऽब्रवीन्मद्रराजोमहात्माद्दृष्ट्वाकर्णप्रहितेषुंतमुग्रम् ॥ नकर्णग्रीवामिषुरेषलप्स्यतेसमीक्ष्यसंधत्स्वशरंशिरोघ्नम् २५ अथाऽब्रवीत्क्रोधसंरक्तनेत्रोमद्राधिपंसूतपुत्रस्तरस्वी ॥ नसंधत्तेद्विःशरंशल्यकर्णोनमादृशाजिह्मयुद्धाभवंति २६ इतीदमुक्त्वाविससर्जतंशरंप्रयत्नतोवर्षगणाभिपूजितम् ॥ हतोऽसिवैफाल्गुनइत्यधिक्षिपन्नुवाचचोच्चैर्गिरमूर्जितांवृषः २७ ससायकःकर्णभुजप्रसृष्टोहुताशनार्कप्रतिमःसुघोरः ॥ गुणच्युतःकर्णधनुःप्रमुक्तोवियद्गतःप्राज्वलदंतरिक्षे २८ तंप्रेक्ष्यदीप्तंयुधिमाधवस्तुत्वरान्वितंसत्वरयैवलीलया ॥ पदाविनिष्पिष्यरथोत्तमंसप्रावेशयत्पृथिवींकिंचिदेव २९ क्षितिंगताजानुभिस्तेऽथवाहाहेमच्छन्नाश्चंद्रमरीचिवर्णाः ॥ ततोऽन्तरिक्षेसुमहान्निनादःसंपूजनार्थंमधुसूदनस्य ३० दिव्याश्चवाचःसहसाबभूवुर्दिव्यानिपुष्पाण्यथसिंहनादाः ॥ तस्मिंस्तथावैधरणींनिमग्नेरथेप्रयत्नान्मधुसूदनस्य ३१ ततःशरःसोऽभ्यहनत्किरीटंतस्येन्द्रदत्तंसुदृढंचधीमतः ॥ अथार्जुनस्योत्तमगात्रभूषणंधरावियद्द्योसलिलेषुविश्रुतम् ३२ व्यालास्त्रसर्गोत्तमयत्नमन्युभिःशरेणमूर्ध्नःप्रजहारसूतजः ॥ दिवाकरेन्दुज्वलनप्रभत्विषंसुवर्णमुक्तामणिवज्रभूषितम् ३३ पुरंदरार्थंतपसाप्रयत्नतःस्वयंकृतंयद्विभुनास्वयंभुवा ॥ महार्हरूपंद्विषतांभयंकरंबिभर्तुरत्यर्थसुखंसुगंधिनम् ३४ जिघांसतेदेवरिपून्सुरेश्वरःस्वयंददौयत्सुमनाःकिरीटिने ॥ हरांबुपाखंडलवित्तगोप्तृभिःपिनाकपाशाशनिसायकोत्तमैः ३५ सुरोत्तमैरप्यविषह्यमर्दितुंप्रसह्यनागेनजहारयद्वृषः ॥ सदुष्टभावोवितथप्रतिज्ञःकिरीटमत्यद्भुतमर्जुनस्य ३६ नागोमहार्हंतपनीयचित्रंपार्थोत्तमांगात्प्रहरत्तरस्वी ॥ तद्धेमजालावततंसुघोषंजाज्वल्यमानंनिपपातभूमौ ३७ तदुत्तमेषून्मथितंविषाग्निनाप्रदीप्तमर्चिष्मदथोक्षितौप्रियम् ॥ पपातपार्थस्यकिरीटमुत्तमंदिवाकरोस्तादिवरक्तमंडलः ३८ सवैकिरीटंबहुरत्नभूषितंजहारनागोऽर्जुनमूर्धतोबलात् ॥ गिरेःसुजातांकुरपुष्पितद्रुमंमहेन्द्रवज्रःशिखरोत्तमंयथा ३९ महीवियद्द्यौःसलिलंचवायुनाप्रसह्यमुग्रंविनिघूर्णितंयथा ॥ अतीवशब्दोभुवनेषुवैतदाजनाऽध्यवस्यन्व्यथिताश्चचस्खलुः ४० विनाकिरीटंशुशुभेसपार्थःश्यामोयुवानीलइवोच्चशृंगः ॥ ततःसमुद्ग्रथ्यसितेनवाससास्वमूर्धजानव्यथितस्तदाऽर्जुनः ॥ विभासितःसूर्यमरीचिनाद्दृढंशिरोगतेनोदयपर्वतोयथा ४१

षणंप्रजहारेतिद्वयोःसंबंधः ३२ । ३३ । ३४ । ३५ । ३६ । ३७ । ३८ । ३९ । ४० । ४१ ॥ ॥ ॥ ॥

गोकर्णामुकुटंजहारेत्यन्वयः । अर्जुनस्यमुकुटहरणमपिमहत्कर्मेतिसूचयन्मुकुटंविशिनष्टि गविचक्षुपिकर्णोयस्याःसागोकर्णाचक्षुःश्रवाःसर्पिणी अर्जुनेनखांडवेनिहतासतीइहनिमित्तभूतातस्यमुकुटमेवजहाराहृत
वतीनतुशिरः । कथंहतायाहनननिमित्तत्वमतआह सुमुखीकृतेनइषुणागोपुत्रसंप्रेषिता । संधिरविवक्षितत्वान्नभवति शोभनंपुत्रजीवनकरंमुखंयस्याःसासुमुखी साहिपुत्रंनिगीर्यदह्यमानात्खांडवादुत्पतंती
शिरोदेशेअर्जुनेनच्छिन्नासतीस्वयंमृतापुत्रंचरक्षितवतीत्यादिपर्वण्युपाख्यायते कृतेनस्वयंनिर्मितेनपुत्रेणत्रातेनइषुणाइषुभावंगतेन । आत्मावैपुत्रनामासीतिश्रुतेरिष्वाकारपुत्ररूपेणसंपन्नासती गोमतोरश्मि
मतोऽर्कस्यपुत्रेणकर्णेनप्रेषिता । इषुणेतीत्थंभावेतृतीया । गोपुत्रेतिमतुब्लोपआर्षः । किंकृत्वामुकुटंजहारेत्यतआह सुव्यक्तगोऽसुप्रभंगोगतकंदृष्ट्वा । सुव्यक्ताःअतिशयेनाविर्भूतागावोरश्मयस्तेजइति
यावत् सुव्यक्तैर्गोभिरसुभिश्चप्रकर्षेणभासमानंनिरतिशयतेजोबलमर्जुनम् गोगतकंगोशब्देनहयरश्मीनांप्रदेशोलक्ष्यते तत्रगतंविद्यमानंकंशिरोयस्यतम् अर्जुनस्यग्रीवादेशंकर्णेनलक्षीकृतंविहाय भगवता
स्वभारेणाश्वेषुजानुभ्यामवनींगमितेषुरश्मिभिःसमसूत्रदेशेऽर्जुनस्यशिरोदृष्ट्वाऽपिवेगातिशयात्स्वयंनीचीभवितुमशक्तासतीतद्देशस्थंमुकुटंजहारेत्यर्थः । गोशब्दात्मजभूषणंसुविहितमिति । गौःपृथिवीतयाशब्द्यते

गोकर्णासुमुखीकृतेनइषुणागोपुत्रसंप्रेषितागोशब्दात्मजभूषणंसुविहितंसुव्यक्तगोऽसुप्रभम् ॥ दृष्ट्वागोगतकंजहारमुकुटंगोशब्दगोःपूरिवैगोकर्णासनमर्दनश्चनययाव
प्राप्यमृत्योर्वशम् ४२ ससायकःकर्णभुजप्रसृष्टोहुताशनार्कप्रतिमोमहार्हः ॥ महोरगःकृतवैरोर्जुनेनकिरीटमाहत्यततोव्यतीयात् ४३ तंचापिदग्ध्वातपनीयचित्रं
किरीटमाकृष्यतदर्जुनस्य ॥ इयेषगंतुंपुनरेवतूणंदृष्टश्चकर्णेनततोऽब्रवीत्तम् ४४ मुक्तस्त्वयाऽहंत्वसमीक्ष्यकर्णशिरोहृतंयन्नमयाऽर्जुनस्य ॥ समीक्ष्यमांमुंचरणेत्वमा
शुहंताऽस्मिशत्रुंतवचात्मनश्च ४५ सएवमुक्तोयुधिसूतपुत्रस्तमब्रवीत्कोभवानुग्ररूपः ॥ नागोऽब्रवीद्विद्धिकृतागसंमांपार्थेनमातुर्वधजातवैरम् ४६ यदिस्वयंवज्रध
रोऽस्यगोप्तातथाऽपियातापितृराजवेश्मनि ॥ कर्णउवाच ॥ ननागकर्णोऽद्यरणेपरस्यबलंसमास्थायजयंबुभूषेत् ४७ नसंदध्यांद्विःशरंचैवनागयद्यर्जुनानांशतमेवह
न्याम् ॥ तमाहकर्णःपुनरेवनागंतदाऽऽजिमध्येरविसूनुसत्तमः ४८ व्यालास्त्रसर्गोत्तमयत्नमन्युभिर्हन्ताऽस्मिपार्थंसुसुखीव्रजत्वम् ॥ इत्येवमुक्तोयुधिनागराजः
कर्णेनरोषादसहंस्तस्यवाक्यम् ४९ स्वयंप्रायात्पार्थवधायराजन्कृत्वास्वरूपंविजिघांसुरुग्रः ॥ ततःकृष्णःपार्थमुवाचसंख्येमहोरगंकृतवैरंजहित्वम् ५० सएवमुक्तो
मधुसूदनेनगांडीवधन्वारिपुवीर्यसाहः ॥ उवाचकोह्येषममाद्यनागःस्वयंयआयाद्गरुडस्यवक्त्रम् ५१ ॥ कृष्णउवाच ॥ योऽसौत्वयाखांडवेचित्रभानुंसंतर्पयाणेनध
नुर्धरेण ॥ वियद्गतोजननीगुप्तदेहोमत्वैकरूपंनिहताऽस्यमाता ५२ ॥ ॥

गोशब्दाअदितिः । 'इयंवाअदितिः'इतिपृथिव्याअदितेर्निर्देशात् तस्याआत्मजस्येन्द्रस्यभूषणंसुविहितंवेधसेतिशेषः तथाचात्रैवोक्तम् । 'पुरंदरार्थतपसाप्रयत्नतःस्वयंकृतंयद्विधिनास्वयंभुवा'इति । कीदृशं
मुकुटं वैनिश्चितंप्रसिद्धंवा गोशब्दगोपूरि । गोभिःरश्मिभिःशब्द्यतेरश्मिमानितिकथ्यतइतिसूर्यस्तस्येवभुवनगर्भव्यापिनोगावःकिरणास्तैर्भुवनंपूरयितुंशीलमस्यतत्तथा सूर्यसमप्रभमित्यर्थः ननुचेतना
धिष्ठितोबाणःपुनरेत्यार्जुनंकुतोनहतवानित्यतआह गोकर्णासनमर्दनश्चनययावप्राप्यमृत्योर्वशमिति । गोकर्णंसर्पंपुनरर्जुनंहन्तुमिच्छन्तमसनेनबाणक्षेपेणमर्दयतियःसतथाभूतोऽर्जुनश्चतमेवसर्पमनवाप्यमृत्योर्वशं
नययौ सर्पस्यपुनरागमनंवधश्चात्रैवकीर्त्यते । 'गौर्नाऽऽदित्येबलीवर्देक्रतुभेदर्षिभेदयोः ॥ स्त्रीतुस्यादिशिभारत्यांभूमौचसुरभावपि ॥ नृस्त्रियोःस्वर्गवज्रांबुरश्मिदृग्बाणलोमसु'इतिकोशः ४२ । ४३ । ४४
४५ । ४६ । ४७ । ४८ कर्णेनवाक्यमुक्तःसंस्तद्वाक्यमसहन्नसहमानःस्वयंप्रायादित्युत्तरेणान्वयः ४९ । ५० । ५१ । ५२ ॥ ॥ ॥

महोल्कामितिपाठेऽइवेत्यध्याहृत्ययोज्यम् ५३ । ५४ गतेगमिते । विभुःसमर्थः ५५ बर्हिणांबर्हाएवत्राजाःपक्षाःसंजातायेषांतैर्बर्हिणवर्हवाजितैः ५६ । ५७ । ५८ । ५९ । ६० । ६१ । ६२ । ६३ । ६४ । ६५

सएषतद्वैरमनुस्मरन्वैत्वांप्रार्थयत्यात्मवधायनूनम् ॥ नभश्च्युतांप्रज्वलितामिवोल्कांपश्यैनमायांतममित्रसाह ५३ ॥ संजयउवाच ॥ ततःसजिष्णुःपरिवृत्यरोषा च्चिच्छेदषड्भिर्निशितैःसुधारैः ॥ नागंवियत्तिर्यगिवोत्पतंतंसच्छिन्नगात्रोनिपपातभूमौ ५४ गतेचतस्मिन्भुजगेकिरीटिनास्वयंविभुःपार्थिवभूतलादथ ॥ समुज्ज हाराशुपुनःपतंतंरथंभुजाभ्यांपुरुषोत्तमस्ततः ५५ तस्मिन्मुहूर्तेदशभिःपृषत्कैःशिलाशितैर्बर्हिणबर्हवाजितैः ॥ विव्याधकर्णःपुरुषप्रवीरोधनंजयंतिर्यगवेक्षमाणः ५६ ततोऽर्जुनोद्वादशभिःसुमुक्तैर्वराहकर्णैर्निशितैःसमर्प्य ॥ नाराचमाशीविषतुल्यवेगमाकर्णपूर्णायतमुत्ससर्ज ५७ सचित्रवर्मेषुवरोविदार्यप्राणान्निरस्यन्निवसाधु मुक्तः ॥ कर्णस्यपीत्वारुधिरंविवेशवसुंधरांशोणितदिग्धवाजः ५८ ततोवृषोबाणनिपातकोपितोमहोरगोदंडविघट्टितोयथा ॥ तदाऽऽशुकारीव्यसृजच्छरोत्तमान्म हाविषःसर्पइवोत्तमंविषम् ५९ जनार्दनंद्वादशभिःपराभिनन्नवैर्नवत्याचशरैस्तथाऽर्जुनम् ॥ शरेणघोरेणपुनश्चपांडवंविदार्यकर्णोव्यनदज्जहासच ६० तमस्यहर्षममृ षनपांडवोबिभेदमर्माणिततोऽस्यमर्मवित् ॥ परःशतैःपत्रिभिरिंद्रविक्रमस्तथाययथेन्द्रोबलमोजसारणे ६१ ततःशराणांनवतिंतदाऽर्जुनःससर्जकर्णेऽन्तकदंडसंनिभाम् ॥ तैःपत्रिभिर्विद्धतनुःसविव्यथेतथाययथावज्रविधारितोऽचलः ६२ मणिप्रवेकोत्तमवज्रहाटकैरलंकृतंचास्यवरांगभूषणम् ॥ प्रविद्धमुर्व्यांनिपपातपत्रिभिर्धनंजयेनो त्तमकुंडलेऽपिच ६३ महाधनंशिल्पिवरैःप्रयत्नतःकृतंयदस्योत्तमवर्मभास्वरम् ॥ सुदीर्घकालेनततोऽस्यपांडवःक्षणेनबाणैर्बहुधाव्यशातयत् ६४ सतंविवर्माणमथोत्तमेषुभिःशितैश्चतुर्भिःकुपितःपराभिनत् ॥ सविव्यथेऽत्यर्थमरिप्रताडितोयथाऽऽतुरःपित्तकफानिलज्वरैः ६५ महाधनुर्मण्डलनिःसृतैःशितैःक्रियाप्रयत्नप्रहितैर्ब लेनच ॥ ततक्षकर्णंबहुभिःशरोत्तमैर्बिभेदमर्मस्वपिचार्जुनस्त्वरन् ६६ दृढाहतःपत्रिभिरुग्रवेगैःपार्थेनकर्णोविविधैःशिताग्रैः ॥ बभौगिरिर्गैरिकधातुरक्तःक्षरन्प्रपातै रिवरक्तमंभः ६७ ततोऽर्जुनःकर्णमवक्रगैर्नवैःसुवर्णपुंखैःसुदृढैरयस्मयैः ॥ यमाग्निदंडप्रतिमैःस्तनांतरेपराभिनत्क्रौञ्चमिवाद्रिमग्निजः ६८ ततःशरावापमपास्यसूत जोधनुश्चतच्छक्रशरासनोपमम् ॥ ततोरथस्थःसमुमोहचस्खलन्प्रशीर्णमुष्टिःसुभृशाहतःप्रभो ६९ नचार्जुनस्तंव्यसनेतदेषिवान्निहंतुमार्यःपुरुषव्रतेस्थितः ॥ तत स्तमिंद्रावरजःसुसंभ्रमादुवाचकिंपांडवहेप्रमाद्यसे ७० नैवाहितानांसततंविपश्चितःक्षणंप्रतीक्षंत्यपिदुर्बलीयसाम् ॥ विशेषतोऽरीन्व्यसनेषुपंडितोनिहत्यधर्मंचयश श्चविंदते ७१ तदेकवीरंतवचाहितंसदात्वरस्वकर्णंसहसाऽभिमर्दितुम् ॥ पुरासमर्थःसमुपैतिसूतजोभिंधित्वमेनंनमुचिंयथाहरिः ७२ ततस्तदेवेत्यभिपूज्यसत्वरं जनार्दनंकर्णमविध्यदर्जुनः ॥ शरोत्तमैःसर्वकुरूत्तमस्त्वरंस्तथाययथाशंबरहापुराबलिम् ७३ साश्वंतुकर्णंसरथंकिरीटीसमाचिनोद्भारतवत्सदन्तैः ॥ प्रच्छा दयामासदिशश्चबाणैःसर्वप्रयत्नात्तपनीयपुंखैः ७४ ॥ ॥ ॥

६६ । ६७ अग्निजःकार्तिकेयः ६८ । ६९ ईषिवान्मनसिकृतवान् ७० । ७१ । ७२ । ७३ । ७४ ॥ ॥ ॥ ॥

७५ । ७६ । ७७ । ७८ । ७९ । ८० कालइति । हेनृप कर्णवधंअभिलक्ष्येतिशेषः ब्रुवाणोवक्ता ८१ वामंचक्रंग्रसते नृवीरेत्यत्राचित्तिसौतेरितिपाठेग्रसतेअत्तिचनतुनिगीर्णमुद्रमंतीत्यर्थः ८२ । ८३

सवत्सदन्तैःपृथुपीनवक्षाःसमाचितःसोऽऽधिरथिर्विभाति ॥ सुपुष्पिताशोकपलाशशाल्मलिर्यथाऽचलश्चंदनकाननायुतः ७५ शरैःशरीरेबहुभिःसमर्पितैर्विभातिक
र्णःसमरेविशांपते ॥ महीरुहैराचितसानुकंदरोयथागिरीन्द्रःस्फुटकर्णिकारवान् ७६ सबाणसंघान्बहुधाव्यवासृजन्विभातिकर्णःशरजालरश्मिवान् ॥ सलोहितो
रक्तगभस्तिमंडलोदिवाकरोऽस्ताभिमुखोयथातथा ७७ बाह्वंतरादाधिरथेर्विमुक्तान्बाणान्महाहीनिवदीप्यमानान् ॥ व्यध्वंसयन्नर्जुनबाहुमुक्ताःशराःसमासाद्यदिशः
शिताग्राः ७८ ततःसकर्णःसमवाप्यधैर्यंबाणान्विमुंचन्कुपिताहिकल्पान् ॥ विव्याधपार्थंदशभिःपृषत्कैःकृष्णंचषड्भिःकुपिताहिकल्पैः ७९ ततःकिरीटीभृश
मुग्रनिःस्वनंमहाशरंसर्पविषानलोपमम् ॥ अयस्मयंरौद्रमहास्त्रसंभृतंमहाहवेक्षेप्तुमनामहामतिः ८० कालोह्यदृश्योनृपविप्रकोपान्निदर्शयन्कर्णवधंब्रुवाणः ॥
भूमिस्तुचक्रंग्रसतीत्यवोचत्कर्णस्यतस्मिन्वधकालआगते ८१ ततस्तदस्त्रंमनसःप्रनष्टंयद्भार्गवोऽस्मैप्रददौमहात्मा ॥ चक्रंचवामंग्रसतेभूमिरस्यप्राप्तेतस्मिन्वधका
लेनृवीर ८२ ततोरथोघूर्णितवान्नरेन्द्रशापात्तदाब्राह्मणसत्तमस्य ॥ ततश्चक्रमपतत्तस्यभूमौसविह्वलःसमरेसूतपुत्रः ८३ सवेदिकश्चैत्यइवातिमात्रःसुपुष्पितो
भूमितलेनिमग्नः ॥ घूर्णेरथेब्राह्मणस्याभिशापाद्रामादुपात्तेत्वविभातिचास्त्रे ८४ छिन्नेशरेसर्पमुखेचघोरेपार्थेनतस्मिन्विषसादकर्णः ॥ अमृष्यमाणोव्यसनानिता
निहस्तौविधुन्वन्सविगर्हमाणः ८५ धर्मप्रधानंकिलपातिधर्मइत्यब्रुवन्धर्मविदःसदैव ॥ वयंचधर्मेप्रयतामनित्यंचर्तुंयथाशक्तियथाश्रुतंच ८६ सचापिनिघ्ना
तिनपातिभक्तान्मन्येननित्यंपरिपातिधर्मः ॥ एवंब्रुवन्प्रस्खलिताश्वसूतोविचाल्यमानोऽर्जुनबाणपातैः ॥ मर्माभिघाताच्छिथिलःक्रियासुपुनःपुनर्धर्ममसौज
गर्हे ८७ ततःशरैर्भीमतरैरविध्यत्त्रिभिराहवे ॥ हस्तेकृष्णंतथापार्थमभ्यविध्यच्चसप्तभिः ८८ ततोऽर्जुनःसप्तदशतिग्मवेगानजिह्मगान् ॥ इंद्राशनिसमान्घोरा
नसृजत्पावकोपमान् ८९ निर्भिद्यतेभीमवेगाह्यपतन्पृथिवीतले ॥ कंपितात्माततःकर्णःशक्त्याचेष्टामदर्शयत् ९० बलेनाथससंस्तभ्यब्रह्मास्त्रंसमुदैरयत् ॥ ऐन्द्रं
ततोऽर्जुनश्चापितंदृष्ट्वाभ्युपमंत्रयत् ९१ गांडीवंज्यांचबाणांश्चसोऽनुमंत्र्यपरंतपः ॥ व्यसृजच्छरवर्षाणिवर्षाणीवपुरंदरः ९२ ततस्तेजोमयाबाणारथात्पार्थ
स्यनिःसृताः ॥ प्रादुरासन्महावीर्याःकर्णस्यरथमंतिकात् ९३ तान्कर्णस्त्वग्रतोन्यस्तान्मोघांश्चक्रेमहारथः ॥ ततोऽब्रवीद्वृष्णिवीरस्तस्मिन्नस्त्रेविनाशिते
९४ विसृजास्त्रंपरंपार्थराधेयोग्रसतेशरान् ॥ ततोब्रह्मास्त्रमत्युग्रंसंमंत्र्यसमयोजयत् ९५ छादयित्वाततोबाणैःकर्णंप्रत्यस्यदर्जुनः ॥ ततःकर्णःशितैर्बाणैर्ज्यांचिच्छे
दसुतेजनैः ९६ द्वितीयांचतृतीयांचचतुर्थींपंचमींतथा ॥ षष्ठीमथास्यचिच्छेदसप्तमींचतथाष्टमीम् ९७

चैत्यः सवेदिकोग्रामसूचकोमहाद्रुमः ८४ । ८५ । ८६ । ८७ । ८८ । ८९ । ९० अभ्युपमंत्रयत् गांडीवमित्युत्तरान्वयि । ९१ । ९२ । ९३ । ९४ । ९५ प्रत्यस्यत् प्रतिप्राक्षिपत् ९६ । ९७

९८ । ९९ । १०० । १ अभ्यसपुनःपुनःअस्त्रंआतिष्ठव्रजप्रेरयेत्यब्रवीदितियोजना २ । ३ । ४ । ५ । ६ । ७ । ८ । ९ । १० । ११ । १२ । १३ । १४ । १५ । ११६ ॥ इतिकर्णपर्वणि नीलकंठीये

नवमींदशमींचास्यतथाचैकादशींवृषः ॥ ज्याशतंशतसंधानःसकर्णोनावबुध्यते ९८ ततोज्यांविनिधायान्यामभिमंत्र्यचपांडवः ॥ शरैरवाकिरत्कर्णंदीप्यमानैरिवाहिभिः ९९ तस्यज्याच्छेदनंकर्णोज्यावधानंचसंयुगे ॥ नान्वबुध्यतशीघ्रत्वात्तदद्भुतमिवाभवत् १०० अस्त्रैरस्त्राणिसंवार्यप्रनिघ्नन्सव्यसाचिनः ॥ चक्रेचाप्यधिकंपार्थात्स्ववीर्यमतिदर्शयन् १ ततःकृष्णोऽर्जुनंदृष्ट्वाकर्णास्त्रेणचपीडितम् ॥ अभ्यसेत्यब्रवीत्पार्थमातिष्ठास्त्रंव्रजेतिच २ ततोऽग्निसदृशंघोरंशरंसर्पविषोपमम् ॥ अश्मसारमयंदिव्यमभिमंत्र्यपरंतपः ३ रौद्रमस्त्रंसमाधायक्षेप्तुकामःकिरीटवान् ॥ ततोऽग्रसन्महीचक्रंराधेयस्यतदानृप ४ ततोवतीर्यराधेयोरथादाशुसमुद्यतः ॥ चक्रंभुजाभ्यामालंब्यसमुत्क्षेप्तुमियेषसः ५ सप्तद्वीपावसुमतीसशैलवनकानना ॥ गीर्णचक्रासमुत्क्षिप्ताकर्णेनचतुरंगुलम् ६ ग्रस्तचक्रस्तुराधेयःक्रोधादश्रूण्यवर्तयत् ॥ अर्जुनंवीक्ष्यसंरब्धमिदंवचनमब्रवीत् ७ भोभोपार्थमहेष्वासमुहूर्तंपरिपालय ॥ यावच्चक्रमिदंग्रस्तमुद्धरामिमहीतलात् ८ सव्यंचक्रंमहीग्रस्तंदृष्ट्वादैवादिदंमम ॥ पार्थकापुरुषाचीर्णमभिसंधिंविसर्जय ९ नत्वंकापुरुषाचीर्णमार्गमास्थातुमर्हसि ॥ ख्यातस्त्वमसिकौन्तेयविशिष्टोरणकर्मसु ११० विशिष्टतरमेवत्वंकर्तुमर्हसिपांडव ॥ प्रकीर्णकेशेविमुखेब्राह्मणेऽथकृतांजलौ ११ शरणागतेन्यस्तशस्त्रेयाचमानेतथाऽर्जुन ॥ अबाणेभ्रष्टकवचेभ्रष्टभग्नायुधेतथा १२ नविमुंचंतिशस्त्राणिशूराःसाधुव्रतेस्थिताः ॥ त्वंचशूरतमोलोकेसाधुवृत्तश्चपांडव १३ अभिज्ञोयुद्धधर्माणांवेदांतावभृथाप्लुतः ॥ दिव्यास्त्रविदमेयात्माकार्तवीर्यसमोयुधि १४ यावच्चक्रमिदंग्रस्तमुद्धरामिमहाभुज ॥ नमांरथस्थोभूमिष्ठंविकलंहंतुमर्हसि १५ नवासुदेवात्त्वत्तोवापांडवेयबिभेम्यहम् ॥ त्वंहिक्षत्रियदायादोमहाकुलविवर्धनः ॥ अतस्त्वांप्रब्रवीम्येषमुहूर्तंक्षमपांडव ११६ ॥ इतिश्रीमहाभारते कर्णपर्वणि कर्णरथचक्रग्रसनेनवतितमोऽध्यायः ॥ ९० ॥ ॥ ॥ संजयउवाच ॥ तमब्रवीद्वासुदेवोरथस्थोराधेयदिष्ट्यास्मरसीहधर्मं ॥ प्रायेणनीचाव्यसनेषुमग्नानिंदंतिदैवंकुकृतंनतुस्वम् १ यद्द्रौपदीमेकवस्त्रांसभायामानाययेस्त्वंचसुयोधनश्च ॥ दुःशासनःशकुनिःसौबलश्चनतेकर्णप्रत्यभात्तत्रधर्मः २ यदासभायांराजानमनक्षज्ञंयुधिष्ठिरम् ॥ अजेषीच्छकुनिर्ज्ञानात्क्वतेधर्मस्तदागतः ३ वनवासेव्यतीतेचकर्णवर्षेत्रयोदशे ॥ नप्रयच्छसियद्राज्यंक्वतेधर्मस्तदागतः ४ यद्भीमसेनंसर्पैश्चविषयुक्तैश्चभोजनैः ॥ आचरस्त्वन्मतेराजाक्वतेधर्मस्तदागतः ५ यद्वारणावतेपार्थान्सुप्तान्जतुगृहेतदा ॥ आदीपयस्त्वंराधेयक्वतेधर्मस्तदागतः ६ यदारजस्वलांकृष्णांदुःशासनवशेस्थिताम् ॥ सभायांप्राहसःकर्णक्वतेधर्मस्तदागतः ७ यदनार्यैःपुराकृष्णांक्लिश्यमानामनागसम् ॥ उपप्रेक्षसिराधेयक्वतेधर्मस्तदागतः ८ विनष्टाःपांडवाःकृष्णेशाश्वतंनरकंगताः ॥ पतिमन्यंवृणीष्वेतिवदंस्त्वंगजगामिनीम् ९

भारतभावदीपे नवतितमोऽध्यायः ॥ ९० ॥ ॥ ॥ तमिति १ । २ । ३ । ४ । ५ । ६ । ७ । ८ । ९

१० । ११ । १२ ।१३ । १४ । १५ । १६ । १७ । १८ ।१९ । २० । २१ । २२ । २३ । २४ ।२५ ।२६ ।२७ । २८ ।२९ । ३० ।३१ ।३२ ।३३ ।३४।३५ । ३६

उपप्रेक्षसिराधेयक्कतेधर्मस्तदागतः ॥ राज्यलुब्धःपुनःकर्णसमाह्वयसिपांडवान् १० यदाशकुनिमाश्रित्यक्कतेधर्मस्तदागतः ॥ यदाऽभिमन्युंबहवोयुद्धेचघ्नुर्महा
रथाः ॥ परिवार्यरणेबालंक्कतेधर्मस्तदागतः ११ यद्येषधर्मस्तत्रनविद्यतेहिकिंसर्वथातालुविशोषणेन १२ अद्येहधर्म्याणिविधत्स्वसूततथापिजीवन्नविमोक्ष्यसे
हि ॥ नलोह्यक्षैर्निर्जितःपुष्करेणपुनर्यशोराज्यमवापवीर्यात् १३ प्राप्तास्तथापांडवाबाहुवीर्यात्सर्वैःसमेताःपरिवृत्तलोभाः ॥ निहत्यशत्रून्समरेप्रवृद्धान्ससोम
काराज्यमवाप्नुयुस्ते १४ तथागताधार्तराष्ट्राविनाशंधर्माभिगुप्तैःसततंनृसिंहैः ॥ संजयउवाच ॥ एवमुक्तस्तदाकर्णोवासुदेवेनभारत १५ लज्जयाऽवनतोभू
त्वानोत्तरंकिंचिदुक्तवान् ॥ क्रोधात्प्रस्फुरमाणौष्ठोधनुरुद्यम्यभारत १६ योधयामासवैपार्थंमहावेगपराक्रमः ॥ ततोऽब्रवीद्वासुदेवःफाल्गुनंपुरुषर्षभम् १७
दिव्यास्त्रेणैवनिर्भिद्यपातयस्वमहाबल ॥ एवमुक्तस्तुदेवेनक्रोधमागात्तदाऽर्जुनः १८ मन्युमभ्याविशद्घोरंस्मृत्वातत्तुधनंजयः ॥ तस्यक्रुद्धस्यसर्वेभ्यःस्रोतोभ्य
स्तेजसोऽर्चिषः १९ प्रादुरासंस्तदाराजंस्तदद्भुतमिवाभवत् ॥ तत्समीक्ष्यततःकर्णोब्रह्मास्त्रेणधनंजयम् २० अभ्यवर्षत्पुनर्यत्नमकरोद्रथसर्जने ॥ ब्रह्मास्त्रेणै
वतंपार्थोववर्षशरवृष्टिभिः २१ तदस्त्रमस्त्रेणावार्यप्रजहारचपांडवः ॥ ततोऽन्यदस्त्रंकौन्तेयोदयितंजातवेदसः २२ मुमोचकर्णमुद्दिश्यतत्प्रजज्वालतेजसा ॥ वारु
णेनततःकर्णःशमयामासपावकम् २३ जीमूतैश्चदिशःसर्वाश्चक्रेतिमिरदुर्दिनाः ॥ पाडवेयस्त्वसंभ्रांतोवायव्यास्त्रेणवीर्यवान् २४ अपोवाहतदाभ्राणिराधेयस्य
प्रपश्यतः ॥ ततःशरंमहाघोरंज्वलंतमिवपावकम् २५ आददेपांडुपुत्रस्यसूतपुत्रोजिघांसया ॥ योज्यमानेततस्तस्मिन्बाणेधनुषिपूजिते २६ चचालपृथि
वीराजन्सशैलवनकानना ॥ ववौसशर्करोवायुर्दिशश्चरजसाऽऽवृताः २७ हाहाकारश्चसंजज्ञेसुराणांदिविभारत ॥ तमिषुंसंधितंदृष्ट्वासूतपुत्रेणमारिष २८ विषा
दंपरमंजग्मुःपांडवादीनचेतसः ॥ ससायकःकर्णभुजप्रमुक्तःशक्राशनिप्रख्यरुचिःशिताग्रः २९ भुजांतरंप्राप्यधनंजयस्यविवेशवल्मीकमिवोरगोत्तमः ॥ सगा
ढविद्धःसमरेमहात्माविघूर्णमानःश्लथहस्तगांडिवः ३० चचालबीभत्सुरमित्रमर्दनःक्षितेःप्रकंपेचयथाऽचलोत्तमः ॥ तदंतरंप्राप्यवृषोमहारथोरथांगमुर्वीगत
मुज्जिहीर्षुः ३१ रथादवप्लुत्यनिगृह्यदोर्भ्यांशशाकदैवान्नमहाबलोऽपि ॥ ततःकिरीटीप्रतिलभ्यसंज्ञांजग्राहबाणंयमदंडकल्पम् ३२ ततोऽर्जुनःप्रांजलिकंमहा
त्मानततोऽब्रवीद्वासुदेवोऽपिपार्थम् ॥ छिंध्यस्यमूर्धानमरेःशरेणनयावदारोहतिवैरथंवृषः ३३ तथैवसंपूज्यसतद्वचःप्रभोस्ततःशरंप्रज्वलितंप्रगृह्य ॥ जघानक
क्षाममलार्कवर्णांमहारथेरथचक्रेविमग्ने ३४ तंहस्तिकक्षाप्रवरंचकेतुंसुवर्णमुक्तामणिवज्रपृष्ठम् ॥ ज्ञानप्रकर्षोत्तमशिल्पियुक्तैःकृतंसुरूपंतपनीयचित्रम् ३५
३१ जयास्पदंतवसैन्यस्यनित्यममित्रवित्रासनमीड्यरूपम् ॥ विख्यातमादित्यसमंस्मलोकेत्विषासमंपावकभानुचन्द्रैः ३६

ततःक्षुरप्रेणसुसंशितेनसुवर्णपुंखेनहुताग्निवर्चसा ॥ श्रियाज्वलंतंध्वजमुन्ममाथमहारथस्याधिरथेःकिरीटी ३७ यशश्चदर्पश्चतथाप्रियाणिसर्वाणिकार्याणिच
तेनकेतुना ॥ साकंकुरूणांहृदयानिचापतन्बभूवहाहेतिचनिःस्वनोमहान् ३८ दृष्ट्वाध्वजंपातितमाशुकारिणाकुरुप्रवीरेणनिकृत्तमाहवे ॥ नाशंसिरेसूतपुत्रस्य
सर्वेजयंतदाभारतयेत्वदीयाः ३९ अथत्वरन्कर्णवधायपार्थोमहेन्द्रवज्रानलदंडसन्निभम् ॥ आदत्तचाथांजलिकंनिषंगात्सहस्ररश्मेरिवरश्मिमुत्तमम् ४० मर्म
च्छिदंशोणितमांसदिग्धंवैश्वानरार्कप्रतिमंमहार्हम् ॥ नराश्वनागासुहरंत्र्यरत्निंषड्वाजमंजोगतिमुग्रवेगम् ४१ सहस्रनेत्राशनितुल्यवीर्यंकालानलंव्यात्तमिवाति
घोरम् ॥ पिनाकनारायणचक्रसन्निभंभयंकरंप्राणभृतांविनाशनम् ४२ जग्राहपार्थःसशरंप्रहृष्टोयोदेवसंघैरपिदुर्निवार्यः ॥ संपूजितोयःसततंमहात्मादेवासुरा
न्योविजयन्महेषुः ४३ तंवैप्रमृष्टंप्रसमीक्ष्ययुद्धेचचालसर्वंसचराचरंजगत् ॥ स्वस्तिजगतस्यादृषयःप्रचुक्रुशुस्तमुद्यतंप्रेक्ष्यमहाहवेषुम् ४४ ततस्तुतंवैशरम
प्रमेयंगांडीवधन्वाधनुषिव्ययोजयत् ॥ युक्त्वामहास्त्रेणपरेणचापंविकृष्यगांडीवमुवाचसत्वरम् ४५ अयंमहास्त्रप्रहितोमहाशरःशरीरहृच्चासुहरश्चदुर्हृदः ॥ तपो
ऽस्तितप्तंगुरवश्चतोषितामयायदीष्टंसुहृदांश्रुतंतथा ४६ अनेनसत्येननिहंत्वयंशरःसुसंश्रितःकर्णमरिंममोर्जितम् ॥ इत्यूचिवांस्तंप्रमुमोचबाणंधनंजयःकर्णव
धायघोरम् ४७ कृत्यामथर्वांगिरसीमिवोग्रांदीप्तामसह्यांयुधिमृत्युनापि ॥ ब्रुवन्किरीटीतमतिप्रहृष्टोह्ययंशरोमेविजयावहोऽस्तु ४८ जिघांसुरर्केन्दुसमप्रभावःकर्णं
मयाऽस्तोनयतांयमाय ॥ तेनेषुवर्येणकिरीटमालीप्रहृष्टरूपोविजयावहेन ४९ जिघांसुरर्केन्दुसमप्रभेणचक्रेविषक्तंरिपुमाततायी ॥ तथाविमुक्तोबलिनाऽर्कतेजा
प्रज्वालयामासदिशोनभश्च ॥ ततोऽर्जुनस्तस्यशिरोजहारवृत्रस्यवज्रेणयथामहेन्द्रः ५० शरोत्तमेनांजलिकेनराजंस्तदामहास्त्रप्रतिमंत्रितेन ॥ पार्थोऽपराह्णेशि
रउच्चकर्तवैकर्तनस्याथमहेन्द्रसूनुः ५१ तत्प्रापतच्चांजलिकेनछिन्नमपास्यकायोनिपपाततपश्चात् ॥ तदुद्यतादित्यसमानतेजसंशरन्नभोमध्यगभास्करोपमम् ५२
वरांगमुर्व्यामपतच्चमूमुखेदिवाकरोऽस्तादिवरक्तमंडलः ॥ ततोऽस्यदेहंसततंसुखोचितंसुरूपमत्यर्थमुदारकर्मणः ५३ परेणकृच्छ्रेणशिरःसमत्यजद्गृहंमहर्द्धीवसुसं
गमीश्वरः ॥ शरैर्विभिन्नंव्यसुतत्सुवर्चसःपपातकर्णस्यशरीरमुच्छ्रितम् ५४ स्रवद्व्रणंगैरिकतोयविस्रवंगिरेर्यथावज्रहतंमहाशिरः ॥ देहाच्चकर्णस्यनिपातितस्यते
जःसूर्यंखंविततत्याविवेश ५५ तदद्भुतंसर्वमनुष्ययोधाःसंदृष्टवंतोनिहतेस्मकर्णे ॥ ततःशंखान्पांडवादध्मुरुच्चैर्दृष्ट्वाकर्णंपातितंफाल्गुनेन ५६ तथैवकृष्णश्चधनं
जयश्चहृष्टौयमौदध्मतुर्वारिजातौ ॥ तंसोमकाःप्रेक्ष्यहतंशयानंसैन्यैःसार्धंसिंहनादान्प्रचक्रुः ५७ तूर्याणिसंजघ्नुरतीवहृष्टावासांसिचैवादुधुवुर्भुजांश्च ॥ संवर्धयंतश्च
नरेन्द्रयोधापार्थंसमाजग्मुरतीवहृष्टाः ॥ ५८ बलान्विताश्चापरेह्यप्यनृत्यन्नन्योन्यमाश्लिष्यनदंतऊचुः ॥ दृष्ट्वातुकर्णंभुविवाविपन्नंकृत्तंरथात्सायकैरर्जुनस्य ५९

६० । ६१ । ६२ अपराह्णेदिवसस्यपश्चिमेभागे अपरंचरमंअहः मरणदिनमस्य ६३ । ६४ । ६५ । ६६ । ६७ ॥ इतिकर्णपर्वणि नीलकंठीयेभारतभावदीपे एकनवतितमोऽध्यायः ॥ ९१ ॥ ॥

महानिलेनाद्रिमिवापविद्धंयज्ञावसानेऽग्निमिवप्रशांतम् ॥ रराजकर्णस्यशिरोनिकृत्तमस्तंगतंभास्करस्येवबिंबम् ६० शरैराचितसर्वांगःशोणितौघपरिप्लुतः ॥ विभा
तिदेहःकर्णस्यस्वरश्मिभिरिवांशुमान् ६१ प्रताप्यसेनामामित्रींदीप्तैःशरगभस्तिभिः ॥ बलिनार्जुनकालेननीतोऽस्तंकर्णभास्करः ६२ अस्तंगच्छन्यथाऽऽदित्यः
प्रभामादायगच्छति ॥ तथाजीवितमादायकर्णस्येषुर्जगामसः ॥ अपराह्णेऽपराह्णोऽस्यसूतपुत्रस्यमारिष ६३ छिन्नमंजलिकेनाजौसोत्सेधमपतच्छिरः ॥ उपर्युपरि
सैन्यानामस्यशत्रोस्तदंजसा ॥ शिरःकर्णस्यसोत्सेधमिषुःसोऽप्यहरद्द्रुतम् ६४ कर्णंतुशूरंपतितंपृथिव्यांशराचितंशोणितदिग्धगात्रम् ॥ दृष्ट्वाशयानंभुविमद्रराज
श्छिन्नध्वजेनाथययौरथेन ६५ हतेकर्णेकुरवःप्राद्रवंतभयार्दितागाढविद्धाश्चसंख्ये ॥ अवेक्ष्यमाणामुहुरर्जुनस्यध्वजंमहांतंवपुषाज्वलंतम् ६६ सहस्रनेत्रप्रतिमानक
र्मणःसहस्रपत्रप्रतिमाननंशुभम् ॥ सहस्ररश्मिर्दिनसंक्षयेयथातथाऽपतत्कर्णशिरोवसुंधराम् ६७ ॥ इतिश्रीम० क० कर्णवधेएकनवतितमोऽध्यायः ॥ ९१ ॥ ॥
संजयउवाच ॥ शल्यस्तुकर्णार्जुनयोर्विमर्देबलानिदृष्ट्वामृदितानिबाणैः ॥ ययौहतेचाधिरथौपदानुगेरथेनसंछिन्नपरिच्छदेन १ निपातितस्यंदनवाजिनागंबलंचदृष्ट्वा
हतसूतपुत्रम् ॥ दुर्योधनोऽश्रुप्रतिपूर्णनेत्रोदीनोमुहुर्निःश्वसंश्चार्तरूपः २ कर्णंतुशूरंपतितंपृथिव्यांशराचितंशोणितदिग्धगात्रम् ॥ यदृच्छयासूर्यमिवावनिस्थंदिदृ
क्षवःसंपरिवार्यतस्थुः ३ प्रहृष्टवित्रस्तविषण्णविस्मितास्तथाऽपरेशोकहताइवाभवन् ॥ परेत्वदीयाश्चपरस्परेणयथायथैषांप्रकृतिस्तथाऽभवन् ४ प्रविद्धवर्माभरणां
बरायुधंधनंजयेनाभिहतंमहौजसम् ॥ निशाम्यकर्णंकुरवःप्रदुद्रुवुर्हतर्षभागावइवाजनेवने ५ भीमश्चभीमेनतदास्वनेननादंकृत्वारोदसीकंपयानः ॥ आस्फोटयन्व
ल्गतेनृत्यतेचहतेकर्णेत्रासयन्धार्तराष्ट्रान् ६ तथैवराजन्सोमकाःसृंजयाश्चशंखान्दध्मुःसस्वजुश्चापिसर्वे ॥ परस्परंक्षत्रियाहृष्टरूपाःसूतात्मजेवैनिहतेतदानीम् ७
कृत्वाविमर्दंमहदर्जुनेनकर्णोहतःकेसरिणेवनागः ॥ तीर्णाप्रतिज्ञापुरुषर्षभेणवैरस्यांतंगतवांश्चापिपार्थः ८ मद्राधिपश्चापिविमूढचेतास्तूर्णंरथेनापकृतध्वजेन ॥
दुर्योधनस्यांतिकमेत्यराजन्सबाष्पदुःखाद्वचनंबभाषे ९ विशीर्णनागाश्वरथप्रवीरंबलंत्वदीयंयमराष्ट्रकल्पम् ॥ अन्योन्यमासाद्यहतंमहद्भिर्नराश्वनागैर्गिरिकूटकल्पैः
१० नैतादृशंभारतयुद्धमासीद्यथातुकर्णार्जुनयोर्बभूव ॥ ग्रस्तौहिकर्णेनसमेत्यकृष्णावन्येचसर्वेतवशत्रवोये ११ दैवंध्रुवंपार्थवशात्प्रवृत्तंयत्पांडवान्पातिहिनस्तिचा
स्मान् ॥ तवार्थसिद्ध्यर्थकरास्तुसर्वेप्रसह्यवीरानिहताद्विषद्भिः १२ कुबेरवैवस्वतवासवानांतुल्यप्रभावान्नृपतेसुवीराः ॥ वीर्येणशौर्येणबलेनतेजसातैस्तैस्तुयुक्ताविवि
विधैर्गुणौघैः १३ अवध्यकल्पानिहतानरेन्द्रास्तवार्थकामायुधिपांडवेयैः ॥ तान्माशुचोभारतदिष्टमेतत्पर्याश्वसत्वंनसदाऽस्तिसिद्धिः १४ ॥ ॥

शल्यइति रथेनग्रस्तचक्रेणहेतुनापदानुगेपदचारिणि १ । २ । ३ प्रहृष्टार्जुनादयः वित्रस्ताभीरवः विषण्णाःशत्रवः विस्मिताःप्रेक्षकाः ४ । ५ । ६ । ७ । ८ । ९ । १० । ११ । १२ । १३ । १४

म भा. टी. १५ ॥ इतिकर्णपर्वणि नीलकंठीये भारतभावदीपे द्विनवतितमोऽध्यायः ॥ ९२ ॥ ॥ तस्मिन्निति १ । २ । ३ । ४ । ५ । ६ । ७ । ८ । ९ । १० । ११ । १२ । १३ । १४ । १५ कर्ण० ८

॥ ९३ ॥ एतद्वचोमद्रपतेर्निशम्यस्वंचाप्यनीतंमनसानिरीक्ष्य ॥ दुर्योधनोदीनमनाविसंज्ञःपुनःपुनर्न्यश्वसदार्तरूपः १५ ॥ इतिश्रीमहाभारतेकर्णपर्वणि शल्यप्रयागमनेद्वि अ०
नवतितमोऽध्यायः ॥ ९२ ॥ ॥ धृतराष्ट्रउवाच ॥ तस्मिंस्तुकर्णार्जुनयोर्विमर्देदग्धस्यरौद्रेऽहनिविद्रुतस्य ॥ बभूवरूपंकुरुसृंजयानांबलस्यबाणोन्मथितस्यकी
दृक् १ ॥ संजयउवाच ॥ शृणुराजन्नवहितोयथावृत्तोमहाक्षयः ॥ घोरोमनुष्यदेहानामाजौचगजवाजिनाम् २ यत्रकर्णेहतेपार्थःसिंहनादमथाकरोत् ॥ तदातव ९३
सुतान्राजन्नाविवेशमहद्भयम् ३ नसंधातुमनीकानिनचैवाशुपराक्रमे ॥ आसीद्बुद्धिर्हतेकर्णेतवयोधस्यकर्हिचित् ४ वणिजोनाविभिन्नायामगाधेविप्लवेयथा ॥ अपारे
पारमिच्छंतोहतेद्वीपेकिरीटिना ५ सूतपुत्रेहतेराजन्वित्रस्ताःशस्त्रविक्षताः ॥ अनाथानाथमिच्छंतोमृगाःसिंहैरिवार्दिताः ६ भग्नशृंगाइवर्षभाभग्नदंष्ट्राइवोरगाः ॥
प्रत्यपायामसायाह्नेनिर्जिताःसव्यसाचिना ७ हतप्रवीराविध्वस्तानिकृत्तानिशितैःशरैः ॥ सूतपुत्रेहतेराजन्पुत्रास्तेदुद्रुवुर्भयात् ८ विस्रस्तयंत्रकवचाःकांदिग्भूताविचेतसः ॥
अन्योन्यमवमृद्नन्तोवीक्ष्यमाणाभयार्दिताः ९ मामेवनूनंबीभत्सुर्मामेवचवृकोदरः ॥ अभियातीतिमन्वानाःपेतुर्मम्लुश्चसंभ्रमात् १० हयानन्येगजानन्येरथानन्येम
हारथाः ॥ आरुह्यजवसंपन्नाःपदातीन्प्रजहुर्भयात् ११ कुंजरैःस्यंदनाःक्षुण्णाःसादिनश्चमहारथैः ॥ पदातिसंघाश्चाश्वौघैःपलायद्भिर्भयार्दितैः १२ व्यालतस्करसंकी
र्णेसार्थहीनायथावने ॥ सूतपुत्रेहतेराजंस्तवयोधास्तथाऽभवन् १३ हतारोहायथानागाश्छिन्नहस्तायथानराः ॥ सर्वेपार्थमयंलोकंसंपश्यंतोभयार्दिताः १४ संप्रेक्ष्य
द्रवतःसर्वान्भीमसेनभयार्दितान् ॥ दुर्योधनोऽथस्वंसूतंहाहाकृत्वेदमब्रवीत् १५ नातिक्रमेच्चमांपार्थोधनुष्पाणिमवस्थितम् ॥ जघनेसर्वसैन्यानांशनैरश्वान्प्रचोदय १८४
१६ युध्यमानंहिकौन्तेयंहनिष्यामिनसंशयः ॥ नोत्सहेन्मामतिक्रांतुंवेलामिवमहोदधिः १७ अद्यार्जुनंसगोविंदंमानिनंचवृकोदरम् ॥ अन्यान्शिष्टांस्तथाशत्रून्
कर्णस्यानृण्यमाप्नुयाम् १८ तच्छ्रुत्वाकुरुराजस्यशूरार्यसदृशंवचः ॥ सूतोहेमपरिच्छन्नान्शनैरश्वानचोदयत् १९ रथाश्वनागहीनास्तुपादातास्तवमारिष ॥ पंच
विंशतिसाहस्राःयुद्धायैवव्यवस्थिताः २० तान्भीमसेनःसंक्रुद्धोधृष्टद्युम्नश्चपार्षतः ॥ बलेनचतुरंगेणसंवृत्याजघ्नतुःशरैः २१ प्रत्ययुध्यंतसमरेभीमसेनंसपार्षतम् ॥
पार्थपार्षतयोश्चान्येजगृहुस्तत्रनामनी २२ अक्रुध्यतरणेभीमस्तैस्तदापर्यवस्थितैः ॥ सोऽवतीर्यरथात्तूर्णंगदापाणिरयुध्यत २३ नतान्रथस्थोभूमिष्ठान्धर्मापेक्षीवृको
दरः ॥ योधयामासकौन्तेयोभुजवीर्यव्यपाश्रयः २४ जातरूपपरिच्छन्नांप्रगृह्यमहतींगदाम् ॥ अवधीत्तावकान्सर्वान्दंडपाणिरिवांतकः २५ पदातिनोऽपिसंत्यक्त्वा
प्रियंजीवितमात्मनः ॥ भीमभभ्यद्रवन्संख्येपतंगाज्ज्वलनंयथा २६ आसाद्यभीमसेनंतुसंरब्धायुद्धदुर्मदाः ॥ विनेशुःसहसादृष्ट्वाभूतग्रामाइवांतकम् २७ ॥ ॥ ९३ ॥

श्येनवद्विचरन्भीमोगदाहस्तोमहाबलः ॥ पंचविंशतिसाहस्रांस्तावकानवपोथयत् २८ हत्वातत्पुरुषानीकंभीमःसत्यपराक्रमः ॥ धृष्टद्युम्नंपुरस्कृत्यतस्थौतत्रमहा
बलः २९ धनंजयोरथानीकमभ्यवर्ततवीर्यवान् ॥ माद्रीपुत्रौतुशकुनिंसात्यकिश्चमहारथः ३० जवेनाभ्यपतन्हृष्टाघ्नन्तोदौर्योधनंबलम् ॥ तस्याश्वसादीन्सुबहूंस्ते
निहत्यशितैःशरैः ३१ समभ्यधावंस्त्वरितास्तत्रयुद्धमभून्महत् ॥ धनंजयोऽपिचाभ्येत्यरथानीकंतवप्रभो ३२ विश्रुतंत्रिपुलोकेषुगांडीवंविक्षिपन्धनुः ॥ कृष्णसा
रथिमायांतंदृष्ट्वाश्वेतहयंरथम् ३३ अर्जुनंचापियोद्धारंत्वदीयाःप्राद्रवन्भयात् ॥ विप्रहीणरथाश्चैवशरैश्चपरिकर्षिताः ३४ पंचविंशतिसाहस्राःकालमाछन्पदातयः ॥
हत्वातान्पुरुषव्याघ्रःपंचालानांमहारथः ३५ पुत्रःपांचालराजस्यधृष्टद्युम्नोमहामनाः ॥ भीमसेनंपुरस्कृत्यनचिरात्प्रत्यदृश्यत ३६ महाधनुर्धरःश्रीमानमित्रगणता
पनः ॥ पारावतसवर्णाश्वंकोविदारमयंध्वजम् ३७ धृष्टद्युम्नंरणेदृष्ट्वात्वदीयाःप्राद्रवन्भयात् ॥ गांधारराजंशीघ्रास्त्रमनुसृत्ययशस्विनौ ३८ नचिरात्प्रत्यदृश्येतांमा
द्रीपुत्रौससात्यकी ॥ चेकितानःशिखंडीचद्रौपदेयाश्चमारिष ३९ हत्वात्वदीयंसुमहत्सैन्यंशंखांस्तथाऽधमन् ॥ तेसर्वेतावकान्प्रेक्ष्यद्रवतोऽपिपराङ्मुखान् ४०
अभ्यवर्ततसंरब्धान्वृषान्जित्वायथावृषाः ॥ सेनावशेषंतंदृष्ट्वातवसैन्यस्यपांडवः ४१ व्यवस्थितःसव्यसाचीचुक्रोधबलवान्नृप ॥ धनंजयोरथानीकमभ्यवर्तत
वीर्यवान् ४२ विश्रुतंत्रिषुलोकेषुव्याक्षिपद्गांडिवंधनुः ॥ ततएनान्शरव्रातैःसहसासमवाकिरत् ४३ तमसासंवृतेनाथनस्मकिंचिद्व्यदृश्यत ॥ अंधकारीकृतेलोकेरजो
भूतेमहीतले ४४ योधाःसर्वेमहाराजतावकाःप्राद्रवन्भयात् ॥ संभज्यमानेसैन्येतुकुरुराजोविशांपते ४५ परानभिमुखांश्चैवसुतस्तेसमुपाद्रवत् ॥ ततोदुर्यो
धनःसर्वानाजुहावाथपांडवान् ४६ युद्धायभरतश्रेष्ठदेवानिवपुराबलिः ॥ तएनमभिगर्जंतःसहिताःसमुपाद्रवन् ४७ नानाशस्त्रभृतःक्रुद्धाभर्त्सयंतोमुहुर्मुहुः ॥
दुर्योधनोऽप्यसंभ्रांतस्तान्रणेनिशितैःशरैः ४८ तत्रावधीत्ततःक्रुद्धःशतशोऽथसहस्रशः ॥ तत्सैन्यंपांडवेयानांयोधयामाससर्वतः ४९ तत्राद्भुतमपश्यामतवपुत्र
स्यपौरुषम् ॥ यदेकःसहितान्सर्वान्रणेऽयुध्यतपांडवान् ५० ततोऽपश्यन्महात्मासस्वसैन्यंभृशदुःखितम् ॥ ततोऽवस्थाप्यराजेन्द्रकृतबुद्धिस्तवात्मजः ५१
हर्षयन्निवतान्योधानिदंवचनमब्रवीत् ॥ नतंदेशंप्रपश्यामियत्रयाताभयार्दिताः ५२ गतानांयत्रवैमोक्षःपांडवात्किंगतेनवः ॥ अल्पंचबलमेतेषांकृष्णौचभृश
विक्षतौ ५३ अद्यसर्वान्हनिष्यामिध्रुवोहिविजयोभवेत् ॥ विप्रयातांस्तुवोभिन्नान्पांडवाःकृतकिल्बिषान् ५४ अनुसृत्यवधिष्यंतिश्रेयान्नःसमरेवधः ॥ सुखंसां
ग्रामिकोमृत्युःक्षत्रधर्मेणयुध्यताम् ५५ मृतोदुःखंनजानीतेप्रेत्यचानंत्यमश्नुते ॥ शृणुध्वंक्षत्रियाःसर्वेयावंतःस्थसमागताः ५६ यदाशूरंचभीरुंचमारयत्यंतको
यमः ॥ कोनमूढोनयुध्येतमादृशःक्षत्रियव्रतः ५७ ॥ ॥ ॥ ॥

५८ । ५९ । ६० ॥ इतिकर्णपर्वणिनीलकंठीयेभारतभावदीपे त्रिनवतितमोऽध्यायः ॥ ९३ ॥ दृष्ट्वेति १ । २ । ३ । ४ । ५ । ६ । ७ । ८ । ९ । १० । ११ । १२ । १३ । १४ । १५ । १६

द्विषतोभीमसेनस्यक्रुद्धस्यवशमेष्यथ ॥ पितामहैराचरितंनधर्मंहातुमर्हथ ५८ नह्यधर्मोऽस्तिपापीयान्क्षत्रियस्यपलायनात् ॥ नयुद्धधर्माच्छ्रेयोहिपंथाःस्वर्गस्य कौरवाः ॥ अचिरेणहतालोकान्सद्योयोधाःसमश्नुत ५९ ॥ संजयउवाच ॥ एवंब्रुवतिपुत्रेतेसैनिकाभृशविक्षताः ॥ अनवेक्ष्यैवतद्वाक्यंप्राद्रवन्सर्वतोदिशः ६० ॥ इतिश्रीमहाभारतेकर्णपर्वणि कौरवसैन्यपलायनेत्रिनवतितमोऽध्यायः ॥ ९३ ॥ ॥ संजयउवाच ॥ दृष्ट्वातुसैन्यंपरिवृत्त्यमानंपुत्रेणतेमद्रपतिस्तदानीम् ॥ संत्रस्तरूपःपरिमूढचेतादुर्योधनंवाक्यमिदंबभाषे १ ॥ शल्यउवाच ॥ पश्येदमुग्रंनरवाजिनागैरायोधनंवीरशतैःसुपूर्णम् ॥ महीधराभैःपतितैश्चनागैःसकृत्प्रभिन्नैः शरभिन्नदेहैः २ सविह्वलद्भिश्चगतासुभिश्चप्रध्वस्तवर्मायुधचर्मखड्गैः ॥ वज्रापविद्धैरिवचाचलोत्तमैर्विभिन्नपाषाणमहाद्रुमौषधैः ३ प्रविद्धघंटांकुशतोमरध्वजैःसहेमजालैरुधिरौघसंप्लुतैः ॥ शरावभिन्नैःपतितैस्तुरंगमैःश्वसद्भिरार्तैःक्षतजंवमद्भिः ४ दीनंस्तनद्भिःपरिवृत्तनेत्रैर्महींदशद्भिःकृपणंनदद्भिः ॥ तथाऽपविद्धैर्गजवाजियोधैर्बलापविद्धैरथवीरसंघैः ५ मंदासुभिश्चैवगतासुभिश्चनराश्वनागैश्चरथैश्चमर्दितैः ॥ मंदांशुभिश्चैवमहीमहाहवेनूनंयथावैतरणीवभाति ६ गजैर्निकृत्तैर्वरहस्तगात्रैरुद्वेपमानैःपतितैःपृथिव्याम् ॥ विशीर्णदन्तैःक्षतजंवमद्भिःस्फुरद्भिरार्तैःकरुणंनदद्भिः ७ निकृत्तचक्रेषुयुगैःसयोक्त्रभिःप्रविद्धतूणीरपताककेतुभिः ॥ सुवर्णजालावततैर्भृशाहतैर्महारथौघैर्जलदैरिवावृता ८ यशस्विभिर्नागरथाश्वयोधिभिःपदातिभिश्चाभिमुखैर्हतैःपरैः ॥ विशीर्णवर्माभरणांबरायुधैर्वृताप्रशांतैरिवतावकैर्मही ९ शरप्रहाराभिहतैर्महाबलैरवेक्षमाणैःपतितैःसहस्रशः ॥ दिवश्च्युतैर्भूरतिदीप्तिमद्भिर्नक्तंग्रहैर्द्यौरमलप्रदीप्तैः १० प्रनष्टसंज्ञैःपुनरुच्छ्वसद्भिर्महीबभूवानुगतैरिवार्चिभिः ॥ कर्णार्जुनाभ्यांशरभिन्नगात्रैर्हतैःप्रवीरैःकुरुसंजयानाम् ११ शरास्तुकर्णार्जुनबाहुमुक्ताविदार्यनागाश्वमनुष्यदेहान् ॥ प्राणान्निरस्याशुमहींप्रतीयुर्महोरगावासमिवाभिनम्राः १२ हतैर्मनुष्याश्वगजैश्चसंख्येशरापविद्धैश्चरथैर्नरेन्द्र ॥ धनंजयस्याधिरथेश्चमार्गणैरगम्यरूपावसुधाबभूव १३ रथैर्वरेषून्मथितैःसुकल्पैःसयोधशस्त्रैश्चवरायुधैर्ध्वजैः ॥ विशीर्णयोक्त्रैर्विनिकृत्तबंधनैर्निकृत्तचक्राक्षयुगत्रिवेणुभिः १४ विमुक्तशस्त्रैश्चतथाव्युपस्करैर्हतानुकर्षैर्विनिषंगबंधनैः ॥ प्रभग्ननीडैर्मणिहेमभूषितैःस्तृतामहीद्यौरिवशारदैर्घनैः १५ विकृष्यमाणैर्जवनैस्तुरंगमैर्हतेश्वरैराजरथैःसुकल्पितैः ॥ मनुष्यमातंगरथाश्वराशिभिर्द्रुतंव्रजंतोबहुधाविचूर्णिताः १६ सहेमपट्टाःपरिघाःपरश्वधाःशिताश्चशूलामुसलानिमुद्गराः ॥ पेतुश्चखड्गाविमलाविकोशागदाश्चजांबूनदपट्टनद्धाः १७ चापानिरुक्मांगदभूषणानिशराश्चकार्तस्वरचित्रपुंखाः ॥ ऋष्ट्यश्चपीताविमलाविकोशाःप्रासाश्चदण्डैःकनकावभासैः १८ छत्राणिवालव्यजनानिशंखाश्छिन्नापविद्धाश्चस्रजोविचित्राः ॥ कुथाःपताकांबरभूषणानिकिरीटमालामुकुटाश्चशुभ्राः १९ प्रकीर्णकाविप्रकीर्णाश्चराजन्प्रवालमुक्तातरलाश्चहाराः ॥ आपीडकेयूरवरांगदानिग्रैवेयनिष्काःससुवर्णसूत्राः २० ॥

१७ । १८ । १९ । २० ॥ ॥ ॥ ॥ ॥

मण्युत्तमावज्रसुवर्णमुक्तारत्नानिचोच्चावचमंगलानि ॥ गात्राणिचात्यंतसुखोचितानिशिरांसिचेन्दुप्रतिमाननानि २१ देहांश्चभोगांश्चपरिच्छदांश्चत्यक्त्वामनोज्ञानि
सुखानिचैव ॥ स्वधर्मनिष्ठांमहतीमवाप्यव्याप्याशुलोकान्यशसागतास्ते २२ निवर्तदुर्योधनयांतुसैनिकाव्रजस्वराजन्शिबिरायमानद ॥ दिवाकरोऽप्येषवि
लंबतेप्रभोपुनस्त्वमेवात्रनरेन्द्रकारणम् २३ इत्येवमुक्त्वाविरराममशल्योदुर्योधनंशोकपरीतचेताः ॥ हाकर्णहाकर्णइतिब्रुवाणमार्तंविसंज्ञंभृशमश्रुनेत्रम् २४ तंद्रोणपुत्र
प्रमुखानरेन्द्राःसर्वेसमाश्वास्यमुहुःप्रयांति ॥ निरीक्षमाणामुहुरर्जुनस्यध्वजंमहांतंयशसाज्वलंतम् २५ नराश्वमातंगशरीरजेनरक्तेनसिक्तांचतथैवभूमिम् ॥ रक्तांबर
स्रक्तपनीययोगान्नारींप्रकाशामिवसर्वगम्याम् २६ प्रच्छन्नरूपांरुधिरेणराजन्रौद्रेमुहूर्तेऽतिविराजमाने ॥ नैवावतस्थुःकुरवःसमीक्ष्यप्रव्राजितादेवलोकायसर्वे २७
वधेनकर्णस्यतुदुःखितास्तेहाकर्णहाकर्णइतिब्रुवाणाः ॥ द्रुतंप्रयाताःशिबिराणिराजन्दिवाकरंरक्तमवेक्षमाणाः २८ गांडीवमुक्तैस्तुसुवर्णपुंखैःशिलाशितैःशोणित
दिग्धवाजैः ॥ शरैश्चितांगोयुधिभातिकर्णोहतोऽपिसन्सूर्यइवांशुमाली २९ कर्णस्यदेहंरुधिरावसिक्तंभक्तानुकंपीभगवान्विवस्वान् ॥ स्पृष्ट्वांशुभिर्लोहितरक्त
रूपःसिष्णासुरभ्येतिपरंसमुद्रम् ३० इतीवसंचिंत्यसुरर्षिसंघाःसंप्रस्थितायांतियथानिकेतनम् ॥ संचिन्तयित्वाजनताविसस्नुर्यथासुखंखंचमहीतलंच ३१ तदद्भु
तंप्राणभृतांभयंकरंनिशाम्ययुद्धंकुरुवीरमुख्ययोः ॥ धनंजयस्याधिरथेश्चविस्मिताःप्रशंसमानाःप्रययुस्तदाजनाः ३२ शरसंकृत्तवर्माणंरुधिरोक्षितवाससम् ॥ गता
सुमपिराधेयंनैवलक्ष्मीर्विमुंचति ३३ तप्तजांबूनदनिभंज्वलनार्कसमप्रभम् ॥ जीवंतमिवतंशूरंसर्वभूतानिमेनिरे ३४ हतस्यापिमहाराजसूतपुत्रस्यसंयुगे ॥ वित्रेसुः
सर्वतोयोधाःसिंहस्येवेतरेमृगाः ३५ हतोऽपिपुरुषव्याघ्रजीववानिवलक्ष्यते ॥ नाभवद्विकृतिःकाचिद्धतस्यापिमहात्मनः ३६ चारुवेषधरंवीरंचारुमौलिशिरो
धरम् ॥ तन्मुखंसूतपुत्रस्यपूर्णचंद्रसमद्युति ३७ नानाभरणवान्राजंस्तप्तजांबूनदांगदः ॥ हतोवैकर्तनःशेतेपादपोऽङ्कुरवानिव ३८ कनकोत्तमसंकाशोज्वलन्निव
विभावसुः ॥ सशांतःपुरुषव्याघ्रपार्थसायकवारिणा ३९ यथाहिज्वलनोदीप्तोजलमासाद्यशाम्यति ॥ कर्णाग्निःसमरेतद्वत्पार्थमेघेनशामितः ४० आहत्यच
यशोदीप्तंसुयुद्धेनात्मनोभुवि ॥ विसृज्यशरवर्षाणिप्रताप्यचदिशोदश ४१ सपुत्रःसमरेकर्णःसशांतःपार्थतेजसा ॥ प्रताप्यपांडवान्सर्वान्पंचालांश्चास्त्रतेजसा ४२
वर्षित्वाशरवर्षेणप्रताप्यरिपुवाहिनीम् ॥ श्रीमानिवसहस्रांशुर्जगत्सर्वंप्रताप्यच ४३ हतोवैकर्तनःकर्णःसपुत्रःसहवाहनः ॥ अर्थिनांपक्षिसंघस्यकल्पवृक्षोनिपातितः
३२ ४४ ददानीत्येवयोऽवोचन्ननास्तीत्यर्थितोऽर्थिभिः॥ सद्भिःसदासत्पुरुषःसहतोद्वैरथेवृषः ४५ यस्यब्राह्मणसात्सर्वंवित्तमासीन्महात्मनः ॥ नादेयंब्राह्मणेष्वासीद्यस्यस्व
मपिजीवितम् ४६ सदास्त्रीणांप्रियोनित्यंदाताचैवमहारथः ॥ सवैपार्थास्त्रनिर्दग्धोगतःपरमिकांगतिम् ४७

॥ ९५ ॥ यमाश्रित्याकरोद्वैरंपुत्रस्तेसगतोदिवम् ॥ आदायतवपुत्राणांजयाशांशर्मवर्मच ४८ हतेकर्णेसरितोनप्रसस्रुर्जगामचास्तंसविता दिवाकरः ॥ ग्रहश्चतिर्यग्ज्वलनार्क
वर्णःसोमस्यपुत्रोऽभ्युदियायतिर्यक् ४९ नभःपफालेवननादचोर्वीववुश्चवाताःपरुषाःसुघोराः ॥ दिशोबभूवुर्ज्वलिताःसधूमामहार्णवाःसस्वनुश्चुक्षुभुश्च ५० सकानना
श्चाद्रिचयाश्चकंपिरेप्रविव्यथुर्भूतगणाश्चसर्वे ॥ बृहस्पतिःसंपरिवार्यरोहिणींबभूवचंद्रार्कसमोविशांपते ५१ हतेतुकर्णेविदिशोऽपिजज्वलुस्तमोवृताद्यौर्विचचालभूमिः ॥
पपातचोल्काज्वलनप्रकाशानिशाचराश्चाप्यभवन्प्रहृष्टाः ५२ शशिप्रकाशाननमर्जुनोयदाक्षुरेणकर्णस्यशिरोन्यपातयत् ॥ तदाऽन्तरिक्षेसहसैवशब्दोबभूवहाहेति
सुरैर्विमुक्तः ५३ सदेवगंधर्वमनुष्यपूजितंनिहत्यकर्णंरिपुमाहवेऽर्जुनः ॥ रराजराजन्परमेणवर्चसायथापुरावृत्रवधेशतक्रतुः ५४ ततोरथेनांबुदवृंदनादिनाशरन्नभो
मध्यदिवाकरार्चिषा ॥ पताकिनाभीमनिनादकेतुनाहिमेन्दुशंखस्फटिकावभासिना ५५ महेन्द्रवाहप्रतिमेनतावुभौमहेंद्रवीर्यप्रतिमानपौरुषौ ॥ सुवर्णमुक्तामणिव
ज्रविद्रुमैरलंकृतावप्रतिमेनरंहसा ५६ नरोत्तमौकेशवपांडुनंदनौतदाहितावग्निदिवाकराविव ॥ रणाजिरेवीतभयौविरेजतुःसमानयानाविवविष्णुवासवौ ५७ ततोधनु
र्ज्यातलबाणनिःस्वनैःप्रसह्यकृत्वाचरिपून्हतप्रभान् ॥ संछादयित्वातुकुरून्शरोत्तमैःकपिध्वजःपक्षिवरध्वजश्च ५८ हृष्टौततस्तावमितप्रभावौमनांस्यरीणामवदारयन्तौ ॥
सुवर्णजालावततौमहास्वनौहिमावदातौपरिगृह्यपाणिभिः ॥ चुचुंबतुःशंखवरौनृणांवरौवराननाभ्यांयुगपच्चदध्मतुः ५९ पांचजन्यस्यनिर्घोषोदेवदत्तस्यचोभयोः ॥
पृथिवींचांतरिक्षंचदिशश्चैवान्वनादयत् ६० वित्रस्ताश्चाभवन्सर्वेकौरवाराजसत्तम ॥ शंखशब्देनतेनाथमाधवस्यार्जुनस्यच ६१ तौशंखशब्देननिनादयंतौवनानिशैला
न्सरितोगुहाश्च ॥ वित्रासयंतौतवपुत्रसेनांयुधिष्ठिरंनंदयतांवरिष्ठौ ६२ ततःप्रयाताःकुरवोजवेनश्रुत्वैवशंखस्वनमीर्यमाणम् ॥ विहायमद्राधिपतिंपतिंचदुर्योधनंभारत
भारतानाम् ६३ महाहवेतंबहुरोचमानंधनंजयंभूतगणाःसमेताः ॥ तदाऽन्वमोदन्तजनार्दनंचदिवाकरावभ्युदितौयथैव ६४ समाचितौकर्णशरैःपरंतपावुभौव्यभातां
समरेऽच्युतार्जुनौ ॥ तमोनिहत्याभ्युदितौयथामलौशशांकसूर्यौदिविरश्मिमालिनौ ६५ विहायतान्बाणगणानथागतौसुहृद्वृतावप्रतिमानविक्रमौ ॥ सुखंप्रविष्टौ
शिबिरंस्वमीश्वरौसदस्यहूताविवविष्णुवासवौ ६६ तौदेवगंधर्वमनुष्यचारणैर्महर्षिभिर्यक्षमहोरगैरपि ॥ जयाभिवृद्ध्यापरयाभिपूजितौहतेतुकर्णेपरमाहवेतदा
६७ यथानुरूपंप्रतिपूजितावुभौप्रशस्यमानौस्वकृतैर्गुणौघैः ॥ ननंदतुस्तौससुहृद्गणौतदाबलंनियम्येवसुरेशकेशवौ ६८ ॥ इतिश्रीमहाभारतेकर्णपर्वणि रणभूमिवर्ण
नंनामचतुर्नवतितमोऽध्यायः ॥ ९४ ॥ ॥ ॥ संजयउवाच ॥ हतेवैकर्तनेराजन्कुरवोभयपीडिताः ॥ वीक्षमाणादिशःसर्वाःपर्यापेतुःसहस्रशः १

२ । ३ । ४ । ५ । ६ । ७ । ८ । ९ । १० । ११ । १२ । १३ । १४ । १५ । १६ । १७ । १८ ॥ इति कर्णपर्वणि नीलकंठीये भारतभावदीपे पंचनवतितमोऽध्यायः ॥ ९५ ॥ ॥

कर्णंतुनिहतंदृष्ट्वाशत्रुभिःपरमाहवे ॥ भीतादिशोव्यकीर्यन्ततावकाःक्षतविक्षताः २ ततोऽवहारंचक्रुस्तेयोधाःसर्वेसमन्ततः ॥ निवार्यमाणाश्चोद्विग्नास्तावका
भृशदुःखिताः ३ तेषांतन्मतमाज्ञायपुत्रोदुर्योधनस्तव ॥ अवहारंततश्चक्रेशल्यस्यानुमतेनृप ४ कृतवर्मारथैस्तूर्णंवृतोभारततावकैः ॥ नारायणावशेषैश्च
शिबिरायैवदुद्रुवे ५ गांधाराणांसहस्रेणशकुनिःपरिवारितः ॥ हतमाधिरथिंदृष्ट्वाशिबिरायैवदुद्रुवे ६ कृपःशारद्वतोराजन्नागानीकेनभारत ॥ महामेघनिभे
नाशुशिबिरायैवदुद्रुवे ७ अश्वत्थामाततःशूरोविनिःश्वस्यपुनःपुनः ॥ पांडवानांजयंदृष्ट्वाशिबिरायैवदुद्रुवे ८ संशप्तकावशिष्टेनबलेनमहतावृतः ॥ सुशर्माऽ
पिययौराजन्वीक्ष्यमाणोभयार्दितः ९ दुर्योधनोऽपिनृपतिर्हतसर्वस्वबांधवः ॥ ययौशोकसमाविष्टश्चिंतयन्विमनाबहु १० छिन्नध्वजेनशल्यस्तुरथेनरथिनां
वरः ॥ प्रययौशिबिरायैववीक्ष्यमाणोदिशोदश ११ ततोऽपरेसुबहवोभारतानांमहारथाः ॥ प्राद्रवंतभयत्रस्ताह्रियाऽऽविष्टाविचेतसः १२ असृक्क्षरंतःसो
द्विग्नावेपमानास्तथाऽऽतुराः ॥ कुरवोदुद्रुवुःसर्वेदृष्ट्वाकर्णंनिपातितम् १३ प्रशंसंतोऽर्जुनंकेचित्केचित्कर्णंमहारथाः ॥ व्यद्रवंतदिशोभीताःकुरवःकुरुसत्तम १४ तेषां
योधसहस्राणांतावकानांमहामृधे ॥ नासीत्तत्रपुमान्कश्चिद्योयुद्धायमनोदधे १५ हतेकर्णेमहाराजनिराशाःकुरवोऽभवन् ॥ जीवितेष्वपिराज्येषुदारेषुचधनेषुच १६
तान्समानीयपुत्रस्तेयत्नेनमहताविभुः ॥ निवेशायमनोदध्रेदुःखशोकसमन्वितः १७ तस्याज्ञांशिरसायोधाःपरिगृह्यविशांपते ॥ विवर्णवदनाराजन्न्यविशन्तमहा
रथाः १८ ॥ इतिश्रीमहाभारते कर्णपर्वणिशिबिरप्रयाणे पंचनवतितमोऽध्यायः ॥ ९५ ॥ ॥ संजयउवाच ॥ तथानिपतितेकर्णेपरसैन्येचविद्रुते ॥
आश्लिष्यपार्थंदाशार्होहर्षाद्वचनमब्रवीत् १ हतोवज्रभृतावृत्रस्त्वयाकर्णोधनंजय ॥ वृत्रकर्णवधंघोरंकथयिष्यंतिमानवाः २ वज्रेणनिहतोवृत्रःसंयुगेभूरितेजसा ॥
त्वयातुनिहतःकर्णोधनुषानिशितैःशरैः ३ तमिमंविक्रमंलोकेप्रथितंतेयशस्करम् ॥ निवेदयावःकौन्तेयकुरुराजस्यधीमतः ४ वधंकर्णस्यसंग्रामेदीर्घकालचिकीर्षि
तम् ॥ निवेद्यधर्मराजायत्वमानृण्यंगमिष्यसि ५ वर्तमानेमहायुद्धेतवकर्णस्यचोभयोः ॥ द्रष्टुमायोधनंपूर्वमागतोधर्मनंदनः ६ भृशंतुगाढविद्धत्वान्नाशकत्स्थातु
माहवे ॥ ततःसशिबिरंगत्वास्थितवान्पुरुषर्षभः ७ तथेत्युक्तःकेशवस्तुपार्थेनयदुपुंगवः ॥ पर्यावर्तयदव्यग्रोरथंरथवरस्यतम् ८ एवमुक्त्वाऽर्जुनंकृष्णःसैनिकानिद
मब्रवीत् ॥ परानभिमुखायत्तास्तिष्ठध्वंभद्रमस्तुवः ९ धृष्टद्युम्नंयुधामन्युंमाद्रीपुत्रौवृकोदरम् ॥ युयुधानंचगोविंदइदंवचनमब्रवीत् १० यावदावेद्यतेराज्ञेहतःकर्णोर्जुने
नवै ॥ तावद्भवद्भिर्यत्तैस्तुभवितव्यंनराधिपैः ११ सतैःशूरैरनुज्ञातोययौराजनिवेशनम् ॥ पार्थमादायगोविंदोददर्शचयुधिष्ठिरम् १२

तथेति १ । २ । ३ । ४ । ५ । ६ । ७ । ८ । ९ । १० । ११ । १२ ॥ ॥ ॥

॥ ९६ ॥ शयानंराजशार्दूलंकांचनेशयनोत्तमे ॥ अगृह्णीतांचमुदितौचरणौपार्थिवस्यतौ १३ तयोःप्रहर्षमालक्ष्यहर्षादश्रूण्यवर्तयत् ॥ राधेयंनिहतंमत्वासमुत्तस्थौयु
धिष्ठिरः १४ उवाचचमहाबाहुःपुनःपुनररिंदमः ॥ वासुदेवार्जुनौप्रेम्णातावुभौपरिषस्वजे १५ ततस्मैतद्यथावृत्तंवासुदेवःसहार्जुनः ॥ कथयामासकर्णस्यनि
धनंयदुपुंगवः १६ ईषदुत्स्मयमानस्तुकृष्णोराजानमब्रवीत् ॥ युधिष्ठिरंहतामित्रंकृतांजलिरथाच्युतः १७ दिष्ट्यागांडीवधन्वाचपांडवश्चवृकोदरः ॥ त्वंचा
पिकुशलीराजन्माद्रीपुत्रौचपांडवौ १८ मुक्तावीरक्षयादस्मात्संग्रामाल्लोमहर्षणात् ॥ क्षिप्रमुत्तरकालानिकुरुकार्याणिपांडव १९ हतोवैकर्तनोराजन्सूतपुत्रोमहा
रथः ॥ दिष्ट्याजयसिराजेन्द्रदिष्ट्यावर्धसिभारत २० यस्तुद्यूतजितांकृष्णांप्राहसत्पुरुषाधमः ॥ तस्याद्यसूतपुत्रस्यभूमिःपिबतिशोणितम् २१ शेतेऽसौशर
पूर्णांगःशत्रुस्तेकुरुपुंगव ॥ तंपश्यपुरुषव्याघ्रविभिन्नंबहुभिःशरैः २२ हतामित्रामिमामुर्वीमनुशाधिमहाभुज ॥ यत्तोभूत्वासहास्माभिर्भुंक्ष्वभोगांश्चपुष्कलान्
२३ ॥ संजयउवाच ॥ इतिश्रुत्वावचस्तस्यकेशवस्यमहात्मनः ॥ धर्मपुत्रःप्रहृष्टात्मादाशार्हंवाक्यमब्रवीत् २४ दिष्ट्यादिष्ट्येतिराजेन्द्रवाक्यंचेदमुवा
चह ॥ नैतच्चित्रंमहाबाहोत्वयिदेवकिनंदन २५ त्वयासारथिनापार्थोयत्नवानहनच्चतम् ॥ नतच्चित्रंमहाबाहोयुष्मद्बुद्धिप्रसादजम् २६ प्रगृह्यचकुरुश्रेष्ठसांगदंदक्षि
णंभुजम् ॥ उवाचधर्मभृत्पार्थउभौतौकेशवार्जुनौ २७ नरनारायणौदेवौकथितौनारदेनमे ॥ धर्मात्मानौमहात्मानौपुराणावृषिसत्तमौ २८ असकृच्चापिमेधा
वीकृष्णद्वैपायनोमम ॥ कथामेतांमहाभागकथयामासतत्त्ववित् २९ तवकृष्णप्रसादेनपांडवोऽयंधनंजयः ॥ जिगायाभिमुखःशत्रून्नचासीद्विमुखःक्वचित् ३०
जयश्चैवध्रुवोऽस्माकंनत्वस्माकंपराजयः ॥ यदात्वंयुधिपार्थस्यसारथ्यमुपजग्मिवान् ३१ भीष्मोद्रोणश्चकर्णश्चमहात्मागौतमःकृपः ॥ अन्येचबहवःशूराये
चतेषांपदानुगाः ३२ त्वद्बुद्ध्यानिहतेकर्णेहतागोविंदसर्वथा ॥ इत्युक्त्वाधर्मराजस्तुरथंहेमविभूषितम् ३३ श्वेतवर्णैर्हयैर्युक्तंकालवालैर्मनोजवैः ॥ आस्थायपुरुष
व्याघ्रःस्वबलेनाभिसंवृतः ३४ प्रययौसमहाबाहुर्द्रष्टुमायोधनंतदा ॥ कृष्णार्जुनाभ्यांवीराभ्यामनुमंत्र्यततःप्रियम् ३५ अभाषमाणस्तौवीरावुभौमाधवफाल्गुनौ ॥
सददर्शरणेकर्णंशयानंपुरुषर्षभम् ३६ यथाकदंबकुसुमंकेसरैःसर्वतोवृतम् ॥ चितंशरशतैःकर्णंधर्मराजोददर्शसः ३७ गंधतैलावसिक्ताभिःकांचनीभिःसहस्रशः ॥
दीपिकाभिःकृतोद्योतंपश्यंतेवैवृषंतदा ३८ संछिन्नभिन्नकवचंबाणैश्चविदलीकृतम् ॥ सपुत्रंनिहतंदृष्ट्वाकर्णंराजायुधिष्ठिरः ३९ संजातप्रत्ययोऽतीववीक्ष्यचैवं ॥ ९६ ॥
पुनःपुनः ॥ प्रशशंसनरव्याघ्रावुभौमाधवपांडवौ ४० अद्यराजास्मिगोविंदपृथिव्यांभ्रातृभिःसह ॥ त्वयानाथेनवीरेणविदुषापरिपालितः ४१ हतंश्रुत्वानरव्या
घ्रंराधेयमतिमानिनम् ॥ निराशोऽद्यदुरात्माऽसौधार्तराष्ट्रोभविष्यति ४२ जीवितेचैवराज्येचहतेराधात्मजेरणे ॥ त्वत्प्रसादाद्वयंचैवकृतार्थाःपुरुषर्षभ ४३ ॥

४४ । ४५ । ४६ । ४७ । ४८ । ४९ । ५० । ५१ । ५२ । ५३ । ५४ । ५५ । ५६ ५७ । ५८।५९ । ६० । ६१ । ६२ । ६३ । ६४।६५ ॥ इतिश्रीमहाभारतेकर्णपर्वणि टी० षण्णवतितमोऽध्यायः ॥९६ ॥

दिष्ट्याजयसिगोविंददिष्ट्याशत्रुर्निपातितः ॥ दिष्ट्यागांडीवधन्वाचविजयीपांडुनंदनः ४४ त्रयोदशसमास्तीर्णाजागरेणसुदुःखिताः ॥ स्वप्स्यामोऽद्यसुखंरात्रौत्व
त्प्रसादान्महाभुज ४५ एवंसबहुशोराजाप्रशशंसजनार्दनम् ॥ अर्जुनंचकुरुश्रेष्ठंधर्मराजोयुधिष्ठिरः ४६ ॥ संजयउवाच ॥ दृष्ट्वाचनिहतंकर्णंसपुत्रंपार्थसायकैः ॥
पुनर्जातमिवात्मानंमेनेचसमहीपतिः ४७ समेत्यचमहाराजकुन्तीपुत्रंयुधिष्ठिरम् ॥ हर्षयंतिस्मराजानंहर्षयुक्तामहारथाः ४८ नकुलःसहदेवश्चपांडवश्चवृकोदरः ॥
सात्यकिश्चमहाराजवृष्णीनांप्रवरोरथः ४९ धृष्टद्युम्नःशिखंडीचपांडुपंचालसृंजयाः ॥ पूजयन्तिस्मकौन्तेयंनिहतेसूतनंदने ५० तेवर्धयित्वान्नृपतिंधर्मात्मानंयुधि
ष्ठिरम् ॥ जितकाशिनोलब्धलक्ष्यायुद्धशौण्डाःप्रहारिणः ५१ स्तुवंतःस्तवयुक्ताभिर्वाग्भिःकृष्णौपरंतपौ ॥ जग्मुःस्वशिबिरायैवमुदायुक्तामहारथाः ५२ एवमे
षक्षयोवृत्तःसुमहाँल्लोमहर्षणः ॥ तवदुर्मंत्रितेराजन्किमर्थमनुशोचसि ५३ ॥ वैशंपायनउवाच ॥ श्रुत्वैतदप्रियंराजाधृतराष्ट्रोऽम्बिकासुतः ॥ पपातभूमौनिश्चे
ष्टश्छिन्नमूलइवद्रुमः ५४ तथासापतितादेवीगांधारीदीर्घदर्शिनी ॥ शुशोचबहुलालापैःकर्णस्यनिधनंयुधि ५५ तांपर्यगृह्णाद्विदुरोनृपतिंसंजयस्तथा ॥ पर्याश्वा
सयतांचैवतावुभावेवभूमिपम् ५६ तथैवोत्थापयामासुर्गांधारींकुरुयोषितः ॥ सदैवंपरमंमत्वाभवितव्यंचपार्थिवः ५७ परांपीडांसमाश्रित्यनष्टचित्तोमहातपाः ॥
चिंताशोकपरीतात्मानजज्ञेमोहपीडितः ॥ ससमाश्वासितोराजातूष्णीमासीद्विचेतनः ५८ इमंमहायुद्धमखंमहात्मनोर्धनंजयस्याधिरथेश्चयःपठेत् ॥ ससम्यगि
ष्टस्यमखस्ययत्फलंतदाप्नुयात्संश्रवणाच्चभारत ५९ मखोहिविष्णुर्भगवान्सनातनोवदंतितच्चाग्न्यनिलेन्दुभानवः ॥ अतोऽनसूयुःशृणुयात्पठेच्चयःससर्वलोकानुचरः
सुखीभवेत् ६० तांसर्वदाभक्तिमुपागतानराःपठंतिपुण्यांवरसंहितामिमाम् ॥ धनेनधान्येनयशसाचमानुषानंदन्तितेनात्रविचारणास्ति ६१ अतोऽनसूयुःशृणुया
त्सदातुवैनरःससर्वाणिसुखानिचाप्नुयात् ॥ विष्णुःस्वयंभूर्भगवान्भवश्चतुष्यंतितेतस्यनरोत्तमस्य ६२ वेदावाप्तिर्ब्राह्मणस्येहदृष्टारणेबलंक्षत्रियाणांजयोयुधि ॥
धनज्येष्ठाश्चापिभवंतिवैश्याःशूद्राऽऽरोग्यंप्राप्नुवंतीहसर्वे ६३ तथैवविष्णुर्भगवान्सनातनःसचात्रदेवःपरिकीर्त्यतेयतः ॥ ततःसकामान्लभतेसुखीनरोमहामुनेस्तस्य
वचोऽचिंतयथा ६४ कपिलानांसवत्सानांवर्षमेकंनिरंतरम् ॥ योदद्यात्सुकृतंतद्धिश्रवणात्कर्णपर्वणः ६५ ॥ इतिश्रीमहाभारतेशतसाहस्र्यांसंहितायांवैयासिक्यांकर्ण
पर्वणियुधिष्ठिरहर्षेषण्णवतितमोऽध्यायः ॥ ९६ ॥ ॥ कर्णपर्वसमाप्तम् ॥ ॥ अतःपरंशल्यपर्वभविष्यति तस्यायमाद्यः श्लोकः ॥ जनमेजयउवाच ॥
एवंनिपातितेकर्णेसमरेसव्यसाचिना ॥ अल्पावशिष्टाःकुरवःकिमकुर्वतवैद्विज ॥ १ ॥ ॥ ॥ ॥

॥ अत्रादिपर्वोक्ताध्यायसंख्यावैषम्यंच लिपिकरप्रमादादेवबोध्यम् ॥

॥ इति श्रीमहाभारते कर्णपर्व समाप्तम् ॥